第五册目録

金融法制總部

金融大辞典

貨幣法制部

明清分部

金銀及特殊貨幣

論說

（明）清波逸叟《折獄明珠》卷二《分條珥語·使假銀類》 奸騙坑命，僞銀劫騙。銀面包銅，詐作細絲使用。灌鉛車底，鬼心行使騙人。老幼命係，私貨拐騙何耳。車殼灌鉛，奸心同賊。沿街行使，設計騙人。拐人財本，坑陷全家。銷造行使，鄉里倣傚成風。

（明）陳子龍《明經世文編》卷三六三《張心齋奏議·題停取帑銀疏 張學顔》 題爲恪遵明旨乞賜停取帑銀以充聖孝事。該司禮監太監馮保等傳奉聖諭，諭户部光禄寺，朕惟聖母聖節，例該賞賚各項恭祝萬壽無疆。又朕三妹婚禮，合用裝奩賞賜等項。見今内庫缺乏，朕曾諭太倉銀不可動，今則事不容已，姑着進十萬兩來，光禄寺進十萬兩來。欽此。

臣等竊思茲當一陽長至之候，正值聖母茲聖皇太后萬壽之辰，皇上酌取太倉、光禄寺銀兩以爲賞賚，又備婚禮裝奩賞賜之用，一以恭延聖母無疆之壽，一以仰體聖母深愛之心。臣等分當欽遵，何敢異議。但自古帝王之孝，在於萃萬國之歡心以爲悦，而不在滋無窮之侈費。在於垂萬世之徽者以爲壽，而不在飾無益之虚文。聖諭賞賚諸費雖事不容已，而取及帑銀，既違明旨，又踰舊制，似於皇上大孝不無少損。臣等事關職掌，實不敢隱忍不言，甘蹈失職之罪。查得萬曆六年八月内，該本部題爲懇乞聖明停取額外帑銀以遵祖制事，乞停止季添買辦銀兩，奉聖旨：卿等説的是，已有旨了。欽此。又該户科都給事中石應岳題，奉聖旨：你每説的是，節財省費，朕豈不知，但今宫中用度委與先年不同，額外之取甚非得已。已戒諭内監加意撙節，務有餘剩，待數年之後積貯，倘得稍充，即行停取，仍復舊額，户部知道。欽此。

自萬曆六年至今八年，除正數三百萬兩外，已多進五十萬兩。臣等擬於明春遵奉前旨，將額外五萬乞請免進。今又取至十萬，是不惟不能撙節於前，而更增濫費於後，仍復舊額明旨將能取信於天下乎。又查得萬曆八年二月内，該司禮監傳奉聖諭，朕謁陵應用銀兩，内庫缺乏，太倉、太僕俱不可動，惟光禄寺係朕節減膳饈餘積的，著進十萬兩來用。欽此。臣等看得太倉銀兩内備京軍數十萬之食，外供邊兵數百萬之需。嘉靖末年，不滿五六十萬。自輔臣奏行考成之法，將二三十年積逋嚴行清理催督，故今太倉所儲，視之嘉隆間，雖稍有積餘，若視之國初，不十之三四耳。然撫按因此罰俸，有司因此降斥，小民因此空竭。自萬曆七年之後，舊欠無復可追，太倉漸以告匱。年復一年，入愈少而出愈多。安可以今日不至甚乏，而取用無節也。往虜爲邊患，歲發至四五百萬。今虜就羈縻，兵馬免調，芻糧有經，猶可少支目前。倘虜叛盟，如今十月大舉入犯遼東邊，臣告急征調飛馳，則太倉所積，不一二年支盡矣。況近日夜有彗星，晝見太白。承平日久，天心示戒，或有非常之變，不旹之需，其將何以接濟也。前皇上以謁陵重典，謂太倉銀不可動。中外臣民罔不仰誦聖明，爲國脈根本遠慮。今又取及太倉，豈賞賚左右重於謁陵之典乎。頃蘇、松、淮、揚等府及河南等處撫按各奏被災小民栖身無所，餬口無食，至於父子夫婦流離載道，相將就斃。奉旨下部，臣等不敢破格議免，誠思歲用不可少缺。在外少觧一分，則在太倉少收一分。今銀至十萬，費之宫闈爲甚易，斂之閭閻爲甚難。皇上奉天子民，奈何不軫念貧民，少節冗費乎。先聖母爲皇上祈胤，遣戚臣恭祀名山，止給路費，恐其馳驛擾民。今此十萬金者，皆民之膏脂也。若聖母念民艱當恤，必惻然不安於心，而豈忍於頒不繼之賞耶。又查得往歲聖母壽節，並未取及帑銀。今年十月二十二日，已進金花及買辦銀三十萬，曾不數日，即稱缺乏。雖御前賞賚不可少靳，亦不應用之甚多，耗之甚速，至於如此也。今年十二月應進三宫子粒銀六萬餘兩，明年春又該進金花銀二十五萬。雖内庫暫缺，稍俟前銀進用，亦不爲遲。何前銀之進未幾，而取銀之旨又亟下也。三公主成婚禮，裝奩賞賜誠不容已，然考之《會典》所載，公主冠服數有定額，費亦不多。自祖宗以來，並未取及太倉銀兩。今選婚纔二日，即取銀數萬以供粧奩，不惟有違舊制，亦非所以謹始而訓儉也。

昔伊尹告其君曰：有言逆於汝心，必求諸道。有言遜於汝志，必求諸非道。臣等所言，雖有逆於聖心，而壽親惠民之道，實不外此。伏望皇上俯鑒臣等愚忠，恪守前日明旨，將太倉銀十萬兩悉免取用。如果內庫缺乏，候至十二月及萬曆九年春，將子粒金花銀兩依期照數恭進。則國計不虧，御用有節。聖母之壽，益衍無疆。皇上之孝，推及於無外矣。

（明）黃宗羲《明夷待訪録・財計一》 後之聖王而欲天下安富，其必廢金銀乎？

古之徵貴徵賤，以粟帛爲俯仰。故公上賦稅，有粟米之征、布縷之征是也，民間市易，《詩》言握粟出卜，《孟子》言通工易事，男粟女布是也。其時之金銀，與珠玉無異，爲饋問器飾之用而已。三代以下，用者粟帛而衡之以錢，故錢與粟帛相爲輕重。漢章帝時，穀帛價貴，張林言：此錢多故也，宜令天下悉以布帛爲租，市買皆用之，封錢勿出，物皆賤矣。魏明帝時，廢錢用穀。桓玄輔晉，亦欲廢錢。孔琳之曰：先王制無用之貨以通有用之財，此錢之所以嗣功龜貝也。穀帛本充衣食，分以爲貨，勞毀於商販之手，耗棄於割截之用，此之爲弊者，著自於曩。然則昔之有天下者，雖錢與穀帛雜用，猶不欲使其重在錢也。梁初唯京師及三吳、荆、郢、江、湘、梁、益用錢，其餘州郡雜以穀帛，交、廣之域全以金銀爲貨。陳用錢兼以錫鐵粟帛，嶺南多以鹽米布，交易不用錢。北齊冀州之北，錢皆不行，交貿者皆絹布。後周河西諸郡或用西域金銀錢，而官不禁。唐時民間用布帛處多，用錢處少。大曆以前，嶺南用錢之外，雜以金銀、丹砂、象齒。貞元二十年，命市井交易，以綾羅絹布雜貨與錢兼用。憲宗詔天下有銀之山必有銅，唯銀無益於人，五嶺以北，採銀一兩者流他州，官吏論罪。元和六年，貿易錢十緡以上參布帛。太和三年，飾佛像許以金銀，唯不得用銅。四年，交易百緡以上者，粟帛居半。按唐以前，自交、廣外，上而賦稅，下而市易，一切無事於金銀，其可考彰彰若是。

宋元豐十二年，蔡京當國，凡以金銀絲帛等貿易勿受，夾錫錢者以法懲治。蓋其時有以金銀爲用者矣。然重和之令，命官之家，留見錢二萬貫，民庶半之，餘限二年聽易金銀之類，則是市易之在下者，未始不以錢爲重也。紹興以來，歲額金一百二十八兩，銀無額，七分入內庫，三分歸有司，則是賦稅之在上者，亦未始以金銀爲正供，爲有司之經費也。及元起北方，錢法不行，於是以金銀爲母，鈔爲子，子母相權而行，而金銀遂爲流通之貨矣。

明初亦嘗禁金銀交易，而許以金銀易鈔於官，則是罔民而收其利也，其誰信之。故至今日而賦稅市易，銀乃單行，以爲天下之大害。蓋銀與鈔爲表裏，銀之力絀，鈔以舒之，故元之稅糧，折鈔而不折銀。今鈔既不行，錢僅爲小市之用，不入貢賦，使百務並於一途，則銀力竭。元又立提舉司，置淘金户，開設金銀場，各路聽民煽煉，則金銀之出於民間者尚多。今礦所封閉，間一開採，又使宫奴主之，以入大內，與民間無與，則銀力竭。二百餘年，天下金銀，綱運至於燕京，如水赴壑。承平之時，猶有商賈官吏返其十分之二三，多故以來，在燕京者既盡泄之邊外，而富商、大賈、達官、猾吏，自北而南，又能以其資力盡斂天下之金銀而去。此其理尚有往而復返者乎？

夫銀力已竭，而賦稅如故也，市易如故也。皇皇求銀，將於何所。故田土之價，不當異時之什一。豈其壞瘠與？曰：否。不能爲賦稅也。百貨之價，亦不當異時之什一，豈其物阜與？曰：否。市易無資也。當今之世，宛轉湯火之民，即時和年豐無益也，即勸農沛澤無益也，吾以爲非廢金銀不可。廢金銀，其利有七：粟帛之屬，小民力能自致，則家易足，一也。鑄錢以通有無，鑄者不息，貨無匱竭，二也。不藏金銀，無甚貧甚富之家，三也。輕齎不便，民難去其鄉，四也。官吏贓私難覆，五也。盜賊胠篋，負重易跡，六也。錢鈔路通，七也。然須重爲之禁，盜礦者死刑，金銀市易者以盜鑄錢論而後也。

（明）黃宗羲《明夷待訪録・財計二》 錢幣所以爲利也，唯無一時之利，而後有久遠之利。以三四錢之費得十錢之息，以尺寸之楮當金銀之用，此一時之利也。使封域之內，常有千萬財用流轉無窮，此久遠之利也。後之治天下者，常顧此而失彼，所以阻壞其始議也。

有明欲行錢法而不能行者：一曰惜銅愛工，錢既惡薄，私鑄繁興。二曰折二折三，當五當十，制度不常。三曰銅禁不嚴，分造器皿。四曰年號異文。此四害者，昔之所同。五曰行用金銀，貨不歸一。六曰賞賚、賦稅，上行於下，下不行於上。昔之害錢者四，今之害錢者六。故今日之錢，不過資小小貿易，公私之利源皆無賴焉，是行錢與不行等也。誠廢金銀，使貨物之衡盡歸於錢。京省各設專官鼓鑄，有銅之山，官爲開採，民間之器皿，寺觀之像設，悉行燒毁入局。千錢以重六斤四兩爲率，每錢重一錢，制作精工，樣式畫一，亦不必冠以年號。除田土賦粟帛外，凡鹽酒徵榷，一切以錢爲稅。如此而患不行，吾不信也。

有明欲行鈔法而不能行者，崇禎間，桐城諸生蔣臣，言鈔法可行，歲造三千萬貫，一貫直一金，歲可得金三千萬兩。户工侍郎王鰲永主其説，且言初年造三千萬貫，可得五千萬金，所入既多，將金與土同價。上特設内寶鈔局，晝夜督造，募商發賣，無肯應者。大學士蔣德璟言，以一金易一紙，愚者不爲。上以高皇帝之行鈔難之。德璟曰：高皇帝似亦神道設教，然賞賜折俸而已，固不曾用之兵餉也。按鈔起於唐之飛錢，猶今民間之會票也，至宋而始官制行之。然宋之所以得行者，每造一界，備本錢三十六萬緡，而又佐之以鹽酒等項。蓋民間欲得鈔，則以錢入庫；欲得錢，則以鈔入庫；欲得鹽酒，則以鈔入諸務。故鈔之在手，與見錢無異。其必限之以界者，一則官之本錢，當使與所造之鈔相準，非界則增造無藝；一則每界造鈔若干，下界收鈔若干，詐僞易辨，非界則收造無數。宋之稱提鈔法如此。即元之所以得行者，隨路設立官庫，貿易金銀，平準鈔法。有明寶鈔庫，不過倒收舊鈔，凡稱提之法俱置不講，何怪乎其終不行也。毅宗言利之臣，不詳其行壞之始末，徒見尺楮張紙居然可當金銀，但講造之之法，不講行之之法。官無本錢，民何以信。故其時言可行者，猶見彈而求炙也。然誠使停積錢緡，五年爲界，斂舊鈔而焚之，官民使用，在關即以之抵商税，在場即以之易鹽引，亦何患其不行。且誠廢金銀，則穀帛錢緡，不便行遠，而囊括尺寸之鈔，隨地可以變易，在仕宦商賈又不得不行。德璟不言鈔與錢貨不可相離，而言神道設教，非兵餉之用；彼行之於宋元者，何不深考乎？

（清）林則徐《林則徐全集·奏摺卷·銀錢出納陜省礙難改易摺道光二十六年十一月十五日》 陜西巡撫臣林則徐跪奏，爲遵旨籌議銀錢出納事宜，體察陜省情形，據實具奏，仰祈聖鑒事：

竊照前准部咨：奉上諭：穆彰阿等奏，遵旨會議御史劉良駒條奏銀錢畫一章程一摺。銀錢並重，本係制用常經，果能隨時酌覈，不使輕重相懸，裕國便民，兩有稗益，未可輒稱窒礙，不思設法變通。著該督撫等各就地方情形，詳細體察，悉心妥議具奏。務使法立可以推行，不致滋弊，毋得任聽屬員巧爲推諉，稍存畏難苟安之見，僅以一奏塞責。欽此。又軍機大臣會同户部議覆内閣侍讀學士朱嶟條奏貴錢濟銀一摺，奉旨：依議。欽此。並鈔録各原奏，咨行到陜。當經前撫臣轉飭司道暨各府州酌覈籌議。臣到任後，復經諄飭細加體察，設法變通，不許畏難推諉去後。兹據司道彙覈屬稟會議具詳前來。

臣思銀錢相輔而行，利散於民而權操自上，果能廣用錢之路，自足持銀價之平。惟變通本以濟時，而制宜首須因地。查部議章程四條，本以陜西列入陸路六省之内，固已知其非比東南各省一葦可航，而仍議令查明有無内河水路，原冀一處能通舟楫，即於一處先令試行。無如陜省七府五直隸州，所屬九十一廳州縣之内，錯處於南北兩山者計已五十九處，重巒疊嶂，車轍尚不能通，此外三十二處，雖屬平原之地，亦無内河水路可達省垣。是以行旅往來，非車即馱，並有馱載亦不能通之處，則須雇夫背負，脚費愈繁。此費若出諸官，則恐滋虧空之端，若取諸民，又恐增派累之弊。是陸路之難以運錢，實係限於地勢，似不能勉强而行也。且陜省銀錢市價漲落無常，有時竟與別省迥異。如本年七月内臣甫到西安省城，每紋銀一兩可換制錢一千八百餘文，迨至九十月間，每兩僅換錢一千二三百文不等，較前兩月頓減錢五百餘文之多，衆人皆以爲詫異。訪詢其故，則僉稱歲歉糧貴之時，銀價必然跌落，其理亦不可解。如果此後銀皆落價，似亦相宜，然又忽低忽昂，不能預料。且當陜省銀賤之際，鄰省銀價仍昂，而未聞有市儈販錢來陜買銀以圖獲利者。可見陸路運費太大，不能取贏。若以市儈所不能爲者責令有司爲之，其勢自更不易。

查内閣侍讀學士朱嶟原奏，請將各屬銀錢視省垣時價爲準。今以陜省觀之，即有難以作準者。如省城現在銀賤而各屬之銀偏貴，則領錢而回者不能與該處銀價相敵，州縣不甘賠累，即難强以遵行。且缺分衝僻不同，錢糧多寡亦異，有此屬之所解而爲彼屬之所領者，領錢之人非即解錢之人，稍有參差，遂滋争執，似亦非上司所能强制。若論常年税課，原可銀錢並收，但查陝省額徵商筏税，以及地、畜、牙、當、鹽、茶、磨、鐵各課，每年共銀六萬八千五百餘兩，内除鹽課項下支給西安將軍養廉銀一千六百兩外，其餘皆應報部候撥。此正部議所云，撥解之款應照舊徵銀，不能改議者也。

以工程言之，近年應修各工，概因經費短絀，奉文停止。即間有刻不可緩，奏准辦理之工，亦係爲數不多，通年無幾，或因本有息款，始准支銷。與其改用錢文，仍不如加意撙節之爲有益也。

惟陝省留支項下，有可以變通用錢之處。如文武各官養廉公費，並各屬額支夫馬工料，及各關局額支收税書役口食等款，俱可搭放錢文。查道光二十三年覆奏陝局減卯開鑄案内，即已議准，凡養廉等項，每領銀一兩，内搭錢一百文，抵作銀一錢，每年共搭錢三萬六百四十三串三百六文，共扣回庫銀三萬六百四十三兩三錢六釐，按季報部，現仍遵行無異。是變通用錢之議，陝省所辦已在他省之先。其未經搭錢者，現扣六分平頭，計每年扣銀亦在兩萬兩以上，若再加搭錢文，則減平一項轉覺扣不如數。且即使此等款内，再令減銀添錢，亦不過杯水車薪，於大局似仍無濟。

至兵餉項下未便再搭錢文，則前撫臣李星沅先已奉荷恩俞，自毋庸議。

當此權衡制用，上廑宵旰疇咨，臣但有一得之愚，斷不敢存苟安之見。惟就陝局情形細加體察，實有難以改易者，亦有業已變通者，應請仍循舊章，庶免轉生窒礙。

所有遵旨籌議緣由，謹據實恭摺覆奏。是否有當，伏乞皇上聖鑒訓示。謹奏。十一月十五日。

道光二十六年十一月二十八日奉硃批：户部知道。片並發。欽此。

（清）黄爵滋《黄少司寇奏疏》卷三《紋銀洋銀並禁出洋疏》 奏爲紋銀洋銀應並禁出洋，務絶仿鑄之弊，並嚴科罪之條，以崇國法，而裕民生事：

竊臣見鈔發浙江巡撫富呢揚阿遵旨體察錢賤銀貴情形籌議覆奏一摺，内推銀貴之弊，由紋銀出洋，律無治罪專條，請旨飭部定例，通行曉諭，俾知遵循。旋據刑部奉旨酌定具奏，黄金白銀出洋，均照私運米穀出洋例治罪。臣詳查該撫原奏稱：嗣後内地人民與外夷市易，准以貨易貨，或以洋銀易貨，不准以紋銀易貨。又刑部所定條例，只概言白銀，並未指稱洋銀，亦在禁例。是紋銀出洋有禁，而洋銀無禁，意以洋銀本來自外洋，不妨轉用出去，而不知内地實積有仿鑄洋銀之弊。蓋自洋銀流入中國，市民喜其計枚核值，便於運用，又價與紋銀爭昂，而成色可以稍低，遂有奸民射利，摹造洋板，銷化紋銀，仿鑄洋銀，其鑄於廣東者曰廣板，鑄於福建者曰福板，鑄於杭州者曰杭板，鑄於江蘇者曰蘇板，曰吴莊，曰錫板，鑄於江西者曰土板。行莊種種名目，均係内地仿鑄，作弊已非一日，流行更非一省。則今日内地之洋銀，即内地之紋銀也。既禁紋銀出洋，又准以洋銀易貨，則商民知紋銀有禁，而洋銀無禁，將盡以紋銀鑄爲洋銀，不過一爐火轉旋之間，遂可置身法外，是一面禁之，一面縱之，臣恐内地紋銀，且相率化爲洋銀，而紋銀自是益日少而日貴也。

查紋銀出洋，弊非一端，全在大吏仰體聖心，防微杜漸，籌畫周詳，使奸商黠吏，無從便其蒙蔽，方爲盡善。臣愚以爲紋銀洋銀，理合並禁出洋，洋銀百枚，即照紋銀百兩科罪，並請飭各省督撫，實力稽查，凡有仿鑄洋銀之犯，即照私鑄銅錢科罪，庶紋銀可日積而漸多，洋銀無續鑄而自少。至刑部新定黄金白銀出洋治罪專條，僅仿照偷運米穀出洋例，擬未允協。查偷運米穀數至一百石以上，斂迹非易，若偷運金銀數至百千萬兩，斂迹不難。且鴉片煙等犯禁之物，其蔑法潛買者，皆以銀則便，不以銀則不便，在奸商黠吏，祇圖貪利營私，覬法律之稍輕，即詭謀之百出。夫豈知匱内地有用之財，資外夷無窮之利？實有關國家萬年之計，較之銅斤鐵貨，可造軍器者，所係均干至重。應請飭下刑部，再行酌擬，比照從重科罪，使奸徒不敢輕蹈法網，斯國法崇而民生裕矣。臣管蠡所及，是否有當，伏乞聖鑒訓示。謹奏。

道光十三年七月二十一日。

（清）吴嘉賓《求自得之室文鈔》卷四《錢法議》 道光己巳年科臣劉良駒疏言：銀貴錢賤，請銀錢並用事，下軍機大臣同户部會議，章京汪本銓屬嘉賓襄檢成案定議，將上當事，以事體重大，請令各省督撫再議，遂不果行。嘉賓按：斯時國家無事，而度支已形空竭，市中銀價日昂。言者以爲由紋銀出洋，中國銀少所致，此猶飲水者憂天旱水涸，不知特釜中涸耳。國家歲入銀幾何未嘗少，奈用之無藝，與權之不得其當何？漢銀錫以飾器，不爲幣，今乃專用銀，豈非以其易於積藏乎？朝廷以府庫積藏，天下之人，小者積以箱篋，大者積以甕窖。人情之所私，安得不貴？然而飢不可食，寒不可衣。假令天下以餘粟餘布相易，則彼何由而貴乎？今愈貴，而人愈欲得之，則貴將安底？若以錢權之，可以易粟，可以易布，《書》所謂不貴異物，賤用物，民乃足也。世疑用錢之不便，以其難於取攜也。然國家鼓鑄，以供天下之用，烏有不便之理？欲銀不貴，吾不貴銀而可矣。欲錢不賤，吾不賤錢而可矣，是在上者一轉移間。銀者天之所出，錢者上之所制，不用則廢，專用則絀，此一定之理也。謹録所議如左，以俟採擇。

臣謹按：銀錢並用，即古者母權子，子權母之義，銀即母也，錢即子也。定例錢一千作銀一兩。康熙時錢一千市銀不止銀一兩，故搭放旗餉一半，所以卹兵。乾隆時銀一兩不止錢一千，故又停止搭放。至工程及各衙門公費本屬優裕，是以康熙年間停止給錢。乾隆時乃全給制錢，此錢價一定，而放錢與停搭，則因時制宜也。雍正十一年，雲南昭通鎮、東川鎮，雄、尋、霑三營，每年搭放餉錢，每錢千二百文作銀一兩。乾隆元年諭：朕聞雲南兵餉，制錢一千，實不敷銀一兩。議於乾隆三年爲始，每錢一千二百文，作銀一兩搭放。四十二年奏准滇省搭放兵餉，市價換銀，在一千二百以內，照嚮例搭放。在一千二百以外，照數悉予給銀。近年江西捐輸，以制錢一千作銀一兩。河南捐輸，以一千三百文作銀一兩。江南捐輸，以一千五百文作銀一兩，均照數撥歸河工。

臣竊考國家之制，放錢則高於市價，收錢則賤於市價，其損上益下如此。今以銀貴錢賤，欲爲銀錢並用之法，必下以此輸，上以此放，方爲兩得其平，而奸弊不生。查嚮來定價成案不一，市價則隨時隨地，皆有不同。康熙二十九年，議准制錢定例，每銀一兩，不得不足一千之數。此錢價貴，抑使不得過貴也。雍正七年諭：錢價過賤，民間貿易物價必致虧損，奸弊從此而起。每銀一兩祇許換大制錢一千。此又錢價賤，禁之使不得過賤也。康熙六十一年，大宛兩縣，設立官牙，議平錢價。雍正十二年，又令牙户十日親身赴部報價一次，倘有聚集一處，私立罰規，暗中串通高擡價值者，送部治罪。至乾隆三年，錢行經紀概行革除。凡錢銀交易，聽民自相買賣，倘有藉經紀名色從中阻撓者，所在地方官嚴拿究治。蓋國家之法，世輕世重。然雍正以來，迄今幾百年，錢價總不過一千一百文內外易銀一兩，未始非一時整頓之力。現在半年之間，銀價自一千五百文，驟長至二千文有零，謂非市儈串擡不可。牙行亦安可少哉？至於牙户擾民撓公，當隨事創懲。市中錢多錢少，國家於收放之間，相度消息，錢法乃可行也。

今議收錢者四：一、錢糧收錢。二、捐輸收錢。三、關税收錢。四、鹽課收錢。

錢糧收錢。查順治二年，改鑄新錢，當舊鑄錢二，官以徵收，民以輸納。十四年，題准徵收錢糧，銀七錢三，銀儘數起解，其錢充存留之用。謹按小民所自有者粟帛，前代收錢，尚有議其舍所有而貴所無者。然小民粟帛餘羨，及傭工手藝，尚可易錢。至銀則又須再易矣。近銀價日昂，小民完糧愈不能支，賣十石穀祇易三兩銀，穀每石六百，銀每兩值錢二千，傭一年工，祇易五兩銀，傭值歲不過十千。流亡之衆，逋負之多，實由於此。國初定新舊錢價，官以徵收，民以輸納。是時固未嘗一定收銀，若銀七錢三，銀儘數起解，錢祇充留支。是起解皆銀，留支安肯收錢耶？此今日一體納銀所由來也。以臣愚計，請銀錢並收，起運留支俱銀錢各半，永爲經制。任源祥《制錢議》曰：錢法之行，必自錢糧納銀起運始。起運納錢，則有司不能不納錢。錢者，君實制之以操天下之利權，今不納錢而納銀。銀之爲物，民不能生之，民不能制之，徒使豪猾得以擅其利，貪墨得以營其私，非國家之便。任君之議如此。竊謂銀之爲物，便於輕齎，利在此，害亦在此。使輕重之權操之商賈，取攜之利同之姦盜，天下自此易富易貧矣。苟庫藏多積制錢，存之郡縣本道爲有事之備，京庫亦運錢存積，則盜賊無所用其窺伺，以其難搬運也。今徵收民多納錢，官吏易銀起運，價有餘則民病，價不足則官病，徒便於起運，於國家何益焉？

捐輸收錢。查雍正十三年，准各省捐納貢監職銜，及封典者，將生熟銅觔照數交納，將銀湊足。近各省捐輸收錢不一，又有捐輸米石加級者。蓋本非惟正之供，則視當時所便而已。

關税收錢。國初鑄錢辦銅，專倚税銀。又令各關收買廢銅舊器。康熙三年，題准各關税銀不敷辦銅，益以蘆課，是各關税銀全數辦銅也。崇文門、天津、臨清、淮安、蕪湖、揚州、滸墅、九江、北新、西新、贛關、太平、鳳陽等關，查稅關與商賈交涉，國初務收銅，以益鼓鑄。收銅可起運，是收錢亦可起運也。惟不通水路者，仍須收銀。

鹽課收錢。康熙十八年，撥兩淮鹽課，及兩浙長蘆、河東鹽課銀，令各運司遵部定價值，買銅解部，自是屢行之。查嚮來鹽關皆令辦銅，銅政即錢法。曩時鑄錢需銅，故設法搜銅。今錢價太賤，收錢提價。各關各鹽務，不必盡令收錢。惟嚮來辦銅之處，必可行，以運錢與運銅一也。銀價日昂，鹽務尤被其累。蓋民間買鹽用錢，商人赴場領鹽納課俱用銀，銀價加往日一倍，即係以一歲完兩歲之課，是病商也。若鹽價照銀亦加往日一倍，是病民也。無怪乎國課不前而私鹽充斥矣。鹽價與課一律用錢，於鹽務當大有益。

今議放錢者亦四：一、俸餉搭錢。一、留支存錢。一、河工放錢。一、工程放錢。

俸餉搭錢。查康熙五十八年，八旗兵餉給錢一半。乾隆四年，嗣後寶泉、寶源二局鑄錢全數歸庫，每月加增成數，支放兵餉。嘉慶四年十二月，八旗兵餉以銀錢各半放給；此外每月搭放一成至三成，歷有成案，至今遵行。康熙二十七年，雲南制錢餘存甚多，俸工兵餉均用制錢放給。雍正九年，雲南昭通一鎮，東川鎮雄、尋、霑三營，每年官兵俸餉馬乾，銀一錢三搭放。十年，四川省城滿漢兵餉等項，銀八錢二搭放。離省營汛州縣，按遠近分別搭放不等。其各官養廉，亦照遠近分別搭支。乾隆二年，江西所鑄制錢，按年搭放兵餉。四年，福建鑄錢萬餘串，運至臺灣，搭放官兵月餉。九年，江西贛屬兵餉，從乾隆十年爲始，每年搭放制錢一成。十一年，四川所鑄制錢，以一半供本省搭放二成兵餉，以一半運至陝省搭放兵餉。十六年，陝西滿漢兵餉，搭放制錢一成。十七年，山西撫標各營暨太原城守尉官兵俸餉等項，銀七錢三搭放。十九年，浙江文職養廉，以銀七錢三搭放。又湖南各營兵餉，以錢一成搭放。二十一年，湖南各標鎮協營，折色兵餉每銀一兩，給錢一串，全數放給制錢。二十一年，廣東各營兵餉，每銀百兩，搭錢五串。乾隆五十九年，雲南通省各官養廉，搭放五成。嘉慶五年，寶泉局添設俸鑪十三座，每年加鑄十六卯，所鑄錢文，搭放京員俸祿。六年，回疆各城普爾錢文，支放官兵鹽菜，及地基房租接運車脚夫馬等項，每銀一兩，折給錢二百一十文。謹按京營搭放制錢已久，其各省搭放兵餉馬乾養廉俸銀，或全放制錢均經辦有成案。蓋領俸餉皆易錢，以資日用。徑放制錢，人情所便，嚮日積錢搭放，使之流通；今錢賤，收錢搭放，使所收者不滯於無用，計莫善於此者。惟現在銀貴錢賤，定以平價，得錢者稍覺喫虧，俟價一復舊，自無異言矣。然則銀錢並用，價必可復舊乎？曰：是在行法者。今之錢賤，本非錢多，以上下皆便用銀，富者又多藏銀，銀始不敷用。北人行使空票，南人多用洋錢，制錢不過供民間日用而已，銀安得不貴？錢安得不賤？今若收錢放錢，則收必實收，放必實放，制錢以實用而見少，價豈能常賤？倘或仍用空票，或銀折成錢，名爲用錢，而實不用，欲求平價得乎？

留支存錢。順治十四年，徵收錢糧，銀七錢三，其錢充存留之用。康熙七年，存留驛站官役俸工雜支等，均照銀七錢三例搭放制錢。二十七年，雲南制錢餘存甚多，將驛站俸工、兵餉、雜用等項，均用制錢放給。按留支爲歲出之數，本當放錢以銀報上耳。若收錢多，盡令放錢可也。

河工放錢。查近日江西、江南捐輸制錢，均照數撥給河工。緣河工人夫稭料，皆以錢給值，嚮遇大工發帑工次，易錢倍多轉折，市儈得以居奇，若撥錢支放，其便明矣。

工程放錢。乾隆五十九年，各工程各衙門公費，每銀一兩發給制錢一串，此京城工程全放制錢之例。嘉慶二年，浙江搭放兵餉，餘錢搭放各項工程，如水路可通者，按五成搭放，無水路者搭錢二成。江西各項工程搭錢二成，此外省工程搭放制錢之例，論制錢難行者，皆以解運勞費爲説。然國家舉事，但求利民，不惜勞費。曩時嘗置額商買銅矣，嘗令各省辦銅矣，嘗出洋採銅矣，即今日滇省運銅至京，及各省採辦滇銅，歲以千萬計，其勞費當如何？且東南之銀運餉甘肅，陸行數萬里，其勞費又何如？今令通水路省分收錢解運，度勞費尚不至是也。雍正年間，嘗令滇省鑄錢運京，行之十年。乾隆年間，又嘗令川省鑄錢撥運至陝，是解運制錢，往年固嘗行之矣。今銀錢並用，必使一歲之入，足供一歲之出，較之運銅鼓鑄，所省必多。大國家之法，貴在因時制宜，若但以紋銀便於運解，不知貪污之筐篋，盜賊之輕齎，亦以銀爲便也。銀積於上，錢滯於下，布帛、菽粟，傭工技藝，以錢市易者，無不受其虧損。以國家之力，不肯解運制錢，誰復有能解運者，徒使洋錢偏行，而錢法坐廢。所謂利權操之自上者，果安在哉？

總之，官便用銀，不便用錢；民便用錢，不便用銀。銀價日貴，官上領皆銀，下發皆錢，尤以爲便。凡規費給銀有定數者，較之往年嘗得一倍。故銀錢並行之説，阻撓者必多。不思民間嚮來用錢有定數者，今日受錢照舊，即虧折一半矣。然則立法者當便官乎？便民乎？又錢之難行者，以民間私鑄小錢攙雜使用，市儈因以爲奸，不如銀色之有憑準。竊謂用錢當以觔兩權之，鑄錢輕重亦當以銅價準之，錢賤於銅，則有私燬之患；錢貴於銅，則有私鑄之患。小民圖利，非嚴法所能杜。惟使之無利，則自息。今市價銅一觔值錢三百有零，是錢二觔易銅一觔，而無私燬者，以錢攙砂鉛，不堪銅用故也。國家所以無慮折耗者，以滇銅有常額，工本有定數，運腳有定價，不能減解多發也。然廠欠日深，津貼日重，皆由銅貴，所欠者皆國帑，所津貼者皆民膏，特上無由知耳。今滇銅運解稍遲，即誤卯額。若採買，則銅價過貴，舊銅錢銷燬殆盡，砂錢易破碎，誠恐多用錢，而錢不敷用，且奈何？竊謂宜加鑄大錢。假如鑄當五當十錢，當五者宜重二錢四分，當十者宜重四錢八分，當五者銅三觔，爲錢二百，值今錢一千；當十者銅三觔，爲錢一百，值今錢一千。今市價錢一千，買銅三觔，與今大錢適相當，私燬則不能多得銅，私鑄則不能多得錢。凡用錢者，衹以觔兩爲準，不問官鑄私鑄，蓋直以銅交易耳。譬如色銀任市傾瀉，豈復有私鑄乎？然當五當十，較今錢輕便至半，鼓鑄工本則較今錢節省過半，此可以救錢少之病也。欲籌錢法，先議銅政，國初滇銅未旺，所以搜銅者至矣。顧爲今日計，滇省開採日久，地方已竭，舊礦漸盡，新礦難得，其難一也。各省開有銅礦，嚮未實行開採，若欲發端，動多阻撓，其難二也。收買廢銅，折耗殊甚，禁用銅器，事更滋擾，其難三也。竊謂官員納銅，准免處分；百姓納銅，准贖徒罪，此可以收廢銅。各省開採，利歸業主，地方官但爲禁止擾害，酌取十之一二，此可以廣開採。滇省之銅，聽廠户交納，照工本收買，蠲除積欠，與之更始，此可以蘇官累。各省收銅，各省自行開鑄，每鑄一錢，只用值一錢之銅，額外只加工本，用錢皆以秤稱，與用紋銀無異。舊銅重者一錢，當數錢之用，但去鉛錫鐵錢，又加鑄大錢，亦用此法，私燬私鑄皆當不禁自息，如此則制錢乃可足矣。

八政一曰食，二曰貨。所謂貨，即泉也。古者百物皆以粟易，然粟不可以經久行遠，聖人制泉貨以爲用，民始便矣。粟之多寡，民自制之；泉之輕重，上制之。末世用銀，而天下之制利權者在商賈市井，遂使上下交困，利於遷徙，不利於居者。奪上下之所自有，以事其所無，是教民使逐末，且長奸而誨盗，甚無謂也。今言者，但謂銀錢並用而已。竊謂當使民不用銀，而用錢；又不用錢，而用粟，乃可以復古也。顧其要，自善錢法始。謹議。

（清）馮桂芬《校邠廬抗議・籌國用議》 古不以銀爲幣，唐時用銀不過變市，明初用鈔用錢禁用銀，中葉後銀始通行。顧氏炎武著論，用錢廢銀，意在復古。余往時見銀價日貴，農田出穀而國課徵銀，準折消耗，民不聊生，未嘗不以顧氏之論爲善。乃自五口通商，而天下之局大變，從此以銀爲幣之勢已定，雖五帝三王復起不能改也。蓋今以合地球九萬里爲一大天下，中國僅十有五分之一耳，其十有四用銀，而其一不用銀，猶之十有七省用銀，而一省不用銀，行乎不行乎？

曩嘗謂市易之事，貴徵賤，賤徵貴，勢之所趨，有莫適爲主，而一成不可變者，即如鈔幣一法，雖以天子之命不行，斯不行耳。嚴刑峻法，曾不足動其毫末，徵諸古而皆然，驗之今而益信。且夫鈔亦幸而不可行耳，若其可行，則銀且盡爲諸夷所有，一旦有事，鈔幣無從支銀，百萬資財，俄頃片楮，而銀之重中於人心，權勢遂盡移於有銀之諸夷，幾何不爲閩省前年之事。註：行鈔令下，閩省發銀若干萬，立官店以司出納，凡以鈔支錢者無折無扣，鈔遂通行。兵餉數十萬皆領鈔不支銀，他款亦然，藩庫充牣，一旦寇警，支銀者踵至，不給即洶洶滋事，乃傾庫與之，僅以無事，此亦行鈔幣之一鑒。然則居今日而言裕國宜何從？曰：仍無踰於農桑之常説，而佐以樹茶開礦而已。西北水利已具前議，又不獨西北也。大江以南之農恒勤，大江以北之民多惰，山左舒君夢齡宰皖北，以地多曠土，募江蘇人教民耕之。註：明洪武三年，徙蘇松嘉湖杭州無業者，田臨濠，凡四千餘户，給牛種資糧以遣之。三年不征税，續徙者亦如是，當是時徙民最多。民輒曰必爾始得食，寧餓死耳。噫，何論東豫哉。是宜勸之董之，務有以變之，俾無曠土而後已。

且也東南諸省兵燹之後，流離死亡，所在皆是，孑遺餘黎，多者十之三四，少者十不及一，人少即田荒，田荒即米絀，必有受其饑者，是宜以西人耕具濟之，或用馬或用火輪機，一人可耕百畝。或曰我中華向來地窄民稠，一用此器，傭趁者無所得食，未免利少而害多。以今日論之，頗非地窄民稠之舊，則此器不可常用而可暫用也。

又中國積歲兵荒，絲市減十之六七，而夷船所購，數倍往時，故蠶桑之利，近年更普。往嘗謂古無棉布，以蔴葛爲布，故老者非帛不煖，而桑與農並重。至拔茶樹桑，傳爲善政。更由當時以絹爲幣之故。自木棉入中國，似蠶桑非貧民急務矣。然由今日觀之，則茶桑又並爲富國之大原也。上海一口貿易，歲四五千萬，而絲茶爲大宗，彼以鴉片洋貨相抵猶不足，必以銀補之。設使彼有鴉片，我無絲茶，中國早不支矣。勸桑亦具前議，至茶宜於山石起嶮，不能生他木之處，若推廣種茶，其利不可勝計。

開礦一事，或疑礦税病民，礦徒擾民，且礙風水，不知風水渺茫之説，非經國者所宜言。開礦非利其税，即經費之外全以與民，不失爲藏富之道。礦徒非賊比，在駕馭得人而已。諸夷以開礦爲常政，不聞滋事，且夷書有云，中國地多遺利，設我不開而彼開之，坐視其捆載而去，將若之何？又夷書動言鴉片害人宜禁，將來和議既固，理曉諸夷，彼禁販運，我禁吸食，即仍修吸食者斬之舊令，亦未嘗不可，徐議之也，裕國之道不外乎此。

（清）葛士濬《皇朝經世文續編》卷四九《户政・錢幣・銀幣論一 馬敬之》 天下之大害曰飢寒，天下之大利曰菽粟、曰布帛。菽粟極圭撮，布帛極分寸。權之以錢幣，交易始㽞。銀幣者，權錢幣者也，利宜與錢分行。明中葉國賦顓徵銀，迄本朝銀幣遂盛，乾隆嘉慶間，陝區廣郡婚喪之酬飲，賓友之惠貽，匪錢幣意若嗛，天下之幣乃壹出於銀，乃以錢權銀。今置數者其前，銀所欲也，錢所欲也，菽粟布帛所欲也。然菽粟布帛提挈塞頓。即以今制錢準之，緡若重七觔，一人所勝率二十緡而止。或數百緡、數千緡，則非舟車運般，末由致遠。奔走天下，惟銀幣乎。銀幣生，錢幣病，菽粟布帛死。貲累鉅億，緘束扃鐍，囊橐筐篋焉。便官吏，便商賈，便盜賊。官吏商賈盜賊便，吾農吾氓彌甚不便。今夫不便而輾轉而已得銀，猶可説也。

坑冶之設，向兼採銀，厥今永行禁閉。市舶之集，向資來銀，厥今反虞透漏。禁閉嚴，銀源絶。透漏多，銀流決。而又釵釧銷鎔去其一，杯箸鑲嵌去其一，椎箔研泥及雜物塗毀去其一，是故銀幣耗，農夫織婦畢歲勤動，低估以售之，所得之錢不可輸賦，更進而權銀，近日鄉中並未聞以銀糴買者。日復一日，錢並壅於商賈，不能得銀且不能得錢。金之用珍於銀，天下不憂金之耗者，國家制幣在銀不在金也。錢之用浩於銀，天下不計錢之耗者，鼓鑄未停，抑供億所亟在銀不在錢也。譬諸身，菽粟布帛心膂也，錢血脈也，銀指爪毛髮也。譬諸家，菽粟布帛父母也，錢子弟也，銀傭隸婢妾也。先指爪毛髮傭隸婢妾，而後血脈子弟，吾見心膂之堙鬱，父母之軒囂而已矣。以錢權銀，菽粟布帛益賤，銀益難得。天下之人，駸駸乎背棄閭井，鶩爲商賈，必至愚至劣者，自念孱懦，姑隱忍緣隴畂而甸園廬，而氣固囂然其不靖。官吏則貪冒横城府，盜賊則攘奪横江湖，遲之數十年，恐釋耒而倚市，投杼而剌文者，尚良民焉耳。《易》則曰：物窮則變，變則通，通則久。又曰：節以制度，不傷財不害民，處極敝之時，而不思變通之術，節制之經，坐令上虧帑藏，下毒黔黎。有志之士，所欲搤掔而抵掌也。宋熙寧中，張方平疏言，比年公私交困，並苦乏錢，農民皆變轉穀帛，輸納見錢。錢既難得，穀帛益賤，人情窘迫，謂之錢荒。方今天下，豈不謂之銀荒者與。

（清）葛士濬《皇朝經世文續編》卷四九《户政・錢幣・銀幣論二 馬敬之》 救銀幣之耗，不在不用銀幣也。天之所施，地之所生，凡濟於用，英君喆相，方將輟宵旰，創起宣導之。矧乃銀幣，天下不廢銀幣斷斷矣。

譚者顧踵沿輒云古未嘗以銀爲幣。魏源氏近之達者也，其《軍儲篇》亦云宋明以前銀不爲幣。此惟《漢書・食貨志》稱秦並天下，幣爲二等。而珠玉龜貝銀錫之屬，爲器飾不爲幣爾。太皞始鑄金，禹、湯鑄歷山、莊山之金，不必其銀，不必其非銀矣。荆揚貢金三品，梁州銀鐵並貢。《爾雅》白金謂之銀，其美者謂之鐐。不必其幣，不必其非幣矣。漢武帝元狩四年造白金及皮幣，少府多銀錫，又造銀錫白金。其後官鑄赤仄，白金稍賤，民弗寶用。貢禹上諫，宜罷採珠玉金銀鑄錢之官，亡復以爲幣。王莽即真，溺信圖讖，忌劉金刀，乃罷錯刀、契刀、五銖錢，更作金銀龜貝錢布之品，名曰寶貨。其銀貨二品，則朱提八兩爲一流，直一千五百八十，他銀一流直千。晉武帝保定元年，河西諸郡或用西域金銀之錢。如今洋錢。《通典》梁初交廣之域全以金銀爲貨幣。韓愈奏五嶺買賣一以銀，元稹奏狀自嶺以南以金銀爲貨幣，雖遐陬僻壤，兼之市舶，銀未通行，固爲幣矣。源又曰銀鑛開采，唐以前史書從無其事。而下篇引《周禮》，卝人掌金玉錫石之地，而爲之厲禁以守之。若以時取之，則物其地圖而授之，巡其禁令。謂冶坑開閉禁令之始，庸當時獨遺銀耶。後魏宣武延昌三年，有司奏長安驪山有銀鑛，二石得銀七兩。其秋恒州上言，白登山有銀鑛，八石得銀七兩，錫三百餘觔，其色潔白，有逾上品。詔並罷常令採鑄。云從無其事，何耶。貞觀初，侍御史權萬紀上言，宣饒二州銀大發，采之歲可得數百萬緡。帝以耑言稅銀之利，黜萬紀。一時孅意，千古經制乎哉。道不變者也，法世變者也。變法以牟利，害即階。變法以斥利，害即祚。

錢，子也。菽粟布帛，母也。母可權子，子可權母。例錢於銀，銀子而錢母。錢幣不可權銀幣，錢幣權銀幣，錢幣痡輕，菽粟布帛痡輕。管商把牢盆，蕭留典會計，不能使裕矣，而况材管鑰，量斗筲，詰以大計，弱哂强罵，一二畸儒碩士，罔顧事勢之宜與否，矯枉偏持，務伸己説，徑行其説，其不毒天下也幾希。畢初所聞，可以關其口而奪之氣矣。

（清）葛士濬《皇朝經世文續編》卷四九《户政・錢幣・用銀利弊論 姚文枏》

古之爲市者，以其所有易其所無，皆粟與器械而已。上之取於民，亦粟米布縷而已。至不得已而後以錢權之，而又未嘗專用錢也。降及後世，泉貨交易因時遞變而日趨於難，至今日之用銀而極矣。蓋嘗論之，銀之爲用，行之一方則可，以之通行天下則不可。行之一時則可，行之以爲久遠之計則不可。聽民之自爲交易則猶可，徵收支給上下通行則大不可。何言之。

唐時嶺南買賣一以銀，見韓愈、元稹奏狀，《通典》亦載梁初交廣之域全以金銀爲貨，蓋地瀕南海，坑冶多而海舶利也。宋仁宗時，詔諸路歲輸緡錢，福建二廣易以銀，蓋亦因之。此則行之一方有餘而無不足者也。夏有水患，禹發歷山之金作幣以救民。商有旱災，湯發莊山之金作幣以救民。此行之一時有利而無弊者也。自元以來，銀竟通行，寖不可救。至明初，禁用甚嚴，乃未幾而通行如故。漸至賦税俸工無一不銀，積重之勢極矣。當時議者極陳用銀之便，行之既久，吏民亦尚相安。然而徵收支給上下通用，行之天下，垂之久遠，愚終以爲大不可者，何也。

夫人心風俗，國家之元氣也。食貨者，天下之元氣，而國與民之所賴也。銀既通行，則銀貴而粟賤，粟賤而田輕，於是天下皆棄本而逐末。夫務本則安於樸厚，逐末則習爲黠詐，其勢然也。民務本則田野日闢，食貨自饒，而人皆飽煖。民逐末則田多拋荒，食貨日絀，而人受飢寒，又其勢然也。黠詐之甚流爲姦惡，飢寒之極歸於盜賊，而銀者輕而易賫，又適足以便奸惡之侵欺，而使盜賊有所勸。於是循環相生，世變日增而靡所底止，天下之元氣日耗一日，此其不可者一也。

古者民有恒產，朝廷制之，故天下之利權皆歸於上。後世井田既廢，寖不可問。然錢之行也，猶足以權食貨之輕重。至上下通行，一皆以銀，則粟帛賤而民困，制錢滯而國困，獨所謂黠詐之民逐末致富起而爲豪商巨賈者，稱貸則重利剥民，居奇則厚貲積滯。銀錢輕重之權出其操縱，官民拱手而聽之。夫朝野交困而豪猾擅其利已不可言，朝野交困而豪猾擅其權尚可言乎，此其不可者二也。

銀之出也，非由於滇之各廠，即來自番舶。然銀廠之設，不耕而食者約有十萬餘人，漢貢禹所謂一歲受飢且七十萬人者，昔人指爲根本切實之論，銀廠之置何以異此。且近廠之地食貨必貴，盜賊必多，又煎煉之爐煙萎黄菽豆，洗礦之溪水損削田苗，至若供億一切尤種種難罄，是資於課者無多，而害於民者實甚，非計之得者也。若專恃番舶，則棄國中本有之貨而轉仰給於外番，常變既不可知，漏巵已所難塞，抑尤謀國者之所宜深念者矣，此其不可者三也。

銀者，飢不可食，寒不可衣，平時視爲至寶，設遇干戈水旱，而粟帛無可得易，銀亦廢物而已。故徵給用銀，無論逋賦愈多度支愈絀也。即能府庫充盈，亦非至計。前明正統間，以官倉儲積有餘，令所在出積滯變輕賫。乃自折銀之後不二三年，水旱頻仍，設法勸借至千石以上以賑凶荒者謂之義民，詔復其家。然空虚已見，而相沿用銀，仍未議改。既而郡國大祲，倉無見粟，民思從亂，國隨以亡，豈非百世之鑒歟，此其不可者四也。

夫合此四者言之，則是銀之通行授權豪猾，日耗元氣於不知，且所出之途隘，而積之府庫又緩急不足恃。然而數百年來徵收支給，上下通行，用之天下，垂之久遠而未嘗廢然返者何也？曰用銀則軍民省輓運之勞，倉庾免紅朽之患，其爲利也顯。而四不可者，害雖中於本原，其爲害也隱。顯者其利淺，隱者其害深，庸人見其顯不見其隱，見其淺不見其深，是以數百年來官民受困數倍於前，而不知其由於用銀也。即有一二見及者，又畏難苟安，一誤再誤，可勝歎乎。

夫物極則變，變則通。用銀至今日可謂極矣，前此竟未議改，或者變通之舉將留以有待於今日。誠能詳考昔人之言赫然改法，征收支給概不用銀，使制錢流通，食貨饒裕，俾天下後世知盛朝之所爲超出尋常萬萬也，豈不盛哉。

（清）盛康《清朝經世文續編》卷五八《户政·錢幣·通論唐以來銀幣孫鼎臣》　余嘗論用銀之害始於明之中葉輕易賦餉之制，問者曰：自明以前未有用銀者乎。曰有。知明以前未嘗無銀，然後知禁銀不用，明太祖之爲英主也。

銀之用，始於唐末交廣之地。至宋太宗至道中，東西川監酒商税課半輸銀帛外，有司請令二分入金，而銀始與錢帛穀絲棉並登司會。《宋·食貨志》凡歲賦，穀以石計，錢以緡計，金銀絲棉以兩計，他物各以其數計。全道末，總七千八十九萬三千。咸平四年，秘書丞直史館孫冕請令江南荆湖通商買鹽緣邊折中糧草，在京入納金銀錢帛。景祐二年，乃詔諸路歲入緡錢，福建二廣易以銀。熙寧中，鹽課聽五分折銀紬絹，銀一兩折錢六百至一千二百。復詔以課利折金帛者，從時估。南渡後，襄郢等處大軍支請以銀錢品搭。紹定元年，詔江浙諸州軍折輸上供物帛，路不通水，願以銀折輸者聽，兩不過三貫三百文。自北宋來，雖有折收之令，然銀之入甚少。故《元祐會計録》歲入銀僅五萬七千兩。慶元二年，宰執言銀場所入歲不滿三十萬。至咸淳二年，户部牒諸路起截中數拘催，亦祇銀一十六萬九千六百四十三兩。逮金鑄承安寶貨，分一兩至十兩爲五等，每兩折錢二貫，公私同見錢用。元世祖造交鈔，每銀五十兩易鈔一千兩。又造中統元寶鈔，每一貫同交鈔一兩，兩貫同白銀一兩。而銀寖與錢鈔並行，然未嘗以充賦餉。

善夫邱濬之言曰：聖主定爲取民之賦，有粟米之徵，有布縷之徵，而無所謂金銀銅鐵之徵者，豈不以取之者有窮，生之者不繼乎。唐太宗貞觀初，侍御史權萬紀言宣饒二州銀大發，采之歲可得數十萬緡。帝曰：朕之所乏非財，卿專言税銀之利，欲以桓靈待我耶。五代吴天祐中，議租税徵錢不足，許折以金銀。宋齊邱説徐知誥曰：金銀非耕桑可得，是教民逐末棄本也。請悉令輸穀帛紬絹，直千錢者當税三千。知誥從之。由是江淮曠土皆闢，國以富强。宋太祖開寶三年，詔曰：古者不貴難得之貨，自今桂陽監歲輸銀課宜減三分。真宗時，知袁州何蒙請以金折本州二税。帝曰：若是，將盡廢耕農矣。不許。紹熙元年，臣僚言古者租賦出於民之所有，不强其所無。今之爲絹者，一倍折而爲錢，再倍折而爲銀，銀愈貴，錢愈艱，得穀愈不可售。使民賤糶而貴折，則大熟之歲，反爲民害。願詔州郡凡多取而多折者，重寘於法。是皆深知本末之計而謹操乎輕重之權，知其所利者小而所害者大也。故明以前，何嘗無銀，而無與乎國之貧富。

銀之見用於世，由好貨之君與夫籠利之臣爲之也。明初惟坑冶課銀入内承運庫，其歲賦偶折徵者，皆送南京充武臣俸禄，兼備各邊之急。自英宗專務封殖，開福建、浙江銀礦，改折各直省漕糧百萬，盡解承運庫以充御用。復置户部太倉庫，凡各直省剩派米麥，十庫中棉絲絹布及馬草鹽課關税之折銀者，抄没家財，變賣土地房産，追收店錢，援例上納之納銀者皆入焉。瓊林大盈，專取多藏。其時諸臣無復遠慮，由是賦餉一皆改折，而銀始盛行於天下也。沿至宏治，内府供億益繁，太倉所儲半移内庫。嘉靖以後，用度尤侈，條鞭之法，實在此時。夫幣之重輕，由於世主之貴賤，而實視夫好惡之貞淫。明之太祖，知所好惡者也，廢銀而國計不乏。英宗，好惡失其本心者也，重銀而邦本遂虚。人主之力，能轉移天下之物。聖王之治，必貴德而賤貨。豈不信與。

（清）盛康《清朝經世文續編》卷五九《户政·錢幣·論幣二孫鼎臣》　銀之爲幣，至今而窮。天下之人，皆以爲患。思所以救之，於是大錢之議起。夫大錢，非中制也。然以權一時之輕重，殺銀之勢而漸抑之，是智者轉移萬物之用，而賤銀貴穀之機也。雖然，有道焉。得道則大利，失道則大害。古之鑄大錢多矣，試舉一二論之。

漢元鼎中，鑄赤仄，一當五，民以巧法用之，不久即廢。唐鑄乾元重寶，一當十，重輪乾元，一當五十，物價騰踊，其後當十者僅當二，當五十者僅當三，久之錢盡化爲器。蔡京當政和、大觀間，鑄大錢，一當十，其重三錢，其鑄之費亦三錢，計之一得息四，未幾亦廢。前代之爲大錢如此。天下有利之利近而小，無利之利遠而大。錢，天下之大利也。惟無利，是以能大利。元成宗時，鄭介夫論錢法曰：言者謂鑄一費一，無補於國。不知費一錢可得一錢，利在天下，即國家無窮之利也。明譚綸亦言：富民必重粟帛而銀賤。欲賤銀，必制法以濟銀之不及。今之議者以爲鑄錢之費與銀相當，朝廷何益。臣以爲歲鑄錢一萬金，則國增萬金之錢，錢多則增銀亦多。二子之言，可謂明於天下之計者矣。漢唐以來，鑄大錢者不知此意，率取嬴目前，欲以一錢謀數倍之息，徒欲其出而不欲其入。夫輕重多寡，物之自然之分，而實者名之所由出也。十之爲十，百之爲百，銖之爲銖，兩之爲兩，市之三尺童子皆知之，名實不相應，變其自然之分而紊之，以寡爲多，以輕爲重，欲以愚天下之民，是不信也。利者天下之所同欲，以輕省之工，收不訾之利，徒出而不入，上賤而獨欲下貴之，是不恕也。不恕故民不從，不信故民不服。建國家之大政，而民不肎服而從，雖堯舜如之何哉。

曰：由子之言，大錢終不可行矣乎。曰：鑒前之弊而反之，則行矣。不愛銅，不惜工，孔覬之言。鑄錢不易之法也。大錢之利倍常錢，其費銅與工亦宜倍常錢，分當五、當十爲二等，擇精銅，選良工鑄之。使其費如所當之數，則名實符矣。盜鑄無利，不刑而自止。不强民而民知重之。頒其式於天下，中外之所鑄如一，違者罪其有司，則法均矣。通軍國之用，銀與錢半之，以是出以是入，則政平矣。名實不紊，法均而政平。立於上者信，施於民者恕，然而天下不從，未之有也。論者疑費重無利，奚貴乎大錢。不知大錢之利不利，在乎用之通塞，不在乎直之多少。蔡京之爲大錢，利不可謂不厚，然旋鑄旋廢，吾未見其利之安在也。以銀不足之故而議大錢，錢通則銀不足不爲患，利孰大焉。欲殺銀之勢而復古食貨之制，必假道於大錢矣。賈夫販豎，逐什一而競錐刀，豈所議於天下萬世之計哉。

（清）陳忠倚《皇朝經世文三編》卷三三《户政・錢幣・鑄銀條陳陳熾》 呈爲敬陳管見仰懇據情代奏事。

竊維《夏書・禹貢》惟金三品。三品者何，金銀銅也。周興，以珠玉爲上幣，黄金爲中幣，刀布爲下幣。恐上幣太貴，下幣太賤，乃高下其中幣，以制上下之用。故曰黄金者用之量也。蓋天下之財幣，惟貴能制賤，惟重能制輕，非三品兼權不足濟生人之日用。三代以前，聖神相繼，自黄帝以下，莫盛於成周。而文武當日理財實以黄金爲準，遂以車書一軌，九譯來庭，固由德化之覃敷，亦制馭之得其道耳。明初紋銀之貴與黄金等，故俸餉地丁概以紋銀出入，歲僅三百餘萬，而民間仍用銅錢，即以貴制賤，以重制輕之義也。萬曆以後，美國銀礦大開，運入中國。本朝沿明舊制，仍用紋銀，年復一年，度支漸以不敷，俸餉皆難自給。上既病國，下復病官病民。

何則紋銀之價日賤日輕，不足以制物價之貴重也。英吉利既得新舊金山自鑄金錢，名之曰鎊，每鎊重二錢二分五釐，持以與各國通商，無能敵者。蓋闇合周法得貴賤重輕相制之道，故能縱横四海，獨擅利權。各國隱受其虧，不能不謀自立。美洲分國亦鑄金錢，式與英等。嗣而法效之矣，德效之矣，俄效之矣，奥日意比效之矣，今日本亦效之矣。其與英鎊同者十之七八，不同者十之二三。蓋人貴我賤，人重我輕，必爲人制。我貴人賤，我重人輕，必能制人。人貴我亦貴，人重我亦重，則雖不能制人，而亦可以自立，此必然之理也。各國制度不必仿英，而不能不仿英之鑄錢者，非有金錢，一通商即爲人所制也。今各國皆有金錢，而中國獨不用不鑄，受害之鉅悉數難終，約略言之，厥有四弊：

一曰國債。中國前時所借洋債尚少，然撥還期近，鎊價必抬，以十成計之，輒虧至二三成以上。今歲撥三千萬，歲虧二成，即多出銀數百萬兩。至於購礮購船一切海防之費，無一物不買鎊，即無一事不受虧。若自鑄金銀錢，入之金銀之會，以鎊還鎊，彼自無辭。一也。

二曰商務。通商各口買賣貨物均須以鎊合銀，彼有千鎊之金錢即可作萬金之貿易，我輕而彼重，即彼富而我貧。中國之匯號、銀號、典肆、錢莊無不仰洋商之鼻息，以金鎊易紋銀易，以紋銀易金鎊難。是彼以一金鎊奔走華洋，華人已暗聽指揮，相率入牢籠之内，而平日出入虧累所不必言。六十年來，中國商務所以永無起色。馴至今日，海疆各埠無一富商，即偶有之，亦必倚洋商通緩急者，職此故也。自鑄金錢，通用金鎊，彼此之勢始可持平。二也。

中國剏開銀行，以後將與洋行通往來乎，抑不通往來乎。如通往來，必須金可通、銀可通、票亦可通，方無窒礙。否則，買鎊賣鎊，必致受虧，亦與國債相等。如不通往來，其局面僅一匯票莊、官錢局耳。況國家萬一忽有急需，豈能自堅其説。則千日積之，一朝散之，反聚斂中國之現銀以輸之外國矣。惟鑄用金銀錢，銀行鈔票亦以金銀錢爲數，則四通八達，若網在綱。三也。

中國既開金礦，又不禁金出洋，是爲授人利器。既不鑄金錢，又不用金鎊，是爲自窒來源。今日銀賤於金三十餘倍，銅錢賤於金錢一萬餘倍，他日將金收盡，低昂其價值，以盤算中國之銀，則中國銀根立時短絀，市面立見動摇，生人養命之源懸於人手，蓋貴能御賤，重能御輕，而輕斷不能御重，賤斷不能御貴，此一定之理，雖聖王復起，無可如何也。惟鑄用金銀錢，則大局挽回在此一舉。四也。

或曰中國官民上下所通用者銀耳，只須銀多，何患金少。此在通商以前可也，通商以後則不可。此後不通商可也，此後仍通商則不可。何以言之。今綜計天下釐金關税鹽課税出於内地之商者約二千餘萬兩，歲有所短。各海關洋税藥釐税出於海疆各商者亦二千餘萬兩，歲有所增。是海疆之貿易已與内地相等，内地可以銀計，海口必以鎊計，内地之現銀少，海口之現銀多。頻年海溢川流，彼已將利權操之掌握。此後金銀價值高下由人，尚能保此銀之長在中國乎。惟金銀並用，乃可輕重相權。且金錢輕便，所值較多，人可收藏一二文以防不測。是鑄用金錢，即藏富於民之上策也。

或又曰中國金礦甫開，奈黄金不敷鼓鑄何而無慮也。各國之鑄錢者，非皆自有金礦也，按時價購金鑄錢已能敷用，況中國從古至今稱黄金最多之國。只須廣開金礦，並由銀行金店按市價買金，斷無不足。現在情形可考而知者，海關出口黄金之數歲值銀三千七百萬兩，計重一百餘萬兩，按照英鎊之重，可鑄金錢七百萬元。漠河一處出金歲亦在十萬兩内外，此外吉林、奉天、四川、雲南等處歲歲增多。外國鑄錢之機皆金銀並鑄，惟鋼模不同，金重於銀一倍，金錢雖小而分兩轉多也。故金多則鑄金錢，金少則鑄銀錢，從無停機待鑄之患。總之鑄金錢所以禦外，鑄銀錢所以安内。多鑄一金錢，即外國免一分盤剥。多鑄一銀錢，即内地免一分拮据。而以貴賤輕重之理及現在情勢言之，則鑄銀錢猶緩，而鑄金錢乃彌急也。

請言自鑄金錢之利。天下各國所用之金，惟中國赤金係十成足色，標金則九八也。各國所用器飾錢幣之金，自六成至九六而止，無能及標金者。因鍊金無須化學，愈鍛愈純，故中國獨居上上耳。各國鑄錢之金大略以八四爲率，因成色低則行用不便，成色高則資本太多。當日英鎊通行即係八四，他國仿英而鑄，亦以八四爲衡本，不必十成足色也。匯豐、馬加利等銀行專做中國金銀交易，運金出口並無税釐，以彼八四之金錢抵我十成之金價，是每金百萬兩顯虧十六萬兩矣。今我取以鑄錢，則每金百萬兩即可浄贏十六萬兩，合紋銀五百萬兩，其利之大如此。故鑄銅錢僅敷成本而已，鑄銀錢爲國大利，鑄金錢則大利之尤。此項利源理宜歸國，並應奏定程式頒行以重其事，則源源運鑄美利開矣。

請言通用外國金鎊金錢之利。英鎊盛行而後，各國相率鑄錢，此國之金錢不得通行於彼國，出入虧折仍屬不便於民。惟中國自道光以來，外國之銀錢銷流於海疆内地，中國行所無事亦竟無弊端。蓋天下之錢本供天下人之用，天無私覆，地無私載，日月無私照，則錢幣之流行天壤者亦然，此天下之公義也。銀錢如此，金錢可知。今自鑄金銀錢，而外國之金銀錢與中國分兩成色相同者，均准通用，則彼錢皆我錢也，在我振興商務以貨易之而已。夫天下萬事萬物各有一至當不易之道，無中外古今一也。自開闢以來五千餘年，天下鑄錢之多莫多於今日者，各國錢法之亂亦莫亂於今日者。而有不多不亂者存於何驗之，驗於天下人之便不便而已矣。便不便於何驗之，驗於通行之廣不廣而已矣。今英國之金鎊通行已徧地球，美國、墨西哥鷹洋所行亦占地球之大半，粵鄂仿鑄分兩相同得其要矣。中國銅錢雖僅行本國，而以御小物畸零分算，大益民生。此三者天下之至便也。貴賤輕重適得其權衡度量之所宜，然固圜法中至當不易之大道也。

然天道後起者勝，利弊之故歷久而始明。中國當此之時，會逢其適，實富貧强弱之一大轉機。天佑國家，時不可失。應請宸斷毅然釐定圜法，飭下英美出使大臣購買鼓鑄金銀錢機器一副來京，即於京師設立錢局，機器之大小以每月能鑄金錢百萬元、銀錢三百萬元爲度。明降諭旨，定圜法爲三品。金錢爲上品，成色輕重同英鎊，而龍文款式如銀錢。每金錢一枚權紋銀七兩，銀錢十枚銅錢十千。外國金鎊金錢與中國分兩成色相同者，亦准通用。銀錢爲中品，成色分兩款式均照粵鄂奏定之章，每銀錢一枚權紋銀七錢，銅錢一千，五角小銀錢二枚，二角小銀錢五枚，一角小銀錢十枚，五分小銀錢二十枚。外國銀錢與中國分兩成色相同者，均准通用。銅錢爲下品，各省照舊鼓鑄，輕重以七分爲率，適敷其成本而止，出入一律，概以錢鈔各半爲衡，明定火耗公費章程，由内外官吏自行酌定，請旨遵行，以資津貼。佈告中外，咸使聞知。嗣後有阻撓圜法挑剔留難者，以違旨論。京師錢局及粤鄂各省鑄銀錢局並請皇上準今酌古，賞錫嘉名，以著一朝濟變之經，開萬世同文之軌。提綱挈領，操矩持衡，萬化之原，權輿於此。

伊古以來，安有堂堂大國億萬人民而日鰓鰓然患寡患貧者，徒以鈔幣未定，民用不敷，物重錢輕，致成貧弱。以自鑄金錢立其本，以參用鈔票暢其流，以廣鑄銀錢、銅錢宏其用，以開礦務農通商惠工諸事收其利，而保其權。若網在綱，如金受範，遠師夏后，繼美周京。然而不强不富者，未之有也。

管蠡之見是否有當，伏乞據情代奏，請旨施行，無任悚惶激切待命之至。

（清）陳忠倚《皇朝經世文三編》卷三三《户政・錢幣・通行銀元八議李鼎頤》 泰西諸國以金銀銅三品鑄錢，由來尚矣。自闢地至美洲，覓得銀礦，西班牙用以鑄錢，流行中土，即今之吕宋銀圓是也。嗣墨西哥改鑄鷹銀，三十餘年通行於闤闠間貿易場中，稱爲便捷，商賈往來，如取如攜，輕而易舉。往時惟行於閩粤市舶出入之所，自與泰西通商以來，其行漸廣，不特權利爲外洋所握，抑且奸商舞弊，贋質日多，市面益形敗壞。若再不由官經理，自鑄金銀各錢，恐利源溢出日多，僞銀且日甚一日，此所以銀圓莫如自行鎔鑄，而自鑄必求通行無弊也。謹繕八條以對，伏祈憲鑑。

一曰廣開礦産，所以裕利源也。中國開礦産之富，四洲之上莫與比倫。十年前有游歷内地之西人測得一二省之礦可敵歐洲全土，雖未必盡實，然幅員如此廣長，地利所蕴應亦有此。向所未開之礦但使礦苗顯露測驗真實，不妨招股舉辦。其民間本有之礦亦買歸而大開之，用人力者改以機輪，蓋任民開採其利終微，用機器取之，其出乃旺也。五金之出，煤鐵之礦常多，而金銅之礦輒少。以金銅蕴結地下較煤鐵更堅且深，人力之施無過入地二三丈，所以不能到者即亦置之弗取。測驗之法既不講求，鎔化之術又非素習，是以入寶山而空手也。西人之於礦學較華人爲優，宜聘識礦西人，購開礦機器，自行開采，所得金銀各質即爲鑄錢之用。以中國自有之礦，鑄爲中國自造之錢，利不外溢，權可獨操，此中國絶大之轉機也。他如鐵礦可以造鐵路，煤礦可以供汽機，銅礦可以鑄錢幣，並應一律開采，使貨無棄於地，利可公諸民。股由糾集，不需巨富之人，事屬經營，不請國家之帑。至於税則一項，先從輕減以廣招徠，苟得經理者公正殷實，識别者精明諳練，則中國之礦務又何不可從之有哉。

一曰創設銀行，所以資周轉也。西國開設銀肆，皆合衆力而成。如英以倫敦所設爲總肆，其餘悉屬分枝，所出鈔票動至百萬、數十萬，商人以票取銀，無不立畀，滙單雖遠至數萬里外，刻期無誤。如有折閲倒閉，例必照數賠償。所糾合之公司以有限無限爲别，有限則罄其肆中之本錢爲止，無限則於本銀既罄之外各股東再糾現銀以至欠項歸清爲止。歲中官必查核銀肆用鈔票若干，存本銀若干，必使行鈔與存本適相抵乃可，刊登日報以示大信，其制最爲盡善。中國通商各埠亦宜仿西國銀行之例，設立官銀號以濟緩急，廣鑄金銀以收利權。如有願集公司開設銀行者，必須爲首之巨紳富商迴環互保，出具甘結到官請領牌照，按其大小輸貲於官，然後給予准其開設，或一律歸之官銀號，而許商人同入股分，利益均沾。自鑄之銀均存銀行生息，其有以金銀赴銀行易銀錢者，一准市價交易。其存款於銀行者，按其存之久暫定其息之多寡。如此子母相權，其利仍歸於民而不外散，上下皆得其益，可以裕國，可以便商，一舉而三善備焉。惟須示之以信，方能經久無弊耳。

一曰製造鈔幣，所以便取攜也。銀既鑄矣，而欲其流通無滯，取攜便捷，莫如製造鈔幣。昔俄國當帑藏空虚，當局者印造鈔票數百萬頒發各處，諭以輸納官項皆用鈔票，而不用現錢。一時民間争以現錢購鈔票，頃刻而盡，而庫中頓存現銀數百萬，不過一轉移間耳。中國亦宜仿行鈔幣，示之以信實，要之以恒久，俾商賈之經營遠方者不必身攜重貲，皆可持鈔幣取之於銀肆，南北往來用無不足，則自鑄銀錢流通更易，行使愈遠，其利益實非淺鮮。今山西大賈所設銀肆，自京師以達於各處，率用此法，而自官逮商無不賴其轉輸。夫以中國之大，而官猶取給於商，則其通行無礙可見。若以鈔幣歸之官造，其利用不更溥哉。方今南方多用錢籌，北方多用錢票，然行之不能及遠，出境即無所用，正以商設而非官設也。近來西國鈔幣中國人多用之者，豈有中國自造鈔幣而不樂用之理。惟不便於庫吏之侵蝕，户胥之尅扣，權出入者無所施其幣，恐不免藉口阻撓，是所慮也。

一曰採用西法，所以集衆長也。美國鑄錢局在扯里司街，其法由鎔化而鼓鑄、而範圍、而淘洗、而印花、而權其分量輕重，計大者每一分時可成八十枚，對開、四開、十開每一分時可成一百二十枚。見《環游地球新録》。日本仿泰西之法，設造幣局於大坂，其所鑄成圓之外有五分、一角、二角、半圓不等。局中凡分六所，曰收納，曰傾銷，曰鎔鑄，曰剪裁，曰鑿印，曰秤量，無不異常神速。其局建自明治三年，即中國同治九年，一歲之間，金者，歷九個月之久，自二十圓至一圓已鑄有二百萬圓之多。銀者，歷十二個月之久，自一圓至五錢已鑄有一千五百萬圓之多。夫日本所以鑄新錢，雖云便行使，而杜僞之意居多。於造幣局中設立督工官吏理其事，復有監察總其成，每鑄金錢千圓，則以一圓用紙封固，計明年月日呈於監察大吏所，國家設鐵櫃一區，大吏即將封呈之錢鎖置鐵櫃中。銀者每五千圓呈一圓，鎖置亦如之。所以然者，蓋純金純銀爲質最軟，用以鑄錢必將苦窳，勢不能不混合以銅，便堅硬耐久。故金銀錢中必攙以銅，皆有定數。夫既攙之，而承鑄之官吏難保其必遵定數，絶無多寡，况日日鼓鑄累萬盈千，何從而考察之。故令其呈繳樣錢，嚴加封鎖，兼填明年月日以備按次核兑，驗其成色之異同，所以杜偷僞而重國寶也。此防僞之善法也，中國所宜擇採也。

一曰精求式様，所以示定制也。各國金銀錢不一其式，英國金錢名色伍崙者每圓重二錢五分，值中國銀三兩三錢五分六釐。法國金錢名拿破崙者每圓重一錢八分，值中國銀二兩五錢。銀錢，印度所鑄曰路界，每圓重三錢二分。法國所鑄曰佛郎，重一錢二分半。英國所鑄曰先令，重一錢四分。小者曰式本士，重三分五釐。又上中銀錢曰福老倫，重二錢八分。俄國所鑄曰羅卜，約重五錢。奥國所鑄曰果爾登，約重三錢三分。意國所鑄曰以黑兒，約重四分四釐。葡國所鑄曰以密而來斯，約重七錢七分三釐。土國所鑄曰以辟亞斯忒，約重三錢。埃及所鑄曰以奪洛爾，約重七錢二分。荷國所鑄曰果倫，約重三錢八分。瑞國所鑄曰以烈他斯拉，約重二錢。巴西所鑄曰以密耳來斯，約重三錢八分。美秘二國所鑄曰莎羅，重七錢二分。中國自鑄銀圓似宜酌中，每圓以七錢二分爲準，小洋則以日本所鑄三錢五分、一錢四分、七分、三分五釐爲率。至其式様，不必仿照泰西，當即照中國輪船旗號獨畫一龍，鑄以龍質，惟不得與日本所鑄從同，以示區別。至於金錢，雖輕而易舉，便於取攜，然零星使用未能剪之使碎，且可行於通都大邑，而不便於窮鄉僻壤，反不若銀圓之值價無幾，隨地可以兑錢。是故銀錢宜速鑄，而金錢宜緩鑄也。

一曰禁絶私鑄，所以防弊端也。私鑄錢文例禁綦嚴，不法之徒尚多僞造，况銀圓質大利厚，難保不僞造混用。近來奸商舞弊愈出愈奇，如扢銅，如夾板，如包鉛，如噴銀，似此弊端不一而足。欲絶其弊，一在嚴禁令，查律列刑律中本有私鑄銅錢專條，今宜加重罪名。如私鑄銅錢者絞監候，則私鑄銀錢者改爲斬監候。又如私將制錢銷燬及鑄砂殼小錢，核其所鑄錢數至十千以上，或雖不及十千而私鑄不止一次者，爲首及匠人俱擬斬監候，則私鑄銀錢至十圓以上或犯不止一次者，改爲斬立决。如此嚴申禁令，有犯必懲，則私鑄可絶矣。一在模板，外洋鑄銀，其模板一切精工無匹，非民間所能私造，故私造可免，而僞銀獨無。中國鑄銀若用極精細之模板，務使民間不能作僞，則私鑄無利可圖，自必廢然思返。蓋私鑄銅錢資本尚輕，或有誤犯，銀本較銅甚大，誰敢以若干資本輕於試法。模精則難作僞，禁嚴則有戒心。中國倘能自鑄銀錢，則私鑄者或反較銅錢爲少亦未可知也。

一曰廣行銷路，所以便流通也。道光年間，周弢甫比部祝桐君司馬曾請於浙撫開鑪鼓鑄。咸豐初年，徐君雪村曾於無錫鄉間自行開鑄，民間指爲新板，不能通行，以此竟作罷議。此前事之可鑑者。然此特其時甫經通商，洋銀初至，再以中國新鑄者入其中，勢必莫辨真僞。今則外洋銀錢通行各省，民用稱便，相沿已久，玆亦不必改其制減其值，衹將銀面洋文易爲華字，而輕重大小一仍其舊。鑄成之後，發交錢莊、典鋪逐漸搭用，軍餉中搭放三成，其價亦視洋銀無所低昂，成色既高，且可抬用一二分，小民惟利是圖，斷無樂用他國銀洋而不樂用本國銀洋之理。行之數年，可使市面一變，將見民間行使便易，勢必流通無滯，争先效用。鑄之日益衆多，用之日漸廣遠，則可不必賴外國之銀圓而自足，商民既可獲利無窮，而西人之利亦且爲所奪矣。此收回利權之法，亦開源節流之道也。

一曰杜塞漏巵，所以專利權也。中國紋銀足色足水，及鑄銀圓則不過九成，是百兩中必有銅十兩可知，銀色既低，又免進口税，以此錢購我貨物不下千百萬，時價漲落，成色毫無添補無形之耗，伊於胡底以貨售我，大抵皆取紋銀而歸，以無税劣銀之洋易我無税足金銀而去，此中暗耗復又何如。彼旋得賣銀，即旋鑄銀錢以售諸我，利中取利，往復無窮，其害何可勝數。惟自鑄華文銀幣，杜絶漏巵，彼以此來，我以彼往，彼見無利可獲，自不禁而漸少，而以銀易洋者利仍歸之中國。凡所謂折色減水加耗貼費多方名目一旦舉而盡空之，奸商之計窮，小民之生遂，而利不外溢，權自我操，反害爲利，一轉移間耳，當軸者何不毅然行之哉。

以上八條皆爲自鑄銀錢兼行鈔幣起見，若能實心行之，自必有利無弊。況自鑄銀圓以遏洋錢，即自種土藥之法，以中國自有之利歸於中國，是猶外府而取於宫中，彼外國固不得藉口阻止，及時興辦，於勢尤順。是否有當，幸賜採擇。

（清）陳忠倚《皇朝經世文三編》卷三三《户政·錢幣·行使金銀銅錢議于鬯》 天下事有利莫不有弊，利一而弊百，智者不爲，利百而弊一，且可收外洋之利以爲我利，則其事斷在必行。朝廷雖不言利，而不可不獨握利權，專泥古人用錢廢銀、用鈔廢銀之説，而轉使銀錢盡散外洋，或操縱上下於中國之奸商而莫可究詰，則百弊而利且不能獲一，尚得謂權操自上而可通行於今哉。

不觀道咸年間閩省之事乎，方其行鈔令下，省中發銀若干萬，立官店以司出納。凡以鈔支錢者無折無扣，鈔遂通行。兵餉數十萬皆領鈔不支銀，他款亦然，藩庫充牣，斯時而議鈔法之失，人誰信之。一旦寇警猝乘，支銀者紛至沓來，給發偶遲，即洶洶滋事，乃傾庫與之，僅以無患。鈔之行於一方弊且若此，况合天下之大，支發之繁，輿情之順逆不一，四境之風鶴時聞，而欲使人人易其重財之念，各執片楮以應用無虞，能乎否乎。

且自近來各國通商，中土金銀大都流出外洋，每歲蓋不啻千萬。設又廢銀不用，徒憑鈔幣以交易往來，則銀將盡輸各國與壟斷居奇之黠商，而洋人益必日尋瑕釁，藉啓兵端，以窮我藏富之術，俾轉而爲傾囊之謀。不善處之，則激變召殃，弊有不止利源之竭者，此鈔法之必不可行，而欲操利權者之當自造金銀各錢也。南東各省數十年來各用外國銀錢，初用西班牙老板，繼用墨西哥新板，近且英法德美均鑄銀錢流入中國，而日本起而效尤，歲鑄小銀錢羼入市肆，每年不下數十萬計，乃中國不自鑄造，坐使外人得操圜法之輕重而獨擅其利，豈不可惜。

夫夏有水患，禹發歷山之金以作幣。商有旱災，湯亦發莊山之金以作幣。其皆主於救民耳。今水旱之迭告較甚夏商，而金銀之時時透漏更爲夏商之所無，亟法前王以救貧窮猶虞無濟，顧令坐滇粤等省之銀礦棄而不開，漠河數處之金廠開而未用，徒仰番舶所載以濟目前，以便豪強之積聚居奇，而朝野至交困而拱手退聽，恐勢又不能久支已。

故近人謂今欲收利權，莫如中國奏明設局，購用機器，自行鼓鑄三品之錢。每機器小者不過銀五萬圓，吉林機局曾購一具。凡鑄金銀之錢，均須稍攙雜質，方能堅結而擊之有聲，其贏餘足敷爐火人工鼓鑄之費，但須國家頒定律法，定各等之價並相準之數。如英國之制，銅錢滿十二即須用小銀錢一圓，銀錢滿二十即須用金一圓。三品之錢既迭相爲用，而價值又各相準則。凡錢糧關税釐金之科則悉依此爲定，使徵者、解者、收者、發者莫不皆準此數，無平色之高低，無兑换之扣勒，則自無浮收侵蝕之弊矣。市肆之價不能因時爲軒輊以捉搦刁難，則買賣空盤之弊亦不禁而自除矣。此言通行之法與剔弊之方，最簡易可從，計今黄金一兩不過易銀錢二三十枚，倘金錢每枚不及一兩，或即仿銀圓七錢三分之例，則以一金錢準銀錢二十，亦與今黄金市價不甚相懸，民間當無不稱便。但須監造得人，鼓鑄劃一，俾成色定而分兩悉泯參差，則取攜交易之際一便而無往不便，可行一時亦無不可行後世，於中朝裕國富民之道裨益實多。即今各處開採金銀礦之以洩寶藏以借商本而濬利源者，不又可取不竭而用無窮哉。

至私鑄售僞之弊，誠勢不能無，亦在自造金銀各錢者極其形模之工，使外人未易仿造，且密訪查而嚴法禁，以懲一警百焉可耳。懲沸止羹之誚，欲肥國與民者，當斷不出此也。

《鴉片戰爭》卷一《貴州道監察御史黄中模請嚴禁紋銀偷漏出洋摺二年二月十二日》 掌貴州道監察御史臣黄中模跪奏，爲請嚴禁海洋偷漏銀兩，以裕民生，恭摺奏聞請旨事：

竊查定例，廣東洋商與夷人交易祇用貨物，不准用銀，立法之意至爲深遠。嘉慶十四年間，因有銀兩偷漏出洋之弊，奉旨飭查。經兩廣總督會同海關監督奏明申禁在案。乃近者各省市肆銀價愈昂，錢價愈賤，小民完糧納課均需以錢易銀，其虧者咸以爲苦。臣細加採訪，實因廣東洋面偷漏依然如故，以致內地銀兩漸少，其價日增。至偷漏之由，係因廣東民間喜用洋錢，其風漸行於江浙等省。於是洋商私用紋銀收買洋錢，與江浙茶客交易作價反高於紋銀。其洋船出口，雖經兩廣總督設有員弁巡查，無如查弊之人即作弊之人，率皆貪得陋規，私行縱放。廣東省城多有奸徒與海口員弁素相交結，包送貨船出洋，是以肆無忌憚。此在洋商方自以爲得計，殊不知洋錢鎔化僅得七八成低銀，洋商與夷人兑換則皆十足紋銀，而作價反低於洋錢，暗中虧折殊甚。况天地之生財只有此數，外洋日見其多，內地日見其少，且紋銀一經出洋，即屬去而不返，久之，內地紋銀缺少，並不能以洋錢完糧納課，所關於民生者誠非淺鮮。

臣伏思洋商既用紋銀向夷人收買洋錢，即不免用銀收買洋貨，實屬違例病民。即使各省茶客有需買洋錢者，洋商理應仍用貨物向夷人收買轉貿，斷不可私用紋銀，應請旨飭知廣東督撫暨海關監督嚴行查禁，並密拏包送洋船之奸徒，有犯必懲。若海口巡查之員有能拏獲出洋銀兩者，立加重賞；如查有縱放之員，即行參革治罪，庶幾偷漏之風可戢。臣更聞邇來洋商與外夷勾通販賣鴉片煙，海關利其重税，遂爲隱忍不發，以致鴉片煙流傳甚廣。耗財傷生，莫此爲甚。應令廣東督撫密訪海關監督有無收受黑煙重税，據實奏聞。如督撫瞻徇不奏，別經發覺，將洋商家產籍没入官，督撫與監督一併議處。並請旨通飭各省關隘一體嚴密查拏。如係何處拏獲，即應究明於何處行走。所有各關縱放員弁加以嚴議。如此則人人自願老成，或不致有得錢賣放之弊。而鴉片煙之源可絶，內地民生永裕矣。

臣愚昧之見，是否有當，伏乞皇上聖鑒。謹奏。

道光二年二月十二日。

道光二年二月十五日，奉硃批：所奏是。欽此。

（清）梁啓超《飲冰室文集》卷一六《中國貨幣問題·論法定平價之重要》 中國貨幣問題之動機，則銀價下落之爲之也。銀價下落而我獨蒙其影響，其故何由。蓋當今國際貿易大發達之時，甲國與乙國勢不能無國際匯兑之事，而在彼此用同一本位之國，則可以有法定平價（Mint Par of Exchange）者以爲之準衡。法定平價者何，即法律上所定平等之價格是也。其法以甲乙兩國所通用之貨幣即斯坦迭么匿也。相比較，觀其所含有金屬之分量幾何，而因以定其價。如英國之單位貨幣爲鎊，一鎊之全量爲百二十三忌連零二七四四七，內含金十一銅一之差量，故其純金量爲百十三忌連零零一六。（$\frac{123.27447\times 11}{12}$=113.0016忌連）。日本之單位貨幣爲圓，一圓之全量爲十六忌連零六〇三一七，內含金九銅一之差量，故其純金量爲十一忌連零五七四二。（$\frac{16.60317\times 9}{10}$=11.5742忌連）。各國貨幣之有差量者，因鑄幣不能用純金純銀，必須攙雜下等金屬少許。如英國則用十一分金、一分銅之差量，日本德國美國拉丁同盟國瑞典那威皆用九分金、一分銅之差量，推算法價時，必須將其雜分量除出，其所餘者謂之純金分量。故兩貨比較，英貨一鎊當日貨九圓七十六錢三釐，（$\frac{113.0016}{11.5742}$=9.763元）。日貨一圓當英貨二先令零十六分片士之九强。（$\frac{11.5742\times 240\text{片}}{113.0016}$（即一磅）≒24.5828=2先$\frac{9}{16}$片）。是即英日兩國之法定平價也，其他諸國之法價皆依此例推算。

以此之故，故彼此匯兑常有定價。即如日人欲匯百鎊之值往英，即以本國貨幣九百七十六圓三十錢爲其定價，英人欲匯千圓之值往日，即以本國貨幣一百零二鎊六先令十片士强爲其定價。其事至簡至便，雖金融時價稍有漲落，然斷不至過甚。國際匯兑既有法定平價，然金融時價仍間有漲落者，則視其供求兩率之多寡耳。如日本欲匯金與英國之數少，而英國欲匯金與日本之數少，則日本匯票求過於供，英國匯票供過於求。在日本争購匯票，争者多而其值昂，則平日九百七十六元餘之定價或不能購得百磅之匯票，而溢至千圓以外者有焉矣。此其理與尋常物價以供求之率爲漲落者相同，非緣貨價之價格有升降也，故其漲落斷不至過甚，蓋生計學定例供求之率任物自已而必趨於平故也。

雖然，此法定平價惟彼此用同一本位之國得行之耳。若夫金本位國與銀本位國之國際滙兑，不得用此例，何以故。蓋法價之所由定者，以推算彼此貨幣中所含有金屬之純量而已。而甲國某貨幣中含有純金量若干忌連，乙國某貨幣中含有純銀量若干忌連，於此而欲正定甲幣若干當乙幣若干，其道無由。蓋地金地銀，即金銀塊、金銀條也。兩者之比價，常應於供求之率以爲消長，變動而不居者也。故金幣銀幣之比價，勢不得不隨其本質而動搖，此異本位國所以不能立法定平價之理由也。

既無法定平價，則其國際匯兑將如何，曰：其在用銀之國只能以地銀價值推算，而貨幣之功用將全滅。即金銀時價爲一與十五之比例者，則吾將以十五忌連之銀易一忌連之金。金銀時價爲一與四十三之比例者，則吾將以四十三忌連之銀乃能易一忌連之金。夫美國銀貨一弗，弗者，美國銀幣一圓之譯名也。原文爲打拉Dollar省書作$。日本人取其肖形譯爲弗字，以別於日本之銀圓。今從之。與中國近年各省所鑄龍銀一圓其全量同爲二十六忌連有奇，所含純銀量同爲二十二忌連有奇，而美國之一弗，無論銀價漲落如何，總能易英幣四先令內外。中國一龍圓，則七年以前猶能易英幣二先令，今則不及一先令半者。蓋彼之弗不過爲金幣之補助，不以弗中所含銀量計算，而我則除計算銀量外無他術也。故用金國絶不蒙銀價漲落之影響，而惟用銀國獨蒙之，皆此之由。即實行完全銀本位之國猶受其影響，若我國之用銀塊而非用銀幣者更不待問矣。其影響奈何，若遇進出口商務爲差負輸出超過輸入爲差正，輸入超過輸出爲差負。之時，則我須匯銀出口，使所匯出之銀而往用金國也，疇昔以十五忌連當彼一忌連者，今乃以四十三忌連當彼一忌連，則虧累莫甚焉。查中國近十年來，光緒十六年至二十七年。國際貿易統計其差負總額凡九千九百七十二萬零三百一十四兩，海關兩。若使此數而必須匯出國外也，則以銀價低落之故，其負累不亦重乎。此其一。此節卻非甚可慮者，蓋此不過仍重商主義派之杞憂耳。其實國際貿易斷無常爲差負之理，即常差負，亦必有別種原因。如英國近數十年來常差負者，因其船隻寄港之所入及本國資本放在外國利潤之所入足以相償也。中國近十年常爲差負之勢者，其理由吾未能斷言之，或有由陸路出口之貨不經海關，故不能調查報告，此其一因也。或進口貨物係爲放利置業之用，無須運貨出口以相抵，如製造機器等類，亦未可知，此其二因也。若如前一因則不至蒙銀價之影響，如後一因則固不免矣。何也，暫時須匯銀出口也。團匪之變，償款四萬五千萬兩，分年攤還，本利總計已將九萬萬。當議約時，每海關兩一兩合日本銀一圓四十錢〇三，他國稱是。迨二十八年秋冬間，僅合一圓耳。他國稱是。是四萬五千萬兩之原額已忽進爲七萬萬兩，而利息尚不計。使銀價更有下落，其償率亦即隨而增進，銀價所落之極點達於何度，誰能料之，則我償率所進之極點達於何度，亦誰能料之。此其二。若金銀比價有定，則無論內商外商皆安心以從事於國際貿易，而商務因以大發達。觀日本改行金本位以來，貿易表之大增進，雖其原因甚多，而國際匯兑之整便，亦其重要之一端也。我國近年貿易表進步絶稀，甚者如千九百年退減至四之一，雖其原因甚多，而銀價漲落之無常亦其重要之一端也。故非打破此問題，則國力之發達終不可得期。此其三。以此三因，故中國今日改革幣制，必以求得與金本位國有同一之法定平價爲第一義。至其何以得此之由，則精琪氏之政策致可味也。

（清）梁啓超《飲冰室文集》卷一六《中國貨幣問題·論新案求得法定平價之政策》　今精琪氏新案將以金一銀三十二之比例爲我國之法定平價，夫現今通行者既以金一銀四十餘爲經價矣。今有何術矯揉之，使銀價漲至半倍，此未通貨幣原理者所不能索解也。今約舉精琪氏之政策不出三端：一、信用。二、限制。三、操縱。

信用者，政府以信用導國民也。夫貨幣者易中之物，所以爲易而非所易也，故必流通全國無所往而不用，然後易中之資格乃成。貨幣爲政府所造，故政府當率先用之。法價即法定平價之省稱，下仿此。爲政府所定，故政府當率先從之。此最淺之理也。故精琪氏原案第七條云：新鑄貨幣無論在何省完納賦税等項，皆照國家所定比價平等收用。若此等公項前此原定銀價者，皆准用新定幣價推算。此義殆不煩言而解，雖然，此實推行新幣之第一義也。

限制者，本案之最要關目也。考近三十年來各國更改幣制之歷史，當其由複本位而進爲金單本位也，則必先下令停止銀幣之自由鑄造，自由鑄造者，民間有持銀塊銀條納於政府之鑄幣局者，則政府悉爲代鑄，無或拒絶也。此諸國之所同也。然此次新案所定銀幣之性質與各國專指金本位國。現行銀幣之性質大有所異，蓋各國之銀幣祇以爲補助貨幣，限至若干數目以上即不許用，參觀本章第一節第四段。而新案所定則以銀爲國中通用唯一之貨幣，雖累至萬數千元猶用銀也，故所鑄銀幣自不能不加多於他國。雖然，鑄出之總數亦不可不爲立限制，苟無限制，而欲銀幣之時價常從其法價，勢固不能。夫物價之理，不外緣供求之劑以爲差率。供過求則時價落，求過供則時價騰，百物皆然，而貨幣亦不能外者也。夫今日中國所用之銀，其價所以下落而無所底止者何也，最近半世紀銀塊產出之總額遠駕金產額而上之，而各國紛紛改金，舊日之銀悉無所用。以一瀉千里之勢而爲壑於中國，世俗論者或以爲如此則全地球之銀如水就下流入我國，豈非我之大利耶。此真大惑不解之論也。銀也者，寒不可衣，飢不可食者也。惟因其有易中之力，故相率而寶之。使其易中力全滅，則與土石何異。即不全滅，而低減至於失其前此之價值，則亦與銅鐵何異。彼以其不用之物易我有用之貨，我徒寶之。而一旦欲持以還易彼有用之物，則效力全失或全減矣，則寶之奚爲者。此在稍通生計學理者皆能知之，今不贅論。銀之供給愈多，而銀之價值愈減。金銀比價漲落之由，其原因甚複雜，他日當別著論詳言之。而我所通用者又不過銀錠也、銀塊也，曾無一定之格式節制。凡名爲銀者，即可以通用於我市面，於此而欲提高其價，勢固不能，無待言矣。故必有一定之貨幣，然後有價值之可維持。然貨幣之格式雖定，若猶聽民間或各省地方官之自由鑄造，則民間之持有銀塊者疇昔須以四十餘兩乃能易金一兩，今一旦攜至鑄幣局託其代鑄，鑄成之後，則三十二兩即易一兩，夫孰不趨之如騖者。地方官局亦然。若是，則一二年間，而新幣之數必驟增至不可思議，而全地球他國餘溢之銀更不期而全集於中國，雖驅之不能去也。如是，則雖嚴定法價，而市面之時價必仍與地銀即銀塊、銀條之類。無異，且必因此而更致下落，何也，市面所有之銀圓遠過於其所需之數，供太多而求太少，價未有不下趨者也。故新案主眼將鑄幣大權全收攬於中央政府，凡各省之銀元局皆罷之，中央政府則調查全國中當有銀幣若干即可敷用，準此數以爲鑄造之總額，務使所鑄之銀無一圓焉失其所而不得自效用於社會者。供過於求則銀必有羨焉，而莫或過問者是此銀爲向隅矣。夫制既定矣，前此之銀錠、銀條皆不許爲易中之用，其性質與尋常貨物無異。今若持地銀在日本市場欲易一物，不能得也。民非政府所頒之新幣無可以爲易者，而所頒者只有此數，故政府欲定何價，而市價不得不從之而移，此固無俟刑驅勢迫而始然也，抑亦斷非刑驅勢迫之所能獲也。故限制之法行，而法定平價之成立，思過半矣。

曰：然則爲政府者，故絀其所鑄之總額，使市面上之新幣絕少，而求者常過於供，如是，則市價遂將騰於法價之上，寧不更利。雖然，此又不可能之數也。苟銀根缺緊之現象永永繼續，則民間遂將棄政府之新幣，而復私用地銀，雖以刀鋸隨其後，不能絕也。如是則不久而新幣制之基礎遂壞，且政府所求者亦在有此法定平價而已，更提高之使騰於平價之外何爲者。

或又曰：既用此法，則雖將新幣之法價更提高之，使如法美諸國然，爲金一銀十五之比例亦可也，而何必限以三十二者。曰：是固然，然此幣制之精神，藉以抵制外部之漏卮者不過十之二三，而藉以調和內部之生計社會者乃十之七八，故必視本國現時生活之程度如何，徒爲過高不相應之制，貪虛名而受實害，無益也。故日本現行之制，亦爲一與三十二之比例，精氏從之，庶爲近矣。

或者猶疑幣值既昂，則民間私鑄之弊終不可免，而所謂限制者或致無效，此則視其警察行政之力何如矣。抑鑄造法既改良，非有大機器不可仿製，則盜鑄固非易易也。不然，則普世界各國貨幣所名，何一不優於本值者，彼不慮此，而獨我鰓鰓耶。

既有限制以劑供求，則新幣之通行於國內者，必常能如國家所定之法價，雖間有小小漲落，而斷不至大刺謬也明矣。全國各地遼遠，交通機關未十分整備，則有時或甲地供過於求，乙地求過於供，則甲地時價必落至法價以下，乙地時價必騰至法價以上，此殆斷不能免者。然此不過一地之現象，於全國大體無關。且其現象又不過在一時，任幣之自已而價遂趨於平矣。故此不必以政府之力，代致杞憂也。而此法價對於國際貿易能否永久維持，是在操縱之術。

操縱者，維持法價之大權也。精氏新案之妙用，全在此點，今更細論之。

據新案所規定，雖號稱金本位而國中實不用一金，政府雖亦預備金幣，而民間有持銀易金者並不給予，惟匯兑於外國過萬金以上者乃出納之，此實頗奇異之現象也。荷蘭現亦如此辦法，其通行之科爾登銀幣亦不能換易金幣。印度現在辦法亦大略相仿云。今請詳言其理。夫以吾中國人現在生計之程度，用銀較適於用金，此盡人所同認也。故在國內充易中之役者全無需乎金幣，純以新鑄之銀幣代之，已適用而有餘。若夫鑄造金器首飾等，則所用者全在地金，地金不過與尋常一種貨物等耳。與圜法及商務上之供求渺無關涉。然則需金爲用者，惟在國際匯兑之一途，而操縱之妙即專在此。

今得先言國際匯兑Foreign Exchanges之性質，生計學家常言，國際貿易者，實物交換之貿易也。古代未有泉幣，無以爲易中，則惟以物品互易。如孟子所謂以粟易械器，又如史家所記，美國當十八世紀之末尚有以牛乳易新聞紙之事，皆所謂實物交易也。英語謂之Barter，又稱Natural Economy。何以故。凡自甲國運輸物品於乙國，其所售得之值則金錢固已，然必非逕輦其金錢以返國也，必以之再販其國之貨物，爲本國所缺乏者，還而致之。然後可以獲利，乙國之懋遷於甲國也亦然。究其實不過以此國之所羨者徠其所不足者於他國而已，夫此必非一人直接而爲之也。某甲由倫敦致千金之貨於上海，其所得值非必親自復致他貨於倫敦也，或逕思輦其金錢以歸者有焉矣。而輦此千金以涉重洋，其勞費，其危險，其遷延時日皆有種種障礙。於是適有某乙欲由上海致千金之貨於倫敦者，其清售得值之後，欲輦金東歸，其障礙之多猶甲也。故彼此以其債權互易，各得其所，而便利且益甚。此即國際匯兑之所由起也。而凡在國際貿易，甲國與乙國之間，其輸出入之代價總額恒略相等，而莫或大懸絶，此既爲生計學上不可駁之公例矣。於此而兩國比較之間，其物品差額若干，即爲正幣之輸送點。如甲國輸入乙國總額共值千二百萬，乙國輸入甲國總額共值千二百五十萬，則以千二百萬彼此相消，無庸以正幣僕僕往返。其所餘五十萬謂之差額，即甲國應輸送於乙國者實五十萬耳。若此者，在乙國名之曰正差，在甲國名之曰負差。明乎此，則知雖在國際貿易，其真以金銀出口者，不過畸零中之最小數而已。

又如中國近年以賠款及償還外債本息之故，每歲須負數千萬兩之債務於外國，不知者以爲此金殆輦而出之也。及究其實，則決非泉幣外流之增多，而實爲物品輸入之減少，何以故。外國據此債權，則無俟本國運來之物，售之得其代價，而始有所易，逕以此金散諸吾國中，而取攜其所欲之貨以去耳。然後再以其所坐收之賠款與其輸入品之代價兩者和算，以與我輸出該國總額之代價比較，其所餘差額若干，即爲正幣之輸送點。如本年應償英國銀五百萬兩，英國輸入品總額值一千萬兩，合爲一千五百萬兩，而我國物品輸出於英國者僅得一千四百萬兩，則我對於英國之正幣輸送額實一百萬兩也。而此等輸送點，其數亦斷不至太鉅，何也。生計上學理不以金錢與富同視，斷未有赤手運金錢以去而以爲利者也。

據此公例，則各國之國際貿易宜若除此畸零小數之差額輸送點外，則彼此之貨幣無或有外溢内注之事。然觀普通之貿易表則金銀進出爲數仍甚鉅者，又何以故，此則全視其國中貨幣與百物供求之差率何如，使國内錢根甚緊，此錢字通指金銀諸幣。供不敷求，則錢值昂而百物之值必賤。如是，故運貨物出口可以得利。使國内錢幣太多，如鼓鑄太多則必生此現象。供過於求，則錢值賤而百物之值必昂。所謂物值之昂賤者，指其與錢幣之比例也。舍錢幣外，無以爲衡量物價之尺度也。如是，故運錢幣出口可以得利。苟利所在，人自趨之，雖嚴刑峻法不能禁也。譬有國於此，其國内通行者或爲銀幣，或爲鈔幣，苟所發出太多，以致金匯票及百物之值，以銀鈔兩幣推算皆覺其漲騰，當此之時，則金幣或地金。勢不得不出口。故依精氏新幣制，則尋常時日無所用金者，即用，亦極小數，且不旋踵而歸。必須用金，惟此時爲然。

既有信用限制之兩法，則平時銀幣通行於國内者，自能隨國家所定金一銀三十二之比價，不至太有所漲落。至其匯出於國外之畸零小數，即所謂正幣輸送點。苟在平時，國内貿易所需易中物之總額與現存易中物之數適相應，則亦自能從所指定之比價，無大偏畸。雖地銀之值低落於現今數倍，而我之幣制不受其影響如故也，然則此後更須費人力以補苴者何在乎，則（一）當内地以種種原因而致商務稍淡貨幣之用求少於供之時，（二）或者中央鼓鑄偶爾失檢發出太多供溢於求之時，前論限制之法，謂中央政府當調查全國中當有銀幣若干即可敷用，準此數以爲鑄造之總額云云。自理論上固當如是也，但按諸實際，則一國中實應用金銀多少，斷不能有確定不移之尺度，以衡量測算之任用，如何精密之調查，總不能遽得其真數也。故必先懸定一大概之數，試辦通行，然後以論理學之歸納法頻頻觀察之。觀其市價（新幣之市價）與經價（國家所定之法價）之比例漲落若何。若市價劣於經價，則必其供過於求也，宜即停鑄。若市價優於經價，則必其供不及求也，宜更增鑄。如是試驗者一兩年，然後國中需用銀幣之真數可以求得矣。然又非求得之後即一定而不移也，商務日見擴張，則所需貨幣亦日加增。故所謂歸納法之觀察無時而可以已，而政府操縱貨幣之權力功用亦無時而可以已也。當彼之時，則貨幣市價必劣於所定法價，而懋遷者以運出正幣爲利，而我所通行之幣則銀也，非金也，於斯時也，勢不能不以地金之真值相匯兑，而所謂金一銀三十二之比例者遂將亂。

然則操縱之術將奈何，在尋常供求相劑貨幣之市價與經價適均之時，則國際匯兑之事一任諸本國外國之銀行，政府可無容心也。惟當供過於求，不得不以正幣出口之際，則政府出而代民間任匯劃之事，以調劑之。精琪氏乃議於倫敦、巴黎、柏林、聖彼得堡、紐約、横濱六處以半官半私之資格各設一局面，預存貯金幣於彼，以備此際之用。譬如平日上海、倫敦之金融常價，以我新幣一元易彼二先令，能常如是，政府可勿問也。一旦匯價漲至一元零二分乃易二先令，則政府乃自賣匯票，有持銀幣一萬元以上，萬金以下小數無關輕重，故政府不爲茲瑣瑣云。至中央銀行，此其假定之名，要之政府所設司泉之機關是也。託代匯外國者，政府則收之，而照市面通行稍廉之匯價代爲匯寄。即由該匯往之地政府所設之貯金處，照原定法價劃付。以一時之外觀論，政府似稍受虧損也。殊不知政府隨將所收之銀幣存貯於國庫中不復發出，轉瞬間而匯價必復趨於平，與法價同。蓋外國匯價之所以漲者，由於買匯票出口之數多於運貨出口之數，而買匯票出口之所以多於運貨出口者，以百物之值較錢值爲昂，百物之值之所以昂於錢值者，以市面通行錢幣太多供餘於求。故一旦政府將錢幣收返於國庫，暫勿使出，則市面必以錢少而值昂，百物必以錢昂而值賤，而懋遷者與其匯金出口，毋寧辦貨以相抵，則貿易表之差負必轉，而出口之匯票與進口之匯票復保平均。法價之恢復，直一轉圜間耳。此則操縱之爲用也，政府雖或小有損失，然爲大局計，以比諸前此以地金、地銀之原價匯劃，其所贏足償所損而有餘也。

反是而或緣銀幣停鑄，供率見少，或因商務振興，求率見多，則市面錢根緊而物值賤，其時本國外國之商人或以地金幣制定後，則地金亦視同百物之一種耳。交於國庫，而易取新幣，或以彼國之金幣依其法價交於吾政府在彼處之代理人，以還買入口匯票，以茲間接，則新幣自復散出於市場以爲調劑，而市價復底於平。如是迴環操縱，妙用不窮，而幣制之基礎遂以確立。各國之中央銀行，所以維持金融運樞軸以振一國商務者，皆循此道也。質而言之，則一國之貨幣，或使之在國庫，或使之在市場，審其時而伸縮之而已。此事言之似易，行之頗難。當茲局者，非有平日完全之學識，更加以臨時精實之調查，則誤其機者往往而見也。各國大財政家所最兢兢者，此物比志也。

《大清法規大全・財政部》卷八《錢幣・度支部奏議覆出使英國大臣汪奏條陳行用金幣摺並清單》　出使英國大臣外務部右侍郎汪大燮奏，要政待興，庫儲支絀，行用金幣有利無弊，敬陳管見一摺。光緒三十三年三月初一日奉硃批：度支部議奏。欽此。由軍機處鈔交到部。

臣等細譯該大臣原奏，大率以用金之國日多，金價日昂，故用銀之國必改用金。日本爲最後用金之國，其金幣、銀幣原質之較量不過以二十八而准一，其製成銀幣高於銀塊時價十元之二。若以日本銀幣爲率，藉以稽我國輸出之款，則賠還洋款，贖回鐵路以及約計武備等費皆節省二成，計年可省銀一千七百萬。又以中國人民四百兆當鑄八百兆銀幣，銀幣既高於銀塊十分之二，若歲鑄幣一百兆枚，則可得鑄羨一千四百餘萬。又以八百兆爲銀幣准數，而以五之一製鈔，所得鈔羨一千四百餘萬。並推之商務工藝銀行等項，一若虛張金本位於銀幣，價值擡高二成，即以法定補助之貨用之於外國，於是乎可以救財政之急，還歷年之債，於各項工商之業不數年而坐致富強。是何言之太易，於國際通商貨幣原理均未加體驗也。臣等請逐節爲我皇太后、皇上縷晰陳之。

如原奏內稱償款贖路武備等歲省一千七八百萬各節。查國際通商類皆以貨易貨，間有金錢銀錢販運出口，祗能以其內含金銀多少作爲生貨估值，此公例也。然則鑄造低色銀錢，任我以法定其準金若干，一販運出口，亦祗有實價而已。前財政處會同臣部議鑄一兩銀幣，用純銀九錢六分，嗣英使照會，即謂交還賠款祗能以實含之數計算。可見提高二成之銀幣，外人必不肯照法定價值收用。試觀海關貿易册，數十年來祗見生金生銀販出，未見我各省所鑄之龍圓販出，其明證也。大抵法定補助之貨，西人稱之爲記號貨幣，如籌馬然。國家信用久孚，維持有法，始足以保其價格，然亦不過通行國內而已。該大臣於若何定位，若何預備，若何維持，皆未提及。國內流通且不可必，更以爲可用諸國際貿易，此必無之理也。

又原奏於儲金之法未嘗有所規畫，而驟以四百兆人當鑄八百兆銀幣，以爲歲鑄一百兆枚，則可得鑄羨一千四百餘萬。又以百兆爲銀幣准數，以五之一製鈔，則可得鈔羨一千四百餘萬各節。查供求相需，本計學之公例。徒以人口計算，而不察國民生計之實情，規鑄羨之利，忘限制之法，萬一供過於求，則價值不保，其弊且與近日銅圓相等，則利未可恃，而害已及之。各國紙幣必設有相當之金銀圓作準備，其餘亦必有確實證券作抵，其性質不過與借無息之債相等，非憑空可獲此鉅款也。各國發行紙幣之權類委諸國家銀行，又立嚴法，設專官以監察之。不然濫用之弊，如有明之寶鈔，從前美國之青背，法國之亞錫那，其害於生計界者，皆前車之鑑也。

至稱對於國外以所值金幣爲準，對於國内以所值銅幣爲準，均於貨幣原理未能明晰。又稱幣值、銀銅之值各不相關，則尤爲隔膜之論。銅值相關尚小，若銀值則息息相關，純金本位各國尚時時以此爲慮。去年金賤銀貴，日本即改鑄補助銀幣。若虚定金本位國家關係之鉅更不待言。竊維東西各國改良幣制，不過爲整頓財政之基礎，並非以是爲籌款之計。該大臣誤以銀銅補助幣可當本位金幣各處通行，並可施之外國，竟欲借之爲籌款之法。在該大臣慨念時艱，覩國計之奇絀，遂不覺建言之過當。

臣部職司度支，年來於此事屢經詳悉討論，前美國會議貨幣專使精琪來京，經財政處派員與同會議，即提議金本位制，並據呈改定貨幣草案。鄂湖廣督臣張之洞以虚定金價改用金幣與中國今日情勢不合，無益有損，無論授權外人與否，皆不可行，奏陳在案。其時財政處及臣部亦以造端宏大，且關係財權暫行停議。然國際之貿易日繁，賠還洋款爲數又鉅，加以時勢所趨，用金之國已徧於大地，既不能不出於變計，自何敢竟置爲緩圖，特事固未易驟致也。

查英國改良印度幣制，於一千八百八十六年徧考各法，其報告書成兩巨册。至一千八百九十二年遣員至百剌蘇城金銀大會商議，仍無成就。續由政府派人再行研究，至一千八百九十三年始行覆命，其報告書成又三十餘萬言。日本至明治四年，即改用金單本位，然金價日昂，金幣流出，前後鼓鑄之五十餘萬金幣，至明治八年流出外洋之額已達至三千九百餘萬。加以濫發紙幣，流害無窮。明治二十六年始設立調查局，前後開會凡三十八次。至明治二十八年，始決議改用金本位。其時報告書亦兩巨册。迹其經營累年久而後定，誠以貨幣爲全國財政所關，其遲回審慎之故固有在也。

竊維貨幣一物，淺視之不過備易中之用而已，自交通日繁，往往一國之利害動與他國相倚，此中操縱之法，維持之方，非原本學理熟察時勢，固無由制定。臣等詳加研究，舉東西各國改定貨幣辦法，探討略備。查英日諸國爲純金本位，通國皆用金圓，銀銅諸幣用數有限制。美法諸國爲不純金本位，金圓爲主，銀圓對於金圓有比價，用數無限制，但不准民間鑄造。印度、飛獵濱諸國爲虚定金本位，國内不必用金圓，但用法定比價之銀圓，外國匯兑或用金圓，或用金塊，或用金匯票。此其大較也。然純金本位積金太多，需數亦鉅。不純金本位則由各國時勢所趨，漸次發達而成，均非現在我國所能仿行。惟虚定金本位在向不用金之國改至金本位，乃必經之階級。但使預備有法，維持有方，舉行較易爲力。用特取彼成法，酌以時宜，别加裁量，預定年限，參詳於推行次序及比較其種種利弊，分爲甲乙丙丁四種，繕具清單，恭呈御覽。

其開手辦法，各種預備，爲改定幣制通例，無論用何種辦法，即從事舉辦。其收功約需數年，固無一蹴可幾之理也。前財政處與臣部有見於此，故先擬從畫一銀幣辦起，於是乎有定鑄一兩銀幣之奏。今除試鑄銀幣各節由臣等另摺陳明外，竊維本位幣制關係重要，自當不厭求詳，前政務處奏定會議章程内載國幣之輕重，定金銀本位，改鑄銀、銅圜二等，由該衙門審度事理，臨時請旨會議，其有事關秘密，或立待施行，由各衙門請旨或奉特旨徑行，各等因。前項遵議金本位幣制，應請旨飭下廷臣會議，以昭慎重。謹奏。

光緒三十三年三月二十六日奉旨：依議。欽此。

謹將虚定金本位辦法分甲乙丙丁四種繕具清單，恭呈御覽。

虚定金本位法約可分爲四種：

甲、先畫一全國銀圓，逐漸將銀圓價值擡高至二成，然後定兑金之率。印度改定幣制，即用是法。

乙、下手之時，即定金銀比價，國内使用銀元，照銀圓所含銀質擡高二成，設法操縱，惟國外匯兑仍須用金。飛獵濱改定幣制，即用是法。

丙、與乙法略同，惟參用紙幣以代銀圓，比之乙法用款較少，至國外兑匯之金，或照金價兑銀均可，亦比乙法較便。

丁、前美國議改幣制，其户部大臣尹頓氏倡議發行兑金紙幣，吸收市面之銀，藏之國庫。凡有人持銀到部，或造幣廠交存，即予以此種紙幣。至持紙幣换現之時，政府照金價兑交生銀，是以不需多金，可得金本位之用，而無擾亂市面之虞。但今略爲變通，法宜先爲鑄新銀圓，吸收舊日銀元與生銀，再行推廣紙幣，收回新銀元存儲或變存金塊，俟全國通行，徐將紙幣變爲兑金紙幣，或照紙幣金價兑銀，亦無不可。

以上四者，辦法既異，則收功之遲速，維持之難易，利害之大小，均各不同。今試將各法推行次序分年條列於左：

甲法

第一年應辦各事：一、推廣臣部銀行分行。二、推廣現時通用鈔票。指各種銀圓之票。三、設立印刷局。四、設立外國匯兑處。五、設立幣制調查局。六、擴充造幣廠。七、吸收金塊。八、限制私店鈔票及各省官票。九、與各國議訂專約，擬禁洋銀入口及限制外國銀行鈔票等事。

第二年應辦各事一至九與第一年同。十、擴充臣部銀行資本及權力。十一、開鑄銀圓。十二、發行銀圓。十三、禁止新銀圓銷鎔出口。第二年之患，銀價漲時，銀圓有銷鎔出口之患。

第三年應辦各事一至十三與第二年同。十四、議約既定，即實行禁止外國洋銀入口，限制外國銀行鈔票。第三年之患與第二年同。

第四年應辦各事一至十四與第三年同。第四年之患與第三年同。

第五年應辦各事一至十四與第四年同。第五年之患與第四年同。

第六年應辦各事一至十四與第五年同。十五、略爲限制銀圓，使價提高百分之三四，鑄造銀圓之事停辦。第六年之患與第五年同。又民間私藏銀圓待價提高。

第七年應辦各事與第六年同，惟限制銀圓使再提高百分之三四。第七年之患與第六年同。

又維持金銀匯水，市面震動，債務不公平，商民豫計銀價漲落爲買空賣空拋盤諸事。

第八年應辦各事與第七年同，惟限制銀圓再提高百分之三四。第八年之患與第七年同。

第九年應辦各事與第八年同，惟限制銀圓再提高至二成止。第九年之患與第八年同。

第十年發表金銀比價，定爲虛定金本位。

乙法

第一年應辦各事與甲法之第一年一至九同，惟第六擴充造幣廠之事可緩至第二年辦理。

第二年應辦各事一至九與第一年同。擴充造幣廠。十、擴充臣部銀行資本。

第三年應辦各事一至十與第二年同。十一、議約既定，即實行禁止外國洋銀入口，限制外國銀行鈔票。十二、鑄造銀圓、金圓。十三、發行銀圓、金圓。先從一處辦起，逐漸推行全國。十四、定金銀比價，抛高銀圓二成。第三年之患，銀價漲時有銷鎔出口之患。維持金銀匯水，兑金之患。

第四年應辦各事與第三年同。第四年之患與第三年同。

第五年應辦各事與第四年同。第五年之患與第四年同。

第六年應辦各事與第五年同。第六年之患與第五年同。

第七年各事辦結。

丙法

自下手及成功亦須七年。每年應辦之事與乙法同，惟多發行紙幣，以節銀圓鑄費。所有之患亦與乙法同，惟可照金價兑銀，則兑金之患略輕。

丁法

第一年應辦各事與乙法之第一年自一至九同。

第二年應辦各事與乙法之第二年自一至十同。

第三年應辦各事一至十與第二年同。十一、議約既定，即實行禁止外國洋銀入口，限制外國銀行鈔票。十二、鑄造銀圓。十三、發行銀圓。先從一處辦起，逐漸推行全國。第三年之患，銀價漲時銀圓有銷鎔出口之患。

第四年應辦各事一至十三與第三年同。十四、逐漸收回商埠銀圓運入內地使用。十五、推廣紙幣。第四年之患與第三年同。

第五年應辦各事一至十五與第四年同。第五年之患與第四年同。又維持金銀匯水。

第六年應辦各事一至十五與第五年同。十六、逐漸收回各處大銀圓改鑄小銀圓。十七、取市面金銀平均價值定爲比價，變紙幣爲兑金紙幣。十八、趕造金圓。

第七年各事辦結。

據上分年辦法觀之，無論採用何法，其先事之預備相同，蓋未有從事未久，可得預期之成效者也。甲法自畫一銀幣入手，先五六年無須維持金價，行之我國，似覺平易。但畫一之後，逐漸擡高銀圓價值，其弊害甚多。乙法一面畫一，一面即擡高銀圓價值，可免甲法二次擾動之害。但開辦即需款甚大，維持金價亦甚難，若銀價大漲，貴於法定之比價，以致銀圓銷鎔出口，其害於財政者比甲法爲尤甚。丙法需款較少，難亦如之。至丁法有甲法畫一之易，無乙法維持之難，需款既少，危險亦輕。其大要一曰預備施行幣制之機關。二曰畫一銀幣，發行紙幣。三曰推廣紙幣，收存銀幣。四曰改造大銀幣爲小銀幣。其結束則準市面金銀平均價值，鑄造金圓，改紙幣爲兑金紙幣。如存金不敷用，仍可照市面金價易銀付給，事尚輕而易舉，其法較善。惟發行紙幣須多存金，若善爲節制，積累經營亦須六七年後始有成效也。

《大清法規大全·財政部》卷八《錢幣·內閣各部院會奏議覆行用金幣摺附片》　光緒三十三年三月二十八日軍機處片交度支部議覆汪大燮奏行用金幣請飭會議一摺，奉旨著內閣各部會議具奏，等因。欽此。臣等公閲原奏，敬謹籌商有必應照辦者三，有難於照辦者二，有宜詳慎酌辦者一，請爲皇太后、皇上分晰陳之。

所謂必應照辦者，何也。一曰鑄金幣。環球各國莫不用金，獨中國用銀，勢成孤立，時會相迫，無長此不變之局。則鑄造金幣必須照辦者一。一曰虛定金本位。按用銀之國改用金幣者始於德，繼於日。彼皆以戰勝得賠款多金，遂以改用，是皆所謂金本位。我國無此巨款，萬難仿行。無巨款而亦改用金者，是爲虛定金本位，價值比較既定，金雖不足，以銀若干代金若干，亦可通行。則虛定金本位應行照辦者二。一曰畫一幣制。中國貨幣名曰銀本位，實則銀錢並用。錢糧税則雖按銀數收納，仍責令百姓完錢，下至民生日用，往來貿易，以錢計算者多，而銅錢、銅圓又復雜糅不一。其用銀交易者平色價值雜亂參差，甚至一處有數平，一日有數價。近來銀圓盛行，又各自爲風氣，中國龍圓與外國鷹洋站人皆任便使用，易錢易物又各有高下，彼此絶不相通。是改定幣制必先畫一權衡，而金銀銅三者價值必先有一定比較。則畫一幣制應行照辦者三。

所謂難於照辦者，何也。一曰限制私店鈔票。查私鈔票民間久已習慣，亦緣私家股東平素民間信用，是以鈔票得以通行。今公家出票，民轉不能信用，只有修明信實之一法，大信既立，使民知公家鈔票較私家尤爲可靠，則部鈔自然流通，私鈔自然日少。若用官勢禁止，乃致亂之道。此難於照辦者一。一曰禁洋銀入口。民間之用洋銀亦是習慣，公私存儲不知凡幾，各省官票、商票限制猶難，況於國際交涉，豈可不慎。惟有內修政事，使君民一體，同德同心，人皆樂用中國金銀鈔幣，不願用洋幣，則洋銀入口不禁自除，方爲上策。未可懸爲禁令，致啓意外之虞。此難於照辦者二。

所謂宜詳慎酌辦者，何也。則紙幣是也。按度支部原奏，於甲乙丙三法皆慮有貽患，惟丁法尚輕而易舉。查丁法注重惟推廣紙幣一節。夫紙幣亦各國通行，中國行之亦何不可。然奉行不善，爲害匪輕。查度支部原奏謂各國紙幣必設有相當之金銀圓作準備，其餘亦必有確實證券作抵，非憑空獲此鉅款。各國發行紙幣之權，類委諸國家銀行，又立嚴法，設專官以監查之。不然濫用之弊，如有明之寶鈔，美國之青背，法國之亞錫那，皆前車之鑑。又謂發行紙幣須多存金，若善爲節制，積累經營，亦需六七年後始有成效。是紙幣利害，度支部言之已盡。今欲行紙幣，惟有酌量部庫能存款項若干，始可出幣若干，有持鈔取銀者隨求隨應，不准稍涉架空，是非徒制用之一端，實乃修信之要道。今日欲求富國，惟修信乃可以理財，斷不可因生財而失信。此事所關甚重，應由度支部嚴定限制，毋令冒濫，方可逐漸推行。至原奏推廣銀行，設匯兑處，立調查處，擡高價值各條，宜分立年限，次第施行，變通虛定，亦應由度支部隨時妥籌，庶不致操之太蹙，別起弊端。謹奏。

再臣等正在議覆時，復於五月二十日軍機處片交奉旨：胡惟德電奏悉前奏幣制一摺，著交會議王大臣閲看。欽此。臣等詳閲該摺，謂用金有八不足慮，此八條可以一言蔽之曰：中國宜定計鑄金幣，冀以破羣疑而消衆沮。所奏不爲無見。前奏已議准用金，則此奏無庸贅述。又有六種辦法，如定名曰圜，定分兩爲七錢二分，定圜之花紋使歸一式，皆應照所奏辦理。惟息借洋款，聘用洋員，權落外人，似非善策，擬請毋庸置議。謹奏。

光緒三十三年　月　日奉旨：依議。欽此。

《大清法規大全·財政部》卷八《錢幣·户部奏籌集金款豫備鑄幣片》　再查出使俄國大臣胡惟德條奏整頓幣制摺內，有添鑄金幣之請，所陳利害各節，頗極詳盡。近今講求財政者，亦多謂中國宜鑄金幣以濟銀幣之窮。臣等詳加參考，現在環球各國皆已用金，中國獨無金幣，金貴銀賤，交易諸多受虧，非開鑄金幣，不能抵制。惟鑄金幣應豫籌集金款，日本未行金幣以前，即先積金十年，始行開鑄。中國民間藏金甚富，祇以國不用金，徒消耗於金器、金飾之用，且近年流出外洋者亦復不少，亟宜籌收集之法，以充鑄幣之需。查此次政務處奏准捐復捐升及遇缺先花樣，擬請按照收捐各銀數一律搭收庫平足金五成，以交金一兩抵交銀三十二兩核收。至推廣捐復各員内，如有祇准捐復原銜，不准捐至原銜以上，更不准捐復原官，並情節較重，仍爲此次推廣所不及，以及本無官職者，如願報効鉅款，應先赴臣部具呈，由臣部核定數目，概令全數繳金，即行請旨，如蒙恩准，再由臣部兑收。似此量爲變通，庶可籌集金款。謹奏。

光緒三十年　月　日奉旨：依議。欽此。

《大清法規大全·財政部》卷八《錢幣·户部奏酌擬鑄造銀幣分兩成色並行用章程摺》　竊臣等於奏報天津銀錢總廠開鑄酌擬章程内聲明圜法關係重要，不厭詳求。金銀兩種分兩成色尚須通籌定議，奏准在案。

伏查幣制有本位貨，有補助貨。本位貨幣其中所含之數必須與其幣之價值相符，而鑄造授受不厭其多，不必加以限制。至補助貨幣所以補本位之不足，即依本位之價值爲其價值。故内含之數不妨略減，而鑄造授受必以限制之法行之，此其大較也。

現在總廠開鑄銅幣，特係補助之一種，既欲整齊圜法，則本位之幣不可不早爲籌定。中國積金未富，官私交易向係銀銅並用，則用金之制，尚難驟議。從前各省所鑄銀圓成色分量均仿墨西哥，係屬一時權宜，未可垂爲定制。詳考各國國幣，如英之先零，俄之盧布，德之馬克，法之佛郎，以及美日之金圓，皆各行其國之所宜，彼此未嘗沿襲。中國丁漕租税徵收多用庫平，民間銀兩往來亦均以兩、錢、分、釐核算。竊以爲欲定國幣之制，似可即照庫平一兩，精其鑄造，足其成色，尤要在户部京餉首先收受。部庫既收，各省藩庫即無不收，部庫、藩庫既收，則州縣徵收錢糧及一切公款自無不收之理。商民知公款皆能通用，又可免補平補色之繁，更無不樂於行用。酌古今之制，通民俗之宜，爲今日之計，莫便於此。是以上年八月湖廣督臣張之洞曾有在湖北試行庫平一兩銀幣之奏，而本年臣那桐等先後前往天津與直隸督臣袁世凱商確幣制，該督亦力持鑄造庫平一兩銀幣，具徵謀議僉同。

臣等公同商酌，擬請鑄造重庫平一兩之銀幣，與現鑄之銅幣、舊有之制錢以爲補助。謹擬章程十條，恭呈御覽。如蒙俞允，即由臣等飭知户部造幣總廠，並咨行南北洋、湖北、廣東各省趕爲鑄造，俟此項銀幣積有成數，同時發出。嗣後公私收發款項，均限令搭用銀幣若干成。一面仍源源鑄造，一俟所造銀幣漸足敷通國之用，然後遞減別項搭用之數，務期通國授受專用銀幣，以垂定制，而昭大信。銀幣試行有效，再議收積金款，鑄造金幣，使三品之制，皆能同條共貫，整齊畫一，庶幣制於以大定矣。一切未盡事宜容臣等隨時體察情形，奏明辦理。謹奏。光緒三十一年十月二十三日奉旨，已恭録卷首。

謹將酌擬鑄造銀幣分兩成色章程十條恭呈御覽。

一、新式銀幣成色分兩，必須較從前各省所鑄銀圓加足鑄造，方合國幣本位之制。查現在中國通用足色銀一兩，以化學法分之，實得純銀不過九錢八九分。今鑄造銀幣於此數内再去工耗二三分，擬定每圓用化净純銀九錢六分，配合净銅一錢，定爲庫平足色銀一兩。其次，用庫平純銀四錢八分，配合净銅五分，定爲庫平足色銀五錢。又次用庫平純銀一錢七分，配合净銅三分，定爲庫平足色銀二錢。最小用庫平純銀八分五釐，配合净銅一分五釐，定爲庫平足色銀一錢。並酌定每次鑄造成數，以十成計算，准其鑄一兩重者四成，五錢、二錢、一錢重者三種各鑄二成，以示限制。如遇有何種銀幣需用較多之時，須令酌核確數預行商請財政處、户部核覆後，方准鑄造。至總分各廠鑄造此項銀幣，分兩成色均須一律。所有化驗考查之處，均應按照臣等前奏整頓章程辦理。

一、一兩銀幣一枚當五錢重者二枚，二錢重者五枚，一錢重者十枚。五錢以下銀幣，彼此交換數目以此類推。無論公私各款均照此計算出入，一律不得有貼水折減情事，違者照違制例治罪。

一、一兩銀幣既定爲本位國幣，自可不限行用之數。其五錢以下銀幣，每一次授受只能用至值銀十兩，即銀幣十枚爲限。十兩以上不得全用小銀幣付給，否則受者可以不收。其銅幣與銀幣兑换及限制行用數目，應俟各省遵照奏章查明銅圓現在行用情形報部之後，另行核定辦理。

一、此項銀幣擬令户部造幣總廠鑄造數百萬枚，發交銀行，並由户部頒發模式，令直隸、江蘇、湖北、廣東等局同時鑄造數百萬枚，統由户部銀行如數精印紙幣，定期發行。發出之後，部庫及該省藩庫先應搭收，此外各省及鐵路輪電各局亦須一律搭收，不得以非本省所鑄稍分畛域。搭收之法，限定新式銀幣若干成，户部銀行紙幣若干成，不符始准搭用現銀。嗣後鑄造愈多，則增其搭收之數，務使交款盡改爲銀幣而止。請飭下各將軍、督撫並督辦鐵路、招商、電報各大臣遵照辦理。

一、各省徵收款項向徵庫平者，均以銀幣照應收之數徵收，經收官員應與另行明定公費，除例徵火耗外，不得於應徵數内再有傾耗、火耗等名目。此外收發款項向用他項平色者，仍各照原用平色按庫平足色銀數折算，經一次折算定準後，永遠按新式銀幣收發，不准參差。應並請飭下各省遵照辦理。

一、現與各國所訂商約，本有改定一律國幣，各國商民在中國境遵用之條，應請飭下外務部，俟此項新鑄銀幣發行時，照會各國使臣、各埠領事，並飭知税務司，嗣後均應一體遵用。至徵收關税向用關平，應令税務司按照商約，仍以庫平折合關平核計徵收。

一、新幣發行之日，應由各省督撫飭令各該地方官出示曉諭商民，凡以前新舊帳目以及市面貿易，均准照其原定銀兩平色折合庫平足色銀數，以此項銀幣付給，受者不得異詞。

一、各省督撫及官商軍民人等需用新式銀幣，均可備銀交造幣總廠，及南北洋、湖北、廣東各分廠代爲鑄造。每交庫平足色銀若干兩，化其成色純銀在九八五以上，即准照换一兩新式銀幣若干枚，並代鑄五錢、二錢、一錢三種銀幣，按照限定成數以銀色所餘抵充鑄費，彼此兩不找付。有以次色銀兩或外國銀圓以及各省從前所鑄銀圓交來代鑄者，均照内含實銀之數一律折成庫平足銀辦理。

一、新式銀幣發行之初，民間行用未慣，商號兑换難免無把持折扣之弊，應責成户部銀行及各省關所設銀行、官銀號、官錢局等，遇有持銀幣兑换紙幣、銀兩、銅圓，或持紙幣、銀兩、銅圓兑换銀幣者，均照庫平足色銀公平收兑，不得稍有抑勒。並令考查市面，如有商號任意擡抑價值者，京師稟知財政處户部，外省稟知該將軍、督撫，從嚴懲辦，以維幣制。

一、此次奏定章程應即列入官報，俾衆共知。並請飭下各省將軍、督撫，於新式銀幣發行之時，通飭州縣，將此章程刊刷大字告示，徧貼城鄉市鎮，務使百姓一覽周知，以杜吏胥隱瞞之弊。

《大清法規大全・財政部》卷八《錢幣・會議政務處會奏遵議畫一幣制摺》 八月二十七日專使美國大臣唐紹儀奏請實行商約各款，並速定幣制一摺，奉旨：會議政務處速議具奏。欽此。

遵查幣制一事，疊經廷臣會議，並由各省督撫體察情形，各抒所見，復經臣之洞、臣傅霖、臣世凱等暨度支部分具説帖，於本年三月二十六日奏奉諭旨，著會議政務處、資政院總裁協理幫辦會同妥議具奏。欽此。欽遵在案。仰見朝廷整頓圜法，審慎周詳，莫名欽服。竊惟今日五洲大通，幣制尤關緊要。論世界之趨勢，則應用金本位。論中國之現情，則應用銀本位。而論幣制進化之理，則由用銅而進於用金，其中必歷一用銀之階級。是中國今日之必當先用銀本位者，理也，亦勢也。惟用銀之制，固已詢謀僉同，而用一兩與用七錢二分，猶未折衷一是。臣等詳加復核，綜計各省督撫覆奏各節，主用一兩者有十一省之多，而主用七錢二分者不過八省，其餘或主兼用兩圓，或主改用七錢。今該大臣所奏亦以請用一兩爲言。夫論國體，則宜求獨立而不可棄主權以從人。論民情，則宜順大同而不可徇商塲以改俗。此爲今日立法之根本，即爲異日行幣之權輿。臣等業經疊次奏陳，無庸贅議。茲謹再就主持七錢二分之説與用兩之法，熟權利害，摘舉要領，爲我皇太后、皇上縷晰陳之。

如謂人情之便，銀圓鑄造已多，推行較易，不知用圓之處，皆合銀兩而行，用兩之處，並無銀圓可使。從前鑄造龍圓，原爲抵制墨銀起見，國幣果能特立，人情孰不信從。至於生計程度，或有幣重用奢、幣輕用儉之説。顧主幣必先輔幣而行，五錢更較七錢爲便。況小民日用多資錢數，但使銅幣無礙於流行，則侈俗無因而助長。如謂財政之宜，銀圓價近千錢，子母相權，進位較爲直捷，不知法償苟無限制，則市價常有低昂，況公私出入之數，無不以兩合錢，若令悉改爲圓，則捲尾抹零適滋紛糾。或就法理而論，謂幣應計枚不應計量，然以圓爲幣，固可論枚，以兩爲圓，亦可計數，既無展轉折扣之煩，正合重如其文之法。

再推而論之，各國交際之間，則洋款向以銀兩折還，關税亦以庫平伸算，洋商貿易概合銀盤鎊價，盈虧亦依銀市，用兩則可悉仍舊貫，利於推行。又况鑄造一兩銀幣，財政處奏明有案，湖北、新疆等省通行有年，即度支部原議亦有用銀本位則用兩尚無大害之説。今本此定議，並採兩江督臣端方所奏，多鑄五錢銀幣，一體通行。以此兩種爲無限法貨，再鑄每枚一錢及五分兩種，以補助之。一錢、五分兩種則爲調劑向來一角半角之用，以防物價騰漲，民生困難之病。即爲預備金本位之計。至度支部前年奏准試鑄七錢二分銀幣，意取順民所習，輕而易舉，以爲暫時通行之法。若議畫一幣制，立法以垂久遠。臣等熟權輕重，向來習用之兩錢、分、釐勢難改廢，幣制重量自以庫平一兩較爲合宜。惟是鑄造成色一節，從前財政處奏定造幣章程謂中國通用足色銀一兩，化分實純銀不過九錢八九分，擬定一兩及五錢兩種爲九成六分，其次二錢、一錢皆以八成五分爲限。此次度支部説帖謂中國寶銀向無十足成色，以近日化驗，高者尚不足九八五，若鑄十足成色銀幣，當發行之初，所有銀塊勢不能驟然不用，墨銀與各省舊鑄龍圓又皆以六錢數分純銀當七錢數分之用，貨幣通弊，重則私銷，利之所在，朝鑄夕燬。故二説以減成爲便。

臣之洞、臣傳霖、臣世凱等説帖謂綜觀大勢，統籌全局，在金幣未行，主幣必以十成爲宜，輔幣可以九成爲率。議者謂十足純銀質輭易敝，考俄國半圓金盧布重六格蘭五四四，內計净金六格蘭。日本十圓金幣重二錢二分二釐，內計净金二錢。其雜質皆外加，用時秖按足金計算。此外諸國雖不必爲整數，而用時亦僅計足金。我金幣未立，暫以銀幣代之，斷不能不一律照辦。曾經飭局詳加化驗試造，若鑄一兩銀幣，外加雜質三分，則質堅而聲亦清越。至於工火虧耗，誠不能不預爲籌及，每兩國幣一枚，工火雜質不過三分，可以補助幣之小銀幣餘利彌補之。如尚不敷，可提銅圓餘利彌補之。如再不敷，可以紙幣盈餘補之。更無再虧之理。統籌而併計，挹彼以注茲，自不難以其所贏彌其所絀。

議者又以部庫收款成色往往不足，此等虧耗，何所取償。不知國家出納例用足色，其州縣交司道庫，外省交部庫，若銀色或有不十足者，儘可批回挂欠，飭令補解，斷無人敢於抗違。再仿外省公估局之法，設化驗成色之員，專司其事，則無慮其虧耗也。夫釐定幣制，所以崇國體，便民生，去從前之積弊，謀大利於將來，固非如市儈之徒探贏奇而逐什一。國家若發九成之銀幣，則商民輸納於官者亦均係九成之銀幣，是國家歲入一萬萬兩，今無故自減爲九千萬兩，頓少千萬鉅款。議者但知各國銀幣無足色者，不知我無金幣，而以銀幣代之，不得引諸國爲比也。至於舊日各省圓寶銀錠，各外國銀圓暨各省所鑄七錢二分大圓，以及各項小圓，暫聽行用民間。從前官局所鑄大圓勿庸收回，但漲落聽之市價，視爲一種生貨而已，自於國幣毫無妨礙也。至各省督撫覆奏之説，或主十成足色，或主九成及九成以外，或主一兩之主幣爲足色，其餘輔助幣爲減成，持論各殊，莫衷一是，究應如何定議，伏候聖明裁斷，頒諭遵行。謹奏。

光緒三十四年九月十一日奉旨一道，已録卷首。

《大清法規大全・財政部》卷八《錢幣・會議政務處奏議覆度支部奏幣制重要宜策萬全摺》 本年正月十四日度支部奏幣制重要宜策萬全一摺，奉旨著交會議政務處妥議具奏。欽此。竊維幣制一端其法理最爲深微，利弊最爲複雜，前代變更銅幣，往往官私錯出，畫一爲難，况今五洲大通，金銀迭用，關係愈重，價格愈歧。乃於久經紊亂之餘，爲亟求整齊之策，誠乏萬全之可信，尤非一蹴所能幾。

臣等前奏幣制一摺，兼採各督撫臣覆奏各節，折衷核議，惟因成色持論各殊，未敢遽定。欽奉上諭，計期分年，務將通國銀幣統歸畫一，等因。仰見朝廷慎重幣制，貴通行於久遠，不責效於一時。兹據度支部奏陳鑄造推行畫一三端，仍以成色分兩多所窒礙爲言，伏查幣制通病，成色高則患私銷，成色低又患私鑄。故前代諸臣孔覬、葉適等皆有不惜銅愛工之論。銀銅雖異，理自相通。考日本改革幣制，嘗由大藏大臣設立幣制調查局，會議至三十餘次，成書至兩巨册。迨其決議施行，新舊引换之際，猶復幾經困難，始克有成。現在度支部清理各省財政，正在設局派員，如由部分別調查以爲入手辦法，似屬一舉兩得。臣等公同核議，幣制深奧，必須博採羣言，庶可折衷一是。擬仍請旨飭由度支部設立幣制調查局，寬予限期，詳加考察，俾得廣徵專家，通籌全局，再行確定方法，奏明辦理。是否有當，伏候聖明裁斷施行。謹奏。

宣統元年閏二月初五日奉旨：依議。欽此。

《大清法規大全・財政部》卷八《錢幣・度支部奏遵設幣制調查局並請暫鑄通用銀幣摺》 宣統元年閏二月初五日，軍機大臣欽奉諭旨，會議政務處奏遵議幣制重要宜策萬全，請飭部設局調查一摺，著依議，等因。

欽此。欽遵。鈔交到部。

查原奏内稱前奏幣制一摺，兼採各督撫臣覆奏各節折衷核議，惟因成色持論各殊，未敢遽定。欽奉上諭計期分年務將通國銀幣通歸畫一等因。仰見朝廷慎重幣制，貴通行於久遠，不責效於一時。兹據度支部奏陳鑄造推行畫一三端，仍以成色分兩多所窒礙爲言。伏查幣制通病，成色高則患私銷，成色低又患私鑄。故前代諸臣孔覬、葉適等皆有不惜銅愛工之論。銀銅雖異，理自相通。考日本改革幣制，嘗由大藏大臣設立幣制調查局，會議至三十餘次，成書至兩巨册，迨其決議施行，新舊引换之際，猶復幾經困難，始克有成。現在度支部清理各省財政，正在設局派員，如由部分别調查以爲入手辦法，似屬一舉兩得。臣等公同核議，幣制深奥，必須博採羣言，庶可折衷一是，擬仍請旨飭由度支部設立幣制調查局，寬予限期詳加考察，俾得廣徵專家，通籌全局，再行確定方法奏明辦理，等語。

臣等伏查本年正月十四日臣部具奏幣制重要宜策萬全一摺，當以新定銀幣成色分量於鑄造推行畫一三端尚多窒礙，奏請飭下會議政務處再行妥議。兹據該處議覆，以幣制深奥，請由臣部設局調查，奏蒙允准。臣部遵即設立幣制調查局，遴派人員妥籌開辦，其各省調查即由清理財政正副監理官就近詳悉查考，報部備核。竊維幣制一端關係至鉅，學理既極精深，事實又多繁賾。此次設局調查，凡於國家財政之情形，民間生計之程度，各省市面之習慣，世界金融之消息，均須逐一研求，悉心體察。即各國現行幣制及其改革成法，亦必詳稽博考，以便取資。其最要者尤在妥籌畫一辦法。臣等自應督飭局員將如何預備推行一切方法詳細籌擬，另行奏明，切實辦理。惟是開局伊始，幣制尚待調查，而民生日用所需不可一日無易中之品。光緒三十三年三月臣部奏請試鑄通用銀幣，原以銅幣充斥，必須有銀幣以相權，因勢利導取便流通。兹於調查幣制之時，爲暫濟民用之計，可否仍照前奏，試鑄通用銀幣，成色分量一如其舊，作爲暫時通用之幣。如蒙俞允，臣部即將此項通用銀幣飭廠鑄造，俾官民即可一律行用。謹奏。

宣統元年四月初六日奉旨：著依議。欽此。

《東方雜誌》一九〇四年第十二期《財政·兩湖總督張奏試鑄銀幣附片》 再中國向來官民行用俱係生銀，各處平碼參差，并不一律遵用庫平，其成色紛歧，名目繁亂，以致錢商市儈得以上下其手，操縱漁利，於商務民用均有窒礙。現與各國訂立商約，均有中國自行釐定國家一律通用之國幣一條，聲明將全國貨幣俱歸畫一，即以此定爲合例之國幣，中外人民應在中國境内遵用，以完納各項税課及别項往來用款，惟完納關税仍以關平核計爲準等語，是釐定國幣爲當今第一要義。

惟查從前各省所鑄銀元均仿照墨西哥銀元之重，合中國庫平七錢二分，因中國從前尚未有定畫一幣制之議，所鑄龍元專爲行用各口岸抵制外國銀貨進口起見，並未爲釐定通用國幣起見，本屬一時權宜之計。臣前年與劉坤一會奏，曾經陳明七錢二分重者係依傍洋銀辦法，現既與各國定約畫一銀幣，近年來朝廷通籌博議，詢及外人，毅然有考定幣制之思，此誠通商便民之要術，一道同風之盛軌，自當别籌全國通行經久無弊之策。溯查光緒二十五年冬間京城正擬開設銀元局，以銀元應重若干，慶親王奕劻、軍機處、户部及盛宣懷與臣屢電詢商。上年臣在京時，財政處户部復與臣詢商及此，臣均持改用一兩重銀幣之説。而議者或慮一兩銀幣難於通行，不知各國幣制皆由自定，彼此不相因襲，中國一切賦税皆以兩錢分釐計算，而地丁漕項爲數尤爲至纖至繁，每縣串票不下數十萬張，每人丁漕多者幾兩幾錢，少者幾錢幾分幾釐幾毫幾絲幾忽，畸零繁重，若改兩爲元，實難折算。折算較寬，則花户以爲加增，必然滋鬧。若折算過緊，則積少成鉅，州縣豈能認此賠補之數。種種窒礙，斷難全國通行。計全國民人納銀於官者，以地丁漕糧爲最多，其人數爲最衆，其銀數爲最繁，丁漕不改，是全國畫一銀幣之説仍係託之空言。竊謂今日畫一之銀幣自當以每元一兩爲率，出入均按十足紋銀計算。查各國均自有幣制，或用鎊，或用馬克，或用佛郎，或用盧布，不相沿襲。其本國境内人民及外國商人來至其國貿易者，無不遵用。但使國家準其程式，昭示大信，收發一律均作爲十成，商民斷無不遵用流通之理。如各省通行共知新定國幣出入均作爲十成，明白簡便，自然不願更用生銀。迨生銀既廢罷不用，此項國幣，其銀色自無九成十成之分。若現定者計名爲國幣，然仍仿墨西哥銀元成式，以庫平七錢二分爲率，則歷年墨元已操積重之勢，中國權力事勢斷難阻使不行。况幣制既定，每年公家出納及商民交易所需不止萬萬，而各局所鑄至多不過數千萬，我之鑄數有限，而彼之來路無窮，是不啻轉爲墨西哥銀元暢其銷路，漏卮日廣，流弊無窮，萬萬無此辦法。

臣反覆籌思，非實在試辦，但憑議論懸揣，羣疑聚難，辨駁紛紜，莫衷一是。若俟財政處鑄造行用之章程一定，頒行各省，設有窒礙，殊難更改，悔不可追。莫若先由外省試辦，其操縱更正較爲活便。查從前中國從未自鑄銀元，官款亦從未使用，係由臣在廣東時奏明試行有效，始漸推行。茲擬即就湖北鑄造庫平一兩重銀幣先行試用，以覘商情民情，兼體察各國商人情形，出納利弊，行之而通，則奏請敕下户部裁酌推行，利在全國。行之而不通，則湖北當收回另鑄，所有賠耗工火傾鎔之費，湖北任之，虧耗亦尚無多，而從此中國貨幣輕重之所宜，以及改换收發之難易利病昭然可有定論。茲擬試鑄銀幣共分四等，最大者重足庫平一兩，其次五錢，其次二錢，其次一錢。文曰大清銀幣，照從前銀元式，清文居中，漢文環之。其餘洋文及省名年分計重若干，龍紋花樣，均酌照從前銀元式樣。無論收發，皆照湖北藩庫平核算，出入均作爲十成紋銀，歸官錢司經理收發，以杜吏胥挑剔需索之弊。凡民間完納錢糧正賦及關税釐金一切捐項暨州縣報解司道局庫一應款項，均照藩庫平一律折算，與向章並無妨礙。如有向章應解交平餘火耗税費者，照舊補足繳納，則一切官吏胥役自不致多方阻撓，而在商民並無新加耗費。俟將來各省通行，此項銀幣應准搭解部庫充餉，約計每元扣工本火耗，必可盈餘數分，自當核明鑄數，將所得盈餘報解户部，以昭核實。至舊日各省所鑄七錢二分重之銀元及墨西哥之銀元消流民間者，其數至鉅，應仍聽其行用，惟新鑄一兩重之國幣定價務取畫一，而舊日銀元既與墨西哥式樣輕重相同，其平色高下易錢若干自應仍隨市價漲落，聽其自然，則與新鑄國幣判然有别，行用各不相妨，於各省銀元局鑄造之工本亦並不吃虧，自可毋庸收回另鑄，俾免商民疑慮，致擾市廛。且如此則仿洋式之銀與國家定制之幣輕重貴賤大有軒輊，尤足爲導引商民重視國幣、暢行國幣之輔助。謹奏。

《東方雜誌》一九〇七年第九期《財政·度支部奏擬請先鑄通用銀幣摺》

竊查前財政處會同臣部奏酌擬鑄造銀幣分兩成色並行用章程請先行試辦一摺，當經奉旨允准在案。

年來籌畫鑄本，添設機器，先經臣部奏明由歸還洋款積存項下提銀四百萬兩，續又奏請由部庫提銀二百萬兩，又財政處移交專辦財政一款銀一百八十萬兩，現擬再由積存鎊餘提銀二百二十萬兩，湊足千萬，作爲先行鼓鑄之用。江蘇銅元局廠業經裁停，所有機器亦經一面移置天津總廠備用。惟原擬一兩銀幣與各省舊鑄龍元重量不同，奏定以來，外間多以爲不便行用，貨幣關係重要，遲回審慎，遂延至今。近臣部侍郎臣陳璧奉命考察各省銅幣，在鄂來函稱鄂廠銀幣前照一兩分量試鑄，未甚行用，旋即收回鎔燬。現在專候部頒祖模，暫行停鑄等語。臣等一再籌思，竊以圜法主於流通，似此情形自未敢堅持成議。近日詳悉籌議，僉以爲立法固貴乎因時便民，即所以立國，查美、墨、日本及南洋諸島所用銀元，皆約合庫平七錢二分上下，從前各省鑄造龍元，其重量即與之相仿。沿江沿海各處習用已久，若新幣照此鼓鑄，自可無滯礙之虞。即用以折合銅幣制錢，如大銀幣一元折合七分二釐之小銀幣十角，小銀幣一角折合十文之銅幣十枚，銅幣一枚折合制錢十文，均以十進位，亦易於操縱。東西各國通用銀幣，其形式重量大半相類，蓋過小則價值太輕，過大則難於攜帶，因民所利，則下令如流水之原，似不如改從七錢二分之制，以便推行。且查墨國新幣值當美幣一託臘之半，今中國銀幣重適相等，將來改定金本位制，與各國金銀比例固易於折算。即現在作爲通用銀幣以及籌畫金本位辦法，亦似無窒礙。臣等權衡再三，自不得不及時酌定，前年奏定銀幣各省銀元即行停鑄，自銅元通行各處，以無銀幣相權，需用正亟。此次酌定銀幣分量，係爲便於推行起見。如蒙俞允，即由臣部飭令總廠先行試鑄，以備應用。謹奏。

奉旨：依議。欽此。

《東方雜誌》一九〇八年第三期《財政·上度支部論鑄銀幣書孟森稿》

竊商等經營有素，每念國無幣政，創鉅痛深。側聞大部議改用金，議改鑄銀，私共慶幸，以爲國幣有望。然又聞封疆各大臣持議不一，竊又不能無憂。蓋不憂幣政之不綱，獨憂朝論之難定。商等操業商埠，自謂於金融消息得之實驗，敬爲大部分析陳之。

竊查部議改鑄新幣，主張以七錢二分爲銀本位之重量，此誠酌合人民生活程度，得中庸時措之宜。前直隸總督今軍機大臣袁宫保則斥爲非計，以主權二字立論。商等謂主權之行於貨幣，在有不用外幣之實力，不在故矯外幣之重量，擾國内之物價以徇之。又東三省總督徐菊帥謂用銀必以兩計，此更不然。度量衡各自有法，計兩乃衡法，貨幣則自有圜法，混衡法於圜法，比附無謂，而民生日用實受其弊。鄂鑄一兩銀幣終難行用，可爲前車。今就主權、圜法及鄂幣分爲三種問題，商等開會研究，並徵各商意見書，公舉評議員，合集條陳，冀以芻蕘，上裨鈞聽。謹就所得詳開如左。

一、主權問題分作四層：

甲：當首破外國銀行必用墨銀之説。墨銀爲墨西哥所鑄，歐洲各國非墨西哥屬土，何嘗承用墨銀。即墨亦以產銀甚多，而吾國行用其銀圓，因鑄爲一種工藝品，以爲其產銀之銷路。故非但歐洲不用墨銀，墨國亦已用金，並無收回自用之理。塊銀尚爲一種貨物，墨銀欲再成塊銀，轉多傾鎔火耗之費，除吾國視爲不法之制幣外，直謂全球無所用之可也。外國銀行之用墨銀，乃因我之用而用之。洋商捆載回國之物，從無墨銀一片。其來與我爲市，必用我承用之幣，而我竟無國幣，大宗貨價，相率用塊銀。銀行亦用塊銀，畸零日用，相率用墨銀，銀行亦用墨銀。其用塊銀也，與金價爲比例，所以歸洋商金幣之成本也。其用墨銀也，以市面所流通，所以便當地鈔票之行用也。不但此也，洋商在各省通商，各以當地平色爲市，以向來紊亂之平色尚有主權，使外人不能不用，豈有改鑄畫一之國幣轉慮外人把持之理。把持中國必用墨銀，亦知墨西哥有何等權力，能使各國爲之把持。各國對於墨西哥負何等義務，而必爲之把持數十年如一日乎。故謂外國必用墨銀者，乃其不利國之有幣，欲恫嚇以保其常用塊銀之私利耳。或以爲商人利於輾轉繞算，此大不然。商人竭其心力，僅能逆億貨值之盈虧，幸而屢中，輒因幣價之漲落，復遭意外之險。外國盛誇商學，又無幣制之害，我以無學有害之商當之，國無制幣，商之苦累至矣。惟官中於用塊銀則有大利，凡納之官者，每兩作銀圓三四五六圓，作制錢三四五六千不等，所輸之於國者，銀之市價，所徵之於民者，銀之官價，無紀極之平餘，不可思議之宦橐皆得力於塊銀，而誣外國爲必用墨銀，又誣商人爲樂於繞算，此真不白之冤矣。地丁錢糧釐金關税之必收國幣，吾主權也。一切俸餉之必放國幣，吾主權也。有此大周轉，來路去路已活，其間民生日用，不期然而信向國幣之心堅於信向墨銀之心，視信向之程度，自能抑墨銀使低於國幣若干，亦猶是吾主權也。於是墨銀之來路可絶，即尚未禁外國銀行之鈔票亦皆必以吾國幣爲鈔票之兑值。謂予不信，有如皎日，此主權之復於本有者也。

乙：次當嚴定補助貨必與國幣相應，十角爲一圓，十銅圓爲一角，十制錢爲一銅圓，而亟停鑄角銀銅圓之局，專鑄一圓之國幣，此爲國幣取信用之始。吾民自無幣用銀以來，而外國銀圓、而角銀、而銅圓皆各自定價，甚至銅圓鑄成當十字樣者亦可作八九文不等，蓋無絲毫幣法之觀念存乎其間，非民之違法也，官鑄無藝，民間積而不流，不得不跌。在官以分成搭放爲利，而員役兵丁領款於官者大受其損。商人因此受幣價忽漲忽落之損，居民因此受物價驟低驟昂之損，終且國家受幣無信用喪失主權之損。幸而以地大物博之故，謀國者竭力放棄主權，而主權之存於民生日用間者暗中尚不爲外人所操縱，徒以官之窟穴所在，不惜厚誣市面，謂銀行必用墨銀，於是不知金融真消息者相與附和而張皇之，并爲一談，牢不可破。而國家且爲窟穴之姦所挾制，永不望制幣之流行，其尚可以爲國乎。大臣公忠體國，舉念不忘主權，正本清源，在確定補助貨限制，此主權之挽於將墜者也。

丙：再次推尋用銀不能廢兩之説，其病根之所在，丁漕釐課，天下皆知權自己操，惟關税與外國協約，計兩估價，亦計兩收税。吾改吾幣，而洋關税則未能遽改。若因此而先與各國相商，是吾定國幣，而授權於外人，可恥孰甚。此徐菊帥之説之所由來也。不知税關所謂關平隨地不同，各照本地平數酌加若干，各地之平有大有小，各地所加爲關平之加數又有多有少，洋商何嘗不厭苦之。今畫一國幣，精核定率，每圓當關平幾錢幾分幾釐幾，造表一幅，自絲忽起至一兩止，皆有一定比例，發給各關，令收國幣。洋商稱便之不暇，與税則絶不相關。惟司關榷者窟穴驟破，豁然皆見天日，則誠有大不便於上下其手者矣，此主權之收於中飽者也。

丁：又必補助貨與正幣永無出入，而後養成國民用國幣之觀念，久之用金可，用銀亦可，不過主用一種制幣，觀念無殊。有如用金，則銀幣退爲補助，令行如流水之易，否則多一種幣，多一種糾葛。任如何講求學理，其如本位不定，民不知國幣之性質何，欲改用金，此爲基礎，此主權之推及將來者也。

二、圜法問題。古者先有度量衡法，皆附會於黄鍾之管，圜法後起，遂各爲一事，其實皆便民也。銀以兩計，乃無圜法之時代。中國承數千年之文明，何嘗無圜法，特止以銅錢爲圜法。近時物價，非國初之物價，雍正中銀價不過一千文，米價不過合銀四錢，則合錢不過四百。考之雍正硃批諭旨，歷有明文，以故今日民間日用斷不能純恃成串之錢，用貴金屬以便輕齎，正合銀本位之程度。古之用銀，爲國庫之出納，故有幣無幣非所計。今之用銀，爲民間之流轉，萬不能無鼓鑄之正貨，以挹注於其間。於時適有外國銀圓來承吾乏，沿江沿海交通便利之地翕然承用，亦飢渴易爲飲食之理。菊帥謂中國用銀不能廢兩，商等竊所未喻。夫米穀何嘗不可權其重量，自有量法，而即量以見數，不復定須計重。銀以兩計，乃賣買地金銀之算法，有圜法之國，必不如此。即如舊用銅錢，何嘗問錢之重量。商等以爲計兩用銀之法在所必廢，他日權斤兩以爲銀價，自是地金銀之賣買，猶之向來鑄錢而銅價自在，錢價亦自在，圜法之獨立如此。菊帥又謂鄂鑄一兩銀幣不能通行，在全國無信用之效力，非新幣之咎。夫有幣而無信用，以言紙幣猶可説也，明明銀幣而無信用，新幣之咎孰大。於是既云無信用，又曰非其咎，二語相連，商等所百思不解者矣。

三、鄂鑄銀幣問題。此問題以其不獲通行，而推求所以然之故，商等以爲惟便故能通行，不能通行即其不便。臚舉不便之所在，亦有三端，詳列於次。

甲：對於補助貨定位之不便。國家雖鑄銀幣，未嘗不承用制錢，即私毁淨盡，猶鑄當十銅圓以留制錢之本值。當十銅圓，論銅價，未必十倍制錢，而民間自作十錢之用，正以一錢爲用幣之始，深入乎人人之心，一切貨物之價，無不以此爲起點。所謂生活程度者，此也。溯墨銀闌入之始，原未嘗必合乎千錢之值，當時之承用，自以苦無貴金幣之故，急欲得此以圖輕齎。至今日則尤喜其值近千錢，每一釐與錢一文出入無幾，雖有時低昂不等，然民間所屬望恒以定價千文爲歸宿。故市肆百物以銀兩爲價者，不過大宗貨物，折算不甚廢時者乃可用之，日用所需之物無不以制錢或銀圓爲值。錢爲銀圓之補助貨，一文近一釐，一銅圓近一分，得子母相權之道。若以一兩爲正幣，則畸零難算，易起人厭苦之念。試觀古時度量衡皆不以十進，度法則爲咫、爲扶、爲尋、爲仞，量法則爲豆、爲區、爲釜、爲鍾，衡法則六銖爲錙、二十四銖爲兩，今皆循劣敗之例，廢置不用。里法、畝法幾於自成一法，與度法不復相關，於是度量二法止有丈尺寸分斗升合勺等十進之位，衡法亦大概十進，惟十六兩爲斤，尚留古代遺傳之性質。要之由遺傳而來，則尚相安於慣習。若今日創一不十進之數，强童孺皆多繞算之勞，決非酌劑社會之至計。若夫歐洲幣制，不以十進者誠多，則正所謂遺傳之習慣。吾東方之國，以窮變通久之旨，發憤革新，後必勝前，毋庸以歐洲之遺傳爲法。日本舊行寬永錢，今其鄉曲廛肆尚有畫方孔錢形於牌號之上，肉好之間，書一本萬利等字以兆吉祥者，故日本之生活程度以一文錢爲起數，蓋與我同。即其正貨爲一圓，雖改用金幣之後，猶存一圓之虚位，以紙幣代之，而與銅幣相權。都市用幣，以五釐爲最小，然計價仍由一釐起算。鄉曲廛肆，則竟承用寬永鑄錢矣。夫日本自一再戰勝，物價騰貴，有過於我，而用幣之起點尚沿銅錢一文之慣習。吾今日改鑄一兩正貨，若使重鑄值銀一釐之貨爲補助貨之起點，則驟加高其物價而人不安，仍以制錢一文爲起點，則向來可以十進之貨幣忽致畸零繞算之煩難，不無下喬入幽之憾。夫令積練之商賈偶多繞算則可，令適市之童孺坐困於繞算萬萬不可。國家之有圜法，爲并便童孺計，非爲專便積練之商賈計也。此鑄一兩銀幣之不可通行者一也。

乙：對於全國平色之不便。百物價值，其供日用者，既多因制錢銀圓而定之矣。即大宗貨物，定以銀兩，然各省各有平色，數之不下數十種。官中所用，大約出以漕平，入以庫平。雖國家尚有兩歧之功令，且漕與漕不同，庫與庫又不同。今以計兩用錢之故，即儘天下本計銀兩之貨值，尚無一不應改其價目，或臨時折算以就新幣，是不計銀兩之貨值，固爲新幣所擾，即計銀兩者，其被擾亦等。吾民何爲而必受幣擾乎。此鑄一兩銀幣之不可通行者二也。

丙：對於財政機關之不便。通商以來，外國銀行闌入内國，甲午、庚子兩役之後，國家以鉅款餌敵，匯出之款更多。各國不甘以匯兑之利專界英商，於是無國不有銀行設我商埠，墨銀乃各國所視爲塊銀而轉輸以供貿易者，浸灌既久，信用滋深，故各國銀行紙幣多以墨銀爲用，不合全國之支放，以統一國幣之能力，又不能以新幣盡收墨銀而禁不再來。民蓄墨銀，有時而用納租税，將嚴懲痛斥之乎。抑以爲其情可原，其實用已具備而姑受之乎。在官中尚不能絶墨銀之跡，況民間有外國銀行爲尾閭，承用無所不便，急鑄相等之幣，民猶且以未習而軒輊之，乃復以前甲乙兩項之不便加乎其際，孰肯舍其日用之便利，以仰體官府任意之指揮乎。此鑄一兩銀幣之不可通行者三也。

以上數條，皆切於民生日用而言，人情趨便如水就下，國家所當加意者，自理其財政機關而已。今日之事，便民即所以行法，冗瀆爲罪，有不能已。

《東方雜誌》一九〇九年第八期《奏牘・郵傳部右侍郎盛宣懷奏呈各種幣制條陳》 謹擬兑换紙幣凡四等：

一曰壹圓。擬上書大清銀行兑换券，居中文曰壹圓，鐫以人物花紋，刊明宣統某年製造，排列號數。

二曰伍圓。擬上書大清銀行兑换券，居中文曰伍圓，餘同前。

三曰拾圓。擬上書大清銀行兑换券，居中文曰拾圓，餘同前。

四曰百圓。擬上書大清銀行兑换券，居中文曰百圓，餘同前。

以上紙幣，統由印刷局一處製造，大清銀行一處發用，不准第二處分辦。各省官錢局、官商各銀行、大小各錢鋪均限期將舊票一概收銷，不得另出紙幣，祇准向大清銀行領用。凡持此券到大清銀行兑换者，一律付給新製銀幣。將來金幣製成，亦用此券兑换金幣，並無另式。開辦之初，無論官民持真幣赴大清銀行兑换紙幣，其真貨皆須如數儲存銀行庫内，一年之後再議章程，仿照外國，或儲存真貨三分之二，或五分之三，餘皆有證券可抵。本銀行所發紙幣若干數，所存真幣及證券各若干數，按旬刊布，按月查驗，俾衆周知，以昭信實。

謹擬預定金幣凡三等：

一曰二十圓。擬一面居中文曰二十圓，一面中鐫花紋，邊書宣統某年。

二曰十圓。擬一面居中文曰十圓，一面花紋與二十圓者同。

三曰五圓。擬一面居中文曰五圓，一面花紋與十圓者同。

以上金幣三種，目前雖無多金，似可預定式樣，日本值二十圓者，計重量二錢二分二釐，值五圓者，計重量一錢一分一釐，皆純金九百分參和銅一百分。其初鑄時，與美國金圓重量相彷彿。嗣因金值倍貴，即以五圓抵作十圓用，十圓抵作二十圓用，仍便交易。從前用金銀幣複本位，有一圓金幣計重量四分四釐，若再減半二分二釐，質太輕薄，故只有三等。

查日本金幣與各國本位貨幣换算表，開列换英之金鎊計九圓七十六錢三釐，换德之馬克計四十七錢八釐，换美之達拉計二圓六釐，换法之佛郎計三十八錢七釐，皆以純分與純分比較，不以市價爲據。如中國有金幣，則亦自能與各國銀行定一比較純分之價值，不致因高下受虧。

赫德在精琪未到中國之前與臣面議，即有中國不必定金本位，而不可不定以金兑銀價值之議。其意由國家銀行派人駐紮通商之國，持本行鈔票，凡彼來華貿易之商，准照定價以金一鎊易銀票八兩，以備到華應用。各商既便取攜，又省匯兑，當必樂從。而我在彼國所得金鎊，即可存爲還債之用。此舉似可由中國自定，不必商之於人等語。所慮有時外國銀行經手，不止八兩，彼仍匯兑，若有時不及八兩，則我仍吃虧。或又謂國家銀行可出金票，商民人等可持新銀幣换取金票，帶赴外國，便於取金購買洋貨。此金票外國人亦可帶到中國，便於取銀購買華貨。向來外國銀行發給匯兑金票，必取規費，如由我國家銀行匯兑，亦應照取規費。各洋行知此項國幣可到國家銀行立换匯兑金票，必更信用無疑。惟發給金票，匯兑各國繁盛商埠，如倫敦、巴黎、紐約、横濱等處，必先在彼埠銀行存儲金款，以備應付。故金幣不必存於本國，應存於外國。而所存外國之金幣，並不必有本國自鑄之金幣運往，只須有外國之金幣劃抵。聞日本借外國金債存於外國，以備本國匯兑之用。本國金幣與外國金幣既有一定比較之價值，並有一定匯兑之規費，自可悉除外國銀行抑勒虧損之弊。此事須待中國銀行開到外埠，方能相機辦理，未能一蹴幾也。

國内應付國外之金幣，還洋債也，買洋貨也，國外持我匯兑之金幣，易我國内交易之銀幣，納關税也，買土貨也。精琪條議將銀幣金價比銀質本價擡高二成，譬如市面金價須四十换，以銀價高擡，祇將三十二兩之銀幣作金一兩。係因近來金價漲落無定，若不擡高，恐國家試鑄之金圓轉瞬盡入他國。故欲立匯兑之金幣，即不能無金幣之價值，欲定匯兑金幣之價值，即不能無真實金圓之重量。欲定真實金圓之重量，即不能無金圓與銀圓交换之等差。日本未改金本位之先，早定金圓之重量，蓋有相維相繫者焉。否則金幣銀幣不能羅全局於胸中，竊恐朝三暮四，未有不貽後悔者已。

謹擬銀幣凡五等：内主幣二等，輔幣三等。

一曰一圓。是目前之本位也。擬陽面居中書大清銀幣四字，邊鐫宣統元年造，換銅圓一百枚。並仿日幣，用英文註明九成純銀數目。陰面居中書一圓二字，環繪雙龍。

二曰一圓半。是目前之複本位也。擬陽面居中書大清銀幣四字，邊鐫宣統元年造，庫平一兩，換銅圓一百五十枚。陰面居中書一圓半，環繪雙龍。

三曰五角，或稱半圓。擬陽面居中書大清銀幣四字，邊鐫宣統元年造，換銅圓五十枚。陰面居中書五角，或書半圓，環繪雙龍。

四曰二角。擬陽面居中書大清銀幣四字，邊鐫宣統元年造，換銅圓二十枚。陰面居中書二角，環繪雙龍。

五曰一角。擬陽面居中書大清銀幣四字，邊鐫宣統元年造，換銅圓十枚。陰面居中書一角，環繪雙龍。

一圓之銀幣，爲全國日常所信用，其流行之通塞，實爲財政全局所關係。上與匯兑金幣隱隱吻合，下與補助銀銅幣層層貫通。舊則須爲國內之元寶銀錠及國外之墨銀作替引，新則須爲兑換紙幣作真貨。故必須斟酌盡善，以冀其不脛而走。一成而不再變，乃爲妥善。自廣東、湖北開鑄龍圓以來，論圜法者皆欲廢去元寶銀錠，一律爲圓矣。祗因龍圓起而商民仍不能廢棄墨圓，遂不免歸咎於龍圓重量與墨圓等，故相敵而不能制勝。於是仍主一兩，且主足色，冀可取勝墨圓。乃徧詢熟於會計者，皆曰是使墨銀更勝之道也。從前龍圓之不能制勝，非龍圓之咎也。因龍圓上面書明庫平七錢二分，仍不能畫一定價。又書明某省製造，復不能通行於他省。然猶能與墨圓並用者，尚幸其重量相等耳。若數年之前，湖北、天津試鑄之大於此者，僅數十萬圓，本省商民且不能用，遑論其他。詢諸日本，何以從前開鑄一圓亦照墨銀重量，豈不貽雷同沿襲之譏乎。答曰：各國銀圓輕重雖小有異同，然總不過七錢上下，以民間攜用不喜重且大也。國內業已慣用墨圓，今所造官幣，質量適與慣用者相符，加以詔令條告，用以完糧納稅，並有畫一定價，遷地不改，踰年亦不改，習慣既便，信用自堅。揆諸人情，順而且易，故不數年而墨圓盡矣。國幣雖專供本國之用，然使其鄰近通商之國相同，則以圓易圓，亦無虧損，此尤便者也。將來庫平足色一兩之主幣，如各省各埠市面不甚通利，或須另議辦法，其惟論圓不論兩乎。論圓不論兩，則主幣仍遵光緒二十五年七月十三日上諭，各省所鑄銀圓惟廣東、湖北兩省成色較準，沿江沿海均已通行，應即多籌銀款，源源鑄造。即應解京餉，亦准酌量撥銀。成色仍以每圓庫平七錢二分爲準，並兼鑄小銀圓，以便民用。使收發一律，毫無畸重畸輕，自可逐漸暢行。等因。欽此。伏查廣東、湖北皆爲大學士張之洞督粵鄂時所創造，其時劉坤一、張之洞、陶模覆奏，皆以七錢二分圜法爲然。今考查各國幣制，實非專用圜法不能畫一。前經各省仿鑄龍圓，實在已能通行，但宜删去某省造字樣，蓋以大清國爲界，即不應再以省會爲界，使民間各分畛域也。又宜删去庫平七錢二分字樣，蓋既以圓計，即不應再以輕重計，使民間仍用戥平也。如果准以圜法畫一幣制，北京及通商、通輪船、通鐵路邊界各處，已經通用龍圓及墨圓、俄圓、法圓之處，無不宜矣。其或內地數省以及鄉曲耆舊，尚有以用圓不及用兩爲宜者，擬請兼造一兩銀幣，仍可與一圓配合，互相爲用，方不礙於通行各幣。查庫平一兩正合主幣一圓半，漢文帝鑄四銖錢，其文爲半兩，故不嫌其俗。查一圓應有純銀六錢四分八釐，再加半圓應有純銀三錢二分四釐，共有純銀九錢七分二釐，即與江蘇各省通用之九七寶無異。再攙入銅質一錢八釐，其重量爲庫平一兩零八分，適與主幣成色相符，可使市面交換，一無參差。所有需用庫平計兩之處，即可用此一圓半之銀圓。可圓可兩，可合可分，專列一等，尤屬兩便。目前未用金圓，即可謂之複本位。如日本紙幣通國信用，並此一圓主幣亦以停鑄，因滿一圓者皆用紙幣矣。此亦未可輕造之階梯也。

五角、二角、一角，皆稱補助幣。其重量自必照一圓遞降等差，其純質亦必照一圓稍爲輕減。但鄂粵等省向鑄小圓，悉聽市面減價，一大圓每換十一二小圓不等，故其制不能畫一，而外國小圓純質不及，即重量亦不及。譬如日本之五十錢補助幣，其重量不及一圓之半，且後造之五十錢尤輕於前造之五十錢，而民間仍照五十錢通用，新舊一樣看待。無他，信用而已。蓋國與民苟能上下相孚以信，當不在重量純質之高低。然國幣開辦之初，必不可絲毫訛錯。重一圓之半即命曰五角，重一圓十分之二即命曰二角，重一圓十分之一即命曰一角。中國向來所造標明庫平三錢六分、一錢四分、七分二釐，日本所造標明五十錢、二十錢、十錢，皆恐與舊時所稱兩錢分釐相混。按中國勾股法，本來有圓有角，《史記》及《太元經》均言破觚爲圜。觚，方也，棱也。其字從角，方棱皆有角。《漢書·律曆志》註六觚，六角也。是則整而一之則成圜，析而分之則成角。與其另錫嘉名，不如直稱曰角，庶從宜從俗，婦孺皆知。

謹擬補助白銅幣凡一等：泰西化學家名之曰鎳。一曰半角。擬陽面居中書半角，邊鐫大清宣統元年及洋文五十字樣，陰面居中書五十文，邊書以二十枚換銀一圓，並鐫小雙龍。

原鑄最小銀圓重庫平三分六釐五毫者，即是半角。此錢太小，不便取攜。外國德、奧、比、法、意、瑞皆有白銅幣一二種，介乎銀銅之間，日本即名曰五錢，以一圓兑換二十枚，重平一錢四分。其成分，鎳二百五十分，和以青銅七百五十分，色澤光緻，與銀彷彿，其質堅硬，故字宜少，花紋宜粗。民間最爲適用，歷久不致磨損。各國以此白銅幣爲利益尤大者，《明治財政史》載人口五百萬，得純利二百萬，人口五千萬，得純利二千萬。以吾國人口計之，其利大矣，要在發行不可過多。

謹擬補助青銅幣凡五等：

一曰二十文銅圓。陽面擬居中書宣統銅幣，邊畫雙龍。陰面擬居中書二十文，邊書五十枚換銀一圓。

二曰十文銅圓。陽面擬居中書宣統銅幣，邊畫雙龍。陰面擬居中書十文，邊書一百枚換銀一圓。

三曰五文銅圓。陽面擬居中書宣統銅幣，邊畫雙龍。陰面擬居中書五文，邊書二百枚換銀一圓。

四曰二文銅圓。舊日一文制錢因銅價日貴私燬殆盡，不能不設法保全。從前日本寬永銅錢有較大一種，即當爲二，擬援照其法，凡舊制錢，如輪廓比較現用當五錢不致過小者，或制錢一千文，其重在六觔以上者，皆准作爲制錢二文。其輪廓比較當五小者，或以一千文過稱重在六觔以下，仍作爲制錢一文，或竟銷燬，以免相混。

五曰一文銅圓。陽面擬書宣統一文，陰面擬書以一千文換一圓。中鑿圓孔，以便貫串，不致抛散。

當十錢始於唐乾元時，而宋徽宗則親書崇寧當十錢。本朝軍興時，始仿鑄當十錢，厥後僅能當二。今銅圓亦稱當十，而實不能值。夫所謂當者，已明乎其不值矣。似不若命曰十文，毋庸命爲當十。漢時造銀幣爲白金三品：一值三千，其文龍。二值五百，其文馬。三值三百，其文龜。此錢之稱文，由來久矣。若使銅圓稱爲十文、五文、二文、一文，民間更無不知之。十文銅圓、五文銅圓獲利已屬過多，況私鑄充斥，多攙雜質，更不美觀，以致銅圓愈趨愈下。龍圓、墨圓每枚兑換銅圓一千二三百文，各處價目雖有上下，要皆不止千文之數，官商受虧甚鉅，部章因是飭令停鑄。然官鑄停而私鑄不停，市面仍形擁擠。尚幸私鑄銅質之雜壞，龍紋之模糊，一目了然。今既定以十進位，則新銀幣一圓只能換銅幣百圓，恐更不值。查日本以銀幣一圓換十小角，以銀幣一角換十銅圓，功令所頒，絶無不值之嫌。中國若援照辦理，一圓之銀幣爲法貨，無限制，五角以内之銀幣，以五圓爲限制。凡出入在五圓以内者，准其全用或搭用此五角以内之銀幣，不准拒而不納，則明乎五圓以上不能強用矣。半角以内之白銅幣、青銅幣，以一圓爲限制。凡出入在一圓以内者，准其全用或搭用此半角以内之銅幣，不准拒而不納，則明乎一圓以上不能強用矣。今於各等銀幣之上書明換銅圓若干枚，又於各等銅幣之上書明以若干換銀一圓，則畫一明白，童叟無可欺朦，市儈無可高下，各省官民照律收用，上下不能參差。並責成各處關卡警察查禁私鑄，一面責成造幣局將新銅幣成色加意認真，以日本銅圓之重量成分爲模範，必無不能信用之理。所有私鑄銅圓重量成分不足者，其兩面龍紋字跡皆不清楚，因私鑄多用手機，壓力不重，故字紋不清，此等錢名爲當十，不及一文之老制錢。若留於市面，或魚目混珠，爲害甚大，自應設局，按照銅價收銷重鑄。若欲以公道收民間永遠信用之效，所定十進位當以新銀幣與新銅幣作準，則其舊銀幣及舊銅幣一概收回重鑄，用示一律。議者曰：從前鑄幣之大利本係取之商民而歸諸官，今若重鑄，是取之官而還諸商民，官必曰：所獲之利除中飽外已用罄矣，官不能吃此大虧。答曰：可不必賠還也。今而後重鑄之銅圓利益仍多，祗須將重鑄之利益津貼火耗官勿再取，便可陸續變成精美銅幣矣。官或曰：新銅幣銅質既好，工耗重費，焉得不賠。答曰：若使銅圓不能整齊，則十進位不能行。銅圓恐難再鑄，利於何有。如十進位可行，則新銅幣百枚即可易新銀幣一圓。成色比前略好，價值比前大增，造幣局仍有利益，舊銅幣現換一百三十枚，以三十枚補成色、賠工耗，必可有盈無絀。

二文制錢，即以制錢中之較重者爲當二。係照日本改良幣制之初，將寬永銅錢之大者作二文使用。論其重量，過於十文銅圓十分之二。論其輪廓，與五文銅圓不相上下。若錢鋪中躉買，當可與重量每千枚在六觔以上者比例，足值新銀幣二圓。若買賣場零用，當可與輪廓比照五文銅圓不致減小者比例，每五枚足值新銅幣一枚。與其另鑄二文之銅圓，莫若以制錢遞升，庶可使制錢列入補助品之內，不致全行廢棄。現在東南各省制錢已將盡燬，西北各省以及窮鄉僻壤尚有儲藏，再遲必盡行被燬矣。

一文新鑄無孔小錢，居家不便藏儲，市面難於攜取。初聞造幣局因鑿方孔費工，是以部鑄一文錢無孔爲宜。現欲與舊制錢並行不悖，仍當以有孔爲宜。如比國白銅圓中有圓孔，便於貫串。香港曾鑄一釐錢，亦有圓孔。蓋圓孔非比方孔，且體小質薄，機器鑿之甚易耳。

《東方雜誌》一九〇九年第八期《奏牘・郵傳部右侍郎盛宣懷奏陳幣制未盡事宜片》 再内地通用銀圓之處日多，而近年墨銀進口漸少，推其所以然，皆大學士張之洞督粵時創造龍圓，及督鄂後創行一圓紙幣之明效大驗也。光緒二十七年五月，臣奉行在政務處電諭，與江鄂粵三督臣同議銀幣辦法。督臣劉坤一、張之洞、陶模均主七錢二分，會同奏覆。是年七月十三日奉諭旨：鑄造銀圓仍以每圓庫平七錢二分爲準，並兼鑄小銀圓以便民用，務使收發一律，毫無畸重畸輕，自可逐漸暢行。等因。欽此。其時臣尚主兼用衡法，故未列銜。張之洞雖許臣説爲整齊適用，未嘗無見，第以龍圓改鑄一兩，恐難抵制墨銀，轉使洋圓暢銷，獨擅其利。逮三十年，由京津回鄂，從北洋之議，試鑄庫平一兩銀圓數十萬，分給湖南，退還未用。湖北本省除發委員薪水外，均未行用。旋即停鑄，仍鑄七錢二分。天津所鑄一兩亦難通行。北洋復創爲一兩足色之議，意欲以十成足色抵制九成洋圓。督臣錫良、趙爾巽、張人駿等奏内皆有駁論。臣近年往來各省，察看輿情，並與歐美財政家、計學家再四研求，始悟圜法與衡法斷難兼用，遂不敢回護前言，亦不敢調停兩可。上年二三月間，兩次面奉懿旨，條陳幣政，臣尚無真知灼見，未便輕率敷陳。又從張之洞迭次討論，窮究源委。張之洞但以七錢二分不能徧行於西北，又以銀銅圓相遞定價，商民未必樂從爲慮。旋讀政務處奏覆唐紹怡速定幣制一摺，内稱舊日各省元寶銀錠、各外國銀圓暨各省所鑄七錢二分大圓，以及各項小圓，暫聽民間行用。從前官局所鑄大圓勿庸收回，但漲落聽之市價，視爲一種生貨等語。可見老成持重之謀，仍寓有因時變通之用。目前所定一兩及五錢各種新幣，與舊幣同時行用，固已斟酌盡善，萬一外省尚有窒滯難行，則臣今所擬兼鑄一圓半銀幣，計其重量，適合九七庫平實銀一兩。凡西北各省以及内地應用一兩庫平之處，皆可合用，並得與七錢二分主幣及各輔幣相遞兑换，似屬一舉兩便。如果責成大清銀行與造幣局互相聯絡，隨時調查各處市面盈虚消息，以收操縱之權，庶從前所顧慮者均可釋然矣。惟是幣制既歸畫一，無論元寶銀錠及外國銀圓，皆當視作生銀，設法陸續收回改鑄，方足免紛歧而一觀聽。總之辦理新政，能强必先能富，整齊圜法，善創尤貴善因。所有臣前摺未盡各緣由，謹再冒昧附陳。是否有當，伏乞聖鑒訓示。謹奏。

《清代檔案史料叢編》卷一一《文興奏整頓錢法以便商民摺光緒二十五年四月初二日**》** 奴才文興、晋昌跪奏，爲遵旨整頓錢法，酌定銀圓準價，並將期銀期錢弛禁，以便商民，恭摺仰祈聖鑒事。

竊查上年十一月十九日承準軍機大臣字寄，光緒二十四年十一月十三日奉上諭：有人片奏，盛京新鑄銀圓定價過昂，一經出城，價便跌落，皆由官錢局設謀漁利等語。著依克唐阿體察情形，認真整頓。原片著抄給閲看。等因。欽此。遵旨寄信前來。依克唐阿當飭承德縣出示先減銀圓價值，一面派員赴滬購銅設爐鼓鑄，意在使現錢充足，銀行可平，未及復奏，因病出缺。

奴才等接任後，體察情形，省城糧貨騰貴，銀價日漲，市面生意蕭索，誠有如原奏所云者。然其病在現錢短絀，帖錢壅滯，初不得專咎銀圓之定價昂也。且亦商人自爲之，而官錢局不得專其利，並不得擅其權。查依克唐阿原定章程，鑄出銀圓隨同各城銀價漲落，如市平銀每兩價值東錢十千，銀圓合市平銀七錢四分三釐，即定價七千三四百文，仍按照每月初一、十六兩日銀行定價，由地方官出示，並各鋪面懸挂水牌，半月一换，俾衆周知，業經奏明有案。是銀圓價雖官定，實與商定無異。近來省城銀價較各外城爲昂，銀圓出城，價便跌落，自爲勢所必然。銀價既漲，物價隨增，而居民因之受困，因係一定之理。且官錢局所存係本省銀圓，而各鋪所存多係洋圓，間有各省龍圓。目下省城行用洋圓並外來銀圓，多於本省所鑄者不啻倍蓰，半係姦商牟利販運而來。如以新鑄銀圓定價過昂，何以外運來者亦復一律定價？此實商人之争利，自失其利，而非官錢局之漁利，已確有明證矣。

奴才等細加酌度，本省所鑄銀圓，可以攙納賦税，可以搭放薪餉，其行用與洋圓不同，斷不可使洋圓同價，致礙銷路。然當此銀行盛漲，設銀圓定價過低，勢必賠鑄費而無餘利。事關通省錢法，不得不博訪周諮，集思廣議，以求妥善。當經傳集驛巡道各司協領，並承德縣知縣及各局處委員等商議辦法。有請禁用外來銀圓兼平銀行者，有請減銀圓成色藉以減價者，並有請停鑄銀圓專鑄制錢者，其説紛紜，而終不如署承德縣知縣增韞所擬定銀圓準價、弛期行厲禁兩端爲最切要。據增韞稟稱：奉天現銀現錢異常缺乏，從前官吏均聽商民開設，期行以資周轉，行之今日，歷有年所，遠近通行，從無窒礙。自軍興以來，商帖以現錢愈少，相率不開，專賴期行銀錢以撑市面。於是不肖姦商，轉得以無銀無錢藉詞，竟成賣空買空之弊。故前年另案興訟，因噎廢食，遂使期行亦從此停止。今鑄銀圓正好補苴，而風氣未開，行使不暢，按日隨銀作價，商民苦於數目之煩，咸稱不便。且價目時有長落，賠累堪虞。而各城銀行遠近不一，安望其能到處通行？因念商帖鈔票均係遠近一價，無銀行長落之虞，若將本省鑄出銀圓仿照吉林章程，由省城官司酌定牢不可破之價，等諸錢帖鈔票之用，通省無論遠近，一律行使，不准此多彼少，並準完納税釐錢款，務使商民易於信從，行旅樂於攜帶。至期銀期錢，亦請仍聽商便，照舊開行，但令到期專以本省銀圓或市面實銀按數開付，不準憑空買賣，以杜流弊。其別項銀圓仍作銀用，如何作價，聽商自便。似此辦理，庶例章無礙，錢法可通。等語。其於商務民情可謂體會入微，而於銀錢壅滯之患亦復洞見癥結。

奴才等現已酌擬本省銀圓每圓價值東錢六千六百文，合制錢一串一百文，以爲定價，仍弛期銀期錢之禁，嚴絶賣空買空之弊。俟試辦一年後，察看情形，如果商民稱便，不得輕事更張，以免紛擾。倘法未盡善，尚須稍事變通，再行奏明辦理。總之，期行有禁，商賈不前，則銀圓之銷路難暢，銀圓不通，銀錢兩缺，則期行之過帳仍虚，二者相輔而行，不可偏廢。此閤省之輿情，非一人之私論也。

除咨部查照外，所有遵旨整頓錢法，酌定銀圓準價，並將期行禁止緣由，是否有當，理合恭摺具奏，伏乞皇太后、皇上聖鑒訓示。謹奏。

硃批：知道了。

《清代檔案史料叢編》卷一一《户部奏遵旨會議廣用銀圓以維圜法情形摺光緒二十五年八月初九日》户部謹奏，爲遵旨議奏事。

光緒二十五年七月二十五日軍機大臣面奉諭旨：御史吴鴻甲奏銀價日落，制錢奇絀，請廣用銀圓，以維圜法一摺，着户部議奏。欽此。欽遵。由軍機處抄交到部。

據原奏内稱：現在京師市面，每銀一兩兑當十錢不足五百，未抵制錢一千之用，而物價仍一切騰貴，官民交困。伏查今日中國之困，由現銀異常短絀，而錢價復如此奇昂者，以洋銅甚貴，銷燬日多，現錢日少故也。近年物貴錢荒，直省幾同一轍。各疆臣苦籌補救，莫不出於多鑄龍圓之一法。誠以銀圓之用日多，則銅錢之用可少，目前救急之方無他策矣。以故南則遍於各省，北則遠至吉林，莫不恃此維持圜法，兼杜漏卮。現雖未復舊規，而每銀一兩，約换制錢一千三百餘文，民困皆以稍紓，屢見抄報。獨京師爲首善之區，而錢荒之弊年甚一年，幾苦束手無可補救者。一則部款出納爲書丁奸窟所在，深恐變通成法，則侵蝕克扣之伎倆頓無所施。一則士大夫或生長北方，於南省龍圓便民之利與洋圓漏卮之害向所未睹，故於鑄圓之議阻之甚力。又以前年粤東所解銀圓三十萬，户部有搭放而無搭收，出入未能一律，故行之未著大效也。今鑄圓一事，已於四月二十七日遵奉諭旨，命軍機大臣會同户部試辦。惟設廠購器爲日尚長，而小民之困於錢者，實有迫不急待之勢。朝廷以天下爲家，取之外省與鑄之京師，其利一也。現在南北洋廣東各省，均廣爲鑄造。目前之法，似不若令湖北、江南、廣東各省將應解京餉多以龍圓抵解，且令浙江等省京餉徑解天津，由津局鑄成龍圓運京，並令户部於各項捐例率以五成龍圓上兑，及順天各屬官項均準以龍圓抵繳，每圓作銀若干，懸示定價收放，不準兩歧。如此行之，不獨京城錢價日平，即南省龍圓亦必愈加銷暢。等語。

臣等伏查京師銅錢短少，價值奇昂，每議參用銀圓，藉輔銅錢之不足。是以臣部前年奏令廣東提京餉三十萬兩，鼓鑄大小銀圓解京，放工程官俸，並奏定章程搭放，以後亦準搭收，凡在部庫報捐暨崇文門左右兩翼交税，均準以官鑄銀圓搭交一二成。又奏明鐵路、電報、郵政，均應以中國銀圓交納。是臣部設法疏通銀圓，正所以極救錢荒之弊。乃自遞次具奏以後，銀圓總未見流通，内有商民以銀圓兑易銅錢，較之散碎紋銀價值更形跌落。蓋西北風氣尚未大開，銀圓驟難暢行，亦其勢然也。今御史吴鴻甲復奏請廣用龍圓，以維圜法，亦因銅錢缺乏，急圖補救起見。臣等謹就該御史所奏各節，縷晰陳之。

如原奏請令湖北、江南、廣東各省將應解京餉多以龍圓抵解一節。查京城製造銀圓，雖已奉旨試辦，然創建廠屋，安置機器，尚需時日。就目前而論，如急欲搭用銀圓，自應先令鼓鑄銀圓，各省再於應解京餉内酌足成數，搭解部庫備用。廣東省前經奉旨免其籌解制錢，準以銀圓一成，按批搭解部庫有案。臣部亦擬令江蘇、湖北兩省查明廣東搭解成數，在於應解京餉項下提出一成，由本省銀圓局鼓鑄大小銀圓，解交部庫兑收。其提京餉一成鼓鑄銀圓，除開支工料外，應得盈餘銀兩若干，亦由各該省核明數目，一並鼓鑄搭解，毋稍蒂欠。仍令各該督撫轉飭局員，務將銀圓成色分兩一一較準，絕無絲毫低潮輕短，庶解京以後，易於暢銷。至浙江等省業已停鑄，原奏擬將應解京餉改解天津，再由津局鑄成銀圓運京，未免周折，應請毋庸置議。

又原奏令户部於各項捐例率以五成龍圓上兑一節。查京城銀圓銷路未暢，商號積存亦屬無幾，若驟令各項捐輸搭交五成銀圓，誠恐一時未能購齊，捐輸不免減色。臣等公同商酌，擬將部庫新海防捐輸及常例捐輸，除搭交一成制錢不計外，按現在實收銀數作爲十成，準其以三成銀圓搭交。每大銀圓一枚，即照鑄定之數作爲紋銀庫平七錢二分，其五角以下小銀圓，亦均按原鑄輕重數目核算，不許庫吏稍有挑剔。凡捐項由商號上兑，即於銀圓上蓋用該號印記，以憑查驗。惟此項上兑銀圓，專指中國各省銀圓局鑄造者而言，其外國洋圓雖市肆通行，仍不準交納部庫，以示區別。

又原奏所稱順天府各屬官項均準以龍圓抵繳，究竟何項官款可用龍圓抵繳，及抵繳數目若干，應由順天府府尹察酌情形，據實奏明辦理。

以上臣部所擬辦法，意在漸圖擴充，將來察看京城市面，如果銀圓可以暢行，即令各該省將搭解之數以及部庫搭交之數均酌量加增，以期推行盡利。至於搭收以後，如何搭放，應俟部庫銀圓收有確數，由臣部將搭收各款隨時具奏，奉旨遵行。

所有議奏緣由，理合恭摺具陳，伏乞皇太后、皇上聖鑒。謹奏。

光緒二十五年八月初九日具奏奉旨：依議。欽此。

《清代檔案史料叢編》卷一一《岑春煊為抄送擬請自鑄銀圓摺事咨户部文附原摺光緒二十八年六月初一日》 欽命頭品頂戴、兵部尚書、山西巡撫兼管提督鹽政印務、節制太原城守尉岑，爲咨明事：

案照本部院於光緒二十八年五月十七日，具奏晉省行用銀圓搭鑄維艱，擬自行設局鑄造，以維圜法而便商民一摺。除候奉到硃批另行恭録咨明外，擬合抄摺咨送。爲此合咨貴部，請煩查照施行。須至咨者。

計抄送原摺一紙。

右咨户部。

附原摺

奏爲晉省行用銀圓搭鑄維艱，擬請自行設局鑄造，以維圜法而便商民，恭摺具陳，仰祈聖鑒事。

竊於光緒二十七年七月十三日内閣奉上諭：近年各省所鑄銀圓，惟廣東、湖北兩省成色較準，沿江沿海各省均已通行，應即就該兩省多籌銀款，源源鑄造，仍以每元庫平七錢二分爲準，並兼鑄小銀圓，以便民用。每届報解京餉，準其搭用三成。所有鑄造餘利，盡數核實歸公。此外，各省並可撥款附鑄，不必另行設局，亦準搭解京餉。務使收發一律，毫無畸重畸輕，自可逐漸暢行。俟行後再行按成遞闡，以期行用日廣。著户部及各直省一體遵照辦理。等因。欽此。當即恭録轉行，欽遵辦理。

旋據署布政使吴廷斌詳稱：晉省制錢缺乏已久，官民交困日甚一日，是以前撫臣胡聘之奏明在湖北銀圓局搭鑄大小銀圓，運晉備用，究因撥款難多，搭鑄有限，止用於省垣之内，而難資各屬推行。兹奉諭旨，殷殷以行用日廣爲言，仰見朝廷權衡百度，因時制宜之至意。自應欽遵切實推行，惟發款附鑄具有數難，似不如籌款自鑄之爲便。查銀圓既行於通省，必須儲不竭之需。晉省藩運兩庫歲出銀五百萬兩有奇，如搭解銀圓三成，是需銀圓二百餘萬圓，計附鑄之款即當籌一百數十萬兩，加以用之民間者，每年必須增數百萬圓始能周轉。近日庫儲奇絀，此項巨款即分期解寄，亦屬無可騰挪。若僅撥數萬或數十萬暫行附鑄，則爲數仍屬無多，不過如前，此所爲只能點綴省垣，而於通行之説究無實際。附鑄少則利不能興，附鑄多則力不能繼。其難一也。晉省附鑄銀圓，自以湖北爲近，而距此亦三千餘里，陸運既延時日，航海又患風波，煩費太多，難規餘利，實不如沿江沿海各省之便於往來。其難二也。各省既廣用銀圓，其所需之數必不能少於晉省，合之已爲數千萬。聞湖北、廣東兩廠，每廠每年僅能鑄銀一千萬上下，以兩廠供天下之取求，倘或應付後期，在待用之區即不免左支右絀。此不獨晉省爲然，而晉則僻在遠方，逾多窒礙。其難三也。大抵附鑄必先解巨款，而銀圓之到總須以數月爲期，勢必窮於轉輸，未能推行盡利。惟提款自鑄，則不爲躉而爲零。今日提銀若干以鑄銀圓，明日即可取所鑄銀圓以共支用，挹注既易，機勢自靈。即以日鑄大小銀圓一萬數千計之，三月以外即可得百餘萬圓，較之藉助遠省，實爲彼難而此易。若慮成色不準，則天下無無弊之法，總在經理之得人。應即慎選局員及工匠人等，加意講求，務期銀質光明，花紋精緻，與湖北、廣東所鑄者無毫髮之參差，並時以所鑄之圓用西法化分等考究，以杜弊端。一俟開廠有期，自當妥訂章程辦理。至於購機建廠及各項經費，擬先核實估計，由司設法籌墊，即於前數年盈餘項下扣還，以後盈餘盡數報部候撥。等情。詳請具奏前來。

臣當以該署司所陳搭鑄之難及自鑄之便，洵係實在情形，惟晉省究無諳悉之員，深恐所鑄成色萬一稍有參差，則未見通行，先淆幣政，未敢據以率請，仍飭令陸續籌款搭鑄。無如庫儲極絀，欲解刻不容緩之銀款，以易累月運到之銀圓，實有萬難多籌之勢，以故自奉諭旨迄今，已逾半載，銀圓仍未迺行。正與該署司籌議奏請自行設局鑄造間，適奏調道員朱榮璪到晉。該員前在浙江曾辦銀圓局事宜，深知此中利弊，亦力請奏懇自行設局。臣伏維諭旨飭令行用銀圓，原所以整齊銀幣，利便商民，剔除吏弊，自非通行無以收整齊之效，非廣鑄無以浚通行之源。前者江南請仍設局鑄造，仰邀特准，具見朝廷惟以廣鑄通行爲重。今晉省墊款附鑄之難如此，轉運煩費之難如此，民間行用儲積之數尤微，倘不籌自鑄之方，恐雖需以歲時，仍無通行之望。合無仰懇天恩，俯念晉省行用銀圓搭解維艱，准其自行設局鑄造，以維圜法而便商民。如蒙〔逾〕〔俞〕允，謹當督飭局員，選擇良匠，認真經理，恪遵上年七月十三日諭旨，嚴明賞罰。至經費一切，即當督飭司局設法籌借，核實開支，以期於國於民均有裨益。

所有擬請自鑄銀圓各緣由，理合恭摺具陳，伏乞皇太后、皇上聖鑒訓示。謹奏。

《清代檔案史料叢編》卷一一《增祺奏試造銀銅各圓以維圜法而利民生摺光緒三十年二月二十日》 奴才增祺跪奏，爲現在試造銀銅各圓，以維圜法，而利民生，恭摺具陳，仰祈聖鑒事。

竊奉省甲午亂後，曾經前任將軍依克唐阿奏設機器局，以備製造軍火，兼搭造銀圓，藉資疏通地面。奴才到任後，復加擴充，添蓋廠房，續購機器，規模始爲粗備。時值省城現錢缺乏，不敷周轉，尚用土法鼓鑄制錢數十萬吊，並以機器試造四分重銅錢，其錢式均經奏呈御覽。正在試造紫銅當十錢文，忽屆拳匪事起，該局機器緊要各件，已盡歸烏有。第值大亂甫定，商民元氣未復，市面銀錢俱缺，並難周轉，詳加考查，是非整頓圜法不可，而整頓圜法，又非製造銀銅各圓不可。隨即派委花翎補用知府朱雲錦等，將該局現有殘損機器招募工匠重加修配，其缺短必需器料等項赴滬添購，先爲製造銀銅各圓之計。查內地各省現均仿外洋製造二種銅圓，重四錢者當制錢二十文，重二錢者當十文，重一錢者當五文，便利通行，自應仿照辦理。但各省印花機器甚多，則每日制錢亦多，故能獲有餘利。而奉省亂後，款項奇絀，只得圖易就簡，以爲續後擴充之地。是以先盡修妥舊式機器，每項一部，並在滬添購新式印花機器一部，暨採買銅鉛鋼鐵一切應用料件，試造當十銅圓。正面鐫光緒元寶四字，內加清文奉省二字，四圍鐫奉天省造，並干支年分暨當制錢十文字樣，背面鐫龍紋，周圍鐫英文，譯曰奉天省造當十。業於上年七月間開工。以所造紫銅當十銅圓核計，需本較重，賠折甚多。復經考查南省均已改用黃銅，現已仿南省章程，以紫銅七十斤，大白鉛三十斤，點錫四兩合熔配造，藉以少輕成本。所造頭等銀圓正面鐫光緒元寶四字，內鐫清文奉寶二字，四圍鐫奉天省造並干支年分暨庫平七錢二分字樣，背面中鐫龍紋，周圍鐫英文，譯曰奉天省造庫平七錢二分。查南北洋往年規仿泰西鷹洋，製造龍洋，分爲大小五種，並別成色三等，重七錢二分者攙銅一成，三錢六分者攙銅一成四分，其一錢四分四釐並七分二釐暨三分六釐者，均攙銅一成八分，原期抵制鷹洋以塞漏卮，幾非特不能抵制，轉爲姦商藉口，龍洋成色不一，市價任意高低，以致行用不暢。現在奉省開造銀圓，必須量爲變通，擬三種銀圓概用足銀八成五分，攙銅一成五分，熔碾製造。則成色大小劃一，市價不致參差，民間自便行使。惟印花機現在僅有兩部，只敷製造當十銅圓、搭造頭等銀圓之需，仍須添購印花機三部，四十匹馬力（行）〔引〕擎一部，滚邊機三部，粗細碾機各一部，二百盞電燈一副，八尺車床一部，六尺車床二部，横刨刨床一部，方可將三種銅圓、五種銀圓一律製造。各等情。據製造銀圓局先後呈請奏咨前來。

奴才查奉省亂後銀錢極缺，製造銀銅各圓以維市面，實屬不可稍緩之事。現雖款項支絀，亦不能不竭力圖維，統盤核計。所有修葺各廠，添配機器，續購機器，以及各項應用料件，約需銀十萬兩之譜，現已由荒價項下提出銀十萬兩作爲開辦成本，請旨飭部在案。目前甫經開辦，機器尚少，一時尚無盈餘，亦皆盡數歸公，似此權宜辦理，既可周轉地面，亦籌款之一端也。

謹將銀圓、銅圓式様分裝兩匣，咨送軍機處恭呈御覽並分咨查照外，謹會同奉天府府尹奴才廷杰合詞恭摺具陳，伏乞皇太后、皇上聖鑒訓示。謹奏。

光緒三十年二月二十日奉硃批：户部知道。欽此。

《清代檔案史料叢編》卷一一《增祺奏東錢折銀標準情由片光緒三十年二月二十日**》** 再，鼓鑄銀銅各圓，固宜求行銷無滯，而姦商之販運尤宜預爲之防。查奉省制錢奇絀，市廛行使錢文均以紙幣充數，致銀價較高，每兩合東錢十二千有奇。若以當十銅圓抵算，須一百八十餘枚始可易銀一兩。以視南北各省，每銀一兩換當十銅圓一百十餘枚，其價懸殊太甚。現鑄銅圓，若仍照制錢十文行銷，不惟虧帑甚巨，且一經發出，必致展轉運售，是徒損公款，於圜法地方轉多窒礙。現經體查情形，酌定變通銷法，每當十銅圓一枚，暫作爲東錢一百文，出入一律。如此，則民間行使既稱便利，而販運之弊亦不禁自絶。一俟銀價稍平，再行改符前數。至於銀圓，津滬市面均係以銀核計。奉省所鑄銀圓，大圓每圓庫平七錢二分，仍作庫平七錢二分行使，其餘小角即以十角作一大圓，不準稍有參差及貼水加色。所有完納各項錢糧税捐官款，均一例照收。似此權宜辦理，似於抵制漏卮，疏通地面，均有裨益。

是否有當，謹附片具陳，伏乞聖鑒。謹奏。

光緒三十年二月二十日奉硃批：户部知道。欽此。

《清代檔案史料叢編》卷一一《楊士驤奏請東省試鑄銀圓以資補救摺光緒三十三年二月十六日》 頭品頂戴、山東巡撫臣楊士驤跪奏，爲東省銀價昂貴，財政艱窘，各國銀圓逐漸灌入，利源外溢，請試鑄銀圓，以資補救，恭摺仰祈聖鑒事。

竊查東省臨河濱海，水患頻仍，居民夙稱貧瘠，庫儲亦極空虚。甲午以前，無事之年，出入尚敷相抵。庚子以後，添籌償款暨練兵經費，已屬左支右絀。幸銀價甚平，兩次酌提各屬錢漕等項盈餘八十餘萬，數年以來，認籌賠款練兵興學等費，倍於他省，得以接濟無誤，實借盈餘挹注。自銅圓暢行各省，承辦之員既多方擴充，市儈姦商復牟利浸灌，銀價遂日漲一日。民間雖已通用，仍百端顧忌，相戒不肯存積，輸之於官以十作十，行之於市以十作八，即不明分區别，而暗中高擡價值，禁無可禁。州縣經徵錢漕全收銅圓，則盈餘無着，搭收制錢則群疑勒捐，實屬上下交受其困。前之每銀一兩，易京錢二千一二百文者，今則易銅圓一百六七十枚，核京錢二千三四百文矣。

各牧令因公賠累，無可彌補，難保不啓虧挪之漸。臣因思州縣爲親民之官，職司綦重，必先養其廉隅，方能責其治理。已先後酌減盈餘三十餘萬兩，尚乏補助之策，財政異常艱窘。此病之在官者也。

東民素稱儉樸，日用之需，向以三文五文交易往來。自銅圓通行，遂以十文起碼，小民食用不侈自費。且秋收以後，農民向係糶糧易錢，儲以禦冬，近因不存銅圓，相率積儲糧石，以致糧價陡漲，百物居奇。江皖鄰省水災，購糧者源源而來，糧價益昂，銀價益貴。如小康者尚可存活，貧民勢將不堪，盜竊輕生，百弊由是而起。此又病之在民者也。

自膠威議租，濟南辟開商埠，輪舶火車絡繹於途，各國銀圓逐漸灌入，洋行鐵路首先收受，商民因無平色之殊，而有取攜之便，又可通行各省，遂相與信使。近洋商又多攙以鈔票，幾視國幣爲可有可無，久必授利於人，不堪設想。上海等處鈔票盛行，可爲殷鑒。此又全省財政之大可慮者也。

臣忝膺疆寄，内憂民困，外惕鄰交，中夜焦思。日與司道等熟籌審計，僉謂宜試鑄銀元或可稍資補救。據布政司吴廷斌詳請具奏前來。臣查造幣分廠業經財政處奏明裁併，銀幣、銅幣又定有一兩至一錢，十文至一文之制，一經實行，自能補弊救偏。惟銀幣非一二年内所能實行，一文銅圓又非即時所能遍及，款絀如此，民困如此，權衡利害，自應暫行變通。擬請就原有廢置機器試鑄七錢二分至七分二釐等銀圓，精其製造，足其成色，錢漕關税準其一律交納，膠濟鐵路公司暨沿路各礦廠亦應商令行使，以挽利權。合無仰懇天恩，俯念東省情形與他省不同，准予暫行試鑄銀圓，庶民間信用，市廛流通，糧價可減，銀價可平，民困可蘇，洋元可以抵制，利源得免外溢，銀價不致再漲，盈餘可望有着，與東省情形大有關係。一俟幣制實行，即行停止，以示限制。

除咨度支部外，謹恭摺具陳，伏乞皇太后、皇上聖鑒訓示。謹奏。

硃批：度支部議奏。

《清代檔案史料叢編》卷一一《瑞豐議改行金本位制應鄭重審慎以期無弊文光緒三十三年四月》 内閣學士兼禮部侍郎銜瑞豐，謹遵旨酌議度支部議覆出使英國大臣、外務部右侍郎汪大燮奏要政待興，庫儲支絀，行用金幣有利無弊，敬陳管見一摺，暨清單一扣。謹附管見，以備采擇。

竊查幣制關係國計民生，至大且切，不詳審國家財政之情形，民間經濟之程度，泛言改革，於事無裨，徒生擾亂。當此改定國幣之時，固宜取他國之長，尤宜適本國之用。各國風俗習慣，以及歷史之變遷，生活之程度，其與我國最稱相近者，莫如日本。日本四十年以前，無所謂幣制也。其種類則金銀銅鐵雜然並用，其形式則金銀悉鑄爲長圓塊，銅鐵則範爲有孔之錢，製造粗劣。明治四年改金本位，鑄造金圓，通商碼頭仍用墨式銀圓，名爲金本位，實則金銀兩本位，其比價爲金一銀十六。嗣後金貴銀賤，金圓幾全被私運出口，加以濫發紙幣，不特無金圓可兑，亦並無銀圓可兑。明治十七、八年間，一圓紙幣僅值銀圓四、五角，其政府憂之，始籌巨款，多鑄銀圓，設立日本銀行，收回紙幣，發行兑换券，隨時兑换銀圓，遂變爲銀單本位制。積之十年，全國銀圓劃一，對换券可照現圓通行，幣制基礎漸固矣。但此時世界各國多改用金本位，金愈貴，銀愈賤，在銀本位國受害尤多。明治二十六年復倡改金本位，調查累年，積議累年，及得我國甲午賠款，不患無金，於是全國翕然決議，改爲金本位。彼時金銀平均市價爲金一銀三十二、三，合之舊日發行銀圓，每圓約值金二分之譜。但既定金爲本位，則銀圓降居補助幣之列，補助幣不能不抬高，公例然也。遂以金一銀二十八之法定比價，定金銀幣相互之關係。又恐顯示抬高，擾動市面也，仍照市價定每圓爲值金二分，一面則將大銀圓收回，以八成五角以下之小銀圓代之，一轉移間，市面不擾，已暗由三十餘换變爲二十八换矣。夫金二分過小，不能鑄錢，以五積之，爲純金一錢，鑄值五圓金圓一圓；以十積之，爲純金二錢，鑄值十圓金圓一圓。至一圓之數，則既無金圓可用，又不用向者之本位，銀圓惟以兑换券或小銀銅幣代之。近二、三年金復賤，銀復貴，前所定金一銀二十八比之市價抬高之率漸少，危險之兆已萌，去年乃改鑄八成小銀幣爲六成。此日本幣制沿革之情形也。

我國近日情形，一如日本明治十五、六年，欲驟用純金本位，力尚不逮，用虚金本位，而又毫無豫備，亦非所宜。度支部覆奏所擬清單，列舉四法，辦法略異，而達到虚金本位之目的則同。其中利大而害小者，尤以丁法爲最。丁法開鑄銀幣，務使生銀及舊銀圓不行用於市面，以期劃一，則日本劃一銀圓之辦法也。推廣紙幣，則日本推廣兑换券之辦法也。收回銀圓，變兑銀圓紙幣爲兑金圓紙幣，則日本改金本位之辦法也。惟日本驟得多金，可改純金本位，我國即令蓄金六、七年，恐不敷純金本位之用。至彼時仍宜定虚金本位，國内多使銀圓，國際貿易兑金，或照金價兑銀均可，此其與日本異者也。但財政贏絀，斷難豫知，苟整理得宜，彼時吸收金塊甚多，則亦照日本改爲純金本位，未始不可。不過事前之籌畫，難作奢望之空言，取法他人所有之長，豫防他人已經之害，鄭重審慎，斯爲當耳。謹議。

《清代檔案史料叢編》卷一一《袁世凱為論銀幣利弊事致張之洞等電光緒三十三年五月二十六日》 武昌張宫保、南京端制臺、盛京徐制臺鑒：洪。部奏試鑄通用銀幣一摺，諒已咨達冰案。兹事關係各省財政甚巨，不審尊見以爲如何？鄙意行用七錢二分銀幣，弊害滋多，試縷述之。

各國貨幣自有制度，如英之先零，俄之盧布，德之馬克，法之佛郎，美之托臘，日之金銀圓，皆各適其宜，不相沿襲。中國向用生銀，本無幣制，今欲釐正圜法，制定國幣，乃務爲苟簡，沿用外人之程式，坐昧經國之遠圖，如政體何？如國計何？害一。

中國用銀向以兩計，今制爲七錢二分之銀幣，將廢兩不用耶？其勢萬辦不到；將用圓而仍存兩耶？是圜法終不劃一，徒滋人疑，莫定民志，而將來實行商約仍難免於更張。害二。

既名國幣，各庫自應收放，如仍按兩折合，則畸輕畸重，弊混叢生，勢難一律，而胥吏駔儈益得因緣爲姦，是謂病民；如徑按元收納，則丁糧、鹽課、貨釐、關税及一切關項，公家喫虧甚巨，是謂病國。害三。

中國惟無幣制，故墨圓得以侵入，今鑄造銀幣，而分量輕重悉準墨圓，非惟無以示抵制，且不啻招其浸灌，而助之推行也。害四。

綜而言之，圜法者一國之内政，不必强用；權量者百代之大法，不容輕易。若以七錢二分定爲幣制，則是破壞律度，放棄主權，外增漏卮，内滋紛擾，全局通籌，未見其可。而部議方謂規仿墨幣，主於流通而便民，殊不知墨圓所以能行者，以我國初衰，銀幣自易輸入，並非因輕重之適宜也。即如俄之盧布行於東三省，印度之羅批行於西藏，其分量又各不同，是其明證。况墨圓僅行於通商口岸，並不遍行於腹省内地，恐不抵生銀千分之一，又烏得執一隅以概全局哉？民烏乎便？法烏乎通？

若部議所謂大小輕重易於攜帶之説，則自兩以下有五錢、二錢、一錢，其重量皆較七錢二分輕便。竊以爲中國不劃定幣制則已，如劃定幣制，則重量宜以一兩爲準，成色應以九八爲宜。蓋先以銀爲本位，不可不擡高其質。若以九成銀爲之，鼓鑄之初，雖贏厚利，而將來收納暗虧必多。慮其虧而另外加色，即又不足示信。且銀圓初行，生銀驟難盡廢，若銀圓成色太低，勢必不敵，銷必不暢，初未可强用壓力，使人甘受其虧。惟按九八成鑄造，則與現在通行寶銀約足相埒，又無挑剔平色之弊，民自樂從，而國家收款亦不至暗中受虧，即將來更革熔毁都可無慮。不過按此鑄造，工本稍大，難免稍有折耗。然鑄造宗旨，原爲上正圜法，下適民用，内以杜絶中飽，外以抵遏洋圓，無形之中，大利自普，固非斤斤然權子母逐什一也。况折耗斷不致太巨，並可參鑄各種小圓以補助之。凱不諳計學，竊謂規定幣制，道不外此。若如部議，特未嘗統籌而熟計耳。

三帥公忠體國，考求有素，如不以鄙言爲謬，擬會臺銜合詞疏争。其或言之不當，亦祈糾而正之，幸甚。凱。宥。

《清代檔案史料叢編》卷一一《袁世凱為銀幣應以兩為單位事致張之洞等電光緒三十三年六月初一日**》** 武昌張中堂、南京端制臺鑒：洪。接徐菊帥復電，論銀幣利弊甚爲透澈，擬增入疏稿，謹照録奉達。文如下：

部奏試鑄通用銀幣，流弊甚大。中國用銀向以兩計，如能廢兩不用，則部鑄銀幣尚可通行，倘不能廢兩，則部議兩岐，非久制也。蓋嘗論中國不能廢兩之故，一則由於進款以關税爲大宗，每年約四千餘萬兩，進口貨完税皆以兩計，今若欲用七錢二分之銀幣，則必更張商約，轉相折合，更增漏卮；一則由於出款以賠款爲大宗，以銀合磅價已有虧累之時，若再以七錢二分合算，則恐更有虧折。且部議先鑄一千萬兩銀幣，區區之數，何能周轉，勢必市面仍不通行新幣。兩湖曾鑄一兩銀幣，獨不能通行者，全國即無信用之效力，非新幣之咎也。故欲劃定幣制重量，宜以一兩爲準，成色應以九八爲宜，鄙見與尊旨正復相同。但以一兩爲銀本位，更宜多鑄半兩以補助之，則攜帶較七錢二分爲尤便。即請主稿會敝銜入奏云。凱。東。

《清代檔案史料叢編》卷一一《瑞澂為幣制難期劃一事致端方電光緒三十三年六月初五日**》** 南京督憲鈞鑒：奉冬電，以劃一銀幣，袁、徐兩帥擬九八色，每圓一兩定爲本位，飭令考察能否通行，有無窒礙，以備參酌等因。仰見鄭重幣制，若谷虚暄，不勝欽佩。兹事體大，如澂愚昧，深懼未能洞澈，已轉囑商會傳集錢業中人考證確議。

惟查從前寧省曾鑄龍圓，輕重大小一如墨制，内地大多通用，而上海獨不通行。由於墨銀分兩成色較勝，龍圓有所不及，銀行專用墨銀，不收龍圓，故滬市不得不隨銀行爲向背。此次劃一幣制，原因出於洋商。蓋因中國爲用銀之國，傾熔批估之權操之衆商，往往此省之生銀運至彼省，平既參差，成色亦估批互異，洋商久受其累，故有要求立定一律國幣之約。果能立定劃一銀幣，照會各國遵照完納各項税課，並付一切用款，廢去生銀，並此外非本國之幣一概不用，無論每圓爲一兩，爲七錢二分，當無不可按數核算，亦無患其不可通行。何創行之始，銀幣無多，不敷周轉，勢不能不兼用生銀，仍不免平色參差之弊。此難期劃一者一。

滬市華洋貿易通以寶銀計算，若銀幣不過供各業門面之需，各錢莊以寶銀輸之銀行，各銀行亦運銀條以待銀幣之兑换，銷場既大，因之銀幣與生銀之價值亦視其積□之多少，以爲漲落。無論龍圓，即墨圓亦總不能別其一定之本位。今如定一兩之幣爲本位，不能稍有增減，其價值又不能廢生銀不用。此難期劃一者二。

廣鑄新幣辦法，無非以新幣兑换生銀，更番周轉。如以九八之新鑄兑十足之紋銀，勢不能行。設若補水，則不免有失新幣之價格。此難期劃一者三。

第一節尚係積習□沿，不難徐爲改正。若第二、第三兩節，則關於新制甚大，若無以維持其本位，使之不稍摇動。將來之影響全局必多。伏思鄂廠新幣行之在先，何以不能通行？此中頗堪研究。

除再督飭詳加討論，並籌其所以維持本位，免除窒礙之策，一俟復到，即行詳核稟陳。澂。歌。印。

《清代檔案史料叢編》卷一一《張之洞為鑄幣仍應十足成色事致袁世凱等電光緒三十三年六月十九日》〔萬急〕天津袁宫保、南京端制臺、盛京徐制臺：津文電讀悉，具見蓋畫調停之深意。惟從前部員所慮中國寶銀本無足色，只在九八、九之間，苟鑄十足，恐洋商以寶銀抵换盤剥，熔化牟利一節，似未盡確。

查中國寶銀向有庫寶市寶之分，庫寶即上藩庫解京餉之寶，均係庫平足色，各省皆同。雖中國化驗未精，大致無甚歧異。市寶即各埠行用之寶，成色不一，無論何省，如遇兑交庫款，均係按照各省市寶向來行用成色，補足庫寶成色，然後作算。即以湖北估寶而論，武漢通用作爲九九二成色，如解藩庫，以之折合庫寶，每百兩仍須加補成色銀八錢。如解部庫，則須聽部庫官吏飭補，絲毫不能含糊。此京外各省現行事例之明證也。今者擬鑄庫平庫色一兩銀幣，即現在之庫平庫色一兩足銀，除官鑄庫寶始準與新鑄一兩十足銀幣平均兑换外，如各埠市面行用寶銀以及生銀錠塊，均須按照成色申補。即外洋來之銀條，華商亦不能作爲十足，每一千兩亦須分別酌補數錢數分。是新鑄一兩銀幣，與各省市面行用寶銀判然兩途，各不相混，既不能抵换盤剥，更不能熔化牟利，此理不辯自明。部員於庫寶、市寶成色未加辨明，是以稍存過慮。今承慰帥主持挈衡，剴切電達，當必豁然。蓋中國市面寶銀本無足色，然其交庫本不能作足色計算，市面亦並未照足色行使。至中國庫寶向係十足成色，今擬鑄之一兩新幣，其成色即向來之十足庫寶，名異實同，無所謂受虧太巨也。果使國幣暢行，則其間工火、雜貨稍有些微虧耗之處，以紙幣、匯票之大利補之，此區區之數，不足計矣。至慰帥前電雖有九八之説，乃係未定初稿，並非定議。如果足色之説可採，似無妨折衷歸於一途。

查前年鄂省原奏仍係九成紋銀，亦未議及足色，此次奏内似可聲叙，鄂省前年所奏色係九成，此次直省初稿擬用九八。今經公同商酌，反復研究，考諸商論，揆之詳情，今以足色爲最善，是以擇善而從，均不敢拘泥前説。目前有便商民行紙幣之利，將來即爲銀幣定本位之基。云云。蓋集議雖採三省，裁斷仍係慰帥也。或奏尾稍參活筆，暫請試辦一年，抑或另行設法措詞，稍作斡旋之處，統請慰帥卓裁核定。惟出奏時應請慰帥領銜至要，不惟各省憲綱次序應然，且此議實慰帥發之也。萬勿客氣。至禱至感。即候電示。洞。效。

《清代檔案史料叢編》卷一一《張之洞為鑄幣應以足色為宜事致袁世凱等電光緒三十三年六月二十日》天津袁宫保、南京端制臺、盛京徐制臺：洪。津宥、東兩電悉。慰帥崇論閎議，佩敬萬分，鬱悶經旬，讀之霍然病已。中國幣豈有用墨銀重量七錢二分之理，敝處光緒三十年七月奏内已詳。乃度支忽創此議，真愚愚蒙所不解。慰帥來電所言損失國體，貨幣兩歧，折合病民，引銷墨圓四害，透澈無遺。

至度支部咨文所言，陳尚書璧在鄂，詢知鄂鑄一兩銀幣不能行，已收回銷燬一節，殊非事實。鄂鑄一兩銀幣本省通行，已發出七十餘萬，不惟藩庫商民，即江漢關税亦按庫平足文一律收用，此爲行銷明徵。嗣因部文改鑄一兩零六分者，不得不將舊鑄者陸續收回，然至今尚有十餘萬散在民間。此乃迫於部章，並非鄂省自願銷燬。當日陳尚書在鄂，與鄙人並未言及，僅隨帶司員向局員談及，局員告以部章既另定新式，現已遵照將舊鑄收回，聽候頒發新模，並無一兩之幣不能行銷之語。可質天日，不知隨員何以誤會。菊帥電鄂鑄一兩不能通行之語，務請酌量更正。

惟津電成色用九六一節，似乎尚未完備。此次創定國幣，自須毫髮無憾，無往不宜，無施不可，方爲盡善。若色止九六，本國商民流通自屬可行，上下出納已稍有不便。至於買磅還債，洋人必仍以九八色計算，斷不認爲足銀。中國今日以銀爲本位，則所鑄國幣必宜使中外同認，毫無貼補，則以後凡一切有關幣制本位等事，方能推行盡利。竊謂銀色必以十足爲宜。考日本鑄造金圓表，凡值銀五圓者，其金色重二錢四分四釐，其中足金實有二錢，蓋將其銅料雜質二成剔除不計，仍作足金二錢計算，故能通行無滯。聞英國官商言，英國金磅亦是足算足金之數，並云他國皆然。各國金幣辦法既皆如此，我斷不能不一律照辦。近日詳加化驗試造，若每一枚用足錢一兩，加入雜質三分，共重庫平一兩零三分，銀質並不嫌軟，聲音亦甚清亮。

至於工火虧耗一節，計每銀幣一萬兩，須折耗二百兩零。外省銀幣局因生銀漸少，銀條漸貴，每一局每日僅能鑄銀二萬兩，通年不過鑄銀六百萬兩。統計中國鑄幣分局不過五六處，虧耗約共一百二十萬兩，盡可參鑄各種小圓，以爲補助。惟小圓銀定爲足銀九成，限定鑄數不得過大圓十分之一，方能通行。價值照大圓一律，不準壓價。小圓一萬兩，可有盈餘四五百兩，約可抵補十之七八。即使再有折耗，一省所攤無幾，爲數甚微。保國權，利民用，自有無形大利，豈如市儈專計盈餘哉。且銀幣信則紙幣行，其大利豈爭此區區哉。慰帥擬聯銜疏爭，此萬不可少之舉。洞願附驥，但成色必宜慎重。鄙説有無可採，統請裁酌速示。

管見總以足色爲宜，全闔大無懈可擊，且與各國一律，中外誠信相孚，其利大矣。鵠候示復。洞。號。

《清代檔案史料叢編》卷一一《端方為討論幣制改革事致張之洞等電光緒三十三年六月二十二日》 武昌張中堂、天津袁宮保、盛京徐制臺鑒：辰。鄂效電，津文、箇電，均悉。一兩幣制，用十足成色，至當不易，欽佩之至，即請慰帥定稿。菊帥刪電謂宜多鑄半兩之幣，與一兩成色相同，尤屬至論。蓋分兩輕則便於行用，成色足則不虞虧折，與一兩本位相輔而行，不以補助貨相視，更足推行盡利。此層似宜用特筆聲叙，庶着眼不致忽略。請酌之。禡。印。

《清代檔案史料叢編》卷一一《端方為補助幣必須出入一律事致袁世凱電光緒三十三年六月二十七日》 天津袁宮保鑒：辰。熊道面陳一函，計達覽。銀幣事，方前復玉蒼文中所慮各節，實恐現時國家財力未能包舉，故不能不作依附之想。昨接香帥來電，亦力主一兩之説，其通籌久遠，與公意吻合。方亦極表同情。惟各國本位值與純質相當，其補助貨雖值浮於質，而國家悉按值收入，故能取信通行。中國必須自部庫以至各省官庫，皆能出入一律，不稍折扣，乃能收效。此爲最要關鍵，尚祈於摺内切實聲叙。疏稿定後，並祈挈列鄙銜入奏。其餘未盡之言，由熊道面陳。侵。

《清代檔案史料叢編》卷一一《載澤等奏進呈新鑄通用銀幣並議定成色章程摺附清單二光緒三十三年七月初九日》 度支部尚書、奉恩鎮國公臣載澤等謹奏，爲進呈新鑄通用銀幣，並議定成色分量章程，恭摺仰祈聖鑒事。

竊臣部於本年三月二十八日，奏請先行試鑄通用銀幣。等因。當經奉旨允准在案。數月以來，妥議章程，一面籌撥鑄本，安設機器，業於五月二十四日由臣部造幣總廠開機試鑄。竊以銀幣較銅幣尤關重要，開鑄伊始，所有分量成色益當詳慎研究，以昭信用，而利推行。臣載澤於本月初七日赴津，親莅總廠考察一切，鼓鑄尚稱合法。當於初八日回京，兹將新鑄各種樣幣裝盛十一匣，並將前項成色分量章程分别繕具清單，恭呈御覽。

竊維劃一幣制，理應先定本位。臣部前奏本位幣制一摺，業經奉旨交議，以重幣制。此次試鑄通用銀幣，係爲便於行用起見。近日山東、奉天先後奏陳，均以市面需用銀幣爲言，自不能不趕先鑄造，以資民用。所有進呈銀幣及議定成色分量章程各緣由，謹恭摺具陳，伏乞皇太后、皇上聖鑒。謹奏。

附清單一

謹將酌擬鑄造銀幣分量成色章程，恭呈御覽。

一、新式銀幣成色分量，均按從前各省所鑄銀圓鑄造，以期暫時通用。查中國現在通用銀圓，以化學法分之，實得純銀不過六錢四分零。今鑄造銀幣，擬定每圓用九成，化净純銀六錢四分八釐，配合净銅七分二釐，其重量適合庫平七錢二分。其次補助銀幣三種：一重庫平三錢六分，擬用八成五，化净純銀三錢零六釐，配合一成五，净銅五分四釐；一重庫平一錢四分四釐，擬用八成二，化净純銀一錢一分八釐八絲，配合一成八，净銅二分五釐九毫二絲；一重庫平七分二釐，擬用八成二，化净純銀五分九釐四絲，配合一成八，净銅一分二釐九毫六絲。以重三錢六分者，二枚作一大銀圓；以重一錢四分四釐者，五枚作一大銀圓；以重七分二釐者，十枚作一大銀圓。市面通用此項大小銀幣，不準任意折扣，致礙幣制。違者，查出從嚴懲辦。

一、新銀幣既通用以後，一圓銀幣自可不限行用之數。其補助之小幣，每一次授受只能用至值銀十圓，即大銀幣十枚爲限。十圓以上，不得全用小銀幣付給，否則受者可以不收。其銅幣與銀幣兑换，限制行用數目，俟隨時體察市面情形，再行核定。

一、各省需用新幣，均准以生銀交造幣總廠代爲鑄造。

一、各國鑄造貨幣，其成色分量皆明定公差，以便鑄造而嚴考核。此次新鑄銀幣，自應分别酌定，以資遵守。兹擬成色分量公差，均以千分之三爲準，過此以不合式論。

一、新幣成色分量奏定之後，由臣部飭造幣總廠照章精確鑄造。造成之幣，由臣部隨時派員抽驗，如所差之數過於奏定公差，即由臣部分别奏明議處，以重幣制。

附清單二

謹將試鑄通用銀幣四種，恭呈御覽。

一圓銀幣四百枚。每匣一百枚，計裝四匣。

五角銀幣四百枚。每匣一百枚，計裝四匣。

二角銀幣四百枚。每匣二百枚，計裝二匣。

一角銀幣四百枚。每匣二百枚，計裝二匣。

以上共計十二匣。

《清代檔案史料叢編》卷一一《袁世凱爲録送會奏銀幣摺稿事致張之洞等電光緒三十三年七月十一日》〔急〕武昌張中堂、南京端制臺、盛京徐制臺：洪。會奏銀幣稿擬就如下：

奏爲部議試爲通用銀幣不無窒礙，擬請敕下度支部從長計議，另定分量成色，以昭幣制而正國法，恭摺會陳仰祈聖鑒事。

竊臣等前准度支部咨開，本部奏請試鑄通用銀幣一摺，於光緒三十三年三月二十八日具奏，奉旨：依議。欽此。相應刷印原奏，恭録諭旨，咨行欽遵查照。等因前來。

臣等查閲原奏，互相籌商，迭加討論。竊以爲法必規諸遠大，事無憚其繁難。偏見者取便一時，而苟簡適以滋後患。深識者綜籌全局，而得失乃有所折衷。即如此次部議試鑄銀幣，其重量主用七錢二分。臣等詎不知此項幣式，中國商埠沿用稍久，習慣不驚，仿而行之，自易爲力，顧於事雖較易，而爲法則已非，且其弊又甚巨。何以言之？蓋既制爲國幣，必當熟權統計，有昭示中外之宏規，而未可苟且補苴，爲塗飾目前之政策已也。

夫創修幣制，本爲一國自有之特權。而審定分量之重輕與夫成色之高下，須適合乎至當不易之準則，而不必有依附摹擬之見存。中國向係用銀之國，從前幣制未立，僅用生銀，官民出納，皆以兩錢分釐計算。海通以來，墨西哥之鷹洋乘間流入，自通商口岸逐漸灌輸於内地，以彼低潮之成色，易我純足之寶銀，虧耗無形，歲糜千萬。近年各省自造龍圓，借爲抵制，而仍以墨圓七錢二分之重量爲準，此僅可謂仿造銀圓，而不得爲制定國幣。臣世凱、臣之洞向主造一兩重銀幣之議，前年財政處會同户部奏定鑄造重庫平一兩銀幣，定爲本位，更鑄五錢、二錢、一錢三種銀幣，與現鑄之銅圓、舊有之制錢相輔而行，公私收發款項一律行用，洵足以垂定制而昭大信。兹准部議酌定銀幣分量，仍改從七錢二分之制，在部臣不憚遲回審慎，一再改良。按原奏所稱，係爲利推行而期畫一起見。其用意固未可厚非。然臣等吶鶩過慮，竊恐推行未必盡利，而弊害已伏其中，畫一更屬難期，而紛擾且因而起，有不得不縷晰陳之者：

查各國貨幣自有制度，如英之先零，俄之盧布，德之馬克，法之佛郎，美之蘇臘，日本之金銀圓，並適其宜，各不相襲。中國制定國幣，乃務爲簡易，沿用外人之程式，坐昧經國之遠圖。如幣制何？如政權何？害一。

中國用銀向以兩計，今制爲七錢二分之銀幣，將廢兩不用耶？勢必不能。將用圓而仍存兩耶？何名畫一，徒滋人疑，莫定民志，而將來實行商約，仍難免於更張。害二。

既名國幣，各庫自應收放。如仍按兩折合，則畸輕畸重，弊混叢生，斷難一律。而胥吏駔儈益得因緣爲姦，是謂病民。如徑按圓收納，則一切應收官項，公家喫虧甚巨，是謂病國。害三。

中國惟無幣制，故墨圓得以侵入。今鑄造銀幣，而分量輕重悉視墨圓，非特無以示抵制，且不啻招其浸灌而助之推廣也。害四。

有此四害，則七錢二分之幣，是遷就之法而絶非久遠之謨，是沿襲之爲而並非規定之制，上損國體，下失民信，內便中飽，外長漏卮，全局通籌，未見其可。

竊謂宜仍用前年財政處、户部奏定一兩重量，庶以正圜法而昭幣制。顧主七錢二分之説者，每謂一兩之未易行，其論多端，大要不外二者：一謂七錢二分便於商民，而一兩不便於商民；一謂七錢二分便於與外國交涉，而一兩不便於與外國交涉。臣等請再陳之：

查墨圓之所以能行於中國者，以我國初無銀幣，自易輸入，非因其輕重之適宜也。即如俄之盧布行於東三省，印度之羅批行於西藏，分量又各不同，是其明證。況墨圓僅行於通商口岸及東南各省，其内地及西北各省，率皆習用生銀。恐墨圓不敵生銀百分之一，烏得執一隅以概全局？且民間應納丁漕釐税，定例悉以兩計，與其用畸零之圓而折合兑交，何如用整齊之兩而簡捷完解？其不及一兩者，即有找補，亦較省事。此一兩之便於商民者也。

中國與外國款項交涉，進款以洋税爲大宗，而海關歲收三四千萬，皆以兩計。況釐定國幣，訂在商約，外國商民悉應遵用。今定爲庫平一兩之銀幣，其餘各平，將來必應盡廢。雖納關税者一時尚用關平核計，然以庫平一兩之幣折合關平之銀，較之以七錢二分之圓折合關平之銀，亦爲便利。出款以賠款爲大宗，而公約所定四百五十兆亦以兩計，且以銀折合金磅，價已有虧累之時，若再以七錢二分合算，則恐更有虧折。此一兩之便於與外國交涉者也。

以彼四害，行此兩便，則國幣宜用一兩之制，自無疑義。若部議所謂大小輕重易於攜帶之説，則自兩以下有五錢、二錢、一錢，其重量皆較七錢二分輕便。蓋有一兩以爲本位之幣，又有五錢、二錢、一錢以爲輔助之幣，自可暢行無阻。

部議又謂：七錢二分之銀圓，用以折合銀幣、制錢，易於操縱。如大銀幣一圓折合七分二釐之小銀幣十角，小銀幣一角折合十文之銅幣十枚，銅幣一枚折合制錢十文，均以十進位。而一兩銀幣重量不同，多以爲不便行用。等語。其説甚辯。不知銀幣無論如何制定，皆不能舉銅幣、制錢而廢去之。銀幣以一兩爲主達於一錢爲止，猶之小圓達於一角爲止，自錢、角下仍有銅幣、制錢交資並濟，又何不便之有？今試以一兩新幣姑照制錢一千五百文定價，實合十文之銅幣一百五十枚。其五錢者合七十五枚，二錢者合七十枚，一錢者合十五枚。再等而下之，一分應合制錢十五文，一釐應合制錢一文半。夫一文有半，似近破碎矣，然勢非得已也。若必有整無碎，則部奏所謂均以十進位者，其小銀幣一角當以十分計算，而不當用七分二釐，其大銀幣一元，當以十錢計算，而不當用七錢二分。是破碎之咎，此僅屬找付之細，彼且占正位之中，果孰得而孰失也？況中國用銀之地，究較多於用圓之地，若如部議，則向係專用銀兩未通銀圓之處，其於銅幣制錢遂無折合之時耶。即謂折合多不畫一，試問通行銀圓各省，其折合果已畫一否耶？且制爲一兩銀幣，正因其數目分明，可免挑剔，平色之幣，固自爲整頓畫一計也。

部議又謂：東西國幣形式重量大半相類，墨國新幣值當美幣一托臘之半，今中國從七錢二分之制，重適相等。將來與各國比例固易折算，不知各國幣制重量實多懸殊。姑就日本言之。日金一圓，約可抵美之半弗，德之半馬克，俄之一盧布，尚屬相類也。然以例法之佛郎，則僅抵十之四矣。以合英磅，且僅抵十之一矣。重量參差如此，尚謂之大半相類耶？故隨人步足，良可不必。至於一兩之視七錢二分折算，孰爲難易，更無俟煩言而解。

部議又謂：鄂鑄一兩銀幣未甚行用，已收回熔毁。所言實未盡符合。臣之洞查鄂鑄一兩銀幣，本省通行，前已發出七十餘萬，不惟藩庫收發，商民信用，即江漢關税亦按庫平足紋一律收納，此爲行銷明徵。嗣因部文改鑄一兩零六分者，不得不將舊鑄陸續收回，然至今尚有十餘萬散在民間。此乃迫於部章，並非鄂省自願銷燬，部臣原奏未免誤會。

夫重量既審，則成色宜定。竊謂此次創定國幣，必須力求完備，毫髮無憾，無往不宜，無施不可，方爲盡美。前年部定成色係用九六，或謂宜用九八，然皆非足色。既非足色，則本國上下出納已有不便，若買磅還債，洋人必仍按其成色計算，不肯認爲足銀。既以銀爲本位，則所鑄國幣必使中外同認，毫無貼補，以後一切有關幣制本位等事方能施措□宜。故重量必以一兩爲歸，成色尤必以十足爲準。然足色純銀質軟，易敝。考日本鑄造金圓表，凡值銀十圓者，其金圓重二錢二分二釐，其中足金實有二錢，蓋將其銅料雜質二成扣除不計，仍作足金二錢計算，故能通行無滯。英人言英國金磅亦僅計足金之數，他國亦然。各國鑄幣辦法既大略相同，我斷不能不一律照辦。近由鄂省詳加化驗試造，若每一枚用足銀一兩加入雜質三分，共重庫平一兩零三分，銀質並不嫌軟，聲音亦甚清亮。至於工火虧耗，計每銀幣一萬兩，須折耗二百兩零，盡可參鑄各種小幣，以爲補助。惟小幣須定爲足銀九成，限定鑄數不得過大幣十分之一，方能通行。價值照大幣一律遞算，不准抑壓小幣，一萬兩可得盈餘四五百兩，約可抵補十之二三。再有折耗爲數無多，而保國權，利民用，自有無形大利，固不若市儈之操奇贏逐什一也。且銀幣保則紙幣行，中外誠信相孚，其大利所在，尤不争此區區之盈絀。

或者謂：中國寶銀本無足色，只在九八、九九之間，苟鑄十足，受虧太巨，且恐洋商收我十足，而以寶銀抵我盤剥，或熔化牟利。此說似是，而實亦不盡然。查中國寶銀例有庫寶、市寶之分，庫寶即兑藩庫解京餉之寶，均係庫平庫色，各省皆同。雖中國化驗未精，大致無甚歧異。市寶即各埠行用之寶，成色不一，如遇兑交庫款，均須按各埠行用成色，補足庫寶成色。今擬鑄庫平庫色一兩銀幣，即現在之庫平庫色一兩足銀，除官鑄庫寶始準與新鑄一兩十足銀幣平均兑换外，其各埠市面行用寶銀，以及生銀錠塊，並外來銀條，均須按照成色申補，各不相混。既不能抵换盤剥，更不能熔化牟利，此理較然甚明，無所謂受虧太巨也。

幣制關係重大，不厭詳求，臣等往返電商，均主一兩之議。臣端方前此詢謀南省紳商，曾以七錢二分爲便。兹准臣世凱、臣之洞所議統籌辦法，意見相同。至十足之議，查前年鄂省奏鑄仍係九成紋銀，未經議及足色。此次世凱初電，亦擬用九八成色。今經公同商酌，反復研究，考諸商論，揆諸洋情，仍以足色爲最善，是以擇善而從，均不敢拘泥前說。所有鑄造銀幣宜用一兩重量，十足成色，臣等爲昭幣制，正圜法起見，究應如何折衷至當之處，應請旨敕下度支部核議施行。謹合詞恭摺縷陳，伏乞皇太后、皇上聖鑒訓示。

再，此摺係由臣世凱主稿，合併陳明。謹奏。云。

祈斧（政）〔正〕示復，以便繕奏。凱。真。

《清代檔案史料叢編》卷一一《袁世凱為各省小幣應減成色事致張之洞等電光緒三十三年七月十六日》 武昌張中堂、南京端制臺：洪。鄂咸電悉。列銜一節，香相一再諄命，自當遵辦。頃接菊帥電疏稿，尚有略須商酌之處。各省小幣係補助貨〔幣〕，本可減成。惟目前財政機關未備，先以商民信用爲主。若明定九成，恐民間行用仍不免折扣抑壓之弊，馴致摇動本位，不無可慮。似應仍用足色，以便通行。又今擬鑄庫平庫色一兩銀幣，准與前之官鑄庫寶平均兑换，恐公家喫虧過甚。按照庫鑄最高之寶銀，不過九八、九九，若准均平兑换，市儈必取巧，終日以庫寶兑换庫圓。查中國寶銀既無十足，從前各省解款雖有補成之說，不過胥吏緣以爲姦，實則官鑄寶銀亦非十成足色。鄙意宜與各埠通行寶銀，以及生銀塊錠，外來銀條，按照市價分別申補成色。且既鑄新幣，即當禁絶舊式，若官鑄寶銀與新幣平均兑换，是仍得通行無滯，於新幣大有阻礙。此中總宜稍示區別，方可維持不敝云。祈速核復，再繕定奏稿。凱。銑。

《清代檔案史料叢編》卷一一《端方為同意小幣全用足色事致袁世凱電光緒三十三年七月十八日》 天津袁宫保鑒：洪。真、銑電均悉。奏稿體大思精，菊帥所商小幣全用足色一層，尤爲周密。各國補助幣皆不用足色者，以行用有限制，國庫包兑换，故能信用通行。中國地大權分，政令不一，恐尚未能取信，即不免折扣抑壓之弊，不能無動摇本位之慮。不如一律足色爲妥。如慮小幣工本虧折，或二錢一錢之幣用九成，而官包兑换，仍照菊帥前電多鑄足色五錢之幣，與一兩並行。緣一兩幣重，五錢較輕，便於行用，必用足色，乃能與一兩相輔通行也。至無論官鑄寶銀及通行各銀，其按實在成色，分別申補，更屬核實。此兩端皆合鄙意，請俟香相復到，即查照核定，挈銜拜發爲幸。嘯。印。

《清代檔案史料叢編》卷一一《袁世凱為論幣制摺稿酌議一段事致端方電光緒三十三年七月二十日》 〔至急〕南京端制臺鑒：洪。嘯電悉。遵將原擬摺稿，聲音亦甚清亮之下，幣制關係重大之上，酌易一段。其文如下：

至於工火虧耗，計每銀幣一萬兩，須折耗二百兩零，其數不爲不巨。然臣等聞東西洋商之善於懋遷，精於會計者，率多深謀遠慮，不務小利近功。雖營業之初，屢經折耗，糜財無算，而彼明知大利在後，輒不憚投擲資本，甘心受虧。久之成效昭然，非但恢母金，并且增益巨産，由所見大而所持堅也。貿易者尚如此，况於謀國計乎？此次宗旨專爲創定幣制，改正圜法，齊一民聽，保存國權，大利自在無形之中，固不若尋常市儈之徒操奇贏而逐什一，雖極知其虧耗，猶毅然而爲之。且銀幣信則紙幣行，中外誠信相孚，其大利所存，收效尤遠，何争此一時盈絀？或謂須參鑄各種小幣，均定爲足銀九成，藉資補助，此已將小幣成色擡高，用意至爲矜慎。然按此計之，小幣一萬兩均可得盈餘四五百兩，而大幣每萬兩須虧至二百兩有奇，且小幣尚須限定鑄數，恒不得過大幣十分之一，則此區區盈餘，不過僅能抵補十之二三。此外折耗尚多，仍難彌補，似不如均用足色，則絲毫不失信用，而遐邇更易普通。今日固屬便民，異日止以利國。迨民信既久，將來酌劑盈虛之道，操縱仍在國家，尚何復折耗之足患？惟查各國補助幣皆無用足色者，以其行用有限制，國庫包兑換，故舉國皆信從而後行之。中國地廣權分，政令未一，而財政機關尤屬未備，此事首以取信商民爲主。若小幣減成，民不見信，恐仍不免折扣抑壓之弊，即不能無動摇本位之慮。故無論大小各幣，均以一律足色爲宜。如慮小幣工本復巨，非但無盈餘可得，而且有虧折堪虞，則萬不得已，或於二錢、一錢之幣參用九成，而由公家包爲兑換。至五錢之幣，較一兩爲輕，便於行用，必須十足成色，且須多爲鑄造，俾與一兩並行，庶可相維不敝。或又謂國力未裕，鑄本尚難籌添，折耗更浮何堪？不知規遠大之圖者，即不應憚煩難之舉，臣等固已言之矣。合全力以經營，或衆擎而易舉。即謂現在財政困難，然部議試鑄之幣似必須迅速停罷，則此等正當幣制以後尚有推行之時，若必仿造七錢二分之洋圓，究於幣制名義胡涉？且於推行阻礙甚多，恐如所謂非徒無益而又害之者也。

或又謂中國寶銀本無足色，只在九八、九之間，苟鑄十足，損失必多，且恐洋商收我新幣，而以寶銀抵換盤剥，或熔化牟利。此説亦不爲無見。查中國寶銀原有庫寶、市寶之分，庫寶即兑藩庫解京餉之寶，市寶即各埠行用之寶。庫寶雖名爲庫平庫色，而已非真正十足。市寶凡成色不一。如遇兑交庫款，例皆以庫平庫色爲衡，其非庫寶者，均須按各埠行用成色，補足庫寶成色。實則吏胥高下其手，頗滋弊竇。今擬鑄庫平庫色一兩銀幣，確係真正十足，除將來專行（肢）〔紙〕幣，凡各項紋銀均須逐漸禁絶外，現在兑換新鑄十足之銀幣，無論官鑄庫寶及各埠市面行用寶銀，以逮生銀錠塊並外來銀條，在鏹按照真正十足成色分别申補，各不相混。既不能抵換盤剥，更不能熔化牟利，此理較然甚明，固無容慮其損失也云。

祈速核復，以便將奏稿即日會銜繕發。立盼，立盼。凱。咢。

《清代檔案史料叢編》卷一一《袁世凱為參鑄小幣成色仍須十足事致張之洞等電光緒三十三年七月二十三日》 武昌張中堂、南京端制臺鑒：洪。鄂、寧箇電均悉。正在遵將摺稿繕發，頃接菊帥電稱：此次新鑄銀幣，首以取信於民爲要義，若以九成之一錢、二錢抵補一兩半兩之虧耗，必多流弊，似非完美辦法。總之，新圓不過定爲國幣之本位，民間一信用，自然暢銷紙幣，不必盡用銀圓。此項目前耗虧不足計較，且有銅圓相輔而行。一錢、二錢者不宜多，或只鑄百分之一以爲輔助，然成色仍須用十足，方昭大信，且免私鑄，尤省折扣兑換，希裁定入奏。等語。茲事體大，研求討論不厭精詳，好在香相行將北上，擬俟面商妥協後，再行電商午帥並菊帥會奏。凱。漾。

《清代檔案史料叢編》卷一一《張之洞為小元幣制事致袁世凱等電光緒三十三年七月二十七日》 北京袁宮保、南京端制臺：洪。漾電悉。菊帥之論甚醒透，一錢、二錢小幣亦宜足色，及止鑄百分之一兩節，最爲老到。蓋小元用足色，雖非外國通例，然中國習氣較深，法律較疏，留一分之孔隙，即必生三四分之流弊。若準減成色，必致額外多鑄圖利，斷非定章所能限也。總之，大利在紙幣不在小圓。鄙人向來論理財以先賠錢爲主義，特不敢明言，恐招當代會計家之呵罵。菊帥既亦如此説，請慰帥即照改定議，或即繕發，或俟鄙人到京面商，均無不可，統聽慰帥裁酌。洞。沁。

《清代檔案史料叢編》卷一一《端方為贊同小幣全用足色事致張之洞電光緒三十三年七月二十八日》 武昌張中堂鑒：洪。沁電悉。一錢、二錢之幣全用足色，實屬顛撲不破辦法，悉聽公與慰帥主持繕發。勘。印。

《清代檔案史料叢編》卷一一《電諭各省督撫速將幣制及成色事並案議復光緒三十三年十二月初二日》 天津制臺、武昌制臺、廣東制臺、福州制臺、雲南制臺、蘭州制臺、成都制臺、濟南撫臺、太原撫臺、開封撫臺、西安撫臺、迪化撫臺、蘇州撫臺、杭州撫臺、長沙撫臺、貴陽撫臺、廣西撫臺、南昌撫臺、安慶撫臺、盛京制臺撫臺、吉林撫臺、齊齊哈爾撫臺：

奉旨：前經降旨，飭議幣制。近日諸臣條議，有謂若鑄十成一兩、五錢兩種之銀圓，其雜質工耗虧賠甚巨，宜照減成鑄造，以免虧折。又有謂既以一兩、五錢兩種銀圓爲主幣，必須十成足色，商民出納方能簡易無弊，於交涉款項亦免折算受虧。盡可搭鑄九成之一錢、五分兩種小圓，以其所餘補主幣工耗之虧，不患不敷彌補。果能主幣流通，中外信用，自可暢行紙幣，以資周轉。統計有盈無絀，且國家財政計畫要在便商便民，貴在收永久之效，不宜圖目前有形之利。等語。二説孰是，著即遵照前旨速即並案議復。欽此。樞。冬。

《清代檔案史料叢編》卷一一《李本銘議幣制文光緒三十四年》

潮州府海陽縣知縣李本銘議：

竊維五洲通商以來，情勢日異，世界皆趨於大同。時會相乘，自無長此不變之局。如幣制一事，環球各國皆用金本位，中國特用銀本位，以情勢論之，自不能不變而用金。查用銀之國改用金幣者始於德，繼於日。兩國皆以戰勝之餘，得賠款巨金，遂以改用。我國現無如此巨款，惟有虚定金本位，而以銀代之。上年在廷諸大臣業經定議具奏矣。惟持用一兩爲一圓與用七錢二分爲一圓猶未折衷一是。其持七錢二分爲一圓者，謂自墨銀流入中國已歷數十年，由通商口岸以至内地無不通用，近年各省鑄造龍圓亦莫不以七錢二分爲凖，人情以習慣成自然，順民所習，則事輕而易舉，且七錢二分價近千錢，子母相權，進位亦較爲直捷，似以仍舊貫爲便。其持一兩爲一圓者，則謂國體宜求獨立，不可棄主權以從人，况公私出入之數亦無不以兩合錢，若悉改爲圓，則卷尾抹零轉滋紛擾，即各國交際之間，洋款則以銀兩折還，關税亦以庫平申算，洋商貿易概合銀盤，磅價盈虧亦依銀市，且湖北、新疆等省業經鑄造一兩銀幣，行之數年，並無窒礙，似宜一律推行爲便。

竊維貨幣之行，不徒爲國家制用之端，實乃修信之道，無論持一兩爲一圓，持七錢二分爲一圓，要皆以成色重量劃一不二爲主。其成色不必高於洋幣，惟審定之後必須通國一律，不得稍有低昂。其重量既於表面鑄明，亦不得稍有輕減。如此，則與洋幣相較，不至退讓，自無貼水補平之事。尤必通飭各行省，凡有完糧納税各公項，一概徵收中國大小銀幣，不用洋圓，各省所鑄一律通用，不分畛域，不許抑勒補水，使商民信用，永遠推行，一洗從前顛倒紊亂之弊，庶足以利國而便民。將來國庫充盈，然後實行金本位，以與環球各國共趨於大同富强之基，此其一端乎。

《清代檔案史料叢編》卷一一《李積穠議幣制改革辦法文光緒三十四年》

欽州直隸州知州李積穠議：

我國圜法之壞，不自今日始矣。往者讀財政處、户部會奏整頓圜法一摺，及財政處條奏酌擬鑄造銀幣分兩成色並行用章程，其大略均以劃一幣制，定凖分量成色，使全國一律流通。其用意不可謂不善。但卑職所不解者，財政處、户部會奏之摺，既謂查中國鑄造銀圓始於廣東，意在抵制洋圓，兼以補制錢之不足，惟以所鑄銀圓規模絶異，成色分量又不免各有參差，以致民間顯分畛域，此省所鑄往往不能行於彼省，仍不如墨西哥銀圓之南北通行。是鑄造銀圓明明足以抵制洋圓，爲大部所知者也。特所嫌者，其形式既省與省異，而分量成色又復參差不齊，以此信用不能發達，遂不能如墨西哥銀圓之一律通行。其得失比例顯而易見，乃財政處奏酌擬鑄造銀幣章程十條，則以鑄造庫平一兩之銀幣定本位，豈不大相矛盾？

不知通商以來，南北各省習用外洋銀圓者爲本多數，若一旦改造一兩重之銀幣，不僅不能抵制外洋銀圓之輸入，且以創敵因勢，必爲歐銀所役使，而於貨幣前途流弊滋大。其不可行者一也。

查我國自粤東創鑄銀圓，江、鄂、直、閩各省相繼競起，至今已歷十餘年，所鑄之圓，散布流通，不下萬萬。且東西各國銀圓之輸入，尚不可數計。若如財政處所議，將外國銀圓以及以前各省所鑄之龍紋，均由官局一律收回更鑄，吾恐國家未必有此巨款，縱有此款，當此國權未張之時，禁絶洋銀一層，亦恐力難做到。其不可行者二也。

今各國紙幣皆凖以銀圓，即粤、鄂現行紙幣，亦分爲一圓、五圓、十圓三種，交易之際咸稱利便，且足與外洋紙幣互相頡（頏）〔頏〕，行用既久，未嘗不可以挽回外溢之利權。若改用新式銀幣，則以一兩、五錢、二錢、一錢核算，於中外紙幣兑换實形不便。其不可行者三也。

論貨幣性質，用純金純銀，則性多柔軟，必略攙銅幣使得堅硬，而免磨損。故各國幣制皆於百分之中和銅數分，其數尚未劃一。若將來貨幣同盟日益關切，則必有各國通爲一律之時。今財政處奏定章程内稱：每圓用化净純銀九錢六分，配合净銅一錢，定爲庫平足式銀一兩；其次用庫平純銀四錢五分，配合净銅五分，定爲庫平足色銀五錢；又次用庫平純銀一錢七分，配合净銅三分，定爲庫平足色銀二錢；最少用庫平純銀八分五釐，配合净銅一分五釐，定爲庫平足色銀一錢。是以成色論既不能如外國銀圓之高，以信用論自不能如外國銀圓之有價。其不可行者四也。

夫國家欲整頓圜法，而關於貨幣之職務尚未能完全，是整頓之與不整頓相去幾何？且政府此次整頓之目的，爲内部計，固冀其裕國便民，爲外部計，尤冀其與萬國圜法劃一，而後商約易於訂定，商務易於維持，此其最要者也。查財政處、户部會奏，明謂與各國新訂商約已有立定一律國幣之條，若任各省自爲風氣，恐於劃一幣制之意去之愈遠，是以制定國幣爲與商約極有密切之關係者也。乃財政處奏擬鑄造銀幣章程一摺，則有謂從前各省所鑄銀圓成色分量均仿墨西哥，係屬一時權宜，未可垂爲定制。詳考各國國幣，如英之先令，俄之盧布，德之馬克，法之佛郎，以及美、日之金圓，皆各行其國之所宜，彼此未嘗沿襲。中國丁漕租稅徵收多用庫平，民間銀兩往來亦均以兩錢分釐核算。竊以爲欲定國幣之制，似可即照庫平一兩，精其鑄造，足其成色。尤要在户部京餉首先收受。部庫既收，各省藩庫即無不收。部庫藩庫既收，則州縣徵收錢糧及一切公款自無不收之理。是據此則只知國幣不相沿襲而已，不知有萬國圜法劃一之議者也，只知丁漕租稅但求合於公家而已，不知中外互市商民仍有補貼圜水之虧者也。

昔美人精琦氏嘗謂，欲應中國所請而求最善之策，當會同中國辦理各事，務出萬全。大要在改新圜法，而使銀價交易，必以有定之金價爲依據。善哉言乎。蓋中國現時程度既不能以金幣爲本位，而所借各債及昔年賠款，則又俱以金磅計算，外人預料還時金價必騰，故争以債借之。借時價低，還時價漲，非但明出利息，又須暗吃磅虧。故精琦氏謂，觀察現象，莫如虚懸一金本位額，而市上仍用銀合金價計算。其説爲各國有識之學者默認，惜吾政府不能采用。於是近數月來，又有鑄行金幣之説。夫世界各國既皆用金，則不用金之國其受害自不待言。但以中國經濟之現象，尚不足語於金本位，與其東施傚顰，令經濟上生非常之困難，曷若虚懸一金本位額，以俟諸異日。而惟於現時之所急者，兢兢致意，則有數事：一曰統查全國貨幣流通額應需若干，以酌鑄造出納之數；二曰收回紋銀一律改鑄銀圓及雙單銀角，以期抵制外洋銀圓；三曰提高成色，定準分量，務求全國一律；四曰丁漕租稅，一切公款，皆改收銀圓，如昔準紋銀一兩者合折收銀圓若干，將原有傾銷火耗等費概行豁免；五曰虚懸一金本位額，而市上仍用銀合金價計算；六曰推廣官銀行，發行紙幣，其形式略仿歐制，以期補塞漏卮；七曰配鑄銅圓制錢，以爲銀圓之輔，俾得找換流通。夫如是，則磅價既均，市面自平，按之通商裕國便民，在在皆爲適協，即外來貨幣亦足以互相抵制，而不致權操於人，我甘其弊矣。

所擬是否有當，伏乞采擇施行。

《清代檔案史料叢編》卷一一《崔炳炎議幣制事宜文光緒三十四年》

潮陽縣知縣崔炳文議：

中國自古雖三品並行，而圜法實維銅鑄。泰西則多鑄金錢，與銀銅相權。英吉利始鑄金磅，每磅值銀錢名先令者二十一，值銅錢名便士者十二，實利用金本位，亦曰單本位。金本位者，以金爲通行幣，過二十先令例用金，不準用銀，斯密亞丹《原富》所謂法價是也。自泰西自由貿易，與各國貨幣交換，互相流通，金錢遂握環球貨幣輕重之柄。各國審明重可馭輕，輕不可馭重，以故美、法、俄、德、意、奥、日本無不踵而行之，除中國、越南外，殆無專用銀者。中國向無銀圓，嘉慶間，美洲墨西哥銀錢盛行海疆，厥後吕宋、日本踵至，以九成之銀圓易十成之銀塊，暗中既已受虧。自海國不靖，賠洋款，借外債，皆以現銀易彼金磅，彼族操其漲落，擡價居奇，折虧每不可數計。近因受洋債金磅折虧甚巨，紛然以鑄金抵制爲言。鑄金誠至當矣，但今日中國有數難焉：

一、中國素少藏金，又金礦利未大開；二、既無金，必廣收之外洋，金必大貴；三、勉鑄若干金幣，不足供數日之用，欲續鑄則不能，仍用銀則不可；四、洋商設法收取，數日即可售賣。此鑄之難也。

一、錢肆之阻格；二、錢肆高價值；三、姦商屯積居奇；四、西人不肯信用。此行之難也。

故論中國近日資格與其儲備，均未便輕於學步，以滋擾亂。中國向來以銅爲本位，近宜進爲銀本位，且用銀幣亦非無利。惟銀賤，故出口貨以價賤而易售；惟金貴，故進口貨以價貴而滯銷。果改良工商實業，足與洋貨敵，雖銀圓未始無利，若今各省鑄幣模範重量不歸劃一，故各省難於流通。夫銀塊與銀幣勢不並行，欲多鑄銀圓，勢必不能統於一局，分則重量與糁和或不能一致，固已是有監督之道焉。法以每省每次所鑄銀圓，標明時日，任取其一歳之彙解京局，使化學師化分，驗其偷減與否，有則罪之，執行堅定，則不一之弊可除。又查中國之幣，患錢肆足以轉移官府，官府不能轉移錢肆。轉移非可强迫，在信而已。幣制既劃一，無論何省銀圓，官款一律收用，則錢肆自難操其漲落，市廛交易庶免挑剔。若官府先有差別，又何怪市廛准此行之？英洋信用，或未必加於龍圓也。粤東銀毫換大圓固須貼水銀紙或否，是仍在轉移之而已。至一兩一圓之議論，重量既不便利，與外來洋圓又致參差，洋圓不能禁其不輸入，則一兩之銀圓恐未如洋圓之利用也。世益趨於輕便，故大洋不如銀毫，銀毫又不如銀紙。聞近來日本政府盡取舊日所鑄之大圓改鑄銀毫，或亦持此議乎。

《清代檔案史料叢編》卷一一《李光疇議幣制事宜文光緒三十四年》

會同縣知縣李光疇議：

嘗論貨幣之於世，猶水之在地乎。平洋之際，經旬大雨，水未見略漲，數月不雨，水未見其略消，所以然者，因其平而通也。惟其能通，故能以彼之有餘，補此之不足，其分補之速率，與電光同度，故無有見其漲消也。而山澤之地則不然，數日之雨，溪水暴漲，數日不雨，其水頓涸，所以然者，因其險而阻也。惟其多阻，故有餘不足，均堪爲患。貨幣亦猶是也。水陸交通之國，貨幣之價罕有漲落，即或漲落，亦必通國一致。故銀之視金，銅之視銀，其相去之價，通國常有一定之例。國家製幣，因其定而爲之，則準以若干枚之銅圓易一銀，又準以若干枚之銀圓易一金，其相去之率，常合乎金銀銅相去之原價，民間用之，通國一律，何有所謂補貼者乎？而中國現未能也。乾嘉之間，中國銅幣充物內地者已二百年，邇者外洋之銀流入中國，漸運制錢而去，故通商口岸銀圓多而制錢少；內地諸省鐵軌未通，自鑄銅幣限於一隅，故銀圓少而銅圓多。英儒斯密氏曰：錢幣亦天地間一貨物也，多則供溢於求，欲其價之不賤可得乎？少則供不足以應求，欲其價之不貴可得乎？夫口岸以銅之貴易銀之賤，內地以銅之賤易銀之貴，價之相去遠甚。今欲定其銀銅之幣，準以銅圓若干易銀圓一枚，而又令通國一律，其事可得而行乎？此本位貨幣之所以未可遽定也。

至於以銀易銀，其有補水貼平者，固由於水陸未通、供求各異者半，由於成色高低、質有貴賤者半。然亦有成色本高，而有時爲人所抑，而高者忽低，成色本低，有時爲人所擡，而低者忽高。其高低非由原質不可以持久，然足以使人貴賤其物。譬諸水之於物，輕者浮，重者沉，半輕重者半浮沉，此其理也。然有物以附之，則重者可浮，有物以累之，則輕者亦沉，此其勢也。外國銀圓成色非必盡高，然有時用力擡之，則其價亦能驟起。往者瓊郡米貴，市面法銀之價遽高，細查其故，由米商赴海防購米。海防法界也，非法銀不用，近處法銀搜羅一空，其價之忽漲，何關成色之高低乎？中國龍圓其價素低，然邇者北京用北洋龍圓，其價之高與站人洋等，以京津鐵路運價非此不用也。此非價由人擡之明徵乎？夫擡之可高，即抑之可低。近日各省龍圓之制，大小不一，成色不一。小圓之字業已磨滅，尚未收回重鑄，此已不足令民間信用，而完糧納税，又不限以必用龍圓，此無異抑之使低也。譬諸可浮之木已失所附，而又爲物所累，其欲不沉可得乎？此龍圓與他圓互易，所以不能不貼水補平也。要而言之，鐵軌未通，本位貨幣未可遽定銀銅相易之價，即定之亦不能通行，其必待數年之後，鐵路大通而後可。若夫龍圓之未通行者，以少所附而多所累也。察其附者何在，竭力以圖之，又察其累者何在，竭力以去之，庶乎其可也。

至於製幣之式，或持一兩，或仍七錢二分，均能持之有理。然竊觀中國近日大勢，似不如以七錢二分之爲便。蓋中國龍圓重本七錢二分，行之已久，洋圓之重率亦同，商店貿易，華洋互市，實用財之大宗，無不以七錢二分核算。今忽改易其制，譬諸閉門造車，出而不與人合轍，其惡能推而行之乎？謹議。

《清代檔案史料叢編》卷一一《董崇舒議幣制事宜文光緒三十四年》

瓊州府文昌縣知縣董崇舒議：

以上各條，謹按文昌地方情形，參以省港形勢及全國大局，詳細言之。

查東西洋幣制各有不同。用金爲本位者，我國力有不及。光緒三十三年六月內閣各部院雖有會議行用金幣之奏，然係虛定金本位，識者早決其不行，可無論矣。中國現在情形，惟以銀爲本位，以銅爲輔助品，切莫慕用金之虛名，鑄成大錯。而輔助品之有貼水補平，已成習慣，銀毫成色低減，不得不貼水，而平頭短少，此則幣廠作法自弊也。爲今之計，亟宜補足平頭，革去補平之弊，庶於顛倒紊亂之中，猶可挽回一二。至此省銀幣不能流通於他省，其原因已於第六條答復，無煩贅述。彼東西洋學者論制定本位，貨幣本質重量與表面價值必須相符，即我國所謂本重則私銷、本輕則私鑄之説，又論補助貨幣實價表面雖有差異，不可過甚，即我中國彌補鼓鑄工本之説，非東西洋學者獨得之秘也。至謂補助貨幣價本低廉，姦人無厚利可圖，不致生私鑄之弊，所以不妨差異，此言殊非確論。手摇機器轉捩即成私鑄，成色更低，每毫得錢數十，何云亦無厚利？從前大錢改鑄砂薄，個錢微利，嚴禁尚且無功，何况銀毫？是惟有遵奉新章，嚴施禁令而已。至龍洋換英洋，毫子換大圓，皆須貼水。幣制紊亂，由於内外價值不齊，略論業已著明，何妨改照英洋成色鼓鑄，世不聞有私銷英洋者。特中國幣廠開銷過巨，於是減輕大洋成色，自失其信用耳。

現在度支部整頓圜法，制定本位，有持一兩而爲一圓之議，有仍七錢二分爲一圓之議，持論不決，廣搜見聞，吁度支部早知一兩爲一圓之必不可行。特以此言發自項城，繼之以東三省總督而重違其議，故不能决耳。不然上海商學公會上度支部論鑄銀幣一書，載在丁未商務官報第三十册，議論精深，條理透切，何不采擇而行？從前部議謂各督撫議復主用兩者十一省，主用七錢二分者九省，取三占從二之義，欲定以兩爲圓。不思從前閉關之時，此九省猶是用兩者也。今則非銀圓不行矣。再過數年，恐用圓省分較多於用兩之省，又將奚若？即就目前而論，用圓省分已不能復舊改而用兩，而用兩省分爲銀圓流入且無止期，行見銀圓普遍全國，則以七錢二分爲一圓之説，竟可決然無疑。今若不早體時勢以立言，故爲好高之論，而謂中國用五，外國用六，聚訟紛如，治絲益棼，其流弊可勝道哉。

《清代檔案史料叢編》卷一一《周汝敦議幣制事宜文光緒三十四年》

廣州府番禺縣知縣周汝敦議：

按粤省市面習慣每圓重七錢二分，行用已久，與外國圓毫重量亦同一律，故覺利便。雖商行交易仍以兩錢分釐計算，皆將銀圓銀毫照平，重量無大出入。倘改用一兩銀幣，與舊幣權量固諧，在泥古者亦多贊成，且於賦課租税舊制既得省折算之力，且免平碼輕重之争，惟於蔀屋窮民，爲害良非淺鮮。蓋邇來各省市面暢用圓毫，一食一用皆以毫計，改用一兩銀幣，則平日只須七分二釐者，必加用至一錢矣。方今財盡民窮之會，小民日用無故頓增二八數之開除，窮黎何堪有此耗削？愚昧之見，莫若改用五錢爲成圓之本位，以五分爲一毫，以一錢爲雙毫，以二分五釐爲半毫，惟成色則須較洋毫稍高，方能使商民樂從改用。照此，則民生一面既用重量減輕，得蒙享節省之利益，而徵收賦税只須用二合一，按數照收，亦可免庫吏於平碼上意爲輕重刻剥商民之（幣）〔弊〕，似於國計民生均有裨益。但行用之初，必須仍與七二龍毫並行不悖，俟日久習慣，再行全用銀幣，否則恐民間久慣用銀毫，本省既不製造，則洋毫價值更居奇也。

至龍洋兑換英洋須貼銀水一層，良由銀色實有高低，兼因通商以來，洋貨日行，與洋商交易須用英洋所致。倘能土貨日就精良，土貨之行銷外洋者，我國商賈同心合德，必須用本國銀圓交易，而本國銀圓成色重量亦必認真，無有低欠，方可抵制，否則恐無善法。

至此省銀圓不能行諸他省，或云由於各省商賈交易較少，民智未盡開通，是亦不爲無因，而實因各省鑄局自存私見，不樂他省之圓毫行銷，且成色重量亦各省互異，無一相同，遂致强分畛域。將來改鑄銀圓，模範統由部定，務使各省一律，並於表面不再標明某省所鑄字樣，使其無從區分，或可一律通用也。

是否有當，伏候鈞察。

《清代檔案史料叢編》卷一一《覃壽堃議幣制事宜文光緒三十四年》

新寧縣知縣覃壽堃議：

救弊必在於合籌全局，合籌全局必在於比較人民國勢之程度。中國今日幣制之壞，是有數原因：一由於發行紙幣之無制限也，一由於銅圓私鑄者之多也。然是二者尚曰非銀貨本身之弊也。試以銀貨本位言之。銀貨本位之弊，一在於無一定之度量衡也。庫平與市平不同，各省與各屬之市平又不同，因之而補平之弊生。此其一也。一在於銀貨本質也。用銀圓而準兼用銀兩，是即銀質之弊所由生。銀圓之額面未有小毫大圓相當之定價，是小毫大圓參差之所由生。約而言之，貼水之弊即生於是。此又其一也。一在於中國行政之機關不一，而省界之心太深。奚以言之？中國國立銀行尚在幼稚時代，伴乎銀行之規條又毫無明文，以故驅儈商賈，以意輕重於其間，此又彼省之銀圓不能通用於此省之弊之所由生也。抑又聞之，人民之程度與國勢互爲增進者也。墨銀不僅行用於中國，亦常行用於歐洲，在彼則不苦其侵入，而在我則大受其影響者，彼人民生活之知識高，生活之程度高，以金爲本位，而我以銀爲本位故也。

今欲救正圜法，必除以上數者之弊，是固不待言。然尤有重焉者，即一兩爲一圓，與七錢二分爲一圓之二説也。以一兩爲一圓者，是從用銀兩處而著眼者也。以七錢二分爲一圓者，是從世界而著眼者也。然以蒙意論之，今誠廢用銀兩，專用銀圓，以銀圓規定折算之方法，則必兼收數利。一民間之蓄藏朱提者，必盡出現於市面，而銀圓可以多鑄，是一利也。銀圓以七錢二分計算，姦商狡賈無所用其欺，是二利也。七錢二分較之墨銀雖小參差，尚無過重過輕之弊，而可以抵制之，是三利也。由是觀之，則鑄一兩爲一圓者，不如鑄七錢二分爲一圓之爲得也。

謭陋管見，未敢云當，聊以土塊附泰山，蹄涔注河海耳。謹此議上。

綜述

《大明律》卷七《户律·倉庫·起解金銀足色》 凡收受諸色課程，變賣物貨，起解金銀，須要足色。如成色不及分數，提調官吏、人匠，各笞四十，着落均賠還官。

（明）海瑞《海瑞集》上編《定耗銀告示》 淳安縣爲徵收錢糧事：原本縣各項錢糧耗銀多寡不一，蓋因各上司衙門兑銀輕重不同也。然輕重不同，存乎其人。固有彼一時重，此一時輕者。小民秤納錢糧與各里遞，多是各項總兑。多寡不一，深山窮谷之民，易爲收者所騙矣。況因其輕重不同，朝更暮改，小民豈能遍知。里遞户首因其不知而多收耗例，比比有之。今定自四十一年四月爲始，凡各項錢糧盡是正數，外別加二分作耗，一錢加二釐，一兩加二分，十兩加二錢，一百兩加二兩。此法一立，雖有一項錢糧上司秤兑甚重，一時上司秤兑錢糧甚重，止是將輕者補之。二分之耗，一定不改。甚至不能補者，僉富户里遞領解。蓋二分耗，中數也。兑輕則剩，剩亦不多。兑重則賠，賠亦不多。且兑重係貪污者爲之，此無許多時分，無多項，或補或賠亦易也。外缺官柴薪馬丁齋膳夫，雖是解銀，亦不加耗，蓋數目不多，太甚亦以輕者補。無可補則庫子當之，不增耗，以致事體不一也。爲此示諭里遞人户，凡各項錢糧納者止出二分作耗。收者止取二分作耗，外有多取者，許不時赴縣呈告，以憑重治。

加二分耗錢糧：

一、田地、山塘銀、水夫、馬價、袍服、秋鹽糧、丁田課程、胖襖、淺船、織造料價等項，凡通縣錢糧俱二分加耗。

無耗錢糧：

一、本縣柴薪馬丁、并缺官柴薪馬丁家伙、及縣學齋膳夫、缺官齋膳夫家伙，其本縣均徭，除織造外，其餘俱無耗。

中稱僉富户里長領解庫子當之，甚言其不可增耗，致事不歸一，貪人得緣爲奸爾。其實將輕補重，止有餘剩，決無不足，至累領解之人。餘剩耗銀，代充消乏圖分虛税錢糧。議見户屬。

（明）海瑞《海瑞集》上編《禁約》 節次告示，俱撮其要於後，以便小民遵守。

一、通縣諸色錢糧，每正銀一兩，只許加收二分銀爲耗。一兩二分，十兩二錢，百兩二兩，秋鹽糧納銀亦照此收耗。

一、均徭，凡本縣柴薪、馬丁、家伙、齋膳夫、分憲司府館三壇門子舖兵七十三名俱無耗，惟織造每兩加耗二分與收錢糧同。

一、禁甲首不許與里長户輪當里長。每一官丁許出銀三分與里長以償應役之勞。仍舊多取應卯銀者，甲首不時首告。

一、禁里長户不許分日輪當里長。止許論丁田分管錢糧事務。錢糧數多者數人分遞年管，數少者一人管或兼管。

一、農桑絹於夏絹內帶徵，不許該催里長并催甲更有出辦。每疋帶徵農桑絹六寸五釐零，連車墊共銀一分八釐零。

一、禁催甲不許出酒席絹匣鎖鑰布袋銀與糧長，不許起科竹木銀并常例送官吏。

一、禁編審均徭審見役丁田里遞不許科斂常例送官吏書手門皂。

一、禁各圖酒舖不許賣酒，改賣飯。將酒器送縣鎔毁，領回改造飯鏇。

一、民壯凡解府過京者僉殷實富户。其餘每名壹全年只許收七兩二錢爲工食。其有在府團操并台州等處征守者，止是將在縣民壯工食扣補，量遠近勞逸每名或抽一兩二兩津貼，不許再於正户身上加取。七兩二錢除温州海防在外。

一、丁田銀凡淺船、顏料、皮張等項，凡屬工房三辦，加派錢糧俱盡在内，以外更無錢糧。節年多寡畧不同，小民不能盡知。無閏月年止納銀五錢七分，有閏年止納銀五錢九分，與里遞便是。

一、凡典借銀穀多取利息者，許被害人告治。荒年借貸，尤不宜多取利。

一、凡原逃流今新復業人户，准免本身差役，三年後生理完足，方行科派。終身免其代陪虛税錢糧。

一、秋糧止納折色，每石該銀二錢五分正。納司廣二項米，每石該銀五錢八分二釐零。三項總納每石該銀五錢八釐零，鹽糧照時價納。

一、田地傍有樹木遮蔽田禾者，即令砍去枝葉幹。甚者連樹砍伐。

（明）徐學聚《國朝典彙》卷一〇一《户部・倉儲》 嘉靖八年二月，户部尚書王瓊應詔陳六事。一謂太倉庫貯低銀四萬四千餘兩，恐歲久生弊，當給爲巡捕官軍草料。其銀照成色遞加。一謂各處解到庫銀，率多細碎，易起盜端。乞行各府州縣，今後務將成錠起解，並紀年月及官吏銀匠姓名。附《庫貯》。

永樂二十二年十月，仁宗革户部及南京户部行用庫。初，建行用庫市民間金銀。至是罷市革之。

（明）謝肇淛《五雜俎》卷一二《物部四》 今天下交易所通行者，錢與銀耳。用錢便於貧民，然所聚之處，人多以賭廢業。京師水衡日鑄十餘萬錢，所行不過北至盧龍、南至德州，方二千餘里耳，而錢不加多，何也？山東銀錢雜用，其錢皆用宋年號者，每二可當新錢之一，而新錢廢不用。然宋錢無鑄者，多從土中掘出之，所得幾何？終歲用之而錢亦不加少，又何也？南都雖鑄錢而不甚多，其錢差薄於京師者，而民間或有私鑄之盜。閩、廣絶不用錢，而用銀低假，市肆作姦，尤可恨也。

滇人以貝代錢，每十貝當一錢，貧民誠便。然白金一兩當得貝一萬枚，擕者不亦難乎？且易破碎，非如錢之可復鑄也。宋元用鈔，尤極不便，雨浥、鼠齧即成烏有，懷中稾底皆致磨滅，人惟日日作守鈔奴耳。夫銀錢之所以便者，水火不毀，蟲鼠不侵，流轉萬端，復歸本質。蓋百貨交易，低昂淆亂，必得一至無用者衡於其間，而後流通不息，此聖人操世之大術也。

今人銀概謂之朱提，按《漢書・地里》注：朱提出銀。《食貨志》：朱提銀八兩爲一流，直一千五百八十，它銀一流直一千。則朱提，地名，既不可名銀，而朱提之銀又非凡銀比也。漢銀八兩直錢一千，可見當時銀賤而錢貴。今時銀一兩即值千錢矣。朱音殊，提音匙。

《明史》卷八一《食貨志・錢鈔》 〔洪武〕三十年乃更申交易用金銀之禁。

成祖初，犯者以姦惡論，惟置造首飾器皿，不在禁例。永樂二年詔犯者免死，徙家戍興州。陝西都司僉事張豫，坐抵易官鈔論戍。江夏民父死，以銀營葬具，當戍邊。帝以其迫於治葬，非玩法，特矜宥之。【略】

仁宗監國，令犯笞杖者輸鈔。及即位，以鈔不行詢原吉。原吉言：鈔多則輕，少則重。民間鈔不行，緣散多斂少，宜爲法斂之。請市肆門攤諸税，度量輕重，加其課程。鈔入官，官取昏軟者悉燬之。自今官鈔宜少出，民間得鈔難，則自然重矣。乃下令曰：所增門攤課程，鈔法通，即復舊，金銀布帛交易者，亦暫禁止。然是時，民卒輕鈔。至宣德初，米一石用鈔五十貫，乃弛布帛米麥交易之禁。凡以金銀交易及匿貨增直者罰鈔，府縣衛所倉糧積至十年以上者，鹽糧悉收鈔，秋糧亦折鈔三分，門攤課鈔增五倍，塌房、店舍月納鈔五百貫，果園、贏車並令納鈔。户部言民間交易，惟用金銀，鈔滯不行。乃益嚴其禁，交易用銀一錢者，罰鈔千貫，贓吏受銀一兩者，追鈔萬貫，更追免罪鈔如之。

英宗即位，收賦有米麥折銀之令，遂減諸納鈔者，而以米銀錢當鈔，弛用銀之禁。朝野率皆用銀，其小者乃用錢，惟折官俸用鈔，鈔壅不行。十三年復申禁令，阻鈔者追一萬貫，全家戍邊。天順中，始弛其禁。憲宗令内外課程錢鈔兼收，官俸軍餉亦兼支錢鈔。是時鈔一貫不能直錢一文，而計鈔徵之民，則每貫徵銀二分五釐，民以大困。

弘治元年，京城税課司，順天、山東、河南户口食鹽，俱收鈔，各鈔關俱錢鈔兼收。其後乃皆改折用銀。而洪武、永樂、宣德錢積不用，詔發之，令與歷代錢兼用。户部請鼓鑄，乃復開局鑄錢。凡納贖收税，歷代錢、制錢各收其半；無制錢即收舊錢，二以當一。制錢者，國朝錢也。舊制，工部所鑄錢入太倉、司鑰二庫；諸關税錢亦入司鑰庫。共貯錢數千百萬，中官掌之，京衛軍秋糧取給焉，每七百當銀一兩。武宗之初，部臣請察覈侵蝕；又以錢當俸糧者，僅及銀數三之一，請於承運庫給銀。時中官方用事，皆不聽。已而司鑰庫太監龐瑮言：自弘治間榷關折銀入承運庫，錢鈔缺乏，支放不給，請遵成化舊制，錢鈔兼收。從之。正德三年，以太倉積錢給官俸，十分爲率，錢一銀九。又從太監張永言，發天財庫及户部布政司庫錢，關給徵收，每七十文徵銀一錢，且申私鑄之禁。嘉靖四年，令宣課分司收税，鈔一貫折銀三釐，錢七文折銀一分。是時鈔久不行，錢亦大壅，益專用銀矣。

（清）顧炎武《日知録》卷一一《黄金》 漢時黄金，上下通行，故文帝賜周勃至五千斤，宣帝賜霍光至七千斤，而武帝以公主妻欒大，至賫金萬斤，《漢書》作十萬斤。衛青出塞，斬捕首虜之士，受賜黄金二十餘萬斤。古來賞賜之數，莫侈於元。成宗即位，賜駙馬蠻子帶銀七萬六千五百兩，闊里吉思一萬五千四百五十兩，高麗王王昛三萬兩。其定諸王朝會賜與有至金千兩、銀七萬五千兩者。梁孝王薨，藏府餘黄金四十餘萬斤。館陶公主近幸董偃，令中府曰：董君所發一日金滿百斤，錢滿百萬，帛滿千匹，乃白之。王莽禁列侯以下不得挾黄金，輸御府受直。至其將敗，省中黄金萬斤者爲一匱，尚有六十匱。黄門鉤盾藏府中尚方處，處各有數匱。而《後漢・光武紀》，言王莽末，天下旱蝗，黄金一斤易粟一斛。是民間亦未嘗無黄金也。董卓死，塢中有金二三萬斤，銀八九萬斤。昭烈得益州，賜諸葛亮、法正、關羽、張飛金各五百斤，銀千斤。《南齊書・蕭穎胄傳》：長沙寺僧業富沃鑄黄金爲龍，數千兩埋土中，歷相傳付，稱爲下方黄鐵，莫有見者。穎胄起兵，乃取此龍以充軍實。《梁書・武陵王紀傳》：黄金一斤爲餅，百餅爲簉，至有百簉。銀五倍之。自此以後則罕見於史。《尚書》疏：漢魏贖罪，皆用黄金。後魏以金難得，令金一兩，收絹十匹。今律乃贖銅。

宋太宗問學士杜鎬曰：兩漢賜予，多用黄金，而後代遂爲難得之貨，何也？對曰：當時佛事未興，故金價甚賤。今以目所睹記，及《會典》所載國初金價推之，亦大略可考。《會典・鈔法卷》内云：洪武八年造大明寶鈔，每鈔一貫，折銀一兩。每鈔四貫，易赤金一兩。是金一兩當銀四兩也。《徵收卷》内云：洪武十八年令，凡折收税糧，金每兩准米十石，銀每兩准米二石。是金一兩當銀五兩也。三十年，上曰：折收逋賦，欲以蘇民困也。今如此其重，將愈困民。更令金每兩准米二十石，銀每兩准米四石。然亦是金一兩當銀五兩也。永樂十一年令，金每兩准米三十石。則當銀七兩五錢矣。又令交阯召商中鹽，金一兩，給鹽三十引，則當銀十兩矣。豈非承平以後，日事侈靡，上自宫掖，下逮勳貴，用過乎物之故與？遼張孝傑爲北府宰相，貪貨無厭，嘗曰：無百萬兩黄金，不足爲宰相家。幼時見萬曆中赤金止七八换，崇禎中十换。天啓中，權奄用事，百官獻媚者皆進金卮，金價漸貴。江左至十三换矣。投珠抵璧之風，將何時而見與？

《漢書・食貨志》：黄金重一斤，直錢萬。朱提銀重八兩爲一流，直一千五百八十。他銀一流直千。是金價亦四五倍於銀也。方勺《泊宅編》云：當時黄金一兩才直錢六百，朱提銀一兩才直錢二百。

《元史》：至大銀鈔一兩，准至元鈔五貫、白銀一兩、赤金一錢。是金價十倍於銀也。

《史記・平準書》：一黄金一斤。《漢書・食貨志》：黄金方寸而重一斤。《莊子》百金注，李曰：金方寸重一斤，百金百斤也。《漢書・韋賢傳》：賜黄金百斤。玄成詩曰：厥賜祁祁，百金洎館。是也。臣瓚曰：秦以一鎰爲一金。孟康曰：二十四兩曰鎰。漢以一斤爲一金。是漢之金已減於秦矣。《漢書・食貨志》：黄金重一斤，直錢萬。《惠帝紀》注，師古曰：諸賜金，不言黄者，一斤與萬錢。《王莽傳》：故事，聘皇后黄金二萬斤，爲錢二萬萬。《公羊》隱公五年傳百金之魚注：百金猶百萬也。古以金重一斤，若今萬錢。

古來用金之費，如《吴志・劉繇傳》：笮融大起浮圖祠，以銅爲人，黄金塗身，衣以錦采，垂銅盤九重。《何姬傳》注引《江表傳》：孫皓使尚方以金作華燧、步搖、假髻以千數，令宫人著以相撲。朝成夕敗，輒出更作。《魏書・釋老志》：興光元年敕有司於五級大寺内，爲大祖已下五帝，鑄釋迦立像五，各長一丈六尺，都用赤金二萬五千斤。天安中，於天宫寺造釋迦立像，高四十三尺，用赤金十萬斤，黄金六百斤。《齊書・東昏侯本紀》：後宫服御，極選珍奇，府庫舊物，不復周用，貴市民間，金銀寶物，價皆數倍，京邑酒租，皆折使輸金，以爲金塗，猶不能足。《唐書・敬宗紀》：詔度支進銅三千斤，金薄即箔字。十萬，翻修清思院新殿，及昇陽殿圖障。《五代史・閩世家》：王昶起三清臺三層，以黄金數千斤，鑄寶皇及元始天尊、太上老君像。宋真宗作玉清昭應宫，甍栱欒楹，全以金飾，所費鉅億萬，雖用金之數，亦不能全計。《金史・海陵本紀》：宫殿之飾，徧傅黄金，而後間以五采，金屑飛空如落雪。《元史・世祖本紀》：建大聖壽萬安寺，佛像及窗壁皆金飾之。凡費金五百四十兩有奇，水銀二百四十斤。又言：繕寫金字藏經，凡糜金三千二百四十四兩。《吴澄傳》言：粉黄金爲泥，寫浮屠藏經。《泰定帝紀》：泰定二年七月庚午，以國用不足，罷書金字藏經。時於雲南立造賣金箔規措所。此皆耗金之繇也。杜鎬之言，頗爲不妄。《草木子》云：金一爲箔，無復再還元矣。故《南齊書・武帝紀》，禁不得以金銀爲箔。《宋史・真宗紀》，大中祥符元年二月丙午，申明不許以金銀爲箔之制。《仁宗紀》：康定元年八月戊戌，禁以金箔飾佛像。《哲宗紀》：元祐二年九月丁卯，禁私造金箔。《劉庠傳》：仁宗外家李珣犯銷金法，庠奏言，法行當自貴近始。從之。《金史・世宗紀》：大定七年七月戊申，禁服用金線，其織賣者皆抵罪。《元史・仁宗紀》：至大四年三月辛卯，禁民間製金箔、銷金織金。而《太祖實録》言，上出黄金一錠，示近臣曰：此表箋袱盤龍金也，令宫人洗滌銷鎔得之。嗚呼，儉德之風遠矣。

（清）顧炎武《日知録》卷一一《銀》

唐宋以前，上下通行之貨，一皆以錢而已，未嘗用銀。《漢書・食貨志》言：秦並天下，幣爲二等，而珠玉、龜貝、銀錫之屬，爲器飾寶藏，不爲幣。孝武始造白金三品，尋廢不行。謝肇淛曰：漢銀八兩，直錢一千，當時銀賤而錢貴。今銀一兩，即直千錢矣。《舊唐書》，憲宗元和三年六月詔曰：天下有銀之山，必有銅礦。銅者可資於鼓鑄，銀者無益於生人。其天下自五嶺以北，見採銀坑，並宜禁斷。李德裕爲浙西觀察使，奏云：去二月中奉宣令進盝子，計用銀九千四百餘兩，其時貯備都無二三百兩。然考之《通典》，謂梁初唯京師及三吴、荊、郢、江、湘、梁、益用錢，其餘州郡，則雜以穀帛交易。交廣之域，則全以金銀爲貨。而唐韓愈奏狀，亦言五嶺買賣一以銀。元稹奏狀言：自嶺已南，以金銀爲貨幣。自巴已外，以鹽帛爲交易，黔巫溪峽用水銀朱砂、繒綵巾帽，以相市。杜氏《通典》載：唐度支歲計之數，粟則二千五百餘萬石，布絹綿則二千七百餘萬端、屯、疋，錢則二百餘萬貫。未嘗有銀。其土貢則貴州貢銀百兩，鄂、新、黨三州各貢銀五十兩，賀州貢銀三十兩，邵、端、昭、潘、辨、高、龔、潯、嚴、封、春、羅、牢、竇、横、象、瀧、藤、平、琴、廉、義、柳、勤、康、恩、崖、萬安二十七州，各貢銀二十兩。是唐人以銀爲貢，而不以爲賦也。張籍詩：海國戰騎象，蠻州市用銀。《宋史・仁宗紀》：景祐二年詔諸路歲輸緡錢，福建、二廣易以銀，江東以帛。於是有以銀當緡錢者矣。《金史・食貨志》：舊例，銀每鋌五十兩，其直百貫。《舊唐書・哀帝紀》：内庫出方圓銀二千一百七十二兩，充見任文武常參官救接。是知前代銀，皆是鑄成。民間或有截鑿之者，其價亦隨低昂。遂改鑄銀，名承安寶貨，一兩至十兩，分五等，每兩折錢二貫，公私同見錢用。又云：更造興定寶泉，每貫當通寶五十。又以綾印製元光珍貨，同銀鈔及餘鈔行之。行之未久，銀價日貴，寶泉日賤，民但以銀論價。至元光二年，寶泉幾於不用。哀宗正大間，民間但以銀市易。此今日上下用銀之始。

今民間輸官之物皆用銀，而猶謂之錢糧。蓋承宋代之名，當時上下皆用錢也。

國初所收天下田賦，未嘗用銀，惟坑冶之課有銀。《實録》於每年之終，記所入之數。而洪武二十四年，但有銀二萬四千七百四十兩。至宣德五年，則三十二萬二百九十七兩。歲辦視此爲率。按宋蘇轍《元祐會計録》，歲入銀止五萬七千兩。《元史・成宗紀》右丞相完澤言：歲入銀止六萬兩。而宣德五年奏，温、處二府平陽、麗水等五縣，銀額至八萬七千八百兩。蓋所開坑冶漸多。當日國家固不恃銀以爲用也。至正統三年，以採辦擾民，始罷銀貨，封閉坑穴。而歲入之數，不過五千有餘。九年閏七月戊寅朔，復開福建、浙江銀場。是年採納已六萬七千一百八十兩。乃倉糧折輸變賣，無不以銀，後遂以爲常貨，蓋市舶之來多矣。

《太祖實録》：洪武八年三月辛酉朔，禁民間不得以金銀爲貨交易，違者治其罪。有告發者，就以其物給之。其立法若是之嚴也。九年四月己丑，許民以銀鈔錢絹代輸今年租税。十九年三月己巳詔，歲解税課錢鈔，有道里險遠難致者，許易金銀以進。五月己未詔，户部以今年秋糧，及在倉所儲，通會其數，除存留外，悉折收金銀布絹鈔定輸京師。此其折變之法雖暫行，而交易之禁亦少弛矣。

正統元年八月庚辰，命江南租税折收金帛。《會典》言：浙江、江西、湖廣三布政司，直隸蘇、松等府。先是，都察院右副都御史周銓奏：行在各衛官員俸糧，在南京者差官支給，本爲便利。是時京官俸糧，並於南京支給。但差來者，將各官俸米，貿易物貨，貴買賤酬，十不及一。朝廷虚費廪禄，各官不得實惠。請令該部會議，歲禄之數，於浙江、江西、湖廣、南直隸不通舟楫之處，各隨土產，折收布絹白金，赴京充俸。巡撫江西侍郎趙新亦言：江西屬縣，有僻居深山，不通舟楫者，歲賫金帛，於通津之處易米上納南京。設遇米貴，其費不貲。今行在官員俸禄，於南京支給，往返勞費，不得實用。請令江西屬縣量收布絹或白金，類銷成錠，運赴京師，以准官員俸禄。少保兼户部尚書黄福亦有是請。至是行在户部復申前議。上曰：祖宗嘗行之否？尚書胡濙等對曰：太祖皇帝嘗行於陝西，每鈔二貫五百文，折米一石；黄金一兩，折二十石；白金一兩，折四石；絹一匹，折一石二斗；布一匹，折一石。各隨所產，民以爲便。後又行於浙江，民亦便之。上遂從所請，每米麥一石，折銀二錢五分。遠近稱便。然自是倉廪之積少矣。已上《實録》全文。

二年二月甲戌，命兩廣、福建當輸南京税糧，悉納白金，有願納布絹者聽。於是巡撫南直隸、行在工部侍郎周忱奏，官倉儲積有餘。其年十月壬午，遣行在通政司右通政李畛，往蘇、松、常三府，將存留倉糧七十二萬九千三百石有奇，賣銀准折官軍俸糧。三年四月甲寅，命糶廣西、雲南、四川、浙江陳積倉糧。遂令軍民無輓運之勞，而困庾免陳紅之患，誠一時之便計也。

自折銀之後，不二三年，頻有水旱之災，而設法勸借至千石以上，以賑凶荒者，謂之義民，詔復其家。至景泰間，納粟之例，紛紛四出，相傳至今，而國家所收之銀，不復知其爲米矣。

《唐書》言：天寶中，海内豐熾，州縣粟帛舉巨萬。楊國忠判度支，因言古者二十七年耕，餘九年食。今天下太平，請在所出滯積，變輕賫，内富京師。又悉天下義倉，及丁租地課，易布帛以充天子禁藏。當日諸臣之議，有類於此，踵事而行，不免太過，相沿日久，内實外虚。至崇禎十三年，郡國大祲，倉無見粟，民思從亂，遂以亡國。

宣德中，以邊儲不給，而定爲納米贖罪之令，其例不一。正統三年八月，從陝西按察使陳正倫之請，改於本處納銀，解邊易米。雜犯死罪者，納銀三十六兩；三流，二十四兩；徒五等，視流遞減三兩；杖五等，一百者六兩，九十以下及笞五等，俱遞減五錢。此今日贖鍰之例所繇始也。

正統十一年九月壬午，巡撫直隸工部左侍郎周忱言：各處被災，恐預備倉儲賑濟不敷，請以折銀糧税，悉徵本色，於各倉收貯。俟青黄不接之際，出糶於民，以所得銀上納京庫，則官既不損，民亦得濟。從之。此文襄權宜變通之法，所以爲一代能臣也。

（清）顧炎武《日知録》卷一一《僞銀》 今日上下皆用銀，而民間巧詐滋甚，非直給市人，且或用以欺官長。濟南人家，專造此種僞物，至累十累百用之，殆所謂爲盗不操矛弧者也。律：凡僞造金銀者，杖一百，徒三年。爲從及知情買使者，各減一等。其法既輕，而又不必行，故民易犯。夫刑罰世輕世重，視其敝何如爾。漢時用黄金，孝景中六年十二月，定鑄錢僞黄金棄市。律：造僞黄金與私鑄錢者同棄市。劉更生以典尚方作黄金不成，劾以鑄僞黄金，繫當死。武帝元鼎五年，飲酎，少府省金，而列侯坐酎金失侯者百餘人。如淳曰：《漢儀注》：金少不如斤兩及色惡，王削縣，侯免國。宋太祖開寶四年十月己巳詔，僞作黄金者棄市。而唐文宗太和三年六月，依中書門下奏，以鉛、錫錢交易者，過十貫以上，所在集衆決殺。今僞銀之罪，不下於僞黄金，而重於以鉛、錫錢交易，宜比前代之法，寘之重辟。《實録》：正統十一年三月癸未，從順天府大興縣知縣馬聰言：造僞銀者，發邊衛充軍。而景泰元年十一月，賞北番有假金三兩，致也先遣使來言。是則法之不行，遂有以此欺朝廷者矣。庶可以革奸而反樸也。

漢既以錢爲貨，而銅之爲品不齊，故水衡都尉，其屬有辨銅令丞，此亦《周官》職金之遺意。

（清）王慶雲《石渠餘紀》卷五《紀銀錢價直》 歷代寶貨與錢竝行者，有幣有鈔。金元以來，黄金漸少，始以銀爲通行之幣。國初用不足，嘗一造鈔。時歲造十二萬貫。不久停罷。自後與錢兼權而並用者，惟銀而已。銀之直以兩計者，金時折錢二貫。明代自五六百文至千文，逮夫末季，一兩直錢五六千，而錢法大壞。蓋銀不自爲直，因錢之貴賤以爲直。權之法曰輕重，曰多寡，曰斂散。輕重與斂散，其權操之自上；多寡之權，則上不能獨操之。勢之所趨，有未易以文法禁者。故爲錢必適輕重之中，而後時爲斂散之令，以齊其多寡之數。然爲法終不能以數十年而不敝。我朝順治初元，鑄錢文重一錢，始以七文準銀一分。旋更鑄重一錢二分，又改鑄重一錢二分五釐，官徵民納，皆新鑄七文準銀一分，舊鑄一錢重者倍之。先是，工部侍郎葉初春以錢價日增，請鑄當五、當二錢，以便民。不允。然新錢實一而當二。十年行一釐錢十文準一分。雖著爲令，而民患錢輕，乃罷之。改鑄重一錢四分，其準銀之直，新錢以十，舊錢仍以十四。康熙十年令民以從前之小制錢交納正賦。時奸民多燬重錢。二十三年錢漸貴，銀一兩直不及千。侍郎陳廷敬言：欲除燬錢之弊，求制錢之多，莫若鑄稍輕之錢。燬錢無利，其弊自絶。乃改鑄仍爲一錢。四十一年又以錢小盜鑄者多，復舊制一錢四分，千文準銀一兩，舊重一錢之千文，準銀七錢。至雍正十二年銅貴，錢本多虧，乃酌輕重之中，定一錢二分之制。自是以後，鑄質雖有不同，而輕重顛若畫一。其有不齊，則局匠冒禁偷減，非功令有所改易。此本朝以來錢法輕重之大略也。

權之以多寡者，錢少而貴，則局有增爐，爐有增卯，又有勤爐、倖爐之設。多而賤，則酌其數而減之閉之。凡以劑銀價而使之平也。考康熙中錢價過昂，有銀一兩不足一千之禁。及末年自八百數十文遞減至七百數十文。皆指重錢。於是發五城平糶米價以易銀。或言康熙閒鑄錢最精亦最少，不知固由當時之銀易得而價賤也。雍正元年設官牙以平其直。乾隆三年革錢行經紀。七年諭曰：錢爲國寶，固貴流通。然必輕重得其平，方能無弊。若錢價過賤，物價必虧，姦弊從此而起。嗣後銀一兩祇許換大制錢一千。蓋其時錢驟賤，故又立法以禁之。九年以户部卯錢及五城平糶錢二十四萬串，設局兑换，定價銀一兩易錢九百五十文至一千文爲率，禁市儈賤買貴賣之長短錢。乾隆二十六年又以平糶錢易銀。時一兩二錢僅易錢一千。三十六年各省皆以價平請減鑄，諭督撫豫爲籌畫，務期錢直常平。案康熙以前制錢準銀之數，自七文增至十四文，已有日趨於賤之勢。康熙、雍正閒立法維持，時貴時賤。惟乾隆一代錢價平時少而貴時多，或以爲由銷燬古錢，或以爲由私燬重錢，故錢少而貴。然實當時上下銀多之故。案雍正十三年令捐納貢監，皆收銅，不足乃用銀。乾隆九年定官員領帑除大匠工價外，民閒日用除零星粟布外，概不許用錢。向非上下銀多，安能嗇於用錢。如是且列朝鑄錢之多，亦無如乾隆時者。而初年部庫積銀三千萬，末年至七千餘萬，輕重兩幣，皆充牣。而流通故昔之銀錢，均無獨能久貴之勢。嘉慶初年錢仍貴，民閒以銀易錢，虧失逾倍。詳十年五月《聖訓》。乃嚴飭各省毋減卯，毋虚報。竊意其時數歲軍需散部庫七八千萬於外，民閒銀易得，故錢見貴。未必盡由於停爐減卯也。自嘉慶末年錢法日久而敝，嘉慶十七年有江蘇鑄錢攙和沙子錢質脆薄之諭，二十五年御史王家相奏：江南以官銅偷鑄小錢，每千不及四斤，民閒號爲局私，流通寖廣，以致銀價日貴。竝見《聖訓》。而銀之外洩亦日多。詳後。由是錢價一賤近三十年即不復貴，至今日每兩易錢二千，較昔錢價平時蓋倍之，較貴時幾及三倍。屢經調劑，未覩實效。殆所謂勢之所趨，未易以文法禁者乎。

若夫斂散之法，則視錢之多寡。在官者多，則散之；在民者滯，則斂之。案順治十二年始令以制錢搭放俸餉。康熙初令各省存留雜支配錢三成，自後配搭隨時增減。惟康熙五十八年、六十年及嘉慶六年，均以錢貴令半銀搭餉，爲最多之數，餘或減於三成之内。詳《會典事例》。凡加成搭餉，以錢貴加惠兵丁，非爲節省用銀之故也。乾隆閒令各衙門公費皆給錢。又或發官錢、設官局以平市價。乾隆二年發工部餘錢，設官錢局十處，出易以平市價。其斂之也，順治十二年令州縣計搭放之數刊入，由單徵收。再踰年以制錢壅滯，令銀七錢三完納。銀以運解，錢抵存留。輕重之貨，竝行不悖。康熙閒民賦猶兼用錢，自奉行日久，各省漸不畫一，銀則浮收，錢則浮折。是以雍正閒安徽巡撫徐本以民賦概用銀，零星稱收不便，奏定每一分連耗羡收錢十文。乾隆閒又以直隸民賦多以錢作銀，爲數較重，令一錢以上者，不必勒令交錢。蓋自耗羡歸公，徵斂或不如法。大吏所孜孜調劑者，又不在錢法之貴賤矣。邇來錢不加多，而公私耗銀之途日廣，於是銀之貴賤，不係錢之多寡，而錢之貴賤，轉係銀之多寡。圜法子母之權移於銀幣，此積重之勢也。

嘉慶十九年正月諭：蘇楞額奏請嚴禁海洋私運一摺，據稱近年以來夷商賄通洋行商人，藉護回夷兵盤費爲名，每年將内地銀兩偷運出洋，至百數十萬之多，夷商已將内地足色銀兩私運出洋，復將低潮洋錢運進，欺矇商賈，以致内地銀兩漸行短絀等語。夷商交易，原令彼此貨物相準，通易有無，以便民用。若將内地銀兩每年私運出洋百數十萬，歲積月累，於國計民生均有關繫，著蔣攸銛、祥紹查明每歲私運若干，應如何嚴密禁止，妥議具奏。二十年十一月諭旨：近年内地銀兩爲夷人貿易攜去者，動逾百萬，日久幾同漏卮。以上竝見《聖訓》。又十九年閏二月侍講學士蔡之定請行用鈔幣，諭所奏泥古迂謬，斷不可行。前代用鈔，其弊百端。小民作僞，必致獄訟繁興，麗法者衆，殊非利用便民之道。且國家經費量入爲出，不致遽行匱乏，何得輕改舊章？該學士以文學之臣，迂腐陳奏，著交部議處，以爲妄言亂政者戒。

《大清法規大全・財政部》卷八《錢幣・財政處户部會奏遵旨設立天津銀錢總廠酌擬開鑄簡明章程摺並章程》 竊臣等欽奉諭旨，設立鑄造銀錢總廠，業將建設天津緣由，勘定地勢，籌商建造情形，隨時奏報在案。查鑄造銀銅各幣，必須購置合宜機器，當經督飭該提調等，向天津瑞記洋行定購美國常生廠新式鑄造銀銅圓通用機器全份，訂立合同，限期運津。並由該提調等會同升任天津道王仁寶將全廠工程催趲建造。嗣於本年春間工程修造報竣，該洋行所定各項機器亦已催令陸續運齊，督飭華洋工匠隨到即行安設，現亦安配完竣，當即遴派員司招集工匠於本年五月初八日開機，先行試鑄銅幣。臣那桐、臣張百熙於本月先後前往天津覆加察勘，各項機器尚屬靈便堪用，廠房建造亦均如式，惟機器原定每日可出大小銀銅各圓共六十餘萬枚，現時甫經試鑄，機器未免生澀，人手亦未熟諳，出數尚少。將來運用純熟，自當日見增加。除將全廠房屋機器照成圖樣二分，並鑄成銅幣四種，已先行呈進外，茲謹將酌擬簡明章程八條繕單進呈御覽。嗣後仍當由臣等督飭該提調各員加意經營，因時籌畫，一俟辦理稍有把握，即當鑄造銀幣，並添購機器逐漸推廣，以期仰副朝廷整齊圜法，通變宜民之至意。謹奏。光緒三十一年七月二十二日奉旨：依議。欽此。

謹將酌擬天津銀錢總廠簡明章程恭呈御覽。

一、本廠係奉特旨設立，與各直省所設不同。惟因運煤運料之便，是以前經臣等奏定在天津設廠，現在廠屋業經造齊，宜定名稱，臣等公同商酌擬命名曰户部造幣總廠。所造三品之幣，即文曰大清金幣，大清銀幣，大清銅幣，通行天下，以歸一律。

一、本廠之設，原以整齊圜法，本須鑄造金銀銅三品之幣。惟圜法關係重要，不厭詳求，金銀兩種分兩成色尚須通籌定議。而近年以來，制錢短少，京師當十大錢亦苦不敷行用，是以擬先鑄銅幣。現定銅幣計分四種，大者重四錢，值制錢二十文；次重二錢，值制錢十文；又次重一錢，值制錢五文；最小者重四分，值制錢二文。成色均定爲紫銅九十五分，配白鉛五分，以上銅鉛成色均須配足，鑄成之後，仍隨時提出化驗，設有不符，則應回爐重鑄，俾免參差。

一、前奉旨由户部發給銀四百萬兩作爲開鑄成本，現經購地建廠、工料各費並購備機器、銅鉛雜料，即係由户部隨時商撥，其創辦員司匠役薪水工食，係由財政處生息項下暫行撥用。銅幣開鑄之後，所獲餘利，除本廠開支各項並留公積及花紅各一成外，其餘全數提存户部。嗣後擴充鑄務，增廠添機及籌備鑄造金銀幣成本屆時需用款項，仍由户部照數撥給。

一、本廠鑄出銅幣，自應先儘京師行用，有餘再發行各省，無論是否通行銅圓地方，均可將本廠所鑄銅幣運往發行。該地方官均應隨時保護，飭令市面商民流通行用，一切公款並須與制錢一律照收，不得稍分畛域。如有阻撓挑剔者，即由財政處户部查明參辦。

一、本廠隸於户部，部庫調取銅幣搭放俸餉，本應照成本核算。惟本廠與各省不同，各省不過户部偶然調取，本廠須供户部常年之用，若均照成本核算，則局用薪紅將無所出。且本廠除成本外，餘利本係全歸户部，自無庸沾沾於此。擬嗣後鑄成銅幣解交户部搭放俸餉者，即照户部搭放扣回銀數作價，以保餘利。

一、本廠事務重要，必須在事各員實心實力，方能日起有功，勸懲之方不可不設。查廣東、吉林兩省因鑄造銀銅各圓，獲有餘利。業經該將軍督撫將出力各員，擇尤保獎。況本廠事屬創辦，頗費經營，尤應酌定功過規條，以昭懲勸。擬請俟開辦二三年後著有成效，即將實在出力各員，由臣等擇尤酌保，其在廠不及二年者不得列入。其有不甚得力之員，則當隨時撤換。儻查有舞弊營私劣迹，即行據實糾參。

一、各省鑄造銀銅各圓所得餘利，除近年有認解練兵經費並浦江工程外，其餘多稱留辦地方新政之用，作爲本省外銷，經户部催令將詳細章程報部，至今多未開報。今本廠辦理各事，出入均係部款。經臣等飭令實用實銷，自未便以歷來各省造册報銷之成例相繩。嗣後每届年終，應令該提調等督飭員司，將該廠一年出入款項，據實開具簡明清單，報知財政處、户部。由臣等覆核具奏，以歸簡易而昭核實。

一、本廠每届年終將鑄出銅幣收回款項，除銅鉛煤炭各項價值以及添修工程薪水局用各項支款外，合計净利若干，分作十成，提一成作爲本廠公積，一成作爲花紅，下餘儘數撥交户部。其所提一成花紅，參酌各省章程，以十之三分給提調各員，以十之五分給全廠員司匠役，以十之二分解財政處、户部，作爲飯食銀兩，至公積一成仍按年列入公款作正開銷。

以上各條係體察現在情形，分别酌擬。其餘未盡事宜或有應行增改之處，當隨時斟酌損益，奏明辦理，俾臻妥協。

《清代檔案史料叢編》卷一一《憲政編查館條議幣制改革文光緒三十三年**》**

幣制條議

幣制進化之理，由銅本位躋於金本位，必歷銀本位之一階級。今擬定用銀本位制，實於國力民情斟酌周至。惟銀幣單位有一兩與七錢二分之别，二者折衷未易遽定。今試推究利弊，分别陳之。

如以一兩爲單位，其利有三：幣制獨立，不隨他人爲輕重，利一；國權獨伸，不使異幣相混淆，利二；公私出入向以兩計，人識定名，市無變價，利三。然主七錢二分者則有説焉，兩爲權名，圓乃幣制，欲避模仿墨銀之名，轉致混合權量之制，且與銀塊無所區别，則利不勝弊矣。銀塊交易必以兩計，日本小幣亦計錢分，而幣制單位必名爲圓。英金稱磅，而與權衡之磅迴殊，蓋幣必計枚，使脱習用生銀之俗。物理同等相競、乃能相拒。中國初鑄龍圓，原爲抵制墨銀，今龍圓漸行，又改一兩，國制所頒與人情所便，必致各自流通，且兩幣相争，又蹈泰西經濟家言惡貨驅逐良貨之患，幣制既難確立，墨銀愈易推行，則利又不勝弊矣。國庫出入固多計兩，民間貿易仍是用錢居多，錢糧釐税各省平色不同，但以銅錢折算，以十五進位，既不如七錢二分價近千錢以十進位之簡便，且用庫平較之關平税則仍須折算之煩，並權衡亦不能畫一，則利又不勝弊矣。如用七錢二分，無論錢糧關税經一定折合之後，悉可化除兩名，而向來平色繞算之弊，轉可一掃而空。

尤有大者，日本金井博士有言，貨幣單位比於民生程度過高，民將不識不知，流於侈奢。以泰西之富，而法郎、馬克均較七錢二分爲低。中國東南各省近雖通用銀圓，全賴小角爲之調劑，各造幣廠近皆多鑄小角，少鑄大圓，民情可見。然較西北通用制錢已爲侈靡。銅圓通行又較用制錢時生活爲貴，物情又可見。即向用銀兩交易之貨，並無庫平足色，新幣若行令照原平折減，則市情必擾，令照新幣伸算，則物價已騰，而鑄造攜帶之不便，猶其後耳。此有礙於民生者一也。

新幣通行必敷全國民生之用。歷年鑄造大小龍圓，何止億千萬數，各省尚難普及，若改一兩，則主幣、助幣毫無憑藉，工本無著，畫一無期，既難實踐商約，所有大小舊幣，欲用爲補助，而子母不能相權，欲比於生銀而改鑄，更多虧耗。且外國銀圓之未入口者，縱能禁之不來，已入口者，不能廢之不用。日本前鑄貿易銀，專以排斥墨銀，迨後改定幣制，廢貿易銀，而新幣一圓量值仍與相準，亦因民情習慣，順如流水，去如拔山。此有礙於本制者二也。

至於十成足色之説，國幣重量對於生金銀塊及外國之交易，自以内含純銀核算。如與内國市情物價相權，則自有幣值與塊值之不同，鑄幣不能無攙和一二成之雜質，即用幣不能無抛高一二成之比價，官民信用，惟在鑄造收發之一律。各國幣制皆然。其助幣較主幣成色雖減，而兑换相均，以行使有限制，故信用無窒礙也。現鑄龍圓内含純銀不過六錢四分强，而有六錢八九分之用，蓋幣值自在，並非强迫。國家造幣不必取贏，亦不能任耗，中國向用寶銀，並無十成足色。部庫收款雖有補色，而發款從無補色之事，若必改用庫平足色，則收舊鑄新之耗已不知紀極，財政困難，何從彌補。即各造幣廠亦須另（鑄）〔籌〕經費，方能開鑄。此有礙於國計者三也。

有爲補救之説者謂：一兩幣重難行，可多鑄五錢，而一兩以紙幣代之，仿日本現制只用五十錢而一圓代以紙幣之法，輕便易（齊）〔賫〕，又與民生程度不甚相違，似於前第一弊略可補救。然於新舊衝突之間，公私盈虧之數，仍苦無善法彌縫，而内外私毁之弊，尤難净絶。且以兩、錢計算，終較圓、角爲高，物價增昂，恐仍不免。貨幣關係甚大，且用銀本位後，恐金貨流出愈多，將來改金本位尤難措手，此亦不可不深長慮者。日本改革幣制設調查局，會議至三十餘次，成書二巨册，始行決議。應再如何詳議審定之處，伏候鈞裁。

《清代檔案史料叢編》卷一一《電諭各省督撫改革幣制以兩以元為准應各抒所見據實奏聞光緒三十三年十一月二十六日**》**　天津制臺、武昌制臺、廣東制臺、福州制臺、雲南制臺、蘭州制臺、成都制臺、吉林制臺、濟南撫臺、太原撫臺、開封撫臺、西安撫臺、迪化撫臺、蘇州撫臺、杭州撫臺、長沙撫臺、貴陽撫臺、廣西撫臺、南昌撫臺、安慶撫臺、盛京撫臺，吉林、黑龍江巡撫請由盛京巡撫改譯柬密轉遞。

奉旨：現當整飭庶政，幣制關係重要。近來内外臣工，有謂宜鑄一兩暨五錢重十足銀圓以爲主幣，一錢暨五分重九成銀圓以爲輔幣者。其説蓋以各國貨幣自有制度，不相沿襲。中國用銀向以兩計，一切田賦釐金官俸軍餉以及洋税賠款，無不準兩核算，官民沿用，久成習慣，如以七錢二分九成銀定爲幣制，收發出入必須折合，弊竇滋多，勢難信用。與墨圓輕重相等，更易浸灌，數年之内，必致墨圓充滿全國，致成莫大漏卮。且中國商務除通商口岸外，南北各省仍是用兩者多，用圓者少，至於農工商業，軍民生計，國用出納，大率皆以兩計數，更不待言，未可以少宜多，致啓紛擾。迨兩幣鑄有成數，並造行紙幣，厚儲銀本，隨時以銀市金，鑄存金幣，自可漸躋實金本位。而主七錢二分之説者，意在不用兩錢分正名目，只須以枚計算，期與他國貨幣相通，爲金本位之預備，不宜執守舊日成見。而銀錢流轉，以商家貿易、民生日用爲大宗，國家税項特其一端，若概用一兩幣制，揆之通國生計程度未能盡合，且貨幣通弊□，則私銷亦須預防。二説相岐，莫衷一是。惟中國與各國議立商約，必須畫一幣制。如存兩，則不能以七錢二分銀圓爲國幣，如用圓，則官民習慣之兩勢難遽廢，且數年之内，國幣所鑄無多，則生銀斷不能遽廢，豈能不以兩計？如兩、圓同爲主幣，又非畫一之制。此事重大，不厭詳考，著各督撫體察該省官商軍民市鄉情形，暨銀兩銀圓約計行用孰居多數，何者宜存，何者宜廢，各抒所見，限一月内據實電奏，以憑核定。欽此。樞。二十六日。

《鴉片戰爭》第一册《清代外交史料·查禁官銀出洋及私貨入口章程》 謹將會同酌議嚴禁官銀出洋及私貨入口各章程七條，敬繕清單，恭呈御覽：

一、夷商與内地行商交易，除以貨抵貨外，價有不敷，彼此均以番銀找給，但恐偶值内地番銀短絀，行商或以官銀攙用十之二三，雖非純用官銀，仍與偷漏無異。查例載如有洋商人等將銀兩私運夷船出口者，照例治罪等語。嗣後行商找與夷人貨價有攙用官銀者，查出無論銀數多寡，盡行充公。仍將行商照私運例治罪。

一、官銀偷漏責成各口文武員役稽查，如有疎縱，應加懲辦。查例載内地銀兩偷運出洋，各口員弁丁役人等，扶同隱漏者，查出從嚴究辦。嗣後查獲船載赴洋官銀，先交地方官訊明在何處起獲，除重賞查拏之人外，所有該船經過之上游各口員弁丁役漫無查察，縱無扶同隱漏情弊，亦照扶同隱漏例嚴行究治。

一、行商各有身家，當不至私將官銀給付夷商，自蹈罪戾。第恐行中小夥及地方不法匪徒，妄思射利，將官銀偷載小艇，暗運出口，駛至洋面，交給夷商。惟責成大關總巡口並佛山、虎門等處關口員弁，及大關巡船，並巡洋舟師，及地方文武，派撥巡船，於各夷船將次回國之時，倍加嚴密巡查，遇有私載官銀前往洋面，立即拏解，並究明官銀來歷，如係由銀店、茶葉、雜貨等行發出，分別知情不知情，照例懲治；倘係由洋行中發出，將該商加等治罪。仍將經過各口未能查獲之員弁兵役從重究懲。

一、夷船到粤貿易情形不一，有以來貨專交一行銷售，去貨分托數行置買者；亦有以來貨分交數行銷售，去貨專托一行置買者；勢更不能以貨易貨，數適相準。其一夷商找給數行銀兩，固屬常事，亦或數行俱有應找給一夷商之時，其中銀貨參差，人情紛雜，恐易攙組兑官銀之事。嗣後如有數行均應找給夷商銀兩，必同赴粤海關監督衙門，聯名出具並無攙和官銀甘結，夷人收銀後，倘經員役查出官銀，即將找付官銀之行商，嚴行治罪，聯結各行商，亦一體治罪。

一、澳門地方係香山縣所屬，乃各國夷商聚集之地，向許内地民人在彼與其交易，與省城買賣皆歸行商情形不同，難以逐一稽查。香山縣相距稍遠，現責成澳門同知，嚴切示諭民人，凡與夷人買物，不許使用官銀，亦不許將官銀换給夷人。該同知仍督率縣丞隨時稽查，倘有民人以官銀向夷人買物，及將官銀换給夷人者，即行拘拏治罪。如該同知縣丞漫無查察，别經發覺，即將該同知縣丞嚴參。

一、番銀如有成色低潮不及九成者，不准行用，番銀試煎可折官銀九成四五，嗣後番銀低至七八成，或夷商以此勒買貨物，許内地賣貨商人呈報到官，由官送交該國大班，從重究懲。内地商人隱忍收受，匿不呈報，一經查出，或被首告，即查起所收低色番銀，無論多寡，概行充公，仍將該商照例治罪。

一、販賣鴉片，罪有明條，久經設法查拏，並嚴定章程，凡夷船進泊黃埔，即令夷商寫立並無夾帶鴉片字據，交洋行保商加結，復由伍受昌、盧文錦、劉東、潘紹光四商輪查無異，方准稟請開艙。如有夾帶鴉片，即將該夷船稟請驅逐出口。開艙時並派役在於各夷船前後左右稽察起貨，又飭役押送到省，辦理已屬周密。第恐日久玩生，現飭各洋商於夷商回國時諄切傳諭，以後販貨來粵切勿攜帶鴉片及違禁貨物，倘敢不遵，即將該船驅逐出口，永遠不准來粵貿易，俾知畏懼。仍嚴飭巡洋舟師及地方文武派撥巡船於夷船來粵灣泊洋面之時，嚴密巡查，倘有民船攏近，立即拏解究辦，以防代運鴉片及違禁貨物。至夷船進口，仍飭沿途守口員弁，逐一嚴〔加〕查辦，倘帶有鴉片等物，即飛稟查辦。如稍隱匿，從重懲處。庶可層層稽察，以絕其源。

紀事

（明）談遷《國榷》卷一七《成祖永樂十七年》〔四月〕壬寅，申交易金銀之禁。

《明實録》洪武三十年三月 甲子，禁民間無以金銀交易。時杭州諸郡商賈不論貨物貴賤，一以金銀定價。由是，鈔法阻滯，公私病之。故有是命。

《明實録》永樂元年四月 〔丙寅，敕鎮守雲南西平侯沐晟曰〕以鈔法不通，下令禁金銀交易。犯者準姦惡論，有能首捕者以所交易金銀充賞，其兩相交易而一人自首者免坐，賞與首捕同。若置造首飾器皿，不在禁例。

《明實録》永樂二年正月 戊午，詔自今有犯交易銀兩之禁者免死，徙家興州屯戍。

《明史》卷一六八《陳文傳》 雲南産銀，民間用銀貿易，視内地三倍。隸在官者免役，納銀亦三之，納者不爲病。

《塔景亭案牘》卷一《呈文・申各憲》 竊照近數年來，銅元之局製日增，銀幣之市價日漲，因之贖産完債之爭訟亦日多。緣光緒三十年以前，銀幣一元合錢九百文上下，自銅元入市，銀幣漸漲至每元一千二百二三十文，此後愈漲愈高，兑價恐不止此數。社會間此等交涉券中，必載明洋照市價。洋者，銀元之習慣語也。銅元與制錢重量迥殊，而當五、當十爲法定，是銅元即制錢也。凡原以錢文入券者，今得以銀元作銅元，則完出之銀元少，而收入之銀元多。凡以銀元入券者，今須以銅元换銀元，則完出之錢數多，而收入之錢數少。畸輕畸重，甚非情理之平，宜其爭也。今爲折中定擬，凡光緒三十年以前所立券據，無論贖産完債，一概銀錢對半清算。此後抵借交易，各於券内訂明完贖時，銀幣、銅元各半字樣，以昭平允。業經出示通告遵辦，以期永杜紛爭。除外，理合備由具申，伏乞俯賜立案，實爲公便。

紙幣

論説

（明）丘濬《大學衍義補》卷二七《治國平天下之要・制國用・銅楮之幣下》　玄宗開元二十二年秋，倣漢文不禁私鑄，敕百僚詳議可否。録事參軍劉秩議曰：《管子》謂刀布爲下幣。先王以守財物，以御人事，而平天下。若舍之任人，則上無以御下，下無以事上。夫物賤則傷農，錢賤則傷賈。故善爲國者，觀物之貴賤，錢之輕重。夫物重則錢輕，錢輕繇乎物多，多則作法收之使少。少則重，重則作法布之使輕。輕重之本必繇乎是，奈何而假之人。又曰：鑄錢不雜以鉛鐵則無利，雜以鉛鐵則惡，不重禁不足以懲息。塞其私鑄之路，人猶冒死以犯之，況啓其源乎，是設陷穽而誘之入也。

臣按：利之在天下，固不可禁，亦不可不禁。漢文帝放鑄而海内富庶，唐高宗私鑄者抵死，鄰保從坐，亦不聞其大治。何也？利之爲利，處義之下，害之上。利以爲人，則上和於義而利在其中。利以爲己，則下流於害而未必得利。是故聖人之制事無往而不以義，惟義是主，擇其有利於人者而定爲中制，使天下之人皆蒙其利而不罹其害焉。天地間，爲利之途轍孔多。錢也者，寓利之器。昔人所謂貧可使富，賤可使貴，死可使生之具，神通之物也。上之人苟以利天下爲心，必操切之，使不至於旁落。上焉者，不至爲劉濞以滅家，下焉者，不至爲鄧通以亡身。則利權常在上，得其贏餘，以減田租，省力役，又繇是以賑貧窮、惠鰥寡，使天下之人養生喪死皆無憾。是則人君操利之權，資以行義，使天下之人不罹其害而獲其利也。《易》曰：利者，義之和。豈不信然。所謂操之之權，奈何？劉秩曰：物賤則傷農，錢賤則傷賈。故善爲國者，觀物之貴賤，錢之輕重。夫物重則錢輕，錢輕繇乎物多，多則作法收之使少。少則重，重則作法布之使輕。輕重之本，必繇乎是。是也。

憲宗元和中，敕禁私貯見錢不許過五千貫。

臣按：昔人有言，買田者志於呑併，故必須上之人立法以限其頃畝。蓄錢者志於流通，初不煩上之人立法以教其懋遷也。憲宗徒以錢重物輕之故，立畜錢之限，不亦甚乎。

五代周世宗以久不鑄錢，民多銷錢爲器皿及佛像，乃立監鑄錢。凡民間銅器佛像，皆毀以鑄錢。

世宗謂侍臣曰：佛以善道化人，苟志於善，斯奉佛矣。彼銅像者，豈所謂佛乎？且吾聞佛志在利人，雖頭目猶舍以布施。若朕身可以濟民，亦非所惜也。

臣按：世宗毀佛像以鑄錢，毅然不惑，可謂剛明之主。

宋初，錢文曰宋元通寶。太平興國後，又鑄太平通寶。自後改元必更鑄，以年號爲文。

臣按：鑄錢以年號爲文，始於劉宋孝建。宋自開寶，每更一號必鑄一錢，故每帝皆有數種錢。最多者仁宗也，在位四十二年，九改年號，而鑄十種錢。嗚呼，鑄銅以爲錢，國固享其利矣，然銅炭於何所出，工作以何人用？不免取之於民，民得無受其害乎？矧供給官吏，監督匠役，鎔液耗損，造作違式，輦運致遠，吏民因之而得罪破家者何所不有？繇是觀之，則是以古人利民者害民，民未見其利而先受其害已。我聖祖未建極之前，即創大中通寶。既登基之後，又鑄洪武通寶，暨太宗鑄永樂通寶，宣宗鑄宣德通寶，百年之間僅此四種錢。自時厥後，未聞有所鑄造，然未見民用之乏，國用之虧也。

宋自王安石爲政，始罷銅禁，奸民日銷錢爲器，邊關海舶不復譏錢之出，國用日耗。

胡寅曰：鑄錢爲器，其利十倍。錢所以權百貨，平低昂。其鑄之也，不計費，不謀息。今而銷之，可不禁乎。雖然銷而爲器，錢雖毀而器存焉。若夫散而四出，舟遷車轉，入於他國，歸於蠻夷，關防不嚴，法制隳壞，真錢日少，僞錢日多，以不貲之價靡有限之財，雖萬物爲銅，陰陽爲炭，亦且不給矣。

臣按：劉秩有言，鑄錢之用不贍者在乎銅貴，銅貴之繇在於採用者衆矣。夫銅以爲兵則不如鐵，以爲器則不如漆，禁之無害。官禁之，則銅無所用。銅無所用，則銅益賤，銅賤則錢之用給矣。夫銅不布下，則盜鑄者無因而鑄，無因而鑄則公錢不破，公錢不破則人不犯死刑，錢又日增，永爲利矣。是一舉而四美兼也。宋朝鑄錢比前代爲多，天下置監鑄錢，總二十六處，計其最多之年，歲課至五百四十九萬貫。韶州永通一監歲造八十萬貫，他可知矣。大抵國計仰給於此，所以當時銅禁最嚴，銷錢爲器者有罪，漏錢出界者抵死。惟其禁銅之嚴，所以致銅之多。銅多則賤，賤則易致。鼓鑄雖煩，而民不致於甚困，王安石一變其法，而國用日耗，爲政者，烏可輕變成法哉。以上言錢。

《周禮》：小宰以官府之八成經邦治，四曰八成中此其四也。聽稱責以傅別。

臣按：傅別，謂券書也。稱，謂代之以物。責，謂責其所償。此乃後世契券文約之始，特民間私相以爲符驗耳，非以交易也。然用券書以通貨物之有無，與後世交會楮鈔其用雖不同，而其以空文質實貨，其原蓋兆於是矣。

漢武帝元狩四年，有司言縣官用度大空，而富商大賈財或累萬金，不佐國家之急，請更錢造幣以贍用，而摧浮淫并兼之徒。乃以白鹿皮方尺，緣以藻繢爲皮幣，直四十萬。王侯宗室朝覲聘享必以皮幣薦璧，然後得行。

臣按：後世楮幣肇端於此。然其用皮爲幣，用之以薦璧，以朝覲聘享爾，非以此爲用也。其制雖與後世楮鈔不同，然不用金銀銅錫爲幣，而以他物代之，則權輿於此也。

唐憲宗時，令商賈至京師，委錢諸路進奏院及諸軍諸使，富家以輕裝趨四方，合券乃取之，號飛錢。

臣按：此楮法所繇起也。然委錢而合券以取，而錢與券猶是二物，非若今之鈔，即以鈔爲錢而用之也。

宋太祖時，許商人入錢左藏庫，以諸州錢給之，而商旅先經三司投牒，乃輸於庫。所繇司計一緡私刻錢二十，尋制便錢務。

臣按：此即唐人飛錢之法，此法今世亦可行之，但恐奉行者於民之給受有停滯之（幣）〔弊〕，於錢之出入有減换之弊耳。

真宗時，張咏鎮蜀，患蜀人鐵錢重，不便貿易，設質劑之法，一交一緡，以三年爲一界而换之，六十五年爲二十二界，謂之交子。富民十六户主之，其後富民人貲稍衰，不能償所負，爭訟數起。寇瑊守蜀，乞禁交子。轉運使薛田、張若谷議廢交子則貿易不便，請官爲置務，禁民私造。詔從其請，置益州交子務。

吕祖謙曰：益州置交子，此一時舉偏救弊之政，亦非錢布經久可行之制。交子行於蜀則可，於他利害大段不同，何故？蜀用鐵錢，行旅賫持不便，交子之法出於民之所自爲，託之於官，所以可行。今則銅錢稍輕，行旅非不可以挾持，欲行楮幣，銅錢却便，楮券不便，昔者之便，今日之不便。

臣按：自古之幣，皆以金若銅，未有用他物者，用楮爲幣始於此。且楮之造始於漢，三代以來未有也。其初用之，以代木簡竹册以書字，唐王璵乃用爲假錢焚以事神。噫，孰知至是真以代銅錢而爲行使之幣哉？作俑者寇瑊，而成之者薛田、張若谷，以無用之物易有用之物，遂使蔡倫之智與太公之法並行於天下後世。噫，可嘆也哉。

天聖中，界以百二十五萬六千三百四十緡爲額，至神宗時，改交子務爲錢引務。

臣按：交子每三年一换，謂之界。更换之際，新舊相易，上下相關，不免勞擾。我朝鈔法一定而不更，可謂便矣。

神宗朝，皮公弼言交子之法，以方寸之紙飛錢致遠，然不積錢以爲本，亦不能以空文行。

臣按：宋朝交會皆是用官錢爲本，至金元之鈔始取料於民，不復以錢爲本矣。

高宗紹興三十年，户部侍郎錢端禮被旨造會子，内外流轉，其合發官錢並許兑會子，輸左藏庫。

臣按：宋朝交子至是更名會子。不特此也，又謂之錢引，又謂之關子，又謂之關會，其實一而已矣。考夫唐之飛錢、合券，特以通商賈之厚賫貿易者，蓋執券以取錢，而非以券爲錢也。宋自真宗以後，蜀始有交子。高宗以後，東南始有會子。而始直以紙爲錢矣。

高宗論交子之弊曰：如沈該稱提之説，但官中常有百萬緡，遇交子減價自買之，即無弊矣。

戴埴曰：錢與楮猶權衡也，有輕重則有低昂，分毫之力不與焉。蓋錢與楮，皆本無用，可以貿有用之物，則人用之。使如古所謂粟易械器，械器易粟，有無可以相易，則何資於錢？如古所謂治田百畝，歲用千五百之類，小大粗足，則何資於楮？自物貨難於阜通，於是假圜法以流轉，故言錢則曰平準，所以見有是錢必有是物，而後可準平也。錢多易得，則物價貴踴，此漢唐以後議論也。自商賈憚於般挈，於是利交子之兑换，故言楮則曰稱提，所以見有是楮必有是錢，以稱提之也。楮多易得，則金錢貴重，此宋紹興以後議論也。平準、稱提皆以權衡取義，而低昂有在於重輕，明矣。陸贄謂錢多則輕，必作法以斂之。趙開謂楮多則輕，必用錢以收之。今日病在楮多不在錢少，如欲錢與楮俱多，則物益重矣。且未有楮之時，諸物皆賤，楮愈多則物愈貴，計以實錢，猶增一倍。蓋古貿通有無止錢耳，錢難得，則以物售錢而錢重，錢易得，則以錢售物而錢輕。復添楮以佐錢，則爲貿通之用者愈多而物愈貴。古人惟重本政，穀粟桑麻及諸食用物，本也。錢，末也。楮，又末之末。柳宗元言平衡曰增之銖兩則俯，反是則仰，此秤提大術也。

臣按：稱提之説猶所謂平準也，平準以幣權貨之低昂，而稱提則以錢權楮之通塞。今世鈔法遇有不行，亦可准此稱提之法，出内帑錢以收之，則流行矣。

紹興末年，會子行，未有兩淮湖廣之分。乾道初，户部侍郎林安宅乞别給會子，印付淮南州軍行使，不得越至他路。

馬端臨曰：置會子之初意，非即以會爲錢。蓋以茶鹽鈔引之屬視之，今中鹽猶有倉鈔。而暫以權錢耳。然鈔引則所直者重，而會子則止於一貫，下至三百、二百，鈔引只令商人憑以取茶鹽，必須分路。會子則公私買賣支給無往而不用，且自一貫造至二百，則是明以代見錢矣。又況以尺楮而代數斤之銅，齎輕用重，千里之遠，數萬之緡，一夫之力尅日可到，則何必川自川，淮自淮，湖自湖，而使後來或廢或用，號令反復，民聽疑惑哉？

臣按：宋朝會子始有川引，其後又有淮會、湖會。嗚呼，交會之設，以虚易實，以假博真，固非聖人以至誠治天下之意，而況又拘其地以限之，惟欲足吾用，不復顧義之可否與民之有無。三代以前，無此事也。

金循宋四川交子法，置交鈔，自一貫至十貫五等，謂之大鈔，自一百至五百五等，謂之小鈔。以七年爲限，納舊易新。其後罷七年釐革之限，字有昏者，方换之。交鈔之制，外爲闌作花紋，其上衡書貫例，左書號、右書料。其外篆書曰僞造者斬，告捕者賞，衡闌下書中都交鈔庫，准尚書户部文移及納錢换鈔，納鈔换錢等官司，四圍畫龍鶴爲飾。

臣按：楮幣在唐謂之券，在宋謂之交會，而鈔之名則始於此，今世鈔式蓋權輿於兹云。考宋之交會，南渡後，取紙於徽池，猶是别用紙爲之，而印文書字於其上。金元之鈔，則是以桑皮就造爲鈔，而印以字紋也。

元世祖始造交鈔，以絲爲本，每銀五十兩易絲鈔一千兩，諸物之直並從絲例。其後又造中統元寶鈔，以十計者四等，以百計者三等，以貫計者二等。每一貫同交鈔一兩，兩貫同白銀一兩。元寶交鈔行之既久，物重鈔輕。

臣按：元交鈔之制，銀五十兩易鈔千兩，是銀一兩直鈔二十兩也，中統元寶鈔兩貫同白銀一兩，其所直銀亦與交鈔同焉。

至正十年，詔曰：世祖頒行中統交鈔，以錢爲文，厥後造至元寶鈔，以一當五，名曰子母相權，而錢實未用。歷歲滋久，鈔法偏虚，物價騰踊，民用匱乏。其以中統交鈔一貫文省權銅錢一千文，準至元寶鈔一貫，仍鑄至正通寶錢與歷代銅錢並用，以實鈔法。十一年，又鑄至正通寶錢，印造交鈔，令民間通用。行之未久，物價騰踊，價逾十倍。既而海内大亂，京師料鈔十錠易斗粟不可得。

臣按：天生物以養人，付利權於人君，俾權其輕重以便利天下之人，非用之以爲一人之私奉也。人君不能權其輕重，致物貨之偏廢，固已失上天付畀之意矣，況設爲陰謀潛奪之術，以無用之物而致有用之財，以爲私利哉！甚非天意矣。自宋人爲交會，而金元承之以爲鈔。所謂鈔者，所費之直不過三五錢而以售人千錢之物。嗚呼，世間之物雖生於天地，然皆必資以人力而後能成其用，其體有大小精粗，其功力有淺深，其價有多少，直而至於千錢，其體非大則精，必非一日之功所成也，乃以方尺之楮直三五錢者而售之，可不可乎？下之人有以計取人如是者，上之人不能禁之，固已失上之職矣，況上之人自爲之哉。民初受其欺，繼而畏其威，不得已而黽勉從之。行之既久，天定人勝，終莫之行，非徒不得千錢之息，並與其所費三五錢之本而失之。且因之以失人心，虧國用，而致亂亡之禍。如元人者，可鑒也已。然則鈔法終不可行哉？曰：何不可行，執其可行不可行之兩端而用其中，斯可行矣。何者？上古之世，以珠玉爲上幣，黄金爲中幣，刀布爲下幣。中古之世，周立圜法，亦兼以黄金、布帛二者爲言，雖以王莽亦作金銀、龜貝、錢布之品。後世專用銅楮二者爲幣，而不準以金銀。是以用之者無權，而行之既久，不能以無弊。故其立法之始未嘗不善，然皆以不善終之，古今一律也。本朝制銅錢、寶鈔，相兼行使，百年於兹，未之改也。然行之既久，意外弊生，錢之弊在於僞，鈔之弊在於多。革僞錢之策，臣既陳於前矣。所以通行鈔法者，臣請稽古三幣之法，以銀爲上幣，鈔爲中幣，錢爲下幣。以中下二幣爲公私通用之具，而一準上幣以權之焉。蓋自國初以來有銀禁，恐其或閡錢鈔也，而錢之用不出於閩廣。宣德、正統以後，錢始用於西北。自天順、成化以來，鈔之用益微矣。必欲如寶鈔屬鏹之形，每一貫準錢一千、銀一兩，以復初制之舊，非用嚴刑不可也，然嚴刑非世所宜有。夫以法治民之形，可行於一時，不若以理服民之心，可施於悠久也。蓋本天之理，制事之義，以爲民之利。因時立法，隨時以處中，聖賢制事之權也。竊以爲今日制用之法，莫若以銀與錢鈔相權而行，每銀一分易錢十文，新制之鈔每貫易錢十文，四角完全未中折者每貫易錢五文，中折者三文，昏爛而有一貫字者一文。通詔天下以爲定制，而嚴立擅自加減之罪。雖物生有豐歉，貨直有貴賤，而銀與錢鈔交易之數一定而永不易。行之百世，通之萬方。如此，則官籍可稽而無那移之弊，民志不惑而無欺紿之患。商出途，賈居市，皆無折閲之虧矣。既定此制之後，錢多則出鈔以收錢，鈔多則出錢以收鈔。銀之用，非十兩以上禁不許以交易，銀之成色以火試白者爲準。寶鈔、銅錢通行上下，而一權之以銀，足國便民之法，蓋亦庶幾焉。臣愚私見如此，蓋因其可行不可行之兩端，量度以取中，而取裁於上，非敢自以爲是而輒變成法也。可行與否，請詢之衆論，而斷以聖心。

（明）何孟春《何文簡疏議》卷三《計錢鈔疏》　奏爲陳言計處錢鈔以制國用事。

臣聞《大學》之書，用人理財爲平天下之要道。先王之制二幣，並用管仲所謂以守財物，以御人事，而平天下者也。後世珠玉、金貝、刀布之品廢，而鑄銅爲錢，太公九府之圜法獨盛行。迨至宋人，始用楮爲交會，濟偏救急，一時一方，特出權宜，而金元承之爲鈔，固不能經久而無弊也。

我朝製幣鈔與銅錢相兼行使。初時鈔一貫准錢千文、銀一兩，及後鈔法不行，錢千文、銀一兩折鈔八十貫。又其後鈔之用益微，一貫纔值錢二文耳。今鈔久廢不用，價益輕矣。鈔一千貫爲一塊，貨視於市三二百錢，亦無售者。而天下郡縣關市、山澤、課程、户口、食鹽、商税、船料等項，猶踵舊額錢鈔中半輸納爲課，豈謂鈔足以制用乎。内府各監局供應物件，年中買辦，論貨止直若干，估價常贏，倍蓰内帑之出，雖曰錢鈔並給，而鋪户本等取償之資計算銅錢已自得利，視鈔又其奇贏，何有於準物乎。近年以來，凡内府給出鈔貫，價輕難售，乃有一種姦黠依倚權要，廣爲收攬，方舟兼輛，出賣各處鈔關府縣衙門，假名託姓，情囑勢逼，無所不至。府縣官俛首聽命，爲之派散，爲之科率，往往有之。鈔一塊有得銀三四兩者，蓋民納鈔有司，每一貫亦有納銅錢至三四文者，此無賴之所以得挾之以求利也。臣不知於國家何得焉，取之民而藏之官，而官無所利，出之官而散之民，而民受其害，是今日之鈔之極弊也。

欲去此弊，亦在決於用與不用而已。或曰錢鈔兼行，皇祖有法，載在制律，實三幣之遺意，可但已乎。而尺楮劣質，非屬鏹比，國初鈔法並法家錢鈔相折之數，勢自不可復泥鈔關，折錢一貫二文一分，乃今見行事例，今日決欲用鈔，臣願舉此相準，生鈔每貫準錢三文，字昏而質完者每貫二文，中折邊爛者一文，榜示行錢地方立爲定制。凡有買賣貿易，使錢必兼使鈔，用鈔必兼用錢。自非一貫二文可易之物，與者不許專與，受者不得偏受。若夫少多之間，則在有司作法調其贏縮。錢多則出鈔以收錢，鈔多則出錢以收鈔。昔人於此已有成説，錢鈔二價輕重適平，如此而行，民可無害，而官未必無利也。或曰鈔勝國弊法也，國家錢鈔兼行之律不以律天下者，祖宗之意可仰知矣。今課入不改其舊，賞賚姑擬於昔，而印造無復繼於後者，列聖之淵識也。然則今日鈔既不用，臣願自今内府所藏寶鈔祇備九重不時賞賚之恩禮，以爲臣子之榮。而無爲多門無益買辦之長物，以爲閭閻之積。天下税課在民在商一切中半應納鈔者，通令折納銀錢。鈔每貫折銀三釐，或錢二文一分，徵解上納使無乾没，財無沉滯，解者易於賫持，納者不虞毁敗，上收其利而下未嘗受害也。臣所欲去鈔今日之弊在決於用與不用者，其説如此，不然，鈔乃今日秏國之大蠹，法禁紛紜，徒事其末，何益之有哉。臣惟乾清、坤寧二宫之灾，朝廷方有營繕之役。天下元元，傾耳仄足，不遑安處。利權之重，若復不有所執以通融斡旋其間，臣竊憂之，鈔之用不用此二説者，幸惟皇上特敕該部詳議而熟圖焉，而又推類以盡其餘，庶於制國之用亦少裨於萬一。臣叨列藩服，參知國計，苟有所見，不敢緘默，干冒天威，不任惶慄待罪之至，爲此具本親賫，謹具奏聞。

（明）孫旬《皇明疏鈔》卷三八《財用・鈔關禁革事宜疏梁材》 嘉靖九年五月初三日，本部尚書梁等具題，奉聖旨：是。這監收船料等項，雖稱具數造册奏繳，但所收多寡，未免有侵欺之弊，以致上虧國税，下害小民，無憑查考。你部裏還議處停當，開立禁革條件，奏來定奪。通行各鈔關，遵守以除宿弊。欽此。欽遵。查得嘉靖十四年，爲應詔陳言以裨聖政以回天變事。該本部置立印信空白稽考文簿三扇，發去鈔關，委官主事收掌，令其逐日填寫船料商税數目。差滿之日，將一扇存留本關備照，一扇委官收執，一扇差人解部查考等因。

又爲陳言以裨國用事。該雲南道監察御史楊彝題：該本部議行各鈔關委官，自文書到日爲始，附近府州縣内行委佐貳官一員，與同檢鈔人役，查收錢鈔，不必另設號紙。就將原立稽考文簿一扇，交付府州縣委官。令將收過錢鈔，眼同各役登簿呈報主事，查見實數，并將文簿二扇，即時親筆於前項項下照款填註明白。錢鈔照常發府州縣收貯，季終解部類進。差滿之日，仍將簿籍三扇，應存留備照解部，俱照舊施行。如有不飭廉隅、不惜名檢者，是謂衣冠之盜。聽本部從實參行，吏部不待考察，即時罷黜，以示懲戒。至於皂隸、門子、書算等項，聽各該有司審編，照常送役，不許自行收取更换，致生物議。仍要嚴加訪察，如有積年充當及各項作弊情蹊，徑自拏送各府州縣，問罪發落。抽分之時，各商裝載薪米并自用物件，不得一概混抽等因。嘉靖七年五月，本部尚書鄒等具題，奉聖旨：是。各鈔關收受商税船料，雖稽考嚴密，而宿弊實不能盡除。差去官員亦多苛刻取盈，徃來多怨。今後務差老成廉静的去，嚴加關防覺察。若再有貪鄙不惜行檢的，你部裏便參行，吏部不待考察，就行黜罷。欽此。

（明）倪元璐《倪文貞奏疏》卷一〇《鈔法難於遽行事》 題爲鈔法推行有漸以順民之所欲事。

前月二十日恭承召對，面諭臣會同王鰲永、蔣臣詳議鈔法推行事宜。臣愚謂鈔法祖制也，自今日議之則爲非常之原矣。皇上注懷軍國，法祖宜民，獨斷毅行，誠爲艱鉅，慎始慮終，舉朝鰓鰓，臣等亦戰戰也。顧臣以爲，欲行難行之法先須安定人心。今外間洶藉，不明聖意，以爲朝廷將廢金興楮，强民收受，抑勒通行，此誠勢所萬難，要知功令原不如此。皇上行鈔，先行自上，不以責民。如起解存留錢糧及罰贖、税契關税間架等項，百姓所輸官者即須用鈔。鈔無兑秏，民必便之。若朝廷之所予民，如軍稍、商本、匠值、役餼，不遽行鈔也。民間田屋米鹽一切交易，行使聽其自便，不强勒必行鈔也。即有折閲不便，官自受之，於民何與焉。此意斷宜於數月之前詔諭天下，使百姓曉然，知此法之行實於民間有利無害，以此大定其心，則訛言不興，令行無禁。

至於法行以漸，宜自近始。在内局造鈔且不須多，明年先於畿輔一二縣慎擇廉敏甲科往爲之令，如徵糧收受有法，罰贖、税契等項如法徵收，移其私囊以爲國課，使民讓然稱便。若惟恐鈔之不行者，如此一年，立擢科道。而臣部亦慎選司官，就彼給散，民以銀易鈔者，平準交易，一如里市，無所費擾，而民亦讓然稱便，如此一年，立擢吏部。夫天下有司不能盡廉敏，部司之遣亦不能徧天下也，惟立一二爲之鵠的，使姦人不能撓法，有司之不能行法者不敢咎法之不善，則法必行矣。且在近則易察，懸賞則知勵。畿輔之所慕，天下慕之。迨夫羣情知鈔之利競欲得鈔，而鈔於是乎與黄金等貴，黄金於是乎與土同價。故曰巽以行權復久湮之制，當易動之時，驚風驟雷，非所宜也。區區之見，伏候聖裁。

（明）倪元璐《倪文貞奏疏》卷一一《鈔法窒礙疏》 題爲遵旨確議鈔法事。

該臣奉命會同王鰲永看得，鈔法利行，道宜慎始，而窒礙則有四端：

一、當推行之先，愚民未明聖意，訛興撓阻也。今議早頒詔諭，明告天下，以法行自上，如正賦、關税、罰贖、税契、間架等項，悉俱收鈔。其在朝廷所發軍餉、商本、役餼、匠值等項及民間交易行使，悉聽願便，更不抑勒急遽强行。如是，則民初不怖，既而樂之，而後鈔可大行也。

一、議設鈔商領散，而始事必懷觀望，先須官自爲之。官則慮有胥役爲姦，留難勒索，民以多費爲苦，即咎立法不良。今議遴選能吏試於近畿，授之科條以立榜樣，必如民間交易簡易公平，使民翕然稱便，因而推之天下則如流水也。

一、有司徵收未必凛遵功令，有名爲徵鈔其實徵銀，或鈔十三銀居其七，鈔之去路無多，民必不以鈔爲有用。今議責成撫按嚴飭有司遵行，凡贖税一兩而上，寧減數示寬，不許攙用銀鍰，違者贓論。仍以鈔行多寡殿最考成，則有司知勵也。

一、民間買鈔以輸糧税，貧者既不能頓遽收買，富而黠者或多攘積，徵貴居奇，乘急罔利，則小民大困。今議設法禁杜，仍計地方應領鈔貫依數倍之，如應十萬者，倍給二十萬，寧贏留餘（母）〔毋〕縮朒貴，則亦無弊也。

以四議舉其梗，凡此外補苴變通在乎任者總之，法行有漸，今日以安輯人心爲本。臣惟常懷魚驚鳥散之憂，以襄皇上惇大寬裕之治，必求有功，寧徐無驟。伏候聖裁。

（明）錢澄之《田間文集》卷七《錢鈔議》 自太公立九府圜法錢，鑄錢爲幣，以利民用，萬世遵之。後世或廢而用穀與帛，奸僞百出，民情不便，復議用錢。然歷朝每更鑄錢，行之未久輒廢，則由輕重之不得其宜也。夫錢重則難用，錢輕則盜鑄者衆而私錢多，私錢多則官錢滯而不行。齊高帝時孔覬上書，言人所以盜鑄，嚴法不能禁者，由上鑄錢惜銅愛工也。惜銅愛工者，務欲令輕而數多，不詳慮其患也。自漢鑄五銖錢，至宋文帝四百餘年，制度有廢興，而不變五銖者，其輕重可得貨之宜也。是故國家鑄錢，惟令錢重費工，則盜鑄者息矣。何則？盜鑄之罪大，而所獲之利微也。是則錢法之壞，非盜鑄者能壞之也，由司鑄者以錢重則少而利薄，乃輕之以取多，蓋先自壞之，而盜者因而壞之也。夫其輕以取多，由銅之難得也，則莫如禁銅。

禁銅之説，賈誼言之早矣。唐劉秩尤詳焉，秩謂：錢鑄而用不贍者，在乎銅貴。銅之貴，由采用者衆矣。夫銅，以爲兵則不如鐵，以爲器則不如漆，禁之無害。禁之，銅無所用而銅益賤，銅賤則錢之用給矣。且銅不布下，盜亦無因而鑄也。今誠詔各路州郡，悉收銅器入官，而如其直酬之，凡民間器用，以錫代銅。而設銅捕之令，以私鑄之罪罪藏銅，以首私鑄之賞賞首藏銅，不半年而銅盡歸於上矣。銅既廣收，則照萬曆錢，每文重一錢，輪郭肉好，磨鑢盡工，定以一緡重若干，用錢者數而稱之。又如隋文帝，付錢樣於四路關口，勘樣相似然後許行，不合者壞以爲銅，州縣奪俸。如是，則錢法一，私錢不禁而自止矣。

愚又聞，廟議方講求行鈔之法，四方惶惑，然知其必不能行也。夫鈔本諸唐宋以來之錢引，所以收錢者，錢猶母也，鈔猶子也。馬端臨曰：古者俗樸而用簡，故錢有餘；後世俗侈而用糜，故錢不足。於是錢之直日輕，錢之數日多，數多而直輕，則其致遠也難。自唐始制爲飛券、鈔引之屬，以通商賈之厚賫貿易者。其法蓋執券引取錢，而非以券引爲錢也。宋慶曆以來，蜀始有交子。建炎以來，東南始有會子，交、會既行，而始直以楮爲錢矣。然吾觀交子、會子，猶今之會票：彼此俱有現錢，遠難賫致，以交、會互通之，納錢於此，而取錢於彼耳。若後之鈔，則不必有錢以交、會，而直用交、會以爲錢。

夫鈔止方寸腐敗之楮，加以工墨，命百則百，命千則千，而欲愚民以爲之寶，衣食皆取資焉，惟其能上行者也。蓋必官喜於收受，民心不疑，自可轉易通流，增長價例。然楮久則敗，於是限年爲界，界滿則易，謂之稱提。迨後，稱提益急，舊界未滿，新鈔已頒，商賈所藏，一旦廢棄無用，謂之老鈔，至以萬貫易一餅，民力大困。而有司又以出鈔爲利，入鈔爲諱，鈔不上行，徒以愚民而已。此鈔法之所由壞也。然吾觀宋元以及國初，鈔雖屢滯，而猶能設法以行；至於今，雖嚴刑峻法，萬萬不能行者，亡他，則以往代不用白金，而今專以爲幣也。夫鈔以尺楮而代數斤之銅，千里之遠，數萬之緡，一夫之力，輕賫可到，故商賈雖知楮無用而便之。今銀既足賫，而復可輕賫，以之代楮，不更便乎？永樂間，因鈔法不通，禁用金銀交易，犯者準奸惡論。蓋不禁銀則不能行鈔，而銀終不能禁，則鈔亦終不行矣。

夫白金，古不經見，漢武帝始造白金以爲中幣，民弗實用而罷。宋時，發帑銀散各軍州以易錢，河東轉運使歐陽修請減免一半。景德間，敕各關每銀一兩納税錢四十文。當時不以白金使用可知。迄國朝嘉靖末年，錢法大壞，止勿鑄錢，公費惟用白銀。銀之實用纔百餘年，即禁之，寧不可乎？縱不可禁，當立法定制：每錢一千直銀一兩，鈔一貫直錢一千，而銀以五十兩爲錠。三者相權而行：零用則錢，整用則鈔，滿五十兩始用銀。錢多折鈔，鈔多折銀，而碎銀以代錢、鈔之用者罪之。有司徵收民糧，亦以是爲則。至於關榷，本名鈔關，祖制錢鈔兼收，錢十之三，鈔十之七，未有徵銀之例。於各關專設一鈔務，以俟商至，用銀買鈔輸官，銀鈔循環，亦朝三暮四之術。但務在鈔之轉易不窮，而商人交納，亦免吏胥之争銀色、較錙銖，固所便也。鹽課亦然。如此，則鈔庶可行乎。

愚故曰：錢法惟在禁銅，鈔法惟在禁銀，人以爲迂談；禁銀，則世以爲怪論。然不如此，恐終不能行也。時方議行鈔，故及之。

《明實録》宣德六年二月 庚申，巡撫侍郎趙新言五事：一、近因鈔法，江西各府縣計口徵納鹽鈔，有司但依黄册所編丁口徵收，有死亡無從徵者，有老疾貧難及居深山窮谷無鈔納者，有將男女典僱易鈔者，小民無所告訴。乞令有司開除亡故、老疾及山谷之民，止令城市墟鎮及商賈之家納鈔。上覽新言，謂侍臣曰：此皆積弊，當盡革之。置填開河，設官提督學校，令六部會議以聞。食鹽鈔即爲除豁，毋以苦民。新又奏：參議陳傑催粮至鄱陽縣，取受糧長白金四十餘兩，及他不法事，請正其罪。上曰：方面之臣而用此輩，何以示法下人，命都察院治其罪。

《崇禎長編》崇禎十六年十月 丁丑，户部用司務蔣臣議行鈔法，條上八事：

一曰：速頒榜文。蔣臣欲以十七年三月制鈔起，秋冬之間遂行之，而以今歲頒發榜文，布告中外，約歲行鈔五千萬，則爲蠲賦五百萬。行之四年，則新練兩餉，可以全蠲；五年而夏秋兩税，可以時減。此令一下，民欣感泣下，不憂鈔法之不行矣。

二曰：詳算界法。蔣臣謂古人此法，本謂之稱提，其意欲與民間白金之數，稍稍相準，過此則不能行矣。自洪武八年行鈔起，至於二十七年，已有憂鈔法不行者，職此故也。今歲行五千萬，五歲爲界，是爲二萬五千萬，則民間之白金，約已盡出，後且不可繼矣。故一界以後，以舊易新。五界既行，則通天下之錢數，又足相抵。是白金一，恒有三金付之以行；而聚於上者，又從賞賚與積穀之法以流通於下。總之不竭之源，恒在天府。卒遇水旱軍興，蠲賑缺額，即增造數百萬以補益之，是謂恒盈之道也。

三曰：製造宜工。凡錢鈔之制，所以欲其精好者，防姦僞也。蔣臣所引國初製造之法爲詳，而總以御前頒發者質厚重而致潔清，爲外廷所未經見。蔣臣請或於内府製造，或於臣部開局。臣以爲不如内府製造，民間無從模仿。其印文載大明寶鈔者，宜於内府印出，而寶鈔提舉印。或改爲臣部左右堂督理之印，印以紫粉，以重事權。大略並紙墨工本印色諸費，至五釐一張，則無不精巧矣。而蔣臣前議中，欲於鈔皆用使姓名印泥，便稽考，其法亦是大明律條舊載，似亦可行。而所畫成界，或五紙隨原鈔繳進。

四曰：倒换宜信。今鈔法所以不行者，惟是賞賚或有頒出，市肆不行倒换，故上用而下不用也。今既課程贓罰，一切用鈔，則民間不得不倒换于官，及恐官胥留難。蔣臣謂今銅錢亦鑄於官局，而民間列肆，未嘗不鬻錢。利之所在，必藉商以迨之。商領於官者，使之少有羨溢，則商自趨之如鶩。宜如洪武十三年之例，在京在外，各置行用庫，便民倒换。不論商民人等，换於官庫者，每鈔一貫，止納銀九錢七分，而通用行使，輸納完官，準作一兩實收；倒换銅錢，準作一千文，則争趨如鶩矣。臣語之曰：如此，則朝廷每歲五千萬貫之鈔先虧損一百五十萬矣。蔣臣對曰：豈惟如是，所蠲加增之賦，又已五百萬，而紙墨之價，約費又二十五萬，合之爲六百七十五萬，皆朝廷施之於民者，此之謂大賚也。然而五千萬之入，恒未嘗減百萬於各省會以爲鑄本。其進之内府，尚四千三百萬，於以助撻伐之威，何有哉？

七曰：早開鑄局。今既頒發鈔法榜文，即宜頒行錢法。其十三省，皆令各布政司開局鼓鑄，布政專董之。大省動支應解京錢糧十萬，中者八萬，小者六萬，其錢式一準京頒榜式，費銀一兩，鑄錢一貫。惟務精好，不取鑄息。凡商人買到新鈔至彼，即以錢償之，一鈔準錢一貫，不許短少，而臣衙門各鈔關各邊餉司，皆許動支鑄本一二萬，開局鼓鑄。惟銅價炭價，盡責地方之不鑄者，則錢鈔相須，而其利自得矣。

八曰：設官宜重。今錢法以部侍郎督理，而寶泉局又有專差，則鈔法亦宜如是。或以錢法兼理，或以錢法分治，即臣部左右侍郎事。然在外之提衡有司者，全在撫按，則兩侍郎俱宜兼院銜，於事體始便，而提舉一宜，亦宜改爲臣部差，此則蔣臣議中之所已及，而臣特爲之申飭者也。

疏入，帝言：錢鈔兼行，原屬祖制，宜萬世永遵。因未畫界期，致年久昏爛。今率由舊章，務期裕國足民，上下通行。敢有阻壞假造等弊，照律重懲。奏内頒榜文，工製造，開鑄局，信倒换，俱如議。界期改爲四年，就寶鈔司準照新頒樣式，仍着在内行造，應用物料，該司奏議。其行使姓名，侍郎兼管，及用堂印，俱不必行。提舉司照舊仍將督捕陰壞諸法，察照律例，確議申明。其餘未盡事宜，卿還廣詢博採，續奏。

（清）包世臣《安吴四種》卷二七《致前大司馬許太常書》　江東布衣包世臣謹再拜狀，上滇生先生大司馬閣下：奉違十載，無日不思，以閣下濬研故籍，切究時務，位愈尊而心愈下，事益繁而神益静，實爲當世所罕，非僅離索之感也。辛丑夏，子誂過豫章，言閣下測世臣所以被議之故，情至委曲。甲辰秋接樟圃書，言閣下垂念至切，從樟圃所取去論近事文一册，手録副本，升沈異路，而心迹共喻，古之聞流不信，何以加此？復聞哲弟信臣侍讀，同具此志，昆季自爲知己，各就見聞，細榷調燮，世間豈復有不能了徹之理，不能轉移之弊哉？從前曾以拙著奉質，猥蒙推許，以爲二百年來，惟亭林、穆堂可與鼎立，稱宇宙不可無之書，一字一句之工拙，在所不計，速付剞劂，否亦宜多録副本，以廣流傳，雖非世臣所任，然不可謂惠子不真知我也。近始裒集，排成四種三十六卷，五十餘萬言，謹具兩部，一呈閣下，一餉哲弟，敬祈收覽轉致。

昔《吕覽》書成，自謂備天地古今之事，天古非世臣所敢知，以云地今，良亦庶幾。拙書所載，爲術孔多，方今要務，固亦紛歧，而至急至大者，莫如銀價。南方銀一兩皆以二千爲準，北方聞更增於此，較之定例，常倍有差。又連年豐稔，上米一石，價銀七八錢，而民户折漕，重者至銀六兩，折條銀重者，銀每兩至錢三千有奇，是米二石，方能完條銀一兩，米七八石方能完額漕一石，田内所收，不敷兩税，樂歲終身苦，斯之謂矣。今年蠶收亦豐，而葉價至每石錢五千，木棉梭布，東南杼軸之利甲天下，松太錢漕不誤，全仗棉布，今則洋布盛行，價當梭布而寬則三倍，是以布市銷減，蠶棉得豐歲而皆不償本，商賈不行，生計路絀，推原其由，皆由銀貴。銀貴由於銀少，不二三年，恐當由少入無，則錢漕兩奏，勢必貽誤，中外大吏，頗亦憂此。條畫救弊，其説有三：一開礦，一鑄大錢，一行鈔，熒惑阻撓，迄無成議。駁開礦則援前明礦税，此與近法迥殊，無足慮者，官吏乾没，勢所不免，然楚人亡弓，事仍有濟。唯銀苗有驗，而山脈無準，開礦之家，常致傾覆，當此支絀之時，誰敢以常經試巧乎？鑄大錢尤爲弊藪，古多已事，且即民間行用，於銀價仍無關涉。唯行鈔是救弊良法，撓之者皆依《日知録》以爲説。然前明之弊，悉由翻覆之臣，慫慂變法，但杜此一端，則各弊皆絶。若謂奸僞難防，則拙著已爲詳密其要，唯在明示以錢爲幣，使銀從錢，以奪銀之權歸之於錢，而廣錢之用操之於鈔，乃有説以處鈔耳。法宜先布明文，公私各項，一切以錢起數，銀隨市價，以準錢數，錢質繁重，其總統輕齎之便悉歸鈔，則鈔重而民趨之矣。舊以銀起數者，皆改爲錢，斟酌現行市，舊定銀一兩者，爲錢千三四百文，而没銀之名以定民志，然必以重典禁絶官吏耗折之弊，則民受實惠，而公收實效。耗折弊絶，則官吏無以爲生，百事皆廢，峻法徒增具文，是必以定例錢一千銀一兩相準爲度，而以新定增出之錢爲官吏公費。各州縣錢漕，爲數懸殊，宜仿耗羨歸公之例，責成撫藩，酌盈劑虚，並將向來捐款，皆於此項内分别給領，而正供所入，則仍銀一兩錢一千之舊，此鄙説所爲有初行之年，上之所損當至千有餘萬，而補苴則需之次年之語也。所爲不逐細分晰，以此事體大，又各處情形非一人思力所能兼賅，舉行者自必廣思集益，潤澤詳慎耳。至官吏於辦公從容之外，故智復萌，則姑息斷不可長也。頗傳鶴舫相國持此議甚堅，而外吏親近阻之者尤力。蓋銀價騰貴，唯不便有業之民，而閒民則甚便之，中議一出，外吏奉文，必商之幕客，幕客脩脯有定，知鈔行則銀必賤，是自減歲入之半，自必力阻以便其私，若輩豈有遠識能計及爲利之日無幾，而大不利者之必踵至耶？蓋銀價之於錢漕，如米之與飯，現在勢如厝薪火上，故其毒必發而發必烈。若世臣本籍寄居，皆無寸産，唯白門現住破屋廿間，歲完地糧銀二錢許，聚寶門外先墓一所，歲完漕升半，即加至五七倍，曾不足爲輕重之數，而還山以後，唯恃賣文售字爲生，近更賣書，以及四方舊雨縞紵之投，所入大都白金，是銀貴於世臣固有益而無損也。憂世非山中人所及，而憂生日迫，故不能不爲有力者切言之，餘不備及，諸惟爲道爲民，珍重千萬。道光丙午六月十八日，世臣謹狀。

（清）王瑬《錢幣芻言・錢鈔議一》　三代以上，君民相通，但有足民之事，更無足君之事。必民足而後君足，猶子孫富而父母未有貧焉，此有子所言而天下可共知也。三代以下，君民相隔，既有足君之事，又有足民之事，且必君足而後民足，猶父母富而子孫亦免於貧焉，此昔人所未及言而天下或未知也。

夫欲足民，莫如重農務穡，欲足君，莫如操錢幣之權。苟不能操錢幣之權，則欲減賦而絀於用，欲開墾而無其資，何以勸民之重農務穡哉。故足君尤先，然而往往不能操其權者，何也。蓋自毀錢爲器，起於工匠，而利權一失矣。外洋錢幣行於中國，而利權再失矣。銀價低昂操於商賈，而利權三失矣。鉛錢私鑄，竊於奸民，而利權四失矣。錢票會券出於富户，而利權五失矣。今欲操錢幣之權，必也行鈔以收銀，使銀賤而不爲幣。行鈔以收銅，使銅多而廣鑄錢。則國用常足，而民財同阜矣。

請綜鈔幣之源流而論之，鄭司農云：周人以布廣二寸長二尺憑官司印書其上，以爲民間貿易之幣。此行鈔所由昉也。至宋張詠始行交子，宋孝宗以金帛易楮幣，藏於内庫，一時楮幣重於黄金。沿及金元，皆用紙鈔。明初盛時亦用寶鈔，其後覷用銀之利，鈔遂有出無入，故宏治以後鈔竟不行。迨崇禎十六年，生員蔣臣奏行銅鈔，帝意欲用紙鈔，因流賊渡河而止。夫自宋迄明，凡行鈔五百餘年。本朝順治八年，始兼行鈔幣，歲造十二萬有奇。十八年，因國用充餘停止。苟其有害無利，何以前代行之如是其久。我朝聊一試之，而絶不聞有弊哉。按明户部侍郎倪元璐嘗欲行鈔，其時省臣條陳有十便：一曰造之本省。二曰行之途廣。三曰齎之也輕。四曰藏之也簡。五曰無成色之好醜。六曰無稱兑之輕重。七曰革銀匠之姦偷。八曰杜盜賊之窺伺。九曰錢不用而用鈔，其銅盡鑄軍器。十曰鈔行而銀不行，其銀盡實内帑。按此十者，惟末二條立法尚未盡善，蓋鈔可用而錢不可廢也。銀雖可廢，宜仍散之民間爲器皿，而不宜盡實内帑也。其餘皆至論名言，無可議者。

而蒙細推行鈔之利，則又不止於此。凡以他物爲幣皆有盡，惟鈔無盡。造百萬即百萬，造千萬即千萬，則操不涸之財源，其大利一也。萬物之利權收之於上，布之於下，則尊國家之體統，其大利二也。百姓便於行鈔，洋錢不禁自廢，則免外洋之耗蝕，其大利三也。海船載鴉片烟土，每歲私易中國銀累千萬以去。若用鈔，則彼將無所利而自止，則除鴉片之貽禍，其大利四也。民間多用錢票會票，每遇錢莊歇閉，全歸無用。今若行鈔，則絶錢莊之虧空，其大利五也。百姓苦於用銀之重滯，故樂於用票，易之以鈔，則順民心之所欲，其大利六也。鈔法既行，然後禁打造銅器，而以重價收銅，銅既多，乃鑄錢爲三等，當百、當十、當一，則極錢法之精工，其大利七也。國賦一皆收鈔，則無火耗之加派，其大利八也。鈔文書明定數，雖欲上下其手而不能，則絶胥吏之侵漁，其大利九也。鈔直有一定，商賈不得低昂之，則去民心之詐僞，其大利十也。姦民倡邪教，蓄逆謀，類皆以財利要結人心，國家財用不絀，緩急有備，則戢姦回之逆志，其大利十一也。邊疆起釁每因搶奪銀幣而然，今易以鈔，彼此無所覬覦，則弭邊界之生釁，其大利十二也。天下有銀若干悉來易鈔，則供器皿之鼓鑄，其大利十三也。用銀有白紋元絲洋錢之不同，鈔則歸於畫一，則同天下之風俗，其大利十四也。富家間以土窖藏銀，歷久不用，一聞變法，悉出易鈔，則去壅滯之惡習，其大利十五也。鈔式宜變從前，分爲幾等大小鈔，皆書印格言，俾民識字，則寓教民之微意，其大利十六也。貨物壅滯之處，以鈔收之，物價必平，則致百物之流通，其大利十七也。造鈔有局，辦鈔有人，且因財足而興水利，務開墾，則廣謀生之塗徑，其大利十八也。每遇賑恤興築，不假富户捐輸，則杜官吏之勒捐，其大利十九也。國計大裕，捐例永停，則清仕途之擁擠，其大利二十也。凡漕務、河務、鹽務，皆有積弊之當釐，而不敢議者，恐經費不足耳。行鈔可無慮此，則除萬事之積弊，其大利二十一也。一切取民者從薄，予民者從厚，則行千載之仁政，其大利二十二也。其餘利益之小者，更不勝言。

然前代不善行鈔，其弊亦間有之。一則單紙易壞，而不知宜製造精工，加以裝潢糊褙也。一則自二貫至十文，分爲十一等，瑣屑太甚，而不知一貫以下宜鑄大小錢以便用也。一則舊鈔換新鈔必增工墨費，每貫三分，而不知舊鈔宜聽其完錢糧，解部銷燬，而不必倒换也。一則鈔法屢更，使民疑惑，而不知立法之初必先斟酌盡善，既行之後永不更改也。一則徒設嚴刑以防僞造，而不知宜選造佳紙，多爲印信，分定式樣，稍費工本，使其不能作僞之尤善也。此其弊皆易去耳。夫自古無不弊之法，要恃有隨時救弊之人。而欲圖天下之大功，必先破衆人之論。人徒見宋金元時之行鈔不能無弊，遂以爲鈔不可行，豈知其利甚大，一去其弊，即爲理財之上策哉。世每言有治人無治法，然既有治人必有治法。而立法之善，不過即弊法而更其弊，所謂勝者所用敗者之棋也。嘉慶年間，翰林學士蔡之定奏請行鈔，然徒言行鈔，而不講所以去弊之方，則無以全收其利而不受其害，宜其議之不行也。

蒙嘗博稽載籍，遍訪通人，考究三十餘年，實見鈔法之行，利在天下萬世也。惟行鈔法，則可以廣收銅器，兼鑄大錢，以便零析之用，而銀將不禁而自廢矣。故爲此議，併采先哲名言，及友朋贈答私擬條目二十，願以俟世之有遠見而忠於謀國者。

（清）王瑬《錢幣芻言・錢鈔議二》 行鈔法，禁銅器，鑄大錢，三者皆前人成説也。交子始於張詠，自後論鈔者多端，而莫精於辛稼軒及明陳卧子、錢田間之説。漢賈生論禁銅有七福，而唐劉秩、宋劉摯之説皆宗之。蜀漢先主從劉巴之議，始鑄當百錢，而韓文公欲用當五錢，陸桴亭欲用當十錢，其意亦相同。然前人之論尚未能盡去其弊，予乃更爲推而衍之。且前人多分言一事，而予則合言三事。蓋分三者而偏舉之，未嘗不可以各收其利，而未能盡袪其害。合三者而全行之，則見其交相爲用，而可以盡善而無弊。是故不行鈔法，則無資本以收銅，而禁銅將至於累民。不鑄大錢則無以佐鈔，而行鈔苦難於零析。不禁銅器，則錢不免有私鑄私毁之虞，而鈔因以有過多過少之慮。惟先行鈔，次禁銅，次鑄大錢，舉天下之利權而盡操之於上，然後可以加惠於四海之民，興利除弊，惟一人之所爲而無所難矣。

（清）王瑬《錢幣芻言・錢鈔議三》 宋元以來之行鈔，其立法雖未精，然考之史策，其利亦甚大。宋高宗爲兵馬大元帥時，募諸道勤王兵，張愨建議即元帥府印給監鈔以便商旅，不閲旬得緡錢五十萬以佐軍，此行鈔之利於軍需者也。宋兵部員外郎范祥爲鈔法，令商人就邊郡入錢售鈔，請鹽任其私賣，得錢以實塞下，省數十郡搬運之費，此行鈔之利於鹽法者也。《至正河防記》賈魯治河，用中統鈔百八十四萬五千六百三十六錠有奇，此行鈔之利於治河者也。至正十三年，脱脱立分水農司興京畿水利，給鈔五百萬錠，此行鈔之利於墾田者也。夫軍需治河，財之所由耗也。鹽法墾田，財之所由生也。行鈔而耗者可補其耗，生者日見其生。以宋元立法之未精，而其利猶如此，況更鑒其弊而去之乎。不然，舍便易之門，而别求難得之貨，忽遠大之圖，而徒惜纖小之費，吾恐議論日高，而卒未可謂之善理財者也。

（清）王瑬《錢幣芻言・錢鈔議四》 凡觀史者，必統計一代之時勢而熟思之，然後於其所不言之處，而知其有無窮之利，否則何以異於耳食者哉。彼宋元史中所載，若張詠、孫甫、張愨、錢端禮、于元、王文統、劉肅之徒，斯固善於行鈔者矣。而吾獨思歷代兵威之盛，莫過於元，元之賦税又輕，而不聞軍需之不給者，豈非用鈔之故乎。且以元順帝衰微之世，而治河營田，其臣猶能興大役以成大功，則鈔之爲用博矣。至於末年，以御酒龍衣乞糧張氏，亦可見當時所乏者糧耳，而鈔固未嘗不足也，視明季之苦於無財者有間矣。乃論者謂金章宗之世，以萬貫老鈔易一餅，妄言行鈔則物價騰踊，其害如此。不知既造新鈔，而不收舊鈔，則舊鈔不值一錢，固無足怪。若夫物價之騰踊，原不關於行鈔，不觀之《晋書》乎，《食貨志》云：董卓之亂，五十萬錢易米一石。又《石季龍傳》云：金一斤易米二斗。此皆因米極少耳。夫豈以用錢與金，而致物價之騰踊乎。今一貫以下，仍自用錢，以錢易貨，貨不加少，則斷斷乎其不至騰踊者也。

（清）王瑬《錢幣芻言・錢鈔議五》 昔人論鈔之語，有宜於古不宜於今者，有知其一未知其二者，亦有似是而非者，有理甚是而言之未詳者，當會通而斷之，不可徒拘成説也。宋孝宗謂會子少則重，多則輕，此名言也。然亦不患其出之多，而第患其入之少。苟收斂有術，流轉於上下而無窮，奚至於多而輕哉。宋皮公弼言交子之法，必積錢爲本，此名言也，然今之時勢，又與宋異。百姓家有億萬之銀，國家造鈔以易之，民間所有之銀，即國家用鈔之本，又豈必先務積銀也哉。宋孫甫曰交子可以僞造，錢可以私鑄，但須嚴治之，不當以小害廢大利，此亦名言也。然苟能製造精美，不惜工本，則鈔又豈可以僞造哉。馬端臨言用鈔則下無犯銅之禁，然用鈔不當廢錢，則銅禁仍未可去也。劉秉忠對元世祖曰：錢用於陽，楮用於陰，華夏陽明之區，沙漠幽陰之域，今陛下龍興沙漠，君臨中夏，宜用楮幣，若用錢不適於宜。夫用鈔自有利益，而錢亦不可廢。劉秉忠不以正對，而爲此穿鑿之言。陶宗儀乃視爲知術數者，過矣。又耶律文正言造鈔不當過萬，此特當日情事。若後世天下之大，而每歲造鈔僅止於萬，亦何濟於用哉。又吕思誠謂偰哲篤曰：錢鈔兼行，輕重不倫，何者爲母，何者爲子。汝不通古今，徒以口舌取媚大臣乎。夫以鈔爲母，以錢爲子，鈔數多而錢數少，鈔以便總統之用，錢以便零析之用。此法未嘗不善，偰哲篤雖非達時務者，而吕思誠亦豈中理之論哉。劉定之曰：少造之則鈔貴，而過少則不足於用。多造之則鈔賤，而過多則不可以行。此亦至理。然多少之得中，要在相其時勢，非有一定也。劉氏又曰：一交千文者，鈔之良法也。輕而爲中統之一文與三文，重而爲至元之一貫析五，皆不可行也。夫謂一文、三文之不可行則誠然，若謂五貫之鈔即不可行，則拘泥甚矣。凡前人論鈔之説，皆當辨别其是非，而要可以一言蔽之，凡行鈔必在承平盛世，則有以致富足而弭亂源。若金之末造，疲於用兵，雖貨財山積，亦必告匱。而徒屢更其鈔法，何益之有哉。明之中葉，鈔久不行，至莊烈帝之十六年，財匱已極，方思行鈔，所以雖有倪元璐之才不能爲也，論者未嘗不惜其行鈔之晚。然則幸生太平無事之時，其何可不講求鈔法也哉。

（清）王瑬《錢幣芻言・錢鈔議六》　行鈔患有僞鈔，猶之銀有假銀，錢有私錢耳，豈遂足爲大害哉。吾謂欲作僞鈔，其難百倍於假銀私錢，而禁之差易。昔人論不欺有三：曰不忍欺，不能欺，不敢欺。今誠舉鈔法而善行之，則百姓有不忍欺者一，不能欺者四，不敢欺者二。果能行鈔，而百姓以銀换鈔，予以一分之利，以鈔納粮，又予以一分之利，是百姓陟獲二分之利也。而又一切以仁政施之食毛踐土之民，方將感激鼓舞之不暇，其肯甘心作僞以取顯戮乎。此其不忍欺者一也。特造佳紙，即頒紙式，禁民間不得行用此紙。此其不能欺者一也。多爲印記，篆法精工，使人難於摹倣。此其不能欺者二也。大鈔則用善書者，筆跡可驗，其餘則監造大臣皆自書名，彼必不能以一人而摹衆人之字。此其不能欺者三也。隨處立辨鈔之人，官給以禄。此其不能欺者四也。犯者嚴刑斬殺梟示。此其不敢欺者一也。首告者重賞，官長能發覺者立予遷擢。此其不敢欺者二也。夫人之得以作僞者，往往乘於所忽，苟專意防僞，豈有不可防者。即如往者假照一案，亦由於司員之疏忽，一加懲治，焉有再犯者乎。且今民間之會票，尚不容假，豈有國家通行之幣而遂無術以止其僞乎。世或謂文沈仇唐之畫尚有僞者，然彼之作僞，止圖徼幸以欺一二人，而非有嚴刑重賞以禁之也，豈可與鈔同日而論哉。故吾謂僞鈔之禁易易也。

（清）王瑬《錢幣芻言・錢鈔議七》　今以用銀較之用錢，則錢以重滯而不便於盜賊。以用銀較之用鈔，則鈔又以輕微而不便於盜賊。盜賊之劫銀也，有望其車之塵土而識之者，有覩其舟之水痕而知之者。而用鈔則非有車塵之可望，舟痕之可覩也。藏之懷袖，雜之書册，莫可得而窺伺矣。而世有妖術能算取人之銀者，至行鈔而亦無所施其技矣。且銀則無可標記耳，而鈔則有號數之可稽，有印章之可辨，盜賊取而用之於市，未有不立敗者。顧亭林先生嘗言用銀之害，則河北之響馬必多，至近日而解餉時有被劫者，而商賈行旅更有戒心。使天下但用錢與鈔，則盜賊庶可少弭乎。況乎行鈔則國有餘財，而捕盜之賞必厚，防盜之術必多，而且爲民開其衣食之源，則更有以弭盜於無形矣。至於猝遇水火之災，又易於懷挾而去之，則甚矣，行鈔之利之不可勝言也。

（清）王瑬《錢幣芻言・錢鈔議八》　或曰：如子之説，則鈔法至矣盡矣，何以前代行之不勝其弊，而卒至於廢而不行乎。應之曰：吾之所謂行鈔者，宋金元明之法也。而所以行鈔者，固非宋金元明之法也。宋金元明立法不能盡善，至於弊見而乃自更其法，鈔法至於屢更，而民乃受其害矣。此非前人之心思不能及後人之心思也，蓋創始者之難爲功也。前人之創法，不能預見數十百年後之時勢，而爲之預防其弊。至於今日，統觀前代四五百年之故事，遍考鈔法之源流得失，又有以見夫自明嘉靖以來用銀之弊，參驗之於民間用錢票會票之風俗，而後爲之酌古斟今，以期於盡善而可行，豈復蹈前人故轍哉。故用鈔而必禁銅器與鑄大錢者，宋金元明之法所無也。鈔必精工華美，多費工本，而使之不易作僞者，宋金元明之法所無也。鈔必裝潢糊裱，分爲等差，而使之不至速朽者，宋金元明之法所無也。以銀换鈔，以鈔納糧，獲利二分，而必不使之新舊倒换以有折閲者，宋金元明之法所無也。大鈔必書寫格言，精求書法，而使之常可寶玩者，宋金元明之法所無也。宋金元明之立法不可謂不詳，而自今觀之，則其心思所不到者猶如此。然則如吾説而用之，數十百年之後，亦安保無見其敝而思救之者乎。然其小小條目雖可更移，而其大體要不可變易，則雖百世常行可也。或曰：近世顧棟高、惠士奇嘗欲復古用貝之制，其説可乎。曰：貝久則亦朽耳。用貝而使百姓争求海貝，非權歸於上之道也。

既無大利，何爲而變法哉。惟行鈔，則能使國家盡有天下百姓之財，而天下百姓之財，又人人頓獲二分之利，斯其策之所以爲神妙而無窮也。姑以二分言之，其實即使民獲倍利亦可。

（清）王瑬《錢幣芻言・錢鈔議九》　從來欲圖天下之大功，而權其可行不可行者有三焉：曰理，曰情，曰勢。夫行鈔者，將使國家獨操錢幣之權，而一切實利皆予之百姓，其名正大，此揆之理而必可行者也。百姓以銀易鈔，無耗折之虞，而反有加增之利，其意仁厚，此度之情而必可行者也。百姓苦於用銀之重滯，而又有成色之高低，是以有會票、錢票之用，一旦易之以鈔，其事便利，此按之勢而必可行者也。苟以荆公青苗之法較之，則放債取利，其理已背謬矣。損下益上，其情已刻薄矣。抑配追比，其勢已窒礙矣。當時若韓魏公、蘇子由之論，剴切詳明，固已使荆公無詞之可辨。而乃悍然行之，特以權位劫持人耳。此其所以爲執拗也。然而天下耳食之徒，狃於因循怠惰之風，而不知遠慮。聞有變法更張之説，則必極口詆之曰，是又一安石青苗法也，而孰知其名實之相懸萬萬乎。青苗之利，取之百姓者也，故利有限而民受其害。行鈔之利，取之天地者也，故利無窮而君操其權。孰得孰失，有識者必有以辨之矣。

（清）王瑬《錢幣芻言・錢鈔議十》　《顧亭林先生文集》中極言用銀之害，而於《日知録》中又極言用鈔之不可，其意欲使天下專用錢。然專用錢，則下苦於重滯之難齎，上苦於徵解之不便，其勢必不能行，則莫若仍濟之以鈔。夫亭林所以言鈔之不可行者有故焉，一則因壅滯廢閣之弊，一則因昏爛倒换之弊。然此皆明人之不善行鈔，而非鈔之不可行也。夫鈔之廢閣，由於銀幣盛行故耳。而銀幣盛行，一壞於太祖，既禁用金銀，而九年復許以銀代輸租税。再壞於宣宗，除郡國輸鈔京師之令，而鈔遂出而不入。三壞於英宗，有收賦米麥折銀之令，遂減諸納鈔者，而以米銀錢當鈔。由是朝野率用銀，而鈔壅不行矣。昏爛之弊，由於製造不精而行用繁，則必至於倒换，倒换則胥吏得上下其手，而弊生矣。今使國課一皆收鈔，則必不至於壅滯。鈔必自一貫起，程式精工，加以糊裱，則昏爛自少。即久而昏爛，仍許其納錢糧解部焚燬，是又陰用倒换之法而無其弊。大鈔則裝潢成卷，藏之以函，自可歷久不壞。惜乎前人造鈔，見不及此，故鈔有時而廢也。今既洞見用銀之害，轉思行鈔之利，而又能去此二弊，則行鈔之後，雖百世斷無復廢鈔而用銀之理。而藏鈔之家，豈憂其一朝乾没哉。假令起亭林先生，一聞斯議，必以鈔爲可行矣。

（清）王瑬《錢幣芻言再續・行鈔巵言六則》　管子云：請以令城陰里，使其牆三重而門九襲，因使玉人刻石而爲璧。尺者萬泉，八寸者八千，七寸者七千，珪中四千，瑗中五百，璧之數已具。管子西見天子曰：弊邑之君，欲率諸侯而朝先王之廟，觀於周室，不以彤弓石璧者不得入朝。天子許之曰：諾。號令於天下，天下諸侯載黄金珠玉五穀文采布泉，輸齊以收石璧。石璧流而之天下，天下財物流而之齊。故國八歲而無藉，陰里之謀也。江淮之間，有一茅而三脊，名曰菁茅，請使天子之吏環封而守之。天子則封於太山，禪於梁父，號令天下，諸侯必抱菁茅一束以爲禪籍，不如令者不得從。諸侯載其黄金，争秩而走。江淮之菁茅坐長而十倍，其賈一束而百金。故天子三日即位，天下之金四流而歸周若流水。故周天子七年不求貢獻者，菁茅之謀也。按石璧、菁茅其説似近於誕，然當日以桓公之權勢，偶一爲之，在諸侯亦所損無多，未始不可行者。漢武之用皮幣，即祖此術。亦可見天下無物不可以賤而使貴，然此要可暫而不可久，不若楮鈔可久行而無弊，足以權物之輕重者也。

嘉定翟木夫先生年七十餘矣，以所撰《錢志》示余，備載歷朝鈔式及所藏舊鈔，又得見崇禎十二年印鈔之銅版式，上載一貫四百文，係乾隆年間出土者。則知當日勢窮計蹙，亦嘗行之而未廣，可補史志之所未備。然予之論鈔，在師其意而不泥其法，故不復圖前朝之鈔式也。

方今欲圖行鈔宜若無人不悦者，然而亦必有阻撓之人，何也。一則京官之顧慮也。蓋官俸皆給以銀，銀價貴則官俸不加而已加。彼既習聞前明行鈔，其後至不直錢，而官俸只給空鈔之説，一旦行鈔，惟恐復蹈其轍耳。一則河員之顧慮也。河工歲修累百萬，銀價日增，則官有盈餘，可以致富，彼惟恐行鈔而或有所減耳。一則吏胥之顧慮也。凡銀之出入，胥吏皆有平餘使費之沾潤，彼惟恐行鈔則無可藉口耳。此其所見至淺，所識至小。若欲行鈔，則當事者必再三明告以決無斯弊，而又爲之設心處地，明加以俸糈，使行鈔之初，官吏先獲其利，自不至浮言四起，而國家與百姓均受無窮之利矣。

天下之事有爲之於此而效見於彼者，故郢書燕説可以治國，束緼請火可以還婦，全在行之有術也。漢初之患莫大於諸侯之強，主父偃進推恩子弟之説，則不期削而自削矣。今日當事所患者，漕務、鹽務以及銀價之昂，民生之困，而用鈔則亦可安坐而去其弊者也。

嘗見《日知録之餘》一卷内載洪武二十七年詔禁銅錢，洪武三十年詔禁金銀，深嘆其立法之未善。夫零用則錢，正用則鈔。若禁錢，而使民市一二錢文之物亦用鈔，則不便甚矣。此錢之斷不可禁者也。金銀自當禁其爲幣耳，其爲器皿則不禁也。但使上之人先有不寶金玉之心，則禁之尤易耳。今之人情皆願用票而不願用銀，以輕齎故也。則行鈔五年或十年之後，而不許其以銀爲幣，正所以順其情而用之，禁銀又何難哉。

今人但知荊公青苗法行而民深受其害，不知不行青苗，而民亦未嘗無受害之處。夫天下之不能無窮民者，勢也。窮民無所得錢而借貸於放債之家，若今之所謂印子錢者，其利之重，葢較之青苗而不啻加倍矣。其併此借貸不得者，則亦轉於溝壑耳。但國家不行青苗，則君相可以不尸其怨，而究無救於窮民之死亡也。當日諸公論青苗之弊當矣，然亦未究其原也。若古聖王之政，豈有坐視其窮民無以爲生而不爲之計乎，善乎近儒惠半農之解國服爲之息也。曰國服者，即管子之國軌也，亦曰國準。軌爲法，準爲平。古者珠玉爲上幣，黄金爲中幣，刀布爲下幣。中歲黄金一斤直食八石。五穀者，民之司命也。黄金刀布者，國之通貨也。先王善制其通貨以御其司命，於是穀與幣相權，而貨通食足焉。上以幣，下以穀，造公幣而寄之民，振其不贍，以幣準穀直而貸之，斂其有餘，以穀準幣直而收之。振時穀重而幣輕，以輕權重，斂時穀輕而幣重，以重權輕。如此則上不取息，下不出息，而上下交獲其贏，各有十倍之息，所謂以國服爲之息者葢如此。竊謂安石早知此解，安有青苗之弊哉。夫藏繦千萬，貫朽於庫，積粟萬億，紅腐於倉，謂之消。粟米財物上下通流，使相灌注，無有滯留，謂之息。嗚呼，此《周官》所以爲聖人之書，而管子所以爲天下才也。然三代而下，窮民不皆受田，安所得穀而貸之幣，則惟行鈔，而與錢子母相權，國用既足，窮民可得而賑矣。半農又言太公九府圜法乃是泉有九品，《周官》泉布亦有九品，然則行鈔而分以幾等，亦法其遺意也。

（清）王瑬《錢幣芻言再續・鈔貫説》　富國必先富民，富民莫如重農桑、勤耕織，使天下之民無饑寒之憂，而國用自足。然三代以還，井田法廢，貧民不能皆受田，顧安所得衣食之資乎。五穀者，民之司命也。金銀錢幣者，國之通貨也。貨幣通則民生日裕，國用益饒，此裁成輔相之業，惟人主得爲之。故曰聖人之大寶曰位，因位而制權，因權而制用。操富貴之權以役使奔走乎天下，而天下無窮民矣。夫富貴之權一也。今朝廷拔人才於草茅之中，可使立致卿相，馭貴之權盛矣。而馭富之權猶似未盡者，則以有其權而散失於下，未能綜攬獨運於上者之故也。富權不操於上，則經費易絀。然後議捐輸、議開礦、議賦税，無論行之無益，即小益矣，終無濟於度支也。審度今日之情勢，必使馭富之權與馭貴等而同操之於上，開無窮之利源，興萬世之長策，國帑恒充，民財常阜，則非行鈔貫不可。

嘗考鈔幣源流，鄭司農有云：周人以布廣二寸長二尺憑官司印書其上，以爲民間貿易之幣。此行鈔所由昉也。唐有飛錢、鈔引，宋有交子、會子，始於張詠，自西蜀一隅以通於天下。遼金皆用楮鈔，迨元代而鈔遂孤行矣。當元之時，天下之人衣於鈔，食於鈔，貧且富於鈔，更不知有銀錢之用。元之賦税最輕，兵威最嚴，終其世不聞軍需之不給者，行鈔之利也。明初亦行寶鈔，至宏治以後始漸衰。我朝順治八年，兼行鈔貫之制，始造十二萬八千一百七十二貫有奇，歲以爲額。至十八年，因庫貯充盈停止。恭載《欽定皇朝文獻通考》、《通典》二書。是行鈔之法乃歷代理財之大經，亦國初已行之成案。況今日承平盛世，生齒日繁，費用日增，其可不講求致富之謀猷以足國而足民乎。

請先言行鈔之利，而後陳行鈔之法。凡天下貨物之爲幣者皆有盡，惟鈔無盡。造百萬即百萬，造千萬即千萬，秉造化之鑪錘，其利一。利權收之於上，布之於下，尊國家之體統，其利二。百姓便於行鈔，洋錢不禁而自廢，免外夷之耗蝕，其利三。民間行用錢票會票，每苦錢店閉歇落空，行鈔則絶市儈之脱騙，其利四。鈔有一定之貫數，商賈不得隨意低昂，去民心之詐僞，其利五。姦民倡立邪教，皆以財利要給人心，行鈔則財用不絀，緩急有備，其利六。貨物壅滯之處以鈔收之，平物價而廣流通，其利七。財用既足，則興水利，務開墾，廣斯民謀生之路，其利八。每遇水旱偏災，河工軍需不假富户之捐輸，可杜官吏之逼勒，其利九。度支大裕，舉凡河漕、鹽務積弊之當釐剔，而以經費不足不敢輕議者，行鈔則皆可次第舉行，除萬事之頹靡，其利十。獨操天下之利權，無所復事於聚斂，一切取於民者，皆可從厚，行千載之仁政，培國家億萬年之丕基，其利更在萬世矣。惟行鈔之法，必先自上始。今世所用銀錢，亦非可食可衣之物，而舉世寶貴之者，爲其能上行故也。鈔貫止於尺寸之楮加以工墨印信，命千則千，命萬則萬，而欲斯民以之爲衣食之寶，亦必爲其能上行故也。蓋必官司喜於收受，使民心不疑，自可轉易而流通。然楮久則壞，壞則必須倒换。其倒换之法，當陰寓於收納之際。凡民間昏暗之鈔，皆准其完納錢糧關税，擇其壞爛不堪者，州縣每年收繳，布政使悉數解部銷毁改造。舊鈔常入，新鈔常出，使天下之人曉然知鈔之即可當銀當錢，在内捐監、捐封、捐級，在外錢糧關税必藉鈔而納，官吏之廉俸薪水、兵役之工食口糧必藉鈔而給，鈔法一定，永無停止更變之虞，則民亦何苦持極重笨之白銀、銅錢以聽低昂於吏胥之手哉。故鈔法之關鍵尤在未議行先議收，乃可行之久遠。歷考前代鈔法之敝，皆因鈔久昏爛，官不肯收，咸以敗楮目之。惟以限年爲界，界滿則易，名曰稱提。舊界未滿，新鈔已頒。商賈所藏一旦廢棄失業，有司又以出鈔爲利，入鈔爲諱，但知有出，不知入之爲出。官既明以爲欺人之具，民亦孰肯信而行之乎。故曰未議行先議收，陰寓倒换於收納之際，收之正所以行之也。今將製造行鈔之法臚列於左。

一曰等類。

一、鈔分五等：第一等每張長一尺四寸，闊九寸，準作制錢五十貫，爲大鈔。第二等每張長一尺一寸，闊八寸，準作制錢十貫。第三等每張長一尺，闊七寸，準作制錢五貫。爲中鈔。第四等每張長九寸，闊六寸，準作制錢三貫。第五等每張長八寸，闊五寸，準作制錢一貫。爲小鈔。一貫以下制錢補用。

一、造鈔數目。初次宜按户部一歲所入之數定製造之多寡，以後消息盈虚，每年續爲補造倒换，至倍於歲入即行停止。遇有大工，計所需造用，庶不致鈔多而值賤。其大中小各鈔分數，假如造鈔一萬貫，則分五十貫大鈔四十張成二千貫，十貫中鈔二百張成二千貫，五貫中鈔四百張成二千貫，三貫小鈔六百六十六張成一千九百九十八貫，一貫小鈔二千零二張，共成一萬貫之數，餘彷此遞增。

二曰製造。

一、造鈔必精選佳紙，務要潔白光厚結實耐久者，宜取高麗側理紙料及安徽之貢宣兩紙料，貴州之絲棉紙料，雜共和合而成鈔。其紙之大小即按前列五等尺寸，每鈔自爲一張，四面皆留毛邊，召用宣成紙匠使專造寛廉鈔紙，仿髮牋之意，或爲花樣，或成字迹，藏於夾層之中，兩面皆無迹，而照之則瑩澈可見。其造紙工匠厚給工食，以終其身，不許私傳其法於外間，以杜作僞。

一、印鈔之板必用精銅鑄就，鏤刻極其工緻，大小亦分五等，花樣各不相同。四傍龍紋花欄，中留空白，篆書皇清寶鈔準制錢若干貫。其銅板如遇用久模糊，即隨時奏請補鑄，仍照舊式，絲毫不許錯誤，以昭畫一。

一、印鈔之墨必選黑而有光之上品，令徽州墨工專製此料以供刷用。

一、鈔成之後，必須於所載鈔貫之上蓋用御寶，寶分五等，以金玉爲之，其文應由大部議奏，恭候欽定。印色必極其鮮艷，經久不變，務令外間不能僞造。

三曰督理。

一、請專設督理鈔務侍郎一員，司官八員，按直省十九布政使分隸八司，奉天、直隸爲一司，江蘇、安徽、江西爲一司，福建、浙江爲一司，廣東、廣西爲一司，湖廣爲一司，河南、山東爲一司，山西、陝西、甘肅爲一司，四川、雲南、貴州爲一司。按各省一年出入支發銀數合當時市價給之，如庫銀一兩易制錢一千六百文，則造鈔一百六十貫，抵銀一百兩，總以鈔一貫準制錢一千文。其銀價隨時，然亦宜示以限制，每鈔一貫至貴不得過庫銀七錢，至賤不得少於六錢。

一、鈔之正面貫數之上蓋用御寶，其下面蓋用督理鈔務之印，宜用上等硃砂，印色勿用紫花，易於淺褪。傍用各司印，如江蘇省鈔即用江蘇司之印。其鈔發到本省，背面蓋用本省布政使印信，掛年月日號，其餘經收經放之府廳州縣亦准其於背面蓋印掛號。其得受行使之人不准濫加圖記，妄寫字迹於上，以免模糊易壞之患。京都則發府尹，轉發五城，一如外省州縣之例，其鈔背無印信者概不准行，以杜造鈔局中及發中途偷漏之弊。

四曰收支。

一、凡收納錢糧關税以及捐例報捐、職官常例捐封捐級捐貢監等項，一概收鈔，每貫準制錢一千文，準庫紋六七錢不等。

一、凡支放文武官員廉俸、吏胥薪飯、兵丁口糧、工匠役食，俱以銀鈔各半兼支，如情願專支鈔者，聽從其便。

一、發鈔雖各分省分，而行使則應准其通於天下。蓋鈔出於上，且蓋有御寶，豈可專限一隅，示人不廣。況發出到省之時，已有本省布政使印信，又有經收州縣印信，自已難於作僞，正當與銀錢同收同用，不必更分界限。

一、行鈔之後，內外官廉俸各加一倍。初時銀鈔兼支，行之既效，則全給以鈔。各衙門吏胥工食亦照加一倍，以免其掣阻。

五曰行使。

一、鈔行使既廣，總以每鈔一貫準制錢一千文爲不易之令，銀價隨時，銀錢鈔共爲三幣，鈔不及數者以銀行，奇零者以錢行，銀錢湊數者各從其便。子女相權，並行不悖，斷不可禁銀，亦不必改鑄大錢以及禁銅等事，徒滋紛擾，禁愈急鈔愈不行。蓋小民惟以便用爲利，鈔既便用，不必別有禁令，而銀錢之價值自平矣。

一、未行鈔之前，先將行鈔條例播告各省，使天下咸知行鈔之利，且聲明永不變法，以釋其疑阻之心。

六曰倒换。

一、舊鈔昏爛必須倒换，而以舊易新，轉經胥役之手，小民折閱必多。惟准將舊爛破鈔完納錢糧關税，並不加收工墨紙費，以生其疑阻之心。州縣作正申解布政使庫，每年終彙解户部銷毀改造新鈔，陰寓倒换於收納之中，最爲至當不易之法。不如此，必不能行也。

七曰禁令。

一、鈔法既行，雖極其工巧，亦必有姦民僞造漁利者，惟當嚴申禁令，有犯必懲。僞造者依假銀私鑄之律擬罪，首告者照例賞鈔。愚民誤用僞鈔不坐，惟僞鈔入官焚毁，另緝僞造人治罪。蓋世間珍用之物有真必有僞，不獨銀有假銀，錢有私錢，錢店之錢票有假票，甚至地方官之印信往往敢於假雕，亦惟是就案辦案，隨時稽查整頓而已。豈可因噎廢食，一遇僞鈔，遂謂鈔法爲不可行乎。

以上諸條皆就管見所及而言，其有未能盡善必須另籌補苴者，應俟當代名賢權宜斟酌，而其大要則亦略備於此矣。計造鈔一千萬貫，照前定分數須造紙五十貫大鈔四萬張，每張約費工料銀四錢，計銀一萬六千兩。十貫中鈔二十萬張，每張工料銀三錢，計銀六萬兩。五貫中鈔四十萬張，每張工料銀二錢，計銀八萬兩。三貫小鈔六十六萬六千張，每張工料銀一錢五分，計銀九萬九千九百兩。一貫小鈔二百萬零二千張，每張工料銀一錢，計銀二十萬零二百兩。總共需銀四十五萬六千一百兩，是費本銀四錢五分六釐一毫，即可得鈔十貫之利，獲贏二十倍矣。若中外未信其必行，或先造一百萬貫，僅費四萬五千餘兩，姑小試之，俟有成效，然後加造亦可。

近年中國銀貴錢賤，加以外夷洋錢行使日多，官民交受其害，每思有以補救之而未得善策。去歲從戎滬濱，於新正偶暇曾擬鑄造銀錢以抑洋價撰説一篇呈於當道，後不果行。然鑄造銀錢之説即奉准行，不過可抑夷錢之虚估，尚無大利於天下也。上年秋月有以洞庭東山王亮生學博所箸《錢幣芻言》一册見貽者，流覽一過，喜其精詳，議論宏遠，誠爲有用當世之書。自言用心三十年始成此帙，諒不虛也。惟其言近於夸，且欲廢銀禁銅，兼鑄當百當十大錢，未免經生之見。至其彙集歷代名流之論説，則卓然有不易之理存焉。嘗擬去繁就簡，綜爲一篇，期於易知易行，而簿書倥傯，未遑搦管也。開歲十日，天氣晴和，几凈窗明，筆精墨妙，爰取王君之書復讀之，去其蕪冗，取其菁華，度今日之可見於行事者都爲一篇，後列行鈔章程，似較原書爲簡易矣。復思上之當道大憲，以冀萬一准行，事會之適逢，或亦屯難之開濟耶。然其事則天下之大政，其議亦千古之嘉猷，原本王君之意著之於編，以示不敢掠人之美。善乎，王君之言，曰鈔法自宋以來行之四五百年，豈前代可行而今世獨不可行乎。民間錢票猶之鈔也，豈百姓可行而國家反不可行乎。南宋及金皆割據之邦，豈偏隅可行而一統竟不可行乎。元明開創之初，皆鋭意用鈔，豈開創可行而守成遂不可行乎。宋高宗南渡，值軍興之際，專行會子，豈用兵可行而承平轉不可行乎。元順帝衰亂之世，猶能發鈔使賈魯治河，豈衰世可行而今盛乃不可行乎。東洋行鈔已久，其國甚貴重之，豈外夷可行而中國必不可行乎。本朝順治中，行鈔十年，未聞有弊，豈暫時可行而經久即不可行乎。其論最爲懇切，而舉世莫之許者，豈非時有未至乎。王君矻矻三十年苦心研求，猶若有所未盡。余以兩日之力遽成此説，其難易判若天淵，譬若製錦，然自飼蠶繅絲以迄於染色織機，窮數月之工力，始能成匹，而縫人翦裁爲衣，則一舉手而已。豈縫人之巧勝於天孫哉。因勢者易爲成，創始者難爲功也。嘗謂天下之事惟論其當行與否，至其當行而竟不行，或行之有效而復見阻於浮議，則有數存焉，非愚蒙之所敢必也。道光二十三年正月十三日松滋謝元淮謹識。

（清）許楣《鈔幣論·通論》 通論一

鈔者，紙而已矣。以紙取錢，非以紙代錢也。以紙代錢，此宋金元沿流之弊，而非鈔法之初意也。今有創議者焉，取其弊法，奉爲良法。而其爲法也，則又宋金元弊法之所無有，而反以爲宋金元良法之所無有。卒其日夜之所精思，而視爲百千萬億之金錢者，自人視之，則皆紙也。然且曰吾將以是盡易天下百姓之財。夫以紙取錢，而至於負民之錢，此宋金元弊法之所有也。以紙代錢，而至欲盡易天下百姓之財，此宋金元弊法之所無有也。夫自用銀以來，雖三尺童子莫不知銀之爲貴矣。然使操一星之銀以適市，而曰吾將以是盡易肆中千萬之紙，則人必譁然笑之。爲夫一星之銀，固不可以盡易千萬之紙也。夫紙之於銀，其貴賤之相去也遠矣。人之愛銀與其愛紙，其相去也又遠矣。千萬之紙而易以一星之銀，則笑而不與。千萬之銀而易以一束之紙，則欣然與之。豈其明於愛紙而昧於愛銀也，不知愛銀之甚於愛紙，而欲以其所甚賤易其所甚貴，且欲以其賤而少者易其貴而多者，乃曰如是則天下皆爭以銀來易鈔。於虖，吾不知其何以來易也。

通論二

或曰：如議者之言，國賦一皆收鈔，何爲其不以銀易鈔也。曰：鈔收其銀，賦收其鈔，官不憚煩，而自相爲易，民固未嘗易也。或又曰：宋辛稼軒有言，民間上三等户租賦，並用七分會子三分現錢輸納。則會子之價，勢必踊貴。國賦收鈔，使民曉然知鈔之即可當銀，則皆貴鈔，何爲其不以銀易鈔。夫法必行之自上，官自爲易，非不憚煩也，所以誘民之易，而使之群趨於鈔也。曰：稼軒之言，此捄鈔弊之繼事，而非行鈔法之始事也。鈔之始事，納錢於此，取錢於彼而已。宋之交會皆然。交子失信而負民錢，然後改造會子以新其耳目，而交子變爲敗楮。及會子又失信而負民錢，則無可復改。故稼軒欲以輸納收之，非能盡收之也，示以有收之之時而已。民間得受會子，不始於收之之日，勢不能委棄。幸其有時收之，則亦姑相與行之。故曰此捄弊之繼事也。假令行交會之始，即多出虛紙以易民錢，而第令分其什之三四以輸稅，則民皆知輸稅之外盡爲虛紙，誰復肯以現錢易虛紙哉。今議者於行鈔之始，即欲以虛鈔盡易天下之銀，而第令以鈔輸賦，以示鈔之可用。彼民也皆知輸賦之外銀可以易鈔，鈔不復可以易銀，易銀必待十年二十年鈔法既行之後，所謂俟河之清者矣，何爲以現銀易虛鈔哉。

通論三

是故鈔始於唐之飛錢，仿於宋之交子，皆以紙取錢，皆良法也。交子無錢而法一弊，變爲會子。北宋始終名交子，南宋紹興元年，改造關子付婺州。三十年，始造會子，是後遂名會子。會子無錢而法再弊，變爲孤鈔。金製交鈔，元因之而爲孤鈔。孤鈔元一代行之，上積其欺，下積其愚。弊法之行，亦非一朝夕之故矣。何也。元雖與宋代興，然當南宋中葉以後，固已滅夏滅金，跨有西北，其行鈔與宋金有終始而無絶續。鈔之流落民間者已多，不以取錢而以代錢，其欺民也久，民之受其愚也亦久。因恬然爲罔民之政，而民亦安之。至明崛起承元後，弊法與時代俱絶矣。復欲續之，則民皆知其爲欺人之物。故雖多爲厲禁，其極至於斷脰戍邊，而終不可愚。吾嘗譬諸錢莊，錢莊之始也，出票以會銀，銀與票相準，無或失信後時。於是豪商大賈從而信之，競取其票爲輕齎之計，或遂以票相授受。既而錢莊出票日多，而所受豪商大賈之銀頗以事耗，銀與票不相準，稍或失信後時矣。彼豪商大賈苟盡持票責銀，則彼有閉肆而逃耳。不得已聽其分期，聽其展限，甚或存母取子，歲歲易票而謹藏之。至於終不能償，而後爲廢票。此亦積欺與愚使然也。有貧子焉，見錢莊之以票取豪商大賈之銀而不復償也，亦效錢莊之票以與豪商大賈取銀，則不笑即唾矣。故宋之交子，莊票之始也。一變而爲會子，失信後時之票也。再變而爲元之孤鈔，存母取子而歲易之票也。至明而爲廢票矣。毁其廢票，效其廢票，則貧子之票也。明效之而不行，今而效之，是亦貧子之票而已矣。

通論四

且夫元之孤鈔，則猶未若明之甚矣。明即以鈔爲本，而元以絲爲本。明禁用金銀，而元隨路設立官庫，貿易金銀，平準鈔法。夫使民知鈔之可以易絲易金銀，則猶有所附麗以行，而不盡爲徒紙，非若以鈔易民之銀而不復出也。然且物重鈔輕，史不絶書，而謀國之臣恒惴惴焉恐民之悟其欺而破其愚，終元之世不敢用錢，僅武宗一行旋罷。順帝時，偰哲篤始議以鈔爲母，錢爲子。而吕思誠諍之於朝，劉基憂之於野。吕之言曰：錢鈔兼行，恐下民藏實棄虚，非國之利。劉之詩曰：此物何足貴，實由威令敷。又曰：錢幣相比較，好醜天然殊。譬諸絺與綌，長短價相如。適市從所取，孰肯要其粗。蓋自宋行交子，積售其欺者數百年，然後元得以孤鈔愚民，一決其籓，即不可復。故吕與劉皆云爾。迨脱脱卒用偰哲篤之言，而藩驟决矣，不可復矣。明欲復之，而直以空鈔從事，與銅錢通行使用，則正符吕藏實棄虚之議，而劉之所謂孰肯要其粗者矣，恐其不行，乃復禁用金銀，繼又禁用銅錢。既而終不可行，於是有奸惡之科，充賞之格，阻滯鈔法之罪，至有誘民易銀以入之文網者。而愈不可行，卒無以復元之舊。吾故曰：元之孤鈔，積欺與愚使然，而弊法之行，亦非一朝夕之故也，况於法又加弊乎。

通論五

吾嘗即議者之法而細繹之，則皆祖明之法也。其綱領，則以鈔與錢爲二品通行，而鈔爲母，錢爲子。其節目，則如使民以銀易鈔。是即明之以金銀易鈔者聽也。其曰銀不爲幣，虚懸其禁於十年二十年之後，而明則實禁之於始也。其曰銀止準爲首飾器皿，則永樂之令也。曰鑄大小錢以便零析，即洪武鑄當十、當五、當三、當二、當一之制而變通者也。曰糧税皆收鈔，雖本於宋辛稼軒之議，而明初商税收錢三鈔七，宣德時秋糧亦嘗折鈔三分也。至如官俸悉加一倍，本俸暫給以銀，加俸悉給以鈔，則即明之錢鈔兼給矣。鈔久昏爛，以輸納爲倒换，解部銷燬。明洪武時亦鑒倒换之弊，而諭榷税官收受爛損之鈔解京矣。凡此皆與明無絶異者，乃謂明人不善行鈔，以致廢閣。而廢閣之弊，由於銀幣盛行。銀幣之盛，首壞於太祖，既禁用金銀，而九年復許以銀代輸租税。夫徑收其銀以當租税，與迂其途於易鈔以當租税，孰爲善否。收其銀於上，而民間交易用銀，仍有厲禁，與虚懸其禁於十年二十年之後，孰爲善否。謂彼不善行鈔，而求所謂善於彼者無有焉。徒見明之鈔止於一貫者增至千貫，明之大錢止於當十者增至當百而已，善乎否乎。至謂我朝順治八年嘗行鈔法，十八年因財用充裕停止，而當時所以行鈔之法無聞，然歲造止十二萬有奇，則爲數至少，而始於易民之銀，終於負民之銀。一介小臣，有以知其必無是矣。

通論六

《顧亭林先生文集》中極言用銀之害，而《日知録》謂唐宋以前上下皆用錢，未嘗用銀。因舉《舊唐書》憲宗元和三年詔曰：銅者可資於鼓鑄，銀者無益於生人，自五嶺以北見採銀坑並宜禁斷爲證。又舉杜佑《通典》謂梁初惟交廣之域以金銀爲貨。《宋史・仁宗紀》景祐二年，詔諸路歲輸緡錢，福建二廣易以銀，始以銀當緡錢。《金史・食貨志》正大間，民間但以銀交易，爲今日上下用銀之始。以余考之，銀之爲幣久矣，特未若今日之盛耳。上之用銀亦久矣，特未以當賦耳。未以當賦，故元和之詔，右銅左銀，由兩税用錢也。今案晋李雄初得蜀，用度不足，諸將有以獻金銀得官者，是銀與金固並充用度矣，其事在梁以前。唐韓建獻朱全忠銀三萬兩助軍，則以銀爲軍實矣。而《東坡尺牘》有與參寥書，以銀二兩託致茶果奠辯才。與范元長書，以銀五兩爲秦少游齋僧。是宋時民間以銀爲幣之明證。又唐敬宗宣索左藏銀十萬兩貯内庫以便賜與，董昌爲威勝節度使，於常賦外加斂數倍充貢獻饋遺，每旬發一綱，金萬兩、銀五千鋌。五代唐李繼韜母楊氏齎銀四十萬賂莊宗伶人宦官，得免罪。江南主獻周世宗銀十萬兩，又遺宋趙普銀五萬兩。宋祖密遣其使臣如數。苟銀不爲幣，何當時上下交徵銀如此。蓋周末至漢，盛行黄金，魏晋後金日少，銀日多，而錢重難致遠，勢不得不趨於銀。至明以銀當賦，然後上下盛行，盛於明而非始於明，亦非始於金也。議者以亭林言用銀之害，欲廢銀用錢，因欲廢銀用鈔。夫亭林之廢銀，廢其以銀當賦耳，非謂盡廢天下之銀也。如欲盡廢天下之銀，是惟無銀。有則雖廢於上，必不能廢於下也。

通論七

《日知録》又歷舉唐宋元明歲入銀數皆至少，此未以當賦故也。然李繼韜一節度使耳，而其母楊氏積資至百萬，挾以入京者四十萬。宋靖康之季，汴城括庫銀八百萬，括諸民間亦四百萬。其見諸唐以前者，漢董卓郿塢有銀八九萬斤。昭烈得益州，賜諸葛亮等四人銀各千斤。梁武陵王紀黄金一斤爲餅，百餅爲篋，至有百篋，銀五倍之。詳載《日知録》。金正大間民間交易皆以銀。《元史・成宗紀》歲入銀僅十萬兩。陳允錫作《史緯》，亦疑其太少，以爲專指坑冶所得。《日知録》作六萬兩。然考歲賜諸王以下，除折鈔外，已八萬九千餘兩，其非時賞賜不與。考《元文類》，太祖賞仳理伽銀五萬兩。見歐陽元所撰《高昌偰氏家傳》。世祖賜史天澤白金百笏，薨賻白金二千五百兩。賻阿力海涯如之。賜廉希憲銀五千兩，賜徹里如之。賜高興銀五百兩，史格如之。見各家所撰《神道碑》。其五百兩以下者不悉數。史天澤、廉希憲、徹里、高興賜金事，亦載《元史》。將士有功賜銀載《元史》者尤多。又隨路設立官庫，貿易金銀，平準鈔法。而其先太宗時，燕京劉忽篤馬等及回鶻以銀一百八十萬兩撲買天下課税，爲耶律楚材奏罷。回鶻奥都剌合蠻復以二百二十萬兩撲買課税，楚材争之不能得。倶見宋子貞所撰《神道碑》，《元史》稍有異同。奥都剌合蠻又賂楚材銀五萬兩，不受。《元史》不載。則當時銀多可知。至明而日盛，至我朝乾隆、嘉慶之間盛極矣。乾隆中户部庫貯至七千餘萬，而民間無銀少之患。其時銀每兩止易錢八九百文。銀之流布於天下者已足天下之用。而民間地丁皆徵錢，官爲易銀上庫，無如亭林所言用銀之害。嚮使無漏卮之耗，雖長此不廢可也。至於今而數千年之蓄積，半耗於漏卮矣。而其勢方未有所止，然而又欲用鈔廢銀，則銀不可廢，而鈔更爲厲民之階。何者？漏卮歲數千萬，國家税額亦數千萬，民間以漏卮故，苦銀日貴，而又欲以鈔收銀，壅之於上，則銀益騦貴。而山僻州縣，昔之以銀完糧者，亭林謂民至豐年賣其妻子，名曰人市。今幸官收其錢，易銀上庫。一旦徵其納鈔，則民將負錢走通都大邑易銀以易鈔而後輸官，吾恐人市之復興也。

通論八

然則銀終不可廢乎？曰銀將盡矣。貴猶不可得，何有於廢。然則因其貴而以鈔法平之，豈不可也？曰奚可。銀，銀也。鈔，紙也。然則以疏通錢法平之何如？曰可也。雖然，銀貴，一事也。錢賤，一事也。由錢賤而銀貴者，以疏通錢法平之。由銀貴而錢賤者，雖暫平猶當益貴也。錢賤而銀貴，銀貴而錢賤，有以異乎？曰異。泉府充溢，貫朽塵積，而銀不加多，是謂錢賤而銀貴。漏卮無極，以萬以億，而錢不加多，是謂銀貴而錢賤。夫錢賤而銀貴者，病止於錢，收之則瘳矣。銀貴而錢賤者，銀與錢交病，方收錢以瘳銀，旋漏銀以病錢，益之一，無裨於損之十。如蓄水然，均是甕也，一溢一淺，挹其溢以注之，淺則平矣。均是甕也，一漏一不漏，挹其不漏者以注之漏者，則幾何其能平也。曰：此議者所由欲行鈔也，行鈔而變其税法，則平矣。曰以鈔易銀，是猶以塵飯塗羹療饑渴也。且夫由租庸調變而兩税，由徵錢變而徵銀，是皆古今變法之大者，而事又有非變法所能盡。於虖，誰生厲階，至今爲梗。不能不歎息痛恨於漏卮之始也。

（清）許楣《鈔幣論·鈔利條論》 鈔利條論一

議者曰：凡以他物爲幣皆有盡，惟鈔無盡。造百萬即百萬，造千萬即千萬，則操不涸之財源，其大利一也。

論曰：天下之物，惟有盡故貴，無盡故賤。淘沙以取金，金有盡而沙無盡也。鑿石以出銀，銀有盡而石無盡也。天下之至無盡者莫如土，燒土以爲甓，範其文曰一兩，人必不以當金當銀。造紙以爲鈔，印其文曰一貫，獨可以當錢乎。且鈔法之弊，非以鈔之有盡也，正以鈔無盡而錢有盡故也。否則百萬千萬之紙，今固無盡，而古亦豈有盡乎。

兄槤曰：凡以他物爲幣，皆有輕重變易，惟金銀獨否。黄金古爲上幣，今雖不爲幣，而其重乃更甚於爲幣時。銀古不爲幣，然自禹貢以後，與金竝重。時代有變遷，而此二物之重亘古不變。錙銖則以爲少，百千萬不以爲多。至於鈔，騦增百萬即賤，騦增千萬則愈賤矣。宋金元之季，鈔未嘗盡，果能救財源之涸否。

鈔利條論二

議者曰：萬物之利權收之於上，布之於下，則尊國家之體統，其大利二也。

論曰：既盡收其銀，又悉禁其票，絶天下之利源，而壟斷於上，何體統之有。

鈔利條論三

議者曰：百姓便於行鈔，洋錢不禁自廢，則免外洋之耗蝕，其大利三也。

論曰：外洋之耗蝕，不在於洋錢之來，而在於紋銀之去。使中國紋銀不出洋，則洋錢亦銀也。銀入中國，何嘗耗蝕。自嘉慶十年後，鴉片煙漸滋，外夷以鴉片易銀，還以銀鑄洋錢入中國貿易，然後有耗蝕之患。近年鴉片銀歲漏數千萬，損鴉片之百一，以之易貨有餘，而新洋錢來者亦遂少。蓋專以鴉片耗蝕紋銀矣，而銀已將盡，年歲間勢必搜括洋錢，洋錢將不禁自去。中國苦紋銀之少，勢必銷鎔洋錢，洋錢將不禁自罄。知洋錢之耗蝕紋銀，而不知鴉片之並將耗蝕洋錢也。何待行鈔以速之盡哉。

兄榑曰：　洋錢乃外夷之制，謂非中國所應行使則可，謂鈔之便於洋錢則不可。洋錢徑不過寸餘，身帶二寸之囊，貯洋錢十枚有餘。倘貯小鈔十貫，每貫長必尺許，闊必五六寸，紙又極厚，就令摺疊如洋錢之大，囊腹皤然矣。或謂十貫自有總鈔，無須零析，此又不通之論。尋常日用，豈可從十貫起乎。

又曰：　若是則民間用錢票何也。曰：以票與現錢較，則票爲便，且錢票長不過四寸，闊不過三寸，紙又極薄故也。然今江浙盛行洋錢之處，即不用錢票，則以票虚而洋錢實也。

鈔利條論四

議者曰：　海船載鴉片烟土，每歲私易中國銀累千萬以去，用鈔則彼將無所利而自止，則除鴉片之貽禍，其大利四也。

論曰：　使用鈔而果可廢銀，則鴉片之貽禍方大。何也。用鈔而廢銀，則銀爲中國無用之物，載鴉片以易中國無用之物，中國之民有不推以與之者乎。且鴉片之來，由於中國之民樂於吸食以自禍，而彼得貽之耳。不能禁樂禍之人，安能除貽禍之本。

兄榑曰：　此所謂毆銀出洋矣。

鈔利條論五

議者曰：　民間多用錢票會票，每遇錢莊歇閉，全歸無用，行鈔則絶錢莊之虧空，其大利五也。

論曰：　錢莊取富户什百千萬之銀，而其終悉化爲紙，則爲虧空。國家取百姓百千萬億之銀，而其始即化爲紙，獨非虧空耶。且今天下錢莊固不皆虧空也，行鈔然後虧空者衆矣。民間聞鈔法將行，惟恐錢票化爲廢紙，必争就錢莊取錢，旬日之間，遠近麕至，錢莊之大者猶可挹注，其小者猝不能應，不虧空何待。然則迫錢莊之虧空者，鈔也。

兄榑曰：　錢莊之失業猶可言也，貧民抱空票而婦子愁歎不可言矣。

鈔利條論六

議者曰：　百姓苦用銀之重滯，故樂於用票，易之以鈔，則順民心之所欲，其大利六也。

論曰：　今之會票，即古之交鈔也。交鈔之始，本以富民主之。其後富民不能償，變爲官鈔。而其不能償更甚於富民，至變爲孤鈔。鈔廢而後票興，民之樂於用票也，以其有交鈔之利，而無孤鈔之害也。今以無銀之鈔而易有銀之票，百姓之不樂甚矣，民心之不順甚矣。且天下事有不便於民者則當易之，民便用票，何以易爲。

兄榑曰：　錢票有輾轉相授不取錢者，銀票雖存本取息，亦須歲易其票。若會票則交銀於此，取銀於彼，從無空票，不知議者何緣視同孤鈔。

鈔利條論七

議者曰：　鈔法既行，然後禁打造銅器，而以重價收銅，銅既多，乃鑄錢爲三等，當百、當十、當一，則極錢法之精工，其大利七也。

論曰：　據條目所開，以鈔與大錢發與錢莊，則行鈔之始即需大錢矣。此言鈔法既行而後鑄，一何矛盾乃爾。

鈔利條論八

議者曰：　國賦一皆收鈔，則無火耗之加泒，其大利八也。

論曰：　鈔可當錢，則豈但無火耗之加泒而已，造百萬即百萬，造千萬即千萬，雖盡蠲天下之賦可矣，如不能何。

鈔利條論九

議者曰：　鈔文書明定數，雖欲上下其手而不能，則絶胥吏之侵漁，其大利九也。

論曰：　使胥吏而無所欲，雖暮夜投以金，亦將揮而去之。苟有所欲，雖鈔文判曰侵漁者斬，猶有所不顧也。夫舞文之吏，上下無方，彼固有明目張膽以取之者矣，豈一點一畫之所能縛其手乎。

鈔利條論十

議者曰：　鈔直有一定，商賈不得低昂之，則去民心之詐僞，其大利十也。

論曰：　前代之鈔直未嘗不一定也，商賈猶今之商賈也，然物重鈔輕，史不絶書，非低昂而何。借曰彼之鈔法未善，則如議者所開條目，一貫之鈔，其買諸官也虚其百，其輸諸官也浮其百，并不待商賈之低昂，而官已自低昂之矣。

兄榑曰：　今商賈用銀一兩只是一兩，用錢一千只是一千，銀錢互易，乃見低昂。鈔文一貫亦只是一貫，然能令商賈之必當千錢乎。

鈔利條論十一

議者曰：姦民倡邪教，蓄逆謀，類皆以財利要結人心，國家財用不絀，緩急有備，則戢姦回之逆志，其大利十一也。

論曰：倡教之姦民類皆游手無錢，其始固未有逆謀也，藉圖財利耳。既有財利，然後有逆謀，既有逆謀，彼烏知國家之財用不絀與否，而戢其志耶，况更以鈔爲財用，則宋金元之季所絀固非此物矣。

鈔利條論十二

議者曰：邊疆起釁，每因搶奪銀幣而然，今易以鈔，彼此無所覬覦，則弭邊界之生釁，其大利十二也。

論曰：歐略畜産，係累婦女，漢後邊釁多矣，何嘗以銀幣。近時野番屢有搶奪牧馬及蒙古牲畜之事，何嘗以銀幣。古公之告邠人曰，狄人之所欲者吾土地也。何嘗以銀幣。彼封豕長蛇，貪而思逞，其視畜牧銀幣也，婦女銀幣也，土地銀幣也。凡可覬覦搶奪者，舉銀幣也，何必銀幣。

兄棲曰：古公之皮幣犬馬珠玉即銀幣也，盡舉以予之，猶不能弭邊釁矣。

鈔利條論十三

議者曰：天下有銀若干，悉來易鈔，則供器皿之鼓鑄，其大利十三也。

論曰：明洪武禁用金銀，欲以重鈔，民猶重金銀而輕鈔。今行鈔之始，既未禁銀，則官自用鈔，民自用銀，何爲而易鈔。且恭儉之世所不足非器皿也，安用以銀爲器皿，安用取百姓家百千萬億之銀以爲器皿哉。

鈔利條論十四

議者曰：用銀有白紋、元絲、洋錢之不同，鈔則歸於畫一，則同天下之風俗，其大利十四也。

論曰：天下之風俗有大於白紋、元絲、洋錢者矣，白紋、元絲、洋錢不同，而同歸於銀，何害。

鈔利條論十五

議者曰：富家間以土窖藏銀，歷久不用，一聞變法，悉出易鈔，則去壅滯之惡習，其大利十五也。

論曰：天下之銀半已出洋，西北窖銀吾不知，東南則無矣。設果有之，則歷久不用之銀，彼方以不用爲用，又何爲而易鈔。

兄棲曰：非特不易而已，又將并其不窖者窖之。蓋以之取息於錢莊，則慮其没銀而還鈔。以之居貨，則慮官吏之强以鈔市也。

鈔利條論十六

議者曰：鈔式宜變從前，分爲幾等，大小鈔皆書印格言，俾民識字，則寓教民之微意，其大利十六也。

論曰：吾游京師，見錢票多有取《陋室銘》、朱柏廬《家訓》作細楷刻印其上者，嘗試舉以問車夫，則皆憆不知何語，至有并錢鋪之名號不識者，烏在其識字也。

鈔利條論十七

議者曰：貨物壅滯之處，以鈔收之，物價必平，則致百物之流通，其大利十七也。

論曰：歷觀行鈔之世，物重鈔輕，但聞鈔滯，不聞物滯也。

鈔利條論十八

議者曰：造鈔有局，辦鈔有人，且因財足而興水利、務開墾，則廣謀生之塗徑，其大利十八也。每遇賑恤興築，不假富户捐輸，則杜官吏之勒捐，其大利十九也。國計大裕，捐例永停，則清仕途之擁擠，其大利二十也。凡漕務、河務、鹽務，皆有積弊之當釐而不敢議者，恐經費不足耳。行鈔可無慮此，則除萬事之積弊，其大利二十一也。一切取民者從薄，予民者從厚，則行千載之仁政，其大利二十二也。

論曰：此皆鈔法盛行後事也。吾方論鈔法之必不可行，則此皆不足論，故存其目而以不論論之。

兄棲曰：明時省臣條陳十便，亦正如此，皆不足論。蓋以紙爲必可代銀，則事事見爲利。以紙爲必不可代銀，則事事見爲弊也。

（清）許楣《鈔幣論・造鈔條論》 造鈔條論一

議者曰：交子流而爲鈔。交子用以取錢，不必精工。鈔以代錢之用，則必極其精工。

論曰：鈔以代錢之用，此著書者之癥結，宜其視金銀銅舉無足以敵紙者，而鋭欲行鈔。夫天生五金，各有定品，銀且不可以代金，而謂紙可以代錢乎，弗思耳矣。

造鈔條論二

議者曰：鈔分七等：曰千貫，曰五百貫，爲大鈔。曰百貫，曰五十貫，爲中鈔。曰十貫，曰三貫，曰一貫，爲小鈔。

論曰：造鈔而至千貫，不知何以出之。夫一貫之鈔，其出之也，猶曰使民買以完納糧稅。然一轉手間，仍入而不出。千貫之鈔而欲出之，是必天下富商貿易之銀盡爲完糧納稅之銀而後可。

造鈔條論三

議者曰：今之會票，有至累千金者，故大鈔徑可造至千貫。

論曰：千金之票，欲金而得金。千貫之鈔，能欲錢而得錢乎。析而爲小鈔，則依然紙也。變而爲大錢，則五十步之鈔也。

造鈔條論四

議者曰：大鈔則用善書者，筆跡可驗，其餘則監造大臣皆自書名，作僞者必不能以一人而摹衆字。

論曰：趙董文祝之書，自非細心鉅眼，真以爲僞，僞以爲真。善書者尚不逮趙董文祝，而天下之細心鉅眼亦寡，焉得人人而辨之。監造大臣或歲一易焉，或月一易焉，或朝任而暮罷焉，其爲人多矣。以多人之字而散諸天下，其果若人書耶，未可知也。其非若人書耶，未可知也。又焉得人人而辨之。

兄棟曰：就令監造大臣久任不易，亦難皆自書名。國家歲入數千萬，以近日銀價每兩易錢二千計之，約需造鈔倍銀之數。監造大臣姓名，漢人或二字、或三字，滿人多有四五字者，假如造一千萬貫小鈔，姓名通算三字，其字三千萬。終日伏案疾書，人不過三千字，終歲纔百餘萬字。合三十人之力，竭終歲之勞，分署姓名，然後能盡書一千萬貫之鈔，况造鈔又不止千萬貫乎。

造鈔條論五

議者曰：欲作僞鈔，其難百倍於假銀私錢，特造佳紙，禁民間不得行用此紙，多爲印記，篆法精工，使人難於摹放。

論曰：特造佳紙，禁民間之不行用易，禁紙匠之不私造難。雖使禄之終身，不許出外，然天下紙匠非一，豈無同工。至摹放印篆，則更易矣。蘭亭之本可縮諸玉枕，不失一絲，况印篆硃多則汙，硃少則缺，重按則粗，輕按則纖，更非蘭亭比乎。

兄棟曰：乙巳夏在蘇州讞局，會審常熟民人京控該縣重徵一案。據黏呈串票數紙，將常熟印信比對符合，而漕書俱云實無此重串，迨後審明係原告人描畫印信，適有臬札在旁，令其當堂描畫。伊將筆管撕一篾片，隨蘸印泥點觸紙上，印文粗細缺蝕，絲毫不差。如所云多爲印記，篆法精工，正復何益。

造鈔條論六

議者曰：世或謂文沈仇唐之畫尚有僞者，然彼之作僞止圖儌幸以欺一二人。

論曰：此一二人者，雖非精鑑，亦必具眼，然猶不能辨而受其欺，况欲以蚩蚩之氓而人人能辨善書之蹟、印篆之文、監造之字耶。

兄棟曰：昔年在山左讞局，有吕姓黏莊票控告一案，票註貳百千，錢莊祇認貳拾千。弔查莊薄，實止貳拾千。細驗票上百字，一無補綴痕迹。圖記花板字蹟，分毫不爽，竟不能斷爲僞票。初疑莊夥舞弊，虚出貳百千之票，而書貳拾千於簿。研鞫至再，原告吐露真情。云以水洗去拾字，改爲百字。始猶不信，令其當堂洗改，次日持一白筆來，不知筆内有無藥水，即將原票千字用清水一滴，以筆掃洗，上下襯紙按吸，隨洗隨吸，至白乃止。世固有巧奪天工如此者，詎止欺一二人耶。

造鈔條論七

議者曰：造鈔約已足天下之用，則當停止，俟二三十年之後，再行添造，仍如舊式，不改法也。

論曰：宋金元之鈔，未嘗不欲足用而止也，而卒至增造無藝者，能足天下之用而不能足國家之用故也。自古開國之君，量天下之土地山澤之所入以制用，其始常寛然有餘。至後嗣，非甚不肖也，然水旱耗之，兵革耗之，宗禄慶典及諸意外冗費耗之，用度稍不足矣，勢不得不於常賦之外誅求於民。而行鈔之世，則誅求之外，惟以增鈔爲事。然不增則國用不足，增之則天下之鈔固已足用，而多出則鈔輕，而國用仍不足。宋金元之末，流弊皆坐此。今議造鈔足天下之用而止，而國賦一皆收鈔，則停造之後，收鈔有常數矣。使國家而無意外之費則已，有則安所取之，取之於添造必矣。然而天下之鈔非不足也，爲之奈何。

兄槤曰：多出數百千萬之鈔於天下，則天下輕之。多散數百千萬之金銀於天下，天下必不輕也。亦可見物之貴賤，皆其所自定，而非人之所能顛倒矣。

（清）許楣《鈔幣論・行鈔條論》 行鈔條論一

議者曰：以鈔與大錢發與錢莊，即禁其私出會票錢票。如領鈔及大錢滿一萬貫者，半年之後，覈其换銀若干，予以一分之利，止收銀九千貫之數。又以一分之利予百姓，止收八千貫之數。

論曰：鈔之罔民始此矣。錢票姑勿論，會票皆銀也，其數盈千累萬，禁票而行鈔，則錢莊收存豪商大賈之銀皆不復還銀而直還鈔。何也。還銀則不能短其一毫，還鈔則纍纍之銀，國家取其八，錢莊取其二，而豪商大賈雖有百萬之銀，一朝悉化爲紙，非罔民而何。民間以銀易鈔，猶可以九百買一貫，錢莊以鈔還銀，則直以一貫作一貫，故可取二分之銀。

兄槤曰：行鈔之令一下，則富民火速以催還銀，錢莊遷延以待還鈔，必然之勢。

又曰：此論會票之銀也，銀在錢莊手，故得取其二。若尋常存母取子之銀，則富户存於錢莊，錢莊亦分存於各鋪户，設各鋪户以銀向錢莊買鈔以還錢莊，則二分之銀，鋪户分其一矣。

又曰：設富户知錢莊之欲没銀而還鈔也，因謂錢莊曰：汝還吾以鈔，不過没吾銀什二耳。今吾願與汝銀什三，汝還吾銀什七。錢莊必欣然從之。若是則雖有大鈔不能易銀，而徒爲錢莊没銀之利藪矣。

行鈔條論二

議者曰：民以銀易鈔，在下令一年之内，準加一分之利與之。二年之内，加五釐之利與之。二年之外，照時價不加。

論曰：加以一分之利，則鈔文一貫而買之實止九百。甲有物而貨於市，其值千錢，乙以千錢償之，丙以鈔一貫償之。取乙之錢，則以九百買鈔，而餘百錢。取丙之鈔，則百錢之餘無有矣。將取乙之錢乎，取丙之鈔乎。是出令之始，而一貫之鈔已明示以止作九百之用，又何論二年内外一分五釐之紛紛哉。

行鈔條論三

議者曰：使民以鈔納錢糧及關税，又予以一分之利，如一貫之鈔準作一貫一百文用。

論曰：以鈔發與錢莊，既予以一分之利。民以銀易鈔，又予以一分之利。是於什之中損其二。復使民以鈔納糧税，而予以一分之利，是於什之外損其一。通計之爲什一分而損其三。國家歲入數千萬，一行鈔而什一分損其三，歲入頓少銀壹千餘萬。然且左手收銀於鈔局，右手收鈔於税局。鈔仍在官而不在民，民仍納銀而非納鈔，烏在其爲行鈔乎。鈔之所行，不過强以當廉俸，强以當兵餉，强以當吏役工食，持紙錢以適市，而市之閉肆者衆矣。

行鈔條論四

議者曰：使民以銀易鈔，既加以一分之利。以鈔完納糧税，又加以一分之利。是民陡獲二分之利也，誰不以銀易鈔。

論曰：今有富室積銀鉅萬，而計産完糧不過百兩，以百兩之銀易鈔以完糧，固陡獲二分之利矣。設盡以其銀易鈔，既非完糧，能以一貫當貫一乎。既以九百買諸官，能以一貫用諸市乎。二分之利安在，徒令鉅萬之銀悉化爲紙耳，誰肯以銀易鈔哉。

兄槤曰：完糧百兩，而獲二分之利，不過少完銀二十兩耳，在富室所得亦甚微矣。設以此二十兩易鈔，則二分之利亦化爲紙。

又曰：富室糧銀其不及百兩者何限，則所得更微。

行鈔條論五

議者曰：凡錢糧關税悉皆收鈔，一貫以下悉徵錢。

論曰：貧民錢糧滿貫者少，則利在大户。胥吏地保收貧民之錢易銀買鈔以輸官，則利在胥吏地保。國家歲入什一分損其三，而貧民曾未得其一豪也。

兄槤曰：正使滿貫，所獲亦無幾耳。議者屢以二分之利爲言，曾未計及此。

行鈔條論六

議者曰：國家行一小鈔，可得九倍之利。行一大鈔，可得十九倍之利。

論曰：取民九倍十九倍之銀，而償以丈尺之紙，國家利矣。其如民之不利何，民既不利，鈔必不行，九倍十九倍之利必不可得。

行鈔條論七

議者曰：隨處立辨鈔真僞之人，官給以禄。

論曰：紋銀也，洋錢也，一闤之市，必有能辨之者。千室之邑則夥矣，萬家之都則益夥矣。民有紋銀洋錢隨處可辨，亦隨人可辨，行鈔而官立辨鈔之人，立一人則止一人，立十人則止十人，勢不能如民間之夥也。而且在一處則止一處，名曰隨處，實不能隨處也。然而辨之必於此人，人必於此處，是率天下而路也。

行鈔條論八

議者曰：鈔各分省，通衢大邑設立官局，民以他省鈔至者，驗明換本省鈔行用。

論曰：是困天下之行旅也。余浙人，姑以浙之所至言之。由浙而至京師，甫出浙界，即所帶浙鈔不可用矣。由是而江蘇、而山東、而直隸，所在用鈔，必所在易鈔，勢必一易再易，至數易不止。且以銀易錢無適不可，以鈔易鈔，必於通衢大邑，則迂道他出不能矣，由徑取捷不可矣。其或阻風水雨雪昏暮，迫欲易鈔行用，而官局尚遠，當復如何。

兄棟曰：通衢大邑設一官局，以蘇省而論，商賈至者日無慮千百，悉來驗鈔易鈔，竊恐官局亦日不暇給。

又曰：民間會票錢票，即於票之出入暗中取利，又無抑勒之權，故隨時收付，略無留滯。設立官局，則局中人皆爲在官人役，其勢如虎，民以他省鈔至，不換則不可用，換則刁難勒索，控官所費愈大，不受其魚肉不止矣。

行鈔條論九

議者曰：五年或十年之後，鈔法盛行，則民間之銀不得更以爲幣，惟爲器皿、首飾賣買者不禁。私以銀爲幣者，亦不加刑，第没入其銀，以半賞告者。

論曰：天下之情僞何可勝防，有物於此，值銀一兩，有銀杯於此，其重一兩，因以杯市。推而至於十兩百兩皆然。將以其爲器皿而舍之乎，抑以其爲幣而没入之乎。而其真以銀爲器皿者，吾恐蠹役地棍之伺其後而執之也。

兄棟曰：國家歲入銀數千萬，十年即數萬萬，民間之銀無慮畢收於上矣。而鈔法又盛行，安得尚有以銀爲幣之事。十年之後，而民猶以銀爲幣，則鈔法之不行可知。

行鈔條論十

議者曰：十年或二十年之後，銀既畢收於上，則許商人以鈔易銀，打造銀器，止作半價用，不準爲幣。民間如有未换鈔之銀，亦止準其爲器皿。若以銀易鈔，亦止作半價用也。

論曰：凡物多則賤，少則貴，天下之銀一耗於漏卮，而再錮於府庫，則少極矣。不待十年二十年，其價之貴將不可思議，乃欲預懸半價之令耶。嘉慶時，銀每兩易錢八九百文，今漸增至二千有奇矣。吾又不知所謂半價者何價也。

兄棟曰：現在之銀價，尚日貴而不能使賤，烏能定將來之銀價。

行鈔條論十一

議者曰：欲行鈔，必先將條例播告天下，使人人知行鈔之利，又誓之明神，永不變法。按鈔法莫患於屢更，既不變法，則百姓自無疑懼矣。

論曰：條例一頒，即人人皆知銀之將變爲紙，斷無有以爲利者。永不變法，談何容易。夫宋金元之變法，非樂於變也，鈔有所不行故也。有所不行而務欲其行，則不得不變。變之而仍不行，則不得不屢變。而其不行也，以不利故也。非不利於上，而不利於下故也。苟上下皆利，則古人豈不知變法之不可耶，又何待誓之明神而百姓始不疑懼耶。

行鈔條論十二

議者曰：藏鈔皆用函，官庫及富家以黄金，貧者以石，則火不能災。

論曰：火熾而金鎔，屋塌而石碎，可若何。千貫大鈔，長尺而闊二三丈，卷之盈握，函加大焉。長過其卷，厚以分計，一函之費，約黄金三四十兩。以近時金價計之，可值千貫。以千貫之函藏千貫之鈔，鈔而可用，是函與鈔同價也。鈔而不可用，則以黄金藏廢楮矣。

行鈔條論十三

議者曰：行鈔之初，官俸悉加一倍，本俸暫予以銀，加俸悉給以鈔。

論曰：民間惟完納糧税乃用鈔，非重鈔也，以官之必欲收鈔，而又誘以二分之利也，外此無所用鈔矣。然而官有鈔俸，將强民以必用。京官無權，先取物而後償鈔，其勢必至於罷市。外官威重，抑配富户，責令出物與錢，不肖者或更責其出銀，否即脇以阻撓鈔法之罪。鈔之罔民自禁票始，鈔之厲民自增俸始矣。

兄槤曰：凡官欠民債，皆可以鈔抵矣。

行鈔條論十四

議者曰：商人與外洋交易，但準以貨易，不準以銀。如彼國以銀來，則令其先易中國之鈔，然後準其買貨。

論曰：銀不爲幣，但當慮其易鴉片耳，其他貨物何爲不許以銀。舉世皆憂彼以銀去，而此獨恐彼以銀來。異哉。

行鈔條論十五

議者曰：前代不善行鈔，由於單紙易壞。

論曰：元織綾鈔，非單紙矣。又造銀鈔，不易壞矣。而皆不行，何也。

行鈔條論十六

議者曰：鈔可易錢，錢可易鈔，何至視爲虛券。

論曰：大鈔皆虛券耳，惟小鈔乃得易錢。而一貫僅十大錢，百文僅十中錢。就令大錢、中錢可量易小錢，要之通計天下虛券無慮什九，實券不能什一也。

行鈔條論十七

議者曰：鈔有號數之可稽，有印章之可辨，盜賊取而用之於市，未有不立敗者。

論曰：劫鈔於此邑，用鈔於彼邑，比事主具呈報官，官據其號數印章移文他邑，則鈔已用於市，而盜賊之兔脱久矣，徒令胥吏執市人爲盜耳。

行鈔條論十八

議者曰：青苗之利取之百姓者也，故利有限而民受其害。行鈔之利取之天地者也，故利無窮而君操其權。

論曰：青苗之利，以錢取利也，民有不願領者，當時有司猶以抑配從事。行鈔之利，以紙取利也，民有不樂受者，今日州縣能毋以阻撓致罪乎。君操其權而民受其害，厲於青苗矣。

（清）許楣《鈔幣論・鈔幣雜論》　雜論一

議者曰：宋皮公弼言交子之法，必積錢爲本，此名言也。然今之時勢與宋異，百姓家有億萬之銀，國家造鈔以易之。民間所有之銀，即國家用鈔之本，豈必先務積銀也哉。

論曰：若是，則宋時百姓家非無億萬之錢也，國家非不造鈔也，民間所有之錢即國家用鈔之本，何不即以易之，而先務積錢也哉。夫百姓家有億萬之銀，而國家造鈔以易之，是以鈔爲易銀之本耳，何嘗以銀爲用鈔之本。而况宋不能以無錢之交子易民之錢，今安能以無銀之鈔易民之銀哉。吾不知今之時勢與宋異者何也。

雜論二

議者曰：宋孝宗以金帛易楮幣，藏於内庫，一時楮幣重於黄金。

論曰：楮幣不行，以金帛易之而重，吾見黄金之重於楮幣矣，未見楮幣之重於黄金也。且金帛取之於民，楮幣官所自有，孝宗何不以楮幣易金帛，而以金帛易楮幣。楮幣重於黄金，民間何不寶藏楮幣而甘易金帛也。

兄槤曰：楮幣而至於收，不待辭費而知其輕矣。

雜論三

議者曰：論者謂金章宗時，以萬貫老鈔易一餅。妄言行鈔則物價騰踊，不知物價之騰踊原不關於行鈔。漢董卓之亂，五十萬錢易米一石。石季龍時，金一斤易米一斗。此皆因米極少，非關用錢與金之故。

論曰：謂行鈔而物價騰踊，此論者不善立説之過。夫以萬貫老鈔易一餅，非餅之貴，乃老鈔之賤耳。董石之亂，則誠米貴，而非錢與金之賤也。

雜論四

議者曰：元順帝末年，以御酒龍衣乞糧張氏，亦可見當時所乏者糧耳，而鈔固未嘗不足，視明季之苦於無財者有間矣。

論曰：所乏者糧，則以鈔易糧可矣，安以御酒龍衣爲哉。獨不觀諸史乎，至正二十一年，置寳泉提舉司鑄錢，並印造交鈔。未幾，交料散滿人間，京師料鈔十錠不能易斗粟，所在郡縣皆以物貨相交易，公私所積之鈔俱不行。然則鈔固未嘗不足，而其無財與明季何異。

議者曰：明李雯言元有中國，鹽制獨爲詳密，一引之貴，至中統鈔二百五十貫。歲入之數，中統鈔七百六十六萬二千餘錠。以金計之，爲一千五百一十二萬二千餘金。鹽利之盛，極於此矣。案《元史》增至一百五十貫，與此不符。又中統鈔每兩貫同白金一兩，此以白金二兩當中統鈔一錠，而數又小有不符，當作一千五百三十二萬四千餘金。

論曰：一引之貴至一百五十貫，從《元史》。此與萬貫老鈔易一餅，雖相去懸殊，而情事正同。乃鈔之賤，非引之貴也。考《元史》中統二年，每鹽一引重四百斤，價銀七兩。至元十三年，改爲中統鈔九貫。其後累增。至延祐間，遂爲一百五十貫。幾十九倍於至元矣。又考大德中，官賣鹽四斤八兩，值鈔一貫，後乃至一斤一貫。議者極口元之鈔法，而物重鈔輕之弊如此，鈔課千萬僅當今銀課數十萬耳，何盛之有。

（清）彭翊《無近名齋文鈔》卷三《鈔弊論》 有明之末，省臣條議紙鈔，有十便十妙之説：一曰，造之之本省。二曰，行之之途廣。三曰，賫之也輕。四曰，藏之也簡。五曰，無成色之好醜。六曰，無稱兑之輕重。七曰，革銀匠之奸偷。八曰，杜盜賊之窺伺。九曰，錢不用而用鈔，其銅可盡鑄軍器。十曰，鈔法大行，民間並可不用銀，不用銀而專用鈔，天下之銀竟可盡入内帑。思陵嘉之，立命造鈔。嗚呼，彼其議論，雖三尺童子猶不可欺，而奏章形之而不怍，當寧聞之而深信，其君臣豈别有肺腸哉？利令智昏故也。夫鈔之法，可以權宜爲之，而不可以永久，可於草昧行之，而不宜於承平。何也？國家有大兵大役，猝須數百千萬，現在庫藏，既不敷於用，而豫徵賦税，又慮擾於民，於是造鈔以通變其法，而其散於民間者，許其爲賦税之供，關津之入，上發之而上收之，不强民以必行也。民間或以爲便，而通行焉，或以爲不足恃，而不行焉。上之人聽之可也，其實不過豫徵賦税，變其法以文之，無使病民耳。兵役既已，則有收而無造焉。

（清）葛士濬《皇朝經世文續編》卷四八《户政·錢幣·鈔幣議王鎏》 三代以上，君民相通，但有足民之事，更無足君之事，必百姓足而後君足，猶子孫富而父母未有貧者也。三代以下，君民相隔，既有足君之事，又有足民之事，且必君足而後百姓足，猶父母富而子孫亦未有貧者也。夫欲足民，莫如重農務穡。欲足君，莫如操錢幣之權。然而往往不能操其權者，何也。蓋自毁錢爲器，起於工匠，而利權一失矣。鉛錢私鑄，竊於姦民，而利權再失矣。外洋錢幣行於中國，而利權三失矣。銀價低昂操於商賈，而利權四失矣。錢票會券出於富户，而利權五失矣。今欲操錢幣之權，莫如禁銀而行鈔，而又盡去其弊，則國用常足而民財同阜矣。

請綜錢幣之源流論之。後魏高謙之曰：堯遭大水，以歷山之金鑄錢。湯遭大旱，以莊山之金鑄錢。夫古者分國而治，資於粟帛者重，而資於錢幣者輕，故非水旱要可不鑄。後人或以珠玉、龜貝、刀布爲幣，未嘗專以銀與錢也。鄭司農釋《詩》抱布貿絲，云：周人以布廣二寸長二尺，憑官司印書其上，以爲民間貿易之幣。此即行鈔所昉。漢武帝造白鹿幣，唐憲宗用飛錢，又爲行錢之漸，至宋張詠始行交子。宋孝宗以内帑金帛易楮幣，藏於内庫，一時楮幣重於黄金。沿及金元，皆用紙鈔。明初亦行寶鈔，至英宗有米麥折銀之令，弛用銀之禁。由是有出無入，而鈔遂不行。迨崇禎十六年，生員蔣臣奏行銅鈔，帝意欲用紙鈔，因流賊渡河，其事遂止。夫自宋迄明，凡行鈔四五百年。本朝順治中，亦嘗兼行鈔幣，苟其有害無利，安能行之如是其久哉。按明户部侍郎倪元璐嘗欲行鈔，其時省臣條陳十便：一曰造之本省。二曰行之途廣。三曰賫之也輕。四曰藏之也簡。五曰無成色之好醜。六曰無稱兑之輕重。七曰革銀匠之姦偷。八曰杜盜賊之窺伺。九曰錢不用而用鈔，其銅盡鑄軍器。十曰鈔行而銀不行，其銀盡實内帑。此十者，惟末二條立法尚未盡善。蓋鈔可用而錢不可廢也。銀雖可廢，宜仍散之民間爲器飾，而不宜盡實内帑也。其餘皆至論名言，無可疑者。而蒙細推行鈔之利，其實不止此。

如凡以他物爲幣皆有盡，惟鈔則無盡。造百萬即百萬，造千萬即千萬，則操不涸之財源，其大利一也。萬物之利權收之於上，布之於下，則尊國家之體統，其大利二也。外洋不得以其幣行中國，則動遠夷之畏服，其大利三也。姦民謀逆，類皆以財利要結人心，國家財用不竭，則消姦民之逆志，其大利四也。用銀有白紋、元絲、洋錢之不同，行鈔歸於畫一，則齊天下之風俗，其大利五也。鈔法既行，收銅以供鼓鑄，則極錢法之精好，其大利六也。鈔直既有一定，商賈不得低昂之，則絶民心之詐僞，其大利七也。富家或以土窖藏銀，歷久不用，銀益見少，今舉而變之，悉出易鈔，則去壅滯之惡習，其大利八也。鈔式宜變從前，分爲七等。大鈔書《孝經》，其次書印先正格言，俾民識字，則寓教民之深意，其大利九也。凡漕務、河務、鹽務，皆有積弊當釐，人不敢議者，恐經費不足故也。若行鈔，無難更定章程矣，則除萬事之積弊，其大利十也。國計大裕，捐例永停，即捐銜亦可無庸，則重朝廷之名器，其大利十一也。一切取民者從薄，予民者從厚，則行千載之仁政，其大利十二也。夫天下無不弊之法，而常恃有救法之人，而欲圖天下之大功，必先破衆人之論。人徒見宋金元明行鈔不能無弊，遂以爲不可行，不知皆立法未周之故耳。

今試言其弊之大略：一則單紙易壞，而不知裝潢糊裱也。二則式印苟簡，而不知宜鏤版精工也。三則鈔文但書刑律，無可觀玩也。四則印章不多，難於辨別也。五則中統鈔自二貫至十文，分爲十一等，太瑣屑也。六則中統鈔止於二貫，民猶不便也。七則鈔直二貫者止費錢三四文，資本太輕，紙幅狹隘，程式不精也。八則有司以出鈔爲利，入鈔爲諱也。九則民以舊鈔換新鈔，必增工墨費，每貫三分也。十則舊鈔行用，每至簡閲也。十一則鈔法屢更，使民疑也。十二則不鑄錢而錢日少也。十三則仍雜用銀也。十四則專利於上，而不能行惠於民也。十五則雖設嚴刑，而未盡防僞之道也。今誠能一一悉去其弊，則行鈔者宋金元明之法也，而所以行鈔者，固非宋金元明之法也，豈非理財之善策哉。嘉慶年間，翰林學士蔡之定曾奏請行鈔，然徒言行鈔，而不知去弊之方，則無以全收其利而不受其害，宜其議之不行也。夫自古有治人無治法，然苟有治人，必有治法。而立法之善，不過即弊法而去其弊，所謂勝者所用敗者之謀也。蒙嘗博觀載籍，徧訪通人，有言行鈔之利者，必與之深心商榷而究其理。有言行鈔之害者，必與之反覆辨論而窮其故。實見鈔法之行，利及百姓，而非止國家也。利及萬世，而非止一時也。故爲考證八，條目四十，問答二十，以破衆人之論。芻蕘之愚，俟有言責者擇焉。

原鈔之始

元何異孫曰：鄭司農釋《詩》抱布貿絲，云：周人以布長二尺憑官司印書其上，以爲民間貿易之幣。此用鈔之始。

按司農此條見《周禮》注，余初得之，謂可以證鈔法。後檢舊本《十一經問對》，則知何異孫已先我言之矣。今通志堂經解所刊《十一經問對》删去此條。

漢武帝時，禁苑有白鹿，乃以白鹿皮方尺，緣以藻繢，爲皮幣，直四十萬。王侯宗室朝覲聘享，必以皮幣薦璧，然後得行。

按一皮而直四十萬，其值太重。竊此意，止欲取王侯宗室之利，與民間無預也。

唐憲宗行飛錢，令商賈至京師，委錢給券，輕裝趨四方，合券取之。

按飛錢合券取錢，即交子之權輿。

宋太祖置便錢務，許商人投牒輸錢左藏庫，以諸州錢給之。

按此亦飛錢之意。

宋仁宗元年，置益州交子務。初，張詠知益州，患蜀人鐵錢重不便貿易，一交一緡，以三年爲一界而換之，六十五年爲二十二界，謂之交子，使富民主之。後富民稍衰，爭訟不息，轉運使薛山、張若谷請置交子務，以權其出入，禁私造者。帝從其議。立務於益州界，以百二十五萬六千三百緡爲額。

按商賈憚於重賫，交子之設，正以便民。今民間自行會票，則交子之用隱操於富户矣。

造鈔之法

《宋史》云：景定四年，以收買逾限之田，復日增印會子一十五萬。咸淳四年，以近頒見錢關子貫作七百七十文，公私擅減者，官以贓論，吏則配籍。五年，復申嚴關子減落之禁。七年，以行在紙局所造關子紙不精，命四川制使抄造輸送，每歲以二千萬作四綱。

宋高宗二十四年，金使置交鈔庫。金以銅少造鈔引，一貫、二貫、三貫、五貫、十貫五等，謂之大鈔。一伯、二伯、三伯、五伯、七伯五等，謂之小鈔。與錢並用。以七年爲限，納舊易新，諸路置官庫受之，每貫取工墨錢十五，公私便焉。宋理宗景定元年，蒙古行交鈔法。王文統立十路宣撫司，示以條格，欲差發辦而民不擾。鹽課不失常額，交鈔無致阻滯。遂行中書省造中統元寶文鈔，立互市於潁州、漣水、光化軍，交鈔法自十文至二貫文，凡十等，不限年月，諸路通行，賦稅並聽收受。仍申嚴私鹽、酒、鈔、麴貨等禁。

按金元用鈔之初，皆見其便。迨行之久，而其弊漸生。於是議更造，愈更造，而弊愈生，其故有由也。金之鈔初止十貫，而其後乃有二百貫至千貫者。元之鈔始止二貫，迨桑哥造至元鈔，自一貫至五十文，凡十有一等。每一貫視中統鈔五貫文，是方尺之紙直錢五十文也。武宗造至大鈔，凡十三等。每一貫準至元鈔五貫，是方尺之紙直錢五萬文也。先後輕重不倫，無怪乎視爲虚券，而不可行也。斯固由更法之弊，而亦創制之初未能斟酌至精也。然則欲行鈔者，必立法之始詳審精密，先求盡善，一定之後，更不改造，而後鈔可永行矣。

《金史》云：初貞元間，既行鈔引法，遂設印造鈔引庫及交鈔庫，皆設使、副、判各一員，都監二員，而交鈔庫副則專主書押搭印合同之事。又曰交鈔之制，外爲闌作花紋，其上横書貫例，左曰某字料，右曰某字號。料號外篆書曰僞造交鈔者斬，告捕者賞錢三百貫。料號衡闌下曰：中都交鈔庫，准尚書户部符，承都堂劄付，户部覆點勘，令史姓名押字。又曰：聖旨印造逐路交鈔，於某處庫納錢，更許於某處庫納鈔换錢，官私同見錢流轉。其鈔不限年月行用，如字文故暗，或鈔紙擦磨，許於所屬庫司納舊换新。若到庫支錢或倒换新鈔，每貫量剋工墨錢若干文。庫掐、攢司、庫副、使各押字，年月日。印造鈔引庫庫子、庫司、副使各押字，上至尚書户部官亦押字，其搭印支錢處合同，用印依常例。

按金之制鈔法亦備矣，惜其尚未知裝潢精工，使不至易壞也。至於命善書者書先正格言其上，富民而兼寓教民，不尤善乎。

《元史》云：世祖中統元年始造交鈔，以絲爲本。每銀五十兩易絲鈔一千兩，諸物之直並從絲例。是年十月又造中統元寶鈔，其文以十計者四：曰一十文、二十文、三十文、五十文。以百計者三：曰一百文、二百文、五百文。以貫計者二：曰一貫文、二貫文。每一貫同交鈔一兩，兩貫同白銀一兩。至元十二年添造釐鈔，其例有三：曰二文、三文、五文。初鈔印用木爲板，十三年鑄銅易之。

元至大四年，罷行至大銀鈔、銅錢。楊朵法曰：法有便，不當視立法之人爲廢。置銅錢與楮幣相權而用，古之道也，何可遽廢耶。言雖不用，時論是之。

按以鈔爲不可廢，以錢鈔爲宜兼行，自是確論。

元順帝十年欲更鈔法，吏部尚書偰哲篤迎合宰相脱脱意，請以鈔一貫文省權銅錢一千文。國子祭酒吕思誠曰：中統、至元自有母子，豈有以故紙爲母，而立銅爲子者乎。又曰：錢鈔用法見爲一致，以虚换實也。今歷代錢與至正錢、中統至元鈔、交鈔分爲五項，慮下民藏其實而棄其虚，恐不爲國家利。偰哲篤曰：至元鈔多僞，故更之。思誠曰：至元鈔非僞，人爲僞耳。至元鈔人猶識之，交鈔人未之識，僞將滋多。偰哲篤曰：錢鈔兼行，何如。思誠曰：錢鈔兼行，輕重不倫，何者爲母，何者爲子。汝不通古今，徒以口舌取媚大臣乎。

按以鈔爲母，以錢爲子，鈔數多而錢數少，鈔以便總統之用，錢以便零析之用，此法未嘗不善。第當於立法之初，先定其規而慎守之。元世先廢錢不用，至順帝時，鈔法極弊之世，承仁宗罷行銀鈔、銅錢之後，而欲更法，宜其不可行也。偰哲篤誠未達時務，而吕思誠之言亦豈極至之論耶。

陸世儀曰：古有三幣，今亦有三幣。古之三幣，珠玉、黄金、刀布。今之三幣，白金、錢、鈔。古之爲市者，以其所有易其所無，皆粟與械器耳。粟與械器，持移量算，有所不便，於是乎代之以金，是金者所以通粟與器械之窮也，所謂大不如小也。物有至微釐毫市易，則金又有所不便，於是乎又代之以錢。錢者，所以通金之窮也，所謂頓不如零也。千里齎持，盗賊險阻，則金與錢又有所不便，於是乎又代之以楮。楮者，如唐之飛錢，今之會票，又所以通金與錢之窮也，所謂重不如輕也。識三幣之情，則知所以用三幣之法矣。

按此論三幣甚確，知重不如輕，則知鈔之不當廢矣。

高珩云：鈔法亦可救急，若大糧商税非鈔不收，則鈔法立行。上操利權，出不盡而用不竭，又安用朱提爲乎。唐法爲租爲調，元明開國之初，皆以寶鈔濟用，不專重金銀也。

究鈔之法

《宋史》寶祐四年臺臣奏川引銀會之弊，皆因自印自用，有出無收。今當拘其印造之權歸之朝廷，仿十八界會之造四川會子，視淳祐之令，作七百七十陌，於四川州縣公私行使。兩料川引並毁，見在銀會姑存，舊引既清，新會有限，則楮價不損，物價自平，公私俱便矣。有旨從之。

宋沈括曰：鈔法數易，富家不蓄鈔而蓄錢。

宋徽宗改四川交子爲錢引，新交子一千當舊交子四千，交子法大壞。

金趙秉文曰：比者寶券滯塞，蓋朝廷將議更張，而已妄傳不用，因之抑遏，漸至廢絶，此乃權歸小民也。自遷汴以來，廢回易務，臣愚謂當復置，令職官通市道者掌之。

金趙伯成曰更造之法：陰奪民利，其弊甚於徵之。

按前朝行鈔皆在開國之初，而行鈔無弊尤在一朝極盛之時。元始祖、明太祖皆開基之主也，宋仁宗、金世宗皆一朝極盛之時也，宋孝宗亦南渡後之盛時，成祖亦當明之盛時，故鈔法通行無弊。明莊烈帝當末年危殆之時，方思行鈔，尚何及哉。所以雖有倪元璐之才，終於不可行也。

本朝順治八年，行鈔貫之制。是年始造鈔一十二萬八千一百七十二貫有奇，自後歲以爲額，至十八年即行停止。

按前朝於銅錢之外皆兼以鈔爲幣，本朝始專以銀爲幣，鈔惟順治年間曾暫行之。後以國用充餘，遂行停罷。論者謂國初制鈔甚少，故暫行無弊。然苟斂散有術，制度精工，雖多造常行，亦可以有利而無弊也。

防鈔之僞

《宋史》趙開兼宣撫處置使司，疏通錢引，民以爲便。宣司獲僞引三十萬，盜五十人，張浚欲從有司議當以死，開白浚曰：相君誤矣。使引僞，加宣撫使印其上即爲真矣。黥其徒使治幣，是相君一日獲三十萬之錢，而起五十人之死。浚稱善，悉如開言。

按此亦權時善處之法，然僞引加印爲真，則當時立法之疎可見矣。固不若多爲印，特造佳紙，尤使之難於作僞也。

宋孫甫監交子務，或以僞造多犯法欲不用。甫曰：交子可以僞造，鐵錢可以私鑄，但嚴治之，不當以小害廢大利。

按甫之言，可謂通達國體。若因有作僞而廢之，是因噎而廢食也。

《宋史》高宗二十二年，立僞造會子法，犯人處斬，告者賞錢千串，不願受者補進義校尉。若徒中及庇匿者能告首，免罪受賞，願補官者聽。

《宋史》淳熙二年，宗正丞韓祥奏：壞楮幣者只緣變更，救楮幣者無如收減。自去年至今，楮價粗定，不至折閲者，不變更之力也。今已罷諸造紙局及諸州科買楮皮，更多方收減，則楮價有可增之理。上曰：善。三年，臣僚言：今官印之數雖損，而僞造之券愈增，且以十五、十六界會子言之，其所入之數宜減於所出之數。今收换之際，原額既溢，舉者未已。若非僞造，其何能致多如是。大抵前之二界盡用川紙，物料既精，工製不苟，民欲爲僞，尚或難之。迨十七界之便印，以雜用川杜之紙。至十八界，界則全用杜紙矣。紙既可以自造，價且五倍於前。故昔之爲僞者難，今之爲僞者易。人心循利，甚於畏法，況利可立致，而刑未即加者乎。臣愚以爲抄撩之增添紙料，寬假工程，務極精緻，使人不能爲僞者，上也。禁捕之法，厚爲之勸，厲爲之防，使人不敢爲僞者，次也。

按此論防僞之法極精切。

《金史》曰：高汝勵言鈔法務在必行，府州縣鎮各籍辨鈔人，給以條印，聽與人辨驗。隨貫量給二錢，貫例雖多，六錢即止。每朝官出使，則令體究通滯以通聞。

按欲防僞則必爲民間立辨僞之人，此法決不可廢。

《元史》林興祖至治中知沿山州，沿山素多僞造鈔者，豪民吴友文爲之魁。友文奸黠悍驁，因僞造致富，乃分遣惡少四五十人爲吏於有司，伺有欲告之者，輒先事戕之，前後殺人甚衆。興祖至官曰：此害不除，何以牧民。即張榜禁僞造者，且立賞募民首告。俄有告者至，佯以不實斥去。又有告僞造二人並贓者，乃鞫之，款成。友文自至官，爲之營救。興祖命并執之。獄具，逮捕其黨，悉置之法。

按鈔之利厚，民必思僞造。雖立嚴刑以禁之，而僞造者猶冀其事之不敗露也。若非立賞募告，則人以爲首告者損人而不利己，非素有仇怨，又誰肯爲之乎。興祖之治沿山，善矣。竊以爲僞造者既重其罪，凡親族鄰里知而不舉者皆當緣坐，而首告者必予重賞。凡官長能發覺逮治者，必立予遷擢。如是，則人皆畏法悦賞，而僞造之弊自絶矣。

重鈔之術

宋孝宗以内帑金帛易楮藏於内庫者四百萬，行於民間者僅二百萬，一時楮幣重於黄金。龔茂良奏：聞得商旅往來貿易競用會子，一爲免稅，二爲省脚乘，三爲不復折閲。以此觀之，大段流通。葉衡奏今諸處會子甚難得，宜量行支降行使。上曰：未可。向來止緣所出數多，致有今日之弊。今須少待徐議施行。上又曰：大凡行用會子，少則重，多則輕。

按孝宗謂會子少則重，多則輕，是誠然矣。然亦不患其出之多，而第患其入之少。苟收斂有術，則鈔亦流轉於上下而無窮，奚至於多而輕哉。

《宋史》云：高宗因論四川交子最善，沈該稱提之説謂官中常有錢百萬緡，如交子價減，官用錢買之，方得無弊。淳熙七年，以十八界與十七界會子更不立限，永遠行使。十一年，以會價增減課其官吏。

金明昌三年，敕尚書省曰：民間交鈔流轉當限其數，勿令多於見錢也。

按此亦同宋孝宗之意。

明昌中，宰臣奏：民間所以艱得錢者，以官豪家多積故也。在唐元和間，嘗限富家過五千者死，王公重貶没入，以五之一賞告者。上令參酌定制，令官民之家以品從物力限見錢，多不過三萬貫。

按唐制過五千者死，其法太重。富家多蓄錢，罰之足矣。鈔法行，恐民蓄錢而不蓄鈔，斟酌此法行之可也。

金承安二年，宰臣奏：舊立交鈔法，凡以舊易新者，每貫取墨工錢十五文。至大定二十三年，不拘貫例，每張收八文。既無益於官，亦妨鈔法，宜從舊制便。若以鈔買鹽引，每貫權作一貫五十文，庶得多售。上曰：墨工錢貫可收十二文，買鹽引者每貫可權一貫一百文。

按工墨費錢愈少，則民愈便。宰臣以爲有妨鈔法者，謬也。若一貫之鈔而權作一貫一百文，使民樂於用鈔，則可行。

金高汝勵曰：隨處州府庫内各有辨鈔庫子，鈔雖弊，不僞，亦可收納。去都邑遠之城邑，既有設置合同换錢，客旅經之，皆可相易。更慮無合同之地難以易者，令官庫凡納緡鈔者，受而不支，於鈔背印記官吏姓名，積半歲赴都易新鈔。如此，則緡鈔有所歸而無滯矣。

金泰和時，從遼東按察司楊雲翼言，以咸平東京兩路商旅所集，遂從都南例，一貫以上用交鈔，不得用錢。

又孫鐸言：民間鈔多，正宜收斂。院務税諸名錢可盡收鈔，秋夏税納正色外，亦令收鈔，不拘貫例，農民知之，則鈔漸重，可以流通。

按此三説皆所以使鈔之必行，或問行鈔可決信民之樂從否。曰：可。但當圖之以漸，而用之有術爾。蓋鈔之利厚，必分散於官與民，使各享其利，然後行鈔可常久不廢，此能使鈔必行之術也。

《日知録》云：洪武八年三月辛酉朔，禁民間不得以金銀爲貨交易。違者治其罪，有告發者就以其貨給之。其立法若是之嚴也。九年四月己丑，許民以銀鈔錢絹代輸今年租税。十九年三月己巳詔，歲解税課錢鈔，有道里險遠難致，許易金銀以進。五月己未詔，户部以今年秋糧及在倉所儲通其數，除存留外，悉折收金銀布絹鈔定輸京師。此其折變之法，雖暫行，而交易之禁亦少弛矣。

按既禁用金銀，所以重鈔也。而未幾即許民易金銀以進，是自壞其法也。顧亭林先生《錢糧論》謂不收錢而收銀，則河北之響馬必多矣。此可知用銀之弊易長盗賊，蓋錢貨重實，盗賊所取無多，則因而止者多矣。若用鈔則又輕而易藏，盗賊既不能知覺，又可多爲標識，則竊之必易於敗露，亦弭盗之善術也。夫以鈔之虚爲之母，以錢之質爲之子，子母相權，民已甚便，又何爲而必用銀乎。明初覬於用銀之利，故自弛其禁，而不知其長盗賊之風，啓謀財害命之端，卒至開礦殃民，而國用益以不足，此計之失也。

論鈔之用

《金史》曰：有司言：交鈔舊同見錢，商旅憚於致遠，往往以錢買鈔，蓋公私俱便之事，豈可罷去。

《金史》曰：濮王守純以下奏曰：自古軍旅之費皆取於民間，朝廷以小鈔殊輕，權更寶券，而復禁用錢。小民淺慮，謂楮幣易壞，不若錢可久，於是得錢則珍藏，而券則亟用之，唯恐破裂而至於廢也。今朝廷知支而不知收，所以錢日貴而券日輕，然則券之輕非民輕之，國家致之然也。不若量其所支，復斂於民，出入循環，則彼知爲必用之物，而知愛重矣。今徒患輕而即欲更造，不惟信令不能，且恐新券之復同舊券也。

按量其所支，復斂於民，自是善術，第患奉行之不力耳。

金宣宗問鈔法如何而通，劉炳對以斂散相權，則鈔法通。

元世祖嘗問太保劉秉忠錢幣之法，秉忠對曰：錢用於陽，楮用於陰，華夏陽明之區，沙漠幽陰之域。今陛下龍興沙漠，君臨中夏，宜用楮幣，俾子孫世守之。若用錢，不合於宜。於是絶不用錢。

按用鈔自有便處，然何必廢錢。劉秉忠不以正對，而爲此穿鑿之談，何也。

一、鈔分爲七等：曰五千貫，曰千貫，曰五百貫，爲大鈔。曰百貫，曰五十貫，爲中鈔。曰十貫，曰二貫，爲小鈔。大中鈔當今會票之用，小鈔當今錢票之用。

一、二貫以下無鈔，更鑄當百、當十大錢，以便民用。錢爲三等。

一、紙類甚多，造鈔務選佳紙，潔白光厚耐久者，既用造鈔，即禁民間不得買賣此紙，以防作僞。竊擬高麗紙佳者即可造，其劣者聽民間行用。

一、五千貫鈔用紙三丈，闊尺二寸。千貫用紙二丈五尺，五百貫用紙二丈，百貫用紙一丈五尺，五十貫用紙一丈，十貫用紙五尺，二貫用紙三尺。大鈔命善書者書《孝經》其上，真草篆隸俱可。中鈔半書半印，用先正文，如《原道》、《西銘》之類。小鈔用銅板印文其上，如《程子四箴》、《朱子家訓》之類，務極精工。

一、大鈔、中鈔裝潢成卷，小鈔亦糊褙行用，以防易壞。

一、大鈔、中鈔行用時或以金石木革爲函，小鈔以綃素爲函。

一、以金、玉、水晶、銀、銅倩好手雕爲五印，各掌官有之。又分三等，大鈔用大印五，中鈔用中印五，小鈔用小印五，以硃砂好印色印其上，違者罪之。

一、造二貫之鈔尤貴精工，必費本二百餘文。鑄大錢必極工巧，以防僞鑄。

一、行鈔先從京師起，以次漸及於各省，約數期年，然後徧及天下。

一、造鈔發於各省布政司爲印記，發於各府又爲印記，發於各縣又爲印記，發於錢莊，錢莊又爲印記，然後行之民間，則易於辨僞。

一、以大鈔、中鈔發與各銀號，即禁其不得私出會票。如領一萬貫鈔者，半年之後，覈其換銀若干，如已用完，則收其銀，如鈔十千貫之數，以一分之利與銀號。

一、以小鈔及當百、當十大錢發與錢莊，即禁其私出錢票。民以銀易錢，即以小鈔與之。如銀數不滿二貫有零者，則以大錢與之。半年之後，覈其所入銀數，而收其十之九，以一分之利與錢莊。

一、民以銀易鈔，在下令半年之内准加一分之利與之，一年之内加五釐之利與之，一年之後照時價不加。

一、民以錢易鈔，以鈔易錢，錢莊准取百分之一，不許多取。

一、鈔之出入，經吏胥之手，亦准取百分之一，但取之官，不取於民，如有勒索，嚴治其罪。

一、隨在設立辨鈔之人，官給以禄。

一、鈔既各分省分，易於稽察，又令通衢大邑設立官局，民以他省鈔至者，驗明，准其换本省鈔行用。

一、民以鈔納錢糧及關税者，二貫之鈔准作二貫二百文用。

一、小鈔行用既繁，雖糊褙尚不免易於霉爛，但辨其非僞，許將霉爛之鈔納錢糧關税，惟止作二貫用，更不加二百文。既納之後，解部焚毁，以免倒换之弊。

一、下令二年之後，鈔法通行，禁民間不得以銀爲幣，惟爲器皿不禁，私以銀交易者，没入其銀與物，以其半賞告者。

一、禁銀之後，募商人領銀開設官局，撻造銀器，以減半之價售於民間，使銀價益賤。民以銀易鈔者，亦作半價。

一、設立收銀之局，民間有賣銅器者，官爲重價收之，以供鼓鑄。禁絶撻造銅器之鋪，惟鎖鈕、樂器不禁，其餘銅器不准民間買賣。胥吏不得向民間搜括舊藏銅器，以致騷擾。

一、鈔貫文有一定，私減鈔價者有罪。

一、造鈔之後，必二十年然後添造新鈔。

一、監造官鈔時，不得刻減工費，以致不如程式，違者罪之。

一、僞造者斬決梟示，出首者賞鈔百貫，更籍犯人之産予之。胥役能捕獲者，亦如之。官長能發覺，立予遷秩。鄰族知情不舉首者同坐。如始係同謀而能自首者，免罪受賞。

一、各處官庫俱令積錢，如民間鈔多，即發錢收買，不令民間壅滯。

一、小民誤用僞鈔，更不加罪，惟更究其僞造之人。

一、民間藏錢，非典當錢莊字號不得過一千貫，如違禁，没入其錢十之五，即以五之半賞告者。

一、行鈔之初，内外官俸各加一倍，本俸暫與以銀，加俸悉給以鈔。俟鈔法通行後，官俸各加數倍，悉給以鈔。

一、書鈔之人予以重禄，如有官爵者，紀功遷秩。造鈔出力者，立予議叙。

一、行鈔之初，必加惠於民，蠲免逋欠，優卹耆老，以新天下之耳目。

一、地方官能奉行鈔法無弊者，必予加級紀録。

一、令學中稽察貧士給鈔周卹。

一、民有鰥寡孤獨及遇水火凶荒之災，皆發鈔賑給。

一、地方有水利當興及荒土可耕者，皆發鈔修治。

一、行鈔之後，關税、田賦、鹽課皆議減。

一、商人與外洋交易，准以鈔向沿海地方官局易銀去，及還，准以銀易鈔，出入之價如一，銀器不准載入外洋。

一、外蕃貢使入朝，欲市中國之貨者，准以銀易鈔行用，則外蕃亦重中國之鈔矣。

耕當問奴，織當問婢，錢幣當問商賈。予鄉里多富商大賈，故與精於會計者參酌事情，思其興利防弊之法，略備於此，非敢據史册陳言，徒侈書生之論也。

附鈔幣問答三十

或曰：國家之成法不可改。答曰：世祖章皇帝八年嘗造鈔，每歲十二萬，至十八年因國用充裕停止。則用鈔正所以復祖制，何嫌於改法。且語云利不百不變法，今行鈔視用銀豈止百倍之利乎。

或曰：天下方處全盛之時，若行鈔則示民以貧矣。答曰：苟財匱已極之世，雖欲行鈔而民不信。正惟當全盛之勢，而生齒日繁，經費浩大，《王制》所謂積三十年之通者，不可不豫爲之計耳。此乃所以開富足之源，安得謂示民以貧哉。

或曰：鈔乃末世之所用，恐不可行之。答曰：宋太祖始立便錢務，至仁宗時立交子務，正宋極盛之時。金元兩朝皆開國時用鈔，金世宗有小堯舜之稱，其時亦盛行鈔。明太祖開基之主，亦造寶鈔，至崇禎時欲行鈔而不及行。非鈔之有害於國也，而論者以爲末世之政，豈不冤哉。

或曰：恐僞造者多。答曰：既特造佳紙，多爲印信，鈔直重者又令善書者書之，則作僞者必先造僞紙，又刻印信，再摹字跡，有一不肖，其姦立破。較之私鑄錢、僞造銀，其難數倍。而又隨處皆立辨鈔之人，重法以誅作僞之人，重賞以獎告僞之人，則僞造自可息矣。

或曰：恐民不樂行鈔。答曰：今京師民間貿易皆用錢票，遠方商賈皆用會票，已不異於用鈔矣。間有錢莊歇閉，而票不能取錢，則民受其害，而民終肯用錢票者，以便易故耳。況國家所用之鈔，有散有收，永保無虞，錢可易鈔，鈔可易錢，便易之極，而民翻不樂從乎。

或曰：今錢漕一經胥吏之手，即有浮收。若行鈔，則弊更不可測。答曰：錢漕所以能浮收者，以每縣各分疆界也，故胥吏得以持權。若换鈔，則所設官局錢莊甚多，隨地可以换易，胥吏安得持權。且錢漕不許包完，故胥吏得以勒制小民。若以鈔納税，儘可託紳士代納，胥吏又安敢勒制之乎。又按錢漕之浮收也，彼亦有所藉口也，曰米色之醜也，解費之重也。若行鈔，彼又無所藉以爲名矣。吾正恐胥吏之無可作弊，而奉行不力，故加百分之一以予之，豈懼其侵漁乎。

或曰：銀與銅乃堅剛不壞之物，而鈔不可久。答曰：昔之造鈔，制度苟簡，故易於毁壞。今之造鈔，程式精工，紙料堅厚，大者裝潢成卷，藏之於函，可數百年不壞。小者裱糊行用，二貫以下仍用錢，則不至於甚繁，雖小鈔亦可十數年。即有霉壞，仍准其納糧充税，解部焚毁，可以免倒换之累，於民無損。若慮水火之虞，則以皮木爲函，可以入水不濡，以金石爲函，可以入火不熱，何易壞之有。

或曰：以楮爲幣，是以無用爲有用，近於欺民之術。答曰：銅之爲物，寒不可衣，飢不可食，聖人制爲錢，以奔走天下，是亦以無用爲有用也。設令三代上有紙，安知聖人不以之造幣乎。若必以有用爲幣，則有用莫如帛，然固不可以爲幣明也。

或曰：恐物價騰踴。答曰：物價之所以貴者，以物少而錢多也。今以鈔易銀，錢不爲之多，而物不爲之少，物價何以騰踴乎。

或曰：恐犯罪者多。答曰：僞造既難，則犯者自少。至於民之换鈔，既獲一分之利，彼自願從，朝廷未嘗强之使换也。蓋立法但禁僞銀，不禁藏銀，何犯罪之有。且從此而鉛錢、僞銀之弊絶，盜賊劫銀之風亦絶，則獄訟可省，而論者反慮犯罪者多，謬矣。

或曰：用鈔但利國耳，於民何預。答曰：國用既足，則官加俸，吏增禄，田賦可减，關税可輕，鰥寡孤獨皆養之，由是興水利，墾荒田，積義倉，修學校，使將天下無一夫之不獲，豈止利國已哉。

或曰：何不銀鈔兼用。答曰：苟欲兩利而俱存之，則銀與鈔必互相低昂，而其價不能畫一也，明之已事可徵矣。明初禁銀不用而鈔行，其後自弛其禁，而鈔漸不行，故必廢銀不用，而後鈔重也。

或曰：何不並錢廢之。答曰：既用鈔，則用錢之處自少，若必並錢廢之，則鈔必瑣屑而不可行也。

或曰：天下之銀盡收於上，民間不慮其空乎。答曰：銀既收於上，上亦無所用之，則當減價仍散之於下，使民間得爲器皿，但當嚴禁其爲弊耳。如是，則銀價必甚賤，而鈔益寶貴。此本齊高帝金土同價之意，而善用之者。

或曰：宋孝宗言行用會子少則重，多則輕。今準天下銀而制鈔，無乃太多。答曰：以天下論銀之行用，本慮其少，則以銀易鈔，適如其數。雖倍加之，尚未至於多而輕也。且必二十年後添造，自不患其日多也。

或曰：宋富公弼言交子之法，必積錢爲本。今行鈔而不以積銀爲本，安在可行。答曰：此又古今時勢之不同。古人以鈔代錢，相輔而行，故必積錢爲本。今則以鈔易銀，廢銀不用，安用積銀爲本哉。百姓有萬億之銀，國家造萬億之鈔以易之，民間所有之銀即國家用鈔之本，與宋之時勢異矣。

或曰：馬端臨言用鈔則下無犯銅之禁，今何以用鈔而復禁銅。答曰：必禁銅爲器方可絕私鑄私毁之兩弊，又不遽禁銅，而以鈔買之，則民亦樂從矣。較之賈誼七福之説，劉秩五利之議，更爲便易。

或曰：銀可分用，而鈔難零折。答曰：鈔既分爲七等，又有錢三等以佐之，亦何事其分折乎。

或曰：恐事涉煩擾，未免駭民。答曰：今天下簿書出納，律例科條，其事甚瑣，不聞厭其煩擾，豈以操天下錢幣之大權而可慮其煩擾乎。且因民之所利而利之，民又何駭。

或曰：中國既不以銀爲幣，銀必入於外洋。答曰：外洋欲市中國之貨，必先以銀易鈔，彼之銀有盡，而吾之鈔無窮，則外洋之銀且入於中國，而中國之鈔且行之外洋矣，豈慮銀之入外洋哉。

或曰：萬一國家復用銀，而不用鈔，豈不害民。答曰：天下既安於行鈔之利，後世必無廢鈔之事，正不必過慮也。

或曰：國家何不徑自行鈔，而必易民間之銀乎。答曰：以鈔易銀，非貪天下之銀也。蓋徑自用鈔，則銀歸無用，而富家之藏銀者受其害矣。惟以銀易鈔，則民之貧富適如其故，富者自不怨矣。

或曰：民以鈔虛銀實終藏銀而不易鈔，則何如。答曰：民之欲藏銀者，恐鈔有時不用耳。今若明示以歷久不改，彼百姓安肯舍目前現用之鈔，而藏不准爲幣之銀乎。

或曰：恐富家藏錢而錢少，則如何。答曰：宋金元鈔法屢更，故富家不蓄鈔而蓄錢，若一定不移，則藏錢繁而藏鈔簡，民又何樂爲此乎。且國家可倣唐時設立限制，使藏錢不得過多，自不至於錢荒矣。

或曰：設民以數萬之鈔盡欲易錢，則錢莊何以給之。答曰：大鈔惟准易小鈔，小鈔方准易錢，且民間藏錢不准過一千貫，又豈慮其難給乎。

或曰：顧氏《日知録》嘗極言鈔法不可行，通人之論，似不可違。答曰：顧氏見鈔之廢，以爲帝王之權有所不行，而不知特由於錢糧不收鈔之故也。且顧氏所惡者，宋金元明之鈔耳。今能盡舉其弊而去之，雖亭林先生復生，亦必以爲可行矣。

或曰：鈔行而財用足，則風俗奢侈，亦一弊也。答曰：沃土之民不材，理固有之。然加之以教，既富方穀，亦易爲善，豈反慮其足耶。

或曰：如此不幾於聚斂乎。答曰：所惡於聚斂者，爲其剥民以利國也。若鈔法則並未取民分毫之利，而民反受其益，豈可與桑弘羊之平準、王安石之青苗同日語哉。

或曰：恐奉行者不皆得人，雖良法豈能無弊。答曰：天下之法皆可以生弊，然立法之初必先求其盡善而後行，至其小小利害，又當隨時變通之，而大體卒不可改。但得賢者一二人操其權，則其下奉行之人又誰敢舞弊乎。

或曰：此外豈別無足財之策，何事行鈔。答曰：天下之財，止有此數，損上則益下，損下則益上。故計臣言富國之道，未有不病民者。司馬公所以言不加賦而國用足，必無之理也。惟行鈔則取之不盡，而非取於民也，實爲法之良者，第前人行之尚未能盡其妙耳。

《金史》云：有司乞罷七年釐革之限，交鈔字昏方換，而收斂無術，出多入少，民寢輕之。

按出多入少最是行鈔大病，鈔之所以輕也。況更有出而無入耶，至於鈔輕而議更造，則民病而鈔益輕矣。

金宣宗貞祐三年，胥鼎上言曰：今之物重，其弊由於鈔窒，有出而無入也。雖院務税增收數倍，而所納皆十貫例大鈔，此何益哉。今十貫例者民間甚多，以無所歸，故市易多用見錢，而鈔每貫僅直一錢，曾不及工墨之費，臣愚謂宜權禁見錢。自是錢貨不用，富家内困藏鏹之限，外（變）〔弊〕交鈔屢（弊）〔變〕，皆至窘敗，謂之坐化。商人往往舟運貿易於江淮，錢多入於宋矣。

按錢與鈔當相需爲用，欲重鈔而禁富家之多藏錢可也，竟欲禁錢不用，過矣。

《金史》曰：在官利於用大鈔，而大鈔出多，民益見輕。在私利於得小鈔，而小鈔入多，國亦無補，於是禁官不得用大鈔。已而恐民用銀而不用鈔，則又責民以鈔納官，以示必行。先造二十貫至百貫例，後造二百貫至千貫例，先後輕重不倫，民益眩惑。及不得已，則限以數年，限以地方公私受納，限以分數，由是民疑日深。其間易交鈔爲寶券，寶券未久，更作通寶，準銀並用，通寶未久，復作寶泉，寶泉未久，織綾印造，名曰珍貨，珍貨未久，復作寶會，訖無定制，而金祚訖矣。

按金之末造疲於用兵，雖使貨財山積，亦必不足於用矣。而急急屢更其鈔法，有何益哉。若以金之亡而歸咎於鈔之法不可行，是不揣其本而齊其末之論也。按在官利於用大鈔，在民利於用小鈔，此亦金之時勢使然。若天下承平，中外一家，商賈流通，則民亦甚便於用大鈔也。今之會票或萬或千，何不便之有乎。

《元史》劉宣言：原交鈔所起，漢唐以來皆未嘗有，宋紹興初，軍餉不繼，造此以誘商旅，爲沿邊糴買之計，比銅錢易於齎擎，民甚便之。稍有滯礙，即用見錢。尚存古人子母相權之意。日增月益，其法寖弊。

《明史》云：憲宗令内外課程錢鈔兼收，官俸、軍餉亦兼支錢鈔。是時鈔一貫不能直錢一文，而計鈔徵之民，則每貫徵銀二分五釐，民以大困。正德三年，以太倉積錢給官俸，十分爲率，錢一銀九。嘉靖四年，令宣課分司收税，鈔一貫折銀三釐，錢七文折銀一分，是時鈔久不行，錢亦大壅，益專用銀矣。

按宋金元用鈔皆與一代相終始，雖其間不能無弊，然未有廢鈔而不用者。獨明至中葉，鈔竟不行，何也？以銀幣盛用故耳。而銀幣所以盛，一壞於太祖，立法之初既禁用金銀，而九年復許以銀代輸租税，所以兩浙、江西、閩廣之民重錢輕鈔，至以錢百六十文折鈔一貫，而物價翔貴也。再壞於英宗即位，收賦有米麥折銀之令，遂減諸納鈔者而以米銀錢當鈔。弛用銀之禁，由是朝野率皆用銀，其小者用錢，而鈔壅不行也。邱濬云鈔法不可行，以用之者無權也。信哉。

《明史》鈔法自弘正間廢。天啓時，給事中惠世楊復請造行。崇禎末，有蔣臣者申其説，擢爲户部司務。倪元璐方掌部事，力主之，然終不可行而止。

按崇禎時國勢方殆，即欲行鈔，民安肯信之哉。所以當時識者皆追咎弘正間之廢鈔法也。使鈔法行而不以銀爲重，即萬曆時礦税之害，亦何自而興哉。

韓文公《策問》曰：今天下穀愈多而帛愈賤人愈困者，何也？耕者不多而穀有餘，蠶者不多而帛有餘，宜足而反不足，此其故又何也？

按此乃錢荒之弊，唐人用錢其弊如此，今天下用銀，能無銀荒之弊乎？欲救其弊，固莫如用鈔也。

《日知録》曰：唐宋以前，上下通行之貨一皆以錢而已，未嘗用銀。《漢書・食貨志》言：秦并天下，幣爲二等，而珠玉、龜貝、銀錫之屬爲器飾，不爲幣。孝武所造白金三品，尋廢不行。《舊唐書》憲宗元和三年六月詔曰：天下有銀之山必有銅礦。銅者可資於鼓鑄，銀者無益於生人。其天下自五嶺以北見采銀坑，並宜禁斷。然考之《通典》，謂梁初惟京師及三吴、荆、郢、江、湘、梁益用錢，其餘州郡則雜以穀帛交易。交廣之域，則全以金銀爲貨。而唐韓愈奏狀亦言，五嶺買賣一以銀。元稹奏狀言，自嶺南以金銀爲貨幣，自巴以外，亦以鹽帛爲交易。黔巫溪用水銀、朱砂、繒綵、巾帽以相市。《宋史・仁宗紀》景祐二年詔：諸路歲輸緡錢，福建、二廣易以銀，江東以帛。於是有以銀當緡錢者矣。《金史・食貨志》舊例銀每鋌五十兩，其直百貫。民間或有截鑿之者，其價亦隨低昂。遂改鑄銀名承安寶貨，一兩至十兩分五等，每兩折錢二貫，公私同見錢用。又云更造興定寶泉，每貫當通寶十五。又以綾印製元光珍貨，同銀鈔及餘鈔行之。行之未久，銀價日貴，寶泉日賤，民但以銀論價。至元光二年，寶泉幾於不用。哀宗正大間，民間但以銀市易。此今日上下用銀之始。

按銀之用始盛於金末，至明中葉而益盛，物莫能兩大，此鈔法之所以壞也。唐以前無鈔，尚不用銀，則既用鈔用錢，又何爲必用銀哉。

《日知録》云：議者但言洪武間鈔法通行，考之《實録》，二十七年八月丙戌，禁用銅錢矣。三十年三月甲子，禁用金銀矣。三十五年十二月甲寅，命俸米折支鈔者每石增五貫爲十貫。是國初造鈔之後，不過數年，而其法已漸壞不行。於是有姦惡之條，充賞之格，而卒亦不能行也。蓋昏爛倒换，出入之弊，必至於此。乃以鈔之不利而並錢禁之，廢堅剛可久之貨，而行輭熟易敗之物，宜其弗順於人情而卒至於滯閣。後世興利之臣慎無言此可矣。

按此一條，可知明初立法之未善。蓋金銀可禁，銅錢則豈可禁乎。亭林先生所以深惡鈔法者，不過以其昏爛倒换，出入之弊耳。今若以佳紙製造大鈔，選天下善書者書之，裝潢糊裱，行用時以函藏之，又何有昏爛倒换之虞乎。小鈔必自二貫起，則程式亦可精工，行用者必加慎重，而昏爛亦少。唐宋人字畫傳至今者有矣，豈以紙虞其易壞哉。又鈔之昏暗者准其納錢糧，則陰用倒换之法，而無其害矣。惜乎前人造鈔見未及此，恨不起亭林先生一質斯論也。

《日知録》云：國初民間所納官糧皆米麥也，或折以鈔布，百官所受俸亦米也，或折以鈔。其後鈔不行，而代以銀，於是糧之重者愈重，而俸之輕者愈輕，其弊在於以鈔折米，以銀折米，而世莫究其源流也。

此不善用鈔之弊，後人所宜鑒也。

《文獻通考》云：歷代多即坑冶附近之所置監鑄錢，亦以錢之置日輕，其用日廣，不容不多置監以供用。中興以來，始轉而爲楮幣。夫錢重而直少，則多置監以鑄之可也。楮輕而直多，則就行都印造足矣。今既有行在會子，又有川引、淮引、湖會各自印造，而其末也，收换不行，稱提無策，何哉？蓋直會子之初意非即以會爲錢，蓋以茶鹽鈔引之屬視之，而暫以權錢耳。然鈔引所直者重，只令商人憑以取茶鹽香貨，故必須分路。會子則公私買賣支給無往不用，且自一貫造至二百，則是明以之當現錢矣。又況齎輕用重，千里之遠，數萬之緡，一夫之力剋日可到，則何必川自川，淮自淮，湖自湖，而使後來或廢或用，號令反覆，民聽疑惑乎。

按此見前人行鈔分地之弊。

行鈔之功

宋張慤字伯誠，高宗爲兵馬大元帥，募諸道兵勤王，慤飛輓踵道，建議即元帥府印給票鈔，以便商旅，不閱旬，得緡錢五十萬以佐軍，高宗器重之。慤善理財，論錢穀利害猶指諸掌。《河間府志》。

按此見行軍時用鈔之便。

宋陝西河東顆鹽舊官自搬運置務拘賣，兵部員外郎范祥始爲鈔法，令商人就邊郡入錢售鈔請鹽任其私賣，得錢以實塞下，省數十郡搬運之費。《衍義補》。

按此見行鹽用鈔之便。

宋高宗時，錢端禮知臨安府，建言楮幣已行累月，合支官錢造會子。詔入都茶場置會子務，錢端禮爲六務，出納制用皆有法。

按鈔法亦在奉行之得其人，端禮亦善於立法者。

《宋史》嘉定五年，制臣劉光祖乃會總所以第六界新會五萬緡，令軍民以舊楮二而易其一，繼又令軍民以一楮半而易其一，又請於朝添給新楮十萬，軍民賴之。

元劉肅洛水人，擢正定宣撫使。中統新鈔行，罷銀鈔不用，正定以銀鈔交通於外者凡八千餘貫，公私囂然，莫知所措。肅建三策，一曰仍舊鈔，二曰新舊兼用，三曰官以新鈔如數易舊。中書從其第三策，遂降鈔五十萬貫。

按此良吏之能惠其民者，行鈔先以利民爲主，其次則不累民可也。

廣鈔之利

《金史》云：大定八年，民有犯銅禁者，上曰：銷錢作銅，舊有禁令，然民間猶有鑄鏡者，非銷錢而何。遂並禁之。十二年，上曰：金銀山澤之利當以與民，惟錢不當私鑄。今國家財用豐盈，若流布四方，與在官何異。

按《文獻通考》云：上無搜銅之勞，下無犯禁之苦，亦一便也。以此爲行鈔之利，然行鈔亦豈能全不用錢乎。既用錢，則必防私鑄私毀之弊，是銅禁仍未可弛也。要之用鈔之利，豈止於此。

李紱請嚴銅禁疏云：錢文入銅鋪之爐即化爲銅，而未化之前原係制錢，不可得而捕也。既化之後已成廢銅，又不可得而捕也。惟禁斷撻造銅器之鋪，則銷毀亦無所用，而銷毀之弊不禁而自除矣。今現在功令止禁黄銅，未禁白銅與紅銅也。議者以白銅非制錢所用，不知今之所謂白銅皆黄銅也。議者以紅銅非制錢所化，不知今之紅銅皆黄銅也。銅爲錠鏁，煑以藥水，可爲假銀，豈不能爲白銅。嘉興洪爐以藥水染之作古銅色，豈不可充紅銅。故臣謂今所行紅白銅皆黄銅也，臣請自鑄鏡及樂器而外，一切撻造黄銅、白銅、紅銅之鋪盡行禁絶，犯者發充邊遠，則國寶流通矣。

户部尚書海望奏言：錢文爲民間日用所需，近年以來鼓鑄無缺，價直昂貴，建議者莫不多求禁銅之法，而奉行不善易滋弊竇。夫銅器久布民間，一旦禁之勿用，則其情不便，胥吏借此需索，刁民借此訛傳，得賄則賣官法，不得則入人罪。搜括難盡，用法不均，其弊一也。民隱既難上聞，有司未必皆賢。民間交納銅器或有侵蝕扣剋僅得半價者，或有除去使費空手而歸者，名爲收銅，實爲勒取，其弊二也。此等銅質本極粗雜，加之銷壞，一經錢局鎔化，折耗甚多，所得不償所失，其弊三也。又況黄銅乃係紅銅、白銅配搭而成，是以百萬斤之黄銅器皿，其中即有紅銅五十六萬斤，今禁黄銅而不禁紅銅，是較之未禁之先銅又多費，而適以昂其價直，速其私毀。故既禁黄銅之後，白銅甚多，皆姦匠銷毀制錢，攙藥煑白，以成器皿，其弊四也。

按禁銅之令自古行之，漢賈誼以爲七福可致，唐劉秩有五利之説，考之前史，並申禁令。若我朝銅産豐饒，礦冶之利自足以流轉而不窮，原無藉民間所有之銅以充鼓鑄。然欲絶私鑄私毀之源，不得不嚴銅器之禁。雍正四年，嚴禁造用黄銅器皿。是時每銅器百斤官給價銀十一兩九錢而贏，鑄錢除工料外，以每串爲銀一兩計之，實止得八兩四錢有奇。故同一禁銅也，古者專欲爲利於上，而我朝之暫行於一時者，專欲止弊於民。海望請罷銅禁，恐其擾累於民，然苟能嚴飭官吏，何至累民。且行之數年，銅器收畢，胥吏亦無可騷擾矣。至於黄銅能變而爲白銅，自當並紅銅、白銅而禁之，不當因此而並黄銅罷之。海望、李紱二疏，論者終以李疏爲是。

邱家穂《銅鈔議》曰：錢法之所以壅滯不行者，非患其太簡而失之重，即患其過繁而失之輕也。要存權爲母子之制，而簡以統繁，繁以分簡，俾其輕重兼行，以相爲流通而已矣。今天下之錢，大率準於漢之五銖、唐之開元，而無前代甚輕甚重之患。然猶慮其勢日趨於輕而不足以爲重者，以其一文僅當一釐之用，繁而不簡，分而無統，而子母之制不立故也。竊見自漢武令諸王侯制白鹿皮爲幣，而後人易以楮，至宋元明三朝始有交子、會子、寶鈔之法，皆自一貫至百千貫，以代現錢之用。究其爲製，不過方尺之紙印文其上，而可以易數十百錢之物，其費省於錢十倍，而利用無疆，又不啻過之。顧楮之爲弊也，用勞而易毀，質薄而難全，而其上刊有定式，專視區區之印文以爲照驗，即使製造者極其工緻，而傳染未幾，已歸於斷爛，而不可以復辨。上之人始不得已屢取而更造之，而新陳出入之間動多詐僞，抑勒不可禁止。如前明行寶鈔法，每一貫準錢一千、銀一兩，曾未及中葉而已。漸輕漸減，其後一貫之鈔，不足抵一二文之用，竟以字跡漫滅濫惡不堪而罷。蓋以累朝數十百年之永利，而終莫之能守者，由此故也。竊謂鈔法之廢久矣，苟欲神明變通而爲可久之計，固不必襲紙幣之虚名，亦不當用虚薄易爛之紙。莫若取白銅之精好者銷鑄爲鈔，如今之錢式，而稍加重大，鏤以文字，面曰康熙寶鈔，背曰準五、準十之類，以至準百爲止。而其孔中則别之以圓，取其内外圓通流行錢法之意。要使内局自鑄，定爲一式，輕重纖毫不容增減，以杜僞造之弊。用是雜行於散錢之中，有鈔爲母，以統錢之繁。有錢爲子，以分鈔之簡。既不若前明寶鈔之易爛，而又可收宋元交子、會子之用。其亦庶幾古人作輕重之意，而足以救古人錢法之靡也歟。

按銅鈔與古人之鑄大錢無異，此法非嚴禁銅，立造僞之賞，殆不可行也。且至於當百而止，則民猶未便，豈若紙鈔之無窮乎。彼特患霉爛耳，不知易於霉爛者因其製作苟簡，而行用多也。若鈔值既重，則行用較少，儘可裝潢成卷，藏之以函。又豈患其易弊哉。且既行紙鈔，又可兼鑄當百大錢也。

陸世儀曰：今朝廷用錢，每便於發不便於收，此由純用小錢，無子母相權之法故也。愚謂今後官民交易勢當用錢者，小錢難於個數，竟用當十大錢，出入瞭然，無耗損兑折之弊，亦一法也。又曰宜於各處布政司或大府州處設立銀券司，朝廷發官本造號券，令客商往來者納券取銀。出入之間，量取路費微息，則客商無道路之虞，朝廷有歲收之息，似亦甚便。

高珩曰：鑄當十、當百之錢，則可以輕齎而遠行矣。

按鑄大錢、設銀券，皆與鈔法相輔者也。若既行鈔，而復鑄當百之錢，則鈔可自二貫起，而二貫以下悉用大錢，百錢以下，悉用小錢，不患於零折之難矣。又造百貫以上之鈔，即可當銀券之用，而得古人飛錢之遺意。以鈔收買民間之銅，而鑄錢極其工巧，則私鑄者無利而自息。鑄大錢者，尤必選最佳白銅，鏤爲龍鳳文，費本與價直略相當，則私鑄無利。禁民間行用銅器，則私毁者無所售而亦自息。此誠利國足民之要務也。財用既足，則仁政可以次第舉行矣。瑬嘗擬時務策十數篇，觀者頗不以爲非。後閲諸書，則前人多有先我而言者，特所論有詳略耳，因不欲存，惟鈔法一事，疑者十人而九，前人亦罕有論及此者。陸中丞《切問齋文鈔》、賀方伯《經世文編》僅載銅鈔之説，而於紙鈔之利則未之及，故詳考諸書，反覆思維，求其有利無害之方，著爲此編，以就正四方有道焉。

（清）陳忠倚《皇朝經世文三編》卷三三《户政·錢幣·變通交鈔以齊風俗陳虬》 國家聲教遠訖，琛賮來朝，比户可封，固宜道一而風同矣。乃錢法反錯出而無統，虬甚惑焉。用銅其正也，而晋閩間或有徑用鐵錢者，當一其正也。而直東兩省則有當二、當十之目，名雖當二，實止當一。京錢雖稱當十，其實亦止當二。至攙和私鑄，私鑄則有白板、砂壳、剪邊、新砂、鵞眼等名目，甚有用粗劣厚楮染以砂油攙夾行使者，此事頗駭聽聞。留底短陌，自古有之，今則千文有扣去六文者，有或扣十文者，甚有二十文、三十文不止者。折扣大錢，南省錢凡三等：有净錢，即制錢也。有通净，有通錢。制錢則有九折或有八五折者。則又郡異而縣不同。

至於銀一也，而有紋銀，一曰高銀。松江銀、規銀、對沖銀，紋銀爲最，松江次之，規銀則但據以入算，對沖則市鋪所作售僞介乎錢銀之間。又有所謂番錢者，來自外洋，故又曰洋錢。流入内地，歲耗不貲。唯浙東間用坤洋，係台人趙坤呈準開鑄，然僅行之鄰近數郡，出省則廢。此外名目則有鷹洋，面作鳥形，亦曰鳥洋，本出美國，故稱英洋。或云出墨西哥國，未知孰是。蘇净，即花邊洋。本洋，即鬼臉番。日本洋，正書年號。開洋，即小洋錢，有對開、四開以至十六開者。糙洋，即各洋打戳者。刮洋挖刮太甚，有重僅四錢者。等項，又有夾銅、啞板諸雜洋，悉數不能終。江南則向行蘇净，安徽則獨用本洋，糙刮僅可施諸甌閩，雜洋但可行於滬瀆，此爲異也。銅錢銀洋之所籍，以權輕重者等子也。乃京師所用之市平視庫平每兩弱四分，山東所用之濟平視庫平每兩弱一分六釐，是濟平又強於市平二分四釐也。至於漕平、規平、蘭平、川平、湘平、廣平諸目，紛歧雜出，閩中則有福建等平。又無能一一數矣。客行賫千金馳萬里，稍不留神核計，南北往返數月後，囊中物無事而坐耗其半矣。此亦今日病民之一大端也。

虬愚以謂，天下大計，當令直省開鑄當一大錢，楊石帥督閩開印，以八分五釐爲率。與通行銀蚨，近張香帥督粤，面以雙龍爲號。而官設鈔庫以濟銀錢之窮，李爵相曾有官銀號之議，爲言者所阻。虬謂鈔票之議終當舉行，萬一度支偶絀，接濟未前，大可持此以爲挹注之原。况順治八年亦嘗每歲造鈔十二萬，後以國用充裕而止。咸豐初年，京秩亦嘗搭放鈔票，此皆祖制成案之歷歷可徵者。所行等碼一以庫平爲準，度量准此。似亦同量衡之要舉也。然兹事重大，非倉猝所可言。請遵户部開源節流二十四條中令匯兑號商給帖與陸桴亭之議，札飭各州縣及碼頭較大舟車孔道之處設立官銀號，而派委以主其事。陸之言曰當於各處布政司或大府州縣處設立銀券司，朝廷發官本造號券，令客商往來者納券取銀，出入之間，量取路費微息，則客商無道路之虞，朝廷有歲收之息。桴亭，本朝之賢者也，其言如此，則虬之説庸亦有可採者乎。

虬謂今日理財之法有三，有商賈橫取之利，有官吏中飽之利，有國家隱伏之利，此皆於下無損而有益於上。今一孔之儒突聞理財之説，便以桑孔相訴，朝廷安望有振興之日乎。又嘗綜論中西大勢，以爲富強之道，利權二者而已。太西實能搜其利於權之所不及，權在而利愈興。中國不能行其權於利之所在，利散而權將替，富強權利之間，天下之大局繫焉。蓋帝王所貴者宅中治外，轉移天下之利權，調之使平而已，無所私，如是而已。公誠行之一省而效，將請旨飭下各直省畺臣一例奉行，則國寶流通無遠勿届，有不鼓舞驩欣共慶大同之盛哉。

（清）陳忠倚《皇朝經世文三編》卷三三《户政·錢幣·錢幣中西變通以求利濟論李經邦》 古無所謂鈔法也，惟有銀錢而已。銀錢實鈔票虚，故鈔法往往不能通行。鈔法之議創自前明，崇禎間流寇蠭起，軍餉與國用兩形支絀，於是議行鈔者遂有九妙十便之說，嗣因閩獻二寇渡河，法遂不果行。我朝（廷）〔定〕鼎，國富兵強，故鈔法卒不議行。迨咸豐初葉，髮逆猖狂，其時用款浩繁，度支日絀。部臣揆維國計，不得已亦議行鈔法，遂臚陳史策，行鈔法之責成鹽商，行之於民，而民卒不受，亦不克行。夫以聖主有馭天下之權，經廷臣反覆之議，取前代無弊之法，設平易便民之政，而終不能行，反不若市井駔儈者，流通行錢票，反能轉相授受，未嘗有所窒礙阻滯也。雖然，鈔法之所以不行者，其故亦有數端，請略舉之。

議用鈔法者曰：鈔法行，而民間貨賣可以不用銀，天下之銀可盡入內庫。誠如此，然則天下銀價必至飛漲，現銀之價過於鈔票，則鈔法又安能行乎。其不能行者一。又曰：鈔法行，而民不用錢而用鈔，其銅可盡鑄軍械。誠如此言，民有鈔票而無所取錢，則鈔票廢而難行矣。其不能行者二。有此二端，則鈔法又何怪其不行耶。

然則鈔法終不能行乎，非也。欲鈔法之行，必使民知鈔票與銀錢無異而後可。昔之議行鈔法，皆以鈔法較銀錢爲有異，故終不克行耳。在部臣雖亦示天下以大信，而某處發鈔若干，某人發鈔若干，或配搭某項經費以出之，或分派某業店鋪以用之，其領鈔票者欲支取而無從，欲繳還而不准，是部臣雖以信示天下，而部臣先視鈔票較銀錢爲輕，則民又安肯領此無用之鈔票乎。今不欲行鈔票則已，苟欲行鈔法，則非變古制、參西法不可。參西法奈何，曰惟有設立官銀行而已。太西之創立銀行也，自英人約翰拉烏始，而後人之祖其法以業銀肆者日多一日。其發行鈔票悉由政府主其權，每歲行中存本之多寡與鈔票出入之數皆足以相抵，故每一行中所出鈔票動至百數十萬。設使商人以空票取現銀，無不立畀，滙單雖遠至數萬里外，刻期無誤。如有折閱倒閉，存款鈔票例必照數賠償，故能通於四海，行之百年，毫無弊竇。商民視鈔票與現銀無異，且較銀爲輕便，故無不信從。

中國欲行鈔法，必須設立官銀行，先由各省藩庫撥存款項頒印鈔票，仍令巨紳富商承充入股，各具迴環互保甘結，聲明爲首幾人，各出資本若干，議招股分若干，稟明督撫，咨部立案，頒發部照。其銀行則照西國公司之例，以有限、無限爲別，有限則罄其行中之本銀爲止，無限則於本銀既罄之外，各股東再糾現銀以至欠票歸清爲止。每歲由藩司查核，銀行印行鈔票流用於外者若干，本銀存儲於肆者若干，必使行鈔與存本適足相抵乃可。否則，再行科本。查核之後，刊示日報，俾遐邇咸知，商民自信而不疑矣。至通行之鈔票，或一省歸一省辦理，以示限制。或遇有官銀行處即行給付，無區畛域。凡有錢糧，官行準其以鈔票輸納，不許分毫折扣阻撓，倘有舞弊營私者，准持票者稟控，訊明從重究辦。至銀行中之事權，亦宜仿照西例，不得以總辦握其柄，其法由各股東公舉董事十二人，各董事公舉總幫辦各一人，必其人有若干股分始准保充董事，而總幫辦亦必有股分若干爲質，始爲合例。有事則董事會議，而會議之從違以董事大半爲斷，總辦一人不能自專。董事之人或指駁帳目，或查核銀數，均無人敢阻，即總辦之去留，亦惟衆論是聽。如是則總辦受成於各董事，各董又受成於各股東，層層鉗制，事事秉公，自然弊無由生，可以行之百年矣。

銀行既立，鈔法以行，一旦國家有事，國債即從衆而出。蓋太西諸邦所設銀肆有公有私，與國用相表裏，國用不足即可貸諸銀行，於是國債興焉。國債者，所以濟國用之窮，每歲子母相權，其利仍歸之民而不外溢，上下皆有裨益。較之向鄰邦告貸者，其孰得孰失，不待智者知之矣。至窮鄉僻壤不能設銀行者，則由殷實之錢莊票股存儲銀行，由銀行中按其輸貲之多寡給予鈔票，令其轉發，以期通行廣遠。誠如是，則鈔法尚有不行者，吾不信也然。

鈔法雖行，若無現銀以輔之，則仍不能行之久遠。欲鈔法之久遠通行，則非鑄銀元不可。西洋各國無不各鑄銀元，其名目輕重亦不一。法曰佛郎，重一錢二分半。英曰先令，重一錢四分。小者曰式本士，重三分五厘。又上中銀錢曰福老倫，重三錢八分。俄曰羅卜，重五錢。奧曰果而登，約重三錢三分。意曰以里克，重一錢四分四厘。葡曰以密而來斯，重七錢七分三厘。土曰以掰亞斯忒，重三錢。埃及曰以奪洛爾，重七錢二分。荷曰果倫，重三錢八分。瑞曰以烈他斯拉，重二錢。巴西曰以密耳來斯，重三錢八分。美秘二國曰莎羅，重七錢二分。印度曰路界，重三錢二分。小者四分之一，再小者八分之一。各國所鑄既不相同，則中國亦不必步其後塵。去年廣東所鑄之龍泉，其花紋輪廓均極精緻，輕重亦甚合宜，苟能推廣行之，於通商口岸設局招匠，廣爲鼓鑄，不特可輔鈔法，且可奪洋人之利，豈不一舉而兩得哉。或謂外洋之錢金銀並鑄，蓋以取金者輕而易舉，出門便於取攜也。今中國亦宜兼鑄金元，俾與銀者並行不悖。愚謂不然，銀元所以輔鈔法，如欲便取攜，則鈔票不較金元尤便乎。是中國不必鑄金元明矣。

總之，欲鈔票之行，必示天下以大信。大信奈何，曰視鈔票與現銀無異而已。輸納則見票即收，銀行則憑票立兑，信能行此二者，則鈔與銀何異，藏票與藏銀又何異，夫而後不求民信而民無不信矣。民信既立，則國之富歸諸公，民之財藏諸君，家之實通諸國，下足而上無不足，又何患富强之不能持久也哉。

《大清法規大全・財政部》卷八《錢幣・度支部通查行號銀錢票咨文》 通阜司案呈本年六月間本部釐訂限制官商銀錢行號票紙暫行章程二十條，奏蒙允准咨行，並咨催按表填報在案。茲准各省督撫陸續送到該省官銀錢號發行數目等項，本部已分別核辦，各予存案備查。惟商設行號林立，發行票紙向無稽察，一遇虧倒，全市震動，小民受害甚酷，其爲幣制前途之害，更不待言。自上年本部奏定銀行則例以來，迭次催令此種行號備資註册，以便稽察而維市面。比年新開行號呈請註册者固屬不少，而舊設者多未補請。查暫行章程第五條限於文到六個月內，凡發行銀錢票之行號，均須呈請地方官報部註册，逾限則由地方官分别處罰。現在限期將屆，除京師由商會彙總呈請註册四十六家外，餘均應由各該地方官會同商會紳董，按照此次發出第一表式，迅速查明報部。其開設有年，准其暫仍發行票紙者，應飭照第二表式自行填註各節，呈由該地方官報部，分別註册立案。如仍因循玩視，一踰限期，即當勒令將票紙全數收回，並查照暫行章程第十八條辦理。各地方官遇有呈請註册立案等事務，宜遵章迅辦，不得留難壓擱，以恤商艱。相應咨行轉飭各該地方官切實遵辦，並將部文表式暨前咨暫行章程二十條刊印成册，轉知商會紳董，並通飭銀錢行號一體遵照。

《大清法規大全・財政部》卷八《錢幣・度支部奏釐訂專章限制官商銀錢行號濫發票紙摺並清單》 竊查東西各國發行紙幣，大都統其權於中央政府，委其事於國家銀行，間有採用多數銀行發行之制者，而印刷必由官廠，準備必交國庫。其他限制數目，抽查虛實，防微杜漸，督察綦嚴。至若與紙幣類似之物，如支條、期票、匯票等類，各國皆立專法，以示與紙幣之區別。其不載人名期限之票紙，則皆一概嚴禁，不準任便行用。誠以一紙空據，代表金銀，既經紙幣之特權，更滋架空之弊害，於國計民生關係甚大。國家政尚寬大，事關商務，向聽商人自行經理。近來行號林立，票紙日多，官視籌款之方，商倚爲謀利之具，倘不設法限制，將官款收放幾無現銀，市面出入惟餘空紙，物價騰貴，民生困窮，其危害何堪設想。上年十二月，臣部具奏妥議清理財政辦法摺內，令各省督撫將現設官銀錢號現在發出紙票若干，準備金若干，限六個月詳細列表送部，等因。奉旨允准，欽遵行知在案。又於上月由臣部通咨各省，嗣後官商銀錢行號發行票紙，未發者不准增發，已發者逐漸收回，等因。亦在案。臣等一再籌商，當清釐積弊之初，必當有顜若畫一之法，謹擬訂暫行章程二十條，其間如分別種類，責成擔保，限制數目，嚴定準備，隨時抽查，限期收回，使銀錢行號專力於存放匯兑之正業，所以保信用，固銀根，亦預爲畫一幣制之地。惟積習既深，似未能一時驟加裁制。故此次定章，一切務從寬簡，俾商人易於遵從。謹將章程另繕清單，恭呈御覽。如蒙俞允，即由臣部通咨各省依限遵辦。至臣部所屬之大清銀行，現時所發通用銀票數目，飭令稟由臣部隨時查核，至十成之準備，五年之限期，亦應與各官商銀錢行號一律遵守，以昭信用。謹奏。

宣統元年六月初七日奉旨：依議。欽此。

謹擬通用銀錢票暫行章程，繕具清單，恭呈御覽。

第一條：凡印刷或繕寫之紙票，數目成整，不載支付人名及支付時期地址者，俗名鈔票，銀行則例稱爲通用銀錢票，均須一律遵守此項章程。

第二條：凡繕寫之票，有奇零尾數，或載明支付人名及支付時期地址，名爲支票、兑條者，不必援照此項章程辦理。

第三條：通用銀錢票必須有殷實同業五家互保，擔任賠償票款之責，方准發行。惟官設行號不在此限。

第四條：凡挂幌錢鋪發行小錢票及其他紙票者，如有殷實商號五家出具保結，擔任賠償票欵之責，暫准照舊發行。惟此項號鋪，除照銀錢兑換所章程，呈由地方官彙案報部外，其關於發行紙票之事，仍遵此項章程辦理。

第五條：本章程未經頒發以前，凡向來發行銀錢票之行號，尚未註册領照者，限於文到六個月內趕緊備集資本，呈請地方官驗實報部註册，逾限不呈請者，除限期勒令收回此項紙票外，由地方官查照第十八條，酌量輕重處以罰欵。

第六條：本章程未經頒發以前，有非銀錢行號發行此項紙票者，限至宣統二年五月底止，陸續將全數收回。其有於限期內不能全數收回者，准其另設銀錢莊號，照章註册，援照此項章程，一律辦理。

第七條：自本章程頒發後，再行新設之官商銀錢行號，概不准發行此項紙票。

第八條：本章程頒發後，凡照章准發此項紙票各行號，只能照現在數目發行，不得逾額增發。

第九條：凡發行此項紙票，各行號須將現在發出實數，按照部訂表式填送到部。其現在發出實數，以文到一個月內，發出最多數目之日計算。

第十條：凡發出此項紙票，無論官商行號，必須有現款十分之四作爲準備，其餘全數可以各種公債及確實可靠之股票、借券儲作準備，另行存庫立帳，不與尋常營業帳目款項相混，以備抽查。

第十一條：凡准發此項紙票各行號，自宣統二年起，每年須收回票數二成，限以五年全數收盡。

第十二條：凡准發此項紙票各行號，於限期內情願一時全數收回者，准商由大清銀行，以確實之抵當物品借予抵利，分年攤還款項。

第十三條：將來新幣發行，地方凡有礙輔幣之紙票，如制錢票、銅元票、銀角票等。由部臨時專案飭遵。

第十四條：每月發行及準備數目，自宣統二年正月起，須按月遵照部訂表式填送到部。

第十五條：凡官設行號均由本部隨時派員抽查，如準備數目不符，或呈報不實，及有他項情弊者，立稟本部查辦。

第十六條：凡商設行號，由各地方官隨時會同商會派員抽查，如準備不符，或呈報不實，及有他項情弊者，報部查辦。

第十七條：抽查章程由部詳細酌訂，以資遵守。

第十八條：凡有違犯此項章程者，輕則由地方官酌量情形，處以百元以上、五百元以下罰款，重則由地方官逕報本部核辦。

第十九條：本章程係爲維持幣制、保全市面起見，如有藉端勒索者，准各該行號逕稟本部及各該省督撫，查實從嚴參辦。至商民之造謠生事者，亦准稟請地方官從嚴懲辦。

第二十條：本章程如有應行修改，或停止廢棄之時，由本部臨時斟酌辦理。

《東方雜誌》一九〇七年第九期《財政・度支部奏擬定印刷造紙局廠大概辦法摺附清單二件》 竊發行紙幣，宜分建造紙印刷局廠，前經財政處會同臣部奏准在案，並由臣部派員前往日本調查完竣，所有一切規畫亟宜參酌仿行，遴員綜理，妥籌開辦。查設局建廠，首宜擇地。中國內地紙業向來盛於安徽、江西、湖南等省，所產原料如麻竹、楮皮、稻草最爲富饒，水性相宜，工值亦賤。然其地皆僻在一處，若開公家造紙之廠，尚覺不甚相宜。今議建紙廠自應在京師附近轉運便利之處，臣等一再籌思，行機漉紙所需以水爲最要，距京師最近而水源足用之處，首推通州。其地運河下達天津，素爲漕運通衢。近來鐵路亦已開通，運煤運料以及運交造就紙張，水陸通行，極爲便利，所有建設造紙廠惟此最宜。至印刷一局，其鐫刻電版，精製印泥，均須極求美備，嚴防作僞。建築之處，尤當審慎。竊以紙幣一物，其功用全恃印刷，花紋同異即真僞之所由分，防弊之法尤宜格外嚴密，且其發行之權必歸一於臣部之總銀行，自以設立京師，與發行之地相近，始爲適當。查京北清河地方舊有廢倉基址，係屬官地，再將左右民地略加購買，即足敷建築局廠之用。該地密邇京畿，近傍河流，京張鐵路經過其處，運輸物料，招雇工人，亦形便利，即擬將印刷局建設該處。惟事屬創始，端緒至繁，責任綦重，自非廉勤幹練之員，不足以資辦理，而臻妥善。現如察勘地址，調查原料，考核機器，建築局廠，聘用華洋技師工手，亟宜遴選總辦等員，以資經理。查有臣部員外郎曾習經堪以派充印刷局總辦，分省試用道法政科進士陳錦濤堪以派充幫辦，前財政處提調江蘇候補道劉世珩堪以派充造紙廠總辦，候選知府李經滇堪以派充幫辦。至應需開辦一切經費，必須有著的款始能辦理應手。查臣部前提滬存四百萬兩交上海分行，備還匯豐借款，除還清五十萬鎊外，尚餘規平銀一百十八萬餘兩，擬併息計算，合足一百二十萬兩，即撥作印刷造紙之需，由該員等陸續具領，撙節動用。以上各端，如蒙俞允，即由臣等飭令各該員妥慎經理，次第妥籌，並將大概情形謹擬辦法各六條，另繕清單，恭呈御覽。至一切詳細章程，應俟該員等妥議，由臣等覆覈，再行奏明辦理。謹奏。

奉旨：依議。欽此。

謹將創辦印刷局籌議辦法六條繕單，恭呈御覽。

一、預定章程。查印刷局既屬官辦，其所最注重者，曰紙幣，曰郵票，曰印花，及一切有價證券，必須力求精巧，以杜假冒，而昭信用。仍令兼辦各種書畫報章，藉以保全成本，貼補開支。責成該總辦等酌用員司，聘用華洋技師教習，以教工徒，責有專歸，寧缺勿濫。至用人辦事，應令參用商家辦法，以收實效，而杜虛糜。

一、籌撥經費。查印刷局應用經費，名目雖繁，然不外開辦與常年兩項，定購機器、建築房屋、收買地基、置備傢具等項，爲開辦經費。其他應用物料，如煤炭、顔料、紙張、機油、機布、機革、機件等類，以及薪工局用，皆爲常年經費。擬先行撥銀五十萬兩作爲開辦經費，設有不敷，再行續籌發給。所有用款應令按月呈報，每届年終，由臣等核明，開單報銷，以昭核實。

一、履勘地基。查印刷局議在京北清河建築，舉凡雕板、電板、凸板、凹板、石印、鉛印、製色一切機器物料，安放屯積，以及辦公寄宿各所，占地甚寬，尤須預爲擴充地步。除舊有倉基外，仍應加用若干，一俟勘定，繪具圖樣，送臣等閲定後，即令將所占民地畝數會同清丈，核定地價，照數發給。

一、建築房屋。查印刷局約分九大端，一爲雕刻繪畫，一爲電鍍板片，一爲凸板印刷，一爲凹板印刷，一爲石板印刷，一爲鉛板印刷，一爲配製顔料，一爲綜核各項印刷，一爲調查各項印刷。應俟地基定妥，機器購齊，照承辦洋商送來圖式，招雇工程師詳細繪圖，如式建造。

一、訂購機器。查印刷機器種類甚多，如凸板、凹板、縮刻、畫線、施放、配色、生濕、烘乾、穿眼、敷膠、打號、研光各項機器，應令該總辦等按照開單招商承攬，擇其價廉物美者，批定包運包安，免除規費，訂立合同，分期交款。責成承辦之行，如有不符，嚴行議罰。

一、慎選技匠。查印刷局所用技匠，有雕板、電板、凸印、凹印、石印、鉛印、寫真、製色、管機等類，此時初經開辦，中國尚無熟手，必須延用洋人。應責成該總辦等慎加選擇，嚴定合同，免滋流弊。至上海、天津等處素有印刷商廠，如石印、鉛板之工尚易招募。應令廣爲搜羅，令其學習雕鐫印刷諸藝，久之自能精熟，即無須假手外人矣。

謹將創辦造紙廠籌議辦法六條繕單，恭呈御覽。

一、妥慎用人。查造紙廠爲國家特設，其重要在紙幣與郵票、印花、註册照、公債票及一切有價值之證券等項，所用紙張多係手漉，總須精益求精，以防假冒。所費工料不貲，應令兼造通用紙張，招商售運，藉以保全成本，補助局用。所有辦事之人，除總辦、幫辦外，其餘員司應責成該總辦等遴派，並須聘用洋教習，以教學徒。大致定額宜少，選用宜嚴，薪資宜厚。局章廠規參用商例，應令妥擬章程，並將所用員司造册報明臣部，以備查核。

一、預籌經費。造紙廠所需款項，大綱有二，曰開辦經費，曰常年經費。開辦經費爲購買廠基、建造房屋及訂購機鑪器具等項。常年經費爲類甚繁，最鉅者爲生熟物料、機料及薪水工食、機油、煤炭等項，且手漉機造，兩者並行，尤非寬籌的款不可。擬先撥銀七十萬兩，以資應用。設有不敷，再行續籌。所有用款應令按月呈報，每届年終，由臣等核明，開單報銷，以昭核實。

一、履勘基址。查造紙廠既擬設在通州，局廠地址亟須前往踏勘，所有安設機器、屯積物料、存放紙張以及辦公住宿等所，共占地段若干，應令預爲勘定，繪具圖樣，由臣等閲定之後，即行會同地方官定價購買，俾得早日開工興造。

一、訂購機器。查造紙機器與他項機器不同，何項機器造何種紙張，固有一定。第其間自劑合原料以迄漉汁、調漿、碾光諸機，名目至爲繁賾，且引擎鍋鑪馬力之大小，又視裝設機具之多少以爲衡。應令該總辦等博訪周諮，於妥實各洋行詳探價值，剔除一切規費，何行價廉貨美，即歸何行承辦。一面由工程師先行建造廠屋，並與該行議定包運包裝，庶無零整不全以楛充良之患。

一、建築廠屋。查造紙廠房屋約分四項：一爲裝設機器，濬池蓄水。一爲存儲物料廠處。一爲收放紙張庫所。一爲辦公住宿房屋。俱須籌備。現在開辦，先於就近民房酌量租借，俾便辦公。俟地址購成後，分別布置，次第興修。尤須多留餘地，以爲推廣之計。

一、調查原料。查中國向來産紙最富之地，如安徽之涇縣、江西之饒州、湖南之瀏陽新化等處，均擬派員分赴調查，某處出何種紙張，係何種原料，如何製造，配料若干，某種工值若干，料價若干，每年出産銷數各若干，均須逐一查明，詳細列表。至麻棉楮草竹紙蘆花各種原料，除近地所産外，並查明他省之紙料種類若干，價值若干，以爲統計預算之地。至於工匠、技師，有當延用東西洋人者，須察應造之紙張，再行分別酌定。其手漉造法爲中國所固有，應令於各處原有業紙地方分別查考，擇其技藝精良之工人，招雇多名，俾以熟手練習，則改良較易，自可收事半功倍之效。

《宣統新法令》第二十册《度支部奏釐定兑换紙幣則例摺并單》 竊臣部釐訂幣制酌擬則例一摺於本年四月十五日具奏，欽奉諭旨：中國國幣單位著即定名曰圓，暫就銀爲本位，以一圓爲主幣，重庫平七錢二分，另以五角、二角五分、一角三種銀幣，及五分鎳幣，二分、一分、五釐、一釐四種銅幣爲輔幣。圓角分釐各以十進，永爲定價，不得任意低昂，著度支部一面責成造幣廠迅即按照所擬各項重量成色花紋鑄造新幣，積有成數，次第推行。所有賦税課釐必用制幣交納，放款亦然，並責成大清銀行會同造幣廠將新舊交换機關籌備完密等因，欽此。仰見我皇上聖慮周詳慎重幣制之至意。欽服莫名。

竊維推行幣制當以紙幣相輔而行，既便人民之取攜，復省國家之鑄本，利益殊非淺鮮。惟是紙幣一項學理既極精深，事實尤爲繁賾。倘辦理不善，將利未見而害先形。唐代之飛錢，宋季之交會，元明之寶鈔，其意未嘗不善，徒以法制未密流弊遂滋，可爲前車之鑒。現在新幣業經開鑄，此項紙幣即應次第發出，非博考各國之制度恐未由採用其長，非參酌中國之情形恐無以推行盡利。反覆詳求，期於有利無弊，謹撮舉要義爲我皇上縷晰陳之。

發行紙幣固屬國家特權，而政府要不可自爲經理，近世東西各國大都委之中央銀行獨司其事，誠以紙幣關係重要，倘發行之機關不一，勢必漫無限制，充斥市廛，物價因之奇昂，商務遂以不振，貽害於國計民生，何堪設想。現擬將此項紙幣一切兑换發行之事統歸大清銀行管理。無論何項官商行號概不准擅自發行，必使紙票於紛紜雜出之時而立收集權中央之效，此其要義一也。紙幣發行總數，查東西各國除法美二國外，大率無法律明文預定發行數目，誠恐事變無常，需要之範圍亦有所伸縮。中國事同一律，其在平時自應以準備數目爲發行數目，一遇銀根吃緊需要較多，即由銀行體察市情酌量增發，其應如何明示限制之處，屆時由部覈定以資遵守，必使銀行任接濟市面之責，而仍不准有任意濫發之弊，此其要義二也。紙幣之流通全恃兑换以維信用，倘聽其肆意發行毫無準備，萬一變生不測，市面恐慌，兑現者紛至沓來，危險殊難言狀。查各國紙幣條例規定綦詳，而於準備金尤爲最嚴之監察，中國發行紙幣事屬創圖，萬不可稍涉空虛，致失國家信用。現擬於現款準備以外，概以有價證券作爲擔保，必使銀行於孳生利息之中，而仍不失保全信用之道，此其要義三也。發行機關既已委之銀行，則酌收税銀亦屬國家應得之利益，惟收税之法，考諸各國，不外發行税、餘利税二種。揆之中國情勢，民力既瘠，利率復昂，倘更按發行成數以徵税銀，則銀行必以借貸爲難，恐不免於農工商業多所阻礙，應請於紙幣發行之次年起，視銀行所得餘利按年徵收若干，並以税率分作三期遞進，必使銀行於税額增長之時，而仍不覺義務負擔之重，此其要義四也。

兹經臣等督率幣制調查局各員悉心研討，本此要義釐訂兑换紙幣則例十九條，並加註案語，繕具清單，恭呈御覽，伏候欽定施行，俾昭法守。此次奏頒則例後，凡新幣業經發行省份，所有賦税、課釐、廉俸、薪餉及商民交易，此項紙幣應與制幣並用，不准有所折扣。無論何地，大清銀行應一律兑换，尤不得强分畛域，致礙流通。其僞造紙幣或變造紙幣者，應由京外各衙門督飭所屬隨時緝獲，按律從嚴治罪，不容稍有寬貸。至各省官商行號所發銀錢各票，形式既殊，價值復異，於推行紙幣前途大有妨礙。除商號所發各票，流行尚隘，仍令遵照臣部上年奏定通用銀錢票暫行章程，按年收回二成，期以五年收盡外，其官銀錢號所發各票爲數較鉅，似不能不變通辦法，以收速效。應俟命下，由臣等咨商各將軍、都統大臣、各省督撫妥籌收換方法，再行奏明辦理。前此大清銀行所發通用銀票，亦應陸續收回以昭劃一。如蒙俞允，即由臣部行知京外各衙門一體欽遵辦理。謹奏。宣統二年五月十六日奉旨：著依議。欽此。

謹擬兑换紙幣則例繕具清單恭呈御覽

第一條：兑换紙幣照大清銀行則例第五條，由大清銀行發行，名爲大清銀行兑换券，可在大清銀行照數兑换國幣。

謹按：紙幣代表國幣，大清銀行既任發行之事，即有兑换之責。

第二條：紙幣之種類爲一圓、五圓、十圓、百圓四種，其各種發行數目及以後添加種類，應由大清銀行呈請度支部核准。

第三條：大清銀行應照發行紙幣數目常時存儲五成現款以備兑换。其餘亦須有確實之有價證券爲準備。

謹按：有價證券係指公債票、股票等項而言，能隨時於市面出售换成現款，故銀行發行紙幣既不能盡儲現款，自應準備此項證券以維信用。

前項所稱現款，除國幣外，得存儲生金銀與現時通用之别項金銀錢，以作準備，惟總值不得過現款準備之半。當公債票與各項有價證券尚未發達時，大清銀行照發行紙幣數目存儲五成現款外，其餘五成準備得合有價證券及資本公積併算。

謹按：有價證券尚未發達以前，以資本與公積合算作爲準備，尚不致傷銀行信用。

大清銀行除紙幣準備金外，應按照來往存款與二月以下之短期存款數目，另存二成半現銀，以爲支付準備。

第四條：大清銀行應在總分行内另行分科專辦紙幣準備金與幣制事宜。

謹按：銀行營業宜計盈虧，推行幣制不宜計盈虧，自應分别辦理。

第五條：凡官款出入及一切商民交易，紙幣應與國幣一律行使，不得有貼水折減情事。違者按國幣則例第二十三條從嚴處治。

第六條：凡遇市面緊迫，大清銀行得於第三條發行額以外添發紙幣，惟必須呈明度支部核准，並照額外發行數目按年納税百分之六，或由度支部臨時酌定税率。

謹按：市面緊迫之時，許銀行額外添發紙幣，係爲便於周轉起見，一面略收税銀，藉示限制。

如遇市面紙幣過於需要之數，應飭大清銀行酌量收回。

第七條：凡持有紙幣者，得向大清銀行總行或分行於營業時刻内隨時兑换，但在分行分號兑换大宗紙幣，其準備金須由總行或附近之大分行運到者，得計程酌展兑换之期。

大清銀行總行在北京，大分行一在天津，一在上海，一在漢口，一在廣州，一在成都，一在奉天。

新幣尚未鑄造足用時，或在新幣未經流通之處，有以紙幣向大清銀行兑换現款者，該行按照國幣則例第十三條，以國幣一圓五角合庫平足銀一兩，再合該處通用銀圓銀兩付給。

第八條：新幣發行之際，凡持通行銀圓銀兩兑换紙幣者，應照國幣則例第十三條折合國幣，即照國幣數付給紙幣。

謹按：以上二條辦法，已具於國幣則例。

第九條：大清銀行應每日將收發存留流通各項紙幣數目及準備金數目製爲簡表，並於每星期、每月、每季、每年編製各種平均總表呈報度支部查核，並將每星期六日流通紙幣總數及準備金數目刊登官報。

第十條：大清銀行監理官得監察銀行發行紙幣事項，應隨時檢查各項出入帳簿表册及準備現金等項，開單呈報度支部查核。

第十一條：紙幣行用雖小有破裂，或破裂數片合成尚可辨認，或泥污水濕字畫號碼數目花紋尚可辨認，而其正中圓數字樣全存、四角圓數字樣損去一個，及左右圖章、左右號碼四個中損去一個者，由大清銀行驗明，即照全數兑换。又正中圓數字樣損去一半，而四角圓數字樣、左右圖章、左右號碼全存者，亦應照全數兑换。

第十二條：紙幣行用或縱或横或斜損去半幅，而正中圓數字樣簡存一半，四角圓數字樣仍存兩個，左右圖章、左右號碼俱各存一個者，應照半數兑换。

第十三條：紙幣行用如四角圓數、左右圖章、左右號碼全存，而正中之圓數字樣不可認者，或正中圓數字樣全存，而四角圓數字樣，左右圖章、左右號碼不可認者，應不予兑换。

謹按：此項紙幣不予兑换者，因損壞太甚不易辨認，恐有僞造之幣。

第十四條：僞造變造紙幣，或仿造紙幣所用特别紙張者，俱以僞造國幣論，依刑律從嚴懲治。

凡紙幣行僞案情俱以故意論，如欲辯白，須由被告人取具確實證據。

謹按：尋常案件由檢察官起訴者，須由檢察官備具證據。惟紙幣行僞之案，則檢察官不負備具證據之責，而被告須負呈出反面人證確據之責。蓋紙幣行僞案情必甚秘密，未易得正面之證據，故當令被告呈出反面人證確據，如不能呈出反面人證確據，即爲情罪坐實之證。

第十五條：凡行用紙幣者，不准故意污損紙幣及註寫各種文字符號於上。

第十六條：紙幣因行使以致污染毁損難以通用，持向大清銀行交换者，不取印刷紙料費。

第十七條：大清銀行既有管理發行紙幣事項，應於發行後從次年正月始，每年將總餘利除去常年官利六釐外，按成數分三期納税。以發行年份之後五年爲第一期，每年繳納七釐；第六年起爲第二期，每年繳納二成；至公積與資本相等時爲第三期，每年繳納三成。

第十八條：凡紙幣之收發交换及銷號等項，另訂詳細章程辦理。

第十九條：本則例俟發行紙幣後，如有應行增改之處，當由度支部隨時斟酌情形奏明辦理。

《宣統新法令》第二十册《又奏限制官商行號發行紙票片》 再查通用銀錢票流通市面，殊於幣制有礙，上年臣部奏定通用銀錢票暫行章程嚴定限制，原預爲推行制幣之地，應與此項紙幣則例一體遵守。其業經發行各行號，應即照章按年收回，未經發行各行號及以後新設各行號，即不准再爲發行。如有不遵此項章程辦理者，無論官辦商辦，即由臣部查明據實奏參，照章懲罰，以維幣制。謹奏。宣統元年五月十六日奉旨：著依議。欽此。

《清代檔案史料叢編》卷一一《范承典奏請于京城廣行鈔法以平市價摺咸豐三年三月二十二日》 掌河南道監察御史臣范承典跪奏，爲敬陳京師現在情形，請廣鈔法，以平市價而裕度支，仰祈聖鑒事。

竊月前錢鋪關閉，實因西商收回資本，姦商乘機拐騙。月餘以來，各錢鋪反以私票居奇，當店並不流通，時有歇業之議，官民交受其困。現在京師告假出京者絡繹不絶，其居民生計之艱窘，更不待言。典賣既無所得，有無又不相通，轂輦之間，未便使窮民太衆，此不可不預爲計也。

伏思鈔法之行，難於斷私票。今私票不禁而自少，未始非鈔法暢行之機，所貴因其勢而利導之耳。市儈居奇，無非意存勒掯，若乘此官鈔一出，未有不如獲至寶者。除官錢票及銀鈔十二萬兩已有成議外，請飭部臣添造錢鈔數百萬貫，交當商分領，轉發各錢鋪行使。製造式樣，只須按照鹽引鈐印，轉飭承領之鋪户蓋用該鋪戳記，便足以别真僞。當鋪得此無本之利，無利之本，轉移其間，自必趨之若鶩。當鋪通，則各鋪皆通，不惟市價可平，即鈔法亦可暢行矣。蓋官錢票僅止五家官錢鋪可出，而錢鈔則各鋪通行，民間就近可以取攜。其便一。官錢票恐當鋪不收，而錢鈔則由當商行使，無所扞格。其便二。官錢票僅發俸餉，爲數有限，而錢鈔民間日用之需皆可行，使公私兩有裨益。其便三。早行一日，多得一日之利，市儈惟恐行之不速。其便四。五家官錢鋪無所用其居奇剋扣。其便五。庫中收款準以銀錢鈔並納，不必拘定二八成之數，雖目前只見鈔紙，而收鈔期限一届便可收銀，使由而不使知，將潛移默化於不覺。其便六。至發商之數目，收回之期限，統由部臣酌定議奏，期於速行。

臣爲體察現在情形起見，是否有當，伏祈皇上聖鑒。謹奏。

《清代檔案史料叢編》卷一一《朱嶟奏酌擬行鈔章程以濟財用摺咸豐三年三月二十二日》 倉場侍郎臣朱嶟跪奏，爲酌擬行鈔章程，以濟財用，恭請欽定，仰祈聖鑒事。

竊思今天下民窮財盡，惟皇上能救民之窮，而欲救民之窮，非行銀鈔不爲功。顧立法貴於無偏，而行之必以其漸。恭讀二月十六日上諭，鈔法由來已久，本朝初年亦行之。近日諸臣紛紛陳請，此時原以計國用之不足，既非廢銀用鈔，亦非責商繳銀。部庫出入通行，不令稍有畸輕畸重。正當行之久遠，俾天下咸知鈔爲國寶，與銀錢並重。部庫收發一律，足以示信而去疑，而民間已漸流通，亦足利用而行遠。聖訓煌煌，制用之準也。乃諸臣所議，或涉偏私，或見小利，無惑乎聚訟盈庭，而人猶疑而不信，事猶窒而不行。臣謹仰體綸言，悉心籌畫，演爲十條，爲我皇上陳之：

一、造鈔宜蓋用國寶也。竊思紋銀亦頑物耳。寒不可衣，饑不可食，乃不脛而走天下者，亦以國家用之耳。今因海内紋銀短絀，復古鈔法，以前民用，上蓋國寶，昭然示信。皇上以爲寶，則天下臣民誰敢不以爲寶？

一、造鈔分爲九等，而小數宜多制也。鐫銅板九塊，以次而差，上列大清寶鈔四字，邊用龍馬龜紋，銀數居中，清漢文備，左編字號，右寫年月，齊縫用鈔局關防。每鈔一萬，千兩一張，百兩十張，五十兩二十張，二十五兩四十張，二十兩五十張，十兩一百張，五兩二百張，二兩五百張，一兩二千張。如數刷足，中用户部堂印，上蓋國寶。

一、造鈔必準庫平足紋也。或謂現在支放有發二兩平者，悉準庫平，恐難適用。不知支放扣平，原爲彌補庫項而起。今庫項業已補足，正宜復還舊制，以實前言。況鈔法既行，則撙節已多，又何在此區區平頭間乎？規爲畫一，出納無私，始昭平允。

一、欲行鈔，必先發帑本，廣開官錢鋪，以爲兑换鈔票之倡也。不立官號，則姦商市儈猶得操其短長。應請發内庫三十萬，招商領本，由市買錢，開設字號，並出票子。九城内外，棋布星羅，俾領鈔者便於兑换錢文，則鈔歸於有用而人不疑。錢票與銀鈔相輔而行，價值隨時長落，而日計月要歲會，設一司市之官總考其成。

一、行鈔必銀鈔各半也。若但搭放二成，則明明有畸輕畸重之勢，而鈔難行，即行矣亦不廣。必鈔與銀適得其平，而無所軒輊於其間，則人知鈔不輕於銀，而鈔可行。惟在一兩以内者，零星細數，準其互有參差。

一、銀鈔並重，而必互相維制也。故庫部收捐，有銀無鈔不準收，銀多於鈔亦不準收，則鈔多於銀可知。無鈔者或由鈔局買鈔，或由錢鋪買鈔，各從其便。至錢鋪兑换，有鈔無銀不準换，鈔多於銀不準换，盡换銀者聽，以銀買鈔者聽，以錢買鈔者聽。如此互相維制，庶銀不至於外出私藏，而鈔不至於壅滯。

一、發鈔必自上而下也。先自王公大臣官員廉俸始，次及兵餉，次及工食。惟現在軍營河工未可驟發，必待各處流通方可發給。

一、行鈔必由近及遠也。京師行有成效，然後發交各省藩司仿照辦理。方行之始，民間交納錢糧不得有鈔，且交錢交糧各處不同，宜仍其舊。惟州縣批解，準其解銀一半，其半由藩司發鈔抵解。未解之現銀現錢，即留於各該州縣，以爲開設官錢鋪之本，而歲取其息，隨正款交納。錢糧多者酌留數成，餘仍提歸藩庫報撥。初年如此，次年即由該州縣銀鈔各半解足。鹽課關税仿此。至鈔法流通以後，民間有以鈔交納錢糧者準，而銀鈔各半之法斷不可易，即私下交易用鈔者，亦必有現銀一半，盡用銀者聽。

一、查弊之方宜密也。編號底簿每號各二本，一存部庫，一發司市藩司，用備稽核。至民間遞相轉使，準其於背面粘簽標記，識所由來。如有僞造，從此根究。敝者繳銷，换給新鈔。

一、杜弊之端立法宜峻也。科條既定，令出惟行，阻撓者斬，僞造者斬，輕議紛更，陰壞其法者斬。有一於此，但經查出，决然正法而無疑，庶人知所儆畏，而不敢輕於以身試法，則行之可久矣。

以上十條，臣夙夜思維，不敢謂權衡悉當，差覺輕重適均。推行有漸，無害於民生，無傷於國體，而能行一千萬，即添一千萬銀流布民間，能行二千萬，即添二千萬流布民間。臣故曰惟皇上能救民之窮者，此也。

伏乞皇上宸衷獨斷，欽定章程，飭下各衙門遵照妥速辦理，立見施行。臣不勝懇誠急切待命之至。謹奏。

《清代檔案史料叢編》卷一一《蔡徵藩奏請專行錢鈔以得鈔之實效片　咸豐三年五月初二日》　再，軍興以來，需餉甚巨，節經户部與欽派大臣議行鈔法，雖以裕國，亦以便民，原無窒礙難行之處。無如姦商人等多方阻撓，一氣串通，現在各錢店又創行九六現錢之票，不拆零票，只給現錢，每制錢一千，明扣四十文，暗短四十文，又攙使小錢百餘文，各店皆然，以罔市利。推原其意，以現議銀鈔每兩合錢二千，彼先賤抑市價，使與部價大相徑庭。凡有持鈔交易者，彼一概不肯發票，只照現價給與現錢，又剋扣串底，攙和小錢，使人人見鈔畏難，以遂其壟斷居奇之計，實大爲錢法之蠹。臣維錢爲國寶，上下本應流通，故官之所司曰錢穀，民之所納曰錢糧，出入以錢，始不能高下其手。則與其兼用銀鈔，徒博鈔之虚名，不若專用錢鈔，乃得鈔之實效。誠使嚴申禁令，凡從前徵銀一兩者，折收制錢二千，從前放銀一兩者，折給制錢二千。商民以是完丁糧，官兵以是支俸餉，一出一入，均用滿錢，爲數衆多者以鈔代之。如此，則人不能不用錢，自不能不用鈔矣。倘姦商市儈仍敢剋扣串底，攙和小錢，着該管官嚴拿治罪。至於現辦錢票，迅即施行，勿致日久滋惑。

臣爲籌備度支起見，謹附片具奏。

《清代檔案史料叢編》卷一一《羅繞典等奏雲南行使官票及鑄錢情形摺咸豐三年七月》 雲貴總督、革職留任臣羅繞典，雲南巡撫、革職留任臣吴振棫跪奏，爲部頒官票及省局鑄出當十大錢，現在行使流通，並各府添爐加鑄已有成局，恭摺復奏，仰祈聖鑒事。

竊臣等於七月初三日接準户部咨稱：本部具奏嚴催各省速立官錢局並開爐鑄錢一摺，欽奉上諭：著各省督撫等查照户部原奏，督飭所屬，酌量地方情形，設立官錢局，並設法籌款開爐加鑄，俾錢法與鈔法相輔而行。一面妥議章程，奏明辦理。將此通諭知之。欽此。等因。當即欽遵轉行去後。

臣等查此案前準部咨，奏奉諭旨推行官票，加鑄錢文，先經嚴飭省東二局添爐加鑄，並令大理、曲靖、臨安三府及寧臺廠員籌款設局，一體添鑄。搭放兵餉、廠本等項，約計四路標營赴省請餉時，皆可順道領錢，不至窒礙。旋奉户部頒發當十、當五十錢樣及官票十萬兩到滇，遵將錢樣發局鼓鑄，一面在省城適中之地設立官錢局，派委因公在省之迤南道桑春榮，督同雲南府胡文柏專司經理在案。

茲據藩司史致蕃、臬司清盛及道府等詳稱：省城搭放當十大錢及奉發官票，皆自本年夏季爲始，飭令官民通行。惟滇省放款多於收款，現將司庫一切放銀之款，暫以二成官票搭出，收款暫以一成搭入。其放錢之款，暫以制錢八成、大錢二成分配支發，民間亦以二八搭用。得官票者準赴官錢局照市價支取，按成分搭錢文。民間攜銀赴官買大錢者，亦照市價兑付。試行以後，體察省會情形，尚無阻撓。嗣復示諭紳民人等，凡買賣交易制錢及當十大錢，準其各半間用。近日以來，行使漸覺通暢，俟行之既久，通盤計算，放銀款内或再多搭票銀，放錢款内或再增搭大錢，另行酌辦。其俸工役食及一切雜款，可以改放錢文者，現已一律放錢，以節銀款。至各府設局鑄錢，事屬創始，凡建設爐座，採運銅鉛，皆非朝夕所能驟辦。其諳練匠役，省東二局各只數名，必須輪流派往指點學習。又一切事宜由各該員往返禀商，距省遠者二十餘站，或十餘站，有稽時日。是以目前雖經開鑄，大局甫定，尚未能一律供支。惟附近省東二局之各營兵餉，現以二成搭放。至易門、路南、東川、寧臺、平彝、會澤各廠，銅鉛本脚以六成搭放，每銀一兩照市價給錢一千八百文，合算鑄本尚無大虧。至於所屬地方分設官錢局一節，滇中跬步皆山，居民星散，除省城而外，别無商賈輳集之區，難以擇地分設。擬俟大理等局鑄錢足敷支放，即令各局員兼理收票發錢之事，以歸簡易。其營分距局太遠者，陸路運脚甚重，營員賠累爲難，或減搭，或免搭，分别程站之多寡，酌定辦理。又錢票一項與現錢相輔而行，實爲周轉良法，已由省城官局製造配搭試用。其當五十以上各項大錢，應俟酌量情形，再行加鑄。緣邊境漢少夷多，愚民狃於積習，若行之太驟，轉有阻格之虞。現在官票及當十大錢省城既已通行，將來由近及遠，由少至多，務使鄉曲小民人皆稱便，自可流行無滯。

再，省局甫經加鑄，僅供官錢局開發票取之需，其近省各營各廠搭放成錢，暫行籌款易錢支發。合之現時市價，有贏無絀。截出盈餘個頭，另款存儲備用，俟加鑄之錢充裕，再歸錢局支領。合併陳明。

臣等復查所議，核與現在情形相符。惟有督飭所屬，認真經理，於變通酌度之中，仍寓核實撙節之意，斷不敢以事緒紛雜，心存畏難。除俟布置周妥，再將一切章程分别奏咨外，所有現在試行官票及當十大錢俱各通暢，並各府鑄錢已有成局緣由，先行合詞恭摺奏聞，伏乞皇上聖鑒訓示。謹奏。

硃批：户部知道。

《清代檔案史料叢編》卷一一《王慶雲奏試行官票分成搭放并兼用大錢制錢摺咸豐四年二月十七日》 陝西巡撫臣王慶雲跪奏，爲試行官票酌議分成搭放，并兼用大錢制錢，以期流通而資撙節，仰祈聖鑒事。

竊照前準户部咨頒推行官票大錢章程，飭令加卯鼓鑄，並添鑄大錢，各就外省情形，將支發款項，分别按成搭放。復奉部咨以奏準各省標營兵餉概行酌核分數搭配大錢，疊經頒到官銀票及推行錢鈔謄黄，均經先後通行各屬一體宣示在案。茲據藩司徒照核議具詳前來。

臣伏思軍興數載，費餉浩繁，銀價日昂，民生日蹙，亟宜變通，藉資補救。現制官銀票錢鈔，原以濟銀錢之不足，必民間視票鈔與銀錢無異，到處流行，奉爲至寶，庶國家多制一萬票鈔，即多一萬銀錢，其利無窮，其用不竭。當此立法之始，總須在官在民，或出或納，輕重多寡，一律均平。蓋示民以信，然後奉行無疑，從民之便，然後流通無滯。就陝省現在情形而論，每銀一兩，市價易制錢二千四五百文，今搭放銀票若照京餉章程，官票銀一兩，止準取制錢二千文，較之市價太覺懸殊，則得銀票者必不願赴局取錢，而仍以之留交官項。是銀票空出空入，不特民間不甚寶重，且官局大錢亦無從搭放，似於陝省推行之法不甚靈通。隨與該司遵照部發原奏章程，互加參酌，悉心籌畫，要在使票鈔散之於民，而不致聚之於官，庶推行可期久遠。兹擬銀錢票鈔兼放並行，將司庫全年收支一切款項逐加釐定，武職自西安滿營八旗並各緑營官兵俸餉草乾等項，概行搭放錢票二成，以票内所載平色按照市價取錢，其餘六成仍給現銀。文職應領廉俸以及雜支坐支各款，搭放錢票三成，亦以兩千文抵銀一兩，再搭銀票二成，亦按市價取錢，其餘五成仍給現銀。以上錢票銀票赴局取錢，均以大錢制錢各半開發。所有按成扣留銀兩，即照部議全數留作票本，設法購買銅鉛，加卯鼓鑄制錢大錢，以備支放。其各屬坐支之項，飭令趕緊按成扣銀解司，如有違延，查明參辦。惟錢鈔尚未準部頒發，先由官局暫行刊印錢票搭放，俟官錢鈔到日再爲更換。至銀票搭放即係二成，司庫收納地丁税課等項，亦以二成銀票兼收，凡司庫收放均以六分補足庫平，以昭平允。其各官養廉等項向扣六分減平者，即毋庸再補。如此分别搭放票鈔，銀錢兼行並用，即於經費稍可撙節，而銀票推行積久，即與現銀無異，民間共相寶重，銀價亦可漸平。但事屬創始試行，如有窒礙，容當隨時察看，酌量辦理。如官民稱便，再將成數逐漸增添。

所有酌籌試行票法鈔法緣由，理合恭摺具奏，是否有當，伏乞皇上聖鑒，訓示遵行。謹奏。

硃批：户部速議具奏。

《清代檔案史料叢編》卷一一《王慶雲奏請户部添造官銀票十萬兩解陝應用片咸豐四年二月十七日》 再，查陝省銀價，本年以來，每兩自二千文遞增至二千四五百文，以致官民交困。現擬將藩庫收支各款一律搭配銀票二成，所有前奉部頒銀票八萬兩不敷周轉，請旨飭下户部添造官銀票十萬兩，俟陝省委解部餉便員至京，交其領解回陝，以資應用。理合附片具陳。謹奏。

硃批：户部知道。

《清代檔案史料叢編》卷一一《文謙奏遵旨設局勸諭紳民呈交銀錢換票摺咸豐四年五月十三日》 布政使銜、長蘆鹽政奴才文謙跪奏，爲遵旨設局，勸諭紳民呈交銀錢易換票鈔，以備收買餘米經費，恭摺奏祈聖鑒事。

竊奴才接奉欽差驗米王、大臣札開，奉上諭：端華、全慶奏天津紳民具呈請繳銀錢兑換官票錢鈔一摺，著照所請，於天津設立分局，令該紳民等徑赴該局呈繳銀錢，領取鈔票，毋庸由縣轉呈，以歸簡易。所換票鈔，準該紳民等遵照户部章程，於交納地丁鹽課關税一切交官款項内搭交五成。所收銀錢暫存運庫，作爲收買海運餘米之用。其餘銀兩仍報部候撥。此事即著文謙悉心經理，務於倉儲鈔法兩有裨益。該部知道，欽此。

奴才查津郡自上年辦理防堵，勸捐經費口糧，至再至三，紳民已屬勉力。前準户部咨稱：現在軍務未竣，藉資民力者尚多，必令盡出於捐，誠恐苦以所難，擬於勸捐之中，寓兑換之法。儻殷實之家，有曾經捐輸不願再邀議叙者，酌量能捐若干，按照所捐之數，發給官票，與爲兑換。所發官票，準其納糧完税捐官，及賊平之後，持赴各省司庫兑取銀兩。等因。當經轉行遵照出示在案。嗣準參贊大臣僧格林沁派員來津，會同奴才督飭地方官剴切勸諭捐換並收，雖經富紳請換票鈔，因行使尚未流通，多懷疑阻，銀錢至今未交，是以尚未具奏。現在欽差王、大臣因籌備收買餘米經費，奏奉諭旨，交奴才設局勸換，所換鈔票準令該紳民等遵照户部章程，於交納地丁關税鹽課一切交官款項内搭交五成，該富紳等當不致再有疑義，自當欽遵辦理。應請敕下户部，先行頒發官票銀一萬兩，寶鈔制錢五萬串，以便兑換。如能試換通行，原發票鈔不敷，再行續請。俟頒發到日，另行編號，鈐用運司印信，即督飭運司並添派妥員設局，悉心經理，期有成效。所換票鈔銀錢，暫存運庫，作爲買米經費提用。如有盈餘，另行報撥。至該紳民等換去票鈔，將來交納鹽課、地丁、關税及一切交官款項，惟有謹遵諭旨，準其搭交五成，俾商民咸知寶鈔與實銀實錢無異，庶可藉資流通。並準令該紳民等於鈔票背面自用戳記，便於稽考。儻請換票鈔銀錢各數較多者，遵照前奉部議，酌量請獎，以示鼓勵。

所有奴才遵旨設局，勸諭紳民以銀錢兑換票鈔，並請頒發官票寶鈔緣由，理合恭摺具奏，伏乞皇上聖鑒。謹奏。

硃批：户部知道。

《清代檔案史料叢編》卷一一《英桂奏完納錢糧擬以銀錢官票各半以平銀價摺咸豐四年五月二十四日**》** 河南巡撫臣英桂跪奏，爲豫省完納錢糧各款，欽遵諭旨徵收實銀五成，其餘搭交官票制錢，以平銀價而遂民生，恭摺奏祈聖鑒事。

竊臣前準部咨欽奉上諭：朕爲比年以來，銀價日昂，民生愈困，小民輸納税課每苦於銀貴，而轉運制錢又多未便，朕廑念民依，痌瘝在抱，酌古準今，定爲官票寶鈔，以濟銀錢之不足，務使天下通行，以期便民裕國。著照部議，凡民間完納地丁錢糧關税鹽課及一切交官解部協撥等款，均準以官票錢鈔五成爲率。官票銀一兩，抵制錢二千，寶鈔二千，抵銀一兩，與現行大錢制錢相輔而行，其餘仍交納實銀，以資周轉。等因。欽此。臣跪誦之下，仰見聖主軫念黎元，宵旰憂勤之至意，欽感難名。臣隨時察訪閭閻拮据之由，固因逆氛未靖，而總係爲銀價所累。誠如聖諭，銀價日昂，民生愈困，自應因時制宜，以資補救。當經恭録轉行飭司籌議去後。

兹據布政使鄭敦謹詳稱：豫省自兵燹以後，無論被兵之處，滿目瘡痍，即附近各州縣居民，聞警遷徙，類皆失業，兼之道路多阻，河禁綦嚴，百貨不能流通，銀兩愈形短少。若應完正雜錢糧，全數以錢易銀交納，較之四五年前市價折耗已逾十分之三，小民所入止有此數，而所出逐漸加增，即安居無事，已形苦累，況值風鶴時聞，民不聊生，輸將何能踴躍？伏查現經户部奏定章程，準交官票寶鈔以五成爲率。豫省鼓鑄甫議開爐，寶鈔未奉頒到，僅有官票可以分成收放。但官票現在頒發無多，民間居常行使又係錢多票少，自應隨時變通，藉紓民困。所有完納錢糧各款，除交實銀五成外，應準以二成官票、三成制錢均勻搭交。至豫省現時銀價，據各屬禀報，自二千一百文至三千文不等，市儈居奇，長落無定。兹酌中定價，準以制錢二千二百文抵交銀一兩，按照部議每銀一兩折制錢二千文核算，飭收制錢二百文，擬請留作籌備票本開設官錢局及鼓鑄大錢之用。如此權衡辦理，酌盈劑虚，行之日久，銀價自平，仍俟銀價平減，一切收款再行循照舊章辦理。等情。詳請具奏前來。

臣復查豫省自道光年間兩次被水之後，繼以旱災，民鮮蓋藏，生計本屬艱難。近復銀價驟昂，加以兵差絡繹，賊匪蹂躪，又時復捻匪滋擾，困苦情形，不堪言狀。該司所議均係體察民情，權宜辦理，且以五成交官票制錢之有餘，補五成交實銀之不足，出入既得均平，所餘制錢二百文，留備官票鼓鑄成本經費，亦以藉資周轉，似於裕國便民兩有裨益。

除俟奉到寶鈔及鼓鑄大錢一律按成搭交外，所有豫省錢糧各款徵收實銀五成並請搭交官票制錢緣由，理合據情奏懇天恩俯准，飭部核議遵行。是否有當，伏乞皇上聖鑒訓示。謹奏。硃批：户部查議具奏。

《清代檔案史料叢編》卷一一《奕山等奏邊餉支絀先以儲備支發並減餉以代鈔摺咸豐四年六月二十七日**》** 奴才奕山、圖伽布跪奏，爲邊餉支絀，先儘備儲支發，並續請減領，以代票鈔，借順兵情，而省經費，恭摺陳奏，仰祈聖鑒事。

本年三月，接準陝甘總督咨，撥伊犁秋冬等俸餉現銀十一萬二千餘兩內，先解現銀六萬五千兩，尚應找解四萬七千餘兩。兹於六月初五日咨稱，將應找現銀毋庸起解，合併前鈔共應解鈔五十七萬九千餘串，按春季三成，夏秋閏冬五成搭放。各等因。

伏查伊犁備儲一項，前曾奏明足供今年春夏兩季之用，經部議以陝甘另解本年一歲之餉，飭將伊犁備儲銀二十萬兩，照舊封儲等因。嗣甘肅咨來清單，已在封儲銀内抵發春夏二季滿餉。等語。而此地亦經沿照舊章，仍於備儲内每月支發各在案。是春夏既發之餉，決不能復以未來之鈔票抵回也。至於現届秋令，繼以閏冬，各餉自應照發鈔章程辦理。查票鈔一事，前奉部文，以銀票錢鈔是否可以通行口外之處，會商奏辦等因。奉文後，即將地方情形，咨由陝甘匯總會奏在案。

伏念此外鈔票，京外各省試行已久，一則廣收交款，一則開設錢鋪，其資皆出於官，而不在於民，蓋交款多而票鈔可行，鋪本大而票鈔愈可行也。今伊犁爲邊卡盡頭，並非四通八達之地，外則俄羅斯、哈薩克等環簇通商，内則錫伯、索倫、察哈爾、額魯特等與滿漢兵丁相爲駐守。從前有兵無民，近則稍有種地之人、負販之客與回子遣犯比櫛而居，歲徵其地丁、房租等項銀四萬兩零，添發兵餉。緣本地一無出産，所有街市貨物，皆客民内地買來，賣銀即去。其外夷通商，除貨换貨外，不换現銀。故境内並無專門錢鋪，皆係雜貨帶换銀錢。因夷回不識漢字，向來不用錢票，惟該兵易銀數多者偶一開票，亦必朝發夕取，不能互易以行使。今以鈔發兵丁，數至五六十萬，雖令民間準其交官，而官收地租等項惟此四萬而止，爲數甚少，僅足通行大錢，不敷廣收鈔票之用也。

所有各兵之鈔，必得用在民間，然賣貨者固不能以鈔票起標，而取錢者更非官鋪發錢而不可。伊犁備儲既完，又無處領本開鋪，何能支發此億萬無窮之票鈔也。據此情形，而欲使各兵領鈔，未免强所難行。且與外夷時相交涉，一經轉展，以啓其逼索之嫌，大爲不可。種種窒礙，實屬萬不能行。然爲經費而計，又豈能付之莫可如何，格而不論？奴才等身膺重寄，目擊時艱，總當於無可籌辦之中，力圖權宜之策。爰亟傳集滿漢文武大小各官暨兵丁人等，推誠體畫，曲意周諮。據各官兵等僉稱：各省暫行鈔票既準交官，又復發本開鋪，果能行使取錢，誠爲至便。今伊犁民無交官之項，官無支發之錢，官民不收，而兵鈔即無所用。各兵受國重恩，亟思報效。當此爲難之際，與其領鈔一半而未能用錢，莫若減領現銀而仍紓國用。應即合詞請奏，明年滿營及錫伯、索倫官兵，緑營官員，只領五成現銀，緑營兵丁連扣款只領七成。其本年後半餉銀，因各有扣項，共十餘萬兩，所領不過五六七成，未便再爲請減。至緑營屯餉較少，且不領糧，明年猶有應扣採買之項，不敷所減，是以各兵請領七成，亦與滿餉五成相仿。惟察哈爾、額魯特兩營分例最小，除官員照減五成外，每兵只有五錢一兩之餉，不足度用，應請照發其各營搭鈔之數，俟經費充裕之時，再爲補領。目下約可解餉三十萬兩，即此各盡蟻忱，非關抑勒。等語。奴才等權其事勢，察看情形，似屬情通理順，且核之搭鈔，名雖不同，而其實無異。既可實節餉銀，又免發錢鋪本，實于經費邊情大有裨益。既屬兵心之所順，地方之所安，不得不洞切陳明，相應奏請聖主天恩，俯錫照準，並敕下户部暨陝甘總督，將議發伊犁之鈔票即行停止。其明年各兵餉項，除將搭鈔改爲存記外，其餘必得減發現銀，以順兵情。

至各官停俸折錢，仍照部議。所有養廉一項，自奴才以下，悉照兵丁一律減半，亦無庸給以銀票，其已解無多之票，到日亦即解還，以歸畫一。至於應放本年後半餉銀計奉撥外，現存庫銀僅止七萬餘兩，尚有運解在途者六萬五千兩，捐輸項存二萬五千餘兩，扣存減平等雜項四千餘兩，原不敷支放秋閏冬餉之數。但本年既作全發，計其各種以扣代發者，尚可抵獲十餘萬兩，益之新鑄銅錢，足抵二萬七千餘兩，再加現收鉛鐵加鑄錢文，統計約可發至年底。至明年試行減領之後，俟九、十月間再行察看具奏。惟是封儲一項，原爲備邊要需，不可偏廢。奴才等再三策畫，惟有在於現議籌抵之物料牲畜等項寬以時日，尚可零星變抵，俾陸續歸還備儲，較之立時估變悉數全抵者，緩急稍殊，籌辦略易。尚容隨時設法，如有成數，仍即報部存查。專歸要款，應請一並敕示，嗣後於撥解現銀之中，不以此款議抵，庶可分別緩急，以免掣肘。

再，伊犁銀價每兩向換制錢一千七百餘文，近今換至一千九百餘文。議俟新錢鑄成後，照部議按二千文抵銀一兩，尚未施行。現奉咨議以銀易錢，再復以錢發餉之處，核之並無所餘，請毋庸議。合併聲明。

所有奴才等議請減領免搭票鈔並籌發餉項及續歸備儲各緣由，理合恭摺具奏，伏乞皇上聖鑒。謹奏。

硃批：軍機大臣會同户部速議具奏。

《清代檔案史料叢編》卷一一《張之萬奏豫省通行鈔法酌擬章程八條摺咸豐五年正月十二日》 河南學政臣張之萬跪奏，爲通行鈔法，酌擬章程八條，詳悉具陳，仰乞聖鑒事。

竊豫省通行鈔法，錢糧概以五成搭解，業經撫臣具奏在案。從此銀鈔並行，國帑自裕。但利之所在，即弊之所生，必期立法於無弊，乃能行諸永久而無待紛更，亦惟求其有益於國，有便於民，而不使官吏得以營私，商賈得以專利，則庶乎其易行耳。臣謹就管見所及，酌擬豫省行鈔章程，恭呈御覽：

一、在先立鈔局也。局不立，則鈔盡收於官，民不能過而問也。即諄諄告以行鈔，而用鈔者無所易錢，其誰能信？臣酌擬於豫省通衢擇宅一區爲總局，揀公正有守之員總司其事，並於總局之旁設一小局，與市廛鋪户無異，即令紳耆公保錢行中素以老成明白足以取信於行市者數人司之，以便民間零星兑换。而官爲稽查，不假手於吏胥，則不至有侵漁之患，亦不至有抑勒蒙蔽之端，庶乎民可共信而不疑。

一、在酌定限期也。局既立，則鈔須發局矣。然遽發於兵民，兵民必向鈔局易錢，而鈔本未裕，何能開支？臣酌擬於立局後，立限三月，如自二月開徵之日至四月杪止，先令州縣以錢赴局易鈔。至局中所存新頒之鈔，概不發放。其從前已發之鈔與河工通行之鈔，亦統限三月後再行赴局易錢。州縣亦不得於此三月限內，以從前及河工之鈔搭解錢糧。寬此三月，以籌鈔本。

一、在籌裕鈔本也。議鈔本者不曰招商墊發，則曰令民易鈔，此二説者豫省皆不可行。河南省會自去歲以來，巨商皆已歇業。又無多富紳，即有之，亦必不能急公好義，强之行使，既有所不可，招之使來，則彼必要厚利，利厚於彼，而剥削於兵民，必致諸弊叢生，即就河南現行之鈔言之，領鈔者無所易錢，不能不賤價售之商，有一兩折錢不及一千者，商亦别無所用，不過加利而售之州縣，州縣乃以之搭解。查河南徵銀，民之以錢交者至少亦制錢二千二三百文，而州縣現時買鈔多亦不過制錢一千三四百文，是利歸於商，利歸於官，而兵民均受其害也。此其爲害，尚可言哉。臣酌擬籌裕鈔本，仍以徵課裕之。自立局後，統令州縣解交錢糧，先以五成現錢交局易鈔，搭解藩庫。其從前已發之鈔及河工現行之鈔，俟三月後鈔本已裕，再準酌量分成搭解。以三月計之，即徵解地丁二三十萬，則局中所存制錢已二三十萬串，是鈔本無待另籌矣。

一、在畫一定價也。鈔之不行，弊首在價之不一，商賈得以折算，兵民不欲收存。今立鈔局，則務在明定價值，以期收發兩得其平。臣酌擬鈔價統以制錢二千爲定，俟三月後，無論何項發出者，概準赴局按照定價易錢，不準絲毫扣折，以昭畫一。其從前已發之鈔，大半商賈以賤價收之，則仍酌量稍減其價收回，注明舊鈔字様，另定或繳或銷章程，以杜商賈之漁利。

一、在明定羡餘也。鈔法之行，若不酌定羡餘，則立局之薪水雜費無所出，必别作開銷，致損國帑。臣酌擬有益於國而無損於民，亦不至有虧於官者，則在明定羡餘。伏查河南徵收錢糧，百姓多係以錢完納，其少者尚制錢二千三四百文。今擬百姓完銀，除五成仍循照舊章完納外，其應完五成之鈔，統以制錢二千二百文爲定。是每兩餘一錢，以其六分解局，五分爲國帑，永存爲鈔本，一分爲局中雜費，四分爲州縣解費。此似多取於民，而不知民較從前已獲實利，是減而非增也，百姓斷無不樂從。在州縣似多得餘利，而不知州縣運錢易鈔，車價運費實有用項，若不明定，則必暗有所剥削於民，即不然亦必假口虧短正項，此乃所以杜諸弊而非令其有餘利也。務將酌定價值，統於立局後明白曉示，使閭閻奉行，信而不疑。其一切正雜耗羡徵收，俱照此折算，此外州縣絲毫不準多取於民，局員藩司絲毫不準多取於州縣，違者嚴參治罪，以昭核實，而普實惠。

一、在通省畫一也。河南通省完銀向不一律，有以錢完銀，向有定章，不隨時價低昂者，有向以銀交，因銀之時價折錢者。今既通行鈔法，在向以錢完納者相去不甚相遠，無容過爲更張。其向係完銀者，若仍按舊章徵收，以現時銀價計之，則官獲利而民受害。臣酌擬向係完銀州縣，概以五成徵銀，以五成按照定價制錢二千二百文完鈔。其一切正雜耗羡，概照此折收，以規畫一，而可期輸將踴躍。

一、在隨時節省也。查立局之始，非以一分秤餘爲雜費，斷不敷用。若行之久遠，未免雜費過多。臣酌擬創始，以一分爲雜費，仍隨時核減，以昭節省，以裕國課。

一、在隨銀低昂也。現時定價照當時銀價較輕，自能行之有益於民，若行之久遠，銀價日減，則恐有妨。臣酌擬請飭令撫藩各臣隨時體察，如銀價大減，再行奏請按照銀價平減鈔價，務令鈔價減於銀價，以期永遠便民。

以上八條，臣謹就現時豫省情形，竭其愚昧，詳悉酌擬，恭摺具奏。是否有當，伏乞皇上聖鑒。謹奏。

硃批：軍機大臣會同户部議奏。

《清代檔案史料叢編》卷一一《何桂清奏浙省試行官票大錢並酌議章程摺咸豐五年二月二十八日》 浙江巡撫臣何桂清跪奏，爲浙省試行官票大錢，酌議章程，恭摺奏祈聖鑒事。

竊照户部奏請各省推行官票，鼓鑄大錢，先後頒發原奏章程，及官票銀十萬兩、大錢圖様到浙。經前撫臣黄宗漢議令於省城開設大美字號官錢總局，派委幹員經理，並飭寶浙局先行鼓鑄當十大錢發商行用，業將試行票鈔緣由附片陳奏，聲明一切章程及所鑄大錢另行進呈具奏在案。

臣接準移交，查照户部原奏及節次咨行事理，就浙江通省情形，詳加體察，或因時制宜，或因地制宜，督飭司道及總局委員酌議章程七條，另繕清單，並將所鑄當十大錢式様一並恭呈御覽，伏乞皇上聖鑒訓示。

其餘未盡事宜及應行損益變通之處，容隨時酌核奏辦，合併陳明。謹奏。

硃批：户部速議具奏。單并發。

《清代檔案史料叢編》卷一一《王德寬為官票準抵錢糧關稅事札曹縣文咸豐五年五月》　欽加知府銜、署曹州府正堂王，札曹縣知悉：

本年五月十八日，蒙本道札開：本年四月二十四日準布政司咨，咸豐五年三月二十六日奉巡撫部院兼理鹽政覺羅崇案驗，咸豐五年二月十六日準兩江總督部堂怡、江蘇撫院吉、總漕部堂邵、江南總河部堂楊咨，據江藩司詳稱，竊照前奉部咨欽奉上諭：前經户部奏請各省開設官錢局，推行官票，添鑄銅鐵錢及各項大錢，當經降旨允準。原以經費支絀，全賴錢法鈔法流通無滯，庶足以利民用而濟時艱。着各省督撫等查照户部原奏，督飭所屬，酌量地方情形，迅速設立官錢局，並設法籌款，開爐加鑄，俾錢法與鈔相輔而行。一面妥議章程，奏明辦理。欽此。嗣奉憲會奏，擬設官局，流通鈔法，聲明清、淮當南北之交，請於山陽、清河扼要地方，設立官鈔局三處，選派幹員會同地方府縣，招募殷實公正紳董經理。等因。由户部議準，飭俟設局後，迅將一切條款詳細報部，立案備查。各等因。並奉飭委淮安府恒守妥議章程，於淮城、板閘、清江三處設立官票局，選舉殷實紳董經理其事。又奉奏明於淮城、清江添設官錢局，開爐鼓鑄當百、當五十、當十大錢，與官票相副而行，委員分投採買銅斤，派委禮部郎中陰昌運、淮安府知府恒廉、候補知府劉咸等監督鑄造。前經本署司督飭各局委員詳議章程十條，開摺詳請憲臺入奏，並飭局刊刻章程，呈送通頒。各在案。茲據該局刊刻呈送前來。除咨行蘇藩司、淮運司、各關道、糧臺、營局暨江淮各屬外，伏查章程内議請由户部轉咨各省，通飭各府州縣徵收衙門，如官兵以官票備寄家信者，無論何處，由官按數付銀，皆準抵作錢糧關稅，照例搭解部庫，不得以隔省之票稍事留難。如官兵以官票寄回本籍，不能抵作現銀之用，仍寄回大營者，由糧臺查明何府州縣，呈請欽差大臣奏參。等因。是大營各官收有官票，如須備寄家用者，無論何處，由官按數付銀，皆準抵作錢糧關稅，自應詳請咨明各省查照辦理。相應將送到章程，詳候會同督、撫、漕憲分咨各直省督撫，通飭各府州縣徵收衙門照章辦理。等因。到本部院。據此。相應咨送查照，希即通飭各府州縣徵收衙門，照章辦理。等因。到本部院。准此。合就檄行。爲此，仰司官吏即便查照，通飭一體照章辦理。毋違。等因。到司。奉此。擬合備録原文原單，馬遞移咨。等因。准此。合行轉飭。等因。到府。蒙此。

《清代檔案史料叢編》卷一一《户部奏遵旨議奏疏通鈔法摺咸豐四年閏七月十六日》　户部謹奏，爲遵旨速議具奏事。

兩江總督怡等會奏擬設官局疏通鈔法一摺，咸豐四年閏七日初四日奉硃批：户部速議具奏。欽此。欽遵。由内閣抄出到部。

據該督等並摺内稱：竊惟推行鈔法，爲今日之急務，乃體察民情，仍重銀而不重鈔。現在清江淮城地方，每鈔一兩，僅易制錢五六百文。總由一切交官鈔票無平色可取，遂多方刁難不收，以致鈔票日形壅滯。刻下軍務紛繁，經費支絀，除行鈔外，別無良圖。若不及早設法，則民間既不通行，軍營更難收用，窘迫之勢，日甚一日，時事有不堪設想者。臣等公同商酌，清淮當南北之交，擬請於山陽、清江扼要地方設立官鈔局三處，選派幹員，會同地方府縣，招募殷實公正紳董經理其事。凡納糧交税者，遵照部（設）〔議〕應搭鈔票若干，赴該局買取鈔票，每鈔一兩交制錢二千。其所買之鈔，蓋用官局圖記，即由官局代爲交官，庶胥吏勒索刁難之患可除，而各處賤價私收之弊可絕。其餘各州縣均應設法照辦。至户部所發銀鈔十兩、五兩者居多，一户所納之糧，一商所交之税，爲數無多，即由藩司製造一千、二千文錢票，蓋用圖記，以三千萬爲度，發交官局作爲鈔本。凡商民赴局購鈔，如不及十兩、五兩整數者，即付給錢票，每兩給三千文錢票一張。惟錢票亦須有錢可取，商民方能相信。查清江現設寶蘇局鼓鑄大錢，因銅斤短絀，每月鑄成之錢，發給兵勇口糧尚屬不敷，擬請以商民買鈔交局之錢，即備民間待票取錢之用。每十日所收鈔票若干，所發票錢若干，報明藩司查覈，如有不敷，再行設法籌辦。此後如收銅較旺，可以添爐鼓鑄，則即以大錢與交局之不分配抵放。如此設法，則既可交官，又可取錢，即鈔即銀，不特民間可以疏通，即軍營亦可推行矣。如有刁難阻抑，不肯遵照部（設）〔議〕實力奉行，或以賤價私收銀鈔搭解兼利者，臣等即據實嚴參懲辦，務使官民相信鈔法疏通，以期因時制宜。等語。

臣等查該督等會奏鈔法大意，與臣部上年奏定推行官票設局鑄錢章程相同。以票一兩作錢二千，亦與酌定鈔價符合。惟官局賣鈔票一節，實能補部議之所未及。又稱商民所賣之票即由該局代爲交官，以防胥吏勒索刁難，並賤價私收之弊，似此用詳立法，尤徵實力奉行。其餘收銅鑄錢，分配抵放，嚴禁阻抑私收漁利各層，深慮熟籌，亦俱周密。臣等悉心籌議，均應如所請辦理。伏思清淮爲鹽漕河務交匯重地，屢因各款撥銀支絀，部頒官票不營十倍於他省，加以大江南北軍需孔亟，近處絶無銀款可籌，該督等所稱除行鈔外，別無良策，自係實在情形。其片奏内請通飭各直省，無論藩關運庫，（過）〔遇〕有商民以南河官票搭交者，一體收納等語，應請旨俯如所請辦理。惟是行鈔一端，有治人而無治法。該督等奏請派員設局，發票收錢，票之通塞重輕在此一舉。所之代爲交官及令各州縣照辦之處，何以能使官民兩便？其中節因委曲繁重，非部中所能懸斷，全在各該督撫著熟察地方情形，合力講求，統俟設局後，迅將一切條款詳細報部立案備查。

所有臣等遵旨速議緣由，是否有當，伏乞皇上聖鑒。謹奏。

成豐四年閏七月十六日具奏請旨，本日奉旨：依議。欽此。

《清代檔案史料叢編》卷一一《户部奏推廣變通錢法議奏摺》咸豐四年九月十五日》 户部謹奏，爲遵旨推廣變通，速議具奏事。

兩江總督怡等會奏官局銀票籌有票本，請飭糧臺一體收放一摺，咸豐四年九月初九日奉硃批：着照所奏行。並著户部推廣變通，速議具奏。欽此。欽遵。本月十二日由内閣抄出到部，據原奏内稱云云等語。

臣等查臣部上年頒發糧臺官票章程，原議隨營兵丁鹽菜口糧，皆係逐日零星給發，未便核計搭成，惟各營帶兵辦差文武員弁應得俸薪、馬乾、行裝、鹽糧等款，爲數較多，盡可分成搭放。本年五月準欽差大臣琦咨：以江南藩關鹽庫徵收課餉，均應隨時解充軍需，在司庫搭收鈔票，必須可以搭解，方可飭商投納，而軍營得此官票，積壓日多，豈能藉資口食？經臣部查係實在情形，咨準該大臣酌核軍營所用之款，酌提現銀，以濟軍用。至運庫所收官票，均準報部候撥，並令該大臣於軍營應行搭放官票各項分成發給，俾銀款不致交納。等因。咨覆在案。

今據該督等奏稱：現在奏準推行官票，凡搭解軍營之票，均已籌有票本提存官局，無論兵民有以官局售出之票赴局取錢，隨到隨放，與現銀現錢無異。似此有本之票，軍營自易行用，既可照章搭解，凡兵丁鹽菜等項，亦自可一律搭放。誠如聖諭，應照所奏行。是於原定搭解搭收章程，稍爲變通，而於該省官局票法即可藉資周轉。其一切收放章程，俟該督等奏報到日，再行核議。至各路糧臺行用官票應否一律搭放之處，前經臣部聲明，由該督撫及各路糧臺大員酌核情形，隨時奏明辦理。現在各省設局行票章程亦多未據奏報，如有應行推廣之處，亦擬俟各省復奏到，隨時酌辦。

所有臣等遵旨速議緣由，是否有當，伏祈皇上聖鑒。謹奏。

咸豐四年九月十五日具奏，本日奉硃批：依議。其餘行票各省，著飭催迅速復奏。欽此。

《清代檔案史料叢編》卷一一《何俊核議推行官票章程文》 署理江寧布政使、蘇松督糧道何，爲核議推行官票章程事。

奉兩江總督部堂怡、漕運總督部堂邵、南河總督部堂楊、江蘇巡撫部院吉會同奏請在於清、淮地方設局推行官票，添爐鑄錢，分配抵款，無論地丁錢糧、鹽關税課、糧臺軍需，一體搭用，疊經户部議奏准行，奉旨：依議。欽此。欽遵在案。

茲本署司督飭該局委員、淮安府知府恒廉，候補知府劉咸，補用道、山清里河同知于昌進，署山清外南同知鍾照，署高堰通判譚祖勳，補用知州李會文，山陽縣知縣王慶瑞，直隸州署清河縣知縣吴棠，補用知縣畢培員，暨同紳董謝祖馨、田徵、宣廷鏡，體察地方情形，推求利弊，公同擬議章程十條，開列於後：

一、籌備官票加用關防圖記，以示區別也。查江北官票已及百萬，現設官局，若皆準見票付錢，則局中須備現錢二百萬串，勢所不能。今以先於河庫籌撥官票數萬兩發局作本，其餘由該局陸續收取商民交納積票，以資流轉。凡由官局用出之票，均於背面編列字號，蓋用官局關防圖記，以示區別。曉諭商民人等，赴局買票，搭交錢糧税課。知照糧臺暨各徵收衙門，一體照章搭收。儻鹽關等處經徵官吏收此有錢之票，再有刁難勒措者，即由官局委員查照完納數目，代爲按成交官，以免商民裹足。徵收衙門搭收官局印記之票，準其抵解糧臺軍需，支放一切雜款，均可隨時到局取錢。其無官局印記者，尚未籌有票本，未能見票即付。儻有以前請官票凑數搭解糧餉，致使有票無錢，查出嚴行參辦。如糧臺各處收管官票並無官局印記者，無處取錢，不涉官局之事。惟現在奏奉諭旨，部頒南河官票文下通行，各直省藩關運庫一體收納。等因。如有商民人等攜帶南河官票至外省使用，以及搭交捐輸，呈繳賠項，搭解部庫等用者，無論有無官局關防圖記，一律通用，以歸簡便。

一、明定官票取錢章程，以冀通行也。查官票之不行者，由於經徵賦稅均未搭收。賦稅之未能搭收者，由於無錢可取，難抵軍餉。今擬官局之票售與商民納交稅課錢糧者，悉照部定票價，每兩收制錢二千文，則用出一兩局票，即有一兩票本之錢到局。凡由各徵收衙門以局票搭解軍餉及支放一切雜款者，或軍民人等收有局用官票者，均於官局每兩取錢二千文，不論時日，隨到隨付，仍責成委員紳董認真經理。凡售出官票之錢，不準絲毫挪用，聽候支取。儻有私挪情弊，查出嚴行參辦。

一、徵收衙門無論錢糧稅課，概照部定章程，搭解五成也。查從前官票無錢可取，故少搭一成，則多收一成現銀。且奉發官票每省不過十餘萬兩，爲數無多，故有搭解一二成之議。今江北官票過多，僅搭解一二成，恐仍不能疏通。況局票與現錢無異，雖多搭成數，並無窒礙。應照奏定章程，搭收搭解概用官票五成，庶用路較廣，通行愈速。久之票與銀同，更可無須較論成數矣。

一、添爐鼓鑄大錢並招商納交銅本，以疏積票也。前經奏定，於清淮地方分局添鑄當百以下大錢，均已開爐。無論官民人等，有欲以官票支錢者，準其以一半銅斤，一半官票交局作本。如銅價錢足一千串，再加官票銀五百兩，即作收銅本兩千串，挨號登册，付於局收，俟鑄出大錢之後，即發還足大錢二千串。儻無從購銅，願以一半現錢抵作銅本交局者，與交銅之户一律辦理。其無力措交銅本者，若始終無錢可取，必致仍前賤售，應準商民將前領積存之票送局，另立號簿登記，給予收票。俟大錢積有盈餘，按號分期，每兩亦發錢一千文，俾積票日見流通。仍責成委員紳董公平收發，不得瞻徇情面，壓先儘後，以昭信實。

一、司製錢鈔及南河奏（道）〔造〕散數銀票，一並歸局通用也。前經奏定由江藩司製造大錢鈔票，以三十萬爲度在案。查清淮市肆嚮用九三串錢票，商民見聞習慣，通行已久。今擬造錢鈔一律照用九三串票，以便民用。凡軍民人等，持官局銀票取錢者，或因道路稍遠，攜帶不便，或近處商賈集數過多，不能即時搬運現錢，願取錢票者，即以前項錢鈔照數算給。又前因部票登數者多，奏請製造散數銀票，準其搭交本省地丁關稅鹽課及一切交官等項。奉硃批：所擬是應隨時變通者。户部知道。欽此。欽遵在案。現既開設官局，應請將此項銀票一並發局行用。凡零星散户不能用整數大票者，即買此票交納。各處徵收衙門，以之解抵軍需兵餉及支放一切雜用者，均照部票一律辦理。如有搭解部庫及撥濟他省款項，仍由局換用部頒官票，以符原案。

一、於邵伯鎮分設官局，擬便軍士取錢也。查江北錢糧，抵解揚州大營軍需者多。軍士買取食用物件，均在甘泉縣邵伯鎮地方。今解交揚州軍營之票，若盡由糧臺來局取錢，恐後急不能應用，擬於邵伯添設分局，將官局收存票本，酌解分局，見票付錢，以便取攜，而免遲誤。至糧臺收存局內圖記官票，應於背面加用糧臺關防，散給官軍，向邵伯分局每兩兑換現錢二千文，以便行用。其有解交別處糧臺者，再行隨時相機辦理。

一、請由户部轉咨各省，一體照付官票銀兩也。前經欽差大臣勝奏議官兵皆願收藏官票，備寄家用，自係實在情形。應請由部咨明各直省督撫，通飭各府州縣徵收衙門，如官兵以官票備寄家信者，無論何處，由官按數付銀，皆準抵作銀兩，關稅照例搭解部庫，不得以隔省之票稍事留難。如官兵以官票寄回本籍，不能抵作現銀之用，仍寄回大營者，由糧臺查明何府州縣，呈請欽差大臣奏參。

一、通〔省〕州縣各徵收衙門，應照章開設官錢店也。現在開設官局，僅止清淮地方。外府州縣商民需用官票，未能遠道購買。應照各縣所收地丁錢糧若干，雜稅若干，約發整數散官票若干，由縣承領，轉發殷實錢店出售，以便納糧者就近買繳。該州縣售出後，即造具四柱印册，某日起某日止，共集出局發官票若干，共收過票本若干，解過官局票本若干，解過某處局印票若干，均限時日，一報藩司，一報總局，以便查對。所有票本制錢，視所售數目多寡，道路遠近，或一月一次，或半月一次，解交總局查收。如因運錢不便解銀來局者，亦聽其便。總須解到官局之後，方准將官票搭解錢糧，以免持票取錢者守候時日。如有未將票本解局，先以發去官票抵解錢糧者，或售出票本延擱不解，或隱匿不報，希圖挪用者，查明均照虧挪正項錢糧例，從嚴參辦。江南各州縣亦合一體照行，不得歧視。

一、通省鹽關税課，應一律查辦也。查官票不行，由於有放無收。今地丁錢糧既已遵照部議搭收五成，則鹽務關税自不能兩歧。應查明兩淮及一通省各關，除被兵之處不計外，凡收納課税，一律搭用五成。其收解章程，悉照地丁錢糧辦理。如江南各南關因道遠難購，即將官票由司咨送就近酌辦。其兩淮鹽務，亦交運司轉飭各分司照辦。

一、酌提經費，以資局用也。現在設立官局，一應製造錢票，以及散數銀票工本房租薪飯等項，推行愈廣，需用愈多。若準作正開銷，所費不資。應請查照户部奏定官錢總局章程，一切收發，照民間錢鋪行規辦理，無論正雜款項，有持官票來局取錢者，每大錢一千許扣二十文，以作經費。如有格外剋扣等弊，將委員紳董隨時參辦。

《清代檔案史料叢編》卷一一《周承業為推行官票章程事札夏津縣文咸豐五年九月》　欽加知府銜、臨清直隸州正堂加十級、紀録十次周，札夏津縣知悉：

本年九月二十一日，蒙濟東道札付：本年九月初五日準布政司咨，咸豐五年七月初八日蒙署理河東河道總督部堂蔣札開，本年五月初四日準江南總河部堂楊咨，咸豐五年四月十二日準户部咨開，官票所案呈，所有本部議復兩江總督等奏設法推行官票，妥議章程十條，逐款擬議一摺，於咸豐五年二月二十五日具奏，本日奉旨：依議。欽此。相應鈔録原奏清單，恭呈諭旨，行文江南河道總督轉飭遵照辦理可也。計單等因。到本部堂。準此。相應抄粘咨會，請煩查照，轉飭所屬一體遵照施行。等因。到前部院。未及咨行，因病出缺。本署部堂到任，相應抄咨。爲此合咨，請煩查照施行。等因。到司。準此，合行移咨。等因。準此。合行轉飭。爲此，仰州官吏即便轉飭所屬一體遵照辦理。毋違。等因。到州。蒙此。合行札飭。札到該縣，即便欽遵查照辦理毋違。切切。此札。

《清代檔案史料叢編》卷一一《户部奏遵旨會議江省官票章程情形摺》　户部謹奏，爲遵旨妥議具奏事。

兩江總督怡等會奏設法推行官票妥議章程一摺，咸豐四年十二月十五日奉硃批：户部妥議具奏。單并發。欽此。欽遵。由内閣抄出到部。

據原奏内稱：臣等會議設局流通鈔法一摺，經户部議準，均應如所請辦理，迅將各款詳細報部立案。等因。當於清適中之北設立官局，遴委知府恒廉等，選派紳董，體察試行，飭將一切章程細爲酌定。茲據署藩司何俊詳稱：官票必須有放有收，方可周轉無滯。江地官票百萬，惟在徵收衙門按成搭收，但官民領得鈔票，無從支取現錢，疑懼惟阻，勢所必然。今議淮城設局鼓鑄大錢，並將官票售與商民，納交賦税，收回票本，抵作官票易錢之用。軍營關放現銀，兵丁無非换錢買物，官票即可换錢，與現錢無異，自可一律收放。軍營一通，則四路皆通，官票可期暢行，於鈔法大有裨益。現在商民已在官局購買官票，交納關税，由淮關搭解江北糧臺，將官票在邵伯官局提取錢文，搭放兵餉，並無礙窒，行之已有成效，江南徵收衙門自可一律辦理。所有議定章程，詳請會奏前來。伏查當此制用孔亟之時，除推行官票外，別無良策。部定章程本已周備，現擬設局售票，求通於塞，但能行之以漸，持之以恒，自無不通之理。若官吏奉行不力，商民藉端阻撓，不顧大局，臣等惟有據實嚴參懲辦，以儆傚尤。謹將章程十條另繕清單，恭請飭部復核立案，通行遵辦。等語。

臣等查江南一省，近（集一）〔年以〕來，因河工軍餉所費不貲，先後以官票抵撥不下一百數十萬，該處官票日積日多，較之他省幾至十倍，其爲壅滯自係實在情形。前經該督等會奏，議請設局售〔票〕，以期一律流通，經臣部議準在案。茲據該督等將章程十條詳晰具奏，臣等逐條復核。其收放均以搭用五成官票爲準，並以每交制錢二千，給票銀一兩，俾票可及民，又以每交票銀一兩，給制錢二千，俾民皆信票，既以售票之錢儲爲本分，咨應糧臺軍餉，復以交局之票作爲銅本，添鑄各項大錢，立法頗見周詳，應暫如所奏辦理。惟尚有應行參酌之處，臣等謹於章程條下逐一擬議，另繕清單，恭呈御覽。伏候命下，飭令該督等查照遵行。

再，該省並未頒過寶鈔，與軍機大臣會同臣部議復孫觀、蔣達摺内改票爲鈔之法暫有不同，應候直隸等三省鈔法通行後，再行推廣，以昭畫一。

所有遵旨妥議緣由，伏乞皇上聖鑒。謹奏。

附清單

計開：

一、籌備官票加用關防圖記，以示區別一條。據稱：江地官票已及一百萬，現設官局若皆準見票付錢，勢所不（飭）〔能〕。今擬先撥官票數萬兩，發局作本。凡由官局用出之票，均於背面編列字號，蓋用官局〔關〕防圖記。曉諭商民人等赴局買票，搭交錢糧稅課。知照糧臺暨徵收各衙門，一體搭收。儻鹽關等處收此有錢之票，再有刁難勒掯者，即由官局代爲交官，以免商民裹足。各徵收衙門搭放官局印記之票，準其抵解糧臺軍需，支放一切雜款，均可隨時到局取用。其無官局印記者，尚未籌有票本，未能見票即付。儻有以積票湊數搭解糧餉，致使有票無錢，查出嚴行參辦。如糧臺各處收受官票，並無官局印記，無處取錢，不涉官局之事。如有商民人等攜帶南河官票至外省使用，以及搭交捐輸、呈繳賠項、搭解部庫者，無論有無官局關防圖記，一律通用，以歸簡便。等語。查部頒官票，惟該省爲最多，現當甫籌票本之初，若概準取錢，不特鄰省之票須防蜂擁而來，即本處亦慮錢少票多，驟難支應，自不得不暫分界限，以期由漸而通。惟前經臣部奏準奉旨：部頒南河官票，天下通行，各直省藩關運庫一體收納。等因。係票法原期不囿於一隅，並非謂專準南河官票出省，不準鄰省官票入江。且該省既於一切地丁稅課收票五成，則此百萬票張尚不及本省應收之半，似可無庸預防積滯。此節應由該督等隨時酌量通行。

一、明定官票取錢章程，以冀通行一條。據稱：官票之不行，由於緩徵賦稅均未搭收，賦稅之未能搭收，由於無錢可取，難抵軍餉。今議官局之票售與商民納交稅課錢糧者，悉照部（豈）〔定〕票價，每兩收制錢二千。軍民人等收有局用官票，均於官局每兩取制錢二千，不論時日，隨到隨付，責成委員董紳認真經理。等語。查此項官票，該省係遵照部定票價，每兩作爲制錢二千。現以此處售出，即以此數兑收，出納均平，人情自信。此條應如所奏辦理。

一、徵收衙門錢糧稅課，照章搭解五成一條。據稱：從前官票無錢可取，故（火）〔少〕搭一成，則多收一成現銀。今江北官票過多，搭解一二成，恐仍不能疏通。況局票無異現錢，雖多搭成數，並無窒礙。應照〔奏〕定章程，搭收搭解概用官票五成，庶用路較廣，通行愈速。久之票與銀同，更可無須較論成數。等語。查官票所以輔現銀之不足，是以臣部從前酌中定制，奏準收放悉用五成，並有解項準其搭至五成之議。惟能暢收，自能暢行。此條應如所奏辦理。

一、鼓鑄大錢，招商納交銅本，以疏積票一條。據稱：清淮地方分局添鑄當〔百〕以下大錢，均已開爐。無論官民人等，有欲以官票支錢者，準其先以一半銅斤、一半官票交局作本，挨號登册，付於局收，俟鑄出大錢發還。儻願以一半現錢抵作銅斤交局，與交銅之户一律辦理。其無力措交銅本者，若終無可取，必致仍前賤售，應準商民將積存之票送局另簿登記，給予收票。俟大錢積有盈餘，按號分期，每兩亦發二千文，俾積票日見流通，仍責成委員董紳公平收發。等語。查該省積票過多，若專持收售制錢，恐不敷局票取錢之用，該督等擬請招商，以一半銅斤或一半現錢與一半官票交局作爲銅本，俟大錢鑄出，按數發還。並準商民將積存之票先期交局，日後還錢，於疏通積票之中寓行用大錢之法。此條應如所奏辦理。

一、〔司〕制錢鈔及南河奏造散數銀票，一並歸局通用一條。據稱：（請淮）〔清淮〕市肆嚮用九三串錢票，今擬造錢鈔一律照九三串票，以便民用。凡願取錢票者，即以前項錢鈔算給。又製造散數銀票，準其搭交本省地丁稅課及一切交官等項。現既開設官局，應請將此項銀票一並發局。凡零星散户不能用整數大票者，即買此票交納。各處徵收衙門以之解抵軍餉及支放一切雜用，均照部票一律辦理。如有搭解部庫及撥濟他省款項，仍由局换用部頒官票，以符原案。等語。查該省司造錢鈔及散數銀票，均經奏準允行在案。緣部頒該省只有官票一項，又係整數多而散數少，是以暫準制行。應俟現擬鈔法直隸等三省通行之後，將部製寶鈔换回官票，並司造錢鈔及散數銀票概行停止，以昭畫一。

一、邵伯鎮分設官局，以便軍士取錢一條。據稱：江北錢糧，抵解揚州大營軍需。軍士買取食用物件，均在甘泉邵伯鎮地方。擬於邵添設分局，將官局收存票本酌解，見票付錢，以便取攜，而免遲誤。糧臺收存局票，散給官軍，向分局每兩兑换現錢二千。其有解交别處糧臺者，再行隨時相機辦理。等語。查官票取錢，自應以供應糧臺軍需爲最要，而商民之取錢次之。該督等於邵伯鎮地方就揚州大營近處設局，以便軍士取錢，並於正摺内聲明，行之已有成效。此條應如所奏辦理。

一、請由户部轉咨各省，一體照付官票銀兩一條。據稱：前經勝奏議官兵皆願收藏官票，備寄家用，自係實在情形。應請由部咨明各直省督撫，通飭各府州縣衙門，如官兵以官票備寄家信者，無論何處，由官按數付銀，皆準抵作錢糧關税，照例搭解部庫，不得以隔省之票稍事留難。如官〔兵〕寄回本籍，不能抵作現銀，仍寄回大營者，由糧臺查明何府州縣，呈請欽差大臣奏參。等語。查咸豐三年臣部奏請添製官票，速發糧臺搭放，係於通行各省銀票之外，另編仁、義、禮、知、信五種字號，仍令糧臺於票面加用印〔記〕，免致混淆。並聲明俟軍務告竣，凡用兵省分，於辦理善後款内，如數憑票開支實銀。其由京城及他省調往之各官弁，亦可於凱旋後，分别部庫外票，就近支領。各省藩庫及道府州縣，遇有將此項銀票支領者，無論正雜各款，隨時借動，另用核銷。等因。是明係指定糧臺字號官票一項，又須在軍務告竣之後，並非謂現在通行之京票外票並俱準隨地支銀。況該省於解抵糧臺軍餉之票，既皆可取現錢，兵丁如欲寄家，自可隨時隨地以錢換銀，帶回本籍。此條應毋庸議。

一、通省州縣各徵收衙門，應照章開設官錢店一條。據稱：現在開設官局，僅在清淮地方。外府州縣商民需用官票，未能遠道購買。應照各縣所收地丁錢糧若干，雜税若干，約發官票若干，由縣承領，轉發殷實錢店出售，以便納糧者就近買繳。所有票本，解交總局查收，如因運錢不便，解銀來局亦聽其便。總須解到官局之後，方準搭解錢糧，以免持票取錢者守候時日。等語。查外省民間完納錢糧，多係以錢折銀，無論各府州縣原有官錢店代爲承辦，乃官民交收之樞紐，名爲商設，實則公辦。該督等擬請由官錢店收票支錢，較之官辦自更簡捷，但有嚴防吏胥勾串擡價居奇，並售出票本延擱隱匿諸弊，應責成領票轉發之州縣，核實收報，有犯必懲。此條應如所奏辦理。

一、通省鹽關税課應一律照辦一條。據稱：官票不行，由於有放無收。今地丁錢糧既收五成，則鹽務關卡自不能兩岐。應查明各關除被兵之處不計外，凡收納税一律搭用五成，其兩淮鹽務亦交運司轉飭照辦。等語。查該督所請鹽課關税與地丁錢糧一律收解五成，亦係遵照前定章程辦理，與近日軍機大臣會同臣部會議鈔法摺内鹽關税課改爲收銀八成，收票二成不符。惟在該省積票過〔多〕，應請暫行照辦，俟該省寶鈔通行時，再行查照搭票二成之例核收。

一、酌提經費以資局用一條。據稱：現在設立官局，一應製造錢票以及散數〔銀〕票工本房租薪飯等項，推行愈廣，需用愈多。若準作正開銷，所費不貲。應請照户部官錢局章程，一切收發，照民間錢鋪行規辦理。無論正雜款項，有持官票來局取錢者，每大錢一千扣二十文，以作經費。如有格外剋扣，將委員董紳隨時參辦。等語。查工部〔本〕房飯既爲公局所必需，自應準其手持〔官〕票取錢時，每千扣二十文，以資經費。仍責令該督等於造册報部時，另款核實〔扣〕除，以憑查覈。此條應如所奏辦理。

《清代檔案史料叢編》卷一一《譚廷襄奏籌議推行大錢鈔票章程等事摺咸豐七年閏五月十四日》 二品頂戴、署理直隸總督臣譚廷襄跪奏，爲籌議推行大錢鈔票章程，並於天津、正定、大名三府先行設局，試鑄當一鐵錢、當十銅錢，以利民用，恭摺具奏，仰祈聖鑒事。

竊臣遵旨會同御前大臣、軍機大臣議奏疏通大錢及鐵制錢辦法一摺，聲明在於天津、正定、大名等府設局，添鑄當一鐵錢、當十銅錢，以便行用。並自本年下忙爲始，直隸徵收錢糧，悉照銀七票三之案辦理，其大錢三成，即納在鈔票三成之内，交票交錢，悉聽其便。仍於各府設立鈔局，準以鈔票與大錢互相易换。再以大錢分發各行店，按二八搭配行使，庶鈔票與大錢互相通融，以資補救。奉旨：依議。欽此。當經飭司移行各屬一體遵照。兹臣督同藩司錢炘和，將應辦事宜照依原奏分别籌議。伏查理財以利民用，必權其盈虚，隨時酌量變通，然後有利而無弊。今因銀不恒足，而以鈔輔之，鈔不虚行，而以錢實之，欲行鈔必先鑄錢，欲行錢尤貴重鈔，務使錢可濟鈔，鈔可濟銀，鈔即是錢，亦是銀，於國用民生方有裨益。謹再悉心籌議，分别條款，敬爲我皇上陳之：

一、直隸各州縣應設分局，以通鈔票也。查官票寶鈔推行日久，皆在城市商賈匯集之處，大抵以販賣交捐爲出路，價值率多折減。至民間則因無錢可取，不肯收存，且外省寶鈔少而官票多，皆係一兩至數十兩整數，不能分拆，欲令以現錢購買完糧，勢必不能。因而姦猾之徒，包攬抵换，弊端百出，訟牘繁興。而各營兵丁所得一半鈔票，無可銷售，益形苦累，遂不得已令各州縣收買各營鈔票，通融易解，兵丁稍資貼補，不過十分之一二，未能遍及。設令鈔票日久壅滯，較之大錢尤難經理。伏思鈔票必須有本，方可通暢。今各州縣三成鈔票，多係以實錢四千抵收，擬請即以此項作本，令每州每縣皆於公所自設分局，於徵收錢糧時遵照原奏，將大錢納於三成鈔票之中，與銅鐵制錢一律二八搭收。內以二成開發本地就近各營，確有發單印據鈔票，以一成留給民間完納鈔票。如完納不能及數，仍準以二八錢抵交，盡數報司撥用。統計兵餉鈔票五成內，有二成當時即準取錢，三成仍歸省城掣字取錢，鈔票必然寶貴。鈔票內均有二成大錢搭入，由兵丁推行於市肆，無患其不逐漸旁通。至司庫所放抵餉鈔票，本有大錢二成可取，毋庸另議。此外所放雜項內五成鈔票，應酌量款目，再搭給一成大錢，許州縣轉發行店，以備民間二八搭用。其州縣解司雜項，亦準於鈔票三成內搭解大錢十分之二。鈔票、大錢循環兼用，上下出入均平，自可不致壅滯。所有小民完糧三成錢文，應由局照串票之式發給用印小票，註明錢數，同七成實銀一並投櫃，於截數時並計錢數，將分局所換營票匯總具批，連小票一並解司，分別存銷。庶抵換之弊源可清，而鈔票大錢一律行使，非特兵丁生計有益，鈔票之本亦無須另籌矣。

一、官票價值應照銀價長落，以歸畫一也。查每票一兩，原定部價係作京錢四千文，外加六分補平。第直隸現時各處銀價參差不齊，每兩京錢三千二、三、四、五百文不等，若仍按京錢四千文作銀一兩，責令交納錢糧，比較額徵銀數轉有加增，民間未免苦累。此項票銀本係二兩部平，應作爲庫平足銀九錢四分，隨時按照銀價一律核算，仍按部定每兩外加六分補平，以足庫平之數，使票與銀並無二致，上下守之以信，無虞扞格難通。至州縣銀價，每京平一兩在京錢四千以上者，徵收仍不得過京錢四千之數，以示限制。

一、持票取錢，應由局酌分緩急也。查收換鈔票以錢糧爲大宗，搭放鈔票以兵餉爲巨款，惟收則銀七票三，而放則銀票各半，所收之數不敵所放之數。且自咸豐四年以後，行票已及三年，鈔票之散歸於市肆者正復不少，若猝照市肆銀價，概準由局易錢，雖添設鐵爐，亦恐緩不濟急。儻一概聽候簽掣行用，則已行之票較少，而未行之票仍多，不足示信於民。今銀七票三，改自下忙爲始，其持票取錢，應自本年秋季爲始。除本年秋季所發兵餉有據之票，在各州縣徵收三成，抵票錢內按照原收銀價收票支錢外，其餘散歸民間市肆鈔票，仍照舊掣字辦理，以示限制。俟鐵錢鼓鑄充足，再行隨時酌辦。

一、應加鑄當一鐵錢，以便民用也。查省城添設爐座，廣爲鼓鑄，現在按卯出錢，無虞短絀，但恐行之於近，未能行之於遠。本處鐵斤較少，購覓非易，工本運費，節省爲難。查正定府屬與山西平定州接壤，大名府屬與山西潞安府相近，彼處均爲産鐵之區，購運較爲便捷。至天津爲水陸要衝，商賈雲集，財貨往來甲於通省。應在各該處就近設爐鼓鑄，將來不惟省局之錢充足，省外之錢亦可流通。惟省城鐵錢二十五爐，今改爲全鑄制錢，每日每爐可得制錢五十千文，除去鐵斤煤炭價值，爐頭匠役工食，以及雜支薪水等項，所餘無幾，全在經理認真，錢質精良，仍歸節省，庶不致於賠累。此外三府儻察看情形，未能多設，應各先開二爐試鑄，俟有成效再行續添。此項工本，由司在於收七放五餘出二成實銀內，按每月應支本銀若干，酌撥兩個月，以資周轉。截至年底通盤核計，除將鑄出之錢撥發行用外，盈餘之錢仍按市價易銀，解司歸還成本。其鑄錢事宜，悉照省城原議辦理，將章程抄發遵照，無須另行更定。但錢局最易滋弊，防弊之法尤應嚴密，現已遴選明練正佐各一員前往，會同地方官核實籌辦。

一、當十銅錢仍應鼓鑄，以便搭配行使也。考錢法古制，民患輕作重以行之，謂之母權子，民患重作輕以行之，謂之子權母，母子相權以衡萬物之平，因時制宜亦足以救錢法之弊。應請於省局搭鑄當十銅錢，與鐵制錢相輔而行，務使銅質精良，輪廓完好，大小厚薄定爲一式，輕重纖毫不容增減，以杜私鑄之漸，庶幾子母相權，輕重兼行，未使非變通盡利之一法。

一、私鑄各犯亟應嚴懲也。查各局鼓鑄錢文，爐頭匠役罔知畏法，往往盜取餘銅餘鐵，賤價偷賣。應專派委員責成稽查，儻有疏懈，致令偷賣，除偷竊之犯盡法懲辦外，即將委員嚴行參處。其無業游民玩法私鑄，嚴飭地方文武實力查拿，儻有失察，即將該地方官嚴行參辦。

以上各條是否有當，理合恭摺具奏，伏乞皇上聖鑒，訓示遵行。謹奏。

硃批：原議王、大臣速議具奏。

《清代檔案史料叢編》卷一一

《瑞麟等奏查出官票所司員私換寶鈔請交刑部嚴訊摺咸豐九年十一月初六日》

大學士、管理户部事務臣瑞麟等謹

奏，爲查出官票所司員代换寶鈔，顯有情弊，恭摺奏聞，仰祈聖鑒事。

竊臣部於咸豐三年製造寶鈔有五百文、一千文、一千五百文、二千文四種，其編列字號直行順寫。又於咸豐五年奏準，添造五千、十千、五十千、一百千四種寶鈔，其字號俱係畫碼。街市行使，分别名目，以直行順寫者爲長號，以畫碼者爲短號。凡臣部辦理入筒掣字之鈔，皆係長號，其短號之鈔，專備頒發各省之用，向不入筒。一切製造收發兑放，均由官票所前、中、後三廳幫辦之員分管，掌關防總辦司員總司其事。各項寶鈔，俱歸中廳收存，遇有兑放之款，前廳隨時向中廳領取放給。本年八月間，臣等風聞前廳司員有用短號鈔换出長號鈔，從中漁利之事。當將掌關防員外郎景雯先行撤任，一面遴派司員細心訪查，並調閲官票所前廳、中廳帳簿，逐款核對。自七年六月起，至本年五月止，統計簿内所載，以短號鈔换出長號鈔共八十餘萬串。又八月十三日帳簿内寫换出長號鈔一萬串，旋於二十六日仍將長號鈔交回。核其情節，顯有弊竇。詢據前掌關防員外郎忠麟、景雯暨總辦郎中王熙震等稟稱：歷次换出寶鈔，實因初定章程原準互换，是以援照辦理，期於流通鈔法。至本年五月，因制鈔紙張不敷，掌關防員外郎忠麟等商定暫停兑换。八月十三日，前廳值宿員外郎崇貴，向景雯言及筆帖式常禄送來短號鈔一萬串，再三央告欲换長號。景雯因到任未久，不知暫停兑换之議，當經换給。次日王熙震等不允，景雯即向崇貴、常禄等將换出之鈔追回。等語。詢之崇貴、常禄則稱：八月十三日所换一萬串之鈔，係素識之内務府筆帖式鳳儀赴局换去，旋即向其追回。與景雯等所稟互異。

臣等伏查咸豐三年初行鈔法之時，所定章程原準互相兑换，然彼時寶鈔並無軒輊，短號之鈔亦尚未添造。迨五年以後，添造短號寶鈔，並無準其兑换長號明文，何得援引舊章，藉口牽混？且長號雖係空鈔，而可望入筒，短號實鈔向不入筒，低昂顯判。臣等訪聞長號鈔與短號鈔市間價值懸殊，該員等豈能諉爲不知，乃以例無明文之事，並未回堂立稿，輒行兑换至八十餘萬串之多？即使盡係商民自换，别無情弊，已屬辦理乖謬。況本年五月既云暫停兑换，何以八月間崇貴、常禄復有向景雯央求兑换之事？難保非該員等營私漁利，習爲故常。其從前包攬代换，恐尚不止此數，亟應嚴切根究，以儆官邪。連日嚴訊前廳經手書吏俞俊、歸瓚，僉供自七年六月起，至本年五月止，所换出之長號寶鈔，均係不識姓名商民人等换去，惟八月間换去後仍復追回一萬串，係景雯交换。顯係恃無刑訊，堅不吐實。相應請旨將員外郎景雯、崇貴，筆帖式常禄，即行解任，並内務府筆帖式鳳儀暨書吏俞俊、歸瓚，一並交刑部審明辦理，以期水落石出。前掌關防員外郎忠麟，現任總辦郎中王熙震，總司局務，乃於兑换之始，並未將應否準其兑换之處回堂請示。迨本年五月暫停兑换，又未回堂。且據前廳幫辦各司員稟稱：因忠麟等有準令兑换之言，是以遵辦。實屬任意錯謬。前廳幫辦各員，除員外郎色卿額業經病故，主事但紳業經丁憂回籍外，尚有郎中奕遷、員外郎承恩、主事豐瑞、筆帖式寶麟，曾否包攬代换，雖未查有確據，惟查其任事日期俱在咸豐七年六月至本年五月期内，俱曾經手兑换，亦難保無前項情弊。以上六員，均應聽候刑部傳訊。

所有臣等查出官票所情弊緣由，理合恭摺具奏，伏乞皇上訓示遵行。謹奏請旨。

硃批：景雯、崇貴、常禄、鳳儀均着即行革職，並書吏一並交刑部，着實審核對處之王、大臣會同嚴訊。忠麟等六員，均着暫行解任，聽候傳訊。

《清代檔案史料叢編》卷一一《岑春煊奏請設官錢局行用票紙片光緒二十八年六月初二日**》** 再，據署布政使吴廷斌詳稱：晉省各屬制錢日缺，銀價日落，市面萬分窘迫，各錢鋪無法周轉，皆難支持，有以一鋪關閉害及多家者，有以現錢匱乏盡用撥抵者，以致兵丁之易餉，商貨之懋遷，民間之完糧完釐，無一不受其累。前經護撫臣何樞奏開寶晉局鑄造制錢，無如購銅維艱，工價太貴，每月出錢無多，現已銅源告竭，已飭暫停。欲圖維持補救，自非仿照湖北、陝西等省設立官錢局不可。擬先於省城設立晉泰官銀錢總局，由司庫借給該總局成本銀二萬兩，揀派妥實商人經理，俟辦有端緒，再行推及各屬。並仿照湖北辦法，由東洋刷印官局定制銀錢銀圓等票紙，花紋務臻精美，準民間以票紙完納丁糧税課，俾利推行。等情。請具奏前來。

臣復查晉省錢法弊壞，至今而極，前已迭飭籌款，由湖北搭鑄銀圓，以期稍濟闤闠之困。無如庫儲極絀，每次所籌搭鑄之款，勢不能多，且道遠運艱，緩難濟急。該司擬請設立官銀錢局，行用票紙各節，係爲濟圜法之窮起見，似尚可行。

除批飭照辦外，所有暫停鼓鑄暨設立官銀錢局緣由，謹附片具陳，伏乞聖鑒。謹奏。

綜述

《大誥・僞鈔》 寶鈔通行天下，便民交易。其兩浙、江東西民有僞造者，甚惟句容縣楊饅頭。本人起意，縣民合謀者數多，銀匠密修錫板文理分明，印紙馬之户同謀刷印。捕獲到官，自京至於句容，其途九十里，所梟之屍相望。其刑甚矣哉，朕想決無復犯者。豈期不逾年，本縣村民亦僞造寶鈔，甚焉鄰里互知而密行，死而後已。嗚呼，若此頑愚，將何治耶！

《大明律》卷三《吏律・公式・漏用鈔印》 凡印鈔不行仔細，致有漏印及倒用印者，一張笞一十，每三張加一等，罪止杖八十。若寶鈔庫不行用心檢閘，朦朧交收在内者，罪亦如之。

《大明律》卷七《户律・倉庫・鈔法》 凡印造寶鈔，與洪武大中通寶及歷代銅錢相兼行使。其民間買賣諸物，及茶、鹽、商税，諸色課程，並聽收受。違者，杖一百。若諸人將寶鈔赴倉場、庫務，折納諸色課程，中買鹽貨，及各衙門起解贓罰，須要於鈔背，用使姓名私記，以憑稽考。若有不行用心辨驗，收受僞鈔，及挑剜描輳鈔貫在内者，經手之人，杖一百，倍追所納鈔貫，謂誤收僞鈔，並挑剜描輳鈔一貫倍追寶鈔二貫。僞挑鈔貫燒毁。其民間關市交易，亦許用使私記。若有不行仔細辨驗，誤相行使者，杖一百，倍追鈔貫。止問見使之人。若知情行使者，並依本律。

《大明律》卷二四《刑律・詐僞・僞造寶鈔》 凡僞造寶鈔，不分首從，及窩主若知情行使者，皆斬。財産並入官。告捕者，官給賞銀二百五十兩，仍給犯人財産。里長知而不首者，杖一百；不知者，不坐。其巡捕、守把官軍，知情故縱者，與同罪。若搜獲僞鈔，隱匿入己，不解官者，杖一百，流三千里。失於巡捕，及透漏者，杖八十；仍依強盗，責限跟捕。若將寶鈔挑剜、補輳、描改，以真作僞者，杖一百，流三千里。爲從及知情行使者，杖一百，徒三年。其同情僞造人，有能悔過，捕獲同伴首告者，與免本罪，亦依常人一體給賞。

《大明會典》卷三一《户部・庫藏・鈔法》 國初寶鈔通行民間，與銅錢兼使，立法甚嚴。其後鈔賤不行，而法尚存。今具列於此，其折禄、折俸、罪贖及各項則例輕重不等。詳見各部。

洪武八年，令中書省造大明寶鈔，取桑穰爲鈔料。其制方，高一尺，闊六寸許，以青色爲質。外爲龍文花欄，横題其額曰大明通行寶鈔，内上兩旁復爲篆文八字，曰大明寶鈔天下通行。中圖鈔貫狀，十串則爲一貫，其下曰户部奏准印造大明寶鈔，與銅錢通行使用，僞造者斬，告捕者賞銀二百五十兩，仍給犯人財産。若五百文，則畫鈔文爲五串，餘如其制而遞減之。每鈔一貫折銅錢一千文、銀一兩，其餘以是爲差。其等凡六：曰一貫、五百文、四百文、三百文、二百文、一百文。每鈔四貫易赤金一兩。禁民間不得以金銀物貨交易，違者治罪，告發者就以其物給賞。若有以金銀易鈔者聽。凡商税課錢鈔兼收，錢十之三，鈔十之七。一百文以下，則止用銅錢。

十三年，令在京在外各置行用庫，凡軍民倒鈔，令軍分衛所，民分坊廂，輪日收換。鄉民商旅則以户帖路引爲驗，其鈔務貫伯昏爛方許入庫易换，量收工墨價直。

二十四年，榜諭各處商税衙門、河泊所官吏，每遇收辦課程，不許勒要料鈔。但有字貫可辨真僞者，不問破爛、油污、水跡、紙補，即與收受解京。若官吏巡攔刁蹬不收，及因而以不堪辨驗真僞鈔解京者，俱罪之。

二十五年，設寶鈔行用庫於東市，凡三庫，庫給鈔三萬錠爲鈔本，倒收舊鈔送内府。

二十六年定：凡印造大明寶鈔，與歷代銅錢相兼行使，每鈔一貫准銅錢一千文。其寶鈔提舉司每歲於三月内興工印造，十月内住工。其所造鈔錠，本司具印信長單及關領勘合，將實進鈔錠照數填寫送赴内府庫收貯，以備賞賜支用。其民間行使，及税課司局、河泊所收受課鈔，除挑描僞鈔外，其餘不分油污、水跡、破爛，務要收受。如有阻壞，照依户部原給鈔法榜文内事例治罪。其合用桑穰數目，本部每歲預爲會計，行移浙江、山東、河南、北平及直隸淮安等府出産去處，依例官給價鈔收買，所在官司應付腳力，差人起解赴京。仍申達本部，本部將來文立案，劄付寶鈔提舉司交收，及出給印信長單，具手本赴內府，關領勘合填寫，付差來人。於承天門照進，赴提舉司交收，取獲實收回部，入卷備照。

二十七年，罷寶鈔行用庫。令軍民商賈所有銅錢，有司收歸官依數換鈔，不許行使。

永樂元年，以鈔法不通，禁用金銀交易，犯者准奸惡論，有能首捕者，以所交易金銀充賞。其兩相交易，而一人自首者免坐，賞與首捕同，若置造首飾器皿，不在禁例。

五年奏准：於京城設官庫一所，凡官員軍民人等但有以金銀易鈔者，不拘多寡，聽於本庫收數，各驗成色照時值倒換官鈔行使。在外於府州縣倒換。令各處稅糧課程贓罰俱准折收鈔，米每石三十貫，小麥豆每石二十五貫，大麥每石一十五貫，青稞蕎麥每石一十貫，絲每斤四十貫，綿每斤二十五貫，大絹每疋五十貫，小絹每疋三十貫，小苧布每疋二十貫，大苧布每疋二十五貫，大綿布每疋三十貫，小綿布每疋二十五貫，金每兩四百貫，銀每兩八十貫。茶每斤一貫，鹽每大引一百貫，蘆柴每束三貫。其有該載不盡之物，俱照彼中時價折收。

七年，設北京寶鈔提舉司。

八年，令內外稅課司局、河泊所等衙門該收課程鈔，不問一十文至五十文，一百文至五百文，皆照舊收。其買賣行使，亦不許沮滯。

二十年，令河東、山東、福建、長蘆四運司，並廣東鹽課提舉司鹽課，許軍民人等於京庫報納舊鈔，填給勘合，赴各運司、提舉司，不拘資次支鹽。

宣德元年，令各處贓罰俱折收鈔，不分新舊昏軟悉收。不願納鈔者，聽納本色。又令客商以金銀交易及藏匿貨物高增價值者，皆罰鈔。

四年，令順天、應天、蘇、松、鎮江、淮安、常州、揚州、儀真，浙江杭州、嘉興、湖州，福建福州、建寧，湖廣武昌、荊州，江西南昌、吉安、臨江、清江，廣東廣州，河南開封，山東濟南、濟寧、德州、臨清，廣西桂林，山西太原、平陽、蒲州，四川成都、重慶、瀘州，共三十三府州縣，市鎮店肆、門攤、稅課加五倍，候鈔法通止。

又令榜諭兩京軍民官員人等，菜園、果園及塌房、車房、店舍停塌客商物貨者，不分給公自置，凡菜地每畝月紀舊鈔三百貫，果樹每十株歲納鈔一百貫，房舍每間月納鈔五百貫。差御史同户部官各一員，按月催收送庫。如有隱瞞不報及不納鈔者，地畝、樹株、房舍沒官，犯人治罪。其園地自種食用，非發賣取利者，不在納鈔之例。

又令民間行使驢贏車裝載物貨者，每輛納鈔二百貫，牛車五十貫。

又令受雇裝載船，自南京至淮安、淮安至徐州、徐州至濟寧、濟寧至臨清、臨清至通州，俱每百料納鈔一百貫。其北京直抵南京、南京直抵北京者，每百料納鈔五百貫。若止載柴草糧米及空船回還者，不在納鈔之例。

又令兩京及各處買賣之家門攤課鈔，按月於都稅宣課司、稅課司局交納，酒醋課程於該縣交納。給與由帖執照，每月一次點視查考。如違期不納及隱瞞不報者，依律治罪，仍罰鈔一千貫。裱褙鋪月納鈔三十貫，車院店月納鈔二千貫。

又令油房、磨房每座逐月連納門攤鈔五百貫，堆賣木植、燒造甎瓦逐月連納門攤鈔四百貫，牛車受雇裝載貨物者，納鈔五十貫，小車十貫。

又令浙江、江西、山東、山西、河南、陝西等都司並直隸衛所軍職官，及各處鎮守內外官家下開墾田土，每畝歲納舊鈔三十貫。菜地每畝、果樹每十株歲納舊鈔五十貫，候鈔法通止。

六年，令各處地畝菜園鈔皆減半，每畝止納鈔一百五十貫。

八年，令在京在外見收車船等項一應課鈔，除舊額與先次減免者不動，但係新增之數，皆以三分爲率，減一分。

九年奏准：凡兩京各庫所收鈔，不分軟爛、破損、油污、水跡，但有一貫二字可辨真僞者，俱不揀退。其各司、府、州稅課司局等衙門及沿河監收船料鈔官，亦如之。若有挑描僞鈔無一貫二字，及幾十文、幾百文不成張片破碎之數，年終本庫類奏燒毀。在各布政司、府、州、縣者，奏報，差官燒毀。令各處見收稅課及船、車、門攤、地畝、果木等項一應鈔，除正額但爲鈔法加增之數，以十分爲率，減四分。又令各處諸色課程，舊折收金銀皆照例折鈔。又令各處抄没官房及没官牛隻每年倒塌及倒死者，所納房鈔及牛租即與除豁。

正統三年，令京城內外菜地、果園稅鈔。

四年，令塌房及車輛鈔皆減半徵收。其自己房屋與人寄箧櫃者，免納鈔。

六年，令兩京果樹、菜園、小車免納鈔。塌房每間月納鈔一百貫五百文，驢贏車每輛四十一貫，牛車每輛一十一貫。

七年，定在京都税、宣課二司收鈔例。每季段子鋪納鈔一百二十貫，油、磨、糖、機、粉、茶食、木植、剪裁、繡作等鋪三十六貫，餘量貨物取息，及工藝受直多寡取之。

十二年，令驢贏車每輛納鈔二十貫，牛車每輛納鈔八貫。

十三年，禁京城各處街市交易行使銅錢，阻壞鈔法。其在外按察司並巡按御史一體禁約。

景泰三年題准：驢贏車每輛納鈔八貫，牛車每輛納鈔四貫，單牛車每輛納鈔二貫，馱煤等項贏驢每頭各納鈔一貫。

四年奏准：錢鈔聽民相兼行使。

五年，令兩京户部、都察院委官，各將地方自置塌房、庫房、店房、菜園、果株並大小鋪行，但係發賣取利者，通行取勘，該收鈔貫不分輭爛，徑送内府天財庫交納，堪中好鈔在收備用，不堪之數照例年終會官燒燬。

弘治二年，令勢要之家賣鈔事覺，依律論罪，鈔没官。司府州縣官受□聽從者，以枉法論。

《大明會典》卷一六二《刑部・律例・吏律・公式・漏用鈔印》 凡印鈔不行仔細，致有漏印及倒用印者，一張笞一十，每三張加一等，罪止杖八十。若寶鈔庫不行用心檢閘朦朧交收在内者，罪亦如之。

《大明會典》卷一六四《刑部・律例・户律・倉庫・鈔法》 凡印造寶鈔，與洪武大中通寶及歷代銅錢相兼行使。其民間買賣諸物及茶鹽商税諸色課程，並聽收受，違者杖一百。

若諸人將寶鈔赴倉場庫務折納諸色課程、中買鹽貨及各衙門起解贓罰，須要於鈔背用使姓名私記，以憑稽考。若有不行用心辨驗收受僞鈔及挑剜描輳鈔貫在内者，經手之人杖一百，倍追所納鈔貫，謂誤收僞鈔并挑剜描輳鈔一貫，倍追實鈔一貫。僞挑鈔貫燒毁。其民間關市交易亦許用使私記，若有不行仔細辨驗誤相行使者，杖一百，倍追鈔貫，止問見使之人。若知情行使者，並依本律。

一、在外衙門官員通同勢要賣納户口等項課鈔者，問罪，賣鈔之人發邊衛充軍，鈔貫入官。官員從無贓私，奏請降用。

《大明會典》卷一七〇《刑部・律例・刑律・詐僞・僞造寶鈔》 凡僞造寶鈔，不分首從及窩主，若知情行使者，皆斬，財産並入官。告捕者，官給賞銀二百五十兩，仍給犯人財産。里長知而不首者，杖一百，不知者不坐。其巡捕守把官軍知情故縱者，與同罪。若拶獲僞鈔隱匿入己不解官者，杖一百，流三千里。失於巡捕及透漏者，杖八十，仍依强盗責限根捕。

若將實鈔挑剜補輳描改，以真作僞者，杖一百，流三千里。爲從及知情行使者，杖一百，徒三年。其同情造僞人，有能悔過捕獲同伴首告者，與免本罪，亦依常人一體給賞。

（明）徐學聚《國朝典彙》卷九四《户部・鈔法》 洪武八年三月，詔造大明寶鈔。時中書省及在外各行省皆置局鑄錢，有司責民出銅，民間皆毁銅器輸官，鼓鑄甚勞，奸民多盗鑄。又商賈轉易，錢重道遠不便，上以宋有交會法，而元時亦嘗造交鈔及中統、至元寶鈔，易於流轉，可以去鼓鑄之害，遂詔中書省造之。

按：造鈔取桑穰爲料，其制方，高一尺，闊八寸，許以青色爲質，外爲龍文花欄，横題其額曰大明通行寶鈔，内上兩傍復爲篆文八字曰大明寶鈔天下通行。每鈔一貫，折銅錢一千文、紋銀一兩，折赤金二錢五分。

三十五年十一月，户部尚書夏原吉言：寶鈔提舉司鈔板歲久，篆文銷乏，且皆洪武年號，明年改元永樂，宜併更之。太宗曰：板歲久則當易，但不必改洪武爲永樂。蓋朕所遵用皆太祖成憲，雖永用洪武，可也。

永樂元年四月，下令禁金銀交易，犯者准奸惡論，有稱捕者，以所交易金銀充賞。先是，洪武中鈔法初行，禁民間不得以金銀銅貨物交易，違者治罪。鈔昏爛者許入行用庫换易，重收工墨價值。然鈔楮易於昏爛，雖有倒换之令，然收受艱難，法雖嚴，而竟不行如故。

二年八月，左都御史陳瑛奏通鈔法，宜令户部令群臣議，大口月食鹽一斤，納鈔一貫。小口月食鹽半斤，納鈔百文。從之。

五年，令各處折收鈔，金每兩四百貫，銀每兩八百貫。

二十二年十月，仁宗以鈔法不通命三法司，軍民犯笞杖者，定等第令輸鈔贖罪，不爲常例。

十一月，諭户部：以鈔法不通，揭榜通衢，令官吏軍民中凡有所見，許詣闕自陳，或赴通政司投進。言當者從之，不當者不罪。

上以鈔法久滯，聞南京抽分場舊所積薪及龍江提舉司所積竹木甚富，有至二三十年者，因歎曰：積聚本以資人，今京師軍民得薪甚難，與其積久以待腐，何若散之以利人。遂諭工部：二處所積，除足歲用外，並以釁軍民，每百斤官價鈔五貫，悉收昏軟舊鈔，庶便貧者。

洪熙元年正月，上諭户部尚書夏原吉等會議鈔法，原吉等奏：鈔多則輕，少則重。朝廷歛散適中，則自無弊。今民間鈔不通，蓋緣朝廷散出太多，宜爲法歛之。請市肆各色門攤內度量輕重，加其課程，課鈔入官，官取其昏軟甚者悉燬之。自今官鈔亦宜少出，民間得鈔則自然重矣。上曰：然所增門攤課程，俟鈔法通即復舊額。金銀布帛交易者，亦暫行禁止。

四月，命都察院嚴鈔法。

成化十三年正月，大興左衛指揮使周廣奏：近年鈔法不行，在京勢要殷富之家往往在於各布政司府州縣公行囑託，其利十倍，乞行禁約。上曰：令後依勢買鈔並有司聽從者，重罪不宥，令巡按御史糾舉以聞。

弘治元年，令税課司局每鈔一貫折收銀三釐，其存留折支官軍俸銀，每銀一兩折鈔七百。

按：太祖時，賜鈔千貫，爲銀千兩、金二十五兩。而永樂中，賜鈔千貫，爲銀十二兩，金止二兩五錢矣。及弘治時，賜鈔三千貫，不過四兩餘矣。

《皇明詔制》卷三　〔正統四年六月二十二日〕一、永樂年間，因鈔法不通，令民照口數納鈔，支與官鹽。近年鈔法通行，民納鹽鈔如舊，鹽課司十年五年無鹽支給，民人納鈔艱難，宜減半收鈔，以甦民力。及宣德年間，亦因鈔法，令收闔房及車輛鈔貫，今鈔法已通，悉減半徵收。

（清）傅維鱗《明書》卷八一《食貨志・鈔法》　洪武初，中書省及在外行省各置局鑄錢，有司責民出銅，民間皆毁銅器輸官，鼓鑄甚勞，姦民多盜鑄。又商賈貿易，錢重道遠，不便。上以宋有交會法，而元時亦嘗造交鈔及中統、至元寶鈔，易於流轉，可以去鼓鑄害，遂詔中書省行工部造大明寶鈔。工部造鈔屢不就，太祖一夕夢神告以當用秀才心肝爲之，既寤，未得其計，因語孝慈皇后曰：神豈殺士而爲之耶。后曰：不然。士子苦心程業，其文課即心肝也。太祖喜曰：得之矣。明日，取太學生課簿搗而製之，遂成。以皇太子董其事，仍嚴僞造之禁。以桑穰爲料，制方高一尺，闊六寸許，色青黑，外爲龍文闌，横題其額曰大明通行寶鈔。闌中爲三方，上方爲篆文，即題額。中上兩旁復篆文八字，曰大明寶鈔天下通行。中圖錢貫狀，十串則爲一貫。其下楷書曰户部奏准印造大明寶鈔，與銅錢通行使用，僞造者斬，告捕者賞銀二百五十兩，仍給犯人財産。若五百文則畫鈔文爲五串，餘如其制，而遞減之。每鈔一貫，折銅錢一千文、銀一兩，其餘以是爲差。其等凡六，曰一貫、五百文、四百文、三百文、二百文、一百文。每鈔四貫易赤金一兩。禁民間不得以金銀貨物貿易，違者罪之，告發者即以其物充賞。若有以金銀易鈔者聽。凡商税課錢鈔兼收，錢三銀七，一百文以下則用錢。

十三年，在京在外各置行用庫。令軍民倒鈔貫百，昏爛者許入庫易換，收工墨價。已復諭天下不許取鈔料，但有字貫可辨真僞者，不問破爛、油汚、紙補，即收解京，抑勒者及不堪辨驗真僞解京者罪。

太宗即位，言鈔板歲久，篆文磨滅，且皆洪武年號，今改元，宜併更之。太宗曰：板歲久則當易，但不必改洪武爲永樂。蓋朕所遵用皆太祖成憲，雖永用洪武可也。故鈔終皆洪武年號。尋以鈔法不通，令諸有以金銀貿易者，以姦惡論，告捕者以所易金銀充賞。鈔昏爛仍許入庫換易，收工墨直。蓋國家欲以寶鈔統天下利權，而銅錢佐爲使，通行之制甚設，然鈔易昏爛，難久藏，雖有倒换之令，然收受艱難，終廢不行也。

宣德中，令於順天、應天、蘇、松、鎮、常、揚、儀真、杭州、嘉興、湖州、福州、建寧、武昌、荊州、南昌、吉安、臨江、清江、廣州、開封、濟南、濟寧、德州、臨清、桂林、太原、平陽、蒲州、成都、重慶、盧，計三十三處皆立署，曰鈔關。又諭令天下，凡菜果園及塌房、車房、店舍停商賈者，菜地月納舊鈔三百貫，果樹十株百貫，房舍每間五百貫，差御史同户部官催剱之。又令凡以車載貨物者，每輛納鈔二百貫至五十貫，以小大爲差，船如之。若油房、磨房之類皆納鈔。久之，民嗟怨。

上命之減三之一。

正統中，復申行之。先是永樂中，令大口月食鹽一斤納一貫，小口月食鹽半斤納百文。而笞罪以下，准以鈔贖。至是亦復申其制。

成化中，令天下税糧皆錢鈔兼收。及弘治六年，令各鈔關每鈔一貫折銀三釐，每錢七文折銀一分。至是鈔漸微而錢行，計太祖時賜鈔千貫則爲銀千兩、金二百五十兩，而永樂中千貫猶作銀十二兩，金止二兩五錢矣。及弘治時，賜鈔三千貫僅銀四兩餘矣，而鈔愈難行。於是上議者以爲請倣古三幣之法，以銀爲上幣，鈔爲中幣，錢爲下幣。以中下二幣爲公私通用之具，而一准上幣以權之焉。蓋自國初以來有銀禁，恐其或閡鈔錢也，而錢之用不出於閩、廣，宣德以來，錢始行於西北。

自天順來，鈔之用益微，必欲如寶鈔屬鏹之形，一貫准錢一千、銀一兩，復初製之舊，非用嚴刑不可也，然嚴刑非盛世所宜有。竊以爲今日制用之法，莫若以銀與錢鈔相權而行，每銀一分易錢十文，新鈔每貫亦十文，四角完全未甚折者，每貫五文，中折者三文，昏爛而有一貫字者一文。通詔天下，以爲定制，而嚴立擅自加減之罪。雖物生有豐歉，貨殖有貴賤，而銀與錢鈔交易之數一定而永不可易矣。上不聽。先是成化中南京鎮守言鈔法圮不行，遣御史鄺埜往按之。衆以爲非起大獄，申著令，法不可得而行也。埜念著令已竣，非法意，往獨捕一二市豪以獻，曰：市人聞令下皆震懼，今鈔法通矣。事遂已。孝宗知其難行，不嚴督，聽民便。

正德中，以内庫鈔匱乏，無以給賜，令天下鈔關徵解本色。從之。

嘉靖中，御史魏有本上言：國初關税全徵鈔貫，嗣後改令錢鈔兼收。邇年以來，鈔法不通，錢法亦弊，而關税仍收錢鈔，無益於國，有損於民。以收鈔言之，每鈔一張爲一貫，每千張爲一塊。時價每塊值銀八錢，官價每塊准銀三兩，是官以三兩之銀反易八錢之鈔，此則上損國用。以收錢言之，各處低錢盛行，好錢難得，官價銀一錢值好錢七十文，時價每銀一錢易好錢不過三十文，是小民費銀二錢以上充一錢之數，此則下損民財。每銀約一萬兩内，五千收鈔，該鈔將二千塊，計用大櫃五百方。又五千兩收錢，該錢四千串，用櫃四百方。而水陸脚價進納，猶難計議。疏入。上命錢鈔留各地方，而内庫用銀，則錢鈔皆不入矣。厥後鈔益無用，而各關皆徵銀，雖朝廷賜予終用鈔，得之者爲無用之物，置之而已。懷宗時，以國用匱缺，議鑄銅鈔，製樣已具而未及行。

《明史》卷八一《食貨志・錢鈔》〔洪武〕七年，帝乃設寶鈔提舉司。明年始詔中書省造大明寶鈔，命民間通行。以桑穰爲料，其制方，高一尺，廣六寸，質青色，外爲龍文花欄。横題其額曰大明通行寶鈔。其内上兩旁，復爲篆文八字，曰大明寶鈔，天下通行。中圖錢貫，十串爲一貫。其下云：中書省奏準印造大明寶鈔與銅錢通行使用，僞造者斬，告捕者賞銀二十五兩，仍給犯人財産。若五百文則畫錢文爲五串，餘如其制而遞減之。其等凡六：曰一貫，曰五百文、四百文、三百文、二百文、一百文。每鈔一貫，準錢千文，銀一兩；四貫準黄金一兩。禁民間不得以金銀物貨交易，違者罪之；以金銀易鈔者聽。遂罷寶源、寶泉局。越二年，復設寶泉局，鑄小錢與鈔兼行，百文以下止用錢。商税兼收錢鈔，錢三鈔七。十三年，以鈔用久昏爛，立倒鈔法，令所在置行用庫，許軍民商賈以昏鈔納庫易新鈔，量收工墨直。會中書省廢，乃以造鈔屬户部，鑄錢屬工部，而改寶鈔文中書省爲户部，與舊鈔兼行。十六年，置户部寶鈔廣源庫、廣惠庫；入則廣源掌之，出則廣惠掌之。在外衛所軍士，月鹽皆給鈔，各鹽場給工本鈔。十八年，天下有司官禄米皆給鈔，二貫五百文準米一石。

二十二年詔更定錢式：生銅一斤，鑄小錢百六十，折二錢半之，當三至當十，準是爲差。更造小鈔，自十文至五十文。二十四年諭榷税官吏，凡鈔有字貫可辨者，不問爛損，即收受解京，抑勒與僞充者罪之。二十五年設寶鈔行用庫於東市，凡三庫，各給鈔三萬錠爲鈔本，倒收舊鈔送内府。令大明寶鈔與歷代錢兼行，鈔一貫準錢千文，提舉司於三月内印造，十月内止，所造鈔送内府充賞賚。明年罷行用庫，又罷寶泉局。時兩浙、江西、閩、廣民重錢輕鈔，有以錢百六十文折鈔一貫者，由是物價翔貴，而鈔法益壞不行。【略】

〔永樂二年〕都御史陳瑛言：比歲鈔法不通，皆緣朝廷出鈔太多，收斂無法，以致物重鈔輕。莫若暫行户口食鹽法。天下人民不下千萬户，官軍不下二百萬家，誠令計口納鈔食鹽，可收五千餘萬錠。帝令户部會羣臣議。大口月食鹽一斤，納鈔一貫，小口半之。從其議。設北京寶鈔提舉司，税糧課程贓罰俱折收鈔，其直視洪武初減十之九。後又令鹽官納舊鈔支鹽，發南京抽分場積薪、龍江提舉司竹木鬻之軍民，收其鈔。應天歲辦蘆柴，徵鈔十之八。帝初即位，户部尚書夏原吉請更鈔板篆文爲永樂。帝命仍其舊。自後終明世皆用洪武年號云。

仁宗監國，令犯笞杖者輸鈔。及即位，以鈔不行詢原吉。原吉言：鈔多則輕，少則重。民間鈔不行，緣散多斂少，宜爲法斂之。請市肆門攤諸税，度量輕重，加其課程。鈔入官，官取昏軟者悉燬之。自今官鈔宜少出，民間得鈔難，則自然重矣。乃下令曰：所增門攤課程，鈔法通，即復舊，金銀布帛交易者，亦暫禁止。然是時，民卒輕鈔。至宣德初，米一石用鈔五十貫，乃弛布帛米麥交易之禁。凡以金銀交易及匿貨增直者罰鈔，府縣衛所倉糧積至十年以上者，鹽糧悉收鈔，秋糧亦折鈔三分，門攤課鈔增五倍，塌房、店舍月納鈔五百貫，果園、贏車並令納鈔。户部言民間交易，惟用金銀，鈔滯不行。乃益嚴其禁，交易用銀一錢者，罰鈔千貫，贓吏受銀一兩者，追鈔萬貫，更追免罪鈔如之。

英宗即位，收賦有米麥折銀之令，遂減諸納鈔者，而以米銀錢當鈔，弛用銀之禁。朝野率皆用銀，其小者乃用錢，惟折官俸用鈔，鈔壅不行。十三年復申禁令，阻鈔者追一萬貫，全家戍邊。天順中，始弛其禁。憲宗令内外課程錢鈔兼收，官俸軍餉亦兼支錢鈔。是時鈔一貫不能直錢一文，而計鈔徵之民，則每貫徵銀二分五釐，民以大困。

弘治元年，京城税課司，順天、山東、河南户口食鹽，俱收鈔，各鈔關俱錢鈔兼收。其後乃皆改折用銀。而洪武、永樂、宣德錢積不用，詔發之，令與歷代錢兼用。户部請鼓鑄，乃復開局鑄錢。凡納贖收税，歷代錢、制錢各收其半；無制錢即收舊錢，二以當一。制錢者，國朝錢也。舊制，工部所鑄錢入太倉、司鑰二庫；諸關税錢亦入司鑰庫。共貯錢數千百萬，中官掌之，京衛軍秋糧取給焉，每七百當銀一兩。武宗之初，部臣請察覈侵蝕；又以錢當俸糧者，僅及銀數三之一，請於承運庫給銀。時中官方用事，皆不聽。已而司鑰庫太監龐瑮言：自弘治間榷關折銀入承運庫，錢鈔缺乏，支放不給，請遵成化舊制，錢鈔兼收。從之。正德三年，以太倉積錢給官俸，十分爲率，錢一銀九。又從太監張永言，發天財庫及户部布政司庫錢，關給徵收，每七十文徵銀一錢，且申私鑄之禁。嘉靖四年，令宣課分司收税，鈔一貫折銀三釐，錢七文折銀一分。是時鈔久不行，錢亦大壅，益專用銀矣。【略】

鈔法自弘、正間廢，天啓時，給事中惠世揚復請造行。崇禎末，有蔣臣者申其説，擢爲户部司務。倪元璐方掌部事，力主之，然終不可行而止。

《明史》卷八一《食貨志・商税》 洪熙元年增市肆門攤課鈔。宣德四年，以鈔法不通，由商居貨不税，由是於京省商賈湊集地、市鎮店肆門攤税課，增舊凡五倍。兩京蔬果園不論官私種而鬻者，塌房、庫房、店舍居商貨者，騾驢車受僱裝載者，悉令納鈔。委御史、户部、錦衣衛、兵馬司官各一，於城門察收。舟船受僱裝載者，計所載料多寡、路近遠納鈔。鈔關之設自此始。其倚勢隱匿不報者，物盡没官，仍罪之。

（清）龍文彬《明會要》卷五五《食貨・鈔法》 洪武七年，帝以商賈沿元之舊習用鈔，多不便用錢，乃設寶鈔提舉司。《食貨志》

八年三月辛酉，詔造大明寶鈔，令民間通行。以桑穰爲料，其等凡六。曰一貫，曰五百文、四百文、三百文、二百文、一百文。每鈔一貫，準錢千文，銀一兩；四貫，準黄金一兩。禁民間不得以金銀貨物交易，違者罪之；以金銀易鈔者聽。商税兼收錢鈔：錢三、鈔七。《通典》

十三年，立倒鈔法。令所在置行用庫，諸軍民商賈以昏鈔納庫易新鈔，量收工墨直。

十五年，置户部寶鈔廣源庫、廣惠庫。入則廣源掌之，出則廣惠掌之。

二十二年，更造小鈔，自十文至五十文。

二十四年，諭榷税官吏，凡鈔有字貫可辨者，不問爛損即收受解京。抑勒與僞充者罪之。已上《食貨志》

二十五年，設寶鈔行用庫於東市，凡三庫，庫給鈔三萬錠爲鈔本，倒收舊鈔送内府。

二十七年，罷寶鈔行用庫。令：軍民商賈所有銅錢，有司收歸官，依數換鈔，不許行使。已上《世法録》

三十年三月甲子，以鈔法阻滯，禁用金銀交易。《大政記》

永樂元年，復申其禁，犯者以姦惡論。二年，詔犯者免死，徙家戍興州。

都御史陳瑛言：比歲鈔法不通，皆緣朝廷出鈔太多。收斂無法，以致物重鈔輕。莫若暫行户口食鹽法。天下人民不下千萬户，官軍不下二百萬家，誠令計口納鈔食鹽，可收五千餘萬錠。帝令户部會羣臣議，大口月食鹽一斤，納鈔一貫，小口半之，從其議。已上《食貨志》。

七年，設北京寶鈔提舉司。八年，令税糧課程俱折收鈔。

仁宗即位，革南京户部行用庫，罷金銀交易之禁。并廣收民間鈔入官，取昏軟者悉燬之。乃詔增市肆門攤，課程收鈔。

宣德元年，令各處贓罰俱折收鈔，又令商賈以金銀交易及匿貨增值者，皆罰鈔。已上《世法録》。

時范濟詣闕言八事，其一言：楮幣之法，昉於漢唐，元造元統交鈔後，又造中統鈔。久而物重鈔輕，公私俱敝。乃造至元鈔與中統鈔兼行，子母相權，新陳通用。又令民間以昏鈔赴平準庫，中統鈔五貫得換至元鈔一貫。又其法，日造萬錠，共計官吏俸糈內府供用若干，天下正税雜課若干。斂發有方，周流不滯，以故久而通行。太祖皇帝造大明寶鈔，以鈔一貫當白金一兩，民懽趨之。迄今五十餘年，其法稍弊，亦由物重鈔輕所致。願陛下因時變通，重造寶鈔，一準洪武初制，使新舊兼行，取元時所造之數而增損之，審國家度支之數而權衡之，俾鈔少而物多，鈔重而物輕。嚴僞造之條，開倒换之法，推陳出新，無耗無阻。則鈔法流通，永永無弊。《范濟傳》。

四年，户部尚書郭資言：鈔法不行，由商居貨不税，請行納鈔例。御史羅亨信等相繼言之。乃沿兩京水道設關收鈔。《三編》。

又禁交易用銀，一錢者罰鈔千貫。贓吏受銀一兩者，追鈔萬貫，更追免罪鈔如之。

正統初，弛用銀之禁，朝野率皆用銀，其小者乃用錢，惟折官俸用鈔，鈔壅不行。十三年，復申禁令，阻鈔者追一萬貫，全家戍邊。已上《食貨志》。

景泰四年，令民間將銅錢折鈔。阻壞鈔法者，依律究治。《世法録》。

憲宗令內外課程錢鈔兼收，官俸軍餉亦兼支錢鈔。是時，鈔一貫不能直錢一文；而計鈔徵之民，則每貫徵銀二分五釐。民以大困。《食貨志》。

弘治元年，京城税課司，順天、山東、河南户口食鹽，俱收鈔。各鈔關俱錢鈔兼收。同上。

二年，令：勢要之家賣鈔事覺，依律論罪，鈔没官。司、府、州、縣受囑聽從者，以枉法論。《世法録》。

崇禎十七年，户部主事蔣臣請行鈔法，言：歲造三千萬貫，一貫價一兩，歲可得銀三千萬兩。侍郎王鼇永贊行之。帝特設內寶鈔局，晝夜督造。募商發賣，無一人應者。閣臣蔣德璟言：百姓雖愚，誰肯以一金買一紙？帝不聽。《蔣德璟傳》。

《明代律例彙編》卷七《户律・倉庫・鈔法》　凡印造寶鈔，與洪武大中通寶，及歷代銅錢，相兼行使。其民間買賣諸物，及茶鹽商税諸色課程，並聽收受。違者杖一百。若諸人將寶鈔赴倉場庫務，折納諸色課程，中買鹽貨，及各衙門起解贓罰，須要於鈔背用使姓名私記，以憑稽考。若有不行用心辨驗，收受僞鈔，及挑剜描輳鈔貫在內者，經手之人杖一百，倍追所納鈔貫，謂誤收僞鈔，並挑剜描輳鈔一貫，倍追寶鈔二〔《會典》作二〕貫。僞挑鈔貫燒毀。其民間關市交易，亦許用使私記。若有不行仔細辨驗，誤相行使者，杖一百，倍追鈔貫。止問見使人之。若知情行使者，並依本律。

弘治問刑條例（二款）

一、在京在外税課司局批驗茶引所，但係一應税納錢鈔去處，省令客商人等自納。若權豪無藉之徒，結黨把持，攔截生事，及將爛鈔低錢搪塞，攪擾商税者，問罪，枷號三箇月發落。

一、在外衙門官員，通同勢要，賣納户口等項課鈔者，問罪。賣鈔之人發邊衛充軍，鈔貫入官。官員縱無贓私，奏請降用。【略】

胡瓊集解附例。

嘉靖新例。（一款，嘉靖二十七年刊本）

一、嘉靖捌年玖月户部題准：各該鈔關委官主事，將經過軍民船隻應納錢鈔數目，自嘉靖捌年拾月初壹日爲始，照例每鈔壹貫折銀叁釐，每錢柒文折銀壹分，發各附近府州縣庫收貯，依期解部。

（清）顧炎武《日知録》卷一一《鈔》　鈔法之興，因於前代，未以銀爲幣，而患錢之重，乃立此法。唐憲宗之飛錢，即如今之會票也。宋張詠鎮蜀，以鐵錢重，不便貿易，於是設質劑之法。一交一緡，以三年爲一界而換之。天聖間，遂置交子務。《元史》劉宣言：原交鈔所起，漢唐以來，皆未嘗有。宋紹興初，軍餉不繼，造此以誘商旅，爲沿邊羅買之計。比銅錢易於齎擎，民甚便之。稍有滯礙，即用見錢，尚存古人子母相權之意。日增月益，其法寖弊。趙孟頫亦言：古者以米、絹民生所須，謂之二實。銀錢與二物相權，謂之二虛。鈔乃宋時所創，施於邊郡，金人襲而用之，皆出於不得已。然宋人已嘗論之，謂無錢爲本，亦不能以空文行。今日上下皆銀，輕裝易致，而楮幣自無所用。周必大《二老堂雜志》：近歲用會子，乃四川交子法，特官券耳。不知何人目爲楮幣，遂入殿試御題。若正言之，猶紙錢也。乃以爲文，何邪？。故洪武初欲行鈔法，至禁民間行使金銀，以姦惡論，而卒不能行。及乎後代，銀日盛而鈔日微，勢不兩行，灼然易見。乃崇禎之末，倪公元璐掌户部，必欲行之，行鈔之議，始於天啓初禮科惠世揚，及崇禎末，有蔣臣者復申其説，擢爲户部司務。終不可行而止。其亦未察乎古今之變矣。

議者但言，洪武間鈔法通行，考之《實録》，二十七年八月丙戌，禁用銅錢矣。其時即有以錢百六十折鈔一貫者，故詔禁之。《大明會典》，洪武二十七年，令軍民商賈所有銅錢，有司收歸官，依數換鈔，不許行使。正統十三年五月庚寅，禁使銅錢。時鈔既不行，而市廛亦仍以銅錢交易，每鈔一貫，折銅錢二文。監察御史蔡愈濟以爲言，請出榜禁約，令錦衣衛、五城兵馬司巡視，有以銅錢交易者，掠治其罪，十倍罰之。上從其請。三十年三月甲子，禁用金銀矣。三十五年十二月甲寅，命俸米折支鈔者，每石增五貫爲十貫。是國初造鈔之後，不過數年，而其法已漸壞不行。於是有奸惡之條，充賞之格，而卒亦不能行也。永樂元年四月丙寅，以鈔法不通，下令禁金銀交易，犯者准奸惡論。有能首捕者，以所交易金銀充賞。其兩相交易而一人自首者，免坐，賞與首捕同。二年正月戊午，詔：自今有犯交易銀兩之禁者免死，徙家興州屯戍。蓋昏爛倒换出入之弊，必至於此。乃以鈔之不利而并錢禁之，廢堅剛可久之貨，而行輭熟易敗之物，宜其弗順於人情，而卒至於滯閣。正統十年，山西布政司奏，庫貯鈔貫，朽爛不堪用者，五十九萬三千錠有奇。敕令焚燬。後世興利之臣，慎無言此可矣。

自鈔法行，而獄訟滋多。於是有江夏縣民父死以銀營葬具，而坐以徙邊者矣。有給事中丁環奉使至四川，遣親吏以銀誘民交易，而執之者矣。竝永樂二年三月。舍烹鮮之理，就揚沸之威：去冬日之温，用秋荼之密。天子亦知其拂於人情，而爲之戒飭。然其不達於天聽，不登於史書者，又不知凡幾也。《孟子》曰：焉有仁人在位，罔民而可爲也。若鈔法者，又其不爲罔民之一事乎？

《元史》，世祖至元十七年，中書省議，流通鈔法，凡賞賜宜多給幣帛，課程宜多收鈔。於是陳瑛祖之，請通計户口食鹽納鈔。又詔令課程、贓罰等物悉輸鈔。永樂五年三月甲申。又詔令笞杖定等輸鈔贖罪。二十二年十月癸卯。又令，權增市肆門攤課程收鈔。洪熙元年正月庚寅。又令，倒死虧欠馬驢等畜竝輸鈔。又令，各欠羊皮、魚鰾、翎毛等物竝輸鈔。竝宣德元年十月乙亥。又令，塌坊、果園、舟車裝載竝納鈔。四年六月壬寅。今之鈔關始此。欲以重鈔而鈔不行，於是制爲阻滯鈔法之罪，有不用鈔一貫者，罰納千貫，親鄰、里老、旗甲知情不首，依犯者一貫罰百貫。其關閉鋪店，潛自貿易，及擡高物價之人，罰鈔萬貫，知情不首，罰千貫。三年六月癸卯。有阻滯鈔法者，令有司於所犯人每貫追一萬貫入官，全家發戍邊遠。正統十三年五月辛丑。而愈不可行矣。

宣德三年六月己酉詔：停造新鈔。已造完者悉收庫，不許放支。其在庫舊鈔，委官選揀，堪用者備賞賚，不堪者燒燬。天子不能與萬物争權，信夫。正統元年黄福疏言：洪武間，銀一兩當鈔三五貫，今銀一兩當鈔千餘貫。《大明會典》，國初止有商税，未嘗有船鈔。至宣德間，始設鈔關。夫鈔關之設，本藉以收鈔而通鈔法也，鈔既停，則關宜罷矣。如果園菜園之征，未久而罷。乃猶以爲利國之一孔，而因仍不革，豈非戴盈之所謂以待來年者乎？

宣德中，浙江按察使林碩、江西副使石璞累奏：洪武初，鈔重物輕，所以當時定律，官吏受贓枉法八十貫律絞。方今物重鈔輕，苟非更革，刑必失重，乞以銀米爲準。未行。至正統五年十一月，行在刑部都察院大理寺議：今後文職官吏人等，受枉法贓，比律該絞者，有禄人估鈔八百貫之上，無禄人估鈔一千二百貫之上，俱發北方邊衛充軍。亦可以見鈔直之低昂矣。

《清朝文獻通考》卷一三《錢幣考》 〔順治八年〕又行鈔貫之制，是年始造鈔一十二萬八千一百七十二貫有奇，自後歲以爲額，至十八年即行停止。

臣等謹按：鈔法始於宋之楮幣，至明代鈔以桑穰故紙爲之，外爲闌紋，中圖錢貫之狀，並印貫例文字於其上，民間僞造者有禁，原以濟錢法之窮也。順治初年，經費未定，用度浩繁，是歲世祖章皇帝親政之始，先以國帑未充，特命發內庫銀支給官俸等項，嗣復倣明舊制造爲鈔貫，與錢兼行。蓋金元以來鈔法之弊在於錢不勝鈔，鈔既日多，錢行日少，於是鈔輕物重，終至壅格，而法遂以窮。明臣邱濬所謂鈔法不可行，以用之者無權也。

國初制鈔甚少，其上下流通仍以銅錢，故暫行之而無弊。嗣後旋即停罷，大抵自宋迄明，於銅錢之外皆兼以鈔爲幣，本朝始專以銀爲幣。夫因穀帛而權之以錢，復因錢之艱於齎運而權之以幣，鈔與銀皆爲權錢而起。然鈔虛而銀實，鈔易昏爛而銀可久使，鈔難零析而銀可分用，其得失固自判然。前代恐鈔法之阻滯，并銀與銅錢而禁之，至於用銀者以奸惡論，以錢交易者掠治其罪，亦爲不揣其本末矣。然則錢與幣之各得其宜，固無有逾於我朝者也。

紀事

（明）楊廷和《楊文忠三録》卷三《視草餘録》〔正德〕七年，京師市易用夾銅錫錢，極薄小，以二折一，謂之倒好。張司禮永奏禁之，止許用肉好完者，每銀一兩市錢七百文。其意本以利民也。一時射利之家競收舊錢藏之，專用新錢。於是物價騰貴，貧民失業，怨聲載道。

（明）卜世昌《皇明通紀述遺》卷二　〔乙卯洪武八年〕三月，詔造大明寶鈔。時中書省及在外各行省皆置局鑄錢，民間皆毀銅器輸官，鼓鑄甚勞，奸民多盜鑄。上以宋有交會法，而元時亦嘗造交鈔及中統、至元寶鈔，易于流轉，可以去鼓鑄之害，遂詔中書省造之。

（明）談遷《國榷》卷六《太祖洪武八年》〔三月〕壬申，改內府鈔庫爲寶鈔庫。

（明）談遷《國榷》卷六《太祖洪武八年》　三月辛酉。朔，作大明寶鈔，鈔一貫准錢千文、銀一兩。禁民間金銀貿易。商稅錢十三，鈔十七。

（明）談遷《國榷》卷六《太祖洪武九年》〔七月〕甲子，立倒鈔法。鈔久昏爛，抵行用庫，收工墨三十錢。

（明）談遷《國榷》卷八《太祖洪武十七年》〔三月〕停寶鈔。

（明）談遷《國榷》卷九《太祖洪武二十二年》〔四月〕復造鈔，自十文至五十文，便民用。

（明）談遷《國榷》卷九《太祖洪武二十四年》〔五月〕己丑，復停造寶鈔。

（明）談遷《國榷》卷九《太祖洪武二十四年》〔五月〕癸卯，申明鈔法。

（明）談遷《國榷》卷九《太祖洪武二十五年》〔二月〕復寶鈔行用庫，尋罷。

（明）談遷《國榷》卷一〇《太祖洪武二十七年》〔八月〕禁用錢，專通鈔法。

（明）談遷《國榷》卷一〇《太祖洪武三十年》〔三月〕甲子，鈔法阻滯，禁民間金銀貿易。

（明）談遷《國榷》卷一三《成祖永樂二年》〔八月〕許户口食鹽各納鈔。

（明）談遷《國榷》卷一七《成祖永樂二十年》〔九月〕己巳，上御奉天門諭嚴鈔法，不行使者坐大辟，家徙邊。

（明）談遷《國榷》卷一九《宣宗宣德元年》〔七月壬辰朔〕嚴鈔法，禁民間金銀貿易。

（明）談遷《國榷》卷二一《宣宗宣德四年》〔正月戊申朔〕鈔法壅，增兩京蘇松等門鈔。

（明）談遷《國榷》卷二一《宣宗宣德四年》〔八月乙亥朔〕初設各處鈔關。

（明）談遷《國榷》卷二三《英宗正統元年》〔三月戊子〕少保兼户部尚書黄福言四事：曰鈔法日輕，宜收舊鈔，量出新鈔換銀。曰鹽商久候不得支，宜遣勘補足。曰行在衛所官軍俸米，俱南京運給，路遠多道費，宜派有司折收銀布絹段，輸北京准俸。曰兩畿權豪占田，遣官勘報起科。上以遣官騷擾，且需之。

（明）談遷《國榷》卷二七《英宗正統十三年》〔五月〕庚寅，禁用銅錢，時鈔一貫准錢二文，監察御史蔡愈濟請罪行錢者。

《明實録》永樂二十二年九月 〔癸酉〕以鈔法不通，定用鈔中鹽則例。初，上諭户部尚書夏原吉曰：鈔法阻滯，蓋由散出太多，宜設法廣斂之。民間鈔少，將自通矣。其議所以斂之之道。原吉對曰：斂之易者，莫如許有鈔之家中鹽。上曰：此可一時權宜耳，候鈔法通即止。然必稍寬爲則例而後人皆趨向。遂命原吉及吏部尚書蹇義等定各處中鹽例，各減舊十四。於是原吉等奏：滄州鹽每引鈔三百貫，河南、山東每引百五十貫，福建、廣東每引百貫。輸鈔不問新舊，支鹽不拘資次。上曰：然，其速行之。

《明實録》永樂二十二年十一月 〔辛巳〕命工部應天等府，歲辦蘆柴，自明年爲始，什二徵本色，什八徵鈔，每一束準鈔五貫，悉收昏軟舊鈔。蓋上念民貧及鈔法未通故也。

《明實録》宣德五年六月 〔己丑〕福建長汀縣學教諭陳敬宗言：伏覩户部頒降榜文，不許阻滯鈔法。至今鈔未通行，臣切思，米布諸物俱産民間，而福建諸郡户口鹽鈔折收糧米，鈔皆不用，以臣所見，宜有變通。如汀洲府所積糧可有一百餘年之用，汀洲衛所積有十餘年之用，而每歲又蓄積愈多。天下府州衛所大概相同。宜令在外有司軍衛扣算，倉糧有十年以上者，鹽糧盡令折鈔，歲徵秋糧亦折鈔三分，如此則鈔可通，糧不陳腐。上是其言，命行在户部稽核天下各府縣衛所所積倉糧多寡，再議以聞。

《明實録》正統十二年三月 〔乙酉〕南京、山東道監察御史聞人詇奏：宣宗時因鈔法不通，命停塌商貨之家，舟車稇載之物皆徵其鈔。今聞中外鈔不分軟爛，但有字可驗者一概行使，鈔法可謂通矣。停徵之命未下。且如大船大商萬取其一，固爲無傷，而鬻蔬薪小車小船媒利幾何，復徵其鈔，請暫停止。

《明實録》成化十三年春正月 壬戌，大興左衛指揮使周廣奏：近年鈔法不行，每鈔千貫，止直銀四五錢。在京勢要殷富之家，往往載於各布政司及府州縣，公行囑託，每鈔千貫，徵銀五兩，其利十倍。乞通行禁約，後有違犯，許諸人首告，以寘于法。上曰：今後依勢賣鈔，并有司聽從者，重罪不宥。令巡按御史糾舉以聞。

《明實録》成化十七年十二月 癸亥，定雲南户口商税等課鈔法。時所司奏雲南之鈔，請折收海肥。户部定擬十分爲率，三分仍徵本色，其七分以海肥一索折鈔一貫至三貫有差。從之。

《明實録》成化二十三年十一月 〔庚子〕吏部聽選監生楊璽上疏言八事：【略】一、通鈔法。謂：國初鈔法，或徵商税，或收户口，或贖罪折杖，與銅錢兼行。近來各處有司廢格不用，一切徵銀。則鈔之在官而散於民者，一貫不能直錢一文。在民而徵於官者，一貫乃收銀二分五釐。虧官損民爲甚。乞行天下，仍遵舊制，鈔貫與銅錢兼行，不許別徵銀貨等物，阻壞鈔法。【略】命下其奏於所司。

《明實録》正德七年十月 〔丙寅〕户部奏：司鑰庫左少監龐環等題稱：錢鈔缺乏，除揚州鈔關銀兩專備織造，宜令臨清河、西務二鈔關自正德八年正月爲始，淮安、蘇州、杭州三鈔關自正德九年正月爲始，俱收錢鈔解部，轉送司鑰庫應用。九江鈔關仍舊收銀解送内承運庫。從之。

《明實録》嘉靖三十七年四月 〔戊子〕户部覆御史鍾沂奏，其一疏通錢，除起運輕齎粮銀之外，凡存留王府及官員折俸折鈔、問罪紙贖等項，俱得銀錢兼用。其民間貿易，但係歷代舊錢與洪武、嘉靖錢相兼行使，有富豪阻壞及鎔錢鑄器者，坐以重法。一禁革包攬。如浙江歲派物料及内府蠟茶之類不俱本折色，俱擇富户領解及廉吏收買，不得縱奸民影射。其各省一應起運錢粮悉如之。報可。

《明史》卷二五一《蔣德璟傳》 〔崇禎〕十七年，户部主事蔣臣請行鈔法。言歲造三千萬貫，一貫價一兩，歲可得銀三千萬兩。侍郎王鼇永贊行之。帝特設内寶鈔局，晝夜督造。募商發賣，無一人應者。德璟言：百姓雖愚，誰肯以一金買一紙。帝不聽。又因局官言，責取桑穰二百萬斤於畿輔、山東、河南、浙江。德璟力争，帝留其揭不下，後竟獲免。先以軍儲不足，歲僉畿輔、山東、河南富户，給值令買米豆輸天津，多至百萬，民大擾。德璟因召對面陳其害，帝即令擬諭罷之。

（清）龍文彬《明會要》卷七五《方域·街市》 〔景泰〕四年，以鈔法不通，令兩京市肆園場税悉納鈔。商民以爲病，或閉户不敢市易，拔園蔬，伐果木以避。

信用法制部

先秦分部

論說

《管子・治國》 凡治國之道，必先富民。民富則易治也，民貧則難治也。奚以知其然也？民富則安鄉重家，安鄉重家，則敬上畏罪。敬上畏罪，則易治也。民貧則危鄉輕家，危，謂不安其所居也。危鄉輕家，則敢陵上犯禁。陵上犯禁，則難治也。故治國常富，而亂國常貧。是以善爲國者，必先富民，然後治之。昔者七十九代之君，法制不一，號令不同，然俱王天下者何也？必國富而粟多也。夫富國多粟，生於農，故先王貴之。凡爲國之急者，必先禁末作文巧，末作文巧禁，則民無所游食。民無所游食，則必農。謂必務農。民事農，則田墾，田墾，則粟多，粟多，則國富。國富者兵彊，兵彊者戰勝，戰勝者地廣。是以先王知衆民彊兵，廣地富國之必生於粟也，故禁末作，止奇巧，而利農事。今爲末作奇巧者，一日作而五日食，言取一日之利，可共五日之食也。農夫終歲之作，不足以自食也，然則民舍本事而事末作，舍本事而事末作，則田荒而國貧矣。凡農者月不足而歲有餘者也，而上徵暴急無時，謂徭税不以時。則民倍貸以給上之徵矣。倍貸，謂貸一還二也。耕耨者有時，而澤不必足，謂雨澤不足也。則民倍貸以取庸矣。澤不足則歲凶，富者倍貸於貧不能還其倍價者，則計所倍而取庸矣。秋糴以五，春糶以束，是又倍貸也。謂富者秋時以五糴之，至春出糶，便收其束矣，此亦倍貸之類也。束，十疋也。故以上之徵而倍取於民者四，謂上無時之徵，一也。澤不足，二也。秋糴春糶，三也。下關市府庫之徵，四也。關市之租，府庫之徵，粟什一，厮輿之事，此四時亦當一倍貸矣。府庫，謂府之庫新有徵税，言人供關市府庫之徵，亦用粟之什一計，四時常有所用，故亦當一倍貸之。

《管子・山國軌》 桓公問管子曰：請問官國軌？管子對曰：田有軌，人有軌，用有軌，鄉有軌，人事有軌，幣有軌，縣有軌，國有軌，不通於軌數，而欲爲國，不可。桓公曰：行軌數奈何？對曰：某鄉田若干，人事之准若干，穀重若干。曰某縣之人若干，田若干，幣若干而中用，穀重若干而中幣，終歲度人食其餘若干。曰某鄉女勝事者，終歲績其功業若干，以功業直時而櫎之，終歲人已衣被之後，餘衣若干，別群軌，相壤宜。桓公曰：何謂別群軌，相壤宜。管子對曰：有莞蒲之壤，有竹箭檀柘之壤，有汜下漸澤之壤，有水潦魚鼈之壤，今四壤之數，君皆善官而守之，則籍於財物，不籍於人畝。十畝之壤。君不以軌守，則民且守之，民有過移長力，不以本爲得，此君失也。桓公曰：軌意安出？管子對曰：不陰據其軌，皆下制其上。桓公曰：此若言何謂也。管子對曰：某鄉田若干，食者若干。某鄉之女事若干，餘衣若干。謹行州里曰：田若干，人若干，人衆田不度食若干。曰田若干，餘食若干，必得軌程，此調之泰軌也。然後調立環乘之幣，田軌之有餘於其人食者，謹置公幣焉，大家衆，小家寡。山田閒田曰：終歲其食不足於其人若干，則置公幣焉，以滿其准重，歲豐年，五穀登，謂高田之萌曰：吾所寄幣於子者若干，鄉穀之櫎若干，請爲子什減三，穀爲上，幣爲下，高田撫閒田，山不被穀十倍，山田以君寄幣，振其不贍，未淫失也。高田以時撫於主上，坐長加十也。女貢織帛，苟合於國奉者，皆置而券之，以鄉櫎市准。曰：上無幣有穀，以穀准幣。環穀而應筴，國奉決穀。反准賦軌幣，穀廩重有加十。謂大家委貲家曰：上且修游，人出若干幣。謂鄰縣曰：有實者皆勿左右不贍，則且爲人馬假其食民。鄰縣四面皆櫎穀，坐長而十倍。上下令曰：貲家假幣，皆以穀准幣，直幣而庚之。穀爲下，幣爲上。百都百縣，軌據穀，坐長十倍。環穀而應假幣，國幣之九在上，一在下。幣重而萬物輕，斂萬物，應之以幣。幣在下，萬物皆在上，萬物重十倍。府官以市櫎出萬物，隆而止。國軌布於未形，據其已成，乘令而進退，無求於民，謂之國軌。

《管子・揆度》 管子曰：匹夫爲鰥，匹婦爲寡，老而無子者爲獨，君問其若有子弟師役而死者，父母爲獨，上必葬之，衣衾三領，木必三寸，鄉吏視事，葬於公壤。若産而無弟兄，上必賜之匹馬之壤，故親之殺其子以爲上用，不苦也。君終歲行邑里。其人力同而宮室美者，良萌也，力作者也，脯二束，酒一石，以賜之。力足蕩游不作，老者譙之，當壯者遣之邊戍。民之無本者，貸之圃彊。故百事皆舉，無留力失時之民。此皆國筴之數也。

上農挾五，中農挾四，下農挾三。上女衣五，中女衣四，下女衣三。農有常業，女有常事。一農不耕，民有爲之飢者，一女不織，民有爲之寒者。飢寒凍餓，必起於糞土，故先王謹於其始。事再其本，民無糟者賣其子。三其本，若爲食。四其本，則鄉里給。五其本，則遠近通，然後死得葬矣。事不能再其本，而上之求焉無止，然則姦涂不可獨遵，貨財不安於拘，隨之以法，則中内摲民也。輕重不調，無糟之民不可責理，鬻子不可得使。君失其民，父失其子，亡國之數也。管子曰：神農之數曰：一穀不登，減一穀，穀之法什倍。二穀不登，減二穀，穀之法再什倍，夷疏滿之。無食者予之陳，無種者貸之新。故無什倍之賈，無倍稱之民。

《管子・輕重丁》 桓公曰：寡人多務，令衡籍吾國之富商蓄賈稱貸家，以利吾貧萌，農夫不失其本事。反此有道乎。管子對曰：惟反之以號令爲可耳。桓公曰：行事奈何。管子對曰：請使賓胥無馳而南，隰朋馳而北，寧戚馳而東，鮑叔馳而西。四子之行定，夷吾請號令謂四子曰：子皆爲我君視四方稱貸之閒，其受息之氓幾何千家，以報吾。鮑叔馳而西，反報曰：西方之氓者，帶濟負河，菹澤之萌也。漁獵取薪，蒸而爲食。其稱貸之家，多者千鐘，少者六七百鐘。其出之鐘也一鐘，其受息之萌九百餘家。賓胥無馳而南，反報曰：南方之萌者，山居谷處，登降之萌也。上斲輪軸，下采杼栗，田獵而爲食。其稱貸之家，多者千萬，少者六七百萬。其出之中伯伍也，其受息之萌八百餘家。寧戚馳而東，反報曰：東方之萌，帶山負海，若處上斷福，漁獵之萌也。治葛縷而爲食，其稱貸之家丁惠高國，多者五千鐘，少者三千鐘。其出之中鐘五釜也，其受息之萌八九百家。隰朋馳而北，反報曰：北方之萌者，衍處負海，煑沸爲鹽，梁濟取魚之萌也。薪食，其稱貸之家，多者千萬，少者六七百萬。其出之中伯二十也，受息之氓九百餘家。凡稱貸之家，出泉參千萬，出粟參數千萬鐘，受子息民參萬家。四子已報，管子曰：不棄我君之有萌，中一國而五君之正也。然欲國之無貧，兵之無弱，安可得哉。桓公曰：爲此有道乎。管子曰：惟反之以號令爲可。請以令賀獻者皆以鐻枝蘭鼓，則必坐長什倍其本矣。君之棧臺之職，亦坐長什倍。請以令召稱貸之家，君因酌之酒，太宰行觴。桓公舉衣而問曰：寡人多務，令衡籍吾國，聞子之假貸吾貧萌，使有以終其上令。寡人有鐻枝蘭鼓，其賈中純萬泉也，願以爲吾貧萌決其子息之數，使無券契之責。稱貸之家皆齊首而稽顙曰：君之憂萌至於此，請再拜以獻堂下。桓公曰：不可，子使吾萌春有以傳耜，夏有以決芸。寡人之德子無所寵，若此而不受，寡人不得於心。故稱貸之家皆再拜受。所出棧臺之職，未能參千純也，而決四方子息之數，使無券契之責。四方之萌聞之，父教其子，兄教其弟曰：夫墾田發務，上之所急，可以無庶乎，君之憂我至於此。此之謂反準。【略】

桓公曰：峥丘之戰，峥丘，地名。未聞，説即葵丘。民多稱貸，負子息，以給上之急，度上之求。寡人欲復業產，業産者，本業也。此何以洽。洽，通也。言百姓爲戎事失其本業，今欲取之，何以通於此也。管子對曰：惟繆數爲可耳。繆，讀曰謬。假此術以陳其事也。桓公曰：諾。令左右州曰：表稱貸之家，旌表也。皆堊白其門，而高其閭。亦所以貴重之。州通之師執折篆曰：君且使使者。桓公使八使者式璧而聘之，以給鹽菜之用。令使者賫石璧而與，仍存問之，謙言鹽菜之用。稱貸之家皆齊首稽顙而問曰：何以得此也。使者曰：君令曰：寡人聞之《詩》曰：愷悌君子，民之父母也。寡人有峥丘之戰，吾聞子假貸吾貧萌，使有以給寡人之急，度寡人之求，使吾萌春有以傳耜，夏有以決芸而給上事，子之力也，是以式璧而聘子，以給鹽菜之用。故子中民之父母也。貸稱之家皆折其券而削其書。舊執之券，皆折毀之。所書之債，皆削除之不用。發其積藏，出其財物，以賑貧病，分其故貲，故國中大給。峥丘之謀也，此之謂繆數。

《孟子注疏》卷五《滕文公章句上》 爲民父母，使民盻盻然，將終歲勤動，不得以養其父母，又稱貸而益之，使老稚轉乎溝壑，惡在其爲民父母也。盻盻，勤苦不休息之貌。動，作。稱，舉也。言民勤身動作終歲，不得以養食其父母。公賦當畢，有不足者，又當舉貸子倍而益滿之。至使老少轉尸溝壑，安可以爲民之父母也。

綜　述

《周禮注疏》卷三《天官冢宰・小宰》 以官府之八成經邦治：一

曰聽政役以比居，二曰聽師田以簡稽，三曰聽閭里以版圖，四曰聽稱責以傅別，五曰聽禄位以禮命，六曰聽取予以書契，七曰聽賣買以質劑，八曰聽出入以要會。鄭司農云：政謂軍政也。役謂發兵起徒役也。比居謂伍藉也。比地爲伍，因内政寄軍令，以伍藉發軍起役者，平而無遺脱也。簡稽士卒、兵器、薄書。簡猶閲也。稽猶計也，合也。合計其士之卒伍，閲其兵器，爲之要薄也。故《遂人職》曰稽其人民，簡其兵器。《國語》曰黄池之會，吴陳其兵，皆官師擁鐸拱稽。版，户藉。圖，地圖也。聽人訟地者，以版圖決之。《司書職》曰邦中之版，土地之圖。稱責，謂貸予。傅別，謂券書也。聽訟責者，以券書決之。傅，傅著約束於文書。別，別爲兩，兩家各得一也。禮命，謂九賜也。書契，符書也。質劑，謂市中平賈，今時月平是也。要會，謂計最之薄書，月計曰要，歲計曰會，故《宰夫職》曰歲終，則令羣吏正歲會；月終，則令正月要。傅別，故書作傅辨，鄭大夫讀爲符別，杜子春讀爲傅別。玄謂政謂賦也。凡其字或作政，或作正，或作徵，以多言之宜從徵，如《孟子》交徵利云。傅別，謂爲大手書於一札，中字別之。書契，謂出予受入之凡要。凡薄書之最目，獄訟之要辭，皆曰契。《春秋傳》曰王叔氏不能舉其契。質劑，謂兩書一札，同而別之，長曰質，短曰劑。傅別質劑，皆今之券書也，事異，異其名耳。禮命，禮之九命之差等。政役，鄭音徵，司農如字。比，毗志反，注同。傅，音附，注同。別，彼列反，注同。要會，古外反。凡要會、會計之字皆放此。卒，子忽反，下同。閲，音悦。貸，他代反。著，直略反。賈，音嫁。月平，劉音病。

疏：以官至要會。釋曰：以官府之中有八事，皆是舊法成事品式，依時而行之，將此八者，經紀國之治政，故云經邦治也。一曰聽政役以比居者，八事皆聽者，舊事争訟當斷之也。政謂賦税，役謂使役，民有争賦税使役，則以地比居者共聽之。二曰聽師田以簡稽者，稽，計也。簡，閲也。謂師出征伐及田獵，恐有違法，則當閲其兵器與人，並筭足否。三曰聽閭里以版圖者，在六鄉則二十五家爲閭，在六遂則二十五家爲里。閭里之中有争訟，則以户籍之版、土地之圖聽決之。四曰聽稱責以傅別者，稱責，謂舉責生子，彼此俱爲稱意，故爲稱責，於官於民，俱是稱也。争此責者，則以傅別券書決之。五曰聽禄位以禮命者，謂聽時以禮命之其人策書之本，有人争禄之多少，位之前後，則以禮命文書聽之也。六曰聽取予以書契者，此謂於官直貸不出子者，故云取予。若争此取予者，則以書契券書聽之。七曰聽賣買以質劑者，質劑謂券書。有人争市事者，則以質劑聽之。八曰聽出入以要會者，歲計曰會，月計曰要。此出入者，正是官内自用物。有人争此官物者，則以要會薄書聽之。注鄭司至差等。釋曰：云比政，軍政。後鄭不從者，若軍政，自在大司馬聽之，何得在此乎？云比居謂伍籍也者，即《司徒職》五家爲比，出軍即五人爲伍。云因内政寄軍令者，謂在家，五家爲比，五比爲閭，四閭爲族，五族爲黨，五黨爲州，五州爲鄉。若出軍，則家出一人，則還五人爲伍，是一比，長還爲伍長領之。二十五人爲兩，是一閭，閭胥即爲兩司馬領之。以此言之，至一鄉出一軍，軍將還是鄉大夫爲之。是因内政寄軍令。此《管子》文。彼云作内政，司農云因内政者，讀字不同。云簡稽士卒、兵器、薄書者，士卒，謂車別甲士三人，步卒七十二人。兵器，謂弓矢、殳矛、戈戟，皆有薄書，故引《遂人》以證之也。云《國語》曰黄池之會者，《吴語》吴、晉争長，吴人令曰伏兵甲，陳士卒百人爲徹行，頭官師，擁鐸拱稽名籍也。先鄭爲計，計謂據名籍計之，義合，故引之也。云版，户籍者，後鄭下注亦云鄉户籍。圖謂民之地圖，故引《司書版》圖以證之。云責謂貸子者，謂貸而生子者，若今舉責，即《地官·泉府》職云凡民之貸者，以國服爲之息。若近郊民貸，則一年十一生利之類是也。云傅，傅著約束於文書。別者，各得其一，二家別釋，後鄭不從者，名爲券書，即是傅著於文書可知。後鄭傅、別二字，共爲一事解之。云禮命，謂九賜也者，後鄭不從者，九賜之言，出自《禮緯含文嘉》，八命已上，乃有九賜，此所聽斷，何得取八命已上解之？云書契，符書也者，謂官券符璽之書，此據官予民物，何得爲符璽之書解之，故後鄭不從也。云質劑謂市中平賈，今時月平是也，後鄭不從者，《地官·質人》云大市曰質，小市曰劑，若今月平賈，不合有兩名，故不從也。云月計曰要，歲計曰會者，官之出入，有要會薄書計管，故引《宰夫》證之也。鄭大夫讀傅別爲符別，後鄭不從，又云傅別，故書作傅辨，不從古書也。玄謂政謂賦也，賦則口率出泉，且與役同文，皆是利税之事也。云凡其字或作政者，此經政役是也。或作正者，其字或有作正字者。或作征者，即《孟子》云交征利及《鄉大夫》云皆征之是也。云征處多，故鄭從征也。《孟子》交征利者，案《孟子》云：孟子見梁惠王。王曰：叟不遠千里而來，亦將有以利吾國乎？對曰：何必曰利？亦有仁義而已矣。王則曰何以利吾國，大夫曰何以利吾家，士庶人曰何以利吾身。上下交征利則國危矣。引之以證征是口税之法。云傳別，謂爲大手書于一札，中字別之者，謂於券背上，大作一手書字札，字中央破之爲二段別之。云書契，謂出予受人之凡要者，此予則取予，謂若《泉府》云凡賒者，祭祀無過旬日，喪紀不過三月，及《旅師》云春頒秋斂，賒取官物，後還，無生利之事。凡要，亦是薄書也。云凡薄書之最目，獄訟之要辭，皆曰契者，薄書之要目曰契，即取予以書契是也。獄訟之要辭曰契，即鄭引《春秋傳》者是也。其春秋王叔氏事在襄十年。彼云王叔陳生與伯輿争政，晋侯使士匄平王室，使王叔氏與伯輿合要，王叔氏不能舉其契。此即獄訟之要辭曰契。云質劑，謂兩書一札，同而別之，長曰質，短曰劑者，案《地官・質人》云大市曰質，小市曰劑，鄭注：大市，人民馬牛之屬，用長券；小市，兵器珍異之物，用短券。言兩書一札同而別之者，謂前後作二券，中央破之，兩家各得其一，皆無手書字，異於傳別。故鄭云傳別、質劑，皆今之券書也。云禮命，禮之九命之差等者，謂若《大宗伯》九儀，從一命受職以至九命作伯，差等有九是也。

《周禮注疏》卷一五《地官司徒・泉府》　凡賒者，祭祀無過旬日，喪紀無過三月。鄭司農云：賒，貰也。以祭祀、喪紀，故從官貰買物。

疏：注鄭司至買物。釋曰：先鄭之意，以祭祀、喪紀二者事大，故賒與民不取利。

凡民之貸者，與其有司辨而授之，以國服爲之息。有司，其所屬吏也。與之別其貸民之物，定其賈以與之。鄭司農云：貸者，謂從官借本賈也，故有息，使民弗利，以其所賈之國所出爲息也。假令其國出絲絮，則以絲絮償；其國出絺葛，則以絺葛償。玄謂以國服爲之息，以其於國服事之税爲息也。於國事受園廛之田而貸萬泉者，則朞出息五百。王莽時民貸以治産業者，但計贏所得受息，無過歲什一。之貸，音待，注不出者同。別，彼列反。貸民，音吐代反。本賈，音嫁，一音古。所賈，音古。令，力呈反。償，時亮反。

疏：凡民至之息。釋曰：貸者，即今之舉物生利，與上文不同。云與其有司辨而授之者，謂別其所授之物以與之。云以國服爲之息者，所出之利各以國服而爲息也。注有司至什一。釋曰：云有司，其所屬吏也者，此則上文有司，一也。若然，此經不言都鄙主者，有司中兼之，故上注亦云本所屬吏，是柢本中兼二者。云與之別其貸民之物者，但泉府中所藏之物種類不同，欲授民之時，先當分別，又當定其賈數以與之。先鄭以所賈之國所出爲息已下，後鄭不從者，凡言服者，服事爲名，此經以民之服事，唯出税是也。則《載師》云二十而一已下是也。是以鄭引《載師》受園廛之田而貸萬泉者，則朞出息五百。萬泉出息五百，計當二十而取一。若然，近郊十一者，萬泉朞出息一千；遠郊二十而三者，萬泉朞出息一千五百；甸稍縣都之民，萬泉朞出息二千。鄭直云園廛者，略舉以言之也。云王莽時民貸以治産業者，但計贏所得受息，無過歲什一者，此則與周少異，周時不計其贏所得多少，據本徵利。王莽時，雖計本多少爲定，及其徵科，唯據所贏多少。假令萬泉歲還，贏萬泉徵一千，贏五千徵五百，餘皆據利徵什一也。

《史記》卷一二九《貨殖列傳》　凡編户之民，富相什則卑下之，伯則畏憚之，千則役，萬則僕，物之理也。夫用貧求富，農不如工，工不如商，刺繡文不如倚市門，此言末業，貧者之資也。通邑大都，酤一歲千釀，醯醬千瓨，漿千甔，屠牛羊彘千皮，販穀糶千鍾，薪稾千車，船長千丈，木千章，竹竿萬个，其軺車百乘，牛車千兩，木器髤者千枚，銅器千鈞，素木鐵器若卮茜千石，馬蹄躈千，牛千足，羊彘千雙，僮手指千，筋角丹沙千斤，其帛絮細布千鈞，文采千匹，榻布皮革千石，漆千斗，糵麴鹽豉千荅，鮐鮆千斤，鯫千石，鮑千鈞，棗栗千石者三之，狐鼦裘千皮，羔羊裘千石，旃席千具，佗果菜千鍾，子貸金錢千貫，節駔會，貪賈三之，廉賈五之，此亦比千乘之家，其大率也。佗雜業不中什二，則非吾財也。

紀事

《春秋左傳正義・襄公二十九年》　宋亦饑，請於平公，出公粟以貸，使大夫皆貸。司城氏貸而不書，施而不德。貸，他代反，下同。施，始豉反，下文同。爲大夫之無者貸。宋無飢人。叔向聞之，曰：鄭之罕，宋之樂，其後亡者也，二者其皆得國乎。得掌國政。向，許丈反。民之歸也，施而不德，樂氏加焉，其以宋升降乎。升降，隨宋盛衰。

《春秋左傳正義・昭公三年》　既成昏，許昏成。晏子受禮，受賓享之禮。叔向從之宴，相與語。叔向曰：齊其何如？問興衰。晏子曰：此季世也，吾弗知，齊其爲陳氏矣。不知其他，唯知齊將爲陳氏。吾弗知絶句。公棄其民而歸於陳氏。棄民不恤。齊舊四量：豆、區、釜、鍾。四升爲豆，各自其四，以登於釜。四豆爲區，區斗六升。四區爲釜，釜六斗四升。登，成也。量音亮，下及注同。區，烏侯反，注及下皆同。釜十則鍾。六斛四斗。陳氏三量，皆登一焉，鍾乃大矣。登，加也。加一，謂加舊量之一也。以五升爲豆，五豆爲區，五區爲釜，則區二斗，釜八斗，鍾八斛。舊本以五升爲豆，四豆爲區，四區爲釜，直加豆爲五升，而區釜自大。故杜云區二斗，釜八斗是也。本或作五豆爲區，五區爲釜者，爲加舊豆區爲五，亦與杜注相會，非於五升之豆，又五五而加也。

疏：鍾乃大矣。正義曰：陳氏三量，各登其一，則釜爲八斗。陳氏亦自依釜數，釜十爲鍾，比於齊之舊鍾。不言四而加一，故云鍾乃大矣。言其大於齊鍾，明亦自十其釜也。

以家量貸，而以公量收之。貸厚而收薄。貸，他代反。山木如市，弗加於山；魚鹽蜃蛤，弗加於海。賈如在山、海，不加貴。蜃，食軫反。蛤，古荅反。賈音嫁。

疏：山木至於海。正義曰：如訓往也。言將山木往至市也。於木既云如市，魚鹽蜃蛤亦如市可知，蒙上文也。

《國語・晉語四》元年春，公及夫人嬴氏至自王城。秦伯納衛三千人，實紀綱之僕。公屬百官，賦職任功。棄責薄斂，施舍分寡。救乏振滯，匡困資無。輕關易道，通商寬農。懋穡勸分，省用足財。利器明德，以厚民性。舉善援能，官方定物，正名育類。昭舊族，愛親戚，明賢良，尊貴寵，賞功勞，事耇老，禮賓旅，友故舊。胥、籍、狐、箕、欒、郤、柏、先、羊舌、董、韓，寔掌近官。諸姬之良，掌其中官。異姓之能，掌其遠官。公食貢，大夫食邑，士食田，庶人食力，工商食官，皁隸食職，官宰食加。政平民阜，財用不匱。

《國語・晉語八》叔向見韓宣子，宣子憂貧，叔向賀之，宣子曰：吾有卿之名，而無其實，無以從二三子，吾是以憂，子賀我何故？對曰：昔欒武子無一卒之田，其宮不備其宗器，宣其德行，順其憲則，使越于諸侯，諸侯親之，戎、狄懷之，以正晉國，行刑不疚，以免於難。及桓子驕泰奢侈，貪慾無藝，略則行志，假貸居賄，宜及於難，而賴武之德，以没其身。及懷子改桓之行，而修武之德，可以免於難，而離桓之罪，以亡於楚。夫郤昭子，其富半公室，其家半三軍，恃其富寵，以泰于國，其身尸於朝，其宗滅於絳。不然，夫八郤，五大夫三卿，其寵大矣，一朝而滅，莫之哀也，唯無德也。今吾子有欒武子之貧，吾以爲能其德矣，是以賀。若不憂德之不建，而患貨之不足，將弔不暇，何賀之有？宣子拜稽首焉，曰：起也將亡，賴子存之，非起也敢專承之，其自桓叔以下嘉吾子之賜。

《管子・山權數》還四年，伐孤竹。還四年，後四年。丁氏之家粟，丁氏，齊之富人，所謂丁惠也。可食三軍之師行五月，食音飼，下以意取行五月，經五月。召丁氏而命之曰：吾有無貲之寶於此，吾今將有大事，請以寶爲質於子，音致，下皆同。以假子之邑粟。即家粟也。丁氏北鄉再拜入粟，不敢受寶質。桓公命丁氏曰：寡人老矣，爲子者不知此數，終受吾質。丁氏歸，革築室賦籍藏龜。革，更也。賦，敷也。籍，席也。才夜反。

《史記》卷四六《田敬仲完世家》鮑牧與齊悼公有郄，弑悼公。齊人共立其子壬，是爲簡公。田常成子與監止俱爲左右相，相簡公。田常心害監止，監止幸於簡公，權弗能去。於是田常復脩釐子之政，以大斗出貸，以小斗收。齊人歌之曰：嫗乎采芑，歸乎田成子！齊大夫朝，御鞅諫簡公曰：田、監不可並也，君其擇焉。君弗聽。

《史記》卷六九《蘇秦列傳》初，蘇秦之燕，貸人百錢爲資，乃得富貴，以百金償之。

《史記》卷七五《孟嘗君列傳》居朞年，馮驩無所言。孟嘗君時相齊，封萬户於薛。其食客三千人，邑入不足以奉客，使人出錢於薛。歲餘不入，貸錢者多不能與其息，客奉將不給。孟嘗君憂之，問左右：何人可使收債於薛者？傳舍長曰：代舍客馮公形容狀貌甚辯，長者，無他伎能，宜可令收債。孟嘗君乃進馮驩而請之曰：賓客不知文不肖，幸臨文者三千餘人，邑入不足以奉賓客，故出息錢於薛。薛歲不入，民頗不與其息。今客食恐不給，願先生責之。馮驩曰：諾。辭行，至薛，召取孟嘗君錢者皆會，得息錢十萬。迺多釀酒，買肥牛，召諸取錢者，能與息者皆來，不能與息者亦來，皆持取錢之券書合之。齊爲會，日殺牛置酒。酒酣，乃持券如前合之，能與息者，與爲期；貧不能與息者，取其券而燒之。曰：孟嘗君所以貸錢者，爲民之無者以爲本業也；所以求息者，爲無以奉客也。今富給者以要期，貧窮者燔券書以捐之。諸君彊飲食。有君如此，豈可負哉。坐者皆起，再拜。

孟嘗君聞馮驩燒券書，怒而使使召驩。驩至，孟嘗君曰：文食客三千人，故貸錢於薛。文奉邑少，而民尚多不以時與其息，客食恐不足，故請先生收責之。聞先生得錢，即以多具牛酒而燒券書，何？馮驩曰：然。不多具牛酒即不能畢會，無以知其有餘不足。有餘者，爲要期。不足者，雖守而責之十年，息愈多，急，即以逃亡自捐之。若急，終無以償，上則爲君好利不愛士民，下則有離上抵負之名，非所以厲士民彰君聲也。焚無用虛債之券，捐不可得之虛計，令薛民親君而彰君之善聲也，君有何疑焉。孟嘗君乃拊手而謝之。

（清）王先謙《莊子集解》卷七《雜篇・外物》 莊周家貧，故往貸粟於監河侯。釋文：《說苑》作魏文侯。監河侯曰：諾。我將得邑金，將貸子三百金，可乎？成云：待我歲終得百姓租賦封邑之物，乃貸子。銅鐵之類，皆名爲金，非黃金也。莊周忿然作色曰：周昨來，有中道而呼者。周顧視車轍中，有鮒魚焉。周問之曰：鮒魚來，子何爲者邪？對曰：我，東海之波臣也。君豈有斗升之水而活我哉？周曰：諾。我且南游吳、越之王，激西江之水而迎子，可乎？成云：西江，蜀江也。鮒魚忿然作色曰：吾失我常與，我無所處。吾得斗升之水然活耳，君乃言此，曾不如早索我於枯魚之肆。

（清）王先慎《韓非子集解》卷一三《外儲說右上》 景公曰：寡人有此國也，而曰田成氏有之，何也？晏子對曰：夫田成氏甚得齊民，其於民也，上之請爵祿行諸大臣，先慎曰：《二柄篇》作行之群臣。下之私大斗斛區釜以出貸，小斗斛區釜以收之。先慎曰：《左》昭三年《傳》：齊舊四量：豆、區、釜、鐘。四升爲豆，各自其四，以登於釜，釜十則鐘。陳氏三量，皆登一焉，鐘乃大矣。以家量貸，而以公量收之。

秦漢分部

論說

（漢）王符《潛夫論》卷五《斷訟》 今一歲斷獄，雖以萬計，然辭訟之辯，鬬賊之發，鄉部之治，獄官之治者，其狀一也。本皆起民不誠信，而數相欺紿也。舜敕龍以讒説殄行，震驚朕師，乃自上古患之矣。故先慎己喉舌，以元示民。孔子曰：亂之所生也，則言語以爲階。小人不恥不仁，不畏不義。脉脉規規，常懷姦唯，昧冒前利，不顧廉恥，苟且中，後則榆解奴抵，以致禍變者，比屋是也。

非唯細民爲然，自封君王侯貴戚豪富，尤多有之。假舉驕奢，以作淫侈，高負千萬，不肯償責。小民守門號哭啼呼，曾無怵惕慙怍哀矜之意。苟崇聚酒徒無行之人，傳空引滿，啁啾罵詈，晝夜鄂鄂，慢游是好。或毆擊責主，入於死亡，群盜攻剽，劫人無異。雖會赦贖，不當復得在選辟之科，而州司公府反争取之。且觀諸敢妄驕奢而作大責者，必非救飢寒而解困急，振貧窮而行禮義者也，咸以崇驕奢而奉淫湎爾。

《後漢書》卷二八《桓譚傳》 世祖即位，徵待詔，上書言事失旨，不用。後大司空宋弘薦譚，拜議郎給事中，因上疏陳時政所宜，曰：

臣聞國之廢興，在於政事；政事得失，由乎輔佐。輔佐賢明，則俊士充朝，而理合世務；輔佐不明，則論失時宜，而舉多過事。夫有國之君，俱欲興化建善，然而政道未理者，其所謂賢者異也。昔楚莊王問孫叔敖曰：寡人未得所以爲國是也。叔敖曰：國之有是，衆所惡也，恐王不能定也。王曰：不定獨在君，亦在臣乎？對曰：君驕士，曰士非我無從富貴；士驕君，曰君非士無從安存。人君或至失國而不悟，士或至飢寒而不進。君臣不合，則國是無從定矣。莊王曰：善。願相國與諸大夫共定國是也。蓋善政者，視俗而施教，察失而立防，威德更興，文武迭用，然後政調於時，而躁人可定。昔董仲舒言理國譬若琴瑟，其不調者則解而更張。夫更張難行，而拂衆者亡，是故賈誼以才逐，而朝錯以智死。世雖有殊能而終莫敢談者，懼於前事也。

且設法禁者，非能盡塞天下之姦，皆合衆人之所欲也，大抵取便國利事多者，則可矣。夫張官置吏，以理萬人，縣賞設罰，以别善惡，惡人誅傷，則善人蒙福矣。今人相殺傷，雖已伏法，而私結怨讎，子孫相報，後忿深前，至於滅户殄業，而俗稱豪健，故雖有怯弱，猶勉而行之，此爲聽人自理而無復法禁者也。今宜申明舊令，若已伏官誅而私相傷殺者，雖一身逃亡，皆徙家屬於邊，其相傷者，加常二等，不得雇山贖罪。如此，則仇怨自解，盗賊息矣。

夫理國之道，舉本業而抑末利，是以先帝禁人二業，錮商賈不得宦爲吏，此所以抑并兼長廉恥也。今富商大賈，多放錢貨，中家子弟，爲之保役，趨走與臣僕等勤，收税與封君比入，是以衆人慕効，不耕而食，至乃多通侈靡，以淫耳目。今可令諸商賈自相糾告，若非身力所得，皆以臧畀告者。如此，則專役一己，不敢以貨與人，事寡力弱，必歸功田畝。田畝修，則穀入多而地力盡矣。

綜述

《漢書》卷二四《食貨志》 今農夫五口之家，其服役者不下二人，其能耕者不過百晦，百晦之收不過百石。春耕夏耘，秋穫冬臧，伐薪樵，治官府，給繇役；春不得避風塵，夏不得避暑熱，秋不得避陰雨，冬不得避寒凍，四時之間亡日休息；又私自送往迎來，弔死問疾，養孤長幼在其中。勤苦如此，尚復被水旱之災，急政暴（虐）〔賦〕，賦斂不時，朝令而暮改。當具有者半賈而賣，亡者取倍稱之息，於是有賣田宅鬻子孫以償責者矣。而商賈大者積貯倍息，小者坐列販賣，操其奇贏，日游都市，乘上之急，所賣必倍。故其男不耕耘，女不蠶織，衣必文采，食必（梁）〔粱〕肉；亡農夫之苦，有仟伯之得。因其富厚，交通王侯，力過吏勢，以利相傾；千里游敖，冠蓋相望，乘堅策肥，履絲曳縞。此商人所以兼并農人，農人所以流亡者也。

紀事

《史記》卷一二九《貨殖列傳》　魯人俗儉嗇，而曹邴氏尤甚，以鐵冶起，富至巨萬。然家自父兄子孫約，俛有拾，仰有取，貰貸行賈徧郡國。鄒、魯以其故多去文學而趨利者，以曹邴氏也。

《史記》卷一二九《貨殖列傳》　塞之斥也，唯橋姚已致馬千匹，牛倍之，羊萬頭，粟以萬鍾計。吳楚七國兵起時，長安中列侯封君行從軍旅，齎貸子錢，子錢家以爲侯邑國在關東，關東成敗未決，莫肯與。唯無鹽氏出捐千金貸，其息什之。三月，吳楚平，一歲之中，則無鹽氏之息什倍，用此富埒關中。

《漢書》卷一上《高帝紀》　高祖爲人，隆準而龍顔，美須髯，【略】常從王媪、武負貰酒，時飲醉卧，武負、王媪見其上常有怪。高祖每酤留飲，酒讎數倍。及見怪，歲竟，此兩家常折券棄責。

《漢書》卷四《文帝紀》　春正月丁亥，詔曰：夫農，天下之本也，其開藉田，朕親率耕，以給宗廟粢盛。民讁作縣官及貸種食未入、入未備者，皆赦之。

《漢書》卷六《武帝紀》　〔元狩三年〕遣謁者勸有水災郡種宿麥。舉吏民能假貸貧民者以名聞。

《漢書》卷六《武帝紀》　〔元狩六年〕六月，詔曰：日者有司以幣輕多姦，農傷而末衆，又禁（以）〔兼〕并之塗，故改幣以約之。稽諸往古，制宜於今。廢期有月，而山澤之民未諭。夫仁行而從善，義立則俗易，意奉憲者所以導之未明與？將百姓所安殊路，而撟虔吏因乘勢以侵蒸庶邪？何紛然其擾也。今遣博士大等六人分循行天下，存問鰥寡廢疾，無以自振業者貸與之。諭三老孝弟以爲民師，舉獨行之君子，徵詣行在所。朕嘉賢者，樂知其人。廣宣厥道，士有特招，使者之任也。詳問隱處亡位，及冤失職，姦猾爲害，野荒治苛者，舉奏。郡國有所以爲便者，上丞相、御史以聞。

《漢書》卷七《昭帝紀》　〔始元二年〕三月，遣使者振貸貧民毋種、食者。秋八月，詔曰：往年災害多，今年蠶麥傷，所振貸種、食勿收責，毋令民出今年田租。

《漢書》卷八《宣帝紀》　〔地節三年冬十月〕詔：池籞未御幸者，假與貧民。郡國宫館，勿復修治。流民還歸者，假公田，貸種、食，且勿算事。

《漢書》卷八《宣帝紀》　〔本始〕四年春正月，詔曰：蓋聞農者興德之本也，今歲不登，已遣使者振貸困乏。其令太官損膳省宰，樂府減樂人，使歸就農業。丞相以下至都官令丞上書入穀，輸長安倉，助貸貧民。民以車船載穀入關者，得毋用傳。

《漢書》卷九《元帝紀》　〔永光元年三月，詔曰：〕無田者皆假之，貸種、食如貧民。

《漢書》卷九《元帝紀》　〔初元元年夏四月，詔曰：〕江海陂湖園池屬少府者以假貧民，勿租賦。

《漢書》卷一二《平帝紀》　〔元始二年夏四月〕罷安定呼池苑，以爲安民縣，起官寺市里，募徙貧民，縣次給食。至徙所，賜田宅什器，假與犂、牛、種、食。

《漢書》卷一五《王子侯表》　〔旁光侯殷〕十月癸酉封，十年，元鼎元年，坐貸子錢不占租，取息過律，會赦，免。師古曰：以子錢出貸人，律合收租，匿不占，取息利又多也。占音之贍反。

《漢書》卷一五《王子侯表》　〔陵鄉侯訢〕正月封，七年，建始二年，坐使人傷家丞，又貸穀息過律，免。

《漢書》卷一六《高惠高后文功臣表》　〔河陽嚴侯陳涓〕孝文元年，信嗣，三年，坐不償人責過六月，免。

《漢書》卷二四上《食貨志》　漢興，接秦之敝，【略】賈誼説上曰：【略】今農夫五口之家，其服役者不下二人，其能耕者不過百畮，百畮之收不過百石。春耕夏耘，秋穫冬臧，伐薪樵，治官府，給繇役；春不得避風塵，夏不得避暑熱，秋不得避陰雨，冬不得避寒凍，四時之間亡日休息；又私自送往迎來，弔死問疾，養孤長幼在其中。勤苦如此，尚復被水旱之災，急政暴（虐）〔賦〕，賦斂不時，朝令而暮改。當具有者半賈而賣，亡者取倍稱之息，於是有賣田宅鬻子孫以償責者矣。而商賈大者積貯倍息，小者坐列販賣，操其奇贏，日游都市，乘上之急，所賣必倍。

《漢書》卷二四下《食貨志》 其明年，山東被水災，民多飢乏，於是天子遣使虛郡國倉廩以振貧。猶不足，又募豪富人相假貸。

《漢書》卷五〇《汲黯傳》 居無何，匈奴渾邪王帥衆來降，漢發車二萬乘。縣官亡錢，從民貰馬。民或匿馬，馬不具。

《漢書》卷七六《韓延壽傳》 延壽代蕭望之爲左馮翊，而望之遷御史大夫。侍謁者福爲望之道延壽在東郡時放散官錢千餘萬。望之與丞相丙吉議，吉以爲更大赦，不須考。會御史當問（事）東郡，望之因令并問之。延壽聞知，即部吏案校望之在馮翊時廩犧官錢放散百餘萬。廩犧吏掠治急，自引與望之爲姦。延壽劾奏，移殿門禁止望之。望之自奏職在總領天下，聞事不敢不問，而爲延壽所拘持。上由是不直延壽，各令窮竟所考。望之卒無事實，而望之遣御史案東郡，具得其事。

《漢書》卷八〇《淮陽憲王欽傳》 時張倢伃已卒，憲王有外祖母，舅張博兄弟三人歲至淮陽見親，輒受王賜。後王上書：請徙外家張氏於國，博上書：願留守墳墓，獨不徙。王恨之。後博至淮陽，王賜之少。博言：負責數百萬，願王爲償。王不許。

《漢書》卷八五《谷永傳》 永乃遷爲涼州刺史。奏事京師訖，當之部，時有黑龍見東萊，上使尚書問永，受所欲言。永對曰：【略】易曰：在中餽，無攸遂，言婦人不得與事也。詩曰：懿厥哲婦，爲梟爲鴟；匪降自天，生自婦人。建始、河平之際，許、班之貴，頃動前朝，熏灼四方，賞賜無量，空虛內臧，女寵至極，不可上矣；今之後起，天所不饗，什倍於前。廢先帝法度，聽用其言，官秩不當，縱釋王誅，驕其親屬，假之威權，從横亂政，刺舉之吏，莫敢奉憲。又以掖庭獄大爲亂阱，榜箠瘠於炮格，絶滅人命，主爲趙、李報德復怨，反除白罪，建治正吏，多繫無辜，掠立迫恐，至爲人起責，分利受謝。生入死出者，不可勝數。是以日食再既，以昭其辜。

《漢書》卷九一《貨殖傳》 吴楚兵之起，長安中列侯封君行從軍旅，齎貣子錢家，子錢家以爲關東成敗未決，莫肯予。唯（毋）〔毌〕鹽氏出捐千金貸，其息十之。三月，吴楚平。一歲之中，則（毋）〔毌〕鹽氏息十倍，用此富關中。

《漢書》卷九一《貨殖傳》 程、卓既衰，至成、哀間，成都羅裒訾至鉅萬。初，裒賈京師，隨身數十百萬，爲平陵石氏持錢。其人彊力。石氏訾次如、苴，親信，厚資遣之，令往來巴蜀，數年間致千餘萬。裒舉其半賂遺曲陽、定陵侯，依其權力，賒貸郡國，人莫敢負。擅鹽井之利，期年所得自倍，遂殖其貨。

《漢書》卷九三《佞幸傳・鄧通》 及文帝崩，景帝立，鄧通免，家居。居無何，人有告通盜出徼外鑄錢，下吏驗問，頗有，遂竟案，盡没入之，通家尚負責數鉅萬。長公主賜鄧通，吏輒隨没入之，一簪不得著身。於是長公主乃令假衣食。竟不得名一錢，寄死人家。

《漢書》卷九九中《王莽傳》 初設六筦之令。命縣官酤酒，賣鹽鐵器，鑄錢，諸采取名山大澤衆物者税之。又令市官收賤賣貴，賒貸予民，收息百月三。

《後漢書》卷三《孝章帝紀》 建初元年春正月，詔三州郡國：方春東作，恐人稍受稟，往來煩劇，或妨耕農。其各實覈尤貧者，計所貸并與之。流人欲歸本者，郡縣其實稟，令足還到，聽過止官亭，無雇舍宿。長吏親躬，無使貧弱遺脱，小吏豪右得容姦妄。詔書既下，勿得稽留，刺史明加督察尤無狀者。

《後漢書》卷四《孝和帝紀》 〔永元十三年二月〕丙午，賑貸張掖、居延、朔方、日南貧民及孤、寡、羸弱不能自存者。

秋八月，詔象林民失農桑業者，賑貸種糧，稟賜下貧穀食。

《後漢書》卷四《孝和帝紀》 〔永元十五年〕二月，詔稟貸潁川、汝南、陳留、江夏、梁國、敦煌貧民。

《後漢書》卷四《孝和帝紀》 〔永元八年夏四月〕甲子，詔賑貸并州四郡貧民。

《後漢書》卷六《孝順帝紀》 〔永和六年〕秋七月甲午，詔假民有貲者户錢一千。

《後漢書》卷七《孝桓帝紀》 〔永壽元年〕二月，司隸、冀州飢，人相食。敕州郡賑給貧弱。若王侯吏民有積穀者，一切貣十分之三，以助稟貸；其百姓吏民者，以見錢雇直。王侯須新租乃償。

《後漢書》卷二三《竇憲傳》 憲既負重勞，陵肆滋甚。四年，封鄧疊爲穰侯。疊與其弟步兵校尉磊及母元，又憲女壻射聲校尉郭舉，舉父長樂少府璜，皆相交結。元、舉並出入禁中，舉得幸太后，遂共圖爲殺害。帝陰知其謀，乃與近幸中常侍鄭衆定議誅之，以憲在外，慮其懼禍爲亂，忍而未發。會憲及鄧疊班師還京師，詔使大鴻臚持節郊迎，賜軍吏各有差。憲等既至，帝乃幸北宮，詔執金吾、五校尉勒兵屯衛南、北宮，閉城門，收捕疊、磊、璜、舉，皆下獄誅，家屬徙合浦。遣謁者僕射收憲大將軍印綬，更封爲冠軍侯。憲及篤、景、瓌皆遣就國。帝以太后故，不欲名誅憲，爲選嚴能相督察之。憲、篤、景到國，皆迫令自殺，宗族、賓客以憲爲官者皆免歸本郡。瓌以素自修，不被逼迫，明年坐稟假貧人，徙封羅侯，不得臣吏人。

《後漢書》卷三二《樊宏傳》 樊宏字靡卿，南陽湖陽人也，世祖之舅。其先周仲山甫，封于樊，因而氏焉，爲鄉里著姓。父重，字君雲，世善農稼，好貨殖。重性溫厚，有法度，三世共財，子孫朝夕禮敬，常若公家。其營理產業，物無所棄，課役童隸，各得其宜，故能上下勠力，財利歲倍，至乃開廣田土三百餘頃。其所起廬舍，皆有重堂高閣，陂渠灌注。又池魚牧畜，有求必給。嘗欲作器物，先種梓漆，時人嗤之，然積以歲月，皆得其用，向之笑者咸求假焉。貲至巨萬，而賑贍宗族，恩加鄉閭。外孫何氏兄弟爭財，重恥之，以田二頃解其忿訟。縣中稱美，推爲三老。年八十餘終。其素所假貸人閒數百萬，遺令焚削文契。責家聞者皆慙，爭往償之，諸子從敕，竟不肯受。

《後漢書》卷三四《梁冀傳》 冀字伯卓。【略】永和元年，拜河南尹。【略】和平元年，重增封冀萬户，【略】扶風人士孫奮居富而性吝，冀因以馬乘遺之，從貸錢五千萬，奮以三千萬與之。

《後漢書》卷五一《龐參傳》 〔永初〕四年，羌寇轉盛，兵費日廣，且連年不登，穀石萬餘。參奏記於鄧騭曰：比年羌寇特困隴右，供徭賦役爲損日滋，官負人責數十億萬。今復募發百姓，調取穀帛，衒賣什物，以應吏求。外傷羌虜，内困徵賦。遂乃千里轉糧，遠給武都西郡。塗路傾阻，難勞百端，疾行則鈔暴爲害，遲進則穀食稍損，運糧散於曠野，牛馬死於山澤。縣官不足，輒貸於民。民已窮矣，將從誰求？名救金城，而實困三輔。三輔既困，還復爲金城之禍矣。參前數言宜弃西域，乃爲西州士大夫所笑。今苟貪不毛之地，營恤不使之民，暴軍伊吾之野，以慮三族之外，果破涼州，禍亂至今。夫拓境不寧，無益於彊；多田不耕，何救飢敝。故善爲國者，務懷其內，不求外利；務富其民，不貪廣土。三輔山原曠遠，民庶稀疏，故縣丘城，可居者多。今宜從邊郡不能自存者，入居諸陵，田戍故縣。孤城絶郡，以權徙之；轉運遠費，聚而近之；徭役煩數，休而息之。此善之善者也。騭及公卿以國用不足，欲從參議，衆多不同，乃止。

《後漢書》卷五八《虞詡傳》 是時長吏、二千石聽百姓謫罰者輸贖，號爲義錢，託爲貧人儲，而守令因以聚斂。詡上疏曰：元年以來，貧百姓章言長吏受取百萬以上者，匈匈不絶，謫罰吏人至數千萬，而三公、刺史少所舉奏。尋永平、章和中，州郡以走卒錢給貸貧人，司空劾案，州及郡縣皆坐免黜。今宜遵前典，蠲除權制。於是詔書下詡章，切責州郡。謫罰輸贖自此而止。

魏晉南北朝分部

紀事

《三國志》卷五五《吴志・潘璋傳》 潘璋字文珪，東郡發干人也。孫權爲陽羨長，始往隨權。性博蕩嗜酒，居貧，好賒酤，債家至門，輒言後豪富相還。

《晉書》卷三《武帝紀》 〔太康〕六年春正月甲申朔，以比歲不登，免租貸宿負。

《晉書》卷四《惠帝紀》 〔永平五年〕是歲，荊、揚、兗、豫、青、徐等六州大水，詔遣御史巡行振貸。

《晉書》卷二六《食貨志》 安帝永初三年，天下水旱，人民相食。帝以鴻陂之地假與貧民。

《晉書》卷四三《王戎傳》 王戎字濬沖，琅邪臨沂人也。【略】裴頠，戎之壻也，【略】女適裴頠，貸錢數萬，久而未還。女後歸寧，戎色不悦，女遽還直，然後乃歡。從子將婚，戎遺其一單衣，婚訖而更責取。家有好李，常出貨之，恐人得種，恒鑽其核。

《晉書》卷八二《王長文傳》 王長文字德叡，廣漢郪人也。少以才學知名，而放蕩不羈，州府辟命皆不就。【略】太康中，蜀土荒饉，開倉振貸。長文居貧，貸多，後無以償。郡縣切責，送長文到州。刺史徐幹捨之，不謝而去。

《宋書》卷一《武帝紀》 高祖武皇帝諱裕，字德輿，小名寄奴，【略】初高祖家貧，嘗負刁逵社錢三萬，經時無以還。逵執録甚嚴，王謐造逵見之，密以錢代還，由是得釋。

《宋書》卷五《文帝紀》 元嘉元年秋八月丁酉，大赦天下，改景平二年爲元嘉元年。文武賜位二等，逋祖宿債勿復收。

《宋書》卷六《孝武帝紀》 〔大明七年十一月〕乙未，原放行獄徒繫。東諸郡大旱，壬寅，遣使開倉貸卹，聽受雜物當租。

《宋書》卷七二《晉平剌王休祐傳》 休祐素無才能，强梁自用，大明之世，年尚少，未得自專，至是貪淫，好財色。在荊州，裒刻所在，多營財貨。以短錢一百賦民，田登，就求白米一斛，米粒皆令徹白，若有破折者，悉刪簡不受。民間糴此米，一升一百。至時又不受米，評米責錢。凡諸求利，皆悉如此，百姓嗷然，不復堪命。

《宋書》卷八一《顧覬之傳》 覬之家門雍睦，爲州鄉所重。五子約、緝、綽、縝、緄。綽私財甚豐，鄉里士庶多負其責，覬之每禁之不能止。及後爲吴郡，誘綽曰：我常不許汝出責，定思貧薄亦不可居。民間與汝交關有幾許不盡，及我在郡，爲汝督之。將來豈可得。凡諸券書皆何在？綽大喜，悉出諸文券一大廚與覬之，覬之悉焚燒，宣語遠近：負三郎責，皆不須還，凡券書悉燒之矣。綽懊歎彌日。

《南齊書》卷三《武帝紀》 〔永明四年閏正月辛亥〕詔曰：【略】諸逋負在三年以前尤窮弊者，一皆蠲除。

《南齊書》卷六《明帝紀》 建武元年冬十月己巳，以安陸侯子寶晊爲湘州刺史。詔曰：頃守職之吏，多違舊典，存私害公，實興民蠹。今商旅税石頭後渚及夫鹵借倩，一皆停息。

《南齊書》卷六《明帝紀》 建武元年冬十月癸亥，即皇帝位。詔曰：【略】逋租宿責，换負官物，在建武元年以前，悉原除。

《南齊書》卷二三《褚澄傳》 淵薨，澄以錢萬一千，就招提寺贖太祖所賜淵白貂坐褥，壞作裘及纓，又贖淵介幘犀導及淵常所乘黄牛，永明元年，爲御史中丞袁彖所奏，免官禁錮，見原。

《南齊書》卷二六《王敬則傳》 王敬則，晉陵南沙人也。【略】建元元年，出爲使持節、散騎常侍。【略】會土邊帶湖海，民丁無士庶皆保塘役，敬則以功力有餘，悉評斂爲錢，送臺庫以爲便宜，上許之。竟陵王子良啓曰：【略】建元初，狡虜游魂，軍用殷廣。浙東五郡，丁税一千，乃有質賣妻兒，以充此限，道路愁窮，不可聞見。所逋尚多，收上事絶，臣登具啓聞，即蒙蠲原。而此年租課，三分逋一，明知徒足擾民，實自弊國。

《南齊書》卷三九《陸鮮傳》 澄弟鮮，得罪宋世，當死。澄於路見舍人王道隆，叩頭流血，以此見原。揚州主簿顧測以兩奴就鮮質錢，鮮死，子暐誣爲賣券，澄爲中丞，測與書相往反，後又牋與太守蕭緬云：澄欲遂子弟之非，未近義方之訓，此趨販所不爲，況搢紳領袖，儒宗勝達乎？

《南齊書》卷四二《蕭坦之傳》　坦之從兄翼宗，爲海陵郡，將發。坦之謂文濟曰：從兄海陵宅故應無他？文濟曰：海陵宅在何處？坦之告。文濟曰：應得罪。仍遣收之。檢家赤貧，唯有質錢帖子數百，還以啓帝，原死，繫尚方。

《梁書》卷三《武帝紀》　〔大同七年十一月丁丑詔曰〕如聞頃者，豪家富室，多占取公田，貴價僦稅，以與貧民，傷時害政，爲蠹已甚。自今公田悉不得假與豪家；已假者特聽不追。其若富室給貧民種糧共營作者，不在禁例。

《梁書》卷五《元帝紀》　承聖元年冬十一月丙子，世祖即皇帝位於江陵。詔曰：【略】逋租宿責，並許弘貸。

《梁書》卷五一《處士傳・庾詵》　庾詵字彥寶，新野人也。幼聰警篤學，經史百家無不該綜，緯候書射，棊筭機巧，並一時之絶。而性託夷簡，特愛林泉。十畝之宅，山池居半。蔬食弊衣，不治產業。嘗乘舟從田舍還，載米一百五十石，有人寄載三十石，既至宅，寄載者曰：君三十斛，我百五十石。詵默然不言，恣其取足。隣人有被誣爲盜者，被治劾，妄款，詵矜之，乃以書質錢二萬，令門生詐爲其親，代之酬備。隣人獲免，謝詵，詵曰：吾矜天下無辜，豈期謝也。

《南史》卷五一《臨川靖惠王宏傳》　宏都下有數十邸出懸錢立券，每以田宅邸店懸上文券，期訖便驅券主，奪其宅。都下東土百姓，失業非一。帝後知，制懸券不得復驅奪，自此後貧庶不復失居業。晉時有《錢神論》，豫章王綜以宏貪吝，遂爲《錢愚論》，其文甚切。帝知以激宏，宣旨與綜：天下文章何限，那忽作此？雖令急毁，而流布已遠，宏深病之，聚斂稍改。

《南史》卷七〇《循吏傳・甄彬》　法崇孫彬。彬有行業，鄉黨稱善。嘗以一束苧就州長沙寺庫質錢，後贖苧還，於苧束中得五兩金，以手巾裹之，彬得，送還寺庫。道人驚云：近有人以金質錢，時有事不得舉而失。檀越乃能見還，輒以金半仰酬。往復十餘，彬堅然不受，因謂曰：五月披羊裘而負薪，豈拾遺金者邪。卒還金。

《南史》卷七二《文學傳・崔慰祖》　崔慰祖字悦宗，清河東武城人也。【略】父梁州之資，家財千萬，散與宗族。漆器題爲日字，日字之器流乎遠近。料得父時假貰文疏，謂族子紘曰：彼有自當見還，彼無吾何言哉。悉火焚之。

《南史》卷七六《隱逸傳・庾詵》　庾詵字彥寶，新野人也。【略】隣人有被誣爲盜，見劾妄款。詵矜之，乃以書質錢二萬，令門生詐爲其親，代之酬備。隣人獲免謝詵，詵曰：吾矜天下無辜，豈期謝也。

《魏書》卷五《高宗紀》　〔和平〕二年春正月乙酉，詔曰：刺史牧民，爲萬里之表。自頃每因發調，逼民假貸，大商富賈，要射時利，旬日之間，增贏十倍。上下通同，分以潤屋。故編户之家，困於凍餒；豪富之門，日有兼積。爲政之弊，莫過於此。

《魏書》卷七《高祖紀》　〔太和十一年〕九月庚戌，詔曰：去夏以歲旱民飢，須遣就食，舊籍雜亂，難可分簡，故依局割民，閱户造籍，欲令去留得實，賑貸平均。然迺者以來，猶有餓死衢路，無人收識。良由本部不明，籍貫未實，廪恤不周，以至於此。朕猥居民上，聞用慨然。可重遣精檢，勿令遺漏。

《魏書》卷一〇《孝莊紀》　〔武泰二年〕八月庚戌朔，詔諸有公私債負，一錢以上巨萬以還，悉皆禁斷，不得徵責。

《魏書》卷九九《張駿傳》　駿少而淫佚，常夜出微行，姦亂邑里，少年皆化之。性又貪惏。有圖秦隴意。以穀帛付民，歲收倍利，利不充者，簿賣田宅。

《魏書》卷一一〇《食貨志》　孝昌二年冬，稅京師田租畝五升，借賃公田者畝一斗。

《魏書》卷一一四《釋老志》　〔永平〕四年夏，詔曰：僧祇之粟，本期濟施，儉年出貸，豐則收入。山林僧尼，隨以給施；民有窘弊，亦即賑之。但主司冒利，規取贏息，及其徵責，不計水旱，或償利過本，或翻改券契，侵蠹貧下，莫知紀極。細民嗟毒，歲月滋深。非所以矜此窮乏，宗尚慈拯之本意也。自今已後，不得專委維那、都尉，可令刺史共加監括。尚書檢諸有僧祇穀之處，州別列其元數，出入赢息，賑給多少，并貸償歲月，見在未收，上臺録記。若收利過本，及翻改初券，依律免之，勿復徵責。或有私債，轉施償僧，即以丐民，不聽收檢。後有出貸，先盡貧窮，徵債之科，一準舊格。富有之家，不聽輒貸。脱仍冒濫，依法治罪。

《北齊書》卷八《幼主紀》　又好不急之務，曾一夜索蠍，及旦得三升。特愛非時之物，取求火急，皆須朝徵夕辦，當勢者因之，貸一而責十焉。賦斂日重，徭役日繁，人力既殫，帑藏空竭。

《北齊書》卷四六《蘇瓊傳》　瓊性清慎，不發私書。道人道研爲濟州沙門統，資産巨富，在郡多有出息，常得郡縣爲徵。及欲求謁，度知其意，每見則談問玄理，應對肅敬，研雖爲債數來，無由啓口。

《北史》卷八六《循吏傳·蘇瓊》　蘇瓊字珍之，長樂武强人也。**【略】**

瓊性清慎，不發私書。道人道研爲濟州沙門統，資産巨富，在郡多出息，常得郡縣爲徵。及欲求謁，度知其意，每見則談問玄理。研雖爲債數來，無由啓口。其弟子問其故，研曰：每見府君，徑將我入青雲間，何由得論地上事。師徒還歸，遂焚責券。**【略】**

天保中，郡界大水，人災，絶食者千餘家。瓊普集郡中有粟家，自從貸粟，悉以給付飢者。州計户徵租，復欲推其貸粟，綱紀謂瓊曰：雖矜飢餒，恐罪累府君。瓊曰：一身獲罪，且活千室，何所怨乎？遂上表陳狀，使檢皆免，人户保安。

（唐）杜佑《通典》卷一一《食貨·雜税》　宋元嘉二十七年，後魏南侵，軍旅大起，用度不充，王公妃主及朝士牧守各獻金帛等物，以助國用。下及富室小人，亦有獻私財數千萬者。揚、南徐、兖、江四州富有之家貲滿五十萬，僧尼滿二十萬者，並四分借一。過此率計，事息即還。

隋唐五代分部

論説

（清）董誥《全唐文》卷五一四《崔從·請定舉放官私錢事宜狀》

京城百司諸軍諸使及諸道應差所由並召人捉本錢，前件捉錢人等，比緣皆以私錢添雜官本，所防耗所裨補官利。近日訪聞商販富人，投身要司，依託官本，廣求私利。可徵索者，自充家産。或逋欠者，證是官錢。非理逼迫，爲弊非一。今請許捉錢户添放私本不得過官本錢，勘責有剩，並請設官，仍量輕重科處。其所放官本，并許添私本，每舉放數足，仰錢户具所舉人姓名錢數狀報本司，仰本司收連入案，三官同押，排科印記，仍各隨錢人牒知。如他時因有論競，勘案歷不同，不在與徵理之限，庶官利不失，私家獲安。

（清）董誥《全唐文》卷五四五《蕭俛·請放免當司諸色本利錢奏》

應諸司諸軍諸使公廨諸色本利錢等，伏緣臣當司及祕書省等三十二司利錢，伏準今年七月十三日赦文，至十倍者，本利並放。展轉攤保至五倍者，本利並放。緣前件諸司諸使諸軍利錢，節文並不該及，其中有納利百姓，見臣稱訴，納利已至十倍者，未蒙一例處分，求臣上達天聽。臣已面陳奏訖。伏以南北諸司事體無異，納利百姓皆陛下赤子，若恩澤均及，則雨露無偏。伏望聖慈特賜放免。如允臣所奏，伏乞特降敕旨，並進今年七月十三日赦文處分，仍永爲定制。

（清）董誥《全唐文》卷九六四《闕名·請添借百司本錢奏貞元二十一年七月中書門下》

敕釐革京百司息利本錢，應徵近親及重攤保並遠年逃亡等，今年四月十七日敕，本利並放訖。其本事須借錢添填，都計二萬五千九百四十三貫六百九十九文。伏以百司本錢久無疎理，年歲深遠，亡失頗多，食料既虧，公務則廢，事須添借，令可支持。伏望聖恩許令准數支給，仍請以在藏庫度支除陌錢充。

（清）董誥《全唐文》卷九六五《闕名·勾當食利本錢奏元和十年三月京兆府》

祕書省等三十二司，除疎理外，見在食利本錢應見徵納，及續舉放所收利錢，准敕並充添修當司廨宇什物及令史驅使官厨料等用。准元和九年十二月二十九日敕，仍委御史臺勾當。每至年終，勘會處分。其諸司疎理外，見在本錢據額不得破用，如有欠失，即便勒主掌官典所繇等填陪者，其諸司食利本錢疎理外合徵收者，請改案額爲元和十年新收置公廨本錢應緣添修廨宇什物及令史府史等厨並用。勒本司據見在户名錢數各置案歷，三官通押，逐委造帳，印訖入案，仍不得侵用本錢。如人户辦納本利錢，縱都數未足，亦勒據數與納。召主别置案歷，准前通押。如至年終勘會，欠少本利，官典諸節級准法處分。如主掌官典改移，亦勒造帳交付承後官典，具單帳報臺，交割分明，即給前官典牒知。公驗如欠少本利，送臺勘責，具事由聞奏，所冀官錢免至散失，年額既定，勾當有憑。

（清）陸心源《唐文拾遺》卷六《請置飛狐錢坊奏》

臣訪聞飛狐縣三河冶銅山約數十里，銅鑛至多，去飛狐錢坊二十五里，兩處同用拒馬河水，以水斛銷銅。北方諸處鑄錢，人工絶省，所以平日三河冶置四十鑪鑄錢，舊跡並存，事堪覆實。今但得錢本，令本道應接人夫，三年已來，其事即立，救河東困竭之弊，成易定接援之形。制置一成，久長獲利。

綜述

《隋書》卷二四《食貨志》

開皇八年五月，高熲奏諸州無課調處，及課州管户數少者，官人禄力，乘前已來，恒出隨近之州。但判官本爲牧人，役力理出所部。請於所管户内，計户徵税。帝從之。先是京官及諸州，並給公廨錢，迴易生利，以給公用。至十四年六月，工部尚書、安平郡公蘇孝慈等，以爲所在官司，因循往昔，以公廨錢物，出舉興生，唯利是求，煩擾百姓，敗損風俗，莫斯之甚。於是奏皆給地以營農，迴易取利，一皆禁止。十七年十一月，詔在京及在外諸司公廨，在市迴易，及諸處興生，並聽之。唯禁出舉收利云。

（唐）長孫無忌等《唐律疏議》卷二六《雜律·負債違契不償》

諸負債違契不償，一疋以上，違二十日笞二十，二十日加一等，罪止杖六十；三十疋，加二等；百疋，又加三等。各令備償。

疏議曰：負債者，謂非出舉之物，依令合理者，或欠負公私財物，乃違約乖期不償者，一疋以上，違二十日笞二十，二十日加一等，罪止杖六十。三十疋加二等，謂負三十疋物，違二十日，笞四十；百日不償，合杖八十。百疋又加三等，謂負百疋之物，違契滿二十日，杖七十；百日不償，合徒一年。各令備償。若更延日，及經恩不償者，皆依判斷及恩後之日，科罪如初。

（唐）長孫無忌等《唐律疏議》卷二六《雜律・負債強牽財物》 諸負債不告官司，而強牽財物，過本契者，坐贓論。

疏議曰：謂公私債負，違契不償，應牽掣者，皆告官司聽斷。若不告官司而強牽掣財物，若奴婢、畜產，過本契者，坐贓論。若監臨官共所部交關，強牽過本契者，計過剩之物，準於所部強市有剩利之法。

（唐）長孫無忌等《唐律疏議》卷二六《雜律・以良人為奴婢質債》 諸妄以良人爲奴婢，用質債者，各減自相賣罪三等；知情而取者，又減一等。仍計庸以當債直。

疏議曰：虛妄用良人爲奴婢，將質債者，各減自相賣罪三等，謂以凡人質債，從流上減三等；若以親戚年幼妄質債者，各依本條，減賣罪三等。知情而取，謂知是良人而取爲奴婢，受質債者，又減一等，謂又減質良人罪一等。仍計庸以當債直，謂計一日三尺之庸，累折酬其債直。不知情者，不坐，亦不計庸以折債直。

（唐）李林甫等《唐六典》卷六《尚書刑部・刑部尚書》 凡倉庫出內，營造傭市，丁匠功程，贓贖賦斂，勳賞賜與，軍資器仗，和糴屯收，亦句覆之。其在京給用則月一申之；在外，二千里內季一申之，二千里外兩季一申之，五千里外終歲一申之。凡質舉之利，收子不得踰五分，出息、債過其倍。若回利充本，官不理。

（宋）宋敏求《唐大詔令集》卷七二《典禮・南郊・乾符二年正月七日南郊赦》 自今以後，如有人入錢買官，納銀求職，敗露之後，言告之初，取與同罪，卜射無捨，其錢物等並令没官，送御史臺，以贓罰收管；如是波斯番人錢，亦准此處分。其櫃坊人户明知事情，不来陳告，所有物業並不納官，嚴加懲斷，決流邊遠，庶絶此類。

（宋）王溥《唐會要》卷八八《雜録》 長安元年十一月十三日敕：負債出舉，不得迴利作本，並法外生利。仍令州縣嚴加禁斷。

開元十五年七月二十七日敕：應天下諸州縣官，寄附部人興易及部內放債等，並宜禁斷。

十六年二月十六日詔：比來公私舉放取利頗深，有損貧下，事須釐革。自今已後，天下負舉祇宜四分收利，官本五分取利。

二十年九月二十九日敕：綾羅絹布雜貨等交易，皆合通用，如聞市肆必須見錢，深非通理。自今後，與錢貨兼用，違者準法罪之。

元和五年十一月敕：應中外官有子弟凶惡，不告家長，私舉公私錢，無尊長同署文契者，其舉錢主並保人各決二十，仍均攤貨納。應諸色買賣相當後，勒買人面付賣人價錢。如違，牙人重杖二十。京兆尹王播所奏也。

寶歷元年正月七日敕節文：應京城內有私債，經十年已上，曾出利過本兩倍，本部主及元保人死亡，並無家產者，宜令臺府勿爲徵理。

《新唐書》卷五四《食貨志》 時商賈至京師，委錢諸道進奏院及諸軍、諸使富家，以輕裝趨四方，合券乃取之，號飛錢。京兆尹裴武請禁與商賈飛錢者，廋索諸坊，十人爲保。【略】

自京師禁飛錢，家有滯藏，物價寖輕。判度支盧坦、兵部尚書判户部事王紹、鹽鐵使王播請許商人於户部、度支、鹽鐵三司飛錢，每千錢增給百錢，然商人無至者。復許與商人敵貫而易之，然錢重帛輕如故。憲宗爲之出內庫錢五十萬緡市布帛，每匹加舊估十之一。

《新唐書》卷五五《食貨志》 京司及州縣皆有公廨田，供公私之費。其後以用度不足，京官有俸賜而已。諸司置公廨本錢，以番官貿易取息，計員多少爲月料。【略】

〔貞觀〕十二年，罷諸司公廨本錢，以天下上户七千人爲胥士，視防閤制而收其課，計官多少而給之。十五年，復置公廨本錢，以諸司令史主之，號捉錢令史。每司九人，補於吏部，所主繦五萬錢以下，市肆販易，月納息錢四千，歲滿受官。諫議大夫褚遂良上疏：京七十餘司，更一二載，捉錢令史六百餘人受職。太學高第，諸州進士，拔十取五，猶有犯禁罹法者，況廛肆之人，苟得無耻，不可使其居職。太宗乃罷捉錢令史，復

詔給百官俸。【略】

二十二年，置京諸司公廨本錢，捉以令史、府史、胥士。永徽元年，廢之，以天下租脚直爲京官俸料。其後又薄斂一歲稅，以高户主之，月收息給俸。尋顓以稅錢給之，歲總十五萬二千七百三十緡。【略】

州縣典史捉公廨本錢者，收利十之七。富户幸免徭役，貧者破産甚衆。祕書少監崔沔請計户均出，每丁加升尺，所增蓋少；流亡漸復，倉庫充實，然後取於正賦，罷新加者。

開元十年，中書舍人張嘉貞又陳其不便，遂罷天下公廨本錢，復稅户以給百官；籍内外職田，賦逃還户及貧民；罷職事五品以上仗身。

十八年，復給京官職田。州縣籍一歲稅錢爲本，以高户捉之，月收赢以給外官。復置天下公廨本錢，收赢十之六。十九年，初置職田頃畝簿，租價無過六斗，地不毛者畝給二斗。【略】

元和九年，户部除陌錢每緡增墊五錢，四時給諸司諸使之餐，置驅使官督之，御史一人覈其侵漁，起明年正月，收息五之一，號元和十年新收置公廨本錢。

（宋）高承《事物紀原》卷一〇《兑便》 《唐·食貨志》曰：憲宗時，商賈至京師，委錢諸道富家，以輕裝趨四方，合券乃取之，號飛錢。京兆尹裴武禁之。盧坦請許商人於三司飛錢，每千增給百，令大府給公據，次以字號兑便。如盧坦請曰鈔錢。蓋唐飛錢之舊也，起於憲宗之世。

（清）陸心源《唐文拾遺》卷四《官錢取利敕》 兩京行幸，緣頓所須，應出百姓者，宜令每頓取官錢一百千文作本取利充，仍令所由長官專句當，不得抑配百姓。

（清）陸心源《唐文拾遺》卷五《軍器本錢放利敕》 軍器公廨本錢三千貫文，放在人上取利，充使以下食料紙筆，宜於數内收一千貫文，別納店舖課錢，添公廨收利雜用。

（清）陸心源《唐文拾遺》卷五《條件息利本錢制》 百官及在城諸使息利本錢，徵放多年，積成深弊，宜委中書門下與所司商量其利害條件以聞，不得擅有禁錢，務令通濟。

（清）陸心源《唐文拾遺》卷七《諸色本錢揀殷富放存敕》 諸色本錢，比來將放與人，或府縣自取，及貧人將捉，非惟積利不納，亦且兼本破除。今請一切不得與官人及窮百姓并貧典吏，揀當處殷富幹了者三五人，均使翻轉迴易，仍放其諸色差遣，庶得永存官物，又冀免破家。

紀事

《隋書》卷四五《秦孝王李俊傳》 秦孝王俊字阿祇，高祖第三子也。開皇元年立爲秦王。【略】初，頗有令問，高祖聞而大悦，下書獎勵焉。其後俊漸奢侈，違犯制度，出錢求息，民吏苦之。

《隋書》卷七七《李士謙傳》 李士謙字子約，趙郡平棘人也。【略】隋有天下，畢志不仕。【略】

其後出粟數千石，以貸鄉人，值年穀不登，債家無以償，皆來致謝。士謙曰：吾家餘粟，本圖振贍，豈求利哉！於是悉召債家，爲設酒食，對之燔契，曰：債了矣，幸勿爲念也。各令罷去。明年大熟，債家争來償謙，謙拒之，一無所受。他年又大饑，多有死者，士謙罄竭家資，爲之糜粥，賴以全活者將萬計。收埋骸骨，所見無遺。至春，又出糧種，分給貧乏。趙郡農民德之，撫其子孫曰：此乃李參軍遺惠也。

《舊唐書》卷四《高宗紀》 〔永徽〕二年春正月戊戌，詔曰：去歲關輔之地，頗弊蝗螟，天下諸州，或遭水旱，百姓之間，致有罄乏。此由朕之不德，兆庶何辜？矜物罪己，載深憂惕。今獻歲肇春，東作方始，糧廪或空，事資賑給。其遭蟲水處有貧乏者，得以正、義倉賑貸。

《舊唐書》卷一八《武宗紀》 〔會昌二年〕二月丙寅，中書奏：准元和七年敕，河東、鳳翔、鄜坊、邠寧等道州縣官，令户部加給課料錢歲六萬二千五百貫。吏部出得平留官數百員，時以爲當。自後户部支給零碎不時，觀察使乃别將破用，徒有加給，不及官人，所以選人憚遠，不樂注受。伏望令部都與實物，及時支遣。諸道委觀察判官知給受，專判此案，隨月支給，年終計帳申户部。又赴選官人多京債，到任填還，致其貪求，罔不由此。今年三銓，於前件州府得官者，許連狀相保，户部各借兩月加給料錢，至支時折下。所冀初官到任，不帶息債，衣食稍足，可責清廉。從之。

《舊唐書》卷一九《懿宗紀》〔咸通八年〕十月丙寅，户部侍郎、判度支崔彦昭奏：當司應收管江、淮諸道州府咸通八年已前兩税榷酒及支米價，并二十文除陌諸色屬省錢，準舊例逐年商人投狀便換。自南蠻用兵已來，置供軍使，當司在諸州府場監錢，猶有商人便換，賫省司便換文牒至本州府請領，皆被諸州府稱准供軍使指揮占留。以此商人疑惑，乃致當司支用不充。乞下諸道州府場監院依限送納及給還商人，不得託稱占留者。敕旨從之。

《舊唐書》卷二四《禮儀志》〔寶應二年〕又使中使宣敕云：朝恩既辭不止，但任知學生糧料。是日，宰相軍將已下子弟三百餘人，皆衣紫衣，充學生房，設食於廊下。貸錢一萬貫，五分收錢，以供監官學生之費。俄又請青苗地頭取百文資課以供費同。

《舊唐書》卷四八《食貨志》〔元和〕六年二月，制：公私交易，十貫錢已上，即須兼用匹段。委度支鹽鐵使及京兆尹即具作分數，條流聞奏。茶商等公私便換見錢，並須禁斷。【略】

七年五月，户部王紹、度支盧坦、鹽鐵王播等奏：伏以京都時用多重見錢，官中支計，近日殊少。蓋緣比來不許商人便換，因兹家有滯藏，所以物價轉高，錢多不出。臣等今商量，伏請許令商人於三司任便換見錢，一切依舊禁約。伏以比來諸司諸使等，或有便商人，錢多留城中，逐時收貯，積藏私室，無復通流。伏請自今已後，嚴加禁約。從之。

《舊唐書》卷四九《食貨志》〔元和〕七年，王播奏去年鹽利除割峽内鹽，收錢六百八十五萬，從實估也。又奏，商人於户部、度支、鹽鐵三司飛錢，謂之便換。

《舊唐書》卷七八《高季輔傳》又曰：今公主之室，封邑足以給資用；勳貴之家，俸禄足以供器服。乃戚戚於儉約，汲汲於華侈，放息出舉，追求什一。公侯尚且求利，黎庶豈覺其非。錐刀必競，實由於此，有黷朝風，謂宜懲革。

《舊唐書》卷一三三《李晟傳》李晟字良器，隴右臨洮人。【略】晟十五子：侗、伷、偕，無禄早世；次愿、聰、總、愻、憑、恕、憲、愬、懿、聽、惎、慇，【略】惎累官至右龍武大將軍，沉湎酒色，恣爲豪侈，積債至數千萬。其子貸迴鶻錢一萬餘貫不償，爲迴鶻所訴，文宗怒，貶惎爲定州司法參軍。

《舊唐書》卷一三五《盧杞傳》初，李希烈請討梁崇義，崇義誅而希烈叛，盡據淮右、襄、鄧之郡邑。恒州李寶臣死，其子惟岳邀節鉞，遂與田悦締結以抗王師，由是河北、河南連兵不息。度支使杜佑計諸道用軍月費一百餘萬貫，京師帑廩不支數月；且得五百萬貫，可支半歲，則用兵濟矣。杞乃以户部侍郎趙贊判度支，贊亦計無所施，乃與其黨太常博士韋都賓等謀行括率，以爲泉貨所聚，在於富商，錢出萬貫者，留萬貫爲業，有餘，官借以給軍，冀得五百萬貫。上許之，約以罷兵後以公錢還。敕既下，京兆少尹韋禎督責頗峻，長安尉薛萃荷校乘車，搜人財貨，意其不實，即行搒箠，人不勝冤痛，或有自縊而死者，京師囂然如被賊盜。都計富户田宅奴婢等估，纔及八十八萬貫。又以僦櫃納質積錢貨貯粟麥等，一切借四分之一，封其櫃窖，長安爲之罷市，百姓相率千萬衆邀宰相於道訴之。杞初雖慰諭，後無以遏，即疾驅而歸。計僦質與借商，纔二百萬貫。

《舊唐書》卷一五四《許孟容傳》許孟容字公範，京兆長安人也。【略】貞元末，坐裴延齡、李齊運等讒謗流貶者，動十數年不量移，故因旱歉，孟容奏此以諷。然終貞元世，罕有遷移者。

孟容以諷諭太切，改太常少卿。元和初，遷刑部侍郎、尚書右丞。四年，拜京兆尹，賜紫。神策吏李昱假貸長安富人錢八千貫，滿三歲不償。孟容遣吏收捕械繫，剋日命還之，曰：不及期當死。自興元已後，禁軍有功，又中貴之尤有渥恩者，方得護軍，故軍士日益縱横，府縣不能制。孟容剛正不懼，以法繩之，一軍盡驚，冤訴於上。立命中使宣旨，令送本軍，孟容繫之不遣。中使再至，乃執奏曰：臣誠知不奉詔當誅，然臣職司輦轂，合爲陛下彈抑豪强。錢未盡輸，昱不可得。上以其守正，許之。自此豪右斂迹，威望大震。改兵部侍郎。俄以本官權知禮部貢舉，頗抑浮華，選擇才藝。出爲河南尹，亦有威名。俄知禮部選事，徵拜吏部侍郎。

《舊唐書》卷一七〇《裴度傳》裴度字中立，河東聞喜人。【略】又賈人張陟負五坊使楊朝汶息利錢潛匿，朝汶於陟家得私簿記，有負錢人盧載初，云是故西川節度使盧坦大夫書迹，朝汶即捕坦家人拘之。坦男不敢申理，即以私錢償之。

（宋）王溥《唐會要》卷五二《忠諫》　〔元和十三年〕十月，杖殺五坊使楊朝汶。初，有賈人張陟負五坊息利錢，徵理經時不獲。楊朝汶遂取張陟私家簿記，有姓名者，雖已償訖，悉囚捕，重令償之。其間或不伏者，即列拷捶之具于庭。平民恐懼，遂稱實負陟錢，互相牽引，繫囚至數十百人。中書門下御史臺皆爲追捕。又於陟家得盧載初負錢文記，云是盧大夫書跡，遂追故東川節度使盧坦家僮，促期使納。坦男不敢申理，盡以償訖。

（宋）王溥《唐會要》卷六九《縣令》　〔元寶〕其載十二月敕：郡縣官寮，共爲貨殖，竟交互放債侵人，互爲徵收，割剥黎庶。自今已後，更有此色，並追人影認，一匹以上，其放債官先解見任，物仍納官，有賸利者，准法處分。

（宋）王溥《唐會要》卷七八《諸使中·五坊宫苑使》　貞元末，五坊小兒張捕鳥雀羅於閭里者，皆爲暴横，以取人錢物。或有張羅網於門，不許人出入者；或以張井上，使不得汲者。近之輒曰：汝驚供奉鳥雀。即痛毆之。出錢物求謝，乃去。或相聚飲食於酒肆，醉飽而去，賣者或不知，就索其直，多被毆詈。或時留蛇一囊爲質曰：此蛇所以食鳥雀而捕之者，今留付汝，幸善飼之，勿令飢渴。賣者媿謝求哀，乃攜挈而去。

（宋）王溥《唐會要》卷八八《雜録》　長安元年十一月十三日敕：負債出舉，不得迴利作本，并法外生利，仍令州縣嚴加禁斷。

開元十五年七月二十七日敕：應天下諸州縣官，寄附部人興易及部内放債等，並宜禁斷。

十六年二月十六日詔：比來公私舉放，取利頗深，有損貧下，事須釐革。自今已後，天下負舉，祇宜四分收利，官本五分取利。

二十年九月二十九日敕：綾、羅、絹、布、雜貨等，交易皆合通用，如聞市肆，必須見錢，深非通理。自今後與錢貨兼用，違者準法罪之。

元和五年十一月敕：應中外官有子弟凶惡，不告家長，私舉公私錢，無尊長同署文契者，其舉錢主并保人各決二十，仍均攤貨納。應諸色買賣相當後，勒買人面付賣人價錢，如違，牙人重杖二十。京兆尹王播所奏也。

寶曆元年正月七日敕節文：應京城内有私債，經十年已上，曾出利過本兩倍，本部主及元保人死亡，並無家產者，宜令臺府勿爲徵理。

（宋）王溥《唐會要》卷九三《諸司諸色本錢下》　〔元和九年〕其年十二月敕：比緣諸司食利錢，出舉歲深，爲弊頗甚，已有釐革，別給食錢。其御史臺奏：所勘責秘書省等三十二司食利本錢數内，有重攤轉保，稱甚困窮者。據所欠本利並放。其本户中納利，如有十倍已上者，既緣輸利歲久，理亦可矜，量准前本利並放。其納經五倍已上，從今年十二月以前，應有欠利並放，起元和十年正月已後，準前計利徵收。其餘人户等，計其倍數，納利非多，不可一例矜放，宜並委本司準前徵納。其諸司所徵到錢，自今以後，仍於五分之中常抽一分，留添官本，各勒本司以後相承收管。其諸司應見徵納及續舉放所收利錢，並準今年八月十五日敕，充添修司廨宇什物及令史驅使官廚料等用，仍委御史臺勾當。每常至年終，勘會處分。其諸司除疏理外，見在本錢據額更不得破用。如有欠失，即便勒主掌官典所由等據數填賠。其中書門下兩省及尚書省御史臺，應有食利錢外，亦便會準此條流處分。

《新唐書》卷五一《食貨志》　太宗方鋭意於治，官吏考課，以鰥寡少者進考，如增户法；失勸導者以減户論。配租以斂穫早晚、險易、遠近爲差。庸、調輸以八月，發以九月。同時輸者先遠民。皆自概量。州府歲市土所出爲貢，其價視絹之上下，無過五十匹。異物、滋味、口馬、鷹犬，非有詔不獻。有加配，則以代租賦。

其凶荒則有社倉賑給，不足則徙民就食諸州。尚書左丞戴胄建議：自王公以下，計墾田，秋熟所在爲義倉，歲凶以給民。太宗善之，乃詔：畝税二升，粟、麥、秔、稻，隨土地所宜。寬鄉斂以所種，狹鄉據青苗簿而督之。田耗十四者免其半，耗十七者皆免之。商賈無田者，以其户爲九等，出粟自五石至于五斗爲差。下下户及夷獠不取焉。歲不登，則以賑民；或貸爲種子，則至秋而償。其後洛、相、幽、徐、齊、并、秦、蒲州又置常平倉，粟藏九年，米藏五年，下濕之地，粟藏五年，米藏三年，皆著于令。

《新唐書》卷五五《食貨志》　調露元年，職事五品以上復給仗身。【略】州縣典史捉公廨本錢者，收利十之七。富户幸免徭役，貧者破産甚衆。祕書少監崔沔請計户均出，每丁加升尺，所增蓋少；流亡漸復，倉庫充實，然後取於正賦，罷新加者。

《新唐書》卷五五《食貨志》 武德元年，文武官給禄，頗減隋制，【略】京司及州縣皆有公廨田，供公私之費。其後以用度不足，京官有俸賜而已。諸司置公廨本錢，以番官貿易取息，計員多少爲月料。

《新唐書》卷一〇三《蘇弁傳》 蘇世長，京兆武功人。【略】子良嗣，高宗時爲周王府司馬，【略】從孫弁，字元容，擢進士，【略】弁聚書至二萬卷，手自讎定，當時稱與祕府埒。弁之判度支，方大旱，州縣有逋米，斷貞元八年以前，凡三百八十萬斛，人亡數在，弁奏請出以貸貧民，至秋而償，詔可。當時譏其罔君云。

《新唐書》卷一二四《宋璟傳》 宋璟，邢州南和人。【略】玄宗開元初，以雍州爲京兆府，復爲尹。【略】京兆人權梁山謀逆，敕河南尹王怡馳傳往按。牢械充滿，久未決，乃命璟爲京留守，覆其獄。初，梁山詭稱婚集，多假貸，吏欲并坐貸人。璟曰：婚禮借索大同，而狂謀率然，非所防億。使知而不假，是與爲反。貸者弗知，何罪之云？平縱數百人。

《新唐書》卷一七三《裴度傳》 裴度字中立，河東聞喜人。【略】大賈張陟負五坊息錢亡命，坊使楊朝汶收其家簿，閱貸錢雖已償，悉鉤止，根引數十百人，列箠挺脅不承。又獲盧大夫逋券，捕盧坦家客責償，久乃悟盧羣券。坦子上訴，朝汶讕語：錢入禁中，何可得？御史中丞蕭俛及諫官列陳中人橫恣，度亦極言之。

《新唐書》卷一八〇《李德裕傳》 李德裕字文饒，元和宰相吉甫子也。【略】回鶻自開成時爲黠戛斯所破。會昌後，烏介可汗挾公主牙塞下，種族大飢，以弱口、重器易粟於邊。退渾、党項利虜掠，因天德軍使田牟上言，願以部落兵擊之。議者請可其奏。德裕曰：回鶻於國嘗有功，以窮來歸，未輒擾邊，遽伐之，非漢宣帝待呼韓之義。不如與之食，以待其變。陳夷行曰：資盜糧，非計也，不如擊之便。德裕曰：沙陀、退渾，不可恃也。夫見利則進，遇敵則走，雜虜之常態，孰肯爲國家用邪？天德兵素弱，以一城與勁虜确，無不敗。請詔牟無聽諸戎計。帝於是貸粟三萬斛。

《舊五代史》卷一〇《梁書・末帝紀》 其有私放遠年債負，生利過倍，自違格條，所在州縣，不在更與徵理之限。【略】公私債負，納利及一倍已上者，不得利上生利。

《舊五代史》卷四一《唐書・明宗紀》 天成四年終諸道所欠殘税及場院欠折，並特放免。羣臣職位帶平章事、侍中、中書令，並與改鄉名里號。朝臣及蕃侯郡守亡父母，及父母在并妻室未沾恩命者，並與恩澤。應私債出利已經倍者，祇許徵本，已經兩倍者，本利並放。河陽管内人户，每畝舊徵橋道錢五文，今後不徵。諸道州府每畝先徵麴錢五文，今特放二文云。商州吏民以刺史郭知瓊善政聞，詔褒之。

《舊五代史》卷九六《晉書・陳保極傳》 陳保極，閩中人也。好學，善屬文，後唐天成中擢進士第，秦王從榮聞其名，辟爲從事。【略】保極無時才，有傲人之名，而性復鄙吝，所得利禄，未嘗奉身，但蔬食而已。每與人奕棋，敗則以手亂其局，蓋拒所賭金錢不欲償也。及卒，室無妻兒，唯囊中貯白金十鋌，爲他人所有，時甚嗤之。

宋遼金元分部

論説

（宋）包拯《孝肅包公奏議》卷七《民事·請放高陽一路欠負》 臣昨任高陽關日，以部下十一州軍諸般欠負，並係明堂赦前，合該除放。緣逐州軍從前失於舉行，臣尋具欠折因依，保明申奏，乞與除放。已蒙三司送本路轉運司，再令勘會，至今未盡結絶。況前件欠負，委是逃亡人户，其間或有存者，又無家業抵當。即不是侵欺盜用，今又該南郊大赦，欲望朝廷特賜指揮，檢會臣前狀。盡與除放。

（宋）蘇轍《欒城集》卷三九《右司諫論時事一十五首·乞放市易欠錢狀》 右臣頃曾上言，乞將市易欠錢人户，通計所納息、罰錢數，如已納及元請官本數目，即與除放，蒙聖恩依此施行，德澤滂霈，所及甚廣。然臣訪聞京師欠户，貧下之家，從初多作詭名，請新還舊，以此無緣通計息、罰，故除放之恩多止上户。臣近日再行體問，據通直郎監在京市易務宋肇爲臣言，若截自欠二百貫以下人户一例除放，則所放人户至多，事亦均一，仍具本務一宗節目及利害文字，請臣論奏。臣詳究其説，竊以爲當行之事有五：

市易本錢前後諸處撥到共計一千二百二十六萬餘貫，中間撥還内藏庫等處共計五百三十萬餘貫，朝廷支使過共計三百八十四萬餘貫，即今諸場務見在共計三百五十三萬餘貫，將此三項已支見在計算，已是還足本錢，則今來人户所欠皆出於利息。若將見欠二百貫以下人户除放，所放錢數不多，此事之當行者一也。

見今欠人共計二萬七千一百五十五户，共欠錢二百三十七萬餘貫。其間大姓三十五，酒户二十七，共欠錢一百五十四萬餘貫。小姓二萬七千九十三户，共欠錢八十三萬餘貫。若將欠二百貫以下人户除放，共放二萬五千三百五十三户，放錢四十六萬六千二百餘貫。所放人户九分以上，而所放錢止及二分。此事之當行者二也。

元豐年中，朝廷催理欠負極爲峻急。然一歲所納不過三萬貫。頃來朝廷優假細民，所催微細，自今年正月至今止及六七千貫。今且以三萬貫爲率，猶須七十餘年乃可納足。如此則小姓之家，死喪流亡，不可復知。而國家每歲得錢六千貫，臣所乞放二百貫以下欠户錢數，於見欠錢都數中止十分之二。即是每歲催及三萬貫數中，不過催得六千貫而已。如九牛一毛，不爲損益；而二萬餘家困苦，爲害至大。此事之當行者三也。

市易催索錢物凡用七十人，每人各置私名不下十人，掌簿籍，行文書，凡用三十餘人。每人各置貼寫不下五人，共約一千餘人。以此一千餘人，日夜搔擾欠户二萬七千餘家。都城之中養此蟊賊，恬而不怪。此事之當行者四也。

市易之法，欠户拖延日久，或未見歸者，及無家業之人，皆差人監逐，遇夜寄禁。既有此法，則一例公行寄禁。然吏卒頑狡，得錢即放，無錢即禁。榜笞捽縛，何所不至？若不别作擘劃，則日被此苦者，不知其數。此事之當行者五也。

伏乞聖慈以此五事較其利害，斷自聖意，特與除放。或因將來明堂赦書行下，或更溥行諸路，則細民荷戴恩德，淪入骨髓。社稷之利，不可勝計。

然臣竊見太府寺令歲終較課，以本理息，及一分以上，具官員等第保明聞奏。自來市易官，因此酬奬轉官，及請賞錢，所得無算。今來既見市易已支見在實數，僅能還足本錢，則以本理息，皆是欺罔。從前官吏轉官請賞，皆當追奪官爵及所賞錢物。亦乞朝廷根究前後緣市易轉官請賞之人，依理施行。内有吕嘉問係創行市易，害民最深，雖已經責降，尚竊有土，未允公議，更乞重行竄謫，以謝天下。

所有宋肇劄子三道，臣輒備録進呈如左。謹録奏聞，伏候敕旨。

貼黄：臣所言放欠事，上係二聖德澤，唯當直出中旨，不宜更顯言者姓名。或須至令三省相度施行，即乞指揮執政，勿令宣布。

（宋）蘇轍《欒城後集》卷一五《叙三首·民賦叙》 《周官·泉府》之制：凡民之貸者，以國服爲之息。貸而求息，三代之政有不然者矣。《詩》曰：倬彼甫田，歲取十千。我取其陳，食我農人，自古有年。

而孟子亦云：春省耕而補不足，秋省斂而助不給。古蓋有是道矣，而未必有常數，亦未必有常息也。至於熙寧青苗之法，凡主客户得相保任，而貸其息，歲取十二。出入之際，吏緣爲姦；請納之勞，民費自倍。凡自官而及私者，率取二而得一；自私而入公者，率輸十而得五。錢積於上，布帛米粟賤不可售。歲暮寒苦，吏卒在門，民號無告。二十年之間，民無貧富，家産盡耗。此所謂不可復者二也。

（宋）**朱熹《晦庵别集》卷六《公移·約束質庫不許關閉等事》**　契勘質庫户平時開張庫店典質錢物，利息所入不爲不多，纔值旱傷歲時，輒以闕錢關閉邀阻，遂至細民急切闕用，無處質當。兼目今闕雨澤，城市古井多被有錢之家拘占夾欄，不令衆人汲運，情理切害，合行告示，約束施行。

（宋）**董煟《救荒活民書》卷二《貸種》**　煟曰：貸種固所以惠民，然不必責其償也。人情易于貸而難于償，征催不集，必有勾追鞭撻之患。青苗之法可見矣。仁宗朝，江南歲饑，貸民種糧十萬斛，屢經倚閣，而官司督責不已。貧民不能自償，上憐而蠲之。周世宗亦謂淮南饑，當以之貸民，或曰民貧，恐不能償。世宗曰，安有子倒垂而父不爲之解者，安在責其必償也。今之議貸種糧者，當識此意，名之曰貸，防其濫請之弊耳，其所可憂者，抄劄之際，利未之及，而擾先之，若措置施行之得人，此等皆不足爲慮。

（宋）**董煟《救荒活民書》卷二《賑貸》**　此係截留上供米，或者省倉米，或爲朝廷乞封樁米。故于諸色倉厫，權時挪用，一面申奏朝廷，乞内庫，乞度牒，糴米補還，其法專及中等之户，與夫農民耕夫之無力者。既不取息，其勢必償，此真得以陳易新之術。家計不過一石，但支給之際，戒有虚僞，催索之時，或有騷擾，交納之時，戒有乞覔。仍不得用小㪷量出，大㪷交入，須用收支　㪷斛一同。又不得取民間頭子朱墨勘合抄紙等錢，其間實係流亡，或有不能償者，姑已之。譬之賑濟，一散無收，亦豈有責其必償哉。此乃官司一時救荒之舉。縱有陪費失陷，居上者亦當以社稷根本爲念，是乃利國家之大者也。

（宋）**董煟《救荒活民書》卷一一《雜記條畫》**　煟曰：昔唐兵圍洛陽，城中乏食，民食草根木葉皆盡。相與澄浮泥，投米屑，作餅食之，皆病身腫脚弱，死者相枕倚。蓋久飢腸胃壹塞，乍飽多死。惟米飲可以通腸。嘗記乾道間，江西大饑，民有食白墡土築殺者，時帥出勸農，飢民入狀借錢，販糴度荒，帥判云，紛紛黨與立三朝，五十餘年積未消。野老不知當日事，尚持片紙覔青苗。當時若責下户領錢，往他處收買雜斛，循環糶糴，以救飢民，未必若此也。惜哉。

（宋）**黎靖德《朱子語類》卷二六《論語·里仁篇上》**　放利多怨。或問：青苗亦自便民，何故人怨？曰：青苗便是要利息，所以人怨。明作。

《宋史》卷三三一《陳舜俞傳》　青苗法行，舜俞不奉令，上疏自劾曰：民間出舉財物，取息重止一倍，約償緡錢，而穀粟、布縷、魚鹽、薪蔌、耰鉏、釜錡之屬，得雜取之。朝廷募民貸取，有司約中熟爲價，而必償緡錢，欲如私家雜償他物不可得，故愚民多至賣田宅、質妻孥。有識耆老，戒其鄉黨子弟，未嘗不以貰貸爲苦。祖宗著令，以財物相出舉，任從書契，官不爲理。其保全元元之意，深遠如此。今誘之以便利，督之以威刑，方之舊法，異矣。詔謂振民乏絶而抑兼并，然使十户爲甲，浮浪無根者毋得給俵，則乏絶者已不蒙其惠。此法終行，愈爲兼并地爾。何以言之？天下之有常平，非能人人計口受餉，但權穀價貴賤之柄，使積貯者不得深藏以邀利爾。今散爲青苗，唯恐不盡，萬一饑饉荐至，必有乘時貴糴者，未知將何法以制之？官制既放錢取息，富室藏鏹，坐待鄰里逋欠之時，田宅妻孥隨欲而得，是豈不爲兼并利哉。雖分爲夏秋二科，而秋放之月與夏斂之期等，夏放之月與秋斂之期等，不過展轉計息，以給爲納，使吾民終身以及世世，每歲兩輸息錢，無有窮已。是别爲一賦以敝海内，非王道之舉也。

（元）**徐元瑞《吏學指南·錢糧造作·借貸》**　以物假人曰借，從人求物曰貸。借字從人，從昔，假各人道，所以不能無也。凡以官物假人，雖輒服用觀玩，而昔物猶存，故稱曰借。貸字從代，從貝，凡資財貨賄之類，皆從貝者，以其所利也。假此官物利己利人，雖有還官之意，不過以他物代之，而本色已費，故稱曰貸。又從代者，謂以物替代也。

（元）**蘇天爵《元文類》卷一五《奏議·建白一十五事》**　一、漢軍征戍嶺海之南，歲病而死者十率七八，其所屬軍官利在危殆之際必用資財，擬指軍人北方本家所有孳畜田産，厚息借貸，準折還納，終致破産，不敢有詞。夫以世襲軍官，蠹食部下行伍，深可哀痛。今後如蒙將在嶺海及漳、汀等數處征戍軍人，果有病患，除官爲看醫外，其貧苦闕用之人，比及取發封裝以來，宜令本處有司約量借放，封裝到日，撥除還官，并不收息。或應借貸而不借貸，不應借貸而借貸者，從本道廉訪司體察究治。如此，庶不致中原軍户日蹙，軍官日富。

（元）蘇天爵《元文類》卷四〇《雜著・經世大典序録・公用錢》 交在官者月給廩禄，亦既周矣。而隨朝諸大夫多貴官，時有賀上、燕集、交好之禮，取俸給以備用，則吏屬多不給。乃賜之錢，使得貸諸人，入其子息，以給其用。自至大二年始賜左右司、六部，後諸司援例以請者皆頒賜焉，多寡無定制云。

（元）謝應芳《龜巢稿》卷七《啓・上周郎中陳言五事啓》 一、抑豪强。貧富不等，借貸有之。舊制民間私債月息三分，年月雖多，不過一本一利，誠良法也。近年以來，其官豪富强之家乘人之急，取利過倍，少有逋欠，凌虐百端。或于借貸之時，勒令併利作本，虚立文約，明起三分利息，實收過倍之數。或有還欠利息，倒换文憑，利上生利。或寬收窄放，更易斗斛。或左右邀求，減剋分例。其舉逋還債之人阨于窮窘，吞聲忍氣，噤不敢語，良可閔惻。上年幸而官府知之，出榜禁約，但久弊不能頓除，如蒙申明舊制，定立罪名，嚴加禁治，庶使權豪嗜利之徒畏懼憲刑，毋蹈前非，抑强扶弱，公道幸甚。

綜　述

（宋）竇儀《宋刑統》卷二六《雜律・公私債負》 諸負債違契不償，一匹以上違二十日，笞二十，二十日加一等，罪止杖六十。三十匹加二等，百匹又加三等。各令備償。

疏議曰：負債者，謂非出舉之物，依令合理者，或欠負公私財物，乃違約乖期不償者，一匹以上違二十日，笞二十，二十日加一等，罪止杖六十。三十匹加二等，謂負三十匹物，違二十日笞四十，百日不償，合杖八十。百匹又加三等，謂負百匹之物，違契滿二十日，杖七十，百日不償，合徒一年。各令備償。若更延日，及經恩不償者，皆依判斷及恩後之日，科罪如初。

（宋）竇儀《宋刑統》卷二六《雜律・官吏放債》 諸負債不告官司，而强牽財物過本契者，坐贜論。

疏議曰：謂公私債負，違契不償，應牽掣者，皆告官司聽斷。若不告官司，而强牽掣財物若奴婢、畜産，過本契者，坐贜論。若監臨官共所部交關，强牽過本契者，計過剩之物，准於所部强市有剩利之法。

准：《雜令》諸家長在，在謂三百里内非隔閡者。而子孫弟姪等不得輒以奴婢、六畜、田宅及餘財物私自質舉，無質而舉者亦准此。及賣田宅。其有質舉賣者，皆得本司文牒，然後聽之。若不相本問，違而輒與，及買者，物即還主，錢没不追。新起請在第十三典賣物業條内。

又條，諸公私以財物出舉者，任依私契，官不爲理。每月取利不得過六分，積日雖多，不得過一倍。若官物及公廨，本利停訖，每計過五十日，不送盡者，餘本生利如初，不得更過一倍。家資盡者役身，折酬役通取户内男口，又不得迴利爲本。其放財物爲粟麥者，亦不得迴利爲本，及過一倍。若違法積利，契外掣奪，及非出息之債者，官爲理。收質者非對物主不得輒賣，若計利過本不贖，聽告市司，對賣有剩還之。如負債者逃，保人代償。

又條，諸以粟麥出舉，還爲粟麥者，任依私契，官不爲理。仍以一年爲斷，不得因舊本更令生利，又不得迴利爲本。

又條，諸出舉兩情和同，私契取利過正條者，任人糺告，本及利物並入糺人。

准：户部格敕，天下私舉質，宜四分收利，官本五分生利。

又條，敕州縣官寄附，部人興易及部内放債等，並宜禁斷。

臣等參詳，今後監臨官於部内放債者，請計利以受所監臨財物論，過一百匹者，奏取敕裁。

准：唐元和五年十一月六日敕節文，應諸色人中，身是卑幼，不告家長，私舉公私錢物等，多有此色子弟，凶惡徒黨因之交結，便與作保，舉諸司及形要家錢物，同爲非道破用，家有尊長，都不知委。及徵收本利，舉者便東西，保人等即稱舉錢主見有家宅、莊業，請便收納，喧訴相次，實擾府縣。今後如有此色舉錢，無尊者同署文契，推問得實，其舉錢主在與不在，其保人等並請先決二十，其本利仍令均攤填納，冀絶姦計。

准：唐長慶二年八月十五日敕節文，或有祖父分析多時，田園産業各別，疏遠子弟行義無良，妄舉官錢，指爲舊業。及徵納之際，無物可還，即通狀請收，稱未曾分析。諸司、諸使、諸軍等不詳事由，領人管領，或依投無處，轉徙至多，事涉甚冤，恐須釐革。伏請應有此色，並牒府縣推尋，若房分多時，妄有指注，即請散徵牙保代納官錢，其所舉官錢，妄指莊園等人，及保人，各決重杖二十。縱屬諸軍、諸使，亦請准百姓例。若是本分合得莊園，即任填還官債，亦須府縣推勘取實。如未經府縣推勘，請不在收限。

准：唐長慶四年三月三日制節文，契不分明，争端斯起，况年歲寖遠，案驗無由，莫能辯明，祇取煩弊。百姓所經臺府州縣論理遠年債負事，在三十年以前，而主保經逃亡無證據，空有契書者，一切不須爲理。

准：唐開成二年八月二日敕節文，今後應有舉放又將産業等上契取錢，並勒依官法，不得五分以上生利。如未辯計會，其利止於一倍，不得虚立倍契，及計會未足，抑令翻契，迴利爲本。如有違越，一任取錢人經府縣陳論，追勘得實，其放錢人請決脊杖二十，枷項令衆一月日。如屬諸軍、諸使，亦准百姓例科處。

諸妄以良人爲奴婢用質債者，各減自相賣罪三等。知情而取者，又減一等，仍計庸以當債直。

疏議曰：虚妄用良人爲奴婢將質債者，各減自相賣罪三等。謂以凡人質債從流上減三等，若以親戚卑幼妄質債者，各依本條減賣罪三等。知情而取，謂知是良人，而取爲奴婢受質債者，又減一等，謂又減質良人罪一等。仍計庸以當債直，謂計一日三尺之庸，累折酬其債直。不知情者不坐，亦不計庸以折債直。

（宋）佚名《宋大詔令集》卷一八五《政事・賑恤・借義倉米不俟上言詔乾德三年三月癸酉》 比置義倉，以備凶歲，救黎元之不濟，宜出納以及時，若俟上言，諒乖賑卹。自今人户欲借義倉充糧食者，委本縣具災傷人户申州，州司即與處分，計户賑貸，然後以聞。仍令及時祇依元數送納，至時如别有災沴，亦當更與寬限。或人户衆多，養倉賑貸不足，亦當具數聞奏，别議發廪充給。

（宋）佚名《宋大詔令集》卷一九八《政事・禁約・禁約民取富人穀麥貸息不得輸倍詔淳化四年七月辛亥》 古者立限田之制，以抑兼併。設常平之倉，用救凶歉。今宇宙至廣，生齒寔繁。阡陌之法，既經界而未定。豪强之族，尚獄市以兼容。累年以來，多稼不稔，蠢兹黎庶，阽於死亡。富者操奇贏之資，貧者輸倍稱之息。歲或小稔，復猶歉然。而横恣之家責償甚急，什一之税尚未及供，伏臘之資固已皆竭，使細民益困，大田卒萊。國計不能充，地利不盡出，職此之由也。宜令州縣吏戒里胥鄉老，嚴察部民，有取富人穀麥，貸息不得輸倍，未輸税不得先償私負，違者加罪，所在粉壁，揭詔書示之。

（宋）吴曾《能改齋漫録》卷二《事始・以物質錢為解庫》 江北人謂以物質錢爲解庫，江南人謂質庫，然自南朝已如此。按，齊陽玠談藪云：有甄彬者，有行業，以一束苧，就荆州長沙寺庫質錢。後贖苧，於苧束中得金五兩云云。

《天一閣藏明鈔本天聖令》卷三〇《雜令》 諸出舉，兩情同和私契取利過正條者，任人糾告。本及利物竝入糾人。

（宋）吕大鈞《吕氏鄉約・患難相恤》 患難之事七：一曰水火，二曰盗賊，三曰疾病，四曰死喪，五曰孤弱，六曰誣枉，七曰貧乏。凡同約者，財物器用，車馬人僕，皆有無相假。若不急之用，及有所妨者，亦不必借。可借而不借，及踰期不還，及損壞借物者，皆有罰。凡事之急者，自遣人徧告，同約事之緩者，所居相近及知者告于主事，主事徧告之。凡有患難，雖非同約，其所知者亦當救恤，事重則率同約者共行之。

（宋）李燾《續資治通鑑長編》真宗大中祥符八年閏六月 國初，取唐朝飛錢故事，許民入錢京師，於諸處州便換。先是，商人先經三司投牒，乃輸左藏庫，所由司計一緡私刻錢二十。開寶三年，置便錢務，令商人入錢者詣務陳牒，即日輦致左藏庫，給以券，仍敕諸州俟商人齎券至，即如其數給之，自是無復留滯。其後，定外地閑慢州乃許指射。自此之後，京師用度益多，諸州錢皆輸送，其博易當給以錢者，或移用他物。又金帛闌出化外者尤衆，厥價踴者商旅不以入中，茶商所過，當出算者，令録記，俟至京師併輸之。

自新法之行，舊有交引而未給者，已給而未至京師者，已至而未磨者，悉差定分數，抽納入官。大約商人有舊引千貫者，令依新法歲入二百千，俟五歲則新舊皆給足。官府有以茶充公費者，慮其價賤亂法，悉改以他物。山場節其出耗，所過税務嚴其覺舉。每諸榷務所受茶，皆均地配給場務，以交引至先後爲次。大商刺知精好之處，日夜走僮使齎券詣官，故先獲。

初，禁淮南鹽，小商已困，至是益不能自行。三四年間，有司以京師切須錢，商人舊執交引至場務即付物，時或特給程限，或數月，或百日，踰限未至者，每十分復令別輸二分見緡，謂之貼納。豪商率能及限，小商不能知，或無以貼納，反賤鬻於豪商。有司從移用之便，至有一歲之内，文移至十數變者，商人惑之，顧望不進，上封者皆咎改法。

庚寅，上謂輔臣曰：屢有人言，所改茶法不便，錢額增損，兹亦常事，如聞不利小商。王旦等曰：改法已來，亦未見不便事，所降元敕無蠹革小商之文。如上言者實有所長，則望付中書施行。或欲杜絶羣言，則須別命朝臣較量利害。上復以問王欽若，欽若言：素不詳其本末。陳堯叟言：但得物物入庫，即是課利。丁謂曰：河北、陝西入得芻糧，即是官物入庫，緣江榷場無剩茶，即是法行也。其餘瑣細風傳之詞，不足憑信。或有章奏，望一一宣示，可以商榷。大抵未改法日，官中歲虧茶本錢九千餘貫，改法之後，歲所收利常不下二百餘萬貫，邊防儲蓄不闕，榷場無陳積，此其大較也。乃詔刑部尚書馮拯、翰林學士王曾與三司同詳定。本志以丁謂對舊法歲虧官本錢九千餘貫繫之明年正月，今從《實録》。

（宋）李燾《續資治通鑑長編》仁宗至和元年八月　出内藏庫錢二百萬緡，令入内供奉官、勾當御藥院張茂則置司以市河北入中軍糧鈔。先是上封者言：河北入中軍糧，京師給還緡錢、綢絹，商人以算請，久未能得，其鈔每百千止鬻六十千。今若出内藏庫錢二百萬緡量增價收市之，歲可得遺利五十萬。上以爲然，故委茂則幹其事。既而知諫院范鎮言：内藏庫、榷貨務同是國家之物，豈有榷貨務固欲滯商人算鈔，而令内藏庫乘賤以買之。與民爭利，傷體壞法，莫此爲甚。上諾鎮言，遽罷之。罷買鈔乃乙巳日，今并書。

自皇祐二年改用見錢法，而京師積錢少，不能支入中之費，嘗出内藏庫錢帛百萬以賜三司。久之，入中者寖多，京師帑藏益乏，商人持券以俟，動彌歲月，則至損其直以售於畜賈之家，故言利者欲革之。朝廷既行，即止，然自今並邊虚估之弊復起。此據《食貨志》第三卷附見。皇祐四年三月壬戌出絹十萬，七月乙巳又出錢三十萬，絹十萬，五年七月丙子出鈔十萬、綢絹二十萬、緜十萬，今年六月甲寅出綢絹五十萬、緡錢三十萬。

（宋）洪邁《容齋三筆》卷九《赦放債負》　淳熙十六年二月登極赦：凡民間所欠債負，不以久近多少，一切除放。遂有方出錢旬日，未得一息，而并本盡失之者，人不以爲便。何澹爲諫大夫，嘗論其事，遂令只償本錢，小人無義，幾至喧譟。紹熙五年七月覃赦，乃只爲蠲三年以前者。案，晉高祖天福六年八月赦云：私下債負取利及一倍者，並放。此最爲得。又云：天福五年終已前，殘税並放。而今時所放官物，常是以前二年爲斷，則民已輸納，無及於惠矣。唯民間房賃欠負，則從一年以前皆免。比之區區五代，翻有所不若也。

（宋）洪邁《容齋五筆》卷六《俗語放錢》　今人出本錢以規利入，俗語謂之放債，又名生放，予考之亦有所來。《漢書·谷永傳》云：至爲人起責，分利受謝。顔師古注曰：言富賈有錢，假託其名，代之爲主，放與他人，以取利息而共分之。此放字所起也。

（宋）朱熹《朱文公政訓》卷三《再論上户借貸米穀事》　契勘：本軍管屬，去歲旱傷，已行下星子等三縣勸諭，上户以所收米穀賑糶，除認數外，有餘剩米穀并不係勸諭賑糶米穀人家，遞年多是春間將米穀等生放下户，秋冬隨例收息。今來上户以旱傷之故，慮。恐下户將來負欠不還，官司不爲受理。仍以官司勸諭爲詞，不肯生放，使下户用乏失業，不便使司。今準淳熙四年十二月初三日指揮節文：諸人户賒糶米令欠户還米本外，每斗收息五升，其生放約秋成計本息還錢亦合一體施行，如有拖欠不還，官爲理索，所貴兩無虧損，合行下三縣散榜勸諭約束施行。

（宋）朱熹《朱文公政訓》卷三《再論上户卹下户借貸》　契勘：今年荒旱非常，得熟處少，本軍多方救卹，務使人户不至飢餓流移，及行勸諭。人户多種二麥，接濟喫用非不叮嚀。當職近因出郊相視陂塘，見得麥田多有未施工處，蓋緣人户打穀未了，亦是官司勸諭未至。其得熟處不闕種粮可以佈種，然其人既無飢餓之憂，便乃懶惰。其荒旱處合更勤苦，又以難得粮種，遂致因循。今仰人户，速將所收禾穀日下打持，趁此土脉未乾，并力耕墾，其高田堪種麥處，即仰一面種麥，其水田不堪種麥處，亦仰趁早耕翻多着遍數，務要均熟，庶得久遠耐旱宜禾。其得熟人户，當念幸得收成，常生慚愧，不可便致惰怠，趁此餘力多種二麥，將來可以博得他處物貨。其遭旱人户，當念既遭此難，尤當勤力多種食物，方可養贍老小，不致飢餓流移。其下户無種糧者，上户當興憫惻之心，廣加借貸，目今施惠既可以結鄰里之驩，將來收成亦自不失收息之利，庶幾過此荒年，各保安業。今恐前來勸諭未明，再此榜示仰人户知委。

（宋）朱熹《朱文公政訓》卷三《約束許下户就上户借貸》 契勘：今歲旱傷非常，得熟處少，本軍已節次行下三縣散榜曉諭。人户趁此土脉未乾，并力耕墾廣種二麥，接濟將來食用。如有惰農耕種失時之人，即請照已行榜示行遣。其貧乏無種粮之家，請諭上户借貸。如要官司文曆即印給。令上户收執，遇有下户借貸麥種粮食，即令就曆批領，將來還足，對行勾銷。如有不還，官爲理索。

（宋）謝深甫等《慶元條法事類》卷三二《財用門・理欠》 關市令

諸負債違契不償，官爲理索，欠者逃亡，保人代償，各不得留禁。即欠在五年外或違法取利，及高擡賣價若元借穀米而令准折價錢者，各不得受理。其收質者，過限不贖，聽從私約。

（宋）謝深甫等《慶元條法事類》卷四八《賦役門・科敷》 户婚

淳熙七年六月十五日尚書省劄子：民間典買田産，就官請買官契，投納税錢。今州縣却以人户物力大小，給目子科配，預借空契紙，候有交易，許將所給空紙就官書填，名爲預借牙契錢，既無交易而預借其錢，豈法意哉？如有被借之家，許徑經臺、省越訴。仍委監司、御史臺常切覺察，敢有違戾，即重加黜責。

（宋）謝深甫等《慶元條法事類》卷八〇《雜門・出舉債負》 敕

雜敕

諸以財物出舉而回利爲本者，杖六十，以威勢毆縛取索，加故殺罪三等。

諸負債違契不償，罪止杖一百。

諸以債負質當人口，虚立人力、女使雇契同。杖一百，人放逐便，錢物不追。情重者奏裁。

諸以有利債負折當耕牛者，杖一百，牛還主。

諸命官舉債而約於任所償者，計本過五十貫，徒二年，重疊或於數人處舉借，皆通計。財主保引人知情，計已分過數者，各杖一百，數外財物没官。償訖事發者，各減五等。仍免追没。因於任所受乞借貸之類，償訖不減。

諸放債與兵級者，徒二年，與將校及剩員若刺面人並出軍家口，杖一百。以上取者，各減三等。放債與急脚、馬遞鋪兵級、曹司及其家者，仍許人告。出軍家口不坐。放債財物不追。

諸質買急脚、馬遞鋪兵級、曹司月糧，放債與其家者同。依放債法，財物不追，並許人告。

諸增價賒賣物與兵級者，杖一百，錢物不理。計所增，滿五貫者，依放債法。

諸賒賣官物與兵級者，杖一百。價錢未納者，賣人備償。

諸監臨官質當所監臨財物及放債者，徒二年，若令親戚及容親隨人放債者，准此。計利贓重者，依乞取監臨財物法。在官非監臨，減一等。

諸以孤遺宗室錢米曆質當者，徒一年，孤遺宗室自質當，減一等，錢主各與同罪。錢不追。即因放債及預借財物買所請錢米，而每月取利過四釐者，錢主杖八十，放借財物不追，已請錢米還主。並許人告。

諸以私債冒作茶鹽錢立約理索者，徒二年，錢物没官，許人告。內欠人自首，給賞如格。

令

關市令

諸以財物出舉者，每月取利不得過四釐，積日雖多，不得過一倍。即元借米穀者，止還本色，每歲取利不得過五分。謂每斗不得過五升之類。仍不得准折價錢。

諸負債違契不償，官爲理索。欠者逃亡，保人代償，各不得留禁。即欠在五年外或違法取利，及高擡賣價，若元借穀米而令准折價錢者，各不得受理。其收質者，過限不贖，聽從私約。

賞令

諸以孤遺宗室錢米曆質當，或因舉債預借買所請錢米，而每月取利過四釐者，賞錢以錢主家財充。

格

賞格

諸色人

告獲放債與急脚、馬遞鋪兵級、曹司及其家者，錢三貫。

告獲放債及預借財物買孤遺宗室錢米而每月取利過四釐者，錢三十貫。

告獲以孤遺宗室錢米曆質當並孤遺自質當及錢主，錢一百貫。

告獲以私債冒作茶鹽錢立約理索者，以没官錢物，給五分。

申明

隨敕申明

詐僞

乾道四年五月五日敕：民間舉質及還欠負錢，其會子正行使用，不得減退百數。

雜敕

淳熙十四年六月二十七日尚書省批狀：刑、户部看詳，民間如甲以錢一貫，借與乙買賣經營，後來利息已及二貫以上者，緣依法，積日雖多，不得過一倍，即係違法取利，自不合理索外，若甲出錢一百貫，雇倩乙開張質庫，營運所收息錢，雖過於本，其被雇倩之人，係藉本因而營運，况係主家出本雇人，或憑倩開張質庫及所收息利，既係外來諸色人將衣物、金銀、匹帛抵當之數，其本尚在，比之徑借取利過本者，事體不同，即不合與私債一例定斷。

（宋）黄震《黄氏日抄》卷七八《公移·紹興府·七月初一日勸上户放債減息榜》 近據晏府新恩劄狀稱：本州上户放債取息，有至合倍以上者，乞行禁戢。當職讀之，駭然最是。去秋大歉，小民必是無可還債。今年春夏飢餓，必是債上添債。今秋若因稍熟，上户便欲一頓對合取償，則小民今歲之苦，更甚於去歲之荒矣。是雖盡與蠲閣可也。但念其貧富相資，世代相聚，不敢行官司。一旦直截之令，反絶小民他日求債之門。先布腹心曉諭上户，上户若非讀書興家，亦是積德致富。義理所在，其誰不知。請自今脱去凡近致身廣大，念性命本同一源，知人我本同一體，財貨不過外物。貧富久，必易位。將利債痛減分數，許鄰佃量力漸還，種德無窮，永保富厚。如或故違，則有法在。

（宋）陳元靚《事林廣記·壬集》卷一《至元雜令·典質財物》 諸以財物出舉者，每月取利不得過三分，積日雖多，不得過一倍，亦不得回利爲利本，及立倍契。若欠户全逃，保人自用代償。

（宋）陳元靚《事林廣記·壬集》卷一《至元雜令·質債折庸》 諸負債貧無以備，同家眷折庸，其射糧軍於衣糧内尅半准還，家眷不在抑折庸之例。若良人質債折庸身死者，其債並免徵理。若元質數口内有身死者，除一分之數。輸課亦同。

《宋史》卷一六五《職官志》 抵當所，掌以官錢聽民質取而濟其緩急。

《宋史》卷一八〇《食貨志·錢幣》 先是，太祖時取唐飛錢故事，許民入錢京師，於諸州便换。其法：商人入錢左藏庫，先經三司投牒，乃輸於庫。開寶三年，置便錢務，令商人入錢詣務陳牒，即輦致左藏庫，給以券，仍敕諸州凡商人齎券至，當日給付，違者科罰。至道末，商人入便錢一百七十餘萬貫，天禧末，增一百一十三萬貫。至是，乃復增定加饒之數行焉。

《宋史》卷一八二《食貨志·鹽》 議者復謂：客人在京榷貨務買東南末鹽者，其法有二：一曰見錢入納，二曰鈔面轉廊。今既許三路文鈔得以轉廊，若更循舊制，許以見錢入納，則客旅之錢，當入於榷貨，而不入於兼并，見錢留於京師，客旅走於東南。詔采用焉。又有謂：舊法聽以物貨及官鈔引抵當，所以扶持鈔價，不大減損，昨禁之非是。其舊轉廊鹽鈔，販致東南，轉運司乃專以見錢爲務，致多壅閼。於是復鈔引抵當，一如其舊。末鹽以十分率之，限以八分給末鈔，二分許鬻見緡，後又增見緡爲三分。

《宋史》卷一八六《食貨志·市易》 〔元豐三年〕九月，王居卿又言：市易法有三：結保貸請，一也；契要金銀爲抵，二也；貿遷物貨，三也。三者惟保貸法行之久，負失益多，往歲罷貸錢而物貨如故。請自今所貸歲約毋過二百萬緡，聽舊户貸請以相濟續，非舊户惟用抵當、貿遷之法。詔中書立法以聞。於是中書奏：在京物貨，許舊户貸請，斂而復散，通所負毋過三百萬緡，諸路毋過四之一。詔如所奏。是歲，經制熙河邊防財用司會其置司以來所收息：元豐初四十一萬四千六百二十六緡、石，次年六十八萬四千九十九緡、石。四年，從都提舉賈青請，於新舊城外内置四抵當所，遣官掌之，罷市易上界等處抵當以便民。

五年，詔外内市易務所負錢，寬以三歲，均月限以輸，限内罰息並除之。先是，王安禮在開封日，有負市易錢者，累訴於庭。安禮既執政，言於帝曰：市易法行，取息滋多，而輸官不時者有罰息，民至窮困。願詔蠲之。帝曰：羣臣未有爲朕言者，其令民以限輸，免其罰息。安禮退，批詔加内外字。蔡確曰：方帝有旨，無外内字，公欲增詔邪？安禮曰：亦不止言内字。卒加之。八月，置饒州景德鎮瓷窑博易務。

六年，蘭州增置市易務，以通蕃漢貿易。七年，改市易下界爲権貨務。令諸州旬估物價既定，報提舉司，提舉司下所部州，州下所屬，募民出抵或錢以市，收息毋過二分。詔諸路常平司錢留其半，以二分爲市易抵當。蓋自五年賈青以平準物價與金銀之類，行抵當於畿縣，次年行之諸路，以常平、市易賒貸及寬剩錢爲本，五路各十萬緡，餘路五萬緡。至是，復有是詔。若無抵當而物貨宜易者，亦聽變鬻。八年，罷諸鎮砦市易抵當。八月，詔諸郡抵當，有取息薄、可濟民乏者存之，其餘抵當并州縣市易並罷。

《宋史》卷三二七《王安石傳》　青苗法者，以常平糴本作青苗錢，散與人户，令出息二分，春散秋斂。**【略】**

市易之法，聽人賒貸縣官財貨，以田宅或金帛爲抵當，出息十分之二，過期不輸，息外每月更加罰錢百分之二。

《天盛改舊新定律令》卷三《催索債利門》　一、諸人對負債人當催索，不還則告局分處，當以强力搜取問訊。因負債不還給，十緡以下有官罰五緡錢，庶人十杖，十緡以上有官罰馬一，庶人十三杖，債依法當索還，其中不准賴債。若違律時，使與不還債相同判斷，當歸還原物，債依法當還給。

一、諸人因負債不還，承罪以後，無所還債，則當依地程遠近限量，給二、三次限期，當使設法還債，以工力當分擔。一次次超期不還債時，當計量依高低當使受杖。已給三次寬限，不送還債，則不准再寬限，依律令實行。

一、全國中諸人放官私錢、糧食本者，一緡收利五錢以下，及一斛收利一斛以下等，依情願使有利，不准比其增加。其本利相等仍不還，則應告於有司，當催促借債者使還。借債者不能還時，當催促同去借者。同去借者亦不能還，則不允其二種人之妻子、媳、未嫁女等還債價，可令出力典債。若妻子、媳比所典錢少，及確無有可出典者，現持主者當還債。執主者不能時，其持主人有借分食前借債時，則其家中人當出力，未分食取債人時，則勿令家門人。若皆未能，則借債者當出工力，本利相等後，不允在應算利錢，穀物中收取債償。若違律時，有官罰馬一，庶人十三杖，所收債當歸還。同去借者所管主人者，他人債分擔數，借債者自己能辦時，當還給。

一、前述放錢、穀物本而得利之法明以外，日交錢、月交錢、年交錢，執穀物本，年年交利等，本利相等以後，不允取超額。若違律得多利時，有官罰馬一，庶人十三杖。所超取利多少，當歸還屬者。

一、畜、物、財産等借債而取其利者，依法有一則當給一，唯畜債亦年日已過，□生幼畜當算□有，不允如其算利。若違律時，依前述法判斷。

一、諸人買賣及借債，以及其他類似與别人有各種事牽連時，各自自願，可立文據，上有相關語，於買價、錢量及語情等當計量，自相等數至全部所定爲多少，官私交取者當令明白，記於文書上。以後有悔語者時，罰交於官有名則當交官，交私人有名則當交私人取。承者有官罰馬一，庶人十三杖。若全超過，有特殊者，勿人罰之列，屬者當取。

一、借官私所屬債不能還，以人出力抵者，其日數、男女工價計量之法當與盜償還工價相同。在典人者，依前法計量出工人之工價，勿算錢上之利。

一、諸人畜、錢、穀、物、人等相借債，寄放等不還，以及未借債説我借出債，誣指時，計量後依不枉法貪贓罪判斷，勿刺一種字。

一、諸人所屬私人於他人處借債者還債主人債時，當令好好尋執主者等。私人自能還債則當還債，自不能還債則執主者當還，執主者無力，則當罰借債主，不允私人用頭監畜物中還債。私人因隨意借債，十三杖。

一、諸人肉、酒價及買賣種種物價，有典貸借債等者，應依數索還。若不還及說還汝而實際不往取等，相打爭鬭時，與別人相打爭鬭時傷、不傷第十四卷之罪狀相同判斷。

一、諸人於官私處借債，本人不在，文書中未有，不允有名爲於其處索債。若違律時，有名爲者索債等，有官罰馬一，庶人十三杖，債勿捨棄。

一、同居飲食中家長父母、兄弟等不知，子、女、媳、孫、兄弟擅自借貸官私畜、穀、錢、物有利息時，不應做時而做，使毀散無有時，家長同意負擔則當還，不同意則可不還。借債者自當負擔，其人不能，則同去借者、執主者當負擔。其人亦不能辦，則取者到還債者處以工抵。同去借債者，執主者已食拿時，則當入出工抵債中，未分食則勿入以工抵債中，其中各已用、分者，家長未知，亦當不助還債。若違律時，與不還他人債相同判斷。

一、諸人欠他人債，索還不取□，工價量□□，不允以强力將他人畜物、帳舍、地疇取來相抵。違律時徒一年，房舍、地疇、畜物取多少當還屬者，債當另取。

一、前述諸人無理所借債而取持時，房舍、地疇之穀宜、地苗、畜上工價等，本利債量□當減算。

一、諸人若有債壓身，若以强力威逼等及。（威力買地房畜物人歸期限。）

《天盛改舊新定律令》卷一七《供給交還門》　諸人因公借貸種種官物時，有上諭者，當依數取出借貸，無上諭，則當再奏之。

倘若不爲再奏時，求借求貸者、予之借貸者，又局分人不過問、不奏而予之時，一律徒一年。

《金史》卷五七《職官志》　中都流泉務　大定十三年，上謂宰臣曰：聞民間質典，利息重者至五七分，或以利爲本，小民苦之。若官爲設庫務，十中取一爲息，以助官吏廩給之費，似可便民。卿等其議以聞。有司奏於中都、南京、東平、真定等處並置質典庫，以流泉爲名，各設使、副一員。凡典質物，使、副親評價直，許典七分，月利一分，不及一月者以日計之。經二周年外，又逾月不贖，即聽下架出賣。出帖子時，寫質物人姓名，物之名色，金銀等第分兩，及所典年月日錢貫，下架年月之類。若亡失者，收贖日勒合干人，驗元典官本，并合該利息，陪償入官外，更勒庫子，驗典物日上等時估償之，物雖故舊，依新價償。仍委運司佐貳幕官識漢字者一員提控，若有違犯則究治。每月具數，申報上司。大定二十八年十月，京府節度州添設流泉務，凡二十八所。明昌元年，皆罷之。二年，在都依舊存設。

《通制條格》卷二七《雜令・卑幼私債》　至元八年正月，尚書省。御史臺呈：山東按察司，照得權豪勢要之家，往往苟圖利息，借與卑幼錢物，非理使用，多致破敗家產。擬合遍行禁約。都省准呈。

《通制條格》卷二八《雜令・違例取息》　至元三年二月，欽奉聖旨：債負止還一本一利，雖有倒換文契，並不准使，並不得將欠債人等强行扯拽頭疋，准折財產，如違治罪。

至元十九年四月，中書省奏：隨路權豪勢要之家舉放錢債，逐急用度，添答利息，每兩至於伍分或壹倍之上，若無錢歸還呵，除已納利錢外，再行倒換文契，累算利錢，准折人口頭疋事產，實是於民不便。今後若取借錢債，每兩出利不過叁分。這般奏呵，奉聖旨：那般者。欽此。都省議得：若有似此違犯之人，許諸人陳告，取問是實，即將多取利息追還借錢之人，本利沒官，更將犯人嚴行斷罪。

至元二十年十一月二十日，中書省奏：哈剌章富强官豪勢要人每根底放利錢呵，限滿時將媳婦、孩兒、女孩兒拖將去，面皮上刺着印子做奴婢有。說有。俺商量來，無體例，在先賽典赤也行了來。如今只依那體例與將文書去，教罷了，休教拖者，休教做奴婢者。商量來。奏呵，奉聖旨：那般者。欽此。

至元二十九年十月，中書省御史臺呈：比年以來，水旱相仍，五穀薄收，闕食之家，必於豪富舉借餱糧。自春至秋，每石利息重至壹石，輕至伍斗，有當年不能歸還，將息通行作本，續倒文契，次年無還，亦如之。有壹石還數倍不得已者，致使無告貧民准折田宅，典雇兒女，良爲可惜。户部議得：舉借斛粟，合依鄉原例聽從民便，年月雖多，不過一本一利。如有續倒文契，欽依已降條畫追斷。都省准擬。

大德二年三月，樞密院照得：先爲和林等處軍人取借諸人錢債，有財主前去隨路奥魯家屬處取索，准折財産，搔擾軍户，已經劄付管軍官員鼇勒頭目，及出牓禁約，軍人並諸人不得私下取借，財主亦不得出放債負。如有違犯，取放錢人一體究治。本管頭目有失覺察者，亦行取招斷罪。若有債主人等徑直私下取索錢債，毋得歸還。遍行各處去訖。今廣平等路狀申，和林當軍人鄭榮等狀告，忽都魯、楊宣差等前來將榮等監收，勒要和林當役軍人借訖錢債，非理搔擾。樞府除已另行取問外，若有似此前來取索錢債之人，開坐姓名申院，非奉樞府明文，無得歸還。

《元典章》卷一九《户部·田宅·種佃·佃户不給田主借貸》 大德八年十月，江浙行省：

會驗近欽奉聖旨内一款節該：佃户不給，各主接濟，借過貸糧，豐年逐旋歸還，田主毋以巧計多取租數，違者治罪。欽此。除欽依外，照得江南佃民多無己産，皆於富家佃種田土，分收子粒，以充歲計。若直青黄未接之時，或遇水旱灾傷之際，多於田主之家借債貸糧，接闕食用，候至收成，驗數歸還。有田主之家，當念佃户借貸口糧，揭取錢債，必須勒令多取利息，才方應副。或於立約之時，便行添答數目，以利作本。才至秋成，所收子粒除田主分受外，佃户合得糧米盡數償還本利，更有不敷，抵當人口，准折物件，以致佃户逃移，田土荒廢。又兼上年多有灾傷闕食去處，官司雖經賑濟，民力尚然未甦。即目正是秋成時月，若不禁治，深爲未便。省府仰照驗，行下合屬，勸諭田主，將佃户常加存恤接濟，毋致失所。若有借貸，其糧照依元借的實數目，須候豐收，逐旋依數歸還。錢債依例三分取息，毋得多餘勒要。如有以利作本之數，許諸人陳告到官，嚴行追斷，仍行移廉訪司體察施行。

《元典章》卷二二《户部·課程·免税·借絲還絹不税》 至元八年，尚書户部：

來申：李和於本家借訖自行抽搔到絲一百兩，却還朱齊驢出舉絲一百兩、絹一十疋。理同交易，合行依例投税，今趙長留首告。據所獲絹疋，官司不合受理，難作匿税科斷。今據見申，合下，仰照驗施行。

《元典章》卷二七《户部·錢債·斡脱錢·追斡脱錢擾民》 大德六年十月，江浙行省准中書省咨二道：

〔來咨〕：有扎忽兒真妃子、念木烈大王位下差來使臣晏只哥歹等，欽賫聖旨，追徵斡脱錢物。本省照得，晏只哥歹等追徵本位下錢物，不曾經由中書省，亦無坐到元借斡脱錢人户花名、錢數，止坐到元借斡脱錢人不魯罕丁、法合魯丁、孟林三名，信從各人轉指諸人借欠錢數，展轉攀指一百四十餘户追徵，因而擾民不便。除已行下杭州路，行移使臣晏只哥歹等着落元借斡脱錢人不魯罕丁追徵外，若不移咨，本官係位下差來人員，誠恐迴還異詞妄説。今後凡有投下追徵斡脱官錢，開坐欠少户計村莊、姓名、數目，具呈都省，轉咨行省，行下拘該官（同）〔司〕徵理，官民兩便。請希咨回示。都省合行移咨，請照驗，照依元坐取斡脱錢各人姓名依理追徵，毋致信從勾擾違錯。

《元典章》卷二七《户部·錢債·斡脱錢·斡脱錢為民者倚閣》 大德二年八月二十日，江西行省：

近有蒙古文字譯阿（吉只）〔只吉〕大王令旨：蠻子田地裏屬俺的斡脱錢，本錢、利錢不納有。這贍速丁、馬合謀爲頭使臣，女孩兒、小廝、用着的物，俺根底出來的時分，馳駄斟酌着，鋪馬他每根底與着，交出來的，您省官每識者。麽道，您根底委付將去也。敬此。照得先欽奉聖旨節該：諸王、駙馬并投下奏告隨路官員人等欠少錢債。照得先帝聖旨：如有爲民借了，雖寫作梯己文契，仰照勘端的爲差發支使，有備細文憑，亦在倚閣之數。仰諸王投下取索錢債人員，須管於宣撫司與欠債人當面照得委是己身錢債，（另）〔別〕異詞。依一本一利歸還，毋得徑直於州縣將欠債官民人等一面强行拖拽人口頭疋，准折財産，搔擾不安。如違，定行治罪。又先欽奉聖旨節該：江南平定之後，悉爲吾民，今十有八年，尚聞營利之徒以人爲貨。今後南北往來販人客旅，並行禁止。欽此。已經劄付合屬去處，欽奉聖旨事意，毋得縱令收買良民違錯。欠少斡脱錢債人等，依例施行。外，據轉送孩兒、媳婦一節，即係以人爲貨事理。移准都省咨該：請欽依聖旨事意施行。

《元典章》卷二七《户部·錢債·斡脱錢·為追斡脱錢事》 至元二十九年十月，御史臺咨，承奉中書省劄付：泉府司呈：

七月二十四日，本司少卿趙奉直賫擎御寶聖旨前來赴中書省開讀節該：如今過得的每，明有顯跡斡脱每，若有呵，與者。別個失散了的無保人的每，休要者。做頭口與來的斡脱每，真個被不拜户要了呵，委實窮暴無氣力呵，休陪者。要了錢的斡脱每，委實窮暴生受呵，休要者。富的本錢休要，交納利者。窮的若有呵，他的本錢交納者。又秃兒滅、磨絲裏兒、青鼠等，依着斡脱每的體例裏，但得的利息納者。道來，欽此。

《元典章》卷二七《户部・錢債・斡脱錢・行運斡脱錢事》 至元二十年二月十八日，（呈）中書省咨：撒里蠻、愛薛兩個省裏傳奉聖旨，斡脱每底勾當，爲您的言語是上麽道，交罷了行來。如今尋思呵，這斡脱每的言語似是的一般有。在先成吉思皇帝時分至今行有來。如今若他每底聖旨拘收了呵，却與着；未曾拘收底，休要者。若有防送，交百姓生受行底，明白説者。欽此。

《元典章》卷二七《户部・錢債・私債・錢債止還一本一利》 中統二年八月，欽奉皇帝聖旨，道與中書省，近據諸王、駙馬、投下奏告，隨路官員（少欠）〔欠少〕錢債，乞降聖旨取索事。爲有已降詔書，難准所奏。爲此，省諭各路宣撫司，如諸王并投下差人及債主取索錢債之時，仰備細照勘。若管民官委係爲民户欠少債負，照依已降聖旨並行倚閣之數，已後别行定奪，仰債主並不得取索。外據民間私借錢債，驗元借底契，止還一本一利。其間雖有續倒文契，當官毁抹，並不准使。若先有已還數目，前後通同照算，止還一本一利。又照得先帝聖旨，如有爲民借了，雖寫作梯己文契，仰照勘端的爲差發支使。有備細文憑，亦在倚閣之數。仰諸王、投下取索錢債人員，須管於宣撫司與欠債人當面對證，照得委是己身私借錢債，别無異詞，依一本一利歸還，毋得徑直於州縣將欠債官民人等一面強行拖拽人口頭疋，准折財産，騷擾不安。如違，定是治罪施行。欽此。

《元典章》卷二七《户部・錢債・私債・卑幼不得私借債》 中統四年六月十三日，欽奉皇帝聖旨：據燕京路總管府同知郭汝梅奏告：本路官員、百姓富家子弟，不問尊長，暗與財主作弊，取借債負及冒賣田宅，虚錢實契，一同非理使用，意望尊長亡殁歸還，以致臨時破壞家業，乞行禁約事。准奏。仰尊長在日，卑幼不得私借錢債，及典賣田宅、人口，財主亦不得與富家通同，〔故行〕借與錢債。如違，其借錢人并借與錢人、牙保人〔等〕一例斷罪，及將元借錢物追没入官。仍仰中書省遍行隨路，禁斷施行。欽此。

《元典章》卷二七《户部・錢債・私債・放債取利三分》 至元十九年四月二十七日，中書省：聞奏：隨路權豪勢要之家出放錢債，逐急用度，添〔荅〕利息，每兩至於五分或一倍之上。若無錢歸還呵，除已納利息外，再行倒换文契，累算利錢，准折人口、頭疋、事産，實是於民不便。俺與衆老的每商量來，今後若取借錢債，每兩出利不過三分。這般奏呵，奉聖旨：那般者。欽此。

又

諸人舉放錢債，每貫月利三分，止還一本一利，已有禁條。其有倒换文契，多取利息者，嚴行治罪。監察御史、廉訪司常切體察。至大改元詔。

《元典章》卷二七《户部・錢債・私債・部下不得借債》 元貞元年，（山）〔江〕南湖（東）〔北〕道肅政廉訪司：爲常德路武陵縣石應庚等告，李縣丞借〔訖〕中統鈔一十定不肯歸還，取訖招詞。不見定例，難議區處。申奉行臺劄付，移准御史臺咨，奉中書劄付：送刑部，議得：在任官吏除親戚故舊之家外，今後凡取借部下諸人錢債，合行明立保見出息文約。若不依數歸還，理宜究治，難議計贓科斷黜降。參詳，擬合從一多者爲重，准不枉法例減二等斷罪相應。都省准呈，仰依上施行。

又

至大二年七月，行臺准御史臺咨，奉中書省劄付：來呈：淮西廉訪司申：准副使馬（忠）〔中〕議牒：親民之官取借部民錢本，理宜禁絶。若有違犯，驗所得息錢計贓坐罪，比依取受不枉法定論。卑司看詳，副使所言係爲例事理，申乞照驗。得此。看詳，如今合干部分議擬相應。具呈照詳。送刑部，議得：凡借部下諸人錢債，合依已擬，遵依都省元行，明呈保見出息文憑，依理歸還。如有指借爲名，不立保見，又不依數歸還，從一多者爲重，依不枉法例減二等斷罪。其恃勢強借，就托上户領錢營運以求利者，准上科罪相應。具呈照詳。都省議得，除親戚故舊之家，餘准部擬。仰依上施行。

《元典章》卷二七《户部・錢債・私債・多要利錢本利没官》 大德二年八月，中書省：據樞密院呈：准上都樞密院咨：大德二年三月二十日奏：軍官每他每取利息上頭，故意的軍人每盤纏交遲着，軍每用着盤纏呵，他每根底揭借有。每月一兩鈔，一錢、二錢利錢要有。後的盤纏到來呵，那債負裏還了有。時呵，那般放利錢底，依在先大體例裏，一兩鈔一月三分家利錢，已上休要者。今後多要呵，本利没官，他每根底依體例要罪過呵，怎生？麼道，擬定來。奏呵，那般者。您依體例行文字者。聖旨了也。欽此。

又

《元典章》卷二七《户部·錢債·私債·軍官不得放債》　大德三年正月，欽奉聖旨節該：借錢取息，已有定例。今後軍前放債，虚錢實契、不許歸還、多餘取利者，追徵没官，約量治罪。

又

管軍官吏放債，照依通例取息，歲月雖多，不過一本一利。如有取利無度，番息作本，以致軍户損乏者，追息回主，仍與治罪。民官私債准此。大德十年五月十八日命相詔。

又

應管軍官舉放本管軍人錢物，詔書到日，盡行倚免。典賣親屬，悉聽完聚，價不追還。至大改元詔。

《元典章》卷二七《户部·錢債·私債·放粟依鄉原例》　至元二十九年十月，御史臺咨：大城縣人户趙琮等告本縣李主簿舉放科粟公事。除另行外，議得：比年以來水旱相仍，闕食之家於豪富舉借餱糧，不以利重，唯得是圖，且救目前之急。自春至秋，每石利息重至一石，輕至五斗。有當年不能歸還，將息通行作本，續倒文契，次年無還，亦如之，有一石還至數倍不能已者。致使貧民准折田宅，典雇兒女，備償不足，良爲可惜，理宜禁斷。呈奉中書省劄付：送（禮）〔户〕部議得：舉借斛粟，合依鄉原例，聽從民便。舉借年月雖多，不過一本一利。如有續倒文契，欽依已降條畫追斷。都省准擬，仰照驗施行。

《元典章》卷二七《户部·錢債·解典·解典金銀諸物並二周年下架》　大德八年七月，江浙行省准中書省咨：備江西省咨：龍興路：備録事司申：熊瑞狀告，大德六年八月初三日，將珍珠一千二百顆有零及玳瑁梳子六個，於誠德庫内解訖中統鈔一百二十五兩。至大德七年八月十六日、九月廿七日，兩次將本息鈔兩前去本庫，不肯放贖。勾問得誠德庫子張義供指：已過周年，下架了當。得此。照得元貞二年二月内准中書省咨該：議得，今後諸人解典二周年不贖，許令下架。今問得在城豐義庫子張貴狀供：本庫除金銀珍珠二周歲下架，其餘疋帛衣服諸物一十八個月下架。取訖如此結罪文狀。緣珍珠與金銀均是寶貝，難與疋帛衣物相比。合無照依豐義庫金銀珍珠二周歲下架之例，令熊瑞叩算本息鈔兩取贖，實爲民便。本省看詳，若准本路所擬，放贖相應。咨請定奪回示。准此。送禮部照擬回呈。本部議得：解典諸物，望圖利息。因爲定例不一，以至爭訟繁多。照得即目在京典庫，有每兩二分者，五十個月方纔本息相對。今應典諸物周年下架，即係一十二個月日，便有過倍之利。如此取息，委是虧民。據應典諸物，擬合照依金銀一體二年下架，實爲民便。如蒙准擬，遍行各處遵依，永爲定例相應。具呈。都省准擬。咨請照驗，依上施行。

又

元貞二年二月，中書省：議得：今後諸人解典二周歲不贖，許令下架。

《元典章》卷二九《禮部·禮制·牌面·軍官解典牌面》　皇慶二年五月，江西廉訪司承奉江南行臺劄付：准御史臺咨：承奉中書省劄付：來呈：周伴叔告：唐兀衛百户即力嵬尼尅落軍人口糧。令史田澤狀首：本官將所帶銀牌分付質當鈔定，令澤替伊承伏尅糧等事。取訖即力嵬尼招伏，另行斷罪外，看詳：金銀牌面，所以著軍旅之符，昭尊卑之等，朝廷公器，法度所關。僕從懷插，尚且不許，擅自質當，褻棄名家，宜立禁令，以戒不虞。具呈照詳。得此。行據刑部呈：議得：金銀牌面，乃國家之公器，著臣子之尊卑，軍官受之，子孫襲替，綿綿不絶。比之民職，特加優重。以此參詳：今後軍官敢有不虞，擅將所佩牌面解典質當者，取問明白，即將所質牌面追給，仍斷五十七下，削降散官一等換（受）〔授〕，依舊勾當。受質之家，減犯人罪一等科斷相應。具呈照詳。得此。都省仰依上施行。

《至正條格·斷例》卷三《職制·違例取息》　至元二十五年六月，御史臺呈：後衛百户忙速兒，除照依每兩月利參分合得本利外，多要訖軍人王興利錢鈔捌拾肆兩。刑部議得：多要利錢，擬合回付借錢之家，量決參拾柒下，標注過名。都省准擬。

至治二年閏五月，刑部議得：漢陽府知府郜伯顔帖木兒，因科徵百姓包銀，定立嚴限，致使催差坊正人等，於伊解庫内借鈔。閉納每兩月利陸分，其多要息（大）〔錢〕，雖未入己，終是違法。量笞參拾柒下，依舊勾當標附。都省准擬。

《至正條格・斷例》卷三《職制・勒要借錢文契》　至順元年閏七月，刑部議得：大乾元寺提點所副使伯顔不花，立約借訖本所大使應賛巴無利中統鈔壹拾定，後因署押本人兜支俸給文字，勒要訖前項借鈔文帖。准不枉法，杖陸拾柒下。既非監臨，解任別仕，已追贓鈔給主。都省准擬。

《至正條格・斷例》卷四《職制・强質驛馬》　至治元年十月，刑部議得：沙州路府判魏珪，公差馳驛西寧州，經過大同站，起馬三疋，爲兀剌赤遺失貂鼠（燠）〔襖〕子，不曾經官，輒將驛馬三疋，當還本家，節次倒死。及將迴馬人答剌赤雇覓，與李八當軍罪犯。幸遇原免，擬合罷職不叙。追徵馬價中統鈔一十五定，給還馬主。雇軍錢二十定，責付答剌赤收管。都省准擬。

（元）孟奎《粗解刑統賦・私貸私借皆以字為法》　金銀寶貝曰貸，錢物曰借，古人移借皆以字爲法而行於文約。

《元史》卷八九《百官志》　廣惠庫，大使一員，副使一員。至元三十年，以鈔本五千錠立庫，放典收息，納于備用庫。

紀事

（宋）李攸《宋朝事實》卷一五　富民之家，取有餘以貸不足，雖有倍稱之息，而子本之債，官不爲理。償進之日，布縷菽粟，雞豚狗彘，百物皆售，州縣晏然，處曲直之斷，而民自相養，蓋亦足矣。至于田賦厚薄多寡之異，雖小有不齊，而安静不擾，民樂其業，賦以時入，所失無幾，因其交易，而質其欺隱，繩之以法，亦足以禁其太甚。昔宇文融，括諸道客户，州縣覬望，虚張其數，以實户爲客，雖得户八十萬餘，歲得錢數百萬緡，而百姓困弊，實召天寶之亂，均税之害，何以異此。凡此三者，皆儒者平昔之所稱頌，以爲先王遺法，用之足以致太平者也。然數十年以來，屢試而屢敗，足以爲後世好名者之戒矣。惟嘉祐以前，百役在民，衙前大者主倉庫，躬饋運，小者治燕饗，職迎送，破家之禍，易于反掌。至于州縣役人，皆貪官暴吏之所誅求，仰以爲生者，先帝深究其病。鬻坊場以募衙前，均役錢以雇諸役，使民得闔門治生，而吏不敢苛問，有司奉行，不得其當。坊場求數倍之價，役錢取寬剩之積，而民始困躓不堪其生矣。今二聖鑒觀前事，知其得失之實，既盡去保甲、青苗、均税，至于役法，舉差雇之中，惟便民者取之，郡縣奉承，雖未即能盡，而天下之民知天子之愛我矣。故臣于民賦之篇，備論其得失，俾後有攷焉。

（宋）李燾《續資治通鑑長編》太宗太平興國七年六月　丙子，令富民出息錢不得過倍稱，違者没入之。

（宋）李燾《續資治通鑑長編》太宗淳化二年閏二月　己丑，詔京城無賴輩相聚蒱博，開櫃坊，屠牛馬驢狗以食，銷鑄銅錢爲器用雜物，令開封府戒坊市謹捕之，犯者斬，匿不以聞及居人邸舍僦與恶少爲櫃坊者同罪。

（宋）李燾《續資治通鑑長編》真宗景德二年九月　〔甲寅〕詔舉放息錢，以利爲本，僞立借貸文約者，從不應爲重科罪。

（宋）李燾《續資治通鑑長編》真宗大中祥符二年八月　詔開封府，凡出牓示衆，並當具事聽朝旨。初，本府牓街，止絶牙保引致民家卑幼舉借回鶻財者，上曰：國家惠綏遠人，天下無外，京師四方所湊，豈可指言回鶻耶？故有是詔。

（宋）李燾《續資治通鑑長編》仁宗慶曆元年七月　〔己酉〕詔京朝官使臣選人久待闕京師，而近制不得取京債，廉士或至貧窶不能自給。自今受差遣出外，聽私借錢五十千。

（宋）李燾《續資治通鑑長編》神宗熙寧五年夏四月　先是，權發遣開封府推官晁端彦言：雜供庫歲約支九千餘貫，已裁減三分之一。乞下左藏庫借錢爲本，依古公廨錢及今檢校庫召人借貸出息，卻候儹剩撥還。詔左藏庫支本錢七萬貫，差同勾當司録司檢校庫吴安持與本司户曹孫迪專一置局管勾息錢支給。是日，上批問中書：昨支左藏庫錢七萬貫與開封府，召人情願借貸，依常平出息，充捕賊賞錢。訪聞本府違法，並不召人情願請領，卻將逐色行人等第配率。王安石白上：此臣女壻所領，必無此事，自可令馮京取索文字推究，事極分明，未嘗配率也。

（宋）李燾《續資治通鑑長編》神宗熙寧七年三月〔庚戌〕又詔：聞鎮、定州民有拆賣屋木以納免役錢者，令安撫、轉運、提舉司體量，具實以聞。其後逐司奏，體量得諸縣去秋旱災，以故貧下户亦有拆屋賣錢以給己家糧及官中諸費者，非專爲納免役錢也。王安石白上：百姓賣屋納役錢，臣不能保其無此。緣以今之官吏行今之法，必多輕重不均之處，然論事有權，須考問從前差役賣屋納役錢孰多孰少？即於役法利害灼然可見，在遠或難遽見，但問鄭、滑則天下事理可知矣。

上又批問安石，百姓爲貸市易抵當所錢，多没産及枷錮者，安石對：自置市易以來，有六户賣抵當納欠錢，然四人以欠三司錢或以他事折欠故賣産。有納户教唆，令衆人並不須納錢，且申展限，故送三司枷錮納錢。若請官錢不立供抵保法，即理不可行，若供抵當，即本備違欠出賣償官；若不許出賣償欠，即亦理不可行。兩年之間，而賣産償欠及枷錮催欠，止於如此，乃無足怪。今天下三年一郊，所放欠至一百餘萬貫，即其賣産償欠及枷錮催理多少可知，然議者何以不言，陛下何以不怪而問之？上曰：人言賣産極多枷錮，乃至無人可監守。安石曰：人言必知賣産主名及見枷錮人所在，陛下何不宣示言者姓名，付所司推問？若實有之，市易司蔽匿不言，即罪固不可輕斷，若實無此而妄言，不知陛下含容此人於政事何補？上曰：言市易擾人不便者衆，不知何故致令如此？安石曰：文彦博之徒，言朝廷不合言利，此乃爲臣而發。其餘左右近習誣罔市易，即以呂嘉問首公奉法，與内藏庫、内東門司、都知、押班、御藥争曲直，共事皆經論奏。又嘉問每事欲盡理，與三司、開封府屢争職事，雖未嘗不直，然衆怨由此起。向時有言市易賒物後抵當納欠不足，乃令私下買所賒人物者償欠。及根究，乃是三司賒糶糯米，如此追逮，直至河北、京西。若市易但有如此一事，必無不上聞之理。今三司如此，陛下亦聞之乎？不知陛下何故乃不聞此，而但聞市易擾人？此無他由，憑附近習與不憑附近習故也。今人臣皆憑附近習，然後免責，一與近習忤，即吹毛求疵，無所措手足，臣恐治世無此事。

（宋）李燾《續資治通鑑長編》神宗熙寧八年閏四月〔己酉〕是日，韓琦奏倚閣預買紬絹，賒買、借貸斛斗；倚閣税，今雖或七分熟，須五七年拖帶送納。王安石謂韓絳此不可行，絳曰：民納不得，須着寬恤。及進呈，安石曰：近歲以來，方鎮、監司争以寬恤百姓爲事，以希向朝廷指，倉庫不足，則連乞朝廷應副。如預買紬絹，自祖宗以來，未嘗倚閣，去年李稷乃乞行倚閣，朝廷因亦從之。若言災傷，即祖宗以來，豈是都不曾值災傷？又賒賣銀絹，本因配買傷民，遂令供抵當，情願賒買。韓琦執政十餘年，固嘗值災傷，不知曾倚閣預買否？不知曾配賣銀絹否？向時配賣，一户或陪錢數百貫，無災傷倚閣指揮。今來取人情願賒買，不知如何卻須要五七年拖帶送納。上欲下監司體量相度，安石曰：近歲監司惟以媚民爲事，卻不斟酌有無。河北西路監司，乃李稷、吳審禮、韓宗道，李稷固已擅倚閣預買，吳審禮、韓宗道亦必不肯違俗，但恐其過爲寬貸以媚民。今方鎮意必不肯以用度不足故急民也，且寬恤百姓，固是美名好事，人臣優爲之。然如近歲，上下大小争以此爲事，無復屯其膏者，恐國用不繼，緩急卻不免刻剥百姓爾。如去年體量放税，所失至多，但長僥倖，何名寬恤！昔蘇秦説齊厚葬以明孝，高宫室以明得意，用破弊齊。今方鎮用心有如此者，陛下豈宜不察。上曰：韓琦用心可知，天時荐饑，乃其所願也。前訪以此事，乃云須改盡前所爲，契丹自然無事。安石曰：琦再經大變，於朝廷可謂有功。陛下以禮遇之可也，若與之計國事，此所謂啓寵納侮。上曰：初亦不意琦用心如此。琦嘗對使人云：先帝，臣所立；陛下，先帝兒子，做得好，臣便面瀾，做得不好，臣亦負慚愧。因稱郭子儀事，代宗以爲忠順。

（宋）李燾《續資治通鑑長編》神宗元豐二年春正月〔乙卯〕詔市易司：罷立保賒錢法。已出錢立輸限，如半年内輸本息足者，蠲其出限罰息錢。物力雖薄，而有營運者，量力支借，毋過舊數三之一。令元體量檢估官分認催收，限三年結絶，歲具所收錢數比較賞罰，專委勾當公事官一員催驅。其自今用産業抵當者，並拘留契書，歲收息一分半。檢估官吏如容增直冒請，以違制論，不以去官赦降原減。其賒請物且如舊法檢估本家物力，所請不得過所有之半。

市易舊法，聽人賒錢，以田宅或金銀爲抵當，無抵當者，三人相保則給之，皆出息十分之二，過期不輸息，外每月更罰錢百分之二。貪人及無賴子弟，多取官貨不能償，積息罰愈滋，囚繫督責，徒存虚數，實不可得。於是都提舉市易王居卿建議：以田宅金帛抵當者，減其息；無抵當徒相保者，不復給。自元豐二年正月七日以前，本息之外所負罰錢悉蠲之，凡數十萬緡；負本息者，延期半年。衆議頗以爲愜。

（宋）李燾《續資治通鑑長編》神宗元豐三年九月〔甲子〕都提舉市易司王居卿言：市易之法有三：結保賒請，一也；契書金銀抵當，二也；貿遷物貨，三也。三法之中，惟賒保之法行之積年，逋負益衆。去歲有旨先罷結保見錢，惟賒請物貨舊法未革。然尚恐久遠未便，何則？舊欠之户，多以出限規避不輸，既費催督，又繼以再賒貨物之人，勢亦如此。宿貸新貫，歲增月累，其間消折不能備償者，十有四五。則與賒取現錢，同歸於弊，是宜解而更張者也。欲乞自今後市易務許人户賒請物貨，歲不過二百萬貫，別置簿支收，惟聽舊户請賒，以接濟在京行鋪之家，期以五年，所收息已逾元數，然後或止或行，更不取朝廷裁度；其非舊請人户，則惟用抵當、貿遷二法，可以斂滯貨，通餘財。如此，則法全利遠，而用不窮矣。其諸路市易錢穀，以四分爲率，量留一分接濟舊户外，亦不行賒借之法。如蒙朝廷施行，乞於每歲所收息錢内量減萬數。其監官等酬奬，亦與降等推恩。雖取息稍薄，而所收皆實利，庶使此法行之無弊也。詔中書户房立法以聞。已而户房乞：在京物貨許欠户賒請，斂而復散，通欠數不得過三百萬貫，諸路市易貨以四分爲率，以一分許舊欠賒請，斂而復散，通欠數不得過一分，並別置簿支收。從之。

居卿又言：免行所月納或季納見錢，官爲雇人代役使，此朝廷立法之意，欲以寬恤下民也。然有其名而無其實。蓋建法之始，失以貧富爲較，但以其人作業爲等，納錢輕重不一，雖貧者至輕，而日不自給，何暇輸官。催理科較，或至禁錮，誠可矜惻。臣竊詳元定免行租額錢三萬四千八百餘緡，每歲額外常有增羨，今且以雜販破鐵、小販繩索等貧下行人，共八千六百五十四人，月納自一百以下至三文二文，計歲納錢四千三百餘緡。其所出至微，猶常不足。故貧者私不足以養，公不足以輸。欲乞將額外增羨以補舊額，其貧下户並與除放。庶幾小民實免行役，均被朝廷之恩。如將來舊額卻有虧損，不及下户所放之數，即乞於本司市利或息錢内撥填。然月納一百以下行人，其間薄有物力者，乞且如舊法。庶得平允。從之，仍令將來赦中施行。

（宋）李燾《續資治通鑑長編》神宗元豐三年十二月〔庚申〕又言：海南多貧闕舉貸於豪富之家，其息每歲加倍，展轉增益，遂致抑雇兒女，脱身無期。乞嚴誡官司覺察，大詔瓊州、萬安、昌化、朱崖軍，令依威茂黎雅州罷免役法，依舊差役。其瓊管州軍皆有常平，若推行如法，自無人户倍稱出息之弊。

（宋）李燾《續資治通鑑長編》神宗元豐八年五月〔庚子〕户部狀：檢會條敕，諸路各量閑要州、縣，興置市易抵當，僻小縣分不可興置處，不置。看詳上件指揮，止云僻小縣分不置，即慮其間亦有僻小州郡，及雖不係僻小，卻别無出産物貨，不係商賈買賣去處，須當一例興置，不惟所收息課不多，虚有支破人吏請給，兼恐監司專以趨辦息課，别致拘攔，阻抑民旅在市買賣及諸般違礙，誠爲未便。欲乞下諸路提舉常平司，委自本司官躬親逐一體量，及將自置市易抵當已來，所收息數，會較支費。如内有閑僻或不産貨物，不係商賈買賣，委實不銷興置去處，並具詣實保明，申部看詳廢罷。從之。

（宋）李燾《續資治通鑑長編》哲宗元祐五年十二月〔戊申〕户部言：抵當財産限十日差官躬親檢視，内産業須驗契估定，不得過契錢，并親見本家尊長、義居者，見應有分人各令供狀。若義居願同共抵當者，仍供非尊長抑勒，如不願者，令供不侵己分財産。限二十日畢，並置簿拘管。若有折欠，出賣不敷，如本主并保人填納不足者，勒元檢估吏人、牙人均補。如有情弊而檢官知情者，準此供抵當。若同財之人不願，及年二十以下者，聽準分法除出己分財産。其因抵當人及蒙昧尊長，或將同分不願人財産，及妄指他人財産充抵當者，徒二年，未得者，杖一百；官司知情與同罪。若擅將非己分財産充抵當及借請官錢，如檢估官吏不令有分人知委，并官司不候檢估便行支借，若有少欠，於犯人處追理；不足者，勒檢估支借吏人均補。其檢估支借官及干繫人有情弊者，準此。從之。

（宋）李燾《續資治通鑑長編》哲宗紹聖四年九月〔乙卯〕權殿中侍御史蔡蹈言：臣伏以近者星文示變，陛下恐懼，見于詔命，至于避朝損膳，咨訪直言，可謂勤矣。然猶以爲未也，復肆赦天下，仁恩滂沛，蕩宥囚繫，此誠古昔哲王所以應天敕命之實也。臣伏讀赦文，鬭殺罪至死，猶且得生，而田野良民，乃不霑潤聖澤，是惠及有罪而不及於無罪，與其生而未厚其所以生也。臣愚伏見元祐大臣欲變先朝良法，思有以干百姓之譽，故凡民所欠負，一切蠲免。今且以市易一事言之，初，民間以物産抵當，請貿錢米，久而不償，物産自合入官，用事者欲爲異恩，無故還所抵當，民間既得己物，恣行典賣。紹聖以來，察見用事者之姦，卻行催理，今已累年，空有姓名掛于文書，追擾紛紛，終無益于事。此非民之罪也，而前自朝廷無故蠲放，使有今日之弊，罪在用事者。臣愚欲乞陛下詳酌，特詔有司，契勘今年旱傷地分見今負欠市易錢物人户，若已經根究，不見抵當，或有典賣過，展轉經歷兩户以來，業主不知情，或正欠及干係保人不在而其子孫貧苦不給，委無可送納者，等第量與減放。庶幾澤及困窮，咸遂生理，亦足以召和氣而塞變異也。

（宋）王應麟《玉海》卷一八〇《食貨・錢幣・開寶便錢務》　開寶三年五月丁巳，詔於兩京置便錢務，命陳鄂監。取唐朝飛錢故事，許民入錢左藏庫，以諸州錢給之。敕諸州候券至即給。《唐會要》元和七年王播奏：商人於户部鹽鐵三司飛錢，謂之便換。

（宋）董煟《救荒活民書》卷三《折克柔保借米賑貸》　熙寧七年，知河東府折克柔奏，今歲河外饑饉，雖蒙賑貸，尚未周給。人欲流散，必求生路，恐北人因而招誘，遂擄北邊民户。臣乞保借米三萬石粟二萬石賑貸，俟熟令償。詔賜省倉粟二萬石賑濟，米三萬石借貸。

（宋）董煟《救荒活民書》拾遺《崇安社倉條約》　人户所貸官米，至冬納還，不得過十一月十旬。先于十月上旬，定日申縣，乞差吏㪷前來取納，兩平交量。每石收息米二斗。小歉除息之半，大歉全免收息。候滿十年，以本米送去元借官司。每石量收耗米三升，準備折閱及支吏㪷等人飯米，其米正行附歷收支。每遇支散交納日，本縣人吏一名，㪷子一名，倉子二名，每名支飯米一㪷，鄉官併人役，每名支飯米五升。人從每位不過二人。

《宋史》卷三一《高宗紀》　〔紹興二十九年五月辛酉〕禁權要、豪民舉錢軍中取息。

《宋史》卷一七三《食貨志・農田》　至道二年，太常博士、直史館陳靖上言：如授以閑曠之田，廣募游惰，誘之耕墾，未計賦租，許令別置版圖，便宜從事；酌民力豐寡、農畝肥磽，均配督課，令其不倦。其逃民歸業，丁口授田，煩碎之事，並取大司農裁决。耕桑之外，令益樹雜木蔬果，孳畜羊犬雞豚。給授桑土，潛擬井田，營造室居，使立保伍，養生送死之具，慶弔問遺之資，並立條制。候至三五年間，生計成立，即計户定征，量田輸税。若民力不足，官借糴錢，或以市餱糧，或以營耕具。凡此給受，委於司農，比及秋成，乃令償直，依時價折納，以其成數關白户部。帝覽之喜，令靖條奏以聞。

《宋史》卷一七三《食貨志・農田》　建炎以來，内外用兵，所在多逃絶之田。紹興二年四月，詔兩浙路收買牛具，貸淮東人户。七月，詔：知興國軍王綯、知永興縣陳升率先奉詔誘民墾田，各增一秩。三年九月，户部言：百姓棄産，已詔二年外許人請射，十年内雖已請射及充職田者，並聽歸業。孤幼及親屬應得財産者，守令驗實給還，冒占者論如律。州縣奉行不虔，監司按劾。從之。

《宋史》卷一七三《食貨志・農田》　久之，天下生齒益蕃，闢田益廣。獨京西唐、鄧間尚多曠土，入草莽者十八九，或請徙户實之，或議置屯田，或欲遂廢唐州爲縣。嘉祐中，唐守趙尚寬言土曠可闢，民希可招，而州不可廢。得漢邵信臣故陂渠遺跡而修復之，假牛犂、種食以誘耕者，勸課勞來。歲餘，流民自歸及淮南、湖北之民至者二千餘户；引水溉田幾數萬頃，變磽瘠爲膏腴。

《宋史》卷一七三《食貨志・農田》　端拱初，親耕籍田，以勸農事。然畿甸民苦税重，兄弟既壯乃析居，其田畝聚税於一家，即棄去；縣歲按所棄地除其租，已而匿他舍，冒名佃作。帝聞而思革其弊，會知封丘縣竇玭言之，乃詔賜緋魚，絹百匹；擢太子中允，知開封府司録事，俾按察京畿諸縣田租。玭專務苛刻以求課最，民實逃亡者，亦搜索於鄰里親戚之家，益造新籍，甚爲勞擾，數月罷之。時州縣之吏多非其人，土地之利不盡出，租税減耗，賦役不均，上下相蒙，積習成敝。乃詔：諸知州、通判具如何均平賦税，招輯流亡，惠恤孤貧，窒塞姦幸，凡民間未便事，限一月附疾置以聞。而比年多稼不登，富者操奇贏之資，貧者取倍稱之息，一或小稔，富家責償愈急，税調未畢，資儲罄然。遂令州縣戒里胥、鄉老察視，有取富民穀麥貲財，出息不得踰倍，未輸税毋得先償私逋，違者罪之。

《宋史》卷一七三《食貨志・農田》　言者謂江北之民雜植諸穀，江南專種秔稻，雖土風各有所宜，至於參植以防水旱，亦古之制。於是詔江南、兩浙、荆湖、嶺南、福建諸州長吏，勸民益種諸穀，民乏粟、麥、黍、豆種者，於淮北州郡給之；江北諸州，亦令就水廣種秔稻，並免其租。淳化五年，宋、亳數州牛疫，死者過半，官借錢令就江、淮市牛。未至，屬時雨霑足，帝慮其耕稼失時，太子中允武允成獻踏犁，運以人力，即分命祕書丞、直史館陳堯叟等即其州依式製造給民。

《宋史》卷一七三《食貨志・農田》　大中祥符四年，詔曰：火田之禁，著在《禮經》，山林之間，合順時令。其或昆蟲未蟄，草木猶蕃，輒縱燎原，則傷生類。諸州縣人畬田，並如鄉土舊例，自餘焚燒野草，須十月後方得縱火。其行路野宿人，所在檢察，毋使延燔。帝以江、淮、兩浙稍旱即水田不登，遣使就福建取占城稻三萬斛，分給三路爲種，擇民田高仰者蒔之，蓋旱稻也。內出種法，命轉運使揭榜示民。後又種於玉宸殿，帝與近臣同觀；畢刈，又遣內侍持於朝堂示百官。稻比中國者穗長而無芒，粒差小，不擇地而生。六年，免諸路農器之稅。明年，諸州牛疫，又詔民買賣耕牛勿算；繼令羣牧司選醫牛古方，頒之天下。

《宋史》卷一七三《食貨志・農田》　〔淳熙〕七年，復詔兩浙、江、淮、湖南、京西路帥、漕臣督守令勸民種麥，務要增廣。自是每歲如之。八年五月，詔曰：迺者得天之時，蠶麥既登，及命近甸取而視之，則穟短繭薄，非種植風厲之功有所未至歟？朕將稽勤惰而詔賞罰焉。是歲連雨，下田被浸，詔兩浙諸州軍與常平司措置，再借種糧與下户播種，毋致失時。十有一月，輔臣奏：田世雄言，民有麥田，雖墾無種，若貸與貧民，猶可種春麥。臣僚亦言，江、浙旱田雖已耕，亦無麥種。於是詔諸路帥、漕、常平司，以常平麥貸之。

《宋史》卷一七三《食貨志・農田》　紹興元年，詔宣州、太平州守臣修圩。二年，以修圩錢米及貸民種糧，並於宣州常平義倉米撥借。三年，定州縣圩田租額充軍儲。建康府永豐圩租米，歲以三萬石爲額。圩四至相去皆五六十里，有田九百五十餘頃，近歲墾田不及三之一。至是，始立額。

《宋史》卷一七三《食貨志・農田》　乾道二年四月，詔漕臣王炎開浙西勢家新圍田：草蕩、荷蕩、菱蕩及陂湖溪港岸際旋築塍畦、圍裹耕種者，所至守令同共措置。炎既開諸圍田，凡租户貸主家種糧債負，並奏蠲之。【略】以兩浙轉運副使姜詵與守臣視之，詵尋與秀常州、平江府、江陰軍條上利便。詔：秀州華亭縣張涇牐并瀫山東北通陂塘港淺處，俟今年十一月興修，江陰軍、常州蔡涇牐及申港，明年春興修；利港俟休役一年興修；平江府姑緩之。三年三月，詵使還，奏：開濬畢功，通洩積水，久浸民田露出塍岸。臣已諭民趁時耕種。恐下户闕本，良田復荒，望令浙西常平司貸給種糧。又奏措置、提督、監修等官知江陰軍徐藏等減磨勘年有差。

《宋史》卷一七三《食貨志・農田》　〔隆興〕六年二月，詔曰：朕深惟治不加進，思有以正其本者。今欲均役法，嚴限田，抑游手，務農桑。凡是數者，卿等二三大臣爲朕任之。十有二月，監進奏院李結獻《治田三議》：一曰務本，二曰協力，三曰因時。大略謂：浙西低田恃堤爲固，若堤岸高厚，則水不能入。乞於蘇、湖、常、秀諸州水田塘浦要處，官以錢米貸田主，乘此農隙，作堰增令高闊，則堤成而水不爲患。方此饑饉，俾食其力，因其所利而利之。秋冬旱涸，涇浜斷流，車畎修築，尤爲省力。詔令胡堅常相度以聞。其後，户部以三議切當，但工力浩瀚，欲曉有田之家，各依鄉原畝步出錢米與租田之人，更相修築，庶官無所費，民不告勞。從之。

《宋史》卷一七三《食貨志・農田》　〔隆興〕七年二月，知揚州晁公武奏：朝廷以沿淮荒殘之久，未行租稅，民復業與創户者，雖阡陌相望，然聞之官者十纔二三，咸懼後來稅重。昔晚唐民務稼穡則增其租，故播種少；吳越民墾荒田而不加稅，故無曠土。望詔兩淮更不增賦，庶民知勸。詔可。十月，司馬伋請勸民種麥，爲來春之計。於是詔江東西、湖南北、淮東西路帥漕，官爲借種及諭大姓假貸農民廣種，依賑濟格推賞，仍上已種頃畝，議賞罰。九年，王之奇奏增定力田賞格，募人開耕荒田，給官告綾紙以備書填，及官會十萬緡充農具等用。以種糧不足，又詔淮東總領所借給稻三萬石。

《宋史》卷二五〇《石守信傳》　石守信，開封浚儀人。【略】子保興、保吉。保吉姿貌瓌碩，頗有武幹。又染家貸錢，息不盡入，質其女，其父上訴，真宗亟命遣還。

《宋史》卷二六四《沈倫傳》 沈倫字順宜，開封太康人。【略】倫清介醇謹，車駕每出，多令居守。好釋氏，信因果。嘗盛夏坐室中，恣蚊蚋噆其膚，童子秉箑至，輒叱之，冀以徼福。在相位日，值歲饑，鄉人假粟者皆與之，殆至千斛，歲餘盡焚其券。

《宋史》卷二六九《王祐傳》 王祐字景叔，【略】祐子三人：曰懿，曰旦，曰旭。【略】旭子質，【略】質家世富貴，兄弟習爲驕侈，而質克己好善，自奉簡素如寒士，不喜畜財，至不能自給。初，旦爲中書舍人，家貧，與昆弟貸人息錢，違期，以所乘馬償之。質閲書得故券，召子弟示之曰：此吾家素風，爾曹當毋忘也。

《宋史》卷三三一《陳舜俞傳》 舜俞字令舉，【略】青苗法行，舜俞不奉令，上疏自劾曰：民間出舉財物，取息重止一倍，約償緡錢，而穀粟、布縷、魚鹽、薪蔌、耰鉏、釜錡之屬，得雜取之。朝廷募民貸取，有司約中熟爲價，而必償緡錢，欲如私家雜償他物不可得，故愚民多至賣田宅、質妻孥。有識者老，戒其鄉黨子弟，未嘗不以貰貸爲苦。祖宗著令，以財物相出舉，任從書契，官不爲理。其保全元元之意，深遠如此。今誘之以便利，督之以威刑，方之舊法，異矣。詔謂振民乏絶而抑兼并，然使十户爲甲，浮浪無根者毋得給俵，則乏絶者已不蒙其惠。此法終行，愈爲兼并地爾。何以言之？天下之有常平，非能人人計口受餉，但權穀價貴賤之柄，使積貯者不得深藏以邀利爾。今散爲青苗，唯恐不盡，萬一饑饉荐至，必有乘時貴糶者，未知將何法以制之？官制既放錢取息，富室藏鏹，坐待鄰里逋欠之時，田宅妻孥隨欲而得，是豈不爲兼并利哉。雖分爲夏秋二科，而秋放之月與夏斂之期等，夏放之月與秋斂之期等，不過展轉計息，以給爲納，使吾民終身以及世世，每歲兩輸息錢，無有窮已。是別爲一賦以敝海内，非王道之舉也。奏上，責監南康軍鹽酒税，五年而卒。

《宋史》卷三三八《蘇軾傳》 蘇軾字子瞻，【略】時安石創行新法，軾上書論其不便，曰：【略】自古役人，必用鄉户。今者徒聞江、浙之間，數郡顧役，而欲措之天下。單丁、女户，蓋天民之窮者也，而陛下首欲役之，富有四海，忍不加恤！自楊炎爲兩税，租調與庸既兼之矣，奈何復欲取庸？萬一後世不幸有聚斂之臣，庸錢不除，差役仍舊，推所從來，則必有任其咎者矣。青苗放錢，自昔有禁。今陛下始立成法，每歲常行。雖云不許抑配，而數世之後，暴君汙吏，陛下能保之與？計願請之户，必皆孤貧不濟之人，鞭撻已急，則繼之逃亡，不還，則均及鄰保，勢有必至，異日天下恨之，國史記之，曰青苗錢自陛下始，豈不惜哉！且常平之法，可謂至矣。今欲變爲青苗，壞彼成此，所喪逾多，虧官害民，雖悔何及！

《宋史》卷三三三《朱壽隆傳》 朱壽隆字仲山，【略】歲惡民移，壽隆諭大姓富室畜爲田僕，舉貸立息，官爲置籍索之，貧富交利。

《宋史》卷三〇四《劉元瑜傳》 劉元瑜字君玉，河南人。【略】歷京西、河東轉運使，遷右司諫。劾奏集賢校理陸經謫官在河南日，杖死爭田寡婦，且貸民鏹，監司列薦其才，投託權要，遂復館職，請重寘於法，并坐保薦者。詔屬吏，遂竄經袁州。

《宋史》卷四一一《牟子才傳》 郡有平糴倉，以米五千石益之，又以緡錢二十六萬創抵庫，歲收其息以助糴本。召入對，權工部侍郎。

（清）徐松《宋會要輯稿・刑法二・禁約》 太宗太平興國六年十二月二十九日，詔中外官吏以告身及南曹曆子于賈區權息錢者，并禁之。違者官爲取之，不償其直。

《遼代石刻文編・添修縉陽寺功德碑記壽昌元年》 粟一千碩，錢五百緡，每年各息利一分。壽終之日，永入下缺輪，如日月之運傳之無窮。自餘勝因，不可殫述。初録初，一作粗。下缺之詞多驗其所行，則實曰仁人之利溥。俾千古下缺皇朝建號壽昌元年下缺

《遼代石刻文編・六聘上方逐月朔望常供記》 公倜儻有器度，尊賢好事，修福□□□無厭本下缺請隸籍焉。初沙門奉均歲久住持精苦□□聲望□下缺二百食以薦五臺尊容之像，殆無闕焉。至是沖公下缺施錢五千。已然後化諸法屬，其友人輩聞而亦樂□下缺斡之于下寺之北質庫，歲得息十餘緡。月朔望下缺設十餐，依法作法，自敬薦之。既罷，掊諸食飯下缺人畜交歡，皆飫充矣。自今歲始終法滅夜下缺者而更增助之。實沖師之意云，庶幾藉下缺徒然哉。

《遼史》卷一五《聖宗紀》 〔開泰元年十二月〕甲申，詔諸道水災饑民質男女者，起來年正月，日計傭錢十文，價折傭盡，遣還其家。

《遼史》卷二一《道宗紀》〔清寧三年〕十二月庚戌，禁職官於部內假貸貿易。

《遼史》卷二四《道宗紀》〔大康九年七月〕癸亥，禁外官部內貸錢取息及使者館民家。

《遼史》卷五九《食貨志》 而東京如咸、信、蘇、復、辰、海、同、銀、烏、遂、春、泰等五十餘城內，沿邊諸州，各有和糴倉，依祖宗法，出陳易新，許民自願假貸，收息二分。所在無慮二三十萬碩，雖累兵興，未嘗用乏。

《金代石刻輯校·丁氏阡表碑》 時先府君酤僧念堆酒，其鄰近數村多貸訖糧斛。後遇連遭水旱，不夠歸還，不取本利而悉恕之，賴此而免填能壑者甚衆。

（金）元好問《元好問全集》卷二六《碑銘表志碣·順天萬户張公勳德第二碑》 軍興以來，賈人出子錢致求贏餘，歲有倍稱之積。如羊出羔，今年而二，明年而四，又明年而八，至十年則累而千。調度之來，急于星火，必假貸以輸之。債家執券，日夕取償，至于賣田業、鬻妻子、有不能給者。公哀而憐之，與真定史侯論列上前，乞債家取贏，一本息而止。

（元）陶宗儀《南村輟耕録》卷二四《王義士》 王義士天爵字仁傑，亦夏縣人。家饒於財，有善行，以粟貸人，不圖重息，年豐僅取十之二三，稍饑但收其本，大凶則皆已之。鄉里不知字，咸稱義士云。每值生身之辰，寢苦一月，以報父母。

《金史》卷三《太宗紀》〔天輔七年〕十二月辛巳，蠲民間貸息。

《金史》卷五〇《食貨志·和糴》 又上封事者言：比年以來屢艱食，雖由調度征斂之繁，亦兼并之家有以奪之也。收則乘賤多糴，困急則以貸人，私立券質，名爲無利而實數倍。飢民惟恐不得，莫敢較者，故場功甫畢，官租未了，而囤已空矣。此富者益富，而貧者益貧者也。國朝立法，舉財物者月利不過三分，積久至倍則止，今或不期月而息三倍。願明敕有司，舉行舊法，豐熟之日增價和糴，則在公有益，而私無損矣。詔宰臣行之。

（元）姚燧《牧庵集》卷二二《榮禄大夫江淮等處行中書省平章政事游公神道碑》 授蘇州宣撫使，遣人四出招來逋民，凡得十三萬家，貸倉穀爲石百三十萬爲種，于民約秋熟償，官民歡輸之，無少折閲。

（元）傅若金《傅與礪詩文集》卷三《記·常寧州義役錢記》 常寧以衡屬邑，自爲州，籍民所占田三十一萬八千四百又六畝有奇，歲賦民錢三千四百五十緡，米萬二千又百石有奇。始爲州民二萬户，既生齒日庶，數竄易其户籍。天歷初，屬歲薦，饑民多死徙。吞并之家並緣爲姦利，往往私取其田而虛其賦入之數於公。其無所於徵徙，占名籍中者爲田六千四百畝，賦以歲計，爲錢五百四十一緡有奇，爲米二百十又三石有奇。□其直又爲錢三千二百緡有奇。吏不以其時□實日月久遠，漫不可理。常歲賦入，徒按籍坐所指户畝，責之坊保、首正。歲終不足，恒係縲鞭扑以督之，其坊保、首正貧不堪役者率鬻其産業，至鬻妻子以代責入。民甚苦之，以故富多田者慮害之及，輒詭析户徙役貧者。前時有司坐視，一無所詰。太守余侯之再爲是邦，不忍民之日窮且斃而莫之恤也。念得錢萬數百緡爲孳息之母，歲視其贏以充計上，可已其害。乃身率僚友捐俸一月以風其下，郡人聞者争願出錢，得中統鈔以緡計萬有四百。遂移州下廣盈庫，寄主其藏，嚴置出入之籍，以時散之富民，使質貸生息之，月以緡計，入其贏三分於藏，歲計可得錢三千七百四十緡有奇。每歲當民租入時，官具文書出之，以給前賦之無所於徵而坐之坊保、首正者。

（元）虞集《道園學古録》卷八《記·滕州性善書院學田記》 大德四年，前守尚敏作義塾州治之南，其屋四楹，覆以瓦，其齋舍，茅茨而已。延師以教郡人之子弟，出己俸以率州士，得錢五千緡，貸諸人，取子息，以供師弟子之食。

（元）虞集《道園學古録》卷四一《碑·昭毅大將軍平江路總管府達魯花赤兼管内勸農事黄頭公墓碑》 九曰運舟冒險以出，常賴禱祠以安人心。若所謂天妃、海神、水仙等祠凡十餘處，朝廷給牲牢、醮祭之費，歲爲中統鈔百定而實不給也。公請假官本千封以貸人，收子錢以供其事，罷官給之費，而歲事豐備。

（元）蘇天爵《元文類》卷五七《神道碑·元故領中書省耶律公神道碑》 國初盜賊充斥，商賈不能行，則下令凡有失盗去處，周歲不獲正賊，令本路民户代償其物，前後積累，動以萬計。及所在官吏取借回鶻債銀，其年則倍之，次年則並息又倍之，謂之羊羔利，積而不已，往往破家散族，至以妻子爲質，然終不能償。公爲請於上，悉以官銀代還，凡七萬六千錠。仍奏定今後不以歲月遠近，子本相侔更不生息，遂爲定制。

（元）歐陽玄《歐陽玄集》卷八《碑銘・太中大夫京畿都漕運使王君去思之碑》 漕司有官給營運本錢，計楮幣千百五定，貸人，月取子錢充用。前政或遇忲侈，月入不蔇，屢軼元本。

（元）王士點《秘書監志》卷三《食本》 至正元年閏五月初九日，准中書户部關，至正元年四月二十四日阿魯秃怯薛第二日大口納鉢斡脱裏有時分，速古兒赤桑哥失里，必闍赤沙加班、云都赤蠻子、殿中捏烈秃、給事中帖木兒不花等有來，衆省官商量了，别兒怯不花平章、也先帖木兒平章、帖木兒塔失平章、阿魯右丞、許左丞、佛住參政、孛羅帖木兒參議、沙班參議、拜住郎中、蠻子員外郎、察兒吉臺都事、直省舍人倉赤、哈剌帖木兒、蒙古必闍赤都馬不顔帖木兒等奏過事内一件：奎章閣營運錢内翰林院裏與三千定，秘書監裏與一千定鈔，交做堂食錢呵，怎生？奏呵，奉聖旨：那般者。欽此。

至正二年五月，覆奉監官議得，上項營運鈔定諸人借使，監官不過中統鈔五十定，屬官三十定，令、譯史二十定，典書人等一十五定，月息一分五釐。必須明白開寫正借錢人、代保人、元附籍貫、見任職役、事産。借錢人或遇别有遷除，得代本息納足，方許給由。如有推欠利息，随於代保人名下月俸内揹除還官。若上項正借錢人鈔定不完，代保人告滿，文解亦不行給付。借錢人雖在，無錢，將事産折挫入官，外不敷之數，代保人名下一面追徵，事産亦行折挫。凡借錢人文契，典簿廳受訖呈監，然後用半印勘合，行下架閣庫收受的契，方許放支鈔定，仍具出庫起息年月，明白開呈。仍下典簿廳，以備查助。委自太監以下正官一員，每季一次提調，下季不過孟月初五日，明白開寫見在并已借未收實欠備細數目，移文本監轉關，下次提調官照驗施行。凡典簿廳呈到諸人借錢文契，須要提調官與監官相參署押，行下架閣庫，放文施行。仰移關提調官監丞王道奉議，仍下典簿廳架閣庫照驗，依上施行。奉此。

（元）俞希魯《至順鎮江志》卷六《賦税・孳息》 館驛祇待息錢 各處館驛使客飲饍，祇待惟艱。延祐己未，官降鈔本，令有司規畫以助其費。然潤當孔道，所用浩繁，民尤以爲病也。

本鈔中統。四萬貫。每貫月息三分。年息一萬四千四百貫。録事司，本六千五百三十九貫，息二千三百五十四貫四分，入在城水站。丹徒縣，本一萬三千八十二貫，息四千七百九貫五錢二分，入在城馬站。丹陽縣，本五千九百九貫，息一千七百六十七貫二錢四分，入本縣水站；又本六千三百八十二貫，息二千二百九十七貫五錢二分，入本縣馬站。金壇縣，本四千一百七十九貫五錢，息一千五百四貫六錢二分，入吕城水站；又本四千九百八貫五錢，息一千七百一十七貫零六分，亦入吕城馬站。

（元）俞希魯《至順鎮江志》卷六《賦税・孳息》 惠民藥局息錢 大德間，各路置立惠民藥局，仍降官錢，權子本爲修製藥餌之費。

本鈔中統。二萬五千貫，每貫月息三分。年息九千貫。並録事司。

《元史》卷一二《世祖紀》 〔中統十九年四月〕定民間貸錢取息之法，以三分爲率。

《元史》卷二《太宗紀》 〔十二年〕是歲，以官民貸回鶻金償官者歲加倍，名羊羔息，其害爲甚，詔以官物代還，凡七萬六千錠。仍命凡假貸歲久，惟子本相侔而止，著爲令。籍諸王大臣所俘男女爲民。

《元史》卷二〇《成宗紀》 〔大德五年十月丁亥〕諭百司凡事關中書省者，毋得輒奏。權豪勢要之家佃户貸糧者，聽於來歲秋成還之。

《元史》卷一〇五《刑法志・禁令》 諸監臨官輒舉貸於民者，取與俱罪之。諸稱貸錢穀，年月雖多，不過一本一息，有輒取贏於人，或轉換契券，息上加息，或占人牛馬財産，奪人子女以爲奴婢者，重加之罪，仍償多取之息，其本息没官。諸典質，不設正庫，不立信帖，違例取息者，禁之。

《元史》一四六《耶律楚材傳》 先是，州郡長吏，多借賈人銀以償官，息累數倍，曰羊羔兒利，至奴其妻子，猶不足償。楚材奏令本利相侔而止，永爲定制，民間所負者，官爲代償之。至一衡量，給符印，立鈔法，定均輸，布遞傳，明驛券，庶政略備，民稍蘇息焉。

明清分部

論説

（明）顧起元《客座贅語》卷五《三宜恤》 南都徭役繁重，所以困吾百姓者多矣。近年當事者加意剷除，始稍有甦息之望。向有議裁寄莊户之兼并，禁質鋪之罔利，與搜富户之非法者，其説固亦有見第。余嘗聞姚太守叙卿之言曰：均賦者，不宜苛摘寄莊户，寄莊户乃無田者之父母也。令寄莊户冒役太重，勢必不肯多置田，彼小民之無立錐者，安所倚命乎？寄莊户以田一畝予佃户種，必以牛與車予之，又以房居之。計一歲所入，畝之中上者可收穀二石，以其半輸之田主，而佃户已得一畝之入矣。是寄莊户不惟無害於民，且有利於民，即田連阡陌，其仰給者不啻衆也，何以尤其兼并也。方司徒采山之言曰：質鋪未可議逐也，小民旦夕有緩急，上既不能賫之，其鄰里鄉黨能助一臂力者，幾何人哉。當窘迫之中，隨其家之所有，抱而趣質焉，可以立辦，可以亡求人。則質鋪者窮民之筦庫也，可無議逐矣。王太守元簡之言曰：往日海中丞在吴中，貧民有告富家者，必嚴法處之。一時刁訐四起，富户之破亡者甚衆，此大非。是邑有富民，小户依以衣食者必夥，時值水旱，勸借賑貸，須此輩以濟緩急。雖一村有一富者，近村田房不免多爲所有，然必是貧者方賣，賣於他人與賣於富家一也。且富家自非豪惡閔不畏法者，豈必盡謀占而計取之。假令摧剥富民，富者必貧，闔百千萬室而皆赤貧，豈能長保。三先生之言，皆深思遠慮，與浮見者不同，因表而出之，以諗於當事者。

（清）趙士麟《讀書堂綵衣全集》卷四四《撫浙條約·第二咨》 爲照本都院下車之始，因會同貴將軍都統公衙門會審，見欠債到官之張雲卿、錢順甫並被逼准折妻女之錢大功，一係豆腐生理，一係水菜生理，一係窮迫潛逃，其鳩形鵠面之狀，惟行乞之兒，溝中之殍可以比之絶無人象，傷心慘目不忍見聞。以此責償粉骨莫措一二人，如此人人可知，是以本都院委曲思維不惜破産代民捐賠。且懇慨捐協助，永斷葛藤，以安窮民，且卹介士，誠屬美舉，有何律例可拘？至於年遠之債，皆係疊利轉票所償，悉已數倍，雖有契券，完欠難憑。杭民皆知追餘利給主之旨含忍未言，今仍責追遠年，小民誰肎甘心？恐追獲者少，給民者多也。至查律内欠私債不過笞杖，若違禁取利，官吏放債，勢豪准折强奪奸佔則處分甚嚴。本都院一片曲全苦心，定蒙見諒。倘貴將軍都統以請捐之數太多，未免遲疑，不即俯允，本都院當與同城院司各道極力勸募，再捐三千金，共成八千之數。祈貴將軍都統仍勉捐二千，以足萬金，同襄此舉。查照俵分將原票盡行給發，完結此事，以仰答皇上委任地方至意，安輯兵民之心，并見文武同舟之雅，兩浙生民頂感在於世世生生矣。

（清）趙翼《陔餘叢考》卷三三《放債起利加二加三加四並京債》 放債起息，後人皆以《周禮》泉府之官，凡民之貸，與其有司辨之，以國服爲之息一語爲口實。按國服爲之息一語，本不甚了了，鄭衆釋之云：貸者從官借本賈也，故有息，使民弗利，以其所賈之國所出爲息也。鄭康成因釋之云：以其於國服事之税爲息也，於國事受園廛之田，而貸萬泉者，則期出息五百，此亦臆度之詞。蓋《周禮》園廛二十而税一，近郊十一、遠郊二十而三，甸稍縣皆無過十二，惟漆林之征二十而五，漆林自然所生，非人力所作，故税重。康成乃約此法，謂從官貸錢，若受園廛之地，貸萬錢者，期出息五百也。賈公彦因而疏解，謂近郊十一者，萬錢期出息一千，遠郊二十而三者，期出息一千五百，甸稍縣都之民，萬錢期出息二千也，此後世放債起息之所本也。《漢書·谷永傳》：爲人起責，分利受謝。顔師古註曰：富賈有錢，假托其名，代爲之主，放與他人以取息，而共分之。是漢時已有放債之事，然師古謂代富人爲主，放與他人，亦恐未確。蓋如今之中保，爲之居間説合，得以分利受謝耳。《漢書·貨殖傳》：農工商賈，大率歲萬息二千，百萬之家即二十萬。註云：每萬得利二千，故百萬之家得二十萬，此加二之息，見於《漢書》者也。鄭康成註國服爲息句，又云：王莽時，貸以治産業者，但計嬴所得，受息無過歲什一。公彦疏云：莽時雖計本多少爲定，及其催科，惟計所嬴多少，如歲嬴萬泉則催一千，如嬴五千則催五百，皆據利催什一也。然則王莽時，收息僅加一也。然《漢書·王莽傳》：令市官收賤賣貴，賒貸與民，收息百月三。如淳曰：出百錢與民，月收其息三錢也，則莽收息乃加三，而非如康成所云什一也，此加三起息之見於莽傳者也。宋青苗條例云：人户所請價錢斛斗，至秋成應納時，如物價稍貴，願納見錢者，當比附元請價錢，不得過三分，如一户請過一貫文，送納見錢，不得過一貫三百文。此後世官利加三之始也。【略】然韓琦疏又云：今放青苗錢，凡春貸十千，半年之内，令納利二千，秋再放十千，至年終，又令納利二千，則又加四利息矣。《元史·太宗本紀》：國初官民貸回鶻金，歲加倍，太宗著令，凡假貸歲久，惟子本相侔而止。時因邪律楚材言回鶻金取息太重，名羊羔利，請以本利相侔而止，故有是詔，見《楚材傳》。世祖至元六年，又申明此制，令民間貸錢雖踰限，止償一本息。時又因劉秉忠言，宜確計官民欠負，依前者使一本一利償還。詔從之，見《秉忠傳》。又布魯海牙宣撫真定，以富民收息，不踰時倍之，乃定令息如本而止，見《布魯海牙傳》。此近代遠年債負一本一利之所始也。至近代京債之例，富人挾貲住京師，遇月選官之不能出京者，量其地之遠近，缺之豐嗇，或七八十兩作百兩，謂之扣頭，甚至有四扣五扣者，其取利最重。按此事古亦有之，《史記·貨殖傳》：吳楚七國反時，長安列侯當從軍者，欲貸子錢，子錢家莫肯貸，惟無鹽氏捐金出貸，其息十之。吳楚平，而無鹽氏之息十倍，曰：子錢家，則專有此出錢取息之人，如今放京債者也。曰息十倍，則如今京債之重利也。又《舊唐書·武宗紀》：中書奏選官多京債，到任填還，致其貪求，罔不由此，乃定户部預借料錢到任扣還之例，此又後世京債故事，及官借俸錢之始。

（清）陳忠倚《皇朝經世文三編》卷三〇《户政·商戰·設立銀行利弊論錢大受》 自華洋互市數十年以來，國家錢刀金幣日流注於外洋，有心世道者咸思所以挽回補救之術，於是一切仿行西法，不憚再三經營，誠以勵精圖治之至務，不可不汲汲講求也。

然有中國力所能行，便於民生國計，可以收利權於萬一，今尚闕如而未興創者，則銀行是也。通商之地，銀行與輪船相輔而行，譬猶身之於臂，臂之於指，闕其一則應運不靈。泰西商務所以稱極盛者，蓋有銀行之爲之積聚其銀錢，而又爲之流通其銀錢也，銀行之利穩而且溥。歷計泰西各銀行，無慮數十家，觀其每年結帳，無不獲利者。故懋遷有無，爲術良多，未有如銀行之最操勝算者也。

中國所以久而不能興起者，豈力有所不足，勢有所不能哉。由於自私自利之見重，信義不能相孚，而集股一事覆轍相尋，人尤視爲畏途，裹足而不敢前。今議創始之法，宜以信義爲先，而資本既巨，非集股不足以成事。集股之道，厥有三端。中國雖無銀行之名，而與銀行相表裏者，山陝人所設票號是也。今計票號之設不下數十家，其章程整齊嚴肅，行之百年而無弊。其資本雖亦多寡不齊，然總在數十萬以外。誠能令各家各出二十萬金，可得五六百萬金，各股並開銀行，設各分省，就其章程别其可用不可用，以定去取，更以西國銀行之法附益之，以補其不逮。每年餘利按股均分，於票號諸商有益而無損。苟能和衷共濟，數年之後，寖盛寖昌，獲利可操左券。方今銀行創始之難，難在集資，集資之易，無有過於此者。特恐自私自利之見重，而不肯併力合作耳。古者重農輕商，崇本抑末。今華洋既以通商互市爲名，則商務不得不重，時會所遷，不可強也。宜由大臣奏准，凡内外臣工量力入股，更撥國帑以輔助之，集腋成裘，當不難共成其事。上以利國，下以便民，誠盛舉也。或不分官民廣集股分，明示以銀行之設甚有利益，凡我華人亟宜極力襄成，入股多寡各隨其量，先行掛號，俟有成數，照股收清。資本既集，更得精明幹練之人以操縱而運籌之，何難措置裕如哉。

夫票號合股，資易集而事易成，而諸商或不樂從，以官而商，或有惡其名之不可居者，故三者之中，自以不分官民廣集股分爲確實而可行。溯自康熙二十四年始開海禁，荷蘭以佐平臺灣有功，首請通市，英吉利諸國繼之，初以澳門爲逆旅，而交易於廣州之黄浦，往來於寧波之舟山。乾隆二十四年，英商洪任輝訴粤關苛政於天津。五十八年，英使馬甘尼請推廣市埠於朝，駸駸乎有北向之志，而請給海島一語，遂張日後香港之本。迨道光二十二年而五口通商之約成，厥後踵事以增，一見於咸豐之季，再見於光緒之初，於是乎江海通商凡十有九口，而不設關不立市之處尚不在此數，帆檣雲集，商賈輻輳，歷我奥區，履我户闥，其勢如百川灌河，堤防一決，莫之能遏，彼盈彼絀，歷數十年之久，中國銀錢輸於外洋不可以數計。即以近今而論，自光緒丁丑以後，綜計十一年中中國共虧銀一萬一千餘萬。辛巳、乙酉二年，皆虧二千萬外。關册所書，朗若列眉，可按籍而稽也。論世者嘆息於漏巵之不可塞，莫不歸咎於商之不可通。不知閉關絶市，斷不能行於今日。惟有因我固有之利而擴之，規彼攘竊之利而杜之，聯官民之心，以推究商務而已。

綜計歷年虧折之由，其故多端，難以殫述。然使中國早建銀行，則資本充裕，足以調度，無艱難窒礙之慮，有轉貸推移之便，其足保我利權，豈無小補。顧迄未興創，坐使數十年中錙銖之利盡爲洋商所得，可勝痛惜。然而往者不可諫，來者猶可追。欲爲見兔顧犬、亡羊補牢之計，正在今日。計然如物必曰時用，朱公治產必曰任時，子長孟堅於貨殖一傳時之爲義，均再三致意，爲政之道尤貴因時制宜，故銀行之設爲時會所必需，誠中國目前不可不興之舉。

今中國以貨質錢則有典當，有無相通則有錢莊，彼此匯兑則有票號，銀行合三者而爲一，集大成者也。若當、若錢莊、若票號，分爲之猶足以致利，矧其合而爲一，資本愈鉅，經營愈廣，此其爲利，豈待智者而知耶。余嘗推求中國設立銀行，其利有四：通中國之財，收中國之利，循環周流，利不外散。利一。賑捐兵餉及民間一切銀錢往來，可以隨地匯劃，無載運之勞，風波之險。利二。巨資既集，商人得所借貸，商務可漸期擴充。利三。國家偶有所需，可向銀行暫貸，不借洋債，以崇國體。利四。且銀行之例，得以兼理商務，若借貸與抵押絲茶並各項貨物，開設製造洋貨等公司，如織洋布繅絲之類，採取礦產，修造鐵道，賃租輪船，代理保水火險公司，販運出口入口貨物，如洋布、火油、煤鐵等項，以及代辦理華商在外洋所開字號坐莊一切事務，均有利益可圖。吾故曰懋遷之術未有如銀行之最操勝算者也。

夫其利之可述者如此，至言乎弊，則即向所云有利者而不善爲之，皆足以致弊。天下固在得人而爲之，安在有利之必無弊哉。賈山曰：民有餘力則君有餘財，民力困矣，欲求國之不困，不可得也。君之於民，譬之水之有源，木之有根，燈之有膏也。源遠則流長，根固則葉茂，膏足則燈明。君之於民亦然，故民富則君強。今西人工於謀利，其所以朘削吾者更僕難數，不有以應，曷補於匱，不善其術，將何以應轉移之道，全憑人力，中國之於商政，其不可膜視，而不加董理明矣。是故設商局則足以奪彼輪汎之利，興紡織則足以奪彼紗布之利，採礦產則足以奪彼五金之利，宏製造則足以奪彼機器軍械之利，建電局則足以奪彼傳遞書信之利，設銀行則足以奪彼匯兑貿易之利。凡此者皆所以謂規彼攘竊之利而杜之者也。

今商局之設歷有年所，規條井井，成效昭然。製造、電報等局皆足保我利益，紡織則方在開辦，但使調劑得人，振興不難預卜。開礦雖久無成功，然大抵人之不可恃，非礦之不可開，未可因噎而廢食。但銀行最足保我利權，迄未興創，足稱憾事。苟得一二究心商務者經而理之，飭廉隅、宏規畫，奪彼利而反之吾，夫豈奢願難償哉。登高自下，行遠自邇，凡事之興必由乎漸。今在創始之初，僅於各省設立銀行，以小試其端，異日者推廣行之，由近而及遠，始而日本南洋，繼而歐洲英法等國，依次分設，將見資財流通，中國商務之盛足與泰西並轡齊驅，此則草野有志之士所爲日夜跂踵拭目而俟以觀其成者也，能不於銀行有厚望哉。意有未盡，更擬條例十餘則著於篇。

一、精造鈔票以杜私製也。中國既設銀行，亦必仿行鈔票。西國鈔票之製精巧絶倫，中一行爲數大字，每大字之中嵌無數小字，雖字畫至纖且細，而甚融洽分明，蓋亦所以防莠民仿造也。中國仿行鈔票，文宜中西並用，尤須雕鏤精緻，令人一望而知其真贋，則不肖者庶幾戢其邪心矣。

一、嚴辦私製以警效尤也。中國地大物博，良莠不齊，作奸犯科者但知有利可圖，不惜以身試法。鈔票既行，恐有市井無賴之徒依樣私造，希圖射利。然鈔票全憑信實，一入於僞，有關大局。前年日本有人仿造鈔票，後被緝獲懲治。蓋莠民固無國無之也。故必精製以杜漸於其先，尤必嚴辦以示警於其後。查有私造鈔票者，從重科罪。泰西律例，有犯此者，法亦極重。懲一警百，法雖嚴而不得爲苛也。

一、鈔票宜有定限也。紙幣之制，中國自昔有之，今直北各省及滬上各錢莊亦多有用之者，與銀行鈔票大同小異。然其用不盛，率行之一方而不能及遠。夫數寸之紙流行天下，信以爲之主也。使稍有不實，人懷疑二則窒礙而不通矣。且鈔票之數，宜有一定之限制而不得過。譬猶存本五百萬兩，則鈔票不得過六百萬數，大抵鈔票多於現銀止可三分之一。宜仿泰西著爲例，不得過限。蓋銀少紙多，轉運不靈，弊有不可勝言者。考美國首創銀行之際，坐此而致倒閉者指不勝屈。後定鈔票之有限制，乃能維持于久遠。今泰西各國銀行鈔票均有限制，蓋有鑒於往事也。

一、每年查對鈔票以歸覈實也。泰西各國銀行，每年由其國家將各銀行所發鈔票與其存款底帳查對一次。以驗真僞。深恐其不遵定制，貽患大局，立法至爲周密。中國亦宜仿而行之，每年查對覈實。

一、抵押各物須經估驗也。銀行之例，有以抵押爲借貸，抵押之物不一，其類或房產單契，或各項貨物，均可抵押。然所抵之物須經精明者估驗，確係所值幾何。如所抵之物值一千兩，則借出之款不過五六百兩，大抵不外以多抵少。尤須察其所抵之物易銷、不易銷，否則以現銀而抵滯貨，設前途不即去贖，吾又無路可銷，其能免虧折之虞乎。當事者不可不審慎處之也。

一、經理商政須將以謹慎也。操奇計贏，貨之忽多忽寡，價之忽增忽減，朝更夕改，倏然無定，未可輕于嘗試。惟銀行既行兼理商務，利之所在，不得不營營並騖然。苟經理不善，則虧折隨之。昔年法蘭西銀行因買銅過多，市價驟減，一時虧折良多，衆遂蜂聚提銀。幸其國家爲之極力調護，始得相安無事。前車之鑒，近在目前，當援以爲戒。

一、設（綜）〔總〕局以專責成也。泰西各銀行均有總局，總局之設，大抵在往來衝要商賈會萃之區。即中國如招商、電報等局俱各有總局，蓋有分局者必有總局以統轄之也。中國銀行總局或設于上海，或設于京師，須斟酌議定，異日推廣施行，則總局亦可隨時遷移。每年帳目略由各分局上之於總局，由總局詳對核算，慮周藻密，亦防弊之道也。

一、每年結帳以昭信實也。西國銀行每年必結帳一次，使盈虛贏絀昭然若揭，閱之者不難一目了然，法至良意至美也。中國既設銀行，每六閱月結帳一次，將所經理商務應餘利若干刊登日報告白，或印成排單，凡股東及軍民人等均得向銀行取閱，俾衆咸知。

一、汰去冗職以節浮靡也。中國風氣，每設一局建一行其主人之親戚故舊不論賢愚往往蹯踞其中，職少人浮，至有無所事事而素餐尸位者，習俗所移，了不爲怪。今設立銀行，自總理以下宜定司事抄寫若干人，凡可有可無一切冗職宜淘汰盡凈，務在節浮糜而一事權。

一、遴選總理以資運籌也。天下之事患無治法，尤患無治人。有治人，不患無治法。昔人所言，良不誣也。五都之市，廛肆林立，不論行業之大小，其夥友之進退，銀錢之出入，莫不有一人焉總理其事，權專而責重，雖主人不得過問。此一人者，老成練達，潔己奉公，則其茂盛可立而待也。苟其不善居積，（無）〔舞〕弊偷巧，則其虧耗亦可立而待也。歷觀滬上各鉅莊倒閉之由，半由總理者之不得其人。蓋總理者譬猶國之有宰輔，所謂一舉足便有輕重，不可不慎。今各省設立銀行，每行必有一人總理其事，使不慎擇所選，則一省苟有虧耗，大局攸關，貽患何堪設想。是宜選擇熟悉商務精於心計幹練老成之人，以充其職。尤宜仿泰西立保單之法，凡充此職者須有公正殷富紳士立有保單，方得承充。夫門無五尺之鍵，則不能閉。車無三寸之轄，則不能行。提綱挈領之道，實莫先於得人，正不可目爲老生常談而忽視之也。

一、公舉董事以資糾察也。世之舞弊弄文往往於幽暗之中，而不敢於衆目昭彰之地。其時使有人焉環視乎其旁，糾繩乎其後，則必有所顧忌而不敢肆。泰西各業之設董事，亦控制之道也。中國各省設立銀行，亦必小有興革，斟酌損益，尤貴有人，務使盡善盡美，無毫厘遺憾，乃能垂久遠而洽輿情。則董事者寔有董理諸事之職，不可不循名核實也。宜於衆股東中擇其才識優裕才幹練達者數人，公舉以爲董事，使之辨別可否，參謀得失，論列是非。凡總理之所不逮，董事得而匡正之。章程之所未善，及有增損事宜，董事得與衆人公議而施行之。且得隨時查閱帳目，以免疏虞而昭慎重，則責有專歸，而事無旁貸。彼總理者知有環視其旁，糾繩其後，必有勤益加勤，慎益加慎，尚何敢率爾從事哉。

《光緒新法令·財政·銀行·財政處奏擬由户部試辦銀行推行銀幣摺》 竊臣等前經奏明在天津設廠鑄造銀幣，業已開工建築廠房，一俟所購機器運到，即行趕緊開鑄。以爲整頓財政之造端。惟此次鑄造銀幣，宗旨在整齊幣制，廣爲推行，收回向用生銀漸次改鑄，以及行用紙幣，鑄造金鎊。此中轉運關鍵，自以部庫之出納爲本源，而尤須設有銀行爲我操縱維持，始能暢行無阻。中國向無銀行，各省富商所設票號、錢莊大致雖與銀行相類，特公家未設有銀行相與維繫，則國用盈虛之大局不足以資輔助。凡此情形皆早在聖明洞鑒之中。前據粵紳候補四品京堂張煜南稟請招集南洋華商股分，在京城設立商辦銀號，並請由部庫撥給股本銀兩，已由臣等奏明，准予立案。惟該紳現始赴南洋招股，開辦尚屬無期，現當整齊幣制之際，亟賴設有銀行爲推行之樞紐。臣等再四籌商，現擬先由户部設法籌集股本，采取各國銀行章程，斟酌損益，迅即試辦銀行，以爲財幣流轉總匯之所。其詳細章程另由户部妥擬，奏明辦理。謹奏。光緒三十年正月二十八日奉旨：依議。欽此。

《光緒新法令・財政・銀行・郵傳部奏擬設交通銀行摺》 竊臣部所管輪路電郵四政，總以振興實業挽回利權爲宗旨，即如借款所辦各路存放款項向由分儲各立界限，此盈彼絀，不能互相挹注。且由歐匯華，由華匯歐，又不能自爲匯劃，而鎊虧之折耗猶其顯者也。京外各商埠銀行合羣競進，度支部雖設銀行，勢力尚難悉敵，自應聯合官商廣設銀行，以爲中央之助。臣部所管四政可興之利甚多，設欲籌借資本，無抵押者不足取信，有抵押者復恐難行。現擬贖回京漢鐵路需款尤鉅，議辦債票股票，必須有總匯之區，專司出納。未贖路之先，所出股票債票須用銀行擔任，否則所有應辦事宜與部直接，微獨無此政體，且不能消息銀行機關，諸多窒礙。查東西各國，無論官商營業，准設銀行，通都大邑多至百數十處。但遵守中央銀行所定之法律，與中央銀行並行不悖。國内銀行愈多，交通愈普，國事民事均受其益。

近據各埠殷實華商迭請規仿日本興業銀行集資設立，以期利不外溢。核其辦法，尚合機宜，擬由臣部附入股本，設一銀行，官商合辦，股本銀五百萬兩，招募商股六成，先由臣部認股四成，以應開辦之用，名曰交通銀行。將輪路電郵各局存款改由該行經理，就臣部各項散款合而統計，以握其經畫之權。一切經營悉照各國普通商業銀行辦法，兼采奏准之中國通商銀行、四川濬川源銀行，及咨准之浙江鐵路興業銀行各規則，與中央銀行性質截然不同。援照商業各銀行銀號通例，兑出銀圓銀兩票紙以資周轉。一俟度支部頒發銀行鈔票准備金章程及銀行法律，即與京外各埠商業銀行一律遵守。將來擴充郵政，凡郵便匯兑、郵便儲金實爲臣部專責，及聯絡海外華僑遞信匯兑諸事，調度較靈，愈足以堅人信。故輪路電郵四者互爲交通而必資銀行爲之樞紐。即中央銀行畫一全國幣制，得鐵路、車站、電報、郵政各局所爲之經理匯兑儲金，使國幣推行内地，而鄉曲沿用生銀之習亦可漸次改良。是輪路電郵實受交通利便之益，而交通利便固不僅輪路電郵實受其益已也。臣等謹就各國普通商業銀行章程擇其合於本國程度者，酌擬三十八條，繕具清單，恭呈御覽，恭候命下，即由臣部分別咨照，迅速籌辦，于四政實有裨益。謹奏。光緒三十三年十一月初四日奉旨：依議。欽此。

謹將擬設交通銀行章程繕具清單，恭呈御覽。

計開

宗旨

一、交通銀行純用商業銀行性質，由郵傳部附股設立，官股四成，商股六成，一切均照奏定商律辦理。

二、該行借以利便交通，振興輪路電郵四政。

三、度支部定有銀行鈔幣准備金章程，施行各銀行時該行一律遵守。

四、度支部定有銀行法律，施行各銀行時，該行一律遵守。

特別營業

五、該行爲京漢贖路時，總司一切存款、匯款、消息鎊價、預買佛郎克等事。

六、贖路債票股票章程，俟奏定後由該行經理收發。

七、輪路電郵各局所存儲匯兑揭借等事，該行任之，此係指郵傳部直接管理之各局而言，商辦各局願歸該行經理與否，任聽其便。

八、先就鐵路所經省分設立總分行，各海岸陸續增設，所有准備金額即以國幣及通用現銀爲准。

尋常營業

九、該行收入輪（船）〔路〕電郵款項，即與尋常商業貿易一樣看待。

十、總行設在北京鐵路可通之天津、上海、漢口、厦門、鎮江、廣州六處，先立分行，或與殷實商號訂立合同作爲代辦，必須因地制宜，隨時酌定，以後各商埠路綫漸通，續行添設分行及代辦行。

十一、該行設立以後，將來體察情形，擬在外埠、外國設立分行或覓殷實華僑代辦。

十二、凡官紳商民人等有在銀行入股及存放款項，應按照外國銀行通行規則辦法妥爲收存營運，不能問其款之所從來，且款項既存，行内即有保護之責，無論該款有何關係轇轕之事，非持存款憑券，不得用官力向銀行强迫閲帳查辦，致使銀行信用稍有損礙。

十三、該行係官商合辦之業，凡各部省、各地方官雖因公事，若無抵押的款，不得違章挪借，致失國民信用。

十四、該行專理存放款項、買賣荒金荒銀、匯兑劃撥公司款項、折收未滿限期票及代人收存緊要物件，其餘未及詳列之款以及各項禁令，均照中外商業銀行章程辦理。

十五、該行開辦之初，凡辦事人員各有應盡義務，款項出入各有交代責任，但貿易之道頭緒紛繁，須立一定規則方足以資遵守，其詳細規則由總理協理擬議呈核頒發，各分行一律遵守。

十六、該行所集官商股本定爲常年官息六釐，半年結算一次，年終結帳一次，先分官息，如有餘利，匯結得有實在數目，除公積花紅外，餘按入股之遲早均分。

十七、該行擬仿照京外銀號及各國銀行印刷通行銀紙，分一百圓、五十圓、十圓、五圓、一圓五種，並仿照各銀號印出該埠市面習慣通用平色各種銀票以及各項票據，惟不得出國幣紙票，俟度支部禁止各埠銀行出票實行後，該行所出通行票紙即當照章收回，與各埠銀行一律辦理。

權限

十八、以北京爲總行，行内特設總管理處，派總理一人，協理一人，專管總分行事務，另派管理鐵路人員爲幫理，使款目互相關顧，不至有所牽掣。

十九、總行、分行均定派總辦一人，酌派副辦一人，專理一行事務，與總理、協理權限不同。

二十、總理、協理均聽郵傳部堂官命令。

二十一、該行總理、協理、總辦、副辦各員必須有專門財政學、出洋考察財政學或曾在銀行充當職事，及曾辦銀號著有成效者，其分行總辦、副辦先由總管理處遴選預備額數呈核，由最大股東於核定員内公舉。

二十二、該行總辦、副辦係有辦事全權，另由部派出總稽查一員隨時赴行，專司稽查之任，此員與總理、協理均有稽查各行之責。如前往各該行時，總辦、副辦應將帳目現銀及貿易情形呈出查核。

二十三、各行總辦、副辦由總管理處遴選預備額數呈部核定，再由股東按照商律於核定人員内公舉。總管理處遴選之員應照第二十一條辦理，公舉既定，由總理等與之訂立合同，取具押櫃銀兩，妥實商號保單先行試用。仍責成該總理等隨時分赴考察，一切出入款項及帳目要件均須過目。如有不能勝任者，准該總理等隨時呈請，照章另舉更换。

二十四、該行總辦等員一經選定，訂立合同後，即作爲能遵守該行條例之據，所有應得利權即應給予，罰約亦應遵守。

二十五、該行每季詳造營業資材切實報告送呈郵傳部查核，年終結帳轉咨度支部查核，郵傳部並可隨時調查該行各帳。此外各項貿易事業，公家決不干預。

二十六、總行中重要事件進出鉅款，總辦、副辦與總理、協理詳細商酌，其與各行關係者並須預先電商辦理。此外各項貿易，總辦與副辦會同酌辦，由司帳逐款登帳，如有司帳未經登帳款目，該行不能承認。各行應照章保險，如遇有兵險意外之事及因兵險意外牽涉之事，須預先妥爲設法補救，如實有不及防範意外之事，應由總辦、副辦查明核結。其或有因公虧損資本息銀，亦應預先籌劃商量補救，先以公積銀彌補，考查明確，再行核實結算。

二十七、行内辦事人等不能兼爲他人管理生意，並不得自開支店，其原有之自己貿易俱准照常開設，惟不得以其字號出名在銀行借款。如他人在銀行借款，亦不得以其字號作保，惟現銀交易匯兑不在此例。

股章

二十八、該行先備資本銀五百萬兩，分爲五萬股，每股庫平足銀一百兩，由郵傳部籌款認購二萬股，其餘三萬股無論官紳商民人等均准購買，俟貿易擴充之時，再行陸續添招五萬股，隨時由辦事人及大股東等議定呈准施行。

二十九、該行照有限公司辦法股分以外，不再向股東添取銀錢，即有虧欠，與股東無涉。添招股分之時，先儘舊股東承受，如舊股東不買，方可另招新股。

三十、凡認買股分券者，均先繳足四分之一，其餘俟該行貿易應用之時，再行報告分次收取。惟購買此項股分券者，必須書明姓名籍貫註册，以本國人爲斷，外國人不得購買。其原有股分者亦不得轉售及抵押與外國暨入外國籍之人。

三十一、該行分次續取股本之時，均於兩月以前普行報告股東，若屆時未將續交各款交到者，須俟其補交時，令於應交數目外增加十分之一。若再逾兩月之久仍未交到，即將其股發賣，由其已交本銀内除浄所罰加一之款及因發賣所需一切費用，如有盈餘，交還原主。倘或不足，仍向原股東追繳。其股東處在外省或外洋者，可再展期兩月，照此辦理。

三十二、該行既爲官商合辦有限公司，則官股商股本無歧異，所有未經限滿以前，股本銀兩不能隨時提用，亦不得藉詞挪借。如商股東欲將股票賣給或讓與他人，須由原主函知該行核准，再行通知本人，將賣給或讓與之契據兩造簽名畫押，連股票送至該行登註股分總册，並由該行人員於後面格内簽字畫押，此外有執持股票來行自稱股東者，該行均不承認，惟認曾經註册者爲實在股東。

三十三、該行營業伊始，折息銷路未暢，亦無須資本過多，商股一時如未足數，聽人自購，俟布置就緒，續行招足。

三十四、該行執事各員每月須有大會議一次，議辦一切要事，如有特別會議，另行知照總管理處辦理。

三十五、股東會議到場有全數之半，其所持股分有全股之半，並該行執事人到及一半者，即可定議，否則改期再議。若不能如上所限，而在場股東以爲事在可行者已居多數，可以暫時議決，至業經公會議定諸事，未經赴議之人不得退有後言。查農工商部奏定商律内公司會議章程極爲詳細，凡該行未經詳列者，一切均可查照該章程辦理。

三十六、郵傳部既認二萬股即爲最大股東，可以選派總理、協理，由股東公舉董事四人爲稽核。總管理處事務之員會議時，總理爲議長，如遇一事可否各半者，議長有判决之權。總理如有事故，以協理代之。又各行設監事二人，由股東公舉，監察本行一切事務，毋庸常川駐行。此外司帳等員均由總辦延訂。

三十七、董事非有百股以上，監事非有四十股以上，不得當其選舉，董事選舉後，須呈明郵傳部再行任事，監事徑由股東公舉。

三十八、以上章程定後尚須隨時修改，並酌擬詳細辦法，但與原定章程宗旨不甚懸殊者，均可刊刻通行。

《東方雜誌》一九〇四年第六期《財政・論户部銀行録六月初一日時報》 頃者我國設立户部銀行，其事有類兒戲，中國人固莫或注意，即外人亦多以冷語相評。頃讀日本經濟新報有寄書一篇，論此事者，節譯如下。

觀夫中國户部銀行與通商銀行，此兩者皆有中央銀行之格式，其並行而不相協合，最不可解也。因舉兩銀行性質異同之比較如下。

户部銀行

一、資本銀四百萬兩，每股一百兩。户部自認二萬股，其餘募之於官民。

二、專爲存貯銀兩、買賣銀兩、發行銀行赤紙及按揭各管業。

三、受國家特别保護，若當匯兑緊急之時，可由國庫借入補助。

四、以後凡銀元局鑄造銀幣銅幣，皆交本行發放。

五、發行紙幣五種：百兩、五十兩、十兩、五兩、一兩。

六、司理户部出納。

七、總行在北京，支行分設天津、上海、漢口、廣東、四川等處。

中國通商銀行

一、資本銀五百萬兩，每股一百兩。募之於官民，而招商、電報兩局自認一萬五千股。

二、同。

三、政府爲特别保護，特從國庫撥二百萬兩存貯該銀行，收回薄利。

四、此條全缺。

五、發行紙幣凡分兩等，一以兩計者，其種數與户部銀行同。一以元計者，百元、五十元、十元、五元、一元，凡五種。

六、司理中央及地方公費出納。

七、總行在上海，支行分設北京、天津、漢口等處。

由此觀之，此兩銀行相異之處，惟第四項，收納銀元局所鑄貨幣一事爲最異。第六項亦微有所異，第七項則户部銀行設在北京，純然爲中央銀行之規模，亦其特色也。但既名曰中央銀行，而規模僅如是，得毋過於狹小乎。此一疑問也。中國前此未聞有所謂西式銀行者，然如山西各票號，不過私人所營業耳。其資（木）〔本〕之多者猶且百萬兩以至千萬兩，其銀號、錢莊亦自數十萬以至數百萬，今所謂户部銀行者，立於此等匯兑機關之上，挾持正貨及兑换紙幣之發行權，欲以調和全國之匯兑，而僅有此區區四百萬兩之資本，其萬不能達此目的，豈俟蓍蔡乎。不特此也，吾恐此銀行雖挾國力，而斷不能與舊有之票號、錢莊競争，更安敢望指揮之也。吾以爲若在一府一縣立此等銀行，爲該府縣之匯兑機關，庶乎可矣。今以之當中央銀行之責任，毋乃太不類耶。

又馬蹄銀之鑄造發行，此户部銀行占何等之地位乎。又一疑問也。據原議則現在各銀元局鑄造之銀元改爲兩數，而繳入該銀行以備支付，銀行則對之而發行兑换紙幣。若僅如此，則所謂中央銀行對於匯兑之責任實有所未盡也。蓋除銀元局之外，其各票號、各私人之私鑄馬蹄銀者甚多，非盡收之於户部銀行之手，則於貨幣之整理統一終不可期。今徒擁此虚名，則與現在之中國通商銀行復何擇也。

由此觀之，則北京政府今日何故必創立此銀行乎，實吾所百思不得其解也。彼當光緒二十三年之特設中國通商銀行也，亦謂將以達此種種之目的也。今者中國通商銀行之營業亦與户部銀行無所異也，而疊牀架屋胡爲者。如曰因第四項之必要而創此户部銀行也，則何不以此特權畀諸通商銀行。以此資本加入通商銀行，而將通商銀行移至北京，使漸次發達，遂完中央銀行之義務也。計不出此而以此不完全之兩銀行並行，迷分業之至理，蹈駢枝之譏誚。中國人摹仿泰西文明，皆買櫝還珠之類。此亦其一端矣。

案日人此論，可謂博深切明。雖然，惜其於通商銀行腐敗之真相，及户部銀行所以設立之私意，尚皆未能見及也。

《東方雜誌》一九〇八年第二期《交通・郵傳部奏擬設交通銀行綰合輪路電郵四政收回利權並派充總協理摺片》 竊臣部所管輪路電郵四政，總以振興實業挽回利權爲宗旨。即如借款所辦各路存放款項，向係分儲各立界限，此盈彼絀，不能互相挹注。且由歐匯華、由華匯歐又不能自爲匯畫，而鎊虧之折耗猶其顯者也。京外各商埠銀行合羣競進，度支部雖設銀行，勢力尚難悉敵，自應聯合官商廣設銀行，以爲中央之助。臣部所管四政可興之利甚多，設欲籌借資本，無抵押者不足取信，有抵押者復恐難行。現擬贖回京漢鐵路需款尤鉅，議辦債票股票必須有總匯之區，專司出納。未贖路之先，所出股票債票須由銀行擔任，否則所有應辦事宜與部直接，微獨無此政體，且不能消息銀行機關，諸多窒礙。查東西各國無論官商營業，准設銀行，通都大邑多至百數十處，但遵守中央銀行所定之法律，與中央銀行並行不悖，國内銀行愈多，交通愈普，國事民事均受其益。近據各埠股實華商迭請，規仿日本興業銀行集資設立，以期利不外溢。核其辦法，尚合機宜。擬由臣部附入股本，設一銀行，官商合辦。股本銀五百萬兩，招募商股六成。先由臣部認股四成，以應開辦之用，名曰交通銀行，將輪路電郵各局存款改由該行經理。就臣部各項散款合而統計，以握其經畫之權，一切經營悉照各國普通商業銀行辦法，兼采奏准之中國通商銀行、四川濬川源銀行及咨准之浙江鐵路興業銀行各規則，與中央銀行性質截然不同。援照商業各銀行銀號通例，兑出銀元銀兩票紙，以資周轉。一俟度支部頒發銀行鈔票準備金章程及銀行法律，即與京外各埠商業銀行一律遵守。將來擴充郵政，凡郵便匯兑、郵便儲金實爲臣部專責，及聯絡海外華僑遞信匯兑諸事調度較靈，愈足以堅人信。故輪路電郵四者互爲交通，而必資銀行爲之樞紐。即中央銀行畫一全國幣制，得鐵路車站電報郵政各局所爲之經理匯兑儲金，使國幣推行内地，而鄉曲沿用生銀之習亦可漸次改良。是輪路電郵實受交通利便之益，而交通利便固不僅輪路電郵實受其益已也。臣等謹就各國普通商業銀行章程擇其合於本國程度者，酌擬三十八條，繕具清單，恭呈御覽。恭候命下，即由臣部分别咨照迅速籌辦，於四政實有裨益。謹奏。光緒三十三年十一月初四日奉旨：依議。欽此。

再交通銀行之設，事務殷繁，應先遴派妥員早爲籌辦。查有署臣部右參議四川建昌道李經楚精明幹練，長於理財，於銀行事宜講求有素，經驗尤深，堪以派充總理，調部差遣。山西候補道周克昌會計精能，商情允洽，曾在四川創辦濬川源官商銀行，著有成效，堪以派充協理。此項銀行爲綰合輪路電郵並供商業之週轉，自宜體察商情，相機因應辦事規則尤以按照商業力除官場習氣爲第一要義，始足以振興商業而挽回利權。如蒙俞允，由臣等檄飭該員等迅速籌設，俾臻妥善。謹奏。光緒三十三年十一月初四日奉旨：依議。欽此。

《東方雜誌》一九〇五年第八期《財政・四川總督錫奏川省創辦銀行酌擬章程摺》　竊維貨幣貴乎流通，利源期於開廣。泰西各國以商戰雄視環球，莫不有總匯財政之區，以爲樞紐。其力既厚，其用自宏。故雖越數萬里而遥創制經營，財用不虞匱乏。方今户部奏請設立銀行，各省亦多次第籌辦，藉以維持財政，擴興商業，實爲今日迫要之圖。川省年來撥款迭增，每年京外協餉、新舊償款爲數甚鉅，多由商號承匯。其匯期之遲速，匯費之漲落，一任居奇操贏。且際茲銀緊錢荒，本省出入款項亦復周轉不靈，官商咸以爲苦。銀行爲財幣總匯之所，自應亟籌興辦，以濬財源。當經督同司道一再籌商，擬由司庫籌撥銀三十萬兩，另招商股二十萬兩，共合官商股本五十萬兩，先於成都、重慶兩處開設銀行，並以股款試行大小鈔票。無論鹽糧釐税一切交納公款，均准搭用。所有股銀專備支發票項，不准挪作别用，俟根基穩固，再行分設京津滬漢等處，以期展拓規模，擴充利益。惟兹事體大，創辦維艱，必須有熟諳商務、誠實可靠之員方能勝任。查有奏調山西候補知府周克昌堪以派充總辦，專司其事，並飭藩司督同辦理，妥議規章，俾垂久遠而資信守。謹奏。奉硃批：政務處户部知道，單併發。欽此。

謹將川省設立銀行章程繕具清單，恭呈御覽。

一、設立銀行牌名濬川源，取開通川省利源之義。

一、銀行係爲維持四川財政而設，應由藩司主政，即委該司爲督辦，另派廉勤明幹通達商務之人爲總辦，籌畫專理一切事務。

一、刊給關防一顆，文曰四川官銀行之關防，專備公文造册報銷及股票銀票鈐印之用。

一、銀行擬在重慶成都先設兩號，俟根基穩固，再行展設京津滬漢各分號，及内地繁盛碼頭，以期流通無盡。

一、銀行遵照新章呈報商部，每年酌提若干，俟一年期滿，酌定數目報効公家，屆時詳明咨報，應請照例保護。

一、銀行作爲官商合貲有限銀行，倘有虧折，不於股外另有攤派，以二十年爲限，滿期續作，隨時聲明。

一、現在户部奏設京師總銀行，各省尚未分設，兹川省由官商公同合股開設銀行，所有户部擬設之銀行應仍候該部另行核辦。即使將來官股獲利，或願附入户部銀行，其商賈願否隨入，應聽自便。不爲抑制。

一、凡有行中應作之事，由總號執事商同總辦辦理，其關繫緊要事件仍應分稟總督藩司核辦。

一、銀行既不沾染官派，總分各號均由總號自行刊用圖記，不用關防。

一、川省每年外兑京協賠款各餉擬以三成歸銀行，七成歸各票號承兑，於挽回利權之中仍寓體恤票商之意。

一、川省不論何處何項正雜公項巨款，銀行但有就近濟商用項，准稟商藩司飭撥。惟一經撥定銀行即應定期備款，代爲交納，以期官商交益。

一、川省派員在上海購辦機器、軍裝、銅斤等件，所有匯申各款分歸銀行分領匯存上海分行，俟該委員到申隨時取用。

一、川省應解上海出使經費，如數交由銀行領匯。

一、現在籌辦鐵路，將來存放撥兑款項，更與銀行爲輔車，所有鐵路出入款項酌歸銀行分辦，以免利權旁溢。

一、官商隔閡勢成冰炭，故一言合辦動色相戒。今銀行商股無論官商紳民均准入股，並勸令川省大小官員酌量入股，以資提倡，庶商股可期踴躍。

一、銀行雖係裨國裕商，而專作川省匯兑公款，固係公家自有之利權，然終不免奪票商之利。擬俟核定章程，仍約各票商承認商股，以示均利之意。如該票商實不欲與官家共事，再由銀行自行招股。

一、向來各票號領兑公款係分成攤派，如有某號停貿退領者，即以其應領之成數，或勻分各家，或改併一家承兑。現在銀行領匯公款三成，尚有七成仍歸各票號按照成數公攤。嗣後如票號退領公款，即將該款歸併銀行領匯，庶公利逐漸歸公，而於票號亦無所損。

一、凡官家匯兑各處款項及存放公款，均應按照商號時市公平商議，不得以係官商合辦輒用官勢欺壓。

一、無論官商股本，每銀一千兩作爲一股，給票一紙，隨息摺一扣，按年五釐給息，以便到期憑摺付利。如有將股票股摺遺失轉賣與他人者，尋保報明。

一、三聯股票者以存根存總號備查，存藩庫股票給股東收執，均蓋用司印、銀行關防暨本行圖記，以昭信守。

一、銀行擬行用千兩、五百兩、二百兩、一百兩、五十兩、二十兩、十兩、四兩、三兩、一兩十種銀票，通行本省。凡地丁、津捐、鹽課、關税、釐金、交庫兑款全准搭用，不拘成數，不及一成者不收。此項銀票均准持票赴重慶、成都兩處隨時支取現銀。

一、銀票發行務期通行遵用，儻關所局卡官吏稍有阻撓，致礙便民之舉，查出定即稟明懲處。

一、銀行既行銀票，應將股本專存開發銀票之用，不准挪作他用，以昭信實。

一、不論總分各號執事人等，俱用殷實公正有妥保商人，不准瞻徇濫舉。

一、各號帳簿無論流水總帳均由總辦鈐蓋關防發給，不得私自更換。

一、出放各款應以三月六月至一年爲率，不得期限過遠。即有以本號股票押借銀兩者，其息應照官息略加，至遠亦以一年爲限，逾限不繳者，股票扣留作爲公股。

一、存款無論多寡，無論何人借款，或以貨産作抵，或憑字號，往來到櫃公平商議，不准用官勢欺壓，以期平易近人，通行無滯。

一、以一年爲帳期，所得利益除報効官息支用外，分爲十大股，以三股作爲人力股俸，又分作十股，按照資格勞績，由總辦會商總號派給號中執事人承股，仍可隨時按以功過，分别升降。以一大股作爲公積，其餘六大股按各股攤分，每股得利准以七成提用，三成存號。存號之款二釐行息，以厚財力。如有撤股者，即將本息一併付清。

一、每年帳期以三月十五日爲定。

一、每至帳期，開具四柱清册，每股得利若干登諸報章，牌示號門，俾衆共知。

一、股友每至帳期，准其看帳，有股本十股以上者，准其建議，善者必從，以期盡美盡善。

一、所定章程如有隨時變通，原可官商商辦。儻改章不善，准股東隨時撤股，官不抑勒。

一、股東如有用項，未到帳期執持股票支息者，亦可酌量支付，准照官息取利，到期本息扣還。如股東遠在他省，所得股利可由銀行匯交，概不取費。

一、股東撤股，願將股銀移交他省者，亦可照辦。惟須減付兑費，以示關顧之意。

一、銀行開辦之後，擬將重慶銀圓局歸併銀行兼辦，以一事權而節糜費。

一、查户部議設銀行原奏，因恐功廢半途，仰懇天恩主持於上。旋直隸擬辦債票，復經奏奉特旨作爲永遠定案，儻違章失信從嚴治罪。誠以財政至重且要，商情易涣難孚，必須妥定章程，始終確守，方足以昭示大信，克底成功。

以上章程應請鑒定後飭部立案，俾可永遠遵守。以上各章如有未盡事宜，及前後情形互異須略爲變通者，均應隨時斟酌損益，以臻完備。奉硃批：覽。欽此。

《東方雜誌》一九〇八第八期《言論·部定各銀行則例之研究録輿論日報》　隨法律學之進步，而有銀行則例發表於國中，維持補助之法，或規定爲中央銀行之義務，見大清銀行則例第十一條，文曰大清銀行凡遇各地方市面銀根緊急之際，得由職員會定議，呈准度支部借給款項，維持市面。又一見於銀行通例。或規定爲地方官吏之責任，見殖業銀行則例第二十三條，文曰殖業銀行發行債票之時，地方官斟酌情形，得將地方向有長存款項購此債票。其第二十五條文曰，殖業銀行創辦之始，度支部得命地方官就地方官款酌量入股，五年之内官股不分額息。持較先進國之法例，有不及者，日本勸業銀行法，銀行之配當金年不達百分之五者，政府補給以金額使達該額。文見第五十五條。此部例所未及者。亦有過之者，維持市面之法，日本銀行條例未及之。此誠一般社會所歡迎，吾復何所間然。雖然，猶有疑，敢抉摘之，以與當世之治銀行學者揚榷焉可乎。

一、關於資本者。大清銀行則例第一條，大清銀行就户部銀行改設，原有資本銀四百萬兩，擬再添招六百萬兩，合共一千萬兩。殖業銀行則例第一條，其資本總額至少須二十萬兩以上。儲蓄銀行則例第一條，開設此項銀行，須資本五萬兩以上之各種公司。銀行之資本不僅恃建設時之母財，凡以信用吸集之金額，此項金額得分二種，一預金，二發行手形。與累年公積之款項，於實際所得應用者皆得謂之資本，似不必斷斷於多寡之數矣。顧當作始之際，信用未彰，公積之有無猶無憑準，苟資本之額不與營業之度相應，則所以爲障礙也必甚。故握一國之總樞，如大清銀行者，其資本必募集至千萬兩，應勞動社會之希望。如儲蓄銀行者，其資本必規定爲五萬兩以上，蓋非是則銀行且自處於窘迫，又何能爲他人謀歟。然獨不解殖業銀行，其名稱與日本勸業銀行爲相似，後文省稱勸業。而資本相差至百之九八，日本勸業法第二條，資本爲一千萬元。僅當於日本之農工銀行。後文省稱農工，其資本額即規定於農工法第一條，爲二十萬元。且或其所自議，或應度支部之命令，並頒爲設立分行之準備，而資本乃僅若是，見殖業則例第四條，文曰殖業銀行欲設立分行或代理店，均應呈請度支部核准，度支部視爲亟須設立之地，亦得命其設立。昔人有言長袖善舞，多財善賈，吾不知其賈之何以善也。

一、關於目的者。殖業銀行則例第一條，以放款於工業、農業爲宗旨。觀乎名稱而謂殖業之似勸業乎，然勸業貸付之目的在促農工業之進程，固非茫無制限者。日本勸業法第一條，勸業銀行目的在貸付資本以改良發達農工業。如僅曰放款於工業、農業而已，則凡治此業而有需求者，銀行皆當供給之，不嫌其失之濫乎。觀乎資本而謂殖業之似農工乎，然日本於此不僅如勸業第一條所云云，且以第七條規定貸款者使用之事項，有如開墾排水灌漑及耕地土質之改良，其一也。有如耕作道路之築造或改良，其二也。有如殖林事業，其三也。有如種苗肥料與農工業用原料之購入，其四也。有如農工業用器具機械舟車獸畜之購入，其五也。有如農工業用建物之築造或改良，其六也。有如前各項外農工業之改良，其七也。其鄭重分明也若是，殖業則例乃無一字及之，謂馬非馬，謂驢非驢，吾累思而無以名之，姑名之曰無目的之銀行可乎。

一、關於建設者。

甲：大清銀行則例第三條，大清銀行或與他行號聯結爲匯兑之契約。銀行於本店所在地外未及分支而視察地方之狀況，使他人代爲經理，固法律所當許者。然在受任經理之一方，必其亦爲銀行，乃能免意外之危險。日本銀行條例第二條，日本銀行在各府縣之首邑與要用地，或與他銀行締約相互取組。蓋一出一入一存一貸之間，條理至密，關係亦至艱鉅，使非同營銀行業者，孰能負此重大之責任。苟銀行以外之行號，亦得貿焉委任，設有萬分一於匯兑之應付稍有愆期，或至期而忽輟業，則銀行之信用不且爲所損害乎。

乙：殖業銀行則例第五條，殖業銀行可由地方官以地方官款呈明度支部設立。行政官吏於其管轄之區域内自有應盡之職責，而商事之曲折繁重，有時且過行政，非商人孰能耐之，如之何可以設立銀行之權屬之地方官。雖日本法律嘗許地方團體爲農工之株主，日本農工法第五條，府縣郡市町村係在農工銀行營業區域内者，亦得爲該行株主。然推原立法之本意，在府縣則以引受株式爲政府對於農工之補助，見日本農工補助法第一條。在市町村則恃爲整理地方之基本財産，見日本農工法第七條二項。非遂許府縣知事與市町村長爲銀行之設立者。洵如部例，則行政者此人，行商行爲者亦此人，即使有萬能之長才，寧得免於叢脞乎。而中國官吏之善滋奸，不若商人之能守法，殆更不暇計矣。

一、關於營業者。

天：大清銀行則例第六條之六項，放出款項。銀行對於貸款者，因信用而行貸付，必其有妥實之保證，且或其才實能任事，或其營業亦實足以生殖，而後可以許之。苟或不慎，利人將反自害，故不如以徵取抵當爲穩固。而爲普通銀行之抵當品者，動産是也。日本銀行條例第十一條三項，以金銀貨或地金銀作抵當而爲貸金事，同條六項以公債、證書、政府發行手形與夫政府保證之各種證券作抵當而爲當座貸或定期貸之事。其所以必取動産者，一則不使抵當品之價格有鉅大之盈縮，一則不使競賣之有遲滯，而銀行流通之資本俄然成爲固定也。如第曰放出款項而已，將專取信用乎，抑兼徵抵當乎。苟徵抵當矣，將專取動産乎，抑兼取不動産乎，吾不知大清銀行於普通特別之兩性中孰居其一也。

地之一：殖業銀行則例第六條一項，殖業銀行放款，應以田地園林房屋，或工業上實在産業，或股票債票等作抵，於三十年内用分年攤還法歸清本利。特別銀行之於貸方，有必徵抵當者，其償還之年期，在勸業可較長而得五十年，在農工可較短而爲三十年，但其抵當品之必爲不動産也則同。日本勸業法第十四條一項，日本勸業銀行在五十年内依年賦償還方法，將不動産作抵當而爲貸付事。農工法第六條一項略同，但五十年縮爲三十年。雖在勸業得引受農工之債券，有類於動産抵當。然勸業本與農工相關聯，資力之厚薄又爲二與九八之比例，故勸業宜爲農工之後援，非遂侵入普通範圍中也。部例第泛指曰田地、園林、房屋，則其所有者不必即爲農工，留此罅隙，資人口實，已大背保護銀行之本旨。然猶可諉曰此固不動産之屬，而特別銀行所得引受者，若股票債票，則斷斷然不得與不動産相混視。日本勸業法第三十一條之二及第三十二條，與部例本條不同。乃以特別銀行兼營普通銀行之業，且經長時間之年期，盈縮豈能預料。苟令票面之價格鋭減於市價，致抵當金之總額有所損失，銀行且從此恐慌矣。抑所謂股票者，將專屬農工會社之株式乎。所謂債票者，將專爲農工銀行所發行乎。於文既未指明，則開設此項銀行者，守農工之範圍，則不合本條法意。逾之，則將如宗旨何。

地之二：殖業銀行則例第六條二項，若款項無多，有殷實保户五人以上連環擔保，亦可不用抵押。貸款以有抵當爲原則，無抵當其例外也。特別銀行於貸方之不徵抵當者有三：其一爲對於府縣郡市町村，依法律組織公共團體之貸款。見日本勸業法第十五條，農工法第六條三項，但農工以郡市町村爲限，不及府縣。其二爲對於依産業組合法所立之各種組合，於五年内定期償還之貸款。見日本農工法第七條之二。各種組合，其一曰信用組合，略含銀行性質，故有譯爲人民銀行者。其二曰購買組合，其三曰生産組合，則仍關於農工業者。部例於此兩端概未之及，豈因法律之未備，故對於現在之團體組合有所未信歟。其三爲對於二十人以上農業或工業者，以連帶責任，又有確實信用之貸款。見日本農工法第六條五項。此與部例本項形式相似，實質則有大差。蓋貸款者與擔保者均未指明其爲何等人，則不在農業工業中者，亦得援例以發表其貸款之意見。銀行應之則與宗旨相抵觸，不應則人將以違章相詰責，銀行不且窮歟。

人之一：儲蓄銀行則例第一條，凡代公衆存放零星款項爲業者，均爲儲蓄銀行。儲蓄銀行在廣利殖之途，使一般之勞動家奮於勤儉，知儲積以謀樂利，與普通銀行位於供與求之中間，爲之移轉資本，博取利潤者，迥乎不侔。故日本貯蓄銀行條例第一條，特著之曰：以複利方法，爲預金事業者爲貯蓄銀行。若如部例本條所云云，則所以與普通銀行別者，惟在存放款項而已，而其純然營利也則同，寧有當歟。

人之二：儲蓄銀行則例第十一條，各銀行商號未經呈報批准，兼營儲蓄事業者，處以五十兩至五百兩之罰款。儲蓄銀行以爲勞動家之獎勵，故含有慈善性質，而別成一種社會公共之機關，普通銀行有新引受少數之預金者，僅得視爲兼營之事業，而不許冒儲蓄之名。日本貯蓄銀行條例第一條二項，銀行中新以一日未滿五元之預金爲定期預或當座預，而引受者視爲營貯蓄銀行業者。誠以此項銀行於道德上足以養成勤儉之風，於政治上又足以減殺社會黨之勢力，而出國家於危險。故以嚴格論，非專設之機關，即銀行猶不當預。以利便論，非銀行亦斷斷不許兼營。尋繹本條之意義，注重於呈報批准之一方。苟未呈報，即銀行不容逃罰。苟經呈報，即尋常商號猶在許可之列，何輕視儲蓄至若是也。萬一有不肖之商人，先則出全力以運動，獲償所願，後則逞機智以欺奸，驟輟其業。蚩蚩者氓，孰則能因零存而起訴者，有吞聲飲泣而已矣。

一、關於權數者。大清銀行則例第十九條，每年定期在京師總行開股東總會一次，惟須入股註册在一箇月以前，並須於會前三日持股票赴總行報名者，方得與議。股東所以有權利者，將監察銀行之員役，使不得率臆孤行，以箇人而妨礙公益也。權利有普通者，一股即有一權，小股之所便也。有制限者，有若干股始有一權，大股之所便也。日本則取制限之法，凡株主總會之會員，必有十以上之株數，日本銀行條例第二十條，株主總會會員必係在開會六十日前續有株數十以上者。視部例爲嚴。然部例雖若採用普通主義，而爲股東權利，規定於法文中者，惟曰與議而已。以視日本之株主並規定其有投票權者，日本銀行條例二十條五項，株主總會會員株數達十，則有投票權利一，十一株以上則每五十株增加一投票權。彼何分明，此何含混，要其終始，惟利官已乎。

抑吾聞之，貨幣之多寡，宜視社會需要之數以爲斷。供少於求，其勢固處於窮，而多之爲害尤甚。凡銀行之有紙幣發行權者，國家對之必有嚴重之監督，由此故也。乃銀行通例於官私所設之行號，均許其發行紙幣。而關於額數及預備金，爲國家監督權之實施者，則一字不可得見，是不獨未來之恐慌爲足慮也，即今茲之授人口實，釁遭干涉於國家之立法權，所傷不已多歟。銀行通例無一字及外國銀行，然日本法令所規定者，凡外國銀行欲設支店於日本者，並當呈報，受大藏大臣之認可。是日本能以主權干涉外國銀行，而我國自設之銀行乃動遭外人干涉，度亦制例者始慮所未及到歟。

《清代檔案史料叢編》卷一一《祥泰奏請於京城分設錢銀號片咸豐三年四月初三日》　再片奏，溯查八旗兵餉，每月支放不下數十萬兩，牢不可破，最關緊要。現在庫款支絀，又兼有軍興未竣者，有派兵防堵者，而刻下逆賊大受懲創，指日可平，即將來籌辦善後事宜，所需頗巨。所有解京地丁等項錢糧難以預期解到，如京城兵丁錢糧一月不放，誠恐有不測之虞，深爲可慮。奴才所請開官銀錢號者，萬一兵餉不接，銅斤不敷之時，可用官錢鋪錢票支放，較比官票流通，而且易辦。現今旗民交困情形，奴才留心體訪，總因山東、山西商民盤放重利之債，名爲旗帳，由來已久，各旗自參佐領以至養育兵丁無不借貸。現今均收其本利還鄉，百姓束手，旗人尤爲困苦。若官錢號與旗民通融交易，稍取微利，其利歸國，旗民亦可樂業相安。此事非與旗民争利，如此辦理，則銀錢只在都中流轉，亦可截止銀兩出京之源。若將來帑本收回，互相行使錢票，雖百萬亦可彼此通融使用，俟軍務告竣，庫款無不漸漸充盈矣。

奴才爲因時制宜，變通此法，實爲國計民生兩有裨益。並請將片奏留中，毋庸發抄，以免民間物議。爲此附片陳明。謹奏。

《清代檔案史料叢編》卷一一《祁寯藻等奏京城官設印局之事暫緩辦理摺咸豐三年七月初九日》　大學士、管理户部事務臣祁寯藻等謹奏，爲核議具奏事。

咸豐三年五月二十二日内閣奉上諭：載銓奏請於官銀號中推廣行使錢票一摺，著户部核議具奏。欽此。欽遵。於五月二十五日鈔出到部。

據原奏内稱：竊聞京城内外，現有殷實山西等省民人開設鋪面，名曰印局。所有大小鋪户以及軍民人等，俱向其借用錢文，或計日或計月清算。查京師地方，五方雜處，商賈雲集，各鋪户藉資餘利，買賣可以流通。軍民偶有匱乏日用，以資接濟，是全賴印局之周轉，實爲不可少之事。近日在京開設印局之人，皆止帳不放，以致商賈乏本，經營不能獲利，關閉者不少。旗民無處通融，生計攸關，竭蹶者居多。前因錢鋪有歇業之事，人心頗覺惶惶。現在官設錢鋪數處，咸稱甚便，並無窒礙。體察補偏救弊情形，不若官爲設立印局數處，即照私印局鋪規試辦。如有成效，似於國計民生均有裨益，非與小民争利，而復於政體無傷。相應請旨飭下户部，即於現開九座官銀號中推廣行使錢票之法，仍責成該部帶同崇綸一手經理。奴才心思短淺，市井利弊不能詳知，應由户部通盤籌畫，以期流通無弊。等語。

臣等查京城之大，商賈雲集，其最便於民者有二：曰會兑局，曰印局。内外所以無滯，全賴會局爲流通。銀錢所以不窮，尤藉印局爲接濟。自賊匪竄擾南省，會兑既已不行。本年二月，錢鋪關閉者多，印局皆收而不放，以致富者皆形窘迫，貧者益不聊生。誠發帑金數十萬，官開印局，未嘗非大有益之事。是以臣部春間議開官銀錢號亦曾計議及此，特以籌款維艱，遂爾中止。

兹據親王銜多羅定郡王載銓奏：近日在京開設印局之人皆止帳不放，以致商賈乏本，經營不能獲利，關閉者不少。旗民無處通融，生計攸關，竭蹶者居多。體察補偏救弊情形，不若官爲設立印局數處，即照私印局鋪規試辦。請飭户部即於開設九座官銀號中推廣行使錢票之法，仍責成該部帶同崇綸一手經理。等語。臣等核其所奏，與臣等意見原自相同。行之有效，於國計民生誠有裨益。惟其中情形，有不能不深長計慮者。印局與官銀錢號不同。官錢鋪以餉銀易錢開票，兵丁持票取錢，在我者可以取懷而予。印局以巨萬資本分貸各家，按期索取，在人者未必皆能如期而償，此收放之難也。印局設之自官，與民間來往情勢不同，殷實之户既不肯輕貸官錢，而空虚之家亦不敢率然借給，此流通之難也。又開設印局，其瑣屑煩難之處，非素開印局之人斷難辦理，現在歇業者多，此項人衆半回原籍，倘委任不得其人，則辦理不見功效，且恐成本有虧，此得人之難也。凡此情形，皆臣等所夙計。兼以近來部庫需用浩繁，外而軍需，内而兵餉，在在須煩籌畫。今以京城之大，開設印局數處，非數十萬資本不足以資周轉，少則無濟於事，多則力有未遑。臣等從前所以欲議中止，未敢驟然舉行也。今親王銜定郡王載銓奏請開官印局之處，臣等公同商酌，應請暫緩辦理。以後體察情形，如有可以試行之處，再行隨時奏明，請旨辦理。

所有臣等核議緣由，理合恭摺具奏，伏乞皇上聖鑒。謹奏請旨。

《清代檔案史料叢編》卷一一《祁寯藻等奏防止官錢號倒閉已派員經理摺咸豐四年十一月初一日》　大學士、管理户部事務臣祁寯藻等謹奏，爲密摺奏聞事。

竊富興阿奏參官錢鋪一摺，現由臣部遵旨查明，據實具奏。臣等伏查臣部上年所開官銀錢號，專爲每月開放兵餉而設，彼時實因左藏未充，隱寓以票代鈔之法。現在鋪商除已墊過京錢一百九十餘萬吊外，其冬臘兩月應放錢糧數目尤多，現在庫存銀只十餘萬兩，仍須責令各號多墊。明知該商等惟利是圖，而官無存本，商有墊項，正項錢糧自無從虧短。臣等使貪使詐，牢籠駕馭之法，自在聖明洞鑒之中。以每月一二十萬兩之銀，抵向來四十五萬兩之用，全在各號票存架空騰那，倘以訛傳訛，市間不信官錢鋪，誠恐各處票存全到官錢鋪支取現錢，勢必墊發不及，倒歇堪虞。一鋪如此，他鋪皆然。現當開放十一月兵餉之期，乾豐錢號，臣部已嚴飭各官號另派妥實商伙前往經理，照常開放，不任該商等因私誤公，藉端諉卸。惟事關大局，臣等不敢壅於上聞，又未便明登奏牘，使市間窺破虛實，將票存全數支取。

總之，從前兵丁領餉到手，自向私錢鋪兑换，因而各鋪皆得霑潤。自餉銀匯發官號之後，私鋪各商久經側目，以致浮言繁興。設因此官號竟至倒歇，兵餉攸關，臣部倍形掣肘。

爲此密摺奏聞。謹奏。

《清代檔案史料叢編》卷一一《王懿德等奏開設永豐官銀錢局情形摺咸豐六年十二月二十三日》 閩浙總督臣王懿德、護理福建巡撫布政使慶端跪奏，爲在籍紳士倡議開設永豐官銀錢局，以濟時艱，現在局票暢行，著有成效，懇恩量予獎叙，以昭激勸，恭摺奏祈聖鑒事。

竊照閩省僻處海隅，商賈稀少，銀錢缺乏，民間向以錢鋪所出票張互相行用，毫無阻滯。咸豐三年間，上下游會匪同時謀逆，人有戒心，存票之家，無不持向錢鋪支取現銀現錢，各鋪驟難支應，相繼倒罷，遂致票張無人行使，銀錢不能周轉，一時商民交困，生計日促。兼之庫藏短絀，猝遇軍興之際，調兵募勇，需餉浩繁，不得不設法變通，俾資補救。當據在籍候選訓導優貢生王式金開呈節略，倡議開設銀錢官局，行用官票，以濟時艱。臣王懿德經查所議尚屬周妥，行經臣慶端在藩司任內，會同臬司、糧鹽二道通盤籌畫，明定章程，在於省城開設永豐官局一所，並在附省之南臺及建寧、厦門、汀州、福寧等處設立分局，遴派幹員認真經理，先後恭摺奏報在案。

伏查自咸豐三年開局以來，迄今三載有餘，所出銀錢票張，爲數已屬不少，雖經隨時籌撥票本，使之轆轤倒换，而盈絀懸殊，時虞掣肘。茲幸各局委員不辭勞瘁，經理得法，兵民均能信用，官票暢行無滯，一切兵糈軍餉，無不賴以敷衍，洵於國計民生均有裨益。合無仰懇天恩俯准，將倡議開局之候選訓導優貢生王式金以府經歷、縣丞不論雙單月遇缺選用，以昭激勸。據善後局司道會詳請奏前來。臣等爲鼓勵人材起見，是否有當，謹合詞恭摺具奏，伏乞皇上聖鑒訓示。

至在局出力各委員，容俟臣等確查，另行據實酌保。合併陳明。

謹奏。

硃批：另有旨。

《清代檔案史料叢編》卷一一《景淳等奏吉省設立錢局以利鈔票周轉摺咸豐八年二月二十六日》 奴才景淳、特普欽跪奏，爲設立錢局周轉銀票，現已試行，恭摺奏祈聖鑒事。

竊照咸豐四年奉部頒發官銀票四萬兩，每於雜支各款，均按對成搭放。爾時商賈視爲畏途，不肯以錢易票，由奴才景淳督率司員，勸諭紳商購買，隨時搭交官項。無如本省出廣入微，迨五年冬間，官兵領而莫售，市商買而未交者約有三萬二千餘兩，票法幾至壅滯。奴才景淳正復責成官紳籌辦間，經户部奏奉諭旨：令各省開設銀錢官號，以期票法流通。等因。欽此。遵行前來。

當於省城衝要之區，仿照市廛成規，先設通濟字號官錢局一座，凡有旗民赴局賣票買票者，應即隨時按照現銀酌減作價收售，仍將買賣價值注賬備核。又將庫内所存官票銀七千餘兩，燒鍋票銀五千餘兩、二萬餘吊，酌提作爲票存票本，支應收發。等因。奏經部議復准，遂即揀員招募諳練商民，於省垣新設税局院内，照章開設錢局，悉心經理去後。

茲據承辦委員協領常明等稟稱：奉飭開設錢局以來，凡遇旗民兑换銀票，均照現銀酌減作價，所有前提票存票本，並無絲毫蒂欠。計自六年三月二十一日起，截至七年十二月三十日止，連閏二十二個月，共買官票銀七萬一千二百六十五兩，內除陸續賣交官項者六萬一千零七十兩外，現存餘利僅剩官票銀一萬零一百九十五兩，一切人役工食屋租等項不敢妄議開支，聲明稟請核辦。等情。

奴才等伏查吉林市廛成規，募商勞金相率論銀撥給，及膏火糜費亦無現銀現錢支發，因不得不量爲籌計，遂擬照試辦土税章程，由現存餘利內按一五成扣給票銀一千五百二十九兩，實剩官票銀八千六百六十六兩，擬即墊發本年俸餉，一俟原撥正項解到，再行歸款。

除將買賣票價另行造册咨部外，理合恭摺奏聞，伏乞皇上聖鑒。

謹奏。

硃批：知道了。

《清代檔案史料叢編》卷一一《慶端奏裁撤福寧等處分局緣由片咸豐八年三月二十日》 再，閩省前因銀錢稀少，店票滯行，當經奏明酌量變通，仿照京師行用官票，議請在於省城開設永豐官局，籌撥銀番錢文，飭發委員承領試辦。復於省城南門外十里之南臺地方，並泉州府屬之厦門暨建寧、汀州、福寧三府城各設分局一處，仍由省局印造官票，發交委員承領營運。均經先後奏明，欽奉諭旨允准各在案。

臣等伏查開設分局，原爲疏通餉票，藉資推廣。現查福寧地方僻處山陬，商賈稀少，汀州壤接江粤，現當多事之秋，亦乏客販來往，厦門雖商賈輻輳，第大都海外經商，概係現銀交易，是以各處用票不過負販小民，執持零星碎票，旋出旋支，迄今未見暢行。至於司庫支放各營餉票，原令領回就地行使，准納錢糧課款，以孚民信，並飭各州縣徵收搭解，本未便赴局支取。是福寧、汀州、厦門、永豐官局之設，於兵民既無裨益，在餉票亦並不藉以推廣，而局中日逐用費轉無所出，勢須虧及成本。當此經費支絀之際，何可稍涉虚糜，相應請旨將福寧、汀州、厦門三處永豐分局先行裁撤，以免虚費。此外尚有建寧分局一處，應否裁撤，現經飭令建寧府就近察看情形，另行辦理，以昭核實。據軍需局道會詳前來。

除咨户部查照外，謹會同閩浙總督臣王懿德附片具奏，伏乞聖鑒訓示。謹奏。

硃批：知道了。

《清代檔案史料叢編》卷一一《柏葰等奏清釐五宇帳目情形摺附清單咸豐八年七月十八日》 協辦大學士、户部尚書臣柏葰等謹奏，爲清釐五宇帳目，所有資本餘利，鈔本墊款，一切應補應交官項，現已全行完結，惟官民錢鋪川换兑换，內外均有完欠，應行分别催追，謹開單奏聞，仰祈聖鑒事。

竊惟五宇錢鋪原爲行鈔而設，向准開出錢票，以爲收鈔之資。去歲奏明清查五宇帳目，其時寶鈔與錢票實相依附，深恐宇票一動，寶鈔因而不行，則前欠既不易清，逐月放款亦無可恃。乃於去歲十月，傳集民鋪五十家，發本行鈔，即於十一月二十日先停宇昇號錢票，將寶鈔移於核對總局開發，並改用長戳新鈔。自是以來，鈔法日有起色。本年開印時，又將宇謙、宇豐二號錢票停止，五月內並停宇恒、宇泰錢票，蓋欲使民知寶鈔之可貴無假於宇票，以漸爲之，則無所驚疑也。現在寶鈔暢行，宇票停止，所有宇號帳目即可澈底根查。去歲九月內，五宇票存共一千五百餘萬吊，所有原領資本，歷次所領鈔本，累年餘息，逐一核算。其墊款九百餘萬吊，提到銅局所收捐項、大庫所收雜款內宇票全行抵還外，尚有不敷，又提借乾天官號川换兑换項下所存宇票抵給清楚。其存鋪未用鐵大錢、銅制錢、銅當五錢、鉛制錢，均已如數交清。一切官項全行完結，另繕清單呈覽。

惟宇謙、宇豐二號票存尚有一百八十餘萬吊，係官民各鋪及軍民人等收存者，查川换兑换舊章在所不禁，惟爲數過多，該鋪所存錢票現錢亦不敷抵。據該商稱，係民鋪拖欠，內有龍盛、雲益等號，難保無影射那移侵蝕肥己情事，應請飭交刑部嚴行訊追完款。宇昇號票存雖僅四萬餘吊，但外有乾天九號呈出存鋪未用之票二十萬吊零，該商所繳廣興等民鋪錢票，其數難符，不能取錢换票。經臣部發交各司坊催追，未據换交，應將該商及廣興等鋪移交五城勒限嚴追。至宇恒、宇泰二號原有票存五百餘萬吊，現在官款全完，二號僅餘票存五萬餘吊，鋪內所存外票現錢足以相抵，毫無蒂欠。

所有清釐五宇帳目官款完結，分别催追票存緣由，恭摺具奏，伏乞皇上聖鑒訓示。謹奏。

硃批：依議。辦理雖未能澈底根究，但可作此完局，尚屬可行。若必逐款清查該五宇私帳，徒興大獄，無裨大局。惟以後預籌民鋪防制之法，務須慎益加慎，不可爲後人作俑，他日艱於補救也。

附清單

謹將臣部清查五宇官號出入總數，繕具清單，恭呈御覽。

計開：

一、臣部歷年共放過寶鈔，合京錢五千四十八萬九千六百二十五吊。內分放過京營兵餉寶鈔一千六十六萬九千九百四吊，放過官兵米折寶鈔九百八十五萬三千八百九吊，放過官員俸廉寶鈔七百萬七千一百六十一吊，放過各處工程寶鈔八十九萬七千五百九十三吊，放過各項雜款寶鈔一千八百六十八萬一千一百五十八吊，發過各省截留寶鈔三百三十八萬吊。以上各款，由臣部製造寶鈔，按月開放後，俱應赴五宇官號憑鈔取錢。

一、臣部共發過五宇官號鈔本京錢一千二百三十八萬一千三百九十一吊六百七十文。內分：發過宇昇鈔本京錢二百四十三萬四千七百四十二吊三百六十文，發過宇恒鈔本京錢二百八十三萬五千一百八吊三百五十文，發過宇謙鈔本京錢二百一十七萬三千八十五吊三百二十文，發過宇豐鈔本京錢二百三十六萬一千七百四十三吊三百二十文，發過宇泰鈔本京錢二百五十七萬六千七百一十二吊三百二十文。此項鈔本，係由臣部隨時給發五宇以作收鈔之用，如有不敷，向由五宇開票墊發。

一、五宇官號歷年共收回寶鈔二千一百九十七萬三千七百九十一吊文。內分：宇昇官號收回寶鈔四百七十二萬七千四百八十吊文，宇恒官號收回寶鈔四百四十八萬三千五十吊文，宇謙官號收回寶鈔四百一十七萬六千三十七吊文，宇豐官號收回寶鈔四百二十二萬三千四百三十七吊文，宇泰官號收回寶鈔四百三十六萬三千七百八十七吊文。此項即係臣部每月放出之款，業經五宇收回繳存鈔庫，其餘寶鈔有另由捐銅局捐項內收回者，有仍在民間行使者。

一、五宇官號開票墊發鈔本並底子零尾，足京錢九百二十二萬六千九百四十五吊三百六十八文。內分：宇昇墊過鈔本京錢二百二十萬四千三百六十八吊九百七十八文，宇恒墊過鈔本京錢一百五十七萬四千九百六十六吊四百六十文，宇謙墊過鈔本京錢一百九十三萬三千九百七十吊一百三十八文，宇豐墊過鈔本京錢一百七十九萬五千五百七十九吊一百二十六文，宇泰墊過鈔本京錢一百七十一萬八千六十吊六百六十六文。此項係因鈔本不敷，由五宇開票墊出之款，應由臣部補給。

一、五宇官號繳回銅當五、鐵當十並銅鉛制錢，足京錢一百一十二萬二千六十九吊三百二十八文。內分：宇昇繳回未用京錢九萬四千七百零八吊九百零六文，宇恒繳回未用京錢八萬八千五百九吊九百八十八文，宇謙繳回未用京錢一十三萬五千八百五十五吊三百文，宇豐繳回未用京錢五十三萬九千八百五十九吊八百八十文，宇泰繳回未用京錢二十六萬三千一百三十五吊二百五十四文。此項係五宇鈔本內領去未用之錢，除將銅當五錢一萬零六百四十二吊五百九十文、鐵當十錢一百零四萬四千五百零四吊八百八十文、鉛制錢一萬一千零八吊六百一十六文，請交錢局回爐改鑄，又銅制錢五萬五千九百一十三吊二百四十二文，繳存大庫備用外，所有五宇此項鈔本亦應由臣部補給。

一、五宇官號應找領歷年經費不敷足京錢一十八萬三千八百三十八吊九百九十六文。內分：宇昇找領經費京錢四萬二千三百九十二吊五百八十八文，宇恒找領經費京錢三萬六千四百六十三吊一百九十二文，宇謙找領經費京錢四萬七百三十吊九百二十四文，宇豐找領經費京錢四萬一千二百四十一吊一百八十八文，宇泰找領經費京錢二萬三千一十一吊一百零四文。此項係五宇應行補領之款，內除捐銅局收鈔平糶處收錢所需經費應請如數給發外，其餘鋪底傢具房租車脚以及歷年食用不敷賠墊各數，臣等酌擬減去六成，按四成給發。

以上三款共京錢一千零五十三萬二千八百五十三吊六百九十二文，俱應由臣部補給。

一、臣部籌款抵還五宇官號墊款並應領經費，足京錢一千五十三萬二千八百五十三吊六百九十二文。內分：抵還宇昇墊款京錢二百三十四萬一千四百七十吊四百七十二文，抵還宇恒墊款京錢一百六十九萬九千九百三十九吊六百四十文，抵還宇謙墊款京錢二百一十一萬五百五十六吊三百六十二文，抵還宇豐墊款京錢二百三十七萬六千六百八十吊一百九十四文，抵還宇泰墊款京錢二百萬四千二百七吊二十四文。此項籌還五宇墊款，內除提到捐銅局所收宇票八百九十四萬七千五百六十八吊三百二十八文、大庫所存宇票五十四萬九千一百八十三吊六百二文，作爲鈔本另案奏銷外，所有借用乾天九號所存宇票一百三萬六千一百一吊七百六十二文，應由臣部於鈔本項下酌量給還九號歸款。

一、五宇官號繳還原領資本足京錢十萬吊文。內分：宇昇繳還資本京錢二萬吊文，宇恒繳還資本京錢二萬吊文，宇謙繳還資本京錢二萬吊文，宇豐繳還資本京錢二萬吊文，宇泰繳還資本京錢二萬吊文。此項係五宇應繳還部庫之款，業經臣部嚴追，如數繳清，現存核對總局。

一、五宇官號呈繳歷年兑换銀錢所獲餘利足京錢十七萬九吊二百四文。内分：宇昇呈繳餘利京錢四萬四千八百八十四吊二百二十文，宇恒呈繳餘利京錢三萬四千五百五十八吊九百五十八文，宇謙呈繳餘利京錢四萬九千四百七十四吊四十四文，宇豐呈繳餘利京錢二萬五千三百七十八吊九百九十八文，宇泰呈繳餘利京錢一萬五千七百十二吊九百八十四文。此項亦係五宇應呈繳部庫之款，均經臣部如數追完，現存核對總局。

一、由官錢總局付來乾天九號未用宇票足京錢七十九萬九千五百五十五吊六十四文。此項係乾天九號私存未用之票，據該號呈出，業由臣部督催五宇商人繳過錢五十九萬二千九百二吊八百四十文，内銅當十較多，鐵制錢較少，與歷次領本之數相符，應由臣部添配二八成大制錢，發還九號歸款。惟宇昇號所交民票二十萬六千六百五十二吊二百二十四文，未能换取現錢，業經臣部交坊换取，應由五城督催完款。此外，乾天九號仍有未用宇票，均係該號等私相兑换川换之項，應歸入未下票存内辦理。

一、五宇官號自七年八月清查後，共下過票存足京錢一千二百九十四萬七千一百二十一吊三百三十六文。内分：宇昇已下票存京錢三百六萬九千七百五十六吊七百六十二文，宇恒已下票存京錢三百七萬三千四百三十八吊一百五十二文，宇謙已下票存京錢二百二十七萬六千五百四十六吊七百六文，宇豐已下票存京錢一百九十一萬五千三百九十三吊八百八十二文，宇泰已下票存京錢二百六十一萬一千九百八十五吊八百三十四文。此項五宇未下票存，除歷年已收回者不計外，自上年九月清查截數時共一千四百八十餘萬，叠經臣部嚴追，共下過一千二百九十餘萬吊。

一、五宇官號未下票存京錢一百九十六萬一千一百三十七吊六百一十二文。内分：宇昇未下票存京錢四萬二千五十吊九百一十文，宇恒未下票存京錢三萬三百一十四吊二十六文，宇謙未下票存京錢一百五萬一千二百四吊二十文，宇豐未下票存京錢八十萬八千七百四十二吊三百四文，宇泰未下票存京錢二萬八千八百二十六吊三百五十二文。此項係五宇錢票存留民間之款，除宇泰、宇恒爲數無多，其鋪内所存外票現錢數目均足相抵，應毋庸議外，宇昇號票存雖亦無多，但該商另有抵還乾天九號未經换取之票，應請發交東城一律催令清結。惟宇謙、宇豐二號所欠票存爲數既巨，其鋪内所存錢票又不足相抵，未便任其拖欠，應請將宇謙號商人張兆麟、宇豐號商人馬錫禄，交刑部訊追。

硃批：覽。

《清代檔案史料叢編》卷一一《柏葰等奏清查五宇官錢鋪情形片咸豐八年七月十八日》 再，查自古行鈔未有藉資於商力者，咸豐三年臣部因軍務吃緊，經費支絀，奏准試行寶鈔，其時並無分釐鈔本。咸豐四年，商人白亮、劉宏振呈請捐助鈔本，承辦鈔務，惟欲遂其牟利之私，既無報效之實心，且亦並無資本。經管理鐵錢局王、大臣奏請設立宇大通，分設宇昇、宇恒、宇謙、宇豐、宇泰官錢鋪，以鐵大錢爲鈔本，另募商人承辦，准其開出本票，照民鋪一律交易。復會同臣部議定章程，事事草創，但求興利，而於防弊之法尚疏。方且謂錢票可以輔翼寶鈔交易，餘息又可供局鋪工食之需，豈知商人之性惟利是圖，准其用票，弊即從此而起。遂任意浮開，毫無限制，及咸豐六年專歸臣部管理之時，則已成痼疾矣。臣等先後到任，即共相籌畫，思一舉而廓清之。乃自鐵當十錢驟然不行，鈔法已岌岌欲壞，且京餉空虛，銀款皆折發錢文，兩局所鑄既不敷支放，添鑄銅大錢、鐵制錢亦日不暇給，不得不以寶鈔錢票彌縫。其間周轉騰挪，以至今日。

臣部於去歲清查五宇之初，見其帳目轇轕，間有票根不符，出入舛錯之處，原不難立刻分别完欠，將該商送交刑部嚴行究辦，無如鈔票墊款過巨，倘摇動民心，紛紛取錢，一時籌付不及，則將因宇票而廢鈔法，又因宇票而疑及乾天等號，掣動大局，更無法支持。臣等爲國家經費起見，是以委曲籌維，持以鎮静，使民不疑，使得逐漸清釐，下無害於民生，上無虧於國計。現在五宇舊帳業已查明，分别辦理，其五宇本票早經停止，不准私開。爲正本清源之計，嗣後惟專籌行鈔之法。行鈔以流通爲要，故臣部於去歲傳集民鋪，發本行鈔，至今甚屬相安。行鈔以籌本爲先，故臣部於去歲十一月、本年六月，兩次奏准提到山西寶泉分局錢息易銀七萬兩收存，核對處鈔庫雖未動用，而民間皆以爲有此實銀，鈔非虚紙，無不信用，近更暢行。此皆爲鈔法作經久之謀，與五宇並無干涉者也。夫利權歸之於上，則可操縱隨宜，委之於下，必至侵漁無藝。若與商賈共事，又無駕馭之術，鮮不墮其姦謀。矧招合此等無賴細民，尤爲失策。惟是逐月用款甚多，鈔本甚少，尚須隨時籌畫接濟。且既行鈔法，亦不能不驅策商人，藉資流轉。其如何防制，俾不至日久弊生，臣等尚須悉心妥議章程，續行奏明請旨辦理。此等情形，既不可令軍民共曉，或致驚疑，尤不可使各商聞知，轉生窺伺。

理合附片密陳，伏乞皇上聖鑒。謹奏。

硃批：知道了。

《清代檔案史料叢編》卷一一《慶端等奏官局票本全虛請改捐輸以期歸補摺咸豐八年七月十九日》 署理閩浙總督福建巡撫奴才慶端、護理福建巡撫布政使奴才瑞瓆跪奏，爲閩省永豐官局提支過巨，票本全虛，擬將防剿捐輸經費截止，改爲捐輸官局票本，以期歸補，酌議章程，恭摺具奏，仰祈聖鑒事。

竊照閩省於咸豐三年倉猝軍興，餉需既無可籌那，民店又接踵倒閉，官民交困，幾不能支。當經奏准開設永豐官局，行用銀錢各票，以期上濟國用，下便民生。數載以來，用兵未已，一切軍需兵餉，司庫搜羅既罄，無款應支，不得已悉提官局票銀，藉資擠拄。計截至上年十月底止，共已提用票銀三百八十萬兩有奇。此項票銀，無非仍向官局兑易票錢行使，是以票行日巨，票本愈虛，紋銀銅錢缺少，遂致米糧百物，價日翔昂，民難謀生，怨咨日甚。

當經前督臣王懿德會同奴才慶端，將官局危殆情形並懇撥發票本補救緣由，節次奏蒙聖鑒。旋奉敕部議撥浙粤兩省地丁關税銀二十萬兩，迄今尚無解到。即就近准撥之閩海關經徵常夷各税銀六十餘萬兩，及七年八月以後所徵税銀，又因兵糈軍餉急需支發，早已動用無存。票本之歸補仍虛，民用之拮据愈甚。據官局委員具報，暫截止本年五月底止，司庫提用未還票本，除奉發捐輸款項及局中兑易餉票，買賣出入，所獲盈餘陸續歸補外，實尚長用出錢票二千零六十餘萬串，而現存銅錢鐵錢不及百分之一。此外制用銀番各票，應備票本尚不在內。似此憑空結撰，層纍彌高，設竟一旦倒回，勢必即時決裂。值此逆氛未靖，何堪内患重興？奴才等目擊時艱，與在省司道通盤籌畫，惟有仰祈天恩，俯念閩省官局票本全虛，民生日困，准予勸捐歸補，以濟燃眉。並准援照前辦防剿經費案内部行，凡捐實在官階、貢監職銜等項，照例實減二成，遞減一成，每百兩以七十二兩交納。若捐輸錢文，每銀一兩，折繳制錢一千六百文，以期踴躍輸將。惟防剿經費同時並捐，民力恐有不逮，自應即行停止，俾歸畫一。據軍需局司道具詳前來。

奴才等復查屬實，謹將酌擬章程條款，繕具清單，恭摺附驛馳奏，伏乞皇上聖鑒訓示。謹奏。

硃批：户部速議具奏。單并發。

《清代檔案史料叢編》卷一一《王文韶奏請設立官錢鋪以利流通片光緒二十二年六月十八日》 再，查天津貿易日盛，市面銀錢日緊，銀號因之居奇，錢商借以射利，遇有大宗款項，以銀易錢則錢貴，以錢易銀則銀貴，輾轉虧折，公私交困。現在各省鼓鑄銀圓，誠恐錢商有意挑剔，未能暢行，若不設法變通，實不足以通商、惠工、便民、裕餉。據淮軍銀錢所鐵路總局道員李竟成、孫寶琦等會同禀稱，以該兩局每年進出銀錢甚巨，擬各籌銀五萬兩作爲成本，設立通惠官銀錢號，將來天津機器局所鑄銀圓銅錢，隨時向該號兑換往來，以利圜法而資周轉，酌擬章程，具禀請奏前來。

臣查泰西各國皆有國家銀行主持錢法，商賈無從把持，立法未爲不善。中國尚未創設銀行，亦應隨時隨地斟酌調劑。該道等所請設立官銀錢號，俾銀圓可以通行，而市價亦有准則，於公款商務目前既多裨益，如果試行有效，將來即可爲開設銀行張本。

除由臣飭令該道等將一切開辦事宜認真經理，毋滋流弊外，理合附片陳明，伏乞聖鑒。謹奏。

硃批：户部知道。

《清代檔案史料叢編》卷一一《依克唐阿奏設華盛官錢局並開帖行使摺光緒二十四年閏三月二十八日》 奴才依克唐阿跪奏，爲奉天省城官帖悉數設法收回，現因制錢短絀，另設華盛官錢局，妥定章程，開帖行使，以維圜法，恭摺仰祈聖鑒事。

竊查奉天省城華豐官帖局，於光緒二十年初設時，曾經前任將軍裕禄奏明，俟軍務平定，即將所出官帖悉數收回，歸還庫款。奴才到任後，擬將開出錢帖設法陸續收回，即據各商呈懇停留官局，以紓商力。當飭局員將前借庫款八萬兩，如數備齊，交盛京户部銀庫收訖。一面以官帖換回之銀錢，歸局通融周轉，添派妥員認真經理。於光緒二十二年五月十九日，附片陳明在案。

上年春間，奴才因官帖局自開設以來，迄未通盤查過，訪聞該局於二十一年虧空甚多，即現在弊竇亦所不免。當派驛巡道志彭，准補昌圖府知府陳震，協領達春、廣齡等，會同該局澈底清查。一面出示曉諭，自三月初一日起，至七月底止，限五個月内，將開出憑帖悉數收回。旋因局務轇轕太甚，復添派試用縣丞殷鴻壽、試用主簿耿蓋臣入局勾稽，以清款目。嗣據該道等稟稱：統查原出官帖東錢一千二百一十三萬八千千，前已陸續收回六百八十五萬五千一百七十六千，現又收回五百二十四萬四千四百七十六千八百文，净剩未收回局帖三萬八千三百四十餘千，自係大兵雲集時帶赴前敵，兵燹水潦，以及挖補銷廢所致。細核局中各帳，從前雖虧東錢三十餘萬千，自二十二年整頓後，得獲餘利二十餘萬千。此項餘利並未收荒帖三萬八千三百四十餘千，以之彌補前虧，尚覺有盈無絀。等情。據此。奴才復核無異，當將收回之華豐官帖悉行焚燬，並示諭殷實鋪商多開憑帖，藉資行使。亦在案。

自官局裁撤以來，商帖旋出旋收，不敷周轉，現錢既絀，而用帖必加帖利，以致市面錢法壅滯，貧民日用艱窘，商民爲之交困。奴才博訪周諮，均以補偏救敝，惟另設官錢局爲便。且將來昭信股票，按年由錢局付利，庶免書役勒索，亦一大便民之舉。當飭驛巡道志彭、户司掌印協領程世榮、兵司掌印協領達春、補用道候補知府明徵，體察街市情形，妥籌辦法。兹據該道等會議設局章程，呈復前來。奴才現已由糧餉處借撥銀兩，設立華盛官錢局，即派志彭、程世榮、達春、明徵等總理其事，並刊發木質關防一顆，由該道等慎選員司，開帖行使。獨是官錢一事最爲繁重，設用人不當，立法不善，日久未有不滋弊者。此次所定章程，皆局中瑣屑之事，如未妥善，仍可隨時增删。而一成不易之法有二，自當先行奏明，永遠遵守。查向來派辦官錢局委員姓名，並未報部隨時更易，實不足以專責成。此次派委志彭、程世榮、達春、明徵四員總理其事，互相牽制，各員稽察，可以經久無弊。遇有一員更换，須將該員有無經手未完事件及所代之員姓名，專咨報部。又向來官局之弊每多應酬，衙署欺壓鄉民，故有姦商貪圖帖利，往往勾通衙署書役，遇銀價盛漲時，恣意賣銀買帖，日以萬計。此次設局，係爲便貧民通錢法起見，凡兑换銀兩，悉照市面辦法，而一切壓平扣色諸弊，概行禁絶。其銀色實在低潮，方准酌扣。如持帖支取現錢不能照數全付，擬以大小銀圓作抵，再以現錢找其餘零。無論何項，大小衙門及各營，均與商民一律辦理。以上兩端於事甚微，而所關實大，相應請旨飭部立案，以昭鄭重，而垂久遠。

所有奉天官帖局裁撤事竣，另設華盛官錢局，開帖行使緣由，理合恭摺具陳，伏乞皇上聖鑒訓示。謹奏。

《清代檔案史料叢編》卷一一《廷杰奏整頓圜法並設立官銀號以維市面摺光緒三十二年十月二十一日》 奴才廷杰跪奏，爲熱河整頓圜法，並設立官銀號，以維市面，而通商情，恭摺仰祈聖鑒事。

竊熱河地面，自庚子以來，圜法腐敗，官錢缺少，銀價奇昂，百物亦異常騰貴，商民交困久矣。推原其故，一由於歷年禁運糧石不能出境，而銀之來路少；一由於口外銀值昂於内地，各商進口置貨不以銀而以錢，而錢之去路多，銀錢兩荒。私錢乘虚而入，以致銀價物價相率奇昂，市面遂大受其影響。奴才到任察看情形，欲整圜法，惟有嚴禁私錢，欲禁私錢，惟有多備銅幣。當於求治局礦税各款騰挪湊撥，疊次派員赴津購領銅幣，先後運到銅幣一千五百餘萬枚，發商行使，商民稱便，於是私錢不禁而自絶。惟在津以銀一兩易銅幣百五十枚，到熱則每兩僅合百三十八九枚。蓋幣重路遥，運費繁巨，若按原領價發商，官不勝其虧折，若不按原領價發商，商又不勝其虧折。計惟有銅幣紙幣兼行，現銀與銀帖互用，方足以濟一時之窮而行諸久遠。然邊地商賈本小利微，未便任其虚出憑帖，惟有設立官銀號，以取信於商民，而又非多籌貲本不可。熱河款項入不敷出，籌辦實非容易。

兹查有求治局原存荒價礦課銀四萬餘兩，又由本年税捐項下勾撥銀數千兩，共湊足庫平銀五萬兩，作爲官銀號原本，由津招來殷實妥商候選同知胡維憲承領，試辦熱河官銀號。所有該號一切事宜，均歸該商總董，不用委員，以杜向來官場辦事積習。並按商部奏定公司章程，參以内地錢號通行規例，酌定條約，俾資遵守。仍與該商面訂，此次設立銀號，係爲維持市面開通商情起見，銀錢出入必須公平，不得仍蹈商號積習，任意傾跌，以昭大信。目前成本較少，應照天津、奉天官銀號辦法，開給銀洋錢三項紙幣，俾資周轉。仍酌定成數，不得漫無限制，致蹈虛空。擬於十月初八日開設，試辦伊始，有無成效，尚無把握。然熱地市面疲困已極，舍此別無整頓良圖。謹將酌擬章程八條，繕具清單，恭呈御覽。

至此項成本係由官款提撥，將來遇有交卸，應請列入正項照數移交，合併陳明。

除分咨度支部、農工商部查照立案外，所有熱河整頓圜法並設立官銀號緣由，理合恭摺具陳，伏乞皇太后、皇上聖鑒訓示。謹奏。

硃批：度支部議奏，單并發。

綜述

《大明律》卷九《户律·錢債·違禁取利》 凡私放錢債及典當財物，每月取利，並不得過三分。年月雖多，不過一本一利。違者，笞四十。以餘利計贓重者，坐贓論。罪止杖一百。若監臨官吏，於所部内舉放錢債、典當財物者，杖八十；違禁取利，以餘利計贓重者，依不枉法論。並追餘利給主。其負欠私債，違約不還者，五貫以上，違三月笞一十，每一月加一等，罪止笞四十。五十貫以上，違三月笞二十，每一月加一等，罪止笞五十。二百五十貫以上，違三月笞三十，每一月加一等，罪止杖六十。並追本利給主。若豪勢之人，不告官司，以私債強奪去人孳畜產業者，杖八十。若估價過本利者，計多餘之物，坐贓論，依數追還。若准折人妻妾子女者，杖一百。強奪者，加二等。因而姦佔婦女者，絞。人口給親，私債免追。

（明）何廣《律解辯疑》大明律卷九《户律·錢債·違禁取利》 凡私放錢債及典當財物，每月取利並不得過三分。年月雖多，不過一本一利。違者，（止）杖一百。

議曰：並不得過三分，謂如本錢一貫，每月計納到利錢三十文，年月雖多，不過一本一利。若計餘利重於笞四十者，坐贓論，亦不得過杖一百。

若監臨官吏於所部内舉放錢債、典當財物者，杖八十。違禁取利，以餘利計贓重者，依不枉法論。

問曰：此條不言以准，惟云依不枉法論，設有犯者，若何斷之？

答曰：在官求索借貸人財物條云：若將自己物貨散於部民，及低價賣物多取價利者，並計餘利，准不枉法論。與此條情罪不異，亦合依准不枉法科之。

《大明律直解所載明律》卷九《户律·錢債·違禁取利》 凡私放錢債及典當財物，每月取利，并不得過三分。年月雖多，不過一本一利。違者，笞四十。以餘利計贓重者，坐贓論，罪止杖一百。若監臨官吏於所部内舉放錢債，典當財物者，杖八十。違禁取利，以餘利計贓重者，依不枉法論。并追餘利給主。其負欠私債，違約不還者，五貫以上，違三月，笞一十，每一月加一等，罪止笞四十；五十貫以上，違三月，笞二十，每一月加一等，罪止笞五十；二百五十貫以上，違三月，笞三十，每一月加一等，罪止杖六十。并追本利給主。若豪勢之人，不告官司，以私債强奪去人孳畜產業者，杖八十。若估價過本利者，計多餘之物，坐贓論，依數追還。若准折人妻妾、子女者，杖一百；强奪者，加二等；因而姦佔婦女者，絞。人口給親，私債免追。

（明）陳永《法家衷集》 一、如監臨官私借部內，原用銀一兩置買車一輛，每月該銀一錢，計一年該價賃銀一兩二錢，何以斷之？

答曰：《名例律》內云，計雇賃錢，雖多不得過其本價，止依原價一兩罪之。

（明）張楷《律條疏議》卷九《違禁取利》 凡私放錢債及典當財物，每月取利並不得過三分。年月雖多，不過一本一利。違者笞四十。以餘利計贓，重者坐贓論罪，止杖一百。

疏議曰：凡私下生放錢債，及典當人財物，每月取利並不過三分，三分者，如一百貫取三十貫之類，雖積年月數多，所還錢物不得過踰一本一利，假如原典當鈔五百貫，還利鈔五百貫，謂之一本一利，縱欠年月多久，所取利錢不得過五百貫之上。如有違此而取利三分以上，及利錢過逾本錢者，放債之人笞四十，以其多取之餘利計筭贓重者坐贓論罪，止杖一百。

若監臨官吏於所部内舉放錢債典當財物者，杖八十，違禁取利，以餘利計贓，重者依不枉法論，並追餘利給主。

疏議曰：若監臨官吏於所部之内，舉放錢債典當財物者，杖八十。若違前項禁限而多取利息者，以其多取餘利計筭。若重於八十貫者，則依受不枉法贓論罪。其前項私放錢債，及監臨官吏放債違禁取利者，既治其罪，並須追其多取利錢，給還本主。

其負欠私債，違約不還者，五貫以上，違三月笞一十。每一月加一等，罪止笞四十。五十貫以上，違三月，笞二十。每一月加一等，罪止笞五十。二百五十貫以上，違三月笞三十，每一月加一等，罪止杖六十，並追本利給主。

疏議曰：其有負欠他人錢債，過違文約内所定年月而不還者，五貫以上，違三月笞一十，每一月加一等，罪止笞四十。五十貫以上，違三月笞二十，每一月加一等，罪止笞五十。二百五十貫以上，違三月笞三十，每一月加一等，罪止杖六十，並追本利給主。謂已上治罪，雖有輕重，而皆追其所借之本錢，所欠之利息，給還放債之主。

若豪勢之人，不告官司，以私債强奪去人孳畜産業者，杖八十，若估價過本利者，計多餘之物坐贓論，依數追還。

疏議曰：若官豪勢要之人，爲因舉放私債不告官司，而强奪欠債人之孳畜産業者，杖八十。若計筭强奪之物其價錢過於一本一利者，計多餘之物坐贓論，追其多取之數倍還物主。

若准折人妻妾子女者，杖一百，强奪者加二等，因而姦占婦女者，絞。人口給親，私債免追。

疏議曰：若因欠債無還，而將人之妻妾子女准受折筭抵還其債者，杖一百。若非欠債之人情願准與而强奪之者，加二等，因而將所奪婦女姦宿占留者，絞，所占人口給親完聚，原欠私債免其追還。

謹詳律，意舉債雖曰求利，取利當有常程，月取而三分過度，是肥己以瘠人，欠久而利息過踰，是使子而踰毋。違者坐以笞決，物重論以坐贓，罪止杖而不徒，以其終有本也。監臨舉債，即有貪心，違禁取資，不枉法，論定罪，多取者，並追餘利給主，負欠者，各計鈔月加刑，强准孳生計餘定罪，准折妻女，强者杖徒，貴人而賤畜也。因奪而姦，不仁之甚，罪則坐絞，債則免追，治其强矜其辱也。

（明）雷夢麟《讀律瑣言》卷九《違禁取利》 凡私放錢債及典當財物，每月取利並不得過三分，年月雖多，不過一本一利，違者笞四十，以餘利計贓，重者坐贓論罪，止杖一百。若監臨官吏於所部内舉放錢債典當財物者，杖八十，違禁取利，以餘利計贓，重者依不枉法論。並追餘利給主。其負欠私債，違約不還者，五貫以上，違三月笞一十，每一月加一等，罪止笞四十。五十貫以上，違三月笞二十，每一月加一等，罪止笞五十。二百五十貫以上，違三月笞三十，每一月加一等，罪止杖六十，並追本利給主。若勢豪之人不告官司，以私債强奪去人孳畜産業者，杖八十，若估價過本利者，計多餘之物坐贓論，依數追還。若准折人妻妾子女者，杖一百，强奪者加二等，因而姦占婦女者，絞。人口給親，私債免追。

瑣言曰：每月取利不得過三分，如借本錢一百貫，每月取利錢三十文是也。年月雖多，不過一本一利，如借本錢一百貫，每月取利錢三十文，計三十三箇月零十日，則利錢已該一百貫，利錢與本錢相停是，謂一本一利。違者笞四十，計所取餘利爲贓，其罪重於笞四十者，坐贓論，至八十貫之上，罪止杖一百。監臨官吏舉放錢債典當財物與部民而收取其利者，雖無多取餘利亦杖八十，若多取餘利者，計贓依不枉法論，並追餘利給主。其負欠私債違約不還者，各以所欠多寡計月科罪，若在三十三箇月零十日之内，以月利三分計之，若出三十三箇月零十日之外，則追一本一利，本與利相等也。故曰：並追本利給與財主。若豪强之人因其違約不還，不告官司，而强奪人孳畜産業者，杖八十，若估價過本利，計所多餘之利坐贓論，依所多餘之數追還，物主不言，准折孳畜産業者，利價相應，兩相情願，勿論。若准折人妻妾子女，雖其利價相應，亦杖一百。蓋妻妾子女，天性之愛，非有逼迫不得已之情，決不聽其准折也，若有以私債强奪人妻妾子女者，加准折罪二等，因强奪而姦占其妻妾及女者，絞，其所准折及强奪人口給親，私債免追。

問刑條例

一、凡勢豪舉放私債、交通運糧官、挾勢擅拏官軍、綁打凌辱、强將官糧准還私債者，問罪屬軍衛者，發邊衛，充軍屬。有司者發口外，爲民運糧官，叅究治罪。

一、聽選官吏監生人等，借債與債主，同赴任所取償至五十兩以上者，連債主俱問發口外充軍。

一、凡舉放錢債買囑各衛委官，擅將欠債軍官軍人俸糧銀物領去者，問擬誆詐，委官問擬受財聽囑罪名。

一、兩京兵部并在外巡撫、巡按、按察司官，點視各衛所印信，如有軍職將印當錢使用者，叅問帶俸差操。

一、内外放債之家，不分文約久近，係在京住坐軍匠人等，揭借者，止許於原借之人名下索取，不許赴原籍逼擾。如有執當印信、關單、勘合等項公文者，提問原債不追。

一、凡負欠私債，兩京不赴法司，而赴别衙門，任外不赴軍衛有司，而越赴巡撫、巡按、三司官處各告理，及輒具本狀奏訴者，俱問罪，立案不行。若兩京别衙門聽從施行者，一體叅究，私債不追。

《皇明條法事類纂》卷二〇《户部類・禁約私債執當印信關單勘合及詐稱權貴擾害官民例》

成化四年九月二十日，都察院右副都御史林等題，爲禁約私債擾民事。該漕運總兵、巡撫等官，赴京議事，將各官所言事件，會同各部、都察院、太子少保兼吏部尚書李等議擬，開立前件，具題。奉聖旨：是，准議。欽此。欽遵抄單移咨到院。内一件：該巡撫山東本（部）〔院〕右副都御史原（係）〔傑〕奏，照得濟南等府所屬州縣，地方〔磽〕薄，兼以遞年水旱相仍，田禾不收，糧差浩繁，人民艱窘。奈何近年以來，有等在京住坐軍匠人等，不思原籍户丁困苦，只惟不來供給，或令家小，或〔令〕親戚，回家取討盤纏。倘若指辦遲慢，不論尊卑，倚恃身役，拖打逼要。設或户無人丁，又行搜尋佃田併里鄰人等，津貼幫助。稍不依從，復回到京，挾私串同無籍之徒，詐稱在於官豪之家，揭取財物。多則七、八十兩，少亦十數餘兩，加倍起利，朦朧將本户并貼户、佃地、里鄰人等姓名，妄作家屬多目，開寫約内，付與債主，執照前來取討。其放債官豪，止知利己，各恃權威，使令親朋替穿異樣衣服，騎坐違禁鞍馬，多帶家人伴當，徑來各該州縣坐并索取，果是軍匠、户丁、貼丁，着令辦還，雖傾家蕩業，死而無怨。若係佃地、里鄰無干之人，舉家呼天叫地，堅執不認。又被取債之人，輒生奸計，或詐稱皇親家人，或言權貴官舍，囑託司府批狀，强逼州縣差人拘拿拷打，責令照數認還。小民懼怕官府，只得忍氣吞聲，典當田産，變賣人畜，打發起程。未交一、二年間，仍復揭債，令人來取，積習成風。以爲得（慣）〔計〕。中間又有見任官員，亦多揭取官豪錢債，逼令家下歸還。此等錢債，保見之人，既各在京，不來證佐，本（寡）〔處〕多寡，原籍州縣别無堪信，止憑討債之人收執前約，照數逼取，深爲民害。如蒙乞敕該部計議，合無今後各該州縣，但有此等（計償）〔討債〕之人，不分文約（又）〔久〕近，就令於在京借債之人名下索取，俱不許前來原籍〔逼〕擾。若係本家（免）〔充〕當軍匠隨住之人，帶人前來取討，應該歸還者，亦候豐稔之年，照例一本一利歸還，亦不許恃强逼取。敢有（恬）〔怙〕〔惡〕不悛，仍前執約，於軍匠、户丁、貼户，併佃地、里鄰之人，一概囑託司府批狀、强逼州縣官員拘勾追理者，許被害之人，就將討債之人，拿送巡按御史及按察司官處，究問明白，依律照例發落，文約塗抹，〔所〕附錢債免追。干礙舉放錢債官豪并受囑（彼）〔被〕逼司、府、州、縣官員，徑自照例施行。前件，議得合准所言，通行天下禁約。又一件，該巡撫直隸、本院右僉都御史邢奏，照得各處解納糧料人户中間，有因納欠借債補完，被放債之人勒要納獲印信、關單、勘合等項公文，准當有係數人共約，其間正有一欠少者，有本利十分，已還八九分者，解户年久消亡，無人取贖，但被執匿不還，以致錢糧不銷。如蒙乞敕法司，通行兩京兵馬司，并在外（在）〔司〕府，出給告示，曉諭内外放債之家，但有執當前項印信、關單、勘合等項公文，不拘年月遠近，俱限三個月以裏，賫赴該管官司首（縱）〔繳〕，追還原欠。如有仍前執匿不首，（考）查究問罪。原債不追，庶免兩相推候。前件，議得都察院施行。合無將右副都御史原等所言，并户部會官議擬奏，奉欽依事理，在内仰巡視監察御史轉行五城兵馬司，出給告示，在外有巡撫官，就令巡撫官，無巡撫官處，就令巡按御史出榜，轉發各該布按二司，并直隸府、州、縣，翻刊發屬，常川張掛，曉諭内外放債之家，不分文約久近，如係在京住坐軍匠人等揭取者，止許在京原揭之人名下索取，不許前去原籍逼擾。果係原揭借户丁帶來取討應還錢債，亦候豐年照例一本一利歸還。如有執當印信關單勘合等項公文，亦不分年月久近，俱限一個月以裏，賫赴該管官司首繳，即與追還。原籍借之人，敢有似前通同（計）〔討〕債之人，詐稱皇親家人并權貴官舍，賫執私約，前去原籍，倚恃豪勢，囑託有司，强逼各人户丁及佃地、里鄰人等名下，一概追取，打攪官府，擾害人民，及執匿准當印信、關單、勘合等項公文，不行首繳者，許被害之人，赴所在官司陳告。在內拿送法司，在外拿〔送〕巡按御史及按察司官處，究問如律。原債不追，中間若有擬官豪勢要，及聽從囑託代爲追理官員，應拿問者，就便拿問，應奏請者，奏請提問。如此，庶可杜侵漁之源，革擾害之弊。緣係通行禁約事理，未敢擅便，具題。次日，奉聖旨：是。欽此。

《皇明條法事類纂》卷二〇《户部類・禁約私債准折田土等項例》

成化五年十一月二十九日，禮部等衙門尚書等題，爲建言民情事。該知府等官人等晁銓等，建言民情事件，遵奉欽依，會議得，除有例見行及泛言難准外，數内一百八十件，合准所言，宜從吏部等衙門查勘定奪施行，奏奉聖旨：是。欽此。欽遵。

計開：

一、禁豪民謀占小户田産，及招納教師，（娶）〔聚〕衆撕打。江（東）〔西〕臨江府新淦縣民人謝廷碩言，本處（自）〔有〕等土豪之民，置有莊田、房屋，或二十餘處，其心猶有不足。一見附近人民有好山園陸地，輒起謀心，將遠年錢債，展轉違例取息。窘迫至極貧民，無從納還，只得將前園田地并房屋寫作賣（地）〔契〕。甚至受害不過，又有虛寫文契一文，棄家逃走，（遣）〔遺〕下産業，豪民即行管業，（詎）〔罔〕敢言辯。通前自置田宅，招納吉安府州等府屬縣逃民并軍匠人等，分布各莊住坐，無異僕隸。豪民一出，輒令扛抬四人坐轎，跟（跟）隨馬匹，前呼後擁，勢如狼虎。又行僱覓高手教師，教習武藝。但與鄉人開打，豪民一呼，衆皆奔至。各執爬頭、槍刀、鐵鞭、竹竿等器，有如大軍行陣。勝則殺牛置酒歌飲，喧聲沸野。其有殺傷人命，訐告到官，俱被積年浸潤情熟，故行問擬運米、擺站，遮掩其罪。豪民愈加得志，他日寧家無意外之慮。乞敕該部，轉行江西布政司，差委堂上官一員，分令各府、縣廉正官各一員，單夫馬匹，循行阡陌之間，出給告示，三個月內，許令逃户前後自首，遣還故土，（充）〔免〕其差徭三年，善加撫恤。所有被人占去田宅，悉與判還本主。仍取具各該里老、鄰（佑）〔右〕人等保結繳部。查勘其家逃民、教師，今後敢有聚集，僭用各項器械厮打者，官司鞫問明白，將（受）〔首〕惡依律科斷，庶使豪强斂跡，良善獲安。

《皇明條法事類纂》卷二〇《户部類・債主關俸問不應》成化十年四月初八日，刑部尚書王等題，爲處置條例事。

計開：

一、在京官軍，多有艱難。預先將本身俸糧，揭借官軍人等銀兩銅錢等物使用，立約議將按季該得俸糧、銀兩、絹疋等物抵還。及關俸之際，本身欠債數多，不敢赴委官處領。以致債主不得已，自赴委官處，依約領訖。卻被無籍之徒，輒告債主盜關俸糧，行提到官。爲因不係本主關領，往往債主問擬常人盜倉庫錢糧絞罪，發（運）〔遣〕立功做工等項，甚是有乖律意。合無今後但係軍職負欠私債，而債主依約於委官處領出俸銀等項，事發止問不應杖罪，照例發落，庶幾用刑允當。

成化十年八月初八日，禮部等衙門題，爲建言民情事。

計開：

萬全都司永平衛守備隆州後千户所老幼軍晏言：一件，勢豪生放利債事。臣（切）〔竊〕見山東、河南、湖廣等處，因遞年水旱災傷，軍民徭役被累消乏，多有貧難軍民，將資畜、産業、人口，典賣盡絶，無從〔生活〕，只得揭債富豪勢要之家，銀兩稻穀救濟。或借銀一兩，不過五六個月，逼要本利銀二兩；或借稻穀一石，不過半年，加要一石。償還不及，逼累重换文約，利上加利，逼勒貧苦。有恃豪債主，用强逼准妻小、男女、房屋、田地、山場，致累貧民逃竄。臣見在京，近年以來，米價高貴，營運無活，度日艱窘，不能趂食，只得將衣服、物件，當借銅錢，糴米度命。又被奸頑之徒，倚財爲勢，互相設計欺行。凡遇當物，估值銀一兩，止借銀三錢；值銀一錢，止當銀三分。每銀一錢，自起利息二、三（文）〔分〕者有之。備還不敷，未及二、三月，被算本利，對合日逐取，當原賣物件好者，致被百般刁蹬揩匿。物件低者，被其公然變賣。當物之人，又被勢豪凌辱，欲行告理，緣因貧窘無力，只得含含，有屈無伸。以此，當放之徒，愈加得計，恣（伊）〔意〕利中生利，貧者轉加貧苦。如蒙乞敕廷臣，從長計議，合無遵依《大明律》内事例，通行在京、在外軍衛有司，嚴加禁革。私債及當放物件，每月取利不得過三分，遵爲定例。今後敢有仍前故違禁例取利，在外許被害之人赴合干上司告理；在京赴錦衣衛、巡捕官處，并五城兵馬司具告，提拿究問禁革。

就將所當物件，官估價值，除每月起利三分外，餘物給主。將所犯之人，參送法司，治以重罪。如此，則法度昭彰，貧無受害，實爲便益。

前件，通行禁約。

成化十年八月初八日，禮部等衙門題，爲建〔言〕民情事

計開：

吏部起復聽選同知毛璦言一件，扶弱抑强。臣（切）〔竊〕照强者恣横，乃天理所不容；弱者受虧，亦人情所難忍。臣見得各處，近年有等豪富之家，舉放私債，多累伴當家人，不問鄉曲舊家故官子，一或借（貨）〔貸〕，輒便三、五成群，絡繹坐地取要，少失疑侍，穢言辱罵；或拿到家，鎖打逼追，致死人命者，有之。又有一等不才致仕官，倚勢因子孫衆多，下鄉狼虎害人，准折家業，遇民逃竄，甚至拿鎖（壯）〔竈〕場、牛攔等處，（自）〔有〕因受氣不過而自縊者，有因饑寒致疾而累死者。又一等家族衆盛，暴横鄉里。打罵（故）〔固〕不足言，侵奪尤莫能禦。一逢勢均力敵之家，聚衆輒至一、二百，彼此逞兇，（歐）〔毆〕打人命。又有一等潑皮小民，設遇前項人家，則即（飲）〔斂〕手屏息，稍遇勢不如良善，取（粗）〔租〕索債，卻將老幼久病（之人）打死，及將懷孕婦人墮胎，圖賴鄉里，（里）長措怕人命（功）〔勸〕和，要銀多至三、二百兩者有之。又有一等健訟刁民，憑恃刁潑，每遇良善債主，駕捏虚詞，妄空騙害。凡此五種，深爲民患。有司聽其所爲，不行禁止者，（監）〔鑒〕此惡害皆能排陷官府，雖或拘制到官，亦輒跳梁躑躅。官（勾）〔爲〕自保，（洋）〔佯〕作不知。（切）〔竊〕思此輩所懼，（上）〔止〕是御史、布按司官，但此等官按臨，略不究意及此（死），致强梁者愈得志而不顧，良善者益〔受〕害而莫伸。如蒙乞敕法司，從長計議，痛加裁抑。或給榜禁約，或請例以杜除，或依律科斷之餘，而（無）量其家資，以十分爲率，罰（共已）〔其七〕分入官，以爲賑濟饑荒之備。務在號令嚴明，必使渠魁斂跡。如此，庶使鄉人免横禍之虞，官府無便治之繁。

前件，通行禁約。

成化十年八月初八日，禮部等衙門題，爲建言民情事。

計開：

江西布政司吉安府廬陵縣民王集典言：一件，方（令）〔今〕天下爲小民之害者，莫〔甚〕於豪强之徒，挾其富盛之勢，又有伴當爲爪牙，以（取）〔助〕其威。（被）〔彼〕貧民佃其田者，雖兇災水旱，亦不免被其勒取全租，貪其錢者，則皆被其違禁酷取。有自永樂、宣德、正統、景泰、天順年間起至于今，錢債已還，而文約被其勢留重行勒取；或挾要其子女，以爲驅使；或勒寫其田宅，以爲已有。〔有〕因户役而勒害，有因税糧而過徵，使小民不得安生，而多逃移他處，爲今安養小民之計，必先於除去民害。

前件，〔通行禁約〕

《皇明條法事類纂》卷二〇《户部類・（成化六年三月二十日吏部尚書等題為）申明舊制禁約事》計開：

一、各處訪得聽選官吏、監生人等中間，賢智之士固多，其間亦有無知不才之徒。（悒榮）〔蠅營〕狗苟，以圖僥倖。遂致小人窺視，乘機哄誘。或假説投託某衙門官，轉與方便；或詐稱吏部官鄉親，可與囑託，求計某官處，巧捏情詞，誆騙財物入己。幸而偶中，需索無厭。若或不成，亦侵其半。及行選後，尋訪好處官員，鑿空架説，勒要財物。此等之徒，阻（懷）〔壞〕選法，污累官府，最爲害事。又有等官吏、監生，恣行無賴，浪費包資，囊（匿）〔篋〕空虚，多有揭取銀兩、布絹及酒肉、米麵，食用無度，積少成多，或至一、二百兩者，擬約選後措還，及（出）榜一出，三、五成群，拿收文憑，索要本利。只得與有錢之家立約揭取，分償各主，贖取文憑。甚者，被其拘取三、五個月，不行赴任。又有一等京城小人，專一於（在）部前打聽，舉放官債。每遇選時，尋探新除官員，邀請到家，置酒説合，强要借與金帛、銀緞、絹疋，其不才官員，啗其肥飽，立約借取錢財，營辦衣裝、器物，置（酒）〔買〕婢妾等項。臨行，債主遂與同到任所，以一取十，或被其主使行事，或聽其説事過錢，鞭撲求取，唯償私債，經營思慮，則及公務。少者累年不足，多者終任莫償。此等之徒最爲害治。前項姦弊，若不嚴加禁約，誠恐弊孔滋漫，事無成效。天順年間，曾有榜例，人不遵守，往往有犯。合無本部再行出榜，申明禁約，今後但有假託姓名，誆騙官吏、監生人等財物者，事發問罪，枷號部前三個月，連當房家小發煙瘴地方充軍。若官吏、監生人

等請托營求，被人誆騙財物者，一體治罪。其有借人財物費用，買辦衣裝、器物、置買婢妾等項，及與債主同赴任所取債者，官與債主，俱發口外充軍。仍乞敕錦衣衛，差人密切訪察挨拿。庶幾選法澄清，而弊源自絶矣。

《皇明條法事類纂》卷二〇《户部類·禁約放債執當公文及於户丁名下取討例》　成化六年九月二十日，都察院右副都御史林題，該巡撫山東右副都御史原傑、巡撫南直隸、左僉都御史邢宥等奏，在内行仰巡視監察御史出榜，轉發各該布、按二司并直隸府州，翻刊發屬，常川張掛，曉諭内外放債之家，不分文約久近，如係在京住坐軍匠人等揭借者，止許原借之人名下索取，不許於原籍揭取之人户丁取討。應還錢債，豐年照（利）〔例〕一本一利歸還。如有執當關單、印信、勘合等項公文者，不分年月久近，俱限三個月以裏，赴該管上司首繳，即還原債。敢有仍前通同討債之人，詐稱皇親家人并權貴官舍，賫執文約前去原籍，倚持豪勢，囑託有司，强逼各人户丁，及佃種、里鄰人等名下，一概追取，打攪官府，虐害人民，及執匿原當印信、關文、勘合等項，不行首繳者，許被害之家赴所在官司陳告，在内拿送法司，在外拿送巡按御史及按察司官處，究問如律。原債不追。中間若有干礙官豪勢要，及聽從代爲追理官員，應拿問者，就彼拿問；應奏〔請〕者，奏請提問。具題。奉聖旨：是。欽此。

《皇明條法事類纂》卷二〇《户部類·各邊管軍官於所部内放債及强買馬匹》　一件禁約事。成化八年七月内，該都察院左僉都御史李等，節該欽奉憲宗皇帝聖旨：體訪得有等管軍頭目，恃權挾勢，往往便令家人伴當及跟隨人等，假倚買賣爲名，將雜銀粗布散放與各路衛所管操、管屯官員，及散與該管旗軍餘丁，每雜銀一兩，强買細米一石一、二斗，又逼令出備車牛裝送。其管操、管屯官員，因而各將自己物貨，混同在内撒放，加倍取利肥己。又有等欺公貪利之徒，令人興販老弱瘦損不堪馬匹，用强分俵與馬隊軍士，作買補官馬之數。旋即（例）〔倒〕死，致人追（倍）〔賠〕，不免重行買補。似此作弊，非止一端。邊軍被害，莫此爲甚。恁都察院合通行嚴加禁約，出榜沿邊各路大小城堡，常川張掛，曉諭管軍人等。今後敢有稱係家人伴當等項，倚恃豪勢，撒放錢債，强買馬匹，多取價利，擾害邊軍者，許被害之人，指實徑赴巡撫、巡按，并按察司分巡官處陳告，就便拿問明白，監候奏請發落。干礙官軍頭目及豪勢之人，亦就拿問。欽此。

成化九年十月初八日，户部尚書楊等題，爲救弊等事。

計開：

一、所言至如揭取錢債一節，其中官員作弊，軍士苦楚，不可勝言。譬如一衛軍人，或因盤剥費用，被官員侵剋，虧折糧米一百石，若借銀一百兩，可夠買補。其本管官員，乘此機會，設託豪富之家，借銀二、三百兩，倍寫本利五、六百兩，除用百兩買米補納外，餘皆任從虚數花銷，侵分入己，回還之日，就邀債主到衛，强逼各軍變賣産業，准折男女。債還不完，又將欠數轉换文契，利上取利，經年逼取，仍復如前。所以軍士取債，年甚一年，不得完結。甚至有等挾勢豪强債主，或跟往兑糧處所，將正耗糧米變賣（倍）〔賠〕還者；或於淮安總要去處，邀請求託，便往欠債糧船執逼追還者，或於沿途將旗軍綁打，逼至逃走跳水者；或凌辱官員，逼抑自縊者。（切）〔竊〕思官軍所輸之粟，俱是國課，豈有國課永輸，先償私債？三尺孩童，尚知不可。若不禁約，誠恐此等强徒，愈加放肆，倣效成風。似前追并，荼毒官軍，准賣糧餉，非但貽笑四方，亦且朝廷法度安在？此不可不嚴加禁約二也。合無該部行令各處把總官，親躬查審該管衛所官軍，原借某人本銀若干，一年者依例每兩起息三分，年久者止許一本一利。其利（止）〔上〕增利者，悉爲减除。明立文簿，收候下年各衛運糧到京，交納官糧完足，聽把總官公同該衛指揮等官，查算明白，卻將餘剩銀米，照簿追還債主。若債負數多，不能完結者，仍候下年照前給還。其銀不許再起利息。仍請聖旨榜文，前去該免糧浙江等布政司，并直隸蘇、松、淮、揚、應天等府、州、縣去處，張掛禁約。敢有豪强債主，似前挾勢，准折私債，許被害官軍并所在官司，拿解赴京送問。重罪發邊衛充軍，民發口外爲民。如此，則豪强頗知畏懼，而軍士所負錢債，庶得結絶矣。

前件節查得，先因漕運官軍作弊多端及遞年攢運之事，本部於景泰元年，會官保舉都御史王竑與總兵都督僉事徐恭攢運糧儲，其添設都御史總督官運漕運，正欲禁革奸弊。今本官奏稱前因，合無通行總督運都御史、總兵官（正）〔平〕江伯，着落各該把總官，須要躬親查審該管衛所官軍，原借某人本銀若干，明立文簿，收候下年各衛運糧到京，交納官糧完足，卻將餘剩糧米，照簿給還債主。敢有仍前挾勢，於兑糧去處及沿途擅拿官軍綁打凌辱，强將官糧准作私債，許被害官軍，就於漕運總兵官處陳告。應拿問者，就便拿問。此係强准官物，律無正條，合無准其所擬，發邊遠充軍。民發口外爲民。應參奏者，照例施行。及言請聖旨榜文，前去免糧處所張掛禁約，未敢擅便。伏乞聖裁。

《皇明條法事類纂》卷二〇《户部類·放官債以侵民（例）〔利〕》

成化十五年二月二十五日，禮部等衙門，爲建言民情事，會同各部都察院，通政使司、大理寺、（大）〔六〕科給事中，會議所言事件，宜從吏部等衙門查勘定奪，照例施行。具題。奉聖旨：照例。欽此。

計開：

一件，放官債以侵民（例）〔利〕。吏部聽選監生張瑞言：臣嘗畜馬乘，不察於雞豚，（代冰）〔伐木〕之家，不畜牛羊。此（倉）〔食〕君之禄，不得以侵民利也。近年以來，多有京官放債，不體虚實，或借本處軍匠，累害原籍户丁；或放他處糧户，冒名復追里甲，違禁取利，多則釘對少加八，每令子孫家人具狀府縣，以勢追取。其府縣官，雖節奏勘明合禁革，視爲虚文，仍阿諛奉承，將小民（考）〔拷〕逼禁追，實難存活。如蒙乞敕巡按御史嚴加禁約，許受〔害〕之民指實具奏，將資本入官，本官黜退，庶無侵奪民利矣。

前件，巡按御史查例禁約。

《皇明條法事類纂》卷二〇《户部類·豪强放債害民》

成化二十年七月二十八日，都察院爲建言民情事，准禮部咨，成化十九（等）〔年〕月日不等，於禮科抄出吏部等衙門聽選等官奏建言民情事件，該通政使司掌司事、太子少保、禮部尚書張等奏，看得建言事理，合着禮部抄出會官議。奉聖旨：是。欽此。欽遵合同各部、都察院、通政司、大理寺、六科給事中議得，數内四十條合准所言，宜從吏部衙門查勘定奪施行。各官奏，奉聖旨：照例。欽此。欽遵。

計開：

一件，豪强放債害民等事。（切）〔竊〕見本縣見年當役（里）里長，每遇上司坐派軍需顔料，以一科十，甲首人户，稍有不從，被里長投靠豪惡大户，或務要京官弟男子侄措借銀兩，捏稱完官，不過年月，使令狼虎伴當，與同本里下鄉捉拿小民妻子，非刑拷打，每家出要轎馬，銅錢一二百文，本銀一兩，逼討銀二、三兩者，追完又與本里各分使用。及有小民告争田土鬭（歐）〔毆〕小事，或欠軍需私債，被總甲里長總捉拿到縣，亦不送縣，矇朧私用鐵索鎖禁，寄頓縣市食店飯鋪宿歇，有一月半月者。等要飯銀二一兩，恁詐財物意足，纔得疏放。竊詳此等各縣俱無，惟獨本縣人民受此苦害，逃移者多。如蒙乞敕都察院轉行巡按御史，密切差人緝訪，捉拿勢要之人，問擬重罪，嚴加曉諭禁治。今後鄉民到官有事，拘；無事者，不過三日放回務農。庶使民得安生便益。

前件，行巡按御史嚴加禁約。

《皇明條法事類纂》卷二〇《户部類·强放私債運糧人夫加倍取利例》

成化二十一年十二月二十六日，禮部等衙門題，爲建言民情等事。

計開：

一、南直隸並浙江嘉、湖等府遞年運送糧米到京，俱有加耗官價車脚船錢使用。且如一船該夫二十名，運送十名，津貼盤纏飯米，足勾使用。豈期在京官豪勢要之家，貪圖肥己，使令家人將帶銀兩，前去中途置辦酒禮，送與各船吃飯，一船栖放銀一百兩有之。來夫自用，將不來夫名概寫，約借銀一兩還銀二兩。回家致被債主倚勢帶同家人伴當，坐駕快船，勢如狼虎，捉拿欠户，百（船）〔般〕拷打，敲撈逼討。有等艱難小民，受刑不過，只得鬻男賣女（陪）〔賠〕償，情實可憐。如蒙伏望聖恩，憐愍蒼生，乞敕都察院轉行巡撫、巡按出榜禁約。糧夫借銀依律每兩還利銀三分，不許多討利息。如此，則止生放，民無受害，實爲便益。

前件，行各該巡撫、巡按禁約。

《皇明條法事類纂》卷二〇《户部類·禁約教官放債肆卒（欠）〔久〕占衙門例》

成化二十二年三月初四日，都察院右都御史劉等題，（等）爲建言民情事。湖廣道呈：該聽選等過亮等建言民情事件，會同議得，合准所言内一件：教官不職等事。該山東布政司登州府萊陽縣民高玹言：竊惟儒學教官，職司風化，作養賢才，必須正己律身，禮義相先，以臻成效。近年以來，（切）〔竊〕見各處儒學教官，（下）〔不〕以訓誨生徒爲事，惟以利欲是圖，罔知廉耻，非理（要）〔妄〕爲，卻乃阿諛有司，營求署委公務，管解錢糧，貪圖利己，不顧名節；及令子侄家人生放錢銀，違例取息，倚官挾勢，侵漁小民，甚至誆騙財物、囑託公事者有之；縱放生徒，久不肄業者有之，往往胡爲，全無師行，何以勉進後學？似此不惟徒費厚禄，抑且廢弛學教。如蒙乞通行天下儒學一體警諭。庶得賢才成效，不致侵奪民（例）〔利〕。

一件，違例事。該湖廣布政司鄖陽府竹溪縣民葛宣言：照得各衙門皂隸、弓兵、庫子，俱是一年一替，惟獨本縣皂隸、庫子、久戀衙門，多者十數年，少者七八年，營求官吏，不行更替，專一撥置官吏，剥削害民不便。如蒙乞敕該部合無轉行巡按御史，親詣彼縣，查勘久戀衙門皂隸等役，問罪禁革。今後照例一年一替，下民安生便益等因，合行呈乞奏請施行，開呈到縣。看得山東等布政司登州萊陽等府縣民人高玹等各奏前事。本縣欲行浙江等布政司并南北直隸巡撫〔巡〕按，一體嚴加禁約。今後教官務要循修職業、訓誨生徒，不許似前舉放私債及干預有司等項妄爲。隸兵、門庫等役，俱各一年一替，亦不許仍前營求，及容令久占衙門，撥置害民。違者，聽巡撫、巡按等官訪察拿問。如此，則法令嚴明，人知警懼。聖旨：是。欽此。

《皇明條法事類纂》卷二〇《户部類・禁約違禁取利准折財産及借債不還及行圖賴例》　成化二十二年七月初六日，禮部會同六部、都察院、通政使司、大理寺、六科等官議，爲建言民情等事。該吏部等衙門聽選等官袁志等，建言民情等事件，該通政使司官奉天門奏，合着禮部抄出，會同議。奉聖旨：是。欽此。欽遵抄出到部，會同兵部、都察院、通政使司、大理寺、六科給事中議得：除有例見行及泛言難准外，數内八十四條合准所言，宜從吏部等衙門查勘定奪放行。奏奉聖旨：照例。欽此。

（内）〔南〕直隸松江府上海縣老人陸緒言：

一件，私債害人，放債（如）〔加〕息，律開自條。（切）〔竊〕見本處人民，節遭年荒，日食不給，喪葬無力，或因軍灶匠役，或徭役各色鮮頭不已，舉借大户家錢債。至於還期，又置前開各項，追給償還，不足者，致被大户以一盤二、以二盤四，以四盤八，年遠盤算利多，捉回在家私監拷打，受苦不過，或將許人男女并妻小、房屋、器物准與；或將重額官田，減價佃賣；或准折償還錢糧，存在無力還納，許人男女被告無還。似此詞訟紛紜，〔逃〕移者多，糧累糧里陪納。又有一等良善之家，多被奸滑之徒哄借錢米，連本具被欺賴，及將妻小自孕小兒跌磕殺害圖詐。如蒙乞敕法司，轉行巡撫官，出榜曉諭。凡一應錢債，見放起利，不過加利三分。拖延者不拘年分遠近、已還一本一利者，不許再討。如有故違，許被害之人告理，追出多收利債，賑給貧民，重額減輕，田地追還債主，及佃賣與人種耕，三年、五年已得花利，使其收去存糧。不願者，備價利半贖；又典當首飾、衣服、器（服）物，起三分取贖；損壞者，量還本利取贖；欺賴者，聽告不追本利給還。無力取贖者，田與債主再種二年，交還田主，或加價絶賣。及衣服、器物、首飾，無力取贖者，如價盡絶。如有故違，聽告治罪。

前件，看得各處豪家，放債多取利息，准折田産之類，及奸頑無籍之徒，誆借錢米，及將妻男圖賴。誠有此弊，合行各該布政司并直隸各府，通行各屬，嚴加禁約。凡放債取利，俱依《大明律》，不許故違多取。敢有以利債强奪（入）〔人〕孳畜、産業，及准折人妻妾子女者，依律問斷。其典當田地、器物等項起例，亦依常例，或備贖取、或計所收花利，已（勾）〔夠〕一本一利者，交還田主。若損壞者，量還。欺賴者，不并無利。贖取者，亦聽（使）〔便〕。再種或加價絶賣，俱如所擬。違者，許告官懲治。若奸頑之徒誆借錢米，昏賴不還，或誣債主，欺姦婦女、打死人命者，許債主告官，究問如律，所借錢米，官爲追給。庶使巨室不敢肆其侵凌，刁徒不得逞其兇狡，貧富而俱得安矣。

《皇明條法事類纂》卷二〇《户部類・軍職債主於委官擅領俸銀問擬誆詐罪名委官一體問罪例》　弘治元年八月十三日，都察院右都御史馬等題，爲陳言圖治事。該工部給事中夏昂題，前事内一件：時給散以固軍職。臣聞官以授德，禄以報勞，乃國家之常典；饑者欲食，寒者欲衣，實生人之人情。近年京城有等軍民，專以放債爲活。在京各衛指揮、千百户等官，其有缺食少使用，輒稱借貸名目，揭借俸糧。其債但爲貪得之家，而每取利過多，其各軍職迫於貧乏，而不爲後圖。及至俸錢一關，盡爲債主所有。乃又仍前揭借，更候向後償還。如此相延，畢竟無了，以致放債者日益富，各軍官日益貧。如蒙乞敕户部計議，將在京各衛軍職折色俸糧，務要通行按察關與使用；仍乞敕都察院出榜，將放債及借債之人，通行禁約；再乞敕錦衣衛，嚴加緝訪。敢有仍蹈前非者，具奏，俱拿送法司，治以重罪。其校尉知而故縱者，事發問坐等因，具本奏。奉聖旨：該衙門看了來說。欽此。欽遵抄咨到院，查得先該刑部尚書王等題，爲處置條例事内一件：在京官軍多有艱難，預先將本身俸糧揭取官軍人等銀兩、銅錢等物使用，立約議，將按季該得俸米、銀兩、絹疋等件抵還。及至關俸之際，本身欠債數多，不行赴官告領，以致債主不得已，自赴委官處，依約領出。其欠債之徒，輒告債主盜關俸糧，行提到官，爲因不係本主親自關領，往往將債主問擬常人盜倉庫錢糧絞罪，發遣立功、做工等項，甚是有乖律意。合無今後但係軍職負欠私債，債主依約於委官處領出俸銀等項事發，止問不應杖罪，照例發落，庶幾用刑允當等因，成化十年四月初九日題。奉憲宗皇帝聖旨：准行。欽此。欽遵看得給事中夏昂所言前項事情，誠有此弊，合行禁革。但舉放錢債、典當財物者，自古爲然，律有明條。其軍職之中得過之人，誰（首）〔肯〕借債以蕩生業，間有家無恒産，業無蓄積，饑寒所迫，衣食所累，只得借債典當，暫且聊生。今若不論事情輕重，一概着令校尉緝拿，通行出榜禁約，則當者不肯放債，貧者愈致艱難，誠恐貧窮官員一時無違、别作非違，致生他變。其放債之人，若依原情定罪，俱問不應杖罪發落，又恐債主輕視罪法，不知警懼，借債官員重受其害。合無不必出榜、查照前例，本院斟酌禁約，通行五城兵馬司，出給告示，曉諭在京一應官員、軍民之家，但有舉放錢債者，各要遵守法度，依律取利，不許過多。其所負錢債，係軍職折俸銀兩，務候各官親自領回，陸（緒）〔續〕依數歸還。不許又似往年，買求該衛委官，不候本主自領，委官擅自將銀兩盡數交與債主領去。事發，放債之人問擬誆騙罪名，委官推情問擬受財囑託之罪。其餘若止是多取利息，不曾前去委官處强領銀，及於所部内舉放私債，違禁取利者，各依《大明律》科斷，餘利給主，許被害之人親自具告法司，依前問斷等因，〔具〕題。奉聖旨：是。欽此。

《皇明條法事類纂》卷二〇《户部類·〔奏〕建言民情事》 弘治元年九月十四日，刑部等衙門尚書等官何等題，爲與利除害、安養軍民等事。

成化十年八月，吏部聽選同知毛瓊奏：看得各處豪富軍民之家，舉債多畜伴當家人，不問鄉曲故官子弟，一或借貸，輒便坐取。或穢（害）〔言〕辱罵，或捉鎖逼打人命，或准折家産，逼民逃竄，以致良善受害。要行問罪，仍量其家資以十分爲率，罰其幾分入官，以爲賑濟飢荒之備。奏行禮部等衙門會議，通行禁約。前件，節該伏睹《大明律》内一款：若豪强之人，以積債强奪蓄産業者，杖八十；若估價過本利者，計多餘之物坐贓論，依數追還；若准折人妻妾子女者，杖一百；强奪者，加二等，私債免追。又一款：若以威力制縛人，及於私家拷打，因而致死者，絞。欽此。今豪富官民之家，舉放私債，逼取害人，或因致死人命，事發到官，各坐以應得罪名，情法允當。若依前例，既問以罪，又罰取家資賑濟，用法偏行，有乖律意，可革。

《皇明條法事類纂》卷二〇《户部類·禁革山東等處沿海（滄）〔倉〕分（攢）〔攬〕頭借銀不還坑陷官攢并光棍打攬倉場犯該徒罪以上并再犯（荅）〔笞〕杖者俱充軍民發口外為民職官奏請及禁革債主轉換文約關支幼弱官軍俸糧》 一件，沿海怠務事。弘治元年九月内，山東按察司巡察海道副使趙鶴齡奏，該刑部尚書何等題准，通行山東、浙江、福建、廣東沿海倉分，但有攬頭强借官糧不還，坑陷官攬者，照例責限三個月以裏納完者，照常發落。（遇）〔過〕期不完者，儘其財産變賣（倍）〔賠〕納，連當房家小發邊衛充軍。仍將官攢人等借與倉糧者，問擬如律。受財者，以枉法從重論。若有掃倉光棍，三五成群，打攬倉場，及偷盗堆囤糧米者，不必枷號，犯該（荅）〔笞〕杖，及計贓不滿貫徒罪，照詳發落。若再犯，與滿貫徒罪。至雜犯死〔罪〕者，軍校舍餘人等俱發邊遠充軍，民發口外爲民，職官有犯奏請區處。其有債主利上起利，轉爲文約，支關幼官優給、寡婦優養并柔弱官軍俸糧三年之上，不還文約，坑陷年久，不得關支者，扣算原額銀物若干，關過俸糧若干，除一本一利依例算還外，但有利上起利，恃强多取者，將關過俸糧，下分革前革後，照數追完給主。仍將放債之人照依律例發落。其管糧官吏聽囑，一體治罪。

《皇明條法事類纂》卷二〇《户部類·禁約勢豪放債（官）〔害〕民例》 弘治元年十月初二日，户部尚書李等題，爲陳言便民事。山東清（理）〔吏〕司案呈，該魯府鎮國將軍陽鑾奏：臣聞臣人之忠，在於知無不言；聖君之德，在於言無不聽。故能借斯世於平康，濟斯民於仁壽。

自古聖帝明王，未有睹是而能者也。恭惟皇上嗣登大位，（霄肝）〔宵旰〕靡寧，頒詔官員人等，許言政務，無非圖惟治道，以臻雍熙。此民千載遭逢之盛也。臣雖鄙陋，叨生盛世，忝派宗室之裔，豈官員人等之可比也。況臣坐享爵禄，愧無寸報，所懷膚淺之見，雖螢火無補於太陽，抑安敢無一言敷陳，以報其萬一哉？今將所見聞坐進呈，非假手於他人，實臣之宿蘊也。伏望聖覽，如所言可採，乞敕頒行，以彰納言更化之美。如臣言無所取，乞寬宥煩瀆之罪，臣不勝戰慄之至等因，具本開坐奏。奉聖旨：該衙門看了來說。欽此。欽遵合就議擬，開立前件，具題。奉聖旨：准擬。欽此。

計開：

禁勢要以侵民例。臣聞：畜馬乘不察（放）〔於〕雞豚，伐（冰）〔木〕之家不畜牛羊。此食君之禄，不得以侵民利也。臣看得近年以來，各處食禄勢要之家，往往聽信下人，誘哄無知軍民，放與私債，自立（可）〔苛〕限，十個月要取本利，濫使下役，三五成群，狼虎下鄉，違禁生取。縱有兇災，亦難免此追債。少有拖欠，輒拿鎖撈打逼追，或准折其子女田宅，或牽奪其牛具頭匹，或賣青苗器，家業蕩空，債尚未完。甚者，累死人命有之。以致貧以致貧，民揭借還債，居無安身之地，去無還鄉之志，深爲未便。如蒙乞敕該部，合無通行巡按轉行各該有司，出榜禁約。今後如有仍前故違律禁，誘引舉放私債、濫取重利、（雪）〔虐〕害貧民者，許被害之人指實赴巡按、分巡官處告理。務將誘之人問以重罪。其間但有致傷人命重情者，亦將聽信放債之人依法參究。如此，則勢要知懼，而民安業矣。前件，查得成化十年八月初八日，吏部等衙門尚書尹等題，該江西吉安府廬陵縣民人王集典言：方今天下小民之害者，莫甚於豪强之徒挾其富盛之勢，又有伴當之牙爪，以助其威。都指揮亦在其內，各因家道貧難，預將俸錢立約與人揭借使用。且如今年春季，俸錢每銀一兩止得銀八錢；秋季，止得銀七錢；冬季，止得銀六錢。若明年春季，止得銀五錢、四錢，遠者得銀三錢，如有遲違，利（止）〔上〕起利，揭銀一兩還過五七兩者，因是俸糧不得，難以度日，多是在逃。切緣放債多取利息，律有明條，雖得折俸銀絹，在於內府關領，就在中途還債，纔得徑自就歸別手。一官俸糧能有幾何？遭此耗損，更無指望，衣服藍縷，有同乞丐。至於達官，尤其狼狽，在逃益多。以此徒費訓練，豈能得其死力？其放債之家，每季關領俸銀，少則三五百兩，多則七八百兩，一家常放數衛，而一衛之利，皆爲網盡。利歸私門，莫此爲甚。若不禁革，深爲未便。合行併革，庶民亦可以聊生矣。

《皇明條法事類纂》卷二〇《户部類·禁約典膳儀賓等置産放債害人例》 弘治二年正月二十日，都察院右都御史馬等題，爲公務事。該本部等衙門尚書等官李中等題，准欽依內事理，內該巡按江西地方都察院右副都御史李昂奏一件：禁田利之擾，以安生民。據饒州府鄱陽縣民李瓚告稱，各王府內臣、儀賓、典膳等，往往縱容家人，在於各鄉置立莊田、占賣民産，以致逼民無所，逃移爲非。甚至糧不過割，累害里甲（陪）〔賠〕敗。撥軍在莊看守，擾害居民，舉放私債，（磊）〔累〕利加算，准折田産、房屋者有之，折准孽生人口者有之，逼迫多端，甚爲民害等因，其告到臣。除禁革外，臣惟自食禄之家，不得與民爭利，所以謹（貧）〔貪〕墨之防，廣廉耻之路也。今儀賓犯媚宗室，而每歲享有禄利，典膳出任王府，而每月支有俸糧，柰何又於各鄉立莊放債，侵奪民利，況致逼民無處安身，逃移在外。如蒙乞敕該部，行移各該王府，今後內臣、儀賓、典膳，與凡在府人員，凡有田土，係利債准折及侵奪者，俱各令其退還民間，以後不許仍前立莊産，撥軍看守，舉放私債，（磊）〔累〕利加算，擾害鄉民，逼迫逃竄。如仍不改，除內臣、儀賓并五品以上官參奏拿問，取自上裁；其六品以下官，聽臣等拿問，莊田財本，俱追入官等因，議行都察院，查例禁約具題。節該奉聖旨：准擬。欽此。欽遵移咨備劄到道。節該伏睹《大明律》內一款：凡有司官吏不得於見任去處，置買田宅。違者，笞五十、解任，田宅入官。又一款：凡侵占他人田宅者，田一畝屋一間以下，（苔）〔笞〕五十；每田五畝、屋三間，加一等，罪止杖八十、徒二年。又一款：凡放債，每月取利不得過三分；年月雖多，不過一本一利。違者，（苔）〔笞〕四十；以餘利計贓，重者，坐贓論，罪止杖一百；若勢豪之人，不告官司，以私債强奪去人孳畜産業者，杖八十。若估價過本利者，計多餘之物坐贓論，依數追完。若准折人妻妾、子女者，杖八十。人口給親，私債免追。欽此。欽遵具呈到院，看得巡撫江西右副都御史李所奏，誠有此弊，甚爲民害。但王府內外官員，職非親民，此與有司官頗有不同，所以任所置買田宅，前項律有無禁治。於親占田宅放債，多取利息，准折田産人口，律例有違，合當禁革。王府六品以下官員，亦難就便提問，欲仍行本官，轉行寧、淮等王府長史司，行令本府内外官員，若係私債准折軍民房屋、田土、人口者，聽令退還原主。其原揭錢物者，令照數追還。其和買田土、糧草不曾過割者，照例過割，依期辦納。其原置莊田不係强買及私債准折者，照舊住種。仍禁約有莊之人不許恃强擾害。有私人民舉放錢物者，亦照律例取息，不許過多。今後敢有仍前强占軍民田産及私債（磊）〔累〕利，准折田地人口，買田不行過割糧草，縱容看莊之人生事害人者，事發，校旗人等就行提問，干礙應奏大小官員，徑自參奏施行。具題。奉聖旨：是。欽此。

《皇明條法事類纂》卷二〇《户部類・軍職（官）債主多取俸（例）〔利〕問罪追還枷號一月〔例〕》 弘治二年七月十八日，兵部尚書馬等題，爲修省事。武選清吏司案呈，該本部題，弘治二年七月初七日早，該司禮監太監韋參節奉聖旨：各衙門政事，有欽失當舉行改正的，斟酌停當來説。欽此。欽遵。今將本部所屬四司呈列事宜條陳，煩瀆聖（德）〔聽〕，非敢（異）〔冀〕消災致福，抑以少效臣等圖報萬一之意。具題，奉聖旨：都准行。欽此。

計開：

處置操官。照得各衛所指揮、千百户等官，額該見任軍政，其餘帶俸并多餘。見任俱在各營操練，帶俸都指揮亦在其内。各因家道貧難，預將俸糧立約，與人揭借使用，且如今年春季，俸錢每一兩止得銀八錢，秋季止得銀七錢，冬季止得銀六錢，若明年春季止得銀五錢。又如預揭俸絹，每絹一疋，月日近者，得銀四錢，遠者得銀三錢。如還遲，利上加利，有揭銀一兩，還至五七兩者。因是俸銀不得，難以度日，止是在逃。切緣放債，多取利息，律有明條，雖得折俸銀絹，於内府關領，就在中途還債，纔得徑自就歸別手。一官俸錢能有幾何？遭此耗損，更無指望，以致衣食藍縷，有（何）〔同〕乞丐。至於逹官，尤其狼（懼）〔狽〕，在逃益多。似此徒費訓練，豈能得其死力？其放債之家，每季關領俸銀，少則三五百兩，多則七八百兩，一家放數衛，而一衛之利皆爲網盡。利歸私門，莫此爲甚。若不禁革，深爲未便。合無本部出榜，於東西公生門張掛曉諭。除已前揭過俸錢，計其得利不止數倍，自榜文出日爲始，盡行革罷，不許再行索取。若是一向未還，及以再有揭借者，止依《大明律》出息。年月雖多，不過本利交還。敢有違例（取）禁，多取利息者，聽操官赴官告理。違例者，依律問罪，追其餘利，仍枷號一個月，滿日疏放。仍乞敕户部，今後軍職折俸銀絹，務要按季關給。屬府衛分，該衛委官（官）領（領）回，就本衛給散。此等委官，務選廉幹有抵業者，庶使俸銀免（使）〔致〕侵欺。操官得以濟用，債主不敢違奪。

《皇明條法事類纂》卷二〇《户部類・操官欠債年月雖多不過本利債主多取枷號一個月》 弘治二年七月十八日，兵部尚書馬等題，爲修省事。

計開：

處置操官。照得在京各衛所指揮、千百户等官，除額設見任軍政，其餘帶俸并多餘、見〔任〕俱在各營操練，帶俸都指揮使、都指揮亦在其内。各因家道貧難，預將俸錢立約與人揭債使用。且如今年春季俸錢每銀一兩，止得銀八錢，秋季止得銀七錢，冬季止得六錢。若明年春季，止得五錢。又如預揭俸絹，每絹一疋，月日近者，得銀四錢，遠者得銀三錢。如還遲，利上加利，揭銀一兩還至五七兩者，因是俸銀不得，難以度日，止是在逃。切緣放債多取利息，律有明條，雖得折俸銀絹，雖於内府關領，就在中途還債，纔得徑自就歸別手。一官俸錢，能有幾何？（違）〔遭〕此耗損，更無指望，以衣藍縷，有同乞丐。至於逹官，尤其狼狽，在逃益多。似此徒費（諫）〔訓〕練，豈能得其死力？〔冤〕（其）放債之家，每季關領俸銀，少則三五百兩，多則七八百兩，一家常放數衛，而一衛之利皆爲網盡。利歸私門，莫此爲甚。若不禁革，深爲未便。合無本部出榜，於東西公生門張掛曉諭。除已前揭過俸錢，計其得利不止（款）〔數〕倍，自榜文出日爲始，盡行革罷，不許再行索取。若是一向未還，及以再有揭借者，止依《大明律》出息。年月雖多，不過一本一利。敢有違禁例多取利息者，聽操官（首）〔赴〕官首告，違例者依律問罪，追其餘利，仍枷號一個月，滿日疏放。仍乞敕户部，今後軍職折俸銀絹，務要按季關給，係屬府衛分，該府委官領回，就本府給散。此等委官務選廉幹有抵業者，庶使俸銀免致（使）〔侵〕欺，操官等以濟用，債主不敢逼奪。

《皇明條法事類纂》卷二〇《户部類・舉放官吏錢債五十兩以上與債主俱充軍》　弘治三年九月初八日，刑部尚書何等題，爲違法事。該本部山西清吏司案呈，問得犯人陳實招，係直隸揚州府高郵州（具）〔興〕化縣人，由吏員除授浙江寧波府奉化縣典史，有驍騎右衛軍餘李紀，同伊已故兄李本在日，各明知有例，官吏、監生人等，借人財物費用，措辦衣裝、器物等項，與債主俱發口外充軍。不合故違。專一舉放官吏私債，多取利錢肥己。成化十一等年以來，有官吏、監生、舉人、承差韓春、（莫）〔英〕茂等，因在吏部候選，各亦不合違例與李紀等借銀置辦衣服等項，多寡不等，止有英茂未還，係英茂除授廣西南寧府經歷，李紀問伊取討無有，就不合將原領吏部文憑一紙奪下，揹勒在家。（莫）〔英〕茂因無還，不來取討，就行赴任所，至江西九江府彭澤縣地方，不合揑稱被盜，劫去文憑，告蒙本縣，行委老人宋永札勘帖（何）〔荷〕英茂執照到府，告蒙轉行查勘，暫令到任。韓春等俱遇蒙成化二十三年九月初六日赦宥。英茂又下合不行首官，仍前朦朧在任管事。李紀亦不合不行首正，仍舉放官吏私債。弘治二年二月內，實因在部聽選，缺少銀兩置辦衣服及盤費等項使用，亦不合違例請到錦衣衛軍人陶春引到李紀家舉借。李紀不合違例，（二）〔一〕次借與實銀一十兩，逼令實寫作本錢二十五兩。弘治二年五月內，一次又借銀五兩，寫作本利銀十兩。陶春不合詐收實保頭銀一兩五錢。後實選奉化縣典史，指還李紀銀二十三兩五錢，內除原本銀。李紀不合多取銀四兩九錢，被李紀將實原額吏部文憑一紙揹勒，要還銀六十兩。本年六月初一日，又有直隸定遠縣聽選人孫永昌，亦因缺少盤纏，立約與李紀借銀五兩，致被東廠訪知捉拿。孫永昌不曾借有前銀，回還去訖，將實同李紀等併實文憑借約各一紙，及李紀家帳目揭帖一十個、帳簿二扇、文約三十張，一同捉獲，通行奏送錦衣衛鎮撫司。問招前罪，奏送到司。葉方先爲不應事枉，本司別卷問擬，不應事重減等杖罪。納米完足，取附到卷，行該吏部文選司、清吏司，查得，前項官吏、監生、舉人、承差韓春等，各選除昇授見任内外職事，李世榮等未選，各回原籍；章冕等各已因事去任；施讓等各身故；沈儀等查無職銜，各問報前來；（窩）〔高〕欽等俱貫址未明，未經查報。問陳（貴）〔實〕、李紀、陶春、葉（芳）〔方〕、蘇福崇各徒杖罪，各還職着役隨住。内陳（貴）〔實〕、李紀俱照例送兵部，編發口外充軍，照出文約揭帖；内有名未到官韓春等，俱另行；英茂合無照該鎮撫司奏行事理，轉行彼處巡按監察御史徑自究問。除審允將陳（貴）〔實〕等發落，及將（莫）〔英〕茂轉行提問。查得李塘等俱係軍民人，例不該問，前項有名官及舉人監生施讓等俱病故外，備招案呈，看得官吏、監生人等借人財物費用，措辦衣裝、器物，置買婢妾寺項，及與債主同赴任所取償，已有前項禁例。但近年以來，官吏、監生人寺，候選年久，多有盤費罄竭，貧不自存，未免借錢舉債，以救饑寒、以活妻子，未必俱是措辦衣裝、器物，置買婢妾等項。今照前項官吏、監生、舉人承差，所借銀兩有多至五十兩或一二百兩者，亦有少不過十餘兩、三五兩者，又俱犯在革前，除施讓等俱各病故，别無施行。沈儀等俱查無職銜，及高欽等貫址未明，仍令該司再行查究外，合無將見查出見在内外衙門及未選在於原籍，并已因事去任官及舉人監生楊祥等。

《問刑條例》　内外放債之家，不分文約久近，係在京住坐軍匠人等揭借者，止許於原借之人名下索取，不許赴原籍逼擾。如有執當印信關單勘合等項公文者，提問。原債不追。

（明）姚鏌《東泉文集》卷八《督撫事宜》　違例放債。訪得兩廣撫屬地方，有等勢豪之家，在鄉生事，或舉放私債，違禁加倍取利，强佔小民田土，準折良家子女，甚至逞兇爭鬬，殺傷人命，輒便用財買息。或至事發拘拏，則又聚衆打奪，實爲民害，合行禁約。仰各道守巡官，嚴督各屬掌印官，加意體察。今後敢有如前違犯者，就便擒拏究問，具招開詳，毋得輕縱，以長驕恣。

《宗藩條例》卷下《私放錢債》　查得弘治十六年十二月，兵科給事中戴銑題稱，各處親、郡王及將軍、中尉等官，今後務要恪遵《祖訓》，無從匪彝。其軍民人等，敢有私交王府，因而借索財物，邀請游宴，一切撥置誘導爲非者，許所在官司體訪拏問等因。本部議得，合准所奏，特降敕旨省諭各府親王，俾令戒諭。違者，許教授等官極言諫阻。如或不從，具啓親王轉奏，請自上裁。仍行各王府地方官員軍民之家，通行曉諭禁約。覆題，奉孝宗皇帝聖旨：是。欽此。又查得嘉靖三十二年十一月，兵部咨稱，巡按直隸監察御史蔡樸題稱，代府宗室驕縱不檢，聽信撥置，濫放私債，非刑逼取，致傷民命。乞敕代王鈐束參究。該本部議得合候命下，行移翰林院請敕一道，齎赴代王，令其戒諭各該郡王、宗室、儀賓，今後務要仰體聖心，恪遵《祖訓》，追訟既往之愆，以求自新之實。如有仍前濫放私債，酷刑逼追，准折子女，扳引傍人等項，許被害之人具告按察司，一面啓王從實參奏處治等因。奉聖旨：是。欽此。

前件臣等議得，宗室各享禄爵，尊榮兼備，自合恪遵《祖訓》，安分循理。顧乃嗜利棄義，詐害平民。或因群小依憑，百端引誘，任其撥置，朋比爲非，翼虎毆鶚，流毒境内，或生意外之虞，爲害匪細，今合通行禁止。如有仍前不改者，許鎮巡官奏處。輕則停止禄米，重則降革本爵，輔導官一體治罪，撥置人等問發邊遠充軍。

《真犯死罪充軍為民例·附録·為民例》 勢豪舉放私債，交通運糧官，挾勢擅拿官事，綁打凌辱，强將官糧准還私債，屬有司者。

《大明會典》卷一六四《刑部·律例·錢債·違禁取利》 凡私放錢債及典當財物，每月取利並不得過三分。年月雖多，不過一本一利。違者笞四十，以餘利計贓重者坐贓論，罪止杖一百。

若監臨官吏於所部内舉放錢債、典當財物者，杖八十。違禁取利，以餘利計贓重者，依不枉法論。並追餘利給主。

其負欠私債違約不還者，五貫以上，違三月，笞一十。每一月加一等，罪止笞四十。五十貫以上，違三月，笞二十。每一月加一等，罪止笞五十。二百五十貫以上，違三月，笞三十。每一月加一等，罪止杖六十。並追本利給主。

若豪勢之人，不告官司，以私債强奪去人孳畜産業者，杖八十。若估價過本利者，計多餘之物坐贓論，依數追還。

若準折人妻妾子女者，杖一百。强奪者，加二等。因而姦占婦女者，絞。人口給親，私債免追。

一、凡勢豪舉放私債，交通運糧官，挾勢擅拏官軍，綁打凌辱，强將官糧准還私債者，問罪。屬軍衛者，發邊衛充軍。屬有司者，發口外爲民。運糧官參究治罪。

一、聽選官吏監生人等借債，與債主及保人同赴任所取償，至五十兩以上者，借者革職，債主及保人各枷號一箇月發落。債追入官。

一、凡舉放錢債，買囑各衛委官，擅將欠債軍官軍人俸糧銀物領去者，問擬詐欺。委官問擬受財聽囑罪名。

一、兩京兵部并在外巡撫、巡按、按察司官，點視各衛所印信，如有軍職將印當錢使用者，參問帶俸差操。執當之人問罪，枷號一箇月。債追入官。

一、内外放債之家，不分文約久近，係在京住坐軍匠人等揭借者，止許於原借之人名下索取，不許赴原籍逼擾。如有執當印信關單勘合等項公文者，提問，債追入官。

一、凡負欠私債，兩京不赴法司，而赴別衙門，在外不赴軍衛有司，而越赴巡撫巡按三司官處各告理，及輒具本狀奏訴者，俱問罪，立案不行。若兩京別衙門聽從施行者，一體參究，私債不追。

（明）吕坤《實政録》卷二《民務·收放倉穀》 爲慎出納以均恩惠事，往年放借倉穀，賢者事事留心，人人沾惠，不肖者聽任左右，苟且含糊。或主守私扣以肥家；或奸民販糴而專利，吏書皂快門子皆多討而重量，遠鄉貧民老弱致久候而多費；或里長名下總領回家升合不分；或有力囑託報名，極貧餓死不得。至於量穀之人，以厚、薄爲升合之高、下；攔門之卒，以需索爲出入之速遲。有乘機盜穀而不知者，有分名重領而不覺者，有趙甲頂錢乙者，有一家父子兄弟領幾分者。有司厭繁惡勞，一聽衙門作弊。甚者，出倉一千，而册報一千二三百石，多開之數，有作爲自積者，有扣入私囊者。每里多造四五人，每花户名下多造一二斗，比至追穀，懇告緩徵、停徵，捱過一年。又該陞任調任，後官繼之，無所稽憑。又以前官市恩，後官不肯任怨，歲復一歲，倉廩空虚，簿改人忘，莫可考核。往事可鑒，姑不指名，爲此設立出放之法，使民均得實惠，合行通示。

一、二三四五月，此正青黄不接之時，五穀俱貴之日。但借糴太早，不能接新；借糴太晚，民困已久。大率不出三四月，每當此時行糴。賒一次，存留底簿、原票以備查驗。但有借賒而難還者，除嚴追外，再次不准借賒。

一、各約先遞手本，某人極貧應借，某人次貧應放，某人中貧應糴，某人次中貧應賒，分爲四等，各開手本。掌印官將各約手本共筭：可賒若干人，用穀若干石；可放若干人，用穀若干石；可借若干人，用穀若干石；可糴若干人，用穀若干石。如數不足而人有餘者，量減斗數；人不足而穀有餘者，寧糴勿賒，寧賒勿借。每異姓十人，用一連名保結，如不應與而與者，甲長約正及連名人代保掩欠者，甲長約正及連名人包賠。

一、學校生員貧者，自是有數，皆從廩生。查舉如果真正艱難，申呈，量行賑濟，决不可聽從賒借，以累本生行止，又致同保包賠。若大饑之年放賑，視小民加倍可也。

一、名數已定，先印小票，發各鄉約，人給一張。某人賒放借糴若干數上圖書印盖。各約正領散訖，次出榜文，挨約順序。某約某人，某人以上俱限某日到倉；某約某人，某人以上俱限某日到倉。其序：一賒、二放、三借、四糴。一日只限五百人，賒者完，挨序候放，放者完，挨序候借，借者完，挨序候糴。將榜張掛訖，仍做籤一百枝，上寫照支二字。仍用二簿：一扇佐貳官坐於頭門，照約次序點名散籤，一起二十人；一扇選委公正官一員，親坐倉中點名，照籤給穀，其斗數照票驗給，領穀人得穀銷票於委官。二十人出倉，又點二十人進。穀不足數者，許花户口禀。亂進爭入者，責二十，不給穀。各色人等，俱要東進西出。出倉之人，仍將籤至頭門，交與佐貳官，以便後番人領。四等領穀人數俱照此行。五百人盡，雖有餘，時不可接放，恐人難伺候。

一、領穀出倉，有債主指欠本利，店家指欠酒飯，里長指欠糧差，名色侵奪一合者，許巡視拏獲。每一升罰穀一石，仍枷號十日。

一、掌印官雖有十分忙迫，不係疾病，不許輕委佐貳，致令領穀之人在城久住，務使如歸市然。本日到倉，本日回家。若召號多人，擁擠城市十數日，不得領穀，衙門人百計刁難，致所領之穀不足盤費，本官之才短虐民，即此可見矣，定行叅提罷斥。

一、斗行人等開倉之日，每日報價，價長則糶增，價退則糶減。斗行如有扶同虚捏，重則枷號革役。

一、收放之日，掌印官偶不得下倉，選委富家，省祭義官。或公直百姓，每日四人，一人監看斗斛，一人掌管簿籍，二人收看銀錢，每日每人給銀四分。仍與寫字二人，登名收票，每日每人給銀二分，俱於收櫃羨餘銀兩支給。撥與皂隷二人，以禁諠譁，但有違犯者，許其禀堂懲治。

一、在倉量斗，不須另外雇人，致費工食。只以在官空閑清白，夫皂快人等充量，半日一換，帶飯在倉，不許往來，仍出入搜檢以防夾帶。或用下班斗行，輪流在倉伺候，每日給燒餅十箇亦可。

一、入倉領穀之人，但有大門、二門、倉門索要分文者，倉中量斗人等，故減升合及越籤亂支刁難一刻者，重責枷號。

一、還穀與放穀一般斛斗、一樣平量，不許分毫多收、分毫低放。倉門置鼓一面，州縣二門置鼓一面，違者許花户擊鼓聲冤以憑拏問。

一、借穀之人身死妻孤、或無子孫、或子不滿十五而無地者，其穀免追。若以生作死，以有子爲無子，以有地爲無地者，許甲長及連名訐舉到官，除重責外，每一斗罰穀一石。

一、倉穀不及三千石者，不許糶賒，以防急用。其三千石以上者，存五出五，以爲定規。所存五分，明年再出，不可狥人無厭之求，致有無及之悔。

一、糶穀比市價每石減銀一分，放者每石加二出息，若稍紅浥者，不許糶放牽搭。但令出借抵斗還倉。

一、有餘之家，三二月放穀加二出息。秋八月始還者，二十石以上准紀善一次，五十石以上准大善一次，百石以上，掌印官獎賞。借百石者，該州縣送扁，書好義二字。借百五十石以上者，本道送扁，書施仁二字。借五百石或施二百石以上者，准給冠帶，本道送扁，書樂善二字。施五百石以上者，兩院送扁書積德二字。有司以禮相待，犯罪不許加刑。

一、糶賒二法，惟有遠鄉之民來往艱難，不得霑恩。以後穀多，每集鎮一處，積穀三五百石，設立殷實富家倉正、倉副各一人。五百石以上者，一年准本色大户一名。三百石以下者，二年准本色大户一名。擇於大寺廟中，或有司設處一房，或義民願施一房者。於内盛放掌印官發簿二扇，一紀見在數，一紀收放數。每年正二月，州縣官呈詳院道，每年三四月，糶賒一次。務要年年增益，不及十年，可增二倍。而一鎮之民，生命有賴矣。

一、各處販糴之人，入本州縣城市集鎮，任其自行糴賣。近有店户斗行專利奸民，强行抑勒，短值收存，却以小升增價，零糶賺錢。以後遠方販糶到於本處者，果係剩餘難賣願留，店家方准收留，外敢有仍前强勒者，許鄉約及本販禀官以憑重究。

一、九月初一開倉收穀，仍選前役坐收，給與工食。放者加二還倉，借者抵斗還倉，賒者照賒日價值還倉。俱要乾净，不許濕粃。違者管收之人坐贓重究，仍令補數。

一、花户納穀，亦照前挨約順甲之法，以次還倉，即遲不許過十月三十，亦不許零星三斗、五斗上倉，致難勾銷出簿。違者重責，不准再行賒借。

一、遇年前冬三月無雪，麥根不得深入，過年春三月無雨，麥苗不見發旺，又秋未土乾，不得下種者，止於饑民，借十分之一，糶十分之二，留七分在倉，以防凶荒。其三分賒價，慎勿輕行。蓋饑民無以爲生，不得不借糶賣，有銀在庫尚可賑民，若賒多，而秋禾不收，雖明年民亦不能還，而今秋何以救急。蓋三法併行，爲豐年計也。良有司每歲斟酌行之。

一、遇歲凶，穀貴。但有本地出賣，遠方來糴者，任其增長價銀。有司不許作大斗，減價錢。斗小價高，則四方之來者如雲矣。雖欲貴得乎！

一、社倉查盤不免問罪之擾，不查盤不免侵冒之奸。以後社倉老人一年一换、一换一交，須舊役收完之時，方可交代。其不完者，還責成舊役。則人不敢作弊矣。縣官每年只驗出入增損之數，或巡行鄉社，視倉房之完破乾濕，間開一看，以驗糠粃。惟是朝覲陞遷與署官見斗交盤一次明白，方許離任。

其餘查盤官止取册結，不許預備倉一例，盤量問罪。

放賑十禁

一，禁衙役請支。二，禁通學借支。

三，禁里老總支。四，禁不貧冒支。

五，禁久待遲支。六，禁欠家奪支。

七，禁斗級弊支。八，禁不明亂支。

九，禁收不查支。十，禁不還又支。

（明）吕坤《實政録》卷五《鄉甲約卷之三》　放債三年以上，本利交還。不與者，處追借人財。不還及毀壞者，主令賠補。

（明）吕坤《實政録》卷五《鄉甲約卷之五》　放債只許一年三分起利，過三年者本利倍還。不還者，法當告理。若一年加倍起利，及雖過三年而折准田宅、人口，强挐欠主、採打苦拷者，以勢豪論。本約同名禀官究治，重者申解本院。

（明）佚名《重刻律條告示活套》卷二《私借錢糧》　前件巡按監察御史某爲禁約事，竊惟錢糧既貯於倉庫，收支必登於簿籍，以便稽考，以防侵盜。近訪得按屬州縣倉庫等衙門，多被不才貪污官吏、職司、監守恒因小事，將已收在庫銀錢等物，或將已徵入倉米麥等項，未經申請明文，擅自動支私借使用，亦或轉借與人指借抵换，甚至假借爲名，以便侵欺入己。其意違法情節甚重，爲此合出告示，發仰各該衙門粘貼曉諭，一体知悉。今後凡係在官錢粮項數不合，多寡不論，已未收存倉庫内外之數，敢有私自借者，事發定行挐問，監守盜罪，干碍應叅官員叅究不恕。

（明）佚名《重刻律條告示活套》卷二《違禁取利》　前件巡按監察御史某爲禁約事，竊惟將本圖利，而利不可不取，匕利違禁，而禁豈可輕容。近訪得按屬地方有等無知軍民人等，舉放錢債而過取利息者，有勢豪之人放債而利上生利者，有典當財物强奪畜産者，及有准折妻妾子女者，有挾債用强姦占婦女者，有因而逼死人命者，詳其所自，蓋不思計利忘義，爲富不仁，財多害己，貨集招殃，若不疾加禁治，何以警戒將來？爲此合發告示，按屬地方人烟輳集之處，粘貼曉諭，前項之徒知悉，放債當物月利不過三，今年月雖遠不過一本一利，有分外多取及准折房屋人口頭畜者，告發挐問重罪，決不輕恕。

（明）劉時俊《劉時俊告示・勸貸示》　吴江縣爲勸貸事，照得借放一端，人己兩利，放者得生毋子息，借者得救燃眉，富厚人家如肯本分求利，不違禁，不逼准，不磊筭，得寬處且寬數日，得饒處且饒一分，人必感之，天必福之，生財濟衆之道，無踰於此，誰禁之使不爲也？但有等無耻無信之民，借時萬狀哀求，取時百計推托，意圖負騙，背義忘恩，以致放債之人進退不得，欲强取又恐生禍，欲不取又難干休，且恨且悔，誓願不借。在富家封筒閉倉，不過家無生殖，在窮民束手枵腹，遂致朝暮不保。況冬作既妨秋成何望，貧富兩困端由騙徒，誠本縣所切齒深恨者也。然富家如此亦不免爲愚人矣，蓋騙債之人，明有官法，汝以實情具告，本縣豈不痛懲。譬如父母生兩子，一子頗富，一子極貧，父母必令富者借債與貧者，以濟其急。若貧者借去不還，父母必打罵之。打罵之者，何也？謂今日不還，後日必難再借，故責之以信義，免其他日束手忍饑，打罵之意非偏愛子之富者，正爲子之貧者長久計也。本縣於爾民亦是如此，豈有聽貧民之騙負，而使富者不得生財，貧者終至坐斃乎。就如欠租一節，本縣明示限閏二月處完，三月初許告，今自三月初一日起，告欠租者俱准批干証處，若再半月不照前示酌量分數完納，本縣定拿來究責不饒，此亦不獨爲田主完粮計，兼恐田主之心不甘，或另招，或自種，逐去佃户，使之生活無門，則是聽其騙租者，反是絶其生路矣。本縣豈見不及此乎，爾等以此意推之，即當安心放債，一面生利，一面濟人，免得株守死財人已，兩無利益。且財穀是流通之物，若久藏不出，多致作耗生災，此言似迂似誑，要之至理，亦不外是。本縣不能以法强爾，直是以情勸爾，爾等體之，毋得視爲空言，抗違不聽，特示。

（明）陳龍正《救荒策會》卷三《金華縣社倉規約》　一、社倉只置總簿一扇。

一、一甲不許過三十人，甲頭一人。不滿十人，附甲。不許詭名冒借。犯者，除社甲頭改替，許同甲告，罰甲頭所納給賞。

一、散穀以三時，除夜、下田、接新，並須甲頭相度。

一、每户借一石，甲頭倍之，無居止，及有藝人，不借。若口累衆多，作田廣，甲頭保明，別議借。

一、借穀，上簿不立契。還穀，就簿勾銷。

一、借穀日，每户納錢五十文，甲頭免。十五文給甲頭，十文守倉人，十文雜支，十五文掌倉竈錢，此外不許分文乞索。論曰：此法免息後猶可行，若出息二斗，又見納五十文，太重矣。

一、量穀，本甲甲頭執概。並見消量，掌倉人植執概改替。

一、還以三限，限以三日。謂：如十甲，每甲若干人，一限納若干，並甲頭預報定日子，一人不到，甲內穀並留倉，候月交量。

一、甲內逃亡，甲頭同甲內均填，甲頭倍之。若係時疫户絶，甲頭甲倉，差人審實，候還日銷落，若不循理者，雖已還，出社。

一、息穀有餘，遇饑荒給散。計所有，每大人二升，小兒一升，十日止，並以入籍户口爲定。

一、社衆於規約犯一事，不借一年，再犯出籍。

（明）郭子章《郭子章告示》卷一《捐公費銀助龍里貸息走馬示》

爲督撫地方事，據駐鎮龍里楊椎官申稱，龍里驛馬凋疲日熾，奉行倣貴陽例措銀爲母借放生息，以充馬價，弟每年須得息五百有奇而後可。此五百之息必需一千五百之本而後可，等因到院部。據此，除本院部捐助公費銀一千兩外，看得本院部此舉專爲龍里軍民永除子孫後累至計，本院部既捐銀一千兩，則所少銀五百兩，論法論理宜軍舍客民出辦，一勞永逸。原非强責，合行曉諭，爲此示，仰龍里衛軍舍客民人等知悉，即將尚少馬本銀五百兩，聽駐鎮官拜衛印所官攤派斂收，奏充馬本，務要各發良心，上緊完納，毋得吝嗇遲延，自貽他日不了之患，須示。

（明）王肯堂《王儀部先生箋釋》卷九《錢債・違禁取利》　第一節：放債典當本所以相濟。若取利無禁，實所以相病矣，故凡民間私放錢債，及與人典當財物，每月取利，不得過三分。如借銀一兩，每月利銀三分，年月雖多，不過一本一利。如借銀一兩，每月取利銀三分，計三十三箇月零十日，則利銀已滿一兩。利銀與本銀相停，是謂一本一利，到得利本相停，雖年月再多，亦不得復援每月三分之例而算取其息也，違禁取利，即違此禁。限取利三分以上，及利銀過於本銀，計所多取者爲贓，三十兩以下，則笞四十，三十兩笞五十，每十兩加一等，至八十兩之上，罪止杖一百。或以一本一利，謂年月雖多，止於三分之利非也。盇三分乃一月之利，非歲計之利，其言一本一利，亦猶名例，所謂賃錢雖多，不得過其本價之意耳。

第二節：若監臨官吏於所部之內舉放錢債，典當財物與部民，而收取其利者，杖八十。若違禁多取利息，亦計所餘之利爲贓，其罪有重於杖八十者，依不枉法論。若各主者，通算折半科罪，有禄人至三十兩，無禄人四十兩，並杖九十。每十兩加一等，罪止杖一百，流三千里。或謂刑律監臨官吏將自己物貨散與部民，多取價值者，計餘利，准不枉法論，則此亦當作准罪還職，非也。凡律云依某律擬斷者，明其與真犯相同，何可言准。故凡文官吏典，犯贓入己，俱爲行止有虧，散貨於民而取利，且應罷職，況監臨而舉貸者乎？並追餘利給主。總承上二節言庶民官吏，違禁所取多餘之利。其小民負欠私債，有故違期約不還者，各以負欠多寡，計月科罪。五兩以上違三月，笞一十，每一月加一等，至半年之上，罪止笞四十，五十兩以上，違三月，笞二十，每一月加一等，至半年之上，罪止笞五十。一百兩以上，違三月，笞三十，每一月加一等，至半年之上，罪止杖六十，並追本利給主。夫言違三月者有罪，則未及三月者，當勿論矣。

第三節：若豪强勢要之人，因其違約負債不還，不告官司，而强奪欠債人孳畜産業，估價雖未過本利，亦杖八十。若估所奪畜産之價，過於本利者，計所多餘之物，坐贓論。如多餘七十兩，則杖九十，至五百兩之上，罪止杖一百，徒三年，仍計所多餘之數，追物還主。不言准折孳畜産業者，利價相應，兩相情願，即勿論也。

第四節。若人妻妾子女，則雖利價相應，不許准折。准折者，杖一百，强奪者，加二等，杖七十，徒一年半。因而姦占婦女者，絞。因而姦占，只承强奪，一邊説。若准折，則雖有姦占之事，亦只以和姦論也。人口給親，私債免追。此二句，則承准折强奪而言。或云債折人口亦給親，謂何？蓋因典雇人婦女，及和娶人妻妾，在法且皆離之，况以逋貸准折人之伉儷，豈容不給還而已也？

條例

第一條，擅拏官軍綁打，未搬官糧，依威力制縛人拷打，或威力主使人毆打律。强將官糧准還私債，問常人盜，運糧官受贓，以枉法論。無贓，依囑託聽從。或知盜官糧，匿而不舉故縱律。

第二條，聽選借債。指文職不滿五十兩者，不引此例。軍官在京襲替借債，回衛償還，不得引此例。

第三條，放債人問囑託。委官聽從受財者，計贓以枉法論，無贓者，問事已施行，杖一百律。

第四條，當印軍職。與執當之人，或擬違制未確查凡官物私用，俱以盜論。比盜印信則太重，宜准盜關防印記論，杖一百免刺，引此枷號。

第五條，公文，如官憑吏劄，舉監文引執照之類。執當之人，比盜各衙門文書，杖一百免刺。

第六條，越赴撫按三司告者，問越訴，聽從施行者，問違制。

《律條直引》卷九《户律・錢債・違禁取利》　趙甲依豪勢之人以私債强奪人妻、妾、女因而姦占者律，絞，秋後處決。錢乙依豪勢之人以私債强奪人妻、妾、子、女，加准折罪二等律，杖七十，徒一年半，孫丙依豪勢之人以私債准折人妻、妾、子、女者律；李丁依私放錢債、典當財物每月取利不得過三分、年月雖多不過一本一利，違者，以餘利重坐贓論，一貫以下笞二十，八十貫罪止律，各杖一百。周戊依以私債强奪人孳畜、産業者律；吴己依監臨官、吏於所部内舉放錢債、典當財物者律，各杖八十。鄭庚依負欠私債違約不還者，二百五十貫以上，違三月笞三十，每一月加一等，六個月罪止律，杖六十。王辛依負欠私債違約不還者，五十貫以上，違三月笞二十，每一月加一等，六個月罪止律，笞五十。馮壬依負欠私債違約不還者，五貫以上，違三月笞一十，每一月加一等，六個月罪止律；陳癸依私放錢債、典當財物，每月取利不得過三分，年月雖多不過一本一利，違者律，各笞四十。俱有《大誥》减等。錢乙杖六十，徒一年，孫丙、李丁各杖九十。周戊、吴己各杖七十。鄭庚笞五十。王辛笞四十。馮壬、陳癸各笞三十。錢乙、孫丙係舍人，李丁、周戊係富民，吴己係官吏，俱有力納米等項，鄭庚、王辛、馮壬、陳癸俱民，無力的决，各還職役寧家。趙甲係重刑監候，申詳待報處决，妻妾子女給親，頭畜産業、多餘利息并負欠錢債本利追給本主收領。

（明）佚名《大明律講解》卷九《違禁取利》　凡私放錢債及典當財物，每月取利並不得過三分，年月雖多，不過一本一利，違者笞四十，以餘利計贓，重者坐贓論罪，止杖一百。講曰：三分謂，如本錢一貫，每月取利錢三百文，年月雖多，不過一本一利。若計餘利重於笞四十者，坐贓論，亦不得過杖一百。若監臨官吏於所部内，舉放錢債、典當財物者，杖八十。違禁取利，以餘利計贓，重者依不枉法論。並追餘利給主。其負欠私債違約不還者，五貫以上，違三月，笞一十，每一月加一等，罪止笞四十。五十貫以上，違三月，笞二十，每一月加一等，罪止笞五十。二百五十貫以上，違三月，笞三十，每一月加一等，罪止杖六十，並追本利給主。若豪勢之人，不告官司，以私債强奪去人孳畜産業者，杖八十。若估價過本利者，計多餘之物，坐贓論，依數追還。若准折人妻妾子女者，杖一百；强奪者，加二等；因而姦占婦女者，絞，人口給親，私債免追。

（清）李漁《資治新書二集》卷一三《民事・除行户》　爲嚴除行

户，請憲勒石永禁，以甦殘黎事。窃照秦地貧苦民生陋隘，由來舊矣。漢南困阨，較他屬爲尤甚。經兵燹者、凡四五次供芻糗者，幾二十年，筋力已盡，流移接踵，皮骨僅存，呼號無路。今者重兵南徙，休息可期，力農作苦，已安耕田鑿井之常。而市井閭閻反有日衰之勢，則以行户之累未除也。夫行户之所苦者，一曰取用，二曰借用。取用者，空票支取，另立官價，候領無期，兼多扣除。即能給發，不及什五。借用者，齎物伺候，既稽時日，及至領歸，遺失更多。雖云補價，不過口惠，甚至四境不産者，逼其轉買。登臨難至者，督其搬運。行商失業，坐賈破家，家愁巷戚，比比而是。所由然者，蓋緣兵興以來，供應稠疊，相沿成習，勢不能禁。今漢中文武大小衙門不及十處，咸荷地方之責，均有恤民之心，顧此殘黎呻吟未息，誠不忍以行户重累小民。況煌煌憲禁，凜遵已久，但及今不更加申飭，昭示來茲，則從前積弊恐絶而復續。今據某等連名呈請，本廳竊謂官之于民，猶父母之于子。子方顛連，爲父母者，必求所以安全之。不能安全，而反加困苦，安用此父母者！爲今漢中之民，亦極顛連矣。裁革行户誠安全之一端也。請自今以後，文武大小各衙門，一切服食器具，俱令現銀平價易買，不許另立官價，短少時值。至公私宴會，俱自辦用，不許着行户安置、鋪設及借用各項等物。其行户名色一概革除。如有仍蹈前弊者，或係訪聞，或經告發，許不時揭報，立賜參處。仍乞嚴飭漢中各屬，勒石永禁。則闔南赤子有更生之望矣。

（清）李漁《資治新書二集》卷一四《荒政・救荒第一示》　爲勸諭緩徵私債，以甦荒困事。照得民間稱貸，原以濟緩急、通有無也。但歲當豐稔，則並權子母而有餘。時值凶荒，則微較錙銖而不足。惟是因時斟酌，舒疾合宜，斯見仁人、君子之用心耳！目今天時亢旱，十室九空，饑饉洊臻，流亡載道，朝夕之謀尚虞不給，賦税之苦甚於剥膚，安得餘貲以償宿負？惟有稍寬歲月，以俟有秋，則名實兼收，利義兩得。如或爲富不仁，惟利是視，不能救災恤患，逼人剜肉醫瘡，驅之溝瀆，迫爲逃亡。民獨何事堪此重困？爲此示仰闔縣軍民人等知悉：一應舊逋宿欠概行停止，不許追索，俟天意回祥，歲禾稍熟，總計本息，一併取償。倘冒利不遵，立拿懲究。本縣薑桂性成，不畏强禦，即朝廷正供錢糧尚且不避斧鉞，立懇上臺暫停徵比，何有于豪强之私債乎？勿逐蠅頭致干法紀，至于欠債窮民，亦宜感兹義舉，無負本心。稍俟有收，即當完楚，不得以本縣告示藉口，便想賴過。今生若到該償之日，恃刁不還、被人告發者，本縣即當以爾來生果報現之今生，嚴追痛比之下，非復人形，與變牛、變馬無異也。特示。

《刑部現行則例》卷中《錢債》　旗下人概不准出境外放債。有與境外州、縣民人控告者，概不准行。其境内之人欠債能還，而刁蹬年久不還者，准行審理。若借債之後身死，而家業實無可還之物者，債主雖告亦不准行。

（清）于成龍《于清端政書》卷七《兩江書・興利除弊條約》　一、嚴禁借旗放債。駐防滿兵皆係禁旅大臣，統帥戍守，紀律自是嚴明，斷無縱容旗丁盤債虐民之事。但地方無籍奸徒影射旗勢，或串同旗下家奴等狐假虎威，狼狽作奸，違禁取利，及印子錢名色盤筭估折，稍不遂意，鞭撻横加，小民無可如何，殊干法紀。今後如有此等奸徒借旗盤債，行兇虐民，即行呈報，以憑會同將軍嚴審。如平人立置重典，如係有職人員，請旨革究，決不輕恕。

（清）湯斌《湯子遺書》卷九《告諭・嚴禁營債盤剥重利以除民害告諭》　放債每兩三分起息，載在律令。近聞各處營兵不遵定例，當放債之時，先扣加一利息，加一折色，搭配低潮，短少分數，帶領保人又扣尅使用茶酒花費。名爲一兩，其實不過數錢。及至還債，則利上起利，輾轉盤剥，動至數十倍。少或拖欠，輒行吊打凌辱，每致赴水懸樑，或逼獻産屋妻孥。又有印子錢名色，通計本利，逐日抽取二分，公然開店鋪勾引，鄉愚小民，一時費用無出，圖濟目前，後即竭力經營，每日所得些微，何能償還重利。一入陷阱，無計自脱，有限之脂膏盡爲此輩吮噬。聞蘇城内外開張此店者不下數十百家，民生安得不蹙。更有營旗兵丁等肆行撞掠，與大盗等尤爲暴横，合行嚴禁。嗣後百姓各安本業，不得輕揭債銀。各營兵丁亦各恪遵功令，不得身爲中保，及租房與人開張債店，射利無厭。地方嚴加譏察，如有違犯，兵則拏解該管衙門究治，中保人等立行枷責。仍將利銀責令賠償，追券焚燬。如有折算子女財産，逼人赴水投繯，情罪重大，立即具文申報，本院飛章請旨，從重處分。

（清）陸隴其《三魚堂外集》卷五《申請公移・禁重利示》　爲嚴禁

重利以甦民困事。照得小民窮苦至極，終歲勤動，辦完國課尚慮不敷，而富室大家悍卒土豪或開當網利，或放債盤占，吸髓吮脂，爲富不仁。小民當窘迫之際，即物值一兩而質當不過一二錢，銀不足色，秤戥又輕，未出門時已耗加一，及至取贖，足色大戥，又違禁取利五分者或六分者不等，公然行之無忌。至放債之家，非寫房地作抵，即勒子女爲質，每月五分以至加一，稍一過期，即利上起利，重重盤算，必至房地子女盡歸其手。富者益富，貧者益貧，甚而官糧不完，反完私債。不獨病民，兼之病國，莫過於此。合行出示禁革，當舖放債悉遵定例，行利不過三分，不許利上起利，盤人房地子女。窮民省得一分即受一分之惠，又與富者無損，而赤貧沾恩靡既矣。爲此示仰闔邑軍民人等知悉，無論當舖放債，如有行利三分之外者，立拏解憲，律法如山，斷不姑貸，速宜易轍，毋自貽戚。

《大清律例》卷一一《户律·倉庫·私借錢糧》　凡監臨主守，將係官錢糧等物，乃金帛之類。非下條衣服之屬。私自借用或轉借與人者，雖有文字，文字兼文約、票批，簿籍。并計所借之贓，以監守自盗論。其非監守之人借者，以常人盗倉庫錢糧論。監守坐以自盗，非監守止以常人盗，追出原物還官。若將自己物件抵换官物者，罪亦如之。自己物件入官。

條例

一、凡管民地方官員借用官銀，初次逾限不能完者，即令離任，限一年，還完開復。若限内不完，革職，著落家産還完。旗員交與該旗催追，漢官交與該督撫催追。

一、凡州、縣、衛所虧空錢糧，如果民欠未完，捏報全完，或私自借給百姓倉糧，其私借錢糧之員，及捏報官員，應照虚出通關硃鈔律，計所虚出之數併贓，皆以監守自盗論。其實在民欠、民借，仍著落原借欠之人完納。其那移錢糧有項可抵者，即令接任官催徵補項。若捏報私借那移之項，該員情願一年内代民全完者，准其復還原職。

一、府、州、縣春間借出倉穀，秋收後勒限徵比，務於十月中全完，造具册收送户部查核。如有紳衿，及牙行、蠹役將家人、佃户姓名影射，零星領出入己，積至二三石者，紳衿斥革，牙行、蠹役枷號一個月、責四十板，俱照追入倉。其代爲造册之鄉保地方。有無受贓，分别治罪，該管司不行揭參，交部議處。

一、虧空人員，除查明家産盡數追賠外，如有屬員借支、借領，及同官那借出有印領者，將所有借欠之項，責令追還，以抵該員虧空，仍分别議處。至平日債負，或幫助親友，及同官私借，雖有文約、書札、記簿，并無印領，止許自行取討，若混請開抵虧空者，無論遠近年分，概不准行，仍將本人照圖賴誣扳治罪。地方有司聽從開抵，妄拿無辜追比者，照故勘平人律治罪；受賄得贓者，計贓以枉法從重論。其因規避處分指引開欠者，承追官照借端將親族濫行著落追賠例問擬，該管上司官交部，分别議處。

一、凡遇地方荒歉，借給貧民米石穀麥，或開墾田土借給牛具、籽種，以及一切吏役兵丁人等辦公銀兩，原係題明咨部，行令出借。倘遇人亡産絶，確查出結，題請豁免。如有捏飾侵漁，以及未經報明，私行借動者，即行題參，按律治罪。

一、凡支銷錢糧，均有一定款項額數，如有違例開銷，著落擅動濫給之員賠補。倘上司官因爲數繁多，一人不能歸結，派令屬員公捐還項，或逼令接任官按股分賠，將抑勒之上司官照例治罪。

《大清律例》卷一一《户律·倉庫·私借官物》　凡監臨主守。將係官什物、衣服、氈褥、器玩之類，私自借用或轉借與人，及借之者，各笞五十。過十日，各計借物坐贓論，減二等。罪止杖八十、徒二年，各追所借還官。若有損失者，依毁失官物律，坐罪追賠。有心致損，依棄毁官物計贓准竊盗論，加二等，罪止杖一百、流三千里。誤毁及遺失者，減棄毁之罪三等，杖八十、徒二年，并追賠。

《大清律例》卷一四《户律·錢債·違禁取利》　凡私放錢債及典當財物，每月取利并不得過三分。年月雖多，不過一本一利。違者笞四十，以餘利計贓重於笞四十。者，坐贓論，罪止杖一百。

若監臨官吏於所部内舉放錢債典當財物者，不必多取餘利，有犯即杖八十。違禁取利，以餘利計贓重於杖八十。者，依不枉法論。各主者通算折半科罪，有禄人三十兩，無禄人四十兩，并杖九十，每十兩加一等，罪止杖一百，流三千里。并追餘利給主。兼庶民、官吏言。其負欠私債違約不還者，五兩以上，違三月，笞一十。每一月加一等，罪止笞四十。五十兩以上，違三月，笞二十。每一月加一等，罪止笞五十。百兩以上，違三月，笞三十。每一月加一等，罪止杖六十。並追本利給主。

若豪勢之人，於違約負債者。不告官司，以私債強奪去人孳畜産業者，杖八十。無多取餘利，聽贖不追。若估所奪畜産之價過本利者，計多餘之物罪有重於杖八十者。坐贓論，罪止杖一百，徒三年。依多餘之數追還主。

若準折人妻妾子女者，杖一百。姦占加一等論。強奪者，加二等。杖七十，徒一年半。因強奪而姦占婦女者，絞。監候。所準折強奪之人口給親，私債免追。

條例

一、凡勢豪舉放私債，交通運糧官，挾勢擅拏官軍，綁打陵辱，強將官糧官糧與軍糧不同，官糧者，漕運赴京上納正糧也。軍糧，行月二糧也。準還私債者，問罪。屬軍衛者，發近邊充軍。屬有司者，發邊外爲民。交通綁打準糧三項，有一未合，仍各照律發落。該管運糧官參究治罪。

一、聽選官吏監生人等借債，與債主及保人同赴任所取償，至五十兩以上，借者革職，債主及保人各枷號一箇月發落，債追入官。

一、凡負欠私債，在京不赴法司，而赴別衙門，在外不赴軍衛有司，而越赴巡撫司道官處告理及輒具本狀奏訴者，俱問罪，依越訴論。立案不行。若本京別衙門聽從施行者，一體參究，私債不追。

一、佐領、驍騎校、領催等有在本佐領或弟兄佐領下指扣兵丁錢糧放印子銀者，係佐領、驍騎校，照流三千里之例，枷號六十日。係領催，照近邊充軍例，枷號七十五日。俱鞭一百。夥同放印子銀者，照爲從杖一百、徒三年例，枷號四十日，鞭一百。所得利銀勒追入官。佐領、驍騎校、領催等與屬下兵丁保借者，革去職役，該參領交部議處。至佐領、驍騎校、參領等平時失於覺察，以致該管兵丁將官錢糧扣還印子銀者，俱交部分別議處。

一、民人違禁向八旗兵丁放轉子、印子、長短錢扣取錢糧，及旗人舉放重債勒取兵丁錢糧，並非在本佐領下放債者，或經告發，或被兵丁首出，除所欠債目不准給還外，將放債之人照詐例從重治罪，欠債之人毋庸治罪，失察之該管文武官俱交部議處。八旗佐領每月仍將有無重利放債之人出具印結呈報，該參領按季加結呈報，都統查核。

一、八旗領催代屬下兵丁指扣錢糧保借者，照夥同放債人枷號四十日，鞭一百例發落，其指米借債之人照違制律鞭一百，仍將失察之該管各官交部分別議處。

一、放債之徒用短票扣折違例巧取重利者，嚴拏治罪，其銀照例入官，受害之人許其自首免罪，並免追息。

一、監臨官吏於所部内舉放錢債、典當財物者，即非禁外多取餘利，亦按其所得月息，照將自己貨物散與部民多取價利計贓准不枉法論，強者准枉法論。不枉法各主者折半科罪，律減一等問，所得利銀照追入官。至違禁取利，以所得月息全數科算，准不枉法論，強者准枉法論。並將所得利銀追出，餘利給主，其餘入官。

《兵部處分則例》卷一三《承催・伊犁承管官鋪官員議叙議處》

一、伊犁所開官鋪，每年派員詳查一次。如無挪移虧欠情弊，將承管協領等紀録二次。若辦理不清，致有挪移情弊，即行嚴參治罪。

《六部處分則例》卷二三《關市・官員借用官銀》 一、凡地方官借用官銀，初次逾限不完，該督撫題參，即令離任。再限一年全完，准予開復。若限滿仍不能完者，革職。公罪。著落家屬賠完。

《户部則例》卷二《户口・重利放債》 一、地方官員及有官職之族長，縱容兵丁民人重利放債者，降三級調用。私罪。失於查禁者，每案罰俸一年。私罪。地方官有能查拏及族長首告者，每二案紀録一次，儻該管官不准首告，捏作自行查出者，降二級調用。私罪。

（清）雅爾圖《雅公心政録》卷三《檄示・為麥收將届通飭減利收債以恤貧民事》 為麥收將届、通飭減利、收債以恤貧民事。照得豫省向有重利盤剝之事，本部院已于彙飭利弊案内通飭禁止。凡有緩急通那取利，不得過三分在案。但上年被水地方，民力更艱，債負必多。在放債者，如係本省民人當念桑梓之情，如係外省賈販，亦當思每年坐享豫民之利，何妨暫施小惠？今麥秋將届，正民間清理債務之時，合行通飭減利，爲此仰司官吏照牌事理，即便轉飭上年被水州縣出示曉諭：如有本年取償債負者，止許二分收息。倘債主情愿緩至明年，仍准照三分計算。至于陳年夙債，收利已過于本者，永遠不許索討。倘有倚恃豪横、違禁索取者，被害之人即行稟官究治。爾州縣當乘此麥收培養貧民元氣，毋得視爲泛常，致干未便。

乾隆五年四月十五日

（清）鍾慶熙《四川通飭章程》卷一《禁革官吏借貸部民銀兩》 光緒二十六年二月，奉臬憲札開奉總督部堂批，兩司呈詳，禁革官吏借貸部民銀兩，請批飭各屬，一體遵辦一案。竊查律載，官吏借貸所部内財物者，計贓准不枉法論，强者准枉法論等語，律禁森嚴，有犯即應治罪。本司等訪聞川省州縣常有借貸部民銀兩之事，有於未到任以前，暗地託人先向本屬紳糧告貸以作川資者，有於既到任以後，公然告貸以彌補積年私虧者。其心縱然無他，究係顯違禁令。其不肖者，借銀到手，永不償還，挾勢昧騙，居心尤不可問。甚或擇肥而噬，名爲借貸，實則强索。不遂其欲，則藉端刁難，與棍徒訛詐何異？此風亟宜禁革，以肅吏治。嗣後大小官吏不准向所部内借貸分文，如敢故違，一經察出，或被告發，定即照律計贓論罪，决不寬貸。呈乞批示，分飭各屬一體遵照云云。奉批地方官吏私向部民借貸，即使如數歸還，已屬不成事体，况敢擇肥而噬，藉端刁難乎？自應嚴行禁革，以挽頹風。仰即通飭各屬，一體遵照云云。

《光緒新法令·財政·銀行·户部奏試辦銀行酌擬章程摺并章程》

竊財政處會同臣部奏擬由部試辦銀行推行銀幣以維財政一摺，光緒三十年正月二十八日具奏，奉旨：依議。欽此。查原奏内聲明現當整齊幣制之際，亟賴設有銀行爲推行樞紐，現擬先由户部設法籌集股本，采取各國銀行章程，斟酌損益，迅即試辦銀行，以爲財幣流轉總匯之所，其詳細章程另由户部妥議，奏明辦理等因。

臣等伏查制幣與銀行相輔而行，非銀行則不能暢行各幣，此一定之勢理。惟既設銀行，則各省必皆有分號，必得精明穩練切實可靠之人方能勝任。中國素未講求商務，非如外國之有財政銀行等學堂預爲儲（財）〔材〕之地。若延請外人管事，則不惟薪工耗費，且必致操我利權。若專用華人，則急切萬難得許多深通此事妥靠之人分布各處。各國官商銀行名目甚多，徧布國中，民間稍有積資者，無不存放銀行生息，商人欲興事業，亦取資於銀行。人人争相愛重，一經招股，應者雲集。中國商務初興，人尚未知銀行之利，股分之是否易招，貿易之能否繁盛，初辦尚無把握。外國發行紙幣係國家銀行獨得之權，誠信素孚，故入其國境，市中所見無非銀行之紙幣，商民信用勝於金銀現幣，取其輕賚便易。中國官商平素情形隔閡，且因從前之鈔票、近年之昭信股票辦理不善，失信於民，更不敢與官交易。今銀行甫設，又勢難遽禁商號出票，官中行用紙幣，恐一時未能取信商民。必須極力設法昭示大信，數年以後，或可望商情漸通，流行无滯。

銀行之責在於整齊幣制，畫定價值，既不便於市儈之把持，亦有礙於官吏之中飽。開辦伊始，易致摇詠繁興，即各國銀行設在内地者，同行相忌，亦難免傾軋擠排，或懷疑誤會，或拂意挾嫌。竊恐造言生事，輒指爲辦理不善，一爲摇惑，即難免功廢半途。此中委曲爲難情形，均早在聖明洞鑒之中。惟有仰懇天恩主持於上，俯念兹事體大，創辦維艱，屏除一切浮議，不爲所摇，臣等謹當力任其難，督飭任事之員切實籌劃，妥爲辦理，斷不敢稍事鋪張，惟期次第振興，徐收成效。兹謹就各國銀行章程，採擇其緊要諸端，參以中國情形，酌擬試辦銀行章程三十二條，繕具清單，恭呈御覽。臣等與財政處王大臣公同商酌，意見相同，如蒙俞允，即由臣部遴派妥員認真籌辦。所有未盡事宜容隨時體察情形，妥慎經理，以期有裨財政。謹奏。光緒三十一年□月□日奉旨：依議。欽此。

謹擬試辦銀行章程繕具清單，恭呈御覽。

計開

一、本行現係試辦，擬先備資本銀四百萬兩，分爲四萬股，每股庫平足銀一百兩。由户部籌款認購二萬股，其餘二萬股無論官民人等，均准購買。俟貿易擴充之時，再行酌量添招若干股，隨時由辦事人等禀請。

二、本行照有限公司辦法，股分以外，不再向股東添取銀錢，即有虧欠，股東無涉。惟添招股分之時，則應先儘舊股東，如舊股東不買，方可另招新股。

三、本行現設京師，其各大埠如天津、上海、漢口、廣東、四川等處酌設分行，未設分行之處，可與殷實商號訂立合同，作爲代辦。

四、本行專作收存出放款項，買賣荒金荒銀，匯兑劃撥公私款項，折收未滿限期票及代人收存緊要物件。其餘未及詳列之款以及各項禁令，均照各國銀行章程辦理。

五、本行歸國家保護，凡遇市面銀根緊急、青黄不接之時，本行可向户部請給庫款接濟，其發給之款，照章按期算交息銀。

六、本行開業起，以二十年爲滿，届時可以稟請展緩限期。

七、本行每季詳造營業資財切實報告二分，送呈財政處、户部查核，財政處、户部並可隨時調閱本行清帳。此外各項貿易事業，公家均不干預。

八、以後銀圓局鑄造銀銅各幣均應交本行承領，與商號直接往來，以便流通市面。此項交存銀銅各幣，均按存日多少照章生息繳公。

九、凡認買股分券者，均於開行之前先行繳足四分之一，其餘俟本行貿易應用之時，再行普告分次收取。惟購買此項股分券者，必須書明姓名、籍貫註册，以本國人爲斷，他國人民不得購買，其原有股分者亦不得轉賣與他國之人。

十、本行分次續收股本之時，均於兩月以前普行報告股東，若届期未將續交之款交到者，須俟其補交時，令於應交數目外增納十分之一，以懲因循。若再經兩月之久仍未交到者，即將其股票發賣，由其已交本銀内除净所罰加一之款及因發賣所需一切費用，如有盈餘，交還原主，倘或不足，仍向原股東追繳。其股東遠在外省或外洋者，可再展期兩月，照此辦理。

十一、公家既認買二萬股，即爲最大股東，可以選派銀行總辦一人，副總辦一人，另設理事四人，由各股東公舉，與總辦、副總辦均爲總管事務之員。會議時，則總辦爲議長，如遇一事可否各半者，議長有半決之權。總辦如有事故，以副總辦代之。又設監事三人，由股東公舉，監察本行一切事務。此外大班、司帳等人，由辦事人員延請。

十二、理事非有百股以上，監事非有四十股以上，不得選舉。理事選舉後，呈明財政處、户部再行任事，監事逕由股東公舉。

十三、總辦、副總辦以五年爲一任，理事以四年爲一任，監事以三年爲一任。總辦、副總辦任滿，由公家再選。理事、監事任滿，由股東再舉。如其辦事妥善，亦可再受選舉。

十四、理事、監事至期滿時，每年至少須退换一人，即在股東公會時議定。

十五、每年三月、九月定期在京師會議二次，股東均得與議，惟須入股註册在一個月以前，並須於會前三日先行持股分券赴本行報名。凡擇定會期，於一個月前繕函分别郵寄，並登日報，即爲周知，不得以未經接到爲詞，另生異議。

十六、銀行執事各員每月須有大會議一次，議辦一切大事。總辦、副總辦、理事每月須有會議數次，議定現行各事，交監事會議承諾，方可施行。

十七、股東會議到場有全數之半，其所持股分券有全股之半，並本行執事人到及一半者，即可定議，否則改期再議。若不能如上所限，而在場股東以爲事在可行者已居多數，可以暫時議決。至業經公會議定諸事，未經赴議之人不得退有後言。查現在商部新定商律内公司會議章程極爲詳細，凡本行未經詳列者，一切均可查照核定章程辦理。

十八、本行設一股分總册，登記股東姓名、籍貫，股分券或賣給或讓與他人，須由原主函致本行，本行稟准，再行通知本人，將買賣或讓與之契，兩造簽名畫押，連股分券送至本行，再由本行登註總册，且須本行人員於其股券之背簽名畫押，以證永無翻悔。此外，有執持股券來行自稱股東者，本行均不承認，惟認曾經註册者爲實在股東。

十九、本行每半年結帳一次，股票長年官息六釐，結帳之後，除分官息及辦事人等薪水用度外，分作十成，至少留一成作爲公積，一成爲辦事人等花紅酬應之需，其餘按股均分，作爲餘利，惟必結帳實有盈餘，方能分派股息，不得移本分派。

二十、本行擬印紙幣，分庫平銀一百兩、五十兩、十兩、五兩、一兩五種，通行銀圓票亦如之。此外，因便商行起見，亦可出市面通用平色及百兩以上銀兩等票以及各種票據。

二一、本行分設省分，即爲本行權力所及之處，凡本行紙幣公私出入款項，均准一律通用。應繳一切庫款官款，均准以此紙幣照繳，或全用，或搭用，與現銀無異。各該省如有解部款項，並准一體解兑。如有官吏商民人等故意挑剔折扣者，京師准稟知財政處、户部，外省准稟知該督撫，從嚴參辦。

二二、户部出入款項，均可由本行辦理，凡有可用票幣收發者，均須用本行紙幣，其他商號之票不得攙用。

二三、有持本行紙幣至總行分行兑换現銀者，均即登時兑給，不得稍有遲延。凡紙幣通行各省，兑换數目均照匯豐等銀行折算章程辦理。

二四、本行有整齊制幣價值之權，凡遇市商把持壟斷，將各項制幣價值任意擡抑之時，本行得以稟請從嚴懲辦，秉公定價，務使幣價一律，以維圜法。

二五、現在京中爐房紛紛閉歇，商民受累甚多，今總銀行既設立京師，不能不妥設爐房，傾銷銀兩。擬籌款另設爐房一所，招集匠人，專爲本行傾銷銀兩之所。其商民人等有願將銀兩交本行爐房傾鑄寶銀以及存款交庫等事，均照市面爐房一律交易。統俟銀圓鑄多，生銀日少，再行酌量停止。以便商民。

二六、本行不用關防，只刻圖記一顆，其花文字樣由總辦各員酌定，交總辦掌管，至少有執事二人監視，方能開用。如總辦有事不能到行，即將鑰匙交副總辦或理事代爲開用。

二七、本行係仿西例辦法，名爲有限公司，公家既經籌款認買股分，即與各商股一律，凡未經滿限以前，股本銀兩不能隨時提用，亦不得借詞挪借。如有以上各事，本行可堅持不允，以示大公。

二八、僞造紙幣不獨有害本行營業，兼亦害及行用之人，亟須嚴禁。本行既隸於户部，所發紙幣即與國家制幣無異，應稟財政處、户部奏明通飭各省出示嚴禁，無論何項人等如有僞造本行紙幣者，由刑部另立專條，從重辦理。

二九、銀行執事本不能兼辦他事，惟本行現係試辦，一時難得專(萬)〔名〕諳練之人，所有總辦等差，暫准有差者兼辦，但給車馬酬應之費，不給薪工，其花紅等款則准一律照分。

三十、各省有分行之處，如有股東，亦可公舉二三人，與總行所派之人各就本處情形商辦各事，惟所議辦者，不得與總行議定章程大爲相背。

三一、本行如經財政處、户部或股東執事各員查明本銀業經折閲過半，即應將營業停止，仍須議定辦理結帳人員，俟將存欠帳目歸收清楚，所餘本銀按股分給各股東，方准閉歇。

三二、以上係草定章程，以後尚須隨時修改，並酌擬詳細辦法，但與原定章程宗旨不至大背者，均可刊刻通行。

《光緒新法令·財政·銀行·度支部奏釐定各銀行則例摺并清單》

光緒三十二年閏四月二十二日，前財政處會同臣部奏稱，銀行者流通圜法之樞機，維持商務之根本。東西各國有中央銀行，復有普通勸業、儲蓄各項銀行。考其制度，約有兩端：一爲國家銀行，由國家飭令設立，與以特權，凡通用國幣，發行紙幣，管理官款出入，擔任緊要公債，皆有應盡之義務。一爲民立銀行，爲商民之所請立，必由政府批准然後開設，大旨皆與商民交易，凡其集股數目、營業宗旨，以及一切辦法，均當呈明於户部，而款項、營業情形仍須隨時報告。以上各種銀行，户部皆有統轄查考之權，且各設專例以監督之。誠以銀行爲通國財政所關，實户部之專責。若中國現當整飭財政之時，凡畫一國幣，辦理公帑洋款，銀行尤關緊要。若無管理之規條，恐各項銀行必致自爲風氣，則財政仍無整齊之日。是以臣等參考銀行之制設立户部銀行。開辦以來，略見成效，正籌推廣，以立中央銀行之基礎。現遴選通曉銀行章程人員，參考東西各國規則，釐定各種銀行管理及營業專例，勒爲成書，恭呈欽定頒行。嗣後凡國家銀行以及普通農工商業儲蓄各銀行銀號，無論官立民立，均應遵照辦理，庶盡臣等管理之責，而期與各國成法相符，等語。奉旨允准在案。

臣等伏查近年風氣開通，官立私立各項銀行日益增多，亟須頒布則例，俾營業者有所遵循。臣部職司管理，亦可有所據依，藉收畫一整齊之效。惟此項例文，雖有譯成東西各國通行章程可備參考，而揆諸中國商務之風俗習慣，亦難必其盡合，纂輯之餘，益用詳慎。上年財政處於奏准後遴員編纂成帙，移交到部。臣部復派員細心研究，擬定銀行則例四種。臣部所設銀行原名户部銀行，即爲中央銀行。現臣部已改爲度支部，擬改銀行之名曰大清銀行，計則例二十四條。中國向無銀行，而經營金銀匯劃貿易如銀號、票商、錢莊以及各省所設之官銀號、官錢局，凡有銀行性質者，即可以普通銀行賅之，計則例十五條。殖業銀行爲農工所倚賴，東西各國實業之進步悉由於此，現時農業銀行尚未設立，而關於路工之郵傳部交通銀行，及浙江鐵路之興業銀行，皆殖業銀行也，計則例三十四條。各項銀行之存放款項務取其多而提倡居積之風，萃集錙銖之款者爲儲蓄銀行，各省現已設有數處，計則例十三條。臣等詳加查核，尚屬周妥，謹繕清單，恭呈御覽。俟欽定後，即由臣部行知該管衙門及地方官通飭各處銀行一律遵照辦理。謹奏光緒三十四年正月十六日奉旨：依議。欽此。

謹將度支部釐定各銀行則例繕具清單，恭呈御覽。

第一條：大清銀行就户部銀行改設，原有資本銀四百萬兩，擬再添招六百萬兩，合共一千萬兩，分爲十萬股。股票概用記名式，由國家認購五萬股，其餘限定本國人承買。至貿易擴張、續行增加資本之時，應由股東總會決議，稟准度支部添招。招股章程由大清銀行自定，但不得招他國人民入股，亦不准股東將股票轉售於他國人。

第二條：大清銀行爲股分有限公司，各股東責任以所認定之股分爲限，股分外若有損失，概不負責任。

第三條：大清銀行設總行於京師，其沿江沿海貿易繁盛之處以及各省府廳州縣應設立分行分號，得隨時斟酌地方情形，稟准度支部照章分設，或與殷實銀行銀號按照銀行章程訂立合同，作爲代辦。或與他行號聯結爲匯兑之契約，均須呈明度支部核准。度支部視爲應行分設之時，可命銀行照章設立。

第四條：大清銀行營業事項開列於下：一、短期拆息；二、各種期票之貼現或賣出；三、買賣生金生銀；四、匯兑劃撥公私款項及貨物押匯；五、代爲收取公司銀行商家所發票據；六、收存各種款項及保管緊要貴重物件；七、放出款項；八、發行各種票據。

第五條：大清銀行有代國家發行紙幣之權，但須遵守兑换紙幣則例，另訂詳細章程，呈准度支部施行。兑换紙幣則例未頒布以前，准其暫時發行市面通用銀票。

第六條：大清銀行得由度支部酌定，令其經理國庫事務及公家一切款項，並代公家經理公債票及各種證券。

第七條：大清銀行有代國家發行新幣之責，應隨時體察市面情形，向度支部請領新幣，由部核准，知照造幣廠分别發放以資流通。

第八條：大清銀行除上開事項外，不得再營他業。

第九條：大清銀行不得將本行股票作爲抵當之物，亦不得自行買回。

第十條：大清銀行除營業應用地基房屋外，不得將不動産買入或承受，惟或因清理欠款由債主交付，或因抵當借款由官斷給，須由銀行屬原經手人並委本行確實人一同估勘實抵價值若干，經職員會決議，亦可暫時承受，仍限於十二個月以内迅速出售。倘限期内迫於出售價值致被勒抑，經理人申明實在情形，由銀行呈准度支部量展期限，至多再以六個月爲止。若其中因不經意致有損失，前後經手人均應負其責任。

第十一條：大清銀行不得以行中款項營運他項商工事業，但有時收入確實可靠之公司股票隨時買賣者，不在此例。

第十二條：大清銀行凡遇各地方市面銀根緊急之際，得由職員會定議，呈准度支部借給款項維持市面，仍由銀行按期照章結算存息，聽候部示。

第十三條：大清銀行營業年限，自總行開辦之日計算，以三十年爲期。滿期後得由本行職員及股東總會決議呈准度支部展限。

第十四條：大清銀行設正監督一員、副監督一員、理事四員，統理總分各行一切事務。正副監督由度支部開單請簡，理事由股東總會投票公舉，呈准度支部加札派充。設監事三員，監察總分各行一切事務，由股東總會投票公舉。此外各分行總辦由銀行呈准度支部奏派，經理、協理、司帳等員由銀行職員公同選派，呈明度支部註册。理事非有一百股以上、監事非有四十股以上者，不得當其選舉。正監督、副監督、理事、監事權限責任，及經理、協理以下各員合同、保單、薪水、押櫃銀兩與辦事規則，均由大清銀行自訂章程，呈准度支部遵辦。

第十五條：度支部特奏派監理官二人監理大清銀行一切事務，監理官應隨時檢查大清銀行之票據、現金及一切帳簿。監理官得出席於股東總會及其他一切會議，陳述意見，但不得加入議決數。度支部視爲應行查核時，可隨時派員會同監理官查核大清銀行一切事務。

第十六條：正監督、副監督、分行總辦以五年爲一任，理事以四年爲一任，監事以三年爲一任。分行總辦、理事、監事如辦事妥慎，均可再受舉派。正副監督、分行總辦任事期内，不得兼他項重要官職。理事、監事任事期内不得兼他銀行公司事務員。

第十七條：總分各行須造營業、資財切實報告，由總行呈送度支部查核。

第十八條：大清銀行每半年結帳一次，將總分各行營業資財及半年行中情形，由總行編輯匯報度支部查核。每年總結帳一次，除開支行中薪水各種營業費及股票長年六釐官息外，至少提一成爲公積。此公積款項除填補資本虧耗及官息不足外，不得支用。

第十九條：每年定期在京師總行開股東會議一次，惟須入股註册在一個月以前，並須於會前三日持股票赴總行報名者，方得與議。凡會議應於一個月前以郵函分寄，並登日報通知各股東。臨時有重要事項必須會議時，須招集臨時股東總會。監事全員或股東五十人以上陳明議事宗旨，請求會議者，亦得招集臨時總會。

第二十條：大清銀行應照本則例之旨自定詳細章程，呈請度支部核准。章程有應行改動之處，須開股東總會決議，呈准度支部施行。

第二十一條：大清銀行如經度支部及職員並股東總會查明本銀折閲過半，即應將營業停止，仍須議定辦理，結帳人員俟將存欠帳目收付清楚，所餘本銀按股分給各股東，方准歇業。

第二十二條：正副監督、分行總辦、理事等員如有故違此項則例，或不遵守權限，致有損壞行中營業事項者，經度支部查明，輕則分別處罰，重則奏明撤换。行中所受損失，仍著該員賠繳，或經股東三分之二決議，亦得呈請度支部查明奏换。

第二十三條：本則例於奏定後三個月施行。

第二十四條：本則例如有應行修改之處，隨時斟酌情形，奏明辦理。

銀行通行則例

第一條：凡開設店鋪經營下列之事業，無論用何店名牌號，總稱之爲銀行，皆有遵守本則例之義務。一、各種期票、匯票之貼現；二、短期拆息；三、經理存款；四、放出款項；五、買賣生金生銀；六、兑换銀錢；七、代爲收取公司銀行商家所發票據；八、發行各種期票、匯票；九、發行市面通用銀錢票。紙幣法律未經頒布以前，官設商立各行號均得暫時發行市面通用銀錢票。但官設行號每月須將發行數目及准備數目按期咨報度支部查核，度支部並應隨時派員前往稽查。

第二條：凡欲創立銀行者，或獨出資本，或按照公司辦法合資集股，均須預定資本總額，取具殷實商號保結，呈由地方官查驗，轉報度支部核准註册，方可開辦。凡銀行應行呈報事件，除呈請地方官轉報外，並須徑呈度支部以便稽核。凡銀行開辦，須預將年月日禀報所在地方官，轉報度支部。

第三條：凡欲開設銀行者，須將下開事項呈報：一、行號招牌，二、設立本行分行地方，三、資本若干，四、或獨資、或合名、或合資，應呈報姓名、籍貫、住址、員名。若係招股公司，除上開事項外，須將集股章程及發起人、辦事人姓名、籍貫、員數、住址，並分别有限、無限，一律呈報。

第四條：凡開設銀行，須遵照本則例自定詳細章程，呈報度支部核准，如有變更，亦應一律呈核。

第五條：凡銀行每半年須詳造該行所有財産目録及出入對照表，呈送度支部查核。如有特别事故，應由度支部派員前往檢查各項簿册、憑單、現款並其經營生意之實在情形。此外各項貿易事業，公家概不干預。如官有藉端需索等情，准該行呈禀度支部，查明從嚴參辦。

第六條：凡銀行每年結帳後，須造具出入對照表，詳列出入款項總數，登報聲明，或以他法布告，俾衆周知。

第七條：銀行營業之時刻以午前八鐘起午後四鐘止，但因營業情形而欲變通者，亦可。

第八條：銀行如逢星期及營業地方之休息日均得停業，其不欲停業者，聽。若有不得已之事故而欲例外停業者，須禀准地方官登載報紙，或以他法布告，俾衆周知。

第九條：凡經核准註册各銀行如有危險情形，准其詳具理由呈所在地方官報明度支部，轉飭地方官詳查營業之實況與將來之希望，如果係一時不能周轉，並非實在虧空，准飭就近大清銀行商借款項或實力擔保，免致有意外之虞。

第十條：凡銀行或個人營業改爲公司辦法，或原係公司變爲個人營業，或欲變更其公司之制度，或欲與他公司合併等事，均應查照第二條辦理。

第十一條：銀行如有不遵守第五條所定報告檢查，及第六條所定布告，或雖受檢查而有隱匿，或雖經報告布告而其中有含混等弊，一經查出，由度支部酌量情節輕重，科以至少五兩多至千兩之罰款。

第十二條：以前各處商設票莊、銀號、錢莊等各項貿易，凡有銀行性質即宜遵守此項則例，其遵例註册者，度支部即優加保護。其未註册者，統限三年，均應一體註册。倘限滿仍未註册者，不得再行經理匯兑存放一切官款。

第十三條：各省官辦之行號或官商合辦之行號，統限於本則例奏定後六個月内報部註册，一切均應遵守本則例辦理。如過期不註册者，科以至少五百兩之罰款，每遲六個月罰款照加。

第十四條：官辦行號每省會商埠只准設立一所，如有必需另行設立時，須與度支部協商或會奏，請旨辦理。各種官立銀行欲設立分行時，凡已有大清銀行分行地方，須先儘該分行作爲代理。

第十五條：凡銀行或因折閲、或有别項事故情願歇業者，應舉定辦理結帳人稟報地方官，將存欠帳目計算清楚，照商律辦理。地方官具録事由速報度支部查核，不得遲延，並一面由該行自行稟報度支部查核。

附則

凡只兑换銀錢無銀行之性質者，本則例施行後，均作爲銀錢兑换所，免其註册。

各種特别銀行，除遵照特别專例外，其有專例所未及者，均按照本則例辦理。本則例即於奏准三個月後施行。本則例如有應行修改之處，隨時斟酌，奏明辦理。

殖業銀行則例

第一條：殖業銀行爲股分有限公司，以放款於工業農業爲宗旨，其資本總額至少須二十萬兩以上。

第二條：殖業銀行，其股票概用記名式，只許本國人購買，不准股東將股票轉賣或抵押於外國人及外國公司。

第三條：殖業銀行，無論官辦商辦，其詳細章程均須報明度支部核准，方可開辦。

第四條：殖業銀行欲設立分行或代理店，均應呈請度支部核准，度支部視爲亟須設立之地，亦得命其照章設立。

第五條：殖業銀行可由地方官以地方官款，或管理地方公共財產人以地方公共財產，呈明度支部設立。

第六條：殖業銀行放款應以田地、園林、房屋或工業上實在產業或股票債票等項作抵，於三十年内用分年攤還法歸清本利，但借款總數不得過押產實值十分之七。以房屋作抵，須附有保險契約，否則借款不得過實值十分之五。若款項無多，有殷實保户五人以上連環擔保，亦可不用抵押，惟借期應減短，以五年爲率，其借數通計不得過銀行資本十分之一。

第七條：銀行因農工業家之便以產業作抵，亦可出放短期借款，但不可過本行出放款項全額五分之一。

第八條：銀行所收抵押產業，只准收受第一次作抵之物，並須實在永遠有出息可靠者，銀行得隨時派人至其產業地方切實監查。

第九條：債主作抵之產業被官收用或欲出賣，必須先行通知銀行，銀行應於期限前將所放款項本息全數收回，但債主能另以相當產業作抵者，不在此例。其產業若只出賣一部分之時，可索債主增加抵押或索還借款之一部分。其產業價值若較原估低減之時，可索債主增加相當之抵押。

第十條：銀行放款應查其人是否確係農工業家，借款是否確係經營農工實業，如查有欺飾情事，銀行不可放款。或已放款後，而債主以所借款項經營他業者，得於償還期限前將全數本利追繳。

第十一條：銀行視債主情形，若初年營業利益尚薄，難遽令本利俱還者，可於先數年内只還利息，滿年限後再攤還本利，惟此項年限不得過五年。

第十二條：分年攤還法，其數目合本利計算，每年定一平均償還之額，但不得過於債主每年净得出息之總數。若債主欲於攤還定額外多還若干，或於限期以前全額還楚，均可通融辦理，但須於一月前通知銀行。

第十三條：債主還款每至二成以上，可向銀行請退抵押產業相等之一部分。

第十四條：債主如到期延繳應還款項，銀行得於滿期次日起加算利息。若其款係分年攤還，並得索還未到期之全額。前項之延繳銀兩得斟酌情形報地方官追索。

第十五條：殖業銀行可代人保管金銀及一切重要物件。

第十六條：殖業銀行如有餘款，得購買國家公債、地方公債等票，並得暫時存放妥實銀行生息。

第十七條：殖業銀行可與此項同行訂聯結契約，亦可兼營農工業家匯兑事務。

第十八條：殖業銀行如欲兼營儲蓄事務，須照儲蓄銀行則例辦理，並應將兩項事務劃分清楚。

第十九條：殖業銀行遇有長年定期存款，亦得代人存放生息。

第二十條：殖業銀行得照實收資本五倍之數發行債票，如其資本實收在二百萬圓以上，可發債票至八倍，但不得過放出款項之總額。

第二十一條：債票金額每張以五圓爲率，並可加彩償還，惟應照下列各條於發行前另訂詳細專章，呈候度支部核准：債票額息及付息方法，逐次發行總數，抽籤償還年限及方法，加彩數目及方法。

第二十二條：殖業銀行因市面利息低落得借新債以還舊債，雖其債票額數合新舊計算超過。第二十條之制限，亦可通融辦理。但新債票既發行後，須以所收之全數於一個月内償還舊債票，毋得以此經營他業。前項之新債票須呈請度支部核准方可發行。

第二十三條：殖業銀行發行債票之時，地方官斟酌情形，得將地方向有長存款項購此債票。

第二十四條：除上列各條外，未經載明之事不得經營，如有不得已之故定須經營者，應呈請度支部或該管地方官核准。

第二十五條：殖業銀行每年結帳一次，須分繕營業資財切實報告，申送度支部，並登布各日報。

第二十六條：殖業銀行所得利益，除開銷資本額息薪水行用外，應提一成作爲公積，其餘派分紅利花紅成數，須具呈度支部候核。

第二十七條：殖業銀行創辦之始，度支部得命地方官就地方官款酌量入股，五年之内官股不分額息，以次五年所得額息紅利，以其半數加入公積，十年後與尋常股分一律分派。

第二十八條：銀行放款利息最高之率，應於每年年首具呈度支部或該管地方官核准，如年内市面陡變必須更改之時，亦應隨時呈報。

第二十九條：度支部得就各地方官中特派殖業銀行監理官監視一切事務，監理官應隨時檢查殖業銀行之賬簿、現款、准備金、債票發行額等項，詳細申報度支部。監理官不得藉端索費及妨害銀行利益，並不得干預銀行業務。如銀行實有危險或違背則例情事，只可禀部聽候查辦，違者從嚴參處。

第三十條：殖業銀行有背則例或害公益之事，度支部或該管地方官得隨時禁止。

第三十一條：自本則例奏定頒行後，殖業銀行有違背本則例之事項者，處罰款五兩以上五百兩以下。

第三十二條：殖業銀行應自訂詳細章程，呈請度支部核准。如章程有隨時更改之處，經股東總會決議後，呈部候核。惟均不得與本則例之旨有所違背。

第三十三條：殖業銀行除遵守本則例外，未經記入事項應照商律或普通銀行則例辦理。

第三十四條：本則例如有應行修改之處，隨時斟酌情形，奏明辦理。

儲蓄銀行則例

第一條：凡代公衆存放零星款項爲業者，均爲儲蓄銀行，應遵守本則例辦理。其他各種銀行欲兼營此項儲蓄事業者，於本則例奏定後，亦應一律遵守。

第二條：開設此項銀行，須資本五萬兩以上之各種公司禀部核准註册後，方准開辦。

第三條：銀行存款應分定期存付及活期存付二種，其定期存款有零存整付、整存零付、整存整付三種，均須於營業章程内聲明詳細辦法及生利規則。

第四條：儲蓄之款，如其人聲明係爲修學、婚嫁、養老、營業資本及各項善舉者，無論整款零款當另册存儲支付，由存款人與銀行自行訂章辦理。

第五條：存款利息應行支付之日，如存户不來支領，即從是日起併入原本内一同起息。

第六條：儲蓄銀行之理事人，所有行中一切債務均負無限責任，遇更換時，有經手關係之債務，須二年後方能將一切責任交卸。

第七條：此項銀行應於每年結帳之時核算存款總額四分之一，將現銀或國債票、地方公債票及確實可靠之各種公司股票存於就近大清銀行或其他殷實銀行，以爲付還儲蓄存款之擔保，並取具存據，呈報度支部或該地方官核驗。

第八條：行中存款之人於上條所載各種票據現款有先得之權，如銀行有歇業倒閉之事，應先將上條存案之款攤還存款之人，不敷時，再將行中所有存款與其餘債主一律攤還。

第九條：此項銀行應遵本則例自訂營業詳細章程，呈報度支部核准。倘該章程修改之時，亦須呈報候核。

第十條：行中辦事人員有違背本則例時，應視情事之輕重，處以五十兩至五百兩之罰款，或令其停業，或解散之。

第十一條：各銀行、商號未經呈報批准任意兼營儲蓄事業者，酌處以五十兩至五百兩之罰款。其營業在本則例奏准施行以前者，須遵本則例註册，逾限半年以外者，處罰同。

第十二條：本則例特别規定以外，應遵照普通銀行則例辦理。

第十三條：本則例如有應行修改之處，隨時斟酌情形，奏明辦理。

《東方雜誌》一九〇六年第二期《財政・户部奏試辦京津上海等處銀行酌擬章程摺》 竊臣等前經奉旨試辦户部銀行，當即恭擬章程三十二條，並遴派總辦等員，於上年甲辰三月間奏明在案。伏查國家銀行之設，所以維持財政，整齊圜法，有流通銀銅幣之責，有發行紙幣之權。臣等奉命以來，即督飭該總辦等員盡心籌畫。現當整飭財政之際，天津造幣總廠業經試鑄，必須有官行收發，方可免市儈把持，則户部銀行之設，勢難延緩。臣等公同商酌，商股一時未能驟集，擬先由臣部銀庫撥銀五十萬兩，先行開辦，以後再隨時籌濟。京師設立總行，天津、上海設立分行，即於本年秋間擇吉開辦，督飭該總辦等認真經理，一面仍由臣等設法厚集資本，延訪通曉財政商情之人，逐漸推廣。總期各省各埠偏行開設，以維權利而便商民。茲謹將酌擬試辦現行章程六條，繕具清單，恭呈御覽。如蒙俞允，即由臣部行知各省遵照辦理。謹奏。

謹擬試辦現行章程恭呈御覽。計開：

一、銀行既經開辦，凡官商軍民人等有願附股及存放款項者，本行一律照收。官利息銀均照前奏章程辦理。

一、三處銀行經理之人，由臣部遴選熟悉銀行商號情形者，令總辦與之訂立合同，取具押櫃銀兩，妥實商號保單，先行試用。仍責成該總辦等長川分赴監視考查，一切出入款項及帳目要件均須過目，如有不能勝任者，准該總辦等隨時稟明撤換。

一、户部官廠鑄出銅元，除户部提用外，其餘均應按照時價交銀行行銷各省。

一、各衙門有關係整頓財政圜法之事，均可立定章程，交銀行代辦。但與貿易無大危險之處，銀行即當遵照辦理。

一、京、津、滬三處銀行，現均租賃房屋先行開辦，以節經費，俟辦有成效，再行請款修蓋房屋，以期經久。

一、各省匯解部款官款，均宜由銀行代爲經理，未設分行之處，可照臣部前奏章程責令殷實商號代辦。

《清代檔案史料叢編》卷一一《祥泰奏請借庫帑開設銀錢號摺附章程咸豐三年四月初三日》 鴻臚寺卿奴才祥泰跪奏，爲現在庫款支絀，兵民交困，謹擬變通章程，因時制宜，仰祈聖鑒事。

竊自攻剿粤匪二年有餘，奏撥軍餉銀二千餘萬兩，仰見我皇上不惜帑金，拯民水火，無微不至。又兼帑項不裕，現在京師銀兩復被山東、山西鋪商攜回原省，自本年二月初間以後，錢鋪接連關閉不下百十餘家。緣該商等赴京貿易，稍帶成本無多。即如山西商人祥字號錢鋪，京師現開四十餘座，俱用票存，彼此通融。至山東鋪商由印局總借錢文，轉借與旗民人等，其利甚重，所賺利息陸續攜回。現在粤匪四竄，人心驚恐，所有在京富商俱提本還鄉，大半關閉，此京師旗民受虧之原委也。復查現今通用以錢鋪私票爲先，自錢鋪關閉百家之後，其未關錢鋪亦不出票，當鋪亦不典當。前於二十六日奉旨，發內庫銀五十萬兩，支放各官廉俸。自奉此旨後，旗民鋪户人心雖然稍定，仍係困苦異常。本年正月以前，每銀一兩，兑换制錢二串一二百文，自二月至今，減至每兩兑换一串四五百文。八旗兵丁原以餉銀易錢糊口，現在銀價日賤，拮据萬狀，無計可施，只可當賣以作養贍，無如有物當鋪不收，欲賣無主可售。皆緣銀價日賤，非銀多而價賤，實因不出錢票所致。

溯查錢票自乾隆年間暢行以來，流通京外，實爲裕國便民之良法也。且諸物由各省販運至京，京師各物轉販他省，此來彼往，關税由此收納。現在諸事停滯，不惟關税有虧，而且旗民交困，所關非淺，若不即早變通，誠恐將來束手。現雖議行使官票，經户部會議，並特派大員會同商酌辦理，不爲不周，尤恐初創不能速效。復查内務府前經開設官銀錢號五座，風聞每年所賺利息無幾。又聞户部現議開設官銀錢號四座，亦因庫款不裕，諸事停滯，預籌兵餉，國計民生起見。夫京城地方稠密，八旗所居遼闊，若官爲開設官錢號四座支放八旗餉銀，勢必擁擠，而不能流通。且帑項現在不裕，何敢遽議請項開設錢鋪？若爲請帑，亦必指項歸款，庶帑項不致虚縻，而兵民均沾實惠。

奴才晝夜焦思，惟有請借内庫銀四十五萬兩，開設銀錢號十五座，内步軍統領衙門、五城、順天府各開設五座，每座成本銀三萬兩。各該衙門有地方之責，亦且呼應得靈，應選擇明白諳練總商一人，承領帑本銀四十五萬兩，如有虧欠，惟原保衙門是問。復查國家經費有常，此次成本予限半年，由各該衙門飭令該商勸輸歸還原款。至勸輸之法，由該商人勸諭京師鋪商量力捐輸，甚或仿照户部原議各鋪面房東捐租一月之法，令該鋪户捐輸房租一月。如有小本經營者，概不勸諭。俾鋪商所出無幾，亦無不樂從，而所收大約不止五六十萬兩。此時若令該總商勸諭，奈現在諸事停滯，礙難辦理。俟官錢鋪開設後，錢票行使已開，諸事活潑，再行勸輸，實爲易辦。其每年所賺利息，於年終令原保衙門奏明，與内務府現開設之官錢鋪互相比較，所賺成數較多者，奏請恩施議叙，以示鼓勵。及常大各捐上兑，並鋪商捐輸各事宜，均飭令該官銀錢號商人經理，較比官爲勸諭尤爲周密。緣鋪商捐輸出自本人情願，若官爲經理，則未免有抑勒情弊，若該商勸諭，則行止可以自由。如此因時變通，旗民受惠實無窮矣。謹擬章程十條，夾單恭呈御覽。

奴才爲裕國便民起見，是否有當，伏乞皇上聖鑒。謹奏。

附　開設官銀錢鋪章程

一、宜先行出示曉諭旗民人等。其告示應書皇上現爲旗民交困，諸事停滯情形，不惜帑金，令各該衙門在於各城開設官錢鋪，以解旗民人等蘇困。等語。

一、八旗兵餉萬一不接，銅斤不敷，宜令該官錢鋪先按時價核給錢票墊發，俟銀兩解到時即令該商赴庫支領，以備源源接濟，可保京師兵餉無虞。

一、官錢鋪宜先行擇地開設十五座，俟錢票行使已開，即令該商再行續開。續開一鋪，即收一鋪之利，越多越寬，與國計民生實有裨益。至續開成本，由該官錢鋪通融辦理，概不准另行請項。

一、開官錢鋪無論先開續開，飭令該商隨時報明該管地方官，取具該總商保結存案。

一、開官錢鋪無論所租官房民房，一並照租給價。

一、官錢鋪開設後，錢票每百千付給現錢若干、外票若干，令各該管衙門隨時出示，以免閒雜人等喧嘩擁擠。

一、每於年終以前，令該商將一年本利共計若干，造册呈送各該管衙門存案。定於三年一次，將所賺利息解部。如有虧欠，立時查明。如係總商虧欠，即將該商革退，勒限追繳，限内完繳不清，即送部監追，加等治罪。如係鋪夥虧欠，即將鋪夥送部加等治罪。若該商辦理妥協，亦不准濫引更換。

一、各鋪商捐輸，除歸還原借成本外，如有盈餘，即行繳庫。

一、官錢鋪開設後，所有總商及各鋪薪水工食等，由該鋪自行籌畫，不許由部另行津貼。

一、官錢鋪開設後，其年終由各該管衙門派員至鋪清查銀錢帳目一次，其餘毋庸委員經理。

紀事

（明）董穀《碧里雜存》卷上《沈萬三秀》　沈萬三秀者，故集慶富家也，貲鉅萬萬，田産徧吴下。余在白下聞之故老云：今之會同館，即秀之故基也。太祖高皇帝嘗於月朔召秀，以洪武錢一文與之，曰：煩汝爲我生利，只以一月爲期，初二日起至三十日止，每日取一對合。秀忻然拜命。出而籌之，始知其難矣。蓋該錢五萬三千六百八十七萬零九百一十二文。今按洪武錢每一百六十文重一斤，則一萬六千文爲一石。以石計之，亦該錢三萬三千五百五十四石四十三斤零。沈雖富，豈能遽辦此哉。聖祖緣是利息只以三分爲率，年月雖多，不得過一本一利，著於律令者，此也。沈萬三秀不知其名，蓋國初鉅富者。謂之萬户三秀者，國初每縣分人爲五等，曰哥、曰畸、曰郎、曰官、曰秀，哥最下，秀最上。洪武初，家給户由一紙，以此爲第，而每等之中，又各有等。沈乃秀之三者也。至今民俗尚有郎不郎，秀不秀之諺云。

（明）李元弼《作邑自箴》卷六《勸諭民庶牓》　放債人户，切須饒潤。取債之人，輕立利息，寬約日限。即不得計，套貧民虚裝價錢，質當田産，及强牽牛畜，硬奪衣物、動用之類，準折欠錢。其欠債人户亦不得昏賴失信，須防後來闕乏，全藉債主緩急接濟。

（明）李賢《古穰集》卷一七《鎮國將軍錦衣衛都指揮同知孫公墓誌銘》　景泰改元，有小人貸公白金，不償，反造謗言，朝議欲陷公，且密緝之。公坦然略不介懷。

（明）倪謙《倪文僖集》卷二六《故定西侯蔣公墓碑銘》　有趙姓者，貸公金三斤，久弗能償，或曰必致於理始可得。公嘆曰，始吾濟其急，今虐之，仁者固如是乎？即焚其券，言者大慚。

（明）陳獻章《陳白沙集》卷四《封署郎中事員外郎魯公墓誌銘》　公諱真，字伯真，别號素軒。右副都御史魯公父也。其先寧國之涇縣人。洪武間，太父以寧國守禦民調戍南昌，歸老于涇。其子通寶由南昌轉戍廣之新會，因家焉。通寶生公父，保軏勤儉理生實基乃家。及公而新會之魯始大。公長者，初補隊長，卒伍争較曲直，不屑爲辯，而以理譬解之，恒愧服謝去。於所事尊貴人有過，面折之，無少回讓。貸者告窘，或索券焚之。

（明）李東陽《懷麓堂集》卷八七《贈通議大夫通政使韓公墓誌銘》　非義不苟取。顧喜賙施貸不能償，償不及數者輒爲棄。責鄉之人德之曰：公有陰德，他日必大貴富。

（明）夏良勝《東洲初稿》卷七《家規輯畧上》　用理公體貌魁梧，而性度優裕，每歲杪勾稽子母，度不能償者，輒焚其券。諸子就學，公先教其字畫楷正，親師取友必得時選。後仲子雲、季子泉相繼以科名顯。人人惜公未及見也。季弟用璋公少坎坷，最爲父母鍾愛，公先意承順益愛之。用璋公嘗以官田允價爲貲，公以民田易之，俾售得善價，父母安焉。慈其孝弟一節也。餘見墓志。

（明）王守仁《王文成公全書》卷一七《公移》　本地大户，異境客商，放債收息，合依常例，毋得磊算。或有貧難不能償者，亦宜以理量寬。有等不仁之徒，輒便捉鎖，磊取挾寫田地，致令窮民無告，去而爲之盗，今後有此，告諸約長等。與之明白，償不及數者，勸令寬捨。取已過數者，力與追還。如或恃强不聽，率同約之人，鳴之官司。

（明）邵寶《容春堂後集》卷七《静庵胡君墓表》　君孝友而惠鄉人，有貸力所及應之不少緩，即不及，亦勉副之。其負焉者，不較也。有貸多而不忍負者，以室券授君，即日將還。君蹙然曰：寧予亡貲，忍使汝亡家乎？立焚之，烏乎！此亦何媿於古人哉？

《承天府志》卷六《風俗》　商游工作者，賃田以耕，僦屋以居，歲久漸爲土著。而土著小民，恒以賦役煩重，爲之稱貸，倍息而償之，質以田宅，久即爲其所有。

（明）梅鼎祚《宋文紀》卷三《春務貸給糧種詔》　去歲，東土多經水災。春務已及，宜加優課，糧種所須，以時貸給。

（明）梅鼎祚《宋文紀》卷三《貸麥種詔》　近炎精亢序苗稼多傷，今二麥未晚，甘澤頻降，可下東郡境勤課壄殖，尤弊之家量貸麥種。

（明）鄭文康《平橋藁》卷一四《愚直翁墓誌銘》　世以無知識者爲愚，無回邪者爲直，愚而直亦君子之所不棄，愚而詐斯爲絶物也。常熟沙溪有一翁，姓王氏，諱蒸，字文篚。高祖純居郡城中，曾祖祺自郡徙海上之塗松，祖貴一再徙於沙溪，考子榮母陳氏居沙溪，至翁已三世矣。翁早喪父，與弟文篔友愛深至，謀曰，人倚官府爲漁民，計左策也。我與若有田可養母，有舟船可經紀，宜專心事此，無妄圖。文篔從之。寖致家有餘財，推以周急貸人，遇稱貸者，初不計其人能償與否，貸即與之。彼擇人而貸者，咸笑其愚。及期不能償者紿曰，我將持償，適又有急，盍再貸我，當刻期併償。翁信之，復與不疑。彼設機巧者又笑其直，翁聞之，喜曰，是善命我，乃自號曰愚直翁。積歲既久，逋券盈篋若龔乙，顧義沈敬數十輩，卒莫能償。翁念曰，彼豈忍負我乎，是果無所措也。乃盡焚其券。

（明）李夢陽《空同集》卷四五《明故朝列大夫宗人府儀賓左公遷塟志銘》　公出獨張蓋駿馬見諸所官悉如前定憲時。諸所官不平也，久之乃顧。獨敬重公，以公才行故。然公固美貌奇偉，作詩善畫，今禄給不以時，王孫貧者出或不能具驢車，矧如儀賓，矧如我外舅行。嗟嗟悲乎，悲乎。郡君父曰四鎮國將軍，溺佛燒丹，四方諸以佛燒丹來率，輒騙其金資。居無何，將軍貧，積負以萬數，無能償。而衆債家輒又曰譟其門。將軍泣欲尋死。會公謁將軍出，因佯呼曰將軍死矣。衆愕然，欲散走，公乃止之。謂曰：若等自度將軍力能盡償汝乎。且汝等必迫之使死乃已。邪衆業懼，無敢言者。公曰：假如人償其半，能以全券見還乎。衆皆喜諾謝曰：願矣。於是公乃自往貸諸豪富家緡。諸豪富故雅重公，乃無不願與緡如其半數，公又輒陰易絲絮布帛銅錫等，昂其直與債家。因又勒其半三之一，而即以其一轉生息，償前諸豪富家。歲餘，諸所負者皆平矣。

（明）倪岳《青谿漫稿》卷二四《保竹公小傳》 嘗分守浙東陽邑，民杜春與道士某僞立逋券，誣良民逼索之，反以告公。公攝至，因其辭色有異，疑之，乃各幽一室，俾不相通首。召春問曰：汝貸錢與若人，券書何紙所寫？春曰：開化紙。命左右取紙示，曰：是也。公收之，幽於原所，又召道士問曰：汝與杜春貸錢與若人，券書何紙所寫。道士曰：姚黄紙。命左右取紙示之，曰：是也。公亦收之，幽於原所，人莫測其故。少頃，復取二人面訊之，曰：汝二人貸錢與人，諒必相同。何所云券紙不一，非詐而何。乃出紙示之，彼此相顧失色，扣首服罪，良民獲直，人服其明。

（明）何喬新《椒邱文集》卷一四《唐氏世德堂記》 其祖曰，淑安材識通敏，襟度夷曠，脩廢橋以利行旅，建義塾以淑鄉閭。人有貸其租不能償者，輒焚其券，不復索，有古君子之遺風。予生也。

（明）何喬新《椒邱文集》卷一六《與胡右都御史拱辰》 荷生初至京時，嘗貸姚三銀百兩，以市居第，故干瀆左右，將薄俸糶銀還彼，今寄來者如數領訖。其餘未審糶否，如已糶，望盡數付彼收領，但取領過數目示下，不煩遠寄也。

（明）談遷《北游録·紀聞下·保債》 順治初，滿人橐溢，長安新定，謂其易與，往往告貸，須一人預券，如百金例餽五緡。

《明實録》正統五年夏四月 〔乙未〕嚴違例收息之禁。先是駙馬都尉石璟家奴訴領璟銀鈔借與衛軍，取索不還，乞爲追理。上命行在户部檢例，言洪武舊制，凡公侯内外文武四品以上官，不得放債，永樂中亦常禁約。今璟家奴放債而欲官追，于法有違。上命行在都察院執問懲治，仍揭榜申明舊制，嚴加禁約，有有權豪勢要仍前故違，及有司聽囑同害百姓者，俱罪不宥。

《明實録》正統十三年六月 甲申，浙江按察使軒輗言四時：【略】四曰私債。各處豪民私債，倍取利息，至有奴其男女、占其田産者，官府莫敢指叱，小民無由控訴。乞嚴加禁約，悉給還主，庶使豪强不爲惡，窮民無失所。上命所司悉如所言行之。

《明實録》景泰二年八月 〔癸巳〕刑部員外郎陳金言：律設大法，例因時宜。我朝自太祖高皇帝憫前古五刑之慘，易之以笞杖徒流絞斬之法，實所以全小過施至仁，而於律之外又有所謂例，以斟酌損益，因時制宜。然律之大法永不可易，而例之權宜弊則當更，謹條列未便者以聞。一、例婦人真犯徒流笞杖概的決。此於廉耻待人之道似有未及，宜依男子例減半贖之。一、軍民私債例不得追索，俟豐稔歸其本息。以此貧民有急，徧叩富室，不能救濟，宜聽其理取。一、軍官及子孫輩有犯不孝並烝父妾、妻兄弟之妻，凡敗倫傷化者，俱革職，不許承襲。今姦宄者多，假是誣告，圖其官職，請依繼母並義父母告子孫例，集其鄰佑勘之。如妄則發所告者原籍爲民，不得仍於衛所騷擾。章下三法司，以其言皆可行，從之。

《明實録》成化二十年秋七月 〔辛亥〕一、軍民放債多違禁取利，乞定則例。成化二十年以前借貸銀物，待豐年止還原本，以後借貸者月利不過三分。

《明實録》弘治元年五月 〔丁亥〕工科給事中夏昂以災異言十二事：【略】一、吏部聽選官吏監生人等守候日久，往往稱貸於人，名曰官吏債，其利皆取償於民。乞敕吏部遇缺即補，如缺少人多，量爲放回，以俟行取。仍將放債及借債者通行禁約。一、京師富室專事放債，各衛指揮等官用度不足，輒往借之，名曰捐俸錢。關俸之時，悉爲債主所有。乃復借與，俟後償還，歲月相延，以致軍職日貧。乞敕户部將在京各衛軍職折色俸銀按季關與，不致愆期。仍將放債及借債者一同究治。

《明實録》正德四年春正月 〔庚申〕先是諸司官朝覲至京，畏瑾虐焰，恐罹禍，各斂銀賂之，每省至二萬餘兩，往往貸於京師富家。復任之日，取官庫所貯倍償之，其名爲京債。上下交征，恬不爲異。瑾聞之，心不自安。其黨張綵乃獻計，差官查盤，欲以掩其迹也。於是各有司又斂銀陪庫，天下騷然。

《明實録》正德十六年六月 〔壬寅〕凡江彬之惡逆皆其主謀，竭天下之貨財半歸私藏。千户等官劉江、王章與逆彬有鄉土之私，誘先帝爲宣府之幸，蓋行宫，進女樂，黷溷於禁闥。開皇店，放皇債，貽害乎地方。千百户等官江梅、張鏜、蔣英、王通、張永、張倢，或充外四家頭目，或爲提督府主文，隱匿章奏，共蓄無君之心。擅開邊隙，咸圖冒功之賞。管操西墻，縱軍劫掠，扈駕南征，黷貨害人。此皆在外遺姦，號爲把總大管家者也。俱乞明正典刑，永除貨本。

《明實録》嘉靖十五年九月 〔甲子〕巡視五城御史閻鄰等言：國朝所用錢幣有二：首曰制錢，祖宗列聖及皇上所鋟，如洪武、永樂、嘉靖等通寶是也。次曰舊錢，歷代所鑄，如開元、祥符、太平、淳化等錢是也。百六十年來，二錢並用，民咸利之。雖有僞造，不過竊真售贋，其於原制猶不甚相遠也。邇者京師之錢，輕製薄小，獨手可碎，字文雖存，而點畫莫辨。其則不用銅而用鉛鐵，不以鑄而以剪裁，粗具肉好，即名曰錢，每三百文才直銀一錢耳。作之者無忌，用之者不疑，而制錢、舊錢返爲壅過。夫利權之操在主上，今奸民顧得而弁之，又詭異乖戾，無復錢製，恐非盛世所宜有矣也。乞敕都察院榜示五城，許以舊製二錢通行，其僞造私藏者，期以半月自行銷毁，犯者緝捕，論如律。又言嘉靖八年常申禁例，而當時姦黨私相結約，各閉錢市，以致貨物翔踊，其禁遂弛。昔既得計，今必踵而襲之。臣請密刺其首事者而置之罪，姦乃可戢也。因以所獲僞錢進呈。上亦惡其濫惡詭異，命都察院丞揭榜禁約，敢有仍前鑄造使用及阻抑者，許巡城御史及戢事衙門嚴偵捕之，治以重罪。

《明實録》萬曆五年閏八月 〔辛卯〕福建撫按龐尚鵬爲正條議錢法十四事：【略】一、設立鋪户，舉市鎮殷實之家充之，隨其資本多寡赴官買錢以通交易。其民間有願赴官領錢者，聽。

《明實録》天啓六年九月 〔丁丑〕督察工程工部尚書崔呈秀條陳鼓鑄事宜，並舉監督員外葉憲祖，俟工完之日破格優叙。工部尚書薛鳳翔覆言：【略】其餘外京棍徒潛住京城開兑錢鋪，於貨物中夾帶私鑄來京，攙和混雜，而又潛帶廢銅出京，以爲私鑄之資，皆爲錢法之害。宜行五城巡視衙門禁治。

《崇禎長編》崇禎十六年十月 諭户部：軍需浩繁，兑會一事，奉行得宜，亦足濟目前急需。着該部多方鼓勸，或一面兑會、一面差官赴各關照數支給。務使國用商資兩得通便，不許官胥勒措減少，違者參治。其有兑銀獨多者，作何旌異，立限三日内議妥來奏。並察前次所兑商驃，曾否給足。如有壓欠不完，即行參處示懲。

（清）金梁《滿洲秘檔・太祖禁質庫》 天命九年正月，上諭滿洲漢人之質庫，概行禁止。若有處質銀，則奸宄之人，必生偷竊之心，質銀而逃，爾質鋪之主，固甚願也。其如被竊者之多何？借銀取利，亦一律禁止。放債之人，限於正月初十日前，收束完竣，不歸者執而告之。若逾期則任其人而不得追索矣。售馬牛騾驢羊鵝鴨鷄之人，務各以自養者售之。以圖獲利其買他人之物而售者，人見之可執售者來告，即以其物，令執之者取之。凡售牲畜，以銀核計，一兩收税一錢，以二分令收税人取之，以一分令牛彔額真代理章京取之。漢人之税，以一分令所管備禦及漢千總取之。蒙古人之牲畜，令蒙古人售之。店舍之主，不准代售。以二分令收税人取之，以一分令店舍之主取之。蓋以街市所有之牲畜，盗賣者多，則國内盗賊起矣。故頒諭通知。後以取税過重，至天聰帝即位之年減輕。

《清實録》順治五年閏四月 丁未，諭户部：今後一切債負，每銀一兩止許月息三分，不得多索，及息上增息。並不許放債與赴任之官，及外官放債與民。如違，與者取者俱治重罪。

《清實録》順治五年十一月 〔辛未〕勢豪舉放私債，重利剥民，實屬違禁。以後止許照律每兩三分行利。即至十年，不過照本算利。有例外多索者，依律治罪。

《清實録》康熙四十八年八月 〔戊午〕偏沅巡撫趙申喬疏言：永州鎮中營游擊唐之夔違禁取利，將餉銀發錢鋪换錢，給銀少而取錢多，又令營兵放債盤剥小民。其永州鎮總兵官李如松故縱屬員，不加管束，又自行開設典鋪，亦屬違例，相應題參。得旨：該部嚴察議奏。

《清實録》乾隆二年二月 〔戊子〕又遵旨奏明：家人需索門包，實毫無影響之事。至禁當鋪三分行息，前任撫臣歷經示諭有案。當年節之時，不過暫行四十日，以省窮民取贖之費。得旨：知道了。朕凡有所聞，皆令汝等明白回奏。原以有則改之，無則加勉之意耳。若問之於心而無愧，雖人言嘖嘖而何妨。若不能免如人之所言，則雖善於應辦於一時，亦不能逃日後之鑒察也。

《清實録》乾隆三年六月〔戊戌〕大學士等會同九卿科道遵旨議覆：湖廣道御史陶正靖條奏近日錢價轉昂，皆由經紀從中阻撓，兵役搜查擾害，請一切革罷。凡銀錢交易，悉聽民間自相買賣。即各當鋪質當錢文，多寡聽便。舟車運載，無庸攔阻，錢價自平。應如所請。至所稱錢貴由於盜銷，而銅禁未宜遽弛，請不必收銅以滋擾，第嚴禁製器以絶盜銷。不知從前禁銅之時，錢價未見甚平，則禁銅亦屬無益。若嚴禁製器而不令官收，則民間仍得使用，姦徒必暗中打造，是禁猶不禁也。至謂民間必需之青銅鏡，專委工部開局鑄造。以國家庀材鳩工之地，爲小民鑄造之所。頒發各省，既不免脚運之費。赴部購買，又不無跋涉之勞。既屬非體，事更難行。至左通政李世倬奏稱：黄銅與制錢相表裏，仍請添設銅行經紀，按照錢文觔兩定價，買賣悉憑經紀。不論製器之精粗，概定以三分遞算之工價。所請尤易滋弊，不特貨物貴賤懸殊，致虧商本。且奸民恃有官價，輕價强買，必啓争端。惟陝西道御史朱鳳英奏稱：錢法必以銅觔爲本，而銅必以足民爲先。未有民銅貴而官銅得饒者也。今雲南銅雖大旺，然祇足供鼓鑄撥解之用，何能以其餘推暨民間。近聞海關無赴洋買銅之商，而江蘇亦無可收之銅。實因官價與民價懸殊，孰肯冒越風濤，以資本賠墊。請敕該督撫，除洋人自帶銅觔應照部議平買收貯外，其有商民過洋購來者，聽其售賣，不必官收。一切領照認充、包攬需索等弊，嚴行禁止。如此，則官民銅觔俱足，錢價自平。應如所請。從之。

《清實録》乾隆七年夏四月〔壬寅〕又會同刑部議覆：刑部左侍郎張照奏稱：例載私放錢債違禁取利者，笞四十。重者坐贜論，罪止杖一百。雍正年間，因佐領、領催等有指扣兵餉放印子銀者，世宗憲皇帝特諭禁止，定爲枷號，勒追利銀入官。乃李禧條奏，重利放債，旗民一體治以重罪，並許借債人自首，免罪不償。將放債人治罪，仍追利銀入官。此端一開，提督八旗衙門首告者紛紛，徒長刁詐。應如該侍郎所奏，嗣後止照律例館定例，如有佐領、驍騎校、領催等盤剥該管兵丁，放印子銀者，枷責，仍勒銀入官外，其止係重利放債者，應不論旗民，仍依違禁取利本律治罪。如借債人首告，究訊明確，按照律例定擬。至李禧所奏各條，查係律例館奏明删除，並條例内不載者，均不得引用。再律例館纂定新書内開，凡有民人違禁，向八旗官兵放轉子印子長短錢者，亦照旗人例枷責治罪等語未經註明，恐滋含混。應請將此例添注交通領催兵丁扣取錢糧等字樣。其治罪之處，應照領催枷號七十五日之例減等，枷號四十日。如旗人有舉放重債，勒取兵糧，並不在本佐領下者，亦照民人減等枷責例。從之。

《清實録》乾隆十年正月〔辛巳〕尋江蘇巡撫陳大受奏京師錢法六條：【略】一、歸併錢市經紀，稽查高擡錢價。查兑錢雖有經紀名色，出入悉照時價，不能意爲高下，毋庸仿照。【略】

福建巡撫周學健奏京師錢法六條，不能畫一仿照，自宜推廣變通。【略】。一、錢市經紀，向未設立。但鋪户姦良不一，應飭各州縣查明該處錢莊若干、錢鋪若干造册。即令派查銅鋪委員稽查有無擡價。

《清實録》乾隆十年五月〔癸未〕一稱該御史奏生息銀兩，出借之後，或有死亡事故，其應扣利銀，著落子弟坐扣。無子弟，或著落親族，或於本佐領内坐扣。並請將現在餘銀代補無著借項，以免拖累。經部議照乾隆七年議定寧古塔船廠息銀之例，出借銀兩按季本利一並坐扣。退故者，於子孫名下免利扣本。無子孫者，准予豁免，於庫貯賞恤餘剩銀内抵補等語。臣查黑龍江四城利銀無幾，若照船廠之例，必至不能接續。且遇紅白事件，定不敷用。請將出借銀兩願扣者扣，願償者償。退故者子孫代補，本利俱還。惟無子孫者，始照船廠例辦理。

《清實録》乾隆十年十二月甲子，諭軍機大臣等：直隷總督那蘇圖成效摺内奏稱宛平縣富户廣放印子錢，重利盤剥，甚爲民害。今止許取息三分，漸知禁制等語。現在步軍統領衙門訪有宛平縣居住民人侯有躬兄弟放債剥民，竟有至加三利息者。重利如此，安得謂之漸知禁制。那蘇圖所奏成效第一條内即無實際，則其餘款條大抵皆屬空言。詎朕令督撫覆奏成效之本意，爾等可寄信與伊，嗣後務須實力奉行，毋得仍事空言，以爲粉飾。

《清實録》乾隆二十三年四月癸酉，户部議覆御史史茂條奏：一、月選各官借貸赴任，放債之人，乘隙居奇創立短票名色，七扣八扣，輾轉盤剥，請嚴行禁止等語。應如所奏，交步軍統領衙門、五城御史出示曉諭。凡短票取利，即拏交刑部治罪，銀兩入官。被害之人，許其首免。

《清實録》乾隆三十一年五月 〔丙申〕署兩廣總督楊廷璋、廣東巡撫王檢奏：岐黎讎殺客民一案，實因内地及外省客民販買黎峒藤板香貨間有娶黎婦插居黎村者，欺黎貧愚，放債盤剥，凌虐難堪，黎圖報復，故釀巨案。現獲首從各犯定罪另奏。查瓊州十三州縣惟文昌一縣絶無黎人，餘皆有客民插居黎村，臣等酌籌善後事宜。一、民黎雜處滋事，應將客民久居黎地有家室田園廬墓者，使共居一村，其客民現無眷屬插居黎村者，移住客民村内，另編保甲管束。其黎村仍飭該總管哨管黎頭稽查，不許黎岐往來民村，私相借貸。如違，該甲長黎頭稟究。一、從前錢債數目，飭地方官徹底查明，其非違例取息已收一本一利者，將券繳銷，否則仍令清還。如係重利盤剥，將收過一本一利外，餘息追出充公。永禁客民入黎放債，違者遞解回籍。

《清實録》嘉慶十五年二月 〔壬辰〕又諭：本日御史西琅阿奏，訪聞專典八旗兵丁錢糧之山東民人請旨嚴禁一摺，向來民人向八旗兵丁施放轉子印子等錢，扣取錢糧，例禁綦嚴。今據該御史所稱，竟有山東民人在八旗各衙門左近托開店鋪，潛身放債，名曰典錢糧。以一月之期，取倍蓰之利。每月屆兵丁等支領錢糧，該民人即在該衙門首攔去扣算。該兵丁於本月養贍不敷，勢不能不將次月錢糧逐月遞典，致被層層盤剥，受虧無窮。似此設計取利，較施放轉子印子等錢尤爲刁惡，於八旗兵丁生計大有關係。著步軍統領衙門嚴密查拏，勿令潛踪。又給事中何學林請禁姦商一摺，據稱京城錢鋪與錢市通同一氣，兑换錢文，每千多有短少，往往换錢之人向争不理，並有狡猾鋪户多出錢票，陡然關鋪逃匿，致民人多受欺騙等語。亦著步軍統領衙門及順天府五城實力查禁，並照該御史所請嚴立章程，開張錢鋪者，必令五家互出保結。遇有關鋪潛逃之事，即令保結之家照票分賠。其换出錢文，除照向例錢市與鋪家准各扣底四文外，如有任意短少，許换錢之人扭稟地方官隨時究治，以儆姦欺而便民業。

《清實録》嘉慶十五年五月 丁巳，諭内閣：五城錢鋪五家互保之事，既據該御史等議奏，舊有各鋪多至三百五十餘家，礙難紛查辦，致滋擾累。著照所請，將從前舊有錢鋪免其取保。嗣後陸續新開之鋪仍遵前旨取具五家互保，以備稽核而杜姦欺。

《清實録》嘉慶二十一年五月 〔丙戌〕諭内閣：御史王維鈺奏嚴禁錢鋪短數並查緝逃騙一摺，京城市廛稠密，錢鋪衆多，其每日交易錢文，短少數目豈能概令官爲查察，此事太涉苛細。如有假票詐騙，經被累之人首告者，著步軍統領、順天府、五城各衙門查拏究辦，有犯必懲，以儆姦儈。

《清實録》道光十年五月 〔己巳〕諭内閣：御史豫益奏京城錢鋪局騙關閉，貽累兵民，請嚴飭認真查辦一摺。京師内外城開設錢鋪，定例均令五家聯名互保，報明該地方官存案。如有關閉逃走者，立將鋪户拘拏押追。逾限不完，按律治罪。所欠錢文，先令互保各家代爲開發，一面咨行本犯原籍家屬名下追出償還。若五家同時關閉者，一並拘拏，分别押追治罪。原以杜姦商誆騙之弊，各該地方官必應實力稽查懲辦。若如該御史所奏，近來新開錢鋪並不實取聯名保結，僅將字號錢鋪捏稱搪塞，各地方官並不查詢真僞。關閉後或有遠揚不獲，日久案銷。或事後被獲，託人從中説合包攬。或因騙人錢數過多，自行到官投首，總以因人負累爲辭，捏造帳目呈出，以爲減罪地步。似此姦商局騙，争相傚尤，於旗民生計均有關礙。著步軍統領衙門、順天府、五城嗣後遇有錢鋪關閉逃走者，即將該鋪户管事人等一並查拏嚴究，並咨行本犯原籍家屬名下，著落追償，勿任隱匿，其互保之錢鋪先令代爲開發。各該管地方官務當遵照定例認真稽查，有犯必懲，斷不可視爲具文，任令姦商拖累閭閻。

《清實録》道光十年十二月 〔戊申〕都察院奏：請嗣後關閉錢鋪果於限内將錢全數給發者，照例免罪。其有僅付數成，不按原數給發者，逾限不能完給，仍交刑部。按其所折成數，減等治罪。如止完一二成，不準減等。儻有坊役棍徒包攬代爲開發者，從重治罪。並將不查拏之司坊官咨參議處。從之。

《清實録》道光十八年五月 丁未，諭内閣：據寶興奏，近年銀價日昂，紋銀一兩易至制錢一串六七百文之多。由於姦商所出錢票，注寫外兑字様，輾轉磨兑，並無現錢。請嚴禁各錢鋪不準支吾磨兑，總以現錢交易，以防流弊等語。著步軍統領衙門、順天府、五城會議具奏。尋奏：應請嗣後凡有開設錢鋪，仍照舊由大宛兩縣查明是否殷實，取具五家互保甘結。如有一家歇業，即令所保之家報明，另補一家。如有隱匿不報，查出治罪。設有關閉錢鋪，無論財主管事人鋪夥到案，先行枷號，仍勒限兩個月，開發票存錢文。如姦商捐有頂帶，先行咨革，以便枷示，雖遇熱審及封印期內，仍照常枷號。如限內開發完竣，方予省釋，頂帶一並開復。若限內不能開發完竣，送交刑部，將該犯照例擬軍，不得輒轉再行討限。其票存錢文，仍行文原籍追產賠交，並令互保之四家代爲開發。如此嚴定章程，使姦商知所畏懼，自不敢故昂銀價，虛出錢票矣。從之。

《清實録》道光二十年四月 〔庚辰〕都察院議奏：給事中汪報原奏，京城錢鋪定例五家互保，請飭順天府照嘉慶十五年舊設者免報、新開者取保之例，於開設之始取保，不必兩縣加結，關閉時著落追賠。城内者册咨步軍統領，城外者册咨五城御史。一切開閉條例，順天府始終其事。如有關閉逃走，咨查本籍，該地方官不認真查拏，請定處分。得旨：著依議行。至錢鋪關閉逃走，咨查本籍，該地方官不認真查拏，亦應酌定處分。著吏部議奏。尋議：該地方官不認真查拏，如係失察差保捏禀，罰俸六個月。如係故意不發，含混咨覆，降一級留任。從之。

《清實録》咸豐三年六月 癸巳，諭内閣：御史福善奏姦商克扣請旨嚴禁一摺。現在户部設立官錢鋪，兑放八旗兵餉，必須嚴除積弊，方可取信軍民。若如該御史所奏，官錢鋪散放兵餉任意扣折，攙用小錢，並該鋪商人强横異常，不準取錢人詳細點數等情，殊非設立官鋪便民利用之本意。著户部派員實力稽查，官鋪商人如有扣折剋削，及攙用小錢情弊，立即嚴行懲辦。並於各官鋪出示曉諭，以杜姦欺。儻取錢人等故意挑斥爲難，亦著一並查究。

《清實録》咸豐十年五月 甲午朔，諭内閣：御史賀壽慈奏，錢鋪關閉，貽害地方，請飭嚴辦，等語。本月二十四、五等日，正陽門外錢鋪無故關閉數家，貧民受累甚多，儻内外城各鋪相率效尤，於圜法民生殊有關繫。著步軍統領衙門、順天府、五城嚴定章程具奏。其有挾嫌散造謠言，致民間齊集取錢，復乘間攘奪，以致各鋪閉門歇業者，並著嚴拏懲辦，以儆奸商而安良賈。再據御史朱潮片奏，錢鋪無故關閉，請以竊盗論，計贓治罪，等語。著刑部議奏。

《清實録》咸豐十年五月 〔甲午〕又諭：御史朱潮奏大錢短絀請嚴拏私銷一摺，據稱現在都城錢票一千文，祇换現錢八百有零，或八百文。京票攜往海淀，有時不能换錢。究詰其故，僉稱大錢短少。並有奸民將當十大錢毁質私鑄，計當十大錢一枚，可作輕薄制錢五六文，獲利無算。附京西山一帶宵小潛設爐匠，徹行銷燬，官吏恐其拒捕，不敢過問等語。錢鋪以票换錢，通行已久，豈可任姦商漁利，暗行私銷，致令票賤錢貴，民生倍形拮据。似此藐法殃民，亟應實力查拏。著步軍統領衙門、順天府一體認真究辦，務令悉數拏獲，毋任漏網，以重圜法而戢姦宄。將此各諭令知之。

《清實録》光緒九年秋七月 〔乙酉〕又諭：都察院左副都御史懷塔布奏京城錢鋪紛紛關閉，漁利取巧，請飭懲辦。嗣後令取切實保結，儻有關閉，惟保鋪是問。御史恩霖奏錢鋪設騙害民，請飭懲辦。並勒令該商將應發錢數繳足，定限完案各一摺。姦商設計牟利，貽累閭閻，亟應嚴行懲禁。著步軍統領衙門、順天府、五城御史將所奏各節，詳加酌度，妥爲辦理。原摺均著鈔給閱看。將此各諭令知之。

《清實録》光緒十三年二月 〔丙寅〕又奏：購上海利運輪船一隻，價規平銀九萬五千八百二十五兩。又奏：查明訂購德國商廠定遠、鎮遠鐵甲船收支款目，共銀三百六十四萬六千五百十五兩。又奏：在德國伏耳鏗廠購濟遠輪船，價六十八萬六千二百四兩零。

《清實録》光緒二十一年正月 〔辛卯〕若欲重整海軍，自非另購鐵快等艦不可，惟需費甚鉅，即借用大批洋款，亦未易集事。【略】著張之洞即在上海等處洋行商訂借款，電知户部、總署奏明辦理。如集有成數，即設法購船，以備海洋禦敵之用。

《清實録》光緒二十九年二月 〔癸丑〕署兩江總督張之洞等奏：自滬至寧鐵路，仿照粤漢幹路美款辦法，詳訂合同二十五條，議借英金三百二十五萬鎊，虛數九扣，年息五釐，五十年爲期，即將全路作爲借款抵押。五年全竣，逾限有罰。

《清實録》光緒三十三年十二月 〔戊辰〕督辦鐵路大臣大學士張之洞等奏：津鎮鐵路改爲津浦，借款興修，與英德兩公司改定合同。依議行。

《宣統政紀》宣統元年六月 〔甲申〕度支部奏：官商銀號濫發票

紙，流弊無窮，當清釐積弊之初，必有釐若畫一之法。擬訂暫行章程二十條，通飭各省依限遵辦，以維圜法而保市面。從之。

《宣統政紀》宣統二年四月〔壬寅〕郵傳部奏：京漢贖路後，與比公司交涉，其彼此爭執，曰大賠款擔保款項，曰公積久未解決，不得已歸外務部與駐京比使臣秉公斷結。【略】由中國照數存儲上海華比銀行，以爲擔保，至大賠款付清爲止。

交通法制總部

陸運法制部

先秦分部

綜述

《周禮注疏》卷一五《地官司徒·掌節》 掌節，掌守邦節而辨其用，以輔王命。邦節者，珍圭、牙璋、穀圭、琬圭、琰圭也。王有命，則別其節之用，以授使者。輔王命者，執以行爲信。別，彼列反，下相別同。使，所吏反，下之使、註使節、使者同。

疏：掌節至王命。釋曰：此一經論王國之節，對下文邦國是諸侯，故此王國文單言邦也。註邦節至爲信。釋曰：云邦節者，珍圭之等，皆約《典瑞》言之。案《典瑞》云：珍圭以徵守，以恤凶荒。牙璋以起軍旅，以治兵守。穀圭以和難，以聘女。琬圭以治德，以結好。琰圭以易行，以除慝。是其邦節也。不數自外璧羨以起度之等，以其彼是王國所用，非使者之節，故不言之。云王有命，則別其節之用，以授使者，此釋經而辨其用，故《典瑞》註亦皆云王使之瑞節也。

守邦國者用玉節，守都鄙者用角節。謂諸侯於其國中，公卿大夫、王子弟於其采邑，有命者亦自有節以輔之。玉節之制，如王爲之，以命數爲小大。角用犀角，其制未聞。

疏：註謂諸至未聞。釋曰：云謂諸侯於其國中者，釋經守邦國者用玉節。云公卿大夫、王子弟於其采邑者，釋經守都鄙者用角節。畿內公卿大夫，亦是畿內之國，但對幾外諸侯爲尊，故公卿已下言都鄙也。云有命者亦自有節以輔之者，亦如上文王有命有節以輔之者。玉節之制，如王爲之，以命數爲小大者，以邦國與王同稱玉節，故知邦國亦有數等之節，亦皆以玉爲之。以其諸侯國內亦有徵守、好難、起軍旅之等，故知與王同。知以命數爲小大者，以其命圭之等依命數，故知亦以九、以七、以五爲節也。其天子玉節，自以大小爲數，故琬圭、琰圭俱同九寸，穀圭、牙璋俱七寸，唯有珍圭無文，鄭云大小當與琬、琰相依。云角用犀角者，案《釋獸》云犀似豕。註云：角在鼻上。犀角是角中之貴，故知不得用玉者當用犀角。云其制未聞者，以其邦國之玉節可以約王之玉節，都鄙之角節無可依約，既無舊制，故云其制未聞。此云都鄙用角節，註謂公卿大夫王子弟於其采邑，是都鄙之主。案《小行人》都鄙用管節，註謂公之子弟及卿大夫之采地之吏也，故用管節，與此不同。彼諸侯采地亦同用管節，亦異外內也。若天子公卿大夫采邑之吏，下註約人道路用旌節。

凡邦國之使節，山國用虎節，土國用人節，澤國用龍節，皆金也，以英蕩輔之。使節，使卿大夫聘於天子諸侯，行道所執之信也。土，平地也。山多虎，平地多人，澤多龍。以金爲節，鑄象焉。必自以其國所多者，於以相別，爲信明也。今漢有銅虎符。杜子春云：蕩當爲帑，謂以函器盛此節。或曰：英蕩，畫函。蕩，如字，又吐黨反。帑，吐黨反。盛，音成。

疏：註使節至畫函。釋曰：云使節，使卿大夫聘於天子諸侯，行道所執之信也者，大聘使卿，小聘使大夫，或於天子，或於諸侯，故並言之也。云土，平地也者，對山澤非平地也。云山多虎者，若晉國之類也。云平地多人者，若衛國之類也。云澤多龍者，若鄭國之類也。云以金爲節，鑄象焉者，釋經皆金也。云必自以其國所多者，於以相別，爲信明也者，山澤與平地，人虎龍皆雜有，今言山國用虎、澤國用龍、士國用人，皆據多者，相別爲信，以自明也。引漢有銅虎符者，證周時節用銅之意也。杜子春云蕩當爲帑者，音以湯蕩反之，今人猶言帑也。帑則函，故云謂以函器盛此節也。云或曰英蕩，畫函者，其函猶是蕩，但以英華有畫義，故更云畫函也。經云輔之者，以函輔此法，使不壞損也。案昭二十九年，公在鄆，賜公衍羔裘，使獻龍輔於齊侯。註：龍輔，玉名。所以輔龍節。與此別也。

門關用符節，貨賄用璽節，道路用旌節，皆有期以反節。門關，司門、司關也。貨賄者，主通貨賄之官，謂司市也。道路者，主治五涂之官，謂鄉遂大夫也。凡民遠出至於邦國，邦國之民若來，入由門者司門爲之節，由關者司關爲之節，其商則司市爲之節，其以徵令及家徒，則鄉遂大夫爲之節。唯時事而行不出關，不用節也。變司市言貨賄者，璽節主以通貨賄，貨賄非必由市，或資於民家焉。變鄉遂言道路者，容公邑及小都大都之吏，皆主治五塗，亦有民也。符節者，如今宮中諸官詔符也。璽節者，今之印章也。旌節，今使者所擁節是也。將送者執此節以送行者，皆以道里日時課，如今郵行有程矣。以防容姦，擅有所通也。凡節有法式，藏於掌節。郵，音尤，字從垂，作御誤。

疏：註門關至掌節。釋曰：鄭知門關是司門、司關者，以其人之出入，必由門由關，而授節者非門關之官不可輒授，故知主守門及關者，故以司門、司關解之也。云貨賄者，主通貨賄之官，謂司市也者，以其貨賄所得，皆由於市，乃得通之於外，亦非官不可輒授，故知貨賄用璽節必是王之司市也。云道路者，主治五溝五涂之官，謂鄉遂大夫也，謂以其授節非官不可。言路，即《遂人》徑畛涂道路之涂也。鄉之田制與遂同，故知旌節是鄉遂大夫所授也。云凡民遠出至於邦國，邦國之民若來入，由門者司門爲之節，由關者司關爲之節者，據此註，凡民出至邦國，若宅在國城中，先由則司門授之節。若宅在關內者則由關，司關授之節也。若邦國之民來入，則先由關，司關授之節。若然，邦國之民入，其節直由關不由門；亦云由門者，因王國之民出由門，故摠言之，於義無妨也。云其商則司市爲之節者，此王之掌節，而言貨賄用璽節，明是王之司市，非邦國之司市。其實家徒從邦國來，即邦國司市爲節，故上《司關》註云：貨節，謂商本所發司市之璽節。自外來者，即案其節。是邦國之璽節也。云其以徵令及家徒，則鄉遂大夫爲之節者，知徵令有節者，見《鄉大夫》，云：國有大故，以旌節輔令則達之。註云：民雖命行，其將之者，無節不得通。是徵令有節之事。又知家徒有節者，見《比長》，云：若徒於佗，則爲之旌節而行之。是家徒有節也。又云唯時事而行不出關，不用節也者，時事行，若《比長》云徙於郊，徙於國，當鄉徙及非徵令，皆不須節。兼言不出關者，關內當都當邑當行不出關，皆不須節也。云變司市言貨賄者，司市本出璽節授商，今不言市而變言貨賄，故鄭云璽節主以通貨賄，貨賄非必由市，或資於民家。則由門者司門與之節，由關者司關授之節，故變言貨賄也。云變鄉遂言道路者，容公邑及小都大都之吏皆主治五涂，亦有民也者，鄉遂公邑爲溝洫法，三等采地爲井田法，井田與溝洫雖俱爲溝洫，稀稠有異。皆有五涂，以官主當，其民出入，皆受旌節，故變鄉遂而言道路，以容此等之官。云之吏者，以其都鄙之主在王朝，唯吏在都鄙，故以吏言之也。云符節已下，周法無文，故皆約漢法況之。案太史公《本紀》，漢文帝二年九月，初與郡國守相爲銅虎符、竹使符。應劭曰：銅虎符，第一至第五，國家當發兵，遣使者至郡國合符，符合乃聽受之。竹使符者，皆以竹箭五枚，長五寸，鐫刻篆書，第一至第五。張晏曰：符以代古之圭璋，從簡易也。鄭引之者，欲明漢時銅虎符本出於此也。

凡通達於天下者，必有節，以傳輔之。必有節，言遠行無有不得節而出者也。輔之以傳者，節爲信耳，傳說所齎操及所適。

疏：凡通至輔之。釋曰：此經摠解上經門關諸有節，并有傳輔成信驗。或有節無傳，或有傳無節，或節傳俱無，則不得通達於天下也。

無節者，有幾則不達。圜土內之。

疏：無節至不達。釋曰：此亦摠解上門關已下應有節傳，今無節者，非直被幾，又不通達前所也。註圜土內之。釋曰：知圜土內之者，見《比長》云無節無授，圜土內之故也。

《周禮注疏》卷一三《地官司徒·遺人》凡賓客、會同、師役，掌其道路之委積。凡國野之道，十里有廬，廬有飲食；三十里有宿，宿有路室，路室有委；五十里有市，市有候館，候館有積。廬，若今野候，徒有庌也。宿，可止宿，若今亭有室矣。候館，樓可以觀望者也。一市之間，有三廬一宿。

《周禮注疏》卷三六《秋官司寇·野廬氏》野廬氏掌達國道路，至于四畿。達，謂巡行通之，使不陷絶也。去王城五百里曰畿。行，下孟反。疏：註達謂至曰畿。釋曰：云巡行者，國之道路，使其地之人治之，野廬氏直巡行不通之處，使人治之，使無陷絶也。

比國郊及野之道路、宿息、井樹。比猶校也。宿息，廬之屬，賓客所宿及晝止者也。并共飲食，樹爲蕃蔽。疏：註比猶至蕃蔽。釋曰：此經所云王爲賓客在道，須得供丞守衛之事。國郊，謂近郊、遠郊。野，謂百里外至畿。宿，謂十里有廬，三十里有宿，五十里有市。直言宿者，舉中言之，故云廬之屬以苞之。息，賓客晝止之處。井樹者，賓客所須者也。

若有賓客，則令守涂地之人聚欜之，有相翔者誅之。守涂地之人，道所出廬宿旁民也。相翔，猶昌翔觀伺者也。鄭司農云：欜之，聚擊欜以宿衛之也。有姦人相翔於賓客之側，則誅之，不得令寇盗賓客。欜，音託。令，力呈反，下欲令同。

疏：註守涂至賓客。釋曰：守塗地之人，道所出廬宿旁民也者，道路之旁皆有民，當處有賓客止宿，即使聚（木橐）之，不使失脱也。云相翔，猶昌翔觀伺者也者，謂昌狂翱翔，觀伺賓客。先鄭云聚欜之，聚擊欜以宿衛之也者，謂其地之人自聚擊欜，無行夜，故使宿衛自擊。宫正之等，使行夜者擊欜，校比直宿者，彼夜行者與此異也。

凡道路之舟車轚互者，叙而行之。舟車轚互，謂於迫隘處也。車有轘轅、坻閣，舟有砥柱之屬。其過之者，使以次叙之。轚，音計，沈古的反。隘，烏賣反。環，户關反，本亦作轘，同。坻，徐之爾反，劉都禮反。砥，音旨。

疏：註舟車至叙之。釋曰：云轚互者，謂水陸之道，舟車往來狹隘之所，更互相擊，故云轚互者。云車有轘轅、坻閣者，案襄二十一年，晋欒盈有罪，適楚，過於周，周西鄙掠之，告於周，使候出諸轘轅是轘轅也。坻閣，道路之名也。云舟有砥柱之屬者，按《禹貢》：導河積石，至于龍門，南至于華陰，東至於厎柱。孔安國云：厎柱，山名。河水分流，包山而過，山見水中，若柱然，在西虢之界。是厎柱爲水之溢道者也。

凡有節者及有爵者至，則爲之辟。辟，辟行人，亦使守涂地者。

疏：凡有至之辟。釋曰：云凡有節者，謂若諸侯之使，則有山國用虎節之等。若民自往來，則有道路用旌節之等。及有爵已上，皆爲之辟止行人，使無侵犯者也。

禁野之横行徑踰者。皆爲防奸也。横行，妄由田中。徑踰，射邪趍疾，越隄渠也。射，食亦反。邪，似差反。隄，丁兮反。

疏：註皆爲至渠也。釋曰：言横行者，不要東西爲横，南北爲縱，但是不依道塗，妄由田中皆是横也。徑，謂不遵道而射邪趍疾。踰，越也，謂越隄渠者也。

凡國之大事，比脩除道路者。比校治道者名，若今次金叙大功。

疏：註比校至大功。釋曰：大事，謂若征伐、巡守、田獵、郊祀天地，王親行所經，並須修除道路及脩廬，校比民夫，使有功效。故云比校治道者名也。云若今次金叙大功者，謂漢時主役之官，官名次金叙，主以丈尺賦功，今俗本多誤爲次叙大功也。

掌凡道禁。禁，謂若今絶蒙布巾、持兵杖之屬。杖，直亮反。

疏：註禁謂至之屬。釋曰：古時禁書亡，故舉漢法而言也。

邦之大師，則令埽道路，且以幾禁行作不時者、不物者。不時，謂不夙則莫者也。不物，謂衣服操持非此常人也。幾禁之者，備姦人内賊及反間。莫，音暮。操，七曹反。間，間厠之間。

疏：註不時至反間。釋曰：不言大事而云大師，惟謂征伐者也。云幾禁之者，備姦人内賊及反間者，内賊，謂賊在内起。反間，謂外賊密來覘探，間候國家，反彼論説。按《孫子兵法》云：三軍之事，莫密於反間是也。

《春秋左傳正義·襄公三十一年》 癸酉，葬襄公。公薨之月，子産相鄭伯以如晋，晋侯以我喪故，未之見也。子産使盡壞其館之垣，而納車馬焉。士文伯讓之，曰：敝邑以政刑之不脩，寇盗充斥，充，滿；斥，見。言其多。相，息亮反。盡，子忍反。壞音怪，下皆同。館，古亂反，字從食；《字林》云容舍也，旁作舍，非。垣，音袁，牆也。斥見，賢遍反。無若諸侯之屬辱在寡君者何？是以令吏人完客所館，館，舍也。令，力呈反，下註同。完音丸。高其閈閎，閎，門也。閈，户旦反。《説文》云：閭也。汝南平輿縣里門曰閈。沈云：閉也。閎，獲耕反，杜云門也。《爾雅》云衖門謂之閎，是也。《爾雅》又云：所以止扉謂之閎。然《爾雅》本止扉之名。或作閣字，讀者因改。《左傳》皆作各音。案下文云：門不容車，此云高其閈閎，俱謂門耳。於義自通，無爲穿鑿。

疏：高其閈閎。正義曰：《説文》云：閈，門也。汝南平輿里門曰閈。《釋宫》云：衖門謂之閎。李巡曰：衖，頭門也。然則閈、閎皆門名，言高爲其門耳。

厚其牆垣，以無憂客使。無令客使憂寇盗。使，所吏反，註同。今吾子壞之，雖從者能戒，其若異客何？以敝邑之爲盟主，繕完葺牆，葺，覆也。從，才用反，下實從同。葺，侵入反，徐音集，一音子入反，謂以草覆牆。

疏：繕完葺牆。正義曰：《周禮·匠人》有葺屋、瓦屋。瓦屋，以瓦覆。葺屋，以草覆。此云葺牆，謂草覆牆也。

以待賓客。若皆毁之，其何以共命？寡君使匄請命。請問毁垣之命。共音恭。匄，本作丐，古害反，士文伯名也。今傳本皆作匄字，或作丐字。《釋例》亦然。解者云：士伯是范氏之族，不應與范宣子同名，作丐是也。案：士文伯字伯瑕。又春秋時人，名字皆相配。楚令尹陽丐，字子瑕，即與文伯名字正同。又鄭有駟乞字子瑕。匄與乞義同。則作匄者是。又案：魯有仲嬰齊，是莊公之孫。又有公孫嬰齊，是文公之孫。仲嬰齊於公孫嬰齊爲從祖，同時同名。鄭有公孫段字子石，又云伯石；

印段字伯石，傳又謂之二子石。然印段即公孫段從父兄弟之子，尚同名字，伯瑕與宣子何廢同乎？

疏：寡君使匄。正義曰匄，士文伯名也。晉、宋古本及《釋例》皆作丏，俗本作匄。此士文伯是范氏之別族，不宜與范宣子同名。今定本作匄，恐非。

對曰：以敝邑褊小，介於大國，介，間也。誅求無時，誅，責也。是以不敢寧居，悉索敝賦，以來會時事。隨時來朝會。索，所白反，一音悉各反。逢執事之不間，而未得見，又不獲聞命，未知見時，不敢輸幣，亦不敢暴露。其輸之，則君之府實也。非薦陳之，不敢輸也。薦陳，猶獻見也。間音閑。見，賢遍反，下及註同。暴，步卜反，下同。其暴露之，則恐燥濕之不時而朽蠹，以重敝邑之罪。僑聞文公之爲盟主也，僑，子產名。文公，晉重耳。燥，素早反。蠹，丁故反，蟲敗也。以重，直用反，下重罪同。僑，其驕反。重耳，直龍反。宮室卑庳，無觀臺榭，以崇大諸侯之館。館如公寢，庫廐繕脩，司空以時平易道路，易，治也。庳音婢，亦音卑。觀，古亂反。榭音謝，本亦作謝。土高曰臺，有木曰榭。廐，九又反。易，以豉反，註同。

疏：無觀臺榭。正義曰：《釋宮》云：四方而高曰臺。有木者謂之榭。李巡曰：臺上有屋謂之榭。然則臺榭皆高，可升之以觀望。言無觀望之臺榭也。館如宮寢。正義曰：言往前文公之客館，如今曰晉君之路寢也。

圬人以時塓館公室。圬人，塗者。塓，塗也。圬，本作污，同，音烏。塓，莫歷反。

疏：圬人至宮室。正義曰：《釋宮》云：鏝謂之杇。李巡曰：鏝，一名杇，塗工作具也。郭璞云：泥鏝也。然則圬是塗之所用，因謂泥牆屋之人爲圬人。塓，亦泥也。使此泥屋之人，以時泥塗客館之宮室也。

諸侯至甸設庭燎，庭燎，設火於庭。甸，徒遍反。燎，力妙反，徐力遥反，一音力弔反。庭燎，大燭。

疏：庭燎。正義曰：《郊特牲》云：庭燎之百，由齊桓公始也。鄭玄云：僭天子也。庭燎之差，公蓋五十，侯伯子男皆三十。

僕人巡宮。巡宮，行夜。行，下孟反，下巡行同。車馬有所，有所處。賓從有代，代客役。巾車脂轄，巾車，主車之官。巾車，如字，劉昌宗《周禮》音居覲反。轄，户瞎反。隸人、牧、圉，各瞻其事。瞻視客所當得。瞻，之廉反。百官之屬，各展其物。展，陳也。謂羣官各陳其物以待賓。公不留賓，而亦無廢事。賓得速去，則事不廢。憂樂同之，事則巡之。巡，行也。樂音洛。教其不知，而恤其不足。賓至如歸，無寧菑患？言見遇如此，寧當復有菑患邪？無寧，寧也。菑音災。復，扶又反。不畏寇盜，而亦不患燥濕。今銅鞮之宮數里，銅鞮，晉離宮。鞮，丁兮反，數，所主反。而諸侯舍於隸人。舍如隸人舍。門不容車，而不可踰越。門庭之內迫迮，又有牆垣之限。迮，側百反。

疏：註門庭之內迫迮。正義曰：知非館門卑小，不得容車，而云門庭之內迫迮者，以傳稱舍於隸人，明院宇迮小也。

盜賊公行，而夭厲不戒。厲猶災也。言水潦無時。潦音老。賓見無時，命不可知。若又勿壞，是無所藏幣以重罪也。敢請執事，將何以命之？問晉命己所止之宜。見，賢遍反。雖君之有魯喪，亦敝邑之憂也。言鄭與魯，亦有同姓之憂。若獲薦幣，薦，進也。脩垣而行，行，去也。君之惠也。敢憚勤勞！文伯復命。反命於晉君。趙文子曰：信。信如子產言。我實不德，而以隸人之垣以贏諸侯，贏，受也。贏音盈。

疏：註贏受也。正義曰：賈、服、王、杜皆讀爲盈。盈是滿也，故皆訓爲受。

是吾罪也。使士文伯謝不敏焉。晉侯見鄭伯，有加禮，禮加敬。厚其宴、好而歸之。乃築諸侯之館。叔向曰：辭之不可以已也如是夫！子產有辭，諸侯賴之，若之何其釋辭也。《詩》曰：辭之輯矣，民之協矣。辭之繹矣，民之莫矣。《詩・大雅》。言辭輯睦則民協同，辭説繹則民安定。莫，猶定也。好，呼報反。如是夫，音扶。讀者亦以夫爲下句首。輯音集，又七人反。繹，本又作懌，音亦。説音悦。其知之矣。謂詩人知辭之有益。

《管子・大匡》 三十里置遽委焉，有司職之。從諸侯欲通，吏從行者，令一人爲以車，若宿者，令人養其馬，食其委。客與有司別契，至國入契。

《孟子・公孫丑上》 孔子曰：德之流行，速於置郵而傳命。

紀事

《春秋左傳正義・僖公三十三年》 及滑，鄭商人弦高將市於周，遇之。以乘韋先，牛十二，犒師，商，行賈也。乘，四。韋先，韋乃入牛。古者將獻遺於人，必有以先之。先，悉薦反，註有以先之同。犒，若報反。賈音古。遺，唯季反。

疏：註商行至先之。正義曰：《周禮・大宰》以九職任萬民。六曰商賈，阜通貨賄。鄭玄云：行曰商，處曰賈。《易》云商旅不行，是商行賈坐，而言行賈者，相形以曉人也。乘車必駕四馬，因以乘爲四名。《禮》言乘矢，謂四矢。此言乘韋，謂四韋也。遺人之物必以輕先重後，故先韋乃入牛。《老子》云：雖有拱壁以先四馬，不如坐進此道。是古者將獻饋，必有以先之。

曰：寡君聞吾子將步師出於敝邑，敢犒從者。不腆敝邑，爲從者之淹，居則具一日之積，腆，厚也。淹，久也。積，芻米菜薪。步師，步猶行也。從，才用反，下同。腆，他典反。爲，子僞反。下爲吾子同。積，子賜反，下同。

疏：註腆厚至菜薪。正義曰：腆，厚，淹，久，經傳常訓也。《周禮・大行人》云王待諸侯之禮，上公五積，侯伯四積，子男三積。積皆謂米禾芻薪，知此亦然。案《掌客》上公五積，皆視飧牽，鄭註云：飧牽，謂牽牲以往，不殺也。亦有米禾芻薪。鄭又註云：上公飧五牢，米二十車，禾三十車。侯伯四牢，米禾皆二十車。子男三牢，米十車，禾二十車。芻薪皆倍。其禾積既視飧，則米禾芻薪與飧同。

行則備一夕之衛。且使遽告于鄭。遽，傳車。遂，其據反。傳，張戀反。

疏：註遽傳車。正義曰：《釋言》云馹，遽傳也。孫炎曰：傳車，驛馬也。

《春秋左傳正義・召公二年》 秋，鄭公孫黑將作亂，欲去游氏而代其位，游氏，大叔之族。黑爲游楚所傷，故欲害其族。去，起吕反。傷疾作而不果。前年游楚所擊創。創，初良反。駟氏與諸大夫欲殺之。駟氏，黑之族。子產在鄙聞之，懼弗及，乘遽而至。遽，傳驛。遽，其據反。《爾雅》云：馹，遽，傳也。孫炎註云：傳車驛馬。傳，中戀反。驛音亦。

疏：註據傳驛。正義曰：《釋言》云：馹，遽，傳也。孫炎曰：傳車驛馬也。

《國語・周語中》 定王使單襄公聘于宋。遂假道于陳，以聘于楚。火朝覿矣，道茀不可行，候不在疆，司空不視途，澤不陂，川不梁，野有庾積，場功未畢，道無列樹，墾田若蓺，膳宰不致餼，司里不授館，國無寄寓，縣無施舍，民將筑臺于夏氏。及陳，陳靈公與孔寧、儀行父南冠以如夏氏，留賓不見。

單子歸，告王曰：陳侯不有大咎，國必亡。王曰：何故？對曰：夫辰角見而雨畢，天根見而水涸，本見而草木節解，駟見而隕霜，火見而清風戒寒。故先王之教曰：雨畢而除道，水涸而成梁，草木節解而備藏，隕霜而冬裘具，清風至而修城郭宮室。故《夏令》曰：九月除道，十月成梁。其時儆曰：收而場功，待而畚梮，營室之中，土功其始，火之初見，期于司里。此先王所以不用財賄，而廣施德于天下者也。今陳國火朝覿矣，而道路若塞，野場若棄，澤不陂障，川無舟梁，是廢先王之教也。

《國語・晋語五》 梁山崩，以傳召伯宗，遇大車當道而覆，立而辟之，曰：避傳。對曰：傳爲速也，若俟吾避，則加遲矣，不如捷而行。伯宗喜，問其居，曰：絳人也。伯宗曰：「何聞？」曰：梁山崩而以傳召伯宗。伯宗問曰：乃將若何？對曰：山有朽壤而崩，將若何？夫國主山川，故川涸山崩，君爲之降服、出次，乘縵、不舉，策于上帝，國三日哭，以禮焉。雖伯宗亦如是而已，其若之何？問其名，不告；請以見，不許。伯宗及絳，以告，而從之。

《戰國策・齊策五》 今雖干將、莫邪，非得人力，則不能割劌矣。堅箭利金，不得弦機之利，則不能遠殺矣。矢非不銛，而劍非不利也，何則？權藉不在焉。何以知其然也？昔者趙氏襲衛，車舍人不休傳，衛國城割平，衛八門土而二門墮矣，此亡國之形也。衛君跣行，告於魏。

《戰國策・魏策四》 管鼻之令翟強與秦事，謂魏王曰：鼻之與強，猶晋人之與楚人也。晋人見楚人之急，帶劍而緩之；楚人惡其緩而急之。令鼻之入秦之傳舍，舍不足以舍之。強之入，無蔽於秦者。強，王貴臣也，而秦若此其甚，安可？

秦漢分部

紀事

《史記》卷六《秦始皇本紀》 〔二十七年〕治馳道。

《史記》卷六《秦始皇本紀》 三十五年，除道，道九原抵雲陽，塹山堙谷，直通之。

《史記》卷二二《漢興以來將相名臣年表》 〔元光六年〕南夷始置郵亭。

《史記》卷二九《河渠書》 其後人有上書欲通褒斜道及漕事，下御史大夫張湯。湯問其事，因言：抵蜀從故道，故道多阪，回遠。今穿褒斜道，少阪，近四百里；而褒水通沔，斜水通渭，皆可以行船漕。漕從南陽上沔入褒，褒之絶水至斜，間百餘里，以車轉，從斜下下渭。如此，漢中之穀可致，山東從沔無限，便於砥柱之漕。且褒斜材木竹箭之饒，擬於巴蜀。天子以爲然，拜湯子卬爲漢中守，發數萬人作褒斜道五百餘里。道果便近，而水湍石，不可漕。

《史記》卷三〇《平準書》 其後漢將歲以數萬騎出擊胡，及車騎將軍衛青取匈奴河南地，築朔方。當是時，漢通西南夷道，作者數萬人，千里負擔饋糧，率十餘鍾致一石，散幣於邛僰以集之。數歲道不通，蠻夷因以數攻，吏發兵誅之。悉巴蜀租賦不足以更之，乃募豪民田南夷，入粟縣官，而內受錢於都內。東至滄海之郡，人徒之費擬於南夷。又興十萬餘人築衛朔方，轉漕甚遼遠，自山東咸被其勞，費數十百巨萬，府庫益虛。乃募民能入奴婢得以終身復，爲郎增秩，及入羊爲郎，始於此。

《史記》卷三〇《平準書》 而富商大賈或蹛財役貧，轉轂百數，廢居居邑，封君皆低首仰給。冶鑄煑鹽，財或累萬金，而不佐國家之急，黎民重困。

《史記》卷三〇《平準書》 其明年，元封元年，卜式貶秩爲太子太傅。而桑弘羊爲治粟都尉，領大農，盡代僅筦天下鹽鐵。弘羊以諸官各自市，相與爭，物故騰躍，而天下賦輸或不償其僦費，乃請置大農部丞數十人，分部主郡國，各往往縣置均輸鹽鐵官，令遠方各以其物貴時商賈所轉販者爲賦，而相灌輸。置平準于京師，都受天下委輸。

《史記》卷七五《孟嘗君列傳》 孟嘗君得出，即馳去，更封傳，變名姓以出關。夜半至函谷關。秦昭王後悔出孟嘗君，求之已去，即使人馳傳逐之。孟嘗君至關，關法雞鳴而出客，孟嘗君恐追至，客之居下坐者有能爲雞鳴，而雞齊鳴，遂發傳出。出如食頃，秦追果至關，已後孟嘗君出，乃還。

《史記》卷七六《平原君列傳》 秦急圍邯鄲，邯鄲急，且降，平原君甚患之。邯鄲傳舍吏子李同説平原君曰：君不憂趙亡邪？平原君曰：趙亡則勝爲虜，何爲不憂乎？

《史記》卷八八《蒙恬列傳》 始皇欲游天下，道九原，直抵甘泉，迺使蒙恬通道，自九原抵甘泉，塹山堙谷，千八百里。道未就。

《史記》卷一一〇《匈奴列傳》 後秦滅六國，而始皇帝使蒙恬將十萬之衆北擊胡，悉收河南地。因河爲塞，築四十四縣城臨河，徙適戍以充之。而通直道，自九原至雲陽，因邊山險塹谿谷可繕者治之，起臨洮至遼東萬餘里。又度河據陽山北假中。

《史記》卷一一二《平津侯主父列傳》 昔秦皇帝任戰勝之威，蠶食天下，并吞戰國，海内爲一，功齊三代。務勝不休，欲攻匈奴，李斯諫曰：不可。夫匈奴無城郭之居，委積之守，遷徙鳥舉，難得而制也。輕兵深入，糧食必絶；踵糧以行，重不及事。得其地不足以爲利也，遇其民不可役而守也。勝必殺之，非民父母也。靡弊中國，快心匈奴，非長策也。秦皇帝不聽，遂使蒙恬將兵攻胡，辟地千里，以河爲境。地固澤（鹹）鹵，不生五穀。然後發天下丁男以守北河。暴兵露師十有餘年，死者不可勝數，終不能踰河而北。是豈人衆不足，兵革不備哉？其勢不可也。又使天下蜚芻輓粟，起於黄、腄、琅邪負海之郡，轉輸北河，率三十鍾而致一石。男子疾耕不足於糧饟，女子紡績不足於帷幕。百姓靡敝，孤寡老弱不能相養，道路死者相望，蓋天下始畔秦也。

《史記》卷一一六《西南夷列傳》 建元六年，大行王恢擊東越，東越殺王郢以報。恢因兵威使番陽令唐蒙風指曉南越。南越食蒙蜀枸醬，蒙問所從來，曰道西北牂柯，牂柯江廣數里，出番禺城下。蒙歸至長安，問蜀賈人，賈人曰：獨蜀出枸醬，多持竊出市夜郎。夜郎者，臨牂柯江，江廣百餘步，足以行船。南越以財物役屬夜郎，西至同師，然亦不能臣使也。蒙乃上書説上曰：南越王黄屋左纛，地東西萬餘里，名爲外臣，實一州主也。今以長沙、豫章往，水道多絶，難行。竊聞夜郎所有精兵，可得十餘萬，浮船牂柯江，出其不意，此制越一奇也。誠以漢之彊，巴蜀之饒，通夜郎道，爲置吏，易甚。上許之。乃拜蒙爲郎中將，將千人，食重萬餘人，從巴蜀筰關入，遂見夜郎侯多同。蒙厚賜，喻以威德，約爲置吏，使其子爲令。夜郎旁小邑皆貪漢繒帛，以爲漢道險，終不能有也，乃且聽蒙約。還報，乃以爲犍爲郡。發巴蜀卒治道，自僰道指牂柯江。蜀人司馬相如亦言西夷邛、筰可置郡。使相如以郎中將往喻，皆如南夷，爲置一都尉，十餘縣，屬蜀。

當是時，巴蜀四郡通西南夷道，戍轉相饟。數歲，道不通，士罷餓離溼死者甚衆；西南夷又數反，發兵興擊，秏費無功。上患之，使公孫弘往視問焉。還對，言其不便。及弘爲御史大夫，是時方築朔方以據河逐胡，弘因數言西南夷害，可且罷，專力事匈奴。上罷西夷，獨置南夷夜郎兩縣一都尉，稍令犍爲自葆就。

及元狩元年，博望侯張騫使大夏來，言居大夏時見蜀布、邛竹、杖，使問所從來，曰從東南身毒國，可數千里，得蜀賈人市。或聞邛西可二千里有身毒國。騫因盛言大夏在漢西南，慕中國，患匈奴隔其道，誠通蜀，身毒國道便近，有利無害。於是天子乃令王然于、柏始昌、呂越人等，使閒出西夷西，指求身毒國。至滇，滇王嘗羌乃留，爲求道西十餘輩。歲餘，皆閉昆明，莫能通身毒國。

滇王與漢使者言曰：漢孰與我大？及夜郎侯亦然。以道不通故，各自以爲一州主，不知漢廣大。使者還，因盛言滇大國，足事親附。天子注意焉。

《史記》卷一一八《淮南衡山列傳》 淮南王見建已徵治，恐國陰事且覺，欲發，被又以爲難，乃復問被曰：公以爲吴興兵是邪非也？被曰：以爲非也。吴王至富貴也，舉事不當，身死丹徒，頭足異處，子孫無遺類。臣聞吴王悔之甚。願王孰慮之，無爲吴王之所悔。王曰：男子之所死者一言耳。且吴何知反，漢將一日過成皋者四十餘人。今我令樓緩先要成皋之口，周被下潁川兵塞轘轅、伊闕之道，陳定發南陽兵守武關。河南太守獨有雒陽耳，何足憂。然此北尚有臨晋關、河東、上黨與河内、趙國。人言曰絶成皋之口，天下不通。據三川之險，招山東之兵，舉事如此，公以爲何如？

《史記》卷一二六《滑稽列傳》 西門豹即發民鑿十二渠，引河水灌民田，田皆溉。當其時，民治渠少煩苦，不欲也。豹曰：民可以樂成，不可與慮始。今父老子弟雖患苦我，然百歲後期令父老子孫思我言。至今皆得水利，民人以給足富。十二渠經絶馳道，到漢之立，而長吏以爲十二渠橋絶馳道，相比近，不可。欲合渠水，且至馳道合三渠爲一橋。鄴民人父老不肯聽長吏，以爲西門君所爲也，賢君之法式不可更也。長吏終聽置之。

《史記》卷一二九《貨殖列傳》 巴蜀亦沃野，地饒巵、薑、丹沙、石、銅、鐵、竹、木之器。南御滇僰，僰僮。西近邛筰，筰馬、旄牛。然四塞，棧道千里，無所不通，唯褒斜綰轂其口，以所多易所鮮。

《史記》卷一二九《貨殖列傳》 漢興，海内爲一，開關梁，弛山澤之禁，是以富商大賈周流天下，交易之物莫不通，得其所欲，而徙豪傑諸侯彊族於京師。

《漢書》卷一下《高帝紀》 初，田横歸彭越。項羽已滅，横懼誅，與賓客亡入海。上恐其久爲亂，遣使者赦横，曰：横來，大者王，小者侯；不來，且發兵加誅。横懼，乘傳詣雒陽，未至三十里，自殺。

《漢書》卷四《文帝紀》 〔十二年〕三月，除關無用傳。

張晏曰：傳，信也，若今過所也。如淳曰：兩行書繒帛，分持其一，出入關，合之乃得過，謂之傳也。李奇曰：傳，棨也。師古曰：張説是也。古者或用棨，或用繒帛。棨者，刻木爲合符也。傳音張戀反。棨音啓。

《漢書》卷五《景帝紀》 四年春，復置諸關用傳出入。

應劭曰：文帝十二年除關無用傳，至此復用傳。以七國新反，備非常。

《漢書》卷一九上《百官公卿表》 大率十里一亭，亭有長。十亭一鄉，鄉有三老、有秩、嗇夫、游徼。三老掌教化。嗇夫職聽訟，收賦税。

游徼徼循禁賊盜。縣大率方百里，其民稠則減，稀則曠，鄉、亭亦如之，皆秦制也。列侯所食縣曰國，皇太后、皇后、公主所食曰邑，有蠻夷曰道。凡縣、道、國、邑千五百八十七，鄉六千六百二十二，亭二萬九千六百三十五。

《漢書》卷二四上《食貨志》　時大司農中丞耿壽昌以善爲算能商功利得幸於上，五鳳中奏言：故事，歲漕關東穀四百萬斛以給京師，用卒六萬人。宜糴三輔、弘農、河東、上黨、太原郡穀足供京師，可以省關東漕卒過半。又白增海租三倍，天子皆從其計。御史大夫蕭望之奏言：故御史屬徐宮家在東萊，言往年加海租，魚不出。長老皆言武帝時縣官嘗自漁，海魚不出，後復予民，魚乃出。夫陰陽之感，物類相應，萬事盡然。今壽昌欲近糴漕關內之穀，築倉治船，費直二萬萬餘，有動衆之功，恐生旱氣，民被其災。壽昌習於商功分銖之事，其深計遠慮，誠未足任，宜且如故。上不聽。漕事果便，壽昌遂白令邊郡皆築倉，以穀賤時增其賈而糴，以利農，穀貴時減賈而糶，名曰常平倉。民便之。

《漢書》卷二四下《食貨志》　使僅、咸陽乘傳舉行天下鹽鐵，作官府，除故鹽鐵家富者爲吏。吏益多賈人矣。

《漢書》卷二四下《食貨志》　羲和置命士督五均六斡，郡有數人，皆用富賈。洛陽薛子仲、張長叔、臨菑姓偉等，乘傳求利，交錯天下。因與郡縣通姦，多張空簿，府臧不實，百姓俞病。

《漢書》卷四〇《張良傳》　於是上自將而東，羣臣居守，皆送至霸上。良疾，強起至曲郵，見上曰：臣宜從，疾甚。楚人剽疾，願上慎毋與楚爭鋒。

《漢書》卷四三《酈食其傳》　沛公至高陽傳舍，師古曰：傳舍者，人所止息，前人已去，後人復來，轉相傳也。一音張戀反，謂傳置之舍也，其義兩通。它皆類此。使人召食其。

《漢書》卷四五《江充傳》　充出，逢館陶長公主行馳道中。充呵問之，公主曰：有太后詔。充曰：獨公主得行，車騎皆不得。盡劾沒入官。後充從上甘泉，逢太子家使乘車馬行馳道中，充以屬吏。太子聞之，使人謝充曰：非愛車馬，誠不欲令上聞之，以教敕亡素者。唯江君寬之！充不聽，遂白奏。上曰：人臣當如是矣。大見信用，威震京師。

《漢書》卷四五《息夫躬傳》　躬又言：秦開鄭國渠以富國彊兵，今爲京師，土地肥饒，可度地勢水泉，廣溉灌之利。天子使躬持節領護三輔都水。躬立表，欲穿長安城，引漕注太倉下以省轉輸。議不可成，乃止。

《漢書》卷五一《賈山傳》　爲馳道於天下，東窮燕齊，南極吴楚，江湖之上，瀕海之觀畢至。道廣五十步，三丈而樹，厚築其外，隱以金椎，樹以青松。爲馳道之麗至於此，使其後世曾不得邪徑而託足焉。

《漢書》卷五一《枚乘傳》　夫舉吴兵以訾於漢，譬猶蠅蚋之附羣牛，腐肉之齒利劍，鋒接必無事矣。天子聞吴率失職諸侯，願責先帝之遺約，今漢親誅其三公，以謝前過，是大王之威加於天下，而功越於湯武也。夫吴有諸侯之位，而實富於天子；有隱匿之名，而居過於中國。夫漢并二十四郡，十七諸侯，方輸錯出，運行數千里不絕於道，其珍怪不如東山之府。轉粟西鄉，陸行不絕，水行滿河，不如海陵之倉。修治上林，雜以離宮，積聚玩好，圈守禽獸，不如長洲之苑。游曲臺，臨上路，不如朝夕之池。深壁高壘，副以關城，不如江淮之險。此臣之所（以）爲大王樂也。

《漢書》卷五七《司馬相如傳》　相如還報。唐蒙已略通夜郎，因通西南夷道，發巴蜀廣漢卒，作者數萬人。治道二歲，道不成，士卒多物故，費以億萬計。蜀民及漢用事者多言其不便。是時邛、莋之君長聞南夷與漢通，得賞賜多，多欲願爲内臣妾，請吏，比南夷。上問相如，相如曰：邛、莋、冉、駹者近蜀，道易通，異時嘗通爲郡縣矣，至漢興而罷。今誠復通，爲置縣，愈於南夷。上以爲然，乃拜相如爲中郎將，建節往使。副使者王然于、壺充國、吕越人，馳四乘之傳，因巴蜀吏幣物以賂西南夷。至蜀，太守以下郊迎，縣令負弩矢先驅，蜀人以爲寵。於是卓王孫、臨邛諸公皆因門下獻牛酒以交驩。卓王孫喟然而歎，自以得使女尚司馬長卿晚，乃厚分與其女財，與男等。相如使略定西南夷，邛、莋、冉、駹、斯榆之君皆請爲臣妾，除邊關，〔邊關〕益斥，西至沬、若水，南至牂牁爲徼，通靈山道，橋孫水，以通邛、莋。還報，天子大說。

《漢書》卷九〇《酷吏傳·田延年》　初，大司農取民牛車三萬兩爲僦，載沙便橋下，送致方上，車直千錢，延年上簿詐增僦直車二千，凡六千萬，盜取其半。焦、賈兩家告其事，下丞相府。

《漢書》卷九一《貨殖傳》 周人既孅，而師史尤甚，轉轂百數，賈郡國，無所不至。

《漢書》卷九九上《王莽傳》 〔元始五年〕其秋，莽以皇后有子孫瑞，通子午道。子午道從杜陵直絶南山，徑漢中。

《漢書》卷九九中《王莽傳》 犧和置酒士，郡一人，乘傳督酒利。

《後漢書》卷三《孝章帝紀》 〔元和二年〕冬十一月壬辰，日南至，初閉關梁。

《後漢書》卷四《孝和帝紀》 舊南海獻龍眼、荔支，十里一置，五里一候，奔騰阻險，死者繼路。時臨武長汝南唐羌，縣接南海，乃上書陳狀。帝下詔曰：遠國珍羞，本以薦奉宗廟。苟有傷害，豈愛民之本。其敕太官勿復受獻。由是遂省焉。

《後漢書》卷六《孝順帝紀》 〔延光四年十一月〕乙亥，詔益州刺史罷子午道，通褒斜路。

《後漢書》卷一五《來歙傳》 八年春，歙與征虜將軍祭遵襲略陽，遵道病還，分遣精兵隨歙，合二千餘人，伐山開道，從番須、回中徑至略陽，斬囂守將金梁，因保其城。

《後漢書》卷七三《陶謙傳》 初，同郡人笮融，聚衆數百，往依於謙，謙使督廣陵、下邳、彭城運糧。遂斷三郡委輸，大起浮屠寺。上累金盤，下爲重樓，又堂閣周回，可容三千許人，作黄金塗像，衣以錦綵。每浴佛，輒多設飲飯，布席於路，其有就食及觀者且萬餘人。

《後漢書》卷七六《循吏傳・衛颯》 颯乃鑿山通道五百餘里，列亭傳，置郵驛。於是役省勞息，姦吏杜絶。流民稍還，漸成聚邑，使輸租賦，同之平民。

《後漢書》卷八八《西域傳》 論曰：西域風土之載，前古未聞也。漢世張騫懷致遠之略，班超奮封侯之志，終能立功西遐，羈服外域。自兵威之所肅服，財賂之所懷誘，莫不獻方奇，納愛質，露頂肘行，東向而朝天子。故設戊己之官，分任其事；建都護之帥，總領其權。先馴則賞籝金而賜龜綬，後服則繫頭顙而釁北闕。立屯田於膏腴之野，列郵置於要害之路。馳命走驛，不絶於時月；商胡販客，日款於塞下。

魏晉南北朝分部

紀事

《三國志》卷五《魏志·后妃傳》　〔黄初〕五年，帝東征，后留許昌永始臺。時霖雨百餘日，城樓多壞，有司奏請移止。后曰：昔楚昭王出游，貞姜留漸臺，江水至，使者迎而無符，不去，卒没。今帝在遠，吾幸未有是患，而便移止，奈何？羣臣莫敢復言。六年，帝東征吴，至廣陵，后留譙宫。時表留宿衛，欲遏水取魚。后曰：水當通運漕，又少材木，奴客不在目前，當復私取官竹木作梁遏。今奉車所不足者，豈魚乎？

《三國志》卷九《魏志·曹真傳》　真以蜀連出侵邊境，宜遂伐之。數道並入，可大克也。帝從其計。真當發西討，帝親臨送。真以八月發長安，從子午道南入。司馬宣王泝漢水，當會南鄭。諸軍或從斜谷道，或從武威入。會大霖雨三十餘日，或棧道斷絶，詔真還軍。

《三國志》卷三〇《魏志·烏丸鮮卑東夷傳》　〔裴松之注〕大秦道既從海北陸通，又循海而南，與交趾七郡外夷比，又有水道通益州、永昌，故永昌出異物。前世但論有水道，不知有陸道，今其略如此，其民人户數不能備詳也。

《三國志》卷三三《蜀志·後主傳》　〔建興〕十一年冬，亮使諸軍運米，集於斜谷口，治斜谷邸閣。是歲，南夷劉胄反，將軍馬忠破平之。

《三國志》卷四三《蜀志·張嶷傳》　郡有舊道，經旄牛中至成都，既平且近；自旄牛絶道，已百餘年，更由安上，既險且遠。嶷遣左右齎貨幣賜路，重令路姑喻意，路乃率兄弟妻子悉詣嶷，嶷與盟誓，開通舊道，千里肅清，復古亭驛。奏封路爲旄牛畇毗王，遣使將路朝貢。後主於是加嶷憮戎將軍，領郡如故。

《晉書》卷三〇《刑法志》　秦世舊有廄置、乘傳、副車、食廚，漢初承秦不改，後以費廣稍省，故後漢但設騎置而無車馬，而律猶著其文，則爲虛設，故除廄律，取其可用合科者，以爲郵驛令。

隋唐五代分部

論說

（清）董誥《全唐文》卷七四五《陳夷行・條覆館驛事宜疏》 奉中書門下牒狀，準今年正月二十八日宣，應館驛近日因循，多致敗闕，郵遞馬畜，每事闕供，蕃客往來，皆有論奏。委中書門下與夷行同商量，條流聞奏。所置館驛鞍馬什物並作人多少，及功價資課，每年破用，取何色錢物，添修支遣。其驛馬數，勘每驛見欠多少，速具分析奏來者。臣今商量，請準敕先牒諸州府，勘鞍馬什物作人工價糧課，並每年緣館驛占留錢數，諸色破用及使料粟麥，遞馬草料，待諸州府報到。續具聞奏。今具簡前後敕文行用相當者，參立新格，逐意條流，除館驛弊事。

（清）董誥《全唐文》卷八六一《邊歸讜・請禁使臣騷擾館驛奏》 亂臣近以宣達絲綸，經過州縣，切見使臣於券料外別要供侍，以紊紀綱。索人驢，自遞行李。挾命爲勢，凌下作威。或付應稍遲，即便恣行打棒。既遭屈辱，寧免怨嗟。天聽未聞，無處披訴。伏乞潛令察訪，兼便明降指揮，官吏祇供亦須精細，使臣取索嚴示戒懲。庶息煩苛，漸期開泰者。

綜述

（唐）長孫無忌等《唐律疏議》卷八《衛禁・私度及越度關》 諸私度關者，徒一年。越度者，加一等。不由門爲越。

疏議曰：水陸等關，兩處各有門禁，行人來往皆有公文，謂驛使驗符券，傳送據遞牒，軍防、丁夫有總曆，自餘各請過所而度。若無公文，私從關門過，合徒一年。越度者，謂關不由門，津不由濟而度者，徒一年半。

已至越所而未度者，減五等。謂已到官司應禁約之處。餘條未度準此。

疏議曰：水陸關棧，兩岸皆有防禁。越度之人已至官司防禁之所，未得度者，減越度五等，合杖七十。餘條未度準此者，謂城及垣籬、緣邊關塞有禁約之處，已至越所而未度者，皆減已越罪五等。若越度未過者，準上條減一等之例。

即被枉徒罪以上，抑屈不申及使人覆訖，不與理者，聽於近關州、縣具狀申訴，所在官司即準狀申尚書省，仍遞送至京。若無徒以上罪而妄陳者，即以其罪罪之。官司抑而不送者，減所訴之罪二等。

疏議曰：關外有人，被官司枉斷徒罪以上，其除、免之罪，本坐雖不合徒，亦同徒罪之法。抑屈不申及使人覆訖，不與理者，文稱及者，使人未覆，亦聽於近關州、縣具狀申訴。所在官司，謂近關州、縣，即準狀申尚書省，仍遞送至京。若勘無徒以上罪而妄訴者，妄訴徒、流，還得徒、流；妄訴死罪，還得死罪；妄訴除、免，皆準比徒之法：謂元無本罪而妄訴者。若實有犯，斷有出入，而訴不平者，不當此坐。其應禁及散送，並依所訴之罪，準令遞之。若官司抑而不送者，減所訴之罪二等，謂枉得死罪，官司不送，合徒三年之類。

（唐）長孫無忌等《唐律疏議》卷二六《雜律・侵巷街阡陌》 諸侵巷街、阡陌者，杖七十。若種植墾食者，笞五十。各令復故。雖種植，無所妨廢者，不坐。

疏議曰：侵巷街、阡陌，謂公行之所，若許私侵，便有所廢，故杖七十。若種植墾食，謂於巷街阡陌種物及墾食者，笞五十。各令依舊。若巷陌寬閑，雖有種植，無所妨廢者，不坐。

其穿垣出穢污者，杖六十；出水者，勿論。主司不禁，與同罪。

疏議曰：其有穿穴垣牆，以出穢污之物於街巷，杖六十。直出水者，無罪。主司不禁，與同罪，謂侵巷街以下，主司並合禁約，不禁者，與犯罪人同坐。

（唐）長孫無忌等《唐律疏議》卷二六《雜律・無故於城內街巷走車馬》 諸於城內街巷及人衆中，無故走車馬者，笞五十；以故殺傷人者，減鬭殺傷一等。殺傷畜產者，償所減價。餘條稱減鬭殺傷一等者，有殺傷畜產，並準此。

疏議曰：有人於城內街衢巷衖之所，若人衆之中，衆謂三人以上，無要速事故，走車馬者，笞五十。以走車馬，唐突殺傷人者，減鬬殺傷一等。注云殺傷畜產者，償所減價。餘條稱減鬬殺傷一等者，有殺傷畜產，並準此，謂下條向城及官私宅，若道徑，射、放彈及投瓦石、施機槍、作坑穽，殺傷人者，減鬬殺傷一等；若以故殺傷畜產，並償減價之類。

若有公私要速而走者，不坐；以故殺傷人者，以過失論。其因驚駭，不可禁止，而殺傷人者，減過失二等。

疏議曰：公私要速者，公謂公事要速及乘郵驛，並奉敕使之輩。私謂吉、凶、疾病之類，須求醫藥，並急追人。而走車馬者，不坐。雖有公私要急而走車馬，因有殺傷人者，並依過失收贖之法。其因驚駭，力不能制，而殺傷人者，減過失二等，聽贖，其銅各入被傷殺家。若殺傷祖父母、父母，並同《名例》律過失殺傷祖父母、父母法。因驚駭不可禁止，得減二等者，亦同減例。

（宋）王溥《唐會要》卷六一《御史臺・館驛》　開元十六年七月十九日敕：巡傳驛宜因御史出使，便令校察。至二十五年五月，監察御史鄭審檢校兩京館驛，猶未稱使。今驛門前十二辰堆，即審創焉。乾元元年三月，度支郎中第五琦充諸道館驛使。大歷五年九月，杜濟除京兆尹，充本府館驛使。自後京兆常帶使，至建中元年停。大歷十四年九月，門下省奏：兩京請委御史臺各定知驛使御史一人，往來句當。遂稱館驛使。謹按《六典》及《御史臺記》，並雜注，即並不言臺中有館驛使。

貞觀十九年，太宗親征遼，發定州，皇太子奏，請飛驛遞表起居，又請遞敕垂報。並許之。飛表奏事，自兹始也。

大足元年五月六日敕：諸軍節度大使，聽將家口八人，副大使六人；萬人已上鎮軍大使四人，副使三人；五千人已上大使三人，副使二人。並給傳乘。

長安四年五月二日，乘傳人使事閑緩，每日不得過四驛。

景雲二年八月四日敕：諸使至京都，經一日已上，即停乘傳驛及供給。

開元七年六月二十八日敕：專知傳驛官一差定後，年限未終，所由不得輒迴改，並別差使及別報句當。

其年七月一日敕：諸道按察使家口，往過宜給傳遞。

十五年四月十日敕兩京都亭驛：應出使人三品已上及清要官，驛馬到日，不得淹留，過時不發。餘並令就驛進發，左右巡御史專知訪察。

十八年六月十三日敕：如聞比來給傳使人，爲無傳馬，還只乘驛。徒押傳遞，事頗勞煩。自今已後，應乘傳者宜給紙券。

二十三年七月十七日，新除都督刺史並關三官州上佐，並給驛發遣。

二十八年六月一日，敕曰：先置陸驛以通使命，苟無闕事，雅適其宜。如聞江淮河南兼有水驛，損人費馬，甚覺勞煩。且使臣受命，貴赴程期，豈有求安，故爲勞擾。其應置水驛宜並停。

天寶十一載十一月五日，自今諸郡太守謝上表並附驛遞進。

大歷十四年二月二十六日，郎官請假拜埽，宜準開元天寶中舊例，給公乘。

其年九月十七日，門下省奏：准公式令，諸給驛馬，職事三品及爵三品已上，若王，四疋。四品已上及國公，三品五品及爵三品已上，二疋。餘官爵各一疋。伏望今後並約前件馬數給券，其從人，每馬一疋許將一人。從之。其月敕節文，兩京宜委御史臺各定知驛御史一人，往來句當。諸道委節度觀察使，各於本道判官中定一人，專知差定訖，具名銜聞奏，並牒奏。

建中四年正月十一日，館驛置五等使料及人馬數。其月，詔商州度上津路館置舍。

貞元二年三月，河南尹充河南水陸運使薛珏奏，當府館驛，準永泰元年三月京兆尹兼御史大夫第五琦奏，使人緣路，無故不得於館驛淹留。縱然有事，經三日已上，即於主人安置館存其供限。如有家口相隨，及自須於村店安置，不得令館驛將什物飯食草料，就等彼供給擬者。伏以承前格敕非不丁寧，歲月滋深，因循久弊。今往來使客多是武臣，踰越條流，廣求供給。府縣少缺，悔吝坐至。屬當凋殘，實難濟辦。況都城大路，耗費倍深。伏乞重降殊恩，申明前敕，絶其僥濫，俾懼章程。庶郵驛獲全，職司是守。敕旨：宜付所司，舉元敕處分。

其年六月二十二日敕：諸道進奉卻迴，及準敕發遣官健家口，不合給驛券人等，承前皆給。路次轉達，牒令州縣給熟食程糧草料。自今以後，宜委門下省檢勘，憑據分明，給傳牒發遣。切加勘責，勿容踰濫。仍準給券例，每月一度具狀聞奏。

其年十二月敕節文：從上都至汴州爲大路驛，從上都至荊南爲次路驛，知六路驛官每一周年無敗闕，與減一選，仍任累計。次路驛官二周年無敗闕，與減一選，三周年減兩選。

八年，門下省奏：郵驛條式，應給紙券，除門下外，諸使諸州不得給往還券，至所詣州府納之，別給令還。其常參官府外除授及分司假寧往來，並給券。從之。

元和四年正月敕：準元和三年諸道濫給券道敕文，總一百二十七道已上者，州府長官宜奪一季俸禄。其本州官曹官及録事參軍付吏部用闕，去任殿一選。

其年，監察御史元稹劾奏徐州節度使王召，傳送故監軍使孟昇喪柩還京，給券乘驛，仍於郵舍安喪柩，有違典例。

五年正月，考功奏：諸道節度使觀察等使各選清強判官一人，專知郵驛。如一周年無違犯，與上考。如有違越，書下考者。伏以遵守條章纔爲奉職，便與殊考，恐涉太優。今請不違敕文者，書中上考，其違越者，依前書下考。仍請永爲常式。敕旨：依奏。

其年四月，御史臺奏：御史出使及卻迴，所在館驛逢中使等，舊例：御史到館驛，已於上廳下了，有中使後到，即就別廳。如有中使先到上廳，御史亦就別廳。因循歲年，積爲故實。訪聞近日多不遵守，中使若未諳往例，責欲逾越。御史若不守故事，懼失憲章。喧競道途，深乖事體。伏請各令遵奉舊例，冀其守分。敕旨：其三品官及中書門下尚書省官或出銜制命，或入赴闕庭，諸道節度使觀察使赴本道，或朝覲，並前節度使觀察使追赴闕庭者，亦准此例。先，監察御史元稹自東臺赴闕，至敷水驛，與中使劉士元爭廳事，因士元以鞭擊元稹之面，稹跣而走。故有是命。

九年四月，自夏州至天德復置廢館一十一所，以通緩急。時，去年迴鶻自部落南過磧，取西城柳谷路討吐蕃，西城防禦使周懷義表至，朝廷大恐。以迴鶻聲言討吐蕃，意是入寇。宰臣李吉甫以爲迴鶻入寇，且當漸絶和事，不應便來犯邊，但須設備，不足爲慮。因請置之云。

十一年十二月，門下省奏：事非急切者不得乘驛馬。從之。

十二年十二月，復以中官爲館驛使。《六典》之制，以監察第二御史主郵驛。元和初，常以中官曹進玉爲使，恃恩暴戾，遇四方使多倨，詰之或至捽辱者。內外屢以爲言，宰臣李吉甫等論罷之。至是復置。左補闕裴潾上疏曰：伏以館驛之務，每驛各有專知官主當，又有京兆府、觀察使、刺史遞相監臨。臺中有御史充館驛使，專察過闕。伏以近有敗事，上聞聖聰。若明示科條，切責官吏，據其過犯，明加貶黜，敢不惕懼，日夜勵精。若令宮闈之臣出參館驛之務，則內臣外務，職分各殊。切惟塞侵官之源，絶出位之漸。事有不便，必誡於初。令或乖方，不必在大。當埽静妖氛之日，開太平至治之風。澄本正名，正在今日。疏奏不報。

十三年，庫部員外郎李渤爲潞州弔祭使，上言畿內諸驛馬多死。上命以飛龍馬數百疋付之。

長慶元年九月，中使二人充行營糧料館驛使。左補闕蔣防等以非故事，恐驚物聽，上疏切諫。遂罷之。其月，復置行營糧料館驛等中使。宰臣切論，給事中封敕，諫官上疏諫止。

其年四月敕：如聞館驛遞馬死損轉多，欲令提舉吏人，悉又推委中使。驛吏稱不見券，則隨所索盡供。既無憑據，肯有定數。自今以後，中使乘遞宜將券示驛吏，據券供馬。如不見券及分外索馬，輒不得勒供。下後從長樂臨皋等驛準此勘合，如不遵守，要速聞知。仍委所在長官當時具名銜聞奏。其常參知官出使及諸道幕府軍將等合乘遞者，並須依格式。如有違越，當加科貶。

其年九月，時詔命授行營諸司方略，朝令夕改，驛使相望。京兆尹柳公綽獻狀訴云：自幽鎮兵興，使命繁并，館驛貧虛，鞍馬多闕。又敕使行傳都無限約，驛吏不得視券牒，隨口即供。驛馬既盡，遂奪鞍乘。衣冠士庶，驚擾怨嗟。於是降敕：中使傳券素有定數，如聞近日多越券牒，宜令諸司府據元和十四年四月五日敕，分明曉示。自今已後，如更違越，所在州縣俱當時具名聞奏。

寶歷二年二月，鳳翔隴州觀察使上言：當管緣興元新迴斜谷路創置驛三所，岐山縣南界置渭陽驛，郿縣北界置過蜀驛，寶雞縣南界置安途驛。其月，山南西道觀察使上言：當道新制斜谷，其中須置館驛，及創驛右界名者三，甘亭館請改爲懸泉驛，駱駝蔫館改爲武興驛，坂下館請改爲右界驛。並可之。

太和四年十月，御史臺奏：伏準《六典》故事，外官授命皆便道之官。蓋緣任闕其人，則朝廷切於綜理。近日皆顯陳私便，不顧京國，越理勞人，逆行縣道。或非傳置，創設供承。況每道館驛有數，使料有條，則例常踰，支計失素，使偏州下吏何以資陪。又準假寧令，官五考，一給拜埽假。今借稱幸從便路，願謁枌榆。則是展墓足以因行，赴官皆由枉道。臣今月五日已於延英面奏，伏幸聖旨，令將伏承狀。乞起今公私行李勒依紀律，敢有違越，請委所司論列。敕旨：依奏。

八年八月，門下省奏：常參官私事請假，從來準例並給券牒。今商量，或緣家事乞假，各申私志，須約公費。自今後，應有此色假官並任私行，門下省不得給公券。如或事出特恩，不在此限。敕旨：依奏。

開成四年二月，門下奏：常參官寒食拜埽，今月七日延英面奏進止，令準往例給公券者，臣等謹檢舊案，承常參官應爲私事請假，外州往來給券牒。伏準太和八年八月十日敕，釐革應緣私事並不許給公券。今臣等商量，唯寒食拜埽著在令式，銜恩乘驛，用表哀榮。虔奉聖旨，重頒新令。其有拜埽不出府界，假內往來者，並不在給券限。敕旨：依奏。

會昌元年二月，御史大夫陳夷行商量條流奏：所置館驛鞍馬什物兼作人多少，及功價資課，每年破用，取何色錢物添修支遣，其驛馬數勘，每驛見欠多少，速具分析奏來者。臣今商量，請準敕先牒諸州府，勘鞍馬什物作人功價糧課，并勘每年緣館驛馬占留錢數，諸色破用，及使料粟麥，遞馬草料，待諸州府報到，續具聞奏。今具檢前後敕文行用相當者，參立新格，逐意條流，除館驛弊事。

其年三月，門下省奏：準今月六日敕，中使乘券人馬數，訪聞近日皆守敕文，不敢逾越。施之久遠，須令通濟。其遠近送諸道春衣使，須有大將衣任，量加馬一疋。敕旨：令貴必行，理須通濟。供奉官緣官傔人多，宜加遞馬一疋。春衣端午使例外更加一疋，冬衣使例外更加兩疋。餘並準三月六日敕。

二年四月二十三日敕節文：江淮兩浙每驛供使水夫價錢，舊例約十五千已來，近日相仍，取索無度。蘇常已南無驛，使供四十餘千。或界內有四五驛，往來須破四五百千。今後宜依往例，不得數外供破。如有越違，長吏已下書罪。

大中五年七月敕，如聞江淮之間多有水陸兩路，近日乘券牒使命等或使頭陸路，則隨從船行，或使頭乘舟，則隨從登陸。一道券牒，兩處祗供。害物擾人，爲弊頗甚。自今已後，宜委諸道觀察使及出使郎官御史並所在巡院，切加覺察。如有此色，即具名奏，當議懲殿。如州縣妄有祗候，官吏所由節級科議，無容貸。

六年二月，汴州觀察使崔龜從奏：當管三州水陸官驛，先準敕文條流，水夫具有定制，並不許行轉牒供券外剩人。歲月滋深，仍被過客格外干求，剩索人夫，別配糧料。臣今欲條流諸道節度觀察使刺史及諸道監軍，別敕判官赴任及歸闕庭，若有家口及傔從人，即量事祗供。其本管迎送軍將官健所由，諸色受雇人等，本道既各給程限，兼已受傭直，並請不供。伏恐使客曾得館驛分外祗供，忽此遭減，必巧言謗讟，上聞聖聽。今欲準此釐革，不敢不奏。敕旨：宜依，其諸道亦準此處分。

（宋）王溥《唐會要》卷八六《關市》 武德九年八月十七日詔：關梁之設，襟要斯在。義止懲奸，無取苛暴。近世拘刻，禁禦滋章，非所以綏安百姓，懷來萬邦者也。其潼關以東，緣河諸關，悉宜停廢。其金銀綾絹等雜物，依格不得出關者，不得須禁。

（宋）王溥《唐會要》卷八七《轉運鹽鐵總叙》 〔貞元〕八年詔：東南兩税財賦自河南、江淮、嶺南、山南東道至渭橋，以户部侍郎張滂主之。河東、劍南、山南西道，以户部尚書度支使班宏主之。今户部所領三川鹽鐵轉運，自此始也。其後宏、滂互有短長，宰相趙憬、陸贄以其事上聞，由是遵大歷故事，如劉晏、韓滉所分焉。

（清）陸心源《唐文拾遺》卷三《玄宗・乘傳給券敕》 如聞比來給使人爲無傳馬，還只乘驛，從押傳遞，事頗勞煩。自今已後，應乘傳者宜給紙券。

紀事

（宋）司馬光《資治通鑑》卷二一〇《唐紀・睿宗景雲元年》 姚州羣蠻，先附吐蕃，攝監察御史李知古請發兵擊之；既降，降，户江翻。又請築城，列置州縣，重税之。黄門侍郎徐堅以爲不可；名斷。不從。知古發劍南兵築城，因欲誅其豪傑，掠子女爲奴婢。羣蠻怨怒，蠻酋傍名引吐蕃攻知古，殺之，以其尸祭天，由是姚、巂路絶，連年不通。酋，慈由翻。巂，音髓。

《舊唐書》卷一三《德宗紀》〔貞元八年閏十二月〕癸酉，門下省奏：郵驛條式，應給紙券。除門下外，諸使諸州不得給往還券，至所詣州府納之，别給俾還朝。常參官在外除授及分司假寧往來，並給券。從之。

《舊唐書》卷一七一《裴潾傳》初，憲宗寵任内官，有至專兵柄者，又以内官充館驛使。有曹進玉者，恃恩暴戾，遇四方使多倨，有至捽辱者，宰相李吉甫奏罷之。十二年，淮西用兵，復以内官爲使。潾上疏曰：館驛之務，每驛皆有專知官。畿内有京兆尹，外道有觀察使、刺史，迭相監臨，臺中又有御史充館驛使，專察過闕。伏知近有敗事，上聞聖聰。但明示科條，督責官吏，據其所犯，重加貶黜，敢不惕懼，日夜厲精。若令宫闈之臣，出參館驛之務，則内臣外事，職分各殊，切在塞侵官之源，絶出位之漸。事有不便，必誡以初；令或有妨，不必在大。當掃静妖氛之日，開太平至理之風，澄本正名，實在今日。言雖不用，帝意嘉之，遷起居舍人。

宋遼金元分部

論　説

《鳳臺縣志》卷一三《藝文・請平治太行山道劄子陳堯佐》　臣伏見太行山路窄狹，險峻異于他處，公私綱運，常有摧輪折輻之患，人畜大段費力。兼又整買去人烟少遠，多是野宿，唯只潤得山下倖民收貯修車物料，緩急欒取貴價。又虞賊寇驚動，即令却走行者一名，求乞修疊。臣伏覩聖朝惠民集福之利，遍于寧宇，若使官中常與施金，自然人畜受賜。況懷、澤兩州常有中□秋復□出不少例口請糧□坐可以時□差使□□特降敕命下懷、澤兩州，每于四處巡察，一度舉行，差官相度。如有雨水衝泛妨滯車牛之處，即計工量差上□塘馬勒員催部押修填開築，平作了畢，即晝時押送，爲使並不差擾修增。況本處常有山路巡檢使臣，便令提轄點校，甚不費利，頗利公私。詔令懷、澤州依陳堯佐所奏施行，并下河北、河東轉運使依此指揮，付河東轉運司，准此。大中祥符八年十二月十四日。

綜　述

（明）陳邦瞻《宋史紀事本末》卷一〇〇《蒙古立國之制》　嘉熙元年二月，蒙古始給官府符印，定驛令。初，諸路官府，自爲符印，僭越無度。耶律楚材請中書省依式鑄給，名器始重。時諸王、貴戚皆得自起驛馬，道路騷擾，所至需索百端。楚材復請給牌劄，定分例，其弊始革。

（清）徐松《宋會要輯稿・食貨四八・陸運》　凡陸運，川峽諸州軍金帛自劍門列置遞夫，負搭車輂以至京，或轉支至陝西、河東沿邊供軍。廣南諸州自桂州由湖南、北、江陵、荊門而至；福建自洪州渡江，由舒州而至。又有川陝布綱供京西諸軍用度者，由荊南襄州列遞轉送。舊自廣南至京，有香藥遞鋪，今亦罷去。諸州陸運，惟主綱者部送，道路給券，不置使主之。諸邊戍軍衣賞給，亦多空運送致。

（清）徐松《宋會要輯稿・食貨四八・陸運》　太祖建隆三年三月，詔三司：起今戍軍衣，並以官腳搬送，不得差編户民。

（清）徐松《宋會要輯稿・食貨四八・陸運》　乾德六年五月，詔曰：王者之道，使人以時，非惟不奪於農功，亦冀無煩於民力。自今應諸道州府軍縣上供錢帛，並官備車乘輂送，其西川諸州合般錢物，即於水路，官自漕運，不得差擾所在民人。仍於逐處粉（粉）（壁）〔壁〕揭示詔書。

（清）徐松《宋會要輯稿・食貨四八・陸運》　太宗太平興國七年二月，詔：先是，劍南、兩川、嶺南、荊湖、陝西諸州每歲上供錢帛，悉發民負擔，頗爲擾，宜罷之。自今並以傳置卒，充其役。

（清）徐松《宋會要輯稿・食貨四八・陸運》　至道三年十一月，詔曰：西鄙運糧，蒸庶勞弊，近遣諸軍輓送，所以息民。今嚴冬在候，士卒亦宜放歸，仍賜緡帛。

（清）徐松《宋會要輯稿・食貨四八・陸運》　真宗咸平四年八月，詔至道三年部糧草入靈州官員，自來不該元降敕命酬獎者，並特放選，注家便差遣。

十月，詔曰：國家以近邊諸郡式遏寇戎，歲屯萬旅之師，日有千金之費。雖賦租無闕，量經費以滋多；而轉餉頗勞，在久長而可慮。主其豐耗，屬在計司，免貽旰食之憂，爰訪贍邊之略，式副虛懷。宜令三司三部衆官同共商議，擘畫久遠，常得（辨）〔辦〕濟，不致悞闕。仰一一具奏，仍差吏部侍郎陳恕監議。至十一月，恕等條上利害。事具監門。

五年七月，詔户部判官凌策與江南轉運使同計度罷省自京至廣南香藥遞鋪軍士及使臣計六千一百餘人，皆陸運至虔州，然後水運入京。

（清）徐松《宋會要輯稿・食貨四八・陸運》　大中祥符元年三月，徙麟州、府州戍兵及鈐轄於河東。以邊部寧謐，減轉餉之煩也。仍令轉運使於河西預積芻糧以備緩急，免非時擾民餽送。【略】

七年四月，詔：廣南諸州上供物色，雖綱運不多，如聞皆自本州專差牙校管押赴京，地里遥遠，頗聞勞止。自今並令減省其數，遞送赴闕。

八年閏六月，詔廣南、西川京朝幕職州縣官丁憂離任，情願管押綱運者，並聽仍給驛券。

九年二月，詔：如聞廣南上供綱運悉令官健護送至闕，原書天頭注云：綱一作錮。頗亦勞止，自今令至虔州代之。

（清）徐松《宋會要輯稿・食貨四八・陸運》 天禧元年七月，知許州向敏中言：京西轉運司支撥均、襄、房、鄧州軍見錢於許州下卸，支與西京及諸州充備收糴斛㪷。先准見錢，不得令遞鋪遞。若止差衙前破官錢顧脚搬載，自是衙前人因搬錢陪補破産者甚衆。況至襄至許香藥遞鋪，別無大段綱運，其計度收糴斛㪷價錢，欲乞權且入香藥遞鋪遞至許州下卸，候轉遞諸州糴斛㪷價錢有備，即依舊制。從之。

十一月十二日，詔：京東、西、河東、河北、陝西、淮南等路州軍，上供綱運陸路至京者，在道苦寒，宜分差使臣馳驛往逐州應有綱運到處，悉令准數交納，置庫收管。其部送牙校當給日食者勿停留，至來春輦送赴闕。

十五日，詔河東沿邊諸州軍：河外麟府歲調民輦送芻糧者，宜令特免一年。

四年十一月，詔罷河東沿邊州軍明年轉般芻糧，以本路轉運司言邊儲有備故也。

五年八月，三司使李士衡言：京西、河北轉運司元規度於河東晋州發斛斗三十萬赴滑州，山路艱險，慮或稽期。欲止於滑州、通利軍入中，優給其直。從之。

（清）徐松《宋會要輯稿・食貨四八・陸運》 乾興元年十二月，仁宗即位未改元。上封者言：者言：原作言者，據本書食貨四二之七乙。兩川四路物帛綱運，每日遞鋪常有積壓，主持人等搬運苦辛，科率之時，不無勞擾。國家取之無窮，使蜀中物價何由平賤？望以兩川所發綱運一年計其數，於內詳酌不急之物，可與減放二三分，庶使遠民寬裕，聖澤普均。詔三司定奪聞奏。三司言：兩川疋帛，自來計度每年聖節、端午、十月，一內人春冬衣賜並准備非時傳宣取索及回信往來兼應副南郊支用（凌）〔綾〕羅、錦綺、鹿胎、透背、㪍正、生白大小綾花、紗絹等，下益、梓州兩路織買出染，並逐州依久例，於出産州軍逐旋計綱起發上京，於內藏庫送納。今詳所陳乞與減二三分，誠爲便民，其如國家年計支費不少，若或減省，深慮闕供。今定奪，除綿三十五段全減不織造外，其餘欲且依舊，其絹、布、紬、絲、綿自來於益、梓、利、夔四路轉運司轄下州軍每年買納，原書天頭注云：轄一作轉。除應副陝西、河東、京西轉運司及本路州軍衣賜支遣外，如有剩數，即（今）〔令〕逐州軍差人管押上京送納，即每年省司元不抛椿定上京數目。所有自西川水路起發布帛六十六萬疋赴荊南水路轉搬上京，並要應副在京並京西州軍衣賜支遣，今定奪難議減省，欲且依舊。從之。

（清）徐松《宋會要輯稿・食貨四八・陸運》 仁宗天聖元年五月，三司鹽鐵副使俞獻可言：乞下陝府西路轉運司指揮鳳州或鳳翔府，每川陝綱運到驛，令税務監官每十簷計抽揀一兩簷，如有影帶疋帛，盡底點檢勘罪，依條施行。從之。

七月，三司言：陝府西路轉運司奏，轄下沿邊四路州軍大屯軍馬，每年支撥軍須物色萬數不少，逐州軍所管衙前人數又多例各一年兩次差遣，當司相度，欲依河東轉運司例，每年於在京駞務差撥駱駞二百頭，差殿侍或三司軍大將四人，每人分駱駞五十頭，就近於草地牧放餵養，准備沿邊州軍緩急少闕軍須物色，立便抽差部轄管認，般送應副，不至撓民。詔下三司定奪。省司檢會：在京見管駱駞無多，即目在石州牧放未迴，今欲先於石州見牧放數內就近支撥百頭赴陝西交割，即令本路破係省錢收買，就華州華陰縣界泉店牧放。其軍大將即從省司差，應有鈐轄事件，並依河東路駱駞般運條例。從之。

二年五月，詔：蜀州四縣折納夏秋税布，從來止令本州打角差夫般往新津縣堆貯，候交與押綱人員、使臣入船，下往嘉州合併起發，所差人夫倍多，擾費民力。自今止令新津縣置庫受納，候及數目，就彼計綱打角，支與水路綱運起發。合銷庫屋，下蜀州修蓋，逐年依條差專副，只委新津知縣監押同受納。

十月，詔：應外處請賞給折支物色，自來管押使臣三班院差定，慮不知外處差人等候，同共請領，妨滯起發。自今三班院應承受得密院劄子，並書鑿到院月日時辰，於當日或次日定差，當降宣命。如稽遲，勾押官已下當勘罪施行。

五年二月，京西轉運司言：唐、汝、隨、郢州、光化軍月收諸色課利錢除留州支遣外，其餘自來並入香藥遞赴許州下卸，遞字下疑脫鋪字。應副以北州軍糴買糧斛及諸般支用。自編敕條貫後，不得入香藥遞鋪搬運，諸州軍止差衙前支官錢雇腳般載，陪備錢物，或致破產。勘會均、襄、房、鄧州軍錢已許入香藥遞鋪轉送外，上件諸州軍欲乞依例。從之。

六年正月，陝府西路轉運使杜詹言：本路沿邊環、慶、鄜、延、原、渭等州軍屯泊軍馬，支費見錢不絕，供饋或至少闕。欲將近襄州軍每月課利見錢，勘會就地里近便送納，那近邊場務課利見錢在邊上送納，免致闕絕。兼逐處場務勾當人但於就近送納，免差衙前般運陪備及兵士搬擔辛苦，枉破地里腳錢。從之。寧州彭原、赤城、寧羌、午狼、楚村、王澤、莊狼山等務，並赴慶州；邠州永昌、韓村、秦店、左勝、洪河、龍安莊、曹公莊、房陵村、李村買撲石炭，定平縣張村、陵頭村等務，並赴寧州；乾州麻亭、郭下、永壽鎮、新店、平泉村、蓋村、東大樹村、北務村、巨家莊、馬坊村、南舜城、羊馬店、權家莊、下交、秋林村、梁店、蒿店、常寧寨、平陽村、永寧村、白石泉等務，並赴邠州；永興軍興平縣甘北、醴泉縣臨涇、武功縣甘河等務，並赴乾州；鳳翔府普潤縣、麟游縣崔模、法善寺、洛穀、扶風縣，盩厔縣清平鎮、岐陽鎮、□子坑等務，並赴乾州；華州華陰縣關西鎮、常禁庫、渡莿姚漢帝、渡莿姚漢帝：疑有誤。下邽、來化、敷水、泉店、潼穀、蒲城、零起、石炭店、渭津渡、晉興渡、曹村渡、温湯渡、普濟渡、黃城渡、索曲渡、嚴信渡、姚渡、使渡等務，並赴同州；韓城縣務赴丹州；白水縣務赴坊州。

五月，京西轉運司言：據襄州狀：逐年准轉運司牒，輪差轄下十餘州軍衙前往荊南般布十萬疋赴當州下卸，淮南以北州軍般取充軍裝。州司檢會荊南先造船十隻，遇諸州軍抽差綱副到般請布帛，逐州更差人員兵士五十人往彼牽駕，上水灘磧，或至一年方到州，縱不遭風水疏失，須有上露下濕、水漬鼠傷，估剥虧下價錢不少。復近年以船造年深，釘板疏漏，不任裝載，逐年綱副自雇舟般運布，每萬疋出雇腳錢百貫，並緣行它費不少。州司相度當州南路省遞鋪，逐鋪各管兵士十餘人，日前曾般運南來香藥，自來轉江上京，遞鋪兵士別無般送。欲自當州至林湖鋪、荊門軍界至荊南諸鋪，各添兵士及二十人，置小車子十兩，每兩推載布二百疋，日運二千計，五十日十萬數畢。或阻陰雨，至兩月可畢。其添兵士卻遣歸小車子，即委巡鋪使臣拘收封□，准備逐年般運，免致衙前陪備腳錢。欲乞依襄州擘畫施行。從之。

八月十五日，三司言：益州路轉運司奏：據邛州狀，每年起發上京等處綱運，乞於本州並蜀州新津縣各留兵士五十人、節級二人在彼守候，綱運般遞至益州遞鋪交割已，移文本州。今後遇起發綱運，即於本城兵士輪差般擔至益州。今知邛州萬可觀奏：乞相度邛、蜀州差兵級般擔上京綱運至益州，並一年一替。當司看詳，邛、蜀二州非要衝道路，逐年起撥應副河東等三路物帛綱運，並非時差人般請馬、藥等，並是常程綱運，別無外路州軍綱運經過，不至煩併，逐年已令依差出兵士在外例日給口食。今相度乞依舊於本城兵士內輪次暫差，仍乞依當司所奏，邛州添招克寧兵士七十人，蜀州添招百人，用填闕額人數。省司欲依轉運司所奏施行。從之。

八年五月六日，上封事者言：普、遂等州諸般綱運州縣，差借人夫般擔至梓州，方有遞鋪兵士轉遞。伏緣川中時物常貴，差借人夫山路遙遠，不支口食，亦甚不易。切知資、簡等州差借人夫般擔綱運至益州，自來官給米日二升，欲望應川中不置遞鋪，權差借人夫般擔綱運去處，每日官支口食。詔下益、梓、利、夔四路轉運司相度，皆言其便。復詔三司：今後四路州軍差借人夫般運上京並河東、陝西路州軍綱運，即每日人支口食米二升；止轉般鄰近州軍官物，即不支。

（清）徐松《宋會要輯稿·食貨四八·陸運》 慶曆四年正月十二日，河北、京西、陝西、河東路當遞鋪軍士特支錢有差。時雪寒，輦致綱運辛苦故也。

（清）徐松《宋會要輯稿·食貨四八·陸運》 嘉祐六年四月二十一日，詳定寬恤民力所言：屯田員外郎陳安道言：諸州軍衙前般送綱運，合請地里腳錢，逐處須候運畢方給。緣顧覓腳乘打角官物，須至陪取債負，及賤買畜產，如地遠州軍，不免侵使官物，致陷刑憲。乞今後應衙前般請綱運合支腳錢者，於請物州軍先次支給，關報受納州軍照會；其送納綱運者，於起發州軍先次支給。如願運畢請領，各聽從便。詳定所檢會《慶曆編敕》，上供及支撥官物等，如官有水、陸迴腳，並許差人管押，附搭送納。其陸路無官般及無軍人者，許破官錢與管押人和顧腳乘，仍依圖經地里，每百斤、百里支錢百文。急速輦運，雇傭不及，即差借人户腳乘，仍具事由聞奏。其川峽有水路不便者，轉運司計度般運。今安道所申，自合依條於請物州軍先給腳錢。切慮州軍候運畢方給，致使衙前重有勞擾，乞令今後押綱運和雇腳乘，依上條施行。從之。

（清）徐松《宋會要輯稿・食貨四八・陸運》 神宗熙寧四年二月二十一日，詔：近借内藏庫錢六十萬貫充河東、陝西路折斛錢，宜令於數内先撥三十萬貫赴河東，令三司選使臣、軍大將差船般至河陽，令京西轉運司和顧腳乘，或差兵士，轉送赴河東路近便州軍交納。如無住滯，使臣與先次指射優便差遣，軍大將與減磨勘一年。

六年七月二十八日，鄜延路經略司言：支封樁錢於河東買驢三百，以運沿邊急闕糧草。從之。

十二月十五日，成德軍言：在府場務差遣參用禁軍軍員，惟管押綱運，只差三百料錢已下不敖閱廂軍人員。詔從之，仍不得妨本營部轄。

九年八月二十六日，熙河路經略安撫使高遵裕言：勘會見屯軍馬，雖累牒轉運司廣作擘畫，應副糧草，其差顧蕃腳，亦非人情所願，難以常行。乞令速行計置糴買，及別立般輦之法。乃下秦鳳等路轉運司，於是轉運判官孫迥言：自來多和顧蕃腳般運糧草，支與見錢，亦不聞曾有嗟怨。遵裕奏乞罷顧蕃腳，令轉運司別立輦運之法，幸本司不能供（辨）〔辦〕，即坐不職之罪。竊慮繫壞邊計。詔顧蕃腳，令户房申行下。

（清）徐松《宋會要輯稿・食貨四八・陸運》 元豐四年四月七日，梓州路轉運司言：都大經制瀘州夷賊公事司牒：將來入界，節次聚糧迴運，乞差顧夫五萬，本路四萬，成都府路六千，夔州路四千。從之，仍令所差顧人牛等，先於本路；如不足，於夔路；又不足，方於成都路。

二十七日，中書言：勘會變通運川陝路司農物帛等，般運已至陝西，有合變轉措置，令逐路提舉司除銀並紬絹布依省樣可充支遣者存留，其餘變轉移徙出賣，或折博糴糧斛，並於邊要州郡樁管，限一月結絕。川陝至陝西路未般物帛，慮有損失，仰催促般運。如闕鋪兵，亦許顧人，併力輦致。所費錢於變轉錢内支。從之。

十月十二日，詔：河東差夫及餽運乖方，命按閱三路集教義勇保甲趙□權主管都轉運司，俟事畢依舊。令運官於路州置司，械陳安石、黄廉劾罪，莊公嶽、趙咸，俟隨軍回取旨。其按閱集教義勇、保甲，止令李舜舉往。上續批：陳安石、黄廉可且令送獄收禁劾之。先是，上詔□等曰：聞河東轉運司應副軍事，調發人夫，不量民力厚薄，致有實不可勝，屢經州縣號訴者。卿等可因按閱所至廉問，如委有措置乖方事狀，馳驛以聞。至是□等體問得運司昨差夫萬一千隨軍，坊郭上户有差夫四百人者，其次一二百人，顧出驢者每三驢當五夫，每五驢別差一夫驅喝。一夫顧直約三十千以上，一驢約八千，加之期會迫趣，民力實不能勝。入軍須調發煩擾，入：疑當作又。止是不急之物，如絳州運棗千石往麟府，每石止直四百，而顧直乃約費三十緡。陝西買披皮供軍，原書天頭注云：披一作被。亦非要切。如此之類，乞特裁損。故有是命。

十一月九日，涇原路轉運判官張太寧言：餽運之策，莫若車便，竊見自熙寧寨至磨哆口皆大川，通車無礙，兼間自磨哆口至兜領下道路與此無異，自嶺以北即山險少水，車乘難行。以臣愚慮，可就嶺南相地利建一城寨，使大車自鎮戎軍載糧草至彼，隨軍馬所在，卻以軍前夫畜往來短運，更於中路量度遠近，築立小堡，以相應接。如此，則可省民力之半，止以遣回空夫併力修築。上批付盧秉付：原作行，按原書天頭注云：行一作付。又《長編》卷三一九、《宋會要》食貨四三之二均作付，據改。曰：張太寧奏乞城蕭關故城，以爲根蒂，則賊界人户盡可招來。道路氣勢，遠近相屬，可通大車轉餉，其策甚善，蓋其成效已見於熙河。卿其早圖之，則一路不日當有几席之安矣。

十九日，京西轉運司言：准朝旨，於均、鄧州共發夫三萬，每五百人差官一員部押，赴鄜延路餽運，計用官六十員。本路闕官，乞於起夫縣各差令佐，及鄰州縣不依常例，共差二十員，餘四十員乞自朝廷差官。詔均、鄧州所起夫三萬，自離家日及本路程頓，並依前降指揮日支米錢外，令轉運司計自入陝西界至延州程數，日支米錢三十、柴菜錢十文，並先併給。

五年五月十六日，詔：陝西都轉運司運糧應副軍興，應：原作廳，據《長編》卷三二六、《宋會要》食貨四三之三改。於諸州差顧車乘人夫，所過州交替人日支米二升、錢五十文，至沿邊止。軍糧出界，止差廂軍，仍曉示人户知悉。【略】

〔六年二月〕二十四日，李憲言：計置蘭州糧十萬，乞發保甲或公私橐駞般運，及慮妨春耕，臣已修整綱船，自洮河漕至吹龍寨，俟廂軍搰運赴蘭州。詔如橐駞舟船搰運不足，須當發義勇保甲，即依前詔。

七年七月二十一日，新河東轉運副使范純粹言：昨在陝西，朝廷每給軍須，並計綱顧夫起發，頗爲勞擾。乞自今河東、陝西邊用非應副機速者，並令小作綱數排日遞送。從之。原書天頭注云：副本有蘇黄門一條，應抄入從之後。

（清）徐松《宋會要輯稿・食貨四八・陸運》徽宗崇寧三年六月二十四日，陝府西路兼熙河路都轉運使鄭僅言：奉朝旨差顧夫役運糧，應副河州。酌量人户財力所勝，立定保伍維持之法，無偏重不均（人）之弊，部夫官無逃竄人夫、散失斛㪷之患，官私稱便。雖申請到已得差夫體例，緣係一時指揮，竊慮今後本路無法遵守，卻致輕重不均。欲應差夫起丁，並依此施行。詔非因邊事，不得立爲定法。如今後雖因邊事差夫起丁，亦未得一面差雇，仍須（據）〔具〕合差雇數目，申取朝廷指揮。

四年二月十日，虞部員外郎辛之武言：承朝旨，差沿路催促起發熙河、秦鳳路錢物綱。逐鋪曆多是止稱元押使臣等某人，並不抄上所押官物名色、赴甚處送納，蓋從來未有關防。欲應步路般輦錢物綱運，令逐路遞鋪置曆一道，遇官物到鋪，令管押人於曆内親書批鑿日時及某官或某人姓名、所押官物名色、至某處送納、合使車幾兩或兵士幾人，若無人車，理合行打過者，亦須分明批鑿因依。或值擁併，即依到鋪先後資次撥發般運。其曆令所屬州縣鎮起置，用印給付，季別一易。仍委巡轄使臣或季點官常切呼索點檢。從之。

（清）徐松《宋會要輯稿・食貨四八・陸運》大觀二年五月七日，京（幾）〔畿〕都轉運使吳擇仁言：西輔軍糧税賦外，發運司歲撥八萬碩貼助，於榮澤下卸，至州尚四十五里，遂具申請。已奉詔擺置車子三鋪，每鋪七十人，每月可運八千四百碩。兵車已足，見修置鋪屋，候綱到般搰。向去運糧漸多，即據數增添鋪兵施行。臣踏逐得西輔北門外金水河去州倉甚近，見有官私小船往來，若將來汴河般運北轉軍糧數多，即打造，或收小船相兼使用，於就近倉場剗卸裝發，庶西鋪般運不致擁滯，易見次第。乞付臣續次條畫。詔擇仁相度條畫，措置聞奏。

（清）徐松《宋會要輯稿・食貨四八・陸運》政和五年十二月二十二日，詔：腳户侵用般運錢物，許人告獲，先支賞錢三百貫，後於犯人名下追納。如不足，應干繫及交易人均備，並以自盜論。從河東轉運司請也。

（清）徐松《宋會要輯稿・食貨四八・陸運》宣和七年二月八日，詔燕山闕糧，可自京師運米五十萬斛，令工部侍郎孟揆親往措置。

（清）徐松《宋會要輯稿・食貨四八・陸運》欽宗靖康元年十月十二日，詔：一方用師，數路調發，軍功未成，民力先困。若京西運糧每名六㪷，至用錢四十貫，陝西運糧，民間陪費百餘萬緡。聞之頗爲駭異。今歲四方豐稔，粒米狼戾，但可就逐處增價收糴，不得輕議般運，以稱恤民之意。若般綱水運及諸州支移之類仍舊。

（清）徐松《宋會要輯稿・食貨四八・陸運》高宗建炎四年十二月十日，度支員外郎韓球言：欲前去饒、信等州剗刷錢糧，乞將沿流州軍並起發見錢；其不通水路去處，依指揮變轉輕齎。從之。

（清）徐松《宋會要輯稿・食貨四八・陸運》紹興元年二月十六日，詔令韓球照會前降事理，體度行在贍兵數多，將見剗刷不以麤細色綱運，遵依建炎四年十月二日已降陸運指揮疾速施行，原注天頭注云：二一作一。不得少涉搔擾。内合應副張俊下軍錢糧，仰於今來所般數内量度撥留應副。其後内降、應干合於饒、信州樁垛錢物糧斛等事理，更不施行。

（清）徐松《宋會要輯稿・食貨四八・陸運》孝宗乾道二年正月十九日，詔利路運糧人夫，每名給錢二千，令紐計度牒支降。先是，敷文閣直學士、四川安撫制置使汪應辰乞優恤利路運糧百姓，而漕臣亦具奏，乞運糧一碩，人支錢引三道，計合降度牒八百餘道。上謂輔臣曰：中間亦曾免了一處。洪适等奏曰：成、和等四州已嘗免夏秋二税一年，京西路諸州亦免二税一年。因有是命。

十一月九日，詔：諸路州郡綱運自指揮到日，並解發見錢，其自來不通水運去處，依舊解發輕齎。後因江東路申請，尋詔諸路自乾道三年爲始。

九年十月二十九日，詳定一司敕令所修立到：諸綱運，修：原作收，據本書食貨四四之一二改。以本州縣見任合差出官各籍定姓名，從上輪差，不許辭免。無官可差，即募官管押，先選本州本路、次別路寄居；未到部人非。得替待闕官，並選差有舉主、年未六十、無疾病有心力可以倚仗人，取付身照驗圓備，寄軍資庫，獲收附回日，即時給還付身。土豪官砧基薄契准此。召本等保官二員，土著官亦許募，仍取願狀，取見產業及得所押價直拘收砧基簿契在官抵當；產業不及者，拘收外，召保官一員。即曾犯贓及私罪衝替、押綱欠折並通判路分都監以上及本州僉判，並不許募。其見任官許於替前六十日內指射，各以下狀先後爲次。即雖應選，若當職官審量不可付者，聽別選。以上各於綱解內具到元差募監司謂係本司應起發者。守令名銜。諸宗室及見任本州守貳、本路監司子弟親戚或諸軍揀汰使臣及不應差出之官，並不得差募押綱。下班祗應、副尉、衙前公吏、斗級、將校軍兵、無官土豪准此。諸綱運於裝發州給行程曆，付押綱人，募押者止批本官印紙，差押者准募押式批書。水路於排岸催綱運巡檢司、陸路於州縣鎮寨即時批到發日時、附載物名數或風水事故寔狀，通判督責催綱巡尉差人防護，監赶出界，關報前路催綱官司。若風濤不可停船，聽押綱人從寔聲説事因，到發日時，結朝典狀赴以次官司併批。仍押官用印，結罪保明。其赴闕者，水路排岸司、陸路所屬省部寺監，在外者，卸納官司點檢。諸處起發官物應給路費錢者，並計所至，謂如上供物以至京往別路物以卸納處之類。以應給錢全支付押綱人，水路綱約度阻風日分寬處。仍批書解綱行程曆。若緣路截留或寄納，即據銷破不盡數與所卸官物，各具鈔納。水路不曾阻風，有餘剩，回日納官。再起發者，以所納錢給如法。諸押綱人卸納官物訖，所在官司限一日取索行程曆、印紙驅磨，仍批書有無違程、欠剩，諸鹽糧綱綱梢犯罪不可存留者，押綱人具事狀申轉運或發運、輦運、撥發司審度，差人交替。若兵梢在路糶賣，送本地分州縣施行。如闕人牽駕，即令所在貼差。諸押綱得減年賞者，不許湊理磨勘轉至應蔭補官，雖得轉官賞，亦候轉過日收使。諸糧綱每綱不得過二萬石，裝載訖，限三日起發。諸綱運應募土著官管押者，於行程內聲説起綱事件，並依見任官法。諸綱運募土著管押應賞者，依現任官法。諸綱運差募押綱官不當，致盜貸移易失陷，具元差募監司、守令職位姓名申尚書省取旨。諸倉受納糧斛，以元樣比驗交量，非夾雜糠粃，不得抛颺。司農寺丞簿輪日分巡諸倉，仍聽户部官不時下倉點檢。從之。先是，中書門下言：諸路監司州軍選差管押錢物米斛綱運人指揮雖已詳備，切慮引用不一，兼所差孔目典級難以責任。詔除孔目職級典押並無官土豪土著不許差押外，今後監司守令起發綱運，須管任責照前後指揮依公選委，綱解內分明聲説元差監司守令職位、姓名，如有失陷，户部具元差官取旨施行。仍令本部檢坐條旨，同敕令所立法。

十一月九日，南郊赦：諸路州軍起發金銀物帛綱運，內有色額低次之類估剥虧官錢數，行下補發。訪聞州縣監納干繫等人及元賣鋪户均攤，切慮貧乏之人，不能償納。可將乾道六年赦前未追數目，如委是無可填納，並與除放。

（清）徐松《宋會要輯稿・食貨四八・陸運》　嘉定十一年四月二十三日，臣僚言：邊陲飛輓，倚之民力，其初州縣聚集，處之無策，縱遣弓兵分布追逮，已不無擾。及其到官，伺候累日，方爲點名，甚至再點，續赴外州移運。所差出米之官又愆期不至，迨至，又必宛轉計會，始得支發。或稱上司往運，則使復回，一番裹糧，未免虛費。官司不理爲役，復行再差，此猶可也。負擔在途，勞瘁萬狀，僥倖善達，兼旬不交。或利於取贏，抑其陪備者，比比有之。且以某州點夫，某州運米，又指某州出卸，涉歷三州，道里遼邈，所運米不過八斗，計其資糧扉屨，與夫所屬邀阻誅求之費，常十倍之。官雖計程給食，一鐫於叨吏之手。大率中產顧替一夫，爲錢四五十千，其他單弱之人，一夫受役，一家離散，至有斃於道路者。乞下江、淮、荊、蜀制閫嚴督諸路漕臣悉力措置，其有道（理）〔里〕敻隔、移運不便去處，令其參酌分撥，務適其中，庶幾人有生意。邊方根本，實基於此。從之。

九月二十九日，臣僚言：陛下軫念邊氓，謂淮右陸運煩重，命漕、憲二司分督諸郡，又發緡錢以爲庸雇之直，德至渥也。但弊端難考，議匪一端。或謂一路自有東西，今運宜於東而反就於西者；或謂本州所謂未已，而帥總諸司又以借夫而紛至者；或謂分撥不審，至有裹糧徒手，越數百里始得運米而往者；或謂紹興之初，嘗兼水運，而今憚備舟楫，未聞有能推行者；或謂名爲斗米千錢以給路費，而實未嘗得者；或謂於正夫之外，多科名數，以爲乞覓欺弄之資者。若是之類，未易枚舉。乞下淮西提刑、轉運二司，俾之日下條具更革事宜申上，庶幾轉輸自集，民力稍寬。近見台臣有就邊和糴之請，已蒙施行，蓋極邊如光、濠、安、豐，正資漕運，今歲一稔，宜多給緡錢，不問豆麥，增價收糴，蓄之城內，則官省轉輸之煩，民獲貿易之利。乞下本路漕臣專一提督措置，比之內地和糴，又當優議酬賞，亦助軍儲，省漕運之一端也。從之。原書從之下有小字云：《大典》卷一萬五千九百四十六。

《元典章》卷二《聖政·恤站赤》 大德十年五月十八日，欽奉整治政化詔書內一款：諸處站赤消乏，蓋因諸王、駙馬並內外官府不詳事體緩急，動輒馳驛，以致站户逃移。今後非軍情錢糧緊急之務必合乘驛者，毋得濫差。

《元典章》卷二《聖政·恤站赤》 大德十一年五月，欽奉登寶位詔書內一款：蒙古站赤消乏尤甚，別行接濟。其餘諸站，仰通政院定奪優恤。仍禁各投下、諸衙門毋得濫給鋪馬。

《元典章》卷二《聖政·恤站赤》 大德十一年十二月，欽奉至大改元詔書內一款：諸處站赤消乏，蓋因近年以來，內外衙門、諸王駙馬各投下濫行給驛，脱脱禾孫不爲用心盤詰，有司失於整治之故。仰中書省、通政院先將消乏逃亡人户合併僉補。管站頭目因而典買本管站户親屬，並聽完聚，價不追還。蒙古站赤並其餘整治事理，次第舉行。

《元典章》卷二《聖政·恤站赤》 至大二年九月，欽奉立尚書省詔書內一款：軍、站輸役繁重，宜令樞密院、通政院察其利病，講究舉行，以示存恤。站户消乏者，體覆是實，隨即補替。

《元典章》卷二《聖政·恤站赤》 至大四年三月十八日，欽奉登寶位詔書內一款：站赤消乏，蓋因使客繁多，失於檢察。除海青外，應進獻鷹隼犬馬等物，並令止罷。各處歲貢方物，有司自有額例，其餘非奉宣索，不得擅進，應有執把聖旨、令旨，盡行拘收。諸王、駙馬投下及各衙門鋪馬聖旨，仰中書省定擬以聞。諸賚物爲驗者，今後毋得給馬。不應差使，營幹已私，罪及給馬判署正官。監察御史、肅政廉訪司常加糾察。

《元典章》卷二《聖政·恤站赤》 延祐七年三月，欽奉登寶位詔書內一款：各處站赤，差發繁併，迤漸消乏。仰中書省、通政院設法撙裁，諸衙門毋得泛濫給驛，違者罪及當該判署官吏。路、府提調官鈐束站（赤）官人等，毋得聚斂侵尅，差役不均。監察御史、廉訪司嚴加糾治。

《元典章》卷二《聖政·恤站赤》 延祐七年十一月，欽奉至治改元詔書內一款：站赤消乏，蓋因差使頻併。今後諸衙門並諸王、公主、駙馬各枝兒常加撙節，如有必合差人馳驛幹辦公事，斟酌應副，務從省減。一切關防約束事理，悉從舊制。脱脱禾孫用心盤詰，違者隨申本道廉訪司究問。通政院給馬之際，若有不應差人，及多餘濫給鋪馬者，嚴行斷罪。

《元典章》卷六《臺綱·體察·察司體察等例》 至元六年二月，中書省：欽奉聖旨：教中書省交與提刑按察司條畫者。欽此。省府擬到下項條畫，仰依奉施行。【略】

一、津梁道路，仰當該官司常切修整，不致陷壞停水，阻滯宣使、軍馬、客旅經行。如違，仰提刑按察司究治。

《元典章》卷三六《兵部·驛站·站赤·立站赤條畫》 至元□年□月，中書省：奏奉聖旨：六部併作四部。除欽依別行外，據別路站赤鋪馬數目，仰本部常切檢校。今逐一區處。

一、諸站鋪馬，大概一體走遞，其間或有馬疋參雜瘦乏病患、氣力生受去處。雖因走遞使然，亦由站間不得其人，及本路官司有失照覷。今後委自本路管民正官，督勒管站〔官〕，常川計點草料槽具；各站户人等將所養馬疋依時飲喂，須要肥壯，無令瘦弱。若是不禁走遞，頻頻倒死，驗數補買，不唯有損站户，抑亦失悞鄰站驛程緊急公事。省部不測差官前來檢校，若有似此站官，就便斷遣。

一、四户養馬一疋，若有倒死，又索補買。一歲之間，所費甚重。今知得諸處站赤不恤站户疾苦，中間因事作弊，妄行科斂錢物，百般搔擾。仰各路總管府常切體察，或有人告首到官，取問是的，依條重斷，追贓還主，别差好人代替。

一、站户多有影占近上人户，不令供馬，止要出備錢物以益私己。若不禁治，切恐久而靠損其餘户計。今後有人告發，或官司察究得知，痛行治罪。諸人結攬者同。

一、元奉省劄：站户依驗使臣分例上，應付當日首思，若使臣有勾當，住呵，官司應付者。今體知得諸處站赤，例於馬户處冒行攢斂羊酒、米麵、首思等物，除使臣分例食用外，多有尅落數目。今後委自總管府，斟酌各站緊慢使臣起數，扣算必用首思數目，令本站於馬户處依理計置，明附文簿，排日依分例支銷。總府每月照刷，如有冒破及不應者，勒本站官陪償。

一、元奉省劄：總站許設頭目三員，其餘站驛量設二員，額外不許添設。仍具管站頭目姓名申來。

一、今後站户如遇買馬，仰本管先行相視過，然後立契成交。須要根買年小肥壯無病耐騎坐者，無得聽從站户，止圖價少，濫買年老有病瘦弱馬疋。目下雖省些小馬價，不久倒乏，官（司）〔私〕兩不便當。

一、管站官不得私騎站馬，及令般馳諸物。如違，痛行治罪。

一、遇有使臣經過，管〔站官〕將起馬劄子辨驗無僞，即便應付鋪馬。毋得止驗來站關（子）〔文〕倒换，亦不得非理刁蹬停留。

一、諸站元有牧馬草地，仰管民官與本站官打量見數，插立標竿，明示界畔，無得互相侵亂，亦不得挾勢冒占民田。如有種田與人收到子粒，附簿收貯，不得非理破使。

一、使臣經過起數，仰總府取會，每季不過次月初十日已裏申部，仍開使臣姓名并鋪馬數目、賫擎是何官司起馬劄子、來往某處勾當公事。

《元典章》卷三六《兵部・驛站・站赤・長官提調站赤》 皇慶元年正月，江西行省准中書省咨：兵部呈：檢會到至大元年正月初九日中書省奏過事内一件節該：各處的站赤，在先教各路達魯花赤、總管提調着來云云見前。欽此。照得各處水陸站赤，事多干礙有司，除拘該行省、宣慰司總行提調外，若是站驛置立在於各路州府城中，正合令本路府州達魯花赤、長官親臨提調，其倚（廓）〔郭〕司縣勿預。若站相離各路府州寫遠去處，合從附近或所在一州一縣達魯花赤、長官提調，各當盡心整治，常要頭疋肥壯，車船修整，走遞均平，一切所須物色完備，撫治站户獲安。倘致逃竄倒斷，必致罪及提調官吏。得此。照得先爲整治站赤，遍行各處，令路府州縣達魯花赤、長官欽依提調去訖。今准前因，都省咨請照驗，依已今事理施行。

《元典章》卷三六《兵部・驛站・站赤・休揀驢行馬例》 元貞二年□月□日，欽奉聖旨：通政院官人每奏：站户每，不揀誰休隱藏者。屬上都、大都兩路站户根底，和雇和買、不揀甚麼差發，休重併要者。差去的使臣，驢行馬休揀騎者。站家草地每，不揀誰休占了，〔占了〕來呵，回與者。麼道，薛禪皇帝聖旨有來。如今屬站的，站裏差使躲避了。城子裏官人每根底，各投下裏〔影占〕有。站家草地每，百姓占了，不曾〔回〕與來的也有，麼道，奏來。如今，站户每，不揀誰〔休〕交影占者。大都、上都兩路站户每根底，和雇和買休要者。但屬站的草地每，不揀誰，占了來呵，回與者。驢行馬休揀騎者。道來。這般宣諭了呵，站户每影占的、大都上都兩路站户每根底和雇和買要的、屬站底草地每不回付的、驢行馬揀騎的人每，不怕那甚麼？〔麼〕道，聖旨俺的。猴兒年正月初七日，大都有時分寫來。

《元典章》卷三六《兵部・驛站・使臣・使臣驛内安下》 中統二年，欽奉聖旨節該：據往來使臣，城子裏没勾當的，休入去。如有勾當人城去的使臣，仰於蓋下的使臣館驛内安下者，官員、民户每的房子裏休得安下。這般聖旨有來。今再行省諭：經過使臣，今後照依已前聖旨體例行者。若城外立站，在城别無勾當公事，仰速便倒换合騎鋪馬，前去勾當，並不得輒入城中遷延遲滯。若委是城中合有勾當，仰於係官館驛内安下，並不得於官員、民户舍内安下。如違治罪。仍仰站赤人等依理驗視，應付鋪馬祗應，如違亦行治罪。無得違犯事。欽此。

《元典章》卷三六《兵部・驛站・使臣・使臣不得騎馬入酒肆》 至元二十四年七月，燕南河北道按察司承奉御史臺劄付該，奉中書省劄付：通政院咨：據西京路申：豐州站官李子進等告稱：本站馬疋，雖係倚郭站赤，見於府外一十餘里立站。遇有上司差來本府勾當人員，供送各人騎坐馬疋，無問勾當緊急緩慢，每日須要將馬疋拴繫，時常於座子人家、茶房酒肆内，或看探親知人等，直至打禁鐘時後，纔方回站，以致將馬疋餓損瘦弱倒死，必須勒令站户隨即補買。切恐因而靠損人户，失悮站赤。事係利害，咨請更爲劄付各衙門，如有差出人員，毋令似前違犯。都省除外，仰照驗依上施行。

《元典章》卷三六《兵部・驛站・使臣・禁約使臣稍帶沉重》 至元二十九年閏六月，中書省：據通政院呈：照得内外諸衙門并各處行省出使人員，騎坐鋪馬，爲無馳馱馬疋，多於兀剌赤馬上稍帶氊袋、行李、皮篋子沉重物貨，更有不盡，令兀剌赤沿身負帶，致將馬疋壓損，因而倒死，逼令站户補買。即（日）〔目〕馬價，比之向日添加數倍，委是生受。乞禁約事。都省議得：今後出使人員，除隨身衣服、鋪蓋雨衣外，別不得稍帶其餘物件。除已劄付本院，行下各處脱脱禾孫體問外，咨請照驗，依上施行。

《元典章》卷三六《兵部·驛站·站官·詔赦外站官不得妨公務》

至元二十九年七月十九日，通政院：欽奉聖旨條畫内一款節該：除詔赦迎送外，其餘並不得迎送祗待，以妨公務。欽此。照得近年以來，諸處官司依前迎接，多有擅差站官、兀剌赤人等騎坐鋪馬迎接，預先走報，因而損壞馬匹。毋得似前違錯。

《元典章》卷三六《兵部·驛站·鋪馬·鋪馬禁馳段疋》　至元五年四月，中書右三部承奉中書省劄付：有線真官人傳奉聖旨：道與中書省并制國用使司官人每：兩番有人來説：用鋪馬馳運段疋北去有。今後但將上去底段疋，鋪馬休馳，教車子裹來者。欽此。

《元典章》卷三六《兵部·驛站·鋪馬·品從鋪馬例》　至元八年三月，尚書兵部承奉尚書省劄付：先據御史臺備山東東西道按察司申：照得各路官員應起鋪馬，自行出給，有品同，起馬多少不一，別無定例，乞通行定奪。送本部議得：除有下項定例疋數止合依舊乘騎外，隨路官員若奉特旨或省部明文，及急速公事應給驛者，照依舊例：三品五疋，四品、五品四疋，六品、七品三疋，八品以下止給二疋。省府准擬，除已劄付御史臺照會外，仰遍行合屬，依上施行。

一、隨路總管府，監捕蝗蝻鋪馬，户部元行：達魯花赤、總管三疋，同知、治中、府判二疋。

一、隨路運司每季差押運官一員、庫子一員赴都（泛）〔送〕納課税，驗元給劄子，起馬二疋。既運司革罷，總管府依例送納。

一、各路交鈔庫官、庫子赴都關支鈔本，解納昏鈔，鋪馬已有定例。各路總管府就給劄子，起馬二疋。

一、隨路局院起納段疋、雜造、軍器等生活，各路就給劄子，應付押運官馬一疋。

一、隨路府運司衙門每歲差發計撥税糧、考較課程人吏，各路就給劄子，起馬三疋。今既運司併入總府，亦合依例騎坐。

一、隨路係官、投下局院每年差人赴都，及於他處關支物料，起馬〔一〕疋。上年不曾馳驛者，不在此限。

一、隨路差人根挨急遞鋪遺失損壞文字，本路就給劄子，起馬一疋。

一、隨路差人押運進呈御膳野物，本路就給劄子，起馬一疋。

一、隨路運司馳運鹽引，驗斤重給馬。今既改立都鹽使司，亦合依例應付。

《元典章》卷三六《兵部·驛站·鋪馬·軍官起鋪馬例》　至元八年十一月□日，御史臺據山東東西道按察司申：照勘得山東路統軍司出給劄子，起過鋪馬，爲差官歸問公事，取發年銷紙劄等勾當。別不見軍中勾當公事人員乘騎鋪馬定例。乞照詳事。爲此，呈奉到尚書省劄付：樞密院定議得：除取發年銷紙劄、歸問詞訟合騎鋪馬，依隨路例外，據軍官，并軍中差委勾當及出征官員等，既係軍情，不同其餘公事，難以定擬。得此。送兵部：照得益都路報到至元七年冬季鋪馬起數内，各處統軍司并元帥府在先俱各自起給鋪馬劄子，差官往來勾當軍情糧儲一切公事，每季騎坐鋪馬二疋、三疋、四疋不等。公議得：沿邊萬户，遇有軍情急速公事，差人分頭諸處去者，各許騎坐鋪馬一疋。統軍司并都元帥府必合差委人員直赴朝廷、省部、樞密院，或各處勾當軍情要速事務，合騎鋪馬不過二疋。所有起馬劄子，擬合依例，止令統軍司、都元帥府就便給付，似爲便當。外據差官各處歸問軍民詞訟、取發年銷紙劄，騎坐鋪馬，隨路別無如此體例。所有軍官及出征人員，自有梯己出備征行馬疋，難議馳驛。省府准擬，除已劄付樞密院，依上施行。

《元典章》卷三六《兵部·驛站·鋪馬·經過州縣交換鋪馬》　至元三十年五月，通政院：准大都通政院咨：據經歷司呈：奉兵部符文該：奉中書省判送：通政院呈：馳驛使臣人員，公幹到於雲州，合騎鋪馬。本州於龍門口並赤城站取發鋪馬，其各站不應應付。本院參詳：今後各衙門應呈馳驛人員，背離站道幹辦公事，合於經過州縣依例應付馬疋，交換騎坐，似爲便易。呈奉都堂鈞旨：馳驛人員背離站道，窵遠去處幹辦公事，令經過州縣依例倒换鋪馬。連送兵部，行移通政院，照會施行。咨請照會合屬，依奉都堂鈞旨事意施行。准此。照得近爲江西行省、行樞密院等處所差人員，於始初站赤起馬幹辦公事，經過去處不行倒換，往回騎坐三四十日纔方還站，亦有倒死馬疋數目。爲此，移准大都通政院咨：至元三十年三月初五日，也可怯薛第二日，朵羅歡火失溫奏過事内一件：火失不花奏將來：月的迷失的行省官人每底使臣，草賊等勾當裏去呵，離了站，經過底城子民户裏頭不换，一月、四十日來往行有。根脚裏站裏走遞者。麽道，奏呵，那般者。經過底城子民户裏换者。麽道，聖旨了也。欽此。

《元典章》卷三六《兵部・驛站・鋪馬・鋪馬不般運諸物》　大德七年三月，江浙行省：據通政院呈：哈迷等扎忽真妃子懿旨一道，起馬五疋，前來杭州、泉州等處，催辦（等）〔軍〕人胖襖等物，别不曾經由通政院例給别里哥，亦無所賫都省咨文。若便當攔，緣各人指説：見有賫把與江浙省官人每添氣力懿旨一道。又照得先爲本位下差使臣哈迷、蒙古等，前來江浙、福建收買修造顔料。移准都省咨：今後若有似此乘驛取發諸物人員，明白咨稟。况各人迤北前來管下杭州等處，催辦軍需物件，除已應副站船二隻前赴省府外，乞明降事。移准中書省咨：照得大德六年五月初六日奏奉聖旨節該：諸王位下合關五户絲、歲賜段疋、軍器般運呵，官司脚力般運。其餘諸物，無般運的體例。欽此。今准前因，咨請照驗欽依施行。

《元典章》卷三六《兵部・驛站・鋪馬・打捕鷹厮濫騎鋪馬》　大德七年三月，江浙行省准中書省咨：〔來咨：〕通政院呈：打捕鷹房總管府出給文憑，付忽都不花等，於鎮江路黄山等處地面打捕鷹速，起給鋪馬，即係不應人數，難以應付。施行間，平江路申，亦爲鷹房總管府牒：鎮守平江十字萬户府達魯花赤和尚，於本路管下地面西山等處打捕掏摸鷹速，每年擎架進呈。如有打到鷹速，驗數應付馬疋。移咨行下合屬禁治，希咨回示。都省議得：萬户府達魯花赤和尚，即係專一鎮守管軍官之職，却賫鷹房總管府文字，於有主山場地面打捕掏摸鷹速，濫騎鋪馬，合准行省所擬禁治。咨請照驗施行。

《元典章》卷三六《兵部・驛站・鋪馬・鋪馬馱酒》　延祐四年七月，行省准中書省咨：御史臺呈：淮東廉訪司申：延祐四年正月三十日，有御位下徹徹都、苫思丁，起馬四疋，前來揚州也里可温十字寺降御香，賜與功德主段疋、酒等。至初二日，有脱脱禾孫吴也先，賫到崇福院元差苫思丁等差劄，赴司覆説，苫思丁差劄内别無御賜酒醴。照得崇福院奏奉聖旨，奧剌憨、驢驢，各與一表裏段子，别無御賜酒醴。看詳：爲治之道，必先信其賞罰，〔爲〕賞之道，尤宜重其典禮。聖天子宗戚、元勳、股肱大臣、勤勞王事者，特加御賜幣帛、酒醴等物，以旌其功，理所然也。彼奧剌憨者，也里可温人氏，素無文藝，亦無武功，係揚州之豪富、市井之編民。乃父雖有建寺之名，年已久矣。本以影射差徭，營求忽下，申覆憲臺照詳。來奉明降，欽遇詔恩釋免。較之，此輩未嘗御前近侍，又非閥閲之家，聖上亦不知識。今崇福院傳奉聖旨，差苫思丁等起馬四疋，賫酒醴二瓶，前來揚州。傳奉聖旨恩賜，是乃無功受賞。况崇福院奏奉聖旨事意内，别無御酒二瓶，不見崇福院端的曾無奏賜酒醴。爲此，卑司今抄崇福院差劄在前，申乞照詳。得此。照得延祐四年正月初十日欽遇詔赦。欽此。又照得中書省於皇慶二年二月二十七日奏過事内一件：差將各處去的使臣，并迴去的使臣每，外路官人每根底，他每自己索的葡萄酒并酒將去呵，却謊説是上位賜將去的麽道，説的人多有。麽道，聽（的）〔得〕來。也有咱每與將去的也者。似這般謊將葡萄酒并酒去的，好生計較者麽道，亦烈赤〔俺〕根底傳聖旨來。俺商量〔來〕，上位知識的外路官人每根底，若上位誰根底賜將葡萄酒并酒去呵，交宣徽院與兵部印信文書呵，却交兵部官與印信别里哥文字，憑着那别里哥將去者。若無兵部别里哥文字的，沿路有的脱脱禾孫每盤問了，留下將去葡萄酒并酒，標〔記〕着他每姓名，説將來。俺上位根底奏了，要罪過呵，怎生？奏呵，那般者。麽道，聖旨了也。欽此。皇慶二年二月二十七日啓：今後若太后可憐見，不揀誰根底，賜將葡萄酒并酒去呵，徽政院與兵部印信文書，兵部官人每只依這體例，行别里哥文字呵，怎生？啓呵，那般者。麽道，懿旨了也。敬此。今據見申，本臺看詳：崇福院官當元止是奏奉御香，别無所賜奧剌憨酒醴，又不經由省部、宣徽院，有違定例。緣係延祐四年正月初十日已前事理，後有似此違例者，擬合欽依聖旨、懿旨事意施行。仍令合干部分再行照會相應。具呈照詳。得此，都省咨請依上施行。

《元典章》卷三六《兵部・驛站・船篙・設立水旱站》　至元二十九年八月，中書省：據福建道宣慰使高興呈：海外諸番進獻官物，都把福建地面裏投北去。若於泉州〔爲〕頭起立水旱站赤，接連鉛山州汭口下船，由大江至真州過淮，泝裏河直赴大都交卸，便當。據旱站人夫，擬於亡宋舊有替閑鋪兵取勘見數，發下應役。如是不敷，於銅軍并新附土軍内標撥等事。都省已經劄付通政院，差官與本省一同依上設立去訖。據樞密院呈：江南見有軍人，俱各分布地面鎮守，别無歇閑軍數。本省議得：先儘亡宋舊有替閑鋪兵，官給口糧。如是不敷，於相應苗米五石之下、四石之上户籤補船户，照依見役站船例，船首、船户湊合苗米四十石補差，發付各站，通行管領。具籤定户數，攢造州縣村莊花名丁産文册，畫圖貼説，申省施行。

《元典章》卷三六《兵部·驛站·違例·走死鋪馬交陪》 大德三年十二月，湖廣行省劄付：據通政院呈：近據鎮江路申：江浙行省差千户烏馬兒，前去汴梁等路取勘逃亡事故軍人。到於本路管下丹陽站，有本官令兀剌赤潘荒兒於鋪馬上梢帶私己行李沉重，被本官將所騎馬疋走驟，及將兀剌赤馬疋沿路催赶，以致前項馬疋倒死。委官眼同開剥，相視得委因走驟倒死。取訖烏馬兒不應招伏在官。爲此，照得至元二十九年七月内，有福建行省孟左丞騎坐鋪馬五疋，赴上位奏稟瓜哇出征軍需物料勾當，至雄州迎見高平章回還，沿路走死揚州界首站馬一疋。移准大都通政院咨：十一月十七日奏奉聖旨節該：那馬交陪了，要罪過者。欽此。行據揚州路着落本官，追陪訖已死馬價給主。外據已招罪犯，欽遇赦恩釋免了當。欽此。行據烏馬兒走死馬疋，着落本人依例追陪馬價給主，别行補買好馬走遞。外，及江浙行省差百户禹順、楊庭玉赴北取發盤纏，别無賫把行省勘合劄子，詐坐站船，即係違例事理，擬合禁治。今後各衙門出使人員，除軍情緊急勾當，其餘公事不許將鋪馬走死，閑慢者止令應付站船，似望站赤稍得甦息。爲此移咨大都通政院，及關中書省兵部，具呈都省，遍行各處，依上嚴加禁約。

又

大德七年三月，福建宣慰司准通政院咨：據平江路申：備平望站申：據兀剌赤沈千五状告：十一月初十日，迎送到御位下馬速忽差燕帖木兒前去江浙行省，爲煎造舍里别勾當，起馬八疋。外，有兀剌赤騎坐馬頭史懷名下赤騸馬，於當夜二〔更時〕分倒死了當。相視得，馬疋於路走損腸胃。今將皮尾隨状見到。得此。照得燕帖木兒倚恃煎造舍里别勾當，不以事體緊慢，恣意於路走驟，將兀剌赤行打遍身有傷，及將馬疋走斷腸胃，以致倒死。若不申覆，誠恐日後倣傚，損害馬疋，非惟有悮走遞，抑且靠損馬户生受。申乞照詳。得此。照得至元二十九年十一月廿七日，本院官奏過事内一件節該：亦黑迷失的伴當孟左丞小名的人，騎着五個鋪馬，爲奏事去了上頭，沿路走死站馬有。他根前要了文書，他的没體例的，奏將來。麼道，奏呵，那馬教陪了，要罪過者。麼道，聖旨了也。欽此。今據見申，除已行移江浙行省，着落馬（剌）〔速〕忽所差人燕帖木兒追陪馬價斷罪外，咨請禁約施行。

《元典章》卷三六《兵部·驛站·雜例·蹉打船隻》 皇慶元年四月，江西行省准中書省咨：據直省舍人那海呈：馳驛前去沿河上下，催赶守凍錢帛船隻捘淩攙運前來赴都。遵依自李二寺至臨清水站，俱各不見額設船隻。就問得臨清水站提領李祥狀稱：自至大三年九月内，裝載諸物并百官老小等船一百隻，前去陵州倒站。本處提調官杜知州，將本站船隻蹉打，前去迤北直至清州楊村，又迤南宿遷八里莊，搬載官物老小等船隻，被濟州等處俱各蹉打。到本站計船三百七十隻，盡行過堨，迤北去訖。本站船隻比及還站，經值河水結凍，至今未曾到站，見無船隻遞運。得此。看詳，各處差來押運人等，止於湊集馬頭熱鬧州府居住守凍。都下若用緊急之物，却行拿捉百姓車輛，和雇遞運。費用官錢，搔擾人民，深爲未便。送據兵部呈：議得：除百官老小脚錢别行議擬，蹉打船隻行下合屬禁約外，上項事理，合咨行省，今後凡委押物人員，量程責限，須要依期赴都，不致沿途停滯。仍令所在官司常加催督相應。具呈照詳。都省依上施行。

《元典章》卷三七《兵部·遞鋪·整點·整治急遞鋪事》 至元二十八年十二月，江西行省准中書省咨：照得近年衙門衆多，文字繁冗，急遞之法，大不如初。都省議到下項事理，咨請照驗施行。

一、近年入遞文字，封緘雜亂，發遣無時，是故附寫多致差迷，轉遞亦甚不便。今後省部并諸衙門凡入遞文字，其常事皆付承發司，隨所投下去處，各各類爲一緘，謂如〔江淮行省去者，凡〕江淮行省，不以是何文字通爲一緘。餘官府准此。日一發遣。如此，附寫不繁，轉遞亦便。

一、省、部、臺、院急速之事，（方）〔另〕置匣子發遣。其匣子入遞，隨到即行，一晝夜須及四百里。此等文字，另行附曆，以備照刷，其行省、行院、行臺皆准此。

一、鋪司須〔聽〕〔能〕附寫文曆，辨定時刻。鋪兵須壯健善走者，不堪之人隨即易換。

一、轉遞匣子内文字，一晝夜須行四百里。其餘文字，發遣既無繁文，轉遞亦多省力，一晝夜擬行四百里。違者，提點急遞鋪官依例斷罪。

一、文字到日，當該提點官遍詣諸鋪，叮嚀省諭鋪司、鋪兵，各使備細通曉，無致停滯差遣。

《元典章》卷五七《刑部・諸禁・禁宰殺・禁宰年少馬疋》 至元十八年十月，行御史臺准御史臺咨：承奉中書省劄付，據樞密院呈：蒙古文字譯該：七月初二日孛羅奏：如今外頭做親麽道，推着頭，殺馬喫的人每多有。麽道，奏呵，奉聖旨：如年紀大、殘疾不中用的，殺喫呵，於本管百户、牌子頭官人每根底立着證見呵，喫者。無病、年紀小的，休殺喫者。麽道，聖旨了也。欽此。

《元典章》卷五九《工部・造作・橋道・道傍等處栽樹》 延祐元年正月，江浙行省准中書省咨：大司農司呈：會驗欽奉聖旨節該：隨路達魯花赤、管民官、管軍官、管站官、人匠、打捕鷹房、僧、道、醫、儒、也里可温、答失蠻諸色人等，自大都隨路州縣城廓周圍，並河渠兩〔渠〕〔岸〕急遞鋪道店側畔，各隨地宜，官民栽植榆柳槐樹，令本處正官提調點護成樹。係官栽到者，營修堤岸橋道等用度；百姓自力栽到者，各家使用。委自州縣正官提點，春首栽植，務要生成。禁約蒙古、漢軍、探馬赤、權豪諸色人等，不得恣縱頭疋啃咬，亦不得非理斫伐。違者，各路達魯花赤、管民官依條治罪。欽此。已經遍諭外，合行已久，例合舉行。移准上都分司咨：皇慶二年七月二十一日，也可怯薛第二日，大安閣後香殿内有時分，特速古兒赤野訥、院使光兀兒不花等有來。本司曲木太保、買住國公、三間司農、明理董阿大卿、王大卿、析都、少卿、喜哥少卿、具驗司丞、暗明剌、減里都事等奏過事内一件節該：世祖皇帝時分，隨路州縣城廓周圍，並河泊兩岸急遞鋪道店側畔，各隨風土所宜，栽植榆柳槐樹，令各處官司護長成樹，官民便益。奏呵，奉聖旨：那般者。你與省家文書，教遍行者。欽此。

《元典章新集至治條例・工部・遞鋪・急遞・遞鋪接界相攙挨問》 延祐六年七月□日，袁州路准江西廉訪司牒：撫州路牒呈：准本路府判張奉直牒呈：近准本路牒，提點急遞鋪舍。除依上提點，急遞鋪舍除依上提點。上下半月，往來照刷外，照得本路所轄一十四鋪，上抵建昌游源鋪，下接龍興南陽鋪，凡遇遞傳文字，已有程限定例。其接界相攙鋪分，多將承傳上司文字封皮磨擦損壞，及於隔眼塗改時刻字樣，稽違走遞程限。若便一概根挨各界鋪分，恃以係屬別路所轄，似難奪越。兼每季親詣各鋪刷勘，接界官司多不相攙挨究，以致各鋪貫串遞曆，揑合時刻，中間作弊多端，互相破調。合無今後隣境遞鋪，如是稽遲文字及擦磨封皮等項，毋分疆界，挨問的實，就便究治，庶使鋪兵知畏，郵傳之法不致廢弛。請申牒省憲施行。准此。伏請照詳。准此。憲司相度：遞傳文字，已有元定晝夜可行里程程限。近年以來，所屬鋪分多不如法打角，依限走遞，所在提點官亦不用心依期刷勘，是致稽違，磨擦損壞。及至根挨，其各處隣境接界鋪分往往互相推避，移文根挨，展轉紊煩。今後隣境接界遞傳稽違，依准撫州路判官張奉直所言，毋分疆界，就便挨問究治相應。牒可照驗，一體施行。

紀事

《宋史》卷三〇九《楊允恭傳》 俄知通利軍，兼黃、御河發運使。會議減西鄙屯兵，以息轉餉，召允恭與崇儀副使竇神寶、閤門祗候李允則馳往經度，圖上郡縣山川之形勝。允恭因建議曰：自環州入積石、抵靈武七日程，芻粟之運，其策有三。然以人以驢，其費頗煩，而所載數尠。莫若用諸葛亮木牛之制，以小車發卒分鋪運之。每一車四人挽之，旁設兵衛，加戈刃于其上，寇至則聚車於中，合士卒之力，禦寇于外。尋爲議者所沮而止。

（清）徐松《宋會要輯稿・禮二八・郊祀御劄》 〔大中祥符三年八月〕二十六日，陳堯叟等言：相度洪流澗，移稠桑道路自高原經過，初上處斗峻，尋命工開修。今自靈寶縣由虢州路至函谷關，卻合漢武帝廟前，道路寬平，已行修治。從之。

（清）徐松《宋會要輯稿·食貨一七·商税》〔天聖元年〕十月十三日，淮南、江浙、荊湖制置發運使趙賀言：乞下淮南、江浙、荊湖轉運司，令沿江河州軍商税務，應綱運經過，晝時點檢發遣，不得住滯。從之。

圖表

《元典章》卷三六《兵部·驛站》

	罰俸	二十七	三十七	四十七	五十七	六十七	七十七	八十七	一百七	
詐稱位下使臣騎坐鋪馬			當日站官	脫脫禾孫縱令在逃			站司		正犯人～，配役	
官吏貨中站馬										驗馬疋當時實直，追徵沒官。計餘利，依枉法論罪，仍給本主。
背站馳驛兩站				決～						使臣須要站道經過，不得於僻路徑直取道。
兀剌赤失去鋪馬劄〔子〕								決～		
走死站馬										取招斷罪，追倍馬價給主補買。
借騎鋪馬					借騎人決～					禁約借用鋪馬劄子起馬。

	罰俸	二十七	三十七	四十七	五十七	六十七	七十七	八十七	一百七	
違例應付鋪馬馳段匹	宣慰司首領官～十日，脫脫禾孫～半月	宣慰司令史								
夾帶從人多騎鋪馬				帶驅多騎一疋～，罷役	帶從多騎一疋～，標附過名					
多取分例，私帶官物			決～，別行求仕							使臣多餘取要分例，職官具名申部呈省，無職人員就便追理。

<table>
<tr><td rowspan="3">各路正官員一員，每季總行提調。州縣有俸末職正官，上下半月親臨提調，往來照刷。如有稽遲、磨擦、損壞、沉匿文字，即將當該鋪司鋪兵斷罪。不依所責：</td><td></td><td>七下</td><td>一十七</td><td>二十七</td><td rowspan="2">三犯呈省別議</td></tr>
<tr><td>親臨提調官</td><td></td><td>初犯</td><td>再犯</td></tr>
<tr><td>總行提調官</td><td>初犯</td><td>再犯</td><td>三犯</td><td>總提調官每季將引司吏一名、祗從一名，遍歷刷勘。如司縣提調官照刷違期，就刷決。若有照出挨究脱漏不實等事，取招申部，定罪斷決，仍將照出整點過事理牒路。</td></tr>
<tr><td rowspan="2">遞鋪合點什物</td><td>每鋪</td><td colspan="4">十二時長輪子一個，紅綽屑一座並牌額，鋪曆（一）〔二〕本。上司行下一本，行省咨并諸路申上一本。</td></tr>
<tr><td>鋪兵每名</td><td colspan="4">夾板一付，鈴攀一付，軟絹袱包一條，紬絹三尺，簑衣一領，回曆一本。</td></tr>
</table>

明清分部

論說

（清）鄭觀應《增訂盛世危言新編》卷六《開源・鐵路上》 夫水行資舟，陸行資車，古之制也，民生自然之利也。至今日而地球九萬里，風氣大開，以日行百里計之，環球一周累年不能達，文軌何由一，聲問何由通乎。天乃假手西人，以大顯利用，宜民之神力，於是而輪船火車出焉，以利往來而捷轉運，風馳電掣，迅速無倫，誠亙古未有之奇製也。

中國版圖廣大，輪船之利亦既小試其端矣。獨火車鐵路屢議無成，聚訟盈庭，莫衷一是，竊未見其可也。美國西北之佘山郡瀕海曠遠，自設鐵路，近通東部，遥接金山，於是百貨流通，商賈輻輳，户口陡增百萬有奇，此鐵路之便於通商也。德法搆兵時，德提督謂法使曰：如戰，則我國可於十四日中在邊境集軍十萬，糧械俱備。後果踐其言，克獲全勝，此鐵路之便於用兵也。俄國所築西卑里亞之鐵路不日可成，其道里所經，與俄之聖彼得羅堡京及墨斯科城一氣銜接，所屬大西洋之地與琿春扼要之境亦節節相通。考歐洲至上海，若取道蘇彝士河，歷程四十四日。若取道美洲干拿打，歷程三十四日。有此鐵路，不過二十日可到，就通商而論，其地貫歐亞兩洲之北境，將來各國行旅多出其途，俄人即可坐收其利。若偶有邊釁，則由俄京至中國邊境僅半月程，而我調餉徵兵動需歲月，急遽甫行，敵已壓境矣。

今英法俄三國争造鐵路以通中國，包中國之三面合之海疆，已成四面受敵之勢矣。英由印度造一路，逾克什彌爾，北抵廓爾喀，分支至西藏之大吉嶺，與藏地爲鄰。一路由緬甸之仰江以達阿瓦，逕距滇邊。一擬自英屬緬甸琅玕埠頭以達江泓，一自緬甸路江日摹耳曼埠頭以達雲南之江泓，一由巴漠直接演疆，西人目爲天生商路。法由越南造鐵路以通雲南、廣西，俄自東北彼得羅堡至西北西伯里亞一帶之地，凡造鐵路一萬餘里，循黑龍江而南，告成而後，商賈往來便捷，愚民無知，惟利是從。我能保護之，則百姓我之百姓也。我不能保護而人能保護之，則百姓即爲人之百姓。緬甸之屬英，越南之屬法，琉球之屬日本，吉林東北各部之屬俄，其明證矣。且口外荒地甚多，開墾甚便，一有鐵路，内地無業之民相率而至，膏腴日闢，邊備日充，商旅日集，大利所在，人争趨之，荒遠遼闊之區一變而爲商賈輻輳之地。而我之境内未有鐵路，則荒涼者如故，貧瘠者如故也。彼此相較，貧富相形，而欲邊境之民盡甘槁餓而不爲敵人用也，其可得哉。若彼以一旅之師長驅直入，則邊陲千里闃其無人，蹙地喪師，可以立待。故敵無鐵路，我固不必喜新好異爲天下先。若人皆有鐵路而我獨無，則必敗之道，必不能支之勢也。

外國有行軍鐵路，寬徑尺餘，或二尺，地面不必鋪平，下置木樁，架以鐵楞，用則搭，不用則卸，仿而行之，運兵載糧，尤爲簡易。火車以美國之式爲最善，工價則中國較廉，故舊金山車路皆僱中國人興造，至鐵軌需費尤鉅，必須自造，若購之西國，則失利多矣。自河運改行海運以來，輪舶往還費省而效捷，議者或虞海道不靖，敵兵邀截，欲復河運舊制，而勞費不遑恤焉。何如以議復河運之費移開鐵路之爲愈也。

蓋嘗訪諸西人，其利有十：所得運費除支銷各項及酌提造費外，餘皆可助國用。其利一。偶有邊警，徵兵籌餉，朝發夕至，則糧臺可省，兵額亦可酌裁。其利二。各處礦産均可開採，運費省而銷路速。其利三。商賈便於販運，貿易日旺，税餉日增。其利四。文報便捷，驛站經費亦可量裁。其利五。中國幅員遼闊，控制較難，鐵路速則巡察易周，官吏不敢踰法。其利六。二十三行省可以聯成一氣，信息便捷，脈絡貫通，而國勢爲之一振。其利七。中國以清議維持大局，拘攣束縛，頗難挽回，有鐵路則風氣大開，士習民風頓然丕變，而士大夫之鄙夷洋務者，亦可漸有轉機。其利八。歲漕數百萬石，河運、海運皆糜費無算，一有鐵路，則分期裝載，瞬抵倉場，巨款可以撙節。其利九。各省所解京餉道路迢遠，鞘段累重，中途每致疏虞，鐵路既通，則斷無失事之患。其利十。有十利而無一害，復何憚而不行哉。而尼之者則曰，造路之後，奪鋪驛夫役之利。一害也。修路之時，廬舍墳墓當其衝者，必遭拆毁。二害也。他日猝爲敵乘，禍發倍速。三害也。不知鐵路之旁，其左右歧路人馬皆能行走，火車所運貨物應於某處卸載者，仍須車馬接運。且物產之流通益廣，則人夫之生計益增，何害之有。鐵路遇山巔水曲均須繞越，架空鑿洞，亦可駛行，廬舍墳墓亦猶是也。何害之有。中國所購兵輪商舶，苟有器無人，皆可資敵，何獨於鐵路而疑之，獨不可宿兵以守之乎。且地當敵衝，臨時折斷鐵軌數截，數十丈或百丈，彼即無能爲力，而我腹地仍得往來自如，何害之有。往者議造輪船、電報，羣疑衆謗，幾費半途，既而毅然舉行，至今日而天下之人異口同聲，共知其利。矧鐵路之利（信）〔倍〕於輪船，而中國陸路之多（信）〔倍〕於沿海，何可遲疑顧慮，坐誤機宜，致他日受制敵人，悔之已晚耶。查西商承辦鐵路，如有軍務，先爲國家運兵運糧，繳費腳力照算，不使商人喫虧，有餘暇方准裝運客貨。往年晉省洊饑，費數十金不能運米一石，一石之米須分小半以餉運夫，得達內地濟饑民者寥寥無幾，餓殍之慘，言之痛心。設有火車，斷不至是。況當日運費數百萬金，苟移造火車，亦可成鐵軌八九百里。今雖事後之言，而得失之數必有能辨之者。夫中國大勢，西北土滿而東南人滿，若有鐵路以流通之，則東南之閒民可以謀生於西北，西北之棄地可以開墾如東南。政在養民之謂何而忍聽其貧瘠流離，竟不一爲之所哉。

（清）鄭觀應《增訂盛世危言新編》卷六《開源·鐵路下》 中國西北陸路居多，行動輒需車馬，挽運頗覺艱難，豐年苦於穀賤，凶年苦於穀貴。如有鐵路，則農民無甚賤甚貴之苦，奸商亦無所施其居奇之技。李提摩太云西國自興鐵路以來，從無儲糧備荒之議。蓋以儲蓄不如糴新之爲愈。

俄國又借鐵路之速以侵佔人地，觀其通市於回部西北，皆由鐵路造成，始逐漸肆其兼併之志。查我國嘉慶七年，即西曆一千八百有二年，俄羅斯與波斯人交戰。道光四年，俄羅斯有一大幫商人至波斯貿易。十八年，俄羅斯與波斯立約，俄得地兩處，一名愛裏灣，一名納其灣。二十八年，俄羅斯在阿拉海立礮臺，此俄在亞西亞之東部第一次建礮臺也。咸豐十年，與中國立約，得吉林東邊地名海參威。是年，又在伊犁一帶用兵。同治四年，俄佔圖其斯丹地方，現建爲省。七年，俄佔撒馬羌，立水納法撒省。八年，佔裏海東地名克那羅波。九年，在裏海東得密加羅與姆那加裏兩處。十年，佔伊犁。十三年，佔波奇窪，立亞姆大耶省。光緒二年，又佔可卡里，立非加拏省，在茶突地方設立礮臺。六年，在裏海東試造鐵路。七年，又佔亞斯卡巴地方。八年，歸伊犁與中國。九年，裏海至黑海鐵路造成。十年，連佔美爾窪沙那克並普里克尊等三處地方。十一年，又佔蘇飛卡亞可巴兩處地方。十二年，又佔巴圖穩地方。十三年，又佔克爾奇地方。十四年，由火車到撒馬羌。其鐵路業已全行造成，裏海東西有六千里左右地方已爲俄侵佔殆盡，總計俄羅斯康熙二十一年全境有五百六十萬方里，至雍正三年已有六百八十萬方里，從前止十一兆人，近日水陸路途俱通，全境有八百五十萬方里，有一百二十兆人。足見俄國開通一處鐵路即侵佔一處地方，可知鐵路之製，於商賈交易、貨物往來猶其餘事，而獨至軍旅之事關繫尤非淺鮮。

凡有鐵路之處，一有兵端，非特郵傳信息不慮稽遲，即意外警報、倉卒徵調剋期立至，使敵營偵探者幾疑飛將軍之從天而下也。夫地方之有鐵路，譬如人身血脈流通，手足靈捷，猝遇意外，呼吸之頃，臂指相使，四肢並舉，自無掣肘之患。其未建鐵路者，則如風痹之人半體不遂，舉動不靈，橫逆之來，無可相助，亦惟任其侮辱而莫之禦也，詎不大可惜哉。所以兩國交戰，總視何國能尅日集兵速而且多者即操勝算。若無鐵路者，一旦敵人壓境，非但兵糧不易調集，即部署有方，亦倉皇莫濟矣。今俄國殫心竭慮，在亞西亞東部製造鐵路，約五六年後即可告竣，西卑里亞鐵路現已加工，限於西歷一千八百九十八年一律造成。彼時由俄國至中國新疆伊犁、吉林東三省等處不過數日，重兵可分馳並集。興言及此，曷勝悚懼。

總之鐵路之造，在中國今日實有萬難緩圖之勢，惟創辦之初，務宜考較，以何國立法最善，何國經費最省，何國機器最新，何國火車最穩最速而又價廉。據美國鐵道藝學士夾皁云，英國本境有地一億二萬一千方里，西程有鐵路二萬一千里。法國有地二億零四千零九十二方里，有鐵路二萬八千里。美國有地二兆九億三萬九千方里，有鐵路十九萬二千里。英德法三國地方較美國小而所造鐵路且有一定之路程，較美國地方廣大，從東方省會到西方省會有大鐵路數條，其取徑均不相同，遂有比較之法。若此路車費昂有別路較彼便宜者，可由國會聚議另闢以利商民，所以美國運貨搭客之價廉於各國。英國米地郎地中鐵路行一西里之遠，每噸貨需錢二十文，美國只需錢十二文。如係美國裴脈特之鐵路更廉，每噸不過費錢六文。蓋英德法鐵路火車至今尚多舊式，美國鐵路最多，生意極廣，承辦鐵路巨商又互相争利，故新式之車日出日精，力速而車穩，價廉而工省也。特録其言，以告籌辦鐵路者詳細考之。

王爵棠星使曰：蘆漢鐵路之議迄未舉辦，津遼鐵路之興亦未展拓，大抵以經費難籌，且防外人專利耳。不知外洋軌路皆集商股而成，或限數十年，或十餘年歸入公家。一遇軍事賑務，即限内亦儘公家運用。雖以公司承辦匠師董役，而集股招工購料無不取資内地。嘗訪詢公司數家，雖各國章程微有增損，大抵商人所取償者，祇運價一端，而地方之因以振興者所益甚大。且既歸商承辦承運，則防守之費、養路之費皆其所出，又較勝官爲經理也。該公司等又謂中華工人物料食用皆倍賤於外洋，則造價自較省於外洋，是在臨時估核耳。

按王星使之言與滬上西商之言相同。惟中國各省土地遼闊，若非分段承辦，猶恐緩不濟急。近聞中西商人鑽謀承辦者頗多，若由國家籌款開辦糜費必多，專歸華商接辦而無西人相助，恐鉅款難集，成功不易，似宜歸中西殷商合力招股，分段承辦，較易竣事。西報論中國創造鐵路所有章程允宜取法於美國，以得自然之利。傳聞有一美人姓極弗司者向來經理鐵路事宜，其人已與某大憲晤商，願由吳淞至金陵仿美國法承辦一至堅至廉之路，每一點鐘能行六十英里，限一年告成，十一年内由其人包辦一切，所裝之貨每一英里僅收運費洋銀一分，每一座客收洋銀二分。十年之後，將此路歸還中國。某大憲以此事不欲歸外邦人經理却之。然極弗司如以此事向他國承攬，他國政府自必從速允諾。而極弗司復語以願爲代築是路，每一英里需洋銀四萬五千圓，鐵路火車及各項器具皆全，亦未允許。本館之意，中國宜讓外邦人試辦，俟數年後，諸事皆已熟習然後收回，先將此費移修水道以佐鐵路而握利權。查泰西鐵路有爲商務設者，有爲軍務設者，有兼爲軍務商務而設者，今二十三省所造幹路，誠如美德所造之路，於軍務商務均有裨益。各國鐵路公司進款，國家歲抽税銀甚鉅。日本國家抽鐵路税與泰西抽入息税相仿，三百元至一千元，一分。一千元至一萬元，一分半。一萬元至二萬元，二分。二萬至三萬元，二分半。三萬元以上，三分。可知其利國利民矣，而奈何不即舉行也哉。

（清）陳忠倚《皇朝經世文三編》卷六三《工政・工程・請修鐵路疏準民》 爲富強之策，鐵路爲先。敬陳管見，請飭廷臣會議舉辦，恭摺仰祈聖鑒事。

竊查光緒六年前撫臣劉銘傳請開鐵路以圖自強，嗣後總理海軍衙門王大臣議於天津一帶試辦鐵路，其於鐵路利益均能臚陳確實包舉無遺。比以衆議紛紜，莫衷一是，加之鉅款無着，迄未興修。奴才愚以爲，鐵路在今日實致富之良規，自強之首務，利權所繫。約益於國者六，便於民者四，敬爲我皇上縷晰陳之。

鐵路先幹而後枝，由天津至鎮江、至漢口、過江西而達廣東爲一路，由蘆溝橋下保定推及太原以達陝甘爲一路，地多平坦，成本必輕，道出通衢，得利必旺，不惟收養路之經費，實可裕無窮之餉源。此國之利一。通商以來，門户洞開，藩籬盡撤，強鄰環伺，隱患方長。鐵路一開，則聲氣聯絡呼吸相通，百萬之師一呼可集，徵調無慮倉皇，轉輸無虞艱阻，赴敵應援以静制動，用兵之速孰便於是。此國之利二。北地毗連俄界，海口公諸各國，畫疆而守則防不勝防，分段策應則費不勝費。鐵路開則裁兵節餉，併成勁旅。劉銘傳原奏所稱合十八省爲一氣，一兵可抵十數兵之用。將來兵權將權俱在朝廷，内重外輕，不爲疆臣所牽制者此也。此國之利三。内地礦産未經剥削，苗旺源長，煤鐵尤甚。鐵路開則運機器以興辦，采西法之煎鎔，開未盡之地寳，即所以杜已出之漏巵。此國之利四。海上用兵，慮梗漕務，幹路既成，則南漕百餘萬石由鎮江輪船溯江而上，不五日可達京城，關飛挽之坦途，兼可省挑運之浮費。此國之利五。和局既成，勢須裁撤兵勇，一旦多出十數萬無業游民，最易滋事。若興辦鐵路，則改勇作工，可杜隱患。此國之利六。中國物産之盛甲於五洲，徒以工艱運貴，其生不蕃，其流不廣。鐵路一開，則機器可入，重貨可出，山鄉邊郡之産悉可致諸江岸海壖，而流通於九洲四瀛之外，銷路暢旺，商務繁興。其便於民者一。土貨暢行，用工斯衆，工作既盛，養人斯多，且幹路人物輻輳，沿途支流必旺，列肆之賈、執鞭之徒生計甚寬，無慮失所。其便於民者二。幹路所需，除機器車頭勢不能不購諸外洋，其鋪路之鐵、架鐵之木以至客車貨車所用木質鐵料，均由各幹路就近采辦，設局鼓鐵。是此項鉅資銷諸外洋者十之二三，散諸内地者十之六七也。其便於民者三。比年水患頻仍，賑務接踵，祇以路遠運費，雖有豐稷之區，莫收補偏之效。鐵路通則千里雜糧日夕可至，官賑義賑舉易措手。其便於民者四。

夫事固有利興於此而害隱消於彼者，鐵路興則國勢振，而自強之事可徐圖。查劉銘傳原奏有云，俄人所以挾我，日本所以輕我者，皆以中國守一隅之見耳。若一下造鐵路之詔，顯露自強之機，則氣勢立振，不獨俄約易成，即日本窺伺之心亦可從此潛消。斯言也，以今日之事局權之，蓋亦不幸其言之億中矣。自來非常之舉難於圖始而易於樂成，西國鐵路初興，拘成見者何嘗不極力阻抑，迨利弊大明，始恍然於前此浮詞信非確論。故在今日稱不便者，非坐井觀天之見，即瞽人捫籥之談，二者舉無與於國計民生之大也。擬請飭下軍機大臣、總理各國事務衙門大臣會商開辦，惟庫款支絀，勢不能不借資商力，創脩伊始，勢不能不招集公司。應請簡派大員董司全局，詳定條約章程，期於利歸中國而杜積弊。總之鐵路開則洋款易集，洋款集則邦交自固，邦交固則和局斯堅，以此爲致富始基，以此爲自強進步，誠安危大局之樞紐也。

奴才愚昧之見是否有當，伏乞皇上聖鑒。謹奏。

（清）陳忠倚《皇朝經世文三編》卷六三《工政・工程・上條呈時事疏摘録張百熙》　一、內地鐵路宜急招商興脩也。海洋長江之險，外洋與我共之，一旦有事，夷艘縱横海面，進據長江，勢所必至。我之徵調轉運在在梗塞，所恃者但腹地陸路耳。然陸路不過車馬，迂遲笨滯，曠日持久，勞師費財，戰守兩無可恃。查自湖北漢口經由河南以抵京師，號曰中道，計程一千三百餘里，路皆平衍，又距江海甚遠，就此處脩造鐵路極爲要著。前湖廣督臣張之洞已遵旨陳奏，因款巨寢議。此次征倭之役，徵調兵餉以南北脩阻轉運遲悮，論者皆歎息於中道鐵路之不果行。

今擬請查照張之洞原奏，改由招募富商集股興脩，如商股不敷，由户部於償倭兵費借項下挪款以足之。有事之秋，運兵運餉剋期可至。既無長遣戍役之苦，更無千里饋糧之憂。且中土幅員遼闊，各省防兵不下數十萬，皆分處屯紮，稍爲移置，即形空虛，故偏隅偶有蠢動，臨時必加招募，而新招之勇亦未必遽能制勝。今造脩鐵路，於幹路之外又多脩支路，此處有警，即馳調各處防勇屯集一處，他處有警亦然。正如常山之蛇首尾相應，是不煩招募而兵力自足，更不必另籌增兵之餉，而所用皆熟練之兵。不特此也，平時內地貨物行旅由江達海，在商民雖時懼洋面颶風觸礁之險，而貪其迅速，無不由輪船裝載。計每年水腳及保險銀兩無慮數千百萬，均爲外洋人獨擅其利，中國財源日耗實由於此。即以海運漕米而論，倘遇海氛不靖，洋商包運必加保兵險費，不僅虛糜帑項，更兼挾制多端。上年因倭人倡亂，海運不便，即將江浙漕米改歸折色，此近事之可證者。今造脩鐵路，人情就安避危，貨物行旅誰不爭趨，可以收回江海輪船水腳之利，而官運漕米更無論已。現在外洋又創造新式極快火車，其不憚精益求精者，彼蓋深悉富強之策首基於此也。

惟此次張之洞原奏估値中道鐵路須費三千萬金，議者猶謂其興脩之時將不止此數。蓋以中道經由黄河，每道鐵橋大者動以數百萬計，所費不貲。而黄河遷徙靡常，更恐舊橋既歸無用，新橋又籌款維艱，極爲可慮，而無庸慮也。查俄羅斯所脩鐵路，中隔黑龍江，即由輪船接運，其外洋各國多有如此辦理之者。擬請旨飭下湖廣、湖南督撫臣相度地勢可否，仿照外洋用小輪船或快船接渡，以省橋費而占利涉，繪圖陳奏，恭候聖裁。如議者以中道里數較長，需款多而集資不易，即可改於東道興脩。計東道自江南清江浦經由山東直抵京師，不過一千六百餘里，所過黄河水面亦不如中道黄河水面之寬，較易集事。其興辦一切事宜，應令張之洞及江蘇、山東巡撫妥議奏聞。

（清）陳忠倚《皇朝經世文三編》卷六三《工政・工程・中國鐵路如何取道為便論鍾天緯》　聖清撫有寰宇二百四十六年，恭逢我皇上親裁大政，百度維新，俞兩廣督臣所請開辦輪車幹路，自漢口至京分爲四段，按八年造成。復命海軍衙門議奏，經王大臣等奏請，北自蘆溝橋至正定，南自漢口至信陽州，分頭舉辦。一切勘路、估工、買地、購料、籌款、招股、建橋、開礦等事，擘畫周詳，思慮精密，可謂毫無遺蘊。中外聞之歡聲雷動，以爲此路一成，中國十八省呼應靈通，國勢爲之一振。如久痿之人忽然起立，手足筋骨舒展自如，素加狎侮之人爲之駭愕却立，此真當今自強之要圖，起國之藥石也。謹效一得之愚，妄上便宜之説，分爲十二條，仰酬明問，如有可採，幸乞轉陳，幸甚。

一、請先定辦法以立基址也。中國之患在乎事無定論，往往以一人以爲是而事已舉行，一人以爲非而事又中變。甚至一官有一官之政令，雖前任之良法美意苦心經營，一經後任更張，不難全功盡棄，西人所以笑我辦事之游移無定也。今鐵路工程重大，若不先定辦法，垂爲經制，將來一有浮言，不難中止。雖有富強之策，苦於每廢半途。伏查外洋國有大政一經議院議定，國王允從，則事終要於必成，官雖易而事終不易，此所以每辦必成也。愚謂應請奏明此項鐵路永爲中國自強之圖，不容再有異議，貽笑外人。目前仍用官督商辦之法，設立公司，招商集股，聽該公司獨行若干年，不准別家添設。萬一國家欲停止或收回，亦須照原本償還，並給官利。凡鐵路經行地方不准民人阻撓，地方官須加保護，聽該公司任便購地招工購料，倘遇用兵運餉，亦須加以津貼。如此明白宣示，昭示大信，則天下商民始克踴躍入股，而不致觀望不前矣。此蓋鐵路開宗明義第一章也。

一、請繞道上游以渡黃河也。竊計造鐵路非難，而渡河爲難。若中國之鐵路，則以渡黃河爲尤難。蓋黃河時有變遷，甚或潰决千里改道他行，且水溜沙浮，建橋尤難立柱。若造掛橋，則河岸易崩。計非數百萬金不辦，且亦難保其經久。故必擇上游岸堅河窄之處建橋，爲一勞永逸之計。此係一成不易之辦法，惟在滎陽渡河，雖河流不患遷移，但查由信陽至滎陽必須過鄭州之境，該處爲前年决口，地形之低不待測量而知。竊料黃河下流之口門愈塞，則上游之潰决愈西。如由清江而蘭儀、而銅瓦箱、而開封，而鄭州，皆漸决漸西，故宜早相地勢，以避將來之險。愚謂應在新鄭分路直達密縣，徑抵滎陽，繞出鄭州之境，則傍山麓而行，地勢尤高，永無淹没之患。以道里計，併省滎澤一程。説者謂鐵路建於山地，比平地尤宜。蓋山路地堅，取石尤易，祇須削高填低，則路基立成。若在平地低區而欲築高鐵路不爲水淹，計非數百萬石料土方不可，則工程大費矣。

一、請勘明道里先設電線也。凡鐵路必與電線相輔而行，沿途傳電通問方免意外之虞。如上年天津鐵路兩車相擊，致斃多人，即是無電之弊。今漢口至京尚未一律設線，而沿途履勘道里形勢本須插標作記，不如隨勘隨即立桿掛電，每隔若干里即立一報房，爲電學生司報之處。將來委員督工、匠役鋪路、營勇駐劄，均有所依傍，借電路爲鐵路之先驅，則方向定而指歸一矣。議者謂由漢口至信陽山路崎嶇，工程倍費，若取道襄樊，路勢較平。若循漢江而上，貿易尤盛，轉運機器鐵軌木石等料運費大廉，此亦可備一説。但愚謂開路總宜取徑，若繞道襄樊，支河紛歧，必須建造鐵橋多座，工程大費。況每日迂途數百里，即費煤不貲。若在襄樊以東，地勢居漢江下游，亦恐有堤決之虞。況由南陽新野入豫盡是山路，比信陽尤爲崎嶇，不如仍循驛路正站爲穩也。

一、請保定官利以資招股也。中國自礦股一敗以來，上海傾倒銀號多家，十室九空，喪資百萬，至今視爲厲階。再有言及集股者，無不匿笑掩耳而走。近來如漠河金礦、貴州鐵礦、上海織布、天津鐵路，皆在上海招股，百無一應者，何也。則以中國凡百公司，無一不招股，無一曾得法。招股時官則代爲張皇，股散時官則付之不問，是以視爲畏途而不敢再蹈覆轍耳。愚謂西洋各國凡辦重大工程，爲官力民力所不能辦者，聽民糾集股分，國家讓以各種利益，且爲保利若干分，虧則官爲賠補，多則官取盈餘。故雖數百萬金，咄嗟可辦。若中國能仿照此法，奏定國家保利一分，每年由官給發，則人人倚信，而集股自易矣。如此方能不動國帑、不借洋債，而鐵路辦成。若欲專倚官本辦成官路，則將來流弊無窮，雖聖人亦無以善其後也。

一、請暫借商款以當國債也。查西洋各國凡遇大工大役，無不借國債以經營，負債愈多，亦國勢愈穩。遇有外侮，兆民無不解囊輸餉。特不可借外國之債，受其盤剥，而授以大阿耳。惜中國未開此例，是以遇有兵荒河患，輒以開捐例爲得計，徒令名器愈濫而吏治愈淆，其取償於侵上削下者更百倍於國債之利。近日顧中國雖無國債，且樂借洋債矣。聞公私貸洋人之銀不下二千餘萬，每年輸利不下二百萬，殊爲漏巵。今欲大開鐵路，如不借洋債則不能集事，如借洋債則貽累無窮。愚謂中國究未嘗無財，何必仰人鼻息，受其挾制。不如先借商款爲漸開國債地步，由藩運兩司糧道關道等各認借若干萬，加以印票，定以限期，指明何項公款爲抵，由各州縣向鹽商、紳富、匯號、典商分頭勸借，每年認利若干作正開銷，即由地方官按期給利，晷刻不逾。其勸借多者，經勸之州縣及鹽商、紳富優予獎勵，則不崇朝而國債辦成矣。且此例一開，預留國家異日緩急之途，倉卒用兵之費，當亦未雨綢繆之計也。

一、請印發鈔票以代現銀也。元明以鈔票爲虐政者，則以一紙空券欲抵巨萬現銀，情同誑騙也。西國以鈔票爲便民者，則以有一萬之銀始發一萬之票，無絲毫折扣也。鈔票之行不行，其關鍵全在於此。如民情不信，則雖臨以君上之威而無濟。如民情倚信，則雖商賈之票而亦通行。今中國鈔票之法雖廢，而西號之匯兑、商民之期票反能彼此流通，近且沿海各口反用美國匯豐等銀行鈔票，以代現銀，更覺相形國家見絀，此無他，外國現銀均存諸銀行爲根柢，而出鈔票以爲憑券，省匯兑之煩，則其利皆歸國。中國則官項皆存諸庫，徒爲吏胥挪盗之資，甚可惜也。似宜集西商票號數十家，聽其每省公開一銀行，准其造鈔票、鑄銀幣，一切章程聽商人自議，國家不過竭力維持。將藩運道關各庫現銀均發出營運以取利，如京餉解款賦税錢糧，不分鈔票銀幣，一律可以上兑，部吏藩庫不准絲毫扣折爲難，則鈔票有根可取，處處通行矣。其製造鈔票之法，須用西國機器，則花紋精緻而紙張異様，奸徒不能仿造矣。又有暗碼花押，雖洋人代造，僞票亦一望而知，不難立刻破案。有百萬之銀，復有百萬鈔票，則財力騰出一倍，而辦理鐵路從容矣。

一、請開辦煤鐵以資造軌也。伏查鐵路非煤不行，而車軌非鐵不可。中國礦産雖多，但用土法開採鎔鍊，終不及西人機器之精。然使本地無礦而採諸遠方，仍不合算。兩湖素稱煤鐵之區，從前寶慶、衡州之鐵廣銷江浙等省。就湖北言之，如武昌、大冶、興國、荊門、當陽等處，在在産煤産鐵，光緒二年曾有英國礦師郭師敦遍歷楚疆，勘尋礦脈。據稱湖北之鐵推武昌、興國爲最，湖北之煤以荊門州、當陽爲最。其大冶鐵質曾化分得六十三分，興國鐵並含錳養，可以鎔鍊成鋼，化分有六十一分。其當陽之煤火氣升騰，適合化鐵鎔爐之用，荊門之煤則並可以造白煤，與英煤無異。該數處距漢口非遥，水路本通，有鐵路則轉運更易，運價更廉，大足濟本省開辦鐵路之用。愚謂湖北煤鐵土産既饒，且比清平、化定、孟縣之産取材近而運費省，似宜就近開採，以資鑄軌，供鐵路之用，則工本省而成效速矣。

一、請預買旁地以收原租也。竊聞外洋建造鐵路，地價甚昂，故其經費以購地爲大宗。然地價既昂，則路旁之餘地亦因之而貴，聽人建棧取租，大可獲利。故西人之善賈者一聞新開鐵路，即相擇形勢争買路旁之地，以圖收取厚租。然使此鐵路不開，則田價不能驟昂，造屋亦無人顧問。故平心論之，此項利益應歸鐵路公司所得，方爲持平。愚謂應另立租地公司名目，即從鐵路公款内提出數十萬金專爲買地之用。擇城市碼頭貿易熱鬧之區，相度形勢，擇便購買，建造棧房，開設店鋪，以供百工居肆之需。凡鐵路初造之際，公司往往分利甚微，如以地租之厚利以挹注公司之不足，則公司有恃無恐，立於不敗之地矣。西人近在上海即用此法買地造屋取租，以收厚利，似亦當仿其意也。

一、請調勇築路以助大工也。古今蠹國耗財之事不一端，而尤以養兵爲最大之費，無窮之壑。論者謂兵可百年不用，不可一日無備。然使養之者百年，而用之者僅一旦已不合算。若養之百年而並不得一日之用，則亦安用此耗國之物哉。乃本朝養緑營額兵六十餘萬，而粤捻回匪之亂，竟未收一卒一騎之用，此亦可以變計已。今縱不敢如晋武之銷兵，亦當如府兵之改制。與其養一不能戰陣之兵，不如養一猶能工作之勇。與其飽暖而使之驕，不如工作以勞其力。愚謂宜仿古人屯田之法，設爲屯工，照湖北擬開鐵路之地，每百里設立一屯，派定地段，責令其採取木石開築路基，高者削之，卑者填之，俾成一律坦途，則鐵路之基址已成六七，然後安設鐵軌，直一轉移間耳。凡某營某哨承築之路，如果堅平合式，則分別奬賞，保舉功名。且核其工價，割股分以酬之，作爲該營之犒賞。其中有從前湘淮舊部立功將士身經百戰者，即留在該公司充哨巡管車之役，俾得優膳終身，免得流入匪類，萬一有警，立可招募成營矣。昔德人破法，凡將弁曾在行間立功者，皆派在鐵路公司充司巡之任，似亦可仿其意而爲之也。

一、請試行小輪以利轉運也。凡轉運貨物，陸路運脚更貴於水路不止倍蓰，水路而有輪船轉運，則貨物之成本可輕於土貨之銷場，尤利中國，外海長江之利既爲洋人所奪，莫可挽回，惟有廣造淺水小輪推行内地，則洋船不能追踪而入，而利可獨操矣。乃兩湖輿情深惡洋人，不用洋船闌入一步，然而我中國所自設之小輪無碍也。特恐積習相沿，莫可驟挽，莫如陰用轉移。愚謂不如先造中國式之小輪船，但用其汽機鍋爐螺輪等件，藏於艙底，上則仍用滿江紅江船之式，或即用長龍杉板等式，則楚人習見不驚矣。且近日有某營官創造火輪礮船，其煙通即藏在艙底，噴出無聲，敵人又不能瞭望，樊人以爲獨得之私。不若即仿其式以造淺水小輪，試行於襄楚荊宜長沙衡湘一帶，先運文報，由洞庭湖以抵常德，則貴州之文報通矣。由宜昌以抵夔重，則四川之驛遞通矣。由襄陽以抵商州之龍駒寨，則陝西之文報通矣。苟人人稱便，處處可通，然後推廣其例，准搭客搭貨，蓋鐵路恃支路爲來源，有小輪以濟支路之窮，則鐵路之客貨常盈，而轉運貨物源源不絶矣。

一、請多開支路以攬利權也。凡樹木僅有正幹而無旁枝，則其樹必漸萎。凡水道僅有經流而無支河，則其河亦易淤。鐵路之理亦然，若但有幹路而無支路，則貿易必不旺，商旅必不多，其勢即難以持久。今自漢口至京都迤長二三千里，途中貨客行短站者較多，而行長站者少。若有支路，客有上下，貨有起落，彼此相勾。愚謂每段幹路至少須添支路二條，如由漢口至信陽州爲第一段，則應分支路二條。一由光山固始出六安，以載茶葉，繞廬郡以達浦口，爲下游運漕之路。一由應城京山安陸出荊門當陽，以運煤鐵。如有餘力，再由宜昌開至夔州重慶，爲入川之路。若第二段左支應由洛陽入關直達西安，其右支應由開封歸德以抵清江，此路沿黄河南岸與幹路一經一緯，綰轂中原，亦可名爲幹路。第三段右支應由邯鄲廣平以達東昌，爲山東入京之鐵路。左支應由澤潞以抵太原，兼運平定孟縣之鐵，再由太原至忻代繁昌折而東，以達涿州，與幹路相接，歸併入京之大道，即爲第四段之右支。第四段之左支則應由遵化灤州通至山海關，以接東三省之驛路。如此，天下大局若綱在綱，四通八達，商務、工務、漕務、賑務無不呼應靈通，則氣局振而收回中國利權不少矣。

一、請津助鄰礦以資協濟也。中國自議開礦以來，雖各省紛紛舉辦，而迄無一成，惟開平一礦稍有成效。近則徐州之利國、貴州之青溪皆議用西洋之機器採煤鍊鐵，然因貲本不敷，時停時作。但聞其所購機器實係西洋最精之品，價值亦昂，大半轉運來華，其總辦貴州礦務爲潘道露，素精化學，兼諳英國別色麻鐵鋼之法，擬由粗鐵鍊成精鋼，一切鍊鋼機器亦皆完備。其徐州礦雖機器未來，而鐵質甚精，曾由徐守建寅亦用西國木炭鍊鋼之法鍊成鋼礮一尊，解往北洋試驗。該兩礦所產之鐵可以鍊鋼，確有明驗。若聽其中止，未免可惜。愚謂該兩礦雖在隔省，而同爲中國自強之圖，誠能奏撥公款協助其成，每礦借以貲本若干，責成其造成鐵軌若干，彼此立存合同，定以期限，一如向洋廠訂買之法。如逾限不交，而責承辦之人補賠。如此一經激厲，則不買洋鐵而自能造成鐵軌不難矣。

（清）陳忠倚《皇朝經世文三編》卷六三《工政·工程·查勘龍州鐵路事宜稟康際清》 敬稟者，光緒二十一年十月二十七日奉撫憲札開，光緒二十一年十月十九日承准總理衙門電開，法使催辦龍州鐵路甚急，本署與定中國自辦，希即飭查龍州至同登百五十里内山河橋道及官地民地各若干，應造橋設棧各幾處，即繪圖貼説，限一箇月寄署，以便請旨撥款訂辦，等因。到本部院承准，此自應派大員前往查勘，以期周妥。查該守堪以派委，除札行布按兩司暨洋務總局知照外，合就札飭札到該守即便遵照，即行馳赴龍州會同太平思順蔡道就近會商，蘇軍門酌派員弁，將龍州至同登計一百五十里内官民地若干，有山幾座，約高若干，有河幾道，約寬幾丈，夏冬漲落幾丈，中途有無分通，州縣歧路應否造設停棧，迅即逐細查勘明確，繪圖貼説馳覆，以便轉覆。此事關係重大，限期極迫，務宜從速辦理。惟不得稍事草率疏漏，致誤將來要工，切速切速。等因。

奉此，卑府時在南寧釐卡，竊以事關緊要，未敢稍延，立即商請水師左軍統領派撥扒船乘之上駛，以期迅速。即於二十八日由邕開行，十一月初一日遇太平思順蔡道於楊美墟河面，過舟請謁，面稱因公晋省，日行事件已委龍州同知吴丞徵鼇代拆代行，此事囑與吴丞會查商辦。隨於初十日午刻馳抵龍州會晤吴丞，據稱曾奉蔡道途中函諭，飭由龍州彬橋海村一路查看赴關，吴丞一面飛稟督辦邊防提憲蘇宫保，一面約同卑府於十一日起程，隨奉蘇提憲電囑，先從海村一路查勘來連，卑府與吴丞帶同測繪委員補用知縣周文鏞、儘先拔補把總梁映珠、補用游擊陸玉堂等即日啓行，沿途測勘，晚宿彬橋，次日測勘，晚宿海村，十三晡後方抵連城邊防大營，稟謁蘇提憲，詢查過一路情形，卑府等逐一回明，當承面諭，自龍州彬橋海村憑祥州以迄南關，本爲昔年中外往來之路，計程一百四十里。南關距憑祥三十九里，憑祥距海村四十一里，海村距龍州六十里，如在憑祥、海村、龍州三處各設一棧，程途遠近計算既不能均勻，且海村一路疊嶂層巒，不易開鑿，抑且河廣漲盛，難架橋梁，水之長落殆不可以丈尺計，縱使不靳鉅費，亦難經久。所有海村一路，自應毋庸置議。蘇提憲前准撫憲咨會，業將籌計大略，擬自南關起至龍州對岸止分設四棧舍，海村而取鴨水灘，先行函達撫憲在案。復經卑府等請示機宜，許爲同往查勘，隨即飭派行營中軍兼親兵左營管帶儘先參將張得貴、幫帶守備補用儘先千總段有才、親兵右營管帶都司銜儘先守備張文松酌帶勇丁先行馳往，前途薙草割藤，插標作記，以備履勘。次日十四清晨，即由連城起程，添派熟悉測繪之委員都司補用儘先守備梁錫榮、不論雙單月儘先選用州吏目彭垚，帶同曾經鑿石開山之工匠相隨前去。自憑祥板山慕府塘關前隘勘至鎮南關，由關口出至中越交界處所，量長四十餘丈，擬在中界內設一棧，客貨往來便於停歇。若開至同登，地屬越南，未便踰境。應由法自修路從諒山過同登直至界邊，即就界邊設棧停歇，似此各歸各辦，可期彼此相安。卑府等隨同蘇提憲沿途查看，所有近年邊防修成之大路係爲轉運糧餉而設，一路新築礮臺皆係安放洋裝大小礮位，居高擊遠，切中要害。卑府等親歷最高之礮臺俯覽內外全境，據險憑危，實爲籌邊固圉之要。且此路緣山因勢，經過墟場鄉邨營壘等處不少，若就此安置鐵路，邊防要隘全歸無用，而往來出入兵民必難相安，且亦非綏靖邊氓之道。會商通計，即就邊營所修大路之外審勢取直，另開新路。當經蘇提憲派弁插標作記，卑府等復由南關至憑祥，至鴨水灘，由鴨水灘至龍州對岸之伏波廟碼頭，逐一履勘丈量，其關口邊界所設之棧應由關門右首一路繞進，內地另建石柵以分內外，由憑祥州至鴨水灘，由鴨水灘至龍州對岸之伏波廟碼頭，分設三棧，按程計里，路亦均勻。查鴨水灘上游通平而關及越之芃封，下游通龍州大河憑祥墟，左連城大營，右通寧明州，約隔百里，此外並無分通州縣歧路，所定之鐵路以灣取直。內官地玖千肆百陸拾丈，合伍拾貳里伍分。民地民田臺萬壹百壹拾柒丈，合陸拾柒里叁分。水溝肆百陸拾玖丈，合貳里陸分。共計壹百貳拾貳里有零。官地內石山六座，肆百伍拾柒丈，最堅實者長壹百餘丈，高壹百餘丈，開路須用炸藥。其叁百伍拾餘丈須開寬壹百伍尺。水溝大者叁拾伍丈臺道，叁拾丈壹道，貳拾丈叁道，拾伍丈壹道，拾丈拾叁道，共拾玖道。小者寬壹丈至陸柒丈不等，共叁拾壹道。通共合大小水溝伍拾道。土嶺則自南關至鴨水灘一路或斷或連，高低不一，丈數俱詳圖說。將來鐵路修至河邊，只可緣河，不必過河。因建造鐵路橋經費太鉅，如遇山水漲發，一經沖壞，款歸烏有。聞法修諒山之路曾受此累，所費不資。惟緣河行去中有壁立石山臺座，高寬俱百餘丈，修路時擬用炸藥轟開修與路合，雖費工力，而得尺則尺，較之建造鐵橋究有把握。開路設棧需用民田不少，體察龍州民情，估買尚不至十分爲難。凡經過土嶺悉從嶺畔開行，逐段去高培低，其間水溝甚多，大者累石架橋，小者用鐵筒過水，均須鋪平，與路一律。惟鴨水灘伏波廟碼頭春夏之交間有水淹至數尺或丈餘不等，應俟修路時再行設法辦理。卑府等自十一日起至二十日止閱一旬，履勘丈量測繪甫畢，於二十一日回至龍州，將每日所繪之草圖細加考察，使無訛漏。然後開方計里合繪總圖，分晰貼說，列爲三紙，除將圖說逕呈撫憲外，所有奉委查明龍州至南關擬開鐵路勘丈完畢繪具圖說緣由，理合稟請大人俯賜察核，批示飭遵。

（清）顔世清《約章成案匯覽》乙篇卷三七上《章程・鐵路門・鐵路大臣袁等奏接收山海關內鐵路章程摺附章程光緒二十八年》

奏爲接收京津榆鐵路，現與英使商訂章程，請旨遵辦恭摺仰祈聖鑒事。竊於光緒二十七年十月初七日奉上諭：津榆鐵路應赶緊設法收回，添派胡燏棻會同辦理，先將接收事宜悉心商議，妥速籌辦。又於十二月初一日奉上諭：關內外鐵路事宜改派袁世凱接收督辦，胡燏棻會同辦理。等因。欽此。欽遵。

當與英使薩道義一再商議，英使以該鐵路統由兵隊作主，雖現歸英國武員管理，而實則各國均厲權力，祇可從容籌商退還。嗣經迭次函催，直至本年二月二十四日始准，送到英武員交還鐵路章程九條，前代中國招股之中英公司所擬章程八條。復經臣等函商，頗有應行辯駁之處。是月二十九日，臣袁世凱來京，臣胡燏棻彼此會晤，公同酌改，迭與英使再四磋磨，始克就範。現已由英使函致英提督及中英公司，均無異詞。原議英武員商訂章程九條，嗣經改定以後，由臣等添入電綫一款，統共十條。中英公司原議八條，一再刪改，併成五條，內有允留武員一款，係承上年和約留兵駐守專辦運載軍實而言，此外均與聯軍未佔以前無異，自難議阻。其中英公司所訂第一條派有總管一員專管工程料物事宜，並添議員一員，現仍指定統歸督辦大臣節制，不致權落人手。第五款原議應派中英公司在倫敦代辦購料一切事宜，跡涉擅利，現改爲購買車輛材料仍用開標辦法，大致均屬和平，尚無流弊。臣等悉心酌覈，議款一經定局，鐵路即可早日收回。英使初擬於西曆五月初一日將路交還，即中曆三月二十四日。現因疊次往還函商，爲日已促，且畫押以後尚須照會各國公使，並榆關俄國所佔車站等項一條，非一二日所能蒇事。英使擬改至西曆六月初一日，即中曆四月二十五日交還，決無異議。

茲謹將英使送來改定英武員與中英公司交還鐵路商訂華洋章程二分繕具清單，恭呈御覽。如蒙俞允，臣等遵即會同畫押，以便布置接收鐵路各項事宜。庶幾官商貨物往來並運漕運兵均可便利，實與大局殊有裨益。除再向俄國索還關外一路外，所有臣等與英使會議收回關內一路緣由，理合會同恭摺具陳，伏乞皇太后、皇上聖鑒訓示遵行。謹奏。光緒二十八年　月　日奉旨：依議。欽此。

附録英武員交還山海關内鐵路章程

大英軍務處願將京津津榆並續築至通州正陽門及永定門内之各鐵路交還中國，北方鐵路督辦大臣茲將交還章程各條開列於後。

一、按照一千九百零一年九月初七日議定條款第九款，中國國家應允由諸國分應主辦會同酌定數處留兵駐守以保京師至海暢道無斷絶之虞，今因該鐵路本係最要之通道，中國國家允許在於京津津榆各鐵路，凡各國留駐兵隊並保護使館衛兵及馬匹礮位與各類軍實等件，均應在各類貨物之先，按照附件所開章程運辦。

二、在第一條所述留兵駐守各處之時，督辦大臣允留武員會同總辦並武官二員幫同辦理，各國運載軍實各事宜，凡爲各國兵隊需運之故，或運載軍實，或修辦工程，自應預先由武員總辦與督辦大臣商定，由督辦大臣轉飭照辦，其會同總辦即派英武官幫同二員，可由德、日本國軍門統帶各派一員。

三、凡各國軍門統領等以爲緊要之鐵路站，均可派武員暫時駐紮，以便轉賫音信，往來簡易。所有該武員辦理各本營事宜，中國鐵路之員應竭力相助，該武員遇有事件，應徑達英會同總辦之武員。

查第二、第三兩款所稱派武員會辦一節，改爲聲明各國軍實軍隊用物一切轉運事宜應由各國駐京兵隊統帶，暨自京至通海道統領武大員隨時徑達鐵路總局辦理。

四、茲中國北方督辦鐵路大臣應允，凡管鐵路英武官在交還以前所立合同及所應許各件，由督辦大臣派員查明，接受承辦。又管鐵路英武員在天津所用各房間或公所、或寓所，如請接收，亦允一律辦理。

五、除第二條所述外，其餘鐵路各事宜，如酌定客貨運腳、修養各工及開往車表目、定立合同購料運機各節並帳目等事，總而言之，除飭定運辦各國兵隊馬匹礮位各類軍實等件外，均歸中國鐵路督辦，照聯軍未佔以前無異。

六、自德國總營務處將鐵路交給英國武官管理之後，直至交還中國北方鐵路督辦之時，所有一切賬目應由英國駐天津統帶武員並中國鐵路督辦大臣各派一員查核。

七、凡本章程畫押時，所有之鐵路及車棧，若非先行設法預通道路准備處所以外，不得還移改動。欲改動，應先由督辦大臣預先知照英武官總辦，轉致各國統領核准辦理。

查第七款所改，如車站有改動等項事宜，亦即由鐵路總局徑達各國統帶辦理，毋庸武員會辦，以省周折。

八、所有鐵路各電線亦應同時交還，惟武官可於電杆上安設電線以便自用。俟該線安妥，各國武官所發電報仍可按照附開之章第十二條辦理，惟所有由各國軍門及駐守各處統帶官並各使館衛兵統帶所發最急電，應在別類電報之先儘辦。

九、該鐵路交還中國北方鐵路督辦大臣之期，與俄國武官交還山海關車站房間，並建造橋樑之機器廠，及其所管自山海關至長城橋樑鐵路一段橋在内日期相同，惟不能於一千九百零二年六月初一日以前交還也。

十、中國國家應先向現有駐守通道兵隊之各國統帶，並現留護館兵隊之諸國全權大臣等，取獲情願英武官將該鐵路交還中國督辦北方鐵路大臣之文據相符後，此章程方可施行。

附録英公司交還山海關内鐵路章程

中國北方鐵路督辦大臣今與英國駐華欽差大臣商定章程，以期英國營務處交還鐵路之後，中國國帑及借款英股均獲裨益，茲將該章程列後。

一、在袁胡督辦大臣節制下，有總局委派總辦一員、洋務總辦一員、總管一員，英國人。專管工程並華洋工匠稽查材料等項事件。代理華英公司一人無俸。專辦會議鐵路緊要一切事宜。總局外另有中國繙譯一人，英國幕友一人，以爲襄辦洋務一切。又派幹練西人一名，管理倉庫事宜。所有鐵路及一切分局所用之員匠人等，均先由總局督辦大臣允准方能派充。

二、凡在外國購買車輛材料一切爲鐵路之用，應歸開標者公然投標購買。

三、該鐵路一切賬簿，每年由賬師查核，其賬師應由華英公司在於鐵路用人之外揀選幹練之人。該鐵路周年一切賬目等件，應照海關印册一律印行。

四、今議明管理鐵路英武員所修之豐台正陽門及北京通州各鐵路，應歸入一千八百九十八年十月初十日華英公司與胡大人所立借款合同第三條抵押該借款鐵路產業之内。

五、按照一千八百九十八年十月初十日借款合同第三條所載之支路或展修之各鐵路，應由北方鐵路督辦承修。今將此意重言申明，以推廣鐵路現有之利益。茲議定嗣後在於離現時所有鐵路八十英里地方之内，凡欲新修鐵路，除此章程畫押以前所應允修辦之外，均應由中國北方鐵路督辦大臣承修。蓋如北京或豐台至長城向北方鐵路，及通州至古冶或唐山直弦之鐵路，並天津至保定府各鐵路，不得入他人之手，致妨礙中國北方鐵路利益。

查合同第五條所載推廣支路一節，亦經改定。自北京以北各支路，並由北京至張家口之鐵路，應歸中國政府造辦，外國人不得干預。祇用中國資本，不用外國資本，並永不得以此路並進項作爲外國抵押借據。

謹按：原訂章程經外務部兩次奏請，續行釐訂，所有註明改定各節，即係續行增改，以昭慎重。外務部原奏見下卷成案。

（清）顔世清《約章成案匯覽》乙篇卷三七上《章程・鐵路門・商部奏重訂鐵路簡明章程摺附章程光緒二十九年》 奏爲重訂鐵路簡明章程，繕具清單。恭摺仰祈聖鑒事。

竊臣部奏定章程内開擬招商設立鐵路礦務各項公司，如一時官本籌集不易，全係商股承辦者，應由臣部隨時維持保護。等因。所有鐵路公司自應訂定專章，俾資遵守。查前光緒二十四年十月間，統轄礦務鐵路總局大臣曾經奏定礦務鐵路公共章程二十二條，通行在案。茲臣部綜綰商務礦路事宜，奉旨歸併臣部辦理，除礦務章程上年七月間欽奉諭旨，飭令劉坤一、張之洞採擇各國礦章詳加參酌妥議。現在張之洞尚未議定，應由臣部先擬試辦章程再行奏聞外，查鐵路章程有從前訂定之條現在應行修改者，亦有從前章程所未賅現在應行增補者，臣等公同商酌，擬重訂鐵路簡明章程二十四條，開具清單，恭呈御覽。如蒙俞允，即由臣部通行各省遵照，並咨明外務部照會各國駐京大臣備案。

所有重訂鐵路簡明章程緣由理合恭摺具陳，伏乞皇太后、皇上聖鑒。謹奏。光緒二十九年十月十四日具奏。奉旨：依議。欽此。

附録商部奏定鐵路簡明章程

第一條：本部欽奉上諭，飭將礦務鐵路歸併管理。欽遵在案。除礦務另訂專章外，其業經開辦之鐵路檔案均由路礦總局移交到部，至現在稟辦未經批准者，均應聽候本部分别准駁。

第二條：無論華洋官商稟請開辦鐵路，均應按照本部奏定章程辦理。其有援引前定各省鐵路章程與現定相背者，概不准行。至經部批准開辦後，並應悉照本部奏定之公司條律，不得有所違背。

第三條：各省官商自集股本請辦何省幹路或支路，須繪圖貼説，呈明集有的實股本若干萬，詳細具稟，聽候本部行咨該官商原籍地方官，查明其人是否公正，家資是否殷實，有無違背定章各情，俟咨復到部，以定准駁。

第四條：凡軌路必經之地勘定後，應由地方官先行曉諭，俾衆周知，不得故意抗玩。至公司買地，應由地方官估定公平價值，毋許高擡。應完地租由公司按年認繳，不得拖欠。遇有廬墓所在，苟可繞越，自應設法以順民情。若軌路萬難繞避，應由地方官斷給遷費，以免争執阻礙。

第五條：請辦鐵路如係附搭洋股者，除具稟本部批示外，應稟由外務部查核照准。至洋商出名請辦，除遞呈外務部聽候批示外，仍應稟由本部察奪。

第六條：集股總以華股獲占多數爲主，不得已而附搭洋股，則以不逾華股之數爲限。具稟時須聲明洋股實數若干，毫無遁飾字樣，並不准於附搭洋股外另借洋款，以杜朦混而慎名實。倘有朦准開辦者，一經查實，隨時註銷撤辦。

第七條：凡中國各省鐵路，即使由洋商遞呈稟准開辦，而中國商民自應得有公共利益方爲平允。嗣後洋商請辦，無論集股若干，總須留出股額十分之三，任華人隨時照原價附股。

第八條：無論華公司附搭洋股者，洋公司附搭華股者，地方官均應一體保護，惟不得干預公司辦事之權。至公司遇有虧蝕，應悉照中國國家所定條律辦理，國家例不償補。

第九條：華人請辦鐵路，如係獨力資本，至五十萬兩以上，查明路工實有成效者，由本部專摺請旨，給予優奬，以資鼓勵。其招集華股至五十萬兩以上者，俟路工告竣，即按照本部奏定之十二等獎勵章程核辦。

第十條：華人請辦鐵路，應先統估該路全工用款若干，以定集股額則。至開辦路工後，若因工艱費鉅，集股時意計不到，致有不敷，無可續集股本者，應准該公司以機器房産抵借洋款，概不准以地作抵。其借款至多之數，按照原估用款，不得過十成之三，並須先行稟呈本部，聲明所借實數，商借商還，國家概不擔承字樣。候部核准，方可議借。其議借合同應加繕一分，呈部存案。

第十一條：集股如全係華股，業將請辦路工悉數辦竣，續請展辦他路，而原集之股本固已罄盡，擬添借洋款以資接展，應具稟本部，聽候酌核情勢分別准駁。

第十二條：嗣後華人請辦鐵路，如與洋商私訂合同，以請辦之路抵借洋款，一時朦准，或於開辦後將該路工私賣與他人，以上情事如經本部覺察，或由地方督撫查明，除將路工充公註銷全案外，應視案情關繫輕重酌罰。

第十三條：凡經本部批准承辦鐵路者，無論華洋人，應自批准日起，限於六箇月内勘路勘畢，再限六箇月内開工造路。兩軌相距須照英尺，實寬四尺八寸半，與現行之路一律，並將開辦日期報部。逾限不報，即將批准之案撤銷，以杜集股不實、藉股招搖等弊。如實有意外事端，亦須預行呈明本部，查無欺飾者，方可酌准展限。

第十四條：各省辦理鐵路地方，遇有地主擡價阻撓、工役恃衆把持等事，准公司報明該地方官切實曉諭彈壓，並嚴禁胥吏訛索諸弊。須知鐵路爲興商利運之基址，國家應辦之要工，該地方官如保護不力，推諉膜視，查實從嚴參處。

第十五條：凡勘路估價監造軌路，目前中國尚少專家，應准公司聘用洋員。其經過地方及駐紮處所，各該地方官均須慎加保護，勿使稍有意外之虞。若該洋員不自守禮，蕩檢踰閑，准地方官知會該公司預爲斥退，不得偏袒徇庇，調赴他路當差。其甚者准稟明本部移會各國領事存案，不准在中國地方旅寓。

第十六條：無論華人洋人，如於各直省將軍督撫衙門遞呈請辦鐵路，應由該督撫查明此路確於我國商運有所裨益，且與現定章程無所違背者，即咨會本部酌核辦理。

第十七條：凡公司遇有争執，或因他事有礙公司利益者，若係華人公司，就近地方官亦可持平判斷，不使兩有傷損。倘判斷不能公允，准具呈本部核辦，以示保護。其華洋商遇有争執，應由兩造各舉一人理論判斷。如判斷人意見仍有未洽，再合舉一公正人，不論局内局外者皆可，秉公調處，兩國國家均不干預其事。

第十八條：路礦本係兩事，應行各守專章分别辦理，所有請辦鐵路者，不得率請與礦務合辦。鐵路公司前有沿路開礦章程，嗣後不准援引此案。若就近既無煤料轉運，又苦難阻，公司因此致欲虧蝕，應隨時具稟陳明，聽候本部體察情形，分别准駁。如批駁之後，不得再行呈請，以杜牽混。

第十九條：礦務鐵路總局前定有表譜格式，現將此項表譜仍由部頒發，各公司每届年底，將辦理一切詳情如式填寫，呈部查核存案。

第二十條：稟請辦理鐵路業經批准後，該公司即可訂立合同。如有未盡事項應行具載者，准其酌增，惟不得與上列各條有所違礙。訂立時並照繕一分，呈部核准後，方可簽押。至路工完竣後，有應行設關征税之處，由本部會同户部酌核辦理。

第二十一條：華洋商人承辦鐵路，如遇軍務，中國國家調遣兵丁、轉運餉械及軍營用物，須儘先載運，車價減半。

第二十二條：興造鐵路或鐵路已經造成後，如須用彈壓巡丁，准其每一里僱用華人一二名，仍不准帶用軍器。如需用護路兵勇，必須稟由本部及各該省將軍督撫酌派，不得擅自僱用，所有工食費用由鐵路給發。

第二十三條：鐵路郵政相輔而行，凡承辦鐵路，應代寄中國郵政書信包件，所有詳細章程届時另訂。

第二十四條：以上各條係承辦鐵路大概章程，此外未盡事宜，俟批准及訂立合同時詳細增補。

《東方雜誌》一九〇四年第三期《交通·兩江總督通飭各關道札》

光緒三十年二月二十日准商部咨：光緒三十年二月初六日據翰林院侍讀學士惲毓鼎等呈稱：江蘇運河一帶河道深通，溝洫縱橫，三農利賴，河中一歲之淤，小民每於農隙掉舟挖取，用以治田。在官無挑浚之勞，而於民得肥苗之用。自小輪行駛以來，所燒煤滓沿途傾棄入水，淤泥之中雜入滓質，農田誤取損害良苗。近年大河行輪之處小民不復挖淤，支河溝渠積淤無多，時有爭奪之事。計小輪一日應燒煤四五墩，大者更多，其滓以五成計算，是每輪每日常有四五千斤滓煤入水。現今華輪洋輪往來如織，淤河一寸，旱時水不能上，潦時易於泛濫，農田常受數寸之害。至河道淺阻，行輪亦將自受其弊。屆時再謀開浚，工程必大，費用更鉅。天下之患當其始時忽而不覺，及其既著，補救甚難，往往如此。伏思小輪行駛內河，所以推廣商務，在今日萬無禁阻之理，惟傾煤入水，查照上海、天津租界河巡章程皆行明禁，如有違犯，送領事官辦理，分別議罰。蓋泰西公法最重河道，辦法特嚴，內河等處自應照辦。爲此環求賜准，咨行兩江總督、江蘇巡撫札飭各關道，會同税務司查照租界河巡章程，凡內河行走小輪之處，權度情形，妥籌善法，永禁小輪不准傾煤入水，違者照章議罰。並咨行各國領事官，令洋商各小輪一體遵守。推之各省內河及長江及鄱陽、洞庭諸湖，並海輪近口一百里內，皆可一律照辦，庶水道無淤阻之患，農務商務兩受其益。伏候大部鑒核俯准，迅咨辦理等情前來。查內港行輪既經定有專章。嗣後內河航路自必日多一日，若任聽該輪傾倒煤滓入水，不特於農田水利兩有所損，並恐河身淺阻，即行船亦屬不宜。除批挂發外，相應咨行貴督查照迅飭各關道會同税務司妥籌切實辦法，一俟籌定後，即行示禁，華洋各輪一體遵守，以清河道。仍將如何辦法咨復本部察核可也。等因。並抄單到本大臣，准此合行抄單札飭，札到該關，即便遵照會同税務司妥籌切實辦法，一俟籌定，即行示禁，華洋各輪一體遵守。

《東方雜誌》一九〇四年第五期《交通・山東巡撫周飭商務局接修小清河鐵路妥訂辦法札》 光緒三十年三月初五日承准外務部咨：光緒三十年二月十六日接准來咨，以膠濟鐵路公司總辦德商錫樂巴來函，現在膠濟幹路八百里工已完竣，而東關至小清河只距二里路程，此二里叉路不做，於商人不便。如做小鐵路，而與大鐵路軌道不接，仍須上下搬運，亦屬未便。前聞中國商人有從小清河做小鐵路至車站之議，究與大鐵路不接，且恐兩家鐵路擠在一處，意見不合，致有參差。查膠濟鐵路章程第十三款，有不准擅行另造枝路之語。又云每造一叉路，必須預稟山東巡撫以備查核等語。現在此項叉路僅止二里，係爲便商起見，特請鑒核。

當經檄飭農工商務局，查復小清河頭至東關車站直行不過二里有餘，若迂繞則有三四里，前因膠濟鐵路章程有不准另造枝路之語，是以華商集議欲建小鐵路以達車站，至今尚未定局。該公司函稱小鐵路與大鐵路軌道不接，商人須兩次搬卸貨物，殊屬不便。若令招商承辦，將來意見參差，皆係實情。惟此次分枝雖里數有限，究非大路中應有之利，況取石運灰等項，小叉路與原定章程不合，擬請咨呈核奪。查膠濟鐵路本名爲華德公司，附有華股，此次請做通小清河之枝路，原爲有益商務，若另招商承辦，而工程太小，不值集股，且恐致多轇轕。況按膠濟條約，仍須買德國材料，似不如仍歸該公司一手辦理。惟究在原定章程之外如承允許，係屬特予利益，應由山東商務局與該公司商訂合同，略照原定膠濟路章辦理。聲明以後凡遇有便商務之事，准由商務局與其會商，勿得專執。除諭錫樂巴聽候核示外，並飭繪具簡明地圖，一併咨呈鑒核賜覆。等因前來。本部查膠濟鐵路章程內業經載明不准擅行另造枝路，今該總辦函請接修小清河枝路，殊與原章不符，惟爲商務便利起見，自不能不設法接展。此段鐵路僅二里有餘，所費無多，應由商務局籌款自造，其工程材料即交該公司承辦，以便與幹路相接。路成之後，仍由東省派員經理一切，並與訂定每年由該公司提出運費若干交商務局，爲該段枝路應收之利。如此辦理，庶於商務原章兩無窒礙，相應咨行查照核辦，並聲復本部可也。等因。到本部院承准此，除函告錫總辦等外，應由商務局會商該公司妥訂辦法，議立合同詳復咨候外務部核准，方可動工。此札。

《東方雜誌》一九〇四年第十期《交通・順天府尹沈奏請飭下直督借款修路片》 再西國政治商務以道路爲始基，道路既治而後巡警衛生次第興辦，生機以暢，物產以饒，《左氏》司空以時平易道路，孔子美蒲治，單子決陳亡，無論復古變法，前聖西哲，均不敢以爲緩圖也。

查各國通商，從無給予租界之事。因我道路不修，故外人得以藉口籌費修路，兼設巡捕，而治外之法權遂以旁落。今通商碼頭均設會審，則中國人與中國人詞訟亦歸其判斷，其實捕捐、鋪捐、車捐何一不出之中國人同一輪捐也。我失其政，使食毛踐土之民轉有寄食託居之苦，喧賓奪主，人扼咽喉，我據心腹，氣息不便，俯仰由人。茲商約有京城撤兵之後闢爲通商場一條，是向之所以待津滬者，亦將以施之京城。現交民巷已成洋界，彼又自做馬路。若我不興修，彼必推廣，擴一馬路即設一巡警，則直謂之蠶食鯨吞可也。輦轂之下，使人司其管鑰，其窒礙豈各碼頭之比，此其有關於交涉者也。西國街道溝渠，市政各有專司，安插貧民以免流爲盜賊，掃除污穢以免蘊成癘疫，此皆於居民有迫切之關係，朝夕起居不可須臾無者。居民因陋就簡，而當官者亦以爲末節而不加意，而不知吏治之要無過於此者。夫道路平坦，一日可辦三日之事，夏秋泥潦，堂司各官車殆馬瘏，形神俱敝，城内消息阻絶，刻晷趨公，有晝諾而無論思，則接遇賓客，又安望其折衝樽俎。各國使館電報、電話瞬息可達，而我由各署以達内廷，雨雪阻滞，往返商榷，動輒經旬。警急之事，或有限時刻待報者，因此草率誤事，亦復不少。警察無駐宿之班房，當道有礙行之列肆，是官司之禁令已不行於市廛，又安能稽客館之出入乎。奸商莠民祇求便其私圖，而不復衷諸公理，梗令鬧捐，層見疊出，然亦官不以取之於民者用之於民，故不相信至於如此也。此其有關於吏治者也。昔歲朝廷一新觀聽，特旨派肅親王善耆督辦其事，於今逾年，所以不能刻期赴工者，由於人情尚不免疑忌，而款項亦不免支絀耳。辦事苦心，欲成一段再做一段，其難其慎煞費躊躇，不知築路之費尚易，養路之費最難，若不一氣呵成，則此段未成，彼段已毁。民未見利，安肯輸捐。且籌款監工頭緒紛繁，凡有地方之責者，皆應通力合作，不應使賢王空拳孤立，獨爲其難。擬請旨飭下五城街道御史並地方各官，隨同肅親王善耆將應修幹路支路之必不可緩者，先行繪圖估工，再令分段插標，刻日竣事。並如何設立巡警房以資保衛，設立工程局購置各項器用以資脩補，添蓋篷廠聚列攤肆以免阻礙，應需之款，户部已撥之二十萬外，應飭直隸總督先向銀行借款墊發，一面由各省督撫無論何款，每省先墊解四萬兩，官商合籌，准照昭信股票核奬。其有不願得奬者，路成之後，由所收之房捐、車捐清還本息。京師户口倍於各碼頭，商旅輻輳，道路一平，地價騰湧，斷不致有捐數不旺、借款虛懸之理。天津、金陵、武昌馬路業已四通八達，不聞報銷部款一文，況都會之臨上都而觀萬國者，非各督撫所應共任其責者耶。微臣職司地方，爲交涉吏治維持主權起見，理合附片具陳。謹奏。

《東方雜誌》一九〇四年第十期《交通·商部奏請飭鐵路大臣將歷辦情形報部摺》　竊維鐵路、鑛務泰西以致富强，中國自開辦迄今歷有年所，尚未大著成效，臣等自去年奉命接管鑛務、鐵路總局事宜以來，夙夜兢兢，時懼未能稱職，惟有鈎稽成案，博訪各處路鑛情形，以期有利與興，有弊與革。其最要者，莫如使鐵路總公司早一日清償路款，即中國早一日收回路權。

乃查鑛路總局移交舊卷，大概因變缺佚不全，而各鐵路公司於逾年辦理情形，如已造之路若干里，已勘之路若干里，凡工程起止與所占之爲官地、爲民地，及購地價值、行車脚價、接收借款、付息數目日期各項出入用費，暨所用工程司共有若干員，是否如約築造，華洋員役人數、薪工、職業等項，均無案可稽。臣部曾於上年十一月間按照奏定鐵路章程印訂鐵路表譜格式，咨行管理鐵路大臣，請飭填報，並請將原奏摺片及一切圖説章程、合同隨表抄送去後，至今未據填抄到部。在各公司或因抄件繁多，一時未能齊備，或因各路多有洋款在内，由工程司經手繙譯稽核頭緒紛繁，未易截清造報。但查各處鐵路合同多載明中國總公司有稽查出入極大之權，且有外洋陸續用出各帳，按三箇月造送中國總公司查核，各等語。是洋員經手款項，在彼本應按期造報，在我更有權稽核，況興工用人兩項原係督辦大臣專責，果使實力督催，何難尅期咨報。目前關内外蘆漢萍醴澤道各鐵路次第行車興築，均未據逐年咨報。他如正太滬寧滇越各路，均已訂立合同，現在已否購地開工，亦未報部有案。設再歷數年，或推及他處，亦復如是。誠如鑛路總局前奏所稱，國家予公司以莫大利益，而公司視國家漠不相關，所謂開鐵路以拓富强者安在也。相應請旨飭下管理鐵路大臣等，先將近年造路之起止、款項之出入、工程司與華洋員役之人數、薪工、職業造具簡明圖册，尅日報部。以後仍按季咨報，庶便逐節清釐。至臣部前發之表譜格式，每届年底，應詳細彙填抄送，俾臣部通盤稽核。遇有應行管理之處，亦更有藉手。如蒙俞允，即由臣部咨行該管鐵路大臣等欽遵辦理。謹奏。

《東方雜誌》一九〇五年第五期《實業·路鑛通論録乙巳二月二十五日時報》　今日之中國，莫急於救貧，此今日公認之理論也。救貧之要著，莫先於築路開鑛，此又衆人所共知者也。且不獨此而已，彼外人之日日垂涎於我，而謀欲得之者，推其意不過欲取我國中利益之大端，如扼要之線路，著名之佳鑛，一一握其實權已耳。諗是則今日之修路治鑛，不獨救貧而已，乃直爲救亡之策。使舉所謂扼要之路、著名之鑛，皆自我而創興之，彼族見無利益可圖，亦惟有廢然自止耳。

數年以前，中國之策時者，但言路鑛之利耳，而於所以籌款之方法，則猶往往主借外款，或華洋合辦者。至近日各省之輿論，乃亟亟以華款自辦爲言，此誠怵於福公司、合興公司等之已事，而鑒及外人以路鑛殖權之害也。此亦可謂自動力之徵矣。然自辦非難，自集華股爲難，則請先言集款之事。

今者度支竭蹶，各省所同，欲言路鑛，斷不能仰給於官款。就令有之，亦必甚微，而無補於事。然則集款必取諸商民，顧事有甚難者。我國富豪之家本不多，覯即有其人，要皆保守不遑，而乏進取之略，是故真有資本者，必不出其資本，以獨力任事，而歷來言路鑛者，其人半非殷實之徒，不過得有官吏之允許，然後出其憑狀以邀集資本耳。以是之故，恒不得人之信任，而集款至難。就令創始之人聲望素著，而爲衆人之所信矣，然當其集款之時，一切未備，其距開工動機之日尚遠，而其募集之款亦必不能全數遽集。於是則彼此觀望，必俟募款已交大半，辦事已有條規，而後認股者或可踴躍，否則衆股未齊，著手無日，而遽望其先交股份，則誰肯以金錢聽人閣置者，此亦人之恒情也。然既彼此觀望，則彼此皆不願遽投其資，而集款終無可齊之一日。彼曰爲時尚早，何必先交，此亦曰頭緒尚多，不如從緩。蓋因觀望而遷延，愈觀望則愈遷延。此實中國集款任事之通例，不獨於路鑛爲然。而路鑛事大，需款尤殷，則亦尤不易集。以吾所見，事之創議而無成，其坐此病者多矣。且路鑛之集款更有不易者，假如以一千里之軌路分兩端而並築之，至速非三年不能竣工，非四五年後不能通行獲利。若興築之時，遇有購地遷墳種種之糾葛，則尤不在此算內。至於開鑛之事，則又必以機器去其積水，鑿其石層，然後可以收效，更非淺嘗者可以見功。而我國人之投資本於營業事實者，其圖利之心太急，又不能洞見事情，一二年後未得分利，則意興嗒然矣。此亦衆情不舉之一端也。

且事更有難言者，即使募款易集，其事克舉，然而失敗之數，則亦有出人意外而難料者。此等事開鑛多於築路。故外國之於此等大工，必寬籌資本以繼其後，一有摧挫，則更謀所以挹注之，其任事之人又復不撓其氣。如此，則必終有見功獲利之一日。然使中國之人一遇此等事實，則非徒衆志渙散已也，勢必轉相告戒，傳爲口實。而他處之有路鑛等事，皆必受牽率之憂。此則集款雖易而亦有難於一試者矣。

且更有一説，中國國家往往於已成之局，謀欲奪其利以坐享厚益，而不恤經始之艱難。故稍窺世事者，戒於近日輪電等局之事，其他營業亦不敢輕擲其資，誠懼受虧則不蒙補救，而獲利則將被併吞也。

故如右所舉，則首在集款之難，款既集矣，獲利稍遲，則致疑沮。一有不幸，尤難再振，其成功猶不可必，此皆自募華款之棘手最甚者也。

然則自行集款固甚難矣，必不得已，仍於外債求之，但使操之有道，或亦不致大害乎。則亦不然，請更陳其説。

言者曰：凡天下之大工程，無論以一國之資本，或非一國之資本共經營之，而其利必歸於有此工程之本國。蓋凡有一工程於此，其爲利益之實不外三端：一即此工程也，二傭於此工程之徒衆也，三因工程所獲之利息也。此三者其一與二，則本國獨擅之，其三則本國與所貸資本之國共焉。而其得用此工程之巨益，猶不列此，故美利堅人於其國中通行之鐵路與其境內獨擅之鑛產，其初皆任聽外國人競投資本，未嘗有所分別也。今中國之言路鑛，必欲拒絶外款，是謂靳其一而亡其三。若是者，終必自遺其利而貽後日之悔焉。

或人之言如此，此亦近日一派之議論，而言之成理者也。然而中國之情事，則有萬不可以一概例者。蓋此等事在法律完全主權獨備之國，則可偶一行之，以外人之在其國必皆帖然受治於其法權之下。既已投巨資以營業於其國，則必自願託庇於此邦，受其約束而無辭。故雖或用外人之資本，而彼爲資本家之母國者，固不易得而干涉之，以侵觸本國之權利。又其甚者，則外人且因有資本營業之干係，竟入其國籍焉。故如美利堅者，乃真具此資格而可以翕受外資，獲其益而不被其損者也。使不揣其本而言，以中國之爲國而欲一蹴以趨之，則彼外人之在吾國者，既不受我之法權，雖一私人，且將挾其侵略主義以凌我。按之近事，固已灼然不誣。路鑛所以興利，奈何反以徇害。持此論者，是猶欲以漏脯止飢，酖酒治渴，蓋必不可行矣。

藉外款以治路鑛，其患既如此，而以近日所聞某公司之原動力某氏者，且有引商力以弭兵力之説，其言可謂甚辨。然試思所謂商力者，有以異於兵力乎。吾恐干戈之與智力雖異其用，而各挾其帝國侵略主義以俱來，則固事之無可疑者也。是故以英美籍之人而投其資本，則大抵其私人先抱此主義，迨其事既成，而其本國更推此帝國主義以擴充保護之，而爲之後盾。以法比等籍之人而投其資本，則其國家直以此帝國主義相臨，而其私人則且若傀儡焉。是二者，其不利於我中國則同，而如後一説者，其禍尤峻且速。然私人之抱此主義，固不若國家用此主義之易於收效也。以此之故，粵漢之事遂至易美而爲比。一言蔽之，則皆帝國侵略主義之作用而已。所謂商力者，固猶是帝國主義之變名也。其與兵力所到，固無殊也。然則外款之不能假借，更彰彰矣。

夫以救貧救亡二者言之，則今日之中國，誠不可不亟亟於路鑛，而官款無可言，內款不易集，外款不能用，是豈中國之路鑛竟無可圖，而惟有束手坐視乎。以吾思之，蓋有兩法，而其一較難，其一尚易，請略言之。

其一，當提中飽也。近者國家之求財，大抵以搜剔中飽爲説。然中飽之資，既爲百姓之所不應出，則固非官吏之所應有，亦非國家之所應取也。故凡有中飽之款，惟有由地方公正紳士從實清查，以合宜之方法，商令官吏按數撥出，以資地方公益之用。如是者最爲情理之正。而所謂地方之公益者，則以施之路鑛等事爲先。近聞湘人欲以該省羅榖捐爲贖還粵漢路票之用，實深合此義。第恐他處鄉紳不盡有此毅力耳。所謂較難者此也。

其一，地方附加税可行也。各國税法不同，所謂地方附加税者，大抵就國家徵税之物品而附加若干，以爲地方自治各項公費之用，此法最爲通行。今使中國各省略本其意，於通行之販賣品而爲一定之税者，不妨商請地方官酌量加收，以資地方一切興措之用。若有路鑛要需，尤宜先資挹注，但不可過涉苛細，以致民怨耳。此舉有三便焉。今日國家之取於民者，竭澤而漁，而爲之牧民者，又從而附益之，隨時加徵，本在意中之事。及今而附和徵税，雖近苛取，而其用既在公益，且亦可以杜政府無厭之求。蓋先有附加之税，則國家雖欲再加，終不能不有疑慮，以資抵制。一也。中國度支向無預算決算諸表，故人民所納之税不知何用。然亦由國境太廣，中央政府之收入取於此者不免用之於彼，而民間更無從質疑。今以此等附加之税即用之於地方要務，則衆視所瞻，更無疑滯。目前以之濟路鑛，異日政體改革，即可爲地方行政之需以植基址。二也。彼爲路鑛之代表者，使其資本而爲自募，則貞佞不一，私弊方滋，而出資者或力量散弱，或顧忌私交，未必爲其所畏。若藉地方之公税而治事，則衆矢羣集，一涉私弊，身名與之俱毁。人非甚不肖，未有不懼。蓋人或敢於結怨一部分，而未有敢於冒一國之不韙者，以資箝束。三也。此三者皆藉地方附加税以治路鑛之便，所謂較易者此也。

是二者擇一而行，則一切疑義皆就捐除。若使成效漸著，利益可期，而執政者又欲從而奪之，則此等中飽之款、附加之税，其性質本自活動，即以之移爲他用，毋俾並奪焉可也。

欲徵附加税，有一要義。蓋凡欲得某業之附加税，則必結合該業之首領稍著名望者一二人，陳説利害，而與之商榷，使其樂於號召，則事不難爲也。試以近事證之，湖南諸紳倡議加畝捐以濟路費，江西諸紳亦倡議加鹽價以濟路費，此即所謂附加税之類也。然湖南輿論未聞有所抗議，而江西商情則若有甚不便者。説者以爲湖南倡議之紳士，大抵有田盈陌，自具大户田主之資格，故言之而莫違。而江西倡議之紳士，則初與鹽業未有關係故也。觀於此，而辦事入手之條理亦可以明矣。

此篇所陳，反覆申譬，皆欲明路鑛之籌款孰宜與不宜，冀任事者之有所擇。略舉大凡，尚多未盡。聞近人之熱心於路鑛事業者，又頗以鐵路彩票爲言，然彩票散售既多，難免不入外人之手。且以鬻賭而興鐵路，利未可知，而其害先及於政事，是亦必不相宜者也。故因論路鑛而並及之。

《東方雜誌》一九〇六年第十一期《交通·商部奏廣西官紳籌築本省鐵路摺》 竊臣部於光緒三十二年六月間接據廣西官紳內閣侍讀陸嘉晋、內閣候補侍讀梁濟等聯名六十八人呈稱：竊維鐵路保護利權，關係重要。近年風氣漸開，如皖贛川粵蘇浙等省皆由本省紳商合力籌辦，均邀奏奉諭旨允准在案。廣西地處邊陲，運輸不便，非建築鐵路，商務斷無起色。現經京外官紳屢次集議大概辦法，擬先集股款一千萬圓設立廣西全省有限公司，先由本省紳商籌備正底股百萬圓爲創辦之用，路未告成以前之股息，暫就地方情形酌量籌補。其路線大概由桂林上至全州以達於湘，下至梧州以達於粵爲一段，由梧州至南寧爲一段，由南寧至龍州爲一段。三段路線擇緊要一段首先開築，其餘枝路各線陸續測勘，次第興辦。惟責任重大繁難，非聲望素著及家道殷實、足以聯合紳商之人，不克膺此鉅任。查有廣東提學使于式枚學識宏通，才猷練達，夙昔究心時務，於鐵路各項辦法均能得其要領，且近在廣西，易於兼顧，一切路事用函電商榷控制，可期得力，擬公舉爲總理。候補四品京堂左宗蕃商務熟習，辦事勤能，素爲商民所信服，擬公舉爲協理，以之主持公司事宜，必能裨益路政，措置裕如。並准工部左侍郎唐景崇函稱，呈中所述各節均係景崇與京外官紳函電籌商，意見相同，此事爲粵西路政所關，即國家利權所繫，眷懷桑梓，念切時艱，雖未列名簡端，亦迫於同里之義務，應請援照各省成案，據情奏明立案。等語。臣等深維路政關繫重要，既據該省官紳呈請代奏前來，未便壅於上聞，謹恭摺代陳。謹奏。光緒三十二年七月十七日具奏。奉旨：依議。欽此。

《東方雜誌》一九〇六年第十一期《交通・籌辦廣西全省鐵路芻議廣西留日學生稿》 第一創辦。鐵路辦法，有官辦者，有商辦者，有官商合辦者。三者得失，久爲一大問題，各國學者尚無定論。然選擇之法，當視其時其地之所宜焉。廣東粵漢鐵路自岑宫保奏歸商辦，羣情感奮，不數月而集股至二千餘萬圓，則趨勢可知矣。今廣西鐵路亦擬請歸商辦，其公司則曰廣西鐵路股本有限公司，庶使商民信用，應募更當踴躍。惟創辦之先，事繁且重，不可無總辦大員綜理其事，擬仿江西、安徽、江蘇三省辦法，由同鄉京官聯銜呈請商部代奏，於廣西京外官紳中公舉德望素隆者一員以爲總理。總理就任之初，選任協理，並行知各府廳州縣，各舉殷實公正紳商爲代議士，擇適中之地聚議開辦事宜。於此時有一問題，即設局勘路刻股票債券一切開辦經費是也。日本株式會社之設立，其創辦經費例由發起人先墊，浙江亦仿此辦法。廣西鐵路當諸款未集之先，除總理大員不以出資多寡論，其他本省大紳鉅賈，有先墊開辦經費滿五萬圓者，公推爲協理。其款俟設局後，或劃作優先股，畀以特別利益，或待第一次收集股金，再將本利交還，均聽自願。若竟無先墊者，則擬由總理咨商督撫憲，暫借官款若干萬圓，以爲開辦經費，定期償還。以各府州縣現存之公款作擔保，路事萬一無成，願將公款作抵，以重國帑。

第二設局。鐵路事務紛紜，非設局則無所歸屬。梧州爲三江總匯，交通便利，設立廣西全省鐵路有限總公司於此，而於各府廳州縣設籌款分公司，總局爲執行事務之總機關，兼爲股東會議之場所，選舉執事人員即於總局行之。

第三任人。股東總會未成立之前，事務尚簡，宜從節省，僅用勘路工程師、招股委員、書記員、會計員等各數人。然因總會未成，無從選舉，應由總理商諸協理，先行委任。至股金既集，乃開總會，此後公司全體人員分爲執行監察兩部，略言其職權如下。

甲：執行部。以總理、協理及總理所委任與股東所公舉之在總局內路工上執行事務各員組成之。關於鐵路一切重要職務員，應由股東總會選舉。其非重要職務員及因他故出缺須急選任補充者，總理皆有委任權。但有一要點，無論委任選舉，皆宜於有被選資格之股東中擇之，不論官紳商民，凡有百股上者，均有被選舉權。若非股東，無論如何理由，不能充之。總協理任期爲繼續的，如因故辭職，則由股東總會選舉，呈請商部奏派。其他事務員之任期，應俟股東總會公定，任期已滿，而有信實可靠明敏有材者，仍得被選連任。至於勘路、包工、管車等事，先儘股東之勝任者任之，無則延聘他省之鐵路卒業學生，不得已而延聘洋員，其權利義務當於合同內詳細規定，勿許以特別權利，亦不許於路工之外干涉他事，以公司之名聘之，勿生國際問題。而更有當注意者，曰包工必分段，築路不管車，免蹈昔日粵漢鐵路之覆轍。

乙：監察部。以未被選任爲事務員之股東組成之，更分爲兩機關。天：董事局。選有百股以上之股東數人爲董事，常設董事局於總公司，代表衆股東以監督執行部之行動，有調查公司業務財產之權。如發見執行部有不公之事，得報告於衆股東。地：股東總會。每年開通常會議一次，有重要事項，由總理及董事局召集，得開特別會議。蓋鐵路財團，由吸合衆股東資本而成，則凡爲股東者，皆有監察之權。關於執行部人員之任免，與公司章程之決定變更，均歸本部決議。開總會每年有一定日期，未開會之前一月，執行部應將所議各事函告衆股東，股東屆時到會。其因路遠及有他事者，可給證書轉託他人代表，或以書信發表意見，幸勿拋棄權利。蓋總會非股東過半數出席，又其股額非在過半數以上不得決議。若彼此拋棄其權利，則總會將不能決議，貽誤非淺也。股東之議決權，若股額每股係五十圓者，自宜一股有一議決權。今廣西鐵路股票每張定爲五圓，則不得不略加限制。擬滿十股者，始有一議決權。未滿十股者，仍得集合十股而共有一議決權。如上所言，十股有一議決權，則有千股萬股者，應有千個萬個議決權矣。若是則大股東或有以一人之專權而左右總會之決議者，故宜設法以防之。凡議決權，一人不得有三十個以上。

第四路線。既爲保護權利而自辦鐵路，則凡全省應敷設之幹路枝路，自宜合全局而統籌之，無留間隙以待法人之窺伺。查各國鐵路政策其目的有二，一求商業之發達，一圖軍備之擴張。蓋鐵路所及之地，即商務所及之地，亦即兵力所及之地也。故各國有專爲經商而築一路者，有專爲行軍而築一路者。吾省財政支絀，宜擇兼此兩性質者而施工焉，庶一舉而獲兩用。今舉其兼此兩性質之路線如後：一、龍貴鐵路。自潯州府之貴縣起，蜿蜒以達龍州，曰龍貴鐵路，爲第一要線。以軍事言，我所以自辦鐵路者，其目光蓋注於法人，法人之欲安南我也，已匪朝夕，欲破其勢力範圍，必出於戰爭而後已。自南寧至龍州，河流淺狹，山徑崎嶇，無論水陸轉輸俱甚不便，而法人鐵路已達我鎮南關外。戰事一開，朝發夕至，我遲彼速，未戰而勝敗可預決矣。以商業言，龍州已闢爲商埠，南寧亦有開放之說，而吾省物產之饒富，南寧更首屈一指，惟限於交通不便，故商業無起色耳。且近日吾省大吏有奏請移省垣於宣化之議，則此路尤爲重要。故無論爲軍事計，爲商業計，均以此爲第一要線。其以貴縣爲起點者，因自貴縣以上，秋冬時輪船不能通行也。二、橫海鐵路。自橫州繞鬱林出北海，曰橫海鐵路，是爲第二要線。廣西無海岸線，雖饒物產，不能直接輸出，猶之有室家而無門户也。且北海介於東京廣州兩灣之間，此路若成，平時則便吾出入之門徑，戰時并可斷法人之聲氣，此亦兼有商事軍事兩性質者，故以橫海鐵路爲第二要線。

第五籌款。因修路而籌款，則籌款之多少，自當視鐵路之里數爲標準。以津榆鐵路、萍醴鐵路每里所需之數爲比例，則合人工材料地價，每中里不過萬金。證以日本通國鐵道，平均計算，每一中里需日金萬六千圓，合之華銀亦止萬兩。是一里萬金，爲鐵路普通價值。廣西爲材木產出之地，轉輸便則價格較廉。人民當兵燹之餘，謀生難則工資較省。擇一小段開工，不過數百萬而已足。一年不集，繼以十年。一款不敷，兼籌他款，安見大功無告成之日也。謹略舉可籌之款如左：

一、股票之款。鐵路之款以股票爲主，餘皆補助者也。日本會社股票之額，每張有多至二百圓者，有少至二十圓者。廣西瘠苦，股額過大，則寒畯雖欲附股而力有所不能。擬倣廣東辦法，以五圓爲一股，寧使總局辦事手續稍煩，不可令熱心之同胞因乏資而獨自向隅也。至散股之法，一在各府廳州縣設立分局，發給股票，聽人自購。二發給股票於府廳州縣及在省各局供差諸官吏，令其分認。三發給股票於各行商，令其自認。四各府土司，類皆富户，可令公正紳士曉以利害，並示以妥善章程，亦可發給股票，令其自認。五本省人之宦游他省者，大不乏人，而皆有會館以爲敦叙鄉情之所，亦可發給股票，令其自認。六於他省之通都要埠，託殷實商店代售股票。七我輩留學日本，雖人微力薄，而保衛桑梓之心，不敢居内地諸同胞之後，亦當擔認股份，爲内地之倡。以上分配似近强制，然路權一失，國且滅亡。與其儲之以資外人，不如出之以謀公利。至鼓勵出資之法，應視認股及代招股份之多少，查照各省章程，由總理大員商諸本省大吏奏請獎勵。

二、募債之款。募債之法，各國不惟國家行之，即公司亦行之。日本各會社所發行者，謂之社債。由會社出名募於民，給利而不分紅。債券之性質與股票不同，購股票者，公司盛則大享其贏，公司敗則股金亦有虧損。債券則異是，公司有贏餘，債權者除應得利息之外，非所過問。公司即虧本，債權者之本利俱須償清，不足則變產作抵。故外國取保守之資本家，多應募社債，而不盡購股票。募債較招股易集，公司亦利用之。惟公司負債過重，不能按期拔還，公司之財產將爲債權者所有。故當以社債爲補助，以股票爲主款。廣西鐵路公司當開辦之初，應倣此法發行債券，以鐵路爲擔保品，按期給利。鐵路既成，按年償本。鼓勵應募更有彩票之法，日本謂之割增金。發行社債一次，預算債券金額總數，須若干年掃數償還，除此若干年應給利息外，取其贏餘以爲彩金，中者得彩，不中者本金猶存，使人有所希冀，則應募者爭先恐後矣。

三、公利之款。公利之款，謂集收鐵路股金，或設立銀行，或開採礦產，所得之利益也。公司既成，股金漸集，若存儲於商店銀號，則利益外溢，且慮倒閉。宜設立鐵路銀行，以爲金融界交通機關，銀行與鐵路爲相輔而行之業。各省開辦鐵路，未有不兼及銀行者也。至廣西礦産，久爲法人垂涎，應以鐵路餘款開採礦産，即以礦利養鐵路，是一舉而兩得也。夫銀行之利中國尚未深知，然證以各省之匯兑商號，可得概略。至開礦之利，外國有因開一處礦産而修一鐵路者，日本採日光山之銅礦即其證也。

四、地方之款。按糧攤捐之法，四川、雲南已創行之。本省潯州府去年籌辦中學堂經費，曾按桂平、貴縣、武宣、平南四邑之糧，攤捐四萬餘金，而民不怨其滋擾。蓋攤捐非同加征可滋物議，實足以積壤而成邱陵，惟須一次攤捐即行截止。此款既由奇零小數集合，應作爲各州縣公購鐵路股票，日後所得紅利，概爲興辦地方公益之用。又各州縣之賓興善堂，多有公款存於信實商店生息，其目的在得利息以辦公益，而基本金則從未支用。夫以公益言，孰有重於修鐵路以保全省人之生命財産者乎。若以信實言，孰有大於資本雄厚之鐵路公司者乎。願各州縣紳耆移其款以購鐵路股票，則獲大利於無窮。即移其款以應募債券，公司縱有虧折，而本利毫釐不能短少，度我父老未有不樂於移轉者。

五、官債之款。當此百廢待興，司農仰屋之際，户部及本省藩庫皆掘羅一空，安有餘金撥充路款。此所謂官債者，非由户部藩庫提款也。各國自治團體之財政，有曰附加税者，即附於國税之内而加抽之税也。其額視正税十分之三，其法多行於不動産。今擬師其法而行於出境之貨，如柳州之木，龍州之八角，潯州桂油，南寧之牛皮等，皆爲出境税之大宗，於正税之外令納附加税。鐵路既成，税即停止，勿似釐金之永設，重爲民累。每年所入以屬路工，作爲官債，取利而不分紅，限以年期，期滿歸款於官，以備興舉要政。其不謂之官股而謂之官債者，因公司既稱商辦，不宜雜以官股也。此款與上所言按糧攤捐之款，因恐鉅股難集，而時勢復迫不及待，不得已而出此。若我父老兄弟能如廣東之踴躍認股，何庸多此一舉乎。

以上所陳，僅就見聞爲概括之説明，備當局者之採擇而已。至詳細章程，當俟公司成立後，由衆股東遵照欽定商律，酌量本省情形，細密規定，今未敢懸測也。

《東方雜誌》一九〇六年第十一期《交通・兩湖總督張奏粵漢川漢兩路亟須興工摺》 竊查粵漢鐵路定議已久，必應及早開工，不可再緩。川漢鐵路前經臣與四川督臣錫良商明，自宜昌以上路工暫歸川省承修，宜昌以下接通京漢幹路則歸鄂省承修。業將兩省商定大綱辦法專摺奏陳在案。

竊維中國積習，患在急於圖利，而緩於辦法，議論紛紜，游移不決，以致坐誤事機。若各存意見疑惑推延，必致歧出之議論愈多，意外之覬覦又起。故此兩路凡在臣轄境之內力所能爲者，必應決計速行，以順輿情，而振大局。茲臣聘用日本專門鐵路高等工程師來鄂測勘路線事宜，及豫籌施工次第，粵漢一路，前經美工程師勘有草圖，亦須復勘一次，略加酌訂。川漢一路，大致現擬由漢陽取道沔陽州屬之仙桃鎮以達沙市，爲第一段；由沙市取道荊門州屬之當陽以達宜昌，爲第二段；由當陽取道宜城以達襄陽，爲第三段。兩洋工程師細加審酌，漢陽、沙市一路平商多，成功較易，見利亦速，商情較便。如此，則粵漢之路造至鄂省後，由武昌省城之北渡江至漢口，以接京漢一路，由武昌省城之南渡江至漢陽，以接川漢一路。川漢之路至漢陽，並可作橋至襄陽，以與京漢一路接通，無須待至應山縣之廣水始合幹路矣。是粵漢路南來可雙承京漢、川漢兩路，京路北至亦可分往粵漢、川漢兩途，直達横通，無施不可，故與前議由襄陽以達廣水者略有變通。其復勘粵漢一路，本擬選用英工程師金達，以期分任互勉，無如該工程師現有要差在津，屢次推辭，勢難久待，現由臣派員隨同日本工程師南北分投測勘路線。竊臣近日欽奉本年六月十四日寄諭，鐵路係國家要政，仍應官督商辦，等因。欽此。聖訓煌煌，詞嚴義正，不獨爲湘省鐵路之軌範，實爲我中國全國鐵路之準繩，自應欽遵辦理，不容歧異。除湘路另行遵旨查明專查復奏外，其鄂境大江南岸之粵漢路、大江北岸之川漢路，均以官督商辦之法行之。現已刊印招股章程，并酌量參用皖省路工彩票招股之法，無論入股者爲官、爲紳、爲商、爲民，或本省官紳商民，或外省官紳商民，均以商論，一律改爲股東，即有公款，亦以股東論。事權之輕重，利息之厚薄，但視其股分多少之數，不問其人職業尊卑之等，至公至平，毫無偏私，自無流弊。惟總以華股爲斷，以符原案。其股票分三期交付，每交一期，立時起息，按期照付，派官錢局承辦經理，以期商民信服。月餘以來，體察情形，遠近商情均屬踴躍。除將招股章程咨送商部，暨以後修路情形隨時奏報外，所有粵漢、川漢兩路分別復勘、初勘，將在鄂境發端之處同時舉辦情形，理合恭摺奏陳。謹奏。

《東方雜誌》一九〇八年第六期《交通·郵傳部奏擬展築洙昭鐵路片》　再萍潭鐵路原議上起安源礦界，下訖湘潭縣迤東之昭山，逐節興修，以便煤焦運抵昭山後由船轉至漢口，程途暢捷，銷售利便。惟萍洙一段雖已告成，洙昭一段尚未展築。船載之煤由洙洲而下，須迂遶湘潭曲灣，淺水阻擱行舟，從前每日出煤數百噸，已不能源源載運。現煤礦大槽已通，每日約可出煤二三千噸，若不速籌通運，將有貨棄於地之虞。且漢陽鐵廠現正竭力擴充，需用煤焦數倍往昔，尤應力圖接濟，以振要工。查由洙洲至昭山，計程約四十里，接築尚不甚難。臣部正在籌議間，准漢冶萍廠礦公司總理盛宣懷咨商前因，並稱訪聞粵漢湘境幹路擬由洙洲遶至湘潭對河太平街，以達易家灣，較洙昭直線須多行五十里，計算運費過多，於礦廠均有損害。且礦局每日運煤以三千噸計，每車裝煤二三十噸，當有重車空車共二百輛，日往來於此四五十里幹路之上，轉輸輻輳，行車時刻難以騰挪，若與他項客貨相遇，趨避不及，益多危險。查各國大礦恒有專運鐵路，誠以銷場既廣，出貨復多，一或停滯，受虧必鉅。今煤礦運道甚艱，自應就萍洙已成之路接連展築，以達昭山水次，便可由輪船直運漢口，藉符原議。當經節次派員前往勘估，由洙至昭約四十里，需款在五十餘萬兩，擬由臣部妥籌興築。旋據湖南粵漢公司呈稱，湘潭紳商力懇將幹路由洙洲逕達易家灣直線，改爲繞道湘潭對河太平街以達易家灣弧線，以保潭埠商務，呈請核辦等情。臣等以該公司所擬辦法與臣部展築洙昭路線均爲保全商業起見，彼此利益不相妨礙，應准其改用弧線，萬一將來粵漢商路再築洙洲、易家灣直線，則官築之，洙昭應聲明不載他貨，以期無損於商路。即或客貨趨便附載，其所定車脚亦應比粵漢較昂，庶於平均賃率之中即寓維持商本之意。恭候命下，臣部欽遵辦理。再此係因萍洙成路在先，粵漢湘境尚未興造，自不能不先由萍洙展築，以救垂成之礦本。如此後有近礦之路籌議興築，自應先歸附近幹路承辦。縱使專運礦產，仍不得援此爲例。合併聲明。謹奏。奉旨：依議。欽此。

《東方雜誌》一九〇八年第六期《交通·郵傳部奏呈江浙鐵路公司存款章程摺片附章程》　本年二月初四日臣部會同外務部奏明商民承領部撥存款路歸商辦一片，奉旨：依議。欽此。原摺内稱兩省公司接款還款，容商江浙督撫臣妥籌辦法，并經由郵部議定章程，俾資遵守。等語。當即擬議章程，邀約股東公舉人來署閱看，均稱妥洽，堪資遵守。其部借合同原有折扣虧耗各款，當日係欲收回草合同之虧損，因定以利易權之法。惟路歸商辦，商力微弱，臣部有維持路政之責，自未便專令商民虧耗，江浙兩公司亦能仰體時艱，於所領部撥存款承認年息五釐五毫，其不敷之款，由臣部分別籌墊。除籌款項辦法另片奏明外，謹將擬具章程十四條繕列清單，恭呈御覽。伏候命下，臣部分別咨照欽遵辦理。一面勻撥款項交該兩公司趕緊接造，以期克底於成。抑臣等更有請者，滬杭甬全路約六百餘里之長，所領存款仍慮不敷，兩公司亟應多集股本濟用。且路短則利微，路長則利厚。兩公司尤須陸續接展，始足以資周轉而便交通。臣部總理路政，責無旁貸，仍隨時咨商督撫臣，勸令各該省商民循名責實，始終勤奮。該兩公司深明大義，必能竭力維持，以副朝廷振興實業之至意。謹奏。奉旨：依議。欽此。

再江浙兩公司承領部撥存款所有部借合同內，中英公司應得之九三扣及九三扣虛息、提付餘利及提付餘利虛息、還本小二五行用、還利小二五行用、倫敦存款四釐虧息、購料包用及購料包用虛息共九款，三十年內統計約虧三百四十九萬兩。除兩公司所認利息溢出五毫，三十年內約繳銀八十五萬兩外，其餘不敷之款，經臣部面商度支部，及電商江蘇、浙江督撫，與臣部分任籌墊。議定度支部每年認墊銀二萬兩，江蘇督撫每年認墊銀三萬兩，浙江巡撫每年認墊銀三萬兩，臣部每年認墊銀一萬兩，均於每年四月如數以庫平銀撥交臣部，彙交中英公司。又存上海之匯豐銀行利息吃虧一款，匯費一款，十年外加還二鎊半一款，均先由臣部墊發。以上墊款俟江浙兩公司獲有餘利時，即於原奏江浙兩公司承認報効餘利中，每二十分中之一分內儘數歸還。似此通融挹注。公家既先代籌墊，商力亦藉可少紓。如蒙俞允，臣部即分別咨照欽遵辦理。謹奏。奉旨：依議。欽此。

謹將議立江浙鐵路公司存款章程繕列清單，恭呈御覽。

第一條：郵傳部於二月初四日奏明商民承領部撥存款路歸商辦一片，奉旨：覽。欽此。茲特議立存款章程，以資遵守。

第二條：江浙兩公司係奉旨商辦，故滬杭甬一線承受郵傳部存款，仍係完全商辦，並無改更郵傳部，仍與他商辦之鐵路公司一律看待。

第三條：江浙兩公司之滬杭甬路局承受郵傳部存款，所有郵傳部向中英公司借款付息還本各事，均由郵傳部經理，滬杭甬路事中英公司毫不干涉。

第四條：此項存款約計一千萬兩，其撥存時或不及一千萬兩，少不過七百五十萬兩爲度，由郵傳部分期撥付。每届撥付之前十日，由郵傳部電知江浙公司接收。第一期自光緒三十四年二月初四日起，於七箇月内撥八十萬兩。第二期於十二箇月内一律撥清。如有事故，可展至十八箇月，至遲不得過二十四箇月。倘到期不能撥付，或撥付不全，此項存款章程即日作廢。滬杭甬路局即查照已收之實存本息，限六箇月如數繳還，至遲不得逾十二箇月。

第五條：江浙兩公司之滬杭甬路局需用款項，應用公文聲明原由，向郵傳部支領。如欲提款至十三萬兩以上，須於十五日前用印電知照郵傳部預備照付。

第六條：此次存款常年五釐五毫起息，每半年付息一次，所有部借合同之内中英公司應得之九三扣及九三扣虛息、提付餘利及提付餘利虛息、還本小二五行用、還利小二五行用、倫敦存款四釐虧息、購料包用及購料包用虛息共九款，除上海之匯豐銀行利息吃虧一款，匯費一款，十一年外加還二鎊半一款，均先由郵傳部墊發外，其餘不敷之款，由度支部、兩江總督、江蘇巡撫、浙江巡撫及郵傳部先行分墊。以上墊款俟江浙兩公司獲有餘利時，即於原奏江浙兩公司承認報効餘利中，每二十分中之一分，儘數歸還墊款。

第七條：滬杭甬由上海至杭州江干各段業已次第鋪軌行車，此項部撥存款，由江浙兩公司之滬杭甬路局擔任清還本息之責。

第八條：自光緒三十四年二月初四日起，至扣足十年後，以第十一年至第三十年爲止，兩公司應按年期照本攤還。其應於每年某月某日爲攤還本銀之期，届時由部酌定，再行知照兩公司。兩公司應於每次還本銀之期前十四日，將應攤之本銀如數交付。如於第十一年後願一次還清，或分數次還清，均可聽便，惟須於六箇月以前報明郵傳部。一俟存款還清，此章程即日作廢。

第九條：存款利息自撥款之日，按照撥到實數，每半年付息一次。其應於每年某月某日爲結算利息之期，届期由部酌定，再行知照兩公司。兩公司當於每次結算利息之期前十四日，將利息如數交付。

第十條：江浙兩公司應於六箇月之前預備下期利息，存在上海交通銀行。第十年下半年以後，每六箇月之前亦預備下期還本還息之款，存在上海交通銀行。所存款項之利息，按照該銀行存款息率給回兩公司，至少不得減於部撥存款息數。

第十一條：兩公司自有遵照商律由股東公舉之查帳員，郵傳部並不因既入存款，别令人至兩公司查帳。

第十二條：滬杭甬鐵路建造工程以及管理一切之權，全歸江浙兩公司。建造工程之時，由江浙兩公司選派滬杭甬路局總辦，秉承兩公司總協理命令，選用總工程司一名，或在英國選擇，或在中國國家鐵路工程人員内選擇，均聽便。該總工程司須聽命於總辦，或總辦他往即聽命於其代辦。其雇用該總工程師之合同，由總辦自行訂定。至該路上派用專門人員，分派各該員應辦各事，以及辭退各該員，由總辦或代辦與該總工程司商酌辦理。如有意見不合，郵傳部得令總協理查照雇工合同判斷。至工程造竣後，在存款期内須用一英國籍之總工程司一人料理。

第十三條：滬杭甬路局續購洋料，如願託中英公司經理，應給之行用，已另行給與包用，無庸滬杭甬路局另給，不能從中英公司所得之包用内扣回。

第十四條：郵傳部指定上海交通銀行爲繳款處所，以便付息還本，其平色悉準存款平色一律。

以上十四條俟奉旨後，分咨度支部、兩江總督、江蘇巡撫、浙江巡撫，並照會蘇省鐵路公司、全浙鐵路公司，一體欽遵辦理。

綜　述

《大清律例》卷三九《侵占街道》 凡侵占街巷道路而起蓋房屋及爲園圃者，杖六十，各令拆毁，修築復舊。其所居自己房屋穿墻而出穢汙之物於街巷者，笞四十，穿墻出水者，勿論。

條例

一、在京内外街道，若有作踐掘成坑坎，淤塞溝渠、蓋房侵占，或傍城使車、撤放牲口、損壞城脚，及大清門前御道基盤，並護門柵欄，正陽門外御橋南北本門月城將軍樓、觀音堂、關王廟等處，作踐損壞者，俱問罪，枷號一箇月發落。

《大清律例》卷三九《修理橋梁道路》　凡橋梁道路，府州縣佐貳官職專提調，於農隙之時常加點視修理，橋梁務要堅完，道路務要平坦。若損壞失於修理阻礙經行者，提調官吏笞三十。此原有橋梁而未修理者。若津渡之處，應造橋梁而不造，應置渡船而不置者，笞四十。此原未有橋梁而應造置者。

《六部處分則例》卷五二《修造·大差道路橋梁》　一、官員恭辦大差道路橋梁，不能坦平堅固，致有水衝泥淖者，降一級調用。公罪。

（清）顏世清《約章成案匯覽》乙篇卷三七上《章程·鐵路門·蘆漢鐵路議訂行車合同章程光緒二十四年》　直隸、湖廣總督部堂督辦鐵路總公司大臣盛，設在上海。比國公司設在比京。訂定各款如下：

第一款：中國總公司前於光緒二十二年九月十四日，即西曆一千八百九十六年十月二十日欽奉上諭，准其承造蘆漢鐵路。等因。當經恭録附於此次合同之内，茲特欽遵委派比公司，由比公司選派妥人，將該路代爲調度經理，行車生利。

第二款：比公司俟每段工成，由總工程司稟請中國總公司驗收後，陸續將各段之路選派妥人經理。其行車事宜，每段於行車所需一切車輛並種種工器傢具，以及日常周轉之資本，均當預先齊備。比公司或選派之人遵照本合同第一款中國總公司之派委代爲布置周妥，招僱外國員匠若干人，並於此等員匠有撤革或遣歸之權。其薪工若干，應預早開單擬呈督辦大臣核定，並可購訂養路修路應需之物。又按照中國國家與中國總公司所定條款，以定儎客裝貨價值，經收各種進款，經付行車費用，及中國公司日用開銷，以上種種行車事宜，由比公司或總工程司預請督辦大臣酌奪，而後行中國總公司選派華員監督，於比公司經手每段之出入款項，及行車後比公司以總公司之款添購新物、修改工程、推廣軌道車站等事，皆有稽核極大之權。又養路修路所需各項材料，務必設法儘購督辦大臣所屬工廠礦局之物。

第三款：遇有軍務，無論外侮内亂，中國國家調遣兵丁、轉運餉械及軍營用物，此鐵路儘先儎運，車價減半，專聽督辦大臣命令。凡與中國國家有損之事，皆不得用此鐵路。

第四款：中國所訂一百十二兆五十萬佛郎克之借款，所有付利還本事宜，理應使有著落，故於行車進款，除各項開銷外，在每半年付利期前三箇月提款若干，以備届期應付。當借款未清以前，提款之事自當不輟，提出之款當每月移交比國總銀行，或其所派經手之銀行。該銀行即以所收之款善爲兑换金錢，以備付利還本之用。如此陸續交款，一俟足敷應付，即在盈餘項下提出十成之一作爲公積，以備小修大修，藉保行車一無阻礙。此外餘款儘數歸於中國總公司。

第五款：本行車合同自簽押日起，以三十年爲限，惟一百十二兆五十萬佛郎克之借款届期如未還清，自有展限之權，以展至借款清訖爲度。如該款不及三十年之限先行全數還清，則行車合同亦即於還清之日銷廢。

第六款：在比公司代辦蘆漢鐵路行車期内，中國總公司准於每年公同結帳後，除攤還各項借款本利各費外，於實在餘利中酌提十分之二酬給比公司。

第七款：中國官員或中國總公司與比公司或其所派經理人有爭執情事，仍按照借款合同第二十六款辦理。

第八款：設遇行車進款不敷開銷，中國總公司自應籌款彌補，俾得照常行車。

第九款：凡比公司所需行車及養路修路之一切料物，如從外國運來，當免其完納關税釐金。

第十款：本行車合同預備三分，一呈中國總理衙門，一存中國總公司，一存比公司。設有疑惑或歧異之處，當以法文爲正，藉資剖解。本合同應請中國國家准行由總理衙門備文照會比國駐京大臣，倘事在必需，亦可併由比國駐京大臣請總理衙門照會分賣借票之國之公使。

（清）顏世清《約章成案匯覽》乙篇卷三七上《章程·鐵路門·河南道口至寧郭驛議建運礦支路章程光緒三十年》　一、中國現造蘆漢幹路，福公司因開礦築造支路，均與地方有益。惟幹路係國家籌款，乃國與民交際之事。支路係公司籌款，乃商與民交涉之事。名目不同，不便事事援引幹路章程。福公司興此極大商業，自當與地方百姓和平浹洽，長久相安，然後能辦事順手。此項開列之事，即支路應行另議章程，係遵照合同第十七條辦理。此時多一番詳慎，日後即少一番轇轕。至六十年限滿，仍照合同第九條，凡公司成本項下置辦之業，悉數報効中國國家，不求給價。

二、勘路時如遇村莊、墳墓、祠廟、廬舍，均應於遠處繞避，其有零星小墳、孤懸空屋萬難繞避者，應由地方官妥與議明，或於一月、或二十日以前告知，俾可從容遷讓。

三、築路經過之處，如遇斷港小河，或目下無水將來可以蓄水者，不得用土填斷，必須造橋經過。如本係行船河道，此橋須高出水面若干丈尺，必使船行無礙。

四、官塘大道鐵路不得侵佔，其南北大道須經過鐵路者，或造旱橋，或橫鋪木段，如京津鐵路辦法，務使車馬安穩行走，仍於兩邊道口設立木柵，大書行人車馬眼見火車不得前進字樣，以防意外。

五、公司購地，但期足敷造路與建立車站爲止，如購買合用之地外，附近尚餘不滿一畝之田地，主因割賣而不便耕種，公司應一併購買。一畝以外，不在此例。

六、田畝價值已分別四等，另行議定，惟田中或存值錢之產業，如有井一口，有樹幾株，在公司爲無用之物，而田主實以此爲生計。應於購田之外按值給價，井有磚井、土井深淺之不同，樹木亦有大小之別，若令挖樹讓地，亦必議明給價，均臨時由委員紳士秉公酌定。

七、公司勘定之地未經付價，田主仍得耕種，至付價時田中確有已種之物，應於田價外按所種之物分別優劣給價。

八、全路丈量之尺與地方官較準官尺，即以爲憑。至所購田畝，併遵中國向來過户税契章程，照章過户納税，田賦則照合同，官地加倍，民地照常完納。購田之時，須田主將紅契呈出，其坐落四至必與隣田接筍方可準信。如無紅契，應由紳士、地保查明辦理。

九、公司購地，按照本地平色兑銀給價，不折不扣。

十、築路用土不能向民田硬取，必須議定每方若干錢，某田願賣若干方，乃爲妥協。

十一、公司所用碎石材料與一切笨重之物，止可堆集所購地界內，若須多用地，或租或買，臨時商辦，不得佔壓他人地畝。

十二、公司築路招工所發工價，應照極優之例，用中國紋銀或制錢，工人因工受傷，應即從優議卹。

十三、公司造此支路，係遵照合同第十七條，以爲轉運該省煤鐵與各種礦產出境之用，有華曆二十八年五月初四日福公司代辦總工程師柯君覆信存河南撫院爲憑。

十四、中國國家如偶有調兵、運載軍火材料、餉糈之事，須從公司支路行走，一經關照，福公司即爲預備一切，以便運載。所有車費從廉照付，按中國已有各鐵路章程辦理。

十五、凡有鐵路上應用之貴重財物入河南省境，務須按站報明，地方官派兵護送。倘遇偷劫等事，報由地方官查明差緝。俟緝獲原贓，歸還失主。如逾限不能破獲，地方官照例議處。若有偷竊材料損壞鐵路之人，必須報之地方官，即由地方官將該犯事人緝拏懲辦。如被公司當場拏獲，亦即送交地方官究治。至公司所用華工如有偷竊財物之事，亦應報之地方官，將該犯事人究治。如被公司當場拿獲，即將人贓一併交地方官懲辦。若平時經手銀錢之人查有虧欠，自當照例交地方官押追。以上數層皆照中英所訂通行條約辦理。

十六、作工之地或禁閒人往來，須用中國粗淺文字張貼曉諭，如某處不准人到，某處不准車行之類。若但用洋文禁止，華人不識，不能認作干犯。

十七、工人如不聽命，不得擅以棍責，彼此言語不通，即威嚇亦不知何故，弱者忍受，強者立爭，不免易滋事端。如不合用，應以辭退爲宜。

十八、福公司宜多出詳明告白，聲明公司所用辦事人等，均不准在外招搖索詐，以及酗酒滋事。如有此弊，許受害者指名告究。華人送交地方官照例究辦，西人則照中英條約所載究辦。

十九、福公司購用物料，與本地商人訂立合同，付給定銀，約明何時交貨。如至期短少，公司可以控之地方官，應准傳案追貨。惟過期罰銀一節，必須合同載明，彼此簽有花押，方准照辦。否則止准追貨，不能議罰。公司自己預先查明根柢，如誤用無根之人，本省地方官既無管轄之權，即不能代爲追捕。此條暫照所議，如須更改，嗣後再爲斟酌。

二十、中國如有與別國爭戰之事，此支路當照原合同第十九條所訂，應聽中國號令，不得接濟敵國。以上皆開辦時大概章程，繕具華洋文各兩分，各執爲憑。其餘未盡事宜，隨後定議。

附録：由道口至澤煤盛廠地價清摺。

一等水地，每畝三十兩。

二等井池澆地，每畝二十二兩。

三等上旱地，每畝十九兩。

三等中旱地，每畝十八兩。

三等次旱地，每畝十七兩。

三等下旱地，每畝十六兩。

四等地，每畝八兩。新鄉境内因有瘠地不及三等，而比四等較優者，每畝十二兩。

（清）顔世清《約章成案匯覽》乙篇卷三七上《章程・鐵路門・山東膠濟華德合辦鐵路章程光緒二十六年》 第一款：按照曹州教案條約第二端第二款，應設立德商華商膠濟鐵路公司，招集華人德人各股分，先由德人暫時經理，所收華人股分按季呈報本省洋務局。俟招集股銀在十萬兩以外，再由本省選派妥員入公司詳訂章程，會同辦理。

第二款：該公司應設分局在何處招股及若干處，俟查看情形隨時商定。

第三款：該公司應辦勘查工程各事，由本省派定妥員，會同總辦，或並約同紳衿，先將道路車站勘定繪圖，呈報巡撫核准，再交價買妥，陸續開工造辦，不得在勘定批准買妥地段内擅自動工。該地段亦止可足敷雙軌之用，至多不得過中國工部尺横量七丈。如遇地勢較窄，只可造行單軌，則至多不得寬過四丈。

第四款：該公司所勘地段，須由華德總公司，與本省所派查勘妥員或地方官，公同商訂。實係與民間無所損礙，該地主情願出賣，始可指定。如有應留水道之處，或造橋梁，或留涵洞，必須妥爲留出，不得阻礙，有防民田。

第五款：鐵路經過地段，概不准損妨本省城壘公基，及防守各要害。

第六款：遇有村鎮、祠廟、墳墓、廬舍、水道及果園、菜園、樹木等處，實與民居生計有礙，應公同查明，設法繞避。如萬不得已，必須遷移，貧民零星小墳、園基、樹木及散碎房屋或祠廟，應公同妥商，在兩箇月以前知照該業主，議明給價，總使其於别處可以照樣購置，不令喫虧，以示體恤。

第七款：此路所用民地，均會同商酌議定後，准中國弓尺丈量畝數分數，按照地方情形公平給價。該地應納國課，撥由公司按年呈繳，該地方官照收。

第八款：該公司丈量地畝，購運物料及人夫往來，自應繞避民間所有田禾蔬菜處所，如實被踐踏，一經控訴，公同驗明，照價賠錢，以示體恤。

第九款：地方官所派隨同公司丈量地畝及幫同辦事人等，當由公司酌給飯食錢文，不得與應發民間地價項内絲毫牽混，以清界限。所發地價應會同當面發給地主，不得假手書役人等。

第十款：該公司於路工左近租賃房屋，預先知會地方官，轉商房主代租，均按照地方情形公平給價。倘房主不願，亦不得逼勒。

第十一款：凡公司所用各物，公買公賣，或由地方官派人代買，照市價給錢，不得折扣分文。

第十二款：該公司所用一切銀錢等項，均按照本地時價公平兑换。

第十三款：除原約指定地段建造鐵路外，概不准另造枝路。

第十四款：沿途鐵路雙軌地基以外，及每車站按中國里三里以外，不許外國人任便往來。如須因事他往，必預先請領兩國會印護照，以便飭屬驗明保護。該公司存煤料各廠，亦限在三里内擇買地基。該車站地基至多不得過中國工部尺一百丈。

第十五款：該公司派西人勘路修工，均須請領兩國官員會印護照，並由中國總辦派員會同照料商辦，沿途地方官酌派兵役隨時保護。倘有假冒公司人員並無護照，應由該處官員究治。

第十六款：勘定各地段應由本省選派兵弁扼要屯紮，以資保護彈壓，惟不准請用他國兵弁。

第十七款：此項鐵路專爲治理商務起見，概不准他國人裝載軍器兵丁，凡與中國有損之物，均不准接載。倘私運違禁各物，照海關例分别罰辦。

第十八款：本省遇有賑濟須運米糧，或有侮亂須用兵營及軍械、糧稍，但憑本省巡撫印文知照，即可儘先裝載，車價減半付給。

第十九款：本省應徵貨物牲口各項釐税，在車站左近者，該公司須妥爲幫助，以防偷漏。

第二十款：華德總辦必須在沿途各處延用本地紳衿幫同妥商辦理，每月由公司酌給薪資。

第二十一款：該公司所用華人均聽中國總辦管束稽查，如有不安分者，無論何項人等，由華總辦知會德總辦斥退，不准偏袒。倘有案犯，亦憑中國地方官審辦，德人不得干預，亦不得擅自凌虐。該公司所用西人如有酗酒滋事，或欺凌華工、擅入民居等事，一經指控察覺，應由華總辦知照德總辦，即行嚴究斥革。

第二十二款：沿途所用工人須僱華民，應商由中國官員隨地幫同代僱，公平議價。如該工人與居民口角生事，由中國官按律拏辦。該傭工人等尤不准擅入人家，與人生事，違者亦由中國官員查明嚴辦。

第二十三款：鐵路造成後，應設巡路工役，須會同地方官慎選土民僱覓充當，取具保結，訂立年限，並發給執照，以免疏誤。

第二十四款：車路開駛後，如遇有意外事故，傷損華民人物者，應由該公司優給賠卹。

第二十五款：嗣後設或本省地方有危險之處，火車不便行駛之時，該公司應聽地方官隨時知會，立即停駛，以免涉險。

第二十六款：該公司俟將鐵路辦成後，每年除本息外，計有餘利，應照帳提十分之一交中國總辦，作爲各員薪公護兵餉項。現在鐵路未成，中國官兵所需薪餉先由本省墊發，以示優待。

第二十七款：該公司既爲華德公司，則中國山東巡撫、德國青島租界大臣均可節制指揮。

第二十八款：此段鐵路俟二十年後，如本省公家欲將全路收回，該公司亦可允許，至原有機器、車軌，按原價五分之一折付價值。

以上各款均係暫行章程，如日後彼此有應行增損之處，每届中西年底，先一箇月彼此知照，互商改訂。

（清）顔世清《約章成案匯覽》乙篇卷三七上《章程・鐵路門・山東小清河接修支路合同章程光緒三十年》

大清國山東全省農工商務局布政使胡、候補道朱、特補道蕭、大德國總辦膠濟鐵路事務錫斯，今爲彼此便通商民起見，擬將膠濟鐵路推廣接修小清河叉路一段，公議代修及租回條款訂立合同於後。

一、此段叉路自濟南縣東關車站分路起，接修至小清河南岸止，計長二千五百米達，合中國四里。

二、查曹州條約膠濟鐵路章程，並未准有此段叉路，今山東商務局奉撫台准外務部來文，以此叉路准由山東商務局自行修築。今商務局以此路工太小，不便獨自起造，與鐵路公司議明，由公司代造。將來公司代爲造成之後，應作爲中國商人產業，與膠濟鐵路公司無涉。

三、此段叉路應需地價、土方、橋梁、鐵軌、墊板及一切車站應用等項工料價值，由商務局籌付濟平銀二萬兩，交膠濟鐵路公司承辦。如不敷用，由公司貼補。仍俟路成之後，公司將實用銀數開單報與商務局存查。倘有不符，准商務局不認。

四、此段叉路造成之後，議准仍由鐵路公司租回，所有租價照膠濟鐵路股票現章長年四釐生息，每年合濟平銀八百兩，由公司於年終照付。五年之後，如生意興旺，再由商務局向公司議加租價。

五、此段叉路凡由小清河頭以及省東關車站來往貨物、上下搭客，應收車費利益，均歸公司經收。至應用歲修養路一切各費均歸出資，商務局概不與聞。惟遇有便商取益防損之事，仍隨時由商務局與公司商辦。

六、此段叉路倘日後商務局自願收回，除已付二萬兩外，應再補足修路實用之銀數，公司即應照准。

七、郵政乃中國國家利權，不應商人附置於鐵路，今議所有此路之郵政及電報、馬路、行棧、官房並以後再做分叉大小枝路等項，概由商務局與應辦之官商經理，均不在膠濟公司代造代管之内。

八、此項合同商務局與膠濟鐵路公司議定，詳報山東撫台批示，並候咨商外務部核准，再行畫押。如外務部不允，或有改訂之處，仍應照辦。並由膠濟鐵路公司報明栢靈總公司核准，派何人畫押，須將總公司來函報知商務局存查。

大清國山東全省農工商務局布政使胡、候補道朱、特用道蕭、大德國總辦膠濟鐵路事務錫斯。

（清）顏世清《約章成案匯覽》乙篇卷三七上《章程·鐵路門·山西正太鐵路改訂借款合同章程光緒二十八年》　一、山西巡撫部院前於光緒二十三年六月初九日，即西曆一千八百九十七年七月八號奏辦山西鐵路，光緒二十四年閏三月二十七日，即西曆一千八百九十八年五月十七號，總署議妥合同章程，准商務局借華俄銀行之款開辦正太鐵路。欽奉硃批：依議。欽此。當於光緒二十　年　月　日請外務部備文恭録，由總署知照俄國駐京大臣在案。

二、中國國家責成山西撫台，督同商務局紳，及承造山西正太鐵路之華俄銀行代辦璞科第議定各款如下：

第一、光緒二十三年六月初九日，即西曆一千八百九十七年七月八號，所奉上諭另行恭録，附於本合同內。中國國家以正太鐵路約長五百里，約合二百五十基羅米達，爲蘆漢支路。中國大皇帝降旨，准山西撫台督同商務局承辦。此道諭旨於光緒二十四年閏三月二十七日，即西曆一千八百九十八年五月十七號頒發，茲敬謹摘叙如下，其意係因總署特奏，准設立山西商務局以造正太鐵路，並准該局籌借洋款，以資維繫，等因。於是山西撫台督同山西商務局欽遵所奉上諭，定計向外國籌辦五釐借款。其總數係四千萬佛郎克，名曰一千九百零二年之大清國山西正太鐵路五釐借款。

第二、此項借款計有拔利股票八萬號，每號值金錢五百佛郎克。該股票內應刊之文附録本合同後，票上由山西巡撫及商務局蓋印。該股票等以一號至五號爲率算共若干，由華俄銀行刷印妥貼，其費由華俄銀行認付，每年按照股本計息五釐，其息係以金錢核付。自兑繳股本日起，每年定西曆九月初一日、三月初一日發給。

第三、此項借款自一千九百十三年起，分二十年期，由巴黎華俄分行按照本合同附表抽號拔還。抽號應於每年正月之第二箇禮拜二日辦理，第一次抽號在一千九百十三年，所有抽出號頭應刊明於四種日報中，即由華俄銀行出費。

第四、凡抽出號頭之股票，於每次抽出後，照股票原價在付利期上如數以金錢還清股本。該股票所有未到期之息單不得裁割，應與股票一併繳銷。倘有短缺，則即核計短缺者所值之數，在應還股票本內如數扣除。股本一有拔還之日，即於是日爲始停止利息。

第五、在一千九百十一年以前，中國不得增還股本，或全還借款，或核減利息。在一千九百十一年以後中國無論何時可將借款還清，一經全還，所有合同即時作廢。

第六、呈繳之息單及還本之股票，應由巴黎華俄分行隨時以佛郎克付給，或由該分行所派經理此事之銀行付給。

第七、此次借款之付給利息、拔還股本，除中國國家原有之事權外，並經中國國家批准在案，言明以給付利息及拔還股本爲先務。故正太鐵路之進款，除一切局用及行車各費外，其浄餘者當留備股票應用，其辦法應載入山西商務局公同妥訂之行車章程內，該章程與本合同合而爲一。以上辦法當確切不移，至借款清訖爲止。

第八、行車所得進款，除開銷外之浄數，由山西商務局託華俄銀行，不拘何時兑换金錢，務令中國國家並山西商務局大得便宜，所兑换者以足敷下半年應付之數爲度。如此，則所有每半年之付款事宜，至少可於三箇月前即有把握。華俄銀行代存此等款項，務必代爲生息，俾與山西商務局極有裨益。每次付利還本所需款數及其酬費，當先期二十天在華俄銀行移交之款內開支。

第九、華俄銀行於造路時，無須奉有批諭，可在此項存款中提付利息，隨後知照山西商務局，稟知山西撫台。

第十、山西商務局欲於此項借款表其結實可靠之意，願將正太鐵路之頭等擔保給與該項股票，即該條鐵路及車輛料件行車進款是也。此等擔保當由華俄銀行爲購執股票之人代爲應允，如果山西商務局未能按照合同付利還本，華俄銀行因有上文鐵路擔保云云，得在上文所指之物業照顧其一切利權。

第十一、前條所載與此項借款之擔保，如第七款內云云者，並不相妨。設正太鐵路之進款，由山西商務局託華俄銀行，於每次利期之三箇月前兑换金錢，後不敷應付利息，山西商務局理應設法彌補。倘有不敷情事，一經該銀行知會，山西商務局應於半年利期之六十日前，按照所需之數，以現款或票據付給華俄銀行，俾得兑换金錢，湊數付利。

第十二、華俄銀行應查明先一期付利之數，或山西商務局所付款內及時如數提撥，備付後一期之利息。

第十三、巴黎華俄分行並分任此項借款之銀行，中國按所付利息之數酬以二毫半，又各項股票因抽得號頭而還本，或因增還股數而提前還本，亦按所還之數酬以二毫半。即每萬鎊給二十五鎊。此項酬費係在每半年之行車餘款內抽提，如有不敷，即由中國設法彌補。

第十四、中國應允照本合同第九款所載，有益股票之事准其辦理，凡股票與息單及此項借款之一切進出事宜，概行豁免捐税，俾得周轉流通。

第十五、到期息單如五年內不來支息，則滿期後其息爲山西商務局所得。其已經抽着號頭應行還本之股票，則以三十年爲限，限滿其本亦爲山西商務局所得。凡執此項借款股票之人病故後，該票即按其人本國繼業之例，由繼業者承受付利還本之事。不論時局和戰，均當如常辦理。並不論執票者爲友國、或敵國之民，均當一律照付。此次借款股票倘有遺失、被竊、被毁等事，由本人説出遺失、被毁及應行聲明之憑據後，山西商務局如查得該憑據爲可信，即當允准重給股票，以補其缺。

第十六、外務部應告出使大臣知會俄京巴黎之銀錢公會，允准此次借款列於該公會之股票價單。

第十七、在此項借款四千萬佛郎克之總數中，由華俄銀行以二千二百萬佛郎克即刻購定五百佛郎克之股票四萬四千號，該票等係自繳款巴黎華俄分行之日起利，以九扣匯付，實得一千九百八十萬佛郎克。

第十八、華俄銀行俟股票購定，應由巴黎華俄分行視應用款項之時，商明商務局將款匯至中國，此款或存巴黎華俄分行，或存中國北京華俄銀行，聽候山西商務局支用，當經言明該銀行付款按照下文第二十款所載各情辦理。

第十九、定議以後應由山西商務局責成華俄銀行代僱之總工程司，代山西商務局監造，並代測繪全路圖樣，興辦工程所購材料器具，以備行車之用。凡一切工程底稿購辦材料，統須先由山西商務局稟請山西撫台核准，除購辦材料在歐洲劃撥不計外，其所有工程費用及所有華俄銀行代僱辦工員匠薪工川費，統由山西商務局給付。故以後華俄銀行毋須自備資斧開銷一切，惟當儘力營造，務期三年之內告竣全路工程。

第二十、正定府至太原府各段工程，由華俄銀行每月付給山西商務局敷用之款，此款係憑華俄銀行或其經理人預先約估，正定府至太原府所墊工程之款即在匯到之款內提出。華俄銀行所付購票之款係專爲營造正太鐵路之用，倘華俄銀行查出所付各款中有一款作爲別用，或山西商務局以後不准華俄銀行工程司督率建造，則銀行有停止付款之權。

第二十一、華俄銀行得以儘一千九百零五年之內續購二千萬佛郎克。大清國正太鐵路借款按九扣價值繳款，或作一次購之，或作數次購之，仍照原議清還。在巴黎之華俄分行付價兑票，所付購票之價應存於華俄銀行，該銀行只得按照本約第二十款撥付。

第二十二、華俄銀行既得陸續承購借票，每次承購時，與山西商務局妥商，各分段鐵路以所購借票之款先後舉辦。

第二十三、自合同簽押之日起，所需勘路之費先由華俄銀行墊付。全路計長五百里，應分兩段修造。一段由正定至滹水河左岸平定州迤北屬之平潭止，一段由平潭至太原府止。首次購定之款，即於今日言定用以切實營造正定至平潭之路，即於合同定後設法從速開工。

第二十四、華俄銀行即刻承購之借票，或續購之借票，均可作爲一次或分數次招人認購。

第二十五、營造正太全路及行車後所需製造材料，皆歸華俄銀行承辦。華俄銀行既經得此信任，自當切照本合同辦理一切。其承辦之材料務必物美價廉，斷無勒掯。所辦材料進口或入內地，均准免完釐税。倘華俄銀行承准俄國政府知照已接中國照會，如第二十九款內云云者，一月内未得免税字樣，則華俄銀行可將本約作廢。再此一月內，倘有不測之事，如軍興或法國國債大跌，價值至百佛郎克以下，華俄銀行亦可將本約作廢。倘華俄銀行未能按照本合同應允各款辦理，則合同即時作廢。山西商務局即當稟明山西撫台，與他國另訂合同，撤去華俄銀行所聘之總工程司。

第二十六、中國官員或山西商務局與華俄銀行或其所派經理人，有爭執情事，由外務部、俄國駐京大臣秉公評斷。倘未能斷妥，則由外務部、俄國駐京大臣公同另請第二位公正人評斷。

第二十七、倘華俄銀行稟請外務部將票樣照會分賣借票之國，即當照會該國公使。

第二十八、本約應繕華文、法文合璧合同三分，一呈中國外務部，一存山西商務局，一存華俄銀行，倘有疑難之處，查對本約，以法文爲憑。本約應經中國國家核准，由外務部照會俄國駐京大臣，併由俄國公使請外務部照會分賣借票之國之公使。以上應行各事，於畫押後一箇月内均須照辦。

（清）顔世清《約章成案匯覽》乙篇卷三七上《章程·鐵路門·山西正太鐵路議訂行車合同章程光緒二十八年》　山西巡撫部院山西商務局紳華俄銀行訂立各款如下：

一、山西商務局前於光緒二十三年九月十四日，即西曆一千八百九十七年十月二十號，由總理衙門奏派准其借款承造正太鐵路，欽奉硃批依議等因，當經恭録附於此次合同之内，兹特欽遵委派華俄銀行選派妥人，將該路代爲調度經理，行車生利。

二、華俄銀行俟每段工程由總工程司稟請山西商務局轉稟山西撫台驗收後，陸續將各段之路選派妥人經理，其行車事宜，每段於行車所需一切車輛並種種工器傢俱，及日常周轉之資本，均當預先齊備，華俄銀行或選派之人遵照本合同第一款商務局之派委代爲布置周妥，招僱外國員匠若干人，並於此等員匠有撤革或遣歸之權。其薪工若干，應預早開單，由商務局轉呈山西撫台核定，並可購定養路修路應需之物。又按照商務局稟定山西撫台所定條款，以定載客裝貨價值，經收各種進款，經付行車費用，及商務局日用開銷。以上種種行車事宜由華俄銀行或總工程司預請商務局轉稟山西撫台酌奪，而後行商務局監督，於華俄銀行經手之出入款項有稽核極大之權。至行車事宜添購新物、修改工程、推廣軌道車站等事，皆商務局自行備款。又養路修路所需各項材料，務必設法購中國工廠礦産之物。

三、遇有軍務，無論外侮内亂，中國國家調遣兵丁、轉運餉械及軍營用物，此鐵路儘先載運，車價減半，專聽山西撫台命令。凡與中國國家有損之事，皆不得用此鐵路。

四、此次所訂四千萬佛郎克之借款，所有付利還本事宜理應使有著落，故於行車進款除各項開銷外，在每半年付利期前三箇月提款若干，以備屆期應付。當借款未清以前，提款之事自當不輟。提出之款當每月移交華俄銀行，該銀行即以所收之款善爲兑換金錢，以備付利還本之用。如此陸續交款，一俟足敷應用，即在盈餘項下提出十成之一作爲公積，以備小修大修，藉保行車一無阻礙。此外餘款儘歸商務局報効中國國家。

五、本行車合同自簽押日起，以三十年爲限，惟四千萬佛郎克之借款屆期如未還清，自有展限之權，以展至借款清訖爲度。如該款不及三十年之限先行全數完清，則行車合同亦即於還清之日銷廢。

六、在華俄銀行代辦正太鐵路行車期内，商務局准於每年公同結賬後，除攤還各項借款本利各費外，於實在餘利中酌提十分之二，酬給華俄銀行。

七、中國官員或商務局與華俄銀行或其所派經理人有争執情事，仍按照借款合同第二十六款辦理。

八、設遇進款行車不敷開銷，商務局自應籌畫彌補，俾得照常開車。

九、華俄銀行所需行車及養路修路一切料件，如從外國運來，當免其完納關税釐金。

十、本行車合同預備三分，一呈外務部，一存山西商務局，一存華俄銀行。設有疑惑歧異之處，當以法文爲正，藉資剖解。本合同應請中國國家准行，由外務部備文照會俄國駐京大臣，倘事在必需，亦可併由俄國駐京大臣請外務部照會分賣借票之國之公使。

謹按：以上借款及行車合同章程經外務部核准，於光緒二十八年九月十二日奏准依議辦理。原奏見下卷成案。

（清）顔世清《約章成案匯覽》乙篇卷三七上《章程·鐵路門·江蘇滬寧鐵路議訂借款合同章程光緒二十九年》　督辦鐵路大臣盛與英國銀公司訂立築造滬寧鐵路借款末次實約，此合同於光緒　年　月　日，即西曆一千九百零三年　月　日在上海訂立，一係奉旨督辦鐵路大臣盛，下文稱督辦大臣。一係怡和洋行及匯豐銀行，即英國銀公司之聯同代理人，下文稱銀公司。因於光緒二十四年閏三月二十三日即西曆一千八百九十八年五月十三日，由中國總理各國事務衙門咨明督辦鐵路大臣盛與英商怡和洋行在上海曾訂立一草合同，此時怡和洋行亦代匯豐銀行行事者，作爲英國某公司之聯同代理人也。又於光緒二十八年十一月十四日欽奉上諭：前因各處開辦鐵路關係重大，曾降旨將應辦各事分任責成，嗣後鐵路用款報銷，應由盛宣懷先行造册，咨送經過省分各督撫詳細核明，會銜具奏。其應造鐵路地段勘定後，著繪圖貼説，移送該管督撫派員查明，如無窒礙，始可開工。盛宣懷如與他國公司議立各項合同條款，亦著先由各督撫核定，始可簽押。仍將該合同抄録會奏，以期周密而免疏誤。欽此。又因查前草約有應更改之處，故今特此訂允，將前草約作廢，而以此末次實約代之。

第一款：

英國銀公司允願代中國鐵路總公司出售金鎊借款，其數不逾三百二十五萬鎊金錢，按照下列章程辦理，即照總數印發。中國國家金鎊小票倣照北洋鐵路借款小票，以鐵路作爲頭次抵押，所有借款小票分作兩次或多分數次發售，每次所售多少，應由督辦大臣與英國銀公司飭令總工程司估計，按工程所需而定，以免中國喫虧利息。

借款實價茲訂允按照虚數上定著九折，即每百鎊虚數實收九十鎊。此小票出售之價如有盈虧，是銀公司之事，其利息則按虚數週息五釐算，每半年結付一次。

借款以五十年爲期，由簽約之日起計，倘有小票按照下列之章程由中國贖回或註銷之後，利息即行停止。

每張小票之上須書明面上原價英金一百鎊，或合數張爲一張，書列别樣數目，則由駐英京中國出使大臣會商英公司允准。如有小票或下文所言之餘利，憑票或遭遺失，或遭銷燬，可照原票數目補給票紙，惟須照通用格式繕具失燬之實據，交銀公司及駐倫敦中國出使大臣查核存案，並由銀公司向報失之人取具保單。

第二款：

此借款應用以建造鐵路及行駛火車所需各項之用，並於建造鐵路之時用以支付借款之利息。

銀公司須按照現在最善最省之法建築滬寧全路及行駛火車，而總公司允爲備置全路雙軌所需之地畝，並覓備建造及行車别項方便之事。

工竣之日，如售賣小票所得之項尚有多餘，應聽候中國國家主意，或用以贖還小票若干，或交總公司轉存銀行生息，備撥應給小票之利息，或添辦有益滬寧鐵路之事，均由督辦大臣與銀公司隨時商定。

倘中國人民自行築造枝路，以爲幹路之輔助者，其興築及走車法則應湊合幹路，以期行車易於接貫。

銀公司人員建造工程及行駛車務一切均須格外慎重，順洽華人意見風俗民情。又如華人有可充當鐵路要缺者，總管理處須儘録用。至於墊路土工以及中國人能辦之工，可招中國人承造，先由督辦大臣或督辦大臣委派之人核准，惟須照總工程司所定圖樣説帖辦理，由其監造。至於末次勘量，無論是幹路何段，或續路，或枝路，或更改道路之處，其詳細路圖及估計工價，均須呈由總管理處轉稟督辦大臣核准。

第三款：

此項借款須得抵押，按照公平律例辦理，並須隨即立一的實合例之券據，將淞滬已成之鐵路作爲頭次抵押與銀公司，並本約所指將來營造鐵路所用已購及擬購各地基，與夫物料、車輛、房屋各項産業，及他日造成之鐵路，該路本身及各項進款亦一律作爲抵押。

此款所載抵保各事，即照英國通例解説，以鐵路産業抵押保借款及保小票照例立交受託人之據一律辦理。

第四款：

此約第一款所載借款按工程進境如何隨時分次交納，現議定此約簽字核准後八箇月内，銀公司交納第一次造工應用之款，無論出自售賣或揭押小票之款，或自行籌墊之款，但所應交若干，係須照每次交出售押之小票若干之數交繳。

如此約核准後十二箇月不興工築造幹路，則此約作爲廢紙，此項借款除存在英國以備購買機料給價及合約付支實用外，總工程司即估量繕據交此約中後列所言之總管理處，聲明爲築辦何段幹路需款若干，由總管理處核定後，則劃匯至上海，存匯豐銀行或彼此公指之銀行，收入總公司鐵路工程賬内，須隨時稟明督辦大臣，照時價兑銀，未用之先按期生息。倫敦所存借款未用者，亦一律生息，專爲在中國築辦合同内所指之鐵路之用，由總管理處核察。

在英國陸續用出各賬以及匯交中國工程所用各賬，均應按三箇月爲一次呈繳總管理處覆核，稟明督辦大臣核准簽字，方能作實。並轉咨外務部、户部統轄鐵路礦務總局存案。

第五款：

第一款所指之小票並第十二款所指之餘利，憑票日期應與此約日期一律，刊發利息則由賣售小票給交買主之日起算，其初次息票期内所應得利息多寡當由買主算扣，按日期核給。是以一月之内，其賣票之日期較近於初一者，則算初一日起息，較近於十五者，則算十五日起息。譬如一月分作初一、十五兩截，其賣票之日近於初一日，如初三者，則由初一日起息，初八九則上半月無息。近於十五日，如二十者，則由十五起息，二十三四則全月無息。

凡息票，其於賣小票時經已過期者，即行註銷翦出，交中國出使駐英大臣寄回總公司。

至小票應如何格式，當與督辦大臣或中國駐英大臣與銀公司於簽訂此約時同時酌定。但日後或在倫敦京城銀市，或別國銀市出售起見，須將票式略爲更改者，除借款數目、利息、年限及中國國家一切責任不准更動外，其餘無關緊要之處可以酌量稍爲參改，以適銀市之用，應准銀公司商請中國出使駐英大臣稍爲參改，其如何參改之處，銀公司立即知會督辦大臣，以便轉達外務部核准。

此項小票及第十二款所指之餘利，憑票全用英字刊雕，督辦大臣所簽字之名及所繪之圖記均摹倣刊雕於上，以省親自簽押之煩。惟中國出使駐英大臣於需用之時隨時逐張簽押蓋印，以示中國國家允准及承認售發此項借款小票並餘利憑票。

該小票及餘利憑票每張須編列貫串號數，各共需若干張，届時由銀公司刊雕妥當。此小票一俟刊雕，由中國出使駐英大臣簽印後，由銀公司加簽。

此小票由中國出使駐英大臣與銀公司會同揀選倫敦之妥當存儲公司收存，以便銀公司需票之日，由中國駐英大臣簽印隨時取用，於工程期内分次出售或抵押籌墊款項撥作築造鐵路，或經督辦大臣核准之枝路之用。

第二次以及下餘各次小票將發售之時，倘督辦大臣預先告知銀公司，中國人民願購買小票若干，銀公司應照數留與華人小票若干張，照在倫敦發售者一律章程價值售賣。倘有法可設，應設法在中國發售此項小票，給還此項小票利息均照是日鎊價折合。

此借款定作英金三百二十五萬鎊，以便築造及辦理滬寧幹路，所需悉照總工程司所測量及估價，經督辦大臣核准者而行。

第一次鐵路工程估計需款若干，即照數在倫敦發售小票。其第二次以及下餘各次小票，於未發售之先，銀公司須預先知照中國駐英大臣，俾中國國家遇有款項可以撥交總公司，歸入鐵路賬内，與售賣小票之借款一律支用。如中國國家均果有撥款，則三百二十五萬鎊之數，即照撥款若干扣減。

其存儲小票之小費由鐵路賬内撥給，此外刊雕及賣票等費由銀公司支給，於提取或交給小票之時，存儲公司須即知會中國出使駐英大臣。

第六款：

此鐵路預備開築之時，督辦大臣即設立管理造路行車事務處，名之曰滬寧鐵路總管理處。其總局即設在上海，其辦事人員五名，内中國人員兩員，一由督辦大臣選派，一由鐵路經過省分督撫會同督辦大臣選派。除總工程司外，英員兩名，由銀公司選派。以上五人薪水均由督辦大臣與銀公司核定，由鐵路總賬項下支給。至於總管理處辦事章程，隨後由督辦大臣會商銀公司代理人訂定。如遇中英人員有意見不同，則由督辦大臣與銀公司之駐華代理人會同和衷商酌辦理。

鐵路中西辦事人員及其執事，除總工程司由銀公司所選派，督辦大臣所核准外，其餘人員及其薪水並各下段所載大員之薪水，統由總管理處擬定，稟告督辦大臣。至重要職司，應由總理處之華員預先稟商督辦大臣辦理。

除總管理處各員外，南洋大臣可另派一員，官階與總管理處之華員相等，其職任係爲稽查賬目工程辦事各情形，稟報本省大憲，總管理處應予以一切便宜，以便稽查稟報。所有上海總局案卷准其隨時查閱，惟不可干預總管理處辦事之權。其薪水與總管理處華員一律，由鐵路總賬項下發給。鐵路辦至何省，必須由督辦大臣於該省奏派大員一人，以期省内地方一切事宜能與地方官接洽商辦。

地方大憲以及督辦大臣之意，總工程司自當時常敬重，總工程司職任止能管理建造行車以及辦理鐵路相干之事，所有鐵路上所用洋人不准不尊敬中國官員，或干預地方上事。倘有滋生事端，或損傷華人，一經督辦大臣告知，即行開辭。

如鐵路辦事華員須有職銜並才幹合宜者，可由總管理處之華員稟請督辦大臣劄派。

辦理鐵路重要之事，須有才幹練達之西人乃可僱用，至工程車務各事，熟悉合宜之華人亦可派充。無論中西辦事人員，或因本領欠佳，或因行爲不妥，總管理處可隨時開辭，並將開辭之事稟知督辦大臣。其總管理處中英人員，或因疾病，或因公外出，准將應辦各事託能就近到場之人代理。惟代理華員之人須由督辦大臣核准，代英員之人須由銀公司核准。

鐵路學堂教授華人工程行車事務，如查明應要辦理，即由總管理處舉辦，稟由督辦大臣核定。

鐵路進支數目均歸總賬房登記簿籍，隨時由總管理處閱核。鐵路建造行駛所用各賬，悉用上海規銀核算，賬目華英並記，華員英員一齊簽字。賬房辦事人員中西並用，務必妥實可靠。

第七款：

本約第三款載明此約現定之頭次抵押物業係包連鐵路及鐵路車輛産業等項，應照例繕具契據，按照該款所擬辦理。惟除係頭次抵押並除係中國國家認保外，茲特聲明，此鐵路實係中國産業。

所需各地，將爲滬寧雙軌鐵路及雙軌叉道傍路各地基，與夫車站、修理廠、停車廠，均由總工程司前後詳細所繪之圖呈請督辦大臣核准之後，即由中國鐵路總公司於其款項所及全數籌足，抑籌多少購備應用，悉照實價核算，總以不過英金十五萬鎊爲度。

其路基及各地契券務須毫無糾葛，統行寫入鐵路名下，隨買隨寫。中國鐵路總公司所自備之資本購買鐵路地基，應由鐵路進款提付利息，於繳費、養路費及小票五釐年息付給之後，乃給地價年息六釐核算。買地隨時報知各件及各地契，由督辦大臣隨時飭總公司轉送銀公司駐滬之代理人收執，以爲頭次抵押之據，照此約下文所載掌管鐵路及鐵路地基之法一律辦理。合約期滿時，仍將一切地契交還總公司收回。

凡總公司自籌款項購地於勘界之外，預備日後必需之地，則總公司自辦之事，其價銀並不付給利息。鐵路總公司於標界之內購地，所需地價總數銀公司可以借墊，不得逾英金一十五萬鎊。此款應得年息六釐，由鐵路進款支付。

又議定，如果銀公司須代籌付地價，不論由售賣小票之項，或另行別法籌墊。中國國家允承購備並保護路軌所需各地，凡地契存貯銀公司充作借款頭次抵押者，如未經中國鐵路總公司字據允准，則其地基無論作何用處，一概不得租批或轉售別人。

又議定，所購各項地基，不論由總公司或銀公司籌款，務須斬斷葛藤，並盡去遷移墳墓及風水各窒礙，按照華例所應有各項契券案據切實辦妥，由銀公司代理人在滬局註册收執，照此約作爲小票頭次抵押，俟小票本利及各項欠款清還後，即繳還中國總公司。

爲保實頭次抵押起見，中國國家俯准，如小票未贖、年息未付、餘利憑票尚欠應分未分之利，不得將抵押之地畝、鐵路及鐵路産業出售、移交轉讓與他人，亦不得稍有損礙頭次抵押之權利。

又議定，倘借款本利以及各項欠款清還以前，除銀公司繕據明白允准外，中國國家或鐵路總公司均不得將前項各産業再行抵押與他人，無論是華人或西人。此合同年限期內，鐵路及鐵路所有暨鐵路所獲餘利，中國國家不收專税。惟今日所有課税，如地税，或日後中國國家所設各項税項，如印花等税，中國商務一律概行徵收者，則鐵路及鐵路生意亦一律徵收。

購地係造路第一先用之款，一經測勘，即須由銀公司先行墊款撥付總公司，以爲購地之用。此墊款以淞滬鐵路及該路各産業作爲頭次抵押，年息六釐算，一俟頭批小票售出，則由售款撥還。

因地主或有不願將其管業之地剖割出售，則鐵路總公司或須多買地畝，有逾築路所實需者，鐵路總公司儘可照買，以備後用。惟須聲明，凡用墊款購地於勘界之外者，概是總公司之事。各地購完後，查明共用過款項若干，則另續出小票，連此款上文所言之英金一十五萬鎊，合計不逾英金二十五萬鎊，以便付還購地之款。此項小票是仿照第一款所言之小票，其擔保及抵押並一切看待之處，均同一律，惟所不同者，乃無論何時，如預先六箇月通知，可以照本價贖回，並年息即以六釐算給。凡由此借款用以購標界外之地者，其借款利息須先由中國面份所佔之鐵路餘利項下撥付，如不能則由鐵路進款付給。

鐵路總公司之用意乃欲鐵路各地基均仍屬中國産業，故此項續出借款須從速清還，惟此項續出小票雖經掃數贖回，其餘勘界內鐵路所用之地，仍照本合同章程作爲抵押，無所更動。

第八款：

如照約所訂日期不付小票每半年之利息，或期滿本款不還，所有鐵路以及全路產業抵押於購執小票人所授託之銀公司者，統交銀公司管業，遵照通例辦理，以便實在保護購執小票人利益。一俟全款及所欠之息並各項欠款清還，則將鐵路及全路產業固好合用如常交還華人管理，照此約各節所載而行。

第九款：

建路所用各項材料，銀公司每百得五作爲酬勞之費，至所用各式材料，必須明塲購買價值最低而質佳及妥當者，均有廠單及考驗憑據，送交總公司查核。茲爲培養中國工藝起見，湖北鐵廠所出之材料以及中國所出料物必須儘先購用，但價值總以合宜爲度。

所買材料除上開酬勞費外，别無扣用。如按貿易行規，其例有回頭用或扣用者，悉歸造路總賬。

第十款：

築造鐵路行駛輪車以及與鐵路相關各項之事業，中國人外國人均不得干預，藉詞阻撓，中國國家設備保護現在築造或經已行車各鐵路，並鐵路産業。中英合辦各事辦公中西人等，悉應由經過各省文武官員隨時竭力保護，而於匪徒鬧事及土人阻擾各端尤爲緊要。

總管理處並准隨時練養鐵路華巡捕一隊，其弁目專用華人，藉以保護鐵路。鐵路巡捕不得干預鐵路以外之事，其工費概歸鐵路發給。如鐵路另要國家或各省派兵保護之處，由督辦大臣咨請即派，其由火車運兵到塲鐵路，概不收費，惟兵餉由官發給。

第十一款：

與鐵路相連須設有德律風及電線，並别樣傳號令之機，以爲沿途鐵路及調動行車及辦理鐵路各事之用，惟此等德律風及電線不得用以侵礙電報局之權利。又按近法辦理鐵路所需各種附用之件，如修補廠、製造廠、火輪船、渡船、棧房等類，如查於養全鐵路有利益相需，則准由銀公司與督辦大臣隨時商酌，設法請辦。

第十二款：

除支付各項經費並别樣費用，如下文所開列者外，鐵路所得餘利以五分之一，即每百分抽二十分。歸銀公司所得，即照鐵路成本值價總數五分之一之數發給餘利憑票。此餘利憑票不給年息，以五十年爲期，註明票價，每張英金一百鎊，與借款小票同時按次發給，每次多少係按小票發給多少而定，以至總數五分之一爲度。茲並言明，如所發售之借款小票有逾於造路所需而須收回註銷者，則此項餘利憑票亦須如數收回。

五十年期限之內，中國總公司可照憑票面寫原價隨時取贖。五十年期滿，此憑票作廢，毋庸給價取贖。惟取贖以前，或年限未滿以前，鐵路已獲照章應分之餘利，均須分給，乃能註銷。

總公司亦可發給並享受此項餘利憑票之益，其格式須合用於中國，但不載年限，又無取贖字樣。其總公司名分所著多寡，乃按借款小票全數五分之四，其應全數刊發或刊發多少，由督辦大臣隨時核定。又按沾分之多寡，所得之餘利總公司可留作公積，用以還借款小票。按此約隨時可取贖者，或用以隨時隨地還輕，或清償所有中國鐵路所負之項，又或此項中國（除）〔餘〕利憑票可用以抵給總公司購買鐵路所必需之地價，蓋因有地非給餘利憑票不能買進也。

此鐵路每年進款，除提付各項經費及養路、修路並添換機器、車輛與辦公一切費用，又除借款小票年息五釐，及中國總公司自備或另借銀公司購買地價之年息六釐外，所賸是爲餘利，當提五分之一給交銀公司，聽其分派。

又訂允此項餘利憑票可任由總公司酌量從早贖回，若借款小票按照約中定章全行贖回，而餘利小票既未贖回，又未滿期，則銀公司准派一代表人駐紮總公司查閱賬目，其薪水由總公司支給。

此代表人之職司與賬房無異，藉以保護掌執外國餘利憑票人之利權。一俟餘利憑票全數贖回，或滿期作廢，此人即行停歇。

第十三款：

銀公司即作爲執掌小票及餘利憑票人之受託人，此後凡總公司與銀公司有借款交涉之事，及有關涉借款别事者，銀公司即算爲執掌小票及餘利憑票人之代理人，並有權代彼等行事。

第十四款：

築造及行駛幹路枝路所需各種材料，無論由外洋進口，或由别省運至，工次照北洋鐵路章程辦法，准免關稅釐金。又此項借款小票息票、餘利憑票以及鐵路之進項，中國概免各項捐税。

鐵路經過各省所運之貨物、搭客等應繳税釐，督辦大臣應商統轄鐵路鑛務總局户部妥籌善法，實力保護鐵路及藉鐵路運貨客商，免受横征需索諸弊。如中國别條鐵路辦理釐金更優於此約所指之鐵路，則此鐵路及藉此鐵路運貨客商應得一體均沾。

第十五款：

造路期内應付常年五釐之利息，及買地款六釐之利息，議定應由借款本銀内交付。如有造路期内未用到之借款，轉存生息之息，以及造成一段行車後所得之款，皆可用以湊付利息，其尚不足之數，總歸借本内提付。

鐵路全工告竣後，小票利息及地價利息均由鐵路進款交付，按半年一付，即係六月一號及十二月一號。

每次攤還借本及利息之數目，並代理人即上海滙豐銀行經理清還借款，其應得用錢，每百鎊著一鎊之四分之一者，即每萬鎊得二十五鎊。於十四日前在上海用上海規元兑交，該銀行足以備購金鎊匯至英京支發，其匯水當照付銀之日當時所定之行價，與滙豐銀行算定。

此借款本息中國國家應允按期清還，如有鐵路進款或借款不敷還利之時，應由中國總公司設法補還。如總公司無法湊補，應由督辦大臣奏明，設法以别項補足還清，以便於每次付利期前至少十四日，按照所需之數付給上海滙豐銀行查收。

第十六款：

鐵路經過之處，如滙豐銀行未有開設分行，或將來亦無意開設，則自當與就地之中國通商銀行妥議銀錢來往辦法。蓋英公司之意，原欲藉中國通商銀行以爲銀錢來往匯兑之便，總之能與交易之處即與交易。

第十七款：

銀公司可將此合同之權利權柄，及辦事操縱之權，准交其繼後之人接辦，或代理人代辦，惟約内所應肩任之事仍須一律照辦。但銀公司乃遵英國律例所設之公司，不能將此合同之利益及此鐵路辦事之權，轉與他國及他國之人民，惟中國及英國人民均可接受。總公司亦須照樣不得將其按此合同所有之利權，轉授他國人民。

茲再議允，除由督辦大臣與銀公司互繕憑據允准外，滬寧幹路、枝路經過界內，他人不得建造爭奪生意之鐵路，並不准築與滬寧鐵路同向並行之鐵路，致損利益。

第十八款：

倘銀公司擬出招帖籌辦款項，於籌借大款之前猝遇戰事，或在中國或他國，政務有極大變動之舉，以致外洋銀市震動，或鐵路因有阻礙不能開工，係意料難及之事，非銀公司所能挽回者，准該公司於籌款開辦完工之期略爲展限，以昭公道。如果小票已出，借款已經起利，除上列情節准展限外，其工程不能停緩。此合同奉旨批准後，即應趕緊興工，如督辦大臣願意每段工程應儘力趕造，自批准之日起，除以上本款所言意外事不在此例外，全路限五年竣工。倘有逾此期限，若非商允督辦大臣，則所有五年内銀公司已得五分之一之餘利，全行扣罰，須俟全路告竣後，銀公司方能分此項餘利。

第十九款：

鐵路行車應收脚價若干，由車務總管議列清單，交總管理處，按查中國已興鐵路之車脚則例，從廉核定。又由總管理處核准後，准與别處接連之路商訂彼此過境運價。

倘遇軍務，無論外侮内亂，中國調遣兵丁、轉運糧械及軍火用物，又中國因賑飢災異運糧等事，奉有督辦大臣命令，此鐵路須儘先載運，車價減半。倘與中國有損之事，不得用此鐵路運載。其有礙於中國國家者，皆不得用此鐵路。

第二十款：

於光緒二十四年閏三月二十三日，即西曆一千八百九十八年五月十三號，所立之草約有載鐵路公司有權於十二年半之後，將小票取贖，每張給價一百零二鎊半。若在二十五年後取贖，則照每張一百鎊原價取贖。茲訂明若於十二年半之後，由發給小票之日起計，中國總公司秉命中國國家將小票贖回註銷，或餘利憑票贖回註銷，督辦大臣即當於贖票期前至少六箇月繕函聲明，擬贖小票若干，或餘利憑票若干，知會銀公司駐滬之代理人。

銀公司駐滬之代理人接到知會之函，立即設法辦理，届期在倫敦照平常拈鬮之法，及行所應行之事，抽提小票若干，或餘利憑票若干，足敷擬贖之數，一俟總公司秉命中國國家匯交所訂明贖取小票之價，及餘利憑票之價，並小票應得之息與餘利憑票應分之餘利，即在倫敦及別處銀市之最有名望之日報各處兩紙，與中國出使駐英大臣酌定，將贖票告白按期刊登。四箇禮拜之後，所擬贖票之期既届，銀公司即將拈鬮抽出之小票及餘利憑票付價取贖註銷，寄交督辦大臣，或繳交中國出使駐英大臣轉寄督辦大臣。所有頭次借款小票及餘利憑票概須刊明一張，准照上列法隨時可以取贖，並聲明拈鬮提出之小票之息，及餘利憑票之餘利，均於銀公司所登告白內訂定取贖之日期，俟取贖之日期起一概停止，惟贖票款項須照以上所擬預先交存匯豐，備便如法取贖。

借款小票若於前十二年半之前取贖，則每百加二釐半，是則每票面上所寫價一百鎊，須交一百零二鎊半。自十二年半以後直至滿期取贖，則無庸加值，惟取贖時小票應得未付之息，須照數付清。至餘利憑票在期內隨時照原價取贖，滿期作廢，無須付價，亦無庸取贖，惟所有應分未付之餘利當如數派給，乃能註銷。

第二十一款：

售賣小票所得之款築造鐵路尚未用到者，隨時生發利息，劃入中國鐵路總公司之賬，務令總公司盡受其益。

又議定，如果銀公司於未售小票之前須預先借墊款項，其借款費用連利息總不得逾長年六釐之數，若有已售未用之票價存放生息，所得之息則用以抵償此種借墊款息，或由工程項下支給亦可。

又議定，此種借墊之款應以頭次售得小票之款歸還，以節經費。

第二十二款：

五十年期將届滿，而小票尚未贖完，督辦大臣於未到期兩年之前，可與銀公司函商展期。如函商六箇月仍無成議，則中國國家自行設法向別處籌款，歸還借項，俾小票贖清，抵押註銷。

第二十三款：

現有之淞滬鐵路接受之價值一經議定，銀已備交總公司之時，該鐵路應即行轉交，歸入滬寧鐵路管理。淞滬路之進款及管理之權，即視同滬寧鐵路一律辦理。茲議定淞滬鐵路之價值係作規元一百萬兩，此項由借款項下撥交總公司查收。

第二十四款：

此約一經簽定之後，在刊發告白將借款布告於衆之前，督辦大臣須奏明請旨允准，此約所奉之上諭，隨即由外務部鈔稿，用公文咨照駐北京英國公使。

第二十五款：

此約繕寫中英文五分，其一分送交總公司，一分送呈外務部，一分送交北京路鑛總局，一分送交駐北京英國公使，一分送存銀公司。如有文字可疑之處，以英文爲準。

謹按：此案已經外務部核准，原奏見下卷成案。

（清）顏世清《約章成案匯覽》乙篇卷三七上《章程·鐵路門·廣東潮汕鐵路議定集股試辦章程光緒三十年》 第一條：本公司承辦汕頭至潮州府城鐵路，計華程九十餘里，名爲潮汕鐵路有限公司。

第二條：本公司原擬集股銀一百萬兩，近查工價物料各皆騰貴，今復擬集股本作七錢二分兑足秤大銀二百萬員，分作一萬股，每股科本銀二百員，分作四期兑收。本公司應設股份總簿一本，編列號數，蓋用公司圖記，分作存根執照以便核對。至認股註簿之時，每股先收掛號定銀十圓，開辦時，限一箇月內再收四十圓，以應工程之用。其餘按三箇月收一次，第三次收銀五十圓，四次收銀一百圓，照如數收足所有股本銀圓，統歸銀行收存，以備支用，其股票則憑銀行收條到本公司換給。

第三條：此項鐵路一切章程係照有限公司辦理，每股收足銀二百圓爲止，以外並不再向股東添加股本，以示限制。

第四條：本公司所集股銀如有不敷用處，由公司承辦人自行籌足，商借商還，不請官款，以歸劃一。

第五條：本公司常年老本悉統作六釐伸算，如有餘利，除酌提公積若干，酬勞若干外，仍儘數分給股東，以昭公允。

第六條：凡鐵路所經碼頭、河堤，倘有損壞，由本公司修築堅固，兼可保衛地方，兩有裨益。橋梁、貨棧、機廠、車站一切應用地段，如係官地，報明地方官，會同本公司勘丈畝數若干，按年應繳地租若干，詳請報部查核。民地，則不論平民、教民及別國民籍之業，均照契公平交易，仍於價買後報明地方官註册，作爲公司產業，照原定科則納銀。設遇有祠堂、神廟、墳塋、屋宇，萬難設法繞越者，自應會商遷讓，除契價外，酌幫資費若干，不得借風水爲名把持阻撓。

第七條：本公司係張京堂煜南稟請商部准予承辦，今願推出與吳理卿、謝夢池、林麗生及內地商人、洋籍商人合股聯辦，同享利權。但張煜南是倡建首總理，吳理卿、謝夢池、林麗生是爲倡建總理，輔佐首總理，永遠以總其成。將來公同酌議，選舉總司理，併於各股友股額多而材堪稱職者選爲總理，所有本公司用人行事均仿照外洋有限公司則例而行，其應用監工、公司內總司理及幫辦在事人等，悉由倡建總理招選，並會商總理擇用調派，或留或棄及節制，以一事權而符定章。

第八條：本公司興辦鐵路原爲裕國利民之舉，所用地段必須聘請工程師勘丈明確，以便動工。應請地方官出示曉諭，沿途保護，以安民心而免滋事。

（清）顏世清《約章成案匯覽》乙篇卷三七上《章程・鐵路門・廣西龍州中法合辦鐵路公司章程光緒二十二年》 中國與費務林公司訂立龍州至鎮南關鐵路合同，現由中國簡派總理衙門總辦章京、户部郎中舒文與費務林公司監工葛理義會商定立合同各條，開列如左：

第一條：中國予令費務林公司承辦廣西龍州至鎮南關鐵路工程，由中國鐵路官局稽察，其辦法各款開列如後。

第二條：費務林公司因此專爲無名貿易公司承受中國官局，令於官局名下築造鐵路，由官局稽察，其造路並預先勘路均係包辦，凡築造及傢伙、機器、房屋、物料、車輛等件，應於勘路後由官局公同會商，包估價值。造路須占之地，均由官局自公司呈交鐵路占地各圖式之日起，至多六箇月限內交清。公司修造，官局即將費用與工程節次隨成隨還，每月底由公司計開費用呈報官局，自呈報日起，至多三箇月限內，飭令付價。倘有限內未付之款，按每年七釐即百分之七。行息，至付清日止息。至所開賬目均用法銀法郎計算，俟付還銀兩時，均按呈交賬目日期前三箇月內兑換中法銀行市折中算給。至造路工程除遇有意外事故外，均限自將地交與公司日後計，至多三年內造成。

第三條：費務林公司照以上所載專爲無名貿易公司承受中國官局，令於官局名下經理鐵路，由官局稽察。如此經理，均係包辦。由官局與公司勘估後，會商統計，特開酌算款式內，以補還經理實在用費若干，並貼與總用雜項若干，及經理進項實存項下酬償公司花紅若干，包還公司至經理進項內，所有搭客、運貨係自龍州至鎮南關，並自鎮南關至諒山，以次各處由中國往越南，或越南往中國，即仿照各電報局之例，互相較對，分歸清算。

第四條：中國鐵路搭客運貨及越南之法國鐵路搭客運貨，均由公司酌擬價目，中國則請中國官局定準，越南則請法官定準，總宜一律相同。

第五條：龍州越南各路相接，爲經理鐵路之用，須設沿路電線，自應照通例，任各鐵路局自用，不納電費。或有轉送電報與經營鐵路無涉者，應照各電報局價目納費如常。

第六條：凡築造經理鐵路之材料、什物、機器、車輛、器具、傢伙等件，無論何項關税差費，一概免納。至鐵路所用華洋人員，中國自設妥法，令其相安如命，工作無滯。

第七條：龍州至中國邊界鐵路，其經理辦法由中國官局與越南法官會商章程，總期與經理越南之鎮南關至諒山等鐵路不致絶斷。其鐵軌寬窄，履勘後酌量情形，由中國官局自定。此次合同以三十六年爲期，期滿亦准會商展久新立。

第八條：中國官局與此章程訂明如何承辦築造經理之公司，遇因事故參差，應由官局公司各擇一人，此二人復公擇一人，以便三者會議公斷，惟三者必須法國或中國之人。

此次合同繕就法漢文各二分，彼此存收各一分。遇有可疑不符之處，以法文爲準。

（清）顏世清《約章成案匯覽》乙篇卷三七上《章程・鐵路門・東省中俄合辦鐵路公司合同章程光緒二十二年》 欽差駐俄大臣許欽奉光緒二十二年七月二十日諭旨允准，與華俄道勝銀行訂定建造經理東省鐵路合同，中國政府現以庫平銀五百萬兩入股，與華俄道勝銀行合夥開設，生意盈虧均照股攤認。其詳細章程另有合同載明。

中國政府現定建造鐵路，與俄之赤塔城及南烏蘇里河之鐵路兩面相接，所有建造經理一切事宜，派委華俄道勝銀行承辦，所有條款列後：

第一款：

華俄道勝銀行建造經理此鐵路，另立一公司，名曰中國東省鐵路公司。該公司應用之鈐記由中國政府刊發，該公司章程應照俄國鐵路公司成規一律辦理。所有股票祇准華俄商民購買，該公司總辦由中國政府選派，其公費應由該公司籌給，該總辦可在京都居住，其專責在隨時查察該銀行暨鐵路公司，於中國政府所委辦之事，是否實力奉行。至該銀行暨該公司所有與中國政府及京外各官交涉事宜，亦歸該總辦經理。該銀行與中國政府往來賬目，該總辦亦隨時查核。該銀行應專派經手人在京都居住，以期一切事宜就近商辦。

查此條及諸條所稱政府字樣，洋文係作古威勒芒，即近來譯爲國家之稱。又所稱總辦字樣，洋文係作伯理璽天德，亦有總辦之義。而名目較大，西語無論公署、商會，其首領人皆稱爲伯理璽天德，譯者以此稱專屬民主，甚誤。以所譯與洋文實事無甚出入，故皆仍之。其原譯薪俸字樣，現改公費，措詞較爲得體。

第二款：凡勘定該鐵路方向之事，應由中國政府所派之總辦酌派委員，同該公司之營造司暨鐵路所經之地方官和衷辦理。惟勘定之路所有廬墓、村莊、城市，皆須設法繞越。

第三款：自此合同奉旨批准之日起，以十二箇月爲限，該公司應將鐵路開工。並自鐵路勘定及所需地段給與該公司經理之日起，以六年爲限，所有鐵路應全行告竣。至鐵軌之寬窄，應與俄國鐵軌一律，即俄尺五幅地，約合中國四尺二寸半。

第四款：中國政府諭令各該管地方官，凡該公司建造鐵路需用料件、僱覓工人及水陸轉運之舟車、夫馬並需用糧草等事，皆須盡力相助，各按市價，由該公司自行籌款給發，其轉運各事，仍應隨事由中國政府設法使其便捷。

第五款：凡該鐵路及鐵路所用之人，皆由中國政府設法保護。至於經理鐵路等事需用華洋人役，皆准該公司因便僱覓。所有鐵路地段命盜詞訟等事，由地方官照約辦理。

第六款：凡該公司建造經理防護鐵路所必需之地，又於鐵路附近開採沙土、石塊、石灰等項所需之地，若係官地，由中國政府給與，不納地價。若係民地，按照時價，或一次繳清，或按年向地主納租，由該公司自行籌款付給。凡該公司之地段一概不納地稅，由該公司一手經理，准其建造各種房屋工程，並設立電線，自行經理，專爲鐵路之用。除開出礦苗處所另議辦法外，凡該公司之進項，如轉運搭客、貨物所得票價，並電報進款等項，俱免納一切稅釐。

第七款：凡該公司建造修理鐵路所需料件，應免納各項稅釐。

查此條定議時，核對法文修理下尚有經理字樣，據稅務司柯樂德稱，當時李相謂與本條修理語意重複，因將原譯漢文刪去經理二字，然非有故駁改，未令將法文並刪，故漢洋文微有詳略等語，合並聲明。

第八款：凡俄國水陸各軍及軍械過境，由俄國轉運經此鐵路者，應責成該公司逕行運送出境，除轉運時或必須沿途暫停外，不得藉他故中途逗留。

第九款：凡外國搭客經此鐵路於中途入內地，必須持有中國護照，方准前往。若無中國護照，責成該公司一概不准擅入內地。

第十款：凡有貨物行李由俄國經此鐵路仍入俄國地界者，免納一概稅釐。惟此項貨物除隨身行李外，該公司應另裝車輛，在入中國邊界之時，由該處稅關封固，至出境時，仍由稅關查明所有封記並未拆動，方准放行。如查出中途私行開拆，應將該貨入官。至貨物由俄國經此鐵路運往中國，或由中國經此鐵路運赴俄國者，應照各國通商稅則，分別交納進口出口正稅，惟此稅較之稅則所載之數減三分之一交納。若運往內地，仍應交納子口稅，即所完正稅之半。子稅完清後，凡遇關卡，概不重徵。若不納子稅，則逢關納稅，遇卡抽釐。中國應在此鐵路交界兩處各設稅關。

第十一款：凡搭客票價、貨物運費及裝卸貨物之價，概由該公司自行核定，但中國所有因公文書信函該公司例應運送，不須給費。至運送中國水陸各軍及一切軍械，該公司祇收半價。

第十二款：自該公司路成開車之日起，以八十年爲限，所有鐵路所得利益全歸該公司專得，如有虧折，該公司亦應自行彌補，中國政府不能作保。八十年限滿之日，所有鐵路及鐵路一切產業全歸中國政府，毋庸給價。又從開車之日起三十六年後，中國政府有權可給價收回，按計所用本銀，並因此路所欠債項並利息照數償還。其公司所賺之利，除分給各股人外，如有盈餘，應作爲已歸之本，在收回路價內扣除。中國政府應將價款付存俄國國家銀行，然後收管此路。路成開車之日，由該公司呈繳中國政府庫平銀五百萬兩。

查此條内給價收回一節，因恐將來講解有異，復商該總辦另繕憑函附於合同之後，以期相信。

附録：華俄銀行總辦羅啓泰來函

啓者：本公司賬目按年結算刊布，其中載明各項賬目及一歲出入款項，並所欠之債、所借之款還本付息等情，將來中國給價收回此路，應以每年結算刊布之賬爲憑，其收回緣由詳載公司章程之内。

光緒二十二年七月二十五日即西九十六年九月初二日

（清）顏世清《約章成案匯覽》乙篇卷三七上《章程・鐵路門・東省中俄續訂鐵路公司合同章程光緒二十四年》　欽差頭等出使大臣許、出使俄國大臣楊欽奉光緒二十四年五月初七日，即俄曆九十八年六月十三日諭旨允准，與東省鐵路公司訂定合同。

按照中國與俄國於光緒二十四年三月初六日俄曆九十八年三月十五日。在北京會訂條約，及閏三月十七日四月二十五日。在森彼得堡續訂專條内開，中國政府從條約畫押日起，允照光緒二十二年所准東省鐵路公司建造鐵路之事，推廣建造經理一枝路，在東省鐵路幹路上擇站起造，達至遼東半島之大連灣及旅順口海口，此枝路應悉照光緒二十二年八月初二日九十六年八月二十七日。中國政府與華俄銀行所訂合同之各章程辦理等情，因此議定，按照前訂建造經理東省鐵路合同各節開列如下：

第一款：此東省鐵路幹路之枝路達至旅順大連灣海口，取名東省鐵路南滿洲枝路。

第二款：按照光緒二十二年八月初二日九十六年八月二十七日。合同第四條，造路需用料件、水陸轉運應由中國政府隨事設法使其便捷，現准公司用輪船及别船，掛公司旗，行駛遼河並該河之枝河及營口並隙地内各海口，合用而有益此路路工者，均可駛入及運卸料件。

第三款：東省鐵路公司爲建造南滿洲鐵路需用料件、糧草運載便捷起見，准其由此路暫築枝路至營口及隙地海口，惟造路工竣全路通行貿易後，公司應遵中國政府知照，將諸枝路拆去。總之自勘定路線撥給地段日起，一過八年，必定拆去。

第四款：按照光緒二十三年九十七年。中國政府允准公司開採木植、煤觔爲鐵路需用，現准公司在官地樹林内自行採伐，每株繳價若干，由總監工或其代辦與地方官公同酌定，惟不得過地方時價。凡盛京省御用産業，或關繫風水歸北京政府管屬樹林，不得損動。並准公司在此枝路經過一帶地方開采建造經理鐵路需用之煤礦，計觔納價，由總監工或其代辦與地方官公同酌定，不得過别人在該地採煤所納之税數。

第五款：俄國可在遼東半島租地内自行酌定税則，中國可在交界征收貨物從該租地運入或運往該租地之税，此事中國政府可商允俄國國家，將税關設在大連灣，自該口開埠通商之日爲始，所有開辦及經理之事委派東省鐵路公司作爲中國户部代辦人，代爲征收。此關專歸北京政府管轄，該代辦人將所辦之事按時呈報，另派中國文官爲駐紮該處税關委員。搭客行李及貨物由俄境車站運經該路，至遼東半島租與俄國之地段内，或由此租地運赴俄境，概免關税及内地税釐。貨物經鐵路從中國内地運往租地，或從租地運入内地，應照中國海關税則分别完納進口出口税，無減無增。

第六款：公司可自行擔當備設行海商船，掛公司旗，照各國通商行船章程，此項船隻及經理此事若有虧折，與中國政府無涉。搭客票價及貨物運價由公司自行酌定，此事與鐵路不相干涉，其經理之期自無限制，無庸按照光緒二十二年中國政府與華俄銀行所定合同第十二條價買及歸還期限章程辦理。

第七款：南滿洲鐵路方向及經過地方，應俟總監工在滿洲地方勘定，將情形報明公司總局後，由公司或在北京之代辦人與鐵路總辦公同商定。

光緒二十四年五月十八日。

俄曆一千八百九十八年六月二十四日。

（清）顏世清《約章成案匯覽》乙篇卷三七上《章程・鐵路門・吉林哈爾濱鐵路交涉總局章程光緒二十七年》　第一條：在吉林、哈爾濱地方設立鐵路交涉總局一處，派專任局員數員，專駐哈爾濱，鐵路各段監工處亦各派專員，各段之專員均歸哈爾濱總局節制。

第二條：設立該局專爲定管吉林省所有各事件，或正關涉鐵路公司，或連涉鐵路公司，再或正關涉或連涉東省鐵路作工之人，並承辦各種料件之各包攬人、各匠人，又所有居住鐵路界内，或暫住或久住之華人，如買賣人、手藝人，或服役、或閒居諸色人等，雖不涉鐵路差使，亦均歸哈爾濱總局定斷辦理。現在各段皆有交涉官員，是哈總局可以派令該員，遇有不堪違背中國律例及鐵路章程之事，就近與各該段監工商議辦理。而遇大項事件，甚違中國律例及鐵路章程，如命案、聚衆犯上、強姦、竊盜，竊盜逾吉林錢三百吊以及貪贓等事，並類此之案，無論犯事距哈遠近，均應歸哈局查究定辦。倘遇出事地方之交涉局員不能定案之輕重，則應會同該處鐵路監工，寫簡明信函，請示哈局歸何處定案，倘遇事件緊急，則請由該段監工轉電哈局請示，倘遇重大事件，尤須隨時從速電陳哈總局。以上各節，凡在吉林地面滿蒙旗漢，均應一體遵照。

第三條：凡一切事件與第二條所載之事相符，或該衙門、或各官員以首起首經辦者，應從速行知哈爾濱總局，轉知總監工，擬定應否在該總局按擬定辦，或交該處就近之鐵路工段之交涉官查勘定辦。

第四條：嗣後凡各衙門各官員所有呈控呈請各件，與第二條所載之事相關者，應即送交哈爾濱總局核辦。

第五條：凡呈控呈請在第二條所載之事，統歸哈爾濱總局官員會同東省鐵路公司總監工或全權代理人查訊，再凡一切事件應如何辦定，亦同總監工或代理人彼此和衷辦理。

第六條：在第二條內所載各項，中國人經哈總局按理擬定後，始行辦伊之罪，或哈總局自行辦罪，或交原出事地方辦罪。倘應發遣之人，可以請該處就近之地方官照哈總局所定發遣。凡犯事華人，或未經定案應行押候，或已定坐監之罪，應在交涉總局監造監獄並看押房，以備監押此項華人。

第七條：一切極重事件，凡應斬決及流罪以上之人，及哈爾濱總局官員與總監工有意見不同之處，均歸將軍，按局員稟請並總監工照會核辦。其餘事件即使甚關重要，均應由總會辦與總監工或總監工之代辦商酌定斷，隨時發落，一面稟知將軍查照，並一面移知吉林交涉總局備案。

第八條：哈局官員兵勇均歸將軍派委，至派委總會辦及更調總會辦，則請將軍預先徑向總監工斟酌，因此任關係重要，必須詳擇彼此確知爲賢能之員，熟悉鐵路事宜，方可委任。斟酌之後，仍請將軍主持派定。

第九條：該總局總會辦及各官員兵勇等一切經費，總監工每年繳給該總局總辦吉林市平銀六萬兩，此款總監工分開交給該總辦，按每三月以前繳給。

第十條：此外建修局所並差人居住房屋以及局所應用器具等費，由該總辦同總監工商定，該總辦應用項若干，向總監工支取。

第十一條：以上合同應繕兩分，華俄文字，吉林省將軍長與全權代辦達聶爾畫押畢，仍送總監工茹格維志、副監工依格納齊烏斯畫押，然後吉林將軍存查一分，總監工存查一分。

謹案：此乃增改光緒二十五年前吉林將軍延設立哈爾濱鐵路交涉總局章程，經吉林將軍長與俄東省鐵路公司總監工茹格維志所委代辦達聶爾，於光緒二十七年訂於吉林省城，原奏見下卷成案。

《東方雜誌》一九〇四年第一期《交通・北京陳阜運煤公司章程》

一、本公司與京漢鐵路公司議訂合同，由陳家台至阜成門首尾枝路增造計數十里，言明除幹路外，專歸本公司運煤并載煤炭、灰石、糧菓等項，不能另租他人。

一、本公司每日包車至少以二十輛爲限，不得再少。

一、車價由陳家台至阜成門，每輛洋銀二十八員，合銀二十一兩。

一、每車運煤均二十墩，計三萬三千六百觔，每千觔合車價六錢六分五釐。

一、計煤末一宗山價車價以及駝足等費，每千觔本銀統計二兩左右。

一、估現時賣煤末二兩五錢，除本得利瞭如指掌，其餘紅煤、煤塊各種煤色，照此類推，較諸煤末獲利有加無減。

一、慈家務百餘窑每歲需用糧食布疋雜項不計其數，本公司擬另開雜糧行，即將運煤回車載販各窑照抵煤價，從中獲利可計而知。

一、慈家務各窑產烟煤者多，本公司將此車并運烟煤轉售京漢公司，以抵車價，兩獲便宜。

一、本公司招集股銀十二萬兩，專爲租地設廠經營生意之用，除倡議同人已先認二百股，其餘千股如有同志或自認股若干，或代招股若干，均聽其便。

一、每股收京平足銀一百兩整，按年五釐行息，另有息摺四季支取。

一、本公司所獲餘利，除各股東官利以及地租、房租、人工夥食紙張筆墨各項開銷，尚餘净利，匀作十股，股東應得五股，倡始執事人及經理人應分二股，以二股作酬勞辦事人等，留一股備隨時添置公司應用器具。

一、本公司每届年終，將生意盈虧以及出入帳目造具清册，印送各股東以備察核。

一、每年二月，當東請各股東親臨公司議事一次，所有辦事條規如有應行增減之處，互相參酌，俾臻美善，以垂久遠之計。倘經理人有不合公論者，果有實在劣跡，再覓公正之人另充斯任，以昭公允。

一、本公司所請經理人並各夥友及工役人等，均覓公正勤慎可靠之人，且有妥實鋪保，以昭慎重。

一、凡各股東未届算帳議事之期，不得隨時干預，以專責任而重事權。

一、凡代招股諸君，每股足股一百，扣收五兩以爲酬費，其所扣之五兩能湊足八十兩，當以十成股票一張奉送，有不願附股者，交銀之日聽其扣回。

一、招股者能招成五十股，公司中可位置一席，每月優給薪水。招足百股，除月薪外，年終花紅格外從豐。招至二百股者，可充公司倡始執事之人，應得利益一律同沾。

一、本公司用人理財均仿西例辦法，在事薪水一律從豐，倡始執事人並經理人及夥友工役等，不得預支分文，以絶冒濫。

《東方雜誌》一九〇四年第一期《交通·吉長鐵路合同》 第一款：華東鐵路公司兼轄由吉林興築鐵路以達長春之事，此路專爲振興吉林省城商務起見，名曰吉林枝路，所有關涉興築此路之一切章程詳訂於後。此項章程援照自中國光緒二十二年八月初二日即俄國一千八百九十六年八月二十七號，至中國光緒二十四年五月十八日，俄國一千八百九十八年六月二十四號，中國政府議訂華東鐵道幹路及滿洲南境枝路條款，此次興築吉長枝路，彼此仿照辦理，全無所異。

第二款：本路興築時，專設監督部，以吉林將軍爲總辦，與華東鐵路總辦大臣所許權限相同，而以吉林副都統副之，其監督參贊爲吉林道，權限與總工師及副工師相同。

第三款：本路興築之先，由總工師派令工師沿途踏勘測繪成圖，呈諸吉林將軍及華東鐵路總工師，查明□定。

第四款：本路興築時，當豫求整頓之法，剋期使市面振興。凡築路所需地址，須先期測繪成圖，送呈吉林將軍察核，必經將軍允許，始得興工。吉林省居民專資田地爲生計，所有車站、軌道以及采辦沙石、灰土，須按照實價公平發給，一依華東幹路采辦章程。凡築路必需地畝，時遇官地，必將價銀繳官。時遇民地，則飭地主領價，以便遷移。

第五款：凡鐵路所需之地一經買定，地主即不得擅自佔用，若欲將地推廣，則議定之後，必將地圖呈請吉林將軍允許，給以合宜之價值，然後歸鐵路應用。鐵路公司既購受地畝，必先納税，然後得充造屋築路安設電線及一切工作之需。至於管理車輛以及轉運貨物規則，自當援照華東鐵路公司所定章程，搭客、運貨、設電、通信種種税項，由公司徵收。惟礦脉所在，若欲開采，則須另訂章程。

第六款：華東鐵路及本路興築時，所需材料之類，訂定由哈爾賓機器局供給，並供給吉林省城及長春兩局所需，不得佔用民地另設機器局。

第七款：本路工程期限，自約章鈐印後，以三十六年爲斷，中國政府如需此路，須將興築之費連利息歸償，始得受買。若三十年後，中國政府如欲受買此路，則於四十四年内由華東鐵路公司將鐵路財產舉付諸中國政府，但中國政府須將價值照償。

第八款：吉林枝路工竣之後，華東鐵路公司允附寄中國郵件，弗收寄貲。有時中國政府欲附載兵士、軍械、糧食，則收運費之半。

第九款：中國人民之寄居鐵路界内者，如或犯罪，則不論輕重，胥歸最近之鐵路交涉局委員訊理。如中國人違犯鐵路規則，被俄巡捕所獲時，須移交鐵路總局委員訊鞫，巡捕勿得禁錮。

第十款：吉林枝路附載中國外國貨物，應輸税項，此後應遵從中國政府所定章程。此項章程由中國外務部、户部與駐京俄使商訂。

第十一款：興築此路所需沙石、灰土之類，均應免税，木料則遵從中國税章，值百徵十，概由西木税局於轉運時立即徵收。

第十二款：中國人民之在鐵路界内貿易者，所享權利與俄人相同。

第十三款：此約在中國京師批准之日，即由華東鐵路公司籌備俄銀之名盧布者三十五萬枚，交吉林將軍收受。

第十四款：此約係特訂之款，此後不論何處興築鐵路及分築枝路，皆不得援照此約施行。

第十五款：此路興築時，華東鐵路公司勉力爲中國布置經營，中國官府亦須輔助一切。

第十六款：此約既鈐印後，經中國外務部大臣及俄國財政部大臣允准之日，即爲總工師效力之初。

《東方雜誌》一九〇四年第三期《交通・各省鐵路彙誌》 北京：由北京至漢口之鐵路，共一千三百啓羅邁當之長。其由漢口至磁州者業已建竣，計長四百三十八啓羅邁當。由北京至順德府者，亦已告成，計長三百八十六啓羅邁當。惟順德至磁州之間尚未完竣，計長四百七十八啓羅邁當。今方設法趕築云。

直隸：天津至德州敷設之鐵路，聞由兩端起處墊土設軌，以便速成，現已動工。

吉林：俄人與政府訂築由長春達吉林之鐵路，度地興工，尅期蕆事，現已工竣行車。其抵誇哈一段，另設輕便鐵路。

河南：蘆漢鐵路由滎澤渡河，不經河南省城，該省商人早有開築鄭州支路之議，鄭州西關至省城南門外，凡一百四十里，尚未集款。現聞比公司已與盛宮保訂築由開封至洛陽之路，名曰開洛鐵路。將來更由洛陽接至西安，約期九箇月内開工，過期不辦，原約作廢云。

福建：日本台灣總督擬建福建厦門鐵路，至廣東汕頭，業已妥籌一切。

廣東：潮汕鐵路經張榕軒京卿招集股本，稟准開辦，惟所定章程十七條尚須酌改云。

《東方雜誌》一九〇五年第三期《交通・江西通省鐵路會擬辦理簡章》 定名四章：

一、本省官紳爲自保利權維持地方起見，創辦通省鐵路，由合省京官呈請商部，以江西通省鐵路歸本省自行籌款辦理，請派李紳有棻總辦。奏奉諭旨：著照所請。欽此。并由在籍官紳亦以江西鐵路舉李紳有棻總辦，具呈督撫憲奏咨立案。有棻等欽遵諭旨，會同地方官及在籍官紳訂立開辦章程，并函商在京同鄉官，均意見相同，公議在省城設立江西通省鐵路總局，即於總局内設立公司，以爲會議辦公之地。

二、江西界内幹路、支路皆歸本公司辦理。

三、凡九江至省城直抵粵東南雄界，以驛站計，一千三百八十里，是爲江西幹路。

四、由南昌至撫州入閩，至廣信入浙，至萍鄉入湘，是爲江西三支路。

辦法六章：

一、路長費巨，籌款維艱。今擬先定幹路辦法，幹路之中又分爲三段。以九江至南昌名曰南潯鐵路，爲幹路之第一段，由南昌至吉安爲幹路之第二段，由吉安至贛南預備接續廣東鐵路，爲幹路之第三段。今從第一段辦起，再行擴充。

二、訂聘頭等工程師，將幹路全行測定，繪圖貼説，估定每段成本幾何，以憑籌款，次第興辦。

三、以本省之人辦本省之路，凡軌道所經，遇有廬墓、處所，自應格外通融，若萬難繞越，由公司議定章程，除地價外，再酌給遷移之費，以示格外體卹。惟不得藉口風水阻撓昂勒，致礙大計。

四、本總局設立江西省垣百花洲，其各處分局臨時再酌。

五、本總局於省垣設立銀錢號一所，專爲收存股本銀兩及公司一切開支，以免受制於人。

六、於鐵路附近設一學堂，聘請教習，或以工程師兼充，招選聰穎子弟專習鐵路工程測繪管理諸學，藉可作育人才以備任使。

籌款十四章：

一、以省庫平紋銀百兩爲一股，合計全省幹路約須招集十餘萬股。今先築南潯一段，約集三萬股左右即可集事。先儘本省官紳商民，即外省官紳商民亦可入股，惟此次奏定由本省籌款者，專集華股，原所以防利權外溢。如有假托之股分，概不准收，以示限制。查出照章嚴罰，并將股份屏除。

二、鹽斤加價，每斤以四文計算，約得銀二十餘萬兩。此銀仍庫平百兩爲一股，按各州縣銷引多寡照給股票，作爲該州縣公股。其息銀紅利每年由該州縣公正紳士承領，專爲該州縣設立小學堂及各項善舉之用。業已呈請督撫憲具奏。俟奉廷旨遵行。

三、本省出產大宗，如竹木、糖茶、磁器、夏布、紙張等類，此等商人皆爲巨賈，擬由商董查明，按其出產之多少酌招入股。

四、軌道所經必需購買之地，倣照蘆漢鐵路章程定價，分爲上中下三則及荒山荒地等差，議定價值，給付現錢，決不懸欠。惟江西鐵路係歸本省自辦，如有關心桑梓，以地價入股者，每股百金減十作算，如地價實銀九十兩，即作百兩給發股票。其銀數不及一股者，准補實銀兩，亦減十作算。不願入股者，聽。凡能敦勸此等股份者，亦照給紅股。至所購軌道地段有應完錢糧，仍查照路章，歸公司認完。

五、招股之人，除巨紳由本總局移請外，其各州縣紳士，由州縣官擇定數人，爲各州縣總紳，照會襄勸，每總紳各送章程十本，自擇散紳分給敦勸。其散紳如能繳銀十股，即一千兩，另以一股作爲酬勞紅股。總紳彙集散紳之股能成百股，即一萬兩，亦以一股爲酬勞紅股。外省招股之總紳、散紳亦一律辦理，所有紅股不給現銀，皆官給股票，一例領息分紅。

六、江西華商有在外洋年久願入鐵路股份者，必能實回原籍及有本省正直紳商作保者，方准收其股分，以杜串通假冒之弊。入股以二千股份爲率，能多者聽。至捐官應考，本公司照例保護。凡有能招致此等股份者，亦照給紅股。

七、外省官紳有在江西年久願入江西籍者，如實係巨富，其入股以一千股份爲率，能多者聽。至捐官應考，本公司照章保護。凡有招致此等股份者，亦照給紅股。

八、本公司股票註明本人姓名、籍貫，以昭核實。倘股票出售他人，須先將買票人姓名、籍貫赴本公司報明，查係果無糾葛，再行換給股票息摺。倘名雖華人而實非華人者，查出作廢外，更惟原出售人是問。或遇遺失，亦須本人向公司申明，一面刊登各報十日，另立保單，由本公司補給新票新摺，舊有票摺概不爲憑。如有以所失原摺票據混爭者，應惟原股是問。其執據混爭者，亦應送官懲治。

九、凡有入股者，分三期給銀，每年繳銀一次。第一期繳銀四十兩，即發給收單一張，息摺一箇。第二期繳銀三十兩，仍發收單一張，并註明息摺。第三期繳銀三十兩，共足成所有之數，將兩次收單繳還，換給百兩股票一張。如有願一期交足股銀百兩者，即發給股票息摺。自光緒三十一年起至三十三年止，按三期繳清，逐日可繳，但不得逾三期之限。

十、公司股本息銀以繳銀之日起息，均以省庫平發給，憑摺支取。第一期以週年七釐計算，第二期亦週年七釐計算，第三期以週年八釐計算。每年均以十二月爲交息之期，決不遲悞。本總局開辦鐵路，已先籌有專款，照章發給股息，以昭大信，入股者可免疑慮。

十一、繳股收銀，年終發息，必須經手人切實可靠，方免流弊，又能就近收發，更昭簡便。今擬除南新兩首縣及外省紳士繳股發息，均由本公司經理外，其本省各州縣，即令地方官擇定實係領帖典當一家經管此事。如無典當，即擇殷實錢鋪。如典當、錢鋪俱無，即擇邑中殷實正紳一人經管。擇定後，申報本總局存案乃將該州縣收銀收單發存該處，股銀交到，即行填給，并交息摺一本，以收單所填之日起息，按月由該經手之典當、錢鋪、正紳彙齊，所收之股銀解省。次年十一月，即由本公司將該州縣應發股息銀兩寄交該處，憑摺發息。至股銀交足，換給股票，亦由各該處收發，以昭劃一。

十二、幹路告成所獲車費，除各項支銷應付股息外，如有盈餘，即爲紅利，分作十三份，先提一份以爲公積，再提二份酬勞在事人員，其餘十份按股均分，俾共獲厚利。

十三、本公司係倣照有限公司章程辦理，遇有虧墊，不再攤派股友。

十四、查商部現定鐵路章程，華人請辦鐵路，如係獨立資本，至五十萬兩以上，路工實有成效，由部專摺請旨，給予優獎。其招集華股至五十萬兩以上者，俟路工告竣，按照奏定章程分十二等獎勵。等因。本公司需款浩繁，如有富商巨紳能符此例者，自應詳請咨達商部，照章奏明獎勵，以昭激勸。

分職五章：

一、總辦係奏派大員，所有通省鐵路事務用人等，擬由總辦主持會商辦理，俾一事權而堅商信。

二、會辦數人，全省鐵路事務得以參酌可否，以臻妥善。其駐局者酌給薪水，不駐局者酌給夫馬。

三、本總局及各處分局事務紛繁，需人甚急，臨時酌派，不能預定人數。

四、滬上公舉坐辦一人，各處請工程師、訂立合同、訪雇繙譯、辦理交涉一切事務，皆其責任。

五、南潯第一段開辦招股已足後，公舉議董幾人，得稽查與議本公司利弊得失。查商部董事定章，至少有限公司股份十股以上者，方可舉充，但先儘公司股分最□□公舉。如接築次段，股份愈多，舉充人數隨時酌增。

以上係開辦大略因地制宜章程，其有未盡事理，隨時酌量情形，稟請增補，合併聲明。

水運法制部

先秦分部

紀事

《春秋左傳正義・哀公九年》 秋，吴城邗，溝通江、淮。於邗江築城穿溝，東北通射陽湖，西北至末口入淮，通糧道也。今廣陵韓江是。

《春秋左傳正義・哀公十年》 人弑悼公，赴于師。以説吴。弑，申志反。吴子三日哭于軍門之外，徐承帥舟師將自海入齊，齊人敗之，吴師乃還。承，吴大夫。

《國語・吴語》 吴王夫差既殺申胥，不稔于歲，乃起師北征。闕爲深溝，通于商、魯之間，北屬之沂，西屬之濟，以會晋公午于黄池。

于是越王句踐乃命范蠡、舌庸，率師沿海泝淮以絶吴路。敗王子友于姑熊夷。越王句踐乃率中軍泝江以襲吴，入其郛，焚其姑蘇，徙其大舟。

《史記》卷五《秦本紀》 十二月，益發卒軍汾城旁。武安君白起有罪，死。齕攻邯鄲，不拔，去，還奔汾軍。二月餘攻晋軍，斬首六千，晋楚流死河二萬人。攻汾城，即從唐拔寧新中，寧新中更名安陽。初作河橋。

《史記》卷二九《河渠書》 《夏書》曰：禹抑洪水十三年，過家不入門。陸行載車，水行載舟，泥行蹈毳，山行即橋。以别九州，隨山浚川，任土作貢。通九道，陂九澤，度九山。然河菑衍溢，害中國也尤甚。唯是爲務。故道河自積石歷龍門，南到華陰，東下砥柱，及孟津、雒汭，至于大邳。於是禹以爲河所從來者高，水湍悍，難以行平地，數爲敗，乃厮二渠以引其河。北載之高地，過降水，至于大陸，播爲九河，同爲逆河，入于勃海九川既疏，九澤既灑，諸夏艾安，功施于三代。

自是之後，滎陽下引河東南爲鴻溝，以通宋、鄭、陳、蔡、曹、衛，與濟、汝、淮、泗會。于楚，西方則通渠漢水、雲夢之野，東方則通（鴻）溝江淮之間。於吴，則通渠三江、五湖。於齊，則通菑濟之間。於蜀，蜀守冰鑿離碓，辟沬水之害，穿二江成都之中。此渠皆可行舟，有餘則用溉浸，百姓饗其利。至于所過，往往引其水益用溉田疇之渠，以萬億計，然莫足數也。

《史記》卷三一《吴太伯世家》 齊鮑氏弑齊悼公。吴王聞之，哭於軍門外三日，乃從海上攻齊。齊人敗吴，吴王乃引兵歸。

《史記》卷四一《越王句踐世家》 〔范蠡〕乃裝其輕寶珠玉，自與其私徒屬乘舟浮海以行，終不反。於是句踐表會稽山以爲范蠡奉邑。

范蠡浮海出齊，變姓名，自謂鴟夷子皮，耕于海畔，苦身戮力，父子治産。居無幾何，致産數十萬。

《史記》卷四三《趙世家》 今叔之所言者俗也，吾所言者所以制俗也。吾國東有河、薄洛之水，與齊、中山同之，無舟楫之用。自常山以至代、上黨，東有燕、東胡之境，而西有樓煩、秦、韓之邊，今無騎射之備。故寡人無舟楫之用，夾水居之民，將何以守河、薄洛之水；變服騎射，以備燕、三胡、秦、韓之邊。

《史記》卷四三《趙世家》 後三日，韓氏上黨守馮亭使者至，曰：韓不能守上黨，入之於秦。其吏民皆安爲趙，不欲爲秦。有城市邑十七，願再拜入之趙，財王所以賜吏民。王大喜，召平陽君豹告之曰：馮亭入城市邑十七，受之何如？對曰：聖人甚禍無故之利。王曰：人懷吾德，何謂無故乎？對曰：夫秦蠶食韓氏地，中絶不令相通，固自以爲坐而受上黨之地也。韓氏所以不入於秦者，欲嫁其禍於趙也。秦服其勞而趙受其利，雖彊大不能得之於小弱，小弱顧能得之於彊大乎？豈可謂非無故之利哉！且夫秦以牛田之水通糧蠶食，上乘倍戰者，裂上國之地，其政行，不可與爲難，必勿受也。王曰：今發百萬之軍而攻，踰年歷歲未得一城也。今以城市邑十七幣吾國，此大利也。

秦漢分部

綜述

《史記》卷二九《河渠書》 是時鄭當時爲大農，言曰：異時關東漕粟從渭中上，度六月而罷，而漕水道九百餘里，時有難處。引渭穿渠起長安，並南山下，至河三百餘里，徑，易漕，度可令三月罷；而渠下民田萬餘頃，又可得以溉田：此損漕省卒，而益肥關中之地，得穀。天子以爲然，令齊人水工徐伯表，悉發卒數萬人穿漕渠，三歲而通。通，以漕，大便利。其後漕稍多，而渠下之民頗得以溉田矣。

其後河東守番係言：漕從山東西，歲百餘萬石，更砥柱之限，敗亡甚多，而亦煩費。穿渠引汾溉皮氏、汾陰下，引河溉汾陰、蒲坂下，度可得五千頃。五千頃故盡河壖弃地，民茭牧其中耳，今溉田之，度可得穀二百萬石以上。穀從渭上，與關中無異，而砥柱之東可無復漕。天子以爲然，發卒數萬人作渠田。數歲，河移徙，渠不利，則田者不能償種。久之，河東渠田廢，予越人，令少府以爲稍入。

其後人有上書欲通褒斜道及漕事，下御史大夫張湯。湯問其事，因言：抵蜀從故道，故道多阪，回遠。今穿褒斜道，少阪，近四百里；而褒水通沔，斜水通渭，皆可以行船漕。漕從南陽上沔入褒，褒之絶水至斜，間百餘里，以車轉，從斜下下渭。如此，漢中之穀可致，山東從沔無限，便於砥柱之漕。且褒斜材木竹箭之饒，擬於巴蜀。天子以爲然，拜湯子卬爲漢中守，發數萬人作褒斜道五百餘里。道果便近，而水湍石，不可漕。

（唐）杜佑《通典》卷一〇《食貨·漕運》 秦欲攻匈奴，運粮，使天下飛芻輓粟，運載芻藁，令疾至，故曰飛芻也。輓粟，謂引車船也。音晚。起於黄、腄、直瑞反，又音誰。琅琊負海之郡，轉輸北河，黄、腄二縣，並在東萊。言自東萊及琅琊緣海諸郡，皆令轉輸至北河也。黄即今黄縣，腄即今文登縣，並今東牟郡縣。琅琊，今高密琅琊郡地。北河今朔方之北河也。率三十鍾而致一石。六斛四斗爲鍾。計其道路所費，凡用百九十二斛乃得一石。

（宋）高承《事物紀原》卷一《漕運》 《沿革》曰：秦伐匈奴，令天下飛芻輓粟。此漕運之始也。

（唐）杜佑《通典》卷一〇《食貨·漕運》 漢興，高皇帝時，漕轉山東之粟，以給中都官，歲不過數十萬石。謂京師之官府。

孝文時，賈誼上疏曰：天子都長安，而以淮南東道爲奉地，鏹道數千，不輕致輸，郡或乃越諸侯而遠調均發徵，至無狀也。古者天子之地方千里，中之而爲都，輸將繇使，其遠者不在五百里而至。公侯地百里，中之而爲都，輸將繇使，遠者不在五十里而至。輸者不苦其繇，繇者不傷其費，故遠方人安。及秦，不能分人寸地，欲自有之，輸將起海上而來，一錢之賦，數十錢之費，不輕而致也。上之所得甚少，而人之苦甚多也。帝不能用。

孝武建元中，通西南夷，作者數萬人，千里負擔饋粮，率十餘鍾致一石。其後東滅朝鮮，置滄海郡，人徒之費，擬西南夷。又衛青擊匈奴，取河南地，今朔方之地。復興十餘萬人築衛朔方，轉漕甚遠，自山東咸被其勞。

元光中，大司農鄭當時言於帝曰：異時關東運粟漕水從渭中上，度六月而罷，而渭水道九百餘里，時有難處。引渭穿渠，起長安，傍南山下，至河三百餘里，徑，易漕，度可三月罷，此損漕省卒。天子以爲然，發卒穿漕渠以漕運，大便利。

其後番係言，漕從山東西，歲百餘萬石，更底柱之險，敗亡甚多而亦頗費。穿渠引汾，溉皮氏、汾陰下，引河溉汾陰、蒲坂下，皮氏，今絳郡龍門縣。汾陰、蒲坂，今河東郡寶鼎、河東二縣。度可得五千頃。故盡河壖弃地，壖，而緣反，謂緣河邊地。度可得穀二百萬石以上。穀從渭上，與關中無異，而底柱之東，可無復漕。天子又以爲然，渠田數歲，河移徙，渠不到，田者不能償種。久之，河東渠田廢。語在《田制上篇》。

其後人有上書，欲通褒斜道褒、斜，二水名。褒水東流南入沔，今漢中郡褒城縣。斜水北流入渭，今武功縣及扶風郡。及漕，事下御史大夫張湯。湯聞其事，因言抵蜀從故道，多坂迴遠，今穿褒斜道，少坂，近四百里。而褒水通沔，斜水通渭，皆可以行船漕。漕從南陽上沔入襃，襃絶水至斜，閒百餘里，以車轉，從斜入渭。如此漢中之穀可致，山東從沔無限，便於底柱之漕。且襃、斜材木竹箭之饒，擬於巴蜀。天子然之，拜湯子昂爲漢中守，發數萬人作襃斜道五百餘里。道果便近，而水多湍石，不可漕。

孝宣即位，百姓安土，歲數豐穰，穀石五錢，農人少利。時耿壽昌以善爲算，能商功利，得幸於上。商，度也。五鳳中，奏言：故事，歲漕關東穀四百萬斛以給京師，用卒六萬人。宜糴三輔、弘農、河東、上黨、太原等郡穀，三輔，今京兆、扶風、馮翊郡地。弘農，今陝郡地。河東，今河東絳郡、平陽郡地。上黨，今高平、上黨、樂平、平陽、燕城。太原，今太原、西河郡地。足供京師，可以省關東漕卒過半。天子從其計。御史大夫蕭望之奏言：壽昌欲近糴漕關内之穀，築倉理船，費直二萬萬餘，萬萬，億也。有動衆之功，恐生旱氣，人被其災。壽昌習於商功分銖之事，其深計遠慮，誠未足任，宜且如故。帝不聽，漕事果便。

（宋）王應麟《玉海》卷一二六《官制・漢官拾遺・漢護漕都尉》

《傳》：朱博爲護漕都尉。《後紀》：建武七年二月辛巳，罷護漕都尉官。《王尊傳》：爲護羌將軍，轉校尉護送軍糧委輸。晉太元六年，置督運御史。

（宋）王應麟《玉海》卷一八二《食貨・漕運》 三代之前，漕運之法不備。禹貢州末繫河，先儒以爲運道，至於青達濟揚達泗荊，止於南河，雍止於西河。此正裴耀卿節級轉輸之法。先王賦藏天下，自都達境。《周禮・遺人》：凡師役掌道路之委積。《委人》：軍旅共委積薪芻。積倉于豳，峙糧于申，會蒐之備，取于衛，而無轉輸之勞，唯職内待邦之移用。注：謂轉運。《均人》：掌牛馬車輦力政。注：以爲轉委積之屬。《黍苗》：詩曰：我任我輦，我車我牛。箋云：召伯營謝轉餫之役。《稟人》：有師役之事，治其糧食。注：有行道止居之異，而他未之見。秦輸粟于晉，自雍及絳，曰汎舟之役。從渭水運入河汾。吴城邗溝通江淮，於邗江築城，穿溝東北，通射陽湖，西北至永口入淮，通糧道也。齊師之出，陳鄭共糧；晉軍楚地，食其館穀。荀首如齊，宣伯餫之。晏子對齊景公，謂師行而糧食勞者弗息。蘇秦曰：秦攻楚，則韓絶其糧道。張儀曰：秦西有巴蜀，方船積粟，起於汶山，循江而下，至郢三千餘里，舫江載卒，一舫載五千人，與三月之糧，下水而浮，一日行三百餘里。

（宋）王應麟《玉海》卷一八二《食貨・漕運・漢關中轉漕》 《張良傳》良曰：關中沃野千里，河渭漕輓天下，西給京師，諸侯有變，順流而下，足以委輸，此天府之國。虞翊曰雍州厥田惟上水春河漕。《蕭何傳》：漢二年，何守關中，計户轉漕給軍。鄂秋曰漢與楚相（争），守滎陽數年，軍無見糧，蕭何轉漕關中，給食不乏。高帝曰給餉餽不絶糧道。《志》：漢興，量吏禄，度官用。云云。漕運關東粟以給中都官，歲不過數十萬石。孝惠高后之間，衣食滋殖，文景遵業，屢敕有司，以農爲務，民遂樂業。武帝因文景之蓄，忿胡粵之害，即位數年，嚴助、朱買臣等招徠東甌，事兩粵，江淮之間蕭然煩費矣。買臣治樓船，備糧食，淮南王諫伐閩越，曰不可以大船載食糧下。唐蒙、司馬相如始開西南夷，鑿山通道千餘里，廣巴蜀，巴蜀之民罷焉。《相如傳》云郡多爲發轉漕萬餘人，擅爲轉粟運輸。彭吴穿穢貊、朝鮮，置滄海郡，則燕齊之間靡然發動。及王恢謀馬邑，匈奴絶和親，侵擾北邊，兵連而不解，天下共其勞。行者齎，居者送。其後衛青歲以數萬騎出擊匈奴，逐河南北，築朔方。時又通西南夷道，作者數萬人，千里負擔餽餉，率十餘鍾致一石，轉漕甚遠，自山東咸被其勞，費數十百鉅萬。元狩四年，大將軍票騎擊胡，步軍轉者踵軍數十萬矣。官多徒衆，而下河漕度四百萬石，及官自糴乃足。元封元年，桑弘羊爲治粟都尉，領大農。弘羊置平準於京師，山東漕益歲六百萬石，一歲之中，大倉、甘泉倉滿。邊餘穀，均輸帛五百萬疋。民不益賦而天下用饒。古今轉漕之盛，極於此矣。酈生曰蜀漢之粟方船而下。灌嬰絶楚糧道。漢軍滎陽築甬道取敖倉食。《項羽傳》。

（宋）王應麟《玉海》卷一八二《食貨・漕運・漢武都下辨漕水運》 《虞詡傳》：羌冦武都，鄧太后以詡有將帥之略，遷武都太守。詡乃占相地勢，築營壁二百八十所，招還流亡，假賑貧人，郡遂以安。先是，運道艱險，舟車不通，驢馬負載，僦五致一。詡乃自將吏士案行川谷，自沮至下辨數十里中，皆燒石翦木，開漕船道，以人僦直雇借庸者，於是水運通利，歲省四千餘萬。注：沮，今興州順政縣。下辨，今成州同谷縣。《續漢志》：下辨東三十餘里有狹中，當水泉生大石，障塞流水，至春夏輒溢。詡使人燒石，以水灑之，石皆裂，因鐫去石，遂無汜溺之患。《鄭弘傳》舊交阯七郡轉運，皆從東治汎海。建初八年，弘爲司農，奏開零桂嶠道。

紀事

《史記》卷三〇《平準書》 天下已平，高祖乃令賈人不得衣絲乘車，重租税以困辱之。孝惠、高后時，爲天下初定，復弛商賈之律，然市井之子孫亦不得仕宦爲吏。量吏禄，度官用，以賦於民。而山川園池市井租税之入，自天子以至于封君湯沐邑，皆各爲私奉養焉，不領於天下之經費。漕轉山東粟，以給中都官，歲不過數十萬石。

《史記》卷一一二《平津侯主父列傳》 欲肆威海外，乃使蒙恬將兵以北攻胡，辟地進境，戍於北河，蜚芻輓粟以隨其後。又使尉（佗）屠睢將樓船之士南攻百越，使監禄鑿渠運糧，深入越，越人遁逃。曠日持久，糧食絶乏，越人擊之，秦兵大敗。

《史記》卷一一八《淮南衡山列傳》 夫吴王賜號爲劉氏祭酒，復不朝，王四郡之衆，地方數千里，內鑄消銅以爲錢，東煮海水以爲鹽，上取江陵木以爲船，一船之載當中國數十兩車，國富民衆。

《漢書》卷六《武帝紀》 〔元光六年〕春，穿漕渠通渭。

《漢書》卷七《昭帝紀》 〔元鳳二年〕六月，赦天下。詔曰：朕閔百姓未贍，前年減漕三百萬石。頗省乘輿馬及（菀）〔苑〕馬，以補邊郡三輔傳馬。

《漢書》卷七《昭帝紀》 〔元鳳三年春正月〕罷中牟苑賦貧民。詔曰：乃者民被水災，頗匱於食，朕虚倉廩，使使者振困乏。其止四年毋漕。

《漢書》卷二四下《食貨志》 先是十餘歲，河決，灌梁、楚地，固已數困，而緣河之郡隄塞河，輒壞決，費不可勝計。其後番係欲省底柱之漕，穿汾、河渠以爲溉田；鄭當時爲渭漕回遠，鑿漕直渠自長安至華陰；而朔方亦穿溉渠。作者各數萬人，歷二三期而功未就，費亦各以鉅萬十數。

《漢書》卷二四下《食貨志》 其後，衛青歲以數萬騎出擊匈奴，遂取河南地，築朔方。時又通西南夷道，作者數萬人，千里負擔餽饟，率十餘鍾致一石，散幣於邛僰以輯之。數歲而道不通，蠻夷因以數攻（吏），吏發兵誅之。悉巴蜀租賦不足以更之，乃募豪民田南夷，入粟縣官，而內受錢於都內。置滄海郡，人徒之費疑於南夷。又興十餘萬築衛朔方，轉漕甚遠，自山東咸被其勞，費數十百鉅萬，府庫並虚。

《漢書》卷二四下《食貨志》 乃分緡錢諸官，而水衡、少府、太僕、大農各置農官，往往郎郡縣比没入田田之。其没入奴婢，分諸苑養狗馬禽獸，及與諸官。官益雜置多，徒奴婢衆，而下河漕度四百萬石，及官自糴乃足。

《漢書》卷三九《蕭何傳》 漢二年，漢王與諸侯擊楚，何守關中，侍太子，治櫟陽。爲令約束，立宗廟、社稷、宫室、縣邑，輒奏，上可許以從事；即不及奏，輒以便宜施行，上來以聞。計户轉漕給軍，漢王數失軍遁去，何常興關中卒，輒補缺。

《後漢書》卷三《孝章帝紀》 〔建初三年〕夏四月己巳，罷常山呼沲石臼河漕。

《後漢書》卷一六《鄧訓傳》 永平中，理虖沱、石臼河，從都慮至羊腸倉，欲令通漕。太原吏人苦役，連年無成，轉運所經三百八十九隘，前後没溺死者不可勝筭。建初三年，拜訓謁者，使監領其事。訓考量隱括，知大功難立，具以上言。肅宗從之，遂罷其役，更用驢輦，歲省費億萬計，全活徒士數千人。

《後漢書》卷二〇《王霸傳》 凡與匈奴、烏桓大小數十百戰，頗識邊事，數上書言宜與匈奴結和親，又陳委輸可從温水漕，以省陸轉輸之勞，事皆施行。

《後漢書》卷三五《張純傳》 〔建伍〕二十三年，代杜林爲大司空。在位慕曹參之迹，務於無爲，選辟掾史，皆知名大儒。明年，上穿陽渠，引洛水爲漕，百姓得其利。

魏晉南北朝分部

綜　述

（唐）杜佑《通典》卷一〇《食貨・漕運》　魏齊王正始二年，司馬宣王使鄧艾行陳、項以東至壽春。自今淮陽郡以至於今壽春郡。艾以爲田良水少，不足以盡地利，宜開河渠，可以大積軍糧，又通運漕之道。宣王從之，乃開廣漕渠，東南有事，興衆泛舟而下，達於江淮。資食有儲而無水害，艾所建也。語在《屯田篇》。蜀相諸葛孔明出軍至祁山，今扶風縣，始以木牛運。其後又出斜谷，以流馬運。按《亮集》，督軍龐力、杜叡、滿元、胡忠推意作一腳木牛，其法方腹曲頭，一腳四足，頭入領中，舌着於腹。載多而行少，宜住，可大用，不可小使。特行者數十里，羣行者二十里。曲者爲牛頭，雙者爲牛腳，橫者爲牛領，轉者爲牛足，覆者爲牛背，方者爲牛腹，垂者爲牛舌，曲者爲牛肋，刻者爲牛齒，立者爲牛角，細者爲牛鞅，攝者爲牛鞦軸。牛御雙轅，人行六尺，牛行四步。載一歲糧，日行二十里，而人不大勞，牛不飲食。《流馬法》曰：尺寸之數，肋長三尺五寸，廣三寸，厚二寸二分，左右同。前軸孔分墨去頭四寸，徑中二寸。前腳孔分墨去頭四寸，徑中二寸。前腳孔分墨去前軸孔四寸五分，長一寸五分，廣一寸。前扛孔去前腳孔分墨二寸七分，孔長二寸，廣一寸。後軸孔去前扛孔分墨一尺五寸，大小與前同。後扛孔去腳孔分墨二寸二分。後扛孔分墨四寸五分。前扛長一尺八寸，廣二寸，厚一寸五分。後扛與等板方囊二枚，板厚八分，長二尺七寸，高一尺六寸五分，廣一尺六寸。枚受米二斛三斗。從上扛孔去肋下七寸，前後同。上扛孔去下扛孔分墨一尺三寸。孔長一寸五分，廣七分，八孔同。前後四腳，廣二寸，厚一寸五分。形制如象，靬長四寸，徑面四寸三分。孔徑中三腳扛，長二尺一寸，廣一寸五分，厚一寸四分，扛同。

（宋）王應麟《玉海》卷一八二《食貨・漕運・魏漕渠》　《鄧艾》、《杜畿傳》：太祖西征至蒲阪，與賊夾渭爲軍，軍食一仰河東。征漢中，遣五千人運。《鄭渾傳》：大軍入漢中，運轉軍糧爲最。

魏武建安九年正月，濟河遏淇水入白溝，以通糧道，二月，通上黨糧道。

（唐）杜佑《通典》卷一〇《食貨・漕運》　晉武帝泰始十年，鑿陝南山，決河東注洛，以通運漕。雖有此詔，竟未成功。懷帝永嘉元年，修千金堨於許昌，以通運。堨，烏割反，擁也。成帝咸和六年，以海賊寇抄，運漕不繼，發王公以下千餘丁，各運米六斛。穆帝時，頻有大軍，粮運不繼，制王公以下十三户共借一人，助度支運。

（宋）王應麟《玉海》卷一八二《食貨・漕運・晉漕運》　《紀》：武帝泰始十年，鑿陝南山，決河東注洛，以通運漕。

懷帝永嘉元年九月，修千金堨於許昌，以通運。

成帝咸和六年正月戊午，以海寇運漕不繼，發王公已下千餘丁，各運米六斛。穆帝升平三年三月甲辰，糧絶不繼，制王公已下十三户共借一人，助度支運。

《志》：大司農統東西南北部護漕掾。

《傳》：杜預通零桂之漕。張華爲度支尚書，量計運漕。謝元堰呂梁，利運漕。桓温使豫州刺史袁真攻譙梁，開石門以通水運。真克譙梁，而不能開石門，水運路塞。應遵上便宜，求壞泗陂，徙運道。王羲之論北伐曰，今轉運供繼，西輸許洛，北入黄河。

（宋）王應麟《玉海》卷一八二《食貨・漕運・晉督運御史》

《紀》：太元六年正月丁酉，初置督運御史官。

《魏書》卷一一〇《食貨志》　自徐揚内附之後，仍世經略江淮，於是轉運中州，以實邊鎮，百姓疲於道路。乃令番戍之兵，營起屯田，又收内郡兵資與民和糴，積爲邊備。有司又請於水運之次，隨便置倉，乃於小平、石門、白馬津、漳涯、黑水、濟州、陳郡、大梁凡八所，各立邸閣，每軍國有須，應機漕引。自此費役微省。

三門都將薛欽上言：計京西水次汾華二州、恒農、河北、河東、正平、平陽五郡年常綿絹及貲麻皆折公物，雇車牛送京。道險人弊，費公損私。略計華州一車，官酬絹八匹三丈九尺，别有私民雇價布六十匹；河東一車，官酬絹五匹二丈，别有私民雇價布五十匹。自餘州郡，雖未練多少，推之遠近，應不減此。今求車取雇絹三匹，市材造船，不勞採斫。計船一艘，舉十三車，車取三匹，合有三十九匹。雇作手并匠及船上雜具食直，足以成船。計一船剩絹七十八匹，布七百八十匹。又租車一乘，官格四十斛成載；私民雇價，遠者五斗布一匹，近者一石布一匹。準其私費，一車布遠者八十匹，近者四十匹。造船一艘，計舉七百石，準其雇價，應有一千四百匹。今取布三百匹，造船一艘并船上覆治雜事，計一船有剩布一千一百匹。又其造船之處，皆須鋸材人功，并削船茹，依功多少，即給當州郡門兵，不假更召。汾州有租調之處，去汾不過百里，華州去河不滿六十，並令計程依舊酬價，車送船所。船之所運，唯達霑陂。其陸路從霑陂至倉庫，調一車雇絹一匹，租一車布五匹，則於公私爲便。

尚書度支郎中朱元旭計稱：效立於公，濟民爲本；政列於朝，潤國是先。故大禹疏決，以通四載之宜；有漢穿引，受納百川之用。厥績顯於當時，嘉聲播於圖史。今校薛欽之説，雖跡驗未彰，而指況甚善。所云以船代車，是其策之長者。若以門兵造舟，便爲闕彼防禦，無容全依。宜令取雇車之物，市材執作，及倉庫所須，悉以營辦。七月之始，十月初旬，令州郡綱典各受租調於將所，然後付之。十車之中，留車士四人佐其守護。粟帛上船之日，隨運至京，將共監慎，如有耗損，同其陪徵。河中缺失，專歸運司。輸京之時，聽其即納，不得雜合，違失常體。必使量上數下，謹其受入，自餘一如其列。計底柱之難，號爲天險，迅驚千里，未易其功。然既陳便利，無容輒抑。若效充其説，則附例酬庸，如其不驗，徵填所損。今始開創，不可懸生減折，具依請營立。一年之後，須知贏費。歲遣御史校其虚實，脱有乖越，別更裁量。尚書崔休以爲刳木爲舟，用興上代；鑿渠通運，利盡中古。是以漕輓河渭，留侯以爲偉談；方舟蜀漢，酈生稱爲口實。豈直張純之奏，見美東都；陳勰之功，事高晋世。其爲利益，所從來久矣。案欽所列，實允事宜；郎中之計，備盡公理。但舟檝所通，遠近必至，苟利公私，不宜止在前件。昔人乃遠通褒斜以利關中之漕，南達交廣以增京洛之饒。況乃漳洹夷路，河濟平流，而不均彼省煩，同茲巨益。且鴻溝之引宋衞，史牒具存；討虜之通幽冀，古迹備在。舟車省益，理實相懸；水陸難易，力用不等。昔忝東州，親遥□驗，斯損益不可同年而語。請諸通水運之處，皆宜率同此式。縱復五百、三百里，車運水次，校計利饒，猶爲不少。其欽所列州郡，如請興造。東路諸州皆先通水運，今年租調，悉用舟檝。若船數有闕，且賃假充事，比之僦車，交成息耗。其先未通流，宜遣檢行，閑月修治，使理有可通，必無壅滯。如此，則發召匪多，爲益實廣，一爾暫勞，久安永逸。録尚書、高陽王雍，尚書僕射李崇等奏曰：運漕之利，今古攸同，舟車息耗，實相殊絶。欽之所列，關西而已，若域内同行，足爲公私巨益。謹輒參量，備如前計，庶徵召有減，勞止小康。若此請蒙遂，必須溝洫通流，即求開興修築。或先以開治，或古跡仍在，舊事可因，用功差易。此冬閑月，令疏通咸訖，比春水之時，使運漕無滯。詔從之，而未能盡行也。

（唐）杜佑《通典》卷一〇《食貨・漕運》 孝文太和七年，薄骨律鎮將刁雍上表曰：奉詔高平、安定、統萬薄骨律鎮，今靈武郡。高平，今平涼郡。安定即今郡。統萬，今朔方郡也。及臣所守四鎮，出車五千乘，運屯穀五十萬斛付沃野鎮，以供軍糧。臣鎮去沃野八百里，道多深沙，輕車往來，猶以爲難。設令載穀二十石，每至深沙，必致滯陷。又穀在河西，轉至沃野，越渡大河計車五千乘，運十萬斛，百餘日乃得一返，大廢生人耕墾之業，車牛艱阻，難可全至，一歲不過二運，五十萬斛乃經三年。臣聞鄭、白之渠，遠引淮海之粟，泝流數千，周年乃得一至，猶稱國有儲糧，人用安樂。求於峰屯山在今平涼郡高平縣，今笄頭山，語訛亦曰汧屯山，即峰屯山。河水之次，造船二百艘。二船爲一舫，一船勝穀二千斛，一舫十人，計須千人。臣鎮内之兵，率皆習水。一運二十萬斛，方舟順流，五日而至，自沃野牽上，十日還到，合六十日得一返。從三月至九月三返，運送六十萬斛。計用人工，輕於車運十倍有餘，不費牛力，又不廢田。詔曰：知欲造船運穀，一冬即成，大省人力，既不費牛，又不廢田，甚善。非但一運，自可永以爲式。

紀事

《三國志》卷一《魏志・武帝紀》 〔建安〕九年春正月，濟河，遏淇水入白溝以通糧道。

《三國志》卷一四《魏志・董昭傳》 鄴既定，以昭爲諫議大夫。後袁尚依烏丸蹋頓，太祖將征之。患軍糧難致，鑿平虜、泉州二渠入海通運，昭所建也。

《三國志》卷一五《魏志・賈逵傳》 州南與吴接，逵明斥候，繕甲兵，爲守戰之備，賊不敢犯。外修軍旅，內治民事，遏鄢、汝，造新陂，又斷山溜長谿水，造小弋陽陂，又通運渠二百餘里，所謂賈侯渠者也。

《三國志》卷二八《魏志・鄧艾傳》 時欲廣田畜穀，爲滅賊資，使艾行陳、項已東至壽春。艾以爲田良水少，不足以盡地利，宜開河渠，可以引水澆溉，大積軍糧，又通運漕之道。乃著濟河論以喻其指。又以爲昔破黃巾，因爲屯田，積穀于許都以制四方。今三隅已定，事在淮南，每大軍征舉，運兵過半，功費巨億，以爲大役。陳、蔡之間，土下田良，可省許昌左右諸稻田，并水東下。令淮北屯二萬人，淮南三萬人，十二分休，常有四萬人，且田且守。水豐常收三倍於西，計除衆費，歲完五百萬斛以爲軍資。六七年間，可積三千萬斛於淮上，此則十萬之衆五年食也。以此乘吳，無往而不克矣。宣王善之，事皆施行。正始二年，乃開廣漕渠，每東南有事，大軍興衆，汎舟而下，達于江、淮，資食有儲而無水害，艾所建也。

《晉書》卷一《宣帝紀》 〔魏正始三年〕三月，奏穿廣漕渠，引河入汴，溉東南諸陂，始大佃於淮北。

《晉書》卷三《武帝紀》 〔泰始十年〕是歲，鑿陝南山，決河，東注洛，以通運漕。

《晉書》卷七《成帝紀》 〔咸和六年春正月〕戊午，以運漕不繼，發王公已下千餘丁，各運米六斛。

《晉書》卷八《穆帝紀》 〔升平〕三年春三月甲辰，詔以比年出軍，糧運不繼，王公已下十三户借一人一年助運。

《晉書》卷九《簡文帝紀》 〔咸安元年〕十二月戊子，詔以京都有經年之儲，權停一年之運。

《晉書》卷二六《食貨志》 〔預又言〕臣中者又見宋侯相應遵上便宜，求壞泗陂，徙運道。時下都督度支共處當，各據所見，不從遵言。臣案遵上事，運道東詣壽春，有舊渠，可不由泗陂。泗陂在遵地界壞地凡萬三千餘頃，傷敗成業。遵縣領應佃二千六百口，可謂至少，而猶患地狹，不足肆力，此皆水之爲害也。當所共恤，而都督度支方復執異，非所見之難，直以不同害理也。人心所見既不同，利害之情又有異。軍家之與郡縣，士大夫之與百姓，其意莫有同者，此皆偏其利以忘其害者也。此理之所以未盡，而事之所以多患也。

《晉書》卷二八《五行志》 愍帝建興元年十二月，河東地震，雨肉。四年十二月丙寅，丞相府斬督運令史淳于伯，血逆流上柱二丈三尺，此赤祥也。是時，後將軍褚裒鎮廣陵，丞相揚聲北伐，伯以督運稽留及役使贓罪，依軍法戮之。其息訴稱：督運事訖，無所稽乏，受賕役使，罪不及死。兵家之勢，先聲後實，實是屯戍，非爲征軍。自四年已來，運漕稽停，皆不以軍興法論。僚佐莫之理。

《晉書》卷六七《郗超傳》 太和中，溫將伐慕容氏於臨漳，超諫以道遠，汴水又淺，運道不通。溫不從，遂引軍自濟入河，超又進策於溫曰：清水入河，無通運理。若寇不戰，運道又難，因資無所，實爲深慮也。

《晉書》卷八〇《王羲之傳》 今事之大者未布，漕運是也。吾意望朝廷可申下定期，委之所司，勿復催下，但當歲終考其殿最。長吏尤殿，命檻車送詣天臺。三縣不舉，二千石必免，或可左降，令在疆塞極難之地。

《晉書》卷八一《劉胤傳》 是時朝廷空罄，百官無禄，惟資江州運漕。而胤商旅繼路，以私廢公。有司奏免胤官。

《晉書》卷一〇〇《陳敏傳》 陳敏字令通，廬江人也。少有幹能，以郡廉吏補尚書倉部令史。及趙王倫篡逆，三王起義兵，久屯不散，京師倉廩空虛，敏建議曰：南方米穀皆積數十年，時將欲腐敗，而不漕運以濟中州，非所以救患周急也。朝廷從之，以敏爲合肥度支，遷廣陵度支。

《北齊書》卷一七《斛律羨傳》 天統元年夏五月，突厥木汗遣使請朝獻，羨始以聞，自是朝貢歲時不絶，羨有力焉。詔加行臺僕射。羨以北虜屢犯邊，須備不虞，自庫堆戍東拒於海，隨山屈曲二千餘里，其間二百里中凡有險要，或斬山築城，或斷谷起障，並置立戍邏五十餘所。又導高梁水北合易京，東會於潞，因以灌田，邊儲歲積，轉漕用省，公私獲利焉。

《陳書》卷一《高祖紀》 王師討虜，次屆淪波，兵乏兼儲，士有飢色。公回麾蠡澤，積穀巴丘，億庾之詠斯豐，壺漿之迎是衆，軍民轉漕，曾無砥柱之難，艫舳相望，如運敖倉之府，犀渠貝冑，顧蔑雷霆，高艦層樓，仰捫霄漢，故使三軍勇鋭，百戰無前，承此兵糧，遂殄兇逆。此又公之功也。

《魏書》卷九《肅宗紀》〔孝昌三年〕二月丁酉，詔曰：關隴遭罹寇難，燕趙賊逆憑陵，蒼生波流，耕農靡業，加諸轉運，勞役已甚，州倉儲實，無宜懸匱，自非開輸賞之格，何以息漕運之煩。凡有能輸粟入瀛、定、岐、雍四州者，官斗二百斛賞一階；入二華州者，五百石賞一階。不限多少，粟畢授官。

《魏書》卷五四《高閭傳》班師之日，兵不戍一郡，土不闢一廛。夫豈無人，以大鎮未平，不可守小故也。堰水先塞其源，伐木必拔其本。源不塞，本不拔，雖翦枝竭流，終不可絶矣。壽陽、盱眙、淮陰，淮南之源本也。三鎮不克其一，而留兵守郡，不可自全明矣。既逼敵之大鎮，隔深淮之險，少置兵不足以自固，多留衆糧運難可充。又欲修渠通漕，路必由于泗口；泝淮而上，須經角城。淮陰大鎮，舟船素畜，敵因先積之資，以拒始行之路。若元戎旋旆，兵士挫怯，夏雨水長，救援實難。忠勇雖奮，事不可濟。

《魏書》卷七九《成淹傳》高祖幸徐州，敕淹與閭龍駒等主舟楫，將汎泗入河，泝流還洛。軍次碻磝，淹以黄河浚急，慮有傾危，乃上疏陳諫。高祖敕淹曰：朕以恒代無運漕之路，故京邑民貧。今移都伊洛，欲通運四方，而黄河急浚，人皆難涉。我因有此行，必須乘流，所以開百姓之心。知卿至誠，而今者不得相納。

《北史》卷一一《隋紀》〔開皇四年六月〕壬子，開通濟渠，自渭達河，以通運漕。

《北史》卷二三《于仲文傳》上每憂轉運不給，仲文請決渭水，開漕渠。上然之，使仲文總其事。

《北史》卷七四《郭衍傳》皇元年，衍復舊姓爲郭氏。突厥犯塞，以衍爲行軍總管，領兵屯平涼。數歲，虜不入境。徵爲開漕渠大監。部率水工，鑿渠引渭水，經大興城北，東至潼關，漕運四百餘里，關中賴之，名曰富人渠。

隋唐五代分部

論說

（唐）白居易《白居易集》卷六三《策林·議罷漕運可否》 問：秦居上腴，利號近蜀；然都畿所理，征賦不充；故歲漕山東穀四百萬斛，用給京師。其間水旱不時，賑貸貧乏。今議者罷運穀而收脚價，糴户粟而折稅錢；但未知利於彼乎？而害於此乎？

臣聞：議者將欲罷漕運於江淮，請和糴於關輔，以省其費，以便於人。臣愚以爲救一時之弊則可也；若以爲長久之法，則不知其可也。何者？方今自淮以南，逾年旱歉；自洛而西，仍歲豐稔。彼人困於艱食，此穀賤於傷農。困則難於發租，賤則易於乞糴。斯則不便於彼，而無害於此矣。此臣所謂救一時之弊則可也。若舉而爲法，循以爲常；臣雖至愚，知其不可。何者？夫都畿者，四方所湊也，萬人所會也，六軍所聚也。雖利稱近蜀之饒，猶未能足其用；雖田有上腴之利，猶不得充其費。況可日削其穀，月朘其食乎？故國家歲漕東南之粟以給焉，時發中都之廩以賑焉：所以贍關中之人，均天下之食，而古今不易之制也。然則用捨利害，可明徵矣。夫賫斂糴之資，省漕運之費，非無利也；蓋利小而害大矣，故久而不勝其害。輓江淮之租，贍關輔之食，非無害也；蓋害小而利大矣，故久而不勝其利。大凡事之大害者，不能無小利也；事之大利者，不能無小害也。蓋恤小害則大害不去，愛小利則大利不成也。古之明王，所以能興利除害者非他，蓋棄小而取大耳。今若恤汎舟之役，忘移穀之用，是知小計而不知大會矣。此臣所謂若以爲長久之法，則不知其可也。

（唐）白居易《白居易集》卷六六《判·得轉運使以汴河水淺，運水不通，請築塞兩河斗門。節度使以當軍營田，悉在河次；若斗門築塞，無以供軍》 川以利涉，竭則壅稅；水能潤下，塞亦傷農。將捨短以從長，宜去彼而取此。汴河決能降雨，流可通財。引漕運之千艘，實資積水；生稻粱於一溉，亦籍餘波。利既相妨，用難兼濟。節度使以軍儲務足，思開竇而有年；轉運司以邦賦貴通，恐負舟而無力。辭雖執競，理可明徵。壅四國之征，其傷多矣。專一方之利，所獲幾何？贍軍雖望於秋成，濟國難虧於日用。利害斯見，與奪可知。

《舊唐書》卷九八《裴耀卿傳》 〔開元二十年〕其冬，遷京兆尹。明年秋，霖雨害稼，京城穀貴。上將幸東都，獨召耀卿問救人之術，耀卿對曰：

臣聞前代聖王，亦時有憂害，更施惠澤，活國濟人，由是蒼生仰德，史冊書美。伏以陛下仁聖至深，憂勤庶政，小有飢乏，降情哀矜，躬親支計，救其危急。上玄降鑒，當更延福祚，是因有小災而增輝聖德也。今既大駕東巡，百司扈從，太倉及三輔先所積貯，且隨見在發重臣分道賑給，計可支一二年。從東都更廣漕運，以實關輔。待稍充實，車駕西還，即事無不濟。

臣以國家帝業，本在京師，萬國朝宗，百代不易之所。但爲秦中地狹，收粟不多，倘遇水旱，便即匱乏。往者貞觀、永徽之際，祿廩數少，每年轉運不過一二十萬石，所用便足，以此車駕久得安居。今國用漸廣，漕運數倍於前，支猶不給。陛下數幸東都，以就貯積，爲國大計，不憚劬勞，祇爲憂人而行，豈是故欲來往。若能更廣陝運，支粟入京，倉廩常有三二年糧，即無憂水旱。

今天下輸丁約有四百萬人，每丁支出錢百文，五十文充營窖等用，貯納司農及河南府、陝州以充其費。租米則各隨遠近，任自出脚送納東都。從都至陝，河路艱險，既用陸脚，無由廣致。若能開通河漕，變陸爲水，則所支有餘，動盈萬計。且江南租船候水始進，吴人不便河漕，由是所在停留，日月既淹，遂生隱盗。臣望沿流相次置倉。

上深然其言。尋拜黄門侍郎、同中書門下平章事，充轉運使，語在《食貨志》。

《舊唐書》卷一二三《劉晏傳》 時新承兵戈之後，中外艱食，京師米價斗至一千，官廚無兼時之積，禁軍乏食，畿縣百姓乃挼穗以供之。晏受命後，以轉運爲己任，凡所經歷，必究利病之由。至江淮，以書遺元載曰：

浮于淮、泗，達于汴，入于河，西循底柱、硤石、少華，楚帆越客，直抵建章、長樂，此安社稷之奇策也。晏賓于東朝，猶有官謗，相公終始故舊，不信流言，賈誼復召宣室，弘羊重興功利，敢不悉力以答所知。驅馬陜郊，見三門渠津遺迹。到河陰、鞏、洛，見宇文愷置梁公堰，分黄河水入通濟渠；大夫李傑新堤故事，飾像河廟，凜然如生。涉滎郊、浚澤，遥瞻淮甸，步步探討，知昔人用心，則潭、衡、桂陽必多積穀，關輔汲汲，只緣兵糧。漕引瀟、湘、洞庭，萬里幾日，淪波掛席，西指長安。三秦之人，待此而飽；六軍之衆，待此而強。天子無側席之憂，都人見泛舟之役；四方旅拒者可以破膽，三河流離者於茲請命。相公匡戴明主，爲富人侯，此今之切務，不可失也。使僕湔洗瑕穢，率罄愚懦，當憑經義，請護河隄，冥勤在官，不辭水死。

然運之利病，各有四五焉。晏自尹京入爲計相，共五年矣。京師三輔百姓，唯苦稅畝傷多，若使江、湖米來每年三二十萬，即頓減徭賦，歌舞皇澤，其利一也。東都殘毁，百無一存。若米運流通，則飢人皆附，村落邑廛，從此滋多。受命之日，引海陵之倉以食鞏、洛，是計之得者，其利二也。諸將有在邊者，諸戎有侵敗王略者，或聞三江、五湖，貢輸紅粒，雲帆桂楫，輸納帝鄉，軍志曰：先聲後實，可以震耀夷夏。其利三也。自古帝王之盛，皆云書同文，車同軌，日月所照，莫不率俾。今舟車既通，商賈往來，百貨雜集，航海梯山，聖神輝光，漸近貞觀、永徽之盛，其利四也。

所可疑者，函、陜凋殘，東周尤甚。過宜陽、熊耳，至武牢、成皋，五百里中，編户千餘而已。居無尺椽，人無烟爨，蕭條悽慘，獸游鬼哭。牛必羸角，輿必説輹，棧車輓漕，亦不易求。今於無人之境，興此勞人之運，固難就矣，其病一也。河、汴有初，不修則毁澱，故每年正月發近縣丁男，塞長茭，决沮淤，清明桃花已後，遠水自然安流，陽侯、宓妃，不復太息。頃因寇難，總不掏拓，澤滅水，岸石崩，役夫需於沙，津吏旋於濘，千里洄上，罔水舟行，其病二也。東垣、底柱，澠池、二陵，北河運處五六百里，戍卒久絶，縣吏空拳。奪攘姦宄，窟穴囊槖。夾河爲藪，豺狼狺狺，舟行所經，寇亦能往，其病三也。東自淮陰，西臨蒲坂，亘三千里，屯戍相望。中軍皆鼎司元侯，賤卒儀同青紫，每云食半菽，又云無挾纊，輓漕所至，船到便留，即非單車使折簡書所能制矣，其病四也。惟小子畢其慮奔走之，惟中書詳其利病裁成之。

晏累年已來，事缺名毁，聖慈含育，特賜生全。月餘家居，遽即臨遣，恩榮感切，思殞百身。見一水不通，願荷鍤而先往；見一粒不運，願負米而先趨。焦心苦形，期報明主，丹誠未克，漕引多虞，屏營中流，掩泣獻狀。自此每歲運米數十萬石以濟關中。

（清）董誥《全唐文》卷二〇〇《衛宏敏・對議漕運策》 問：昔在隋季，厥庾空虚，爰逮皇家，京坻彌望。既乘前弊，年蓄未登。自東徂西，依常運漕。今送納之所，物賤本州，欲賫直買輸，利益兼倍。

對：什一而稅，布政之通規。九稔爲儲，經國之成務。倉廩實而知禮，夷吾之論有徵。金湯守而惟粟，墨翟之言無守。昔隋季凋殘，厥庾並竭，洎皇明纘籙，黎獻咸熙。並孝弟力田，信可封於比屋。家給人足，實委餘而棲畝。於是上直常平，將備水旱，下斂薄賦，以蓄京坻。故遠近諸州，隨方輸轉。陸輦車而接軫，川漕引而連檣。但六合時雍，菽粟流而衍。五錢標價，水火埒其饒。若政利從機，惠美無費。以送納之所，物賤本州，欲令賫直買輸，不勞而益。如愚管見，竊未爲宜。何者？任土稅田，定差於不刊之籍。配租納稅，設條於惟行之令。豈可取越公途，苟從私益。革送納之通式，開買輸之權利者歟。謹對。

（清）董誥《全唐文》卷八五五《李欽明・請許陳許蔡三州制造舟船奏》 臣伏以百姓轉食餽運，舟車之利，苦樂相懸。臣竊見蔡水嘗有漕運，多是括借舟船，破溺者棄在水邊，不許修葺，又不給付。以臣愚見，乞容陳許蔡三州人户制造舟船，不用括取，以備差倩。水路可至合流鎮及陳州蔡水，未及水匱十數里，水小岸狹，或時乾淺。臣伏請開決汴水，取定力禪院西一半并港穿大城，向南至蚪門，可費三五千工。自水匱蔡水，路纔五六里，水勢便於開決，陳蔡漕運，必倍常年。私下往來，更豐財貨。此之利便，實益轉輸。

綜述

（唐）杜佑《通典》卷一〇《食貨・漕運》 隋文帝開皇三年，以京師倉廩尚虛，議爲水旱之備，詔於蒲、陜、虢、熊、伊、洛、鄭、懷、邵、衛、汴、許、汝等水次十三州，熊州，今福昌縣。伊州，今陸渾縣。邵州今絳郡垣縣。餘並今郡。置募運米丁；又於衛州置黎陽倉，洛州置河陽倉，陜州置常平倉，華州置廣通倉，衛、陜、華並今郡。轉相灌注。漕關東及汾、晉之粟，以給京師。又遣倉部侍郎韋瓚向蒲、陜以東募人能於洛陽運米四十石，經底柱之險，達於常平者，免其征戍。其後以渭水多沙，流有深淺，漕者苦之。

四年，詔宇文愷率水工鑿渠，引渭水，自大興城即今西京城也。東至潼關，三百餘里，名曰廣通渠。轉運通利，關内賴之。

煬帝大業元年，發河南諸郡男女百餘萬，開通濟渠，自西苑引穀、洛水達於河，又引河通於淮海，自是天下利於轉輸。四年，又發河北諸郡百餘萬衆，開永濟渠，引沁水南達於河，北通涿郡。今范陽郡。涿，竹角反。自是丁男不供，始以婦人從役。五年，於西域之地，置西海、鄯善、且末等郡，逐吐谷渾得其地，並在今酒泉、張掖、晉昌郡之北。今悉爲北狄之地。鄯音善。且，子餘反。謫天下罪人，配爲戍卒，大開屯田，發四方諸郡運粮以給之。七年冬，大會涿郡。分江淮南兵配驍衛大將軍來護兒，別以舟師濟滄海，舳艫數百里，並載軍粮，期與大兵會於平壤。高麗所都。

（唐）李林甫等《唐六典》卷二三《都水監・使者》 都水監：使者二人，正五品上。【略】都水使者掌川澤、津梁之政令，總舟檝、河渠二署之官屬，舟檝署開元二十三年省。辨其遠近，而歸其利害；凡漁捕之禁，衡虞之守，皆由其屬而總制之。凡獻享賓客，則供川澤之奠。凡京畿之内渠堰陂池之壞決，則下於所由，而後修之。每渠及斗門置長各一人，以庶人年五十已上並勳官及停家職資有幹用者爲之。至溉田時，乃令節其水之多少，均其灌溉焉。每歲，府縣差官一人以督察之；歲終，録其功以爲考課。

丞二人，從七品上；《漢書》都水、水衡皆有丞。後漢省。晉初置都水使者，有參軍二人，蓋丞之職也。宋因之。孝武帝省都水臺，置水衡令，亦無丞。梁天監七年置太舟卿，始置丞一人，班第一。陳因之。後魏都水有參事六人，北齊有參事十人，並丞之任也。隋初，置都水臺，有丞二人，正第八品上；大業三年，加從七品。皇朝改爲都水署，丞從八品下。貞觀中，改爲使者，以署爲監，加丞秩至從七品上。主簿一人，從八品下。《晉令》：水衡都尉置主簿一人。又：左、右、前、後、中五水衡皆有主簿。梁天監七年，太舟主簿七班之中第三，與宗正主簿同。後魏、北齊並不置。大業中置主簿一員，皇朝因之。丞掌判監事。凡京畿諸水，禁人因灌溉而有費者，及引水不利而穿鑿者；其應入内諸水，有餘則任王公、公主、百官家節而用之。主簿掌印，勾檢稽失。凡運漕及漁捕之有程者，會其日月，而爲之糾舉。

（唐）李林甫等《唐六典》卷二三《都水監・舟楫署》 舟檝署：令一人，正八品下。【略】《職儀》有船官典軍一人。後周有舟工中士一人。隋都水使者領掌船局都尉二人，煬帝改爲舟檝署令一人，皇朝因之。丞二人，正九品下。漢有都船丞、輯濯丞。隋煬帝置舟檝丞二人，皇朝因之。舟檝令掌公私舟船及運漕之事，丞爲之貳。諸州轉運至京、都者，則經其往來，理其隱失，使監漕監之。

（唐）李林甫等《唐六典》卷二三《都水監・河渠署》 河渠署：令一人，正八品下。【略】丞一人，正九品下。隋煬帝置河渠署丞一人，皇朝因之。河渠令掌供川澤、魚醢之事；丞爲之貳。凡溝渠之開塞，漁捕之時禁，皆量其利害而節其多少。每日供尚食魚及中書門下官應給者。若大祭祀，則供其乾魚、魚醢，以充籩、豆之實。凡諸司應給魚及冬藏者，每歲支錢二十萬送都水，命河渠以時價市供之。【略】

諸津：令一人，正九品上。【略】丞一人，從九品下。【略】諸津令各掌其津濟渡舟梁之事丞爲之貳。

（唐）杜佑《通典》卷一〇《食貨・漕運》 大唐咸亨三年，於岐州陳倉縣東南開渠，引渭水入昇原渠，通船栰至京故城。栰音伐。京故城，即長安城。漢惠帝所築，在今大興城之西北苑中。

開元十八年，玄宗問朝集使利害之事，宣州刺史裴耀卿上便宜曰：江南户口稍廣，倉庫所資，唯出租庸，更無征防。緣水陸遥遠，轉運艱辛，功力雖勞，倉儲不益。竊見每州所送租及庸調等，本州正月二月上道，至揚州入斗門，即逢水淺，已有阻礙，須停留一月以上。三月四月以後，始渡淮入汴，多屬汴河乾淺，又船運停留。至六月七月後，始至河口，即逢黃河水漲，不得入河。又須停一兩月，待河水小，始得上河。入洛即漕路乾淺，船艘隘鬧，般載停滯，備極艱辛。計從江南至東都，停滯日多，得行日少，粮食既皆不足，折欠因此而生。又江南百姓，不習河水，皆轉雇河師水手，更爲損費。伏見國家舊法，往代成規，擇制便宜，以垂長久。河口元置武牢倉，江南船不入黃河，即於倉內便貯。鞏縣置洛口倉，從黃河不入漕洛，即於倉內安置。爰及河陽倉、栢崖倉、太原倉、永豐倉、渭南倉，節級取便，例皆如此。水通則隨近運轉，不通則且納在倉，不滯遠船，不憂欠耗，比於曠年長運，利便一倍有餘。今若且置武牢、洛口等倉，江南船至河口，即卻還本州，更得其船充運，并取所減腳錢，更運江淮變造義倉，每年剩得一二百萬石。即數年之外，倉廩轉加。其江淮義倉，多爲下溼，不堪久貯，若無船運，三兩年色變，即給貸費散，公私無益。疏奏不省。

至二十一年，耀卿爲京兆尹，京師雨水害稼，穀價踴貴。耀卿奏曰：伏以陛下仁聖至深，憂勤庶務，小有飢乏，降詔哀矜，躬親支計，救其危急。今既大駕東巡，百司扈從，諸州及三輔先有所貯，且隨見在發重臣分道振給，計可支一二年。從東都廣漕運，以實關輔，待稍充實，車駕西還，即事無不濟。

臣以國家帝業本在京師，萬國朝宗，百代不易之所。但爲秦中地狹，收粟不多，儻遇水旱，便即匱乏。往者貞觀、永徽之際，祿廩數少，每年轉運，不過一二十萬石，所用便足，以此車駕久得安居。今昇平日久，國用漸廣，每年陝洛漕運，數倍於前，支猶不給。陛下數幸東都，以就貯積，爲國大計，不憚劬勞，皆爲憂人而行，豈是故欲來往。若能更廣陝運支入京，倉廩常有二三年粮，即無憂水旱。今日天下輸丁約有四百萬人，每丁支出錢百文，充陝洛運腳，五十文充營窖等用，貯納司農及河南府、陝州，以充其費。租米則各隨遠近，任自出腳送納。

東都至陝，河路艱險，既用陸腳，無由廣致。若能開通河漕，變陸爲水，則所支有餘，動盈萬計。且江南租船，所在候水，始敢進發。吳人不便河漕，由是所在停留，日月既淹，遂生隱盜。臣請於河口置一倉，納江東租米，便放船迴。從河口即分入河洛，官自僱船載運。河運者至三門之東，置一倉。既屬水險，即於河岸傍山車運十數里；至三門之西，又置一倉。每運至倉，即般下貯納。水通即運，水細便止。漸至太原倉，泝河入渭，更無停留，所省巨萬。臣常任濟、定、冀等三州刺史，詢訪故事，前漢都關內，年月稍久，及隋亦在京師，緣河皆有舊倉，所以國用常贍。若依此行用，利便實深。

上大悅，尋以耀卿爲黃門侍郎、同中書門下平章事，敕鄭州刺史及河南少尹蕭炅，自江淮至京以來，檢古倉節級貯納。仍以耀卿爲轉運都使。於是始置河陰縣及河陰倉，河清縣置栢崖倉，三門東置集津倉，三門西置三門倉。開三門北山十八里，陸行以避湍險。自江淮西北泝鴻溝，悉納河陰倉。自河陰候水調浮，漕送含嘉倉，又取曉習河水者，遞送納於太原倉，所謂北運也。自太原倉浮渭以實關中。凡三年，運七百萬石，省腳三十萬貫。耀卿罷相後，緣北運險澀，頗有欺隱，議者又言其不便，事又停廢。

二十七年，河南採訪使、汴州刺史齊澣以江淮漕運經淮水波濤有沈損，遂開廣濟渠下流，自泗州虹縣至楚州淮陰縣北十八里，合於淮，不踰時畢功。既而以水流浚急，行旅艱險，旋即停廢，卻由舊河。

二十九年，陝州刺史李齊物避三門河路急峻，於其北鑿石渠通運船，爲漫流，河泥旋填淤塞，不可漕而止。

天寶二年，左常侍兼陝州刺史韋堅開漕河，自苑西引渭水，因古渠至華陰入渭，引永豐倉及三門倉米以給京師，名曰廣運潭。以堅爲天下轉運使。灞、滻二水會於漕渠，每夏大雨，輒皆填淤。大曆之後，漸不通舟。天寶中，每歲水陸運米二百五十萬石入關。舊於河南路運至陝郡太原倉，又運至永豐倉及京太倉。開元初，河南尹李傑始爲陸運使，從含嘉倉至太原倉，置八遞場，相去每長四十里。每歲冬初起，運八十萬石，後至一百萬石。每遞用車八百乘，分爲前後，交兩月而畢。其後漸加，至天寶七載，滿二百五十萬石。每遞用車千八百乘，自九月至正月畢。天寶九載九月，河南尹裴迥以遞重恐傷牛，於是以遞場爲交場，兩遞簡擇近水處爲宿場，分官押之，兼防其盜竊。大曆後，水陸運每歲四十萬石入關。

（唐）李吉甫《元和郡縣圖志》卷一《關內道》 咸陽縣，畿。正東微南至府四十里。本秦舊縣也，孝公十二年於渭北城咸陽，自汧、隴徙都焉。秦自孝公、惠文、悼武、昭襄、莊襄王、始皇、胡亥並都之。始皇二十六年，初併天下，收天下兵聚之咸陽，鑄以爲鍾鐻，金人十二，重各千石，置庭中。徙天下豪富於咸陽十二萬户。每破諸侯，倣其宫室，作之〔咸陽〕北坂上，以所得諸侯美人鐘鼓充之。咸陽之旁二百里內，宫觀二百七十，土木皆被綈繡，宫人不移樂，不改懸，窮年忘歸，猶不能遍至。胡亥時，天下叛秦。漢元年，秦王子嬰降漢。項羽引兵西屠咸陽，殺子嬰，燒秦宫室，火三月不滅。及漢興，以爲渭城縣，屬右扶風。按秦咸陽在今縣東二十二里，漢渭城縣亦理於此，苻堅時改爲咸陽郡。後魏又移咸陽縣於涇水北，今咸陽縣理是也。隋開皇九年，改涇陽爲咸陽，大業三年廢入涇陽縣。城本杜郵也，武德元年置白起堡，二年置縣，又加營築焉。山南曰陽，水北曰陽，縣在北山之南，渭水之北，故曰咸陽。

（唐）李吉甫《元和郡縣圖志》卷二《淮南道》 運漕河，在縣南八十里。梁侯景之亂，王僧辨軍次蕪湖，景將侯子鑒屯兵梁山，以捍漕運，故名。《補志》引原文。

（唐）李吉甫《元和郡縣圖志》卷四《關内道》 迴樂縣，望。郭下。本漢富平縣地，屬北地郡，在今縣理西南富平故城是也。後周置迴樂縣，枕黄河。後魏刁雍爲薄骨律鎮將，上表請開富平西三十里艾山舊渠，通河水，溉公私田四萬餘頃，人大獲其利。孝文太（和）〔平真君〕七年，雍又上表論漕運：奉詔，平高、安定、統萬平高今屬原州，安定今涇州，統萬今夏州。及臣所守四鎮，出車五千乘，運穀五十萬斛，付沃野鎮以供軍糧。臣鎮去沃野鎮八百里，道多深沙，輕車往來，猶以爲難。今載穀二十五斛，每至深沙，必致滯陷。又穀在河西，轉至沃野，越渡大河，計五千乘運十萬斛，百餘日乃得一返，大廢生人耕墾之業，車牛艱阻，難可全至。一歲不過二運，五十萬斛，乃經三年。臣聞鄭、白之渠，遠引淮、海之粟，泝流數千里，周年乃得一至，猶稱國有儲糧，人用安樂。今求於牽屯山在今原州平高縣，即今笄頭山，語訛。亦曰汧屯山，即牽屯。河水之次，造船二百艘，二船爲一舫，一舫乘二千斛，一舫十人，計須千人。臣鎮内之兵卒皆習水，一運二十萬斛，方舟順流，五日而至自沃野，牽上十日還到，合六十日，得一返。從三月至九月三返，運送六十萬斛，計用人工，輕於車運十倍有餘，不費牛力，又不廢田。孝文帝善之，下詔曰：非但一運，自可永以爲式。

（唐）李吉甫《元和郡縣圖志》卷九《河南道》 廣濟渠，按開元二十七年，河南採訪使齊澣，以江、淮運漕經淮水波濤，有沈溺之憂，遂開廣濟渠下流，自虹縣至楚州淮陰縣北十八里合於淮。踰時畢功。後以水流峻急，行旅艱阻，旋又停廢，卻由舊河。

（唐）鄭棨《開天傳信記》卷一《開天傳信記》 天寶中，上以三河道險束，漕運艱難，乃旁北山鑿石爲月河，以避湍急，名曰天寶河。歲省運夫五十萬，久無覆溺淹滯之患，天下稱之。其河東西徑直長五里餘，闊四五丈，深三四丈，皆鑿堅石。匠人於石得古鐵鏵，長三尺餘，上有平陸二字，皆篆文也。上異之，藏於内庫，遂命改河北縣爲平陸縣，旌其事也。

《舊唐書》卷四八《食貨志》 時又楊崇禮爲太府卿，清嚴善勾剥，分寸錙銖，躬親不厭。轉輸納欠，折估漬損，必令徵送。天下州縣徵財帛，四時不止。及老病致仕，以其子慎矜爲御史，專知太府出納，其弟慎名又專知京倉，皆以苛刻害人，承主恩而徵責。又有韋堅，規宇文融、楊慎矜之跡，乃請於江淮轉運租米，取州縣義倉粟，轉市輕貨，差富户押船，若遲留損壞，皆徵船户。關中漕渠，鑿廣運潭以挽山東之粟，歲四百萬石。帝以爲能，又至貴盛。

《舊唐書》卷四九《食貨志》 武德八年十二月，水部郎中姜行本請於隴州開五節堰，引水通運，許之。

永徽元年，薛大鼎爲滄州刺史，界内有無棣河，隋末填廢。大鼎奏開之，引魚鹽於海。百姓歌之曰：新河得通舟楫利，直達滄海魚鹽至。昔日徒行今聘駟，美哉薛公德滂被。

咸亨三年，關中飢，監察御史王師順奏請運晉、絳州倉粟以贍之，上委以運職。河、渭之間，舟楫相繼，會于渭南，自師順始之也。

大足元年六月，於東都立德坊南穿新潭，安置諸州租船。

神龍三年，滄州刺史姜師度於薊州之北，漲水爲溝，以備奚、契丹之寇。又約舊渠，傍海穿漕，號爲平虜渠，以避海難運糧。

開元二年，河南尹李傑奏，汴州東有梁公堰，年久堰破，江淮漕運不通。發汴、鄭丁夫以濬之，省功速就，公私深以爲利。

十五年正月，令將作大匠范安及檢行鄭州河口斗門。先是，洛陽人劉宗器上言，請塞汜水舊汴河口，於下流滎澤界開梁公堰，置斗門，以通淮、汴，擢拜左衛率府胄曹。至是，新漕塞，行舟不通，貶宗器焉。安及遂發河南府、懷、鄭、汴、滑三萬人疏决開舊河口，旬日而畢。

十八年，宣州刺史裴耀卿上便宜事條曰：江南户口稍廣，倉庫所資，惟出租庸，更無征防。緣水陸遥遠，轉運艱辛，功力雖勞，倉儲不益。竊見每州所送租及庸調等，本州正二月上道，至揚州入斗門，即逢水淺，已有阻礙，須留一月已上。至四月已後，始渡淮入汴，多屬汴河乾淺，又般運停留，至六七月始至河口，即逢黄河水漲，不得入河。又須停一兩月，待河水小，始得上河。入洛即漕路乾淺，船艘隘鬧，般載停滯，備極艱辛。計從江南至東都，停滯日多，得行日少，糧食既皆不足，欠折因此而生。又江南百姓不習河水，皆轉雇河師水手，更爲損費。伏見國家舊法，往代成規，擇制便宜，以垂長久。河口元置武牢倉，江南船不入黄河，即於倉内便貯。鞏縣置洛口倉，從黄河不入漕洛，即於倉内安置。爰及河陽倉、柏崖倉、太原倉、永豐倉、渭南倉，節級取便，例皆如此。水通則隨近運轉，不通即且納在倉，不滯遠船，不憂久耗，比於曠年長運，利便一倍有餘。今若且置武牢、洛口等倉，江南船至河口，即却還本州，更得其船充運。并取所減脚錢，更運江淮變造義倉，每年剩得一二百萬石。即望數年之外，倉廪轉加。其江淮義倉，下濕不堪久貯，若無船可運，三兩年色變，即給貸費散，公私無益。疏奏不省。

至二十一年，耀卿爲京兆尹，京師雨水害稼，穀價踊貴，玄宗以問耀卿，奏稱：昔貞觀、永徽之際，禄廪未廣，每歲轉運，不過二十萬石便足。今國用漸廣，漕運數倍，猶不能支。從都至陝，河路艱險，既用陸運，無由廣致。若能兼河漕，變陸爲水，則所支有餘，動盈萬計。且江南租船，候水始進，吴人不便漕輓，由是所在停留，日月既淹，遂生竊盗。臣望於河口置一倉，納江東租米，便放船歸。從河口即分入河、洛，官自雇船載運。三門之東，置一倉。三門既水險，即於河岸開山，車運十數里。三門之西，又置一倉，每運至倉，即般下貯納。水通即運，水細便止。自太原倉泝河，更無停留，所省鉅萬。前漢都關中，年月稍久，及隋亦在京師，緣河皆有舊倉，所以國用常贍。上深然其言。

至二十二年八月，置河陰縣及河陰倉、河西柏崖倉、三門東集津倉、三門西鹽倉。開三門山十八里，以避湍險。自江淮而泝鴻溝，悉納河陰倉。自河陰送納含嘉倉，又送納太原倉，謂之北運。自太原倉浮于渭，以實關中。上大悦。尋以耀卿爲黄門侍郎、同中書門下平章事，充江淮、河南轉運都使；以鄭州刺史崔希逸、河南少尹蕭炅爲副。凡三年，運七百萬石，省陸運之傭四十萬貫。舊制，東都含嘉倉積江淮之米，載以大輿而西，至于陝三百里，率兩斛計傭錢千，此耀卿所省之數也。明年，耀卿拜侍中，而蕭炅代焉。二十五年，運米一百萬石。

二十九年，陝郡太守李齊物，鑿三門山以通運，闢三門巔，踰巖險之地，俾負索引艦，升于安流，自齊物始也。

天寶三載，韋堅代蕭炅，以滻水作廣運潭於望春樓之東，而藏舟焉。是年，楊釗以殿中侍御史爲水陸運使，以代韋堅。先是，米至京師，或砂礫糠粃，雜乎其間。開元初，詔使揚擲而較其虚實，揚擲之名，自此始也。

十四載八月，詔水陸運宜停一年【略】

〔貞元〕五年十二月，度支轉運鹽鐵奏：比年自揚子運米，皆分配緣路觀察使差長綱發遣，運路既遠，實謂勞人。今請當使諸院，自差綱節級般運，以救邊食。從之。【略】

大中五年二月，以户部侍郎裴休爲鹽鐵轉運使。明年八月，以本官平章事，依前判使。始者，漕米歲四十萬斛，其能至渭倉者，十不三四。漕吏狡蠹，敗溺百端，官舟之沉，多者歲至七十餘隻。緣河姦犯，大紊晏法。休使僚屬按之，委河次縣令董之。自江津達渭，以四十萬斛之傭，計緡二十八萬，悉使歸諸漕吏。巡院胥吏，無得侵牟。舉之爲法，凡十事，奏之。六年五月，又立税茶之法，凡十二條，陳奏，上大悦。詔曰：裴休興利除害，深見奉公。盡可其奏。由是三歲漕米至渭濱，積一百二十萬斛，無升合沉棄焉。

（宋）王溥《唐會要》卷六一《御史臺中·館驛》　〔開元〕二十八年六月一日敕曰：先置陸驛，以通使命。苟無闕事，雅適其宜。如聞江淮河南，兼有水驛。損人費馬，甚覺勞煩。且使臣受命，貴赴程期。豈有求安，故爲勞擾。其應置水驛，宜並停。

（宋）王溥《唐會要》卷六一《御史臺中・館驛》 大中五年七月敕：如聞江淮之間，多有水陸兩路，近日乘券牒使命等，或使頭陸路，則隨從船行，或使頭乘舟，則隨從登陸。一道券牒，兩處祇供。害物擾人，爲弊頗甚。自今已後，宜委諸道觀察使，及出使郎官御史，並所在巡院，切加覺察。如有此色，即具名奏，當議懲殿。如州縣妄有祇候，官吏所由，節級科議，無容貸。

（宋）王溥《唐會要》卷八六《橋梁》 〔天寶〕十載十一月，河南尹裴迥請税本府户錢，自龍門東山抵天津橋東，造石堰以禦水勢。從之。

大歷五年五月敕：承前府縣，並差百姓修理橋梁，不逾旬月，即被毁折，又更差勒修造，百姓勞煩，常以爲弊。宜委左右街使勾當捉搦，勿令違犯。如歲月深久，橋木爛壞，要修理者，左右街使與京兆府計會其事，申報中書門下，計料處置。其坊市橋，令當界修理。諸橋街，京兆府以當府利錢充修造。

其年八月敕：其坊市内有橋，不問大小，各仰本街曲當界共修，仍令京兆府各差本界官，及當坊市所由勾當，每年限正月十五日内令畢。如違，百姓決二十，仍勒依前令修。文武官一切具名聞奏，節級科貶。如後續有破壞，仍令所由時看功用多少，計定數修理，不得輒牒料率，及有隱欺。【略】

貞元元年正月敕：宜令京兆府與金吾計會，取城内諸街枯死槐樹，充修灞滻等橋板木等用，仍栽新樹充替。

（宋）王溥《唐會要》卷八七《轉運鹽鐵總叙》 開元二年，河南尹李傑爲水運使，大興漕事。【略】

天寶二載，韋堅代蕭炅，以滻水作廣運潭於望春之東，而藏舟焉。是年，楊釗以殿中侍御史爲水陸運使，以代韋堅。先是，米至京師，或砂礫糠粃，雜乎其間。開元初，詔使揚擲而較其虚實。揚擲之名，自此始也。

十四載八月詔：水陸運宜停一年。天寶以來，楊國忠、王鉷皆兼重使，以權天下。故轉運之事，自耀卿以降，罕有聞者。

（宋）王溥《唐會要》卷八七《漕運》 舊制，凡陸行之馬程，日七十里，步及驢五十里，車三十里。水行之程，舟之重者，泝河日三十里，江四十里，餘水四十五里。空舟泝河四十里，江五十里，餘水六十里。沿流之舟，即輕重同制，河日一百五十里，江一百里，餘水七十里。其如底柱之類，不拘此限。若遇風水淺不得行者，即於隨近官司申牒檢印記，聽折半。【略】

〔開元〕九年五月二十五日敕：水運米揚擲，四、五、六、七月，米一㪷欠五合，三、八月，米一㪷欠四合，二、九月，米一㪷欠三合，正、十、十一月、十二月，米一㪷欠二合，並與納。【略】

二十六年十一月五日，潤州刺史齊澣奏：常州北界隔吴江，至瓜步江爲限，每船渡繞瓜步江沙尾，紆迴六十里，多爲風濤所損。臣請於京口埭下，直截渡江。二十里開伊婁河，二十五里即達揚子縣。無風水災，又減租脚錢，歲收利百億。又立伊婁埭，皆官收其課。迄今用之。

（宋）王讜《唐語林》卷一《政事上》 劉晏爲諸道鹽鐵轉運使。時軍旅未寧，西蕃入寇，國用空竭，始於揚州造轉運船，每以十隻爲一綱，載江南穀麥，自淮、泗入汴，抵河陰，每船載一千石。揚州遣軍將押至河陰之門，填闕一千石，轉相受給，達太倉，十運無失，即授優勞官。汴水至黄河迅急，將吏典主，數運之後，無不髮白者。晏初議造船，每一船用錢百萬。或曰：今國用方乏，宜減其費，五十萬猶多矣。晏曰：不然。大國不可以小道理。凡所創置，須謀經久。船場既興，即其間執事者非一，當有贏餘及衆人。使私用無窘，即官物堅固，若始謀便朘削，安能長久？數十年後，必有以物料太豐減之者。減半，猶可也；若復減，則不能用。船場既隳，國計亦圮矣。乃置十場於揚子縣，專知官十人，競自營辦。後五十餘歲，果有計其餘，減五百千者，是時猶可給。至咸通末，院官杜侍御又以一千石船，分造五百石船兩舸，用木廉薄。又執事人吴堯卿爲揚子縣官，變鹽鐵之制，令商人納榷，隨所送物料，皆計折納，勘廉每船板、釘、灰、油、炭多少而給之。物復贍長。軍將十家，即時委弊。

（宋）王應麟《玉海》卷一八二《食貨・漕運・唐浚儀運路 漢運路》 《食貨志》：田悦、李惟岳、李納、梁崇義拒命，建中二年。舉天下兵討之，諸軍仰給京師。而李納、田悦兵守渦口，梁崇義搤襄、鄧，南北漕引皆絶，京師大恐。江淮水陸轉運使杜佑以漢運路一本云秦漢運路。出浚儀十里入琵琶溝，絶蔡河，至陳州而合，自隋鑿汴河，官漕不通，若導流培岸，功用甚寡。疏鷄鳴岡首尾，可以通舟，陸行纔四十里，則江、湖、黔中、嶺南、蜀、漢之粟可方舟而下，繇白沙趣東關，歷潁蔡，涉汴抵東都，無濁河泝淮之阻，減故道二千餘里。會李納將李洧以徐州歸命，淮路通而止。《王紹傳》：李希烈阻兵江淮，輸物留梗，乃徙餉道自潁入汴。《通鑑》：建中三年，東南轉運不敢由汴渠自蔡水而上。《李希烈傳》：李納遣游兵導希烈絶汴餉路，李勉治蔡渠，引東南饋。帝使陝虢觀察使姚明敭治上津道，置館通南方貢貨。崔縱爲汴西水陸運使，王師圍田悦，餉四節度糧，軍無乏。建中二年，李正己反，屯兵埇橋，江淮漕船積千餘，不敢踰渦口。張萬福刺濠州，因馳至渦口，駐馬於岸，悉發漕船相銜進，賊兵熟視不敢動。《伊謹傳》：包吉轉東南財糧至蘄口，賊遏江道，不得西，謹選士七千，列三屯奮擊，漕無留艱。李晟屯渭北，韓滉運米餽之，船置十弩相警。《張建封傳》：李泌建言，東南漕自淮達諸汴，徐之埇橋爲江淮計口，請以建封帥徐。貞元四年。

（宋）王應麟《玉海》卷一八二《食貨・漕運・唐漕渠　廣運潭　洛漕新潭》

《會要》：大定元年六月九日，於東都立德坊南穿新潭，置諸州租船。神龍二年，滄州刺史姜師度傍海穿漕，號平虜渠。開元二十八年九月，魏州刺史盧暉開通濟渠，製樓百餘間，以貯江淮之貨。二十九年十一月，陝郡太守李齊物鑿三門路便漕運，開渠得古犁鏵三於石下，遂改河北縣爲平陸。天寶元年正月二十五日，辛未。渠成。其年三月，陝郡太守韋堅引滻水開廣運潭於望春東，自華陰、永豐倉以通河渭。至二年三月二十六日，丙寅。名潭曰廣運。京兆尹韓朝宗分渭水置潭以貯水。永泰二年七月十日，《通鑑》云八月。京兆尹黎幹奏鑿運水渠。《通鑑》云京兆尹黎幹自南山引澗水穿漕渠，入長安，不成。開元二十六年十一月五日，齊澣奏請開伊婁河，又立伊婁埭。《地志》同。詳見河渠類。《志》：韋堅漕山東粟四百萬石，自裴耀卿，言漕事進用者常兼轉運之職，而堅爲最。《地理志》：河南有洛漕新潭。大足元年開，以置租船。泗州漣水有新漕渠，南通淮。垂拱四年，開以通海、沂、密等州。

興元初，治漕渠，引湖陂，築坊庸，入渠中起隄貫城，以通大舟者，淮南節度杜亞也。元和中，以漕渠庳下，築隄閼以防洩者，李吉甫也。大和初，疏秦漢時故漕，興城堰東達永豐倉，罷車輓之勞者，咸陽令韓遼也。

神龍初，韋景駿令肥鄉縣池瀕漳舊防迫漕渠，景駿相地勢，益南千步，因高築鄣，又維艚以梁其上。

（宋）王應麟《玉海》卷一八二《食貨・漕運・唐水陸運　遞場　海運》

《六典》：自洛至陝運於陸，自陝至京運於水，置使以統之。駕部諸司有備運之車。《食貨志》：唐都長安，而關中號沃野，然土地狹，所出不足給京師，備水旱，常轉漕東南之粟。高祖、太宗時，用物有節而易贍，水陸漕運歲不過二十萬石，故漕事簡。高宗後，歲益增多。初，江淮漕租米至東郡輸含嘉倉，以車或馱陸運至陝。水行來遠，多風波覆溺，率一斛得八斗爲成勞。陸運至陝，纔三百里，率兩斛計錢千。民送租皆有水陸之直，河有三門底柱之險。顯慶元年，苑西監褚明議鑿三門山爲梁，通陸運，功不成。其後，大匠楊務廉又鑿爲棧，以輓漕舟，人以爲苦。初，裴耀卿興漕路，請罷陸運而不果。自景雲中，陸運北路分八遞，雇民車牛以載。開元初，河南尹李傑爲水陸運使，運米歲二百五十萬石，而八遞用車千八百乘。《會要》開元二年，傑爲水運使，大興漕事。耀卿罷久之，天寶九載九月，河南尹裴逈以八遞傷牛，乃爲交場兩遞，濱水處爲宿場，分官總之。通使逈以遞場爲交場，近水處爲宿場。自龍門東山抵天津橋爲石堰以遏水。《會要》：開元二十九年，除朔方節度王忠嗣加水運使。二十七年十二月，李適之爲幽州節度、河北海運使。建中元年，罷轉運使。既而復以杜佑權江淮水陸轉運使。《通典》：天寶中，每歲水陸運米二百五十萬石入關，舊於河南運至陝郡太原倉，又運至永豐倉及京太倉。開元初，河南尹李傑始爲陸運使，從含嘉倉至太原倉置八遞場，每歲冬初起運八十萬石，後至一百萬石，每遞用車八百乘，分爲前後，交兩月而畢。天寶七載，滿二百五十萬石，每遞用車千八百乘，自九月至正月畢。大曆後，水陸運每歲四十萬石入關。《傳》：任瓌留戍永豐倉，秦王東討，瓌從邙山主人運餉軍。又見後。李襲譽授太府少卿，伐王世充，拜潞州總管，詔典運饟東軍。竇琮武德初留守陝護饟道。房玄齡爲太子太傅，伐遼，留守京師，總糧械飛輪，韋挺主餉運，作漕艫轉糧。崔仁師副挺知海運，又別知河南漕事，以漕路回遠，恐所輸不時，至以便宜發近海租賦餉軍。崔湜建言，山南可引丹水通漕至商州，自商鑱山出石門，抵北藍田，可通輓道。以湜充使開大昌關，役徒數萬，竟不通。姜師度神龍初並海鑿平虜渠，以通餉路，罷海運，省功多，爲陝州刺史。太原倉水陸運所湊，轉屬諸道，使依高爲廥而注米於舟，故人不勞。李泌貞元九年拜陝虢觀察使，始鑿山開車道至三門，便饟漕。王播長慶初浚七里港以便漕。王仲丘祖師順仕高宗，議漕輸事。韓重華爲代北水運使。狄仁傑督太原運。陸贄奏議崔造作相，懲元琇罷運之失，請每年轉漕百萬石，以贍京師。《地理志》：平州馬城，古海陽城也。開元二十八年，置以通水運。《金石録》：元和二年五月，席夔撰《東渭橋河運院記》。興元江運。見河渠。

（元）馬端臨《文獻通考》卷二五《國用考・漕運》　唐都長安，而關中號稱沃野，然其土地狹，所出不足以給京師，備水旱，故常轉漕東南之粟。高祖、太宗之時，用物有節而易贍，水陸漕運，歲不過二十萬石，故漕事簡。自高宗以後，歲益增多，而功利繁興，民亦罹其弊矣。

初，江淮漕租米至東都輸含嘉倉，以車或馱陸運至陝。而水行來遠，多風波覆溺之患，其失常十七八，故其率一斛得八斗爲成勞。而陸運至陝纔三百里，率兩斛計庸錢千。民送租者，皆有水陸之直，而河有三門底柱之險。顯慶元年，苑西監褚朗議鑿三門山爲梁，可通陸運。乃發卒六千鑿之，功不成。其後，將作大匠楊務廉又鑿爲棧，以輓漕舟。輓夫繫二釽於胸，而繩多絶，輓夫輒墜死，則以逃亡報，因繫其父母妻子，人以爲苦。

開元十八年，宣州刺史裴耀卿朝集京師，玄宗訪以漕事，耀卿條上便宜曰：江南户口多，而無征防之役。然送租、庸、調物，以歲二月至揚州入斗門，四月已後，始渡淮入汴，常苦水淺，六七月乃至河口，而河水方漲，須八九月水落始得上河入洛，而漕路多梗，船檣阻隘。江南之人，不習河事，轉雇河師水手，重爲勞費。其得行日少，阻滯日多。今漢、隋漕路，瀕河倉禀，遺迹可尋。可於河口置武牢倉，鞏縣置洛口倉，使江南之舟不入黄河，黄河之舟不入洛口。而河陽、柏崖、太原、永豐、渭南諸倉，節級轉運，水通則舟行，水淺則寓於倉以待，則舟無停留，而物不耗失。此甚利也。玄宗初不省。二十一年，耀卿爲京兆尹，京師雨水，穀踴貴，玄宗將幸東都，復問耀卿漕事，耀卿因請：罷陝陸運，而置倉河口，使江南漕舟至河口者，輸粟於倉而去，縣官雇舟以分入河、洛。置倉三門東西，漕舟輸其東倉，而陸運以輸西倉，復以舟漕，以避三門之水險。玄宗以爲然。乃於河陰置河陰倉，河清置柏崖倉，三門東置集津倉，西置鹽倉；鑿山十八里以陸運。自江淮漕者，皆輸河陰倉，自河陰西至太原倉，謂之北運，自太原倉浮渭以實關中。玄宗大悦，拜耀卿爲黄門侍郎、同中書門下平章事，兼江淮都轉運使，以鄭州刺史崔希逸、河南少尹蕭炅爲副使，益漕晋、絳、魏、濮、邢、貝、濟、博之租輸諸倉，轉而入渭。凡三歲，漕七百萬石，省陸運傭錢三十萬緡。

是時，民久不罹兵革，物力豐富，朝廷用度亦廣，不計道里之費，而民之輸送所出水陸之直，增以函脚、營窖之名，民間傳言用斗錢運斗米，其糜耗如此。

及耀卿罷相，北運頗艱，米歲至京師纔百萬石。二十五年，遂罷北運。而崔希逸爲河南陝運使，歲運百八十萬石。其後以太倉積粟有餘，歲減漕數十萬石。

二十九年，陝郡太守李齊物鑿底柱爲門以通漕，開其山巔爲輓路，燒石沃醯而鑿之。然棄石入河，激水益湍怒，舟不能入新門，候其水漲，以人輓舟而上。天子疑之，遣宦者按視，齊物厚賂使者，還言便。

齊物入爲鴻臚卿，以長安令韋堅代之，兼水陸運使。堅治漢、隋運渠，起關門，抵長安，通山東租賦。乃絶灞、滻，並渭而東，至永豐倉與渭合。又於長樂坡瀕苑墻鑿潭於望春樓下，以聚漕舟。堅因使諸舟各揭其郡名，陳其土地所産寶貨諸奇物於栿上。先時民間唱俚歌曰得體紇那邪。其後得寶符於桃林，於是陝縣尉崔成甫更《得體歌》爲《得寶弘農野》。堅命舟人爲吴、楚服，大笠、廣袖、芒屩以歌之。成甫又廣之，爲歌辭十闋，自衣闕後緑衣、錦半臂、紅抹額，立第一船爲號頭以唱，集兩縣婦女百餘人，鮮服靚粧，鳴鼓吹笛以和之。衆艘以次輳樓下，天子望見大悦，賜其潭名曰廣運潭。是歲，漕山東粟四百萬石。自裴耀卿言漕事，進用者常兼轉運之職，而韋堅爲最。

初，耀卿興漕路，請罷陸運，而不果廢。自景雲中，陸運北路分八遞，雇民車牛以載。開元初，河南尹李傑爲水陸運使，運米歲二百五十萬石，而八遞用車千八百乘。耀卿罷久之，河南尹裴迥以八遞傷牛，乃爲交場兩遞，濱水處爲宿場，分官總之，自龍門東山抵天津橋，爲石堰以遏水。其後大盗起，而天下匱矣。

肅宗末年，史朝義兵分出宋州，淮運於是阻絶，租庸鹽鐵泝漢江而上。河南尹劉晏爲户部侍郎，兼勾當度支、轉運、鹽鐵、鑄錢使，江淮粟帛，繇襄、漢越商於輸京師。

及代宗出陝州，關中空窘，於是盛轉輸以給用。廣德二年，廢勾當度支使，以劉晏頒領東都、河南、淮西、江南東西轉運、租庸、鑄錢、鹽鐵，轉輸至上都，度支所領諸道租庸觀察使，凡漕事亦皆決於晏。晏即鹽利雇傭分利督之，隨江、汴、河、渭所宜。故時轉運船繇潤州陸運至揚子，斗米費錢十九，晏命囊米而載以舟，減錢十五；繇揚州距河陰，斗米費錢百二十，晏爲歇艎支江船二千艘，每船受千斛，十船爲綱，每綱三百人，篙工五十人，自揚州遣將部送至河陰，上三門，號上門填闕船，米斗減錢九十。調巴、蜀、襄、漢麻枲竹篠爲綯輓舟，以朽索腐材代薪，物無棄者。未十年，人人習河險。江船不入汴，汴船不入河，河船不入渭；江南之運積揚州，汴河之運積河陰，河船之運積渭口，渭船之運入太倉。歲轉粟百一十萬石，無升斗溺者。輕貨自揚子至汴州，每馱費錢二千二百，減九百，歲省十餘萬緡。又分官吏主丹陽湖，禁引溉，自是河漕不涸。大曆八年，以關内豐穰，減漕十萬石，度支和糴以優農。晏自天寶末掌出納，監歲運，知左右藏；主財穀三十餘年矣。及楊炎爲相，以舊惡罷晏，轉運使復歸度支，凡江、淮漕米，以庫部郎中崔河圖主之。

及田悦、李惟岳、李納、梁崇義拒命，舉天下兵討之，諸軍仰給京師。而李納、田悦兵守渦口，梁崇義搤襄、鄧，南北漕引皆絶，京師大恐。江淮水陸轉運使杜佑以秦、漢運路出浚儀十里入琵琶溝，絶蔡河，至陳州而合，自隋鑿汴河，官漕不通，若導流培岸，功用甚寡；疏鷄鳴岡首尾，可以通舟，陸行纔四十里，則江、湖、黔中、嶺南、蜀、漢之粟可方舟而下，繇白沙趣東關，歷潁、蔡，涉汴抵東都，無濁河泝淮之阻，減故道二千餘里。會李納將李洧以徐州歸命，淮路通而止。户部侍郎趙贊又以錢貨出淮迂緩，分置汴州東西水陸運兩稅鹽鐵使，以度支總大綱。

貞元初，關輔宿兵，米斗千錢，太倉供天子六宮之膳不及十日，禁中不能釀酒，以飛龍駝負永豐倉米給禁軍，陸運牛死殆盡。德宗以給事中崔造敢言，爲能立事，用爲相。造以江、吴素嫉錢穀諸使頗利罔上，乃奏諸道觀察使、刺史選官部送兩稅至京師，廢諸道水陸轉運使及度支巡院、江淮轉運使，以度支、鹽鐵歸尚書省，宰相分判六尚書事。以户部侍郎元琇判諸道鹽鐵、榷酒，侍郎吉中孚判度支諸道兩稅。增江、淮之運，浙江東、西歲運米七十五萬石，復以兩稅易米百萬石，江西、湖南、鄂岳、福建、嶺南米亦百二十萬石，詔浙江東、西節度使韓滉，淮南節度使杜亞運至東、西渭橋倉。諸道有鹽鐵處，復置巡院。歲終宰相計課最。崔造厚元琇，而韓滉方領轉運，奏國漕不可改。帝亦雅器滉，復以爲江淮轉運使。元琇嫉其剛，不可共事，因有隙。琇稱疾罷，而滉爲度支、諸道鹽鐵轉運使，於是崔造亦罷。滉遂劾琇常饋米淄青、河中，而李納、懷光倚以構叛，貶琇雷州司户參軍，尋賜死。

是時，汴宋節度使春夏遣官監汴水，察盜灌溉者。歲漕經底柱，覆者幾半。河中有山號米堆，運舟入三門，雇平陸人爲門匠，執標指麾，一舟百日乃能上。諺曰：古無門匠墓。謂皆溺死也。陝虢觀察使李泌益鑿集津倉山西逕爲運道，屬於三門倉，治上路以回空車，費錢五萬緡，下路減半；又爲入渭船，方五板，輸東渭橋太倉米至凡百三十萬石，遂罷南路陸運。其後諸道鹽鐵、轉運使張滂復置江淮巡院。及浙西觀察使李錡領使，江淮堰埭隸浙西者，增私路小堰之稅，以副使潘孟陽主上都留後。李巽爲諸道轉運、鹽鐵使，以堰埭歸鹽鐵使，罷其增置者。自劉晏後，江淮米至渭橋寖減矣，至巽乃復如晏之多。

初，揚州疏太子港、陳登塘，凡三十四陂，以益漕河，輒復堙塞。淮南節度使杜亞乃濬渠蜀岡，疏句城湖、愛敬陂，起堤貫城，以通大舟。河益庫，水下走淮，夏則舟不得前。節度使李吉甫築平津堰，以洩有餘，防不足，漕流遂通。然漕益少，江淮米至渭橋者纔二十萬斛。以諸道鹽鐵、轉運使盧坦糴以備一歲之費，省冗職八十員。自江以南，補署皆剸屬院監，而漕米亡耗於路頗多。刑部侍郎王播代坦，建議米至渭橋五百石亡五十石者死。其後判度支皇甫鎛議萬斛亡三百斛者償之，千七百斛者流塞下，過者死；盜十斛者流，三十斛者死。而覆船敗輓，至者不得十之四五。部吏舟人相挾爲姦，榜笞號苦之聲聞於道路，禁錮連歲，赦下而獄死者不可勝數。其後貸死刑，流天德五城，人不畏法，運米至者十亡七八。鹽鐵、轉運使柳公綽請如王播議加重刑。太和初，歲旱河涸，掊沙而進，米多耗，抵死甚衆，不待覆奏。

秦、漢時故漕興成堰，東達永豐倉，咸陽縣令韓遼請疏之，自咸陽抵潼關三百里，可以罷車輓之勞。宰相李固言以爲非時，文宗曰：苟利於人，陰陽拘忌，非朕所顧也。議遂決。堰成，罷輓車之牛以供農耕，關中賴其利。

故事，州縣官充綱，送輕貨四萬，書上考。開成初，爲長定綱，州擇清彊官送兩税，至十萬遷一官，往來十年者授縣令。江淮錢積河陰，轉輸歲費十七萬餘緡，行綱多以盜抵死。判度支王彦威置縣遞群畜萬三千三百乘，使路傍民養以取傭，日役一驛，省費甚博。而宰相亦以長定綱命官不以材，江淮大州，歲授官者十餘人，乃罷長定綱，送五萬者書上考，七萬者減一選，五十萬減三選而已。及户部侍郎裴休爲使，以河瀕縣令董漕事，自江達渭，運米四十萬石。居三歲，米至渭橋百二十萬石。

凡漕達於京師而足國用者，大略如此。其他州、縣、方鎮，漕以自資，或兵所征行，轉運以給一時之用者，皆不足紀。

貞元初，陸贄上奏，言：邦畿之税，給用不充，東方歲運租米，冒淮、湖風浪之險，泝河、渭湍險之艱，費多而益寡。習聞見而不達時宜者，則曰國之大事，不計費損，故有用斗錢運斗米之言。雖知勞煩，不可廢也。習近利而不防遠慮者，則曰每至秋成，但令畿内和糴，既易集事，又足勸農，何必轉輸，徒耗財用。臣以兩家之論，互有短長，各申偏執之懷，俱昧變通之術。若國家理安，錢穀俱富，烝黎蕃息，力役靡施，然後常操羡財，益廣漕運，雖有厚費，適資貧人。貞元之始，巨盜初平，太倉無兼月之儲，關輔遇連年之旱，而有司奏停水運，務省脚錢，至使郊畿煙火殆絶，餧殍相望，斯所謂睹近利而不防遠患者也。近歲關輔年穀屢登，數減百姓税錢，許其折納粟麥，公儲委積，足給數年，農家猶苦穀賤。今夏江淮水潦，漂損田苗，米價倍貴，流庸頗多，關輔以穀賤傷農，宜加價糴穀，以勸稼穡。江淮以穀貴民困，宜減價糶米，以救凶災。今宜糴之處則無錢，宜糶之處則無米，而又運彼所乏，益此所餘，所謂習聞見而不達時宜者也。今淮南諸州米，每斗當錢一百五十文，從淮入渭橋，每斗船脚又約用錢二百文，計運米一斗，總當錢三百五十文，其米既糙且陳，尤爲京邑所賤。據市司月估，每斗隻糶得錢三十七而已，耗其九而存其一，餧彼人而傷此農，制事若斯，可謂深失矣。今約計一年和糴之數，可當轉運二年；一斛轉運之資，足以和糴五斛。比較即時利害，運務且合悉停。臣竊慮停運，則舟船無用，壞爛莫修；倘遇凶災，復須轉漕，臨時鳩集，理必淹遲。臣今欲減所轉之數，以實邊儲。其江淮諸道，運米至河陰，河陰運米至太原倉，太原運米至東渭橋，來年各請停所運三之二。其江淮所停運米八十萬斛，委轉運使每斗取八十錢，於水災州縣糶之，以救貧乏，計得錢六十四萬緡，減僦直六十九萬緡。請令户部先以二十萬緡付京兆，令糴米以補渭橋倉之闕數，斗用百錢，以利農人；以一百二萬六千緡付邊鎮，使糴十萬人一年之糧，餘十萬四千緡，以充來年和糴之價；其江淮米錢僦直，並委轉運使折市綾、絹、絁、綿，以輸上都，償先貸户部錢，如此，則不擾一人，無廢百事。但於常用之内，收其枉費之資，百萬嬴糧，坐實邊鄙，又有勸農賑乏之利，存乎其間矣。

元祐間，東坡蘇氏《論綱梢欠折利害奏狀》曰：臣聞唐代宗時，劉晏爲江淮轉運使，始於揚州造轉運船，每船載一千石，十船爲一綱，揚州差軍將押赴河陰。每造一船，破錢一千貫，而實費不及五百貫。或譏其枉費，晏曰：大國不可以小道理，凡所創置，須謀經久，船場既興，執事者非一，須有餘剩，養活衆人，私用不窘，則官物牢固。乃於揚子縣置十船場，差專知官十人，不數年間，皆致富贍。凡五十餘年，船場既無破敗，饋運亦不闕絶。至咸通末，有杜侍御者，始以一千石船，分造五百石船二隻，船始敗壞。而吳堯卿者，爲揚子院官，始勘會每船合用物料，實數估給，其錢無復寬剩。專知官十家即時凍餒，而船場遂破，饋運不給，不久遂有黄巢之亂，劉晏以一千貫造船，破五百貫爲干繫人欺隱之資，以今之君子寡見淺聞者論之，可謂疏謬之極矣。然晏運四十萬石，當用船四百隻，五年而一更造，是歲造八十隻也。每隻剩破五百貫，是歲失四萬貫也。而吳堯卿不過爲朝廷歲寬四萬貫耳。得失至微，而饋運不繼，以貽天下之大禍。臣以此知天下之大計，未嘗不成於大度之士，而敗於寒陋之小人也。國家財用大事，安危所出，願常不與寒陋小人謀之，則可以經久不敗矣。

按：西漢與唐俱都關中，皆運東南之粟以餉京師，自河、渭泝流而上。然漢武帝時，運六百萬斛。唐天寶極盛之時，韋堅爲水陸運使，僅一歲能致四百萬斛餘。歲止二百五十萬斛，而至德以後，僅百餘萬而已，俱未能如漢之數。且考之《食貨志》，及參以陸、蘇二公之言，則運彌艱，費彌重，豈古今水道有險易之不同邪？當考。

咸通元年，南蠻陷交趾，徵諸道兵赴嶺南。詔湖南水運自湘江入澪渠，並江西水運，以饋行營諸軍。泝運艱難，軍屯廣州乏食，潤州人陳磻石詣闕言：海船至福建，往來大船一隻可致千石，自福建不一月，至廣州得船數十艘，便可得三五萬石，勝於江西、湖南泝流運糧。又引劉裕海路進軍破盧循故事。乃以磻石爲鹽鐵巡官往揚子縣專督海運，於是軍不闕供。

（清）董誥《全唐文》卷三一《玄宗·停今年漕運詔》　河東陝運兩使，每年常運一百八十萬石米送京，近已減八十萬石訖。今據太倉米數，支計有舒，務在息人，不欲勞弊，其今年所運一百萬石亦宜停。

（清）董誥《全唐文》卷三二《玄宗·致祭涇渭灞滻等水詔》　五材並用，時表上靈，八水分流，實稱善利。京師奥壤，秦甸王畿。灞滻通於涇渭，滂澇匯於澧滈。蓄洩雷雨，滋育稼穡。雖惠澤已及於蒸民，而虔誠猶闕於祀典。聿崇精享，庶達明神。其涇渭灞滻等分水，宜令禮儀使左庶子韋述取今月二十九日一時備禮致祭，務陳蠲潔，稱朕意焉。

（清）董誥《全唐文》卷三五《玄宗·改丹水為懷水敕》　不息惡木，忍渴盗泉。行道之人，避惡名也。朕常覽《上黨記》，稱秦坑趙卒，血流丹谷，名其水爲丹水者，省方此路，懷古惻然。邑號獲嘉，地稱修武。前王故事，將有所憑。宜改丹水爲懷水，改丹水府爲懷仁府。其鄉里名號，亦仰州長官隨事改易。

（清）陸心源《唐文拾遺》卷二《玄宗·停來歲江淮漕運制》　所運糧儲，本資國用。太倉今既餘羡，江淮轉輸艱勞，務在從宜，何必舊數。其來載水陸運入京宜並停。

（元）馬端臨《文獻通考》卷二五《國用考·漕運》　後唐同光三年，吏部尚書李琪奏請敕下諸道，合差百姓轉般之數，有能出力運官物到京者，五百石以上，白身授一初任州縣官，有官者依資次遷授，欠選者便與放選，千石以上至萬石者，不拘文武，顯示賞酬。免令方春農人流散，此亦轉倉贍軍之一術也。敕租庸司下諸州，有應募者聞奏施行。

長興二年，敕應沿河船般倉，依北面轉運司船般倉例，每一石於數內與正銷破二升。

四年二月，三司使奏：洛河水運，自洛口至京，往來牽船下卸，皆是水運，牙官每人管定四十石。今洛岸至倉門稍遠，牙官運轉艱難，近日例多逃走。今欲於洛河北岸别鑿一灣，引船直至倉門下卸，其工役欲於諸軍傔人内差借。從之。

周顯德二年，上謂侍臣曰：轉輸之物，向來皆給斗耗，自漢以來，不與支破。倉廩所納新物，尚破省耗，況水路所般，豈無損失，今後每石宜與耗一斗。

致堂胡氏曰：受税而取耗，雖非良法，誠以給用，猶不使民徒費。今觀世宗之言，則知晋、漢間取雀鼠耗及省耗，未嘗爲耗用，直多取以實倉廩耳。比及輸運，其當給耗，反不與之，而或責之綱吏，或還使所出州縣補其虧數，亡身破家，不可勝計，豈爲國撫民之道也。不宜取而取者，省耗糜費是也；當予而未嘗予者，漕運斗耗是也。世宗既與之，善矣；省耗應罷而未罷，豈非以多故未及邪？明宗、潞王時，可謂窘匱，猶放逋租數百萬，世宗誠欲蠲除省耗，又何難哉？

四年，詔疏下汴水，一派北入於五丈河，又東北達於濟。自是，齊、魯之舟楫皆至京師。

六年，命侍衛馬軍都指揮使韓令坤，自京東疏汴水入於蔡河，侍衛步軍都指揮使袁彦浚五丈河以通漕運。

（宋）王溥《五代會要》卷一五《度支》　周顯德五年閏七月，度支奏：當司漕運水陸行程制。陸行，馬日七十里，步及驢五十里，車三十里。水行，泝流，舟之重者，汴河日三十里，江四十里，餘水五十里；空舟，汴河日四十里，江五十里，餘水六十里；沿流之舟，輕重同制，河日一百五十里，江一百里，餘水七十里。其三峽、砥柱之類，不拘此限。若遇風、水淺不得行者，聽折半功。河南、河北、河東、關内等四道諸州，運租庸雜物等，脚每馱一百斤，一百里一百文，山阪處一百二十文，車載一千斤九百文。從黄河及潞河，自幽州運至平州，每十斤泝流十六文，沿流六文，餘水泝流十五文，沿流五文。從澧、荊等州至揚州四文。其山阪險難，驢少處每馱不得過一百五十文，平易處不下八十文。有人員處，兩人分一馱。其運向播、黔等及涉海，各在本處量定。

（宋）王溥《五代會要》卷二七《漕運》　後唐同光三年閏十二月，吏部尚書李琪上疏曰：臣伏思漢文帝時，欲人務農，及募人入粟，得拜爵及贖罪，景帝亦如之。後漢安帝時，水旱不足，三公奏請富人入粟，得封關内侯及公卿以下散官，本朝乾元中亦曾如此。今陛下縱不欲入粟授官，願降明敕下諸道，合差百姓轉般之處，有能出力運官物到京者，五百石以上，白身授一初任州縣官。有官者依資次遷授，次選者便與放選。千石以上至萬石者，不拘文武，顯示賞酬，免令方春農人流散。此亦轉倉贍軍之一術也。敕：李琪所論召募轉倉斛斗與官行賞，委租庸司下諸州府，有應募者奏聞施行。

長興二年五月三日敕：應沿河船般倉，依北面轉運司船般倉例，每一石于數内與正銷破二升。

四年三月三日，三司奏：洛河水運自洛口至京，往來牽船下卸，皆是水運牙官，每人管定四十石。今洛岸至倉門稍遠，牙官運轉艱難，近日例多逃走。今欲於沿河北岸，別鑿一灣，引船直至倉門下卸，其工欲於諸軍傔人内差借。從之。尋命捧聖衛指揮使朱洪實鑿開河灣，至贍國倉門。

周顯德二年正月，上謂侍臣曰：轉輸之物，向來皆給斗耗，自晋、漢已來，不與支破。倉廪所納新物，尚破省耗，况水路所般，豈無損失，今後每石宜與耗一斗。

四年四月，詔疏下汴水一派，北入於五丈河，又東北達於濟。自是齊、魯之舟楫，皆至京師。

六年二月，命侍衛馬軍指揮使韓令坤自京東疏下汴水，入於蔡河，侍衛步軍都指揮使袁彦浚五丈河，以通漕運。

紀事

（宋）司馬光《資治通鑑》卷一九七《唐紀・太宗貞觀十九年》

春，正月，韋挺坐不先行視漕渠，運米六百餘艘至盧思臺側，據《舊書》，盧思臺去幽州八百里。此漕渠蓋即曹操伐烏丸所開泉州渠也，上承桑乾河。行，下孟翻。艘，蘇遭翻。淺塞不能進，塞，悉則翻。械送洛陽；丁酉，除名，以將作少監李道裕代之。崔仁師亦坐免官。

（宋）司馬光《資治通鑑》卷二一三《唐紀・玄宗開元二十一年》

關中久雨穀貴，上將幸東都，召京兆尹裴耀卿謀之，對曰：關中帝業所興，當百代不易；但以地狹穀少，故乘輿時幸東都以寬之。少，詩沼翻。乘，繩證翻。臣聞貞觀、永徽之際，禄廪不多，歲漕關東一二十萬石，足以周贍，贍，而豔翻。乘輿得以安居。今用度浸廣，運數倍於前，猶不能給，故使陛下數冒寒暑以恤西人。數，所角翻。今若使司農租米悉輸東都，自都轉漕，稍實關中，苟關中有數年之儲，則不憂水旱矣。且吴人不習河漕，所在停留，日月既久，遂生隱盜。臣請於河口置倉，河口，汴水達河之口也。河口倉謂之武牢倉。使吴船至彼即輸米而去，官自雇載分入河、洛。又於三門東西各置一倉，禹鑿底柱，二石見於水中若柱然，故曰底柱。河水至此，分爲三派流出其間，故亦謂之三門。時於三門東置集津倉，西置鹽倉。至者貯納，貯，丁呂翻。水險則止，水通則下，或開山路，車運而過，時於三門旁側鑿山路十八里以陸運，以避底柱之險。則無復留滯，省費鉅萬矣。河、渭之濱，皆有漢、隋舊倉，葺之非難也。上深然其言。

（宋）司馬光《資治通鑑》卷二一四《唐紀・玄宗開元二十二年》

上以裴耀卿爲江淮、河南轉運使，《考異》曰：《舊紀》云：充江、淮以南回造使。今從《舊・食貨志》。於河口置輸場。八月，壬寅，於輸場東置河陰倉，西置柏崖倉，高宗咸亨二年，於洛州河陽縣柏崖置倉，開元十年廢，今復因舊基置之。三門東置集津倉，西置鹽倉；鑿漕渠十八里以避三門之險。參考《新》、《舊志》，乃是鑿山開車路十八里，非漕渠也。先是，舟運江、淮之米至東都含嘉倉，僦車陸運，三百里至陝，率兩斛用十嚴：十改千。錢。耀卿令江、淮舟運悉輸河陰倉，更用河舟運至含嘉倉及太原倉，自太原倉入渭輸關中，凡三歲，運米七百萬斛，省僦車錢三十萬緡。按《舊志》，東都含嘉倉積江淮之米，載以大輿，運而西至於陝三百里，率兩斛計傭錢千，此耀卿所省之大數也。十錢誤，當從千錢爲是。先，悉薦翻。僦，即就翻。陝，失冉翻。更，工衡翻。《考異》曰：《舊志》云四十萬貫。今從《耀卿傳》。《舊志》又云：明年，耀卿拜侍中，蕭炅代焉。按耀卿二十一年建此議，今年爲侍中，始置河陰倉，後三年方見成效；則非作侍中時解此職也。或説耀卿獻所省錢，説，式芮翻。耀卿曰：此公家贏縮之利耳，柰何以之市寵乎。悉奏以爲市糴錢。糴，徒歷翻。

（宋）司馬光《資治通鑑》卷二二三《唐紀・代宗廣德二年》　自喪

亂以來，喪，息浪翻。汴水堙廢，漕運者自江、漢抵梁、洋，迂險勞費，自安禄山作亂，關、洛路阻，漕運泝江入漢，抵梁、洋，故汴渠堙廢不治。三月己酉，以太子賓客劉晏爲河南、江、淮以來轉運使，議開汴水。庚戌，又命晏與諸道節度使均節賦役，聽便宜行畢以聞。時兵火之後，中外艱食，關中米斗千錢，百姓挼穗以給禁軍，挼，奴禾翻。宮廚無兼時之積。宮廚，所以奉上及宮中食膳。晏乃疏浚汴水，遺元載書，具陳漕運利病，時元載爲相，故遺書言漕運事。遺，唯季翻。令中外相應。自是每歲運米數十萬石以給關中，唐世推漕運之能者，推嚴：推改惟。晏爲首，後來者皆遵其法度云。

（宋）司馬光《資治通鑑》卷二三三《唐紀·德宗貞元四年》 李泌言於上曰：江、淮漕運章：乙十六行本運下有自淮入汴四字；乙十一行本同；孔本同；退齋校同。以甬橋爲咽喉，咽，音煙。地屬徐州，鄰於李納，徐州與李納巡屬鄰境。刺史高明應年少不習事，高明應嗣鎮徐州，始二百三十一卷興元元年。少，詩照翻。若李納一旦復有異圖，復，扶又翻；下同。竊據徐州，是失江、淮也，國用何從而致。請徙壽、廬、濠都團練使張建封鎮徐州，割濠、泗以隸之；復以廬、壽歸淮南，則淄青惕息而運路常通，江、淮安矣。及今明應幼騃可代，騃，五駭翻。宜徵爲金吾將軍。萬一使他人得之，則不可復制矣。上從之。以建封爲徐、泗、濠節度使。建封爲政寬厚而有綱紀，不貸人以法，犯法者，有誅無貸。故其下無不畏而悦之。

（宋）司馬光《資治通鑑》卷二四九《唐紀·宣宗大中五年》 以兵部侍郎裴休爲鹽鐵轉運使。休，肅之子也。裴肅見二百三十五卷德宗貞元十二年。自太和以來，歲運江、淮米不過四十萬斛，吏卒侵盜、沈没，舟達渭倉者什不三四，大墮劉晏之法，沈，持林翻。墮，讀曰隳。劉晏法見二百二十六卷德宗建中元年。休窮究其弊，立漕法十條，歲運米至渭倉者百二十萬斛。

宋遼金元分部

論說

（宋）宋祁《景文集》卷二八《奏疏・乞開治淠河》 臣知壽州日，伏見本州安豐縣有芍陂，自古所傳，元引龍穴山水及淠河水入陂，每歲灌田萬頃。近年多被泥沙淤淀，陂池地漸高，蓄水轉少。龍穴山一派，水源既小，今來只籍淠河注水入陂。後來淠河一道水渠，本縣又不修開，遂至水道堙塞，陂水淺涸。臣自到任後，併值二年乾旱。去年自六月放竭陂水，只是救灌得側近一二千頃，是以壽州米價踴貴，官私妨闕。臣竊聞得壽州正是出米之地，全藉此一陂。舊來陂水若滿，常無乾旱，是以縣名安豐，蓋取此義。臣欲乞朝旨直下本州，委知州、通判親往陂上相度，開治淠河，令水渠深快。於淠河內築隄，闌水入渠，注滿陂內。高築陂岸，及重開撅陂內淤淀之處，令稍深濶。其工亦不甚多，只乞就來春農隙之時，少借鄰縣并本縣人夫三五千人，約工一月，可見次第。如陂水滿足，則溉田萬頃，永無凶荒，兼得陳潁至京都一路官私米斛有可供應。取進止。

（宋）包拯《包孝肅奏議集》卷七《民事・論修商胡口》 臣伏覩近降敕命，商胡口只候來年秋修塞，合要物料，令三司檢會天禧年修河體例敷配，所貴衆力易集。臣先奉聖旨，與兩制已上定奪修閉利害，以商胡經久，須合修塞，方免河北水患。今準指揮，來秋修塞，必是河水令歸故道。緣前來累經差官相度工役五十餘萬，三二年間恐未了畢。若河水匯注，未得通快，則商胡固難豫修，修之則潰溢之害立可待也。況頃歲之決，秖以故道橫隴壅閼，水勢不快，遂致潰溢。今若不先議開理水道，使之浚流，便欲修塞商胡，不惟必有後患，乃是重起八年科率之弊，虛困六路凋殘之民耳。欲乞朝廷且據計度到故道工役，先令差撥兵夫，漸次開理，或一二年內，功可必就，即委三司豫行計置物料。若是全出民間，事必難集。蓋諸路久經災傷，雖京東、京西、河北、陝西近歲稍稔，然富者竭於率斂，貧者見已流離，倘不恤他虞，遽興大役，臣恐朝廷之憂不獨在商胡矣。伏望聖慈特出宸斷，以河朔久羅水患，須議疏塞，即乞且輟郍內藏庫見錢百萬貫，令三司專功收管，積薪聚糧，豫爲具備，其餘即令中等已上人户敷配。候開淘舊道，水有所歸，則商胡之塞，一舉可成。所貴民力稍寬，功用無乏。

（宋）包拯《包孝肅奏議集》卷一〇《糧道・請於懷衛糴米修御河船運》 臣竊見御河上自懷、衛通利軍，下至沿邊州軍，順流般運斛斗，無便於此。即目綱船大小只及三四百隻，兼多是損壞者。北京雖有造船場，緣累年已來，官司（下）〔不〕切點檢，兵士物料等并是將別處支用，日近方鳩集工匠打造，又難得材植。欲乞特降指揮，下河北都轉運司，選差知次第幹事官員，於鎮府界西山採斫木植，作栰前來，令本司更於諸處盡底剗刷工匠，差官專監併手造船及添修損壞者，旋支往本河輦運。況懷、衛州素號沃壤，斛斗至賤，可以計置應副。沿邊州軍只患無船，若得船三二千隻，舳艫往來，銜尾不絕，即邊儲無匱乏之虞，兼免貴價入便，枉費官錢。

（宋）歐陽修《歐陽修全集》卷一〇九《奏議・論修河第一狀至和二年》 右臣竊見朝廷近因臣寮建議，欲塞商胡，開横壠，回大河於故道，已下三司，候今秋興役，見令京東計度物料次。臣伏以國家興大役、動大衆，必先順天時、量人力，謀於其始而審，然後必行，計其所利者多，乃能無悔。伏見比年以來，興役動衆，勞民費財，不精謀慮於厥初，輕信利害之偏說，舉事之始，既已倉惶，群議一摇，尋復悔罷。臣不敢遠引他事上煩聖聰，只如往年河決商胡，是時執政之臣不慎計慮，遽謀修塞。科配一千八百萬梢芟，搔動六路一百有餘州軍，官吏催驅，急若星火，民庶愁苦，盈於道塗。或物已輸官，或人方在路，未及興役，遽已罷修，虛費民財，爲國斂怨，舉事輕脱，爲害若斯。雖既往之失難追，而可鑒之蹤未遠。今者又聞復有修河之役，聚三十萬人之衆，開一千餘里之長河，計其所用物力，數倍往年。當此天災歲旱之時，民困國貧之際，不量人力，不順天時，臣知其有大不可者五：

蓋自去秋以及今春，半天下苦旱，而京東尤甚，河北次之。國家常務安静振卹之，猶恐饑民起而爲盜，何況於此兩路，聚大衆，興大役？此其必不可者一也。河北自恩州用兵之後，繼以凶年，人户流亡，十失八九。數年以來，人稍歸復，然死亡之餘，所存無幾，瘡痍未斂，物力未完，今又遭此旱歲。京東自去冬無雨雪，麥不生苗，已及莫春，粟未布種，不惟目下乏食，兼亦向去無望。而欲於此兩路興三十萬人之役，若别路差夫，則遠處難爲赴役，就河便近，則此兩路力所不任。此其必不可者二也。臣伏見往年河決滑州，曾議修塞，當時公私事力，未如今日貧虛，然猶收聚物料，誘率民財，數年之間，方能興役。況今國用方乏，民力方疲，且合商胡塞大決之洪流，此自是一大役也。鑿横壠，開久廢之故道，此又一大役也。自横壠至海一千餘里，埽岸久已廢壞，頓須修緝，此又一大役也。往年公私有力之時，興一大役，尚須數年。今併三大役，倉卒興爲於災旱貧虛之際，此其必不可者三也。就令商胡可塞，故道可回，猶宜重察天時、人力之難爲。何况商胡未必可塞，故道未必可回者哉。臣聞鯀障洪水，九年無功。禹得《洪範》五行之書，知水趨下之性，乃因水之流，疏決就下，而水患乃息。然則以大禹之神功，不能障塞其流，但能因勢而疏決爾。今欲逆水之性，障而塞之，奪洪河之正流，斡以人力而回注，此大禹之所不能，此其必不可者四也。横隴湮塞，已二十年，商胡決疏，又亦數歲，故道已塞而難鑿，安流已久而難回。昨聞朝廷曾遣故樞密直學士張奎計度，功料極大，近者再行檢計，減得功料全少。功料少則所開淺狹，淺狹則水勢難回，此其必不可者五也。

臣伏見國家累歲災譴甚多，其於京東，變異尤大。地貴安静，動而有聲。巨嵎山摧，海水摇蕩，如此不止僅乎十年，天地警戒，必不虚發。臣謂變異所起之方，尤宜加意防懼。今乃欲於凶旱之年，聚三十萬之大衆，於變異最大之方，臣恐地動山摇，災禍自此而始。方今京東，赤地千里，饑饉之民，正苦天災，又聞河役將動，往往伐桑拆屋，無復生計。流亡盜賊之患，不可不虞。欲望聖慈特降德音，速罷其事，當此凶歲，務安人心。徐詔有司審詳利害，縱令河道可復，乞候豐年餘力，漸次興爲。臣實庸愚，本無遠見，得於外論，不敢不言。謹具狀奏聞。

（宋）歐陽修《歐陽修全集》卷一〇九《奏議·論修河第二狀至和二年》　臣伏見學士院集兩省臺諫官議修河事，未有一定之論。蓋由賈昌朝欲復故道，李仲昌請開六塔，互執一説，莫知孰是。以臣愚見，皆謂不然。言故道者，未詳利害之原；述六塔者，近乎欺罔之繆。何以言之？今謂故道可復者，但見河北水患，而欲還之京東。然不思天禧以來，河水屢決之因，所以未知故道有不可復之勢。此臣故謂未詳利害之原也。若言六塔之利者，則不攻而自破矣。且開六塔，既云減得大河水勢，然今恩、冀之患，何緣尚告危急？此則減水之利，虚妄可知。開六塔者又云，可以全回大河，使復横壠故道。見今六塔只是分減之水，下流無歸，已爲濱、棣、德、博之患，若全回大河以入六塔，則其害如何？此臣故謂近乎欺罔之繆也。

臣聞河本泥沙，無不淤之理。淤澱之勢常先下流，下流淤高，水行不快，乃自上流低下處決，此其常勢也。然避高就下，水之本性，故河流已棄之道，自是難復。臣不敢遠引書史，廣述河源，只以今所欲復之故道，言天禧以來屢決之因。初，天禧中，河出京東，水行於今所謂故道者。水既淤澀，乃於滑州天臺埽決，尋而修塞，水復故道。未幾，又於滑州南鐵狗廟決。今所謂龍門埽者也。其後數年，又議修塞，令水復故道。已而又於王楚埽決，所決差小，與故道分流，然而故道之水終以壅淤，故又於横壠大決。是則決河非不能力塞，故道非不能力復，不久終必決於上流者，由故道淤高，水不能行故也。及横壠既決，水流就下，所以十餘年間，河未爲患。至慶曆三、四年，横隴之水又自下流先淤，是時臣爲河北轉運使，海口已淤一百四十餘里。其後，游、金、赤三河相次又淤，下流既梗，乃又於上流商胡口決。然則京東、横壠兩河故道，皆是下流淤塞河水已棄之高地。京東故道，屢復屢決，理不可復，其驗甚明，則六塔所開故道之不可復，不待言而易知。臣聞議者計度京東故道功料，止云銅城已上地高，不知大抵東去皆高，而銅城已上乃特高耳，其東比銅城已上則似低，比商胡已上則實高也。若云銅城已東地勢斗下，則當日水流宜決銅城已上，何緣而頓淤横壠之口，亦何緣而大決也？然則兩河故道，既皆不可爲，則河北水患何爲而可去？

臣聞智者之於事，有不能必，則較其利害之輕重，擇其害少者而爲之，猶勝害多而利少，何況有害而無利。此三者，可較而擇也。臣見往年商胡初決之時，議欲修塞，計用一千八百萬梢芟，科配六路一百有餘州軍。今欲塞者乃往年之商胡，必須用往年之物數。至於開鑿故道，張奎元計功料極大，後來李參等減得全少，猶用三十萬人。然欲以五十步之狹，容大河之水，此可笑也。又欲增一夫所開三尺之方，倍爲六尺。且闊厚三尺而長六尺，已是一倍之功，在於人力，已爲勞苦。若云六尺之方，以開方法算之，乃八倍之功，此豈人力之所勝？是則前功浩大而難興，後功雖小而不實。大抵塞商胡、開故道，凡二大役，皆困國而勞人，所舉如此，而欲開難復屢決已驗之故道，使其虛費，而商胡不可塞，故道不可復，此所謂有害而無利者也。就使幸而暫塞暫復，以紓目前之患，而終於上流必決，如龍門、橫壠之比，重以困國勞人，此所謂利少而害多也。若六塔者，於大河有減水之名，而無減水之實。今下流所散，爲患已多，若全回大河以注之，則濱、棣、德、博河北所仰之州，不勝其患，而又故道淤澀，上流必有他決之虞，此直有害而無利耳，是智者之不爲也。今若因水所在，增治堤防，疏其下流，浚以入海，則可無決溢散漫之虞。今河所歷數州之地，誠爲患矣；堤防歲用之夫，誠爲勞矣。與其虛費天下之財，虛舉大衆之役，而不能成功，終不免爲數州之患，勞歲用之夫，則此所謂害少者，乃智者之所擇也。大抵今河之勢，負三決之虞：復故道，上流必決；開六塔，上流亦決；今河下流若不浚使入海，則上流亦決。臣請選知水利之臣，就其下流，求其入海之路而浚之。不然，下流梗澀，則終虞上決，爲患無涯。臣非知水者，但以今事目可驗者而較之耳。言狂計愚，不足以備聖君博訪之求。此大事也，伏乞下臣之議，廣謀於衆而裁擇之。謹具狀奏聞，伏候敕旨。

（宋）歐陽修《歐陽修全集》卷一〇九《奏議・論修河第三狀至和三年》　右臣伏見朝廷定議開修六塔河口，回水入橫壠故道。此大事也，中外之臣皆知不便，而未有肯爲國家極言其利害者，何哉？蓋其說有三：一曰畏大臣，二曰畏小人，三曰無奇策。今執政之臣用心於河事亦勞矣，初欲試十萬人之役以開故道，既又捨故道而修六塔，未及興役，遽又罷之。已而終爲言利者所勝，今又復修，然則其勢難於復止也。夫以執政大臣銳意主其事，而又有不可復止之勢，固非一人口舌可回。此所以雖知不便，而罕肯言也。李仲昌小人，利口僞言，衆所共惡。今執政之臣既用其議，必主其人。且自古未有無患之河，今河浸恩、冀，目下之患雖小，然其患已形；回入六塔，將來之害必大，而其害未至。夫以利口小人爲大臣所主，欲與之爭未形之害，勢必難奪。就使能奪其議，則言者猶須獨任恩、冀爲患之責，使仲昌得以爲辭，大臣得以歸罪。此所以雖知不便，而罕敢言也。今執政之臣用心太過，不思自古無不患之河，直欲使河不爲患。若得河不爲患，雖竭人力，猶當爲之。況聞仲昌利口詭辯，謂費物少而用功不多，不得不信爲奇策，於是決意用之。今言者謂故道既不可復，六塔又不可修，詰其如何，則又無奇策以取勝。此所以雖知不便，而罕肯言也。衆人所不敢言而臣今獨敢言者，臣謂大臣非有私仲昌之心也，直欲興利除害爾。若果知其爲患愈大，則豈有不回者哉？至於顧小人之後患，則非臣之所慮也。且事欲知利害，權重輕，有不得已則擇其害少而患輕者爲之，此非明智之士不能也。況治水本無奇策，相地勢，謹堤防，順水性之所趨爾，雖大禹不過此也。夫所謂奇策者，不大利，則大害。若循常之計，雖無大利，亦不至大害，此明智之士善擇利者之所爲也。今言修六塔者，奇策也，然終不可成而爲害愈大；言順水治堤者，常談也，然無大利亦無大害。不知爲國計者欲何所擇哉？若謂利害不可必，但聚大衆，興大役，勞民困國以試奇策，而僥倖於有成者，臣謂雖執政之臣亦未必肯爲也。

臣前已具言河利害甚詳，而未蒙採聽。今復略陳其大要，惟陛下詔計議之臣擇之。臣謂河水未始不爲患，今順已決之流，治堤防於恩、冀者，其患一而遲。塞商胡復故道者，其患二而速。開六塔以回今河者，其患三而爲害無涯。自河決橫壠以來，大名金堤埽歲歲增治，及商胡再決，而金堤益大加功。獨恩、冀之間，自商胡決後，議者貪建塞河之策，未嘗留意於堤防，是以今河水勢浸溢。今若專意併力於恩、冀之間，謹治堤防，則河患可禦，不至於大害。所謂其患一者，十數年間，今河下流淤塞，則上流必有決處。此一患而遲者也。今欲塞商胡口使水歸故道，治堤修埽，功料浩大，勞人費物，困弊公私，此一患也。幸而商胡可塞，故道復歸，高淤難行，不過一二年間上流必決。此二患而速者也。今六塔河口雖云已有上下約，然全塞大河正流，爲功不小。又開六塔河道，治二千餘里堤防，移一縣兩鎮，計其功費，又大於塞商胡數倍。其爲困弊公私，不可勝計，此一患也。幸而可塞，水入六塔而東，橫流散溢，濱、棣、德、博與齊州之界咸被其害。此五州者，素號富饒，河北一路財用所仰，今引水注之，不惟五州之民破壞田產，河北一路坐見貧虛，此二患也。三五年間，五州凋弊，河流注溢，久又淤高，流行梗澀，則上流必決。此三患也，所謂爲害而無涯者也。今爲國誤計者，本欲除一患而反就三患，此臣所不諭也。至如六塔不能容大河，橫壠故道本以高淤難行而商胡決，今復驅而注之，必橫流而散溢，自澶至海二千餘里，堤埽不可卒修，修之雖成，又不能捍水。如此等事甚多，士無愚智，皆所共知，不待臣言而後悉也。

臣前未奉使契丹時，已嘗具言故道、六塔皆不可爲，惟治堤順水爲得計。及奉使往來河北，詢於知水者，其說皆然，雖恩、冀之人今被水患者，亦知六塔不便，皆願且治恩、冀堤防爲是。下情如此，誰爲上通？臣既知其詳，豈敢自默？伏乞聖慈特諭宰臣，使更審利害，速罷六塔之役，差替李仲昌等不用。選一二精幹之臣與河北轉運使、副及恩、冀州官吏，相度堤防，併力修治，則今河之水，必不至爲大患。且河水天災，非人力可回，惟當順導防捍之而已，不必求奇策立難必之功，以爲小人僥冀恩賞之資也。況功必不成，後悔無及者乎。臣言狂計愚，惟陛下裁擇。

（宋）歐陽修《歐陽修全集》卷一一八《河北奉使奏草·乞置御河催綱》　臣伏見沿邊鎮、定等十六州軍，每年入中斛㪷，并支在京一色見錢，自來不止全仰沿邊入中，亦於近裏州軍計置斛斗，從御河漕運輸邊，所以軍儲不闕。近年廢却御河運船，不曾般運，只藉沿邊入中。加又京師近歲難得見錢，客旅交鈔無價，雖於沿邊多添價例，終亦入中不前。近裏州軍却合相兼計置，然須先修運路，俟漕運路既行，方敢近裏儲積。今有擘畫事件：

一、乞復置御河催綱二員。一、乞將見行三說新法地分與沿邊見錢糴州軍，分爲兩番，更互入中。所貴漕運通流，邊儲易備，在京亦省費見錢之半。今具利害畫一如後：

一、點檢本司帳曆，係管御河堪好糧船一千八百隻，見在只有三百餘隻，內一千五百隻不知所在，自來不曾點檢。見差官二員根磨尋覓，至今未見歸着。其見在三百餘隻，每年亦全不曾般運斛㪷，只是雜般虛名占使。蓋由御河催綱廢罷，後來綱運無人提轄，致得綱梢偷減，拌和濕爛，損惡却饋邊之粟，因此轉運司漸廢漕運之利。殊不思若只仰沿邊入中，則在京廣費見錢。在京錢少，則沿邊亦難入中。兼昨本司近據廣信軍通判蔣賁擘畫，求得江南配來船匠打造鎖栿船，比舊船減省得物料人工，又可以封鎖，不令偷拌，已打成一隻，甚見利便，見今廣謀打造次。臣今欲乞朝廷却復催綱二員，一員依舊於大名府，一員於乾寧軍，漸用新船，興行漕運之利。

一、勘會沿邊十六州軍元係見錢便糴外，近裏大名府等七州軍近年已許客人三說入中。然二法不可并行。若兩處鈔價苦相爭，即客人只就近裏入中，蓋沿邊全少土居斛斗，皆藉近裏客人販去中官。若沿邊價高有利，即近裏少人肯入，以此二法并行未便，臣今欲乞將見錢、三說二法，分爲兩番，一年於沿邊見錢入中，則近裏權住三說，次年於近裏行三說，即沿邊權住見錢。若近裏入中而權住沿邊，斛㪷無所往，官中便糴必多。若沿邊隔年一入，則京師減費見錢之半，不至滯却客鈔，則沿邊入中亦必多矣。若明立二法分番，示信於客人，則久遠不勞朝廷改法，自可省得見錢，邊備亦易計置。然近裏沿御河州軍用三說，本要輸邊，則須先修運路，故先乞復催綱二員也。

右謹具如前。臣所乞復置催綱及糴便利害，伏乞朝廷特賜裁度。如允臣所請，即更有約束條件，候朝旨別具奏聞。

（宋）張方平《樂全集》卷二五《論事·論併廢汴河劄子》　臣伏以太祖皇帝始造有宋，蓋自宋受命而有天下，故爲建國之稱，表於萬世。真宗皇帝深惟祖宗功德，乃昇爲應天府，遂號南京。又國家以火德王，爲得天統。昔高辛氏有子曰閼伯，至於帝堯，遷閼伯於商丘，主辰。辰，大火也，故辰爲商星。蓋商人因閼伯故，國主祀辰星。今宋實商地，商丘在焉，俗名曰閼伯臺，古今著於祀典，至於國家，以盛德所主，奉祀益謹。其下有水淵未嘗涸，宋人謂之商丘海，蓋若有以厭火祥者。地爲建國之基，祀爲盛德之至，二者於國家重矣。昨朝廷差官創開河渠，欲自京城以至泗河，通江淮之漕，爲可以併廢汴渠。其河由畿縣至南京城西北，開鑿民田，引而東南遶城，爲河兩重；又濬商丘之址，決其水，所謂商丘海者，幾爲乾涸。若其河渠之利害及諸役費，臣不足論，但以塹壞本朝建國之地，凌犯大辰運曆之主，於社稷之靈，實爲非便。伏乞特遣左右親近可信之臣，前去檢視所開河道，如必不可以成功，必不可以省汴渠之漕，虛爲役費，作此無益，願於前春興夫之時却行填塞，依舊平爲郊原；商丘之淵更爲疏導，有經侵動處，增築堅完，使土復其本，水返其原，上安神靈，以固基本。候進止。

（宋）張方平《樂全集》卷二七《論事・論汴河利害事》　臣竊惟今之京師，古所謂陳留，天下四衝八達之地者也，非如函秦天府，百二之固，洛宅九州之中，表裏山河，形勝足恃。自唐末朱温受封於梁，因而建都，至於石晉，割幽、薊之地以入契丹，遂與強敵共平原之利，故五代爭奪，戎狄内侵，其患由乎畿甸無藩籬之限，本根無所庇也。祖宗受命，規摹畢講，不還周漢之舊，而梁氏是因，豈樂是而處之？勢有所不獲已者。大體利漕運而贍師旅，依重師而爲國也。則是今日之勢，國依兵而立，兵以食爲命，食以漕運爲本，漕運以河渠爲主。國家初浚河渠三道，通京城漕運，自後定立上供年額，汴河斛㪷六百萬石，廣濟河六十二萬石，惠民河六十萬石。廣濟河所運多是雜色粟豆，但充口食馬料；惠民河所運止給太康、咸平、尉氏等縣軍糧而已。惟汴河所運，一色粳米，相兼小麥，此乃太倉蓄積之實。今仰食於官廩者不惟三軍，至於京師士庶以億萬計，大半待飽於軍稍之餘，故國家於漕事至急至重。京，大也；師，衆也；大衆所聚，故謂之京師。有食則京師可立，汴河廢，則大衆不可聚。汴河之於京城，乃是建國之本，非可與區區溝洫水利同言也。近歲已罷廣濟河，而惠民河斛㪷不入太倉，大衆之命，惟汴河是賴。近歲陳説利害，以汴河爲議者多矣。臣恐議者不已，屢作改更，必致汴河日失其舊。國家大計，殊非小事，惟陛下特迴聖鑒，深賜省察，留神遠慮，以固基本。

（宋）文彦博《潞公文集》卷二三《奏議・言運河熙寧九年》　臣勘會自去年秋於衛州界王供埽次不開舊沙河，取黄河行運，欲通江淮舟楫，徹於河北極邊。自今年春開口放水，後來漲落不定，所行舟栰，多是輕載，官船木栰，其數至少。瀕河官吏至於衆人，無不知其有害無利，枉費功料極多。臣勘會所開運河，在官部内，兼御河穿北京城中過。始初猶未審知開置子細，今即目覩利害，所繫甚大，苟雷同緘默，年歲間必須破壞却御河久來行運，至公私受弊，乃是臣坐觀而不言之罪。臣按御河上源，止是百門泉水，其勢壯猛，相次至衛州以下，可勝三四百斛之舟，四時行運，未嘗阻滯，公私爲利。其河道大小，亦如蔡河之類，其隄防不至高厚，亦無水患。今來取黄河水入御河，大率吞納不得，必至決溢；小則緩慢淺澀，必淤澱却河道。凡上下千餘里，必難歲歲開淘，此必然之理。據本府通判并諸縣申，檢視到御河因透入黄河水，淤澱處甚多。今來冬初已見淤澱却河道，阻滯舟舡處甚多。若謂通江淮之運，即易見其有害無利。自江浙、淮、汴入黄河，順流而下，又合於御河，計每歲所運江淮之物，必不能過一百萬斛。臣勘會前年自汴便入黄河運粳米二十二萬五百餘石，至北京口卸，據押茶綱供奉范九皋稱：九月一日到運河口，爲淺澀無水，住滯數日，遂至於黄河，順流下至北京馬陵渡舡卸茶入城，水路快，便早得了當。止用錢四千五百四十餘貫。和顧車乘般至城中，臨御河倉貯納。若般一百萬斛至北京，只計陸脚錢一萬五六千貫，若却要於御河裝舡般赴沿邊，無所不可，用力不多，所費極少。臣勘會得所開運河口并置閘口，去秋至今年四月中，已役過一百一十四萬六千餘工，五月後至冬，閘口所用人工不在此數。自今年正月後至九月終，已使過物料一百二十餘萬，錢粮計七萬七千餘萬貫石。十月後至閘口，所費物料不在此數。又特置河清兵士六百人，每歲衣粮約用二萬七八千貫石匹兩。所置河清六百人，乃云諸埽各取七人，可充六百之數，諸埽即未銷添填。此乃欺誕之語。如七人是諸埽額外剩數，即便合有罷減得歲費衣粮。諸埽既是闕人，相次便須添填，其六百人終是剏增請受，只要時下欺誑。又稱費用物料，全類汴口。每歲所要稍草、樁橛、竹索，就小計之，合用百餘萬數。假使黄河入御河無決溢淺淤之患，每年般得及一萬石，其費與順河而下至北京，止費脚錢一萬五六千貫般至御河，其利害明白可見。臣又勘會去年冬，都水外監臣更擘畫於北京黄河新堤第四埽第五鋪開置水口，放水入御河，以通行運。此策尤爲乖疏。其所欲置口處，乃是熙寧四年秋河下注御河之處。是時朝廷選差近臣并判水監官督役修塞，所費不貲，僅能閉塞。大名、恩、冀之人，被害尤甚，以至回移人使、驛亭、道路，迄今瘡痏未平。今又建言欲於其處開口，道黄河水入御河。都水監差官計會，轉運司并大名兩通判同詣第四埽相視。衆皆知其不可，然不敢斥言其害，恐忤建謀之官，上作遷延之計回報水監云：候修御河隄防完固，方議開置河口。況從來御河堤道，宛如蔡河之類，若欲吞納河水，須至於汴岸增修，猶恐不能制畜。蓋地勢傾瀉，爲害不細，瀕河州縣之人爲未見定議，至今憂恐。及朝廷委清強官相視利害，早令議定可否，庶使人户安居。取進止。

又

臣以開引黃河透御河不便，已具劄子開陳。切以今水監之官，尤爲不職，皆不熟計利害，容易建言，惟望僥倖恩賞，多從其請，便爲主張。中外雖知其非，不敢異議，以避沮害之責。事若不効，建言之人，都無譴罰。如前時兩議清、汴，已有勞費，并無成功，朝廷置而不問。范子奇乞冬月不閉汴口，是年汴水蹙凌，上下救護，晝夜打凌，不勝寒熱，終致府界蹙破汴岸。止是夏秋水大，容有決溢之理，即未嘗有冬深決溢之患。後來朝旨却令冬前閉口，顯是因不開汴口，致蹙凌壞堤。當是止罪縣界隄防之官，而子奇全不責問，仍不害其進用，士論不平，無如之何。臣謂今之水官，更當澄清慎擇，況朝廷物力未豐，不當更容狂妄之人，橫費生民膏血。伏望聖慈垂察。

（宋）文彥博《潞公文集》卷二三《奏議・不保明濬河第一熙寧九年》

臣本司准都水監牒，保明范子淵乞酬獎濬川功效，尋點勘所取到逐州縣地分河水漲溢及後來減退事狀，即與范子淵所奏稍議雷同保明，已別具本司奏訖。臣詳濬川司所濬河身始末，盡在水底，深淺固難詳驗；又只憑本司臣及都大提舉官供析保明，至於所屬州縣，亦望風爲憚，不敢異議。欲乞今後濬川司所濬河道，別差不干礙公正敢言臣僚復行定驗，所不誤朝廷行賞。

（宋）文彥博《潞公文集》卷二三《奏議・不保明濬河第二》　范子淵所奏去年濬川退出分數地土，今年夏末又却多淤浸了。其去年用杷疏濬，退出地少，今年不曾用杷，却退出地多，顯是自因秋深，河水減退，故本司不敢扶同保明。況濬川司所置官屬頗多，占破人舡不少。別司官心知利害，率不敢言，言之必以爲沮害功利，故且緘默。人情如此，恐非朝廷之福。臣今因都水監牒要保明，方敢依實公言。伏乞朝廷詳察。

（宋）文彥博《潞公文集》卷二三《奏議・不保明濬川第三》　臣昨奉聖旨，今保明濬川司疏濬過河事，尋取責逐地分州縣的實事狀，并皆不同。及爲疏濬過處，其河水次年却依舊泛溢，淹浸民田。兼次年不曾用杷，又亦水退，即河水長落次不由杷之疏濬，雖河瀕至愚之人悉皆曉之，所以臣不敢雷同保明。及爲衛州創開運河不便，亦具奏聞。緣此事理，備見水官不職，枉費才力，兼多是狂妄希賞。只如所開運河云有五利，其一曰綱運出汴，對過沙河，免涉大河風濤之險。且汴口在河陽界內，沙河口在衛州王供埽下，自汴出口，由黃河下水，相去尚近百里，豈是出汴對過沙河。既通德、博舟運，亦可免得數百里大河之險。且沙河口在衛州西南，德、博在大名東北，上下相去遼遠，即與沙河水陸道路都不相干，不知因何免得數百里大河之險。只圖朝廷聽信，遂興力役。乞朝廷（詰）〔詰〕問水監官，即見虛實。猶恐飾詐，即乞將水監官所陳事狀付臣，容臣子細開析聞奏。

臣自再到大名，有水監官輕妄擘畫河事甚多，如欲決黃河大小吴埽地放水淤田，及欲於嵬固下埽開直河并放清水，如事等事，猶賴定奪官力議罷之，不爾，即爲害不細。所以乞慎擇水官，望朝廷垂察。

（宋）文彥博《潞公文集》卷二三《奏議・奏黃河水勢》　臣本司於七月九日據衛州申，管勾運河于良弼申，今月四日，沙河水漲，沫過上東水偃。尋下插板欄截不住，沫過牐板，透入運河行流。本司爲今月六七日大名府御河連併添漲，日夕救護，僅免決溢。尋牒衛州大急閉塞牐口。據衛州申，尋捲埽於上東水口閉塞了當，有些小津漏，見劄填次。本司爲穿府城水，大闕梁下不通舟船，切慮運河牐口依前固護不定，透黃河水入御河，即爲害不細。已奏乞指揮都水監速差官就運河牐口固護。今月十九日却據澶州申，據臨河縣由，十七日午時詣遥堤土巡覩，見水自西南來，波浪緊急。問得人民，言說衛州樊店西黃河口決，一概水東北行流。十六日夜二更以來到本縣，衝注二十餘疃人户。覩此水勢及民間所說，爲害不細。縣司已逐急於沿河差船，令佐親監轄救渡人命去訖。又據衛州黎陽縣申，今月十五日，御河水渾濃漲猛，水色與別日不同，認是黃河漲溢沫岸，通流入御河。至三更，御河水一沫出兩岸，見今此來相及南門，本縣令、佐、都監即時救應隄口城門。至十六日，南門、西門隄口節次破決，水頭一併向城流注，遮塞不定，遂緊切一向固護城壁官物者。本司即時（災）〔火〕急再行文字，轉指揮府城以上縣鎮官吏，嚴切固護隄防。如水勢大，必不可防遏，即令本地分官吏疚心詳審，計較利害，相度踏行有自來分減水勢舊河道處，即便火急開決，分減水勢，無致奔衝，直向府城爲害去訖。伏乞更賜指揮都水監，選委公心知河事官赴衛州，相度調集人兵物料固護地方。取進止。

今據衛州十四日狀申，水勢沫過埽背，於運河上約，後行流，救護不定。及稱河勢危急處，係運河上約。衛州屬河北西路，仍乞下西路轉運司疾速應副人兵物料。

（宋）文彦博《潞公文集》卷二三《奏議・再奏運河利害熙寧十年》

臣於去年冬奏：衛州王供埽下開堤，取黄河水作運河，置（劄）閘引水入御河，深爲不便，以爲大則決溢，小則淤澱。尋聞差官定奪利害。今來果致黄河水入運河，防遏不住，沫過閘口，衝注下流州府縣鎮，爲患甚大。切慮定奪所未知得今來運河之害，乞指揮定奪所下衛州及大名路安撫司，取索自七月四日及十四日後來申報決溢一宗文字，看詳定奪。

（宋）文彦博《潞公文集》卷二五《奏議・奏西京漕河事元豐六年四月》

本府勘會自會通橋下至白馬寺洛河水路，灘磧淺澀，難行綱運，遂奏乞開淘古漕河舊道，稍令深闊，抵至白馬寺，却合洛河，回避二十餘里灘磧，所貴通行綱船，不致滯礙。今蒙朝旨依奏施行。看詳中劄內更帶下白波輦運司奏，乞開濬漕河至偃師縣界，合洛河，通濟舟船。雖與本府所奏事狀大抵皆同，只是稱至偃師縣界漕口合流，必添展地里稍遠，須至更差官覷步所碾添開濬故道地步、長短及地形高下，是與不是有古來河道，確實計定功料申上。

（宋）李燾《續資治通鑑長編》太宗太平興國八年九月〔癸丑〕孚等使回，條奏曰：臣等因訪遥隄之狀，所存者百無一二，完補之功甚大。臣聞堯非洪水不能顯至聖，禹非導川不能成大功。古者派爲九河，始能無患，臣以謂治遥隄不如分水勢。自孟至鄆雖有隄防，惟滑與澶最爲隘狹。于此二州之地，可立分水之制，宜于南北岸各開其一，北入王莽河以通于海，南入靈河以通于淮，節減暴流，一如汴口之法。其分水河，量其遠近作爲斗門，啓閉隨時，務平均濟，通舟運，溉農田。如此，則惟天惠民，茂宣于德澤，分地之利，普洽于膏腴，既防水旱之災，可獲富庶之資也。

（宋）李燾《續資治通鑑長編》仁宗嘉祐元年六月〔戊寅〕初，議塞六塔，河北轉運使周沆獨言：近計塞商胡，用薪蘇千六百四十五萬、工五百八十三萬，今仲昌計塞六塔，用薪蘇三百萬，工一萬，共是一河，所費財力，不容若是之殊。蓋李仲昌故先爲小計，以求興役爾。又今河廣二百餘步，六塔渠才四十餘步，必不能容，且横隴下流自河徙以來，填淤成高陸，其西隄粗完，東隄或在或亡，前日六塔水微通，分大河之水不十分之三，濱水之民，喪業者已三萬户。就使如仲昌言全河東注，必横潰汎濫，齊、博、德、棣、濱五州之民皆爲魚鼈食矣。今自六塔距海千餘里，若果欲壅河使東，宜先治水所過兩隄，使皆高厚，仍備置吏兵，分守其地，多積薪蘇，以防衝決，乃可爲也。然其勞費甚大，恐未易可辦。以臣度之，六塔實不可塞。不從。

（宋）李燾《續資治通鑑長編》哲宗元祐三年十月〔庚子〕簽書樞密院趙瞻言：臣伏見大河爲中國之患舊矣，今有旨下執政議復故道，兹事甚大，執論多所異同。向自元豐四年小吴埽決，乃成新河，繼決大吴，北流逾汎，逮今八年，沛然莫回。議者争言利害，未有底止。往歲王令圖始欲挑澶州舊河，塞大吴，故朝廷除令圖知澶州以經畫其宜。既而上議復欲就孫村口入故道，遂命李常、馮宗道行視其地，以爲不可，尋即報罷。復詔張問偏行河上，復言自第四鋪塞北流，東開二十里趨孫村口爲便，事亦不行。未幾以顧臨爲河北路都轉運使，覆按其地，臨乃不用孫村口，而欲鑿魚池，東行百里入故河，議亦寢格。今日水官遂持孫村口之説，而直云分減北流以殺水勢，并計開修所用，無慮梢木二千餘萬，役夫三十萬人，所費浩大，而河未可決回。河決已久，終無定論，而遽興工力，大集物料，臣竊憂之。累同執政論此，乃議當先聚買梢草，積於合用之地，歲科常夫，漸次開治，限之三年，足用即併力鑿口，因塞正流，使趨故道。則民力不乏，隄防有備，亦免下流墊溺之患。又欲自中差兩制、中官與河北都轉運使偏行諸岸，不獨執用孫村口一處，慮實詳矣。如此累年爲之，尚恐河流未順，不如人意之所度，蓋亦無如之何，兹外未有上策也。或者謂興作大利，不計民力及國費，則非臣之所敢聞也。王者之用民，視之如傷，畏之如覆，惟微惟危，尚懼顛沛，夫豈易言哉。河北、京東西累歲災傷，大爲賑濟，比日流民方復。而暴然驅役，一户工作，數人餉助，郊野草莽之外，聚數十萬衆，饑死逃亡，聲聞不接，苟或不幸，雨雪風沙，無所蔽舍，則何可量耶。所謂遠防未及，而近憂先至矣。且夫役固亦常事，然常歲未有若是之大也。臣故願聖慈深察民隱，慮後患，姑從臣等已講之義，天下幸甚。

（宋）李燾《續資治通鑑長編》哲宗元祐三年十一月〔甲辰〕簽書

樞密院事趙瞻又言：臣伏奉聖旨同議河事，然執政諸人皆未嘗親見河流地勢深淺高下，故不敢決執其可回故道與不可回者，雖有議論，亦但是遥度，非有實據也。故今遣范百禄、趙君錫專往河上，行視其地，至則朝廷方決施行。臣議有五，敢預言之：

若百禄等所定合行回河，既得的確，朝廷必當信行，更不別聽議論。即須依元計所用舊岸新開物料都數，作三年限，漸次收買。既是和買，即當嚴飭州縣勿令配民。蓋不遽行收買，則價不翔貴，故必緩期。又所興工役，以河北連年災傷，止可只科年例夫數，接續開掘，修治有緒，故限之三年，乃可以成，欲速則民力不勝，必致逃亡，別起事端，不可不慮。昔祥符中議滑州河事，亦先開減水河口，尚歷數歲，至天禧三年方書畢工，足明大役難以遽興。此其一也。

京東、河北累歲饑歉，民多流移，近兖州稱民有夫妻相食，而村野新殯，率被發掘，啖其屍肉。使天下生靈有至於此，而議者猶欲配夫出錢，州縣且將斂率，鞭箠驅索於門。臣遽聞之，痛切骨髓，以陛下慈仁，必當爲之深卹，尚肯迫其貨物耶？謹按《周禮》荒政之聚萬民，則曰薄征弛力，今乃重之，故臣望朝廷寬其夫役，三數年後，俟得歲豐家給，則民和而事集，此乃臣子所不敢避譴謫而深言之者。此其二也。

若百禄等相度到孫村及上下并無回河去處，即亦須不惑前議，遂當速罷興修及收買物料，則不損國用，不疲民力。況朝廷内外經度，可謂至矣，蓋亦無如之何矣。雖有設險之意，無險可設，則險非可造之物也。止可疏導下流，自乾寧軍由大禹所治徒駭、鬲津，見行河道，勿使壅遏，東入大海，接連界河、塘濼，亦足以爲邊境之巨防矣。議者惟慮它日河更北徙而失中國之險者，兹未易量，當俟河徙而議之可也。此其三也。

議者謂黄河爲中國之險，今入北界，則失限隔，以爲機事之極大，國論之最遠者，非臣淺智之能識，而謏聞之敢議也。然臣竊疑之，雖嘗有所辯，而未得其確論，輒願粗陳於前者。堯、舜都蒲、冀，周、漢都咸、鎬，歷年皆數百，而不聞以黄河障外國，蓋王者恃德不恃險也。今謂前日澶淵之役，若非大河，則敵南抵都城矣，此又不然也。澶淵之役，蓋以廟社之靈，章聖之德，寇準之謀，威震北人，射中大帥撻蘭，北人乃請和而退，豈獨云河之力邪？如晋時河固在澶淵，而匈奴入塞，安能抗之哉？朝廷若内用賢輔，外有名將，則燕薊非其所有，豈便窺中國耶。就如能爲限隔，使北人外擾河北，旁連河東，則京師可得安居乎？臣之此論，特爲按河者以爲河不可回而言之，深慮聖意駭聞失險之言，虚積宵旰之憂，故極言之。此其四也。

朝廷始以王令圖之説，欲開澶州舊河及孫村口，遣李常按視，以爲不可而止。後張問往行，又請開孫村，而韓絳極言其害，遂亦報罷。去歲以顧臨爲河北都轉運使，專主河議，乃欲開魚池埽，聞者駭之，悉謂難行。王孝先又乞治孫村以回河，即召謝卿材、張景先會議，意又異同。今更敕百禄、君錫同行相度上下口岸，要須開決河流，於近南州軍回使趨海。固哉議也，自李常至謝卿材凡四議矣，一使相度不可，而再使人往，再言不可，則三使人往，三言不可而四矣，四又言不可，及今則五矣。若又不可，則遣使無已，是必得一人順此意而後乃止爾。歷觀前代國家議事，未有如此之固也，如此乃是皆不用使人之言，而回河計已決矣，不可止矣，違遣使之本意也。此其五也。

臣惟邦計民力是念，伏望陛下留神詳覽焉。

瞻又言：臣近日簾前同進呈文字，竊見三省所奏，爲修河欲只作減水河，於元料合用人夫裁減分數，自昨來都水監丞及都省兩次幾減一半以上。既不回河，只且減水，即於第四鋪、孫村口河道内自合裁減夫數，其北流依舊通行，豈可大減工料？兼云令修河司通那使唤，尤爲不可。昨來修河司指北流宗城口焦家隄決溢，謂欲回河以紓其患。今既不從其説，則本司惟喜北流有決，資爲回河之議，安肯那移人夫修葺隄防，使之堅固？必且幸其水患，損壞民田，衝注塘濼，取以爲辭，不復顧卹生靈被害之苦，深爲不便。今監丞雖領北流，然是修河司使者屬官，實難執守。竊緣北流數年，并不曾修全隄埽，以致昨來宗城口焦家隄、南宫上下埽相繼潰決，此理當然，固不足怪。若更減却夫工，何以枝梧？朝廷若誠欲且開小河減水，未便閉塞河身，即乞令修河司結攬通認北流，將來分擘與元計人夫物料，以防疏虞，庶其公共承當河事。不爾，別委知曉河事官一員行都水丞事，不隸本監，專主回河，馬頭以北河岸，用元計料合使人夫物料修治隄埽，以備將來決溢，即責任有在，可保經久。

《宋史》卷九一《河渠志・黄河》 是年，祠部員外郎李垂又言疏河利害，命垂至大名府、滑衛德貝州、通利軍與長吏計度。垂上言：

臣所至，並稱黃河水入王莽沙河與西河故瀆，注金、赤河，必慮水勢浩大，蕩浸民田，難於隄備。臣亦以爲河水所經，不無爲害。今者決河而南，爲害既多，而又陽武埽東、石堰埽西，地形汙下，東河泄水又艱。或者云：今決處漕底坑深，舊渠逆上，若塞之，旁必復壞。如是，則議塞河者誠以爲難。若決河而北，爲害雖少，一旦河水注御河，蕩易水，逕乾寧軍，入獨流口，遂及契丹之境。或者云：因此搖動邊鄙。如是，則議疏河者又益爲難。臣於兩難之間，輒畫一計：請自上流引北載之高地，東至大伾，瀉復於澶淵舊道，使南不至滑州，北不出通利軍界。

何以計之？臣請自衛州東界曹公所開運渠東五里，河北岸凸處，就岸實土堅引之，正北稍東十三里，破伯禹古隄，注裴家潭，逕牧馬陂，又正東稍北四十里，鑿大伾西山，釃爲二渠：一逼大伾南足，決古隄正東八里，復澶淵舊道；一逼通利軍城北曲河口，至大禹所導西河故瀆，正北稍東五里，開南北大隄，又東七里，入澶淵舊道，與南渠合。夫如是，則北載之高地，大伾二山脽股之間分酌其勢，浚瀉兩渠，匯注東北，不遠三十里，復合于澶淵舊道，而滑州不治自涸矣。

臣請以兵夫二萬，自來歲二月興作，除三伏半功外，至十月而成。其均厚埤薄，俟次年可也。

《宋史》卷九三《河渠志·汴河》　至道元年九月，帝以汴河歲運江、淮米五七百萬斛，以濟京師，問侍臣汴水疏鑿之由，令參知政事張洎講求其事以聞。其言曰：

禹導河自積石至龍門，南至華陰，東至砥柱；又東至于孟津，東過洛汭，至于大伾，即今成皋是也，或云黎陽山也。禹以大河流泛中國，爲害最甚，乃於貝丘疏二渠，以分水勢：一渠自舞陽縣東，引入漯水，其水東北流，至千乘縣入海，即今黃河是也；一渠疏畎引傍西山，以東北形高敝壞堤，水勢不便流溢，夾右碣石入于渤海。《書》所謂北過降水，至于大陸，降水即濁漳，大陸則邢州鉅鹿澤。播爲九河，同爲逆河，入于海。河自魏郡貴鄉縣界分爲九道，下至滄州，今爲一河。言逆河者，謂與河水往復相承受也。齊桓公塞以廣田居，唯一河存焉，今其東界至莽梧河是也。禹又於滎澤下分大河爲陰溝，引注東南，以通淮、泗。至大梁浚儀縣西北，復分爲二渠：一渠元經陽武縣中牟臺下爲官渡水；一渠始皇疏鑿以灌魏郡，謂之鴻溝，莨菪渠自滎陽五出池口來注之。其鴻溝即出河之溝，亦曰莨菪渠。

漢明帝時，樂浪人王景、謁者王吳始作浚儀渠，蓋循河溝故瀆也。渠成流注浚儀，故以浚儀縣爲名。靈帝建寧四年，於敖城西北壘石爲門，以遏渠口，故世謂之石門。渠外東合濟水，濟與河、渠渾濤東注，至敖山北，渠水至此又兼邲之水，即《春秋》晉、楚戰于邲。邲又音汳，即汴字，古人避反字，改從汴字。渠水又東經滎陽北，旃然水自縣東流入汴水。鄭州滎陽縣西二十里三皇山上，有二廣武城，二城相去百餘步，汴水自兩城間小澗中東流而出，而濟流自茲乃絶。唯汴渠首受旃然水，謂之鴻渠。東晉太和中，桓温北伐前燕，將通之，不果。義熙十三年，劉裕西征姚秦，復浚此渠，始有湍流奔注，而岸善潰塞，裕更疏鑿而漕運焉。隋煬帝大業三年，詔尚書左丞相皇甫誼發河南男女百萬開汴水，起滎澤入淮千餘里，乃爲通濟渠。又發淮南兵夫十餘萬開邗溝，自山陽淮至于揚子江三百餘里，水面闊四十步，而後行幸焉。自後天下利於轉輸。昔孝文時，賈誼言漢以江、淮爲奉地，謂魚、鹽、穀、帛，多出東南。至五鳳中，耿壽昌奏：故事，歲增關東穀四百萬斛以給京師。亦多自此渠漕運。

唐初，改通濟渠爲廣濟渠。開元中，黃門侍郎、平章事裴耀卿言：凡江、淮租船，自長淮西北泝鴻溝，轉相輸納於河陰、含嘉、太原等倉。凡三年，運米七百萬石，實利涉於此。開元末，河南採訪使、汴州刺史齊澣，以江、淮漕運經淮水波濤有沉損，遂浚廣濟渠下流，自泗州虹縣至楚州淮陰縣北八十里合于淮，踰時畢功。既而水流迅急，行旅艱險，尋乃廢停，却由舊河。

德宗朝，歲漕運江、淮米四十萬石，以益關中。時叛將李正己、田悅皆分軍守徐州，臨渦口，梁崇義阻兵襄、鄧，南北漕引皆絶。於是水陸運使杜佑請改漕路，自浚儀西十里，疏其南涯，引流入琵琶溝，經蔡河至陳州合潁水，是秦、漢故道，以官漕久不由此，故填淤不通，若畎流培岸，則功用甚寡；又廬、壽之間有水道，而平岡亘其中，曰鷄鳴山，佑請疏其兩端，皆可通舟，其間登陸四十里而已，則江、湖、黔、嶺、蜀、漢之粟，可方舟而下。由是白沙趨東關，經廬、壽，浮潁步蔡，歷琵琶溝入汴河，不復經泝淮之險，徑於舊路二千里，功寡利博。朝議將行，而徐州順命，淮路乃通。至國家膺圖受命，以大梁四方所湊，天下之樞，可以臨制四海，故卜京邑而定都。

漢高帝云：吾以羽檄召天下兵未至。孝文又云：吾初即位，不欲出虎符召郡國兵。即知兵甲在外也。唯有南北軍、期門郎、羽林孤兒，以備天子扈從藩衛之用。唐承隋制，置十二衛府兵，皆農夫也。及籠府兵，始置神武、神策爲禁軍，不過三數萬人，亦以備扈從藩衛而已。故祿山犯闕，驅市人而戰；德宗蒙塵，扈駕四百餘騎，兵甲皆在郡國。額軍存而可舉者，除河朔三鎮外，太原、青社各十萬人，邠寧、宣武各六萬人，潞、徐、荊、揚各五萬人，襄、宣、壽、鎮海各二萬人，自餘觀察、團練據要害之地者，不下萬人。今天下甲卒數十萬衆，戰馬數十萬匹，並萃京師，悉集七亡國之士民於輦下，比漢、唐京邑，民庶十倍。甸服時有水旱，不至艱歉者，有惠民、金水、五丈、汴水等四渠，派引脈分，咸會天邑，舳艫相接，贍給公私，所以無匱乏。唯汴水橫亘中國，首承大河，漕引江、湖，利盡南海，半天下之財賦，并山澤之百貨，悉由此路而進。然則禹力疏鑿以分水勢，煬帝開甽以奉巡游，雖數湮廢，而通流不絶於百代之下，終爲國家之用者，其上天之意乎。

《宋史》卷九四《河渠志・京畿溝洫》 仁宗天聖元年八月，東西八作司與內殿承制、閤門祗候劉永崇等言：內外八廂創置八字水口，通流兩水入渠甚利，慮所置處豪富及勢要阻抑，乞下令巡察。從之。二年七月，內殿崇班、閤門祗候張君平等言：準敕按視開封府界至南京、宿亳諸州溝河形勢，疏決利害凡八事：

一、商度地形，高下連屬，開治水勢，依尋古溝洫浚之，州縣計力役均定，置籍以主之。二、施工開治後，按視不如元計狀及水壅不行有害民田者，按官吏之罪，令償其費。三、約束官吏，毋斂取夫衆財貨入己。四、縣令佐、州守倅，有能勸課部民自用工開治不致水害者，叙爲勞績，替日與家便官；功績尤多，別議旌賞。五、民或於古河渠中修築堰堨，截水取魚，漸至澱淤，水潦暴集，河流不通，則致深害，乞嚴禁之。六、開治工畢，按行新舊廣深丈尺，以校工力。以所出土，於溝河岸一步外築爲堤埒。七、凡溝洫上廣一丈，則底廣八尺，其深四尺，地形高處或至五六尺，以此爲率。有廣狹不等處，折計之，則畢工之日，易於覆視。八、古溝洫在民田中，久已淤平，今爲賦籍而須開治者，據所占地步，爲除其賦。詔令頒行。

《宋史》卷九五《河渠志・御河》 已而都水監言，運河乞置雙牐，例放舟船實便，與彦博所言不同。十二月，命知制誥熊本與都水監、河北轉運司官相視。本奏：

河北州軍賞給茶貨，以至應接沿邊榷場要用之物，並自黄河運至黎陽出卸，轉入御河，費用止於客軍數百人添支而已。向者，朝廷曾賜米河北，亦於黎陽或馬陵道口下卸，倒裝轉致，費亦不多。昨因程昉等擘畫，於衛州西南，循沙河故迹決口置牐，鑿堤引河，以通江、淮舟檝，而實邊郡倉廩。自興役至畢，凡用錢米、功料二百萬有奇。今後每歲用物料一百一十六萬，廂軍一千七百餘人，約費錢五萬七千餘緡。開河行水，纔百餘日，所過船栰六百二十五，而衛州界御河淤淺，已及三萬八千餘步；沙河左右民田，渰浸者幾千頃，所免租稅二千貫石有餘。有費無利，誠如議者所論。

然尚有大者，衛州居御河上游，而西南當王供向著之會，所以捍黄河之患者，一堤而已。今穴堤引河，而置牐之地，纔及隄身之半。詢之土人云，自慶曆八年後，大水七至，方其盛時，游波有平堤者。今河流安順三年矣，設復礬水暴漲，則河身乃在牐口之上。以湍悍之勢而無隄防之阻，泛濫衝溢，下合御河，臣恐墊溺之禍，不特在乎衛州，而瀕御河郡縣，皆罹其患矣。

夫此河之興，一歲所濟船栰，其數止此，而萌每歲不測之患，積無窮不貲之費，豈陛下所以垂世裕民之意哉。臣博采衆論，究極利病，咸以謂葺故堤，堰新口，存新牐而勿治，庶可以銷淤澱決溢之患，而省無窮之費。萬一他日欲由此河轉粟塞下，則暫開亟止，或可紓飛輓之勞。

未幾，河果決衛州。

綜　述

《天一閣藏明鈔本天聖令》卷三〇《雜令》 諸舡運粟一千五百斛以

下，給水匠一人。一千五百斛以上，匠二人。率五十斛給丁一人。其鹽鐵雜物等，並准粟爲輕重。若空舡，量大小給丁匠。

（宋）江少虞《宋朝事實類苑》卷二一《官政治績·漕河》 國初，方隅未一，京師儲廪仰給，惟京東京西數路而已。河渠轉運，最爲急務，京東自濰密以西州郡租賦，悉輸沿河諸倉，以備上供。清河起清淄，合黄河，歷齊、鄆，涉梁山濼、濟州，入五丈河，達汴都，歲漕百餘萬石。所謂清河，即濟水也。而五丈河，常苦淤淺，每春初農隙，調發夫衆，大興力役，以是開濬，始得舟楫通利，無所壅遏。太祖皇帝素知其事，尤所屬意。至歲中興役之際，必輿駕親臨督課，率以爲常。先是，春夫不給口食，古之制也。上惻其勞苦，特令一夫日給米二升，天下諸處役夫亦如之，迄今遂爲永式。《金坡遺事》。

（宋）江少虞《宋朝事實類苑》卷二二《官政治績·陶鑑》 淮南漕渠，築埭以畜水，不知始於何時。舊傳召伯埭謝公所爲。按李翺《來南録》，唐時猶由流水，不應謝公時已作此埭。天聖中，監真州排岸司右侍禁陶鑑始議爲復閘節水，以省舟船過埭之勞。是時工部郎中方仲荀、文思使張綸爲發運使，副表行之，始爲真州閘。歲省冗卒五百人，雜費百二十五萬。運舟舊法，舟載米不過三百石，閘成，始爲四百石，其後所載浸多，官船至七百石，私船受米八百餘囊，囊三石。自後北神、召伯、龍舟、茱萸諸埭相次廢革，至今爲利。予元豐中過真州，江亭後糞壤中，見一卧石，乃胡武平爲水閘記，略叙其事，而不甚詳具。《筆談》。

（宋）吕祖謙《歷代制度詳説》卷四《漕運·詳説》 古者，天子中千里而爲都，公侯中百里而爲都。天子之都，漕運東西南北，所貢入者，不過五百里。諸侯之都，漕運所貢，不過五十里。所以三代之前，漕運之法不備。雖如《禹貢》所載入於渭，亂於河之類，所載者不過是朝廷之路，所輸者不過幣帛九貢之法。所以三代之時，漕運之法，未甚講論，正緣未是事大體重。

到得春秋之末，戰國之初，諸侯交相侵伐，爭事攻戰，是時稍稍講論漕運之法。然所論者，尚只是行運之漕，至於國都之漕，亦未甚論。且如《管子》所論，粟行三百里，則無一年之積；粟行四百里，則無二年之積；粟行五百里，則衆有饑色。如孫武所謂千里饋糧，士有饑色。皆是出征轉輸。至其所以輸國都不出五百里、五十里，國都所在各有分，故當時亦尚未講論。惟是後來秦併諸侯，罷五等，置郡，然後漕運之法，自此方詳。

秦運天下之粟輸之北河，是時蓋有三十鍾致一石者，地理之遠，運粟之多，故講論之詳方自此始。後來歷代全備，無如漢唐。

在漢初高后、文、景時，中都所用者省，歲計不過數十萬石而足，是時漕運之法亦未講。到得武帝，官多役衆，在關中之粟四百萬猶不足給之，所以鄭當時開漕渠、六輔渠之類，蓋緣當時用粟之多，漕運不得不講。然當漢之漕在武帝時，諸侯王尚未盡輸天下之粟，至武、宣以後，諸侯王削弱，方盡輸天下之粟。漢之東南漕運，至此始詳。當高帝之初，天子之州郡與諸侯封疆相間雜，諸侯各據其利，粟不及於天子。是時，所以淮南東道皆天子奉地，如賈生説是漢初如此。至漢武帝時，亦大概有名而無實。其發運粟入關，當時尚未論江淮。

到得唐時，方論江淮。何故？漢會稽之地去中國封疆遼遠，開墾者多，粟不入京都，以京都之粟尚不自全，何況諸侯自封殖。且如吴王濞作亂，枚乘之説言京都之倉不如吴之富，以此知當時諸侯殖利自豐，不足運江淮之粟。到唐時，全倚辦江淮之粟。唐太宗以前，府兵之制未壞，有征行便出兵，兵不征行，各自歸散於田野，未盡仰給大農，所以唐高祖、太宗運粟於關中不過十萬。後來，明皇府兵之法漸壞，兵漸漸多，所以漕粟自此多。且唐睿宗、明皇以後，府兵之法已壞，是故用粟乃多。向前府兵之法未壞，所用粟不多。唐漕運時，李傑、裴耀卿之徒未甚講論，到二子講論，自是府兵之法既壞，用粟既多，不得不講論。且如漢鄭當時之議，却不曾見於高、惠文景之世。唐之李傑、裴耀卿之議，却不曾見於高祖、太宗之世，但只見於武、宣、中、睿、明皇之時。正緣漢武帝官多役衆，唐中、睿以後府兵之法壞，聚兵既多，所以漕運不得不詳。大抵這兩事常相爲消長，兵與漕運常相關。

所謂宗廟社饗之類，十分不費一分，所費廣者，全在用兵，所謂漕運，全視兵多少。且唐肅宗、代宗之後，如河北諸鎮皆強，租税不領於度支，當時有如吐蕃、回紇爲亂，所用尤多。鎮武、天德之間，歲遣兩河諸鎮，所以全倚辦江淮之粟。議論漕運，其大略自江入淮，自淮入汴，自洛入河，自河入渭，各自正輸，水次各自置倉，如集津倉、洛口倉、含嘉倉、河陰倉，渭橋轉相般運，道途之遠，此法遂壞。自當時劉晏再整頓運漕之法，江淮之道各自置船，淮船不入汴，汴船不入河，河船不入渭，水之曲折，各自便習，其掾舟者所以無傾覆之患，國計於是足。所以唐人講論之多，惟江淮爲最急。德宗時，緣江淮米不至，六軍之士脱巾呼於道，韓滉運米至，德宗太子置酒相慶。可見唐人倚辦於此，如此其急。

唐時漕運，大率三節，江淮是一節，河南是一節，陝西到長安是一節。所以當時漕運之臣，所謂無如此。三節最重者京口。初，京口濟江淮之粟並會於京口，京口是諸侯咽喉處。初時，潤州江淮之粟至於京口，到得中間，河南、陝西互相轉輸。然而三處，惟是江淮最切，何故？皆自江淮發足，所以韓滉由漕運致位宰相，李錡因漕運飛揚跋扈以至作亂。以此三節，惟是京口最重。所謂漢漕，一時所運，臨時制宜，不足深論。

到得本朝，定都於汴，是時漕運之法分爲四路：東南之粟，自淮入汴至京師；若是陝西之粟，便自三門、白波轉黄河入汴至京師；若是陳、蔡一路粟，自惠民河至京師；京東之粟，自廣濟河至京師。四方之粟有四路，四條河至京師。當時最重者，惟是汴河最重，何故？河西之粟江無阻，及入汴，大計皆在汴。其次北方之粟，自三門、白波入關，自河入汴入京師，惟惠民、廣濟來處不多，其勢也輕。本朝置發漕兩處，最重者是江淮至真州，陸路轉輸之勞；其次北方之粟，底柱之門，舟楫之利。若其他置發運，如惠民河、廣濟河，雖嘗立官，然不如兩處之重。此本朝之大略如此。然而本朝所謂歲漕六百萬石，專倚辦江淮。其所謂三門、白波之類，非大農仰給之所，惟是江淮最重。在祖宗時，陸路之粟，至真州入轉般倉，自真方入船，即下貯發運司，入汴方至京師，諸州回船，却是真州請鹽散於諸州，諸州雖有費，亦有鹽以賞之，此是本朝良法。

凡以江淮往來，遲速必視風勢。本朝發運使相風旗，有官專主管，相風旗合，則無罪，如不合，便是奸弊。夫船之遲速，何故以風爲旗。蓋緣風動四方，萬里只是一等，所以使得相風旗。真州便是唐時揚子江，後來本朝改號曰真州。運法未壞，諸州船只到真州請鹽回，其次入汴入京師。後來發運歲造船，謂之發運官船，與諸州載米發運，申明汴船不出江，諸州又自造船。雖有此約束，諸州船終不應副，因此漕法漸壞，惟發綱發運未罷。乃蔡京爲政，不學無術，不能明考祖宗立法深意，遂廢改鹽法，置直達法，無水次不如此。是時奸吏多，雖有運漕之官，不過催督起發，其官亦有名而無實。大抵用官船逐處漕運時，便都無奸計，若用直達法，經涉歲月長遠，故得爲奸，所費甚多，東南入京之粟亦少，故太倉之粟少，東南蓄積發運有名無實，此召亂之道也。本朝漕運之法壞自蔡京，東京發運本原大略如此。其他流之曲直，法之更變，道路之險夷，質之於史，考之於古，亦自可見。

（宋）謝深甫等《慶元條法事類》卷三六《庫務門・商税》〔乾道八年十月〕諸空船及綱運并攬載官物而收草堡力勝錢者，杖一百。許人告。

（元）馬端臨《文獻通考》卷二五《國用考・漕運》　宋東京之制：受四方之運者，謂之船般倉，曰永豐、通濟、萬盈、廣衍、通濟有四倉，景德四年改第三曰萬盈，第四曰廣衍。延豐、舊廣利，景德中改。大中祥符三年，增第二。順成、舊常豐，景德中改。濟遠、舊常盈，景德中改。富國，凡十倉，皆受江淮所運，謂之東河，亦謂之裹河。曰永濟、永富二倉，受懷、孟等州所運，謂之西河。曰廣濟第一倉，受潁、壽等州所運，謂之南河，亦謂之外河。曰廣積、廣儲二倉，受曹、濮等州所運，謂之北河。受京畿之租者，謂之税倉。曰廣濟第二倉，受京東諸縣。廣積第一，左右騏驥院、天駟監凡三倉，受京北諸縣。左天厩坊倉受京西諸縣。舊有義豐倉，大中祥符元年改。大盈、右天厩二倉，受京南諸縣。受商人入中者，謂之折中倉，有裏、外河二名，又有茶庫倉，或空則兼受船般斛斗。草場則汴河南北各三所，騏驥、左右天厩坊、天駟監各一所，以受京畿租賦及和市所入。諸州皆有正倉、草場，受租税、和糴、和市芻粟，並掾曹主之。其多積之處，亦别遣官專掌。凡漕運所會，則有轉般倉。

太祖皇帝乾德二年，令諸州自今每歲受民租及筦榷所獲之課，除支度給用外，凡緡帛之類，悉輦送京師，官乏車牛者，僦民車以給。

六年，令諸州輦送上供錢帛，悉官給車乘，當水運者，官爲具舟，不得調發居民，以妨農作。

初，荆湖、江、浙、淮南諸州，擇部民之高貲者部送上供物，民質不能檢御舟人，舟人侵盜官物，民破産以償，乃詔遣牙將部送，勿復擾民。

自江南平，歲漕米數百萬石給京師，太宗恐倉吏給受不平，遣皇城卒變服偵邏，廉得永豐倉持量者八輩受賕爲姦，悉斬之，監倉免官治罪。

端拱元年，徐休復上言：京師内外凡大小二十五倉，官吏四百二人，計每歲所給不下四百萬石，望自今米、麥、菽各以一百萬石爲一界，每界命常參官、供奉官、殿直各一人，專知、副知各二人，凡七人共掌之。詔可。

二年，國子博士李覺上言曰：鼂錯云欲民務農，在於貴粟，蓋不可使至賤，亦不可使至貴。今王都萬衆所聚，導河渠，達淮海，貫江湖，歲運五百萬斛，以資國費，此朝廷之盛、臣庶之福也。近來都下粟麥至賤，倉廪充牣，紅腐相因，或以充賞給，斗直十錢，此工賈之利而軍農之不利也。夫軍士妻子不過數口，而月給糧數斛，即其費有餘矣。百萬之衆，所餘既多，游手之民，資以給食，農夫之粟，何所求售？況糧之來也，至遠至艱；官之給也，至輕至易。歲之豐儉，不可預期，倘不幸有水旱之虞，卒然有邊境之急，何以救之？今運米一斛至京師，其費不啻三百錢，諸軍傔人舊日給米二升，今若月賦錢三百，人必樂焉。是一斗爲錢五十，計江淮運米工脚，亦不減此數。望明敕軍中，各從其便，願受錢者，若市價官米斗爲錢二十，即增給十錢，裁足以當工脚之費，而官私獲利，數月之内，米價必增，農民受賜。若米價騰踴，即官復給糧，軍人糶其所餘，亦獲善價，此又戎士受賜矣。不十年，官有餘糧，江外之運，亦漸可省。上覽奏嘉之。

天禧末，京城所積倉粟一千五百六十萬餘石，草一千七百萬五千餘圍。

國初以來，四河所運粟未有定制。至太平興國六年，汴河歲運江淮米三百萬石，菽一百萬石；黄河粟五十萬石，菽三十萬石；惠民河粟四十萬石，菽二十萬石；廣濟河粟十二萬石：凡五百五十萬石。非水旱大蠲民租，未嘗不及其數。至道初，汴河運米至五百八十萬石。自是，京城積粟盈溢。大中祥符初，至七百萬石。凡漕運，大約其數，亦計臨時移易焉。凡水運自淮南、江南、荆湖南北路所運粟，於揚、真、楚、泗州四處置倉以受其輸，既而分調舟船泝流而入京師，置發運使領之。荆湖、江、淮、兩浙以及嶺表金銀、香藥、犀象、百貨亦同之。惟嶺表陸運至虔州而後水運。咸平五年七月，又命户部判官淩策，與江南轉運同計度，省自京至廣南香藥驛遞軍士及使臣計六千一百餘人。陝西諸州菽粟，自黄河三門沿流由汴河而至，亦置發運使領之。陳、潁、許、蔡、光、壽等六州之粟帛，由石塘、惠民河而至。京東十七州之粟帛，由廣濟河而至，皆有京朝官廷臣督之。凡三水皆通漕運，而歲計所賴者，惟汴流焉。河北衛州東北有御河達乾寧軍，其運物亦有廷臣主之。川峽諸州金帛，自劍門列傳置，分輂負擔，以至租布，及官所市布，由水運送江陵，自江陵遣綱吏運送京師，咸平中，定歲運六十六萬疋，分爲十綱。舊常至數百萬疋。天禧末，水陸上供金帛、緡錢二十三萬一千餘貫，兩、端、疋，珠寶、香藥二十七萬五千餘斤。諸州歲造運船，至道末三千三百三十七艘，天禧末減四百二十一。虔州六百五，吉州五百二十五，明州一百七十七，婺州一百三，温州一百二十五，台州一百二十六，楚州八十七，潭州二百八十，鼎州二百四十一，鳳翔、斜谷六百，嘉州四十五。

止齋陳氏曰：本朝定都於汴，漕運之法分爲四路。江南、淮南、浙東西、荆湖南北六路之粟，自淮入汴至京師；陝西之粟，自三門、白波轉黄河入汴至京師；陳、蔡之粟，自閔河、蔡河入汴至京師；京東之粟，自五丈河歷曹、濟及鄆至京師。四河所運惟汴河最重。

景德中，漕東南粟歲不過四百五十萬石，後增至六百萬。天聖中，發運使請所部六路計民税一石，量糴粟二斗五升，歲可更得二百萬石給京師。仁宗曰：常賦外增糴，是重擾民。不許。時江南穀貴民貧，尚書員外郎吴耀卿以爲言，詔歲減五十萬，後是三司奏，復增至六百萬。然東南災歉，輒減歲漕數，或百萬或數十萬。又轉移以給他路者時有焉。

慶曆中，詔減廣濟河歲漕一十萬石。後黄河歲漕益減耗，纔運菽三十萬石，而歲創漕船，市材木，役牙前，勞費甚廣。嘉祐四年，詔罷所運菽，減漕船三百艘。自是歲漕三河而已。

江、湖上供米，舊轉運使以本路綱輸真、楚、泗州轉般倉，載鹽以歸，舟還其郡，卒還其家。而汴舟詣轉般倉漕米輸京師，歲摺運者四。河冬涸，舟卒亦還營，至春復集，名曰放凍。卒得番休，逃亡者少；而汴船不涉江路，無風波沈溺之患。其後發運使權益重，六路上供米團綱發船，不復委本路，獨發運使專其任。文移坌併，事目繁夥，有不能檢察，則吏胥可以用意於其間。操舟者賕諸吏，輒得詣富饒郡市賤貿貴，以趨京師。自是江、汴之舟，合雜混轉無辨矣，挽舟卒有終身不還其家而老死河路者。籍多空名，漕事大弊。

皇祐中，發運使許元奏：近歲諸路因循，糧綱法壞，遂令汴綱至冬出江，爲他路轉漕，兵不得息。宜敕諸路增船載米，輸轉般倉充歲計如故事。於是言利者多以元說爲然，朝廷爲詔如元奏。久之，而諸路綱不集。嘉祐三年，復下詔切責有司以格詔不行，及發運使不能總綱條，轉運使不能斡歲入。預敕江、湖、兩浙轉運司，以期年功，各造船補卒，團本路綱，期自嘉祐五年汴綱不得復出江。至期，諸路船猶不足。汴綱既不得至江外，江外船亦不得至京師，失商販之利；而汴綱工卒訖冬坐食，苦不得歸息，而近歲汴綱多傭丁夫，每船卒不過一二人，至冬當留守船，實無足，皆盜毀船材，易錢以自給，船愈壞，漕歲額又愈不及。論者初欲漕卒得歸息者。時元罷久矣，後至者數奏請出汴船，執政守前詔不許，御史亦以爲言。治平三年，始詔出汴船七十綱，未幾，皆出江復故。

治平二年，漕粟至京師，汴河五百七十五萬五千石，惠民河二十六萬七千石，廣濟河七十四萬石。又運金帛緡錢入左藏庫、內藏庫者，總其數一千一百七十三萬，而諸路轉移以相給者皆不與焉。繇京西、陝西、河東運薪炭至者，薪以斤計爲一千七百一十三萬，炭以秤計爲一百萬。是歲，諸路創漕船二千五百四十艘。大約京師歲費粟四百餘萬石，芻四百餘萬圍，粟則漕運之人及畿縣歲賦、商人入中皆在焉，芻亦賦於畿縣，或體量和市。既而罷商人入中粟，至景祐初議復之。論者或謂糴京師，則穀價翔貴，命官度利害，後雖復之，然入中者無幾。芻以體量和市者，遇歲儉則蠲之，前後不可勝數。至和中，一歲凡蠲二十五萬。三司嘗請以布償芻直，登、萊端布爲錢千三百六十，沂布千一百。仁宗以取直過厚，命差減其數云。

英宗治平四年，三司言：京師秔米支五歲餘，久且陳腐，請令發運司以上供穀五十萬石糴穀貴處，市金帛儲榷貨務，以給三路軍需。從之。

發運司始於仁宗。時許元自判官爲副使，創汴河一百綱，漕荊湖、江、淮、兩浙六路八十四州米至真、揚、楚、泗轉般倉而止，復從通、泰載鹽爲諸路漕司經費。發運司自以汴河綱運米入京師。

神宗熙寧七年，詔委官疏浚廣濟河，增置漕舟，依舊運京東米上供。宣徽南院使張方平言：國初，浚河渠三道以通漕運，立上供年額，汴河六百萬石，廣濟河六十二萬石，惠民河六十萬石。廣濟河所運，止給太康、咸平、尉氏等縣軍糧而已，唯汴河運米麥，此乃太倉蓄積之實。近罷廣濟河，而惠民河斛斗不入太倉，大衆之命惟汴河是賴。議者不已，屢作改更，必致汴河日失其舊，願留神慮，以固基本。

京東察訪鄧潤甫等言：山東沿海州郡地廣，豐歲則穀賤，可募人爲海運。山東之粟可轉之河朔，以助軍食。詔京東、河北路轉運相度，訖無施行。

薛向爲江淮發運使，先是，漕運吏卒上下共爲侵盜貿易，甚則託風水沉没以滅迹。而官物陷折者，歲不減二十萬斛，至向，始募客舟與官舟分運，以相檢察，而舊弊悉去。

七年，提舉汴河隄岸司言：京東地富，穀粟可以漕運，但以河水淺澀，不能通舟。近修京東河岸，開斗門通廣濟河，爲利甚大。今請通津門裏汴河岸東城裏三十步內，開河一道，及置斗門，上安水磨，下通廣濟河，應接行運。從之。

八年，詔罷歲運糧百萬石赴西京。先是，導洛入汴，運東南粟以實洛下，至是，户部奏罷之。

元祐七年，知揚州蘇軾上言：臣竊見嘉祐中，張方平論京師軍儲云：今之京師，古所謂陳留，四通八達之地，非如雍、洛有山河之險足恃也，特恃重兵以立國。兵恃食，食恃漕運，漕運一虧，朝廷無所措手足。因畫十四策。內一項云，糧綱到京，每歲少欠不下六七萬石，皆以折會填償，發運司不復抱認，非祖宗之舊也。臣以此知嘉祐前，歲運六百萬石，而以欠折六七萬石爲多。訪聞去歲止運四百五十餘萬石，而欠折之多，約至三十餘萬石，運法之壞，一至於此。臣到任以來，所斷糧綱欠折等人不可勝數，衣糧罄於折會，船車盡於折賣，質妻鬻子，聚爲乞丐，散爲盜賊，竊計京師及緣河諸郡，例皆如此。蓋祖宗以來，通許綱運，攬載物貨，既免征税，而脚錢又輕，故物貨流通，緣路雖失商税，而京師坐獲富庶。自導洛司廢，而淮南轉運司陰收其利，數年以來，官用窘逼，轉運司督迫諸處税務，日急一日。謹按一綱三十隻船，而税務監官不過一員，未委如何隨船點檢得三十隻船一時皆遍，而必勒留住岸，一船點檢，即二十九隻船皆須住岸伺候。以淮南一路言之，真、揚、高郵、楚、泗、宿六州軍所得糧綱税錢，不過萬緡。而所在税務專欄，因金部轉運司許令點檢，緣此爲姦，邀難乞取，十倍於官。遂致綱梢皆窮困骨立，亦無復富商大賈肯以物貨委令搭載。以此專仰攘取官米，無有限量，折賣船板，動使净盡，事敗入獄，以命償官。顯是金部與轉運司違條刻剥，得糧綱税錢一萬貫，而令朝廷失陷綱運米三十餘萬石，利害皎然。臣聞東南饋運，所係國計至大，故祖宗以來，特置發運司，專任其責，選用既重，威令自行。如昔時許元輩，皆能約束諸路，主張綱運，其監司州郡及諸場務，豈敢非理刻剥邀難？但發運使得人，稍假事權，申明《元祐編敕》不得勒令住岸條貫，嚴賜約束行下，庶刻薄之吏不敢取小害大，東南大計，自然辦集。

徽宗大觀三年，尚書省言：六路上供斛斗已令直達，而奉行之吏因循，止將歲貢額斛於真、揚、楚、泗倉廒爲卸納摺運之地。又以所管斛斗代諸路歲額不足之數，且欠發運司米一百二十餘萬斛不償。乞將見在斛斗盡令般發赴朝廷。從之。

轉般之法，東南六路斛斗，自江、浙起綱至於淮甸，以及真、揚、楚、泗，爲倉七以聚蓄軍儲。復自楚、泗置汴綱般運上京，以發運使董之。故常有六百萬石以供京師，而諸倉常有數年之積。州郡告歉，則折納上等價錢，謂之額斛。計本州歲額，以倉儲代輸京師，謂之代發。復於豐熟以中價收糴。穀賤則官糴，不至傷農，饑歉則納錢，民以爲便。本錢歲增，兵食有餘。國家建都大梁，足食足兵之法，無以加於此矣。崇寧初，蔡京爲相，始求羨財以供侈費，用所親胡師文爲發運使，以糴本數百萬緡充貢，入爲户部侍郎。自是來者效尤，時有進獻，而本錢竭矣；本錢既竭，不能增糴，而儲積空矣；儲積既空，無可代發，而轉般無用矣。乃用户部尚書曾孝廣之説，立直達之法。時崇寧三年九月二十九日也。

孝廣之言曰：往年，南自真州江岸，北至楚州淮隄，以堰瀦水，不通重船，般剥勞費。遂於堰傍置轉般倉，受逐州所輸，更用運河船載之入汴，以達京師。雖免推舟過堰之勞，然侵盗之弊由此而起。天聖中，發運使方仲荀奏請度真、楚州堰爲水閘，自是東南金帛、茶布之類直至京師，惟六路上供斛斗猶循用轉般法，吏卒縻費與在路折閲，動以萬數。欲將六路上供斛斗，並依東南雜運直至京師或南京府界卸納，庶免侵盗乞貸之弊。自是六路郡縣各認歲額，雖湖南、北至遠處所，亦直抵京師，號直達綱，豐不加糴，歉不代發。方綱米之來也，立法峻甚，船有損壞，所至修整，不得踰時。州縣欲其速過，但令供狀，以錢給之，以至沿流鄉保悉致騷擾，公私横費，無有紀極。又鹽法已壞，迴舟無所得，舟人逃散，船亦隨壞，本法盡廢，弊事百出，良可嘆也。

譚稹言：伏讀聖訓，自轉般之法廢爲直達，歲運僅足。自開歲綱運，不至兩河，所糴所般，數目不多，何以爲策？令臣詢訪措置以聞。竊詳祖宗建立真、楚、泗州轉般倉之本意，可謂至密。一則以備中都緩急，二則以防漕渠阻節，三則綱船裝發，資次運行，更無虚日。自其法廢，河道日益淺澀，遂致中都糧儲不繼，仰煩聖訓，丁寧訓飭，謂淮南三轉般倉，今日不可不復，置淮南路泗州，江南路真州，兩浙路楚州。仍乞先自泗州爲始，候一處了當，次及真、楚，既有糴本，順流而下，不甚勞費。乞賜施行，然後俟豐歲計置儲蓄，取旨立法轉般，以爲永法。詔：稹所陳利害甚明，並可依奏。候睦賊平日，令發運司措置施行。五年二月，新淮南路轉運判官向子諲奏：轉般之法，寓平糴之意，江、湖有米，則可糴於真，二浙有米，則可糴於揚，宿、亳有米，則可糴於泗。坐視六路之豐歉，間有不登之處，則以錢折斛，發運司得以斡運之，不獨無歲額不足之憂，因以寬民力。萬一運渠旱乾，則近有汴口倉庾。今日所患者，向來糴本歲五百萬緡，支移殆盡，難以全仰朝廷。乞將經制司措置地契、賣糟、量添七色等錢，以樁充糴本，假之數年，可以足用。六月，詔特支降度牒一百萬貫，香、鹽鈔一百萬貫，付吕淙、盧知原均斛斗，專充應副轉般。令尚書省措置取旨。

大觀以後，或行轉般，或行直達，詔令不一。

政和元年，張根爲江西轉運副使，歲漕米百二十萬以給中都。江南州郡僻遠，官吏艱於督趨，根常存三十萬石於本司爲轉輸之本，以寬諸郡，時甚稱之。

高宗建炎初，詔諸路綱米以三分之一輸行在所，餘赴京師。二年八月，詔二廣、湖南北、江東西路綱運赴江寧府，福建、兩浙路赴平江府，京畿、淮南、京東西、河北、陝西路及川綱並赴行在。又詔二廣、湖南北綱運如經由兩浙，亦許赴平江府送納；福建綱運經由江東西，亦許赴江寧府送納。三年閏八月，又詔諸路綱運除見錢並糧斛赴建康府户部送納外，其金銀、絹帛並赴行在所。紹興初，因地之宜，以兩浙之粟專供行在，以江東之粟餉淮東，以江西之粟餉淮西，荆湖之粟餉岳、鄂、荆南。量所用之數，責漕臣將輸，而歸其餘行在，錢帛亦然。惟水運有舟楫之勞，陸運有夫丁之擾，雇舟差夫，不勝其弊，民間有自毁其舟楫不願藏舟，自廢其田而不願有田。王事鞅掌，人胥病之。於是申水脚糜費七分錢三分錢法，嚴卸綱無欠復拘留人船之戒，慮擄船之爲民害也。既優價雇募客舟矣，又許將一分力勝搭帶私物，捐其稅。及於兩浙、江東西、四川、瀘、叙、嘉、黔間自造官舟，又揆道里之遠近，灘磧之險阻，置轉般倉，修堰閘，開浚河道。以便漕運。

紹興四年，川、陝宣撫吴玠調兩川夫運米十五萬斛至利州，率四十餘千致一斛，饑病相仍，道死者衆。漕臣趙開聽民以粟輸内郡，募舟輓之，人以爲便。然嘉陵江險，灘磧相望，夏苦漲流，冬阻淺澀，終歲之運，殆莫能給。玠再欲陸運，帥臣邵溥争之，且言：宣司已取蜀民運脚錢百五十萬，其忍復使之陸運乎。乃卒行水運。總領所委官就糴於沿流諸郡，復就興、利、閬州置場，聽客人中賣。又減成都水運對糴米，免四川及京西路諸州租以寬之。

綱運之官，其責繁難，人以爲憚。故自紹興以來，優立賞格，其有少欠，許糴填補足，其綱欠及一分，才送有司究弊。後來獻説者止欲從窄減作五釐，且以百石論之，五釐止五斗耳，使之全無侵蠹，當風揚擲，亦不免五釐之少，則舉無納足之綱。於是户部言：乞將少欠五釐以上，一分以下之人，立限二十日糴填。

孝宗淳熙元年，詔：不以所欠多少，並與放除。其綱米赴倉卸納，以陳易新，不得就舟支遣。其折帛錢綱在路違法借貸重其罰，或借貸官錢收買物貨無償，許估賣出豁其金銀錢帛色額；低次虧損官錢者，行下元買納場吏人名下追理，不得均攤民户。其有因綱運欠折追降官資者，如本非侵盗，且補納已足，許保明叙復。

吴氏《能改齋漫録》曰：本朝東南歲漕米六百萬石，而江西居三分之一，蓋天下漕米多取於東南，而東南之米多取於江西也。

《宋史》卷九一《河渠志・黄河》〔嘉祐〕五年，河流派别于魏之第六埽，曰二股河，其廣二百尺。自二股河行一百三十里，至魏、恩、德、博之境，曰四界首河。七月，都轉運使韓贄言：四界首古大河所經，即《溝洫志》所謂平原、金堤，開通大河，入篤馬河，至海五百餘里者也。自春以丁壯三千浚之，可一月而畢。支分河流入金、赤河，使其深六尺，爲利可必。商胡决河自魏至于恩冀、乾寧入于海，今二股河自魏、恩東至于德、滄入于海，分而爲二，則上流不壅，可以無決溢之患。乃上《四界首二股河圖》。七年七月戊辰，河決大名第五埽。

《宋史》卷一七五《食貨志・漕運》宋都大梁，有四河以通漕運：曰汴河，曰黄河，曰惠民河，曰廣濟河，而汴河所漕爲多。太祖起兵間，有天下，懲唐季五代藩鎮之禍，蓄兵京師，以成彊幹弱支之勢，故於兵食爲重。建隆以來，首浚三河，令自今諸州歲受税租及筦榷貨利、上供物帛，悉官給舟車，輸送京師，毋役民妨農。開寶五年，率汴、蔡兩河公私船，運江、淮米數十萬石以給兵食。是時京師歲費有限，漕事尚簡。至太平興國初，兩浙既獻地，歲運米四百萬石。所在雇民挽舟，吏並緣爲姦，運舟或附載錢帛、雜物輸京師，又回綱轉輸外州，主藏吏給納邀滯，於是擅貿易官物者有之。八年，乃擇幹彊之臣，在京分掌水陸路發運事。凡一綱計其舟車役人之直，給付主綱吏雇募，舟車到發、財貨出納，並關報而催督之，自是調發邀滯之弊遂革。

初，荆湖、江、浙、淮南諸州，擇部民高貲者部送上供物，民多質魯，不能檢御舟人，舟人侵盗官物，民破産不能償。乃詔牙吏部送，勿復擾民。大通監輸鐵尚方鑄兵器，鍛鍊用之，十裁得四五；廣南貢藤，去其麤者，斤僅得三兩。遂令鐵就冶即淬治之，藤取堪用者，無使負重致遠，以勞民力。汴河挽舟卒多饑凍，太宗令中黄門求得百許人，藍縷枯瘠，詢其故，乃主糧吏率取其口食。帝怒，捕鞫得實，斷腕徇河上三日而後斬之，押運者杖配商州。雍熙四年，併水陸路發運爲一司。主綱吏卒盗用官物，及用水土雜糅官米，故毁敗舟船致沈溺者，棄市，募告者厚賞之；山河、平河實因灘磧風水所敗，以收救分數差定其罪。端拱元年，罷京城水陸發運，以其事分隸排岸司及下卸司。先是，四河所運未有定制，太平興國六年，汴河歲運江、淮米三百萬石，菽一百萬石；黃河粟五十萬石，菽三十萬石；惠民河粟四十萬石，菽二十萬石；廣濟河粟十二萬石：凡五百五十萬石。非水旱蠲放民租，未嘗不及其數。至道初，汴河運米五百八十萬石。大中祥符初，至七百萬石。

江南、淮南、兩浙、荆湖路租糴，於真、揚、楚、泗州置倉受納，分調舟船泝流入汴，以達京師，置發運使領之。諸州錢帛、雜物、軍器上供亦如之。陝西諸州菽粟，自黃河三門沿流入汴，以達京師，亦置發運司領之。粟帛自廣濟河而至京師者，京東之十七州；由石塘、惠民河而至京師者，陳、潁、許、蔡、光、壽六州，皆有京朝官廷臣督之。河北衛州東北有御河達乾寧軍，其運物亦廷臣主之。廣南金銀、香藥、犀象、百貨，陸運至虔州而後水運。川益諸州金帛及租、市之布，自劍門列傳置，分輦負檐至嘉州，水運達荆南，自荆南遣綱吏運送京師，咸平中，定歲運六十六萬匹，分爲十綱。天禧末，水陸運上供金帛、緡錢二十三萬一千餘貫、兩，端，匹，珠寶、香藥二十七萬五千餘斤。諸州歲造運船，至道末三千二百三十七艘，天禧末減四百二十一。先是，諸河漕數歲久益增，景德四年，定汴河歲額六百萬石。天聖四年，荆湖、江、淮州縣和糴上供，小民闕食，自五年後權減五十萬石。慶曆中，又減廣濟河二十萬石。後黃河歲漕益減耗，纔運菽三十萬石，歲創漕船，市材木，役牙前，勞費甚廣；嘉祐四年，罷所運菽，減漕船三百艘。自是歲漕三河而已。

江、湖上供米，舊轉運使以本路綱輸真、楚、泗州轉般倉，載鹽以歸，舟還其郡，卒還其家。汴舟詣轉般倉運米輸京師，歲摺運者四。河冬涸，舟卒亦還營，至春復集，名曰放凍。卒得番休，逃亡者少；汴船不涉江路，無風波沉溺之患。後發運使權益重，六路上供米團綱發船，不復委本路，獨專其任。文移坌併，事目繁夥，不能檢察。操舟者賕諸吏，得詣富饒郡市賤貿貴，以趨京師。自是江、汴之舟，混轉無辨，挽舟卒有終身不還其家、老死河路者。籍多空名，漕事大弊。

皇祐中，發運使許元奏：近歲諸路因循，糧綱法壞，遂令汴綱至冬出江，爲他路轉漕，兵不得息。宜敕諸路增船載米，輸轉般倉充歲計如故事。於是牟利者多以元説爲然，詔如元奏。久之，諸路綱不集。嘉祐三年，下詔切責有司以格詔不行，及發運使不能總綱條，轉運使不能幹歲入。預敕江、湖、兩浙轉運司，期以朞年，各造船補卒，團本路綱，自嘉祐五年汴船不得復出江。至期，諸路船猶不足。汴船既不至江外，江外船不得至京師，失商販之利；而汴船工卒訖冬坐食，恒苦不足，皆盜毀船材，易錢自給，船愈壞而漕額愈不及矣。論者初欲漕卒得歸息，而近歲汴船多傭丁夫，每船卒不過一二人，至冬當留守船，實無得歸息者。時元罷已久，後至者數奏請出汴船，執政不許。治平三年，始詔出汴船七十綱，未幾，皆出江復故。

治平二年，漕粟至京師，汴河五百七十五萬五千石，惠民河二十六萬七千石，廣濟河七十四萬石。又漕金帛緡錢入左藏、內藏庫者，總其數一千一百七十三萬，而諸路轉移相給者不預焉。繇京西、陝西、河東運薪炭至京師，薪以斤計一千七百一十三萬，炭以秤計一百萬。是歲，諸路創漕船二千五百四十艘。治平四年，京師秔米支五歲餘。是時，漕運吏卒，上下共爲侵盜貿易，甚則託風水沉没以滅迹。官物陷折，歲不減二十萬斛。熙寧二年，薛向爲江、淮等路發運使，始募客舟與官舟分運，互相檢察，舊弊乃去。歲漕常數既足，募商舟運至京師者又二十六萬餘石而未已，請充明年歲計之數。

三司使吴充言：宜自明年減江、淮漕米二百萬石，令發運司易輕貨二百萬緡，計五年所得，無慮緡錢千萬，轉儲三路平糴備邊。王安石謂：驟變米二百萬石，米必陡賤；驟致輕貨二百萬貫，貨必陡貴。當令發運司度米貴州郡，折錢變爲輕貨，儲之河東、陝西要便州軍，用常平法糶糴爲便。詔如安石議。七年，京東路察訪鄧潤甫等言：山東沿海州郡地廣，豐歲則穀賤，募人爲海運，山東之粟可轉之河朔，以助軍食。詔京東、河北路轉運司相度，卒不果行。是歲，江、淮上供穀至京師者三分不及一，令督發運使張頡亟辦來歲漕計。

宣徽南院使張方平言：今之京師，古所謂陳留，天下四衝八達之地，利漕運而贍師旅。國初，浚河渠三道以通漕運，立上供年額，汴河六百萬石，廣濟河六十二萬石，惠民河六十萬石。廣濟河所運，止給太康、咸平、尉氏等縣軍糧，唯汴河運米麥，乃太倉蓄積之實。近罷廣濟河，而惠民河斛斗不入太倉，大衆所賴者汴河。議者屢作改更，必致汴河日失其舊。十二月，詔濬廣濟河，增置漕舟。其後河成，歲漕京東穀六十萬石。

東南諸路上供雜物舊陸運者，增舟水運。押汴河江南、荊湖綱運，七分差三班使臣，三分軍大將、殿侍。又令真、楚、泗州各造淺底舟百艘，分爲十綱入汴。

元豐五年，罷廣濟河輦運司及京北排岸司，移上供物於淮陽計置入汴，以清河輦運司爲名。御史言廣濟安流而上，與清河泝流入汴，遠近險易不同。詔轉運、提點刑獄比較利害以聞。江、淮等路發運副使蔣之奇、都水監丞陳祐甫開龜山運河，漕運往來，免風濤百年沉溺之患。詔各遷兩官，餘官減年循資有差。八年，罷歲運百萬石赴西京。先是，導洛入汴，運東南粟實洛下，至是，户部奏罷之。是年，立汴河糧綱賞罰，歲終檢察。紹聖二年，置汴綱，通作二百綱。在部進納官銓試不中者，注押上供糧斛，不用衙前、土人、軍將。未幾，復募土人押諸路綱如故。

政和七年，立東南六路州軍知州、通判裝發上供糧斛任滿賞格，自一萬石至四十萬石升名次減年有差。張根爲江南西路轉運副使，歲漕米百二十萬石給中都。江南州郡僻遠，官吏艱於督趣，根常存三十萬石爲轉運之本，以寬諸郡，時甚稱之。宣和二年，詔：六路米麥綱運依法募官，先募未到部小使臣及非泛補授校尉以上未許參部人并進納人管押；淮南以五運，兩浙及江東二千里内以四運，江東二千里外及江西三運，湖南、北二運，各欠不及五釐，依格推賞外，仍許在外指射合入差遣一次。召募土人並罷。七年，詔結絶應奉司江淮諸局、所及罷花石綱，令逐路漕臣速拘舟船裝發綱運備邊。靖康初，汴河决口有至百步者，塞之，工久未訖，乾涸月餘，綱運不通，南京及京師皆乏糧。責都水使者陳求道等，命提舉京師所陳良弼同措置。越兩旬，水復舊，綱運沓至，兩京糧乃足。

河北、河東、陝西三路租税薄，不足以供兵費，屯田、營田歲入無幾，糴買入中之外，歲出内藏庫金帛及上京榷貨務緡錢，皆不翅數百萬。選使臣、軍大將，河北船運至乾寧軍，河東、陝西船運至河陽，措置陸運，或用鋪兵廂軍，或發義勇保甲，或差雇夫力，車載馱行，隨道路所宜。河北地里差近，西路回遠，又涉磧險，運致甚艱。熙寧六年，詔鄜延路經略司支封樁錢於河東買橐駝三百，運沿邊糧草。

元豐四年，河東轉運司調夫萬一千人隨軍，坊郭上户有差夫四百人者，其次一二百人。願出驢者三驢當五夫，五驢別差一夫驅喝。一夫雇直約三十千以上，一驢約八千，加之期會迫趣，民力不能勝。軍須調發煩擾，又多不急之務，如絳州運棗千石往麟、府，每石止直四百，而雇直乃約費三十緡。涇原路轉運判官張大寧言：餽運之策，莫若車便。自熙寧砦至磨哆口皆大川，通車無礙，自磨哆至兜嶺下道路亦然。嶺以北即山險少水，車乘難行。可就嶺南相地利建一城砦，使大車自鎮戎軍載糧草至彼，隨軍馬所在，以軍前夫畜往來短運。更於中路量度遠近，以遣回空夫築立小堡應接，如此則省民力之半。神宗嘉之。京西轉運司調均、鄧州夫三萬，每五百人差一官部押，赴鄜延饋運。其本路程塗日支錢米外，轉運司計自入陝西界至延州程數，日支米錢三十、柴菜錢十文，並先併給。陝西都轉運司於諸州差雇車乘人夫，所過州交替，人日支米二升、錢五十，至沿邊止。運糧出界，止差廂軍。六年，詔熙河蘭會經略制置司，計置蘭州人萬馬二千糧草，於次路州軍剗刮官私橐駝二千與經制司，自熙、河摺運。事力不足，發義勇保甲。給河東、陝西邊用非機速者，並作小綱數排日遞送。

大觀二年，京畿都轉運使吴擇仁言：西輔軍糧，發運司歲撥八萬石貼助，於滎澤下卸，至州尚四五十里，擺置車三鋪，每鋪七十人，月可運八千四百石。所運漸多，據數增添鋪兵。靖康元年十月，詔曰：一方用師，數路調發，軍功未成，民力先困。京西運糧，每名六斗，用錢四十貫；陝西運糧，民間倍費百餘萬緡，聞之駭異。今歲四方豐稔，粒米狼戾，但可逐處增價收糴，不得輕議般運，以稱恤民之意。若般綱水運及諸州支移之類仍舊。三路陸運以給兵費，大略如此，其他州縣運送或軍興調發以給一時之用，此皆不著。

轉般，自熙寧以來，其法始變，歲運六百萬石給京師外，諸倉常有餘蓄。州郡告歉，則折收上價，謂之額斛。計本州歲額，以倉儲代輸京師，謂之代發。復於豐熟以中價收糴，穀賤則官糴，不至傷農，饑歉則納錢，民以爲便。本錢歲增，兵食有餘。崇寧初，蔡京爲相，始求羨財以供侈費，用所親胡師文爲發運使，以糴本數百萬緡充貢，入爲户部侍郎。來者傚尤，時有進獻，而本錢竭矣；本錢既竭，不能增糴，而儲積空矣；儲積既空，無可代發，而轉般之法壞矣。

崇寧三年，户部尚書曾孝廣言：往年，南自真州江岸，北至楚州淮堤，以堰瀦水，不通重船，般剥勞費。遂於堰旁置轉般倉，受逐州所輸，更用運河船載之入汴，以達京師。雖免推舟過堰之勞，然侵盜之弊由此而起。天聖中，發運使方仲荀奏請度真、楚州堰爲水牐，自是東南金帛、茶布之類直至京師，惟六路上供斛斗，猶循用轉般法，吏卒縻費與在路折閱，動以萬數。欲將六路上供斛斗，並依東南雜運直至京師或南京府界卸納，庶免侵盜乞貸之弊。自是六路郡縣各認歲額，雖湖南、北至遠處，亦直抵京師，號直達綱，豐不加糴，歉不代發。方綱米之來，立法峻甚，船有損壞，所至修整，不得踰時。州縣欲其速過，但令供狀，以錢給之，沿流鄉保悉致騷擾，公私横費百出。又鹽法已壞，迴舟無所得，舟人逃散，船亦隨壞，本法盡廢。

大觀三年，詔直達綱自來年並依舊法復行轉般，令發運司督修倉敖，荊湖北路提舉常平王璹措置諸路運糧舟船。

政和二年，復行直達綱，毁拆轉般諸倉。譚稹上言：祖宗建立真、楚、泗州轉般倉，一以備中都緩急，二以防漕渠阻節，三則綱船裝發，資次運行，更無虚日。自其法廢，河道日益淺澀，遂致中都糧儲不繼，淮南三轉般倉不可不復。乞自泗州爲始，次及真、楚，既有瓦木，順流而下，不甚勞費。俟歲豐計置儲蓄，立法轉般。淮南路轉運判官向子諲奏：轉般之法，寓平糴之意，江、湖有米，可糴於真，兩浙有米，可糴於揚，宿、亳有麥，可糴於泗。坐視六路豐歉，有不登處，則以錢折斛，發運司得以斡旋之，不獨無歲額不足之憂，因可以寬民力。運渠旱乾，則有汴口倉。今所患者，向來糴本歲五百萬緡，支移殆盡。

宣和五年，乃降度牒及香、鹽鈔各一百萬貫，令吕淙、盧宗原均糴斛斗，專備轉般。江西轉運判官蕭序辰言：轉般道里不加遠，而人力不勞卸納，年豐可以廣糴厚積，以待中都之用。自行直達，道里既遠，情弊尤多，如大江東西、荊湖南北有終歲不能行一運者，有押米萬石欠七八千石，有抛失舟船、兵梢逃散、十不存一二者。折欠之弊生於稽留，而沿路官司多端阻節，至有一路漕司不自置舟船，截留他路回綱，尤爲不便。詔發運司措置。六年，以無額上供錢物并六路舊欠發斛斗錢，貯爲糴本，別降三百萬貫付盧宗原，將湖南所起年額，並隨正額預起抛欠斛斗於轉般倉下卸，卻將已卸均糴斛斗轉運上京，所有直達，候轉般斛斗有次第日罷之。靖康元年，令東南六路上供額斛，除淮南、兩浙依舊直達外，江、湖四路並措置轉般。

高宗建炎元年，詔諸路綱米以三分之一輸送行在，餘輸京師。二年，詔二廣、湖南北、江東西綱運輸送江寧府，福建、兩浙路輸送平江府，京畿、淮南、京東西、河北、陝西及川綱輸送行在。又詔二廣、湖南北綱運如過兩浙，許輸送平江府；福建綱運過江東、西，亦許輸送江寧府。三年，又詔諸路綱運見錢并糧輸送建康府户部，其金銀、絹帛並輸送行在。紹興初，因地之宜，以兩浙之粟供行在，以江東之粟餉淮東，以江西之粟餉淮西，荊湖之粟餉鄂、岳、荊南。量所用之數，責漕臣將輸，而歸其餘於行在，錢帛亦然。雇舟差夫，不勝其弊，民間有自毁其舟、自廢其田者。

紹興四年，川、陝宣撫吴玠調兩川夫運米一十五萬斛至利州，率四十餘千致一斛，饑病相仍，道死者衆，蜀人病之。漕臣趙開聽民以粟輸内郡，募舟輓之，人以爲便。總領所遣官就糴於沿流諸郡，復就興、利、閬州置場，聽商人入中。然猶慮民之勞且憊也，又減成都水運對糴米。紹興十六年。

三十年，科撥諸路上供米：鄂兵歲用米四十五萬餘石，於全、永、郴、邵、道、衡、潭、鄂、鼎科撥；荊南兵歲用米九萬六千石，於德安、荊南、澧、純、潭、復、荊門、漢陽科撥；池州兵歲用米十四萬四千石，於吉、信、南安科撥；建康兵歲用米五十五萬石，於洪、江、池、宣、太平、臨江、興國、南康、廣德科撥；行在合用米一百十二萬石，就用兩浙米外，於建康、太平、宣科撥；其宣州見屯殿前司牧馬歲用米，并折輸馬料三萬石，於本州科撥；並諸路轉運司樁發。時内外諸軍歲費米三百萬斛，而四川不預焉。

嘉定兵興，揚、楚間轉輸不絶，濠、廬、安豐舟楫之通亦便矣，而浮光之屯，仰饋於齊安、舒、蘄之民，遠者千里，近者亦數百里。至於京西之儲，襄、郢猶可徑達，獨棗陽陸運，夫皆調於湖北鼎、澧等處，道路遼邈，夫運不過八斗，而資糧屝屨與夫所在邀求，費常十倍。中産之家雇替一夫，爲錢四五十千；單弱之人一夫受役，則一家離散，至有斃於道路者。

至於部送綱運，並差見任官，闕則選募得替待闕及寄居官有材幹者，其責繁難，人以爲憚。故自紹興以來優立賞格，其有欠者亦多方而憫之。乾道初，蠲欠五十石以下者；三年，蠲欠百石以下者。九年，初，綱運欠及一分者送有司究弊，至是，臣僚申明綱運欠及一分者亦許其補足。淳熙元年，詔：不以所欠多寡，並與除放。其有因綱欠追降官資者，如本非侵盜，且補輸已足，許叙復。自是綱運欠失雖責償於官吏，然以其山川險遠，非一人所能究，亦時寓於蠲放焉。

（明）陳邦瞻《宋史紀事本末》卷九《治河》　太祖乾德二年，遣使案行黄河，治古隄。議者以舊河不可卒復，力役且大，遂止。詔民治遥隄，以禦衝决之患。

三年秋，大霖雨，河决陽武，梁、澶、鄆亦决。詔發州兵治之。

四年八月，滑州河决，壞靈河縣大隄。詔殿前都指揮使韓重贇等督士卒丁夫數萬人治之。

五年春正月，帝以河隄屢决，分遣使行視，發畿甸丁夫繕治。自是歲以爲常，皆以正月首事，季春而畢。是月，詔開封、大名府、鄆、澶、滑、孟、濮、齊、淄、滄、棣、濱、德、博、懷、衛、鄭等州長吏，並兼本州河隄使。

開寶五年五月，河大决濮陽，又决陽武。詔發諸州兵及丁夫凡五萬人，遣潁州團練使曹翰護其役。翰辭，太祖謂曰：霖雨不止，又聞河决。朕信宿以來，焚香上禱於天，若天災流行，願在朕躬，勿延於民也。翰頓首對曰：昔宋景公，諸侯耳，一發善言，災星退舍。今陛下憂及兆庶，懇禱如是，固當上感天心，必不爲災。

六月，下詔曰：近者澶、濮等數州，霖雨（漸）〔荐〕據《宋史》九一《河渠志》改。本卷下文校補未注依據者同此。降，洪河爲患。朕以屢經决溢，重困黎元，每閲前書，討究經瀆。至若夏后所載，但言導河至海，隨山濬川，未聞力制湍流，廣營高岸。自戰國專利，堙塞故道，小以妨大，私而害公，九河之制遂隳，歷代之患弗弭。凡搢紳多士，草澤之倫，有素習河渠之書，深知疏導之策，若爲經久，可免重勞，並許詣闕上書，附驛條奏。朕當親覽，用其所長，勉副詢求，當示甄獎。時，東魯逸人田告者，纂《禹元經》十二篇。帝聞之，召至闕下，詢以治水之道。善其言，將授以官。以親老，固辭歸養，從之。翰至河上，親督工徒，未幾，决河皆塞。

太宗太平興國二年秋七月，河决孟州之温縣，鄭州之滎澤，澶州之頓丘，皆發緣河諸州丁夫塞之。

三年春正月，命使十七人分治黄河隄，以備水患。

八年五月，河大决滑州韓村，泛澶、濮、曹、濟諸州民田，壞居人廬舍。東南流，至彭城界入於淮。詔發丁夫塞之。隄久不成，乃命使者按視遥隄舊址。使回條奏，以爲：治遥隄不如分水勢。自孟抵鄆，雖有隄防，唯滑與澶最爲隘陜，於此二州之地，可立分水之制。宜於南北岸各開其一，北入王莽河以通於海，南入靈河以通於淮，節減暴流，一如汴口之法。其分水河，量其遠邇，作爲斗門，啓閉隨時，務乎均濟。通舟運，溉農田，此富庶之資也。不報。時多陰雨，河久未塞。帝憂之，遣樞密直學士張齊賢乘傳詣白馬津，用太牢加璧以祭。

十二月，滑州言决河塞，羣臣稱賀。

九月春，滑州復言房村河决。帝曰：近以河决韓村，發民治隄不成，安可重困吾民，當以諸軍代之。乃發卒五萬，以侍衛步軍指揮使田重進領其役。

淳化四年冬十月，河决澶州，陷北城，壞廬舍七千餘區。詔發卒代民治之。是歲，巡河供奉官梁睿上言：滑州土脈疏，岸善隤，每歲河决南岸，害民田。請於迎陽鑿渠引水，凡四十里，至黎陽合大河，以防暴漲。帝許之。

五年春正月，滑州言新渠成。帝又案圖，命昭宣使、羅州刺史杜彦鈞率兵夫計功十七萬，鑿河開渠，自韓村埽至州西鐵狗廟，凡五十餘里，復合於河，以分水勢。

真宗大中祥符（三）〔五〕年，著作佐郎李垂上《導河形勝書》三篇并圖，其略曰：臣請自汲郡東推禹故道，挾御河，較其水勢，出大伾、上陽、太行三山之間，復西河故瀆，北注大名西、館陶南，東北合赤河而至於海。因於魏縣北析一渠，正北稍西，逕衡漳直北下，出邢、洺，如《夏書》過洚水，稍東，注易水，合百濟，會朝河而至於海。大伾而下，黄、御混流，薄山障隄，勢不能遠。如是，則載之高地而北行，百姓獲利，而契丹不能南侵矣。《禹貢》所謂夾右碣石入於海。孔安國曰：河逆上此州界。其始作自大伾西八十里，曹公所開運渠東五里，引河水，正北稍東十里，破伯禹〔古〕隄，逕牧馬陂，從禹故道。又東三十里，轉大伾西，通利軍北，挾白溝，復（四）〔西〕大河，據《長編》改。北逕清豐、大名西，歷洹水、魏縣東，暨館陶南，入屯氏故瀆，合赤河而北，入於海。既而自大伾西新發故瀆西岸，析一渠，正北稍西五里，廣深與汴等，合御河道。逼大伾北，即堅壤析一渠，東西二十里，廣深與汴等，復東大河。兩渠分流，則三四分水猶得注澶淵舊渠矣。大都河水從西大河故瀆，東北合赤河而達於海。然後於魏縣北發御河西岸，析一渠，正北稍西六十里，廣深與御河等，合衡漳水。又冀州北界，深州西南三十里，決衡漳西岸，限水爲門，西北注滹沱，潦則塞之使東漸渤海，旱則決之使西灌屯田，此中國禦邊之利也。兩漢而下，言水利者屢欲求九河故道而疏之。今考圖志，九河並在（中）〔平〕原而北，且河壞澶、滑，未至平原而上已決矣，則九河奚利哉！漢武捨大伾之故道，發頓丘之暴衝，則濫兗泛齊，流患中土，使河朔平田膏腴千里，縱容邊寇劫掠其間。今大河盡東，全燕陷北，而禦邊之計，莫大於河。不然，則趙、魏百城，富庶萬億，所謂誨盜而招寇也。一日（俟）〔伺〕我饑饉，乘虛入寇，臨時用計者實難，不如因人足財豐之時，成之爲易。詔樞密直學士任中正、龍圖閣直學士陳彭年、知制誥王曾詳定。中正等上言：詳垂所述，頗爲周悉。所言起滑臺而下，派之爲六，則緣流就下，湍急難制，恐水勢聚而爲一，不能各依所導。設或必成六派，則是更增六處河口，悠久難於隄防，亦慮入滹沱、漳河，漸至二水淤塞，益爲民患。又築隄七百里，役夫二十一萬七千，工至四十日，侵占民田，頗爲煩費。其議遂寢。

天禧三年六月，滑州河溢城西北天臺山旁，俄復潰於城西南，岸摧七百步，浸溢州城。歷澶、濮、曹、鄆，注梁山泊，又合清水、古汴渠，東入於淮，州邑罹患者三十二。即遣使賦諸州薪石、楗橛、芟竹之數千六百萬，發兵夫九萬人治之。

四年二月，河塞。羣臣入賀，上親爲文，刻石紀功。是年，祠部員外郎李垂又言疏河利害，命垂至大名府、滑、衛、德、貝州、通利軍，與長吏計度。垂上言：臣所至，並稱黄河水入王莽、沙河與西河故瀆，注金、赤河，必慮水勢浩大，蕩浸民田，難於隄備。臣亦以爲河水所經，不無爲害。今者決河而南，爲害既多，而又陽武埽東，石堰埽西，地形汙下，東河泄水又艱。或者云：今決處漕底坑深，舊渠逆上，若塞之，旁必復壞。如是則議塞河者誠以爲難。若決河而北，爲害雖少，一旦河水注御河，蕩易水，逕乾寧軍，入獨流口，遂及契丹之境。或者云：因此搖動邊鄙。如是則議疏河者又益爲難。臣於兩難之間，輒畫一計，請自上流引北載之高地，東至大伾，瀉復於澶淵舊道，使南不至滑州，北不出通利軍界。何以計之？臣請自衛州東界曹公所開運渠東五里河北岸凸處，就岸實土堅引之，正北稍東十三里，破伯禹古隄，注裴家潭，逕牧馬陂。又正東稍北四十里，鑿大伾西山，釃爲二渠，一逼大伾南足，決古隄，正東八里，復澶淵舊道；一逼通利軍城北曲河口，至大禹所導西河故瀆，正北稍東五里，開南北大隄。又東七里，入澶淵舊道，使南不至滑州，與南渠合。夫如是，則北載之高地，大伾二山脽股之間，分酌其勢，浚瀉兩渠，匯注東北，不遠三十里，復合於澶淵舊道，而滑州不治自涸矣。臣請以兵夫二萬，自來歲二月興作，除三伏半功外，至十月而成，其均厚埤薄，俟次年可也。疏奏，朝議慮其煩擾，罷之。

初，滑州以天臺決口去水稍遠，聊興葺之，及西南隄成，乃於天臺口旁築月隄。六月望，河復決天臺下，走衛南，浮徐、濟，害如三年而益甚。帝以新經賦率，慮殫困民力，即詔京東西、河北路經水災州軍，勿復科調丁夫。其守捍提防役兵，仍令長吏存恤而番休之。

五年春正月，知滑州陳堯佐以西北水壞城，無外禦，築大隄；又疊埽於城北，護州中居民；復就鑿横木，下垂木數條，置水旁以護岸，謂之木龍，當時賴焉；復並舊河開枝流，以分導水勢。有詔嘉奬。

說者以黄河隨時漲落，故舉物候爲水勢之名：立春之後，東風解凍，河邊人候水，初至凡一寸則夏秋當至一尺，頗爲信驗，故謂之信水。二月、三月，桃華始開，冰泮雨積，川流猥集，波瀾盛長，謂之桃華水。春末，蕪菁華開，謂之菜華水。四月末，壟麥結秀，擢芒變色，謂之麥黄水。五月，瓜實延蔓，謂之瓜蔓水。朔野之地，深山窮谷，固陰沍寒，冰堅晚泮，逮乎盛夏，消釋方盡，而沃蕩出石，水帶礬腥，併流於河，故六月中旬後謂之礬山水。七月，菽豆方秀，謂之豆華水。八月，荻亂華，謂之荻苗水。九月，以重陽紀節，謂之登高水。十月，水落安流，復其故道，謂之復槽水。十一月、十二月，斷冰雜流，乘寒復結，謂之蹙凌水。水信有常，率以爲準，非時暴漲，謂之客水。其水勢，凡移徙横注，岸如刺毀，謂之劄岸；漲溢踰防，謂之抹岸；埽岸故朽，潛流漱其下，謂之塌岸；浪勢旋激，岸土上隤，謂之淪捲；水浸岸逆漲，謂之上展；順漲謂之下展；或水乍落，直流之中忽屈曲横射，謂之徑窌；水猛驟移，其將澄處望之明白，謂之拽白，亦謂之明灘；湍怒略停，勢稍汨起，行舟值之多溺，謂之薦浪水。水退淤澱，夏則膠土肥腴，初秋則黄滅土頗爲疏壤，深秋則白滅土，霜降後皆沙也。

舊制歲虞河決，有司常以孟秋預調塞治之物，梢芟、薪柴、楗橛、竹石、茭索、竹索凡千餘萬，謂之春料。詔下瀕河諸州所産之地，仍遣使會河渠官吏，乘農隙，率丁夫水工，收采備用。凡伐蘆荻，謂之芟；伐山木榆柳〔枝〕葉，謂之梢。辮竹糾芟爲索，以竹爲巨索，長十尺至百尺，有數等。先擇寬平之所爲埽場。埽之制：密布芟索，鋪梢，梢芟相重，壓之以土，雜以碎石，以巨竹索横貫其中，謂之心索。卷而束之，復以大芟索繫其兩端，別以竹索自内旁出，其高至數丈，其長倍之。凡用丁夫數百或千人，雜唱齊挽，積置於卑薄之處，謂之埽岸。既下，以橛臬閡之，復以長木貫之，其竹索皆埋巨木於岸以維之。遇河之横決，則復增之以補其缺。凡埽下，非積數疊亦不能遏其迅湍。又有馬頭、鋸牙、木岸者，以蹙水勢護隄焉。

凡緣河諸州，孟州有河南、北凡二埽，開封府有陽武埽，滑州有韓、房二村，憑管、石堰州、西魚池、迎陽凡七埽、原注：舊有七里曲埽，後廢。通利軍有齊賈、蘇村凡二埽，澶州有濮陽、大韓、大吴、商胡、王楚、横隴、曹村、依仁、大北、岡孫、陳固、明公、王八凡十三埽，大名府有孫杜、侯村二埽，濮州有任村、東、西、北凡四埽，鄆州有博陵、張秋、關山、子路、王陵、竹口凡六埽，齊州有采金山、史家渦二埽，濱州有平河、安定二埽，棣州有聶家、梭隄、鋸牙、陽成四埽。所費皆有司歲計而無闕焉。

（明）陳邦瞻《宋史紀事本末》卷三三《浚六塔二股河》 仁宗天聖五年秋七月，詔發丁夫三萬八千，卒二萬一千，緡錢五十萬，塞滑州決河。

六年八月，河決於澶州之王楚埽。

八年，始詔河北轉運〔司〕計塞河之備。良山令陳曜請疏鄆、滑界糜丘河以分水勢，遣使行視之。

慶歷元年，詔權停修決河。自此久不復塞，而開河分水之議起焉。

皇祐元年三月，河合永（清）〔濟〕渠，注乾寧軍。

二年秋七月，河復決大名府館陶縣之郭固。

至和二年，遣使行度故道，且詣銅城鎮海口，約古道高下之勢。先是，朝廷既塞郭固，而河勢猶壅，議者請開六塔以披其勢，故有是命。翰林學士歐陽修上疏曰：朝廷欲俟秋興大役，塞商胡，開横隴，回大河於古道。夫動大衆必順天時，量人力，謀於其始而審於其終，然後必行，計其所利者多，乃可無悔。比年以來，興役動衆，勞民（損）〔費〕財，不精謀慮於厥初，輕信利害之偏説，舉事之始，既已倉皇，羣議一搖，尋復悔罷。不敢遠（指）〔引〕他事，且如河決商胡，是時執政之臣不慎計慮，遽謀修塞。凡科配梢芟一千八百萬，騷動六路一百餘軍、州。官吏催驅，急若星火，民庶愁苦，盈於道途。或物已輸官，或人方在路，未及興役，尋已罷修，虚費民財，爲國斂怨，舉事輕脱，爲害若斯。今又聞復有修河之役，聚三十萬人之衆，開一千餘里之長河，計其所用物力，數倍往年。當此天災歲旱，民困國貧之際，不量人力，不順天時，知其有大不可者五：蓋自去秋至春，半天下苦旱，亦東尤甚，河北次之。國家常務安静振恤之，猶恐民起爲盗，況於兩路聚大衆，興大役乎，此其必不可者一也。河北自恩州用兵之後，繼以凶年，人户流亡，十失八九。數年以來，人稍歸復，然死亡之餘，所存者幾，瘡痍未斂，物力未完。又京東自去冬無雨雪，麥不生苗，將踰暮春，粟未布種，農心焦勞，所向無望。若別路差夫，則遠者難爲赴役，就河便近，則兩路力所不任，此其必不可者二也。往年議塞滑州決河，時公私之力未若今日之貧虚，然猶儲積物料，誘率民財，數年之間，始能興役。今國用方乏，民力方疲，且合商胡塞大決之洪流，此一大役也；〔鑿横隴，開久廢之故道，又一大役也〕；自横隴至海千餘里，埽岸久〔已〕廢頓，須興緝補，又一大役也。往年公私有力之時，興一大役尚須數年，今猝興三大役於災旱貧虚之際，此其必不可者三也。就令商胡可塞，故道未必可開。鯀障洪水，九年無功。禹得《洪範》五行之書，知水潤下之性，乃因水之流，疏而就下，水患乃息。然則以大禹之神功不能障塞，但能因勢而疏決耳。今欲逆水之性，障而塞之，奪洪河之正流，使人力斡旋回注，是大禹之所不能，此其必不可者四也。横隴湮塞已二十年，商胡決又數年，故道已平而難鑿，安流已久而難回，此其必不可者五也。臣伏思國家累歲災譴甚多，其於京東變異尤大。地貴安静而有聲，巨嵎山摧，海水搖蕩，如此不止者僅十年。天地警戒，宜不虚發。臣謂變異所起之方，尤當過慮防懼。今乃欲於凶儉之年，聚三十萬之大衆於變異最大之方，臣恐災禍自此而發也。況京（都）〔東〕赤地千里，饑饉之民正苦天災，又聞河役將動，往往伐桑毁屋，無復生計。流亡盗賊之患，不可不虞。宜速止罷，用安人心。

九月，詔：自商胡之決，大河注食堤埽，爲河北患，其故道又以河北、京東饑故未興役。今河渠司李仲昌議，欲納水入六塔河，使歸横隴舊河，舒一時之急。其令兩制至待制以上臺諫官與河渠司同詳定。修又上疏曰：伏見學士院集議修河，未有定論，蓋由賈昌朝欲復故道，李仲昌請開六塔，互執一説，莫知孰是。臣愚皆謂不然。言故道者未詳利害之原，述六塔者近乎欺罔之謬。今謂故道可復者，但見河北水患，而欲還之京東，然不思天禧以來河水屢決之因，所以未知故道有不可復之勢，〔此〕臣故謂未詳利害之原也。若言六塔之利者，則不待攻而自破矣。今六塔既已開，而恩、冀之患何爲尚告奔騰之急？此則減水未見其利也。又開六塔者云：可以全回大河，使復横隴故道。今六塔止是别河下流，已爲濱、棣、德、博之患，若全回大河，顧其害如何？此臣故謂近乎欺罔之謬也。且河本泥沙，無不淤之理。淤常先下流，下流淤高，水行漸壅，乃決上流之低處，此勢之常也。然避高就下，水之本性，故河流已棄之道，自古難復。臣不敢廣述河源，且以今所欲復之故道，言天禧以來屢決之因。初，天禧中，河出京東，水行於今所謂故道者。水既淤澀，乃決天臺埽，尋塞而復故道。未幾，又決於滑州南鐵狗廟今所謂龍門埽者，其後數年，又塞而復故道。已而又決王楚埽，所決差小，與故道分流，然而故道之水終以壅淤，故又於横隴大決。是則決河非不能力塞，故道非不能力復，所復不久終必決於上流者，由故道淤而水不能行故也。及横隴既決，水流就下，所以十餘年間，河未爲患。至慶曆三、四年，横隴之水又自海口先淤，凡一百四十餘里。其後游、金、赤三河相次又淤，下流既梗，乃決於上流之商胡口。然則京東、横隴兩河故道，皆下流淤塞河水已棄之高地。京東故道，屢復屢決，理不可復，不待言而易知也。昨議者度京東故道工料，但云〔銅城已上地高，不知大抵東去皆高，而〕銅城已上乃特高爾，其東比銅城已上則稍低，比商胡已上則實高也。若云銅城已東地勢斗下，則當日水流宜決銅城已上，何緣而頓淤横隴之口？亦何緣而大決也？然則兩河故道既皆不可爲，則河北水患何爲而可去！臣聞智者之於事，有所不能必則較其利害之輕重，擇其害少者而爲之，猶愈害多而利少，何況有害而無利？此三者可較而擇也。又商胡初決之時，欲議修塞，計用梢芟一千八百萬，科配六路一百餘州、軍。今欲塞者，乃往年之商胡，則必用往年之物數，至於開鑿故道，張奎所計，工費甚大，其後李參減損，猶用三十萬人。然欲以五十步之狹容大河之水，此可笑也。又欲增一夫所開三尺之方，倍爲六尺，且闊厚三尺而長六尺，自一倍之功，在於人力，已爲勞矣。且六尺之方，以開方法算之，乃八倍之功，此豈人力之所勝？是則前功既大而難興，後功雖小而不實。大抵塞商胡，開故道，凡二大役，皆困國勞人。所舉如此，而欲開難復屢決已驗之故道，使其虚費，而商胡不可塞，故道不可復，此所謂有害而無利者也。就使幸而暫塞以紓目前之患，而終於上流必決如龍門、横隴之比，此所謂利少而害多也。若六塔者，於大河有（分）〔減〕水之名，而無減患之實。今下流所散，爲患已多，若全回大河以注之，則濱、棣、德、博、河北所仰之州，不勝其患，而又故道淤澀，上流必有他決之虞，此直有害而無利耳。是皆智者之不爲也。今若因水所在，增治隄防，疏其下流，浚以入海，則可無決溢散漫之虞。今河所歷數州之地，誠爲患矣；隄防歲用之夫，誠爲勞矣。與其虚費天下之財，虚舉大衆之役，而不能成功，終不免爲數州之患，勞歲用之夫，（此）則〔此〕所謂害少者，乃智者之所宜擇也。大約今河之勢，負三決之虞：復故道，上流必決；開六塔，上流亦決；河之下流若不浚使入海，則上流亦決。臣請選知水利之臣，就其下流，求入海路而浚之。不然，下流梗澀，則終虞上決，爲患無涯。帝不聽，卒從仲昌議。

嘉祐元年夏四月，六塔河復決。時，殿中丞李仲昌等塞商胡，北流入六塔河，不能容，以致復決，溺兵夫，漂芻藁，不可勝計，河北被害者凡數千里。詔三司判官沈立往行視。內使劉恢遂奏：六塔之役，水死者數千萬人。穿土干犯禁忌，且河口乃趙征村，於國姓御名有嫌，而大興鍤斸，非便。詔罷其役。令御史吳中復、內侍鄧守恭置獄於澶，劾仲昌等違詔旨，不俟秋冬塞北流，以致決潰。於是流仲昌於英州，餘各被謫有差。

五年春正月，議鑿二股河。自李仲昌貶，河事久無議者。至是，都轉運使韓贄言：四界首古大河所經，即《溝洫志》所謂平原金隄，開通大河，入篤馬河，至海五百餘里者也。自春以丁壯三千浚之，可一月而畢，支分河流入金、赤河，使其深六尺，爲利可必。商胡決河自魏至於恩、冀、乾寧，入於海。今二股河自魏、恩東至於德、滄，入於海。分而爲二，則上流不壅，可以無決溢之患。乃上《四界首二股河圖》。

英宗治平元年，始命浚二股河，以紓恩、冀之患。未幾，又併五股河浚之。

神宗熙寧元年六月，河溢恩州，又決冀州棗強埽。七月，又溢瀛州樂壽埽。於是都水監丞李立之請於恩、冀、深、瀛等州創生隄三百六十七里以禦河。宋昌言謂：今二股河門變移，請迎河港進約，簽入河身，以紓四州水患。都水監復奏：慶歷中，商胡北流於今二十餘年，自澶州下至乾寧軍，創隄千有餘里，公私勞擾。近歲冀州而下，河道梗塞，至上下埽岸屢危，雖創新岸，終非久計。願相六塔舊口，并二股河，導使東流，徐塞北流。便詔翰林院學士司馬光、入內副都知張茂則乘傳相度四州生隄，回日兼視六塔、二股利害。

二年正月，光入對，請如宋昌言策，於二股之西置上約，擗水令東。俟東流漸深，北流淤淺，即塞北流，放出御河、胡盧河，下紓恩、冀、深、瀛以西之患。初，商胡決河自魏之北至恩、冀、乾寧，入於海，是謂北流。嘉祐八年，河流派於魏之第六埽，遂爲二股，自魏、恩東至於德、滄，入於海，是謂東流。時議者多不同，李立之力主生隄，帝不聽，卒用昌言策，置上約。會北京留守韓琦言：今歲兵夫數少，而（舍）〔金〕隄兩埽修上下約甚急，深進馬頭，欲奪大河。緣二股及嫩灘舊闊千一百步，是以可容漲水，今截去八百步有餘，則將東大河於二百餘步之間。下流既壅，上流蹙遏湍怒，又無兵夫修護隄岸，其衝決必矣。況自德至滄，皆二股下流，既無隄防，必侵民田。設若河門束狹，不能容納漲水，上下約隨流而脫，則二股與北流爲一，其患愈大。帝因謂二府曰：韓琦頗疑修二股。趙抃曰：人多以六塔爲戒。王安石曰：異議者，皆不考其事實故也。帝又問：程昉、宋昌言同修二股何如？安石以爲可治。帝曰：欲作簽河甚善。安石曰：誠然，若及時作之，則往河可東，北流可閉。帝然之。

七月，張鞏等奏：上約屢經泛漲，并下約各已無虞，東流勢漸順快，宜塞北流，除恩、冀、深、瀛等州水患。司馬光言：鞏等欲塞河北流，臣恐勞費未易。或幸而可塞，則東流淺狹，隄防未全，必致決溢，是移恩、冀、深、瀛之患於滄、德等州也。不若俟二三年間，東流益深闊，北流漸淺，塞之便。帝曰：今不俟東流順快而塞北流，他日河勢改移，奈何？且若河水常分二流，何時當有成功？光曰：若上約流失，其事不可知。上約存則東流必增，北流必減。借使分爲二流，於鞏等不見成功，於國家亦無所害，何則？西北之水併於山東則爲害大，分則害小矣。鞏等亟欲塞北流，皆爲身謀，不顧國力與民害也。帝卒從鞏議。

四年秋七月，北京新隄第四、第五埽決，漂溺館陶、永濟、清陽以北。八月，河溢澶州曹村。十月，溢衛州王供。時，新隄凡六埽，而決者（三）〔二〕，下屬恩、冀，貫御河，奔衝爲一，帝憂之。是時，人爭言導河之利，張茂則等謂：二股河地最下，而舊防可因。今湮塞者纔三十餘里，若度河之湍，浚而逆之，又存清水鎮河以析其勢，則悍者可回，決者可塞。帝然之。十二月，令河北轉運使開修二股河上流，併塞〔第五埽〕決口。

五年夏四月，二股河成。六月，河溢夏津。帝語執政：聞京東調夫修河有壞產者，河北調急夫（役猶）〔尤〕多。若河復決，奈何？且河決不過占一河之地，或西或東，若利害無所較，聽其所趨，如何？王安石曰：北流不塞，占公私田至多。又水散漫，久復澱塞。昨修二股，費至少，而公私田皆出，向之潟鹵俱爲沃壤，庸非利乎。況調夫已減於去歲。若（夫）〔復〕葺理隄防，則河北歲夫愈減矣。

六年夏四月，置疏濬黃河司。先是，有選人李公義者，獻鐵龍爪揚泥車法以濬河。其法，用鐵數斤，爲爪形，以繩繫舟尾而沈之水，篙工急擢，乘流相繼而下，一再過，水已深數尺。宦官黃懷信以爲可用，而患其太輕。王安石請令懷信、公義同議增損，乃別制濬川杷。其法，以巨木長八尺，齒長二尺，列於木下如杷狀，以石壓之，兩旁繫大繩，兩端矴大船，相距八十步，各用滑車絞之，去來撓蕩沙泥，已，又移船而濬。或謂水深則杷不能及底，雖數往來，無益；水淺則齒礙沙泥，曳之不動，卒乃反齒向上而曳之。人皆知不可用，惟安石善其法，使懷信先試之，以濬二股。又謀鑿直河數里，以觀其效。且言於帝曰：開直河則水勢分，其不可開者，以近河每開數尺即見水，不容施工爾。今第見水即以杷濬之，水當隨杷改趨直河。苟置數千杷，則諸河淺澱，皆非所患，歲可省開濬之費幾百千萬。帝曰：果爾，甚善。聞河北小軍壘當起夫五千，計合境之丁，僅及此數，一夫至用錢八緡。故歐陽修嘗謂：開河如放火，不開如失火。與其勞人，不如勿開。安石曰：勞人以除害，所謂毒天下之民而從之者。至是遂置司，將自衛州濬至海口，以虞部郎范子淵爲都大提舉，公義爲之屬。當是時，北流閉已數年，水或橫决散漫，嘗虞壅遏。外監丞王令圖獻議，於北京第四、第五埽等處開修直河，使大河還二股故道。從之。

十年秋七月，河决澶州。自開直河，水勢漸漲，田廬益壞，至是，遂大决於澶州曹村。北流斷絶，河道南徙，東匯於梁山張澤濼，分爲二派，一合南清河入於淮，一合北清河入於海，凡灌郡縣四十五，而濮、齊、鄆、徐尤甚。遣使修閉。判大名府文彦博言：河勢變移，四散漫流，兩岸俱被水患，而都水止護東流北岸，希省費之賞，未嘗增修隄岸。今者之决溢非天災，實人力不至之咎。

元豐元年夏四月，决口塞。詔改曹村埽曰靈平。五月，新隄成，閉口斷流，河復歸北。初，河决澶州也。北外監丞陳（佑）〔祐〕甫謂：商胡决三十餘年，所行河道，填淤漸高，隄防歲增，未免泛濫。今當修者有三，商胡一也。橫隴二也，禹舊迹三也。然商胡、橫隴故道，地勢高平，土性疏惡，皆不可復，復亦不能持久。惟禹故瀆尚存，在大伾、太行之間，地卑而勢固，故秘閣校理李垂與今知深州孫民先皆有修復之議。望召民先同河北漕臣一員，自衛州王供埽按視，訖於海口。從之。

四年夏四月，小吴埽復大决，自澶注入御河，恩州危甚。六月戊午，詔：東流已填淤不可復，將來更不修閉小吴决口，候見大河歸納，應合修立隄防，令李立之經畫以聞。帝謂輔臣曰：河之爲患久矣，後世以事治水，故嘗有礙。夫水之趨下，乃其性也，以道治水，則無違其性，可也。如能順水所向，遷徙城邑以避之，復有何患，雖神禹復生，不過如此。輔臣皆曰：誠如聖諭。已而立之言：河流自乾寧軍至劈地口入海，宜自北京至瀛州分立東、西隄五十九埽。詔從之。立之在熙寧初已主立隄，今竟行其言。

大抵熙寧初，專主導東流，閉北流。元豐以後，因河决而北，議者始欲復禹故迹。帝愛惜民力，思順水性，而水官難其人。王安石力主程昉、范子淵，故二人尤以河事自任，然糜費財力，卒無成功。

哲宗元祐元年三月，降范子淵知峡州，中丞吕陶劾其罪故也。中書舍人蘇軾作制詞，有曰：汝以有限之財，興必不可成之役，驅無辜之民，置之必死之地。時以爲至言。

九月，詔秘書監張問相度河北水事。時河流雖北，而孫村低下，夏秋霖雨漲水，往往東出，小吴之决既未塞，又决大名之小張口，河北諸郡皆被水災。知澶州王令圖建議濬迎陽埽舊河，又於孫村金隄置約，復故道。轉運使范子奇仍請於大吴北岸修進鋸牙，擗約河勢。於是回河東流之議起。十一月，問復上言：臣至滑州决口，相視迎陽埽，至大、小吴，水勢低下，舊河淤仰，故道難復。請於南樂大名埽開直河并簽河，分引水勢，入孫村口，以解北京向下水患。令圖亦以爲然，於是减水河之議復起。既從之矣，會北京留守韓絳奏引河近府非是，詔問別相視。

二年二月，令圖、問欲必行前説，朝廷又從之。三月，令圖死，以王孝先代領都水，亦請如令圖議。

三年十一月，遣吏部侍郎范百禄等行河。時，王孝先請修减水河，王覿言其〔不〕便，安燾深以東流爲是，上疏言之，於是詔：黄河未復故道，終爲河北之患，宜興役回之。范純仁、王存言：使大河决可東回而北流遂斷，何惜勞民費財以成經久之利？今孝先等未有必然之論，但僥倖萬一，以冀成功耳。不可輕舉也。文彦博、吕大防、安燾等謂河不東則失中國之險，爲契丹之利，力主其議。范純仁又陳四不可之説，且曰：北流數年，未爲大患，而議者恐失中國之利，先事回改。正如頃時西夏本不爲邊患，而好事者以爲不取恐失機會，遂興靈武之師也。於是收回詔書，而遣百禄等行視。

户部侍郎蘇轍上疏曰：黄河西流，議復故道，事之經歲，役兵二萬，聚梢樁等物三千餘萬。方河朔災傷困弊，而興必不可成之功，吏民竊歎。今回河大議雖寢，然聞議者固執來歲開河分水之策。今小吴决口入地已深，而孫村所開丈尺有限，不獨不能回河，亦必不能分水。況黄河之性，急則通流，緩則淤澱，既無東西皆急之勢，安有兩河並行之理？縱使兩河並行，未免各立隄防，其費又倍矣。今建議者，其説有三，臣請折之：一曰御河湮滅，失饋運之利。昔大河在東，御河自懷、衛經北京，漸歷邊郡，饋運既便，商賈通行。自河西流，御河湮滅，失此大利，天實使然。今河自小吴北行，占壓御河故地，雖使自北京以南折而東行，則御河湮滅已一二百里，何由復見？此御河之説不足聽也。二曰恩、冀以北，漲水爲害，公私損耗。臣聞河之所行，利害相半，蓋水來雖有敗田破税之害，其去亦有淤厚宿麥之利。況故道已退之地，桑麻千里，賦役全復，此漲水之説不足聽也。三曰河徙無常，萬一自契丹界入海，邊防失備。按河昔在東，自河以西郡縣與契丹接境，無山河之限，邊臣建爲塘水，以捍契丹之衝。今河既西，則西山一帶，契丹可行之地無幾，邊防之利，不言可知。然議者尚恐河復北徙，則海口出契丹界中，造舟爲梁，便於南牧。臣聞契丹之河，自北南注以入於海，蓋地形北高，河無北徙之道，而海口深浚，勢無徙移，此邊防之説不足聽也。臣又聞謝卿材到闕，昌言黄河自小吴決口，乘高注北，水勢奔決，上流隄防，無復决怒之患。朝廷若以河事付臣，不役一夫，不費一金，十年保無河患。大臣以其異己，罷歸，而使王孝先、俞瑾、張景先三人重畫回河之計。蓋由元老大臣重於改過，故假契丹不測之憂，以取必於朝廷。雖已遣百禄等出按利害，然未敢保其不觀望風旨也。願亟收回買梢草指揮，來歲勿調開河役兵，使百禄等明知聖意無所偏係，不至阿附以誤國計。會百禄行視東、西二河，亦奏言東流高仰，北流順下，决不可回。明年，使回入對，復言願罷有害無利之役，未聽。久之，乃罷回河及修減水河。

數月，尚書省復議回河。是時，吴安持、李偉力主東流，而謝卿材謂近（世）〔歲〕河流稍行地中，無可回之理，上《河議》一篇；召赴政事堂會議，大臣不以爲然。會李偉復言：今河已分流，若興工可令全復故道。朝廷今日當極力必閉北流，乃爲上策。若不明詔有司，即令回河，深恐上下遷延，議終不决，觀望之間，遂失機會。乞復置修河司。從之。

五年二月，詔開修減水河。尋以外路旱暵，權罷。

七年冬十月，以大河東流，賜都水使者吴安持三品服，北都水監丞李偉再任。

八年二月，詔：北流軟堰並如都水監所奏。門下侍郎蘇轍言：水官之意，欲以軟堰爲名，實作硬堰，陰爲回河之計，不宜聽。趙偁亦上疏曰：臣竊謂河事大利害有三，而言者互進其説。或見近忘遠，徼倖盗功，或取此捨彼，譸張昧理，遂使大利不明，大害不去，上惑朝聽，下滋民患，横役枉費，殆無窮已。臣竊痛之。所謂大利害者，北流全河，患水不能分也；東流分水，患水不能行也；宗城河决，患水不能閉也：是三者，去其患則爲利，未能去則爲害。今不謀此而議欲專閉北流，止知一日可閉之利，而不知異日既塞之患；止知北流伏槽之水易爲力，而不知闞村方漲之勢未可併以入東流也。夫欲合河以爲利，而不恤上下壅潰之患，是皆見近忘遠，徼倖盗功之事也。有司欲斷北流，而不執其咎，乃引分水爲説，姑爲軟堰，知河衝之不可以軟堰禦，則又爲决堰之計，臣恐枉有工費而以河爲戲也。請俟漲水伏槽，觀大河之勢，以治東流、北流。不聽。

十二月，監察御史郭知章言：臣比緣使〔事至〕河北，自澶州入北京，渡孫村口，見水趨東者，河甚闊而深。又自北京往洺州，過楊家淺口復渡，見水之趨北者，纔十二三，然後知大河宜閉北行東。乞下都水監相度。於是吴安持復領都水，而吕大防力主其議，范純仁、蘇轍復争之，遂詔本路安撫、轉〔運〕、提刑司詳議，紹聖元年正月也。轉運司趙偁議與純仁、轍合，偁之言曰：河自孟津初行平地，必須全流，乃成河道。禹之治水，自冀北抵滄、棣，始播爲九河，以其近海無患也。今河自横隴、六塔、商胡、小吴，百年之間，皆從西决。蓋河徙之常勢，而有司置埽創約，横截河流，回河不成，因爲分水。初决南宫，再决宗城，三决内黄，亦皆西决，則地勢西下，較然可見。今欲弭息河患，而逆地勢，戾水性，臣未見其能就功也。請開闞村河門，修平鄉、鉅鹿埽，焦家等隄，濬澶淵故道，以備漲水。大名安撫使許將言：度今之利，若舍故道，止從北流，則慮河下已湮而上流横潰，爲害益廣；若直閉北流，東徙故道，則復慮受水不盡而破隄爲患。竊謂宜因梁村之口以行東，因内黄之口以行北，而盡閉諸口，以絶大名諸州之患，俟春夏水大至，乃觀故道足以受之則内黄之口可塞，不足以受之則梁村之役可止。定其成議，則民心固，而河之順復有時，可以保其無害。郭知章又言：河復故道，水之趨東已不可遏。近日遣使按視，〔逐司〕議論未一，臣謂水官朝夕從事河上，望專委之。

十月，都水使者王宗望言：大河自元豐潰決以來，東、北兩流，利害極大。頻年紛争，國論不決，水官無所適從。伏自奉詔凡九月，上稟成算，自闞村下至栲栳隄，七節河門並皆閉塞，築金隄七十里，盡障北流，使全河〔東〕還故道。望付史官，紀紹聖以來聖明獨斷，致此成績。

元符二年六月，河決内黄口，東流遂斷絶。左司諫王祖道請正吴安持、鄭佑、李仲、李偉之罪，投之遠方，以明先帝北流之志。詔可。

（清）徐松《宋會要輯稿·食貨四八·水運》 紹興十二年七月八日，户部言：兩浙轉運司所發行在米斛，例各稽遲，訪聞多是押綱使臣等作過，沿路住滯偷盗拌和，多致失陷官物，虚有費耗。相度得浙西秀、湖、常州、平江府、江陰軍地里遠近，紐計在路合破日分者：秀、湖州至行在地里：秀州至行在計一百九十八里，計四日二時；平江府至行在，計三百六十里，計八日；湖州至行在，計三百七十八里，計八日二時；常州至行在，計五百二十八里，計一十一日四時；江陰軍至行在，計七百三十八里，計一十六日。欲令裝發去處才候裝畢，於本綱行程上批定所定日分地里，於經由去處批鑿到岸及起發日時，候到卸納去處，伺候司農寺驅磨。如内有押綱不依今來立定日限地里行運，在路無故違程，或有礙分少欠官物之人，並申朝廷嚴賜指揮施行；及沿路巡尉妄與批破程限，即從所屬按劾，依條施行。從之。

十四年四月四日，户部言：兩浙轉運司申：乞今後押綱使臣、校尉副管押米斛、馬料赴行在及軍前交卸，不以地里遠近，除破耗外，别無抛失，及少欠不礙所立分釐，次運所會補足，别無違程，一歲内每綱累界及三萬碩，減磨勘一年，每增一萬碩，減磨勘一年。内馬料陸折推賞，從所屬勘會次第，保明申户部指揮推賞。欲依本司所申施行。從之。

十五年三月二十七日，户部言：近來兵梢爲見所立分釐稍寬，公然偷盗於沿路糶賣，止及所立批發分釐前來卸納，以致少欠數多。今措置，欲依前項所立分釐，止量度遞減一釐批發。其押綱押米少欠，非獨兵梢盗糶，其間亦有元裝州軍專斗等意在拘收出剩米船，作弊移易，於交裝之時，減縮斗面優量，及當來糶納米斛多有濕惡，或米雜糠粞，致下卸攤暴，擲颺净米送納，其欠折止令押綱兵梢備償。今欲行下浙西州軍，如遇當司押綱到來裝發糧斛，並仰於職官及司户主簿或監當一員更差撥一員，於交裝倉分先次監視斗面，及封記過船堵面，方得發行，亦免偷侵之弊。如有欠少，依條施行。仍乞約束行在諸倉今後交卸官物，並請監官躬親監視，兩平交量卸納，毋令合干人作過大量，所貴不致虧損。從之。

七月四日，四川宣撫使司奏：准紹興十三年冬祀大禮赦内一項：四川向緣般發糧運，泝流牽挽，間有抛失欠折之數，淹繫囹圄，償納不足，深可憐憫。仰宣撫司分委彊明官覈實，如委因風水抛失，即予蠲放；其有侵盗，已被拘籍財物，償納不足者，責限十日結絶，仍各録事狀以聞。今據知恭州、權夔州路提點刑獄張茂申：取會覈寔到涪、黔、開、達州、南平軍等處共抛失米二千七百五十餘碩、錢六百五十餘貫，並係寔無家業償納，依赦合行蠲放。詔依。

十六年二月九日，詔：成都府路合應副紹興十七年水運對糴米，可依紹興十五年正月已降指揮減免施行。以四川宣撫使有請故也。五月四日，上諭宰執曰：聞日近綱運到，往往門外剥卸，再般運入倉，極爲費力。自有河道，可令開撩，恐漸致堙塞，非特綱運不通，商旅亦自阻絶。

十八年五月八日，臣僚言：竊見兩浙路運米使臣係曹司差募，例皆參部有礙，或貧乏不能待次，求爲押綱，志在盗糶官物，以給衣食。賞罰不能爲之利害，故勸沮不行焉。押米之法，最爲詳備，既不到部，則減展磨勘，遂成虚文，歲月滋久，積欠有至數千碩者，理難一併追索，不過行下所屬除豁兵梢請給，移文不已，實無有也。欲望改付銓曹，選有心力使臣管押，理爲短使，無欠而願一併押者聽之。如此，則畏勸行而官物不失矣，亦革弊之一端也。詔令吏、户部措置，申尚書省。逐部今措置，欲依臣僚所請，候兩浙運司實封報到合用員數，將前任請大添支回參部大、小使臣先次差撥，如不足，大使臣差前任請驛料人，小使臣差合著常程短使人。其所差人，兩選隔間差撥，謂如報到兩員，各差一員。應副管押一次，更不摺運。如願再押者聽。差管押別無少欠不了事件，除所屬合得酬獎外，不以遠近地里，更與先次占射差遣一次。今後如遇兩浙運司報到合用員數，依此差撥。從之。

十九年十月十六日，太府寺丞李壽奏：竊以國家常賦，皆自諸路綱運，起發俱有著令。比年以來，州郡監司不務遵守，往往多差未出官選人管押，以覬賞典，多不得人，例將官錢變易，公然盜用，良由初官未諳世務，不知憲章，既無顧藉，得肆侵欺。欲望特詔有司申嚴行下，今後綱運不得輒差初官人管押，庶免欺弊。詔令户部看詳。本部契勘合發錢物，全在當職官恪意選擇畏謹有心力官管押，所有未出官選人，竊慮其間亦有顧藉酬獎、可以倚仗之人，緣合得賞典太優，今欲下諸路監司、州軍，如差未出官選人押發綱運，令增倍管押，候到合屬庫務交納了足，止與依見行本等格法推賞。從之。

二十一年七月二日，上諭宰執曰：漕司米綱，近年多差本司使臣，往往作弊，致濕惡腐壞。可令本司申吏、户部依祖宗法，差在部短使人，庶有顧藉，不敢作弊。

八月七日，詔武略大夫、筠州指〔揮〕使陳寶追毀出身以來告敕文字，除名勒停，送歸州編管。以寶管押本州折帛錢綱赴池州太平州交納，在路違法借貸，法當絞，特貸之。

九月十六日，詔諸路轉運司：今後押綱使臣，許於本路州軍見任指揮使准備差使內踏逐選差有心力可以倚仗之人。先是，本司多差不曾到部、付身不圓、軍中揀汰使臣，無賴作過，官米濕惡，不堪支用，至是，户部有請，從之。

二十二年三月二十六日，詔：四川監司州軍，今後募差管押綱運，須管先選有行止可以倚仗官，及召有行止、付身圓備之人充保，如押人侵使移易，其保官與降兩官，元募差不當官吏，依紹興五年已降指揮降一官放罷，人吏從杖一百斷停。所少錢物，除押人依法斷罪，仍估賣家產填納起發外，如有未足數目，於干係人名下依條追理。從户部請也。

十一月十八日，南郊赦：勘會監司州軍差委見任官管押綱運，交納別無違欠，合行推賞，內有依條不應差出官，以此不與推賞，無以激勸。今後似此之人，如無少欠違程，與比附正押綱官減半推賞。

十二月六日，户部言：諸路合起發米斛赴行在並外路卸納綱運，除官綱係差短使或指使，自有立定分鼇耗折罪賞外，所雇客綱係逐州軍依見行條法指揮，召募文武官管押，從來多無欠折，至卸納處並無耗折，如交納了足，方行推賞。近來所押客綱卻有欠折，下卸去處，便依官綱地里分鼇除破耗折，暗虧官物，兼客綱自合依所降指揮拘收水腳錢分數前來卸納處准備填欠，其客綱破耗，卻與官綱事體不同。欲乞將江、湖等路今後如募差文武官管押客綱，破耗與比官綱減半除豁耗米，方得推賞，所有今來未申請以前元管押客綱未經推賞破耗綱運，且依已保明到推賞事理施行，即於見行條法別無相妨，庶免暗虧官物。詔依。

二十三年六月五日，户部、司農寺言：契勘諸路起發斗斛赴卸納處，依節次所降指揮，押人已有等第推恩，內除兩浙賞格已是適中外，有其餘路分合起糧斛差募押綱，舊立賞典，委是稍優。今相度，欲乞申明將江東、西、（京）荊湖南、北、淮南路諸州軍今後起發米斛綱運至下卸處，差募文武官、校副尉並未出官選人及不應差出官，依見行酬賞指揮上各與三分內減一分，所有日前赴所屬納畢綱運，亦乞且依先保明到事理依舊推賞，餘依見行條法指揮施行，庶得均濟。從之。

十八日，右正言、前崇政殿説書史才奏：伏見諸路州軍起綱發納錢物，差官及使臣、衙前、兵梢等押赴行在所合屬倉庫交納，至有折欠數，並將合干人押下排岸司追理。排岸非行法官司，無所研問，得其人則使人監守，夜則寄禁錢塘、仁和兩縣獄中。其人皆遠去家鄉，無親故可以假貸，身爲囚繫，欲償無路，情不獲伸，徒淹歲月。凝寒烈暑，不得休息，糧餉不繼，困餓狼狽，纍纍相屬而莫之恤。夫損失官物而責其備償，有侵盜貿易之弊者，付有司治之，則情可得而物可追，不待監禁之嚴，而弊已革矣。乞應倉庫交卸綱運折欠，並即時具名色數目申解所屬，見得有侵盜貿易之弊者，送大理寺推治，其過誤損失，並押下元起綱處依法施行。況本處自有抵當委保與身分請給，皆可備償，追足附綱起發，則折欠可不擾而辦。從之。

二十六年七月十三日，詔：行在排岸司見監繫米斛綱運管押人並綱梢一百餘人，陪填在路批發所欠米斛，皆是貧乏之人，無可填償，日夕饑餓，情寔可憫，並與蠲放。外路有繫似此之人，若非侵欺盜用，委是折欠，即依此施行。

二十七年七月十二日，兩浙路轉運司言：爲浙西州軍人户納苗米水脚錢赴通判廳、縣丞廳，於經總制庫收貯，並管押米斛、馬料赴行在及軍前交納，每船及二萬碩計減磨勘一年，每增一萬碩，減磨勘半年。及押綱使司、兵梢合得請給，乞撥定州府應副，依條限幫支。倉部勘當，押綱使臣管押米斛、馬料赴行在及軍前交卸，除破耗別無抛失，及少欠不礙所欠分釐、次運折會補足，別無違程，一歲内每綱累押及二萬碩，乞許減磨勘一年，每增一萬碩，減磨勘半年。所有欠多押綱兵梢合該責罰，及兵梢納足特賞，並乞依見行條法施行。從之。

二十八年七月三日，直敷文閣、新權江南西路計度轉運副使李邦獻言：奉旨，令臣與李若川將江西路紹興二十一年至二十六年分已起未到米一百六十萬千五百餘碩，疾速催趕前來，並未起七十萬五千二百餘碩併綱裝發，並限半年到行在等處。竊緣江西米運，其弊有五：一則押綱不得其人，二則官綱舟船滅裂，三則水脚縻費不足，四則不曾措置指運遠邇，五則卸綱處乞取太重，㪷面太高，不除擲颺折耗，所以失陷數多。欲望許召募土豪及子本客人裝載，並與依舊例上更許搭帶一分私載，於裝發米處出給所附行貨長引，並批上行程赤曆，沿路與免商税，即不得留滯綱運。如不願請船脚錢者，管押及二萬碩，無少欠，與補進武校尉，二萬碩加一資，依軍功補官法。如土豪客船不足，許令逐州選差見任文官宣教郎以下至選人及武官大、小使臣管押，若無少欠，少欠：原書作欠少，據本書食貨四四之四乙。與依紹興五年十一月立定賞格推恩，如一萬碩、一千里以下，減四年磨勘；二萬碩，更乞與減二年磨勘；三萬碩，轉兩官止。户部看詳：一、乞召募土豪及子本客人裝載，今欲許召募有家業及所押物數不曾充公人，亦不曾犯徒刑、非凶惡編管會赦原免之人，當職官審驗詣實，其自備人船，每碩三千里支水脚錢三百文省，餘計地里紐支。許將一分力券裝載私物，與免收税，批上行程，沿路照驗。若所供不實，或借人抵産，許人陳告，依《詭名挾户條敕》斷罪，財産没官。經由税場，監官即躬親照驗放行，干繫公吏乞覓，論如監臨主司受財法計贓斷罪；無故留滯者，杖一百。到卸納處，依自來綱運條例，計地里除破耗米，如有少欠，候補足，保明申朝廷，降付户部勘驗，關吏部等處依今來修立賞格請降付身。所乞逐州選差見任文武官，今欲令江西運司於見任應差出之官内選差，或募寄居待闕官，召保官二員。除計地里合破耗外，如無抛失少欠、違程，從交納官司保明，依今來修立到賞格等推賞。並重別增損擬定賞罰格如後：土豪子本客人運載米斛二萬碩，舟運每二萬碩轉一官資，通押及四萬碩，行放參部，注授差遣。三千里以上，承信郎；二千里以上，進武校尉；一千里以上，進義校尉。右除地里折耗外，如少欠三釐以下，與依格推賞；如三釐以上，候補足日推賞。命官差募管押賞：一萬碩、二千里以上，無官欠，減四年磨勘；每加一萬碩，增一倍推賞。不滿一釐，減三年半磨勘；不滿二釐，減三年磨勘；一千里以上、無官欠，減三年磨勘；每加一萬碩，增一倍推賞。不滿一釐，減二年半磨勘；不滿二釐，減二年磨勘，三千里以上，與遞增一等推賞。謂如元合減四年磨勘，而及三千里以上者，減二年磨勘之類。罰：少欠三釐，展三季磨勘；每加一厘，展一季，展至一分止。少欠二分，每分加展半年磨勘，至四分止。副尉、下班祗應比類。少欠五分，命官衝替，副尉、下班祗應勒停。一、卸納處乞取太重，㪷面太高，不除擲颺折耗。今欲令江西轉運司將合起米，先次差人別賫一般樣赴司農寺照會，候綱到日，申户部差郎官一員前去對樣交卸，不得將所起米擅便擲颺折耗，疾速交納。其合赴總領所米，亦合依此封樣，候到，差官交納。仍令户部長貳、總領官不測赴倉點檢，如有違戾，各仰按劾施行。其押到米與元樣不同，委有夾雜沙土，即申本部及總領所差官看驗，依條交卸。一、水脚縻費錢。本路所起米一百七十餘萬碩，有逐州隨苗收到水脚錢三十四萬餘貫，兼朝廷給降乳香套一十三萬貫，並就撥經制總錢十七萬八千餘貫，應副裝發，本司自合將上件錢相兼，措置起發。自餘押綱作弊，舟船滅裂，並係本司合行事務，欲下江西路轉運司一面措置。從之。

九日，户部員外郎莫濛言：外：原脱，據本書食貨四四之五補。比來諸路綱運率多稽違，至有申到綱解經涉歲月，而猶未至者，逗留數旬，方能起發，致押綱人得以肆其姦弊。雖給行程文曆，所至計囑妄作緣故，開破月日。望飭諸路州軍應起發綱運，具實離岸月日先申户部，仍牒前路州縣遞相關報，亦各具出入界月日開申。仍委本部以申狀類聚，候綱到，擇其稽違之甚、比較沿路留滯最多去處，令本路漕司根治。上曰：諸路綱運之弊，其來已久，蓋緣押綱之人多是請求而得，往往沿路移易官物，於所至州縣收買出産物貨，節次變賣，以規利息，至有一二年不到，此猶是不作過者。其間用意作過之人，公然乾没，量留些小至行在，謂之打官方錢。又既到之後，倉庫合干人等多量巧取，百端邀阻，其弊不可勝言者。卿等宜令逐一措置，革去弊源，庶幾不致失陷官物。宰臣沈該等奏曰：當比因起江西米運，已令户部條畫措置，務要盡革宿弊。今濛又有陳請，並就令措置。於是詔户部看詳。本路言：今欲將諸州軍申到綱解文狀，並行下太府寺籍定，將州軍綱運每半年一次，擇其稽違之甚者，申户部所屬曹分，行下本路漕司根治施行。從之。

同日，詔：諸路糧綱到行在交納，其受納官司往往取賂斗器，加大擲颺欠折，致拘留押綱一行人在岸，催納欠息，急於星火，以致日久折賣舟船，填數不足。仰户部長貳契勘，自今糧綱欠折者，如委無欺弊，並先與責放，仍令牽駕空船各回本處，將合陪還確寔數目令本州尅納，依數補發。今後依此施行。【略】

〔二十九年四月〕二十三日，詔：今後除依條合團併錢物照應見行條法施行，其餘州軍合發錢物，並不得差募官附押兩州錢物，州：疑當作川。如違，將所押正綱合得酬賞減半，其附押官物請過水腳、縻費等錢，於違戾差押官司人吏名下追理入官，將所差違戾官司從杖一百科罪。

二十八日，總領四川財賦軍馬錢糧所言：四川押綱官不許附押他司錢物，並乞修立斷罪條。户部欲自今後四川州軍諸司起綱去處，輙差官附押他司錢物及押綱官受差，附押者准《紹興敕》諸因職事例受制書而違條科罪，受差官正綱合得賞典，便行減半，腳錢追理發納。從之。

三十四年四月九日，左正言沈濬奏：竊見四方綱運，輻輳闕下，頃以銜校管押，多致失陷，乃選差命官，俾任其責，遂定賞格以勉之，不然，罰亦隨至。今者，有自川、廣數千里之遠涉風波，冒不測，歷歲月之久，方抵闕下，幸而無虞，元數已足，方獲朱鈔。次經太府丞陳乞保明，申部推賞，寺中阻難已畢，方肯申部，部中又復阻難。望下所屬官司，如已獲朱鈔，許令節次保明推賞，或有小節未圓，亦許先次放行。其或所屬奉行違戾，許部綱官徑赴朝廷越訴，重行根治。從之。

八月二日，臣僚言：竊惟漕運所用，莫急於舟，江東諸郡皆雇客船，江西則於洪、吉、贛三州官置造船場，每場差監官一員、工役兵卒二百人，立定格例，日成一舟，率以爲常。運司募押綱使臣，悉由關節，訪聞一綱例行賂七百緡，始得之，皆胥吏輩爲姦也。且以江東與江西事體相類，但江西運米稍多耳。江東每綱給水腳縻費錢付之押綱官，令自雇客船及水手以往。客人愛護其舟，急去急還，不肯留滯。獨江西撥船發卒，一切仰給於官，較之江東雇舟，大不相侔。乞委江西帥臣或提舉常平司同吉、贛州守臣公共相度造舟（舟）與雇舟利害以聞，別賜裁酌。從之。

同日，臣僚言：諸路轉漕米綱，最爲急務，前後條約，未免於有弊。且運司胥吏邀阻乞覓，篙梢乘此恣行侵盜，所以交卸虧折，不免監繫。不若令州郡自募，有合起綱等錢，就令趣辦，但運司每歲將上供米數著寔撥下諸州，以下卸去處分道里遠近，責其限程，時行比較，違戾者罰，其運使更不差官。又揀汰軍員置在州郡，多者百十人，少者三五十人，久在軍旅，練歷艱辛，今止分布守衙坐食，若令隨押綱官管轄照顧，必得其力。除見請受外，量支食錢，以夫船之多寡輪次差使。户部看詳：諸路綱運司及州軍指使、指：原作支，據本書食貨四四之七改。准備差使有心力倚仗之人内差撥，江西許差土豪及選逐州見任文武應差出官及募寄居、待闕官管押，兩浙係差短使内有再願充押綱及付身圓備、曾到部使臣管押，緣逐路漕司並不遵守，致令乞覓作弊。今依所請，其所差揀汰軍員、舟船多寡，斟量差撥。從之。

紹興三十二年九月二十四日，孝宗即位未改元。權江淮荊浙福建廣南路提點坑冶鑄錢魏安行言：乞自正月以來，募官押發今年錢綱，依舊以二萬貫爲一全綱，自二萬貫以上添押之錢，與據數推賞。謂如一萬貫合減十箇月零半月磨勘，五千貫合減五箇月零七日磨勘之類，不必須成全綱。如此，則易爲起發，免致留滯。從之。

十月六日，詔：諸路綱運起發，本州具的實離岸月日及所經州軍亦具到發月日，並申户部，本部計程機察住滯，如日數多者下所隸運司根治其由。如興販以規利者，就令經歷所在常切覺察。以新除福建路轉運判官王瀹言：近年以來，所在起發綱運動輒遲滯，由諸州不能預（辨）〔辦〕合發錢物，率皆前期虛申綱解，稽留累月，方能裝發。官物既足，又候水腳縻費之用，亦復旬月，方能離岸。致部綱人寅緣作弊，貸用官錢，互市物貨，隱瞞征稅，至併與全綱失陷，因而竄逸；上則有虧國計，次誤支遣，下則徒起刑禁，無所從出。故有是命。

（清）徐松《宋會要輯稿・食貨四八・水運》 孝宗隆興二年七月四日，臣僚言：昨因諸路州郡綱運遲滯，及有侵欺失陷，遂降指揮，令寄居（侍）〔待〕闕等官部押，優立賞格，以爲激勸。積久弊生，其弊不一。其一請託之弊：或以親知，或以權勢，競生指占，甚致臨期，旋相攘奪。其二侵害之弊：凡所差官或貪於厚利，則私將官錢貨鬻興販。其三夾帶之弊：既將所押官物轉變別貨，乃至隱雜禁物，引帶客船。其四僥冒之弊：部押之賞，朝官轉官，選人循資，而選人因其循資，及占射恩例，便可别就改注。凡此四弊，皆歸於權勢有力之人賄賂請求，姦巧爭奪。乞將諸州郡合發綱運，今後只差見任官管押，除本州（職幕）〔幕職〕與諸縣知縣不許差外，餘皆先後轉差。若不及全綱，自有本州准備差使使臣據其多少貼差，軍員亦可前去。其賞典且許依寄居未出官例，不爲不優。兼既有縻費腳錢，其官吏與隨行人口券食錢之類盡不當破。所有四川係遥遠之地，即乞指揮令本路相度，從便施行。詔令户部看詳措置。既而本部言：欲下諸路監司：一、依今來臣僚所請事理，令監司、州軍具見任依條合差出官並本州准備差使使臣，籍定先後姓名，將合發綱運通差管押，仍差軍員隨行防綱，到交納處勘驗。如委無欠損違程，照應等第見行格法、未出官選人例推賞施行，押官口券更不添破。防綱軍員若不出給口券，竊慮闕食留滯，欲依舊出給。合團併州軍去處，依條團併起發。其四川至行在地里遥遠，亦依今來臣僚所請，行下監司相度經久可從便施行。從之。

十二月十六日，德音：楚、滁、濠、廬、光州、盱（貽）〔眙〕、光化軍管内並揚、成、成：原作城，據本書食貨四四之八改。西和州、襄陽、德安府、信陽、高郵軍，應州縣倉場庫務但干係官錢物並般押諸雜綱運往別處州縣收藏或回易興販不曾遺失者，候德音到，限十日經所在首納，並與免罪；如限滿不首及首納不盡，令監司守臣究治，開具聞奏，重寘於法。

（清）徐松《宋會要輯稿・食貨四八・水運》 乾道元年正月一日，南郊赦：諸路州軍般發斛米，緣有折欠，其交納去處，見將管押人並綱梢等送所屬陪填。訪聞其間有貧乏之人無力償納，日久徒有監繫，情實可憫。可將見欠五十碩以下並與蠲放，其欠五十碩以上人，除蠲免五十碩外，其餘所欠數目，行在委户部、外路委總領官，取見詣實先後批發，押下元裝發州軍依數補糴。三年十一月二日、六年十一月六日、九年十一月九日南郊赦，並同此制。

二十三日，總領淮南江東軍馬錢糧楊倓言：綱運之法，各以地里遠近，官爲破耗，不爲不優，而比來糧綱失陷官物十常二三，非皆風水之虞也。臣聞在京舊制，自發運司運糧入京，並於三司差人坐押，最爲良法。南渡以來，募官押綱人但希恩賞，不量智力，而合干人始得肆其蠹弊矣。其終不過監係追納，或賣船填欠，或押歸本州補發，大則枉陷官物，次則部押官徒同被罪戾。欲降指揮，今後諸路糧綱在内於三司、在外於所料撥軍分，料：疑作科。每米一萬碩，差使臣一員、將校軍兵十人，於裝發州軍取撥坐押赴倉交卸，破耗水腳縻費賞格，悉依募官押綱條例均給施行。其於革絶侵蠹之弊，實非小補。詔今後令户部總領所相度措置差撥。

六月四日，詔：諸路州軍起解錢綱，見以會子、見錢中半發納，訪聞諸州軍卻將人户納到見錢避免起綱腳剩，兑換會子起解。可遍下州軍，自今後將應合起發錢綱並以十分爲率，權許用二分會子、八分見錢解發。從户部請也。

六日，詔：逐路轉運司自今差募押綱，須選擇清幹官管押，若依前作弊，從本部將元差官司取旨重行黜責，公吏斷斥，押綱官及兵梢等在内令司農寺下臨安府、外路令總領所下所屬根勘，依法施行，别行差人衝替。内押綱仍具所欠數目取旨。

七月四日，户部言：江西州郡每歲起發米綱應副江、池、建康、鎮江府等處軍儲，以路遠，多因管押使臣及兵梢沿路侵盗，往往少欠數多。又如上江灘磧，舟船阻滯。欲下江西轉運司，就隆興府踏逐順便高阜去處，改造轉搬都倉一所，官吏令運司就差。上流諸州縣合發米斛，自受納之日，便差定本州使臣或見任寄居官計置舟船，每及三千碩或萬碩爲一綱，支給水腳縻費等錢，先次起發，不必拘定。仍據隆興府轉搬倉至交納處合用水腳縻費等錢數附綱起發，趁江水泛漲之時，徑押赴轉搬倉交納。每年所科逐軍米，各以三分爲率，二分令都統司裝載糧船，差撥官兵前去隆興府擺泊，伺候認數交裝，或就近便去處支撥起發。合用水腳縻費等錢，將隨綱起到錢依官綱以地里遠近則例支破耗米，其管押官酬賞，亦與依見行條法推賞。餘一分令轉運司依舊用官綱裝發，凡轉搬倉受納下米斛，纔及一綱，專委漕司日下支給水腳縻費等錢，出給綱解起發前來軍前下卸。欲自今年秋成爲始。從之。

十月五日，權户部侍郎魯懷言：乞下諸路州軍將應起綱運，自來年正月十分爲率，一分會子、九分見錢，内不通水路去處，依舊起發銀兩。從之。先是，諸州綱運並要九分見錢銀、一分會子，懷恐逐州銀價不等，以致折閲，因有是奏。

十四日，詔：諸路州軍今後起發糧斛綱運，於見任曹職官内差撥，如不足，即依已降指揮，差撥見任文武官或寄居待闕官曾經到部、付身圓備之人管押。付：原作赴，據本書食貨四四之九改。其合得賞典，依已降指揮，每押米一萬碩、一千里以上，無拋失少欠，減二年零八箇月磨勘；一萬五千碩已上，紐計地里推賞，轉至一官止。淮東總領韓元龍奏立綱賞，因裁酌而有是命。元龍仍請召募土豪，自用人船，每二萬碩、千里以上，補進義校尉；二千里以上，補進武校尉；三千里以上，補承信郎，仍計隨綱帶三分米斛興販。如無拖折，給賞外，更免户下非泛科率半年。並從之。

三年二月十三日，詔：今後糧綱有欠，並從司農寺一面斷遣監納施行。如情犯深重、事須推勘者，送大理寺。以知臨安府王炎言：在京通用令，諸官司事應推勘者，送大理寺，所有糧綱推勘若有翻異，始合送大理寺，餘依祖宗條法施行。故有是命。【略】

十一月二日，南郊赦：諸路州軍起發金銀物帛綱運，内有色額低次之類，估剥虧官錢糧行下補發。訪聞州縣監勒干繫等人及元賫鋪户均攤，竊慮貧乏之人不能賞納。可將乾道元年赦前未追數目，如委是無可填納，並與除放。

十二月十八日，高郵軍駐劄御前武鋒軍都統制兼知高郵軍陳敏言：諸路糧綱交卸無欠，其人船合自卸所徑便發回，而總司舊例不問其欠之有無，悉令所屬解押人船，謂之出豁米數。押綱之人足矣，豈須全綱盡解，往往監繫日久，所費不貲，不勝其苦。乞下諸路交卸綱糧去處，須管用斛兩平、交量候足無掛欠者，其人船先令逐便，秪將押綱之人解赴總領所出豁。如此，使無欠之人免致失折。從之。

四年三月二十四日，臣僚言：浙西湖、秀、蘇、常、鎮江、江陰六州，歲輸上供米，若令逐州選委官兵自行裝發，運之平河，刻日可到。向來漕司迺籍無顧籍人爲押綱使臣，積累欠折，已無可償。又令自招游手爲兵梢，支破廂軍衣糧，每遇欠折，即將名下日後衣糧預行椿剋，名爲折會。夫以無顧籍之官部無衣糧之卒，使之護送官物，殆猶餓虎守肉，責以不啗，其可乎？乞將湖、秀等六州上供斛斗責逐州委官自行裝發，漕司只是嚴限拘催。從之。【略】

五年十二月六日，户部尚書曾懷言：乞下諸路監司州軍，應今後所起綱運，須依法擇應差之人管押，如欠，令交受倉庫止據實納之數先給鈔，其不足之數並作未到，下元起州軍，限半月補發。從之。

六年十一月六日，南郊赦：諸路州軍起發金銀錢帛綱運，内有色額低次之類，估剥虧官錢數，行下補發。訪聞州縣監勒干繫等人及元賫鋪户均攤，竊慮貧乏之人不能償納。可將乾道三年赦前未追數目，如委是無可填納，並與除放。

七年二月十三日，詔：諸路漕司嚴責所部州軍，如綱運經由縣道，仰縣道官催督，沿流巡尉護送催趕出界，仍於行程内批鑿日時、交付以次去處。即有欠折，根究在經由界内偷盜作姦，將本縣及巡尉吏人配流，巡尉取旨施行。從臣僚請也。

六月四日，户部言：尚書曾懷言：綱運不能如期，有悞指准。本部合差承受使臣十二員，欲於内將六員改作尚書户部催督諸路綱運，分差往來，趕逐在路綱運，及催促諸州軍合發錢物，庶免留滯拖欠。仍從本部於見任或待闕已、未到部大小使臣内，不以有無拘礙選差，理爲資任。任内催納綱運別無違滯，即與減二年磨勘，占射差遣一次；如所催違滯，及事有不辨，亦賜責罰。若委有才力，保明再任，仍不許差官待闕。從之。

九月二十二日，户部郎中、總領湖廣江西京西財賦吕游問言：鄂州至襄陽盡是灘磧，尋常綱運有三兩月以至半年不到者，致押綱與舟人通同作姦。欲於鄂州要處添置撥發船運官一員，專一撥發綱運，不令失欠。職事修舉，與減磨勘三年。從之。

十月十三日，詔：自今廣南市舶司起發粗色香藥物貨，每綱以二萬斤正六百斤耗爲一綱，如無欠損違限，依押乳香三千斤例推賞。其差募官管押等，並依見行條法。

八年正月一日，詔：自今寄居見任文臣不限京朝，武臣不限大小使臣，歷任無贓罪，並許押綱。其見任官須應差出者，唯應奏薦之官不得以綱賞湊理磨勘，選人未出官，亦許募押。其合得酬賞，循資外，即不免試注授，聽於後任收使。其綱運地里不該減磨勘，到部合陞名次選人，與在外指射差遣，使臣與免短使。先是，上封者言：諸路錢米綱運近多少欠，今取會乾道五年、六年行在綱運，兩年計欠錢二萬四千九十四貫、米五萬一千八百九十三石、料四千五百六十九石，其三總領所綱運少欠不在此數。皆緣所募押官多無行止，非理妄用，致綱運敗壞，積弊日深。若不措置，慮暗失歲計，望少更押綱之法。故有是命。

三月十三日，詔：近年押綱偷盜之弊不一，全無忌畏，合别措置。令户部一一相度措置，申尚書省。户部言：差撥押綱不當，即先將押綱官依法施行外，所差當行人，亦佑賣家產，均陪欠物。其知、通、當職官取旨。其交納官司無令大量斗面，官綱兵梢，今後裝發州軍量地里遠近，約度阻風期日，寬支請給，無令闕食。管押米斛綱運，一萬石以上，差押綱官二員，合得酬賞，許行分受。仍不許押二萬石以上。綱運經過場務，須管當日檢喝，即催赶離岸，場務官仍於行程曆内批説某綱於某日到岸，某日某時起發，以憑驅磨。故作留滯，場務主吏從徒二年斷斥，監官取旨。承前押官止令斗子認欠，全不任責，今後所差押綱並認折欠。在路所給行程，往往妄作緣故，乞自今後綱運到岸，行在委司農寺、外路委總領所，期一日，先索曆驅磨，如違程或妄作緣故，量事斷遣。若所破日限數多，即將押綱官並巡尉取旨。和顧客舟往往牙保人作弊，乞自今後須和顧子本客船，如依前致欠，即將和顧牙保財產均陪。諸路州軍綱運所至州縣，令催綱排岸官司躬親索元給行程綱解一一點檢分明，批所給行程，催赶離界，仍遞報前路官司。如有偷盜欠數，即飛申所屬。若催綱排岸官司及經由之處不即催赶譏察，令本州按劾，仍令催綱排岸官司旬具界内有無催過綱運名數，旬：原作勾，據本書食貨四四之一二改。飛申户部。從之。

五月十七日，詔兩浙路轉運司復置提轄催促綱運官一員，以本路計度轉運副使沈度等言：隆興二年，減罷催促物斛等官四員，自後乏使，乞仍舊增置。故有是命。

十一月十二日，權户部尚書楊倓言：諸路州軍起發金銀錢物米斛綱運到行在，依元旨，寺監差丞簿一員輪日，監交給鈔。比緣左藏庫提轄官監給，其太府寺官絶不前往。欲望自今依舊太府寺輪日，差丞簿監交給鈔。從之。

九年閏正月十三日，詔：諸路州軍起發米斛錢物綱運少欠人，見繫在行在官司，未能填還。可將兩浙州軍欠一分以下、餘路欠一分五厘以下，並日下權批發一次，押下臨安府，送元起州軍追理補發。其見監兩浙欠一分以上、餘路欠一分五厘以上之人，候納及前項分厘，並雜物綱令所屬庫分將元押及見欠數目估價紐折，依此施行。

二月十五日，權户部尚書楊（琰）〔倓〕言：乞下諸路州縣，今後錢物糧斛綱運止令州縣長官任責，照已得旨依公選委才力能部押人，於綱解内明具元差守令職位、姓名，如有失陷，從户部開具取旨。監司即不許差撥，若有差撥，亦具姓名以聞，所差官更不理賞。從之。

十月六日，臣僚言：兩浙州縣所發綱運無不欠者，嘗究其原，向來臣僚申請，每綱拖欠及一分，方送有司究弊，所押綱之人守法而不敢輕犯。後來獻説者止欲從窄減作五厘，且以米一百碩論之，五厘即五碩耳，其使之全無侵蠹，當風擲颺，東量西折，亦恐不免五厘之少。如是，則舉無納足之綱，是絶其自新之路，啓其作弊之端。乞將兩浙綱運依舊欠及一分，方下有司根治。户部契勘：欲將兩浙綱運少欠五厘以上、一分以下之人，立限二十日糴填，候及五厘，即押下元裝州軍依限補發。限滿不足，行在令司農寺、外路總領所送所屬根究，依法施行。少欠一分之人，亦令限十日糴填，不足，即送所屬根究，餘依見法。餘：原作除，據本書食貨四四之一二改。從之。

十一月九日，南郊赦：諸路州軍起發金銀物帛綱運，内有色額低次之類，估剥虧官錢數，行下補發。訪聞州縣監勒干繫等人及元賣鋪户均攤，竊慮貧乏之人不能償納。可將乾道六年赦前未追數目，如委是無可填納，並與除放。原書天頭注云：缺淳熙以後，應補抄。見《漕運》。

《續文獻通考》卷三一《國用考・漕運》 遼聖宗太平時，燕地饑，户部副使王嘉請造船，募習海漕者，移遼東粟餉燕。

既而水路艱險，多至覆没，民怨思亂。九年八月，東京舍哩軍祥衮達林乘之爲亂，首殺嘉，以快其衆。

《金史》卷二七《河渠志·漕渠》　金都於燕，東去潞水五十里，故爲牐以節高良河、白蓮潭諸水，以通山東、河北之粟。凡諸路瀕河之城，則置倉以貯傍郡之税，若恩州之臨清、歷亭，景州之將陵、東光，清州之興濟、會川，獻州及深州之武強，是六州諸縣皆置倉之地也。其通漕之水，舊黄河行滑州、大名、恩州、景州、滄州、會川之境，漳水東北爲御河，則通蘇門、獲嘉、新鄉、衛州、濬州、黎陽、衛縣、彰德、磁州、洺州之餽，衡水則經深州會于滹沱，以來獻州、清州之餉，皆合于信安海壖，泝流而至通州，由通州入牐，十餘日而後至于京師。其它若霸州之巨馬河，雄州之沙河，山東之北清河，皆其灌輸之路也。然自通州而上，地峻而水不留，其勢易淺，舟膠不行，故常從事陸輓，人頗艱之。世宗之世，言者請開盧溝金口以通漕運，役衆數年，竟無成功，事見《盧溝河》。其後亦以牐河或通或塞，而但以車輓矣。

其制，春運以冰消行，暑雨畢。秋運以八月行，冰凝畢。其綱將發也，乃合衆，以所載之粟苴而封之，先以付所卸之地，視與所封樣同則受。凡綱船以前期三日修治，日裝一綱，裝畢以三日啓行。計道里分泝流、沿流爲限，至所受之倉，以三日卸，又三日給收付。凡輓漕脚直，水運鹽每石百里四十八文，米五十文一分二釐七毫，粟四十文一分三毫，錢則每貫一文七分二釐八毫。陸運傭直，米每石百里百一十二文一分五毫，粟五十七文六分八釐四毫，錢每貫三文九釐六毫。餘物每百斤行百里，平路則春冬百三十一文五分，夏秋百五十七文八分，山路則春冬百四十九文，夏秋二百一文。凡使司院務納課傭直，春冬九十文三分，夏秋百一十四文。諸民户射賃官船漕運者，其脚直以十分爲率，初年剋二分，二年剋一分八釐，三年剋一分七釐，四年剋一分五釐，五年以上剋一分。

初，世宗大定四年八月，以山東大熟，詔移其粟以實京師。十月，上出近郊，見運河湮塞，召問其故。主者云户部不爲經畫所致。上召户部侍郎曹望之，責曰：有河不加濬，使百姓陸運勞甚，罪在汝等。朕不欲即加罪，宜悉力使漕渠通也。五年正月，尚書省奏，可調夫數萬，上曰：方春不可勞民，令宫籍監户、東宫親王人從、及五百里内軍夫，濬治。

二十一年，以八月京城儲積不廣，詔沿河恩獻等六州粟百萬餘石運至通州，輦入京師。

明昌三年四月，尚書省奏：遼東、北京路米粟素饒，宜航海以達山東。昨以按視東京近海之地，自大務清口幷咸平銅善館皆可置倉貯粟以通漕運，若山東、河北荒歉，即可運以相濟。制可。

承安五年，邊河倉州縣，可令折納菽二十萬石，漕以入京，驗品級養馬於俸内帶支，仍漕麥十萬石，各支本色。乃命都水監丞田櫟相視運糧河道。

泰和元年，尚書省以景州漕運司所管六河倉，歲税不下六萬餘石，其科州縣近者不下二百里，官吏取賄延阻，人不勝苦，雖近官監之亦然。遂命監察御史一員往來糾察之。

五年，上至霸州，以故漕河淺澁，敕尚書省發山東、河北、河東、中都、北京軍夫六千，改鑿之。犯屯田户地者，官對給之。民田則多酬其價。

六年，尚書省以凡漕河所經之地，州縣官以爲無與於己，多致淺滯，使綱户以盤淺剥載爲名，姦弊百出。於是遂定制，凡漕河所經之地，州府官銜内皆帶提控漕河事，縣官則帶管勾漕河事，俾催檢綱運，營護堤岸。爲府三：大興、大名、彰德。州十二：恩、景、滄、清、獻、深、衛、濬、滑、磁、洺、通。縣三十三：大名、元城、館陶、夏津、武城、歷亭、臨清、吴橋、將陵、東光、南皮、清池、靖海、興濟、會川、交河、樂壽、武強、安陽、湯陰、臨漳、成安、滏陽、内黄、黎陽、衛、蘇門、獲嘉、新鄉、汲、潞、武清、香河、漷陰。

十二月，通濟河創設巡河官一員，與天津河同爲一司，通管漕河牐岸，止名天津河巡河官，隸都水監。

八年六月，通州刺史張行信言，船自通州入牐，凡十餘日方至京師，而官支五日轉脚之費，遂增給之。

貞祐三年，既遷于汴，以陳、潁二州瀕水，欲借民船以漕，不便。遂依觀州漕運司設提舉官，募船户而籍之，命户部勾當官往來巡督。

四年，從右丞侯摯言，開沁水以便餽運。上又念京師轉輸之勞，命出尚厩牛及官車，以助其力。

興定四年十月，諭皇太子曰：中京運糧護送官，當擇其人，萬有一失，樞密官亦有罪矣。其船當用毛花輂所造兩首尾者，仍張幟如渡軍之狀，勿令敵知爲糧也。

陝西行省把胡魯言：陝西歲運糧以助關東，民力浸困，若以舟自渭入河，順流而下，可以紓民力。遂命嚴其偵候，如有警，則皆維於南岸。

時朝廷以邳、徐、宿、泗軍儲，京東縣輓運者歲十餘萬石，民甚苦之。元光元年，遂於歸德府置通濟倉，設都監一員，以受東郡之粟。

定國軍節度使李復亨言：河南駐蹕，兵不可闕，糧不厭多。比年，少有匱乏即仰給陝西，陝西地腴歲豐，十萬石之助不難。但以車運之費先去其半，民何以堪。宜造大船二十，由大慶關渡入河，東抵湖城，往還不過數日，篙工不過百人，使舟皆容三百五十斛，則是百人以數日運七千斛矣。自夏抵秋可漕三千餘萬斛，且無稽滯之患。上從之。

時又於靈璧縣潼郡鎮設倉都監及監支納，以方開長直溝，將由萬安湖舟運入汴至泗，以貯粟也。

《續文獻通考》卷三一《國用考·漕運》 金置漕運司，掌河倉漕運之事。

有提舉、勾當等官，置於景州、肇州。

《金史·劉璣傳》曰：大定初，璣除同知漕運司事，奏言漕户僱直太高，虛費官物，宜約量裁損，若減三之一，可省官錢一十五萬餘貫。世宗是其言，既又謂宰臣曰：璣言漕運省費事，盡心公家，不厚賞，無以勸來者。乃賜錢三千貫。

章宗明昌六年三月，以北邊糧運，括羣牧所、三招討司明安穆昆、隨乣及德呼勒、唐古部諸抹、西京、太原官民駝五千充之，惟民以駝載爲業者勿括。

泰和五年正月，調山東、河北運夫改治漕渠。

宣宗貞祐三年七月，置陳潁漕運提舉官，以户部勾當官往來督察。四年正月，開沁水以便饋運，尚書右丞侯摯嘗上言，宜開沁水以便饋運，至是詔有司開之。

元光元年六月，造舟運陝西糧，由大慶關渡抵湖城。

《通制條格》卷一四《倉庫·運糧作弊》 皇慶二年四月，中書省江浙行省咨：准本省提調海運官咨，海運歲供，京師所繫甚重，往往詐稱風水，盜糶官糧。除已督責合屬委自廉幹正官於瀕海去處常切用心巡視體問，若有運糧船隻無故沿海停泊，就將船主取招究治，劃時催趕起發，前赴直沽等處交卸，不得停留。本地面里正、社長、主首人等容令灣泊，盜糶官糧作弊，一體坐罪。如果有遭風船隻，隨即根問虛實，體覆明白，依例施行外，切恐各處官司恃不統攝，看爲泛常。合令山東沿海去處嚴切戒諭，庶肯遵守，都省准擬。

至元八年七月，尚書省御史臺呈：今後軍人合支糧食，合無聽從所願，或支米糧折支寶鈔，仍禁約不得私下賣籌。户部講究得，若令軍人支鈔，切恐非理破用，合令依舊支米，常切出榜，許諸人捉拏賣籌買籌人等，嚴行治罪，都省准擬。

《通制條格》卷一四《倉庫·沮壞漕運》 元貞二年正月，欽奉聖旨節該：中書省奏，都漕運使司所管沿河倉分，隨路部糧官吏與倉官人等通同作弊，收受糠粃米粟，結攬輕賫，虛出通關，致有短少官糧；又收糧其間，各處官司輒將倉官綱官人等勾攝攪擾，沮壞漕運，乞降聖旨禁約事。准奏。仰漕運司官、各路部糧正官、倉官人等，毋得似前通同作弊。收運糧斛其間，諸衙門不得妄生事端，勾擾沮壞，違者照依累降聖旨條畫斷罪。

《通制條格》卷一七《賦役·押運使臣》 至元二十四年閏二月，中書省兵部員外郎馬承務呈：各省解納進呈一切段疋諸物，和雇船隻長運，直至河東交卸。依漕運司糧斛例，船主既支脚錢，自行雇夫。其站船遞運，驗船隻大小料例，俱有已設站夫，毋得更差捧船人夫。仍禁治押運官員使臣，今後毋得擅便督勒沿江河路府州縣，行移前路文字，准備差撥人夫。路府州縣亦不得聽從押物人員輒便行移差撥。都省准呈。

《通制條格》卷一八《關市·雇船文約》 至元三十一年二月，中書省議得：今後凡江河往來雇船之人，須要經由管船飯頭人等叁面説合，明白寫立文約。船户端的籍貫姓名，不得書寫無籍貫並長河船户等不明文字。及保結攬載已後，儻有疎失，元保飯頭人等亦行斷罪。及將保載訖船户，並客旅姓名，前往何處勾當，置立文簿，明白開寫。上下半月，於所屬官司呈押，以憑稽考。

《通制條格》卷三〇《營繕·堤渠橋道》 至元七年九月，中書省近欽奉聖旨節該：都水監所管河渠、隄岸、道路、橋梁，每歲修理，欽此。照得九月間平治道路，合監督附近居民修理，十月一日修畢。其要路陷壞停水，阻礙行旅，不拘時月，量差本地分人夫修理。仍委按察司以時檢察。

至元二十一年七月，欽奉聖旨條畫內一款：津梁渠道路，仰當該官司常切修完，不致陷壞停水，阻礙宣使車馬客旅經行。如違，仰提刑按察司究治。

《通制條格》卷三〇《營繕・驛路船渡》 至元二十年七月中書省議得：各處驛路河道，若有山水泛溢衝斷橋梁去處，仰所在官司預爲計置船隻，擺渡過往使臣客旅，毋致停滯。伺候水落，將所損橋梁依例搭蓋。

《元典章》卷二一《户部・錢糧・押運・糾察運糧擾民》 至元二十四年六月，行御史臺咨：據監察御史呈：察知饒州路差常治中並司縣官一員，裝運米二萬石，前去鄂州支持。本路遍勾各縣官吏赴府裝發，又別發印批，令各縣每米伍佰石差上户一名充押運頭目，勒要訖鈔三百五十餘定，才方放還。又爲起運淮西軍糧，援此爲例，騷擾百姓。除已收訖各縣官典招伏，別呈行御史臺照詳追問外，卑職切詳，江南稅户自歸附以來，日益凋瘵。除水旱站赤、牧馬、淘金、打捕、醫、儒諸項占破等户外，其餘户計應當里正主首、和買和雇一切雜泛差役，已是靠損。其各路並司縣牧民之官不爲用心存恤，因緣爲奸，比比受害。若不遍行禁治，切恐其餘去處亦有此弊，深爲未便。呈乞遍行禁治，仍令各道按察司糾察施行。

《元典章》卷二六《户部・賦役・脚價・水路合雇脚價》 平章政事制國用使司：照得隨路罷訖步站，止見官爲和雇脚力。除旱路已有定體外，據水路自來不一。除合破數目外，再令都水監、提舉漕運司驗河水通快淺澀去處，照依目今運糧體例，從實定到每物一百斤自起程至下卸處所合該地里、所該脚價。仰今後凡有起運官物，須管照依坐去分例，和雇船隻搬運前來。仍仰隨路於月申內驗次日類報，再不得似前亂破官錢違錯。

方里馬頭運至：楊村下卸，水路一千四百四十五里，每物一百斤該脚價鈔一錢一分六釐。河西務下卸，水路一千六百十五里，每物一百斤該脚價鈔一錢五分一釐。李二寺下卸，水路一千七百四十五里，每物一百斤該脚價一錢七分七釐。通州下卸，水路一千七百七十里，每物一百斤該脚價鈔一錢八分三釐。

舊縣馬頭運至：楊村下卸，水路一千三百四十五里，每物一百斤該脚價鈔一錢。河西務下卸，水路一千五百一十五里，每物一百斤該脚價鈔一錢四分。李二寺下卸，水路一千六百七十五里，每物一百斤該脚價鈔一錢六分六釐。通州下卸，水路一千六百七十五里，每物一百斤該脚價鈔一錢七分二釐。

秦家渡運至：楊村下卸，水路一千三百里，每物一百斤該脚價鈔一錢四釐。河西務下卸，水路一千五百里，每物一百斤該脚價鈔一錢三分八釐。李二寺下卸，水路一千六百三十里，每物一百斤該脚價鈔一錢六分四釐。通州下卸，水路一千六百六十里，每物一百斤該脚價鈔一錢七分。

《元典章》卷五九《工部・造作・橋道・體察修築堤堰》 至元二十一年二月，准御史臺咨該：准御史中丞崔少中牒：古人防患，其慮甚長，有預備於千萬年之久者。無識之人，指爲迂闊，因循不治，患出倉卒，無可奈何。謂如諸處防河堤堰，損代施工，不問水旱，常切完備。邇年以來，諸處河流大者淺縮，小者乾涸，人習見此以爲常然，遂不以漲溢爲慮，堤防缺廢，久不增築。今年大小河流汗漫，衝没舊堰，田野人煙湮没者多。此由平日但顧目前，不慮後患之故。今合於農隙之時，委各路總管以（致）〔至〕州縣長官，各各督察管内堤堰等事。應瀕河舊有堤堰去處，差撥附近人夫，修築廢缺。如有功績不偏，致令今後飄流居人，任滿於解由內開具，到部之日，約量大小責罰，仍委各道按察司常切覺察，似望有積年之防，無一朝之患。牒請照驗。准此。呈奉中書省劄付：送工部議得：若令各路總管並州縣長官提調修築，及令各道按察司常切覺察，似爲相應。得此。都省議得：諸處堤堰，令各路總管並州縣長官提調，常切驗視，但有損壞，即便修完。如有不爲用心，致令缺壞，渰没民田，令各道按察司糾察是實，取招申上，事輕約量責罰，事重別行議罪。除已劄付工部，行移合屬照會外，請依上施行。

《元典章》卷五九《工部・造作・橋道・修築堤岸防水》 大德二年九月，湖廣行省：准中書省咨：據工部呈：准都水監關：奉省劄定到本監合行事內一項：沿江州縣官司，凡橋梁堤岸損壞不爲修視，及修而失時，或虛費人工而不堅固，以致爲害者，仰本監就便究治。奉此。照得防禦水患，誠爲重事，累經遍行，預爲修理去訖。今各處官司看爲細務，農隙之時不行規措，直至農忙水發爲害，纔行申報。雖是差官馳驛相料修理，且救一時之急，終不堅固，以此每歲妨集農務，虛勞民力，深爲未便。擬合遍行各處，釐勒正官提調任其事。今後遇有合修去處，須趁農隙之時，修理堅完，預防水患，實爲便益。准此。除已行移合屬照會外，據各道行省，宜從都省移咨，依上施行。准此。省府仰行下合屬，釐勒正官一員提調。若有衝缺堤岸，須趁農隙之時修理堅完，預防水患，毋得失時，虛費民力動搖違錯。

《元典章》卷五九《工部・造作・船隻・和雇船隻先支脚價》 至元十九年十一月，行御史臺劄付：近爲拘刷船隻擾民不便，憲臺與揚州行省官議過，出榜省諭各處官吏上下人等：今後須管兩平和雇五六百料以下、二百料之上堪以裝糧好船，先行放支脚價。毋得將客人裝茶鹽米麪柴薪重船，並不得雇覓大小船隻，依恃官府一概拘刷，強行剝卸，釐勒裝糧，使船户人等至甚生受。除已暗行差官捉拿外，如有違犯之人，捉拿到官，取問是實，定將犯人對衆號令，嚴行斷罪，仍取所在官司有失鈐束招伏究治。如此禁約去訖。今體知得沿江河上下官司，差人搬販米麥物斛，重載船隻，指以雇船爲名，強行剝卸拘撮，致使客旅不通，因而諸物湧貴。若不禁約，深爲未便。仰速爲差委能幹人員，前去拘該去處，暗行體察。如有違犯之人，捉拿到官，依上嚴行治罪，仍取所在官司有失鈐束招伏申臺。

《元典章》卷五九《工部・造作・船隻・禁治拘刷船隻》 至元二十年六月，行御史臺：據監察御史呈：欽奉聖旨條畫節文：所在官司，却不得依前強行拘刷船隻，搔擾百姓，如違並行究治。欽此。上年江淮上下及淮浙等處小河，往來客船相望不絶水來。諸處官司指以雇船裝載官糧官物爲名，故縱公吏、祇候、弓手人等，強行拘刷捉拿往來船隻，雇一擾百，無所不爲，所以客船特少，以致物價騰貴，盜賊公行，實與官民爲害等事。得此。憲臺相度：仰行下合屬，果若各路起運官物，必須本處就便和雇船隻者，並依例兩平和雇，先支價錢，不得以和雇爲名強行樁配拘刷，阻當客旅。如有違拒去處，令本處糾察施行。

《元典章》卷五九《工部・造作・船隻・糴販客船不許遮當》 至元二十年，御史臺：承奉中書省劄付：照得近歲天旱，中原田禾薄收，物斛價高，百姓艱食，諸處商販搬販南米者極多。體知得隨處官司遇有遞運，將販賣物斛車船，一概拘撮拖拽，以致水陸道路澀滯難行，南北米貨不通，民間至甚不便。都省除已劄付户部，移咨行省，遍下合屬，江淮等處米粟任從客旅興販，官司毋得阻當。搬運物斛車船並免遞運，不以是何人等，毋得拘撮拖拽。仍於關津渡口，出榜曉諭，如遇糴販物斛船車經過，不得非理遮當搜檢，妄生刁蹬，取要錢物，違者痛行治罪。仰各道按察司禁治施行。

《元典章》卷五九《工部・造作・船隻・禁治拘刷茶船》 至元二十年九月，江西行省咨：會驗先欽奉聖旨節該：今擬江淮設立榷茶轉運使司，依例辦課勾當，諸人毋得沮壞，違者治罪。仍仰見管並拘占人員，截日交付管領。欽此。又照得中書省降到條畫内一款該：客旅裝載茶貨車船，所在官司並不得拖拽。若必合和雇，直抵發賣地面下卸訖，方許和雇。如違，陳告得實，决杖六十。因而取受故縱者，與同罪。如有邀當客旅，拘買取利者，杖六十，茶付本主，買價没官。准此。合行咨請，更爲行下合屬，依上禁治，毋得將客旅興販茶貨車船，當攔拖拽，攪擾恢辦茶課施行。

《元典章》卷五九《工部・造作・船隻・禁治拘刷鹽船》 大德五年三月，兩淮都（鹽轉運）〔轉運鹽〕使司牒：會驗欽奉聖旨條畫内一款節該：客旅買到官鹽並官司綱運船（隻）〔車〕，經由河道，其關渡橋梁邀阻者，陳告得實，杖一百，因而乞取錢物者徒二年，官司故縱者與同罪，失覺察者笞五十。如有遮當客旅拘收取利者，徒二年，鹽付本主，買價納官。又一款節該：兩淮、兩浙運鹽綱船車（兩）〔輛〕，並辦課官吏，巡鹽弓手騎坐馬疋，欽依聖旨，諸人不得奪要拘撮。如有違犯之人，從行省就便斷罪。欽此。據辦課鹽船，欽依聖旨事意施行，毋致因而邀阻違錯。

《元典章》卷五九《工部・造作・船隻・禁停櫓取渡錢》 大德二年八月，行御史臺：據監察御史呈：鎮江西津渡，六月初五日梢水沈興等乘駕渡船滿載過江，欲至中流纔方停櫓勒取船錢，不將風蓬放落。須臾風雨大來，爲無防閑，以致將船打翻。除金山寺救護得活人數外，渰死軍民客旅甚衆。除已責令當該官司將沈興等枷禁取問外，看詳：上項事理事關人命，又恐其餘渡口亦有似此刁蹬客旅、勒取錢物未便，宜遍行禁約。憲臺除外，合下仰依上嚴加禁治，行移合屬，一體施行。

《元典章》卷五九《工部·造作·船隻·漕運糧斛船夫》 大德六年四月□日，行御史臺准御史臺咨：承奉中書省劄付：户部呈：運糧船户，節次逃亡一千餘人。究其源由，蓋因漕運司失於拘鈐，縱令綱官人等恣意侵漁；或將近上有力之家影占，不令上船當役；或將已招復業逃户，不行申官起遣，以致靠損在船人户。本部參詳：合令漕運司取勘實在船户，置簿開寫綱官各管船隻料例同船户花名，時復委官點勘。若有闕役或破説事故之人，先行着落綱官雇人代替，須要勾捉正身到官，斷罪當役。受贓者驗贓多寡追斷，綱官有犯仍除名。元逃户内有已招復業人户，即便發付當該綱官收管着船，依上附簿關防。每月一次，開具元管、逃亡、復業、實在各各户數，不過次月初十日以裏，申報到部，以憑差官計點，似望少革綱官人等奸貪擾民之弊，不致靠損見在當役船户。都省議得：各路元撥船户軍夫，除免差税，官給船隻，專一漕運糧斛，別無餘事。近年以來，綱官頭目中間作弊，齊斂錢物，放富差貧，及自行代替，本管上司亦不點視關防究問，以致如此。今後若有違犯，許諸人首告，取問是實，痛行追斷。本管上司失檢舉者，亦行治罪。除外，仰嚴加體察。承此。

《元典章》卷五九《工部·造作·船隻·禁治河渡取要》 大德七年十二月，行臺：據監察御史呈：會驗欽奉聖旨條畫内一款：隨路鋪驛及關津渡口舟楫橋梁，若修治不如法者，及刁蹬行旅一切違枉等事，並可糾察，欽此。除欽依外，切見沿江渡口設立擺渡官船去處，其梢水人等往往刁蹬過往客旅，取要船錢，停滯人難。亦有乘駕船隻直至中流，倚恃險惡，勒要錢物，延遲不行，以致或因潮來，或因風起，害傷人命，深爲利害。呈乞照詳，行下合屬，嚴加禁治施行。憲臺仰行移合屬禁治，更爲體察施行。

《元典章》卷五九《工部·造作·船隻·禁治搶劫船隻》 皇慶二年二月，中書省咨：來咨：參知政事高中奉咨：據安撫使王宣武所言：切照澉浦海口乃一衝要之地，遠涉諸番，近通福廣。商賈往來舟船若有靠閣，有新附軍人落後弟男子姪，結連竈户、滷丁、惡少、潑皮人等，糾合成黨，各執器仗，威臨客人，白晝搶劫財物，比之海賊，爲害尤甚。違犯之人，同强盗法科。當該管民官不即掩捕，或歸勘不盡不實，及鎮守軍官〔鎮遏〕不嚴，鹽場官不行鈐束，驗事輕重論罪。咨請詳酌。准此。送刑部議得：江浙行省咨：據安撫使王宣武所言：澉浦海口等處新附軍人弟男子姪，結連竈户、滷丁、惡少、潑皮人等，糾合成羣，執把器仗，白晝聚衆搶劫商船財物，及折毁船隻等事。以此參詳：今後若有經過官民船隻遭風着淺，拘該地面諸色人等晝即併力救護，敢有似前乘時聚衆搶劫財物、拆毁船隻之人，即將犯人捉拿赴官，追問是實，同强盗法科斷。當該管民官不即掩捕，及鎮守軍官鎮遏不嚴，並場官不行鈐束，以致違犯，或事發勾追護向占悋者，量事輕重論罪。仍從行省斟酌瀕海州縣事體緩急防禁，出榜遍諭相應。具呈照詳。得此。都省咨請依上施行。

《元典章》卷五九《工部·造作·船隻·黄河渡錢例》 大德九年九月，御史臺咨：奉中書省劄付：河（常）〔南〕省咨：黄河上下渡口，在先年分設立提舉河渡司並監渡官，節次省併告去，即目止令親臨州縣官分輪提調。定到船錢分例，内一半官爲收貯，遇船損壞修理，一半養濟水手，若蒙設立把渡人員專任其事，或都省差官立法關防，唯復本省差人監渡，照依咨准已定分例取要船錢相應。咨請定奪。准此。送兵部呈：照得至元二十九年三月二十一日欽奉聖旨節該：在先漢兒、蠻子各另時分，委付把渡口的脱脱禾孫來也者。如今河渡司要做甚麼用？罷了者。欽此。參詳：河渡官係欽奉聖旨革罷，今後令拘該各路府州縣正官一季輪流躬親提調，先將本管境内河道建橋處，依例趁時官爲搭蓋，令車程客旅通行，不得取要錢物。其大河深流巨浸必須用船去處，斟酌宜用堅壯大船，召募慣習熟知水勢篙工撑駕，從朝抵暮守渡。其船同行使物件，須要如法牢壯完備，遇有過往大小官吏一切公差者，即與（捕）〔擺〕渡。其餘百姓客旅車騎行貨孳畜，依驗下項定立船資，給付水手修造船隻一切合用什物，餘外並不得多取分文，及不得故意刁蹬。若有違犯及不應錢數，即便追解斷罪，別行選人補役。仍許盤問涉疑面生之人。若提調官分要梢水錢物，同取受例科斷。如或透漏歹人，有失覺察，知而不問，及縱令阻滯經行，（須）〔雖〕不受財，亦行究問，從監察御史、廉訪司常切糾察。如蒙淮呈，乞咨行省遍行照會，多出文榜，於該管沿河上下鎮店擺渡處所兩岸張掛曉諭通知相應。具呈照詳。都省議得：除船錢照依定到則例，令船主收掌，修造船隻，置備什物，並贍濟梢水，不須官爲收貯，餘准部擬。除已移咨河南、陝西行省照會外，今開元定船錢則例於後，仰依上施行。

元定到擺渡船錢分例，以至元鈔爲則：

人一名，鈔一分。凡隨挑擔負載之物及老幼貧窮之人，並不筭數。

重大車一輛，鈔兩錢。空大車一輛，鈔一錢。

重小車一輛，鈔五分。空小車一輛，鈔二分。

馱子一頭，鈔二分。空頭疋一頭，鈔一分。

羊、豬每伍口，鈔二分。

《元典章》卷五九《工部・造作・船隻・海道運糧船户免雜泛差役》

至大四年二月，欽奉聖旨：尚書省官人每奏：海道裏官糧交運將大都裏來的，最打緊的勾當有。近年已來怠慢了的緣故，管民的、各投下的官人每，水手船户每根底從實的不將出來，占着雜泛差役科着。又因船隻裏交載運諸雜物件緣故裏，水手船户每氣力消乏了，船隻少了。雇着船隻裝載官糧，那其間百姓每哏生受的上頭，從新萬户府官人每根底替換了。如今交馬合麻丹的提調，哈散忽都魯做達魯花赤，王柔、（澈）〔澉〕浦楊宣慰等做萬户，委付來。交户部暗都剌尚書等提調。聖旨麽道，奏來。從今以後，海道都漕運萬户府官人每運糧的時分，諸衙門官吏等不揀是誰，他每的勾當其間休入去者，休沮壞者。船户水手每根底，里正、主首雜泛差役休交當者。他每的船隻裏除官糧外，木植、銅錢諸雜物件休交裝載者。官人每將梯己物件使氣力，休交載運者。修理船隻所用的木植，不揀甚麽出產的地面裏收買的時分，管地面的民官每添氣力收買者。船户每、水手每干礙着管民官的勾當有呵，與海道都漕運萬户府官人每約會一處問者，休徑直勾喚者，休使氣力者。在先籍册裏入去了的富豪船户每，受了做官的職名，却趓避着將名字更改了、不運糧的人每根底，要了罪過，交做船户者。行省官人每，答失蠻、沙不丁兩個提調者。宣慰司官人每、隨路達魯花赤總管每添氣力提調成就者。水脚錢依時盡數散到者，克減要的、要肚皮的，監察、廉訪司官人每體察者。萬户千户百户每、船户等推稱船隻壞了也麽道，使見識盜糶官糧的、糶要的，不揀是誰，陳告者。若是實呵，元告人根底名分賞與也，被告人根底依大體例裏重要罪過者。更運糧的官人每自的其間不提調，管民官每不用心好生體覆呵，有罪過者。委付來的萬户、千户、百户官人每好生謹慎成就勾當呵，更添名分賞與也者。不幹濟，壞了勾當呵，要了罪過，罷了者。其餘合行的勾當，依着在先行來的聖旨體例裏交行者，别了的有罪過者。道來。更這海道都漕運萬户府官人每，這般宣諭了也麽道，做没體例的勾當，不干礙的百姓每根底隱占着行呵，他每不怕那？聖旨。狗兒年十一月十五日，大都有時分寫來。

（元）蘇天爵《元文類》卷四〇《雜著・海運》　惟我世祖皇帝至元十二年既平宋，始運江南糧，以河運弗便，至元十九年用丞相巴延言，初通海道漕運，抵直沽以達京城。立運糧萬户府三，以南人朱清、張瑄、羅壁爲之。初歲運四萬餘石，後累增及二百萬石，今增至三百餘萬石。春夏分二運，至舟行風信有時，自浙西不旬日而達于京師，内外官府大小吏士至于細民無不仰給于此。於戲，世祖之德，淮安王之功，逮今五十餘年，裕民之澤，曷窮極焉。

《元史》卷九三《食貨志・海運》　元都于燕，去江南極遠，而百司庶府之繁，衛士編民之衆，無不仰給於江南。自丞相伯顔獻海運之言，而江南之糧分爲春夏二運。蓋至于京師者一歲多至三百萬餘石，民無輓輸之勞，國有儲蓄之富，豈非一代之良法歟。

初，伯顔平江南時，嘗命張瑄、朱清等，以宋庫藏圖籍，自崇明州從海道載入京師。而運糧則自浙西涉江入淮，由黄河逆水至中灤旱站，陸運至淇門，入御河，以達于京。後又開濟州泗河，自淮至新開河，由大清河至利津，河入海，因海口沙壅，又從東阿旱站運至臨清，入御河。又開膠、萊河道通海，勞費不貲，卒無成效。至元十九年，伯顔追憶海道載宋圖籍之事，以爲海運可行，於是請于朝廷，命上海總管羅璧、朱清、張瑄等，造平底海船六十艘，運糧四萬六千餘石，從海道至京師。然創行海洋，沿山求嶼，風信失時，明年始至直沽。時朝廷未知其利，是年十二月立京畿、江淮都漕運司二，仍各置分司，以督綱運。每歲令江淮漕運司運糧至中灤，京畿漕運司自中灤運至大都。二十年，又用王積翁議，令阿八赤等廣開新河。然新河候潮以入，船多損壞，民亦苦之。而忙兀𫖯言海運之舟悉皆至焉。於是罷新開河，頗事海運，立萬户府二，以朱清爲中萬户，張瑄爲千户，忙兀𫖯爲萬户府達魯花赤。未幾，又分新河軍士水手及船，於揚州、平灤兩處運糧，命三省造船（二）〔三〕千艘於濟州河運糧，猶未專於海道也。

二十四年，始立行泉府司，專掌海運，增置萬户府二，總爲四府。是年遂罷東平河運糧。二十五年，内外分置漕運司二。其在外者於河西務置司，領接運海道糧事。二十八年，又用朱清、張瑄之請，併四府爲都漕運萬户府二，止令清、瑄二人掌之。其屬有千户、百户等官，分爲各翼，以督歲運。

至大四年，遣官至江浙議海運事。時江東寧國、池、饒、建康等處運糧，率令海船從揚子江逆流而上。江水湍急，又多石磯，走沙漲淺，糧船俱壞，歲歲有之。又湖廣、江西之糧運至真州泊入海船，船大底小，亦非江中所宜。於是以嘉興、松江秋糧，並江淮、江浙財賦府歲辦糧充運。海漕之利，蓋至是博矣。

凡運糧，每石有脚價鈔。至元二十一年，給中統鈔八兩五錢，其後遞減至于六兩五錢。至大三年，以福建、浙東船户至平江載糧者，道遠費廣，通增爲至元鈔一兩六錢，香糯一兩七錢。四年，又增爲二兩，香糯二兩八錢，稻穀一兩四錢。延祐元年，斟酌遠近，復增其價。福建船運糙粳米每石一十三兩，温、台、慶元船運糙粳、香糯每石一十〔一〕兩五錢，紹興、浙西船每石一十一兩，白粳價同，稻穀每石八兩，黑豆每石依糙白糧例給焉。

初，海運之道，自平江劉家港入海，經揚州路通州海門縣黄連沙頭、萬里長灘開洋，沿山嶼而行，抵淮安路鹽城縣，歷西海州、海寧府東海縣、密州、膠州界，放靈山洋投東北，路多淺沙，行月餘始抵成山。計其水程，自上海至（揚）〔楊〕村馬頭，凡一萬三千三百五十里。至元二十九年，朱清等言其路險惡，復開生道。自劉家港開洋，至撑脚沙轉沙觜，至三沙、洋子江，過匾（檐）〔擔〕沙、大洪，又過萬里長灘，放大洋至青水洋，又經黑水洋至成山，過劉島，至芝罘、沙門二島，放萊州大洋，抵界河口，其道差爲徑直。明年，千户殷明略又開新道，自劉家港入海，至崇明州三沙放洋，向東行，入黑水大洋，取成山轉西至劉家島，又至登州沙門島，於萊州大洋入界河。當舟行風信有時，自浙西至京師，不過旬日而已，視前二道爲最便云。然風濤不測，糧船漂溺者無歲無之，間亦有船壞而棄其米者。至元二十三年始責償於運官，人船俱溺者乃免。然視河漕之費，則其所得蓋多矣。

《元史》卷九七《食貨志・海運》 元自世祖用伯顏之言，歲漕東南粟，由海道以給京師，始自至元二十年，至于天曆、至順，由四萬石以上增而爲三百萬以上，其所以爲國計者大矣。歷歲既久，弊日以生，水旱相仍，公私俱困，疲三省之民力，以充歲運之恒數，而押運監臨之官，與夫司出納之吏，恣爲貪黷，脚價不以時給，收支不得其平，船户貧乏，耗損益甚。兼以風濤不測，盗賊出没，剽劫覆亡之患，自仍改至元之後，有不可勝言者矣。由是歲運之數，漸不如舊。至正元年，益以河南之粟，通計江南三省所運，止得二百八十萬石。二年，又令江浙行省及中（正）〔政〕院財賦總管府，撥賜諸人寺觀之糧，盡數起運，僅得二百六十萬石而已。及汝、潁倡亂，湖廣、江右相繼陷没，而方國珍、張士誠竊據浙東、西之地，雖縻以好爵，資爲藩屏，而貢賦不供，剥民以自奉，於是海運之舟不至京師者積年矣。

至十九年，朝廷遣兵部尚書伯顏帖木兒、户部尚書齊履亨徵海運于江浙，由海道至慶元，抵杭州。時達識帖睦邇爲江浙行中書省丞相，張士誠爲太尉，方國珍爲平章政事，詔命士誠輸粟，國珍具舟，達識帖睦邇總督之。既達朝廷之命，而方、張互相猜疑，士誠慮方氏載其粟而不以輸于京也，國珍恐張氏掣其舟而因乘虚以襲己也。伯顏帖木兒白于丞相，正辭以責之，巽言以諭之，乃釋二家之疑，克濟其事。先率海舟俟于嘉興之澉浦，而平江之粟展轉以達杭之石墩，又一舍而後抵澉浦，乃載于舟。海灘淺澀，躬履艱苦，粟之載于舟者，爲石十有一萬。二十年五月赴京。是年秋，又遣户部尚書王宗禮等至江浙。二十一年五月，運糧赴京，如上年之數。九月，又遣兵部尚書徹徹不花、侍郎韓祺往徵海運一百萬石。二十二年五月，運糧赴京，視上年之數，僅加二萬而已。九月，遣户部尚書脱脱歡察爾、兵部尚書帖木至江浙。二十三年五月，仍運糧十有三萬石赴京。九月，又遣户部侍郎博羅帖木兒、監丞賽因不花往徵海運。士誠託辭以拒命，由是東南之粟給京師者，遂止於是歲云。

（明）葉子奇《草木子》卷三下《雜制篇》　元海運自朱清、張瑄始，歲運江淮米三百餘萬石，以給元京。四五月南風至起運，得便風十數日即抵直沽交卸。朝廷以二人之功，立海運萬户府以官之，賜鈔印，聽其自印。鈔色比官造加黑，印硃加紅。富既埒國，慮其爲變，以法誅之。而海運自後歲以爲常，及張九四據有浙西，而海道又有方國珍，運道遂梗，而國已不國矣。

（明）王圻《續文獻通考》卷三七《國用考·漕運》　世祖中統四年詔：北京運米五千石赴開平，其車牛之費並從官給。至元十三年，遣瀘州屯田軍四千轉漕重慶。二十二年，增濟州漕三千艘，役夫萬二千人。初，江淮歲漕米百萬石于京師，海運十萬，膠萊六十萬石，而濟之所運三十萬石。水淺舟不能達，更以百石之舟，運用四人，故夫數增多。二十九年，開通惠河，以郭守敬領都水監。初言水利有十一事，其一欲道昌平縣白浮村神仙泉過雙塔榆河引一畝玉泉諸水入城，匯於積水潭，從東折而南入舊河，每十里置一牐，以時蓄洩。帝稱善，復置都水監，命守敬領之。丞相以下皆親操畚鍤爲之倡。置牐之處，往往於地中得舊時磚木，人服其識，逾年畢工，自是免都民陸輓之勞。上悦，賜名曰通惠。

英宗至治三年，江浙行省言：鎮江運河全籍練河之水爲上源，漕運商販舟楫無不由此以供億，前朝嘗濬此湖瀦畜潦水，若運河水淺，開放練河一寸，可添河水一尺。近年淤淺以致遞運不通，乞加修治。制可。工畢，又置湖兵百人專任修理。

順帝至正九年十一月，漕運使賈魯建言便益二十餘事。其一曰京畿和糴。二曰優卹漕司舊領漕户。三曰接運委官。四曰通州總治豫定委官。五曰船户困於壩夫，海糧壞於霸户。六曰疏濬運河。七曰臨清萬户府當隸漕司。八曰宜以宣忠船户付本司節制。十五年，江浙省臣乞減海運，以甦民困。户部定擬：本年税糧除免征外，其寺觀並撥賜田糧，十月開倉盡行拘收，其不敷糧，撥至元折中統鈔一百五十萬錠，於產米處糴一百五十萬石，貯瀕河之地，以聽撥運。從之。

《續文獻通考》卷三一《國用考·漕運》　元世祖中統元年六月詔：燕京、西京、北京三路宣撫司運米十萬石，輸開平府及撫州沙井、靖州魚兒濼以備軍儲。

先是，太宗朝立軍儲所於新衛，以收山東、河北丁糧。後惟計直取銀帛，軍行則以資之。歲壬子，帝請於憲宗，設官築五倉於河上，始令民入粟。歲癸丑，募民受鹽入粟，轉漕嘉陵。至是，復有是詔。二年七月，命西京宣撫司造船備西夏漕運。八月，敕西京運糧於沙井，北京運糧於魚兒濼。九月敕：今歲田租輸沿河近倉，官爲轉漕，不可勞民。四年五月，詔北京運米五千石赴開平，其車牛之費並從官給。

十月，命運在京米輸行在。

時駕駐昔光之地，命給官錢雇橐駝運米萬石輸行在所。

三年八月，開玉泉山以通漕運。

從提舉諸路河渠郭守敬請也。詳見《田賦考》。至元元年二月，疏雙塔漕渠。十二月，命選善水者一人，沿黄河計水程達東勝可通漕運，馳驛以聞。二年正月，徙諸海特們岱爾礮手人匠八百名，赴中都造船運糧。二十四年，浚河西務漕渠。二十六年，浚河西務至通州漕渠。

九月，立漕運河渠司。

至元元年三月，立四川漕運司。三年六月，立漕運司。十四年三月，以行都水監行漕運司事。十五年六月，罷漕運司，以其事隸行中書省。

四年八月，命成都路運米萬石餉潼川。

至仁宗延祐五年十二月，省成都歲漕萬二千石。至元十三年九月，遣瀘州屯田軍四千轉漕重慶。十九年，初通海道運糧。

初，巴延平江南時，嘗命朱清、張瑄等以宋庫藏圖籍自崇明州從海道載入京師，而運糧則自浙西涉江入淮，由黄河逆水至中灤旱站，陸運至淇門，中灤在封邱縣西南，舊黄河北岸。淇門在濬縣西南，即古枋頭。入御河，以達於京。又開濟州泗河，自淮至新開河，由大清河至利津，河入海，因海口沙壅，又從東阿旱站運至臨清，入御河。又開膠、萊河道通海，勞費不貲，卒無成效。至是年，巴延追憶海道載宋圖籍之事，以爲海運可行，於是請於朝廷，命上海總管羅璧、朱清、張瑄等，造平底海船六十艘，運糧四萬六千餘石，從海道至京師。然剏行海洋，沿山求嶴，風信失時，明年始至直沽，朝廷未知其利。是年十二月，立京畿、江淮都漕運司二，仍各置分司督綱運。每歲令江淮漕運司運糧至中灤，京畿漕運司運至大都。二十年，又用王積翁議，令阿巴齊等廣開新河，然新河候潮以入，船多損壞，民亦苦之。而孟古岱言海運之舟悉皆至焉。於是罷新開河，頗事海運，立萬户府二，以朱清爲中萬户，張瑄爲千户，孟古岱爲萬户府達嚕噶齊。未幾，又分新河軍士水手及船，於揚州、平灤兩處運糧，命三省造船二千艘，於濟州河運糧，猶未專於海道也。

胡長孺曰：杭、吴、明、越、楚、幽、薊、萊、密俱岸大海，舟航可通，相傳朐山海門水中流積淮淤江沙，其長無際，浮海者以竿料淺深，此淺生角曰料角，不可度越，淮江入海之交多洲號爲沙。朱清嘗殺人亡命，引舟東行三日夜得沙門島，又東北過高句麗水口見文登夷維諸山，又北見燕山與碣石，往來十五六次，後就招懷，與其徒張瑄隨宰相入見，受金符千户，遂言海漕事，試之良便，遂興海運。

虞集曰：至元十二年，既平宋，始通江南糧，以河運弗便，至十九年用巴延言，初通海道漕運，抵直沽，以達京城。立運糧萬户府三，以南人朱清、張瑄、羅璧爲之。初，歲運四萬餘石，後累增至三百萬餘石，春夏分二運，至舟行風信有時，自浙西不旬日而達於京師，内外官府大小吏士至於細民，無不仰給於此。

臣等謹按：《元·本紀》至元十九年十月，設南北兩漕運司，命游顯專領江浙行省漕運。二十年八月，濟州新開河成，立都漕運司。十月，中書省言阿巴齊、新開河二處皆有倉，宜造小船分海運。從之。二十一年二月，浚揚漕河，罷阿巴齊開河役，以其軍及水手各萬人運海道糧。九月，中書省言福建行省軍餉絶少，必於揚州轉輸，事多遲誤，不若併兩省爲一，分命省臣治泉州爲便。詔從之。二十二年二月，增濟州漕舟三千艘，役夫萬二千人。四月，以征日本船運糧江淮。《食貨志》所以謂至元二十四年以前未專海運。《大學衍義補》亦謂時猶有中灤之運，不專於海道也。

二十一年，定運糧腳價。

每石給中統鈔八兩五錢，其後遞減至六兩五錢。武宗至大三年，以福建、浙東船户至平江載糧者道遠費廣，通增爲至元鈔一兩六錢，香糯一兩七錢。四年，又增爲二兩，香糯二兩八錢，稻穀一兩四錢。延祐元年，斟酌遠近，復增其價，福建船運糙粳米每石一十三兩，温、台、慶元船運糙粳、香糯每石一十兩五錢。紹興、浙西船每石一十一兩，白粳價同，稻穀每石八兩，黑豆每石依糙白糧例給焉。

二十二年二月詔：運江淮米由海道至京。

是時，罷膠、萊所鑿新河，以軍萬人載江淮米泛海由利津達於京師。

二十三年十一月，中書省言：朱清等海道運糧，以四歲計之，總百一萬石，斗斛耗折，願如數以償，風浪覆舟，請免其征。從之。遂以朱清、張瑄並爲海道運萬户，仍佩虎符。

二十四年，始立行泉府司，專掌海運。

增置萬户府二，總爲四府。是年，遂罷東平河運糧。二十五年，内外分置漕運司二，其在外者於河西務領接運海道糧事。二十八年，又用朱清、張瑄之請，併四府爲都漕運萬户府二，止令清、瑄二人掌之，其屬有千户、百户等官，分爲各翼，以督歲運。

臣等謹按：《元·本紀》二十四年十一月，命京畿、濟寧漕運司分掌漕事。十二月，以朱清、張瑄海漕有勞，遥授宣慰使。二十五年二月，改濟州漕運司爲都漕運司，併領濟之南北漕，京畿都漕運司惟治京畿。至二十八年，立都漕運萬户府，以督歲運。而武宗至大中，以江淮、江浙財賦府每歲所辦糧充運。《食貨志》及《大學衍義補》謂自此以至末年，專仰海運矣。

二十五年四月，增立直沽海運米倉。

至二十六年正月，海船萬户府言：山東宣慰使樂實所運江南米，陸負至淮安，易閘者七，然後入海，歲止二十萬石。若由江陰入江，至直沽倉，民無陸負之苦，且米石省運估八貫有奇。乞罷膠、萊海道運糧萬户府，而以漕事責臣，當歲運三十萬石。從之。

邱濬曰：海運之法，自秦已有之，而唐人亦轉東吴粳稻以給幽燕，見唐杜甫詩。然以給邊方之用而已，用之以足國，則始於元也。

十月，詔明年海道漕運江南米百萬石。

時海都犯邊，僧格請明年海運須及百萬石。制可。

《元史·羅璧傳》曰：二十四年，納延叛，璧復以漕舟至遼陽，浮海抵錦州小凌河，至廣寧十寨，諸軍賴以濟。二十五年，督漕至直沽倉，潞河決，水溢及倉，璧樹柵率所部畚土築隄捍之。

二十六年七月，初開會通河，歲運數十萬石。

以壽張縣尹韓仲暉等言，自安民山開河，北至臨清，凡二百五十里，引汶絶濟直屬漳御，建牐三十有一，度高低，分遠近，以節蓄洩，賜名會通河。

邱濬曰：會通河之名始見於此，然當時河道初開，岸狹水淺，不能負重，每歲之運，不過數十萬石，非若海運之多，故終元之世海運不絶。

臣等謹按：《元·本紀》至元二十五年十月，僧格言：安山至臨清爲渠二百六十五里，開浚之工三百萬，當用鈔三萬錠，米四萬石，鹽五萬斤，其陸運夫萬三千户，復罷爲民，其賦入及芻粟之估爲鈔二萬八千錠，費略相當。然渠成亦萬世之利，請今冬備糧費，來春浚之。制可。次年秋，渠成。河渠官禮部尚書張孔孫等言：開魏博之渠，通江淮之運，古所未有。詔賜名會通河。今以《大學衍義補》考之，則會通河始於壽張縣尹韓仲暉等倡其議，而僧格因以爲請，遂成功，以迄於今也。

九月，罷濟州汶泗漕運使司。

二十七年四月，罷海道運糧萬户府，又改利津海道運糧萬户府爲臨清御河運糧上萬户府。二十八年十一月，罷海道運糧鎮撫司。成宗大德七年十一月，併海道運糧萬户府爲海道都漕運萬户府，給印二。仁宗延祐六年十一月，增京畿漕運司同知副使各一員，給分司印。

二十八年十二月，浚運糧壩河，築隄防。

二十九年八月，郭守敬言：浚通州至大都漕河十有四，役軍匠二萬人。三十年三月，以平章政事范文虎董疏漕河之役。七月，賜新開漕河名曰通惠。三十一年八月，成宗已即位，立新河運糧千户所。大德二年六月，禁權豪斡脱括大都漕河舟楫。四年正月，復淮東漕渠。七年六月，命甘肅行省修阿合潭、曲尤濠以通漕運。八年五月，中書省言：吴淞江實海口故道，海運由是而出，宜仍設行都水監以董其浚治。從之。十年正月，浚吴淞江等處漕河，又浚真揚等州漕河。至武宗至大三年二月，浚會通河，給鈔四千八百錠，糧二萬一千石，以募民。仁宗延祐元年十二月，遣官浚揚州、淮安等處運河。二年正月，發卒浚漷州漕河。三年十一月，復浚揚州運河。英宗至治三年十二月，泰定帝已即位，浚鎮江路漕河。文宗天曆二年四月，浚漷州漕河。八月，發諸衛軍浚通惠河。

《羅壁傳》曰：大德三年，除壁都水監，通州多水患，鑿二渠以分水勢。又浚阜通河而廣之，歲增漕六十餘萬石。

二十九年，以海運路險，復開生道。

初，海運之道，自平江劉家港入海，今在蘇州府太倉。經揚州路通州海門縣黄連沙頭、萬里長灘開洋，沿山嶼而行，抵淮安路鹽城縣，歷西海州、海寧府東海縣、密州、膠州界，放靈山洋投東北，路多淺沙，行月餘始抵成山。計其水程，自上海至楊村馬頭，凡一萬三千三百五十里。至元二十九年，朱清等言其路險惡，復開生道。自劉家港開洋，至撑脚沙轉沙觜，至三沙、洋子江，過匾擔沙、大洪，又過萬里長灘，放大洋至青水洋，又經黑水洋至成山，至劉島，至之罘、沙門二島，放萊州大洋，抵界河口，其道差爲徑直。明年，千户殷明略又開新道，自劉家港入海，至崇明州三沙放洋，向東行，入黑水大洋，取成山轉西至劉家島，又至登州沙門島，於萊州大洋入界河。當舟行風信有時，自浙西至京師，不過旬日而已，視前二道爲最便。然風濤不測，糧船漂溺者無歲無之，間亦有船壞而棄其米者。至正二十三年，始責償於運官，人船俱溺者乃免。然視河漕之費，則其所得蓋多矣。

三十年二月，減河南、江浙海運米四十萬石。

至三十一年十月，朱清、張瑄從海道歲運糧百萬石，以京畿所儲充足，詔止運三十萬石。成宗元貞二年十一月，增海運。明年，糧爲六十萬石。大德元年九月，增海漕爲六十五萬石。二年十月，增爲七十萬石。五年十年，增明年海運爲一百二十萬石。七年十月，以浙江年穀不登，減海運糧四十萬石。八年十一月，增海漕米爲百七十萬石。十一年十月，武宗已即位，中書省言：常歲海漕糧百四十五萬石，今江浙歲儉，不能如數，請仍舊例，湖廣、江西各輸五十萬石，並由海道達京師。仁宗皇慶元年九月，增江浙海漕糧二十萬石。延祐五年十一月，增海漕四十萬石。六年九月，增海漕十萬石。英宗至治三年七月，減海運糧二十萬石。

《元史·食貨志》曰：元都於燕，去江南極遠，百司庶府之繁，衛士編氓之衆，無不仰給於江南。自丞相巴延獻海運之言，江南之糧分爲春夏二運，民無輓輸之勞，國有儲蓄之富，豈非一代之良法歟。

成宗元貞元年十二月，減海運脚價鈔一貫，計每石六貫五百文，著爲令。

至大德三年十月，江浙省言：曩者朱清、張瑄海漕米歲四五十萬至百十萬，時船多糧少，雇直均平。今歲運三百萬，漕舟不足，遣人各處和雇，百姓騷動。本省左丞沙布鼎，言其弟和必斯及瑪哈穆特丹、達浦楊家等皆有舟，且深知漕事，乞以爲海道運糧都漕萬户府官，各以己力輸運官糧，萬户、千户並如軍官例承襲，恤漕户，增雇直，庶有成效。尚書省以聞，制可。

武宗至大四年，遣官至江浙議海運事。

時江東寧國、池、饒建康等處運糧，率令海船從洋子江逆流而上，江水湍急，又多石磯，走沙漲淺，糧船俱壞，歲歲有之。又湖廣、江西之糧運至真州泊入海，船大底小，亦非江中所宜。于是以嘉興松江秋糧，並江淮、江浙財賦府歲辦糧充運。海漕之利，至是益博。

仁宗延祐三年二月，調海口屯儲漢軍千人隸臨清運糧萬户府，以供轉漕，給鈔二千錠。

七年十一月，時英宗已即位。以海運不給，命江浙行省以財賦府租益之，還其直。

英宗至治元年五月，海漕糧至直沽。

三年二月，亦如之。

臣等謹按：《歷代甲子圖》至治元年爲辛酉，三年爲癸亥，時以祭海神，故記之，非海運糧必待次年至京師也。

泰定帝泰定二年九月，海運江南糧百七十萬石至京師。

至文宗天厤二年六月，海運糧至京師凡百四十萬九千一百三十石。

文宗天厤二年九月，命江浙行省，明年漕運糧二百八十萬石赴京師。

十月，又命江西、湖廣分漕米四十萬石，以紓江浙民力。至順元年二月，中書省言：江浙民饑，今歲海運爲米二百萬石，其不足者來歲補運。從之。九月，江浙行省以夏秋大水，明年海運本省止可二百萬石，餘數令他省補運爲便。從之。二年八月，中書省言：明年海運糧二百四十萬石，已令江浙運二百二十萬，河南二十萬，今請令江浙復增運二十萬。從之。三年十月，寧宗已即位，以江浙歲比不登，其海運糧不及數，俟來歲補運。

《元史・王艮傳》曰：艮遷海道漕運都萬户府經歷，紹興之官糧入海運者十萬石，城距海十八里，歲令有司拘民船以備短送，吏胥得並緣以虐民。及至海次，主運者又不即受，有折缺之患。艮執言曰：運户既有官賦之直，何復爲是紛紛也。乃責運户自載糧入運船，運船爲風所敗者，當覈實除其數。移文往返，連數歲不絶，艮取吏牘披閲，即除其糧五萬二千八百石，鈔五百五十萬緍，運户乃免於破家。

紀事

（宋）李燾《續資治通鑑長編》太祖建隆元年正月〔乙巳〕汴都仰給漕運，故河渠最爲急務。先是，歲調丁夫開浚淤淺，糗糧皆民自備。丁未，詔悉從官給，遂著爲式。又以河北仍歲豐稔，穀價彌賤，命高其價以糴之。

（宋）李燾《續資治通鑑長編》真宗大中祥符八年十二月〔癸巳〕先是，馬元方請浚汴河中流，闊五丈、深五尺，可省修隄之費。即詔韋繼昇經度開浚。甲午，繼昇上言：自泗州至開封府界，岸闊底平，水勢薄，不假開浚，請止自泗州夾岡，用工八十六萬五千四百二十八，以宿、亳丁夫充，計減工七百三十一萬。仍請于沿河作頭踏道擗岸，其淺處爲鋸牙，以束水勢，使水勢峻急，河流得以下瀉，卒就未放春水前，令逐州長吏、都監、令佐督役。自今汴河淤澱，可三五年一浚。又于中牟、滎澤各開減水河。

（宋）李燾《續資治通鑑長編》神宗元豐五年八月　癸酉，前河北轉運副使周革言：熙寧中，外都水監丞程昉於真定府滹沱河中渡繫浮橋，比舊增費數倍，又非形勢控扼，虚占使臣兵員。乞皆罷之，每歲八九月修板橋，至四五月防河拆去，權用船渡。從之。

（宋）李心傳《建炎以來繫年要録》紹興三年十一月　丙辰，執政進呈修運河畫一。上曰：有欲以五軍不堪出戰士卒充此役者，固不可。又有言調民而役之者，滋不可，惟發旁郡廂軍壯城捍江之屬爲宜。至於廩給之費，則不當吝。朱勝非曰：開河似急務，而饋餉艱難，故不得已。且時方盛寒，役者良苦，臨流居民，悉當遷避。至於畚挶所經，泥沙所積，當預空其處，則居民及富家以僦屋取貲者，皆非所便，恐議者或以爲言。上曰：禹卑宮室而盡力乎溝洫，浮言何恤焉。

（宋）李心傳《建炎以來繫年要録》紹興四年正月　是日，浚運河，以漕運不通之故也。詔役兵得遺骸物者，以十分之四給之。河中遺骸，聽僧徒收瘞，數滿二百給度牒一道。詔度牒指揮在壬申，遺指揮在戊寅。是役也，用二浙廂軍四千餘人，月餘而畢。《聖政録》在三年十一月丙辰，蓋降旨之日，今後《日麻》及《會要》，八年十一月再浚，十九年二月又浚。

（宋）李心傳《建炎以來繫年要録》紹興六年五月　右司諫王縉請令浙西漕司拘收應干裹外官司舟船，以備漕運。從之。先是以官舟少而漕運多，乃令沿流州縣均之民户。期限迫促，僱舟之費既倍，而裝發交卸，倉斗邀乞折欠監錮，尚多有之。朝廷聞之，因出度牒，即上户市舟，又刷百司舟船應副。而蘇、常諸郡，科差如故。故縉有是請焉。浙路漕臣亦請於華亭置場，歲造百二十舟。以浙西諸州分認錢數，及憲司二分頭子錢，與抽解本植供其費。至是就緒。浙漕建請，《日麻》不載。此從今年五月二十四日浙西提刑朱締所奏增入。所謂前任漕臣，乃王俁、李謨、吴革，而縉亦其一也。

（宋）李心傳《建炎以來繫年要録》紹興八年十一月　徽猷閣待制知臨安府張澄言：臨安古都會，引江爲河支流，於城之内外，交錯而相通。舟楫往來，爲利甚溥。歲久堙塞，民頗病之。頃由陛對，嘗冒天聽。乞因農隙，略加濬治。議者恐其勞民也，至於今未克行之。今駐蹕之地，公私所載，資於舟船者百倍。前日所計，特最關利害者兩河爾，非盡開城中之河也。臣再行講究，更不調夫興工，乞刷安邪兩浙諸州壯民及廂兵共千人，赴本府量度緊慢開濬，以工程計之，半年之外，河流無壅塞矣。從之。

（宋）留正《皇宋中興兩朝聖政》卷六一《孝宗皇帝·浚浙西運河》

［淳熙十一年］十有二月丁巳，兩浙運判錢冲之言：奉詔相視開濬常、潤等運河淺澁去處，今相度自臨安至鎮江四郡，共用六萬餘夫，委是大役。乞令諸州將運河兩岸支港，地勢卑下泄水去處，牢固捺成堰垻，仍申嚴諸閘啓閉之法。淺澁去處，令逐州守臣措置，隨宜開撩，務要舟楫通行。從之。

《宋史》卷九《仁宗紀》　［天聖四年閏五月］辛亥，復陝西永豐渠以通解鹽。

《宋史》卷九五《河渠志·河北諸水》　仁宗天聖四年閏五月，陝西轉運使王博文等言：準敕相度開治解州安邑縣至白家場永豐渠，行舟運鹽，經久不至勞民。按此渠自後魏正始二年，都水校尉元清引平坑水西入黄河以運鹽，故號永豐渠。周、齊之間，渠遂廢絶。隋大業中，都水監姚暹決堰濬渠，自陝郊西入解縣，民賴其利。及唐末至五代亂離，迄今湮没，水甚淺涸，舟檝不行。詔三司相度以聞。

《宋史》卷三三〇《王宗望傳》　王宗望字礀叟，光州固始人。以蔭累擢夔州路轉運副使。哲宗即位，行赦賞軍，萬州彌旬不給。庖卒朱明因衆怒，白晝入府宅，傷守臣，左右驚散，他兵籍籍謀兆亂。宗望聞變，自夔疾驅至，先命給賞，然後斬明以徇，且竄視守傷而不救者。乃自劾，朝廷嘉之。歷倉部郎中、司農少卿、江淮發運使。

楚州沿淮至漣州，風濤險，舟多溺。議者謂開支氏渠引水入運河，歲久不決，宗望始成之，爲公私利。代吴安持爲都水使者。自大河有東、北流之異，紛爭十年，水官無所適從。宗望謂回河有創立金隄七十里，索緡錢百萬，詔從之。

（明）張四維《名公書判清明集》卷一四《懲惡門·霸渡·曉示過船榜文仍移文鄰郡范西堂》　近準安撫使司行關防姦細，大段嚴謹。見今寇在上流，姦細往來，無非船隻。訪問日來假作當職親故，乘舟順下，脱謾關津，深屬不便。移牒豐城以上沿流去處，各請仔細譏察，須憑照引，用州印者方實，就以印文呈于牒後。如遇船隻經過，或有牌而無引，或有引而無印，印而非州，並是假僞，合行根究，重與懲斷。條印封記皆不在，使縱非姦細，客舟並緣影占税物，亦是違法，聽作詐僞，從倍税施行。其承局執引差出他所，若引内不曾分明開具隨行物色，亦是夾帶，不應欲放行。備榜峽江北津，仍請沿流一體曉示。

（清）徐松《宋會要輯稿·食貨八·斗門》　仁宗天聖四年二月，侍御史方慎言：杭州元有江岸斗門二，凡舟船出入，一則温台路，一則衢婺路，其北岸斗門爲潮水所壞，因循不修。今兩路舟船併在一岸，備見不便。蓋斗門啓閉有時，須候潮平方開，因茲住滯。欲望後創二斗門，詔本州疾速修創，勿令住滯舟楫。

（清）徐松《宋會要輯稿・方域一六・白溝河》　〔天聖二年〕七月，同提（典）〔點〕開封府諸縣鎮公事張君平言：府界逐州甚有古溝洫可以疏決，望自今後逐縣界溝洫河道。如令、佐能多方設法，勸諭部民開浚深快，值雨别無積潦，顯著勞績，替日委批曆具狀保明聞奏，令佐與免選，家便注官，京朝官家便優與差遣。知州、同判勸課催督，亦量勞績旌賞。從之。

十一月，張君平等言：奉詔相度府界、南京、陳、許、（穎）〔潁〕、蔡、宿、亳等處，積水洊潦民田，開畎溝河。竊見陳留等縣今歲雨澤調勾，尚有訴水潦數萬户，蓋溝河堙塞，可以畎治。竊慮縣有合該移川陝遠宦者，交替之後，不知初檢溝河工料條約，致部役人夫開（凌）〔浚〕不能盡料，枉勞民力，或致霖雨，依前洊傷田苗。乞下審官院，勘會府界縣已檢計溝河工料向去役夫處，有知縣合該移者，並留在任管勾開治。候將來别無壅塞、淹潦民田，即依七月敕命施行。從之。

《金史》卷二七《河渠志・盧溝河》　大定十年，議決盧溝以通京師漕運，上忻然曰：如此，則諸路之物可徑達京師，利孰大焉。命計之，當役千里内民夫，上命免被災之地，以百官從人助役。已而，敕宰臣曰：山東歲飢，工役興則妨農作，能無怨乎。開河本欲利民，而反取怨，不可。其姑罷之。十一年十二月，省臣奏復開之，自金口疏導至京城北入壕，而東至通州之北，入潞水，計工可八十日。十二年三月，上令人覆按，還奏止可五十日。上召宰臣責曰：所餘三十日徒妨農費工，卿等何爲慮不及此。及渠成，以地勢高峻，水性渾濁。峻則奔流漩洄，齧岸善崩，濁則泥淖淤塞，積滓成淺，不能勝舟。其後，上謂宰臣曰：分盧溝爲漕渠，竟未見功，若果能行，南路諸貨皆至京師，而價賤矣。平章政事駙馬元忠曰：請求識河道者，按視其地。竟不能行而罷。

明清分部

論説

（明）王恕《王端毅奏議》卷二《南京户部・處置運糧餘丁月糧奏狀》　廣東清吏司案呈：抄蒙欽差南京守備太監安寧等節該，欽奉敕：爾等會同將南京各該衛所旗軍並新江口等處寄操旗軍，查勘酌量選補運糧，若正軍數少，即將殷實餘丁點湊，照依正軍事例，免其一丁差使，幫貼月支米一石，養贍家口，行糧賞賜一體關給。欽此。欽遵。

除該年依敕選補外，自是以後各衛所餘丁，因見運糧者，月支米一石，又有行糧賞賜。別差者，無有糧賞。所以皆願運糧，而不願別差。衛所官吏受其請囑，凡遇運糧旗軍逃故，多不於正軍内選差，輒將餘丁撥補。甚有將在運旗軍捏故掣回改差，就以餘丁更替。及至逃故等項旗軍復役補役，又不送去上運，替回餘丁改差。所以食糧餘丁一年多似一年，在倉糧儲一歲少如一歲。又如在外衛所旗軍有月支本色米八斗者，有月支本色米六斗者，而運糧餘丁一例俱支米一石，比運糧正軍支米反多，若不處置，非惟錢糧妄費，抑且恩澤不均。案呈如蒙乞敕該部計議，合無通行内外軍衛衙門，今後不許將運糧旗軍捏故掣回改差，果有逃故等項，仍照先奉敕書内事理，先儘操備等項旗軍查勘酌量選補。若正軍數少，方許將餘丁點湊。如運糧逃故正軍復役補役，即令上運，替回餘丁改差。在外衛所運糧餘丁，若該衛所正軍食糧一石者，亦與糧一石，食糧八斗者，亦與糧八斗，食糧六斗者，亦與糧六斗，不可使餘丁食糧多於正軍。其選補運糧旗軍餘丁，俱於運糧完足回營之日選補，仍將選過餘丁造册，南京各衛送南京户部，在外衛所送所在有司查照收糧。敢有不先儘正軍選補，及將運糧正軍捏故掣回改差，濫點餘丁頂替虛費錢糧者，參奏挐問。如此，則錢糧不至於虛費，而恩亦庶乎均一矣。具題。

（明）丘濬《大學衍義補》卷三四《治國平天下之要・制國用・漕輓之宜》　臣按：海運之法，自秦已有之。而唐人亦轉東吴粳稻，以給幽燕。見唐杜甫詩。然以給邊方之用而已。用之以足國，則始於元焉。初，巴延平宋，命張瑄等以宋圖籍自崇明由海道入京師。至至元十九年，始建海運之策，命羅璧等造平底海船運糧，從海道抵直沽。是時，猶有中灤之運，不專於海道也。元初，糧道自江入淮，由黄河至封丘縣中灤旱站，陸運至淇縣、淇門，一百八十里，入御河。二十八年，立都漕運萬户府，以督歲運。至大中，以江淮、江浙財賦府每歲所辦糧充運。自此以至末年，專仰海運矣。

海運之道，其初也自平江劉家港今在蘇州府崑山縣太倉。入海，至海門縣界開洋，月餘始抵成山。計其水程，自上海至楊村馬頭，凡一萬三千三百五十里。最後千户殷明略者又開新道，從劉家港至崇明州三沙放洋，向東行入黑水大洋，取成山轉西至劉家島，又至登州沙門島，於萊州大洋入界河。當舟行風信有時，自浙西至京師，不過旬日而已。説者謂其雖有風濤漂溺之虞，然視河漕之費，所得蓋多。故終元之世，海運不廢。

我朝洪武三十年，海運糧七十萬石給遼東軍餉。永樂初，海運七十萬石至北京。至十三年，會通河通利，始罷海運。

臣考《元史・食貨志》論海運有云：民無輓輸之勞，國有儲蓄之富，以爲一代良法。又云：海運視河漕之費，所得蓋多。作《元史》者，皆國初史臣，其人皆生長勝國時，習見海運之利，所言非無征者。臣竊以謂，自古漕運所從之道有三：曰陸、曰河、曰海。陸運以車，水運以舟，而皆資乎人力。所運有多寡，所費有繁省。河漕視陸運之費省什三四，海運視陸運之費省什七八。蓋河漕雖免陸行，而人輓如故。海運雖有漂溺之患，而省牽率之勞。較其利害，蓋亦相當。今漕河通利，歲運充積，固無資於海運也。然善謀國者，恒於未事之先，而爲意外之慮，寧過慮而無使臨事而悔。

今國朝都燕，蓋極北之地，而財賦之入，皆自東南而來。會通一河，譬則人身之咽喉也，一日食不下咽，立有死亡之禍。況自古皆是轉般，而以鹽爲傭直。今則專役軍夫長運，而加以兑支之費。歲歲常運，儲積之糧雖多，而征戍之卒日少。食固足矣，如兵之不足何？迂儒過爲遠慮，請於無事之秋，尋元人海運之故道，別通海運一路，與河漕並行。江西、湖廣、江東之粟照舊河運，而以浙西東瀕海一帶，浙江布政司及常州、蘇州、松江三府。由海通運，使人習知海道。一旦漕渠少有滯塞，此不來而彼來，是亦思患豫防之先計也。

臣家居海隅，頗知海舟之便。舟行海洋，不畏深而畏淺，不慮風而慮礁，故制海舟者，必爲尖底，首尾必俱置柁。卒遇暴風，轉帆爲難，亟以尾爲首，縱其所如。且暴風之作，多在盛夏。今後率以正月以後開船，置長篙以料角，定盤針以取向，一如蕃舶之制。

夫海運之利，以其放洋，而其險也，亦以其放洋。今欲免放洋之害，宜預遣習知海道者，起自蘇州劉家港，訪問傍海居民，捕魚漁户，煎鹽竈丁，逐一次第踏視海涯，有無行舟潢道，泊舟港汊，沙石多寡，洲渚遠近，親行試驗，委曲爲之設法，可通則通，可塞則塞，可迴避則迴避，畫圖具本，以爲傍海通運之法。萬一可行，是亦良便。若夫占視風候之説，見於沈氏《筆談》。每日五鼓初，起視星月明潔，四際至地，皆無雲氣，便可行舟，至於巳時即止，則不與暴風遇矣。中道忽見雲起，則便易柁回舟，仍泊舊處，如此可保萬全，永無沉溺之患。

萬一臣言可採，乞先行下閩廣二藩，訪尋舊曾通蕃航海之人，許其自首，免其本罪。及行廣東鹽課提舉司，歸德等場，起取貫駕海舟竈丁，令有司優給津遣。既至，訪詢其中知海道曲折者以海道事宜，許以事成加以官賞，俾其監工，照依海舶式樣，造爲運舟及一應合用器物。就行委官督領其人，起自蘇州，歷揚、淮、青、登等府，直抵直沽濱海去處，踏看可行與否。先成運舟十數艘付與駕使，給以月糧，俾其沿海按視經行停泊去處，所至以山島、港汊爲標識，詢看是何州縣地方，一一紀録，造成圖册。縱其往來十數次，既已通習，保其决然可行無疑。然後於崑山、太倉起蓋船廠，將工部原派船料差官於此收貯，照依見式，造爲海運尖底船隻。每船量定軍夫若干、裝載若干，大抵海舟與河舟不同，河舟畏淺，故宜輕，海舟畏飄，故宜重。假如每艘載八百石，則爲造一千石舟，許其以二百石載私貨。三年之後，軍夫自載者三十税一，客商附載者照依税課常例。就於直沽立一宣課司收貯，以爲歲造船料之費。其糧既從海運，脚費比漕河爲省，其兑支之加耗宜量爲減殺，大約海舟一載千石，則可當河舟所載之三，河舟用卒十人，海舟加五或倍之，則漕卒亦比舊省矣。此非獨可以足國用，自（比）〔此〕京城百貨駢集，而公私俱足矣。

考宋朱子文集，其奏劄言：廣東海路至浙東爲近，宜於福建、廣東沿海去處招邀米客。《元史》載順帝末年，山東、河南之路不通，國用不繼。至正十九年，議遣户部尚書貢師泰往福建，以閩鹽易糧給京師，得數十萬石，京師賴焉。其後，陳友定亦自閩中海運，進奉不絶。然則此道若通，閩廣之綱運亦可以來，不但兩浙也。況今京師公私所用多資南方貨物，而貨物之來，苦於運河窄淺，舳艫擠塞，脚費倍於物直，貨物所以踊貴，而用度爲艱。此策既行，則南貨日集於北。空船南回者，必須物實，而北貨亦日流於南矣。今日富國足用之策，莫大於此。

説者若謂海道險遠，恐其損人費財，請以《元史》質之。其海運自至元二十年始，至天曆二年止，備載逐年所至之數，以見其所失，不無意也。歲運所至之數備具於後。竊恐今日河運之糧，每年所失，不止此數。況海運無剥淺之費，無挨次之守，而其支兑之加耗，每石須有所減，恐亦浮於所失之數矣。此策既行，果利多而害少，又量將江、淮、荆、河之漕折半入海運，除減軍卒以還隊伍，則兵食兩足，而國家亦有水戰之備，可以制服朝鮮、安南邊海之夷，此誠萬世之利也。

臣章句末儒，偶有臆見，非敢以爲决然可行，萬無弊也，念此乃國家千萬年深遠之慮，姑述此嘗試之策，請試用之。試之而可則行，不可則止。

（明）邵寶《容春堂續集》卷六《奏議·糾舉運官狀》　户部左侍郎臣邵謹題爲奉命催儹糧船舉大義以糾運官事。

近據本部署郎中崔旻呈：查得本年九月初五日濟寧州地方被大夥流賊燒燬糧船，數目備呈到臣，仰思國計，不勝驚惕，除具題處置外，參看得漕運官軍值此流賊，有不能不避之勢，有不容不敵之義，有不當不用之法，有不可不體之情，必酌于此而行之，此朝廷不得不舉之事，臣愚不敢不言之職也。

蓋此賊嘯聚人衆馳突數千里内，攻城掠野，莫有攖其鋒者，顧此運軍固非其敵。此所謂不能不避之勢也。但軍至十萬之衆，既有都御史、總兵、參將爲統制，又有把總、都指揮等官分領之，又有指揮千百户等官管押之，大小相承，居則有衛，行則有次，導前距後，儼然行師之規。爲各官者，僭爵食禄，孰無是分；尊君親上，孰無是心；死衆死制，孰無是責。此所謂不容不敵之義也。今或圖便以先，或偷安而後，遂致卒伍乖方，紀律失序，軍不足道，未聞何官以智而全，何官以勇而傷，何官以義而死，荒忙披靡，實與建置軍運之初意不副。即今山東等處被賊攻圍失事地方，自府州縣至守巡、兵備、巡撫等官，現蒙差官查勘論罪。臣愚竊謂漕運都御史、總兵、參將體同巡撫，把總、都指揮等官體同藩臬，指揮、千百户等官體同守令，以次較比，其罪惟均。倘以力之不敵縱而不問，則何所懲，以爲他日責成之地哉。此所謂不當不用之法也。然各處兑運軍船到遲則罪在軍，民糧納遲則罪在民，若水旱災傷奏報失時，以致派豁相戾，則罪在有司官吏。向者漕運衙門雖經議准，立法稽查，緣地遠時促，卒之罪無所歸，人不知警。況各處衛所軍無完伍，船無完具，料無完價，口無完糧，身無完衣，棄遠父母妻子，終歲勤動，不得休息，加以繁科重斂叢于一身，如此而責死力，可乎。此所謂不可不體之情也。

臣待罪計司，奉命督運，惟兹事關朝廷，竊有所見，不敢不言，如蒙乞敕部院大臣詳議其是，行移新任總督右都御史張縉將把總等官逐一查勘職名，并失事實跡明白的確，照例于運事畢日拏問治罪。總兵、參將任大責重，亦合請命行法，庶幾分義昭明，政令振肅，自時厥後，雖有玩心，不敢復作。仍敕本部，每年例差監兑官員，務選精練之人，令其親詣各水次，從實查勘。除依限交兑外，若有遲誤者，必根究所由，或在軍，或在民，或在官吏，指實參奏。係軍職，行漕運衙門，係民職，行各該巡按御史。各提問如律，照例發落，不許視爲泛常，苟且塞責。其軍伍、船料、衣糧缺少，及一應科斂宿弊，明詔各該衙門速爲處置，嚴加禁約，使上下相安，遷善遠罪，漸復漕規之舊，天下幸甚。緣係奉命催儹糧船舉大義以糾運官事理，未敢擅便，爲此具本專差典吏宋漢親賫謹題請旨。

（明）周璽《垂光集》卷一《論運法疏》

題爲斟酌時宜以疏通運法事。

切見今年自夏淫雨，涉秋不止，河水横流，皆失故道，運船涣散，罔知津涯。雖各處船隻陸續到於通州張家灣，或因數日暫晴，搬到倉場，而陰雨遮蔽，不得晒揚。或因一時開霽，顧車裝載，而中途阻雨，寄宿村落。或前船壅塞在河，而後船挨帮難動。必待天晴晒揚，照常收納，則舟車輻輳，脚價騰貴，倉場囤基數少，該晒糧米數多，後來或晴或雨，亦未易知。即今秋季將半，冬月已近，一旦天時寒沍，河水凍結，船既阻塞，軍亦貧困，身迫饑寒之苦，人懷鄉土之思，未免無所顧藉，轉而逃亡，遺下運船之人撐駕，明歲兑支糧米何由儹運，後來軍國儲蓄愈見羈遲。竊照此時在京官軍墻屋多爲連陰損壞，而暑雨怨咨，嗷嗷待哺者十常八九，思難圖易，宜若可爲恤患救災亦當隨便。

伏望皇上軫念運軍艱難，預思後來國計，乞敕該部斟酌議處，將在倉未收各處糧米免其晒揚，照依到倉先後次序，通行在京各衛官軍，不爲常例預先兑支三個月，仍將該收耗米作正支放，運軍既得早回，京軍亦得接濟，實爲兩便。陸續到灣來搬者，若陰雨日久，除該撥通倉上納照常收受，其該京倉上納之數，仍照時價出辦脚錢，量加耗米，寄納通倉放回。待後晴明之日時，該部委官設法督令車脚夫頭，給價催覔馱載，到於京倉晒揚完納。

再照江南兑糧處所聞有潮潤等項名色銀兩，俱該運盤撥晒晾使用之數，往往爲不才運官指稱各處打點侵收尅落，間有一二廉幹官員却又通收在官，上糧之日不行盡給軍用，留作附餘，或將各船完糧剩下餘米賣銀湊數，呈報該管都司，其把總等官設法取去，假公濟私，奉承權勢，欲了自己首尾代償別衛錢債，以致運官阿附得計，竊取虛名，運軍借債完糧不得實用。乞行漕運衙門轉行各處衛所，嚴加禁革，不許將前項銀兩侵收尅減，糧完之日，收貯餘銀，務要存留本衛，以備不虞。或量給各軍修理船隻，買辦什物，把總等官不得生事巧取，事發通行究治。如此則弊端可革，運法可疏，而救時通融之術不出乎此。

臣待罪諫垣，輒陳管見，倘蒙聖明採擇，下之該部見之施行，而於運法國計未必無補，臣無任激切爲國之至。

（明）陳九德《明名臣經濟録》卷一四《處置驛遞過關米粮疏馬文升》

車駕清吏司案呈：奉本部送於兵科抄出巡按直隸監察御史馮允中題内一件，處置驛遞過關米粮。臣查得舊例，並無過關名色。訪得先年爲因公差人員，各王府進貢到於驛遞，一時無船裝載，或有濕漏不堪，若候守換，不無稽悞。要將前路船隻打過，從宜每關一紙，出米三四斗貼與打過。不意流弊至今，勒要數石。要乞議處一節。切惟驛遞衙門所設，有繁簡之分，故夫役船隻有多寡之異。且裏河一帶驛站設立，不過五七十里。遞運所設立，不過一二百里之遠。夫船有數，而使客無窮。合無本部移咨都察院，轉行各該巡撫都御史并巡按巡河御史，及咨工部行令管河郎中，各嚴督各該所轄府州縣掌印正官一，除偏僻驛遞外，中間果係衝要去處，如係裏河一帶，兩京各省往來公差人使客頗多，船隻不倒换。每驛站五七十里者，如遇打過站船，每隻止許貼過關米二斗。每遞運所一二百里者，紅船每隻止許貼過關米五斗。各於輪該走遞水夫出辦，不許一概科擾。

（明）王宗沐《敬所王先生文集》卷二一《奏疏·乞優恤運士以實漕政疏》　題爲乞優恤運士以實漕政事。

臣聞立法雖善，而積久則不能無弊。流弊已極，而漫改則未必有功。惟尋其根而救弊，去其弊而完法。此自古圖治之所必先，而在今日漕運之尤所當亟者也。運額之缺，惟是漂流掛欠，而二者之弊，極于今日。然實運軍爲之也。故有折乾于方兑之日者矣，有旋盗于既兑之後者矣，有下實以土而上覆以米者矣，有壹船而軍士不滿叁肆人而旋以米僱人者矣。諸弊既多，防檢難盡。自鑿舟沉僞稱漂溺，得利而遯，轉相效尤。然軍士之所以爲此者，其罪無所解，而其情亦有可念者。

洪武貳拾陸年事例，海運軍士叁月拾伍日起，至玖月拾伍日止，每軍支行糧叁石陸斗，是壹日貳升給之也。今自正月起，以至于拾壹月盡，無日不在運中，而止與叁石之行糧。是壹日約得玖合有餘之米。而漿洗衣服，薪鹽醫藥，歲時醵飲，皆出其中。身一入運，其勢不得復以一刻治他生業，妻子仰給于月糧。而今又有拖欠不時給者矣，有扣帶隨船以防折陷補數者矣，故冒法侵盗。夫亦苟爲衣食妻子之圖，而豈盡欲取快意享豐富哉。臣所謂其情有可念者此也。

夫不有以慰其心，則難以責其盡力。而不有以飽其腹，則不可以望其不偷。故臣以爲優恤運士而稍足其食，誠今日料理運事之第一義也。但欲加派于百姓，則江南之民力已爲不堪，欲請解淮輕賫銀兩以畀之，則户部又已扣爲太倉之數。而雖其當與十分之三者，必待到京而後給，則臣之計窮。但臣查得輕賫原係耗米，以其太多而折爲輕賫，以待剥淺，固軍士之物也。近年以來，始又折一分以解太倉。臣乞陛下軫念運士疲困已極，特敕户部將輕賫銀數酌爲三等。江南最遠，每石再留與耗米三升隨船，而三六者改爲三三。江北直隸府州稍近，每石再留與耗米二升隨船，而二六者改爲二四。山東、河南最近，每石再留與耗米一升隨船，而一六者改爲一五。減折銀給軍之數，而稍留本色以給其食。其扣米二升，折銀一分。解太倉者，悉行停罷。在朝廷爲不甚費，而軍士則蒙惠已多。

然後臣得稍以軍法部勒之，每五船定爲一甲，中推一人有才力者爲甲長。每船置一圓牌，旗甲懸帶，上書運士十人姓名。而甲長另置一牌，上書四船旗甲年貌，務使魚貫聯絡，遇淺與溜，五船更相援助，是常如五十人操一舟也。而平居則互相覺察，一船折乾盗賣，四船旗甲連坐。中有一人出首得實者，告所在官司即給賞銀五兩。仍許赴臣衙門給與照票，免其五年上運。誣者責治。中或暫顧民船，一體入編，甲不得過幫，幫不得過衛，衛不得過總，剩四船則自爲一甲，剩三船則分附各甲之下，千百户指揮提督本管之甲，而把總則通加提撕焉。兑米入船之後，即將圓牌送監兑主事花押，發各懸帶，挨甲前行。過淮之日，臣行查考。在北不過淮者，督運主事及沿途兵備衙門分查。無分毫額外煩擾，而陰收檢防之實。彼其感朝廷加給之恩，而後能守臣統御之法。此古人所謂御軍之道，當使感天子而畏將軍者是也。此法既立，漂流掛欠，當自衰少，而歷年積弊可望更新矣。臣爲此奏，尤恐户部據守成法，不允臣請。臣請遂言其詳。

國漕自永樂十二年開濬會通河，于時佐成祖定運法者，都督陳瑄也。其法，江南民運至淮安，江北至徐州，山東、河南至臨清，而軍士遞運焉。是千里之途，民行其四，而軍行其六。當時瑄豈不念百姓哉，爲求可繼而久也。自是之後，諸臣輒有改更。雖因時制宜，無非恤民之意。然積久生弊，遂成偏累之規。侍郎周忱未改之先，尚全民運，而今則直達矣。都御史滕昭未改之先，尚一分支運，而今則全兑矣。全兑而又直達，於是軍士始困，而諸弊百出也。夫惟正之供，本民之職，自三代漢唐宋以來，無以軍運者。民據田廬收租税，出升斗之輸，以兑于舟次，則一歲之計已畢。還家掩扉而卧，傍妻子享安逸，而不知軍士之苦，方自此始也。曝挽于赤日之下，則背肉生鱗。力鬬于急溜之中，則哀呼聲慘。運官有剥削，衙門有支費，洪閘有需索，到倉有經營，經年勞瘁還家，席未煖而官司已點新運矣。夫一日三餐，一升五合，而飽人之情也。今但使其求足于九合之中，是亦無怪乎冒禁鬻法，而漂流掛欠之相尋而未已也。一船既壞，分攤衆陪，甚至漫及一總。是不壞者以壞者困，不盜者爲盜者償，相胥而溺，此待盡之術也。今承極弊之時，不以法部勒之，則其弊不已。而不先有以稍給之，則其法不行。臣查得弘治五年指揮蔣鑑奏軍士欠債，户部題奉孝宗皇帝聖旨，許將太倉庫銀借與軍士還債，取印信結狀，來年一兩止還一兩，不取利息。祖宗念恤軍士如此，故先年運額不告壞缺。今户部誠肯捐此三數升之額，于其應給之中而先與之，以爲飽食之具，使其不耗不凋不侵不盜，以爲可久之圖，不致仰屋宵旰，則其利爲甚慱，何惜不爲此也。

臣切於爲運士披瀝艱辛，不覺情詞煩猥，干瀆天聽，伏惟聖明憐而賜俞行焉，臣無任析乞屏營之至。

（明）孫旬《皇明疏鈔》卷四〇《財用·查理倉漕夙弊以裕國計疏王國光》 雲南清吏司案呈：照得國家收運錢糧，立法周悉，而其節目之煩在漕運，有輕齎以備兑運，有勘處以慎漂流。在太倉，有斛量以均出納，有官攢以司放支。載在議單，各宜遵守。但邇來奸弊漸生，大失初意。若不及時查理，誠恐將來愈無紀極。呈乞議處施行。案呈到部，看得前項事宜，除臣等可以徑行者逐項裁處外，其有事係題請，不得不行改正者，謹條列五事，上塵睿覽。伏候命下，通行各該衙門，遵照施行。

一、議官攢以杜冒濫。臣等查得吏部職掌内開，在京倉場副使，守支五年之上者，比照邊倉事例，另立行款赴選攢典。守支六年之上，免其省祭，在部守選。又大同、宣府、遼東、甘肅等處官攢，俱以九年爲期，或八年前後，遇例差官經盤，數目不少，准令起送。又查近年題准事例，在京倉場，每厫支剩正糧千石上下，即盤與見年代放官攢，起送甲斗，發回俸糧，截日住支。又查邊倉官攢守支有七八年者，繼選之官不得管事。株守則通同爲奸，回籍則竟至老死。故陝西查盤御史蕭廪議，將一年已滿官攢，即將任内經手錢糧呈詳，撫按逐一查盤明白，交與接管官攢，看守支放，即與起送。如有情弊，就便追賠擬罪。又經本部覆奉欽依備行陝西撫按欽遵去訖，切照官攢守支九年、五年、六年，另立行頭並守選者，賞其守支之勞也。千石上下即與交代者，防其希圖年月之弊也。前京通二倉官攢張勉、李福等一百餘人，係四十四、五等年着役，已七八年，尚不呈請交盤起送，在倉放債盜米，夤緣作弊。及查守支剩糧，或止一二百石，或百十餘石，或二三十石。糜費俸糧，一歲至三千餘石，籌架等銀數百餘兩。其各邊倉場，追賠侵没，監禁至五六年，每每亡軀。除張勉、李福等已經責治起送，陝西地方已經覆行外，合無備行京通二坐糧廳，照例將應放年分厫口支剩者，先行查數造册，轉行下糧廳，并將漂流米石，不候挨陳者，附載册後，順序早放，查果該厫應支盡絶，即日住糧起送。如一時零數坐支不盡，千石上下者，責令盤併别厫湊放，一體起送。若故行延挨，查有過期一年以後者，參呈送問，革職革役。干礙各廳人役，一例問究。其各邊倉場，俱通行各邊撫按，凡官攢一年滿日，照依陝西事例，一體呈明查盤起送，移咨吏部知會。不惟清刷夙弊，抑且疏通選法。

一、議置斛以平出納。查得舊例，太倉木斛該漕運衙門造成，印烙封識，每三年一次，給發頭幫糧船，順齎到倉轉發應用。近來造不如法，徃徃即壞，且送不依時，又無楠木，各倉不敢另造耳。臣總督倉場時備驗糧斛，多係破損，乃徧加較量，每石有多一升至二三升者，啓官攢指勒之弊，致運官賠補之苦。及其支放，又不均之甚，因委官脩補六百餘張，躬自復較，一一平準，分散各倉。是以該年運官納米，一斛大約可省二升，一石即省米四升，一百萬石省米四萬石，計四百萬石省米一十六萬石有餘。徃皆群小偷盜，真爲鼠穴。但恐以後年分，仍復舊習，啓弊容奸，相應速處。合無咨行漕運衙門，查將應造木斛真正物料照數分給，各幫頭船順齎前來，送付東官廳交收，具呈總督衙門，照依欽降鐵斛查數成造，務期堅固，較印的當，分給各倉收放。則可多可少，隨壞隨修，無後時之誤，免低昂之害矣。

一、申舊例以重輕齎。近據通倉坐糧廳呈稱，據各衛所呈驗輕齎銀兩，中間十分之三沿途支費，俱係把總闗防執照，並不經由管倉、管闗、洪閘等差部官及地方兵備糧道，以致官旗把總通同侵冒，呈乞議處等因到部。該本部查得議單款開輕齎銀兩，每幫先給十分之三，聽備沿途起剥支用，仍行各把總官，務要催督本總船隻挨幫前進，不許相離窵遠，如遇盤剥，俱要呈明督押參政，或管河、管閘、管倉、鈔闗及兵備等官，查與前後幫船起剥米數、地里相同，批與印信執照，准動支前銀。若有不經盤剥、朦朧虚捏侵費，或將原銀興取貨物，稽誤糧運，把總以下，聽漕司及就近官司查參，坐以侵欺問擬等因，通行遵守去後。今據所呈運官支費，止有本總印信執照，別無稽查，係干漕運錢糧，豈容聽其自便行私。合無申明議單事例，自後各該運官，凡有起剝應支輕齎銀兩，務要照例呈明就近部屬及參政兵備等官，查實批允，給與執照，方准動支。若到京之日，坐糧廳查無前項執照，不准支銷，俱作冒破，庶錢糧皆爲實用，而奸弊無所容矣。

一、查解納以清隱弊。據通倉坐糧廳呈稱，羨餘銀兩，例該一分解淮，二分給軍。近該言官議將隆慶二年以後一分銀兩，差部官類解，不許運官領解，以杜侵漁。但隆慶元年以前，俱係各把總及運官徑自領解，中間有無盡數赴漕司交割，漫無稽查。今查自嘉靖三十五年起，支領過銀數職名造册見在呈，乞備行查覈等因到部。臣等查得一分銀兩，雖係各衛完糧羨餘，實皆小民辦納正供，起運之時，分毫不欠，且又在部領出，豈容奸徒侵費。訪得隆慶元年以前，嘉靖三十五年以後，各把總領出前銀不下十萬餘兩，或買補原欠，或買貨營運，或放債官旗，解淮者十無一二。查得歷年皆無批迴照對，公家所需，真同兒戲。合將坐糧廳造到嘉靖三十五年起至隆慶九年止領解一分銀兩文册，轉送漕運衙門，將逐年逐總解去銀兩數目，親自清查，要見某官交割若干，某官未經解到，某項係捏遞虛領，某項係那移別用，有無補還。中間應提追者徑自提追，應參奏者指名參奏。以後年分此項銀兩，本部查委司屬官一員，督解前去，並不許各總領解。庶綜核詳悉，而奸欺自革矣。

一、覈漂流以便處補。查得議單款開見貯通庫，并以後年分係二分給軍羨餘銀兩，凡有漂流奏到，并印信執照，及上年未完漂欠者，一面准令動支補納，一面嚴行查勘。若有假捏情弊，務要追出前銀，照侵欺事例擬罪。若起欠掛欠，即是侵欺，與漂欠事例不同，不得藉口告援前例等因，通行遵守。臣等看得，前所謂并有執照者，以所奏未能速勘回報，先有執照到部，以一事言之也。但開載未明，往往奸猾運官假作漂流捏買執照，地方官員一爲權奸誑惑，妄行出給。是既已侵欺于先，又復誆騙于後。揆之法紀，豈容輕假。然或又以原係彼運之銀，抵買彼運之欠，於情似亦可通。殊不知水次交兑，升合不少，一路盤剝之費，又准動支此銀十分之三，若能完納，復以其餘給賞，處之亦云厚矣。乃名係侵欺，更爲補買，是濟惡而誨盗也。彼奸運者何憚而不設詐以媒利乎。合無申嚴議單事例以便，凡官旗漂流船糧，即赴所在督押司道陳告，當日委官親勘具奏。收糧之日，照例減除免晒。處補不敷，方許動支二分給軍羨餘。若未經奏到，雖有執照，□係假捏，不得一概混支，以滋冒濫。

（明）孫旬《皇明疏鈔》卷四三《漕運・漕例疏王瓊》 伏惟我聖朝自永樂年間開設裏河漕運以來，定撥湖廣、江西、浙江、南京、江南、江北，并中都留守司衛所官軍一十二萬七千八百餘員名，分爲十二總，歲運糧四百萬石於京通、天津、薊州等倉交納。其江西、湖廣、浙江、南直隸都司衛所官軍運糧，由楊子大江至江北裏河，由儀真、揚州、淮安、邳州、濟寧、東昌、臨清、德州、天津，直抵通州等九衛，皆隸漕運所轄者，不過欲其程途接續，制統聯絡，便儹運也。其直隸、德州、天津、通州等九衛，又臨近京師，天下根本，萬一天時亢旱，邊務緩急不同，稍有不繼，必須北直隸官軍轉搬至京，得以一呼而集。是北直隸、通州九衛之官軍，尤重於迤南漕運官軍矣。北直隸一總所轄德州二衛、天津三衛、通州四衛，共官軍一千七百六十四員名，運糧米五萬四千一百三十四石有奇，係是舊制。近於弘治十三年，因團營缺人，暫掣正軍千名補操，却連原運餘丁七百名，一概退掣親曠。其北直隸一總漕運，原運糧米五萬四千餘石。摘令江南、北直隸遮洋，把總內折銀兩米糧，減存辦料，官軍輪流代運，赴京交納。蓋一時權宜之法，非爲經久之計。合無將掣去北直隸一總、通州等九衛運糧軍餘一千七百餘名，俱還原運，照舊領運糧米五萬四千一百三十四石。京營操軍，另於空閑衛所撥補。或將通州等九衛見操正軍一千名，同原運掣回在衛餘丁七百名照舊漕運。其遮洋船該運薊州，折銀糧一十四萬石，照舊交兑本色，運赴通倉交納。却將湖廣、江西、浙江等處衛所內缺軍疲弊者，折運一十四萬，每石連加耗并兩尖，共折銀七錢，解薊州交納。若遮洋船內有運船少者，於各衛所折銀減下，船內輳補舊規，不致破壞。近者運本色，遠者運折色。又得《禹貢》納總納桔之利，最爲利便。薊州原兑粟米，每石折銀六錢。今改南方糙米，每石折銀七錢，照依時價折色月糧，又有積餘，以足軍用。興利除弊，莫大于此。

查得南京兩總所管旗手等衛，雖在江南，其運糧船隻，却在儀真，官軍前去浙江、江西、南直隸水次交兑，雇船裝運儀真壩上上船，比與江北三總官軍江南兑糧，事體一同，其耗米每石只依原定則例，並無加與過江脚米。以此南京各衛運糧官軍年年借債，轉相負累，日見逃亡。論運軍疲弊之極者，必以南京各衛爲言，屢經議奏，而曲折之情未能便達。且如今年江北三總官軍，船在江北不得過壩，前去南直隸蘇州等府兑糧，裝運每石止得耗米五斗六升。兩處運軍同在一處，兑糧船隻不過壩與雇船裝運皆同，而所得耗米不同。其爲不均，較然明白。盖南京各衛運糧耗米，議定在前，江北三總加添過江脚米在後。方議加添江北脚米之時，偶未及於南京各衛，非故有輕重於其間也。但據事論理，兩處耗米不宜有異。合乞自正德三年爲始，將南京兩總所管衛分，酌量加添，庶使事體均平，運軍甦息矣。

（明）孫旬《皇明疏鈔》卷四三《漕運·漕例疏俞諫》　漕運糧船，先年海運至京，俱經文武大臣建議，開濬會通河，分十二總，遂罷海運。其歲運糧四百萬石，内蘇州邊儲。獨遮洋一總，尚留南京水軍左等八衛。江北淮揚等五衛軍船，俱於小灘鎮等水次兑運。山東、河南糧米三十萬石，仍由海道以抵薊州、天津二倉上納。成化間，又因海道不便，姑自小直沽開通新河一道，當將遮洋海船每二隻，該旗軍三十六名，改造五百二十五隻，旗軍六千三百名。時船隻運道雖改，衛所官軍俱仍舊役。雖或愛禮存羊，而其地理之遠近，往來之怠緩，軍船之狼狽，糧運之稽遲，誠有如郎中趙戴之所言者矣。至若河南一總，上下兩江催儹甚遠，不免顧此失彼。而趙戴又復言及，皆切漕運要務。

查得南京淮揚等一十三衛官軍，昔因習知海道在於遮洋。今日既由新河儹運，却乃空身自南趨北。不惟途路艱辛，人情事體甚爲不便。抑且江北船多，摘撥江南就兑，加費過江一三脚米。而南京行糧亦又重費，年復一年，尤當愛惜。況遮洋近年議准折色，數多軍得減存。但辨料數少，食糧則多，亦應區處。及查北直隸總下德州、天津二倉，不惟道途甚近，抑且原運正耗相若，人情允便，所宜改撥。合將遮洋、江北、淮大、高楊、長淮五衛旗軍三千三百一十二名，照舊不動外，將北直隸總下德州、天津等九衛旗軍一千七百六十四名，併入本總。其不足之數，再於附近徐州、左泗二衛添撥旗軍一千二百二十四名，通抵南京遠運共足六千三百名原數，以備歲運三十萬石舊額。仍於遮洋總處，就令孫機管理。遇有減存，臨時酌派，以蘇軍困。仍將孫機原額，退與南京領駕。其退下南京水軍左等八衛官軍，添入江南，分爲上下江二總，就以程鵬二人分管旗軍，仍每船十名。船不過壩，亦各存與過江米六升，却將原一三裁去七升。各總以截上江者，兑安慶、池太、廣德等府州糧米。多餘軍船領兑江西不盡之糧。下江者，兑蘇、松、常、鎮四府糧米。多餘軍船領兑浙江不盡之糧。通爲十二總，其南京二總，每年却分浙江二處。儘總撥兑，餘船方撥江南。至若浙江等總軍，船雖有多寡，亦每就近酌派。事不大害，不必概爲更張。其改撥遮洋行糧，查照議單，北直隸者，仍舊二石。徐州左、泗二衛，俱照淮大二石八斗。如此，庶水軍左等八衛得以就近領兑江南之糧，免駕空船北行。江南一總，得以分投催儹，亦免往來督兑之難。則遠近適均，水程順便，而糧運不致稽延，且行糧脚米，亦得以少省矣。

（明）張文炎《國朝名公經濟文鈔》卷三《海運論周弘祖》　至正二十一年，元顔伯建議海運，擢朱清、張瑄，以萬户押運，自劉家港入海，經楊州路通州海門黄連沙頭開洋，沿山嶼而行，月餘始至淮口，過膠州牢山轉成山，西行過劉公島沙門，兩月餘抵直沽，運糧三萬五千石。二十九年，朱與長興李福四等言，前道險惡，復開生道，自楊子江開洋，落潮東北行，離長灘至白水緑水黑水大洋，望延真島，轉成山，西行入沙門開萊州大洋，不一月半即抵直沽，增糧八十萬石。三十年，千户殷明略又開新道，從劉家港入海，至崇明州三沙放洋，向東行入黑水大洋，徑取成山，轉西至劉島，至登州沙門島，放萊州大洋，入界河，自浙西抵京師，不過旬日，比前二道爲最便，歲運三百六十萬石。南蓄貨亦積，京師稱便。洪武三十年，倣其制，歲運七十萬給遼東。永樂會通河開，始罷海運，其三路每日泊頓有所，俱載羅氏《廣輿志》，風雨占信有候，俱載沈氏《筆談》，造舟有法，俱載陳氏《蓬窻日録》。元運多從劉家港入，末年河南、山東之道不通，始以閩鹽易糧，從長樂港入運。

海運果元始哉。嘗讀杜工部詩云：吴門持粟帛，汎海凌蓬萊。則唐固已開之矣。但唐都關中，亦無甚藉於此道也。國家豈唐比哉，幽燕當極北之地，而財賦之出，多以東南，顧會通一河可恃以無虞哉。萬一沙滯金龍之口，河浮原武之涯，則泗、沂、洸、汶之流，皆不足恃，而青濟之間爲咽喉梗矣。浚治不及施其巧，排決不及展其功，將何善後與。況事變之來，猶有未盡者，此英識遠覽之士每談海運必扼腕三嘆，惜當事者之不勇於裁決也。大抵海運之開，利居四五，而害止於一耳。減運軍三萬七千餘人，可以實卒伍也。減河船三千五百隻，可以裕帑財也。耗米率用河三之一，共減一百一十三萬四千，可以寬民力也。京師有警，閩廣舟師不踰月可集，或用擣虛以規復廣寧開平之舊，亦無不可，又可以飭武備也。其害之一，止於飄溺耳。況造舟有法，占風有候，泊頓有所，而又求得海道習熟如朱清者督之，則飄溺蓋寡矣。觀《元史》自至元二十年始，至天曆二年止，備載歷年海運所至之數，則所失者可據而知也。較之河運所失，數頗相當。近聞亦有意規復矣，然不利輒報罷。夫百工曲藝，末事耳，有即爲之而即入佳妙者乎，久之自熟矣。況海運乎，柰何以一噎而廢食也。

（明）朱吾弼等《皇明留臺奏議》卷一六《議革勳總易副將以肅漕規疏聶應科萬曆二十二年四月上》 臣聞行法者務求其本，救弊者當濬其源。本有未端，源有弗清，徒屑屑焉。支分而旁析之，無益也。臣奉命巡視上江，兼管漕糧。追憶去歲風濤泛湧，運艘沉没，邇聞中州饑餓，倭寇跳梁。若不及時計議，則漕運可虞，殆有甚焉者。矧臣職掌所關，又安得默焉已乎。臣請以勳總之不容不革者，爲皇上陳之。

何者漕糧？軍國之命脉，萬民之膏脂。而其轉輸挽運之權，又操之於總兵。其關繫非輕，其責任至重，即使主之得人，操之有法，尚當慮周於意外。顧以紈絝庸品，貪婪鄙夫，因循縱恣者，當之何不墨黷成風，俾漕規之決裂而不可收檢耶。且漕運用軍丁，不以民夫爲其駕運，則開閫有時，可以防波濤沖激之患，脱有不測，則樓櫓營壘，枻棹干盾，荷戈向敵，可以捍遏截虜掠之慮，其爲慮至深遠也。指揮等官用軍政考選，掌印部運，更番從事，把總則取武科及屢有薦剡者，以充厥事，爲謀至周也。乃若統運官曾用參將一員者，何爲，其轄於撫按，便於節制，不得以恣睢暴戾，任意誅求。其所以隄防而約束之者，何至嚴而至密已。奈之何承平日久，紀法日廢。今之運軍按册呼名，魚貫而應者，悉市井亡賴之徒焉耳。而押運諸臣，惟務私囊，罔顧公事，朘削爲謀，刀錐是競。每船分爲三項名色，一綱司，一旗甲，一畫會。正米有耗矣，而耗之外又有耗焉，命曰贈米。贈米有耗矣，而贈之外復有贈焉，命曰加贈。又每米一石，綱司索銀未已，畫會索銀未已，而旗甲每千石，少者三四兩，多者七八兩。且廣買土宜，遇境貿易，方經營低昂之不暇，何暇顧黄水之先後，風色之緩急。才一遭飄流，復派編氓，甚之花費侵没，有幸危而利菑者。種種弊端，筆所難罄。倘遇不逞，束手靡策。嗟嗟二三把總官至卑也，其廢置亦至易也，而大壞極敝至此，豈積弊終不可剔，而運軍終不可振哉。良由官以勳總，體貌隆重於撫按，而舉刺不及於厥躬卒也、世胄漫無揀選，內藉奥援，外靡顧忌。每把總過淮，取銀三千有奇，至通州二千有奇。夫總兵既取之把總，把總等官不得不相率而科之軍人，派之百姓，又不得不相率而爲商賈之逐什一之息，藉轉輸以爲利藪，斂軍庾以充谿壑。上負寵命，下厲生民。有臣若此，將焉用之。

臣愚以爲，不更副將則節制不便，不便則漕規不振，不振則病國病民，禍益滋甚。矧近奉明旨，總兵只至通州，不許入京，亦毋得再以交際爲名，科擾官軍。陛下已明燭萬里之外，而洞晰幾先之隱矣。臣敢不預綢繆之慮，而謹衣袽之戒乎。伏乞敕下兵部，參酌往例，改用副總兵一員，選其忠謹雄傑素有賢聲以充總運，仍聽督撫按漕衙門舉刺，庶前有欣慕，後有儆惕，紀法嚴而夙蠹可除，漕規肅而轉輸無虞。國計幸甚，民生幸甚。臣不勝激切待命之至。

（明）龔詡《野古集》附録《上周文襄公書》 一、官軍運糧費用苦楚，詡竊惟善爲政者，欲盡人力之用，當念人情之艱。本朝洪武年間，官軍海運糧儲，涉歷風濤，性命不保，却懽忻鼓舞，而不以爲難者，蓋爲官爲造船，不吝賞賜，家支廪餼行有裹糧。既無父母妻子凍餒之憂，又無一應麻油木鐵需索之苦。及至回船之日，又有已資貿易隨路土產得以贍家。所以雖蹈不測之淵，死而無悔。近年裏河運糧去危就安，本以便益。然軍士反加愁苦，不若海運之懽忻者，蓋由官無賞賜，糧不全支，加以造船所需費用百出，盤洪過閘，剥淺遭風，日夜勞苦，不得少息。比及抵倉之日，監收官員人等又復刁蹬取索，停留曠日，或遇風雨，在倉覆蓋狼籍，耗折又責陪補。所得行糧，計其口實費用十不及一，所以不免假貸，倍償計息，經年累月，力不得紓。甚有夫朝出門，妻子暮即求乞者，又有計無所出，甘於自經以就死者。比之海運，十倍其難。運軍苦楚如此，執事於軍民痛癢舉若切身，如蒙轉達朝廷，得照民間運糧事例，將各處州縣義役倉場并積出餘米，省節浮費，每歲量船大小給與價值，常令有餘。責令官軍自行打船修整，及運糧官員軍士加給按月俸糧，勿以折色，得以全支。

仍禁各倉監收官員人等，如遇糧舡抵倉，隨到即收，毋得刁蹬取索，停留曠日，違者治罪。如此，則軍力得以少紓，而執事所以愛恤軍民之意益昭昭矣。

（明）倪元璐《倪文貞奏疏》卷七《天津截漕疏》 題爲敬遵傳諭詳議截幫事宜事。

前初六日，樞臣馮元飆從召對出，至臣部口傳皇上聖諭：所奏召買截幫事宜，即與計臣詳議來説。欽此。除召買一事欲求官民兩無耗累之法，容臣確察所在地方應否減免，及熟籌遣官委商孰爲便益，另具奏請外，至若截幫之爲利害，直可一言而決者。因聞巡倉御史倫之楷有疏及此，應蒙得旨據覆，所以逡巡。而今據押漕道臣方岳貢報，稱漕船頭兩幫已抵天津，此則議須早定矣。夫爲尾幫予津之説者，本爲京倉急至陝之米，此誠忠計。而樞臣以爲不可，臣亦以爲不可者，良以漕船利於津截，尾幫予津，則幫皆趨尾，至必後時。遲至八九月間，水不得行，必改從陸。陸運之費，三倍於水，臣部動增三十餘萬之費。官費不足，勢必役民，賠累驛騷，禍延甚大。此之未便，寧須再計乎。惟是京倉將罄，根本宜憂，倉臣鰓鰓止爲此耳。善處之策，惟敕津撫，漕幫到者，不拘頭次，定額五十萬石，疾先運京，度可足二月之食。其餘聽津撫如常截運，關寧諸鎮期於速達。如此，則京邊俱濟矣。京米宜急，惟不必一時盡至，津截即緩，要不宜定之尾幫，義圓而事始，有利無害。伏候聖裁。崇禎十六年六月十二日具題。奉旨：是即行津撫，將漕幫到者，不拘頭次，先運入京五十萬石，餘聽截運。關寧仍察新裁額數發去，務期速達。該部馳飭。

（明）倪元璐《倪文貞奏疏》卷九《扣折漕運疏》 題爲請扣漕運爲積貯以罷召買而弛民力事。

仰惟皇上軫念京庾，因新漕未至，現米僅支兩月軍糧，特發内帑四十萬金，爲召買積貯之謀。臣隨分派司官程正家、姜叶卜、陳聯璧、蹇宗吕四員，使乘秋熟登場，或就近畿採收，或召慤商承納，不拘一法，聽其便宜，務于九十兩月内竣事。現在則以新禾在野，稍須時至，即如鷙鳥急搏矣。然臣細察京師奸囤競皆廣收深藏，居奇射厚，而游徒儌倖求充糴商投呈該司者，不下百餘。經此輩騰鼓，米價勢必驟踴，民既怨咨，官亦不利也。因復廣詢博訪，乃得可以便于國而更便于民、便于兵者，查關、寧、薊、永四鎮，歲需米五百萬石，向於天津截漕，從海道分運撥給。然聞四鎮將士原未責其全運，漕撫旗甲與天津餉司每私折銀而薄解米，耗蠹國家米豆數十萬石，而臣部不得過問，當事諸臣無一言及之者。臣既矢誠天日，務在剔弊節浮，前於截幫疏中既微察其端，而不能窮其實也。故臣初意，欲於歲運之内扣五十萬石入京倉，而以每石八錢折給四鎮，在邊兵既可以得金，而太倉遂實有善米。上下交利，一舉可竣。今問之津撫，知僅折米二十萬二千五百石。臣即折發帑金一十六萬二千兩，劄委員外姬琨往津守催，將漕米督催啓運，以實京倉。又察今京軍匠役亦喜折色，請即以九十兩月米，按照時價折色與之，則又可坐扣米十六萬石，連四鎮共得漕米三十餘萬矣。此外，僅餘帑金七萬，買之易易。然本處所産粟米，入倉即變黑色，不堪久貯，誠欲久貯，非漕米不可，而漕米既無可折扣。臣又思之，豆亦糧也，軍興尤所急需，並令買糴數萬石，在明歲則與米同功，在此時則分米之勢焉。至臣受事以後，日議清釐靡冒之法，其四鎮向來所折所運實數，容臣詳細核察奏明，垂爲定制，則兵民皆屬至便，而國家歲有積貯，民力可以稍弛矣。恭候聖裁。

（明）陳子龍《明經世文編》卷四〇《楊大司農奏疏・通惠河舊道事宜疏楊鼎》 看得通州至京城四十餘里，古有通惠河故道，石閘尚存。永樂間曾於此河搬運大木。以此度之，船亦可行。先年曾奏欲於此河積水船運，又有議欲於三里河從張家灣煙墩橋以西，疏挑二十里，灣泊糧船以避水患者，二事俱未施行。今此河道通流，其水約深二尺，不勞疏挑。惟用閘蓄水，令運糧衛所每船二十五隻，造一剝船，自備米袋，挨次剝運。如此，則運士得省脚費，而困憊少蘇矣。

今蒙命臣等同參將袁佑等親詣昌平縣元人引水去處，及宛平、大興、通州地方三里河各河道，因上命公訪求元時故道，故回奏云云本二疏，今各爲一。將行船故迹逐一踏勘，及據《元史》並各閘見樹碑文所載事疏稽考回奏。看得閘河原有舊閘二十四座，以通水道。但元時水在宮墻外，船得進入城内海子灣泊。今水從皇城中金水河流出，難循故道行船，須用從宜改圖。除元人舊引昌平東南山白浮泉水往西逆流，徑過祖宗山陵，恐於地里不宜，及一畝泉水，經過白羊口山溝，雨水衝截，俱難導引外，及勘得城南三里河至張家灣運河口，袤延六十餘里，舊無河源。正統間因修城壕，作壩蓄水，慮恐雨多水溢，故於正陽橋東南低窪處開通壕口以泄其水，始有三里河名。自壕口三里至八里，始接渾河舊渠，兩岸多人家廬舍墳墓，流向十里迤南，全接舊河流入張家灣白河。其水深處止有二三尺，淺處一尺餘，濶處僅丈餘，窄處未及一丈。今若用此河行船，凡河身窄狹淤淺處，必用濬深開濶，凡遇人家房垣墳所，必須拆毀那移。且以今寬處一丈計之，水深二尺，若散於五丈之寬，止深四寸。況春夏天旱，泉脉易乾，流水更少，糧船剥運，俱難行使。兼且沿河堤岸，高者必須剷削，低者、缺者必須增築填塞，又有走沙，急湍處俱要創閘，派夫修挑。倘水少又須增引別處水來相濟，若引西湖之水，則自河口迤西直至西河堤岸，未免添置閘座。若引草橋之水，必須於大祀壇邊一路創鑿溝渠，亦恐有碍。況其源又止出彰義門外玉匠局等處馬跑等地泉，亦不深遠，大抵此河天旱則淤壅淺澀，雨澇則漫散衝突，徒勞人力，卒難成功，决不可開。況元人開此河，曾用金口之水，其勢洶湧，衝没民舍，船不能行，卒爲廢河，此乃不可行之明驗也。今會勘得玉泉龍泉及月兒柳沙等泉諸水，其源皆出於西北一帶山麓，堪以導引，匯於西湖，見今大半流出清河。若從西湖源頭將分水青龍閘閉住，引至玉泉諸水，從高梁河量其分數，一半仍從皇城金水河流出，其餘從都城外壕，流轉通會，流於正陽門東城壕。再將泄入三里河水閘住，併流入大通橋閘河，隨時開閉。天旱水小，則閉閘瀦水，短運剥船。雨澇水大，則開閘泄水，放行大舟。況河道閘座見成，不用增造，官吏閘夫見有，不須添設。臣等勘時，曾將慶豐、平津通流等閘下板七葉剥船已驗可行，若板下至官定水，則其船亦可通行。止是閘座河渠，間有决壞淤淺處，要逐加脩濬。較之欲創三里河，工程甚省。況前元開創此河，漕運七八十年，公私便宜。後來廢弛，今若復興，今此河亦僅通剥船耳。則舟楫得以環城灣泊，糧儲得以近倉上納。在内食糧官軍得以就近關給，通州該上糧儲又得運來都城。與夫天下百官之朝覲，四方外夷之貢獻，其行李方物，皆得直抵都城下。若此事舉行，實天意暢快，人心歡悦，足以壯觀我聖朝京師萬萬年太平之氣象也。

伏望聖明早賜裁處，乞敕各該衙門會計物料，量撥官匠，並各營見操官軍人等，自山西玉泉一帶，並都城周圍壕塹，及大通橋直抵通州張家灣一路河道，分工逐一修濬。如此，則不惟省一時糧運之脚價，實足以垂萬世無窮之利益矣。

（明）陳子龍《明經世文編》卷四一《馬李二公集·會議漕運事宜馬昂》　一、南京有無籍之徒，名爲跟子。遇各處起解糧草布絹到京，先於艤舟處迎引赴官。每米一百石，草一千包，索取歇家銀一錢。其歇家亦百端遮説取利，事敗，法司罪如常例，人無所懲。請令南京法司，如有犯此，徒罪以上者枷號三月，謫戍邊方。【略】

一、朝廷設立倉糧，預備賑濟，官吏放給之際，多不用心，里老書手，夤緣作弊，貧難缺食，不得其濟，而殷實賄賂，多得支給。或假逃户以冒支，或通輿皂以關用。又有虚數侵盗，插和沙土者，以致小民不被實惠。乞敕該部出榜禁約。如有仍前作弊者，不拘贓數多少，概發口外爲民，事屬枉法者充軍。

（明）陳子龍《明經世文編》卷二六七《胡少保海防論·廣福人通番當禁論胡宗憲》　倭奴擁衆而來，動以千萬計，非能自至也，由內地奸人接濟之也。濟以米水，然後敢久延。濟以貨物，然後敢貿易。濟以向導，然後敢深入。海洋之有接濟，猶北陲之有奸細也。奸細除而後北虜可驅，接濟嚴而後倭夷可靖。所以稽察之者，其在沿海寨司之官乎。稽察之説有二：其一曰稽其船式。蓋國朝明禁，寸板不許下海。法固嚴矣。然濱海之民以海爲生，採捕魚蝦，有不得禁者，則易以混焉。要之雙桅尖底始可通番，各官司于採捕之船，定以平底單桅，別以記號，違者燬之，照例問擬，則船有定式而接濟無所施矣。其二曰稽其裝載。蓋有船雖小，亦分載出海，合之以通番者，各官司嚴加盤詰。如果採捕之船，則計其合帶米水之外，有無違禁器物乎。其回也魚蝦之外，有無販載番貨乎。有之即照例問擬，則載有定限，而接濟無所容矣。此須海道嚴行設法，如某寨責成某官，某地責成某哨，某處定以某號，某澳束以某甲。如此而謂通番之不可禁，吾未之信也。

（明）陳子龍《明經世文編》卷三一二《萬文薛公集·條陳南糧缺乏事宜疏萬士和》　一、減罪贖，以恤民艱。竊照浙直江湖連年水荒，糧解過江過湖，勞苦萬狀。其違欽定洪限者，例應問罪，固法之不可廢。但查見行事例，每五百石以上者，問有力罪一名。五百石以下者，問稍有力罪一名。雜項豆草布疋准米數折筭多者，令其報名，再科前罪。以致解户輸納既完，復爲罪繫，殊爲可憫。自今以後，宜除再科之例，一批一人者，照批問罪，不得重科。一批數人者，止問批頭一二名，不得逐名通科。復論其違限年月之久近，久者照例問罪，近者更加寬減。如此，則既不廢法，而亦不爲民病矣。

一、專委任，以便責成。看得倉場作弊，俱是官攢歇家、脚夫軍斗等項，雖有部院嚴禁，勢遠難察。至於逐日身臨其事，耳聞目見，隨時禁革者，惟在于司屬監收之官。正統初止設四員，以後漸增至八員，一年一换。因本部差用不敷，或令帶管別差。夫一年一换，則更替不常，因循苟且，而監視欠出納稽覈之詳。帶管別差，則查點不時，弊端滋起，而糧解有需索俟候之苦。謂宜減省二員，止存六員。以本部劄管日起，直至陞郎中管司印時，方行更替。或即行吏部注選，如管後湖主事之例。仍於所管倉分適中去處置買官房，關防出入，其費皆於變賣蓆竹銀內動支。如此則法守畫一，人難規避，尤爲得宜。及查景泰三年令南京各倉場監督官收放糧草，如有託故回家，致官攢人等狥私作弊者，照闒茸事例，起送吏部。合無許臣及本部查果有前項事情者，照例參送。如此則法令既嚴，職守自舉。其官攢人役通同糧解，插和糠粃，及一切諸弊，可不勞而坐革矣。

（明）陳子龍《明經世文編》卷三四〇《趙侍御文集・計處極重流移地方以固根本事趙錦》　臣竊見直隸淮安府至于山東兗州府一帶地方，人民流竄，田地荒蕪，千里蕭條，鞠爲茂草。其官吏則相與咨嗟歎息，或遂棄職而逃。其驛傳則相與隱匿逃避，或至沮滯命使。其僅存之民則愁苦憔悴，而若不能爲之朝夕，日甚一日，莫可底止。臣嘗詢之父老，其故有二：一曰積逋，二曰重役。

何謂積逋。先年水旱不時，饑饉繼作，民多就食于外，而有司不能奏請蠲其租稅。歲復一歲，逋負漸多。雖有懷土之心，而其勢不能復歸。此積逋之爲累也。

何謂重役。其地人民素稀，物產既薄，而獨當天下之通衢，漕運之孔道。船頭馬户，既無以異于他郡，而看洪、守閘、引泉、撈淺、接遞、供應等役，則爲獨繁。此重役之爲累也。

賦繁役重，而力不能支，則其勢不容于不逃。逃亡既多，而賦役無所于出，則官府不得不責之于見户。故一里之中，二户在逃，則八户代償。八户之中，復逃二户，則六户賠納。賠納既多，則逃亡益衆。逃亡益衆，則賠納愈多。田地之荒蕪者，日甚不治，而公家之賦税，日益不給矣。前此一二有司，固嘗處置牛具種子，設法以招徠之。然復業者晨至，而里排幕聚其門，耕稼之所得，不足以當賦役之所出。于是歸者復逃，而逃者不歸。其不幸而爲有司所得，則往往自經于溝瀆之中，而莫之悔。孟子所謂老弱轉于溝壑，壯者散而之四方者，不知幾萬人矣。孰非陛下之赤子，而流離困苦至于此極，陛下忍聞之乎。

臣愚以爲，今日之計，惟有蠲其積逋，寬其重役，然後可以招徠欲歸之民，安戢未散之衆。臣請于前項地方，除見户拖欠者，照舊酌量帶徵。其餘逃户錢糧，若一概追求，徒足以驅逐見在之民，而其勢終不能完納。宜查照景泰三年事例，暫與蠲除，待後復業開墾成熟，然後以次陞科抵補。其閘夫、洪夫、泉夫、淺夫、壩夫等役，則皆爲漕運而設也。漕運天下之大計，而使一方罷弊之民，獨任其役，揆之人情，誠爲未堪。臣請于漕運四百萬之內，每石加派銀二分，每歲隨二四銀兩俱解漕運都御史，類送河道衙門，聽候僱募夫役支用，庶幾衆輕易舉，不至偏累。但前項夫役，募之終歲，而役之曾不踰時。有事于運船方至之時，而空閒于運船已過之後，似亦有可以議處者。查得徐呂二洪人夫，近該都御史何鰲題准，運船方至，則運其全，運船已過，則運其半。運事不廢而民力大省。各該閘壩泉淺等夫，固與之同事而一體者。倘其法可推之以通行，是亦節省民力之一端也。

臣伏讀嘉靖六年詔令，有曰：各處逃亡人户，抛棄故土，流離他方，皆因饑寒所逼，或錢糧負累，私債逼迫，情非得已。然安土樂業，豈無來歸之願。奈何有司不知存恤，聽信該管里老，有復業者，就令認賠拖欠税糧，承當重大力役。逼迫無奈，只得復逃。田地經年荒蕪，見在人户愈加靠累。今後逃民有復業者，除免差徭三年，里長不許勾擾。其荒蕪田地，無田小民，豈無願開墾耕種者，亦因官吏里甲逼其認糧當差，不敢承種。有司即便出給告示曉諭，但係久荒田地，許諸人告官承種，亦免其差徭三年，三年之後，如果成熟，方纔量納輕糧。如有不遵，官吏里甲人等，一體治罪。各州縣官，有設法勸諭招撫流民復業數多，及召人開墾承種荒白田地數多者，俱作賢能官保薦擢用。欽此。是則處置周悉，陛下不惟有不忍人之心，又可謂有不忍人之政矣。今行之二十餘年，而流亡日多，荒蕪益廣，其故何也？有司不能皆得其人，而遷轉不常，監司無專責，而考成不在于是。故德阻于下究，而民不被其澤也。

臣愚以爲，宜選素有才望之臣，授之都御史之職，或按察司副使，重以專敕，使之專一往來其地，提督有司。凡招集流移，開墾荒蕪，悉遵詔令施行。至于處給牛椇種子，開濬水利等事，俱聽便宜處置。三年之後，果有成效，量加俸給。而仍其職，事成然後報功而論賞。則百姓知其有恃，而樂于承種復業。監司以是考成，而不至沮格廢弛。陛下仁心仁政，于是乎可以覆被于無窮矣。夫萬民離散，而勞來還定，周宣所以中興。六郡薦饑，而不知撫恤，李特所以首亂。況淮徐于南京根本之地，則爲畿甸；于鳳陽陵寢之所，則爲唇齒。國家歲漕東南之粟以給京師，則又咽喉之重地也。其地襟淮被海，其民悍勇好鬬，易于負固，易與爲非。考之于古，若黄巢紅巾之釁，往往在此。而觀之近事，則徐兖廬鳳之間，每有竊發輒踰數百。此失業之民多，而其勢易聚之明驗也。茲者歲入少充，就食有所，萬一水旱不時，四方告匱，則此數千萬人者，不聚爲大盗，其勢無以自全。與其干戈而取之他日，以厪宵旰之憂，孰若指顧而定之今日之爲愈也。

臣嘗讀史，唐至中季，財用不足，乃以劉晏爲轉運使。方晏之初，天下見户不過二百萬，其季年乃三百餘萬，歲入不過四百萬緡，其季年乃千餘萬緡。夷考其法，則以爲户口滋多，賦税自廣，故其理財一以憂民爲先。諸道各置知院官，始見不稔之端，則預以狀白使司，及期，晏不待州縣申請，即奏行之。應民之急而不待其困弊流亡，故民得安其居業。由是觀之，臣之所言不特可以銷患于未形，亦可以裕財于異日。不特一方之民命，實國家基本之深慮也。

（明）陳子龍《明經世文編》卷三五一《萬司馬奏議·酌議漕河合一事宜疏萬恭》 題爲酌議漕河合一事宜，以永萬世國計事。

竊照漕運河道原屬一體，今承大壞極弊，救急補偏，竭盡心思，僅獲早運，疲瘁精力，始盡回空。然倉皇之秋，未暇酌議。漕臣言漕，河臣言河。靡通條貫，血脉未融。夫言漕而不言河，是進飲食而不理脾胃者也。言河而不言漕，是理脾胃而不進飲食者也。來年全運，比之今年，多糧壹百萬石，船貳千餘艘，而又比今年少壹閏月，此誠危急遲速之機也。若不早圖，噬臍何及。臣謹會同漕運都御史王宗沐酌議漕河合一事宜，條爲肆款，開具上聞。伏乞皇上俯念國計至重，速下該部議擬，悉賜施行。漕運幸甚，河道幸甚。緣係酌議漕河合一事宜，以永萬世國計事理，未敢擅便，爲此具題請旨。

計開

一、嚴遲速之令。夫黄水之發也，地氣使之然也，與潮信同。叁月清明水數尺耳，不害運。肆月麥黄水數尺耳，不害運。惟伍月至于秋九月爲伏秋水，多者肆次，少者叁次，高者丈伍餘，下者丈餘，此運船之所必避也。若使每年四月以前盡數過徐州洪，而閘河肅以待之，令勿與怒河鬬，即萬萬年不害運也。顧河臣能使河道之安，而不能使河運之早。能使運船之必入閘，而不能使運船之早入黄河。使運船之早入黄河，則其權在各省糧儲道矣。使能依期早入黄河，則臣等上下于伍百里河流中，一鼓可入閘也。宜令江南糧儲道，各督尾幫，俱限四月以前，尾幫盡數過徐州洪。各具一完呈親投到臣，臣會同漕臣按呈而殿最之。如叁月中過洪者，以上勞叙薦。肆月過洪者，以次勞叙薦。延至伍月以後者議罰，因而遇水漂流者從重議擬。但論過洪之遲速，不論居官之賢否。如此，則糧儲諸臣必能效督運之勞，而漕河諸臣得以施早運之力。此爲河亦所以爲漕也。

一、别遠近之宜。臣備查各領運官腳色，有領運數年而累得陞遷者，問之則多北運也。有領運數拾年累致降級者，問之則多南運也。夫南北之河道迥殊，而遠近之甄叙無别，何以服領運之心哉。即如各省兑運之船，有不過閘河者，有過閘河者，有過閘河而又過黄河者。若江南之船，則過閘河又過黄河，而又過大江矣。此不一一分别，而概論到灣遲速之期，非法之中也。臣以爲，宜酌遠近之差，别勞逸之等。其不過閘河者，限貳月到灣。過閘河者，限三月過閘。而又過黄河者限肆月。其過閘河、過黄河、而又過江者，限伍月。巡倉御史於各運到灣之日，按其限期而行其殿最焉。則道里判而分數明，勞逸均而人心服。官軍悉勸，挽運如期。此爲河亦所以爲漕也。

一、專兑運之權。舊制各省兑運届期，分差部臣監兑。蓋以各總領運官多厚軍而薄民，而各省有司官多厚民而薄軍。故令部臣操兑運之權，制軍民之便，法至善也。今議早運，徵發期會，急如星火，而部臣亡殿最之權，亡催督之柄。多發一令，則大吏以爲侵官。多差一人，則小臣以爲壓己。部法令非行也，其勢必求糧儲道矣。糧儲道催臺單，則兑壹單，否則坐而待之，部臣無如之何矣。兑運愆期，率由于此。夫兑既愆期，而欲開幫如期，過淮過洪入閘抵灣悉如期，胡可得哉。浙江近以御史帶理兑軍，官民稱便。今各省宜照此例，悉令糧儲道兑運，而巡按御史間壹親覈之。夫以本省之官，兑本省之糧，則民便。以過洪之官，兑過洪之船，則軍便。以所催之糧，給所兑之軍，催其所兑而兑其所催，則官便。而又臨之以巡按，董之以重權，了此不壹月耳，則官與軍民俱便。孰與部臣者有司慢而軍衛易，且又轉求糧儲煩難爲也。此爲漕亦所以爲河也。

一、順官民之情。近例各省拾壹月兑軍。江南山谷州縣，每年十一月正屬谿澗斷流，不可以舟。且至會城兑軍，動以千里。夫以斷流之河，千里之遠，而責之運米赴省城以兑，是覆盃水于庭堦，而運萬斛之舟者也。江南山水，五月始發，舟楫始通，而始以本色米至，是樵蘇後爨，師不宿飽者也，其何濟之有。近者江南之民，驟聞早兑，踴躍歡騰。鄰湖江者，載米艤會城，屏息以待兑。居山谷者，裹銀走會城，市米以待兑。是山谷得輕齎之利，商賈得貿易之利，官府得全運之利，皆盛世事也。夫何上年各總把總官，聽信奸軍撥置，倖大利，刁勒山谷州縣之本色，苛禁會省米商之市賣。是困山谷以所無，而苦省商以所有，未害也。如無米之可兑何，如兑運開幫之愆期何。臣以爲但責民以早兑耳，不必問其米之所從來，能早兑也，則市買之米亦爲功。如不能早兑也，則土産之米亦爲罪。官民相濟，農末相資，兑運自早。過江過洪，入閘抵灣自早。此爲漕亦所以爲河也。

（明）陳子龍《明經世文編》卷四〇〇《敬和堂集·疏通海禁疏許孚遠**》**　案照先准兵部咨爲申嚴海禁，并禦倭未盡事宜，以弭隱患事内開，凡有販番諸商，告給文引者，盡行禁絶。敢有故違者，照例處以極刑。官司有擅給文引者，指名參究等因。題奉聖旨：是，著該撫按官嚴加禁緝，犯者依律究治。欽此。欽遵。備咨在卷。

該臣入境以來，節據沿海商民紛紛告通海禁。臣奉欽依，不敢輕議，但慰諭遣還，聽候查處。隨據福建按察司巡視海道僉事余懋中呈，據海澄縣番商李福等連名呈稱，本縣僻處海濱，田受鹹水，多荒少熟，民業全在舟販，賦役俯仰是資。往年海禁嚴絶，人民倡亂，幸蒙院道題請建縣通商。數十年來，餉足民安。近因倭寇朝鮮，廟堂防閑姦人接濟硝黄，通行各省禁絶商販，貽禍澄商。引船百餘隻，貨物億萬計，生路阻塞，商者傾家蕩産，傭者束手斷飡。闔地呻嗟，坐以待斃等情。

批據漳州府海防同知王應乾呈稱，查得漳屬龍溪、海澄二縣地臨濱海，半係斥鹵之區，多賴海市爲業。先年官司慮其勾引，曾一禁之。民靡所措，漸生邪謀，遂致煽亂，貽禍地方。迨隆慶年間，奉軍門塗右僉都御史議開禁例，題准通行。許販東西諸番，惟日本倭奴素爲中國患者，仍舊禁絶。二十餘載，民生安樂，歲征税餉二萬有奇，漳南兵食藉以充裕。近奉文禁絶番商，民心洶洶告擾。本職目擊時事，竊計其爲地方隱患者有四：夫沿海居民，憑藉海濱，易與爲亂。往者商舶之開，正以安反側，杜亂萌也。廼今一禁，彼強悍之徒，俯仰無賴，勢必私通。繼以追捕，急則聚黨遁海，據險流突，如昔日之吴曾、林何，變且中起。此其患一。東西二洋，商人有因風濤不齊，壓冬未回者，其在吕宋尤多。漳人以彼爲市，父兄久住，子弟往返，見留吕宋者蓋不下數千人。一旦舟楫不通，歸身無所。無論棄衆庶以資外夷，即如懷土之思既切，又焉保其不勾引而入寇也。此其患二。邇者關白陰畜異謀，幸有商人陳申、朱均旺在番探知預報，盛爲之防，不至失事。今既絶通商之路，非惟商船不敢下水，即如宣諭哨探之船，亦無繇得達。設或夷酋有圖不軌，如關白者，胡由得而知之。此其患三。漳南沿海一帶，守汛兵衆數千，年費糧賞五萬八千有奇，内二萬則取足于商税。若奉禁無徵，軍需缺乏，勢必重斂于民。民窮財盡，勢難取給。此其患四。覩兹四患，身當其責者，安得不爲之思患預防哉。職以爲禁不便，復之便，急復之爲尤便。原禁絶之意，不過以硝黄之故。今欲革此弊端，必須嚴申禁約。每遇商舶將開，責取里鄰保結，委官盤驗。如有作姦犯科置之重刑，其民間亦不許私相買賣。如是則釁端自杜矣。若緣此而禁絶商路，不幾于因噎而廢食乎。乞念邊海民生之重，詳請弛禁，復舊通商等因。到道，轉呈到臣，該臣會同巡按福建監察御史陳子貞，看得東南濱海之地，以販海爲生，其來已久，而閩爲甚。閩之福興、泉漳，襟山帶海，田不足耕，非市舶無以助衣食。其民恬波濤而輕生死，亦其習使然。而漳爲甚，先是海禁未通，民業私販。吳越之豪，淵藪卵翼，横行諸夷，積有歲月，海波漸動，當事者嘗爲厲禁。然急之而盜興，盜興而倭入。嘉靖之季，其禍蔓延，攻略諸省，荼毒生靈，致煩文武大帥，殫耗財力，日尋干戈，歷十有餘年，而後克底定。於是隆慶初年，前任撫臣塗澤民用鑒前轍，爲因勢利導之舉。請開市舶，易私販而爲公販，議止通東西二洋，不得往日本倭國。亦禁不得以硝黄銅鐵違禁之物，夾帶出海。奉旨允行，幾三十載。幸大盜不作，而海宇宴如。邇因倭犯朝鮮，聲言内犯。部臣用言者議題請申嚴海禁，禁之誠是也，然民情趨利如水赴壑，決之甚易，塞之甚難。今使遠近豪黠，潛住海濱，日夜思逞，傭夫販子，千百爲群，謀生無路，滃滃訿訿，其勢將有所叵測。而又有壓冬未回之船，有越販懼罪之夫，其在吕宋諸番者，不可以數計，豈能永棄骨肉，没身島夷。一旦内外勾連，煽亂海上，蕭牆之憂，真有不可勝言者。故臣等以爲通之便，無已則于通之中，申禁之之法。日本例不得往，無論已，凡走東西二洋者，制其船隻之多寡，嚴其往來之程限，定其貿易之貨物，峻其夾帶之典刑，重官兵之督責，行保甲之連坐，慎出海之盤詰，禁番夷之留止，厚舉首之賞格，蠲反誣之罪累。然而市舶諸人，不恬然就約束而顧身家者，未之有也。

臣又訪得是中同安海澄龍溪漳浦詔安等處姦徒，每年于四五月間告給文引，駕使鳥船稱往福寧卸載北港捕魚，及販雞籠、淡水者，往往私裝鉛硝等貨，潛去倭國。徂秋及冬，或來春方回。亦有藉言潮惠、廣高等處糴買糧食，徑從大洋入倭。無販番之名，有通倭之實。此皆所應嚴禁。然禁之當有法，而絶之則難行。何者？彼其貿易往來，糴穀他處，以有餘濟不足，皆小民生養所需，不可因刖而廢履者也。不若明開市舶之禁，收其權而歸之上，有所予而有所奪，則民之冒死越販者，固將不禁而自止。臣聞諸先民有言，市通則寇轉而爲商，市禁則商轉而爲寇。禁商猶易，禁寇實難。此誠不可不亟爲之慮。且使中國商貨通于暹羅、吕宋諸國，則諸國之情嘗聯屬于我，而日本之勢自孤，日本動静虚實亦因吾民往來諸國，偵得其情，可謂先事之備。又商船堅固數倍兵船，臨事可資調遣之用。商税二萬，不煩督責軍需，亦免搜括之勞。市舶一通，有此數利。不然，防一日本，而併棄諸國，絶商賈之利，啓寇盜之端，臣竊以爲計之過矣。

臣又訪得鉛硝等貨接濟倭夷，其途非一。在廣東香山澳佛郎機番裝販最多，又有姦商在長蘆、興濟等處豫行匿載，取便過倭。竝宜一體設法嚴禁。若夷國之柬埔寨，多產鉛硝，暹羅亦有之。倭奴每歲發船至交趾、吕宋地方買運而去，此又非禁令之所能及。然則接濟者不盡番舶，而番舶于通之之中寓禁之之法，豈得肆爲接濟乎。或者謂沿海商民假之利權，往來番國，異日將有尾大不掉之患。夫使處置得宜，制禦有術，雖番夷不足慮，而況吾民。如其不然，事變無常，殆不知其所出。至虞倭奴一日狂逞，恐遂歸咎市舶，則往事可鑒。昔犯浙直閩廣，近犯鮮遼，曾不係海禁之開塞，臣等又不必過爲規避也。

（明）陳子龍《明經世文編》卷四六〇《李文節公文集・報徐石樓李廷機》 弟生長海陬，少時嘗見海禁甚嚴，及倭訌後始弛禁，民得明往。而稍收其税以饟兵，自是波恬。或言弛禁之便，蓋貧民籍以爲生，冒禁陰通，爲患滋大。而所通乃吕宋諸番，每以賤惡什物，貿其銀錢，滿載而歸，往往致富。而又有以彼爲樂土而久留者。頃因某易山一勘，彼謂中國何知有此山。廼此等所爲，遂憤而殲之，甘心就夷之民，無足憐惜。而自此彼必不容留吾人，即吾人無敢留，亦未敢往。實爲中國閉絶此路也。或欲隨船給批，責令船頭夥伴相保結，如十人往而九人歸，連坐之。不知此説何如。至于紅毛番，或謂偶飄而至，不操兵挾刃，而以貨貝求售。倘姑憐其窮途，聽民與市，而以廉明官監之，不令税使參焉。自有石畫，惟承大教。而亦微聞丘里之言，輒敢掇拾以復耳。

《明實録》宣德十年九月〔壬辰〕僨運糧儲總兵官及各處巡撫侍郎與廷臣會議軍民利益，及正統元年合行事宜上聞：

一、運糧官軍兑運各處民糧赴京者，量加耗米，以地之遠近爲差。湖廣、江西、浙江每米一石加耗六斗，南直隸五斗，江北直隸四斗，徐州三斗五升，山東、河南二斗五升。民運至瓜州、淮安兑運者，正糧尖斛，耗糧平斛，耗糧以三分爲率，二分與米，一分以物折之。民願自運者，於臨清收受。

一、正統元年運糧四百萬石，京倉收十之四，通州十之六。

一、各處置立濟農義倉，收貯賑濟米及諸色種子，令州縣正官提督，遇有凶札，依舊制及時給散，秋成償官。每季具數申部，不許侵欺及他用。違者治罪。

一、臨清、徐州、淮安倉糧，各差監察御史一員監收。

一、山東、河南、湖廣、江西運糧官軍，今歲存留本處操備及他役者，正統元年悉仍運糧。

一、松江府近因少米，徵收黄豆一萬石，比運到京，多有濕爛，宜依時直改收綿布解京。

一、運糧官軍每歲止關行糧二石，各倉收糧多有勢豪無籍之徒，通同倉官攢典，誑誘民財。宜令巡倉巡按監察御史伺察究治。

一、瓜州風浪險惡，舟難久泊。宜令民就高阜囤米聽兑。

一、淮安、清江、浦淮河口，及濟寧至東昌運河淺滯，宜加疏濬。

一、徐州吕梁洪原引睢水入焉，今睢水過隋隄會汴入淮，各洪淺狹，宜於鳳池口或歸德州新隄處設閘，復引睢水以濟各洪。

一、沙灣張秋運河舊引黄河支流自金龍口入焉，今年久沙聚，河水壅塞，而運河幾絶，宜加疏鑿。

一、彰德河徃時東入衛河至臨清，與運河會，今北流入滹沱，而衛河亦淺，宜障而東之。

一、運糧總兵官及巡撫官，歲以八月赴京議事。

上以所議皆當，從之。

《明實録》景泰五年十一月　〔辛酉〕鎮守福建兵部尚書孫原貞奏：自去冬至今春，積雪連旬，窮陰彌月，謹按《洪範》，兹謂咎徵。臣以爲今屯田未盡耕，轉漕未足給，流民未復業，公私耗竭，軍民咨嗟，災變之時致，亦或在斯，謹條上以裨聖慮之萬一。

其一論屯種曰：太宗皇帝置立紅牌，備開軍士屯種定例，頒行天下都司衛所，種田様以驗其收成，計子粒以較其多寡，行賞罰以勵其勤怠，此誠良法，萬世攸賴者也。今屯軍因繕工餽運等差□妨誤屯種者多，乞敕户部於各衛所官軍内簡精鋭以操備，撥冗襍以屯種，如添萬人下屯，歲省支倉粮十二萬石，又積餘粮六萬石。若天下衛所照舊屯種，則糧儲不可勝計，兵食豈有不足者哉。

其二論漕運曰：永樂中開疏北河以通轉漕，歲用米六百萬石，用軍十有餘萬，造船百有千艘，又有民間漕運之數，遠者三四千里，近者千數百里，雖無海運風濤之虞，然其車壩盤淺，上洪過閘，得行日少，停滋日久，及至通州，又用雇車，所費不貲。如近年浙江粮與官軍兑運，每石加耗米七斗，民運每石耗米八斗，其江西、湖廣、直隸等處亦各計水程遠近加耗，是則田不加多，賦歛實倍，欲民不窮困不可得也。况今太倉無十數年之積，倘遇水旱，内而軍國之供，外而邊塞之給，何以接濟。爲今之計，當量入爲出，汰冗食之衆，候倉儲積實，漸減漕運。傳曰食之者寡，則財恒足。可不念哉。

其三論逃民曰：臣前任河南參政，閲各處逃民文册，通計二十餘萬户。其河南之開封、汝寧，山東之兖州，直隸之鳳陽、大名，地境相連，近黄河湖泊蒲葦之鄉，因水洩水消變爲膏腴之地，逋逃潛住其間者尤衆。近者河溢此處，數水荒逃户復轉徙南陽、唐鄧、湖廣、襄樊、漢沔之間逐食，恐其相聚爲盜。宜俟年穀頗登，敕令各臣督有司府州縣各委官沿村挨勘驗口，以給田業，隨土宜以課農桑，舉鄉飲以導其父兄，立鄉學以訓其子弟，建鄉社使知報本，設義食使知備荒。時加巡察撫綏，德理以化之，刑法以齊之，徐議其賦役，俾爲治民之良法，庶無後來之患。

事下户部議，沙汰冗食今已見行，漕運亦宜如舊，餘事請移文各參贊巡撫等官，如原貞所奏斟酌而行。從之。

《明實録》成化元年九月　〔辛未〕户部會官，議各處巡撫漕運等官所陳事宜。

一、各處兑運軍糧，近年每石暫加耗米五升。今直隸、蘇、松及浙江嘉、湖、杭等府俱水災，其耗米請居停止。

一、各處逃軍、逃囚不逞之徒，私造遮洋大船，興販私鹽。每船聚百餘人，張旗號，持軍器，起自蘇、揚，上至九江、湖廣發賣，沿途但遇往來官民、客商等船，輒肆劫掠。所在雖有巡檢、巡捕官兵，俱寡弱不能敵。請敕南京守備總兵等官，自鎮江至九江等處，差撥操江官軍；自孟瀆河至蘇、松、通、泰等處，差撥備倭官軍巡捕，給以口糧，候賊徒屏息，革罷。

一、應天并直隸、蘇州等府錢糧、物料，差糧長、運户人等起解，徃徃侵欺費用，至京無以爲納，通同押解官吏以勘合關單於勢要之家抵當借債，故累歲不得註銷。請敕兩京户、工二部，凡糧長、運户、解户解運物料畢，其關單勘合，務親交領。如有抵當者，即爲追出，省令辨還私債。

一、兩淮地方擒獲私鹽船，先議大料者，送提舉司改造糧船，小料送所在官司變賣。近各處巡鹽官軍作弊，以大爲小概賣，不獲實用。宜令但獲私鹽船，無分大小，俱報所在官司相視印烙，徑送清江提舉司造船。

議上，俱從。

《明實録》成化三年九月〔癸酉〕户部會六部等衙門官，議漕運總兵及各處巡撫等官所言事宜條奏：

一、兑運成化三年秋糧三百二十六萬石，淮安、徐州、臨清、德州倉支糧七十四萬石，如有災傷停免，就令漕運官於淮安等倉照數支運。

一、兑運糧米，正糧每石兩尖，加耗平斛。其加耗則例，湖廣、江西、浙江六斗五升，江南、直隸并廬州府五斗五升，江北四斗五升，徐州四斗，山東、河南三斗。

一、兑運米以十分爲率，京倉收六分，通州倉收四分，支運俱通州倉收。

一、官軍儹運，如遇風水壞船，百里內府州縣正官、百里外所在官司視驗，申漕運官，依例處分。

一、運糧官軍行糧，浙江、江西、湖廣、江南直隸衛所并南京各衛，俱于本處支米三石。江北、鳳陽等八衛所并直隸、廬州、安慶、陸安、滁州、泗州、壽州、儀真、揚州八衛，俱於淮安倉支米麥二石八斗。高郵、淮安、大河、邳州、徐州、徐州左六衛，俱於徐州倉支米麥二石六斗。遮洋船并南京水軍左等八衛，於南京各衛倉；大河等五衛，於淮安常盈倉；山東於臨清倉，俱支米二石四斗。德州、天津等九衛，於德州倉支米二石。

一、南京有無籍之徒，名爲跟子，遇各處起解糧草布絹到京，先於艤舟處迎引赴官，每米一百石、草一千包，索取歇家銀一錢，其歇家亦百端遮説取利。事敗法司罪如常例，人無所懲。請令南京法司，如有犯此徒罪以上者，枷號三月，謫戍邊方。

一、南京各衛應納屯田子粒，已有定制，近多拖欠不完者，蓋徵收之數少，管屯之官多，各假公營私，屯軍應差，不能存業。請自今有屯衛所，但選老成廉幹者一人總理。徵糧之時，不許差人及詣攪擾。各衛仍照紅牌例，無得擅科差，違者聽巡倉御史舉劾。

一、南京英武、飛雄、廣武衛，初撥江北下屯，該納原額子粒一萬四千三百六十九石八斗有奇，除起運外，存留者俱各衛收。然既無監收之官，又無收貯之倉，故每月雖有俸糧文册，而無扣支之數。宜令本衛量修倉廒，付經歷收支，歲遣主事一人監督。

一、南京翰林院官吏及翰林院官員，該支南京三分、四分本色俸糧九百六十餘石，每歲俱於禮部關支，不便，請以本院空地修理倉廒，每年會計糧數，定撥收支，庶事體歸一。

一、河南舊添注僉事一員，提督中都留守司并安慶等二十八衛屯種，近革，於額內副使、僉事歲輪一人提督，事冗官少，不便，宜如舊添注僉事。

一、王府婚喪大事，每歲朝廷三五次遣官行禮，館穀贈遺，未免浩費。請自今親王、郡王并妃，如舊差在京內外官行禮，其將軍、縣主以下，應差京官者，以命布政司官；應差內官者，以命本府承奉。

一、朝廷設立倉糧，預備賑濟官吏，放給之際，多不用心，里老書手，夤緣作弊，貧難缺食，不得其濟，而殷實賄賂，多得支給。或假逃户以冒支，或通輿皂以關用，又有虛數侵盗，插和沙土者，以致小民不被實惠。乞敕該部出榜禁約，如有仍前作弊者，不拘贓數多少，概發口外爲民，事屬枉法者，充軍。

一、爲事官贓證明白問擬罷職者，往往捏詞赴京，妄訴擿拾。原問官吏，自今在外巡撫、巡按并按察司問過有贓官吏赴京訴冤者，原問充軍者發極邊衛分，原問爲民者發口外。

一、濟寧州至汶上縣，先因雨雪泥淖，添置康莊驛，設馬二十五匹，驢六十頭。尋以驢撥南城、開河二驛，改置站船，而馬仍留本驛。宜革去之，而以馬撥譚城、晏城、劉普、桃園四驛。

一、山東所屬寧海、威海、成山、靖海、大嵩、鰲山、靈山、安東等衛，雄崖、海陽、寧津、奇山等所，僻在海濱，分巡、分守、提督、把總官經年不至，致軍民被虐，邊備不修，設或倭寇猝至，爲患非輕。乞敕山東按察司、管糧副使兼提督官軍，修城池，繕器械，禁科擾，操軍馬，以備不虞。

一、直隸淮揚廬鳳四府，徐、滁、和三州，地勢卑濕，不利畜牧，致解官之馬，多以不堪退回。乞如江南鎮江等府事例，每匹收價銀十兩類解，則官民兩便矣。

一、徐吕二洪，全藉河南脾沙岡處水灌注，濟運船。先年設主事一員，後又添設河南參議一員專理，近乃罷去，兼管於河南布政司分巡官，以致上源淤塞，水利不興，請如舊增置參議爲便。

一、濟寧州小長溝至開河驛隄，上接汶泗等河，下通黑馬等溝，導引泉水，以濟糧運。元時州之西蓄孫村、南望二湖之水，設減水閘十餘座，水大量爲減泄，小則流入官河，甚利。今久失修葺，日就坍塌，且每歲山水衝壞隄岸，春時無水接濟，夏則漫流渰没田禾，舟楫難行。請如前修築。

一、儀真至通州俱係運道，而淮揚一帶水路，各有專官管理，惟自直沽至通州，事多廢墜。請令張家灣收甎主事督同所在軍衛有司，委官提調各淺夫老，以時採取椿草，每春初糧運之時，遇有水淺漫流，如去築置壩堰，逼水歸洪，庶糧運無滯留之患。

一、貴州土官襲職有例，就彼冠帶，免其赴部。乞照近年湖廣考滿官吏事例，令土官五品以上者納米三百石，六品以下者一百五十石，以備凶荒。

一、京倉缺廒收受糧米，先請蓋造二百間。工部已於大軍倉内蓋成六十間，然猶未足。聞工部所餘木植尚多，通州亦然。請仍蓋成原請之數。

上皆准議行之。

《明實録》成化五年九月　乙酉，户部會同各部都察院、漕運總兵等官，議行各處巡撫及漕運官所奏事宜：

一、運糧旗軍艱苦逃竄，所司亦相隱蔽收用，須連坐禁革之。其應給行糧，如湖廣布政司每米一石止折布一匹，值銀二錢五分。每軍行糧三石，纔給銀七錢五分。估以時價，計米八斗耳，是致軍士重困。乞令有司，給以米，毋以他物爲折。所司有違怠者，許總兵漕運等官參奏究治。

一、南陽、襄陽、荊州、德安四府，沔陽、安陸二州，地大物衆，雖磽瘠汙萊之地，亦漸爲居人及流民墾種成田，但無徵科定額，多致紛争，乞許令開報定則，例每畝科糧一升，山岡水灘，畝科五合。

一、凡軍馬錢糧等急務公文入遞者，動輒經年方到，事多稽悮。乞令六部都院公文，凡係軍馬錢糧、河渠、賑荒、革弊等務，遇有馳驛，便令順賫。

一、廣西布按二司官進表赴京者，宜遵官制程限，事完亦要嚴限回任。如乘機回原籍，曠職廢事者，停俸，仍令巡撫等官查考勤惰，給由來京，以憑黜陟。

一、安慶衛官軍行糧，准令安慶府所屬倉分存留糧内關給。

一、京通二倉，鋪廒、板木、蘆葦，俱係運糧官軍隨糧帶來，成化六年以後，該納者以十分爲率，各收三分，暫免七分，以備鋪廒支用。

議上，俱從之。

《明實録》成化七年九月　〔丁亥〕户部會官議巡撫漕運官所陳事宜：

一、各處兑運糧米，每石再加耗米七升，該會支運米七十萬石内減一十萬石，却將應天、蘇州、松江該運淮安常盈倉米兑運一十萬石，准作支運之數，每石加耗米三斗，後俱不爲例。

一、瓜淮二處糧米，聽官軍過江各就水次交兑。每石除加耗外，再加脚價米六升。

一、常州府江陰縣馬駄東西二沙地，在揚子江心原有坍江，無徵税糧，歲該米麥三千七百三十餘石，馬草三千四百五十餘包，每年包陪於通縣者，合令歲折銀布爲便。本沙既經奏准建立縣治，其舊添支收糧縣丞，則俟縣治成，新官到，送部别用。

一、山東兖州府鉅野河起長溝，至曹井橋三十餘里，水衝沙壅，且爲東西湖水所瀠，岸多坍決，須官管理。壽張縣白沙灣至戴家廟僅一十八里，地岸平實，素無他患，今宜改壽張縣管河縣丞於鉅野縣照舊管河。東昌府堂邑、博平二縣河道南自梁家鄉，北至戴家閘，相去十餘里，中多流沙，旱則撈淺，澇則築壩，殊爲勞費。今宜於土橋口設立石閘一座，名土橋閘，設官理之。

一、山東登州府萊陽縣馬山阜巡檢司，去縣僅一里，曩因民人綁官，始奏立。今纔二十餘年，廨宇頹塌，官吏無所於棲，且無盤詰擒捕之勞，誠爲虚設。宜將本司裁革，其官員印信送部，弓兵五十名撥回寧家。

疏上，詔悉如議。

《明實録》**成化九年九月**〔乙巳〕户部覆奏漕運、巡撫等官會議事宜：

一、遞年民運赴淮安、徐州、臨清、德州倉糧，官軍領運，原無加耗。然民苦遠運之勞，軍乏盤剥之助。今宜免民遠運，就同本處兑軍糧運赴水次，與官軍領運，仍作支運之數。其糧每石加耗：湖廣、浙江、江西四斗，應天並江南直隸諸府三斗，江北直隸諸府二斗五升，山東、河南一斗五升。如兑支不盡，仍令民運赴各倉上納。其各該官軍原兑糧，每石仍加七升，不爲例。【略】

一、各處司、府、州、縣兑軍民糧，歲既稽遲，又多腐爛，屢行禁約不改。此後該兑民糧，務儘兑軍，不許混作灾傷。其米晒颺必精，俱於十二月以裏運赴水次。敢復故違者，管糧委官悉照違限月日停俸，其經該官吏，通行參問。如米已精而官軍生事擾害者，聽漕運官懲治。【略】

一、漕運京糧，自張家灣起車赴倉。或陰雨泥濘，車價頓增，累軍陪補。宜暫借京操旗軍及火甲人等，自朝陽門抵張家灣修築道路，約寬四丈，務在高坦堅實，道旁植柳，每五里置鋪鑿井，令人守之。仍敕工部於兔兒山將舊餘石板可用者，令在京爲事官吏運以甃砌，不足，則於沿河安山、泗州、徐州、龍潭、蘇州産石處所采運，庶爲久計。

《明實録》**成化十三年十一月** 辛卯，户科給事中張海言漕運數事：

一、國家歲漕江南米四百萬石以給京師，有兑運，有支運。其兑運，若有災傷減免，則爲改補，務不失原額。但每歲各司出給通關，惟據各該倉分開報收數，此足彼欠，莫能周知，遂致夤緣爲弊。請自明年爲始，行令總督漕運官，每歲以所運糧，具兑運、支運及改補漂流之數，造册奏繳，令户部各司以出給過通關赴科註銷，庶有稽考。

一、所運糧多抵换攙和，以致虧損。請行所司辨驗，其有犯者，除徒流以下常罪，俱不分官軍，謫戍邊衛。

一、運船漂流糧米，歲多於舊，良由船不堅固，人不協力。乞行總督官禁約官軍不許離船，慎選舟師教習操舟。仍行提舉司及造船衛所，務令修造堅固。其有漂流，雖經所司勘實，亦必加罪。若漂流糧至萬石以上者，罪及總督官。

一、漕運官軍以到京餽送爲由，多方科斂，請行所司禁約，京、通二倉收糧官吏，不許留難需索。仍行總督官禁管運官科斂，及行巡河、巡倉御史内外糾察，違者罪之。

一、運糧官軍陞升賞之格，以故人不知勸。請自明年爲始，有漕運三年，船無損失，糧不漂流及不違限者，官量陞俸，軍加行糧，或將該賞鈔錠，加折銅錢。其受賞之後無功者，即以所加俸糧，截日住支。

下户部議，謂其言可行。從之。

《明實録》**成化十八年四月**〔辛酉〕漕運總兵等官平江伯陳鋭等奏：各衛運糧官員，類因償運違期，如例住俸，候在明年期限不悮，方許關支。緣各官頻年在公，家口全資俸給。況糧運近制，三年不誤，有量加陞擢之賞，兼旬失期，有住俸戴罪之罰。孰不欲争先早完，以圖賞避罰。第初兑時，或因民糧到遲在途，或爲風波膠淺所阻。將到倉，或值連雨，難於盤運交納。此皆人謀所不能免者。萬一下年亦然，又復一年，則運糧官員終無支俸之期矣。且違限少或一月餘，多或三兩月，一例住俸，人情實難。乞照違限月日暫住，滿則關支。事下户部，以爲糧運後期，法固當懲，但事勢誠有不測者，茲宜如成化七年所定南北完納日期，凡違二十日以上者，各照所違月日住俸，限滿關支。其連違二年者科罪，三年者降級。兩年不違期〔者〕少獎，三年者量陞。則事體適中，人心知勸矣。疏上，從之。

《明實録》**弘治元年二月**〔丙辰〕都察院左都御史馬文升言：臣嘗承乏總督漕運及參贊南京守備機務，頗知運軍之苦。蓋湖廣、江西、浙江運船，本布政司造。南京、南直隸運船，淮安清江提舉司造。河南、山東、北直隸運船，臨青衛河提舉司造。價皆給於工部。或有損壞，亦爲繕治。近漕運總督以工部價不時給，請領價自造。工部又慮軍士不加意愛護，議令本部出料四分，軍衛出三分，舊船准作三分。然軍衛無從措辦，皆軍士賣資産、鬻男女以供之。此運軍造船之苦也。正軍逃亡數多，而額數不減，俱以餘丁充之，一户至有三四人應役者。每年春初兑糧，至八九月以後始回衛，勞苦萬狀。船至張家灣，又顧車船剥，多稱貸以濟用，來春復然。此運軍往來之苦也。況所稱貸，把總等官有因而侵漁、責償倍息者。軍士或自載土産之物以易薪米，又制於禁例，多被檢奪。此運軍科害之苦也。乞命所司，每船一艘，加銀二十兩，禁約運官及有司科害搜檢之弊，庶困憊少甦而轉漕無滯。得旨：造船銀兩，令工部查處加添，餘皆從之。

《明實録》弘治十八年九月〔甲午〕南京兵部尚書王軾奉詔條陳馬快船隻事宜：言每船大約一歲一差，計用米幾二百石，銀幾百兩。軍民勞困，誠所當恤。以歲運言之，如南京工部之器皿馬槽，光禄寺之醬酒，内官監之銅器膳盒，在京針工、巾帽二局内使督染於南之布絹，并給散之衣被、巾帽，此正明詔所謂在京給料，可以自造者也。宜以器皿之類，即令工部及諸司辦料成造，内官衣帽，則兩京各隨便縫製給散，不必往來煩費。至如司禮等監，内官監起運竹木、板枋、竹器，亦宜於在京所税者取之，不足，則令工部各處委官，擇其所税之堅好者，附入京官民船隻載至張家灣，以便取用。歲可省差撥之船二百八十餘隻矣。又南京内守備及神宫監、司苑局，歲進諸果菜醃臘，用船百十餘隻，其核桃、栗子、銀杏、芥菜、臺紫、蘇糕、密煎、櫻桃、石榴、柿子、鰳魚，皆明詔所謂北產優於南者，自今宜於北取之。至於苗薑、種薑、竽嬭不急之物，量爲減免。藕鮮、荸薺、青梅、枇杷、楊梅、鮒魚、糟鮮、冬笋等物，除備上供外，餘亦宜量減十五。又江淮、濟川二衛水夫，以田畝丁糧僉充者，十年則審編更易，遇有消乏，宜如舊僉替，若洪武間，欽取夫船并免軍充役者，後有逃亡，本宗丁盡户絶，宜遵詔，即與除免。又快船每歲約用五百隻外，餘三百隻在塢，宜斟酌暫停一百五十隻勿修。以其守船正卒改應他役，可歲省月糧二萬七千石。又南京諸司歲用六百料馬船八十八隻，運送蘆柴、城甎、白土及竹木、板枋，每船費月糧二百四十餘石，銀一百餘兩，而往來留滯，所運不償所費。今蘆柴之類宜預積水次，使無守候之艱；至即驗收，使無留難之苦。則船可減半，而所運之物實倍於前。若竹木、板枋用之南京者，宜取於龍江關瓦屑壩所税，以省裝運。蓋此皆省費便民之急務也。章下，兵部謂其言皆可行，惟成造器皿馬槽之類物料不足，須南京原造有司徵價解補，果品有關供用，取上裁。詔苗薑并藕鮮等物，俱勿減，餘准議行。

《明實録》弘治十八年十一月 癸未，户部集議漕運、巡撫等官所言事宜：

一、弘治年間，因山東災傷，復將改兑粮米九萬二千石於臨德二倉支運，而軍民皆稱不便。今後仍於水次交兑，庶軍得加耗，而民免遠輸之勞。

一、廬州府以粮二萬五千石陸運至鳳陽倉，遠而不便；而揚州府兑軍六萬石，數亦過多。今欲以揚州二萬五千石改撥與廬州臨河州縣作兑軍之數，以廬州起運鳳陽者，照數改撥與揚州水運至鳳陽交納，庶輕重適均。

一、揚州通泰二所各臨大江，海賊出没，官軍見在者及餘丁皆撥補京操運粮，城守但遺老弱，不足防禦，而墩臺之瞭望，又多缺人。欲將撫屬諸司問擬應立功瞭哨官軍，俱發本地，緣海以助瞭望。

一、徐州吕梁洪舊設税課局，惟附近房村一集之税可收，其境山、黄家閘、留城謝溝、夾溝等處，去局既遠，課程不及催督，多爲奸猾所侵。今擬遷其局於境山。

一、南京官軍人等俸粮，月支十有三萬餘石，止據户部咨單及各衛所呈總目，盜支之弊甚多。今擬令各衛備造粮册二本，一留本部，一送總督糧儲官，以備查考。

一、通州倉及竹木廠，既有軍斗、軍餘，額外濫設館夫、民夫共二十五名，辦納内官月錢，久爲民害，宜行革去。

一、直隸寧國、池州、安慶、蘇松等府，起運淮揚鳳廬等府軍儲倉夏麥，舊例石折銀四錢，後以淮揚災傷加二錢。今江北頗收，而江南荒歉。欲自弘治十八年以後，仍如舊例折收。

一、湖廣安陸州舊設石城、舊口二水驛，去宜城京山甚遠。自成化初創開陸路，民益不堪，宜改荊門州魚料驛於豐落河，而添設馬驛於接官廳，庶與二縣交界，道里適均，可以少蘇民困。

一、舊例武昌府糧派武昌二衛於漢口兑運，而興國州武昌縣在漢口下流，相去數百里。黄州府粮派蘄黄二衛於蘄州兑運，而黄梅、廣濟二縣亦在蘄州之下，逆輓而上，民甚苦之，宜俱於沿江倉分交兑爲便。從之。

《明實録》正德三年十月 丁亥，户部會議總督漕運及巡撫蘇松都御史所上事宜：

一、各州縣兑糧，一衛兑支不盡，方許易衛，勿輒分折，以啓弊端。

一、水次各倉有收多支少者，聽漕運衙門從宜撥補支運，災傷方，量折徵銀，而以支運之糧充其數。

一、兑糧宜委府州正官一員催督，事畢，方許回任。

一、各運旗軍多老疾逃故者，貧軍爲之包運，雇役甚累，宜查補。

一、江南正糧正耗徵本色外，其餘耗米，石折銀五錢，軍民兩便。江北、山東、河南概徵本色，宜如江南例行之。

一、舊例江北運船，限七月初完糧，江南限八月初，今江北三總水次既改遠，宜稍寬其限。

一、運官有罰無賞，非所以示勸懲，請自今三年以上勤慎有勞者，許具奏旌勸。

一、運官有缺，宜令把總官訪舉，聽漕運衙門取用。

一、安慶運軍往江南兑運，宜如例給行糧三石。

一、軍旗病故者，給棺斂銀：官三兩，軍二兩，仍恤其家。

一、水次各倉，改兑糧米，遵行已久，而議者又欲復支運之法。今各省災傷，宜仍舊改兑。

一、蘇松荒歉，宜勸諭富家分穀賑濟。

議上，詔以水次改兑，准行一年，果便再議。其勸諭賑濟，須人樂從，不許官吏擾害地方。餘俱准擬。

《明實録》正德五年四月　〔壬辰〕户部覆議總督漕運副都御史屈直所上嚴漕規八事：

一、兑糧後期，守巡及府州縣掌印官逮問，至再者，管糧官降二級。

一、各處兑糧，務委守巡并府佐能者監兑，以免争競遲誤之弊。

一、後期運官，把總指揮糧至三千石，千户至一千石，百户至五百石以上者，每次降一級，不及數者，照常問擬。

一、運軍脱逃，其行糧賞鈔俱追奪。至再者，發戍邊衛，别以户丁補伍。

一、各衛所脱逃并事故運軍至五十名不補解者，正官各停俸，責補。若緣運官科索，及衛所官差遣不均者，各參究。

一、運官許量帶土物，本以資路費，若運官及勢家逼帶者，聽首告没官，仍治以罪。

一、運官科索軍士銀十兩以上，遞降一級，革回衛。其書筭人等科索者，發戍邊衛。

一、把總以下官有兑納如期無債負者，請量獎擢。

得旨：把總等官繼今三年以上，糧運如期者，准於實職上陞一級。餘皆從之。

《明實録》正德五年十一月　〔己卯〕户部集議漕運事宜：

一、運軍隨糧，例納墊廒蘆席、松板、楞木，近多折銀，倉廒缺用。請令今年量納本色。

一、舊例江北運軍每石加耗米一斗三升，南京兩總獨無之，請比例加耗米六升，以給雇船盤壩，仍著爲例。

一、南京兩總軍政官，多將殷實旗軍改駕快船，而以老弱煢獨僉補漕運，江南、江北賣放改掣亦多，宜令所司覺察，坐以贓罪。

一、各處奏報災傷，務令在本年十月之内徵收泒兑。分數早定，庶無稽緩。

一、江南等總運粮官及清江造船廠委官，宜專任責成，毋得改掣差補。

一、南京各衛修倉軍餘，舊例僅千餘名，今用二千八百餘名，隱藏幫貼，不下萬人。請令南京兵部掣回一千一百餘名，以供備禦。其存留修倉者，各衛定數立籍，有缺僉補。巡倉御史等嚴察之。

一、遮洋船順帶綿花赴永平、薊州等庫，頗爲勞費。永平一帶，市價不齊，請今後折解銀兩。其未到冬布七萬餘匹，宜於花絨折銀，并上年折布餘銀、薊州折草銀内湊放，仍每年額外量於德州常盈庫添帶二萬疋，以實邊儲。

議入，俱從之。

《明實録》正德六年十月　辛丑，户部會議總督漕運及各巡撫都御史所奏事宜：

一、各兵荒地方起運糧米，宜量徵折色，仍於災輕地方量爲派徵，以備存留缺乏。山東殘破州縣京邊糧草俱免。

一、兑軍加耗米，每石減一升。過江脚米，江北八升，江南仍六升。

一、兑運糧以十之八輸京倉，十之二通倉，改兑糧京通二倉各半，暫行一年。其被賊焚劫糧米，七年八年者，俱通倉省腳價以補燒燬之數。

一、遮洋船原擬添帶德州庫綿布二萬疋，宜令停止。

一、管屯官即令兼領捕盜，以省屯軍供應。仍禁各衛所官擾遣人役下屯騷擾。

一、兵荒之餘，沿河軍衛有司苦於夫役，黄馬快船需索尤甚。宜定與夫數，多者不過二十名。

一、南北河道，請推重臣二員分理，且督有司疏濬淮安，理刑主事如舊復設。

一、添設鴈門等三關管糧通判一員，復設南京户部軍儲倉大使，省無爲州民池河泊所，併三河縣夏店、公樂二驛爲三河驛。

一、四川銀課、遵化鐵課，俱宜量減。

議入，得旨：分理河道重臣，其再議以聞。進鮮馬快等船，令内外守備官驗物撥船，務從省約。餘皆如議。

《明實録》正德七年十二月〔辛亥〕户部覆議漕運及各巡撫都御史所上地方事宜：

一、近例兑軍米每石别加五升，以備蒸潤耗損，有司因緣爲姦，請革之。

一、河南改兑糧，小灘河道剥淺，其費不貲，請加耗米三升，仍敕管河都御史疏濬河道。

一、江北運軍遇江領兑者，近減腳米五升，宜仍舊給之。

一、被賊焚燬糧船千五百有奇，宜行工部措價，或各司府成造。

一、各處兑運稽遲，請遣户部官四員，領敕監兑，申嚴期限，違者罪之。

一、舊制運糧官缺，皆由漕運衙門公選，劉瑾亂政，乃令南京府部及各巡按御史考選，體統乖紊。又立正運、聽運之名，互相傾擠，事多牽掣，請改正。

一、正糧一石除加四隨船耗米，俱兑本色，其餘耗米每石折銀五錢，載入議單，使知遵守。

一、阻凍糧船，每軍給耗米一石，准作下年口糧。其糧該納京倉者，改納通倉，每石加收腳價一斗。該納通倉者，免其曬，每石加收三升。

一、蘇松、常州起運徐揚二倉糧米，近因減派，軍糧不敷，請仍徵減數之半，願納折色者聽。

一、河東運司鹽價支剩銀二萬二千餘兩，准存留山西，以給王府禄米。

一、鴈門三關采納秋青草束，請會計合用之數，餘令折徵銀兩，相兼支放。

一、畿衛逃故京班軍馬，其衛所官仍照舊例，住俸撥補，定數提問。

一、長解受財故縱新發充軍人犯，請比解軍違限一年事例，亦發附近充軍。

詔如議。

《明實録》正德八年八月〔戊戌〕南京管理操江懷寧侯孫應爵奏：新江口原設操軍萬一千六百五人，戰船、巡船三百四十艘。今操者止七千人，船損壞過半，盔甲之類，亦皆不敷。屢移文内外守備衙門撥造給領，皆爲所遏。又將管操指揮周大倫等取回雜差，占吝不發。臣奉敕諭：凡事與守備參贊内外官員共議而行。今事多掣肘，且臣有宿疾，實不勝任，乞罷還。兵部覆奏：内外守備與操江官，當思協恭共濟之義，不可以小嫌致誤大事，宜循舊規。其操江軍缺者，請以科道各一人會守備官選補。船損壞者，南京工部修造。仍令南京法司，今後官軍犯罪立功，瞭哨帶俸差操者，俱擬發新江口操備，其餘雜差毋得撥取。大倫等宜逮治。詔：操江重事，其令南京科道會操江官選補。大倫等姑宥之，再犯者必罪，仍調外衛。内外守備及操江等官，務循舊規，協和行事。餘如議。既而守備太監黄偉等復奏：應爵及操江都御史張津爲指揮趙山所誘，欲事紛更，語侵臣等。詔責應爵及津，令自陳狀，山下南京法司逮問。

《明實録》正德九年十月 癸丑，户部覆户科都給事中周金等奏處糧運四事：

其一，徵收過期，固有司之罪，而刁難遲滯，實運官之責。今後運官有蹈前弊者，監兑官開其揭帖，送户部及漕運衙門，年終會議具奏罷黜。

其二，徐州、安平等處管河郎中及管泉、管閘主事，近多規避，巡視欠嚴。宜令各照舊規，於所管地方駐劄，禁約姦豪，時其蓄洩，以濟糧運。違者，該科劾奏。

其三，通州張灣一帶車户，詐勒運軍，每銀一兩止爲載米七石，勞費加倍，運送稽遲。宜令巡倉等官定擬脚價，仍先封收在官，給票驗支。

其四，江西兵火連年，公私困敝。乞下户兵二部議推練達漕事者一員，調管速運，不致仍前廢事。

詔如議行之。

《明實録》正德十三年十一月　〔癸亥〕户部會議總督漕運及各巡撫都御史所上地方事宜：

一、官軍負債，多因脚價不敷，宜查筭補給。仍徵准折鹽價十萬兩，解送太倉，專供脚價之用。

一、各軍官畏避領運，營求脱免。近所取用，多闒茸悮事，今後宜令南京兵部及各撫按逐委能幹官督發領運。

一、運軍惟禁夾帶私鹽客貨，其自資土貨如例者，有司毋得苛征。

一、運舡每艘軍士十人，近者數復不足，請申敕所司撥補。

一、湖廣應山縣恨這關，當南北要害之路，宜立巡檢司，兼控黄土、武勝二關。其平里市巡司，地非衝隘，宜革之，移其官吏弓手于恨這。

一、湖廣漢川縣劉家隔地方，乃江湖都會，宜添設漢陽府捕盗通判一員，住劄巡視。其巡司捕盗巡檢，宜革之。

一、江西九江府所屬德化、湖口、彭澤三縣，邊江一帶，沙洲生没不常，而蘆課銀兩十敗五六，小民逃移，宜蹈勘豁免。

一、江西高安縣宜添設洪城巡檢司，樂安縣宜遷南坪巡檢司於大嶺阬家坊，以嚴備禦。

一、江西彭澤縣黄土港河泊所宜革，併其課程於仰天池河泊所，以省靡費。

一、舊例收糧有水兑，三月免其篩晒，每石加耗三斗，積出糧米十餘萬石，公私兩便。近者奸頑多挿和之弊，而官司有加篩之令。於是運舡稽緩，以圖撥倉，而水兑幾廢。宜令監收官驗其米之可收者，仍免篩晒，設法兑支。其挿和不堪者退换，不准撥倉，庶幾漸復水兑之舊。

一、薊州羅文谷關，近年改隸擦崖子參將者，調度不便，宜仍以屬馬蘭谷參將。

一、北邊寨堡多單弱，或不當衝要。宜將柳子谷歸併城子嶺，答磨谷歸併擦崖子，灰窑谷歸併爛柴溝，横山寨歸併青山口，沙嶺寨歸併游鄉口，張家安歸併椽八口，三山寨歸併青山嶺，悵煙臺歸併寬佃谷，猫山嶺歸併點魚石，庶可併力恊守。

一、畿内昌平等州縣陵户、海户，近者巧立朋幇名色，富室影射優免，而應役者皆以貧民。宜清查復舊，以紓民力。

議入，詔皆從之。

《明實録》嘉靖元年十二月　〔壬寅〕漕運總兵官都督僉事楊宏奉請以漕運輕賫銀兩，悉聽各該運官沿途動支，爲雇僦車船之用，不必裝鞘印封，計算羡餘，以苦運卒。户科駁奏，以爲此開以人冒破之端，非輕遠至計。而御史向信則欲令運糧官軍，凡領銀雇脚，必先赴察院報數關支，爲籍以記其多寡，不得擅動。下户部議：宏所言，乃弘治、成化以前舊規，而科道官之論，至於救弊防奸，不爲無見。大要漕運之法無他，惟在船不守凍、糧不掛籌、軍不借債三事爲急。若使官得其人，自無此弊。但輕賫折銀，本以資轉搬之費。今若慮官軍侵耗，盡取其贏餘歸太倉，則以脚價爲正糧，又非立法初意。今宜令有司如期徵收餘耗，如例解赴漕運衙門，候各總運船過淮，照數領給，運至通州方許發封，聽巡倉御史、管糧員外會同查核驗給。仍酌量各項支用實數，（者）〔著〕爲定規，不許扶捏浪費。如有羡餘，不必輸之太倉。即將各總分、各衛所查開缺船應補者若干，敝船應修者若干，什物應辦者若干，各發銀修造。每銀百兩，令造新船一隻。該管官旗侵欺花費別用者，參呈重治。果有三年糧無掛欠，銀有積餘者，照例旌擢。

得旨：如議。

《明實録》嘉靖二年十月　戊戌，户部會議嘉靖三年漕運合行事宜：

一、監兑主事，事竣回京，不必候交代。

一、漕運壞船，折卸帶回該衛及清江提舉司交代，不許变賣。

一、薊鎮今秋成熟，乞將遮洋海運粮米送赴該鎮者，照上年例折徵五萬石，每石折銀七錢。

一、江南北等六總運軍行粮，就於應兑府州縣坐派支給。

一、輕賫脚價，漕運衙門先量給十之一二，爲沿途起剥并置辦什物之費。

一、湖廣、江浙及江南直隸衛所軍辦舡料銀，照江北五總事〔列〕〔例〕行，各該衛所摘選軍餘辨納，免扣運軍月糧。

一、遮洋總運糧赴薊州倉交納，舊從新河達季家窩，離城不遠，以致脚户偷盜。宜行該撫按出榜禁約，并巡捕官嚴加防護。

一、運回軍旗，俱要加意存恤，不許該衛借債差撥。

一、沛縣以南湖陵城至黄家八閘，近黄水湧入，俱没水底。乞將沽頭主事并各閘官吏暫革，每閘量留夫十名看守。

一、濟寧以北長溝等處閘座稀遠，請量添二座，以免阻滯。

一、運粮官犯罪，非重情者，不許所司拘留，及嚴禁托故營求規避赴運者。

得旨：俱如議行。

《明實録》嘉靖四年十一月〔辛酉〕總理漕運右都御史高友璣陳漕運二事：

一、議改兑以便交納。言先年改兑糧，俱民運淮安、徐州、臨清、德州水次四倉，聽官軍支領，俱運通倉交納。後又議令官軍就各州縣水次隨正交兑，上納京、通二倉。但每年糧與脚價牽掣不清，反致掛欠之弊。乞以原擬京倉改兑四分仍盡上通倉，其通倉原收兑運抵數，仍赴京倉。脚價銀兩，俱照原擬，則京、通之原額不失，而各總之查算易明。

一、議交兑以復漕規。欲將瓜、淮水次倉兑行修理，行各司、府、州、縣，將應該起運糧米，查照舊規，督令民户自備船隻，運至瓜、淮水次，聽候官軍領兑。一則可省民間過江脚米之費，一則可免船户裝糧騷擾之苦，一則可革運軍虜船索錢之弊。

户部覆，從其改兑一事。其議交兑，言行之已久，官民兩便，不必更改。詔如部議。

《明實録》嘉靖八年十月〔戊子〕初，通惠河成，歲省車脚銀十餘萬。御史吴仲請以三分之一給軍，餘俱貯庫，備修河及他公用。又以各總輕齎多寡不一，難以概扣。議一六免扣，二六者石扣三分，三六者石扣五分。度修河費足，則量減所徵於民。既請行之矣，而御史虞守愚又言：不宜遽令減徵於民，與貧軍較錙銖。且常賦額税，民有定志；水運陸輓，時有便宜。臣恐減徵未必惠民，復徵將爲民病。疏下户部議：輕齎銀兩徵派出於田糧，扣省得於車脚，原非官軍己物，即係倉庫錢糧。名有二六、三六之分，實無京倉、通倉之異，宜扣省以節民財。初議修河雇夫，歲費不及三千。大約三歲所扣，足河工五六十年之費。請自來秋會派始，一六如故；二六石減六升，止派二斗，徵銀二錢；三六減一斗，止派二斗六升，徵銀一錢三分。疏入，上曰：漕運軍士艱苦可憫，所議減徵，其更詳審以聞。

《明實録》嘉靖十一年七月〔癸酉〕陝西巡撫都御史王堯封奏：陝西各邊歲仰食縣官者不可勝數，考之黄河運道，自汴城入洛河至孫家灣，下載陸轉，可數百里而達陝州。復由黄河經潼關，過渭南，不四十里抵陝城。而陝之金州等處，徑湖廣、襄陽、漢江，皆有水可漕，誠循此道，改立漕卒，增置牛車，先轉河南、湖廣原泒臨德二倉米十萬石於金州，續改附近陝州等處折糧二十萬石，各舟浮車轉而達於陝，則可以不煩内帑，而用饒足矣。户部覆言：漢唐盛時，歲漕關中米數十萬石耳。然漢番係議作渠田不欲漕，張湯議通褒斜不能漕，唐褚郎鑿三門山爲梁而功不成，楊務廉又鑿爲棧以輓舟，而輓卒多墜死，李齊物鑿底柱以通舟而不能入，至候水漲乃止。蓋皆更底柱之險，敗亡過半，故至呼河中山爲米山，謂雇門匠爲無墓。而我朝成化間，亦曾轉漕二十萬石至陝，有斗錢易斗米之費，竟不能達。今徒愛獲穀之利，而不知利之不償其害。是楊雄所謂耗十而愛一之説也。宜下廷臣會議可否以聞。既而廷臣皆以爲不便。罷不行。

《明實録》嘉靖十五年九月 壬午，户部等衙門會議漕運事宜：

一、議將南京并上下江四總船料，除廠造者照舊取用南京贓罰外，其旗造者，自嘉靖十六年爲始，粮運到淮，即於該總兑運三四輕齎十分之三銀内，查照各該例旗船合用料價，扣筭乞出銀四千六百兩七錢，發淮安府庫收貯，聽工部委官主事支領造船。

一、議將江北中都三總兑運山東粮内，每年量撥五六萬石，派與遮洋總下。德州、天津等衛，空開軍船運赴京通二倉上納，每石仍照江北總下舊規，於領兑江南二四輕齎内乞貼銀三分内，將一分五厘輳貼天津，改兑餘銀一分五厘，相兼一六輕齎足勾完納。

一、議將管理通州郎中移劄楊村等處地方，每年當春仲秋抄之際，嚴督各該夫老人等，遇有游淺，即酌量工力疏濬，候運船到灣，仍詣通惠河提調。其臨清迤南，自東昌以致南旺等閘，應添設主事一員，專管開河等閘，督令各該官夫如法啓閉。

一、議將直隸巢縣、焦湖巡檢司并税課局裁革，其防詰盗賊，及商民投報貨税，俱令本縣兼理。而於直隸桃源縣白洋河鎮增設巡檢司，即屬該縣管轄，專聽把截關隘，防守官民船隻。

一、議將江西額編江淮、濟川二位水夫，比照湖廣例，無論見在逃故，一體徵銀解募，仍令每年與秋粮同時催足早解。

詔如議行。

《明實録》嘉靖三十七年正月 〔庚申〕户部覆給事中許從龍條議漕規十事：

其一，請每年八月會計本折定數，即行所在有司嚴限催徵。本色不過十一月，以便年内交兑；折色不過十二月，以應逐項解支。其有徇私越次混徵者，罪之。

其二，請及時修理運船，仍查各處料銀、木價候用，務令工力有餘，可以堅久。

其三，請於運船未到之先，以疏通河道責之水利管河官，以計處工食責之各處撫按。

其四，請重把總之選。凡推補陞遷，博訪明試，務在得人。諸運官積弊，如幫錢、長差、藥餌、紙劄、過淮錢之類，一切禁絶。

其五，請令各運官籍記每船運軍人數，先行送科考驗虚實。其中逃歸者，掌印官不得占護。

其六，請革各衙門所押册錢。每遇運該之年，嚴立造册期限，所三日，衛五日。各照原定月粮一兩六錢八分之數給之，不得故爲遲難，科索常例。

其七，請將正耗米外輕賫折銀，仍舊解淮。以十分爲率，三分給運官，隨船應用，其餘盡歸之把總，遇有不時動支，須一一關白漕司，不許乾没。

其八，請罷京衛各差。如催儹、起票、掣解、巡邏、起米之類。運船到灣，止行通倉員外郎、大通橋主事，責限起剥進倉，以杜騷擾。

其九，請復合倉收粮舊規。報曬報收及拈鬮署僉等項，各倉委官，務在守法奉公，不得延引時日，以滋姦弊。違者，聽本部及巡倉御史參劾。

其十，請自今年改折之外，行令所司督修南回空船，以備來年新運。以八月内報完，正月出兑，三月過淮，庶本色不虧，緩急有待。

從之。

《明實録》嘉靖四十三年十一月 〔庚申〕户部集議漕規八事：

一、修復濬山、大湖二縣水次，以便交兑。

一、九江衛運船原扣湖米三月，照數全給，以充過湖船料。

一、清江衛河造船指揮仍加把總職名，便於鈐轄。

一、嚴催江西安福所新造船料，使廉能衛官領之，久任責成，不許他用。其袁州五衛船廠改於吉安，南昌衛改於九江，各就産木近地團造，以後不許再更。

一、有司遲誤漕粮及一應輕賫船料運軍口粮之類，行撫按監兑官從重參劾。

一、兩浙衛所凋殘，行掌印官先期選軍修船，追補舊欠。其運官領兑有功者，許其更代，或别委署印，以酬其勞。

一、每年夏秋漕運盛行之時，守巡官沿河多設兵吏以防盗賊。一遇有失，責令本境有司賠補。

一、督運總兵官開府江淮，事權甚重，知府而下參見禮節宜遵舊規。

詔可。

《明實録》嘉靖四十四年九月 甲寅，户部議覆總督倉場侍郎張守直條陳四事：

一、運船到處，務照水程嚴限，不許夾帶私貨，沿途貿易，以致躭誤。仍將天津衛至通州河道亟爲疏濬，以通粮運。

一、各處兑運，俱要本色粮米，不許私相折收，以茲侵漁。駕運官軍，責令正身，無得雇替，以致逃脱。其運官欠粮千石以上者，械送法司重治。不及千石者，聽所在撫按、守巡官追比。

一、小患漂流，不許出二百石。如出二百石之外者，即照大患漂流事例具奏，覆勘明實，方與准行。每總名下，小患止許二名，大患、小患通計，亦以千石爲率，過此者提問如例。仍行各監兑主事，兑粮完日，將各船編號，細開粮米數目、旗軍花名，具籍到部查考。

一、禄米倉運到官吏俸粮，宜照軍儲倉收受則例，正糧一石，斛用一平一尖，耗米七升。至於放支，惟許兩平，務足一石。而正脚米三升，即於耗米七升内通融支給，餘米作正支銷。

疏入，允行。

《明實録》嘉靖四十四年十一月〔己酉〕户部議覆直隸巡按御史張振之條陳漕運八事：

一、將十三總衛所掌印官與衛官每歲更畨領運如舊，運官果能完掣通關無過者，即令掌印催辦一年運務。

一、運完各擇水次，賄賂公行，以致道里遠近不均，宜行漕司通將各司府領運把總等官水次充運，悉如議單，從公編定。先本府州縣，次及別府別省。

一、迩來漕運疲敝，官多畏避，以致弊端百出，宜行漕司通行十三總精選賢能官員預定領幫次序，以杜推調。

一、各處有司催徵遲悞，以致粮運愆期，宜令各撫按官轉行所在有司，將額徵錢粮預貯水次，俟官軍到日，即與交兑。

一、水次米色，專責有司嚴行監兑主事查驗。臨清米色，專責運官嚴行通判管粮郎中查驗，各分等則呈報總督及巡倉衙門。如有濫惡及插和等弊，參究罰治。

一、羨餘給賞，本以優恤貧軍，但船到有先後，完粮有遲早，宜酌情法之中，分爲兩次給散。如船粮抵灣，查無起欠，即將羨餘銀兩先給一分資具回南，餘一分驗明貯庫，姑俟各旗完掣通關，照前給領。如有起欠掛欠者，悉行扣貯通庫。

一、湖廣、江西水災重大，原派漕粮，宜權行改折收貯太倉，聽放月粮，不得別有那移。

疏入，允行。

《明實録》隆慶元年正月〔辛未〕户科給事中何起鳴言：邇來漕政廢弛，舊制：江北糧米當十二月以裏過淮，遠者不過明年之三月，今或至六七月。山東糧米當四月運完，遠者不過七月，今或至十一月。其故在有司怠緩，軍衛遷延，重以運官科求，旗甲侵費，弊端莫可深詰。漕運失期，多由於此。今監兑主事雖係專官，而部署權輕，嘗不得盡施其法。巡按御史可以執法，而事務繁劇，又不得專意於漕。按《會典》，沿河閘壩，每三處設御史一員，主攢運。今宜復國初之舊，於南直隸、浙江杭、嘉、湖添差御史一員，給之敕書，令其專理漕運。其濟寧以南河道，舊屬兩淮巡鹽御史帶管者，並以委之。監兑時則巡歷淮安以南，水盛時則巡歷徐州以北。此河道、漕運可兼攝而並舉者也。

户部覆奏，從之。

《明實録》隆慶元年十一月〔己卯〕户部覆漕運都御史張瀚、總兵官李廷竹會議六事：

一、漕法徵兑緩期，有司軍衛同罪。今法但行于武弁，而州縣文職，間以佐貳闒茸者塞責，宜一體劾治，毋得偏縱。

一、蘇、松、常、嘉、湖官家納糧，不赴水次，每逼私兑，宜遵例禁革。

一、凡及三年，將運官旌別淑慝，送户兵二部會考，舉其最者超擢示勸。

一、南京上下江造船二廠舊無上官督率，事多廢弛，宜分屬九江、蘇、松兵備道兼理之。

一、密雲、昌平邊糧甚爲運卒之累，數年以來，變革不常。請如大同例，發銀預糴，勿再分更。

一、裁革遮洋分派南北諸衛事宜，已經題覆，當著之令甲遵守。

得旨：運官賢否，惟以錢糧完欠爲據，如漂失掛欠數多，縱有他長，不得濫舉。餘俱議行。

《明實録》隆慶二年八月〔戊子〕御史蒙詔條上漕運十事：

一、嚴催徵。謂漕糧徵收開兑俱有定額，載在議單，至爲詳備。邇來漕政廢弛，多因所在有司假撫字虚名，而忽催科實政，以致開兑愆期，宜嚴行整飭。

一、明賞罰。謂漕卒糧完，例有羨餘之賞。運官效勞者，亦宜量加獎賚，而嚴需索之罰，使人知勸懲。

一、專責成。謂兩浙新增都司官與把總職守相關，臨事莫肯專任，宜責都司以先期料理，責把總以及時督率，不得相伏誤事。

一、議私兑。謂浙直士夫近設自兑之法，使之明犯禁令，抑困漕軍，不肖者既重以自恣，而賢者又不獲全其令名，宜仍舊官民公兑爲便。

一、足船數。謂國初漕制，每船不過正耗米四百七十二石。邇來船數滋少，或一艘并受七八百石，而又益以私貨倍之，致多敗溺，宜盡數清補。

一、增貢具。謂隨船什物諸費皆責辦貧軍，坐虧正糧，宜將存留米麥折銀給買，以示寬恤。

一、覈漂流。謂議單載漂溺之法至爲嚴密，邇來通同妄報，真僞莫辨，宜令州縣正官親行水次驗實。

一、清掛欠。謂扣補掛欠之法，以解淮糧折銀及該衛軍糧充數，那借多端，奸弊叢起，今宜明稽其數。臨倉掛欠者，如律問遣。若係漂流，止許將羨餘及本船官軍鬻産扣糧補之，甚則稍借概衛官軍一月、二月之糧，不得輕用淮銀，以滋侵尅。

一、重民運。謂江南糧長之役有三害，在家則苦催徵，在途則苦逼勒，抵京則苦完掣。宜令京漕二解户通融抵數，互相代運爲便。載米任僦輕舸，不必拘以大號長船，糧長各給小批，俾得完報，不致牽累。

一、嚴部運。謂部粮推避科索，以致歲運失期，積逋無筭，宜選廉能吏督之，而汰其不職者。

得旨允行，仍以詔精勤任事，陞俸一級。

《明實録》隆慶二年九月〔乙亥〕户部等衙門會議漕運事宜：

一、酌處資餘以恤軍困。言運軍南還，全仰給於資餘。今一幫漂，扣留各幫，一衛漂，又扣留各衛。既阻回船，兼悮新運，非法之善也。請自今年爲始，凡處補資餘，俱於本年内，大患先儘本幫，次及本衛，次及總；小患先儘本船，次及本幫。其別幫、別衛不得一概扣留。

一、議處帶甎，以速糧運。言運船過臨清，於上下二廠順帶城甎。水次遼遠，宜就近改派於閘外下廠，無致躭延。

一、添鑄鐵斛以息争端。言瓜儀石土等壩，因斛有增減，互相争執。原鑄鐵斛不能偏校，宜每總添鑄鐵斛三張，分發各總，帶赴水次。仍令司、府、州、縣如式製造木斛，以備交兑，不得異同。

詔如議。

《明實録》隆慶二年九月〔丙寅〕直隸巡按御史周禧申議僉漕四事：

一、近議漂流，粮米不分多寡，概行奏勘，甚苦運軍，宜如舊例。凡粮舡過洪，卒遇風淺，漂流不多者，押官勘實，即給該掣羨餘銀兩，令其買補。

一、各庫軍斗，宜僉派正身，毋容雇役。

一、漕折銀兩，宜收貯別藏，於秋冬二季，折放軍粮。不惟可以存留本色，且得餘銀之利。

一、漕粮係國家大事，運道所經，宜慎選官旗，增置器械，以防不虞。

部覆從之。

《明實録》隆慶二年十月〔己亥〕催儹漕運御史蒙詔條陳漕河二事：一、議優恤。言南陽獨山一帶諸水，經注佔役民田一千二百餘頃，原額税粮分派山東通省，以惠失業之民。

一、議洪夫。言徐州所屬豐、沛、蕭、碭，當水陸衝要，歲編兩洪夫役二千四百五十一名，該工食銀一萬五千一百九十六兩。民不勝困，宜于輕賫銀内每石扣銀二厘以資雇值。

部議：水田粮當如議，輕賫銀兩備分派盤剥、車脚及修船給軍之費，難以議扣。即今議真瓜州二壩扣取脚米歲計銀二千五百兩，該州四縣派剩麥價銀一千五十九兩，近議運司挑河銀三千餘兩，総計六千五百餘兩，悉聽本州收抵夫費，宜可以紓民困矣。

詔如議。

《明實録》隆慶四年三月〔壬申〕工部覆御史楊家相所陳三事：

一、重漕艘以全大計。謂淺船造作不堅，弊在法疎人玩，侵牟者多，宜嚴加綜覈。

一、開河道以利漕輓。謂朝陽門外故有河渠，雖歲久漸湮，尚可復之，以便東倉之運。與夫寶應湖之議，開康濟河、鎮江一帶之議，濬淺阻，填卑洼者，皆通漕孔道，所宜亟舉。

一、建閘座以省耗費。謂瓜洲土壩，剥運甚艱，莫如建閘之便。又境山諸閘，日就頹毁，宜及時修理。

上命如議行。

《明實録》隆慶四年十一月 乙丑朔，户部會廷臣議漕運便宜，在漕司條陳者四事：一曰清理敝總。謂江西、湖廣粮運常遲，率因官旗挾貨所致躭延，請令督粮藩佐嚴法禁革，押至瓜儀，付儹運郎中參將，再委府佐數員，浩江催督。其應天、太平、安慶、池州、寧國、廣德州運務比兩浙例，責成南直隸屯田御史，賜以專敕，無攝之。其原差主事，但令專官江比。二曰鑄給關防。謂浙東等一十二總俱有輕賫減存等銀，一切收支漫無印記，弊端不可勝。請謂各給關防，以杜姦僞，凡遇陞遷革職，必交代明白，方許離任。三曰查催民運。謂杭、嘉、湖、蘇、松、常六府民運白粮，宜令備載數目及解官船隻申白漕司，庶可給發幫牌，責限運給，而考其完欠之數。四（月）〔曰〕申明勸典。謂運官罰罪甚嚴，而賞格未備，胡以示勸。請令兵部查究，多功次如例陞級，超等擢用。

在户部者應議九事：一、平收納。各倉收粮，仍復一平一尖之舊。二、聯幫次。運船宜令首尾聯絡，依次而進，使漂流遲速，便于稽查。三、處掛欠。欠粮官旗，雖經參治，每藉口新運，輒自逃回。今後移文漕司，別委領運，務嚴督舊官，尽法示懲。四、催空船。令把總押過天津，參將尾後過督。令過淮各省轉委都司官一員赴淮，催還本衛。五、處空運。昌密漕粮仍舊令各軍徑運，（侍）〔待〕深夏抵灣起運，以省僦價。六、防凍阻。自今凡遇凍阻者，不拘道路遠近，擇地寄貯，留軍看守，發船回南，另補官旗以整新運。舊者必掣通關，方許回衛。七、嚴改折。歲漕四百萬石，今後必十分災傷，萬不得已者，（今）〔令〕附近州縣照例撥補，或臨德等倉所積，堪抵支運，方准議改。毋以小灾市恩，致損舊額。八、速運期。漕粮宜酌道（理）〔里〕遠近，刻定限期。若兑完開幫責之監兑，瓜儀責之儹運，過淮責之漕司刑，過洪責之徐州兵備，入閘之後責之各管倉主事，將經過日期即時登記。懲治之條，惟按時日久近爲差。凡稽運程，粮船過淮之後，請勒徐州兵備每年三月前後詣清河、桃源、宿遷等處駐劄，選委府州縣佐分方查催，漕司將過洪日期一體具奏。

疏上，得旨：俱如議行。

《明實録》隆慶五年六月 〔辛丑〕巡倉御史唐鍊條奏漕運事宜：

一、請申飭所司，嚴立程限，催督運船過淮，以防凍阻。

一、請復設京倉經歷五員，通倉經歷一員，以便責成。

一、巡倉事畢，宜如刷卷例，將京通二倉正耗出納完欠之數，一一查覈，以清夙弊。

一、官軍正兑例有空貼，以助改兑，乞量行議免，以示優恤。

一、旗軍多以乾没浪費虧損糧額，貽累運官，宜行巡按御史嚴提追究。

一、白河、沙谷等淺，僅五里許，而轉般厚費，運軍不勝其苦，宜令所司及時疏濬。

户工二部覆議，詔允行。

《明實録》隆慶五年九月 〔辛酉〕總督倉場侍郎陳紹儒條上漕政五事：

一、重責成。言每年兑運事宜，當專責各處巡撫，而令監兑官揭報遲速，庶事權歸一。

一、通泒運。言江北中都等三總每年撥兑河南、山東二省糧斛，船南糧北，人情未便，宜於輪撥一總，週而復始。

一、嚴禁貨。言各船私貨，不許妄溢四十石之外，有逾制者盡没入之，以省牽輓。

一、足船額。言各總船缺壞者多宜及時修補，限以三年爲率，務足全數。

一、時疏濬。言京口小灘等處，原設淺溜人夫，宜令有司從宜督治。

户部覆言：諸議皆於漕政有裨，獨泒運事相承已久，第命漕臣於中酌議，俾漕務人情兩不相碍，可矣。從之。

《明實録》隆慶五年九月 〔戊寅〕户部覆漕運都御史陳炌等會議漕政事宜：

一、疏濬常、鎮、寧國及浙江海寧、崇德等處河道，仍開復練湖水以濟運河之用。

一、給各省督糧道關防，久任責成。

一、查復江北、揚州等三總耗米本色以抵軍士行糧，其山東觀城等四縣於小灘鎮交兑者，每石折耗米三升，以充盤剥之費。

一、清補每船缺軍，務足原額十名之數。凡行月二糧及鈔賞等項，俱使得蒙實惠，以安其心。

一、見寄通庫羨餘銀兩及隆慶五年以後係二分給軍之數，凡遇奏到漂流及上年掛欠者，准與折算補納，不足，則行原籍徵補。

一、禁戢各處土豪抑困兑軍者，有司不能治，以罷軟論。

一、嚴督淺夫，日伺河下，助挽漕舟，以免運軍顧募之苦。

一、廣德州舊於水陽地方設倉，軍民便之，宜復其舊。湖州府縣地僻山阻，宜（徒）〔徙〕置各倉於府城。報可。

《明實録》隆慶五年九月〔乙酉〕山東巡撫都御史梁夢龍等上海運議曰：今漕河多故，言者争獻開膠河之説，此非臣等所敢任也。第嘗考海道，南自淮安至膠州，北自天津至海倉，各有商販往來，舟楫屢通。中間自膠州至海倉一帶，亦有島人、商賈出入其間。臣等因遣指揮王惟精等自淮安運米二千石，自膠州運麥一千五百石，各令入海，出天津以試海道，無不利者。其淮安至天津一道，計三千三百里，風便，兩旬可達。況舟皆由近洋，洋中島嶼聯絡，遇風可依，非如横海而渡，風波灘測。比之元人殷明略故道，實爲安便。大約每歲自五月以前，風順而柔，過此稍徑，誠以風柔之時出，並海之遒汛期不爽，占候不失，即千艘萬艣，保無他患，可以接濟京儲，羽翼漕河，省牽挽之力，免守幫之苦。而防海衛所犬牙錯落，又可以嚴海禁，壯神都，甚便。

事下户部，部覆言：海運法廢已久，非常之原，難以盡復。乞敕漕司量撥近地漕糧十二萬石，自淮入海，工部即發與節省銀萬五千兩爲雇募海舟之資。淮揚商税，亦許暫支萬五千兩充傭召水手之費。從之。

《明實録》隆慶六年正月 丙子，户部尚書張守直等條例漕政事宜：

一、申嚴議例。言漕糧徵兑完納，各有例限。頃以開兑後及至淮之日，漕司不親查覈，因循成弊。今宜分别責成，如粮船到淮後期，責在各處巡撫；已到淮而更遲悮，責在漕司，並聽本部會同科道官參奏。

一、查處粮船。言邇來造船者多侵尅料價，一遇風濤，即立致漂流。今宜行撫按及漕司，查各總淺船已回水次者，責令委官嚴修，及行各把總官驗船堅梔，酌量分派，毋令重載易壞。其有守凍未回者，預覓民船裝粮抵壩，候凍船回日修理，仍將委官查考參究。

一、查刷船軍。言近來選僉運軍，多以私意放免，募工充之。稍遇艱危，即棄不（願）〔顧〕。今宜查刷弊源，諸殷實精壯户丁，俱照額僉運，不得以無賴濫充。仍令五船編甲，互相覺察，以懲奸弊。

一、議處漂流。言粮米漂流，原無免耗之例。今此例一開，各領運官旗，多所侵盜。自知粮數缺少，往往自沉其舟，得照例開豁，多方處補，比照數上納者獲利數倍，人復何所創懲。自後粮船漂流，將官軍先行擒治，仍嚴審他弊，不得輕扣各軍月粮，務盡家産抵償。仍曉諭沿途有司，亦不得妄行勘奏，違者，以贓論。令各倉監收主事，以漂流撈獲餘米，别貯倉廒，先行支放。

奏上，得旨：如議從實舉行。

《明實録》隆慶六年二月〔癸巳〕禮科左給事中雒遵條奏飭漕規五事：一、正運本。言漕運大計，統于都御史及總兵官，今不能正身率下，而欲法度必行，漕政肅清，不可得已。宜守清漕庫，令御史每歲稽查，使出入明而物議息。

一、駁運官。言近來運官賢否採訪失真，賞罰不當，宜令漕司虛心詢訪，從公甄别，先至者給賞陞擢，遲阻者盡法究治。

一、撫運軍。言領運旗軍行粮、月粮既不以時發，而輕賫羨餘往往不沾實惠，以故迫于貧困，展轉爲奸。宜録其効勞，繩其奸狡，漂没者厚加撫恤。

一、足運船。言運船之弊，大率敢于乾没者缺而不補，巧于侵漁者補而不堅。漂損之原，寔由于此。宜暫（願）〔僱〕船隻裝載新粮，仍發銀督造以足原額，并增給修船銀兩，歲一清查，即不如數及有他弊者，並寘之法。

一、嚴運期。言迩來漕規廢壞，人心玩愒，督責之法未備。宜令督粮道押送入閘，方許回任。各兵備沿途催儧，嚴立限程，御史郎中等沿河上下往來督發。其凍阻遲悮及稱漂流者，各分别議處，毋令得生奸計。

户部覆：請如遵言。詔允行之。

《明實録》隆慶六年三月〔丙午〕總督漕運都御史王宗沐言：國計之有漕運，猶人身之血脉，血脉通則人身康，漕運通則國計足。我朝河運幾百六十年，法度修明，疏通無滯。迩來事多弊滋，兼以黄河泛溢，數患漂流，故科臣復議海運，而縉紳之慮，猥云風波。大風波在海三尺，童子知之，然其利害有辨。古語云：地不滿東南。東南之海，聚水所委，渺茫無山，則趨避靡及。近南水煖，則蛟龍窟居。故元人海運多警，以起自太倉、嘉定而北也。若自淮安而東，引登萊以泊天津，玆謂北海。中多島嶼，可以避風，蛟龍有往來而無窟宅。又其地高而多石，行舟至登萊，因其曠達以取其速，而標記島嶼以避其患，則名雖同于元人，而利實專其便易。佐河運之缺，計無便于此者。然此猶擧時宜而言耳，若語全勢，則其説有三：一曰天下大勢，二曰都燕專勢，三曰日前急勢。

唐人都秦，右據岷凉，而左通陜渭，是有險可依，而無水通利也。宋人都梁，背負大河而面接淮汴，是有水通利而無險可依也。若國家都燕，北有居庸、巫閭以爲城，而南通大海以爲池，金湯之固，天造地設，聖子神孫萬年之全利也。而乃使塞不通焉，豈非太平之遺慮乎。此所謂天下大勢也。

夫三門之險，天下之所謂峻絶也。然唐人裴耀卿、劉晏皆百計爲之經營者，以彼都在關中，輸輓所必由故也。若夫都燕，則面受河與海矣。然終元之世，未嘗事河而專於海者，彼終歲用兵，無暇于事河也。彼又以爲河運入閘，則兩舟難並不可速也。魚貫逆遡，一舟壞則連損數十舟，同時俱靡，不可避也。一夫大呼，則萬櫓皆停，此腰脊咽喉之譬。先臣丘濬所憂，不可散也。若我朝太平熙洽，主于河而恊以海，自可萬萬無慮。故都燕之受海，猶憑左臂從脇下取物也。元人用之，百餘年矣，梁秦之所不得望也。此所謂都燕專勢也。

黄河西來，禹之故道，雖不可考，然不過自三門而東出天津入海，是腹雖稍南，而首尾則西衡也。我朝弘治二年決張秋，奪汶入海，其首猶北向，乃今則直南入淮。而去歲之決閻家口，支出小河，近符離、靈璧，則又幾正南矣。自西北而直東南，途益遠而合諸水益多，則其勢大而決未可量也。故以漢武之雄才，尚自臨決塞，王安石之精博，且開局講求，河之爲患，詎直今日然哉。且去年之漂流，諸臣聞之，有不变色者乎。夫既失利於〔河〕，又不能通變於海，則計將安出。故富人造室，必啓傍門，防中堂閉則可自傍入也。此所謂日前急勢也。

風波係天數，臣豈能逆覩其必無。然趨避占候，使其不爽，當不足以防大計。惟聖明采擇，因條上海運七事：

一、定運米。言海運既行，宜定撥額粮以便徵兑。隆慶六年已有缺舡，粮米足備，交運以後，請將淮安、揚州二府兑改正粮二十萬一千一百五十石，盡派海運，行令各州縣於附近水次取便交兑。遇有災傷改折，則更撥鳳陽粮米足之。

一、議船料。言漕運二十餘萬，通計用舡四百三十六艘。淮上木貴，不能卒辦，宜酌泒湖廣儀直各廠置造。其合用料價一十一萬八千四百兩有奇，即將清江、浙江、下江三廠河舡料價，併浙江、湖廣本年折粮減存及河南班匠等銀解用，不足，以撫按及巡鹽衙門罰贖銀兩抵補。

一、議官軍。言起運粮舡，宜分泒淮、大、台、温等一十四衛，責令撥軍領駕，每艘照遮洋舊例，用軍十二人，以九人赴運，其三人扣解粮銀，添顧水手，設海運把總一員統之。其領幫官員於沿海衛所選補，所須什物即將河舡免運軍丁粮銀扣解置辦。

一、議防範。言粮舡出入海口，宜責令巡海司道等官定派土島小船，置備兵伏，以防盗賊。

一、議起剥。言粮舡至天津、海口，水淺舟膠，須用剥舡轉運至壩，每粮百石給水脚銀二兩九錢。其輕賫銀兩，先期委官由陸路起解，聽各督粮官收候應用。

一、議回貨。言海運冒險，比之河運不同。旗軍完粮回南，每船許帶私貨八十担，給票免税，以示優恤。

一、崇祀典。言山川瀆祀典具載，今海運所畏者，蛟與風耳，宜擧庙祀以妥神明。

疏下，部覆如宗沐言，詔允行之。

《明實録》萬曆元年十一月〔壬午〕河道侍郎萬恭奏：江南運道，延袤八百餘里，每歲夏初開運，河水充溢，運道無虞。今改於年前十二月開幫，正屬各河淺滯，諸壩斷流，京口封閉之候，挑濬工費，動以數萬計，仰給於（遵）〔導〕河銀，是以杯水救車火，且病農；派夫於丁田，則病民；借辦於鋪行，則病商；取給於協濟，則病鄰。俱屬偏枯，非久計也。查江南漕糧幾二百萬石，每石舊帶徵雇船脚米七升。近瓜洲建閘，運船徑抵水次交兑，此米遂蠲。宜仍每石徵一升，歲折銀一萬兩，查各府河務輕重，分發收貯，名曰運河銀。凡運漕渠挑淺築堤，建閘修壩，雇募夫役，買辦什物，一應工費，悉此項内動支應用，分毫再不干擾農商，貽累鄰境。以瓜閘所省江南之費，爲江南運道通融之用，似爲長便。

下工部覆行之。

《明實録》萬曆二年六月〔丁未〕總督漕運副都御史王宗沐題漕務五事：

一、定期限以圖善後。今歲漕舟，正月終悉抵鎮江。蓋事體初復，人心兢奮，然不可爲常。議定以三月終盡數過淮，以一月爲黄河逆溯之期，則四月終可悉過洪，不與黄水相直。

一、禁軍士以戒不虞。祖宗以十二萬軍士歲運於中原，自有深意。但群聚起爭，不免貽禍地方。凡軍船赴水次領兑，止許一旗一〔綱〕〔綱〕跟同運官赴倉，其餘軍士不許私自上岸。

一、清責任以處舊欠。前運掛欠，新運扣留。用守法之人之米，爲先年盜賣之資，不平甚矣。如山東都司僉書朱嘉謨欠糧二萬六千餘，銀二千三百餘，而反得尊官善地，何以服諸人之心。今後明開掛欠運官某人、旗軍某人，不拘陞任在衛，行文原衛，變産扣俸，及扣運旗餘米、月糧，有不足者，仍行地方官設法處完。

《明實録》萬曆四年九月〔癸巳〕户部尚書殷正茂等言漕運事宜，既經諸臣條議，當詳加酌定，載入議單。如户科給事中劉魯謂預給月粮，漕臣幸其早沾，各軍慮其分撥，宜咨南部并漕司會議。至于查給餘羡，點選軍旗，則確乎可行者。如漕儲參政楊一魁揭議曰復起剥以省重困。石土二壩地勢甚狹，水涸舟膠，雇夫回舡艱苦百狀，宜酌河水淺深以爲抵壩、抵灣之準。萬一沮淺，勢必剥運，則輕賫内原編起剥銀每石脚價六錢五分當復也。曰慎委催以節軍力。粮舡既有總兵督押，沿途又有部司催儹，乃復委之佐貳，苟且欲速，不問洶湧波濤，風雨黑夜，一概催趕，或致失所，害豈勝言。宜令分司兵備等官加意優恤，不得輒行綑打。曰專責成以免踈曠。把總督押各幫，責任頗重，乃不顧本管反委催別幫舡隻，以致顧彼失此。合通行漕司儹運等官，嚴諭各總，止炤顧本幫，中有跟幫不及者，申呈本道批行附近總分帶理。至于黄河，不許越幫則已。奉旨：不容再議。

又如本部應議事件，除掌印官更沓領運一節，似于漕務有裨。而南京兵部尚書劉光濟以爲不便，已移咨漕司另議外，一、輕賫銀兩，原爲起剥交納各項公費，關係不小。有司先期徵完，隨粮解赴漕司，三分驗給各幫沿途支費，七分差官起解，遲違炤例降罰。或有中途被劫事變，户部劄行京通二廳，查將失事本幫羨餘扣抵，不足，則責令地方官與本幫及前後幫舡三分均賠，毋容偏累。

一、就近造舡。侍郎吴桂芳咨安慶造舡非便，欲將九江衛淺舡仍造本處，聽九江道提調，即當改行。

一、嚴空幫。凡漕舡起粮，户部給單，押空回南，多有載貨、遲延、棄逃、盜賣者。自萬曆四年始，另刊限單，通倉郎中遴選廉幹運官押回程途舡隻，明開單内，嚴限督赴粮儲道投驗，遲違一月者，炤依違限事例擬罪。一月以外，罰俸三月。缺船五隻以上，該道查參，降職一級。十隻以上，降二級。有通同盜賣等弊，炤《問刑條例》追贓重擬。並乞載入議單遵守。

上曰：可。南京衛官更沓，其如前議。

《明實録》萬曆七年六月〔乙未〕户部覆總督漕運侍郎江一麟、總兵官靈璧侯湯世隆各題稱漕運事務：

一、議兑運之便。漕運各總下軍船領兑水次，原有定例，遵行已久。若所奏以地方遠近赴兑不便，欲將浙、直軍船互相兑換，恐輕賫銀數不同，兩處派額已定，那此補彼，未免紛更多事。不若仍照原定水次派撥全單，責令上緊赴兑，不許推諉遷延。

一、議管船之令。本部於漕運回空淺船，設有限單，填註官旗姓名，酌量程途遠近，選官管押回南，賫赴糧道查銷。其過違原限，損失船隻，分別降罰。至於減存船隻，宜依議，令漕運官旗自萬曆八年爲始，運回船隻，押空官須合幫南下，以便稽查。其軍船什物，交與該衛印官整理，有缺少者申究。若無故缺壞，除駕運九年者，只照例送底船赴廠；係八年、七年者，底船之外，閤船旗軍每名罰銀一兩；六年、五年者罰銀半倍之，俱同底船解淮，候該年成造；若止駕四年以下者，依棄毀官物律例追償，造完免罪。押空官仍照例擬懲，勿行姑息。報可。

《明實録》萬曆十六年四月〔庚申〕工部覆科臣常居敬條上漕河事宜：

一、嚴啓閉以杜淤塞。請歲行申飭山陽通濟等閘，三月初運畢即爲封鎖，瓜州二閘俟蘇浙運畢封鎖，官私船隻照舊（車）〔查〕盤，勢豪干撓者，法無赦。

一、催粮運以謹河防。謂四月黄水生則河波，運先於波則壩可築，而白粮一運每至愆期，不得不緩壩以待之。宜督所司填註限單，務令先後漕粮次第過淮，以便修築。

一、議錢粮以助河工。謂河工銀歲額三萬，而費至六七萬，每以不敷停修，貽害不小。宜核所在逋負立限追解，無爲墨吏積胥所没，以致匱竭無措。

一、稽工料以資實用。謂樁草繩檾灰石之屬，皆河工急須，而名實不相覆，上下因循，恣爲姦弊。宜慎加釐飭，及修築未久旋報崩潰者，追還料價。

一、重修守以謹河防。蓋治河如治邊，防水如防虜。邊臣守邊有叙勞之效，而河臣奔走風濤拮据之苦，視邊臣尤甚。宜於歲終分別紀録，三年類題，果有成勞，予之優擢，則人心競勸，而河防益飭。

上依議。

《明實録》萬曆十七年八月　〔己卯〕漕運總督舒應龍等條議漕務五事：一、度江期限。下江、浙江原有挑河銀一萬兩，今則什不及一，以致蘇松一帶裏河淺涸。宜每歲秋盡築壩之時盡行疏導，使漕艘得以及期渡江。

一、分任委官。原差監兑主事難以周歷，浙江坐委府官巡行水次，下江四府亦宜遴選府佐。

一、量復徐淮倉。國初俱民運至淮、徐、臨、德四倉，以軍舡接運入京通二倉。宣德以後，始兑撥附近衛所，名爲兑運，國家兩都並建，徐、淮、臨、德，寔南北咽喉。今臨、德尚有歲積，而徐、淮二倉竟無顆粒。請自今山東、河南全熟之時，漕粮預備本色全徵上倉，計臨德已足五十餘萬者，仍舊上納二倉，亦以積至五十萬石爲止。

一、遠舡起剥。粮舡赴北，向以張家灣爲住泊起剥之地，至隆慶四年議由通惠河至石土二壩，請自今到灣悉聽頋舡起泊。

一、灾傷勘報。地方災傷例由巡撫報巡按勘，户部據實以議蠲折，拘守成例，未免躭延。如撫臣缺，按臣即許代報，按臣缺，別差御史即爲代勘。

部議言：臨、德二倉因發賑一空，今查連暫住漕粮候收足五十萬石外，摘發徐、淮二倉上納起剥一事，固不可必欲抵壩，亦不可專恃起剥，遇淤淺即剥，再剥之後，令毋舡隨抵壩，餘各如議。從之。

《明實録》萬曆十九年九月　〔戊寅〕户部尚書楊俊民覆總漕周寀等會議：一、議船單。凡漕船過淮，其米色不類者，于單内印米色不堪四字，以憑賞罰。

一、議船限。浙省運船比江北水路較遠，難依十年製造之期，宜改定九年，如未及九年損壞者究處。

一、議邊糧。昌密二鎮邊糧，自通州水陸盤三四次方得抵倉，弊孔多端，宜申飭巡緝，憑勤惰以爲奬戒。

一、議長剥。漕船運抵白河原自桃花淺長剥，至灣後三四次節剥委不便，今照舊長剥，脚價于輕齎銀内動支。俱從之。

《明實録》萬曆二十三年十一月　壬午，户部覆請巡倉御史趙文炳申飭漕政九事：

一、正舉劾以示勸懲。
一、禁強兑以肅漕規。
一、選旗甲以便責成。
一、議交糧以杜科索。
一、省冗委以免科歛。
一、禁摻鹽以安回軍。
一、議領糧以省賠累。
一、禁姦旗以肅漕政。
一、均利害以儆惰官。

詔報可。

《明實録》萬曆三十年閏二月　乙未，户部覆倉場右侍郎趙世卿議：漕糧有正兑、有改兑。正兑者解入京倉，改兑者解入通倉。比因兩倉歲有定額，而改兑數少，往往撥正兑以補之。顧臣思之，地有輕重，勢有緩急。使京師而足也，何憂於彈丸之一州；即通州而足也，何濟於都城之緩急。況京營官軍赴通關支，遠道守候，又苦擔負，往往以米易錢，半值而歸。是有一石之名，而無半石之實。萬一事變搶攘，枵腹待食，乃令擐甲執戈之夫，索米於數十里外，往返而後炊之，不亦難乎。宜自今伊始，不拘三七、四六之例，將漕糧正兑盡入京倉，以俟三數年間，京庾稍裕，乃仍改撥通倉，以補改兑之不足。至災折糧銀，所以折漕糧，非折九邊之軍餉也。有一石之折，則有一石之銀；有一石之銀，則抵京軍一月之米。何乃頻年以來，一概溷支，以致銀米兩空，捉襟露肘。宜自今伊始，凡屬直省徵收折銀，解部之日，另收貯一處，專備春秋兩季放給官軍折色。仍咨行各撫按，非大災祲，不許擅請改折，嚴督有司，依期徵兑。如此數年，先京後通，而兩倉積貯可漸充裕矣。詔然之。

《明實録》**萬曆三十年九月**〔癸未〕管倉場刑部左侍郎謝杰題：國家漕東南之粮四百萬石以實京師，此二百年定額也。近因旱澇頻仍，改折數夥，流離相望，議賑日增，兼此河工告急，堅請截留。臣視事未及五月，掣籤未及兩輪，而粮已報完。計收粟米、粳米共一百三十八萬一千五百石有奇，累年入數未有如此其少者。今京倉實在之數四百四十八萬餘石，僅足二年之支。設使明年之運又如今年，則將並此二年之積亦耗矣。況今年粮運全賴天時助順，河流復通而粮數又少，故得迅速抵灣。倘天雨不時，河道梗塞，可不爲之寒心哉。去年偶因南粮阻凍，暫儲通倉，今歲遂欲循故事，該臣屢票嚴催，迄今方得完備。由斯觀之，各省人情大都如是，勢必展轉營求，本無災傷而告災傷，非水旱而告水旱，因循故套，又將以改折告矣。倉庾空虛至此，隱憂已在目前。乞天語叮嚀，敕下户部，乘此會計之期，通行各省直地方，非真有十分之災傷水旱，府縣徵收決不許其輕言改折，河工別爲措處，亦不許其輕言截留，每年粮運必至三百萬石以上，每年積餘必至數十萬石以上，則數年之漕可餘一年之食，庶幾根本之地可支，而將來之憂可杜。户部覆如議，報可。

《明實録》**萬曆三十一年正月**〔壬午〕户部覆總督倉場尚書謝杰條議四款：

一、儹運御史宜速，七省官旗雲合鱗集，動至十萬，非御史不能彈壓，則巡漕不可一日缺者。

二、起剥主事宜復申飭河西務分司及通糧郎中，凡糧船所至，各照信地，加意稽察，督催前進。

三、人心僥倖，宜絶旗軍敢有希望截留逼運不進者，巡漕御史即時拿究。各省直地方非遇大災祲，不許輕議改折。

四、中途刁訟宜禁。所在漕司但有旗甲中途訐告運官者，即便移文本部，及總督倉場衙門知會，俟事竣申理，不得輒自拘問。俱從之。

《明實録》**萬曆三十一年十一月**〔戊寅〕户部覆巡漕御史楊廷筠條議押運四事：

一曰復押運之規。自三十一年爲始，各該粮道仍舊躬催押運，必俟船盡入閘，方許回任。

二曰仍給餉之舊。運軍月糧專責押運把總收貯，如各衛完糧告領，或遇有掛欠動銀買補，該總徑呈巡倉御史批允給發，仍立循環文簿，一送總督衙門，一送巡漕御史，倒换仍將支給數目填入本部原發循環，以便通查。

三曰酌邊粮之便。每歲邊粮先儘山遮二總，次及中都淮大，其在南遠總，免其泒運，一應盤剥脚耗，照依輕齎事例改折入標解給。

四曰重漕道之體。凡係漕臣舉刺地方，有司參謁俱依親臨守巡道行禮。清江廠造船隻，聽漕儲道會同該司佑勘如式。如造作不合式者，該道徑行提究。

俱依議行之。

《明實録》**萬曆三十三年十二月**〔庚戌〕工部覆河道總督曹時聘條議大挑事宜：

一、處錢糧。謂部派各項經費，勢難猝至，議咨三省直撫按，不拘庫貯見徵錢糧，各照應募夫數暫借應用，俟各項經費到日補還。

一、募夫役。謂烏合之衆漫無統紀，勢不得不借力于有司。議派山東募夫十萬，河南六萬，江北四萬，聽各司道劑量均派，掌印官親押赴工，督催開濬。其庫獄城池，另委佐貳官看守。

一、嚴稽核。謂河工錢糧以十分爲率，五分貯之山東，三分貯之河南，二分貯之江北，各委府佐一員專司支放。凡應給工食、應買物料，聽該司道核實出給印領，赴各巡按衙門掛號存案。另委推官一員，隨事稽查，十日一報，工完之日，聽按臣委官查核造册奏繳。

一、儲薪米。謂夫役雲集，米價必至騰踴，議借山東司庫銀三萬兩，河南司庫銀一萬兩，分發州縣收買米麥，運赴工所，再撥徭夫數百名沿河採草，以供炊爨。

一、議禁戢。謂人情聚則必争，矧災傷之後，人心思亂，不得不爲預防。議布署官夫悉照行伍之法，病者給以藥資，死者給以葬具，更調濟寧、兖西、淮徐三道官兵各二百名，犄角戍守，仍申明約束，無相擾害。

一、酌蠲恤。謂省直地方河患頻仍，河工困累，兼之連年水旱，凋敝已極。議將募夫州縣本年見徵錢糧存留者，破格蠲免，起運者停徵一年。其挑土覆壓民田，額税照數豁除。

一、明激勸。謂在工各官募夫辦料運餉督工，食宿河壖，披履冰雪，非破格優處，何以示勸。議事竣之日，將府佐、州縣正官已有恩典者，于推陞行取之日准俸一年，未有恩典者，特准給與。其佐領等官，照例一體優叙。省祭、陰醫等官冠帶者，厚加賞犒，餘者給以冠帶，仍通雜泛差役。

一、固上源。謂舊河既疏，決口已塞，勢必沛然東下，新挑之河其深廣僅半，上源則放水之後，無論豐單行堤亟宜補築，即曹縣之王家口、曹家樓，儀封之小宋集，蘭陽之銅瓦廂，祥符之張家灣，比之伏秋防守更宜加謹。其最險要者王家大壩、黄壩新堤，皆淘溜經行之處，行令管河各官各照信地儲料集夫，儼如大敵在前，不得時刻懈弛。

得旨：依議行。

《明實録》萬曆三十七年十月〔乙丑〕巡漕御史顔思忠條議申飭漕規：

一、建閘壩以竟前工。徐塘、猫窩等處流沙爲患，先河臣議于閻家集、田家口、吴家沖建閘三座，以備蓄積。于徐塘河、王文溝、王市溝建水石壩，以備分洩。于張材、長旺等口各築截河二壩，以遏流沙。至泇河之水，全藉南旺、蜀山、安山諸泉，須大加疏通，令泉脉湧注。又滄浪水改從針溝口入泇，自源概委，亦濟運之上策也。

一、分官建驛以保萬全。泇河南北二百六十里，人舍稀少，盜賊公行。議將徐州水驛移之泇溝，邳州水驛移之田家口，以兖州泇河通判移駐台莊，徐州管河同知移駐王市口，邳州管河同知移駐直河。每春夏行運之時，以徐州參將移駐猫窩，沙溝守備移駐韓莊。鄒山地方聲勢相倚，河渠爲之肅清矣。徐嚴造船以資輓運，脩潞河以濟起納，嚴法令以肅漕政。章下該部。

《明實録》萬曆三十九年九月 癸卯，總漕右僉都御史劉士忠、御史彭端吾會疏截留糧運。户科給事中韓光祜言：漕糧名爲四百萬，除永折及山東、河南等處近運，其實轉自河漕者，止二百八十餘萬耳。留一分則少一分，是三去其一矣。此例一開，人皆觀望。一年留，各年俱欲留，是歲去其一矣。今歲阻水，來歲能保無水乎。今歲卹災，來歲能保無災乎。即如所云，凡遇因災改折，就將前項截留漕米查撥減存軍船支運，以抵其數。亦若可行，但此八十萬石，不知百姓多少苦楚，有司費多少敲撲，方得此。現在米與舟脱卸而去，且無論行月糧及耗米，即正糧中侵盜插和，何所不至。轉盻間成塊成灰何能竣，改折之年，以減存之船復致二千里外，司倉押運，俱不可問，翼抵數之虚名，棄現在之實米，恐非計之得也。粮船稽遲，豈盡阻凍之故。漕例所載，督粮參政押運到灣，催攢回南，今俱爲空言乎。若復守濬，則管河官所司何事，何不濬於粮船未到之前。聞往歲運船起粮之後，有復往一灘載米抵灣，一船至得價三十兩者，則空回之遲，又不獨在守候矣。至於總兵官斂受常例，歲以萬計。法令廢弛，督率不前，則總兵可議更也。况各旗軍飽餐者，現在乾没及行月粮耗米之利，所垂涎者，不旋踵而有明歲復運之利，其誰不逗留爭後乎。乞嚴敕在事諸臣，乘此秋深水平，尚未冱寒，星夜前進，兩月之間，尚可抵灣。即有凍阻，明春冰解，糧儲道及總兵先後親督，兼程南下，預移泒江北就近處所領兑，亦未爲晚。如有規避遷延，巡漕御史照例從重參處。詔曰：漕運有成規，豈容輕變。著户部馬上差人，勒限督催。仍將明歲新運，嚴行申飭來説。

《明實録》萬曆三十九年十月 丁丑，户部左侍郎李汝華奏：漕事之壞雖多端，而其弊莫過一遲遲之故。其大有三：一曰回空之遲，當覆其罰。一曰開兑之遲，當懲其怠。一曰儹運之遲，當核其罪。三者如期，則諸弊可保其無。今參究止及卑官，而道府縣正未見糾劾，何以惕人心。如上海知縣徐日久、青浦知縣王思任，五月方纔開兑，六月止兑十之一二，行催不理，巡漕已列名指摘。伏乞嚴敕中外，一切俱照議單嚴加考成，而二令并加罰治，庶朝廷有必信之法，而遠近無規避之心。報曰：漕務玩弛，非法在必行，申飭何益，所議着嚴行遵守。徐日久、王思慎各罰俸一年，俟明歲兑運遲速，着巡漕御史奏來再行議處。

《明實録》萬曆三十九年十一月　辛丑，工科給事中馬從龍言漕政之壞，固非一端，莫如缺船之害，凡開兑、儹運、回空之遲，皆繇此致，因條議款，一曰辦船料，一曰嚴督造，一曰核積缺。且言今歲阻凍皆以水涸爲辭，當令管河衙門預爲挑淺，其山東地方泉源預加疏濬。留中。

《明實録》萬曆四十年三月　〔癸卯〕户部覆巡漕御史孫居相奏：今歲未回空船至三千餘隻，不得不議雇募。然上歲雇募民船二千有奇，脚價盡屬有司設處，民間苦累至極，相率逃匿。臣查清江廠每船一隻，額設料價銀一百二十七兩，約十年一造。今該廠數年積缺船至二千三十六隻，共該缺船銀二十五萬餘兩。以此補募船工食之不足，船户必且樂從。顧今運事已急，宜令各該撫按預查堪借官銀，設法雇募，酌量遠近，優給脚價，事完報數，或令該廠解過，或徑扣工部料匠等價抵補。以漕治漕，以船募船，計無便于此者。當事未見議行，或者謂無堪動錢糧，不思工部船料、户部輕齎皆爲漕而設者，議單開載甚明，獨不可少割十之一二以濟漕乎。部言：缺船料價，盡那爲雇覓之用，以甦民困。並申明議單，宜如御史。惟輕齎銀兩，原充入倉之費，非爲修船而設者，無容輕議。因言：造船原有期限，依期而造，何得無船，又何用雇民船。如今歲八月興工，十月駕赴水次，則來歲有船。又每年隔歲辦料，及時興工，則歲歲有船。民船永不募，而民間免驛騷矣。又言：覈歲修之數，稽銀船之實，防侵冒之姦，庶幾萬艘可以雲集，俱應通行申飭。有旨：依議行。

《明實録》萬曆四十年五月　〔庚子〕工部覆巡漕御史孫居相奏：

一、議造缺船。謂糧船積缺數多，欲復舊設南京、瓜儀二廠及各府分造。而科臣謂：二廠不必復，唯照蘇浙現行事例，令各府佐分造之計甚長，但缺船逾二千餘隻，合限二年造完報部，違者聽總漕、巡漕查參。

一、議料銀。船料每年有額銀兩，缺船若干，則宜積銀若干。錢糧各有正項，那借定須補還。運船原是正供，拖欠豈宜坐視。此總運之責而難容他諉者。

一、議差官員。木廠官專職造船，今廼營差牟利，任意稽延。缺料悮事，全繇于此。或照邊鎮委買市叚例，總漕歲差通判一員前往荊州收買。果能費省完速，從優獎録，亦是一策。

一、議勸懲。如三十九年造船不及原額之半，豈盡繇廠料之缺。應如漕臣議，年終總漕會同巡漕，查各廠官完欠數，欠者分別罰俸、降級、褫職，完者獎叙優擢。斯激勵人心之大機也。

一、議船式。

一、禁勒索。

一、議造船官員。名爲註選，盤據恣肆，牢不可破。今後吏部徑行裁革，聽總漕擇州縣佐貳廉幹者委用，須一年一更。前委造船未完，不得再營。後委亦不許別營買木，致悮造船。至于提舉一官，尤宜重其委任，庶便責成，應移吏部銓註，淮安府同知職銜管提舉事，遇缺，擇科貢有司材守兼優薦多者陞補。三年滿日，覈勞薦叙。當此船政積壞之日，漕臣所謂大破常調者，無如擇人任事，盡洗前弊爲第一義也。

一、議慎互稽，嚴催解。清江廠之設，雖屬于漕司，而奉差該管官則屬于臣部。船料盈詘，造船完欠，原係職掌相關。廼從總漕爲政，工部不一與聞，及至料缺船欠，議者又責之臣部。即如差去司官，既爲造船專設，則錢糧之出納那移未有判然不相涉者，司官呈請發銀，是其經管，銀足而船不完，是其專責。若欲造無銀，舉積欠之船而坐之，似亦非情乎。合行總漕、巡漕，將十年内發廠造船料銀嚴行清查，某年某月某官經管所造船隻是否與發銀相當，有無銀多船少侵隱情弊，一併奏報。其漕庫料銀出納那移俱令部差相聞本部，置二部印發該廠，詳慎舊管新收，開除實在清數，每季報部查考。此項專備造船，以後不得再加那用。其該廠造過船隻完欠數，每年終呈報，俟本官差滿回部，嚴覈具奏。各關差及各府州縣額泒料匠等銀，總漕衙門嚴行催解全完，仍分別完欠併該管職名，年終咨部參罰。南部協濟工料鹽薪等銀一併完解。如此，庶宿蠹與逋欠俱清，船政可舉也。

有旨：該廠船政弊壞已極，依議行各該衙門著實整頓，如再因循違悮，責有所歸。

《明實録》萬曆四十年九月　〔庚戌〕巡漕御史孫居相言：往時漕臣恒以八月差遣，九月蒞任，十月開倉，十一、十二月開兑開幫，運完復命。又在次年八月差遣。一蚤則無所不蚤。數年來，乃至仲冬或歲杪方差。一遲則無所不遲。蓋祖制三月過淮，四月過洪，政爲入秋水漲，動虞漂没，有風波之險。且一舟過溜，三四百人行泥淖中，多至陷没，有挩拽之勞。抵壩既遲，勢必阻凍，履雪卧冰，防盗防火，一有不測，身家隨之，有守凍之苦。凍糧百萬，計船三千，日餉三萬軍，費粟六百石，加以盗賣插和種種，皆耗蠹之竇。既已守凍，明春必須運船，運官以是剥削，旗軍以是刁勒，糧里。（轉）〔輾〕轉皆朘削之弊。至於遞遲之極，必誤一年之運，害且移之國家。今臺員雖乏，然候命有人，乞即點用，以料理新運。

《明實録》萬曆四十三年九月 辛卯，巡漕御史朱堦陳漕運五議：

一、清核廠船。廠船所以缺者，緣官銀爲奸商冒領，廠役瓜分，遂至銀與木終成烏有。今宜將銀解荆州府，令抽分部臣驗木平買。其應造船若干，督臣嚴行查確，速僉殷實旗甲，依限入廠改造，並行該廠將一應造船銀料如數給發。見造船隻，勒限報完，吏書、匠役不許科索常例。

一、查復剥船。剥船所以閣者，緣船額不敷。就中有船户疲累，棄之而逃，有奸猾攬當，原無船而暫雇應點，有旋應一剥而中途别載營利。宜俟運事竣後，關臣督同武清縣掌印官逐一查覈。其有人無船者，設法補造；有船無人者，僉選應役，務令人船兩足。而一切雜差累苦，悉與蠲除。

一、修復泉湖。泇河深不過於四尺，非時加挑濬，即至阻舟，夏鎮而北，别無運道，不過賴閘河以利涉。先臣宋禮迺於昭陽、南旺諸湖設立斗門，名曰水櫃，夫然後旱澇俱有恃無恐。曾幾何年，而諸湖半爲勢豪占種，涓滴不留。乞敕總河撫臣躬親踏驗，凡係先年濟運各湖，一一清查歸官，堤壩斗門，亟時修築。

一、優恤軍旗。運軍非貧而狡者不樂爲，而既爲運軍，亦未有不馴至貧且狡者。儻莫優恤，不將至無軍并無運乎。臣以爲，凡餉銀之時給也，幫官把總之科派也，沿河委催之擾害，各關税棍之詐嚇，一一令禁而法繩之也。此皆漕臣得爲政也。若夫自抵關至入倉，内外奸胥惡役，層層剥削，銀入吏書，遂得高下其手。若莫議歸畫一，每年給軍，責成漕儲道於過淮時給散一半，餘於河西務或通州唱名面給，則漏卮塞而軍沾實惠矣。

《明實録》萬曆四十四年十月 〔丁巳〕巡漕御史梁州彦上漕河事宜：

一、修治黄泇。自泇渠告成，歲避徐沛之險，而不虞黄河之近廢不復修。廷臣以爲漕利而不知漕，終以此受病也。累年來，一決狼矢，再決三山，復決塔山，璧馬空沉，此塞彼潰。今歲狼矢又見告矣。以洑流漲發，高與堤齊，俯瞯徐城，如黑卵決于南，則靈睢爲壑。而泇虞徑瀉決于北，則以泇爲尾閭，運堤宛在水中，漕舟不能飛渡也。爲今之計，宜議經久，使徐城不憂。建瓴泇岸，不爲黄據。或于徐靈一帶護城舊堤增卑培薄，繕治堅完，庶幾不逢其害。或于直口遞北運道創築堤岸，迤曲縷河而止。此堤既成，有裨牽輓，兼足爲田廬屏障。不然旋塞旋決，民勞已甚，且濁流歲嚙，泇底告淤，將無泇矣。

一、修治東省以北漕河。漕艘過洪，必按例具報，而過此則否，豈非以一入東省便可順流北趋耶。乃如汶、如濟、如衛，昨歲既苦膠淺，而今歲白河更甚矣。謂宜覈泉湖之舊址，而勿爲豪石所浸。疏衛河之淤塞，而勿爲私閘所閉。濬白河之壅沙，而勿爲淺夫所冒破。夏鎮以北，其通行無礙乎。

一、善漕始。粮船過洪，原有定限。回空到遲，例有查參。然遲速之關，實于徵兑繫之。近聞米不貯之厫倉，仍屬之粮户，且有并無厫倉者矣。夫徵完待兑，緩急聽之有司，軍民俱稱省便。船到索兑，緩急聽之粮户，□累殊不可勝矣。然欲徵兑依期，無如恢復厫倉，壞者增修，缺者刱建。責成管粮官于開徵報竣，徧歷各州縣水次親驗米色，合式者貯倉聽兑，否則勿溷收也。其交兑之日，但有軍民争執，粮官秉公裁定，無偏低昂，以致激争債事。如是，旗軍無辭于粮户，而往返不致稽遲矣。

一、善漕後。漕每抵關，催儹者至此而窮，故于關通兩處各額設剥舟，分屬兩部司綜其事。然通剥不能敵關剥之半，且遠出百里外以迎數千里船，安得不疲于奔命哉。故欲急疏重船之壅，無如分事任而嚴責成，不論地之遠近，例之一剥再剥，但總論本年應剥漕粮若干，悉準剥舟之數，關通三七均分，各照應剥幫次起完而止。如稽遲凍阻，責有所歸，或亦更弦易轍之一助也。

《明實録》天啓二年三月 〔庚申〕工部尚書王佐題覆漕臣余合中疏

飭漕政三款：

一、漕之苦，苦在漂沉。長河雖稱洪濤，而船壞多在窄岸平溪。緣造船工值，不盡用於船，而侵牟於囊橐耳。今後裁革私耗，倍加匠料，使板釘如法，足以任風濤而無漂流之患。

一、漕之遲，遲在貿易。漕規，每船正糧不過五六百石。乃裝載私貨，不啻數倍，沿途貿易，展轉遲悮。今後造船，定以千石爲限，不許多帶私貨，庶船輕則推挽易舉。

一、漕之難，難在淺澀。舟行遲速，可以定地方殿最。今後務盡力挑濬，管河部司總其成，沿河州縣分其任。隨淤隨濬，濬必期深，土必遠運，無使復歸於河，以滋淺阻。違者，以曠職參論。詔如議。

《明實録》天啓三年三月〔癸卯〕總理遼餉户部右侍郎畢自嚴言：客歲津門肇興鮮運得達，今歲運事又當伊始，祇緣守備陳良策倡爲就近轉運之議，户部頗然其説，咨臣覆覈，故臣亦權於通里遠近之間，而以登運爲便。及後登撫有疏，謂兵食不可兼籌，舟餉難於卒辦，縷陳其不便之狀，而户部覆疏，亦以登無現貯之米，湊手之銀，不如將今歲解糧，照舊於津門起運，是朝鮮之運專責津門，真義不容辭者矣。海面遼遠，中多險阻，當以三月裝糧，四月開船，五月抵鮮，六月回空，一年止可一次，春夏可乘居諸難得，真有時不容緩者矣。一切應行事宜，其要有七：

一、議運額。客歲鮮運共用船一百六十隻，共裝糧料一十萬九千八百八十八石，除失風外，其抵鮮者，共計九萬二千三百七石四升。今津門之運舟，總計不盈七百，而榆關百萬之運胥仰給焉，則鮮運之船似不能加于一百六十隻之外也。毛帥客歲秋杪收糧皮島，迄今歷時無幾，料未必乏絶，恐轉運太奢，暴露可惜，且據毛帥公移，亦僅以數萬請，則鮮運之糧似不能加于十二萬石之外也。大約漕米可什之七，粟米可什之一，黄黑豆可什之二，衡時勢而約其多寡，運額如是足矣。

二、議布疋。客歲曾議解布三萬疋，今歲先期料理，各出布州縣廣爲收買，内用青梭布三千疋，其餘俱以本地平機細布爲主，内白色布可居其半，藍黄紅緑各色布共居其半，染造配運，以此充禦寒之需，而壯軍容之威，有餘裕矣。

三、議運官。總計運船一百六十隻，列爲八號，隸以八官，分作前後二幫，每幫于四運官中擇取才望一人以爲幫者，而督率之。然不稍優脚價，人情必不樂，就每石仍給脚價四錢二分，少示優厚，以振怯懦之氣。

四、議功罪。海運創行原屬冒險，自津抵鮮海面三千餘里，曠日持久，風濤難免，内地漕河尚有漂損開銷，况航海乎。原議各幫糧運十得八九便爲首功，今次發運不妨酌議則例，稍寬文網，開人功名之路，奪人畏懼之心。

五、議防護。聞賊多駕漕船在海潛伏，恐其知我鮮運之行，糾衆要截。目今登州總兵沈有容新議出海，于旅順、皇城、廣鹿、平山等島相機進勦，如遇運艘經過，便當撥兵防護，期保無虞。

六、議餉銀。查得鮮運糧料十二萬石，每石脚價四錢二分，共銀五萬四百兩。梭布、平機細布共三萬疋，每疋價銀二錢，共該銀七千五百兩。加以運官廪從及嚮道工食之數，非六萬金不可，須于刻下照數總計，方克有當。

七、議屯種。毛帥海外之師，近以成旅加以淮揚兵招練兵相繼出洋，而遼人之協附者益夥，安能盡以海運餉之，合無諭令毛帥急于夾江地方，導率遼人乘時耕種，自食其力，以海運資軍餉，而無容濫觴于流移，以屯粟飼遼民，而不責供億于飛輓，則海外嘗有餘粟，而軍興不致告匱矣。章下户部。

《明實録》天啓五年二月〔甲辰〕户部覆直隸巡按御史喻思恂漕政一疏，今日所最急者，無如回空。督臣曾有把總分押之議，亦慮權輕，不能相攝，特留漕道尾押以鞭策之。漕臣又慮漕道耳目難周，欲分其押於把總。多官催督，不致散漫。至於完粮一節，責任儻獨歸於官旗，則總運諸弁益屬贅疣。惟將見運與新任各官，俱押至水次交兑。其被劾與陞遷等總原不復運者，似應仍責督催完納。其各總之功罪，應以兩年完欠並論。若夫浙直改折，業奉明旨止折三分之一，此固不得自緩其輸將。借運江西南粮，亦萬無可推諉之理，應照舊解至南京，聽總漕派撥浙直災減船隻對兑，至津交卸。若雇船截艙等費，運軍行月等粮，動補那給，誠不可緩。第運事未竣，武弁等官有因而陞轉，遂以卸擔。以後凡運官應候舉劾者，亦必於運事完日，臣部移會兵部，方准陞遷開復。從之。

《明實録》天啓五年九月〔丙辰〕户部尚書李起元覆巡按直隸御史

練國事陳漕政四款：

一、議貯水次。謂舊水次無廒，勢必駕船就兑，既多折乾之弊，又復零星交兑，躭延時日。臣部久有建廒之議，今即不能遽成，宜責有司依例徵收，預貯水次，寧以糧待船，無以船候兑。

一、議處逃旗。在運逃旗，漕例有調衛之罰，積玩相承，即犯者亦僅擬徒擬杖，以致棄船而逃，貽禍運官。今如議仍踵前弊者，該撫按嚴提究處，照例調衛重懲。

一、申飭運總。運總之設，原欲其督催糧艘，以遲速定優劣，併以完欠定功罪。今當嚴其賢者加銜，久任不肖者則褫斥不貸。

一、回空當早。漕事喫緊，惟在回空一著，有等姦旗於卸糧之後延挨攬載，以致舟重凝滯。今一應回空船隻，著地方官逐程攢催，有違限者，委官運官聽巡漕御史指名參究。上然之。

《明實録》天啓五年九月 〔丁巳〕户部尚書李起元覆督理糧餉巡撫天津户部左侍郎畢自嚴運務四款：

一、增董運府佐。謂自有遼事以來，陸運艱難，議設海運，而本色錢糧盡綜之天津，事權煩重，故設部院提衡於上，設贊司以司收放，而復設督餉道以督起卸，亦既分理之有人，似不必多求府佐。即董運不可缺官，不妨歸之糧馬同知，可無重設。

一、重屯田職掌。謂屯撫已裁併屬餉道，其衙門設之津門，而所屯之田散之各府，事權未免稍輕。今議分責各道，每年督將收獲子粒，差官解至津門，聽餉道驗收起運，誠計之得也。至津門舊屯，仍當還之津道。

一、停關門事例。查事例肇於天啓元年，今廣寧、天津亦既止矣，獨榆關尚未停止，然亦止准納草，不准納米豆，蓋以草束爲關門之急需，爲薊永轉運之最難，故令急功名者納之易爲辦耳。若通同委官，依傍親故，折乾擡價，虚出實收，是以事例爲作姦之實，當一概停止者也。

一、建關外倉廒。米豆無倉廒則浥爛可虞，應行關撫及各道確查某處應貯糧若干，應建廒若干，明確奏報，即關外屯田倉廒貯積，亦當併議建置者也。上可其奏。

《明實録》天啓六年十一月 〔甲戌〕户部尚書郭允厚覆總漕蘇茂相疏陳漕政五款：

一曰亟回空。守凍船隻來春不必過淮，即在淮廠估修。其所需灰釘油麻，皆取辦於本地。如此，則既無額外之費，又無躭延之弊矣。一曰早催徵。今後查催，專責推官。借其風力，彈壓長吏。於每年十二月間，躬行所屬，逐倉查驗。糧米完足，曬颺乾潔，始交付通判兑軍。至過淮之日，一體登薦。而徵兑愆期者，推官揭報漕撫，漕院以白簡從事。一曰備船袋。今議於江廣木賤處置剥船三百隻，於浙直布賤處置口袋四萬條。自七年爲始，而船袋之資取足於輕齎銀内，不使其抵京捏支，徒飽吏書、官軍之腹也。

一曰定水次。夫水次有美惡，軍民有强弱，所以釁爭易起。今議於輪派之中寓定派之意，酌水次之上下定臨兑之年分，六年一轉，周而復始，勒石紀之，毋使紛更。

一曰改淺船，浙、直、江、廣船之廣狹同，而載米之多寡異，此皆爲私貨地也。今比照浙、直規式改造，大約以盛米三四百石爲率，則既革攬載之弊，又免膠滯之虞矣。報如議。

（清）王命岳《耻躬堂文集》卷二《奏疏·漕弊疏》 念國家大計，莫過於漕。比年以來，東南辦漕之民苦於運弁旗丁，肌髓已盡，控告無門，此可晏然任之而不爲之所乎。按前蘇松按臣秦世禎題定，每兑漕糧一百石，准加米五石，加銀五兩。業經奉旨遵行在案。乃聞近者民間赴兑水次，每漕糧百石，米加至三十石、四十石不等矣，銀加至六七十、四五十兩不等矣。此外尚有潤米，每石加五六升不等矣。民視弁丁，如同虎狼，至於典妻賣子拆屋鬻衣，以飽驕軍之腹。稍不遂意，甚至糾衆凌官。如漕臣周卜世所題吴江鼓噪一案，豈惟民膏吮盡，抑且國體大傷，漕事至此，尚可言哉。臣再四察訪，乃知弊之所流，必有其源，在運弁旗丁亦有所迫而然也。今不先寬軍力，而徒禁其横取於民，雖日釁一弁於市，而弊風決不可止。以臣所聞，弁丁有水次之苦，有過淮之苦，有抵通之苦。

何謂水次之苦。其一爲買幫陋習。幫有高低，高者丁殷易完，低者丁窮必欠。當僉運時，富弁行賄買幫，費至二三百金，貧弁坐得低幫。是貧弁處必欠之勢，而富弁甫僉運，已費二三百金矣。此一苦也。其一爲水次陋規。衛丁當承運時，有衛官幫官常例，每船二三兩不等。糧道書辦常例，每船四五兩、八九兩不等。至府廳書辦，各有常規，常規之外，又有令箭牌票差禮。漕院糧道令箭令牌一到，每船送五兩、十兩不等。刑廳票差，每船送一二兩不等。其名目則或查官丁，或查糧艘，或查修艙，或查日報，或催開幫，或提頭識，名目數十，難以枚舉。間或清廉上司不肯差人到幫，書吏又巧立名色，止差人到糧道及刑廳處坐催，又有刑廳差人代爲斂費，蓋船未離次，每船已費五六十金。又一苦也。其一爲勒靳行月二糧。布政司派給行月錢糧，舊例行文各府縣支領，每船約送書辦六七兩不等。否則派撥遠年難支錢糧及極遠州縣，而州縣糧書又有需索，每船約送二三兩不等。十金之糧，無五金之實。又一苦也。此三者所當清釐於交兑水次之時，以恤弁丁者也。

何謂抵通之苦。其一爲投文之苦。船一抵通，倉院糧廳大部雲南司等衙門投文，每船共費十兩，皆保家包送書辦，另保家索每船常例三兩。此一苦也。其一爲胥役船規之苦。坐糧廳總督倉院京糧廳雲南司書房各索常規，每船可至十金。又有走部代之聚斂，其不送者，則稟官出票，或查船遲，或取聯結，或押取保，或差催過堂，或押送起米，或先追舊欠，種種名色，一票必費十餘金。又一苦也。其一爲過壩之苦。則有委官舊規，伍長常例，上斛下盪等費，每船又須十餘兩。而車户恃强剪頭偷盗，耗更不貲。又一苦也。其一爲交倉之苦。則有倉官常例，並收糧衙門官辦書吏馬上馬下等等名色，極其需索，每船又費數十兩。又有大歇家、小歇家需索，雖經奉旨題革，今又改名復用。小歇家改名催長，大歇家改名住户，借口取保，每船索銀四五兩不等，有送者可得先收，無送者刁難阻凍。又一苦也。其一爲河兑之苦。河兑法本兩便，但間有踐踏、偷盗、混籌、搶籌種種難言之弊。前經督部臣王永吉疏題，又經運官盧廷選等登聞控告，屢經部臣疏覆，未見所以整頓之方。此又一苦也。此五者所當清釐於抵通之後，以恤弁丁者也。

至於過淮之苦，亦有積歇攤派吏書陋規，投文過堂種種諸費，往年過淮，每幫漕費至五六百金或千金不等。自總漕臣蔡士英剔弊釐奸，並不差一官一舍下幫，凡船到投文，即親臨河干，盤驗發行，頃刻不停。是以官丁分毫無費，今歲完糧遂多。以是而觀，天下無不可清之弊，存乎其人耳。

以臣愚見，水次之苦，責在糧道，運官宜全用守千，不用土弁閒散。每遇僉運，將應委職員，或彙報漕撫漕院過堂拈鬮，或公同布按都司當堂拈鬮，則買幫之苦除矣。令箭牌票，片紙不到幫，以漕務責成刑廳，並禁其雜票，則水次陋規之苦除矣。布政司現給行月二糧，勿行州縣，則勒靳之苦除矣。布政司、糧道有不率者，立行糾參，則漕撫、漕院之責也。抵通之苦，責在部堂倉督，使投文者立收立拆，嚴革保家，則需索之苦除矣。禁止差票，嚴革走部，則胥役船規之苦除矣。嚴訪委官、伍長之弊，則過壩之苦除矣。依船次先後交納，不許攙越，晒揚有節，則交倉之苦除矣。每遇河兑，先一日糧廳躬赴河干，與運弁兑過米若干石，令本弁自備蓆木，官撥人役領守，次日官自兑與旗下，則河兑混搶之苦除矣。皇上仍不時耑官察訪，有官不勤敏、役仍需索者，以法治之，則朝廷綜核之權也。凡臣所言，皆積年舊弊，夫去弊之法，不在追究既往，而在嚴飭將來。如果臣言不謬，伏乞皇上敕下部臣及總督諸臣，詳議去弊良法。無論臣言所及所未及，悉心條奏施行。如督捕條陳故事，然後重申約束，有敢悖旨横增於五石五兩之外者，官拿問，丁梟示，孰敢不遵。庶幾漕政一新，東南之民稍有起色，於國計亦有裨也。

方今新漕將起，整頓難緩，臣從國計民生起見，焚浴拜疏，悉陳利病，字多逾格，并乞皇上鑒宥施行。

（清）陸隴其《三魚堂外集》卷三《策·漕運》 漕運之法，三代以前無有也。以漕運而裕國，秦漢以來不得已之策耳。夫以京師之重，而仰給於遐方。天下無事，則有侵漁遲誤之弊。天下有事，則有咽喉中梗之虞，此甚非所以久安長治也。謀國者當以三代爲常，而以秦漢爲變。經其變，所以爲一時之利。復其常，所以爲萬世之計。故竊嘗以爲漕運無得失也，漕運之多寡即其得失。

漢之初，漕山東粟以給中都，歲不過數十萬石，至其後則歲六百萬。唐之初，歲不過二十萬，至其後則三歲七百萬。宋之初，亦不過數十萬，其後四河所運，至五百五十萬。夫其所以不得不多者，何哉。養兵之太多也，冗員之未盡去也，西北之荒田未盡墾也。苟不去其所以不得不多之原，而驟復於不漕自裕之法，乃區區講於漕運之得失，不已末乎。國家定鼎燕京，仰給東南，漕運最爲重務。今欲驟然廢漕，其勢固必不能，而以爲裕國之本，專在於此，則非愚之所敢知也。愚請先就漕論漕，而徐探其本計可乎。

夫輸輓之所以愆期者，以沿途之留滯也。欲沿途之無留滯，則莫若責之督糧諸臣。旗弁之所以侵没者，以收納之不精詳也。欲收納之精詳，則莫若責之倉場諸臣。若夫海運與河漕並行，此固元世已行之事。然愚以爲，海運不可行也。元雖獲海運之利，而今歲飄没若干，明歲飄没若干，數十年中，民之納於鯨鯢之口者，不知凡幾矣。至其季世，終以不給，海運之效，亦可睹矣。以明祖之深謀遠慮，豈不知海運速而河運遲，海運省而河運費，豈不知河海並運可以無咽喉之變。然卒舍海而就河者，蓋親見元世之利害，而不欲以民生國計試之波濤也。況今海氛雖静，餘孽未盡，而可冒險以争區區之利耶。河之害漕者，在牽漕河諸水盡瀉入海也。故河決之世，陸則病水，水則病涸，發則病水，去則病涸，齊魯病水，漕河病涸。治之之法，以漕避河，不若以河避漕。夫河之勢，合則易潰，分則自殺。誠於河之南北，相其地勢，析其支流，條分而派别之，大者爲川澮，小者爲溝洫，則勢分而河安，河安而漕安。此皆就漕論，今日之良策也。而裕國之本，則不在是焉。

裕國之本，其必墾西北之閒田，而寬東南之輸輓乎。墾田之所以無成效者，非墾田之難，而未得其人、未得其法也。天下之大，豈無能罷騎兵、留屯田如趙充國其人者乎，豈無能大治諸陂、穿渠溉田如鄧艾其人者乎，豈無能就高爲堡、列栅二十如韓重華其人者乎。誠能重爵位以尊之，一事權以委之，久任使以俟之，必有竭盡忠力，出而稱朝廷之旨者。

（清）鄭日奎《鄭静菴先生文集》卷一〇《議・漕議》　爲敬陳漕政利弊亟請酌議變通以全國計以蘇民困事。

竊惟興朝定制，首重邦賦，而漕運一事，尤天下之大命所係焉。所宜斟酌古今，損益盡善，以革累世之積弊，而立一代之良法，未可苟也。國家受命以來，百度維新，而漕法獨沿明季秕政，以屯丁長運，因襲不改，以致流弊日深，而貽害日甚，公與私交受其累，而軍與民同極於疲。語曰：害不百不去，利不百不興。今日之害不啻百矣，反而更張之。其利亦不啻百也。窮則變，變則通，莫有甚於此時者矣。愚江西人也，請即以江省漕政言之，即未周知他省，抑凡有漕之地，皆可類推也。則請得先陳地方之困，次議救正之方。援據古今，詳校利害，以仰□當道仁人君子忠國愛民者，特賜省覽焉。

謹按：今之運丁，即前朝之軍，前朝之軍，亦如今日之兵也。始以有罪遣戍，繼即著籍防守。原有月給軍需，出自各縣倉庫，非爲漕運設也。後因承平日久，息兵墾田，遂每軍撥給荒田若干，合輸籽粒若干，因於月糧内扣算籽粒，然每軍猶歲給月糧三石六斗，恩甚渥也。既不荷戈，未免坐食。迺擇有力者編爲運軍，蹔令轉輸，稍寬民力，亦一時權宜之計。不謂行之既久，遂執爲定例，竟勒之長運矣，并坐之造船矣。始於成化年間，沿及明季，弊已難言。然於時物力全盛，户口殷繁，勉强支吾，猶可畢事，而亦漸就敝壞矣。況今時移世異，絶非曩時之比乎。又國朝來軍名悉裁，月餉盡革。止因屯田一款無所歸附，因名屯丁。寔則田歸有司，官收籽粒矣，是均之民也，而獨名爲軍。於是完納丁糧，既當一民差，而僉領漕運，又當一軍差。抑何辜而獨膺此重役乎。試爲之備陳其苦。

查明時舊册，凡衛所額船一隻，每運丁或二十餘名，或三十餘名，合力朋造。今則兵荒之後，或絶或逃，雖有孑遺，僅存皮骨，而額船必如數也，或僅數人同造矣，或止一家獨造矣。一也。明時造船，料價雖少，賠墊無多。今則物料工值數倍往時，領二百八十兩剥削之銀，造六七百金之艘，難可知矣。二也。造船料價，定以數次給發，若使早行全給，則有備在先，百事便益。臨期猝辦，其費必多。必待揭債賠造，然後找給。及給發時，自上而下，層次尅減，比付運丁，十不得三。甚且懸扣抵欠，分文不獲矣。三也。每舊船回次，小修費數十金，大修費數百餘金。而三修錢糧，止三兩五錢耳。又屯田歸官而積租幫貼舊例已廢，换蓬换桅，費輒不貲。四也。明時之運，甲乙兩班，五年起運，五年歇息。今既户絶丁稀，無從更替，年年在運，歲歲比欠。五也。且也萬里往返，費必加倍，窮年跋涉，日不暇給。賣産則軍産也，誰敢買者。鬻妻則軍妻也，誰敢娶者。親友畏避，稱貸無門。六也。迺此外蠹害又不一而足。則有衛弁矣，復有衛弁之衙役也。有軍廳矣，復有軍廳之衙役也。有糧道矣，復有糧道之衙役也。由江而淮則有總漕，由河而倉則有監督，所歷非一地，所制非一人。於是起批領造有費，給價僱工有費，驗船受兑開運出湖有費，過淮打閘抵壩，起米入廒，會賬完糧短欠有費，常例陋規，千端百緒，指不勝屈，筆不勝書，真有大可痛哭流涕者。雖有五三副米，然京糧二五起耗，通糧一七起耗，經年之米，颺晒消折，所餘幾何。即月糧四十八兩，行糧一十八兩，僅足供頭舵水手僱募之資耳，運丁無與也。尖耗使用，雖有恩典，亦但了本項而已。若黄河僱縴，北河剥淺，費又安出乎。定例每船許帶土宜六十石矣。江西地貧瘠，無他貴産。況在僉造領運，追比積欠之餘，豈有暇力措辦及此耶。夫當三空四盡之時，而以至艱極鉅之任，責之伶仃無告之窮民，既無絲毫之利，復有多端之害，又安得不生其不肖之心，而成其無賴之計也哉。於是非無功令也，不暇遵矣。非無親友也，不能顧矣。行則盜官糧，居則害鄰里，或扯幫貼，或告變産，或以册註久絶之軍條指一人爲親支，或以同姓異宗之人忽扳一家爲共籍，誑訟院司，□擾府縣。官府有不辨其冤而誤坐者，亦有明知其詐而無可如何者，或以丁窮欠多，無從監追，竟斷之以賠糧矣。或以有漕無丁，無可僉補，竟斷之以頂運矣。平民值此，如遭湯火，百計賄求，千方營解，名或未除，家已立破，不堪苦累，亦惟有逃亡一法。無軍漸且無民，無民因而無賦，長此不返，爲患非輕，豈獨誤漕而已哉。

夫神京重地，歲仰給於東南數百萬之轉輸，此其關係爲何如，迺不爲經久良圖，仍沿亡國秕政，以屯丁長運，流弊至此。當是時也，猶可不亟亟乎思所以變計也哉。愚謹以千慮之一得，條爲萬全之長算，則有三策在，因敢一一具詳之。

一曰改民造爲官造。夫曰民造，非其自能工匠之事也，依然僱募耳。其竹木料值，灰鐵油麻，非取諸宫中而用之也，依然採買耳。然使民爲之，即以厲民。料價大半扣除，需索復多名色，其弊叢生，約略如前所云矣。今惟倣清江廠制，於省會市鎮之地，起立船廠，該省責令地方官領之。盡去屯丁之名，編歸民籍，而成造漕艘一事，悉歸之於官。蓋官任造則勒索無所用，官領價則扣尅不得行，官募匠作則呼應捷，官辦物料則羅致易，官督工程則不煩催呼而告成速，不俟查驗而制造堅。誠如是也，將費省而用博，事半而功倍。較之民造，其難易不大相懸絶也哉。查本年四月内，總漕帥有題明事一疏内稱江寧衛三十二幫，歲應造船一百二十餘隻，議歸江寧龍江廠地方成造。責令該省衙門官員管理，則木植油麻採辦更易等因。已經工部如議題覆，業奉俞旨。豈是法可行之淮安，可行之江寧，獨不可行之他省乎。然淮廠雖屬官造，仍以運丁領其事，害固稍減，弊亦滋多。蓋不如盡歸之官之爲善也。此變通以濟漕政之一法也。

一曰改民運爲官運。蓋從來漕事之壞，即由於以屯丁領運也。積困疲丁，自領造以來，百孔千瘡，無肉剜補。一登糧艘，便欲居奇。苟便目前，遑恤後患。況内既戹漏於各衛弁，外又蠶食於各衙門，侵盜逋欠，端由於此。夫屯丁則猶是民也，操駕舟楫，占候風水，非所諳也。頭舵水手，皆藉官錢召募耳。名以之管運，寔以之蠹漕，不亦惑乎。今既以官造，即仍當以官運之。惟每船一隻，特募一船户，擇有家口可保任者付之，使之居則守廠看工，行則管船遭路。若募倩舟師，若修補滲漏，皆官給以錢，俾爲之計。而一應漕事，不使與焉。至於公費銀錢，可不更煩區畫。查白糧民船官運，而船户受脚價者也，淮糧官船民運，而水手受身錢者也。今權於二者之間，而校其地之遠近，時之久蹔，即於所裁屯丁名下之行月二糧，酌而與之。且供應原有正副耗米，書役各支本項工食，止一轉移間耳。且官既領運，則誰不自愛功名，克勤職守，必將視漕務如家事，護漕糧如己物，中途可無遲延之弊，艙口可無夾帶之弊，水次經由可無花費之弊，倉場交納可無使費之弊。較之民運，其得失不大相懸絶也哉。查明季民解白糧，屢致拖欠。今改用縣丞押解，欠缺遂少，此又已效之彰彰者也。且誠以官運，亦即可倣白糧之例，僱募民船，給以價值，則亦足以佐官造之窮也。此又變通以濟漕政之一法也。

一曰改長運爲轉運。考漕運事始於秦，詳於漢。然於時轉輸之粟，止山東河北而已，未嘗遠及江淮也。唐都關中，以地狹費繁，於是歲漕東南之粟以給京師。永徽以後，漸致增多。江淮漕運，於斯稱劇。顧始終三百年間，治漕稱善者，前惟裴耀卿，後惟劉晏。然晏寔祖述耀卿而增美者也。開元中以耀卿言，於河口犨縣置倉，使江南之舟不入黄河，黄河之舟不入洛口，而河陽、柏崖、太原、永豐、渭南諸倉，節級轉運，水通則舟行，水淺則寓於倉以待，舟無停留，而物不耗失，於時稱便。及代宗朝，晏任漕事，亦於江汴河渭各隨便宜，緣水置倉，轉相授受。江船不入汴，汴船不入河，河船不入渭。江南之運積揚州，汴河之運積河陰，河船之運積渭口，渭船之運入太倉。歲轉粟百十萬石，國用以足，天子嘉之。是唐之漕政以轉運爲便也。宋都汴梁，有四水以通漕運，而當時所最重者惟汴河，而江淮、兩浙、荊湖六路，歲運凡四百萬石。於真揚楚泗州各置轉般倉，受納所輸，更用運河船載之入汴，以達京師，當時便之。是亦轉運法也。崇寧初，始用曾孝廣言，六路上供斛斗，並依東南雜運，直至京師，號直達綱。行之未久，横費百出，公私騷擾，漕法由是大壞。後譚積、向子諲、蕭序辰皆言轉般之法不可不復，直達道里既遠，情弊尤多云云。由此觀之，是宋之漕政亦以轉運爲便也。明之漕運法凡五變，始用海運，既而海陸兼運。永樂十三年，會通河成，始令各直省秋糧，以民運至淮徐臨德四倉交收。仍令淺河船以軍從各倉支領接運，入於京通二倉，名爲支運。至末年，始令民運赴淮安瓜洲，補給脚價，兑與軍船領運，名爲兑運。其四倉仍十之三四，後兑運漸增，又令軍船各回附近水次領兑，民加與過江水脚，視遠近爲差。成化年中，改四倉米七十萬石，令各軍徑赴水次領兑，名爲改兑。而長運自此始矣。向者轉輸，今也直達，於是軍無餘力，糧多缺額。沿及嘉隆之際，漕事漸敝，議者嘗欲復支運之法，而卒不及行。至啓、禎時，已不勝其患矣。合觀有明二百七十年間，而知明之漕政亦以轉運爲便也。然則旗丁長運，迺有明衰季秕政，其不足爲法也明矣。聖代鼎興，正宜釐革，豈可因襲不改，重受其困乎。今惟倣唐宋明盛時之法，斟酌損益，以求至當，則無有過於罷長運行轉運之一策者。查本朝漕額計四百萬石，除各省本色軍需蠲荒改折等項，又山東、河南及江南之徐州額運，原不過淮，竟解抵通外，若江南、江西、浙江、湖廣等省，過淮糧近三百萬石，所宜亟爲之計者也。今惟酌其地方遠近，途次適中之處，仍於淮安、濟寧、德州三處分建倉廒，轉貯遞運，盡裁去長運之衛弁衛卒，而一歸於官運官交。其途次遠者，運貯於淮倉，其途次近者，運貯於濟、德二倉。江船不踰淮，淮船不踰濟，濟船不踰德，德船直抵於京通。如是，則其遠者不過千數百里，近者衹六七百里，程途既短，時日便賒。一運往返，兩月可畢，是淮以南之船一歲可再運，可三運，而淮以北之船一歲可三運，可四運也。而又有數便焉。程途既近，則月月經行，在在諳熟，運於江者識險阻，更無守凍之苦，運於河者避淤塞，且無擱淺之患。其便一。且也程途既近，則運行亦疾，交兑亦速。當其交兑，稍有欠缺，誰肯接領，自貽賠累，稽查不事，侵盗自無。其便二。且也程途既近，則限期亦迫，趨事者必敏，告竣者必早，略計一年之内，尚有數月之閒，官得以從容爲修艌之地，卒得以休息謀俯仰之需，私累無憂，而公事亦畢。其便三。較之長運，其利弊不更大相懸絶也哉。又考宋時轉般倉制，其江南之船輸米至倉者，即載官鹽以歸。又置折中倉，聽商人輸粟京師者，給以官鹽。明初亦倣之爲開中之制，募商納粟，官給引鹽，准作價直，邊儲賴之。今合無於淮安、長蘆地方倣行此例，使各省行鹽商人載鹽而往者即載米而來，仍照僱募民船之價，或優給鹽引，或銷算鹽課。於商於漕，寔爲兩便。此又因轉運而類推之，可以佐官造官運之所不及者也。是變通以濟漕政之又一法也。

三策定矣，於是議督造督運之官，則府縣佐貳皆可專任而責成也。夫各省衛所守千等弁，原爲漕設者也。自屯田歸之州縣，衛弁無經管錢糧之責，其所轄者衹此疲丁，而不肖之徒罔加存恤，苛索常例，恣意吞剥，甚至侵蝕屯餉，波害平民，蓋亦屢經告發，屢見彈章矣。既毫無益於漕，而復大爲之蠹，又何所藉此冗員乎。今宜盡舉而裁之。而督造則以同知，督運則以通判，佐助料理則或耑委縣丞，或量添主簿，或間用典史，以各縣之官分領各縣之事，以各府之官總領各府之事，而統於糧道受成焉。是事簡而易理，責專而不分。以之監視廠務，催押糧艘，裕如矣。昔劉晏爲江淮轉運使，凡所委任，必用士人，即此意也。仍須立考成之法，以示鼓厲。歲運全完，一週則紀録，再週則加級，三週則優擢，其不職者則參究。即賞罰明而事功勸，其誰不踴躍争奮乎。至主領各倉交盤之數，每倉須用部司一員，監司一員，互相董率推輓之。而淮安二官已具，但使就近兼理爲便。若濟寧已有一道，而臨清分司實可移駐同理也，惟德州皆須添設耳。此官之或裁或增，而皆以有濟漕政爲定者也。

於是議造廠造倉之費，則漕費本項即可通融以取給也。衛弁既盡裁，即其所支俸薪與其衙門雜項公費，合數省計之，歲所省可十萬，積之十年，百萬矣。且既行轉運，歲可數番，則船之式可改而小，船之數可減而少，而修造之費省於前。由是而舟師、水手之役亦減，而僱募之費亦省於前。若合各省計之，歲所省可數萬，積之十年，數十萬矣。截長補短，挹彼注此，止一轉移，似可足用，何至盡煩司農之仰屋乎。無已而漕折輕賫銀兩可暫動也，無已而捐助援納事例可暫開也。昔劉晏嘗言舉大事者，不當惜小費。宋蘇軾亦稱之，以爲天下大事，未嘗不成於大度之士，而敗於寒陋之人。直哉是言也。今聖天子軫恤民艱，鴻恩屢沛。近年山陝荒糧以督撫題請特准豁免者，嘗以數萬計，本年内因河工緊急，又允河臣疏，支用正項錢糧八十萬，其他特發帑藏賑救災荒者，不可勝計。以天下財爲天下用，宸衷豁達，睿慮深長，原所不惜，則更定漕法，此萬世一時也。況是舉也，一難而百易，一勞而永逸。費於在官者有限，而省於在民者無窮。費於一時者有限，而省於後日者無窮乎。此費之有損有益，而要以有濟漕政爲歸者也。

然此其大略也，若夫纖微之偶有未備，曲折之偶有未宜，在當事者酌量時地，措置機宜耳。然是議也，於順治年中，地方大臣及臺省衙門亦屢經條陳矣。則前任江西巡撫夏公一鶚有題爲請蘇漕船軍造之苦，改爲官造。前任御史胡公其相有疏題爲目擊漕欠之多，請改官運。前任給事中孫公蘭有澄剔漕欠一疏，極言廢弁當裁，而府判縣丞悉可領運。又前給事中王公益朋有漕運一疏，極言漕糧侵欠之原，由於押運之用衛官，止有直去衛官，而用府縣佐貳。又前任總漕蔡公士英有漕運弊壞已極一疏，極言長運久困之苦，與轉運當行之利，及經理轉運之法。夫是數疏者，無不詳明懇切，深合時宜。迺卒扞格不行者，何耶，至今日而已亟亟乎不可稍緩矣。故愚既總集衆議，復折衷己見，更爲援考古今，詳校利害，而不憚條分縷析之煩也。夫以可行之策，又當急宜行之事，亦無不可行矣。而或者有疑焉，豈議事者以紛更定例爲嫌乎，豈任事者以驟翻成局爲難乎。然而聖主在上，聽言如流，俊乂盈庭，寅恭相濟，有何嫌疑，而不爲國家定一朝之良法，而革累世之積弊耶。若乃衛所各弁之憚於裁缺候補也，府縣佐貳之畏於任重理繁也，内外管糧衙門之蠹書，京通各倉之積棍，凡衣食於漕運中者，懼於官運官交，將盡失其金穴銅山而無以爲漁獵之地也。勢必意見各出，議論紛騰，甚或播造訛言，沮敗成説。惟在當事之臣，屹立如山，不爲搖奪，極力贊助，决意主持，天下事尚可爲，又豈有爲之而無其功哉。

（清）李紱《穆堂初稿》卷四〇《劄子·請截漕遞運劄子》　臣請奏爲通融漕船抵通之法以甦漕困事。

切臣奉旨催漕，留心體訪，數年以來，因漕船回空凍阻，旗丁每歲多費銀數百兩，破産不足，益以兒女，苦累難言，深可憫惻。且丁既困憊，或悞漕運，關係國家甚大。考古來轉運之善，推唐臣劉晏。晏之爲法，淮汴河渭水次各立倉廒，以次遞運。每歲漕粟數百萬石，而民不困。蓋長運之勢不如遞運之逸。舟行於本河，則險阻俱習。民役於本境，則時日無多。所爲法良而意美也。國家漕法，因元明之舊，自南至北，並用長運。然自淮安以至濟寧，自濟寧以至天津，爲時尚早，長運可行。惟天津至通州，溯流而上，時日又遲。而北方之河，秋冬水涸，江南浙江地近船小，八月以前或能抵通，若江西湖廣，並有長江之險，湖南與江西，並有彭蠡、洞庭大湖阻隔，地遥舟重，抵通常在深秋。以遠地重船，溯枯竭之流三百餘里，動需逾月，回空凍阻，勢所必然。臣愚以爲，今雖未能全用晏法，而自津抵通，似可昉其意而行之。國家舊於天津建南北二大倉，雖不爲遞運而設，而修而廣之，足爲遞運之用。且北河起剥，自昔爲然，從前通州、武清等五州縣因地畝派剥，設泓剥船六百號，專爲剥淺之用。每米百石，旗丁止給飯米五斗。後因泓剥船軍盜米，州縣憚於比追，原任倉場總督石文桂題請革除。其地畝銀兩並解坐糧廳，發給旗丁，自僱剥船，每丁止給銀一二兩，或將此銀扣作茶菓起欠之費。今六百名泓剥軍坐享安逸，而旗丁僱剥苦累無窮。不肖吏胥通同民船齊幫勒索，每米百石，勒銀五六兩，又勒飯米二石，耗米二石，約費銀九兩餘。查自津抵通，商民裝載貨物，每百石止用銀四五兩，而旗丁剥糧費乃加倍。一經凍阻，須次年冬月始歸，又加費數倍。明年新運，僱募民船，又加費數倍。若打造艈船，則加費五六倍。查北河起剥，每船十剥其九，與遞運無殊。而無窮之累，獨歸旗丁，勢所難支，法宜稍變。

請將湖南、江西尾後十數幫分遣監督數人，暫就天津露囤收貯，仍復立泓剥船軍，俟明年河水深通之時，原收監督發米交泓剥船，陸續運至京通各倉，仍令原監督自行收兑。一面建倉，以備春來雨水。至泓剥船久廢，應令旗丁照商民脚費，每米百石，出銀五兩，交官給泓剥軍買備船隻。貧不能出者，官庫代給，仍於旗丁明年行糧照數扣除。如謂船隻急難買造，則浙江、江西現有打造之艈船，及湖廣僱募之民船，並堪轉買。其修建倉廒，費無所出，則現有每船茶菓銀十兩，雖屬無名陋規，今歲暫取爲建倉之用，亦旗丁所樂輸。將來每歲修理爲費無多，即此項亦可以次減除。貯米有其地，運米有其人，國家無絲毫之費，而漕法有無窮之利。遠地重船不至凍阻，近地民船無從勒索，明年新運不憂遲誤，寓遞運於長運之中。臣以爲亟宜通融者也。今臣所催漕船，尾幫已過静海，距天津止一百里，而北河水淺，起剥遲緩。前船頂幫，首尾相銜，無可催攢。尾後十數幫，必仍凍阻。年復一年，漕法終非盡善。欽惟皇上聖明，諄諄以回空凍阻爲憂。臣忝奉命催漕，輒敢冒昧陳奏。倘可施行，伏祈睿鑒，敕部速行議覆。臣謹奏。

（清）藍鼎元《鹿洲奏疏・漕糧兼資海運》　臣藍鼎元謹奏爲敬陳漕糧兼資海運之便，以裨國計裕民生，壯海疆萬里金湯之勢事。

竊惟京師民食專資漕運，每歲轉輸東南漕米數百萬，由江淮運河以達通州。百官禄廪，滿漢軍民之饔飧，無不仰給充裕，儲積饒富，美矣盛矣。顧臣觀山東北直運河水小，輸輓維艱。有剥淺之費，有挨次之守，軍夫盡日牽挽，行不上數十里，其爲力甚勞，而爲費甚鉅。大抵一石至京，縻十石之價不止。臣思民食關係重大，千萬蒼黎，家室之所資，僅恃運河二三尺之水。似宜多方籌畫，廣其途以致之。欲求節勞省費之策，以爲國家弘遠之圖，莫如兼資海運。海運之法，在元朝行之，已有明驗，非臣愚昧，穿鑿憑臆妄逞之見也。元初平宋，以河運非便，自伯顔獻海運之言，以沙民朱清、張瑄、羅璧等能識海道，立運糧萬户府三，使三人爲之，海運遂興。初歲運四萬餘石，後漸增至三百餘萬。民無輓輸之勞，國有儲蓄之富，《元史》以爲一代良法。

今之海道已爲坦途，閩廣商民皆知之。臣生長海濱，習見海船之便利。商賈造舟置貨，由福建厦門開駕，順風十餘日，即至天津。上而關東，下而膠州、上海、乍浦、寧波，皆閩廣商船貿易之地，來來往往歲以爲常。天津現有閩船可問，亦罕見有漂溺者。且漂溺乃係天數，以閭閻市井數十小民之福命，尚能利涉風濤，爲仰事俯育之資。況聖天子民依念切爲億萬蒼生造無疆之福命，定知海若效靈，舟航安穩，與内河如一轍也。臣觀《元史》所載，歲運不無漂溺，然以所失之數匀配各船，每石所少無幾，或七八升，或三五合，止有一次少至二斗四升，以爲大異。其視河漕之數，尚所得多也。

臣以爲海運之法，在今日確乎可行。請先撥蘇松漕糧十萬石試之，遣實心任事之臣一員，僱募閩廣商船，由蘇松運到天津，復用小船剥載通州。視其運費多寡，與河漕相去幾何。若試之而果可行，請將江南、浙江沿海漕糧改歸海運，河南、湖廣、江西、安徽仍舊河運。特設總督海運大臣一員，駐劄上海崇明等處，兼督三省水師軍務，將江南、浙江、山東水師官兵改歸統轄調遣，巡哨諸洋。三省海洋盗案，專其責成。裁去崇明總兵官，設海督標中軍副將一營，左右前後游擊四營，分撥弁兵押運。以二月半春分前後運起，八月而止，各運至天津交卸。其運船以閩廣赶繒爲主，赶繒尖底之船，由崇明三沙放洋，東行盡山花島，在五沙頭直放黑水大洋，取成山轉西，經劉公島、登州沙門島、萊州大洋，入界河，以至天津，順風不過八九日。若用江南沙船，則由崇明泝淮膠，皆在内洋行走，内洋多沙洲淺角，惟平底沙船可行。沙船所載甚多，但用布帆，止可順風駕駛。若迎風逆濤，則寸步不能以進。倘一年間運一次，亦可用也。臣又有臆創之見，沙船可行之道，則臺灣舢板頭船於此處最爲相宜，其船式短闊，止載六七百石，入水不深，輕快穩便。不論内洋外洋，不論風濤順逆，俱可無慮。欲運漕糧數多，此船似不可少。宜於江南開廠，分造赶繒、舢板頭等船，招募閩廣舵工水手，給以軍糧，令其駕運。海船與河船不同，河船畏淺宜於輕，海船畏飄宜於重。河漕室家婦子團聚舟中，海漕舵工水手皆隻身數千里外，不能無内顧之憂。須於每船載滿量留一二百石餘地，許舵梢搭載私貨，體其情而恤其勞，自無不踴躍從事。且南方貨物皆可駢集京師，而回空之船亦可載北貨以資江浙。上下海關，俱可多徵税課，尤裕國裕民之道也。每船安置大砲子母砲數位，鳥鎗、火藥、搭鈎、牌刀足用，若遇賊船，便可順手擒獲。臣深知海洋宵小伎倆情形，斷斷不能爲患害也。

伏思海運最爲便捷，節勞省費，而向來無有籌及者，一則由不知海道，一則畏風濤漂溺，一則慮在洋盗劫。今數者俱可無虞，且不特糧艘宴安，凡商民皆蒙其福，是誠可行者也。況舢板頭船一設，可以無處不入，天下島灣險阻，皆坦然在掌握之中。是海督水師甲於天下，而京東有萬里金湯之勢矣。臣思天下舟楫之利，無如閩廣，而江南則遜浙江，山東又遜江南。海洋萬里，不啻同室，天下之船皆可直抵山東，日本琉球，亦不過一水之便。京東畿輔近地，海口宏開，無閫閾之隔。今幸睿慮周詳，設立天津水師，此元明兩朝所未及者，萬年久安長治之大慶也。若再行海運，設海督聯合山東、江、浙爲京東一大水師，内可以廓清洋盜，外可以鎮壓諸彝，上可以飛輓漕糧，下可以流通百貨。惟皇上宸斷舉行，則天下萬世幸甚。臣不勝惶悚戰越之至。謹奏。

（清）朱雲錦《豫乘識小録》卷上《漕運説》 《禹貢志》九州除冀州帝都外，每州末皆系以貢道。緣諸侯封建，各食其土，天子畿内之制，納粟納米，等於列國，列侯各貢其土之所宜而已，故有貢道而不言運道也。自漢以後，乘輿所在，官廩兵糈，仰給太倉，百倍郡國，非輓運不能濟，而漕事詳運道重矣。漢都關中，引渭穿渠至河以行漕。東漢至晋，都洛陽，修汴渠，或鑿陝南山，決河東注洛以行漕。隋沿河置倉，唐亦置河口輸場，分運入河洛。時則自江達淮，自淮達汴，自汴達河，而洛而渭，而專以河爲急。宋都大梁，爲四河以通漕，而汴河運米至七百萬石。於時東南則由淮入汴，西北諸路則由洛入河達汴，而專以汴爲急。元明都燕京，元行海運，而亦分道涉江入淮，由黄河逆水至中灤，陸運至淇門，即淇縣。入御河，即衛河。以達京師。明永樂中，亦運至陳州，載入黄河，至新鄉，入柳樹等處，令河南車夫運赴衛河。蓋以水運兼陸運，而其時又以衛河爲急。明世會通河成，而東南重運歲漕四百六十萬石，悉由淮北、山東至臨清，合衛水以達天津。

本朝仍循舊制，疏濬益利，而章程益肅矣。押運之用衛所弁丁者，明季設衛，全資操防，又用餘丁以輓運。本朝革除衛所，而輓運則仍用明季所籍軍户，故國初時猶有世職押運者，雍正間始全裁汰。糧有正改兑及搭解等名。漕糧之交京倉者，謂之正兑。交通倉者，爲之改兑。搭解者，或係緩徵，及另採辦備用。官丁有行月糧，行月二糧本折各半，折色每石折銀八錢。有漕贈銀米，漕贈各省名目不同，江南謂之漕贈，浙江謂之漕截，江西、湖廣謂之貼運，山東、河南謂之潤耗，每兑正米一百石，外加銀五兩，米五石。有輕賫折米銀，輕賫者，每正米一石，加耗米若干，耗米交本色外，餘米折銀。折米銀者，改兑米每石加耗米若干，交正色外，餘亦折銀。各省則例不同，豫省正米一石加耗四斗一升、四斗四升不等，皆餘一斗六升，每斗折銀八分，謂之一六輕賫，改米每石加耗米一斗七升，俱徵本色，江廣省除隨船作耗，餘米折銀。舵水則有身工。每幫有運弁管押，統以糧道，總領於漕帥。此通漕大略也。河南糧道屬原無衛所，俱係派撥直隸、山東、江南衛所官丁船隻協運。其在河南支領行月糧者，每官丁行糧二石四斗，每丁月糧九石六斗，照例本折各半。凡有增減船隻，照例扣給。其州縣漕糧則附近水次者徵本色，兑運穀米麥豆時，奉文酌改。離水次較遠之州縣，惟徵漕項銀兩，徑解糧道，以爲運費。水次則初在衛輝府城，繼改小灘五陵鎮等處，今則統歸内黄之楚旺鎮。其期限則於十一月兑齊，開至臨清守凍。明歲春融北上。正改兑外，又有協撥天津、密雲、良鄉、固安等處之兵米，皆係雇船運送，較江浙等處運務，多有不同者。然一路平流，無長江大湖之險，無閘壩守候之艱，又其往返皆在春末夏初，尚無異漲洪流，是以抵通絶少逾限，而司事者較易爲力云。

（清）朱雲錦《豫乘識小録》卷上《河淅二運説》 余既略考豫省漕運而爲之説，又撿《漕運則例》暨《開封府誌》，有河運淅運二事，用節録以備參考云。

康熙三十一年奉上諭：陝西西安二府屬去年被災，應將本年漕糧截留二十萬石，交與靳輔，作何區畫，雇覓船隻，自黄河運至山西蒲州等處備賑。欽此。嗣議水運則自江淮以溯黄河達孟津，陸運至蒲州境，由考城抵滎澤，水勢奔注，猶人力可施，駐滎澤以待點勘。其上河益險，道廣武山扼入甸，水與山争，流益急。且岸皆峭峻，仄不容足，纜挽莫施。距孟津之程無幾，尺移寸徙，必數十日而後達，又甚危。而陸運夫車，守候孟津既久，費竭力敝。糧儲參政祖文明以運艘歷境，緣兩岸上下，經紀其事。經洛汭，見洛水平且滿，已欲用之。至是因舟車苦累，具詳河撫，謂由河入洛，乘安流至偃師之孫家灣，與孟津陸運之道無殊。河撫委勘真確，遂檄滎澤諸舟於邑入洛，檄孟津車輛於孫家灣候載，檄洛濱州縣備刮板疏沙，集小船，候起撥。一時水陸歡呼，而糧運以集。計河運者，自夏抵秋，僅八萬餘石。洛運者，匝月至十有三萬餘石。舟不眈險，車不曠日，人力工費，所省實多。

冬又奉上諭再運楚米，以濟秦饑。水程由豫之淅川，命大臣監理，發官價，惟恐以秦累豫，乃米數計二十萬石。山河險僻，措置惟艱。先是秦之饑也，皇上特恩撥漕以賑，令楚豫協力陸運。繼楚惟協銀，而以勞委之豫。斯役也，又將循舊轍焉。藩司李國亮毅然執之，謂孰非朝廷赤子，可使豫民獨瘁乎。當事者遂爲調停之計，乃楚豫分運。淅既上水淺狹多灘，僅可行所謂扒河船者，且船亦無多。於是造船挑淺過載，堆貯蓬廠，工役物價口糧，皆取備倉猝間。據開封府等議詳，凡需船二千隻，頭舵縴夫萬二千人，船鋸鐵等匠三千六百人，挑濬夫四千人，更需八府一州提調催儹。李公復之巡撫，共計其宜。令四府一次輪流督運，後運至五萬餘石，奉旨停運。惟朝廷以一視同仁之意，移有餘以補不足，所謂佚道使民，雖勞不怨。然非祖觀察創由洛之議，李方伯有協運之爭，則大梁民力竭矣。此二君者，洛中士民所宜尸而祝者。備著顛末，亦以爲考古者之鏡云。

（清）阮元《揅經室二集》卷八《海運考跋》　以海運易河運，不特數百年舊章不可驟改，且數萬丁伍水手失業無賴，亦爲可慮。然近年河運屢屢梗塞，且天庾無多儲，萬一南船不達，則嗌而不食，可爲寒心者也。

嘉慶八年十一月，欽奉上諭，爲預籌海運一事，即與僚屬盡心集議，外訪之於人，内稽之於古，知數百年來，民生國計，籌之未嘗無人，徒以目前牽率之時，萬不敢以待供之度支，取嘗試於一旦，故入告之章曾有海運非必不可行之事，然非萬不得已而後行之之語，蓋不敢決然行之，亦不敢決然不行之也。後得皇上福庇，河流順軌，其議亦寢然。九年十月，洪澤湖水低弱，力不足以刷黄，以致河口淤沙，七省糧船全不能渡，因開祥符五端閘，放黄水之上流入湖，減黄助清，於是清、黄始平，復開小引河數里，飛輓各船，始能渡河。當引河水未通時，七省齊奏備駁運之法，然以七省數百萬之糧，用小船以萬計方可達淮，民情必致擾動，浙省尤少船，須向外江爭先封僱，費尤鉅，勢難全漕皆歸駁運，不得已，乃暗籌海運一法。十一月，招致鎮海縣由北來南之船，約得一百餘艘，此種船聞松江、上海尚有二百餘艘，約可得四百艘，每艘可載米一千五百餘石，略用兵船護出乍浦，即放大洋，其裝卸之程、脚價之費，俱與之議立章程，以待不虞，交卸如速，一年可以往返三次，較河運省費三之二。後以河道復通，遂不復用。然未雨之綢繆，聖人不廢。且近年民困於丁，丁困於河，東南之力竭矣，運費增則民力困，運費減則民力紓，因重理舊説，凡考之於古與參之於今者，纖悉著之於簡，都爲《海運考》一册。昔明邱濬《大學衍義補》曰：國家都燕，蓋極北之地，而財賦之入皆自東南而來，會通一河，譬則人身之咽喉也，一日食不下咽，立有大患，迂儒過爲遠慮，請於無事之日，尋元人海運之故道云云。則元猶此志也。

夫以聖人御世，山川效靈，亦不必尋蹈故轍，以爲千慮一得之效，而以臣子過計之心，夫亦何所不至。故不忍棄去，綜而述之，或用此法，分江、浙全漕十分之幾，試而行之，可乎。嘉慶十年春。

（清）林則徐《林則徐全集·奏摺卷·籌議約束漕船水手章程摺道光十五年十一月二十五日》　奏爲遵旨籌議約束水手章程，恭摺覆奏，仰祈聖鑒事：

竊臣等承准軍機大臣字寄：欽奉上諭：朕聞糧船水手，類皆無籍匪徒，性成獷悍，均由習教之老管師父招雇上船，各分黨羽，恃衆逞强，以致在途互鬭殺傷、刦奪行旅之案，層見疊出。即如上年山東清平縣地方，有廬州二幫水手王汶舉等鬭殺多命，今春鎮江前後兩幫水手，復敢藏匿刀械，施放火器各案，是水手逞兇滋事，江、浙幫船爲尤甚，而此外各省恐亦不免有此惡習。朕因科道陳奏，屢經降旨諭令有漕省分及沿途各督撫漕運總督，嚴行查察，隨時懲辦，不啻至再至三，乃兇悍之風至今愈熾。推原其故，總由此等匪徒愍不畏法，即遇有重案，審明後正法數人，該匪徒等亦祇視爲故常，毫無儆畏，幾成積重難返之勢。現在辦理新漕，若不乘此痛加振作，力清其源，年復一年，伊於胡底。倘將來釀成巨案，尚復成何事體。因思各省幫船爲數衆多，糧船總運各員稽查容有未周，且運弁既慮生事端，旗丁復受其挾制，其沿途州縣營汛各員弁，又因漕船行走不准停泊，即有械鬭搶刦各案，祇得將就了事，無誤漕行，因而化大爲小，化有爲無。雖奉嚴旨敕查，輒以並無案據爲詞，一奏塞責。而居民商旅隱受其害者，實不知凡幾矣。又何怪該匪徒肆行不法，有恃而無恐耶。似此積習相沿，殊堪痛恨。與其懲治於事後，不若防患於未然。嗣後各幫漕船受兑之先，如何責成旗丁雇募確有籍貫之人充當水手，不由老管師父盤踞把持，私相庇護。至所過地方，如何令幫弁旗丁認真管束，毋許滋事。倘有鬭毆搶刦等案，州縣營汛立即捕擒治罪，不得因屍身拋棄，首告無人，輒爲諱匿不究。其一種竊賊名爲放散風者，如何設法稽查，不許隨船行走。著有漕省分各督撫漕運總督，接奉此旨，即將近來所有弊端，虛衷商榷，實力講求，得其致患之源，破其久延之習，通盤籌畫，因地因時，毋畏難而苟安，毋因噎而廢食。所有一切章程，總期提綱挈領，簡便易行，俾匪徒無敢混跡，而漕政永保肅清，方爲妥善。有治人而後有治法，該督撫等均有兼轄漕務之責，其各體察情形，悉心妥議，據實詳晰具奏等因。

欽此。

臣等伏查糧船水手，兇悍之風本非一日，即籌議懲創防範之法亦非一端。而未能力清其源，且不免久而愈熾者，自由查拏不力，畏難苟安之故。而所以畏難苟安者：一則憚其人衆，惟虞激事；一則恐誤漕行，祇圖了事。誠如聖諭，必須防患未然，莫如責成旗丁，查明確有籍貫之人自行雇募，不由老管師父之招雇，方爲妥善。

查舊例，糧船水手原應於本軍內擇諳練者充當。而江、浙水手向係江北、山東等處外來之人攬雇承充。推原其故，皆因漕船笨重，非膂力强盛熟於駕駛者不能得力。此等無賴之徒，往往暗攜器械，恃衆行兇，遇便搶刼。是禁其攜帶兇器，爲目前除暴第一關鍵。向於幫船起行之前，雖經派員搜查，但恐其預行藏匿，仍不免離次之後潛運上船。若於沿途停泊之時，隨處搜查，又慮阻滯重運。自須得其致患之源，破其久延之習，方可以挽刁風而除積弊。

因查《漕運全書》内載：漕船出運，雇募水手，責成衞所及押運員弁，令前後十船互相稽查。並取正丁甘結，十船連環保結。一船生事，將本船旗丁照例治罪，十船連坐。又《户部則例》内載：糧船水手，責成各衞所及運弁正丁雇募，擇其諳練老成之人，取具本船頭舵水手互保各結，造具年貌花名清册，轉報糧道存查。仍開明姓名籍貫，各給腰牌，糧道押運等官沿途稽查。如中途或有事故更換，押運官弁移行該地方官選擇土著良民添補，仍取具册結報查。又刑例内載：糧船水手，夥衆十人以上，執持器械搶奪爲首者，照强盜律治罪，爲從減一等。如十人以下又無器械者，照搶奪律治罪。出結之旗丁頭舵，拏送者免罪；如容隱不首及徇庇不拏者，照强盜窩主律分別治罪各等語。是雇募水手，例應取具正丁甘結及頭舵水手互保各結。至水手夥衆執械搶奪，旗丁頭舵容隱徇庇，亦有治罪明文。向來水手之逞兇恃衆，由於旗丁頭舵之容隱；而旗丁頭舵之不行首拏，由於不知例禁，祇圖苟安於目前，不知治罪於事後，以致匪徒視爲故常，無所畏懼。

臣等恪遵聖訓，通盤籌畫，應請嗣後籤選旗丁，除責成衞備照例通行外，務於開兑之先，飭令衞備幫弁逐船查驗，責成正身旗丁與安分頭舵人等，將雇募水手姓名年貌及實在籍貫，每名給發腰牌，按船編册，註明不許攜帶器械上船，正丁出具甘結，並取本船頭舵水手互保各結及十船連環保結，由衞備幫弁覆查加結，申送糧道及總運廳員查考。一人滋事，惟互保各人是問。一船生事，將本船旗丁照例治罪，十船連坐。如有水手玩違不遵，攜帶器械上岸滋事者，著令旗丁頭舵於該幫總運各官處所就近首報，立將器械查起，繳官究辦。其攜匿之人，即照紅鬍子拽刀手搶刼糾夥之例，分別人數及傷人與否，嚴行懲辦。倘該旗丁及頭舵容隱不首，徇庇不拏，查出照律治罪。若丁舵首報，而備弁及總運各官畏難不辦，即由糧道撤委嚴參。如此層層責成稽查，庶雇募水手不致漫無管束，以絶老管師父盤踞把持之弊。至沿河岸上游幫匪徒，如拉短縴打短橛之類，皆係隨幫行走，或謂之放散風，或謂之青皮，聚散無常，最難查考，大抵搶竊刼殺之案，出於游幫者尤多，然在船之水手恐亦有人密與勾結，該匪等更有所恃。並應責令總運幫弁，與旗丁頭舵人等時刻嚴查，如有游幫滋事之人，即知會沿途州縣營汛，隨處緝拏究辦。其羣聚岸上手執器械者，即未經行刼殺人，而兇暴之狀已著，比之在船攜匿器械者，更應加等治罪。如敢不服查拏，持械拒捕，除當時格殺照例毋論外，其有拒捕殺傷人者，一經拏獲審明，臣等恭請王命，即行正法，以昭炯戒。如此申明定例，從嚴約束，仍先於沿河出示曉諭，俾其咸知儆懼，自不敢倚恃人衆，肆無忌憚。至沿河地方如有拋棄浮屍等事，該地方官一面嚴查究辦，一面驗明通詳。如能立時捕獲，酌予獎勵；儻有諱匿玩縱情弊，查出從重參處。

再，上年十一月間，欽奉諭旨：嗣後糧船所過地方，著派武職較大之營員，酌帶兵丁，一路接遞巡查，遇有水手滋事，立即嚴拏，有犯必懲等因。欽此。合無仰懇皇上俯准，再行敕下糧船經由之徐州、兖州、曹州、天津各鎮總兵，屆時多派員弁兵丁，隨處防範查催，一遇水手滋事，立刻擒拏，交與地方官訊供嚴辦，庶幾逐層稽查，嚴密巡防，匪徒自可斂戢，漕政日漸肅清，以期仰副聖主諄諄誥誡除暴安良之至意。

除咨會漕臣恩特亨額一體嚴飭所屬認真查辦外，所有籌議章程緣由，謹合詞恭摺覆奏，伏乞皇上聖鑒訓示遵行。謹奏。

（清）林則徐《林則徐全集·奏摺卷·回空漕船埽數歸次並三省得雪片道光十五年十二月初七日》 再，本年回空軍船，先經督臣陶澍疊飭沿途文武及漕委員弁，分投趲催，因值天氣久晴，鎮江運河水勢消耗，經臣於巡撫任内奏明循案由横閘行走。迨接署督篆，應赴江寧駐紮，復取道横閘，親督催提。而連日風刮潮枯，河冰凍結，亟率同常鎮道李彦章、鎮江府龔文煥、京口協副將張成龍等，督縣集夫，逐段敲凍，一面多雇剥船，在於横閘口外江面，將前在瓜、揚未經卸貨之船，逐一起卸净盡，絞拉進口。復於下游之張官渡下板嚴閉，刷通練湖口之念七家涵引，放湖入蓄，令倒漾通河，水誌頓見增長，各船始得趲行。據報十一月二十九日浙江幫船全行挽進横閘，其先令停泊鮎魚套讓過浙船之鎮江前後兩幫船隻，隨亦進口。統計江、浙兩省六十四幫，共船二千七百九十三隻，埽數南下歸次。至江廣尾幫，亦據報於十一月二十八日全行催出瓜口完竣。臣復飭沿江文武實力趲催，日内陸續挽過江寧，聯腙西上。

再，江寧省城於十一月二十及二十五日得雪兩次，高阜積有寸許，低處隨落隨融。其三省報雪之稟，自一二寸至五六寸不等：安徽較大，江西次之，江蘇又次之。仍冀祥霙普被，盈尺占豐。

現在水陸安恬，藉以仰紓宸念，合併附片縷陳，伏祈聖鑒。謹奏。

（清）林則徐《林則徐全集・奏摺卷・籌議新漕事宜摺道光十五年十一月上旬》 奏爲遵旨籌議趕辦新漕各事宜，恭摺覆奏，仰祈聖鑒事：

竊臣等接准部咨：欽奉上諭：朱爲弼奏，遵旨籌議剔弊速漕各事宜，酌擬條款請旨辦理一摺。如所稱新漕兑開，宜竭盡人力趕早等語。著有漕各督撫通飭各該糧道及所屬州縣，先事預籌，提前趲辦，至所稱飭提浙江、湖廣船隻，無分省分幫次，先到先進瓜洲口，趕趲來淮盤驗等語。著陶澍、林則徐妥議具奏。至糧艘交卸以後，必須趕緊回空，庶辦理新漕可期及早受兑。著沿途各督撫，於回空糧幫趕緊催趲，不准藉詞停泊，庶幾以速補遲，剋期歸次，毋得任令延逾，致誤例限。又稱各衛屯田應妥爲清理等語。著有漕各督撫妥議具奏。又稱江蘇總運丞倅，應管押幫船過淮渡黄等語。著林則徐妥議具奏等因。欽此。當經恭録轉行欽遵辦理。並將應議各條，札飭江寧、蘇州兩藩司，江安、蘇松兩糧道會同籌議。一面飭令沿河文武員弁，督率兵役，親駐河干，將各省回空幫船剋期催趲。臣陶澍復經委員分往北運河及山東臨清一帶加緊催提，已於十月二十八日埽數渡黄完竣。惟徒陽運河因冬令潮弱，兼被西風刮耗，水勢淺小，經臣林則徐預飭該府縣將横閘支河搶挑深通，並令隨時察看，如京口過淺，即飭各幫循舊由横閘進口。截至十一月初六日，催進京口船二百四十三隻，又進横閘船一千一百十一隻，共進口船一千三百五十四隻。在後幫船，現仍飭令晝夜緊催，總期趕早歸次，不任藉口停延。

至新漕事宜，臣等於秋米報穫之時，即飭有漕各屬先事預籌，趕早開倉，催徵交兑，能得水次早開一日，則渡江過淮，渡黄抵通，均早收一日之效。況疊奉諭旨提前趲辦，不特臣等與漕臣及各糧道一體欽遵，力求趕早，即有漕之州縣，亦惟冀幫船早離水次，如釋重負。但一縣之漕糧多者逾十萬石。少亦數萬石，倉廒每不敷收貯，必得隨收隨兑，始無積壓之虞。而旗丁以米色爲停兑之藉詞，以停兑爲索費之把握，總因相持不下，兑遲則開亦不得不遲。臣林則徐於上冬幫船津貼一節，循照從前奏案，早飭定議，雖争執刁難之處亦復不少，而猛寬兼濟，大概不敢以私誤公。今冬漕船輪值調幫之年，恐貪詐者更有所藉口，惟有早爲嚴立限制，確訪尖丁蠹棍，懲一儆百，以杜阻撓而速兑開。本届收成之時，天氣連晴與上冬無異，則所收米色亦與上冬無異。但幫丁之藉題挑剔，久已習爲故套，今惟照例責成糧道，臨倉親驗，並委各屬總運廳員，逐廒察看，凡道廳驗定之米，即不許幫丁混挑妄稟。少一分之挾制，即早一日之開行，果其自南至北，在在加意體恤，使旗丁不負重累，自可冀漕清運速，年勝一年矣。

又飭提浙江、湖廣船隻，無分省分幫次，先到先進瓜口一條。臣等恭查道光六年欽奉諭旨：琦善奏來年各省漕船，請不論幫次，隨時提前過淮一摺。來年起運新漕，節經降旨嚴催迅速趲行，若令沿途停候挨延，恐致稽遲。著照所請，浙江幫行抵江境如在江蘇各幫之前，即將浙江幫提前插檔，渡江前進。江西、湖廣各幫先行停泊江面者，無論何省何幫，即行趲挽逕進瓜口。俟全數渡黄後，於邳、宿一帶仍令按照原定省分次序，順幫前進等因。欽此。欽遵在案。來年浙江重運行抵江境，如果在蘇、松各幫之前，自應欽遵前奉諭旨，將浙江幫提前插檔，渡江前進。其江西、湖廣各幫，如有先行停泊江口者，無論何省何幫，即行趲挽逕進瓜口，俟全數渡黄後，於邳、宿一帶仍按照原定省分次序，順幫前進。倘有水手人等争競擁擠，即由該處文武營汛及該幫運弁，嚴拏究辦，俾知儆畏。

又各衛屯田，妥爲清理一條。業經分飭各府州縣衛，查屯丁有無私行典賣。如有典出之田，即行根查明白，限一月内開册具詳，俟覆到即由糧道會同藩司，速籌回贖章程，妥議詳辦。

又江蘇總運丞倅，應管押幫船過淮渡黃一條。伏查總運廳員有彈壓水手稽查盜賣之責，原應督押所屬尾幫過淮渡黃北上，近因守候各州措解存公銀兩，以致不克隨幫起程。查存公一項即係州縣所給各幫津貼銀内扣出之款，嘉慶十七年，前任蘇松糧道李長森拏獲通州放債跟幫盤剥一案，經前撫臣章煦奏明，酌量幫情，每船提存數十兩封貯，俟抵通散給各丁接濟。此項應解總運收貯管帶。惟漕船開行緊迫，花户米石既難概令全輸，而天庾正供不可顆粒短少，各州縣墊項買米，久已不得不然。又開船以前，幫丁水次所用率皆取諸津貼，計州縣巡行給丁之數，已屬不貲，此項存公未能即時同解，以致總運廳員羈留守候。亦勢之無可如何。歷年以來，經臣疊檄嚴催，未嘗稍予以暇，僅保解交無誤。朱爲弼以總運本應隨幫督押，不得因此久延，所論亦正。嗣後應責有漕州縣，將扣存帶北存公銀兩，於幫船開行十日内，按數解交總運廳員收存，倘延至所屬幫船全行渡江之時尚未清解，即先催該總運迅速起程督運。一面飭令將何縣存公已解，何縣未解，由總運據實稟明司道，責成該管府州，勒令州縣將銀專差趕解總運舟次，倘趕送不到，竟至誤公，由司會同糧道詳請將該州縣撤參，以儆疲玩。

此外凡有可以速漕事宜，臣等分飭司道次第妥辦，以期漸復舊規，斷不敢稍任因循貽誤。

茲據該司道會詳前來，臣等覆加覈議，謹合詞恭摺覆奏，伏乞皇上聖鑒。謹奏。

（清）林則徐《林則徐全集・奏摺卷・覆議遵旨體察漕務情形通盤籌畫摺道光十九年十一月初九日》　奏爲遵旨體察漕務情形，通盤籌畫，恭摺覆奏，仰祈聖鑒事：

竊臣承准軍機大臣字寄：七月初四日奉上諭：前據金應麟奏請將漕運事宜量爲變通，已有旨交兩江總督、江蘇巡撫等妥議具奏矣。著陳鑾、裕謙即將原奏内所指各情節，體察情形，通盤籌畫，仍俟林則徐到任後，再行會商，務臻妥善，據實具奏。將此諭令知之。欽此。臣因奉差在粤，未見金應麟原奏，請俟江蘇省將原奏咨到，即當體察籌議，先於八月内附片奏聞在案。嗣准署江蘇巡撫布政使臣裕謙，鈔録金應麟原奏移咨到粤。臣細閲奏内所陳查辦六條，處分一條，皆辦漕切要之事，自應大加整頓，力挽積疲。而其附片採訪見聞，亦不得已而求變通之法。惟是漕務勢成積重，如醫家之治久病，見證易而用藥難。蓋他端政事，祇求官與民兩相安而已，獨漕務則糧户輸之州縣，州縣兑之旗丁，而旗丁領運於南，斛交於北，則又有沿途閘壩與通倉經紀操其短長，故弊常相因而事難獨善。即論病根所起，南北亦各執一詞。以北言南，則謂州縣浮收，以致旗丁勒索，旗丁勒索，以致到處誅求。而以南言北，又謂旗丁既被誅求，安得不勒索，而州縣既被勒索，安得不浮收。每以反脣相稽，鮮能設身處地。於是官與民競，丁與官競，即官與官亦各隨其職掌以顧考成，而無不相競。而凡刁生、劣監、訟棍、包户、奸胥、蠹役、頭伍、尖丁、走差、謀委之徒，亦皆乘機挾制，以衣食寢處於漕。本圖私也而害公矣，本争利也而交病矣。原奏謂近年州縣臨漕規避，挾制上司，莫可誰何，此亦難免之事。蓋寬之，固不啻教猱升木，即嚴之，亦不過掩耳盜鈴。各處類然，而蘇、松爲尤甚。蘇、松之漕果治，則他處當無不治。臣前在蘇省，雖歷五次冬漕，祇求無誤正供，實不敢言無弊。茲奉諭旨敕議，謹憶往時所歷情形，與原奏互相參酌，分擬四條，或正本清源，或補偏救弊，或爲補救外之補救，或爲本源中之本源，近則先計一時，遠則勉圖經久。不揆固陋，謹逐條另繕清摺，恭呈御覽，伏候聖裁。惟差次未帶案卷，竊恐記憶舛訛，如蒙聖明採擇，可否發下署兩江總督臣陳鑾、署江蘇巡撫臣裕謙，覈對案據，並將本届冬漕有無堪以照辦之處，斟酌具奏，請旨定奪。

是否有當，謹繕覆奏，伏乞皇上聖鑒訓示。謹奏。

謹將籌議漕務四條，繕具清摺，恭呈御覽。

一、議正本清源。必使自南至北皆無例外苛求，然後可以杜州縣之浮收，絶旗丁之勒索。要不能專禁一處，故其事極難。然果法在必行，則亦不敢因難而阻也。臣竊擬一簡便之法，曰縣督幫收。緣州縣一經開倉，則逐日用度不勝枚舉，不獨幫費繁重已也。與其進倉出倉，時日耽延，耗費無算，何如合收兑爲一事，就糧船爲倉廒。查每年重運過後，本次總有減歇及届造之船，先令依限修造，一經開漕，先以此船收米，回空到後，速催修艌，接續貯收。收完一船，即取一船闗結，先開離次。州縣於岸上搭蓋篷廠，令花户斛米交船，丁與民相授受而官監之，務使平斛響㩟，顆粒不得浮加，其米色之高低，胥由州縣持平，不任旗丁欺壓。蓋在官既無霑染，則理直氣壯，即禁止令行，不但旗丁無敢刁難，即索規包抗之徒皆可執法從事，而小民胥免浮折，徵收可決公平矣。惟就中窒礙者有三：一則舂篩白糧，採買糯米，一切夫工折耗口袋麻繩，向由州縣津貼。一則逃亡絶户，廢地老荒，向由州縣墊補。一則票册紙張，夫役飯食，篷廠薪燭，向由州縣措辦。一收新漕，皆無從挹注。但能責州縣以潔己，不能責州縣以解囊，即幫費不花一錢，而虧漕悮運之患自若，況重船不能不脛而走，又人所共知者乎。不得已仍仿成法而變通之。溯查丁代民勞之始，每石原有耗米六斗六升，辦運極爲充裕，嗣將耗米劃出四斗，起運歸公，其餘斗六升折徵銀一錢三分，由糧道批解倉場衙門，以充支放公用，故有二六輕賫之名，而丁不與焉。又有篩颺耗米一款，每石給二升七合有零，專以貼丁，嗣則奏准米歸通倉，其貼丁之款由縣折銀支給。復有漕贈一款，正耗二米每石贈銀一錢，改兑之米每石贈銀五分，原由糧户津貼旗丁，故謂之贈。迨後此款内每石劃出二十七文分給北壩，名曰箇兒錢。又於雍正七年，前大學士尹繼善奏准革除江蘇漕弊，每米一石津貼銀六分，半歸旗丁，半歸州縣，近聞此款專歸丁收。凡此皆貼漕之大略，或載《全書》，或見部案，班班可考。今果力辦清漕，似須統核倉場經紀以及旗丁州縣每處應得漕務款項，實有若干，其用度萬不可少者若干，徹底查明，通盤籌畫。凡有可以取資之款，各支各用，彼此不許侵剋。其實在無從設措者，即不得不參酌成法，仍著糧户貼銀。蓋完米既顆粒無浮，則糧户受益不少，而縣幫辦公掣肘之處，糧户亦無不周知。從前中外條陳，每有八折收漕之議，事多流弊，自不可行。若仿尹繼善奏准章程，參考歷來成案，比較現在情形，則每石酌貼銀三四錢，似亦不詭於正。可否責令各府州細加察看，由司道議詳，督撫分别奏明，予以限制，將大小户一律徵收，比之目下完漕，定可減輕過半。如縣幫再有婪索，糧户再有抗延，以及後手之尖丁，白規之生監，惟有儘法痛辦而已。雖然，疲幫軍船不得不裁汰也。查江淮、興武二幫，因無屯田，疲名久著，然尚有造費貼息。其最不堪者，如太倉後幫、滁蘇幫、太河二三幫，債積巨萬，船壞八九，不調劑不能出運，即調劑亦無完膚。且孤寡廢疾之流皆其債主，沿河攔索以累百計，故津貼到手即罄，而開行數里即停。索債者認船不認人，謂之黑帳，惟船去然後債去。雖定例各幫額船不許缺少，然負重灑帶，雇募買補，與夫加一免雇，亦例内所許通融者。與其强留之而各幫效尤，何如酌減之而米歸灑帶，抑或減疲幫之額以添殷幫之船，似宜責成糧道體察辦理，勿以原額拘之，庶可悉歸完善矣。雖然，閘壩關纜不得不酌減也。查重運挽過清江浦，向稱三閘五壩，每船關纜夫錢不過十餘千至二十餘千爲止。嗣因清江一閘亦難挽放，而臨黄各壩復有加添，道光二年前漕臣李鴻賓所定水榜，則稱四閘九壩。近年復加至十四壩。每處關纜皆以頭二三進爲差，年增一年，每船渡黄，需錢百餘千至百數十千不等。固由水勢湍急，而夫頭之乘危勒詐，委員之暗地分肥。薄人於險，實爲可惡。欲除其弊，先須大減委員，留一二實心者，專其責成，以每日所放船數分勤惰，以所放之有無失事核功過，其壩座設法減少，關纜夫錢悉定其數，刊榜曉諭。此外沿途各閘，亦皆照行，如有訛詐，立置於法，似可以杜其弊。雖然，候補衛弁不得不甄别也。捐納衛官，分發到淮圖差使者，無非圖規費耳。從前自南而北，漕委不過二十餘人。迨道光七年奏定重運不得過四十員，回空不得過二十八員，至十六年又有不得過八十員之奏，總由候補人衆，難令空閒。然與其調劑而累丁，何如酌留而汰冗，或量其膂力改補營職，或按其捐數量改佐雜，似亦可以疏通矣。雖然，通倉使費不得不核實也。查通倉經紀，以米爲生，凡米之好醜，斛之贏縮，俱不難隨手改移，故費足則秕稗亦珠璣，費不足則釜鍾當升合。不獨旗丁惟命是聽，即各省糧道恐亦莫可如何，惟賴本管官爲之裁制而已。查糧船有帶北存公一款，本係從幫費内劃出，以爲壩費。聞近年存公款銀每不敷用，以致壩債愈多，則累丁之故可想。似宜准令各幫旗丁於抵通交米後，將經紀有無勒索，稟知該管糧道，即由道彙取丁結，逕揭部科一次。如有指出贓款，准予查辦按實者，寘之重典，或可互相鈐制。至賦出於田，理宜清丈頃畝，以除寄莊飛灑之弊；丁起於屯，理宜稽核衛地，以裕貼造贍運之資。此亦本源之所應治，而不能期諸旦夕，似當從容以理之者也。

一、議補偏救弊。漕務已成積重，若一時不能驟改，亦須補救有方。金應麟原奏所陳，本已詳悉。兹臣所議，有於原奏中融會者，有於原奏外推詳者，在縣在幫，各有六事：

一則核舊章以去太甚也。查蘇松糧户向分大小，而收數因有短長，大户愈占便宜則小户愈受苛刻，彼此相較，有數十等之差。於是小户效尤，亦詭寄於大户，而辦漕愈難矣。今雖未能遽令畫一，斷不可過於偏枯。該管府州耳目切近，應令確查所屬州縣歷年收兑舊章，援以爲準，不及者曲在民，太過者曲在官，隨地隨時，持平覈辦。至近年祠堂公產，假託者多，即義產息田，亦竊善舉之名，以遂短漕之計。應令散歸各户，照衆徵完，以杜影射，有挾制者罪之，總以去其已甚爲主。

一則治經造以除弊匿也。查近歲完漕，不但徵新，且多帶舊，其中分年分限，各届完數不同，民間要見由單，始可照數完納，而闔縣糧户多者數十萬，少亦十數萬，一切完帶之數，瑣碎畸零，官吏難以周知，不得不假手於里甲莊差，統名謂之經造。而若輩居爲奇貨，不以實徵户册與官，不以易知由單與民，私析暗包，以完作欠。迨至兑漕緊急，硬將短數交官，而加貼之多早經肥己，遲悮把持，莫此爲甚。應令州縣於開漕之先，速將由單散給，並將給單日期出示通諭。各糧户如五日内單未到手，許控經造，若單到手而不完納，另差查催。倘已由經造折收匿不稟官者，一經發覺，立辦重罪。

一則清訟米以杜抗延也。查收漕之事固少持平，而告訐之人總非善類，無糧而上控則索規可知，有糧而上控則躲避可知。控案固須審明，正供豈容藉抗，應將上控之糧户，由赴訴衙門押令到倉交完本名下米石，始行准理。

一則稽丁胥以懲蠹也。查漕書記書倉差斗級以及管倉管廒家人，皆不能不用，若輩莠多良少，非魚肉百姓，即侵盜本官，飛串灑米，搬户掛籌等弊，難以枚舉，甚且結尖丁而分肥於後手，引訟棍而調處以居間，破案即逃，浮蹤莫捉。應先責令州縣將此等的實姓名，年貫住址，並其家屬親丁，詳列册内，送該管府州覆查，一有弊端，立即提究。如查造不實，提拏不到，惟該州縣是問。至總運廳差，亦須裁減，並永禁坐倉，以免勾結滋弊。

一則嚴截串以杜豫虧也。州縣闒茸之員，間有漕前先截板串，或挪解下忙錢糧，或墊辦修倉鋪底，其串或給書差，或付錢鋪，無非明虧暗損，挖肉補瘡，至臨漕而無所措手矣。更有不肖之員，暫時署事，將值交卸，趕將善區美户截串先徵，此爲營私悮公之尤，必須重辦。

一則消漕尾以實庫貯也。江蘇漕額之大，有一縣而可抵湖南、北一省者，漕船催開緊急，斷不能守待闔縣疲户一律全完，故州縣墊漕，萬不能已，所謂漕尾是也。惟其恃有現存未徵之串，得交後任接徵，而後任又以新届錢漕爲亟，未遑兼顧，一輾轉間，舊串流交，久之幾成廢紙。應責令州縣，按年分月帶徵二成，徵不足者著賠，則雖往復乘除，總無五年以外之漕尾，而庫款庶免虛懸。至有一種取巧州縣，將短縮太甚之大户故意不徵，留作漕尾移交者，察出特參，與大户一同懲辦，庶可示儆。此在縣之六事也。

其在幫者，亦有六事：

一則復冬兑以符趲限也。查漕船例應冬兑冬開，嗣因節節爲難，不能悉符舊制，近年疊奉諭旨，統限四月初十以前，全數趲至清江，渡黄北上，定須懔遵欽限，不得刻逾。但冬間若不多兑，春間必不能早開，而旗丁慣以米色爲詞，停兑議費，且其意欲令米石在縣倉發熱過後，始行上船，故兑愈疲而費愈重，漕亦愈遲。嗣後冬間，須儘縣中所收之米全行兑幫，不得任丁刁掯，庶來春祇須找兑，差可速漕矣。

一則按兑米以給津貼也。幫費即不能遽裁，而頻歲疊加，何以爲繼？惟當欽遵嘉慶二十二年九月所奉諭旨，統以米石多寡，按水次舊章，酌給津貼，作爲一定限制，如再格外需索，即當治罪。而給付之法，總惟兑一石之米，給一石之費，如兑多給少，不依州縣，給多兑少，不依旗丁，有逐日兑單爲憑，自足以昭公允。至於未兑以前，責在州縣，既兑以後，責在旗丁，歷奉諭旨嚴明，定須敬謹遵守。若兑竣之後，勒掯通關，及空船先開，隨後趕米，皆旗丁誤漕大弊，必須重治其罪。

一則别虚船以昭核實也。查加一免雇及輪減存次之船，並不受兑出運，而仍給與行月苫蓋，已屬格外從優，豈得復爭津貼。應查照從前奏案，此項虚船，不准混索幫費，致全幫延緩開行，如違即當嚴辦。

一則實行月以防正虧也。查旗丁行月米糧，皆計口授食之需，升合不容短少。乃近聞縣幫串合折乾，每船有折米數十石及百餘石不等，獨不思沿途食米不足，致虧正糧，誰執其咎？嗣後水次如有此弊，縣幫一體治罪。

一則懲水手以節身工也。糧船水手有額雇在船者，有游幫短縴者，總之皆兇狠之徒，或師傅盤踞老堂，或頭船勒薦夥黨。偶遇風水阻滯，即藉端勒加身工，甚至毆丁折艙，大爲幫累。近年疊經嚴辦，略見斂戢。嗣後如有勒加身工之水手，即於所在地方儘法懲創，不稍姑息，毋使旗丁被累，方免悮公。

一則定輪開以齊跨兑也。蘇、松等屬，向有調幫章程。原使酌劑均平，而船數米數，不能恰合，故一縣之米有兼兑數幫者，一幫之船又有跨兑數縣者，與其按縣全開，不如按幫爲便。應飭糧道，排定日期，每縣先輪一幫開行，週而復始，其跨兑者合輪數縣，遂齊一幫，以免參差，似亦可以速漕利運。此在幫之六事也。

一、議補救外之補救。查原奏片稱。兑費斷不能減，南糧恐不能來。有謂宜於糧船大修時將船改小，以一分二，即免剥費閘費。有謂宜於淮上建廒貯米，即令小船運京。有謂宜令蘇、松、常、鎮、杭、嘉、湖等府，逐年試辦海運，仍將兑費提存藩庫。此三者皆不得已而求變通之法也。臣查中途建倉以利轉盤，與古之洛口倉相仿，本係成法。但核計一廒貯米約五六百石，大者亦止千石，以南漕四百萬石計之，每廒貯一千石，即須廒座四千，就令減半轉運，二千廒亦不可少，經費殊覺浩繁，且淮上逼近河湖，亦恐難以擇地。若糧船以一分二，過閘既覺輕靈，遇淺又免盤剥，誠利運恤丁之善策。然查南漕起運之船約有四千隻，其中本已區分大小，江廣之船最大，浙次之，蘇又次之。緣江廣重運，直下長江，小船難禁風浪。若江浙之船改小而江廣不改，則閘河磨淺起剥，仍費周章。且即江浙之船，所載正漕照例只四百石，此外則爲加載負重，而又有例准攜帶土宜，自不能强小船以受大船之載。若因改船，而船數驟加一倍，是欲去累而累轉增矣。且大修較之折造，例限尚隔三年，領項亦少三分之一，當大修而令其折造，丁必藉口抗延，尚有未届大修者尤不能一律勒改。是一幫之船有大有小，既難稽核，而剥費亦所省無幾，是以臣未敢輕議更張也。竊謂三者之中，惟海運曾經辦過，尚有成案可循，若按候放洋，得乘南風北駛，春夏兩季中，一船必可兩運。如以涉險爲慮，則沙船往來關東，每歲以數千計，水線風信皆所精熟，祇令裝載六七分，已合鬆艙之數，則風暴無虞也。如慮米石出洋易滋影射，查南北洋面，沙船鳥船各有所宜，本難越駛。倘恐萑苻竊發，自應護以舟師。且每歲沙船所運關東豆石雜種，不知凡幾，奚獨於載米而疑之。海運若行，或以官運，或以商運，或運正供額漕，或運採買米石，尚當細酌情形，另行從長計議。惟原奏有將兑費提存藩庫，以實庫項之議，查道光六年辦理海運，雇募沙船，每石給價七錢，若兑費另提，則雇資安出？且既明提兑費，又奚能禁止浮收？如謂輪年提費補虧，正恐一年提存難補節年虧缺，若提者自提，虧者自虧，於事仍恐無濟。大抵海運尚屬可行，而所以行之者不同，設或規費漸增，亦與河運奚擇？惟現在河運甚形棘手，未卜日後如何，而海道直捷易通，亦不敢不豫留地步。如蒙飭令議行，容臣到兩江之任，再與江蘇撫臣及司道等詳細籌商，會同具奏，請旨定奪，理合聲明。

一、議本源中之本源。臣愚竊維國家建都在北，轉粟自南，京倉一石之儲，常糜數石之費，奉行既久，轉輸固自不窮，而經國遠猷，務爲萬年至計，竊願更有進也。恭查雍正三年，命怡賢親王總理畿輔水利營田，不數年墾成六千餘頃，厥後功雖未竟，而當時效有明徵，至今論者，慨想遺蹤，稱道勿絶。蓋近畿水田之利，自宋臣何承矩，元臣托克托、郭守敬、虞集，明臣徐貞明、邱濬、袁黄、汪應蛟、左光斗、董應舉輩，歷歷議行，皆有成績。國朝諸臣章疏文牒，指陳直隸墾田利益者，如李光地、陸隴其、朱軾、徐越、湯世昌、胡寶瑔、柴潮生、藍鼎元，皆詳乎其言之。以臣所見，南方地畝狹於北方，而一畝之田，中熟之歲收穀約有五石，則爲米二石五斗矣。蘇、松等屬正耗漕糧，年約一百五十萬石，果使原墾之六千餘頃修而不廢，其數即足以當之。又嘗統計南漕四百萬石之米，如有兩萬頃田即敷所出，倘恐歲功不齊，再得一倍之田，亦必無虞短絀。而直隸天津、河間、永平、遵化四府州，可作水田之地，聞頗有餘，或居窪下而淪爲沮洳，或納海河而延爲葦蕩，若行溝洫之法，似皆可作上腴。臣考宋臣郟亶、郟喬之議，謂治水先治田，自是確論。直隸地方，若俟衆水全治而後營田，則無成田之日。前於道光三年舉而復輟，職是之故。如仿雍正年間成法，先於官蕩試行，興工之初，自須酌給工本，若墾有功效，則花息年增一年。譬如成田千頃，即得米二十餘萬石，或先酌改南漕十萬石折徵銀兩解京，而疲幫九運之船，便可停追十隻。此後年收北米若干，概令嚴其一半之數折徵南漕，以爲歸還原墾工本及續墾佃力之費，行之十年，而蘇、松、常、鎮、太、杭、嘉、湖八府州之漕，皆得取給於畿輔。

如能多多益善，則南漕折徵歲可數百萬兩，而糧船既不須起運，凡漕務中例給銀米所省，當亦稱是。且河工經費，因此更可大爲撙節。上以裕國，下以便民，皆成效之可卜者。至漕船由漸而減，不慮驟散水手之難，而漕弊不禁自除，絶無調劑旗丁之苦，朝廷萬年至計，似在於此。

可否飭下廷臣及直隸總督籌議酌辦之處，伏候聖裁。

（清）賀長齡《皇朝經世文編》卷四六《户政・漕運・漕運議任源祥》

三代有貢道而無漕運，漕運之設起於漢，漸重於唐宋。若元明都燕以來，京邊仰食江南，而漕運尤重。漕運之事，莫先於運道，其次在運法。二者皆有往例成效，而不無變易流弊。所貴得其肯綮而實心行之，務有裨於軍國而百姓無困也。請先言運道。

燕京之運道有二：一曰海，一曰河。元主海運，明初亦專督海運。海道有四：一放靈山洋，抵成山。一經黑水洋，至成山。皆朱清、張瑄所開。一放黑水大洋，取成山轉西，視二道尤便。一自淮安而東，由登萊泊天津，原名北海，中多島嶼，可避風，更安便。皆殷明略所開。海運迅利而失陷多。永樂十二年會通河成，元韓仲暉啓其途，明潘叔正大其利。遂罷海運。自是海運不可輕議，所議者河運而已。會通河者，運河之咽喉也。南屬黄河，北屬衛河，自沽頭至漳御，凡四百五十餘里。中以南旺河爲脊，而激汶水以注之，分流而北至漳御，地降九十尺。爲閘十有七。分流而南至沽頭，地降百有十六尺。爲閘二十有一。地之高下，勢如建瓴，所恃者閘耳。節節置閘，時其蓄洩，慎其啓閉，勤其修治，此會通河之成法也。守成法而加謹焉，雖或遇旱，有艱澀之虞，而要無不測之害。

若黄河則運河之大利害也。淮徐間八百餘里，資黄河以通，可謂大利。而黄河遷徙倏忽，未有十年無變者。隆慶四年損船至八百，溺人至千餘，失米至二十二萬六千。則黄河之險，去海運之險幾希矣。是故理漕與治河嘗相表裏。黄河之決，自古而有，至南徙而決益數。其南徙也，漢有頓邱之決，宋有澶淵之決，此河之自軼而侵淮者也。隋引汴而濬之使南，明資以漕而遏之使南，此又人力之强河以奪淮者也。自宋以前，河雖南，而北者自北，河分而勢殺，故潰決猶少。至明而隄其北，以全河赴淮，淮不足以當全河之怒，則潰決益多。故黄河以利漕即以蝕漕，故曰黄河者，運河之賊也。李化龍語。治黄河者，非不知支分派析，上疏下瀹，而此工甫畢，彼患方興，靡金錢於無用，委民力於洪濤，良可浩歎。蓋河性北，必强而南之，必强而盡南之，宜其屢決而不可治也。自今以往，河惟無決則已，河而有決，向之決而南者，未必不決而北；向之決而東南，決而正南者，未必不決而東北。若因其決而順其性，導之東北，俾由漢王景所治德棣故道入海，則河性既順，而河可無患。河可無患，則漕亦可無患矣。

若謂漕非河不通，則又有説。萬曆初，舒應龍議開泇河以避黄河之險，李化龍祖其説而成之。自夏鎮至直口，凡三百六十餘里，避黄河三百餘里，可無蹈吕梁二洪之險，而漕賴以安。由此言之，徐淮之間，不由黄河而通運道者，固有之矣。禹之貢道，於徐則曰浮於淮泗，於青則曰浮於汶達於濟。彼時汶可達濟，泗亦可達濟。今既遏汶爲會通，亦可引泗以達會通，而洸沁沂泲諸水，皆資爲用，安在其非黄河不爲用乎。以愚論之，治漕以不用黄河爲上策，治河以引之東北爲上策。若憚於更創，狃於成見，即不過多其支，寬其地，峻其防，而幾幸於潰決之稍遲耳。

請次言運法。運法有二：一曰軍，一曰民。海運之用召募，固不待言。永樂初，水陸遞運。十二年，設淮徐臨德四倉，爲支運法。遞運支運，皆用附近衛軍，轉相交卸。十六年，初令民運。江浙湖及蘇松等府運交淮倉，河南、山東及淮徐等處運交臨倉，而支運如故。正統間，民運直至通倉交納，而存留四倉支運亦如故，大抵軍民各半其役。宣德五年，改江南民運爲兑運。以民運多失農業，而衛軍又空舟往還，令民加脚耗，於瓜淮二處兑與軍船。成化七年，定長運法。兑運者，令民加脚耗，於瓜淮二處，兑與軍舡領運也。長運者，令瓜淮兑運軍船徑往各州縣水次領兑。民加過江脚耗，視遠近爲差，而四倉存留仍係民運交倉者，並兑軍船，所謂改兑者也。兑運、長運之法行，而民安其業，軍得其饒，軍民兩便。於是定爲歲額，每歲運米至四百萬石，國儲充裕，誠不易之良法也。

但脚耗至今而益增，其弊安在。兑運，江湖浙最遠，每石加耗米七斗六升。一平一尖，故有尖米耗米，每石明贈兩尖一斗，又每石加脚耗六斗六升。除四斗隨船作耗，餘三斗六升，折銀一錢八分，謂之三六輕齎。蘇松等府次遠，每石減耗一斗，折銀一錢三分，謂之二六輕齎。鳳淮輕齎與蘇同。山東、河南每石加耗三斗一升，連尖共四斗一升。內除二斗五升隨船作耗，餘一斗六升，折銀八分，謂之一六輕賫。而長運加耗之外，又加脚米六升，江西又加過湖米七升。四倉改兑，無兩尖米，浙江每石加脚耗四斗二升，蘇松加三斗二升，鳳淮揚加二斗七升。内折米二升，易銀一分，謂之折易輕賫。蓋斟酌至當，著爲令典。而運軍至京通，自兩平交兑外，別無花費，故輕賫耗米，充然有餘。夫何而勢要官胥，視運軍爲奇貨，誅求横出，朘剥日深。自甘欽作俑，而羨餘扣除之例設。自王佐驗封，而搜括使用之弊滋。餘如茶果鳌兒小盪救斛之類，不可枚舉。夫以酌定之輕賫耗米，果足供無艾之需乎。運軍於正耗輕賫之外，別有身家，爲賠累之具乎。故失彼取此，上行下效，勢也。費一索十，借名揹勒，亦勢也。故兩尖已明入加耗，而又有淋尖踢斛抛剩漫籌，脚米六升，累經酌定，又加至一二斗不等。輕賫銀兩，已官徵鞘解，又加兑費，每石四五錢不等，甚有至一兩者。順治八年，浙按杜果題定，嘉湖杭每百截頭銀三兩七錢六分，遵行在案，不一二年而倍蓰其數矣。順治末年，臺臣周季琬題定，蘇州等府每百兑費銀五兩，遵行在案，而當年即加至十兩，反以十兩爲官兑費，而私加至今，或五六倍、或七八倍不等矣。餘如折席、背手、網司、脚剥之類，不可枚舉。嗟乎，自京通視之，則運軍爲魚肉。自州縣視之，則運軍爲刀俎。將以勒索爲運重罪，而運軍之魚肉於人者，實可憫也。將任其勒索於里甲，而里甲何辜，正供且不能辦，更當此無艾之需，尤可憫也。語云：十羊九牧。試起而問今之有轄於漕者，自上及下，有不取常例於運軍者乎。運軍之常例，有絲毫不出於斯民之膏血者乎。故剥軍即以剥民，剥民即以病國，深可痛也。

愚以爲欲惠百姓自運軍始，欲飭運軍自胥吏始，欲釐胥吏自官府始，欲正官府自朝廷始。朝廷先不貪扣除之利，而更得廉幹之臣，痛革前弊，澈底澄清，運法其有瘳乎。故言運道以治河爲主，所貴審識大勢，因地制宜，不狃於目前之安，而講求萬世之利。言運法以剔蠹爲主，所貴發株掘根，清源及流，不徒爲摘發之能，而確見畫一之效，借箸而籌，擇人以任，不可忽也。

（清）賀長齡《皇朝經世文編》卷四六《户政・漕運・漕兑揭陸世儀》

天地生財，止有此數，不在官則在民。在官則官利，古所謂倉廩實府庫充也。在民則民利，古所謂百姓足君孰與不足也。惟至於中耗，則僅飽貪吏奸胥之腹而民生蹙，民生蹙則國計日貧。蓋從來漕事之極弊，未有甚於江南者。明季至崇正之末，漕事稱最病矣。然官軍臨兑，糧長每百石加耗不過三四石耳。其時民間交米與糧長，每石即有至加二三者，已不勝騷然繁怨矣。迨順治三四年，漕費日增一日，初猶謂其偶然，冀後來或有減少之日。至七八年，竟立隨漕雜費之名，日新月盛，運軍以糧長爲奇貨，奸棍以倉場爲利藪。平日民户之有身家而稱良善者，皆深自逃匿，惟恐爲人魚肉。而積年之奸猾市棍劣衿，無不群起而入倉場，串同各衙門書吏，打合運船官旗，彼此交通，互相呼應，以蠶食糧長。如同一派兑也，米多者宜先派，米少者宜後派，總書則故意派其少者，或後或先，或遲或速，或一石而撥幾軍，使糧長無往不受顛倒之累，則總書從中取利，謂之撥花。同一出兑也，糧長與官軍，互論使費，此多彼少，尚無定局，糧長中即有奸棍，串同官軍首先出兑，故意多出贈耗，使後來者不得不遵其例，謂之做樣。又各上臺承差，朦朧上臺，以爲兑事稽遲，非催督不可，承牌持票，以催督爲名，謂之押兑。其實與官旗相爲表裏。如去歲某縣官旗，得民間耗銀百兩，押兑公然分得二十兩。是三種者官旗之羽翼也。以外又有倉夫本對諸蠹，往來而媒孽其間，無非奉承官旗魚肉糧長者，非親官旗而惡糧長。蓋如此則得利，不如此則不得利，此輩亦以利爲主耳。官旗得此幾項幫手，所以意氣日驕，需索日横，於是有踢斛淋尖樣米，以至三笆三湧三棒，種種惡套，又有開廒畫票着押伍長酒錢裝載船錢倒籮種種名色，以至講兑則相争如戰鬬，通關則繁難如敕書。弊日甚，費日增。又往往假借上臺之威靈以行之，於是各處有司，其賢明者，袖手吞聲而莫可如何，其不肖者，又因以爲利，此更有口不能言，筆不能書者。所以舊歲漕兑，舉其甚者言之，如崑山一縣，正米百石，有加耗銀至六七十者。去歲米價，糙者每石六錢七錢。今耗銀至六七十兩，是正米百石，耗贈亦百石也。其糧長包兑收民間之糧，則竟至每畝六斗。夫崑山額米每畝一斗七八升，今至六斗，是常以兩倍餘贈一倍也。聞之官軍運糧，每米百石，例六十餘石到京，則官又有三十餘石之耗。是民間出米三百石，朝廷止收六十石之用也。朝廷歲漕江南四百萬石，而江南則歲出一千四百萬石，四百萬石未必盡歸朝廷，而一千萬石常供官旗及諸色蠹惡之口腹，其爲痛哭可勝道耶。是以江南諸縣，無縣不逋錢糧，而江南諸縣官及各上臺，無官不被參罰。究竟於朝廷之正供無益，而江南州縣且日就貧瘠。小民逋負不已，勢必逃亡，逃亡不已，且有不可言者，非朝廷之福也。試思若留此項耗費，以爲朝廷惟正之供，則金花白折諸項，何至於逋負，官府何至於參罰，朝廷何至於不足。是今日朝廷理財第一大端，治平第一大端，皆在於清漕運一事。而漕運一事，又不損朝廷一絲一毫，惟在清中間之耗蠹而已。清耗蠹之法維何，無如近日所議，民收官兑之法。初亦有言官收民兑者。夫官民之間，不可爲市，且收米一項，事甚瑣碎，有脩倉看守翻颺等勞，蒸折竊取鼠雀等費，官不能任勞，勢必責之吏胥。吏胥不能任費，勢必責之糧長。且日久弊生，吏緣爲奸，害更百出。是官收之説，斷斷不可行者。况今日之弊，在兑不在收，何必更張，反生枝葉乎。惟民兑則信不如官兑，使糧長之面不見運官，糧長之名不填衛單，允爲盡善。

但其間節目，亦有當細講者，如隨漕一項，在明朝不過謂之濕潤米，每百石止有二三石而已。乃近年因京中交兑，皆係河收，兵丁混擾，苦樂不等，交卸頗難。是以聖旨亦酌有五兩五石之制，究竟有漕之處，不能遵行，馴至極弊。然聞去歲交卸，已復倉收之舊，每船止費銀三十兩，是每百石止費銀六兩。又每船免米三十石，官旗多賞花紅，本源既清，下流之拯救亦易易矣。是在各上臺斟酌事宜，或恪遵聖旨，或再量加，務令軍民俱安，兩不相虧，定爲畫一，使各縣遵守。無如向年雖有奉旨之名，實有倍旨之實。其官旗有争執者，須令親開一路衙門使費，果係多少，則其本立見矣。隨漕既定，即行文各縣，照依數目，立櫃徵收貯足在庫。兑糧之日，照依定例，每船五百石，給隨漕多少。或縣官對給運官，或刑廳至水次給散，或運官領米至郡，刑廳領耗，無不可者。但務要糧長與旗軍不相見，則其間争執之弊自息矣。至於派兑，則不可使總書有權，州縣官先將水次倉廒，照依都圖編成字號，至一號起至幾十幾百號止，不書糧長名字，照常徵收在倉。運船將至水次，上臺即頒鈐印循環號簿一樣二本，分送各州縣。凡係糧船一到，即照到岸日期，註明在簿。先到者爲一號，次者二號、三號，亦編定號數，更嚴限日期，凡糧船到水次者，幾日之内即要兑滿開行，州縣官悉依限期，急急兑米。先自第一號倉起，不必盡廒皆兑。凡倉中有米百石，則先兑三四十石，挨次以至第二號、第三號，週而復始，隨兑隨滿，隨滿隨開。不兑不開者，簿上有名，上臺按册而知，可以令箭提究。如此，則在糧長不至有苦樂不均之憂，在運船無留難指勒之患，總書不得上下其手，州縣不至開兑稽遲，且又可省各上臺差承押兑之費，至便法也。其若兑米時淋尖踢斛，此因運丁人多勢雜，積漸致然。今法，各州縣請於憲臺，每處頒發領兑牌十面，或二十面。州縣收貯，俟臨兑時，應幾船兑米，州縣官即發領兑牌幾面，交與運官。凡應兑者，許執此牌，然後進倉。其無牌者，不得混入，混入者以違憲中文定罪，自無以前諸弊。又通關一事，既非糧長運官當面，即不必用通關。然糧米交兑之數，亦不可無憑。則即於兑糧本日，交兑既畢，運官即同印官，於憲臺所頒循環簿上，註明某日某號兑米幾百石足，各書花押，各用印記，十日一繳上臺，循環往來，以便稽核。如此，則只一循環簿、領兑牌，上臺可以安坐堂皇，而以前諸弊，一概自絶。諸弊絶則蠹惡無可營生而奸宄息心，奸宄息心則良民安業，良民安業則浮費省而正供足，正供足則無參罰，而國計日以裕，國用日以舒矣。隨漕一事，豈非理財第一事，治平第一事乎，此籌國者不待再計決也。謹揭。

（清）賀長齡《皇朝經世文編》卷四六《户政·漕運·釐剔漕弊疏　徐旭齡康熙十九年》　竊惟東南民力最困者，莫甚於漕。近見各省糧道，因漕務而婪贓者至數十萬。夫官貪由於法弊，必法有弊竇，而後官緣爲利孔。官貪則宜易其官，法弊則宜更其法。各省雖有漕糧，而江浙當天下之半。就臣見聞最確，百姓所最苦者，敬爲我皇上陳之。

其一爲贈耗之苦。百萬漕糈，悉係小民之膏血，漕糧貼截，五米十銀，向有定例。近今每糧百石，江南私截至百餘兩，浙江至三十餘兩。部議以此項若加剥減，恐盜賣正米。然臣查漕臣帥顔保所參浙江糧道劉朝俊六年漕貼内婪贓一萬二千餘兩，即每百石所貼三十七兩之銀也。夫以扣剋如此之多，而本年漕糧全完，並未有盜正米者。是多貼止以飽官，非以資運。故貼截銀米之宜減甚明。又如江南每船受兑五百石有奇，内有加册耗米，解至京通，除在船耗米加一五外，交倉止四百石有奇。是所兑米内原有加一五爲在船之折耗，非正米也。今縣官徵收，不分正耗，百石加耗五石，是耗外加耗矣。此耗米之加增宜裁又甚明。

其一爲轉廒之苦，漕糧冬兑冬開，立有准限，轉廒者船未到次，印官逼令百姓交兑，姑且以廒易廒以完考成也。各處漕船俱於本地成造，惟直隸、山東、鳳陽以其地不產木，故於淮安設廠，而江寧各幫共船一千二百有零，亦於淮安成造，實則木植油蔴俱產於上江，從長江而下，過門不入，至於儀真，逆流抵淮四百餘里，沿途動用民夫，晝夜挽拽。及船成之後，復渡大江，道經千里，到次遲延。縣官急於考成，旗丁利於索詐，於是船未到而交兑，名曰轉廒，糧户既受一番贈耗使費之累矣。及轉廒之後，仍令糧户管廒，船到復兑，又受一番賠補苛索，以致民間賣男鬻女，無可告訴。推所由來，總因造船在於淮安，船遠故到遲，到遲故轉廒，轉廒故病民。今淮廠漕造已歸地方官管理，莫如江寧水次之船歸於江寧，蘇松水次之船歸於蘇松。木料油蔴，既就近而易辦。船成交兑，又無遲到轉廒之弊。此漕船之宜歸各地方成造又甚明。

其一爲冒破之苦。如江南漕糧之外，名爲漕項，一曰兵糧，一曰局糧，一曰南糧，一曰軍儲。此皆本地支銷，無庸有贈耗者。今贈耗反多於正糧正兑，又立有對支印票，分撥自支，經承往往侵蝕，每至重復科徵，納而又納，一年之内，血杖死者盈萬盈千。此漕項之不當照漕兑加贈，且不得借對支重徵又甚明。

其一爲兵糧之苦。兵漕宜分晰不宜混亂，漕糧除解京外則有兵糧，爲本地營鎮支銷，其派支多有逆行倒置者。如鎮江府有大兵駐劄，原截留本地之米，今改令江西之米運至鎮江，而反將鎮江之米運至通州。其意以江西路遥，恐幫船押尾貽累在漕各官參罰，不知兩處之糧，左出右入，在民既不免勒贈之苦，在官又增轉輸之費。又如提督駐劄松江，自應截留松江之米，今分派蘇松各州縣支領，營官借以居奇，遂差撥兵丁，撐駕沙船，將對支糧户凌虐拷打，額外索詐。糧户因對支所累死亡逃竄者，不知凡幾。臣愚以爲兵糧當於駐防之處盡數截留，不宜將本地之米解出，反將别地之米解進，往返勞費。其有不敷者，方（準）〔准〕撥支近縣。然亦必營官與縣官交割，不許兵丁與糧户自相對支。此兵糧之支給亟當釐定又甚明。

夫輸輓者，天下之大命也。東南漕糧之苦如此，天下可以類推。祇緣貪官汙吏，利於侵蝕，積弊相沿。今漕臣帥顔保方膺簡任，正爲愛民釐弊之時。伏乞敕下將漕法之不便於民者，逐一更正，務使法嚴而官不敢貪，亦法簡而官不能貪，漕規整肅，無弊不除，其於培民命而厚國儲，非小補也。

（清）賀長齡《皇朝經世文編》卷四六《户政・漕運・論漕弊疏姚文田道光二年》

竊惟東南之大務有二，曰河曰漕。比年海口深通，南河目前光景，甚稱安穩，惟漕務法久弊生。雖經督撫大吏數年以來悉心調劑，然總未臻實效。小民仰沐我朝聖祖神宗生成豢養，届今百八十年，愚賤具有天良，豈有不樂輸將之理。誠以東南財賦甲於天下，而賦額如江蘇之蘇州松江、浙江之嘉興湖州，其糧重尤甲於天下，竟有一縣額徵多於他處一省者。乾隆三十年以前，並無所謂浮收之事，是時無物不賤，官民皆裕。其後生齒愈繁，而用度日絀，於是諸弊漸生，然猶不過就斛面浮收而已。未幾有折扣之法，始而每石不過折扣數升，繼乃五折、六折不等。小民終歲勤動，納賦之外，竟至不敷養贍，勢不能不與官吏相抗。

官吏所以制民之術，其道有三：一曰抗糧，一曰包完，一曰掗交醜米。賦額既重，民間拖欠勢所必有。然大約只係零星小户及貧苦之家，其墳墓住屋皆須照例輸納，又有因災緩徵，新舊並積，因而拖欠者，是誠有之。至如其家，或有數十畝之産，既自食其田之所入，而竟置官賦於不問，實爲事之所絶無。今之所謂抗糧者，如業户應完百石，彼既如數運倉，並外多賫一二十石，以備折收。書吏等先以淋尖踢脚灑散多方糜耗，是其數已不敷，再以折扣計算，如准作七折，便須再加三四十石。業户心既不甘，必至争執，不肯再交。亦有因書吏刁賴，復將原米運回者。州縣即以前二項指爲抗欠，此其由也。包完之名，謂寡弱之户，其力不能與官抗，則轉結交有力者代爲輸納，可以不至喫虧。然官吏果甚公平，此等業户又何用託人代納，可以不煩言而自破者。民間終歲作苦，皆以完糧爲一年要事。如運米石進倉，其一家男婦老幼無不進城守待，一遇陰雨濕霧，猶將百計保護，恐米色受傷。如官吏刻期斛收，即歸家酬神祭先，以爲今歲可以安樂過去，故謂其特以醜米掗交，殆非人情。惟年歲有不齊，則米色不能畫一，亦間有之耳。然官吏非執此三者，則不能制人，故生監則詳請暫革，齊民則輒先拘禁。待其如數補交，然後以悔悟請釋，竟成一定不移之辦法。臣自去歲至蘇，金壇、吴江等縣已釀成事端，其他將就了結者，殆尚不乏。不知踴躍輸將者，實皆良民而非莠民，此民不能上達之實情也。

然在州縣，亦有不能不如此者。近來諸物昂貴，所得廉俸公項即能支領，斷不敷用，州縣自開倉至兑運日止，其脩整倉廒蘆蓆竹木板片繩索油燭百需，及幕友家人書役出納巡防，一應脩館工食，費已不貲，加以運丁需索津貼日甚一日，至其署中公用，自延請幕友而外，無論大小公事，一到面前，即須出錢料理。又如辦一徒罪之犯，自初詳至結案，須費至百數十金，案愈大則費愈多。復有遞解人犯，運送餉鞘，事事皆須費用。若將藉用民力，概行禁止，謹厚者奉身而退，其貪戀者非向詞訟事件生發不可，而吏治更不可問矣。伊等熟思他弊一破，獲咎愈重，不如浮收，尚爲上下皆知，故甘受民怨而不恤。雖地方有肥瘠，才具有能否，其籍此以肥身家者，亦不能謂其必無。要之不得已而爲此者，差亦不少。臣見近日言事者動稱不肖州縣，竊思州縣亦人耳，何至一行作吏，便至行同苟賤，此又州縣不能上達之實情也。

州縣受掊克之名，而運丁陰受其益，故每言及運丁，無不切齒，然其中亦有不能不然者。運船終歲行走，日用必較家居倍增。從前運道深通，督漕諸臣只求重運如期到通，一切並不苛察。各丁於開運時，多帶南物，至通售賣，復易北貨，沿途銷售。即水手人等攜帶梨棗蔬菜之類，亦爲歸幫時餬口之用。乾隆五十年後，黄河屢經倒灌，未免運道受害。於是漕臣等慮其船重難行，不能不嚴禁多帶貨物。又如從前商力充裕，軍船回空過淮時，往往私帶鹽斤，衆意以每年不過一次，不甚窮搜。近因商力亦竭，未免算及瑣屑，而各丁之出息盡矣。丁力既困，加以運道之淺，反增添夫撥淺之費。且所過緊要閘壩，牽挽動需數百人，使用稍省，船即慮其受傷，道路既長，期限復迫，此項鉅費，非出之州縣，更無所出，此又運丁不能上達之實情也。

數年前因津貼日增，於是定例每船只給銀三百兩，然運丁實不濟用，船不能開。遲久不開，則州縣獲戾，故仍不免私自增給，是所謂三百兩者乃虚名耳。頃又以浮收過甚，嚴禁收漕不得過八折。然州縣入不敷出，强者不敢與較，弱者仍肆朘削，是所謂八折者亦虚名耳。然民間執詞抗官，官必設法箝制，而事端因以滋生，皆出於民心之所不服。若將此不靖之民盡法懲處，則既困浮收，復陷法網，人心恐愈不平。若一味姑容隱忍，則小民開犯上之端，將致不必收漕而亦目無官長，其於紀綱法度所關匪細。臣深思博訪，求一萬全之術而不可得，既已有所見聞，不敢不陳於聖主之前，或可飭令中外熟悉漕務諸臣悉心籌議，以期上下相安。臣言雖若迂闊，實今之切務也。謹乘報歲試畢，恭摺具奏。

（清）賀長齡《皇朝經世文編》卷四六《户政·漕運·剔漕弊包世臣》

漕爲天下之大政，又爲官吏之利藪，貪吏之誅求良民，奸民之挾制貪吏，始而交徵，繼必交惡，關係政體者甚鉅。説者皆謂漕弊已極，然清釐實無善策。或以爲州縣一年用度取給於漕，故不能不縱之浮收勒折。是無漕州縣，其用度又將何出乎。或以爲幫丁需索兑費盈千累萬，裁革此項，勢必誤運，州縣虧空，實由於此。是無漕及有漕而不起運之州縣，其虧空又從何來乎。凡此二説，皆貪黷州縣造作言語，以愚弄上司，以遂其朘民肥橐之私。而爲之上司者，或受其愚而不加省察，或利其賄而爲之飾詞，以致浮勒日甚也。誰復肯揣本齊末，廣思集益，使閭閻免漁奪之苦，幫丁祛賠累之病，州縣無竭蹷之虞乎。

查州縣收漕，有例定耗米，自加一四至每石八升不等，以爲脩理倉廒、斗級、辛食、車脚、津貼、旗丁食米之用。辦漕有餘，即留爲該州縣辦公之資，是清漕本不爲州縣之累也。合計各衛所，其無屯田者不及十分之一，多者至每船千畝，少亦數百畝，田隨船轉。至三年小脩，五年大脩，十年拆造，所領例價，雖不敷用，然逐年撙節屯田租入，則津貼裕如已。頭舵水手有工食，家口有月糧，又有輕齎月贈席篷銀，頭舵又許帶土宜免税，幫丁附帶客貨，每船約一二千石，得受水脚，豈宜復有賠累哉。無如十羊九牧，爲人擇官，多方以耗剥之。各衛有本幫千總領運足矣，而漕臣每歲另委押運幫官，又分爲一人押重，一人押空。每省有糧道督押足矣，又别委同通爲總運。沿途有地方文武催趲足矣，又有漕委、督撫委、河委。自瓜洲以抵淀津，不下數百員，各上司明知此等差委無濟公事，然不得不借幫丁之脂膏，以酬屬員之奔競，且爲保舉私人之地。淮安盤糧，漕臣親查米數，而委之弁兵。通州上倉，倉臣親驗米色，而聽之花户。兩處所費，數皆不貲。一總運所費二三萬金，一重運所費二三千金，一空運、一催趲所費皆浮於千金。又沿途過閘，閘夫需索，每一船一閘不下千文。是故幫丁專言運糧，其費取給於官而有餘。合計陋規賄賂，雖力索州縣之兑費而尚不足也。

善治漕者先清屯田，責成衛所，督課耕芸，量其所入，以一半給家計，一半備公需。停委重空，責成本幫裁派總運，責成糧道盡撤催趲委員，責成沿途文武裁汰閘夫，責成閘官看守繳關閘板。每一幫船抵閘，聽其通力合作，提溜更速。水次則嚴禁嫖賭及隨幫收帳者，盤糧廳專責漕臣，而使督臣稽察之。通州專責倉臣，督同坐糧廳，革退花户之爲積蠹者，則幫丁之辦運從容，無須州縣津貼，而州縣無所藉口以誅求於小民，奸民不能激衆以凌辱其長吏，藏富於民，以培元氣，以尊體統。否則浮收勒折，日增一日，竭民財以積衆怒，東南之患，終必在斯矣。

（清）賀長齡《皇朝經世文編》卷四六《户政·漕運·釐剔漕事疏尹繼善雍正七年》　竊照江省徵收漕糧，積弊多端，上廑聖懷，特頒諭旨，聞命之下，殊深惶悚。臣日夜圖維，留心體訪，凡民間完漕耗費，州縣辦漕需用，以及旗丁輓運用度，細細察核，務期與漕務官民均有裨益，方可永遠行之無弊。

查鄂爾泰先任蘇州布政司時，曾有每石收漕費六分之議，内一半幫給旗丁，每船銀二十兩，一半給州縣爲辦漕之用。臣通盤合計，在從前旗丁抵通過淮，浮費甚多，原不敷用，今蒙聖明，已將旗丁一切浮費禁革，伊等原有行月錢糧，又加額編五米十銀，再幫銀二十兩，儘足用度。旗丁既有定規，州縣不被勒索，有此三分一石，亦可辦公。即民間完納漕糧，每石止令交費六分，一切耗米斛面，盡行禁革，亦不爲苦。臣在清江時，即經擬定規條，聞署督撫諸臣，因先奉諭旨發鈔奏摺内開有江省收漕，每石應收漕費三分，官吏多收六七分不等之語，欲避此名色，署督臣范時繹行司議詳，每石止許收費三分。署撫臣彭維新飭令每米一石，準其折扣九斗。臣查九扣收漕，每石已加米一斗一升，畏存六七分之名，陰行八九分之實，小民豈能受惠，此議斷不可行。若每石收費三分，以一半給旗丁，每船止得銀十兩，以一半給州縣，每石止一分五釐，一切鋪墊人工脚價實不敷用。夫處事必求其當，立法務在可遵，若矯枉過正，雖小民一時感頌，而公事難行，將來勢必復增。況奏摺所稱，既收費六七分，又復加米，兩項合計，實在浮多。如米糧不許升合加增，僅收漕費六分，原屬官民兩便。臣隨咨會署督撫及漕臣商定畫一，收費六分，通飭遵行。再向來隨漕收取餘米，最滋弊混，易於侵冒。其常平社倉捐穀一項，原係勸民樂輸，而近來竟隨漕勒收，亦一併飭禁。至旗丁既經定議每船幫銀二十兩，自不許仍向各州縣勒索，而州縣又向有呈送各衙門徵漕陋規。近年以來，雖院司道府衙門已俱不收取，其監兑押運等官，以及吏役催漕人等，仍有浮費。若聽其因循，則弊不除根，州縣仍得藉口，亦一併條分縷析，出示嚴禁。今歲法令之初，猶恐官吏奉行不力，臣督率司道各官，俱時時加意，處處留心，除玩法之興化縣等已經嚴參，各處現在密行查訪，明加儆戒，務期漕弊肅清，以仰副我皇上惠愛黎元至意。

（清）賀長齡《皇朝經世文編》卷四六《户政·漕運·擬更定漕政章程疏蔣攸銛》　臣阿霖保、臣蔣攸銛奏言：竊照江蘇首以漕務爲急，而漕糧尤以米色爲重。自嘉慶四年，仰蒙皇上洞矚積弊，三令五申，並荷聖慈，屢經設法調劑旗丁，自應日有起色。乃民間仍以浮勒上控，州縣官又以刁抗爲患，往往視收漕爲畏途，究之各執一詞，皆非虚捏。蓋緣丁力久疲，所領行贈錢糧本有扣款，而長途挽運，必須多雇人夫，以及提溜打閘，並間有遇淺盤剥，人工倍繁，物價昂貴，用度實屬不敷，勢不能不向州縣索費。州縣既須貼費，勢不能不向糧户浮收。州縣既有浮收，勢不能不受包户挾制。臣等訪聞搢紳之米謂之衿米，舉貢生監之米謂之科米，素好興訟之米，謂之訟米。此三項内，搢紳之米僅止不能多收，其刁生劣監好訟包攬之輩，非但不能多收，即升合不足，米色潮雜，亦不敢駁斥。並有無能州縣虚收給串，坐吃漕規，以圖買静就安，遂致狡黠之徒視爲利藪，成群包攬，訐訟不休。州縣受制於刁衿訟棍，仍取償於弱户良民，其安分之舉貢生監，所加多少不一，大約總在加二三之間。所最苦者，良善鄉愚，零星小户，雖收至加五六而不敢抗違。畏暴欺良，此贏彼絀，是欲清漕政，轉爲奸民牟利之藪，而良民之受困益深矣。且鄉僻愚民，始則忍受剥削，繼亦漸生機械，伊等賄托包户代交，較之自往交漕加五六之數所省實多，愚民何樂而不爲。是以邇年包户日多，鄉户日少，不特刁民群相效尤，即良民亦漸趨於莠，吏治民風士習由此日壞。此漕弊之相因而成積重無已之實在情形也。

從前幫丁貼費，每船不過百餘至二三百兩不等，近來旗丁積累愈重，需費愈繁，且路費正用之外，或償還舊債，或任意花消，或幫弁需索，皆所必有，亦非盡由於路費不敷，伊等知州縣浮收有加五六之多，遂得藉口多索。運弁奸丁連成一氣，州縣惟恐誤兑，不能不受其刁勒，是以幫費竟有遞增至五六百兩、七八百兩者，而蘇松爲尤甚。民强官懦之處，僅得良善之贏餘，不足供奸丁之訛索，遂致虧空挪墊，固屬實情。即民情較淳之地方，牧令任意朘削，仍藉口於兑費繁多，故作虧空，亦所難免。稍借民力以濟運，尚屬因公，又因濟運而虧挪，弊將何底。且州縣既多浮收，則米色不能認真，幫丁既多貼費，則受兑亦不復深求。及至通州，賄買倉書經紀，通挪交卸，米色之潮雜不純，率皆由此。此又官民交困，彼此挾持，南收此兑，流弊無窮之實在情形也。

漕務積弊至此，豈可不大加整飭，力挽頽風。然弊有不可不除，而又有不能盡除者，若徒事飾説空文，聽其言似屬至公，究其實必無成效。臣等甫經蒞任，毫無迴護，已恪遵功令，嚴行示禁，升合不准多收，幫費全行裁汰，稍有不遵，即行查參。原屬辦漕正理，亦未始非臣等自全之道。惟是幫丁長途苦累，費實不貲，若竟絲毫不給津貼，則勢必不能開行。若責令州縣顆粒無浮，亦勢必不能交兑。伏思天庾正供遲尚不可，况明知必誤，而聽其决裂，即懲辦亦於事無濟。臣等非特不能當此重咎，具有天良，亦不忍出此。但清漕之説，既屬窒礙難行，而酌加之事，又斷無明發諭旨之理。

臣等忝列封疆重寄，所以察吏安民者，惟在令行禁止，勸廉懲貪，今有所聞而不敢問，即懲之而無辭以解，令之不必其行，禁之不必其止。江蘇訟案，大半在漕，一事如此，事事掣肘。若不立定章程，仍事顢頇敷衍，收過一漕，臣等亦必致士民等執爲口實。而州縣不予以限制，轉難分别懲創，官與民不能開心見誠，吏治民風將愈趨愈下，倉庫亦無清釐之日。徒知自顧考成，遂爾因循緘默，負恩更重，問心何安。夙夜籌維，並與司道等反覆熟計，不得不於無術萬全之中，苦思酌中權宜之道。謹就管見所及，不揣冒昧，敬爲我皇上陳之。

一、每年秋成時，酌定收米準則，以免偏枯也。查糧艘半載抵通，水蒸日晒，米質必酥，加以起剥折耗，進倉簸揚，恐餘米尚不足抵補。應請於將届開漕之先，由藩司糧道督同該管知府，察看秋收光景，酌定斛面若干，總不得過八折之數，督撫核明。俟開漕時，無論紳衿士庶，畫一徵收。如再有控告者，查係該州縣並未逾違，自當妥爲曉諭，不准刁抗。若稍有格外浮加，雖未經告發，而訪查得實，即行嚴參。至刁生劣監仍前包攬控交，訛索漕規，亦即嚴行究辦。如此則幫費有資，漕可速兑。在紳士既有田地，本屬有餘之家，所費有限，而小民得免偏枯之累，且紳士齊民畫一完糧，刁徒無從挾制，包户亦不禁自絶矣。

一、旗丁各船幫費，應嚴定限制，以杜苛索也。州縣因幫費必須津貼，不得不量加斛面，仍係以公辦公，並非准其任意多收。但幫費不定限制，則需索無已，必至加收。應請酌中定制，每船除向來不及二百兩者，仍應照舊外，其在三百兩以上者，察看該幫情形，定以三百兩爲度。漕臣嚴行曉諭，不准絲毫多索米色則必須乾潔，即食米應給本色者，亦不准違例折收。候兑足時，地方官將各幫米樣封呈本省各上司，運弁出具印結三張，亦將米樣申報糧道，陸續轉送總漕坐糧廳倉場侍郎查考。其旗丁應給銀兩，應令縣幫公同散給，毋許伍長奸丁包領侵扣。如有奸丁領出，私行花費，責成糧道嚴查究處。所有沿途催船漕委，及過淮抵通一切浮費，悉行禁革。如此則米色不能通融，旗丁不致苦累，而州縣亦無所藉口矣。

一、收米既有限制，則興訟之糧應委員驗明上倉，以防積欠也。查向來包户攬納米石爲數不少，到倉時，官吏稍爲查問，即抗不交納，或將濕碎短少之米委之倉外，一鬨而散，赴上司衙門控告，轉須代爲看守，而漕米不准掛欠，州縣官不能不買米供兑。旗丁利於多折價值，彼此通融，遂將食米盡數折收，途中又將折價用去，不免以正米作口糧，買補無期，弊竇叢出。今斛面一定，遇有控案，委員驗明米色，押令進倉，與衆花户一律辦理。其控告之是非曲直，再行秉公審究。則地方官可無墊兑之患，不致以漕尾輾轉交代作抵，日久漸歸無著，亦清理虧欠之一端也。

一、州縣預買惡米墊倉，勒收折色之弊，應嚴行禁革也。近年州縣因兑費既重，斛面不敷，不肖蒼猾之官吏百計張羅，竟有於將次開倉收漕時，藉名墊倉鋪底，令漕總胥吏預買惡米，私運入倉。迨至開倉收米時，倉中半已盈滿，不過十日半月，即以米足封倉。鄉僻小民往往運米至倉，無處交收，仍復運回，勒令以重價折納，鄉民不堪其累，而漕糧米色之不純，未必不由於此。州縣轉以惡米挜交，盡諉過於糧户，此弊尤應嚴行查禁。現已諄切札飭藩司糧道及各該管知府，實力嚴查禁革，一經訪查得實，立即嚴參治罪。庶米色得歸純潔，而小民亦免苦累矣。

以上各情形，臣等明知本非正辦，但天庾正供關係甚鉅，若非權宜酌劑，必致格礙難行。臣等既確有見聞，何敢因循隱飾，自蹈貽誤之咎。謹將酌定辦理章程據實瀝陳，伏乞皇上聖鑒。

（清）賀長齡《皇朝經世文編》卷四六《户政·漕運·卹丁除弊疏孫玉庭》 竊惟江南爲漕糧重地，若非辦理得宜，必致百弊叢集，而欲期官民胥免受累，必使縣丁日久相安，是以欲禁州縣之浮收，必先杜旗丁之苛索，而欲減幫船之浮費，必先卹丁力之積疲。伏查漕船有例給漕贈月糧，又奉恩旨，准其加帶南北土宜，並在通變賣餘米。優恤固已周渥，而丁力仍不免疲乏。臣詳加體察，尚有應行體恤者兩端：一在無屯之賠墊，一在漕委之滋累。而弁丁因之刁難州縣者，亦有兩端：一在無故停兑開行，一在勒斬通關米結。臣請備陳其故。

查各幫大造船隻，物料飯食日益增昂，例價實有不敷。其有屯田津貼之丁，均勻貼造，力尚可支。至江淮興武等幫並無屯田津貼，輪届大造，重利借貸，債負糾纏，日甚一日。迨至兑漕，藉詞横索，勢所不免。臣思惟有仿照浙江辦法，請於糧道藩司兩庫酌籌閑款，發典生息，量於例價之外增給造運，俾丁力不致拮据，庶辦公稍知自愛。如此雖無屯津，可免賠墊矣。其漕務委員一節，嘉慶十二年欽奉上諭，漕督不得多派委員，並禁止該弁等收受餽送。嗣於十四年間又經巡漕御史奏請大加減省在案。臣查沿途督儹，本係沿河衛備專責，届今運道通行，惟有閘多水溜之處自須酌委數員，迎提糧艘過閘，此外概從減省。臣現在移會撫臣、河臣、漕臣一體酌裁，如此量減委員，不致滋累矣。至旗丁勒索州縣，必借米色爲刁制，各州縣開倉旬日，各廒即已滿貯，各丁深知米多廒少，必須先兑。每藉看米色爲由，逐廒挑剔，不肯受兑。致使糧户無廒輸納，往往因此滋事，旗丁即乘機恣索，州縣不敢不應其求。或所索未遂，即藉稱米色未純，停兑喧擾。及至委員催兑開行，各丁不俟米之兑足，即便開船，冀累州縣以隨幫交兑之苦。此旗丁於受兑前刁制州縣之弊也。漕米兑竣，運弁應給通關，而通關出自尖丁。尖丁者，積年辦事旗丁也，衆丁及運弁皆聽指揮，尖丁索費，必先議定私費，再議通幫公費，故有尖丁後手及程儀等項名色。州縣不遂其慾，則通關勒斬不交，至使州縣枉罹遲延處分。此弁丁於既兑後刁制州縣之弊也。

臣思漕糧首重米色，米色純潔，總以糧道運官看定爲憑。臨兑之時，既經驗明米好，即令公同封取樣米通送，定期開兑。令將每日交兑米數，按五日一次通報，仍填晴雨日期備查。如有無故停兑，及未兑足而開船者，許州縣禀明，立拏倡首之丁究處，並將幫弁撤回。如縣幫有以米色争執者，亦應即禀糧道親驗，如果米色潮雜，責令篩净交兑，仍將州縣處分。倘係弁丁捏禀挾制，立將幫弁撤回參究，幫丁從嚴懲辦，即令依限兑收。所有尖丁私費，永遠革除。如此則旗丁臨兑前之弊可除矣。幫丁兑米，本有日給兑單，既已受兑給單，則不得卸過州縣。伏查雍正年間定例，漕糧未受兑以前，一切責之州縣。既兑以後，責之弁丁。又例載交兑漕糧，應令監兑官秉公查驗兑完，出具通關米結，不得勒措推諉。是漕糧一經受兑，弁丁即應出結，斷不應於兑竣開行後，仍以米色潮雜爲詞，勒斬通關也。應請嗣後於兑數報竣、幫船離次日，即令州縣將兑單先呈糧道，飭令該幫頭伍交出米結，不得過五日限。如逾限不呈，許州縣通禀。委員持令箭提取，仍將頭伍枷示水次，另委運弁。其過淮盤驗，如有米色霉變等情，幫丁既已受兑給單於先，即應照嘉慶十七年定例，州縣與弁丁一體參處分賠，不得以通關未付爲詞，藉免參賠。如此則弁丁既兑後之弊可除矣。

再臣於前奏内曾將每漕船每年需費若干附片陳明，奉硃批查明會議具奏。今據蘇松糧道禀稱松江幫船丁力最疲，需費較大，蘇州太倉次之，常鎮又次之，鎮江之丹徒、丹陽兩屬最少。大約松江府幫船不敷銀四百餘兩，蘇州太倉不敷銀三百餘兩，常州不敷銀二百餘兩，鎮江府之徒陽二屬不敷銀一百餘兩，尚須津貼等情。臣查旗丁長途領運，例得銀米内有扣解剩價及解淮解通之款，且協運之江興各幫並無屯田貼費，幫丁疲乏，勢不能不量予津貼。惟各船行走遲速不同，道路遠近不一，即各丁經理亦有善與不善之分，斷不能以一年一幫之用度，定爲各幫永需之數目。而向來津貼之議，實啓争執之端。溯查江蘇省嘉慶五年曾議松太等屬每船貼銀三百兩，十五年復議每船五百兩，而幫丁不惟不遵，反視此數爲額給之項，仍欲另議津貼，以致逐漸加增，流弊無所底止。又幫船有加一免僱存次配造船隻，每幫自五六七隻至十餘隻不等，因其出運滿號，例得輪減停運，將應裝之米灑帶通幫謂之虛船。該船停歇在次，仍准照舊支給月糧，且有墊蓋錢糧足資養贍。夫州縣給費，專爲濟運，船既輸減存次，豈得復予兑費。而近來刁丁勒索，必欲併計在内，以致縣幫争執遲延，不惟苦累州縣，且誤兑開日期，其弊尤應亟除。臣思與其每船給費，不如計米津貼之爲核實。嗣後毋論正兑改本灑帶，應統以米石多寡爲斷，每米一石，各按水次舊章酌給津貼，總不得逾該道所稟需費之數。庶立法較爲簡捷，縣幫永免争執。惟按米津貼之中，仍應分别正耗，以昭覈實。查領運正供有加四耗米，有改本加三耗米，既屬耗米，即不應再予貼費。惟此項耗米亦有交官備用之分，若概議裁費，不足以昭體恤。所有加四耗米内計二斗五升，改本加三耗米内計一斗五升，均係交官之項，應仍照依正米計石津貼。其餘耗米一斗五升，係備該丁等沿途折耗之用。查每米一石，折耗未必至此，自已有盈無絀，應同行月等米一概不准津貼。庶於隨時調劑之中，仍予以一定限制。幫丁即不能格外多求，而地方官亦不致藉口浮勒，方於丁民兩有裨益。

（清）賀長齡《皇朝經世文編》卷四六《户政·漕運·請停預僉備丁以免擾累疏楊錫紱》 竊查江南、江蘇等府每年起運漕糧一百五十餘萬石，内除蘇松等四衛船五百餘隻外，其餘一千七百餘隻，均係江安所屬十衛船隻協運。本年四月間，江蘇按察使胡文伯以江安十衛去蘇松水次道里遥遠，每歲兑運回空，遇有應行更换之丁，運官赴衛查驗，往返需時，以致受兑之時，官丁俱難按期齊集。請令協運蘇松漕米之江安十衛，將各幫家道殷實閑丁預行查選，大幫三十，中幫十五，小幫十名，造册呈送糧道點驗之後，轉送總漕存案。每年於糧船抵通後，查有應行更换之丁，乘總漕押運抵津時，幫弁就近報明，即查預備丁册，按名次點定某丁派管某船飛行各衛，傳齊新點各丁，限令十月初間，在鎮江守候。船一渡江，即押船駕赴水次候兑。則官丁俱得如期到次，不致受兑遲延等因具奏。

經户部議覆，定例：糧船未經抵次之先，原有預選殷丁註册之例。第日久法弛，或有臨時高下其手，亦未可定。至大中小幫酌定名數之處，原例未經議及，應併行令漕運總督，量照情形，酌定辦理。移咨到臣，臣查原任按察使胡文伯之條奏，因江安十衛，道途遥遠，臨期僉换，恐或遲延，而未計及預僉閑丁之無益而滋擾。部臣議准，蓋因原有預僉殷丁定例，故不但江安十衛。而並令推行各省。而不知各衛幫丁，今昔情形之不同，即定例亦難膠執。若以部議已定，即勉强奉行，轉非所以仰體我皇上政求實濟之意。

所有預僉閑丁，其不必者有二，不便者有二，謹爲我皇上陳之。各省衛幫，貧富原有不同，殷富之幫，年年長運，且有子孫世守者，每歲原無需换丁，即間有一二應行另僉者，幫弁隨僉隨得，亦無俟於閑丁之預備。其貧疲之幫，或地處瘠薄，或本無屯田，或自來人丁稀少，每歲遇有應换之丁，即百計搜查，求一二殷丁而不可得，又安有數十名殷富閑丁可以預選。其不必一也。又軍丁俱屬草野小民，所謂殷實，不過有田能耕，有屋可住，計其生業，較勝窮人耳，非真有千金萬金之富也。此等軍丁，或遇收成歉薄，一二年後，即轉爲貧乏者有之。今採數十名之多，預行註册，設需用之時，而名次在前者，已經貧乏，將舍之而僉其次，則人人得以有詞，將據册以定僉，則仍屬以疲丁應選。其不必二也。又原奏令衛所選定殷實閑丁，送道點驗，此無論通行各省，徒多紛擾，即江安一道，所轄十衛，計船五十二幫，無故而驅每幫數十閑丁，僕僕赴省點驗，或加以吏胥阻抑，時日稽延，豈非徒令小民廢時失業乎。其不便一也。又衛所州縣書吏，多喜於有事，每年幫弁，或需一二换丁，臣與各道嚴行申飭，猶恐此輩不無滋擾。今一幫而忽僉報數十名閑丁，則若輩因一報十，於中取利，究之富者賄脱，貧者勉强受僉。其不便二也。臣查各省需丁，俱於回空後更换，並無遲誤。即江安十衛協運蘇松各幫，臣辦理已經七年，每當受兑之期，官丁俱趕赴水次，重運北上，一體開行，並無遲緩。可知兑運遲速，總在各道之實心經理，並不在閑丁之預僉。應請將預選閑丁註册之處停止，庶各省軍丁，不致擾累，而於運漕亦爲有益。

（清）賀長齡《皇朝經世文編》卷四六《户政·漕運·論漕弊與各省糧道書楊錫紱》 回署後數札奉布，想俱得覽，江西各幫，本年在壩上，雖米不甚差，而一切剥價個兒錢抗價等項，多拮据萬狀，以每運各丁所得銀米家費等項計之，應不至此，而日疲一日，甚不可解。即如贛州幫素稱殷實，而其窮徹骨，臨至河西務剥米之時，米已上船，而剥價不能開發，千總代爲挪移，始免誤公。回空則身工飯米全無，無所不賣，尚有遺棄之虞。細推其故，皆由江西之丁，係州縣所僉，未免痛癢不關，一任書吏朦混。富者狡脱，貧者無計可免。又有游手奸猾之徒轉藉充當旗丁，以爲度日之計，是以至此。以此推之，各幫情形，大概皆然。又旗丁得領錢糧家費等項，多留爲家計，及在省混行花銷，全不爲抵通交納預行存留。到通缺費，又挾伍長頭船及領運千總，不得不爲那借完公之舉，以緩須臾。惡習相沿，幾與江浙無異。若不及早整理，將來貧疲無所底止。以某之見，應嚴飭州縣，先於僉丁時實心查察，勿令富者倖脱，貧者濫充，以清其源。至於本年新運，則當傳集各幫領運千總守備，令將各該幫新運錢糧家費一一計算，在水次應用者聽其支用外，其餘俱設立公櫃，令該幫運弁同頭伍人等掌管，沿途及抵壩用費有所支領，俱公同頭伍登載公簿，令各丁不得任意花銷，抵通自不至於拮据。領運之弁有不公不清者，查明參處。則官丁各知以公事爲重，行之數年，或少有轉機。再江西米石，除南新二縣向無潮濕外，其餘州縣，沿途遠解，家人吏胥船户，多有通同潑水之弊，否則驗米時不潑，而一驗之後，即不可問。米石既潮，折耗必多，此亦旗丁受累之先著。足下身任督理，一切無不預籌，此事尤應嚴察，能去潮米之弊，即旗丁先免折耗之苦。至於錢糧封貯公櫃之處，就西省情形，如何行之妥善，亦望即詳酌見示。

茲浙省各幫過淮南下者，計至十五日，已十二幫。其餘亦現在接續來淮，大約此月之杪，俱可全行渡江矣。各幫到次以後，即有脩艌并製備什物等事，不但三脩銀兩宜早發，即一運應領錢糧亦應早發，且宜整發。蓋浙省尖丁各有勾串道房書吏，以遲發或數次分發爲居奇者，雖名爲慎重錢糧，其實多一番請領，則多一番使費。又發之遲，發之少，則彼得藉口，預行那墊以取利，而老實衆丁無從究詰。且每年有船已開行，而錢糧究未全領者，隨後尖丁具領，多指稱公事，朦混開銷，而衆丁並不得分釐到手。此浙省向來之錮弊也。某則以爲，一運錢糧有一定之數，少發遲發，究終須發，不能留其分毫。早發全發，彼亦不能再行請領。與其少發而滋弊，莫若全發而省費，且杜此輩借名開銷之計。若慮全發恐其花銷，臨期無銀接濟，則但當嚴責運弁及頭伍等公平掌管，設立公簿，按時支給，非當用某項銀兩之時，絲毫不得預給，少有錯亂及辦理不善，致沿途到壩有缺費用者，即與詳揭重懲。彼賢能之弁固得預爲料理優游，即老實之弁亦得有所遵守，而不致墮奸丁術中。年來江安諭令早發整發，未聞有誤，浙省似亦可照行也。

又浙省幫船開行之時，無一定先後次序，向來彼此争先，有米未兑足，而争先開行，後用小船載米趕上受兑者。毋論小船另費脚價，而米色之佳否，上船之足數與否，更無從查察。去歲雷監司始覺其弊，不令小船趕載，但恐故智復萌，此須嚴行示禁。至於最疲之幫，如嚴州所金衢所處州前後，次疲之幫，如紹興前後、温州前後，自應令其居前，俾得到壩先行兑交。然亦須有一定次序，方不致於争競。查江西十四幫，每年係糧道當堂令各幫拈鬮，浙省可否令數疲幫應在前者爲一鬮以定次序，其餘不疲者，另一鬮以定次序。在足下酌而行之。至聖駕南巡，向來俱飭令趕早一月開兑，其實蘇松之船，即不能趕過鎮江口，何况浙省。是以上届南巡，浙船不過於寶帶橋等處迴避。某意今冬自應比常年略早，然不必過於急迫，使收米者潦草收之，兑米者亦潦草兑之也。

湖北漕運，如大造僉丁及錢糧運費等項，皆係守備管理，千總不過問歲一出運而已。其因循闒冗，操守卑鄙，公事毫無振刷，病總在於守備。即如大造一事，乃守備專責，而湖廣造船板薄釘稀，油灰減省，極爲不堪，而又務爲高大，不濟實用。推原其故，皆由守備全不認真，聽之丁旗自造。丁旗包於舵役，舵役包於廠户，加以官吏從中扣尅分肥。如此，安望有堅固之船。又如疲丁一項，每歲必需换僉，乃千總請革之丁，守備反爲包庇，仍與姑留。即另僉者，亦多僉貧賣富。每年有船已出運而丁尚未到幫者，有行至中途壩上而脱逃者。如此，安望得有殷丁。又湖廣錮弊，全由舵丁包運，旗丁多不過虚應名色，或有奸舵偷賣米石，到通掛欠，或行爲不法，經千總請革請緝，而守備聽其革於此船，仍入彼船，革於此幫，仍入别幫。如此，舵役包運之弊奚由禁戢。又如運費一項，乃各丁賴以濟運者，必按名實給實領，方於運務有濟。乃湖廣運費徵收出入多不可問，聞各衛備每年於開兑之際，至水次與各幫頭丁旗人等銷算一次，或抵或扣，有毫無存剩者。如此，焉望實惠之均沾。以上不過列其梗概，其他種種積習錮弊，不一而足。故湖北漕運在首治守備，守備得人，弊可剔，利可興，否則舌敝唇焦，終於無補。若千總雖有劣弁，其弊在途，此手足之疾，而非腹心之疾也。足下莅任伊始，所望大加整飭，故爲述所知情形如此。

浙省杭嘉湖三府州縣收漕，從無實在自行經理者，每年不過坐交書役認納規利，其一切經收交兑文解，俱書役包辦，官可不過而問，是以操縱皆由漕總之手。大約米十萬石，收本色者不過六七萬，其三四萬石則純行折徵。此折徵，一則便於紳衿大户及有力之家，可以省上米刁難繁費，故寧稍增價以折，而不願交本色。一則漕總書役多得價值，即或需買米，亦可賤其價值，買低下市米，攙入所收好米之中，無從辨別。是以浙省米色不但不及江南別府，即松江亦不如。至於各幫丁旗住居水次，與此等漕總胥役彼此熟識，互相勾引，每年水次交兑不但行月折乾，即耗贈等米亦俱折乾。內中尖丁則有併正供不足者，彼利於折銀入手，即便花用。而漕總書役人等亦乘其急需，既可得價，且可不必買米故耳。若夫領運員弁，廉幹者稍能自立，而苦於查察難周，庸懦貪鄙者，則利以啖之，少貪其餌，已爲旗丁所使，求其除弊，萬萬不能。迨至中途，窮乏之丁固需盜賣，而奸刁之丁尤甚。窮乏者爲費用計，勢不得不賣，奸刁者則本殷實而亦盜賣，彼以到壩短少，運弁自顧考成，勢不得不令衆丁那湊以足其數。無可那湊，亦不得不爲揭借以完公事。事完之後，即治之以法，不過薄責，而彼已大得其利矣。此種刁惡奸丁，江省亦有，而浙省尤爲錮弊難除。欲清其源，須先正州縣收漕之法，次禁丁旗折乾之弊，折乾絶則米足，米足則抵通無揭借滾剥之苦，而每歲錢糧無庸扣除矣。

（清）賀長齡《皇朝經世文編》卷四七《户政・漕運・轉般私議王芑孫》　古之漕法四，一河運，一陸運，一海運，一轉般。河運、陸運隨世不同，海運用之元明數十年間，惟轉般自魏隋以迄唐宋，幾及千年，其用差久，而其源始於《禹貢》，實虞夏聖人之遺法也。三代封建之世，納粟止於甸服，轉輸不過數百里，故經傳不詳其法。秦漢所漕於京師者無多，故講之亦略。自後魏之世，經略江淮，有司請於水運之次隨便置倉，小平、石門、白馬津、漳涯、黑水、濟州、陳郡、大梁，凡八所，各立郡閣。每軍國有需，應機漕引，此轉般倉所從朔也。

隋開皇三年，詔於蒲陝鄭許等州水次置募運米丁，又於衛洛陝華諸州各置倉，轉相灌注，此轉般立名之所自出也。唐都長安，江淮漕米至東都，輸含嘉倉。開元中，裴耀卿請於河口置武牢倉，鞏縣置洛口倉，使江南之舟不入黄河，黄河之舟不入洛口，而河陽、栢崖、太原、永豐、渭南諸倉節級轉運，水通則舟行，水淺則儲倉以待。最後如其説行之，果便。及劉晏爲轉運使，以江汴河渭水力不同，各隨便宜，緣水置倉，轉相授受，大率江南之運積揚州，汴河之運積河陰，河船之運積渭口，渭船之運積太倉。此唐一代轉般之大略也。

宋都大梁，有四河以通漕，曰汴河，曰黄河，曰惠民河，曰廣濟河。其後黄河路斷，祇漕三河，江淮上供米，轉運使以本路綱輸真楚泗州轉般倉，兼以載鹽，運畢則舟還其郡，卒還其家。汴州詣轉般倉，運米輸京師，歲摺運者四，舟卒得番休，而汴船不涉江，無覆溺之患，其後稍廢。發運使許元，奏請諸路增船載米，輸轉般倉如故。熙寧二年，薛向請募客舟，與官舟分運，互相檢察。吴充請減江淮米二百萬石，令發運使易輕貨二百萬，計五年可得緡錢千萬，轉儲三路，平糴備邊。王安石因請令米貴州郡折錢，變爲輕貨儲之，河東、陝西便要州軍，用常平法以時糴糶。初天下轉般倉，自歲運京師外，諸倉皆有餘蓄，州郡告歉，則折收上價，謂之額斛。因如本額，以倉儲代輸京師，復於豐熟處所以中價收糴，穀賤則官糴，饑歉則納錢，民以爲便，本錢歲增，兵食有餘。此宋一代轉般之大略也。

至徽宗崇寧時，蔡京爲相，用胡師文爲發運使，以糴本數百萬充獻，而轉般之儲積已罄。朱勔以舟船送花石綱，而轉般之船亦壞。於是户部尚書曾廣孝建議以轉般法敝，令六路歲供直送京師，號爲直達綱，而轉般之倉遂廢。法無有弗弊者也，其人存，則其政舉。以歷世相傳轉般之法，蔡京一小人壞之而有餘，其後改爲直達，而京又壞之。嗚呼，開國承家，小人勿用，豈獨漕法然哉。

方今民困於浮收，官困於幫費，議者莫不欲去浮收以救民，去幫費以救官。然去浮收必先去幫費，去幫費必先改漕法。今之漕艘，古所謂直達綱，漕之善者也。顧國家承平百六十年，法久弊生，老奸宿蠹，窟穴其中。通倉之需索，大累於幫丁，幫丁之需索，大累於州縣。督撫以浮收暫紓州縣，而州縣卒未嘗紓也。漕臣以幫費暫恤疲丁，而疲丁卒未嘗恤也。通倉諸臣奮然欲去經紀花户之需索，而卒未嘗去也。經紀花户之盤踞於通倉者不得去，則尖丁之蠶食於州縣者不能除，浮收歲甚，幫費歲增，幫費愈增，浮收愈甚。於是有書役之挾制，有紳士之包攬。昔之浮收利於官，今之浮收又害於官，岌岌乎勢且不終日而道窮矣。窮則變，變則通。漢唐以來，自轉般而之直達，何不可自直達而之轉般。變之所極，其機自至。近歲駁船之設，始爲偶行，繼成常例，不得已隨地置倉，由是而天津有倉矣，臨清又有倉矣。是轉般之法雖未顯立其名，實已用之於北也。今築禦黄壩，恐誤江廣回空，即就清江增船駁運，是轉般之法又已用之於南也。

日者敕下諸臣，别籌河漕兩利之策。伏繹詔旨，似專爲河工未就而言。竊以河工天事也，患之偶也。幫費人事也，患之常也。天事無往不復，人事有加靡已。就使一旦河流循軌，漕艘暢行，而幫費日增，漕弊日出，是上以百萬金錢治河，下又以百萬金錢治漕也。治河平而費止，治漕漕在而費無終窮。何不酌古之制，權今所宜，取唐宋轉般倉成法損益之，不泥其迹而師其意。古稱利不百不變法，轉般之在今日，豈徒利百已哉。今欲行之，其要有五：

一曰易漕艘。漕艘之建造修葺，一切應得分例，有經常，有額外。所糜於國帑者數十百萬。及其出運，凡所勒索於州縣者又數十百萬。日行不數里，催趲迎提，終年勞擾，近者夾帶愈多，雖蘇松内河無歲不駁，運夫所利於漕艘者，利其直達也。今不啻用無數小舟，自水次零星駁送抵通。其駁送仍責舟於沿途，甚至攔江索錢，奪船毀器，患苦商民，抗違官長。倚天庾爲口實，援漕督爲護符，文武吏士莫能彈壓。不知漕艘亦何效於國家，而相顧咨嗟，莫敢議去。今行轉般之法，一艘之費可得數十駁船，一丁之費可供數十百夫，一衛職之費足資文武官數員，夫何憚而不爲。或曰漕艘之受多，駁船之受少，未免終年僕僕。是固然也。然船多則不嫌其受少，官有番休，則雖勤而弗病，奚患焉。又况峨艑巨舸，横截中流，習慣承平，第見其便。設遇倉猝，勢如連雞，有可虞而無可恃。今其不戒於火者，往往一時俱燼，豈非明驗乎。受少則損失亦少，受多則覆溺亦多，吾未見龍驤萬斛之勝於蚱蜢者也。然則如之何而去之，曰以漸去之。此時草創，駁船未具，姑藉其舟就近浮送，嗣後應修者勿修，而變其直以半酹丁官，收其半以造駁船。不過數年，漕艘漸少，駁船漸多，久之漕艘盡而吾船具矣。

二曰建倉。唐宋置倉，各就所都，道里遠近疏密不等。今天津有倉，臨清有倉，獨臨清以南尚未建造。中間層遞摺運，郵程較遠，宜擇河北寬平之地，或濟寧臺莊，或别就有城郭有道員駐劄之處，更籌添設。清江浦已設駁船，然地當清黄交會，不無水患，未便置倉。唐宋皆置倉真州，今或仿其意，就沿江瓜儀一帶設之。近年清水泛溢，五壩時開，誠恐淮揚溜急，江廣巨艦，泝流匪易。置之瓜儀附近，一以速江廣之回空，一以便江浙之賙賑。

三曰造撥船。江廣幫船由長江而下，風帆甚利，或姑可仍舊。其餘置倉之處即爲增船之處，船製以及歲修年限各隨其地，略用劉晏河船不入汴，汴船不入渭之意，往來層折遞受，其船人亦各就所在募充。前此漕艘水工僱之沿路，皆饑寒窮困之徒，爲盜賊逋逃之藪。或慮漕艘不至，流離無著，激其爲變，此又似是而非也。有倉之處需人矣，有船之處又需人矣，猶是役也，猶是途也，食力者何之不可。而况昔之漕艘過境，僅在一時，今之駁船來往，轉須卒歲。漕艘之所僱者暫，州縣之所役者常，彼其去短工而就常役，較前爲樂。至於盜賊逋逃，則僱之旗丁者，莫紀繇來，役之州縣者，必存名籍，而又何亂之能爲哉。

四曰判職掌。置倉所在，文武分職以典。其凡役事，遣滿漢科道二人莅之，其體制略如巡漕汎舟之役，文武分頭幹當，科道必躬自檢察，二人更番，一人出則一人歸。出者治運事，部勒其程，期於米之必去。歸者治倉事，句稽其數，導其米之耑來。呼吸相應，首尾聯絡。其下往來趨事，需員孔多。文職自同知，武職自都司以下，悉聽調發。有不如指，許以柱後惠文從事，獨不得調府州縣印官。所遣科道，依督學例，督撫密陳其賢否，督撫有闕失，亦得糾舉之。三年代還，録其下幹當各官勤惰，以上於吏兵二部，黜陟登下之。

五曰優俸糈。文武吏以及府史胥徒身家所託，在於官中，吾不有與之，彼必有取之，勢所固然，而非必其人之不肖也。劉晏造轉運船，每一船破錢千貫，實費不及五百貫。或問之，晏曰：大國不可以小道理，船場既興，執事者非一，必有餘剩養活衆人，私用不窘，則官物牢固。乃於揚子縣置十船場，差專主官十人，不數年皆致富贍，公私兼利。其後吴堯卿爲揚子縣官，始勘會物料，實數估給。專主官十家，即時凍餒，而船場敗壞，饋運莫繼。今欲寬其官程，恤其私計，勢必萬萬不能。何也。假而建倉，則建倉之費必咨部，而部曰核實。假而造船，則造船之費必咨部，而部又曰核實。核實云者，部臣又不得而主之也。書辦曰可，部臣莫敢曰不可。書辦曰不可，部臣莫敢曰可。由是而若者核減，若者核銷，亦恣取部費而已矣。州縣百方欺隱，而外有上房，内有部辦，鹽其腦而食之，往往枉承欺隱之名，卻受賠償之實，又安望餘剩顧及身家也哉。我國家養廉之制，原爲杜截欺隱，聽其隱取之，不若明與之也。然今之得有養廉者誰乎，非惟無得而已，其捐廉項下每歲追呼，少或數倍，多或數十倍。然則陰取之者隱奪之，明與之者又明奪之，官吏將不爲惡而何爲焉。竊願當事者尋劉晏之餘聞，感東坡之極論，嚴其爲惡之禁，必寬其爲善之資。各按所職高下劇易，爲之差次其等。官則豐其燕好之頒，役亦優其代耕之禄，務從寬大，規其久遠焉。

於是則衛籍可除矣。旗丁亦民耳，號之爲軍，在明初，有屯田以贍其身家，有番代以均其勞逸，教之弓矢坐作，以寓兵於饋饟之中，良法美意，皆瞭之矣。徒存此不農不賈之民，領之於非文非武之官。以爲軍，冗軍也；以爲民，游民也，奚愛而勿去也。誠使轉般法行，舉其籍而削之便。或曰旗丁有身家，故責之漕事，去之又使何人應募，不幸賠補，將奚取諸。此正不然，旗丁之有身家者，固未嘗出運也，其出運皆奸猾耳，去之又何人不可應募。今各省委員之採辦，其亦藉力於旗丁耶，惟其責賠於丁，丁主之而官無權，官爲虚設矣。責賠於官，則官任之，而官自出其精神矣。或曰旗丁託業於是，幾百年矣，不願去奈何。曰無不願，其富貴者，以軍籍爲耻，其貧賤者，以軍籍爲累，一旦脱籍，方且幸甚。惟一二奸猾則託業焉，彼固非託業於丁，乃託業於凶横也。爲政者豈有聽民以凶横自業者乎。誠令凶横者失業，而富貴貧賤各適其常，豈不快哉。或曰屯田在丁久矣，將歸其田乎，不歸其田乎。曰七省之屯田多寡不同，風土亦異，各就所在區處，田有可歸歸之，不可歸，或量徵所入，或别與他徭，或即用此田之入供我轉般之用，不必因是以求益於國也。要之丁籍去，而所省已不貲矣。

於是則衛官可裁矣。衛守備、衛千總猶之營守備、營千總也，今以不堪營用者，畀之衛職，其人自知升進無階，聊復蝨於其間，寄衣食焉。徵糧理訟，小分州縣之權，裘帶肩輿，略無騎射之責。隸之糧道，而糧道相懸數百里也。帥之漕督，而漕督相懸數千里也。不得已仍屬之所在知府，而知府究以武職外之，平時既無考核，出運又藉鑽營。其强者，與奸丁爲狼狽。其弱者，爲丁衆所欺淩。所謂尖丁者，輒倒持其柄而進退之。天下冗官，無過於是，省其職而並之州縣便。

於是而漕督可省矣。漕務綿亘七省，漕督一人，僅駐一處，呼應既有不靈，稽查亦所難遍，居恒坐嘯，雖賢者無由自異。及其出運，鞭長莫及，故又佐之以巡漕。名爲漕所總匯，其實下無不由於州縣，上無不歸於督撫，漕之誤與不誤，仍在督撫、州縣，總漕無能爲也。督撫、州縣皆非誤漕之人，總漕一官，設可也，不設可也。蓋漕督位尊澗絶，衛官、衛丁聽命於其衙門書辦，凡衛官之出運，非賂莫得也。衛丁受兑之水次，非賂莫得也。衛官、衛丁必先丐貸以得之，而後取償於州縣。所出之幫費，半入於衛丁，半分於書辦。而且衛官衛丁得之勞，書辦得之逸矣。夫多一總漕，無裨於漕，猶無損於漕。多一總漕之衙門，非惟無裨，又有大害。皆此類也。漕軍國重事，固宜有兵將護，明制所爲設立衛官、衛丁也。衛官皆守備千總，奚爲而不教練，衛丁皆軍籍，奚爲而不習藝。今以其人瓠落匏懸，又更設漕標之兵，是重臺也。總漕既省，分其軍於建倉處所，翊衛倉儲，庶幾乎。

於是而災賑可備也。唐宋轉般之法，歲歉則請停所運三之一，或三之二，於災荒處所減價糶之，又於豐熟處所中價收之，以還運額。或米貴則令民折納，穀賤則以其錢糴米還倉。其事亦猶今之截漕也，而國民兩利。設有倉猝意外，就近饟軍，爲力省而濟用亦速。

於是而榷遷可兼也。京師百物仰給漕艘之夾帶。其過關也，憑淩關吏，莫可誰何。其過境也，苛役州縣，代爲起駁，沿路包攬，亦沿路脱卸，故其夾帶之貨多於額裝之米。今漕艘既不抵通，誠恐九衢市價騰踊。然唐之轉般，粟帛兼運，且有輕貨之賫。宋六路上供，東南茶布亦在其間。或官爲置本而收其息，或聽商搭載而税其舟。然税於舟者，勿更税於關。前此漕艘水工，例帶私貨，今亦勿禁。如此，亦何患其不奔輳而闐溢乎。

凡此數端，麤陳大指，若其審時度地，消息盈虚，當官之要，毋煩僂指，古后王作則，莫不周復其終始，與後人以不改，或垂之三世、五世、十世，其運量遠矣，卒未有五百年不變者也。漢之代田不用於唐，唐之府兵不行於宋，安在漕運之必沿明舊而承其弊哉。今之君子，因循朝夕，方將河漢斯言，有起而任其責者乎。雖然，今即不行，後必有行之。第恐彌遲，其失彌甚，貽悔後時，如蘇洵所稱不幸而獲知言之名已爾。

前云去浮收必先去幫費，去幫費必先改漕法，立意甚善，而究竟何以一行轉般，通倉便不敢勒索，沿途不遞相推諉，尚未嘗明析言之，存此以備識務之士講求焉。

（清）賀長齡《皇朝經世文編》卷四七《户政·漕運·改運議謝階樹》

治河必先停漕，人知之矣。然而漕終不停者，以改運無萬全之策也。改運之議有四：曰海運，曰轉輸，曰小船，曰採買。請各著其説而論之。

爲海運之説者，曰海人行海，猶陸人行陸。閩粤之人，嘗以航海致富矣，未聞苦覆溺也。唐陳磻石因海船而奏海運之法，懿宗用之而便於軍。唐以前固未有行之者矣，懿宗猶不之疑，顧疑於今日乎。海運便。

爲轉輸之説者，曰海道之險易，終非可以臆測也，請酌用裴耀卿、劉晏轉輸之法。耀卿之運，水陸並行者也，晏則一於舟。今宜令南省之舟均集於清江浦，以次遞運於濟寧、臨清諸府州縣之倉。水深則舟行，水淺則陸運。轉輸便。

爲小船之説者，曰轉輸近矣，然陸運則勞費不貲，莫如一於小船。唐天復二年，吴王楊行密宿州之役，都知兵馬司徐温請用小艇，而糧運先至，此其驗也。今漕船之渡河，患淺阻者以其重大也，請用徐温之法而小之，必不留行矣。小船便。

必不得已，則又有爲採買之説，以救三者之失者。曰此三者猶需於運也，吾之策不需於運，採買是也。彼五省之民之納米者，各聽其鄉一時之市價而折銀，盡遞寄與近畿之省，令官審年歲之豐儉，以爲採買之多少。則居奇之徒皆聞風而趨利若鶩矣。且關東土地肥饒，聞每歲常運其有餘，以鬻於江浙閩廣之間，則至京爲尤近也。採買便。

四者之説，皆一偏之見，非萬全之策也，當事者以爲不便，信矣。而小船、採買之説，則尤悖焉，何也。夫欲盡舉五省之船而小之，其費將不貲也。且吾不知其所謂小者何如也，使以受千石者，改而爲受五百石、四百石、三百石，則浙江、湖廣之船之泛洞庭絶彭蠡者，恐不足以衝洪濤，而覆溺多矣。若但改十丈者爲九丈，則雖改猶未改也。且今之議改運者，蓋欲其不必渡河，而令河臣得顓意於河也。小船能飛渡乎，此其必不可者也。粳稻出於東南，若北地不常種也，南省之納米有定額矣，民固安之也。今乃盡令易銀，而欲責不常種者於北地諸州縣，竊意其累民而無益於事矣。關東雖饒，亦安能取盈於三百萬石之數乎，此又必不可行者也。

若夫所謂海運、轉輸之説，有司蓋亦處堂而議之矣，然卒未敢決然以爲必可行者，海運非動色於風濤之險也，蓋海運則必造船轉輸，亦非驚心於措施之難也，蓋轉輸則必置倉，二者之費，度亦與造小船等。夫使其改運而爲長久之計，則亦不足惜矣。未幾而河平漕復，是船與倉皆廢矣。有司蓋亦深慮乎，以不貲之財委之廢物也。然則吾之所謂改運者何也。四者之説，人顓用之，吾兼用之，以海運爲主，而以三者濟之，則萬全無弊矣。此其説何也？南省之米，大抵江浙最多，而其路近於海，則請由海運。江西、湖廣之米，則令轉輸以濟海運之所不及。夫海運、轉輸之格阻而不能行也，由於造船置倉之費不貲也。然則海運不必造船，轉輸不必置倉，宜行之矣。吾蓋嘗考其法焉。

夫所謂海運不必造船者何也？即薛向募客舟之法也。關東每歲有商船二三千隻至於上海，曰沙船，其大可容二千石，其人皆習於海。其來也，則載豆麥雜粟，一歲二三運以爲常。而其去也，則僅易布帛、棉花諸貨物，而患其輕。今宜借其船而令其代載，一船量給三四百石，則江浙二百萬石之米，凡兩運而周矣。又令其迂道至直沽口，而約予運費，以獎其勞，舟不患輕，而米不空載，商人必甚願也。其船即商人主之，而不必置丁，恐其累商也。其至也，視米所耗之多少，以爲賞罰黜陟，吾知其慕爵賞而爭自效矣。如是則不必造船而海運通矣。難予者曰：子之説，明隆慶中王宗沐嘗行之者，其後壞七艘於福山島而罷，子能保其不壞乎。曰：此其偶然者耳。元固終始於海運者也，其運之少者，至元二十年四萬六千五十石，至者四萬二千一百七十二石，遞加至於天曆元年，運三百二十五萬五千二百二十石，爲至多矣，其耗失乃僅二萬九千餘石。核而計之，固百分之一也。其同時梁夢龍之運，又何以利耶。今南漕由江南河而運河，水漂石激，利害恐亦相當矣。即或虞其萬一，何不效沈廷揚甦試之法，以蘇松二府之米試之，利則再進，不利則退。吾知其所謂朔行而望至者，非欺也。

夫所謂轉輸不必置倉者何也，江西、湖廣之米仍令舊船運至清江浦，須於水次，若劉晏所謂歇艎者，於是用一人一日運七百五十石米之法，以避黄河之險。其説始於董搏霄，而吾變通之。其法人分十步，一里置三十六人，十里三百六十人，則百里僅三千六百人耳。其米則以布囊盛一斛而封識之，人負一囊，十步而更，人不息肩，米不著地，日行一千五百回，輕行四十二里，重行四十二里。一斛之米，僅五十餘斤也，負五十餘斤之米，而日行八十四里之路，雖匹夫之力之最下者，亦堪之矣。若一人不給於運，則用加耦之法，二人爲耦，遞加而至於四十耦，則一日可運六萬石矣。又百步則置一兵，五里則置一千總，以約束之。若其加耦者，亦加官與兵焉。一日人給銀四分，則百里之遠，百萬石之米，其費止需銀二十萬兩耳。計清江浦至楊家莊口，其路僅百里也，江西、湖廣兩省之米僅百餘萬石也，用此法以達於楊家莊口，而以小船接之，則（糟）〔漕〕艘雖不必至河，而運通矣。度比年所製撥船，無慮二三千隻，今江南大吏又造一千隻，一船載三百石，則百萬石之米，運之有餘也。如此則不必置倉而轉輸便矣。難予者曰：轉輸費矣，子何不一於海運，顧爲此策也何居。曰：自李家樓决口以來，淮揚徐三郡被水之民，業已不惜帑金而賑䘏之矣。明歲青黄不接之時，則又困餓如故，或習而爲非，此亦事之不可不慮者也。吾盡驅之以爲吾用，民既得食，而又可藉其力以通運，非惟漕之利，抑亦民之福也。難者又曰：子欲以饑民運米，是猶委肉於餓虎之喙也，不虞其剽竊乎。曰：吾之爲此策也，正以慮之也。夫民豈不知國家之法之不可逭哉，而甘於爲非者，求生不得也。既生矣，而又必生事以罹法網，雖愚者不爲也。若不以之運糧而給之食，則其計真出此矣，將舟行遂獲免乎。且人與人鱗次而更疾如風雨，而又立官與兵以爲之監，雖欲爲不肖之事，亦無間矣。

三者或不能無剽失耗折之患也，則又行採買之法焉。亦不必别籌經費也，既省運丁口糧，即以此銀糴米麥雜粟於關東，及近畿之省之年穀順成者，可得數十萬石，以補三者之不足焉。誠如是，則不濫費，不更張，令下如流水矣。此吾所以籌改運之策，萬全無弊而可行者也，夫然後乃言治河矣。

内惟海運行有成效，董搏霄之法，則前人已有駁其難信者。改小糧船，鄂文端、阿文成、朱義烏皆主之，非僅爲河道不通時言也。集思廣益，是在於參伍折衷者。

（清）賀長齡《皇朝經世文編》卷四七《户政·漕運·請罷長運復轉運疏蔡士英順治十一年》 臣聞無百年不敝之法。亦無敝而不可變通之法，譬之終歲之衣，不補則破，十年之屋，不修則壞。况乎法立而弊生，弊生而蠹積，因循至數百年，猶不知所變計，其流將何底乎。

臣膺漕務重寄，受事以來，食息起居，不敢一刻即安，晝夜行催各省糧道，徵米登廒，無誤開兑。今據各屬呈報應兑之米已盡儲水次，而受兑無船，在在皆然。夫米與船均爲竝亟之務，使有米無船，憑何輸輓。臣輾轉無計，窮極思通，惟有罷長運以復轉運之一法。長運罷而刁軍之積弊可剔，疲丁之困苦可蘇。轉運復而遲滯之阻害不滋，掛欠之追呼不擾。誠欲輓遲爲速，杜欠爲完，計無有出於此者。若狃襲成法，臣即智盡力竭，止能曉夜檄催。今各衛窮丁寥寥無幾，每一僉運，皮骨皆枯。邇年雖給官銀脩造，無如轉徙逃亡，無承受之人，是以迄今造報無成。此臣在江西所目擊者。至於抵通逋欠，臣查歷年積數，幾三百餘萬石，雖監追累累，並未聞補償如額。今日之功令，何等森嚴，豈諸臣不欲遵奉力行，實窮於法敝已久，無可如何耳。窮則變，變則通，正此時漕事之謂也。第變法之議，駭人聽聞，起人疑畏。况事當創始，布置不易，臣亦何樂而爲此，特念朝廷既以重大之務責之於臣，斷不敢相沿苟且，貽誤公事，但舍轉運一法，别無神輸巧運之奇。雖添設糧道多員，亦僅能催徵糧米。究之疲殘之運丁，不能使之盡充衛所也。阻滯之漕船，不能使之速歸水次也。枯涸之河道，不能使之通行無礙也。狼狽至是，而猶然膠柱鼓瑟，將見流弊日甚一日，而逋欠亦日多一日，是以萬分緊急之京儲，竟以無可如何聽之矣。臣一片愚衷，上爲軍國計重大之務，下爲運丁紓積世之苦，萬不得已而思變法，非得已而好爲新論也。伏乞敕下該部及諸大臣會議，如果隔礙難行，臣亦不敢謬執己見。倘有可採，使行之有當，是則數百年積弊之漕政，一旦而有起色。庶幾不負皇上委任之恩，而臣亦得少圖報效於萬一耳。臣請先言長運之害，次析轉運之利，更詳條所以經理轉運之目，不憚煩瑣，敢爲皇上陳之。

一曰長運久困之害。考明朝之漕運，法經五變。始也海陸兼運，繼而軍民遞運，又繼而爲改兑，軍始獨任其長運矣。從來經國者之論曰：漕法莫善於轉般，莫不善於直達。若今之長運，即所謂直達也。在明朝際承平之後，衛所軍丁既不用之荷戈，故專用於輸輓，謂稍寬民力。習之既久，遂若非此輩别無可以供任使者，孰知困敝至於此也。自我盛朝定鼎，無一人不被其澤，獨此運丁未蒙雨露。蓋今日之運丁愈非昔比，其世業半侵於豪强，久不可問矣。夫以身無寸土立錐之人驅之領運，蹈江涉河，經寒歷暑，終年不得休息，已屬堪憫。至於造船，尤爲苦累。每見遇一僉報，避之不啻湯火，及拘挐承受，而所給官銀又不足打船之費，不得不先爲重利借債，惟計領糧以抵償之。是未兑之日，而即爲盗賣折乾之計矣。未已也，起淺盤剥，種種勒措，迨至抵通，復苦積棍蠹役，需索百端。窮丁豈有點金之術，莫不取足於糧米，額糧安得而不掛欠。此長運之一大害也。且先時運弁皆土著世官，與旗軍素相熟習，凡選旗造船，其間孰爲堪運，孰爲不堪運，得以預知去取。今則部推守備千總領運矣，平時漫無所知，止憑積蠹書識上下其手，富者索其重賄，貧者困以力役。邇年以來，衛丁富者益貧，而貧者日逃。職此之故，止餘奸軍劣弁，鑽運代領，以恣侵肥之計，漕事安得不至於壞。此長運之又一大害也。前時依期開兑，米一徵齊，即催船先集，故冬兑春開，運重回空，得無阻滯。近來米已登廒，片帆不至，比及到次，正當水漲之時，江河疾流，風濤迅怒，重運多遭漂溺，其間過淮過洪，盤查放閘，躭延時日，未及抵通，而早已霜降冰合矣。阻凍阻淺，勢所必至，更何術使其飛渡乎。此又長運之一大害也。諸如此弊，萬緒千端，臣特舉其三，而漕已不勝其害，是即嚴刑重法，莫之能挽。蓋極於時之不得不變，更窮於勢之不容不變也。

一曰轉運當行之利。夫長運所以致於敝者，因江南、浙江、江西、湖廣之地近者不下三四千里，遠者至六七千里，一往一還之間，幾於萬數千里矣。非窮年累月，不能竣運。夫道路遠，則風濤之驚險，與夫沙石之淺滯，途次所必經。歲月久，則米穀之糜爛，與夫盗賣之藏奸，稽察所不及。催督雖有文移，不能與天時地利争也。鈎距雖有巧智，不能爲僻地暮夜防也。曰遲曰欠，弊自難搜耳。今一易爲轉運，倣唐時劉晏之遺意，江船不踰淮，淮船不踰濟，濟船不踰衛，衛船直抵於京通。遠者不過千餘里，近者止六七百里，月月經行之地，程途皆所諳習，自江發者識險阻，自河行者避淤塞，而遭風阻淺之患，可無慮也。爲程既近，遞爲催輓，彌月之間，足以竣事。水脈未達，不先時而與之争。百川灌河，不後時而待其涸。敲冰守凍之苦，可無慮也。此固不期速而自速，是則轉運之一大利也。且運次既分，時日有限，沿途催押者迫不容其停泊，盗賣何自而滋奸乎。况未及數旬，又復交盤驗數，使有升合不足，彼接運者斷不肯代人賠償掛欠，更何自而積弊乎。若此之程程有稽考，節節有防閑，固不杜欠而自無欠，是則轉運之又一大利也。凡淮以南各水次，江運之船，每歲以三四運爲率，冬底受兑，便可開幫，不致苦於凍淺。計正月内外，頭運即能到淮，由是而再運、三四運，不過六七月，而歲運可畢矣。淮以北接兑短運之船，二月河開以後，舟楫可通，内河可用牽挽，每歲以四運爲率，計兩月一往還，亦不過九月、十月而額糧可盡抵於通矣。一歲之間，尚有數月餘閑，以爲修船休暇之地，法似無善於此者。此法行，則漕運速，而倉督不必有疾聲之呼，天庾充，而殘丁可免勾追之厄。轉運足以通行爲永利者此也。

一曰經理轉運之法。臣通盤籌算，原額漕糧四百萬石，除湖廣運粤本色二十一萬二千二百六十五石三斗，作運粤軍糈，及各處蠲荒改折，共三十九萬八千九百二十七石三斗零，此係不起運者也。即山東、河南與江南之徐州，額運六十五萬三千二百二十九石零，原不過淮，亦無阻滯，仍照舊徑解通倉外，臣今所區畫者，惟浙江、江西、江南三省過淮糧米二百七十三萬五千五百七十八石二斗零，弊端百生，遲欠最甚。臣今爲酌其途次遠近適中之處，分建淮濟德三處倉廒，轉貯遞漕，盡去長運之衛弁、衛丁，一歸之於官交官運。令江西、浙江之米途次甚遠，歲限三番運淮。江南之安池蘇松四府途次較稍遠，歲限四番運淮。由淮倉用淮船短運至濟，由濟而德而抵通，皆可歲限四番也。其江南、江寧、廣德等處九府一州之米，途次稍近，令歲限三番運濟。而其中鳳淮揚三府途次又稍近，令歲限四番運濟。用濟船短運，至德抵通，亦皆可四番遞運也。前者催發，後者踵至，兑畢即開，交畢即回，如環無端。十舟爲紀，十紀爲綱，十綱爲總，若珠之相貫，若雁之相序。遇淺則合一紀之力助之，遇閘則合一綱之力輓之，遇警則合一總之力禦之，斷無阻險之虞，並前後失幫之弊矣。其應用船隻也，各水次受兑江運之船，仍用原衛所漕艘，擇其中堅大者以充用，彼淺底輕便者分泊内河，如式改造，以充短運。或有未敷，將現在各廠衛給發輕齎打造者，補湊而分派之，自無不足也。其舵工水手，則官爲雇募，給以工食，就中用費，亦於諸衛所減去不運之屯丁，取其行月二糧，以抵給之，而更加通融裒益可矣。蓋短運行，則舊時長運額船可各減去三分之二。船減而運丁亦減，丁減而行月二糧亦減，挹彼注兹，固皆可取之以資短運，更不必作無船無餉之慮也。但行月二糧，舊時本少折多，抑且折價每石不過三四五錢不等，以致各處官丁常有偏枯之控。近奉詔旨，令臣衙門確酌本折均平。查照歲支行月舊額，酌議本折各半，除本色照徵外，折色議照漕欠，每石折銀一兩四錢，相應題明，著爲畫一定例。若監運督押，仍令各郡管糧同知主之，而以佐貳中之正途出身者領之，俸禄可不必别凑矣。歲運周則紀録，再周則薦奬，三周則優擢，不職者參處革究，庶幾賞罰明而事功勸。昔劉晏爲江淮轉運使，凡委任必用士人，即此意也。其造船之式，每舟載不得過四百石，一舟分爲十艙，每艙較定石數，不使有餘不足，兑訖即令監兑官印緘，押運官扃鎖，仍不時啓封驗印，顆粒豈得有滲漏乎。舟制定，則所載僅足容其所兑，夾帶包攬之弊可以盡革，而受載必輕。載輕而蝕水必淺，凡擱淺盤剥之費又皆可免也。惟是建倉一項，考明初支運之法，舊有淮徐臨德四倉，自改兑行而四倉遂廢。今復建三倉，一建於淮，一建於濟，一建於德。淮安用廒一百四十座，濟德各用廒一百八十座，德倉今尚有存者，止須補造。若夫建廒之費，臣請於臣漕屬内漕折輕齎銀兩及各項下酌量借動，似亦可不煩司農之仰屋也。其主領倉廒交盤之數，每倉須各設主事一員，更以道臣一員爲之董率，催輓淮德二倉，即將本處分司道臣就便兼領。惟濟寧止有一道，尚須添設主事一員，或以臨清分司移之於濟，似亦可者，是在計部裁度。兹特舉其大略，若條分縷析，臣另具細册達部，以備參酌。

以上末議，臣籌之最熟，變通似當及時，意計部與議政諸大臣必軫念漕政廢壞已久，亦喜有此速運杜欠之一法。或慮變法甚難，更張不無費力。第臣身任漕事，自不得稍憚勞瘁，苟有利於公家，雖捐頂踵，尚不敢惜，又何愛乎心力也。或又有礙者，造船建廠不無借動輕齎用費。然臣亦再四思之矣，目今各水次無船，勢不得不動輕齎雇募。今歲未畢，明歲復需，朝廷之金錢浪擲而無有已時，莫若猛爲更新，雖目前少借動公帑，然一勞永逸，從此東南之額運歲歲不缺。不特可免每年之雇募，兼可杜將來之逋欠。所損者少，而所益者多。所費者暫，而所補者久也。且轉運行而撑駕交兑一歸於官，則十三都司與各衛所守千等弁，及衛經歷等衙門官役，皆在可裁，歲省煩費何限。不第此也，運丁既已不用，則各衛所屯田俱當履畝清稽，均照民田一例起科，加增國課。罷十數萬之屯丁，使盡歸隴畝，又何莫非朝廷之生息也。臣建此議，自揣不大拂乎人心。獨是内外管糧衙門之巨蠹，以及京通二倉之積棍，數百年來寢食於此疲軍積弁者，一旦改爲官運官交，盡翻其窟穴而破其奸貪，定倡爲奸論危言，朦朧作梗。臣不憚以身府怨，惟望皇上與在廷諸王大臣屹然如山，而不令其摇奪，是則臣之幸，亦國計民生之幸也。

（清）賀長齡《皇朝經世文編》卷四七《户政·漕運·請改運法疏 徐惺 康熙四年**》** 竊惟京師根本重地，官兵軍役，咸仰給於東南數百萬之漕運。邇者河流淤塞，皇上慮漕運之難，已差官往勘矣。臣思河流之疏濬，固宜急籌，而轉運之良法，亦宜預講。查故明初漕運舊例，俱民運交淮徐臨德四倉，軍船接運，入京通二倉，名爲支運。歲四運以抵通州。至宣德時，民運至淮安、瓜州，補給脚價等費，兑與軍丁，而直隸各省軍各於附近水次領兑，名爲兑運。成化時，復罷瓜淮兑運，令裹河官軍駕江船於江南水次受兑，長運至通，則今日見行之法也。臣愚以爲，長運之法既慮其淺阻，則支運、兑運之法何不參酌而並行之。除見今有水處所，應照常催儹，星速抵通外，如總漕現駐淮安，總河現駐濟寧，合無修置倉廒，查照舊制，令湖廣、江西、浙江、江南凡運至淮糧米，次第接運至濟，入京通二倉，而支運之法可行矣。又必清江廠造之船，接運至濟，而山東、河南官軍本省運畢回空，即赴濟接運至通。蓋裡河泉閘，夏秋恒盈，既可及時儹運。而廠造各艘，底平艙闊，度淺易脱，名爲淺船，原與江楚之船不同。至應給行月耗羡等項，總於原額之數，宜增者增，宜減者減，則兑運之法亦可行矣。伏祈採擇施行。

（清）賀長齡《皇朝經世文編》卷四七《户政·漕運·漕船支運議 蔡方炳**》** 轉漕之用長運也，蓋屢變而始定云。按明永樂徙都燕京，輓東南粟以實西北，於是畫地置倉，遞爲支送。南運於民，北運於軍，蓋軍民分運其半，後以民運妨農，乃變支運爲兑運。然運至瓜淮，猶煩民力，故又變兑運爲長運。雖無民運之勞，而民苦加耗，軍怨長途，見於邵寶之議者，似宜仍講支運之爲便也。蓋河南、山東其地近，故輸輓易，他若江之左右及兩浙三楚，涉江渡河，風波可虞，仲夏迄秋，河多暴漲，必四月盡過，二洪始不與怒河相值，而勢必不能。加以内河之淺塞、盤剥種種阻滯，非盡關催儹不力之故。一年阻滯，回空誤期，來年之運，保無逾限乎。故欲使早登天庾，卒有餘閑，又不可得之勢也。況乎惟長運而後可盜賣，盜賣而後有追欠，追欠在一年之後，已花消無抵。何若支運之法，以大江以南之糧責令官軍運至淮徐二倉，而淮揚徐泗之官軍，以淮徐者，運至濟寧，山東、河南之官軍，以濟寧者，運至通津，隨地交收，可無盜賣侵蝕之弊，以省追欠之難。逐節支運，可無淺凍風濤之阻，以省愆期之罰。其輕賫等項，劃地分派，隨糧交割，可無增費之擾。在淮徐者，漕督主之，在濟寧者，總河主之，在通津者，倉場主之，可無設官之勞。若此者，豈非裕儲遠圖，經久大計也哉。第循法易而變法難，求循法之人易，求心計籌畫善於變法之人難。不知古今無一成不變之法，法久必敝，則起而更張之，是在因時制宜者矣。故推廣邵寶之意，以存其議於後日。

（清）賀長齡《皇朝經世文編》卷四八《户政・漕運・海運攷上阮元》 會通河既有所壅塞，而膠萊故道又難猝復，則莫如大洋轉運。今試以其費與河運較之。按元至元二十一年，定運糧脚價，每石給中統鈔八兩五錢，其後遞減至六兩五錢。武宗至大三年，以福建、浙東船户至平江載糧者，道遠費廣，通增爲至元鈔一兩六錢，香糯一兩七錢。四年又增爲二兩，香糯二兩八錢，稻穀一兩四錢。延祐元年，斟酌遠近，復增其價。福建船運糙粳米每石一十三兩，温台慶元船運糙粳香糯每石一十兩五錢，紹興浙西船每石一十一兩。白粳價同稻穀，每石八兩，黑豆每石依糙白糧例給焉。又成宗元貞元年，減海運脚價鈔一貫，計每石六貫五百文，著爲令。依當時至元鈔法算之，每花銀一兩，計出庫二貫五文，則六貫五百文，當今銀三兩二錢五分有零矣。故邱濬進《大學衍義補》，以爲海舟一載千石，可當河舟三，用卒大減。河漕視陸運費省什三，海運視陸運費省什七，雖有漂溺之患，然省牽卒之勞，駁淺之費，挨次之守，利害亦相當。如以明末漕運正米四百萬石計之，河運公私費米八百萬，如以海運止給耗米月糧一百六十萬，歲省六百四十萬矣，其便利較然也。然而明人猶依違不決，其策若必出於膠萊故道而後可者，不過以漕運費財，海運費人之説，芥蔕於中，殊不知費財過甚，其受害何獨不在人，費人有法，其受利亦何獨不在民。使海運行之而效，以其餘力，寬東南之財賦，其得益豈專在國哉，奈何不揣其本而徒齊其末也。

且元時一代，運數具在，自至元二十年始運四萬六千五十石，所失細分每石八升四合零。二十一年運二十九萬五百石，所失細分每石五升一合。二十二年運一十萬石，所失細分每石九升二合零。二十三年運五十七萬八千五百二十石，所失細分每石三斗四升九合零。二十四年運三十萬石，所失細分每石八合零。二十五年運四十萬石，所失細分每石九合零。二年運一百五十九萬五千石，所失細分每石一升六合零。二十七年運一百五十九萬五千石，所失細分每石五升零。二十八年運一百五十二萬七千一百五十石，所失細分每石一斗六升零。二十九年運一百四十萬七千四百石，所失細分每石三升三合零。三十年運九十萬八千石，所失細分每石二升二合零。卅一年運五十一萬四千五百三十三石，所失細分每石二升一合零。元貞元年運三十四萬五百石，至如數。二年運三十四萬五百石，所失細分每石一升零。大德元年運六十五萬八千三百石，所失細分每石一升五合零。二年運七十四萬二千七百五十一石，所失細分每石四升九合零。三年運七十九萬四千五百石，至如數。四年運七十九萬五千五百石，所失細分每石八合零。五年運七十九萬六千五百二十石，所失細分每石三升三合零。六年運一百三十八萬三千八百八十三石，所失細分每石三升九合零。七年運一百六十五萬九千四百九十一石，所失細分每石一升八合零。八年運一百六十七萬二千九百九石，所失細分每石五合零。九年運一百八十四萬三千三石，所失細分每石一升四合零。十年運一百八十萬八千一百九十九石，所失細分每石五升零。十一年運一百六十六萬五千四百二十二石，所失細分每石一升二合零。至大元年運一百二十四萬一百四十八石，所失細分每石三升零。二年運二百四十六萬四千二百四石，所失細分每石三升一合。三年運二百九十六萬六千五百三十二石，所失細分每石七升一合零。四年運二百八十七萬三千二百一十二石，所失細分每石三升四合零。皇慶元年運二百八萬三千五百五石，所失細分每石七合零。二年運二百三十一萬七千二百二十八石，所失細分每石六升八合零。延祐元年運二百四十萬三千二百六十四石，所失細分每石一升九合零。二年運二百四十三萬五千六百八十五石，所失細分每石五合零。三年運二百四十五萬八千五百一十四石，所失細分每石八合零。四年運二百二十七萬五千三百四十五石，所失細分每石三勺零。五年運二百五十五萬三千七百一十四石，所失細分每石三合零。六年運三百二萬一千五百八十五石，所失細分每石一升二合零。七年運三百二十六萬四千六百石，所失細分每石四合零。至治元年運三百二十六萬九千四百五十一石，所失細分每石九合零。二年運三百二十五萬一千一百四十石，所失細分每石一合。三年運二百八十一萬一千七百八十六石，所失細分每石四合零。泰定元年運二百八萬七千二百三十一石，所失細分每石四合零。二年運二百六十七萬一千一百八十四石，所失細分每石一升二合零。三年運三百三十七萬五千七百八十四石，所失細分每石三升六合零。四年運三百一十五萬二千八百二十石，所失細分每石四合零。天曆元年運三百二十五萬五千二百二十石，所失細分每石一升二合零。二年運三百五十二萬二千一百六十三石，所失細分每石五升一合零。通計上下四十七年中，每石所失，除三斗四升九合者一年，一斗六升者一年，其餘至九升二合而止，則其明效亦可覩矣。

所以明末之人亦漸覺膠萊河道之不可開，欲踵永樂初年之舉，如山東撫臣梁夢龍遣指揮王惟精，自淮安運米二千石，自膠州運米一千五百石，各令入海出天津以試海道，無不利者。其淮安至天津，計三千二百里，風便兩旬可達。上議以爲海運可用，而科臣宋良佐、山東左布政王宗沐繼之，旋以小蹶輒罷，良可惜也。然則行之奈何，如《籌海圖編》載太倉生員毛希秉論，似亦可採。先召募沿海漁人、竈丁、鹽徒、番客，尋認海洪，以開運道。如廣東船能至漳州，漳州船能至寧波，寧波船能至崇明，崇明船能至通泰海州。自此以北，豈無認識之人，則任人宜先務也。繼則宜兼漳船、蜈蚣船制度而酌其中，有風則帆，無風則楫，打造有法，處置得宜，何憂費人之説。嘗觀沙船載蘆，山船載竹，如浮篋然，故鮮漂溺。議倣刳木爲舟之制，上留一竅，出納米糧，悉以油灰黏縫，附於海舟兩旁，以備不虞，則舟楫宜詳究也。至於行之之法，或先詔江南有能尋復元人海運故道者賞，有能自備人船海運者，每運米萬石，給與耗米月糧四千，仍許帶貨回鹽，永不抽税，仍嚴私自下海之禁，毋得侵其利，誰不願運，但當召募番客竈丁鹽徒，及傍海大户慣習海濤者，聽其所欲，不可强定腹裏軍民不習水性之人，以敗乃事，則政令宜專一也。由是講料淺占風之法，究定盤望星之規，詳放洋泊舟之處。行之而便捷，倣元之春夏二運固可。行之而遲回，倣明之三歲兩運亦可。誠有如所謂沙民富而海之鹽盜息，解綱省而農之田耗減，運卒休而衛之行伍實者，則東南民力所係，其切於國計也豈不甚鉅哉。

此文作於嘉慶年間，故所議任人造舟及講求風泊等事，尚据元代造船募丁而言。若道光六年所行海運，則由上海和雇商船，以商船由大洋往來關東，一歲數次，駕駛得宜，更番無失，且較官造尤爲簡捷也。然雇船轉漕，前此未有行者，故當日議不及此耳。

道光六年，海運蘇松常鎮太四府一州漕白正耗米計一百五十一萬七百七石三斗一升一合八勺，又天津收買給船餘米六萬五千七石五斗，共米一百五十七萬五千七百一十四石八斗一升一合八勺，除在洋遭風未經到津及因風鬆艙短交請豁米三千八十八石六斗五升外，實到津米一百五十七萬二千六百二十六石一斗六升一合八勺，以前項漂失米三千八十八石六斗五升驗算，計每石短少米一合九勺六抄一圭六粟，附載於此。

（清）賀長齡《皇朝經世文編》卷四八《户政・漕運・海運攷下阮元》

海道如果可行，則浙江之糧當從何處起運，或疑即由杭嘉寧台諸府入海，而不知非也。按此事元明兩史雖未明言，然以事蹟核之，似皆運至太倉劉家港上海船啓行。攷史至元二十二年，以軍萬人載江淮米泛海，由利津達京師。又二十五年以前，江南米陸負至淮安，易牐七，然後入海，則其時尚未全用劉家港海道。迨武宗至大四年，以江東寧國池饒建康等處運糧，率領海船，從洋子江逆流而上，江水湍急，又多石磯，走沙漲淺，糧船俱壞，歲歲有之。又湖廣、江西之糧運至真州，泊入海船，船大底小，亦非江中所宜，於是以嘉興、松江秋糧並江淮、江浙財賦府歲辦糧充運。此乃全用劉家港入海之始，自後海運之船總泊於此。故至元十四年十一月，詔江浙等處糧盡數赴倉候海運，則劉家港當自有倉，浙江斷無別自赴海起運之理。且元末方張之亂，史特書詔遣兵部尚書巴延特穆爾、《元史》作伯顏帖木兒。户部尚書齊履亨徵海運於江浙，先由海道至慶元抵杭，率海舟候於嘉興之澉浦，而平江之粟展轉以達杭之石墩，又一舍而後抵澉浦，乃載於舟，海灘淺澀，躬履艱苦，則前此之不由斯道可知。故平江之粟反運而至杭，若本自嘉杭入海，此語不已贅乎。雖其後户部尚書貢師泰以閩鹽易糧，由海道運京師，或仍由此處，然皆多事之秋，其實非本意也。

至明太祖洪武元年，命征南大將軍湯和造舟明州，運糧輸直沽，海多颶風，輸鎮江而還。又二年，令户部於蘇州太倉儲糧三十萬石，以備海運，供給遼東。五年命靖海侯吴楨督海運，總舟師數萬，由登州餉遼陽。二十五年，令海運蘇州太倉米六十萬石，給遼東官軍。此皆兵戈中權宜之制，故入海處不一，然大局亦祇由太倉。故《萬曆會計録》云：永樂元年，令江南民糧悉運太倉州，於平江劉家港用海船繞出登萊大洋，以達直沽，歲六十萬一千二百餘石，則改崑山州爲太倉衛，當亦由此，自是海陸兼運。至永樂十三年，會通河成，然後命太倉舊納糧悉改納淮安倉，不復海運。蓋淮安亦可入海。而瓜儀之梗，前人已經論及，故海道起運，斷以太倉爲至計。至於至直沽一路，《元史》所云至京師者統辭耳。《浙江通志》之云至通州，亦似專指米而言，其實尚有許多曲折。按至元二十四年，内外分置漕運二司，其在外者，於河西務領接運海道糧事。而《萬曆會計録》云：永樂二年，命總兵官統領官軍海運，又以海運糧到直沽，用三板划船裝運至通州等處交卸，水路閣淺，遲誤海船回還，令於小直沽收糧一十萬四千石，河西務收糧一十四萬五千石，轉運北京，則舟重不能全至通州又可知。

大約南以太倉起程，北以天津交卸，海船之用如是而已。惟史云淮海二道用軍運，則與兑運無異，當仍設小船，以撥運入海耳。吾朝青州薛鳳祚著《兩河清彙》，内附海運數事，其海道不著浙江者，亦知浙江無可以起運也。然起運不自太倉而在淮安，似與元明兩史不合，豈以儀甫之精核，而顧疏於攷證耶。或沙水有今昔之異，亦未可定，此則又在料角之一法矣。至於占視風色之法，邱濬引沈氏《筆談》，每日五鼓初起視星月明潔，四際至地，皆無雲氣，便可行舟，至於巳時即止，則不與暴風遇矣。中道忽見雲起，則便易柁回舟，仍泊舊處。如此可保萬全，永無沈溺之患。然此亦一隅之見耳。如《海道針經》載欲至某地者，須先定某針，然後以一晝夜分爲十更，以焚香枝數爲度，以木片投海中，人從船面行驗風迅緩，定更多寡，可知船至某山洋界。如此則易柁回舟之説，恐亦臆斷。總之行海在乎熟習，神而明之，存乎其人，甚矣，得人之宜先務也。

夫以海運告人，人莫不以其言爲河漢也。然使河運而善，此事誠爲過舉，如其不然，則海運亦豈得已哉。故《大學衍義補》亦云先行下閩廣二藩，訪尋舊會通番航海之人，許其自首，免其本罪，及起取慣駕海舟竈丁，令有司優給津遣。既至，詢其中知海道曲折者，使陳海道事宜，許以事成，加以官賞。俾其監工，照依海船式樣，造爲運舟，及一應合用器物。就行委官督領其人，起自蘇州歷揚淮青登等府，直抵直沽濱海去處，踏看可行與否。先成運舟十數艘付與駕使，給以月糧，俾其沿海按視經行停泊去處，所至以山島港汊爲標識，詢看是何州縣地方，一一紀録，造成圖册。縱其往來十數次，既已通習，保其決然可行無疑。乃於崑山太倉，蓋廠造船起運，可則行不可則止。斯事也，斯言也，未始非千慮之一得也。故曰可以樂成，難以慮始。

江浙之糧總當匯於吴淞海口，古今情形大略不殊，惟本朝海道較之元明尤爲便捷，商船駛駕亦更精詳，則承平日久，往來熟習之故耳。

（清）賀長齡《皇朝經世文編》卷四八《户政·漕運·海運論高培源》

轉漕於海，肇始元至元之十九年，至二十六年，壽張尹韓仲暉奏開會通河，以通漕運，然岸狹水淺，不能負重，歲運僅數十萬石，故終元之世，海運不廢。及元季會通河淤，故洪武初轉餉遼東，仍元海運。永樂初，户部尚書郁新奏請淮運，於是參用淮海二運。淮運浮淮入河，至陽武陸挽百七十里抵衛輝，以浮於衛，故又謂之陸運。然海運多險，陸運亦艱。自九年開會通河，至十三年河成，而海運始罷。隆慶以後，屢有河患，梁夢龍、王宗沐諸人請復行海運，爾時臺諫諸臣各有所見，是以議格不行，行而即罷。

大海運之險，夫人知之矣。顧有元一代行之，洪永二朝亦循其舊，廷臣無一異議者，蓋習熟海運之道也。宋禮開濬會通河，本不欲廢海道，三歲兩運，與河並行。繼以河運大通，不復更踵前議。我朝康熙三十九年，清口淤墊，聖祖仁皇帝曾以海運交部臣議奏，總河張文端鵬翮奏稱淤塞之處再以疏濬，來歲糧船自是通行無誤。既而閉六壩，濬運河，加幫運口至海濱兩岸堤工，而運道通利，是以如其所請而止。我皇上善繼善述，廑念河工，慎重天庾，開濬黄淮海口，不惜百萬金錢，以底治河之績，而睿慮周詳，兼備變通於海道，詢洒帶於大僚，爲準古酌今之計。誠以東南漕運，既不可停運以治河，又不便陸轉以濟運也。夫江南正供，以石計者二百八十餘萬，國家頒常禄，給軍實，救荒賑災，咸出其中。若鹵莽試之，以入瀴溟不測之淵，議者非斥爲好奇，即指爲嘗試。夫斥爲好奇似矣，然王宗沐旁門之説，張采後户之喻，未嘗不以河運爲正，以海輔河。即以奇濟正，奇豈詭於正哉。海洋浩漫，驚飈駴浪，勢所時有。又其間礐石彯沙，枝歧潭淪，指爲嘗試，固無足怪。然去常論變，則斷潢絶港，載舟覆舟，往往起於意外，苟能審其紆直，辨其險夷，萬里汪洋安見無可遵之道哉。夫朱清、張瑄之剏行海運也，其始無慮十五六返，行之十年，始復開新道，則非貿然任事，審矣。我朝自江南以至直隸，沿海水師每歲放洋巡哨，海徑曲折，兵弁類能諳熟，欲行海運，宜令熟識之將弁攜帶商船夥長，從南至北，測水勢，辨沙色，自某至某，凡嶼套島嶼，可以泊舟，可以避風，先爲標識，繪成一圖，乃倣王宗沐、梁夢龍遺意，撥正兑十分之二三，按圖試探。逮往返徑熟，如先臣谷應泰所論，成山直沽，無異安瀾。然後取歲運正額，法元人春夏二運之例，分番起運，將見峨舸巨艑，浹旬麇至。其視内河守淺，千夫縴挽，蚊負蟻行，則勞逸之不侔，固難以倍蓰計矣。

海道

海終古不變也，行海之道不能不變，江南大海距天津四千餘里，元人海運，十年之中，道凡三變。明初仍元故道，後人新開海道，見張采《海運論》中，其後間行海運，復自淮河出海，則有明海運，又不啻三變矣。我朝東南漕艘悉從會通河轉運，惟關東商販必浮海以趨徑易。即所經歷，證以史志，五百年來，海道之變，有不能更僕數者。考元明出海，必由劉家港，今劉家港外幾淤爲平壤，商舶悉進吴淞大口，則首塗之不同一也。元明運艘，自崇明三沙轉廖角嘴。今廖角嘴淤淺，嘴内有大陰沙，與戲臺沙相接，海舟不能出入，改由崇明之十滧，則出口之不同又一也。商船自老鸛山嘴行一千三百餘里，有大沙從西南斜亘東北，長幾千里，廣二百里，而《元史》、《明史》及其他志乘所記元明運道未載此沙，則沙梗有前後之異也。元明自黑水洋，循緑水洋，即望成山，投威海衛挽泊。今未至成山百六七十里，曰石島，居民稠密，篙工夥長，有無交易，而石島之名，舊稱荒僻，則地勢有今昔之異也。成山昔稱水深千尺，船不可近，爲南北扼要。今與勞薛諸山矗峙平地，則水陸已有變遷也。成山之外，《通志》詳紀塢島。今海中有小島，稱爲小成山，騰波觸激，潮駛如矢，而志乘不與鹿島駝圈並列，則紀載亦尚有缺略也。自劉公島至沙門島三百餘里，或西行至芝罘島，轉西北而至，或徑指西北，不經芝罘，或由新河海口蓬萊島，以至沙門，則同塗中又有歧塗也。總而論之，循内而行，沿山求嶼，水多沙礁，朱清輩畏爲險惡，而明洪永後，猶仍此道也。若徑放大洋，循殷明略故道，則舟無膠觸之患，而路更徑捷，故元人海運始則經年而至，繼則旬日而達。考其險夷，稽其遲速，亦在航海者慎擇所從而已。

江南海道

江南形勢，東偏於海，南自金山，北訖贛榆，延袤一千二百餘里，口岸自海州之荻水而下，如柘汪、潮河、朱蓬、唐生、范家、青口、興莊小河，至安東交界之雲梯關而止。淮安則鹽城、廟灣、窈子、新洋、野潮、鬭龍，揚州則劉莊、白駒，通州則進鮮、掘港、石港，蘇州則福山、徐六，太倉則七鴉、劉河，松江則吴淞一口，皆可出海。而元人海運出口，惟以平江之劉家河爲準，明初猶仍元舊。自會通開濬，專行河運，至隆慶四年，邳州河道淤平一百八十里，詔議海運。五年，王惟精自淮安運米二千石入海，以試海道。六年，王宗沐以十二萬石自淮出海，兩月達京。後沈廷揚領淮安水次糧一萬石，亦由淮入海，以抵天津，不復循劉家河故道也。後之議者，或欲以江北諸郡漕出淮口，常鎮漕出丹徒之月城，蘇州漕出福山，松太漕出劉河。然淮河自雲梯關内淤者幾二百餘里，關外至海口百數十里，水漫沙停，亦皆淤墾。丹徒出江，水勢迅激，福山雖爲通途，港淺而狹，不勝重載。劉河近爲潮沙所塞，商販往來皆歸上海，内地水道已與元明不同。江海之大變遷尤甚。如崇明則自北遷南，海門則既坍復漲，狼山舊在江中，今則矗列高原，雲臺本居海外，今則漲連内地。以古例今，此類不可殫記。今欲求江南海運出口之道，合南北計之，則以吴淞江爲便。夫吴淞自太湖分流，經吴江縣城東南，折而東北，歷龎山湖、唐浦、角直浦、澱湖，合五浦，出上海新閘口，至陸家嘴，與黄浦合流入海。近聞潮勢迅駛，到處深通，蘇松四郡一州之糧，循此出海，徑達崇明之十滧，計其放洋遠近，與江行相等，而鮮險阻之患矣。

山東海道

南漕泛海，必由山東以達京師，而山東斜亘東北，海舟必東北行過成山，始西行，復轉西北，後至天津，迂道幾二千里。故元人議開新河，鑿麻灣至海倉三百餘里，以避大洋二千里之險，然元行之數年即罷。明時王獻鑿馬壕而不成，劉應節開匡莊而中廢，嗣是程守訓、高舉、顔思忠、楊一魁相繼奏請，皆未施行。國朝雍正三年，朱軾奏請開山東膠萊運道，詔內閣學士何國宗會同山東巡撫陳世倌詳看議奏，旋以分水嶺礀石糜沙，高於海口二丈有餘，且麻灣以南水底皆係石塊，海倉以北彌望壅沙，潮汐日至，工力難施，覆奏而止，則是膠萊新道無庸更議開濬也。其餘出海之口，自安東至海豐五十六處，皆爲通津，因無關兩省運道，故不記載。惟沂青登萊武定五府州屬三面距海，形如獨舌，南起安東衛之嵐山口，循壖東北行至寧津衛，北折經成山，又折西北至小清河口，爲直隸滄州界，計程凡一千四百餘里。《萊州府志》分紀十程，始鷹游門迄大沽口，凡島嶼汊港之可停泊者，攔礁嘴脚之宜迴避者，左右鄰近島套之可寄椗者，無不一一詳載。然所記山島，已半成陸地，而沿岸遄行，一遇東風猛厲，即有觸毁之懼。王宗沐不習海道，循此而行，所爲致僨事也。故今日商舶往來，惟循殷明略開放大洋之路。培源以江南海運必經山東洋面二千四百餘里，故既考定水程，而復論其大略焉。

議放洋

吳淞以外，放洋之道有二：一由老竇山嘴趨崇明十滧，正東行至佘山西脚，開放大洋。一轉過崇明，由海門北岸迤邐東行，出廖角嘴放洋。乃元人海運故道也。然一出廖角嘴，即遇楞頭陰沙，稍南爲小横陰沙，又東爲大横陰沙，一望淺灘，隱隱約二百餘里，潮退則見，潮漲則没，雖熟識海徑舵師，猶時時用篙點測。且大陰沙漲塞漸與戲臺沙相接，重舟難於行使，不如南岸爲便。今重運開洋，似宜從南岸之崇明十滧正道。

議僱船

海船工料浩繁，一時難於製造，查《會典》開載糧船回南阻凍，不能依期歸次，許和僱民船。似宜請照此例，在沿海各屬僱募。然船户非隸籍旗丁之比，宜遣殷實船户，先取其本籍鄰里切結，五船互結，府縣印結，造册通詳，庶無貽誤。倘有更换，亦取各結造册。六年無過，照旗丁例優獎。受僱逃亡者，先令出結之人另行僱補，本人緝獲治罪。

議脚價

僱募商船，應照民價給發。江南歲漕京師，以《會典》開載之數計之，除留充本省經費外，共得正改兑米一百五十九萬四千六百九十四石有奇，隨正起交耗米三十八萬一千七百七十石有奇，白糧六萬九千四百四十七石，和僱海舟，經費自應籌款抵補。查《會典》及《户部則例》開載江南漕船三千九百三十六艘，漕糧經費有船耗，給運軍沿途折耗。輕齎，漕船至通，計運道遠近，每船給羨餘銀兩，又按到通米數，每石給擔夫銀兩。贈貼，明代漕糧係軍民交兑，民受需索之苦，國初改爲官收，官兑，因酌定贈貼。江南每運米百石，贈米五石，銀五兩、十兩不等，隨漕科徵，官爲支給。行月，行糧出運之年，軍弁支取月糧，或折銀，或銀米各半，沿途給發。津貼，江南運屯，各府州屬軍民屯田，每畝徵津銀一錢二分至一二分不等。貼贍，蘇州、太倉、鎮海等三衛漕船，每出運船一隻，於行月之外給旗丁貼運銀二十兩二錢七分七釐有奇，金山幫每船一隻給旗丁贍運銀二十一兩四錢八分有奇。等項，向例皆爲恤丁之用。若欲行海運，則海行迅速，請以船耗二十二萬有奇，以三分之一仍作沿途折耗，餘米請照各省截留漕糧年分，將漕耗銀米照數徵收，分別支解之例，提充船價。其餘如贈貼項内，有漕贈五米，漕贈十銀五銀。輕齎項内，有二六加耗折徵銀兩。行糧月糧項内之餘米，屯田津貼項内之餘租，共計米不下四五十萬石，銀不下三四十萬兩，若行海運，則運船運丁皆已減半，各項銀米悉可提半充用，其於出運旗丁應得分例照舊給發，則上不費帑，而丁力亦不致疲乏也。

議丁弁

漕船選用衛軍，定例每船運正、運副各一人，海舟所載，仍照前例。十舟以領運衛千總一人統之，以武舉一人隨船效力。一人所轄之船，標明旗號，使停泊時便於稽察。至河運運弁分年番休，旗丁則三年更調，以防作弊。若海運惟資熟手，宜於久任。故元之用人，必使久於其事，按格優陞而不易其任，如朱、張任萬户府幾二十年，黄頭公唐兀世雄亦前後九渡海。明洪武海運久任張赫、吴楨等四人，永樂時亦惟平江伯陳瑄總其任。以此類推，則運官弁丁作何年限更易，當與内河之例稍有變通矣。

議回帶

查《户部則例》，重運糧船，每船准帶土産一百石，舵工水手二十六石。至回空時，每船准帶梨棗瓜豆等四項食物六十石，免其納税。如有多帶，各關照例徵税等語。但糧船運米，一船僅五六百石，商販海舟有多一倍以至三四倍者，帶貨多少，似宜準運米石數，以定各船所帶之數。至海行必須重載，回空時除核定所帶貨物給票優免外，其餘仍照商船納税之例，赴各關完納關税。舵工水手回空本無帶貨之例，今海行危險，似宜酌許回帶若干石，一體免税，並免船税，以示優恤，俾各踴躍從事。

議賠豁

《會典》載漕船偶遭風浪，在河淮江湖失事者，如漕船漂没無存，地方官勘實報總漕題豁。若漕入海洋，較江河更險，偶有漂没，自必遵題豁之例。至海舟向係滿載，其或風猛浪高，船將沉溺，即將貨物抛棄十之二三，俾船輕浮水，名曰鬆載。漕糧爲朝廷正供，萬無抛棄之理，宜飭海舟止載八分，即遇風暴，自可無虞沉溺。

（清）賀長齡《皇朝經世文編》卷四八《户政·漕運·海運提要序謝占壬》 竊惟史册所載，運糧權宜之方，徑捷莫如海運。惟因偶爾舉行，未盡善法於圖始，以致弊生於積久。我皇上勵精圖治，於嘉慶十五年間，偶因漕運稍遲，即命大臣試辦河海兼運之方。江浙兩省大憲仰體聖心，委員詳查海道，兼詢裝載情形，誠深謀遠慮，有備無虞之至意也。惜因舵水人等，未能斟情酌理，切實禀陳，率稱多般窒礙，未便舉行，遂復中止。某海角末商，罔知國政，惟自幼航海經營，親歷有年，從閩省以至奉天，常年往返，凡有經過情形，莫不隨時記載，不揣冒昧，竊謂海運漕糧事不難於裝載，而難於官事民情互相參議耳。彼夫舵水人等之技，由身試而非師授，可意會而不可言傳，而事外之人懸詢其情，自必語言矛盾，竅要莫憑。況運糧規則從未經歷，尤不免畏難之見紛擾於中，既不能實情上達，則委員何從而核其詳。東坡《石鐘山記》云：士大夫不肯以小舟夜泊絶壁之下，故莫能知，而漁工水師雖知而不能言。猶是意也。況以海程之遼遠，更非淺嘗者所能心悟。某久歷海濱，惟於運載成規，舵水約束，以及風波趨避，捍衛汛防，素經熟視。其運漕事宜，非某所敢妄擬，祇以近年服賈天津，得聞大略，通算匯籌，分款臚陳，書之於左，以備大人君子，或有所採擇焉。

古今海運異宜

操舟航海，自古有之，而要其大旨，今勝於古，近今更勝於前。其故無他，在舟師之諳與不諳而已。夫江南海船之赴天津奉天，所經海道，如吴淞口外之銅沙、大沙、三角沙、丁家沙、陰沙、五條沙，皆漲於水底，貼於西岸，而沙脈之東，海面深闊無涯，舟行至此，只須向東開行，以避其淺。諳練者定之以更香，辨之以泥色，量風潮之緩急，測海面之程途，趨避原有適中之方，所謂駕輕就熟也。不諳者或避之太過而迂遠焉，則遇風而驟難收島，或避之不及而淺擱焉，則棄貨以保人船。針向差以毫釐，路程謬以千里。此古疎而今密者一也。

又如登州所屬之石島、俚島、雞鳴島，威海衛芝罘島、廟島，皆聳列海濱，環抱内港，舟行至此，或遇風潮不順，皆可進港守風。諳練者知各島門户之淺深，各門潮溜之順逆，轉旋有法，行止從容。不諳練者船近山邊不知進退，水山相激，最易疎虞。此古生而今熟者二也。

夫陸路可以引導而行，海船不得連踪並駕，每船各須諳熟之人，不能問路於他舟。前代天津奉天通商未廣，江南海船多至膠州貿易，不須經過登州，則登州海面既無商賈往來，舟人伎倆無從習練，故前明海運南糧，乃自江南出口，運至膠州，仍用漕船，由山東内河二千餘里，運至登州，再裝海船，轉運天津。是一米而三易其船，一運而三增其費，且無論糜費勞工，諸多未便，而頭緒紛繁，弊端百出，程期愈遠，耗散愈多，皆不可以爲恒計也。苟使疇昔舟師，亦能熟識海道，則從江南運至膠州，已經繞出淺沙，經過黑水大洋，海程已歷二千餘里，如欲直上天津，不過再遠千里，且有沿途島岸可以安歇守風，何以已過險遠之外洋，反避平恬之内海。可知未閲登州潮汛，不知潮溜之盤旋，未歷登州海島，不諳島門之深淺，宜其寸步難行也。至於漢唐之際，航海較稀，且都城不近海濱，雖有海船，無從運達，以故運河淤墊，改爲陸運，轉輸勞費不貲，甚至河漕二務兩難調濟，勢使然也。

惟我聖朝深仁厚澤，遐邇均沾，自從康熙年間大開海道，始有商賈經過登州海面直趨天津奉天，萬商輻輳之盛，亘古未有。從此航海舟人互相講究，凡夫造舟之法，操舟之技，器用之備，山礁沙水，趨避順逆之方，莫不漸推漸準，愈熟愈精。是以數十年前江浙海船赴奉天貿易，歲止兩次，近則一年行運四回。凡北方所産糧豆棗梨運來江浙，每年不下一千萬石。此海道安瀾迅速，古今利鈍懸殊，又可想而知矣。然則漢唐之不行海運者，既限於地界，元明行之而不久者，又限於人力。至於我朝而籌海運，則地勢人工均超千古，似未可以前代情形引爲比例也。

行船提要

江南海船赴天津路程，必由吴淞江出口，至崇明南佘山向東北駛過淺沙，而至深水大洋，朝見登州山島，爲之標準，轉向西行，以達天津。所經江南洋面水不甚深，隨路可寄椗歇息，入山東深水大洋，無沙礁淺擱之虞，可以暢行，無須寄泊。自登州以至天津，沿途山島均係統連内地，皆有營汛彈壓。倘遇風潮不順，隨處可以安歇守風。江南海船名曰沙船，以其船底平闊，沙面可行可泊，稍擱無礙。常由沙港以至淮安，販蟹爲業，是以沙脈淺深最爲嫻熟。沙港者，沙間之深溝也。浙江海船名蛋船，又名三不像，亦能過沙，然不敢貼近淺處，以船身重於沙船故也。惟閩廣海船底圓面高，下有大木三段貼於船底，名曰龍骨，一遇淺沙，龍骨陷於沙中，風潮不順，便有疎虞。蓋其行走南洋，山礁叢雜，船有龍骨，則轉彎趨避較爲靈便，若赴天津，須先至江南盡山停泊，等候西風，向東開行一日，避出淺沙北行，方保無虞。故赴天津奉天，歲止一次。如運漕糧，但僱江南沙船足可敷用。蓋各省之海面不同，船式器具亦因而有别，而操舟之法，器用應手之權，亦各有所精，非局外者所能悉其竅要也。

四時風信

海船自江南赴天津，往來遲速，皆以風信爲準繩，而風信則有時令之不同，春季西北風少，東南風多，自南至北約二十日，自北至南逆風不能駕駛，須待秋後北風，方可返棹。秋季北風多南風少自南至北約一月，自北旋南約二十日。冬季西北風司令，自南至北則不能行，自北旋南半月可到。此四時風信之常度也。或隨路進島候風，即有差遲，至多不過一月。内河行船必須順風，且一遇狂飈，逼處兩岸，尤易損船，外海寬敞，但非子午逆風，均可掉戧駕駛。雖遇狂風，大洋無山岸冲撞之虞，不能爲患。惟外國洋船，大較數倍，錯過順風，寸步難行，待次年順風時候，方可揚帆。至於暴風亦有暴期定日，隨路可以守島迴避。假如初十日是暴風期，初一日船在江南，看天氣晴明，而有順風，便可揚帆開駛，三五日間即可駛至山東石島，收停島内，以避暴期。夫風信自南北東西正方之外，兼以東南、東北、西南、西北，共計八面。海中設逢風暴，所忌者惟恐單面東風，飄擱西岸淺處爲害，此外七面暴風，或飄停北島，或收泊南洋，或闖至東海，候風定而回，皆可無害。則是四時之風信厥有常度可揆，四時之風暴亦有定期可據，占法可參，而不知者概謂風波莫測，非習練之言也。

趨平避險

夏至後南風司令，海船自南赴北，鮮有疎失。立秋後北風初起，自北旋南，亦鮮疎虞。春季四面花風，不比冬季朔風緊急，設有疎虞，約在千中之二三。冬季西北風當令，自南向北，則不能行，自北向南，或遇東風緊急，飄至淺處，將船中貨物抛棄數成，船載輕鬆，便可無恙者有之。或至西岸沙脈極淺之處，擱漏損傷者有之。或遇西北狂風，颶至外國，數月而返者亦有之。蓋在百中之一二焉。此惟商賈乘時趨利，重價僱船，不得不冒險趕運。如運漕糧，則不在狂風險阻之時，只須夏季運裝，可保萬全。諺云：夏至南風高掛天，海船朝北是神仙。言夏至以至立秋，計有四十餘日當令之南風，一歲中履險如平，在斯時也。

防弊清源

浙江海船水手，均安本分，非同游手，每船約二十人，各有專司，規矩整肅。蓋其生長海濱，航海經營習以爲常，亦猶鄉人之務農，山人之業樵焉。又皆船户選用可信之人，有家有室，來歷正明。假使傷損一船，商貨價值五六千金，船價亦值五六千金，無不協力同心，互相保重。不知者或恐貨被盗賣，僞爲人船共失。夫貨或盗賣，船可藏匿，船册上有名姓年貌箕斗之舵水人等二十名，終不能永匿而不出。或恐捏報船貨失於内洋，人自海邊登岸。既可登岸，則可就近報明營汛保甲，查驗損船形跡。或恐捏報船擱淺沙，將貨抛卸海中，以保人船。此惟冬季朔風緊急，偶或有之，亦必有前後衆船，消息可稽。若運漕糧，不在冬季狂風險逆之時，萬無此事。總之船户各保身家，舵水人等亦各有家眷保人，遞相牽制，倘有情弊，一船二十人之口角行踪，萬無不露之理。是以商賈貨物從無用人押運，惟以攬載票據爲憑，訂明上漏下濕，缺數潮霉，船户照數賠償。惟風波不測，則船户商家各無賠抵。今如裝運漕糧，設有缺數潮霉，即可照商例賠償。其風波不測一端，夏季順風赴北，本無此患，然而官事章程必歸畫一，方爲萬全。因思内河運船到北時日久長，沿途耗米必多，而交卸正米之外尚有升合盈餘，外海運北毫無耗散，則餘米數目自必更多。萬一風波不測，即約以衆船餘米，均攤賠補。不但輕而易舉，亦且有盈無絀，兼可使衆船互察弊端，極爲周密。至於南裝北卸，自有官司彈壓，島址暫停，亦有營汛稽查。各省沿海口岸皆有關防，海船進出，必驗船牌來歷，奚容毫髮隱瞞。或恐船數衆多，散漫無稽，則可册編某户之船定裝某縣之糧，分縣稽查，尤爲簡便。更有經過牙行堪作衆船保領，自無虞其散漫無稽也。

海程捍衛

方今聖人敷治，寰海肅清，商賈往來，均沾樂利。某航海經營，竊見南洋營汛防禦森嚴，北省海程更資捍衛。蓋以閩浙廣東三省海面懸山叢雜，水不甚深，若戰船緝捕，易於躲避，是以昔年洋匪滋擾，皆在南洋。江蘇洋面均有沙脈，匪徒船底皆有龍骨，一經營船追捕，匪船陷入沙中，寸步不能逃遁，故以前此洋匪未靖，江浙商船赴北運貨，皆到江蘇運售，不敢載回本籍，此匪船不過江南之明証也。昔年偶有竄北者，非因戰艦嚴追，即被暴風飄至，冒險逃命，苟延旦夕而已。山東洋面均係深水大洋，東向渺無涯際，無處避風，西岸山島，統連内地，海船出入，必有營汛稽查，匪船無照，不敢泊停島内，懸海飄颺，一遇狂風，無從托足。天津則有黄蓋壩以守門户，利津則有牡蠣嘴以作咽喉，奉天地勢，東抱旅順，南對登州，堪作海防關鍵，此四省洋面天然之保障也。或慮外番市舶潛上北洋游逸，不知外番水土仰給中華藥物以養命者，急於水火，方皆感懼不遑，奚敢潛游犯法。且其所經海面，如七洲沙頭、清水瀉水萬里長沙千里石塘，皆屬海中極險之區，非船身巨大，不能駕駛，而船身既大，行走必遲。我國家戰艦商船便捷如飛，利鈍懸殊，防禦尤易。至其分駕散船在閩廣淺洋，猶可齊驅並駕。若至北海大洋，斷難魚貫而行。即如江南，商船同日揚帆出海，雖有百號之多，次日一至大洋，前後左右四散開行，影踪莫指，直至朝見登州山島，方能進島會齊。而巡緝營船星羅碁布，常在島外巡查，不容匪船混跡，此海面之遼闊，捍衛之森嚴，可想而知矣。如運漕糧，必欲籌及萬全，祇須江南戰艦，在江浙交界之盡山防護，南海懸山至此而盡，故名盡山，中抱内港，或恐匪類潛藏，此外直至天津，並無懸海山島可以潛匿者。即登州緊對之大欽、小欽、大黑、小黑、大竹、小竹等山，皆係海面孤山，並無環抱内港，四面受風，不能停泊，且與登州近在咫尺，登鎮哨船巡查最密。或謂糧運大事，雖北洋無須爲護送之計，而國家體制亦宜有官兵押運。爲稽查船户之需，似祇須糧道大員、運糧千總以及各省水師千把百員，各省水師壯兵千名，分船押運，足資彈壓。兼可使水師後進新兵習嫻海性，經歷波濤，實於海防大有裨益。

水脚匯籌

江浙兩省商船邇年陸續加增，擇其船户殷實擴具堅固者，足有一千餘號，大小統計，每船可裝倉斛南糧一千餘石。至於水脚價目，原有貴廉不齊，大抵隨貨利之厚薄，定水脚之重輕。數十年來僱船大概情形，極貴之時，每關石計水脚規銀三兩，每兩折實錢六百七十六文，每關擔計倉斛二石五斗有零，合計每倉斛水脚實錢八百十文。蓋水脚每石三兩，間有是價，而銀非足銀，斗非倉斗，不可不明辨也。其每年攬載商貨，可運三四次不等。今如夏季順帶便裝漕米一次，每倉石酌與水脚若干，春秋冬三季仍可運裝商貨三次，統計所獲水脚價銀，仍如統年運商貨四次矣。惟必須每年春季准其先運商貨一次，立夏前後必可如期回南。夏至以前將江浙等處糧米駁至上海，裝下海船，陸續開行，至大暑節，必可齊到天津。停泊海口，即用官備駁船卸存天津北倉，再爲轉駁通倉。處暑以前務使海船掃數回空，使其再裝秋冬兩次商貨回南，庶官商並運，兩無延誤。蓋彼船户之所深慮者，惟恐裝卸漕糧遷延日月，錯過順風時令，以爲一年僅行兩次，則所獲水脚價銀不敷水手辛工及添補擴具之用。又慮南地兑糧米色不乾，到北交卸，升斗不敷，天津駁運通倉，不知作何經理。一切章程，茫無頭緒，此所以有畏難不前之勢也。殊不知升斗例有盈餘，駁船自有官備，南裝北卸，自可刻期趕緊。兑漕米色，定例乾圓潔净，海船順風運北，爲日無多，既無耗散，亦不蒸霉，且可安插氣筒，露風透氣，各令包封樣米，可期一色無差。果能立法之初官事民情妥爲參議，予以平允，則船户莫不踴躍趨從，始終遵奉。且殷商富户將必有添造海船以覓利者，雖全漕亦可裝運。如現在商船暫時趕運全漕，則須春夏兩次裝運，方資應用。至於東直兩省所需南省貨物，内河減運之後，海船裝帶南貨，趨利如飛，更必易於充裕。即逢北地歉收，南省豐稔之時，更可額外添運川廣臺灣米石，源源接濟，尤爲迅速。所慮者，事固難於圖始，又更難於成終。如果僱船運糧裝卸，日期必須限定節氣，勿令逾期。若使日久弊生，南北胥役需索陋規，駁船裝卸，輾轉延遲，給與水脚扣色減平，種種侵肥，必致公私兩誤，甚至該船户求爲無業之窮民而不可得，又不可不預爲防及也。

春夏兼運時日

海船運漕，夏季最爲便捷。如欲權時趕運全漕，惟有春夏兩次運裝。其裝糧時日，須在年内兑糧，陸續駁裝海船，新正一齊開放，迨天津開凍後，必可到齊。駁卸天津北倉，限以一月卸通。至穀雨節，海船全數回空，趕赴關東，運裝客貨。至小滿節，必可如數回南。再裝漕米，夏至後赴北。立秋以前又可到齊。天津交卸，仍限一月卸通。白露即回空，再運關東客貨。如能九月内到南，尚可赴山東近處趕裝客貨，年底全數回南，再裝次年漕米，則海船更有裨益矣。

河海總論

夫四時風信有殊，則平險有別，貨物利息不齊，則脚價不同。懸揣者未及問以切要，登覆者不能中乎實情，故非明晰剖陳，無從匯合。今如海船運糧，必先將官事民情通盤籌算。夫商船運貨，一歲之中，重在春秋冬三季。其時北省豆糧豐熟，貨足價廉，乘順風運南，商賈獲利較重，船户水脚亦增。夏季北省貨缺價昂，商賈獲利較輕，船户水脚亦廉，其時僱船，乘順風運糧赴北，正可捨貴就廉，趨平避險。抑或權時趕運全漕，亦不妨春夏兼裝，自可裕如。果能通融辦理，不惟上下兩無格礙，而且商船均有裨益，此海運頭緒分明、海程今昔異宜之大略也。復思内河漕運情形，偶逢雨澤愆期，河湖淺涸，舳艫銜尾而來，進退有期，不能緩待清流，必至借黄濟運。或逢雨水過多，湖黄並漲，黄流倒灌，決壞運河，種種阻礙，在所未免。誠使乘此夏令兼籌海運，以分其勢，則河漕二務均得從容，既可操引清激濁之衡，亦可定河下湖高之則。自不至有治黄不能顧運，利運不能治黄之弊矣。

某草莽愚民，何敢妄言國政，緣事經大憲詳查，而船户未陳切要，故竊將上下情形通融合擬，未識有當於備採否耶。

（清）賀長齡《皇朝經世文編》卷四八《户政・漕運・海運南漕議齊彥槐》 駁海運之説者三：一曰洋氛方警，適資盜糧。二曰重洋深阻，漂没不時。三曰糧艘須別造，柁水須另招，事非旦夕，費更不貲。然三者皆可無慮也。出吴淞口迤南，由浙及閩粤，皆爲南洋，迤北由通海山東直隸及關東皆爲北洋。南洋多礁島，水深瀾巨，非鳥船不行。北洋多磧，水淺礁硬，非沙船不行。鳥船必吃水丈餘，沙船大者才吃水四五尺。洋氛在閩粤，皆坐鳥船，斷不能越吴淞而北，以争南糧也。沙船聚於上海，約三千五六百號，其船大者載官斛三千石，小者千五六百石，船主皆崇明、通州、海門、南匯、寶山、上海土著之富民，每造一船，須銀七八千兩，其多者至一主有船四五十號，故名曰船商。自康熙二十四年開海禁，關東豆麥每年至上海者千餘萬石，而布茶各南貨至山東、直隸、關東者，亦由沙船載而北行。沙船有會館，立董事以總之。問其每歲漂没之數，總不過百分之一。今南糧由運河，每年失風殆數倍於此。上海人視江寧清江爲遠路，而關東則每歲四五至，殊不介意，水線風信熟如指掌，關東、天津之信由海船寄者，至無虚日，此不得以元明之事爲説也。秦漢唐漕粟入關，未嘗言官艘，唯《劉晏傳》有寬佔之説，諒亦雜僱民船。國家除南糧之外，百貨皆由採辦，採辦者官與民爲市也，且間歲有採買米糧，以民船運通之事。而山東、江南撥船皆由僱備，是僱船未嘗非政體也，取其便適無他患，何必官艘哉。沙船以北行爲放空，南行爲正載。凡客商在關東立莊者，上海皆有店，有保載牙人，在上海店内寫載，先給水脚，合官斛每石不過三百餘文。船中主事者名耆老，持行票店信，放至關東裝貨，並無客夥押載，從不聞有欺騙。又沙船順帶南貨，不能滿載，皆在吴淞口挖草泥壓船。今若於冬底傳集船商明白曉諭，無論其船赴天津，赴關東，皆先載南糧至七分，其餘准帶南貨，至天津卸於撥船，每南糧一石，給水脚銀五錢。上載時每石加耗米三升，卸載時以九五折收。合計南糧三百五十萬石，不過費水脚一百七八十萬兩，曾不及漕項十之三四。而陸續開行，二月初，江浙之糧即可抵淀。往返三次，全漕入倉矣。船商以放空之船反得重價，而官費之省者無數，又使州縣不得以兑費津貼、旗柁名目藉詞浮勒，一舉而衆善備焉。先期咨會浙江提鎮哨招寶陳錢，江南提鎮哨大小洋山，會於馬蹟，山東鎮臣哨成山十島，會於鷹游門，以資彈壓護送。而淀津有撥船數千號，足敷過載。由淀津抵通二百里，無糧艘阻滞，挽行順速，惟裝卸及發水脚之時，若任吏胥尅扣需索，則船商或畏怯不前耳。然悉心籌畫，耑意了此一節，亦非甚難之事。至行之有效，然後籌裁撤糧艘，安插柁水，清查屯田，其事皆有條理可循，而茲未遑及也。謹議。

（清）賀長齡《皇朝經世文編》卷四八《户政・漕運・海運議施彦士》

以今日而籌海運，其至便有四，其無可疑有四。

昔邱濬慮海道不熟，擬募漁户造艘，往返十餘次，以尋元人故道。隆慶間王宗沐以不習海道，有鷹游山之失。崇明沈廷揚生長海上，猶抗疏三上，始行踏勘小試，以漸加增。今開海禁百三十餘年，江浙濱海多以船爲業，往來天津，熟習有素，皆踏勘之人，即皆歷試之人，無庸另募屢試。其便一。昔人擬於崑山太倉起廠造船，然一經官造，率虚器不堪用。今沙船大者二三千石，小亦千餘石不等，募其堅緻牢實，百無一失，無庸另造。其便二。又漕運多置儹督官員，今即擇船户殷良者督之，無庸另委，反多掣肘。其便三。其僱價似可照沈廷揚議，每石二兩六錢，折合蘇石六百餘文，即以造船銀及旂丁行糧給之，已省其大半，無庸另開帑藏。其便四。

然而有疑大洋之險，或不免漂溺者。不知商民往來海外，遭覆溺者百不一二，又率在秋冬。若春夏二運，南風甚利，至爲穩當。況兑糧時，原有每石加耗，今可量裁之，取一斗與船户，以備各船通融賠補，而正額萬無一失。其無可疑一也。然而有疑改運後，旂丁難於安置者。不知朝廷簽丁所以濟運，非爲丁無生計，而以漕運濟之也。況變通之初，即事有漸，近海如蘇松常鎮四十七幫，約計軍船二千四百餘隻。每年約須造船二百數十隻。今先舉二百餘船米數由海抵通，而省該丁造船勞費，仍給月糧，休歸軍伍，或別開屯田，俾安耕鑿，以漸轉移，有何不便。其無可疑二也。前嘉慶十六年籌辦海運，督撫以十二不可行奏覆，所云頭號沙船不過五六十號，海船不過帶米四百石。此乃有意從少而言，若實計全數，則沙船大者二三千石，即慎重正供，七分裝載，亦可裝一二千石。況其餘次號沙船，力勝一千餘石者，亦不下千有餘號。其無可疑者三也。至所稱帶米四百石，須水脚一千餘兩。蓋就前明沈廷揚所議，每石二兩六錢計之也。若就現在民價，每石一兩四錢，每兩折錢六百三十文，合足錢八百八十二文。而關東一石，當江蘇二石五斗，則蘇石衹須錢三百餘文。即極貴之價，如沈議二兩六錢者，折合蘇石，亦止須錢六百餘文。況現定價值酌議加增，有不踴躍從事者乎。其無可疑者四也。

其所可慮者，不在受載，而在卸載，恐斛手舞弊也。不在水力短少，而在胥吏需索，恐浮費無窮也。誠俾船户知隨到隨卸，絶無抑勒稽留，方且爭先恐後，而何海運之不可行哉。至程志忠所稟五條沙之險，蓋爲尖底閩船言之。若平底沙船，遠在沙外往來，過成山時，風利不必泊，無風可以守風，絶不聞沙船畏其險也。沈廷揚有言：耕須問奴，織須問婢。而以海道問諸素不習海之委員，其可據乎。

（清）賀長齡《皇朝經世文編》卷四八《户政・漕運・籌漕運變通全局疏英和道光五年》　奏爲通籌漕河全局，酌量變通，應請暫僱海船，以分滯運，酌折額漕，以資治河，爲一勞永逸長治久安之計，仰祈乾斷，敕議施行事。

竊查上年江南禦黄壩，堵築稍遲，致洪澤湖受漲决口，清水潰瀉，新漕迫臨，不得已而爲借黄濟運之計。近日恭聆天語，渡黄之船僅一千七百餘隻，黄水又復停淤，後幫已多阻滯，則全漕不能抵通，勢所必致。宋臣程顥云：治道從事而言，若救之則須變，大變之大益，小變之小益。事至今日，未有不當决然變計者矣。然已經渡黄之船如何催挽，速令回空，淺阻船隻及尾幫江廣漕糧如何設法改運，高寶運河如何得以疏濬，將來重運，如何不致滯礙，是宜預籌統計，策出萬全，甚非可以苟且目前，致將來補苴無術也。臣受恩深重，職司所關，晝夜焦思，不敢隱默，謹就臣管見所及與成案可援，似有裨漕河者，請爲皇上陳之。

一，已渡黄之船宜亟嚴飭催挽，設法卸運，速令回空也。清水現既淺弱，黄水又值消落，沙停淤厚，運河旱阻者幾數十里，若不及早回空，則黄水愈灌愈淤，勢難飛渡。以一千七百餘隻停留不歸之船，人衆食空，必難安静。且黄河以北從無軍船經冬歷春之事。此時頭進幫船已入東境，應由山東巡撫嚴飭沿途文武員弁，併力催趲，不許片刻停泊，並飭運河道宣洩湖水，相機灌送。一面飛飭有泉各州縣實力疏濬，源源貫注，專委泉河廳親往履勘，不任稍形短涸。一俟出閘，即由直隸總督飛提到壩，交卸回空。然臣揣度情形，猶恐緩不及待，衹有沿途駁運回空較速。查嘉慶十四年，東豫二省回空漕船，曾有再運截留北倉米石之案。本年豫東二省漕船將次兌竣回空，應令毋庸歸次，即令迎頭南下，將北來頭進幫船米石裝載，代運抵通。其豫省本年應運所碾米石，應令暫緩歸運，一併接運南糧。又查山東閘河内外，額設官剥船三百隻，民剥船三百隻，原備全漕撥用。此時北上船僅一千七百餘隻，撥用甚寬，或可分出此項剥船若干隻，於出閘後代撥運通。又楊村撥船二千餘隻，亦可分提至閘口外，接撥代運。仍飭原運旂丁，押通交兑。其接兑之船，應給行月折耗等項銀米，均應按定裝載米數程途照例核給，即於截卸之船，扣出銀米内撥給，總期及早回空，得以渡黄歸次爲準。

一、高寶一帶淺阻之船所載米石，宜令迅速起剥，儘數運通也。查本年江蘇出運船二千數百隻，浙江出運船約千餘隻，江安出運船六百五十餘隻，此時除已渡黄船一千七百餘隻，在後各幫尚多。如實係早經進口，滯擱淤淺之船，抽退不出，似舍剥運之外，别無善策。查乾隆、嘉慶年間成案，或截撥近省平糶，或即截留淮揚各屬存貯，或分給回空漕船，責令來年帶交。此時既已無須賑糶，而州縣存貯易滋拋漏，明歲漕運尚屬未定，亦難仿照，惟有剥運一策。淮安一帶現今淤淺，糧船所帶划船諒已剥運。聞旱路三里，水路二三十里至八九十里不等，每米一石，挑剥蓆片等約費銀二三錢，淺阻等幫，計船約千餘隻，共米百餘萬石，計需銀三四十萬兩，所費尚不甚巨。查黄河口額設剥船七百五十，本年兩江總督奏留備用，江西、湖南代造直隸官剥船四百六十隻，此項剥船，儘可備撥。如再不敷，仍可就近僱船備用。惟尋常官剥、民剥船隻受載不過二百餘石，艙小無篷，僅恃蓆片遮蓋，易於滲濕偷漏。聞山東等省向有民間運糧船隻，土名西河牛之類，腹大受多，樓篷俱備，此種最宜僱用長運，抑或即由豫東二省接運一次，務期酌量輸轉，使淺阻之米儘數北來，勿再遲延。惟僱用民船，例價較減，地方官向有賠累，必致畏縮，僱募不力。應由該撫轉飭各州縣，將僱用實價詳請開銷，亦不得勒派民船，致滋擾累。所有各船交替换載，應扣應給銀米等項，應責成押運員弁隨時核定詳報，免致日久轇轕。再思高寶挑剥之時，適值伏夏，南方暴雨不時，籮筐肩挑，小船分剥，勢難躲避風雨，米石稍沾潮濕，則以後剥運换載，必致發變無用，此爲挑剥時第一緊要關係。尤應嚴飭督辦各員，妥爲設法籌備，不令致有潮濕，方爲盡善。至跟接進口，尚未淺擱之船，無論何幫，概行抽退，轉由鎮江運赴黄浦，併歸海運，以省盤剥。

一、江廣等幫及江口一帶未經淺擱之船，徑宜僱用海船運津也。海運行於元代六十餘年，至明永樂間會通河成，其法始廢，而明臣邱濬猶謂會通河如人之咽喉，一日食不下咽，事即可慮，因有河海並運之議。嘉慶九年，給事中蕭芝奏請採買海運案内，浙江巡撫阮元覆奏亦稱如萬不得已而行，祇可量分額漕改爲海運，可見彼時亦議及此。上年御史查元偁又有上海商船買米運京之請，經該省督撫奏稱有妨民食，遂置不議。由臣今日論之，竊謂全漕悉由海運則不可，而商船未嘗不可分載也。江蘇買米海運則不可，而額漕未嘗不可暫齎也。請言其四難，更陳其四善。國家河運已數百年，一旦改由海運，無論一切章程難以驟議，第以數百萬天庾之重，忽輕試於素不相習之風濤，物議人情，易滋惶慮。此一難也。官運必置船，置船必設官，費既不貲，船豈猝辦。元代得習知水線之人，因以委任。現今既難其人，而大洋出没，又豈官府號令所能約束。此二難也。江河挽運，風火等事在在不免，沿途員弁星羅碁布，而該丁等尚或假飾捏報，海中島嶼繁多，風色不一，既難連幫，何從稽察。倘更有放洋之失，誰執其咎。此三難也。圖海運之便捷，河工必致疎懈，挑挖疏浚必不力，漸成淤塞，百餘年之成功，數千里之水利，一旦失之，後欲河運，不復可得。此四難也。全漕似未可輕試，海運屢有成議，而臣竊以爲暫僱商船分運漕糧則不慮此。聞上海沙船有三千餘號，大船可載三千石，小船可載千五百石，多係通州海門土著富民所造，立有會館，保載牙行，通貨往來，並不押載，從無欺騙等情。關東一歲數至，沙線風信，是所熟悉，不致歧誤。此一善也。僱船海運，無須製船之費。若令分載米石，應給脚價，仍可即於短運幫船之内劃出給與，不需多費。此二善也。上海船商以北行爲放空，以南行爲正載，海船裝帶南貨不能滿載，往往取草泥石塊壓船。今令赴津之船每船酌準七分裝糧，三分帶貨，給與脚價，免徵貨税，自必踴躍從事，而暫行仍可即止。此三善也。閩粤南洋或有海氛，而由吳淞口迤北，北洋沙礁水淺，南洋鳥船斷不能入，從無他慮。且該商等所得運費與貿易之利相等，又經官取保結，必無意外之失。此四善也。有是四善，而無四難，孰便於此。議者猶以風濤爲慮。查江廣境内，如洞庭湖鄱陽湖長江俱稱險阻，歷年軍船多有漂溺情事，不獨海洋爲險，且海洋節歲貿易之船何以不聞淌失，而上年臺灣米船又何以安穩抵津。雖有數船遇風，駛至吴淞口岸，並非漂没，是其明證。又以風信靡常守候不定爲詞。向來海船由上海至天津，風利七八日可到，至遲不過旬月，從無阻滯。較之河運，迅速倍蓰。又謂鹽水鹽風易至霉變。上年所運臺米，受濕者不及百分之一。今已先行開放，領米旗分咸以爲完潔。况南糧堅實，遠勝臺米，且載運不過旬日，爲時不久，何至遽形蒸變。應請由兩江總督、江蘇巡撫轉飭上海道，於上海口岸傳齊各商行，諭知僱船出運，每官糧漕斛一石，應給運價若干，並准折耗米若干，取具互保甘結，呈明存案，陸續兑開。江廣等幫共船九百八十餘隻，米約一百萬石，内外兩月之間計可兑竣，即令該商等出具領運米數清單，承認交兑。其抵津時，應請於倉場侍郎二人中分一人前往兑收，嚴禁經紀人等，不得稍有需索等弊。俾該商等不致苦累，以肅政體。再由楊村剥船撥運赴通，其應給該商銀兩，應先於上海給領一半，其餘一半，俟交兑後核明運米數目，按照補給。即於江蘇、直隸酌款墊給，再由部撥歸款。並嚴禁胥吏剋扣中飽等弊，務令實數歸商，不致該商裹足不前。該商等奉行妥速，應請照上年臺商運米之案，擇其尤爲出力者，酌予職銜，以示鼓勵。至江廣幫船身重大，恐未能由丹陽運河運至海口，即飭將江浙等幫已經截卸之船，於出瓜洲口時交兑替運，抑或僱船剥運。總在該督撫察看情形，妥協辦理。如果行之有效，將來全漕運京時，酌分百餘萬石交商代運，未必非漕運中並行不悖之一策也。

一、明年請暫停河運，將本年新徵漕糧酌分海運，餘悉徵收折色，以之治河，兼可治淮治湖，而永利漕運也。查利運必先治河，而河漕則斷難兼治。現在高寶運河亟須大加挑挖，况洪澤湖屢經黄水灌入，湖底逐漸淤高，將來必不能多蓄清水，刷黄濟運，關係甚大。即山東微山等湖，亦爲閘河蓄洩要區，近聞亦多淤墊，雖每歲有冬挑之例，而爲時甚暫，疏濬仍淺，所以每逢漕船進閘，均需撥運。是湖河俱宜預爲熟籌，以資永利。若非暫停河運，寛以歲月，斷不能專心并力。湖河通治，爲一勞永逸之計。是以康熙年間停運治河，行之久有成效，爲百世不易之理。而今日在工諸臣未有以此申請者，以未知京通倉貯情形，則不敢議停河運，以大工費用浩繁，則不敢議通治湖河。且現當河漕兩礙之際，更不敢議置漕而治河也。臣查京通各倉現貯米石爲數有餘，本年奉天、河南碾買米石亦陸續可到，加以新漕已渡黄者，約一百二三十萬石。其餘浙江、江安、江廣各幫，或剥運，或海運，必令抵通。豫東漕糧仍可照常徵運，則倉貯已屬充裕。若於本年新糧内，儘江蘇、浙江附近海口各州縣徵收本色米一百萬石，或一百五十萬石，交兑漕船，運至黄浦，仍由商船海運抵津，撥運交倉，則天庾更屬充盈。其餘江蘇各州縣及有漕各省，概令折色，約計不下七八百萬兩，在百姓仍屬維正之供未嘗少加，而於工需大有裨益。本年冬季即可開徵，陸續起解，亦無緩不濟急之虞，在民間得存此項米石，日食亦裕。惟州縣折徵漕糧，每米一石，應徵銀若干，應俟秋成時，由該督撫察看糧價情形，核定數目，奏明辦理。並由該藩司將奏定折色銀數出示通諭，各地方暫行折徵，並嚴飭各州縣照數徵解司庫，彙解工次。如有加徵勒掯等弊，立即嚴參懲辦。至停運旂丁等，仍照減運年分津貼成案辦理。其篙舵水手皆係無業之民，道光二年，江浙兩省係由各地方官查明籍貫，每人酌給盤費制錢二三千文，備文押遞回籍，由本籍出具收管各結，並曉諭暫令歸農，辦有成案。本年折徵省分即於本年各幫歸次時，應由該督撫轉飭查照辦理。計一州縣應兑之船，多者百餘隻，少者數十隻，每船十人，以每名制錢三千計算。每縣至多不過需銀三千餘兩。冬漕既係折色，各州縣即將每年應給各幫兑運雜費以之安插此項人等，尚有節省。惟諭令各幫俟明歲冬漕開兑時，仍聽此項人等到次幫運，不必另易生手，致起争端。此一年中，河運既停，計節省運費各項銀七十二萬餘兩，米二十二萬餘石，足敷海船運脚。而徵收折色銀兩，即可全濟工需，費用既足，歲月亦寛，不特江南湖河可治，即東省湖河均可一律疏濬。應於本年漕船辦竣後，由該河督等預籌湖河全局，次第興工，實力趲辦，務使河漕並治，永資利賴。

一、酌僱海船裝運，督辦高寶剥運，催趲東境挽運，宜欽派大員督理也。現在淮安一帶駐札漕運總督一員，南河總督一員，兩江總督一員。江督總理地方事件，河督專司全河，漕務均係兼轄。惟漕督職司漕務，向來押運尾幫北上。今既高寶阻滯，黄河以北聲氣恐不能通。其由江南東境直抵通州，緜亘一二千里，雖有山東巡撫、直隸總督，而相距較遠，實有鞭長莫及之勢。且淮安夫挑船剥，東境趲運交替，以及上海籌辦商船載運，均係權宜辦理，尤須因時變通，道府各員恐亦未敢專政，應請欽派公正通達大員，協同該管督撫會議妥辦，於海口河道上下往來，不時稽察，庶責成專而策應靈矣。

以上各條，據臣愚昧之見，通盤核計，如此辦理，滯漕既可北來，河道乃克專治。減運費以爲海船之脚價而不致疲商，折糧價以爲疏濬之工需而毋庸籌款。目前得權宜之便，將來有永賴之安。今日之計，似係不可緩者，勢值萬難，未可稍事拘泥，必須破除成例，酌量變通，於事方克有濟。若徒畏難苟安，總以仰仗聖主洪福，遂畢乃事，則其弊必至不可收拾而不止，實非臣之所敢知也。謹瀝血誠，仰祈皇上聖鑒訓示。

（清）賀長齡《皇朝經世文編》卷四八《户政·漕運·再籌海運折漕章程疏英和道光五年》 奏爲再陳僱商分運及折漕治河，變通章程，以期盡善無弊，仰祈聖鑒事。

竊查本年河道淤塞，漕運阻滯，仰廑聖懷，宵旰焦勞，無微不至。臣受恩深重，具有天良，竭慮殫思，不敢隱默，已將酌量變通漕河並治情形，於前摺内縷陳，仰蒙聖明洞鑒。惟暫僱商船及酌折額漕條内，尚有未經備述者，再爲皇上陳之。

竊惟臣前議暫僱商船海運者，誠以河道既阻，重運中停，河漕不能兼顧，惟有暫停河運以治河，僱募海船以利運。雖一時之權宜，實目前之急務，舍此别無良策，輿論亦屬僉同。而在事諸臣初議未敢及此者，固以風濤之險，盜賊之虞，在在可慮。且旂丁運官等素未經歷海道，恐其未能押運，似屬難行。以臣擬測，其故皆不係此，特以事屬創行，萬有一失，物論不能不歸咎於定議之人，且事後恐有賠累，辦理不善，商情易至沸騰，更懼身爲怨府。臣思凡事有利即有弊，任事者但當興利而杜弊，不可恐有弊而廢事，其間斟酌盡善，惟在當事者之權衡，安能因噎而廢食。上年高堰決口，淹溺村莊，仰蒙聖恩軫恤，無非蘇民困，惜民力，以培養元氣。夫東南爲財賦之區，頻年間有歉薄，本年清口過船，多夫捧挽，至今起剥，尚有滯漕二百萬石。船運車挽，日需數萬人，竣事尚須數月以後。堤堰挑挖各工用力尚無底止，固屬計工給價，然以細民力作於寒暑風雨之中，疾疫不時，耕種或輟，未得稍休，其所以勞民力者至矣。亟當留其有餘，紓其勞而用之。夫以滯漕全行盤壩剥運，則民力勞而帑費不省，暫僱海船分運，則民力逸而生氣益舒。現據江省先後咨送本年二三月内覆奏各摺到部，仰見聖諭煌煌，垂詢愷切，而諸臣覆奏始終含混，無一著實之語。籌議已及半年，計仍不出剥運者，其故有二：

一則慮商船到津難以交卸也。素聞旗丁歷來運漕，到通交卸時，經紀等皆資其津貼，而商情良懦，向不習見官吏，已多畏縮，一旦聞令代運代交，必增疑慮。臣以爲如明歲僱募商船海運，應令兩江總督、江蘇巡撫專委一二廉潔幹員，先期於上海地方傳齊商行船户，剴切諭明，每官糧一石給運脚銀若干，净照漕斛兑交，無論正耗及二五耗米，均按漕斛計數實兑，即令該委員監兑，按船給發各商實運米數執照，仍照臣前議取具各商承運米數甘結，並令存委員手，嚴禁胥吏等不得與商船交涉滋弊。兑清後，仍令該委員親身押運。抵津時，分出倉場侍郎一人，並派臣部堂官一人，同赴天津，按照官給執照米數漕斛兑收。如有經紀刁難勒措，准該委員咨送倉場，並分咨户部衙門，從嚴懲辦。一切交兑事宜，由該委員一手承辦，經紀人等不得向商船過問。其應給商船脚價銀兩，每漕糧一石需銀七錢，向聞該處行用以制錢七十文爲一錢，按折核計，每石只須銀四錢一二分。是海運之脚價甚廉，斷不可稍有尅扣，應亦由該委員具結承領，親交該商等按數實收。庶需索之弊可除，而商情踴躍偕來也。

一則海運既行，恐漕運員弁及旗丁水手人等難以安插也。有漕省分，辦漕各員各有所司，而漕標尤其專職。一旦暫停河運，前項人等似屬無所司事。不知商運既行，漕糧衙門差務自簡，費用自節，而例定養廉俸工等項仍可照常支給。況當河湖通治，大工需人孔多，漕標員弁或可暫行酌揀數員，撥歸河標，聽候差委。員弁既不致閑散，而工次亦可多收得人之助，似屬兩有裨益。且一俟湖河普治之後，員弁等仍可照常河運，永無阻滯。以視現在之辦運喫力，勞逸迥殊。其津貼旂丁，按照減歇之例，辦理安插。舵工水手人等援照江浙成案，給與盤費歸籍之處，臣已於前摺内聲叙矣。

夫海運之説由來已久，查有元一代全由海運，初歲運四萬石，後增至三百餘萬石。其道里遠近，載在《元史》甚悉。明初河海並運，永樂十年以後，會通河成，始由河運，然猶三年海運一次。宏治間邱濬奏請於無事時通海運故道，與河漕並行，一旦河漕少有滯塞，此不來而彼至。嘉靖間胡櫝請通海運，以佐河漕之急。他如梁夢龍、王宗沐等，疏述海道里數，不一而足，所言均班班可考。我朝雍正年間，藍鼎元亦奏稱今之海道已爲坦途，舟航安穩，與内河如一轍，海運在今日確乎可行等語。是彼時已有此論。嘉慶年間，諸臣所請者更不乏人，然猶需造船設官，僱覓熟悉海線之人。故其時以爲費巨勢難，因輟其議。此時僱商帶運，爲費既省，仍可暫行即止。而經歷海洋，更如輕車熟路，利運便捷，莫過於此，何不可行之有。但臣更有請者，海運雖無意外之虞，而防禦尤須計出萬全。應當上海交兑之時，由該督撫等先期咨照浙江提鎮水師營出哨招寶陳錢一帶地方，江南提鎮水師營出哨大小洋山，會於馬跡，山東鎮臣出哨成山十島，會於鷹游門，以資彈壓護送。不獨海洋永靖，即商船偶有失風等事，亦可藉以稽查，似覺更爲周密。

至酌折額漕一節，説者以爲百姓完糧日久，似難遽行改折，且此次改收折色，亦恐百姓嗣後皆援案不肯完納本色，多有窒礙。查《漕運前書》内載凡漕糧題准改折，將該府州縣應徵改折米數及酌定價值，刊示曉諭，不遵者指參。又漕糧遇有改折，其隨漕輕齎席木贈截等項，例應按數折徵。又起運漕糧正米一石，例有耗米，並給軍行月贈耗等米，如遇改折，一例按照時價折徵。又漕糧改折，只許按價徵收。如仍借兑漕爲名濫行科索者，即行參處各等語。載在册籍，各省皆知。又查額漕折色，順治、康熙、雍正、乾隆年間均經行之有案，而江蘇之清河、阜寧、宿遷、桃源、海州、沭陽、贛榆、嘉定、寶山九州縣，安徽之寧國、太平、旌德、英山四縣，江西之瀘溪一縣，湖北之通山、當陽、通城三縣，河南之祥符等州縣。均因距水次窵遠，奉准永遠徵收折色，官爲採辦兑運，久經遵行各在案。其徵收折色銀兩，乾隆年以前，多係因災改折，其折價多不逾二兩。至各省永遠徵收折色者，係按照月報糧價，加以牙行運脚折耗等項，其折價則自三兩數錢至四兩數錢不等，悉歸民户攤徵。此係歷年報部成案，並非創始，且於惟正之供未曾加增。臣伏思明歲通治湖河，不得不暫停河運，故臣前議，除豫東照常徵運外，江浙漕糧暫僱商船海運一百萬石，或一百五十萬石，增益倉庾。其餘各省應徵漕糧爲數孔多，既不能全緩帶徵，而各州縣倉廒無多，亦未便令徵存暫貯，惟有將此項米石按照時價，暫收折色，以濟工需，毋庸另行籌款，實爲目前一舉兩得之計。惟在該上司善於奉行，既不病官，尤不累民，以歸妥協。至改收折色，酌照市價，由該督撫奏定，藩司出示曉諭，不許科索。其折徵期限，應請稍寬。蓋漕既改折，地方糧石充裕，勢難剋期出糶，易銀上兑。若必令如限完銀，未免迫促。所有此次徵收折色，應請自本年十月開徵起，至次年四月止，勒限掃數全完，不准絲毫拖欠。如此則期限既寬，民力自裕，工需亦可無誤。其隨漕輕齎席木贈截等項，亦應折徵，併數彙解，協濟工需。如各州縣仍借兑漕爲名濫行科徵，抑或於此次折徵時，欲豫留將來勒折地步，於奏定折價之外加重苛派，該督撫立即從重參處，勿稍姑容。

以上二條，總在各督撫實心實力，勿計一己之利害，而忘國家緩急之要圖。勿徇屬吏之私情，而失當時權宜之至計。應仍請旨敕下各督撫，速議施行。臣愚昧之見，謹繕摺再陳，恭祈聖鑒訓示。

（清）賀長齡《皇朝經世文編》卷四八《户政·漕運·駁議盤運章程疏英和道光五年》 奉上諭：孫玉庭等奏酌議漕糧盤壩接運章程，並請撥經費一摺，著照所請，准其將江蘇藩庫現存銀十八萬兩，安徽藩庫現存銀三十萬兩，兩淮運庫現存應還江蘇、安徽三處藩庫銀二十四萬兩，就近動撥。其廣東省籌備南河工需銀三十萬兩，現已起解在途，亦准其就近截留，以濟要需。欽此。並辦運大學士孫玉庭等原奏一摺，抄出到部。

臣等伏查治河所以濟運，利運必先通河，此爲不易之理，而其機宜關鍵，尤在先事預籌，差以毫釐，失之千里，最不可忽。本年借黄濟運，原屬辦過成案，第上年清水洩盡，與嘉慶年間清水稍弱旋可蓄放，情形不同，故議者早以後進重船不能渡黄爲慮。兹據該督等奏稱軍船磨淺艱澀，須籌盤壩接運。現在未渡黄軍船，計浙江二十一幫，江廣一十九幫，約計接運漕米，總以二百萬石爲率。江蘇各州縣及豫東兩省封僱各船，陸續解到。其應修道路，搭建馬頭，並預備米袋席片，人夫車輛，計算共約需銀一百二十餘萬兩，較之海運尚屬節省，並可免意外之虞等語。查本年出運漕船共計四千七百餘隻，經該督等奏准，令各省飛催開兑，於夏初次第挽入瓜儀口内。首進幫船已屬起剥磨淺，彼時亟當預爲籌計，將後進幫船即截留江口以外，由盤壩起剥，或由僱船海運兩者之中，擇其能於錢糧節省，丁民不致苦累者，酌行其一。或以淺滯之船起剥，而後進重船全由海運，方爲盡善。乃該督等不預籌於後幫甫抵瓜儀之前，而定計於重船磨淺艱澀之後，雖欲不行盤運，亦不可得。以致多糜脚價，至一百二十萬兩之多。而暑熱之中，日役數萬人，挽載抗卸，拋撒折耗，更復不免。而該督等猶謂較之海運尚屬節省，臣等請爲核計，上海商船僱運載米，每石聞需脚價七折制錢七錢，即已無不踴躍，每石合銀不過四錢三分。以二百萬石核計，共需銀八十餘萬兩，較盤運已少銀四十萬兩。即謂由鎮江至黄浦口，計程數站，另須僱船運兑，似亦毋需銀四十萬兩。況該督等自去年十二月以來，先後五次共請撥銀四百三十九萬兩，内除堵築高堰決口一項開銷，其餘多係增培堤岸，盤剥漕石之用。而嗣後挑淤之費，恐尚不止此數。臣等聞上海商船往來奉天、天津，販運麥豆，一歲數至，百不失一，外洋已與内河無異。若復出示曉諭，按照時價，給與運費，每船貯米七成，仍准帶貨三成，經過關口免其納税，如果妥速到津，照例給賞頂戴，嚴禁吏胥、經紀人等不相交涉，該商孰不樂從。乃該省大吏游移遲誤，日久不辦，以致吏胥人等趁此羈留船隻，該商等轉生疑畏，即不得不出錢求放。迨至商船暫時放駛，而委員往驗河邊，見船隻無多，即藉口以爲推卸地步。是該省決意盤運不欲海運，並非海運之真不可行也。爲今之計，總宜預籌辦法以爲明歲漕運之計，惟現在清口淤高，裏河墊塞，事關河漕非細，究竟作何籌議，何時得以興工，工需若干，本年既屬後時，明歲安可再誤。應請飭下該督等妥議章程，奏請辦理，毋再失時。至所請撥截銀内，廣東一款，係奏明解部，此時既經截留，應毋庸議。但嗣後遇各省解部及關税實存銀兩，應令該督等不得截撥，以實内帑而重要需。其該督等另單約議盤運章程十條，臣等公同查閱，多有未盡確實之處，謹按各條分款指陳，恭請聖裁。

一、滯漕二百萬石，據稱須僱船三千餘隻，乃敷裝運，俱運至天津北倉交收，一應費用事竣報銷等語。查僱用船數既多，需費甚巨，必須將滯漕全數運通，乃可稱爲事竣。該督等何以祇議運至天津，截卸北倉。查天津北倉共廒四十八座，僅能貯米四十萬石。從前截卸北倉之案，係因偶逢軍船來遲，米數亦不甚多，是以令暫卸北倉，以便迅速回空，受兑新漕。此次既僱用内河民船，非軍船必須回空者可比，儘可全數運通，何以祇令交卸北倉。是雖船多費巨，仍屬未能竣事，將來復須由北倉轉運通州，其費用更需添出，爲數亦復不少。而倉中出入必有折耗，且該倉斷不能容二百萬石之多，應令徑運抵通，以省轇轕而歸簡省。又議酌給商船食米津貼，惟各幫有無餘米可供津貼，現飭各糧道通盤籌議，若不能津貼食米，即於每石運脚之外折銀三分等語。查此次在後不能渡黄各幫，漕糧既議盤剥，軍船回空較早，食用自省。所領行月等項銀米，自應按計未行程途劃出，以抵此項津貼商船食米之用。應令轉飭核算扣給，務期隨時應用，不得多銷正項。

一、漕米過壩脚費，據稱自清江高坂頭起卸，至黄河水口受載，僱用小船、小車、扛夫等項脚費，每石需銀二分八釐，事後報銷等語。查高坂頭至黄河水口並未聲明多少里數，船載、車挽、人扛價必不一，何以每石皆須二分八釐。如遇風雨作何料理，途次作何稽查，能否不致顛抗狼藉，將來能否竟不折耗。零星搬運，計日可盤米若干石，何時即可盤竣，此係爲盤運第一緊要關鍵，何得僅以事竣科算爲詞，概不聲叙明晰。

一、僱到各船給與坐糧，據稱日給銀八分，事竣報銷。山東、河南其僱用未到以前，由該省開報。其江省僱到未受載之船，亦照此支給等語。查此項坐糧本屬浮費，且以二百餘萬滯漕，各船輪次受載，尚須時日，則坐糧計數，當亦不少。即議按名給發，如何能使各船勿冒勿漏，自應分晰聲叙，核定章程。

一、各項須用器具廣爲置備，據稱隨時添補，難以預定，事竣報銷等語。查既係盤運，米袋、蓆片、繩索、竹牌等項自所必需，但爲物甚微，而需用甚煩，稽查難周，則數宜核實。其如何限制稽查，不致浮冒開銷之處，亦應議及預核。

一、墊築車路，添挖小河，據稱請照河工之例，事竣報銷等語。查高坂頭至黄河口道路遠近，馬頭寬長丈尺，及汰黄堤内積水挑渠寬深若干，爲數易見，亦應核計，據實入奏，以便將來奏銷時按照核覆。

一、設立分局，據稱將庫平折實，發給船價，平餘扣存支銷等語。查發給船價，各項置備物料，自應按照曹平分給，其平餘一項，各局支用，仍飭作正項開銷。

總之滯漕全由盤運，多費脚價則病帑，易船押運則病丁，多僱駁船則病民，折耗米石則病漕。該督等不早爲通盤籌計，及至事無如何，更不能不用前次所駁不行之下策，以至自相矛盾。但既行駁運，則清口如何交卸，風雨如何隱蔽，脚價如何實及商民，漕糧如何不至折耗，盤壩究屬何時可竣，全船約計何時到通，轉瞬大汛經臨，作何預備，自當備籌妥議，上慰宵旰焦勞。乃摺單十條，無非聲明開銷地步，至於應辦事宜，則全未據議及。據稱運米二百萬石，約需銀一百二十萬兩。以臣等計算，盤壩各費及僱船運脚，已需銀九十二萬餘兩，其置備器具，挑挖小河，以及沿途僱用民夫，並山東、河南、江南開銷未受載以前之食米，事後奏銷尚多，不知所謂節省者何在。今據該督等奏稱需銀一百二十萬兩，恭請敕下該督等撙節支用，如有多餘，按數解繳，斷不得再有增益。又稱內河連船前進，剋期可到，不致意外有失。應令督剝押運各員認真稽察防範，毋令潮濕折耗，致干參處分賠。再臣等更有請者，盤壩接運固已多糜帑項，折耗漕糧，而民夫竭蹶於力作，商丁疲憊於差徭，清口之運道既淤，黃水之河身益墊，疏通之費待籌於後時，潰決之虞方深於目下，此尤近今刻不可緩之圖，似應統計妥籌，以收補救之效，未可臨時周章，以請帑開銷爲事。應併請敕下該督等，將臣等指陳逐款妥議，另行具奏，毋漏毋隱。

臣等爲河漕大局，均關緊要，且臣部職司度支，將來該督等題銷錢糧，尤當核實辦理。謹爲河漕起見，是否有當，伏乞聖鑒訓示。

（清）賀長齡《皇朝經世文編》卷四八《户政·漕運·覆奏海運疏》程祖洛道光五年　蒙發下協辦大學士英和奏摺一件，臣詳加閱看，大意以暫僱海船以分滯運，酌折額漕以濟工需，而其切要，則河漕斷難兼治一語，實爲至當不易之論。

海運之說，不行已久。臣從未悉江浙海口情形，不敢妄議。惟臣同鄉販運茶葉赴京暨關東售賣，向係裝至江蘇上海縣，僱覓沙船運送。聞其船式與糧船相似，而堅實過之。船户水手素習海洋水性，兼能預知風信，每船押送客商不過一人，開洋後，其行泊悉聽之船户。每年正二月僱船，則二三月出口，五月僱船，則小暑前出口。遇西南風始行開洋，駛至東境海面，俟有東南風，即可直達天津。速則六七日，或八九日，遲亦月餘。秋風一起，即難行走。近年因滸墅關短税，始行飭禁，商民至今猶以爲未便。又有籍隸錦州服官豫省之員，亦言關東船商每年裝運豆石，赴江南售賣，習以爲常，行走直同內河。似未有商運可行，而官糧轉不能行者。

至借黃濟運，內河受淤，勢所必致，而黃流既已分洩，溜緩沙停，海口亦必淤塞，上游愈形滯重。現在豫省有河各廳探量水勢，較之上年已高至四五六尺不等，非由水長，實因河身淤墊所致。本年借黃之舉其病已見，明年新漕豈可復蹈前轍，自應暫停河運，方可河湖並治。臣愚以爲議借黃者，原爲濟運。今則兩月之久，已渡軍船僅止一千七百餘隻，未渡者尚有三之二。現距夏至不過十餘日，即使每日窮晝夜之力，能催趲數十隻，或百餘隻，計未渡之船尚多，總須另議剝運。且河北多一重運之船，將來回空，即多一停滯之累。而禦黃壩遲堵一日，則壩之內外河身均多淤一日。轉瞬大汛將屆，下壅上潰，其害何可勝言。爲今之計，似宜急飭堵禦黃壩，專心籌議剝運海運，趁大汛未屆以前，一月之內，俾江南河臣專治河務，疏濬海口，或尚可補救於萬一。若猶以多渡一隻漕船爲有裨益爲詞，則河誤而漕仍不能全濟，臣實未見其可也。

又英和議豫省碾運通米船隻，飭令剝運南糧一節，查豫省初運通米十萬石，分爲兩幫起運，現在頭幫業已開行，二幫亦已裝載，計到通須在七月。如交卸後再赴東省剝運漕糧，恐屬不及。且此項船隻多係天津鹽船，一經交卸，即須接辦秋運蘆鹽赴豫，民食攸關，難以停待，此一節似可毋庸置議。臣管見所及，不揣冒昧，合附陳明。

（清）賀長齡《皇朝經世文編》卷四八《户政·漕運·覆奏海河並運疏》陶澍道光五年　竊惟我皇上廑念河漕，勤劬宵旰。屬在臣工，孰不感凛交增。臣渥蒙簡畀，調任江蘇，爲錢糧最重之區，當河漕棘手之際，發蹤所由，責無旁貸，更何敢遷就游移，致滋貽誤。

竊以爲漕米關係國家根本計，而治河即所以治漕。上年洪湖決口，一瀉無餘，其始祇因堵壩稍遲，遂致諸事牽掣。及今歲而借黃不足，繼以開挑，開挑不足，繼以駁船。駁船不已，繼以車運。現在時日已迫，而漕米之在淮南者，尚有一百數十萬石。勞勞半載，竭蹶倍形，然則變通之方，奚可以不豫也。查海運之法，自元逮明，行之有效，止以閱時既久，章程難復。協辦大學士臣英和前摺所陳四難之說，言之甚詳。然全漕由海運則不可，而商船未嘗不可分載。臣細閱英和條議，誠識時之要著。目前籌運之策，無踰於此，自屬可行。惟現交秋令，西北風多，船行不便，止可預爲布置，以運新漕。其章程一切，則摺內所舉，照斛兑交，官給運脚，及派委大員赴津兑收各條，均極周密。臣甫蒞蘇境，與督漕諸臣尚未晤面，倘條款猶有未盡，自當隨時妥商辦理，以期行之有益。

至折漕一事，向值歉歲，偶一行之，或山區米少，離水次太遠之地，意在便民，爲朝廷格外之恩。今若徧行各屬，則格礙甚多，所難者尤在銀無所出。蓋米爲民間所自有，而銀則不能盡有，惟待於穀米之糶售。漕米改徵折色，即與地丁無異，以江蘇一省言之，額漕幾及二百萬，倘以百萬徵米由海運，而百萬折色約計應折銀二三百萬。平時一百數十萬之丁地，分爲上忙下忙，官有惰徵之處分，民有抗糧之責罰，猶且催徵不前，積爲民欠。矧於數月之内，頓加逾倍之正銀，勢必穀賤傷農，有糶無售，比户需銀而銀不可得，閭閻之氣騷矣。況一省之漕，或徵或折，辦理參差，尤多掣肘。竊意漕米折色，他省情形不一，若江蘇則勢在難行。

至停運治河，一勞永逸，最爲上策。惟在去冬洪湖初決時，行之則甚易，此時石工將竣，蓄水漸深，沙泥在底，挑挖難施。如微山湖則現在本能蓄水，又未便涸洩其水以施挑挖也。至於漕運渡黄吃緊，惟在禦黄壩一處，其餘工段均不與運道相連，不必停運，而始能興工。況京師萬方輻輳，漕米而外，需用甚多，若停運一年，將南方之貨物不至，北方之棗豆難消，物情殊多不便。是折色與停運二者均有不可行也。

竊思來歲當以海河並運爲宜，廣招商船，分作兩次裝載，計可運米百五六十萬石，其餘仍由運河而行。秋冬之間，即由河臣派員，將運河挑挖深通，俾資順利。計來春湖水益增，自可引導濟運，不至如借黄之累矣。大抵專辦海運，則恐商船之不足。專辦河運，又恐清水之難恃。惟有兩者相輔而行，可期無誤全漕。且米運既分，則運道舒而治河亦易，於天儲仍可擴充。揆之有備無患之道，更屬相宜。所有臣遵旨籌議河漕大概情形，謹據實分别可行不可行，恭摺覆奏，伏乞皇上聖鑒訓示。

再海運係暫時試行，將來河道全通，自應仍由河運。萬一淺阻，亦事所時有，應請仿照唐代轉運之法，於沿河沿淮一帶建置倉廒，遇有阻滯，暫爲存貯，俟水足時，或由駁船載運，或由原船次年搭運。即使存貯稍久，而距京較近，緩急究有可恃。惟建倉之初，所費頗多，但以搬運各策計之，其所費差足相等，而倉廒歷久尚在，其利較長。似亦轉漕之一法，可以濟運道之窮。緣奉諭旨，此外有可利漕濟運者，各抒所見，謹就臣管見所及，附片具陳。

（清）魏源《古微堂外集》卷七《錢漕更弊議上李石梧中丞》　江蘇漕費之大，州縣之累，日甚一日。其弊曰：明加，暗加，横加。始也幫費用錢不用銀，其時洋銀每圓兑錢八百文，故州縣先漕每喜舍錢用洋以圖節省。其後洋銀價日長，而兑費亦因之而長，其用洋銀之費已不可挽回，此暗加之弊也。自道光五年行海運，停河運一歲，旗丁以罷運爲苦累。道光六年，河工大挑，空船截留河北，旗丁又以守凍爲苦累。每苦累一次，則次年必求調劑一次，此明加之弊也。又道光十九年間，四府糧道陶廷杰挑斥米色驕縱旗丁，於是二三載間各州縣約加幫費三十萬兩，此横加之弊也。皆蘇松之情形也。

惟常州漕兑費至今用錢，故價無大長。而丹徒、丹陽、金壇、句容則又地瘠民刁，漕完本色，地丁錢糧亦不敷解費。且金壇、句容皆山邑，舟不抵城，須陸運至水次，宜照山邑折漕之例以恤其困，並將地丁錢糧改收折銀，酌加火耗，以免地方官之賠墊，此又情形之小異也。

今欲大劑蘇、松、常、太倉各郡州縣之累，惟有一大章程。查明代江南州縣舊制，常州有武進無陽湖，有無錫無金匱，有宜興無金溪，蘇州有吴縣長洲無元和，有崑山無新陽，有常熟無昭文，有吴江無震澤，松江有華亭、婁縣，無奉賢、金山，太倉州有嘉定無寶山。其時漕未嘗不運，事未嘗不舉，亦從未聞明代州縣有收漕之弊。且其時沿張士誠莊田之額，賦更重于今日，而不覺其繁。國朝減免蘇松浮糧至再至三，而官民不勝其困，何哉。愚以爲銀價之弊，已無如何，惟有裁缺並縣之法，一復明代古縣之舊。每並一缺，則省官規幕費丁役雜費及應酬之半，似救弊本原之一法。

謹抒其愚，以待大吏之不守常規善復古制者。至寶山偪海，城池卑褊，不通舟潮，應内移于羅店饒富之地，或與嘉定同城，此則不必並而必當移者。謹議。

（清）魏源《古微堂外集》卷七《上江蘇巡撫陸公論海漕書》　前日面陳江蘇漕弊，非海運不能除，京倉缺額，非海運不能補，請將蘇、松常、鎮、太倉、江寧五府一州之漕，酌行海運。

竊維國家建都西北，仰給南漕，如使年年全漕北上，則除支放俸餉外，尚有餘糧，三年餘一，九年餘三。是以乾隆中，每遇太倉之粟陳陳相因，屢有普免南漕之詔，但患有餘，何患不足。近日京倉缺米，支放不敷，皆由南漕歲歲缺額。而南漕所以缺額之故，則由於歲歲報災。所以報災之故，則由於兑費歲增。所以虧空之故，亦由於兑費歲增。此其情形從來不敢上達，若不徹底直陳於聖主之前，則受病之源與救病之方，終日依違疑似之間，無以破浮議而堅乾斷，請約略陳之。

查江蘇漕船兑漕之費，即以道光初年較之近年，相去已至一倍。道光初年，江蘇兑費，在蘇松每船尚不過洋錢五六百圓，江北每船不過制錢四五百緡。一加於道光三年水災普蠲之後，丁船以停運爲苦累。再加於道光四五年高堰潰決之後，丁船以盤壩剥運爲苦累。三加於道光六年減壩未合之時，空船截留河北爲苦累。此數年中，丁船藉口一次，即加費一次。今歲所加，明歲成例，則復於例外求加。其時漕河梗隔，上游嚴檄督催，州縣惟恐誤運，於是數載中，蘇松已加至洋錢千圓。繼以道光十一、十二、十三年蘇松糧道陶廷杰苛挑米色，驕縱旗丁，於是三載中蘇州遂加至洋錢千二三百圓，松江千四五百圓，而白糧則每船三千圓矣，而江北刁丁亦效尤遞加不等，今日已成積重難返之勢。然道光八九年間，幫費雖大，而銀價尚未大長，每兩兑錢千二三百，洋錢每圓兑錢九百零，使銀價如常，猶可勉强支應。近日則文銀日貴一日，即幫費又歲長一歲，是暗中又幾增一倍，誠爲從來所無。然而每年不致誤漕者，何哉？則報災爲之也。每幫費加一次，則漕米減收一次，緣州縣收漕折色，不能與之俱加，不得不聽小民籲求報災，以其數分緩漕之米，貼補數分浮折之米。於是每大縣額漕十萬石者，止可辦六萬石，是以連歲豐收而全漕決不敢辦。非獨州縣兑費無所出，即旗丁年年減運，船亦久已變賣烏有。計江浙兩省，每歲緩漕不下百萬，歲復一歲，天庾安得不空，此京倉缺米所由來也。

而議者尚以江蘇州縣漕累爲不實，試思漕果有利，則州縣惟恐不辦全漕，何反甘心減少。況民風較刁之元和、常熟、華亭、婁縣、丹陽、丹徒、金壇、句容、上元、江寧等處，百姓所完本色折色，不及兑費之半，則州縣全係賠墊。且不但完漕如此，即地丁錢糧，亦不肯隨銀價增長，則州縣又係賠墊。錢漕皆賠如此，然而上下忙不致誤奏銷者，何哉。則漕項爲之也。向例藩司地丁每年奏銷，而糧道漕項則兩年始奏銷，如及兩年而州縣離任他處者，則又可免處分。州縣雖挪移墊公，然不敢虧地丁，而僅敢虧漕項，是以江蘇州縣幾無二載不調之缺，而漕項虧空遂至二三百萬之多，此清查所由來也。

漕弊既如此極，而謂海運即可除弊者，何哉。軍船行數千里之運河，剥淺有費，過淮有費，屯官催儹有費，通倉交米有費，故上既出數百萬漕項以治其公，下復出數百萬幫費以治其私。海運則不由内河，不經層飽，故道光五年運米百六十餘萬石，而費止百四十萬金，其内尚有可節省二十萬金。計蘇、松、太倉二府一州之粟，可用糧道漕項銀米辦之而無不足，可不取絲毫之幫費。既無幫費，則州縣無可藉口以浮取於民，民無可藉口以報災於官，年年可收清漕，即年年可辦全漕，每年藏富於民者數百萬金，藏富於國者數百萬石，而太倉永無缺貯之虞矣。既無幫費，則州縣無藉口挪墊，但將地丁正雜稅課收錢收銀，酌加火耗，以資申解辦公之費。民既喜驟脱於漕困，必不刁難於上下忙銀，倘州縣再有浮勒於民，虧空於官者，上司執法而行，坦然無復顧慮。吏治民風國計一舉三善，而清查後永無虧空之患矣。是惟海運可再造東南之民力，惟海運可培國家之元氣。且二府一州不過南漕一隅，其江北及浙江、湖廣、江西、安徽之漕，仍由運河行走，於大局並無變更。此外尚有漕務極敝三縣，如鎮江之丹陽、金壇，江寧府之句容，或可提出附歸海運，亦救民生之急策，合併附陳，其條款別陳於左：

一、回空船仍令照常歸次，不必援上年截留河北舊案也。查四府一州額糧百五六十萬石，額設漕船二千數百隻。自連年報災，疊次減運，不過存一千餘船。其水手有二種：一係沿途隨雇之短縴，回空時照重船約少一半，且隨雇隨遣，不煩安置。惟有常年在船之頭柁、篙工等，每船不過數名，冬月分歸各次，合計不過萬餘人。道光六年試行海運時，減壩尚未合龍，故將空船截留河北，以爲接運來春江廣重船之地，然第七年仍行河運，丁船即以截留苦累，藉口增費。今再行海運，與上年河道梗塞情形不同，亦若截留河北，則事出無名，且漕運衙門，必預防地方官有常行海運永停河運之意，先持異議，甚或暗唆水手滋事，鋪張入告，恐嚇阻撓，勢所必至。不如照常歸次，不露形迹，既免漕幫藉口，且既歸次以後，則權在地方官，總可設法辦理，較之截留中途，全由漕運衙門專政者，主客攸殊。以千餘船分泊二十餘處，其勢既分，彈壓亦易。且受兑蘇、松、常、鎮各幫均有尖丁，殷實居其大半，無難責令暫行約束。即如現在各縣均有減歇之船，每船不過留一二人看守，並無別煩安插之事。至其全局散遣之議，應俟本年夏季海運平安抵通交兑全竣，明效大驗之後，再奏請劃出四府一州永行海運，無難别籌散遣。如此時即奏籌散遣漕船水手之議，是爲千金之裘而與狐謀皮，不惟無益而反有礙也。至其章程與道光丙戌所行，宜隨時變通，謹條陳於左：

一、海運全漕，宜一次運津，不必援舊案分兩次也。

一、海運北倉交米，除存津倉五十萬石外，其餘亦應以到津收驗爲竣，不能再赴通州也。

一、海運船價經費，今昔銀價懸殊，應查照上年銀價作錢，不能照今春揭米之例也。

一、漕項銀款僅敷海船水脚，其南北二局經費，將漕項米款半解折色以資辦公也。

一、海運全漕外，尚有海船耗米十二萬石，到津應聽其自行變賣，毋庸官爲收買也。

一、海運經費，但用漕項銀米即敷辦漕，毋庸再提幫費以滋流弊也。

（清）魏源《古微堂外集》卷七《復蔣中堂論南漕書代》 承諭以灌塘濟運，事難經久，明歲當海運，撥運兼行，以分濟吴楚各漕，誠籌國萬全之慮。竊謂明歲重辦海運，與前歲情事迥殊。前歲創始試行，章程未定，不得不照常籌費，以爲河運復舊之地。止以海運通河運之變，究無救於漕務之窮，非經久盡善之計，反本還原之策也。

道光五年，舉海運蘇、松、常、鎮、太倉百六十萬餘石，南北開銷皆出州縣幫費，共百四十萬金，其中尚可節省一二十萬。較之河運幫費每石幾一兩有餘者，已大有省便，州縣亦尚有贏餘。然尚謂權宜非正策，暫行非永逸者，蓋江蘇糧道所屬四府一州，歲給旗丁漕項銀米，較他省最爲寬裕，即使絲毫不提州縣幫費，亦足以濟全漕。計漕項銀三十六萬九千九百兩，行月米四十有一萬有一千八百九十三石，計米折價直銀九十二萬六千七百五十九兩，共計給丁銀米二項爲銀百有二十九萬五千七百五十八兩。屯丁既不運漕，則以漕項作海運之費，綽有餘裕，何必更留幫費之名，使州縣藉口以浮收於民，小民藉口以挾持於官，不爲一勞永逸之計，然必將此四府一州永行海運，方可舉行。如僅試行一二年，仍歸河運，則有所不可。即或常、鎮二府不歸海運，而蘇、松、太倉三屬則舍此莫再生一籌。夫永行海運之議，人不敢主持者，一則軍船之丁役難散，二則津通之收兑難必，三則海商之經久難恃。不知軍船之難安置者，不在旗丁而在水手。蓋旗丁自有屯田，多以運糧爲累，軍籍爲苦，如令其不出運，正其所禱祀而求。計江蘇通省各衛共若干幫，每年各有例造之船，改簽之丁，但先將漕務最困之蘇、松、太倉三屬改歸海運，即以三屬之丁船移派於通省，以補他府改造改簽之數，不過二年而派畢。既免造船之費，又免簽丁之擾，事既兩便，情必欣然。至水手隨船去留，既省出他屬造船修船之費，兼可折材變價以津貼安置，資本營生，此可無慮者一。天津前歲收兑，全賴欽差大臣主持全局，自後永行海運，安能常有此實心稽察之大臣。且由天津抵通州二百餘里，撥船難免濕耗，反以海糧霉變爲詞，受倉胥之挾制，尤非口舌所能操勝。惟有仿明陳瑄議建百萬倉於天津以受海糧之法，船至直沽，倉場侍郎驗米交倉，即與商船無涉。俟通州需米，由倉場隨時撥解，其出納稽核，則由江蘇奏委同知二員專司其事，三載更代，由本省出考語，送部引見，庶可永免倉胥之挾制。今天津已有四百萬石之倉，再建百萬倉，以五十金建倉一間，受糧三百石計之，爲費不過十五六萬金，足受三府之糧，其可無慮者二。國家嚴防海賊，曾禁商船出洋，自康熙中年開禁以來，沿海之民始有起色。其船由海關給執照稽出入，南北遄行，四時獲利，百餘載來，共沐清晏承平之澤。況朝廷優給運價，視民雇有加，是以各商聞風鼓舞，争效子來。去秋上海增造沙船三百餘艘，以備今歲海運之用，且大洋瞬息千里，侵漏無由，沿島文武稽催，淹留不敢。如慮事久弊生，官刻價值，商情阻畏，此則人存政舉，乃地方大吏力能整釐之事。有治人無治法，不得預以將來廢目前，此可無慮者三。

昔人論河海並運，比於富室別闢旁門，然必行之有素，相習爲常，而後船數之多少，價值之低昂，收兑之遲速，雖有不便己私之人，不得陰撓巧阻。今以蘇松三屬常行海運，即一旦浙江湖廣各省之漕，或梗於河患，或憚於陸撥，欲假道於海運，咄嗟立辦，國家永無誤運之憂，是所利在國計。軍艘行二千餘里之運河，層層有費，丁不得不索之官，官不得不索之民，致官與丁相持，民與官相持，已成百餘年錮疾。今以海運易閘河，以漕項省幫費，州縣既收清漕，吴民咸登樂國。但奏明將夏秋地丁錢糧改錢收銀，酌加火耗，紳民一律，以復乾隆錢價之舊，以資火耗、申解一切辦公之費，視收漕浮勒相去倍蓰，民與吏必皆懽從，可免挾制賠累之積弊。倘再有藉詞額外浮加者，上司執法而行，坦然無復絲毫顧慮之私。使每年藏富於民者百餘萬，省訟於官者百千案，省虧空於官者數十萬，上下懽然一體，視周文襄、湯、文正之裁減浮糧功且逾倍，是所益在吏治，在民生。故今言蘇松海運而但爲變通河運之窮，此河臣知河而不知有漕者也，抑漕臣但知慮江楚之漕，而不知慮蘇松之漕者也。蘇、松、太倉運船輕，抵淮蚤，汛前尚可籌渡，非江楚運重程遲之比。即使漕不由河，河未必因此而治，即使河不梗漕，漕未必因此而清，兩不相謀，各爲一事。惟以錢糧最重之地，值漕務極困之時，議八折，議郵丁，禁浮收，禁鬧費，舌敝唇焦，茫無寸效。仰值聖主聖相，勤求民莫，天時人事，窮極變通，舍海運別無事半功倍之術，爲救弊補偏則不足，爲一勞永逸則有餘。如蒙上達聖聰，仰邀俞允，所有纖悉事宜，尚須與督漕諸公會籌奏辦，從此東南民實永受其賜。

（清）魏源《古微堂外集》卷七《復魏制府詢海運書代》　海運之事，其所利者有三：國計也，民生也，海商也。所不利之人有三：海關稅儈也，天津倉胥也，屯弁運丁也。而此三者之人，所挾海爲難使人不敢行者亦有三：曰風濤也，盜賊也，霉濕也。所挾人爲難使官不能行者亦有三：曰商船僱價也，倉胥勒索也，漕丁安置也。必洞悉夫海之情形與人之情僞，且權衡時勢之緩急，而後之難行者無不可行，且不得不行。

某自二月中旬，蒙示廷寄，命籌海運以來，宵旦討論，寢食籌度，徵之屬吏，質之濱洋人士，諏之海客疇民，衆難解駁，愈推愈審，萬舉萬全，更無疑義，敢以貢之大人執事。元代創行海運，十年而道三變，明王宗沐力主海運，亦以海道不熟失風鶩游門而罷。今則海禁大開，百三十餘年，遼海東吳若咫尺，朝洋暮島如內地，則道不待訪也。

元初造平底海船六十艘，運四萬六千石，其後船歲增造，費且無算。今上海沙船及浙江蛋船、三不像船，並天津衛船，自千石以至三千石者，不下二千號，皆堅完可用。通算每船載米千餘石，一運即可二百餘萬石，兩運而全漕可畢。若止運蘇、松、常、鎮之糧，更綽有餘裕，則船不待造也。

元初以開河衛軍及水手數萬供海運，並招海盜以長其群。若今江浙船商，皆上海崇明等處土著富民，出入重洋，無由侵漏，每歲闗貨往來，曾無估客監載，從未欺爽，何況漕糧。各效子來之忱，無煩監運之吏，則丁不別募也。

本年二月始議海運，其時公私津貼已給旗丁，不能不出於動帑。明年海漕，即以旗丁領項移爲沙船雇值，則費不別籌也。

或謂其不可行者，則曰盜賊。不知海盜皆閩浙南洋，水深多島，易以出没，船鋭底深，謂之鳥船。北洋水淺多礁，非船平底熟沙線者不能行，故南洋之盜不敢越吳淞而北。今南洋尚無盜賊，何況北洋，此無可疑一矣。

或有謂其不可行，則曰風濤。不知大洋颶風率在秋冬，若春夏東南風，有順利，無暴險。商賈以財爲命，既不難蹈不測出萬全，豈有海若效靈，獨厚於商船而險於糧舶。且遭風擱淺，斫桅鬆艙，即秋冬亦僅千百之一二，何況春夏，其無可疑又一矣。

或又謂其不可行者，則曰霉濕。夫運河經數月抵通，積久蒸熱，米或黯壞。而沙船抵津，則不過旬日，若謂海風易霉變，鹽水易潮濕，則最畏風莫如茉莉、珠蘭，最忌濕莫如豆麥，皆歲由沙船載之而北，運之而南，海風鹽水，不壞花豆，而獨壞米，庸有是理。蓋北洋風寒，非似南洋風煖，而海船艙底有夾板，舷旁有水槽，其下有水孔，水從槽入，即從空出，艙中從無潮濕，此可無疑又一矣。

然使運道暢通，糧艘無阻，固可不行。今則運河淤塞日甚一日，清口倒灌已甚，河身淤墊已高，舍海由河，萬難飛渡，此不可不行者也。然使太倉充裕，陳陳相因，尚可不行。今則輦轂仰食孔亟，天庾正供有常，一歲停運，勢所難支，此不可不行者也。然使別有他策，舍水可陸，亦可不行。今則駁運之弊，公私騷然，國病於費帑，漕病於耗糧，官病於督催，丁病於易舟卸載，民病於派車派船，舍逸即勞，利害相萬，此不可不行者也。國家建都西北，仰給東南，唯資咽喉一線，豈惟河梗可慮，抑亦人事難齊。苟廛未雨之綢繆，必需旁門之預闢。今機會適逢，發端自上，因熟乘便，天人僉同。

夫集事固在於謀，而成事必在於斷，此時闗鍵請兩言蔽之，曰上海、天津兩地得其人則能行，不得其人則不能行。海船南載於吳淞，而北卸於天津，兩地出口入口，實海運始終樞要。苟上海關不得其人，則船數可使多者少，商情可使樂者畏，雇值可使省者昂。天津收兑不得其人，則米之乾者可潮濕，石之贏者可短缺，船之回空者可延滯。蓋上海牙行以貨稅爲莊佃，天津倉胥以運丁爲奇貨。海運行則關必免稅，丁不交米，兩處之利藪皆空，其肯甘心。故創議之始，出全力以顯難之者，必上海關之人。既行之後，陰撓之使棄前功畏再試者，必天津通倉之人也。此外尚有屯弁運軍，亦以行海廢漕爲不利。然此時河道未復，弁丁即欲運而不能，而一年中尚有漕項銀米可以安置，不致十分爲難。即天津通倉既行以後之事，有欽差大臣駐津稽察，自可無慮。惟上海關則首議船價之地，譸幻最多，即如二月間委員查勘，據牙儈蒙詞，以關石倍半于漕石者，變爲僅倍，以一兩四錢之折實漕石銀三錢六釐者，變爲每石實銀七錢，較民間時價不止加倍。嘉慶間議海連，前撫軍章公奏每百銀三百兩，即同此蔽。故今議海運，不詢之商船，而詢之上海關，所謂欲爲千金之裘而與狐謀其皮也。使當時照定時價，動帑無多，除此南風司命，江浙漕米業已抵津矣。故曰衆人以哅哅止善，聖人以哅哅立功。其中條件尚多膠轕，統俟議定，録狀呈覽，伏望隨時訓示。不宣。

（清）魏源《古微堂外集》卷七《海運全案序代賀方伯》 道光四年冬，淮決高堰，竭運河，天子深維海與漕相消息，疇咨夾右故道。維時輔臣力贊，大府僉同，而臣長齡適藩南服，綰海國漕貢，迺襄議，迺籌費，迺遴員，迺集粟，迺召舟，僚屬輯力，文武顆心。其明年遂航海，致米百五十萬石京師。六年夏，既蕆事，僉曰：是役也，國便民便，商便官便，河便漕便，于古未有。於是作而言曰：時之未至，雖聖人不能先天以開人，行海運必今日，其諸至創而至因者乎。

古之帝者，不盡負海而都，或負海都矣，而海道未通，海氛未靖，海商海舶未備，雖欲藉海用海無自。故三代有貢道無漕運，漢唐有漕運無海運，元明海運矣，而有官運無商運。其以海代河，商代官，必待我道光五年，乘天時人事至順而行之，故無風濤盜賊黴濕之疑也，無募丁造舟訪道之費且勞也，乘天時人事交迫而行之，漕告災，非海無由也，官告竭，非商不爲功也。乘百餘年海禁之久開，與臺洋十萬米之已試而行之，其事若無難，其理至易見也。然猶先遲之以借黃，重遲之以轉般，不可謂不慎。然微宸斷樞贊之必不可已，群議陰陽，猶將眩以關價之折實，劫以通倉之胥勒，難以屯丁之安置，不可謂不格。成事何易，任事何難。

《易》曰：夫乾，天下之至健也，德行恒易以知險。夫坤，天下之至順也，德行恒簡以知阻。又曰窮則變，變則通。神而化之，使民宜之。故知法不易簡者，不足以宜民。非夷艱險而勇變通者，亦不能以易簡。以海運之逸，濟河運之勞，而謂治河必停漕，無是也。以海運之變，通漕運之窮，而謂治漕必病河，無是也。有百年之計，有焦然不終日之計，今者官與民爲難，丁與官爲難，倉與丁爲難，而人心習俗囂於下。黃與淮爲難，漕與河爲難，而財力國計耗於上。鑿柄沸鬵，未知所屆，中流一壺，夫豈無在。或者欲以蘇松二府之漕，歲由海運爲常，而改小江黃之重艘以利漕，變通目前之河道以利黃。大聖人端拱穆清，攬群策，執參伍，探萬物之本原而斟之，王路奚患不蕩，王道奚患不平。老子曰：大道甚夷，而民好徑。非海難人，而人難海。非漕難人，而人難漕。本是推之，萬物可知也。不難於祛百載之積患，而難於祛人心之積利。反是正之，百廢可舉也。（敬）〔敝〕不極不更，時不至不乘。正其原，順而循，補其末，逆而禁，苟非其人，功不虛因。其以海運爲之椎輪。

（清）王慶雲《石渠餘紀》卷五《銅運改道議》 滇銅兩運，寄存武昌，數月矣。此後江路即通，而豐工漫溢河湖，底定無期。京局之銅，何以爲繼？昨議由武昌船運入襄河，北抵樊城。新野水路見後。再由樊城陸運經内黄楚望入衛河滑縣道口見後。北上。其首尾襄、衛兩水，舳艫相望。豫省又有軍船可資灑帶，兩運之銅一百十萬斤，抵米不過一萬七八千石。豫省軍船三百餘隻，每船不過附裝五六十石。南北利涉，豪無疑義。所難者陸運千三百里耳。驛程見後。事屬創始，人多疑慮。然但能體卹車户，責成攬載，亦可必成而無弊。常見商販藥材布匹，皆以貨物責成車户攬載，未嘗逐車使人管押，而從不短少偷竊者，以雇價足供人馬料食，而無牽制剋減之累也。若拘執文法，官兵護送，吏役稽查，繁費誨盜，終亦不行而已。

案銅鉛各運，向例沿江溯淮，經三閘五壩，泝流而上。其閒讓漕插檔，阻風守凍，甚而挖淺撥運；又甚而沈溺打撈，勞力傷財，經年累月，其不虧短者尠矣。若果陸運得有把握，以後銅、鉛各運，擬自荆州至大澤口盤隄換船，更省沿江泝漢之路千有餘里。案《水道提綱》漢水至潛江縣北境大澤口，有支津西通荆州府，諸湖交會，即古之雲夢澤。又案《圖書集成》，自荆府之沙市，在大江北岸。至潛江縣之大澤口，在漢水南岸。其閒有大白、紅馬諸湖。《方輿紀要》所謂江陵東北三海八櫃，與漢水通者是也。此處盤隄，當必不遠。

《海運續案》卷一　户部尚書臣孫跪奏爲援照成案，河海並運，以裕庫儲而資周轉，仰祈聖鑒事。

竊維部庫支絀，近年滋甚，粤西軍務尚未告竣，南河復值漫口，臣等已照該督等所請，如數撥給銀四百五十萬兩以濟要工。此次所撥之款，皆明年京支所必需，屆期籌措無資，恐致束手。伏念國家量入爲出，制用舊章原屬有盈無絀，近年因銀價昂貴，歲入之數不能如額，年年常此減少，積少成多，遂致一切支放皆形竭蹶。當此入項短絀之日，又值出項繁多，此辦理之所以掣肘也。爲今之計，若非有另外加增之項，不足以供接濟。然非有節省之費，亦無術可以加增。且即以節省爲加增，必其事曾經辦過著有成效者，方可仿照而行，有益無損。

溯查江蘇漕運自道光十年以後年年缺額，約計短收數目自三四成至四五成不等，十餘年來以習爲故常矣。然或偶行海運，則全漕俱到，無少缺減。總緣漕船減歇，則漕務幫費全數節省。即以所省之費添購米石，足額之故實由於此。又查道光二十七年遵旨將蘇、松、太二府一州漕白糧米改由海運，以各州縣津貼旗丁之費作爲籌補之資，計多得米三十餘萬石，此即以節省爲加增而著有成效者也。惟是該年海運係爲籌補倉儲，故多得之米全數交倉。今則倉儲尚非甚缺，而部庫支絀萬狀，擬請將來歲蘇、松、太三屬新漕照案改由海運，計多得之米仍可有三十餘萬石，即以此米糶出換銀，可得銀六十餘萬兩。又三屬幫船既不出運，行糧耗米等項皆歸節省，計通共可得銀八九十萬兩，於常年交倉米數仍無減損，而多得之銀，計明歲春間即可聽候部撥，似於庫儲不無少補。雖此項到京亦僅足兩月之用，然今茲舍此而不計，則來歲並此而亦無。且三屬漕白既由海運，則大工興辦之後，亦少此數十幫逆流挽上之重船，是又一舉而兩得者也。

惟臣之所見究屬懸擬，一切真正情形仍在蘇省，當此萬分支絀之時，内外臣工各宜實心實力，共濟艱難，俾帑項多一分之蓄儲，則度支多一分之裨益。是又歸在事人員之經理得宜，自收實效也。相應請旨敕下該督撫悉心體察，速議妥辦，以裕度支而救時艱。臣愚昧之見，是否有當，伏乞皇上聖鑒。謹奏。

再查海運成案，道光六年經大學士英奏請試辦，是歲全漕到京，並無損失。道光二十七年遵旨將蘇、松、太二府一州漕白改由海運，爾時言者皆以風濤盜賊藉詞阻止，仰賴成皇帝宸謨獨斷，遂收全漕俱到之益。伏查蘇、松、常、鎮、太五屬前三屆交倉漕糧，道光二十九年九十七萬餘石，三十年三十餘萬石，咸豐元年九十三萬餘石，是五屬河運之米尚不及二十七年蘇、松、太三屬海運米石之多。言者於海運之全漕到京，河運之常年短缺，皆置而不論，惟一議海運，則羣疑滋起，是其言之不足爲據已可概見，此海運之可行者一也。

至風波之説，臣常訪之海上居人，僉云海洋風信皆有定期，商船往來即以其期爲收放，故失事者百不遇一。況海運在春夏之交，維時東南風司令，一帆順駛，萬里遄征，事妥行速，此海運之可行者二也。

又盜賊之説，近歲東洋盜踪未靖，非無商船被刦之案，然皆五月以後之事，蓋緣洋盜皆閩粤人，素畏北洋風寒，必俟六七月間方敢北駛。今歲山東石島、煙臺兩案，即係七月二十五日之事，可爲明證。溯查前屆海運皆於五月内蕆事，彼時並無盜賊，此海運之可行者三也。

又況商船被刦，皆由水師偷安不出巡洋所致。今以天庾正供改行海運，由江南以至天津，水師提鎮以下人人知有責成，連艘千百，礮械齊備，較商船聲威之壯，奚啻十倍，不但無虞盜刦，兼可使盜望風而遁，此海運之可行者四也。

又查《漕運全書》海運一條内載：我朝自康熙年間開海禁以來，商船往還關東、天津等處，習以爲常，駕駛之技，趨向之方，靡不漸推漸準，愈久愈精。是海運雖屬試行，海船實爲習慣。春夏多東南風，舟行尤爲順利等語。此書道光二十四年由臣部纂修，恭逢欽定刊頒。是海運之可行已登典册，更覺信而有徵矣。

謹附片陳明，伏乞皇上聖鑒。謹奏。

咸豐元年九月二十四日奉上諭：户部尚書孫奏河海並運，以裕庫儲一摺，據稱從前海運著有成效，請將來歲蘇州、松江、太倉三屬新漕照案由海海運，計節省之項，可補庫儲。又另片奏檢查成案，歷陳海運之可行等語。著陸建瀛、楊文定按照所奏各情，並體察該省地方現在情形，明年漕運是否有宜變通之處，務當豫爲籌畫，悉心妥議，迅速具奏。原摺片均抄給閲看，將此各諭令知之。欽此。

《海運續案》卷一　兩江總督臣陸建瀛、江蘇巡撫臣楊文定跪奏爲蘇、松、常、鎮、太四府一州漕糧，遵旨籌議海運，先將覈實大概情形恭摺具奏，仰祈聖鑒事。

竊臣等准軍機大臣字寄，本年九月二十四日奉上諭：户部尚書孫瑞珍奏河海並運以裕庫儲一摺，據稱從前海運著有成效，請將來歲蘇州、松江、太倉三屬新漕照案由海海運，計節省之項，可補庫儲。又另片奏檢查成案，歷陳海運之可行等語，著陸建瀛、楊文定按照所奏各情，並體察該省地方現在情形，明年漕運是否有宜變通之處，務當豫爲籌畫，悉心妥議，迅速具奏。原摺片均抄給閲看，將此諭令知之。欽此。

又續准軍機大臣字寄，九月二十五日奉上諭：昨據户部尚書孫瑞珍奏擬行海運以裕庫儲，已降旨交陸建瀛、楊文定悉心妥議具奏。茲據御史張祥晋奏請將江蘇新漕援照從前海運成案，推廣常、鎮各屬及浙省一體試辦等語。南漕海運雖有舊案可循，是否可以推廣，並現在地方情形是否可行，著陸建瀛、楊文定、常大淳悉心體察，迅速妥議具奏。又另片奏江浙漕糧徵錢之地居多，若改辦海運，將節省之錢運交河工，並可以平價，著一併議奏，原摺片均抄給閲看，將此各諭令知之。欽此。

臣等伏查江蘇歲額漕糧甲於他省，統計蘇、松、常、鎮、太四府一州每年照例交倉漕米一百四十餘萬石，歷來州縣津貼幫費以蘇、松、太爲最重，常、鎮次之。近年災歉頻仍，民間元氣未復，以致起運米數歲有緩缺，即熟田應徵之米亦復催輸不易，而銀價未能平減，浮費不克盡裁，收兑兩難，官民交困。若欲力籌補救，舍海運誠無良策。辰下粤西軍務未竣，南河復值漫口，撥餉浩繁，正度支孔亟之時，欲於裕漕之中籌節省之計，亦非海運不可。臣楊殿邦正在函商籌辦間，適奉諭旨飭議。

臣等伏查道光二十八年海運成案，蘇、松、太三屬二十七年額徵漕糧，除熟田應徵米穀外，實災缺米二十七萬三千七百餘石，當時即以節省給丁餘耗等米一十六萬餘石交倉，並提節省給丁漕贈等銀一十五萬餘兩，以之採買米一十一萬三千餘石湊足漕額。又籌補常、鎮兩屬災缺米六千九百七十餘石，並提隨正交倉經紀耗米一萬三千三百餘石，總計二十九萬四千餘石，是籌補實缺等米爲數幾及三十萬石，即出於節省給丁銀米，其節省給丁津貼皆係抵充沙船水脚耗米及天津通壩駁運等費，曾經由部議准覆奏有案，較之道光六年已屬格外節省。本年夏秋風雨過多，業據各屬會同委員紛紛勘報，均有歉收緩缺額漕，在所不免。如果改由海運，自應籌足額數。即沙船水脚耗米暨南北公費，又皆爲海運所必需，亦不能不藉資於節省津貼。臣等督同司道及各府州悉心體察，蘇、松、太三屬漕糧，近年海運成案既收實效，自當循辦，而常、鎮二屬幫費，既經道途較遠，情形本與蘇、松不同，非不可照舊河運。惟就該御史推廣之議，復加籌覈，覺蘇、松既歸海運，即常、鎮照辦亦爲順易。且多此兩府海運之米，又省數萬河運之資，於度支不無小補。應請將蘇、松、常、鎮、太五府州應徵熟田漕白二米一律由海運津，並將節省例給旗丁餘耗等米，飭令各州縣分別糶變。惟刻下江蘇米價頗賤，每石不過值銀一兩，加之節省漕贈等銀，約計總可得銀六七十萬。查照上届成案抵作籌補缺額之米，立限提解司庫，尚未覈定具詳，現在趕緊嚴追，應俟各屬被歉頃畝科則細册送齊之後，方能覈見實數。且恐各屬科則有避就之虞，歉分有浮報之處，臣等自當不避勞怨，認真查辦，總使比較上届海運交倉之米不致短少。

所有海運一切辦法，應與道光六年及二十七年成案互相參酌，容俟覈定確數，並酌擬辦理章程，另行具奏。其沙船水脚耗米及南北應用經費，照舊於節省津貼項下飭提支用。再南河工用奉撥蘇省銀兩，經臣陸建瀛酌量情形，飭屬銀錢並解，尚資接濟。在州縣徵漕間有折色，亦洋錢居多，況海運節省應候部撥。該御史所奏節省之錢數交河工之處，應毋庸議。至於風濤之險，盗賊之虞，原奏辯論已詳，即水手之難以安插，尤應加意防範。臣等惟有督同司道詳查成案，逐一覈議，次第詳奏。設有今昔異宜，仍當因時籌酌，分別請旨遵行。除浙江漕糧能否海運由該撫臣常大淳另行籌議具奏外，相應將蘇屬五府州漕白二糧遵辦海運，並抵補足數，酌擬節省銀款大概情形，先行合詞恭摺覆奏，伏乞皇上聖鑒訓示。謹奏。

咸豐元年十二月初五日，内閣奉上諭：陸建瀛、楊文定奏遵旨籌議海運一摺，前據尚書孫瑞珍奏陳從前海運成效，請將新漕援照辦理，並據御史張祥晋奏請推廣成案，試辦海運。疊經降旨諭令陸建瀛等體察情形，悉心妥議具奏。茲據該督撫籌覈大概情形，先行覆奏。所有來年蘇州、松江、常州、鎮江、太常五府州漕白糧米，著准其一律改由海運。該督撫即查照成案，迅將籌辦章程詳議奏聞。並著嚴飭各屬覈實認真辦理，毋致滋生弊端。餘著照所議辦理，該部知道。欽此。

《海運續案》卷一　浙江巡撫臣常大淳跪奏爲查明浙省漕糧難以試行海運，請仍循照舊章辦理，恭摺覆奏，仰祈聖鑒事。

竊臣承准軍機大臣字寄，咸豐元年九月二十五日奉上諭：昨據户部尚書孫奏擬行海運以裕庫儲等因。欽此。遵旨寄信到臣，當即欽遵劄飭藩司糧道轉行有漕各府悉心妥議，據實詳辦去後，茲據藩司椿壽、糧道胡元博轉據杭嘉湖三府，以查明浙省漕糧試行海運諸多窒礙，會議詳請覆奏前來，臣復詳加察覈。伏思漕運河工均爲當務之急，目下河工漫口，運道不無淤阻，工費所需孔迫，誠能將新漕改行海運，節省給幫銀米以濟工需，兼免新漕阻滯之虞，何敢不實力實心，認真籌辦。無如悉心體察，實有萬難改行之勢。緣浙省情形與蘇省不同，蘇省漕額較重，所收本折爲給幫津貼均較浙省爲多，以致海運經費較之河運稍有節省。浙省近年河運貼幫銀米多者每石四錢有零，少者每石不及三錢。今如試行海運，即以蘇省向辦海運經費每石一兩有奇之數而計，較之河運非特不能節省，且不敷爲數甚鉅，此其不能行者一也。

又浙江乍浦、寧波雖有海口，乍浦向有鐵板沙塗，無船可雇，寧波則相距有漕州縣窵遠，又中隔兩江三壩，不能一帆直達，且該海口船亦無多，不敷受載。如改行海運，亦必須從蘇省之上海放洋，而浙省有漕各屬，相距上海或三四百里，或六七百里，盤運甚遠，費亦不支。且上海地轄江蘇，該地方官有所節制，募船尚易。浙省非其所轄，勢必呼應不靈。即使仰藉江蘇代爲雇募，而兩省同時舉辦，綜計額漕不下一百數十萬石，約需沙船二千餘隻方可載運。其時或雇用不敷，或勒索居奇，均不可不慮，此其不能行者二也。

又沙船放洋時在二月中旬，起運漕糧及運行經費必須歲底正初先期兑交清楚，方可乘時開行。浙漕收兑向遲，内如嘉興、秀水、嘉善、海鹽等縣漕米，歲内完納寥寥，遲至來春方能旺收，積習相沿，牢不可破。至各屬給幫各款，每至四月開幫，尚多掛欠，漕白錢糧延至糧艘北行，猶未能完足五分之數，百計追呼，而漕缺大率凋殘，非多方那墊不能，曲爲敷衍。兼之浙省向非聚商之所，内河船隻亦不甚多，如以三屬各州縣漕糧同時運赴上海，其間壓前等後，稽擱亦必難免，銀米兩項遲誤堪虞，此其不能行者三也。

又浙省二十一幫，丁情素稱疲累，如杭嘉二府之杭二、杭四、海所杭三、寧前嘉白等幫，從前尚可支持，自道光三十年因災停運之後，殷者轉疲，疲者愈累。其湖屬八幫，困苦尤甚，旗丁衣不蔽體，食不充腹，在船蓬桅槓具率多典質，甚至有折賣船板者。本年起運，多方調劑，並將減船月糧全行撥濟，始能勉行出運。今若試行海運，再復停歇，則在次各船即難保其悉能完備，下届仍行河運，設有缺誤，關係非輕。

且改行海運，必須將各船水手逐一資遣。而浙省各幫均有水手，欠帳多者盈千累萬，道光三十年辦理資遣，奏請撥款之外，又將減丁苫蓋月糧全行貼給，方能驅散。彼時該水手等因冀下運受雇，故尚相安無事。今若改行海運，恐該水手等慮及從此失業，或藉索幫欠，逗留生事，或流爲盜賊，擾害閭閻，尤不可不防其漸。

溯查嘉慶十五年暨道光五年浙省遵奉諭旨敕議試行海運，酌折額漕，均經各前撫臣以窒礙難行具摺奏覆在案，彼時浙省漕務尚稱完善，猶且難行。今則民困幫疲，其受賠情形更非昔比，有漕各屬，内如海寧、秀水、嘉善、海鹽、歸安、德青等州縣，固已疲瘠著名，其餘各邑亦不可勝言。各州縣每辦一漕，無不筋疲力盡，咸以漕缺爲畏途。如果改行海運，得能節省，當亦無不樂從。

今通盤籌計，較之河運之費非惟不能節省，轉須加多，兼之種種窒礙，實有斷難改行之勢。所有浙省漕糧應請仍循舊章，由河運行，以免貽誤，並請旨敕下兩江督臣暨江南河臣，迅飭將運道設法疏濬，以利漕行，而免阻滯。臣謹會同漕運總督臣楊殿邦據實恭摺覆奏，伏乞皇上聖鑒訓示。謹奏。

咸豐元年十二月十七日奉硃批：知道了，既屬窒礙，著暫停試辦。欽此。

《海運續案》卷一　兩江總督臣陸建瀛、江蘇巡撫臣楊文定跪奏爲蘇、松、常、鎮、太四府一州應徵咸豐元年漕白糧米全由海運，酌定辦理章程，恭摺奏祈聖鑒事。

竊臣等議請海運，奏奉上諭：陸建瀛、楊文定奏遵旨籌議海運一摺，前據尚書孫瑞珍奏陳從前海運成效，請將新漕援照辦理，並據御史張祥晉奏請推廣成案，試辦海運。疊經降旨，諭令陸建瀛等體察情形，悉心妥議具奏。茲據該督撫籌覈大概情形先行覆奏，所有來年蘇州、松江、常州、鎮江、太倉五府州漕白糧米石准其一律改由海運，該督撫即查照成案，迅將籌辦章程詳議奏聞，並著嚴飭各屬覈實辦理，毋致滋生弊端。餘著照所議辦理，該部知道。欽此。

當經欽遵轉飭遵照辦理去後，臣等伏查江蘇漕務收兑兩難，積疲已久，欲求節費裕漕，誠非海運不可。本年交秋風雨過多，收成復形歉薄，經臣等嚴飭司道實力整頓，不准絲毫浮報。覈計本年熟田應徵交倉漕白米一百四萬六千二百餘石，一律由海運津，仍照成案於來年二月內全數放洋北上，其向年例給旂丁餘耗等米，飭令各州縣一律糶變，連節省漕贈等銀並撥節省津貼等款，共銀六十六萬兩，分別立限提解，報部撥用。一切海運辦法本有成案可循，第查道光五年及道光二十七、三十等年漕糧三次海運，或辦五屬，或辦三屬，或專辦白糧，事勢多有不同。今届四府一州漕白二糧全歸海運，正與道光五年情形相仿，彼時年穀順成，全漕起運，並無災緩缺額之款，除津通應用各款及應給沙船耗米概支節省銀米外，所計餘米六萬數千石隨正交倉。道光二十七年海運籌補災缺等米幾及三十萬石，抵足漕額，辦理已屬不易。此次銀米併計，除補足交倉額米外，尚有額外餘銀二十六萬餘兩，比較道光五年、二十七年，又届交倉之數，均屬有贏無絀。其餘兑運事宜悉循成法，惟今届節省之款，以米易銀，亦復少有異同。臣等惟有殫竭愚忱，認真督辦。現就司道妥議章程覆加詳覈，謹先擬十條，爲我皇上陳之。

一、海運事繁任重，必期經理得人也。查海運漕糧以省城爲始事，以上海爲總匯，以天津爲歸宿，道光五年及二十七、三十等年三次海運成案，均於省城、上海、天津三處各委司道、守丞各大員分任厥事，而以縣令佐雜襄理奔走，今届自應仿照辦理。飭藩司總理全局，並委員署蘇州府知府鍾殿、選署松江府知府何士祁，督同候補知縣吴煦查議章程，勾稽款目，仍由藩司會同糧道應徵銀米確數，俾昭覈實。其雇備沙船爲海運首務，飭委蘇、松、太道吴健彰，督同候補知府洪玉珩、松海防同知藍蔚雯等雇覓沙船，並督飭各委員料理沙船兑收放洋各事，糧道倪良燿責任糧儲，應令於各屬開倉時親往查驗一次，復於上海裝船時會同蘇、松、太道再行盤查，米色均須一律乾圓潔净，白糧更宜慎重，均不准稍有攙雜、柔嫩不潔等弊。並由糧道查明回空軍船幫次軍丁水手各若干，參酌成案，分別調劑資遣。至天津交米事宜尤屬喫重，應即飭委該道酌帶委員先起由陸路赴津，管理交兑，並會同直隸委員照案妥爲籌辦。

一、交倉漕米必須籌補足額也。查道光二十七年蘇、松、太三屬漕糧辦理海運，以節省給丁贈五餘耗等米全數交倉，並提給丁漕贈等銀採買起運，補足漕額在案。茲查咸豐元年分蘇州、松江、常州、鎮江、太倉等四府一州額徵有閏交倉漕白正耗米一百四十四萬五千三百九十一石零，除本年秋歉緩徵漕糧，及丹徒縣額漕儘撥旂營兵糧，並被歉緩缺統共米三十九萬九千一百三十五石零，實徵熟田交倉漕糧九十七萬四千二百四十九石零，又額徵交倉白糧正耗米七萬二千六石零，共計交倉漕白正耗米一百四萬六千二百五十五石零，應照奏案一律由海運津。至緩缺交倉漕糧米三十九萬九千一百三十五石零內，除丹徒縣起運米石項下例應加截京口節歸不敷米四百八十二石零，已於兵糧項下另籌買補外，實計缺額米三十九萬八千六百五十二石零，自應照案籌補足額。今查漕白項下向應給丁贈五盤用等耗米，除被歉緩徵及留支春耗等米外，共計熟田應徵節省給丁耗米二十一萬三千九百九十五石零，今既專籌銀款，應即飭令糶變，並酌提各屬節省給丁津貼等銀，湊抵緩缺漕糧三十九萬八千六百五十二石零，補足交倉全額，餘歸銀款併計。至沙船耗米，每漕糧一石給米八升，白糧一石給米一斗，共計米八萬五千一百四十餘石，應由各州縣捐給。本年歉緩漕南米石，仍俟來年秋成後查看情形，按限徵完，交幫搭運，以符成例。

一、籌銀款以備撥用也。今次遵旨籌辦海運，請以節省旂丁米石分別糶變，不足之數再提各屬節省給幫津貼，以上届籌補京倉米額改爲籌補銀款，惟係以銀合米補足漕額，仍應專稽銀數，以清眉目。查本年蘇、松、常、鎮、太五屬額徵漕白項下共計被歉緩徵米三十九萬九千一百三十五石零，查有熟田應徵給丁贈五餘耗等米二十一萬三千九百九十五石零，既辦海運，即應節省。現飭各該州縣一律糶變，每石合銀一兩，共該糶變銀二十一萬三千九百九十五兩零。又提各屬節省給丁津貼銀二十五萬八千三百六十四兩零，並節省給丁漕贈等銀一十八萬七千六百三十九兩零，三共銀六十六萬兩，分別立限提解司庫，聽候部撥。除抵補緩缺交倉額米合銀三十九萬八千六百五十二兩零外，計有額外餘銀二十六萬一千二百四十八兩零，其各屬應給沙船水腳、神福犒賞暨捐購津通剥船經紀食耗等米，由縣驗運赴滬水腳等款，除應給沙船耗米歸入米款覈計外，每石約需銀五錢七分五釐，按出運米數覈計，共需銀六十萬一千五百九十餘兩，及南北應用公費，均飭各州縣於向年應給旂丁幫費內分別解給抵用。

一、籌補緩缺南糧毋庸援案截撥也。查南糧項下應支兵糧局卹等米，每逢災歉年分，均係截撥漕糧。道光二十六等年京倉不敷，奏明籌款買補，並碾常平倉穀給發。其道光二十七年漕糧海運成案，係已節省隨漕腳費買米抵放，各在案。本年各屬歉收，計有緩缺兵糧局卹等米二萬三千六百七十三石零，此係計口授食要需，不能短少。今漕額既已抵足，前項緩缺之米，自應一體籌撥，照案以節省隨漕腳費錢文，飭令各州縣易銀批解，分別買米抵放，毋須援案截撥。即常平倉穀有關民食，亦可毋庸辦碾。

一、停運旂丁水手分別調劑資遣也。查道光二十七年蘇、松、太三屬漕糧海運，所有各幫停運軍船係委糧道查案籌款分別撫卹資遣。今屆常、鎮一併海運，回空糧船較上屆更多，現照案飭令軍船各歸兑糧水次，並劄糧道參酌成案，將停歇軍丁應支月糧苫蓋等銀籌款速放，以卹丁力。其水手人等亦由該道督飭各州縣，於軍船到次之日，查明水手人數，開造姓名、籍貫，各給資遣銀兩，押令速回本籍。如有藉衆生事，或盤踞不散，嚴拏究辦。

一、沙船領運漕糧悉遵成案也。查道光五年漕糧海運，沙船運米抵津，如無故短少，即令賠補。儻驗有斫桅鬆艙等情事，奏明豁免。道光二十七年援案辦理，惟沙船八成載米，二成載貨，如在洋遭風，並未拋棄貨物，獨棄官糧者，雖驗有鬆艙屬實，其短少米石仍勒令賠補。今次自應照辦。現在雇定沙船，先行趕緊修艙，編列號檔，停青浦水次，聽候派兑。其未經進口之船，現已咨行各海口一體招徠歸塢，一俟米數兑齊，陸續放洋北上。仍援照上屆成案，准其二成載貨，恩免納税。除運米一萬石以下由外給獎，其自一萬石至五萬石以上，分別給與職銜。若捐至五品，無可再加，或另行酌獎，事竣奏請辦理。又道光五年成案，沙船抵津交兑之後，所餘耗米曾經奏明，官爲收買。道光二十七年漕糧海運，准令商船在津自行變賣餘米，此次亦應照辦。

一、巡督防護倍宜周密也。查道光二十七年漕糧海運，奏明仿照閩廣商船赴津貿易之例，准令沙船各帶軍器，俾資防護。仍於入口時呈繳，出口時給領，以備稽考。並遴派武職大員親爲護送，仍派兵一千名沿海巡防，各在案。現當整飭洋面之際，沿海水師巡防係其專責，毋庸派員調兵押送，轉致稽延。即令各該水師鎮將統帶備弁兵船沿途護送出境，仍咨直隸、山東等省照案一律防範接護，以昭慎重。其沙船攜帶軍器，亦照舊章辦理。

一、籌備天津通倉經費照案支用也。查道光二十七年漕糧海運，除輕齎由閘竹木等項照例批解外，其天津官剥民剥雇價、通倉經紀、夫役飯食等項，均由蘇籌備解津，由江蘇交米委員會同直隸委員按照起運米數分別支應。此次自應照章辦理。輕齎由閘竹木等款，照例由糧道衙門批解，並天津剥船食米、通倉經紀耗米另行備帶本色外，其餘應需經費仍由蘇省籌措解往，由直隸、江蘇兩省委員查照成案逐一酌給，絲毫不動帑項。

一、剥船經紀食耗等米備帶本色也。查道光二十七年漕糧海運，天津剥船食米按照米數給發折色，其通倉經紀耗米係江蘇委員收買沙船餘米，隨正兑交，經欽差收米大臣德誠等於漕糧起卸完竣摺內聲明奏報在案。查上屆舊章，剥船食米每漕米一石，給食米一升一合五勺，每石折給銀一兩四錢。其通倉經紀耗米，每漕糧一石，給耗米一升五合，白糧一石，給耗米一升八合，均以洪斛覈計。現在詳稽成案，剥船食米係給船户飯食之用，經紀耗米係備赴通折耗之需，此二項本係米款，與其折銀給發，或赴津購米，徒滋轉折，此次應即備帶本色。現飭辦漕各州縣如數措備，計本年海運漕白二糧一百四萬六千二百餘石，共需食耗等米二萬七千九百餘石，隨正兑交，沙船一律運京，按交倉米數分別兑交給發。

一、天津交米之後，循舊責成經紀也。查道光五年漕糧海運，欽奉上諭，海船押運到津，經紀人等難免需索刁難，著軍機大臣屆期奏請欽派一二員前往等因。道光二十七年成案，經部援案奏明，由直隸派委天津道駐津總辦倉場揀派坐糧廳酌帶經紀斛收，户部奏請欽派大臣一人、倉場侍郎一人赴津查驗。及道光三十年蘇、松、常、太四屬海運白糧，亦係仿照辦理，各在案。自三次海運以來，確有舊章可循，已屬詳慎周密，此次仍請照由各衙門屆時奏派。米到天津驗收之後，即與沙船無涉，以免羈候。其由津運通之剥船，中途如有侵耗滲濕，責成經紀承管，庶免攙雜使水等弊。

以上各條臣等欽遵諭旨，詳考成案，參酌時宜，悉心妥議，意見相同，謹臚列籲請訓示遵辦。其有未盡事宜，再行隨時陳奏。所有臣等會議海運章程緣由，謹會同漕運總督臣楊殿邦合詞具奏，是否有當，伏乞皇上聖鑒訓示。謹奏。

咸豐二年正月十三日奉硃批：户部妥速議奏。欽此。

《海運續案》卷一　户部謹奏爲遵旨妥速議奏仰祈聖鑒事。

咸豐二年正月十三日兩江總督陸建瀛、江蘇巡撫楊文定會同漕運總督楊殿邦，奏蘇、松、常、鎮、太四府一州應徵咸豐元年漕白糧米全由海運，酌定辦理章程一摺，奉硃批：户部妥速議奏。欽此。欽遵。於正月十四日抄出到部，據原奏内稱：查江蘇漕務收兑兩難，欲求節費裕漕，誠非海運不可。臣等嚴飭司道覈計熟田應徵交倉漕白米一百四萬六千二百餘石，由海運津，仍照成案於二月内全數放洋北上，其例給旗丁餘耗等米一律糶變，連節省漕贈等銀，並提節省津貼等款，共銀六十六萬兩，立限提解，報部撥用。一切海運辦法，本有成案可循。惟今届節省之款，以米易銀，亦復少有異同。現就司道妥議章程覆加詳覈，謹先擬十條等因，奉旨交臣部妥速議奏。臣等按照各條公同詳加酌覈，恭摺覆奏，謹呈御覽。

一、海運事煩任重，必期經理得人一條。據稱擬令藩司綜理全局，並委員署蘇州府知府鍾殿、選署松江府知府何士祁，督同候補知縣吳煦，查議章程，勾稽款目。蘇、松、太道吳健彰督同候補知府洪玉珩、松海防同知藍蔚雯雇覓沙船，糧道倪良燿盤查米色，並查明軍丁水手分別調劑資遣。至天津交米尤屬吃重，即飭委該道酌帶委員先期赴津管理交兑，並會同直隸委員照案籌辦等語。臣等查上届漕糧海運，該省均於省城、上海、天津三處各委司道守丞等員分任厥事在案，茲據奏稱藩司綜理全局，並委各該署府督同候補知縣等勾稽款目，蘇、松、太道吳健彰督同候補知府及該同知等雇備沙船，糧道倪良燿赴津交兑。一切覈與案符，均應如所奏辦理，仍飭該藩司會同該糧道詳稽應徵帶徵正耗，及漕項銀米各數，先行報部，毋稍延誤。其雇船事宜，仍飭該道認真經理，應給沙船水脚耗米等項，務宜嚴加防範，毋任假手書吏，少有需索剋扣。其查驗米色並調劑軍丁、資遣水手，均係糧道專責，應即責成該糧道詳慎辦理。漕糧務須乾圓潔凈，一律粳米，白糧尤應慎重，均不准有秈米攙雜及柔嫩潮潤等弊。應如所奏，令該糧道於開倉時親歷查驗，復於上海交兑再加盤查。仍查照舊章，篅裝米樣粘貼印花，以便到津稟請驗米大臣比對。至天津交米尤關緊要，亦應如所奏，令該糧道先期早抵津門管理交兑，並會辦撥船一切事宜，毋稍遲延，致滋貽誤。

一、交倉漕米必須籌補足額一條。據稱咸豐元年蘇、松、常、鎮、太四府一州實徵熟田漕糧、額徵白糧共計正耗米一百四萬六千二百五十五石零，一律由海運津。至緩缺漕糧米三十九萬九千一百三十五石零，内除丹徒縣加截京口不敷米四百八十二石零另籌買補外，實計缺額米三十九萬八千六百五十二石零，自應籌補足額。查漕白項下共計熟田應徵節省給丁耗米二十一萬三千九百九十五石零，今既專籌銀款，應即飭令糶變，並酌提節省給丁津貼等銀，湊抵緩缺米三十九萬八千六百五十二石零，補足全額，餘歸銀款併計。其沙船耗米共計八萬五千一百四十餘石，應由各州縣措給，歉緩漕南米石，仍俟秋後查看情形，按限徵完，交幫搭運，以符成例等語。臣等查道光二十八年辦理海運，以節省給丁等米交倉，並提給丁等銀買米補足漕額在案。今據奏稱實徵熟田漕糧、額徵白糧共正耗米一百四萬六千二百五十五石零，一律由海運津。緩缺漕糧米三十九萬八千六百五十二石零，籌補足額。查此次海運，專爲籌補銀款，該省補足額漕米數，仍歸銀款併計。應如所奏辦理。其沙船耗米八萬五千一百四十餘石，亦應准其由各州縣措給，務令全交本色，以備到津或有折耗賠補之用。如查有私折等弊，即將州縣參處。至咸豐元年歉緩漕南米石，仍飭俟咸豐二年秋後按限徵完，次幫搭運，毋任所屬捏災遞緩。其海運漕白二糧，應即飭令分別各府縣正改兑、正耗米各細數，詳造妥册，先期由陸路齎至天津，以備驗米大臣查覈，毋稍遲延。

一、籌銀款以備撥用一條。據稱今次海運請以節省給丁米石分别糶變，不足之數，再提節省給幫津貼，以上届籌補京倉米額改爲籌補銀款，仍應專稽銀數以清眉目。查有熟田應徵給丁贈五餘耗等米二十一萬三千九百九十五石零，一律糶變，每石合銀一兩，共該糶變銀二十一萬三千九百九十五兩零。又提各屬節省給丁津貼銀二十五萬八千三百六十四兩零，並節省給丁漕贈等銀一十八萬七千六百三十九兩零，三共銀六十六萬兩，分别立限提解司庫，聽候部撥。其各屬應給沙船水脚、神福犒賞及措購津通剥船經紀食耗等米，由縣剥運赴滬水脚等款，除應給沙船耗米歸入米款覈計外，每石約尚需銀五錢七分五釐，按出運米數覈計，共需銀六十萬一千五百九十餘兩，及南北應用公費，均飭各州縣於向年應給旗丁幫費内分别解給抵用等語。臣等查此次海運專籌銀款，據稱查有熟田應徵給丁米二十一萬三千九百九十五石零，一律糶變，每石合銀一兩，共該銀二十一萬三千九百九十五兩零。又節省給丁津貼銀二十五萬八千三百六十四兩零，又節省給丁漕贈等銀一十八萬七千六百三十九兩零，三共銀六十六萬兩，應令提解司庫，聽候部撥應用。其各屬應給沙船水脚等款，共需銀六十萬一千五百九十餘兩，及南北應用公費於給丁幫費内解給抵用，均應如所奏，由外籌給，分别辦理。

一、籌補緩缺南糧毋庸援案截撥一條，據稱本年緩缺兵糧局恤等米二萬三千六百七十三石零，此係計口授食要需，自應一體籌撥，照案以節省隨漕脚費錢文易銀批解，買米抵放，毋須援案截撥。即常平倉穀，亦可毋庸動碾等語。臣等查兵糧局恤等米，如有緩缺，上年因籌備京倉，臣部奏明嗣後不准截留漕糧，旋由該省奏明籌款買補，並碾常平倉穀給發。並於道光二十八年海運案内聲明庫款各有支項，常平倉亦關緩急，礙難再動。奏准在於海運節省隨漕脚費銀兩内動支，採買放給在案。此次循照舊章，應如所奏辦理，仍令覈實報銷，用有盈餘，報部候撥。

一、停運旗丁水手分别調劑資遣一條。據稱道光二十八年漕糧海運，停運軍船係查案籌款分别撫恤資遣。今届常、鎮一併海運，回空糧船更多，現飭令軍船各歸水次，並參酌成案，將應支月糧苫蓋等銀籌款速放，水手人等亦於到次之日，查明人數，開造姓名、籍貫，各給資遣銀兩，押令速回本籍等語。臣等查上届海運成案，停運旗丁係由糧道將卹丁舊案參酌墊放，水手係令各州縣開造人數、姓名、住址清册，給銀資遣回籍。茲據奏稱，今届停船較多，現將月糧苫蓋等銀籌款速放，水手人等各給資遣銀兩，均與案符，應准照辦。仍飭嚴行查察，勿令書役絲毫累及閭閻，並不得假手吏胥，留難剋扣。幫船向係漕務官員所轄，仍令漕運總督諄飭各衛備弁妥爲約束，務臻靖謐。如有水手藉衆盤踞，即飭嚴拏究辦，毋任稍存大意，致滋事端。

一、沙船領運漕糧悉遵成案一條。據稱沙船八成載米，二成載貨，如在洋遭風，並未拋棄貨物，獨棄官糧者，雖驗有鬆艙屬實，其短少米石仍勒令賠補，今次自應照辦，其二成載貨恩免納税。除運米一萬石以下由外給獎，其自一萬石至五萬石以上，分别給予職銜。若捐至五品，無可再加，或另行酌獎。又道光六年沙船抵津交兑之後，所餘耗米官爲收買。道光二十八年准令商船在津自行變賣，此次亦應照辦等語。臣等查上届海運成案，沙船八成載米，二成載貨，免其納税。如在洋遭風，除斫桅鬆艙驗明糧貨俱損仍奏明豁免外，如貨物並未拋棄，獨棄官糧者，雖鬆艙屬實，短少米石仍令賠補，此次自應照辦，以昭覈實。其所稱應募各商除一萬石以下由外給獎，其自一萬石以上至五萬石以上，分别給予職銜。若捐至五品，無可再加，或另酌獎等語。覈與案符，應俟事竣奏請辦理。至餘米一項，道光六年係官爲收買，道光二十八年准令商船自行變賣，應俟沙船抵津交兑時，由江蘇派出駐津糧道察看有無應須賠補，覈明米數，稟請驗米大臣，隨時酌辦。

一、巡哨防護倍宜周密一條。據稱漕糧海運准令沙船各帶軍器，於入口時呈繳，出口時給領，並遴派武職大員親爲護送，仍派兵一千名沿海巡防，各在案。現當整飭洋面之際，沿海水師巡防係其專責，毋庸派員調兵押送，轉致稽延。即令各該水師鎮將統帶備弁兵船沿途護送出境，仍咨直隸、山東等省照案一律防範接護等語。臣等查上届海運准令沙船各帶軍器，並派武職大員護送，仍派兵一千名沿海巡防，各在案。此次應如所奏，照章辦理。惟沙船軍器於入口時呈繳，出口時給領，務宜實力稽查，毋令稍滋流弊。至所稱沿海水師巡防係其專責，即責成各該水師鎮將沿途護送，並直隸、山東等省一律防範接護等語。臣等查百萬正供，攸關支放，現當整飭洋面之時，尤爲緊要，應飭該督撫及直隸、山東各督撫等，務須嚴飭各該水師鎮將統帶備弁兵船逐段巡查，逐程護送，斷不可稍事偷安，致滋踈懈。如有前項弊端，即行據實參奏，毋任互相諉卸，致干重咎。

一、籌辦天津通倉經費照案支用一條。據稱漕糧海運，除輕齎由閘竹木等項照例批解外，其天津官剥民剥雇價、通倉經紀、夫役飯食等項，均由蘇籌備解津，由江蘇交米委員會同直隸委員按照起運米數支應，絲毫不動帑項等語。臣等查上届海運成案，除輕齎等項照例批解外，其天津撥船之雇價、通倉經紀、夫役之口食等項，均由外籌備，不動帑項。此次循照舊章，應如所奏辦理。應令該省按照現籌海運米數，先將約計需用銀兩解交天津道庫，以備應用。仍由該省委員先期到津會同覈定數目，報部查覈。總之沙船抵津愈早愈妙，當河運南糧未到之先，早爲蔵事，所籌經費自可無虞支絀。

一、剥船經紀食耗等米備帶本色一條。據稱上届舊章，剥船食米，每漕米一石，給食米一升一合五勺，每石折給銀一兩四錢。其通倉經紀耗米，每漕糧一石，給耗米一升五合，白糧一石，給耗米一升八合，均以洪斛合計。現在詳稽成案，剥船食米係給船户飯食之用，經紀耗米係備赴通折耗之需，此二項本係米款，與其折銀給發，或赴津購米，徒滋轉折。此次應即備帶本色，計本年海運漕白二糧一百四萬六千二百餘石，共需食耗等米二萬七千九百餘石，隨正兑交。沙船一律運津，按交倉米數分別兑交給發等語。臣等查上届海運章程，天津剥船食米係按照米數給發折色，通倉經紀耗米係收買沙船餘米隨正兑交在案。今據奏稱剥船食米係給船户飯食之用，經紀耗米係備赴通折耗之需，應即備帶本色等語。查此二項本係米款，應准其備帶本色，以免周折。惟剥船經紀如有分賠之案，經紀項下例在於耗米内計除，其剥船項下作何辦理之處，應令直隸總督諄囑詳查妥議，務使米歸有著，不准顆粒延欠。

一、天津交米之後，循舊責成經紀一條。據稱漕糧海運，由直隸派委天津道駐津總辦倉場揀派坐糧廳酌帶經紀斛收，户部奏請欽派大臣一人、倉場侍郎一人赴津查驗。米到天津驗收之後，即與沙船無涉，以免羈候。其由津運通之剥船，中途如有侵耗滲濕，責成經紀承管，庶免攙雜使水等弊等語。臣等查沙船抵津之後，由驗米大臣會同倉場驗明米色，交坐糧廳督飭經紀斛收，載入撥船，由津運通。此際稍有諉卸，則百弊叢生，前功盡棄。該督撫等所稱責成經紀承管一節，最關緊要，溯查歷届成案，疊經奏明米之乾潔總以到津時查驗爲憑，公同查驗具結起撥後，即涉經紀之手，如有霉變潮潤，即惟經紀是問，不准以代役充數。剥船兑足，由經紀自撥親信妥人分起押運，仍派文職武弁各一員，隨帶兵役督同船頭彈壓照料，一俟運抵通壩，各員稟知倉場，馳回接押，尾後各起聽經紀所派之人自行交倉等因在案。此次漕糧抵津，自應仍照舊章，由驗米大臣會同倉場坐糧廳、直隸江蘇各委員眼同查驗明確，如沙船本有霉變，即由江蘇委員責令該商等於准給耗米内賠補，如係好米，即由坐糧廳取具該經紀米色乾潔、米數無虧切結督令斛收，由經紀自派親信妥人押運交倉。如撥船在路有偷漏攙和等弊，立即稟知押運員弁，拏交州縣，責令撥船賠補，治以應得之罪。如經紀索費不遂，故縱使水偷漏，然後稟明洩忿，及通同作弊分肥隱匿不稟，經押運委員查出，或别經發覺，應責令經紀撥船分成賠補，並各治以應得之罪。糧米抵通，委員馳回押運，後起撥船亦即起卸回空，此後由裡河轉運大通橋，均係經紀料理，如有短少潮濕，經大通橋及應行收米之倉監督查出，均惟經紀是問，不得牽涉外河撥船，更不得牽涉原裝沙船。入倉以後，如有灰黯霉變及那移牽混等弊，則責在該倉，應令該倉賠補，治花户以應得之罪，不得牽涉經紀，更不得牽涉外河撥船及原裝沙船。如此劃清界限，層層防範，總期實心實力，有弊必除，庶幾于事有濟。其直隸派委押運文武員弁，催儹彈壓是其專責，務令撥船銜尾遄行，毋任稍有逗遛，並嚴防經紀人等滋弊，毋少踈懈，致干參處。

以上各條，臣等謹就原奏參酌成案，公同詳覈，恭摺覆奏。此外應辦一切事宜均有成規可仿，應令確查舊章，一體遵照。所有臣等遵旨妥速議奏緣由，謹恭摺具奏，伏乞皇上聖鑒訓示。謹奏。

咸豐二年正月十九日具奏，本日奉旨：依議。欽此。

（清）沈葆楨《沈文肅公政書》卷六《借黄濟運徒耗經費擬請暫行海運摺光緒二年九月二十二日》 竊臣等接准部咨，江北各州縣漕米，仍飭辦理河運等因。光緒二年七月二十五日奉旨：依議。欽此。

查江浙冬漕及江西兩湖採辦京米，均係海運，獨江北十餘萬石，部臣堅持定見，以爲漕運不廢，河道賴以長存，且有借黄濟運之方，但使黄汛不至斷流，則漕運終無窘步。所籌至深且遠，苟非迫於時勢之萬不得已，臣何敢不殫思竭力，共濟時艱。惟本年河運困阻情形迥非昔比，不敢不以千慮所及，爲皇太后、皇上縷晰陳之。

從前河運愆期，中途改而陸運，曰開兑遲延，致誤黄汛耳。本届漕米，於正月起至二月初十日止，寶氾水次一律開行，是月二十八日，悉數挽過三閘，催趲不爲不速。乃楊莊以北，淺不盈尺，非特無水濟運，且須蓄水養船，嗣得甘霖，又經上游啓壩，逐層套送，隨地起剥。其淤處，雖剥船亦僅半裝方能浮送。挑河之費，打壩之費，灌塘之費，雇剥之費，車絞之費，所虚糜者不知凡幾。然黄汛之期，固未誤也。

乃渡黄後，察看運河之底，高與大河水面相埒，黄流無從灌入。遂議築壩興挑，自口門至張秋九百餘丈，挑闊三丈，挑深三尺，縱能暢行無阻，兩省所費，蓋不貲矣。夫運河之底何以高至於是，則歷届借黄濟運所淤者也。借終日之力以濟之，償累月之力以挑之，猶可言也。乃秋汛一到，漕船銜尾争進，未及半而運口窒。則昨日所挑者，又爲今日黄流所淤，餘船欲不出於陸運不可得矣。借黄既不足以濟運，徒使山東河道年年受淤，是河道未嘗賴漕運而存，且將因漕運而廢。水失其本然之性，商賈之舟楫，農田之灌溉，從此交病。而愚臣鰓鰓過慮，竊以爲無形之患，又有甚於此者，何則。就下者，水之性也。大河挾泥沙而行，停則淤，淤則決，故治河者，有逼隄束黄之法，又有借清刷黄之法。蓋益其湍悍之性，使挾泥沙疾趨，不稍停留，庶不致潰而旁出。今黄汛方苦微弱，未嘗逼隄以束之，借清以刷之。轉復導之旁行，紓其湍悍之性，上游愈紓，則下游愈緩，所挾泥沙無力東注，中道遞積。數年之後，河身高與隄等，北潰則畿輔受其慮，南潰則淮徐罹其殃。而東省之首當其衝者，無論也。

臣愚以爲，水宜順其性，政貴因乎時，合無仰懇天恩，准將江北漕糧暫辦數年海運，俟山東運道一律通暢，再議酌復舊章。至淮徐一帶運河，所關於農田賈舶者甚鉅，幸淮南引地全復，有款可籌，斷不敢以河運暫停，置水利於不顧。愚昧之見，誠恐無當萬一，謹合詞恭摺馳陳，伏乞皇太后、皇上聖鑒訓示，飭部議覆施行。謹奏。

（清）沈葆楨《沈文肅公政書》卷七《漕項無從劃撥海運難以議分摺　光緒五年六月二十八日》　竊臣准户部咨會議倉場侍郎桂清、畢道遠修治運河一摺，請旨飭下該督撫體察情形，核實妥籌，恭録諭旨并覆奏原摺，行令欽遵辦理前來。

竊以因轉漕而治河，因治河而籌費，沿流溯源，意至善也，國家軫念河務，原爲漕務起見，從前修費不惜歲數百萬金，良以天庾正供，非河運不行，航海風濤難測故也。今則國帑艱難，萬非昔比，不得已而取資於漕項，又合數省之款以濟之。設爲各省力所能逮，亦必有一勞永逸之計，而後費不虚糜。若歲歲修河以供歲歲辦運，無論費無從出也，竊慮受病日甚，有求如目下之河形而不可得者。敬將原奏交議各節，爲我皇上分晰陳之。

原奏有漕省分應酌提漕項若干一節。查寧屬起運光緒元、二年分冬漕，以漕項開發運費，因沿途起剥，沿途挑濬，處處周折，各短數萬金、數千金不等。惟光緒三年，極力節省二萬金，撥充晋豫賑需，則恩准暫行海運之所致也。蘇省運費亦遞年不敷甚鉅，全賴藩庫挪款墊用。若再令分撥數成，無論河運、海運，均將束手，河未修而漕先廢矣。安徽係折漕省分，宜有漕項贏餘，而京餉出其中，協餉出其中，本省軍餉出其中，以贏補絀，尚難相抵，并非有提存的款，以待不時之需。今若取之於民，民不堪命。若將京餉協餉停解參處，隨之挹彼注兹，計惟有裁勇之一法。夫設防如故，又值年穀順成，伏莽尚不時伺隙而起。倘一旦藩籬盡撤，良懦無所依附，宵小因而生心，雖智者不知所以善其後也。原奏江浙兩省能否將海運糧石各分出十數萬石，辦理河運，安徽省下届漕糧，能否起運本色若干，并運米船隻能否多雇一節。查蘇省辦理海運已苦經費不敷，再令舍易趨難，更從何處挪款。安徽之窘甚於江蘇，力不從心，不言而喻。徵本色猶可，運本色甚難。本届江北漕船，六月尚未儘數渡黄，回空更不知何日，即事竣催令南返，盤壩守凍，艙朽過半。或冒險求速飄海，散失各船户，前鑒具在。下届欲勉符舊額，勢須多方勸勉招集，方得成行。更於此外求多，恐百呼而無一應者矣。

原奏運河宜如何設法修濬，將全河形勢一并詳細查明議覆一節。查全河詳細情形，臣未親履其地，無由臆斷，但以大勢揣之，前人之於運河，皆萬不得已而後出此者也。漢唐都長安，宋都汴梁，舍河運别無他策。然屢經險阻，官民交困，卒以中道建倉，伺便轉餽饋，而後疏失差少。元則專行海運，故終元之世，無河患焉。有明而後，汲汲於河運，遂不得不汲汲於河防。運方定章，河忽改道，河流不時遷徙，漕政亦隨爲轉移。我朝因之，費既踵事而增，而獷悍游食之徒萌孽其間，所謂青皮黨安清道友者，引類呼群，恃衆把持，成固結不可解之勢。前兩江督臣陶澍憂之，乃創爲海運之説，明以節省經費，暗以消患無形。蒙宣宗成皇帝允行，而漕政於窮無復之之時，藉得維持不敝。迨髮捻事起，此輩潛入其中，南北蕩平，消磨殆盡。雖闤闠市鎮，尚有此等名目，然無大淵藪以容之，偶或什伍成群，良有司足以治之矣。是河運所可慮者，又不僅在經費也。原奏運河貫通南北，漕艘藉資轉運，兼以保衛民田。意謂運道存則水利亦存，運道廢則水利俱廢。然無漕省分，水利亦關民田命脉，未嘗敢任其廢。臣竊以爲舍運道而籌水利易，兼運道而籌水利難。何則？就下者，水之性也。必使貫通南北，不能復聽其就下矣。不聽其就下，則事事皆以人力爲之，費固不貲，利亦大減。且民田之與運道，尤勢不兩立者也。兼旬不雨，民欲啓涵洞以灌溉，官則必閉涵洞以養船，於是而挖隄之案起。至於河流斷絶，且必奪他處泉源引之入河，以解燃眉之急，而民田自有之水利，且輸之於河，農事益不可問矣。運河勢將漫溢，官不得不開減水壩以保隄，婦孺横卧壩頭，哀呼求緩，官不得已於深夜開之，而隄下民田，立成巨浸矣。東境河道，經撫臣隨時飭屬挑濬，地方官何必全無天良，其所以旋濬旋淤者，則借黄濟運之害爲尤烈。前淤尚未盡去，下届之運已連檣接舳而來，高下懸殊，勢難飛渡。於是明知借黄之非計，而舍此無以資浮送，又百計逆水之性，强令就我範圍，致前修之款皆空，本届之淤復積。部臣所謂歷年興修，均以隨時挑挖，逐段疏濬，爲權宜補苴之計者，誠洞鑒癥結之論，不可不思患豫防者也。議者太息於經費之無措，舳艫之不備，致此舉之不成。臣竊以爲使道光年間歲修之銀與道光年間官选之船至今一一俱存，以行全漕，於借黄濟運之河未見其能達也。蓋江北所雇船隻，其大不及從前糧艘之半，然必俟黄流泛漲，且竭千百勇夫之力以挖之，過數十船而淤復積。今日所淤，必甚於去日，而今朝所費，無益於明朝。若使船大且多，有所施其技乎。且懔乎其不可犯者，大河之性也。近因西北連年苦旱，來源不旺，遂乃狎而玩之，物極必反，設令因濟運而奪溜，北趨則畿輔受其害，南趨則淮徐受其害，如民生何，如國計何。

伏願朝廷師元人創行海運之成法，體宣宗成皇帝試辦海運之深心，以收近日輪船自然之利，並念時局孔棘，萬不容作無益害有益，實事求是，以濟艱難。臣自知蠡測管窺，無當萬一，第既奉旨飭令核實籌議，愚慮所及，萬不敢强不知爲知，以自欺於君父之前。除山東運道詳細情形應由漕臣勘明覆奏外，所有微臣遵議緣由，理合會同江蘇撫臣吴元炳護安徽撫臣傅慶治恭摺上陳，伏乞皇太后、皇上聖鑒訓示，不勝惶悚待命之至。謹奏。

（清）葛士濬《皇朝經世文續編》卷四〇《户政·漕運·籌備運道以利漕行疏吴元炳》 竊照江北運河上年底水本小，入春以來，有消無長，河道益形淺涸，上游邳宿一帶，深者尺餘，淺者尚不盈尺。漕船喫水二尺五寸，萬難浮送。若一律興挑，不特曠日持久，工費浩繁，且來源太微，徒深無益。惟有擡蓄水勢，撈挑淤灘，所費不多，而事易集。查徐屬各閘皆有越河，向係水大則啓，水小則閉。臣現飭署徐州同知王宗幹趕將河清、河成、匯澤、利運、濚流五閘越河先行堵閉，截其旁出之流以歸正河，自可擡高水勢，不誤舟行。上年微山湖瀦水小於九年分數尺，將來鋪水下注，亦得藉此收束，不致宣洩太甚。其各閘上下多有浮沙淤灘，分別擇要撈挖，務使通暢，並多備闌纜以供提挽之用。至清江以下亦患水小，臣已札飭兩淮運司增堵歸江各壩，並將裏河廳屬之清江越閘先行堵閉，以資節蓄。刻下江北漕船業已齊幫開行，臣謹督飭道廳隨時察看隋形，相機妥辦，以期漕行無阻，款不虚糜。

（清）葛士濬《皇朝經世文續編》卷四〇《户政·漕運·復吴仲宣漕帥曾國藩》 南漕概改海運，自是天時人事窮變推移之勢。承示江北各漕及皖北之由洪澤湖北達者，先辦河運，以免紆途運滬出洋，而舊制亦不致全廢。具見卓裁，斟酌妥善。弟雖主海運之説，而亦不敢竟廢河運。蓋以北運河一水，經數百年勞臣經營而成巨川，豈宜以停運之故墮昔人莫大之功。惟修造漕艘，弟意不欲太驟，不欲太大，不欲以例價責成旗丁自造。太驟則無此巨款，太大則難於浮送，或者千里深通一節膠淺，又增無數濬河之費。責成旗丁自造，往往一丁造船，舉族斂費，能趁吾兄任内革此虐政爲幸。將顧全此三者，則江廣三省似不能不以海運爲主，而河運僅堪爲輔。芻蕘之見，仍求切實指示。

（清）葛士濬《皇朝經世文續編》卷四〇《户政·漕運·籌抵海運經費疏馬新貽同治四年》　竊照浙省杭嘉湖三府漕糧米石，前奉恩旨減免額徵，經臣等查明應減成數，奏奉諭旨，各按科則輕重分别上中下則，一律永遠減免，以紓民力等因。欽此。欽遵。刊刻謄黄，徧行曉諭在案。

所有議籌運費一款，先經督臣左宗棠具奏，接准部覆内開，查浙省海運，向只支銷漕截銀兩，其不敷之數，皆由州縣酌提津貼，並不動用庫款，是以准免報銷。今該督以正額浮收概行豁減，請將津貼一項裁革，自係爲釐剔漕弊起見，但所需運費總宜於漕務項下寬爲籌備，俾敷應用，不得於漕項之外再動别項正款。至一切支銷如有應裁應減者，亦宜分别裁減，力求撙節，不得即以八錢作爲定額。應令該督撫從長計議，量入爲出，將籌備款項及應用數目再行據實覆奏，由臣部覈定後，方准照數動支。如有盈餘，報部候撥，准免造册報銷，以歸簡便等因。

當經轉飭藩司糧道通籌妥議詳辦去後，兹據該司道等詳稱，查浙西漕米除照額覈減外，共存正耗米七十萬三千餘石，内海運新章，每石給商船耗米八升，以全漕起運而論，應扣去五萬餘石，無須運費，所有起運需費之米，祇六十五萬餘石，每石以八錢覈計，約需銀五十二萬兩。按漕截一款，例應給幫。改行海運以後，業經奏准提解，每石三錢四分六絲。今擬全數動用，計正銀二十六萬一千一百四十九兩零，隨耗五千三百二十九兩零，又白糧經費項下畫出漕截銀一萬三千一兩零，此外自應遵照部議奏准之案，於漕糧項下酌提，不敢動用别項正款。如減存之行月等米既不給幫，自應變價，擬照經費食米定價，每石作銀一兩五錢。現除減免外，仍應共收米二萬四千二百五十四石零，計銀五萬一千三百八十一兩零。又查南月米一項，此時亦不給幫，共收正米七千一百石，每石作銀二兩，計銀一萬四千二百兩。杭嘉湖三府行糧折徵項下共銀一萬一千四百五十二兩零，隨耗五百三十八兩零，月糧折徵項下共銀五百四十八兩零，隨耗二十七兩零，經費食米折徵項下共銀三千八百四十一兩零，隨耗一百八十一兩零，以及寧紹等府本色月糧項下共銀五萬九千七百三十一兩零，又耗三千六百四十二兩零，折色月糧項下共銀六萬八千七百二十四兩零，又耗三千九百四十五兩零，合之漕截銀兩，已共銀四十九萬七千六百八十九兩零。以全漕起運之年，約需銀五十二萬兩計之，所絀無幾。如有不敷之處，再於漕務項下設法撥補。所提各款皆係河運年間給幫之款，今河運易爲海運，酌量籌抵，仍係以漕辦漕，未動正款等情，詳請具奏前來。

臣等伏查，從前海運經費不敷，皆由各州縣酌提津貼，每石自七錢至四錢不等。此項津貼銀兩該州縣豈能自捐廉俸，無非取自民間，雖欲不浮收而不可得矣。今正額既蒙恩減，浮收更應禁絶。所有海運經費一項，除動支漕截而外，斷不可再令州縣津貼，以致重累吾民。惟有遵照部議，於漕務項下寬爲籌備。今據該司道等議請以減存行月南月各米分别變價，以及杭嘉湖三府行月食米折徵之款，寧紹等府本折月糧等款，抵備海運經費。以昔年給丁之項，爲今日運米之用，以公辦公，不動别項正款，尚屬妥協。此外漕務項下尚有一二未提之款，萬一經費不敷，亦可隨時撥補，固不必另提正款，亦毋庸再議津貼也。其部議每石運費不准拘定八錢之數，查原奏所爲八錢者，不過約計之詞，以示限制之意，原難作爲定額。惟海運自滬及津，僱船設局，用費浩繁，不得不寬爲籌備，以免臨時掣肘。臣等仍當督飭該司道等力求撙節，覈實支銷。如有盈餘，存於道庫，聽候撥用。並將動用數目按年奏給，免其造册報銷，以歸簡易。至從前辦理河運，用款尤多，將來如果復行，以此八錢之款作爲給幫之用，是否相當，尚難懸揣。今但就海運而言，辦理自可裕如矣。

（清）葛士濬《皇朝經世文續編》卷四一《户政·漕運·請復河運芻言丁顯》　自古治國家者，未有以運道爲緩圖者也。虞都冀州，秸總賦於王畿，而貢物經行，即爲運道之祖。漢興即位關中，始引渭渠以漕山東之粟，旋濬褒斜以致漢中之穀。初不過歲運數十萬石，及其盛時，歲益漕六百萬石，類由河渠疏利，治之有方。魏武篡漢，偏安洛陽，然猶專任鄧艾開廣漕渠以達江淮。代魏者晋也，其時五胡亂華，勢成割據，而武帝猶鑿陝南山以致漕米，懷帝猶修千金碣以運軍糧。宋齊梁陳遞都金陵，米粟饒多，不煩轉運。而西魏則僻處長安，道險人弊，車牛之費，萬分艱難，猶賴刁雍畫策，造船於牽屯山河水之次，自是國有儲糧，人稱安樂。及隋開皇引渭鑿渠，轉運倉粟，百姓稱便。煬帝不道，發百餘萬衆開永濟渠，舳艫數百里，並載軍糧，雖積粟至二千六百萬石，而勞民傷財，不旋轉而離叛隨之矣。有唐一代，其轉漕稱善者，裴耀卿、劉晏也。而晏視耀卿尤稱最，其法緣水置倉，節級轉運，江船不入汴，汴船不入河，河船不入渭，民不疲勞，而米無覆溺。緣國家建都長安，其勢不能不爾，而晏之囊米載舟，勝於耀卿函脚營窖也。晏之歇艎支江，勝於耀卿雇船載運也。宋都大梁，有四河以行漕：曰汴河，曰黄河，曰惠民河，曰廣濟河。歲運粟五百五十萬石，黄河不久即罷，惟汴河達漕爲多且久。其制江浙荆湖之米，輸真楚泗州轉般倉，泝流入汴以達京師。此外自廣濟河而運京者，僅京東之十七州。由惠民河而運京者，僅陳潁許蔡等六州。嗣因轉般法壞，又改爲直達綱，以致沿流鄉保時出騷擾，公私横費，靡有紀極。元朝都燕，伯顔獻海運之策，始猶議闢膠萊故道，旋以沙民朱清、張瑄、羅璧能識海道，試行有功，遂爲一代良法。然考之《元史》，仍使壽張尹韓仲暉開會通河，歲運漕米數十萬石以實京都，防微杜漸，俱有精心。明之永樂，雖行海運，而江南之粟且由淮河運入潁岐，别以大車載赴黄河，轉輸金臺。及會通河成，海運悉罷，而東南四百六十萬石漕米，全由河運矣。聖朝鼎興，亦主河運。道光六年間，因清口淤澱，暫行海運一次，次年即罷。乃自咸豐初年蘭陽決口，汶爲黄遏，而運道一大變。同治四年，試行河運，臨清以南，全行乾涸，船抵張秋，藉黄浮送，磨淺起剥，閘閘梗塞，秋高水落，難望回空。此二十餘年，京倉米石均仗蘇浙本色，浮海抵津，而河運之行不絶如縷。於是中外大臣各獻嘉謨，有請全行海運者，有議引衛濟漕者，有謂東昌二百里陸運轉般者，有以折價採買爲便者，有奏挽黄歸故者，有籌築隄束黄者，築室道謀，言人人殊，請分晰而詳言之。

爲海運之説者曰：元行海運，中外稱善，聖祖列宗，間欲試行。況今洋舶駢集，海若獻靈，蘇浙之漕，轉運十年，風濤之險未經，盜賊之氛悉靖。積慣而出大洋，非若元人之沿山求嶼也，則徑熟。經旬而抵京倉，非若河運之經年交兑也，則期捷。水脚有定價，無恤丁修艌之銀也，則費省。開洋有定時，無修河守閘之擾也，則法優。與其竭蹶河干，藉黄而帑金虚擲，曷如聯翩洋舸，招商而天庾充盈，則全行海運便。

爲引衛之説者曰：大洋之險，非可以久歷也。汶爲黄隔，黄挾汶行，清水涓滴不能送漕，舍海運而新是圖，則盍引衛濟運。衛水之距張秋，相去僅一百數十里，而由元城以注該鎮，亦勢如建瓴。誠能不惜經費，濬開引河，則衛水盛漲，即可瀉注臨清，復於張秋建築水櫃，儲存清水，並引范濮、壽張两水隨時傾注，冬春則閉閘蓄清，夏秋則啓閘灌運。昔白英激汶濟漕，亦此法也。杜藉黄之淤，襲引汶之策，法未有善於此者，則引衛入運便。

爲轉般之説者曰：航海濬衛，猶冒險而傷財也。漕船阻遏，不過東昌二百一十三里，轉般輪運，費亦不多。或仿董搏霄負米更遞之謀，或循裴耀卿置倉轉輸之法，仍由臨清以運天洋。江淮之船不渡河，則免回空守凍之累。津淀之船不入閘，則無套塘守汛之憂。王念豐《轉般私議》，蔡總漕《復轉運疏》，古人有言之者矣，則陸運轉般便。

爲採買之説者曰：之數者均需於運也，今有不需於運而自能足國者，採買是也。僅令各省照米折銀，運繳京庫，特派大員於就近豐稔府縣採辦米穀，則居奇之徒不招而集。關東田地肥饒，且運其有餘以赴江浙閩廣，採買到京，尤屬易易。況今輪船裝載，經旬萬里，川米湘粟，購運不難，酌量擡價，商販即來矣。運糧於各幫，支兑而舟車盤剥，其勢紛。購米於近省，交易而商賈駢臻，其政壹。則不如採買便。

爲挽黄歸故之説者曰：今之議改運者，以黄河奪濟，挾汶入海。今如挽黄歸故，則河運似可復舊矣。考黄河故道，曩由雲梯關入海，自咸豐初年銅瓦廂決口，遂改由牡蠣口經行。今欲挽之而南，首濬河身數千里，分段修補長堤，以次塞决合龍，總估銀二千六百萬兩，分省攤派，分年舉辦，似易爲力。如此則清口糧艘自有淮水浮送，而張秋漕米仍藉汶水運行，則挽黄歸故便。

而籌築隄束黄之説者曰：否否。航海，權謀也，非經久之策也。引衛，變例也，非常易之圖也。轉般採買，可以暫試，不可以爲國典也。挽黄歸故，勢需緩圖，不可以爲急救法也。近年黄水散漫，决口太多，不獨汶水之清，未能濟運，即黄水之濁，非際伏秋盛汛，亦不能貫註張秋。今惟將各口堵合，收束長隄，則黄水擡高，自能抵送臨清。雖明知逐年濬淤，似非良策，然以天庾正供係根本要圖，即萬分爲難，亦不能不極力興辦，則築隄束黄便。

此數策者，均各自抒偉論，卓有識力，舉而行之，補偏救弊，亦足爲達變之方，救時之術矣。然以顯默揣天時，遠揆地利，静審人心，細察水性。竊謂全行海運，有當慮者四；引衛入運，有不便者六；轉般爲權變之方，而又有五難；採買係暫行之法，而亦有三害；挽黄歸故，復舊章也，而有不足恃者七；築隄束黄，急先務也，而有可議者八，請畢其説。

元行海運，成數具在，覆溺極多者，僅至元二十三年，每石漂覆三斗四升零。而分年科算，視河運之短欠，比較仍優。即明永樂初年，王宗沐小蹶鷹游門，傾覆七舟，亦因溟渤初行，洋道未熟，致有此患，非海運之咎也。風濤之險，似不足爲海運憂。不知天怒難知，海程窵遠，萬一如咸豐二年淮安五月十二日之飆風，飛舟拔樹，光緒五年海州四月初四日之颱風，拋石移莊，其傾覆之數，豈可逆料。即託聖朝洪福，漕米挽行，百靈呵護，斷不如斯。要之老成謀國，動出萬全，似貴存慎以將事之心，斷不可出鋌而走險之策，此海運之當慮者一也。

閩粤南洋，或有海氛，而由吴淞以達大沽，沙礁水淺，賊寇全清，即有萌蘖，蘇松則有提鎮，登萊則有總兵，隨時巡緝，斷不懼以綠林盜舶擄劫黑水軍糈。加以海防久撤，萬國來賓，商舶星羅，輪航雨集，猜嫌不啓，盟好永敦。方將同護帝京，誰敢憑陵糧舸。然以今九瀛雜處，難保不一旅尋仇，儻或燋齒貫胸，互相啓釁，鯤程鼉艢日肆干戈，鷸蚌相持横截要路，或鬭兵滬水，而十儌之糧艇不來，成角勝燕臺，而百里之津門遽梗。安山之河運久患渟淤，沙艇之海糧又復隔絶，京倉暫竭，良可隱憂，此海運之當慮者二也。

然此猶人所易料者也，更有人未嘗料，而其勢將來必梗塞不能行者，則大沽口日久淤澱之患也。元行海運以來，洋道之變遷，昭昭可考。元之漕米，均由劉家河入海，即古之婁江。舊稱口寬二十丈，水深一百尺，今則口門之外淤爲平陸矣。明初運艘，例由崇明廖角嘴轉灣浮海，今有該處淤淺與戲臺沙相接，海舟不能出入矣。登州成山，爲漕船假道之區，曩稱水深千尺，船不可近，今則與勞薛諸山矗峙沙洲矣。安東雲梯關，漕船間或經行，黄河本由此入海，今則海口遠徙，灘淤成田，升科起税，且逾二百里。口門之外，並有沙梗五條矣。大沽口距鐵門關祇二百八十里，黄挾沙行，爲斜射之形，勢漸浮送。近年輪舶赴津，秋冬水小，業經起剥待潮而行，不數十里而牡蠣口淤遏。又將如雲梯關外接築長隄，沙梗凝接，勢不能不壅遏大沽。江浙漕米，又復未能抵京。即藉外洋機器疏濬深通，而積沙將去，流沙旋來，日積月高，斷不能按期交兑，此海運之當慮者三也。

更有甚者，漕河全盛時，糧船之水手，河岸之縴夫，集鎮之窮黎，藉此爲衣食者，不啻數百萬人。自咸豐初年，河徙漕停，粤氛猖獗，無業游民聽其遣散，結黨成群，謀生無術，勢不得不流而爲賊，捻逆滋擾，淮潁徐宿之人居多。往年賊黨繁滋，未始非漕運之羈阻，激而爲此也。我朝聖聖相承，二百數十年來，不改河運。即道光六年海運試行，其行徑之熟，兑期之捷，用費之省，立法之優，未嘗不可爲長久計，而聖諭煌煌，一則曰此係一時權宜之策，再則曰來年仍由河運方爲妥善。聖謨廣運，燭照無遺，豈不以歷朝良法，未可變更，億萬民人，難於位置。明知耗費良多，而河運歷年如故，亦謂成大事者，不計小費，圖遠略者，不務近功。遠慮深謀，實有超出尋常萬萬者。今則軍務肅清，四方底定，疊奉綸音，營勇以次裁撤，邇來分散者，猶未甚多，仍易防檢，將來大股支遣，非謀位置之地，難保不別釀事端。此等閒民，率由召募，均係强悍無賴之徒，一旦撤手歸田，毫無約束，薄有蓄積，揮霍立窮，逼迫饑寒，復萌故智。小則明火案多，大則揭竿變起。剿辦殲除，又不能不煩兵力，欲以弭兵而轉致興兵，其害豈有已時。綜計國家各務，惟河運復行，安置之人極多。全漕起運，船數非一萬數千隻不可，以每船二十人而論，水手縴夫，此中可容數十萬人。加以沿河小本，各集窮民，藉此養活，實繁有徒。雖屬奸民，苟能温飽，亦誰肯自作不靖。設以長行海運，遂廢河運，而地方終不能安定，其若之何。以知河運之廢興，實關國運之治亂，此海運之當慮者四也。

引衛濟漕，極爲良策，而利之所在，即爲弊之所伏。由元城縣遽開新渠百數十里，不能不遷移集鎮，挖廢田疇，設或抗違，威逼勢迫，閭閻騷擾，不可勝言，此引衛之不便者一也。

經行之地，豈少墳塋，移葬遷柩，慘及枯骨。昔河帥張欲於盱眙溜淮套等處鑿山引淮，聖祖仁皇帝南巡欽閲，且因塚骨纍纍，卒寢其議。今由元城館陶鑿渠開河，難保不遷移邱墓，此引衛之不便者二也。

衛水來源本清，而盛漲猝臨，濁漳輒復挾沁倒漾，怒濤渾浪，一發難收。遏之則水勢仍微，聽之則泥淤又墊。欲避河患，而卒與河患相同，此引衛之不便者三也。

蘆鹽入豫，由衛運行，今欲障之東流，即不能不攔河設閘。一經閉遏，蘆税鹽鳌，致多梗塞，國課有虧，此引衛之不便者四也。

豫糧來往，本由衛河東運，兩岸民田尤資灌溉。今欲引以濟漕，勢必建閘閉壩，從此商賈船隻，停擱不行，沿岸農民石田致慨，漕粟雖能勉運，而民生格礙良多，此引衛之不便者五也。

汶水襲引東省各泉，普行湍註，支派甚多，衛水發源本弱，即極力蓄儲，設法展寬，斷不如汶水之旺。縱或伏秋大汛，水勢有餘，而上流容受不多，盛漲消耗亦易。如今十數幫之船，誠不難乘時蓄送，設行全漕，春往秋還，周年不息，終有易竭之時，催運押空，刻刻可慮，此引衛之不便者六也。

轉般之法，行之於古則爲權衡，而行之於今則多梗滯。木牛流馬之經，轉轂括囊之法，亦因水程窵遠，萬不能不行此法。即唐之緣水置倉，宋之易船摺梗運，均由河道經行，亦未嘗陸輓數百里之遥也。今如東昌之道永梗，而僅恃轉般以入御河，車負馬馱，不絶於道，人夫百萬，多費帑金，一難也。

道阻且長，經管匪易，一經陰晦，霉變尤多。而奸民之盜竊，霖雨之漂淌，防不勝防，護不勝護，浮沉虧耗，誰爲補償，二難也。

置倉設官，又增帑項，不獨簿牘紛煩，亦且書差需索，多一番交割，即多一分開銷，出納轉移，更多周折，三難也。

民夫運價，定例雖嚴，而胥吏持權，多方舞弊，一隙稍疎，小則短扣額價，而威勢相凌，大則勒派民夫，而絲毫不給。相沿成習，變爲差徭，控告無門，民遭荼毒，四難也。

御河以東，剥船無多，增之不能，造之不易。循環接運，歲月稽延，久積臨清，亦滋流弊。軍餉官俸，未能如期，五難也。

（探）〔採〕買之法，少則易行，多則難購。今以百萬漕糧，遽欲採買，即在南省購辦，而搭附輪船，弊與海運相等，一害也。

近畿採運，數逾百萬，太倉之粟，安能足額。即當豐歲，價亦高昂。抑之則商賈不來，聽之則閭閻食貴，二害也。

派員購辦，非不廉明，而勒限銷批，急如星火，勢處急迫，亦不能不倒行逆施。或以京倉要餉，而禁民户私藏。或以官價成交，而勒市儈賤售。加以奴隸分肥，差牙索費，苛擾凌虐，轉以累民，三害也。

無已，則挽黄歸故，而亦有不足恃者。濬修塞决，業經估銀二千六百萬兩，此等鉅款，國庫支絀之秋，豈易匀撥。而自粤捻滋擾地方，大户幫助軍餉，藏積俱空。今再捐勸，亦屬寥寥。部議分派各省，逐年攤辦，而竊思近年大局，海防未靖，兵餉方殷，加以秦晋燕趙水旱洊臺，賑恤之銀，靡歲不撥。如再協餉治河，能保其源源而來乎，此挽黄之不足恃者一也。

二千里之河身，高者二丈，老淤凝結，飛沙盈渠。雖撥帑金，豈易開空。此段暢而彼段仍淤，其功不成。今歲開而明年又塞，其功亦不成。即全河治矣，而或有數十里之梗，數千丈之塞，其功仍不成。此挽黄之不足恃者二也。

乾隄二千里之遥，逐年風雨，大段毁壞，加以築圩禦捻，剷隄爲濠，蘭儀以東，不啻數千百處，遽加修補，未易彌縫，稍不如式，一經汛漲，處處可决。决於南而銅碭睢桃，足爲洪湖之患。决於北而曹單豐沛，仍爲運道之憂，此挽黄之不足恃者三也。

黄河遷徙，天實主之。今銅瓦厢决口，寬逾十里，跌塘五丈，東趨利津，實有歸壑之勢，勉强堵塞，豈易合龍。設使閉而復决，千萬金錢，又成虚擲。歷考國初以來黄河决口，寬僅四五百丈，猶且屢塞屢决，閲數年而不成。豐口初决，費帑五百萬，而迄少成功。馬港改彎，耗銀八百萬，而仍由舊道。近代覆車，可爲明鑒矣。昔河始奪淮，百法挽其北行而不能。今河復奪濟，恐百法挽其南行而不能，此挽黄之不足恃者四也。

且勿謂其不能合龍也，即使緩以時日，倍籌鉅帑，强而挽之南行，而清口套塘之法，今日亦不能行。歷年淤遏，黄高於淮，而自七堡一决，洪湖高仰，引河捫口，淮水不能暢出，即閉禮壩，涓涓細流，僅恃一線之張福口。淮弱黄强，安能浮送。道光末年，百法補苴，且有節届孟秋，而楊莊之船始報盡者。是以迭次奏行海運，蓋知河運有岌岌不可終日之勢也。今日淮口之淤更勝於昔，引河未闢，湖水不高，黄即復故，而淮爲黄遏，勢亦不能啓壩送漕。黄河不歸故，而運道之梗在張秋。黄河即歸故，而運道之梗轉在楊莊，此挽黄之不足恃者五也。

不獨此也，瞘盱石隄，本多殘缺，即或估修，豈能保固。而洪澤半湖，形勢如碟，一經籌堵禮壩，淮水擡高，經臨盛汛，湖不能容，高堰即不可保。如再潰決，則高寶東岸，又將有清水潭、荷花塘之憂。南運梗塞，更在淮揚，此挽黃之不足恃者六也。

且淮揚之憂，亦不僅在運道已也。往年黃河奪淮，二瀆並行，洪湖之水，全以裹下河爲壑，漂没田廬，淹傷禾稼，幾於無歲無之。今幸黃河遷徙，大憲奏請導淮，民慶再生，功幸能成，而河又欲奪之，昏墊之慘，又如昔時。黃與濟合，培堰而山東即弭水災。黃並淮行，入汛而淮南永爲澤國。非惟民庶吞聲，亦且漕糧減額，此挽黃之不足恃者七也。

築隄束黃，固屬今日要圖，而僅恃築隄束黃，即爲河防弊政。往年漕舳七千，按時浮送，水猶有餘。今以漕糧僅十數幫，運船僅五百隻，尚且十分危險，待汛而行。設起全漕，即或束黃，亦難終年擡送，此築隄之有可議者一也。

邇日漕艘，歷年遲鈍，非際大汛經臨，即致束手無策。幸而秋漲未消，猶可按時抵次。不幸而天寒水落，即難晝策回空。僅恃束黃，交兑回船，不能飛渡，此築隄之有可議者二也。

運糧船價，本自不多，而每年濬淤，糜帑轉甚。更加添縴剥淺，在在需銀。國家力顧京倉，斷不吝此庫款，而以易窮之鉅帑，填難盡之漏卮，殊爲可惜。僅議束黃，淤遏更甚，年年耗蠹，日益加增，此築隄之有可議者三也。

臨清以南，官河綿遠，不惟米糧轉運，亦且商賈往來。今僅築隄束黃，勢惟伏秋盛汛，浮送漕船，帆檣鱗集。而秋冬水涸，舟楫不行，坐使兩岸市廛仍然減色，此築隄之有可議者四也。

萬里漕河，有關國運，地脈泉源，豈可中斷。今僅築隄束黃，而不引汶水貫註，致使河瀆朝宗轉等溝塍積潦。活水不來，民風更弱，此築隄之有可議者五也。

張秋閘壩，曩爲蓄清，次第啓除，良爲善策。今僅束黃濟運，而未有清水來源，挾入浮沙，閘閘兜束，漸且爲患於御河，此築隄之有可議者六也。

黃不南徙，自須固築金隄以爲保障，加倍民堰以遏洪流。僅議束黃濟運，而上下游卒歸緩辦，簡陋補苴，游移兩可，致使黃河之患，一决於侯家林，再决於石莊户，頻年漫溢，肆虐山東。設再因循，陽穀東阿，處處可决，且將爲害於帝畿，此築隄之有可議者七也。

僅以黃水助運，近年大汛，猶可設法擡高，挽推漕米。然查荆門各閘，沙泥凝結，較之昔年，業高數尺。運送一年，即高仰一年，人力無多，帑金易盡，安能去此日積月累之沙。譬如今年高一尺者，來年即高二尺矣。今年高五尺者，來年即高六尺矣。浸假而河渠壅遏，高與閘齊。汛漲即臨，運送漕糧，竊患求如今日而亦不可得，此築隄之有可議者八也。

引衛濟漕，如彼其左，而挽黃歸故，又如此其難，轉般豈裕國之方，採買非經邦之策。居今日而議漕運，顯反覆思維，亦仍不外以河爲宗，以海爲輔，以築隄爲要着，以禦黃爲首圖。是在設法以引導之，相機以修築之，隨時以疏濬之，擇地以儲蓄之。可改者改之，當因者因之而已矣。且夫黃水由大清河入海，是國家之福也。河出利津，乃係漢唐千乘故道，經行千年，迄少水患。咸豐改道以來，南河每年省歲修銀七百萬兩，豈非明驗。而蘭陽以東，濱黃濱淮，灘岸又復涸出良田千百萬頃，增科起税，國賦加多。而且大河雄闊，萬里來源，環抱神京，尤據形勝。粤捻四出劫掠，鄒滕迄無樂歲，而臨流輒反，卒未能飛渡黃河。天塹之險，不異長江。濁浪一渠，勝於雄兵十萬矣。近今要策，勢惟有將齊河、濟陽、利津、霑化接築遥堤，而南岸本爲泰山舊足，酌加沙堰，即足屏障千秋。其中流仍須如南河往年設混江龍十數具，往來疏剔，則沙淤永不壅遏。歷觀乾隆、嘉慶之時，名臣輩出，吏部尚書孫長洲、相國嵇均以改河入大清爲請。咸豐初年，安徽巡撫福以口决蘭儀，奏請河由利津入海，實有二利四便。此外《錢辛楣文集》、孫淵如奏稿、魏默深《籌河篇》、孫濩孫《治河疏》，均謂河入利津，爲今日之急務。河未奪濟，猶望其遷徙，以減東南半壁之災。今河自奪濟，此乃朝廷轉亂爲治之機，閭閻易危爲安之日。而猶鰓鰓焉挽使南流，甚非長治久安之策也。顯問披經世之篇，習聞名賢之論，遠稽掌故於歷朝，近訪泉源於數省，蠡指管窺，間有論説。其謂設法引導、相機修築諸大政，非託空言，試而行之，安在河運之不可復乎。請終其説。

所謂設法引導者奈何。分水一口，即南旺湖，本爲水脊。南高韓莊百十有六尺，北高臨清九十尺。該口有東來汶水，挾以百數十泉，滔滔瀉注，障以石壩，遏以斗門，其派極多，其勢極旺，分流濟運，極爲靈便。

漕船越安山，經荆門，轉御河，道歷四百里，地經十九閘，均藉汶水逐漸浮送。國朝以來，未聞竭蹶。而自蘭陽一決，黄河貫運，汶水抵濟，黄俱挾以東行，以致汶水清流，涓滴不能註入張秋，而貫入臨清以南運河者，僅有汛漲濁沙，逐年淤遏，日積日高。且黄河歷年決口，水勢漫溢，伏秋之時，面寬數十里，毫無約束。引衛不能，禦黄不可，是以漕米經行，萬分艱險。始猶仿行套塘，近則淤墊太高，將欲蓄塘套送，而亦難之又難。爲今之策，欲行漕米，惟有仍引汶水。而汶爲黄隔，欲引汶水，計惟仿淮安楊家廟創修地洞之法，俾汶水之清，仍由河底地洞伏行以達張秋，庶幾濁浪不再淺淤，而清水如初支送。策雖創而實因，制雖新而實舊也。其策創修雙孔地洞六百丈，各高五尺六寸，寬三尺二寸。建築兩堤口，寬以五百丈爲準，兩堤之中各建一壩，一爲臨黄，一爲攔黄。兩壩之外，復建兩閘，一爲導清，一爲復清。酌建金門，以爲漕船出入地步。閘壩造修，均騎地洞。而地洞之設，又須南口稍高，入口配戴廟閘，出口配平水閘，方能勢如瓴建。如此則堤中之五百丈可容黄水經行，而堤外之一百丈分爲運船屯隖。船到安山，一如南河套塘之法，因利乘便，是亦計之善者。援古證今，成規具在。其大者，如淮南裏河底設立木洞，而河西數十里，積潦行於地中，俱以東鄉爲壑。其小者，如杭湖靈隱寺套竹爲筒，挹泉於韜光，而水可引於五里之外。其成自天者，濟水伏流千里，迄山東濟南，激而爲趵突泉。其成於人者，金陵貢院以洋鐵爲管，周圍旋繞，激引江水，而試場數萬人之飲食藉以不竭。即淺知深，因近悟遠，安在清水之不可引導乎。

所謂相機修築者奈何。黄河渾濁，東以高隄，方能以海爲壑。否則沙緩停淤，壅遏更速。且東昌運道，汶水由洞濟運，尤須以隄障禦黄流，不使泥沙挾入。而自蘭陽報決，黄水全注張秋，歷年大溜南趨，又將洪川口、霍家橋、新興屯等處次第衝開，遂致伏秋汛漲，數十里地一片汪洋，而沙河及趙王河反行乾涸。漕出戴廟，無岸無隄，插標繞坡，十分艱棘。矧以濱河兩岸，疊被奇災，小則漫溢出槽，遠近田廬全歸水國，大則衝刷開口，當衝集鎮盡付洪濤。微特安山逼近，昏墊罹災，即陽穀以東十數州縣亦復饑溺流離，不堪言狀。百姓奚辜，受此困阨。率因東省紳耆時以挽黄歸故爲心，而不爲之策長久。歷年大吏籌款惟艱，有揚湯止沸之謀，無釜底抽薪之術。漕運之憂，亦地方之劫也。殊不知黄河遷徙，人力難回，頻年毀裂，累已難堪，設再因循，害將曷極。今幸霍家橋、張家志門各處均已流沙積漸，壅遏口門，計惟有審度地勢，迅築長隄，撥帑集夫，力期鞏固。而青惠蒲濱兩岸，以次增倍民堰，接建遥隄，庶民衆同慶安康，而漕運不憂梗塞。此外禦汶石壩，蓄水閘牆，湖岸之傾欹，斗門之毁敗，尤須一例興修，認真舉辦。不此之務，而猶以築隄爲緩圖焉，非裕國安民之策也。

雖然，設洞以引汶，築隄以攔黄，將來之沙可不來，而已積之沙猶終遏也，可奈何。則惟隨時疏濬之可乎。東黄濟運，沙日積而日多，引汶濟漕，沙日去而日少，此乃一勞永逸之方，一費久省之術。特以臨清以南沙堆如山，地段太長，程功匪易，非分年以開濬，則急遽而不能成。非積日以累功，則陵躐而不可達。該河壅積有年，閘閘兜勒，董是役者，首在疎闢中泓，配平各閘，俾十數萬之糧魚貫而入。然後以次開寬，逐年掘挖，務使丈尺寬深，復如舊制，則行十萬之漕可也，行百萬之漕可也，即行四百萬之全漕亦可也。設以帑金太鉅，不易措施，則又有藉助兵力之法。昔同治八年，東臬劉估濬張秋河身，因駐紮銘字各營，而酌撥津貼。光緒六年，爵相李以大關天津海口，合三十四營兵力，而另加犒賞。軍可杜其寬閒，帑不憂其告竭。奏而行之，是亦通權達變之方也。其餘陸續當辦者，壅滯山泉則派員搜剔，紆回山澗則設法爬疏。管泉各職亦須實力實心，隨時疏導。東省之運道，安患其再有停滯乎。然吾考運河數千里，極易淤遏者，首在東昌，次即在衆興。今東昌之地，擬請設洞引清，按閘疏濬，則張秋之運河治矣。而衆興之運河，仍患水小，則又奚説，此其勢非擇地儲蓄不可。韓莊以東，曩借微山湖水以送船。宿遷以南，例資駱馬湖水以濟運。今則駱馬一湖屯爲官田，蒙沂之水不復儲蓄，俱由尾閭洩入六塘，王柳二閘幾爲虚設。近來漕運，俱藉山東湖水，貫注桃南，時而東湖水旺，或能開閘分溜，縱其運行。設際東湖水微，接濟本汛猶憂不足，安能再讓有餘以濟下流。勢不能不閉閘蓄清，以保本分。桃宿以東，遂憂淺涸。光緒二年，期届四月，糧艘淺擱，猶在楊莊。職此之故，今縱不能合駱馬全湖屯水接運，亦宜相擇該湖卑窪之區，圈以圩堰，遏以閘壩，以爲漕船復行之地。廢田不多，而即能源源入運，是亦降格補救法也。不以此爲當務，蒙沂泉源，聽其旁洩，而僅恃鄰省之水，以徼幸於萬一。十數幫船猶憂膠滯，設行全漕，其何以濟。

至如漕政之當改者，亦甚多多矣。《會典》開載淺船定式，梁頻不逾一丈，入水不逾四尺。邇來江豫艙廒，猶符定制，而江浙湖廣等船圖載私貨，深有至七八尺者，遂致運水稍小，守板蓄水，違限愆期。況今各湖淤墊，儲水不多，越式大船安能行運。而且一船赴津，糜耗良多，有造船之費，有修艌之銀，有屯田之租，有月贈之錢。一石之糧，數倍運之。而州縣之賠累，黎庶之加徵，官民交困，更有積重難返之形。尤甚者，今日之丁，即明朝之軍，始因稍寬民力，暫令支運，循行日久，遂改長運。浸假而勒之造船，浸假而坐之編册，其歷年之賠墊，積歲之凋殘，患已不可勝言。此中或有虧欠，照例監追，間有殷丁，押提僉換，斷以頂運，責以賠糧，百姓躬親，如罹湯火，破産傾家，不知凡幾。而强有力者，又復藉以漕米刁勒州縣，挾制關卡，買幫包貨，百弊叢生。矧漕糧耗米本有定例，邇來逐漸加增，横立名目，於是有贈耗羸米，有輕齎銀兩，有貼補定額，有通關例費。州縣虧挪，遂不能不增加民賦，億萬蒼黎，豈堪受此浮收之累。若此者，均河運之蠹也。船式不改則妨漕，運法不改則妨帑，軍丁不改則妨民，漕費不改則妨政。曩因昇平日久，積習相承，固結牢籠，更張匪易。今則弊端釐剔，漕政一新，有可改之機，又處能改之勢，千載一時，會逢其適，是在大憲因時而裁酌焉，亦漕運之急務也。而其所當因者亦自有在，漕米冬兑冬開，立有則例，而回空趲運，各有限期，斷不容一刻遲緩。近因水次躭（廷）〔延〕，歷逾欽限，沿途阻滯，在在展期，以故鑿冰阻凍，積壓年年。今欲往還迅速，自須查照限期，且今之長運，即宋之直達綱也。本少轉輓之費，又免耗竊之虞，準挾土宜，足爲津貼。即交兑稍遲，較之支運、接運，猶爲簡便。再議改章，轉滋紛擾。便民而不害民，利國而非病國，非甚不得已，亦何妨相因勿替耶。《詩》曰：不愆不忘，率由舊章。《書》曰：監於成憲永無愆。此之謂矣。總之策貴酌其純疵，謀必審乎正變，統籌全局，乃能扼要以圖功。採集群言，始可折衷而立論。

際漕政陵夷之日，爲權宜旋斡之方，以浮海與達河較，海危而河安也。以導衛與引汶較，衛紆而汶捷也。挽黄之與導清，一逆而一順也。築隄之與設洞，一塞而一通也。輓粟長行，即可免轉般之煩擾也。抵京充裕，並不煩採買之紛更也。雇船有額價，以視舢板水脚，亦不甚懸殊也。漕法可改章，從此積慣弊端，亦可以裁汰也。聖朝軍政以外，首重漕糧，部議疊頒，不廢河運。誠以根本要圖，須立經常良策。顯狂瞽之言，雖未必確有把握，而審時度勢，似易圖功。倘詢於芻蕘而擇善以從焉，庶幾東省運道清流激湍，兩淮河渠一無阻滯。權以江淮皖豫米穀先行起運，暫時河未展寬，蘇松全浙漕糧仍行海運，一俟疏濬經年，河渠復舊，然後以蘇浙大幫全由河運。即湖廣遠省，亦即次第徵收本色，陸續而來。則進退權自我操，遲速不爲人制，從此遠服輸將，米仍來於八省，太倉堆積，粟可支乎十年。不獨天庾充足，績媲乾嘉，亦且貢物駢臻，治侔虞夏，豈不懿哉。

（清）葛士濬《皇朝經世文續編》卷四一《户政·漕運·復河運議范本禮》

天下事有一定而不可變者，理之所在是也，有一變而不可復者，勢之所趨是也。二者似相反，而實相因。河運者，非一定不可變之制也。既變焉，則不可復。

虞夏之世，冀州田中中，賦上上，總秸秸粟米，皆賦於甸服，故上無仰食之病，下無轉輸之勞。今舍三代培養本原之道。而專取唐宋以來苟且目前之計，自棄其食，以仰食於人，非所以重根本也。故以理而言，欲爲天下計久長，河運固在所必變者已。河運之變爲海運也，固非能爲根本計者，徒以清口淤澀，漕滯難通，勢迫使然耳。勢之來，雖聖人無如之何，故既變焉，則不可復。議者徒見近日中法之役和議速成，未始不由於海運阻滯，因欲規復河運。謂河運復，而後海疆有事，乃不虞受制於人，而不知其勢之不可也。夫欲復河運，必先治運河。

考同治十年曾文正疏陳河運艱難，如嶧之大泛口、勝之郗山口，皆嫌淺窄，自微山湖至袁口閘，更處處淤淺，或數十丈，或百餘丈。十餘年來，淤也當更甚，治之也當亦更難。且無論治運河之難也，雖治之亦終無益，何也。黄河穿運以後，汶不能越黄濟運，安山以北，益患乾涸。同治初年，大溜全趨張秋，尚能灌運，嗣穿運之處日徙以南，自安山至八里廟五十餘里，運隄節節穿斷，黄流湍急，漕舟難行。運河可治，黄之穿運者不可治也。況道光六年始行海運，繇於清口淤墊。清口淤墊，繇於引黄濟運。當其時，黃未北徙也。故黃無論南北行，運河不能不爲所穿。運爲黃穿，運道必不能無阻滯，故曰河運之不可復者，勢所趨也。

夫議者亦未見河運之害耳，丁夫之騷擾，有司不敢詰。風水之阻滯，人力不能施。當其時，蓋公私苦之矣。五十餘年後，忘其前不慮其後，鰓鰓焉以復河運爲急務，何見之淺也。且河運果復，萬一海疆有警，豈真能不制於人哉。何也。河運固不能越天津而抵通州也，而得以河運爲萬全策哉。然則如之何而可也。曰因勢利導，救時之務也。務農足食，立國之本也。直隸水利所以屢興屢廢者，非地不可耕也，民惰而不見其害也。今海運一阻，糧食騰貴，民亦知仰食於人之不足恃矣。及此時而道之，浚溝渠，給田器，教樹藝，力田者有賞，而賦不加徵，行以漸，持以恒，務使根本之地不仰給於人，此理之正也。雖虞夏之盛，何以遠過於此哉。

（清）葛士濬《皇朝經世文續編》卷四一《户政・漕運・海運河運議　李慶恒》　國家定鼎燕京，承前明之舊，歲輸東南之粟，令漕卒自至所在州縣支運，輸輓之費，歲率二三倍，行之二百年。道光季年，天子念元元之困，惻然憫之，乃下大臣議復海運。行之至今，數十載矣。東南瘡痍之後，得以裁浮費，稍稍與民休息，蓋其效已覩。議者猶深謀遠慮，防海道梗塞之患，欲並試河運，請得借箸以籌之。

當元之時，伯顔以河漕繁費，令朱清、張瑄通海道，由劉家港開洋，至撑脚沙，轉沙嘴，至三沙洋子江，過萬里長灘，經清水、黑水二洋，至成山，過劉島，至之罘、沙門二島，放萊州大洋，抵略河口。終元之世獲其利，然漂溺無歲無之，而季世終以不給。明成祖遷都北平，鑒亡元之弊，命疏會通河以輓漕。是時南直隸蘇、松、常之粟，浙江杭、嘉、湖之粟，送至淮安，鎮江、廬鳳、淮揚之粟送至徐州，徐州之粟，山東兗州之粟，送至濟寧，並以裏河船遞送至京師，所謂轉運也。當時民以爲不堪，乃改於淮安、瓜州水次，增加船脚耗米，對船貼兑，與軍領運，謂之兑運。民猶以爲不堪，復改於本府州縣附近水次交兑，而增加漕卒過江脚耗，於是乎定長運。本朝因革損益，知明制之未可輕廢，故不敢惜一時之費，而改二百餘年之舊。然而法久弊滋，漕卒之需索，官司之浮冒，紳民之輕重不齊。蓋至宣宗成皇帝之世，而東南重困矣。河運之改而由海，固其勢不得不然，而亦因以蘇斯民之困也。大抵海道速，旬日可至，輸輓之費又省，效可旦夕覩然。一旦海氛不靖，梗塞阻隔，倉卒不可救，而漂没覆溺之患猶小。河運雖無此慮，然三四千里不三月不至，所費既鉅，重爲民生困。二者各弊，是以國家非甚不獲，已不輕言變法，蓋其慎如此。

今海運行二十年，漕大便利，當事者復議欲復其舊，豈不以朝廷二百年之法，子孫萬世無窮之利，不可以遽廢。且自停運以來，漕卒無所得食，山東、河南諸省盗賊蠭起，十數年而始滅，中原之元氣實傷於此。又以逆夷窺伺，幾甸萬一有變，以舟師截我之糧道，事尤有大可憂者，夫此誠不可不爲之計。然第防海運之害，而不知今日河運之未可驟復，即使復之，而亦不能保其有利而無害。蓋河運一復，所費必鉅，所費既鉅，勢不得不取之民間。小民無知，不以爲勢之不得不然，而以爲上仍不恤民之困。至於官吏之藉端加派，而浮冒侵漁之弊又將不可勝言。夫民者，邦之本也。孔子與子貢論政，寧去食而不失民之信。聖人豈爲是迂論哉，誠以無民而有食不可以立國也。國家承列聖深仁厚澤，漸漬於人心，斬木揭竿之徒，旋起而旋滅，亦以民之固結者深，故根本固而外患不足以搖之。今東南甫定，又蒙毅皇帝加恩減江南之漕，可謂勤恤民隱矣。使復以河運之故，而小民重受昔日之累，是爲德不卒，甚非有國家者久安長治之策也。

然則如之何而可？曰漕運無得失，漕運之多寡乃其得失。漢初漕山東粟以給中都，歲止數十萬石，其後則歲六百萬。唐初歲不過二十萬，其後三歲七百萬。宋初亦不過數十萬，其後至五百五十萬。夫其後之所以不得不多者，羡卒之太多，冗員之未去，西北之水利未興。不去其不得不多之原，以馴復於不漕自裕之法，區區講目前之得失，抑亦治其標而不知治其本也。爲今之計，亦惟汰羡卒，裁冗員，興水利而已矣。夫國初養旗丁以拱衛京師，比於漢之南北軍，誠得内重外輕之勢。然二百年來，生齒日繁，使皆仰食天庾，必不可以久。今若定以額數，簡其精鋭，别爲一軍，其餘並令各尋所業，與漢人等，一轉移間，而國家之所省多矣。至於去冗員，非閉捐例、嚴保舉不可。夫今日外省之官，科目不及異途之半，而京師各官，自員郎以下，亦皆可以資入。至保舉之濫，自監司至守令佐雜，更不知幾千百人。此其人即小有技能，然非讀書稽古，又大率躁進之徒，使之踞於民上，不惟虚糜朝廷之廪禄，而亦重以剥小民之脂膏。今若永閉捐例、保舉一途，申連坐之法令，大吏不得濫予，前此捐職保舉人員，在京由各部，在外由督撫，嚴加甄別，除才績卓著者奏留外，餘俱聽其回籍。如是則國家之所省愈多矣。其尤要者，則在乎興西北之水利。夫土無瘠沃，水利之興廢，即其瘠沃。今日西北之石田，皆三代膏腴之地，夫誰不知之，而水利終未能興者，以費鉅而任使又難其人也。夫慮其費鉅而無所出，則莫若漸以行之。令地方官得便宜從事，募民修陂塘，築堤岸，墾荒田，而免其起科。小民易於趨利，必踴躍從事。苟得各州縣相率爲之，庶力衆而事可辦。若夫任使之人，則在各大吏之實心整頓，嚴其賞罰，一其事權，久其任使。天下豈無鄭國、鄧艾其人者乎。行之有效，然後盡折東南之漕輸銀天府，不特東南之民力以紓，於國計亦永永有賴焉。其與斤斤於海運之得失者，奚可同年而語乎。願以告天下之有心經世者。

（清）鄭觀應《增訂盛世危言新編》卷一三《停漕》　三代以上，有貢道而無漕運。《禹貢》納秷、納秸、納粟米，不出五百里外。春秋之世，未聞轉侯國之粟以贍王畿。秦攻匈奴，飛芻輓粟率三十鍾致一石。武帝滅朝鮮，轉運甚遠，率十餘鍾致一石。此漕務因軍務而起也。初未聞官俸民食概仰給於遐方也。古之良法，一州之米即以供一州之食，求轉輸於數千里之外，迂矣。唐初漕運，歲不過二十萬石，藉以養兵。元行海運，無甚勞費。明永樂九年，會通河成，遂廢海而用河，勞民傷財，幾竭天下之全力。

國朝仍沿明制二百四十餘年，帑項之耗，耗於漕與河者不可數計。其設官也，有漕督，有中軍副將，以下各弁有漕標兵，有各省督糧道，有倉場總督，有坐糧廳，有巡漕御史，有衛守備四十人，千總六十人，運丁數萬，運河（官）〔管〕閘官四十一人，閘夫數千。其給漕費也，運丁各授屯田使耕，每船給田千畝，少亦數百畝。其船三年一小修，五年一大修，十年拆造，皆給例價。頭舵水手有工食，家口有月糧，運丁有行糧諸費。凡運米百石，例給耗米五石，銀十兩，以不敷用，州縣給以兑費，積漸至七八百兩，民力竭矣。各衙有千總、領運漕督，又歲委幫押官，分爲一人押重，一人押空。每省有糧道督押，又別委丞倅爲總運。沿途有地方官催趲，又有漕委、河委、督撫委，自瓜州抵淀津，不下數百員。員愈多，費愈廣。一總運費二三萬金，一重運費二三千金，一空運、一催趲費皆逾千金。至淮安盤糧，則有漕督之弁兵，通州上倉，則有倉督之經紀，加以黃河口額設官駁船，山東、直隸、通州、武清皆有之，合算不下三千艘，以及濬河、建閘、築壩，通盤籌算，非四十金不能運米一石入京倉，此漕運所以爲無底之壑也。究之南人食米，北人食麥，定於天亦定於地也。米至京倉，豈能盡歸實用哉。查京倉支用，以甲米爲大宗，官俸僅十之一。

八旂兵丁不慣食米，往往由牛彔章京領米易錢，折給兵丁，轉買雜糧，約南米一石，僅合銀一兩有奇。官俸亦然，四品以上尚多赴領，其餘領票轉賣於米鋪，石亦一兩有奇。夫南漕自催科徵調督運驗收，經時五六月，行路數千里，竭萬姓無數之脂膏，聚吏胥無數之蠹賊，耗國家無數之開銷，險阻艱難，僅而得達京倉，每石之值約需四十兩，或二十兩，或十八兩不等，而及其歸宿，乃爲每石易銀一兩之用，此實絕大漏卮。徒以冗官蠹吏所中飽，相沿不改，此真可爲長太息者也。

推原其故，朝廷深思遠慮，以爲歲無南漕二百萬石流通，則一切雜糧必牽掣而驟貴，兵民必有受其飢者，故不惜繁費而爲此。然自輪舶暢行以後，商米北來，源源不絕，利之所在，人爭趨之。市中有米局，官中有米局，則少米之患，在今時可以無慮。應請通飭各省，改徵折色，其耗費一概帶徵，並歸藩庫起解。至旂丁京官應領俸米，或援照成案，每石折銀一兩四錢，或按照市價，則每石折銀亦不過二兩有奇。如是則南民所完之數，即北兵所得之數，國家無毫釐之損，閭閻節齎送之資，而一切漕河之工程，海運之經費，漕督、糧道以下之員弁兵丁，倉場侍郎、監督糧廳以下之胥吏差役，皆可一律裁汰蠲除，是國家開銷歲省奚啻千萬，而反多數百萬盈羨。官兵兩項所領實銀且較增於從前領票轉賣之值，公私兩途，一舉而均得大利，有益於國，無損於民，亦何憚而不爲哉。即使慮及歲飢乏食，則每年提出盈餘銀數十萬兩，在津兑買南米，存儲通倉，新陳互易，以爲有備無患之計，其事亦輕而易舉。如慮海疆有事，外人得以持其短長，恐將來官商兩病，殆有甚焉。蓋名爲官米，則敵船可以捕拏，名爲商米，雖仇國亦不能阻截。公法具在，有例可援，況米石可不在接濟之列，是可不必多方顧慮也。

夫運漕之法，惟期事速費省。今漕河既塞，鐵路未興，惟恃海運以濟京師，或以海氛不靖，運道不無阻絕之憂，議以陸運爲代，然勞費百倍，且所僱糧車時有沿途截逃之患，非計之得也。或曰海運行之數十年有效，盍仍舊貫，不知一行海運，不特多出運費，且上倉運滬，一交涉於官吏之手，耗折百端。雖簡於河運，而所費仍復不貲，約需二千數百萬兩，兩湖江安尤鉅。雖所耗在民者多，而國家所損亦不下千萬，乃其歸宿，石米易銀一兩，何苦令萬家膏血擲之虛牝耶。當今籌款萬難之際，理財者何惜一舉手之勞，改爲折成庫銀，匯交户部耶。惟折銀價值隨時畫一，不得加多勒索，以致困民，方爲盡善。惟當軸者所爲鰓鰓焉顧慮者，豈以漕務人員夫役無所仰食，難免滋事，故不敢發此難端歟，不知此實無足慮也。將來鐵路既成，道途開闢，如開礦墾土築路，地利迭興，需人甚衆，又何慮難以安置耶。且拔大疽者，不顧小痛，以或然之，慮廢經國之方，豈智也哉，況乎其慮之可保絶無也。今河道北徙，漕運不復，海運亦非善策，惟折色納官，實爲利國便民。觀前中允馮桂芬所著《折南漕議》，查咸豐十一年奏奉諭旨，裁撤河督、河道並文武各官一百五十餘員，汰除老弱弁兵。今河運未復已四十餘年，與昔年南河各缺虛費餉需情事相同，而今時庫藏支絀，倍難於昔，其爲應裁已無疑義，吾望當軸者尚亟亟焉以行之哉。

綜述

（明）楊宏《漕運通志》卷八《漕例略》 凡制，國必有成法，法久必壞，壞必更始，然後例生焉。例也者，所以輔法而植事者也。故觀法可以知其常，觀例可以知其變。《易》曰：先庚三日，後庚三日。重變也。輯《漕例略》。

永樂元年，令於淮安用船可載三百石以上者，運糧入淮河、沙河，至陳州潁岐口跌坡下，用淺船可載二百石以上者，運至跌坡上，别以大船載入黄河，至八柳樹等處，令河南車夫運赴衛河，轉輸北京。

二年，命總兵官一員、副總兵官一員，統領官（員）〔軍〕海運。又以海運糧到直沽，用三板划船裝運至通州等處交卸。水路閣淺，遲誤海船回還，令於小直沽起蓋蘆囤二百八座，約收糧一十萬四千石，河西務起蓋倉囤一百六十間，約收糧一十四萬五千石，轉運北京。

三年，令總督糧儲官於天津衛城北造露囤一千四百所。

五年，令山東布政司量起夫車，將濟南府並濟寧州倉糧運送德州倉，候衛河船接運。

六年，令海運船運糧八十萬石於京師，其會通河、衛河，以淺河船相兼轉運。

八年，令湖廣、江西、淛江三處倉糧，除本處支用，其餘糧本部差官督各該司府起運。

十二年，令湖廣造淺船二千隻，歲於淮安倉支糧，運赴北京。其太倉舊納糧，悉改納淮安倉收貯。

又令北京、山東、山西、河南、中都、直隸徐州等衛，俱選官軍運糧，各都指揮一員統領。

十三年，罷海運糧，令淛江嘉、湖、杭與直隸蘇、松、常、鎮等府，秋糧除存留並起運南京，及供給内府等項之數，其餘并坐太倉海運之數，盡改撥運赴淮安倉。揚州、鳳陽、淮安三府秋糧内每歲定撥六十萬石，徐州並山東兖州府秋糧内，每歲定撥三十萬石，俱運赴濟寧倉。令淺河船於會通河，以三千隻支淮安糧，運至濟寧，以二千隻支濟寧糧，運赴通州倉。每歲通運四次。其天津並通州等衛，各撥官軍，於通州接運至北京。

又令淛江都司並直隸衛分官軍於淮安運糧至徐州，置倉收囤。京衛官軍於徐州運至德州，置倉收囤。山東、河南都司官軍於德州運糧至通州交收。淮安常盈倉、徐州倉本部各委主事一員監督收放。其儹運糧每石俱兩平斛斗收放，官軍儹運止一尖一平，定爲例。

又令各衛所運糧官軍行糧，每員名不分遠近，俱支三石。

先，洪武二十六年以前，海運官軍自三月十五日起至九月十五日止，每員名日支口糧米二升。二十七年以後，月支四斗。永樂十六年，禮部尚書呂震等議淛江、江西、湖廣等衛官軍仍留運糧，不敷人數於淛江等布政司並直隸應天、和州等處丁多民户内起取駕運，照例支與行糧。

十六年，令淛江、湖廣、江西布政司並直隸蘇、松、常、鎮等府所屬税糧，除存留及起運兩京外，餘糧坐撥二百五十萬石，令糧里人户自備船隻運赴北京、通州、河西務等處上倉。

又令沿河牐壩，每三處差御史一員儹運。

十七年，令侍郎、副都御史並武職大臣各一員催督淛江等布政司、直隸蘇松等府起運糧儲，仍令各部差郎中、員外郎等官分投整理。

二十一年，秦淮每歲漕運以兩運赴京倉，一運赴通州倉交收。

洪熙元年，令官軍運糧船内許附載物貨，資給盤剥折耗之費。先，洪武中，令許運糧船附己物自給，官司毋得阻擋。成化二十二年，都御史馬文升申明之。天順八年，令運軍一名免餘丁一名幫貼，不許别差，如本户無閒丁，於屯種摘撥餘丁運糧者，亦於本户内摘除屯操一丁。參將楊茂議也。

宣德二年，令運糧軍船工部及諸衙門不許撥載他物，致誤儹運。

又令淛江、江西、湖廣並直隸蘇、松等府起運淮安、徐州倉糧，撥民自運赴通州倉。其運糧軍士於淮安、南京倉支運。

本年，差侍郎五員、都御史一員催督淛江等布政司、直隸蘇松等府民運糧，及淮安等倉官軍支運糧。

三年奏准：各都司衛所不差原委官及軍缺不補者，正官並首領官俱罰俸半年。

又令各都司衛所選委指揮等官，專一提督運糧，不許别項差操，軍士缺即爲撥補。

四年，仍令江西、湖廣、淛江民運糧一百五十萬石貯淮安倉，蘇、松、寧國、池州、廬州、安慶、廣德民運糧二百七十四萬石貯徐州倉，應天、鎮江、常州、太平、淮安、揚州、鳳陽及滁、和二州民運糧二百二十萬石貯臨清倉，令官軍支運山東、河南、北直隸府州縣糧徑赴北京。其儹運軍船量地遠近與糧多寡，如淮安上糧，民船十抽其一，徐州十三抽一，臨清十五抽一，給與官軍，兼舊船運載。本年，差侍郎、都御史、少卿、郎中、員外郎等官，催督各司府儹運糧儲。

五年奏准：運糧官軍船南京、中都留守及直隸衛所於淮安修理，山東等都司於臨清修理，湖廣、江西、淛江都司皆回原衛修理，有司給與材料。

又令河南南陽、懷慶、汝寧三府糧運於臨清倉，開封、彰德、衛輝三府糧運於德州倉交收。

又令巡按御史布按二司及原漕運都指揮選舉管運官員，軍多衛分指揮二員，少者一員。

又令江南民糧兑撥附近衛所官軍運載至京，量其遠近給與路費耗米。

六年奏准：淛江、江西、湖廣、蘇、松、常、鎮、太平等府僉撥民丁及軍多衛所添撥軍士，與運軍士通二十四萬，分兩班輪流轉運。

本年，令□督□漕□都御史於南京各衛會同該府堂上官，在外會同各都司、按察司堂上官及中都留守司、直隸衛所點選運糧官軍，其管運官員不能撫䘏，以致逃故者，從總兵官處治，所虧糧仍令補還。

七年，令官軍運糧各於附近府州縣水次交兑。江南府州縣民運糧於瓜洲、淮安二處交兑。河南所屬民糧運至大名府小灘，兑與遮洋船官軍領運。

先時，蘇、松等府歲運糧俱送淮安等倉交收，官軍各駕空船赴倉支領，民有往復之勞，軍無脚耗之利。諸倉既收，支放經費無益。是年，議處諸府州縣各於附近水次蓋設倉廒，淛江、蘇、松等衛船各回本司府地方領兑，南京並江北船仍於瓜、淮交兑。其北邊一帶，如河南彰德等府，俱於小灘領兑，山東濟南州縣各於德州領兑，東平等州縣於安山領兑，沂州等州縣於濟寧領兑，其餘水次類多倣此。民糧送納淮、徐、臨、德諸倉者，仍支運十分之四。

開揚州白塔河。

置新牐、潘家莊、大橋、江口四牐，江南糧船由常州府西北孟瀆河過江，由是河至灣頭入漕河，以省瓜洲盤壩之費。正統四年，河淤淺，糧船不行，反洩漕水，河口遂閉。十年，因御史吴鎰言，於大橋牐築壩，車船後亦廢。成化十年，會議挑濬河口淤泥，拆去舊牐，改造通江、留潮、新開三牐。又築軟壩三座，隨水漲落，以時啓閉。後因水涸仍閉。

又令增撥南京豹韜左等衛所各都司直隸衛所軍餘，並見運官軍共一十六萬，儹運糧儲。

八年，令兑運民糧加耗，湖廣每一石八斗，江西、淛江七斗，南直隸六斗，江北揚州、淮安、鳳陽五斗，徐州四斗，山東、河南三斗，若民自運至淮安、瓜洲等處兑軍者四斗。

九年，令漕運官軍有犯，罰運淮安、徐州倉糧赴京贖罪，流罪五十石，徒罪五等，自四十至十五石，杖罪每一十五石，笞罪每一十五斗。

又令官軍運糧五百萬石，以三分爲率，通州倉收二分，京倉收一分，各該兑糧處布政司委堂上官二員、按察司一員總理。

十年，令各處運糧官軍但有軟弱事故者，於見操屯田官軍内兑補，其提督、運糧都指揮等官，許乘糧船一隻，量帶官糧。

又令湖廣、江西、浙江耗米俱六斗，南直隸五斗，江北直隸四斗，徐州三斗五升，山東、河南二斗五升。

又令各衛官軍行糧止支二石。

又令漕運總兵官每年八月赴京議事。

又令各處起運京倉大小米麥，先封乾圓潔浄樣米送部，轉發各倉，收候運糧到日，比對相同，方許收納。

正統元年奏准：兑運糧務二月以裏兑完，其加耗江北淮安、鳳陽四斗五升，浙江、蘇松等府民自運至瓜洲兑運者三斗七升，淮安者三斗，餘如舊。

又令民運糧至瓜、淮，就令揚州府衛委官並該官攢見數交兑。

又令浙江、湖廣、江西、山東、河南中都留守司並南直隸衛所官軍行糧，皆於本處官倉支給，如倉無見在，於存留糧内平斛兑支，南京各衛於應天府原定各衛秋糧内兑支。舊支二石五斗，今增爲二石七斗，山東、河南、北直隸路近者不增。

令造船旗軍不與操守之事。

總兵官都督武（與）〔興〕等題，歲運糧船損壞，産有物料者於本處，無産者，分撥各提舉司修造，各撥官軍前來，用工貼辦，新完舊壞，連年不已，運糧者得以依時休息。今巡按御史將造船官軍盡行點選，守城操練，遺下船料無人管理，以致缺船誤運。户部查得，前項官軍即係漕運之數，難比雜役，欲照舊存留。奉聖旨：是。欽此。

二年，令瓜、淮二兑就近出給通關。

會議民載米至瓜、淮兑運，就仰揚州、淮安府衛委官見數交兑，出通關，付糧里納户收照。

三年，令各衛所運糧官有比試違限者，俱住俸，於淮安倉支該運糧米數赴京完納復職。

又令犯罪罰運者，仍運該運之數，無力者發極邊衛分。

四年，選改各衙門額外官，河南按察司副使榮華仍留催儹糧儲。

户部題奉敕諭：各衙門文武官員，自今悉照洪武年間《諸司職掌》官額，選其廉能者存留，其餘悉送吏部改除。欽此。查得奏差河南副使榮華，前去總兵官王瑜處催儹糧儲，係本部帶俸官，欲行吏部定奪。奉聖旨：榮華還着催儹糧儲不動。

五年，賞運糧官軍鈔：指揮八錠，千户、衛鎮撫六錠，百户、所鎮撫五錠，旗軍四錠。如本處無鈔，許齎本部勘合，徐州迤南衛分於淮安所屬州縣關支，徐州迤北衛分於衛輝府官庫關支。

令江南原坐淮、徐倉糧願兑者聽。

户部題，如耗照本處餘數運至瓜、淮交兑，若民不願者，仍本倉上納。

總兵官武興定九江等府水次。

奏略曰：九江等府兑糧水次在湖口縣，邊臨大江，風浪險惡，運船難泊，合移於鄱陽湖東岸羅家渡，以便軍民。

令復河南、山東委官提督河道泉源。

總兵官武興奏，略曰：河南金龍口黄河並泰黄、鳳池等口，水勢接濟張秋、徐州運河，原有工部主事辛泰提督，山東徂徠等處泉源，接濟濟寧運河，原有郎中史鑑提督，近俱裁革。緣前係緊要去處，合令河南布、按二司各委堂上官一員，山東令管河參政孫子良、副使袁文華管理。

運衛輝府倉糧於通州。

巡撫河南侍郎于謙題，衛輝□倉收各年税糧，見存一十八萬餘石，年久損壞，見存二萬石備用，其餘每石加耗二斗五升，令官軍運赴通州倉收。從之。

六年，令各衛兑軍民糧，兑完就出通關。若路途窵遠，衛所於本都司出給通關，填給勘合。

令瓜洲置倉，暫收江南兑軍糧。

總兵官武興奏，略曰：江南蘇、松、常等府民運兑軍糧米，俱在瓜洲沿江灣泊，江潮風颶，曾有渰没漂流，累及無辜者，合令兑糧州縣設法於瓜洲高阜地方起蓋倉房，暫收候兑。户部議宜從。侍郎周忱斟酌民力整理。

七年，令漕運官軍若一衛有數船遭風漂流者，委官覆實，全衛改撥於通州及天津倉上納。

減浙江沿海衛所運糧旗軍四千名備倭，議撥補之。【略】

八年，令運糧船損壞，撥附近地方産有物料，於清江、衛河提舉司修造，每處工部差官一員監收督造，各所仍差撥官軍蓋立廠房，相兼匠作用工及貼辦物料。

九年，令各處民糧每歲該起運京師之數，先儘本都司衛所兑運。其有不盡者，布政司坐撥各府縣輪流運送於淮安、徐州、臨清、德州等倉交收。

十年，令許把總官乘坐糧船。

巡按御史陳鑑奏也。

總兵官武興奏：提督運糧都指揮李琮等，自永樂間合令官船一隻乘坐催儹，近御史吴鎰奏革，給與站船廩給。緣驛船有限，占住不便，令於該管衛分摘船一隻，量帶官糧乘坐。户部議准所言，不給廩給。明年，山東把總都指揮狄瓛奏，仍要廩給脚力。本部會議合照舊例，兑糧之時，總兵官各都司填給符驗，應付站船廩給，兑完住給，各乘坐船赴京交糧。

令京庫折鈔銀布米並南京倉糧改撥兑軍。

户部侍郎劉奏：今年南直隸並浙江、江西、湖廣俱有災傷，無徵數多，不勾儹運，合將原坐南京各衛倉糧内撥四十萬石，並京庫折鈔銀布米内改撥補湊，務全儹運。從之。

十一年，差户部主事一員於各處提督軍民兑糧。

十二年，令遮洋船順帶綿布花絨至林南泉店支給軍士。

闊白綿布一十萬疋、綿花絨五萬觔，薊州官庫收貯，聽候給用，至今行之。

令南京水軍左並淮安等衛所軍運糧於近京倉收。【略】

〔十三年〕令湖廣、江西、淛江加耗俱六斗五升，南直隸五斗五升，江北揚州、淮安、鳳陽四斗五升，河南民糧於蕭縣水次兑者四斗，民自運至瓜、淮等處兑軍運者三斗。其運料豆加耗亦准此例。

令明年該運糧以三分爲率，支運一分。

户部奏，淮、徐、臨、德四倉，見貯糧三百二十二萬石，係正統八年以來所收，誠恐陳腐，合令官軍將正統十四年該運糧，以三分爲率，兑運民糧三分，於各倉支運一分，高郵以南都司衛所並泗、壽、鳳等衛分淮安常盈倉，德州以北衛分德州倉支。

河決汴梁，東北趨漕河，決沙灣東隄。命工部尚書石璞、侍郎王永和、都御史王文繼塞之。

十四年，命鄒幹、湯節送糧船回。

户部題：將運糧軍存留在京操備旗軍内，選軟弱之數駕船回還。奉聖旨：是。着鄒幹、湯節去整理，送交與徐恭畢，鄒幹、湯節着回京來。

暫令蘇州府屬縣里出一夫運糧，替運軍操守。

因蘇州衛奏也。

運糧旗軍留京操練，明年糧改委有司官督糧里人等運納。

户部擬奏也。淛江郎中盧欽、江西郎中陳翌提督運納山東、河南、湖廣並江南江北蘇、松、淮、揚等府州。從尚書周忱酌派。

景泰二年，始命都御史王竑總督漕運。

與總兵官、參將同理其事，自通州至揚州水利有當蓄洩者，督所司行之。

命總督漕運都御史王竑兼管巡撫監督常盈倉糧儲。

户部題：該吏科給事中李瓚題，淮、揚、廬三府，徐、滁、和三州，就令漕運都御史王竑兼管巡撫監督常盈倉糧儲，將員外郎馮譚取回，郎中虞欽所理係京儲，仍令督運。

四年，命左僉都御史徐有貞治沙灣決河，五年塞成。敕總兵官徐恭、都御史王竑、徐有貞整理糧船。

户科給事中盧祥題：要將淛江等處該徵民糧盡數起運，量撥淮、徐、濟寧等倉收。奉聖旨：是。便寫敕與徐恭、王竑、徐有貞，上緊去整理前項糧船，今年務要過盡。時有貞以治河在張秋，故有是命。

令蘇、松、常、鎮等府民糧自運至瓜洲兑軍者，加耗四斗五升，淮安兑軍者四斗。

五年，令河南、山東布按二司管糧官催督兑運軍糧，青州、濟南二府運送德州倉，兖州、東昌二府及河南布政司所屬運送臨清倉，每石加耗四斗。

令山東、河南布按二司各委官一員，督徵兑運糧一員，公同户部主事收受。

巡撫山東、刑部尚書薛希璉等題，恐插和糠粃也。

令每衛指揮一員，分番修船運糧。

總兵官徐恭奏：江南船隻經涉江湖，車壩損壞，原擬各衛掌印官措料協同整理，近年多不遵守，往往稽遲起運。先年各衛原有指揮二員，運糧後暫停止，今合照舊每年一員管運，一員整理船隻，聽候下年輪運守禦。千户所亦同。

七年，令揚州迤南衛所運糧官軍每員名支行糧三石，淮安迤北衛所每員名二石。

差侍郎同郎中、員外郎催儹。

户部題：該本部侍郎孟題，先帶郎中董昱，差遣不敷，令本部員外郎夏時先差，沿途直抵湖廣，整理糧草未到，將本官存留在彼，同董昱分投催儹糧草。

天順元年，命總兵官徐恭兼理河道。

先是，總兵官徐恭題換制敕，奉聖旨：河道既有部裏委官及御史管理，只着徐恭專管漕運，换敕與他。欽此。既而恭力陳欲遵平江伯故事，兼理河道。事下工部議，漕運與河道事實相宜，須令恭兼理河道，有與本部委官相干之事，令所在官司抄案轉行。從之。

二年，開薊州河十里，例三年一濬。

大河衛百户閔恭言，命都督宗勝、御史李敏、主事李尚發軍夫萬餘開河，自新開沽至薊州四十里中十里。先是，河兩頭皆通，惟此不通，薊州糧由直沽海口涉歷海洋，船多覆没，至是由此以達，船糧無虞，公私便之。

刑部復差官理漕運刑名。

總兵官徐恭題：漕運衙門詞訟繁多，先年奏差行在刑部郎中劉禮讓，提督兑糧管河兼理刑名，後差官接管。近都御史王竑奏減取回，就委有司官問理，内有干都指揮等官，不便，合令該部選精驍刑名郎中或主事一員，照舊管理。

復令清江、衛河二提舉司匠役二年一班。

先年，原撥蘇、淮二府各色共四千名，二年一班，二千名在廠上工造船。近因新編勘合該四年一班，班稀匠少，造船不起，總兵官徐恭奏照正統間例，二年一班。户部會議依擬。

復差御史、按察司官整理河道。

總兵官徐恭題也。户部議，濟寧迤南差御史一員整理，濟寧迤北添除山東按察司副使一員專管，北直隸河道，就令長蘆巡鹽御史兼管。

四年，令運糧官軍雜犯死罪者，比流罪、加納米三十石，共八十石，於淮安、徐州倉支運。【略】

〔六年〕令德州、天津、河西務各收來遲糧。

户部題：糧船來遲，恐致凍阻故也。將南昌左等三衛德州收，荆州左等六衛所天津收，寧波等一十二衛所河西務收。

七年，令運糧官軍犯罪者照例納米收贖，罷淮、徐支運糧例。

八年，令官軍運糧或遇風水不測損壞船糧，若在百里内者，務要府州縣正官，在百里外者，許所在有印信官司勘實，結申總兵等官處。如有詐妄，罪坐原勘官，糧米仍依原定分數交納。

成化元年，以荆襄等五衛官軍兑糧運荆襄備用，暫令各衛支運補之。

先是，襄王奏：封内房縣賊衆猖獗，有旨將荆襄、安陸五衛運糧官軍存留本處操守殺賊。户部議奏支兑糧數分派見運官軍酌量運赴通倉，上納足數。繼該襄王奏，奉旨就將五衛兑糧委官部運荆襄備用。至是兵科都給事中袁愷奏，該支運少之數，在淮安常盈倉支補，運軍不敷，撥空閑餘丁代運一遭。

令各處運糧旗軍附帶土産物貨，河西務、張家灣等處免其税課。

二年，定濬儀、瓜二港之例。

先是，儀真壩下黄泥灘、直河口二港，瓜洲壩下東、西二港，江潮往來，涌沙填淤，潮不登壩，船不得過。是年始定例，每三年冬月江涸之時，發軍民人夫挑濬一次。

令浙江、江西、湖廣、南直隸衛所並南京各衛，俱於本處支行糧三石，江北鳳陽等八衛所並直隸廬州、安慶、六安、滁州、泗州、壽州、儀真、揚州八衛，俱於淮安倉支米麥二石八斗，高郵、淮安、大河、邳州、徐州、徐州左六衛，俱於徐州倉支米麥二石六斗，遮洋船並南京水軍左等八衛，於南京各衛倉，大河等五衛於淮安常盈倉、山東於臨清倉，俱支米二石四斗，德州、天津等九衛，於德州倉支米二石。

六年，濬煙墩橋河至三里河，作平水壩，置船盤剥。

總兵官楊茂奏，略曰：通州張家灣河道上接渾、白等河，每年山水泛漲，損壞船數多，況隄岸坍塌，逼近民屋，無處下橛繫船，上用繩纜互相連繫，一遇風浪，俱被衝流。今年水漲，將徐、邳、淮、泗等衛運船衝壞，漂流糧米，渰死人命，甚爲不便。看得京城南原有三里河直通張家灣煙墩橋，自橋往西疏濬深闊二十餘里，却將煙墩木橋改作吊橋，糧船到彼灣泊，可免漂流之患。若將此河濬深直至三里河，作平水壩三四截，於内置匾淺剥船，令運船由此盤壩以達京師，歲可省車脚數百萬。乞命工部踏勘明白，將在京操備旗軍暫借，分工畢事，誠爲經久之利。

七年，始令瓜、淮水次兑運官軍下年俱過江，就各水次兑運。【略】

議修蘆溝橋河決隄。【略】

始築淮安清江壩。

是年秋，淮河泛漲，灌入新莊牐口，至清江浦二十餘里淤淺不通，遂築壩於清江浦北以蓄水，令糧船俱由淮安東北仁字、義字二壩車過，又於浦東、西置二壩以助不及。

八年，請治揚州至淮安湖塘。

總理河道侍郎王恕題，略曰：看得揚州一帶河道南臨大江，北抵長淮，别無泉源，止藉高郵、邵伯等湖所積雨水接濟。湖身雖與河面相等，而河身比之湖面頗高，每遇乾旱，湖水消耗，則河水輒爲之淺澀，不能行舟。若將河身比湖面濬深三尺，則雖乾旱亦不阻船。前項河道自南至北四百五十餘里，中間除深闊不用挑濬外，其淺窄可挑濬去處尚有二百餘里，約用九萬餘工，每人日給口糧二升，該用糧米一十萬八千餘石。卷埽打壩共用椿木一萬六千餘根，草二十餘萬束，及看得高郵湖自杭家嘴至張家溝南北三十餘里，俱係甎砌隄岸，每遇西風大作，波濤洶涌，損壞船隻，失落錢糧，人命不可勝紀。況前項隄岸之外，地勢頗低，再濬三尺，闊一十二丈，起土以爲外隄，就將内隄原有減水牐三座改作通水橋洞，接引湖水於内行舟，仍於外隄造淺水牐三座，以節水利，雖遇風濤亦無前患。若興此役，約用一萬三千餘工，每人日給口糧二升，該用糧米一萬五千六百餘石，合用築堤樁木五萬四千餘根，草二十三萬餘束，造減水牐並改造通水橋洞，約用甎石樁木等料並工價銀二百餘兩。又看得揚州灣頭鎮迤東河道，內通通、泰等四州縣、二千户所、富安等二十四鹽場，其間有魚鹽柴草之利，在前河道疏通之時，二千户所運糧船隻俱在本所修艙，客商引鹽裝至儀真，每引船錢不過用銀四五分，揚州柴草每束止賣銅錢二三文。近年以來，河道淤淺，不曾挑撈，加以天寒雨少，河水乾斷，舟楫不通，魚鹽柴米等項俱用旱車裝載，二所運糧船隻不得回還，本所牛車脚價迴貴，柴米價高，以致客商失陷本錢，軍民難以遣日。前項河道自灣頭起至通州白浦止，三百四十餘里，俱用挑闊八丈、深三尺，約用八萬五千六百餘工可完，每人日給口糧二升，該用糧米十萬二千七百九十餘石。再看得雷公上下塘、勾城塘、陳公塘，俱係漢唐以來古蹟，各有放水減水牐座，年久坍塌，遺址見存。近年以來，止是打造土壩攔水，隨修隨坍，不能蓄積水利。若每塘修造板牐一座、減水牐二座，潦則減水，不致衝决塘岸，旱則放水，得以接濟運河。以上四塘，共造放水板牐四座、減水牐八座，除舊有甎石外，約用甎石樁木等料價值並雇作工價銀二千餘兩，雜工止用各塘見在人夫，不必勞民動衆。臣雖嘗詢之於衆，咸以謂若將此三(件)〔條〕河道依前整理，庶幾舟楫疏通，水無淺阻風濤之患，而爲往來軍民無窮之便。但緣前項工程浩大，合用人力錢糧數多，況揚州府地方連年災傷，人民困窮，倉庫空虛，兼且邇來玄象示警，黠虜犯邊，人心驚疑，如斯之役未易輕舉，須候時和歲豐，人力寬紓，方可爲之。惟修理陳公等塘牐座一事，既不可起倩人夫，止用前項工價，爲之頗易，合無於本府收貯解京船料銅錢內，委官支給，收買物料，修造牐座，亦可以蓄積水利，接濟運河。

請募車運通州糧赴京倉。

總理河道刑部侍郎王恕題，揚州地方河道乾淺，恐遲糧運，合出榜召募有車之家，趁今路乾，支運通州倉糧以完京倉之數，待糧船到日，將該運京糧照數補還通倉。奉聖旨：是。欽此。【略】

〔十一年〕請議疏濬通州至京大通河道。

總兵官陳鋭、右副都御史李裕奏，欽奉敕：近該爾等奏稱，通州至京原有運河一道，牐座見存，但年久沙淤，牐座板石多有損壞。今特命爾等會同户部左侍郎翁世資、工部左侍郎王詔從長計議，設法整理，提督漕運軍夫自下流爲始，逐一挑濬，修補牐座，置立牐板，成造船隻，合用口糧並物料匠作等件，於各該衙門支給取用。爾等須同心協力，務求成功，不許虛應故事。欽此。臣等欽遵，已於本年八月初十日興工，提督官軍挑濬，至九月十七日工完具題外，臣等會議得，前項河道今雖濬通，舟楫經行，終恐歲久沙淤，灘淺不等，及各牐底石被水衝突，多有損壞，與原砌規矩高低不平，若是水大時月，船隻可以通行，春間秋末水耗之時，恐致阻碍剥運。及查得原該户、工二部奏議，窄處挑寬五丈，寬處仍舊。臣等督率官軍，俱已濬開六丈，尚且河身窄狹，碍船往來，必須再加挑濬深闊，改修牐底，方可行船無阻。爲此，今將合行事宜開坐謹題請旨。計開：

一、大通橋至通州東水關止，共三十六里五十八步，必須再將積年浮沙泥土盡行挑去濬深，其兩邊俱要挑至舊岸，以十丈爲止。其牐底高低去處相度改砌，庶得經久，行船便利。

一、看得通州北門外舊有停船湖泊一處，已被沙淤，合宜挑濬深闊停船，却將北門土壩添置石牐一座，如遇水大時月，船隻俱住北門北牐，進至湖內灣泊，却將通州新城開置北門一座，便於般運通州倉糧米。其該納糧，聽從大小船隻載運由牐河上京。

一、通州東水關至張家灣新開河口止，計一十二里二百二十六步，合照尚書楊鼎等所奏，兩岸挑開十丈，河底濬深一丈，如此兩岸俱可灣船，庶便往來船隻於中行使。

一、修砌牐座馬頭，澁路起蓋牐廳等項，合用匠作木料、磚瓦、釘板、石灰、糯米、油麻等物，乞敕該部預爲措置齊足，委官管領，運赴沿河去處收貯，候來年二月中旬興工應用，庶不臨期有悮。

一、令疏通河道各牐，俱置有板索等項，無人看守，及行船時月俱要用人依時啓閉，最爲要緊，乞敕該部通行查照，如缺牐官牐吏，就便選除撥補，及每牐照舊添設人夫一百五十名應役。緣前項官吏人夫數多，近該欽奉敕諭，着令運糧都指揮一員管理，但今糧完，各領運船回還原衛修艙船隻，聽候下年儹運，合無照依南邊運河管洪管牐事例，添設工部官一員，職專常川，管束河道牐座官吏人夫。仍將青龍橋、高梁橋、廣原等牐，與西山流濟前河一帶泉源，俱令本官往來提調整理，如此事有責任，河道、牐座不致廢弛。

一、前項該挑河道工程浩大，必須多用人力方可成功。況運糧官軍一時不能齊到用工，臣等查得直沽迤東新開海運河道，先年奏准開挑，此後三年一次，起夫一萬餘名疏撈，永爲定例。今該成化十一年正月內疏挑，所司不曾起夫整理。其挑河人夫例該通州、天津、薊州等處起倩，但薊州等處相去新開河二百五十餘里，到京止該一百六十里，通州去二百餘里，到挑河處三五里，及天津衛到京不過兩日之程，甚爲近便。合無將薊州、天津、通州等處今年該起人夫，除邊軍仍留在彼聽候挑濬海運河道，其餘衛府州縣軍民人夫，乞敕工部差官二三員，今冬分投前去，會同彼處巡按御史督同衛府州縣官吏，點選精壯，除火頭、雜使在外，務足一萬名，合用鍬、鋤、筐、擔等項，就令官爲措辦齊備。俱委佐貳的當官一員管領，限明年二月初旬到京，聽臣等派工挑濬，完日疎放。其來年運糧官軍，候交糧畢日，照依原擬每衛所仍借用工十日，若有餘處置，務必成功，却將海運新開河淤沙，着落遮洋把總指揮陳鑑督令所部運糧官軍七千員名，兼同存留邊軍，並工挑濬，遮洋官軍一體驗日關給口糧食用便益。成

化十一年九月二十二日具題，當日奉聖旨：是，該部知道，欽此。【略】

〔十二年〕申明運船遭風漂流糧米之例。

户部奏：漕運船隻偶然遭風漂流者固有，其乘機作弊虚捏者亦多，仍敕總兵官平江伯陳鋭遇有遭風等項，所在官司驗實，隨即具奏。今後漂流糧米，補除脚價，俱要當年完足，延待下年者，管運官通行住俸，糧完關支。如各軍奏告不實，將把總管運等官通提問罪。【略】

〔十五年〕議請運船遭風漂流糧米者免送問。

總督漕運都御史李綱題：據南京驍騎右等衛運糧指揮田璽等呈，合無將遭風失火官軍船糧，仍照舊（何）〔可〕於所在官司投告，驗實具奏免問。糧米照舊分豁補納。本部查得，先該給事中張海等題准，漕運漂流糧米雖經勘實，亦將原運官軍送問。今又奏前因，合暫照舊例，令於所在官司查勘是實，官旗免其送問。奉聖旨：是。欽此。

差工部主事管理山東泉源。

總兵官陳鋭奏：濟寧等處一帶河道，全藉山東徂徠山等處泉源接濟。先年工部差官一員在彼專管，續因減革不用其泉源，止委布政司分守官帶領，巡歷不周，又有分巡事務，未免顧此失彼。是以泉脈不通，阻滯糧運。要行工部照舊差主事一員專理其事。從之。

十六年，蘇、松、常、鎮四府該瓜、淮兑運糧，仍令民運赴水次交兑。

瓜洲水次南京户部差官一員督兑，淮安水次本部常盈倉收糧官督兑。從總兵官陳鋭議也。

十七年，差侍郎潘榮催儹。

十八年，請令二提舉司人匠徵銀解納。

總兵官陳鋭奏，清江提舉司每年造船人匠二千名，衛河提舉司二千一百八十四名，共四千一百八十四名，止有一百七十九名見到興工。雖有納銀者，不過六百二十名，未到三千三百八十五名。要行各該司府，今後不必解送人匠，令其照名出辦銀兩，每年印封解送兩提舉司，如數給軍雇人造船，庶得船隻有完，軍士不累。從之。【略】

二十一年，德府請業南旺湖，以碍運道，不許。

户部題：先該德府奏討濟寧州南旺湖，山東省臣勘奏，令本府自備船隻採取菱藕魚鰕之數。看得近湖千萬家皆賴此養贍，若許王府採取，則軍民不得入矣。且碍運河。奉聖旨：既碍運河，罷。

復議漕運糧漂流之例。

户部奏：漕運糧遭風漂流者，勘實具奏。將兑運京倉減除通州倉上納，如漂流十石，減除一百石，每石省脚價米一斗。正糧照例加耗，所省米兩平收受，以補漂流之數。

弘治二年，户部侍郎白昂開復湖於高郵隄東，名康濟河。

先是，高郵之甓社湖風濤倏作，多覆舟，或舟觸岸輒壞。至是，侍郎白昂以治河餘功，議開復湖於東岸，以避其患，亘四十餘里。

四年，申運糧軍逃及改差之例。

户部題：議得運軍多在屯營潛躲，或中途棄撇船糧逃回，買囑衛所改撥輕便雜差，却將老幼軍餘頂補。合令今後逃軍隨即挨拿，並改差者逐一查出，依律問擬，仍發運糧衛所官吏提問，干碍指揮等官照例參究。奉聖旨：准擬行。欽此。

復浚揚州（楊）〔揚〕子橋灣頭河道。

從總兵官都勝言也。凡發丁夫萬餘。渠中掘得都巡檢、壽亭侯、都統制、觀察使印四顆。【略】

六年，請修黄陵岡古隄及作張秋鎮石壩。

總理河道都御史劉大夏題，略曰：會同河南、山東巡撫都御史徐恪、熊翀，巡按御史余昇、陳振，都布按三司左右布政使孫仁、吴珉等，及巡河御史曾昂、管河郎中陳綺議得，河南、山東、兩直隸地方，西南高阜，東北低下，黄河大勢日漸東注，究其下流俱妨運道，雖該上源分殺，終是勢力浩大，較之漕河數十餘倍，縱有隄防，豈能容受？若不早圖，恐難善後。其河南所決孫家口、楊家口等處，勢若建瓴，皆無築塞之理，欲於下流修治，緣水勢已逼，尤難爲力。惟看得山東、河南與直隸大名府交界地方黄陵岡南北古隄，十存八九，賈魯舊河尚可洩水，必修整前項隄防，築塞東注河口，盡將河流疏導南去，使下徐、沛由淮入海，水經州縣禦患隄防，俱令隨處修理，庶幾漕河可以無虞，民患亦皆有備。仍於張秋鎮南北各造滚水石壩一條，俱長三四十丈，中砌石隄一條，擬長十四五里，雖有小費，可圖經久。若黄陵岡等處地方委任得人，可以長遠。仍照舊疏導汶水接濟運河，萬一河再東決，壩可以洩河流之漲，隄可以禦河流之衝。倘或夏秋水漲之時，南邊石壩逼近上流河口，船隻不便往來，則於賈魯河或雙河口徑達張秋北下，且免濟寧一帶牐河險阻，尤爲便利。臣等仰知皇上洞見黄河遷徙之害，深爲國計生民之憂，凡智力所及不敢不盡，但欲興舉此等工役，未免勞民傷財。今山東等處荒歉之餘，公私匱乏，人夫尚可起倩，財用無從取辦。況好逸惡勞者怨謗易興，聽聲躡影者議論難據。如蒙乞敕户、工二部會同在廷群臣從長計議，斟酌前項工程於理應否興止，倘以臣言可採，則其事宜速舉。其買辦木石等項銀兩，應於何處取用，應付匠作等項口糧，該於何處支給，或此外別有治河長策可以不費財力，逐一分處明白定奪，令臣等遵守施行。

七年，請減安慶衛軍船六十隻，令九江、新安二衛撥軍補之。

巡撫江南都御史彭奏開：安慶衛五所見在旗軍實有一千六百九十八名，內南京操備三百八十五名，運糧並雜差止有一千三百九名。今派船二百隻，該軍二千三百二十七名，實是軍少差多。及查九江衛六所見在旗軍三千名，又無南京操備，止派船一百五十五隻，新安衛見在旗軍二千三百餘名，內南京操備止三百名，尚有二千名，止派船一百五隻，實是軍多差少。欲將安慶衛原領船二百隻減去五十隻，着令九江衛再領三十五隻，共湊一百九十隻，新安衛再領十五隻，共湊一百二十隻，行各知府會各衛掌印管運指揮揀選殷實軍餘僉運。從之。

命太監李興、平江伯陳鋭同都御史劉大夏治張秋決河，以通運道。

先是，命都御史劉大夏往治未成，至是又有茲命。敕略曰：爾等至彼，會同劉大夏相與講究，次第施行，仍會各該巡撫、巡按並管河官，自河南上流及山東直隸河患所經去處，逐一躬親踏勘，從長計議。何處應疏導以殺其勢，何處應修備以防其決，何處應築塞以制其橫潰，何處應浚以收其泛濫。或多爲之，委使水力分散，以瀉其勢，或疏塞並舉，使挽河入淮，以復其故道。雖然事有緩急，而施行之際，必以當急爲先。今河既中決，運渠乾淺，京儲不繼，事莫急焉。爾等必須多方設法，使糧運通行不致過期，以虧歲額，斯爾之能，或敕內該載不盡事理，此時（頻）〔瀕〕河軍民方困饑疫，不幸值此大役，甚不聊生，萬一有不成，物爲徒費，或生他變，悔之何及。其見用官屬非不勝任者，不必改委。所委文武職官敢有誤事作弊者，輕則聽爾量情責罰，重則文職五品以下拿送問刑衙門問理，四品以上並方面軍職參奏究治。必思廣詢博訪，事不必專於一己，深謀遠慮，計必出於萬全。不然則勞民於無用之地，棄民財於不測之淵，咎將誰歸。

八年，請定江南造船料價期限之例。

都御史李蕙、總兵官郭鋐奏開：湖廣、江西、浙江、南直隸四總運船，俱軍三民七出料打造，各司府衛所不依時給領料銀，有守至三四月之久，官旗只得加利借銀將船造完，負累益甚。要立領料期限，行令造船衛所差官齎文，限十月以裏到各該衙門支領，如過期不到，漕運衙門查提領料人員究問。出料官司限十一月以裏支給，十二月回廠造船，正月船完。如料銀徵解不敷，司府量查在官銀兩照數借支，仍立文案，待後補還。若過十一月終不給料價，就將經該誤事官員住俸，年終不給，聽漕運衙門參行各該巡撫、巡按官提問，庶造船及時，糧運無阻。從之。【略】

十一年，以久雨免違限運官參問。

户部題：該都御史李蕙等題，各衛所運到糧米俱在限前到京，只因天雨守候日久，有違欽限，乞免參問。糧米不拘常例，晒晾收受。本部議得：晒米日期已有定例外，查得前項糧米到倉日期雖在限內，緣無納完通關，亦係過違欽限。但天雨阻間，耽誤日久，誠爲可憫，合免參問。奉聖旨：是，這違限官員都免參問。欽此。

改京倉糧十一萬八千餘石於通倉收。

户部題：都御史李蕙咨，京倉久欠廒座，將湖廣武昌等九衛並南京龍虎左衛京倉糧米共一十一萬八千七百五十四石零，改通倉空廒收。其米每石省下脚價米一斗，另廒收貯。奉聖旨：是。欽此。

詔免明年兑運糧十分之二。

時以災異，從户部尚書周經請也。先是免糧，俱以拖欠之數利於姦猾，而小民不受其惠，故准（漢）〔按〕詔行之。

十二年，差侍郎李孟暘催儹。

户部議：今年漕運糧儲七月將盡，尚有未過淮者，誠恐阻凍。本部堂上官請點差一員前去，會同漕運總兵等官催儹。奉聖旨：是，着李孟暘去，寫敕與他。

借太倉銀應脚價用。

户部題：該都御史徐鏞等題，本部議得：今年水路自天津至通州，河水淺澀，盤剥頻數，陸路自通州至京倉道途泥濘，裝載艱難。加以江南米價太賤，所賣銀兩數少，比之往年脚價誠有不敷。今准所奏，不爲常例，仍行都御史徐鏞會同總兵等官，先將不敷脚價船隻逐一查審，所奏各總船隻某船用銀若干，某船不用，每船止以十五兩爲則，造册送部。仍令各該把總官齎册前去太倉照數借領，候本部差郎中及都察院行通州巡倉御史會同，照數唱名給散各船，雇脚應用。勢豪債主不許指以舊債爲由，逼取官銀，事發，把總官問擬監守自盜。立功滿日，革去見任，帶俸差操。債主以盜官物論罪，勢豪官員奏請發落，家人伴當發廣西煙瘴衛分充軍，遇赦俱不原宥。以後再有豪勢之家仍蹈前非，放債違禁取利，坑陷貧軍者，一體治罪。銀兩候弘治十三年兑運加耗糧米，着令官軍自行變賣銀兩，交與各總解部，轉發太倉還官。奉聖旨：是。欽此。

守凍糧船月給米有差。

侍郎李孟暘題：見在守凍軍船行本部委官督同地方各該州縣委官查審數目，每軍月給米三斗，德州迤南者給與一箇月，天津迤北者一箇月，造册行移漕運衙門，候明年上運，將口糧扣除還官。題奉聖旨：准議。【略】

十五年，令軍民運船與王府官校船漕河兩岸分行。

先是，户部題准都御史張敷華咨，要將回空糧船與王府馬快等船兩岸分行，不致阻凍。如遇王船，即當回避，其餘船兩岸行至臨清，聽其東西分行而去。題准外，今議得：各衛所官軍僉運京儲並民運船隻，如遇王船經過，即當回避一時，其餘官吏軍校人等船隻兩岸分行，不許混爭阻塞，致誤糧運。奉聖旨：是。王府官校人等船隻與糧船兩岸分行，不許混爭阻塞，致誤糧運。

凡牐惟進貢鮮品船隻，到即開放，其餘船隻務要等待積水而行。若積水未滿，或積水雖滿，上面船未過牐，或下牐未閉，並不得擅開。若豪强之人逼脅擅開，走洩水利，及牐已開，不依幫次争先鬭毆者，聽所在牐官將應問之人拿送管牐並巡河官處究問。因而閣壞船隻，損失進貢官物，及漂流係官糧米，若傷人者，各依律例從重問治。干碍豪勢官員，參奏以聞。運糧旗軍有犯非人命重情，待候完糧回日提問。其牐内船已過，下牐已閉，積水已滿，而牐官夫牌故意不開，勒取客船錢物者，亦治以罪。

凡漕運軍人許帶土産換易柴鹽，每船不得過十石。若多載貨物沿途貿易稽留者，聽巡河御史、郎中及洪牐主事盤檢入官，並治其罪。

凡船非載進貢御用之物，擅用響器者，其器没官。

凡河南省内有犯故決河防及盗決，因而渰田廬，計所漂失物價，律該徒流者，爲首之人并發充軍，軍人犯者徒於邊衛。

凡牐溜夫受雇一人，冒充二人之役者，編充爲軍；冒一人者，枷項徇衆一月畢，罪遣之。

凡漕河所徵椿草並折色銀錢以備河道支用，毋得以别事擅支及無故停免。

凡故決山東南旺湖、沛縣昭陽湖隄岸，及阻絶山東泰山等處泉源者，爲首之人並遣從軍，軍人犯者徒於邊衛。

凡南京差人奏事，水驛乘船私載貨物者，聽巡河御史、郎中及洪牐主事盤問治罪。

凡南京馬快船隻到京，順差回還，兵部給印信揭帖備開船數，及小甲姓名，付與執照，預行整理河道。郎中等官督令沿途官司查帖驗放，若無官帖而擅投豪勢之人乘坐回還及私回者，悉究治之。

凡運糧馬快、商賈等船，經由津渡，巡檢司照驗文引。若豪勢之人不服盤詰，聽所司執送巡河御史、郎中處罪之。

十八年五月十八日，詔明年漕運米折銀十分之二。

以十分爲率，内二分照例折銀，以蘇民困苦，後不爲例。

正德元年，漫砌京、通二倉晒場。

總兵官郭鋐、都御史張偉奏：該户部會議題准工部查，行内外官員會同工部堂上官一員，將各倉晒場計量丈尺，用磚漫砌，以爲永久之圖。

挑濬漳河小灘水次，移下臨清交兑。【略】

二年，開報兑糧限期事例。

總兵官郭鋐、都御史張敷華奏：查得節該奏准事例，有司兑軍糧米，當年十二月終不完者，府州縣管糧官截日住俸；次年正月終不完者，革去冠帶，住俸催徵；延至三四月不完者，經該官吏管糧官員參提問罪。若初違一年二年附過還職，三年者就以罷輭起送吏部定奪。其該司分巡（汾）〔分〕守管糧官員，以十分爲率，五分不完者亦照此例施行。淛江布政司湖州一府，湖廣、江西二布政司所屬各府與應天、安慶、池州等府，遞年將該兑糧米延至三四月甚至五月方將糧米兑軍，且多是臨期旋徵旋買粗濕不堪糧米搪抵。緣此兩下不免争競，互執情詞，申擾不便。如蒙乞敕該部，合無行令遞年不依期限兑糧等司府，仍將徵完兑完日期並二司管糧巡守及府州縣掌印管糧官員職名，一面備申各該巡撫徑自具奏，一面行漕運衙門稽考。其違限者照例查究，若在限内兑完而官軍中途遷延違限者，漕運衙門照例只將官軍究治。如此則責有所歸，免致争論，而運糧不致於遲悞矣。

徵收造船價銀。

總兵官郭鋐、都御史張敷華奏：議得料銀齊足則造船早完，糧無遲誤，否則軍必倍加利息賒料，又非良材，一經江險多致漂没，及照民七料銀，非獨湖廣一省耽誤，軍三料銀，亦非袁州一衛拖欠，而他衛他省亦莫不然。如蒙乞敕該部，合無通行湖廣、江西等布政司並江南直隸蘇松等府，造船七分料銀，俱照淛江布政司一體務遵前例，預徵完足。該布政司者，解赴布政司，該直隸府分者，解赴各府收貯。若一時徵解不及，照例查將見收别項官銀那借支給，明立文案，待後徵補。其軍辦三分料銀，亦照原擬預徵在官屬都司者，解赴都司，屬直隸南京衛分者，解赴各衛收貯，各聽造船衛所支領。若延至正二月料銀不完，以致無船裝糧，有司軍衛聽漕運衙門參行各該巡撫衙門，照依遲糧事例住俸，革去冠帶催給。若延至三四月不完者，亦照中途寄囤事例查究。其南京衛分遲誤者亦聽漕運衙門參行南京兵部，俱照前例施行。仍將湖廣江陵縣、江西袁州衛拖欠料銀者，本部行移巡按御史，各將經該官員查提問罪完解。如此庶宿弊可革，而船料易完矣。

三年，復北直隸各衛照舊運糧。【略】

准易實徵以便轉輸。

總兵官郭鋐、都御史王瓊奏：照得廣運倉係水次四倉之一，所貯糧米例該漕運官軍轉輸赴通州倉交納。所以先年有例，將夏税小麥抵斗納米，以便久貯。又將原在淮安倉關支行糧鳳陽等二十八衛所改來廣運倉關支，其淮安倉米麥亦又無支。議得若欲爲便益經久之法，必須將遞年原坐廣運倉實徵夏税小麥，改坐徐州永福倉，實徵秋糧粟米，改坐廣運倉交納。永福倉官軍俸糧常缺，不致陳腐，廣運倉粟米自可久貯以備轉輸，彼此各便。況查二倉實徵夏税秋糧，存留數目相當，彼此易换坐派，易於反掌，經久便利。

運軍行糧水次支領。

總兵官郭鋐、都御史王瓊奏：會議得，人情一日不再食則饑，運軍終歲勤苦，全賴月糧行糧養贍。今建陽衛月糧三年之間止關六七箇月，安慶、九江二衛過期不支，鎮江衛行糧違例支麥，又與一半，處州衛行糧占留官旗守支半年不到，經該官吏若非坐視不爲處置，必是闒茸不行催徵。據陸潮等所呈如此，其餘衛所似此違欠難保必無。合無行移南京直隸總理糧儲都御史並江西、浙江二布政司，查勘前項欠糧衛所在有司原會計坐派稅糧是何州縣拖欠未納，將府州縣掌印管糧官參提問罪，作急徵完補支。若原會派數少别無拖欠，或因災傷停免，亦要從長區處，以足軍餉。將查究並區處過緣由回報户部，並漕運衙門稽考。内各處州縣行糧若已關支，被委去官軍遲延不到，亦提問罪。仍通行各處有運糧衛所去處司府州縣，及各把總運糧官，今後每年官軍儹運糧儲起程，月糧行糧拖欠未支，把總官備開各府州拖欠數目，開呈漕運衙門，議事到京具奏提問，永爲定例。

修濬通州河道。

總兵官郭鋐、都御史王瓊奏：查得各部原議，以後漕運衙門預先差委能幹官員相看前來，或有淤塞損壞去處，呈户部差官會同工部管閘主事，督同運官，照前量借銀兩，雇覓工力挑濬修理，完日查扣補還。切緣運官各有執守，難再差委，况淮安相離通州路遠，差官前來難以久住，合無照依通州迤南一帶河道事例，就委工部管河郎中會同原設管閘主事提督整理，應該添設閘官夫役人等事務，斟酌舉行。合用工料，就於通州等處收貯椿草銀兩支用。如有不敷，聽管河郎中將别處收貯多餘椿草銀調用，如再不敷，於太倉借用，將漕運衙門省下脚價補還。臣等遵照欽奉敕諭提督，如此事有常規，經久可行。

二年，令各司府委佐貳官徵兑。

都御史李瀚、參將莊椿奏：查得上年會議奏行事例，兑運糧米各司府州各委堂上佐貳官一員催儹，交兑事完，方許回任。若轉委屬官並糧米濕碎粗糙過期悮事，及民運糧米依期前來交兑，其官軍生事刁勒，俱聽分守分巡各府州縣並漕運委官具呈總督等官斟酌處置，應拿問者拿問，應奏請者照例施行。立法雖嚴，各該官吏愚昧未能加意奉行，合無行移各該巡按監察御史，吊卷查勘，有罪官吏提問如律，以警其餘。今後司府州縣管糧等官務要各專其事，設法徵收，依期親詣水次監兑，不許避難托故，改委所屬雜派，仍前違錯，聽把總等官具呈臣等照例究治。事完之日，開具勤惰緣由，類報吏部，以候黜陟之年裁處。若民糧到早而軍船來遲，亦聽所司開呈，將運官住俸提問。糧里旗軍有犯，管糧管運等官就便公同懲戒，偏私回護，查出均坐以枉法重罪。

申明派撥交兑之例。

都御史李瀚、參將莊椿奏：查得正德二年會議奏行事例，一州縣糧米許兑與本衛，兑支不盡方許兑與别衛，不許一州縣分作三四衛，亦不許一衛分作三四州縣，交兑以近派遠，以遠派近，致使官軍陳告，漕運衙門依律照例拿問，已經通行去後，今呈前因。宜再爲申明，行移巡按浙江監察御史查究所由，以示懲戒。

江北官軍江南領兑，比照江南衛分八月完糧。

都御史李瀚、參將莊椿奏：查得舊例，江北直隸各衛所限七月初一日完糧，江南直隸各衛所限八月初一完糧。今江北直隸三總過江軍船水次既已改遠，程限亦須從寬，若今照例七月初一日完糧，實是期限短促，不無貽累。合無今後江北衛所悉照江南衛所事例，限八月初一日完糧，載作議單，永爲遵守。

五年，疏塞黄河水患。

總兵官陳熊、都御史邵寶奏：據工部管閘兼管河道主事王寵呈，依奉勘得黄河水勢，自弘治七年修理之後，向在清河口入淮。弘治十八年北徙三百里至宿遷縣小河口，正德三年又北徙三百里至徐州小浮橋，正德四年又北徙一百二十里至沛縣飛雲橋，俱入漕河。因單、豐二縣河窄，水流漫溢，將原築黄陵崗隄岸尚家東衝决三口，共長二百二十步，尚家西衝三口，共長三百二十步，温家口衝决二百八十步，唤家口衝决一百二十二步，各深丈尺不等，致令豐、單二縣軍民田地廬舍多被渰没。豐縣城郭被水圍遶，兩岸相對闊百餘里，無法疏濬。自六月以後，其水隨消隨長，諸口既被衝决，若經魚臺縣塌場口入漕河，則有利無害；若經鉅野、陽穀二縣故道，則濟寧、安平運河難保無虞等因，並畫圖呈繳到職。切惟水性無恒，而黄河遷徙尤難定擬。今既衝决如此，所幸秋暮水消，未成大患，若非預爲之防，來年春夏水溢，或有鉅野、陽穀之决，患不可測。合無轉行山東、河南鎮巡並都布按三司，各委能幹熟知水利官員前去黄河上源，再行逐一踏勘。要見河水此時果從何處流行，勢將何往，定擬應疏應塞處所，作急起倩軍民夫役，趁此水消時月，預期疏塞，以杜將來之患。其原設夫老人等，嚴加戒飭，日夜從事，慎終如始，不許因循怠玩，致民曲防竊决，以小妨大，以私害公。或工程重大，遽難措集興修，明白會奏議處，庶幾河安故道，有備無患。

遮洋運軍比例加耗。

總兵官陳熊、都御史邵寶奏：議得兑糧加耗有等，蓋爲道途遠近，所費不同，是以多寬均足其用。今遮洋官軍先因倉臨水次，故比裏河少耗米一升，交納多用一升，最爲允當。其後改倉入城，陸路車脚，所費過於京倉，又加包陪帶運布花脚價，並買補折納之數，委的虧累。合無將遮洋官軍領兑山東、河南二省糧米，照依裏河官軍一例加耗三斗一升，到倉交納亦照京、通二倉明加七升。

清解逃軍以足駕運。【略】

各衛殷實運軍不許掣改别差。【略】

〔十四年〕運軍順帶土貨，不許官司擾害。

都御史臧鳳、總兵官顧仕隆奏：查得洪熙元年，節該欽奉敕諭：官軍運糧遠道勤勞，寒暑暴露，晝夜不息，既有盤淺之費，糧米耗折，所司又責其陪補，朕甚憫之。今後除運正糧外，附載自己什物，官司毋得阻當。欽此。正統三年，户部復議，運糧官軍合遵敕諭，順帶土貨以爲盤費，不許沿河巡司官兵人等生事阻當。成化二十一年，都御史馬文升復奏申明。正德八年，又該户部欽奉聖旨：説與户部，近年以來，漕運軍士爲因流賊生發，阻截運道，燒劫船隻，好生困苦。先年有奏准事例，許令量帶土宜貨物，以備修船剥淺等項支費，你部要還行與漕運衙門知道。欽此，欽遵。仰惟朝廷優恤運軍之典至諄至切，爲臣下者正宜遵守奉行。奈何近年所司罔肯體恤，運船但帶柴菜竹木等物經過瓜、儀抵京，大小官司俱要攔阻，搜盤求索虐害，雖流涕哀乞，終不憫惻。至於空船回還，又假以盤鹽爲由，每處拘留三五日或十數日，勒取執結，不容放行，雖鹹菜魚鮭之物，亦皆搜去，甚至有將官軍行李、衣鞋，公然挾制盜取，不敢言端。如斯之害已非一日，切以言之，得利惟在瓜、儀。如淮、揚官司盤禁，理固相應，今德州、臨清、東昌、濟寧處處搜盤，況彼處地道早寒，閘座又多，年年回船凍阻，獨滯於斯。如蒙乞〔敕〕該部再將前例申明重復，行移沿河各該衙門，今後運船所帶土貨等物，令其隨便發賣，以助貧軍剥淺守凍盤費之資，不許違例阻當擾害。若官軍乘機不將運船裝糧，滿載客貨，妨誤糧運者，事發仍照例追究，納鈔抽分。其回空船隻果有夾帶私鹽，聽淮、揚官司依法搜盤，禁治施行。

嚴督補足運軍。

都御史臧鳳奏：竊惟漕運先年立法，每年定用十人，蓋以省約甚矣。奈何近年運軍或因積負逼迫，或因糧賞無得，或因運官需索，或因投當別差，以致每船數足者少，數欠者多。兼以舟大載重，駕御實難，糧運之遲亦由於此。查得先年總督官員節會奏准，行令南京兵部並各處守巡兵備撥補，迄今並無一處補完，亦無一字開報。所以然者，蓋因隔别司府官員漫不經心故也。合無乞敕該部，再行南京兵部並各處撫按，查照原行嚴督守巡兵備，悉照舊擬事例，着實補足，造册繳報，若再遲誤，臣等參究提問。庶幾駕御有人，糧運不誤。

查催軍三民七料銀給造運船。

都御史臧鳳奏：查得在運造船料價，每船十分爲率，軍辦三分，民辦七分，使司其事者催徵早完，則成造及時，而糧運可達矣。夫何各布政司原（辨）〔辦〕船料徵給遲後，甚者着令官軍遠赴所屬支領，而衛所出（辨）〔辦〕者，亦各視常怠玩，派徵失時。果以交兑之後，見造船者等候船完，無船者就賃民舟，甚者亦配别船帶運，所在躭擱糧運，遲晚亦由於斯。合無乞敕該部行令各布政司，將有司出辦造船料價俱在頭年十月以裏徵完，十二月内給領。其各衛該辦料價亦令掌印官員依上派徵，務在年前給領，庶幾成造不悞，漕船足用矣。

十五年，查催廠料人匠銀兩造船。

都御史臧鳳、總兵官顧仕隆奏准，協同漕運參將都指揮僉事陳璠手本，照得浙江一總所屬杭州前等一十三衛所，每年該造淺船四百餘隻，先年因無廠地，各衛管運官闕領浙江布政司料銀，俱於蘇州府地方倩匠四散打造，因把總衛總官不得親詣查驗，多被無籍官旗通同匠作侵欺料價，或臨期逃躲。其料價，有司又不依限給發，延至五六月間方得下水，板薄釘稀，不經久駕。因係隔省，人民不服拘究。正德元年，本職管總呈蒙漕運衙門動支料銀，買到杭州府仁和縣謝村民人卜聿夫等空地八十餘畝，蓋造廠房，拘督官旗在内成造，數年之間頗得便益。其後因無專官統理，以致因循姑息，依舊各處打造，前業遂廢。要行議行工部抽分廠帶管，仍於官廠打造，以便催督等因。又據浙江把總都指揮韓平呈稱，本總衛所淺船五年一造，每隻除舊船外，該民出銀七十兩。後因楠木價高，議自民料銀上加派三兩，共七十三兩，赴浙江布政司支領軍料銀三十兩，惟獨寧海一衛，概衛撥軍承辦，其餘衛所料銀並隨船什物，俱是本船運軍自行出備。及查江北各總軍料，俱是衛所另僉軍餘出辦，何獨浙江一總專累運軍？苦不勝言。且各衛所除正軍之外，餘丁尚多空閑，比之江北人少差繁，大有不同，呈乞定奪緣由，看得所呈俱爲拯救漕運困憊之法，相應議處。如蒙乞敕工部計議，合無行令本部管理浙江抽分廠主事，不妨原務，會同都司掌印並運糧把總官，推舉省下衛所能幹指揮一員承總，千百户二員分理，預於二三月將各衛所該造船隻字號開報都司，類册轉行布政司，務在七月以裏關出料銀，並各官於杭州前等十二衛所空閑軍餘内，選其殷實者，亦照運軍事例，每名（辨）〔辦〕銀二兩四錢，扣計衛所，五年一次，該造船隻多寡，合用銀數，明白委官收受。與前布政司料銀通解抽分主事處查驗給發，買料雇匠，俱於原設杭州官廠内如法打造，務要堅完，什物齊備，領駕裝運。若有侵尅料價，造不如式，違期耽誤等項情弊，備細參呈漕運衙門處治施行。

十六年，造剥船置布袋馱運京糧。

都御史臧鳳、總兵官顧仕隆奏：切照每年各衛運糧多至六七月内到京，彼農務正忙，大雨不時，車輛數少，泥淖難行，須用厚價雇車方肯裝載，往往脚價使用不敷，揭債上納，展轉遲悞。職等思得京城大通橋至張家灣一帶河道，乃元時轉運通渠。國朝永樂間設立漕運，循其故道，船得抵京交納。自後張家灣水旱車船人户，與夫包攬光棍之徒，要行窺取漕利，巧生姦計，妄言摇動，遂將此河廢置不行。正德元年，有定議者，復舉興脩。題奉欽依，工部差官，會同漕運參將梁璽，用銀二萬餘兩，雇倩夫匠重加挑濬，糧運又曾抵京上納。未幾，又被前項積年姦徒設計阻滯，仍前不行。近年，營造大木悉由此河拽運到京。即此度之，糧船雖曰難行，剥船必有可行之理。或者以爲地峻水急，不能由閘而上。臣等愚見，若得將此河原設五閘少加修理，每閘下板六七塊，水大聽其漫流，水小任其積聚。每閘審度河道闊窄，各造大小剥船五十隻，用軍四名，共一千名，候北直隸總下官軍運糧到灣之時，借用駕使，恐不能齊，一聽參將王佐委官雇人撑駕。本總把總並該運官交糧完日，就彼管領，仍置口袋一萬條，各衛輪番領裝糧米盤上剥船，運軍協力輓拽。參將王佐總爲提調，催督逐閘盤運，雖遇陰晴泥濘，亦可達京。大意相同，㓗江各壩盤船之法，若或天晴道乾，亦聽分雇車脚，水陸並進，庶獲濟益。職等每思漕運日用，使用日繁，若專守舊法，恐難拯救。此河一行，亦可少殺車脚之費矣。如蒙〔乞〕敕該部從長計議，行臣等於淮揚地方動支漕運官銀雇募夫匠打造剥船，置辦口袋，完日送參將王佐處聽其委撥官軍管領。船行之日，省出脚銀以備下年添造剥船，並各閘及近城地方蓋造廠房，堆放糧米，以防陰雨（謄）〔騰〕卸剥船，毋使停滯。若有假託勢要名色，包攬口袋，及車户光棍人等敢爲倡率，妄言沮壞，或别生姦弊，盗決河防，聽科道官舉劾，並行參將王佐督同通州分守等官訪拿問擬，重罰枷號，仍發邊衛充軍。庶姦徒知警，浮議自息，而漕運可行矣。【略】

嘉靖元年，應議事件先奏，候到京之日面會。

户部議擬題准，自本年爲始，行移漕運等衙門，七月以裏各將應議事件具奏本部，八月以裏會議通行徵派，不必拘定漕運都御史、總兵官催儧到京，然後會議。看得漕運事宜，□在彼中難以遥度，必須都御史、總兵官親來會議，庶得曲盡。今後各官合無仍照舊例，每年八月以裏，務要依期親身赴京，將應議事件具奏，會官議處，永爲定例，不許擅改。若有地方重大事情擅難摘離，臨時具奏定奪。

填給水程稽查違限。

户部題：每年派糧之際，漕運衙門將水程日數列爲圖格，給與各幫官員收掌，令其自到水次投文，開倉較斛驗米晒揚交兑。兑完起程過淮到京起糧及中途守風等項行止地方日填一格，同原幫帖赴部查考，事完齎回漕運衙門查究銷繳。無故違悮，運官照例住俸問罪。若有司交兑遲延，將運官分豁，罪歸有司。此係都御史邵題准事例。今後合無仍行淮、徐等五倉收糧部官，不妨原委，各印刊花□票帖，候糧船到彼即便各照地方，如淮安至徐州算該水程若干日，即爲嚴限填定，每一運官給付一張，令其星夜前進，賫至徐州收糧部官處，照限查考。違者痛加究治，不許輕縱悮事，亦不許因而拘留聽點反致遲悮。其徐州催至臨清、臨清催至德州、催至天津、天津催至通州，俱照此例。每年九月終，仍將各催過運船互相交付隻數，並違限遲悮官員，備細開具揭帖，呈報本部，以憑查對參究。

額兑糧米每年造册繳户部等衙門查考。

户部題：正德十五年四月内題准，每歲春初水次兑糧之時，就令軍衛有司在彼會同造册五本，内開某年月日某府州縣兑與某衛所兑運或改兑正糧若干，隨船耗米若干，折價輕賫若干，水濕加增米若干。一留有司備照，一送漕運衙門，一送户部，二送京通巡倉御史。如某衛所納糧先完，就於造取通關之時，備細開具沿途及到倉花銷使用揭帖，並一應文卷，經赴巡倉衙門磨算，照刷前項原兑數目，有無餘剩多寡，兼以遲早完欠，分别賢否等第，照依欽定事例，量爲黜陟舉劾，算有羡餘銀米，責令盡數交收太倉銀庫，作正支銷，仍取倉庫實收繳報。此係御史楊百之建言，本部依擬題准事件。今後會造文册，合無仍添造三本，一送京通總督，一送儧運郎中，一送監兑官處，各收掌查考。

差官通州查理船糧脚價。

户部題：正德十二年三月内，該給事中張天性題，本部議准，監兑官到於水次兑糧完日，將糧數脚價備行儧運官照數查催，另選公勤運官一員，殷實運軍二名，協心看守，糧米並脚價銀兩，公同隨帶前去，沿路隨宜支用，附寄明白。其本部儧運郎中，遇有水次兑過糧米脚價運船過江，嚴限儧運，不許遲悮。到灣之後，聽新添參將查算。中間若有短少虧欠之數，就於經手官軍下照數追究補（陪）〔賠〕。情犯重者，指實參奏送問，參將近革。今到灣查算一節，合行議處。

運官犯贜查例問擬。

户部議擬題准，運糧把總指揮千百户等官，索要運軍常例銀兩，及科索軍士財物至十兩以上者問罪，各降一級；二十兩以上者降二級；三十兩以上者降三級；至四十兩以上者，仍降三級，發回本衛帶俸差操，再不使用。其跟官書算人等，指稱使用等項，科索軍士銀物，侵欺入己至十兩以上者，拿問邊衛充軍。各總運回過淮，務要將往回用過財物造册一本，呈送漕運衙門稽考。今查前例，不拘科歛多寡，悉問立功瞭哨，後例却分等第輕重其罪，與前不同。今照正德五年例行。

有司正耗糧米不許折納輕賫。

户部題：弘治十三年奏准，官軍漕運將正耗糧米照數交兑，不許折收輕賫，及中途糶賣，違者軍餘欠十石，小旗五十石，總旗欠一百石以上者，俱問發邊衛瞭哨；百户欠三百石，千户欠五百石，指揮欠一千石，把總都指揮等官欠三千石以上者，俱問發原衛帶俸差操。若總欠數多，總督漕運、總兵等官另行奏請定奪。原賫官糧責代領運交納，所得價銀入官。今查罰例，以爲太輕，故人易犯，合照律例問斷。

運軍許帶土宜，附搭客貨參問。

户部題：查得舊例，每糧船一隻，許帶土宜二十石。又《見行事例》内一條，漕運船隻除運軍自帶土宜貨物外，若附搭客商勢要人等酒、麵、糯米、花草、竹木、板片、器皿貨物者，將本船運軍並附帶人員參問發落，貨物入官。其把總等官有犯，降一級回衛，帶俸差操。合行漕運衙門並儧運郎中及巡河御史、管倉、管洪、管閘郎中主事，每季終將修理過河道工程，採辦過椿草錢糧，催儧過輕重糧船數目，與夫水程

深淺緣由，造册奏繳，仍報户、工二部並漕運衙門查考，以爲各官任内政績。若有仍圖安逸廢政者，聽科道官察訪舉劾。【略】

禁約攔阻運船捎勒車脚。【略】

薊州交糧耗米則例。

户部題：遮洋官軍兑運山東、河南二布政司本色糧米，每石兩尖加耗三斗，薊州交納加八升。正德四年會議題准，兑運加耗三斗一升。正德五年會議單内止開照舊加耗三斗。正德六年漕運衙門查例具奏議户部會議題准，兑運加耗照舊三斗，薊州收麥加耗減二斗，每石六斗。正德十年議單内仍照舊開寫，因循至今。合行改正兑運每石照舊加耗三斗，薊州止收耗米六升，不用一尖一平。

清理河道不許民船越幫。

户部題：查得近年以來，南北民載船隻，往往假冒（摧）〔催〕要，蓋造鼓亭，張行旗號，擺列刑具，懸掛牌面，虚張威勢，欺凌運船，争搶閘座，甚至所司管河等官與之通同打放，郎中、主事又不禁約，河道被害，糧運耽遲，莫此爲甚。如蒙乞敕該部計議，合無轉行管河、管洪、管閘、管泉郎中主事，嚴並所司，各將該管河道躬親巡歷，遇有缺口，上緊築塞，泉源淤淺，設法挑濬，閘座補置，鋪舍修蓋，涵洞疏通，樹株栽補，凡河道事體一遵舊規。其民載船隻，北行者，聽吕梁管洪主事，南行者，臨清管閘主事，按月各置簿籍，遇到寫記鄉貫姓名，編成次序，彼此傳遞。除運納供應軍需錢糧，驗有官給明文外，其餘但係官貨船隻，每隻於桅上大書號數字樣，仍用油塗，以備雨濕擦損混淆之弊。並給與呈帖一張收執，跟隨運船，分岸魚貫而行。如九月以前每打糧船十隻，兼打民船一隻，至十月初一日，民船聽於徐州灣泊，不許入閘打放。北來民船十月初一日以後，亦不許進閘，直待運船過盡方許放行。【略】

申明盤詰之例。

都御史俞諫、總兵官楊宏奏：查得洪熙元年欽奉敕諭：官軍運糧遠道勤勞，寒暑暴露，晝夜不息，既有盤淺之費，糧米耗折，所司又責（陪）〔賠〕補，朕甚憫之。洪武中有令，許其於運糧官軍船内附載私己物件，以自資給。今後仍聽官軍於運正糧之外，附載自己物件，官司毋得阻當，欽此。正統三年，户部復議，運糧官軍合遵敕諭，順帶土貨以爲盤費，不許沿河巡司官兵人等生事阻當。成化二十一年，漕運都御史馬文昇復又申明，以爲定例。正德八年，欽奉武宗皇帝聖旨：説與户部，近年以來，漕運軍士爲因流賊生發，阻截運道，燒劫船隻，好生困苦。先年有奏准事例，許令量帶土宜貨物，以備修船剥淺等項支費，你部裏還行與漕運衙門。欽此。續該漕運衙門議奏，該户部依擬，若裝載客貨，照便究治。經通行遵依外，近年以來，江南江北運船俱經瓜、儀二處搬挑過壩，打發洪閘，盤剥灘淺，直抵京通，資費多端，勞苦萬狀。軍船往回，多被所在軍衛有司巡捕，管河巡司等官司不知前項節奉欽依事例，不分土宜貨物，一概攔阻搜盤，拘留索害，甚將各軍行李衣裝擄搶一空，以致糧運展轉遲滯，深爲未便。如蒙乞敕該部，再行申明前例遵行。

預設江船以濟儹運。

都御史俞諫、總兵官楊宏奏：據長淮衛運糧指揮使孫興呈，照得江南兑運糧米舊例，俱各民運至瓜、淮與各衛軍船交兑。自成化八年更改水次，漕運淺船俱不下壩，江北衛分派兑江南府縣水次糧米者，每船摘撥旗軍一半守船，一半到於各水次聽兑，有司另出過江脚米，就彼雇船裝載，行之年久，已是定規。先年，有司徵糧及時，交兑亦早，船無冒難，人皆樂從。近年，有司徵糧過期，官軍留船守候日久，以致船户畏難趨避，旗軍恐悮兑裝，只得於枝河小港尋覓雇倩。又被地方居民或豪强大户趕打占留，毆傷致訟。官軍欲雇無船，坐待遲滯，甚至有司管糧部運等官，自知糧數未完，故將剥船趕散，延捱追徵，稽留月日。又有等奸猾官軍，會集捉船，乘機嚇詐，姦弊多端，致起争訟。如蒙乞敕户部轉行各處，合無自嘉靖二年爲始，將應天、廬州、蘇、松、常、鎮等府民糧，該兑南京、江南、江北衛所官軍者，聽各把總官預行各該府州縣管糧巡捕等官，約量本州縣該兑糧數，用船多寡，各於本管地方河道照數拘留船户，候官旗到彼，軍衛有司公同議價，將過江脚米兩平雇覓轉運，不許虧損脚價，致令怨嗟。餘剩脚米仍作過壩挑盤之費，若衛所官軍仍前强捉嚇詐，地方勢豪仍前趕打占留，應拿問者拿送所在官司問罪，應參奏者轉呈漕運衙門施行。

二年，不許變賣、拆毁壞船。【略】

三年，申復舊規以清漕運。

總兵官楊宏奏：會同都御史胡錠議，照衛河提舉司造船木料，先年俱於儀真地方收買，回廠打造，後因不便，奏准官軍領價，自行前來儀真等處打造，相距衛河路遠，往往無官管束。潛踪投賤，苟且成就，既被官軍侵尅料價，又爲匠作包攬，板薄釘稀，不堪駕運。今給事中田賦所奏，正切其弊。若將年例該造船隻改令清江提舉司管廠主事監造，查考事體相應。其衛河提舉司係額設衙門，不必遷動人匠，每名查照淮、揚等府辦料則例出辦工價，並迤北衛所軍三料銀，仍令原管閘主事徵完印封，並將及年船隻旗甲每年春正月秋九月二次，順差官軍領解清江廠買料雇匠。其杭蕪抽分銀兩，不必取至臨清，往復徒勞，就行清江廠主事委官帶領别項支銷。其船打造完日，駕赴原管閘主事處並衛河提舉司驗銷，仍照漕運衙門舊規另造衛河船號格眼册，遇造完日銷註，如此則船易監督，軍無逃運，而錢糧有稽，庶爲允當。其淛江、江西、湖廣各衛所船隻，原係民造軍領駕運，後改軍三民七辦料，官軍領駕，自行打造，行之年久，法弛弊生。由是淛江把總陳璠有設廠團造之議，給事中田賦又比例推廣，欲將江南、江西、湖廣三總各衛軍船設廠團造，雖皆因時救弊之利，不爲無益，然立法革弊，容有未盡。是以巡按御史歐珠復有此奏。臣等考求始末，參酌事宜，該有所見。查得湖廣船隻木植及料價銀兩多寡不同，有用杉楠木者，十年一次改造，連底船該價銀一百三兩；有用株雜木者，七年一次改造，連底船該價銀九十兩五錢；有用松木者，五年一次改造，連底船該價銀七十三兩九錢。江西用木二等：株雜木者，七年一次改造，連底船該價銀九十三兩；用松木者，五年一次改造，連底船該價銀八十三兩。淛江俱要松木一等，五年一次改造，連底船該價銀九十七兩。此外尚有運軍自行貼助之數。且料價既有差等，則船隻自有年分。況距産木地方有遠近，則至買木價有低昂。以此成造，法久弊生，有領楠木之價而造株雜木船者，有領株雜木之價而造松木船者，則價必侵欺於官旗。船隻式樣，底板厚二寸，棧板厚二寸七分，有底板止彀一寸五六分者，棧板一寸三四分者。鐵釘每尺實該四釘，有止用二三釘者。石灰油麻俱不及原估之數，則料必尅減於匠作。況一省各衛運官中間，有得人無幾，不職恒多。由是或船脆薄不堅而（轍）〔輒〕壞，或駕運未及年分而遂失，臨兑缺誤，難保不無散造之弊，至於如此，而勢不容不變，故始有團造之議。蓋團造誠爲事體歸一，可革前弊，但江西、湖廣兩省闊遠，衛所星散，必須將年例該造船隻旗軍通聚於省城。雇覓匠作少，則工價高貴而不能並舉，官軍衆則寄旅之費不勝（陪）〔賠〕貼，此團造不便一也。其民七料銀俱該布政司派取各府州縣，里甲官吏勤事徵解者固有，因循怠事者不無，況經革上下，動淹數月，比至解司，官旗候領，中間豈無吏胥之勒索，彼此之留難，皆足以縻誤裝運，此團造不便二也。其軍三料銀，各處事體不一，若係軍辦，多候月糧折納，未免傾銷類解。況月糧未必得支，緩急官銀無措，若係運軍自辦，則自有米食木料，俱可應用，錢布時銀皆可折使。但欲類解前銀，往往人情不願，此團造不便三也。今據呈稱，江西省下該造船一百隻，因匠料俱遲，至起運領兑之時，止造完船二十二隻，固其創始之難。及訪樟樹鎮並饒州河下之價造，雖後得有船打發上運，但今年折色數多，船僅彀用，若至來年全運本色，年例該造船多，一時不得嚴督，豈能並完。又未免壅滯漕輓，而任法久計，不可不爲深長慮也。團造之難亦又如此，故復有散造之議。然二者利病相半，難可偏廢，惟在斟酌人情，審度地方，於分造之中而寓團造之法，於用人之中而存革弊之意，斯可善後而久行矣。合無通行各省並南直隸巡撫衙門，嚴督各該布政司及各府州縣，將年例民七料銀預爲坐派，定立限期，俱在每年七月内徵處完足，封解該司。如州縣一時徵解未完，本司務要另項那借處給，待解到補數。如離司寫遠，路途不便，亦就責成本府州庫收支，俱不許延調徵解，留難支給，有誤打造，妨廢工力。仍嚴督都司將各衛所軍三料銀，務照江北衛所另撥軍餘辦納完足，聽解所在有司寄候。其各衛所專委掌印官，不妨衛事，預將及年應造底船，每年十二月查取到衛，約會所在府州掌印官估勘明白，將領軍民料銀督並官軍隨便買木雇匠，就於各該府州空閑地方，刻期如法造完。掌印官不時查考比較，務照原降式樣丈尺板厚釘密，粧艌完固，仍會有司掌印官，惟淛江錢塘迤南並杭州海寧船隻，多在蘇州打造，亦就委該府掌印官各驗實呈報彼處巡撫衙門。查照本衛呈報漕運衙門，待候過淮驗印，如有不堪，查追價銀以備改造，掌印官旗一並提問。若有侵欺，從重問擬。仍預造本色年例字號旗甲格眼文册七本，繳報工部並漕運衙門把總官，及彼處巡撫衙門各一本，内存一本，衛所備照，其餘候各及年船完，造册分繳註銷。不許姦貪官旗將領出銀兩任意侵分，收買雜木，聽信姦匠包造，尅減分數，苟圖完事，造不堅固，以致駕不及年，仍聽各巡撫查究，從重問治，及原監驗府州官員舉正。如此則造有定所，事有定規，價免侵尅，軍得少便，而亦免於作舍道旁之議矣。及查漕運歲額糧斛四百萬〔石〕，兑運三百三十萬石，支運七十萬石。成化八年，該漕運都御史滕奏准，將支運糧米就各水次領兑，名爲改兑。漕司一向循守舊規，均搭分派軍船領兑運納，除外河遮洋總下旗軍六千三百名運糧三十萬石，内正兑二十四萬石，改兑六萬石。裏河南京等十一總旗軍一十二萬五百一名，每軍一名額運止兑糧二十五石三斗九升二合，改兑糧五石三斗一升，共糧三十石七斗二合。惟北直隸總下每軍多運三升八合，以益畸零之數。每淺船一隻，旗軍十名，共運正糧三百七石二斗，耗在外，前項官軍共分派正兑糧三百六萬石，改兑糧六十四萬石，運赴京通二倉正兑者三七，改兑者四六上納，通前不失四百萬石之數。正耗米之外，照依有司地里遠近，又出輕齎以備水陸脚價。淛江、江西、湖廣最遠，每石二斗六升，折銀一錢五釐，山東、河南二省最近，每石止出一斗六升，折銀八分。其改兑糧米，原係有司自運淮、徐、臨、德四倉上納。官軍支運之數，其正耗米，淛江、江西二省每石四斗二升，江南各府三斗二升，江北各府三斗七升，山東、河南二省一斗七升，俱是本色，原無折色輕齎。京通二倉水陸脚價，遞年俱於正兑輕齎内奓貼完納。損正兑之有餘，以補改兑之不足，多寡適均，不分南北，通融領兑。前項漕規，俱經先朝文武大臣議處停當，行之歲久，則例已定。今稱要將淛江正改兑糧共六十三萬石，俱派本都司衛所官軍領兑，雖稱民糧與軍船順便，或因本轄易制，但淛江一總旗軍二萬一千六百七十名，照依則例，通融均派，止該正兑糧五十五萬二百四十四石六斗四升，兼搭改兑糧一十一萬五千六十七石七斗，共兑改糧六十六萬五千三百十二石三斗四升。若將本總衛所專兑本省之糧，則正兑六十萬石而加多，改兑三萬石而加少，且餘下軍船一百七十隻，該領兑糧三萬五千三百一十二石三斗四升，必須於直隸府州縣改兑糧内撥足，以完六十六萬五千二百一十二石三斗四升，方彀額數。況南京官軍既不可領兑淛省之糧，則淛江總官軍又豈可領兑直隸州縣之糧，此未敢輕議者一也。其淛江總正兑糧數通該搭派改兑糧一十一萬五千三百一十二石四斗四升，共止改兑糧六萬五千三百一十二石三斗四升，以足實有運軍之數，尚餘欠改兑糧四萬九千七百五十五石三斗六升，必須添撥南京、江南等總改兑米石，以就淛江正兑有餘，而補船數之不足，方得完納。況使淛江一總三六輕齎有餘，而使江南、南京等總二六輕齎不足，似非善處之道。所以舊規裒多益寡，牽長補短，實亦通融之法，此未敢輕議者二也。其言要將直隸衛所止兌直隸之糧，固是一説，但如江西布政司改兑糧五十七萬石，江西都司一十一衛所止有旗軍九千七百九十四名，淺船八百六十六隻，該運兑改正糧三十萬六百九十五石三斗九升，其餘正糧二十六萬九千三百四石六斗一升，該用船八百餘隻，用軍八千餘名，爲因江西無軍可撥，遞年添撥南京、湖廣、江南直隸四總軍船領兑，若依所擬，則四總俱應住撥，不知遺下江西糧米應否彼處再添軍船自運。再如遮洋一總，俱是河南、山東二省民糧，亦派南京八衛、江北五衛外省官軍領兑，若以南京官軍，山東、河南豈復有軍可領，一概住撥。若此定爲通規，不知天、薊各倉更有何船運納。若以外省軍船不便管束，交兑自有監兑官員，法典具存，恐只可以因事而處事，不可以因噎而廢食也。及照漕運均派，始因更改淮、德、臨、徐四倉支運以爲改兑，且遂失轉般之意，而貽直達之苦。計今五十餘年，議者尚欲復之，今又更調軍船，則均派之規又自是而變之。但漕規屢變而卒無定守，時議紛出而要在善後，緣前項二事，事體重大，非臣等才識陋劣，區區管見所能悉也。如蒙乞敕户工二部會同在廷大臣再加計處，合無定擬畫一之規，上請聖裁，備行臣等遵奉施行。奉聖旨：是，各總淺船都依擬團造，務要如式早完，不許延捱日月，侵欺料價。【略】

始改上下江二總。

總兵官楊宏會同都御史俞諫奏：該户部郎中趙載題，議得漕運糧船先年海運至京，俱經文武大臣建議開濬會通河，分立十二總，遂罷海運。其歲運糧四百萬石，内薊州邊儲，獨遮洋一總尚留南京水軍左等八衛，江北淮、揚等五衛軍船，俱於小灘鎮等水次，兑運山東、河南糧米三十萬石，仍由海道以抵薊州、天津二倉上納。成化年間，又因海道不便，始自小直沽開通新河一道，當將遮洋海船每二隻，該旗軍三十六名，改造五百二十五隻，旗軍六（十）〔千〕三百名。比時船隻、運道雖改，衛所官軍俱乃舊役。雖或愛禮存羊，而其地里之遠近，往來之躭擱，軍船之狼狽，糧運之稽遲，誠有如郎中趙載之所言者。況該南京給事中彭汝宴復建此議。至若江南一總上下兩江，催儹甚遠，不無顧此失彼。而趙載又復言及，皆係漕運要務，擬合通並議處。查得南京、淮、揚等一十三衛官軍，昔年止因習知海道存於遮洋，今日既由新河儹運，却乃空身自南趨北，不惟途路艱辛，人情事體甚是不便。抑且江北船多摘撥江南就兑，加費過江一三脚米，而南京行糧亦又重費，年復一年，尤當愛惜。況遮洋近年議准折色數多，軍得減存，但辦料數少，食糧則多，亦應區處。及查北直隸總下德州、天津二倉，不惟道途甚近，抑且原運正耗相若，人情允便，相應改撥，合無將遮洋、江北、淮大、高揚、長淮五衛旗軍三千三百一十二名，照舊不動，外將北直隸總下德州、天津等九衛旗軍一千七百六十四名，並入本總。其不足之數，再於附近徐州左、泗州二衛添撥旗軍一千二百二十四名，通抵南京遠運，共輳足六千三百名原數，以備歲運三十萬石舊額，仍爲遮洋總，就令孫機管理。遇有減存，臨時酌派，以蘇軍困。仍將孫機原額退與南京領駕。其退下南京水軍左等八衛官軍，添入江南，分爲上、下江二總，就以程鵬二人分管旗軍。仍每船十名，船不過壩，亦各存與過江米六升，却將原該一三裁去七升。各總以（截）〔載〕上江者，兑安慶、池、太、廣德等府州糧米，多餘軍船領兑江西不盡之糧；下江者，兑蘇、松、常、鎮四府糧米，多餘軍船領兑淛江不盡之糧。通前仍爲十二總，其南京二總每年却分江、淛二處，儘總撥兑，餘船方撥江南。至若淛江等總軍船雖有多寡，亦每就近算派，事不大害，俱宜照舊，不必概爲更張。其改撥遮洋行糧，查照議單，北直隸者，仍舊二石，徐州左、泗州二衛俱照淮大二石八斗。如此，庶水軍等八衛得以就近領兑江南之糧，免駕空船北行，江南一總得以分投催儹，亦免往來督兑之難，則遠近適均，水程順便，而糧運不致躭誤，且行糧脚米亦因得以少省矣。

急補淺船儹運。【略】

十五年，議處黄河大計。

總理河道、都察院右副都御史李如圭題：切惟天下之事利與害而已矣，去其害則利可興也。臣欽奉敕諭：今特命爾前去總理河道，其黄河北岸長堤並各該堤岸應修築者，亦要著實用工修築高厚，以爲先事預防之計。如各該地方遇有水患，即便相度訪究，水源可以開通分殺，並可築塞隄防處所。仍嚴督各該官員斟酌事勢緩急，定限工程久近，分投用工，作急修理。凡修河事宜，敕内該載未盡者，俱聽爾便宜處置。事體重大者，奏請定奪。欽此。欽遵。臣查得黄河發源具載史傳，今不敢煩瀆，姑自寧夏爲始言之。自寧夏流至延綏、山西兩界之間，兩岸皆高山石麓，黄河流於其中，並無衝决之患。及過潼關，一入河南之境，兩岸無山，地勢平衍，土少沙多，無所拘制，而水縱其性，兼之各處小水皆趨於河，而河道漸廣矣。方其在於洛陽、河内之境，必東之勢未嘗拂逆，且地無高下之分，水無傾瀉之勢，河道雖大，衝决罕聞。及至入開封地界，而必東之勢少折向南，其性已拂逆之矣。況又接南北直隸、山東地方，地勢既有高下之殊，而小水之入於河者愈多，淤塞衝决之患，自此始矣。此黄河之大概也。今之論黄河者，惟言其瀰漫之勢，又以其遷徙不常，而謂之神水，遂以爲不可治。此蓋以河視河，而未嘗以理視河也。夫以河視河，則河大而難治，以理視河，則河易而可爲。瀰漫之勢，蓋因夏秋雨多，而各處之水皆歸於河，水多河小不能容納，遂至瀰漫。然亦不過旬日，至於春冬則鮮矣。是則瀰漫者不得已也。水之變也，豈其常性哉。至於所謂神水者，尤爲無據，其故何耶。蓋以黄河之水泥沙相半，流之急則泥沙並行，流之緩則泥沙停積，而停積則淤之漸矣。今日淤之，明日淤之，今歲淤之，明歲淤之，淤之既久，則河高而不能行。然水性就下，必於其地勢之下者而趨焉。趨之既久，則岸面雖若堅固，水行地下，岸之根基已浸灌疎散而不可支矣。及遇大雨時至，連旬不晴，河水泛漲，瀰漫浩蕩，以不可支之岸基，而遇此莫能禦之水勢，頃刻奔潰，一瀉千里，遂成河道。近日，蘭陽縣父老謂：黄河未徙之先數年，城中井水已是黄水，足爲證驗。故人徒見其一時之遷徙，而不見其累歲之浸灌，乃以爲神，無足怪也。爲照河南、山東及南北直隸臨河州縣，所管地方多不過百里，少則四五十里，若使各該州縣各造船隻，各置鐵扒並尖鐵鋤，每遇淤淺，即用人夫在船扒濬。若是土硬，則用尖鋤，使泥沙與水並行，既無淤塞之患，自少衝決之虞。用力甚少成功甚多，且黄河水既湍急，而泥沙則又易起，更有船隻，則人夫不惟免涉水之苦，而風雨可蔽，宿食有所，是修河之智而寓愛民之仁。推而言之，其利甚博。若夫瀰漫之勢殆不能免，所可自盡者，則在築堤防患，不與水爭地耳。或護城池，或護耕種，使得遂其安養。伏望皇上軫念地方水患，將臣所奏特敕該部再行查議，聽臣督同河南、山東並南北直隸管河按察司副使張綸等，備查所管黄河州縣河道地里遠近，動支河道銀兩，酌量數目，打造上中下三等船隻，置造大小鐵扒、鐵鋤，分發各該管河官收領。遇有時常小淤，或先年舊淤，或因瀰漫勢後河道新淤，即便督率人夫，撑駕船隻，量水之深淺，用船之大小，量船之大小，載人之多寡，用心扒濬，堅硬去處則用鐵鋤，俾泥沙隨水而去，河道爲之通流。風雨蔽於斯，宿食在於斯。至於捲埽去處，即係水流傾瀉之地，傾於此者必淤於彼，一體扒濬，使水歸於中流，則傾瀉之患將漸弭矣。再照黄河先年由河南蘭陽縣趙皮寨地方流經考城、東明、長垣、曹、蕭等縣，流入徐州。近年自趙皮寨南徙，由蘭陽、儀封、歸德、寧陵、睢州、夏邑、永城等州縣，流經鳳陽地方入淮。其歸德、蘭陽等州縣，即今水患頗大，亦聽臣督行管河道，責令各該軍衛有司掌印管河官員調用人夫，或將河道銀兩雇募，各修築高厚堅固堤岸，並扒濬河道，務使淤塞開除，自無衝決之患。防護完固，可免淹没之虞。其舊黄河即今尚有微水流至徐州、吕梁二洪，亦合時加扒濬，使不致斷流，接濟運河，且分殺黄河水勢。如此則河患可息，而運道亦有益矣。

議處漕河急務。

總理河道、都察院右副都御史李如圭題：切惟軍國之儲必資於轉運，河渠之設貴在於疏通，故用人圖治，則選舉之法在所當重，而因時制宜則更張之道不容少緩。欲錢糧之無弊，則當慎出納而嚴稽考之條，圖工程之永固，安可忽經營而效苟且之計，是皆漕務之所當急而先者也。臣欽奉敕諭：近年沛縣迤北漕河，屢被黄河衝決，已經差官整理，但恐河勢變（選）〔遷〕無常，漕河不時淤塞，有妨糧運。今特命爾前去總理河道，督率管河、管洪、管泉、管閘郎中主事，及各該三司軍衛、有司掌印、管河兵備等官，時常往來親歷，多方經畫，遇有淤塞去處，務要挑濬深廣。凡修河事宜，敕内該載未盡者，俱聽爾便宜處置。事體重大者，奏請定奪。欽此。欽遵。已將運河一帶淤塞去處，督率各官調用人夫挑濬，河道俱已開通。地方雖自二月以來少雨，臣乃疏濬泉源，導引諸水，接濟運河。即今糧船盛行無阻，陸續前進，除應該處置事宜，各另施行外，臣督理之餘，復有見聞，謹用條陳五事，上塵呈睿覽。伏望皇上俯念漕河重寄，將臣所奏特敕該部再行查議，上請定奪，早賜施行。其於漕務不無小補，臣不勝懇切祈望之至，謹題請旨。計開：

一、任才能以舉泉政。查得山東地方一帶閘座漕河全賴泉水，今查泉源通共一百七十六處，散在泰安等州、汶上等縣。先年兖州府專設管泉同知一員管理，所以分理主事之任也。近年以來，因各處山水泛漲，大風揚沙及黄河衝決各泥沙，將泉源並泉河多被淤塞，以致泉流微細。又有因水漲衝決河防，致水散溢不歸運河，置之無用。每年雖有濬泉之名，全無實效，要之官不得人耳。查得該府管泉同知見今員缺，行委該府首領官帶管，合無推選廉能素著官員前來管理，庶官得其人，而疏濬修治之功可以責成，泉政其庶乎舉而運河有濟矣。

一、處閘座以均水利。查得山東地方一帶漕河俱設閘座。蓋因地勢高起，水流陡迅，先年相地設閘以濟之耳。百餘年來，地勢水勢不無小有變遷，遞年管理官員，又因稍有不便，未免隨時增改，然增改之間，又爲舊閘所拘，乃致宜於此者不宜於彼。臣今姑舉一二處言之。如天井閘至在城閘止一里三分，在城閘至趙村閘則捌里，是以一里三分之水，而欲濟夫捌里之閘也。棗林閘至南陽閘止一十二里，而南陽閘至穀亭閘則二十里，是以一十二里之水而欲濟夫二十里之閘也。其他閘座間亦類此。雖是相地設置，而太過、不及不應如是之甚。是以閘河之水此盈彼涸，往往稱淺，多緣於此。合無聽臣督同各該官員逐一相度，詢訪中間應照舊者照舊，應改設者先爲土壩，以驗其宜否，如果相應，則興工修閘。原閘官吏人夫即移此處，舊閘且不必廢，但不啓閉，俟其年久行之順利另議，則水道均平而船隻無阻誤矣。

一、砌閘壩以垂永久。查得運河一帶有應設減水滚水障水閘壩及牽路橋梁，而未曾設者，有雖已設止是土壩未曾石砌，每遇水漲衝去，頻年勞民修築者，有已砌石年久未修崩缺者，及沿河堤岸有緊關應用石砌去處而未曾砌者，揆厥所由，蓋因採石之難耳。合無聽臣行移附近州縣，僉取石匠，議定工價，於河道銀内支給，令其赴就近山場採取大小石塊應用，使各處閘壩橋梁及沿河緊要堤岸俱用石砌，不惟工程永固，運河得濟，而人夫亦免煩擾之苦矣。

一、治湖坡以裨運道。查得山東一帶運河，固資泉水通流，而各處昭陽、南（望）〔旺〕、蜀山、馬場、伍丈、安山等湖坡，俱係受水去處，可爲運河之濟。但年久不治，委之無用，甚至淹没地土，反爲民害。又或被人侵占，收利肥己，無補漕河。合無聽臣委官查勘前項湖坡被人侵占者，責令退出還官，督率額設人夫，周圍修治堤岸，使水無散漫；挑濬淤淺，開設閘座，運河有水則停蓄待用，運河少水，則放水入河。其地勢高者，則駕水車運濟，以爲定規。如此則泉源有助，而運河其大濟矣。

一、嚴稽考以革姦弊。查得河道一應銀兩，先年散貯各衙門，多借那借侵欺，無從查考，問有事發者，又監追不完。近該臣議處，通行山東、河南都布按三司，並南北直隸各府，及臨河各州總貯，以便稽考。爲照前項銀兩，若積貯年久數多，稽考未至，未免仍爲各衙門那借侵欺，不得實用。今查已有二十餘萬兩尚未查明，況前項銀兩俱係百姓膏脂，乃不得充公家之用，而爲姦貪之所侵盜，積弊已久，法度安在？合無聽臣通查前項銀兩見在的數明白，各司府州收貯，聽候河道支用，不許各衙門指以別項名色那借，以致浪費，因而侵盜。如此則侵漁之弊革，而錢糧亦得以實用矣。

（明）陳九德《明名臣經濟録》卷九《國朝運法五變邵寶》 國初，海運因元之故，海運不給，於是乎陸運以濟之。陸之爲勞，蓋不減海之險也。及會通河既浚，於是乎有儹運，而海運乃罷。遮洋海運猶不廢焉。然儹運之初，皆支運也。既而議者以爲軍民不便，於是乎有兑運。時支運纔四十之一，而故法幾廢矣。由今觀之，蓋凡五變，而小小損益不與焉，其勢然也。《易》曰：窮則變，變則通，通則久。是故變通之際，君子重之。

一曰海運。

洪武末及永樂初，蘇、松、浙江等處歲粮，俱輸納太倉，蘇州地方。由海道以達直沽。洪武三十年、永樂六年、十二年，海運粮俱有數，見歲運條下。

二曰海陸兼運。

永樂初肇北京，江南粮一由海運，一由淮河入黄河，至陽武，陸運至衛輝，由衛河入白河，至通州。

三曰支運。

先是永樂五年，禮部會官議，北京合用軍餉，本處税粮子粒，并黄河漕運，未能周急，必藉海運，然後足用。即目海船數少，每歲運不過五六十萬石。且未設衙門專領，事不歸一。莫若於蘇州太倉城内專設海道都漕運使司堂上官，於文武中擇公勤廉幹者以充。行移與布政司同各處衛所，見有海船，并出海官軍，俱屬提調，以時點檢，如法整治。奉太宗文皇帝聖旨：運粮的事，再議了來説。至九年，以濟寧州同知潘叔正言，命工部尚書宋禮、都督周長等，發山東丁夫十六萬五千，濬元會通河，自濟寧至臨清三百八十五里，於是漕州始達通州。十年，禮以海船造辦太迫，議造淺船五百艘，由會通河運淮、揚、徐、兖等處歲粮一百萬石，以補海運一年之數。十二年，平江伯陳瑄等始議原坐太倉歲粮，蘇州并山東兖州送濟寧倉，河南、山東送臨清倉各交收。浙江并直隸衛分官軍於淮安運至徐州，京衛官軍於徐州運至德州，各立倉厫收囤。山東、河南官軍於德州接運至通州交收，名爲支運，一年四次。十三年，增造淺船三千餘艘，海運始罷。遮洋船每歲于河南、山東小灘等水次兑運粮三十萬石，内六萬石于天津等衛倉收，二十四萬石内十四萬石連耗折銀六錢，俱從直沽入海，轉運蘇州倉收。

四曰兑運。

先是裏河民運，多失農月。永樂末，始令民運於淮安、瓜州，補給脚價，兑與軍，軍民兩益。衛所出給通關付繳，從巡撫侍郎周忱等議也。宣德八年，參將吴亮言：江西、浙江、湖廣、江南船各回附近水次領兑，南京江北船於瓜、淮領兑。其淮、徐、臨、德諸倉，仍支運十分之四。浙江、蘇、松等船各本司府地方領兑。不盡者，仍於瓜、淮交兑。其北邊一帶，如河南彰德府於小灘，山東濟南州縣於濟寧，其餘水次倣此。

五曰改兑。

成化七年，都御史滕昭議：罷瓜、淮兑運裏河官軍，顧江船於江南水次交兑，民加過江之費，視遠近爲差。十年，議淮、徐、臨、德四倉支運粮七十萬石，改就水次兑與軍船，名爲改兑。每年議派，多準其數，然不爲常例。

（明）陳九德《明名臣經濟録》卷九《漕河圖考陸釴》 《禹貢》冀州夾石碣石，入於河。兖州浮於濟漯，達於河。青州浮於汶，達於濟。徐州浮於淮泗，達於河。山東漕運其昉于茲乎。秦欲攻匈奴，使天下飛芻輓粟，起於黄腄琅邪負海之郡，轉輸北河。漢高祖運山東之粟，以給中都，歲不過數萬石。至武帝通西南夷，滅朝鮮，擊匈奴，城朔方，轉漕甚遠，而山東或被其勞矣。宋初，都汴。京東之粟，歷漕濟及鄆，入伍丈渠，至京師。真宗時，京東分廣濟河，由定陶至徐州，入清河，歷吕梁灘磧之險。至理宗時，於環城作斗門，以遏支流，益泗漕以餉邊軍，而漕渠開矣。元初，開濟州泗河至新開河，由大清利津諸河入海。既而海口沙壅，復從東河陸輓至臨清，入御河。又開膠萊新河，以通海道。勞費不貲，少有成効。伯顔始創海運，與濟州並行。未幾，又用韓仲暉等言，自安民山開河，北抵臨清，引汶絶濟，直屬漳，御名會通河。夫汶水自古東北入海，以致力導引，使南接淮泗，北通白衛，自元人始。然河渠淺澁，舟不負重，歲運不過數十萬石。終元之世，海運不能廢也。

國朝初，給餉遼卒，海運如故。永樂徙都于北，亦嘗行之。後尚書宋禮等復濬會通河，於是漕利通而海運罷，膠萊故道亦遂堙廢。夫河漕誠利矣，然泉源壅塞，有疏濬之勞，堰閘蓄洩，有供役之繁。徐呂洪流之泛溢，淮揚襟喉之扼塞，意外之患，有不可不防者，海運豈可不講耶。是故漕河者，萬世之通利也。海運者，備不虞之變也。膠萊故道者，翼河運以成功也。皆不可廢也。天下之事，居常者必慮變，擇利者必思害，輕重緩急達乎其勢而已矣。獨漕政爲然哉。

（明）王圻《續文獻通考》卷三七《國用考·漕運》 太祖定鼎金陵，凡四方貢賦，各緣其所至，入於江，達於京師。及成祖遷都於燕，百官衛士仰需江南，於是始議立運法，派爲二道：一由江入海，出直沽口，由白河運至通州，謂之海運。一由江入淮、黃河，至陽武縣，陸運至衛輝府，由衛河運至薊州，謂之河運。

國初，海運因元之故，海運不給，於是陸運以濟之。陸之勞，蓋不減海之險也。及會通河既浚，於是有儧運，而海運乃罷，遮洋海運猶不廢焉。然儧運之初，皆支運也。既而議者以爲軍民不便，於是有兑運。時支運纔四十之一，而故法幾廢矣。蓋凡五變，而小小損益不與焉，其勢然也。按五變：一曰海運，二曰海陸兼運，三曰支運，四曰兑運，五曰改兑。俱詳於後。

太祖洪武二年，令户部於蘇州太倉儲糧二千萬石，以備海運供給遼東。六年冬十二月，浚開封漕河。明年春，轉漕粟于陝西。十三年，海運糧七十萬石於遼東。

二十二年，令海運蘇州太倉糧米六十萬石，以給遼東官軍。所謂海運者是也，蓋是時止以餉邊而已。三十年，海運糧七十萬石於遼東。

按是時海船有一千料、有四百料，名鑽風海船。後永樂中改海運，遂改四百料爲淺船，淺船因海船得名。

成祖永樂元年，令於淮安用船可載三百石以上者，運糧入淮河、沙河，至陳州穎岐口跌坡下。用淺船可載一百石以上者，運至跌坡上。別以大船載入黃河，至八柳樹等處。令河南車夫赴衛河，轉輸北京。此變海運之始。

六年，海運糧六十五萬一千二百二十石于北京。時駕駐北平，百費仰之，不但餉邊矣。

十二年，海運糧四十八萬四千八百一十石于通州，又衛河儧運糧四十五萬二千七百七十六石于北京。所謂海陸兼運者是也。

十三年，時會通河成，遂令浙江嘉、湖、杭與直隸蘇、松、常、鎮等秋糧，除存留并起運南京供內府等項外，其餘原坐太倉海運之數，盡改撥運淮安倉交收。揚州、鳳陽、淮安三府秋糧內，每歲定撥六十萬石運至徐州倉交收。徐州并山東兗州府秋糧內，每歲定撥三十萬石，俱令民運赴濟寧倉交收。河南、山東稅糧令民運至臨清倉交收。仍令淺河船於會通河以三千隻支淮安糧運至濟寧倉，以二千隻支濟寧糧運赴通州倉，每歲通運四次。所謂支運者是也。其天津并通州等衛，各撥官軍於通州接運至京。蓋自是海運不復行矣。

先是，遣平江伯陳瑄往湖廣、江西等處造舟二千艘，以從河運。瑄建言造平底淺船，甚稱便焉，歲可運三百餘萬石至京。是時遮洋船每歲於河南、山東小灘等水次兑運糧三十萬石，於天津等衛倉收，二十四萬石連耗折銀六錢，俱從直沽入海，轉運薊州倉收。是年，又令浙江都司并直隸衛分官軍於淮安運糧至徐州，置倉收囤。京衛官軍於徐州運糧，於德州置倉收囤。山東、河南都司官軍於德州運糧，至通州交收淮安常盈倉。本部各委主事一員監督收放。其儧運糧每石俱兩平斛斗收放，官軍儧運止一尖一平，定爲例。末年，瑄復計議，凡民運糧俱於淮安、瓜洲，補給脚價，兑與軍船領運。瑄又奏請于淮安、瓜洲水次，令軍民於此對船交兑，令軍船出給通關，付還與民銷繳。仍令民補脚價，在淮安水次者，每正糧一石，外加五斗；在瓜洲水次者，每正糧一石，加五斗五升。

十六年，儧運糧四百六十四萬六千五百三十石於北京。是年，令浙江、湖廣、江西并蘇、松、常、鎮等處稅糧，除存留及起運南京外，餘糧坐撥一百五十萬石零。糧里人户自備船隻，運赴北京、通州、河西務等處上倉。

二十一年奏准：每歲漕運，以兩運赴京倉，一運赴通州倉交納。

宣宗宣德二年，令浙江、江西、湖廣并直隸蘇、松等處起運淮安、徐州倉糧，撥民自運，赴通州倉。其運糧官軍於淮安、南京支運。

四年，仍令江西、湖廣、浙江民運糧一百五十萬石，貯淮安倉。蘇、松、寧國、池州、廬州、安慶、廣德民運糧二百七十四萬石，貯徐州倉。應天、鎮江、常州、太平、淮安、揚州、鳳陽及滁州、和州民運糧二百二十萬石，貯臨清倉。令官軍支運山東、河南、北直隸府州縣糧經赴北京，其儹運軍船量地遠近，與糧多寡。如淮安上糧，民船十抽其一，徐州十二抽一，臨清十五抽一，給與官軍兼舊船運載。

五年，令河南南陽、懷慶、汝寧三府糧運於臨清倉，開封、彰德、衛輝三府糧運於德州倉交收。

是年，又令江南民糧兑撥附近衛所，官軍運載至京，量其遠近，給與路費耗米。此兑運之漸也。

六年奏准：浙江、江西、湖廣、蘇、松、常、鎮、太平等府僉撥民丁及軍多衛所添撥軍士，與見運軍士通二十四萬，分兩班更替儹運。所謂儹運之初，皆支運者是也。

七年，始立兑運法。

先是，各處糧米民運淮安、徐州、臨清、德州水次四倉交收，漕運官軍分泒官轉運於通州、天津二倉。往返經年，以故民違農業。永樂末，從侍郎周忱議，始令民運於淮安、瓜洲，補給脚價，兑與運軍，軍民兩益，衛所出給通關付繳。後參將吴亮又言，遂令江西、浙江、湖廣、江南等處粮米，各官軍於各附近水次領兑，南京、江北府州縣糧，於瓜洲、淮安交兑。其淮、徐、臨、德四倉，仍支運十分之四。浙江、蘇、松等船，各於本地方領兑。不盡者，仍赴瓜、淮交兑。河南所屬民糧，運至大名府小灘兑與遮洋海船，官軍領運。山東濟南州縣於濟寧交兑，官軍領兑。必量其地之遠近，費之多少，定爲加耗脚米則例。又給以輕賫銀兩，以爲洪牐盤剥之費。許其附載貨物，以爲沿途衣食之資。是謂轉運變而爲兑運也。

是年，又增撥南京豹韜左等衛及各都司直隸衛所軍餘，并見運官軍共一十六萬儹運糧儲。

憲宗成化七年，都御史滕昭議罷瓜、淮兑運，裏河官軍顧江船於江南水次交兑，民加過江之費，浙江等處每正糧一石外加過江米一斗，南直隸等處每正糧一石外加過江米一斗三升。是謂兑運變而爲長運也。

十年，始立改兑法。

先是，江西、應天、蘇、松等處糧，民自運上納淮、徐、臨、德四倉，官軍赴倉支領，運送京通二倉。至是，議抽支運米七十萬石，改令官軍各赴彼水次交兑。

國初，漕額歲運四百萬八千九百九十八石九斗九升二合。

宣宗宣德八年，儹運糧五百餘萬石，通倉收二分，京倉收八分。

英宗正統二年，儹運糧四百五十六萬石，通州收六分，京倉收四分。

景皇帝景泰二年，儹運糧四百二十三萬五千石。七年，官軍兑運糧二百八十一萬三千四百八十石，於淮安、臨清、東昌、徐州、德州有糧倉收，支運一十一萬六千二十石三斗，共運糧二百九十二萬九千五百五十石三斗，內遮洋船運糧三十萬石，以二十四萬石於蘇州倉收，六萬石於京通二倉收。

英宗天順四年，儹運糧四百三十五萬石，內兑運三百六十三萬八千二百石，淮安、臨清、徐州倉，支運七十一萬一千八百石，內遮洋船運三十萬石，以二十四萬石於蘇州倉收，六萬石於天津等衛倉收。

憲宗成化八年，定儹運糧每歲四百萬石。

孝宗弘治二年，儹運糧四百萬石，內兑運二百三十萬石，支運七十萬石。

武宗正德六年，儹運糧四百萬石，內兑運三百三十萬石，改兑六十三萬三千石，支運倉糧六萬七千石。

世宗嘉靖元年，儹運糧四百萬石，內兑運三百三十萬石，改兑六十二萬九千四百石，支運倉糧七萬六百石。

二十八年，見行議單每漕運四百萬石，內該兑運三百三十萬石，改兑七十萬石。

各省直兑運數

浙江六十萬石，江西四十萬石，湖廣二十五萬石，內折色三萬七千七百三十四石七斗。應天府一十萬石，蘇州府六十五萬五千石，松江府二十萬三千石，常州府一十七萬五千石，鎮江府八萬石，寧國府三萬石，池州府二萬五千石，廬州府一萬石，淮安府二萬五千石，太平府一萬七千石，安慶府六萬石，鳳陽府三萬石，揚州府六萬石，徐州三萬石，山東二十八萬石，内折色七萬石。河南二十七萬石。内折色七萬石。

各改兑運數

江西一十七萬石，應天府二萬八千石，蘇州府四萬二千石，松江府二萬九千九百五十石，廣德州八千石，鎮江府一萬石，淮安府一萬一百五十石。以上舊俱運淮安府常盈倉。浙江三萬石，揚州府三萬七千石，鳳陽府三萬三百石，徐州一萬八千石，鎮江府一萬二千石，淮安府六萬九千石。以上舊運徐州廣運倉。山東二萬六百石，河南五萬石。以上舊運臨清廣積倉。山東七萬五千石，河南六萬石。以上舊運德州倉。

又支運米六十四萬四千八十三石三斗。

天津倉米六萬石。薊州倉本色米十萬石，折色米一十四萬石。密雲鎮米一十五萬四千八百一十石八斗。昌平鎮米一十八萬九千二百七十二石五斗。以上即上兑運内數。

又預備米一十九萬四千四百石。

臨清廣積倉收山東五萬四百石，又河南六萬石，德州德州倉收山東六萬石，又河南二萬石。

漕運總數

漕運先年俱民運淮、徐、臨、德四倉，軍船接運入京通二倉，名爲支運。永樂末，始令民運赴淮安、瓜洲，補給脚價，兑與軍船領運，名爲兑運。其四倉仍十之三四。後兑運漸增，又令軍船各回附近水次領兑，民加與過江脚價，視遠近爲差。成化十一等年，改四倉米七十萬石令各軍徑赴水次領兑，名爲改兑。其兑運中，又分支運米與天津、薊州、密雲、昌平。其正額外，又有預備米貯於臨德二倉。歲運米四百萬石，北糧七十五萬五千六百石，南糧三百二十四萬四千四百石。内兑運三百三十萬石，改兑七十萬石，除例折外，每年實通運正耗糧五百一十八萬九千七百石。前項兑糧米，倘災傷等項停免，聽各該巡撫官，如蘇州府有災該免，則於附近松江、常州等處撥補足數。安慶府有災該免，則於附近太平府撥補足數。其餘府分有災，俱照此例凑補。候災傷府分有收，仍照撥補之數徵完。如果附近府分各有災傷，無處凑補，漕運就將臨德二倉收貯糧米照數支運，務要不失原運四百萬之數。漕運總兵官萬表疏，舊例漕運糧四百萬石，倘有災傷等項停免，於附近府分撥補。附近府分各有災傷，就臨德二倉照數支運，庶不失原運四百萬石之數。續以臨德二倉糧米有限，故准折銀。臣愚以爲，理財之道，莫要于本折通融。如豐年米賤，全運本色，遇災傷量減折色，而本折相兼爲用，國計亦不爲無補。漕運糧斛，除河道工役之費，其輕賫耗米，并脩造淺船糧銀、官軍行月等糧，率四石致一石，艱難險阻，實不易得。如今年支運京軍月糧每米一石，不過易銀三錢，難得而賤用，似爲可惜。若以先年所收折銀，每石七錢者作二石放支，候至米貴之年，方放本色，則軍需實濟矣。【略】

加耗輕賫數

兑運米

江西、湖廣、浙江每石加耗米六斗六升，又兩尖米一斗，共七斗六升。内除四斗隨船作耗，餘米三斗六升折銀一錢八分，名三六輕賫。

江南直隸并江北廬州等府每石加耗米五斗六升，又兩尖米一斗，共六斗六升。内除四斗隨船作耗，餘米二斗六升折銀一錢三分，名二六輕賫。

山東、河南府州縣每石加耗米三斗一升，又兩尖米一斗，共四斗一升。内除二斗五升隨船作耗，餘米一斗六升折銀八分，名一六輕賫。

已上輕賫銀俱備運軍盤剥費用。後濬通惠河成，始立減扣之法。除一六照舊外，其二六者，原餘米二斗六升減去二升，改爲二四輕賫，於内仍扣銀一分。三六者，原餘米三斗六升，減去二升，改爲三四輕賫，於内仍扣留銀二分。扣留者，以備修理通惠河閘座等項支用。量減者，以寬民力。

改兑米

浙江、江西每石加耗米四斗二升，應天并江南直隸每石加耗米三斗二升。

北直隸每石加耗米二斗七升。

已上各加耗内，各折米二升易銀一分，名折易輕賫銀，餘俱本色。

徐州每石加耗米二斗二升。

山東、河南每石加耗米一斗七升，遮洋船一斗五升。

已上俱本色。凡改兑糧盤剥之費，各空本總兑運輕賫銀與各折易銀兼支，名爲空貼。

宣宗宣德八年，令兑運民糧加耗。湖廣每一石八斗，江西、浙江七斗，南直隸六斗，江北揚州、淮安、鳳陽五斗，徐州四斗，山東、河南三斗。若民自運至淮安、瓜洲等處兑軍者四斗。十年，令湖廣、江西、浙江耗米俱六斗，江南直隸五斗，江北直隸四斗，徐州三斗五升，山東、河南二斗五升。又令各處起運京倉大小米麥，先封乾圓潔浄樣米送部轉發各倉收候運糧到日，比對相同，方許收納。

英宗正統元年奏准：兑運糧加耗，江北淮安、鳳陽四斗五升，浙江、蘇、松等府民自運至瓜洲兑運者三斗七升，淮安者三斗，餘如舊。

十三年，令湖廣、江西、浙江加耗俱六斗五升，江北揚州、淮安、鳳陽四斗五升，河南民糧於蕭縣水次兑者四斗，民自運至瓜、淮等處兑軍運者三斗，其兑運料豆加耗亦准此例。

憲宗成化六年，奏罷蘇、松等府民運糧，仍舊軍運。

十年，令湖廣、江西、浙江加耗每石四斗，應天并江南直隸各府一斗五升，徐州二斗，山東、河南一斗五升。

十一年，罷民運淮、徐、臨、德等倉糧，令軍船徑至水次領兑，運送京通二倉交納。

二十三年，令改造遮洋運船爲淺船，從新河儧運。其運糧并人夫亦照淺船例均泒，每船旗軍十名。

孝宗弘治二年，令官軍上納京通二倉糧，兑運者加耗七升，改兑者四升，支運并遮洋船仍舊一尖一平收受。

十八年，詔明年漕運米以十分爲率，内二分照例折銀，以蘇民困。

武宗正德十年奏准：輕賫銀兩，各司府州縣每年各隨正糧一併兑完，方許出給通關。

十六年奏准：各處原泒臨清倉民運糧七萬六百石，今後照數徵完，就於各水次聽漕運衙門撥到軍船交兑，不必民運到倉。

世宗嘉靖五年，令以顯陵衛原運湖廣正糧二萬三千九百三十四石七斗折銀，解赴太倉收納，船隻泒與無船衛分撑駕。

六年奏准：開濬通惠河，修理閘座，築堤立壩，造船盤剥，以便糧運。每年二月，本部請敕給赴通倉坐糧員外會同巡倉御史督理，其各總輕賫銀兩照例驗給，扣省脚價，解部轉送太倉銀庫交收，以備修河等項支用，羡餘銀兩給散運軍。

八年議准：湖廣、浙江、江西、江南、江北等總漕運衙門，各將解到輕賫銀兩量給十分之三，責付把總收領，以備官軍沿途盤剥之費。七分照舊驗封，候完糧扣筭。其山東、河南輕賫不必先給。

又議准：官軍過江領兑蘇州等處糧米者，江北三總并廬州衛，每石過江脚米一斗三升，南京兩總並鎮江衛，每石七升，其廬州衛本府兑者六升。

十一年題准：遮洋額運本色米，除六萬石原運天津外，其運薊州倉一十萬石，將數内四萬石，每石連耗徵價銀九錢，遇放支官軍，附近衛所給與本色，其太平寨、燕河營等窵遠去處，與本色相兼支放，每石折銀六錢五分，扣除銀兩通融支放。

十二年，又議准：自本年爲始，過江脚米一斗三升内，將七升每斗折銀六分，以爲顧船之資。六升仍舊本色，以爲過壩盤剥之費。

十六年，又議准：兑運糧米照舊分泒，京倉七分，通倉三分。改兑京倉四分，通倉六分。合貼脚價，於兑運輕賫銀兩照舊挖給。

漕運程限

憲宗成化八年，令運糧至京倉北直隸并河南、山東衛所，限五月初一日。南直隸并鳳陽等衛所，限七月初一日。若過江支兑者，限八月初一日。浙江、江西、湖廣都司衛所，限九月初一日。其把總都指揮及領運千百户等官，違限二十日以上，住俸待罪。若連運三年違限者，遞降一級。二年不違限者，量加獎勵。三年不違限者，量加旌擢。俱奏請定奪。

孝宗弘治八年奏准：各處兑運糧，每歲布按二司及直隸府州縣管糧官督屬徵收，年終赴運水次，候正月交兑。初違限一年、二年者，附過還職。連違限三年者，以罷軟起送吏部。其各該分巡分守管糧官員以十分爲率，五分不完者，亦照此例。管運官照府州縣例，把總官照分巡分守例，連違限三年，聽漕運衙門黜退，不許管軍管事。

武宗正德五年，令漕運衙門以漕運水程日數列爲圖格，給與各幫官員收掌，逐日將行止地方填註一格，同原給幫帖送部查考。事完送漕運衙門查繳，無故違悞，運官住俸問罪。若有司交兑遲延，罪歸有司。

世宗嘉靖二年，令自今年爲始，部倉查各官到部完納月日，比先早一月者，指揮等官量加犒勞，三次俱早一月，把總等官於實職上陞一級。比先年遲者，即送法司問罪，照例發落。

八年，又議准：南直隸浙江坐派起運内府各監局及吏部等衙門細熟白糙粳糯米等，每年十月終徵足差官，十二月以裏開船前來交納。如違，照兑運事例參奏治罪。

十四年題准：今後一應兑軍改兑秋糧，務在及時派徵，依例限運赴水次，聽候交兑。若正月終有司無糧軍衛無船者，府州縣掌印管糧官、領運指揮千百户各住俸半年。二月終無糧無船者，問罪，住俸一年。延至三月終船糧不到，府州縣掌印管糧官、領運指揮千百户提問，降二級。四月終船糧不到，不分多寡，連布政司掌印管糧官、領運把總通降二級，文職起送吏部別用，軍職發回原衛帶俸差操。【略】

漕運月糧

成祖永樂十三年，令各衛所運糧官軍行糧，每員名不分遠近，俱支三石。以後增減事例不同。

世宗嘉靖十七年議准：今後運軍月糧，先將應徵存留糧斛依期徵給，如徵有不及或災傷停免，聽將倉庫別項錢糧預行通融處給。其行糧例該本處關支者，雖派別省兑運，仍舊在於本處。若兑本省原議水次隨支者，俱要預期徵完，隨同正糧一并交兑。如果徵收不齊，行糧每石折銀五錢，月糧查照彼中折筭處給。

漕運漂流

世宗嘉靖八年議准：沿途遇風損壞船隻，漂流糧米，許赴所在官司具實陳告，掌印官親詣漂流處所，勘實具奏。仍候本部轉行巡按御史覆勘明白，方許除豁。如有乘機侵盜，扶同勘報情弊，就將漕運官軍并有司官吏通行參送法司問罪，俱發邊衛充軍。

又議准：漂流糧米例該減除。通州上納者，如遇通州倉缺廒，仍令赴京倉上納。每漂流一百二十石，免曬一千石，亦兩平收受。每石計省曬折米五升，并耗米七升，共一斗二升，以補漂流之數。前項米石，俱不挨陳先行放支。

漕運雜行

宣宗宣德十年，令漕運總兵官每年八月赴京議事。

周忱《言行録》云：宣德間，公爲工部右侍郎，巡撫南直隸。初，蘇州府税糧負欠七百九十餘萬石，常、松亦然。公至，詢父老。皆云蘇、松民俗，大户不出加耗，以致小户連累納欠。公乃使大小户一例加耗，官降斛斗久失，糧長往往私造，大入小出。公奏行南京工部，鑄造鐵斛，發屬縣依造木斛，較勘烙印，給與糧長收概，於是出入均平。蘇州糧額二百九十餘萬石，公同知府況鍾奏減八十餘萬石。舊例不許團局收糧，糧長自徵收。公曰：此負欠之由也。遂令各縣於水次置圍編囤聚一處，推糧長一人總之，名曰總收。定與加耗，總徵平米上囤，每囤設糧頭、囤户各一名管收，置立撥運文簿，支撥起運。加耗者，正糧一石，收平米一石七斗，候起運之時，酌量支撥。如京通等倉遠運，正米一石，支與三石。臨清、淮安、南京等倉，以次定支。置立綱運文簿，聽其剥淺等項費用填註回銷支撥。羡餘存積在倉號曰餘米，次年餘多，令加六徵收。又次年益多，令加五。除依前撥運外，猶有附餘，令各縣造倉一所，名曰濟農，將遞年餘米入以補賑濟。

英宗正統十三年，令各處兑運民糧，每二石與新蘆席一領。其淮安等處倉支運者，每二石領墊倉舊席一領。至京通二倉，每百領除損壞止納七十領。

憲宗成化六年十月，户部會官議巡撫漕運等官所陳事宜。其一，蘇州、松江、常州及嘉興、湖州五府輸運内府白熟粳糯米，并各府部糙粳米，每歲十六萬石，俱官給以船。今經沿途甎廠鈔關，必欲如民船帶甎納鈔，兼遇水涸守閘，又爲運軍凌逼。及抵揚州等處，則攬頭包攬，巧肆刻削。是以留滯日久，困於負貸。請罷帶甎納鈔之例，及禁包攬之害。仍移文漕運官，令軍民船皆魚貫而行，其有漂流糧米，以該納京倉者改納通州，省脚價以補其數。上從之。

萬表云：太倉起剥則例，一廒兑正糧一萬二千石，每石加耗米七升，共計八百四十石。約定四百八十石作正支銷，餘准作耗數内扣五十石，或一百石。其欠二百石以上，經歷官撻甲斗級照欠數多寡，責治有差。數外間有餘剩者，則是多收之數，不敢別作支銷，節年於倉中隙地掘窖埋之。後主收者日苛，剩餘者漸多。嘉靖十三年，周侍郎叙初督倉場，見餘米歲埋歲多，心切惜之。乃言於大司徒梁公材公曰：此出耗米附餘四百四十石之外，若欲具題作正支銷，主收放者法應參究。況起此附餘之端，他日害大計矣。寧復棄之，不敢作俑也。周乃貯之空厫，以數作一手本報部，公亦不受，令總督廳自計。乃知老臣固識體耳。夫每厫明交耗糧八百四十石，以其不得盡耗，責以四百八十石附餘，作正支銷。然或缺少，亦止於責治而已，不爲深究，蓋恐後之流弊至於多收也。宣德年間，京通二倉收受斛米一尖一平，尖斛淋尖，平斛概行。後將淋尖斛外餘米俱要入官，有虧旗甲。至元年參將袁佑奏，要每石不分平尖，明加一斗，俱各鐵斛收受。户部題奉欽依，只加耗五升。此佑之見，惟目前之圖，而無長久之慮，彼當事者有存寬厚之意耳。至二年，又該户部題准加八升，今載入議單，每石兑運加耗七升，則原爲尖斛而增，今于加耗之外，復收斛面以爲附餘，則是耗外又有加耗矣。正德十六年，表總浙運，時每石只加七升，以進倉便觳交納，常有餘剩之米照出。今每石加二五，進倉尚有掛欠，若不革去耗外斛面，行概平收，則軍逃運敝，雖有善者，亦無如之何。蓋雖取之斛面餘米不多，而國計根本所繫，爲害者大。此只十數年來之弊，老成籌國者固當革弊以存大計可也。

孝宗弘治十八年，令張家灣水兑糧米脚價，每石原定一錢者減作八分，天津衛寄收糧米脚價，每石原定一錢五分者減作一錢二分。其扣下京衛事故官軍兑支不盡正耗之數，及明加免曬折席等項，有米者俱准運赴通倉上納，無米者每石折銀五錢，與脚價銀兩俱送太倉銀庫交收。

武宗正德九年奏定：起旱脚價自張家灣至京倉，晴乾日每銀一兩，起載米一十七石，陰濕一十三石。天色初晴，道路猶濕，一十五石。張家灣里兒寺至通倉，每銀一兩，起載三十三石。長店兒至通倉四十石，灘子里至通倉五十石。自十年以後，各總運船到灣之日，即將前項脚價於户部委官處驗封交收，以憑支給。

世宗嘉靖八年議准：司府州縣管糧官各於水次同兑運官，將成化十五年原頒降永爲法則字様鐵斛與依式成造印記木斛較量相同，就便交兑。如有將私造大斛用强交兑者，監兑官及撫按官依律照例拿問。

又議准：把總、指揮、千百户等官索要運軍常例銀兩，科索至十兩以上者問罪，降一級；二十兩以上者，降二級；四十兩以上者，降三級，發原衛帶俸差操，再不准用；至五十兩以上者問罪，發邊遠充軍。跟官、書筭人等科索軍士銀兩，侵欺入己，至十兩以上者，問發永遠充軍。

又議准：兑軍民糧交納蘆席，以三分爲率，二分納本色，一分折銀，每領折銀一分。又每米二千石，納楞木一根，松板九片，亦以三分爲率，二分納本色，一分納銀。每板一片，折銀二錢五分。俱隨糧收受，出給通關。其銀太倉銀庫另貯，以備修倉等項支用。薊州、天津四倉蘆席與京通倉例同，松板、楞木每船交納用銀八錢。

又議准：通惠河經紀船脚每糧一石，銀二分一厘一絲八忽二微，六閘水脚每石銀九厘一毫三絲九忽一微，車户車脚每石銀一分四厘八毫四絲二忽七微，京通倉歇家包囤每石銀八厘五毫，曬夫飯米每船一兩一錢。小脚耗糧到囤，每石四厘。僱人抱籌抬斛打捲，每石七毫。買墊囤葦把，每船二錢。買掀掃把斗，每船三錢。軍斗籌價，每石銀五厘。京倉蓆板隨船帶至大通橋，蓆令車户帶運備雨，每板一片、木一根，各准米一石起脚。京通倉運官交糧紙劄銀，每處二兩。官軍房水銀，指揮三兩，千户、百户各二兩，旗軍每船京倉一兩二錢，通倉一兩。各該把總遇糧運到倉呈驗輕賫之後，先將前銀交送京通二倉坐糧員外收貯，提督官給發印信文簿各二扇，一扇查收，一扇查給，在運官者領用，在倉中者歇脚領用。

邵寶曰：我朝運法，所謂法者，即今支運是也。故有淮、徐、臨、德水次四倉，以受民間輸納。運官者於斯領焉，歸於京通二倉。雖遇災傷，民有免徵，而軍無免運。支者不必出當年之民納，納者不必供當年之軍支。蓋通數年以爲裒益，雖歲有豐歉，而常數不缺。及支變爲兑，繼而又有改兑，向者轉輸，今也直達，泒徵免納，叢於一歲之中，於是軍無餘力而缺於常數，豈得已哉。若今南有非常之水，北有非常之寇，則又不待論也。當是之時，所謂變通者無他，不過漸復支運之法而已。支運之難，難於脚價不足，則糧不自行，其理然也。苟能預處脚價，以擬兵荒之事，於舊例支運七十萬石之外，每遇兑缺，則支以補之，歲不失四百萬石之數，此於國計爲便，不可不慮而處之也。

脚耗輕賫新例

今上萬曆元年題准：江北三總泒兑南糧，原定脚米一斗三升，顧覔江船。今瓜洲建閘，徑赴水次聽兑，蠲免七升，止徵六升。其南京各衛通到水次，原徵七升，今免一升，止徵六升。

二年題准：各處隨糧輕齎銀通解漕司，內將三分給運官，其七分選定解官，稱驗明白。各令入鞘，類至十萬上下，裝入標船，星夜越幫前進，送通倉坐糧郎中稱過寄庫，候該幫船到，驗給運官完糧。其山東、河南者原不過淮，責成臨清兵備差官陸路解進。

七年，令輕齎銀兩照議單分爲三七，以三分給本幫，備船沿途乞貼等費，其羨餘兑給回南旗軍一分，餘候完掣通關之日，查無掛欠，亦便與運官領回分給，不必扣貯。

十一年，以江西饒州等五所淺船改并進賢水次修造，免徵過期湖米銀。

十三年題准：輕齎羨餘銀舊例一分解准，二分給軍。今照萬曆七年例，惟山東遮洋二總每船仍止給銀一兩。中都、錦衣、旗手、上江、下江、淮大、揚州七總，原議每船一兩五錢，今增五錢，共二兩。浙東、浙西、湖廣、江西四總，原議每船三兩，今增一兩，共四兩。其扣省銀兩，京倉八項，通倉六項，照舊扣除。

新定漕規

今上萬曆元年題准：湖廣、衡永、荊岳、長沙漕糧，原在城陵磯交兑者，改并漢口水次。

十一年，改漢口交兑於金沙洲陳公套水次。

凡樣米，萬曆四年議准：各處樣米山東、河南限正月，江北直隸限二月，江南直隸限三月，浙江、湖廣限四月，各分頭幫解送總督衙門，收候運糧到日，轉發各倉比對。

凡運糧程限，萬曆二年題准：舊例湖廣、江西、浙江三總限三月過淮者，多與黃水相值，今定限二月過淮，如違，查久近分別治罪。

凡優恤官軍，萬曆七年題准：領運等官應給盤纏，但經以贓私不法參論者，盡行停給。完報違限三月以上，而過淮先期，依期與。完糧不違限，而過淮後期，及淮北例不過淮，而完糧違限三月以上，各給一半。過淮後期，完糧違限三月以上，給與三分之一。完糧違限五月以上，不論過淮先期，盡行停給。運軍應得羨餘，姑准給與。其停扣銀兩，俱類解太倉。十二年議准：運軍中途病故，預支安家月糧，俱免還官，仍優恤二年。其遺下行糧，給本船旗軍以充顧募，免下年扣除。若中途脱逃者，獲日問罪，仍追安家月糧還官。又議准：運軍土宜，監兑糧儲等官水次先行搜檢，督押司道及府佐官員沿途稽查，經過儀真，聽儹運御史盤詰，淮安、天津聽理刑主事兵備道盤詰。六十石之外，俱行入官，前途經盤官員狥情賣法，一併參治。其餘衙門俱免投文盤詰。

凡漂流，萬曆元年議准：凡官旗漂流船糧，即赴所在督押司道陳告，當日委官親勘具奏。收糧之日，減除免曬處補。若未經奏到，雖有執照，即係假捏，不得一概混支。其起欠、掛欠明係侵欺，與漂欠不同，不得妄援前例。六年題准：如遇漂流，在楊子江者，先赴□□把總處具告，一面赴督押司道官處告委。有司相去一百里者，限二日，一百里外者，限四日勘實，呈漕司，即與具奏除豁。如有違限扶捏等弊，即將勘官參問，官旗分別捏報漂欠虛數多寡，問擬重罪。其河道漂流者，即令本幫補納，不敷，量動概幫潤米攤補，不得一概奏豁。十二年議准：漕運官軍如有水次折乾，沿途盜賣，自度糧米短少，故將船放失漂流，及雖係漂流，損失不多，乘機侵匿，捏作全數，賄囑有司官吏扶同奏勘者，前後幫船及地方居民有能覺察告首，漕運官司查實給賞輕齎銀十兩。官軍不分贓數多少，俱照例發邊衛永遠充軍，有司官吏從重問擬。仍行原衛所，將失事之人家產變賣抵償，不許輕扣別軍月糧，以長姦惡。前後幫船知而不舉，一體連坐，仍于正犯所欠錢糧內責令幫賠十分之三。又議准：漂流糧米三千石以上，提問把總官，不及數者，止提問本管官旗。又議准：漕運把總、指揮、千百户等官，如有漂流數多，把總三千石，指揮及千户等官全幫領運者一千石，千户五百石，百户、鎮撫二百五十石，俱問罪，於見在職級上降一級。有能自備銀兩不費別軍羨餘當年處補完足者，免其問降。若願隨下年糧運補完，亦准復職。止完一半，准復一級。三年內儘數補完，亦准復原職。

凡掛欠，萬曆二年題准：掛欠官員果故絶無人承襲，將原欠糧銀除豁免追。以後把總官任內如分毫顆粒掛欠，縱陞遷，不許離任。敢有朦朧赴任者，參提革任，問罪監追。十二年議准：運糧官旗掛欠數多，把總名下三千石，或銀一千五百兩以上；指揮名下及千户等官全幫領運者一千石，銀五百兩以上；千户五百石，銀二百五十兩以上；百户、鎮撫等官二百五十石，銀一百二十兩以上，各遞降一級，每一倍加一等。有能當年補完者，通免降級。如下年補完及三年內全完者，准奏復原職。其一應提問官旗，各省及直隸江南衛分，行各該巡按御史，南京并江北衛分，行漕運衙門，各就近提問，以便完結。

漕禁新例

今上萬曆九年題准：備行各監兑官及兼理漕運御史，將該兑糧米眼同州縣官并運官看驗明白交兑，取具有司結狀，運官領狀，備將緊要數目字樣用印鈐蓋，各一樣四本，一存監兑委官，一送漕運衙門，一送户部，一送總督衙門。案候收糧，如米色與結狀不同，即係官旗挿和，若有司縱容糧長將爛米搪塞，不肯從實結報，各從重參究。

十二年議准：軍旗有欲呈告運官不法事情者，許候糧運過淮并完糧回南之日，赴漕司告理。如赴別衙門挾告詐財者，聽把總官就拿送問，該徒罪以上調發邊衛充軍，另拘户丁補伍。

又議准：漕運官軍敢有水次折乾及中途糶賣，以致抵壩起欠及臨倉掛欠者，即係侵欺，除正犯查照律例問擬外，其餘官旗仍各總計名下欠數，總小旗欠一百石，問發哨瞭。百户、鎮撫欠二百五十石，千户欠五百石，指揮及千户等官全幫領運者欠一千石，把總官欠三千石，俱問罪，降一級，發原衛所帶俸差操。有能臨時設法買補完足，止作折賣，正犯各官旗免罪。其雖不係侵盗，但有虧折，俱照前例擬斷。若總欠數多，及粗惡不堪至三萬石以上，總督、總兵等官另行奏請定奪。

又議准：漕運把總、指揮、千百户等官索要運軍常例，及指以供辦等費爲由科索，并扣除行月糧與船料等項值銀三十兩以上者，問罪立功五年，滿日降一級，帶俸差操。如未及三十兩者，止照常科斷。其跟官、書筭人等指稱使用科索軍人財物入己者，計贜論罪。如至二十兩以上，發邊衛充軍。

又議准：衛所官完糧後，備造支銷數目呈報稽考。若有造報不明及侵欺靠損情弊，許運軍指實首告，各查照律例從重問擬，把總官失于覺察，參問治罪。

又題准：凡漕運錢糧，有侵盗銀三百兩，糧六百石以上，俱照侵盗本律，仍作真犯死罪。係監守盗者斬，係常人盗者絞。

民運

今上萬曆九年議准：行漕司及各巡撫，將江南五府應運白糧，令各糧長仍顧五百料中船，勿令夾帶私貨。應得水脚當官議定，先給一半，其餘印封，船過徐州總部官驗給。

又題准：每歲解京白糧，務點殷實糧户正身解納，不許棍徒包攬。應運米數先儘本名，如有官户銀米，責令運送倉庫轉給領解，以杜短少賠累。船隻許令糧長自顧五百料中船，每百石定給銀三十三兩，埠頭等役悉行查革。經過鈔關，如果止于土宜四十石，免其納税。糧至丁字沽以北，河西務主事即照軍糧所定脚價撥船起剥，經紀搬抗過壩，不許仍前寄囤。如有積棍攬解、歇家科擾等弊，聽巡視科道參究。糧完之日，解户批單給發部運官領回類繳，各有司不必監比家屬，仍刊稽弊文票，聽巡倉御史查給稽繳。

穵運

今上萬曆九年題准：奠靖倉原撥漕糧十五萬石，內將二萬石自沙子營陸運改撥居庸倉收貯，轉放居庸、黄花、横嶺三路官軍月糧，以免召商勞費。其搬運脚價，奠靖倉每石銀四分，今每石加一分，共加銀二百兩，責令殷實商役領運。

十一年議准：營州左屯衛官軍月糧遠赴通倉不便，自萬曆十二年爲始，每年漕糧到日，通州管糧郎中撥發二千五百石，就令昌鎮運糧經紀自通州水運至順義縣小東莊，每石給脚價銀三分七厘五毫。自小東莊陸運至城，每石給銀五厘。俱在隨糧輕齎銀內動支，該衛官軍逐月關領。

（明）王圻《續文獻通考》卷四〇《國用考·海運》 初，海運猶仍元舊，自會通河成報罷。嘉靖中，分巡王獻濬膠萊故道，燒鑿馬家濠十五里，達于麻灣，工未竟而止。隆慶五年，議因其故（門）〔開〕新河，令江南之糧由淮安、清江、浦口，歷新壩口、馬家濠、麻灣口，至海倉口，徑抵直沽天津，止一千六百里，半從河行，其海行者，止由海套，不泛海洋，惟馬家濠、分水嶺二處開鑿爲難，遣科官勘報，以無源水多沙磧而止。萬曆初，亦有建議行之者，以費不貲報罷。

巡按山東御史商爲正議，欲從元人故河引潤泉瀦水通漕道，但南海由海口至店口三十餘里多沙，自麻灣以上係沽河流沙與土沙互壅，麻灣以下則金海中隨潮湧進淖沙，勢俱難處。欲由把浪廟北古路溝另開二渠至鴨緑港，纔避麻灣十三里之沙，由鴨緑港迤南尚有沙洲，見露水中，即空舟尚不能行，況古路溝未挑通，地脉相似，安知下無沙，安保他日海沙不湧入。北海海倉口龍王廟前沙數十里，許用徒夫及昌邑夫三千餘人，撈二十餘日，給過工食二千二百兩，去沙僅二尺，路止二里。沙堆積岸上，大潮一至，沙壅如故。且復議築堤約水障沙，不知海口之堤，用土則勢不能當，用石則費不可計。分水嶺自嘉靖十七年至隆慶五年節次勘測，皆高海面五丈以上，上接白河流沙。先年胡給事中謂流來之沙旋挑旋壅，況沙中乃有石，沙見水則可摶濕泥帶水，即成稀滋軟土，故役人言地底有泉，泉内有沙，工力難施。夫海口之沙，既欲避而不可得，兩海之潮，又勢遠而不能通，縱欲引附近張魯河、白河、膠河、都泊諸水以益之，而春夏旱乾俱各微細，既不足恃，秋澇沙壅輒復爲患，徒費挑濬。奏聞報罷。

嘉靖中，河道都御史于湛云：海運由浙西，不旬月可達都下，較之河運費省而功倍，丘文莊言之詳矣。近年言者多厭河運之勞，欲舉文莊之策，乃猶有以海運爲不便者，謂文莊計漂溺之米而不計漂溺之人，故以海運爲便，不知米漂，而載米之舟、駕舟之卒、管卒之官能獨免乎。考《元史》至元二十八年海運漂米二十四萬五千六百有奇，至大二年漂米二十萬九千六百有奇，即如文莊言，每舟載米千石，用卒二十人，則歲溺而死者殆五六千人。此殘虜之所以忍於華人也，柰何華人亦忍於華人哉。河運之費於人，所謂人亡人得，損上益下，王者以天下爲家，又奚恤也。且今之黄河經行河南之祥符，去衛河僅七十里，鑿而通之，萬夫一月之力也。議者徒以衝決爲難，竊以爲黄河之難，不難於海也。夫今之黄河，固古之運道也。古固北而今始南遷也，在古則宜，在今則否，在南則利，在北則否，在民則可，在公則否，在海則易，在河則難，吾不知其何説也。

嘉靖三十一年，給事中賀涇上疏云：海運之説，不講久矣，一旦而議之，未有不駭且疑者。然使如先臣丘濬所謂，泛登州，由沙門島，蹈風濤不測之險，以犯倭寇出没之區，是非不可講，而亦不忍講也。若新河既開，有通運之利，而無冒險之害，則亦何所憚而不爲哉。訪之膠州近淮，人呼爲南海，萊州近天津衛，北人呼爲北海，自南海而至淮僅五百里，商舶往來，百貨貿易，迅風三日可達，今膠已成巨鎮矣。此則由海之岸而非大洋也。自北海而達天津僅六百餘里，泉貨所必經，商賈所共由，順風五日可達，今亦已成坦途矣。此則由海之夾渠而實非海也。然前此不通運道，何哉。蓋自膠州之南海以達滄州之北海，中間不通者百七十里之間，見有新河一道，可以行舟。而未之通者，由馬家濠十五里爲梗耳。濠底土石頗堅，難於濬闢，若併力疏濬此河，則南北轉運之通特易易耳。嘉靖十四年，山東海道副使王獻鋭意訪求，曾經督率工力專鑿馬家濠，功已半成，以遷代去，繼之者不能就其功，海濱之民至今稱惜。乞遣官親詣膠州海口，由馬家濠抵新河，訪求故蹟，加工開鑿，則一勞永逸，寔貽萬世無疆之美。不報。

平度州崔旦伯《海運議》曰：自南直隸淮安府淮河入支家河至漣子口河，計三百八十里，入於海。由海至山東安東衛，至膠州麻灣海口二百八十里，風帆一晝夜自淮抵膠矣。由麻灣、膠萊河至海倉大海口三百五十里入海，大海口至唐頭一百二十里，唐頭至小聖廟洋二百里，小聖廟洋至北直隸小直沽河八十里，又一百五十里抵天津衛丁字沽，風帆二日夜，海倉亦抵天津矣。通計一千四百餘里，而海洋之中不過六百里耳。回視登萊故道，風濤萬里，洋礁蝟集，勢之險易懸絶，所可慮者，膠萊河之淤塞阻滯不通耳。嘉靖十一年，御史方遠宜巡歷登萊，訪茲遺跡，爲圖表之，而新河之名肇矣。嘉靖十七年，副使王獻慨然身任，飭材鳩工，建閘石基址，而新河之事興矣。自此之後，商賈雲集膠州平度，鄰境十數郡邑之民仰給攸賴。上年聞倭寇之變，海防禁之，且議者有欲引濰水於上流，又艱於地勢之下，有以分水嶺之高險而難於取鑿，有以馬家濠苦頑石之嶙峋，有以麻灣海倉口慮潮沙之流動，有畏秋溢之淤塞，有主丈尺之高下，有論工役之重大，紛紛不決。愚以爲，東塞沽河，西塞濰河，可以復海運，避萬里風濤之險。馬家濠石峽五里，王獻開鑿將成，偶爲當道所阻，事不底績。或欲兩頭置閘，以蓄潮水，通舟避險，亦有可講者。但曠日持久，徒費工役。近來客船多由薛家島迤東淮子口大洋轉尖入麻灣口，自把浪廟入龍家屯石喇灣，雖小石里餘，亦易爲工。五里至陳村閘，舊時有壩，過沽河水不得東行，而海潮止此不北矣。大沽河淤壩，漢唐以來，古蹟尚存，捲掃打壩，横遏沽水南下。若大雨時行，沽水泛溢，則開閘以防其横流。春夏之交，河水淺澀，則閉閘以達其清泒。由小閘口入桃河十五里，入吴家口以厚分水嶺以南水勢，分水嶺乃白沙年久積沙所滲，而淘取甚易，置閘障之，以隔淤沙，由河身堅固如鐵，非頹岸崩崖之比也。窩鋪有都泊環水百里，築置長堤，作減水閘以約水北下，引膠河水入張魯沔河，通高密縣五龍河，連絡諸城諸水，以厚分水嶺以北水勢。周家莊閘引大壩河，與小壩河相通，入九穴泊，鑿渠五丈，引水以入昌許渠。濰河水勢極大，打壩遏水東行，自媒河以達膠河，蓄洩淘泉，皆如沽河事例，以厚玉皇廟迤東水勢。玉皇廟淺窄，孫鎮口淤土稍費工力，楊家圈新河、海倉大海口潮水時至，乘潮可舉，潮至呂橋亦不南矣。河身比之泊身頗高，每遇旱乾，則河水消耗，每遇霖潦，則野水混合。若將河身濬五六尺，衆水就下，取河身土以爲堤，外取土重覆之，以成月河，減水開水有閘以時蓄洩，則水有歸向，而淤塞之患免矣。夫三百餘里之內，今宜開淤挑淺不過百五十里耳。以錢計，不過七八百萬錢。以人計，不過二百萬工。以時計，不過二年。權度其疏塞之孰急，乘除其利害之孰甚，毅然必行，實社稷無疆之慶也。

何孟春曰：國家就北建都，郊廟朝廷禁籞邊徼，凡百司、庶府、吏士、賓客、工役、祭祀、禄給、享燕、供饋、錫賚、施卹之費，歲億萬計，卒仰東南，東南賦税率由河漕京師。河漕之制，分兵民之賦半天下，府衛力以爲轉輸官軍十三萬七千八百有奇，舟一萬二千一百有奇，輸糧石帶耗六百萬有奇，昔黄忠、宣福嘗請於濟寧以北、衛輝真定以南近河地，役軍民十萬人屯田積穀，省漕粟，下行在户兵部議。時郭資、張本言沿河屯田便，鳳陽、淮安以北及山東、河南、北直隸近地二百里内通舟楫處，擇荒閒地，以五萬頃爲率，發附近軍民五萬人耕，給官牛農器。未幾，有言軍民各有常業，若復分田，役益勞擾，事竟不行。竊謂養兵之費，宋受其弱，而寓兵於農，古聖王良法也。沿河屯田之便，誠有如所議者，惜當時未有能毅然行之耳。

穆宗隆慶元年十二月，户科魏時亮言：遼陽自罷海運，轉餉甚艱，乞稍通舊路，于每歲季或大熟極荒之秋間一行之。仍厲禁譏察非常，則山東米契貿易既爲兩利，萬一坌河戒嚴，而襟喉之地可無阻矣。從之。

二年正月，順天撫臣劉應節等以永平西門直抵海口，至天津凡五百餘里，可通漕。議令永平通判及指揮等官募諸縣民習知海道者，與俱赴天津領運，仍同原運官軍駕海舟出大洋，至紀谷莊，更小舟，運至永平倉。其造船、水夫、諸顧募轉搬之費，取諸漕運糧輕賫及食粟之餘者。户部覆言：故事，獨薊遼有遮洋總，而無永平海運。今驅漕卒冒不測之險，于計不便。即如撫臣等言，謂以山東、河南額派薊鎮漕運分撥折色十萬石，俱改本色，運至天津交兑，永平通判指揮等官徑自領運，不必同原運官軍，其沿途轉搬入倉工費皆如漕規扣給，以原撥永平民運及太倉所發年例如數抵運薊州。上從部議。

初，嘉靖間，山東按察司副使王獻建議，請循元人海運遺跡，於膠萊間開河渠一道，舟由淮安、靖江、江浦，歷新開口、馬家濠、麻灣口、海倉口，以達天津，道里甚近，徑度不過千六百里，又可避海洋之險。業已從其議，開鑿將畢，會獻去官，遂罷其役。至是，户科給事中李貴和言：比歲河決，轉餉艱難，請修獻遺策，開膠萊新河，復海運，以濟餉道。上以爲事體重大，遣給事中胡檟往視之。檟及山東撫按官議，皆以爲不便疏治，乃奏言：今爲新河之議者，徒指元人故渠及副使王獻臆説，非能涉三百餘里間親睹其利害也。臣嘗濬分水嶺，驗問獻所鑿渠，皆流沙善崩，雖有白河一道，徒涓涓細流，不足灌注。至如現河、小膠河、張魯河、九穴、都泊，稍有潢汙，亦不深廣，膠河雖有微源，然地勢東下，不能北引。且陳村閘以下，夏秋雨驟，衝流積沙，爲河大害。縱謂諸水可引，亦安能以數寸之流濟河之用，則諸河之不足用明矣。或謂諸河頗多積水，可因用爲渠。不知潢潦所聚，皆以下流壅滯之故。設皆濬深，水必盡洩，則蓄水之不足恃明矣。或欲引濰河之水，不知濰河之高密西去新河一百二十餘里，中間高嶺甚多，雖竭財力，終不接濟，則濰河之不可引明矣。分水嶺以南至陳家閘，以北至周家莊，雖云近海通潮，又皆岡石麋沙，終難鑿治，則海水之不可達明矣。大抵上源則水泉枯涸，無可仰給，下流則浮沙易潰，不能持久，二者皆治河之大患也。故《元史·食貨志》以爲勞費而無成。國朝徧訪運道，舍此而不顧，自獻以後，屢勘不行，良由于此。茍率意輕動，捐内帑百萬之費，以起三百里無用之渠，如誤國病民何，請亟罷其事，並令所司明示新河必不可成之端，勿使今之既誤而復誤後人也。上乃罷之，令自今不必更議，以滋紛擾。

五年，山東撫臣梁夢龍等上《海運議》曰：今漕河多故，言者多獻開膠河之説，此非臣等所敢任也。第嘗考海道，南自淮安至膠州，北自天津至海倉，各有商販往來，舟楫屢通。中間自膠州至海倉一帶，亦有島人商賈出入其間。臣等因遣指揮王惟精等自淮安運米二千石，自膠州運米一千五百石，各令入海出天津以試海道，無不利者。其淮安至天津一道，計三千三百里，風便兩旬可達。況舟皆由近洋，洋中島嶼聯絡，遇風可依，非如横海而渡，風波難測。大約每歲自五月以前，風順而柔，過此稍勁，誠以風柔之時出，並海之道汛期不爽，占候不失，即千艘萬艣，可保無患。以接濟京儲，羽翼漕河，省牽挽之力，免守幫之苦，而海防衛所犬牙錯落，又可以嚴海禁，壯神都，甚便。事下户部，户部以爲海運法廢已久，難以盡復。乞敕漕司量撥近地漕糧十二萬石，自淮入海。工部即發與節省銀萬五千兩，充傭召水手之貢。上從之。

六年三月，總督漕運王宗沐條上海運七事：一、定運米。言海運既行，宜定撥糧額，以便徵兑。隆慶六年已有缺船糧米足備支運，以後請將淮安、揚州二府兑改正糧二十萬一千一百五十石盡泒海運。行令各州縣於附近水次取便交兑，遇有災傷改折，則撥鳳陽糧米足之。一、議船料。言海運二十餘萬，通計運船四百三十六艘，淮上木貴，不能卒辦。宜酌泒湖廣、儀真各廠置造，其合用料價十一萬八千四百兩有奇，即將清江、浙江、下江三廠河船料價，併浙江、湖廣本年折糧減存，及湖南班匠等銀解用，不足，以撫按及巡鹽衙門罰贖銀抵補。一、議官軍。言起運糧船，宜分派淮大台温十四衛，責令撥軍領駕。每艘照遮洋舊例，用軍十二人，以九人赴運，其三人扣解糧銀，添僱水手，設運海把總一員統之。其領幫官員於沿海衛所選補，所須什物即將河船免運軍丁糧銀扣解置辦。一、議防範。言糧船出入海口，宜責令巡海司道等官，定泒土島小船，置備兵仗，以防盗賊。一、議起剥。言糧至天津海口，水淺舟膠，須用剥船轉運至壩。每糧百石給水脚銀二兩九錢，其輕齎銀兩先期委官，由陸路起解，聽各督糧官收候應用。一、議回貨。言海運冒險比之河運不同，旗軍完糧回南，每船許帶私貨，人十擔，給票免税，以示優恤。一、崇祀典。言山川河瀆祀典具載，今海運所畏者，蛟與風耳，宜舉廟祀以妥神明。疏下部覆，如宗沐言。詔允行之。

四年九月，河決小河口，宿遷至徐州三百里皆淤而坡頽爲河。時漕政大弛，漕艘五月入淮，八月入閘，十月守凍，河水横決，漕舟逆流，漂損至八百艘，溺死漕卒千餘人，失米二十二萬六千六百餘石。河道都御史萬恭疏言：黄河自西而東，淮自南而北，會於清河口，東南入海。夏秋海潮既盛，河復騰湧，河不得入海，逆流入淮，淮不敵河，故水倒流，而泥沙一擁，遂致澱淤。既淤，則必衝疎土而決之矣。今惟疏其下流，捍其決口，水將自順，毋煩多謀，以滋勞費。時科臣李貴和議開膠河，恭令山東郡邑試之，浮沙百里，旋開旋塞。其頑石粗礦不可鑿者，五十里有奇，徒費無成。議遂寢。時漕舟敝者幾二千，而漂没又八百艘，蓋幾無漕云。于是科臣宋良佐議行海運，而山東左布政王宗沐素好奇計，力主海運之策，乃遷總督漕運副都御史提督軍務，巡撫鳳陽等處。宗沐疏略云：唐人都秦，右據岷凉，左通夾渭，是有險可依，而無水通利也。有險則天寶、興元恃其强，無水則會昌、大中受其貧。宋人都梁，背負大梁，南接進汴，是有水通利而無險可依也。有水則景德、元祐享其全，無險則政和、宣和受其敝。我朝都燕，北有居庸、巫閭以爲城，南通大海以爲漕，猶憑左臂從左脇下取物也。元人用之百餘年乃棄之，而專藉一線之河，非計矣。從之。遂以二十萬石自三月十八日自淮出海，至三（年）〔月〕二十九日抵天津。後行之數年，遇龍躍覆溺數萬，言者交擊之，乃罷。

支大綸曰：萬恭、王宗沐皆卓然名世之賢也。中世狃近利而暗遠猷，標門户而忘國計。立論者逞攻擊之私，主畫者多退避之巧，而高賢不究其用矣。語漂溺則河安而海危，語牽輓則海省而河費，若一夫作難，而瓜儀決堤，徐淮潰河，臨濟敗閘，則舍海漕奚賴焉。但太倉起帆，元跡可倣，而乃云淮安出海以避險，不虞瓜儀之梗乎。閩南商賈泛大洋，經東海，如馳道，奚獨于漕運而難之。

陸釴曰：漕利通而海運罷，膠萊故道亦遂堙廢。夫河誠利矣，然泉源壅塞，有疏濬之勞，堰閘蓄洩，有供役之煩。徐吕洪流之泛溢，淮揚襟喉之扼塞，意外之患，有不可不防者，海運豈可不講耶。是故漕河者，萬世之通利也。海運者，備不虞之變也。膠萊故道者，翼河運以成功也。皆不可廢也。天下之事，居常者必慮變，擇利者必思害，輕重緩急達其勢而已矣，獨漕政爲然哉。

周弘祖曰：淮河北岸隔一里爲支家河，通新溝，至安東縣，有澳河、嚮水三叉，俱臨淮可通。東則有東漣河、朱家河、白家河、七里河流入淮，又東有鹽場河、平望河、界官河、牛洞河、車軸河流入海，俱宜築塞，中有遏蠻河，在淮海之交，可置閘以殺水勢。西則有沭陽水，瀰爲太湖，爲傅湖，又有楊家溝、西漣河、崔家溝、古閘河，皆入漣河海口自支家河至漣河，水程三百八十里入于海，由海州贛榆至山東界，歷安東衛石臼所、夏河、靈山衛膠州瞭頭營，至麻灣海口，計二百八十里，隔馬家灣五里，可通把浪廟、新河口、店口社、陳莊小閘，戴高劉家大閘，王朱社家小村，至平度州，又經窩鋪停口、大成昌渠、小閘、新河集、秦家莊、海倉口，至大海口，共三百七十五里，大海口至直沽四百里，通計一千四百三十五里，《輿地圖》云：登萊本海運故道，稽之往蹟，平度州東南有南北新河水源，出密縣至膠州，分爲二流，北河西流入萊，之海倉口入海，以其自膠抵萊，故云膠萊。蓋元時所濬，可避迤東海道數千里之險。嘉靖十一年，御史方遠宜巡東萊，訪其遺跡，爲圖表之。副使王獻力主其說，近羅文恭亦取王議，備載《廣輿圖》云：海運憚文登南之成山，登州北之沙門，此兩險多磧，又成山突出，當東洋之衝；沙門旋扼，處北洋之腹，宜無靖勢。新河一開，可避兩險，不爾則古灘水及沽尤河稍致力皆可免於兩險。通惠河元郭守敬議開引昌平白浮村神山泉過雙塔榆河引一畝主泉諸水進都城，繞至通州，置閘以宣節之，後漸淤廢。嘉靖間，御史吳仲議修築，立五閘，閘置剝船六十，每米一石，減陸輓費銀四分五厘，歲省漕價十萬餘兩。

徐恪上《漕河圖志》，叙曰：余觀《漕河圖》未嘗不敬，歎我祖宗聖謨神烈之宏遠也。夫漢唐皆嘗王關中矣，宋嘗都汴矣，而漕挽有三門七津之險，有海運之難，其故道猶存，見者罔弗騰駭。惟我國家則不然，跨江入淮，由河達濟，四瀆畢涉，舳艫相望者三千里。雖有呂梁、徐州二洪之險，又皆疏鑿之，命水部臣監臨之，舟航利涉，惟汝濟泉源或遇陽亢，泉出微細，則疏沂泗諸水以益助之，築閘置吏以啓閉之，分命水部臣以轄之，總命大臣以督之。又淺深惟均，漕舟往來勿滯，官軍樂於用命。吳艘越艘，燕商楚賈，珍奇重貨，歲出而時至，言笑自若，視爲坦途。於乎，其視漢唐宋之險且難者，奚翅霄壤哉。

《大明會典》卷二七《户部・會計・漕運》　國朝自永樂定都於北，軍國之需，皆仰給東南。漕運之法，日益詳備。諸凡事例禁令，具列于後。

洪武五年，命率舟師海運以餉遼，歲七十萬石。

永樂元年，令於淮安用船可載三百石以上者，運糧入淮河、沙河，至陳州潁岐口跌坡下。用淺船可載二百石以上者，運至跌坡上。別以大船載入黄河，至八柳樹等處，令河南車夫運赴衛河，轉輸北京。

二年，令海運糧到直沽，用三板划船裝運至通州等處交卸。海船回還，又以水路閣淺遲悞。令於小直沽起盖蘆囤二百八座，約收糧一十萬四千石。河西務起盖倉囤一百六十間，約收糧一十四萬五千石。轉運北京。

三年，令總督糧儲官於天津城北造露囤一千四百所。

五年，令山東布政司量起夫車，將濟南府并濟寧州倉糧，送德州倉，候衛河船接運。

六年，令海運船運糧八十萬石於京師。其會通河、衛河，以淺河船相兼轉運。

八年，令湖廣、江西、浙江三處倉糧，除本處支用，其餘糧，本部差官督各該司府起運。

十二年，令湖廣造淺船二千隻，歲於淮安倉支糧，運赴北京。其舊納太倉糧，悉改納淮安倉收貯。

又令北京、山東、山西、河南、中都、直隸徐州等衛，俱選官軍運糧。此漕運之始。

十三年，濬復會通河，奏罷海運。令浙江嘉、湖、杭與直隸蘇、松、常、鎮等府秋糧，除存留並起運南京及供給内府等項外，其餘盡撥運赴淮安倉。揚州、鳳陽、淮安三府秋糧内每歲定撥六十萬石，徐州並山東兗州府秋糧内每歲定撥三十萬石，俱運赴濟寧倉。以淺河船三千隻，支淮安糧，運至濟寧。二千隻支濟寧糧，運赴通州倉。每歲通運四次。其天津並通州等衛官軍，於通州接運至北京。

又令浙江都司並直隸衛分官軍，於淮安運糧至徐州，置倉收囤。京衛官軍於徐州運糧至德州，置倉收囤。山東、河南都司官軍於德州運糧至通州交收。

十六年，令浙江、湖廣、江西布政司，並直隸蘇、松、常、鎮等府税糧，坐派二百五十萬石，令糧里自備船隻，運赴通州河西務等處上倉。

二十一年奏准：每歲漕運，以兩運赴京倉，一運赴通州倉交收。

宣德二年，令浙江、江西、湖廣並直隸蘇、松等府，起運淮安、徐州倉糧，撥民自運赴通州倉。其運糧軍士，於淮安、南京倉支運。

四年，仍令江西、湖廣、浙江民運糧一百五十萬石，貯淮安倉。蘇、松、寧國、池州、廬州、安慶、廣德民運糧二百七十四萬石，貯徐州倉。應天、鎮江、常州、太平、淮安、揚州、鳳陽及滁、和二州，民運糧二百二十萬石，貯臨清倉。令官軍支運山東、河南、北直隸府州縣糧，徑赴北京。其儹運軍船，量地遠近，與糧多寡。如淮安上糧民船十抽其一，徐州十三抽一，臨清十五抽一，給與官軍，兼舊船運載赴京。

五年，令河南南陽、懷慶、汝寧三府糧運於臨清倉，開封、彰德、衛輝三府糧運於德州倉交收。

又令江南民糧兑撥附近衛所官軍，運載至京。此兑運之始。

六年奏准：浙江、江西、湖廣、蘇、松、常、鎮、太平等府，僉撥民丁，及軍多衛所添撥軍士，與見運軍士，通二十四萬，分兩班，更替儹運。

七年議准：民運多失農月，及官軍空船往還艱苦。著例，民糧加耗腳，各於附近水次兑與軍運。

九年，令官軍運糧五百萬石，以三分爲率，通州倉收二分，京倉收一分。各該兑軍處布政司委堂上官二員、按察司一員總理。

正統元年，令民運糧至瓜淮，就令揚州、淮安府衛委官，並該倉官攢，見數交兑。

六年，令各衛兑軍民糧，兑完就出通關。如路途窵遠衛所，於本都司出給通關，填給勘合。

九年，令各處民糧，每歲該起運京師之數，先儘本都司衛所兑運。其不盡者，布政司坐撥各府州縣，輪流運送於淮安、徐州、臨清、德州等倉交收。

十三年，令兑軍糧料，於東安等門，並五府、六部、都察院等衙門，及京倉收六分，通州倉收四分。支軍糧料，於淮安、徐州、臨清、德州等倉關支，於通州倉收。遮洋船運，於東店倉收十萬石，林南倉收五萬石。

又奏准：各處原坐兑軍京糧，或有災傷免徵者，許於原坐徐州、淮安、南京該納糧改撥轉兑。

十四年，令運糧旗軍留京操練。明年糧，改委有司官督糧里人等上納。

又令蘇州府委官，督糧里及殷實大户人等，自運京儲，退回旗軍操守。

天順三年議准：兑運糧米，不許以一州縣分作三四衛，亦不許一衛分作三四州縣，以近派遠，以遠派近。

成化六年，奏罷蘇、松等府民運糧，仍舊軍運。

八年，定歲運米四百萬石。歲額至是始定。

又以揚州河道乾淺，恐遲糧運。奏准募車支運通州倉糧，以完京倉之數。待糧船到日，將該運京糧照數補還通倉。

十一年，罷民運淮、徐、臨、德等倉糧，令軍船徑赴水次領兑，運送京通二倉交納。此改兑之始。

二十年奏准：河道淺阻，糧運遲滯。運到京者，悉免曬颺。每石加耗米四升。未到者，令在京各衛所官軍人等，於通州張家灣等處地方，臨倉預支三箇月。每石加腳價米三升，河西務七升。其所兑糧，每石兑運該收耗米五升，并免曬颺米四升，俱作正數支放。如無本色者，每斗折銀五分，送太倉庫。其兑支未盡者，俱送通州倉上納。

二十三年，令改造遮洋運船爲淺船，從新河儹運。其運糧并人夫，亦照淺船例均派，每船旗軍十名。

正德元年奏准：遮洋總下額運糧三十萬石，内改兑糧六萬石，免徵本色。每石折銀六錢，解太倉銀庫交收。

三年，以廬州府原起解鳳陽倉米二萬五千石，山路崎嶇，不通漕運，令照舊於鳳陽倉上納。

九年議准：山東坐運德州倉小麥，不拘有災無災，俱每石折收銀六錢。

十六年奏准：各處原派臨清倉民運糧七萬六百石，今後照數徵完，就於各水次，聽漕運衙門撥到軍船交兑，不必民運到倉。

嘉靖五年，令以顯陵衛原運湖廣正糧二萬三千九百三十四石七斗，折銀解赴太倉收納，船隻派與無船衛分撑駕。

六年奏准：開濬通惠河，修理閘座，築堤立壩，造船盤剥，以便糧運。每年二月，户部請敕給赴通倉坐糧員外，會同巡倉御史督理。

八年議准：儹運郎中遇河道水淺，阻礙船隻，就便起集挑淺隄溜，及各泉源挑濬等項夫役，併力疏通。如工程浩大，設法起夫，協同管河、管閘等官整理。

十一年題准：遮洋額運薊州倉本色米一十萬石内，將四萬石，每石連耗徵儹銀九錢，與本色相兼放支。太平寨、燕河營等窵遠去處，官軍每石折銀六錢五分，扣除銀兩，通融支放。

十二年議准：安陸衛改承天衛，其原運江西改兑糧七千五百二十八石三斗，轉行江西布政司。自嘉靖十四年爲始，均派所屬府縣，照例每石連蓆耗共折銀六錢，差官協解太倉銀庫交收。

又奏准：輕賫銀兩，各州縣徑自差人，隨同運船押解赴淮。聽漕運衙門驗封，交付運官，隨幫前進。不必解府類總，展轉稽延。

十九年，又以荆州左衛改顯陵衛，題准原運湖廣正糧一萬三千八百石，江西正糧八千石，每石連蓆耗折銀七錢，解赴太倉交納。

隆慶元年題准：漕糧四百萬石，内除薊州三十萬石，係原議外，其嘉靖十一年以後，顯陵、承天二衛免運，改折江西糧石，仍改復本色。二十九年以後，因北虜侵犯，改薊州班軍行糧及昌密二鎮糧餉，俱改正輸納京通二倉，以復歲收原額三百七十萬之數。

萬曆元年題准：江南多兑運，江北多改兑，令移吴浙船於江北。南京船料難處，江浙輕賫有餘，令改南京船於江浙。江西有過湖七升，浙江有修船六升，令均派一半。兑運有輕賫帶納，改兑無輕賫，令乞貼相均。仍以疲衛附於劇縣，令稍相資，以重幫定於本省，親臨管束。

《大明會典》卷二七《户部·會計·漕運·漕規》　凡水次交兑。宣德七年，令官軍運糧，各於附近府州縣水次。江南民運糧，於瓜洲、淮安二處交兑。河南所屬民運糧，至大名府小灘，兑與遮洋船官軍領運。山東糧，於濟寧交兑。

正統九年，令江南漕糧，於九江水次交兑。

成化七年，令瓜淮水次兑運官軍，下年俱過江，就各處水次兑運。

二十一年，令各司府州縣正官並守巡管糧等官，將原會兑軍糧米徵完，俱限十二月以裏，運赴原定水次倉交兑。不完者，各管糧官住俸。次年正月不完者，革去冠帶。經該官吏、管糧委官俱拏問，管兑官亦照例革去冠帶住俸。若民糧已到，領兑官軍來遲，或刁蹬者，領兑官一體俟兑完日參問。

正德元年議准：湖廣水次，於長沙、漢口交兑。

三年，令移河南、山東兑糧於臨清水次。

嘉靖十一年議准：遮洋山東二總，歲運河南糧，仍舊在小灘鎮水次交兑。

十二年議准：湖廣糧俱赴蘄州、漢口、城陵磯三處水次交兑。

十四年題准：一應兑軍改兑秋糧，務在及時徵派，依例開倉，如限運赴水次，聽候交兑。若正月終，有司無糧，軍衛無船者，府州縣掌印管糧官、領運指揮千百户，行巡按提問，各住俸半年。二月終無糧無船者，各提問，住俸一年。其船糧不到之數，俱以三分之一爲限，仍先各革去冠帶，待罪催攢。若三月終船糧不到，各提問，降二級。四月終糧船不到，不分多寡，連布政司掌印管糧官、領運把總，通行提問，各降二級。文職起送吏部别用，軍職發回原衛，帶俸差操。

又題准：五月終船糧不到水次者，併參衛所掌印官。

十六年題准：江西吴城水次原兑糧，改進賢水次交兑。

四十三年題准：兑運漕糧，務要遵照例限，十月開倉徵收，十二月完足。聽候官軍一到，即與開兑。如過限無糧者，許領運官旗具呈監兑主事，先行從重參究。

隆慶四年題准：漕糧定限，十月開倉，十二月終兑完開幫。如十二月終有司無糧，軍衛無船，糧道與府州縣掌印管糧官及領運把總、指揮、千百户，住俸半年。違正月終限者，各住俸一年。違二月終限者，各降二級，布政司掌印官降一級。

萬曆元年題准：湖廣衡永、荆、岳、長沙漕糧原在城陵磯交兑者，改併漢口水次。

十一年，改漢口交兑於金沙洲陳公套水次。

凡樣米。宣德十年題准：各處起運京倉大小米麥，先封乾圓潔浄樣米送部，轉發各倉，收候運糧至日，比對相同，方許收納。

弘治十三年議准：各處兑運衙門解送樣米，山東、直隸限三月以裏，江北直隸鳳陽等處限五月以裏，南京並江南等處限六月以裏，浙江、湖廣、江西限七月以裏到部。如有故違遲悮，先將差來人役送問，承行並管糧官吏行各該巡按御史，一體究治。

萬曆四年議准：各處樣米，山東、河南限正月，江北直隸限二月，江南直隸限三月，浙江、湖廣限四月。各分頭幫解送總督衙門，收候運糧到日，轉發各倉比對。

凡運糧程限。正德五年，令漕運衙門以漕運水程日數，列爲圖格，給與各幫官員收掌。逐日將行止地方填注一格，同原給幫票送部查考。事完，送漕運衙門查繳。無故違悮，運官住俸問罪。

嘉靖八年議准：江北官軍兑本府州縣糧者，限十二月裏過淮。南京、江南直隸官軍兑應天等府州縣糧者，限正月以裏過淮。湖廣、浙江、江西三總官軍兑本省糧者，限三月以裏過淮。山東、北直隸二總官軍兑本處糧者，限正月以裏完報。遮洋官軍兑山東、河南糧者，限三月以裏。違者，聽儹運官參治。

又議准：淮、徐等五倉，收糧部官，遇糧船到彼，定與水程，令賫到前路部官處，照限查考。

萬曆二年題准：舊例湖廣、江西、浙江三總，限三月過淮者，多與黄水相值，今定限二月過淮。如違，查久近，分別治罪。

凡完糧期限。成化八年，令運糧至京倉，北直隸並河南、山東衛所，限五月初一日。南直隸並鳳陽等衛所，限七月初一日。若過江支兑者，限八月初一日。浙江、江西、湖廣都司衛所，限九月初一日。其把總都指揮及千百户等官違二十日以上，住俸待罪儹運。若連三年違限者，遞降一級。二年不違限者奬勵，三年者旌擢。俱奏請定奪。

正德十四年，令京通二倉坐糧員外並薊州管糧郎中，將各總衛所運官違限久近，查明送部。行各巡按，自把總以下，通提到官。查係限外三箇月上完糧者，問罪住俸半年。五箇月上完糧者，問罪住俸一年。各照舊領運。若至次年二月終不完，及一年以上不赴運者，俱問罪，降二級，回籍閒住。

嘉靖二年，令部倉查各官到部完納月日，比先早一月者，指揮等官行原官司量加犒勞。以後三次俱早一月，准於實職上陞一級。

八年議准：山東、北直隸所屬衛所，限四月初一日完。江北直隸鳳陽等處，並遮洋總所屬衛所，限五月初一日完。南京、江南直隸所屬衛所，限六月初一日完。浙江、江西、湖廣衛所，限七月初一日完。違限者，聽總督並巡倉監督監兑、坐糧、撫按等官提問參究。

又議准：監兑官會參過違限運官户部參覆，劄付下年監兑官，到彼提問歸結。

三十七年題准：上倉期限，比舊例俱移前一月。四月初者，限三月。五月初者，限四月。六月初者，限五月。七月初者，限六月。違者，總巡衙門分別參究，罰俸降級。若南京並江南直隸各衛所兑江浙二省糧米，江北衛所兑江南各府糧米，領運官違限，查照二省並江南事例參治。

凡寄囤。弘治十二年奏准：把總官所管運船，俱以十分爲率。若有一半以上違限，寄放德州等處不到倉者，令漕運都御史提問，降一級。納米完日，照舊管運。一半以下者，參來提問。

嘉靖二年題准：運官故違期限，寄囤守凍，把總至三千石，指揮至二千石，千户至一千石，百户至五百石者，每一次降一級。若所寄不及石數者，照常發落。旗甲不服催儹，在途延捱者，發邊衛充軍，仍於本户勾補。民運委官提問。

凡起糧脚價。弘治十八年，令張家灣水兑糧米脚價，每石原定一錢者，減作八分。天津衛寄收糧米脚價，每石原銀一錢五分者，減作一錢二分。其扣下京衛事故官軍兑支不盡正耗之數，及明加免曬折席等項，有米者，俱准運赴通倉上納。無米者，每石折銀五錢，與脚價銀兩，俱送太倉銀庫交收。

正德九年，奏定起旱脚價，自張家灣至京倉，晴乾日，每銀一兩，起載糧米一十七石，陰濕一十三石。天色初晴，道路猶濕，一十五石。張家灣里兒寺至通倉，每銀一兩，起載三十三石。長店兒至通倉四十石，灘子里至通倉五十石。自十年以後，各總運船到灣之日，即將前項脚價於户部委官處驗封交收，以憑支給。

嘉靖八年議准：通惠河經紀船脚，每糧一石，銀二分一釐一絲八忽二微。六閘水脚，每石銀九釐一毫三絲九忽一微。車户車脚，每石銀一分四釐八毫四絲二忽七微。京通倉歇家包囤，每石銀八釐五毫。曬夫飯米，每船一兩一錢。小脚抗糧到囤，每石四釐。雇人抱籌擡斛打捲，每石七毫。買墊囤葦把，每船二錢。買掀掃把斗，每船三錢。軍斗籌價，每石銀五釐。京倉蓆板，隨船帶至大通橋，蓆令車户帶運備雨。每板一片，木一根，各准米一石。起脚京通倉運官交糧紙劄銀，每處二兩。官軍房水銀，指揮三兩，千百户各二兩，旗軍每船京倉一兩二錢，通倉一兩。各該把總遇糧運到倉，呈驗輕賫之後，先將前銀交送京通二倉坐糧員外收貯，提督官給發印信文簿各二扇，一扇查收，一扇查給。在運官者，運官領用。在倉中者，歇脚領用。

凡優恤官軍。洪熙元年，令運軍除正糧外，附載自己什物，官司毋得阻當。

天順三年題准：淮、徐、臨、德、濟寧、通州等處藥局官，給藥餌，遇官軍患病，隨即調治。

成化元年奏准：各處運糧旗軍附帶土宜物貨，河西務、張家灣等處免其税課。

八年題准：被凍官軍，給與口糧，每軍三斗。去德州迤南者，給一箇月。天津迤北者，給兩箇月。明年上運，將該年口糧照數扣除還官。

九年奏准：官軍盤剥費用，正糧不敷，總督等官出給印信文憑，付把總官，於太倉折草等項銀内借與完納，下年照數送還。

弘治五年，令運糧官旗借貸，係三年以前者，盡革罷。近年者，止照律出息。果有窮困衛所缺少脚價者，許於太倉量借銀兩完納，下年送還。

十五年題准：附帶土宜，不得過十石。

正德六年，令運軍果有餘米，准令置買隨船弓箭鎗刀等件支銷。仍行漕司，候船回過淮查點。

十一年題准：在運官軍身故，寄歸遺骸，官給銀三兩，軍給二兩，仍存卹二年。本軍應支月糧羨餘，通行給與。

嘉靖三十九年題准：工部抽分廠，凡遇糧船，除土宜四十石外，許驗客貨。如無，放行。不許立掛號名色，以誤期限。

隆慶二年題准：糧銀無欠，完掣通關，就將本總本幫給軍羨餘銀，分給把總二十兩，指揮十兩，千户六兩，百户四兩，餘仍給軍，以資回南。

萬曆七年題准：每船許帶土宜六十石，多者盡數入官。如遇淺起剥，自備脚價。先將土宜起盡，舟再難行，方許動給官銀。敢有破冒，照例參治。

八年題准：領運等官應給盤纏，但經以贓私不法參論者，盡行停給。完報違限三月以上，而過淮先期、依期，與完糧不違限，而過淮後期，及淮北例不過淮，而完糧違限三月以上，各給一半。過淮後期，完糧違限三月以上，給與三分之一。完糧違限五月以上，不論過淮先期，盡行停給。運軍應得羨餘，姑准給與。其停扣銀兩，俱類解太倉。

十二年議准：運軍中途病故，預支安家月糧，俱免還官，仍優卹二年。其遺下行糧，給本船旗軍，以充雇募，免下年扣除。若中途脱逃者，獲日問罪，仍追安家月糧還官。

又議准：運軍土宜，監兑糧儲等官水次先行搜檢，督押司道及府佐官員沿途稽查。經過儀真，聽儹運御史盤詰。淮安、天津，聽理刑主事、兵備道盤詰。六十石之外，俱行入官。前途經盤官員狥情賣法，一併參治。其餘衙門，俱免投文盤詰。

凡漂流。正統七年，令漕運官軍，若一衛有數船遭風漂流者，委官覈實，全衛改撥於通州及天津倉上納。

天順八年，令官軍運糧，或遭風水不測，損壞船糧。若在百里内者，務要府州縣正官。在百里外者，許所在有印信官司勘實，結申總兵等官處。如有詐妄，罪坐原勘官，糧米仍依原定分數交納。

成化十二年，敕總兵官各衛所，果有遭風，所在官司驗實，打撈濕米，就令該管指揮等官分派各船食用，抵換原帶食米上倉。不許故意單幫在後。凡漂流補除脚價，俱要當年完足。若延至下年者，管運衛所官員通行住俸，糧完方許關支。管運官旗雖經補完，仍照例查送法司問罪。

十六年，令遮洋船運糧薊州者，如遇風水漂流，照淺河船例，該撥補數。

弘治二年奏准：漕運糧遭風漂流者，勘實具奏。將兑運京倉，減除通倉上納。如漂流十石，減除一百石。每石省脚價米一斗，以補漂流之數。正糧照例加耗，所省米兩平收受。若通倉缺廒，仍令赴京倉上納。每漂流一百二十石，免曬。一千石，亦兩平收受。每石計省曬折米五升，並耗米七升，共一斗二升，以補漂流之數。前項米石，俱不挨陳，先行放支。

三年，令漂流糧米萬石以上，都御史、總兵官俱聽科道糾劾，户部具奏定奪。千石以上，提問把總官。千石以下，提問本管官旗。各該巡撫遇本境漂失數多者，照漕司事例參究。

嘉靖八年議准：沿途遇風損壞船隻，漂流糧米，許赴所在官司陳告。掌印官親詣漂流處所，勘實具奏。仍候本部轉行巡按御史，覈勘明白，方與除豁。如有乘機侵盜，扶同勘報，就將漕運官軍並有司官吏，通行參送法司問罪，俱發邊衛充軍。

二十二年議准：今後過洪閘遇風淺等項，船存糧漂者，審果不係官軍侵盜費用，就將該幫官旗應給羨餘銀兩，給與該總把總官，領發損失官旗，責限買米上納。或買不便，就將前銀，每石扣銀七錢，徑解各該倉庫收支，折糧應用。如該幫官旗羨餘銀數不足損失米價，將該衛該總運內扣除，務要當年補足原數。如扣除餘剩，照舊給軍。

三十九年題准：運官漂流糧米，許將本衛羨餘銀相兼處補，聽候補還。若至二年之外，仍不處補，即行查解太倉。查解之後，雖有應補掛欠，俱不准與處豁。假捏漂流及別衛者，不許混告輳補。

四十四年題准：小患漂流，止以二百石爲率，該總勘結呈報准行。若出二百石外，仍照大患漂流事例，具奏勘明，方與准處。

隆慶二年題准：輕賫銀兩驗後，總計某總下某衛某幫，大患漂流若干，免曬減除等項補過若干，小患漂流若干，本船腳費等項應補若干，其各不敷，小患先儘本幫，次及本衛。大患先及本幫本衛，次及本總。如數足於本幫，同衛別幫者，照常給軍。數足於本衛，同總別衛者，照常給軍。如遇非常大患，扣及概總，均派各衛所，數足亦照常給軍。

六年題准：把總等官原運糧二萬石，漂去一千石以上，或二千石漂去一百石以上，降一級。如原運糧一萬石，漂去一千石以上，或二千石漂去一百石以上，降二級。俱於祖職上實降，不得復職。若能白補完，不費別軍處補者，免罪。

萬曆元年議准：凡官旗漂流船糧，即赴所在，督押司道陳告，當日委官親勘具奏。收糧之日，減除免曬處補。若未經奏到，雖有執照，即係假捏，不得一概混支。其起欠掛欠，明係侵欺，與漂欠不同，不得妄援前例。

六年題准：如遇漂流在揚子江者，先赴催儹把總處具告，一面赴督押司道官處告委有司，相去一百里者，限二日。一百里外者，限四日。勘實，呈漕司，即與具奏除豁。如有違限扶捏等弊，即將勘官參問。官旗分別捏報漂欠虛數多寡，問擬重罪。其河道漂流者，責令本幫補納。不敷，量動概幫潤米攤補，不得一概奏豁。

十二年議准：漕運官軍，如有水次折乾，沿途盜賣，自度糧米短少，故將船放失漂流，及雖係漂流，損失不多，乘機侵匿，捏作全數，賄囑有司官吏扶同奏勘者，前後幫船及地方居民有能覺察，告首督運官司，查實，給賞輕賫銀十兩。官軍不分贓數多少，俱照例發邊衛，永遠充軍。有司官吏，從重問擬。仍行原衛所，將失事之人家產變賣抵償。不許輕扣別軍月糧，以長姦惡。前後幫船知而不舉，一體連坐。仍於正犯所欠錢糧內，責令幫陪十分之三。

又議准：漂流糧米三千石以上，提問把總官。不及數者，止提問本管官旗。

又議准：漕運把總、指揮、千百户等官，如有漂流數多，把總三千石，指揮及千户等官全幫領運者一千石，千户五百石，百户、鎮撫二百五十石，俱問罪，於見在職級上降一級。有能自備銀兩，不費別軍羨餘，當年處補完足者，免其問降。若願隨下年糧運補完，亦准復職，止完一半，准復一級。三年內儘數補完，亦准復原職。

凡掛欠。正德十四年題准：把總官掛欠糧一萬石以上，或銀二千兩以上，於違限上，各遞降一級。每糧一萬石，或銀二千兩，各加一等。指揮以下掛欠糧一千石以上，或銀五百兩以上，亦俱於違限上，各遞降一級。每糧一千石，或銀五百兩，各加一等。把總、指揮、千户降至總旗而止，百户降至小旗而止。掛欠不及數者，照常論罪。候下次能補完，許復原職。以十分爲率，完能五分以上者，准復原降一級。三年內全完者，亦准復原職。若延至三年外，全不完者，終身不准，後子孫亦止於降級上承襲。

隆慶四年題准：掛欠官旗有先期逃回者，移文漕司並各巡按，嚴限提解。監追完日，仍照棄撇船糧逃回例，問擬發遣。

六年題准：運官欠糧千石以上，旗甲百石以上，參送法司。不及數者，嚴限比併，完有次第，押發漕司追併。其在逃者，運官四百石以上，旗甲五十石以上，嚴提來京，送法司監追問擬。若旗甲欠不及數，輒棄在逃，許令運官即時呈部，行漕司提問。

萬曆二年題准：掛欠官員果故絶無人承襲，將原欠糧銀除豁免追。以後把總官任內，如分毫顆粒掛欠，縱陞遷，不許離任。敢有朦朧赴任者，參提革任，問罪監追。

十二年議准：運糧官旗掛欠數多，把總名下三千石，或銀一千五百兩以上。指揮名下及千户等官全幫領運者，一千石，銀五百兩以上。千户五百石，銀二百五十兩以上。百户、鎮撫等官，二百五十石，銀一百二十兩以上。各遞降一級。每一倍，加一等。有能當年補完者，通免降級。如下年補完，及三年内全完者，准奏復原職。其一應提問官旗，各省及直隸江南衛分行各該巡按御史，南京並江北衛分行漕運衙門，各就近提問，以便完結。

凡官軍罪犯。宣德九年，令漕運官軍有犯，罰運淮安、徐州倉糧，赴京贖罪。流罪五十石，徒罪五等，自四十石至十五石。杖罪每一十，一石。笞罪每一十，五斗。

正統三年，令各衛所運糧官，有比試違限者，俱住俸，於淮安倉支該運米數，赴京完納復俸。

又令犯罪罰運者，仍運該運之數。無力者，發極邊衛分。

四年，令運糧官軍雜犯死罪者，比流罪加納米三十石，共八十石，於淮安、徐州倉支運。

景泰七年，令運糧官軍犯罪者，照例納米收贖，罷罰運淮、徐糧例。

嘉靖八年議准：淮安、清江浦各管廠指揮、千百户等官有犯，比照運糧官員事例，聽漕運衙門提問。若犯該充軍、爲民、降級、調衛罪名，問完之日，奏請發落。

又議准：湖廣、浙江、江西、江南等五總，但係考定，或委官造船官員，自指揮以下有犯，照依江北清江廠事例，徑自提問。

《大明會典》卷二七《户部・會計・漕運・漕船》　永樂十二年，令湖廣造淺船二千餘隻，於淮安各倉支運。

宣德五年奏准：運糧官軍船隻，南京、中都留守及直隸衛所，於淮安修理，有司給與材料。

正統八年，令糧船損壞，撥附近地方木料辦納，於清江提舉司修造，工部差官一員監督。各衛所仍差撥官軍蓋立廠房，相兼匠作用工及貼辦物料。

十三年題准：遮洋船三百五十隻，原係南京淮揚等衛官軍駕使，每歲由直沽以東三汊河過，赴林南東店等倉交納。梁閘底深，閘河水淺難行。以後糧完日，仍在臨清閘下灣泊，於衛河提舉司關支物料修艌。

天順二年題准：衛河、通州、淮安船廠，修造船隻，松木二年小修，三年大修，五年改造。杉木三年小修，六年大修，十年改造。小修者，軍士自備修理。大修及改造者，撥支木料，於各衛運糧官軍數内，摘留在廠，同清江、衛河二提舉司官匠修造。仍催未到木料，拖欠班匠應用。

成化十六年題准：將浙江、湖廣、蕪湖三處抽分木植，大者盡送清江、衛河提舉司，小者變賣，准作腳價，餘數解部。每年該兑民糧三百三十萬石，每石加耗一斗，著落各把總官員，照時價賣銀，解二提舉司給軍。其有司木料價銀停止。

二十三年議准：該造遮洋運船，照依淺船裏河木料，一例打造。

正德十四年題准：運船料價，以十分爲率，軍辦三分，民辦七分。

嘉靖三年題准：輕齎羨餘銀，差官解淮安府，聽漕司將漂流船隻次第補造，俱限百兩一隻。查有缺船衛所，先將本衛補足，方通融於本總，定日給領。至灣，聽巡倉坐糧官看驗印烙。

十四年，令上運船隻，原定行糧三十三石，其有損壞，就將行糧存省，解赴漕司，聽作小修工費。

又題准：各衛運船遇有損壞，修理不完者，一體俱作存省。各船旗軍俱令在衛查照漕規，辦料，解赴漕運衙門，聽作小修工費。如糧多，船隻不敷，許令各船分載，不許借支存省旗軍行糧。

二十年題准：將南京户部貯庫鹽引紙價積餘銀，每年支一千七百四十八兩。兵部武庫司收貯缺官柴薪銀，每年支一千兩。聽候總督漕運差官，支領造船。

二十四年題准：將軍三民七船料，責令有司軍衛，依期徵扣。八月以裏，給發興工。如至九月終不完者，住俸半年。十月終不完者，住俸一年。應造船隻，限十月終駕赴水次。如十月以裏，造船不完，底船不到廠，管廠各委官住俸半年。十一月終不完，不到，各住俸一年。十二月終不完，不到，各降二級。

三十二年議准：漕運各總，原額淺船一萬二千一百餘隻，分隸各廠管造。自今年爲始，比照軍船不到水次事例，如過年正月終船造不完，底船不到廠者，將管廠並押底船官，各住俸半年。二月終不完，不到廠者，將領運指揮、該廠造船千百户並押底船官，各住俸一年。若至三月終不完，不到廠者，連管廠把總並廠運指揮千百户，各提問降二級。俱聽漕司勘明，覈實具題參降。其造船完日，具呈漕運衙門，驗明印烙，給軍領駕。若湖廣等廠路遠，隨幫過淮，一體查驗印烙。或有釘稀板薄，造不如式，侵費料價底板，船不能完者，坐以贓罪，從重問擬。干礙把總官，一體參究。

三十八年題准：浙江糧船，行令北新關設廠，工部抽分主事兼理打造。

隆慶六年題准：上江總四衛淺船，在安慶廠打造，聽新設副使提調。九江衛在本處打造，聽九江道提調。下江總六衛，在蘇州廠打造，聽糧儲參政提調。原設把總等官盡行裁革。

萬曆九年議准：浙江漕船，先因瓜洲車壩，將雜木作底，五年一更。後因建閘，得免車盤，改限七年。今改楠木，計價一百二十七兩，必駕運十年以外，方許另造。

《大明會典》卷二七《户部·會計·漕運·漕禁》 宣德二年，令運糧軍船，工部及諸衙門不許撥載他物，致悞儹運。

成化六年，令提督漕運等官嚴加巡察，若有運糧官軍沿途糶賣糧米者，就便拏問。及行京通等處管糧巡倉等官，禁約各倉鄰近之家，不許收買糧米囤放，賣與運糧官軍，有犯拏問。並把總各衛所該管官員，一體治罪。

十年，令漕運軍人許帶土産，換易柴鹽。每船不得過十石，違者盤檢入官。

二十一年題准：管運指揮等官有借債至一千兩以上者，革去冠帶。五千兩者，住俸。一萬兩者，降一級，不許管軍管事。

弘治三年奏准：各處兑過糧米，務照原兑樣米上納。若官軍人等將原兑好米沿途糶賣，卻糴陳碎及插和沙土、糠粃麤穀等項抵數者，驗出，將各該指揮等官參送，旗軍徑送刑部，查照侵盜邊糧事例問擬，仍換好米上納。

十二年奏准：把總等官縱容旗軍，花費腳價及私下還債，以監守自盜論罪。立功滿日，帶俸差操。債主以盜官物論罪，勢豪官員奏請發落，家人伴當發廣西煙瘴衛分充軍。

十三年，令運糧衛所各置文簿一扇，凡兑過糧數並腳米多寡，一應盤費使用，及侵欺債負等項，逐一附寫。事完之日，送漕運衙門查究。

又奏准：官軍漕運，將正耗糧米照數交兑，不許折收輕齎，及中途糶賣。違者，軍餘欠十石，小旗欠五十石，總旗欠一百石以上者，俱問發邊衛哨瞭。百户欠三百石，千户欠五百石，指揮欠一千石，把總、都指揮等官欠三千石以上，俱問發原衛帶俸差操。若總欠數多，總督漕運總兵等官另行奏請定奪。原賣官糧責付領運交納，所得價銀入官。

凡勢豪舉放私債，交通運糧官，挾勢擅拏官軍，縛打凌辱，強將官糧准還私債者，問罪。屬軍衛者，發邊衛充軍。屬有司者，發口外爲民。運糧官參究治罪。

凡漕運船隻，除運軍自帶土宜貨物外，若附帶客商勢要人等酒麯、糯米、花草、竹木、板片、器皿、貨物者，將本船運軍並附載人員參問發落，貨物入官。其把總等官有犯，降一級，回衛帶俸差操。民運船不在此例。

凡楊村、蔡村、河西務等處，如有用強攔截民運糧船在家，包雇車輛，逼勒多出腳錢者，問追給主，仍發邊衛充軍。

十七年題准：把總等官敢有指稱打點饋送，計船科取，許被害旗軍具告漕司提問。如將已物稍派各船希圖覓利，或攬客商貨物，取其雇值，或寄裝在京勢豪人等土産，負累旗軍，出陪腳價，亦許首告所在官司，照例盡數入官。

正德十五年議准：運糧官員到灣之時，脚價不敷，許赴漕運官處告理。如有私自借債，累軍償還者，漕運衙門徑自訪察，從實參奏。

又議准：凡將尚堪撑駕運船捏作損壞，通同盜賣，得價脱逃，及勢豪强奪拆卸者，監陪完日，查照盜賣錢糧事例問罪。

嘉靖六年議准：管運官旗人等上納糧米，驗與原樣米不同者，官候糧完類參，行各巡按御史提問。旗軍過淮之日，漕運都御史提問。

又議准：運糧入倉，不許門官、歇家、伴當、光棍人等指留糧袋，索要銀錢。緝事衙門訪出，照依打攪倉場事例，問擬發遣。

七年，令漕運衙門、各總衛所不許剋取行糧輕齎等項，及置辦酒米叚疋紗羅，並各土宜饋送，交通賄賂，事發拏問重治。

八年議准：司府州縣管糧官各於水次，同兑運官，將成化十五年原頒永爲法則字樣鐵斛與依式成造印記木斛，較量相同，就便交納。如有將私造大斛大斗用强交兑者，監兑官及撫按官，依律照例拏問。

又議准：遮洋船由海道經涉梁城守禦千户所、寶坻縣皇莊白龍港、新舊倉、龍王堂一帶地方，居民、弓兵、官校人等，敢有在於河路張布罾網，阻礙船隻，及稱盤詰，因而集衆搶奪財物者，撫按衙門及鄰近管糧、管河郎中主事等官拏問。搶奪財物滿貫以上者，兇犯枷號一箇月，照例發落。

又議准：經紀把持閘壩，及光棍指稱勢要名目，詐騙漕運軍船財物。或刻關防私記，號爲條子錢等項名色，横行索取。或在車營等處包攬起剥，因而勒掯，加增脚價者，巡倉御史、管倉員外及所在官司究問，照例從重議擬，奏請發落。

又議准：官軍通同無籍光棍，盜賣軍船，各從重追問。監陪原船完日，問罪發落。

又議准：把總、指揮、千百户等官，索要運軍常例銀兩，及科索至十兩以上者，問罪降一級。二十兩以上者，降二級。三十兩以上者，降三級。四十兩以上者，降三級，發原衛帶俸差操，再不推用。至五十兩以上者，問發邊衛充軍。跟官、書算人等科索軍士銀物，侵欺入己，至十兩以上者，問發永遠充軍。

又議准：侵盜在官糧米至四十石，銀二十兩，錢帛等物值銀二十兩者，俱問罪發邊衛永遠充軍。糧至百石，銀至百兩以上者，斬。

又議准：京倉軍民運糧到日，聽其自行雇覓各倉囤基，囤放糧米不許抽錢，以爲伴當官攢斗級常例，亦不許運官旗軍饋送土宜。若小脚歇家營求在官，指稱公用爲由，索取囤基等項財物，及别項求索情弊，於本倉門首枷號一箇月，滿日，送法司依律問擬。軍發邊衛充軍，民發口外爲民。干礙内外官員，奏請定奪。

又議准：領運官員如有侵扣運軍月糧行糧，多索船料等項銀兩者，查出贓私，俱照監守自盜事例，問擬發落。

又議准：運糧官軍人等犯罪經提三次不到官問理，皆准照原供贓罪，行令該衛追贓。完日仍申巡按御史，各照前例，擬罪發落。

又議准：運官違限，内總督並内監督衙門，有擅科一輒，罰銀一錢者，聽户部與提督御史指實參究。

十三年奏准：今後運軍脱逃，分别次數。初逃一次者照常發落。二次者枷號一箇月，方許收運食糧。三次者照依操軍事例，俱調衛。

又議准：把總、都指揮、指揮等官，如遇漕運衙門差委查盤，止許催儹該管衛所船隻，不許營求别差，以圖賄賂。亦不許假以該管衛所借債爲由，令其買賣，負累軍士，遲悮糧運。違者，聽總提督衙門並巡倉、巡河御史等官參奏拏問。

二十年議准：今後進倉糧米，仍令運官照舊擊斛進完報曬。若有臨倉掛欠，照數陪補治罪。不許守門官軍人等假以合子米爲由，狥情故違，一概擾害。

二十二年議准：今後司府州縣受理軍民詞訟，干礙運糧官軍，如係强盜人命重情，備行知會漕司，委官拘問。其餘贓私小事，將原詞抄行漕運衙門，照例候交糧完日，發理刑主事問理，不許徑自拘繫。

萬曆九年題准：備行各監兑官及兼理漕糧御史，將該兑糧米眼同州縣官並運官，看驗明白交兑，取具有司結狀，運官領狀，備將緊要數目字樣，用印鈐蓋。各一樣四本，一存監兑委官，一送漕運衙門，一送户部，一送總督衙門。案候收糧，如米色與結狀不同，即係官旗插和。若有司縱容糧長，將爛米搪塞，不肯從實結報，各從重參究。

十二年議准：軍旗有欲呈告運官不法事情者，許候糧運過淮，並完糧回南之日，赴漕司告理。如赴别衙門挾告詐財者，聽把總官就拏送問。犯該徒罪以上，調發邊衛充軍，另拘户丁補伍。

又議准：凡漕運官軍，敢有水次折乾及中途糶賣，以致抵壩起欠，及臨倉掛欠者，即係侵欺。除正犯查照律例問擬外，其餘官旗，仍各總計名下欠數，總小旗欠一百石，問發哨瞭。百户、鎮撫欠二百五十石，千户欠五百石，指揮及千户等官全幫領運者欠一千石，把總官欠三千石，俱問罪降一級，發原衛所帶俸差操。有能臨時設法買補完足，止作折賣正犯，各官旗免罪。其雖不係侵盜，但有虧折，俱照前例擬斷。若總欠數多，及麤惡不堪，至三萬石以上，總督總兵等官另行奏請定奪。

又議准：漕運把總、指揮、千百户等官，索要運軍常例，及指以供辦等費爲由科索，並扣除行月糧與船料等項，值銀三十兩以上者，問罪立功。五年滿日，降一級，帶俸差操。如未及三十兩者，止照常科斷。其跟官、書算人等指稱使用，科索軍人財物入己者，計贜論罪。如至二十兩以上，發邊衛充軍。

又議准：衛所官完糧後，備造支銷數目，呈報稽考。若有造報不明，及侵欺鞏損情弊，許運軍指實首告。各查照律例，從重問擬。把總官失於覺察，參問治罪。

又題准：凡漕運錢糧，有侵盜銀三百兩，糧六百石以上，俱照侵盜本律，仍作真犯死罪。係監守盜者斬，係常人盜者絞。

《大明會典》卷二七《户部·會計·漕運·民運》 正統十三年題准：白糧船編置字號，送沿河各官催督。及行甎廠，免帶甎。

成化六年奏准：蘇、松等府，運糙白糧米，係官造船隻，每船僉撥納户五六名，多不過十名，領駕來京。行收糧衙門，驗無糠穀沙土，免其曬揚，即與收受。

弘治七年題准：行河西務，遇白糧米剥船到關，俱免納料，即時放行。仍行各鈔關，一體驗放。

嘉靖元年題准：民運白糧，照兑運事例，每十月終徵完。委官十二月以裏，運至瓜洲，聽儹運郎中催儹。次年正月終不完者，將府州縣管糧官提問，住俸半年。三月終不完者，住俸一年，仍令戴罪催徵。若延至五月終不完者，將府州縣掌印等官通提，各降二級。蘇、松、常三府，限正月以裏過淮，八月初一日完納。若限外三箇月上完者，住俸半年。五箇月上完者，住俸一年。至次年二月終不完者，問罪降二級。

隆慶二年題准：民運糧，行各撫按委府佐貳官一員爲總部，州縣佐貳官一員爲協部。正月以裏，督行開船，定限六月以裏完納。如部運官不依期催解，違七月終限者，住俸三月。違八月終限者，住俸半年。違九月終限者，住俸一年。違十月終限者，降級。歲終不到者，比罷軟例罷斥。各掌印官，遞降一等。

六年題准：民運白糧，責令糧長設處船隻，同運官幫次開程，過淮洪入閘。漕務參政督催，與軍船一體輓拽。仍許量帶土宜四十石，免其納税。

萬曆九年議准：行漕司及各巡撫將江南五府應運白糧，令各糧長仍雇五百料中船，勿令夾帶私貨，應得水脚，當官議定，先給一半。其餘印封，船過徐州，總部官驗給。

又題准：每歲解京白糧，務點殷實糧户正身解納，不許棍徒包攬。應運米數，先儘本名。如有官户銀米，責令運送倉庫，轉給領解，以杜短少陪累。船隻許令糧長自雇五百料中船，每百石定給銀三十三兩。埠頭等役，悉行查革。經過鈔關，如果止於土宜四十石，免其納税。糧至丁字沽以北，河西務主事即照軍糧所定脚價，撥船起剥，徑交經紀，搬抗過壩，不許仍前寄囤。如有積棍攬解，歇家科擾等弊，聽巡視科道參究。糧完之日，解户批單，給發部運官，領回類繳。各有司不必監比家屬，仍刊稽弊文票，聽巡倉御史查給稽覈。

（明）何喬遠《名山藏·漕運記》 漕者，曹也。合曹水而名，漕運須曹水乃有濟焉。自宋禮鑿會通，陳瑄濬清浦，江、淮、河、汴、沁、泗、沂、汶、衛、白諸流，亘如一脉，注以湖塘溝泉，而水蔑不漕聚矣。

國初，漕運事兼屬河臣，世宗朝，洪阻運滯，運臣委責，河運乃分。

運也者，朝廷所以禄百官，廩庶工，食宿衛士，飽關輔戎馬，國計之大者也。米至京師，易三鏹而已，而常五倍而致之，不則無以實京邑，充國費，而明朝廷也。予是以次漕糧、漕倉、漕軍、漕船焉，而申之以漕規。

高帝始有天下，用海運，顧以給遼左一方而已。其時歲致七十五萬石，役者以八萬。

文皇作都於燕，初仍海運之故，爲一運。別起淮儀，歷黄衛，水陸灌輸，遞抵都下，爲一運。其北則德倉所儲爲一運。三運歲合二百五十萬石有奇。八年，謂不足，特令江、浙、湖廣三省各布都官自行督運，運復三百萬石有奇。十三年，會通河成，海暨衛河罷運。已三省督運亦罷，而用平江伯陳瑄言，令民就便運于淮、徐、臨、德諸倉，官軍爲之接運，是名支運法。凡運米，預取乾圓潔净，呈户部驗之，後運如其米，謂之樣米，米石斛率平，概其後乃一平一鋭。

宣德六年。瑄復言支運法民與軍均勞，甚善，然民往還殆歲，不無病舍穡，湖浙等軍船遠駕就兑，勞費亦虚。竊謂令民益耗，附近兑軍便。章帝是其議，令所在民支運者，勿論有欲兑者，度地遠近，給軍耗米。耗之云者，以防摩盪屑越正額耗損。且言乎代民而運，准當運者所耗費也，而又爲之兩鋭。其正米俗言两尖米也，耗則平而不鋭，是曰兑運法。兑之爲言易也，軍與民交易也，皆以爲大便。當是之時，兑居十六，支居十四，歲費充羡，無有慮不足者。行之既久，耗亦納官，軍不復有，失初意矣。

先是，永熙之時，漕法嚴明，倉米即紅腐鮮虧折者，自兑運法行，倉人垂涎耗餘，石索一鋭。未幾，耗亦納官，官取其鋭自如，軍始苦之。兼以有司徵斂之後期，曬曝之不宿，運軍逼不暇擇，且亦就中自藉爲奸利。於是兑米多惡，而復有折曝之耗矣。凡運米之鋭，永熙一之，宣德兩之，要皆在領運時，入庾則否。入庾之有一鋭也，自正統始也。謂夫貯庾久而耗焉，此夫以鋭爲耗也。乃收者復倍鋭，軍益苦也。

憲宗初年，上覺之，以詰户部，石耗一鋭，鋭五升足矣，倍之，非苛削耶。於是户部執曝揚之數，取米石一其鋭曝之，得九斗有六升，乃以升爲耗。當是之時，法多米惡，故事所呈樣米徒虚耳，巡倉監兑禁入土沙以爲奉職矣。其究也，鋭八升復不行，概米之時淋漓斛上，散漫地下，高厚率數寸，許其漫地者，軍復不得有之。甚且有額外罰，以此羨餘雖積，正糧實虧，運軍展轉稱貸不支矣。

七年，罷瓜淮兑運，並改四倉之支運者，俱令兑各附近水次。其瓜淮者，於原耗外益以腳米。四倉故無耗者，准量給耗米，又復在軍云。末年定兑運改兑之額，河淮以南以四百萬供京師，河淮以北八百萬供邊境，別貯額外米於臨德，曰預備米。預備米無當于漕，以備漕米之撥補也。先是，宣德間之定耗也，例二米一他物，蓋倣洪武間附載土物之意，用以資軍便民。至成化爲改兑法，則悉從本色，聽軍易用，然多滯不便。

弘治中，姑議定折耗銀曰輕賫，其法兼算耗鋭，稍贏縮而剖之，以銀兼米，米從贏數，銀從縮數。凡輕賫之銀官給之，大抵米以備遠涉及顯加之耗，銀以備傭僦鋪墊之用。要之正米無缺而止，正外諸羨盡歸旗卒，官無利焉。一時軍卒饒逸，漕運於斯爲盛。亡何，漕撫李蕙請以賫餘貯庫，聽來年缺者貸而償之。上可其奏，著爲令。

正德間，督者不内議出而外議益，益米石五升曰補蒸潤耗損，尋以有司貪緣爲奸罷，而輕貸之銀遂不以時給。即給，亦祇填要路壑，無從問餘矣。其後，並輕賫銀隨正徵足，不者不得給通關，而嚴淤阻禁改納，抑剋輓之直，商水兑之法，紛紛多事，衛所官黠者乘之侵弊百出。又其時流寇寘寧相繼弄兵，被兵地賦多減折，一時言官請罷傳奉、革投充、清冒功，使食寡用舒，竟不施行，而國用詘矣。

世宗初，漕總兵楊宏奏輕賫隨軍，軍人緩急有濟，若貯于漕庫，比至始給，當其未給，軍人所費已多，而又羨之爲扣，夫輕賫亦耗米耳，故爲輕運舟便僦費，乃取其羨米懸之籌，非法也。科道官交章駁之，以爲將開奸人冒破之端。户部爲兩可其説，請銀至之日驗費給領如故，第勿扣其羨以抵船料，兼充諸什物之需。大學士費宏言：外衛軍士終歲勤勞給京，軍幸有羨，宜與之。詔皆給軍，軍驩然。久之，倉人復以八升鋭爲一時浥潤費，貯倉歲耗無出也。户部尚書孫交酌請加三升，爲歲耗一升，盡三升而止。未三歲，支者入實額待用，上命著爲例。而是時自太監經歷茶菓小盪兒等銀，下及倉攢門官新舊軍斗一蠽兒斛面等銀，莫不有額，額合一十四萬有奇，又京衛有催儹、起票、掣解、巡邏、起米等銀，運官有掣銀，有長差藥餌、過淮紙劄等銀，費皆不貲。而運舟缺者敝者，概諸雜物，方一切倚辦輕賫，雖軍有利微尠矣。頃之，户部言輕賫之費倉爲甚，譬雀鼠之嚙，蟣虱之吮，雖禁不可止也。上曰禁革，下曰扣除。不如其已。請令運官備列倉費前規，聽官給領之，而給軍遂廢。

七年，通惠河成，糧運從河入，省輕賫銀一十一萬。詔給軍三之一，並令三歲後量減加耗以寬民。

十四年，以上龍興，于安陸獻皇帝陵寢在焉，湖廣顯陵承天二衛運米三萬一千四百石，悉從改折。其後數歲，四方水旱災傷請賑之疏踵至闕下，京通二倉爲竭，持籌之臣非議折無復計矣。上覽漕總兵萬表所上實運數，除折免，止米一百九十萬石有奇。降旨切責户部，毋得復減折。久之，表復奏天災流行，例當停免，臨德撥補其米有限，故往年議折，蓋于災傷停免之中曲爲之處，非無故也。夫豐年米賤，即取民所有，民不爲困。連年全運，軍不爲勞。若災應停免，量減折色，使民易出辦，運稍休息，於國計似亦無害。且漕糧除河工之費，其耗齎行月船料諸銀，總之率四石而致一石，艱難險阻，良不易得。有如今者，軍米易銀，石三錢耳。難得而賤用，殊爲可惜。若以先年所折每石七錢者，作二石給之，公家之利既倍，京軍莫不鼓舞，而糧儲省積，候支于米貴之歲，京師之米價亦平矣。疏入，許其年運米減折三十萬石。是後仍許減折，而數午之閒，浙直中倭糧船多被焚者，逋賦既甚，水災繼之，請□□餉亡歲蔑有，久之，南軍以改折故，糧不時給。至□□户部侍郎一人，上從南户部尚書黄光昇言，雖災勿折。

隆慶之初，京通二倉無積已甚，復旨許折漕米百一十萬石。户部尚書馬森請以曩者九錢例折，□□扣其所省料銀，行糧相間支放。□復顯承二衛漕額之半，附載各總第免運，如世宗旨而已。疏上，上爲詢及太倉出入數，森具數對，因引《書》儉德永圖之説爲上規，而上切責之。

五年，河水溢，糧舟傷者幾八百艘。明年，漕撫王宗沐奏曰：米有目性，薪井之水□具則熟，其體而可食，陰陽之水火具則伐，其性而易壞。米貯水次，且已濕而兑矣。船載半歲，又經濕而蒸矣。至太倉一曬二日，是水火俱備也。多而相壓，蒸□□後，不出一年，外米内粉，甚者灰而不可用。徒封倉廒而署之曰内幾萬石者，而孰知其不堪。京軍拱□實□豈可但與一石之數，不爲慮其灰與粉也。□爲救漂流，莫如改折，且今歲漂流正以額派全運船少米多之故，利害相伏，夫安知求全者適以自寡耶。于是議者遂請定例，歲折一百萬石，而輸京通二倉者僅三百萬石矣。户科給事中栗在庭言，歲減一百萬石，京米翔貴，萬一事出非常，運道梗塞，畿民枵腹，衛士脱巾，胡以待之。臣恐法久人玩，即三百萬石，亦不能保其不掛欠，不漂流。户部請仍復運額，報可。

右漕糧

（明）鄧士龍《國朝典故》卷六八《蓬軒類記》　漕運定規，每歲運糧四百萬石。内兑運三百三十萬石，支運七十萬石，分派浙江、江西、湖廣、山東各都司，中都留守司，南京、河南、江北、直隷一十三把總，管轄各衛所旗軍領運。浙江都司運船共一千九百九十九隻，每船或運軍十名，或十一名，或十二名，共該旗軍二萬一千六百七十名。每船大約裝運正米三百石，連加耗四百餘石，共該載運七十餘萬石。該運糧者，杭州前、杭州右、海寧、温州、台州、處州、寧波、紹興凡八衛，海寧、金華、衢州、嚴州、湖州凡五所，其餘沿海備倭衛所，俱不運糧。自宣德八年，裏河漕運，到今皆然。運船每五年一造，每一船奏定價銀一百兩，軍衛自備三十兩，府縣出價七十兩。兑運者，各衛所運軍駕船至府縣水次倉兑糧起運，京倉、通州倉交納。支運者，原係民夫民船，運至淮安、徐州、臨清、德州四倉。軍人駕船於四倉支運京、通二倉。近年又有改兑之名，蓋免民起運淮安等倉，加與耗米，就令軍船各到該運府縣兑糧，直抵京、通二倉也。

（明）陳仁錫《皇明世法録》卷五四《漕政·漕運職掌》　宣德十年并正德六年題准：總督漕運及該巡撫都御史總兵官，每年八月以裏，例該赴京會議下年糧運事宜。若遇有災傷等項，俱免赴京。先期各將應議事件限六月以裏馳奏，止總兵官赴京會議。

弘治十二年題准：各衛所應運官員有奸懶託病不赴運者，指揮降三級，衛鎮撫、千户降二級，所鎮撫、百户降一級，仍發運。

正德五年題准：把總官運糧三年以上，果廉能幹濟，依期完糧，許各該衛門據實保薦，准令於實職上陞一級。

又題准：見運官員無故私自逃回，照軍船到遲水次降二級，仍照運軍棄撇船糧調邊衛。

又題准：運軍棄撇船糧者，調邊衛充軍瞭哨，五年着伍。

嘉靖二十七年題准：監兑主事兑糧完日，會同巡撫御史，將各違限有司軍衛官員從公照例查參。若四月以裏參劾不到，或止參卑官塞責，本部參治降罰。

三十六年題准：見在運糧把總、指揮等官遇有陞遷，仍須督理候代，將原管錢糧交割明白方許離任。

三十八年題准：總督漕運都御史務要久任，必漕務修舉，節年糧運無欠，方許遷轉。

隆慶四年題准：糧船過淮，逐程催儹。但有脱壓幫次，即將爲首官旗責治。其黄河廣闊，許越幫前進。務要三月以裏盡數過洪入閘，在閘河仍舊挨幫，不得攙越。完日將催儹過洪日期呈報漕司具奏，違者參究。

又題准：每年正月，漕運都御史出巡揚州，經理瓜儀過閘糧船。總兵官駐劄邳徐，催督過淮幫船依期過洪人閘，仍同專理漕務參政管押到京。如有官旗故意延遲，查照先年綑打事例，着實舉行。

五年題准：各處巡撫漕運河道等官於兑運事竣，將兑完過淮、過洪各日期并船糧細數奏報。巡撫不得過二月，漕司不得過三月，河道不得過四月。如有司糧米不完，軍衛船隻不備，以致過淮遲悮者，罪在巡撫。若有司有糧，軍衛無船，并船已到淮，不即驗放，及不係河道變故，壓幫停泊，有悮過洪原限，因而漂凍寄囤者，罪在漕司。其糧船依限前進，河渠淤淺，疏築無法，撈淺無人，及閘座開閉失時，致有停阻不得過洪抵灣，罪在總理河道。悉聽科道官參究。

又題准：各省糧儲道，凡漕運一應徵兑補軍、催督船料、追併舊欠等項事宜，責成專理。如有司軍衛怠玩悮事，開呈漕司參奏。兑糧完日，各選委府佐二三員，分投管押糧船過淮過洪入閘，方許回任。三年俱能依期，漕司奏薦超擢。遇有陞遷等項，事完方許離任，不得改委悮事。如一時員缺，帶管官一體責成。敢有推避延緩，從實參究。

六年題准：漕司置立全單，每年親派某衛所某幫運官旗軍若干，船隻若干，應運糧若干，赴某府州縣領兑糧數，到日爲始，限幾日支領月糧定船駕赴水次問兑，重船過閘過壩到淮計程若干，再酌量守風阻淺，參謁較斛等項日期，逐一定限，填入單内。每幫分給一紙，運官有司查照款目，各於前件項下開註船糧有無違限日期，并各該官吏姓名，用有司監兑印鈐，到淮之日，賫單投坐委推官，除驗有地方執照不計外，查算某處違限幾日，或罪在有司，或罪在軍衛，明開單後呈送漕司，照數責治，情重者參究。奸旗違限，密填單尾，一併懲治，仍編幫改限嚴責如期過洪入閘，抵灣起糧，完日單送巡倉御史查比，獎薦參治。

又題准：運官依期過淮過洪完納，巡倉御史據實獎薦，即行賞賚，仍擬陞署職一級。過淮洪後期，完納依限者，通候三年，准陞署職一級。若先犯降級，不係侵欺掛欠，許將所陞職級准復原降之數。若見有漂欠并未掣通關者，不得濫舉。以後凡經薦舉運官，兵部即行紀録，候陞遷之日破格優叙。不過淮者候三年依期完納，照例陞署職一級。

又題准：各處監兑主事及巡按巡鹽上江各御史題參水次軍船違限，及儹運御史等官題參過淮過洪違限運官，抄到之日，姑從案候，七月後備行京通等倉，逐查原參各官，目今有無依期完納。若先違限後能早納者，即於覆本内明白聲説免罪。如有掛欠，併前照例問擬。

又題准：淮安漕庫積貯船料贓罰等銀，每年終漕司會同巡按逐一秤盤，備將出入項款分析造册具題。中間公費不容已者，明白登簿支銷。如有别弊，據實參究。至於各省并上江下江船料銀兩，巡按御史每年照例查盤奏報。

萬曆元年題准：淮、徐、臨、德、天津五倉收糧部官各印刊票帖，候糧船一到，各照地方，如淮安至徐州，算該水程若干，嚴定限期，每幫給付一張，賫至徐州收糧官處查驗。違者責治，轉限催行，不許拘留聽點。徐州、臨清、德州、天津，俱照此例。糧運畢日，將催過運船并違限官員具揭呈部查考。

二年題准：黄河一帶責成徐宿參將，沛縣以北、德州以南，每年於山東都司僉書内選委一員，自通州抵河西務一帶，責成通州參將，各督率官兵，嚴加防護，如有疎失，照地責成。

四年題准：南京衛所掌印官照例更番領運，每年八月初旬，南京兵部將各掌印應運官職名册送漕司填單坐委，永爲定規。

又題准：糧船過淮，總兵、御史、參政并沿河分司隨□□歷催儹，如運官於經過無干衙門停舟參謁，阻壓幫船，及奸猾官旗無故停泊延捱者，一體參治。不許濫委府州縣佐貳卑官需索騷擾，致生事端。違者參究。

又題准：漕運十三把總各照本管幫船催督，不許夤緣别委。違者本部及總督巡倉等衙門一體訪拿參革。

七年題准：儹運御史催儹運畢，駐劄通州稽察插和奸弊。候各衛運官漕糧入倉，方許具疏舉劾。本部查明，分別具題，以昭勸懲。

八年題准：運官三年無欠，總督衙門查依限完納及無別項違礙，方准題陞署職一級。若三年內曾經罰俸及有別項違礙，不許一概濫陞。

九年題准：浙江、南京、江北等總有一衛分兩三幫者，將本幫旗甲挨年輪流，更番領兑，不許攙越重復。如把總衛官派撥不均，旗甲避難就易，坐贓重處。

十五年題准：督糧參政自本年爲始，押運到灣，照舊駐劄通州，催儹糧運，起糧完日，免其進京。即便查理空船，編給限票，徑由水路催儹回南。敢有撇船逃回，受載稽留，致悮新運者，聽其徑自拏究。

又題准：漕務參政如遇陞遷，候新官交代，方許離任。以後載入敕內，永爲定制。

又題准：把總、指揮、千百户等官水次常例，聽監兑主事及巡按、巡鹽、巡江御史。過江過淮常例，聽總督漕運及儹運御史。進京常例，聽總督倉場及巡倉御史。各就近密切體訪，從重參究，不許徇情姑息。

又題准：總兵督運進京，每年賃僦民居不便。議動漕庫收貯贓罰及支剩過江米銀，買房一所，永爲公署。每年完事出京，責令通州四衛每年輪撥軍人二名常川看守。以後每三年於漕庫前項銀內動支一百兩，隨時修理，不許私自變賣。

十七年題准：浙江、蘇、松、徽、寧各道，自十八年爲始，各將所屬船糧數目呈報應天巡撫，查催嚴督度江并挑濬河渠事宜，悉聽先期料理，以免漕艘阻滯。其浙直各府挑河脚米折銀，仍聽漕司查考完欠的數，分別奬戒，每歲秋京口興工，行漕儲道會同常鎮司道勘視挑濬。如各道因循悮事者，會疏參究。

又題准：自十八年兑運爲始，備行蘇、松撫按，每遇開兑之期，選委各府佐貳，於隔別府分分投監視，令其約束軍民，公平交兑。庶分理有人，争鬬自息，永爲遵守。

十八年題准：漕運都御史免赴京會議，其應議事件，於六月內徑行馳奏。

二十年題准：凡有漕糧府州縣掌印管糧等官，自十月開倉以後，即遇行取陞遷罷閒等事，必待糧完開幫，方許離任。

二十一年題准：漕運總兵官止督押船糧到通州催行。領運各官將漕糧完納畢日，即便回南。應議事件，與總督衙門照舊會議停妥，限六月內馳奏，不必入京。

二十三年題准：漕折銀兩聽巡漕御史一併催儹，與漕糧一同赴部完納。以後年完一年，不許分釐拖欠。如有司抗阻怠玩，解官途路躭延，悉聽題參重究。

二十五年題准：各省直督糧各道催船過淮，即便回任，料理新運，不許枉道回家。如遇陞遷推補，務要面相交代，方許離任。如或躭延悮事，聽總漕巡漕衙門指名題參。

（明）陳仁錫《皇明世法録》卷五五《漕政·民運規則》　成化六年十月，户部會官議巡撫漕運等官所陳事宜：其一，蘇州、松江、常州及嘉興、湖州五府輪運內府白熟粳糯米并各府部糙粳米，每歲十六萬石，俱官給以船。今經沿途甎廠鈔關，必欲如民船帶甎納鈔，兼遇水涸守閘，又爲運軍凌逼，及抵楊州等處，則攬頭包攬，巧肆刻削。是以留滯日久，困於負貸，請罷帶甎納鈔之例，及禁包攬之害。仍移文漕運官，令軍民船皆魚貫而行，其有漂流糧米，以該納京倉者改納通州，省脚價以補其數。上從之。

隆慶二年題准：民運糧行各撫按，委府佐貳官一員爲總部，州縣佐貳官一員爲協部，正月以裏督行開船，定限六月以裏完納。如部運官不依期催解，違七月終限者，住俸三月；違八月終限者，住俸半年；違九月終限者，住俸一年；違十月終限者，降級；歲終不到者，比罷軟例罷斥，各掌印官遞降一等。

四年題准：每年收受録米倉糧米一尖一平，每石加耗五升，支放脚米三升。不用楞木，惟松板本色席照京倉例。其席板等件，隆慶四年減半徵解。萬曆七年又議題停徵五年，俟萬曆十二年後將應徵之數再減免一半，以寛民力，同白糧解納該倉備用。

又題准：浙江嘉湖、直隸蘇松常五府起解白糧，細開某縣部解官，糧户管運糧米若干石，雇覓船户某人，責限日期，投遞漕司，查給幫牌，勒限運納銷繳。其前項船隻止許受載五百石爲率，如或船大載少，夾載私貨過多，及將幫牌不行銷繳者，從重究治。

六年題准：白糧經過洪閘，各夫役與軍船一體挽拽。如運軍船户洪閘等夫挾騙，許糧長就告儹運該道處治。沿途管倉官處轉限及到京上納，各衙門人役不得抑勒刁難。如違，聽部糧官指名呈告。

萬曆元年題准：民運照軍運，每船許量帶土宜四十石，經過鈔關，驗無多餘夾帶，即時放行，免其納稅。

七年題准：每白糧一石，裏河腳價銀一分五釐，水腳銀九釐，經紀銀五釐，扣省銀四釐五毫，解銀庫。

又題准：歇家包囤、曬夫飯米、小腳抗糧買葦把、抱籌擡斛打捲、房水紙劄、掀掃籌架，俱照京倉例。

一、白糧起剥轉運俱照舊例，軍七民三，不許軍衛恃強爭攘，違者重治。

《明實録》洪武元年正月〔庚子〕置各處水馬站及遞運所、急遞鋪，凡六站，六十里或八十里，專在遞送使客、飛報軍務、轉運軍需等物。應用馬驢、舡車、人夫，必因地里，量宜設置。如衝要處，或設馬八十疋、六十疋、三十疋。其餘非衝要，亦係經行道路，或設馬二十疋、十疋、五疋。驢亦如之。馬有上、中、下三等，驗民田糧出備，大率上馬一疋糧一百石，中馬八十石，下馬六十石。如一户糧數不及百石者，許衆户合糧，并爲一夫，視使事緩急，給上、中、下馬。每驛有供帳，使者日給廩米五升，過者三升，設官一人掌之。

水驛，如使客通行正路，或設舡二十隻、十五隻、十隻。其分行偏路，亦設舡七隻、五隻。舡以繪飾之。每舡水夫十人，於民糧五石之上、十石之下者充之。不足者，衆户合糧并爲一夫。餘如馬站之例。遞運所置舡，俱飾以紅。如六百料者，每舡水夫十三人，五百料者十二人，四百料者十一人，三百料者十人，皆選民糧五石以下者充之。陸遞運所，如大車一輛載米十石者，夫三人，牛三頭，布袋十條。小車一輛載米三石者，夫一人，牛一頭。每夫一人出牛一頭，選民糧十五石者充之，如不足者，衆户合糧并爲一夫。

急遞鋪凡十里設一鋪。每鋪設鋪司一人，鋪兵要路十人，僻路或五人，或四人，於附近民有丁力，田粮一石五斗之上二石之下者充之，必少壯正身。每鋪設十二時日晷，以驗時刻。鋪門置綽楔一座，常明燈燭一副，簿曆二本，鋪兵各置夾板一副，鈴攀一副，纓鎗一把，棍一條，迴曆一本。遞送公文，依古法一晝夜通一百刻，每三刻行一鋪，晝夜行三百里。凡遇公文至鋪，隨即遞送，無分晝夜，鳴鈴走遞，前鋪聞鈴，鋪司預先出鋪交收，隨即於封皮格眼内填寫時刻、該遞鋪兵姓名，速令鋪兵用袱及夾板裹繫，持小迴曆一本，急遞至前鋪交收，於迴曆上附寫到鋪時刻，毋致迷失停滯。若公文不即遞送，因而失誤事機，及拆動損壞者，罪如律。各州縣於司吏内，選充鋪長一人，巡視提督。每月官置文簿一本，給各鋪附寫所遞公文時刻、件數，官稽考之。其無印信文字，並不許入遞。

（清）孫承澤《天府廣記》卷一四《倉場・漕規》 漕之兑運，各有水次。凡水次，江南於瓜淮，運軍過江就兑，湖廣於蘄州、漢口、城陵磯三處，江西於進賢，河南於小灘，山東於臨清。凡當兑米，征收以九月，水次交兑以十月，踰十一月終，十二月糧與船至者三之一，弗至者府州縣正官、督糧官、領運指揮千百户等官俱聽巡按御史逮問，奪俸奪級，以久近爲次。江北官軍兑本府州縣糧者，過淮以十二月，南京、江南、直隸官軍兑應天等府州縣糧者過淮以正月，淮以北山東、北直隸二總兑本糧及遮洋總兑河南、山東糧者以正月，及三月完報，事皆屬之儹運。凡米至京倉，月旦爲期。三月一日，北直隸、河南、山東衛所至，五月一日，南直隸、鳳陽等衛所至，六月一日，南直隸、浙江、湖廣各衛所至。後者奪俸，先者進秩，皆有差。凡漂流米二百石以内爲小患，二百石以外爲大患，小患報官，大患以奏聞。漂流損米罰治皆有分數，然仍令之領運，補完者復之，不完者終身及子孫勿得復，漂損糾劾及漕運撫總官聽上處分，凡軍有犯罰運糧贖罪亦皆有差次，無力者發戍極遠邊衛。已復罰罷運，第令如數納米贖。凡倉次給醫藥，官若軍有故者，歸其骸存恤之。

（清）查繼佐《罪惟録》志卷一四《漕志・漕志總論》 漕與屯相表裏，屯獲一鍾，可省漕二十鍾，昔人言之矣。夫此一粒，督之，司之，征之，貯之，囊之，艦之，棹之，趲之，閘之，交之，納之，給之，諸費已不勝紀。而加以崩覆之患，侵尅之患，影射之患，額例之患，加貼之患，浮濫之患，靡漏之患，其弊又皆足以罄產絶户而尚未已。產盡而糧額猶存，户耗而代賠無既，此猶明知爲漕之故也。若夫治河，每至浪金錢無算，轝夫役無算，設官每至飽吏胥無算，恣漁獵無算，此實無漕之名而無不以漕之所係。曷一力于屯，以稍減漕之困乎？而胡明初惓惓以之，卒無竟其義者。初用海運，奉差之日，與親友訣，子孫生祭以行。而內漕即無死喪之患。民運累民，改官運，運不勝，仍累民，民願自累，不煩官，情抑苦矣。若夫豪民營脱，宿保乾没，健吏烹肥，種種不一，賄賂情面，不得不開，風俗人心，日就蠱壞，漕之爲累，詎忍言哉。而況食此者，未必填可食之腹，未必輸應食之所，未必稱急食之時，邊呼而不聞，藩饑而不塞，珠玉供之，泥沙委之，食寡用舒二義，解之者何人矣。

（清）查繼佐《罪惟録》志卷一四《漕志》　明運糧法三變：一海運，一水陸並運，一漕運。洪武初，蘇松浙江運船由海道至直沽，又從登州新河運至遼東，是爲海運。永樂九年，開會通河。海運初用遮洋船。十三年，增造淺船三千餘隻，罷海運遮洋船。其六分之一入天津倉，餘從直沽海運至薊州。內運則越江、由淮入河，抵陽武，陸運至衛輝，沿衛泝潞，水運至通州，是爲水陸並運。十三年，竟行漕運，而漕又四變。一支運，一轉運，一兑運，一改兑。初，民運至淮徐臨德四倉，軍船接入京通，是爲支運。永樂十二年，以平江伯陳瑄議，蘇州等處及徐兖送濟寧倉，河南山東送臨清倉，浙江并直隸官軍自淮安運至徐州，京衛官軍于徐州運至德州，山東河南官軍于德州運至通州，一年四轉，是爲轉運。永樂中，民運至瓜淮，補給脚費，兑與運軍領運，是爲兑運。宣德八年，從參將胡亮議，江浙湖廣江南船各回附近水次領兑，南京江北船于江淮領兑，其淮徐臨德諸倉仍支兑十之四，蘇松等船各就本司府領兑，不盡者仍于瓜淮領兑。其北邊一帶，如河南彰德，于小灘，山東濟南州縣于濟寧，其餘水次倣此。正統七年，詔南京造遮洋船，由海道運糧至薊州。成化七年，都御史滕昭議，罷瓜淮交兑，裏河官軍將江船于江南水次交兑，民加過江之費，視遠近爲差。十年，議淮徐臨德四倉支運糧七十萬石，改就水次兑軍，是爲改兑。

漕屬七大藩，遠者五千餘里，江以南居十之七。自上江者入儀真，自下江者入瓜洲，並達淮南，爲南河。由黄河達豐沛，爲中河。由山東達天津，爲北河。凡海運最忌秋風，定二月入遼，三月回空。河運，自宿遷則恐徐邳涸，由豐沛則恐隄易壞。按洪武三十年，海運赴遼七十萬石零。永樂五年，海運六十五萬石零。十二年，北京五十萬石，由衛河通州，四十萬石由海道。十六年，以會通河成，內運四百六十萬石，宣德中五百餘萬石，正統中四百五十萬石，景泰中四百九十萬石，天順中四百三十餘萬石，成化中四百餘萬石。又江南蘇松常嘉湖白糧十八萬石。大約漕船一萬二千一百四十三隻，裏河淺船遮洋船十年一造，江南船皆五年一造，役官軍十二萬有奇。嘉靖四十五年，始通天津海運，轉漕永平。隆慶六年，督漕王宗沐以漕道淤塞，條上海運七事，請自太倉、嘉定而北，自淮南而東，引登萊以洎天津。如議行。崇禎中，漕米額數，南直共一百七十六萬四千四百石，浙江、江西、湖廣、山東、河南五省共一百七十九萬八千八百六十五石零，通共三百五十六萬二千二百六十五石零。

歷朝治漕績最著者，陳平江伯瑄，宋尚書禮，夏忠靖原吉，周文襄忱，潘尚書季馴，徐武功有貞，劉尚書大夏，共七人。

洪熙中，許附帶什物，以卹運官。成化中，許帶土儀，免税課。弘治中，許每船附帶不得過十石。正德中，准餘米置買弓箭。嘉靖中，許每船帶土儀四十石。隆慶中，每附帶臨青城磚四十八塊。萬曆中，由儀真閘每帶光禄寺應用酒瓶三十個，尋許浮帶米六十石，以備軍旗撥淺。

凡奉差督漕，洪熙中以總兵官兼鎮守，宣德中以工部尚書掛督漕之印，尋又以右左副總兵同管，或以參將兼管。景泰中以左右僉都御史爲總督漕運，自王竑始，後以爲例。

按：洪武中不止海運，初命航海侯張赫督江陰衛官軍八萬二千餘，運米遼東，此二十一年事。閲五年，又命崇山侯李新督視有司開臙脂河，且諭之曰：江南賦税，水運丹陽登陸，轉輸甚勞。大江上流，覆溺可慮。欲自畿甸疏鑿河流，使輸者不勞，商旅獲便，爾其董之。顧金陵取道易，若邊餉，寧遂不賴江南一粒乎？而北漕未聞議及。三十年，有諭：海運且停止。

（清）曹溶《明漕運志》　永樂元年三月，瀋陽中屯衛軍士唐順言：衛河之原出衛輝府輝縣西北八里大行蘇門山下，其流自縣城北經衛輝城下八大名濬縣界，迤邐抵直沽入海。南距黄河，陸路五十餘里。若開衛河，距黄河百步，置倉厫，受南京所運糧餉，轉致衛河交運，則公私交便也。上命廷臣議，俟民力稍甦行之。

四年秋七月，命平江伯陳瑄兼督江淮河衛轉運。洪武中，航海侯張赫、舳艫侯朱壽，俱以海運功封。歲運糧七十萬石，止給遼左一方。永樂初，北京軍儲不足，以瑄充總兵，帥舟師海運，歲米百萬石，建百萬倉于直沽尹兒灣城，天津衛籍兵萬人戍守。至是，令江南糧一由海運，一由淮入黄河，至陽武，陸運至衛輝，仍由衛河入白河至通州。是爲海陸兼運。【略】

九年春二月己未，命工部尚書宋禮、都督周長開會通河，自濟寧至臨清，舊通舟楫。洪武中，河岸衝决，河道淤塞。故于陸路置八遞運所，每所用民丁三千，車二百輛。歲久，民困其役。永樂初，屢有言開河便者。上重民力，未許。至是，濟寧同知潘叔正言：會通河道四百五十餘里，其淤塞者三之一。浚而通之，非惟山東之民免轉輸之勞，實國家無窮之利也。乃命禮等往視。禮等極言疏浚之便，且言天氣和霽，宜及時用工。于是，遣侍郎金純發山東、直隸、徐州民丁及應天、鎮江等府民丁，併力開浚。民丁皆給粮犒賞，蠲他役及今年田租。命宋禮總督之。【略】

十三年三月，罷海運糧。命平江伯陳瑄于湖廣、江西造平底淺船三千艘，以從河運，歲運三百餘萬石。初漕運北京，舟至淮安，過垻渡淮，以達清河，輸輓甚艱。故老爲瑄言：淮安城西有管家湖，自河至淮河鴨陳口，僅二十里，與清江口相值，宜鑿河引湖水入淮以通漕舟。瑄從之。乃鑿清江浦引水，由管家湖入鴨陳口，達淮。就管家湖築隄亘十里，以便引舟。置四閘，曰移風、清江、福興、新莊，以時啓閉。浚儀真、瓜州通潮，鑿吕梁百步二洪石平水勢。開泰州白塔河，通大江。築高郵湖隄，隄内鑿渠亘四十里。淮濱作常盈倉五十區，貯江南輸税。徐州、濟寧、臨清、德州皆建倉，使轉輸。議以原坐太倉歲糧蘇州并山東兖州送濟寧倉，河南、山東送臨清倉，各交收。浙江并直隸衛分官軍于淮安運至徐州，京衛官軍于徐州運至德州，山東、河南官軍于德州接運至通州。名爲支運，年凡四次。河淺膠舟處，瀕河置舍五百六十八所，舍置淺夫，俾導舟其可行處。緣河隄鑿井樹木，以便行人。乃增置淺船三千餘艘，海運遂罷。凡漕渠在齊魯閒者，宋禮功爲多；在江淮閒者，陳瑄功爲多。

宣德五年三月，陳瑄復言：支運法軍民均勞，甚善。但民病舍穡往還，不若益耗兑軍便。帝是其議，改爲兑運法。行之既久，耗亦納官，失初意矣。【略】

〔成化〕七年，罷瓜淮兑運，并改四倉之支運者，俱令兑各附近水次。其瓜淮者，于原耗外，益以脚米。四倉故無耗者，準量給耗米，又復在軍云。尋復定兑運、改兑之額：河淮以南，以四百萬供京師；河淮以北，以八百萬供邊境。别貯額外米于臨德，曰預備米，以備漕米之撥補也。先是，宣德閒，定耗例二米一他物，蓋倣洪武時附載土物之意，用以資君便民。至成化，爲改兑法，則悉從本色，聽軍易用，然多滯不便。

嘉靖七年，通惠河成，糧運從河入，省輕齎銀一十一萬。詔給軍三之一，并令三歲後量減加耗以寬民。初，宏治中，議定折耗銀曰輕齎。凡輕齎之銀，官給之。大抵米以備遠涉及顯加之耗，銀以備傭僦鋪墊之用，要之正米無缺而止。正外諸羨盡歸旗卒，官無利焉。一時軍卒饒逸，漕運於斯爲盛。亡何，漕撫李蕙請齎餘貯庫，聽來年缺者貸償之。上可其奏，著爲令。嘉靖初，河漕總兵楊宏奏：輕齎隨軍，人緩急有濟。若貯漕庫，非法也。大學士費宏言：衛軍終歲勤勞給京軍，幸有羨宜與之。詔皆給軍，軍驩然。久之，户部言：輕齎之費倉爲甚，譬雀鼠之囓，蟣蝨之吮，雖禁不可止也。上曰禁革，下曰扣除，不如其已。請令運官，備列倉費前規，聽官給領之，而給軍遂革。至是，通惠河成，遂有是命。

《明史》卷七九《食貨志·漕運》 歷代以來，漕粟所都，給官府廩食，各視道里遠近以爲準。太祖都金陵，四方貢賦，由江以達京師，道近而易。自成祖遷燕，道里遼遠，法凡三變。初支運，次兑運、支運相參，至支運悉變爲長運而制定。

洪武元年北伐，命浙江、江西及蘇州等九府，運糧三百萬石於汴梁。已而大將軍徐達令忻、崞、代、堅、臺五州運糧大同。中書省符下山東行省，募水工發萊州洋海倉餉永平衛。其後海運餉北平、遼東爲定制。其西北邊則浚開封漕河餉陝西，自陝西轉餉寧夏、河州。其西南令川、貴納米中鹽，以省遠運。於時各路皆就近輸，得利便矣。

永樂元年納户部尚書郁新言，始用淮船受三百石以上者，道淮及沙河抵陳州潁岐口跌坡，别以巨舟入黄河抵八柳樹，車運赴衛河輸北平，與海運相參。時駕數臨幸，百費仰給，不止餉邊也。淮、海運道凡二，而臨清倉儲河南、山東粟，亦以輸北平，合而計之爲三運。惟海運用官軍，其餘則皆民運云。

自濬會通河，帝命都督賈義、尚書宋禮以舟師運。禮以海船大者千石，工窳輒敗，乃造淺船五百艘，運淮、揚、徐、兖糧百萬，以當海運之數。平江伯陳瑄繼之，頗增至三千餘艘。時淮、徐、臨清、德州各有倉。江西、湖廣、浙江民運糧至淮安倉，分遣官軍就近輓運。自淮至徐以浙、直軍，自徐至德以京衛軍，自德至通以山東、河南軍。以次遞運，歲凡四次，可三百萬餘石，名曰支運。支運之法，支者，不必出當年之民納；納者，不必供當年之軍支。通數年以爲哀益，期不失常額而止。由是海陸二運皆罷，惟存遮洋船，每歲於河南、山東、小灘等水次，兑糧三十萬石，十二輸天津，十八由直沽入海輸薊州而已。不數年，官軍多所調遣，遂復民運，道遠數愆期。

宣德四年，瑄及尚書黄福建議復支運法，乃令江西、湖廣、浙江民運百五十萬石於淮安倉，蘇、松、寧、池、廬、安、廣德民運糧二百七十四萬石於徐州倉，應天、常、鎮、淮、揚、鳳、太、滁、和、徐民運糧二百二十萬石於臨清倉，令官軍接運入京、通二倉。民糧既就近入倉，力大減省，乃量地近遠，糧多寡，抽民船十一或十三、五之一以給官軍。惟山東、河南、北直隸則徑赴京倉，不用支運。尋令南陽、懷慶、汝寧糧運臨清倉，開封、彰德、衛輝糧運德州倉，其後山東、河南皆運德州倉。

六年，瑄言：江南民運糧諸倉，往返幾一年，誤農業。令民運至淮安、瓜洲，兑與衛所。官軍運載至北，給與路費耗米，則軍民兩便。是爲兑運。命羣臣會議。吏部蹇義等上官軍兑運民糧加耗則例，以地遠近爲差。每石，湖廣八斗，江西、浙江七斗，南直隸六斗，北直隸五斗。民有運至淮安兑與軍運者，止加四斗，如有兑運不盡，仍令民自運赴諸倉，不願兑者，亦聽其自運。軍既加耗，又給輕賫銀爲洪閘盤撥之費，且得附載他物，皆樂從事，而民亦多以遠運爲艱。於是兑運者多，而支運者少矣。軍與民兑米，往往恃強勒索。帝知其弊，敕户部委正官監臨，不許私兑。已而頗減加耗米，遠者不過六斗，近者至二斗五升。以三分爲率，二分與米，一分以他物準。正糧斛面鋭，耗糧俱平概。運糧四百萬石，京倉貯十四，通倉貯十六。臨、徐、淮三倉各遺御史監收。

正統初，運糧之數四百五十萬石，而兑運者二百八十萬餘石，淮、徐、臨、德四倉支運者十之三四耳。土木之變，復盡留山東、直隸軍操備。蘇、松諸府運糧仍屬民。景泰六年，瓦剌入貢，乃復軍運。天順末，兑運法行久，倉人覬耗餘，入庾率兑斛面，且求多索，軍困甚。憲宗即位，漕運參將袁佑上言便宜。帝曰：律令明言，收糧令納户平準，石加耗不過五升。今運軍願明加，則倉吏侵害過多可知。今後令軍自概，每石加耗五升，毋溢，勒索者治罪。後從督倉中官言，加耗至八升。久之，復溢收如故，屢禁不能止也。

初，運糧京師，未有定額。成化八年始定四百萬石，自後以爲常。北糧七十五萬五千六百石，南糧三百二十四萬四千四百石，其内兑運者三百三十萬石，由支運改兑者七十萬石。兑運之中，湖廣、山東、河南折色十七萬七千七百石。通計兑運、改兑加以耗米入京、通兩倉者，凡五百十八萬九千七百石。而南直隸正糧獨百八十萬，蘇州一府七十萬，加耗在外。浙賦視蘇減數萬。江西、湖廣又殺焉。天津、薊州、密雲、昌平，共給米六十四萬餘石，悉支兑運米。而臨、德二倉，貯預備米十九萬餘石，取山東、河南改兑米充之。遇災傷，則撥二倉米以補運，務足四百萬之額，不令缺也。

至成化七年，乃有改兑之議。時應天巡撫滕昭令運軍赴江南水次交兑，加耗外，復石增米一斗爲渡江費。後數年，帝乃命淮、徐、臨、德四倉支運七十萬石之米，悉改水次交兑。由是悉變爲改兑，而官軍長運遂爲定制。然是時，司倉者多苛取，甚至有額外罰，運軍展轉稱貸不支。弘治元年，都御史馬文升疏論運軍之苦，言：各直省運船，皆工部給價，令有司監造。近者，漕運總兵以價不時給，請領價自造。而部臣慮軍士不加愛護，議令本部出料四分，軍衛任三分，舊船抵三分。軍衛無從措辦，皆軍士賣資産、鬻男女以供之，此造船之苦也。正軍逃亡數多，而額數不減，俱以餘丁充之，一户有三、四人應役者。春兑秋歸，艱辛萬狀。船至張家灣，又僱車盤撥，多稱貸以濟用，此往來之苦也。其所稱貸，運官因以侵漁，責償倍息。而軍士或自載土産以易薪米，又格於禁例，多被掠奪。今宜加造船費每艘銀二十兩，而禁約運官及有司科害搜檢之弊，庶軍困少甦。詔從其議。五年，户部尚書葉淇言：蘇、松諸府，連歲荒歉，民買漕米，每石銀二兩。而北直隸、山東、河南歲供宣、大二邊糧料，每石亦銀一兩。去歲，蘇州兑運已折五十萬石，每石銀一兩。今請推行於諸府，而稍差其直。災重者，石七錢，稍輕者，石仍一兩。俱解部轉發各邊，抵北直隸三處歲供之數，而收三處本色以輸京倉，則費省而事易集。從之。自後歲災，輒權宜折銀，以水次倉支運之糧充其數，而折價以六七錢爲率，無復至一兩者。

先是，成化間行長運之法。江南州縣運糧至南京，令官軍就水次兑支，計省加耗輸輓之費，得餘米十萬石有奇，貯預備倉以資緩急之用。至是，巡撫都御史以兑支有弊，請令如舊上倉而後放支。户部言：兑支法善，不可易。詔從部議，以所餘就貯各衛倉，作正支銷。又從户部言，山東改兑糧九萬石，仍聽民自運臨、德二倉，令官軍支運。正德二年，漕運官請疏通水次倉儲，言：往時民運至淮、徐、臨、德四倉，以待衛軍支運，後改附近州縣水次交兑。已而并支運七十萬石亦令改兑。但七十萬石之外，猶有交兑不盡者，民仍運赴四倉，久無支銷，以致陳腐。請將浙江、江西、湖廣正兑糧米三十五萬石，折銀解京，而令三省衛軍赴臨、德等倉，支運如所折之數。則諸倉米不腐，三省漕卒便於支運。歲漕額外，又得三十五萬折銀，一舉而數善具矣。帝命部臣議，如其請。六年，户部侍郎邵寶以漕運遲滯，請復支運法。户部議，支運法廢久，不可卒復，事遂寢。

臨、德二倉之貯米也，凡十九萬，計十年得百九十萬。自世宗初，災傷撥補日多，而山東、河南以歲歉，數請輕減，且二倉囤積多朽腐。於是改折之議屢興，而倉儲漸耗矣。嘉靖元年，漕運總兵楊宏，請以輕齎銀聽運官道支，爲顧僦舟車之費，不必裝鞘印封，計算羨餘，以苦漕卒。給事、御史交駁之。户部言：科道官之論，主於防奸，是也。但輕齎本資轉般費，今慮官軍侵耗，盡取其贏餘以歸太倉，則以脚價爲正糧，非立法初意也。乃議運船至通州，巡倉御史覈驗，酌量支用實數，著爲定規。有羨餘，不輸太倉，即用以修船，官旗漁蠹者重罪。輕齎銀者，憲宗以諸倉改兑，給路費，始各有耗米；兑運米，俱一平一鋭，故有鋭米；自隨船給運四斗外，餘折銀，謂之輕齎。凡四十四萬五千餘兩。後頗入太倉矣。

隆慶中，運道艱阻，議者欲開膠萊河，復海運。由淮安清江浦口，歷新壩、馬家壕至海倉口，徑抵直沽，止循海套，不泛大洋。疏上，遣官勘報，以水多沙磧而止。

神宗時，漕運總督舒應龍言：國家兩都並建，淮、徐、臨、德，實南北咽喉。自兑運久行，臨、德尚有歲積，而淮、徐二倉無粒米。請自今山東、河南全熟時，盡徵本色上倉。計臨、德已足五十餘萬，則令納於二倉，亦積五十萬石而止。從之。當是時，折銀漸多。萬曆三十年，漕運抵京，僅百三十八萬餘石。而撫臣議截留漕米以濟河工，倉場侍郎趙世卿爭之，言：太倉入不當出，計二年後，六軍萬姓將待新漕舉炊，倘輸納愆期，不復有京師矣。蓋災傷折銀，本折漕糧以抵京軍月俸。其時混支以給邊餉，遂致銀米兩空，故世卿爭之。自後倉儲漸匱，漕政亦益弛。迨於啓、禎，天下蕭然煩費，歲供愈不足支矣。

運船之數，永樂至景泰，大小無定，爲數至多。天順以後，定船萬一千七百七十，官軍十二萬人。許令附載土宜，免徵稅鈔。孝宗時限十石，神宗時至六十石。

憲宗立運船至京期限，北直隸、河南、山東五月初一日，南直隸七月初一日，其過江支兑者，展一月，浙江、江西、湖廣九月初一日。通計三年考成，違限者，運官降罰。武宗列水程圖格，按日次填行止站地，違限之米，頓德州諸倉，曰寄囤。世宗定過淮程限，江北十二月，江南正月，湖廣、浙江、江西三月，神宗時改爲二月。又改至京限五月者，縮一月，七八九月者，遞縮兩月。後又通縮一月。神宗初，定十月開倉，十一月兑竣，大縣限船到十日，小縣五日。十二月開幫，二月過淮，三月過洪入閘。皆先期以樣米呈户部，運糧到日，比驗相同乃收。

凡災傷奏請改折者，毋過七月。題議後期及臨時改題者，立案免覆。漂流者，抵換食米。大江漂流爲大患，河道爲小患；二百石外爲大患，二百石内爲小患。小患把總勘報，大患具奏，其後不計多寡，概行奏勘矣。

初，船用楠杉，下者乃用松。三年小修，六年大修，十年更造。每船受正耗米四百七十二石。其後船數缺少，一船受米七八百石。附載夾帶日多，所在稽留違限。一遇河決，即有漂流，官軍因之爲奸。水次折乾，沿途侵盜，妄稱水火，至有鑿船自沉者。

明初，命武臣督海運，嘗建漕運使，尋罷。成祖以後用御史，又用侍郎、都御史催督，郎中、員外分理，主事督兑，其制不一。景泰二年始設漕運總督於淮安，與總兵、參將同理漕事。漕司領十二總，十二萬軍，與京操十二營軍相準。初，宣宗令運糧總兵官、巡撫、侍郎歲八月赴京，會議明年漕運事宜，及設漕運總督，則并令總督赴京。至萬曆十八年後始免。凡歲正月，總漕巡揚州，經理瓜、淮過閘。總兵駐徐、邳，督過洪入閘，同理漕參政管押赴京。攢運則有御史、郎中，押運則有參政，監兑、理刑、管洪、管廠、管閘、管泉、監倉則有主事，清江、衛河有提舉。兑畢過淮過洪，巡撫、漕司、河道各以職掌奏報。有司米不備，軍衛船不備，過淮誤期者，責在巡撫。米具船備，不即驗放，非河梗而壓幫停泊，過洪誤期因而漂凍者，責在漕司。船糧依限，河渠淤淺，疏濬無法，閘坐啓閉失時，不得過洪抵灣者，責在河道。

明初，於漕政每加優恤，仁、宣禁役漕舟，宥遲運者。英宗時始扣口糧均攤，而運軍不守法度爲民害。自後漕政日弛，軍以耗米易私物，道售稽程。比至，反買倉米補納，多不足數。而糧長率攙沙水於米中，河南、山東尤甚，往往蒸溼浥爛不可食。權要貸運軍銀以罔厚利，至請撥關税給船料以取償。漕運把總率由賄得。倉場額外科取，歲至十四萬。世宗初政，諸弊多釐革，然漂流、違限二弊，日以滋甚。中葉以後，益不可究詰矣。

漕糧之外，蘇、松、常、嘉、湖五府，輸運内府白熟粳糯米十七萬四十餘石，内折色八千餘石，各府部糙粳米四萬四千餘石，内折色八千八百餘石，令民運，謂之白糧船。自長運法行，糧皆軍運，而白糧民運如故。穆宗時，陸樹德言：軍運以充軍儲，民運以充官禄。人知軍運之苦，不知民運尤苦也。船户之求索，運軍之欺陵，洪閘之守候，入京入倉，厥弊百出。嘉靖初，民運尚有保全之家，十年後無不破矣。以白糧令軍帶運甚便。疏入，下部議。不從。

凡諸倉應輸者有定數，其或改撥他鎮者，水次應兑漕糧，即令坐派鎮軍領兑者給價，州縣官督車户運至遠倉，或給軍價就令關支者，通謂之穵運。九邊之地，輸糧大率以車，宣德時，餉開平亦然，而蘭、甘、松潘，往往使民背負。永樂中，又嘗令廣東海運二十萬石給交阯云。

《明史》卷八六《河渠志·海運》　海運，始於元至元中。伯顏用朱清、張瑄運糧輸京師，僅四萬餘石。其後日增，至三百萬餘石。初，海道萬三千餘里，最險惡，既而開生道，稍徑直。後殷明略又開新道，尤便。然皆出大洋，風利，自浙西抵京不過旬日，而漂失甚多。

洪武元年，太祖命湯和造海舟，餉北征士卒。天下既定，募水工運萊州洋海倉粟以給永平。後遼左及迤北數用兵，於是靖海侯吴禎、延安侯唐勝宗、航海侯張赫、舳艫侯朱壽先後轉遼餉，以爲常。督江、浙邊海衛軍大舟百餘艘，運糧數十萬。賜將校以下綺帛、胡椒、蘇木、錢鈔有差，民夫則復其家一年，溺死者厚恤。三十年，以遼東軍餉贏羡，第令遼軍屯種其地，而罷海運。

永樂元年，平江伯陳瑄督海運糧四十九萬餘石，餉北京、遼東。二年，以海運但抵直沽，别用小船轉運至京，命於天津置露囤千四百所，以廣儲蓄。四年定海陸兼運。瑄每歲運糧百萬，建百萬倉於直沽尹兒灣城。天津衛籍兵萬人戍守。至是，命江南糧一由海運，一由淮、黄，陸運赴衛河，入通州，以爲常。陳瑄上言：嘉定瀕海，當江流之衝，地平衍，無大山高嶼。海舟停泊，或值風濤，觸堅膠淺輒敗。宜於青浦築土爲山，立堠表識，使舟人知所避，而海險不爲患。詔從之。十年九月，工成。方百丈，高三十餘丈。賜名寶山。御製碑文紀之。

十三年五月復罷海運，惟存遮洋一總，運遼、薊糧。正統十三年減登州衛海船百艘爲十八艘，以五艘運青、萊、登布花鈔錠十二萬餘觔，歲賞遼軍。

成化二十三年，侍郎丘濬進大學衍義補，請尋海運故道與河漕並行，大略言：海舟一載千石，可當河舟三，用卒大減。河漕視陸運費省什三，海運視陸省什七，雖有漂溺患，然省牽卒之勞、駁淺之費、挨次之守，利害亦相當。宜訪素知海道者，講求勘視。其説未行。弘治五年，河决金龍口，有請復海運者，朝議弗是。

嘉靖二年，遮洋總漂糧二萬石，溺死官軍五十餘人。五年停登州造船。二十年，總河王以旂以河道梗澀，言：海運雖難行，然中間平度州東南有南北新河一道，元時建閘直達安東，南北悉由内洋而行，路捷無險，所當講求。帝以海道迂遠，却其議。三十八年，遼東巡撫侯汝諒言：天津入遼之路，自海口至右屯河通堡不及二百里，其中曹泊店、月坨桑、姜女墳、桃花島皆可灣泊。部覆行之。四十五年，順天巡撫耿隨朝勘海道，自永平西下海，百四十五里至紀各莊，又四百二十六里至天津，皆傍岸行舟。其間開洋百二十里，有建河、糧河、小沽、大沽河可避風。初允其議，尋以御史劉翾疏沮而罷。是年，從給事中胡應嘉言，革遮洋總。

隆慶五年，徐、邳河淤，從給事中宋良佐言，復設遮洋總，存海運遺意。山東巡撫梁夢龍極論海運之利，言：海道南自淮安至膠州，北自天津至海倉，島人商賈所出入。臣遣卒自淮、膠各運米麥至天津，無不利者。淮安至天津三千三百里，風便，兩旬可達。舟由近洋，島嶼聯絡，雖風可依，視殷明略故道甚安便。五月前風順而柔，此時出海可保無虞。命量撥近地漕糧十二萬石，俾夢龍行之。

六年，王宗沐督漕，請行海運。詔令運十二萬石自淮入海。其道，由雲梯關東北歷鷹游山、安東衛、石臼所、夏河所、齊堂島、靈山衛、古鎮、膠州、鼇山衛、大嵩衛、行村寨，皆海面。自海洋所歷竹島、寧津所、靖海衛，東北轉成山衛、劉公島、威海衛，西歷寧海衛，皆海面。自福山之罘島至登州城北新海口沙門等島，西歷桑島、峔屺島；自峔屺西歷三山島、芙蓉島、萊州大洋、海倉口；自海倉西歷淮河海口、魚兒舖，西北歷侯鎮店、唐頭塞；自侯鎮西北大清河、小清河海口，乞溝河入直沽，抵天津衛。凡三千三百九十里。

萬曆元年，即墨福山島壞糧運七艘，漂米數千石，溺軍丁十五人。給事、御史交章論其失，罷不復行。二十五年，倭寇作，自登州運糧給朝鮮軍。山東副使于仕廉復言：餉遼莫如海運，海運莫如登、萊。蓋登、萊度金州六七百里，至旅順口僅五百餘里，順風揚帆一二日可至。又有沙門、鼉磯、皇城等島居其中，天設水遞，止宿避風。惟皇城至旅順二百里差遠，得便風不半日可度也。若天津至遼，則大洋無泊；淮安至膠州，雖僅三百里，而由膠至登千里而遙，礁礙難行。惟登、萊濟遼，勢便而事易。時頗以其議爲然，而未行也。四十六年，山東巡撫李長庚奏行海運，特設户部侍郎一人督之，事具長庚傳。

崇禎十二年，崇明人沈廷揚爲内閣中書，復陳海運之便，且輯海運書五卷進呈。命造海舟試之。廷揚乘二舟，載米數百石，十三年六月朔，由淮安出海，望日抵天津。守風者五日，行僅一旬。帝大喜，加廷揚户部郎中，命往登州與巡撫徐人龍計度。山東副總兵黄蔭恩亦上海運九議，帝即令督海運。先是，寧遠軍餉率用天津船赴登州，候東南風轉粟至天津，又候西南風轉至寧遠。廷揚自登州直輸寧遠，省費多。尋命赴淮安經理海運，爲督漕侍郎朱大典所沮，乃命易駐登州，領寧遠餉務。十六年加光禄少卿。福王時，命廷揚以海舟防江，尋命兼理糧務。南都既失，廷揚崎嶇唐、魯二王間以死。

當嘉靖中，廷臣紛紛議復海運，漕運總兵官萬表言：在昔海運，歲溺不止十萬。載米之舟，駕船之卒，統卒之官，皆所不免。今人策海運輒主丘濬之論，非達於事者也。

（清）龍文彬《明會要》卷五六《食貨・漕運》 河運：洪武元年十月，置京畿漕運司，以龔魯、薛祥爲都轉運使。《統宗》。命浙江、江西及蘇州等九府，運糧三百萬石於汴、梁。《食貨志》。

六年十二月，浚開封漕河。明年春，轉漕粟於陝西。《世法録》。

二十六年九月，命崇山侯李新開胭脂河，以通浙運。諭之曰：兩浙賦稅，漕運京師，歲費浩繁。一自浙河至丹陽，舍舟登陸，轉輸甚難。一自大江泝流而上，風濤之險，覆溺者多。今欲自畿甸近地鑿河流以通於浙，俾輸者不勞，商旅獲便。故特命爾往督其事。自此漕運悉由常、鎮矣。《昭代典則》。

永樂九年，因海運險遠多失亡；而河運則由江、淮達陽武，陸輓百七十里，入衛河，民苦其勞。濟寧州同知潘叔正請復舊會通河。帝命尚書宋禮、侍郎金純治之，二十旬而功成。《宋禮傳》。

十年，宋禮言：海運經歷險阻，每歲船輒損敗，有漂没者。有司脩補，迫於期限，多科斂爲民病，而船亦不堅。計海船一艘，用百人而運千石；其費可辦河船容二百石者二十船，用十人可運四千石。以此而論，利病較然。請撥鎮江、鳳陽、淮安、揚州及兖州糧合百萬石，從河運給北京。同上。

宋禮既治會通河成。朝廷議罷海運，以平江伯陳瑄董漕運。瑄議造淺船二千餘艘，初運二百萬石，寖至五百萬石，國用以饒。江南漕舟抵淮安，陸運以達清河，勞費甚鉅。十三年，瑄用故老言，請開清江浦，引漕舟直達於河。《陳瑄傳》。

時，淮、徐、臨清、德州各有倉，江西、湖廣、浙江民運糧至淮安倉，分遣官軍就近輓運：自淮至徐，以浙、直軍；自徐至德，以京衛軍；自德至通，以山東、河南軍；以次遞運。歲凡四次，可五百萬餘石，名曰支運。由是海陸二運皆罷。《食貨志》。

宣德四年，以官軍多所調遣，仍用民運，道遠數愆期。瑄及尚書黄福建議，復支運法，乃令江西、湖廣、浙江民運百五十萬石於淮安倉，蘇、松、寧、池、廬、安、廣德民運二百七十四萬石於徐州倉，應天、常、鎮、淮、揚、鳳、太、滁、和、徐民運二百二十萬石於臨清倉，令官軍接運至京。

六年，瑄言：民運糧諸倉，往返經年，誤農業。令民運至淮安、瓜州，兑與衛所官軍，運載至京，給與路費耗米，則軍民兩便，是爲兑運。命羣臣會議。吏部蹇義等言：官軍兑運加耗，則例以地遠近爲差。如有兑運不盡，仍令民自運赴諸倉。不願兑者，亦聽其自運。軍既加耗，又給輕齎銀，爲洪牐盤撥之費，且得附載他物，皆樂從事。而民亦多以遠運爲艱。於是兑運者多，而支運益少。已上《三編》。

正統初，運糧之數四百五十萬石，而兑運者二百八十萬餘石，淮、徐、臨、德四倉支運者十之三四耳。土木之變，復盡留山東、直隸軍操備。蘇、松諸府運糧仍屬民。景泰六年，乃復軍運。

天順末，兑運法行久，倉人覬耗餘，入庾率兑斛面，且多求索。軍困甚。憲宗即位，諭：律令明言：收糧令納户平準，石加耗不過五升。今後令軍自概，每石加耗五升，毋溢。勒索者治罪。已上《食貨志》。

成化七年，户部因應天巡撫滕昭議，變瓜軍兑運爲長運。令運軍徑赴江南水次交兑，加耗外，復石增米一斗爲渡江費。後數年，命淮、徐、臨、德四倉支運七十萬石之米，悉改水次交兑，而官軍長運，遂爲定制。《三編》。

《三編發明》曰：明代轉漕之法，由民運而支運，由支運而兑運，至是始定爲長運。官任轉輸之責，民免飛輓之勞，其法可謂善矣。顧交兑之際，弊竇易生。即責成於地方有司，尚不能保無吏胥耗蠹。乃聽民自兑於運軍，則額外之需求，必且日滋增益。況既經改爲長運，則凡有漕糈，皆當量爲酌劑，俾達之輦下，以供官府廪食之需。乃考《食貨志》稱：淮、徐、臨、德四倉由支改兑者，止限以七十萬石之額。其餘交兑不盡者，仍令民運赴四倉。民力既未能紓，而其後久無支銷，遂致有紅朽陳腐者。又其時蘇、松、常、嘉、湖五府之白糧船，俱仍令民運如故。此皆立法未爲周詳，奉行不能盡善所致。非長運之不可行也。厥後漕臣邵寶徒見流弊之滋，轉謂長運之未善，而欲復行支運，是何異因噎而廢食哉？

弘治元年，都御史馬文升疏論運軍之苦，言：各直省運船，皆工部給價，令有司監造。近者漕運總兵以價不時給，請領價自造。而部臣慮軍士不加愛護，議令本部出料四分，軍衛任三分，舊船抵三分。軍衛無從措辦，皆軍士賣資產、鬻男女以供之。此造船之苦也。正軍逃亡數多，而額數不減，俱以餘丁充之。一户有三、四人應役者。春兑秋歸，艱辛萬狀。船至張家灣，又雇車盤撥，多稱貸以濟用。此往來之苦也。其所稱貸，運官因以侵漁，責償倍息。而軍士或自載土產，以易薪米，又格於禁例，多被掠奪。今宜加造船費每艘銀二十兩，而禁約衛官及有司科害搜檢之弊。庶軍困少甦。詔從其議。

五年，户部尚書葉淇言：蘇、松諸府連歲荒歉，民買漕米每石銀二兩，而北直、山東、河南歲供宣、大二邊糧料，每石亦銀一兩。今請推行於諸府，而稍差其直。災重者石七錢，稍輕者石仍一兩。俱解部轉發各邊，抵北直隸三處歲供之數，而收三處本色以輸京倉。則省費而事易集。從之。自後歲災，輒權宜折銀，以水次倉支運之糧充其數。而折價以六、七錢爲率，無復至一兩者。已上《食貨志》。

正德五年，令漕運衙門以漕運水程日數列爲圖格，給與各幫官收掌。逐日塡註，送部查覈。

六年，户部侍郎邵寶言：支運之法，支者不必出當年之民納，納者不必供當年之軍支。蓋通數年以爲裒益，雖歲有豐歉，而常數不缺。及支變爲兑，繼而又有改兑。向者轉輸，今也直達。派徵兑納叢於一歲之中，於是軍無餘力而缺於常數，豈得已哉？夫支運之難，難於脚價不足。今若復支運之法，豫處脚價，以擬兵荒之事。於舊例支運七十萬石之外，每遇兑缺，則支以補之。歲不失四百萬石之數，於國計爲便。

十四年，題准：運料船價以十分爲率，軍辦三分，民辦七分。已上《世法録》。

隆慶元年正月，增設江、浙巡漕御史。時漕政廢弛，有司怠緩，軍衛遷延，重以運官科求，旗甲侵費，弊端百出，以致漕運失期。舊制：江北糧米當十二月以内過淮，遠者不過次年之三月。時有遲至次年六月者。山東糧米當四月運完，遠者不過七月。時有遲至十一月者。至是，户科給事中何起鳴請於南直隸、浙江杭、嘉、湖增設御史一員，令專理漕運。其濟寧以南河道，舊屬兩淮巡鹽御史者，亦并委之。監兑時則巡歷淮安以南，水盛時則巡歷徐州以北。庶河道漕運可兼攝而並舉。從之。《三編》。

萬曆元年，題准：官軍兑糧，江北各府州縣，限十二月内過淮；應天、蘇、松等府縣，限正月内過淮；湖廣、江西、浙江限二月過淮；山東、河南限正月盡數開幫。如有違限，分別久近治罪。《世法録》。

漕運總督舒應龍言：國家兩都並建，淮、徐、臨、德實南北咽喉。自兑運久行，臨、德尚有歲積，而淮、徐二倉無粒米。請自今山東、河南全盛時，盡徵本色上倉，計臨、德已足五十餘萬，則令納於二倉，亦積五十萬石而止。從之。《食貨志》。

時折銀漸多，萬曆三十年，漕運抵京，僅百三十八萬餘石。而撫臣議截留漕米以濟河工。倉場侍郎趙世卿爭之，言：太倉入不當出，計二年後，六軍、萬姓將待新漕舉炊。儻輸納愆期，時勢不可問矣。原其初，災傷折銀，本折漕糧以抵京軍月俸。其後，更以給邊餉。世卿故力爭之。自後倉儲漸匱，漕政益弛矣。《通典》。

海運：明初，海運因元之舊。洪武元年二月癸卯，命平章湯和提督海運。時大軍北伐，使造舟於明州，運糧輸之直沽，以給軍食。《明政統宗》。

二年，令户部於蘇州、太倉儲糧二千萬石，以備海運。《世法録》。

鄭遇春督金吾諸衛，造海船百八十艘，運餉遼東。《本傳》。

二十年，封張赫航海侯，命督遼東海運，歲一行，軍食賴之。其後朱壽海運有功，封舳艫侯，歲運七十一萬石。《春明夢餘録》。

三十年，海運糧七十萬石於遼東。旋以遼餉贏羡，令遼軍屯種其地，而罷海運。《世法録》。

永樂元年，上以北方軍儲不足，命平江伯陳瑄與都督僉事宣信皆充總兵官，帥舟師由海道運糧四十九萬石於遼東、北京。自是歲以爲常。《實録》。

十二年，海運糧四十八萬四千八百一十石於通州。又衛河儹運糧四十五萬二千七百七十六石於北京。所謂海陸兼運也。王圻《考》。

十三年，會通河既濬，漕運大通，遂罷海運。《三編》。

成化二十三年，禮部侍郎邱濬奏：海運之法，自元至元迄國初，舉行不廢。永樂十三年，會通河通利，始罷海運。臣竊謂自古漕運所從之道有三：曰陸，曰海，曰河。河漕視陸運費省十三四，海運視陸運費省十七八。蓋河漕雖免陸行，而人輓如故。海運雖有漂溺之患，而省牽卒之勞，撥淺之費，挨次之守。其利害蓋亦相當。今國家都燕，蓋極北之地，而財賦之入，皆自東南而來。會通一河，譬人身之咽喉也。一日食不下咽，立有死亡之禍。迂儒過慮，請於無事之秋，尋元人海運故道，別通海運一路，與河漕並行。江西、湖廣、江東之粟，照舊河運，而以浙西東海一帶由海通運，使人習知海道。一旦漕渠少有滯塞，此不來而彼來，亦思患豫防之計也。疏入，帝不納。《明臣奏議》。

嘉靖九年，桂萼欲復海運，延公卿議得失。工部尚書章拯言：海運雖有故事，而風濤百倍於河。且天津海口多淤，自古不聞有濬海者。議遂寢。

三十八年十二月乙丑，詔行海運，轉粟入遼東。初弘治間，金龍口決，有議復海運者，朝議弗是。嘉靖二十年，總河王以旂以河道艱阻，言：海運雖難行，然中間平度州東南，有南北新河一道，元時建牐，直達安東南北，悉由内洋而行。路捷無險，所當講求。上以海道迂遠，卻其議。至是，遼東巡撫侯汝諒以遼東大饑，議開山東之登、萊、直隸之天津二海道，轉粟入遼陽。因勘上天津入遼之路，自海口至右屯河通堡不及二百里，其中曹泊店、月沱、桑沱、姜女墳、桃花島皆可灣泊。請動支該鎮拯濟銀五千兩，造船二百艘，約每舟容粟一百五十石，委官督發至天津通河等處。户部議覆從之。其登、萊海道，仍俟徐議勘行。《實録》。

三十九年三月，侯汝諒復請開登、萊海道，詔弛海禁。未幾，遼商利之，私載貨物往來。山東守臣以海禁漸弛，恐有後患，疏請禁止海運。從之。同上。

隆慶四年，朝議通海運。山東巡撫梁夢龍言：海道南自淮安至膠州，北自天津至海倉，島人商賈所出入。臣等遣人自淮安轉粟二千石，自膠州轉麥千五百石，入海達天津，無不利者。由淮安至天津，大要兩旬可達。歲五月以前，風勢柔順，揚帆尤便。況舟由近洋，島嶼聯絡，遇風可依。苟船非朽敝，按占候以行，自可無虞。請以河爲正運，海爲備運。萬一河未易通，則海運可濟。而河亦得悉心疏濬，以圖經久。章下户部。部議：海運久廢，請令漕司量撥十二萬石，自淮入海，以達天津。報可。《梁夢龍傳》。

五年，漕運總督王宗沐上疏曰：東南之海，天下衆水之委也。茫渺無山，趨避靡所。近南水暖，蛟龍窟宅，故元人海運多驚，以其起自太倉、嘉定而北也。若自淮安而東，引登、萊以泊天津，是謂北海。中多島嶼，可以避風。又其地高而多石，蛟龍有往來而無窟宅。故登州有海市，以石氣與水氣相搏，映石而成。石氣能達於水面，以石去水近故也。北海之淺，是其明驗。可以佐運河之窮，計無便於此者。因條上便宜七事。明年三月，遂運米十二萬石。五月抵天津。《王宗沐傳》。

萬曆元年，海運至即墨，颶風大作，覆七舟。給事中賈三近、御史鮑希顔及山東巡撫傅希摯俱言不便。遂罷之。同上。

四十六年八月，議行登、萊海運軍餉至遼。山東巡撫李長庚言：自登州望鐵山西北口至牛頭凹，歷中島、長行島抵北信口，又歷兔兒島至深井達蓋州，剥運一百二十里，抵娘娘宮，陸行至廣寧一百八十里，至遼陽一百六十里，每石費一金。部議以爲便，遂行之。《三編》。

崇禎十六年，有崇明人沈廷揚者，獻海運策。户部尚書倪元璐奏聞，命試行。乃以廟灣船六艘聽運進。月餘，廷揚見元璐。元璐驚曰：我已奏聞上。謂公去矣，何在此？廷揚曰：已去，復來矣。運已至。元璐又驚喜，聞上。上亦喜，命酌議。乃議歲糧艘漕與海各相半行焉。《倪元璐傳》。

《大清律例》卷三九《工律·河防·盜決河防》　條例

一、故決盜。山東南旺湖、沛縣昭陽湖蜀山湖、（山）安山積水湖、揚州高寶湖、淮安高家堰、柳浦灣及徐邳上下濱河一帶各隄岸，並阻絶山東泰山等處泉源，有干漕河禁例，軍民俱發近邊充軍。其閘官人等用草捲閣閘板，盜泄水利，串同取財，犯該徒罪以上，亦照前問遣。

（清）楊錫紱《漕運則例纂》卷一六《通漕禁令·回空夾帶》　一、糧船私載客貨或己貨，及裝載私鹽，運官失於詳察，降一級調用。例載《會典》。

一、水手夾帶私鹽，隨幫失察者，降一級調用。沿途各官並不盤查，照例處分。康熙二十三年例。

一、康熙三十七年題准：江廣糧船回空之時，漕臣差委官將於揚州儀徵公同鹽政委員查驗私鹽，如有夾帶，即將押運官弁並失察各官一併題參。

一、康熙三十七年題准：江廣糧艘回至揚關，令押運官弁於鹽政衙門先遞報單，聽候委員查驗。

一、定例：糧船回空之時，漕臣差委官將於揚州儀徵搜查私鹽，雍正三年奏准：瓜洲江口應委瓜洲營協同委員搜查，倘有私鹽事發，應遵照定例，究明買何場竈，是何月日在於何處裝運上船，查取彼地該管官職名，一併題參。

一、回空糧船官座船隻裝載私鹽貨賣，經過關津，或被查出，或被旁人首出，將夾帶私鹽之人照販賣私鹽例，杖一百，徒三年。管船同知、通判、守備、千總文武等官知情者，革職；不知情者，降三級調用。康熙四十四年例。

一、康熙五十一年題定：漕船回空，至德州柘園地方，總漕遴委能員協同德州衛備搜查私鹽，並飭地方文武官弁嚴拿窩囤。如有夾帶私鹽事發，將耑委漕員、德州衛備押運官員並該地方文武各官題參，嚴加議處。如該員以搜查藉端生事，該督撫鎮御史指名題參。

一、康熙六十一年，天津總兵官袁立相請糧船抵天津關，委員搜查私鹽。部議糧船夾帶私鹽，應飭沿途地方弁兵，在何處卸鹽，即應何處查拿。若過關之時一概截住，逐船搜查，不特糧船阻滯，而不肖丁舵水手必乘此偷賣官糧。故從前定例糧船晝夜儹行，不許片刻停泊，亦不許閑人上船，原以杜絶偷賣糧米之弊。所請委員搜查之處，應行停止。

一、雍正二年欽奉上諭：糧船回空夾帶私鹽固宜嚴禁，但照例在運河口地方派官搜查。查出私鹽，必究明根窩場竈，照例治罪。若船至大江，不可攔阻搜查，致生事端，有悮漕運。

一、定例：回空糧船夾帶私鹽，照興販私鹽例，杖一百，徒三年。至糧船夾帶私鹽闖關鬧閘，不服盤查，十人以上持械拒捕傷人者，從前未有擬罪之條。嗣後回空糧船夾帶私鹽闖關鬧閘，十人以上持械拒捕傷人及傷三人以上者，將爲首並下手殺傷人之犯擬斬立決，其未曾下手殺傷人者，俱發邊衛永遠充軍。至雖拒捕不曾傷人及十人以下拒捕傷人致死者，爲首擬斬監候，秋後處決，爲從者發邊衛充軍。

一、恃衆闖關鬧閘惡徒，雖無夾帶私鹽，將首先頭船丁舵人等各枷號兩個月，發邊衛充軍。其隨從闖關鬧閘丁舵，俱照爲從例，各枷號一個月，杖一百，徒三年。不知情者不坐。

一、定例：賣私鹽之人及竈丁賣給糧船者，杖一百，流二千里。窩藏寄囤者，杖一百，徒三年。如回空糧船夾帶私鹽，亦照販賣私鹽人等例加一等，杖一百，流二千里。

一、定例：回空糧船裝載私鹽，管船同知、通判等官知情故縱者，革職；不知情者，降三級調用。又官員該管界内私行煎鹽或私賣者，降三級調用。其販私地方之兼轄官、押空之運官並隨幫未定有處分，今應將販私地方之專管官降三級調用；兼轄官降一級，罰俸一年；領運官照徇庇例議處；隨幫革退。如惡棍恃衆闖關鬧閘，將同知、通判押運、千總均照溺職例革職，隨幫責三十板，革退。至倚恃糧船任意販私持械傷人者，將押運等官均革職，隨幫責四十板，革退。其該管關閘等官，如藉此勒索，故意留難，以致糧船阻滯悞運，許運官呈明各該督撫，題參究處。以上三條均雍正二年例。

一、旂丁南北往返必需食鹽，每船准於開行時帶鹽四十斤，回空時帶鹽四十斤，此外多帶者，同私鹽治罪。

一、糧船回空，凡經由產鹽處所，地方文武並押空官弁晝夜嚴查，催儹前進，並嚴拏風客、囤户勾通旂丁販賣私鹽。如不力行催儹，任其逗遛，與風客、囤户私相交易，致有夾帶，將該地方文武各官並押空官弁照定例議處，運丁、風客、囤户照販賣私鹽人等之例，加等治罪。該管鹽務運司等官掣鹽出場，務將餘鹽嚴行巡查，不許夾帶。如有徇隱疎縱，將運司照失察私鹽例議處，竈丁人等亦照販私鹽律治罪。雍正三年例。

一、失察私鹽既有處分，其沿途文武以及押運官弁有能拏獲糧船夾帶私鹽者，亦應照該管官拏獲十人以上大夥私販例議叙。其運司等官拏獲竈丁船户夾帶私鹽，亦照例議叙。其押運官弁有能於該管幫船一年之内並無私鹽事故者，准予紀録一次。隨幫員弁能拏獲首明私鹽三次，及該幫三次回空並無私鹽事故者，准其從優議叙。該管上司出具印結咨部，以領運千總補授。以上四條均雍正四年例。

一、押空隨幫一年内並無私鹽事故者，准其于補官日紀録一次。乾隆六年例。

一、雍正七年奉上諭：朕聞各省糧船過淮抵通之時，該管衙門官吏胥役人等額外需索陋規，以致繁費甚多，運丁重受其累。特命御史前往稽查禁革苛索等弊。又查向來之例，每船北上許帶土宜六十石，朕思旂丁駕運辛苦，若就糧艘之便順帶貨物，至京貿易以獲利益，亦情理可行之事。於舊例六十石之外加增四十石，准每船攜帶土宜一百石，永着爲例。惟是運丁人等繁多，素有惡習，如偷盗米石，掛欠官糧，夾帶私貨，藐視法紀，此向來之通弊也。又如昔年浙江、湖廣二省糧船，因私忿小怨遂致操刃持戈殺傷多命。又從前偶值回空守凍，遂致縱容水手公然搶奪，擾害居民，此皆衆所共知者。是以數年以來，内外臣工條奏旂丁不法者不下數百紙。前又有人奏稱販賣私鹽之弊，在糧船爲尤甚。有一種積梟巨棍名爲風客，慣與糧船串通，搭有貨物，運至淮揚，託與本地奸徒，令其賣貨買鹽，預屯水次，待至回空之時，一路裝載。其所售之價，則風客與丁舵水手三七朋分。糧船貪風客之餘利，風客恃糧船爲護符。於是累萬盈千，直達江廣，私販日多，而官引日滯。等語。觀此則旂丁之作奸犯科誠難以悉數也，朕年來屢飭該管官嚴行禁約，又復念其勞苦，疊沛恩膏。近見伊等之惡習刁風亦漸悛改，是以特頒諭旨，嚴禁過淮抵通苛索之陋規，復令增添攜帶土宜，俾得多霑餘潤，以贍家口。伊等益當感戴朕恩，遵守法度，以爲良善，以免罪愆。着總督倉場侍郎、漕運總督將朕此旨通行刊布，每船各給一張，使運丁人等觸目驚心，以副朕體恤訓誨之至意。特諭。欽此。

一、糧船夾帶私鹽，多由土豪預行窩囤河干，勾通售賣。乾隆元年奏准：天津地方令巡漕御史暨運使實力查緝，其沿河地方令各督撫、提鎮嚴飭沿河文武官弁，凡糧船經過時，差兵役竭力稽查。如有水手人等私行貨賣，以及土豪地棍預行窩囤情弊，一面嚴拿按律究治，一面催船前進，毋得留難悞漕。倘有徇縱失察，一經發覺，將督運押運官弁以及前途失察之地方官弁並失察豪棍之地方州縣，一併照例參處。其鹽斤除留食鹽外，餘俱入官。

一、糧船准帶食鹽，遇查鹽地方，擺列船頭，聽候查驗。經巡役零星撮取積少成多，每船極多亦不過二三斤者，實非夥同興販，免其查究，押運官弁並免處分。乾隆十一年例。

一、糧船經過地方，令沿途營汛員弁嚴行稽查，毋許肩挑背負鹽斤之老幼男婦充塞河干，賣與糧船，及黑夜包送上船，暗行夾帶。如過定例四十斤之外者，經前途查出，將巡查汛弁照不行詳查例議處。乾隆十四年例。

一、徐州、江北幫、輪兑徐糧之長淮三四兩幫、宿州頭二兩幫回空船隻，例不過淮揚搜鹽地方。其有無夾帶私鹽，漕督飭委大河衛守備駐劄黃河北岸楊家莊搜查。又在夏鎮受兑之淮安三幫，委濟寧衛守備俟空船過濟，就近搜查。俱彙册咨部存核。乾隆十六年例。

一、押運丞倅管押回空幫船果係親身在幫協同管員搜查，並無夾帶私鹽，准其照例議叙。若未經在幫親身協查者，不得濫行請叙。並令兩江總督嗣後造送搜鹽文册，務將總押廳員姓名及曾否親身在幫之處據實登註，以憑考核。乾隆二十年例。

一、各省回空漕船，令直督、江督俟各幫經過回次之後，查明有無夾帶私鹽，造册二本，一送户部，一送總漕。總漕將應行議叙之處查明彙册報部，部核與江督、直督送到之册相符，彙送兵部查核定議。乾隆二十一年例。

一、直隸静海縣之于家堡、滄州之磚河盤查食鹽册，歷年止轉申鹽院，呈送督院，未行造册報部。乾隆二十一年咨准：照淮揚產鹽地方之例，畫一造册咨部。

一、乾隆二十三年，部行江省造送搜查鹽斤册内，如有夾帶私鹽之船，即將某幫某號某丁船内查出鹽斤確數，一面交與分司秤收明白，飭商變價，一面將私販之犯移交地方官收審。其並無夾帶之船，亦即于册内登明並無夾帶私鹽字様。應抄録册式，移咨直督，轉飭各委員，嗣後務照江省造送之册，一例開明，毋得仍前約略估計，籠統造報，以致往返駁查。

一、回空糧船至揚州搜鹽廳，自乾隆二十九年爲始，耑聽兩江總督暨兩淮鹽政委員實力查辦，其漕標止委游擊一員彈壓，催儹不必干與查鹽之事。其地方道府州縣將備等官、各鹽快兵役一概停止。仍令此後糧船一到，委員隨即搜查，不得托故他往，致令守候。大幫限一日查畢，小幫限一日查畢兩幫，即令開行。倘有指稱文武衙門故爲羈阻，及查畢後復稱奉委攔船搜查，飭令委員隨時查察，嚴加重處。乾隆二十九年例。

一、糧船回空定例准帶食鹽四十斤，如果有販私夾帶，查出照例詳報，至實係擺列船頭聽驗零星秤出多餘之鹽，每船不過二三斤者，仍照例將多餘之鹽入官，變價充公。不得以私鹽混報，致滋擾累。乾隆二十九年例。

一、領運千總抵通交納後，除例應引見及委辦公事不能赶幫者，該幫遇有夾帶私鹽事故，仍准其免參。其托故逗遛，無論在幫與否，均一體參處，以杜規避。乾隆二十九年例。

一、乾隆三十年奏准：糧船夾帶私鹽，在北則于家堡、磚河、柘園，在南則盤糧廳揚州、儀徵、瓜洲等處，俱有專委文武官搜查。嗣後糧船夾帶私鹽，於何處查出，即將經過而未經查出之專委文武各官照例查取職名議處，不得聽其稍有捏飾推諉。其沿途州縣文武，係產鹽地方，經鹽犯供詞指實者，則查取職名，治以不能查緝私鹽之本罪。其非產鹽地方文武官員，既不許其兵役赴船滋擾，即有私鹽，無從而知，應免其一併查參。

一、乾隆二十八年奏准：嗣後拿獲販私人犯，按其鹽斤多寡，如在三百斤以上者，爲數既多，必係買自窩囤之家，如不據實供出，混稱買自不知姓名之人，即將該犯於應得本罪上加一等定擬。若數在三百斤以下，其中多係買自孤獨老幼之人，既不能將賣鹽人姓名供出，即將該犯仍以本罪科斷。

一、乾隆二十九年奏准：嗣後盤獲糧船夾帶私鹽，訊係大夥興販，即照乾隆二十八年鹽臣高恒奏准之例，究明買自何處，按律治罪。如不能供出私賣之人，將本犯於應得本罪上加一等定擬。其零星收買，免其究問鹽斤之來歷，即將販私之人治以應得本罪。

一、乾隆三十年，總漕咨准：嗣後回空糧船責成丁舵並幫弁實力稽查，遵照定例，只許向官店售買鹽斤，每人以三五斤爲率，每船總不容出四十斤之外。經過盤鹽廳地方，令巡查委員加意稽察。如有定額之外止多數斤，遵例將贏出之鹽發商變價入官，免其提究。多至數十斤及百斤者，即令押空官弁立時查明，係何人多帶。除每人准帶五斤外，其餘出之鹽，即以犯私論。將犯移解州縣，按其名下多帶之鹽，訊明實係零星積聚，並非有意故買貪利販賣，請照買食私鹽例，杖一百。若一人多帶至百餘斤及二三百斤以上者，即係有心夾帶，仍照糧船販私例加等擬流。失察之押空運弁均予參處。至一船之内丁舵爲主，倘丁舵自行夾帶，固應一體治罪，即水手人等有犯，訊明丁舵知情者，州縣一面詳明，一面行文該幫，移提到案，質訊確實，將該丁舵照窩藏寄頓律，減本犯一等治罪。如止失于查察者，照不應重律科斷。移文該幫弁，就近發落，免其提案，以省拖累。

一、乾隆二十三年奏准：嗣後地方官承審私鹽案件，如仍聽多開人犯巧脱罪名，將承審官照徇庇例降三級調用。

一、乾隆二十八年奏准：拿獲私鹽人犯，承審官不能審出誣扳情節，照不能審出盜賊誣扳良民例，分别議處。如聽其不指供買自何地，一任狡飾，含混完結，按鹽犯罪名之輕重，照不取緊要口供例分别議處。

一、乾隆二十九年奏准：嗣後該管上司於屬員開脱鹽犯有心庇縱，倘不照例查揭，經督撫、鹽政查出，即將該管上司分别失察徇庇一併題參。

一、回空糧船，乾隆三年奏准：舵水人等零星稍帶梨棗六十石，免其輸税。嗣因首進幫船每年五六月間回空之時，尚無梨棗可帶，以致不能均沾利澤。乾隆十年奏准：嗣後回空船隻行至山東，如無梨棗可帶，准其將核桃、瓜子、柿餅等物攜帶六十石，以抵梨棗之數。倘逾此數，仍按則徵税。亦毋許巡攔各役藉端留難，致悮兑運。

一、回空糧船稍帶梨棗豆貨，向例每滿艙交銀十兩，平艙八兩，半艙四兩。雍正六年奏准：重運額載糧米四百石，應將所載梨棗等物滿艙者，以四百石米算，合貨四百八十石。平艙者，以三百石米算，合貨三百六十石。半艙者，以二百石米算，合貨二百四十石。以小販每石四分計算，滿載應納銀十九兩二錢，平艙應納銀十四兩四錢，半艙應納銀九兩六錢。如裝豆貨，滿載仍以四百石算，納銀十六兩。平艙以三百石算，納銀十二兩八錢。半艙以二百石算，納銀六兩四錢。着爲成規。如帶梨棗六十石以下者，仍免其報税，不必逐船簽量，耽延時日。

一、淮關則例：梨與豆每石納銀五分，棗每石八分。無小販每石四分完納之例。雍正六年奏准：仍照舊例隨到隨簽，見數放行，止留本客照例納税。其稍帶梨棗六十石以下者，應照部議免徵税銀。

一、回空糧船准帶土宜六十石，乃恤丁之意。因各關拘定梨、棗、柿餅、瓜子四項，其餘貨物俱不准抵算。乾隆二十五年奏准：嗣後除麥子一項不准抵數外，其餘黄豆、瓜菓等物，應准其回空帶往，以六十石抵數免税。

一、回空糧艘經過各關，管關人役多藉稽查土宜貨物耽延日期，而滸墅關尤甚。乾隆三十一年奏准：應令管關督撫監督，凡糧船到關，運弁投遞幫名書册，即挨次查驗放行，不得故爲稽延。仍將到關過關日期知會各該督撫並漕運總督，以備查核。

一、回空糧船，令沿河督撫、總漕、倉場轉飭天津河道押運員弁嚴查，除日用盤費錢文准其攜帶外，如有將制錢裝載數十串，捏稱壓船，希圖販賣者，即行拿究。倘胥役人等借端需索，亦即究治。乾隆三年例。

一、糧船偷買硝磺，多係沿河鎮集奸徒預爲收囤，暗運入船。應於糧船將過山東時，預於晋省私磺入境之處，飭令地方官弁分路巡查，而本省之焰硝亦多方稽察，不許偷販河干。至糧船夾帶私鹽，向有搜查定例，應將夾帶私硝一併責令原派搜查私鹽之文武各官帶查。如查出私硝，亦照私鹽例究明查參。毋庸令催儹員弁挨船訪查，致滋逗遛遲悮。再糧船押運官弁不行查出，照夾帶私鹽例議處。其河南産硝地方，照例一體嚴禁。雍正十年例。

一、回空糧船應帶食米燒煤向無定數。乾隆三年奏准：江西省每船准留食米四十五石，燒煤四十石。湖南省每船准留食米三十六石，燒煤三十二石。湖北省每船准留食米三十三石零，燒煤三十石。浙江省每船准留食米三十石，燒煤二十五石。自通至宿遷、淮、揚等處，逐關查驗，扣除免税放行，毋許逾額多帶，各關役亦不得勒索留難。

（清）楊錫紱《漕運則例纂》卷一六《通漕禁令·重運攬載》 一、糧船經由地方，康熙二年定例：自各水次至淮安，總漕同淮揚道盤詰一次，至濟寧，總河同濟寧道盤詰一次。其餘衙門俱免盤詰。現在止總漕於淮安盤驗一次，其濟寧盤詰之例久停。

一、糧船攬載商人黄木，經過關口，恃强抗拒不容查驗者，俟該弁丁船糧到通交糧完日，嚴提從重究擬治罪。康熙二年例。

一、軍船經過沿途鎮集貨物輻輳之所，專責押運丞倅極力催儧，不許停泊，通幫前後不時稽察。如該員稽察不嚴，催儧不力，即將押運官題參，照例議處。康熙二年例。

一、軍船包攬客貨，運官、幫官嚴加查察。如有奸丁敢攬客貨者，許於司漕衙門據實出首，免其罪過。如隱匿不報，一經查出，押運員弁加倍究擬，旂丁照例治罪，奸商一併按律究擬。至應帶土宜應行除出，不在私貨之例。康熙二年例。

一、旂丁於水次附載貨物，沿途包攬，運官通同奸商搭船者，該管糧道不行嚴禁，罰俸一年，監兑、押運等官降一級調用。例載《會典》。

一、康熙四十八年議准：糧船過淮過濟，有總漕總河查驗，如有夾帶，即行查參。至關稅有無欠缺，與糧船無干，所有經過各關，應毋庸停船查驗，以致悞漕。

一、各幫船北運時，所帶貨物隨行隨卸，不許停泊河干，以致頂阻。仍飭沿河地方官弁約束兵役，毋得藉查貨物需索滋擾。乾隆二十三年例。

一、康熙四十八年議准：湖廣、江西二省漕船，除帶運松板等木及土産貨物六十石外，不許多載。照定例止許帶裝載一百石之小剥船，如有將剥船改造大船，夾帶私貨，民船雜於糧船，内盡堆木植，又於船尾拴縛木筏者，該撫並總漕總河及糧道親身嚴查，將運弁一併題參，從重治罪。查此案係蕪湖關監督所奏，所云船尾拴縛木筏，係指大江而言，故應查禁。若入裏河，或遇水淺，勢需將准帶之二尺天篷卸下，拴於船尾，以省少剥米石。與大江拴帶者不同，不在查禁之例。

一、江西、湖廣糧船，應令該督撫於上流之漢口、吴城集貨馬頭，責令糧道、押運等官，並該地方文武官弁，嚴加禁察。不許商民貨物私上糧船，亦不許奸丁包攬私貨。取具糧道、押運等官弁並地方官甘結，報明總漕。如違例私帶貨物，照例入官，丁商從重治罪，糧道及押運等官俱嚴加議處。康熙五十年例。

一、定例：失察鳥鎗，該管官罰俸一年。失察三眼銃，降一級調用。雍正三年議准：嗣後糧船如仍帶火炮、鳥鎗，本犯責四十板，失察官照失察銃炮鳥鎗例分別議處。鳥鎗一項，乾隆二十三年奏准攜帶，每幫二杆。

一、順治八年奉上諭：營造宫殿，京師燒磚儘可用得。若臨清燒造，苦累小民，又費錢糧，原屬無益。況漕船載運漕糧，遠涉波濤，已稱極苦，再令裝載帶運，益增苦累。朕心實爲不忍，這臨清燒造城磚，永爲停止，原差官撤回。欽此。

一、漕船帶運城磚，如中途遺棄，交納短少，倉場題參。到日，該弁交完糧米，押赴工部，轉送刑部，從重擬罪。如糧不完，發南追比。並行總漕，將原帶運丁就近一同質審，仍送刑部究擬。其拋棄之處，地方文武官不行申報，亦送吏兵部處分。順治十五年例。

一、京城私錢，皆别省買來偷載運糧船内，帶至京城發賣。應令有漕督撫嚴飭該管官，於開幫時確查，過淮時總漕確查，不過淮山東、河南糧船，令該撫飭該管官確查。如不確查，或被拿獲，或被首告，將該管督撫、總漕、糧道、押運等官，俱交部嚴加議處。康熙四十一年例。

一、糧船不許裝運無引私茶，如違禁攜帶，於過關時查出，照私鹽例治罪。雍正十一年例。

一、各省糧船，舊例每船許帶土宜六十石，如六十石外多有夾帶，將貨物入官，仍行治罪。雍正七年欽奉諭旨：旂丁駕運辛苦，若就糧艘之便順帶貨物，至京貿易以獲利益，亦情理可行之事。着於舊例六十石之外加裝四十石，永着爲例。欽此。

一、雍正八年題定：各船頭舵二人，每人准帶土宜三石。水手無論人數，准帶土宜二十石。合算每船准帶土宜共一百二十六石。

一、乾隆二年欽奉上諭：查江廣二省向有額外裝帶竹木，經漕臣奏明，衆丁已永遠沾恩。湖廣省今年並未出運，山東、河南省抵通甚近，盤費無多。惟江南、浙江二省，本年丁力拮据，向例每船准帶貨物一百二十六石，着於明年准其增帶貨物四十石。後不爲例，以示朕軫恤旂丁之至意。欽此。

一、江廣等幫漕船，乾隆五年題准：天篷上裝載木植，毋得過高二尺。如有違例多裝，令押領員弁勒令起卸，嚴加責懲，竹木入官。如員弁通同徇隱，照例參處。

一、糧船木植，乾隆七年奏准：水大之年，准其帶至臺莊以南一帶地方卸賣，不得帶過臺莊。水小之年，令其淮揚一帶卸賣，不得帶過黄河。

《清朝文獻通考》卷四三《國用考·漕運》 漕運規例

漕糧：各省原額正兑米三百三十萬石，改兑米七十萬石，除折改及歷年荒闕開墾報銷不足原額外，實徵正兑米二百七十五萬一千二百八十三石，改兑米五十萬一千四百九十石，各有奇。《會典則例》據乾隆十八年奏銷册約舉其數，今採入。每年歷有蠲緩，有定額而無定數。正兑改兑外有加徵，以待耗闕者，曰正耗，米數以省之遠近爲多寡。正兑每石正耗四斗至三斗五升，改兑四斗至一斗七升，各有差。有額徵之漕糧而折徵者，曰永折米。江蘇、安徽、山東、河南、湖北、湖南共徵米三十六萬一百八十六石六斗六升有奇，每石折徵銀八錢至五錢五分有差。有改徵漕糧而折徵者，曰灰石折米。江蘇、浙江應徵米共三萬四千四百四十石，遇閏加徵二千八百七十石，每石連耗折徵銀一兩六錢。

白糧：江蘇蘇州、松江、常州三府、太倉州原額十五萬四百三十八石四斗七升，除改徵漕糧外，實徵六萬九千四百四十七石。浙江嘉興、湖州二府原額六萬六千二百石，除改徵漕糧外，實徵三萬五百五十三石。耗米每正額米一石，江南加徵三斗，浙江四斗，共三萬四千五百八十二石九斗五升有奇。經費江蘇、浙江共徵銀二十三萬二千六十一兩八釐，米五萬七千五百四十八石九斗九升四合。

小麥：河南正兑改兑共一千八百十九石四斗，加耗與米同。

黑豆：山東、河南正兑改兑共十萬五千三百二十三石三斗五升有奇，加耗與米同。

隨漕款目曰輕齎，曰易米折銀，曰官軍行月，曰贈貼，曰紅駁，曰蓆木板竹。各省共徵銀一百八十五萬三千六百兩，遇閏加徵紅駁銀三百兩，米六十一萬七千八百七十六石，麥一萬九千六百八十二石，豆五百三十二石。各有奇。

水次六倉，江南江寧倉徵米，淮安、鳳陽二倉徵銀米麥，徐州倉徵銀麥豆，山東德州、臨清二倉徵銀米。共徵銀二十六萬三千六百二十六兩，米七萬二千二百四十六石，麥五萬四千三百八十三石，豆四千三十七石。各有奇。

順治九年，定漕糧官收官兑，徵贈貼銀米給運軍。漕糧向係軍民交兑，軍強民弱，每多勒索。至是，定爲官收官兑，酌定贈貼銀米，民輸官給，浮費悉除。

十七年，令折徵灰石米解部撥支。舊例，漕糧内有給軍辦運灰石之米，旋停辦，灰石米仍運通。至是，始令折銀解户部，聽工部按年支取備用。

十八年，禁折徵漕糧毋得以兑漕爲名，價外苛索。

康熙元年諭：漕船經由漕河，領運官軍依限抵通回空，方爲盡職無罪。乃有奸頑官役不守成法，多有夾帶私販貨物，隱藏犯法人口，倚勢恃力行兇害人，借名阻礙河道，毆打平人，託言搜尋失物，搶劫民船。且有盗賣漕糧，中途故致船壞，以圖貽害地方，種種姦惡，督漕各官並該地方官一有見聞，即行參奏，務將官員嚴提治以重罪。若知而徇隱不奏，亦從重治罪。

六年，命修漕運議單。

十七年，從河道總督靳輔疏請，淮北漕糧例收紅米之州縣，准紅白兼收，著爲令。

二十二年，定漕船載運額數。每船載正耗米五百石，土宜六十石。至雍正七年諭：增土宜四十石，著爲令。八年，又准頭工舵工人各帶土宜三石，水手共二十（名）〔石〕，每船額帶土宜百二十石。乾隆元年，定回空漕船所帶食米燒煤。江西米四十五石，煤四十石。湖南米三十六石，煤三十二石。湖北米三十三石七斗五升，煤三十石。江南浙江米三十石，煤二十五石。各關驗放，除其税。三年，定回空船舵水人等准帶梨棗六十石。十年，又定首進漕船回空時，未及梨棗，准帶核桃、柿餅抵梨棗之數。

三十三年，禁折徵漕糧耗米，違者，以改折漕糧罪罪之。

三十七年，江南建平縣漕糧改折秈米，從民便也。

四十九年，户部言：漕糧掛欠，舊例將本幫運官旗丁議罪分賠。然每年舊欠未清，新糧復欠。嗣後追賠漕米，應逐幫分計，派作十分，舊欠之本軍名下仍追賠一半，其半令漕運總督、糧道監兑、委運僉運各官分賠，請著爲令。從之。

五十四年，定封驗樣米。舊例，各州縣交兑漕米，取米四升，分盛二袋印封，解倉場驗收。至是，每船用米一石，糧道親驗印封，到淮，漕運總督拆驗加封，抵通，倉場侍郎率坐糧廳驗明起卸，其樣米仍作正收。

雍正元年，諭户部：江西省有漕米各州縣運糧到省，又自省倉搬上軍船，故有腳耗扒夫修倉鋪墊等項，編載成書，歷年支給已久。自康熙二十三年部中誤駁，不准支給，行令追還。嗣後一例駁追，究無完解。至三十四年，聖祖仁皇帝特頒諭旨，將從前已經支給者，俱免追賠，恩至渥也。至康熙三十八年，部議又以腳耗與扒夫等項分晰未清，仍令扣追。不知腳耗乃貼運之總名，扒夫等項乃支給之細數，實一事，非兩項也。自康熙三十八年至今已二十餘載，應追銀五十一萬餘兩，米六十一萬餘石。積累增多，究無完解。追比日久，官民均受其累。特諭爾部將從前積欠盡免追賠，向後准其支給。

是年，令漕運總督于開兑開幫之日，將糧船各數、運軍姓名册送户部察覈。

二年，以漕運駁淺擾害商船，諭地方大吏示禁，漕運總督失察者，論。又諭禁漕船包攬貨物，夾帶私鹽，私藏火器。下漕運總督安徽巡撫議行。

六年諭：江浙徵收漕米，但乾圓潔凈，不必較論米色，准令紅白兼收，秈粳並納。著爲令。

十一年，令河南、山東于額徵粟米內改徵黑豆十二萬石，運供京師，仍如漕行。

臣等謹案：乾隆二年，又將粟米改徵黑豆，河南二萬石，山東四萬石。九年，河南粟米又改徵黑豆二萬九千三百五十六石六升有奇。十六年，又改河南粟米徵黑豆二萬石。

十三年，申禁漕船水手擾害居民，令漕運總督飭督運領運官嚴加約束，違者論。

乾隆元年定：各省截留漕船，介于起運停運之間，行糧月糧應給應追，向未定有成例，應酌定成規，以歸畫一。嗣後江蘇、安徽、浙江截留漕船，應支本折月糧、三修銀準其照數全給。至行糧、盤耗、贈銀、負重等項，各隨多寡分作十分。自水次抵通，按程途遠近，亦作十分計算。行一分程途給一分銀米。如行一兩站未及一分者，即按一兩站扣算支給。贈米一項，如米到州縣半月放清者，按已行之程扣給，其未行之程追繳，半月以外，每石給米一升。滿一月者，給米二升。滿二月者，給米四升。滿三月者，全給。若幫貼截留本次，或全兑全卸，或數月後收清，贈米亦按月計算。江西漕船較大，米數多，每年額領三修銀不敷，取辦于行月，兼之水次開行，逐節淺阻起駁，長江守風，過淮修艌，一應費用，較江浙不同，遇有截留，將原領折耗、行月、贈銀、贈米、斛面米均免扣追。又每米一石，徵耗米四斗，爲交通倉及沿途折耗之費。副耗米一斗三升，爲水次開行抵淮折耗。如在淮安以南截留者，將四耗米令其隨正交納，副米免其追繳。如過淮截留者，將四耗米內正兑米隨交二斗五升，改兑米隨交一斗七升，並每石別交一升贈米外，餘米按由淮到通程途作爲十分計算，行一分程途，即給一分耗米。湖北、湖南漕船灣泊岳州府，濱臨洞庭，風波不測，截留漕船例給一半月糧之外，每船酌留頭舵水手四名防護，每名月給口糧一升，減去水手人等每站給盤費銀三分，米一升，照時價折給。至五年，又定未兑之船截留者，照停運例給與減半月糧，已兑未開之船截留者，減半月糧之外，將三修一項照數全給。各省畫一辦理。七年，又定截留漕船已兑開行，照定例扣追，運軍多有苦累，每船山東、河南加給銀五十兩，江南、浙江六十兩，湖廣七十兩，江西九十兩。其應給之銀，即于行月折色銀內扣給。所餘行月等銀，仍照舊按程分別追給。再江西、湖廣已過長江者，其所餘銀兩給與四分之三，已渡河至臨德等處者，全給。

二年，諭户部曰：聞得江浙兩省民間輸納白糧，較漕糧費用繁重，甚屬艱難，朕心深爲軫念，諭令該部詳考。據奏兩省歲運白糧二十二萬餘石，太常寺、光禄寺各賓館需用二千餘石，王公官員俸米需用十五六萬石，內務府禁城兵丁及內監食用等項需萬石，尚餘五萬石存倉等語。朕思光禄寺等處所支，原以供祭祀及賓館之用，在所必需。其王公官員俸米應用白糧者，可酌量減半，以秔米抵給。至賞給禁城兵丁及內監食米，亦可將白糧減半，給以秔米。如此，則每年所需白糧不過十萬石，仍照常徵收起運，其餘十二萬石，著漕運總督會同該督撫酌量改徵漕糧，其經費銀米，均照漕例徵收，以紓民力。旋遵旨議行。

三年，恩賞運弁銀人各四兩，軍半之。

是年，以湖北通山、當陽二縣僻處山陬，漕糧難于兑運，每石改徵銀一兩二錢五分。

四年，定重運遇淺駁運例。凡重運漕船，所經遇淺起駁，漕運河道總督奏明，即飭所在有司官具民船駁運，有司官將駁過各幫運軍名船米貨物及駁船雇直各數，呈報漕河督撫並巡漕御史。其駁船雇直憑有司酌給，如有扣尅勒索者，罪之。

七年諭：免江西南昌、江南興武、浙江紹興各幫貸逋銀四千六百四十兩。

十年諭：據工部侍郎范璨奏稱，江南下江雜賦重于他省，向來徵收弊竇甚多，民間每完糧一石，借漕費之名，或以九折，或以八五折收，甚至以八折收。至雍正元年，蒙世宗憲皇帝軫念窮黎，敕令嚴加釐剔。其時尹繼善爲江西撫臣，悉心籌酌，定每石收漕費六分，總令小民平斛響㨨，額外浮粒不收。地方官奉法緊嚴，彼時府道嘗微行密察，諸弊肅清，謳歌載道。乃久之故智復萌，上年下江收漕賢否不等，聞有初開倉時，印官駐宿倉所親驗米色，胥吏尚無間可乘。迨至漕糧緊兑之時，印官不能處處親驗，吏胥等即可多方刁難。小民不能等候，情願議扣，自九五折至九折不等。大漕既畢，所徵兵行局恤等米石竟有扣至八折者。此雖得之風聞，然法久弊生，亦不可不再加整頓。況一處如此，他處即相效尤。一省如此，他省亦恐難保。伏懇特頒諭旨，通飭有漕地方官，于開倉之際，刊立木榜，大張曉示，毋許額外需索。令糧道知府等員不時密訪，如有刁難折扣等弊，即將官吏一併揭參。至于大漕完竣之後，徵收兵行局恤等項，遴委幹員，暗加查察，稍有違犯，亦即稟究。如此，諸弊可以禁止。等語。徵收漕糧弊竇甚多，江南之漕甲于諸省，尤爲積弊之藪，朕亦知之。范璨所奏，著發出，令有漕地方大小官員閲看，嚴行釐剔。如有仍蹈故轍者，經朕聞知，或被御史參劾，必重加處分。至于尹繼善，既于前江撫任内辦理稱善，今節制兩江，仍是職任内應辦應查之事，何以置若罔聞，一聽有司之變易舊規，奸胥猾吏得以高下其手也。將此詢問尹繼善，其又何辭。

十一年，監察御史沈景爛請令各甲户應完漕項細數預給一單，庶不至于漕項内每户暗加分釐，以杜浮派之源。從之。

十七年，監察御史陸秩請申禁收漕州縣收兑留難之弊。從之。

十九年諭：截漕省分派就近駐劄之道員監看稽察，不得但委州縣佐貳以滋弊。著爲令。

二十四年，令僱募縴夫聽軍弁自行酌辦。時以各省糧艘北上，每遇過閘過壩及急溜淺阻，必需人力挽拽者，沿河兵丁頗有把持包雇之弊。至是，嚴行查禁。嗣後如藉端抑勒，以老弱充數，而横索雇值者，罪之，並將失察之該管將弁參處。

二十六年諭：直隸總督事務繁多，所有薊運河挑淺工程，著就近令倉場侍郎專管，每歲督率通永道薊州知州隨時相度，實加疏濬，以資漕運。

二十九年諭：司漕各員不得濫收潮潤米色。

又漕運總督楊錫紱奏，請懲軍籍紳宦富户規避簽丁詭揑脱漏之積習，以裨漕務。從之。

四十一年諭曰：沿河短縴多係無業窮民羣聚覓食，晝則隨幫受雇，夜則乘機爲匪，其中最易藏奸。而漕艘經行上下，遇有頂風淺水，添雇幫縴人夫，亦屬必不可少。莫若令沿河州縣酌量安設縴夫，並選派夫頭照管，以供受雇。其各幫雇覓縴夫，並令押運千總督率旗丁查點稽核，按站交替，不許攜帶過站，亦不許中途私雇。庶各有責成，不致滋事。著直隸、山東、江南、江西、浙江、湖廣各督撫會同漕運總督確商，妥議具奏。

四十七年，定管泉各員巡勘章程。每年春夏之交，管泉人員親駐泉源處所，督夫疏道。並飭各本管州縣一體實力查辦，各本管府州于巡漕查勘之外，再行巡查一次，分别勸懲。

右漕運規例。

漕運限期

兑運：各省限十一月過淮，江北各府限十二月内，江南江寧、蘇州、常州、鎮江等府限正月内，松江府限二月初十内，浙江、湖北限二月内，江西、湖南限三月初十内。其不過淮者，河南限正月開行，山東臨清牐内亦如之，其牐外限二月開行。到通程限：山東、河南限三月朔日，江北限四月朔日，江南限五月朔日，浙江、江西、湖廣限六月朔日。通州回空限十日。淮安至天津，重運限自半日至十二日有差，回空于有牐壩處限與重運同，無牐壩處，逆流限自九日至一日，順流限自三時至三日半。各有差。天津至通州，重運係逆流二十里，回空係順流五十里，均限一日。山陽至浙江，重運順流四十里，逆流二十里，回空順流五十里，逆流三十里，均限一日。違者，該管官論如法。

順治十二年奉上諭：漕運至爲重務，年來拖欠稽遲，弊非一端。漕督固宜盡心，督撫亦宜分任責成。除湖廣漕船暫留充餉外，江南、江北、江西、浙江等處漕糧，著該督撫督率所屬各糧道州縣衛所等官，恪遵漕規，冬兑春開，務依限到淮。其到淮以後，漕督察驗催趲，抵通交納。河南、山東漕糧，該督撫督率所屬各官，徵兑開行，知會漕督察催北上。係何地方遲誤者，自督撫以至州縣衛所等官，應擬何罪，屬何省分者，應限若干月日，户部詳確議奏。遵旨議定：各省漕糧徵收限十月内，兑運限十一月内，過淮，江北各府州縣限十二月内，江南江寧、蘇、松等處限正月内，江西、浙江限二月内。其不過淮之山東、河南二省，限正月盡數開行。如有司無糧，軍衛船不齊備，以致過淮違誤，督撫、糧道、監兑官計違限一月至三月以上者，各降罰有差。如兑糧及期，領運等官沿途違誤者，計違限十日至一月，責革有差。經徵州縣衛所等官，船到無米，有米無船，過十二日至二月者，各降罰有差。漕督過漕有催趲之責，過淮以後，河督亦有催趲之責。如過淮及期而到通遲誤者，河漕二督及沿河鎮道將領州縣等官，亦照督撫、糧道、監兑官例議處。至康熙五十一年，增定違限一二月者如舊例行，違限二月以上或七十日者，督撫降一級，戴罪督催；糧道、監兑官降二級調用。八九十日者，督撫降一級留任，糧道、監兑官降二級調用。至雍正十三年題准：山東臨清牐内之船照定例行，其牐外之船，限次年二月兑開。乾隆九年又題准：江南松江府漕船必由蕁柳澱山等湖，湖南經涉洞庭，江西必由鄱陽，各幫船於過淮原限外寬限十日。

十六年，定漕船回空，過淮者，責之漕運總督。不過淮者，責之糧道。覈其船原數，闕者罪之。

十七年，定押運府倅過淮抵通違誤者，如糧道例議罪。

康熙二年，各省漕糧漕運總督刊發全單，開列本幫兑糧軍船數目，行月修船錢糧及到次開兑開行，過淮到通，回空違限日期，與夫驗米色察夾販，款目畢具，各弁投到全單，嗣後依式填注，如有違誤不填，及填注不實者，在南聽漕運總督，在北聽倉場侍郎察參。

四年，定漕船回空期限。漕船抵通州，限十日回空。倉場侍郎定立限單，責成押幫官依限到淮。

十一年，定漕船抵通限期。山東、河南限三月初一日，江北限四月初一日，江南限五月初一日，江西、浙江、湖廣限六月初一日。到通均限三月内完糧，如違限不完，押運等官計違限不及一月至二月以上者，各降罰有差。

又定白糧過淮抵通違限者，督運官議如督運漕糧例。

十七年，增定重運回空沿途期限。各省漕船重運，自淮安至天津，原有定限，今加增定。如原限半日而違限一時，原限一日而違限兩時，原限一日半而違限三時，原限二日以上而違限半日，原限四日以上而違限一日，原限六日以上而違限一日半，原限十二日而違限兩日，專催督催官各議罰有差。原限半日而違限三時，原限一日以上而違限半日，原限兩日以上而違限一日，原限四日以上而違限兩日，原限六日以上而違限三日，原限十二日而違限四日，專催督催官各降罰有差。如違限之期與原限之期相等者，降調。逾于原限者，降革。各有差。回空自天津至淮安，向亦有定限，今更定。如逆流、順流而有牐壩，均照重運定期。如無牐壩，逆流原限十二日者改爲九日，四日改爲三日，三日改爲二日，二日半改爲一日。順流原限半日改爲三時，一日改爲半日，四日改爲二日，五日改爲二日半。如致違限，沿途文武官並隨幫官皆照催趲重運例議處。天津至通州，重運係逆流，二十里限一日，回空係順流，五十里限一日。山陽至浙江，重運順流四十里限一日，逆流二十里限一日。回空順流五十里限一日，逆流二十里限一日。如有違限，照例議處。至鎮江渡江，如因風守候，令地方官報明免議。再江西、湖廣漕船，行長江至儀徵者，因風挽運難以立限，應令地方官作速嚴催出境。其自儀徵至天津，皆如新定例行。

二十八年，定漕運受兑離次，各省巡撫題報期限不得過二月，逾限者論。

三十四年，令漕運總督每年將過淮漕船總數繕造黄册，專疏具題。

五十一年諭：凡事不求根本，止務枝葉，斷無實效。條奏漕糧一事者，止以途間躭閣開兑遲悮陳奏，其漕船稽遲根原從無一人言及。朕南巡數次，河道漕運知之甚悉。如上江漕船皆入儀徵河口，下江漕船皆入瓜州河口，因大江泊船不便，而四千餘艘彼此相争入口灣泊，必俟到齊，始挨次開行，則守候之間，甚至遲悮。若凡一幫全到在先，不必等候各幫，隨令起行過淮。其續到者，亦照此，勿令守候，止以船到即令起行，則前幫得以早行，後幫慮其隔絶，自然奮勉追行。如此，則重遲回空斷不敢遲誤。下部議行。

是年，定給漕船限單。漕船受兑開幫，巡撫給以限單，填註開行日期，飭令沿河州縣挨注入境出境時日，抵淮，將單呈繳漕運總督察驗。過淮後，漕督亦給以限單，將經過州縣原定限日刊入單内，飭令沿河州縣注明入境出境日期，俟抵通將單申繳倉場侍郎察驗。回空，倉場侍郎刊發限單，沿河州縣填注亦如之，至淮申繳漕運總督察驗。漕督別給抵次限單，沿途填注亦如之。抵次之限，不得過十一月。既抵次，將單申繳巡撫察驗。

雍正三年，定漕白糧船抵通日期及起卸回空船糧各數，並石壩外河水深淺，令倉場侍郎五日一次具奏。

七年，定漕船經過濟寧、臨清二處，令河東河道總督題報。舊例，漕船經過皂河、濟寧、臨清三處，由河道總督題報。時山東、河南增設總河，故以濟寧、臨清歸河東總河題報，皂河仍歸江南總河題報。

乾隆二年，定山東自備船回空之例。山東自備船令於交糧之日，除留頭船一二人在通候領簟羡完呈等項外，其餘各軍給與空身限單，勒令回次，抵次將單呈繳各衛所察驗。仍將限單填明到次日期，彙送糧道考察。留通運軍事竣回次，亦如之。

七年，定山東漕船不由漕運總督給發限單，受兑之後，即呈報河道總督及巡漕御史稽察催行。

右漕運限期。

漕運官司

漕運總督一人，總理直省糧儲，轉漕以輸京師。巡漕御史四人，掌巡視稽察糧道。山東、河南、安徽、江蘇、浙江、江西、湖北、湖南各一人，分掌漕務，督運過淮。監兑官，山東六人，河南三人，江南十有五人，浙江、江西、湖南各三人，湖北六人，以管糧同知、通判爲之。押運官，山東、河南各一人，江南七人，浙江三人，江西二人，湖北、湖南各一人，以管糧通判爲之。領運官、漕糧直隸千總四人。領河南運。山東守備一人，千總三十六人。内領河南運四人，蘇運四人。江南守備八人，千總九十八人。内領河南運四人。浙江守備二人，千總十八人。江西守備二人，千總二十五人。湖廣千總二十有二人，白糧千總六人。浙江千總四人。均以衛所官爲之。每幫武舉一人，隨幫效力。運軍每船一人，僉軍籍人充役。至于催運，則凡漕船所經沿河文武官皆有責焉。

順治二年，定漕運官司一仍明制，輓運則設旗甲，統領則設運總，督押則設漕道、糧道，提衡巡察則設總漕、巡漕。

七年，裁巡漕御史。

十二年，定五年一編審軍丁，毋令竄入民籍。

康熙元年，嚴沿途文武官催趲之責，催趲不力者論。

二十二年諭：漕運總督管理糧船是其專責，漕運過淮及回空之時，應令總督往來親催。自奉諭後，漕督親督重運至通，歲以爲例。

二十六年，申嚴運軍代運之令。定例運軍不親押運以子弟代行者，運軍及代運人均發邊衛充軍。至是，並嚴該管官處分。

三十五年，定出運每船僉軍一名。定例每船運軍十名至十二名不等。康熙二十五年，改定額設十名。至是每船僉軍一名，其餘水手九名，擇其身家並諳習撑駕者雇充。

四十五年，定僉軍例。親僉責在糧道，舉報責在衛守備，用舍責在運弁，保結責在通幫衆軍。一軍無保，不准僉軍。一軍有欠，衆軍同賠。至五十一年增定，令千總結保，衛守備、府倅親驗結申糧道，如有欠糧，出結官坐罪。

五十一年，定僉副軍一人隨運。每年于本軍子弟及兄弟之子再僉一人爲副軍隨運。如抵通欠糧，留本軍完欠，副軍回空。如重運到淮虧缺，令本軍駕運北上，留副軍買米趲幫。

雍正元年諭：漕船務于本軍内擇其能撑駕者充當水手，不得雇募無籍之人。

四年諭：押運同知、通判抵通之日，著總督倉場侍郎送部引見。

六年，定文學生員准免僉運。

七年諭：朕聞糧船過淮所費陋規甚多，嗣後著御史二人前往淮安稽察，不許官吏人等向運軍額外需索，以致擾累。其糧艘中攜帶物件，除照例許帶外，如運軍有夾帶私鹽及違禁等物者，亦著該御史稽察，但不得過于嚴刻吹求，以致糧運滯遲。至漕船抵通之時，其該管衙門官吏及經紀車户人等，恐有向運丁額外需索陋規者，亦著差御史二人前往稽察。淮安于二月初差往，通州于四月內差往。不必拘定滿漢各一人，著都察院按期開列請旨。

臣等謹按：乾隆二年，令御史四人分地巡視，一人駐淮安，自江南江口至山東交界；一人駐通州，自通州至天津；一人駐濟寧，自山東臺莊至北直交界；一人駐天津，自天津至山東交界，各按所分之境巡察諸弊。

乾隆八年，令江淮、興武二衛黄快船丁歸入民賦，以嚴勾考。時以江淮、興武二衛運軍有竄入黄快船避僉者，故令黄快船丁歸入民賦，每五年將現運及備僉餘軍勾考一次，將本軍及子孫、兄弟之子，並所居州縣都圖鄉鎮注册，送户部察覈。

三十七年，令糧道親自督運到淮，不得轉委丞倅代押。

四十八年諭：向例總督俱兼兵部尚書、右都御史銜，巡撫俱兼兵部侍郎、右副都御史銜，但漕運、河道總督並無地方之責，究與各省總督不同，况又有由道員陞署及簡擢初任之員，若一例兼銜，未免太優，不可不量爲區别。嗣後漕運、河道總督該部俱奏請給與兵部侍郎、右副都御史，著爲令。

右漕運官司。

漕船

各省原額萬四千五百五號，除改折、分載、帶運、坍荒闕額漕糧裁減船數外，實運船數：右謹據《會典則例》恭載，第各省漕糧屢蒙銷册恩免，漕艘出運即有增減，仍不拘定額。直隸三十七號，協濟河南。山東九百七十五號，協濟河南二百四十四號。江南江安糧道所屬二千八百八十六號，協濟河南一百二十五號，協濟蘇松千八百三十五號。蘇松糧道所屬四百三十九號，浙江五百六十九號，江西三百四十八號，湖北一百二十號，湖南百十有四號，河南無漕船，直隸、山東、江南就近協運四百有六號。白糧船，江南一百三十六號，在通省漕船內三年抽調一次。浙江六十三號。在通省漕船內撥定長運。自備船無定額。各省漕船缺額，運軍雇募民船裝運，官給其直。催漕船沿河每汛一號，侳船六十號。

順治四年，定各省漕船缺額，令運軍自備船裝運。自備船不支三修料價，僅給重運銀，令其雇募民船。至順治九年，定給水脚銀。江南、蘇州、松江、安慶、廬州並江西、浙江等處，每石自三錢至三錢五分，揚州府每石二錢五分，均于隨漕項內動給。

十年，以白糧無漕船，令攢廠成造。

十三年，定貼造漕船之例。凡成造漕船，例于州縣民地徵十分之七，衛所軍地徵十分之三，給備料價。其有不敷，于江寧各衛屯米每石協濟銀一錢，黄快船每丁協濟銀五分，官舍餘丁編爲三則，上則納銀五錢，中則三錢，下則二錢，審定造册，徵收解廠。安慶衛以屯田匀配上下兩運公同貼造，新安、宣州二衛按屯田編徵貼造，建陽衛于屯丁銀內加徵貼造，廬鳳、淮揚、徐、滁等衛，蘇太等衛所，及山東各衛，均按清出丁舍編徵貼造，浙江按清出閑丁每丁徵銀四錢，江西每丁徵銀二錢五分，湖廣每丁徵銀二錢，以供貼造。若船多銀少，儘數匀攤。是年，又飭將各衛所舍餘閑丁按年編審納銀，爲幫貼之費。至康熙十九年，始定漕船額支官銀成造，其清出丁銀，概飭解部。

康熙三年，增造浙江白糧船六十四號。浙江白糧用漕帶之法，需船百二十號，除六十二號于漕幫內抽出裝運外，增造六十四號并入漕幫僉運。十四年，定江蘇白糧照浙江例，抽選漕船裝運，五年更换。康熙四十三年，浙江運白糧船亦定爲五年更换。乾隆七年，以浙江運白不願更换，仍依舊例撥定軍船，永遠承運。十六年，改江南五年更换之期爲三年。

二十六年，定各衛所漕船照每年見運之數成造十分之一。

又定各省歲修漕船，每出運一船，給修費銀七兩五錢。

雍正二年，裁船政同知。先是，浙江設船政同知，至是罷，一切修造漕船事宜歸糧道管理，令運軍支領料價赴廠成造，所有不敷，即于道庫減存漕項銀內動支。其蕪湖、淮安、杭州等關額供造船銀，飭令解部。

五年，定催漕船成造歲修銀數。催漕船按汎成造，每船給銀三十七兩六錢三分三釐，動支税課銀。每歲給小修銀二兩，動支茶果銀。十年期滿，照例别造。

八年，定漕船裏料銀。舊例，成造新船，將舊船解廠充作裏料，如無，交銀五十二兩。

九年諭：户部江南江淮、興武二衛運軍名下有應追鑽夫底料銀十萬八千一百餘兩，此項自康熙四十二年至雍正元年前後共二十載，各軍簽替更换不一。見今著追之人未必係當日領米之人，其力既不能完，未免有所拖累，且令承追接催各官參罰累累，有礙考成，亦可軫念。著將二衛應追夫役及底料銀悉行豁免。

乾隆十一年，增設伕船。國初，以漕船至天津起撥，分運至通，設紅撥船六百隻，每船給田十頃養贍，免其徵科。至康熙三十九年，裁革紅撥船，按原給田所收租額分派各省，於漕糧項内徵給，運軍雇船撥淺。乾隆二年，定每船給紅撥銀二兩。至是，北河增設伕船六十號，衩夫百八十名，淺夫三百名，隨時疏濬，以免丁累。其置造伕船器具夫工等費，于紅撥銀内動支，餘銀仍照數分給運軍，以備撥淺之用。

二十四年，漕督楊錫紱奏江西幫船情形與江浙等省不同，可以通融裁減，且于辦公有益。從之。

右漕船。

（清）嵇璜《清朝通志》卷九四《食貨略·漕運》 順治二年，定漕運官司。輓運設旗甲，統領設運總，督押則設漕道、糧道，提衡巡察則設總漕、巡漕。

四年，定各省漕船額缺者，給以重運銀，令運軍雇募民船裝運。

七年，裁巡漕御史。先是，漕糧軍民交兑，軍强民弱，每多勒索。

九年，定爲官收官兑，其贈貼銀米酌令徵收，以給運軍，民甚便之。

十年，製鐵斛頒發倉場。又以白糧無漕船，令攢廠成造。

十二年，定漕運限期。時運漕軍丁多有竄入民籍者，是年定五年編審一次。

十三年，定京城通州各倉收米限期。尋飭各衛所舍餘閒丁按年編審納銀，以爲貼造運船之費。

十七年，令折徵灰石米解部給支。明年，禁折徵漕糧毋得以兑漕爲名價外苛索。

康熙元年諭：漕船領運官軍依限抵通回空，不守成法者，罪之。其沿途文武官催儹不力者，並論罪。

二年，令漕運總督刊發各省漕運全單，並定漕糧分數以嚴考成。時浙江白糧用漕帶之法，需船百二十六號。

三年增造六十四號，並入漕幫僉運。尋定江蘇白糧照浙江之例，抽選漕船裝運，五年更换。又定漕船抵通，限十日回空之例。

十一年，定抵通期限，以省分遠近爲差。違限者，計月論罰。督運白糧違限者，亦如之。

十七年，增定重運回空沿途限期。除江西、廣東漕船行長江至儀徵者，因風挽運，難以立限外，惟鎮江渡江因風守候，令地方官報明免議，餘俱照新定例行。淮北漕糧向例止收紅米，時河患初平，民田被淤，因而有改種白稻者。以河道總督靳輔疏，准紅白兼收。著爲令。

二十三年，定漕船載運額數。每船載正耗米五百石，土宜六十石。又以漕運總督管理糧船是其專責，諭漕督於漕運過淮及回空之時，往來親催，歲以爲例。

二十六年，各定衛所漕船每年見運之數成造十分之一。其各省歲修，每船給修費銀七兩五錢。至運軍不親押運，以子弟代行，向例運軍及代運人均發邊衛充軍。至是，並嚴該管官處分。又定漕船受兑離次，各省巡撫題報期限不得過二月，逾限者論。

三十三年，申嚴折徵漕糧耗米之禁，又定僉軍額例。先是，漕船運軍每船十名至十一二名不等，康熙二十五年定額十名，至三十五年更定每船僉軍一名，其餘水手九名，擇諳習撑駕者僱充。

三十七年，江南建平縣漕糧改折秈米，從民便也。

四十三年，浙江運白漕船亦定爲五年更换。

四十九年，定掛欠漕糧漕司各官分賠之例。尋定僉副軍一人隨運。凡重運到淮虧缺者，令本軍駕運北上，留副軍買米趕幫。如抵通欠糧，留本軍完欠，副軍回空。並令巡撫漕督給發漕船來往限單，飭沿河州縣挨注入境出境時日。先是，州縣交兑漕米，取米四升，分盛二袋印封，解倉場驗收。至五十四年，令每船用米一石，著糧道驗封，到淮，漕督折驗加封，抵通，倉場侍郎率糧廳驗明起卸，其樣米仍作正收。

雍正元年詔：免江西腳耗等銀五十一萬兩，米六十一萬石有奇。嗣後仍令按全書照數支給。

二年，裁浙江船政同知。其修造漕船事宜併歸糧道管理。又以漕船剥淺多有擾害商船者，諭督撫示禁，漕督失察者論。並嚴漕船包攬貨物及夾帶私鹽、私藏火器之禁。至經紀運米至大通橋，車户運米進倉，舊例每米五十袋抽掣一袋，一袋少，餘袋例算，於各役腳價内扣賠。是年，更定掣欠之例。每石秔米作價銀七錢，稄米六錢，仍准於腳價内扣抵。惟欠數多者，照盗賣漕糧例治罪。

五年，定催漕船按汛成造。每船給銀三十七兩六錢三分三釐，每歲給小修銀二兩。十年期滿，照例别造。六年特旨，諭文學生員准免僉運。又諭：浙江徵收漕米，但擇乾圓潔凈，不必較論米色，准令紅白兼收，秈稉並納。著爲令。

七年上諭：漕船過淮抵通所費陋規甚多，各差御史二人前往稽查，不許該管官吏及經紀車户人等額外需索，以累運軍。先是，漕船經過皂河、濟寧、臨清三處，由河道總督題報。時山東、河南增設總河，故以濟寧、臨清歸河東總河題報。

九年詔：豁免江南江淮、興武二衛攢夫底料銀十萬八千一百餘兩。又以山東、河南多產黑豆，令於額徵粟米内改徵黑豆十二萬石，運供京師。

十三年，令漕運總督飭督運領運官，嚴禁漕船水手擾害居民之弊。

乾隆二年，特遣御史四人分駐淮安、通州、濟寧、天津等處，令各按所分之境巡察漕運諸弊。又以江南浙江歲徵白糧，恐致累民，是年諭裁減白糧二十萬石，改徵漕米。又將粟米改徵黑豆，河南二萬石，山東四萬石。

三年，恩賞運弁銀，人各四兩，軍半之。又改湖北通山、當陽二縣漕米收徵折色，例徵銀一兩二錢五分。是年，始鑄鐵尺，用積方之法覈算倉糧，分頒户部倉場及直省各倉，並定各倉貯米，每廒以萬石爲率，其奇零之數，别貯一廒。

四年諭：漕運河道總督，凡重運漕船所經遇淺起剥，即飭所在有司官具民船剥運。其剥運僱直，憑有司酌給。扣剋勒索者，罪之。

七年，復定山東漕船不必由漕運總督給發限單，受兑之後，即呈報河道總督及巡漕御史稽察催行。又以浙江運白不願更换，仍依舊例撥定運船，永遠承運。免江西南昌、江南興武、浙江紹興各幫貸逋銀四千六百四十兩。

八年，以江淮興武二衛運軍有竄入黄快船避僉者，俱命歸入民賦，每五年將現運及備僉餘軍勾考一次。及定河南粟米改徵黑豆二萬九千三百五十六石六升有奇。先是，順治初，以漕船至天津起剥，分運至通，設紅剥船六百隻，每船給田四十頃養贍，免其徵科。至康熙三十九年，裁革紅剥船，按原給田所收租税額分派各省，於漕糧項内分給運軍，僱船剥淺。乾隆二年，定每船給紅剥銀二兩。至十一年，北河增設垡船六十號，衩夫百八十名，淺夫三百名，隨時疏濬，以免丁累。其製造垡船器具夫工等費，於紅剥銀内動支。餘銀仍照數分給運軍，以備剥淺之用。

十六年，又增改河南粟米徵收黑豆二萬石。又改江南運白漕船五年更换之例爲三年。

十七年，定稽察各倉官，除都統御史在城理訟之期，均更番到倉稽察。並增定京通各倉差御史一人稽察，年終更代。其各倉收漕滿廒，倉場侍郎封固，御史加封，各廒鎖匙交倉場衙門收貯。

二十七年，更定京通各倉滿漢監督期滿更代之例，仍以三年爲準。

二十九年諭：司漕各員不得濫收潮潤米色。是年，漕運總督楊錫紱請懲軍籍紳官富户規避僉丁詭捏脱漏之積習，以裨漕務。從之。

三十三年，以兵部尚書託庸等議，停五年盤驗之法，以省縻費。先是，直省倉廒建於各州縣城内，其收兑稽察，州縣自監之。

四十一年，定州縣不通水道者，建倉於鄰邑水次，以便起運。

四十七年，定載運河管泉各員巡勘章程。凡每年春夏之交，令其親往泉源處所，請夫疏導。並飭各本管府州縣實力巡查，分別勸懲。是年，奉諭旨：向來南糧餘米俱准在通變賣，以資日用。現在各省糧艘陸續抵通，旗丁於兑足正供之外，其所有多餘米石情願出售者，仍著加恩准其就近於通州糶賣，於市價民食均有裨益。

四十八年上諭：本年運河應挑各工比常較多，自應分頭儹辦，以期明春一律早竣。

（清）沈書城《則例便覽》卷一六《漕運・漕船回次後風火事故》

一、漕船減存在次遇有風火事故，運隨二弁均不能兼顧，祇將收管之地方官職名開參。漕船回空到次後押運事畢，遇有風火事故，祇將隨幫職名報參，押運同知等官免其參處。

（清）沈書城《則例便覽》卷一六《漕運・北河不速挑濬誤漕》

一、北河流沙令坐糧廳各汛官弁及時疏濬，如不速爲挑濬，有誤空重漕艘者，將各汛官降一級調用，坐糧廳罰俸一年，倉場侍郎及巡漕御史不查出題參，罰俸六個月。

（清）沈書城《則例便覽》卷一六《漕運・漕船淺擱事故不報》

一、漕船入境，如遇淺擱事故，押運並地方官不即查明申報者，均罰俸六個月。

（清）沈書城《則例便覽》卷一六《漕運・遲延扣尅行月銀米》

一、丁船到次，三日内將行月本色米麥照額給發，其折色銀兩解送糧道驗明，將一半給發該丁開船，一半封固，於過淮時總漕同該道面給。如本色給發愆期，折色解送遲延，照違例支給例議處。如短少扣尅，照扣尅給軍銀兩例議處。

（清）沈書城《則例便覽》卷一六《漕運・折兑漕糧》　一、私自改折漕糧，該管州縣及領運官俱革職，監兑官降二級調用，糧道降二級留任。

（清）沈書城《則例便覽》卷一六《漕運・押運完欠》　一、押運同知、通判押船抵通，江南、江北、浙江、江西、湖廣二次無欠者，加一二級，三次無欠，不論俸滿即陞。河南、山東二次無欠者，紀録二三次，三次無欠者，加一級，四次無欠，不論俸滿即陞。二次掛欠者，降一二級留任，三次掛欠者，降三級調用，掛欠各省同。仍將掛欠之米分賠。河南、山東押運薊糧通判如有逗遛掛欠失風等事，俱照例處分。若漕米全完，並無一切事故，亦照此例議叙。乾隆四十五年定例：押運無欠次數並無間斷，照例議叙。倘其中有失風失火等事，下次押運全完，止照初次之例議叙，不准前後接算。

（清）沈書城《則例便覽》卷一六《漕運・運解漕糧議叙議處》

一、山東、河南二省，江南、浙江、江西、湖廣漕糧數少多，經管糧道十分全完者，加陞二三級。欠一分者，罰俸一年。二次運時，又欠一分者，降一級調用。欠二分者，降二級調用。欠三分者，革職。欠二分、三分者，初次、二次一例處分。

一、總漕各省漕糧十分全完者，加陞二級。未完，照倉場考核例議處。

（清）沈書城《則例便覽》卷一六《漕運・稽查漕船起剥貨物》

一、重運漕船一抵楊村，如遇河水淺阻，令各幫丁先將貨物儘數起剥。如尚阻滯，然後酌量起剥糧石。違者，將旗丁照例治罪，糧道等照例議處。漕運總督每年遴派守備千總，直隸總督每年遴派明幹同知一員，前往楊村，會同運員幫員等稽查。抵通後，並交倉場侍郎查察。倘仍有貨物在船，將直隸委員一併議處。

（清）沈書城《則例便覽》卷一六《漕運・漕船夾帶私貨》　一、漕船除准帶土宜定額之外，不許夾帶私貨，令淮安、濟寧地方嚴加盤查。如運丁有額外私攬客貨，私載己貨，查係開兑時夾帶者，將未經查出之監兑官降一級調用，押運官降一級留任。係沿途包買及通同奸商搭船者，將押運官降一級調用，不行嚴禁之該管糧道，未經查出之盤查官，俱罰俸一年。若押運官有攬帶客貨、私載己貨者，革職。該管糧道及監兑盤查等官照前例分別查議。至領運官如有夾帶，押運官與糧道等官均照前例分別議處。

（清）沈書城《則例便覽》卷一六《漕運・催儹漕船定限》　一、漕船自淮安起天津止，計程二千三百五十餘里，沿途州縣衛所重運北上催令出境，如原限半、一日而違限一兩時，原限一日半、兩日而違限三時、半日，原限四、六日以上、十二日而違限一日、一日半、兩日者，專催官罰俸一年，督催上司罰俸半年。如原限半日而違限三時，原限一、兩、四、六日以上而違限半、一、兩、三日，原限十二日而違限四日者，專催官降一級調用，督催上司罰俸一年。如違限之期與原限之期相等，專催官降二級調用，督催上司降一級調用。如違限之期逾於原限之期，專催官革職，督催上司降二級調用。又押運官員受兑以至交倉，曾於一二三四處逾限者，罰俸半、一年。五六七八九處逾限者，降一二級調用。十處以上者，革職。其回空漕船，如遇逆流，其間設有閘壩蓄水之處，俱照重運定期。無閘壩之處，原限十二日、四日、三日、一日半改限九、三、二、一日。又順流有閘壩之處，亦照重運定例。無閘壩之處，原限半、一、四、五日改爲三時、半日、兩日、兩半日。如不行力催以致違限，沿途文武官弁並隨幫官俱照催儹重運例議處。至天津以北至通州，係逆流重運糧船，每二十里限一日。其回空船隻，係順流，每五十里限一日。山陽以南至浙江，其重運漕船，如順、逆流，每四、二十里限一日。回空船隻，如順、逆流，每五、三十里限一日。如有違限，催儹、押運官員按違限日期俱照前例議處。湖廣、江西並江南等處行長江以至儀徵，皆由大江，因風輓運，難以逐程立限。其自儀徵至天津，如有違限，俱照前例議處。設有非常風阻冰凍淺滯之事，難以副限，俱令報明免議。

乾隆四十六年定例：漕船重運回空，着令沿河督撫及河道漕運總督專派道府大員或丞倅將備等官，親駐河干，實力催儹，照定例日期依限回次，毋任稽遲。

（清）沈書城《則例便覽》卷一六《漕運·漕糧掛欠分賠》　一、漕糧掛欠，作爲十分分賠，總漕半分，糧道一分，監兑官半分，總押運官半分，運官一分半，僉丁衛所官半分，旗丁五分半。分賠總漕等官不於限内賠完，照不作分數錢糧例議處。弁丁分賠米石限内不完，仍著落總漕糧道等官賠償。

（清）沈書城《則例便覽》卷一六《漕運·盜賣漕糧押運官處分》

一、旗丁沿途盜賣米石，押運之同知、通判不行查出，不及五十石者，罰俸一年；五十石以上者，降一級留任；二百石以上者，降二級調用。

（清）沈書城《則例便覽》卷一六《漕運·廳員管押回空漕船》

一、押運官不候掣批輒行押空回任者，罰俸一年。坐糧廳勒揹批迴，降二級調用。若不遵定例管押回空，從陸路回省者，照差遣官員枉道例議處。如托故逗遛不親管押回空，以致頭舵水手漫無約束，沿途生事，將該廳員照規避例革職。

（清）沈書城《則例便覽》卷一六《漕運·漕船回空遲延》　一、抵通遲延之船，倉場勒限交糧回空，不得有誤新運。其不能依限回空者，令總漕查明該省減存船隻，依限兑運開行。如無減存船隻，即將本省漕船搭運。或本省船隻不能搭運，即捐輸僱船，依限兑運。其遲滯船隻，來年開凍時，速催抵次。如不僱船依限兑運，將在南之糧道、監兑、州縣等官，照過淮違限例議處。如遲滯船隻不速催抵次，將在北沿河催儹之文武各官，照催儹漕船定限例内回空違限，計時日分別議處。

（清）沈書城《則例便覽》卷一六《漕運·漕船失火》　一、押運官巡查不謹，以致失火燒燬漕船，降一級留任。地方官不行協救，延燒别船，罰俸一年。

（清）沈書城《則例便覽》卷一六《漕運·糧船失事押運官處分》

一、糧船盜竊案，押運官罰俸九兩個月。倘有隱諱，分别強竊照例議處。

乾隆三十八年定例：舵工水手人等如有自留奸匪容隱分贜情事，非尋常盜竊可比，應將該管千總照失察營兵窩竊窩盜之例，降二級調用。

（清）沈書城《則例便覽》卷一六《漕運·觸漏漕船》　一、重運經臨有因河底石塊舊樁及柳根等項觸漏沉溺者，令該管州縣防汛武弁會同探驗確實，以觸漏具報，免其失防處分。將專管河務文武各員，照沿河堤岸預先不行修築，以致漕船阻滯例，降一級調用。兼管河務之地方官，照失於查察例，罰俸一年。查報不實之委員，照不行詳查例，罰俸六個月。

（清）沈書城《則例便覽》卷一六《漕運·漕船黄河失風被搶掠》

一、黄河兩岸捕魚小船，令清河縣造册編號，責令該縣管河縣丞河標把總經管約束。遇有糧船失風，即令各駕小船先行救米，次行救貨，失風之旗丁酌量出給飯銀錢文。如該縣丞等竝不稽查約束，以致乘機搶掠，即將該縣丞把總查參，照約束不嚴例，降一級調用。

（清）沈書城《則例便覽》卷一六《漕運·糧船謊報漂没》　一、運糧官丁將船糧謊報漂没，竝故將船放失漂流，及雖係漂流，損失不多，乘機侵盜，沿途催儹各官及汛地文武各官不親臨確勘，遽出保結者，俱革職。如不將情由申報者，降一級調用。該督撫不嚴查確實，遽行題豁，後致詐冒事露，將督撫降二級調用。

（清）沈書城《則例便覽》卷一六《漕運·糧船失風議處》　修改。

一、漕船在内河失風，押運廳官失於防範，按所轄各幫，一二隻者，罰俸六個月。三隻以上者，罰俸一年。五隻以上者，降一級留任。毋庸前後接算。若汛水漲發猝不及防，能戽救船隻修艌抵通，漕糧竝無虧折，能買補全完者，免其議處。倘船非十運，不能戽救，米有掛欠，雖買補全完，仍照例議處。

乾隆四十二年定例：內河失風至三隻以上，運弁降一級調用，押運廳罰俸一年。至五隻以上，運弁革職，押運廳降一級留任。

一、漕船在大江、黄河、洞庭、洪澤等湖遇風漂没，勘實具題豁免，領運、地方官均免處分。如在内河失風，捏報大江、黄河，領運、地方官各降一級調用。至沿途遇風水不順，並水勢漫大，該地方官與押運員弁公議，暫停守候，申報上司，於入境出境日時册内註明。倘不顧風色水勢催儹前進，在内河致有疎虞，將地方官罰俸一年，押運官罰俸六個月。如捏詞逗遛致有脱幫違限者，將地方官降二級調用，押運官降一級調用。若汛水漲發猝不及防，地方官果能協同押運員弁竭力戽救修艌抵通，漕糧並無虧折者，與押運員弁一例免其處分。如不能協同戽救以致漂没者，仍照例議處。

（清）沈書城《則例便覽》卷一六《漕運・失察回空漕船多帶錢文》

一、糧艘回空由通至津，每船限定帶錢三串。倘該船家口較多，准其沿途零星易换使用。責令押空千總逐船查察，並令張灣通判、務關同知、楊村通判節節防範，倘定數之外有多帶錢文，將該同知、通判照失於查察例罰俸一年。

（清）沈書城《則例便覽》卷一六《漕運・漕船回空夾帶硝磺》

一、回空漕船路過山東時，預於各省硝磺入境之處，飭令地方官弁分路巡查，本省硝硝亦實力稽察，毋許囤户偷販河干，暗送入船。並令搜查私鹽之官帶查硝磺。如查出私硝私磺，地方官照例議處外，押運官照糧船夾帶私鹽例議處。

查糧船回空夾帶私鹽例，管船同知、通判等官知情故縱者，革職。不知情者，降三級調用。

（清）沈書城《則例便覽》卷一六《漕運・糧船夾帶私鹽附禁止多帶鳥鎗》

一、長蘆、兩淮產鹽之處，遇回空糧船經過，任意逗遛，與風客、屯户等私相交易致有夾帶者，將該地方各官照煎販私鹽例議處，押空官照回空糧船裝載私鹽例議處，該管鹽務運司等官照失察私鹽例議處。其瓜州江口，每年糧船回空時，泒委瓜州營協同廳員實力搜查，以杜夾帶之弊。至有私鹽事發，該督等究明買何場竈，是何月日在何處裝運上船，即將該管地方各官失察職名題參。沿途官弁能拿獲糧船夾帶私鹽，及運司等官拿獲竈丁船户夾帶餘鹽者，均照地方官拿獲私鹽例議敘。其押運官弁於該管幫船一年之内並無私鹽事故者，准紀録一次。各幫弁兵於准帶土宜定額之外，如有夾帶並包攬商船木筏，及產貨馬頭地方官不行驅儹，任其停泊攬裝，糧道等官並產貨馬頭地方官照漕船夾帶例議處。至押運糧船止准空重千總各帶鳥鎗一桿，其餘軍器不許攜帶。如有仍帶火炮並多帶鳥鎗者，該管官照失察銃炮鳥鎗例分别議處。

一、糧船回空，沿途地方狥縱失察，致有私鹽帶往他處貨賣，如在北未經查出，而在南之委員查出，或别經發覺，即將未經查出之產鹽地方官、押運官弁並專委搜查各員，一併照例參處。至經過州縣並非產鹽地方，既不令兵役赴船搜查，即有夾帶，無從而知，應免其查參。

（清）沈書城《則例便覽》卷一六《漕運・漕船沉溺》 一、官員將漕船沉溺情由不申報者，降一級調用。

（清）沈書城《則例便覽》卷一六《漕運・裝卸柳枝》 一、回空船隻裝卸柳束，俱各定限兩日。如違限，總河將該管官題參，照勒掯遲延例降二級調用。或值大修河工，將回空漕船裝帶柳束，由總河題明，如裝卸違限，亦照此例處分。

（清）沈書城《則例便覽》卷一六《漕運・衛河阻滯》 一、豫省輝安河内三縣農務在三四月，漕船抵臨清在五月，應五月初一日爲始，封板塞渠。如不封板塞渠，致漕船阻滯者，經管官降一級調用，該管官罰俸一年。該撫不行查參，罰俸六個月。

（清）沈書城《則例便覽》卷一六《漕運・修造漕船》 一、委員修造漕船遲延，致誤冬兑冬開者，革職。或謊報朽爛，或未竣報稱已完，或朽爛掩飾者，俱降二級調用。如承造漕船推諉及日久不完竣者，俱降一級調用。該管官督催不力，罰俸一年。如朽爛船隻不估價申報者，亦罰俸一年。

（清）沈書城《則例便覽》卷一六《漕運・捏報成造漕船》 一、捏報成造漕船，及板薄釘稀造不合式者，總漕即將糧道並監造等官題參，照修造漕船例議處，仍將所給料價銀兩著各官賠補。

（清）魏源《古微堂外集》卷七《籌漕篇上》 道光五年夏，運舟陸處，南士北卿，匪漕莫語。先籌民力，乃及天庾。一壺中流，敢告幕府，作《籌漕篇》。

客曰：僕伏東海之壖，隸貢賦之鄉。今者淮決湖涸，千里連穡，積如山岡。蓄清則無及，由陸則財傷，航海則非常。然東南之粟，終不可不登於太倉。竊耳當事之議，欲借引夫河黃，蓋不得已用之，庶權宜濟急之一方。或者其可行乎？

對曰：非下士敢議也。然竊聞之：利多害少，智者爲之；害多利少，審時施之；有害靡利，無時而宜之。今者堰雖決矣，河未病也；清雖泄矣，可徐盛也；漕雖亟矣，策未罄也。智者因禍而爲功，未聞加患而益甚。若之何用河而河病，助清而清病，濟漕而漕病？夫黄宜合不宜分，分則力弱而沙沉；清宜迴不宜淤，淤則倒灌而患深。將姑爲濟運計乎？竊恐運河淺狹，豈容濁泥，數日而膠，旬日而夷，銜尾磨淺，有如曳黿。進退觸藩，計當安施，幸蚤圖之，毋悔噬臍。

客曰：江、淮二瀆，皆瀕於海，淮爲河奪，故道未改。贛榆沙船，運貨吴淞，來往爲恒，未嘗失風，是沿海可行也。嘉慶中，開減壩，奪鹽河，淮北之商，載鹽海航，由福山入江，行千五百之内洋，是江口可通河北也。今者糧艘扼於清口，進退兩難，盍令由江下海，入於雲梯之關，逆溯而至中河，奚必濡滯乎湖干？

曰：是康熙中所曾議，而河臣張鵬翮格之未行者也。夫贛榆之淺船，無過二百石，故可載輕以涉沙，詎可行千餘石之重艘乎？鹽運自北而南，可進乎江口；糧艘自南而北，必上乎黄河。鴻流噴薄，百里爲激蕩，兩岸絶縴道，豈能效逆上之魚乎？改由海舟，費且無益，矧在漕舟，十無一濟，如之何可行也。

客曰：古之漕運，皆用轉般，沿水置倉，遞輸於官。江舟不入淮，淮舟不入汴，汴舟不入河，河舟不入渭，自宋崇寧中始改爲直達綱。今清口齟齬，漕舟不能入黄，則盍仿建倉之意，截留滯粟於淮、揚，或仿轉般之法，集河北、山東、河南之船於北岸，接運乎清江。二策居一，可否其行？

曰：茲所策者，將以暫行乎，抑永行乎？其以濟全漕乎，抑半漕乎？南漕正耗四百萬石，以一倉貯萬石，必四百餘倉。木必堅厚，地必高燥，費鉅時曠。其未成以前，截留之粟無所貯。將糶賣以易新乎？則出入之間，貴賤兩傷，折耗百出；將修以備將來不時之急乎？則不遺力以造倉，倉成而河運通，仍歸無用；將不建倉而第接運乎？則河南、山東、直隸額設之官撥船二千百有五十艘，每船止受二百五十石，僅可運米五十餘萬。縱盡簽商民之船勿顧怨咨，亦不過百餘萬石，尚不足濟南漕之半。必更增造五百石之船數千艘，爲費數百萬。而清江過壩每日僅能過二萬石，非二百日不能竣，必誤抵通之期。

且唐、宋漕運，皆以民不以軍也。今循明代之軍運，而用唐、宋之轉般，則自黄河以北，其仍用屯丁乎，不用屯丁乎？用屯丁則雖轉般而依然直達，且本艘之回空莫顧，撥船之兼轄難周；如不用屯丁而至淮即還，則接運北上者，民乎官乎？沿途稽察誰司，通倉勒索誰給，米色耗壞誰任乎？夫唐代沿途置倉，遞相灌注，已有斗錢運斗米之言。今不革數百年之運軍與百餘年之倉弊，而漫議永行者，左也；無素備之倉廒與一定之成憲，而倉卒暫試者，尤左也。子言師古，吾見其滯今也。

客曰：舊漕變價，新漕折價，可乎？

曰：太倉之儲，非下士所測其數，可否停運，議俟廟堂。且以數百萬米易銀，銀必貴；以數百萬銀易米，米必貴。出入皆耗，是變價之累在官。於秋成穀賤之時，而責以納銀，則賤愈賤；於浮收積弊之後，而責以斂銀，則浮愈浮，是折色之累在民。況正供有定，河患無恒，停運其可常乎？是倉儲之虞並在國，以此策之，又未見其可也。

客曰：救急之圖，苟且之計，固皆躓矣。請舍一時之謀，商異日之畫，亦有二議，或可久遠乎？

曰：願聞其説。

客曰：古言運道，必曰汴渠，託始鴻溝，大闢於隋。起滎澤，引河入汴達於淮，曰通濟渠；又因沁水南連河，北通涿，開以濟運，曰永濟渠。唐、宋以來皆因之，是古運道本出於河、淮之上也。自元濬會通河而汴道遂廢，然其東支入渦者，上流雖塞，而其南支合潁名賈魯河者，仍上受京、索、須、鄭諸水。由祥符之朱仙鎮周家口至潁州以注於淮，商舟輻輳焉。若再施開濬，引漕舟由洪澤溯淮而上，入汴以抵於河，則祥符之對岸即爲陽武，距衛河僅六十里。又上游之沁河，舊本入衛，近改由武陟入河，仍可分流入衛。使由此泝之，則其南由淮入汴者，即今日商舟通行之水；其北由沁、衛達天津者，即今日通漕之水。不大煩穿鑿而運道出於河、淮之上游，不復與清口相犯。高堰之水，可以毋蓄，而淮、揚下河之水患可免矣。微山、蜀山諸湖可以毋蓄，而山東之潦旱可免矣。

曰：若子之説，是移清口於河南，以鄰國爲壑者也。病河病漕，以之直達固不行，以之轉般亦不行者也。隋之去今，千有餘載，河底深通，視今數倍。然且旋開旋閉，唐劉晏等即已改用轉般，不能直達。宋都汴京，南漕本不入河，其北漕甚少，已歲虞河口之倒灌，故嘗塞河引洛循廣武以入汴，及河嚙廣武而運廢。宋室南遷，金源河徙，諸渠淤廢，是以元人改開會通河。豈不知汴、沁自然之利，甘鑿空勞費之役哉。

況今又五百餘載，河高地下，勢同吸注，引賊入室，建瓴必潰。南決入汴，則必無開封；北決入衛，則必無衛輝。且南河有減水壩，而東河無之者，蓋建壩必依石山而藉膠泥。自東河以上，地坦土疏，即減壩尚虞其奪溜，況引河通運乎？若欲泝汴而上，由鄭水以至河陰，與武陟對岸，以截河而入沁，則鄭水涓淺不可以舟。且沁性濁悍，歲虞横決，而欲以人力操縱之，使七分入黄，三分入衛，沁必全勢北趨，不必河躡其後矣。若即於陽武元人陸運之道車載六十里而至衛河，則昔人所運不過數萬至十萬石，今以數百萬之漕而三易其舟，兩般其堤，勞費尚可問乎？且兩岸之倉，接運之船，不與前議同弊乎？是以衛運則中灤、淇縣之輓，陳州、新鄉之運，元、明偶試之而不恒也，汴、沁則胡世寧建議於嘉靖，范守己貢策於萬曆，而皆不用也。

客曰：然則黄河者，運河之賊乎？故漕與河不雙行。舍河用海，事有元、明，易安以危，世復望洋。竊極憤悱之思，欲去兩短集兩長，則盍舍運河開膠萊河，辟外洋從内洋？愚者千慮，必有一當，請爲子陳其詳：

夫江南之與北直，接壤海壖，里距不遠也，而山東之登、萊二州，斗出海中，長如箕舌，由南赴北，舟行必繞出其外。故元人海運三道，皆放黑水大洋趨成山繞至天津，遠者萬餘里，近者四五千里。誠由膠至萊鑿通故道三百里，則漕舟出射陽湖之廟灣入海三百八十里，至山東，入膠河，至萊州海倉口，復入海四百里至直沽，凡舟行千有四百餘里，而沿海洋中不過六百里。内免黄流之隔，外辟黑洋之險，以海運之名，有漕河之實，計勿便此矣。

曰：元初之故蹟，劉應節、崔旦之遺説，僕亦嘗攷之，馬家峽之難開，分水嶺之難鑿，兩海口之潮沙難去，濰、沽河之水勢難引，吾子諒亦聞之，今不更端矣。且即使沙石天開，海潮神助，揚帆莫禦，而抑知有不可行不必行者乎？

夫海舟不畏深而畏淺，不患風浪而患沙礁。江南沿海，横亙五大沙，舟行所最畏。元初沿海求嶼，逾年始至，旋辟其險，徑放大洋，而旬餘即達。況今黄河雲梯關外，復漲千里長沙，皆舟行必避之險，若由膠、萊故道，則舟當何出乎？將北出淮河口，則今已爲黄河所奪，將南出射陽湖，則口若仰盂不可以通大艘，斷不能不出商船所由之福山、吴淞二口矣。既出福山、吴淞，則由崇明十滧直放大洋，必繞逾大沙暗礁二千餘里而至山東，但再行内洋千里，即天津矣。豈有已過險遠之外洋，反辟平恬之内海，而折入膠、萊之小河，是不知地利。江舟不可以行海，海舟不可以入膠，而膠河撥舟，又不可以泛直沽，將必一米而三易其載，一運而三增其費，是不審人事。懲會通之穿鑿，而復以穿鑿易之；辟大洋之險遠，而更以險遠益之；舍徑即迂，求奇反拙，尤未見其可行也。

客曰：然則海運其可行乎？

曰：天下，勢而已矣。國朝都海，與前代都河、都汴異，江、浙濱海，與他省遠海者異，是之謂地勢。元、明海道官開之，本朝海道商開之，海人習海，猶河人習河，是之謂事勢。河運通則瀆以爲常，河運梗則海以爲變，是之謂時勢。因勢之法如何？道不待訪也，舟不更造也，丁不再募、費不別籌也。因商道爲運道，因商舟爲運舟，因商估爲運丁，因漕費爲海運費，其道一出於因，語詳賀方伯復魏制府書中。其大旨曰：海運之利有三：曰國計，曰民生，曰海商。所不利者亦有三：曰海關税儈，曰通州倉胥，曰屯丁水手。而此三者之人所挾海爲難者亦有三：曰風濤，曰盗賊，曰黴濕。此三難者，但以商運爲海運一言廓之而有餘，故曰：爲千金之裘，毋與狐謀其皮；築數版之室，毋於道謀其疑。衆人以詾詾敗事，聖人以詾詾決機，苟非其人，法不虛創，功不虛施。時乎，時乎，智者争之。

(清)魏源《古微堂外集》卷七《籌漕篇下》 道光七年夏，減壩既築，禦壩仍不啓，黄高於清，漕舟復艤。天子命相臣行河，群難復起。作《籌漕下篇》。

客曰：爾者海運則既行矣，顧所欲海運者，爲河漕不能兼治，故欲停運以治河也。河通而漕復故，則海運何所用之？其將河海並行乎？抑將以海易河乎？

曰：此河臣明於河不明於漕之言也；又但知治江西、湖廣之漕，而不知治江、浙之漕之言也。河之患在國計，漕之患在民生。國家歲出數百萬帑金以治河，官民歲出數百萬幫費以辦漕，河患即有時息，幫費終無時免，孰謂河治而漕即治乎？全漕即不由河，河未必因此而治，況江、浙之漕即由海運，而湖廣、江西之漕，斷不能不由河運，孰謂海運行而河即可無事乎？

江、楚賦輕而船重，抵淮遲，汛漲輒虞堵閉，故言漕事則易而運道則難；江蘇賦重而船輕，抵淮蚤，汛前尚可籌渡，故言運道則易而漕事則難。海運者，所以救江蘇漕務之窮，非徒以通河運之變也。且河運幫費既不可去，海運亦需僱舟，而謂幫費可盡去者何哉？屯艘行數千里之運河，過淺過閘有費，督運催儧有費，淮安通壩驗米有費，丁不得不轉索之官，官不得不取贏於民。合計公私所費，幾數兩而致一石，尚何暇去幫費。

海運則不由閘河，不經層飽，不餽倉胥。凡運蘇、松、常、鎮、太倉五州、郡百六十萬石之糧，而南北支用經費止百有二十萬，以蘇藩司歲給屯丁銀米折價給之而有餘。是漕項正帑已足辦漕，尚何取乎幫費？無幫費則可無浮勒，無浮勒則民與吏懽然一家，然後可籌卹吏之策。或將江、浙二省地丁錢糧向例收錢者，奏改收銀，以免火耗申解之賠累，以劑一切辦公之需費，視收漕之浮勒不及其半，舍重就輕，民必樂從，吏無少絀。故海運於治河無毫髮之裨，而於治漕有丘山之益，較河運則有霄壤之殊。舍是而徒斤斤補救，議八折，議卹丁，禁包户，禁浮收，皆不揣其本而齊其末也。即不然，名議海運，僅斤斤於河道之通塞，而不計東南民力之蘇困，吏治之澄濁，亦見其軾不見其睫也。

客曰：海運爲蘇、松漕計則得矣，浙江、淮、揚仿此可識矣，湖廣、江西之漕，其無可籌乎？

曰：內河之貢道，天庾之正供，其不能全歸於海運明矣。越重湖大江千餘里，而至淮安，則屯丁、屯船不可裁亦明矣。然江、楚賦輕，則輸納之困，差緩於江蘇；江、楚船重，則閘河之累，亦甚於江蘇。賦重者既於其賦捄之，船重者亦於其船治之而已。

人知黄河橫亘南北，使吴、楚一綫之漕莫能達，而不知運河橫亘東西，使山東、河北之水無所歸；人知幫費之累，極於本省，而不知運河之累，則及鄰封。蓄櫃淹田，則病潦；括泉濟運，則病旱；行旅壅塞，則病商；起撥守凍，則病丁；撈濬催儧，則病官；私貨私鹽，則病榷；恃衆騷擾，則病民；皆由於船大而載重。

夫大與重豈例應爾哉！《會典》所載各衛所運糧之船，名曰淺船，闊毋逾丈，深毋逾四尺，約受正耗米五百石，入水毋過三尺，過淮驗烙，有不如式者罪之。必使船力勝米力，水力勝船力，雖河淺閘急，亦可銜尾遄進而無阻。曩惟江南、河南、山東之船，尚不逾制，其江西、湖廣、浙江之船，則嵬然如山，隆然如樓，又船數不足，攤帶票糧，入水多至五尺以外，於是每大艘復攜二三撥船以隨之。是以渡黄則礙黄，入運則膠運，遇閘則阻閘，一程之隔，積至數程，北上之後，復滯回空。而邇日山東、江南之船，亦復仿效逾制，繼長增高，日甚一日。其實所載額米仍不過六百石，餘悉爲攬鹽、攬貨之地，沿途販售，所至輒留，稍加督催，輒稱膠淺。夫既知大而窒礙，何不使小而便行。誠使嚴敕有漕各省，每遇更造之年，力申違式之令。凡糧艘至大以千石爲度，以六百石受正供，百石受行月口糧，餘三百石許其載貨，不出數年，悉改小矣。

夫然而旗丁之困窮可以卹，幫費之浮甚可以輕。何則？丁之苦累者五，曰：遇淺撥載之費，過閘繳關之費，回空守凍之費，屯弁押運之費，委員催儧之費。今既改小則不膠不撥，遇閘提溜，通力合作，勒索無由，而費省十之一二矣。抵通不踰六月，回空不踰十月，而費省十之三矣。各幫惟遲重難行，故本幫千總領運而外，復委押重押空各一人，沿途文武催儧而外，復有漕委、河委、督撫委，其員數百，每船浮費，其金又數百。今既載輕行速，冗濫盡裁，而費省十之五六矣。所省各費，即足應通倉之胥規，而所餘尚半，大益於本漕者以此。

夫然而泉河灌引之禁可以弛，諸湖淹田之害可以損。山東微山諸湖爲濟運水櫃，例蓄水丈有一尺，後加至丈有四尺，河員惟恐誤運，復例外蓄至丈有六七尺，於是環湖諸州縣盡爲澤國。而遇旱需水之年，則又盡括七十二泉源，涓滴不容灌溉。是以山東之水，惟許害民，不許利民，旱則益旱，澇則益澇，人事實然，天則何咎？今漕艘改小，入水僅三四尺，則湖可少蓄，而民田之涸出者無算；旱可分引，而運河之撈濬亦可紓，大益於鄰封者以此。

客曰：會通之河，非第運糧，亦以通貨。今漕艘不許多載，則京師百物踊貴，而水手工食不敷。且江、楚船數不足，每多灑帶。今改小既不敷分載，增造又費將安出？越洞庭、彭蠡，涉長江，非重大其能禦風而壓浪乎？糧舟三載小修，五載大修，十載拆造。如必逐年漸改，則勢不畫一，一舟不前，千艘皆滯，安能望十年之迂效而捄目前之急難乎？

曰：賤貨必在通商，通商必在利行，未聞旅滯而物集，途通而貨壅。船既遄行，則荆、揚、豫、兖之貨循運河而上，江、浙之貨附海漕而北，物價必賤於前。且船大則水手必多，多則不得不各販私以裨工食。今則向用數十人者，止用十餘人，利散見少，專則見多，贏絀較然矣。船大則造費亦大，故不能足數。若以兩千石之船，改歸千石，則即使二船造三，亦有贏無絀矣。四川、湖廣販米、販貨之船，穿巫峽、歷洞庭而下者，或五、六百石，至千石而止，往還無失，知船之勝風濤在完固善操駕，不在鉅觀矣。是三難者皆不足慮。

至逐年漸改之期，則此二船改三計之，江西十三幫，但改六百艘，已足九百艘之數，六年而始畫一；湖廣六幫，但改二百七十艘，已足四百餘艘之數，三年而始畫一。若求易簡速效之方，尤有一舉兩利之策。考江蘇一省，漕最大，船最多，而較浙、楚爲制最小，江蘇既全歸海運，則所餘空艘，即足以受浙、楚三省之糧。誠使江、廣重運至瓜州，即卸糧於吴船，仍令原省屯丁水手接運北上，易船而不易人；如浙江未歸海運，則並將吴船移至杭、嘉、湖受載，亦易船而不易人。其浙、楚三省重船，售與大江運鹽販貨之巨商，變價歸官，以安置江蘇水手；如浙漕亦歸海運，則估變浙艘亦即以安置浙江水手。是一轉移間而江廣重運爲輕運，豈必求三年之艾，始捄七年之病耶？

客曰：南漕固不可全歸海運，而河患難必。萬一江西、湖廣之漕，灌塘亦不能濟，庸遂無策以籌之？

曰：海運獨除江、楚、安徽者，爲經久計，非不可爲權宜計也。且河運所難於江、廣，非獨船重，亦以途遥。夏汛啓壩，恒虞倒灌。至海商豆麥之利，則在春、秋、冬三季，其時船價皆增，而夏季則北方缺貨，船價亦減。此時江、廣重運，正抵瓜州，順風赴北，至平至速，是海運反以江、廣爲便。諺云：五月南風水接天，海船朝北是神仙。如使河運中梗，漕艘不能飛渡，原可兼前策而暫行之，令海船春季則舉江、浙之漕一運而至津，夏季而舉江、廣、淮、揚之漕接運而赴北。俟河運既[illegible]，則仍罷海運歸故道，權宜變通，夫奚不可。

且當事所難於江、廣之海運者有二：一則漕費已給旗丁，而海舟僱價無從出也；一則瓜州至福山口二百里糧船不熟水道，海船又不肯就兑也。不知重船既不北上，盡省閘河通倉之費，獨收沿江售貨回空迅速之利，且非江、浙永行海運，盡廢漕丁者比，則但酌給幫費，已大懽忭。而其未給之漕項銀米，移歸海運，乘夏季海船價減之時，每石尚可酌省，當無不足。江、廣漕項不及蘇、松之寬裕，故必節省方足。至揚子江下汔福山口水道，則崇明買米之船，可至江寧、安慶，豈不可至瓜州？而其自上而下者，尚有焦湖之米船，鎮江之紅船，咸熟於沙線。國初海寇張名振、鄭成功皆以海艘直闖金、焦，往返如户闥，誰謂海艘不可入江者？但令沙船三月末齊集福山口，先僱米船數十嚮導海船往反，試行一次，使沙礁洞然，即催各幫海船泝至京口受兑，計江、廣百萬之漕，但用海門、通州、崇明三幫已足，其沿江彈壓則有通州、狼山鎮，而京口南北兩岸，可泊數千艘，天時地利，皆出十全。以海受江，可經可權，誰謂宜吴船而不宜楚船也？

雖然，此議暫行，則南貨多由南通州附載，不盡由上海，於海關牙儈又有不利焉。顯阻陰撓，勢所必至，吾故總策運事而始終斷之曰：苟非其人，法不虚行。

（清）魏源《古微堂外集》卷七《道光丙戌海運記代》 傳曰：有始有卒者，其惟聖人乎！又曰：凡民可與樂成，難與圖始。國家宅京西北，轉漕東南，舍元襲明，以河易海。康熙、嘉慶中，以河患屢籌改運，議皆不决，豈非《春秋》大復古重改作之意哉。道光五年，海運之役，行之倉猝之餘，試之百六十餘萬之粟，倏抵太倉而民不知役，國不知費。天下見其行之孔易矣，抑知其撓之甚衆且艱？天下見其不疾而速，不行而至矣，抑知其謀之至周且確？不有所述，使後世僅見與元代招盜、造舟、募丁、訪道勞費者比；即不然，亦僅謂一時權宜備緩急，罔關利國利民久遠大計；則暫試于一時，猶將排闕于事後，奚以見明明穆穆，貫周萬慮，一備百順，至簡易，可久大，永永與天地無極？用敢拜手而爲之記。

初，四年冬，高堰决，運道梗，中外争言濟漕之策，或主借黄，或主盤壩，發言盈廷，罔所適從。天牖帝心，有開必先，則有首咨海運之詔。群疑朋興，葸沓苟安，匪曰風颶，則曰盜賊；匪曰黴濕，則曰侵耗；造募則曰勞費，招雇則曰價鉅；以暨屯軍之閒散，通倉之勒索，争先爲難，百議一喙，坐失事機，自春徂夏。

既而借黄盤壩皆病，天子喟然念東南民力之不支，是用疇咨於左右輔弼之臣。於是協辦大學士臣英和奏言：治道久則窮，窮必變，小變之小益，大變之大益，未有數百年不敝且變者。國家承平日久，海不揚波，航東吴至遼海者，晝夜往反如内地。今以商運决海運，則風颶不足疑，盜賊不足虞，黴濕侵耗不足患也；以商運代官運，則舟不待造，丁不待募，價不更籌也。至於屯軍之安置存乎人，倉胥之稽察存乎人，河務之張弛存乎人。矧借黄既病，盤壩又病，不變通將何策之出？臣以爲無如海運便。詔仍下有漕各省大吏議。於是臣琦善自山東移督兩江，臣陶澍自安徽移撫江蘇，咸奏請以蘇、松、常、鎮、太倉四府、一州之粟全由海運，詔曰：可。是秋，臣陶澍暨江蘇布政使臣賀長齡先後至上海招集商艘，宣上德意，許免税，許優價，許獎勵，海商翕然，子來恐後。爰設海運總局於上海，以川沙廳同知臣李景嶧、蘇州府督糧同知臣俞德淵董之，與道府各臣共襄其事。又遣道、府、丞、倅先賚案册及經費十餘萬，由陸赴北，與直隸執事官各設局天津，而欽差理藩院尚書臣穆彰阿爲驗米大臣，會同倉場侍郎駐天津，與直隸督臣共籌收兑事宜。於是南北並舉，綱挈目張。至於誓水師壯聲勢以聯絡其間者，則江南提督、蘇松鎮、狼山鎮總兵自吴淞會哨至鶯游門，山東登萊鎮總兵自鶯游門會哨至廟島，直隸天津鎮總兵自廟島會哨至直沽口。

章程既定，明年正月，撫臣親莅海上，部先後，申號令，各州縣剥運之米，魚貫而至，鱗次而兑，浹旬得百三十餘萬爲首運，餘三十餘萬歸次運。告祭風神、海神、天后，集長年三老，犒酒食銀牌而遣之。萬艘讙嘩，江澄海明，旌旗飆動，鼉龍踊躍。由崇明十滧而東，繞出千里長沙，踰旬畢至天津。回空再運，迄五月而兩運皆竣，勺粒無損。視河運之粟瑩潔過倍，津、通之人覯未曾有，先後詔獎任事各臣有差。

是役也，其優於元代海運者有三因：曰因海用海，因商用商，因舟用舟。蓋承二百載海禁大開，水程之險易，風汛之遲速，駕駛之趨避，愈歷愈熟，行所無事。知北洋不患深而患淺，故用平底沙船以適之；知海船不畏浪而畏礁，故直放大洋以避之；〔知〕風颶險於秋冬平於春夏，故乘東南風令以行之。因利乘便，事半功百，而元代所未有也。

其優於河運者有四利：利國，利民，利官，利商。蓋河運有剥淺費、過閘費、過淮費、屯官費、催儹費、倉胥費，故上既出百餘萬漕項以治其公，下復出百餘萬幫費以治其私。兹則不由内地，不經層飽，故運米百六十餘萬而費止百四十萬金，用公則私可大裁，用私則公可全省，實用實銷，三省其二，而河運所未有也。

其行之也則有三要：曰招商雇舟，曰在南兑米，曰在北交米。其招商雇舟如之何？曰：沙船載米自五百石以上二千石以下，計四府一州之粟，需船千五百六十有二號，石給直銀四錢，每船賽神銀四兩，犒賞三兩，天津挖泥壓空錢一千，每百石墊艙蘆席銀一兩三四錢有差。每米一石，白糧給耗一斗，糙糧給耗八升，每船載貨二分免其税。凡受雇之船，限十一月集上海候兑，過遲者罰。是爲運之始要。其在南兑米如之何？曰：沙船齊泊黄浦江，按各縣先至之糧，以次派之，某船即給某縣之旗以爲號。各縣剥運至，則監兑官率船商以鐵斛較其斛，驗米官呈米糧道以驗其米。仿河運之例，船各封樣米一斗，令呈天津以驗其符合，復截給三聯執照，一存局，一給船户，一移天津收米官以稽其真僞，隨兑隨放。至崇明十滧，候東南風齊進。是爲運之中要。其在北交米如之何？曰：沙船至天津口，由直沽河泝流百八十里，縴輓而至天津東門停泊待驗。如在洋遇風，斫桅鬆艙者，依漕船失風例奏請豁免。其他故缺壞者以耗米補之，再不足者責其償，其領運萬石以上者賞以級。到津驗米後，兑交剥船即與沙船無涉。其餘米收買，貨物免稅，仍給三聯執照如上海之例。是爲運之終要。此皆本年試行海運之已事也。

如將復行垂永制則如之何？曰：尚宜籌盡善者，亦有三焉：創行之始，商情觀望，願載貨而不盡載米。及交卸速而受直厚，知載米利贏於載貨，則宜一運以畢，無煩再運，而一要無餘憾矣。止上海牙人赴北之行，定商艘到津停泊之界，稽山東各島逗留以免滯，買天津挖泥官地以防爭，縴令自雇以免勒索，旗繳再用以省糜費，則次要無遺憾矣。其由津運通之剥船二千，中途難免侵耗，宜令通倉各胥於天津收米具結後，即令押剥運通，再有損溼，惟各胥是問，則三要無遺憾矣。至於法久弊生，因時制變，則神而明之，存乎其人。

（清）魏源《古微堂外集》卷七《海運全案跋代》 今之譚海運者，咸謂以變通河道之窮，河道通則無所用之。此但爲運道言，而未爲漕事言也。抑但可爲江西、湖廣之漕言，而未可爲江蘇之漕言也。江、廣賦輕而船重，抵淮遲，汛漲輒虞堵閉，故言漕事則易而運道則難。江蘇賦重而船輕，抵淮早，汛前尚可籌渡，故言運道則易而漕事則難。然江、廣之船，去河遠，去海尤遠，終不能不以運道之通塞爲利弊。若江蘇之船，去河近，去海尤近，並不以運道之通塞爲利弊。臣守土官，所職司者漕耳，請耑言漕事：

蘇、松、常、鎮、太倉四府一州之漕，賦額幾半天下，而其每歲例給旗丁之運費，則爲銀三十六萬九千九百兩，爲米四十一萬一千八百九十三石，計米折價，直銀九十三萬六千七百五十九兩，共計給丁銀米二項，爲銀百二十九萬五千七百五十八兩。上之出於國帑者如此，而下之所以津貼幫船者，殆不啻再倍過之，通計公私所費，幾數兩而致一石。官非樂爲給也，民非樂爲出也，丁非盡飽厚利也。軍船行數千里之運河，過淺過閘有費，督運催儹有費，淮安通壩驗米又有費，亦知其所從出乎。出於彼者必取於此，而公私名實之不符，有所贏者必有所絀，而良莠强弱之不平，吏治何由而清，民氣何由而靖。惟海運則糧百六十三萬三千餘石，而計費僅百四十萬，抵漕項銀米之數所溢無幾，而幫船之浮費絲毫無有焉。誠使決而行之，永垂定制，不經閘河，不飽重壑，則但動漕項正帑，已足辦公。舉百餘年丁費之重累，一旦釋然如沉痾之去體，豈非東南一大快幸事哉。彼謂變通濟運者，所益固在國計；而調劑漕務，則所益尤在民生。聖人舉事，無一不根柢於民依而善乘夫時勢，故舉一事而百順從之。以是知傀然不終日之中，必無易簡良法，而事之可久可大者，必出於行所無事也。

海運之利，非河運比；本朝之海運，又非前代比；江蘇之海運，又非他省比；而蘇、松等屬之海運，又非他府比。誠欲事半而功倍，一勞而永逸，百全而無弊，人心風俗日益厚，吏治日益盛，國計日益裕，必由是也，無他術也。若夫謀議之始末，設施之綱目，前序、後紀備矣，不復及云。

（清）王慶雲《石渠餘紀》卷四《紀漕船運軍》 凡漕船，各省原額萬有四千五百五號，除改折分帶坍闕裁減外，實運船數各省七千六百九十二號。《通考》據《乾隆會典》，直隸協濟河南三十七號，山東九百七十五號，又協濟河南二百四十四號，江西江安糧道所屬二千八百八十六號，又協濟河南一百二十五號，又協濟蘇松千八百三十五號，蘇松糧道所屬四百三十九號，浙江五百六十九號，江西三百四十八號，湖北一百二十號，湖南百十有四號。河南無漕船，山東、直隸、江南就近協運四百有六號。白糧船江南一百三十六號，浙江六十三號，缺額而自備船裝運者，無定數。

凡造船，初於民地徵十之七，軍地徵十之三，備給料價。不足則徵軍衛丁田，以貼造。康熙十九年，改定造船領支官銀，而別徵丁銀解部。旋定每年成造之船，照見運十分之一。雍正二年，裁浙江船政同知，凡修造，歸糧道管理。造新船，則以舊船爲裏料，無料則交銀五十一兩，其載運之數，每船載正耗米五百石。初定土宜六十石，雍正七年增爲百石，又定舵水土宜百二十石，乾隆初定回空各幫，例帶米及梨棗之類。漕運遇淺，則有撥；抵通，則有撥。遇淺起撥，由總漕飭沿途有司雇備，抵通撥船，國初於通州設紅撥六百隻，每船給田十頃。康熙三十九年，裁紅撥船，徵銀給軍雇撥。乾隆二年，定每船給撥銀二兩。乾隆十一年，設垡船六十隻，以備疏濬。又設杈夫百八十名，淺夫三百名。

凡軍各以其籍，國初五年一編審，康熙初每船運軍十名，至三十五年改定爲一名，餘九名選募水手充之，尋籤本軍子弟一人爲副軍。雍正六年，准文生員得免籤運。乾隆間，備籤餘軍及子孫兄弟，注册送部。禁軍籍富紳規避籤丁。蓋軍愈困則束縛之法亦不得不嚴矣。定例軍船販帶私物，隱藏罪人，倚勢阻搶，盜賣漕糧，故致船壞，康熙元年諭。夾帶私鹽，私藏火器，雍正二年諭。水手擾害居民，雍正十三年諭。短縴乘機爲匪，乾隆四十一年諭。久有厲禁。蓋軍船風尚之漓，固不自近年始矣。

嘉慶十七年，各省漕船六千二百四十二隻。見《會典》。較乾隆間少千四百餘隻。

（清）王慶雲《石渠餘紀》卷四《紀罷折漕》 道光四年冬，淮水決高堰，五年，新漕半渡而阻，有詔籌明年海運。時河務亦急，於是協辦大學士英和倡議暫雇海船以分滯運，并酌折額漕，以資治河。六年，兼行海運，纂有《海運成案》一書。以折漕之議不果行，故疆臣之奏疏未經悉載。斯固作書之體也。臣以輔臣折漕之議，恐委糧於無用，又恐籌工需而無出，不避嫌怨，爲此權宜不得已之計。聖主執兩用中，卒用海運，而罷折漕之議。不特著之世，安知聖人於國計民生，必權衡至當而動，出萬全有如此哉。

案輔臣之議，主於停運以治河，因議折漕以濟工，其疏略曰：康熙間停運治河，行有成效。今在工諸臣，未有以爲請者，以未知京倉情形也。查京、通各倉現貯，及奉天、河南碾買米石，加新漕已渡黃者，數本充裕。若浙江海運一百五十萬石，其餘概令折色，約計不下七八百萬兩。在百姓仍屬惟正之供，而於工需大有裨益。又奏：酌折額漕，說者恐百姓嗣後不肯完納本色。查《漕運全書》載：凡漕糧題准改折，將應折米數價直刊示曉諭。其隨漕輕齎席木贈截等項，並耗米行月，一例按價徵收。如藉兑漕爲名，濫行科索者，參處。又查額漕折色，順治、康熙、雍正、乾隆年間均已行之。而江蘇之清河、阜寧、宿遷、桃源、海州、沭陽、贛榆、嘉定、寶山九州縣，安徽之寧國、太平、旌德、英山四縣，江西之瀘溪一縣，湖北之通山、當陽、通城三縣，河南之祥符等州縣，均因不近水次，奏准永遠折徵，官爲採辦兑運。其折銀，乾隆以前多因災改折，價多不逾二兩。至各省永折者，按糧價加以牙行運腳折耗等項，每石自三兩數錢至四兩數錢不等，悉歸民户攤徵。惟在各大吏善於奉行酌減市價，稍寬期限。蓋漕既改折，地方糧石充裕，勢難刻期出糶易銀也。上下其疏於有漕各督撫。漕臣魏元煜主盤壩，且言江浙額漕殷繁，折色民必觀望，請仍循舊章。江蘇巡撫陶澍疏略曰：折漕一事，向值歉歲偶一行之，或山區米少離水次太遠之地，意在便民，爲朝廷破格之恩。今若徧行各屬，格礙甚多，所難者尤在銀無所出。蓋米爲民間所自有，銀則有待於糶售。江蘇一省額漕幾及二百萬，倘以百萬折色，應銀二三百萬。平時一百數十萬之地丁，分爲上忙下忙。官有惰徵之處分，民有抗糧之責罰，猶且催徵不前，積爲民欠。矧於數月之内，頓加逾倍之正銀，勢必穀賤傷農。有糶無售，比户需銀，而銀不可得。閭閻之氣騷矣。疏入，上諭：江省額漕折銀爲數甚鉅，必致穀賤傷農，此事竟無庸議。兩江總督琦善同時疏至，與撫臣議合。且言恐官吏增價病民，甚至將完作欠，均不可不慮。惟來年重運，斷不能行。酌分海運之外，餘漕無從飛輓，當此工用孔殷，似不妨略爲變通，將未能起運米石，設法變價解工，似流弊稍輕，而工需得濟。又言浙江本近海口，安徽、江廣均無海道可通，或量收折色，或變價歸工，或設法存貯，待至下午搭運。請敕諸臣籌計。上以浙江撫臣程含章前奏折漕窒礙難行，已降旨令毋庸議。乃敕安徽等省妥商辦理。

廷寄撫臣陶澍曰：明歲海運餘漕，應及早籌蓄清水，仍由河運。琦善所議變價存貯，亦非萬全之策，著從長定議。臣愚以爲既收本色矣，又曰變價。若變價於入倉之先，則價重而病民；若變價於入倉之後，則官賠而病帑，不至於仍行折徵不止。至存貯搭運，海運餘漕計不下百十萬，非漕尾可比。灑帶積壓，百弊叢生。惟聖明洞矚幾先，堅持成算，蓋已灼然於流弊之所必至矣。及安徽等省先後奏到，或請變價解工，或議本折各半，宸斷先定，皆不之許，猶恐各省吏民之未喻也。五年八月諭曰：折色一節，據程含章奏窒礙難行，請仍收本色。琦善、李鴻賓、陶澍、楊懋恬、嵩孚等均以爲弊竇叢生，請收本色，由州縣變價解工。惟成格、張師誠因全收折色不便於民，請以本折各半徵收。朕以漕糧爲天庾正供，收本色由來已久，改折色易滋弊端，所有折漕一節，已降旨毋庸議，並將變價歸工及本折兼收之議，概行駁斥。見在秋穫登場，各省將次徵收，恐有不肖官吏藉端影射，舞弊病民，所關甚鉅，著通諭有漕各省，所有應徵漕糧，仍照向例徵收本色，毋得藉口折漕，致滋擾累。臣案漕糧折徵，本朝嘗屢行之，況是時漕滯而工急，挹注亦良便矣。幸聖明在上，排羣議，守常經，遂使吏民無折變之累，而河漕復轉運之規，是烏可以無紀。

臣謹案：賦税折銀，昔有宋光宗之折絹，元憲宗之包銀，皆偶一行之，未以爲常課也。明洪武九年，令民以銀鈔錢絹代輸税糧，此税糧折銀之始。英宗正統以後，諸臣請於南京、浙江、江西、湖北、湖南不通舟楫之地，折收布絹白金，解京充俸，此漕糧折銀之始。然諸色並准抵折，銀其一耳。及嘉靖中行綱銀之法，後并額辦、派辦諸目爲一條，是爲計畝徵銀。一條鞭。於是折色皆以銀，而無他物。考故明折徵之數，洪武初令民銀一兩、錢一貫，皆折輸米一石。三十年，户部定天下逋租，銀一兩折米二石。太祖曰：折收逋糧，欲蘇民困也。若此將愈困民，命加倍折米四石。正統時猶仍其舊，米麥一石折銀二錢五分，嘗以南京等八省米麥四百萬石，折銀餘萬兩，輸内承運庫，謂之金花銀。後概行於天下，以爲永例。自行綱銀一串鈴之法，漸增其直。穆宗隆慶間，應天撫臣林潤請南京官吏月糧及京儲積欠，盡行折銀，每石七錢。在北者量折十分之二，每石一兩，此明賦税折銀之大略也。國朝功令漕糧例不改折，間有被災地方，准暫時折解。其行月耗贈，一例折徵。禁藉兑漕爲名，濫行科索。其折徵之法，有永折者，每石連耗折五錢至八錢，各省共折三十餘萬石。有灰石改折者，每石一兩六錢八分。江、浙二省共四萬餘石，折解爲工部灰石之用。有民折官辦者，各州縣見前琦善疏内。三者皆有定例。若臨時折徵，有以受災分數酌定本折者，順治八年，江、浙災，六分以下，本六折四。八分以上，本折各半。每石皆一兩四錢。有隨地定價者，順治九年旱，江南、江西、浙江折一兩五錢，東豫折一兩二錢。有隨米定價者，乾隆二十年江蘇災，粳米一兩，粟米七錢五分。有但折麥者，康熙十年，每石八錢，乾隆二年，九錢。有以節省折徵者，康熙以後，屢以河南米賤，於折徵八錢中，以六錢五分買運，節省解部。有以緩漕折徵者，乾隆二十三年豫省，二十四年浙江，皆以體卹逋賦折徵。其價輕自八錢，康熙八年，河南照《賦役全書》折。十一年沭陽、海州以地瘠民貧減折。重至二兩而止。乾隆五十七年，海州等七州、縣民折官辦之價，至五十一年以時價不敷，連牙用運腳攤徵。而每石折徵一兩者特多。康熙九年嘉、湖災，十一年蘇、松、常水，雍正元年杭、嘉、湖災，九年蟲災，乾隆二年淮揚開濬運河，山陽七州縣不通舟楫，四年海州、贛榆皆折徵一兩。又案民折官辦例不過二兩，而輔臣疏則謂連耗折至三四兩有餘矣。且今昔銀價不同，以石米千錢計之，昔可售銀一兩，今不及五錢。粒米狼戾之歲，易錢尚不可得，況於銀乎？謹陳大概，司漕事者可以考而鏡矣。

附記

順治八年江浙水災。給事中姚文然因災請折漕米疏言：直隸、河南今歲豐熟，麥禾價賤，是東南苦於無米，而西北不患無糧。又言數年來漕政積壞，兑米水次，將銀折米，留米於南，挾銀而北，名曰折乾。皇上親政，除折乾之弊，顆粒登舟。今歲抵通，可多米百十萬。讀此知漕折必近京豐稔而後可行。而開國之時，明之秕政猶未盡革如此！案國初折漕加耗，概從寬免。是以次年二月户部題准遇災改折，止折正米。原無並折耗潤之例，自應免徵。文然又請除折、漕、溷、冒四弊，略言：既折正米，又折耗米，此謂重折之弊；既徵本色，復徵折色，此謂重徵之弊；暗閣文書，嚴比正耗，全完然後張掛榜文，折銀梟解，此後先挪移之弊；折數本多，詭言折少，徵米肥私，此多寡朦溷之弊。案是時米貴銀賤，故官胥利於少折，若遇糧賤銀貴之時，彼又將反其道而用之矣。順治初，江、浙米石二兩以外。

任源祥食貨策云：順治中《賦役全書》準一條鞭正折與漕糧相配，頃年或漕白改折。順治十八年，江西米石四錢，而折漕一兩二錢，三不完一。康熙三年，江南米石五錢，而白糧石折二兩，四不完一。改折所以便民，此豈輕重之本義乎？

（清）王慶雲《石渠餘紀》卷四《紀漕運官司期限》 國初定漕運官司，參酌明制。若輓運則設旗甲，統領則設運總，督押則設漕道、糧道，持衡巡察則設巡漕總督，皆明制也。巡漕御史裁於順治七年，至雍正七年，以糧船夾帶禁物官吏需索陋規，復差御史各二員，於淮安、通州稽察。乾隆二年令御史四人，分地巡視。一駐淮安，自江口至山東交界。一駐通州，至天津。一駐濟寧，自臺莊至北直交界。一駐天津，至山東交界。康熙二十二年，令總漕督運，歲至通州。乾隆間，以薊運河責倉場侍郎專管，督率通永道及薊州疏濬，以利漕行。乃立之期限，凡各省徵收之限，皆以十月；兑運之限，皆以十一月。南糧有過淮之限，則江北十二月，江南以正月，浙江、湖北以二月，江西、湖南以三月初。後定過湖之船展限十日。過淮畢，則總漕以其數上聞。東糧不過淮，則有開行之限，河南以正月，山東以二月。有到通之限，東糧三月朔，江北四月朔，江南五月朔，浙江、江廣六月朔。有回空之限。通州限十日。又於其中節節爲行程之限，如重運逆流二十里，順流四十里，回空逆流三十里，順流五十里。又閘壩等處，皆有例限。皆給以限單，令沿途州縣填注。初，南糧四千餘艘，悉於儀徵、瓜洲兩口停泊，以待挨次開行。康熙間，令一幫全到，隨令開行，於是後幫慮隔絶獲咎，亦追行以至。此聖祖親授機宜，而臣工未以爲請者也。

案《通考》：監兑官河南、浙江、江西、湖南各三人，山東、湖北各六人，江南十五人，以管糧同知、通判爲之。押運官山東、河南、湖北、湖南各一人，江西二人，浙江三人，江南七人，以管糧通判爲之。領運官直隸千總四人，領河南運。山東守備一人，千總三十六人，内河南運四人。浙江守備二人，千總十六人，内河南運四人，薊運四人。江南守備八人，千總九十八人，江西守備二人，千總二十五人，湖廣千總二十有二人，白糧千總六人，浙江千總四人，均以衛所官爲之。每幫武舉一人，隨幫效力，通用同知、通判五十六人，守備十三人，千總二百十三人。

（清）王慶雲《石渠餘紀》卷四《紀漕糧》　京師之倉十有三，爲廒九百五十六，外有恩豐倉，屬内務府。乾隆三年定每廒貯米萬石，毋許盈縮。通州之倉二，南倉裁，現廒二百五十。以貯各省漕糧之入，以供各官兵俸餉之用。

各省漕糧，有正兑，有改兑，有白糧，有改徵，有折徵。五者，漕糧本折之綱也。凡糧運京倉者，爲正兑，各省原額米三百三十萬。運通倉者，爲改兑，各省原額米七十萬。通爲四百萬石。自歷年折改荒闕，至乾隆十八年實徵正兑米二百七十五萬，改兑米五十萬各有奇。《通考》據《會典》，以是年奏銷册爲準。其隨時截留蠲緩者，無定數。山東、河南漕糧之外，有小麥、黑豆。凡正兑、改兑，二省通徵麥五萬六千餘石，豆二十萬九千餘石。此據《會典》嘉慶間年額。白糧出於蘇、松、常、太、嘉、湖六府，原額糯米二十一萬餘石。乾隆二年，以民間輸納白糧費用較重，乃定賓祭所需二千餘石外，其餘王公官員俸米、禁城兵丁内監食米減半，以秔米抵給。於是實徵白糧不過十萬石有奇。耗米三萬餘石，經費銀二十三萬餘兩，米五萬七千餘石。改徵出於特旨，無常例。如雍正十一年改徵山東、河南黑豆十二萬石，乾隆間亦屢有改徵，以抵額漕之米。折徵之目有四：一曰永折米，江蘇等省通折三十六萬石有奇。每石折銀八錢至五錢五分。一曰灰石米折，初有給軍辦運灰石之米，順治十七年改徵解部。每石徵銀一兩六錢。二者本額糧，而徵折色。一曰減徵，河南州縣有折徵於此，而酌撥代徵本色於彼者，以水次遠近別之。一曰民折官辦，其制不同。有先動正項購運而照價徵還者，有小户折納而後官爲辦運者，有撥運別縣耗米而從民折納者。凡減徵於民折官辦，雖徵折色而仍運本色。五者之外，有截漕，有撥運。截漕不常舉，舉則酌給行月以卹軍。撥運者，山東、河南所運薊州糧，撥充保定兵米是也。自雍正六年定浙江漕米紅白兼收，秈粳並納，以乾圓潔净爲準。自後屢禁潮潤之米，不得濫兑濫收。

凡收漕糧，坐糧廳掌督催，坐糧廳所屬石壩軍糧經紀百名，白糧經紀二十五名，土壩車户由五十名減至二十名，皆十年一更。大通橋監督掌抽查，車户三十二名，水脚十三名，官車二百輛，牲口八百頭。而涖以倉場侍郎。凡經紀運米到橋，車户運米進倉，皆抽掣之。其在倉則各倉監督掌出納，設稽察御史，倉一人，以稽倉之完損與米之侵盗。各省有看倉旗員，有吏典皁隸兵，自四十名至百名。在京十三倉，花户三百名。康熙二十三年題准：白糧自本地包裹抵通，過壩恐開包量兑致有抛散，向例用秤交兑，定以正耗米一百六十斤爲一石，米色不净加重十斤，令旗丁赴倉親納，短少賠補，有餘給還。由坐糧廳平驗斤數，不足鈐印包上。雍正六年定，各省監兑官每船兑米一石，封貯鈐印，到淮，總督查驗加封，抵通，倉場侍郎率坐糧廳照樣驗封起卸。攙和究處。

凡漕糧皆隨以耗費，耗皆以米。正兑一石耗二斗五升，改兑一石耗一斗七升，皆隨正入倉。其南糧又有隨船作耗之米，自五升至二斗三升，以途之遠近爲多寡。山東、河南無船耗，其麥豆之耗與米同。費則以銀若米，米仍折銀，其目曰贈貼銀米，初軍民交兑，常多取焉。順治九年定官收官兑，徵贈貼銀米以給軍。曰漕耗。銀米則耗外之耗，以供官軍兑漕及州縣辦公之用。曰輕齎、易米折銀，耗米之外，又徵餘耗米折銀兩。正兑，謂之輕齎。改兑，謂之易米折銀。先期徵解倉場爲轉運脚價之費，江南有水脚銀，江西又有倉費銀，皆各省所無者。及出運，則又有官軍行月銀米，有紅撥船價，而席片、楞木、松板、毛竹亦隨漕附帶，凡費，官定其額，取之民以餉軍，而蠹胥猾吏因得料軍之所入而取之，不盈不流，不竭不止。此漕費之大略也。

順治十八年，禁折徵漕糧以兌費爲名額外苛索。乾隆十年，工部侍郎范燦奏：下江徵收漕米，向借漕費之名，或以九折，或以八折。自雍正元年巡撫尹繼善定每石收漕費六分，而諸弊以革。久之吏胥復乘緊兌之時，官不能偏驗，於是刁難議折。大漕既畢，所徵兵行局卹，竟有八折者。乃奉旨飭禁。十一年，御史沈景瀾請甲户完漕，給單以清浮派。嘉慶五年奏定，旗丁交米一石，於例給箇兒錢二十二文外加增五文。二十二文乃國初所定。大抵漕糧之弊，在於取之無藝，故用之無節。而其端則自州縣浮收始，故取一二事附著於篇，其不知者不能詳也。

案《通考》云：隨漕款目曰輕齎，曰易米折銀，曰官軍行月，曰贈貼，曰紅駁，曰席木板竹。各省共徵銀一百八十五萬，米六十一萬，麥一萬九千，豆五百石，各有奇。今考《會典》：山東、河南二省耗麥一萬三千餘石，耗豆四萬九千九百餘石，與《通考》不同，其銀米尚未合計，姑附記以俟考。麥一萬三千誤作一萬九千，豆五萬石誤作五百石耳。

又云：水次六倉，江寧、淮安、鳳陽、徐州、德州、臨清，共徵銀二十六萬餘兩，米七萬，麥五萬，豆四千石，各有奇。

漕糧倉耗

正兑米一石，收耗米一斗二合九勺四杪。有倉耗、尖米等名目。改兑一石，收耗米四升一合六勺八杪。外尖米皆四升二合，以備三年遞減。凡倉糧遞減，以三十六月爲止。每月石遞減折耗一合一勺六杪。又有盤運曬颺折耗，及運軍回船食米，正兑一斗五合六勺幾杪，改兑八升六合三勺二杪。至雍正初又將曬颺之四升七合六杪歸正項支銷。

漕費茶果銀倉場滿漢侍郎，年各二千四百兩，坐糧廳各二千二百兩，大通橋監督各五百兩，筆帖式四人共千八百兩，通濟庫使二百兩，庫吏百二十兩，皆取給於此。

白糧進倉，每漕船各項需銀三十五六萬兩。雍正七年裁六存四，並定漕船抵通，每米一石，運軍貼經紀車户錢二十二文。國初沿明制，即已如此。倉場坐糧廳書役，舊有飯銀，酌量存留，餘悉裁革。於八年勒石。

又運軍於各倉，每米一廒納銀六十兩。雍正初定七分作餘米修廒之用，三分給吏役册卷之費。

又向例各倉領腳價百兩，給倉場書吏規八兩。雍正十三年裁革，酌給茶果銀。

漕白每船納坐糧廳茶果銀十兩，全漕約六萬餘兩。雍正初，撥充各官公費吏役飯食。

內倉收白糧茶果銀一千六百餘兩，爲官役飯食雜費。乾隆三年，白糧議減，撥運米殘袋萬條，變價充用。十三年，停製官袋，撥坐糧廳茶果銀足之。

乾隆九年，以南糧茶果銀多交不足額，令糧道於運軍耗贈扣存，交押運官到通交納。

《兵部處分則例》綠營卷八《營私・朘削軍旗》 一、運官領運漕糧朘削軍旗，或將應給錢糧侵扣不發，或將月糧修船等銀自行領出收貯，勒措不發，剥索不遂酷打運丁者，俱革職審擬。私罪。

《兵部處分則例》綠營卷八《營私・尖丁苛派》 一、頭船尖丁苛派各船銀兩，運弁串通分肥者，題參審擬，計贓以枉法論。知情縱容者，革職。私罪。失於覺察者，照失察在官人役犯贓例，十兩以上者，降一級留任。公罪。不及十兩者，罰俸一年。公罪。

《兵部處分則例》綠營卷一三《承催・伊犁運糧章京議敘議處》

一、伊犁糧石，特派章京於每年三月起至九月止，每月五次船運貯倉。如管船章京運糧並不逾限，米石不致潮濕，交納完竣後，紀録一次。若管運不慎或將船隻損壞，以致所運糧石潮濕短少者，降二級留任。公罪。其糧石並無短少潮濕而船隻損壞者，降一級留任。公罪。如僅止運送違限者，即照解送錢糧沿途耽擱日期例，罰俸一年。公罪。

《兵部處分則例》綠營卷一六《漕運・私借減船》 一、私借減歇船隻裝運漕糧者，領運守備千總及該管守備千總失於覺察，均罰俸一年。公罪。

《兵部處分則例》綠營卷一六《漕運・私調水次》 一、幫船兑運水次已經題明，復混行私調者，領運官罰俸一年。私罪。

《兵部處分則例》綠營卷一六《漕運・糧船到次事故》 一、糧船回空到次，遇有風火事故，將隨幫武舉職名開參。如已交代新運千總呈報接收，將新運千總職名開參。若減存在次，將收管之該地方官職名開參。如係失風，罰俸一年。公罪。係失火，降一級留任。公罪。若係文職，交吏部查議。

《兵部處分則例》緑營卷一六《漕運·裝載私貨》 一、領運官員攬帶客貨、私載己貨者，革職。私罪。若運丁於應載土宜定額之外私攬客貨、私載己貨，運官失於覺察者，降二級調用。公罪。

《兵部處分則例》緑營卷一六《漕運·私行僱募船隻》 一、糧船出運，遇有風火事故，如賠造不及，准其呈明暫行雇募。倘領運官並不呈明私行雇募者，降一級調用。私罪。如應買補而私行雇募者，降一級留任。私罪。其應賠造而私行買補，及應雇募而私行灑帶搭運者，均罰俸九個月。私罪。

一、山東省自備民船及各省漕船因風火事故雇募者，俱按時價給發，明雇裝運，不得濫行強拏，苦累百姓。若漕船應行出運，無故私自雇募者，將領運員弁降一級調用。私罪。

一、各省成造漕船，先行咨部，每隻額給料價銀兩俱令糧道親身如數給發，取具各弁丁並無需索尅減印甘各結送部。倘有侵扣等弊，總漕查明題參，將揑具甘結之員降二級調用。私罪。糧道交吏部查議。

《兵部處分則例》緑營卷一六《漕運·揑告奪運》 一、衛官揑告運官侵欠糧石，希圖奪運，遲誤漕糧者，將揑告之官革職。私罪。

《兵部處分則例》緑營卷一六《漕運·催趲漕船定限》 一、漕船自淮安起天津止，計程二千三百五十餘里，沿途州縣專汛各官于衛所重運北上催令出境，如原限半日而違限一時，原限一日而違限兩時，原限一日半而違限三時，原限兩日而違限半日，原限四日以上而違限一日，原限六日以上而違限一日半，原限十二日而違限三日者，專催官罰俸一年，公罪。督催上司罰俸六個月。公罪。如原限半日而違限三時，原限一日以上而違限半日，原限兩日以上而違限一日，原限四日以上而違限兩日，原限六日以上而違限三日，原限十二日而違限六日者，專催官降一級調用，公罪。督催上司罰俸一年。公罪。如違限日期與原限相等，專催官降二級調用，公罪。督催上司降一級調用。公罪。如違限日期逾於原限，專催官革職，公罪。督催上司降二級調用。公罪。

湖廣、江西并□□等處行長江以至儀徵，皆由大江，因風挽運，難以逐程立限，該總督巡撫飭該地方文武各官，凡重運回空，俱作速嚴催出境。其自儀徵至天津如有違限，俱照前例議處。設有非常風阻冰凍淺滯之事，難以勒限，俱令先期報明，查對確實免議。

一、重運漕船抵通未經逾限，其沿途催趲逾限之員俱免議。回空漕船逾限不誤冬兑冬開者，催趲官亦免議。

一、漕船經過沿途地方各官催趲出力，經該總督巡撫奏請咨部議叙者，給予紀録二次。

一、回空漕船如遇逆流，其間設有閘壩蓄水之處，俱照重運定期。無閘壩之處，原限十二日改限九日，原限四日改限三日，原限三日改限二日，原限一日半改限一日。又順流有閘壩之處，亦照重運定期。無閘壩之處，原限半日改爲三時，一日改爲半日，四日改爲兩日，五日改爲兩日半。如有不行力催以致違限，沿途文武官弁照催趲重運例議處。自天津以北至通州，係逆流重運糧船，每二十里限一日。其回空船隻，係順流，每五十里限一日。山陽以南至浙江，其重運糧船，如順流，每四十里限一日。逆流，每二十里限一日。回空船隻，如順流，每五十里限一日。逆流，每三十里限一日。如有違限，催趲官員按違限日期俱照前例議處。

《兵部處分則例》緑營卷一六《漕運·雇募船隻》 一、失風事故漕船，除山東省自備船隻照舊雇募濟運外，其餘各省漕船，運至五六年或未至五六年而有風火事故者，均責令旗丁賠造。如賠造不及，准其暫雇民船兑運一次，緩至次年賠造。倘遇新漕已届，賠造不及，准其暫行灑帶，於回次時賠造。運至七八年而有事故者，責令買補。如買補船隻至九運而復有事故，並軍船九運而有事故以及朽腐者，均令雇募寬大民船一次，以足十運。如七八運而無故朽腐者，亦責令賠造。十運限滿，准其給價配造。總漕每年將應行雇募買補船隻咨部查覈，倘有將賠造補運之船，接算原船出廠年分次第而減存年分不行扣除，混行詳請者，將衛所官降一級調用。私罪。

《兵部處分則例》緑營卷一六《漕運·漕船守凍回空遲延》 一、凡抵通遲延之船，倉場勒限交糧回空，不得有誤新運。其不能依限回空者，令總漕查明該省減存船隻，依限兑運開行。如無減存船隻，即將本省漕船搭運。或本省船隻不能搭運，即捐輸雇船依限兑運開行。其遲滯船隻，來年開凍時，沿河文武官員嚴催抵次。如沿河催趲回空之文武各官不行嚴催抵次，題參後，照催趲漕船違限例，覈計遲誤時日，分別議處。

《兵部處分則例》緑營卷一六《漕運・修造漕船》　一、漕船出運十年滿限，該衛守備先期請價成造。倘有遲延致誤冬兑冬開者，革職。公罪。如有捏報成造，或釘稀板薄造不合式者，降二級調用。私罪。仍將所給料價銀兩著落賠補。如奉委成造漕船，推諉不行監造，降一級調用。私罪。如朽爛船隻不估價申報者，罰俸一年。公罪。

一、漕船未滿年限遽請成造，及尚未朽爛之船謊報朽爛，或朽爛之船估報不實者，將衛所官降二級調用。私罪。若將已届滿限之船留於水次，另雇民船出運者，將衛所官照違令公罪律罰俸九個月。公罪。

《兵部處分則例》緑營卷一六《漕運・僉運規避》　一、運官奉僉領運漕糧，抗違規避，以致誤漕者，革職提問。私罪。

《兵部處分則例》緑營卷一六《漕運・不顧風色催趲》　一、沿途催趲漕運各官，遇風色不順并水勢漫大，該專汛官與領運官弁公同計議，暫停守候。一面將守候日時申報該管上司並總漕衙門，與入境出境時日册内僉註明白，俟風息水平，立刻催趲出境。倘不顧風色水勢催趲前進，在内河致有疎虞，將專汛官與領運官弁均罰俸一年。私罪。如風息水平不立刻催趲出境，藉詞守候任其停泊，或捏稱風水未便停泊逗遛者，漕運總督並該總督巡撫查參，將該領運官俱降二級調用，私罪。地方專汛官俱降一級調用。私罪。

《兵部處分則例》緑營卷一六《漕運・糧船淺擱》　一、糧船如遇淺擱事故，領運官遺漏申報者，罰俸六個月。公罪。

《兵部處分則例》緑營卷一六《漕運・漕船失火》　一、領運官員巡察不謹，以致失火燒燬漕船虧損米石者，降一級調用。公罪。船隻米石俱著落領運弁丁賠補。漕船雖燒而能搶獲米石並未虧折，到通交納全完者，降一級留任。公罪。船隻仍著落領運弁丁照例賠補。至地方武職撲救不力延燒別船者，每隻罰俸一年。公罪。

《兵部處分則例》緑營卷一六《漕運・重運漕船風火事故專案報部》　一、衛所員弁押運漕糧中途如有失風失火事故，由漕運總督一面將失事船隻數目咨報户部查覈辦理，一面將失防職名咨送兵部分别議處。仍令每年年終，將一年之内失風失火船隻數目彙總造册，報部查覈。倘該運弁將應議職名並不隨時詳報，致逾定限，即照開報本身職名遲延覈其違限月日，分别議處。詳見限期門。

《兵部處分則例》緑營卷一六《漕運・雇船兑運開行違限》　一、漕船守凍不能依限回空，該省既無減存船隻，又不能搭運，即應捐輸雇船，依限兑運開行。如不雇船依限開行，即將衛所等官題參，違限一月以上者，罰俸六個月。公罪。二月以上者，罰俸一年。公罪。三月以上者，降一級調用。公罪。其糧道監兑州縣由吏部議處。

《兵部處分則例》緑營卷一六《漕運・催趲漕運不力》　一、漕船到汛不速催趲，以致有前後越幫者，專汛官罰俸九個月，公罪。兼轄官罰俸六個月。公罪。其漕船入境日期未經查明轉報者，專汛官罰俸六個月。公罪。如前汛不行力催有礙後船者，後汛之員申報漕運總督，查明催趲不力之員，按其違限時日議處。如不親身赴河催趲者，罰俸六個月。私罪。坐視前船阻抵未經申報者，亦罰俸六個月。私罪。

《兵部處分則例》緑營卷一六《漕運・停泊誤漕》　一、運官領運漕糧，沿途停泊，督催不理，凌辱閘官，責打閘夫，起板洩水，遲誤漕運者，革職究擬。私罪。其不行挨程速進，沿途脱幫遲誤者，降二級。公罪，戴罪督運。如題參後以完糧報部者，准其扣除免議。或已經題結，漕運總督於完糧後題請開復。

一、汛官催趲漕船不力，謊報水淺搪塞者，除照違限時日議處外，再罰俸六個月。私罪。

《兵部處分則例》緑營卷一六《漕運・剥船遲誤》　一、衛所官解送漕剥船隻遲誤朽爛者，罰俸一年。公罪。

《兵部處分則例》緑營卷一六《漕運・攙和漕糧》　一、官員收兑漕糧，多攙糠粞砂土及私自改折漕糧者，該管官俱革職。私罪。其抵通監兑漕糧米多糠粞及有砂土者，押運官均革職。私罪。如查明並無糠粞砂土，係收糧官勒捐不收者，降二級調用，私罪。運官免議。

《兵部處分則例》緑營卷一六《漕運・攙和水米》　一、旗丁攙和水米，運官失於查察者，革職。公罪。若徇隱不報者，革職枷示，私罪。俟旗丁將糧米賠完釋放。

《兵部處分則例》緑營卷一六《漕運・糧船偷買白土》　一、糧船不許刨取白土，及向沿河鋪户偷買上船，如别經拏獲審實，該運官及押空千總失於查察，俱革職。公罪。丁舵交刑部治罪，地方專汛千總把總失于嚴查禁止，罰俸一年。公罪。

《兵部處分則例》緑營卷一六《漕運·漕糧掛欠分賠》　一、漕糧掛欠，作爲十分分賠，總漕半分糧道一分，監兑官半分，僉丁衛所官半分，押運官半分，運官一分半，旗丁五分半。分賠總漕等官如不于限内賠完，照不作分數錢糧例議處。弁兵分賠米石如限内不完，仍著落總漕糧道等官分賠。

《兵部處分則例》緑營卷一六《漕運·漕糧抵通掛欠》　一、糧船抵通，運官以通幫糧米計算，如有掛欠不及一分者，責二十棍，革職。公罪。發回南省，限一年追完，免罪還職。不完，革職。公罪。其欠一分者，責三十棍，革職。公罪。欠二分者，責四十棍，革職。公罪。欠三分者，責六十棍，革職。公罪。俱各按所欠分數發回南省，限一年追完，免罪。不完，交刑部議罪。欠四分者，責八十棍，革職。公罪。欠五分者，責一百棍，革職。公罪。亦各按所欠分數發回南省，限一年追完，仍聽刑部議罪。欠六分以上者，即交刑部議罪。旗丁駕運一船，以一船糧米計算，如有掛欠，各按其分數發回南省，限一年追比，限内不完，交刑部議罪。如無故掛欠，在通購買米石抵補虧缺者，通永道並通州知州查拏究治。若□本幫衆丁交剩食米完公，領運官免其□革追比。

《兵部處分則例》緑營卷一六《漕運·漕船回空到次逾限》　一、各省回空漕船，限十一月内齊到兑次。如有逾限者，照漕船到通違限例議處。

《兵部處分則例》緑營卷一六《漕運·漕船回空遲誤》　一、糧船抵通全完運弁，倉場給與限單，該千總趕幫協同隨幫管押南下到淮，呈驗限單。如有逾限遲誤者，革職。公罪。

《兵部處分則例》緑營卷一六《漕運·漕糧到通違限》　一、各省漕糧，山東、河南限三月初一日到通，江北限四月初一日到通，江南限五月初一日到通，浙江、江西、湖廣限六月初一日到通。如有逾限，將領運官查明在途遲延次數分别議處。一二處逾限者，罰俸六個月。公罪。三四處逾限者，罰俸一年。公罪。五六處逾限者，降一級調用。公罪。七八處以上者，降二級調用。公罪。十處以上者，革職。公罪。在途遲延而抵通未逾限者，免議。

一、漕船抵通後，限三個月内完糧。如于限内完糧，准其議叙。若山東、河南、江北完糧在三個月之外，江南、浙江、江西、湖廣完糧逾九月初十日之限者，俱以違限題參。違限不及一月者，領運官罰俸六個月。公罪。一月以上者，罰俸一年。公罪。二月以上者，降一級留任。公罪。三月以上者，降一級調用。公罪。内有因過淮違限已經處分者，將抵通完糧違限日期扣除，免其處分。如過淮違限十日者，將抵通違限十日扣除，凡日期多寡照此扣除。押運白糧各官亦照此例議處。

《兵部處分則例》緑營卷一六《漕運·漕糧過淮違限》　一、各省漕糧，江北限十二月内過淮，江南江寧、蘇、松及廬州衛所屬幫船限正月内過淮，江西、浙江、湖南、湖北限二月内過淮，山東、河南近省不過淮糧船限正月内全數開行。其領運員弁，如過淮違限不及十日者免議。違限十日者，綑打二十棍，公罪。仍令督押准其完糧扣除免議。違限一月及一月以上者，綑打四十棍，公罪。於過淮時總漕查明，即行發落，仍將已經發落緣由於題參違限案内聲明，革職戴罪督押。公罪。如過淮違限之案現在到部議處，户部移咨，糧已全完者，准其扣除免議。至松江、湖南、江西幫船，於原限外寬限十日，再有違限者，仍照前例議處。

一、領運官有陞遷患病事故在途離幫，總漕題參過淮違限，照離任官例罰俸一年。公罪。

一、過淮違限革職戴罪督押之員，總漕於完糧後題明開復。

《兵部處分則例》緑營卷一六《漕運·漕米開兑遲延》　一、經徵州縣衛所等官，船到無米或有米無船，過十二月始兑完開行者，罰俸六個月。公罪。過正月者，罰俸一年。公罪。過二月者，降二級留任。公罪。其湖南漕糧，限十一月運至岳倉。如州縣漕米運軍船隻俱到水次，領運官弁收兑遲延，致過十二月者，照過二月兑開例處分。如能依限過淮，該總督題明開復。

《兵部處分則例》緑營卷一六《漕運·議叙旗丁》　一、各省領運旗丁於限内過淮，並無遲延抵通，照數全完者，總漕賞給花紅。如抵通交糧，於額糧之外，有領運三年陸續多交米至一百石者，倉場咨部註册。領運六年多交米至二百石者，給予九品頂帶榮身。如有旗丁運米十二年，雖無多交米石，並無掛欠及過犯事故，倉場查明咨部，亦給予九品頂帶榮身。如有干犯漕規不遵約束者，仍照運丁一體究治。

《兵部處分則例》綠營卷一六《漕運・議叙代押重運人員》　一、領運人員在途患病不能押運者，詳報所在地方印官，會同前後幫運弁驗實，出具並無假捏印結，詳請委令隨幫代押。及領運人員中途遇有降革病故等事，該上司委令隨幫代押。如在天津以南代押之員，抵通全完者，咨部入於代押重運班内推用。其在北河委令代押者，於補官日紀録一次。

《兵部處分則例》綠營卷一六《漕運・沿途截留漕糧議叙》　一、江南、浙江、湖廣、江西遠省領運守備千總遇截留糧船，如數通完，離水次五百里以外者，紀録一次。一千里以外者，紀録二次。二千里以外者，加一級隨帶。山東、河南及不過淮之近省遇截留糧船，如數通完，離水次五百里以外者，紀録一次。一千里以外者，紀録二次。凡截留完糧領運守備千總，准其議叙，不准作爲運數計算。

一、委領重運效力武舉，與中途代委之隨幫武舉，管押江南、浙江、湖廣、江西遠省截留糧船，如數全完，離水次五百里以外者，於補官日紀録一次。一千里以外者，於補官日紀録二次。山東、河南及不過淮之近省截留糧船，如數全完，離水次五百里以外者，重運武舉准作運數一次，隨幫武舉准作押空一次，毋庸議叙紀録。一千里以外者，於補官日紀録一次。

《兵部處分則例》綠營卷一六《漕運・漕糧全完議叙》　一、江南、浙江、江西、湖廣遠省運弁，一運全完，加一級。二運全完，再加一級。三運全完，分別議叙。至三運後，仍准照前按運加級。山東、河南近省運弁，一運全完，紀録二次。二運全完，加一級。三運全完，紀録二次。四運全完，再加一級。五運全完，紀録二次。六運全完，分別議叙。六運後仍准照前按運加級紀録。所有加級俱准隨帶。其遠省三運、近省六運屆滿人員，該漕運總督秉公考覈。如果人材出衆，踴躍急公，出具切實考語報部，由部查覈遠省三運、近省六運俱係抵通完糧，並無中途截留及失風掛欠等事，列爲一等。如係循分供職，運滿無誤，列爲二等。均咨部議叙，兵部題明，准其給咨送部引見。奉旨後，始准送部引見。分別營衛一等人員入於議叙班内先行陞用，二等人員入於議叙班内，□例陞用，如有□因軍政卓異俸滿等項業經引見，分別營衛陞用者，毋庸再行送部。若係三等之員，運滿報部，照例准其加一級，不准歸於議叙班内陞用。四等之員，即行咨部斥革。其重運效力武舉，係領運江南、浙江、江西、湖廣遠省者，每運全完，於補官日紀録二次。領運山東、河南近省者，每運全完，於補官日紀録一次。三運運滿，即行咨部註册推用。漕運總督每年於八月内將上年應叙各弁彙報户部，户部查對倉場册籍，實係通完，彙咨兵部定議。若陞任後，遇前任内有加級紀録議叙，准其於新任加級紀録。如有過淮違限之員抵通全完，俟漕運總督題請開復後，再行咨請議叙。若所管幫内抵壩起交有一丁掛欠，即勒限全完，亦不准議叙。

《兵部處分則例》綠營卷一六《漕運・兵役勒添短縴》　一、糧船提溜打閘，兵役夫頭勒添短縴，多索夫價，從中取利，該管地方武職自行查出懲究者，免議。如失於覺察者，照失察在官人役犯贓例，十兩以上者降一級留任，公罪。不及十兩者罰俸一年。公罪。扶同徇隱者，照縱容在官人役犯贓例革職。私罪。至丁舵人等雇覓短縴，不照定價給發，以致滋事，領運官失於查出，降一級留任。公罪。若該管各官自行覺察查拏者，均免議。

一、無賴棍徒率領短縴多索價值，與丁舵水手人等聚毆成傷，該地方武職失於查拏者，降一級調用。公罪。自行查拏者，免議。

《兵部處分則例》綠營卷一六《漕運・旗丁水手生事擾害》　一、糧船開兑出境之後，責成沿途該汛各官嚴行催趲防範，到津以後，責成天津總兵、通州副將稽察防範。如沿途旗丁水手生事擾害，沿途該汛專兼各官失於查拏者，降二級調用。公罪。如已抵天津、通州，該總兵、副將失於查拏者，副將降二級調用，公罪。總兵降一級留任。公罪。若一經事犯，該汛員弁即行查拏申報者，概免議處。

《兵部處分則例》綠營卷一六《漕運・漕船起剥貨物委員稽查》

一、漕船北上，江廣各幫過淮時，由漕運總督實力查驗。山東、河南等幫，由各該巡撫轉飭該糧道一體查驗。除應帶土宜額數之外，毋許絲毫私帶貨物，違者治罪。至漕船抵楊村後，如遇河水淺阻，先將應帶土宜貨物儘數起剥，如尚阻滯，再行酌量起剥糧石。並責令直隸總督遴派明幹同知一員，於楊村會同總漕所派守備千總及運員幫員等，嚴密稽查，照例將貨物盡行起剝，不許絲毫存匿。至漕糧抵通後，交倉場侍郎查察。倘仍有貨物在船，即行究明，將旗丁分別治罪，委查之員照失察裝載私貨例議處。

《兵部處分則例》緑營卷一六《漕運·催漕弁兵需索》 一、糧船所過地方，如有兵丁需索旗丁銀錢者，將該管千總把總照失察在官人役犯贓例議處。十兩以上者，降一級留任。公罪。不及十兩者，罰俸一年。公罪。若係員弁需索銀錢者，將本身革職，私罪。計贓以枉法論。失察之該管官降一級調用，公罪。兼轄統轄官降一級留任。公罪。如收受土宜禮物，係職官，罰俸九個月。私罪。係兵丁，笞四十。私罪。若弁兵需索旗丁，或旗丁行賄，運官失於查察者，罰俸六個月。公罪。知情故縱者，照以財行求律，與旗丁一體治罪。

《兵部處分則例》緑營卷一六《漕運·水手犯竊盜命案》 一、糧船水手打死人命，領運武職失於查察者，降一級留任。公罪。如水手爲盜，領運武職失於查察者，降一級調用。公罪。水手行竊，領運武職失於查察者，罰俸三個月。公罪。

《兵部處分則例》緑營卷一六《漕運·漕船米色霉變》 一、運弁兑運漕糧，遇有潮濕之米誤行收兑，以致沿途霉變虧折者，革職留任。公罪。限一年賠補，完日開復。限内不完，革任追賠。公罪。漕運總督於過淮時按船親履盤查，如未過淮以前查有霉變，將州縣與運員一同參處，霉變米石駁回，與經徵州縣各官各按成數分賠。過淮盤驗以後專責運員，即將運員揭參議處，駁回米石，與押運同知、通判各官一體分賠。若止失於風晾以致潮濕，尚未霉變者，後經風晾乾潔入倉，查明並無虧折，將失於風晾之領運官按其在通州風晾月日，照完糧違限例分别議處。至米色霉變，雖有虧折，領運官能在通州即行賠補全完者，免議。

《兵部處分則例》緑營卷三六《漕運·緝私·漕船夾帶硝磺》 一、回空漕船過境，如有旗丁夾帶硝磺，在於該地方私賣，沿河武職失於查拏，及各省出有硝磺地方，糧船入境，旗丁私行購買裝載上船，偷販出境，地方武職失于搜查者，專管官每一起降一級留任，公罪。兼轄官罰俸一年，公罪。失察之領運官降三級調用，公罪。隨幫武舉革退。公罪。

（清）王定安《求闕齋弟子記》卷二八《吏治·海運章程》 同治七年三月，公疏言：竊准部咨，江北漕糧海運議令全用夾板船裝運等因，伏查海運漕糧本以雇用沙船爲正辦，此次江北漕米無多，沙船大號可裝二千餘石者，不過需用三十號，小號可裝七百石者，亦不過需船七十餘號。現已委員馳赴上海，先儘沙船雇用，如實不敷用，仍參用夾板船。總期體察情形及時酌辦。謹將江北淮揚通三屬同治六年分漕糧海運章程十條恭呈御覽。

一、米色應挑選乾净也。江北淮揚一帶出産粳米無多，從前兩届河運均係紅白兼收，粳秈並買。此次改由海運，仍當照辦。遴派委員分投採搆，並令多辦粳米，認真挑選乾潔，不准稍有潮雜，以重倉儲。

一、分定米數應畫一兑收也。查同治六年分江北淮揚通三府州屬應徵熟田漕糧，除奏明撥抵兵糧外，實該起運正耗米若干，又高郵、泰州、寶應三州縣帶徵同治五年分緩漕米若干，查照向章，按漕斛採買，交倉亦歸漕斛，現用部頒小口鐵斛，製造木斛，由糧道較準，發交買米各員應用。仍令各備樣米，俟交兑沙船時呈驗，加貼印花，連道庫鐵斛一並帶通較兑，以歸畫一。

一、江北米數無多，應從簡辦理也。查蘇屬歷届海運，在蘇州設立省局，由司道督辦，委蘇州府總理其事，並委首廳縣隨同辦理。又在上海設立滬局，委辦雇船驗兑各事宜。此次江北漕糧改辦海運，事屬創始，然米祗六萬石，當此經費支絀，自應格外撙節，由藩司糧道會同督辦，毋庸設立省局。所有雇船驗兑各事宜，酌派委員會同蘇屬滬局員董妥爲經理，毋須另設一局，以節縻費。其天津交米事宜，應派江安督糧道酌帶員董馳赴天津，經理交兑，會同直隸委員妥辦。

一、江北漕米應雇沙船裝運也。向來漕糧海運，均用沙船，歷著成效。江北此次海運，因上冬沙衛船隻甚少，故前奏有參用夾板船之議。現已委員赴滬先儘沙船雇用，飭令挑選妥實商船，責成同行互相結保，編列號旗，排泊浦江受兑。放洋時，准其二成載貨，照案免税，咨明各關查照。至由津回空販運北地貨物，並准照案全行免税。該沙船倘遇有在洋遭風，即時報明所在地方官驗明，除折桅鬆艙糧貨俱損奏明豁免外，如貨物並未抛棄，獨棄官糧者，雖鬆艙屬實，仍令賠補。如果承運無誤，並准援案分别給獎。至回空沙船如往天津牛莊各口販貨，應由局查明米石交清，方准填給全行免税印照，持赴各關呈驗放行。其交米不清之船，一概不准給照，以示區别。以上俱指雇用沙船而言，或參用夾板船隻，另議章程，咨明辦理。

一、耗餘等米應備帶本色也。查海運章程，天津剥船食米，每漕米一石給米一升一合五勺，通倉經紀耗米，每石給米一升五合，均以漕斛核計。又每石備帶餘米二升，隨正交倉。又沙船耗米，每石給米八升。江北漕糧海運，自應查照一律購齊本色，解滬兑交，隨正開報。至沙船耗米一項，原備到津或有折耗彌補之用，如有盈餘，隨官收買。咸豐五年，復議於此項耗米内限定提出三成，由津局按照市價收買，亦應照辦。該船户於裝兑後，不得私行糶變，查出嚴究，以裕倉儲。

一、水脚應照章核給也。查歷届海運雇用沙衛等船，每袋米一石給水脚銀四錢，上届奏准加給銀一錢五分，連神福犒賞等共七款，每石給銀五錢七分八釐一毫。此次江北漕糧自應照辦，俟船隻備齊，核明應需銀數，解由滬局兑收轉給，以利遄行。

一、津通經費應核實開支也。查海運章程，天津官剥每百石給剥價雜費銀八兩四錢四分七厘三毫，民剥每百石給銀九兩八錢八分四厘八毫，箇兒錢每百石給銀二兩。江北此次海運，均應照章辦理。此外津通經費，除(經)〔輕〕賫席木銀兩由糧道衙門照例批解外，其津局用項在津收買沙船餘米各款，係屬創辦，難以豫定，擬倣照舊章寬爲籌備，以免缺誤。至沙船水脚及一切經費，係在漕項本折及此次所買米價盈餘款内抵支，如有不敷，仍應由司籌撥。事竣分别造册，核實報銷。如果委員辦理無誤，准其援案請奬，俾示鼓勵。

一、米船放津應責成巡護也。查歷届海運舊章，准令沙船各帶礮械，出口給領，入口呈繳，於放洋時由捕盜局派令員董選撥輪勇各船出洋護送，一面責成沿海水師鎮將多派備弁兵船，在於所轄各島嚴密巡防，逐段迎護催儹趕速抵津。並先咨明直隸、山東各省撫臣，一體分飭護送，開具專任分任各職送部查考，以昭慎重。

一、米船交清應責成經紀也。查歷届海運均請户部奏請欽派大臣赴津查驗，並由倉場侍郎揀派坐糧廳酌帶經紀斛手，直隸派委天津道總辦在案。江北此次海運，應請照案，届時仍由各衙門奏請欽派，並請於米船抵津時隨到隨驗，除實有霉變應立時風晾外，如係乾潔之米，務須隨到隨收。至已交之米，由津運通，由通運倉，應照户部奏定章程，責成經紀承管。如有偷漏潮濕攙和等弊，責令賠補究治，不得牽涉原裝沙船，以免羈候，而示體恤。

一、餘米應循案抵補也。查歷届海運遇有沙船在洋遭風失事，及霉變遲到者，均以本届籌備餘米並上届存倉米數抵補交足，具報全完。續到米船，由天津道驗運交倉，另檔存記，留抵下届正供之用。歷經循辦有案，此次應請照辦，以速正運。

（清）王定安《求闕齋弟子記》卷二八《吏治・河運章程》 同治九年正月，公疏言：竊九年分江北冬漕遵照部議仍辦河運，臣於十一月十二日專摺陳奏在案。伏查八年分江北漕米於九年河運赴通，節節阻滯，水陸兼運，直至十月杪始能蕆事。一切經費雖由糧道王大經格外撙節不至過鉅，而人事之艱，時日之久，較之海運，難易懸殊。該糧道交米事竣，赴部引見，現已馳回江寧。臣面詢情形，證以臣出京時由運河南下所見者，其言多屬相符。若不預爲籌畫，恐下次又蹈覆轍。

據稱本届承辦河運，在事六月之久，中間處處阻滯，歷歷可數。如嶧縣境内之大泛口，該處爲山水經由之所，一遇暴漲，則迅流急湍，迨水退之後，則沙淤停積。今年漕船經過該處，水深不及二尺，河底碎石縱横，最碍舟行。必須由山東認真興挑挖深四五尺，並將近灘石堆剗除，與河底配平，方利行駛。自大泛口而北，則有滕縣境内之郗山口。該處爲入湖要道，淺而且窄。又微山湖内之王家樓、滿家口、安家口，獨山湖内之利建閘，南陽湖内之新店閘、華家淺、石佛閘、南旺閘分水，龍王廟以北之劉老口、袁江閘，處處淤淺，或數十丈或百餘丈，亦須由山東逐段勘明，一律挑深，方可無阻。此未渡黄以前阻滯之處，宜預爲籌辦者也。

議者謂早日開兑，早日過湖，尚不愆期。不知濟寧以南淺處已多，濟寧以北運河尤爲乾涸，總須守候伏汛盛漲，方足以資浮送。至黄水穿運之處漸徙而南，自安山至戴家廟三十里，自戴家廟至八里廟二十二里，運河舊有之隄盡被黄水衝破，缺口極多。黄水湍悍而勢急，漕船載重而質脆，斷難破浪而行，需用剗船下椗以立之根，然後由漕船繳關步步上移，否則簸蕩急流之中，無復收泊之處。而十里鋪、姜家莊、道人橋等處又極淤淺，似須由山東設法一面於淤阻處極力疏濬，一面於運隄各缺口排釘木樁貫以巨索，俾漕船經過有所依傍牽挽，不至爲洪溜所吸，倉卒失事。此渡黄時艱滯情形，宜預爲籌辦者也。

及至渡黄以後，若在伏汛未落以前，或易爲力。若伏汛已過，等候秋汛，即屬杳茫不可必之數。九年，在八里廟守候兩月之久，可爲前鑒。自張秋至臨清二百餘里，河身有高有下，其疏導之法，須量河身之高下，高者開挖宜深，下者開挖稍淺，庶可高低相等，一律深通。再於黄流已長未落之時，即下閘板蓄水，以免消耗。或就平水南閘迤東築一挑水壩，引黄入運，皆多方設法，力圖斡旋之策。此渡黄以後運道易涸，宜預爲籌辦者也。

山東水勢長落無定，或先長而後忽落，或先小而後復大，漕船經由東境一千數百里，而歸嶧、滕魚臺、濟寧、東平、東阿各州縣封雇船隻以備起剥之用，地方官相距甚遠，兼顧不遑，九年所雇剥船不免臨時逃散，擬請酌改章程，責成東省管河廳員雇備剥船，小者裝米三十石，大者至百石爲止，一遇漕船淺阻，斟酌起剥。由糧道按石給發飯錢，以免枵腹。至閘夫亦改由河員招集，歸其約束，一併由糧道給予工食，庶不缺誤。此又略改舊章，宜預爲籌辦者也。

東平州運河之西有一鹽河，倚水爲障，爲東省鹽船所經要道。漕船若由安山左近繞入鹽河，至八里廟仍歸運道，計程二百餘里，較之徑渡黄流，上有缺口大溜，下有流石樹樁者，其難易懸殊，是以商船率多避黄而趨此路。上年因非運漕正道，未敢試行。十年行抵安山時，如遇黄流過猛，祇宜變通改道。惟自安山三里堡入鹽河之路，亦須預先勘明何處平順，先立標竿爲識，免至臨時周章。此又渡黄改道，宜預爲籌辦者也。

以上五端，又皆在山東境内，從前糧艘運北，沿途修閘築壩，挑河過剥，均由南河東河兩督臣治黄治運，意專在漕務，事事各有考成，處處不惜重費，故能駕輕就熟，事無不舉。今則黄流横決，運河失修，河員之經費大減，河運之米數極微，欲江北一隅數萬之漕而責山東以全力治河治運，未免獨爲其難。然部臣所以不肯竟廢河運者，亦因成法不可輕改，圖事不可畏難，具有遠慮。丁寶楨見義勇爲，力顧大局，亦必不因米數太少之故而忽視沿河應辦之工。糧道王大經躬肩重任，既已經歷險艱，茲令再試危途，不得不預爲綢繆，免其遲誤。

現在欽奉諭旨，飭派漕臣張兆棟前往山東會勘築堤束黄事宜，必可與東河督臣蘇廷魁、山東撫臣丁寶楨面商一切，相應請旨飭，下該督撫等通籌運道全局，建可久之宏謨，並將臣此摺所指興工之處分投興辦，利目前之漕務。臣當飭催該糧道等趕緊兑米，及早開行，仰慰宸廑。

奉上諭：曾國藩所陳應辦事宜五端，實因時制宜之策，丁寶楨勇於任事，必能力任其難。著即按照曾國藩所奏，督率沿河各州縣實力修濬，次第興工，以期一勞永逸。至張兆棟、蘇廷魁尤當迅速會商丁寶楨實力興辦，毋得稍存推諉。欽此。

同治十年二月二十四日公疏言：竊照上届河運節節阻滯，業經臣等陳明艱難情形，應行設法預籌，奏奉諭旨允准，欽遵在案。伏查江北淮揚通三屬應徵同治九年漕糧，剔除災緩，按照原奏起運八成本色，實計運米五萬七千二十六石有奇。前已飭委淮揚道劉咸將所需船隻雇齊，分泊淮城寶應氾水一帶水次受兑，一面嚴催各屬照數購備米石，趕緊剥送。據報於九年十二月二十八日開兑，業已陸續驗裝，一俟兑清，即當催令開行，駛抵東省黄水穿運之處，候汛北上。惟查上届漕船行入東境險阻情形不可殫述，此次復遵部議，仍從江北試辦河運，誠以良法不可輕廢，冀將規復舊制，然非先通河道，辦理總無把握。業經漕督臣親往會勘，擇要興辦。應由臣咨商山東撫臣，東河督臣，嚴飭承辦廳縣委員趕緊認真開浚，務期一律深通，並飭糧道王大經刻日馳赴江北，料理轉運事宜，以期妥速。茲據江寧布政使司梅啓照、江安督糧道王大經查照成案，參以現在情形，酌擬章程詳請具奏前來，臣等復加酌核，相應繕具清單，恭呈御覽。如有未盡事宜，容隨時奏明辦理。謹將同治九年分江北淮揚通三屬漕糧遵行河運，酌擬章程十條，繕具清單，恭呈御覽。

一、米色挑選乾潔也。江北淮揚通一帶多產秈米，應照河運成案紅白兼收，現經各州縣購齊好米，由河運總局認真驗收，總以乾潔爲主，不准船户稍有攙雜，以重倉儲。

一、交倉米數分别解運也。查江北淮揚通三府州屬同治九年分熟田漕糧，前次奏報約徵米七萬二千三百餘石，嗣據各屬將災緩細册送齊，逐加復核，稍有參差。除附片奏請更正外，實計淮揚通三屬剔除災緩應徵熟田正耗米七萬四千七百七十二石六合八勺。内除節省給丁耗米三千四百八十九石五斗二合八勺循案抵充途費，實該起運米七萬一千二百八十二石五斗四合，除二成折色米一萬四千二百五十六石五斗八勺，按照例價由道批解部庫外，實計起運八成本色米五萬七千二十六石三合二勺，內正兑正米三萬七百四十四石四斗三升七合，加二五耗米七千六百八十六石一斗九合三勺，改兑正米一萬五千八百九十三石五升二合九勺，加一七耗米二千七百一石九斗四合，全數交倉。

一、接運雇備民船也。此次辦理河運，以體恤民船早令回空爲要。查東境運河節節淤淺，自八里廟至臨清二百餘里尤爲梗阻，應由臣咨商山東撫臣，分飭沿河州縣先行雇備民船，俟南船行抵臨清，隨到隨即過載，至接運北船，總期船户誠實，船料堅固。凡熟慣運糧之船最易舞弊，一概不用。如有偷盗攙水情弊，嚴行懲辦。該州縣選雇不慎，亦干參處。所有東省運河各工業經漕督臣親往會勘，擇要興修。臣擬咨商山東撫臣、東河督臣，飭令各該承辦工員實力開濬，務使一律深通，不得草率。俟汛發後，即責承該管府廳縣體察情形，如水勢將落，速於八里廟運口築壩，並將臨清以上各閘下板嚴閉，俾河水先期蓄存，庶可倒塘灌運。其南船回空，亦先蓄住去水，船到即行，俾明歲辦運仍易招雇，不致視爲畏途。

一、預剥民船以備過淺也。東省剥船向由沿河州縣封雇，此次河運，先經臣奏請改由管河廳縣雇備。現准山東撫臣咨稱，仍須由地方官專辦，呼應較靈。自係確有所見，應由臣咨明山東撫臣，札飭沿河州縣察看水勢，代雇船隻。最小者每船裝米三十石，至大者以裝米一百石爲度，總須選擇合用。俟漕船到境交收，應由糧道酌給水腳。裝米一石每日給予大錢七文，以示體恤。其大泛口、郗山口、安家口爲甫入東省要路，尤應先爲開挖，並多雇剥船預備過淺，庶可無誤黄汛。

一、經費撙節動支也。此次河運，一切經費除儘用漕項米折外，其不敷之銀，係動節省給丁耗米及解部米價餘存等款，所有購買米石已按時價由各州縣動支發給。至民船水腳及神福犒賞等項，應照上届定章，每米一石仍供給錢八百文。其沿途閘壩縴挽蓆片等項，難以預計，應照前次部議運費，以一兩二錢七分之數作爲定額，其報銷由糧道督飭樽節支用，省益求省，不任稍有浮糜。

一、收兑仍用漕斛也。查徵收漕糧向由漕斛，上届係將道庫奉頒小口鐵斛照造木斛較準應用。此次仍應照辦，並令各備米樣呈驗，加貼印花，攜帶赴通，以便較對。現在船隻早經雇定排泊淮城寶應氾水一帶，各給旂幟腰牌，俟米裝齊，聽候糧道逐一扞驗後，即由糧道稟請漕臣，照例盤驗，以昭慎重。

一、解款照案辦理也。查河運漕米逕抵通倉，除輕賫蓆木銀兩另由糧道衙門照例批解外，所有海運案內之津通剥費雜費應遵部議毋庸批解。惟廳倉茶果及箇兒錢兩項，仍照章解倉場衙門兑收。此外一切河運陋規雜費，仍請嚴行禁革，以重庫款而杜積弊。

一、米船隨到隨驗也。此次辦理接運，仍爲體恤民船起見，所有北船運米到壩，亦應速令回空，俾免羈候。應由臣咨商倉場督臣轉飭坐糧廳，於米船抵壩隨到隨驗，除實有霉變應立時風晾外，如米尚乾潔，務須隨驗隨收。倘有需索留難情事，從嚴懲辦。

一、船户照案調劑也。查歷届海運及同治五年九月河運，均準各帶二成土貨，回空亦准酌帶貨物，免其納税捐釐。欽奉諭旨准行在案。此次仍應照辦，並照案每石給發耗食米二升。至所帶二成貨物，凡裝米二百石之船，准帶土貨四十石，其餘以此類推。回空亦祇照原裝米數科算，准帶貨物二成，以重税課。由糧道填給護照，過關呈驗，免報税釐。惟洋藥一項，不在尋常貨物之列，如查有帶往者，照章完納税釐，以示限制。

一、出力各員酌請奬叙也。河運自故道失修極形艱苦，各委員到通交米，如果始終出力無誤倉儲，擬請倣海運章程，由糧道分別出考，詳請奬叙，以示鼓勵。

《户部則例》卷一九《漕運·輕賫帶解》 一、各省隨漕輕賫米折，於隨漕正耗之外，餘耗米折銀兩，正兑謂之輕賫，改兑爲之易米折銀，隨漕正耗另詳前條。每正兑米一石，山東、河南另徵輕賫米壹斗陸升，江南徵輕賫米貳斗陸升，浙江、江西、兩湖徵輕賫米叁斗陸升。每改兑米壹石，江南、浙江、江西徵米貳升，均每石折銀伍錢，隨漕徵收。兩湖無改兑米。山東、河南二省及江南徐州府屬之銅山、碭山、沛縣、蕭縣、豐縣等五縣，改兑米并無易米折銀。

一、各省隨漕板木，按正兑米貳千石徵楞木壹根，長壹丈肆尺玖寸，圍貳尺伍分。松板玖片，每片長陸尺伍寸，闊壹尺叁寸伍分，厚伍寸伍分。楞木每根折徵銀伍錢及伍錢伍分不等，松板每片折徵銀肆錢及肆錢伍分不等。隨漕解通濟庫交收，俟需用本色時，倉場計算，請旨辦運。山東、河南二省及江北廬州、鳳陽、潁州、淮安、揚州、徐州六府，六安、亳州、泗州、海州、通州五州屬正兑米石，均不徵楞木、松板。

一、糧船帶解毛竹，除山東、河南二省外。凡有漕省份，每船帶解大毛竹一根，中毛竹三根，解交各倉成造氣筒。其採辦價銀，江西省于道庫裁兵米折餘剩項下動支，湖北省在南糧抵兑節省水腳銀内動支，其餘各省俱在減存銀内動支。各省糧道將所帶毛竹驗明是否合式，造册咨送坐糧廳。坐糧廳先期移倉，按照册開長徑丈尺查收。糧竣，彙册咨送查覈。

一、毛竹價值，江南省蘇州、松江、常州、鎮江、太倉州五府州屬，大毛竹長二丈一二尺，圍圓一尺一二寸，每枝價銀貳錢肆分；中毛竹長一丈一二尺，圍圓六七寸，每枝價銀壹錢貳分。鎮江府屬丹徒毛竹長二丈三四尺，圍圓一尺一寸，每枝價銀壹錢。安慶府屬懷寧、桐城等縣毛竹長貳丈，圍圓壹尺貳叁寸，每枝價銀叁分伍釐至伍分不等。寧國府屬南陵等縣毛竹長壹丈貳尺至貳丈，圍圓壹尺至壹尺捌寸不等，每枝價銀叁分叁釐至壹錢陸分不等。池州府屬貴池、銅陵、石埭、建德、東流五縣毛竹長壹丈至貳丈不等，圍圓捌寸至壹尺伍寸，每枝價銀肆分至壹錢伍分不等。青陽縣毛竹長壹丈陸尺，圍圓壹尺，每枝重叁拾叁觔伍兩，每百觔價銀壹錢陸分。太平府屬當塗、蕪湖、繁昌三縣毛竹長壹丈叁尺至壹丈伍尺，圍圓壹尺，每枝價銀陸分至壹錢不等。廣德州毛竹長壹丈柒尺至壹丈玖尺，圍圓柒寸至壹尺，每枝價銀貳分至叁分不等。淮安府屬毛竹長壹丈陸尺，圍圓壹尺，每枝價銀壹錢伍分。泗州、盱眙、天長、五河等州縣毛竹長壹丈貳尺至叁丈伍尺，圍圓肆寸至壹尺貳寸不等，每枝價銀捌分至壹錢陸分不等。江寧府及海州、通州等處向無定價，照時價估報。江西省大毛竹中徑伍寸，長貳丈，每枝價銀陸分；中毛竹中徑貳寸，長壹丈貳尺，每枝價銀伍分。浙江省大毛竹，杭州、嘉興二府屬，長貳丈，徑肆寸，杭州府屬之新城縣，徑叁寸伍分，湖州府屬，徑肆寸柒分；中毛竹，杭州、嘉興二府屬，長貳丈貳尺，中徑叁寸肆分，杭州府屬之新城縣，徑叁寸，湖州府屬長貳丈，徑肆寸；小毛竹俱長壹丈捌尺，徑叁寸，惟新城縣徑貳寸伍分。每枝價銀，新城縣大毛竹柒分，中毛竹陸分，小毛竹伍分；嘉興府屬嘉興、秀水、嘉善、海鹽、平湖、石門、桐鄉，湖州府屬歸安、烏程、長興、德清等縣，大毛竹玖分陸釐，中毛竹柒分伍釐，小毛竹伍分叁釐；富陽縣大毛竹壹錢伍釐，中毛竹柒分，小毛竹肆分叁釐柒毫零；仁和、錢塘、海寧、昌化等州縣，大毛竹壹錢貳分，中毛竹捌分，小毛竹伍分；臨安縣大毛竹壹錢叁分，中毛竹玖分，小毛竹伍分伍釐；於潛縣大毛竹壹錢叁分，中毛竹壹錢，小毛竹捌分；餘杭縣大毛竹壹錢叁分伍釐，中毛竹捌分玖釐，小毛竹伍分陸釐。湖北、湖南二省大毛竹長貳丈，中徑伍寸，中毛竹長壹丈貳尺，中徑貳寸，湖南省大毛竹每枝價銀陸分，湖北省大毛竹每枝價銀壹錢，中毛竹每枝價銀捌分。

一、各省漕糧帶徵蓆片，隨糧解交，以爲各倉鋪墊苫蓋之用。山東、河南二省每正米貳石，派徵斜蓆壹領。長陸尺肆寸，闊貳尺陸寸。江南、浙江、江西、湖廣四省每正米貳石，派徵方蓆壹領。長肆尺捌寸，闊肆尺捌寸。以茶蓆貳領抵交斜蓆、方蓆壹領。凡應交蓆片作十分算，以壹分柒釐徵收本色起運，以捌分叁釐徵收折色附解，每領折銀壹分至壹分有奇。細數詳見《漕運全書》。應交本色，山東及河南、江安糧道所屬，俱照徵本色，給丁解交。河南照折徵定價于節省耗羨銀内動支，給軍辦交。浙江、江西、湖廣及江南、蘇松糧道所屬，俱徵銀給丁，辦價交納。

《户部則例》卷一九《漕運·江浙二省減漕輕賫》　一、江蘇省蘇松糧道所屬減漕項下，應扣輕賫銀肆萬貳百叁拾肆兩零，浙江省減漕項下應扣輕賫蓆木等銀叁萬貳千肆百肆拾柒兩捌錢肆分肆釐，另列專款徵解部庫交納。同治五年奏案，同治四年、九年咨案。

《户部則例》卷一九《漕運·徵收漕糧》　一、徵收漕糧，工部鑄造小口鐵斛，存户部一張，發交倉場、漕運總督及有漕各省糧道各一張，永遠遵用。其各府州縣收漕斛口，該管官員每季較掣，如有參差互異，浮收病民，即行查參。

一、州縣開倉時，僉派收糧書吏，擇老成殷實者承充。該州縣仍親身至倉查看，倘因公他出，即暫委本州縣佐貳官輪流監察。如書役有包攬、浮收等弊，監收官即揭報懲處，扶同隱匿，一并參究。

一、收漕之時，各督撫嚴行飭令各州縣，收納漕糧務須乾圓潔浄，不得濫收細碎潮濕之米。仍嚴密訪查，如本屬好米，承辦官吏藉端勒掯者，參處治罪。

一、各省徵收漕糧，米色、顆粒務須一律乾圓潔淨，不准紅白兼收。倘實在水旱欠收之年，米色不能一例圓潔者，該督撫預行題明，請旨辦理。

一、浙江省各州縣交納漕糧，按照區圖編立次第，派廒收納。每年秋收時，先期曉諭，于十月内開倉依限交收。

一、州縣徵收漕米截數之後，將欠户姓名遍貼曉諭。如有包户、蠹役以完作欠，許該花户指控嚴究。其收漕在鄉倉者，先行示期，計日按鄉分收；在城倉者，將開倉日期及早示諭。收米時，每日將遠鄉窮民零星米石先行量收，次及近倉各户。不得刁難勒掯，致花户守候。其有包攬匪徒恃強把持者，仍隨時嚴拿究辦。

《户部則例》卷一九《漕運·隨漕徵耗》　一、各省漕糧俱按每石加收耗米，以爲京、通各倉并沿途折耗之用。山東省正兑米應徵正兑正米柒拾叁萬陸千柒百叁拾餘石，改兑正米陸萬捌千陸百陸拾餘石，仍應徵白糧陸萬玖千貳拾伍石。原例額徵正兑正米壹百叁萬捌千玖百捌石伍斗捌升肆合陸勺，改兑正米玖萬肆千肆百肆拾柒石玖斗叁合捌勺。白糧遇有荒缺，于本州縣現徵南米内，通融辦足起運。

一、浙江省除減漕額外，應徵正兑正米肆拾壹萬貳千柒百伍拾柒石伍斗貳升肆合壹勺，有閏之年，計減少米貳百肆拾柒石肆斗。改兑漕糧與白糧均不議減，仍應徵改兑正米貳萬玖千叁百陸拾伍石伍斗，白糧正米貳萬玖千玖百柒拾伍石。舊例額徵正兑正米伍拾捌萬伍千貳百伍拾石陸斗柒升叁合叁勺，白糧遇有荒缺，于本州縣現徵南米内通融辦足起運。同治四年奏明減定。

一、江西省額徵正兑正米叁拾伍萬玖百貳拾壹石陸斗壹升柒合捌勺，改兑正米拾伍萬捌百捌拾陸石肆斗伍升陸合伍勺。

一、湖北省額徵正兑正米玖萬肆千壹百捌拾柒石捌斗柒升貳合貳勺。無改兑米。

一、湖南省額徵正兑正米玖萬伍千肆百捌拾貳石陸斗肆升壹勺。無改兑米。

一、奉天省額徵粟米壹萬伍千柒百陸拾叁石玖斗柒合叁勺壹抄，黑豆貳萬貳千玖百捌拾肆石伍斗伍升貳合叁勺玖抄。

《户部則例》卷一九《漕運·隨徵貼費》　一、各省漕糧隨漕徵收贈貼銀米，江南謂之漕贈，浙江謂之漕截，山東、河南謂之潤耗，江西、湖廣謂之貼運。以爲運糧軍丁長途輓運盤剥等項之用。山東、河南二省每米百石徵銀伍兩、米伍石。江安糧道所屬每米百石徵銀伍兩、米伍石。嘉慶五年奏准由州縣代爲售變，每石以壹兩玖錢折給。蘇松糧道所屬每米百石徵銀壹拾兩、米伍石。嘉慶五年奏准由州縣代爲售變，每石以壹兩玖錢折給。浙江省每石徵銀叁錢肆分七釐。江西省每石徵銀叁分、米叁升，嘉慶五年奏准以十分計算，内七分由州縣代爲售變，每石以壹兩玖錢給，其餘叁分留爲回空食用。又，徵給副耗米壹斗叁升。湖北、湖南二省因向無贈貼銀米，于肆耗之外，加徵贈貼米貳斗。

一、各省漕糧徵收漕耗銀米，給發官軍，爲兑漕雜費辦公之用。山東省每徵糧壹石，收漕耗米壹斗伍升。内津貼運軍運費銀叁分，蓆片銀伍釐，米伍升伍合。又，支給領運隨幫官盤費銀陸釐，其餘米石留爲州縣幫補運米不敷脚價之用。河南省每正糧壹石收漕耗米，陽武、封邱二縣壹斗，淇縣壹斗貳升，温縣壹斗肆升，餘俱壹斗伍升。内津貼運軍運費銀叁分，蓆片銀伍釐、米伍升伍合，下剩米石再撥給旗丁壹半，其餘留爲州縣兑漕雜費之用。江安糧道所屬，每正糧壹石收漕耗米壹斗。嘉慶五年奏准全數撥出給丁，由州縣代爲售變，每石以壹兩玖錢折給。蘇松糧道所屬，每正糧壹石，收銀陸分，折收錢肆拾陸文。嘉慶五年奏准全數撥出給丁。溧陽縣漕糧因江淮衛三六兩幫兑運，每石貼湖米叁升，以爲漕船赴次剥淺修船之用。江西省每正糧壹石，津貼州縣脚耗叁分玖釐陸毫、米柒勺陸抄。又，協濟運軍銀壹分叁釐七毫。浙江省杭州、嘉興、湖州三府每正糧壹石，收漕費錢捌文至貳拾壹文不等。又，杭州、湖州二府屬仁和、錢塘、海寧、富陽、餘杭、安吉、歸安、烏程、長興、德清、武康等一十一州縣，每正糧壹石，加收錢貳拾文。嘉興府屬嘉興、秀水、嘉善、海鹽、平湖、石門、桐鄉七縣，每正糧壹石加收錢叁拾文。以上浙江省各府州縣所收漕費錢文，嘉慶五年奏准全數撥出給丁。湖北省每正糧壹石，收漕耗米七升，漕費銀柒分。湖南省每正糧壹石，收漕耗米陸升，漕費銀自伍分至壹錢叁分不等。爲兑漕雜費辦公之用。

一、各省漕糧如遇截留之年，漕耗銀米照數徵收，分別支解，安徽、江蘇二省以一半給州縣，爲倉廒鋪墊之用。其給丁一半耗米、費錢，如截留在未經兑運之前，照數提解充公。若已兑上船，按程分別給丁。如折徵之年，亦照舊徵收，以資辦公。安徽省每正糧壹石，只收飯銀壹分，錢貳文。江蘇省每徵糧壹石，收費銀壹分，費錢自叁拾文至肆拾文不等，餘概免徵。行月米石統徵耗米。費錢一半存留州縣，爲修倉鋪墊，其上江一半耗米變價充公，下江一半費錢留充公用。

一、江南州縣運交漕糧，凡離省窵遠輓運維艱者，徵收水腳，爲轉運僱募舟車之費。安徽省定遠縣加收水腳錢壹百文，其餘各屬，潛山、太湖、宿松、涇縣、青陽、合肥、舒城、壽州、鳳臺、宿州、罌虹、阜陽、亳州、蒙城、霍邱、太和、六安、霍山、建平等十八州縣。每石加收水腳錢貳叁分至伍陸分，制錢十餘文至肆拾餘文不等。江蘇省每石徵收水腳錢伍文，水次離倉遠者，每石每十里加錢貳文，爲自倉挑剥上船之費。

一、江西省有漕州縣，有縣省兩倉者，每石統徵倉費銀肆釐。止有縣倉者，每石統徵銀貳釐。均以十分之三留爲歲修之用，所餘七分解存道庫，以備大修。

《户部則例》卷一九《漕運・改徵折色》

一、各省永折漕糧價銀，山東省永折米柒萬石，不徵耗米。内貳萬石，濟南府壹萬貳千石，兗州府叁千石，東昌府伍千石。每石折徵銀陸錢。又，米伍萬石，濟南府叁萬石，兗州府伍千石，東昌府壹萬伍千石。每石折徵銀捌錢。河南省永折米柒萬石，不徵耗米。内貳萬石，開封府貳千捌百壹拾叁石，歸德府肆百貳拾玖石，彰德府肆千捌百貳拾壹石捌斗，衛輝府貳千玖百柒拾捌石壹斗，懷慶府肆千貳百叁拾貳石壹斗，河南府肆千肆百柒拾肆石貳斗，汝州貳百伍拾壹石捌斗。每石折徵銀陸錢。又，米伍萬石，開封府陸千玖百叁拾石，歸德府玖百柒拾壹石，彰德府壹萬貳千壹百柒拾捌石貳斗，衛輝府柒千陸百叁拾肆石玖斗，懷慶府壹萬伍百陸拾柒石玖斗，河南府壹萬壹千壹百陸拾玖石捌斗，汝州伍百肆拾捌石貳斗。每石折徵銀捌錢。江南省江安糧道所屬永折米柒萬伍千玖百陸拾壹石叁斗壹升，内江寧府米柒千貳白貳拾貳石，每石折徵銀陸錢。又，米貳萬伍千肆百柒拾壹石，每石折徵銀柒錢。又，鳳陽等府屬米肆萬叁千貳百柒拾石叁斗壹升，鳳陽府捌千伍百柒拾石叁斗壹升，淮安府壹萬肆千柒百石，揚州府貳萬石。每石連耗折徵銀伍錢。蘇松糧道所屬太倉州永折米壹拾萬陸千肆百玖拾貳石陸斗玖升捌合，每石連耗折徵銀柒錢。湖北省永折米叁萬貳千伍百貳拾石陸斗有奇，内武昌府叁千陸百貳拾叁石柒斗柒升，漢陽府壹千貳百貳拾叁石肆斗肆升肆合柒勺，黄州府壹萬伍千捌白肆拾捌石叁斗捌升，安陸府叁千肆百玖拾伍石伍升，荆州府捌千叁百叁拾石，每石連耗米肆斗折徵銀柒錢。湖南省永折米伍千貳百壹拾貳石伍升伍合貳勺有奇，内衡州府壹千捌百壹拾玖石玖斗伍合貳勺有奇，岳州府壹千捌百捌拾肆石伍斗伍升，永州府壹千伍百柒石陸斗。每石連耗米肆斗折徵銀柒錢。以上永折價銀統歸入地銀奏銷案内一體報銷。

一、漕糧折徵之年，該督撫按照各省定價，臨時題明辦理。山東、河南二省粟米每石折徵銀捌錢，江南、浙江二省粳米每石折徵銀壹兩，粟米每石折徵銀柒錢伍分。隨漕應徵輕賫、蓆木、贈截等款銀兩，俱照數徵解。地方官將應徵改折米數、價值、款項刊示曉諭，照數徵收。如糧户有先期完納本色者，准抵下年漕米，仍于下年應徵本色内照數扣徵折色。改折灰石、米石，江蘇省正兑正米壹萬玖千柒百叁拾石叁斗，加四耗米柒千捌百玖拾貳石壹斗貳升，改兑正米壹千叁百捌拾陸石，加三耗米肆百壹拾伍石捌斗。浙江省正、改兑米壹萬叁千叁百貳拾叁石柒斗，加四耗米伍千叁百貳拾玖石肆斗捌升，俱每石折銀壹兩貳錢，遇閏加徵。

一、河南省每漕米壹石，折徵銀捌錢，以陸錢伍分辦本色起運，壹錢伍分作爲節省，解交糧道。離水道最遠之南陽、汝寧二府屬縣，并河南府屬之嵩縣、永寧二縣，及光、汝二州并屬縣，又陝州屬之靈寶、閿鄉、盧氏三縣，額徵漕米，每縣酌減貳千石，每石照原編折徵銀捌錢之數解司，其米數分撥于内黄、浚、滑、儀封、考成等五廳縣協辦，仍以捌錢之例分別辦理，于五廳縣地丁銀内按數扣除。又永城、鹿邑、虞城、夏邑、柘城、宜陽、新安、澠池、淮寧、西華、商水、項城、沈邱、臨潁、襄城、郾城、陝州、靈寶、閿鄉等一十九州縣粟米改徵黑豆，每石官收折色銀捌錢。令安陽、湯陰、臨漳、林縣、武安、涉縣、内黄、汲縣、新鄉、輝縣、獲嘉、淇縣、延津、滑縣、浚縣、河内、濟源、修武、武陟、孟縣、温縣、原武、陽武、封邱等二十四州縣，在于所屬照數代徵黑豆，按照每石捌錢之價，于地丁解司銀内減除，將永城等一十九州縣折徵銀兩抵補。

一、江蘇省清河、桃源、宿遷、阜寧、海州、贛榆、沭陽、嘉定、寶山等九州縣并安徽省寧國、施德、太平等三縣民折官辦漕糧、兵米，每年十月内，按產地、時價詳定。漕糧照上米，行糧、月糧并寧、旌、太平三縣兵米，均照中米借領司道庫儲銀兩，分別購買起運。其買米價銀及例銷牙用、運腳，合計每石需銀若干，由各該撫出示，交縣遍諭民户，于十一月內，照數攤徵，次年二月以前分解還款。如有浮開價、腳并地方官扶同揑飾等弊，分別究參。

一、安徽英山縣并江西瀘溪縣漕糧，亦准民折官辦。每年于開徵時，司道確訪時價，先動公項銀兩給發購買兑運。將用過銀兩按米覈明出示，遍諭里民照價輸納歸款。

一、浙江省於潛、昌化、富陽、新城四縣零星小户漕糧，該縣每年按照十月時價詳明，于易知單內分晰開列，徵收折色，官爲辦運。

一、湖北省通山、當陽二縣民折官辦漕糧，在于江夏、嘉魚、漢陽、黄陂、孝感、雲夢、應城七縣餘剩漕耗米内撥運。此項米石原係易穀，附儲常平之款。其通山、當陽二縣應徵漕糧，每石折交銀壹兩肆錢伍分，永爲定額解存司庫，酌量市價買補歸款。

《户部則例》卷一九《漕運・奉天米豆》 一、盛京户部委員經徵運通黑豆柒千貳百石，内改徵粟米貳千伍百壹拾玖石玖斗伍升貳合肆勺，仍徵黑豆肆千陸百捌拾石肆升柒合陸勺。錦州府所屬經徵運通黑豆叁萬壹千伍百肆拾捌石肆斗伍升玖合柒勺，内改徵粟米壹萬叁千貳百肆拾叁石玖斗伍升肆合玖勺壹抄，仍徵黑豆壹萬捌千叁百捌拾肆石伍斗肆合柒勺玖抄。按年運通交納，所需船隻由天津僱覓，無論頭運、二運，統限四月以内到奉天海口，乘時趕運。如有遲延，即由奉天咨明直隸總督，將怠玩船户嚴拿究辦，并將承辦各員查參。

一、直隸省每年領運奉天米、豆，由奉天先期知照直隸，僱船若干，于文到日限一個月僱齊。派委員弁督押，限一月內齊抵奉天口岸，取具回文，由陸路回省銷差，咨部查覈。計空船駛抵奉天總在四月間，如僱船遲延，將承僱之員參處。倘在途無故逗留，將督押之員弁及船户分別參究。其船抵奉天限一月內兑竣，將兑竣日期報部。由奉天省委員抵運，限一月內齊抵天津海口，計重船駛抵天津總在六月間，如船抵奉天，地方官不及時開兑或委員任意耽延，將該省印委各員分別參處。若開行後在洋逗留，將押運委員詳參。其船抵天津，限兩個月插檔撥運，全數赴通交納。倘遲到，南糧收竣尚未完交，由倉場查明，將遲誤之員指參，并將督催不力之該管官查議。如有短少、霉變各情弊，將各該委員分別議處勒賠。

《户部則例》卷一九《漕運・監兑漕糧》 一、各省監兑漕糧同知、通判等官于漕糧開倉收兑時，上司衙門不得以别項公事差委，令其親身坐守水次，專理漕務。將正耗、行月搭運等米，逐船兑足到淮，聽總漕盤驗。倘有糧數不足、米色不純，總漕盤驗察出，即將監兑官題參。

一、山東省濟南府通判、武定府同知、兖州府通判、東昌府清軍同知、泰安府通判、曹州府桃源同知，俱監兑本府漕糧。

一、濟寧直隸州州同，監兑金鄉、嘉祥、魚臺三縣漕糧。臨清直隸州州同，監兑夏津、邱縣、武城等三縣漕糧。

一、河南省歸德府通判監兑開封、歸德二府漕糧。衛輝府通判監兑彰德、衛輝二府漕糧。懷慶府通判監兑河南、懷慶二府漕糧。

一、江南省江寧府管糧同知、常州府管糧通判、鎮江府糧補通判、安慶府管糧通判、寧國府管糧通判、池州府管糧通判、太平府管糧通判、廬州府管糧通判、鳳陽府同知、淮安府軍捕通判、徐州府糧捕通判，俱監兑本府漕糧。揚州府軍捕同知監兑本府及通州屬漕糧。蘇州府督糧同知、管糧通判，松江府董漕同知、糧捕通判，每年令一員監兑漕糧，一員押運白糧，輪流遞管。

一、太倉州并所屬漕糧，每年臨時添委丞倅一員，專司監兑。

一、浙江省杭州府局糧通判監兑本府漕糧并嘉興府石門縣漕糧。嘉興府通判監兑本府漕、白二糧。湖州府同知監兑本府漕、白二糧并安吉縣漕糧。

一、江西省南昌府通判、吉安府通判，分理監兑南昌、瑞州、臨江、吉安、廣信、建昌、撫州、南康等八府漕糧。臨江府通判監兑饒州府漕糧。

一、湖北、湖南二省漕糧每年兑運時，該二省糧道于通省同知、通判内，各詳委三員監兑。

一、漕糧未兑以前，責在州縣。既兑以後，責在弁丁。交兑時，糧道臨倉親驗，米不乾潔，責令州縣風篩，乾潔無虧，監兑官秉公查驗。兑竣，運弁即將通關文結給該州縣，轉送該管衙門查覈。倘遇州縣衛弁以米色争持者，即將驗過米様眼同封固，各用印戳馳送。總漕并委查之道員，親往比驗。果有潮濕攙雜，監兑官徇私袒庇，一并通揭請參。如係弁丁揑報，即押令受兑出結，仍將弁丁分别懲處。受兑開行以後，盤驗有潮濕、霉變、攙雜者，即將押運、領運官弁參處，米石立限賠補，不得再調州縣，至淮易换。

一、各省漕糧，督飭州縣徵收乾圓潔净之米。如偶遇雨水失調之年，務須竭力曬晾乾潔。交兑上船，取具監兑各官印加各結送部。至兑運上船以後，司漕各官責令旗丁按倉查看，隨時風晾，以免潮濕。

一、新倉開兑，責成糧道臨倉親驗，并委各屬總運廳員逐廒查看，驗定米色，幫丁不得混挑妄稟。

《户部則例》卷一九《漕運·派兑輪兑》 一、幫船兑運漕糧，先盡本地衛所就近派兑。倘船不足數，再于隔屬派撥兑運。今按嘉慶二十五年派兑幫次開載。

一、山東德州衛正幫船，兑運德州、禹城、陽信、齊東、鄒平、長山六州縣漕糧。臨清衛山東前幫船，兑運夏津、武城、館陶、臨清、利津、蒲臺六州縣漕糧。臨清衛山東後幫船，兑運章邱、青城、新城、平原、齊東、臨清六州縣漕糧。濟寧衛前幫船，兑運歷城、冠縣、高唐、平陰、肥城、東阿、陽穀、莘縣、城武、金鄉、單縣、嘉祥、鉅野、魚臺、滕縣、嶧縣一十六州縣漕糧。濟寧衛後幫船，兑運邱縣、冠縣、長清、萊蕪、濟寧、荷澤、曹縣、定陶、滋陽、曲阜、寧陽、鄒縣、泗水、高塘、清平一十五州縣漕糧。濟寧衛左幫船，兑運歷城、章邱、鄒平、齊河、商河、恩縣、德平、臨邑、惠民九縣漕糧。濟寧衛右幫船，兑運長清、邱縣、平原、商河、蒲臺、歷城、陵縣、樂陵八縣漕糧。

一、東昌衛幫船，兑運長清、濟陽、利津、聊城、堂邑、博平、茌平七縣漕糧。濮州所幫船，兑運青城、濱州、淄川、鄆城、壽張、濮州、范縣、觀城、朝城九州縣漕糧。東平所幫船，兑運陵縣、陽信、長山、泰安、萊蕪、汶上、東平、冠縣八州縣漕糧。

一、河南向無衛所，派撥直隸、山東、江南幫船協運。直隸通州所幫船，兑運安陽、武安、林縣、涉縣、陳留、通許、杞縣、祥符、温縣、鞏縣、睢州、河内、浚縣、考城一十四州縣漕糧。天津所幫船，兑運安陽、涉縣、孟縣、商邱、寧陵、浚縣六縣漕糧。山東德州衛左幫船，兑運修武、武陟、林縣、内黄、滑縣五縣漕糧。任城衛幫船，兑運内黄、湯陰、洛陽、鞏縣、偃師、孟津、修武、商邱、輝縣、滑縣、淇縣、延津、陳留、鄭州、滎陽、滎澤、濟源、武陟一十八州縣漕糧。平山衛前幫船，兑運陽武、太康、中牟、杞縣、洧川、蘭陽、臨漳、原武、濟源、長葛、禹州、密縣、新鄭、鄭州、滎陽、滎澤，汜水十七州縣漕糧。平山衛後幫船，總運湯陽、臨漳、睢州、杞縣、尉氏、許州、孟縣七州縣漕糧。臨清衛河南前幫船，兑運濟源、河内、孟縣、温縣、修武五縣漕糧。臨清衛河南後幫船，兑運通許、祥符、封邱、陳留、原武、汲縣、新鄉、獲嘉、淇縣、許州、武安、涉縣、浚縣、滑縣、扶溝、杞縣、洧川、鄢陵、中牟、濟源、武陟、長葛二十二州縣漕糧。江南江安糧道屬徐州衛河南前幫船，兑運輝縣、太康、湯陰、河内、商邱、浚縣、杞縣、陽武、尉氏、通許、祥符、考城、禹州十三州縣漕糧。徐州衛河南後幫船，兑運河内、登封、武陟、睢州、新鄉、安陽、臨漳、汲縣、鞏縣、孟津、滑縣、汜水、獲嘉、陽武十四縣漕糧。

一、運送薊州、易州等處漕米，應派何省撥運，由倉場侍郎酌定，于每年二月内預爲挨幫輪派，咨明總漕并先行出示曉諭。如遇山東省幫船派運易州粟米年份，即以該省德正、濟左、濟右、臨東後、臨東前五幫及東昌、濮州、東平三幫作爲一幫，共成六幫，輪流撥運，以均勞逸。倘遇實緩年份，應派之幫粟米不敷撥運，隨時詳明，改派下年補運。

一、江南省江安糧道所屬江淮衛九幫船、興武衛二幫船，遞年輪兑上元、江寧、句容、六合四縣漕糧。如遇輪兑之年糧多船少，所缺船隻在于二幫額船内互相撥補，即歸所補之幫弁經管。興武衛九幫船，兑運上元、江寧、江浦三縣漕糧。安慶衛前幫船，兑運懷寧、桐城、潛山三縣漕糧；後幫船，兑運太湖、宿松、望江三縣漕糧。新安衛池州幫船，兑運青陽、銅陵、貴池、建德四縣漕糧。宣州衛幫船，兑運涇縣、宣城、寧國、旌德、太平、南陵、建石七縣漕糧。建陽衛寧太幫船，兑運當塗、蕪湖、繁昌、廣德、宣城、南陵、貴池、東流八州縣漕糧。廬州衛頭幫船，兑運無爲、合肥、舒城、廬江、巢縣五州縣漕糧。長淮衛原宿州頭幫船，兑運宿州、靈壁、五河、盱眙、泗州并管之原虹五州縣漕糧；二幫船，兑運亳州、蒙城、懷遠、太和、阜陽、壽州、定遠、潁上、霍邱、鳳臺、六安、英山、霍山一十三縣漕糧。淮安衛三幫船，兑運清河、宿遷、睢寧、桃源、邳州、贛榆六州縣漕糧。大河衛前幫船，兑運山陽、鹽城、阜寧、沭陽、泰州五州縣漕糧。揚州衛二幫船，兑運高郵、寶應、江都、甘泉、儀徵、泰興、興化、天長八州縣漕糧；三幫船，兑運泰州、興化、江都、甘泉、如皋五州縣漕糧。徐州衛江北幫船，兑運銅山、沛縣、蕭縣、豐縣、碭山五縣漕糧。長淮衛三幫、四幫船，淮安衛頭幫、二幫船，泗州衛前幫、後幫船内，二幫輪兑山陽、鹽城、阜寧、高郵、海州、沭陽、銅山、蕭縣、豐縣、碭山十州縣漕糧，其餘各幫每年協運蘇、松各屬漕糧。江淮衛三幫、六幫船，兑運溧陽縣漕糧。鎮江衛前幫、後幫船，分兑丹徒、丹陽、金壇三縣漕糧，多餘船隻，找撥常州府屬米石。蘇州府、松江府、常州府白糧幫抽運船隻，均兑運各屬白糧。其餘蘇、松、常、太等三十六幫船，自道光三年掣定水次，挨次輪流受兑。蘇州、太倉二府州屬二十一幫，掣定十六整幫内，鎮海衛後幫船、太倉衛前幫船掣長洲縣，淮安衛二幫船、滁州衛蘇州幫船掣元和縣，興武衛五幫船掣吴縣，儀徵幫船、蘇州衛前幫船掣吴江縣，淮安衛頭幫船、太和衛二幫船掣震澤縣，江淮衛頭幫船、揚州衛頭幫船掣常熟縣，廬州衛三幫船掣昭文縣，江淮衛二幫船掣昆山縣，江淮衛四幫船掣新陽縣，太倉衛後幫船掣太倉縣，大河衛三幫船掣鎮江縣，廬州衛二幫、鎮海衛前幫、興武衛六幫、淮安衛四幫、蘇州衛後幫共五幫船，撥兑嘉定、寶山二縣，并找撥各該州縣漕糧。松江府屬八幫掣定七整幫内，江淮衛八幫船掣華亭縣，興武衛三幫船掣奉賢縣，金山幫船掣婁縣，江淮衛七幫船掣金山縣，興武衛八幫船掣上海縣，江淮衛五幫船掣南彙縣，興武衛七幫船掣青浦縣，興武衛四幫船撥兑川沙廳，并找撥各縣漕糧。常州府屬七幫掣定七帶幫，興武衛頭幫船掣武進縣，鳳中衛常州幫船掣陽湖縣，泗陽衛前幫船掣無錫縣，鳳陽衛常州幫船掣金匱縣，長淮衛頭幫船掣江陰縣，鳳中衛二幫船掣宜興縣，長淮衛四幫船掣荆溪縣。以上各幫自掣定水次之後，每届三年，毋庸再掣，即將上次掣定各幫，挨次輪流受兑，并指明何年何幫應兑何縣漕糧，造册咨部備查。先盡整幫整縣匀兑，其有糧多船少、船多糧少之處，將上届找補之散幫，下届即并爲整幫，盡先受兑。上届在後之整幫，下届即作爲散幫，分撥找補，按屬匀撥，毋得攙越。

一、江西撫州所、饒州所兩幫船，均兑運饒州府等屬漕糧。又，都昌縣漕糧派尾幫兑運，即令截留滄州兵米，其餘各幫，道光二十六年掣拈各廳、縣倉。南昌衛前幫船，兑萬安、新城、南昌、清江、安義五縣；南昌衛後幫兑南城、安仁、豐城、高安、建昌五縣。袁州衛袁州幫，兑蓮花、新喻、新建、金溪、廬陵、永新一廳五縣。贛州衛贛州幫，兑新安、貴溪、龍泉、南昌、新淦、高安、進賢七縣。九江衛前幫兑義寧、崇仁、東鄉、進賢、奉新一州四縣；九江衛後幫兑贛縣、南昌、新淦、吉水、玉山、上高六縣。吉安所幫兑弋陽、豐城、南豐、餘干、臨川、新昌六縣。永建所幫兑瀘溪、安福、泰和、廬陵、廣豐、奉新六縣。安福所幫兑新喻、新建、永豐、泰和等四縣。廣信所幫兑鉛山、峽江、豐城、餘干、吉水、臨川六縣。鉛山幫兑上饒、武寧、崇仁、靖安、廬陵、新昌六縣。計江西省漕船共十三幫，除饒州、撫州兩幫便兑饒州府等屬漕糧，都昌縣派尾幫兑運滄州兵米外，其餘南昌衛前後等十一幫漕船，遵照原定簽掣應兑州縣。三年一届，由後推前，挨次輪推，毋稍攙越。其米多船少之幫，不敷裝運，所有裝餘之米，准以次幫之船找兑，如次幫船米數適相當，則以再次之幫找兑，若再次之幫仍無餘船可裝，按次向後再推，推至船多米少之幫找兑，仍由糧道將何幫餘米，應派何幫找兑，於派撥幫倉册内明晰聲叙。

一、江西省南昌衛前後等十一幫，掣拈廳、縣倉漕糧，遇有蠲緩，即在本幫減派，不得以極疲船隻減歇，并革除疲船名目。每届兑運之先，糧道預將幫船應兑應帶漕糧，并别幫裝運撥歸本幫米石，各就各幫覈計應兑廳縣廒口米數，均匀搭配，按照船數配簽若干。該幫如有蠲緩，即按應減船數配入，空簽若干，統由糧道傳集弁丁眼同簽掣。該丁掣得空簽，即令減歇；掣得何廳何縣何廒，即令按照受兑。無論頭船、腰船、尾船，統隨衆丁一體簽掣，均不得借門丁、書吏及伍長等之手。仍令漕運總督飭造詳細清册，咨部查覈。

一、浙江杭嚴衛頭幫船，兑運仁和、錢塘二縣漕糧；二幫船兑運錢塘、仁和、海寧、餘杭、新城、昌化、於潛、臨安八府州縣漕糧；三幫船兑運秀水、嘉善二縣漕糧；四幫船兑運富陽、石門、海寧三州縣漕糧。寧波衛前幫船兑運嘉興縣漕糧，後幫船兑運秀水、嘉興二縣漕糧。紹興衛前幫船兑運嘉善縣漕糧，後幫船兑運平湖、嘉善二縣漕糧。臺州衛前幫船兑運長興、烏程、德清三縣漕糧，後幫船兑運歸安、烏程二縣漕糧。温州衛前幫船兑運長興、烏程二縣漕糧，後幫船兑運德清、烏程二縣漕糧。處州衛前幫船兑運桐鄉、石門二縣漕糧，後幫船兑運安吉、武康、德清三縣漕糧。海寧所幫船兑運海寧州漕糧。嘉興衛幫船兑運嘉興、秀水、平湖、海鹽四縣漕糧。湖州所幫船兑運歸安縣漕糧。金衢所幫船兑運長興、歸安二縣漕糧。嚴州所幫船兑運海鹽、平湖、石門三縣漕糧。嘉興府白糧幫船兑運嘉興、秀水、嘉善、海鹽、平湖、石門、桐鄉七縣漕、白糧。湖州府白糧幫船兑運歸安、烏程、長興、德清、武康五縣漕、白糧。

一、湖北武昌衛、武昌左衛、黄州衛、蘄州衛、襄陽衛、德安所六衛所，分爲三幫，頭幫船兑運江夏、咸寧、通城、嘉魚、蒲圻、崇陽、通山、漢陽、黄陂、孝感、當陽、安陸、雲夢、荆門、應城、隨州、應山、黄岡一十八州縣漕糧，二幫船兑運江夏、武昌、通山、漢陽、沔陽、當陽、荆門、天門、蘄水、大冶、羅田、潛江、江陵一十三州縣漕糧，三幫船兑運江夏、通山、大冶、漢陽、沔陽、蘄州、當陽、荆門、江陵、監利、興國、松滋、公安、廣迹、石首、黄梅一十六州縣漕糧。

一、湖南沔陽衛、荆州衛、荆州左衛、荆州右衛、岳州衛五衛，分爲三幫，頭幫船兑運長沙、湘陰、醴陵、寧鄉、茶陵、湘鄉、常寧、華容、澧州、安福十州縣漕糧，二幫船兑運善化、攸縣、瀏陽、益陽、臨湘、巴陵、衡山七縣漕糧，三幫船兑運湘潭、衡陽、耒陽、安仁、平江、清泉六縣漕糧。

一、山東省起運新漕，除額設軍船外，不敷船隻赴天津僱備官撥裝運。如遇有河南省漕糧停運，即將空出軍船就近撥用，毋庸再赴天津僱備，以歸省便。

一、山東省每年撥運保定、雄縣兵米陸千肆百餘石，於閘内各幫漕船内撥出船十二隻濟寧前後兩幫船各四隻，東昌幫船二隻，濮州、東平一幫船各一隻。專裝，運赴北倉交卸，其原裝米、豆分灑通幫帶運。

一、撥運保定、雄縣兵米之閘内濟寧等五幫，遇有災緩截留漕糧，出運船隻較少之年，按照閘内、閘外各幫起運船數，一體酌撥，共撥出船十二隻，專裝兵米，其原裝麥豆分灑各幫帶運抵通，免致負重。

一、撥運保定、雄縣兵米之船行抵北倉交卸事宜，閘内各幫於濟寧等五幫千總内，遴委一員辦理，外河船隻即令總運廳員督辦。

一、河南省每年額運白麥壹萬石，需船二十隻，在于平山前後、臨清前後、徐州前後等六幫挨次遞年專幫輪運。

一、河南、山東二省支剩行糧并山東扣存宿州二幫行糧米石，于各本幫每船加裝貳拾陸石，分灑運通；再有多餘，准其僱船專運。

一、江蘇省白糧幫船，在于通省漕船内揀選丁殷船固，歷年無欠之艘，三年一次，掣換更替。責令該糧道每年未經兑糧之先，親赴水次查驗。如有丁疲船朽，即行另選殷固丁船補運，取具印甘各結，送部存查。

一、興化所十一船、通州所十一船、鹽城所六船兑運東臺縣漕糧，并灑帶以鳳還漕米石。

一、浙江省白糧幫船均令長運，永免抽調。

《户部則例》卷二〇《漕運・嚴禁橋倉掣欠》 同治七年二月二十九日奉上諭：鍾岱、宋晋奏請飭抽查漕糧御史認真抽掣，嚴防積弊，等語。漕糧爲天庾正供，理宜嚴杜偷漏之弊。近來各倉虧短累累，輒藉掣欠一項爲諉卸之地，若不力加整頓，何以除積弊而重倉儲？著抽查漕糧御史于大通橋抽掣時，按照奏定章程認真稽覈，務當掣欠實在數目，不得視爲具文，銷涉疏忽。其由橋至倉即責成各該監督詳細抽掣，以昭覈實。餘均照所議辦理等因。欽此。

一、橋、倉掣欠如在額内，剥船駕掌及各項代役免其責懲。每米百石逾額至伍斗，立將剥船駕掌、各項代役重責，交地方官嚴訊。每米百石逾額至壹石，立將剥船駕掌、各項代役送部治罪，至該管官處分。每米百石逾額至壹石以上，查係橋欠，將坐糧廳、監督奏請議處；倉欠，將大通橋監督奏請議處。同治七年户部奏案。

一、橋、倉各員，每米百石如掣欠逾額至壹石以上者，將該監督照在京衙門失察書役犯贓，如係舞文弄法例，分别議處。如掣欠及壹成者，將該監督照在京衙門失察書役犯贓，如係舞文弄法例，加等議處。犯該杖、徒者，降一級留任；犯該軍流者，降一級調用；犯該斬、絞者，降二級調用，俱公罪。自行訪拿究辦者，免議；知情故縱者，革職，私罪。同治七年吏部奏辦。

一、轉運漕糧，經紀、車户、剥船駕掌及各項代役，每米百石掣欠逾額不及伍斗，照例免其責懲；外如逾額至伍斗者，杖一百，枷號一個月；壹石至貳石杖六十，徒一年；叁石至肆石杖七十，徒一年半；伍石至陸石杖八十，徒二年；柒石至捌石杖九十，徒二年半；玖石至拾石以上者，杖一百，徒三年。如該經紀等承運糧米千石内，逾額至拾石以上者，亦杖一百，徒三年；叁拾石以上者，杖一百，流二千里；伍拾石以上者，杖二百，流二千五百里；柒拾石以上者，杖一百，流三千里；玖拾石至壹百石以上者，發附近充軍。壹萬石内，逾額至百石以上者，亦發附近充軍；叁百石以上者，發近邊；伍百石以上者，發邊遠；柒百石以上者，發極邊，足四千里；玖百石以上者，發往雲貴、兩廣煙瘴地方，各充軍。壹千石以上者，發往新疆，酌撥種地當差，仍著落先行照數追賠，全完免罪，不完杖枷，人犯照原擬發落。徒罪以上照挪移庫銀之例，分别辦理。倘訊明有偷竊、盜賣情事，仍照例從其重者論。同治七年刑部奏案。

一、橋、倉逾額掣欠，由倉場侍郎一面將各該役應得罪名，指名覈定，咨行户、刑兩部存案，仍將各該役暫緩交部，一面將應賠米價勒限著追，俟賠款交清或交有成數，由倉場奏請，分别減免。其廳橋各監督亦准暫緩開參。如各役賠款逾限不交，即將各役照章治罪，該管官照章開參。所有罪名、處分，均照同治七年奏定章程辦理。同治九年户部議覆倉場奏案。

《户部則例》卷二〇《漕運·脚價夫工》　一、漕糧土壩起米，每石給外河抗價銀壹釐，石壩起米，每石給外河抗價銀壹釐，裏河抗價銀壹釐。

一、石壩經紀承運土壩漕糧，由土壩裏河抗米上船，撥運至新舊兩城南門落崖堆儲號房，裝車陸運至通倉，每石給腳價銀貳分玖釐。

一、石壩經紀由裏河五閘剥運漕糧至大通橋，每石給腳價銀貳分肆釐。又，大通橋車户由大通橋運米進内倉、禄米、南新、舊太、海運、北新、富新、興平等八倉，每米壹石給腳價銀叁分肆釐；運進裕豐倉，每米壹石給腳價銀貳分陸釐；運進本裕倉，每米壹石給脚價銀玖分肆釐；運進豐益倉，每米壹石給脚價銀壹錢貳分肆釐；運進萬安倉，每米壹石給腳價銀貳分伍釐玖毫；運進太平倉，每米壹石給腳價銀壹分伍釐玖毫。

一、普濟、平下、平上、慶豐等四閘，抗米過閘水腳，每閘每石給抗價銀貳釐柒毫，大通橋水腳抗米落崖堆儲號房，每石給抗價銀貳釐柒毫。

一、大通橋車户車價，按卯給發。除太平倉腳價全給車户辦運外，其餘各倉，每米壹石于腳價内扣留銀肆釐，萬安倉扣存銀叁釐玖毫，爲車户買補掣欠等項之用，又，每石津貼京倉散役飯食錢壹文。其領出銀兩監督自行經理，令車户連環互保。如有擅動卯銀，公同呈報究治。倘官吏等有私派苦累以及私相通挪情弊，倉場即行參奏治罪。

一、白糧抵土壩，經紀抗運落崖，每石給抗價銀壹釐。裏河抗運上船，每石給抗價銀叁釐伍毫。剥運至新舊兩城南門落崖，上車陸運進通倉，每石共給腳價銀壹分。

一、白糧抵石壩，經紀抗運落崖，每石給抗價銀壹釐，石坎裏河抗運上船，每石給抗價銀叁釐伍毫。石壩裏河五閘剥運至大通橋，每石給腳價銀壹分捌釐。又，普濟、平下、平上、慶豐四閘搬抗水腳，過閘上船，每石每閘給抗價銀貳釐壹毫有奇。大通橋水腳抗運落崖堆儲號房，每石給抗價銀貳釐壹毫有奇。大通橋車户運送白糧進内倉，每石給車價銀貳分捌釐。

一、江蘇省白糧每糧船壹隻，設量斛、束包搬運夫二名，每名工食銀柒兩貳錢，州縣編徵支給。

一、京、通各倉收受漕糧，僱夫抗米，入廒包囤，每米壹石給腳價銀肆釐；本裕倉給價捌釐。小甲抗糧到囤，每米壹石給腳價銀貳釐；本裕倉給價肆釐。京倉花户，通倉甲斗、鋪廒、打捲、抱籌、擡斛，每米壹石給腳價銀叁毫伍絲；本裕倉給銀柒毫。

一、漕白經紀排造五閘剥船壹百貳拾伍隻，船頭壹百貳拾伍名，令通州及大興縣所屬地方，召募殷實良民充當。每名每年工食銀叁拾伍兩，在經紀應領腳價銀内扣給。

一、五閘運米腳夫，責成通流、慶豐兩閘閘官就近管束，往來督率稽查，毋任腳夫拋散，以昭慎重。

一、黄河并京口、瓜洲二處，共設護漕江船十二隻，每船設舵水一十名，每年正二三三個月，每名月給工食銀壹錢，漕船過盡，聽其自行載渡覓食，所需銀兩在于陸升米折項下動給。

一、糧船沿途提溜趕幫，旗丁僱用短縴，每夫每里給制錢壹文。自惠濟閘至臺莊，每夫日每里給制錢壹文半。自臺莊至韓莊，每夫每里給制錢叁文。江廣幫船重大，惟應多加縴夫，不得額外增價。北河楊村至通州，每夫每里給制錢貳文，天雨泥濘，酌量加增，每里不得過肆文。

一、漕船打閘過壩，應用短縴若干名，酌定數目，每夫過一船給制錢壹文。如一幫之船分兩三日過完者，令押運官弁臨時斟酌增添。如有兵役派添短縴多索夫價，從中取利，兵役治罪，該管員弁議處。

一、各夫僱價，旗丁給予現錢，不得以貨以米抵給。倘有擅動漕糧作爲縴夫食米者，均照盗賣盗買例，從重治罪；押運官弁以及地方官均題參議處。

《户部則例》卷二〇《漕運·解通經費》 一、輕賫銀兩每年先漕解通，如有遲欠，聽倉場侍郎題參。山東、河南、浙江、江西、湖廣、江安糧道屬共額徵銀貳拾肆萬陸千玖百貳拾陸兩有奇，解交通濟庫備用。蘇松糧道屬額徵銀拾叁萬柒千玖拾肆兩有奇，并蓆、木等項共額徵銀拾肆萬柒千捌拾玖兩奇。内解通濟庫銀伍萬兩，并蓆、木銀共解通陸萬玖百肆拾柒兩有奇。餘銀捌萬陸千壹百肆拾壹兩有奇，歸入該省漕項奏銷報撥。其通濟庫儲銀兩，坐糧廳按年造報倉場，送部查覈。如有餘剩，仍解户部，不敷具奏，于户部請領。

一、各省漕船應交各倉茶果銀兩，每糧一石交銀伍釐壹毫有奇，爲各倉收放米石之用，令坐糧廳于應給餘米折價銀内扣抵。

一、到通漕船應交坐糧廳茶果銀兩，每幫頭船免其交納，其餘扣除吏役、紙張、飯食，每大米船一隻交銀捌兩，小米船一隻交銀肆兩陸錢。江、浙白糧船在于本省應領耗贈銀内扣留，封交押運官，解通交納。其餘各船即在旗丁應領簹夫羨餘銀兩内照數扣抵。如有不敷，于餘米折價銀内找扣。

一、漕糧起卸每米一石，旗丁津貼經紀個兒錢貳拾柒文，爲運米脚價之用。如胥役額外需索，經紀把持耽延，查出治罪。

一、漕船遇有事故買補米石交倉者，免其交納茶果銀兩并個兒錢文。如米無虧缺，仍轉運進倉者，個兒錢文照舊交納。

一、江蘇、浙江二省白糧抵通，每正米壹石解出閘銀捌分，爲石壩等五閘至大通橋進京倉各項人役脚費之用。

《户部則例》卷二〇《漕運·動借銀兩》 一、坐糧廳書吏如有長支飯銀，除將該廳等嚴參並分賠壹半外，其餘壹半銀兩，將書吏送部監追。如交不足數，仍令該廳全數賠補。至該經紀等應領脚價，如實係不敷辦運，不得已豫借長支，由倉場侍郎奏明辦理，每年奏借銀數，總不得過壹萬兩。如借支過限，或坐糧廳擅自給發，由倉場侍郎據實嚴參，仍令將借支銀兩照數賠補。倉場徇隱不發，由户部查參。

一、經紀辦運不敷，長支豫借銀兩，均須奏明辦理，于通濟庫奏銷册内應存銀數後，另行寫明某年某月，奏明何項下支借銀若干兩，再另行寫實存庫銀若干兩，以清眉目。其借支銀兩次年扣回，即入列次年收款。倘奏銷册内存數查與庫存實數不符，除將坐糧廳監督奏參嚴議外，并將倉場侍郎一并議處。

《户部則例》卷二〇《漕運·橋壩雜款》 一、城内禄米等七倉，城外太平等四倉，應支領茶果項下放米制錢，每石貳釐。又，大通橋車户津貼各倉收米個兒錢，大米壹石，制錢壹文；小米貳石，制錢壹文。俱停給扣存，每歲計存銀陸千餘兩，留存通濟庫，作爲排造撥船，修理號房，挑挖護城河等項之用。

一、運京漕糧，每年軍、白糧經紀額製口袋十八萬條，應給例價銀叁萬玖千叁百拾貳兩，每條計例價銀貳錢壹分捌釐肆毫。在于軍、白糧經紀例得運米脚價銀内減扣通庫，軍糧經紀每石扣銀陸釐，白糧經紀每石扣銀肆釐。爲買布置袋之用。倘有不敷，于輕賫項下支銷。又，殘袋變價每條伍分計銀玖千兩，全數撥給經紀，增補布價。每歲换造完竣，由坐糧廳造册呈送倉場，如有上年未經用過之袋，亦于册内注明。截印年份字號，倘有額數不敷、攙雜舊袋等弊，即將經管吏分别參處。查驗如數，即取具并無偷減甘結，送部備查。其袋官爲收存，陸續批發應用，俟全漕運竣後，仍將已用未用各數，分晰造册，送部查覈。查製備口袋，向係借支庫項，于運米脚價内照數扣還。嗣因扣項積累日多，議准照定額實用實銷，將軍糧、白糧脚價扣存陸釐肆釐不等，又將殘袋變價銀兩，以爲製袋之用。尚有不敷，在于輕賫項下支銷，俟各項扣清之日，再行奏明，仍舊辦理。嗣于嘉慶十四年將殘袋變價銀兩奏准津貼經紀一半。嘉慶十九年復經奏准，將下剩一半殘袋變價銀兩，全數撥給，以資辦公。仍俟該經紀積欠扣清後即行停止給發，查照舊章辦理。

一、石壩袋廠經紀承管口袋，如當趕運糧石之時，隱匿新袋，捏報發出全完，除將經紀奏交刑部審訊治罪外，并將失察之石壩州判嚴參辦理。

一、大通橋車户僱備長車一百二十兩，每月點驗。如遇運務緊急，隨時添僱。每年准車户承買官豆貳萬石，于奉天黑豆内照數截撥。豆價每石銀柒錢貳分伍釐，俟豆石變出，先將壹萬石價銀繳還通濟庫歸款，其餘壹萬石價銀按十卯扣歸。

一、漕糧自石壩運進各倉，沿途撒落之米，倉場飭令橋、壩及朝陽門各置木桶掃收，就近運入太平倉收儲。俟漕運完竣，通計米石若干具奏報部，飭城領糶變價，解交部庫。其大通橋掣欠糧米，如有抛撒，許其隨時掃歸斛内，以免經紀賠補。

一、抽查漕糧御史，滿漢各一員，每年每月支公費銀拾陸兩，按月給發。其吏役飯食、鋪墊、租房等項，每年給銀肆百兩；土壩書吏飯食，每年給銀伍拾壹兩貳錢；裹河撈割雜草，每年給銀貳拾肆兩；置造枷號，每年給銀肆拾兩，均由坐糧廳茶果項下作正開銷。

一、車户運米回袋，由倉場侍郎派委員二人協同大通橋監督專司稽查。每日每倉回袋若干，隨時登簿，一面即運回通壩，不准任聽車户擅自借用。倘實有口袋破損須倒换者，會同監督驗明，酌量發給，即于簿内記明借數，以便稽覈。如係花户將口袋短少，即責成花户賠補；如係車户借用短少，即責令車户賠補。

《户部則例》卷二〇《漕運・進倉驗耗》 一、坐糧廳收兑糧米俱用紅斛。進京倉，紅斛每石較倉斛大貳斗伍升；進通倉，紅斛每石較場斛大壹斗柒升。

一、京倉兑收漕糧，每正米壹石，原帶耗米貳斗伍升内，除顛抗折耗米貳升，實進倉正耗米壹石貳斗叁升。倉中收受入廒正米壹石，收耗米柒升，尖米肆斗貳合，又耗尖米貳合玖勺肆抄，盤折作正新耗米叁升，共收正耗平斛米壹石壹斗肆升肆合玖勺肆抄，其餘捌升伍合陸抄，以叁升捌合爲旗丁餘米，肆升柒合陸抄爲進倉曬揚耗米，作正交納。如改進通倉，不除顛抗折耗。

一、通倉收兑漕糧，每改兑米壹石，原帶耗米壹斗柒升，收兑入廒正米壹石，收耗米肆升、尖米肆升貳合、耗尖米壹合陸勺捌抄，共收壹石捌升叁合陸勺捌抄，餘米捌升陸合叁勺貳抄，以叁升捌合爲旗丁餘米，肆升捌合叁勺貳抄，隨正交納，爲進倉曬揚耗米。如改進京倉，照運京倉例，准除顛抗折耗米貳升。

一、白糧進倉，白糙正米每石加耗壹斗，白熟正米每石加耗伍升叁升不等，照全單開載數目兑收。

一、漕糧抵壩。坐糧廳逐一驗看，如遇潮濕米石，即稟明倉場侍郎，將旗丁鞫審，嚴訊有無情弊并將押運、領運員弁，分別參辦。其米石責令旗丁自行曬揚，按數買別幫食米抵補，抵補不足額，照起米掛欠例將弁丁參處，米石下年搭解完交。至驗收之後，令大通橋監督察看。如仍有潮濕攙和，即由該監督稟明倉場侍郎，將經紀、船户、代役嚴行究辦，其米石責令經紀買補。

一、漕船搭運無耗平米到壩，石、土兩壩概以加貳伍紅斛折算。正米起運京、通各倉，倉中仍照平斛收受入廒。

一、起運德州倉糧改兑平粟米到通，如坐京倉者石壩，以加貳伍紅斛，坐通倉者土壩，以加壹柒紅斛折算。正米起運進倉，倉中照平斛米數收受入廒。

一、各幫曬揚耗米及餘米遇有緩交，不敷抽驗，折耗准于廒平米項下撥出捌合抵補，仍俟緩交米石搭運赴通，撥還歸款。

一、漕糧進倉時，監督抽驗一二袋。如微有潮濕，計其折耗，將未驗之米俱照此覈算。各倉按車計，太平倉按船計。以原備曬揚耗米内，除津貼旗丁貳升柒合陸抄不准動用，其餘貳升全數抵補。如有不敷，在于交剩叁升捌合餘米内，劃出捌合抵補，不得逾貳升捌合之數。如有餘剩，作正交倉。倘抽驗潮濕過甚，抵補仍有不敷，倉場驗明著落經紀、車户買補，倉監督出具印結送部查覈，如有捏報侵虧情弊，倉場參劾追賠治罪。

一、旗丁交剩叁升捌合餘米無故掛欠者，不准認買抵補。如有風火事故，無論幫次及經紀、車户掣欠，俱准買補；買補餘剩，通行留倉作正支放，照數作價。每石粳米柒錢，稷米陸錢，粟米伍錢。除山東省在于應解輕賫銀内扣留，其餘俱在茶果銀内發給，如茶果不敷，准在輕賫銀内動支。

一、抽掣漕糧，每票五十袋抽掣一袋。一袋全足，五十袋免追；一袋不足，五十袋全追。運糧經紀由石壩運至大通橋，每百石掣二斗；由土壩運進通倉，每百石掣欠八斗。大通橋車户由橋運進京倉，每百石掣欠二斗五升，均准作爲額内掣欠，如過此數，即爲逾額，責成坐糧廳嚴密稽查，并令抽查御史、大通橋監督認真抽查。其掣欠在額内者，照收買餘米價值，折銀交庫；如有逾額，比照市價議增五成，令其折價交銀，并于每年八九月漕糧運倉完竣之日，由大通橋監督覈明額内額外數目報部。起限統限六個月，將應交銀兩一律完結。如掣欠過多，責令買米賠交，亦予限六個月陸續完交。倘逾限不完，掣欠五斗以上者，即送交刑部治罪；掣欠三斗以上者，嚴行責處，再予限一個月，仍不完繳，亦送交刑部治罪，并將該經紀應領腳價扣抵，抵不足數者，查抄家產變抵。其督促不力之坐糧廳、滿漢監督，一并交部議處。至于呈報起限，如有遲延及掣欠米數或有以多報少之弊，即將大通橋造册官吏先行分別參究。

一、新漕起卸運倉，先于防護被雨濕不堪久儲，即著落經紀、車户等分別賠補，覈明平斛，按照時價折銀交納，不得援照每石壹兩肆錢例價辦理。

一、滄州駐防官兵歲需米石，截撥漕米，每石准耗米貳升肆合。

一、追賠掣欠，分別經紀原欠、車户續欠各確數造報，不得籠統牽算以憑，按照額内逾額著落追賠。

一、糧車到倉，刻即開門，由倉場侍郎遴派妥員會同監督秉公抽掣，并于某倉派委某員，先行咨部存案。仍令查倉御史于進米時，逐日到倉認真稽查。倘站倉、車户受賄營私，查出重懲。如各倉監督及監掣委員于進米時未經到倉者，應責成倉場侍郎及查倉御史分别查參。

一、進倉掣欠仍照舊章，以一袋管五十袋。如有過斗之欠及狼灑小袋，准車户預先呈明監掣之御史、監督委員，内有小袋若干，提出另計，其餘聽憑抽掣。之後，無論欠數過斗與否，悉令以一袋管五十袋，照例罰賠，不得提出另計。所有掣欠過斗及狼灑之小袋，責令車户如數賠補，毋庸列入掣欠。如車户于清號之日仍延宕不交，即將車户送部監追，俟欠米補足再行開釋。

一、到橋到倉米石，兑以前後統算，每五十袋抽掣壹袋，此外零袋在拾袋以内者，歸前五十袋一并覈算；拾袋以外者，另掣壹袋，斷不准有不掣之袋。其覈計欠數，均照新章一律辦理。同治十年奏案。

《户部則例》卷二〇《漕運·僉派領運》 一、各省漕、白幫船，每幫額設領運千總二員，輪流押運。一員抵通交糧，一員接領新運。又設隨幫官一員，專司押空。

一、糧道僉選運弁，每年定限七月將僉選職名呈報，如有遲延不報者，分別參處。

一、領運各弁領到全單後，即督丁修船，公同驗米受兑。如有縱丁生事、勒索、折乾、偷盜及停泊耽延，致誤抵通定限者，即行議處。

一、丁船衆多之衛，應補守備千總，漕運總督遴選才守皆長之員調補，其才幹平常者移調，丁船減少之幫總在本省各幫内揀派，或於候補標弁内委辦，不得率將别省幫弁互調。倘調補不得其人，以致沿途生事并抵通掛欠者，將該督照濫委匪人例議處。

一、江南省淮安、泗州、大河等幫撥運揚糧船隻，自揚州水次開行，責成揚州幫弁代押到淮，仍歸本幫管押。淮安頭幫抽運蘇糧船隻，即歸本衛二幫兑運蘇次之弁代押，以專職守。

一、糧船抵通起米後，領運千總督同正丁料理回空身工飯米事畢，坐糧廳監督衙門于十日内印給回空限單，即令押空員弁趕緊管押回空，仍令押運官親身督押南下。倘各員弁等擅自離幫，徇隱不報，及地方官稽查不周者，均分別參處。

一、漕船停泊之夜，空重千總輪流率領本幫丁舵人等互相防護。如有被盜事件或抑勒隱諱者，均分別強竊，查參議處。

《户部則例》卷二〇《漕運·糧運程限》 一、各省漕糧經徵州縣，十月開倉，十二月兑完開行。如有遲誤，該督撫即行題參。其漕糧未經兑完，漕船未經開行，捏報兑完、開行者，運丁責懲，糧道并押運等官均分別議處。

一、各省起運漕糧，該督撫嚴飭各屬及早兑交，于例限内依次開行，并責成糧道、府州監兑各員嚴查。如船已抵次，米不如期兑交，及奏定津貼各款并不隨糧發給，責在州縣；如已報開行藉端勒索，有意逗留，責在弁丁。查明分別揭參，照誤漕例辦理。過淮時，總漕仍按幫查覈，如再有遲逾即行參奏，將糧道以下各官，照誤漕例嚴加議處，該督撫一并議處。

一、山東省各屬漕糧，統于十月初旬開徵，其閘内、閘外幫船，俱令春兑春開。責成該管官督飭催趲，仍遵定限，于三月初一日抵通，逾者參處。泰安府、兗州府、曹州府、東昌府、濟寧州漕糧在閘内兑運，濟南府、武定府、臨清州及東昌府之冠縣、館陶縣、恩縣漕糧在閘外兑運。

一、湖南省州縣漕糧，定限十一月内運至岳州水次儲倉。如遲至十二月中旬及過十二月到者，分别議處。如漕糧到次，糧艘已集，監兑、領運廳弁交兑稽遲至十二月者，亦查參議處。如能依限過淮者，督撫等具題，准其開復。

一、湖南、江西二省及江蘇省之松江府漕船，于過淮原限外，寬限十日。如該弁丁等因淮限既寬，或于水次沿途耽擱，不克副限抵通，致誤回空受兑新糧者，倉場分别參究。

一、各省漕糧，江北各府州縣限十二月以内過淮，江南江寧、蘇、松等處并江北廬州衛頭幫，限正月以内過淮。江西、浙江、湖廣限二月以内過淮。如有違限，督撫、糧道、監兑等官，均分别議處。

一、各省漕船，總督置立全單給與糧道，糧道頒發號單，開明船米數目，刊定漕贈，分發各州縣。每兑完一單，令衛官填注收數，一船兑足，即給水程，勒令開幫。其全單内將本幫兑糧丁船數目、行月等項銀米及到次、開兑、開行、過淮、到通、回空、違限日期、驗明米色并無夾販等款項填注單内，每幫分發一紙，運官各照款項依式填注，俟過淮抵通投驗。如有違誤不填及填注不實，在南聽總漕，在北聽倉場查參。

一、各省幫船全單由總漕衙門將起運船糧數目覈明填注，發交糧道後，即由糧道遞行押運、領運廳弁等蓋印，仍歸糧道繳還總漕衙門，備文徑交坐糧廳，俟幫船抵通交糧後，呈送倉場侍郎，由倉場侍郎移咨户科，户部照例覈驗轉咨總漕衙門備案。

一、漕船渡江渡黄以及抵通比較日期，如遇有閏之年，准其展限半月計算；如遇無閏之年，不得與有閏之年牽混比較。

一、江西、湖廣空重漕船，經由安徽繁昌縣屬江面上自銅陵縣入境，由荻港、三山、澛港至蕪湖交替出境。九十里，令繁昌縣荻港司巡檢爲專催，該縣知縣爲督催，毋任諉卸。遇有遲誤及盜賣、攙載等事，分别參處。

一、漕糧抵通，山東、河南限三月初一日，江北限四月初一日，江南限五月初一日，江西、浙江、湖廣限六月初一日。其各省完糧之期，俱照到通原限量加三個月。如有遲誤，除山東、河南領押員弁即行照例議處外，其江南、浙江、湖廣、江西漕船，准將過淮違限已經議處日期扣出計算，免其重複處分。准計道遠之省抵通完糧，俱以九月初十日爲限。有逾此限者，官弁從重治罪，河漕總督一并議處。

一、糧船到通，倉場侍郎五日一奏。摺内按本年到通幫船次序與上年到通幫船次序比較遲早，不必拘泥幫名，轉致前後牽混。

一、各省空、重漕船經由直隸故城縣，其河道改歸山東武城、恩縣兩縣管理。自孟家灣起至鄭家口南首果子口止，共八十一里一百二十步，統限一日催攢出境，如有遲逾，查明兩縣界限，按里按時覈計，照例分别參處。

一、回空漕船，倉場給發限單，自通開行限六十五日抵淮，十一月終抵次。如有遲誤，隨幫員弁照重運過淮違限例議處，并將經過州縣界址照原定限日刊入單内，令沿河州縣注明出境、入境時日，至淮申繳總漕察驗；總漕仍另給抵次限單，亦令沿河州縣注明出境、入境時日，抵次後限單申繳巡撫察查。其山東、河南不過淮者，由糧道稽覈。

一、回空漕船如限内不能到次者，照例參處。其應運新漕，總漕查明，或派撥減船，或攤運僱募，依限兑運開行。其遲滯之船來年開凍時，沿河文武官員正催迎淮受兑北上。如不設法依限兑運開行，將在南之糧道、監兑、州縣等官題參治罪。如原船不能過淮受兑，有誤北上，即將在北沿河催儹回空文武各員，題參治罪。

一、各省回空糧船，各該督撫勒令沿河文武員弁照重運例，一體嚴催及早到次，以符開兑期限。

《户部則例》卷二〇《漕運·稽查催儹》 一、各省隨漕各項本折錢糧，總漕確查造册，送倉場查覈。如有參差遺漏，倉場據實指參。

一、各省每年出運糧船數目、運丁姓名，糧道于幫船起運時，即造册送巡撫衙門，于題報開幫日期案内，揭送户部、户科、倉場。倉場衙門俟船糧到通投驗全單後，按册稽查。糧道仍另造一册送總漕衙門備案。

一、各省水次交兑漕糧，州縣將樣米送糧道驗看。各船每艙兑米一石，裝于布袋，鈐印加封，仍放原艙，到淮日，總漕折驗加封。抵通，總督倉場帶領坐糧廳對驗其樣米，仍作正起卸。如有攙和糠秕等弊，照例題參。豫、東二省黑豆，照此查驗。

一、各省漕船進瓜洲、儀徵河口，至三岔河時，凡有一幫到齊，總漕即督令越過先行，過淮之後，于寬闊地方停讓，仍于原次挨幫前進，不許漫越。如前幫船隻遇有失風、沉溺、撈戽需時者，即令後跟幫次漫越先行，不得停留守候。其失風之船嚴飭上緊撈戽，事竣，插幫前進。若并無事故，或遇風阻淺擱，仍挨次遄行。如藉詞搶越，即將該員弁查參議處。

一、漕糧過淮，漕運總督嚴加盤查，如有短少，審明題參。仍留旗丁兄弟子侄一人交與監兑官購補足數，取具押運等官甘結，呈報總漕查覈。倘正米短少，私將本船隨漕食米、水手販賣米石及借賃别船之米補抵正額者，查出，即將此米驗明印記，作正運通，仍將領運官弁題參，運丁治罪。其預備贈耗、行月等米，如有虧缺者，按其經行久近、缺少多寡，分别參究，不得以正數無缺即准開行。

一、押運漕糧過淮，總漕將各幫米數、過淮日期及押運官職名預咨倉場查考。押運官將過淮進口、進閘、津門一帶路程，出境、入境日期，某官催攢，計日開報，與天津南北沿河官揭報互相磨對。如時日不符，停泊盜賣，即指名題參，將押運官停泊時日、虧欠分數覈計，分别議處，領運官丁治罪，督催各官亦查參議處。

一、各省漕船過淮盤驗，責令淮安府糧捕通判協同漕標營匠，于簽盤日拈鬮，分配孰爲簽米，孰爲盤貨。所簽船隻祗記尺寸，糧之足數與否，另行盤驗，以杜滋弊。

一、京口、瓜洲相對，糧艘渡江之處責令該管道員董率地方文武官，于風平浪静時，亟催過渡，并令京口副將巡視河干，一體催運。督令標兵操舟預備，遇江心船隻因風不能近岸收口者，即時設法挽救。

一、漕船過境，沿途催攢文武各員，當察看風色、水勢情形，量多催攢。如遇大江，風帆難以駕使，暫令停泊港汊守候，不可過于促迫，致令涉險失事，亦不得任其逗留，遲逾定限。

一、豫省幫船行抵德州，即令隨到隨行，跟接前進，不必守候東省糧船開幫，致有停滯。

一、押運通判所押幫船，于尾幫船起卸完日，坐糧廳即將批回呈送户部查驗，印發，飭命押空南下。如押運官及副丁并不親身管押回空，以致水手生事者，照規避例議處；坐糧廳勒措不發批回者，亦一并議處。

一、各省幫船回空過淮日期册，由總漕咨部，抵次日期册，糧道就近造報，該管巡撫咨部，糧道仍另造一册呈送總漕衙門查覈。

一、回空船隻，該管運員及軍丁等，如有意存怠玩或吝惜僱價，將熟悉水性之頭舵、水手散遣，只留不諳駕船水手數人，遇有緩急，全不足恃，并押船員弁未奉上司飭調，無故遠離，不在船督率，致有失風等事，沿途督撫查出，即嚴行參辦。

一、空、重漕船，總河、總漕督令沿河文武各官催攢前進。漕船一入境汛，文武各官率領兵役親往催攢出境，毋許停留生事。如遇守候風水，即將守候日期申報該管上司并總督衙門，于入境、出境册内注明。倘有不顧風色水勢催攢前進，致有疏虞及捏稱風色未便，停泊逗留者，將地方官弁及押運官弁，分别議處。

一、運弁脱幫遲誤，查參議處，仍令戴罪督運。如未經部議以前有能依限完糧者，准其扣除免議。已經題結後，總漕題請開復。

一、天津至通州計程三百六十二里，設立快船三十四隻，分撥弁兵，跟隨糧艘游巡攢運。倘有疏縱怠玩，藉端擾累者，立即參究。

一、通漕設漕運通判一員，駐扎張家灣，專管内河修防、外河挑浚各事宜。如有關涉漕務事宜，經行呈報倉場及坐糧廳辦理。又北河僱備撥船事宜，委楊村通判管理，共稽查撥貨各事宜，委務關同知管理。凡遇漕務事件亦令該丞倅徑行申報倉場稽查。

一、漕船入境，各省總河嚴督沿河文武各官催重攢空，勿使停滯；專責河官預期挑浚淤淺，修築堤岸，以保運道。如有扣尅夫柳工價，侵冒修浚錢糧與沿河文武官員催攢不力者，悉聽參究。

一、各省巡撫督催所屬漕項錢糧交兑，開幫開行，即行題報，嚴查水次折乾盜賣并禁弁丁勒索、棍蠹把持、官役需索等弊。其隨漕輕賫、行月等項錢糧，先期督催徵解，以濟漕運。一切漕糧漕項完欠，俱立考成，按年題報。如有道府各官不係專司漕務衙門，借驗糧名色苛索者，指名題參。

一、各省起運漕糧到通交卸完竣，委員將總批由倉場鈐印後，即由倉場徑交户部。雲南司于五日内鈐蓋户部堂印，移交户科查驗；户科亦于五日内鈐印，仍咨回户部，户部仍咨交倉場，轉發收執銷差。

一、衛所各官應送丁船册結，于漕船未開之前送部，如有遲延，即查取職名，送部覈議。

一、催漕員弁除實缺備弁有本任例支廉俸者，毋庸給與盤費外，其餘候補各員以及隨漕各項兵役一切薪水、舟費，在于調劑江南旗丁扣留項下提出銀壹萬伍千兩，交淮安府發典商，以壹分起息，每年共得息銀壹千捌百兩，按照差委道里遠近，分别銀數多寡酌給，年終造册咨部。如有盈餘，提解道庫，俟積有成數，歸還原本之後，即將盈餘作本常川生息，按年咨銷，以資差費。

《户部則例》卷二〇《漕運·押運漕糧》 一、山東省閘外船糧委丞倅一員，先行管押抵通外。閘内船糧俟兑竣後，令糧道督押抵通。河南省船糧令糧道押運抵通後，即回本任辦理督銷鹽引等事宜，并于監兑内另委總運一員，隨幫管押抵通。兼令催趲回空船隻歸次。浙江省押運三員，令糧道督押抵通後，速即回任辦理新運。江南省江安押運二員，蘇松押運五員。于江安、蘇松二糧道内，每年輪派一員督押抵通。江西押運二員、湖北押運一員、湖南押運一員，三省令各該糧道督押抵臨清後，再行回任辦理新運。如遇給咨送部引見，仍令親身督押抵通。其自臨清至通州即令本幫丞倅管押，并交山東糧道就近上下催趲，俟總漕督押尾幫北上，准其回任。

一、江南省蘇州、松江、常州、鎮江、太倉五府州船糧，浙江省杭州、嘉興、湖州三府船糧，俱令監兑官兼司押運抵通。安徽、湖廣、江西、山東、河南等幫，另行委員押運。其米色有無攙雜、短缺，令監兑押運各官于水次眼同面交，以專責成。

一、松江、常州、鎮江三府屬監兑廳員，俱令各押本府屬船糧運通。蘇州、太倉總運廳二員，一管押長洲、元和、吴縣、常熟、昭文、吴江、震澤等七縣糧船，一管押太倉、鎮洋、嘉定、寶山、昆山、新陽等六州縣糧船。自水次至通一切兑運事宜，責令一手經理，以專責成。如有米色不純及沿途盜賣、攙和等弊，照例參處。

一、山東、河南、江南、浙江等省糧道每年押運并遇引見之年，均于抵通後出具船米無虧切結。江西、湖南、湖北三省糧道于每年押抵臨清後，出具船米無虧切結，送部備查，如遇引見之年，于直押抵通後，出具切結送部。

《户部則例》卷二〇《漕運·兑收事宜》 一、各倉收受漕糧，由倉場將粳、粽、粟米配搭均匀，各倉輪流簽掣派撥。其内倉白米、次米，各幫簽掣，輪流運送。已經掣過運送之幫，暫行抽免，止將未經運過之幫掣運。俟各幫遍行掣運之後，再爲周轉。

一、白糧到壩，坐糧廳每十包秤驗一包，以壹百陸拾斤爲壹石。其有斤數不足者，鈐記包上，報明倉場并該倉監督。收兑時，倉場親自倉内將鈐記之包驗明過斛。如有短少，即令該丁補足。

一、收受漕糧限期，以紅單到日爲始，内倉、京倉限十日收完，通倉限七日收完。如有勒扛違限，即行參處。

一、漕糧進倉，挨次收兑，不許先後攙越。應交各項飯銀，倉場刊置一單，頒發運官。應交細數詳另條。倘有勒扛索詐，額外多收情弊，許運官據實填報，從重懲處；捏填容隱，一并題參。收兑完竣後，倉場分晰各幫完欠數目，造册題報。

一、運送豐益、本裕二倉南糧，如頭進幫船能于四五月間依期到通，即于頭進船内挨幫輪派。倘漕船抵通較遲，坐派後適遇陰雨，艱于運送，即將米石改儲近倉，俟三進南糧再行派撥，不必拘定頭進船内輪派。

一、糧船隨帶席、板、毛竹，各幫于起米之後，將板木、席、竹堆卸報明，坐糧廳督令經紀僱車，從陸路運送，大通橋監督于朝陽門隨到隨驗。進倉中途遺失短少，責令經紀賠補。仍嚴禁經紀不得藉端勒措，弁丁應投橋、倉文册，俟經紀知照起車之日前，赴各處自行投遞，掣獲倉收呈驗。

一、到漕糧内，如有漂没米石，應照各省開幫册原運米數覈算，不得于淮册實運米數内計除。

一、大通橋運米至倉，由大通橋監督設立印票查照，派定紅單書明倉名、米色、米數，交車户分運各倉。該倉收米後，立即給予照收回票，并將掣欠若干登記票内，由大通橋監督照票查覈。

《户部則例》卷二〇《漕運·南漕抵兑》 一、江蘇省銅山、蕭縣起運粟米，改撥河標左營、徐州鎮中營、鎮守營、蕭營本色兵米叁千肆百貳拾貳石肆斗，就近支給。將江寧、江浦、句容、山陽、上元、江都、甘泉、儀徵、長洲等縣原解淮安并減存南撫鳳等米，照數撥還，改作漕糧起運，仍分配原兑江淮等幫船灑裝帶運。

一、銅山、蕭縣二縣起運粟米，改撥徐州鎮標中營、城守營、蕭營新添兵丁本色米叁百壹石叁斗貳升，在于婁縣南米内按數劃出，歸入該縣漕糧起運。

一、安徽省無爲等屬每年編解壽州鎮中左右、亳州、宿州等營本色兵米伍千肆百柒石壹斗柒升。因水陸程途不便，將就近之壽州、定遠、霍邱、潁上、五河、懷遠、阜陽等七州縣應運漕糧，照數留抵兵米。其無爲、宣城、當塗、宿松、貴池、廣德、銅陵七州縣原編兵丁南米，改作漕糧起運，分派原兑之安慶後幫、宣州幫、貴池幫、寧太幫船，領兑裝運。

一、湖北省崇陽、通城二縣額徵漕米伍千玖百捌拾肆石零，應解荆州，抵補南米。蘄州等六州縣原解荆州南米，於就近水次兑交各船，以抵漕額所有。崇陽、通城二縣節省漕運水脚銀兩，報解充公。解荆南米脚費，即于蘄州等屬原解荆州水脚銀内動支。

一、湖北江陵等十一州縣額運漕糧叁萬陸千陸百餘石，於廣濟等七州縣額解荆倉南米照數派出起運，即將額運漕糧運還荆倉，以供兵食。

一、東臺縣起運漕糧，改編河標右營添設兵丁本色米伍拾石肆斗，在於丹陽縣南米内按數劃出。歸入該縣漕糧起運。

一、安徽新設龍山營馬步守兵八百名，每年春夏二季應支本色兵米壹千肆百肆拾石，在於附近之渦陽縣漕糧内撥給。以阜寧、沭陽、宿遷三縣節省月糧，如數解還，抵補渦陽縣漕額。同治十年奏案。

《户部則例》卷二〇《漕運・追賠帶運》 一、旗丁運糧抵通無故掛欠者，坐糧廳勒限追完，仍行捆打。如有未完，令總漕著落領運官丁分賠，于下年起解搭運。限滿不完，查明參處。領運、總運、督押各官所管幫内，如有一丁掛欠，雖限内全完，亦不准議叙。倉場侍郎于歲底將掛欠丁名、幫次彙行造册，送部查考。

一、搭解舊欠漕糧，均按本色交兑。搭運過淮時，總漕盤驗。倘有搭運之米與原欠米色不符，以及運官將麥豆雜糧等項接受以新糧抵解，或不隨正米交船，過淮後用小船趕送者，總漕查明，將糧道、知府、領運千總等官弁題參議處。

一、糧船在江、洋、黄河遭風漂没者，沿途催趲及汛地文武各官，親臨確勘，各具文申詳，取具運官結狀。總漕再行確查，會同失事地方督撫、總河，具題豁免。倘有謊報漂没并故意將船放失漂没，及雖係漂流，損失不多，乘機侵盗者，運糧官丁均分别治罪，米石照數追賠，沿途催趲及汛地文武各官并具題請豁之督撫，均分别議處。

一、軍剥船隻遇有失風、失火、沉失米石，以及搶獲濕米，如在天津關以南，運弁立即報明總漕，咨報户部，轉咨倉場，其虧折之米准于本幫餘米内買補扣抵；如在天津關以北失事，概令報明地方官，查明屬實，出結具報。一面將濕米帶壩，呈驗明確，方准買餘米抵補。其虧折米數太多，不敷買補扣抵者，無論關南、關北，均限次年買補，搭運歸款。如旗丁捏報，地方官扶同徇隱，一并查參。若僅據營汛運弁呈報，并未取具地方正印官文結，即嚴查勾串捏報情弊，據實懲辦。仍照掛欠例計算分數，分别責革，并勒限下届購備好米，搭運赴通交納。倘有不完，照例治罪。

一、漕糧過淮盤驗，如米色不純，先經地方督撫奏明有案者，抵通驗兑。倘有霉變，應著落原兑各州縣分賠六成，旗丁分賠四成。如水次兑漕時，并未據該督撫奏明米色不純，于過淮時經總漕驗出者，到通驗兑，倘有霉變，著落弁丁賠補，以示區别。

一、通州、天津二所協運豫省船隻，如遇停運之年，領運月糧米石，准其分作二年扣還。其領過修艌銀兩，在于應支减半折色月糧内扣抵歸款。

《户部則例》卷二一《漕運・造船額式》 一、造船設廠處所，山東各衛所船在淮安山東廠成造，徐州衛河南前幫在于臨清胡家灣成造。如官地不敷，用及民地，每畝給賃價肆錢。其徐州衛河南後幫仍在臨清塢所成造。江南徐州衛江北幫在夏鎮地方設廠成造。凡各幫遇成造之年，各糧道于歲前遴委員弁，率同運丁賫銀赴南購辦木料，回廠興工。江南江淮、興武、廬州、鳳陽、滁州、淮南、大河、揚州、儀徵等衛所在江寧府及淮安、清江等廠。安慶、新安、宣州、建陽、金山、鎮江、蘇州、太倉、鎮海等衛并江南省各衛所漕船，均在本地方設廠。浙江各衛所在仁和、錢塘二廠，湖北、湖南各衛所在武昌、漢陽二廠。各運丁由糧道衙門支領價銀，自行備料，赴廠成造，亦飭衛弁監工督造，詳報糧道，驗看烙印。

一、成造漕船查驗九法：一驗木，毋雜惡質，毋間舊料。一驗板，康板厚五寸，搪浪底板厚二寸，拖泥腳棧棧板厚一寸七分。下墨時，查看鋸路，解板下鋸，比較分寸，如不合式，即行更換。三驗底，底長不過五丈二尺，中間闊不過九尺五寸。鋪底丈量，尺寸少差，即勒改造。四驗樑，淺船龍口樑闊不過九尺，高不過一丈四寸；使風樑闊不過一丈四尺；斷水樑闊不過九尺，高不過五尺，一不合式，即勒減削。五驗棧，淺船棧長七丈一寸，深三尺六寸。六驗釘，用釘之法，一尺四釘，逐眼稽查，内外審眼。如有匿釘不用及虛派釘眼而眼内無釘者，立即究治。七驗縫，合板時，查看板邊俱凈，縫口細合，不得稍有隙漏。八驗艌，法以斧入鑿，以鑿入麻，縫滿，然後固以油灰。如有麻少縫闊，不能受灰及油少灰生，旋上旋落者，立即究處。九驗頭梢，鐵葉扒鋦攀護頭梢者，不許短少，鋪頭鋪梢裹料，不許濫惡充數。

一、江南、浙江漕船身長八丈，中闊一丈五尺，底長五丈九尺，兩康、兩棧深六尺。江西、湖北、湖南漕船身長九丈，中闊一丈六尺五寸，底長七丈，康、棧深六尺六寸。其餘各省漕船，身長七丈一尺，中闊一丈四尺四寸，底長五丈二尺，康、棧深四尺四寸，天蓬俱高二尺八寸。

一、漕船無論成造、賠造者，俱照額定尺寸成造，監造各員出具印結，該管道員加結送部。如有違式私放寬大，即將旗丁治罪，該道、衛嚴參議處，仍于過淮時，漕督親加查驗。

一、新造漕船，將空船喫水若干尺寸横刊于棧板之上，違者究治。

一、江南省江安糧道屬江淮衛頭幫船六十五隻，二幫船六十六隻，三幫船四十七隻，四幫船七十四隻，五幫船六十三隻，六幫船二十九隻，七幫船五十七隻，八幫船三十一隻，九幫船四十五隻。興武衛興武頭幫船二十三隻，二幫船三十八隻，三幫船五十六隻，四幫船五十九隻，五幫船五十五隻，六幫船七十一隻，七幫船三十四隻，八幫船六十六隻，九幫船二十四隻。安慶衛前幫船五十六隻，後幫船五十五隻。興安衛池州幫船四十六隻。建陽衛寧太幫船九十隻。宣州衛宣州幫船四十五隻。淮安衛淮南頭幫船五十隻，二幫船五十一隻，三幫船三十六隻，四幫船二十六隻。大河衛大河前幫船三十四隻，二幫船四十八隻，三幫船六十三隻。揚州衛揚州頭幫船七十四隻，二幫船五十四隻，三幫船九十六隻，儀徵幫船七十四隻。鳳陽衛常州幫船七十七隻，鳳中常幫船五十四隻，鳳中二幫船六十八隻。長淮衛長淮頭幫船四十六隻，三幫船三十隻，四幫船三十三隻。宿州頭幫船二十六隻，二幫船四十二隻。盧州衛盧州頭幫船二十八隻，二幫船七十二隻，三幫船七十五隻。滁州衛蘇州幫船四十七隻，泗州衛泗州前幫船五十二隻，後幫船五十六隻。徐州衛江北幫船五十四隻。共漕糧船二千五百六十一隻。另抽派協運蘇松糧道屬白糧船一百一十隻。蘇松糧道屬蘇州衛蘇州前幫七十五隻，後幫船七十四隻。太倉衛太倉前幫船四十六隻，後幫船四十六隻。鎮海衛鎮海前幫船三十六隻，後幫船三十六隻。金山幫船三十三隻。鎮江衛鎮江前幫船八十八隻，後幫船八十七隻。共漕糧船五百二十一隻。另抽派裝運白糧船二十六隻，又，另輪減船一十一隻。蘇州府白糧幫船五十五隻，松江府白糧幫船四十五隻，常州府白糧幫船三十六隻。共白糧船一百三十六隻。内江安糧道屬各幫，抽派協運船一百一十隻，本糧道屬各幫，抽派船二十六隻。浙江省杭州衛杭州頭幫船五十隻，二幫船四十九隻，三幫船五十四隻，四幫船六十隻。寧波衛寧波前幫船五十八隻，後幫船五十四隻。紹興衛紹興前幫船六十四隻，後幫船六十三隻。臺州衛臺州前幫船四十七隻，後幫船五十隻。温州衛温州前幫船五十隻，後幫船四十二隻。處州衛處州前幫船四十五隻，後幫船四十六隻。海寧衛幫船四十二隻。嘉興衛幫船四十四隻。湖州所幫船三十九隻。金衢所幫船四十四隻。嚴州所幫船四十八隻。嘉興府白糧幫船七十六隻。湖州府白糧幫船四十二隻。漕、白糧船共一千六十七隻。另輪減船四十七隻。江西省南昌衛南昌前幫船五十六隻，後幫船五十四隻。袁州衛袁州幫船四十三隻。九江前幫船四十五隻，後幫船五十六隻。吉安所幫船五十七隻。永建幫船五十隻。安福所幫船三十九隻。贛州衛贛州幫船六十四隻。撫州所幫船三十三隻，廣信所幫船四十六隻，鉛山所幫船五十隻，饒州所幫船四十七隻。漕糧船共六百三十六隻。每隻帶三百石，撥船一隻。湖北省湖北頭幫船六十隻，二幫船六十隻，三幫船六十隻。漕糧船共一百八十隻。每隻帶三百石，撥船一隻。湖南省湖南頭幫船六十七隻，二幫船六十三隻，三幫船四十八隻。漕糧船共一百七十八隻。每隻帶三百石，撥船一隻。山東省德州衛德州正幫船五十二隻，臨清衛山東前幫船六十四隻，後幫船四十七隻。濟寧衛濟寧前幫船八十六隻，後幫船八十隻，左幫船八十四隻，右幫船六十隻。東昌衛東昌幫船六十六隻。濮州所幫船五十三隻。東平所幫船五十四隻。漕糧船共六百四十六隻。河南省直隸通州所幫船二十隻。天津所幫船十七隻。山東德州衛左幫船二十四隻。任城衛幫船四十三隻。平山前幫船四十三隻，後幫船四十三隻。臨清衛河南前幫船二十九隻，後幫船五十七隻。江南徐州衛河南前幫船四十八隻，後幫船四十七隻。漕糧船共三百七十一隻。

一、瓜洲、京口兩岸設護漕紅船十隻，黄河設護漕紅船二隻，每船歲修銀玖兩叁錢叁分柒釐，三年一次給發。北運河設催漕快船三十二隻，每年每船歲修銀肆兩，均十年，期滿拆造。

《户部則例》卷二二《漕運·船隻事故》 一、糧船在大江、黄河、洪澤湖遭風漂没，領押官弁免其處分。其在内河失風，除自備船隻原装米石抵通交卸全完者免其議處外，如係軍船漂没，果能戽護修固，抵通糧無虧折，或買補全完者，領押等官弁亦免其處分。或船非滿號不能戽救，雖米石全完，仍照例議處，領押官弁出具并無假捏印結及地方文武印文送部。其有捏報失風，希圖掛欠，察出，旗丁治罪，官弁從重議處。

一、失風事故漕船，除山東省自備船隻，照舊僱募濟運外，其餘各省漕船運至五六年而有風火事故者，責令旗丁賠造。如賠造不及，准其暫僱民船兑運一次。倘運至七八年而有事故者，責令買補。如買補船隻至九運并軍船九運而有事故以及朽腐者，均令僱募寬大民船一次，以足十運。如七八運無故朽腐者，亦責令賠造。總漕每年將應行僱募、買補船隻咨部查覈，倘有將賠造、買補之船仍照原船出廠年分，并減存年分不行扣除者，將違例道衛等官查參議處。

一、風火事故船隻不致全行損壞者，即令修固載運。實係損壞沉溺者，該糧道覈計米數，如分灑通幫無負重之虞，即將撈戽濕米分給通幫各船易换食米，并將搶獲乾米均匀灑帶。如覈計米數恐致負重，責令僱船載運。倘米數短缺，著落賠交。

一、重運漕船如有遇風被木牌撞擊，以致漂失糧米，損壞船隻者，除撈獲米石及席、竹、板片搭運赴通交納外，將沉溺米石按照該處月報時價覈計，并估計船隻修費，勒限一月，令木商照數賠繳，發解該糧道衙門收儲，分别採買搭運，給領修造。

一、浙江省失風事故船隻，嘉慶十一年奏准。如已過九運，准照并無事故軍船之例，一體免其僱募補運。

一、江西、湖廣二省漕船及江寧、浙江、山東、河南等省買補船隻，遇有失風事故，失事處所地方官驗明。如果不堪修戽，無論已未滿號，均呈明總漕，准其就近拆板變賣。其所變價銀，地方官驗明封固，交該幫運弁攜帶回次，呈交糧道驗發。倘旗丁捏報失風折賣板片，以及地方官扶同徇隱，察出報參究處。其江、浙等省軍船失風事故板片，仍令帶回配造。

一、漕船遇有風火事故，押運官弁即速報明，沿河地方各官協同救護，并將各情由申明各上司，聽漕運總督查明報部。

一、漕船失火燒毁，領押官弁查參議處，地方文武官弁不行協救。延燒别船者，亦一并議處。其有以火毁漕船捏報失風，希圖避重就輕者，察出將弁丁治罪，官弁從重議處。

一、漕船回次，隨幫衛弁雖已押管到次，若新運千總尚未赴幫，遇有風火等事，仍將隨弁職名開報。倘新運千總已經到幫，出有接收文結後，遇有事故，雖未受兑開行，即以新運千總職名報參。如減存在次，運隨二弁均難兼顧，遇有事故，即將收管地方官職名開參。至押運同知等官，幫船抵次後，一運之事已畢，遇有風火等事，免其參處。

《户部則例》卷二二《漕運·編查僉選附僱募頭舵水手》 一、各省屯丁，例應備僉，責成糧道概按四年一次編審，届期造具細册，彙送總漕覈實題報。江南江淮、興武二衛之黄快丁，湖廣岳州、荆州、荆左、荆右、沔陽五衛之操軍、赤軍，俱與運丁一體編查，勿令軍民相混，藉詞脱漏。凡隸軍籍之丁，遇應行僉補時，除文學生員專攻舉業者，准其優免外。無論紳宦、富户准令子侄家人代辦。并貢、監、武生、武生遇歲試之年，呈明學政，准俟運回補考。以及大小衙門書吏、官承，准令子弟承領出運。俱一律僉選。

一、軍丁不許混入民籍，如有捐納并中式官生，于肆年編審册内注明，不得冒填民籍，違者參處。

一、湖北省隸江南徐州衛之什軍，届編審之年，徐州衛詳委千總壹員赴楚，會同編審，如所住之村落未滿百户，附入民户編查，仍免當雜差。

一、各省僉補新丁，由千總僉選家道殷實者呈報衛備，知府驗看，江西省由州縣僉報，湖廣省徑由衛守備僉報。加具印結，詳解糧道定僉。于開兑時，該衛將額運船隻、丁名注明原甲；更僉之丁，于該丁名下摘叙事由，按幫開列，彙册送部。如册報之後，再有更僉，隨時專案報部。倘驗看不實及賣富差貧，致滋掛欠，或借端受賄擾民等弊，均分別查參。

一、各省僉選旗丁，州縣與衛弁秉公僉派。以奉文之日起，限兩個月詳報。道、府查驗後，發幫管運。

一、僉選運丁，江蘇、安徽、浙江等三省專交總漕管理；江西、湖北、湖南、直隸、山東等五省交該督撫管理。如有州縣衛備以疲報殷，僉貧賣富及道府徇隱故縱情弊，責成專管之總漕、督撫嚴查究辦，仍令總漕、督撫互相稽察。

一、各省軍丁届肆年編審之時，即將各丁田地、房產注于各丁户口之下，造册通賫存案。如四年之内，家產稍有消乏，隨時另僉接運，設有虧虛，查變完公。

一、編查屯丁户口、田地、房產，責成糧道同該管道、府督率州縣衛所等，實力查察。倘違限兩月，僉解不到，照有意誤漕例，從重究處。

一、編造屯丁户口，如有故縱殷富，軍户竄入民籍，并將田產代爲隱匿脱漏者，將原查州縣官弁參奏革職，發往新疆效力贖罪，永不敘用，失察之糧道、知府一并革職，不准捐復。其陰謀脱漏之本丁，發給黑龍江兵丁爲奴，該丁之弟兄、子孫，仍編入軍籍僉派辦運。

一、清查軍民產業未實，或管運後棄船逃脱及賣富僉貧、重僉革丁等事，該管官均從嚴議處，該管上司照失察分別處分。

一、漕船出運，每船僉正丁壹名，再于本丁兄弟、子侄内添派副丁壹名，隨船駕運。如抵通掛欠，留壹丁追比，壹丁管駕回空。如重運到淮短少，令壹丁駕運北上，留壹丁買米趕幫。

一、旗丁不以正身出運，使子弟代運者，將正身及代運之子弟，俱發邊衛，永遠充軍，承派押運、領運各員弁，分别議處。紳宦、書吏等户，不在此例。

一、僉選運丁，于每拾船中擇有身家者僉選壹名，立爲什長，自領運至抵壩皆責令監管。若拾船無欠，糧道即行獎賞。如有不肖旗丁通同作弊，一體究處。

一、江淮、興武貳衛幫船運丁、快丁，各肆百拾名，均匀分運。遇有更僉，運丁之船以運户僉補，快丁之船以快籍僉運。至選報快丁，責令伍長公報，州縣官隨時秉公查訪，將昔富今貧、昔貧今富字樣，于肆年編審册内注明，送部。倘有賣富差貧等弊，察出，即將公報不實之伍長，嚴加究治，經僉州縣官一并查參議處。其新僉快丁，責成糧道將應領錢糧確數，刊刻清單，發給新丁收執，令其照數支領。如有舊丁欠項，仍令舊丁清理。倘幫弁勒令新丁接受，查明究治。該管官徇隱不報，察出，指名揭參。如新丁不請運務而運丁情願受貼代運者，准貼運費壹百叁拾兩，逢大造之年，貼造費銀叁百兩，俱令于受兑成造之前呈繳糧道，以助代運貼造。快丁之名，仍留軍册。沿途一切風火事故，均責代運之丁辦理。又江淮、興武三兩幫新僉快丁，如有力簿不能獨運者，令其壹丁僉運，玖丁幫貼，責成伍長查明貧富，公同酌議，呈明州縣，于僉報快丁時，將什軍一體造報糧道查覈，倘有不實，將伍長從重究治，并令力能幫貼，規避出費之快丁，倍加貼費。

一、江淮、興武貳衛快丁應繳幫貼運丁代辦運費并造費銀兩，責成該管州縣定限催解，由糧道轉解淮安，散給各丁，以資運造。逾限未完，將經徵州縣按照分數，指名查參。

一、糧船頭舵、水手，責成各衛所及運弁正丁僱募，擇其諳練老成有家室之人，取具本籍鄰佑及本船頭舵、水手互保各結，并地方官印結，造具年貌、花名清册，轉報糧道存查，仍開明姓名、籍貫，各給腰牌，糧道、押運等官沿途稽查。如中途或有事故更换押運官弁，移行該地方官，選擇土著良民添補，仍取具册結，申報存查。

《户部則例》卷二二《漕運・官丁行月》 一、江南蘇松糧道所屬四衛九幫蘇州、太倉、鎮海三衛各前、後幫，金山、鎮江衛前、後幫。運弁，不支行月錢糧，其餘各衛以及各省運弁，均兼支行糧，不支月糧。旗丁行月兼支，同正糧一體并免。如正糧已完，行月不給者，官吏均予究處。以下各條内本折銀米數目，俱按現在奏銷册内細數開載。

一、直隸、山東各衛所官丁及協運河南省官丁，每員名行糧貳石肆斗，每船十丁，每名月糧玖石陸斗，俱一半本色，一半折色。行月折色，每石均折銀捌錢。

一、江南省蘇州、太倉、鎮海等衛前後幫、金山幫，每船十丁，行糧叁石，半本半折，折色每石折銀壹兩。鎮江衛前、後幫，每船十丁，行糧貳石玖斗柒升伍合，半本半折，折色每石折銀壹兩貳錢，每名月糧玖石伍斗肆合，半本半折，折色每石折銀壹兩。揚州衛頭幫、儀徵幫官丁，每員名行糧叁石，半本半折，折色每石折銀肆錢。每船拾丁，每名月糧壹拾貳石，半本半折，折色每石折銀叁錢。長淮衛三幫、四幫每幫遞年輪兑常、徐二屬漕糧。官丁，每員名兑常之年，行糧叁石，兑徐之年，行糧二石捌斗，半本半折，折色每石肆錢。每船十丁，每名月糧玖石陸斗，半本半折，折色內，折銀伍錢者陸斗，折銀肆錢者貳石貳斗，折銀叁錢者貳石。大河衛二、三幫，淮安衛頭、二幫，泗州衛前、後幫官丁，每員名行糧叁石。輪兑江北漕糧，行糧二石捌斗，半本半折，折色每石折銀肆錢。每船拾丁，每名月糧壹拾貳石，半本半折，折色每石折銀叁錢。江淮、興武二衛十八幫官丁，每員名行糧叁石，半本半折，折色每石折銀壹兩貳錢。每船拾貳丁，每名月糧壹拾貳石，半本半折，折色每石折銀壹兩。安慶衛前、後兩幫官丁，每員名行糧貳石捌斗，半本半折，折色每石折銀壹兩貳錢，每船以載糧叁拾石派給壹丁，每名月糧玖石陸斗，半本半折，折色每石折銀壹兩。新安、宣州、建陽三衛幫官丁，每員名行糧叁石，半本半折，折色每石折銀壹兩貳銀。每船拾丁，每名月糧玖石陸斗，半本半折，折色每石折銀壹兩。廬州衛頭幫官丁，每員名行糧貳石捌斗，半本半折，本色名本實折。每石折銀伍錢，折色每石折銀肆錢。每船拾丁，每名月糧壹拾貳石，半本半折，折色每折銀叁錢。廬州衛二、三幫官丁，每員名行糧叁石，半本半折，本色名本實折。每石折銀伍錢，折色每石折銀肆錢。每船拾丁，每名月糧壹拾貳石，半本半折，折色每石折銀叁錢。滁州衛蘇州幫官丁，每員名行糧叁石，半本半折，折色每石折銀肆錢。每船拾丁，每名月糧玖石陸斗，半本半折。折色內，前玖個半月每石折銀伍錢，後兩個半月，每石折銀叁錢。鳳陽衛常州幫、原鳳中常州幫、原鳳中二幫、長淮衛頭幫官丁，每員名行糧叁石，半本半折，本色名本實折。每石折銀伍錢，折色每石折銀肆錢。每船拾丁，每名月糧玖石陸斗，半本半折。折色內，前伍個月米每石折銀伍錢，後柒個月麥每石折銀叁錢。長淮衛原宿州頭幫官丁，每員名行糧二石捌斗，半本半折，本色名本實折。每石折銀玖錢，折色每石折銀肆錢。每船拾丁，每名月糧玖石陸斗，半本半折，本色實支叁石貳斗貳升伍合有奇，其餘壹石伍斗柒升肆合有奇，每石折銀玖錢，折色每石折銀叁錢。原鳳中三幫歸并原宿州頭幫船陸隻，運丁按伍拾玖名肆分覈算，每名行糧貳石捌斗，半本半折，本色名本實折。每名折銀伍錢，折色每石折銀肆錢。每名月糧玖石陸斗，半本半折，本色名本實折。米貳石貳升捌合，每石折銀玖錢，麥貳石柒斗柒升貳合，每石折銀伍錢，折色內，前伍個月米每石折銀伍錢，後柒個月麥每石折銀叁錢。長淮衛原宿州二幫官，每員行糧貳石捌斗，每船十丁，每名行糧三石，俱半本半折，折色每石折銀肆錢，每名月糧壹拾貳石，半本半折，本色內實支米壹石二斗伍升捌合貳勺陸抄，其餘折銀伍錢者，貳石捌斗貳升柒勺有奇；折銀玖錢者，壹石玖斗貳升玖勺有奇；折色每石折銀伍錢者，壹石貳斗伍升捌合二勺有奇；折銀叁錢者，肆石柒斗肆升壹合柒勺有奇。原盧州四幫歸并原鳳中三幫，改歸原宿州二幫船陸隻，每船拾丁，每名行糧叁石，半本半折，折色每石肆錢。每名月糧壹拾貳石，半本半折，折色折銀伍錢者，壹石二斗伍升捌合二勺有奇；折銀叁錢者，肆石柒斗肆升壹合柒勺。淮安衛三幫官丁，每員名行糧貳石捌斗，半本半折，本色名本實折。每石折銀玖錢，折色每石折銀肆錢。每船拾丁，每名月糧捌石，半本半折，折色每石折銀叁錢。淮安衛四幫官丁，每員名行糧叁石，半本半折，本色名本實折。每石折銀伍錢，折色每石折銀肆錢。每船拾丁，每名月糧貳石肆斗，半本半折，折色每石折銀叁錢。揚州衛二、三幫官丁，每員名行糧貳石捌斗，半本半折，本色名本實折。每石折銀伍錢，折色每石折銀肆錢。每船拾丁，每名月糧壹拾貳石，半本半折，折色每石折銀叁錢。原鳳中三幫歸并揚州二幫船肆隻，運丁按叁拾玖名陸分覈算，每名行糧貳石捌斗，半本半折，本色名本實折。每石折銀伍錢，折色每石折銀肆錢，每名月糧玖石陸斗，半本半折，本色名本實折。米貳石貳升捌合，每石折銀玖錢，麥貳石柒斗柒升貳合，每石折銀伍錢，折色前伍個月米每石折銀伍錢，後柒個月麥每石折銀叁錢。徐州衛江北幫官丁，每員名行糧貳石陸斗，半本半折，本色名本實折。每石折銀伍錢，折色每石折銀捌錢。每船拾丁，每名月糧玖石陸斗，半本半折，折色每石折銀捌錢。徐州衛河南前、後兩幫官丁，每員名行糧貳石肆斗，半本半折，折色每石折銀捌錢。每船拾丁，每名月糧玖石陸〔斗〕，半本半折，折色每石折銀捌錢。大河衛前幫官丁每員名行糧貳石捌斗，半本半折，折色每石折銀肆錢。每船拾丁，每名月糧壹拾貳石，半本半折，折色每石折銀叁錢。

一、浙江省官丁，每員名行糧叁石，壹半本色，壹半折色，折色每石折銀壹兩貳錢，旗丁每名月糧玖石陸斗，半本半折，折色每石折銀壹兩。

一、湖北、湖南二省官，每員行糧叁石，每石折銀肆錢，旗丁每名行糧叁石，月糧玖石陸斗，俱每石折銀柒錢。

一、江西省官弁、旗丁，行月貳糧，按正米壹石應支，行糧柒升伍合，月糧貳斗肆升，每石俱折銀柒錢。

一、江西省增補旗丁，行月銀米于腳耗項下各屬支發。水腳銀內支給銀壹萬捌千伍拾叁兩零，發扒夫等項米內支給米壹萬肆千肆百壹拾肆石捌斗零。又，裁減運漕盤撥耗米內支給米貳千柒百貳拾捌斗零，共應領米石柒成，由州縣代爲變價，每石按壹兩玖錢折給。叁成發給本色，以資回空食用。

一、山東省行月米石遇有不敷，准動支薊糧，即于薊糧報銷册開除項下作正開銷，造入漕項奏銷，報部題銷。

一、山東省幫船并廠設臨清之徐州衛河南前、後二幫船隻，每届成造之年，遠赴江寧購料，每隻准給減半月糧銀兩，以資丁力。

一、江蘇、安徽、浙江省各幫旗丁，應支壹半本色行月二糧，仍令州縣向百姓徵收本色，其兑給旗丁時，州縣代爲變價，每石以壹兩玖錢作爲定數折給，不許增減。

一、江南省江淮、興武二衛各九幫旗丁，應支壹半本色月糧米石，于京口裁兵項下及歲餘兵糧米石盡數撥抵，不敷米石，在于鎮江高資二營裁兵變價米內找給。原支折色價銀，由江安糧道扣存報撥。

一、浙江湖州所應領壹半本色月糧米壹千玖百石，于南糧項下原給隨徵耗米內撥給叁百石，其餘不敷米壹千陸百石，在于南糧餘剩米內照數支給。其原領每石壹兩貳錢折色價銀，按照扣解藩庫報撥。

一、浙江寧波前後、紹興前後、臺州前後、温州前後、處州前後、金衢所。拾壹幫每船應支本色月糧肆拾捌石，在于杭、嘉等幫支剩月糧，并嘉興等縣解省南米及裁剩兵米項下匀給。每船共支本色米拾陸石零，其餘不敷米數，每石于原定折價壹兩貳錢外，再加銀壹兩陸錢，在于杭州等府屬零户折徵銀內，每石給銀肆錢，裁減丁船、節省行月糧等銀款內，給銀壹兩貳錢。其已改本色米石，原領折價，照數扣解藩庫報撥。

一、浙江省二十一幫不堪加修、免僱船隻，存次配造，准將行月銀米留給本丁，以資造費。

一、運軍閏月錢糧，江西、湖北、湖南三省并浙江省白糧幫船，俱不支給。其山東、河南、江南及浙江漕糧，各幫遇閏，加增行月錢糧，按照本折均平支給。

一、官丁行月錢糧，遇災停徵、缺額請補者，均先行撥補，歸入現補項下支給。

一、各省停運軍船應支月糧，江西省照每船原派運米肆百石給銀肆拾捌兩之數，減半給銀貳拾肆兩。其餘各省均照出運之船應支本折月糧銀米各數減半給發。若買補僱募等船，于減半之中再行減半支給。其滿號漕船如遇災緩，經督撫奏准，緩至次年成造者，仍給伍分苫蓋月糧。

一、漕船遇有裁減，將漕糧灑派本幫，或分灑別幫加裝帶運者，裁船原支行月銀米，照額發給加裝各船濟運。

一、浙江省漕糧蠲減徵存本色行月米石，除支給丁船苫蓋外，其餘減存米石撥幫支領，由各幫每石繳價銀壹兩貳錢，于奏銷銀米款下分别報撥咨部。

一、江蘇、安徽二省泗州、金山等四十八幫不堪加修并風火事故免僱船隻，存次配造，准其支領行月銀米，以資造費。

《户部則例》卷二三《漕運・河閘事宜》 一、各省運漕河道，令河道總督、漕運總督督率各官挑淺疏通，倘有不預行挑濬致誤運艘，及有石塊、木樁阻礙中河，不行起除，以致抵觸漕船，題參議處。

一、山東運河責成河東總河、山東巡撫于每年回空將次過竣時，確加履勘。若河道受淤，立即估計，奏明辦理。倘因循玩誤以及浮估侵漁，據實參奏。如隨同隱飾，一并從重議處。

一、山東運河每年于十一月初一日煞壩挑濬，其開壩日期以南漕船隻頂臺莊爲准，如有逾期不築及糧船未至臺莊先行開壩，該督撫將該管官查參議處。

一、東省疏出新泉可以經久者，于查勘具奏後，該州縣將泉名勒石申報各上司，由巡撫彙册咨部，仍隨時挑疏，毋任稍有淤塞。

一、各湖水櫃以微山湖爲最要，東境八閘及江南邳、宿運河，全賴微湖挹注。幫船到境，按照宣放尺寸，頭進放水二尺四寸，二進放水三尺二寸，三進放水不得過四尺。毋許任意敞放。

一、各湖蓄水過少之年，于重運甫竣，即趕築攔河大壩，盡數收入微山等湖，若重運全竣後，湖水漸符定志，各單閘水口所進之水可期收足，即從緩堵辦。

一、山水驟漲，奔騰下注，專藉各閘層層關束。若水勢猛驟，恐致閘板膨裂，酌啓閘板數層，以資下洩。

一、北運河額設標夫三十三名，自重運入汛起至回空出汛止，每名日給工食銀捌分，每名每月另給標竿銀伍錢，紅剥銀内動支。令其多置標竿，指引糧船。

一、北運河入汛刮板四十三副，淺夫八百六十名，每刮板一副，淺夫二十名。每名月給工食銀壹兩貳錢，紅剥銀内動支。給與年貌、籍貫執照，通永道漕運通判管轄，巡游千總督同把總專司其事。每年漕艘未到之先，令其實力疏刮深通。遇有更换，照僉丁例隨時報部，并令坐糧廳一體查察。

一、各省重運漕船趲入運河，責成沿河文武員弁，將漕船催趲先行。其織造辦物船隻并銅鉛船隻以及木排等項，令其尾隨在後，挨次前進。倘該船排等不遵彈壓，即將押送之委員嚴參。

一、江西省糧船經由鳳凰灘至罐子口一帶及贛水十八灘以下，遇水小歸槽時，該省巡撫、糧道遴委妥員，帶領兵役，于河溜兩旁分投插柳，標記深淺。倘有船隻走出標外，以致淺擱者，立時究處。

一、漕船經由各閘，責令地方官實力查禁督催，俟漕船齊幫，始行啓板開放。官商民船令其隨漕過閘，不許越漕前進。倘閘官瞻徇私啓，以致洩水誤漕，或稱啓板拉船，藉詞索費，交運河道實力嚴查。其臨清關口毋許借端留難需索，令濟東道督率稽查。如踵前弊，即將該管官員等分别議處。至漕船因守候齊幫，耽延時日，准于單内注明，免其查參。

一、山東省運河各閘，遇春夏水微之時，遵照漕規啓閉。如糧船到閘，必須上下兩閘，閘板緊閉，會牌俱到，始行開閘。如會牌已到而閘官尚未啓板，催漕員弁一面催令閘官開閘放船，一面詳報總河、總漕查參。如會牌未到，不得逼勒啓板，其會牌亦不得稽遲。如河水充足，相機啓閉，以速漕運，總不得兩閘齊開，過洩水勢。

一、各閘閘板專責運河道，于每年冬、春二季重運未入境前，空運出境後，督令廳員確切詳查，一律添補齊全，毋任缺短。

一、大通等閘每逢秋令水旺之際，俱各嚴閉蓄水，凡值幫船到通需水時，上游各閘提板放水，以濟漕運。

一、惠濟、通濟、福興三閘關纜人夫，每閘派漕委一員專管，仍責成淮揚道就近稽查。其漕船經過，應給關纜人夫飲食錢文，由糧道查照木榜條款，交總運各員眼同漕委分給，不准漕委及夫役勒索，亦不准弁丁拖欠。

《户部則例》卷二三《漕運·奏報考成》 一、各省漕項錢糧，由糧道每年造具清册，分晰已未完各數，呈送各漕，于隔年三月奏銷。江寧、德州二倉行月米石，歸入漕項奏銷辦理。臨清倉月糧，淮安、徐州、鳳陽三倉行月錢糧，總漕亦于隔年三月另案題報。

一、江南省衛江淮、興武等幫行月本折錢糧，總歸江安糧道催徵給發、造册申送，江蘇巡撫先行題報總漕，仍彙入江安項下一并奏銷。

一、各省例解通濟庫由閘、輕賫等銀，由坐糧廳覈明收支經費各款，呈報倉場造册題銷，至應收進倉漕、白二糧，及各倉收放米數，及各幫帶交毛竹、席片，俱由倉場衙門奏銷，均限次年五月内具題。

一、各省每年起運漕糧，出運減漕船糧，除頒發全單照舊辦理外，各州縣漕糧一經徵齊，即將各該省額徵若干、本年起運若干、緩缺若干，逐一比較上届三年盈絀數目，據實奏明，一面造具清册報部查覈。倘比較上届三年有減無增，即將所短糧數，設法當年補足起運。如所屬州縣偶遇偏災，督撫務宜親往履勘，確查分數具奏。倘捏報災荒，或所報分數不符，嚴參懲辦，其實減蠲緩數目，由藩司趕緊辦理，移知糧道，糧道册造運減船糧各數，于次年二月初十日前馳送到淮，總漕衙門于二月二十日内彙齊送部。如逾限未到，于文内聲明，聽候覈辦。

一、各省倉項錢糧，由糧道造具清册，分晰已未完各數，呈送各該督撫查覈。山東德州倉、江南徐州倉于次年五月造册奏銷。淮安、鳳陽、江寧三倉于次年六月内造册奏銷。山東臨清倉扣算一年，限滿奏銷。河南額解臨德二倉錢糧于年終題報，各官完欠考成于年終造册奏銷。

一、各省徵收白糧經費、隨漕貼贈、截潤、輕賫、行月等項本折錢糧未完，經徵督催官員俱統歸漕、白正糧及各倉糧銀款内作十分考成，不必分算。如漕糧改折之年，遇有未完，另作分數，不准與白糧經費等款籠統造報。

一、各省津貼餘租銀兩，歸州縣衛所徵收，藩司、糧道分别催解、造册題銷。如有徵催不力，拖欠未完，照正項錢糧分别議處。

一、江西會昌所屯田坐落瑞金、安遠二縣境内者，由會昌縣于每年開徵時，將村莊花户屯餘數目造册移交瑞金、安遠二縣代徵，仍交會昌縣報解。如有未完，即將代徵之員職名造入，仍以會昌縣屯餘額數覈計分數開參。

一、各省漕糧，如有因災傷過重，奏請蠲緩漕糧者，該督撫查明確覈情形，於地丁摺外另行具奏，并將州縣區圖、村莊名目，分晰開單，候旨遵辦。如缺額較多，令該督撫設法補足起運。倘州縣有揑增分數、那移地段、倒填日月諸弊，由該督撫指名奏參。

一、江安糧道所屬應徵緩漕并歷年帶徵漕項銀米，均覈明完欠分數，造報年限，考成題參。其江蘇糧道所屬未完緩漕米石并巡撫督催未完，統令查明完欠分數，造報年限考成，一律題參。

《户部則例》卷二四《漕運·通漕例禁》 一、州縣收漕，或借米色爲辭，或度倉有餘米私收折色者，查出嚴參治罪；或書役將應上米石私相折銀，以致米石虧缺者，其侵虧米石著官役各半追補。糧户業已給有印串，不得扳指私折，再爲追究。如糧户私向折銀，經官拿獲現銀者，通詳究治，將銀入官，仍追應完米石交倉。

一、各省收漕州縣，將紳民應完糧額一律均收，不得有大户、小户名目。印官親駐倉廒秉公監兑，責成該管道府嚴密稽查，倘有縉紳巨户包攬、强交、代納及官吏浮收、折色等弊，從重究辦，道府瞻徇，該督撫一并查參。

一、各省收漕州縣，務將舊充漕總書記之人，查明禁革，營求幕友長隨，概行屏絶，倘上司徇情囑薦，許州縣據實揭報。每年收漕務須另選妥實書吏及親信之人，取結通詳備案。

一、各省有漕州縣徵收漕糧，如有私給地方豪棍及上司衙門書役規例，以致額外加收，及弁丁到次受兑藉端刁難，該督撫實力稽查，嚴參究治，并于兑漕之時，飭令糧道往來查察，以清固弊。

一、各省州縣收納漕糧，糧户到倉隨時驗明米色，即令自行擵交。倘有淋尖，踢斛，或劃去斛裏，改换斛面，或額外收取樣米，或斛面餘下之米，作爲蓆墊，不准業户取回，或藉米色爲辭私自增加，或蠹役刁蹬留難，包攬代完，侵蝕飛派等弊，州縣隨時查拿，嚴行懲辦。如有徇隱，糧道嚴參究治，糧道徇隱，督撫查參，督撫瞻徇，一并議處，倘該管上司收受陋規，照枉法贓科罪。

一、各省州縣倉廒鋪墊，例有隨徵漕費，足資修理。倘該州縣于辦漕之先勒派漕書修理倉廒鋪墊，致滋需索者，令該管道府實力稽查，嚴參辦理。

一、徵收漕糧如實因被水被旱，間有紅白相間或青腰白臍，以致米色不純者，州縣于開徵時詳報，該管上司確查數目，即行奏明，次年糧艘過淮，總漕查驗奏報，并移咨倉場衙門照數驗收。

一、各省正耗漕糧及贈耗、行月各米，監兑官逐一驗明，交兑官丁不許私折顆粒。兑糧完日，監兑官同州縣出具并無折乾扶同情弊印結申報。開行時，糧道親行查驗，出結報部。倘有州縣串通弁丁私自折給，監兑等官徇隱不究，漕運總督一并查明覈參。

一、湖北省漕船兑漕水次不一，上游在省城水次，應兑米石于開兑時，由巡撫親往河干督同糧道查驗。如有攙雜等弊，將經徵之州縣指參駁换。其下游在各屬水次，分兑之米先由糧道監兑，統俟各船兑齊開行。至湖北、江西交界之田家鎮地方，遴委公正大員，一律按船盤驗。倘有攙雜，即責令弁丁賠補。倘委盤大員并不認真查辦，致過淮時驗出霉變等弊，即將該委員一并奏參分賠。至湖南有漕州縣，均解赴岳州水次交兑，先將樣米呈送巡撫查驗。俟運過省城河下，由該撫督同糧道親詣河干逐一查驗。由下游經過岳州者，俟糧道抵岳時通行驗明撥兑，取具監兑各員兑收好米甘結，糧道再行加具印結送部。

一、正副旗丁赴次交兑時，已有已革運丁竄身入幫，無論生、監，即行拿交地方官嚴行究治。其有疏縱者，將運弁一并參處。

一、旗丁争告，在未兑糧之先者，糧道嚴查，不許領運；如在領運之後者，候完糧回南日審理，不得擅准拘繫，稽誤新漕。

一、糧艘過淮，總漕眼同弁丁逐船比對，務期米色一律純潔方准過淮。倘有攙雜低潮，如江蘇、浙江二省係監兑之員押運，即將監兑押領各員弁同經管各員，一并嚴參議處，仍將米石著落各該員分別立限追賠。其安徽、江西、湖廣等省，監兑官不押運赴淮，只有糧道并押領各廳弁督率照料，倘查有原兑本係好米，中途不勤加風晾，甚或舞弊攙和，皆非監兑官所能查察，止將在幫各員參處追賠。至過淮驗明以後本屬好米，抵通交倉或有霉暗者，則係弁丁中途不勤加風晾所致，即將押領員弁參處，并將不堪米石著落追賠。

一、漕船艙底用蘆席鋪墊，于過淮時，總漕查驗取結存案，如查有石灰鋪墊者，無論米色曾否潮濕，即將該旗丁從重治罪，該管官一并議處。

一、幫船到淮，應交津貼飯銀，大幫陸兩，小幫肆兩，當官呈繳給發書吏，不得私相授受。其米數、丁舵姓名等册，各幫字識自行繕造申送，不得倩人代造，科派需費。

一、江浙糧艘篷桅過淮時，總漕逐一點驗。其江口豎立時，催漕官不得假查看名目，需索陋規。

一、各省漕船至揚州三岔河總彙地方，總漕遴委幹員彈壓，分幫前進。如委員及跟隨人役有需索盤費等項者，題參究處。

一、重運北上時，宿遷營游擊委駐白洋河，徐州協副將委駐韓莊八閘，漕船提溜打閘，有弁兵串通人夫勒索旗丁倍出工價者，該員約束禁止。如縱容徇庇，一并參處。

一、頭船尖丁不許科派各船沿途使費銀兩，包攬侵蝕，違者究處，如運弁有串通頭船科派各船銀兩，俱分別究議。

一、領運員弁如有需索旗丁米石，擅扣行月等銀及縱容親戚、家人需索常例，縱容旗丁需索銀米者，俱照律治罪，銀米入官。糧道給發運丁錢糧，如有剋扣，僉丁、監兑等官如有需索，俱從重治罪。

一、漕船經過地方，責成沿途文武員弁多派兵役認真查拿，毋致無賴棍徒勾串水手勒加身工銀兩及打船滋擾等事。倘文武地方官因循疏縱或任意彌縫，漕運總督即行據實嚴參究治。

一、重運漕船，旗丁准帶土宜壹百貳拾肆石，頭舵二人每人准土宜叁石，水手無論人數多寡，准帶土宜貳拾石，共帶壹百伍拾石外，又准加帶叁拾石，例不報稅。均分別貨物粗細，酌量捆束大小，定數作石，于過淮處所刊刻木榜，通行曉諭。如有違例多帶及沿途攬載者，貨物入官，丁、商從重治罪，官弁俱嚴加議處。

一、江西、湖廣二省糧船，准其將本地所產竹木于天篷上裝帶，毋得過高二尺。倘有違例多裝，押運廳弁勒令起卸，嚴加責懲，竹木入官，廳弁等通同徇隱，一并參處。如水大之年，帶至臺莊以南一帶卸賣，不得帶過臺莊；水小之年，在淮安、揚州卸賣，不得帶過黄河。

一、弁丁沿途盜賣正項漕糧并行月米石，拿獲按律分別治罪。頭舵私受錢財及知而不舉者，亦分別治罪。押運領運員弁均按例議處，所缺米石照數追賠。如本人無可賠補，著落原選委衙門官代賠，盜賣盜買之人一體治罪。糧米交還本船，仍追米價入官充餉，其往來搬運之船，減等發落。地方巡查各官能拿獲者，按次分別議叙。汛兵實力查獲，將入官米價照追賞給巡查各官，失于查察者，按照盜賣米石數目，分別議處。

一、旗丁領運米石，如因河水淺涸，即派撥船撥運。倘有攬載貨物，船重難行，并強奪民船撥載糧米者，均查明治罪，運官分別議處。

一、漕船行抵楊村，令各幫丁將貨物盡數起剥，不許絲毫存匿。如遇水淺難行，再將漕船起剥。每年届漕船入北河時，直隸總督委同知一員至楊村，會同總漕所派守備、千總及運幫各員，專司稽查。其糧船抵通交兑後，倉場侍郎留心查察。倘仍有貨物在船，即行究治，委員一并議處。

一、各省起運漕船，例准裝帶土宜。如遇水勢通暢，船身吃水按照加裝米數止增重四五寸者，不必起剥，令其加縴行走，毋許脱空。

一、糧船經過地方遇天旱水淺不能通行，總漕、總河先令旗丁將所帶貨物起剥。如貨物未卸，先將漕米剥載者，照盜賣漕糧例分別治罪。

一、運弁領運違限及管押重運擅自離幫，正丁在南憑托別丁包運，并隨幫與副丁不親身在幫回空者，弁丁從重治罪，糧道一并題參。

一、漕船到通米石，遇有霉變以及潮濕、攙雜等弊，即行駁回，毋得折成收受。其駁回米石由倉場派灑帶回，每船止准裝載壹貳百石，不得在通售賣。至德州後方准糶變，并著落沿途地方官嚴密稽查。倘有在天津一帶售賣者，照私賣漕糧例究辦。

一、每船旗丁霉變米至伍百石以上，枷號示衆，漕竣，重責遞回監追。

一、失風船隻到壩，如姦丁因有准其易賣買補之例，乘機將好米攙和盜賣者，從重治罪。

一、漕糧到通驗看，質嫩色暗不能一律純潔，或攙和沙土糠秕潮濕者，旗丁治罪，押運、領運員弁及該管糧道交部議處。

一、旗丁原備叁升捌合餘米盡數給價進倉外，其存剩行月等米，坐糧廳給票，聽沿途售賣。若私自在通糶賣者，查出從嚴究治。

一、回空糧船除日用盤費錢文准其攜帶外，如有將制錢數十百串成捆包挾，捏稱壓船，希圖販賣者，即行拿究，胥役人等亦不得借端需索，違者究治。

一、回空糧船江西省准帶食米肆拾伍石，燒煤肆拾石。湖南省每船准帶食米叁拾陸石，燒煤叁拾貳石。湖北省每船准帶食米叁拾叁石柒斗伍升，燒煤叁拾石。江南、浙江二省每船准帶食米叁拾石，燒煤貳拾伍石。自通州至宿遷、淮安、揚州等處，逐關查驗，除免税放行，不得越數多帶。

一、回空糧船每船准帶梨棗瓜豆等四項食物并土宜共壹百壹拾肆石，免其過關輸税。如有多帶，各關照例徵税。

一、各省回空漕船行抵閘口，遇重運尾幫未經出口，即在閘外停讓。如有滿號趕造船隻，糧道驗明，于船尾粉書赴廠打造字樣備查，先期詳明漕運總督，轉飭河員，于每幫出口後，乘空分塘，即令越幫進閘，每起不得過五隻，其餘回空漕船，俱于重運尾幫出口後，再行挨次趲進。如河内重運連檣行走，回空船隻即于寬處停讓，該管廳員駐宿河干，專司彈壓，道員往來稽查。如有搶閘并閘官留難勒扛，該督撫立即指參。

一、空、重糧船不准私載硝磺并攬載商茶偷漏關税，各該督撫令地方官弁分路嚴緝。如查出私販者，照私鹽例究治，押運官弁亦照失察私鹽例議處。

一、重運、回空糧船每船准帶食鹽肆拾觔，遇查鹽員弁將例帶食鹽擺列船頭，聽候秤驗。若每船多餘止貳叁觔者，入官變價充公，不得以私鹽混報。凡經過產鹽地方，文武官弁晝夜催趲，不許逗留，并嚴拿旗丁私行販賣。過淮船隻專聽兩江總督、鹽政委員在揚州鹽廳搜查。不過淮之徐州衛江北幫，輪兑徐州漕糧之長淮衛三、四兩幫，鳳中三幫，宿州衛頭、二兩幫回空糧船，大河衛守備搜查。不過淮在夏鎮、皂河等處受兑之淮安衛三幫回空糧船，濟寧衛守備搜查。糧船一到隨即秤驗，查畢即行開船。查出夾帶私鹽，除運官降級調用外，至沿途州縣文武，查係產鹽地方專司稽查者，一并查參。其非產鹽地方文武各官，免其參處。如同知、通判、千總等官管押幫船，空、重均無夾帶私鹽者，准其議敘。若未經親身在幫協查者，不得濫行議敘。

一、山東省自備船隻俱係僱募，責令該糧道先期將應僱船隻數目行知通州及天津縣，就近稽查，俱按時價發給，不得濫行強拿，違者究處。

一、運糧漕船如有姦商借給銀兩重利盤剥致累運丁，由糧道督率運弁隨時查察，立即嚴拿懲辦。

一、衛所僉運新丁，除著認篷桅扛索價值之外，不得勒認前丁公私欠項。倘有勒令新丁接受者，或查出或告發，將該備弁題參革究。

一、旗丁子弟及積年舊役有謀充有漕各衙門書承者，察出從重治罪。

一、黄河兩岸捕魚小船，該地方官開具姓名造册編號，著管河縣丞、河標把總經管約束。遇有糧船失風，即令先行救米，次行救貨。米聽押運官分散本幫各船，貨物該縣丞、把總等查明，逐一交還。失風之旗丁酌量賞給各漁船錢文。如有乘機搶掠等事照例治罪，該縣丞等官一并查參議處。

一、凡官員、商賈、軍、民船隻行至閘河，均俟積水至六七板始准開閘放行。其奉差緊要官務，倘遇水勢不滿，即改從陸路行走。如有凌駕争擠，擅開閘板走洩水利誤漕者，總漕、總河指實題參，徇隱不舉，事發一并治罪。

一、每幫十船，各丁連環保結，互相稽查。如有折乾、盜賣等弊，能出首者，酌量賞給。隱匿不首者，事發之日本丁治罪，其餘九丁一體責懲。

一、有頂帶之丁干犯漕規，照運丁例一體治罪。

一、糧船頭舵、水手于本軍内擇其能撐駕者充當，如有僱募匪人，于漕糧兑足後不即開行，包攬貨物，回空時收帶私鹽，聚衆行凶，登岸滋事及擾害過往船隻，并砍伐官柳，拆毁橋板，奪取房間堆儲蘆葦等物，俱從重治罪，押運官弁分別議處。

一、各省漕船如有舵工人等包攬運務，虧缺米石，累及衆丁代完者，令領運千總據實報明，將包攬之人審實發遣。

一、各省旗丁在糧道衙門領銀之時，應令出具丁書差役并無剋扣甘結。開行時，出具廳弁書役并無需索陋規甘結，一并由糧道加具印結，申送督撫衙門，于開幫摺内聲明具奏。至過淮抵通，由漕運總督、倉場侍郎將丁書經紀人等并無需索陋規緣由取具旗丁甘結陳奏一次。倘再有剋扣需索或扶同徇隱情弊，别經發覺，與受照律同科。

一、道府州縣各衙門及衛弁軍旗人等收兑漕糧，督撫先期刊刻規條列示嚴禁。如開倉收米擅自派費者，解省投批掛號。鋪班需索陋規者，兑糧給發官斛，需索使費者，撥衛兑漕監兑需索供應，軍弁水手需索陋規者，水次兑糧需索耗米者，查出題參究處。兑糧事竣時，監兑官出具并無需索等弊甘結，送督撫存案。至過淮盤驗、抵通交卸及部廳銷算等事，各衙門書役人等如有需索使費者，察出即行究處。

一、糧道准帶書役四名、差役四名，運官減半，不得逾數多帶。

一、漕運諸弊于瓜洲閘口、儀徵江口、淮安之盤糧廳、濟寧、臨清、通州各口刊刻木榜，永遠禁止。該管官不時查察，如有干犯，題參究處。

一、糧船重運、回空，千總各准携帶鳥槍一桿以備巡守。均令總漕衙門編列字號，責令該千總自行收儲。如有私行多帶，查報題參。

一、倉場坐糧廳書役及南漕各衙門員役，于裁存飯銀不照石刻條款數目收受，而另立名色額外婪索者，許被害人首告，審實照律治罪。違例私給者一律懲治，失察之押運員弁及各上司分別議處。北漕裁存倉場衙門書役飯銀條款：一、存留經紀腳價飯銀貳百兩。一、白糧經紀腳價飯銀壹百捌拾陸兩肆錢。一、四閘水腳抗價飯銀貳百貳拾兩。一、土壩車户腳價飯銀叁拾兩。一、布袋每萬條飯銀肆拾兩。一、經紀載錢飯銀貳百捌拾兩。一、經紀頭役飯銀肆拾兩。一、各倉書攢每年給裝釘循環簿銀貳兩肆錢。一、每倉磨對黄册每年給飯銀陸兩肆錢。一、每倉裝釘黄册飯銀叁兩貳錢。一、每倉年規飯銀陸兩肆錢。一、坐糧廳每年給銀捌兩，出巡回巡銀捌兩。一、大通橋每年給銀捌兩。一、新任監督給銀壹百叁拾兩。一、每倉進米報單飯銀貳兩肆錢。一、經紀每年給掣欠銀陸拾兩。坐糧廳衙門飯銀條：一、存留軍糧經紀頭卯幫貼東科飯銀叁百壹拾伍兩。一、軍糧經紀載錢内，幫貼東科飯銀壹百伍拾兩。一、軍糧經紀幫貼東科貼寫飯銀壹百伍拾兩。一、軍糧經紀買布幫貼東科飯銀叁百肆兩，又給貼寫飯銀肆拾兩。一、軍糧經紀倒袋幫貼東科殘袋貳千條。一、白糧經紀幫貼東科飯銀捌拾兩。一、軍糧經紀幫貼南科飯銀玖拾肆兩。又幫貼貼寫飯銀貳拾肆兩。一、白糧經紀幫貼南科飯銀壹拾兩。一、四閘軍糧水腳每卯幫貼南科飯銀貳拾伍兩陸錢。又每閘每年幫貼南科飯銀貳兩。一、慶豐閘閘官每年幫貼南科飯銀柒兩伍錢。一、拆賣江西滿號船，每隻給南科造册飯銀貳兩肆錢。又給掛號銀壹兩貳錢。一、運官加銜給南科飯銀貳兩或壹兩陸錢不等。一、軍糧經紀幫貼西科銷算飯銀肆拾兩。又幫貼西科貼寫銷算飯銀肆拾兩。一、每年徵收額税盈餘平餘銀陸拾餘兩。又交税銀壹兩，收飯銀伍分。一、紅單每大張收制錢肆拾文，每小張收制錢壹拾伍文。一、小票每張收制錢壹文。一、巡舍更名給河税科銀壹兩，又貼寫銀伍錢，豬、酒、雜貨、布四行每行給河税科年節銀貳兩。南漕裁存各衙門書役飯銀條款：一、領運千總僱募字識班役紙張、飯食，河南、山東二省每船給銀陸分；江安、蘇松、江西、浙江、湖北、湖南等六省，每船給銀捌分。一、押運丞倅書役差役紙張、飯食，山東、河南二省每幫給銀捌錢；江安、蘇松、江西、浙江、湖北、湖南等六省，每幫給銀壹兩；糧道衙門號房門役每幫各給銀叁錢。一、各關報文及查驗土宜，山東、河南二省每關每幫給銀叁錢；江安、蘇松、江西、浙江、湖北、湖南等省每關每幫給銀伍錢。一、赴總漕衙門投文掛號，每幫共給銀叁錢，又驗領全、長二單，每幫共給銀伍錢。一、沿途營汛如有粘貼印花、抄寫掛號并報入汛出汛文書，每幫共給銀貳錢。一、東昌、泊頭、磚河、楊村、河西務各汛，山東、河南二省每幫每處給制錢伍拾文。一、沿途閘座如果水深溜急必須閘夫料理者，每處每幫給銀貳錢，平坦閘座不准給與。

（清）佚名《治浙成規》卷四《徵收錢漕一律改用版串》 浙江等處承宣布政使司伊爲詳明徵收錢糧改用版串以杜弊源事。

竊照徵收錢漕，州縣設立徵册，刊刻三聯版串，先期給發易知由單，俾民知應完之數。迨開征以後，遇有完納，隨時銷册給串寧家。其過期不完者，内摘内催，不予書差以可乘之機，尚虞意料所不到之弊，是以明察州縣預爲防閑。或十日或半月，將各莊已未完户名照征册列榜四鄉，既以杜書役之兜收，並可儆玩户之抗欠，其法最善，用意至深。兹查浙江省除杭湖二府屬曾經稟請改用版串外，其餘各府屬均用活串，以致墊欠累累，流弊無窮。現在實欠在民者，已奉恩旨全行豁免。官爲墊解者，亦經詳請憲臺奏准分限攤賠。此後固當欽遵諭旨，儘徵儘解，核實開參，不許絲毫挪墊。而征收之法尤不可不趁此民力易輸之時，切實講求，以期掃數全完，毫無蒂欠。然仍用活串，積弊難以盡除。與其懲創於事後，莫若防患於未來。除通飭各屬一律改用版串，其有向用活串者嚴行禁止。自嘉慶二十五年春徵起，於未經開徵之先，按照實徵册造具上下忙版串，將各户名下應完銀數，分爲兩票。如正耗銀一兩者，各半分填，於串票内註明上忙應完銀五錢，下忙應完銀五錢。杭嘉湖三府屬漕糧定例冬完，不分上下忙，亦即按户造定版串，銀數米數均大書刊刻，預先用印存署，糧户完納時，由櫃書按户登簿送署截給外，如此認真妥辦，不特未完之户易於按串摘催，即重徵塗改情弊亦可不禁而自絶矣。本司爲禁弊安良起見，理合具文詳明。伏祈憲臺察核批示立案，以便遵守。爲此備由，伏乞照詳施行。

嘉慶二十四年十一月三十日奉巡撫部院陳批，如詳通飭遵照，一律改用版串，實力奉行。其完糧串錢，並飭查照向例，衹許每串收錢一文，由司嚴行示禁，毋許藉端勒索，朦混多收未便。繳。

（清）托津等《户部漕運全書》卷一二《搭運收買》　一、蘇松糧道所屬嘉慶元年、二年蠲免漕糧，其仍徵隨漕贈五等米，除截撥京口兵糧並各幫減船月糧外，青浦縣餘賸米四千一百一十一石六斗六升六勺，無需動用，於起運幫船内分裝帶運，赴通交納。嘉慶三年。

一、銅山、睢寧二縣嘉慶元年徵存熟田漕糧，前因豐汛漫口，輓運需費，奏明緩俟嘉慶二年冬搭運，嗣東省曹汛漫口尚未合龍，黄河斷流，水陸二途均難起運，咨准再緩至下年搭運。嘉慶三年。

一、浙江温州後幫旗丁陳士明等十名船隻遇風沉溺米石，除餘米抵補外，尚應買補搭解米石，奏准自明冬爲始，分作四年按數搭解。嘉慶五年。

一、浙江省嘉慶二年歸安等縣歉收項下應徵漕糧正耗米一萬七千四百三十三石一斗四合五勺，前經欽奉恩旨，分作三年帶徵。所有嘉慶三年應徵初限米石，因該省漕糧輪應蠲免，幫船全數停減，無從帶運，咨准同二限應徵米石一併加裝帶運，赴通交納。嘉慶五年。

一、蘇州白糧幫潮濕米一千三百九十二石四斗一升，先經奏准令該丁等變價回南買補足數，下年搭運。嗣該幫交賸餘米七十二石准其抵補，下賸應搭米石責令照數搭運，赴通交納。嘉慶六年。

一、安慶等府屬還漕行月米石，各屬俱有額運漕糧可以隨次派搭，惟和州向無漕糧，亦無幫次搭運，准其派令上江經過幫船順道加裝帶運。嘉慶七年。

一、江蘇鎮洋縣搭運民欠米四千餘石，先經奏明彙入下届起運船内搭運，嗣因就該縣及太倉州水次幫船均勻派搭，咨准分作二年運通，並援照乾隆四十九年蘇省搭運支賸行月等米，酌給贈銀贈米及席片負重銀兩。嘉慶七年。

一、江西永建幫旗丁薛徐朋等一十九船受兑進賢縣漕糧，在淮霉變，虧折米一千五百九十八石四斗四升八合三勺，分作三年搭解，除初二兩限米石均已照例買米搭解，運通交納，其嘉慶七年應賠三限米石，因各屬漕糧緩徵，糧艘俱停減在次，無船出運，准其俟嘉慶八年出運漕船搭解運通還款。嘉慶八年。

嘉慶八年户部覈定上下兩江收買米石運通章程七款：

一、上下兩江各幫船每隻行月内撥出米三十石，以一兩九錢覈給，其免雇之船一體收買，同篩颺耗米均攤帶運到壩，照平斛交納。

一、篩颺耗米折價銀兩原係格外津貼之項，如月報糧價浮於一兩九錢者，即應酌中以一兩九錢折給。如糧價減於一兩九錢者，仍照市價折給。其搭運緩漕項下篩颺耗米一體折價收回運通，仍令造册報部覈銷。

一、蘇松各屬支剩行月等米五萬三千餘石，江安所屬支剩米七千餘石，户部議令照數搭運，據稱前項米内業經撥支嘉慶六年分各幫行月之用。蘇屬實存米二萬五千一百餘石，現將舊存米八千六百餘石儘數搭運，仍不敷米一萬九千餘石，即於現完米内照數撥足。江安所屬實存米麥三千三百餘石，現將各年徵存米麥内派撥，並於嘉慶六年存賸米内照數撥足。共計米麥六萬餘石，於起運各幫船内派搭，仍將派撥年款米數及各幫搭運米數造册送部查覈。

一、搭運行月等項米石，照依搭運減存行月米石之例驗分五米給丁，其餘作爲平米派搭運通。蘇屬給與十銀，江屬給與五銀，同負重席片銀兩按米支給。

一、向來支給行月負重等銀，俱照例扣收平餘，此次收回行月等項米石，折價銀兩應令一律扣收平餘，以符舊例。

一、江安糧道所屬各幫，行月全無本色及不足三十石之幫，即於贈五米内劃扣，如贈米不敷，即於交倉餘耗米内撥足三十石之數。其例交米麥豆之幫，一律以米交納，例支粟米之幫，即以粟米搭運。

一、應給折價銀兩查明各屬並無存留漕項，准其由道覈放，以免歧異。仍將放給銀兩統於漕項奏銷案內報部查覈。

一、山東省嘉慶八年應買截漕米豆六萬九千三百餘石，向在沿河二百里以內州縣採買，惟該州縣有應買動缺穀石，又買截漕米石，爲數過多，恐於民食有礙。奏准酌買一半，其餘一半緩至來年採買。嗣因黄水漫溢，各州縣或被水成災，或挑護堤工均應裕籌民食，所有嘉慶八年應行買補之截漕米三萬四千六百餘石，亦准其緩至來年秋收後再行買補搭運。

一、嘉慶五年漕項奏銷案内各屬徵存米麥，部議搭解運通。嗣因宣城、貴池二縣應存米内有給丁贈米未經給丁，按數搭完，所有搭缺贈米於該二縣帶徵行月米内撥出抵給。嘉慶九年。

一、江蘇省銅山縣漕倉向在徐州府城，每年徵收後由黄河撥至宿遷阜河地方交兑軍船。嘉慶十八年豫省睢工漫口，黄河斷流，難以撥送，奏准緩俟下年搭運。又蕭縣、豐縣、沛縣是年辦理防堵事宜，徵收漕糧不能兼顧，奏准將本年熟田緩俟下年啓徵，交幫分裝搭運。

一、嘉慶二十年江蘇徐州府屬之銅山縣積年緩漕粟米一萬六千一百石，應派坐兑之江北長淮兩幫分裝，計每船加裝幾及一倍，勢難加運。奏准酌分一半米石先令該兩幫按數搭解，其餘八千餘石俟下届歸數運通，以免負重。

一、安徽省潛山、太湖等州縣額徵嘉慶十九年分南屯米石，是年秋禾被災，奏明俟二十年秋後啓徵，派撥各幫搭運，每石給丁負重銀五分，贈銀五分，席銀八毫五絲，贈米折銀九分五釐，統於漕項奏銷案内彙册報銷。嘉慶二十一年。

一、湖北漢陽等六州縣嘉慶二十二年應搭運帶徵節年緩徵米石，因該州縣夏秋被水，冬麥未能普種，所有帶徵漕米奏准停徵，暫緩搭運。嘉慶二十三年。

一、銅山、蕭縣、碭山等三縣嘉慶二十四年徵存漕糧，因豫省漫口，黄河斷流，若改由陸運，程途窵遠，奏准緩至二十五年冬交幫搭運。嘉慶二十五年。

一、道光四年奏准：湖南省動支常平倉穀碾米二十萬石，由漕船分作五年帶運，初限米四萬石當年碾運赴通，二限米四萬石，道光五年因盤壩繁費，奏准緩至次年搭運。道光六年又因醴陵等州縣被災，撫卹口糧等項動碾過多，且有糧船在江遭風漂失漕米五千六百餘石，同時買補恐妨民食。奏准先行搭運二萬石，餘俱分年遞緩搭運。道光七年又因倒塘灌放，渡黄期迫，湖南糧船喫水本深，未便裝載過重。奏准將二限未運米二萬石並應補解漂失漕米，均緩俟下年再行碾運。道光八年又因該省有帶徵米石裝運較多。艱於駕駛，復經奏准緩俟下年再行碾運，其餘分限通米十二萬石亦俱按年遞緩。

一、道光七年仁和等縣帶徵二限並續徵初限南糧還漕正耗米六千八百五石零，咨准飭令寧前等幫本年起運船内加裝搭運。

（清）托津等《户部漕運全書》卷一三《淮通例限》　一、領運官兑糧開行及期過淮，違限十日者，總漕捆打二十。違限一月者，捆打四十，革職，戴罪督押，俟抵通完糧開復。其違限一月以上，亦照違限一月例議處。順治十一年。

一、漕糧抵通定限，山東、河南限三月初一日到通，江北限四月初一日到通，江南限五月初一日到通，浙江、江西、湖廣限六月初一日到通。各省糧船到通，俱限三個月内完糧，逾期以到通違限論。議單舊本。

一、總漕總管各省漕糧，專司催儹，過淮以後，總河星速儹運。如過淮及期而到通遲悞者，河漕二督及沿河鎮道將領、州縣等官，各照督撫遲悞過淮例議處。順治十二年。

一、押運廳官過淮抵通違限者，照糧道例處分。載在《會典》。

一、領運漕糧到通違限，向例不論月日多寡，各罰俸半年。康熙十一年題定：押運等官違限不及一月者，罰俸三個月。一月以上者，罰俸六個月。二月以上者，罰俸一年。三月以上者，降一級留任。

一、白糧過淮抵通違限，督運各官俱照漕糧違限例議處。康熙十一年。

一、漕白二糧過淮定例，總漕將船糧數目陸續具題，每年過淮漕糧總數繕造黄册，另疏題報。康熙三十四年。

一、漕糧過淮定限，江北各州縣限十二月内過淮，江南、江寧、蘇松等府限正月内過淮，浙江、江西、湖廣限二月内過淮，山東、河南限正月盡數開行。康熙四十一年題准：江北、江南、浙江、江西、湖廣等省各展淮限一月。五十一年，江南漕船題復原限過淮。五十七年，江北、江西、浙江、湖廣題定悉依原限過淮。

（清）托津等《户部漕運全書》卷五三《置辦官車》 一、大通橋應置官車二百輛，牲口八百匹，每輛連騾馬器具需銀一百四十兩，先於通庫借支置買，即於車户脚價内分年匀扣歸款。仍令承辦官役揀選堅壯車馬應用，於車轅之上烙印大通橋官車字樣，並編列號次，牲口亦用火烙印記，以備稽查。並令倉場會同巡漕御史隨時查驗，以昭慎重。

一、官車牲口以及車夫人等人數衆多，於該橋附近地方置買空曠民地，令該監督分設棚廠四處，每廠蓋馬棚四十間，房屋三十間，並買馬槽等項共需銀五千六百兩，亦於通庫借支，統於脚價内分年匀扣歸款。

一、大通橋係京倉運米總匯，所有新設車輛分棚餧養散給脚價各事宜，應令該監督專司其事，倉場會同巡漕御史每月查驗。如有短少損壞，或牲口疲羸，以及到橋之米積壓在號等弊，即將該監督嚴參，車户從重治罪，另簽妥役更替。

一、大通橋額設車户三十二名，除將疲乏者飭行大宛兩縣另選殷實良民報充外，其餘仍令應役，即將此項官車交與管理，並擇勤慎車户八名充當頭役，分廠經理。至運糧脚價，照例分别各倉道路遠近，按米給發，令其自行餧養牲口，雇覓車户，毋庸另給馬乾工食。如有盜賣騾馬及頂换等弊，即將該頭役等從重治罪，仍令按數賠補。倘遇車户疲乏，亦即另選殷實之人充當，以免貽誤。

一、漕糧未到之先，例發大通橋先漕預備銀三千二百兩，以爲安車之用，於脚價内扣還。今車輛既官爲置辦，毋庸預備安車，即將此項銀内酌發二千兩按車匀給，以爲添買牲口修理車輛之用，仍於脚價内扣還歸款。如有牲口倒斃、車輛損壞，以致臨時誤運，即將該車户責革，另選車户充當。

一、車户等承領官車，必使日用有資，方能愛惜官物。每年漕船間有脱幫及陰雨連綿之日，官車俱屬空閒，應於脚價内扣存銀六千兩交該監督，於空閒月日每日按車給銀一兩，津貼車户。至完糧後，聽其自行攬載。應令編列號次，將車夫姓名報明監督存案備查，毋許各州縣擅行封雇。每年新漕到關以前，務將官車先期調齊入廠，倘臨期不至以致車數不足，即在該管車户名下賠補，並將車户從重處治。

一、車户等節年奏明長支銀兩現有一萬六千五百餘兩，又本年漕糧到橋遲滯，守候需時，車脚昂貴，實屬不敷，計長支銀七千九百五十餘兩。現在借支置車立廠銀三萬三千六百兩，均須脚價内歸款，應於五十二年爲始，無論全漕減漕年分，分作十年匀扣歸款。以上七條均乾隆五十一年。

一、大通橋官車二百輛，牲口八百頭，車户所得脚價不敷餧養，應照八旗官馬買豆之例，按牲口一頭買豆一石，每年自三月起至十一月，作爲九個月支領，共需豆七千二百石，每石以一兩一錢承買，應交豆價於脚價内扣清解部，所需豆石先於各倉領買二年。自五十四年起，分交豫東二省，每年各採買豆三千六百石，派搭運通，以備應用。至一切脚價等項銀兩，按照歷年採買之例覈銷。乾隆五十三年。

一、大通橋車户承買豆石扣存價銀，因輕齎銀兩不敷動支，於乾隆五十四、五、六等年俱經坐糧廳支放，造入通濟庫奏銷案内報部覈銷。

一、豫東二省應徵豆石分年輪免到通，黑豆僅敷供支八旗等處官兵餧馬之用，將大通橋車户應買豆石暫行停止。乾隆五十九年。

一、大通橋車户餧養牲口豆石不敷，每月即以粟米抵給，按照例價，在該車户應得脚價内扣留歸款。俟豫東豆石全數徵收運通，照舊令其承買。乾隆六十年。查此項官車於嘉慶五年刑部審擬挪用局錢案内奏明，車輛牲口俱已陸續損壞倒斃，其承買豆石經户部行令停止。

一、大通橋運米官車於嘉慶六七年間虧短無存，改雇長車一百輛，不敷辦運。嘉慶十四年議准：嗣後雇備長車一百二十輛，仍俟運務緊急，察看情形，飭令車户隨時添雇，或三四十輛，或五六十輛，所雇車輛由巡漕御史隨時赴橋查驗，倘有短少，即行參奏。該車户每年於卯豆之外承買官豆一萬石，變價存公，除交例價之外，盈餘銀兩按卯給發，以資津貼。

一、土壩車户向係五十名，康熙二十五年裁革二十五名，雍正十二年又裁去五名，實在著役二十名。嗣因俸米改歸京倉支領，通倉放米不多，嘉慶十五年奏明全行裁汰。嗣後遇有轉運通倉事務，統歸石壩經紀一手經理。

一、道光四年六月奉上諭：御史薩斌等奏大通橋車輛短少，以致積壓漕糧一摺，大通橋額設車户每歲預雇長車，歸監督點驗足額，陸續趕運漕糧入倉。如運務緊急，隨時添雇，不容短缺誤公。茲據該御史等奏稱，南糧將次告竣，車運轉覺遲滯，皆由長車不敷載運，以致號房堆滿，閘船停泊。該車户等承買豆石贏餘銀兩私自分肥，不惟不添雇車輛，且於正額短缺甚多。該監督嵩惠、托恩多並不認真點驗督催，不勝繁缺監督之任。著倉場侍郎即將嵩惠、托恩多撤回，另派廉能之員接辦。車户頭役高永珍等著從重責處，趕緊添雇車輛。該侍郎等仍不時稽查督催，俾漕糧不致積壓，以利轉運。欽此。

（清）托津等《户部漕運全書》卷八三《攙和霉變》　一、漕米過淮盤驗並無攙雜，旗丁沿途私行攙和者，令倉場將原米變價充賠，短少米石照數嚴追，運弁題參重處。議單舊本。

一、運弁領運漕糧有攙雜黑腐米石者，令倉場變價充賠，其挂欠者照數嚴行追比，仍將運弁題參重處。順治十五年。

一、官員收兑漕糧多攙糠秕沙土者，該管官革職，監兑官降一級調用。其抵通交兑漕糧米多糠秕及有沙土者，押運官革職，糧道降一級調用。康熙二十一年。

一、紅撥船隻撥運米石，如有用石灰泡水及藥水灌漲糧米者，領運弁丁呈報倉場查究，將運船人夫發寧古塔等處，與披甲人爲奴，短少米石勒限著落正身船户賠完。如撥運米好，弁丁勒措不收，亦交與刑部從重治罪。康熙二十五年。

一、江浙米石，州縣官員草率收納，總漕、巡撫並該管各官祇圖限内完結，不行嚴查，以致米石攙和霉爛。部議交與各倉監督篩颺收受，其虧缺米石，行令總漕查明，著落分賠，於新運各幫船内搭運抵通。仍將蘇松、江安、浙江各糧道，江寧、安徽、浙江各巡撫，並經徵州縣印官、監兑、押運官職名查明題參，總漕一併交部嚴加議處。康熙五十年。

一、領運弁丁不諳漕務，封閉艙門，以致漕米霉變，弁丁按律究擬，虧折米石勒限著落旗丁賠補，不完，從重治罪。雍正四年。

一、漕糧攙水，僉丁之千總，驗看加結之守備，俱降一級調用。雍正五年。

一、糧船過淮盤驗後到通，如有攙雜，應令倉場將押運同知、通判等職名題參，照溺職例處分。雍正五年。

一、漕米到淮盤驗潮濕霉變，將經徵州縣監兑各官均照溺職例革職，糧道不先行查揭，照徇庇例降三級調用。運弁混行收兑，照例革職留任，俟船糧抵通，倉場照數查收。如有虧折，勒限賠補。限内不完，題參革任追賠。雍正五年。

一、旗丁使水攙和漕糧，運弁徇隱不報者，革職，枷示河涯，俟漕竣日釋放。旗丁用大枷枷號示衆，漕竣日僉妻發黑龍江給披甲人爲奴。押運官漫無覺察，照例革職。雍正六年。

一、運弁水次受兑漕糧，揹稱米色粞碎，私封樣米呈報總漕，欲令縣書過淮以遂其勒措推諉之計，串通奸丁藉詞揑混，希圖過淮卸責地步，顯有暗行攙和情弊，將運弁革職審訊。雍正十年。

一、糧道抑勒丁船受兑醜米，將不驗米色之糧道照例降一級調用，監兑、押運各州縣官均照例議處。雍正十一年。

一、幫船過淮驗有氣頭色變米石，千總革職留任，米石易换食米補足。到通再有霉變，責令弁丁補足，從重治罪，押運通判及糧道一併題參分賠。雍正十二年。

一、旗丁故將艙門閉緊，令漕米蒸熱霉變，揑稱州縣米潮，運弁扶同揑飾，將運弁革職擬徒，旗丁分别首從擬徒流杖責。雍正十二年。

一、蘇運回空船隻，每有夾帶白土賣與沿河鎮店，轉賣糧船攙入米内，乾隆七年奏准：糧船抵薊卸糧之後，即令回空，不許在該地方刨取白土上船。示諭沿河各市鎮鋪户，不許將白土賣與糧船。如經關口汛地查出薊運回空帶有白土，並兵役人等遇有糧船偷買，拏獲審實，將運弁與押空千總俱照旗丁攙和水米運官不行查察例革職，該船丁舵照旗丁使水攙和發遣例，減一等，杖一百、徒三年，偷買白土之丁舵同罪。如將白土攙入漕糧至一百石以上者，即照攙和水米例，發遣黑龍江，與披甲人爲奴。知情收買收賣之户，照違制律杖一百，仍枷號一個月。不行查禁之薊州文武員弁，俱照出洋商船私帶軍器地方官不行禁止例，罰俸一年。

一、幫船糧米如有失風事故，以致米色霉點不純，驗明米色稍減尚屬堅實可以久貯者，派倉收受。其所減成色米石，責丁賠補，於次年搭運抵通交納。乾隆八年。

一、米性交夏無不發熱，應令運弁不時風晾，加意照料，毋致侵受潮濕，其設立水艙夾席鋪灰均照舊辦理。乾隆十七年。

一、漕糧潮濕霉變致有虧折者，押領官弁照例革職，限一年賠補，完日送部引見，請旨開復。不完，革任追賠。漕運總督失於查察，照不應重公罪降二級留任例議處。乾隆十七年。

一、漕糧雖非霉變，而質嫩色暗不能一律純潔，致難久貯者，押運員弁照例革職。該管糧道不能預先查出，照預先不行查出例降一級調用。乾隆十九年。

一、駕運白糧旗丁攙雜糙白，米色不純，運丁照例治罪。其攙雜糙米，交總漕在各丁名下照數追賠，入於新漕搭運交倉。該幫領運千總及押運廳員均照例革職，該管糧道職名送部查議。乾隆二十四年。

一、漕糧米色如有灰暗潮濕，過淮盤驗時，總漕輒行轉運，並不奏聞。抵通交倉後，被巡倉大臣查出，將總漕照徇隱不報例降三級調用，倉場侍郎既經驗明米色微潤不即參奏，照不據實回奏例降一級調用。乾隆三十四年。

一、江西各州縣起運漕米時，務將逐次解省日期隨時申報糧道，該道按其程限預行查覈，如有逾期未到者，即行嚴催抵次。倘米色稍有不純，速飭買補供兑，毋得臨屆開幫始行查辦，諉爲購辦不及，致有存留帶運之事。如該糧道辦理不善，仍致遲悮，即將該糧道一併查參。乾隆三十五年。

一、運通米石如押運等官沿途漫不經心，失於風晾，受熱色變，將押運同知照不實力稽查例降三級調用，領運千總照米色霉變例革職。乾隆三十八年。

一、各幫交倉米石如有米質灰暗難以久貯，查係沿途失於風晾所致，將領運千總照溺職例革職，押運同知照不隨時稽查例降二級調用。乾隆三十九年。

一、米色不純難以久貯，倉場驗收時奏明，另廒存貯，先行開放。至米色不純，雖因該縣地土本窪秋收遇雨，但運弁不能督率幫丁勤加風晾，致多灰暗，究難辭咎，應交部議處。乾隆四十一年。

一、乾隆四十一年，經巡漕御史條奏，申明舊例米色一律純潔方准過淮，如有攙雜，責令收漕監兑各官賠補，過淮後責令總押廳弁勤加風晾等因。部議將安徽、江西、湖廣等省監兑官例在水次驗兑，並不押幫赴淮，開行祇有糧道督押，及押領廳弁等官照料。倘係原兑本屬好米，中途不能勤加風晾，甚至舞弊攙和，皆非監兑官員所能查察，祇應將在幫各員參處追賠。其江蘇、浙江二省即以監兑之員押運抵通，仍應與督押領運等官一體查辦。倘查係原兑米色本屬平常，即將該管道府及監兑押領各員一體嚴參議處，仍分別立限追賠。過淮以後，應專責押領員弁照料。如有以灰暗之米交倉，則係弁丁等不能勤加風晾所致，即將該幫員弁參處外，將不堪米石著落追賠。再民間完納本屬好米，吏胥故意多方勒掯，並照例查究治罪。乾隆四十一年。

一、運通黑豆起撥時不小心管理，致遇雨霉變，揀出霉變豆石，著落領運千總照數賠補，仍將押運同知、領運千總交部分別議處。其豆粒大小不勻，並不先行奏明之該督撫及糧道，一併交部分別議處。乾隆五十年，欽奉恩旨：此項豆石受兑時，顆粒原係大小不一，至途次起撥遇雨潮濕，尚非有心貽誤，且霉變豆石業經著賠，所有領運千總交部議處之處加恩寬免。欽此。

一、浙江嘉興、杭嚴二幫運通漕糧米色平常，將押運領運員弁及糧道交部議處。乾隆五十八年奉上諭：總漕有籤盤之責，何以未經驗出，亦著交部察議。欽此。

一、興武五幫原兑青浦縣漕糧，先經該撫奏明米色較嫩，其到通霉變之米，除旗丁將黑腐等米變價買抵外，不敷米石責令該縣賠十分之六，幫丁賠十分之四，統於下年搭運交納。興武六幫原兑吴江縣漕糧，該縣原兑時本無不純，其到通霉變米石，責令旗丁賠補。嘉慶五年。

一、興武三幫黑腐米石，照原議旗丁變價買抵，仍有未完，著落縣幫四六分賠。至虧折傷耗米石，與原兑州縣無涉，飭令幫丁賠補。嘉慶五年。

一、永建幫應賠霉變米石，嘉慶五年欽奉恩旨：分作三年搭解，以示體恤。欽此。

一、黑腐米石係幫丁惰於風晾以致蒸變，與收漕之員無涉，免其議處。押運同知、道員例應革職降級，限一年賠補，完日開復。嘉慶六年。

一、興武三幫黑腐米石照數搭運通完，領運千總革職之案准其開復。嘉慶七年。

一、台州後幫將駁回霉變之米復行攙入私運至壩，糧道、押運等官均比照攙和漕糧例加等議處。嘉慶九年。

一、江南廬州頭等幫到通起卸漕米內霉變米石，由倉場奏明，著落坐糧廳及經紀等四六分賠。坐糧廳分賠四成，經紀等分賠六成，覈算平未，照順天府查報時價折銀交納。嘉慶十一年。

一、嘉慶十四年，倉場侍郎奏稱：本年常州白糧斤重短少，顆粒細粹，攙和糠土，請將領運守備錢連元先摘去頂帶，責令再加篩颺，照數賠交。至揚州頭及儀徵幫漕糧米色皆屬平常，除儀徵幫已賠補足數外，揚州頭幫受潮色變之米，既經起撥到壩，即係各經紀責成，應令該經紀換米賠補，仍嚴加責懲等因。奉旨：依議。欽此。

一、嘉慶十四年奉旨：玉寧等另摺議覆何學林奏二進漕糧米色夾雜一事，現在查明，各該經紀責處著賠外，所有各倉已收二進米石攙雜過多者，著該監督另廒存貯，督率花户挑揀篩颺，勿令日久霉壞。倘有虧折，仍著落各經紀賠補。欽此。

一、嘉慶十四年奉上諭：戴均元奏查驗二進尾幫杭嚴三軍船不堪收受之灰黯米石，請著落賠補，作爲挂欠一摺，著該侍郎逐細查驗，擇其霉變尤甚不堪入倉者，責令變價賠補。或散交本幫作爲食米，准其挂欠，於來年搭運歸款。其米質雖屬灰黯難以久貯，而尚堪食用者，著先行開放及儘先搭放等因。欽此。

一、嘉慶十四年，總督倉場會同巡漕御史奏松江、嘉興兩幫白糧俱已篩颺純潔，嘉興、紹興前兩幫駁還短欠之米如數賠補，並無虧短。惟杭嚴三、台州前等幫米色黑變不堪入倉，請將前項駁回米石各船勻裝歸次，仍責令各幫本丁按數自行買賠好米，於來年搭運歸款。其中米質欠純不能久貯者，請先行開放，至蒸變較甚尚堪食用者，應請分成儘先搭放等因。奉旨：知道了。欽此。

一、嘉慶十四年，江蘇巡撫汪日章奏：江淮三六兩幫兑運溧陽縣米石，到淮即有發變色黯之米，自不能盡諉之旗丁出有米結蓋藏不慎所致，除氣頭艙底及篩搧折耗米石責令縣幫分別賠補，下運搭交，另行會同參劾外，相應請旨，將臣先行交部議處。奉硃批：俟參奏至時一併交部分別議處。欽此。

一、嘉慶十四年，漕運總督薩彬圖奏：江淮三六兩幫發變米石，恐米數太多，力難一時購備。查江淮三六以後之幫至尾幫止，約計船四千餘隻，每船易換行月食米，計可易換好米二萬餘石，其餘米石實力篩搧，即令運通交納。如係不堪久貯，即儘先搭放。氣頭艙底折耗責令縣幫分別賠補等因。奉上諭：此項江淮三六兩幫所運溧陽縣米石，總係從前辦理不善，著薩彬圖會同汪日章確實查明，若係該縣原交米色不純，其咎在縣官，若旗丁勒索兑費，不論米色純雜一概包收，以致霉變，則其咎在旗丁，務各秉公查辦，據實具奏，責令分賠。其責在縣官者，本管糧道、巡撫怠於督率；責在旗丁者，本管之運員總漕疎於稽查，均難辭咎，俱應分別著賠。在後各幫如有低潮米石，亦照此辦理等因。欽此。

一、嘉慶十四年，漕運總督薩彬圖、江蘇巡撫汪日章奏：江淮三六兩幫所運溧陽縣潮濕米石，縣幫各賠四成，糧道獨賠一成，臣等分賠一成，統令買米搭運。溧陽縣知縣李克軾、江淮三幫千總孫必名、江淮六幫千總百祿、監押同知靄忻、蘇松糧道勞樹棠，照例分別議處，臣薩彬圖一併交部議處，汪日章先經奏請議處，應候部議等因。奉上諭：此次江淮三六兩幫潮濕米石，既經酌分成數著賠，即照所奏辦理。其知縣李克軾、千總孫必名、百祿著交部嚴加議處，同知靄忻、道員勞樹棠、總漕薩彬圖、巡撫汪日章，均著交部分別議處等因。欽此。

一、嘉慶十五年，江蘇巡撫章煦奏崑山縣起運漕糧並行月米石，廒底受潮不便交兑，及已兑漕糧內續行查出米色變動，計應換米二萬三千餘石，請照該藩司等所議撥銀如數買足好米，兑交運船。所存廒底及漕船內退換之米，督飭上緊變價提解司庫歸款，賣出廒底米石不敷之銀，即著該縣陳玉篇按數全賠。其已受兑開行易換米石，縣令幫弁交收皆有不慎，著令各半分賠，統勒限於歲內全完歸款。該縣辦理不善，請將崑山縣知縣陳玉篇革職，暫行留任，俟借動米價依限解歸司庫，循例開復。如有逾限，再行革任監追。千總翟廷琅請革去頂帶，俟賠項交清，再行覈辦等因。奉旨：這所參起運漕糧米質受潮變動之崑山縣知縣陳玉篇，著革職，暫行留任。其受兑開行之千總翟廷琅，著革去頂帶，所有此項已未兑受潮米石，飭令上緊變價歸款，其變價不敷銀兩，著落該革員弁分別賠繳。如能歲內全完，即予開復。欽此。

一、嘉慶十五年奉上諭：玉寧等奏查驗長淮四幫攙和霉變米石，請將押運千總、總運通判革職交議一摺。漕運米質霉變，例禁綦嚴，該弁丁等沿途管押漫不經心，致有霑濕蒸變，所司何事。押運千總潘德昌著革職，總運通判蔡泉著交部議處，其旗丁等著押交督運糧道，將駁回霉變米石照數賠交，以示懲儆。欽此。嗣於是年八月經吏部議奏此案，總運通判蔡泉照例革職，駁回霉變米石著落該丁賠交，限一年賠補，完日將該革員送部引見，請旨開復。不完追究，該管糧道查取職名送部查議。嗣據倉場咨報此案，駁回米石已據照數通完，所有押運通判蔡泉原參革職之案，移咨吏部題請開復。

一、嘉慶十七年奉上諭：浙江上年收兑漕糧，雖收成稍歉，何至灰嫩霉黯米石共有十餘萬之多，自係承辦之員經理不善，著高杞即將應議職名逐一查明，奏交該部分別議處。欽此。嗣據浙撫查明各縣幫駁回米數，開送職名咨部，並將應賠米石買補，分幫搭運。

一、興武頭幫領運無錫、陽湖二縣米石，米色攙雜，經倉場奏交刑部訊明，將旗丁分別杖笞，領運千總、押運通判交部察議。續據漕督奏上年收獲時值陰雨連旬，米質不無潮濕，請將經徵知縣交部一併議處。奉上諭：漕米未兑以前責在州縣，既兑以後責在旗丁。此案米色霉變攙雜，業經刑部訊明，係在途蒸鬱起撥所致，事在既兑之後，自應將該運丁治罪，千總通判交議。今該漕督乃以米色本未乾潔，請將經徵之知縣議處，即使其言屬實，當受兑盤驗時，何以不早行參奏。迨至事後追咎，豈足服該縣等之心。領運千總孫文秀、押運通判陳元齡，著仍照前議辦理，知縣韓履寵、李廷芊均毋庸議處。李奕疇辦理前後矛盾，著交部議處。欽此。部議將漕督降一級留任，准其抵銷。領運千總降二級留任，押運通判降一級留任。嘉慶二十三年。

一、嘉慶二十五年，欽奉諭旨：御史張聖愉奏漕糧爲天庾正供，必須乾圓潔淨始堪久貯。若如該御史所奏，不肖旗丁以石灰灑入米上，暗將溫水灌入船底，復藉飯火薰蒸，希圖米粒發漲，每石餘出數升，盜賣獲利，以致貯倉之後易於霉變，不可不嚴行懲治。著通諭有漕省分各督撫暨漕運總督，嚴飭督運道廳等認真查驗，並令巡漕御史隨時訪查，倉場侍郎督率坐糧廳於驗收時一體詳查。如有前項情弊，將該旗丁從重治罪，併將容隱之押運官弁一併參處。欽此。

一、道光五年，浙江紹後、杭三兩幫查有霉變米石，係因阻淺起撥遇雨受潮，該幫素稱疲乏，實難即時著賠，江督奏准分爲三限按數帶交。

一、道光二十九年，欽奉上諭：抽查漕糧御史聯福、涂文鈞奏南漕濕米過多，請嚴行整飭一摺。現在糧船抵通，經該御史查出頭進尾幫內濕米至八百餘石之多，此項米石難保非驗卸後另有攙和情弊，所有該經紀等著交刑部審明辦理。至此後應如何防範之處，並著倉場侍郎嚴定章程具奏。欽此。續據倉場侍郎德誠等奏，轉運漕糧積弊嚴定章程，仍照舊章辦理。道光二十九年奉旨：德誠、吴鍾駿奏遵議防查轉運漕糧積弊一摺，向例抽查漕糧御史分駐大通橋及各閘地方，輪替防查。嗣經歸併大通橋一處，著仍照舊章，一在大通橋抽查掣量，一赴各閘稽查偷漏，分別防察弊端，輪流更换，以符定制。餘依議。欽此。

一、咸豐元年欽奉上諭：慶祺、朱嶟奏漕糧到橋潮濕發塊，又抽查漕糧御史富興阿、范承典奏查出南糧濕米過多各一摺，並據該御史將米樣包封呈覽。近來經紀人等起運漕糧，往往攙和水土，任意舞弊。節經降旨嚴查懲辦，乃積習相沿，牢不可破，實堪痛恨。兹據奏稱揚州二幫糧米到橋，先經坐糧廳呈驗米樣，均屬乾潔，何以到橋之米潮濕發塊者竟有三十餘載之多，顯係該經紀等□驗卸之後攙和舞弊。現在南糧接續抵通，若不嚴行查辦，京倉正供竟耗於積蠹之手，尚復成何政體。所有承起揚州二幫之經紀，著交刑部嚴訊究辦，毋稍寬縱。至石壩州判吴元忭於上載時並不實力稽查，難保無知情故縱情事，著聽候刑部傳質，其坐糧廳查驗是否認真，有無朦混之處，並著倉場侍郎查明具奏。欽此。嗣據倉場侍郎慶祺等查明覆奏，此次揚州二幫抵通米石，坐糧廳親赴河干查驗，校勘逐日驗米清册，如有潮濕，皆於某旗丁名下註明某艙應風應晾，尚屬認真，並無朦混之處。惟未能嚴禁經紀驗後攙和舞弊，究係疏於防範，請將坐糧廳毓鍾、俞樹風交部議處。奉上諭：前因南糧到橋抽驗米多潮濕，降旨令慶祺等查明坐糧廳是否認真查驗。兹據奏稱該廳員逐日驗米，尚屬認真，並無朦混之處。惟未能嚴禁經紀驗後攙和舞弊，究屬疏於防範，坐糧廳毓鍾、俞樹風均著交部議處。欽此。續經倉場奏，接據刑部議准奉旨刑部奏審訊漕糧到橋潮濕發塊一案，所有揚州二幫現在將存號房米石，著倉場侍郎飭令趕緊分別□□□免致黴變，並著會同抽查漕糧御史將此次米石詳細查驗，每經紀名下潮濕米若干石，結塊米若干石，挑晾後除尚堪食用外，每人實虧米若干石，分晰奏明報部。其未經到案之經紀二十一名，即著迅速解交刑部歸案審辦。欽此。遵即親赴大通橋會同抽查御史同詣號房查驗，共計過斛短欠米一百十九石六斗九升，並將每經紀名下揀出共結塊米四石一斗七升，潮濕米二十八石，虧折米八斗五升分晰開單陳明。其未到案之經紀二十一名業經坐糧廳解送刑部等因。奉上諭：慶祺等奏挑晾揚州二幫米石，將各經紀虧短潮濕各數目分晰開單呈覽，並將該經紀等二十一名解送刑部等語，著交刑部歸案辦理。欽此。

一、咸豐九年欽奉上諭：瑞麟、成琦奏寄存通倉米石轉運完竣，查驗運到中西兩倉氣頭廒底米色多係攙雜灰土席篾，請飭查辦等語。著倉場侍郎崇綸等查明此項米石因何攙和緣由，將該倉花甲人等嚴行懲辦，並飭令該監督等將攙雜米石篩颺净盡，再行入倉。其所短米石，仍令照數賠補，以除積弊而重倉儲。欽此。

一、同治三年欽奉上諭：倉場侍郎奏來年米數加增，恐復有攙雜黴變等弊，請飭先事預防等語。漕糧爲天庾正供，例應一律乾潔，沙船受雇裝運米石，即責有攸歸，豈容有攙雜黴變等弊。著兩江總督、江蘇巡撫於來年新漕起運時多擇江浙殷實沙船裝載，儻有黴變較多之船，或責令賠補，或將船舵人等加以懲處之處，均著酌定章程辦理，以重漕運。欽此。

（清）托津等《户部漕運全書》卷九〇《海洋運道》 《禹貢》載揚州貢賦沿海達淮，蔡傳言冀州北方貢賦自海入河，説者以此爲海運之始。

秦漢以來，道弗可考。迄乎元明，始講海道。海船畏淺不畏深，畏礁不畏風。明人沿隩求道，非礁即淺，自不若元代直放大洋爲便。考元明入海之道，或由劉河轉廖角沙，或由黄河口至鷹游門，今俱湮塞，惟吴淞口至十滧一路可行。第大洋浩瀚，本無畔岸，舟人定之以更香，驗之以水色，格之以針盤，究難確指其道里數目。兹就西岸對出之州縣汛地比照覈計，摘叙大凡，略分段落，以便檢閲。

海船自上海縣黄浦口岸東行五十里，出吴淞口入洋，繞行寶山縣之復寶沙，迤至崇明縣之新開河，計一百一十里。又行七十里，爲内洋十滧，地屬崇明，可泊船，爲候風放洋之所。此甫經出口之第一段也。

由十滧開行，即外洋矣。東迤一百八十里至佘山，一名蛇山，又名南槎山，爲蘇松鎮所轄，山係荒礁，船不可泊，但能寄椗，爲東出大洋之標準。是爲第二段。

自佘山駛至大洋，向正北微偏東行至通州、吕泗場對出之洋面，約二百餘里，水深十丈，可寄椗，從此以北入黑水大洋。至大洋稍對出之洋面約一百四十里，係狼山鎮右營所轄，又北如皋縣對出之洋面起至黄沙洋港對出之洋面，約二百六十里。又北泰州對出之洋面起至黄家港對出之洋面，約二百二十里，係狼山鎮掘港營所轄。又北至鬬龍港對出之洋面，約二百里。又北至射陽湖對出之洋面約一百二十里，係鹽城營所轄。又北至黄河口對出之洋面約一百二十里，係廟灣營所轄。黄河口稍南有沙埂五條，船行遇東風則慮淺擱，宜避之。又北至安東縣灌河口對出之洋面約九十里，係佃湖營所轄。又北至海州贛榆縣鷹游門對出之洋面約一百八十里，係東海營所轄。計自佘山大洋以北起至鷹游門對出之洋面，止約共一千五六百里，統歸狼山鎮汛地。是爲第三段。

凡舟行過佘山，即四顧汪洋，無島嶼可依，行船用羅盤格定方向，轉針向北略東行，如東南風則針頭偏東一個字，如西南風則針用子午。查江南佘山與山東鐵槎山南北遥對，謂之南槎北槎，行船應用子午正針。因江境雲梯關外迤東有大沙一道，自西向東，接漲甚遠，暗伏海中，恐東風過旺，船行落西，是以針頭必須偏東一個字，避過暗沙，再换正針，此沙徑東北積爲沙埂，舟人呼爲沙頭山。若船行過於偏東，一直上北，便見高麗諸山，故將至六沙外仍須偏西，始能對成山一帶也。以上三段均隸江南。

至行過鷹游門對出之洋面，往北即山東日照縣界山東水師南洋汛所轄。又北至文登縣之鐵槎山，一名北槎山，自佘山至此始見島嶼。又北至文登縣之馬頭嘴，入東洋汛界，經由蘇山島靖海衛，及榮成縣之石島養魚池，石島居民稠密可泊，惟島門東南向，春時乘風易入難出。計自鷹游門至石島約六百餘里，此第四段也。

舟行大洋，用針盤尤必用水托。水托者，以鉛爲墜，用繩繫之探水取則也，每五尺爲一托。查十滧開船試水，自十托至二十托上下。行過佘山試水，均在三十托上下。順風二日餘，均係黑水，再試至十托上下，即知船到大沙洋面。行過大沙，試水漸深，至五十托上下，視水緑色，則係山東洋面。順風再一日，試水二十托上下，水仍緑色，遥望北槎及石島一帶，山頭隱隱可見。再行半日，即至石島洋面。此商船赴北一定針路也。

其第五段則自石島至俚島洋面，約一百六十里。俚島至成山洋面約一百四十里，俱榮成縣地，爲南北扼要之所，可泊，水綠色，針盤仍用子午，略偏東，從成山轉頭改針向西略北，入北洋汛界，至文登縣之劉公島約一百里。又西至威海衛一百餘里，又西至福山縣之之罘島一百里，又北至蓬萊縣之廟島二百里。以上自石島起至廟島止，約共九百餘里，之罘島西北一帶有暗嶕，船行偏東以避之。又廟島之東有長山頭淺灘，宜避，試水在十五六托至二十托不等。船至廟島，以東南風爲大順，計東省洋面共一百零五島中，有二十五島最爲海道要地，而廟島尤大可以停泊。

第六段自廟島過掖縣小石島，即入直隸天津海口，約九百里，針對大西偏北，沿途試水在十四五托，再試水至六托上下，水黃色，水底軟泥，即可抛錨，候潮進口。約計天津海口逆流挽縴一百八十餘里，即抵天津東關外。

總計海運水程，自吳淞口出十滧，東向大洋，至佘山，北向鐵槎山，歷成山，西轉之罘島，稍北抵天津，凡四千餘里。我朝自康熙年間開海禁以來，商船往還關東天津等處，習以爲常，駕駛之技，趨向之方，靡不漸推漸準，愈久愈精。是海運雖屬試行，海船實所習慣，春夏多東南風，舟行尤順利焉。

（清）托津等《户部漕運全書》卷九一《倉場轉運》 一、蘇省漕糧分春夏兩次運津，商船抵次，自應迅速起撥，趕早回南，再行裝運。向來漕糧抵壩，每日起米以三萬石爲率，海運船衆米多，同時齊集，若照舊例起（御）〔卸〕，未免稽遲。應令多備撥船，增夫添斛，酌量加起，剋期兑收完竣。

一、沙船到津，既經驗米大臣在水次驗明米色，到通即可無庸覆驗。其江南交米委員一俟天津兑給撥船，即已交卸竣事，無須再至通倉。惟撥船盤量折耗及向給飯米未便短少，查有例應給丁耗米十八萬餘石，業經奏請撥給商船十二萬餘石，尚有節省耗米六萬餘石，除此次搭運節省耗米内亦應劃給商船耗米外，實存米五萬九千六百餘石，隨正起運赴津。所有天津撥船盤耗飯米等項，即於此項節省耗米内酌量撥給。

一、派往天津經紀人等飯食雜費及盤量身工各款，除將旗下到通應領銀米等款撥抵外，由蘇另籌津貼，按照起運米數，每石給銀四分，措解銀六萬餘兩，交倉場衙門分別發給。其天津雇撥不敷等項，除由直隸奏明動撥，尚有例不准銷各款，再措解銀六萬餘兩，解交天津道庫，俾資協貼。

一、直隸額設官撥船二千五百隻，除分給故城景州古淺處所二百隻，留給楊村八百隻，餘船一千五百隻豫集天津備用，仍照歷年撥運奉米等項，雇用民船數目，分飭沿河州縣雇覓堪裝漕糧二百五十石民船五百隻，連官撥船共成二千隻，分別裝運。如首次海運抵津已届東豫軍船回空之後，統歸天津備撥海運漕糧。

一、向來北倉截卸漕糧，官撥運通，每百石除扣油艙外，由運丁給價，並飯米折銀七兩零九分五釐五毫，又將經紀每百石應得津貼銀二兩五錢幫貼官撥一半，銀一兩二錢五分，計官撥船每百石得銀八兩三錢四分五釐五毫。如用豫東回空軍船代運，將應給經紀津貼銀二兩五錢全數幫貼，並令運丁每石分出食米一升，計豫東軍船代運每百石得銀九兩五錢九分五釐五毫，食米一石。此次兑撥海運漕糧，係在天津東關外上園地方，較北倉增水程四十二里，其雇價等項自須一體議增。計北倉至通州水程二百八十四里，現增水程四十二里，按十成攤算，應酌增一成半。覈計官撥船每百石應增水腳銀一兩二錢五分一釐八毫，連北倉至通例雇等項共銀九兩五錢九分七釐三毫。所雇民撥即照豫東軍船代運價值給發，再將所增水程加給一成半，銀一兩四錢三分九釐三毫，食米一斗五升，連北倉至通例雇等項每百石共銀十一兩零三分四釐八毫，食米一石一斗五升。照部價折銀一兩六錢一分，共需雇價並飯米折價銀十二兩六錢四分四釐八毫。此項撥價銀兩由蘇省籌解，倉場衙門轉發，均按所載平斛米數折算，洪斛覈給。其油艙一項，除民撥不給外，官撥船隻仍照北倉轉運之例，每百石扣繳銀一兩二錢四分四釐，漕竣，覈明銀數，在漕贈等項銀内提解天津道庫歸款。

一、官撥船每年二月開河以後，至四月爲止，例准攬載營生。海運漕糧到津遲早難定，應令在津守候議給口糧，以資接濟。豫雇民船亦應給與守候之價，官撥、民船均以到津之日起至受載漕糧之前一日止，以每船船户一名、舵工水手四名，每名日給銀五分計算，每船日需銀二錢五分。其二次海運到津，不論各船守候與否，不准再行支給。又海船收入，天津海口應雇縴夫拉挽，自海口至上園河程一百八十里，照日行五十里覈計，應分四日行走。每船縴夫五名，每名日給制錢八十文，出口係屬下水，毋庸加縴，所有應需各項銀兩由蘇省各州縣水腳項下籌撥，解直備用，事竣覈銷。

一、通倉經紀除留壩收漕外，分派赴津不過五六十名，應添人夫斗斛，盡力多起，每撥米五十萬石，分作十起轉運，撥船一百六十隻爲一起，兑足後，即由經紀自撥親信妥人分起押運開行。每起仍派委文職武弁各一員，隨帶兵役督同船頭彈壓照料。一俟運抵通壩，聽經紀所派之人自行交倉，押運各員役即稟知倉場衙門馳回接押尾後各起。仍飭沿途文武營汛員弁稽查催儹，勿任撥船無故逗留，亦不許船户將米石顆粒上岸，以杜偷盜攙和滋弊。至漕米落艙起岸，折耗在所不免，如船户並無弊混，經紀人役不得藉詞勒掯。設有偷盜情事，立即稟知押運員弁，拏交州縣究辦。

一、各州縣經管撥船歲給油艌銀五兩，三年小修一次，例給修費銀二十兩。漕竣後，逐一挑驗，除船身堅固者仍照例分別油艌小修外，其有損壞較甚之船，覈實估計加修所需修費，於道庫節存油艌項下動撥。仍派委妥員逐一確查，務期一律堅固。如有滲漏之船，將承辦之員嚴行參處。

一、經紀由海船起卸兑撥，每撥運一次，責令該經紀本身或自雇親信之人，隨同押運官沿途照料。如有偷漏攙和情事，應令經紀船户按數分賠，並各治以應得之罪。至石壩起卸之後，由裏河轉運大通橋，均係經紀料理，如有短少潮濕米石，惟經紀是問，不得牽涉外河撥船，以杜諉卸。

一、海運漕糧大通橋車輛不敷運送，應於城外四倉及號房暫囤，再行分運。各倉匀貯，囤費於通濟庫支發，事竣覈實報銷，並令步軍統領衙門派委員弁嚴密稽查，毋令車户人役乘機滋弊。

一、撥船受兑寫立承攬甘結，開明米數若干，將船户腳價飯米折色並津貼等銀共計應得若干，於受兑後發給七成，其餘三成包封，彙交押運員弁領帶，俟到壩後，查驗並無偷漏攙和潮濕等弊，再行給發。一有前項各弊，即將包封三成銀兩扣抵賠補米石及挑晾之費，仍按律黴處。再有不敷，即責令船頭賠補，仍飭押運員弁沿途稽查，秉公分別給發扣抵。儻毫無覺察，或將腳價任意剋扣，一併參處。

一、向來北倉截卸漕糧，所有抗腳挖筲等項，向由幫丁自行辦理，此次海運漕糧挽進海口，或對船起卸，或暫行露囤，或先貯北倉，所有盤兑上岸，由岸上船，一切抗腳挖筲等費，旗丁雖未北來，而所給經紀個兒錢、飯米折色、津貼等銀，仍係照舊支給，並議加給銀兩耗米，原爲俾資辦公。前項各費即在經紀所得項下自行酌給，毋庸另議籌款。

一、海運漕糧由津起卸轉運，所有撥船腳價飯米等項，已議照北倉之例，按程增添。其經紀應得之項，除個兒錢並津貼銀毋庸議增外，至飯米折色，每百石向給銀二兩二錢五分，應照腳價十成攤算，酌增一成半，覈計加給銀三錢三分七釐五毫，共銀二兩五錢八分七釐五毫，並個兒錢銀二兩七錢，合計每百石共銀五兩二錢八分七釐五毫。又北倉截卸漕糧，每米一石，旗丁給經紀耗米一升。此次海運漕糧，每石應酌添耗米五合，以洪斛覈計，於海運所帶作正耗米內扣除。此項加給銀米，因天津截卸較北倉稍遠，是以議增。嗣後北倉截卸，仍照舊辦理，不得援此爲例。又茶果銀兩交廳者，係以船數計算，每船十兩。交倉者，係以米數計算，每石五釐一毫七絲二忽五微。海船裝運來津石數自可照舊計算，而軍船未來船數無從計算，廳茶果一項應照每年江南軍船裝運適中之數，以洪斛五百石爲一船，以米一萬石作船二十隻覈算，共應交廳倉茶果銀二百五十一兩七錢二分五釐。所有旗丁應領簠羨餘米價紙劄等銀，抵撥廳倉茶果及應給經紀個兒錢銀、飯米折色，並分給船户經紀津貼等項，不敷銀兩，於天津運道兩庫墊發，由蘇解還歸款。

一、白糧米質鮮嫩，應仍照向例，用麻袋交海船裝運，到津起卸專用民船裝載，責令押運官帶同白糧經紀並兵役人等照料，運通經紀自行運倉交納。到壩改用斛收，以期迅速。其白糧折耗較重，每石准給耗米一升八合。

一、撥船食米，沿途准其炊食，如改給折色，恐船户得價吝於買食，仍在船竊取炊爨，所有官撥船户食米，每百石給米一石一斗五升，原議照價折銀，奏准改給本色。

一、撥船裝載海運漕糧到壩，坐糧廳隨到隨驗，迅速起卸進倉。並飭押運撥船委員晝夜督催，不許片刻停泊。抵通收竣，仍押空回津，以期輪轉速運。

一、通倉收受白糧書役人夫飯食工價，向係按船交飯銀十八兩一錢六分，此次糧歸海運，前項銀兩並無弁丁帶交。又白糧各幫向無應領簠羨餘米價等銀，應交茶果銀兩無項可抵，經倉場奏准，均照洪斛五百石爲一船，飯銀工價先由通濟庫墊發，與應交茶果銀兩一併飭令蘇省如數解通歸款。

一、五閘水腳抗價自道光四五兩年係照三釐舊額支領，本年已届限滿，應行裁減三毫。惟因海運及盤壩漕糧並銅鉛奉豆等項一時雲集，兼有轉運北倉滯漕豫東粟麥各項，又催令軍船回空，加價添夫趕辦，若遽行裁減三毫，役力未免竭蹶。經倉場奏准，自本年起再展二年，照三釐舊額支給，俾紓役力。至道光八年仍應裁減辦理。道光六年。

一、南糧各幫間有稽延，以致米多期迫趕運掣肘，將各倉及路途較遠之本裕、豐益二倉未運米石暫行寄囤太平倉三十萬石，另廒存儲，探明道路易行，即速趕運收倉，並將趕運及各倉收受日期專案報部查覈。道光二十四年。

一、軍白糧經紀減漕年分領項既多，扣款照常，向來津貼早經停止，經紀賠累難堪，而歷届長支之款分年匀扣，業已繳清無欠。經倉場侍郎查明，通庫存儲足敷支發，奏經部議准，令軍白糧經紀於通濟庫借支銀四萬兩，即在該經紀腳價内分作八年由坐糧廳坐扣還款，嗣後不得率行援案借支。道光二十四年。

一、道光二十八年欽奉上諭：户部奏請將潮濕米石之舞弊船户各犯嚴究，加等治罪等語。米石潮濕用藥使水，其弊不可勝言，以民間終歲勤苦，錙銖積累，徒供此輩侵漁，致使乾潔漕糧化爲腐朽，實堪痛恨。前經倉場侍郎查出潮濕米船，業將該船户代役等分起咨送刑部，著該部即嚴行審究，加等治罪。此後如再有潮濕米石之船，並著即行送部，一律懲辦，以絶弊端而慎倉儲。欽此。

一、咸豐二年欽奉上諭：户部奏海運撥船通壩驗收遲滯一摺，定例漕糧抵通，坐糧廳驗收起卸，每日應起米三萬石。兹據奏稱本年海運撥船通壩驗收，每日僅一萬餘石，或二萬餘石，以致撥船停泊待驗，積壓致二十餘里之遥。該坐糧廳並未遵照例限如數斛收，致令航海沙船不得及早回空，辦理殊未妥協，著交部議處。仍著倉場侍郎嚴飭該廳員等隨到隨驗，以速補遲。儻仍復遷延，或縱容經紀人等故意刁難，爲需索地步，即著據實嚴參。其大通橋各官亦飭一體遵照迅速轉運，並將因何每日不足三萬石之處查明具奏。至石壩州判有督催轉運之責，著順天府尹嚴飭該州判，於坐糧廳驗收後迅催轉運，毋任再有稽延。欽此。

一、漕糧向由朝陽門上號裝車，嗣因城河缺水，經倉場侍郎奏到橋漕糧須由大通橋下號裝車運送，計增陸運四里有餘，請將車腳銀兩除四釐辦公仍舊扣發外，所有運進京倉及本裕倉腳價，每石按照三分、九分舊例，以實銀放給，暫免折扣。經户部覆准，查歷届每石車價，進本裕倉實給銀六分零九毫，京倉實給銀二分零三毫，今按三分、九分實銀發給，計進京倉每石加銀九釐有零，進本裕倉每石加銀二分九釐有零，尚未浮於原定之數。惟自橋至倉路途較遠，責成倉場侍郎嚴飭大通橋監督及巡役兵弁認真巡緝，儻有狼灑遺失等弊，除將車户嚴懲罰賠外，即將該監督員弁等嚴行參處。一俟城河積水足資浮送，即仍用撥船轉運，其車户應扣銀兩亦即仍舊折扣，並令到橋漕糧先儘京倉派進，俟改用撥船後，再行派進本裕倉，免致多糜運費。同治六年。

一、普濟等四閘及大通橋水腳抗價，向例抗米一石給銀三釐，嗣經裁減三毫，按二釐七毫覈給。經倉場以役力拮据，援照嘉慶、道光年間暫復成案先後奏准，每石仍照舊例，以三釐放給。自同治十一年起暫復四年，四年之後仍按二釐七毫放給。同治十一年、十二年。

（清）托津等《户部漕運全書》卷九二《籌辦海運》 一、道光二十七年，欽奉上諭：前據李星沅等奏籌議江蘇額漕河海並運，當交軍機大臣會同該部議奏。兹據查議會奏，所有二十八年蘇州、松江、太倉二府一州漕白糧米，准其改由海運。其漕糧米石，務令兑交一色乾潔粳米，不准稍有攙雜。白糧一項，亦宜普律乾潔。至海運尤宜實力巡防，妥籌保護，認真盤驗，毋得稍滋流弊。著該督撫等嚴飭所屬，按則徵收，並著該督撫詳考成案，參酌時宜，務籌妥善。其照舊河運等屬，仍著實力催徵，以肅漕政。等因。欽此。

一、道光二十七年，欽奉上諭：前據軍機大臣會同户部議令將江蘇蘇、松、太三屬漕糧暫由海運，曾經降旨准行，旋據楊殿邦奏河海並運事宜，請俟本年辦理無誤，明年再行籌議，並片陳近日洋面情形，當交大學士、軍機大臣會同户部速議具奏。兹據該大學士等詳覈妥議，所有蘇州、松江、太倉三屬二十七年應徵漕糧，著仍於二十八年暫由海運，至海洋巡哨宜加周密，减船丁舵宜加體恤。現據李星沅等條議章程，總宜慎益加慎，務臻妥善。幫丁爲漕務官員所轄，著責成該漕督嚴飭所屬，妥爲約束。所稱沙船到津易滋流弊一節，著直隸總督嚴飭地方該管文武實力防查，毋得稍存大意。明年河運較少，抵通較早，該漕督宜於暇豫之時妥籌减費裕漕良策，以期全漕足額，仍歸河運舊章。其嗣後如何輪減，俟本年辦理，如果試行無誤，即著該漕督於海運蕆事後，會同兩江總督、江蘇巡撫妥議具奏。至紳户、大户包攬抗欠，胥役、地保包庇侵蝕，刁衿、豪棍把持挾制諸弊，著兩江總督、江蘇巡撫悉心釐剔，有犯必懲。其海運應用款目，著户部詳慎勾稽，毋令稍有浮費，以昭覈實。又據德誠等奏熟籌收受海運漕糧事宜，豫行杜絶諸弊章程一摺。所稱撥船宜擇堅厚，向由直隸州縣承辦，率以損壞船隻充數。再米中用藥使水，宜嚴爲防拏。又請添設巡員，自津至通晝夜巡查。均著直隸總督按照所奏各條委員查驗，嚴密查拏，並派委幹練巡員梭織巡察。又稱米色必須純潔，前經議定海運章程，著該督撫嚴飭承辦各員實力遵辦，餘俱照所擬辦理。該部知道。欽此。

一、直隸省接撥海運漕白糧米，應由天津、通永二道，督率沿河務關同知、楊村通判、漕運通判會同委員逐程實力催趲，並照會天津、通永二鎮所撥官兵分駐河干，認真巡查。如經撥人等查有串通偷漏、用藥使水等弊，該委員弁丁務即不分畛域，嚴密查拏，毋僅以按段接催了事。

一、海運漕白糧米天津斛收，即照道光六年海運抵通以洪斛交納，仍折算漕斛報銷。飭屬自備漕斛，用上海縣庫存鐵斛較準，由監兑委員驗明印烙加貼印花帶津，並將部頒鐵斛同天津鐵斗、倉場木斛呈請驗米大臣較驗。

一、白糧與漕糧不同，由津撥運赴通須加慎重，白糧應查照河運章程全數雇用民撥。

一、海運各船樣米，原爲收兑時考較之資，向備木桶盛儲，米色受罨轉致無從查驗。應仿照白糧辦法，以蔴袋裝儲，粘貼印花，交沙船自行帶津，由委員呈送驗米大臣查對。

一、丹徒、丹陽二縣河運項下緩缺交倉米六千九百餘石，查有蘇、松、太三屬白糧項下節省給丁盤耗米二千六百餘石，尚缺米四千三百餘石，即在隨漕腳價餘賸款內購買足數，兑裝沙船，隨同蘇、松、太三屬糧米由海運送，所需水腳悉在節省項下開銷。以上道光二十八年。

一、江蘇省咸豐元年分緩缺漕米三十九萬餘石，二年分緩缺漕米四十萬餘石，由漕白項下應徵熟田節省給丁耗米變價，並酌提節省給丁津貼湊抵緩缺漕糧，均以銀款提解司庫，聽候部撥。計元年籌銀六十六萬兩，二年籌銀六十萬兩，除籌補缺額外，各抵有贏餘。其沙船耗米仍由州縣措給本色，至歉緩漕南米石，仍俟按限催徵完時搭運。四年分因逆氛未靖，議令改照浙江章程，以河運經費作爲海運支銷，所有應徵熟田漕白正耗米就數起運，毋庸籌補。五年分章程循辦，至節省給丁餘耗等米，除支銷津通各項耗米及抵補緩缺兵糧外，餘賸米四萬三千餘石一併起運。六年分章程，此項餘賸節省給丁耗米除支銷外，均請飭屬糶變，作爲籌補災缺南米之用，免其隨正交倉。咸豐七年分起至十年分止，同治二年分起至十三年分止，歷年循辦。

一、江蘇省歷年辦理海運事繁任重，設立省局，令藩司總理，或派委首府總司其事，並派委守丞牧令等官，查覈章程，鈎稽銀米，由蘇、松、太道督同守丞等官，在上海設立滬局，雇覓沙船，飭令各委員料理兑米事宜，仍由藩司總理。查驗米色係糧道專責，由糧道於各州縣開倉時親履查驗一次，復於上海裝船時會同蘇、松、太道再行盤驗，均須乾圓潔净，白糧尤宜慎重，不准稍有秈米攙雜潮潤等弊。天津交米最爲喫重，派委糧道酌帶委員先期赴津交兑，會同直隸委員妥辦。如起運米數無多，公事較簡，毋庸設立省局，由委員經理。天津交米亦毋庸派委糧道赴津，即委同知等官酌帶紳董前往經理。

一、江浙兩省應給沙船水腳等項銀兩，務宜嚴加防範，毋任假手書吏，少有需索剋扣。

一、天津撥價漕糧用官撥洪斛，每石價銀九分五釐九毫七絲三忽。白糧用民撥洪斛，每石價銀一錢一分三毫四絲八忽。向係按照時價易錢給發，第以銀易錢出入未免參差，應令按米發銀。先期將撥價銀數及飯米並守候口糧張貼告示，俾撥船户共見共聞，届期發交局員親給。其銀數不及一兩，另行易錢找給，毋假吏胥之手。如有向船户需索錢文者，准其扭稟。沿途兵役及通壩胥吏人等有向船户藉端勒措，並許喊控。如此覈實辦理，撥船得項既優，儻再有偷盗攙和等弊，除責令賠補外，仍照例從嚴治罪，毋稍寬貸。

一、通壩日起米數開報驗米大臣，應由駐通倉場侍郎於五日奏報摺內聲明每日起米均符三萬石之數，並將米色米數切實聲明，以免日後牽混。並飭駐通坐糧廳將每日起米若干石，卸船若干隻，按日開報驗米大臣，以便查催而免貽誤。

一、通壩口袋例定歲製十八萬條，原足敷用，而起米遲延，藉口於口袋不敷輪轉，推求其弊，則有缺額、積壓兩端。缺額之弊，由於經紀侵蝕偷減。積壓之弊，由於橋倉阻滯。故使周轉不及，挾制分肥，自應各清各弊，隨時懲辦。如橋有積壓，當參橋監督，倉有積壓，當參倉監督，橋倉均有積壓，橋倉並參。若均無積壓，而每日起卸不及三萬石之數，是口袋缺額可知，當參坐糧廳。應令倉場轉飭坐糧廳，務於辦理先漕事宜時認真點驗，不得稍有短少。並嚴飭橋倉各監督迅速轉運，毋許車户花户人等故意留難。如有前項弊端，立予究辦。

一、米色務須乾潔，應由驗米大臣會同駐津倉場、坐糧廳、南北各委員查驗明確。如本有霉變，即令沙船於耗米內賠補。如係好米，由坐糧廳取具該經紀米色乾潔、米數無虧切結，督令斛收，此後均由經紀承運承交，與沙船無涉。如果米色乾潔，米數無虧，而抵壩之時間有潮濕短少，入倉以後與原驗米樣不符，此中情弊在於撥船開行以後可知，應令駐津坐糧廳將所取經紀各甘結按日申報驗米大臣，並令駐通坐糧廳臨時切實查究。如有偷漏攙和，由經紀拏獲，則責令撥船獨賠，治撥船應得之罪。若經紀並未查出稟明，或通同作弊分肥，則責令經、撥分賠，各治以應得之罪。此後由壩運橋，由橋運倉，如有短少潮濕，均惟經紀、車户是問，不得牽涉外河撥船及原裝沙船。入倉以後如有灰黯霉變，則責令該倉賠補，治花户以應得之罪，不得牽涉經紀沙撥等船。至橋倉各監督均係倉場管轄人員，應令迅速妥辦，毋許胥役人等滋生弊端，任意諉卸。

一、浙省試行海運，派雇沙船，責成蘇省滬局委員，儻有米無船，即將蘇省委員查明參處。若有船而無米，或有米而無水脚，即將浙省辦漕各員揭參懲辦。以上咸豐二年。

一、咸豐二年欽奉上諭：黄宗漢奏浙江新漕試行海運，請飭江蘇委員幫同辦理一摺。來年浙漕海運係屬創始，豫雇船隻最爲緊要，除由該省自雇北運商船外，其不敷船隻應由江蘇、上海添雇，著兩江總督、江蘇巡撫派委妥員幫同辦理。所有江蘇、浙江海運事宜，並著該督等責成按察使倪良耀總司其事，以資熟手，總期不分畛域，妥速籌辦，毋稍延誤。欽此。

一、咸豐二年欽奉上諭：黄宗漢奏籌議新漕懇請試行海運一摺。本年浙江漕船開兑過遲，落後各幫，遲至九月下旬甫經輓運出境，即使截撥回空，斷難如期歸次受兑。所有來歲新漕亟應變通辦理，以免貽誤。著照所請改由海運，以期迅速，並將原辦河運各費作爲海運支銷。一切章程即由該撫督飭司道覈實籌議，妥速奏辦。欽此。

一、浙江海運船隻，除寧波之蛋船、三不像等船由浙省自行封雇外，其山東、直隸船隻有運貨赴江南銷售者，應由該撫早派妥員赴滬會同蘇省委員，不分畛域，一律封雇，以資裝運。咸豐三年。

一、同治二年欽奉上諭：李鴻章奏減成酌徵冬漕，統共起運漕白正耗等米十二萬二百餘石，隨給沙船耗米九千八百三十餘石，飭令一律收齊，仍議由海運津，以資便捷等語。李鴻章於新復地方即能酌量情形籌畫天庾正供，具見辦事認真，深堪嘉尚。又片奏松太等屬減價折徵，酌定每石收足制錢六千四百五十文，一切公用均在其內，由官買米起運等語。均著照所請妥速辦理。欽此。

一、同治七年欽奉上諭：羅惇衍等奏夾板船試運江蘇米石驗收辦理情形一摺。江蘇田捐採買米三萬石，試用夾板船運津，經羅惇衍等前赴紫竹林查閱，除將已到米石驗收外，尚有未到米四千五百三十石，羅惇衍、鍾岱現將正供漕米驗完，已有旨令其回京，所有此項未到米石，著俟續運到津後，即由崇厚就近驗收，以歸簡易。至沙船裝運正漕早已如數抵津，而夾板船所運田捐採買米石轉未能一律到齊，其中有無掣肘，明年能否再行試辦，抑仍廣招沙船裝運之處，著曾國藩、丁日昌體察情形，詳細妥籌，届時奏請辦理。欽此。

一、江北淮揚通一帶出產粳米極少，從前河運均係紅白兼收，粳秈並買，現在改由海運，仍當照辦。遴派委員分投採購，責令多辦粳米，認真挑選乾潔，不准稍有潮雜，以重倉儲。

一、江北漕米因沙船短少，奏明俟蘇屬頭批回空再行裝運，惟此項米船到津，必須趕卸，俾得迅速回南再裝，方免遲誤。應由驗米大臣於米船隨到隨驗隨卸，催令迅速回滬。

一、米船交清，應照户部奏定章程，責成經紀承管，如有偷漏潮濕攙和等弊，責令賠補究治，不得牽涉原裝沙船，以免羈候而杜諉卸。以上同治八年。

一、江浙二省承運漕糧沙衛等船，經兩江總督奏請，因船商困苦，將堪裝五百石以上之船所裝雜貨各項出口釐捐，除原捐較輕毋庸議外，其原捐較重者酌減二三成。至裝五百石以下承運之船及閩廣船隻，仍各照常收捐。經户部覈議奏准。同治九年。

一、同治九年欽奉上諭：户部奏變通驗收海運漕糧及海運仿照河運章程辦理各摺片。南省漕糧由海運津，歷年以來，因津郡無地方大吏駐紮，特派大員前往驗收。茲據該部奏稱，通商大臣現已裁撤，直隸總督常駐津郡，請自同治十年爲始，凡天津驗米事宜，均由直隸總督就近經理，無庸另派大員前往驗收。至倉場侍郎應否仍照向章一員赴津，會同查驗，並通州收米事宜可否責成留通倉場侍郎一手經理，無庸另派大員，請飭妥議等語。著李鴻章、英元、喬松年按照該部所奏各節會同妥議具奏。其一切章程仍應悉照成案妥辦。至海運交卸一節，該部擬請按照河運章程，改由糧道赴通徑交，係爲埽除積弊起見，著曾國藩、李鴻章、英桂、張兆棟、張之萬、楊昌濬斟酌情形，詳細妥商，會同覈議具奏。原摺片均著分别鈔給閲看。欽此。

一、同治九年欽奉上諭：前因户部奏變通驗收海運漕糧及海運仿照河運章程辦理，當經諭令李鴻章等分别會議具奏，茲據李鴻章會同倉場侍郎酌議具奏，據稱直隸總督每年於春融後移紮天津，所有天津驗米自可遵照部議就近經理，毋庸另請派員驗收。惟近年海運米石較多，總督事務繁重，未能專顧一端，請仍照向章酌派倉場侍郎一員赴津，會同查驗。其通州收米事宜，可由留通倉場侍郎經理，毋庸另請派員等語。明春江浙海運漕船抵津，著户部先期奏派倉場侍郎一員早日赴津，會同直隸總督妥籌辦理。其通州驗收轉運事宜，即由留通倉場侍郎一手經理，毋庸另請派員，以專責成。餘著照所議辦理。欽此。

一、同治十一年欽奉上諭：延煦、畢道遠奏撥運白糧積欠弊生，請事變通一摺。據稱江浙白糧到津，向雇堅大殷實民船撥運。近來弊竇叢生，私立船捐名目，公然賣放，輒以窄小破船塞責，或冒充民船應募，駕駛之人又多官撥船户，作弊是其慣技，本年竟有全船沈失、船户潛逃情事，莫若由江浙糧道一手經理等語。著照所請辦理，即著張樹聲、恩錫、楊昌濬飭知各該糧道，來歲海運白糧抵津，即自雇民船撥運赴通，無庸在津候驗，津貼撥價等銀由各糧道自行支給。其封雇時，並著李鴻章飭天津道嚴禁諸色人等從中阻撓，有則立予重懲，不得稍分畛域。抵壩後，即由倉場侍郎立時驗收，毋許經紀人等藉端刁難。此外起運押運事宜及應用委員，均由各該糧道隨宜辦理。欽此。

一、同治十二年欽奉上諭：給事中陳鴻翊奏海運南糧請飭驗收大臣先期赴津守驗一摺。近來江浙海運漕糧到津較前迅速，自應及時趕驗，俾資周轉而免積壓。嗣後驗米大臣著於二月下旬前往天津守候驗收，以重漕務。欽此。

一、同治十二年欽奉上諭：李鴻章、延煦、畢道遠奏江浙漕糧海運抵津，擬請改令糧道自行運通一摺。向來江浙漕糧海運到津，用官撥船運通交納，乃行之既久，滋生弊端。本年海運白糧及輪船所載漕糧，改由糧道自雇民船運通，較用官撥船運送米色尚爲乾潔。李鴻章等請將嗣後南糧變通辦理，係爲剔除弊端起見。著照所議，所有來歲江浙漕糧即著改由糧道運通交納，毋庸在津驗收，並著户部、兩江總督、江浙各巡撫一體欽遵辦理。其應行變通章程，著李鴻章、延煦、畢道遠悉心妥議具奏。欽此。

一、直隸沿河各州縣官撥船一千八百隻，一切修艌提調等事，向係天津道督率楊村通判管理。今南漕起撥雖改歸糧道自辦，而此項撥船非南省所能統年經理。令於天津設立官撥總局，每届漕前，仍由天津道督飭楊村通判分别查估，認真修艌，註明册檔，仍按百隻爲一起排列水次。該道查照江浙起運米數，就現有船數按成製定省分，由楊村通判移會總局，繕册分交江浙局員收用。儻各船修艌不堅，或船户不遵南省調遣，均歸直省局員究辦。到運交米後，責成南省押運之員沿途防查，毋任船户拆賣器具。完漕之日，南省將原收船數按册點交直局，催歸水次。

一、南糧遝運赴通，經理撥船，稽查地方，以及清理河道，導引沙船等事，直隸仍須派員照料。且南省帶來委員如果差遣不敷，亦須由直省候補人員内揀調，責成天津道總司其事。凡南省借調委員及直省派出在事各員，統歸該道遴選，詳請督臣酌覈札派，仍先開單咨明吏部。事竣，由直督覈其勞績，分别奏咨給奬，毋庸再行會同倉場侍郎辦理。其通壩應需委員，仍歸倉場侍郎揀調，並責成通永道稽查督催。若南省需員在壩差遣，亦由通永道揀員移送，仍隨時報明倉場侍郎咨部存案。漕竣之日，統由倉場侍郎覈其勞績，分别奏保，無庸再咨督臣彙案請奬。

一、辦理遝運印委各員，漕竣時，覈其勞績，如果查有異常出力人員，即仿照咸豐初年成案，由直隸總督、倉場侍郎分案覈實，奏請優獎數員，以資激勸其餘。仍照近年章程辦理。以上同治十三年。

（清）托津等《户部漕運全書》卷九三《海運經費》　一、浙江海運抵津撥運喫緊，已到經費不敷應用，其餘備解銀兩尚未咨報起程，經驗米大臣奏准，將天津關税項下撥解南河銀二萬六千兩暫行截留應用，仍由浙江巡撫於海運經費内扣出銀二萬六千兩，就近解往南河交納還款。咸豐三年。

一、江蘇省咸豐五年起，歷年海運章程均以河運經費作爲海運開銷，此項經費在於節省給丁漕贈銀内儘數動支。如有不敷，即在於節省津貼項下湊足。嗣經該督撫於同治四年奏定海運漕白糧米每石覈計支銷庫平銀七錢，沙船水脚神福犒賞等七款，每石給銀四錢二分八釐一毫，在於節省給丁餘耗及贈五盤舂行月等米價項下抵支，並將各衛幫屯折津租撥補。其南北局及津撥脚價坐糧廳箇兒錢並在津收買餘米各項經費，每石酌派銀二錢七分一釐零，均由蘇松道庫漕項銀内動支，並在於隨漕費錢内易銀湊抵缺費。經部議准，每石不得過七錢之數。

一、海運漕白糧起卸，南省應解通津貼經紀箇兒錢銀，定例每米一石給銀二分七釐，爲運米脚價之用。咸豐三年，經户部議裁減一半，每石改給銀一分三釐五毫。嗣因辦運不敷，經倉場奏請，比定例裁減七釐，較部議加增六釐五毫，酌中定擬，每米一石，以二分爲斷，永遠遵行。所溢墊發銀一萬六千二百六十五兩零，統在軍白糧經紀應領脚價每兩扣出六分平餘，及新章脚抗價扣減二成銀内，按年儘數扣繳清款。咸豐五年。

一、江浙海運漕糧籌備米石，係正漕之外另籌之款，所有津通撥價未便照正漕支給，酌照採買米石成案運撥津貼，每百石按八兩一錢之數開銷，以歸撙節。仍以平斛計算，由江浙總局查明應需銀兩，解交天津道庫發給。其通壩應需箇兒錢銀，亦由江浙總局照海運成案解往。咸豐六年。

一、浙江省漕米，除減額外，共存正耗米七十萬三千餘石，除給商船耗米五萬餘石外，每石以八錢覈計，約需運費銀五十二萬兩，准於額徵漕截並減存行月南月各米變價，及杭、嘉、湖等府行月食米折徵，寧、紹等府本折月糧等款銀兩提用，共覈銀四十九萬七千餘兩。如全漕起運之年，再有不敷，於漕務項下撥補。其一切運費，應令力求撙節，不得以每石八錢即爲開銷定額，如有贏餘，報部候撥。

一、浙江杭、嘉、湖三府漕額已奉覈減，其應徵漕截銀兩奏准照舊辦理，毋庸覈減。計減漕米二十六萬六千七百六十五石六斗三升二合，内除改漕正耗給丁行月等款，耗米五萬一千四百六十六石五斗九升四合，向不徵收漕截外，計減正兑正耗共米二十一萬五千二百九十九石三升八合。按每石三錢四分六絲覈計，減漕項下應徵漕截銀七萬三千二百十四兩五錢九分一釐。浙江巡撫咨明專列一款，併歸海運支銷。經户部議准，令於漕項奏銷册内另立款目，按年題報。以上同治四年。

一、同治五年欽奉上諭：馬新貽奏海運商船賠累，請酌加水脚，並請飭産船地方雇船協濟一摺。近年海運漕糧均係借資商船，該商等承運官糧，往返動逾半年，費用加增，每多賠累，自應優加體恤，以廣招徠。著准照馬新貽所請，此次海運封雇各商船於例給水脚之外，每石酌增銀一錢五分，以資津貼。浙江本屆新漕米數較增，尤須多備船隻，俾敷裝運。著直隸總督、山東巡撫即飭産船各地方官儘數挑選堅實東衛等船，趕緊駛赴上海協運，俾免貽誤。餘著照所議辦理。該部知道。欽此。

一、江蘇省緩缺南糧局恤等米，每石折銀一兩開放，以漕費錢文儘數抵支，並以本款津貼及節省餘耗糶變，一律補足，由司道派撥經理覈實報銷。嗣於同治五年因運費不敷，將漕費錢文抵補運費，此項缺額米石，即將南恤等米糶變，餘賸之款抵補。嗣後各年均循照辦理。

一、蘇省漕糧改由海運，雇募沙衛等船裝運，每裝米一石，給水脚銀四錢。自道光二十八年，歷經照辦，嗣以商力拮据，船身需資修艌，經兩江總督奏准，自同治五年起，每裝米一石，酌增水脚銀一錢五分，東寧各船一律支給。諭令船商承領分派，大加修整，不准草率裝飾。所增水脚，即在徵解道庫四分漕項內就款動支，如有不敷，再於司關各庫暫爲籌墊，俟四分漕項徵有成數，提還歸款。同治五年、六年。

一、杭、嘉、湖三屬統計月糧本色折徵共正耗銀二千六百八十六兩一錢三分八釐，遇閏之年，共徵銀二千九百十二兩九錢八分四釐，此項銀兩提歸海運經費之用。

一、浙江省海運商船，每石原給銀四錢之外，加給銀一錢五分，永遠實給，以資修艌。所加銀兩，在於杭、嘉、湖三府折色行月糧正耗及車夫丁字沽經費，暨衛所解存津租等款項下撙節動支。以上同治六年。

一、天津海口時有輪船往來，浙省漕船駛進津沽，河面狹窄，恐有碰撞沈失之虞，請於天津大沽口岸添設外局，分派員董，派撥巡船照料，經費較前不敷。經户部議准，除原給運費八錢及加增水腳一錢五分之外，每石再加銀五分，於給丁津租及行月等款內酌提抵支，不准動用别款。如所用不及五分，即按實用之數開報。同治七年。

一、江浙海運漕糧自津運通，均責成經紀承起承交，由直隸總局派給撥船裝載。因經紀有承交之責，每米百石由南省籌添經紀耗米一石五斗。撥船並無承交之責，每百石僅給食米一石一斗五升。咸豐七年，户部奏定章程，撥船虧短米石，經撥各半分賠。經直隸總督奏，撥船既有承交賠補之責，請於南省漕項內籌添撥船耗米。無論正漕籌備，每百石照經紀米數酌減，即按食米之數給予一石一斗五升，隨正交倉。俟運米完竣，設有短欠，先照常追比船户，如實在無力賠補，查明短欠數目，即在交倉之耗米劃抵。嗣經江浙兩省各督撫奏准，因漕項竭蹷，自同治八年爲始，備辦一半，無論正漕籌備，每百石給予撥船耗米五斗七升五合，在於餘米內就數提出，隨正交撥運通。同治七年、八年。

一、江北各屬海運漕糧，南北一切用款，准將給丁耗米一項留抵運費，不准動用司庫别項，以示限制而節經費。

一、江北各屬漕糧，正兑加三耗內例有船耗五升，改兑加二五耗內例有船耗八升，向係給丁之款。上届海運初次創辦，將此項耗米一併備帶起運，奏明准其更正，留有餘米存倉備抵在案。今届江北漕糧海運，所有節省給丁耗米仿照蘇浙兩省歷届章程，歸入海運案內抵支運腳等費，毋庸起運。其江北淮、揚、通三屬，同治七年分應徵熟田漕糧，除撥抵兵糧外，實該起運米六萬五千六百九十九石五斗一升四合五勺，內正兑正米三萬五千七百四十石四斗六升五合八勺，加二五耗米八千九百三十五石一斗一升六合三勺。改兑正米一萬七千九百六十九石一斗七升三合，加一七耗米三千五十四石七斗五升九合四勺。又江寧府屬向有漕糧之上元、江寧、句容、江浦、六合五縣，於抵徵錢文內採買米二萬四千石。以上共該起運交倉米八萬九千六百九十九石五斗一升四合五勺，查照向章，按漕斛採買，交倉亦歸漕斛，現用部頒小口鐵斛製造木斛，由糧道較准，發交買米各員應用。仍令各備樣米，俟交兑沙船時呈驗，加貼印花，帶赴天津，以便較兑。

一、天津撥船食米，每漕米一石給米一升一合五勺，通倉經紀耗米每石給米一升五合，此項經耗係由津運通，亦須照給撥食。至本届户部議增撥耗，經各糧道以經費支絀，每百石祇能籌給五斗七升五合，此外每石備帶餘米二升，隨正交倉。又沙船耗米每石給米八升，此次江北海運及江寧府屬採買米石，共起運交倉正耗米八萬九千六百九十九石零，約需經撥食耗及新增撥耗等米二千九百十六石零，沙船耗米七千一百七十五石零，籌備二升餘米一千七百九十三石零，照章一律備齊本色，解滬兑交，隨正運津。至沙船耗米，原備船户飯食及到津或有折耗彌補之用，如有盈餘，由官收買。咸豐五年，復議於此項耗米內限定撥出三成，由津局按照市價收買，自應照辦。該沙船儻敢於裝兑後私行糶變，或到津顆米無交，查出分别嚴究。

一、沙衛等船每裝米一石，給水腳銀四錢。嗣因商船困苦，修艌需資，奏准每石加給銀一錢五分，連神福犒賞等七款每石給銀五錢七分八釐一毫，江北本届海運應仍照章發給。已將應需銀數解由滬局，俟船隻備齊，分别轉給。

一、天津官撥，每百石給撥價雜費銀八兩四錢四分七釐三毫，民撥每百石給銀九兩八錢八分四釐八毫，箇兒錢每百石給銀二兩。本届江北海運自應照章辦理。此外津通經費除輕齎、席木銀兩由糧道衙門照例批解外，其津局用項，在津收買沙船餘米各款，難以豫定，擬照成案備帶。至沙船水腳及一切經費，係在漕項本折及採買米價贏餘款內動支。今届米數較增，辦理本形短絀，加以新增撥船耗米覈計不敷甚鉅，應將節省給丁耗米照蘇浙兩省海運章程，儘數留充運腳及抵支新增撥耗等用。其江寧府屬採買米石所需運費，係在抵徵項下撥用，一切均照正漕章程支銷。

一、應解隨漕銀兩，經倉場奏請，籌備抵正米石應解隨漕銀兩，照正漕一律批解等因。業經江安糧道咨准，蘇浙糧道覈議，如存倉籌備餘米抵作正漕者，其廳倉茶果各款按正漕批解。如籌備餘米不抵正漕者，照章僅解天津撥價及箇兒錢兩項，至廳倉茶果等款，仍不批解，以示區別。江北自應循辦。以上同治八年。

一、天津官撥船隻腳價，經直隸總督以撥船苦累奏准，自同治十一年爲始，無論海運正供籌備撥船，每裝米一百石，加給腳價銀五兩。江蘇省由漕項解支，浙江省在於同治七年續增五分經費項下每石撙節銀二分五釐，並於扣存給丁津租及行月等款內每石提撥二分五釐，共合五分之數，抵充新增北船撥價，均不動用司庫正款。仍將動用銀數按年於海運經費奏結案内報部，並於漕項奏銷册内詳晰註明。

一、接運白糧民船守候口糧，經直隸總督以商民困苦奏請，每届另籌銀一萬二千兩。經部議准，照蘇浙兩省白糧米數按石勻撥，自同治十一年爲始，江蘇省在於漕項内提撥，浙江省在行月等款内動支，仍逐款開報，不在原定八錢數内，均不動用司款。仍將動用銀數於海運經費奏結案内報部，並於漕項奏銷册内詳晰註明。以上同治十年。

一、南省批解海運經費，每漕米百石，支給飯米折色銀二兩五錢八分七釐五毫，一半津貼銀一兩一錢二分五釐，白米則僅有飯米折色一款。此項銀兩原因經紀赴津起米承運至通而設，今南省議將經費免解，固與立法本意相符。惟經紀等領款奏請減成支給，以所減之銀爲該役抵補長支及應賠掣欠雜款等用，實領無幾，專恃海運經費一項津貼接濟。查海運章程，經紀赴津起米運通，每漕米一石，給與耗米一升五合，白米一石，給與耗米一升八合。本年遝運章程議將經紀耗米無論漕白，概以一升支給，所餘五合八合作爲南省運通折耗。今此項經費銀兩應均半辦理，將海運經費之漕白糧飯米折色及漕糧之一半津貼等銀，按照原數以一半留爲南省運通經費，一半解北爲通壩外起裏運之資，則南北漕兩得其平，銀與米辦法一律，而通庫扣款不致無著，運務亦免貽誤。同治十三年。

（清）托津等《户部漕運全書》卷九四《輪船搭運》

一、江蘇宜興、荊溪、丹陽、金壇、溧陽五縣，同治六年分田捐提銀採買米三萬石，用夾板船運津，照沙船裝漕之例，每千石隨耗八十石，備帶餘米二十石，撥船食耗十一石五斗。並照海運正漕採買各案，每米百石給津通撥價銀八兩一錢四釐，通倉箇兒錢折銀二兩，水腳銀數照沙衛船之例，一律給銀五錢五分，其起棧一切經費，每石給銀七分，保險每石給銀三分，統計每石共給銀六錢五分。如有遭風拋失，即令全行賠補。以上各項銀兩，惟水腳内續增之一錢五分，起棧七分，保險三分，准於海運經費每石七錢之外照數給發，其餘一切費用，俱包括於每石七錢之内，不准絲毫浮溢。至裝米洋船如有未抵紫竹林即行起棧之米，仍令承運號商自行出費，將米全數撥至紫竹林，聽候驗米大臣及三口通商大臣會同驗收。仍責成經紀承起承運，所有經紀耗米及廳倉茶果銀兩三項，免其籌解。至飯米折色、一半津貼兩項銀兩，仍令該省如數籌備，以便給發。同治七年。

一、各屬糧米派裝輪船，應由海運滬局先期酌派縣分，俟該縣糧米運到，即填單知照輪船商局，酌派執事至龍王廟外局會同詳驗，米色務須一律乾潔，方准收兑，由輪船局押赴浦江東棧斛收。儻有潮雜之米，即由海運局監兑委員報局，押令分別風晾更换，以重漕運。

一、輪船轉運米石，每月每船可運兩次，而各屬撥船恐難計日而到。如撥船到滬輪船未回，應將米石先行囤棧以免守候。又輪船運米抵津，或驗米大臣尚未莅臨，或津撥轉運不及，一時未能驗卸，亦應起儲津棧，以便該輪船迅速回南接運。所有滬津局兩處應需棧費及上下夫力等項，均歸輪船商局自認，與海運局無涉。

一、輪船運米抵津，雖有棧房可以暫儲，而兩省糧米爲數較多，勢難全行囤儲。應飭知海運津局各員董，早赴天津開局，定於二月十五日以前稟請欽憲，提前驗收，以免壅滯。

一、輪船協運江浙兩省糧米，自應分別先後挨次裝運，令輪船商局於各海運滬局派兑糧米時，即將某日兑收某項糧米掣給兑米收單，其裝運之次序，即按兑收之先後爲準。仍於米袋之上籤用某省漕白糧米字樣竹牌，以便識認而示區別。

一、海運糧米除白糧一項各屬本有蔴袋裝盛外，其漕糧米石兑交沙寧各船向係散裝，並無蔴袋。此次輪船裝運漕米，亦應用蔴袋裝盛，以便抵津易於起卸。所需袋價等項，均歸商局籌備，與海運局無涉。惟此項蔴袋於裝米抵津後，應仍發交輪船帶回，以作下次裝米之用，毋庸連米交倉。

一、沙寧等船承運漕白糧米，每石給水腳曹平銀五錢五分，內扣公費銀一分，實給曹平銀五錢四分。此外苫蓋、墊艙、席竹、氣筒、鐵釘折價，每石曹平銀一分六釐，內扣銀一釐六毫，實給曹平銀一分四釐四毫。又天津海口雇用縴夫，每石錢四文，內扣錢四毫，實給錢三文六毫。回空挖泥壓載應用鐵鍬、土筐，每船錢一千文。神福每船銀四兩。耆舵每船各一名，每名各賞犒銀一兩。副舵每船一名，給銀六錢。水手每名給銀三錢，每裝米百石，准開水手一名。以上各款，均係隨米支給。此次輪船運米，自應一律支給。惟輪船裝載米數多寡不一，舵水人等亦與沙寧船不同，准令裝運米三千石作爲一船，按數覈計，分別開支。所有輪船水手、辛工並油煤等項，即在前項各款内給發。又輪船停泊碼頭及到津領港等費，並輪船駛進津口或遇擱淺，如須起撥等事，亦均由商局自行料理，與各海運局無涉。

一、沙寧船承運漕糧，每石給耗米八升，白糧每石給耗米一斗，飭令運津以補正米之不足。仍將漕糧商耗覈出六成，白糧覈出三成，由津局給價收買，隨正交運。此次輪船裝運之米，自應一律辦理。儻正米或有虧短，應由輪船商局照數賠補。

一、沙寧船承運漕糧，以八成裝米，二成帶貨，免予輸稅。如帶有洋藥及二成之外另帶餘貨，仍應照章納税。其二成貨物，按米石計算，以一百二十斤爲一石。今輪船運米，均應援照辦理。

一、各口貿易輪船向有洋行保險之說，此次商局置備輪船，船身堅固，器具精良，似可毋須保險。其運米在途，設有鬆艙等事，悉照沙寧船章程辦理，毋庸另議更章。

一、沙寧等船承運糧米，向由海運滬局填給三聯印單，以便抵津憑單交米。此次以輪船裝運之米，事同一律，自應援照辦理。運米三千石作爲一船，即填給聯單一紙，以憑到津稽覈。惟沙寧等船向有領銀領米各結，此次輪船應以收到銀米回文爲憑，毋須再行具結，以歸簡便。

一、派裝輪船糧米爲數既多寡不同，起運亦遲早不一，自應於上棧時即由海運滬局派員認真監兑，一俟兑竣，即由輪船商局掣給收米回文，海運滬局即爲竣事。以後如何裝船，如何起運，應由商局隨時酌覈辦理，運局不再與聞，以免牽制。

一、沙寧等船承運無悮，向於事竣彙案詳請奏獎。今輪船亦應於運務告竣後，由商局覈明急公承運各商援案移會海運滬局彙詳請獎，以昭激勸。以上同治十二年。

（清）托津等《户部漕運全書》卷九四《沙船事故》 一、沙船裝米遭風損壞，改派別船攬裝，並分別加裝別船，以符起運全數，於給發聯單内逐一註明，分咨辦理。道光二十八年。

一、江蘇謝得春商船行抵山東榮城縣外洋遭風觸礁，除撈獲米石變價銀兩存儲候撥外，其餘沈失及撈獲不堪變賣之米，准予豁免，並由該糧道動支隨帶經費在津收買餘米補足，運通交倉。

一、江蘇姜福高商船裝運武進縣漕米七百餘石，行抵山東海陽縣洋面遭風砍折桅舵，將船擊碎，船内漕米照票俱被漂没。所失漕米照案免令船商賠繳，其短缺米數應令該省籌辦彌補。嗣據江蘇糧道將失事各船漕米，按照粳米例價，每石以一兩四錢折銀解部交納。以上咸豐三年。

一、張廣發商船裝運江蘇金山縣截漕正耗米九百九十六石五合三勺，駛至山東文登縣洋面遭風，據報米石盡行沈失，並未折桅傷人，與海運豁免成案砍桅鬆艙者有間，應令該船户全數認賠，每石以銀一兩六錢賠繳，由天津縣將繳足銀兩買米運通交納。咸豐四年。

一、江蘇漕船高福利被風擱淺鬆艙拋棄漕米一百餘石，查勘鬆艙屬實，惟桅舵並未損壞，雖因擱淺，究屬駕駛不慎。所失米石，船户於抵津後照數賠補。同治四年。

一、江蘇商船彭長順在黑水洋遭風，船桅船幫均被風浪損壞，船將沈溺，隨將艙内米石拋棄約一百四五十石，船户情願認賠，咨由津局覈辦。同治四年。

一、江蘇孫遐福商船承運吴江縣漕米一千四百餘石，行至西沽地方，因讓避輪船，誤觸舊沈船桅發漏，搶起濕米九百餘石，不堪運倉，已經糶變繳價，另於籌備餘米内補足交倉。其漂失米四百餘石，經江蘇巡撫查明奏准，該船實係讓避觸沈，並非駕駛不慎，現在板片在津拆變用盡，無力賠補。所有短交米四百餘石，無關正供，奏准免其賠繳。同治五年。

一、嚴年順商船在山東霑化縣洋面遭風，該縣稟報遲延，經山東巡撫奏准，交部議處。同治六年。

一、同治五年，江蘇省海運案内沈文茂商船裝運吴江縣白糧一千二百九十餘石，駛至山東省榮成縣洋面遭風擊沈，經東撫奏報，訊據耆舵水手，供出曾在東省海口兩次盜賣米六百餘石，並於出口時先已虧空米二百九十餘石，議令查取辦運職名參辦。嗣經蘇撫將結保牙行朱通裕革除，並查取總司兑運事務同知嚴錫康等四員職名送議，聲明該員等承辦運務尚有微勞，本應給奬。今於該船盜賣米石失於覺察，究屬疏忽，除扣除奬叙外，仍照例議處。其船户盜賣並虧短共米八百九十餘石，仍飭令趕緊買補，隨同下届搭運交納。

一、吏部查辦運各員催船草率，以致船户舞弊，並無作何議處明文，自應比例辦理。請將總司兑運事務之松海防同知嚴錫康、上海縣知縣王宗濂、黄浦江一帶巡查彈壓之署上海縣主簿候補府經歷陳元燮、吴淞口駐守查驗之寶山縣主簿王鎣，均比照重運入境，州縣往來巡察，失察盜賣一起至三起，米數已在一百石以上，州縣官降一級調用例，各議以降一級調用，俱係公罪，奏明准其抵銷。以上同治七年。

一、江蘇王永發商船在不知地名洋面遭風折桅，拋棄漕米八十二石，收口停泊，報經膠州勘驗，船桅已折，篷索亦有損傷，所裝之米有拋棄形跡，惟原裝貨物並未拋棄，責令該船户將所拋漕米照章如數賠補。同治八年。

（清）托津等《户部漕運全書》卷九四《沙船禁令》 一、江浙二省及江北所屬海運漕糧，沙船准令八成載米，二成載貨，免予納税。至所裝二成貨物帶有洋藥，照水路每百觔徵銀三十兩，於江海關二成貨單内逐一註明洋藥字樣。如在洋遭風，除砍桅鬆艙驗明糧貨俱損，仍奏明豁免。如貨物並未拋棄，獨棄官糧者，雖鬆艙屬實，短少米石仍令該船户賠補。至應給商耗米，每漕米一石給米八升，白糧一石給米一斗，原係到津賠補氣頭艙底及霉變米石之用，部議飭令備帶本色，不准折價。如有霉變短欠，即令如數補足。仍有贏餘，在津自行變賣。嗣於咸豐五年部議將該商應得耗米，由津局按照市價收買三成，不准短缺。咸豐元年，同治六年。

一、沙衛各船赴津交米後，如往天津、牛莊、奉天、山東各口販運北地貨物，由津局查明承運米石交清後，方准填給全免税銀印單，持赴各關呈驗放行。如交米不清之船，一概不准給照。同治六年。

一、江北海運沙船在洋遭風失事及霉變運到等米，均以本届籌備餘米並上届存倉米數抵補交足，具報全完，續到米船由天津道驗運交倉，另檔存記，留抵下届正供之用。同治八年。

《大清會典事例》卷一九九《户部・漕運・截留事例》 康熙三十三年題准：截留武清、永平等處漕米，每石收耗米一斗八升三合九勺四抄。又題准：直隸省永平等處截留漕糧，每石耗米皆以一斗八升三合九勺四抄，作正兑收。

三十八年題准：江西、湖廣兩省漕糧，截留江南、山東等處，每石耗米均以二斗五升作正交兑。

三十九年定：截留平糶所賣錢文，係漕項錢糧，或易銀交部，或搭放兵餉，將原給款項扣解，以抵留漕價值。

四十一年題准：江南、山東截留漕米，出入交收，每石加耗米三升。

五十八年題准：江西、湖廣兩省漕糧，截留江南、安慶等處，將加四耗米全數作正交兑。

六十年題准：江西省糧米截留直隸大名等處，照三十八年之例，每石以二斗五升作正交兑。應交席木板片行文扣追，並停給簹羨紅剥等銀。

雍正三年題准：截留漕糧仍照舊例，正兑以加二五，改兑以加一七耗米，作正交收。又題准：江西省糧米截留直隸保定等處，每紅斛米一石給耗米一斗。其平斛米，每石原有耗米二斗五升。均令運通交倉，所有水脚計運程遠近給發。

六年題准：江西省截留漕米十萬石，存儲本省備用，出入盤量，照江南旋收旋糶之例，每年加耗三升，於截漕贈軍耗米内扣抵。其糶過米價銀，存儲司庫，俟秋收照數買補還倉。

七年咨准：直隸省天津水師營截留漕米，照薊、滄之例，每正兑正米一石，外加耗米七升，尖米四升二合，尖耗米二合九勺四抄，又新耗米六升九合。改兑正米一石，外加耗米四升，尖米四升二合，尖耗米一合六勺八抄，又新耗米四升四合，折正兑交。

九年題准：截留天津北倉漕米四十萬石，從前截收之時，未有正兑耗米及曬颺入倉。嗣後照天津水師營截留漕米之例，每月每石遞減米二合，一年統計共減耗米九千六百石。又題准：天津截留漕糧，每百石給地方官耗米一升，以作折耗。又題准：湖廣、江西兩省截留山東漕米，除耗米二五、一七作正截留外，將所餘盤耗米按程計算折耗，給還運軍，其餘作正截留。又議准：截留直隸、山東、河南三省豫備賑濟漕米，隨到隨收，不得稽遲時日，致誤回空。其一應水陸運價及苫蓋露囤等費，均動用公項錢糧。又定：截留漕米，落涯進倉等費，概令旗丁自備。

十二年題准：截留山東省漕糧，每石除原給加耗一升外，每月每石仍遞減米二合。至一年後再有虧折，令各官照數賠補。

乾隆元年題准：各省截留漕船介於起運停運之間，行糧月糧應給應追，向未定有成例。嗣後江蘇、安徽、浙江截留漕船，應支本折月糧三修銀，准其照數全給。至行糧盤耗、贈銀負重等項，各隨多寡，分作十分，自水次抵通，按程途遠近，亦作十分計算，行一分程途，給一分銀糧。如行一兩站未及一分者，即按一兩站扣算支給。贈米一項，如米到州縣半月放清者，按已行之程扣給，其未行之程追繳。半月以外，每石給米一升，滿一月者給米二升，滿二月者給米四升，滿三月者全給。若幫船截留本次，或旋兑旋卸，或數月後收清，贈米亦按月計算。江西漕船較大，裝米數多，每年額領三修銀不敷，取辦於行月。兼之水次開行，逐節淺阻起剝，長江守風，過淮修艌，一應費用，較江浙不同，遇有截留，將原領折耗、行月、贈銀、贈米、斛面米均免扣追。又每米一石，徵耗米四斗，爲交通倉及沿途折耗之費。副耗米一斗三升，爲水次開行抵淮折耗。如在淮安以南截留者，將四耗米令其隨正交納，一三副米免其追繳。如過淮截留者，將四耗米內正兑米隨交二斗五升，改兑米隨交一斗七升，並每石別交一升贈米外，其餘米按由淮到通程途，作爲十分計算，行一分程途，即給一分耗米。湖北、湖南漕船灣泊岳州府，濱臨洞庭，風波不測，截留漕船於例給一半月糧之外，每船酌留頭舵水手四名防護，每名日給口糧一升，減去水手人等，每名每站給盤費銀三分，米一升，均照時價折給。

二年諭：各省截留漕船，例有應追銀米，但念運軍近年以來尚屬急公效力，其從前挂欠之項，事隔數年，此時責令完補，未免艱難。著漕運總督詳細覈明，將雍正十二年以前各省截留漕船，應追行糧漕贈盤耗等項，除已完外，其未完者，一概寬免。又奏准：山東省截留漕船，應支三修月糧及任城幫貼運銀，仍照舊支給。其本折行糧及潤耗銀，各按多寡，准作十分，水次抵通程途亦作十分計算，行一分程途，准銷一分銀米。如行未及一分者，按程扣算，支給潤耗米五升，即如江南之五米。嗣後米到截留州縣，半月內收清者，按已行之程扣給，其未行之程追繳。如過半月給米一升，滿一月者給米二升，滿二月者給米四升，滿三月者全給。其截留在本次者，雖船未開行而糧已裝載，與中途截留者折耗相同，潤耗米亦按月支給。河南漕船皆係別省協運，除不議三修外，儻遇漕留之年，月糧一項全數支給。如船雖抵次尚未裝載者，河南亦毋庸議給。至潤耗、行糧銀米，各隨多寡，計作十分，其程途亦作十分計算，行一分程途，給一分銀米。如行一兩站未及一分者，即按站支給。官役俸工，亦照額支給。如本船開行已及十數站，奉文截留，仍回原次交卸者，往返程途皆照重運程途計算，將所領前項銀米按程扣給。其不足十分程途之數，按程計追。潤耗米一項，亦照東省例支給。至盤剝銀，截留船糧已抵臨清者，全數支給。如未抵臨清，將所領盤剝銀作爲十分，自衛輝水次至臨清，亦作十分程途扣算計給。又咨准：湖北省撥賑漕米，應需撥運水腳銀兩，在餘賸漕費銀內動支給發。

三年定：直隸省北倉截留備賑漕米，照京通各倉之例，將豫備篩颺米石一體交倉。又議准：嗣後截留北倉之漕米，每百石免交耗米一石，以恤軍丁。

四年題准：湖北、湖南兩省運軍所領錢糧，比別省較少，截留漕船所領三修行月二耗，並州縣津貼京腳銀米，均免扣追。惟所領四斗耗米，視其船未出境在本省截留者，均令隨正交收。若已出境者，內一五耗米按已行未行程途，分別追給。

五年題准：各省截留漕船，有到次尚未受兑及已兑未開行者，嗣後未兑之船，照停運例給予減半月糧。已兑未開之船，於減半月糧之外，將三修一項照數全給，各省畫一辦理。又奏准：截留船糧應給篙羨銀兩一概停止。

六年題准：各省漕船截留北倉暨滄州者，應將領過行糧、漕贈、盤耗銀米，一例按照程途分別扣追。惟運薊軍船，由天津海口入薊，綿長九百餘里，又運易軍船，自天津抵次，水程三百餘里，領過銀米一概免追。再各省凡遇截留，如已兑開行之船，所領一半月糧同行糧等項，應匀作十分計算，一律按程扣追。

七年題准：各省截留漕船已兑開行，按照定例扣追，運軍多有苦累。嗣後酌量加給，分别程途遠近，船糧多寡，山東、河南每船給銀五十兩，江南、浙江每船給銀六十兩，江西、湖廣程途均遠於江浙，江西裝載正糧，每船又較湖廣多至二三百石，湖廣每船給銀七十兩，江西每船給銀九十兩，以敷各軍在次修船、置備什物及雇募舵頭水手、安家養贍之用。其應給之銀，即於行月折色銀内扣給。所有存贍行月等項銀米，山東、河南、江南、浙江仍照舊按程分别追給。江廣二省程途遥遠，其未經過江以前截留者，除在次酌量給銀外，其餘贍餘米，一律照程途分别追給。如已過長江尚未渡河截留者，應給予四分之三。至渡河以北，至臨德等處截留者，將各項銀米照抵通例全給。

八年題准：湖南省截撥廣東漕米，每石折耗四合。又題准：湖南省截撥廣西漕米，每石加耗米三合，於截漕減存里納二耗米内兑給。又題准：江西省截留本省漕糧，每石加耗米三升，在贈軍斛面等米内支給。

九年題准：江西省截撥湖南漕糧，每石折耗米四合。江浙二省截撥福建漕糧，每石加耗米五合。又題准：截留平糶所賣之錢，係漕項錢糧，或易銀解部，或搭放兵餉，將原給款項扣解，抵留漕費。

十四年覆准：各省漕船遇有災緩及在本地截留，將出運船隻減存在水次者，其減存船數由糧道造册報部。

十八年諭：凡截留省分，俱著該督撫專派大員稽查，不得委之州縣佐貳，以致滋弊。

二十二年奏准：漕米截留北倉及天津露囤各米，現在輪流派運，賞借旗丁剥價一半，俾得迅速回空。運通腳價，令旗丁自出一半，賞借一半。應交茶果、箇兒銀錢及席片毛竹，均照例交納。至在津糧船自岸起米至北倉，每扛米一石，給制錢六文，每船約需扛價四五千文不等，應於在津囤儲米石之幫丁出給，每百石照例加耗二石，准於來歲新漕内搭運補交。再經紀各役代丁運送抵壩，既有每百石加耗二石之數，再有短少，即照掣欠例，責令經紀等賠補，於旗丁無涉。其扛米腳價，於通濟庫輕賫銀内暫行墊發，亦在各丁新漕内扣還，並移咨總漕照例催追辦理。又奏准：本年漕米暫儲北倉。軍船未經抵壩，例給運丁羡餘銀兩，酌給一半。

二十三年奏准：江興等衛截留天津贍米石，仍係運通，應追銀兩，免其扣追。

二十四年奏准：羡餘銀兩定例給發，以濟回空之用。本年糧數雖有截存，船仍到壩，照例全行給發。又咨准：現截北倉米石，應交茶果銀兩暫緩交納，俟抵通後再行覈計米數，移咨總漕，飭令補解。

二十五年奏准：漕糧截留北倉轉運，每米百石，旗丁交船價銀六兩，地方官會同坐糧廳雇募剥船，飭令經紀等親身押運。又自河至倉，每石交上倉人夫扛價制錢六文。又每百石，旗丁出米二石，内以一石備補沿途折耗，五斗爲經紀等飯食，五斗幫貼經紀等轉運雜費之用。每石給簟夫銀五釐，一例支給。

四十三年奏准：江西省漕糧截留赴豫，其已歷長江尚未渡黄截留者，行月銀米給予四分之三。如至臨清等處截留者，各項銀米即行全給。

四十七年奏准：北倉截留漕米，其斛斗口袋，令天津縣自行備辦，並舊存木斛與部頒收漕鐵斛逐一較準，以便兑收。

四十九年定：截留米石自北倉剥運抵通，每百石旗丁向交地方官剥價銀六兩，惟江西六幫殷疲不一，内有實不能全行交價者，即將通濟庫銀每船各借銀三十兩，令該省糧道於來歲扣辦歸款。又奏准：北倉現儲漕米内賞留二十二萬石，爲直省買補倉糧之用。其凍阻之杭嚴頭四兩幫漕米，約七萬餘石，於北運河一帶附近州縣内查其應買倉糧者，就近撥交領運，明歲於北倉漕米内照數扣抵，所需席片扛夫等項，均照成案辦理。

五十年諭：曹州、東昌、濟寧、臨清各府州屬雨澤稀少，麥收歉薄，現在未得透雨地方，未經播種者，尚有三十州縣，將來恐有應需接濟之處，著於南糧頭進在後各幫内截留二十萬石，存貯濟寧、聊城水次，以備應用。又奏准：截留漕米，如三進尾後數幫入直稍遲，在沿河水次覈計程途，分别截卸，移咨總漕倉場，轉飭將截留米色並旗丁運官姓名，開單咨送轉發，俟漕糧收清，飭令各州縣將收過幫船米數造送。又奏准：北倉截收漕糧，倉内鋪墊席片、麻繩，例向旗丁取用，至氣筒等項，照例墊辦。事竣，將墊製氣筒銀兩造册請銷，在司庫存公銀内撥給還項。又奏准：安陵、泊頭、連鎮並滄州等處沿河水次截卸漕糧，照例先儘寺廟房屋，次賃民間屋宇，暫行收儲，統俟明歲春融，雇覓小船，剥運赴通。

五十四年諭：向來北倉截留漕船米石，所有轉運通倉水脚銀兩，俱係坐糧廳墊發，仍於該旗丁名下扣繳歸款。但思此項脚費，如係幫船行走遲延不能依限赴通交兑，在北倉暫行留貯者，自應旗丁出資運送。若漕船本可如期抵通，因奉特旨截留北倉以備撥用者，原與旗丁無涉，即當官爲轉運。從前概令旗丁繳費運通，辦理未爲允協。嗣後各省漕艘，有遵行未能迅速，抵通遲誤，恐致沿途阻凍，不能及早回空，在北倉截卸者，其運通脚費，自應照例扣繳。如係特旨截留，即著動支官項辦理，以示體恤。

五十七年議准：山東省協運豫漕各幫船，赴豫兑漕之時，順便帶裝截留糧，每站給行糧銀四錢五分四釐四毫，每船縴夫四名，每名每里給脚價一釐，如係剥船專裝截漕米石，赴豫交卸，仍應放空回次者，即照直省楊邨起剥之例，每剥米百石，加給食米一石二斗，在截留各幫未用食米内支給。

嘉慶六年諭：各省州縣設立常平倉，存貯穀石，定有額數，原以備本處水旱偏災平糶賑濟之用。若倉儲充實，取之裕如，何至民食艱於接濟，總由各州縣平日不能實心經理，或出糶後並未隨時買補還倉，或竟任意侵挪虧缺，以致積貯空虚，猝遇偏災，茫無所措，而該督撫等爲目前補救之策，大率奏請截漕。殊不思京通各倉所貯漕米，以之頒給廪禄兵糧，無論歲收豐歉，俱應按數支放。即太倉之粟，陳陳相因，亦屬昇平盛事，焉有天庾正供徒資外省截留之理。即如部庫帑銀，爲每年經費所需，豈以供外省請撥，而各省應存庫項，不皆實貯，遇有緩急需用之處，動輒請發内帑。似此積習相沿，則外省所設倉庫，竟係有名無實，豈國家均平賦式之道乎。嗣後各督撫等總當於各州縣倉庫根本要務悉心講求，實力整頓，務使倉穀錢糧，皆歸實貯，方爲有備無患，毋徒以撥餉截漕爲事。又奏准：直隸省被水較廣，截留漕米六十萬石，分儲鄭家口、泊頭、天津北倉三處，所有天津截留之米，舊例截四存六，所存米石尚須抵壩交卸，有需時日，此次儘在後之江廣船隻整幫截卸，俾空船及早南下。又奏准：江廣七幫米石，在天津北倉截卸，交經紀接運。浙江尾後八幫，旗丁情願自用剥船，或雇民船剥運，俾大船及早回空，不必另行露囤。又奏准：湖北、江西兩省在後七幫，於楊邨全行起剥運壩，其飯米剥價照例由旗丁全給經紀，每百石加幫貼銀二兩，米二石外，再加幫貼銀五錢。又議准：江西省鉛山等四幫在北倉截剥，一切剥價飯米，全數貼給經紀，照例先在通濟庫項下撥給，共銀二萬一千九百餘兩，應於該四幫船扣解，即將每船新漕調劑半耗並向領脚耗、斛面等三項米石，以一兩九錢折變，共得銀八千一百餘兩。又江西本年截留鄭家口、泊頭兩處幫船奏加米石，令州縣一體扣存折變解道，以抵庫款，可得銀六千餘兩，計兩項共得銀一萬四千一百餘兩，不敷銀七千八百餘兩，在鉛山等四幫冬運錢糧内扣銀三千兩。其餘銀兩，令江西於道庫閒款内暫行湊還，仍於該四幫來年米折項下全數歸款。

十一年奏准：湖南省幫船行抵漢鎮，截留陝西原船回次二耗米石，照程途扣算覈給。又每船防護舵水四名，每名日給米一升。又每幫看減千總一員，年給養廉米九十五石，以三百六十日覈派，自歸次之日起至年底止，按日覈給。又守減船減半月糧内一半本色米石，均在二耗米内扣給，其一半折色月糧銀兩，在追還行月京脚銀内動給。又每出運船内，究出找截陝省米一百五十餘石，支過京脚銀兩，免其扣追。又截留船隻，准算一運。又軍幫、運義、津貼等項銀兩，照乾隆六十年蠲漕減歇全給之例，一體支給。

十二年奏准：本年河口淺阻，以七月二十日爲限，在後未渡黄之江西、湖南並宿州二共十三幫船六百六十八隻，計米七十二萬餘石，一律於淮揚截卸，分撥江蘇二十萬石，安徽十萬石，委道府督飭起卸平糶。其平糶價值，解司報撥。仍令江西、湖南各巡撫動用司庫銀兩，按照市價採買足數，交幫搭運。其回空各幫，因重運節節起剥，諸形竭蹶，以歸次之遠近，定給借米之多寡。江浙每船借給米二十石，江廣每船借給米三十石，通共約借給米十萬石零，以作回空口食之需，仍於新運責成原借之丁購買運通。至截留米内，除平糶及借給各幫米石，不必貼出耗米，仍扣留以備下年搭運之費外，所有截存米石，令旗丁每百石貼出米二石，來年搭運時准其開銷。如再有虧折，令該管備弁總運等分别貼出。儻有偷竊等事，致有短少，惟防範之地方文武是問。

十四年奏准：北倉截留米石，牆外堆撥，責成天津鎮派委弁兵晝夜防守，該鎮仍不時親身往來照料。楊邨寄撥事宜，向止通判一員經理，未能裕如，應令天津道暫駐楊邨，督率辦理。

十五年咨准：漕糧截撥陝省轉運米石，援照乾隆十六、十八年碾運浙江米石之例，每石給經費米五合，每船支給安家米二十石，免其追繳。應追程途行月京腳銀兩，分作三年，在各丁新運錢糧內照數扣繳。其四耗米內一五給丁米石，在交倉耗米扣給。又領運千總，准於漕費銀內，按正米每石支給銀五釐，以爲盤費之用。又隨幫千總給廩工銀五十四兩，養廉銀二十四兩。又守減每船回籍水手六名，每名每站給銀三分，米一升，每石折銀八錢。又奏准：截卸北倉米四十萬石，倉場侍郎等酌分一人前往督辦，俟次年冰泮，仍令豫東二省軍船裝運。又奏准：石壩暫囤米三十萬石，楊邨寄撥米三十萬石，俟軍船埽數回空，自九月霜降日起至十月二十五日小雪以前，全數起運進京。

十六年奏准：轉運北倉米石，每百石向給剥船雇價、飯米、折色銀七兩九分有零。嗣後將應給經紀名下每百石津貼銀二兩五錢，及責令截留運丁每石分給食米一升，給予東豫幫丁，二項一併劃出，轉給剥船船户，俾資運費。仍飭文武員弁多帶兵役沿途管押，儻有偷漏等弊，嚴拏懲辦。

十九年奏准：北倉截卸湖北、江西等幫米四十四萬九千九百餘石，來年運通，令豫東二省軍船於正漕完竣後各添剥船，將前項截卸米石再運一次，所需船價、飯米、折色、津貼等項銀兩，於通濟庫墊發，在截留幫丁新運錢糧內歸款。其楊邨寄發之浙江、江西等幫各船一經騰空，即行催趲南下。

道光五年奏准：北倉截卸杭嚴頭等十八幫，計旗丁七百九十八名，每名借給銀二十兩，共需一萬五千九百六十兩，在天津海税項下暫行動撥給發，咨照漕督，在各省新漕項下分作兩年扣還。並飭各糧道先行籌項，解天津道庫歸款。

《大清會典事例》卷二一〇《户部·海運·分成籌運》 道光五年諭：上年江南高堰漫口，清水宣洩過多，高寶至清江浦一帶河道節節淺阻，於本年重運漕船大有妨礙，屢經諭令欽差尚書文孚等會同兩江總督及河漕諸臣妥商籌辦。均以清水來源本緩，一時難期暢注，而重運瞬即前進，未便停待，懇請引黄入運，藉其浮送。此固不得已權宜之計，雖添築閘壩，鉗束盛漲，自可無虞泛溢。第黄水挾沙而行，過後必致淤墊，恐目前偶資濟運，日久貽患滋深，終非善策。從前海運之説歷據臣工條議，有謂可以試行者，亦有謂斷不可行者，迄無定見。朕思江蘇之蘇、松、常、鎮，浙江之杭、嘉、湖等府屬，濱臨大海，商船裝載貨物，駛至北洋，在山東、直隸、奉天各口岸卸運售賣，一歲中乘風開放，每每往來數次，似海運尚非必不可行。朕意欲將各該府屬應納漕米照常徵兑，改雇大號沙船，分起裝運。嚴飭舵水人等小心管駕，伊等熟悉水性，定能履險如夷。所有風濤之警，盗賊之事，亦可無慮。惟事係創始，辦理不易，然不可畏難坐視，漠不相關。著魏元煜、顔檢、張師誠、黄鳴傑各就所屬地方情形廣諮博採，通盤經畫，悉心計議，毋存成見，務將如何津貼沙船，旗丁不致苦累，雇用船隻，有無騷擾閭閻，抑或隨船均須派委員弁，照料護押，及各該屬由何處水次兑運開行，抵北時灣泊何所，以便起卸運通之處，一一熟籌，據實具奏，候朕裁酌施行。至江廣幫船，應否同江浙漕糧一體轉運海口，俟江浙等幫海運著有成效，再行歸併籌辦，亦著一併議奏。

二十六年諭：漕糧爲天庾正供，支放攸賴，每歲京倉應放俸米甲米各項共需漕糧三百數十萬石，顆粒不容短少，亦不能暫緩時日。太倉舊時積蓄，因歷年漕糧短額，均已動放無存，覈計各倉現存糧數，僅可放至新漕抵通之時，是明年漕糧必需四百萬石，至少亦須三百七八十萬石，方足以敷支放。近年以來，各省歲運額漕逐年短少，江南一省，江安、蘇松兩糧道所屬緩缺尤多，似此有減無增，年復一年，伊於胡底。且以京師官兵俸餉立等發給之款，儻因漕糧缺額，以致發領不能足數，彼時即將該督等加以重懲，亦豈能補救萬一。朕軫念民隱，凡各省奏請蠲緩，無不立沛恩施。江南地方近年即有偏災，朕亦不必遽疑爲捏報，惟本年懇請蠲緩者，竟至五十餘州縣之多，或因辦理漕務兑費繁重，藉此爲體恤地方之計，豈竟置京倉於不顧耶。因思海運章程，道光六年辦有成案，現當整頓漕務清釐幫費之時，著該督撫通盤籌畫，如可仿照前章，確有把握，即統覈漕糧實數，每歲酌分幾成改由海運，於道光二十八年爲始，庶漕費可以節省，而州縣等亦不致藉此捏報災荒，致虧倉貯。

二十七年諭：所有道光二十八年蘇州、松江、太倉二府一州漕白糧米，准其改由海運。

三十年奏准：江蘇省蘇、松、常、太三府一州應徵白糧正耗米七萬二千石零，援照二十六年成案，由海運津。

咸豐元年諭：所有來年蘇州、松江、常州、鎮江、太倉五府州漕白糧米，著准其一律改由海運。

二年諭：黄宗漢奏籌議新漕懇請試行海運一摺，本年浙江漕船開兑過遲，最後各幫延至九月下旬甫經輓運出境，即使截剥回空，斷難如期歸次受兑。所有來歲新漕，亟應變通辦理，以免貽誤。著照該撫所請，改由海運，以期迅速。並准將原辦河運各費併歸海運支銷，一切章程即由該撫督飭司道慎重籌議，妥速奏辦。

三年覆准：白糧米質柔嫩，最易發熱變色，此次先撥寬大沙船，於第一次全數裝運，各該商船務將白糧全裝麻袋，堆架船艙，毋得散放在艙，致令氣鬱不宣，蒸潮黴敗。儻有疏率，惟承辦之員是問。

六年議准：江蘇省應運五年漕糧已截留二十萬石，供支兵餉，其實在應運漕白正耗及支賸給丁餘耗米石，共計七十五萬五千餘石，令即如數起運，不得短少。其歉緩南漕等米，並令各該州縣於本年秋成後，按限徵完搭運。

七年奏准：京倉開放秔米一項，不敷甚鉅，應令江浙二省漕糧提前趕辦，明歲及早抵津，並嗣後漕糧，不准以撫恤爲名，率請截留。

同治二年奏准：江蘇省新復地方減成酌徵冬漕，統共起運漕白正耗等米十二萬二百餘石，隨給沙船耗米九千八百三十餘石，一律由海運津。

十二年咨准：輪船協運江浙漕糧，自應分別先後，挨次裝運。嗣後滬局派給糧米時，即將某日兑收某項糧，掣給兑米收單，其裝運之次序，即按兑收之先後爲準。仍於米袋之上籤用某省漕白糧米字樣竹牌，以示區別。又咨准：江浙兩省派裝輪船糧米，爲數既多寡不同，起運亦遲早不一，自應於上棧時，由滬局派員認真監兑。兑竣，即由輪船商局製給收米回文，滬局即爲蕆事。至以後如何裝船，如何起運，俱由商局隨時覈辦，滬局不再與聞，庶免牽制。

《大清會典事例》卷二一〇《户部·海運·封雇船隻》　道光五年諭：琦善等奏請將蘇、松、常、鎮、太四府一州應徵道光五年分漕糧全由海運，並議定運送兑收各章程一摺。海運事宜，前據琦善於抵任後，飭令藩司賀長齡赴上海查看情形，會同妥議。兹據奏：現雇有沙船一千餘隻，三不像船數十隻，計春夏兩次可以運米一百五十餘萬石。著照所請，將蘇、松、常、鎮、太四府一州新漕並緩帶漕糧，由海運抵津。又覆准：封雇民船，大小多寡，總期裝運適用，毋得概行封禁，致累商民。

咸豐元年覆准：上届海運漕白各糧，上海沙船不敷運送，間雇外省蜑船及三不像等船，一併裝載。今届僅運白糧，需船無多，全用上海結實寬大船隻，並照案取具該船户船行承攬保狀，存案備查。

二年諭：來年浙漕海運係屬創始，豫雇船隻最爲緊要，除由該省自雇北運商船外，其不敷船隻，應由上海添雇。著兩江總督、江蘇巡撫派委妥員，幫同辦理。

三年議准：本届浙江漕糧海運所需船隻，除寧波船、三不像船由浙省自行封雇外，其上海之沙船及直隸之衛船，山東之登由子船，由浙省派員赴滬設立總局，會同蘇省委員，不分畛域，一律封雇以資裝運。又諭：著直隸、山東各督撫速派幹員封備衛船，並著奉天府府尹及各督撫確查各處海口，如有寧波商船停泊，押令迅速回浙，聽候封雇裝運漕糧，不准胥役人等需索滋擾，致生事端。

五年議准：江浙兩省運送漕糧，應需船隻若干，趕緊多雇沙船，如寧衛各船未經進口以前，浙糧到滬，即將所雇沙船隨時移送，毋得稍分畛域，致有停兑之虞。

同治五年諭：浙江本届新漕米數較增，尤須多備船隻，俾敷裝運。著直隸總督、山東巡撫即飭産船各地方官儘數挑選堅實衛等船，趕緊駛赴上海協運，俾免貽誤。

又奏准：浙江省海運封雇商船，於例給水腳之外，每石酌增銀一錢五分，以資津貼。

十一年奏准：嗣後海運白糧抵津，由各該糧道自雇民船剥運赴通，毋庸在津候驗。

《大清會典事例》卷二一〇《户部·海運·驗收監兑》　道光五年諭：海船押運到津，經紀人等難免需索刁難，著軍機大臣届期奏請欽派一二員，前往驗收監兑。又諭：海船到津爲日甚速，著兩江總督於初次兑竣沙船，將次開行時，由四百里馳奏到日即請欽派大員前往天津查辦。

又覆准：沙船進口日期，無論何處奏報，總以奏報先到之時即奏請欽派大員前往天津，庶起卸從容，不致遲誤。又覆准：由天津轉運通壩之米麥豆石，並北倉截卸之漕糧，或係地方官兑收，或係坐糧廳督率經紀兑收，均由地方官派委佐貳等員，帶同兵役，押送到壩，查驗起卸，庶船户夫役人等有所畏懼，不致有偷漏攙水等弊。又議准：商船裝運蘇、松、常、鎮、太四府一州屬漕糧一百五十餘萬石，分作兩次運津，計每次運米七十餘萬石，運抵天津東門。承辦各員多備剥船，增添人夫斗斛，由驗米大臣察看情形，督令剋期兑收完竣，不得遲滯。又奏准：海運漕糧，上海爲總匯之地，届驗收兑裝之時，派委道府丞倅四員，先於各州縣剥船到次時，會同蘇、松、太道逐一盤驗，必須乾圓潔浄，升合無虧，秉公斛量兑收。又諭：著於兑運時派委道府大員等逐一盤驗，將米樣貯箭，黏貼印花，交沙船帶津，以備欽派驗米大臣查對。又諭：江蘇現届新漕啓徵商船陸續歸次，來年二三月閒，即可次第兑運開行。著責成蘇、松督糧道會同蘇、松、太道，查驗米色，兑交商船，並封貯樣米，隨船帶赴天津，由交米委員送交欽派大臣比對米色，按册交收，其到津以後過剥事宜，責成坐糧廳帶同經紀人等一手經理，押運赴通，所有江省交米委員在津，將漕糧兑給剥船，即已交卸竣事，毋庸再至通倉，以免推諉。又奏准：每船於正米内提出樣米一斗，裝儲木箭，黏貼印花，即交沙船帶津。所派道府於驗米後各帶佐雜一員，由陸路趕赴天津，俟沙船一到，將原封米樣稟請驗米大臣，在於沙船比驗。一經交兑剥船，即與沙船無涉。又覆准：海船運米到津，起剥後即與沙船無涉，惟既經查驗，如係黴變，應由海船賠補外，如僅靠幫挨底，或受蒸潮，尚不至於黴敗之米，難以一概挑换，即記明數目，分别挑晾收儲入倉，或先行搭放亦可。此項潮潤未經黴變之米，不可與乾潔好米夾雜混淆，應於海船起卸時，由在津驗米各員將起剥米石分别乾潔潮潤數目，另行書立册檔二分，以一分存於驗米各員之手，以一分移送在壩收米之坐糧廳，並將裝運剥船編立字號，由驗米委員給予該船米色數目、船户姓名印票，轉令該船將所裝米石按照印票米色數目，自行書寫旗號籤識，以便沿途查催押運各員一目了然。到壩時，由坐糧廳查檔對票，以憑收受。其乾潔米石如受潮潤，及潮潤米石如再黴變，或另有偷漏攙和等弊，以致米色米數不符，嚴究懲治，並令經紀船户分賠。又奏准：剥運到壩，由駐通之倉場侍郎，督同坐糧廳大通橋監督，會同大通橋抽查御史親詣查照存記米樣比對。如米色不符，及查有攙和偷漏積壓等弊，立將押運之經紀拏送刑部嚴懲著賠，並將督辦沿途稽查不力之文武員弁一體查參。

六年諭：海運沙船已陸續開出十滧地方，候過二月初八日風信，即可開行，著派穆彰阿於海運沙船進口後前赴天津，會同倉場侍郎驗收，隨帶司員即自行酌派隨往。又奏准：每船另裝樣米一箭，蓋貼印花，帶赴天津照驗。兑竣一船，即將司道會印三聯執照截給一張，所有船户耆舵姓名以及縣分米數，詳細註明，以憑稽覈。至領給水脚之後，即令船户給州縣米結一紙，委員亦給兑單一紙存照。

二十八年奏准：各船樣米原備收兑時考較之資，惟木箭裝盛，米色易至受罨，轉不足爲查驗比對之據。應仿照白糧辦法，以麻袋裝儲，黏貼印花，交沙船自行攜帶。俟到津日，由江蘇委員呈送驗米大臣查對。又諭：米石潮濕，用藥使水，其弊不可勝言。前經倉場侍郎查出潮濕米船，業將該船户代役等分起咨送刑部，著該部即嚴行審究，加等治罪。此後如再有潮濕米石之船，並著即行送部，一律懲辦。

咸豐元年覆准：上届海運一百九萬餘石，係在省城及上海兩處分設總局，今届海運白糧七萬餘石，不及上届十分之一，毋庸設立省局。其上海雇船交兑等事，照案設局委辦，以專責成。

二年奏准：本年浙江省杭、嘉、湖等府所屬有漕州縣，均被災歉，其成熟田地因禾苗缺雨，米質未能純潔，所有熟田漕米，俱令紅白兼收，秈杭並納。又奏准：明年海運，應由駐通倉場於五日奏報摺内，聲明每日起運米均符三萬石之數，並轉飭駐通坐糧廳將每日起米若干石，卸船若干隻，按日開報驗米大臣，以便查催而免積壓。又諭：定例漕糧抵通，坐糧廳驗收起卸，每日應起米三萬石。本年海運剥船通壩驗收，每日僅一萬餘石，或二萬餘石，以致剥船停泊待驗，積壓至二十餘里之遥。該坐糧廳並未遵照例限，如數斛收，致令航海沙船不得及早回空，辦理殊未妥協，著交部議處。仍著倉場侍郎嚴飭該廳員等，隨到隨驗，以速補遲。儻仍復遷延，或縱容經紀人等故意刁難爲需索地步，即著據實嚴參。其大通橋各官，亦飭一體遵照，迅速轉運，毋任再有稽延。又奏准：嗣後令駐津坐糧廳將所取經紀各甘結按日申報驗米大臣，以憑查覈。並令駐通坐糧廳臨時切實查究，如有偷漏攙和等弊，係由經紀拏獲，則責令剥船獨賠，治剥船以應得之罪。若經紀並未查出稟究，或通同作弊分肥，則責令經紀剥船分賠，並各治以應得之罪。此後由壩運橋，由橋交倉，如有短少潮濕，均惟經紀車户是問，不得牽涉外河剥船，更不得牽涉原裝沙船。入倉以後，如有灰黯黴變，則責令該倉賠補，治花户以應得之罪，不得牽涉經紀，更不得牽涉剥船。應由駐通倉場於五日奏報摺内，將米色米數切實聲明，以免日後牽混。

四年奏准：海運米石，自剥船起運以後乘閒使水，應令駐通倉場侍郎於剥船抵通時，嚴飭坐糧廳認真查驗，遇有潮濕米石，該侍郎刻即親赴剥船，驗係實有使水情弊，訊明經紀拏獲者，酌量情形輕重，分別奏咨。即將剥船送交刑部，照例加等治罪。如係經紀故縱使水，通同舞弊，即將經紀一併送交刑部。並令大通橋御史照例抽查，一有潮濕米石，即行駁回，仍將經紀送交刑部，均照例加等治罪，毋稍寬縱。

六年議准：江蘇省海運，向於省城、上海、天津三處設局，各委司道守丞等員分任其事，而以縣佐襄理一切，惟漕白糧米均須乾圓潔净，應令司事各員認真查驗，不得稍有攙雜，以昭慎重。

九年議准：江蘇省漕運向係秔米，今届節候尚早，秈米漸熟，秔米尚未登場，應仿照浙江成案秈秔並納。惟米色米質必須認真挑選，毋許濫收濫交，並嚴防攙雜穅秕等弊，仍令將實在起運秔米若干，秈米若干，先行咨部，並飛咨天津驗米大臣，以憑稽覈。又議准：向來沙船到津隨驗隨起，按數給照，不令稽留。此時已届深秋，商人趕運到津，尤宜迅速兑收。如江蘇委員尚未抵津，頭批米船業已進口，即由天津驗米大臣督飭司事各員先行驗收，俾得及早回滬，憑照領價。

十一年議准：今届蘇省起運米數無多，非往届正運可比，應援照歷年正漕完竣後續到漕白米石由天津道驗收運通成案辦理，毋庸奏請欽派驗米大臣。其天津驗收事宜，責成天津道認真經理，通州驗收事宜，由倉場侍郎照章辦理。

同治九年諭：明春江浙海運漕船抵津，著户部先期奏派倉場侍郎一員早日赴津，會同直隸總督妥籌辦理。其通州驗收轉運事宜，即由留通倉場侍郎一手經理，毋庸另請派員，以專責成。

十二年奏准：嗣後海運江浙漕糧，改由該糧道自行運通交納，毋庸在津驗收。又咨准：漕糧派裝輪船，應由滬局先期酌派縣分，俟各縣運米到後，即填單知照輪船商局，酌派執事，至南馬頭會同詳驗。如米色一律乾潔，方准收兑，再由輪船局押赴浦江東棧斛收。儻米涉潮雜，即由海運局監兑委員押令分別風晾更换。又咨准：輪船裝運之米抵津，即飭知津局各員董，於二月十五日以前提前驗收，以免壅滯。又咨准：沙寧等船承運糧米，向由滬局填給三聯印單，以備抵津後憑單交米。此次輪船裝運之米，以三千石作爲一船，即填給聯單一紙，由津局稽覈。惟沙寧等船向有領銀領米各結，而輪船即以收到銀米回文爲憑，毋庸再行具結，庶爲簡便。又咨准：輪船裝運漕米俱用麻袋，以便易於起卸。抵津驗收米石後，仍將麻袋交輪船帶回，以備下次裝盛之用。

《大清會典事例》卷二〇二《户部・漕運・漕糧運船》　漕糧運船：

謹案：南省漕糧向由運河北上，自咸豐元年，各省幫船受兑開行未能趕符定限，二年，遂將江蘇蘇、松等四府一州糧米由海運津，其餘仍行河運。乃重運船隻直至運河已凍尚未全數抵通，於是浙江亦請改辦海運。三年，長江運河俱形梗阻，有漕各省率皆改徵折色，因之漕船漸次無存。洎同治三年，始有江北漕糧雇備民船運送通倉之議，蘇省旋亦力圖規復河運。第漕船經過山東地界一千數百里，中多阻滯，不能不劃分成數，河海並運。其船隻則改由各糧道自雇民船運送抵通。茲將《嘉慶會典》所載漕船數目詳識於左，以備稽考焉。

各省漕船，原數萬四百五十五號。直隸三十有九，山東千五十四，江南江安糧道所屬四千八百八十七，蘇松糧道所屬六百四十八，浙江千九百九十九，江西千有二，湖廣八百二十六。內除漕糧折銀徵解及灰石改折，並分載帶運及坍荒田地應蠲漕糧裁減船數外，以嘉慶十七年實運船數計之，共六千二百四十二隻。直隸三十七號，協運河南。山東八百八十七號，內漕船三百六十一，自備船一百八十五，運本省者六百四十六，協運河南者二百四十一。江南江安糧道所屬二千六百九十六號，內協運河南九十七。蘇松糧道所屬五百二十二號，浙江八百四十五號，江西六百三十八號，湖北一百八十號，湖南一百七十八號，河南無出運衛所，係派撥直隸、山東、江南幫船就近協運。

江南運白船一百三十八號，在通省漕船內三年抽調一次。浙江百二十一號。乾隆七年題定：在於嘉興、湖州二衛所幫內撥定長運白糧。

順治初年定：奉委修造漕船各官，或詐報朽爛，或修造未竣報稱已完，或將朽爛船册報掩飾者，皆降二級調用。承造官推諉不行監造，或不能依限完竣者，各降一級調用。該管官督催不力，及朽爛船不估價申報者，均罰俸一年。

十二年覆准：貼備造船，江寧各衛屯米，每石協濟銀三分。黃快船，每丁協濟銀五分。官舍餘丁編爲三則，上則納銀五錢，中則納銀三錢，下則納銀二錢，審定造册徵收解廠。安慶衛以屯田勻配上下兩運，公同貼造。新安、宣州二衛，按屯田編徵貼造。建陽衛於屯丁銀内加徵貼造。廬鳳、淮揚、徐滁等衛，蘇太等衛所及山東各衛，均按清出丁舍編徵貼造。浙江按清出閒丁每丁徵銀四錢，江西每丁徵銀二錢五分，湖廣每丁徵銀二錢，以供貼造。若船多銀少，儘數勻攤。又覆准：僉造漕船，除額給料價外，將各衛所舍餘閒丁按年編審納銀，爲幫貼之費。

十四年議准：成造漕船，例有軍三民七，造船料價，例於州縣民地徵十分之七，衛所軍地徵十分之三。並減存行月等銀供用。東省所增新糧，應需船載，仍於額設銀内撥補成造。

十五年議准：湖北省修造漕船所給料價，官役高下其手，竟非原數，不得不私派幫貼。嗣後應令官修官造，以蘇軍困。又題准：各省新升漕糧，運船不敷，例動輕齎銀雇募民船裝載，令各省豫爲題請補造。

十八年題准：各省新升漕糧酌令每船灑帶外，其餘撥減船代運。

康熙四年題准：漕船僉造之年，如有衛所官帶領運糧軍户勒索幫貼等弊，該督撫嚴禁，有違犯者，指名題參。又題准：造船屯軍不僉不解，責在府廳衛所，解軍不造，責在糧道，該督撫指名題參。又覆准：嗣後漕船十年限滿，必須查驗確實，應造者造，應修者修，仍將每年修造船若干造册題報。又須總漕親驗，實係不堪出運者，方許改造。儻有可用舊船，不驗明駕運，該督撫查實題參。其有過號漕船，自行造買赴廠領銀者，概行禁止。

六年定：新船不能出運，雇募民船以致虧折米石者，旗丁杖徒，運官罰俸一年。

七年題准：漕船改造，司漕之官親驗，如有仍可加修再運者，即於歲徵造船料價内量給加修銀，仍令載運，照年扣算。

九年覆准：楚省軍三料價，因漕不起運，裁充兵餉。今楚漕現在復運，自應照舊編徵爲造船之用，毋得將別項動用。

十三年議准：漕船十年滿號，舊例照額船數目，凡額船十船，每年成造一船。嗣後如滿號之船尚可加修出運，仍令其加修出運一二年。迨至朽腐不堪，准其成造，不必泥於加一之數。

十七年題准：漕船載米不過四百石，入水不過六捺，空船以四捺爲度。

十九年題准：造船料價既有額支之銀，其清出丁銀概飭解部。又覆准：定例停運漕船雖然限滿，未經運糧，仍令加修出運。

二十二年題准：各省漕船載正耗米共五百石，土宜六十石。

二十六年題准：各省漕船，仍照各衛所現運船數成造十分之一。又題准：各省歲修銀多寡不同，今酌中畫一，通漕一例。每年出運一船，給修費七兩五錢。

二十七年題准：各省修船銀，定例在糧道庫内支給報銷。其江安、蘇松等處修艌銀，向係各衛官軍於過淮時造報總漕批給。今酌議停其解淮，統歸糧道給發。其天津、通州二處三修銀，在通濟庫内支領。

三十二年定：漕船截留，支過三修銀兩，已供修船之用者免追。

三十四年覆准：江西省漕船，每船隨帶百石小船一隻，過百石者不准隨帶。又題准：運船不足，不早爲僉丁補造，又不設法雇募者，降一級調用。經管僉造漕船不力玩誤者，罰俸一年。衛所官解送漕剥船遲誤朽爛者，罰俸一年。又題准：各省升糧過多，停其灑帶，總漕將升科米數豫先題明，撥船載運。

五十二年題准：回空船如遇煞壩滲淺，未經進口，給銀修艌，俟開壩飛輓受兑。又題准：江西、湖廣兩省漕船，以十丈爲率，短不得過九丈，其寬深丈尺，酌量合式。

雍正二年議准：各省漕船料價，安慶、新安、宣州、建陽、金山、鎮江、蘇太、鎮海等衛，並江西各衛所船，向例給各軍料價，在本地方設廠成造。湖廣各衛所船，定例糧道將料價分發武昌、漢陽二糧廳，在於武漢二廠成造。其江淮、興武、廬州、鳳陽、滁州、淮安、大河、徐州、揚州、儀徵等衛船，於江寧府及淮安、清江等廠成造。浙江各衛所船，於仁和、錢塘二廠成造。山東各衛所船，於淮安、山東廠成造。均隸船政同知管理。其料價銀，除動支額編民七軍三料價銀外，儻有不敷，或動關稅，或動減存漕項，並支贍行月銀，或動輕齎及蘆課銀，均漕臣臨時題請撥補。今船政同知既經裁革，應統歸糧道管理。令運軍支領料價，赴廠自行成造。所有不敷料價，即於道庫減存漕項銀內動支。其蕪湖、淮安、杭州等關額供造船銀，飭令解部。又覆准：糧船到次，立即給銀修艌，如運軍有事故者，即著該船舵工修艌，儻有遲誤，以及虛領錢糧不修艌者，總漕即將糧道、監兑、押運、衛備等官題參議處。所領修艌銀，仍著落運軍賠補。又定：各省漕船篷桅矮小不堪者，監造各官題參議處。仍將不堪之篷桅勒令照式賠換。

三年覆准：漕船料價，令糧道如數親給。如有侵扣等弊，總漕將糧道等官題參議處。侵扣之銀，嚴追入官。又定：配造漕船，仍用舊料及灰艌未密閒用雜木者，守備、監造等官題參議處。所侵料價，追出另造。

四年題准：湖北、湖南兩省現運漕船，俟運十年，一例請造。其餘各省，仍每年照十分之一咨部請造。又題准：山東省不產桱木，每年應造漕船，先期造册報部，隨給價豫往南省購辦。如有木料不堅實者，令糧道賠造濟運。又題准：各省現存漕船數目，准部行令徹底清釐。今按江興、廬鳳等衛原額漕船三千六百六十五號九分，內灰石改折分灑帶運，及減存船四百五十五號九分。此外尚有新安等衛永減、荒減、積缺、暫減、輪減等百八十三船，現運三千二百十船。江西十四幫，原額一千有三船，內除併造減淺七十四船，止存九百二十九船。又有減存、積缺二百二十一船，實在現運七百有八船。蘇太等衛原額六百四十八船，內灰石灑帶減存一百有四船，現在實運五百四十四船。浙江額船照上年册開，原奉單派千五百五十八船，內灰石灑帶減存三百四十三船，現在實運千二百十有五船。湖北漕船，現在實運二百二十八船。湖南原額一百八十二船，現皆實運。山東原額自備七百三十一船，內輪流減存二十三船，共實運七百有八船，內自備船三百十有二號。又協運河南原額三百二十七船，內輪流減存三十九船，現在實運二百八十八船。天津右衛所原額自備旗船十九號，內灑減船二隻，實派出運自備十七船。通州右所自備船二十號。嗣後各省漕船，將實在現運船數作爲定額，內除運軍自備船例不給料價，及湖北、湖南現運漕船俟運滿十年一例請造外，其餘各省現運漕船，每年將滿號之船均照十分之一咨部請造。如有可以加修出運者，仍令加修出運，不得冒請成造。

五年奏准：催漕船按汛成造，每船給銀三十七兩六錢三分三釐，於稅課銀內動支，又別於茶果銀內每歲支給小修銀二兩。十年期滿，照例別造。

八年題准：排造漕船給過料價，取具各弁軍並無需索剋減印甘各結，送部覆覈，仍俟前項糧船過淮時，令總漕親驗。又題准：山東及江南之廬鳳等衛成造漕船，定例將舊船解廠充作裏料，如並無底板解廠者，交銀五十一兩。又題准：江西省滿號漕船不堪加修者，准其在北拆賣，改造剥船，將價銀解交糧道，驗給親造。

九年諭：江南江淮、興武二衛運軍名下，有應追鑽夫底料銀十萬八千一百餘兩，此項自康熙四十二年至雍正元年，前後共二十載，各軍僉替更換不一。現今著追之人未必係當日領米之人，其力既不能完，未免有所拕累。且今承追接催各官參罰纍纍，有礙考成，亦可軫念。朕思雍正三年以前拕欠錢糧之各案，正在清釐豁免，而運軍效力漕儲，尤朕所加恩體恤者。著將江興二衛應追造船夫役及底料銀悉行豁免，以示朕恩恤運軍之至意。又題准：江興二衛因無贍運屯田，又無什軍幫貼料價，不敷製造。造船夫役及底料銀，仍應照從前支給之數給發。除鑽夫銀五十兩原無增減，其底料銀以十分計算，每分銀五兩一錢。若無底料者，全給銀五十兩有奇。或有底料不足，則照不足分數補給，在徵收餘丁協濟銀內動支奏銷。又題准：河南、山東兩省減存七十四船之內，量存三十船，以備各本省升科新漕撥補之需。其餘四十四船，停其製造。又揚州衛二幫減存六十六船之內，留三十二船，其餘三十四船即行停造，每船追底板銀五十一兩解部。又題准：回空漕船無需雙桅，舊例令運軍賣桅木一根，雍正三年奏准禁止。嗣仍准賣桅木一根，以資路費。又覆准：漕船篷桅什物，嚴禁通州木廠，不許串通盜賣盜買。

十年覆准：初次出廠之年，概不支給修艌銀。惟江南省累年獨支，嗣後停其支給，畫一遵行。

十一年覆准：各省滿號漕船，令糧道先期請造，豫備物料，原船到次即時興工。儻隱匿不造，及請造遲延，將衛備參革。如將舊船掩飾，及造不如式者，將監造官、衛備、運軍究擬追賠。糧道不親驗及徇隱不揭者，一併參處。

十二年覆准：湖北省漕船將届歲造之期，該撫將解部漕項銀豫年於季報册內酌定數目，登明留備，暫存道庫，按限盤查。至漕船輪造之年，糧道於豫年冬兑時，將各季報册內存留數目彙繕清册，同該年應造軍船清册，申送總漕。總漕於重運漕船過淮驗看後，即覈明送部覈覆。該撫接准部覆之後，將所需物料先期完備，原船到次，立即興工。其動用銀仍入各年漕項奏銷册內，具題覈銷。又題准：修造漕船，擅自買補捏報完工及私雇民船出運者，將該衛備及運弁參革究擬。又定：各省應造船隻，各該糧道將接頂丁名並船隻數目，確查明白咨部。如蒙混造册遲誤重運者，將糧道題參。總漕不行詳查，一併議處。

乾隆五年覆准：漕船遇有事故，應賠造者，回次之時，即遵例賠造。儻有藉辭減歇，違至次年興造者，將督催衛弁照例題參。又覆准：歲造新船，當年不支三修銀，惟各省賠造之船當年仍支，嗣後一律停給。

六年題准：湖廣糧船向俟通幫限滿一齊修造，運料鳩工不免草率，易於朽腐。嗣後嚴飭衛備運軍，務遵定例按式成造。並飭糧道詳驗，總漕於過淮時覆驗。如有造不堅固，出運七八年朽腐者，據實題參。

七年題准：山東省自備船係運軍雇募修艌兑運，不給三修銀，但各軍先期定船，修艌無力。酌定每年雇船，先於該軍應領折色月糧內，每船先發銀八兩，以資修艌。如遇減運，於各軍應支四分之一苫蓋月糧內扣抵。

八年題准：湖北省適遇截漕減歇，所有減存九十餘船，於乾隆九年按限配造。又覆准：嗣後賠造之船，務照軍船式樣成造。儻有短窄及板木不堅厚者，將監造官弁及糧道題參。又題准：湖廣省漕船滿號之年，總漕於重運回空時，親加驗看，擇其堅固者加修。出運一次，准其留通變賣。五六年事故賠造之船，於足運後細加查驗，如實係堅固，令其再運二次，咨部請造，舊船留通變賣。儻賠造足運之船已經朽腐，該軍希圖二運之後可以變賣，捏報堅固，該管官查驗不實，擅准出運，總漕即嚴參究處。又題准：山東省各幫於額運漕船之外，向設量存船三十號，留備漕糧新升及不時撥補之用，今應裁汰，儻有新升漕糧，照自備運船之例雇船運送。

九年題准：留通變賣之船，沿途遇有失風事故，旋已修造堅固，將米分於通幫代運抵通者，其船如即在途次變賣，將千總照例議處。

十年覆准：浙江省紹興前後兩幫漕船，向係加一成造，緣奉十年滿號一例報造之文，不能符合加一之數。嗣後每幫每年留歇八船，將米分各船加載，遞年輪運輪歇，以符歲造加一之數。其輪歇之船，即以滿號留存配造，不准支給三修。

十一年議准：揚州衛二幫量存船二十四號，原屬虛糜曠設，理應裁汰。因江興二衛有貧疲軍船，將江興三七八幫查明實屬貧疲軍船，照數裁減，即將揚州衛二幫應裁之船留存抵補。又覆准：湖北、湖南兩省買補足運之船，俟抵通交糧之後，留通變賣。所賣價銀，令坐糧廳就近驗明，封交隨幫攜帶回次，由糧道驗給各軍，爲增造新船之用。又覆准：浙江省紹興前後、寧波前後等四幫漕船，向係加一輪減，將米分灑各船加載，以符歲造加一之數。惟寧波後幫每年滿號船隻贏絀不一，未符加一輪歇之數。嗣後遇滿號過多之年，應加一輪減在次配造。過滿號不足加一，將未經滿號修費浩繁之船暫減一年，下年仍行起運，年滿報造。

十二年覆准：江興二衛幫軍貧疲，將漕船千一百八十四號內查明實屬貧疲不堪駕運者，按照加一裁減，裁船底料照例變價，並將裁船應得之行月漕贈銀米分給存運各船，以蘇軍困。又覆准：廬州衛三幫輪減漕船，與揚州衛二幫量存輪運船，事屬相同，全數裁汰，以省糜費，將裁船照例變價。又定：向例賠造足運船隻，如係堅固，再運二次。滿號漕船實係堅固，再運一次。如有買補民船足運後請加修出運者，將違例之道衛等官查參。又定：向例漕船七八運有事故者，責令買補。如有例應買補之船，並不照例辦理，派入減存，將衛備罰俸九月。又定：湖廣漕船照例用樟桱等木，如十年滿號之船混用柏木成造者，將所造之柏木船隻本年暫令出運，責令下年賠造。將違例之衛備降二級調用。

十三年覆准：湖北省漕糧比湖南省少八百餘石，漕船多於湖南四十六號，船多米少，每船應得耗米水脚等項較少。事例既不畫一，運軍未免偏枯。將湖北裁汰四十八船，存船百八十，均裝額運漕糧。仍將各船應運漕糧、應贈銀米各數目造册送部察覈。裁船底料，照例變繳報部。又覆准：江廣二省失風漕船，如果不堪戽修，該地方官弁據實查驗，出具並無揑飾各結，呈報總漕咨部，准其拆板變價。其變價銀令地方官覈數封固，交該幫運弁呈明該省糧道驗發。

十四年覆准：徐州衛河南後幫歲造漕船，向在淮安清江浦船廠成造，駕赴河南衛輝水次兑糧。惟程途遥遠，恐誤兑限，今酌定在臨清設廠成造。凡遇滿號之年，令各軍於歲前自備價銀，並飭弁軍先行購料。俟准造之日，照例於江安道庫銀内給料價成造。又定：各省漕糧遇有截留災緩暫減漕船，應將減存船數另册造報。如有漏造者，將該道職名查參。

十六年議准：河南省後幫船在山東省臨清塢所成造，河南省前幫船在江南省夏鎮地方成造，應需工料令該丁自行購買。

十七年定：各省漕船僉造遲延，至開兑之時尚無丁無船者，經僉之員降一級調用，同知罰俸一年。又定：各省漕艘未經足運遽詳請呈造者，糧道罰俸六月。又定：各省減歇漕船不及時詳請僉造，致逾限年久者，糧道罰俸九月。

十八年定：滿號漕船，例應裝運交糧回次後興工成造，如有以恐誤造船之期遽行雇募者，將衛千總參處。

二十年覆准：浙江省嘉興衛所幫額船四十九隻，杭州衛頭幫額船五十五隻，以船多糧少，幫丁貧疲，照寧紹等幫之例，將滿號船隻加一輪減，留次成造，糧灑通幫裝運，漕截錢糧按糧分給各丁。

二十一年覆准：各省滿號船隻減存之日，即令概行拆卸，聽候配造。

二十三年議准：湖廣滿號漕船，照江西之例留通變賣，每船存銀六十兩，令倉場封付隨幫帶交糧道驗給各丁，以資成造新船之用。又定：嗣後各省成造漕船，其已滿出廠年分，因減歇未足十運而木植朽爛必須成造者，報部酌議，各該糧道毋得濫行詳請。

二十四年奏准：湖南省地處最遠，回空漕船十二月歸次，已届冬兑冬開之期，領銀修艌爲時太迫。嗣後責令糧道於每年十月將各軍應得運費，每船先給銀五十兩，委員迎至湖北之田家鎮等候給發，令其買補篷纜等物，一至漢口，即鳩工沿途修船，赴次兑漕。又定：湖南省漕船十年大造及事故賠造，俱係衛備之責，但荊州等衛守備相隔窎遠，不肖旗丁得以自由。嗣後湖南各衛成造漕船，俱令各該幫千總監督，或不能堅固如式，將千總衛備一併參處。又定：各省滿號漕船不堪修運者，即行報造。如果驗明尚堪加修，即取具修固各結送部，毋得濫行詳請。

二十五年覆准：江西省南昌衛，凡遇運軍成造漕船，每船新造給銀六百五十兩，遇失風事故應賠造者，給銀三百兩，買補給銀二百兩，雇募給銀一百六十兩。袁州衛新造給銀四百兩，賠造一百兩，買補八十兩，雇募六十兩。贛州衛新造給銀一千兩，賠造三百兩，買補一百六十兩，雇募一百兩，如遇拆壘給銀三百兩。信豐所新造給銀一千兩，賠造三百兩，買補二百兩，雇募一百二十兩，如遇壘造給銀三百兩。會昌所新造給銀八百兩，賠造一百六十兩，買補一百兩，雇募八十兩。南安所新造給銀九百兩，賠造三百兩，買補二百兩，雇募一百六十兩。吉安、建昌兩所新造給銀三百兩，賠造一百兩，買補八十兩，雇募六十兩。永新所新造給銀四百兩，賠造八十兩，買補六十兩，雇募四十兩。安福所新造給銀四百二十兩，賠造、買補、雇募於餘存屯租内分别酌給。撫州所軍分城屯，屯軍每船新造給銀五百兩，賠造一百兩，買補八十兩，雇募六十兩。城軍每船新造給銀四百兩。廣信所新造給銀六百五十兩。弋陽、貴溪二縣所轄船隻，新造給銀八百兩，賠造一百兩，買補八十兩，雇募六十兩。鉛山所新造給銀八百兩，賠造一百六十兩，買補一百二十兩，雇募八十兩。饒州所新造給銀四百兩，賠造、買補、雇募於存賸屯租内分别酌給。

二十六年題准：湖北省荊州左右衛運田，沔陽衛運班二田，每逢漕船大造之年，均照運費按數加徵造費。荊州左衛每船給造費銀六百兩，右衛給造費銀四百八十兩，沔陽衛給造費銀四百兩。如係赤丁，每船給造費銀四百五十兩。

二十八年議准：長淮原宿州等衛幫輪減船隻，雖係按年輪減，實屬閒運，應一體裁汰。安慶衛前後兩幫輪減船二十二隻内，裁汰十一隻，仍存十一隻，以備僉造。浙江寧波衛前後幫，紹興衛前後幫，金華所輪減船隻，改爲長減。杭州衛頭幫，海寧所嘉興衛輪減船隻，仍加一輪減。

二十九年奏准：江蘇、浙江、山東、河南等省買補船隻，滿號之年，留通變賣。

三十一年議准：江南省徐州衛江北幫歲造漕船，向在江寧設廠成造，今改於夏鎮地方造辦。其料價及購買木料，悉照河南前後兩幫成例辦理。

四十一年議准：岳州衛屯田，遇十年大造，加徵造費，每船撥給造費銀三百九十二兩三錢五分。又議准：成造漕船定有查驗九法：一驗木。毋雜惡質，毋開舊料。二驗板。庲板厚五寸，搪浪底板厚二寸，拖泥腳棧棧板厚一寸七分。下墨時查驗鋸路，解板下鋸。如比較分寸不合程式，即行究換。三驗底。淺船底長不過五丈二尺，中開闊不過九尺五寸。鋪底驗量尺寸少差，即勒令改造。四驗樑。淺船龍口樑闊不過九尺，高不過一丈四寸，使風樑闊不過一丈四尺，斷水樑闊不過九尺，高不過五尺。一不合式，即勒減削。五驗棧。淺船棧長七丈一寸，深三尺六寸。六驗釘。用釘之法，一尺四釘，逐眼稽查，內外審視。如有匿釘不用，及虛派釘眼而眼內無釘者，立即究治。七驗縫。合板時查驗板邊俱净，縫口細合，不得稍有隙漏。八驗艌。法以斧入鑿，以鑿入麻，縫滿然後固以油灰。如有麻少縫闊不能受灰，及油少灰生，旋上旋落者，立即究處。九驗頭梢。鐵葉扒鋸攀護頭梢者不許短少，鋪頭鋪梢裏料，不許濫惡充數。監造各官均照成法詳加審驗。又議准：各省成造漕船，每船額給料價銀二百八兩七錢七分有奇。其江南之江淮、興武二衛，仍給鑽夫銀五十兩，底料銀五十一兩。

四十二年議准：浙江省處後、處前、金衢杭二、杭三、寧後台前、湖州所等幫，均係糧少船多，每幫每年加一輪減，將滿號之船留存在次，以待配造，不給三修銀兩。應裝米石，於現運船內分派加裝，漕截銀兩按糧分給。又議准：山東省德左、任城二幫，共軍船六十七隻，改爲自備。其變價底板銀五十一兩，即爲備船之用，免其追繳。將來遇有事故，另僉別丁，於各丁應領津租贍軍銀十兩之內，每年每丁扣存銀五兩。如更换新丁，即將歷年扣存銀五十一兩發交新丁，以作備船之用。如七八九年及九年以外，遇有易换，每船每年止扣銀三兩，扣足五十一兩之數，即行停扣。

四十六年議准：安慶衛現在丁民成熟屯田六百八十四頃，自本年爲始，每年每畝貼造費銀五分，共貼造費銀三千四百二十兩，分給新造十一船，每船可得銀三百餘兩，以爲助造工料之用。

四十七年題准：徐州衛河南後幫向於臨清塢所成造，其前幫獨遠在夏鎮，今改於臨清胡家灣設廠施工，如借用民地，每畝給賃價四錢。

四十八年議准：徐州河南前幫造船，其廠次支給減半月糧，以資造費。

五十年諭：各省漕運船身高大，固爲慎重天庾起見，但一遇暴風，往往有沉溺傷損之事，究因船身過於高大沉重，掉輓維艱，人力難施所致。即其尋常輓運，加縴過牐，一切照料浮送，亦覺甚難。況幫船每隻運米不過五百餘石，商販船隻載米至千百石者，其船尚不及漕艘之半。現在豫東二省漕船尺寸，即較他省爲小，南漕各船自可量減船身尺寸，使行駛便利。雖一時未能全事换造，自可於各該船屆臨拆造時，將高寬尺寸仿照民船量爲減損，則船身便捷，既可少意外之虞，而行走並能迅速，於漕運實有裨益。著傳諭漕運總督，會同有漕省分各督撫，將各省漕船或經行江湖，或僅由內河行走，酌量情形，悉心籌畫，酌定船式尺寸，詳悉妥議具奏。欽此。遵旨議定：江浙漕船船身長八丈，寬一丈五尺，底長五丈九尺，兩庲兩棧共深六尺，天篷高二尺八寸。江廣漕船船身長九丈五尺，寬一丈六尺五寸，底長七丈二尺，兩庲兩棧共深六尺九寸，天篷高二尺八寸，大桅頭桅亦俱收低。至天篷上安設牌樓樣槁欄杆等項，一概除去。並將喫水尺寸刊明棧板之上，俾易於查驗。於本年爲始，將滿號船隻照新式成造，每船給料價銀二百八兩零。船身覈與從前舊制並無減小，仍照向例支給。其未滿號船隻，俟十年運滿，如式成造。自願先行改造者，一律辦理。嗣後成造時，監造各員出具印結，道員加結送部。如違式成造，旗丁治罪，道衛各官嚴參議處。

五十五年議准：寧波前後、紹興前後、杭嚴三四、嚴州所、溫州前等八幫，現屆十年改造，又雇募民船出運，丁力不無賠累。於本年冬運爲始，免其雇募，米石分灑通幫輓運，每船加裝五十餘石。其漕截負重等銀，隨糧灑派通幫，行月銀米留給本丁添作木價等費。

五十七年議准：處州前後、嘉興湖州台州前後、金衢溫州後、杭嚴頭二、海寧等十一幫年滿船隻，均多朽腐，於五十六年冬運爲始，免其雇募，照寧紹等幫之例一體辦理。

五十八年議准：浙江省漕白各幫，按照加一輪減，惟嘉興衛一幫額船十七隻，遞年輪減二隻，統計十年之內少船三隻。以本年冬兑爲始，將應造之船輪減存次，未經年滿者，不准輪減。儻滿號船隻係在加一之外，仍照定例加一輪減配造。如滿號僅止一隻之年，應輪減一隻。若無年滿之歲，毋庸輪減。

五十九年議准：湖南省荊州衛加徵津銀二千六百四十兩，該衛漕船三十三隻，每年共需銀一千三百二十兩。統計十年，應積銀一萬三千二百兩。嗣後每届造船一隻，於道庫積存銀内給銀三百兩，在屯止徵造費銀一百八十兩。又議准：浙江省成造漕船，於本幫額領錢糧内貼公借銀三百兩六錢，春夏之交先期請領，於各丁行月項下扣繳。

嘉慶元年奏准：山東省德州等幫向無漕船，該丁自赴直隸雇船裝運，豫省漕糧輪免船二百七十一隻，減歇東省水次，除豫省應運密雲、保、雄兵米船三十二隻外，其餘船隻儘數撥給東省兑運。如再不敷，仍令自雇。又定：各省漕糧已奉蠲緩，無需糧船出運，旗丁等滿號應造船隻，俟下年再行給料成造。其九運雇募等船，亦俟下年照例雇船接運。

五年奏准：江西省屯田租銀，信豐所每造船加給造費銀三百兩，每運每船加給銀六十兩，每船大修加給銀五十兩，通共每年加給銀一千四百二十五兩。並該所運船遇有風火事故例應賠造者，加給銀三百兩，買補加給銀一百六十兩，雇募加給銀一百二十兩，所有加增新造大修銀兩，仍照原議缺溢流抵，造入奏銷。至該所歷年餘存銀三萬八千餘兩，自本年爲始，將借墊南昌、九江、贛州、會昌等衛所銀兩照例扣還，增給信豐幫船。

八年奏准：浙江省温後等五幫成造漕船，自嘉慶七年冬運起，量爲停造船一十八隻，其應運米石，照數按幫帶運。至各船應支行月等項銀米，按款攤給各丁，以紓丁力。其停造拆缺船隻，每船照例變價銀五十一兩，呈繳道庫。

十年奏准：江西省建昌所新造船隻，每船額給造費三百兩，不敷辦公，每造一船加給銀五十兩，在該所歷年餘租銀内增給濟造，按年入册報銷。

十一年議准：河南省每年額運白麥一萬石，需船二十隻，在於平山前後、臨清前後、徐州前後等六幫遞年專幫輪運。

十五年奏准：江西、湖廣兩省軍船船身笨重，喫水較深，原長九丈五尺，改爲九丈。兩厫兩棧原深六尺九寸，改爲六尺六寸，上裝牌樓柱收低三寸。船底原長七丈二尺，改爲七丈。並恐土宜運具等項難以攜載，將每船原帶一百石小剥船改爲三百石剥船一隻，以資分裝。儻新造軍剥船隻私放寬大，希圖多帶貨物，將成造之衛備、領運之千總參辦，失察之糧道一併議處。

十七年諭：浙省每年成造漕船，每船應得造費銀二百八兩零。今該省造船賠累，著加恩照江廣置造剥船之例，每船除例給銀二百八兩零外，再添給銀五百九十餘兩，計每船共領銀八百兩，即於裁船減存行月款内動撥，以紓丁力。

二十三年奏准：江興二衛十八幫額船九百六十一隻，運丁快丁各半分僉。其快丁捐貼運丁代辦者，逢造之年，貼造費銀三百兩以助工料，共可領銀七百餘兩，足敷辦造。惟運丁自運之船，遇造領價銀四百餘兩，實滋賠累。嗣後每造一船，酌加銀三百兩，以資造費。又奏准：長淮頭幫額運漕白船四十九隻，每造船一隻，共支銀三百七兩零，不敷成造，每船酌給造費銀一百五十兩，即於江興等幫每年餘存息銀内動給，各幫不得援以爲例。

道光三年覆准：山東省造船向係南省購買木植，給予減半月糧，道光二年該省請造漕船四十五隻，六船在本省採買，三十九船赴江寧購辦。所有就近購料之六船，支過減半月糧，飭令按船追繳。又奏准：嗣後淮安頭二兩幫每船酌給津造銀一百五十兩，天長縣每船酌給津造銀二百四十兩，每年隨同料價，由江安糧道衙門覈給。

五年覆准：建陽衛寧太幫料價銀兩業經放給，因屯田被淹，無力添辦，該幫應兑漕糧因災蠲緩，將該九船派入災減，展至來歲成造。並將各該丁購買木植堆存處所取結報部，其苫蓋月糧一律給發。

六年覆准：揚州衛儀徵幫漕船係道光五年輪造之艘，因糧歸海運，緩至六年成造。嗣後應造之船，毋得率行請緩。

二十七年諭：江南大河衛前幫永兑淮糧，丁貧屯薄，造船本屬賠累，雇造並舉，丁力更覺難支。所有大河前幫九運軍船准其援照成案，免其雇募，按照加一留次配造，糧灑通幫裝帶，其應支行月漕贈等項銀米，分給造運各丁請領濟運。九運事故船隻，亦著照成案加一輪減免雇，以紓丁力。

同治三年議准：江北各屬停運有年，漕船久廢，現在清淮軍需捐款內動銀購米二萬石，雇備民船，由河道運送通倉。

五年奏准：江北新漕辦理河運，雇募民船，必須優加體恤，船户樂從，方可行之久遠。嗣後每米一石，給水腳及神福犒賞等款銀六錢，並於回空時裝載貨物，免交北税，由漕督給照稽查，示以限制。

六年奏准：江蘇省辦理河運，雇備商船，酌加水腳，以恤商艱。

《大清會典事例》卷二〇二《户部・漕運・白糧運船》 順治十年覆准：漕糧有官造漕船裝運，而白糧每至臨期雇募民船，未免稽遲時日。嗣後照漕糧之例，攢廠造船，給發州縣兑運。

十一年欽奉恩詔：白糧民解累民，官解仍以累民，今後於該省漕船分帶，以省官民之累。

十二年覆准：白糧令漕船灑帶，責之民則仍加苦累，責之軍則分身無暇。嗣後照舊仍令官運。

十七年覆准：白糧運至丁字沽起剥，緣漕糧先行，白糧繼後，每年凍阻，故於丁字沽剥運。今漕白兼行，無分先後，自應與漕船一例原船抵通，不許仍於丁字沽换剥，永著爲例。

十八年題准：將減存漕船解運。

康熙三年覆准：浙江省白糧用漕帶之法，需船百二十六號，除六十二號於漕幫內抽出裝運外，增造新船六十四號，併入漕幫僉運。

十四年覆准：江南省蘇、松、常等府白糧，照浙江之例抽選漕船運送，每船裝運五百石，擇軍船殷實堅固者抽選裝運，五年一次更換。

四十二年題准：蘇、松、常三府白糧，於回空無欠之江淮、興武等十一幫內，無論已運未運，揀選殷實運軍、堅固漕船，五年一次輪運，毋致違誤。

五十六年題准：停止輪運。

雍正四年題准：白糧運費多於漕糧，仍照舊例於通省漕船內抽選堅固者，並累年無欠殷軍，公同掣運，五年一次更替。如有挂欠，即捆打革運追賠，照監守自盜律治罪。

乾隆元年題准：江南運白糧船例於通漕船內抽選，五年更替。但五年之內，運軍消長不常，致有軍力漸疲、運船朽壞之弊。嗣後於每年未兑之先，責令糧道赴次察驗，如運軍力疲、船不堅固者，別選殷軍補運。

二年覆准：蘇、太、松、常四府州原運白糧二百九十三船，今減徵白糧，改徵漕糧，應減白糧船百五十有七，仍令兑漕，實起運白糧船百三十有六。蘇州府前幫二十有九，後幫二十有六，共船五十有五，應歸併一幫。松江府四十五船爲一幫，常州府三十六船爲一幫，船數適中，應仍其舊。

又題准：浙江省原額白糧內改徵秔米，即以原運白糧之船領運改徵之米。嘉興府屬白糧幫七十六船，以三十八船運白，三十八船運秔。湖州府屬白糧幫五十船，以二十五船運白，二十五船運秔。下次以運秔之船更换運白，運白之船更换運秔，各半分運，遞年輪换。

七年題准：浙江省白糧幫船於康熙四十三年題定五年抽調，因該省運白各軍挂欠頻仍，別軍懼累不願抽調，以致累年並不遵行。至雍正十三年行令仍照康熙四十三年之例，但漕白各幫均不願紛更抽調。嗣後浙省白糧照舊撥定軍船，永遠運送，免其抽調。

十六年奏准：江南省運白各船，原議於通省漕船內抽選兑運，五年更换，但爲期未免太久。嗣後江蘇運白船定爲三年抽調，仍照例於通省漕幫內遴選軍殷船固，累年無欠，以及並未運過白糧者，抽换兑運。

四十二年議准：浙江省嘉白幫每年加一輪減，將滿號之船留存配造，不給三修銀兩。其應裝米石，於現運船內分派加裝，漕截銀兩，按糧分給。

五十四年覆准：浙江省湖州白糧幫額船四十五隻，糧少船多，改照嘉興等幫之例，將每年滿號船隻遞年加一輪減，存次配造，以免雇募賠累。所有輪減白糧，派令運白各船灑帶，改漕米石，派令運漕各船帶運。白糧經費，米折錢糧，照額給發。行月錢糧，全行節省。

五十六年議准：嘉湖二白幫運丁素屬疲難，年滿船隻均多朽腐，雇募民船賠累難支，於乾隆五十五年爲始，免其雇募，米石分灑通幫。負重等費隨灑派給，行月銀米留給本丁添補成造。

道光三十年奏准：江蘇省蘇、松、常、太三府一州應徵本年白糧正耗米七萬二千石有奇，改由海運赴津。

咸豐元年奏准：江蘇省蘇、松、常、鎮、太五府州漕白糧米，一律改由海運赴津。

二年奏准：運河現已凍合，浙江嘉白等幫尚未報入東境，來年新漕受兑必至貽誤，嗣後改由海運，以期迅速。

四年議准：浙江省杭嘉各幫來歲不能出運，停泊東境空船共四百六十六隻，時經三年之久，自不能照常堅固，應將咸豐三年之修艌銀兩發給各該幫丁，趕緊修理完整，一俟江路肅清，即行催令歸次。

五年議准：浙江省回空幫船阻泊東境，久未歸次，與其停泊河干，虚費帑項，不若擇其年分較遠將次虧朽者，迅即詳細奏明，拆板變價，以節經費。

《大清會典事例》卷二一二《户部・海運・經紀夫役》 道光五年覆准：通倉經紀一百數十名，除留壩收漕外，先期分派來津者不過五六十名，應添增人夫斗斛，儘力多起剥運。船隻即陸續開行，押運人役亦可輪轉更替。所有前到沙船先行起剥米五十萬石，分作十起轉運，每剥船一百六十隻爲一起，由經紀自撥親信妥人，分起押運開行。每起仍由鎮道派委文職武弁各一員，隨帶兵役各十名，督同船頭彈壓照料。俟運抵通壩，由該經紀所派之人自行交倉，以專責成。押運各員役即稟知倉場衙門，趕緊馳回接押尾後各起米船。其第二次海運到津，由上園剥赴北倉，至北倉轉運赴通，亦照此辦理。

又覆准：由裏河轉運大通橋，如有短少潮濕，惟經紀是問。務飭該經紀等小心承辦，不得推諉。至船户得價受雇承運官糧，毋得聽從經紀作弊。而經紀以在官人役，並得有加增飯折銀米，既令押運，自不得仍令船户作弊。如起剥後米色米數不符，即令經紀、船户分賠，並各治以應得之罪。又覆准：經紀由海船起卸兑剥，每剥運一次，即責令該經紀本身或自雇親信之人，隨同押運官沿途照料。如有偷漏短少及攙水情事，查係經紀之人作弊，即責令經紀賠補，並治以應得之罪。如係船户作弊，即責令船户並船頭分別賠補。仍責成押運官員隨時秉公體察，不許經紀人役藉端勒掯。

又覆准：商船等航海遠來，係民運官糧，非尋常旗丁轉運漕糧可比，斷不可任該經紀書役等稍有勒掯留難，務於經紀吏役内揀擇誠實之人，派令辦剥。如有刁難勒索情弊，許該商民等指名喊控，即行嚴辦。

又覆准：海運漕糧係由商船領運，查驗米樣後，該經紀等止須帶領斛手到船起卸，並無與該商人船户交涉之事。儻該經紀等有藉端刁難勒掯需索情事，一經發覺，立時鎖拏，交地方官嚴行治罪。

又覆准：沙船收入天津海口，至東關上園地方，河程一百八十里，係屬逆流，每船約用縴夫十五名。按沙船一千六百隻計算，約需縴夫二萬四千名。照日行五十里覈計，應分四日行走。每名日給制錢八十文，共需錢七千六百餘千文。其出口係屬順流，毋庸加縴。所有雇縴銀兩由兩江總督、江蘇巡撫在各州縣水腳項下解直備用。事竣，由該督等覈銷。如尚不敷，即令蘇省補解。其餘則撥歸天津道庫，節年墊發剥價。

二十八年覆准：天津交兑以後，責成經紀一手經理，並飭令天津、通永二道督率沿河各員，會同委員逐程趲運。所撥官兵按段接催，毋稍玩誤。如經紀剥船人等查有串通偷漏用藥使水等弊，該委員、弁丁務即不分畛域嚴密查拏，毋僅以按段接催了事。

同治八年議准：向來天津每起剥船派委文武員弁各一員，現據天津道詳稱，該員等備員充數，毫無裨益。應即全行裁汰，將所省薪水役食等項，每起銀六十兩，改給經紀，作爲添雇代役之需。准如所請辦理，儻辦理不善，剥船仍舊舞弊，惟該天津道是問。

又奏准：上年成案，以剥船五十隻爲一起，由坐糧廳於原雇代役二名外，再令承運經紀添雇代役三名，每名經管船十隻，責令互相查察，此次仍行照辦。

又議准：承起承運本係經紀之責，此次天津道既加給津貼銀兩，即由倉場侍郎轉飭各該經紀，於向雇代役之外多雇數名，認真稽察。儻再虚應故事，任聽剥船舞弊，甚或通同作弊，除將欠米照章責令經剥分賠，並將船户嚴行懲辦外，仍由倉場侍郎、駐通驗米大臣將該經紀嚴行治罪，查抄備抵。

《大清會典事例》卷二一二《户部・海運・搭載貨物》 道光五年奏准：商運米船，八成載米，酌留二成載貨，並由海關查明免税放行。

六年奏准：現在漕糧起運船多貨少，未能一律攙載貨物，若匀出一艙，即多運一艙之米。應於初運船隻儘數裝載，不必拘定二成裝貨之議。

仍每石給運脚銀四錢，耗米八升，其已裝客貨二成不願加米者聽。並於兑竣時，發給三聯印照黏單，加註添裝某縣米數，蓋用糧道印信，以便抵津之日先憑執照米數兑收。一面由上海公所補造加米另册，註明船户某人，原裝某縣正耗米石若干，加裝某縣正耗米石若干，仍另造簡明清册，將各船裝米執照數目飛咨倉場及天津驗米大臣，以後隨兑隨報，按五日一咨，不必拘定初運次運之期。

二十八年奏准：商船二成載貨，由海關查明免税，計數請豁税額，則係裝米千石准帶貨物二百石，論石而不論價。若照時估物價分别成數，則貴賤懸殊，商船難免賠累。仍照舊章，以石計算，不論價值高低。如有二成以外之貨，在津銷售，則在津納税，在關東銷售，則在關東納税。

咸豐六年咨准：本届海運漕糧，各口岸遇有商船到口，速即驗明護照，將二成貨物免税。如二成以外，及販豆回南者，仍令照例納税，毋任偷漏。

九年議准：現奏定洋藥釐税章程，凡各關海口，每洋藥一百斤，納税銀三十兩，與尋常貨物不同。嗣後海運沙船進口，攜帶洋藥者，令照新章納税，並於貨單内註明，以免牽混。其餘貨物，仍照舊章免税。

同治五年議准：商船兩旁跨帶竹木，係因遠涉重洋，防禦風濤之用，且係粗笨之物，例定税則無多，亦應與二成貨物一律免交關税。所有沿海各關，俟海運商船到口，均行查照辦理。

又議准：海運商船二成帶貨，向係按米石斤數計算。浙省初行海運，曾經酌定以一百二十斤爲一石，應即查照覈計。

又議准：漕船到津，米石交清後，即由津局蘇浙糧道，分别填給該船米數某日交清，准在天津奉天各口自運回貨全行免税印照，持赴天津、牛莊各關呈驗放行。交米未清之船，概不給照。

六年議准：如所帶二成貨物在津未能銷完者，即照案轉至奉天銷售，由津局給予免税照單，以憑查驗。

九年議准：承運漕糧釐捐五百石以上之沙寧東衛各船，原捐較重，應將出口雜貨各捐分别酌減二三成，以恤商情。其原捐較輕各貨，並五百石以下之沙寧東衛各船，暨閩廣船隻，仍各照常收捐，統由該督撫等轉飭局員出示曉諭，毋得牽混。

十二年咨准：商局輪船運米，由上海道填給免税執照，如帶有洋藥及二成之外另帶餘貨，均照沙寧各船例納税。

《大清會典事例》卷二一二《户部・海運・沙船停泊》 道光五年覆准：天津東關外龍王廟河身狹窄，難容多船，迤下六里餘上園地方河面寬闊，沙船到此，專靠一岸停泊，挨次交兑。其兑竣空船即令折回，另擇寬處停泊，隨潮回帆，以後重船亦即挨次前進交兑，不得搶前壓後，致啓争端。其受兑剥船亦分定幫數，在龍王廟至上園一帶與沙船對岸排列。兑竣一幫，即押赴龍王廟以上停候開行，空船亦即挨次前進受兑，總期魚貫蟬聯，不使擁擠，亦不令間斷，以免稽遲。仍由營派委弁兵，自海口起，沿途分設汛鋪，催重趲空。並由該地方官雇撥縴夫，拉輓前進，毋任無故停留。

六年奏准：沙船苫蓋俱由各縣自備竹木、席片、鐵釘、氣筒等物，先行墊艙。每裝米一艙，上蓋稻草一層，以收潮氣。又奏准：凡沙船歸次，派定某處米數，即懸挂各色旗號，排列成行，剥船一到，各認旗號，就幫斛兑。

咸豐五年議准：來歲海運新漕，恐江浙兩省同時起運，交米剥船不免擁擠。應將泊船處所先期勘定，務令兩省剥船各歸應泊處所，毋稍混雜。

九年議准：後批米船年内未能交兑，即令暫泊海口，俟春融時進口交兑。

同治四年奏准：先期飭令天津鎮道督率員弁，於沙船進口查驗器械之時，認真盤詰，不容匪徒溷迹，亦不准水手人等無故上岸，閒游滋事。其沙船外雇水手未經列入護照者，飭令安置海口，俟該船卸空出口時，再行帶回。

五年奏准：紫竹林新關爲洋商輪船停泊之所，應飭各洋商留心緩行，免致沙船磕損。

七年議准：漕船駛進津沽，河面狹窄，常有沈船失米之事，現於大沽添設海運外局。

九年議准：商船到津向在紫竹林一帶排幫候驗，嗣因該處洋船聚集，改於紫竹林以上排幫，至風神廟爲止。惟該處僅容二十四排，每排兩船，須分作五日驗兑，各船守候，既涉稽延，且米色亦易蒸變。現查風神廟以上水次甚大，爲向來停泊剥船之所，若讓出彼處爲各米船排幫，將空剥船移泊於上，庶米船排數可以多添，兑卸即可迅速，商船得以及早回帆。儻南船不敷裝載，尚可接運二批，應由直隸總督轉飭天津道縣察看情形，妥爲籌辦。

《大清會典事例》卷二一三《户部・海運・夾板船輪船》 同治七年議准：試用夾板船裝運採買米石，水脚銀數悉照沙衛船之例，一律給銀五錢五分。其應需麻袋、竹箴、蘆席、氣筒，押載通事工食，各項人工費用，均包括於水脚之内。輓至紫竹林地方，由商董就近寄棧，聽候驗米大臣會同三口通商大臣，同治八年裁。驗收過剥。所需小船剥價棧租挑力，每石共給銀七分，由該商董承領經理。如有未抵紫竹林遽行起棧之米，仍令承運號商自行出費，將米全數剥至紫竹林，聽候驗收。其餘轉運通倉剥價雜費，均由津局給發運商，一經交卸驗收，即聽其回南，以免羈候。又每石加給保險銀三分，設有遭風拋失，即令全行賠補。統計每石水脚、挑剥、棧費、保險等項，共給銀六錢五分。至每米千石隨耗八十石，備帶餘米二十石，剥船食耗米十一石五斗。又每米百石給津通剥價銀八兩一錢四釐，通倉箇兒錢折銀二兩，均照海運正漕採買各案辦理。以上各項銀兩，惟水脚内續增之一錢五分，起棧七分，保險三分，共銀二錢五分，准於海運經費每石七錢之外照數給發，仍以田捐之銀充運米之用，毋得另行開銷。其餘一切費用，俱包括於每石七錢之内，不准絲毫浮溢。所有經紀耗米及廳倉茶果銀兩三項，均免籌辦。至飯米折色、一半津貼兩項銀兩，爲數無多，俱令該省如數籌備，以便給發。

十一年奏准：輪船招商照練餉制錢借給蘇浙典商章程，准該商等借領二十萬串，以作設局商本，示信於衆商。仍豫繳息錢助賑，所有盈虧，全歸商認，與官無涉。現已購集堅捷輪船三隻，所有津滬應需棧房碼頭，及保險股分事宜，海運米數等項，均已辦有頭緒，並經咨商江浙督撫，飭撥明年海運漕米二十萬石，由招商輪船運津。其水脚耗米等項，悉照沙寧各船定章辦理，以免藉口。

又諭：浙省十二年起運十一年分漕白糧米，因商船缺乏，議以輪船裝載。輪船到津，一時未能驗卸，自應起棧候剥，特恐船隻不敷轉運。設先批存棧之米尚未驗剥，後批之米無處囤卸，辦理諸多窒礙。著李鴻章飭令天津道縣屆期多備船隻，趕緊剥運。並查照上屆福建採買米石章程，會同倉場侍郎臨棧查驗，隨驗隨剥，毋稍延緩。

十二年奏准：此次輪船裝運漕米十五萬餘石，擬仿照白糧章程，飭令江浙糧道運通交納，以免折耗偷漏之弊。

《大清會典事例》卷二〇三《户部・漕運・剥船》 順治初年定：漕船至天津起剥，分運至通，設紅剥船六百隻。每船給田十頃，收租贍船，免其徵科。

康熙三十九年題准：紅剥船年久破壞，不堪運糧，裁革變價，原給之田，按畝起科，歸入地丁奏銷。仍照原收租數，分派各省於漕糧項下編徵，解糧道庫支發。運軍漕船遇淺之時，自雇民船起剥。

四十六年題准：紅剥銀照實在抵通船數，就近於通濟庫銀内支給，倉場侍郎將給過銀兩造册奏銷。

雍正十年覆准：漕船遇淺雇船剥運，例係坐糧廳酌定雇價，但船户皆係州縣百姓，不屬坐糧廳管轄，恐有向運軍勒索情事。嗣後令天津以北各地方官計道里之遠近，酌定工食之多寡，先期出示曉諭。如船户運軍不遵約束，該地方官即行拏究。儻地方官奉行不力，巡漕御史後裁。查明參處。

乾隆二年覆准：漕船到通，每船例給紅剥銀二兩，以爲雇船剥淺之用，向係漕船到通給發。嗣後於各幫將次抵通之日，令隨幫千總先行赴領散給。又咨准：北河起剥漕糧，向係運軍自雇民船，每多高價，運軍苦累，民船到通亦不免税。嗣後按照米數，計程遠近，定價多寡，官爲立契，船户不許額外勒索，運軍不得横奪裝載。民船運糧到通，免其徵税。如漕糧之外別攜貨物者，仍按貨徵收。

九年題准：漕船起剥，於楊村等四處設立船行，所雇民船，較前多有遲滯，已將船行悉行裁革。嗣後各省幫船在北河起剥，飭令運軍遵照定價，自行雇募，並令該管官不時稽察，儻有船户任意多索，或運軍短給價值，致起争端，遲誤漕運者，按律究治。

十三年覆准：紅剥銀每年額徵萬四千五百餘兩，遇閏加增銀三百餘兩，原給運軍爲北河剥淺之用。今議於河北增設垡船及衩淺夫不時濬淺，使漕船米少起剝，以免丁累。其置造盔船器具及夫役工食等項，於紅剝銀內動支。餘賸之銀，仍照數分給運，軍以備剝淺之用。

三十一年議准：紅剝銀兩由坐糧廳覈明後，即將領運千總散給各丁造册，移交巡漕御史後裁。一律稽查。如有剋扣情弊，即行參處。

四十一年議准：漕船行抵楊村，地方官辦理剝船，總以裝載一百石以外者量爲封雇，以備旗丁剝運。如裝載不足百石之船，毋庸封雇。儻書吏藉端留難，有賣放營私指詐客商等弊，從重究治。

五十年諭：向來南糧入北河後，俱係官爲雇船剝運，而糧艘未到以前，封剝之船即須先期豫備，不無守候之累。且船隻既經封剝，於商鹽輓運實屬有妨，自應設法調劑，以期鹽漕兩有裨益。今將此項剝船另行備造，則南糧一抵北河，即可隨到隨剝，不獨便於轉運，而民船得免官封，商引無虞壅滯。即旗丁等既有官船剝運，較用封雇民船更可節省浮費。且南糧未到之先，及漕糧用竣之後，該船户仍可攬載營生，以資貼補。是備造此項船隻，於商民軍衛各丁均資利賴。船隻成造之後，著分交沿河州縣承管。遇有銅鉛及奉天、河南麥豆等項應需剝運，皆可隨時應用。並著該督嚴飭地方官，此後不得再行封雇民船，致滋擾累。該督及鹽政仍隨時稽查，如有藉端累民者，即行據實參奏。

又議准：官備剝船一千二百隻，交附近沿河之天津、静海、青縣、滄州、南皮、交河、東光、吴橋、通州、武清、香河、文安、大城、任邱、雄縣、新安、今改鄉。霸州、安州等十八州縣，每船募船户一名，每名給腰牌一面，填註姓名、年貌、住址、船隻號數。造具花名清册，以杜頂冒。舵工水手聽船户自行雇覓，每船以四五名爲率。其空閒時，按派定州縣發回收管，如有商貨鹽斤，均准攬載。四月以後，不得攬載遠行，聽天津道行文調赴水次應用。儻臨期遲誤，該管州縣照例參處。如有銅鉛及奉天麥豆與南漕同時需剝，即將剝船撥給一百號，發交天津縣分別剝運。其餘一千一百號，專剝漕糧。除剝運銅鉛麥豆等項，令運員照舊給發工食。其剝運漕糧，自楊村至通州，每百石給船户飯米一石二斗，剝價制錢六千文，酌以三千文給船户，二千文給還旗丁，一千文扣存道庫，爲歲修油艌之用，並令副丁親身押運。如運船至蔡村河西務一帶起剝，其應給飯米水腳，按照水程遞減。此後應須油艌，每歲酌給銀五兩，每届三年，酌給小修銀二十兩，在於天津道扣存剝價内動用，由各州縣轉發。並令總漕將運船幫數遠近，豫行咨報直隸總督，徑行天津道豫調剝船備用。起剝時，委楊村通判、務關同知親詣點驗，挨次輪剝。如頭進漕船起剝，則調至六百號爲止，俟二進將到，再行增調。若有一船過期不到，著地方官查拏。其剝船到通，限五日内兑收，責成通永道查辦。至剝船十年排造，即將滿號軍船應行拆變者照例給價買留，爲改造剝船之用。至拆造船隻，應於第十年擇其損傷過甚者分作三次，每年拆造四百隻，每船給料價銀二百五十兩，除動用節年存賸剝價外，不敷銀兩，在商捐項下動給。如次年已届拆造，則本年止准油艌，其小修銀兩停其給發，以節糜費。又議准：旗丁雇剝船價，於驛站留二小建項下動撥銀十萬兩，移交運司。將商人賣鹽錢文隨時易换，運交楊村同知通判，按船散給。事竣，在應給旗丁項内照數扣還歸款。至剝船每年封河守候，約計四箇月，每船給津貼銀十八兩，於蘆商彌補帑項按引隨課交銀二錢内動用。至十年排造，亦可以此項作爲商捐，毋庸另籌經費。

五十一年諭：現在剝船一千二百隻尚不敷用，添造剝船三百隻，交江西、湖廣動項趕造，於漕運事宜更爲有濟。著照上年辦運剝船之例，就近動項趕辦，運送至津備用。

五十二年奏准：江西、湖廣二省添設剝船三百隻，仍歸直隸省，與原設剝船一體在楊村輪流備剝，一切章程照原議辦理。

五十三年議准：清江重運糧艘，過淮渡黄，必須起剝，官造剝船三百隻，專爲重運起剝及河工運料之用，交河廳等官及清河縣就近分管。如遇撥漕之時，旗丁照例出費，以抵工食。

又諭：豫東二省漕船皆因水淺阻滯，雇覓剝船，耽延時日，東省剝船斷不可少。著於江西、湖廣各造剝船一百隻，務於冬底春初派員送到東省，以期應用。其如何分交收管，暨酌給經費之處，按照直省原定章程妥議具奏。欽此。遵旨議定：山東官造剝船三百隻，分爲五站，每站安設六十隻，交附近德州、恩縣、武城、夏津、臨清等五州縣分管，責成糧道稽查彈壓。如糧道押運，即交德州經管。每隻船户一名，撥漕時添雇水手二名，空閒時每二船給看守船隻水手一名。水手船户每名日給工食銀八分，每剝米一笆斗，給錢一文，令船户收領，以爲油艌繩纜之費。大修年分，由糧道估價，委員採料督辦。小修之年，酌給小修銀十五兩。

五十九年議准：北河剝船向於運船行抵楊村，照起六存四例，每幫酌給數十隻。近來河水充盈，所有到楊待剝各幫，改爲起四存六，或起三存七，俾剝船更得轉運接濟。

嘉慶元年議准：直隸省運漕剝船一千五百隻，其津貼飯銀每隻十八兩，原爲封河及守候而設。今南漕銜尾北來，不須守候，減銀六兩，仍給冬月封河守凍銀十二兩。

三年定：山東省安設剝船，十年限滿，每船給銀二百兩作爲定額，責成德州等五州縣成造，仍由糧道督率稽查。所需工料銀兩，在於商捐剝船經費節省項下動支。

五年奏准：直隸省大城、安州、新安、任邱、雄縣、文安、霸州七州縣原管剝船三百一十隻，改派沿河之通州等十一州縣承管，每年油艌該管州縣實心經理。旗丁所給船户食米照價給錢，以杜影射偷米之弊。並令押空千總於本幫起剝，押令本幫剝船尾隨前進，遇有偷盗等事，將船户照律治罪。短少米石，該管州縣賠補。起剝米石潮濕，旗丁與州縣分賠。

六年奏准：直隸省剝船一千五百隻，除天津縣留剝銅船一百隻，其運漕剝船改歸天津縣六百隻，武清、通州各四百隻，就近經管。每十隻設小船頭一名稽查，每百隻設大船頭一名總管，船户有棄船偷米情弊，惟大小船頭是問。剝船空閒，止許在北運河一帶攬載，不得越過天津、通州二處，責令鹽政後裁。隨時飭查。

又奉旨：旗丁於黄河口至臺莊一帶自備剝船三百隻，於各該船調劑項下扣除興造，每船所扣無多，而輓運得以迅速。著即悉心妥辦，務期經久。

又奏准：江南省河口剝船，於重運過完後攬載貨物，俾資養贍，一切器具錨纜如有損失，責令該船户隨時黏補，不得短少，另請開銷。至攬載貨物，酌定界限，上至邳州，下至揚州江口一帶，不得私行出境，違者究治。又奏准：河口剝船，每隻給歲修銀四兩，每年共需銀一千二百兩，即在江南各幫存公款内提出修艌，遇有沈溺碰損，即著落該幫賠補。十年成造時，江蘇省即在備公一款扣抵。其餘各省，於扣滿造費之後，每年每船扣銀八錢，存儲道庫，留爲將來造費。又奏准：河口剝船，每隻額設船户一名，令該管地方官遴選有身家之人，出結承充，給予腰牌，填註姓名、年貌、住址及船隻號數，以杜頂冒。並取具船户十人連名互保，造册送部存案。

又奏准：黄河口至臺莊一帶旗丁自備剝船三百隻，交山陽、清河二縣，各經管船一百五十隻。每年於開印後聚集河口，漕督親率員弁，逐船查驗點收，聽候剝運。事竣，仍交山陽、清河二縣經管。此外不准另撥差遣，以免損失。

又奏准：河口至臺莊一帶剝船起運之時，猝被風浪衝擊，人力難施，致有沈溺損壞，報明地方官驗實，即著落該幫賠修完整。儻船户人等視爲官剝，並不小心駕駛，以致沈溺損壞，即歸分管地方官著落船户賠修。

十年奏准：河口一帶添造剝船一百五十隻，自足敷用，嗣後民間船隻免其封雇。

十一年諭：淮關捐辦剝船三百號，内除風損尚未補造船六十一隻外，其應存船二百三十九隻，現在歸塢剝船五十六隻，船身滲漏，不堪剝米。各工運料船一百零一隻，其餘七十八隻全行損壞，不堪應用。此項船隻曾經兩次大修，又每年領銀歲修，如果覈實辦理，何至損壞如此之多。總由原修及接任各員草率廢弛所致，自應著落賠修，以示懲儆。所有淮關捐辦剝船三百隻，除報明風損有案各船准其照例修補外，其餘船隻勒限兩月修補齊全，另委妥員如數驗收。並著妥立章程，將修造各船或分地面，或分船數，派員經管，以專責成。

又覆准：江西省分造北運河剝船七百五十隻，分作四限承造運送。每船舵工一名，水手四名，每十船排爲一幫，於舵工内選擇老成曉事者一人，點爲幫頭，責成稽查。每剝船二百隻，選委丞倅一員爲總運，再委佐雜四員，每員分押船五十隻，每船十隻，令承造官選撥妥役一名押送。儻有舵水滋事逃逸，總運官即提押差並究。

十二年奏准：直隸省官剝船數過多，天津、武清、通州三州縣照料難周，仍分派沿河十八州縣經管。至剝船空閒及攬載時，在水次無故損失，即按各該州縣所管之船，分作十成計算，自接收之日起至十年保固限滿之日止，其限内損失止一二成者，責令賠補，免其議處。其剝運已八九年者，船用既久，遇有損失，免其議處，仍令經管之員買補足數。如剝運在六七年之內損失至三四成者，經管之州縣罰俸一年，該管道員罰俸六月。五成以上者，經管之州縣降一級留任，該管道員罰俸一年。儻剥運未滿五年損失至三四成者，經管之州縣降一級留任，該管道員罰俸一年。五成以上者，經管之州縣降一級調用，該管道員降一級留任。其損失船隻，俱責令該管州縣照數賠補，以示懲儆。

十五年諭：江廣幫所帶五百石之大剥船，本干例禁，姑念該丁等業已造辦，力既不能另備，又急切難以售變。此次著准其攜帶，用示體恤，嗣後不得援以爲例。

十六年諭：直隸楊村額設官剥一千五百隻，該督奏請添造官剥一千隻，著准其添造。嗣後每年朕當特派京堂前往察驗，若仍不實力經管，致有短缺損壞，必當從重懲辦。

十九年：定楊村額設剥船每年油艌一次，三年小修一次，十年滿料，每隻交變價銀三十兩。但滿料之後，未必全行虧折，如果查驗尚堪剥運，即加以修艌。俟實在不堪應用，再行變價。

又奏准：嗣後每年三月內將剥船修艌齊全，提集楊村，春夏二季不准攬載商貨，漕竣後方許攬載營生。南不得過臨清關，西不得過武強小範，限以卸載地界，毋任遠行，致誤漕運。又奏准：新舊剥船每届一年，由楊村通判查驗器具，僅止繩纜、篙樁短少者，著落船頭、船户賠繳。至鐵錨、桅木、風篷價值不一，如有盜典盜賣，估贓以監守自盜論，船頭、書役通同舞弊者，同罪，仍著落經管州縣賠繳。器具不全至十隻以上者，經管官降二級留任。天津道暨楊村通判隨時查出免議，儻失於覺察，通判降一級留任，天津道罰俸一年。

又奏准：船户、水手如有不法等事，照漕船水手生事並盜竊漕糧各律例辦理。又奏准：十六年新造剥船一千隻，所有經管各員處分，照看守戰船例，損壞三隻者承管官降二級留任，三四隻者降二級調用，五六隻者降四級調用，七隻以上者革職，均勒令賠補完固。

並責令天津道隨時稽查，如有損壞一二隻者，該管道員罰俸一年，三四隻者降一級留任，五六隻者降二級留任，七隻以上者降三級留任。

又奏准：新舊剥船經管州縣，並經管收放之北運河楊村通判，統歸天津道稽查，遇有損壞船隻，將經管收放之北運河楊村通判照天津道之例，加一等議處。天津道應罰俸一年者，該通判降一級留任。天津道應降一級留任者，該通判降二級留任。天津道應降二級留任者，該通判降三級留任。天津道應降三級留任者，該通判革職留任。損壞船隻，將駕駛不慎之船户照損壞倉庫財物律治罪。如十年限滿，全無損壞，將該管各官分别獎勵。

道光元年諭：淮安黄河口官剥船隻，現届十年滿運應行修造者一百九十隻，照案交江西各幫承造。惟此項剥船係備六省南糧公用，上届成造不敷銀兩，專在江西幫丁調劑銀內撥出，未免偏枯。此次除扣存正價外，尚不敷增費銀四千五百八十兩零，著在江蘇、安徽、浙江、江西、湖南、湖北等六省出運各幫內，每船扣銀一兩，其各幫減歇船隻下運補扣。儻銀數尚不敷用，仍歸承造之江西各幫補足。該漕督即飭知各該糧道，將先經扣存正價及現扣增費迅速移解江西，同江西道庫新舊扣款一併給發領辦，並准其先於江西司道庫內墊款興工，以免遲誤。嗣後令江安等六省糧道於每年運船扣銀八錢外，加扣二錢，存留各道庫，以備將來成造剥船正價加價之費。

六年奏准：淮關前捐官剥船身破壞，應成造船一百四十隻，需銀二萬五千六百八十七兩有奇，即動撥積存生息造費，並歷年節省歲修及舊剥變價銀成造。

又奏准：丁捐官剥久逾年限，應成造九十七隻，需銀一萬七千四百六十兩，即在旗丁扣存造費本款內動撥。

二十七年奏准：直隸省故城縣河道界在山東武城、恩縣之間，其剥船事宜，自果子口至白馬廟，歸武城縣經管；自白馬廟至孟家灣，歸恩縣經管。所需造船經費，由山東糧道籌給。其民剥添剥，由臨清州一手雇覓。隨時察看水勢大小，以定船數多寡，照届外五州縣例，官民添三項剥船，每州縣不得逾一百八十隻之數。官剥修理及民剥添剥船户工食等項，均由東省造報覈銷。至修防隄岸，撈淺催船及漕船失風，並命盜疏防，地方一切事宜，仍歸故城縣照舊管轄。

咸豐二年定：浙江省幫船入東過遲，如遇河道淤淺，調撥楊村官剥一千五百隻，赴臨清牐剥運，以期輕便。儻阻凍難行，照道光五年守凍章程變通辦理。

同治五年議准：續增剥船一千隻，例應江廣排造，因木缺價昂，運道阻滯，酌提各該省漕折銀兩，由直隸招商代造。每隻開支工價並盤費銀四百十六兩五錢九分九釐五毫，取具商人年限印結送部。所提漕折銀兩，仍於東綱積欠生息銀内歸款。

七年奏准：剥船承運江浙漕糧，向章每運米一石，開支食米一升一合五勺。嗣後每石加給剥船耗米五合七勺五抄。

九年奏准：直隸省代造湖南、湖北剥船一百隻，江西剥船四百隻，每隻照案給工價並盤費銀四百十六兩五錢九分九釐五毫。

十年奏准：湖南、湖北兩省自行排造船三百隻，每隻給例價銀二百三十四兩零，運費銀四十兩。所需造費提解江廣等省漕項漕折銀兩，仍照道光三十年成案，在鹽漕項下籌款歸還。

又奏准：北運河剥船滿料，由直隸代造，開支工料價值，比照江廣自造銀數加增。現在軍務久靖，嗣後直隸毋庸代造。

又奏准：剥船承運江浙漕糧，無論正供籌備，每百石加給脚價銀五兩。又奏准：剥船運米，每石給銀九分八釐八毫四絲八忽，脚價不敷，自同治十一年起，每石加給銀五分。

光緒八年奏准：湖北省新造剥船運赴天津，照糧船回空之例，准帶二成竹木土產貨物，免完釐税，俾得稍霑餘潤。其並非土產及違禁貨物，仍嚴禁私帶。

十二年奏准：官剥船户，每年每船例領工食銀十五兩，嗣因蘆綱、東綱生息不足，減爲七兩五錢，剥船未免苦累。嗣後在江浙漕項内，每年每船酌貼工食銀五兩。

《大清會典事例》卷二〇三《户部・漕運・帶運加給》 順治十八年題准：各省升糧酌令每船分帶外，其餘撥減船代運。

康熙五年題准：江西省漕船缺額原撥江廣幫船協運，其軍船於原派一淺之外，加載漕糧應按淺加支行月，每石給銀一錢六分五釐。

十四年題准：江南省蘇、松、常三府白糧，向來雇募民船受兑，嗣後抽選漕船、運白各船應載漕糧，分於餘船帶運，每加裝正米一石，給負重銀五分。

二十五年題准：浙江省帶運漕米，按裁缺船數，每船給負重銀四十八兩。江南省每帶運米一石，給負重銀五分。浙江所給較之江南數多，嗣後照江南之例，每石給銀五分。

二十九年題准：山東、河南、湖廣三省，原係按米派船，向無加裝漕米支給負重之例。今湖北帶徵漕米，撥運減存船餘米，分派各幫帶運。其撥運減船行月席木等銀，照例支給。至加載漕米，不准支行月及貼運銀米。

三十三年題准：停止江廣協運，江西漕船原派漕糧，令本省運船加增載運。其加裝漕米行月，仍照舊例按石支給。

雍正四年題准：山東省緩徵漕米，各軍雇募裝運，照依南漕搭運之例，每石給負重銀五分。

乾隆六年題准：湖廣程途獨遠，如重運已經過淮失事者，回次之時，業届受兑新漕，賠造不及，即暫減一半。令從容修造完固，再行出運。其本年應運正耗漕米，即分於通幫附搭運通交納。若未經過淮失事者，去受兑之期尚遠，仍令於本年趕緊賠造，以濟新運。

十二年議准：江南、江西、浙江三省失事漕船，如果開兑期迫，實係不及賠造，將本年漕糧分於通幫帶運，即責成運軍賠造新船。

二十年咨准：嘉興衛所一幫，杭州衛頭幫，加一輪減留次成造。其應裝米石，於現運船内匀裝，漕截銀米按糧分給。

三十年議准：裁汰江、蘇、淮三大前幫運船七隻，應運米石即於蘇屬幫船帶運。裁船行月銀米，按起運米數，分給各船濟運。

三十一年議准：裁汰揚州二幫撥抵江淮八、興武三七等幫船二十三隻，應運糧米，分灑江、興二衛兑運。裁船行月銀米，分給各船資運。

三十五年覆准：浙江省處州前後、金衢所、台州前後、杭嚴二等幫漕船，照安慶衛之例，加一輪減。應運米石，分派加裝。漕截銀兩，分給現運。行月三修等項銀米，全行節省。

嘉慶十七年奏准：江淮頭二四五九、興武二四五七九、鳳常鳳中二等十二幫九運船隻，例應雇募出運，迨運回之日，又届大造一年之内，雇造並舉，丁力實屬拮据。嗣後免其雇募，按照加一留次配造，應運漕糧通幫灑帶。本船行月銀米、添補造費、漕贈、負重等項錢糧分給灑帶之丁贍運。

道光二年奏准：湖南二幫運船三隻，因屯田被淹，暫停造運，糧米分灑南省二幫各船帶運。應支京腳行月等銀，即令分給灑帶各船，俾資貼補。

《大清會典事例》卷二〇三《户部・漕運・雇募民船》 順治四年題准：各省漕船缺額雇募民船裝運，運畢之日，不必催令回南，聽其自便。

九年題准：各省雇募民船水腳，江南蘇松、安廬並江西、浙江等處，每石自三錢至三錢五分，揚州每石給二錢五分，均於月糧耗米並輕齎銀内動給。

十一年題准：雇船水腳全動輕齎，儻有不敷，於減存行月内動給。

康熙十八年題准：山東省漕糧，若議裁別省協運船，責令一年兩運，儻遇水旱，難以轉回，令別省殷軍自備雇募船二百五十餘隻，共爲一運。

二十年題准：浙江省雇船至淮，每石給腳費銀一錢。

三十四年題准：各省升糧既多停其帶運，總漕將升科糧數豫先題明，撥船載運。

四十四年題准：江西省募船到淮，每糧一石，給腳價一錢二分，米四升。

五十一年題准：回空遲延之船，不能依限到次者，應運新糧，由總漕稽查，將該省減存船兑運。如無減存船，於本省漕糧搭運。或本省船不能搭運，即捐雇民船，依限兑運開行。回空阻滯之船，於來年開凍時，沿河文武官飛催迎淮受兑北上。如有不設法雇船依限兑開，將在南之糧道、監兑州縣等官，題參議處。如回空遲滯不能迎淮受兑，有誤北上，即將在北沿河催趲回空文武各官題參，按違限時日分別議處。

雍正元年題准：各省回空漕船，若有凍阻者，雇募民船兑運抵通，不必迎船接換。

二年諭：聞今春丹陽及常州府等地方漕船沿途遇淺，概拏商船起剥，且藉名需索，貪暴公行。得賄者雖空船亦行釋放，不遂其欲者，抑勒當差，有將貨物行李抛棄河干紛紛露積，或爲風雨所損傷，或爲盗賊所窺伺。該管漕運文武官弁漫無約束，毫不經心，小民營販資生，何以堪此擾害。江南總督巡撫總漕，係地方大吏，皆當實心體恤，稽察周詳。奉諭之後，若再用起剥，當各嚴飭所屬官弁申明約束，不得仍蹈前轍。

又題准：漕船並不照額數出運，各軍夥雇大船裝運，其糧道、押運、領運等官不詳明少船情由，混報開幫者，照徇庇例議處。

乾隆元年題准：自備船例不支三修料價，僅給重運銀，令其雇募。若令回空，未免拮据。嗣後每年於八月内責軍雇募，免其回空。

二年題准：各省雇募民船，抵通交糧之後，倉場侍郎按其回南水次遠近日期，每軍給以空身限單一紙，勒令及時回次，仍將限單彙送該管糧道查驗。

四年題准：山東省漕糧於十二月初旬兑竣開行，自備船於八月内雇募，運軍多費雇價。嗣後寬限一月，每年於九月内雇募候兑，令糧道查驗。儻有遲延，即行揭參。

又奏准：各省重運漕船，凡經過地方，儻遇天旱水淺萬不能通行之時，總漕、總河一面奏明，一面飭地方官豫備民船剥運。將剥過各幫運軍姓名船米貨物數目，以及給過船價，呈報督撫漕河諸臣及巡漕御史備案。其雇募剥船價值，官爲酌定給發。如有運軍剋扣及船户額外勒索者，即行究治。

十二年議准：山東、河南兩省漕船不比江廣寬大，難以責令帶運，如失事漕船臨兑賠造不及，應運漕糧雇募民船裝運一次，仍令勒限賠造接運。

四十一年定：漕糧運至北河，雇船起剥，酌定官價。儻運軍越先搶雇，短發價值，船户刁難勒索，即行究治。天津至通州，如遇船多，每百石給銀五兩，飯米一石。船少給銀六兩，飯米一石四斗。楊村至通州，船多每百石給銀三兩七錢九分有奇，飯米七斗五升九合有奇。船少給銀四兩五錢五分六釐，飯米一石六升三合各有奇。務關至通州，船多每百石給銀二兩五錢一分三釐，飯米五斗二合各有奇。船少給銀三兩一分六釐，飯米七斗三合各有奇。又議准：山東省德州等幫自備船隻，免其回空。其各省雇募民船，令押空官管押南下，倉場給予回空照票，經過關津驗放。地方不得拏裝別差，聽其早回受雇。

四十六年議准：山東省應雇船隻，由現運千總率領旗丁先期領銀，至天津、通州募船赴次，山東糧道將應雇船數價值先期行知通州、天津各州縣就近稽查，以昭慎重。

五十九年諭：豫省漕船既已停運，空出船隻例應給予苫蓋銀兩，而山東新漕又須赴天津雇用官設剥船，未免多此一番周折。今將減運軍船就近受雇，所有往來直省費用及應發苫蓋銀兩均可節省，而天津例應拆造之剥船又可及早興工，豫備東省新漕起剥，可謂一舉兩得。

嘉慶七年議准：直隸省雇募民剥船隻，及山東省協運豫糧剥船旗丁，其船户食米，照官剥之例，一體折給錢文，以杜影射偷米之弊。

道光二十四年諭：山東臨清州境衛河水勢微弱，下游又多淤淺，現在南糧重運頭進首幫即日抵境，剥船恐有不敷，著循照成案添雇民船三百隻，責成該州一手雇覓，分别撥發存留，俾資輪轉。仍由司委員前往監收，隨時察看，如水勢增長，即行酌量減雇放還，以節糜費。

咸豐五年奏准：河南省徐河、平山、臨河等前後六幫軍船被毁，裝運漕糧係雇募民船轉運，經過臨清關免納船料，其攜帶貨物仍按則徵收。

《大清會典事例》卷二〇三《户部·漕運·總漕職掌》 順治初年定：設漕運總督一人，駐紮淮安。

十二年覆准：漕運錢糧盡歸糧道專管，其他省協運官軍，各該管官將支給行月雇募等項造册移送，彙報總漕送部查覈。

康熙二十二年諭：漕運總督管理船糧，是其專責，過淮及回空時，令漕督親身往來催趲，不致貽誤。

乾隆四年題准：籤算漕糧之法，其間伸縮盈虚，易滋弊竇。嗣後籤量盤查，著漕運總督親率善算之人，赴船細覈。如有句引滋弊者，立即嚴挐究處。

四十一年奏准：漕運總督專管運糧，督率各官疏通河道，如不豫行挑濬，以致誤漕者議處。又議准：漕運總督總理糧務，凡僉選運弁、修造漕船、派撥全單、兑運開幫、過淮盤掣、催趲重運、查驗回空、覈勘漂流、督追漕欠諸務，均屬專理。所有漕運各項錢糧，尤宜澈底清覈，汰浮剔蠹，毋許所司蒙混隱没。直隸、山東、河南、江南、江西、浙江、湖廣七省文武官員經理漕務者，咸歸管轄。如有官吏折乾盜賣，及胥吏需索官丁，並漕蠹倉棍把持兑運事務，與沿途文武官員催趲不力違誤漕務者，即行分别糾參。

嘉慶五年諭：漕船經過地方向有無賴棍徒句串水手，勒加身工銀兩，甚至打船滋事。著沿途文武地方官於漕船經過時即多派兵役認真查挐，務令棍徒知所畏懼，豫爲斂迹。儻此後仍行疏縱，致棍徒水手再有句串滋事之處，著漕運總督即將該處文武地方官嚴參治罪。

道光四年諭：琦善奏臨清關章程一摺，嗣後重運糧船北上，於例帶土宜之外，毋許任意攬載客貨。著漕運總督先於過淮時查明各幫船喫水尺寸，造册咨會該撫，派委道員前赴東昌一帶，照册句水。如喫水逾制，即行懲辦。並著漕運總督於過淮盤驗後，將各幫丁隨帶剥船若干，裝米若干，知會東省臨時稽察，不准逾限多帶。

七年諭：嗣後東省各屆漕夫，著照江南之例，一律由漕運總督轉飭地方官驗充，造册申送。並令河廳隨時嚴查，不許屆夫頭冒混兼充。

咸豐元年諭：近來重運漕船不能如期抵壩，以致回空歸次，兑收新漕，節節耽延。著漕運總督嚴飭起卸空船，即日連檣南下，不准片刻停留。

同治三年諭：吴棠奏東南軍務大定，擬試辦河運等語。具見該漕督心存大局，辦事認真，著照吴棠所請，即行採買米石，雇備民船，由河道運送通倉。所有轉運事宜，並江省應行經過河道，均著飭令該地方官妥速經理。

《大清會典事例》卷二〇三《户部·漕運·糧道職掌》 山東、江安、蘇松、江西、浙江、湖北、湖南各設糧道一人，河南以開歸鹽驛道兼理。康熙二十二年，河南漕糧改折，裁糧道官。二十九年，仍徵本色，以開歸鹽驛道兼理。

順治十年題准：各省糧道職掌漕務，别衙門不得干預，有勢要把持及不服鈐束者，指實參奏。

十六年覆准：糧道專司漕務，督押過淮盤驗後，即令回任料理新漕。除山東、河南糧道照舊押運抵通外，餘省令總漕巡撫於本省管糧通判中遴選一人，督押抵通。

十七年覆准：糧道不得别委，俾專司漕務，毋誤職掌。

康熙十年覆准：荊州等四衛軍船，武昌左衛增補漕船，聽湖南糧道催運。武昌等六衛所軍船，聽湖北糧道催運。

雍正四年題准：糧道皆有公事辦理，若令押船過天津，諸事必多遲誤。嗣後令總漕於江安、蘇松二糧道內，每年委一人親押過山東入牐，俟江南糧艘儘數過淮，即回本任。

乾隆十八年奏准：豫省漕糧，糧道親押抵通，其回空船隻，另委通判一員，三月內抵通管押歸塢，俾糧道迅速遄歸。

三十二年奏准：江南省糧艘，例於江安、蘇松二糧道內遞年輪委督押，至山東臨清地方，如遇運河水足，督押道員毋庸專派，即代押之員亦可不委。

三十七年奏准：糧道一官，以漕務爲專責，當糧船開行，務須親身督押到淮，不得藉地方差務，委丞倅代押。如有經辦軍需緊要事件，必先詳明督撫漕臣，方許委員代押。

四十一年議准：糧道總理通省糧儲，統轄有司軍衛，遴委領運隨幫各官，責令各府清軍官，會同運弁僉選運軍，成造新船，修葺舊艘，督催州縣開徵漕白二糧，隨糧輕齎、席木、行月、廩工、耗贈等經費錢糧，查驗米色，嚴禁倉棍把持、糧蠹包攬、攙和糠秕等弊，並管束運丁在次不得折乾，及需索私貼、苛勒耗贈，兑竣之日，依限開行，督催漕欠諸務，一切漕運錢糧，盡歸糧道專管。各司府道不得分管混淆，督撫亦不得別行委用，致誤職守。

四十八年議准：浙江、湖廣、江西等省，令該糧道一體督押過淮，直抵臨清，始行回任。其自臨清抵通，概令山東糧道嚴查催趲，俟漕督總押尾幫抵臨清後，再行回任。至各該糧道內，或因路途遥遠，任內遇有要件難以分身，及升遷事故離任，令於各該省道府大員內揀派一員，或道府乏人再改委同知押運。又議准：江西糧道經管漕項銀米，僉丁迭運事務，若令督押抵臨，約於九十月間始能回任。嗣後於押運抵淮盤驗後，即回任辦事。臨期酌量於通省知府同知內委派一員，督押抵臨。

五十三年諭：各省糧道每年押運抵淮，不過於各糧道中輪派一員，押幫前進，漕艘爲數較多，一人耳目難周，照料難期妥協。宜何省糧船，令該糧道押送抵通，更爲有益。其酌定章程妥議具奏。欽此。遵旨議定：山東、河南令該二省糧道管押抵通，江南於江安、蘇松二糧道內派一員直押抵通，浙江令糧道押運抵通後，速即回任辦理新運。江西、湖南、湖北三糧道押抵臨清後，即行回任。其自臨清至通州，既有本幫丞倅，即可押運抵通，並交山東糧道就近催趲。

五十四年議准：河南糧道有督銷鹽引，並辦漕薊各倉等事，於押運時另委總運一員，隨幫管押抵通後，並令催趲回空歸塢。

嘉慶十四年奏准：江安糧道管轄四十九幫，蘇松糧道所屬五幫，每年僅派一員輪押抵通，非慎重漕儲之意。嗣後每年首進幫船，委江安糧道專押抵通。二進幫船，委蘇松糧道專押抵通。江安、安慶等八幫，如能趕緊開兑，自應列入首進或二進幫內。儻江湖風汛靡常，不能趕入二進，責成浙江糧道督察催辦。

二十二年諭：漕糧未兑以前責在州縣，既兑以後責在弁丁。其受兑之時，如有米色潮溼攙和者，准其稟報該糧道查驗參辦。

道光七年諭：嗣後河運年分，所有各幫津貼，著責成該糧道覈實辦理，不准絲毫格外取與。如刁丁敢於需索，許該州縣稟揭，從重懲辦。儻州縣意存回護，暗中增加，即著糧道查明，一併詳參。

咸豐三年奏准：江蘇省漕白糧米尾數無多，照京倉折放米石，秈米每石一兩四錢之數，飭令蘇松糧道折價交納，派員解部，俾該糧道迅速回任，趕辦來年新漕。

十年諭：江浙兩省抵津米船現已有二百三十餘隻，正在驗收喫緊之時，各該糧道既未抵津，亦未據報起程日期，此後米船連檣北上，辦理乏人，經費又無所出，著何桂清、徐有壬、王有齡即飭各該糧道迅速兼程前赴天津，毋任稽留，致誤運務。

同治十一年諭：延煦、畢道遠奏剝運白糧積久弊生，請事變通一摺。著張樹聲、恩錫、楊昌濬飭知各該糧道，來歲海運白糧抵津，即自雇民船剝運赴通，毋庸在津候驗。津貼剝價等銀，由各糧道自行支給。此外起運押運事宜，及應用委員，均由各該糧道隨宜辦理。

《大清會典事例》卷二〇七《户部・漕運・優恤運軍》 康熙二十年議准：漕船凍阻，將通濟庫銀借給，仍令總漕將應給漕贈銀照數扣解，補還原項。

三十五年題准：江淮、興武二衛漕船凍阻，不能回南，動支通濟庫銀，每船給銀二十兩，速催回次。仍令總漕於漕贈銀內扣解還款。

四十六年議准：各省領運運軍，限內過淮抵通，照數全完者，令總漕賞給花紅，以示鼓勵。如抵通交糧，於額糧之外，有領運三年陸續多交米至百石者，倉場咨部註册。領運六年多交米至二百石者，給以九品頂戴榮身。如有運軍運米至二十年，雖無多交之米，並無挂欠及過犯事故者，倉場侍郎咨部，亦給以九品頂戴榮身。

六十年議准：漕船回空凍阻，暫動東省藩庫銀，每船借給八兩，於六十一年各該糧道應給運軍月糧内坐扣，移解東省還項。又議准：到淮各幫漕船，因雇募民船諸費浩繁，借給河庫帑銀作民船口糧水脚之用。江安漕船每船借銀五十兩，蘇松漕白船每船借銀四十兩，江西漕船每船借銀三十兩，浙江漕白船每船借銀五十兩，均於次年運軍應領行月銀米内扣還。

雍正元年議准：各省完糧各軍並守凍完糧軍船，每船正軍一名，賞給銀二兩。又山東張秋、臨清一帶地方，浙江、江西、江南等省幫船，運軍頭舵工等守凍不能回次，量支藩庫銀四千兩，每船給銀六兩。

六年奏准：回空漕船過淮安關，頭工、舵工、水手人等零星捎帶梨棗六十石以下者，免其報税。其餘貨物，仍照例籤量，按貨納税。經滸墅關，所帶梨棗及應上税之物，仍令輸税。

七年諭：運軍駕運辛苦，若就糧艘之便，順帶貨物至京貿易，以獲利益，亦情理可行之事。著於舊例六十石之外加增四十石，永著爲例。

八年題准：各船頭工、舵工二人，每人帶土宜三石，水手無論人數，每船帶土宜二十石。合算每船帶土宜共百二十六石。

九年議准：河東二省截留存賸漕米三十萬石，議令原船運通，輓輸上下，倍爲勞苦，按道里之遠近，時日之多寡酌議。在德州往返者，每船給銀二十八兩三錢八分。在臨清往返者，每船給銀三十九兩三錢五分有奇。共四百十有九船，給銀萬四千九百四十二兩一錢有奇。再在德州往返各船，先經兩次借給每船共銀三十八兩。今每船多給銀九兩六錢二分有奇，共多給銀千三百五十六兩一錢六分，免其扣追。

十三年諭：湖南明歲應運漕糧已經截留爲黔省賑濟之用，定例漕船停運之年，給運軍一半月糧，以爲養贍。朕思各船水手均由運軍雇募，多係别省貧民。今湖南漕運既停，各水手等在異鄉乏業，未免歸費無資。著湖南巡撫於本年回空漕船抵次之日，就近驗明各水手内有别處民人，即量給盤費資助，令回原籍，毋令逗遛滋事。

乾隆元年題准：湖南、湖北二省截留漕船，因灣泊岳次，濱臨洞庭，風波不測，與各省不同。於支給一半月糧之外，酌留頭舵二名，水手二名，每名日給米一升，其餘水手資助回籍，每名每站給盤費銀三分，米一升，照時價折給。

四年題准：各省重運漕船例帶土宜百二十六石，向因各項貨物麤細不同，按石計算，漫無一定。嗣後分别貨物麤細，酌量捆束大小定數作石，於過淮處立榜曉諭，如有違例裝載以及書役人等稽延勒索，嚴加究處。

七年奏准：安徽、蘇松、浙江三省截留漕船，於定例停給一半月糧項内，再照浙例減半賞給。

又諭：今年漕船北上時，值河水淺涸，各船盤剥加縴，繁費實多，借支庫項，以作歸途使用。江西南昌等幫借銀四千四百兩，江南興武等幫借銀千七百四兩，揚州等幫借銀千七百九十二兩，均著加恩賞給，免其扣還。

十年奏准：首進幫船每年五六月間回空之時，尚無梨棗可帶，以致不能均霑利澤。嗣後回空糧船行至山東，如無梨棗可帶，即將核桃、瓜子、柿餅等物攜帶六十石，以抵梨棗之數。儻逾六十石者，按例徵收税銀。

十一年諭：停運漕船例給一半月糧以資苦蓋。上年兩江被水，朕降旨蠲緩，并截留漕糧，以備賑恤之用。其減歇軍船自應照例支給，但念該地方被災之後，軍力未免艱難，一半月糧慮不敷用。著加恩於常例五分之外增給二分，俾窮軍不致拮据。

十三年諭：本年四月初間，湖南、江西運船於桃源宿遷地方遭風沈溺重船五十隻，所有虧折米數，例應運軍買補，其船亦應賠造。但念窮軍力量艱難，若令一時賠補，難免拮据。著加恩軫恤，其船已滿年限者，照例給價成造。未滿年限者，於道庫内借給，令其及早成造。限以三年陸續還款，以紓軍力。

二十年議准：運軍出運二十年，並無挂欠過犯，例應請給頂戴，但有由糧道詳咨者，有赴坐糧廳呈報倉場覈咨者，事不畫一。嗣後俱令呈報糧道確查，詳報總漕衙門，移咨户部倉場覈咨。

二十五年議准：漕船回空經過山東，如逢梨、棗、核桃、瓜子四項尚未貨賣之時，即買帶黄豆、瓜果等食物，總以六十石抵數。如有多帶，即行徵税。

三十六年諭：本年後進各幫糧船沿途節次稽阻，抵壩較遲，回空食用不無稍有拮据。向例有三升八合餘米，應隨正交倉，暫行緩交，俟下運照數搭解，俾旗丁等飯食有資，以示體恤。

五十年覆准：河南省後幫停減船隻共領過三修銀九十兩，領銀修艌在先，奉文停減在後，免其追繳。

五十二年奏准：浙江省台州前等九幫回空船在山東省陽穀、東阿等處凍阻，不能歸次，每船借給銀二十兩。

五十四年奏准：山東、河南、江南、浙江四省船隻行走迅速，較上年抵通日期早至數十日不等，舵丁人等酌量加賞。每正丁一名給銀一兩，舵工一名給銀五錢。其失風拆板糧米灑帶之丁舵，概行扣除。又例不回空之雇募買補及留通變賣各船，扣除舵工，止賞正丁，以歸覈實。

五十八年諭：向來各省漕運船隻遲緩貽誤者，俱交部議處示懲。今行走迅速，其運弁旗丁等交該撫查明分别賞賚，以示鼓勵。又議准：漕船抵通迅速，領運千總每員賞銀二兩，不給議叙。軍船正丁每名賞銀一兩。

嘉慶二年覆准：鳳中二幫旗丁應追行月銀米，因原裝米石灑帶各丁，已經全完，所支銀米亦經分給各丁，照案免其追繳。

四年諭：向來漕船准帶土宜一百二十六石，例不報税，原爲恤丁起見。今著加恩准其多帶土宜二十四石，共足一百五十石之數，俾旗丁等沿途更資霑潤。

五年諭：江西各幫旗丁向於額領公款之外，每向糧道衙門借領銀兩，以資辦公。現在按款清查，歷年共欠銀八千六百六十兩零，俱係歷任糧道自行挪借，以該丁等積年拖欠追繳無著，歷任糧道本有應得之咎。惟閲年已久，官非一任，姑免深究。所有各幫船積欠銀兩，俱著加恩豁免。又奏准：各省回空船隻例帶土宜六十石外，照重運多帶土宜二十四石，以資運費。

六年諭：金山等四幫各丁有挂欠漕糧，分别杖責著追，運弁議處，本屬照例辦理，但念本年天津一帶水勢過大，丁船守水日久，未免多費食米，其挂欠尚屬有因。著加恩將該丁等挂欠米二千三百六十一石，准其以本年應交三升八合餘米暫抵欠項，下年全數搭運。此外再有不敷，即買補本色交納。其旗丁杖責，運弁議處，並著加恩寬免。

十一年諭：湖北襄陽衛回空軍船，於乾隆五十六年因民船失火延燒，官給料價，並照例在於積存款内津貼銀一千兩支給成造。經該部以並非大造之期，不應支給津貼，節次查追，固屬按例辦理，但念該軍船前次延燒，已屬意外被累。現經查明該旗丁實係赤貧，事經十餘年無力措完，著加恩將前項津貼銀一千兩免其追繳。

十二年定：漕船被火延燒斃命之副丁，應得卹賞銀兩，查照原題，照數給發。

《大清會典事例》卷二〇七《户部・漕運・徵收例禁》 順治九年題准：運軍行糧應給本色，有違例折銀者，縣官與運弁皆嚴提究擬。

十二年題准：兵道知府職不司漕，有借驗糧名色苛索者，官即指參，胥役究治。

十三年奏准：漕糧開徵之時，如有州縣蠹役包攬代完及飛派無辜者，即行指參。

十五年議准：州縣拖欠漕項錢糧，該管監兑糧道等官嚴檄行催，不得差役致滋勒索，違者指參。又題准：運軍子弟及積年舊役有謀充有漕各衙門書承者，令總漕及督撫嚴查從重治罪。如本官失於覺察及徇庇容隱者，分别參處。

十六年題准：州縣徵收漕米，浮派雜費，及僕役經承需索小民常例者，嚴行禁止，犯者題參究治。

康熙元年題准：徵收糧米責成印官稽察，不許顆粒囤存私家，如紳衿大户仍囤私家不行交倉者，管糧官詳報總漕題參。

四年題准：各州縣徵收漕米，如有淋尖踢斛、刻削斛底、改换斛面及别取樣米並斛面餘米者，總漕各督撫嚴查題參。

三十年題准：州縣官侵隱漕項銀，捏稱民欠，冒請蠲除者，題參治罪。其失察之該管上司，交部議處。又題准：州縣經承盗賣漕糧，依律治罪，失察之本管官照例議處。

三十三年題准：漕糧耗米，例應徵收本色給軍，如有私自改徵折色者，各該督撫題參，照私折漕糧例議處。

五十一年題准：州縣兑糧責令監兑官坐守，糧道親到水次稽察。儻有折收情弊，發覺，將該管州縣及領運官皆革職，監兑官降二級調用，糧道降二級留任。所折之米，照數追賠。

乾隆十二年議准：各省收漕時，漁利之徒每借米色爲詞，暗地講串，或裹折，或外加，甚至度量倉有餘米，即以銀錢折色。令總漕嚴飭各糧道加意訪查，儻有前項情弊，嚴行懲辦。

四十一年議准：令有漕省分各督撫於收漕之時嚴行訪查，明示曉諭，一切細碎潮溼之米，經管官不得濫收。如本屬好米，承辦官吏藉端勒措留難，查參治罪。

四十八年議准：浙江省各州縣糧多之處，每日完納花户多以萬計，小民爭先湧集，每易滋事。嗣後照江蘇之例，飭令各屬查明各該處區圖形勢，編立次第，先期明白曉諭，按次依限赴倉交納。仍遵定例，於十月內即行開倉交收。其收割較遲之處，令地方官查明分別辦理。又議准：辦漕地方官往往瞻徇鄉紳情面，遇有巨户子弟家人完糧，或米色不純，或代人交納，每多有通融，復慮交兑折耗，於民户又多浮加，以致被人挾制。劣衿地棍廣爲包攬，甚有虚掣串票，並不交米。姦胥蠹役句結分肥，指稱耗費，向馴良花户勒索重值，復買交醜米，賤價折乾，並有豫先買米存倉以爲折收地步。迨至糶米納糧，又復講論價值。又有不肖官吏浮收贏餘，改令折色。嗣後令將搢紳巨户名下應完額糧，於糧册內逐一註明，以杜包攬，並飭令印官親駐倉廒，秉公監兑。責成該管道府稽查，儻有前項等弊，從重究辦。如道府瞻徇，一併查參，並將舊充漕總記書查明禁革，毋令復充。其營求收漕幕友長隨，概行屏絶。儻上司囑薦，許州縣據實揭報。每年收漕，務須另選妥實書吏及親信之人，取結通詳備案。再州縣辦漕，有派令漕書承應修倉鋪墊之事，及地方豪棍從中把持，不肖官吏畏其滋擾，分給規例，並各衙門承辦書吏亦有規例，甚至上司亦勒索分肥，弁丁到次受兑，多方刁難，希冀陋規。令該撫董率司道實力稽查，並於兑糧之時飭令糧道往來查察，以清積弊。

五十七年定：縣官於開倉之後，糧户輸納漸多，並不親身臨倉，以致書役斗級等任意拋撒，埽集餘米，不復給還糧户，將該縣革職拏問，查出之糧道、知府交部議叙。

嘉慶四年諭：漕務積弊浮收折價，及旗丁挾制需索幫船費用，出運隨規，並南帳北帳名目，按款清釐，逐條嚴禁，可期漕務肅清。惟尚有每年開倉之先，即有本地紳衿包攬同姓花户，附入己產上倉交納，圖占便宜。或有以曾任職官品級等項分別坐得漕規，即舉監生員之刁劣者，亦於中取利。州縣等懼其挾制，不得不從，而於良善小民則肆意浮收，無所顧忌。此當嚴行飭禁，有漕督撫俱當一律查辦。但各省浮收之弊雖同，而費用之條不一，應澈底清查，將各幫應領應用及沿途抵通經費隨規，各行開列清單具奏，不得有蒙混遺漏。總漕當實力整頓。糧艘過淮籤盤，途次派員催趲，從前皆有使費，該督務須明查暗訪，永絶弊端。至倉場侍郎於倉場諸弊，亦素有所聞，其應行嚴查禁止者，俱當悉心察覈，毋任胥吏、經紀等仍前滋事。然不可操之過急，有意苛求。若於事有難行，必勉強於一時，其法亦不能經久，將來又成具文。總之州縣既向百姓浮收，旗丁自必向州縣加增兑費，總漕、巡漕、倉場各向旗丁層層索取，其實無窮之苦累，則我百姓當之。今將諸費禁絶，則旗丁用度不致竭蹶，何得復向州縣需索。而州縣既省兑費，又何得仍向百姓浮收。以收漕爲彌補虧空者，亦不過州縣借此藉口，恐亦有名無實。現當整飭漕務之時，必須清其源以絶其流，使閭閻實受其惠。而於旗丁運費仍當籌畫周詳，不使稍形拮据。又諭：有漕州縣惟利改收折色，藉以分肥，往往於開徵時先將低潮米石搬貯倉廒，名爲鋪倉，以便藉詞廒滿，折收錢文。其糧米之不能一律純潔，亦由於此。又民户完納惟望早爲收納，從無躲避不前之事，皆由官吏多方勒措，有意刁難，以致民户守候需時，不得不聽從出費。此與地方詞訟赴訴到官，不肯速爲審理，拕延時日，以爲吏胥説合需索地步者，情事相同。地方官得受漕規，以爲賄賂權要，逢迎上司，甚至幕友長隨藉此肥橐，運弁以挑剔米色爲詞，刁難勒措，及催漕運弁沿途俱有需索。而抵通後，倉場衙門又向弁丁等勒取使費，層層剥削，錙銖皆取於民，最爲漕務之害，不可不嚴行查禁。著通諭有漕各督撫嚴飭經徵監兑各員，務將積弊革除，妥爲經理。此後有仍前浮折，得受漕規，致正供米色攙雜不純，惟該督撫等是問，必當重治其罪。其漕運總督及倉場衙門亦須一體嚴行禁止，此次通諭之後，若仍復蹈前轍，一經發覺，惟有執法從事，決不姑貸。又奏准：旗丁兑費徵之於民，地方官既無賠累，應令糧户自攤交納。並責成該管道府巡歷各倉，嚴禁踢斛、淋尖、折銀等弊，儻經訪聞，或被首告，官吏一併治罪。道府徇隱，並予題參。上司收受陋規，照枉法贓科罪。

五年諭：米色爲糧運最重，州縣開倉收米，自應一律乾潔，方可受兑。若水次米色不純，到壩焉有好米。向來各州縣多有折色浮收情弊，而不肖丁弁又樂於從中霑潤，以致米色參差。又江浙百姓每以上等之米留爲自食，中等糶賣，下等完糧，此係向來積習，朕所稔知。近當漕務肅清之際，各糧户得免浮收，所省已多，自應踴躍急公，將上等米色完納。何得尚將潮米充數，不以國家漕務爲急，殊失尊君親上之道。著傳諭各督撫等徧行嚴切曉諭各糧户，交倉米色務令一律乾潔，毋稍有潮雜。儻各州縣弁役有心挑斥勒掯，藉此需索，該督撫務當嚴參治罪，不可姑容。

七年諭：近聞有漕省分尚不免有浮收及得受漕規者，是積習仍未悛改。並聞各州縣往往於開倉時逾額浮收，迨米數既足，遂私行折色，竟公然設局定價。並有於開倉之始即先行折色，虚報滿廒，自用賤價買補。於兑糧時兼有折兑之弊，而運員旗丁之勒掯，姦胥蠹吏之舞弊，劣衿刁民之把持，皆由此而起。其受累者，惟在安分良民。以天庾正供徒爲不肖官吏紳士等牟利之途，蠹國病民，莫此爲甚。著傳諭有漕省分各督撫，督率司道等官，嚴行查禁。嗣後州縣官徵收漕糧，概以本色兑收，毋得仍前私收折色。儻敢仍前弊混，一經查出，即照枉法贓治罪。再聞州縣官於徵收本色，往往以米色平常藉詞挑斥，即實係乾圓潔净者，亦必多方勒掯，使花户等守候需時，百端苦累，自不得不以折色改交。此次申諭之後，伊等或有陽奉陰違，於本色收倉時故意留難刁頓，以爲需索地步，此風尤不可長。並著該督撫等嚴行查察，既不得改收折色，亦不得於本色過事苛求，違者嚴參治罪。若該督撫不能實力訪查，甚或有意瞻徇，經朕查出，或被人參奏，必將該督撫等一併懲治，決不姑貸。又諭：州縣徵收漕賦，原應遵照定例，令糧户封銀投櫃，間有零星小户聽從交錢者，亦以便民。若額定糧銀概行改折錢文，則州縣以錢無定額，任意加增，朘削小民，伊於何底。著通諭各直省督撫嚴行禁革。

道光元年諭：浙省漕額較多，其徵漕之杭嘉湖三府州縣與江蘇接壤，其漕弊大約相似。今欲返積重之勢，先當去其已甚，乃可徐議革除。如該漕督等所奏，幫費未能盡裁，沿途陋規未能盡革，浮收未能盡去，在此時亦止能如此辦理。均即照所議，旗丁幫費准其津貼銀三錢、四錢，不得有逾四錢之數。其從前調劑錢米兑費加兑峯尖揉米各名目，俱永遠裁革。沿途陋規，總須照舊有之數，實加刪減，至少亦須裁去十之三四。州縣收漕，每石餘米二斗五升，無分紳士農民，概以八折交收，此外不得浮加顆粒。此緣積弊已深，一時不能驟革，不得已且示以限制，該漕督等當飭令實力遵行，不可陽奉陰違，仍期遞年量減，漸復舊制。在州縣責成該撫督率糧道、知府等認真稽察，在途責成該漕督董率糧道、運官等嚴飭遵辦。如有例外多索之事，各據實嚴參懲辦，毋稍瞻徇。

八年諭：漕糧爲天庾正供，州縣辦理不善，往往爲刁生劣監挾制，始而包攬控交，繼而砌詞控告，州縣因其刁健，給予漕規，藉以調停消弭。該生監等視爲故常，止知索之於官，殊不知官仍取之於民。衿監多一人分肥，即閭閻多一分苦累。蘇州太倉、松江、常州等處積弊尤甚，竟有勒索漕規至盈千累百之多，並有一人兼索數州縣漕規者，此而不嚴行懲辦，何以甦民困而戢刁風。著江蘇巡撫並有漕直省各督撫一體查察，盡法懲治，務期弊絶風清，以肅漕政。

二十六年諭：江蘇向來完漕，紳富謂之大户，庶民謂之小户。以大户之短交，取償於小户。因而刁劣紳衿挾制官吏，索取白規，大户包攬小户，小户附託大户。又有包户之名，以致畸輕畸重，衆怨沸騰，紛紛滋事。又旗丁津貼原有定額，近來總以米色爲詞，多方挑斥，逐漸加增。是幫船多取一分於官，州縣即多取一分於民。種種弊端，關繫匪輕。若不及早整頓，貽患何所底止。著兩江總督、江蘇巡撫認真查察，所有前項大户、小户、包户各名目概行禁絶，一律均收，尤不准旗丁額外多索幫費。儻敢抗違不遵，或州縣中竟有浮收入己情事，即行據實嚴參，從重治罪，毋稍瞻徇，以肅漕務而清弊源。

二十九年諭：漕糧爲天庾正供，不容顆粒短絀，封疆大吏尤當激發天良，隨時整頓。嗣後務須實力徵收，全漕兑運。儻各屬有揑災詿荒及官吏私徵中飽，州縣浮收勒折等弊，必應嚴加釐剔。其不肖州縣肆無忌憚，如敢浮收勒折，病民肥己，一經查出，即著指名嚴參治罪，毋稍姑容。該管上司儻有意存徇庇者，著一併從嚴參辦。

同治四年諭：前因江蘇蘇、松、常、鎮、太等府州屬額賦太重，經該省督撫等奏請裁減，按照全額計減去制錢四十萬餘千，當經降旨允行。惟江蘇積習已久，各州縣徵收漕糧之時，每有大户藉詞抗欠，任意短交，致各州縣有所藉口。而裁減之惠，徒以供不肖官紳之朘削，而無益於民。嗣後江蘇各州縣開徵漕米漕折，不准復立大小户名目，其包漕索規等弊，著一併永遠禁革。如有京外職官舉貢生監仍藉大户爲名，與各州縣爲難，營私抗玩，即著該省督撫奏請褫革，從嚴懲辦。該督撫務當督飭各屬秉公徵收，不准於例定折價之外稍有浮冒抑勒，違則從嚴參辦。此旨即著勒石遵行，並出示曉諭，俾紳民咸知感奮，一律清完。

六年諭：山東有漕州縣按章徵收者絶少，往往於官斗之外倍蓰加收，並立揉盤名目，縱容蠹役格外剥削，民間視以爲苦，止得折價完納。其浮收之數，與完米增至數倍者無異。即或經該管上司查明減成完價，出示申禁，該州縣並不張貼，浮收如故。東省如此，他省亦在所不免。是浮收之弊，例禁雖嚴，而不肖州縣仍敢視若具文，誅求無厭，以有限之脂膏，充難盈之谿壑。積習相沿，殊堪痛恨。即著各直省督撫嚴飭所屬各州縣，湔除積弊，各按漕糧定額一律徵收，不准於正額之外任意加增妄取。儻敢故違，即著各該督撫等查明嚴參懲辦。

《大清會典事例》卷二〇七《户部·漕運·重運例禁》 順治五年題准：運官奉單領運，赴次違限者，革職，戴罪交糧，覈其完欠，奏請定奪。僉運退避者，嚴拏究擬。

十年題准：領運弁軍中途侵盜漕糧，按律治罪，所欠漕米照數嚴催追賠。

十二年題准：衛軍水次承運，有衛官隨幫官常例、書識管家抽豐名色，州縣官、知府、同知、通判及糧道、漕院各衙門吏胥班役勒索陋規，並過淮攤派使費，沿途需索土儀，及抵通過壩交倉船規常例，倉場、坐糧廳、書吏苛索使費，飭令各該衙門盡行禁革。在外責成總漕、總河、各該督撫，在内責成倉場侍郎、巡倉科道，協同釐剔。儻有前項弊端，立即題參究處，以肅漕政。又題准：監兑漕糧事竣之日，監兑官將有無需索等弊具結投送督撫存驗。事發，以溺職坐罪。又定：重運盜賣漕糧，拏獲日，賣主買主照偷盜漕糧例從重處治。

十三年題准：水次將米折銀，罪在經徵有司並監兑官，如過淮盤驗短少，將監兑官照例參處。其嚴禁盜賣，令沿河各官具結呈報，如糧船到通挂欠，審係某地方盜賣者，即將該地方官參處賠補。

十五年題准：運弁領運漕船各有定數，如中途歸併帶運，冒支行月水腳等銀，按照缺船數目嚴追，從重究處。又定：運弁領運漕糧，有攙雜黑腐米石者，令倉場變價充賠。其挂欠者，照數嚴行追比，仍將運弁題參重處。

十六年定：押運官串通旗丁盜賣漕糧，令總漕提究追賠，旗丁一體追究，買主從重懲處。

康熙二年奏准：運船交兑之初，專責糧道曉諭商牙，禁約運軍不許夾帶私貨，漕糧兑畢未開之先，專責監兑官逐船搜檢，糧道隨取監兑官查明並無夾帶甘結，送總漕、總河、倉場侍郎三處稽考。如有犯者，拏解糧道呈報總漕題參，照律治罪。又題准：沿途城市鎮店貨物輻輳之所，專責押運通判極力催行，不許停泊。通幫前後不時稽察，如稽察不嚴，即將通判題參，照例議處。又題准：運軍包攬客貨，私載船内，運官隨幫官嚴加稽察，許於司漕衙門據實出首免罪。如隱匿不報，一經查出，運官、隨幫官加倍究擬，運軍依律治罪。又議准：糧船經由地方，自水次至淮安，總漕同淮揚道盤詰一次，至濟寧，總河同濟寧道盤詰一次。

三年題准：官軍赴兑漕糧，争索斛面酒席，耻辱糧官者，運官以故縱議處，運軍俟船糧抵通之日嚴行究治。

五年題准：運弁侵蝕各軍月糧銀米，俟抵通交盤之日，倉場嚴審究擬。又題准：運軍多收斛面入己，並運官知而不舉，皆從重擬罪，勒索之米，照追入官。又題准：領運官弁勒索運軍飯米，擅扣行月公費等銀，及縱容親僕需索常例者，俟抵通交糧完日，令倉場侍郎嚴提審追，按律究擬。又題准：舊例弁軍争告，在未兑糧之先，責令糧道嚴查，不許領運。如在領運之後，俟完糧回南日，聽該衙門審理。嗣後有擅准運蠹呈詞，拘繫新運幫官，稽誤新漕者，照誤漕例議處，運蠹嚴審究擬。

六年題准：運弁自誤限期，捏詞卸罪，誣告官吏糧里者，依律擬杖。又定：弁丁領運漕糧，交納短少，買補全完，查明或係水次折乾，或係中途盜賣，倉場題參議處。又定：兑載漕糧，如有水次折乾，並過淮不行查出，及沿途盜賣，將該管各官俱照失察例議處。

七年定：弁丁中途侵盜漕糧，水次折乾銀兩，並侵蝕席木等項，均按律遣戍。又定：運丁盜賣漕糧者，發邊衛充軍。以子弟代運者，遣戍。欠米著追。

八年題准：運弁領運全單不填註支領糧銀月日，照疏忽例議處。

十一年題准：運弁私載客貨與己貨及裝載私鹽者，皆革職。運軍私攬客貨、私載己貨及裝載私鹽，運官失於覺察者，降一級調用。該管糧道不嚴禁者，罰俸一年。

二十一年題准：收兑漕糧多攙糠粞砂土者，該管官革職，監兑官降一級調用。其抵通交兑漕糧，米多糠粞及有砂土者，押運官革職，糧道降一級調用。

二十三年定：水手夾帶私鹽，隨幫失察者，降一級調用。沿途各官並不盤查，照例議處。

二十五年題准：紅剥船分運漕米，如有用石灰泡水及藥水灌漲糧米者，領運弁軍呈報倉場侍郎究審，將運船人夫發寧古塔等處兵丁爲奴。其短少之米，勒限著落正身船户家產賠完。如剥運米好，弁軍勒索不收，亦交刑部從重治罪。

二十六年題准：沿途催漕將弁，縱兵索詐漕船，以致運軍畏避，船米撞沈者，革職，嚴拏究擬。

二十七年題准：運弁需索運軍未遂，不顧風浪，逼船渡江，以致漂没漕糧，淹斃人口，照例治罪，追埋葬銀給死者之家。漂没漕米，仍著落該弁賠補。

二十八年題准：運官縱軍捉船剥淺，漫無約束者，題參，照溺職例革職。

二十九年題准：運官縱令運軍搭臺演戲，停泊不行，貽誤漕運者，照例革職。

三十年題准：運官不親運者，將承委衛備及押運通判等官交部議處。又題准：押運官沿途耗費漕糧，妄稱同押官折收者，勒追全完，仍照誣告律治罪。

四十一年題准：運軍沿途盜賣漕糧，押運官弁失察者，各降一級調用。

四十三年題准：漕船重運入境，責令沿河該管道府州縣往來巡察，嚴緝盜賣。失察盜賣一起者，州縣官罰俸六月，道府罰俸三月。四五起以上者，州縣官降一級調用，道府降一級留任。若道府、州縣能查實拏獲，將賣糧買糧之人各枷一月示衆，滿日責三十板。糧米追交本船，米價入官充餉。運弁俟回南聽總漕捆打四十。

四十八年題准：各省漕船，除帶運鋪墊倉廒楞木、松板及每船土產貨物外，如有民船雜於糧船幫內，及將剥船改造大船，夾帶私貨，並船上堆置木植，船尾拴縛木筏，過關又違例多載私貨者，總漕、總河及糧道嚴查，將該運弁題參治罪。

四十九年定：漕糧在水次受兑，上船之時，糧道、監兑官務必眼同照數兑足上船。抵淮時，總漕親身嚴行盤查。過淮後，沿河文武各官嚴催出境。如不嚴行速催，致弁丁有任意盜賣等弊，將該地方各官交部嚴加議處。

五十一年奏准：每幫十船，令各軍連環保結，互相稽察。如有折收盜賣等弊，事發之日，本軍照例治罪，其餘九軍一同責懲。

五十七年題准：浙江省幫船令分夾江南幫內，湖廣省幫船分夾江西幫内，使彼此勢孤力薄，免致爭鬬。

五十八年奏准：江西、湖廣兩省糧船，該督撫責令糧道、押運等官並地方文武官，於上流漢口、吴城集貨馬頭嚴加查禁，不許商民貨物私上糧船，亦不許運軍包攬私貨，取具糧道、押運等官弁並地方官甘結，報明總漕。如違例私帶，過淮盤糧時查出貨物，照例入官。軍商皆從重治罪，糧道及押運等官皆嚴加議處。

雍正元年覆准：運弁管押重運擅自離幫，及本軍在南託别軍包運，並隨幫與副軍不親在幫押空以致遺棄漕船，有誤新運者，將弁軍從重治罪，糧道指名題參。又題准：失風船到壩，舊例驗其米色不堪起卸者，准其賣銀買補。嗣後如有不肖運軍乘機夾帶好米私行盜賣者，令倉場、坐糧廳不時巡察究治。若在南串通州縣倉役將米折銀，或將原米盜賣掩飾過淮，故買爛米充數者，令總漕密加訪察，將弁軍胥役從重究處，該管官題參。又題准：漕糧不許顆粒上岸，如遇過淺加夫，止許照常給錢，不得索米。違者以盜賣盜買從重治罪，地方官照失察偷盜例題參。

二年諭：朕惟漕運關繫甚大，經費本無不敷，運軍恣行不法，皆由官弁剥削所致。如開兑之時，糧道發給錢糧任意剋扣，運軍所得十止八九。而僉軍之都司，監兑之通判，又多誅求。及至開行，沿途武弁借催趲爲名，百計需索。又過淮盤查私貨，徒滋擾累，究屬無益。運軍浮費既多，力不能支，因而盜賣漕糧，偷竊爲非，無所不至矣。嗣後各省糧道給發錢糧，不許剋扣分釐。沿途武弁不許藉端需索，運軍除包攬抗違外，所帶些須貨物，亦毋容苛刻盤查。爾部行文各督撫不時稽察，如有仍前需索等弊，立即指參，從重治罪。

三年題准：運軍南北往返，必須食鹽，每船於受兑上船處帶鹽四十斤，交卸回空處帶鹽四十斤，此外多帶者，同私鹽治罪。又題准：糧船攜帶火礮鳥槍，一經查出，本犯照私藏鳥槍例處治，糧道、衛守備、運弁照失察例參處。

四年題准：領運弁軍不諳漕務，封閉艙門，以致艙米黴變，弁軍按律究擬。虧折漕米，勒限著落運軍賠補，不完從重治罪。又題准：運弁兑漕，勒索各屬經承者，斥革究擬。所得銀物，追取入官。

五年題准：漕米到淮盤驗，潮溼黴變，將經徵州縣官照例革職，監兑官照溺職例議處。糧道不先揭參，照徇庇例議處。運弁混行收兑，照例革職留任。俟船糧抵通，令倉場侍郎按數稽察。如有虧折，勒限賠補。限內不完，題參革任追賠。

六年奏准：運軍用水攙和漕糧，運弁徇隱不報者，革職枷示河岸，俟漕竣日釋放。運軍用大枷枷示，漕竣日僉妻發黑龍江給兵丁爲奴。押運官弁漫無覺察，照例革職。

八年題准：漕船到淮，向有給管糧經承津貼飯食陋規。嗣後定例，大幫給銀六兩，小幫四兩，呈繳給發，不許私相授受，違者提究重處。又題准：漕船到淮，飭各幫字識繕造米數、軍舵姓名等册，不許總漕册房攬造，科派使費，犯者嚴加究治。又題准：江浙兩省糧艘，由鎮江出口，方暨篷桅。舊例委催漕官就便查看，不免需索。嗣後俟過淮時，總漕親加點驗。至各省糧船總匯於揚州之三汊河，例委幹員彈壓分幫。如委官及跟隨人役需索盤費，一例參究。又題准：漕船渡黄，汛弁不顧風色水勢妄行催趲，藉端需索者，照失於防範例議處。致有疏虞，加倍治罪。又題准：漕船渡黄河後，提溜打牐，內有弁兵串同人夫勒索運軍倍出工價陋規，於重運北上時，責令委駐營將約束禁止。儻有縱容徇庇，一併會參議處。又題准：漕船應領修艌銀例，應照數給發運軍，有需索使費陋規，致運軍以朽腐船撞觸民船藉端索詐者，即將該幫弁軍究處。又題准：運軍攬載客貨，船重難行，强奪民船剥載糧米者，照水手搶奪例治罪。其攬貨私得税銀，並商民通同聽攬者，皆照違制例治罪。又題准：正副二軍赴次交兑，如有革軍衿監攙身入幫，即拏交地方官究治。若運弁不查拏，一併究治。

十年覆准：淮安府乃各省糧艘總匯之區，一應陋規久經裁革，恐日久生弊，照通州石土二壩建碑之例，於盤糧廳後立碑一座，將裁革陋規刻石永遠遵行。又定：糧船偷買硝磺，多係沿河鎮集姦徒豫爲收囤，暗運入船。應於糧船將過山東時，該督撫豫於晋省私磺入境之處，令地方官弁分路巡查。本省焰硝亦實力稽查，毋許囤户偷販河干，暗送入船。並令撈查私鹽之文武官帶查焰硝，如查出私貨硝磺，亦照私鹽例究明查參。押運官弁失察，照糧船夾帶私鹽例議處。

十一年奏准：各省漕船，不許裝運無引私茶，如違禁攜帶，於過關時查出，即照私鹽例治罪。

乾隆元年奏准：糧船夾帶私鹽，多由土豪豫買私鹽窩囤河干，句通售買。嗣後天津地方令巡漕御史後裁。會同運使實力緝拏，其沿河地方令各督撫，提鎮嚴飭沿河文武官弁，凡糧船經過時，差兵役實力稽察。如有水手人等私帶貨賣，以及土豪頂買窩囤情弊，一面嚴拏按律究治，一面催船前進，毋得留難誤漕。儻徇縱失察，一經發覺，將督運、押運官弁以及前途失察之地方官弁，並失察豪强之地方州縣，皆照例參處。其鹽除留食鹽外，餘皆入官。

三年奏准：運軍盜賣漕糧，頭舵工不舉，照不應重律治罪，受財者計贜從重論。又奏准：重運入境，道府州縣往來巡查，失察盜賣者，照例議處。沿河營弁失察盜賣漕糧，專汛千把照州縣例議處，兼轄游守照道府例議處。如專汛千把及文職州縣一年内能拏獲二次者，紀録一次。兼轄游守及文職道府一年内於所管内拏獲至四次者，紀録一次。再有多獲，照此遞加。至汛兵疏縱失察者，革役，照不應重律杖八十。知情賄縱者，計贓以枉法從重論。若能拏獲報官，審實，將米仍歸本船，其應入官之米價，追賞兵丁。又奏准：盜賣漕糧，定例賣買之人枷一月，責三十板。糧交本船，價追入官。至運軍食米向無禁賣之條，有將漕米舂熟假稱食米盜賣者。嗣後運軍多餘食米，於抵通交米之後方准變價。如重運漕船沿途賣米，不論糙熟，皆照漕糧治罪。又奏准：運軍不拘回空重運，如有無故潛逃棄船中途不顧者，照守禦官軍在逃律治罪外，仍於面上刺逃丁二字示儆。

四年奏准：如有重運盜賣漕米，回空之船代爲承認者，該管官察出，將賣買軍民一併照例治罪。又奏准：失察盜賣漕米，合算米數不至五十石者，仍照失察次數處分。其失察一二次、米數至五十石以上者，將該地方官降一級留任，道府等官罰俸一年。失察一起至三起，合算米數至百石以上者，地方官降一級調用，道府等官降一級留任。又奏准：各省受兑開兑之時，令總漕密加察訪。如押運官弁以及糧道等衙門吏役有科斂陋規幫規之弊，即嚴參究處。並飭該管官不時嚴查，有陽奉陰違者，將與受之官軍等照例詳揭。儻該管官徇隱不爲揭報，一併題參。又題准：各省重運糧船例帶土宜一百二十六石，分別貨物粗細，酌量捆束大小，定數作石，於過淮處所立榜曉諭，如有違例裝載，以及書役人等勒掯需索，嚴加議處。

五年題准：江廣等幫漕船多帶土產竹木沿途貨賣，其竹木於天篷上裝載，毋得過高二尺。如有多裝，令押運官弁勒令起卸，嚴加責懲，竹木入官。

六年奏准：糧道催米催船督押運船，凡差役滋擾之弊，定例皆經禁革。惟豫省提幫出運時，先發一牌，繼差一役，至衛提催，不無滋擾，嗣後嚴行禁革，並飭各省一例遵行。

八年題准：漕船如有失風事故，以致米色黴黯不純，驗明米色稍減，尚屬堅實可以久存者，交倉受收，其所減成色米，責丁賠補，於次年搭運交納。

十七年奏准：各幫漕船嗣後務須多用蘆席鋪墊艙底，如有仍用石灰墊底，無論米色是否潮溼，查出，即將運軍從重治罪，該管各官一併議處。每年過淮時，總漕查驗，取具各軍甘結存案。又覆准：南漕除文武員弁陋規悉行裁革外，其餘辦漕衙門無公項可動者，酌量繁簡，存留飯銀，以資辦公。鐫立石碑，仍刊布各船，通行曉諭，押運丞倅不時稽察。儻有不肖員役私行婪索者，即行揭報漕督及所在督撫，查參治罪，其餘所減數目，書役人等毋許額外需索，旗丁亦不許私行多給，違者一併革處。失察之押運丞倅及各上司，交部分別察議。

十七年定：旗丁沿途盜賣米石，若係正項漕糧，照監守本條從重治罪。如將行月糧米零星盜賣盜買者，仍照舊例各枷號一月。其有一人盜賣，及一幫盜賣數至百石以上者，盜買及盜賣爲首之人，各枷號兩月，折責四十板，米交本船，價追入官。失察之運弁，不及五十石者，即令倉場捆打四十。其五十石以上者，降一級調用。一百石以上者，降二級調用。二百石以上者，革職。又定：漕糧潮溼黴變，致有虧折者，押領官弁照例革職，限一年賠補，完日送部引見，請旨開復。不完，革任追賠。漕運總督失於查察，照不應重公罪降二級留任例議處。

十八年定：旗丁短少漕糧米石，沿途私行買補，拏獲後，將所買米石變價，同鋪户賣價一併解部。短少米石，咨南勒追搭運。

十九年定：漕糧雖非黴變，而質嫩色暗，不能一律純潔，致難久存者，押運員弁照例革職。該管糧道不能豫先查出，照豫先不行查出例降一級調用。

二十三年議准：糧船例帶貨物一百二十六石，向來每多逾額，致令船重難行。嗣後行抵北運之時，即雇船先儘貨物起剥，不得稍有存留。

二十四年奏准：湖南省運軍向係包給舵工，近年皆親身出運，然事例未諳，仍聽舵工指揮。旗丁有更換，而舵工爲世業，偷盜米石，侵蝕錢糧，及至抵通交納不前，運軍揭債完公，舵工脱身事外。嗣後運軍抵通交糧，有少米五石以上，累衆軍通挪代完者，將舵工拏究，審出實情，咨部發遣。又諭：聞各省糧艘北上，每遇過牐過壩及急流淺阻，必需人力輓拽者，沿河兵丁頗有把持包雇之弊，不獨旗丁深爲苦累，而重運濡滯，未必不由於此。著傳諭漕河各督臣嚴行查禁，嗣後雇募縴夫應聽運弁自爲酌辦，如有兵丁藉端抑勒，以老弱充數而横索雇值者，即時拏究，並將失察之該管將弁題參議處。

二十九年奏准：漕船重運回空，例帶食鹽各四十斤，經過查鹽處所，秤出僅止多二三斤者不坐，仍將餘鹽變價充公。如再有多帶，照私鹽律科罪。

三十一年議准：漕船沿途遇有淺閣，例應先將所帶貨物卸載，如仍虞重閣，方許剥運米石。儻於貨物未經卸載之前先將漕米剥載，即照旗丁盜賣漕糧例分别治罪。

三十六年定：江廣兩省重運漕船，交漕運總督於過淮時照例實力查驗。其山東、河南兩省各船，交該撫轉飭該糧道一體察驗，以杜幫丁私帶之弊。仍令直隸總督每年遴派明幹同知一員，届漕船入北河時，前往楊村，會同總漕所派守備、千總及運員等官，嚴密稽查。一抵楊村，如遇淺阻，令各幫丁先將貨物儘數起卸。如尚阻滯，酌量起剥糧石，毋致有誤回空。又定：漕船入北運河時，遇水淺阻，即將所帶貨物全行起剥，不得俟起剥後再令停泊挨查。至各船所帶貨物，查明如在一百二十六石之外，仍有多餘，即爲私貨，照例納税。如在一百二十六石以内者，仍照例免税。

三十七年定：漕船例帶土宜，於河西務查驗起剥貨物時，定以應免一百二十六石數内覈計細貨粗貨，各免六十三石。如有逾額多帶之貨，照漏税例加倍徵收，旗丁治罪，運員參處。

四十一年定：頭船尖丁不許科派各船沿途使費銀兩，包攬侵蝕，違者究處。如運弁有串通頭船科派各船銀兩者，分别究議。

五十一年定：守備圖受旗丁規禮，欲令漕船起剥，不行查報之該管上司糧道，照失於覺察例降一級留任。

嘉慶十三年定：運糧旗丁因正項虧短，買米回漕，照漕運糧米監守自盜律，數至六十石者，發邊遠充軍。數滿六百石者，擬斬監候。不及六十石者，量減滿徒。賣米之人，發極邊煙瘴充軍。旗丁所買回漕米石及賣米之人所得米價，照追入官。

十四年定：船户將領運漕糧偷食偷賣，攙和沙土，在一百石以下，依竊盜漕糧本例問擬，發極邊煙瘴充軍。聽從主使偷食偷賣者，減一等，杖一百、徒三年。知情盜買，杖一百、徒三年。飯食錢文照追入官。

十五年定：偷竊漕米六次，在一百石以下，發極邊煙瘴充軍。爲從，杖一百、徒五年。

十九年諭：糧船准帶土宜，本有一定斤重，原爲恤丁起見。其例外多帶貨物，自應嚴行查禁。本年運河蓄水較淺，著漕運總督及巡漕御史嚴行曉諭各運丁，不准例外私帶客貨。如有違例攙帶者，即於沿途起卸，仍將該運丁照例治罪。務俾重運遄行，不致稽滯。

二十年奏准：各省起運漕船，裝帶土宜，如遇水勢通暢，船身喫水按照加裝米數止增重四五寸者，即加縴行走，毋許脱空。

道光二十六年諭：各省總運官及各幫運弁皆以押運爲美差，需索旗丁，以致旗丁刁難州縣，任意搭帶貨物。運官等受其餽送，即不能不聽其遷延。又沿途分段稽察之員，向來派至數十人之多，在上司既藉以調劑，若輩遂任意貪婪。更有沿途牐官於糧艘過牐時，按幫索費。俾旗丁日益疲累，漕行日難迅速，實於運務大有關繫。著通諭漕運河道各總督及有漕地方各督撫，隨時密訪，認真嚴查。如有前項弊端，立即指名參辦，毋得稍涉瞻徇。

《大清會典事例》卷二〇八《户部・漕運・回空禁令》 順治十六年題准：押空官串通運軍盜賣漕船，提究追賠，買主從重懲處。

康熙三十七年題准：江廣糧船回空之時，總漕差委官弁在揚州儀徵會同鹽政後裁。委員查驗私鹽，如有夾帶，即將押運官弁並失察各官一併題參。

五十一年題准：漕船回空至德州桑園地方，總漕選委能員，協同德州衛弁搜索私鹽，並飭地方文武官弁嚴拏窩囤。如有夾帶私鹽事發，將專委漕員、德州衛弁、押運官弁並該地方官題參，嚴加議處。

雍正元年奏准：回空船過天津關，長蘆巡鹽御史後裁。會同天津鎮總兵官親往驗放。至山東、河南交界地方，總漕巡撫鎮將差委知府游擊等官搜檢。如有夾帶私鹽，盡抛入河，失察各官照例議處。

二年題准：回空糧船夾帶私鹽，不服盤查，持械拒捕者，分别十人上下及傷人不傷人，各按首從依律治罪。其雖無私鹽，但闖關闖牐者，亦分別首從依律治罪。若未闖關楯，但夾帶私鹽者，照販私律加一等治罪。又題准：糧船夾帶私鹽，將販私地方之專管官降三級調用，兼轄官降一級，罰俸一年。押空之運官照徇庇例議處，隨幫革退。其恃衆闖關闖楯及販私拒捕傷人者，押運等官革職，隨幫照例責革。

三年題准：糧船回空，凡經由產鹽處所，地方文武官弁晝夜催行前進，不許逗遛，並嚴拏囤户串通運軍販賣私鹽。該管鹽務運司等官巡察各場竈，不許夾帶餘鹽出場，如有徇隱疏縱者參處。又題准：回空糧船至揚州府儀徵縣，向例總漕委官協同揚儀營汛並地方官搜檢。嗣後改於瓜洲江口，令瓜洲營協會同江防同知搜檢。如有私鹽事發，究明場竈地方，並裝運上船日期，將各該地方官失察職名題參。又題准：押運官弁，一年之内該管幫船並無私鹽事故，紀録一次。隨幫能拏獲首明私鹽三次，及該幫三次回空並無私鹽事故者，該管上司出具印結咨部，以千總推用。

四年題准：漕船抵通完糧回日，所餘行月等米向聽其沿途買賣。嗣後全糧過壩之幫，遇有賸米，必赴坐糧廳批照，然後准賣。若未經給照擅行私賣私買者，照例議處。

十年奏准：回空糧船過山東時，該撫豫於晋省私礦入境之處，令地方官弁分路巡查，本省焰硝亦實力稽查，毋許囤户偷販河干，暗送入船，並令搜檢私鹽之文武官帶檢硝礦。如查出私帶硝礦，亦照私鹽例究明參處。押運官弁失察，照糧船夾帶私鹽例議處。

乾隆元年奏准：漕船回空，押運官弁多不隨船南下，頭舵水手人等往往欺壓行船。嗣後如遇回空糧船行兇爭鬭，藉端將來往行船阻留、毆商民等事，許沿河汛弁查明情由，及幫次船號運軍姓名，一面速令遄行，一面詳報總河，咨明總漕究治。又題准：回空軍船所帶煤米向無定數，嗣後江西省每船留食米四十五石，煤四十石。湖南省每船留食米三十六石，煤三十二石。湖北省每船留食米三十三石七斗五升，煤三十石。江浙每船留食米三十石，煤二十五石。自通州至宿遷、淮揚等處，逐關查驗，扣除免税放行，不得越數多帶，巡役人等亦不得勒索留難。

三年定：糧船回空，令沿河督撫總漕倉場轉飭天津河道押運員弁嚴查，除日用盤費錢文准其攜帶外，如有將制錢裝載數十串，揑稱壓船，希圖販賣者，即行拏究。儻胥役人等藉端需索，亦即究治。

六年奏准：押空隨幫一年之内並無私鹽事故者，於補官日紀録一次。

七年奏准：薊運回空，行令直督轉飭薊州文武官弁，俟糧船抵薊卸糧之後，即催回空，不許在該地方刨取白土裝載上船。並令出示曉諭沿河各市鎮鋪户人等，不許將白土賣與糧船，致滋攙和情弊。嗣後如經關口汛地查出薊運回空帶有白土，並兵役人等遇有糧船偷買白土，拏獲審出實情，將該運弁與押運千總皆照運軍攙和水米、運官不行稽察例革職。其該船軍舵照運軍使水攙和發遣例減一等，杖一百、徒三年。偷賣白土之軍舵同罪。將白土攙入漕糧至百石以上者，即照攙和水米例發遣黑龍江與兵丁爲奴。知情買賣之鋪户，照違制例杖一百、枷號一月發落。不行查禁之薊州文武官弁，照出洋商船私帶軍器地方官不嚴行禁止例罰俸一年。

十四年定：天津、淮安、儀徵等處產鹽之鄉，貧難老幼遇漕船經過，充塞河干，負鹽售賣。令督撫轉飭地方營汛官弁嚴行稽查，毋許老幼男婦隨船貨賣。其舵工水手應需食鹽，止許向官鋪售買，每船不許出定例四十斤之外。如多帶私鹽，即嚴拏究治。若不實力稽查，照例議處。

十六年覆准：各省回空漕船不許夾帶鹽斤，是以淮安、揚州地方委員搜查。至鳳中、長淮等幫回空船隻並不經過淮揚，有在夏鎮兑運，亦有由黄河洪澤湖赴次受兑者，應令大河衛守備駐紥黄河北岸，俟不過淮之徐州、江北輪兑徐漕之長淮三四兩幫回空到日，搜查册報。其在夏鎮阜河等處受兑之淮安三幫船隻，委濟寧衛守備就近搜查册報。

二十年覆准：同知通判管押回空漕船，果係親身在幫，協同營員搜查，並無夾帶私鹽者，照例議叙。若未經在幫協查者，不得請叙。並令於造送搜鹽文册時，將總押廳員姓名曾否在幫，據實登註，以憑考覈。

二十四年定：領運千總交糧後，領到完呈，私自回家，並不趕幫協同督丁南下，又扣留回空身工飯米，並任匪舵偷竊食米，盜賣什物，照溺職例革職。

二十九年議准：揚州查鹽處所，每年總督鹽政委員實力辦理，糧船一到，隨即搜查。大幫一日一幫，小幫一日兩幫，查畢即促開行。其淮揚道揚儀營及江甘二縣兵役搜查，一概停止。

三十一年定：回空漕船俱有帶回土宜貨物，如船隻無多，隨時驗放。儻幫船到關號數繁多，挨次覈實稽查，以重税課，亦不得故爲留難，以致漕船歸次遲延。仍令將糧船到關過關日期知會各該督撫，以備查覈。

四十二年議准：回空漕船除不須打造者行抵牐外，停讓重運，不准過牐。其有滿號打造船隻，必須趕廠所興工者，責令糧道查明確數，先期造册詳明漕臣，轉飭河員於每幫出口後，乘空分塘照料進牐，每起進船不得過五隻，於船尾粉書赴廠打造字樣。重運尾幫出口後，即令先行赴幫進牐。如河内重運連檣行走，回空船隻即於河面寬處暫行停讓。至重運盛行回空將到之際，仍責令該管廳員駐宿河干，專司彈壓，道員往來稽查。儻有搶牐等事，並牐官故意留難勒掯，該督撫立即據實指參。

道光七年奏准：產鹽之區向有跟幫積匪句串地棍土梟先期販運，豫囤水次，候回空過境沿河上載等弊。嗣後令直隸、山東、江南督撫鹽政嚴飭查拏，以杜收買。

《大清會典事例》卷二〇八《户部・漕運・漕運雜禁》 順治十二年定：旗丁挂欠漕糧，坐糧廳必究其根由，如係本地折乾，並追折乾之人，監兑官一同治罪。如係途次盜賣，並追水手及盜賣之人，該地方官一同治罪。

十四年題准：領運弁軍如有藉端擾害過往官商船及恣横生事者，督撫鎮道等官嚴拏，照營兵鼓譟例先從重懲治，一面題參送刑部究處。

康熙元年諭：糧船經由漕河，領運官軍依限抵通回空方爲盡職無罪。乃有姦頑官役不守成法，多有夾帶私販貨物，隱匿犯法人口，倚勢恃力，行兇害人。借名阻礙河道毆打平人，託言搜尋失物搶劫民船。且有盜賣漕糧，中途故致船壞，以圖貽累地方。種種姦惡，督漕各官並該地方官一有見聞，即行參奏，務將官員嚴提，治以重罪。若知而徇隱不奏，亦從重處治。

四十一年定：京城私錢皆别處買來，偷載運糧船内帶至京城發賣。有漕督撫務嚴飭該管官，於開幫時確查，過淮時總漕確查。其不過淮之山東、河南糧船，該撫飭該管官確查。如不確查，或被拏獲，或被首告，將該管督撫、總漕、糧道、押運等官俱交部嚴加議處。

六十一年題准：糧船頭舵、水手有砍伐官柳、拆毁縴橋、拔樁掘埽者，嚴提治罪，估價追賠。押運官弁及地方文武各官並加參處。又題准：水手夥衆搶奪，十人以上執持器械者，首犯照强盗律治罪，爲從減一等。十人以下無器械者，照搶奪律治罪。出結之運軍及頭工、舵工容隱不首，照强盗窩主律分别治罪。又題准：押運、領運各官弁例應嚴押漕船，毋許運軍、舵工、水手登岸生事，如有不法，即會同地方官催糧各官協拏究治。儻平時漫不約束，臨時又復容隱者，總漕指名題參，照例革職。

雍正元年諭：江南、浙江、江西、湖廣、山東、河南各省總督、巡撫，漕船關繫緊要，除本船正副運軍外，其頭舵工、水手皆應擇用本軍，庶各知守法，不敢誤漕生事。近聞多雇募無藉之徒，朋比爲姦，不服運軍彈壓。當漕糧兑足之後，仍挨延時日，包攬貨物，以致載重稽遲，易於阻淺，不能如期抵通。及回空經產鹽之地，又串通姦頑，收帶私鹽。此其弊端之彰著者。聞尤有不法之事，凡各省漕船水手多崇尚邪教，聚衆行兇，一呼百應。邇年以來，或因争鬭傷害多人，或行劫鹽店，搶奪居民，種種兇惡，漸不可長，亟宜懲治。爾該督撫即嚴飭所屬各衛所，嗣後糧船務於本軍内擇其能撐駕者，充當頭舵工、水手，不許雇募無藉之人。更嚴禁邪教，諭令歸業，務爲良民。如仍怙惡不悛，該地方官不時查拏，從重治罪。如奉行不力，即將該管官弁指名題參。

五年題准：姦徒專放糧船私債，舊例許運官並運軍自首，照私放官債加等治罪。嗣後有違禁取利盤剥運軍者，責令地方文武各官及坐糧廳立拏究治。如地方官、坐糧廳不即嚴拏，及該管運弁縱軍私自借債者，一經發覺，皆交部嚴加議處。

八年定：運弁需索旗丁篷税銀兩，又需索各船裝帶土宜銀兩，及旗丁銀米銀兩者，革職，僉妻發邊衛充軍。

十年覆准：漕船損壞，皆因運河水道舊址積年淘卸衝激，日就窪下，舊存石塊木樁淹没水底，糧船過此，一經抵觸，多致損壞。應嚴飭沿河鎮道等官，於水落之時沿途細勘，凡有阻礙，悉行起除。儻起除不净，抵觸漕船，總漕並巡漕御史將該管河道等官題參議處。又定：運弁藉書役飯食額外多索旗丁飯米，照因公科斂例，革職，决杖一百。

十三年諭：朕聞南方濱江兩岸多係蘆洲，民閒將蘆葦堆貯洲上，賣以度日。而江楚及上江各幫漕船由江經回，竟有不法水手每遇蘆柴堆積之處，輒糾集多人蜂擁上岸，恃强奪取。洲民攔阻，動輒毆詈。甚至有强取雞鴨等物者，小民畏勢，莫敢與較。水手肆行如此，運弁即坐本幫糧船之內，安得推爲不知。至督運之糧道，押運之府佐，雖云統轄衆幫，亦當留心稽察，何得任其多事。著漕運總督通行曉諭，儻有仍蹈前轍者，經朕訪聞，必將大小文武運官分别嚴加議處。

乾隆元年覆准：糧船水手遇有事犯，如已經離船以及未經上船之先者，不得扡累運軍。如有棄差逃走者，令在押運通判處，十日一次呈報。

三年定：小船受雇裝載，盗賣漕糧，拏獲之日，照賣糧買糧枷責例減二等發落。

四年奏准：催漕弁兵需索運軍銀錢土物者，經該管上司及巡漕御史查出，係兵，將該管千把照失察衙役犯贓例議處；係汛弁，將該管上司照不揭報劣員例分别議處，需索之弁兵，計贓以枉法論。土宜禮物，照挾勢豪强之人接受所部餽送土宜禮物，受者笞四十，與者減一等律，分别治罪，贓物給還。如兵弁需索運軍，或運軍行賄，而押運官不即申報，照應申報上司而不申報例處分。如知情故縱，照以財行求律，受財者與以財行求之運軍一同治罪，追贓入官。如運軍被索，即時首告免罪，追贓給主。其贓少首多，或因催行挾私誣首，照誣告律分别治罪。如不行首告，仍照以財行求律，與受同科，贓物入官。催漕兵弁遇有運軍行賄，據實呈首，免其治罪，追贓入官，運軍照以財行求律治罪。

五年覆准：糧船沿途提溜趕幫，雇用短縴，每夫每里給制錢一文，打牐每船用夫一名，給制錢一文。如牐壩水急難過，夫役守候，臨時酌增，催漕兵役毋得藉端需索。至各夫雇價給予現錢，毋得以貨抵給。如有兵役、夫頭派加短縴，多索夫價，從中取利，貽害運軍者，照霸占摃擡分外多取雇值，不容本家雇人者，枷兩月、杖一百例治罪。該管官弁自行查出懲究者，免其參處。如漫無覺察，照失察衙役犯贓例議處。其扶同徇隱者，照縱役犯贓例革職。又奏准：各幫頭船運軍有借沿途使費名色科派各船包攬侵蝕之弊，應專責運弁稽查。如運弁串通頭船運軍科派各船者，照因公科斂律杖六十，贓重者坐贓論，若分肥入己者，計贓以枉法論，如運弁知情徇庇者，照縱容衙役犯贓例革職。其失於覺察者，照失察衙役例分别議處。

七年奏准：漕規諸弊均有嚴禁之例，惟恐日久弛玩，刊刻木榜，列於瓜洲牐口，儀徵江口，淮安盤糧廳，濟寧、臨清、天津通州各口，俾往來弁兵觸目儆心。仍令該管官不時稽查，如有干犯，照例提參究處。

八年奏准：運軍正身不押運者，將承派運軍之衛守備罰俸一年。領運守千徇私不稽查者，降一級留任。惟隨幫武舉向無責成，嗣後領運官弁徇私縱容。代運隨幫知而不報者，照應申上而不申上律議處。

二十三年諭：各省糧船抵通，除交倉全完外，所餘食米俱由坐糧廳衙門給予照票，俟回空時於天津一帶沿途售賣，而通州水次則例應嚴禁私糶。蓋因通倉爲兑米之地，恐夾雜影射，致滋弊端。若漕米均已不致挂欠，其餘賸食米自可聽其在通出糶，不必過爲苛禁。在各運丁等既可免領照驗票之煩，而通州米石充裕，於京師民食亦屬有益。又議准：糧船空重千總各准帶鳥槍一桿，以備巡守。漕督編列字號，責令空重千總自行收存。如有私行夾帶者，照例議處。又定：旗丁盗賣餘米，雖各出己資，自買自賣，非正耗糧米，該運弁仍照失於查察例罰俸一年。

四十一年議准：糧艘過淮，總漕眼同弁丁逐船比對，務期米色一律純潔，方准過淮。安徽、江西、湖廣等省監兑官例在水次驗兑，如係糧道親身督押，及押運廳員千總等官督率照料，查係原兑本屬好米，中途不勤加風晾，甚至舞弊攙和，皆非監兑官所能查察，止即將在幫各員參處追賠。其江蘇、浙江二省係監兑之員押運抵通，儻查係原兑米色本屬平常，即將經管各員及監兑押領各員弁一併嚴參議處，仍分别立限追賠。其過淮以後，已屬驗明好米，如有以黴暗之米交倉，則係弁丁等不勤加風晾所致，除將該員弁參處外，並將不堪之米石著落追賠。

四十五年定：旗丁沿途盗賣漕糧正米及盗賣餘米，俱從重改發黑龍江給披甲人爲奴，知情不舉之領運千總發邊遠充軍，失察盗賣之運弁革職，糧道、總運等官交部議處。

四十九年諭：漕運旗丁，官給席耗折色等銀兩，原爲各該旗丁歲修及各項雜費之用，乃全行扣存，並將每丁行月糧違例扣賣，重利盤剥，又私扣各丁銀兩餽送運官，於漕務大有關繫。此等情弊，各省幫丁俱所不免。著漕運總督嚴飭各省糧道一體實力嚴行查禁。又奏准：旗丁應領津貼銀錢，每幫每船，係銀，足兑實封，鈐貼印花；係錢，足數捆紮，令各該糧道親身放給運弁旗丁，眼同支領，不得假手家人書役。儻有需索剋扣，許旗丁赴督撫衙門首告，按法參辦。

嘉慶五年諭：漕船經過地方，向有無賴棍徒句串漕船水手，沿途滋事。著沿途文武地方官於漕船經過時，多派兵役，認真查拏。務令棍徒知所畏懼，豫爲斂迹。儻以後仍行疏縱，致棍徒水手再有句串滋事之處，著漕運總督即將該處文武地方官嚴參治罪。

二十年奏准：運糧漕船如有姦商借給銀兩，重利盤剥，致累運丁，由糧道督率運弁隨時查察，立即嚴拏懲辦。

道光五年奏准：各省幫船水手有拜師授徒聯結夥黨情弊，務於各幫盤驗時詳加察訪，並令每年於開行時出具本幫弁丁不敢容留匪徒鈐甘各結，呈送察覈。

八年奏准：各幫老官師傅，責成糧道督同運弁及地方官根查確實，無論曾否滋事，按名拏獲，解交原籍地方官，取具鄉約地方保結，嚴加管束，不准外出。仍以水手老官四字刺面，按月點驗。並責成重空運弁隨時查訪，如再有老官師傅名目把持一幫，水手入教聽從指揮者，即行嚴拏送官。其老官師傅以教首本例論，其拜師入教者以習教本例論。儻幫弁姑容，查明嚴參。又奏准：水手每指防夜爲名，藏匿兇器。務嚴飭幫弁，於出運前按船搜查淨盡。仍飭令丁舵時時防範，如有藏匿，即時稟報，究明來歷，嚴行懲辦。若知而不舉，丁舵一併從重究辦。幫弁姑容，即行嚴參。又奏准：每年各幫船於開行後，向有無藉匪徒隨幫播弄是非，名爲放散風，每於昏夜句串各幫水手朋比爲姦。嗣後責成各船舵水手，如遇此等匪徒到幫，即潛稟本官嚴拏究辦。儻姑爲容隱，即係意圖句串滋事。本船旗丁即時稟報幫官，一併查拏懲治。仍嚴飭地方官，隨時訪獲嚴辦。

十六年奏准：漕船水手不准私藏刀械，開行以前糧道、幫弁及地方文武在水次查搜。重運過淮，漕運總督查搜。抵津回空，直隸總督轉飭天津道，督率地方文武及總運幫弁查搜。儻有私藏刀械，嚴行究辦。如搜查不力，指名參處。差役徇庇，從重治罪。又奏准：漕船隨帶鐵匠，如代水手打造兇器，該管幫弁密稟糧道及總運官，會同地方文武，將鐵匠、水手一併拏獲治罪。儻幫弁徇隱，從重參處。又奏准：各省軍船如有議定包費，將船隻託人運通交卸情弊，將該丁按律治罪，衛弁從重參處。

二十二年奏准：漕船抵壩後，不准水手人等一名留住通州，由漕運總督派把總一員，前往通州會同各該衛千總認真稽查。責成該衛千總等及地方官查明出結，詳報直隸總督、順天府查覈。

《六部處分則例》卷一八《漕運・催趲重運》　一、漕船重運北上，自淮安起天津止，計程二千三百五十餘里，令沿途州縣衛所員弁嚴催出境。如原限半日而違限一時，原限一日而違限兩時，原限一日半而違限三時，原限二日而違限半日，原限四日以上而違限一日，原限六日以上而違限一日半，原限十二日而違限三日者，專催官罰俸一年，督催之上司罰俸六個月。俱公罪。如原限半日而違限三時，原限一日以上而違限半日，原限兩日以上而違限一日，原限四日以上而違限兩日，原限六日以上而違限三日，原限十二日而違限六日者，專催官降一級調用，督催之上司罰俸一年。俱公罪。如違限之期與原限之期相等，專催官降二級調用，督催之上司降一級調用。俱公罪。如違限之期逾於原限之期，專催官革職，督催之上司降二級調用。俱公罪。

一、回空漕船如遇逆流，其間設有閘壩蓄水之處，俱照重運定期。無閘壩之處，原限十二日者改限九日，原限四日者改限三日，原限三日者改限二日，原限一日半者改限一日。又順流有閘壩之處，亦照重（造）〔運〕定期。無閘壩之處，原限半日者改爲三時，一日者改爲半日，四日者改爲兩日，五日者改爲兩日半。如有不行力催以致違限，沿途文武員弁並隨幫官俱照催趲重運例議處。

一、自天津以北至通州，係逆流，重運漕船每二十里限一日。其回空漕船，係順流，每五十里限一日。山陽以南至浙江，重運漕船如順流，每四十里限一日，逆流每二十里限一日。回空漕船如順流，每五十里限一日，逆流每三十里限一日。如有違限，催趲、押運官員俱照前例議處。

一、湖廣、江西并江南等處自長江以至儀徵，皆由大江因風挽運，難以逐程立限，該督撫飭令地方官，凡重運回空俱速催出境。其自儀徵至天津，如有違限，俱照前例議處。

一、前途州縣不行力催，致礙後船者，准後船阻滯所在地方官申報倉場衙門，查明催趲不力之員，按其違限時日議處。

一、官員催趲漕船，無故容後幫之船前行，前幫之船後行者，查明沿河地方，如係佐雜專管者，將專管官罰俸九個月，私罪。兼轄之州縣官罰俸六個月。公罪。如係州縣官自行催趲，即將州縣官罰俸九個月。私罪。

一、沿河官員不親赴河干催趲者，照運官不親身押運例罰俸六個月。公罪。其有前船阻抵不行申報者，照應申不申公罪律罰俸六個月。公罪。

一、漕船入境日期，該管官不查明轉報者，罰俸六個月。公罪。

一、漕船過淮以後，令河漕二督星催。如依期過淮而抵通遲誤，將河漕二督照遲誤過淮例議處。

一、漕船在途遇有非常風阻冰凍淺滯之事，難以副限，俱令報明，查對確實者，免議。

一、重運漕船抵通未經逾限，其沿途催趲逾限之員俱免議。回空漕船逾限不誤冬兑冬開者，催趲官亦免議。

《六部處分則例》卷一八《漕運・漕船到淮盤驗》 一、各省漕糧於過淮時，令漕運總督按船親履盤驗，遇有潮溼霉變之米，即行題參，將經徵州縣監兑各官均照溺職例革職。私罪。糧道不先行查揭，照徇庇例降三級調用。私罪。運弁混行收兑，革職留任，勒限賠補，完日開復。限内不完，革任追賠。漕運總督照不應重公罪律降二級留任。公罪。統以過淮盤驗爲界，未過淮以前，查有霉變，州縣與運員一同參處。過淮盤驗以後，遇有霉變，即將運員照例議處。

一、漕船到淮盤驗，如有糧數不足，將監兑官題參革職。公罪。米色不純，照攙和漕糧例議處。

一、漕船到淮盤驗，遇有糧石短少，經該漕督審明，係由旗丁虧折者，將應賠米石扣留該旗丁兄弟子姪一人交與監兑官，勒令買補，趕幫兑交，押運等官出具並無短少印結呈報。如押運等官有扶捏具結者，降二級調用。私罪。

一、搭解舊欠漕糧均按本色交兑，搭運過淮時，由總漕盤驗。儻搭解之米與原欠米色不符，或領運武弁故將麥豆雜糧等項折收，而以新糧抵解，或不隨正米交船，迨過淮後始用小船趕送者，經總漕查出題參，將押運官降一級調用，糧道罰俸一年。俱公罪。

《六部處分則例》卷一八《漕運・稽查河閘》 一、各省運河令河道總督、漕運總督督率各官挑濬疏通，並力催空重漕艘。如各官不預行挑濬及不力催漕船，以致遲誤，該督等不照例題參者，各降二級留任。公罪。

一、閘官縱令商民船隻越漕前進，啓板洩水以致誤運者革職。私罪。該管廳員不行稽查，降一級留任。公罪。曲爲迴護徇隱不報者，降三級調用。私罪。

一、北運河流沙額設刮板淺夫，責成巡河千總及各汛官專司其事，並令坐糧廳通永道實力稽查，務於漕船未到之先一律刨空深通。如不早爲疏濬有誤空重漕艘者，將各汛官降一級調用，廳道罰俸一年。俱公罪。倉場侍郎及巡漕御史不查出題參，罰俸六個月。公罪。

一、豫省輝縣安陽河内三縣農務在每年三四月，而南漕行抵臨清在五月，應於五月初一日爲始，封板塞渠，歸河濟運。如不封板塞渠以致漕船阻滯者，照沿河隄岸預先不行修築例議處。例載《河工門》。

《六部處分則例》卷一八《漕運・漕船抵通兑米》 一、漕船抵通兑交糧米多攙糠粃砂土者，押運官革職。私罪。該管糧道降一級調用。公罪。

《六部處分則例》卷一八《漕運・糧船起剥貨物》 一、重運糧船抵楊村後，如遇河水淺阻，先將應帶土宜貨物儘數起剥，責令直隸總督遴派明幹同知一員，會同漕運總督所派守備千總及運員、幫員等嚴密稽查，毋許絲毫存匿。如尚有阻滯，再行酌量起剥糧石。至漕糧抵通交倉後，並交倉場侍郎留心稽察。儻仍有貨物在船，即行究明情由，將旗丁分別治罪，並將糧道押運官及委員等均照夾帶私貨例分別議處。例載本卷。

《六部處分則例》卷一八《漕運・糧船夾帶私貨》 一、重運糧船除准帶額定土宜之外，不准夾帶私貨，令淮安、濟寧地方嚴加盤查。如運丁有額外私攬客貨、私載己貨，查係開兑時夾帶者，將未經查出之監兑官降一級調用，押運官降一級留任。俱公罪。係沿途包買及通同商販搭運者，未經查出之押運官降一級調用。公罪。其不行嚴禁之該管糧道，失察停泊攬載之地方官，未經查出之盤查官，俱罰俸一年。俱公罪。若押運官有私攬客貨、私載己貨者，革職，私罪。該管糧道及監兑、盤查等官照前例分別查議。其領運官有夾帶私貨者亦革職，私罪。未經查出之押運官與糧道等官一併照前例分別議處。

一、回空漕船夾帶私鹽、貨物，管船同知、通判等官知情故縱者，革職。私罪。止於失察者，照約束不嚴例降一級調用。公罪。

一、惡棍倚恃糧船販載私鹽，不服盤查，鬨鬧闖閘持械傷人，押運等官知情故縱者，革職。私罪。止於失察者，降一級調用。公罪。如管關管閘各官借端勒索故意留難，亦許押運等官呈明題參究治。

一、押運官弁於該管幫船一年之內並無夾帶私鹽事故者，准其紀録一次。

一、長蘆、兩淮產鹽處所，遇回空糧船經過，地方文武員弁晝夜嚴查，催趲前進，不許逗遛。如不實力查催，致有夾帶私鹽者，將地方各官罰俸一年，公罪。該管鹽務、運司等官照失察私鹽例議處。例載《鹽法門》。

一、每年糧船回空，於瓜洲江口派委瓜洲營協同廳員實力搜查，如有夾帶，照押運官之例分別徇縱、失察議處。有能查獲糧船夾帶私鹽及運司等官能拏獲竈丁船户夾帶餘鹽者，均照地方官拏獲私鹽例議叙。例載《鹽法門》。

一、糧船經過之沿途州縣並非產鹽地方，既不許兵役赴船搜查，即有夾帶無從而知，所有地方文武各官應免其查參。

一、回空糧船，於各省硝磺入境之處，令地方官弁分路巡查。若本境出產硝磺者，亦實力查禁，並令查鹽之官一體帶查。如有夾帶硝磺者，將地方官、押運官均照夾帶私鹽例分別議處。

《六部處分則例》卷一八《漕運・糧船被竊被盗》 一、糧船被竊由本幫員弁移知該地方官緝賊追贓，被竊之船即隨幫前進，不必守候。至被盗强劫必須等候勘驗，應俟領運官具報會勘後，該州縣立給印票，催趲前進，並將被盗守候緣由報明漕運總督及巡漕御史查覈。儻有兵役勒掯需索，將失察之該管文武員弁照失察衙役犯贓例議處。例載《書役門》。

一、糧船經由汛地，如有强劫之案，將地方官照城内民居被劫例查議。被竊之案，將地方官照衙署被竊例查議。例俱載《盗賊門》。

一、糧船入境，除該地方原設有捕盗廳員者無庸添派外，如該地方向未設有捕盗廳員，應令該督撫於臨時酌派能事捕盗同知、通判一二員，協同催趲官親駐河干，實力查緝。如有疎防盗案，將派委之廳員降一級留任。公罪。

一、直隸專司河務之河間天津務關各同知、滄州泊河各通判，以糧船入境之日起至回空之日止，令其各按本管河岸督率各汛文武員弁一體查拏盗賊。如能獲破大案，分別議叙。遇有疎防盗案，降一級留任。公罪。至本管廳員及該州縣地方各官，不得因有河員協緝輒行諉卸，如有糧船失事，仍照各本例議處。例載《盗賊門》。

《六部處分則例》卷一八《漕運・漕船風火事故》 一、漕船在大江、黄河、洞庭、洪澤等湖遇風漂没，勘實具題，准予豁免，失防之文武各員均免其處分。儻在内河失風捏報大江、黄河者，押運官及地方官各降一級調用。私罪。

一、漕船在内河失風，押運廳員失於防範，一幫之内疎失一二隻者，罰俸六個月，三隻以上罰俸一年，五隻以上降一級留任。俱公罪。無庸將所轄前後各幫併計。若盛夏汛水漲發猝不及防，押運官果能戽救修艌米石無虧，或船已十運不能戽救，米有虧折，雖買補全完，仍照例議處。儻係未滿十運之船不能戽救，但將漕糧買補全完者，均免其議處。均由漕運總督、巡漕御史查驗實在情形，奏明分别辦理。

一、内河遇有風色不順水勢浩大，該地方官與押運員弁公同計議，暫停守候，即將守候日時申報該管上司並總漕衙門，於入境出境日時册内註明。儻地方官不顧風色水勢催趲前進，致有疎虞者，罰俸一年。公罪。

一、汛水漲發漕船失風，地方官果能協同運員竭力戽救修艌，抵通糧石並無虧折者，應與押運員弁一律免其議處。

一、捏稱風水未便停泊逗遛，致漕船脱幫違限者，押運官及地方官各降一級調用。私罪。

一、漕船已滿十運，該旗丁自雇民船，遇有風火事故，聽其换船裝運。抵通時糧米交納無虧，失防之領運官及地方官亦俱免其議處。

一、黄河兩岸捕魚小船，令該地方官開具姓名造册編號，責令管河縣丞、河標把總經管約束。遇有糧船失風，即令各駕漁船先行救米，次行救貨，悉聽押運之員分給本幫各船帶運，貨物聽該縣丞等查明，逐一交還旗丁，仍酌量賞給漁船飯食錢文。如該縣丞等並不稽查約束，以致乘機搶掠者，照約束不嚴例降一級調用。公罪。

一、漂没沉溺糧船，著沿途催趲各官及汛地文武官員親臨確勘是實，各出保結，取具運官結狀，該督撫確查具題，到日照例豁免。如運糧官丁將未經漂没沉溺船糧謊報漂没，或故將船隻放失漂流，及雖係漂流損失不多而乘機侵盗糧石者，照律治罪，米石照數賠補。其沿途催趲各官及汛地文武各官不親勘的實遽出保結者，俱革職。私罪。如不將情由申報者，降一級調用。公罪。該督撫不嚴查確實遽行題豁，後致詐冒事發，降一級調用。公罪。

一、押運官巡查不謹以致失火燒燬漕船者，降一級留任。公罪。地方官不行協救延燒別船者，罰俸一年。公罪。

一、漕船減存在次遇有風火事故，祇將收管之地方官職名開參，運隨二弁不能兼顧，免其參處。

一、回空漕船到次後，一運之事已畢，遇有風火事故，祇將隨幫武舉職名報參，押運之同知、通判等官免其參處。

《六部處分則例》卷一八《漕運・糧船多帶錢文》 一、回空糧船由通至津，每船限定帶錢三串。儻該船家口較多，准其沿途零星易換使用。責成押空千總逐船查察，並令張灣通判、務關同知、楊村通判節節防範，天津鎮總兵於過關查緝私鹽之時一併稽查，步軍統領、倉場侍郎、各衙門巡漕御史等不時訪察。儻該船於定數之外多帶錢文，將管押回空之同知、通判罰俸一年。公罪。

《六部處分則例》卷一八《漕運・漕糧掛欠分賠》 一、漕糧掛欠作爲十分分賠，總漕半分，糧道一分，監兑官半分，總押運官半分，運官一分半，僉丁衛所官半分，旗丁五分半，均照例於限内賠完。按刑律係以一年爲限。逾限不完，將總漕、糧道等官照不作分數錢糧例議處。例載《催徵門》。若弁丁分賠米石不完，仍著落總漕、糧道等官賠償。

一、凡運官拖欠漕糧，發南追比，承追州縣官如有未完，照徐淮臨德等倉錢糧例，分別初參、二參議處。例載《催徵門》。

《六部處分則例》卷一八《漕運・空船搶鬧》 一、回空漕船途次山東，北自臨清，南至臺莊，按照奏定章程挨次放行，毋許搶鬧滋事。每年當重運盛行回空將到之際，責令該管廳員駐宿河干，專司彈壓，道員往來稽查。儻不彈壓稽查，致有搶鬧等事，將該廳員降一級調用，道員罰俸一年。俱公罪。儻係鬧官故意留難勒措，照勒措遲延例降二級調用。私罪。

《六部處分則例》卷一八《漕運・押運捐輸米石新增》 一、外省官員捐輸米石搭運京倉，如該運員管束不嚴，虧短一分以上者，降一級留任。二分以上者，降二級留任。三分以上者，降二級調用。俱公罪。其虧短之米，仍照漕糧掛欠之例分賠辦理。至報捐米石，如米色並無不純，幫丁藉詞勒索，照漕船幫丁頭伍勒索之例，將該運員分別失察、故縱議處。如交幫之後，查有潮濕霉變、糧數不足、攙和糠土者，照漕糧霉變攙和各例，將該運員分別議處。例載本卷。道光二十二年八月二十一日奏定。

《六部處分則例》卷一八《漕運・漕船回空》 一、押運廳員管押尾幫抵通，其糧米起卸完日，坐糧廳即將批迴印發呈送户部查驗，令其押空南下。如坐糧廳勒措迴批不即印發呈驗，降二級調用。私罪。如押運之員不候掣批輒行押空回任者，罰俸一年。公罪。若不遵定例管押回空，從陸路回省者，照差遣官員在道擾驛例議處。例載《驛遞門》。如有託故逗遛不親管押，以致頭舵、水手漫無約束沿途生事者，革職。私罪。

一、各省回空漕船，限十一月内齊到兑次。如押運官逾限一月以上，罰俸六個月。二月以上，罰俸一年。三月以上，降一級調用。俱公罪。

一、凡抵通遲延之船，倉場衙門勒限交糧回空，不得有誤新運。其有不能依限回空者，令漕運總督查明，或另派減存船隻受兑，或將糧米分搭各幫，或捐貲雇募民船，務即依限兑運開行。如不行雇募依限兑運開行，將在南之糧道、監兑、州縣等官題參。逾限一月以上，罰俸六個月。二月以上，罰俸一年。三月以上，降一級調用。俱公罪。其不能依限回空之船，俟來年開凍時，令沿河文武員弁飛催迎淮受兑北上。如原船不能過淮受兑，有誤北上，將在北沿河催趲回空之文武各官題參，照催趲重運例覈計違限時日，分別議處。

《六部處分則例》卷一八《漕運・漕糧掛欠議處》 一、各省押運同知、通判押船抵通，一次掛欠者，降一級留任；二次掛欠者，降二級留任；三次掛欠者，降三級調用。俱公罪。仍將掛欠之米分賠。

一、各省糧道經管漕運，初次欠一分者，罰俸一年；二次又欠一分者，降一級調用。欠二分者，不論初次、二次，均降二級調用。欠三分者，亦不論初次、二次，均革職。俱公罪。

一、漕運總督經管各省漕糧，合計欠五釐以上者，罰俸一年。公罪。三年連欠五釐以上者，降一級戴罪督催，完日開復。

《六部處分則例》卷一八《漕運・漕船抵通完糧違限》 一、各省漕糧抵通，山東、河南限三月初一日，江北限四月初一日，江南限五月初一日，江西、浙江、湖南、湖北限六月初一日。如有逾限，將押運官查明在途遲延次數分別議處。一二處逾限者，罰俸六個月。三四處逾限者，罰俸一年。五六處逾限者，降一級調用。七八九處逾限者，降二級調用。十處以上者，革職。俱公罪。在途遲延而抵通未逾限者免議。

一、漕船抵通後，限三個月内完糧。其道遠之省，總以九月初十日爲限。若山東、河南、江北完糧在三個月之外，江南、浙江、江西、湖南、湖北完糧逾九月初十日之限者，俱將押運官題參。違限不及一月者，罰俸三個月。一月以上者，罰俸六個月。二月以上者，罰俸一年。三月以上者，降一級留任。俱公罪。

一、白糧抵通完糧逾限，俱照前例議處。

一、漕船抵通完糧逾限，除山東、河南二省領運官照例按其遲誤月日議處外，其江北、江南等處漕船，有因過淮逾限先經得有逾限處分者，准於抵通完糧違限日期内扣除不計，免其重複處分。如抵通完糧逾限三十日，而覈其過淮時先已違限十日者，即除去十日，照逾限不及一月例議處。餘倣此。

《六部處分則例》卷一八《漕運・漕糧全完議敘》 一、押運同知、通判押船抵通，江南、江北、浙江、江西、湖南、湖北一次無欠者，加一級。二次無欠者，加二級。三次無欠者，不論俸滿即陞。河南、山東一次無欠者，紀録二次。二次無欠者，紀録三次。三次無欠者，加一級。四次無欠者，不論俸滿即陞。

一、山東、河南二省漕糧數少，經管糧道十分全完者，加一級。江南、江北、浙江、江西、湖南、湖北漕糧數多，經管糧道十分全完者，加二級。

一、漕運總督經管各省漕糧十分全完者，加二級。

《六部處分則例》卷一八《漕運・漕糧抵壩責成委員巡查新增》 一、漕糧抵通，臨河一帶責成土壩州同實力巡查，抵石壩時，儻有濕米各弊，責成土壩州判稟明查辦。如有失察，即行參處。儻涉徇隱，從嚴懲辦。道光二十九年七月十三日倉場衙門奏定。

《六部處分則例》卷一八《漕運・觸漏漕船》 一、凡重運經臨，令管河廳汛各員於河道兩旁詳加察勘，如有倒卸岸石存留舊樁并樹根未經刨空者，即時起除。河道總督不時委員查察，據實申報。其有因河底石塊木樁及樹根等項抵觸漕船漏水沈溺，押運等官免其失防處分，將專管河務文武各員照官隄土石各工預先不行修築例，降一級調用，兼管河務之地方官罰俸一年，查報不實之委員罰俸六個月。俱公罪。

《六部處分則例》卷一八《漕運・修造漕船》 一、官員奉委修造漕船，儻有遲延致誤冬兑冬開者，革職。公罪。委造漕船推諉不行監造，或檄催日久尚不完竣者，降一級調用。私罪。督催之該管官罰俸一年。公罪。修造未竣捏報已完者，降二級調用。私罪。

一、新造漕船於過淮時先由總漕驗明，果係堅固合式方准銷算。如有板薄釘稀造不合式者，將監造官降二級調用，糧道罰俸一年。俱公罪。仍將所給料價銀兩著落賠補。

一、糧船未滿年限遽請成造，或將尚堪修理之船謊報朽爛，及朽爛船隻估報不實者，俱降二級調用。私罪。如將應行變價之朽爛船隻不估價申報者，罰俸一年。公罪。

一、漕船停歇在境，如有官丁私行拆變，及捏報損壞風火希圖改造，地方官不親詣驗看的實，扶同朦蔽，遽爲加結呈報者，革職。私罪。其並無朦混加結情事，而玩忽耽延託故不往勘驗者，經該管上司查參，或別經發覺，船數在一隻以上者，降一級調用；五隻以上者，降二級調用；十隻以上者，降三級調用。俱公罪。若已經勘驗明確申報查辦，儻止始初失於查察，罰俸一年。公罪。如正犯丁役潛逃，運弁移會該地方官，限百日内拏獲。逾限不獲，降一級留任。再限一年緝拏，限内獲犯，准其開復。不獲，照所降之級調用。公罪。咸豐七年二月二十五日户部會議奏定。

《六部處分則例》卷一八《漕運・裝卸柳束》 一、回空漕船裝卸河工柳束，俱各定限兩日。如有違限，河道總督將該管官題參，降二級調用。公罪。或值大修河工，經河督題明，將回空漕船裝帶柳束，如裝卸違限，亦照此例議處。

《六部處分則例》卷一八《漕運・盜賣漕糧》 一、旗丁於漕船未經抵通之先，沿途盜賣米石，押運之同知、通判不行查出，不及五十石者，罰俸一年；五十石以上者，降一級留任；一百石以上者，降一級調用；二百石以上者，降二級調用。俱公罪。

一、重運入境，責令該管道府州縣往來巡察。如失察盜賣一起者，州縣官罰俸六個月，道府罰俸三個月。二起者，州縣官罰俸一年，道府罰俸六個月。三起者，州縣官降一級留任，道府罰俸一年。四起以上，州縣官降一級調用，道府降一級留任。俱公罪。若失察一二起，合計米數已在五十石以上，將州縣官降一級留任，道府罰俸一年。俱公罪。失察一起至三起，合計米數已在一百石以上，將州縣官降一級調用，道府降一級留任。俱公罪。若遇漕糧起剥，令該船正副旗丁分身管押，隨大幫銜尾而行，不得離船自行駕運。仍責令該管道府、州縣巡察，如有盜賣，均照前例分別議處。

一、州縣官一年內能拏獲盜賣漕糧二次者，紀録一次。道府等官於所管境內拏獲盜賣漕糧四次者，紀録一次。再有多獲，照此遞加。

《六部處分則例》卷一八《漕運·監兑押運》 一、各省監兑漕糧之同知、通判等官，於漕糧開倉收兑時，上司衙門不得以别項公事差委，令其坐守水次，專理漕務，逐船兑足，到淮聽總漕盤驗。儻有糧數不足，米色不純，即將監兑官題參。

一、江南省蘇、松、常、鎮、太倉五府州，浙江省杭、嘉、湖三府船糧，俱令監兑官兼司押運。安徽、湖廣、江西、山東、河南等幫，另行委員押運。其糧米有無攙雜短缺，令監兑押運各官於水次眼同面交，以專責成。

一、山東、河南、江南、浙江等省糧道督運抵通，江西、湖南、湖北三省糧道督運抵臨清後，均出具船米無虧切結送部備查。

一、運弁因私事稽留不親身領運抵通，迨起卸已完始行趕到，押運官不行查報者，罰俸一年，巡漕御史罰俸六個月。俱公罪。若係因公羈絆，押運官並巡漕御史均免議。例內凡言領運官者，俱係武弁。言押運官者，俱係文員。後倣此。

《六部處分則例》卷一八《漕運·兑運漕糧》 一、漕糧開倉兑運，糧道及監兑官親歷水次稽查。如該州縣與領運官有私自改折漕糧者，俱革職。私罪。監兑官降二級調用，糧道降二級留任。俱公罪。米石照數追賠。

一、監兑官縱容蠹惡包攬横行水次侵蝕漕糧者，降二級調用。私罪。

一、州縣收兑漕糧攙和糠粞砂土者，將州縣官革職，私罪。監兑官降一級調用，公罪。該管府州不行揭報，降一級調用。公罪。如有意袒護，降三級調用。私罪。

《六部處分則例》卷一八《漕運·漕糧兑運過淮違限》 一、各省漕糧經徵州縣衛所等官，俱限十月開倉，十二月兑完開行。其或船到無米，或有米無船，過十二月始兑開行者，俱罰俸六個月。公罪。過正月始兑完開行者，俱罰俸一年。公罪。過二月始兑完開行者，俱降二級留任。公罪。

一、漕糧未經兑完捏報兑完，或漕船未經開行捏報開行者，監兑等官俱降二級調用。私罪。

一、湖南省州縣漕糧定限十一月內運至岳州水次貯倉，如遲至十二月中旬到者，照過十二月兑開例議處。過十二月下旬到者，照過二月兑開例議處。如州縣糧米依限到次，軍衛船隻已齊，而監兑、領運廳弁交兑稽遲，致過十二月者，亦照過二月兑開例議處。如能依限過淮，該督撫題明，准其開復。

一、各省漕糧除山東、河南二省定限正月內全數開行，三月初抵通外，其江北各府州縣限十二月以內過淮，江南江寧、蘇、常等處並江北廬州衛頭幫限正月以內過淮，浙江、湖北二省限二月以內過淮，江西、湖南二省及江蘇之松江一府，限三月初十以內過淮。如有遲誤違限一月以上，督撫罰俸三個月，糧道、監兑官罰俸六個月。俱公罪。二月以上，督撫罰俸六個月，糧道、監兑官罰俸一年。俱公罪。三月以上，督撫俱住俸，戴罪督催。俟糧船抵通完糧後，准其開復。糧道、監兑官俱降一級調用。公罪。

一、白糧過淮逾限，俱照遲誤漕糧例議處。

《六部處分則例》卷一八《漕運·運河船排隨漕前進》 一、嘉慶五年四月十三日奉上諭：巡漕御史文通奏，運河內織造辦物船並銅鉛船隻以及木排等項恃強争先，接遇糧船，往往恣意攔阻，請交各巡漕御史稽察管束等語。糧船爲天庾正供，自應迅速挽運，不可稍令稽遲。其織造辦物船隻裝載上用物件，固關緊要，然較之重運幫船，行走究可稍緩。至於銅鉛船隻及木排等項尤非漕船可比，乃往往於運河內肆意横行，不特令商民船隻避讓，甚至糧艘北上亦恃強攔阻，押解之員任聽水手争鬧，漫無約束。此等惡習，朕所深知。嗣後著責成巡漕御史轉飭沿途文武員弁，將重運漕船催趲先行，其餘船排等項令其尾隨在後，挨次前進，以期無誤正供。儻該船排等不遵彈壓，仍前恃強爭先，一經查明，即將押解之委員嚴行參辦，以示懲儆。欽此。

《六部處分則例》卷一八《漕運・直隸沿河州縣經管撥船》 一、嘉慶十二年九月三十日奉上諭：温承惠等奏會議商捐官撥船隻分派沿河州縣經管一摺。此項官撥船隻既據該督等查明所需津貼費用，該商等情願仍照原數報捐，並據稱此項船隻自歸併通州、武清、天津三州縣承管。因船數過多，照料難周，遂致損失滋弊。今既籌議章程，仍應分派沿河十八州縣經管，以圖經久等語。所奏自係實在情形，著照所請辦理。但船隻既分派各州縣經管，恐該州縣等因係官捐之物，不甚留心愛惜，致易損壞。自應酌議保固限期，嚴定考成，以船隻之多寡，日期之久暫，爲處分之輕重。其如何明定章程之處，著該部妥議具奏。欽此。

一、直隸沿河州縣派管舊設撥船一千五百隻，分作十成計算，以解到接收之日起定限十年保固，限內損失祇一二成及撥運已八九年者，遇有損失，均責令賠補，免其議處。其撥運在六七年之內、損失至三四成者，經管之州縣罰俸一年，該管道員罰俸六個月。俱公罪。五成以上者，經管之州縣降一級留任，該管道員罰俸一年。俱公罪。其撥運未滿五年、損失至三四成者，經管之州縣亦降一級留任，該管道員亦罰俸一年。俱公罪。五成以上者，經管之州縣降一級調用，該管道員降一級留任。俱公罪。損失船隻俱責令州縣照數賠補。

一、直隸沿河州縣派管新造撥船一千隻，照例接收保固，遇有損壞，照看守戰船例議處。損壞一二隻者，承管官降二級留任，楊村通判降一級留任，天津道罰俸一年。俱公罪。三四隻者，承管官降二級調用，楊村通判降二級留任，天津道降一級留任。俱公罪。五六隻者，承管官降四級調用，楊村通判降三級留任，天津道降二級留任。俱公罪。七隻以上者，承管官革職，楊村通判革職留任，天津道降三級留任。俱公罪。其已及十年限滿有損壞者，仍照撥船原例免其議處。如扣至十年限滿祇係小有損傷，仍可修理撥用者，准其歸於獎勵例內查辦。凡州縣收到撥船，出具保固印結，由該道加結送部。遇前後任交代時，覈實接收。如再有損失，將接收交代之員參處。其空閒時，無故損壞，或攬載在途，停泊在次失防風火事故，均歸入成數隻數內計算。

一、新造船隻一切器具責令經管州縣隨時查驗，儻篷桅錨纜短少不全至十隻以上，將經管官照損壞戰船一二隻例降二級留任。公罪。該通判道員隨時查出者免議，失於覺察，楊村通判降一級留任，天津道罰俸一年。俱公罪。

一、州縣分管新造撥船，十年限滿全無損壞者，除前五年船隻撥運未久分應看守，祇應將該管官酌量記功無庸議叙外，其後五年內全無損壞者，查明該管官在任一年以上至二年者，紀録二次。在任三年以上者，加一級。若十年以外，船隻尚能經久多用二三年至四五年者，統於下届排造新船時將經管各官專案報部，分別從優議叙。該管天津道及楊村通判亦准照經管官例，除前五年無庸議叙外，其後五年內，按其在任久暫分別議叙。

一、各省成造撥船違限不及一月者，免議。一月以上，承造官罰俸六個月，督造官罰俸三個月，督撫免議。兩月以上，承造官罰俸一年，督造官罰俸六個月，督撫罰俸三個月。三月以上，承造官（罪）〔罰〕俸二年，督造官罰俸一年，督撫罰俸六個月。四月以上，承造官降一級留任，督造官罰俸二年，督撫罰俸九個月。五月以上，承造官降一級調用，督造官降一級留任，督撫罰俸一年。以上俱公罪。

（清）顏世清《約章成案匯覽》乙篇卷二四上《章程・行船門・總署咨津沽往來小輪搭載客貨章程文同治十年附章程》 爲咨行事，同治十年三月十八日准咨據津海關詳據天津漢税司函稱，本口有八士番得小輪船一隻，係充當引水人公同夥置，以爲拖帶輪船之用。此船即非一國人民，應與未换約各國之船同歸本關管理，並擬定章程發給執照，以憑稽查。該關道查核所議，係爲便商起見，與七年九月間總税司所擬章程最後聲明隨時酌擬之意相符，詳由貴大臣咨照本衙門核復等因。查天津海口由紫竹林至大沽一帶相距尚遠，水淺路曲，原與他處口岸不同，若概照從前定章一律不准起剥貨物，設有輪船、夾板各商船擱淺不能行駛，河面窄狹，竟被橫阻，於中外商船均有未便。應如該税司所請，此項八士番得船往來拖帶，遇有擱淺船貨，准其起剥，但不准於起剥擱淺船貨外私行夾帶別項商貨，以符舊章。此船既係由漢税司發給專照，與英瑞兩國無涉，所有八士番得船應即歸本關管束，以資查考。該税司原擬四款現經本衙門逐細復核，或引伸其未盡，或防弊於將來，另爲改訂七條，先令試辦一二年，如此一二年內行之無弊，即作爲天津一口定章，他處各口均不得援以爲例。除將本衙門現定章程七條劄交總税司一體遵照外，相應鈔章咨行轉飭津海關道行知天津税司遵照辦理可也。須至咨者。

右咨北洋。

附録津貼往來小輪搭載客貨章程

一、本口拖輪船之八士番得船，應准赴關請領津關拖帶輪船之專照，方准照章剥貨往來。

一、此船往來若欲剥裝別船貨物，係在紫竹林裝運到大沽剥載別船者，應於未裝貨之先，由船主赴關將貨物件數裝剥何船等事報明，請領下貨單後，方准下貨前往。若係大沽之貨剥裝至紫竹林者，應先到大沽津關公所將貨物件數並何船之貨報明，請領下貨單後，方准下貨前往。凡遇未領准單先下貨者，一經查出，即將所下貨物全行入官充公。

一、此船若係從大沽剥裝攔淺船之貨物運到紫竹林者，應由船主赴本關開明艙單查驗，請領准單後，方准起貨。若係由紫竹林剥裝攔淺船之貨物送至大沽者，經過津關公所碼頭時，應由船主赴公所將裝運何貨剥載何船等情報明。倘有到紫竹林時不領准單先行起貨者，或赴大沽不赴碼頭遵驗先行剥貨者，一經查出，即將所剥之貨全行入官充公。

一、此船往來在紫竹林以下，大沽以上，所裝貨物及行李等件，沿途俱不准其起卸。若違章者，即將該貨等件全行入官充公。

一、凡有商船在天津海河內若遇攔淺無法可救者，即准此拖帶船起封開艙，將商船之貨剥載代運。凡遇此等之事，拖帶輪船抵關時，務須迅速將所剥何貨物件數報明本關備查。

一、此船往來不拘何時，本關可派人役登船看守，該船人等不得攔阻。

一、此船若違背應遵之章，除將所剥貨物各件入官，仍照本關將所發專照銷除，永不准其剥貨往來。

以上七條係專爲天津海口八士番得拖帶輪船而設，他處不得援以爲例。

（清）顏世清《約章成案匯覽》乙篇卷二四上《章程・行船門・總署咨津沽往來小輪應遵前定章程文同治十二年**》**　爲咨行事，同治十二年閏六月二十三日准咨據津海關詳據新關赫税司函稱，寶順洋行有飛雲小輪船一隻，欲由大沽至紫竹林，或由葛沽、鹹水沽至紫竹林往來載客剥貨，准英國孟領事函請發給執照，當以八士番得小輪船前於同治十年三月間請領執照，詳蒙總理衙門酌定章程七條，行令試辦一二年，如行之無弊，即作爲天津一口定章。是年八月間，美國小米輪船援例請照，亦經詳明在案，現屆兩年之期，是否無弊，應查明再行照辦。函復去後，旋據赫税司函稱，迄今兩年並無違章，原定章程七條已極周密，嗣後該小輪船由大沽、紫竹林起剥貨物，必須由本關派役登船看守，更昭慎重等情。查飛雲小輪船核與前兩船事同一律，是否准其剥貨，詳請核咨。據此除批飛雲小輪船應准其照章往來，惟不准於起剥攔淺船貨之外私行夾帶別項商貨，亦不准私作買賣，裝載內地鮮魚、菜蔬、米糧等類，致佔華船生計。仰即知照税務司轉飭該船悉遵定章辦理，毋任稍有違誤，致干究罰外，咨請核復前來。查同治十年三月准貴大臣咨報天津漢税務司函致津海關道內稱，本口有小輪船一隻，名八士番得，本口充當引水人公同夥置，以爲拖帶輪船所用，此船應歸本關管理。該船於拖帶輪船時，遇有載重攔淺必須中途剥運，請擬章程發給專照，以憑稽查等因。當經本衙門劄交總税務司酌定章程七條，復由本衙門改定咨行，轉飭照章試辦在案。今准咨稱，該關道查據赫税司函稱，現已兩年，小輪船並無違章，嗣後小輪船由大沽、紫竹林起剥貨物，須由本關派役登船看守等語。是於本衙門核定章程之外更添周密辦法，應如所稱辦理。惟八士番得輪船領照以後，已有小米輪船援例領照之案，今飛雲小輪船欲在大沽、紫竹林往來載客剥貨，請發專照，與前兩船事同一律，應如貴大臣批示，准其悉遵定章辦理，仍不准夾帶別項商貨，私作買賣，以防滋弊。除由本衙門劄行總税務司，即飭該税務司轉飭該輪船，一切確遵同治十年間本衙門所定章程七條並此次批示各節辦理，毋得違誤外，相應咨行查照可也。須至咨者。

右咨北洋。

（清）顏世清《約章成案匯覽》乙篇卷二四上《章程・行船門・岳州關小輪往來各內港搭載客貨章程光緒二十五年**》**　第一款輪船出入岳州口完釐章程

一、自岳州至平江釐金在城陵局完清，沿途過涪口卡，無貨不須停船，到平江上坡照納落地稅。至於自平江至岳州口則在馬家灣完清，彼此均不重抽。

一、自岳州至湘陰、靖港、長沙、湘潭等處出口時，在城陵局完清釐金，到該各處只完落地稅，不再重抽。又自該各處來岳州，則在馬家灣完清，沿途無貨不須停船。

一、自岳州至衡州府並衡山縣之雷家市二處出口時，在城陵局完清，到該二處只完落地稅。又自該二處下水，貨已在該二處完清，到岳州口彼此均不再抽再補。

一、自岳州進湘陰至沅江出口時，在城陵局完清，沿途各處只完落地稅，不再抽再補。下水在常德局完清，到岳州口不再抽再補。沿途過龍陽、湘陰，無貨不須停船。

一、自岳州過洞庭至沅江，上下水均同上。沿途湖口有卡，無貨不須停船。

一、自岳州至洞庭西北岸沿途有卡，應停船候驗完釐。如出口時在城陵局完清，則到指運之處即不補不抽。

一、自岳州出大江入荊河，應與湖北釐局定規。

第二款商人應遵章程

一、輪船行駛內港裝載貨物，應照章在岳州關請領專照。

二、輪船過應完釐卡，當停輪呈驗單照，註明日時，蓋戳放行。如未蓋戳，即照章罰辦。

三、輪船在岳州通商，准界內開行，自早六點鍾起至晚十點鍾止，逾此鍾點不准開行，違者照章罰辦。

四、輪船到卡上下貨物，應先請領准單始可上下，此輪船裝載之辦法。至於拖帶土船所裝之貨，應在此卡碼頭起卸者，該土船即停泊此處候驗。其輪船經卡官查過，仍即拖帶別船開行。

五、輪船裝貨除已領洋貨稅單、三聯報單外，其餘照第一款各條辦理。

六、輪船並輪船拖帶之土船均屬一律辦理。

七、輪船、土船所裝貨物，只准在有釐卡處上下，無釐卡處不准上下貨物，違者照章罰辦。

第三款大關與釐局合辦法

一、本省大憲可派城陵釐局委員照內港行輪補續章程第九條辦理。

二、出大江輪船請領專照，該船與貨歸大關辦理。

三、入洞庭輪船，該船歸大關辦理，所裝貨物歸釐局辦理。

四、上水輪船裝貨已在大關完納子口稅，領有洋貨稅單，即爲准單，不再抽釐，餘貨過卡照章辦理。

五、下水輪船領有三聯報單，在內地釐卡已經換有運照，到馬家灣釐卡即呈運照候驗蓋戳，准憑此照此戳赴大關報完子稅可也，如此辦法甚簡便。餘貨照章辦理。

附録一船不准請領兩照章程

一、自彼通商口來此通商口之輪船，既領江照，不准再領內港專照。往內港貿易之輪船，既領內港專照，即不准再領江照。

一、凡行內港輪船經過本口者，自本年即光緒二十五年。十一月三十日起，應在本關呈驗牌照，請領岳州關專照，遵照本口章程而行，違者照章罰辦。

（清）顏世清《約章成案匯覽》乙篇卷二四上《章程・行船門・南寧關商船往來各內港搭載客貨章程光緒二十七年》 一、各國有約之輪船。

二、各國有約之洋商自備洋式躉船或民船，均在新關請領掛號執照。

三、各國有約之洋商所僱用有新關執照之民船。

四、掛中國旗之輪船。

五、華商自備之洋式躉船或民船，均在新關請領掛號執照。

六、華商所僱用有新關執照之民船。

以上船隻章程。

七、洋商輪船應有本國之國牌或新關西江輪船執照。

八、洋商自備之洋式躉船或民船應有新關掛號執照。

九、洋商僱用民船應有新關僱用執照。

十、掛中國旗之輪船應有國牌或新關西江輪船執照。

十一、華商自備之洋式躉船或僱用之民船，應有新關掛號或僱用執照。

十二、各項洋式船隻須有船鈔單，民船須有船料單，其餘則須兼有軍火單，輪船應有拖船准單。

以上執照章程。

十三、華洋各商均准僱用民船來往南寧、梧州，或一往，或來回，或數月皆可。

十四、凡僱用民船，必須稟明新關，由稅務司發給僱用民船執照。

十五、凡有執照之民船，除所掛本行之旗外，須由該商照關式自備藍色旗幟，以便該船掛用。其船頭兩傍須將號數行名以大字書明，以資易認，而免關卡阻滯。

十六、凡僱用有執照之船隻，須照新關章程辦理一切。

十七、凡僱用有執照之船隻，沿途經過各關卡，如令將執照交出，應即呈驗，立予放行，不得稽留。

以上僱用華船章程。

十八、各商自備之洋式躉船或民船，洋商應報明本國領事官，知會稅務司發給執照，華商可直赴新關稟明。

十九、凡有執照之民船，除所掛本行之旗外，須由該商照關式自備紅色旗幟，以便該船掛用。其船頭兩傍須將號數行名以大字書明，以資易認，而免關卡阻滯。

二十、凡自備領有執照之船隻，須照新關章程辦理一切。

二十一、凡自備領有執照之船隻，沿途經過各關卡，如令將執照交出，應即呈驗，立予放行，不得稽留。

以上自備洋式或華船章程。

二十二、進口貨物，《各國通商稅則》准裝之物皆可裝載進口。

二十三、出口貨物，《各國通商稅則》准裝之物皆可裝載出口。

二十四、凡貨物由梧至寧，或由寧至梧者，若須改裝，准由該商呈明該處新關發給改裝准單，並派關役稽查。如途中遇有損壞潮溼等事，准其隨時報明附近地方官衙門，或附近關卡派人眼同查驗，實係損壞潮溼並無情弊，即監視拆改，於該商原領本關護照內詳細載明，蓋用印信鈐記憑至運赴之口查驗，並一面報明給照運出之關與運赴之關查核。此係專指中途損壞潮溼改裝之貨而言，與同治四年改裝章程無涉。

以上貨物章程。

二十五、凡各商所運進出口之貨，即按《通商稅則》納稅，其船隻分別辦理，自備之船完納船鈔，僱用之船完納船料。

二十六、凡貨物進口之時，或徵納稅項，或免納稅項，按呈驗之原領單分別。

二十七、凡土貨，在梧州運至南寧者，由梧州關徵收出口稅，在南寧關徵收復進口半稅。

二十八、凡土貨，在南寧運往出口，在南寧關徵收出口稅，在所抵之口若不轉運外洋，完納復進口半稅。若欲運往外洋者，必須先行聲明該貨未過於十二箇月，限內報復，出口不再徵稅。若未先行聲明，或過期出口，即須再完出口正稅。

以上徵稅章程。

二十九、洋商之輪船，皆准拖在新關領照之各項船隻。或拖至灘底，或直拖至南寧。

三十、華商之輪船，皆准拖在新關領照之各項船隻。或拖至灘底，或直拖至南寧。

三十一、凡華商之輪船，准拖歸常關管理之民船，惟不准於拖新關船之時又拖常關之船。

三十二、凡拖帶船隻之輪船，應照十七、二十二兩條所載辦理。

以上拖帶章程。

三十三、來往梧州、南寧輪船，准在藤縣、江口、潯州、貴縣、南鄉、永淳上下搭客。

三十四、在藤縣江口等處上下搭客，祇可在允准之碼頭，並照允准之章程辦理。至於貨物來往，俟准裝時方爲酌定章程。

以上搭客章程。

三十五、凡歸新關管理之船隻，祇准在新關指定之處停泊。

三十六、凡領有照之船，如因事故暫停往來，或有轉賣轉租等事，洋商須稟明領事官知會稅務司，華商須稟明新關，或將執照改易，或將執照收回。

三十七、凡洋商自備或僱用之船隻，須於開行之先赴新關請領執照關旗等件，如違此章，即按照英法等條約罰辦。

三十八、凡華洋商自備之民船所掛用關式紅色旗幟，旗式三尖角形，幅寬四尺，斜長八尺，底長六尺九寸，旗面橫書關式兩大字，傍用小字書明某商自備船隻旗幟第某號。

三十九、凡華洋商僱用之民船所掛用關式藍色旗幟，形式大小俱同前様，惟某商自備二字改書僱用二字。

四十、凡有違背和約條款、新關章程之事，即須按和約條款並章程罰辦。

以上雜項章程。

右定各款乃係試辦，均可隨時酌改，以期妥善。惟有於《西江通商暫行章程》所無者酌而補之，並非遺棄《西江通商暫行章程》。

（清）顔世清《約章成案匯覽》乙篇卷二四上《章程・行船門・外務部核定内港行輪暫行試辦章程光緒二十九年》　查《内港行輪修改章程》第八條載明非奉中國政府允准，不得由此不通商口岸之内地至彼不通商口岸之内地專行來往等語。今本部核定章程四條：

一、凡内港輪船欲前往輪船向未行駛之内港，或欲專作由此不通商口岸之内地至彼不通商口岸之内地貿易者，須先將詳細情形報明最近口岸之税務司，以便轉稟商務大臣，會同該省督撫體察情形。俟政府允准後，方可發給專照前往。

一、凡領專照者，專作此項不通商口岸來往買賣時，其一切行駛、停泊、搭客以及起下貨物並完納税釐等事，均須照他項華船一律辦理。

一、凡領專照者，欲行停作買賣時，須將原領專照繳還本關註銷。

一、凡領專照者，除遵照以上三條辦理外，並應一體遵守其餘各内港章程行駛。

以上四條即作爲小輪來往彼此非通商口岸之暫行試辦章程，倘有應行修改之處，即隨時酌量情事增改。

謹按：以上章程光緒二十九年由外務部核定，分咨各省，並劄總税務司轉飭各關一體照辦。

（清）顔世清《約章成案匯覽》乙篇卷二四上《章程・行船門・江門關商船往來各港口搭載客貨章程光緒三十年》　一、輪船除在通商口岸上下客貨之外，並准其在甘竹白土口、肇慶羅定口、德慶都城等處上下客貨。其容奇、馬寧、九江、古勞、永安、後瀝、禄步、陸都等處，准其起卸搭客並搭客行李，但搭客不得藏有應税之物。如查有應税之物，即將全數充公。

一、凡輪船應分兩式，一係入江輪船，由省城或由江門前往西江各口岸，並下駛離兩廣水界者。二係輪船，由香港或澳門等處前往西江貿易，祇走一水者。

一、入水輪船須將所領本國船牌呈由該領事官收存，或呈由粤海關，或江門關收存。海關當即察驗，或發給准照，並同時發給來往西江輪船牌照一紙，交該輪收執。此照准用一年，期滿之日必須呈繳，或赴粤海關、江門關續領。

一、由香港、澳門來往西江貿易之輪船，必須先經江門，或先經省城，方能駛入西江。如先經江門，必須由磨刀門水道前往，並赴拱北關之綱洲税關呈報，又必須遵照《西江通商暫行統共章程》察驗，或發給准照，並請領江門准照，方能駛行前往。倘到江門之後，欲再改往西江，則將江門准照繳回江門關，並將本國船牌呈由該國領事官，或海關收存。然後請領西江專照。若無此項專照，不得於通商口岸或路經之埠，或搭客埠頭，來往貿易。至該輪船由上游駛回江門之時，如所有税項均已完納清楚，則該輪於繳回西江專照之後，該關即發出清關單，並將該輪所領本國船牌並江門准照交回該輪。其江門准照，俟抵綱洲税關時須呈繳註銷，然後開行。

一、輪船先經省城，然後往西江者，應將本國船牌呈由領事官或海關收存，方能領回西江專照。及至回省之日繳回西江專照，方能領取清關單並本國船牌也。

一、凡輪船來往西江通商口岸貿易者，其報關、清關、起貨、卸貨等事，務須遵照沿海各通商口岸並沿途各口岸海關章程一律辦理。

一、徵收税項辦法，凡貨物由外國口岸運往通商口岸者，須於起貨之埠完納進口正税。如由外國口岸運往路經之埠者，則須赴所經第一處通商口岸，如江門關或粤海關完納進口正税。如土貨由路經之埠運入通商口岸，如沿途未曾經有別處通商口岸者，則於起貨之埠完納進口正税。如土貨由通商口岸運往路經之埠，而沿途未曾經有別處通商口岸者，則於落貨之埠完納出口正稅。若土貨進口如上所云路經通商口岸者，起貨之時或落貨之時，完一正稅並一半稅。若土貨由路經之埠運往別處路經之埠而沿途有通商口岸者，須赴該處通商口岸報明，並即完納進口稅。其由路經之埠運往外國口岸者，則須於江門關、粵海關完納出口正稅。凡輪船由香港或澳門來粵海關或江門關請領清稅單之時，須將船上貨物列明，艙口單呈繳該關並完納稅項。若已在別處完納稅項，須將憑據呈驗。

謹按：以上章程經外務部核准，於光緒三十年分咨查照辦理。

（清）顏世清《約章成案匯覽》乙篇卷二四上《章程・行船門・江海關華輪往來蘇杭滬搭載客貨章程》 一、凡此項蘇杭滬內河華商輪船約有兩類，一係可以自裝貨物之輪，一係不能自裝貨物，必須另用民船裝載，作爲拖帶之輪。無論是何一類，到口之時，均須報請新關查驗辦理。臨出口時，必得請領准單方准駛出。又如裝貨之輪必先報關納稅，請領准單，始可起下貨物。

二、凡華商輪船，若係常川來往蘇杭滬者，准將船牌送呈新關留存，稟請發給輪船河照一紙，以六箇月爲限。既領河照之船，即可報關照章納稅，請領准單起下貨物。其所具之稟，必得將其輪船係屬何類，即如或裝貨之輪，或拖船之輪，分別註明。如係拖船之輪，所拖船數不得過三隻，亦不准裝貨。倘有多拖船隻、私裝貨物情事，一經查出，應將該貨充公。至華商行船，現經酌定華輪往來蘇杭兩關正道路由，凡由滬至蘇者，入吳淞江，即蘇州河，行經黃渡、陸家浜、三江口、車坊、高店等處，以抵密渡橋蘇關。凡由滬至杭者，從黃浦之南行，經閔行、松江、楓涇、嘉興等處，再由運河以達拱辰橋杭關。至於蘇杭兩關來往，則當以運河之吳淞江北尺平望界牌、嘉興等處一路爲正道，不准另走。此外內地河道如果查有私自改道者，應將船貨一併充公。

三、凡華商輪船，除掛中國之旗外，白晝應懸新關所定之旗，黑夜除常用之鐙外，另須按照關定式樣，用白光鐙三盞，擇在人所易見之處貫連懸掛，俾易分辨。

四、凡華商輪船來往蘇杭滬三處，須掛用關式白色旗幟，其形長方，長四尺，闊一尺四寸，旗面用紅色大字橫排書明某華商某輪船。旗應由該商照式自備。

以上華商輪船章程。

五、凡華商所用民船裝貨載運蘇杭滬者，該商必得先行將船報關掛號，請領執照。由關即將該商名、船名、號數填明在內，該船即應自備關式旗幟應用，並將船列號數遵在新關所定之處，用大字排列書明，俾易認識。

六、凡華商所用掛號之民船上下貨物，應照各該口新關章程辦理，由該商隨時報關請領准單，方准裝貨卸貨。其沿途經過關卡，如令將新關所發掛號之執照繳驗，應即呈出驗明，即予放行，不得稽留。

七、凡華商所用掛號之民船，該船之艙必須有蓋可掩。如或無蓋，必須蓋有艙面有門可閉之房，以便新關貼封，預防沿途私自起下抽換等弊。

八、凡華商所用掛號之民船，該船只准在蘇杭滬三處報關進出貿易，如在此外他處來往，而所裝之貨亦非報由此三關者，一經查出，應將該船貨物一併充公。

九、凡華商所用掛號之民船，請領執照後，如因事故暫停來往，該商應將原領執照繳存新關，俟復運貨時再行發還。倘欲轉賣他人，應即報明新關，所有原領執照並連旗號等件即行一併繳呈，以便核銷。一面由關飭役，將該船上所書大字銷去。

十、凡華商所用掛號之民船來往蘇杭滬三處，須掛用關式紫色旗幟，其形長方，長四尺，闊一尺四寸，旗面用白色大字橫排書明某華商第某號民船。

以上華商民船章程。

十一、凡華商輪船並掛號民船所裝之貨，即與條約及各關章程所准往來通商他口者無異。

以上貨物章程。

十二、凡華商輪船並掛號民船所運之貨，即按通商稅則納稅。至其船隻則分別辦理，輪船納船鈔，民船完船料。

十三、凡洋貨從滬報運蘇杭者，均在蘇杭等關完納進口正稅。至洋藥一項，所有應完稅釐亦即在該兩關照納，惟報運之時，必得照章在本關出具保結，聲明必在蘇杭完納稅釐等語。

十四、凡土貨從滬報運蘇杭者，應由江海關徵收出口正稅，再由蘇杭等關徵收復進口半税。

十五、凡土貨從蘇杭報運出口者，應由蘇杭等關徵收正税，再由復進之口徵收半税。

以上徵税章程。

十六、凡華商輪船暨掛號民船，均應泊在新關指定之處。

十七、凡華商輪船暨掛號民船，無論由滬開往蘇杭，或由蘇杭來滬，均須於開行之先赴關報明，請領船牌執照等件，方准起行。如經查有船隻並無此項船牌執照而擅自開行，即將該船拏獲充公。或領有船牌執照私自改道他走，不由本章第二條所定之路而行，經關查獲，應將該船貨一併充公。

十八、凡華商輪船暨掛號民船，每逢進口出口，務須在江海關所設之南北兩卡停候查驗放行。

以上停泊章程。

右定章程暫行試辦，倘日後有與税務未便之處，應隨時核議增改，以臻妥善。

（清）顔世清《約章成案匯覽》乙篇卷二四上《章程・行船門・杭州關洋輪往來滬蘇杭搭載客貨章程》 一、凡此項杭滬蘇內河洋商輪船約有兩類，一係可以自裝貨物之輪，一係不能自裝貨物，必須另用自置之船裝載作爲拖帶之輪。無論是何一類，到口之時，均須報由該管領事官知會新關查照，臨出口時，必得請領紅單方准駛出。又如裝貨之輪必先報關納税，請領准單，始可起下貨物。

二、凡洋商輪船，若係常川來往杭滬蘇者，准將船牌送呈上海領事官留存署內，稟由領事轉請江海關發給輪船河照一紙，以六箇月爲限。既領河照之船，勿庸俟領事官知會新關即可先行報關納税，請領准單起下貨物。其所具之稟，必得將其輪船係屬何類，即如或裝貨之輪，或拖帶之輪，分別註明。如係拖帶之輪，所拖船數不得過三隻，亦不准裝貨。倘有多拖船隻、私裝貨物情事，一經查出，應將該貨充公。且條約載明洋船來往杭滬蘇，只應走由吴淞江及運河之路，不准另走此外内地河道。如果查有私自改道者，應將船隻一併充公。

三、凡洋商輪船，除掛本國之旗外，白晝應懸新關所定之旗幟，黑夜應掛新關所定之鐙盞，以示區别。

四、凡洋商輪船來往杭滬蘇三處，須掛用關式白色旗幟，其形長方，長四尺，闊一尺四寸，旗面用紅色大字横排書明某洋商某輪船。該旗應由該商照式自備。夜間除常用之鐙外，另須擇在人所易見之處貫連懸掛白光鐙三盞，俾易分辨。

以上洋商輪船章程。

五、凡洋商自置之船，應即報明該管領事官知會税務司查核掛號。

六、凡洋商自置之船，應由新關發給船牌內將船户、船名及該船所編號數詳細載入，該船上應遵新關所定之處，將其號數用大字排列書明，俾易認識。

七、凡洋商自置船隻上下貨物，應照各該口新關章程辦理，由該商隨時報關請領准單，方准裝貨卸貨。

八、凡洋商自置船隻，沿途經過各關卡，如令將新關所給之船牌繳驗，應即呈出驗明，即予放行，不得稽留。

九、凡洋商自置之船，該船之艙必須有蓋可掩，如或無蓋，必須蓋有艙面有門可閉之房，以便新關貼封，預防沿途私自起下抽换等弊。

十、凡洋商自置之船來往杭滬蘇三處，須掛用關式紅色旗幟，其形長方，長四尺，闊一尺四寸，旗面用白色大字横排書明某洋商自置第某號船。該旗由該商照式自備。

以上洋商自置船隻章程。

十一、凡洋商自置船隻所裝之貨，即與條約及各關章程所准往來通商他口者無異。

以上貨物章程。

十二、凡洋商所運之貨，即按通商税則納税，至其洋輪及自買船隻均應完納船鈔。

十三、凡洋貨從滬報運來杭者，均在杭關完納進口正税。至洋藥一項，所有應完納税釐亦即在杭關照納。惟報運之時，必得照章在滬關出具保結，聲明必在杭關完納税釐等語。

十四、凡土貨從滬報運杭者，應由江海關徵收出口正税，再由杭關徵收復進口半税。

十五、凡土貨從杭報運到滬蘇者，應由杭關徵收出口正税，再由滬蘇關徵收復進口半税。

以上徵税章程。

十六、凡洋商自置船隻，均應泊在新關指定之處。

十七、凡洋商自置之船，請領船牌後，如因事故暫停來往，該商應將原領船牌繳存新關，俟後運貨時再行發還。倘欲轉賣與華商，應即報明領事官知會税務司，所有原領船牌即行呈繳，以便核銷。由税務司一面飭役將該船上所書大字銷去，一面並將該船於某日改歸常關管理知照監督查核。

十八、凡洋商自置之船隻，須於開行之先赴關報明，請領船牌、關旗等件，如經查有船隻並無此項船牌關旗者，即將該船拏獲充公。或既領有船牌、關旗，而擅自改道他走，不遵由吴淞江及運河之路而行，經關查獲，將船貨一併入官。

十九、凡洋商輪船暨有自置船隻，每逢進口出口，務須在新關所設之卡停候查驗放行。

以上停泊章程。

右定章程暫行試辦，倘日後有與税務未便之處，應隨時核議增改，以臻妥善。

《大清法規大全・民政部》卷首《諭旨》 上諭：漕政日久弊生，層層剥蝕，上耗國帑，下朘民生。當此時勢艱難，財用匱乏，亟宜力除糜費，切實整頓。著自本年爲始，各直省河運、海運一律改徵折色，責成該督撫等認真清釐，將節省局費、運費等項悉數提存，聽候户部指撥。並查明各州縣向來徵收浮費，責令和盤托出，全數歸公，以期彙成巨款。仍由該督撫將提存歸公各數目，先行具奏。至倉場關係緊要，全漕既經改折，自應按時籌備詳定辦法，所有採買、運解、收存、儲備各章程，及到倉後應如何嚴責成、防流弊之處，著漕運總督、倉場侍郎分別妥議。統限於兩月内覆奏，毋稍遲誤。將此通諭知之。欽此。光緒二十七年七月初二日。

紀事

(明) 卜世昌《皇明通紀述遺》卷一〇 〔嘉靖三年〕新定運糧軍行糧隨正交兑之法，官軍便之。惟蘇松二府原無額坐江北行糧，勢難加派。于是應天巡撫吴廷舉請以各府該運鳳、徐二倉糧，免解民運納到倉，即在水次兑與江北官軍，以抵合用行糧。淮陽等府原坐常盈倉糧，就近改鳳、徐二倉，補還江南蘇松等府糧數。庶起存之數，兩不相虧。户部覆議，從之。

(明) 卜世昌《皇明通紀述遺》卷一二 〔隆慶三年〕六月，總理河道翁大立言：陛下念濱河之民重罹水災，時下蠲租之令，更發内帑以賑之，不勝大幸。顧閭閻窮苦之狀，宫禁邃遠，有不盡見聞者，臣謹繪圖十二以獻：一則曰水次充軍，二曰運河築堤，三曰黄河驟漲，四曰昏夜守堤，五曰糧船過河，六曰黄河捲掃，七曰茶城撈淺，八曰洪水衝城，九曰風雨異常，十曰海潮嘯溢，十一曰災民避水，十二曰糧船漂没。險阻艱難備載之矣。陛下惠然省覽，知大官之膳饈，皆軍民之膏血，必有惻然傷之者。且今時事可慮者五：東南財賦之藪，而江海泛濫，粒米不登，鞭撻雖加，徒殞人命。此京儲可慮一也。邊鎮關隘洪水衝激，墩堡傾頽，何恃以守。此虜患可慮二也。直隸、河南、山東皆股肱郡，霖雨既久，城廓不完，積貯空虚，賑貸無策。卒有盜賊，何以備之？此内地可慮三也。海激之間，颶風鼓浪，兵船戰士悉被漂沉。此海防可慮四也。淮浙産鹽之場，鹹泥盡衝，團竈俱廢。此國課可慮五也。願陛下以此五患、十二圖，召公卿輔弼，與共計之，求其所以消弭變異者，無爲文具。上以留覽，下其章於所司。

(明) 卜世昌《皇明通紀述遺》卷一二 〔隆慶四年九月〕時漕舟敝者幾二千，而漂没者又八百艘，蓋幾無漕云。于是科臣宋良佐議行海運，而山東左布政王宗沐素好奇計，力主海運之策，乃遷總督漕運副都御史提督軍務巡撫鳳陽等處，上疏言：唐人都秦，右據岷涼，左通狹渭。是有險可依，而無水通利也。有險則天寳、興元恃其強，無水則會昌、大中受其貧。宋人都梁，背負大梁，南接淮、汴。是有水通利，而無險可依也。

有水則景德、元祐享其全，無險則重和、宣和受其敝。我朝都燕，北有居庸、巫閭以爲城，南通大海以爲池。漕粟于海，猶憑左臂從左腋下取物也。元人用之百餘年，梁秦之所不得望也，乃棄之而專藉一線之河，非計也。從之。遂以十二萬石，自三月十八日自淮出海，至五月廿九日抵天津。後行之數年，遇龍躍，覆溺數萬。言者交擊之，乃罷。

（明）卜世昌《皇明通紀述遺》卷一二　〔隆慶五年〕九月，户科給事中宋良佐等奏：國初運糧率因元故，自會通河成而海運始罷。然遮洋一總猶寓存羊之意。至嘉靖末年，科臣胡應嘉欲市恩桑梓諸軍，建議罷廢，而海運遺意無復有存焉者。今河變頻仍，運道屢梗，宜將遮洋一總盡行議復，務足原額，以存海道遺意。如該總隸北衛兑北糧者，令由天津入洋抵薊州。隸南諸衛兑南糧者，令由淮入洋抵京通。仍博訪國初竝海諸衛所舊制，使列障連屯，彼此相望。即河渠少梗，而彼塞此通，亦思患預防之策也。户部覆言：遮洋一總先時徑渡天津海口，不過八九十里。今欲涉海運餉，事難造次。乞先復遮洋一總，而以良佐所上事，宜下漕司詳議。

（明）談遷《國榷》卷六八《穆宗隆慶六年》　〔十月〕戊午，南京户科給事中張煥論總督王宗沐六月報海運米十二萬石，出海至張灣無失，比聞道溺二千二百石買補。人臣實心任事，當不若是，宜議經久之策。户部覆言：萬世之利在河，一時之急在海。海道叵測，但當習此路以備，不必如漕臣議，明年加運二十四萬石也。自萬曆元年始，止海運十二萬石爲則，候數年外裁酌。王宗沐奏辨傳言之妄。

《明實録》洪武六年八月　辛巳，四川按察司僉事鄭思先言：重慶、夔州漕運糧儲至成都，水路峻險，民力甚艱，宜令衛兵於近城屯種，及減鹽價，令商人納米，以代餽運之勞。且貴州之粮，令重慶人負運，尤爲勞苦。若減鹽價，則趨利者衆，軍餉自給。其開、達、巴三州之茶，自漢中運至秦州，道遠難致，人力多困。若令就漢中收貯，漸次運至秦州尤便。皆從之。

《明實録》洪武二十二年八月　〔丙辰〕兵部尚書沈溍言：各處水陸遞運之役，有司不量輕重，概給舟車，以致民力困弊。宜著定例，凡文武官赴任千五百里之外者給之，老疾軍及軍屬寡婦、故官之妻子還鄉者給之，其犯法至死者不給。宥罪爲軍及軍丁補役者，惟雲南、遼東、大寧等處水陸則給之，餘不許。從之。

《明實録》永樂八年五月　辛卯，刑科給事中耿通言：驍騎等衛倉壞，運粮至者露積久而虧折多，工部侍郎陳壽等不預修理，宜正其罪。皇太子曰：豈獨虧粮，又妨農務，令壽等亟修倉收納，遣民歸。

《明實録》宣德五年七月　〔己酉〕行在都察院右都御史顧佐奏：户部言：儀真、瓜洲、淮安、吕梁、徐州、濟寧、臨清公私舟舡往來交錯，阻塞河道，漕運不便，奏請遣御史等官巡視禁約。今儀真等處俱有御史監收課鈔，就令通行巡視。瓜洲、淮安、吕梁三處請令刑部各遣官一員，遇有犯者，同御史依律鞫治。從之。

《明實録》宣德九年三月　〔庚子〕南京兵部奏：近差遣内外官於南京、湖廣等處起運諸物，皆用馬船、快船裝載，領運之人，半載私物，虚費民力。乞援北京事例，委都指揮或都督一員總督，庶革其弊。上命都督劉聚總督，監察御史周皡協同整治。敕聚及皡曰：近聞内外官往南京及湖廣諸處用馬船、快船裝載官物者，挾勢逞威，作弊百端。自今南京馬船、快船悉聽爾聚總督撥用，皡常巡視。除薦新御用諸物外，其餘悉與遞運紅船，必務至公，毋徇私意。若所差内外官仍不守法，豪横非理，與不當用船而逼令應付者，具名奏來，罪之不貸。

《明實録》景泰四年四月　丙辰，直隸淮安府安東縣典史黄鎮言：山東徐邳等處餓殍盈野，臣見運河船皆順帶甎，乞暫免運甎，令其該運一甎者納粮一升，貯於沿河官倉，用賑饑饉。從之。

《明實録》景泰五年正月　〔己未〕總督漕運左副都御史王竑奏：運河自通州抵揚州，俱有員外郎等官監督收放粮、收船料鈔及管理洪閘、造船放甑。此等官員輒携家以往，占居公館，役使人夫，日需供給，生事擾人。又南京馬快船有例禁約，不許附帶私貨及往來人等，近來公差官員每私乘之。宜通行禁約，違者治罪。其掌船官吏妄自應付者，一體罪之。章下，都察院謂：宜允所言，請出榜曉諭。從之。

《明實録》天順二年六月　〔甲戌〕漕運總兵官右都督徐恭奏：天久不雨，各洪閘水淺，漕運艱難，盤淺雇直之費甚重，軍士疲憊不堪。乞敕户部將今六月以後運至者，京倉量改通州倉，以紓其困。章下户部議，京糧缺少，難從其請。上曰：京儲固爲重務，而軍士之困亦所當念，其如恭請，六月以後運至者，京倉、通州倉各中半上納。

《明實録》天順六年十二月〔癸酉〕内閣臣言：臣等聞知南京馬快船隻裝載官物，一船可載者分作十船，却搭客商人等私貨，俱要人夫拽送，動經二三百號，又阻滯糧船，深爲不便。乞令南京守備官員，今後若有進來品物，惟該用冰者一船只載十五扛，其餘一應供用官物或用半船儘船裝載，不許仍前多撥船隻，勞人拽送。上從其言，敕諭南京守備太監懷忠、魏國公徐承宗等如所言行之。

《明實録》天順七年冬十月 乙未，總督漕運副都御史王竑言：運糧官軍得罪者，令於淮安常盈等倉支米，另行倩船運之京倉。比來支米者，併載于原運糧船，重累軍士，不便。請自今得罪者，納米贖罪，如京師常例。從之。

《明實録》成化四年春正月〔癸未〕禁内外公差官員不得役占官船夫，並例外需索供給。時應天府府尹畢亨奏：上元、江寧兩縣，被内外往來公幹官員多占夫役，需索工匠，器用供給，折納銀錢，留占驛遞夫船，騷擾殊甚。兵部言：此天順已有禁例，後因内官秦剛家人給驛取錢事覺，又復申禁。今所奏無指實姓名，難於究治。宜諭所司再申禁革，而有司官吏阿附祗應者，一體究問。從之。

《明實録》成化八年冬十月 己巳，禁山東、河南及真定府起運京儲，不許折價，時各處部運者，以河漕費繁，折銀至京糴納，以致米價騰踊，而銀不足，又累乞增補。户部請移文禁之。詔可。

《明實録》成化十六年秋七月〔乙酉〕禁官船載〔私〕貨之匿税者。順天府治中李鼎於河（務）〔西〕務監收船鈔，奏：天下貨物，南北往來，多爲漕運船及馬快船載，故民船皆空歸，而國税無人輸納。户部以舊例凡馬快船不許夾帶貨物，違者財物没官，並追究所犯，請行漕運總兵都御史等官申明此例，及禁治漕運船恃强奪載之罪。從之。

《明實録》成化十七年十一月 丁丑，户部奏：漕運過期三月以上者，官請戴罪停俸，其總督平江伯陳鋭、副都御史張瓚、參將都勝，亦當坐以不行嚴督之罪。上曰：今歲河道阻滯，其過期兩月以下者姑宥之，鋭等俱勿論。

《明實録》成化二十二年正月 甲寅，户部奏：湖廣都指揮僉事柴幃，及武昌等三十衛所指揮千百户等官，漕運違限，俱令停俸。上曰：去年河道阻滯，違限兩月以裹者，免停俸。

《明實録》弘治二年九月〔丙子〕户科都給事中張九功，以今歲漕運漂流米麥共萬四千八百餘石，因劾總督漕運都御史李昂、總兵官都督僉事都勝，及各把總管運等官罪。得旨：昂、勝姑貰之。把總官并漂流五百石以上者，各停俸三月，五百石以下者兩月。

《明實録》弘治十四年八月〔甲子〕六科十三道劾奏：都御史洪鐘修鑿潮河川無功，妄引前嘗修築長城，冀以掩罪。而侍郎張達承命閲視，回護欺妄，請俱逮治，以爲人臣不忠者之戒。兵部尚書馬文升亦以爲言，且云：鑿河之妄費不貲，人心之嗟怨已極，雖有他功，難于論贖，請逮鐘還治以罪。詔罰鐘俸三月，達姑宥之。

《明實録》弘治十八年四月〔壬申〕户部郎中史學奏：運糧官軍雖有到京期限，而無違限參問之例，往往遲誤無忌，請照罰運例，每違十日罰米一石，折納銀三錢，送貯太倉。月日雖多，罰止十石。如果風水不便有文可証者，免之。其中有舟尚未至而先詐投文者，亦廉治其罪。户部覆奏，從之。

《明實録》弘治十八年十月〔乙卯〕户部以淫雨爲災，運軍到灣，留滯苦甚。米應輸京倉者，請令京通各衛官軍臨船水兑，石取脚價一錢。在後米至灣者，量撥天津衛倉寄收，石取脚價一錢五分，送太倉。都御史張縉等復言，所取脚價太重，且明加耗米，免曬米、折席米及兑支不盡之米，俱難赴京倉輸納。户部議：原定脚價，仍各免其十一。加耗等米，俱聽輸通倉；無米，則石輸銀五錢。從之。

《明實録》正德三年八月〔己卯〕山東登州府豐益、廣積二庫所收登寧等八場折鹽布疋，例以海船運赴遼東，分給軍士。近因船壞未修，不能轉運，歲久積多，無所於貯，恐致腐壞，欲借充沿海軍士月量，且請折收銀價。户部議：移文巡按御史督二司守巡等官，覈其所積之數，以見在海船陸續運送遼東，仍嚴督該衛修船備用，不得仍前折銀，致誤邊計。有旨：令輸所積布赴京庫收用，不必往復延滯。遼東官軍今年俸糧，户部别爲計處，務令兩便。海船仍令所司修造，毋致廢弛。於是户部覆奏：

輸京之布，其鮮潔可用者，可四十萬疋，每疋折銀二錢五分，則爲銀十萬兩。宜兑支本部及太倉銀運送遼東，以作官軍俸糧。有旨：疋折銀二錢，時已停年例輸邊之銀，乃復取輸邊之布入京，而以銀折之。瑾之好爲紛更如此。

《明實録》**正德十年十月**　丁卯，巡視通州倉場監察御史周文先奏：漕運成法以十分爲率，十七運京倉，十三運倉。比因脚價騰貴，該部請爲水兑。令把總一員往督其事，而聶欽、梁璽遂行壟斷之計，以致怨讟繁興，幸蒙特旨令遵成法。而總督右都御史叢蘭、總兵官顧仕隆，謬信輕舉，乃復請定脚價，致令水兑一行，群弊滋蔓。今計欽所開湖廣一總水兑，正糧共二十六萬一千六百九十一石，共該去耗米四萬二千七百八十二石，餘米尚五萬七千三百四十七石，計銀二萬四千一十四兩，率皆浸剋。即此一總，可驗其他。請通查各總都指揮余果、丁輔、盧英，郭冕、郭琮、王臣等所餘米銀，通解倉庫，仍寘致于法。璽降調，蘭、仕隆薄示懲戒，果等俱坐以罪。户部覆請得旨：水兑已不許再行，脚價等銀，令蘭等查明量行追解，把總等官姑免究問，欽等罰俸有差，璽仍留用，蘭、仕隆宥之。

《明實録》**正德十五年正月**　庚戌，户部奏漕運議單内所載參奏軍衛有司官員例，略無等第，以致上下輕犯，糧運稽遲。請自正德十五年爲始，各水次至正月終，有司無糧、軍衛無船者，府州縣管糧官、領運千百户提問，各住俸半年。遲至三月終者，並府州縣掌印官、領運指揮提問，各住俸一年。其船糧不到之數，俱以三分之一爲限，仍先革冠帶，戴罪催儹。若遲至五月者，不分多寡，又并布政司掌印管糧官領運把總俱提問，各降二級。文職送吏部别用，軍職回原衛，帶俸差操。以上三等，俱聽監兑官查參。其監兑官亦令依期赴水次催兑，毋遷延誤事。以後永爲定規。從之。

《明實録》**嘉靖三年九月**　〔辛巳〕命漕運輕齎銀兩，悉給運軍支用，不必扣取羨餘。過淮之日，總兵都御史驗封給與十分之三，以備沿途支費。其餘待至灣，御史員外等俱驗給之。完粮之後，各衛所官具報支銷數目，有朦朧侵欺者，聽運軍陳訴，後重遣戍。把總官失覺察者，降二級回衛差操，著爲令。

《明實録》**嘉靖五年四月**　丁卯，直隸巡按御史劉隅言：運糧官軍往往恣意乾没，急則沉運船以風濤自解，宜行查治。下户部覆請：自今漂溺糧船，悉赴所在官司開報實數，巡按御史仍分别真僞奏聞。如有侵欺盗賣諸弊，即問發邊衛充軍。報可。

《明實録》**嘉靖十一年五月**　〔辛亥〕工部覆中軍都督府經歷司經歷趙鳴善奏：請濬大通橋至通州運河，增添閘座，多脩漕艎，運通州糧入京城，以實根本。修自都城至儀真，運河淺塞，自良鄉至涿州達保定、河間、真定迤南一帶，陸路低窪，以便轉輸，報可。

《明實録》**嘉靖二十五年十月**　〔己亥〕漕運総兵官萬表言：漕運粮斛，除年例准折及漂流豁免，實交止粮一百九十五萬三千餘石，漕政事畢，例該回淮整理運事。上問四百萬石漕粮如何准折過半，其令户部對狀。尚書王杲等伏罪。上曰：漕運粮米，歲有常數。係祖宗成法，即遇災傷，自有蠲省常例。近來内外各官奏免，任意紛更。該部一概題覆，不聞執奏，以致歲減過半，坐損國儲，本當重究，但念係干人衆，姑從寬免。王杲等既認罪，且不究。一應事體，仍申呈具奏。已，杲等議覆，自後遵明旨，照依舊規全運。上曰：漕運粮斛，自明年始務遵舊規，無虧原額，仍先行撫按管粮官知悉。再有奏減折銀者，參奏重治。

《明實録》**嘉靖三十年十二月**　甲寅朔，户部言上年漕粮爲水所阻，寄囤徐邳等百有七萬。今遇運之費且不貲，宜將各省下年漕粮如寄囤數折徵，責其原舡原軍以來春運赴通州上納。其天津、臨德等倉，亦宜一體運送。第天津之通州二日耳，若駕數千里空船而運二日之粮，勞且鮮功。宜將運送臨德二倉之船暫留搬運，給與僦價。便詔如儀。

《明實録》**嘉靖三十六年九月**　〔丙子〕以漂流漕米至萬捌千肆百餘石，奪參將王延鶴俸三月。

《明實録》**嘉靖三十七年閏七月**　〔癸卯〕更定漕糧掛欠、違限之罪。把總官每欠糧一萬石、銀二千兩，運官欠糧一千石、銀五百兩，各遞降一級。待其後補運完，方準復職。若三年之外不完者，罷其領運，子孫亦止於降級上承襲。其違限三月、五月者，行各該衛所住俸，違二月提問。從户部尚書賈應春等議也。時漕政廢弛，嘉靖三十六年共欠糧十四萬九千九百餘石，銀二萬七千九百餘兩。於是都督黄印坐論降一級，把總吴匪而下六百九十人，以失期妄報，罰治有差。

《明實録》**隆慶元年十二月**　丁卯，户科都給事中魏時亮言：遼陽自罷海運，轉餉甚難，乞稍通舊路，於每歲季或大熟及荒之秋間一行之，仍厲禁譏察非常，則山東米粟留易，既而兩利。萬一岔河戒嚴，而襟喉之地可無阻矣。又穹遠前屯一路，戍士困苦，請鎮武諸堡例月粮半給本色，以示優恤。上從其言。

《明實録》**隆慶四年五月**　乙酉，詔以漕運各總過江過湖脚銀之奇羨者，解貯淮安府庫，爲軍船置辦什物之用，每船給以四兩。如再有餘，則以助修船之費，仍著爲令。

《明實録》**隆慶四年九月**　丙戌，户部覆御史唐錬條上漕運事宜，請令江西、湖廣、浙江各布政司管粮參議一員督運船赴瓜儀，與漕運委官交代，後期者罰治降黜。運軍數少，令司道府衛于正丁舍餘屯操中僉補。修船責成工部分司，清河催督，宜專勤徐州兵備副使，限四月終過洪，入問漕司，比過淮例一體奏報。上命悉如議行。

《明實録》**隆慶五年九月**　〔癸酉〕工部以運船漂没數多，疏請追治造船員役之不如式者，得旨，令漕司按劾以聞。

《明實録》**隆慶五年十一月**　〔乙酉〕巡倉御史唐錬奏請嚴漕運漂流、凍阻之罰，漂流糧五千石以上，凍阻船五十隻以上，俱送法司重處，不得照常擬罪。其漂流未經奏聞者，覈實具奏；已奏聞者，或將脚價扣償，或將本衛別幫及概總二分給軍銀内通融買補，不得輕議改折。仍于沿河擇閒曠地以寄凍阻之糧，量留官旗守之。事畢之日，趣令南還。報可。

《明實録》**隆慶五年十一月**　〔戊子〕户部覆儹運郎中胡來貢等奏，先年，因漕船凍阻，就便兑軍，致各軍以遲延爲得計，漕規日弛。乞將河西務以北，責令大通橋各在官車户陸運至通倉，其僦費俱于本幫及該總十分之二輕齎銀内支給之。河西務以南，責令各官旗盡起露囤，以俟來春復運。其官旗有逃亡者，發戍邊。運官違慢者，降二級。從之。

《明實録》**隆慶五年十二月**　〔庚戌〕漕運都御史王宗沐奏：漕粮漂久，雖因河決，亦多有貧軍侵耗，鑿舟自沉，宜先議優叙。凡各運船輕齎銀兩，在湖廣、江西、浙江，原議三六者改爲三三；直隸、江北、江南，原議二六改爲二四；山東、河南，原議一六者改爲一五。令有司各將扣下米數給軍。其各軍兑完起運之後，責令五船聯爲一甲，中惟一人有才力爲之甲長。如一船有失，五船同坐。庶人樂用力而漂損可漸少也。户部覆奏，從之。

《明實録》**萬曆六年三月**　〔辛未〕户部覆：領運官員沿途以過淮過洪先後稽勤惰，臨倉以交納遲速完欠課功罪。所有完納依期者，當年陞叙。如過洪後期，則通候三年無欠，乃准陞職。至於運薊、密、昌平三鎮者，河道淺阻，往返艱辛，漕司務於應該衛分内，每年輪流撥運，以均勞逸。此雖以過淮險阻不同，而奔走邊倉亦多勞勩，果能三年無欠，與議單例合者，同過淮各官一體題陞。從之。

《明實録》**萬曆十年十二月**　〔丙戌〕户部題：漕運粮米自嘉靖、隆慶間節遭河患，各總衛所官軍率多漂流掛欠，在外官軍頗有家産，有司易于追處，間或完報。南京各衛官軍原無産業，自查參以來，降級、住俸、革任、追比十不完一。今南京兵部尚書潘季馴查算明白，應炤恩例復職免追。從之。

《明實録》**萬曆十五年六月**　〔己未〕户部題覆：輕齎銀兩每年類解漕司，分爲三七，三分給幫運本官，以備沿途支費。如遇盤剥，俱要呈明督押參政，或管理河閘倉鈔部屬及兵備等官，批與執照，方許動支。然此天津迤南事也。天津迤北設有官船，船户各有專轄，其脚價隨地遠近以爲多寡，載在議單，運官不得另倩民船，以滋糜費。自桃花淺至王家擺渡等處，俱呈請鈔關主事，自里二泗至西壩，俱呈請通糧郎中，不許奸頑旗軍賣私貨以圖盡剥。從之。

《明實録》**萬曆十九年七月**　〔己卯〕巡按御史賈名儒條議漕務：一、申明兑限以速糧運。一、議加潤米以弭争釁。一、申明職業以蘇偏累。一、減運官以省冗員。一、議催白糧以重例限。部覆謂加潤米是許收潤米也，將黑腐充數大壞漕規矣，餘俱如議行。從之。

《明實録》**萬曆二十一年五月**　〔辛巳〕巡漕御史李時華等上漕政六事：一、漕船缺額當議。二、運官更换當議。三、押空委官當議。四、印運更畨當議。五、江南濬河當議。六、總兵入京當議。

《明實録》**萬曆三十一月六月**　〔癸卯〕户部題：監兑部臣原係督理漕務兼催起運錢糧，二者均國家惟正之供，湏糧銀盡完方云竣事。宜通行省直撫按及監兑部臣，以後部臣糧完日押至交割地方，即速回任，照舊督催，不許回家自便。其交代之期改于九月終旬，務將京儲盡數報完方准回部。奏入，從之。

《明實録》萬曆四十年三月〔己未〕户部覆：白糧違限，宜遵例懲罰。但既稱今年開船原遲，則免行降斥者。皇上浩蕩之仁也，務照議單於正月内開船，六月内完納，違限者照例住罰降斥。則有司懼於參罰，部運知所警畏，而民運自速矣。及大官、珍羞、良醖、掌醢四署，國初徑收本色，錢糧故實收出之各署，今俱改爲折色，則寺庫所收也。請即以該庫實收發給，既省一事兩轉之繁，亦蘇解官候領之苦，著爲定制。從之。

《明實録》萬曆四十一年三月〔乙酉〕總督漕運都御史陳薦奏革清江廠船務提舉，以淮揚二府同知掌其事。下工部議可，從之。

《明實録》萬曆四十六年十月　己卯，户部奏：蘇、松、常、鎮四府漕糧，萬曆元年漕臣王宗沐題定，兑糧水次，三十餘年，軍民相安。後漕臣陳薦因官旗控訴，始創爲五年輪派之法，而勒索愆期，往往不免。今總漕王紀欲復定派水次之規，既經會議僉同，合應覆請，候命下移咨總漕衙門，將四府錦衣旗手下江淮大揚州五總，照三十四年水次盡數改爲定派，永著爲例，違者重治。則軍民咸知遵守，漕政有裨。從之。

《明實録》天啓二年七月〔戊午〕户科給事中陸文獻以妖氛阻絶運道，漕粮暫議留折。上不允，著嚴行儹運，勒限抵灣，如遲參處。

《明實録》天啓五年正月〔壬戌〕山東道御史陸世科疏請變通漕政，欲於漕折地方暫那北新、滸墅等關應解户部税銀，該撫按委官往豐熟省分買米，加以水脚運實京倉，旋將州縣所徵折色解補關額。至如納級納監等項，照新例俱准輸粟，因酌時價稍增其值，以償載運之費，不待招商遠致，而持籌恒足也。部覆：借税一款，應咨撫按酌議。援例一款，凡有漕運省直産米處所，令隨時定值，悉照銀數輸納本色，於臨近水次倉口收貯，各以漕船帶解。其在京援納，仍舊輸銀，本折兩存，而九邊之額餉與京衛之急需，均有所賴矣。敕總督倉漕各部院一體遵行。

《明實録》天啓五年七月〔庚午〕舊時小灘兑運設有監兑部司，自裁革之後，督以糧道。顧河南糧道與東省衛弁原無統轄，往往跋扈咆哮，不受約束。巡按河南御史楊方盛以爲言請，將灘運移屬臨清道，俾督率本屬武弁便於彈壓，其小灘舊有大名道公署一所，乞稍加修葺，以爲臨清道駐節之地。從之。

《明實録》天啓五年九月〔丙辰〕御史喻思恂奏漕蠹稔惡。得旨：蠹漕積姦李士俊等已經分處遣配，自後仍有交結旗軍，裝貨滯漕者，許地方官密報漕臣，盡法嚴究。

《明實録》天啓七年五月　己巳，太子太傅兵部尚書王之臣題覆漕運太監崔文昇申飭驛遞事宜疏，得旨：驛遞今日困苦已極，廠臣多方戒諭，加意撙節，監臣具體德意，事事申明，該部覆議的是。以後着悉遵《會典》，痛絶陋規，行各省直經管衙門刊榜竪立驛前，官使承差不許横索赶牽，穩馬等錢，陞轉奉差官員炤例填給，不許額外濫用。夫馬廩給并迂道往返騷擾地方，其在外撫按官亦不許浮增勘合，容情濫送。如有仍前故違者，該驛即據寔申報撫按達報重處，其經管衙門或畏勢徇情，容隱不舉，訪出一併重究。

《明實録》天啓七年七月〔丙子〕總督漕運太監崔文昇糾參不職官員，得旨：覽奏力輓運漕，盡心國儲，深體廠臣帷幄籌邊至意，勤恪可嘉。奸詭挿和，勢豪勒掯，漕例甚嚴，這崔世召、楊日顯、何大顯都著先行削籍爲民，追奪誥命，併吴貴四等、徐廷及蔣孝、毛魁芳等一干人犯，著行彼處撫按提解，赴内外督漕衙門一併從重究擬。徐廷骫法，徐儀世不得不任其咎，著吏部重處來説。以後各省直凡官户納粮俱與民户一例上倉，不許堆貯私家，勒軍就兑，挿和糠粃等弊，犯者指名參處。官軍勒索的，並行究擬。

《明太宗寶訓》卷二《重農》　永樂四年六月丙子，廣東布政司奏：每歲海外番夷入貢方物，水路以舟楫運載。惟南雄至南安限隔梅嶺，舟楫不通。自今請用民力接運。

上曰：爲君務養民。今番貢無定期，而農民少暇日。假令自春至秋，番夷入貢不絶，皆役民接連，豈不妨其農事？自今番夷入貢，如值農務之時，其方物並於南雄收貯，俟十一月農隙却令運赴南安。著爲令。復顧侍臣曰：民不失其養，雖勞之鮮怨；民失所養，雖休之不德。

《明太宗寶訓》卷三《體群情》　永樂五年七月丁卯，都察院奏：海運官軍其舟被風膠淺漂没，所運糧米合當追陪，仍治其罪。

上曰：海濤險惡，舟膠淺必壞，官軍得免溺死，幸矣。豈當仍治失糧之罪，悉釋不問。

《明仁宗寶訓》卷一《重農》　永樂二十二年五月丁丑，上爲皇太子監國，浙江台州府臨海縣啓：廣濟等處河道淤塞，水閘頽壞，乞脩浚。上諭工部臣曰：《春秋》慎用民力而譏不時，可令農隙脩築。

《明宣宗寶訓》卷二《謹財用》　宣德三年正月辛丑，行在工部奏：淮安脩改漕運船，所費不少。

上諭之曰：漕運，國之大事，脩船豈可惜費？昔劉晏於江淮造船皆豐其貲，船成，經久不壞。其後有司慳吝，減損大半，船遂脆薄，漕運竟廢。此事足爲監戒。

《明憲宗寶訓》卷三《漕運》　成化七年十月乙亥，有言漕運阻滯者。

上命刑部左侍郎王恕總理河道，賜之敕曰：京師粮儲仰給東南漕運，自平江伯陳瑄經理之後，舊規廢弛，粮船阻淺，轉輸延滯。今命官分管河道，爾總理其事，往來巡視提督，但係平江伯舊規，一一脩復。有便宜方略，悉聽爾斟酌施行。限以三年，務底成績。爾其勉之慎之。

《明憲宗寶訓》卷二《恤將士》　成化十七年十一月丁丑，户部奏：漕運過期三月以上者，官請戴罪停俸。其總督平江伯陳鋭、副都御史張瓚、參將都勝亦當坐以不嚴督之罪。

上曰：今歲河道阻滯，其過期兩月以下者姑宥之。鋭等俱勿論。

《明穆宗寶訓》卷二《恤軍士》　〔隆慶四年〕五月乙酉，詔漕運各總過江過湖腳銀之奇羨者，解貯淮安府庫，爲軍船置辦什物之用，每船給以四兩。如再有餘，則以助船之費。仍著爲令。

（清）查繼佐《罪惟録》紀卷三《太宗紀》　〔永樂十三年乙未春正月〕罷海漕造舟從河運。

（清）查繼佐《罪惟録》紀卷三《太宗紀》　〔永樂十六年戊戌春正月〕初令民運漕糧。

（清）查繼佐《罪惟録》紀卷五《宣宗紀》　〔宣德五年〕改江南民運爲兑運。頒寬恤之令。

《清實録》康熙二十一年二月　〔丁亥〕户部議覆：浙江巡撫李本晟疏言，浙省漕糧舊例，每石貼給漕截銀三錢四分七釐。前因籌餉，每石裁銀一錢四分七釐，以佐軍需。今天下盡已平定，各省錢糧俱行酌復，請將浙省所裁貼給漕截銀給還弁丁。應如所請。從之。

《清實録》雍正二年二月　〔乙巳〕户部議：覆倉場侍郎法敏等條奏漕務事宜：一、運丁正副不許包丁代運。一、挑淺添夫按日派給錢文，不得如前索給食米，以致借端盗賣。一、僱用水手給發工價，開幫之後不許勒添工食。應飭令漕臣通行曉諭。又各倉監督俟一年差滿，遣大臣一員會同倉場侍郎，稽察米好數足者，議叙陞用；短少浥爛者，從重治罪，以示懲勸。均應如所請。從之。

《清實録》乾隆四十七年九月　癸丑，諭軍機大臣等：昨降旨令鄭大進、書麟速赴天津，辦理北倉截漕事宜。本日據蔣賜棨等奏，現在江西幫船在東省截留米三十萬石，其餘未截留之船，又於天津北倉截留存貯。所有回空船隻，應令迅速開行，不必拘定府分。其後到之船，即遵照停運，庶回空重運均可妥速，等語。朕令書麟、鄭大進前往天津辦理截漕，原爲糧艘卸米之後，必須迅速催令開行，不必拘定向例，按府分兑，俾早回水次者即先受兑開行，庶不誤接兑新漕。若僅爲收米起見，則一倉大使已能承辦，不值令書麟等前往經理矣。著傳諭書麟、鄭大進，一面將各船米石起卸，一面催令迅速開行，毋得稍有停滯。其在東省截留各船，亦應照此辦理。並著傳諭鄂寶、明興，一體妥速催趲，俾得及早回次。並諭郝碩知之。

《清實録》乾隆五十九年夏四月　〔丁巳〕諭軍機大臣曰：劉秉恬奏糧船到通五日一奏，將比較上年遲早之處夾單聲明。惟查南糧各幫先後次序，年年更換，若以幫名比較遲早，未足以昭平允。嗣後請以本年之第幾幫與上年之第幾幫比較遲早較爲切當，等語。各省糧船到通，每年排列原無一定，若必按本年某幫到通日期與上年之某幫到通比較遲早，設如上年出運之淮安二幫本年並未出運，又將憑何比較。如此辦法，豈不太拘泥乎。著傳諭倉場侍郎，此後具奏，竟應按到通幫之次序比較遲早，上年到通幫之次序按次而稽，自可一目了然，自不必拘泥向例，或致前後牽混也。

《清實録》嘉慶四年六月　辛卯，諭内閣：户部議駁吴璥等奏請攤徵河工稭料運費銀兩一摺，部駁甚是，著依議行。河工需用物料價值，例有正項開銷，豈容輕議加增。況自睢汛大工合龍穩固後，並無搶險之事，不過歲修常辦工程。乃該督等率以籌備幫價爲詞，於地糧內按年攤徵銀十四五萬兩，使豫省羣黎均受其累，爲民上者豈忍出此。雖所稱酌添運費，每稭一斤祇係五毫，而一經州縣吏胥之手，則層層加派，所徵必不止於此數。且議加之後不能復減，非暫時借資民力，竟永遠累及閭閻矣。在吴璥等之意爲病官起見，而不知病民實甚。乾隆五十七年穆和藺曾爲此奏，彼時欽奉皇考諭旨，以每年常辦之工，率議增添，年復一年，伊於何底。朘小民之脂膏，爲不肖官吏影射侵漁地步。特將穆和藺及前任初議踵行各巡撫，一併嚴加議處。聖諭煌煌，至爲明切，豫省豈無檔案可稽，而竟敢踵爲此奏乎。朕向聞河工積弊，有濫用不能開銷之款，往往借他項彌縫，該督之奏請加增運費，大約不出乎此。倭什布係首倡此議，吴璥前在藩司任內，曾經會議會詳，吴熊光甫經抵任，不加詳察，與吴璥聯銜具奏，均有應得之咎，著交部嚴加議處。

《清實録》嘉慶四年七月　丙子，諭內閣：宜興奏革除漕弊一摺。據稱向來民户完糧原不免有升合之浮以備折耗，後則日漸加增，竟有每石加至七八斗者。民户因浮加日甚，米色即不肯挑選純潔，又恐官吏挑駁，開徵之初，躲避不納，一俟兑運在邇，則蜂擁交倉。且有刁生、劣監廣爲包攬，官吏因有浮收被其挾制，不能不通融收納。迨覈計所收之米已敷兑運，即以廒滿爲詞，藉收折色分肥入己。而幫弁旗丁因見米色不純，遂爾藉端需索。從前每船一隻不過幫貼一二十兩，後則加至一百數十兩及二百餘兩，稍不滿欲即百計刁難，不肯開兑。及幫費既足，閒有醜雜之米，亦一概斛收。請嗣後盡革有漕州縣浮收之積弊，裁除漕員弁丁需索之陋規，通飭民户一律揀選好米上倉，俾包户無從挾制，等語。

此等積弊，朕聞之已久，實爲漕務之害，但所指情弊尚有不止於此者。如所奏州縣收糧一敷兑運，即以廒滿爲詞一節，有漕州縣惟利改收折色，藉以分肥，往往於開徵時，先將低潮米石搬貯倉廒，名爲鋪倉，以便藉詞廒滿折收錢文，何待收糧敷運後始行折色，其糧米之不能一律純潔，亦由於此，豈得盡諉之民户耶。又據奏開徵之初，民户因恐挑駁躲避不納一節，亦非實情。民户完糧，惟望早爲收納，從無躲避不前之事，皆由官吏多方勒措，有意刁難，以致民户守候需時，不得不聽從出費，此與地方詞訟赴訴到官，不肯速爲審理，拖延時日，以爲吏胥説合需索地步者情事相同，總由地方官得受漕規，以爲賄賂權要，逢迎上司之用，甚至幕友長隨藉此肥橐，而運弁以挑剔米色爲詞，刁難勒措，及催漕運弁沿途俱有需索。而抵通後，倉場衙門又向弁丁等勒取使費。層層剥削，錙銖皆取於民，最爲漕務之害，不可不嚴行查禁。

著通諭有漕各督撫嚴飭經徵監兑各員，務須將以上積弊實力革除，妥爲經理。況此後有何多費，如敢仍前浮折，得受漕規，致正供米色攙雜不純，惟該督撫等是問，必當重治其罪。其漕運總督及倉場衙門亦須一體嚴行禁止。儻此次通諭之後，仍敢復蹈前轍，一經發覺，朕惟有執法從事，決不姑貸。

《清實録》嘉慶四年八月　〔甲寅〕諭內閣：大學士會同户部議覆蔣兆奎奏請於州縣浮收漕米內劃出一斗津貼旗丁一摺。州縣徵收漕米，不許顆粒加增，例禁甚明。近因各省多有浮加之弊，節經降旨嚴查整飭，猶恐地方官陽奉陰違。今蔣兆奎以旗丁用度不資，輒請明立章程，每石加增一斗，以資津貼，是使不肖官吏益得有所藉口。且名爲加收一斗，其所徵必不止於此數，恐浮收積弊，仍不能除。而此新增一斗之糧，著爲定額，與加賦何異，其事斷不可行。惟邇年旗丁疲乏，該漕督所奏亦係實在情形。其各幫一切費用，應支口糧幫貼銀米或有不敷，亦當設法調劑，量爲津貼。著有漕各督撫確查妥議，各將如何酌辦情形，據實具奏。務令丁力不致拮据，而正供不致加增，方爲妥善。

《清實録》道光元年三月　〔戊辰〕諭軍機大臣等：瑺弼奏會籌江西省漕務一摺。江西漕額視江浙較輕，而積弊相沿，勢亦相埒。總緣幫費不能盡革，因之浮收不能盡除，此時自當先去其已甚，俾歲減一歲，漕弊以次清釐。著照所請，江西幫費陋規兩項，亦仿照江蘇概令酌減一半，其津貼銀兩如於額外需索加增，即將頭伍嚴拏治罪。至徵收漕糧，除南昌府屬之武寧、奉新兩縣本有隨漕津貼，毋庸徵收餘米外，其餘有漕州縣，每漕米一石收餘米二斗五升，於八折徵收之外，不許稍加顆粒。該撫當督同道府嚴加稽察，如州縣敢於餘米之外復有浮徵，即據實參究。道府私收漕規扶同徇庇，該撫嚴行參辦。其僉丁領運事宜，責成糧道查照定例奉行，務俾幫費量年遞減，以期漸絶浮收，肅清漕政。將此諭令知之。

《清實録》同治四年春正月〔丁酉〕漕運總督吴棠奏遵議籌辦河運漕米章程十條：一、米色紅白兼收，粳秈並運，均以乾潔爲主。一、米價按照市值，牐壩等費，事竣覈實開報。一、耗米按漕斛每石給民船一升，倉耗二升，隨正交倉。一、水腳每石給銀六錢。一、用民船徑運通州。一、派員分幫押運，並添派大員赴通照料。一、回空船隻須於汛水未落之前南下。一、米船准帶貨物二成，免其納税。一、兑交仍用漕斛。一、在清江設立總局，用款概從撙節。下部議，從之。

《清實録》光緒四年正月〔丁巳〕兩江總督沈葆楨奏江蘇光緒三年冬漕海運辦理章程十二條：一、海運事繁責重，應請循案設局，委員分辦。一、交倉漕白正耗，應請就數起運，其節省漕白等耗，仍循舊章儘數糶變，撥抵運腳。一、海運經費，應照章以河運節省銀米分款抵支。一、津通經費並北局各項用款應酌量變通，分別撥抵支用。一、剥運漕糧，應仿照白糧，裝用口袋，以期周密。一、慎重米色，必須早驗早卸，應請先儘正漕收兑，並將上届存倉循案作抵。一、運通剥船必責籌畫盡善。一、沙船經剥耗食等米，應請循舊動支作正開銷。一、米船放洋，應請循案派撥輪船巡防，並咨行沿海水師逐段護送。一、沙船領運各事宜，應遵照成案辦理。一、蠲減缺額南糧，應以變價餘賸撥補。一、丹徒縣漕南等米，並行月變價應循案辦理。

中華大典・法律典

經濟法分典　引用書目

引用書目

書名	作者	朝代	版本	備註
經　部				
經部・書類				
尚書正義	漢孔安國傳　唐孔穎達等正義		中華書局一九八〇年版	阮刻十三經注疏
尚書日記	王樵	明	文淵閣四庫全書本	
尚書今古文注疏	孫星衍	清	中華書局一九八六年版	
今文尚書考證	皮錫瑞	清	中華書局一九八九年版	
經部・詩類				
韓詩外傳	韓嬰	漢	中華書局一九八〇年版	
經部・禮類・周禮之屬				
周禮			影印宋岳氏本	四部叢刊本
周禮注疏	漢鄭玄注　唐賈公彥疏		中華書局一九八〇年版	阮刻十三經注疏
經部・禮類・禮記之屬				
禮記			商務印書館一九三〇年版	
禮記正義	漢鄭玄注　唐孔穎達等正義		中華書局一九八〇年版	阮刻十三經注疏
禮記集解	孫希旦	清	中華書局一九八九年版	
大戴禮記解詁	王聘珍	清	中華書局一九八三年版	十三經清人注疏本
經部・禮類・通禮之屬				
禮書	陳祥道	宋	文淵閣四庫全書本	
經部・春秋類				
春秋左傳			商務印書館一九三三年版	
春秋左傳正義	晉杜預注　唐孔穎達等正義		中華書局一九八〇年版	阮刻十三經注疏
春秋公羊傳注疏	漢何休注　唐徐彥疏		中華書局一九八〇年版	阮刻十三經注疏
春秋穀梁傳注疏	晉范甯注　唐楊士勛疏		中華書局一九八〇年版	阮刻十三經注疏
經部・五經總義類				
六經奧論	鄭樵	宋	文淵閣四庫全書本	
經部・四書類				
論語			影印宋刊本	四部叢刊本
論語注疏	魏何晏等注　宋邢昺疏		中華書局一九八〇年版	阮刻十三經注疏
論語正義	劉寶楠	清	中華書局一九九〇年版	十三經清人注疏本
孟子			影印宋刊本	四部叢刊本
孟子注疏	漢趙岐注　宋孫奭疏		中華書局一九八〇年版	阮刻十三經注疏

四書章句集注　朱熹　宋　中華書局一九八三年版
孟子正義　焦循　清　中華書局一九八七年版　十三經清人注疏本

史　部

史部・正史類

史記　司馬遷　漢　中華書局一九六三年版
漢書　班固　漢　中華書局一九六二年版
後漢書　范曄　南朝宋　中華書局一九六五年版
三國志　陳壽　晉　四川出版集團巴蜀書社二〇一二年版
晉書　房玄齡等　唐　中華書局一九七四年版
宋書　沈約　南朝梁　中華書局一九七四年版
南齊書　蕭子顯　南朝梁　中華書局一九七二年版
梁書　姚思廉　唐　四川出版集團巴蜀書社二〇一二年版
陳書　姚思廉　唐　中華書局一九七二年版
魏書　魏收　北齊　中華書局一九七四年版
北齊書　李百藥　唐　中華書局一九七二年版
周書　令狐德棻等　唐　中華書局一九七一年版
隋書　魏徵等　唐　中華書局一九七三年版
南史　李延壽　唐　中華書局一九七五年版
北史　李延壽　唐　中華書局一九七四年版
舊唐書　劉昫等　後晉　中華書局一九七五年版
新唐書　歐陽修　宋祁　宋　中華書局一九七五年版
舊五代史　薛居正等　宋　中華書局一九七六年版
新五代史　歐陽修　宋　中華書局一九七四年版
宋史　脱脱等　元　中華書局一九七七年版
遼史　脱脱等　元　中華書局一九七四年版
金史　脱脱等　元　中華書局一九七五年版
元史　宋濂等　明　中華書局一九七六年版
明史　張廷玉等　清　中華書局一九七四年版

史部・編年類

前漢紀　荀悦　漢　文淵閣四庫全書本
太宗皇帝實録　錢若水　宋　上海書店一九九四年版
資治通鑑　司馬光　宋　中華書局一九五六年版
續資治通鑑長編　李燾　宋　中華書局一九七九年版
中興小紀　熊克　宋　文淵閣四庫全書本
皇宋中興兩朝聖政　留正等　宋　上海古籍出版社二〇〇二年版

建炎以來繫年要録　李心傳　宋　中華書局一九五六年版

宋季三朝政要　宋　文淵閣四庫全書本

皇明通紀述遺　卜世昌　明　明萬曆刻本　四庫全書存目叢書

國榷　談遷　明　中華書局一九八八年版

明實録　明　上海書店一九八四年版

崇禎長編　汪楫　清　上海書店一九八四年版

續資治通鑑　畢沅　清　中華書局一九八五年版

光緒朝東華録　朱壽朋　清　學苑出版社二〇〇〇年版

清實録　清　中華書局一九八五年版

宣統政紀　清　中華書局一九八五年版

史部·紀事本末類

三朝北盟會編　徐夢莘　宋　文淵閣四庫全書本

通鑑長編紀事本末　楊仲良　宋　影印宛委別藏清抄本　續修四庫全書

炎徼紀聞　田汝成　明　文淵閣四庫全書本

宋史紀事本末　陳邦瞻　明　上海古籍出版社一九九四年版

明史紀事本末　谷應泰　清　中華書局一九七七年版

籌辦夷務始末　文慶　清　上海古籍出版社二〇〇八年版

史部·別史類

逸周書　影印明嘉靖刊本　四部叢刊本

建康實録　許嵩　唐　上海古籍出版社一九八七年版

九國志　路振　宋　上海古籍出版社二〇〇二年版

通志　鄭樵　宋　文淵閣四庫全書本

路史　羅泌　宋　文淵閣四庫全書本

契丹國志　葉隆禮　宋　上海古籍出版社一九八五年版

大金國志　宇文懋昭　宋　齊魯書社一九九九年版

明書　傅維鱗　清　畿輔叢書本　叢書集成新編

罪惟録　查繼佐　清　浙江古籍出版社一九八六年版

續通志　嵇璜等　清　文淵閣四庫全書本

南漢書　梁廷楠　清　廣東人民出版社一九八一年版

漢書補注　王先謙　清　上海古籍出版社二〇一二年版

史部·雜史類

國語　上海古籍出版社二〇〇七年版

貞觀政要　吳兢　唐　上海古籍出版社一九七八年版

隋唐嘉話　劉餗　唐　中華書局一九七九年版

五代史補　陶岳　宋　文淵閣四庫全書本

燕翼詒謀録	王栐	宋	中華書局一九八一年版	
錢塘遺事	劉一清	元	上海古籍出版社一九八五年版	
至正直記	孔齊	元	齊魯書社一九九七年版	四庫全書存目叢書
典故紀聞	余繼登	明	明萬曆王象乾刻本	
皇祖四大法	何棟如輯	明	明萬曆四十二年刻本	
國朝典故	鄧士龍	明	北京大學出版社一九九三年版	
名山藏	何喬遠	明	明崇禎刻本	
萬曆野獲編	沈德符	明	中華書局一九五九年版	
明實訓		明	上海書店一九八四年版	

史部・詔令奏議類・詔令之屬

唐大詔令集	宋敏求	宋	文淵閣四庫全書本	
宋大詔令集	佚名	宋	中華書局一九六二年版	
世宗憲皇帝硃批諭旨	鄂爾泰等	清	文淵閣四庫全書本	
大清高宗純皇帝聖訓		清	清光緒間鉛印本	

史部・詔令奏議類・奏議之屬

范文正奏議	范仲淹	宋	文淵閣四庫全書本	
包孝肅奏議集	包拯	宋	文淵閣四庫全書本	
余襄公奏議	余靖	宋	廣東叢書本	叢書集成續編
王端毅奏議	王恕	明	文淵閣四庫全書本	
馬端肅公奏議	馬文升	明	全國圖書館文獻縮微中心一九九二年版	
何文簡疏議	何孟春	明	文淵閣四庫全書本	
掌銓題稿	高拱	明	中州古籍出版社二〇〇六年版	
譚襄敏奏議	譚綸	明	文淵閣四庫全書本	
潘司空奏疏	潘季馴	明	文淵閣四庫全書本	
大司馬盧公奏議	盧象昇	明	清道光九年刻本	
倪文貞奏疏	倪元璐	明	清乾隆三十七年刻本	
黄少司寇奏疏	黄爵滋	清	清抄本	
胡林翼奏議	胡林翼	清	民國二十五年大東書局鉛印本	續修四庫全書
宋名臣奏議	趙汝愚	宋	文淵閣四庫全書本	
歷代名臣奏議	楊士奇等	明	文淵閣四庫全書本	
名臣經濟録	黄訓編	明	文淵閣四庫全書本	
皇明名臣經濟録	陳九德輯	明	明嘉靖二十八年刻本	
皇明疏議輯略	張瀚輯	明	明嘉靖三十年刻本	續修四庫全書
皇明留臺奏議	朱吾弼等輯	明	明萬曆三十三年刻本	續修四庫全書
皇明疏鈔	孫旬	明	上海古籍出版社一九九六年版	

御選明臣奏議　　清　文淵閣四庫全書本
同治中興京外奏議約編　陳弢　清　上海書店一九八五年版　近代中國史料叢刊三編
皇清奏議　仁和琴川編　清　文海出版社二〇〇六年版

史部・傳記類・名人之屬

晏子春秋　　上海書店一九八六年版　諸子集成

史部・傳記類・總録之屬

元名臣事略　蘇天爵　元　文淵閣四庫全書本
求闕齋弟子記　王定安　清　上海古籍出版社二〇〇二年版　續修四庫全書

史部・載記類

十國春秋　吴任臣　清　中華書局一九八三年版

史部・地理類・總志之屬

元和郡縣圖志　李吉甫　唐　商務印書館一九三七年版
太平寰宇記　樂史　宋　文淵閣四庫全書本

史部・地理類・都會郡縣之屬

淳熙三山志　梁克家　宋　文淵閣四庫全書本
至順鎮江志　脱因修　俞希魯纂　元　江蘇古籍出版社一九九九年版
承天府志　　明　書目文獻出版社一九九〇年版
滇志　劉文徵　明　清抄本　續修四庫全書
處州府志　曹掄彬等修　朱肇濟等纂　清　成文出版社一九八三年版
虞邑遺文録　陳揆輯　清　清道光二十八年抄本
豫乘識小録　朱雲錦　清　文海出版社一九六九年版　近代中國史料叢刊
廣西通志　　清　文淵閣四庫全書本
四川通志　　清　文淵閣四庫全書本

史部・地理類・河渠之屬

浙西水利書　姚文灝　明　文淵閣四庫全書本
漕運通志　楊宏　明　明嘉靖七年刻本　續修四庫全書
吴中水利全書　張國維　明　文淵閣四庫全書本
海運續案　　清　清抄本　續修四庫全書
明漕運志　曹溶　清　涵芬樓影印本

史部・地理類・古蹟之屬

洛陽伽藍記　楊衒之　後魏　文淵閣四庫全書本

史部・地理類・雜記之屬

北游録　談遷　明　中華書局一九六〇年版
天府廣記　孫承澤　清　北京古籍出版社一九八四年版

史部・職官類・官制之屬

唐六典	李林甫等	唐	中華書局二〇〇八年版	
翰苑群書	洪遵	宋	文淵閣四庫全書本	
秘書監志	王士點等	元	文淵閣四庫全書本	

史部・職官類・官箴之屬

三事忠告	張養浩	元	影印元刊本	四部叢刊本
憲臺通紀續集	唐惟明	元	浙江古籍出版社二〇〇二年版	
南臺備要	劉孟琛	元	浙江古籍出版社二〇〇二年版	
實政録	吕坤	明	中華書局二〇〇八年版	
蒞蒙平政録	陳朝君	清	清康熙二十八年刊本	
天台治略	戴兆佳	清	清嘉慶九年活字重印本	
錢穀備要	王又槐	清	清嘉慶十九年刻本	

史部・政書類・通制之屬

通典	杜佑	唐	中華書局一九八八年版	
唐會要	王溥	宋	中華書局一九五五年版	
五代會要	王溥	宋	中華書局一九九八年版	
宋朝事實	李攸	宋	商務印書館一九八三年版	
建炎以來朝野雜記	李心傳	宋	中華書局二〇〇〇年版	
元典章		元	中華書局 天津古籍出版社二〇一一年版	
文獻通考	馬端臨	元	中華書局一九八六年版	
策要	梁寅	元	商務印書館一九三五年版	
大明會典		明	明萬曆内府刻本	萬有文庫本
國朝典匯	徐學聚	明	書目文獻出版社一九九六年版	
續文獻通考	王圻	明	明萬曆三十年松江府刻本	
皇明世法録	陳仁錫	明	北京出版社二〇〇〇年版	
大清會典（康熙朝）		清	清康熙二十九年刻本	
大清會典（雍正朝）		清	清雍正十年刻本	
大清會典（乾隆朝）		清	文淵閣四庫全書本	
大清會典則例（乾隆朝）		清	文淵閣四庫全書本	
大清會典（光緒朝）		清	清光緒二十五年抄本	
大清會典事例（光緒朝）		清	清光緒二十五年抄本	
續文獻通考	嵇璜等	清	文淵閣四庫全書本	
清朝文獻通考	張廷玉等	清	文淵閣四庫全書本	
續通典	嵇璜等	清	文淵閣四庫全書本	
清朝通典	嵇璜等	清	文淵閣四庫全書本	
元朝典故編年考	孫承澤	清	文淵閣四庫全書本	

宋會要輯稿	徐松輯	清	中華書局一九五七年版	
南朝宋會要	朱銘盤	清	上海古籍出版社二〇〇六年版	
南朝齊會要	朱銘盤	清	上海古籍出版社二〇〇六年版	
南朝梁會要	朱銘盤	清	上海古籍出版社二〇〇六年版	
南朝陳會要	朱銘盤	清	上海古籍出版社二〇〇六年版	
石渠餘紀	王慶雲	清	清光緒十六年刻本	續修四庫全書

史部・政書類・儀制之屬

廟學典禮		元	浙江古籍出版社一九九二年版	

史部・政書類・邦計之屬

朱文公政訓	朱熹	宋	內蒙古人民出版社二〇〇〇年版	名家藏書
救荒活民書	董煟	宋	明崇禎十五年潔梁堂刊本	
惠安政書	葉春及	明	福建人民出版社一九八七年版	
重修兩浙鹺志	王圻	明	明末刻本	四庫全書存目叢書
大明通寶義	羅汝芳	明	明萬曆二十四年刻本	四庫全書存目叢書
古今鹺略	汪砢玉	明	清抄本	續修四庫全書
救荒策會	陳龍正	明	北京古籍出版社二〇〇二年版	中國荒政全書第一輯
山東鹽法志	莽鵠立	清	清雍正刻本	四庫未收
河東鹽法備覽	蔣兆奎	清	清乾隆五十五年刻本	四庫未收
長蘆鹽法志	黃掌綸	清	清嘉慶十年刻本	
重修兩浙鹽法志	延豐等	清	清同治刻本	
錢幣芻言	王鎏	清	清道光刻本	續修四庫全書
錢幣芻言再續	王鎏	清	清道光刻本	續修四庫全書
粵海關志	梁廷枏	清	清道光刻本	續修四庫全書
鈔幣論	許楣	清	清道光二十六年刻本	續修四庫全書
錢穀金針	佚名	清	清抄本	續修四庫全書
約章成案匯覽	顏世清	清	清光緒三十一年石印本	續修四庫全書
晚清洋務運動事類匯鈔	佚名	清	全國圖書館文獻縮微複製中心一九九九年版	

史部・政書類・法令之屬

唐律疏議	長孫無忌等	唐	中華書局一九八三年版	
宋刑統	竇儀等	宋	法律出版社一九九九年版	
天一閣藏明鈔本天聖令校證			中華書局二〇〇六年版	
慶元條法事類	謝深甫等	宋	黑龍江人民出版社二〇〇二年版	中國珍稀法律典籍續編
呂氏鄉約	呂大鈞	宋	黑龍江人民出版社二〇〇五年版	古代鄉約及鄉治法律文獻十種
通制條格		元	黑龍江人民出版社二〇〇二年版	中國珍稀法律典籍續編
至正條格		元	韓國學中央研究院二〇〇七年版	

大明令		明	科學出版社一九九四年版	中國珍稀法律典籍集成乙編
大誥		明	科學出版社一九九四年版	中國珍稀法律典籍集成乙編
大誥續編		明	科學出版社一九九四年版	中國珍稀法律典籍集成乙編
大誥三編		明	科學出版社一九九四年版	中國珍稀法律典籍集成乙編
大誥武臣		明	科學出版社一九九四年版	中國珍稀法律典籍集成乙編
諸司職掌		明	黑龍江人民出版社二〇〇二年版	中國珍稀法律典籍續編
大明律直解所載明律		明	科學出版社一九九四年版	中國珍稀法律典籍集成乙編
大明律		明	法律出版社一九九九年版	
律解辯疑	何廣	明	黑龍江人民出版社二〇〇二年版	中國珍稀法律典籍續編
皇明條法事類纂	戴金等	明	科學出版社一九九四年版	中國珍稀法律典籍集成乙編
皇明詔令		明	科學出版社一九九四年版	中國珍稀法律典籍集成乙編
律條疏議	張楷	明	明嘉靖二十三年黄巖符驗重刊本	
重修問刑條例		明	科學出版社一九九四年版	中國珍稀法律典籍集成乙編
軍政條例類考		明	科學出版社一九九四年版	中國珍稀法律典籍集成乙編
大明律講解	佚名	明	黑龍江人民出版社二〇〇四年版	中國律學文獻第一輯
律條直引		明	科學出版社一九九四年版	中國珍稀法律典籍集成乙編
真犯死罪充軍爲民例		明	科學出版社一九九四年版	中國珍稀法律典籍集成乙編
明代律例彙編	黄彰健	明	中央研究院歷史語言研究所一九九四年版	
盛京滿文檔案中的律令		清	科學出版社一九九四年版	中國珍稀法律典籍集成丙編
新例要覽		清	清雍正十年刻本	
大清律例		清	科學出版社一九九四年版	中國珍稀法律典籍集成丙編
蒙古律例		清	科學出版社一九九四年版	中國珍稀法律典籍集成丙編
成規拾遺	萬維翰	清	世界圖書出版公司二〇〇六年版	中國古代地方法律文獻乙編
漕運則例纂	楊錫紱	清	清乾隆刻本	
則例便覽	沈書城	清	江蘇書局同治九年刻本	
乾隆朝山東憲規	佚名	清	黑龍江人民出版社二〇〇二年版	中國珍稀法律典籍續編
回疆則例		清	科學出版社一九九四年版	中國珍稀法律典籍集成丙編
王公處分則例		清	黑龍江人民出版社二〇〇二年版	中國珍稀法律典籍續編
户部則例		清	清同治十三年刻本	
户部漕運全書	托津等	清	成文出版社一九六九年版	
保甲書	徐棟	清	黑龍江人民出版社二〇〇五年版	古代鄉約及鄉治法律文獻十種
理藩院則例	福敏	清	清光緒十七年内府刻本	
六部處分則例		清	清光緒十八年鉛印本	
兵部處分則例		清	上海古籍出版社二〇〇二年版	中國珍稀法律典籍續編
工部則例		清	北京圖書館出版社一九九七年版	

刑部現行則例　　清　科學出版社一九九四年版　中國珍稀法律典籍集成丙編
治浙成規　佚名　清　黃山書社一九九七年版
四川通飭章程　鍾慶熙等　清　文海出版社一九七七年版　近代中國史料叢刊續編
各國條款條約章程　　清　清末刻本
大清法規大全　　清　清宣統元年政學社石印本
大清新法令　　清　商務印書館二〇一一年版
敦煌吐魯番唐代法制文書考釋　　　中華書局一九八九年版

史部・政書類・公牘檔冊之屬

重刻律條告示活套　佚名　明　社會科學文獻出版社二〇〇六年版　古代榜文告示彙存
新纂四六合律判語　佚名　明　中國社會科學出版社二〇〇五年版　歷代判例判牘
居官水鏡　劉時俊　明　社會科學文獻出版社二〇一二年版　古代判牘案例新編
折獄新語　李清　明　中國社會科學出版社二〇〇五年版　歷代判例判牘
于山奏牘　于成龍　清　清康熙二十二年刊本
牧愛堂編告諭　趙吉士　清　清康熙刊本
撫吳公牘　丁日昌　清　清光緒三年鉛印本
清季外交史料　王彥威　清　文海出版社一九六九年版
塔景亭案牘　許文濬　清　北京大學出版社二〇〇七年版
川邊奏牘　趙爾豐　清　四川人民出版社一九八四年版
清末籌備立憲檔案史料　　清　中華書局一九七九年版
洋務檔案　　清　清末抄本
滿洲秘檔　金梁　清　臺聯國風出版社一九六九年版
明清以來蘇州社會史碑刻集　　　蘇州大學出版社一九九八年版　王國平
清代巴縣檔案彙編　　　檔案出版社一九九一年版　四川省檔案館編
武定土司檔案　　　中央民族學院出版社一九九三年版　楚雄彝族文化研究所
清代檔案史料叢編　　　中華書局一九九〇年版　中國第一歷史檔案館編
太平天國文書彙編　太平天國歷史博物館編　　中華書局一九七九年版　英國檔案有關鴉片戰爭資料選譯
鴉片戰爭　　　中華書局一九九三年版　胡濱譯

史部・目録類・金石之屬

遼代石刻文編　　　河北教育出版社一九九五年版　向南編
金代石刻輯校　　　吉林人民出版社二〇〇九年版　王新英
金石萃編　王昶　清　清嘉慶十年刻本　續修四庫全書
八瓊室金石補正　陸增祥　清　劉氏希古樓刻本　續修四庫全書
明清蘇州工商業碑刻集　　　江蘇人民出版社一九八一年版

史部・史評類

唐鑑　范祖禹　宋　上海古籍出版社一九八四年版

通鑑答問	王應麟	宋	文淵閣四庫全書本	

子　部

子部・儒家類

荀子			商務印書館一九四九年版	
荀子集解	王先謙	清	中華書局一九八八年版	新編諸子集成
新語	陸賈	漢	中華書局一九八六年版	
新書	賈誼	漢	上海古籍出版社一九八九年版	
鹽鐵論	桓寬	漢	中華書局一九九二年版	
揚子法言	揚雄	漢	上海書店一九八六年版	諸子集成
潛夫論	王符	漢	中華書局一九八五年版	
申鑒	荀悅	漢	上海古籍出版社一九九〇年版	
中論	徐幹	漢	文淵閣四庫全書本	
朱子語類	黎靖德	宋	中華書局一九八六年版	
黃氏日抄	黃震	宋	文淵閣四庫全書本	
大學衍義補	丘濬	明	文淵閣四庫全書本	
困知記	羅欽順	明	中華書局一九九〇年版	
思辨錄輯要	陸世儀	清	文淵閣四庫全書本	
明夷待訪録	黃宗羲	明	中華書局一九八五年版	
破邪論	黃宗羲	清	清道光十三年刻本	續修四庫全書
孔子集語	孫星衍	清	上海古籍出版社一九八九年版	
盛世危言	鄭觀應	清	清光緒二十三年刻本	續修四庫全書

子部・法家類

管子			影印宋刊本	四部叢刊本
管子校正	戴望	清	上海書店一九八六年版	諸子集成
商君書			上海書店一九八六年版	諸子集成
吏學指南	徐元瑞	元	北京圖書館出版社二〇〇四年版	中國律學文獻第一輯
粗解刑統賦	孟奎	元	黑龍江人民出版社二〇〇四年版	中國律學文獻第一輯
別本刑統賦解	佚名	元	黑龍江人民出版社二〇〇四年版	中國律學文獻第一輯
法家裒集	陳永	明	黑龍江人民出版社二〇〇四年版	中國律學文獻第一輯
讀律瑣言	雷夢麟	明	明嘉靖四十二年歙縣知縣熊秉元刻本	
名公書判清明集	張四維	明	中華書局一九八七年版	
折獄明珠	清波逸叟	明	清康熙六十年重刊本	
王儀部先生箋釋	王肯堂	明	黑龍江人民出版社二〇〇五年版	中國律學文獻第二輯
資治新書二集	李漁	清	國家圖書館出版社二〇〇八年版	明清法制史料輯刊第一編
刑幕要略	佚名	清	清光緒十三年刻本	

子部·雜家類·雜學之屬

吕氏春秋	吕不韋	戰國	上海書店一九八六年版	諸子集成
淮南子	劉安撰　高誘注	漢	上海書店一九八六年版	諸子集成
顔氏家訓	顔之推	北齊	上海書店一九八六年版	諸子集成
墨子閒詁	孫詒讓	清	中華書局二〇〇一年版	

子部·雜家類·雜考之屬

能改齋漫録	吴曾	宋	中華書局一九六〇年版
考古編	程大昌	宋	中華書局二〇〇八年版
容齋續筆	洪邁	宋	文淵閣四庫全書本
容齋三筆	洪邁	宋	文淵閣四庫全書本
容齋五筆	洪邁	宋	文淵閣四庫全書本
賓退録	趙與時	宋	北京圖書館出版社二〇〇三年版
臆見彙考	游日陞	明	明萬曆四十年刻本
日知録	顧炎武	清	文淵閣四庫全書本
陔餘叢考	趙翼	清	商務印書館一九五七年版

子部·雜家類·雜説之屬

劉子	劉晝	北齊	中華書局一九九八年版	傅亞庶校釋
塵史	王得臣	宋	中華書局一九八五年版	
石林燕語	葉夢得	宋	文淵閣四庫全書本	
老學庵筆記	陸游	宋	臺灣商務印書館一九八三年版	
草木子	葉子奇	明	中華書局一九八五年版	
震澤長語	王鏊	明	文淵閣四庫全書本	
四友齋叢説	何良俊	明	中華書局一九九七年版	
穀山筆麈	于慎行	明	稻鄉出版社二〇〇三年版	
西園聞見録	張萱	明	民國二十九年哈佛燕京學社印本	續修四庫全書
五雜俎	謝肇淛	明	明萬曆四十四年潘膺祉如韋館刻本	續修四庫全書
沈氏日旦	沈長卿	明	明崇禎七年刻本	續修四庫全書
春明夢餘録	孫承澤	清	商務印書館二〇〇六年版	
蒿庵閒話	張爾歧	清	江蘇廣陵古籍刻印社一九九五年版	
閲世編	葉夢珠	清	中華書局二〇〇七年版	

子部·雜家類·雜纂之屬

宋朝事實類苑	江少虞	宋	上海古籍出版社一九八一年版
稗史匯編	王圻	明	北京出版社一九九三年版

子部·雜家類·雜編之屬

客座贅語	顧起元	明	上海古籍出版社二〇〇五年版

養吉齋餘録　吴振棫　清　清光緒刻本

子部·類書類

藝文類聚　歐陽詢　唐　中華書局一九八二年版
龍筋鳳髓判　張鷟　唐　文淵閣四庫全書本
初學記　徐堅　唐　文淵閣四庫全書本
白氏六帖事類集　白居易　唐　宋本影印江安傅氏藏書
太平御覽　李昉等　宋　中華書局一九六〇年版
册府元龜　王欽若等　宋　中華書局一九六〇年版
事物紀原　高承　宋　中華書局一九八九年版
歷代制度詳説　吕祖謙　宋　文淵閣四庫全書本
永嘉先生八面鋒　陳傅良　宋　清嘉慶湖海鏤叢書本
羣書考索　章如愚　宋　文淵閣四庫全書本
玉海　王應麟　宋　文淵閣四庫全書本
漢唐事箋前後集　朱禮　元　江蘇廣陵古籍刻印社一九八八年版
稗編　唐順之　明　文淵閣四庫全書本
淵鑑類函　清　文淵閣四庫全書本

子部·小説家類·雜事之屬

朝野僉載　張鷟　唐　中華書局一九八五年版
大唐新語　劉肅　唐　中華書局一九八四年版
唐國史補　李肇　唐　文淵閣四庫全書本
澠水燕談録　王闢之　宋　中華書局一九八五年版
東齋記事　范鎮　宋　中華書局一九八五年版
鐵圍山叢談　蔡絛　宋　中華書局一九八三年版
唐語林　王讜　宋　中華書局一九八七年版
雞肋編　莊季裕　宋　商務印書館二〇〇五年版
四朝聞見録　葉紹翁　宋　中華書局一九八九年版
癸辛雜識　周密　宋　中華書局一九八八年版
歸潛志　劉祁　元　文淵閣四庫全書本
南村輟耕録　陶宗儀　元　齊魯書社二〇〇七年版
菽園雜記　陸容　明　中華書局一九八五年版
碧里雜存　董穀　明　明萬曆刻本

子部·小説家類·異聞之屬

太平廣記　李昉等　宋　中華書局一九六一年版

子部·小説家類·瑣記之屬

開天傳信記　鄭綮　唐　中華書局二〇一二年版

子部・道釋類

莊子集解	王先謙	清	中華書局一九八七年版

集　部

集部・別集類・漢至五代

韓昌黎文集	韓愈	唐	上海古籍出版社一九八七年版
柳宗元集	柳宗元	唐	中華書局一九七九年版
元稹集	元稹	唐	中華書局二〇一〇年版
白居易集	白居易	唐	中華書局一九七九年版
陸宣公文集	陸贄	唐	上海古籍出版社二〇一三年版
樊川文集	杜牧	唐	文淵閣四庫全書本

集部・別集類・北宋建隆至靖康

咸平集	田錫	宋	巴蜀書社二〇〇八年版
范文正集	范仲淹	宋	文淵閣四庫全書本
景文集	宋祁	宋	文淵閣四庫全書本
包拯集	包拯	宋	中華書局一九六三年版
武溪集	余靖	宋	文淵閣四庫全書本
樂全集	張方平	宋	文淵閣四庫全書本
嘉祐集	蘇洵	宋	北京圖書館出版社二〇〇四年版
歐陽修全集	歐陽修	宋	中華書局二〇〇一年版
文忠集	歐陽修	宋	文淵閣四庫全書本
潞公文集	文彥博	宋	文淵閣四庫全書本
古靈集	陳襄	宋	文淵閣四庫全書本
司馬温公文集	司馬光	宋	商務印書館一九三六年版
范太史集	范祖禹	宋	文淵閣四庫全書本

集部・別集類・南宋建炎至德祐

葉適集	葉適	宋	中華書局一九六一年版
文定集	汪應辰	宋	中華書局一九八五年版
晦菴別集	朱熹	宋	文淵閣四庫全書本
黄文肅公文集	黄幹	宋	書目文獻出版社一九八八年版　北京圖書館古籍珍本叢刊

集部・別集類・金至元

元好問全集	元好問	金	山西古籍出版社二〇〇四年版
紫山大全集	胡祗遹	元	文淵閣四庫全書本
青崖集	魏初	元	文淵閣四庫全書本
秋澗先生大全文集	王惲	元	浙江古籍出版社二〇〇二年版
仁山文集	金履祥	元	文淵閣四庫全書本

牧庵集	姚燧	元	文淵閣四庫全書本	
雪樓集	程鉅夫	元	文淵閣四庫全書本	
吴文正集	吴澄	元	文淵閣四庫全書本	
墻東類稿	陸文圭	元	文淵閣四庫全書本	
滋溪文稿	蘇天爵	元	中華書局一九九七年版	
青華集	史伯璿	元	中州古籍出版社二〇一〇年版	
傅與礪詩文集	傅若金	元	文淵閣四庫全書本	
道園學古録	虞集	元	文淵閣四庫全書本	
歐陽玄集	歐陽玄	元	嶽麓書社二〇一〇年版	
西巖集	張之翰	元	文淵閣四庫全書本	
鐵崖賦稿	楊維楨	元	清抄本	續修四庫全書
龜巢稿	謝應芳	元	文淵閣四庫全書本	

集部・別集類・明洪武至崇禎

王忠文公集	王褘	明	中華書局一九八五年版	
明太祖文集	朱元璋	明	文淵閣四庫全書本	明姚士觀編校
鳧藻集	高啟	明	文淵閣四庫全書本	
文毅集	解縉	明	文淵閣四庫全書本	
東里文集	楊士奇	明	中華書局一九九八年版	
抑菴文集	王直	明	文淵閣四庫全書本	
野古集	龔詡	明	江蘇廣陵古籍刻印社一九八六年版	
古穰集	李賢	明	文淵閣四庫全書本	
平橋藁	鄭文康	明	文淵閣四庫全書本	
倪文僖集	倪謙	明	文淵閣四庫全書本	
彭惠安集	彭韶	明	文淵閣四庫全書本	
椒邱文集	何喬新	明	文淵閣四庫全書本	
陳白沙集	陳獻章	明	文淵閣四庫全書本	
青谿漫稿	倪岳	明	文淵閣四庫全書本	
懷麓堂集	李東陽	明	文淵閣四庫全書本	
楊文忠三録	楊廷和	明	文淵閣四庫全書本	
垂光集	周璽	明	文淵閣四庫全書本	
容春堂集	邵寶	明	文淵閣四庫全書本	
王陽明全集	王守仁	明	上海古籍出版社一九九二年版	
陽明先生要書	王守仁撰　陳龍正輯	明	明崇禎八年陳龍正刊本	
王文成公全書	王守仁	明	影印明隆慶刊本	四部叢刊本
空同集	李夢陽	明	文淵閣四庫全書本	

何瑭集	何瑭	明	中州古籍出版社一九九九年版	
東泉文集	姚鏌	明	嘉靖刻清修本	
震川先生集	歸有光	明	上海古籍出版社一九八一年版	
遵巖集	王慎中	明	文淵閣四庫全書本	
高拱論著四種	高拱	明	中華書局一九九三年版	
海瑞集	海瑞	明	中華書局一九六二年版	
張太岳集	張居正	明	上海古籍出版社一九八四年版	
弇州四部稿	王世貞	明	上海古籍出版社一九九三年版	
敬所王先生文集	王宗沐	明	齊魯書社一九九七年版	四庫全書存目叢書
石洞集	葉春及	明	文淵閣四庫全書本	
拙齋十議	蕭良榦	明	清刻本	
馮夢龍詩文	馮夢龍	明	海峽文藝出版社一九八五年版	
劉蕺山集	劉宗周	明	文淵閣四庫全書本	
泊水齋詩文鈔	張慎言	明	山西人民出版社一九九二年版	
陳忠裕公全集	陳子龍	明	清嘉慶八年刻本	
經世挈要	張燧	明	全國圖書館文獻縮微中心一九九一年版	
東洲初稿	夏良勝	明	文淵閣四庫全書本	

集部・別集類・清代

恥躬堂文集	王命岳	清	清康熙間刻本	
田間文集	錢澄之	清	黃山書社一九九八年版	
栖雲閣文集	高珩	清	清乾隆刻本	
兼濟堂文集	魏裔介	清	文淵閣四庫全書本	
于清端政書	于成龍	清	文淵閣四庫全書本	
讀書堂綵衣全集	趙士麟	清	清康熙三十五年刻本	
湯子遺書	湯斌	清	全國圖書館文獻縮微中心一九八七年版	
三魚堂外集	陸隴其	清	文淵閣四庫全書本	
鄭靜菴先生文集	鄭日奎	清	清刻本	
憺園集	徐乾學	清	清康熙刻本	續修四庫全書
文端集	張英	清	文淵閣四庫全書本	
穆堂初稿	李紱	清	清道光十一年刻本	
鹿洲全集	藍鼎元	清	廈門大學出版社一九九五年版	
果堂集	沈彤	清	文淵閣四庫全書本	
雅公心政録	雅爾圖	清	清乾隆六年刊本	
揅經室二集	阮元	清	中華書局一九九三年版	
安吳四種	包世臣	清	文海出版社一九六八年版	近代中國史料叢刊

林則徐全集	林則徐	清	海峽文藝出版社二〇〇二年版	
古微堂外集	魏源	清	上海古籍出版社一九九五年版	
求自得之室文鈔	吳嘉賓	清	上海古籍出版社二〇一〇年版	清代詩文集匯編
校邠廬抗議	馮桂芬	清	清光緒十年刻本	
左宗棠全集	左宗棠	清	上海書店一九八六年版	
沈文肅公政書	沈葆楨	清	清光緒六年吳門節署刊本	
庸書	陳熾	清	清光緒二十四年刻本	
劉坤一遺集	劉坤一	清	中華書局一九五九年版	
張之洞全集	張之洞	清	武漢出版社二〇〇八年版	
嚴復集	嚴復	清	中華書局一九八六年版	
飲冰室合集	梁啓超	清	中華書局一九八九年版	
無近名齋文鈔	彭翊	清	清光緒十年刻本	
集部·總集類				
文館詞林	許敬宗	唐	中華書局一九八五年版	
文苑英華	李昉等	宋	中華書局一九六六年版	
二程集	程顥 程頤	宋	中華書局二〇〇四年版	
宋文鑑	吕祖謙	宋	文淵閣四庫全書本	
事林廣記	陳元靚	宋	中華書局一九九九年版	
元文類	蘇天爵	元	文淵閣四庫全書本	
國朝名公經濟文鈔	張文炎	明	明萬曆十五年刻本	四庫全書存目叢書
宋文紀	梅鼎祚	明	文淵閣四庫全書本	
漢魏六朝百三名家集	張溥	明	江蘇古籍出版社二〇〇二年版	
明經世文編	陳子龍	明	中華書局一九六二年版	明崇禎雲間平露堂刻本
全唐文	董誥	清	中華書局一九八三年版	
唐文拾遺	陸心源輯	清	清光緒十四年刻本	
皇朝經世文編	賀長齡輯	清	臺北文海出版社一九七二年版	近代中國史料叢刊
皇朝經世文續編	葛士濬輯	清	臺北文海出版社一九七二年版	近代中國史料叢刊
皇朝經世文續編	盛康輯	清	臺北文海出版社一九七二年版	近代中國史料叢刊
皇朝經世文三編	陳忠倚輯	清	臺北文海出版社一九七二年版	近代中國史料叢刊
皇朝經世文四編	何良棟輯	清	臺北文海出版社一九七二年版	近代中國史料叢刊
皇朝經世文編五集	求是齋輯	清	臺北文海出版社一九八七年版	近代中國史料叢刊
東方雜誌		清	商務印書館	
太平天國		清	臺北文海出版社一九七二年版	近代中國史料叢刊

圖書在版編目（CIP）數據

中華大典. 法律典. 經濟法分典 / 《中華大典》工作委員會, 《中華大典》編纂委員會編纂. -- 重慶 : 西南師範大學出版社 ; 成都 : 巴蜀書社, 2015.8
ISBN 978-7-5621-7562-9

Ⅰ. ①中… Ⅱ. ①中… ②中… Ⅲ. ①百科全書－中國②經濟法－中國－古代 Ⅳ. ①Z227②D922.290.2

中國版本圖書館 CIP 數據核字(2015)第 198515 號

中華大典·法律典·經濟法分典

編纂：《中華大典》工作委員會
《中華大典》編纂委員會
出版：西南師範大學出版社
（重慶市北碚区天生路二號　郵政編碼　四〇〇七一五）
巴蜀書社
（成都市槐樹街二號四川出版大厦　郵政編碼　六一〇〇三一）
印刷：三河弘翰印務有限公司
（三河市黄土莊鎮二百户北）
經銷：全國新華書店
開本：七八七毫米×一〇九二毫米　十六開
印張：二五一　字數：八三〇〇千字
二〇一五年八月第一版　二〇一五年八月第一次印刷
ISBN 978-7-5621-7562-9
定價（全五册）：一九八〇圓